# Bíblia Sagrada

Devoted Publishing
Email: devotedpub@hotmail.com
Facebook: @DevotedPublishing
Woodstock, Ontario, Canada 2017

*Índice*

# Bíblia Sagrada

Layout e formatação por Anthony Uyl e é Copyright 2017 Devoted Publishing
ISBN: 978-1-77356-075-5

## Índice

| | |
|---|---|
| Antigo Testamento............................................................3 | Naum..................................................................389 |
| Gênesis ........................................................................3 | Habacuque........................................................390 |
| Êxodo..........................................................................27 | Sofonias............................................................391 |
| Levítico.......................................................................47 | Ageu..................................................................393 |
| Números ....................................................................62 | Zacarias............................................................394 |
| Deuteronômio ...........................................................83 | Malaquias.........................................................398 |
| Josué .......................................................................100 | Novo Testamento ................................................400 |
| Juízes ......................................................................112 | Mateus..............................................................400 |
| Rute .........................................................................124 | Marcos..............................................................416 |
| 1 Samuel .................................................................126 | Lucas.................................................................426 |
| 2 Samuel .................................................................141 | João..................................................................443 |
| 1 Reis ......................................................................154 | Atos...................................................................456 |
| 2 Reis ......................................................................169 | Romanos...........................................................472 |
| 1 Crônicas ...............................................................183 | 1 Coríntios........................................................479 |
| 2 Crônicas ...............................................................197 | 2 Coríntios........................................................486 |
| Esdras .....................................................................213 | Gálatas..............................................................491 |
| Neemias ..................................................................218 | Efésios...............................................................494 |
| Ester........................................................................225 | Filipenses..........................................................497 |
| Jó .............................................................................229 | Colossenses .....................................................499 |
| Salmos ....................................................................243 | 1 Tessalonicenses ............................................501 |
| Provérbios ...............................................................276 | 2 Tessalonicenses ............................................503 |
| Eclesiastes ..............................................................288 | 1 Timóteo .........................................................504 |
| Cantares de Salomão..............................................292 | 2 Timóteo .........................................................506 |
| Isaías.......................................................................294 | Tito....................................................................508 |
| Jeremias..................................................................317 | Filemón.............................................................509 |
| Lamentações de Jeremias......................................343 | Hebreus ............................................................510 |
| Ezequiel...................................................................346 | Tiago.................................................................515 |
| Daniel .....................................................................369 | 1 Pedro.............................................................517 |
| Oséias.....................................................................376 | 2 Pedro.............................................................519 |
| Joel..........................................................................380 | 1 João...............................................................521 |
| Amós .......................................................................382 | 2 João...............................................................523 |
| Obadias ..................................................................385 | 3 João...............................................................524 |
| Jonas ......................................................................386 | Judas................................................................525 |
| Miquéias..................................................................387 | Apocalipse........................................................526 |

# Antigo Testamento

## Gênesis

### Capítulo 1

¹No princípio criou Deus os céus e a terra.
²A terra era sem forma e vazia; e havia trevas sobre a face do abismo, mas o Espírito de Deus pairava sobre a face das águas.
³Disse Deus: haja luz. E houve luz.
⁴Viu Deus que a luz era boa; e fez separação entre a luz e as trevas.
⁵E Deus chamou à luz dia, e às trevas noite. E foi a tarde e a manhã, o dia primeiro.
⁶E disse Deus: haja um firmamento no meio das águas, e haja separação entre águas e águas.
⁷Fez, pois, Deus o firmamento, e separou as águas que estavam debaixo do firmamento das que estavam por cima do firmamento. E assim foi.
⁸Chamou Deus ao firmamento céu. E foi a tarde e a manhã, o dia segundo.
⁹E disse Deus: Ajuntem-se num só lugar as águas que estão debaixo do céu, e apareça o elemento seco. E assim foi.
¹⁰Chamou Deus ao elemento seco terra, e ao ajuntamento das águas mares. E viu Deus que isso era bom.
¹¹E disse Deus: Produza a terra relva, ervas que dêem semente, e árvores frutíferas que, segundo as suas espécies, dêem fruto que tenha em si a sua semente, sobre a terra. E assim foi.
¹²A terra, pois, produziu relva, ervas que davam semente segundo as suas espécies, e árvores que davam fruto que tinha em si a sua semente, segundo as suas espécies. E viu Deus que isso era bom.
¹³E foi a tarde e a manhã, o dia terceiro.
¹⁴E disse Deus: haja luminares no firmamento do céu, para fazerem separação entre o dia e a noite; sejam eles para sinais e para estações, e para dias e anos;
¹⁵e sirvam de luminares no firmamento do céu, para alumiar a terra. E assim foi.
¹⁶Deus, pois, fez os dois grandes luminares: o luminar maior para governar o dia, e o luminar menor para governar a noite; fez também as estrelas.
¹⁷E Deus os pôs no firmamento do céu para alumiar a terra,
¹⁸para governar o dia e a noite, e para fazer separação entre a luz e as trevas. E viu Deus que isso era bom.
¹⁹E foi a tarde e a manhã, o dia quarto.
²⁰E disse Deus: Produzam as águas cardumes de seres viventes; e voem as aves acima da terra no firmamento do céu.
²¹Criou, pois, Deus os monstros marinhos, e todos os seres viventes que se arrastavam, os quais as águas produziram abundantemente segundo as suas espécies; e toda ave que voa, segundo a sua espécie. E viu Deus que isso era bom.
²²Então Deus os abençoou, dizendo: Frutificai e multiplicai-vos, e enchei as águas dos mares; e multipliquem-se as aves sobre a terra.
²³E foi a tarde e a manhã, o dia quinto.
²⁴E disse Deus: Produza a terra seres viventes segundo as suas espécies: animais domésticos, répteis, e animais selvagens segundo as suas espécies. E assim foi.
²⁵Deus, pois, fez os animais selvagens segundo as suas espécies, e os animais domésticos segundo as suas espécies, e todos os répteis da terra segundo as suas espécies. E viu Deus que isso era bom.
²⁶E disse Deus: Façamos o homem à nossa imagem, conforme a nossa semelhança; domine ele sobre os peixes do mar, sobre as aves do céu, sobre os animais domésticos, e sobre toda a terra, e sobre todo réptil que se arrasta sobre a terra.
²⁷Criou, pois, Deus o homem à sua imagem; à imagem de Deus o criou; homem e mulher os criou.
²⁸Então Deus os abençoou e lhes disse: Frutificai e multiplicai-vos; enchei a terra e sujeitai-a; dominai sobre os peixes do mar, sobre as aves do céu e sobre todos os animais que se arrastam sobre a terra.
²⁹Disse-lhes mais: Eis que vos tenho dado todas as ervas que produzem semente, as quais se acham sobre a face de toda a terra, bem como todas as árvores em que há fruto que dê semente; ser-vos-ão para mantimento.
³⁰E a todos os animais da terra, a todas as aves do céu e a todo ser vivente que se arrasta sobre a terra, tenho dado todas as ervas verdes como mantimento. E assim foi.
³¹E viu Deus tudo quanto fizera, e eis que era muito bom. E foi a tarde e a manhã, o dia sexto.

### Capítulo 2

¹Assim foram acabados os céus e a terra, com todo o seu exército.
²Ora, havendo Deus completado no dia sétimo a obra que tinha feito, descansou nesse dia de toda a obra que fizera.
³Abençoou Deus o sétimo dia, e o santificou; porque nele descansou de toda a sua obra que criara e fizera.
⁴Eis as origens dos céus e da terra, quando foram criados. No dia em que o Senhor Deus fez a terra e os céus
⁵não havia ainda nenhuma planta do campo na terra, pois nenhuma erva do campo tinha ainda brotado; porque o Senhor Deus não tinha feito chover sobre a terra, nem havia homem para lavrar a terra.
⁶Um vapor, porém, subia da terra, e regava toda a face da terra.
⁷E formou o Senhor Deus o homem do pó da terra, e soprou-lhe nas narinas o fôlego da vida; e o homem tornou-se alma vivente.
⁸Então plantou o Senhor Deus um jardim, da banda do oriente, no Éden; e pôs ali o homem que tinha formado.
⁹E o Senhor Deus fez brotar da terra toda qualidade de árvores agradáveis à vista e boas para comida, bem como a árvore da vida no meio do jardim, e a árvore do conhecimento do bem e do mal.
¹⁰E saía um rio do Éden para regar o jardim; e dali se dividia e se tornava em quatro braços.
¹¹O nome do primeiro é Pisom: este é o que rodeia toda a terra de Havilá, onde há ouro;
¹²e o ouro dessa terra é bom: ali há o bdélio, e a pedra de berilo.
¹³O nome do segundo rio é Giom: este é o que rodeia toda a terra de Cuche.
¹⁴O nome do terceiro rio é Tigre: este é o que corre pelo oriente da Assíria. E o quarto rio é o Eufrates.
¹⁵Tomou, pois, o Senhor Deus o homem, e o pôs no jardim do Éden para o lavrar e guardar.
¹⁶Ordenou o Senhor Deus ao homem, dizendo: De toda árvore do jardim podes comer livremente;
¹⁷mas da árvore do conhecimento do bem e do mal, dessa não comerás; porque no dia em que dela comeres, certamente morrerás.
¹⁸Disse mais o Senhor Deus: Não é bom que o homem esteja só; far-lhe-ei uma ajudadora que lhe seja idônea.
¹⁹Da terra formou, pois, o Senhor Deus todos os animais o campo e todas as aves do céu, e os trouxe ao homem, para ver como lhes chamaria; e tudo o que o homem chamou a todo ser vivente, isso foi o seu nome.
²⁰Assim o homem deu nomes a todos os animais domésticos, às aves do céu e a todos os animais do campo; mas para o homem não se achava ajudadora idônea.
²¹Então o Senhor Deus fez cair um sono pesado sobre o homem, e este adormeceu; tomou-lhe, então, uma das costelas, e fechou a carne em seu lugar;
²²e da costela que o senhor Deus lhe tomara, formou a mulher e a trouxe ao homem.
²³Então disse o homem: Esta é agora osso dos meus ossos, e carne da minha carne; ela será chamada varoa, porquanto do varão foi tomada.
²⁴Portanto deixará o homem a seu pai e a sua mãe, e unir-se-á à sua mulher, e serão uma só carne.
²⁵E ambos estavam nus, o homem e sua mulher; e não se envergonhavam.

### Capítulo 3

¹Ora, a serpente era o mais astuto de todos os animais do campo, que o Senhor Deus tinha feito. E esta disse à mulher: É assim que Deus disse: Não comereis de toda árvore do jardim?
²Respondeu a mulher à serpente: Do fruto das árvores do jardim podemos comer,
³mas do fruto da árvore que está no meio do jardim, disse Deus: Não comereis dele, nem nele tocareis, para que não morrais.
⁴Disse a serpente à mulher: Certamente não morrereis.
⁵Porque Deus sabe que no dia em que comerdes desse fruto, vossos olhos se abrirão, e sereis como Deus, conhecendo o bem e o mal.
⁶Então, vendo a mulher que aquela árvore era boa para se comer, e agradável aos olhos, e árvore desejável para dar entendimento, tomou do seu fruto, comeu, e deu a seu marido, ele também comeu.

*Gênesis*

⁷Então foram abertos os olhos de ambos, e conheceram que estavam nus; pelo que coseram folhas de figueira, e fizeram para si aventais.

⁸E, ouvindo a voz do Senhor Deus, que passeava no jardim à tardinha, esconderam-se o homem e sua mulher da presença do Senhor Deus, entre as árvores do jardim.

⁹Mas chamou o Senhor Deus ao homem, e perguntou-lhe: Onde estás?

¹⁰Respondeu-lhe o homem: Ouvi a tua voz no jardim e tive medo, porque estava nu; e escondi-me.

¹¹Deus perguntou-lhe mais: Quem te mostrou que estavas nu? Comeste da árvore de que te ordenei que não comesses?

¹²Ao que respondeu o homem: A mulher que me deste por companheira deu-me a árvore, e eu comi.

¹³Perguntou o Senhor Deus à mulher: Que é isto que fizeste? Respondeu a mulher: A serpente enganou-me, e eu comi.

¹⁴Então o Senhor Deus disse à serpente: Porquanto fizeste isso, maldita serás tu dentre todos os animais domésticos, e dentre todos os animais do campo; sobre o teu ventre andarás, e pó comerás todos os dias da tua vida.

¹⁵Porei inimizade entre ti e a mulher, e entre a tua descendência e a sua descendência; esta te ferirá a cabeça, e tu lhe ferirás o calcanhar.

¹⁶E à mulher disse: Multiplicarei grandemente a dor da tua conceição; em dor darás à luz filhos; e o teu desejo será para o teu marido, e ele te dominará.

¹⁷E ao homem disse: Porquanto deste ouvidos à voz de tua mulher, e comeste da árvore de que te ordenei dizendo: Não comerás dela; maldita é a terra por tua causa; em fadiga comerás dela todos os dias da tua vida.

¹⁸Ela te produzirá espinhos e abrolhos; e comerás das ervas do campo.

¹⁹Do suor do teu rosto comerás o teu pão, até que tornes à terra, porque dela foste tomado; porquanto és pó, e ao pó tornarás.

²⁰Chamou Adão à sua mulher Eva, porque era a mãe de todos os viventes.

²¹E o Senhor Deus fez túnicas de peles para Adão e sua mulher, e os vestiu.

²²Então disse o Senhor Deus: Eis que o homem se tem tornado como um de nós, conhecendo o bem e o mal. Ora, não suceda que estenda a sua mão, e tome também da árvore da vida, e coma e viva eternamente.

²³O Senhor Deus, pois, o lançou fora do jardim do Éden para lavrar a terra, de que fora tomado.

²⁴E havendo lançado fora o homem, pôs ao oriente do jardim do Éden os querubins, e uma espada flamejante que se volvia por todos os lados, para guardar o caminho da árvore da vida.

## Capítulo 4

¹Conheceu Adão a Eva, sua mulher; ela concebeu e, tendo dado à luz a Caim, disse: Alcancei do Senhor um varão.

²Tornou a dar à luz a um filho - a seu irmão Abel. Abel foi pastor de ovelhas, e Caim foi lavrador da terra.

³Ao cabo de dias trouxe Caim do fruto da terra uma oferta ao Senhor.

⁴Abel também trouxe dos primogênitos das suas ovelhas, e da sua gordura. Ora, atentou o Senhor para Abel e para a sua oferta,

⁵mas para Caim e para a sua oferta não atentou. Pelo que irou-se Caim fortemente, e descaiu-lhe o semblante.

⁶Então o Senhor perguntou a Caim: Por que te iraste? e por que está descaído o teu semblante?

⁷Porventura se procederes bem, não se há de levantar o teu semblante? e se não procederes bem, o pecado jaz à porta, e sobre ti será o seu desejo; mas sobre ele tu deves dominar.

⁸Falou Caim com o seu irmão Abel. E, estando eles no campo, Caim se levantou contra o seu irmão Abel, e o matou.

⁹Perguntou, pois, o Senhor a Caim: Onde está Abel, teu irmão? Respondeu ele: Não sei; sou eu o guarda do meu irmão?

¹⁰E disse Deus: Que fizeste? A voz do sangue de teu irmão está clamando a mim desde a terra.

¹¹Agora maldito és tu desde a terra, que abriu a sua boca para da tua mão receber o sangue de teu irmão.

¹²Quando lavrares a terra, não te dará mais a sua força; fugitivo e vagabundo serás na terra.

¹³Então disse Caim ao Senhor: É maior a minha punição do que a que eu possa suportar.

¹⁴Eis que hoje me lanças da face da terra; também da tua presença ficarei escondido; serei fugitivo e vagabundo na terra; e qualquer que me encontrar matar-me-á.

¹⁵O Senhor, porém, lhe disse: Portanto quem matar a Caim, sete vezes sobre ele cairá a vingança. E pôs o Senhor um sinal em Caim, para que não o ferisse quem quer que o encontrasse.

¹⁶Então saiu Caim da presença do Senhor, e habitou na terra de Node, ao oriente do Éden.

¹⁷Conheceu Caim a sua mulher, a qual concebeu, e deu à luz a Enoque. Caim edificou uma cidade, e lhe deu o nome do filho, Enoque.

¹⁸A Enoque nasceu Irade, e Irade gerou a Meüjael, e Meüjael gerou a Metusael, e Metusael gerou a Lameque.

¹⁹Lameque tomou para si duas mulheres: o nome duma era Ada, e o nome da outra Zila.

²⁰E Ada deu à luz a Jabal; este foi o pai dos que habitam em tendas e possuem gado.

²¹O nome do seu irmão era Jubal; este foi o pai de todos os que tocam harpa e flauta.

²²A Zila também nasceu um filho, Tubal-Caim, fabricante de todo instrumento cortante de cobre e de ferro; e a irmã de Tubal-Caim foi Naama.

²³Disse Lameque a suas mulheres: Ada e Zila, ouvi a minha voz; escutai, mulheres de Lameque, as minhas palavras; pois matei um homem por me ferir, e um mancebo por me pisar.

²⁴Se Caim há de ser vingado sete vezes, com certeza Lameque o será setenta e sete vezes.

²⁵Tornou Adão a conhecer sua mulher, e ela deu à luz um filho, a quem pôs o nome de Sete; porque, disse ela, Deus me deu outro filho em lugar de Abel; porquanto Caim o matou.

²⁶A Sete também nasceu um filho, a quem pôs o nome de Enos. Foi nesse tempo, que os homens começaram a invocar o nome do Senhor.

## Capítulo 5

¹Este é o livro das gerações de Adão. No dia em que Deus criou o homem, à semelhança de Deus o fez.

²Homem e mulher os criou; e os abençoou, e os chamou pelo nome de homem, no dia em que foram criados.

³Adão viveu cento e trinta anos, e gerou um filho à sua semelhança, conforme a sua imagem, e pôs-lhe o nome de Sete.

⁴E foram os dias de Adão, depois que gerou a Sete, oitocentos anos; e gerou filhos e filhas.

⁵Todos os dias que Adão viveu foram novecentos e trinta anos; e morreu.

⁶Sete viveu cento e cinco anos, e gerou a Enos.

⁷Viveu Sete, depois que gerou a Enos, oitocentos e sete anos; e gerou filhos e filhas.

⁸Todos os dias de Sete foram novecentos e doze anos; e morreu.

⁹Enos viveu noventa anos, e gerou a Quenã.

¹⁰viveu Enos, depois que gerou a Quenã, oitocentos e quinze anos; e gerou filhos e filhas.

¹¹Todos os dias de Enos foram novecentos e cinco anos; e morreu.

¹²Quenã viveu setenta anos, e gerou a Maalalel.

¹³Viveu Quenã, depois que gerou a Maalalel, oitocentos e quarenta anos, e gerou filhos e filhas.

¹⁴Todos os dias de Quenã foram novecentos e dez anos; e morreu.

¹⁵Maalalel viveu sessenta e cinco anos, e gerou a Jarede.

¹⁶Viveu Maalalel, depois que gerou a Jarede, oitocentos e trinta anos; e gerou filhos e filhas.

¹⁷Todos os dias de Maalalel foram oitocentos e noventa e cinco anos; e morreu.

¹⁸Jarede viveu cento e sessenta e dois anos, e gerou a Enoque.

¹⁹Viveu Jarede, depois que gerou a Enoque, oitocentos anos; e gerou filhos e filhas.

²⁰Todos os dias de Jarede foram novecentos e sessenta e dois anos; e morreu.

²¹Enoque viveu sessenta e cinco anos, e gerou a Matusalém.

²²Andou Enoque com Deus, depois que gerou a Matusalém, trezentos anos; e gerou filhos e filhas.

²³Todos os dias de Enoque foram trezentos e sessenta e cinco anos;

²⁴Enoque andou com Deus; e não apareceu mais, porquanto Deus o tomou.

²⁵Matusalém viveu cento e oitenta e sete anos, e gerou a Lameque.

²⁶Viveu Matusalém, depois que gerou a Lameque, setecentos e oitenta e dois anos; e gerou filhos e filhas.

²⁷Todos os dias de Matusalém foram novecentos e sessenta e nove anos; e morreu.

²⁸Lameque viveu cento e oitenta e dois anos, e gerou um filho,

²⁹a quem chamou Noé, dizendo: Este nos consolará acerca de nossas obras e do trabalho de nossas mãos, os quais provêm da terra que o Senhor amaldiçoou.

³⁰Viveu Lameque, depois que gerou a Noé, quinhentos e noventa e cinco anos; e gerou filhos e filhas.

³¹Todos os dias de Lameque foram setecentos e setenta e sete anos; e morreu.

³²E era Noé da idade de quinhentos anos; e gerou Noé a Sem, Cão e Jafé.

## Capítulo 6

¹Sucedeu que, quando os homens começaram a multiplicar-se sobre a terra, e lhes nasceram filhas,

²viram os filhos de Deus que as filhas dos homens eram formosas; e tomaram para si mulheres de todas as que escolheram.

³Então disse o Senhor: O meu Espírito não permanecerá para sempre no homem, porquanto ele é carne, mas os seus dias serão cento e vinte anos.

⁴Naqueles dias estavam os nefilins na terra, e também depois, quando os filhos de Deus conheceram as filhas dos homens, as quais lhes deram filhos. Esses nefilins eram os valentes, os homens de renome, que houve na antigüidade.

⁵Viu o Senhor que era grande a maldade do homem na terra, e que toda a imaginação dos pensamentos de seu coração era má continuamente.

⁶Então arrependeu-se o Senhor de haver feito o homem na terra, e isso lhe pesou no coração

⁷E disse o Senhor: Destruirei da face da terra o homem que criei, tanto o homem como o animal, os répteis e as aves do céu; porque me arrependo de os haver feito.

⁸Noé, porém, achou graça aos olhos do Senhor.

⁹Estas são as gerações de Noé. Era homem justo e perfeito em suas gerações, e andava com Deus.

¹⁰Gerou Noé três filhos: Sem, Cão e Jafé.

¹¹A terra, porém, estava corrompida diante de Deus, e cheia de violência.

¹²Viu Deus a terra, e eis que estava corrompida; porque toda a carne havia corrompido o seu caminho sobre a terra.

¹³Então disse Deus a Noé: O fim de toda carne é chegado perante mim; porque a terra está cheia da violência dos homens; eis que os destruirei juntamente com a terra.

¹⁴Faze para ti uma arca de madeira de gôfer: farás compartimentos na arca, e a revestirás de betume por dentro e por fora.

¹⁵Desta maneira a farás: o comprimento da arca será de trezentos côvados, a sua largura de cinqüenta e a sua altura de trinta.

¹⁶Farás na arca uma janela e lhe darás um côvado de altura; e a porta da arca porás no seu lado; fá-la-ás com andares, baixo, segundo e terceiro.

¹⁷Porque eis que eu trago o dilúvio sobre a terra, para destruir, de debaixo do céu, toda a carne em que há espírito de vida; tudo o que há na terra expirará.

¹⁸Mas contigo estabelecerei o meu pacto; entrarás na arca, tu e contigo teus filhos, tua mulher e as mulheres de teus filhos.

¹⁹De tudo o que vive, de toda a carne, dois de cada espécie, farás entrar na arca, para os conservares vivos contigo; macho e fêmea serão.

²⁰Das aves segundo as suas espécies, do gado segundo as suas espécies, de todo réptil da terra segundo as suas espécies, dois de cada espécie virão a ti, para os conservares em vida.

²¹Leva contigo de tudo o que se come, e ajunta-o para ti; e te será para alimento, a ti e a eles.

²²Assim fez Noé; segundo tudo o que Deus lhe mandou, assim o fez.

## Capítulo 7

¹Depois disse o Senhor a Noé: Entra na arca, tu e toda a tua casa, porque tenho visto que és justo diante de mim nesta geração.

²De todos os animais limpos levarás contigo sete e sete, o macho e sua fêmea; mas dos animais que não são limpos, dois, o macho e sua fêmea;

³também das aves do céu sete e sete, macho e fêmea, para se conservar em vida sua espécie sobre a face de toda a terra.

⁴Porque, passados ainda sete dias, farei chover sobre a terra quarenta dias e quarenta noites, e exterminarei da face da terra todas as criaturas que fiz.

⁵E Noé fez segundo tudo o que o Senhor lhe ordenara.

⁶Tinha Noé seiscentos anos de idade, quando o dilúvio veio sobre a terra.

⁷Noé entrou na arca com seus filhos, sua mulher e as mulheres de seus filhos, por causa das águas do dilúvio.

⁸Dos animais limpos e dos que não são limpos, das aves, e de todo réptil sobre a terra,

⁹entraram dois a dois para junto de Noé na arca, macho e fêmea, como Deus ordenara a Noé.

¹⁰Passados os sete dias, vieram sobre a terra as águas do dilúvio.

¹¹No ano seiscentos da vida de Noé, no mês segundo, aos dezessete dias do mês, romperam-se todas as fontes do grande abismo, e as janelas do céu se abriram,

¹²e caiu chuva sobre a terra quarenta dias e quarenta noites.

¹³Nesse mesmo dia entrou Noé na arca, e juntamente com ele seus filhos Sem, Cão e Jafé, como também sua mulher e as três mulheres de seus filhos,

¹⁴e com eles todo animal segundo a sua espécie, todo o gado segundo a sua espécie, todo réptil que se arrasta sobre a terra segundo a sua espécie e toda ave segundo a sua espécie, pássaros de toda qualidade.

¹⁵Entraram para junto de Noé na arca, dois a dois de toda a carne em que havia espírito de vida.

¹⁶E os que entraram eram macho e fêmea de toda a carne, como Deus lhe tinha ordenado; e o Senhor o fechou dentro.

¹⁷Veio o dilúvio sobre a terra durante quarenta dias; e as águas cresceram e levantaram a arca, e ela se elevou por cima da terra.

¹⁸Prevaleceram as águas e cresceram grandemente sobre a terra; e a arca vagava sobre as águas.

¹⁹As águas prevaleceram excessivamente sobre a terra; e todos os altos montes que havia debaixo do céu foram cobertos.

²⁰Quinze côvados acima deles prevaleceram as águas; e assim foram cobertos.

²¹Pereceu toda a carne que se movia sobre a terra, tanto ave como gado, animais selvagens, todo réptil que se arrasta sobre a terra, e todo homem.

²²Tudo o que tinha fôlego do espírito de vida em suas narinas, tudo o que havia na terra seca, morreu.

²³Assim foram exterminadas todas as criaturas que havia sobre a face da terra, tanto o homem como o gado, o réptil, e as aves do céu; todos foram exterminados da terra; ficou somente Noé, e os que com ele estavam na arca.

²⁴E prevaleceram as águas sobre a terra cento e cinqüenta dias.

## Capítulo 8

¹Deus lembrou-se de Noé, de todos os animais e de todo o gado, que estavam com ele na arca; e Deus fez passar um vento sobre a terra, e as águas começaram a diminuir.

²Cerraram-se as fontes do abismo e as janelas do céu, e a chuva do céu se deteve;

³as águas se foram retirando de sobre a terra; no fim de cento e cinqüenta dias começaram a minguar.

⁴No sétimo mês, no dia dezessete do mês, repousou a arca sobre os montes de Arará.

⁵E as águas foram minguando até o décimo mês; no décimo mês, no primeiro dia do mês, apareceram os cumes dos montes.

⁶Ao cabo de quarenta dias, abriu Noé a janela que havia feito na arca;

⁷soltou um corvo que, saindo, ia e voltava até que as águas se secaram de sobre a terra.

⁸Depois soltou uma pomba, para ver se as águas tinham minguado de sobre a face da terra;

⁹mas a pomba não achou onde pousar a planta do pé, e voltou a ele para a arca; porque as águas ainda estavam sobre a face de toda a terra; e Noé, estendendo a mão, tomou-a e a recolheu consigo na arca.

¹⁰Esperou ainda outros sete dias, e tornou a soltar a pomba fora da arca.

¹¹À tardinha a pomba voltou para ele, e eis no seu bico uma folha verde de oliveira; assim soube Noé que as águas tinham minguado de sobre a terra.

¹²Então esperou ainda outros sete dias, e soltou a pomba; e esta não tornou mais a ele.

¹³No ano seiscentos e um, no mês primeiro, no primeiro dia do mês, secaram-se as águas de sobre a terra. Então Noé tirou a cobertura da arca: e olhou, e eis que a face a terra estava enxuta.

¹⁴No segundo mês, aos vinte e sete dias do mês, a terra estava seca.

¹⁵Então falou Deus a Noé, dizendo:

¹⁶Sai da arca, tu, e juntamente contigo tua mulher, teus filhos e as mulheres de teus filhos.

¹⁷Todos os animais que estão contigo, de toda a carne, tanto aves como gado e todo réptil que se arrasta sobre a terra, traze-os para fora contigo; para que se reproduzam abundantemente na terra, frutifiquem e se multipliquem sobre a terra.

¹⁸Então saiu Noé, e com ele seus filhos, sua mulher e as mulheres de seus filhos;

¹⁹todo animal, todo réptil e toda ave, tudo o que se move sobre a terra, segundo as suas famílias, saiu da arca.

²⁰Edificou Noé um altar ao Senhor; e tomou de todo animal limpo e de toda ave limpa, e ofereceu holocaustos sobre o altar.

²¹Sentiu o Senhor o suave cheiro e disse em seu coração: Não tornarei mais a amaldiçoar a terra por causa do homem; porque a imaginação do coração do homem é má desde a sua meninice; nem tornarei mais a ferir todo vivente, como acabo de fazer.

²²Enquanto a terra durar, não deixará de haver sementeira e ceifa, frio e calor, verão e inverno, dia e noite.

## Capítulo 9

¹Abençoou Deus a Noé e a seus filhos, e disse-lhes: Frutificai e multiplicai-vos, e enchei a terra.

²Terão medo e pavor de vós todo animal da terra, toda ave do céu, tudo o que se move sobre a terra e todos os peixes do mar; nas vossas mãos são entregues.

³Tudo quanto se move e vive vos servirá de mantimento, bem como a erva verde; tudo vos tenho dado.

⁴A carne, porém, com sua vida, isto é, com seu sangue, não comereis.

⁵Certamente requererei o vosso sangue, o sangue das vossas vidas; de todo animal o requererei; como também do homem, sim, da mão do irmão de cada um requererei a vida do homem.

⁶Quem derramar sangue de homem, pelo homem terá o seu sangue derramado; porque Deus fez o homem à sua imagem.

⁷Mas vós frutificai, e multiplicai-vos; povoai abundantemente a terra, e multiplicai-vos nela.

⁸Disse também Deus a Noé, e a seus filhos com ele:

⁹Eis que eu estabeleço o meu pacto convosco e com a vossa descendência depois de vós,

¹⁰e com todo ser vivente que convosco está: com as aves, com o gado e com todo animal da terra; com todos os que saíram da arca, sim, com todo animal da terra.

¹¹Sim, estabeleço o meu pacto convosco; não será mais destruída toda a carne pelas águas do dilúvio; e não haverá mais dilúvio, para destruir a terra.

¹²E disse Deus: Este é o sinal do pacto que firmo entre mim e vós e todo ser vivente que está convosco, por gerações perpétuas:

¹³O meu arco tenho posto nas nuvens, e ele será por sinal de haver um pacto entre mim e a terra.

¹⁴E acontecerá que, quando eu trouxer nuvens sobre a terra, e aparecer o arco nas nuvens,

¹⁵então me lembrarei do meu pacto, que está entre mim e vós e todo ser vivente de toda a carne; e as águas não se tornarão mais em dilúvio para destruir toda a carne.

¹⁶O arco estará nas nuvens, e olharei para ele a fim de me lembrar do pacto perpétuo entre Deus e todo ser vivente de toda a carne que está sobre a terra.

¹⁷Disse Deus a Noé ainda: Esse é o sinal do pacto que tenho estabelecido entre mim e toda a carne que está sobre a terra.

¹⁸Ora, os filhos de Noé, que saíram da arca, foram Sem, Cão e Jafé; e Cão é o pai de Canaã.

¹⁹Estes três foram os filhos de Noé; e destes foi povoada toda a terra.

²⁰E começou Noé a cultivar a terra e plantou uma vinha.

²¹Bebeu do vinho, e embriagou-se; e achava-se nu dentro da sua tenda.

²²E Cão, pai de Canaã, viu a nudez de seu pai, e o contou a seus dois irmãos que estavam fora.

²³Então tomaram Sem e Jafé uma capa, e puseram-na sobre os seus ombros, e andando virados para trás, cobriram a nudez de seu pai, tendo os rostos virados, de maneira que não viram a nudez de seu pai.

²⁴Despertado que foi Noé do seu vinho, soube o que seu filho mais moço lhe fizera;

²⁵e disse: Maldito seja Canaã; servo dos servos será de seus irmãos.

²⁶Disse mais: Bendito seja o Senhor, o Deus de Sem; e seja-lhe Canaã por servo.

²⁷Alargue Deus a Jafé, e habite Jafé nas tendas de Sem; e seja-lhe Canaã por servo.

²⁸Viveu Noé, depois do dilúvio, trezentos e cinqüenta anos.

²⁹E foram todos os dias de Noé novecentos e cinqüenta anos; e morreu.

## Capítulo 10

¹Estas, pois, são as gerações dos filhos de Noé: Sem, Cão e Jafé, aos quais nasceram filhos depois do dilúvio.

²Os filhos de Jafé: Gomer, Magogue, Madai, Javã, Tubal, Meseque e Tiras.

³Os filhos de Gomer: Asquenaz, Rifate e Togarma.

⁴Os filhos de Javã: Elisá, Társis, Quitim e Dodanim.

⁵Por estes foram repartidas as ilhas das nações nas suas terras, cada qual segundo a sua língua, segundo as suas famílias, entre as suas nações.

⁶Os filhos de Cão: Cuche, Mizraim, Pute e Canaã.

⁷Os filhos de Cuche: Sebá, Havilá, Sabtá, Raamá e Sabtecá; e os filhos de Raamá são Sebá e Dedã.

⁸Cuche também gerou a Ninrode, o qual foi o primeiro a ser poderoso na terra.

⁹Ele era poderoso caçador diante do Senhor; pelo que se diz: Como Ninrode, poderoso caçador diante do Senhor.

¹⁰O princípio do seu reino foi Babel, Ereque, Acade e Calné, na terra de Sinar.

¹¹Desta mesma terra saiu ele para a Assíria e edificou Nínive, Reobote-Ir, Calá,

¹²e Résem entre Nínive e Calá (esta é a grande cidade).

¹³Mizraim gerou a Ludim, Anamim, Leabim, Naftuim,

¹⁴Patrusim, Casluim (donde saíram os filisteus) e Caftorim.

¹⁵Canaã gerou a Sidom, seu primogênito, e Hete,

¹⁶e ao jebuseu, o amorreu, o girgaseu,

¹⁷o heveu, o arqueu, o sineu,

¹⁸o arvadeu, o zemareu e o hamateu. Depois se espalharam as famílias dos cananeus.

¹⁹Foi o termo dos cananeus desde Sidom, em direção a Gerar, até Gaza; e daí em direção a Sodoma, Gomorra, Admá e Zeboim, até Lasa.

²⁰São esses os filhos de Cão segundo as suas famílias, segundo as suas línguas, em suas terras, em suas nações.

²¹A Sem, que foi o pai de todos os filhos de Eber e irmão mais velho de Jafé, a ele também nasceram filhos.

²²Os filhos de Sem foram: Elão, Assur, Arfaxade, Lude e Arão.

²³Os filhos de Arão: Uz, Hul, Geter e Más.

²⁴Arfaxade gerou a Selá; e Selá gerou a Eber.

²⁵A Eber nasceram dois filhos: o nome de um foi Pelegue, porque nos seus dias foi dividida a terra; e o nome de seu irmão foi Joctã.

²⁶Joctã gerou a Almodá, Selefe, Hazarmavé, Jerá,

²⁷Hadorão, Usal, Dicla,

²⁸Obal, Abimael, Sebá,

²⁹Ofir, Havilá e Jobabe: todos esses foram filhos de Joctã.

³⁰E foi a sua habitação desde Messa até Sefar, montanha do oriente.

³¹Esses são os filhos de Sem segundo as suas famílias, segundo as suas línguas, em suas terras, segundo as suas nações.

³²Essas são as famílias dos filhos de Noé segundo as suas gerações, em suas nações; e delas foram disseminadas as nações na terra depois do dilúvio.

## Capítulo 11

¹Ora, toda a terra tinha uma só língua e um só idioma.

²E deslocando-se os homens para o oriente, acharam um vale na terra de Sinar; e ali habitaram.

³Disseram uns aos outros: Eia pois, façamos tijolos, e queimemo-los bem. Os tijolos lhes serviram de pedras e o betume de argamassa.

⁴Disseram mais: Eia, edifiquemos para nós uma cidade e uma torre cujo cume toque no céu, e façamo-nos um nome, para que não sejamos espalhados sobre a face de toda a terra.

⁵Então desceu o Senhor para ver a cidade e a torre que os filhos dos homens edificavam;

⁶e disse: Eis que o povo é um e todos têm uma só língua; e isto é o que começam a fazer; agora não haverá restrição para tudo o que eles intentarem fazer.

⁷Eia, desçamos, e confundamos ali a sua linguagem, para que não entenda um a língua do outro.

⁸Assim o Senhor os espalhou dali sobre a face de toda a terra; e cessaram de edificar a cidade.

⁹Por isso se chamou o seu nome Babel, porquanto ali confundiu o Senhor a linguagem de toda a terra, e dali o Senhor os espalhou sobre a

face de toda a terra.

¹⁰Estas são as gerações de Sem. Tinha ele cem anos, quando gerou a Arfaxade, dois anos depois do dilúvio.

¹¹E viveu Sem, depois que gerou a Arfaxade, quinhentos anos; e gerou filhos e filhas.

¹²Arfaxade viveu trinta e cinco anos, e gerou a Selá.

¹³Viveu Arfaxade, depois que gerou a Selá, quatrocentos e três anos; e gerou filhos e filhas.

¹⁴Selá viveu trinta anos, e gerou a Eber.

¹⁵Viveu Selá, depois que gerou a Eber, quatrocentos e três anos; e gerou filhos e filhas.

¹⁶Eber viveu trinta e quatro anos, e gerou a Pelegue.

¹⁷Viveu Eber, depois que gerou a Pelegue, quatrocentos e trinta anos; e gerou filhos e filhas.

¹⁸Pelegue viveu trinta anos, e gerou a Reú.

¹⁹Viveu Pelegue, depois que gerou a Reú, duzentos e nove anos; e gerou filhos e filhas.

²⁰Reú viveu trinta e dois anos, e gerou a Serugue.

²¹Viveu Reú, depois que gerou a Serugue, duzentos e sete anos; e gerou filhos e filhas.

²²Serugue viveu trinta anos, e gerou a Naor.

²³Viveu Serugue, depois que gerou a Naor, duzentos anos; e gerou filhos e filhas.

²⁴Naor viveu vinte e nove anos, e gerou a Tera.

²⁵Viveu Naor, depois que gerou a Tera, cento e dezenove anos; e gerou filhos e filhas.

²⁶Tera viveu setenta anos, e gerou a Abrão, a Naor e a Harã.

²⁷Estas são as gerações de Tera: Tera gerou a Abrão, a Naor e a Harã; e Harã gerou a Ló.

²⁸Harã morreu antes de seu pai Tera, na terra do seu nascimento, em Ur dos Caldeus.

²⁹Abrão e Naor tomaram mulheres para si: o nome da mulher de Abrão era Sarai, e o nome da mulher do Naor era Milca, filha de Harã, que foi pai de Milca e de Iscá.

³⁰Sarai era estéril; não tinha filhos.

³¹Tomou Tera a Abrão seu filho, e a Ló filho de Harã, filho de seu filho, e a Sarai sua nora, mulher de seu filho Abrão, e saiu com eles de Ur dos Caldeus, a fim de ir para a terra de Canaã; e vieram até Harã, e ali habitaram.

³²Foram os dias de Tera duzentos e cinco anos; e morreu Tera em Harã.

## Capítulo 12

¹Ora, o Senhor disse a Abrão: Sai-te da tua terra, da tua parentela, e da casa de teu pai, para a terra que eu te mostrarei.

²Eu farei de ti uma grande nação; abençoar-te-ei, e engrandecerei o teu nome; e tu, sê uma bênção.

³Abençoarei aos que te abençoarem, e amaldiçoarei àquele que te amaldiçoar, e em ti serão benditas todas as famílias da terra.

⁴Partiu, pois Abrão, como o Senhor lhe ordenara, e Ló foi com ele. Tinha Abrão setenta e cinco anos quando saiu de Harã.

⁵Abrão levou consigo a Sarai, sua mulher, e a Ló, filho de seu irmão, e todos os bens que haviam adquirido, e as almas que lhes acresceram em Harã; e saíram a fim de irem à terra de Canaã; à terra de Canaã chegaram.

⁶Passou Abrão pela terra até o lugar de Siquém, até o carvalho de Moré. Nesse tempo estavam os cananeus na terra.

⁷Apareceu, porém, o Senhor a Abrão, e disse: è tua semente darei esta terra. Abrão, pois, edificou ali um altar ao Senhor, que lhe aparecera.

⁸Então passou dali para o monte ao oriente de Betel, e armou a sua tenda, ficando-lhe Betel ao ocidente, e Ai ao oriente; também ali edificou um altar ao Senhor, e invocou o nome do Senhor.

⁹Depois continuou Abrão o seu caminho, seguindo ainda para o sul.

¹⁰Ora, havia fome naquela terra; Abrão, pois, desceu ao Egito, para peregrinar ali, porquanto era grande a fome na terra.

¹¹Quando ele estava prestes a entrar no Egito, disse a Sarai, sua mulher: Ora, bem sei que és mulher formosa à vista;

¹²e acontecerá que, quando os egípcios te virem, dirão: Esta é mulher dele. E me matarão a mim, mas a ti te guardarão em vida.

¹³Dize, peço-te, que és minha irmã, para que me vá bem por tua causa, e que viva a minha alma em atenção a ti.

¹⁴E aconteceu que, entrando Abrão no Egito, viram os egípcios que a mulher era mui formosa.

¹⁵Até os príncipes de Faraó a viram e gabaram-na diante dele; e foi levada a mulher para a casa de Faraó.

¹⁶E ele tratou bem a Abrão por causa dela; e este veio a ter ovelhas, bois e jumentos, servos e servas, jumentas e camelos.

¹⁷Feriu, porém, o Senhor a Faraó e a sua casa com grandes pragas, por causa de Sarai, mulher de Abrão.

¹⁸Então chamou Faraó a Abrão, e disse: Que é isto que me fizeste? por que não me disseste que ela era tua mulher?

¹⁹Por que disseste: É minha irmã? de maneira que a tomei para ser minha mulher. Agora, pois, eis aqui tua mulher; toma-a e vai-te.

²⁰E Faraó deu ordens aos seus guardas a respeito dele, os quais o despediram a ele, e a sua mulher, e a tudo o que tinha.

## Capítulo 13

¹Subiu, pois, Abrão do Egito para o Negebe, levando sua mulher e tudo o que tinha, e Ló o acompanhava.

²Abrão era muito rico em gado, em prata e em ouro.

³Nas suas jornadas subiu do Negebe para Betel, até o lugar onde outrora estivera a sua tenda, entre Betel e Ai,

⁴até o lugar do altar, que dantes ali fizera; e ali invocou Abrão o nome do Senhor.

⁵E também Ló, que ia com Abrão, tinha rebanhos, gado e tendas.

⁶Ora, a terra não podia sustentá-los, para eles habitarem juntos; porque os seus bens eram muitos; de modo que não podiam habitar juntos.

⁷Pelo que houve contenda entre os pastores do gado de Abrão, e os pastores do gado de Ló. E nesse tempo os cananeus e os perizeus habitavam na terra.

⁸Disse, pois, Abrão a Ló: Ora, não haja contenda entre mim e ti, e entre os meus pastores e os teus pastores, porque somos irmãos.

⁹Porventura não está toda a terra diante de ti? Rogo-te que te apartes de mim. Se tu escolheres a esquerda, irei para a direita; e se a direita escolheres, irei eu para a esquerda.

¹⁰Então Ló levantou os olhos, e viu toda a planície do Jordão, que era toda bem regada (antes de haver o Senhor destruído Sodoma e Gomorra), e era como o jardim do Senhor, como a terra do Egito, até chegar a Zoar.

¹¹E Ló escolheu para si toda a planície do Jordão, e partiu para o oriente; assim se apartaram um do outro.

¹²Habitou Abrão na terra de Canaã, e Ló habitou nas cidades da planície, e foi armando as suas tendas até chegar a Sodoma.

¹³Ora, os homens de Sodoma eram maus e grandes pecadores contra o Senhor.

¹⁴E disse o Senhor a Abrão, depois que Ló se apartou dele: Levanta agora os olhos, e olha desde o lugar onde estás, para o norte, para o sul, para o oriente e para o ocidente;

¹⁵porque toda esta terra que vês, te hei de dar a ti, e à tua descendência, para sempre.

¹⁶E farei a tua descendência como o pó da terra; de maneira que se puder ser contado o pó da terra, então também poderá ser contada a tua descendência.

¹⁷Levanta-te, percorre esta terra, no seu comprimento e na sua largura; porque a darei a ti.

¹⁸Então mudou Abrão as suas tendas, e foi habitar junto dos carvalhos de Manre, em Hebrom; e ali edificou um altar ao Senhor.

## Capítulo 14

¹Aconteceu nos dias de Anrafel, rei de Sinar, Arioque, rei de Elasar, Quedorlaomer, rei de Elão, e Tidal, rei de Goiim,

²que estes fizeram guerra a Bera, rei de Sodoma, a Birsa, rei de Gomorra, a Sinabe, rei de Admá, a Semeber, rei de Zeboim, e ao rei de Belá (esta é Zoar).

³Todos estes se ajuntaram no vale de Sidim (que é o Mar Salgado).

⁴Doze anos haviam servido a Quedorlaomer, mas ao décimo terceiro ano rebelaram-se.

⁵Por isso, ao décimo quarto ano veio Quedorlaomer, e os reis que estavam com ele, e feriram aos refains em Asterote-Carnaim, aos zuzins em Hão, aos emins em Savé-Quiriataim,

⁶e aos horeus no seu monte Seir, até El-Parã, que está junto ao deserto.

⁷Depois voltaram e vieram a En-Mispate (que é Cades), e feriram toda a terra dos amalequitas, e também dos amorreus, que habitavam em Hazazom-Tamar.

⁸Então saíram os reis de Sodoma, de Gomorra, de Admá, de Zeboim e de Belá (esta é Zoar), e ordenaram batalha contra eles no vale de Sidim,

⁹contra Quedorlaomer, rei de Elão, Tidal, rei de Goiim, Anrafel, rei de Sinar, e Arioque, rei de Elasar; quatro reis contra cinco.

¹⁰Ora, o vale de Sidim estava cheio de poços de betume; e fugiram os reis de Sodoma e de Gomorra, e caíram ali; e os restantes fugiram para o monte.

¹¹Tomaram, então, todos os bens de Sodoma e de Gomorra com todo o seu mantimento, e se foram.

¹²Tomaram também a Ló, filho do irmão de Abrão, que habitava em Sodoma, e os bens dele, e partiram.

¹³Então veio um que escapara, e o contou a Abrão, o hebreu. Ora, este habitava junto dos carvalhos de Manre, o amorreu, irmão de Escol e de Aner; estes eram aliados de Abrão.

¹⁴Ouvindo, pois, Abrão que seu irmão estava preso, levou os seus homens treinados, nascidos em sua casa, em número de trezentos e dezoito, e perseguiu os reis até Dã.

¹⁵Dividiu-se contra eles de noite, ele e os seus servos, e os feriu, perseguindo-os até Hobá, que fica à esquerda de Damasco.

¹⁶Assim tornou a trazer todos os bens, e tornou a trazer também a Ló, seu irmão, e os bens dele, e também as mulheres e o povo.

¹⁷Depois que Abrão voltou de ferir a Quedorlaomer e aos reis que estavam com ele, saiu-lhe ao encontro o rei de Sodoma, no vale de Savé (que é o vale do rei).

¹⁸Ora, Melquisedeque, rei de Salém, trouxe pão e vinho; pois era sacerdote do Deus Altíssimo;

¹⁹e abençoou a Abrão, dizendo: bendito seja Abrão pelo Deus Altíssimo, o Criador dos céus e da terra!

²⁰E bendito seja o Deus Altíssimo, que entregou os teus inimigos nas tuas mãos! E Abrão deu-lhe o dízimo de tudo.

²¹Então o rei de Sodoma disse a Abrão: Dá-me a mim as pessoas; e os bens toma-os para ti.

²²Abrão, porém, respondeu ao rei de Sodoma: Levanto minha mão ao Senhor, o Deus Altíssimo, o Criador dos céus e da terra,

²³jurando que não tomarei coisa alguma de tudo o que é teu, nem um fio, nem uma correia de sapato, para que não digas: Eu enriqueci a Abrão;

²⁴salvo tão somente o que os mancebos comeram, e a parte que toca aos homens Aner, Escol e Manre, que foram comigo; que estes tomem a sua parte.

## Capítulo 15

¹Depois destas coisas veio a palavra do Senhor a Abrão numa visão, dizendo: Não temas, Abrão; eu sou o teu escudo, o teu galardão será grandíssimo.

²Então disse Abrão: Ó Senhor Deus, que me darás, visto que morro sem filhos, e o herdeiro de minha casa é o damasceno Eliézer?

³Disse mais Abrão: A mim não me tens dado filhos; eis que um nascido na minha casa será o meu herdeiro.

⁴Ao que lhe veio a palavra do Senhor, dizendo: Este não será o teu herdeiro; mas aquele que sair das tuas entranhas, esse será o teu herdeiro.

⁵Então o levou para fora, e disse: Olha agora para o céu, e conta as estrelas, se as podes contar; e acrescentou-lhe: Assim será a tua descendência.

⁶E creu Abrão no Senhor, e o Senhor imputou-lhe isto como justiça.

⁷Disse-lhe mais: Eu sou o Senhor, que te tirei de Ur dos caldeus, para te dar esta terra em herança.

⁸Ao que lhe perguntou Abrão: Ó Senhor Deus, como saberei que hei de herdá-la?

⁹Respondeu-lhe: Toma-me uma novilha de três anos, uma cabra de três anos, um carneiro de três anos, uma rola e um pombinho.

¹⁰Ele, pois, lhe trouxe todos estes animais, partiu-os pelo meio, e pôs cada parte deles em frente da outra; mas as aves não partiu.

¹¹E as aves de rapina desciam sobre os cadáveres; Abrão, porém, as enxotava.

¹²Ora, ao pôr do sol, caiu um profundo sono sobre Abrão; e eis que lhe sobrevieram grande pavor e densas trevas.

¹³Então disse o Senhor a Abrão: Sabe com certeza que a tua descendência será peregrina em terra alheia, e será reduzida à escravidão, e será afligida por quatrocentos anos;

¹⁴sabe também que eu julgarei a nação a qual ela tem de servir; e depois sairá com muitos bens.

¹⁵Tu, porém, irás em paz para teus pais; em boa velhice serás sepultado.

¹⁶Na quarta geração, porém, voltarão para cá; porque a medida da iniqüidade dos amorreus não está ainda cheia.

¹⁷Quando o sol já estava posto, e era escuro, eis um fogo fumegante e uma tocha de fogo, que passaram por entre aquelas metades.

¹⁸Naquele mesmo dia fez o Senhor um pacto com Abrão, dizendo: À tua descendência tenho dado esta terra, desde o rio do Egito até o grande rio Eufrates;

¹⁹e o queneu, o quenizeu, o cadmoneu,

²⁰o heteu, o perizeu, os refains,

²¹o amorreu, o cananeu, o girgaseu e o jebuseu.

## Capítulo 16

¹Ora, Sarai, mulher de Abrão, não lhe dava filhos. Tinha ela uma serva egípcia, que se chamava Agar.

²Disse Sarai a Abrão: Eis que o Senhor me tem impedido de ter filhos; toma, pois, a minha serva; porventura terei filhos por meio dela. E ouviu Abrão a voz de Sarai.

³Assim Sarai, mulher de Abrão, tomou a Agar a egípcia, sua serva, e a deu por mulher a Abrão seu marido, depois de Abrão ter habitado dez anos na terra de Canaã.

⁴E ele conheceu a Agar, e ela concebeu; e vendo ela que concebera, foi sua senhora desprezada aos seus olhos.

⁵Então disse Sarai a Abrão: Sobre ti seja a afronta que me é dirigida a mim; pus a minha serva em teu regaço; vendo ela agora que concebeu, sou desprezada aos seus olhos; o Senhor julgue entre mim e ti.

⁶Ao que disse Abrão a Sarai: Eis que tua serva está nas tuas mãos; faze-lhe como bem te parecer. E Sarai maltratou-a, e ela fugiu de sua face.

⁷Então o anjo do Senhor, achando-a junto a uma fonte no deserto, a fonte que está no caminho de Sur,

⁸perguntou-lhe: Agar, serva de Sarai, donde vieste, e para onde vais? Respondeu ela: Da presença de Sarai, minha senhora, vou fugindo.

⁹Disse-lhe o anjo do Senhor: Torna-te para tua senhora, e humilha-te debaixo das suas mãos.

¹⁰Disse-lhe mais o anjo do Senhor: Multiplicarei sobremaneira a tua descendência, de modo que não será contada, por numerosa que será.

¹¹Disse-lhe ainda o anjo do Senhor: Eis que concebeste, e terás um filho, a quem chamarás Ismael; porquanto o Senhor ouviu a tua aflição.

¹²Ele será como um jumento selvagem entre os homens; a sua mão será contra todos, e a mão de todos contra ele; e habitará diante da face de todos os seus irmãos.

¹³E ela chamou, o nome do Senhor, que com ela falava, El-Rói; pois disse: Não tenho eu também olhado neste lugar para aquele que me vê?

¹⁴Pelo que se chamou aquele poço Beer-Laai-Rói; ele está entre Cades e Berede.

¹⁵E Agar deu um filho a Abrão; e Abrão pôs o nome de Ismael no seu filho que tivera de Agar.

¹⁶Ora, tinha Abrão oitenta e seis anos, quando Agar lhe deu Ismael.

## Capítulo 17

¹Quando Abrão tinha noventa e nove anos, apareceu-lhe o Senhor e lhe disse: Eu sou o Deus Todo-Poderoso; anda em minha presença, e sê perfeito;

²e firmarei o meu pacto contigo, e sobremaneira te multiplicarei.

³Ao que Abrão se prostrou com o rosto em terra, e Deus falou-lhe, dizendo:

⁴Quanto a mim, eis que o meu pacto é contigo, e serás pai de muitas nações;

⁵não mais serás chamado Abrão, mas Abraão será o teu nome; pois por pai de muitas nações te hei posto;

⁶far-te-ei frutificar sobremaneira, e de ti farei nações, e reis sairão de ti;

⁷estabelecerei o meu pacto contigo e com a tua descendência depois de ti em suas gerações, como pacto perpétuo, para te ser por Deus a ti e à tua descendência depois de ti.

⁸Dar-te-ei a ti e à tua descendência depois de ti a terra de tuas peregrinações, toda a terra de Canaã, em perpétua possessão; e serei o seu Deus.

⁹Disse mais Deus a Abraão: Ora, quanto a ti, guardarás o meu pacto, tu e a tua descendência depois de ti, nas suas gerações.

¹⁰Este é o meu pacto, que guardareis entre mim e vós, e a tua descendência depois de ti: todo varão dentre vugar para aquele que me

¹¹Circuncidar-vos-eis na carne do prepúcio; e isto será por sinal de pacto entre mim e vós.

¹²À idade de oito dias, todo varão dentre vós será circuncidado, por todas as vossas gerações, tanto o nascido em casa como o comprado

por dinheiro a qualquer estrangeiro, que não for da tua linhagem.

¹³Com efeito será circuncidado o nascido em tua casa, e o comprado por teu dinheiro; assim estará o meu pacto na vossa carne como pacto perpétuo.

¹⁴Mas o incircunciso, que não se circuncidar na carne do prepúcio, essa alma será extirpada do seu povo; violou o meu pacto.

¹⁵Disse Deus a Abraão: Quanto a Sarai, tua, mulher, não lhe chamarás mais Sarai, porem Sara será o seu nome.

¹⁶Abençoá-la-ei, e também dela te darei um filho; sim, abençoá-la-ei, e ela será mãe de nações; reis de povos sairão dela.

¹⁷Ao que se prostrou Abraão com o rosto em terra, e riu-se, e disse no seu coração: A um homem de cem anos há de nascer um filho? Dará à luz Sara, que tem noventa anos?

¹⁸Depois disse Abraão a Deus: Oxalá que viva Ismael diante de ti!

¹⁹E Deus lhe respondeu: Na verdade, Sara, tua mulher, te dará à luz um filho, e lhe chamarás Isaque; com ele estabelecerei o meu pacto como pacto perpétuo para a sua descendência depois dele.

²⁰E quanto a Ismael, também te tenho ouvido; eis que o tenho abençoado, e fá-lo-ei frutificar, e multiplicá-lo-ei grandissimamente; doze príncipes gerará, e dele farei uma grande nação.

²¹O meu pacto, porém, estabelecerei com Isaque, que Sara te dará à luz neste tempo determinado, no ano vindouro.

²²Ao acabar de falar com Abraão, subiu Deus diante dele.

²³Logo tomou Abraão a seu filho Ismael, e a todos os nascidos na sua casa e a todos os comprados por seu dinheiro, todo varão entre os da casa de Abraão, e lhes circuncidou a carne do prepúcio, naquele mesmo dia, como Deus lhe ordenara.

²⁴Abraão tinha noventa e nove anos, quando lhe foi circuncidada a carne do prepúcio;

²⁵E Ismael, seu filho, tinha treze anos, quando lhe foi circuncidada a carne do prepúcio.

²⁶No mesmo dia foram circuncidados Abraão e seu filho Ismael.

²⁷E todos os homens da sua casa, assim os nascidos em casa, como os comprados por dinheiro ao estrangeiro, foram circuncidados com ele.

## Capítulo 18

¹Depois apareceu o Senhor a Abraão junto aos carvalhos de Manre, estando ele sentado à porta da tenda, no maior calor do dia.

²Levantando Abraão os olhos, olhou e eis três homens de pé em frente dele. Quando os viu, correu da porta da tenda ao seu encontro, e prostrou-se em terra,

³e disse: Meu Senhor, se agora tenho achado graça aos teus olhos, rogo-te que não passes de teu servo.

⁴Eia, traga-se um pouco d'água, e lavai os pés e recostai-vos debaixo da árvore;

⁵e trarei um bocado de pão; refazei as vossas forças, e depois passareis adiante; porquanto por isso chegastes ate o vosso servo. Responderam-lhe: Faze assim como disseste.

⁶Abraão, pois, apressou-se em ir ter com Sara na tenda, e disse-lhe: Amassa depressa três medidas de flor de farinha e faze bolos.

⁷Em seguida correu ao gado, apanhou um bezerro tenro e bom e deu-o ao criado, que se apressou em prepará-lo.

⁸Então tomou queijo fresco, e leite, e o bezerro que mandara preparar, e pôs tudo diante deles, ficando em pé ao lado deles debaixo da árvore, enquanto comiam.

⁹Perguntaram-lhe eles: Onde está Sara, tua mulher? Ele respondeu: Está ali na tenda.

¹⁰E um deles lhe disse: certamente tornarei a ti no ano vindouro; e eis que Sara tua mulher terá um filho. E Sara estava escutando à porta da tenda, que estava atrás dele.

¹¹Ora, Abraão e Sara eram já velhos, e avançados em idade; e a Sara havia cessado o incômodo das mulheres.

¹²Sara então riu-se consigo, dizendo: Terei ainda deleite depois de haver envelhecido, sendo também o meu senhor ja velho?

¹³Perguntou o Senhor a Abraão: Por que se riu Sara, dizendo: É verdade que eu, que sou velha, darei à luz um filho?

¹⁴Há, porventura, alguma coisa difícil ao Senhor? Ao tempo determinado, no ano vindouro, tornarei a ti, e Sara terá um filho.

¹⁵Então Sara negou, dizendo: Não me ri; porquanto ela teve medo. Ao que ele respondeu: Não é assim; porque te riste.

¹⁶E levantaram-se aqueles homens dali e olharam para a banda de Sodoma; e Abraão ia com eles, para os encaminhar.

¹⁷E disse o Senhor: Ocultarei eu a Abraão o que faço,

¹⁸visto que Abraão certamente virá a ser uma grande e poderosa nação, e por meio dele serão benditas todas as nações da terra?

¹⁹Porque eu o tenho escolhido, a fim de que ele ordene a seus filhos e a sua casa depois dele, para que guardem o caminho do Senhor, para praticarem retidão e justiça; a fim de que o Senhor faça vir sobre Abraão o que a respeito dele tem falado.

²⁰Disse mais o Senhor: Porquanto o clamor de Sodoma e Gomorra se tem multiplicado, e porquanto o seu pecado se tem agravado muito,

²¹descerei agora, e verei se em tudo têm praticado segundo o seu clamor, que a mim tem chegado; e se não, sabê-lo-ei.

²²Então os homens, virando os seus rostos dali, foram-se em direção a Sodoma; mas Abraão ficou ainda em pé diante do Senhor.

²³E chegando-se Abraão, disse: Destruirás também o justo com o ímpio?

²⁴Se porventura houver cinquenta justos na cidade, destruirás e não pouparás o lugar por causa dos cinquenta justos que ali estão?

²⁵Longe de ti que faças tal coisa, que mates o justo com o ímpio, de modo que o justo seja como o ímpio; esteja isto longe de ti. Não fará justiça o juiz de toda a terra?

²⁶Então disse o Senhor: Se eu achar em Sodoma cinquenta justos dentro da cidade, pouparei o lugar todo por causa deles.

²⁷Tornou-lhe Abraão, dizendo: Eis que agora me atreví a falar ao Senhor, ainda que sou pó e cinza.

²⁸Se porventura de cinquenta justos faltarem cinco, destruirás toda a cidade por causa dos cinco? Respondeu ele: Não a destruirei, se eu achar ali quarenta e cinco.

²⁹Continuou Abraão ainda a falar-lhe, e disse: Se porventura se acharem ali quarenta? Mais uma vez assentiu: Por causa dos quarenta não o farei.

³⁰Disse Abraão: Ora, não se ire o Senhor, se eu ainda falar. Se porventura se acharem ali trinta? De novo assentiu: Não o farei, se achar ali trinta.

³¹Tornou Abraão: Eis que outra vez me a atreví a falar ao Senhor. Se porventura se acharem ali vinte? Respondeu-lhe: Por causa dos vinte não a destruirei.

³²Disse ainda Abraão: Ora, não se ire o Senhor, pois só mais esta vez falarei. Se porventura se acharem ali dez? Ainda assentiu o Senhor: Por causa dos dez não a destruirei.

³³E foi-se o Senhor, logo que acabou de falar com Abraão; e Abraão voltou para o seu lugar.

## Capítulo 19

¹Â tarde chegaram os dois anjos a Sodoma. Ló estava sentado à porta de Sodoma e, vendo-os, levantou-se para os receber; prostrou-se com o rosto em terra,

²e disse: Eis agora, meus senhores, entrai, peço-vos em casa de vosso servo, e passai nela a noite, e lavai os pés; de madrugada vos levantareis e ireis vosso caminho. Responderam eles: Não; antes na praça passaremos a noite.

³Entretanto, Ló insistiu muito com eles, pelo que foram com ele e entraram em sua casa; e ele lhes deu um banquete, assando-lhes pães ázimos, e eles comeram.

⁴Mas antes que se deitassem, cercaram a casa os homens da cidade, isto é, os homens de Sodoma, tanto os moços como os velhos, sim, todo o povo de todos os lados;

⁵e, chamando a Ló, perguntaram-lhe: Onde estão os homens que entraram esta noite em tua casa? Traze-os cá fora a nós, para que os conheçamos.

⁶Então Ló saiu-lhes à porta, fechando-a atrás de si,

⁷e disse: Meus irmãos, rogo-vos que não procedais tão perversamente;

⁸eis aqui, tenho duas filhas que ainda não conheceram varão; eu vo-las trarei para fora, e lhes fareis como bem vos parecer: somente nada façais a estes homens, porquanto entraram debaixo da sombra do meu telhado.

⁹Eles, porém, disseram: Sai daí. Disseram mais: Esse indivíduo, como estrangeiro veio aqui habitar, e quer se arvorar em juiz! Agora te faremos mais mal a ti do que a eles. E arremessaram-se sobre o homem, isto é, sobre Ló, e aproximavam-se para arrombar a porta.

¹⁰Aqueles homens, porém, estendendo as mãos, fizeram Ló entrar para dentro da casa, e fecharam a porta;

¹¹e feriram de cegueira os que estavam do lado de fora, tanto pequenos como grandes, de maneira que cansaram de procurar a porta.

¹²Então disseram os homens a Ló: Tens mais alguém aqui? Teu genro, e teus filhos, e tuas filhas, e todos quantos tens na cidade, tira-os para fora deste lugar;

¹³porque nós vamos destruir este lugar, porquanto o seu clamor se tem avolumado diante do Senhor, e o Senhor nos enviou a destruí-lo.

¹⁴Tendo saído Ló, falou com seus genros, que haviam de casar com suas filhas, e disse-lhes: Levantai-vos, saí deste lugar, porque o Senhor há de destruir a cidade. Mas ele pareceu aos seus genros como

quem estava zombando.

¹⁵E ao amanhecer os anjos apertavam com Ló, dizendo: levanta-te, toma tua mulher e tuas duas filhas que aqui estão, para que não pereças no castigo da cidade.

¹⁶Ele, porém, se demorava; pelo que os homens pegaram-lhe pela mão a ele, à sua mulher, e às suas filhas, sendo-lhe misericordioso o Senhor. Assim o tiraram e o puseram fora da cidade.

¹⁷Quando os tinham tirado para fora, disse um deles: Escapa-te, salva tua vida; não olhes para trás de ti, nem te detenhas em toda esta planície; escapa-te lá para o monte, para que não pereças.

¹⁸Respondeu-lhe Ló: Ah, assim não, meu Senhor!

¹⁹Eis que agora o teu servo tem achado graça aos teus olhos, e tens engrandecido a tua misericórdia que a mim me fizeste, salvando-me a vida; mas eu não posso escapar-me para o monte; não seja caso me apanhe antes este mal, e eu morra.

²⁰Eis ali perto aquela cidade, para a qual eu posso fugir, e é pequena. Permite que eu me escape para lá (porventura não é pequena?), e viverá a minha alma.

²¹Disse-lhe: Quanto a isso também te hei atendido, para não subverter a cidade de que acabas de falar.

²²Apressa-te, escapa-te para lá; porque nada poderei fazer enquanto não tiveres ali chegado. Por isso se chamou o nome da cidade Zoar.

²³Tinha saído o sol sobre a terra, quando Ló entrou em Zoar.

²⁴Então o Senhor, da sua parte, fez chover do céu enxofre e fogo sobre Sodoma e Gomorra.

²⁵E subverteu aquelas cidades e toda a planície, e todos os moradores das cidades, e o que nascia da terra.

²⁶Mas a mulher de Ló olhou para trás e ficou convertida em uma estátua de sal.

²⁷E Abraão levantou-se de madrugada, e foi ao lugar onde estivera em pé diante do Senhor;

²⁸e, contemplando Sodoma e Gomorra e toda a terra da planície, viu que subia da terra fumaça como a de uma fornalha.

²⁹Ora, aconteceu que, destruindo Deus as cidades da planície, lembrou-se de Abraão, e tirou Ló do meio da destruição, ao subverter aquelas cidades em que Ló habitara.

³⁰E subiu Ló de Zoar, e habitou no monte, e as suas duas filhas com ele; porque temia habitar em Zoar; e habitou numa caverna, ele e as suas duas filhas.

³¹Então a primogênita disse à menor: Nosso pai é já velho, e não há varão na terra que entre a nós, segundo o costume de toda a terra;

³²vem, demos a nosso pai vinho a beber, e deitemo-nos com ele, para que conservemos a descendência de nosso pai.

³³Deram, pois, a seu pai vinho a beber naquela noite; e, entrando a primogênita, deitou-se com seu pai; e não percebeu ele quando ela se deitou, nem quando se levantou.

³⁴No dia seguinte disse a primogênita à menor: Eis que eu ontem à noite me deitei com meu pai; demos-lhe vinho a beber também esta noite; e então, entrando tu, deita-te com ele, para que conservemos a descendência de nosso pai.

³⁵Tornaram, pois, a dar a seu pai vinho a beber também naquela noite; e, levantando-se a menor, deitou-se com ele; e não percebeu ele quando ela se deitou, nem quando se levantou.

³⁶Assim as duas filhas de Ló conceberam de seu pai.

³⁷A primogênita deu a luz a um filho, e chamou-lhe Moabe; este é o pai dos moabitas de hoje.

³⁸A menor também deu à luz um filho, e chamou-lhe Ben-Ami; este é o pai dos amonitas de hoje.

## Capítulo 20

¹Partiu Abraão dali para a terra do Negebe, e habitou entre Cades e Sur; e peregrinou em Gerar.

²E havendo Abraão dito de Sara, sua mulher: É minha irmã; enviou Abimeleque, rei de Gerar, e tomou a Sara.

³Deus, porém, veio a Abimeleque, em sonhos, de noite, e disse-lhe: Eis que estás para morrer por causa da mulher que tomaste; porque ela tem marido.

⁴Ora, Abimeleque ainda não se havia chegado a ela: perguntou, pois: Senhor matarás porventura tambem uma nação justa?

⁵Não me disse ele mesmo: É minha irmã? e ela mesma me disse: Ele é meu irmão; na sinceridade do meu coração e na inocência das minhas mãos fiz isto.

⁶Ao que Deus lhe respondeu em sonhos: Bem sei eu que na sinceridade do teu coração fizeste isto; e também eu te tenho impedido de pecar contra mim; por isso não te permiti tocá-la;

⁷agora, pois, restitui a mulher a seu marido, porque ele é profeta, e intercederá por ti, e viverás; se, porém, não lha restituíres, sabe que certamente morrerás, tu e tudo o que é teu.

⁸Levantou-se Abimeleque de manhã cedo e, chamando a todos os seus servos, falou-lhes aos ouvidos todas estas palavras; e os homens temeram muito.

⁹Então chamou Abimeleque a Abraão e lhe perguntou: Que é que nos fizeste? e em que pequei contra ti, para trazeres sobre mim o sobre o meu reino tamanho pecado? Tu me fizeste o que não se deve fazer.

¹⁰Perguntou mais Abimeleque a Abraão: Com que intenção fizeste isto?

¹¹Respondeu Abraão: Porque pensei: Certamente não há temor de Deus neste lugar; matar-me-ão por causa da minha mulher.

¹²Além disso ela é realmente minha irmã, filha de meu pai, ainda que não de minha mãe; e veio a ser minha mulher.

¹³Quando Deus me fez sair errante da casa de meu pai, eu lhe disse a ela: Esta é a graça que me farás: em todo lugar aonde formos, dize de mim: Ele é meu irmão.

¹⁴Então tomou Abimeleque ovelhas e bois, e servos e servas, e os deu a Abraão; e lhe restituiu Sara, sua mulher;

¹⁵e disse-lhe Abimeleque: Eis que a minha terra está diante de ti; habita onde bem te parecer.

¹⁶E a Sara disse: Eis que tenho dado a teu irmão mil moedas de prata; isso te seja por véu dos olhos a todos os que estão contigo; e perante todos estás reabilitada.

¹⁷Orou Abraão a Deus, e Deus sarou Abimeleque, e a sua mulher e as suas servas; de maneira que tiveram filhos;

¹⁸porque o Senhor havia fechado totalmente todas as madres da casa de Abimeleque, por causa de Sara, mulher de Abraão.

## Capítulo 21

¹O Senhor visitou a Sara, como tinha dito, e lhe fez como havia prometido.

²Sara concebeu, e deu a Abraão um filho na sua velhice, ao tempo determinado, de que Deus lhe falara;

³e, Abraão pôs no filho que lhe nascera, que Sara lhe dera, o nome de Isaque.

⁴E Abraão circuncidou a seu filho Isaque, quando tinha oito dias, conforme Deus lhe ordenara.

⁵Ora, Abraão tinha cem anos, quando lhe nasceu Isaque, seu filho.

⁶Pelo que disse Sara: Deus preparou riso para mim; todo aquele que o ouvir, se rirá comigo.

⁷E acrescentou: Quem diria a Abraão que Sara havia de amamentar filhos? no entanto lhe dei um filho na sua velhice.

⁸cresceu o menino, e foi desmamado; e Abraão fez um grande banquete no dia em que Isaque foi desmamado.

⁹Ora, Sara viu brincando o filho de Agar a egípcia, que esta dera à luz a Abraão.

¹⁰Pelo que disse a Abraão: Deita fora esta serva e o seu filho; porque o filho desta serva não será herdeiro com meu filho, com Isaque.

¹¹Pareceu isto bem duro aos olhos de Abraão, por causa de seu filho.

¹²Deus, porém, disse a Abraão: Não pareça isso duro aos teus olhos por causa do moço e por causa da tua serva; em tudo o que Sara te diz, ouve a sua voz; porque em Isaque será chamada a tua descendência.

¹³Mas também do filho desta serva farei uma nação, porquanto ele é da tua linhagem.

¹⁴Então se levantou Abraão de manhã cedo e, tomando pão e um odre de àgua, os deu a Agar, pondo-os sobre o ombro dela; também lhe deu o menino e despediu-a; e ela partiu e foi andando errante pelo deserto de Beer-Seba.

¹⁵E consumida a água do odre, Agar deitou o menino debaixo de um dos arbustos,

¹⁶e foi assentar-se em frente dele, a boa distância, como a de um tiro de arco; porque dizia: Que não veja eu morrer o menino. Assim sentada em frente dele, levantou a sua voz e chorou.

¹⁷Mas Deus ouviu a voz do menino; e o anjo de Deus, bradando a Agar desde o céu, disse-lhe: Que tens, Agar? não temas, porque Deus ouviu a voz do menino desde o lugar onde está.

¹⁸Ergue-te, levanta o menino e toma-o pela mão, porque dele farei uma grande nação.

¹⁹E abriu-lhe Deus os olhos, e ela viu um poço; e foi encher de água o odre e deu de beber ao menino.

²⁰Deus estava com o menino, que cresceu e, morando no deserto, tornou-se flecheiro.

²¹Ele habitou no deserto de Parã; e sua mãe tomou-lhe uma mulher da terra do Egito.

²²Naquele mesmo tempo Abimeleque, com Ficol, o chefe do seu

exército, falou a Abraão, dizendo: Deus é contigo em tudo o que fazes;

²³agora pois, jura-me aqui por Deus que não te haverás falsamente comigo, nem com meu filho, nem com o filho do meu filho; mas segundo a beneficência que te fiz, me farás a mim, e à terra onde peregrinaste.

²⁴Respondeu Abraão: Eu jurarei.

²⁵Abraão, porém, repreendeu a Abimeleque, por causa de um poço de água, que os servos de Abimeleque haviam tomado à força.

²⁶Respondeu-lhe Abimeleque: Não sei quem fez isso; nem tu mo fizeste saber, nem tampouco ouvi eu falar nisso, senão hoje.

²⁷Tomou, pois, Abraão ovelhas e bois, e os deu a Abimeleque; assim fizeram entre, si um pacto.

²⁸Pôs Abraão, porém, à parte sete cordeiras do rebanho.

²⁹E perguntou Abimeleque a Abraão: Que significam estas sete cordeiras que puseste à parte?

³⁰Respondeu Abraão: Estas sete cordeiras receberás da minha mão para que me sirvam de testemunho de que eu cavei este poço.

³¹Pelo que chamou aquele lugar Beer-Seba, porque ali os dois juraram.

³²Assim fizeram uma pacto em Beer-Seba. Depois se levantaram Abimeleque e Ficol, o chefe do seu exército, e tornaram para a terra dos filisteus.

³³Abraão plantou uma tamargueira em Beer-Seba, e invocou ali o nome do Senhor, o Deus eterno.

³⁴E peregrinou Abraão na terra dos filisteus muitos dias.

## Capítulo 22

¹Sucedeu, depois destas coisas, que Deus provou a Abraão, dizendo-lhe: Abraão! E este respondeu: Eis-me aqui.

²Prosseguiu Deus: Toma agora teu filho; o teu único filho, Isaque, a quem amas; vai à terra de Moriá, e oferece-o ali em holocausto sobre um dos montes que te hei de mostrar.

³Levantou-se, pois, Abraão de manhã cedo, albardou o seu jumento, e tomou consigo dois de seus moços e Isaque, seu filho; e, tendo cortado lenha para o holocausto, partiu para ir ao lugar que Deus lhe dissera.

⁴Ao terceiro dia levantou Abraão os olhos, e viu o lugar de longe.

⁵E disse Abraão a seus moços: Ficai-vos aqui com o jumento, e eu e o mancebo iremos até lá; depois de adorarmos, voltaremos a vós.

⁶Tomou, pois, Abraão a lenha do holocausto e a pôs sobre Isaque, seu filho; tomou também na mão o fogo e o cutelo, e foram caminhando juntos.

⁷Então disse Isaque a Abraão, seu pai: Meu pai! Respondeu Abraão: Eis-me aqui, meu filho! Perguntou-lhe Isaque: Eis o fogo e a lenha, mas onde está o cordeiro para o holocausto?

⁸Respondeu Abraão: Deus proverá para si o cordeiro para o holocausto, meu filho. E os dois iam caminhando juntos.

⁹Havendo eles chegado ao lugar que Deus lhe dissera, edificou Abraão ali o altar e pôs a lenha em ordem; e amarrou, a Isaque, seu filho, e o deitou sobre o altar em cima da lenha.

¹⁰E, estendendo a mão, pegou no cutelo para imolar a seu filho.

¹¹Mas o anjo do Senhor lhe bradou desde o céu, e disse: Abraão, Abraão! Ele respondeu: Eis-me aqui.

¹²Então disse o anjo: Não estendas a mão sobre o mancebo, e não lhe faças nada; porquanto agora sei que temes a Deus, visto que não me negaste teu filho, o teu único filho.

¹³Nisso levantou Abraão os olhos e olhou, e eis atrás de si um carneiro embaraçado pelos chifres no mato; e foi Abraão, tomou o carneiro e o ofereceu em holocausto em lugar de seu filho.

¹⁴Pelo que chamou Abraão àquele lugar Jeová-Jiré; donde se diz até o dia de hoje: No monte do Senhor se proverá.

¹⁵Então o anjo do Senhor bradou a Abraão pela segunda vez desde o céu,

¹⁶e disse: Por mim mesmo jurei, diz o Senhor, porquanto fizeste isto, e não me negaste teu filho, o teu único filho,

¹⁷que deveras te abençoarei, e grandemente multiplicarei a tua descendência, como as estrelas do céu e como a areia que está na praia do mar; e a tua descendência possuirá a porta dos seus inimigos;

¹⁸e em tua descendência serão benditas todas as nações da terra; porquanto obedeceste à minha voz.

¹⁹Então voltou Abraão aos seus moços e, levantando-se, foram juntos a Beer-Seba; e Abraão habitou em Beer-Seba.

²⁰Depois destas coisas anunciaram a Abraão, dizendo: Eis que também Milca tem dado à luz filhos a Naor, teu irmão:

²¹Uz o seu primogênito, e Buz seu irmão, e Quemuel, pai de Arão,

²²e Quesede, Hazo, Pildas, Jidlafe e Betuel.

²³E Betuel gerou a Rebeca. Esses oito deu à luz Milca a Naor, irmão de Abraão.

²⁴E a sua concubina, que se chamava Reumá, também deu à luz a Teba, Gaão, Taás e Maacá.

## Capítulo 23

¹Ora, os anos da vida de Sara foram cento e vinte e sete.

²E morreu Sara em Quiriate-Arba, que é Hebrom, na terra de Canaã; e veio Abraão lamentá-la e chorar por ela:

³Depois se levantou Abraão de diante do seu morto, e falou aos filhos de Hete, dizendo:

⁴Estrangeiro e peregrino sou eu entre vós; dai-me o direito de um lugar de sepultura entre vós, para que eu sepulte o meu morto, removendo-o de diante da minha face.

⁵Responderam-lhe os filhos de Hete:

⁶Ouve-nos, senhor; príncipe de Deus és tu entre nós; enterra o teu morto na mais escolhida de nossas sepulturas; nenhum de nós te vedará a sua sepultura, para enterrares o teu morto.

⁷Então se levantou Abraão e, inclinando-se diante do povo da terra, diante dos filhos de Hete,

⁸falou-lhes, dizendo: Se é de vossa vontade que eu sepulte o meu morto de diante de minha face, ouvi-me e intercedei por mim junto a Efrom, filho de Zoar,

⁹para que ele me dê a cova de Macpela, que possui no fim do seu campo; que ma dê pelo devido preço em posse de sepulcro no meio de vós.

¹⁰Ora, Efrom estava sentado no meio dos filhos de Hete; e respondeu Efrom, o heteu, a Abraão, aos ouvidos dos filhos de Hete, isto é, de todos os que entravam pela porta da sua cidade, dizendo:

¹¹Não, meu senhor; ouve-me. O campo te dou, também te dou a cova que nele está; na presença dos filhos do meu povo ta dou; sepulta o teu morto.

¹²Então Abraão se inclinou diante do povo da terra,

¹³e falou a Efrom, aos ouvidos do povo da terra, dizendo: Se te agrada, peço-te que me ouças. Darei o preço do campo; toma-o de mim, e sepultarei ali o meu morto.

¹⁴Respondeu Efrom a Abraão:

¹⁵Meu senhor, ouve-me. Um terreno do valor de quatrocentos siclos de prata! que é isto entre mim e ti? Sepulta, pois, o teu morto.

¹⁶E Abraão ouviu a Efrom, e pesou-lhe a prata de que este tinha falado aos ouvidos dos filhos de Hete, quatrocentos siclos de prata, moeda corrente entre os mercadores.

¹⁷Assim o campo de Efrom, que estava em Macpela, em frente de Manre, o campo e a cova que nele estava, e todo o arvoredo que havia nele, por todos os seus limites ao redor, se confirmaram

¹⁸a Abraão em possessão na presença dos filhos de Hete, isto é, de todos os que entravam pela porta da sua cidade.

¹⁹Depois sepultou Abraão a Sara sua mulher na cova do campo de Macpela, em frente de Manre, que é Hebrom, na terra de Canaã.

²⁰Assim o campo e a cova que nele estava foram confirmados a Abraão pelos filhos de Hete em possessão de sepultura.

## Capítulo 24

¹Ora, Abraão era já velho e de idade avançada; e em tudo o Senhor o havia abençoado.

²E disse Abraão ao seu servo, o mais antigo da casa, que tinha o governo sobre tudo o que possuía: Põe a tua mão debaixo da minha coxa,

³para que eu te faça jurar pelo Senhor, Deus do céu e da terra, que não tomarás para meu filho mulher dentre as filhas dos cananeus, no meio dos quais eu habito;

⁴mas que irás à minha terra e à minha parentela, e dali tomarás mulher para meu filho Isaque.

⁵Perguntou-lhe o servo: Se porventura a mulher não quiser seguir-me a esta terra, farei, então, tornar teu filho à terra donde saíste?

⁶Respondeu-lhe Abraão: Guarda-te de fazeres tornar para lá meu filho.

⁷O Senhor, Deus do céu, que me tirou da casa de meu pai e da terra da minha parentela, e que me falou, e que me jurou, dizendo: À tua o semente darei esta terra; ele enviará o seu anjo diante de si, para que tomes de lá mulher para meu filho.

⁸Se a mulher, porém, não quiser seguir-te, serás livre deste meu juramento; somente não farás meu filho tornar para lá.

⁹Então pôs o servo a sua mão debaixo da coxa de Abraão seu senhor, e jurou-lhe sobre este negócio.

¹⁰Tomou, pois, o servo dez dos camelos do seu senhor, porquanto todos os bens de seu senhor estavam em sua mão; e, partindo, foi para a Mesopotâmia, à cidade de Naor.

*Gênesis*

¹¹Fez ajoelhar os camelos fora da cidade, junto ao poço de água, pela tarde, à hora em que as mulheres saíam a tirar água.

¹²E disse: Ó Senhor, Deus de meu senhor Abraão, dá-me hoje, peço-te, bom êxito, e usa de benevolência para com o meu senhor Abraão.

¹³Eis que eu estou em pé junto à fonte, e as filhas dos homens desta cidade vêm saindo para tirar água;

¹⁴faze, pois, que a donzela a quem eu disser: Abaixa o teu cântaro, peço-te, para que eu beba; e ela responder: Bebe, e também darei de beber aos teus camelos; seja aquela que designaste para o teu servo Isaque. Assim conhecerei que usaste de benevolência para com o meu senhor.

¹⁵Antes que ele acabasse de falar, eis que Rebeca, filha de Betuel, filho de Milca, mulher de Naor, irmão de Abraão, saía com o seu cântaro sobre o ombro.

¹⁶A donzela era muito formosa à vista, virgem, a quem varão não havia conhecido; ela desceu à fonte, encheu o seu cântaro e subiu.

¹⁷Então o servo correu-lhe ao encontro, e disse: Deixa-me beber, peço-te, um pouco de água do teu cântaro.

¹⁸Respondeu ela: Bebe, meu senhor. Então com presteza abaixou o seu cântaro sobre a mão e deu-lhe de beber.

¹⁹E quando acabou de lhe dar de beber, disse: Tirarei também água para os teus camelos, até que acabem de beber.

²⁰Também com presteza despejou o seu cântaro no bebedouro e, correndo outra vez ao poço, tirou água para todos os camelos dele.

²¹E o homem a contemplava atentamente, em silêncio, para saber se o Senhor havia tornado próspera a sua jornada, ou não.

²²Depois que os camelos acabaram de beber, tomou o homem um pendente de ouro, de meio siclo de peso, e duas pulseiras para as mãos dela, do peso de dez siclos de ouro;

²³e perguntou: De quem és filha? dize-mo, peço-te. Há lugar em casa de teu pai para nós pousarmos?

²⁴Ela lhe respondeu: Eu sou filha de Betuel, filho de Milca, o qual ela deu a Naor.

²⁵Disse-lhe mais: Temos palha e forragem bastante, e lugar para pousar.

²⁶Então inclinou-se o homem e adorou ao Senhor;

²⁷e disse: Bendito seja o Senhor Deus de meu senhor Abraão, que não retirou do meu senhor a sua benevolência e a sua verdade; quanto a mim, o Senhor me guiou no caminho à casa dos irmãos de meu senhor.

²⁸A donzela correu, e relatou estas coisas aos da casa de sua mãe.

²⁹Ora, Rebeca tinha um irmão, cujo nome era Labão, o qual saiu correndo ao encontro daquele homem até a fonte;

³⁰porquanto tinha visto o pendente, e as pulseiras sobre as mãos de sua irmã, e ouvido as palavras de sua irmã Rebeca, que dizia: Assim me falou aquele homem; e foi ter com o homem, que estava em pé junto aos camelos ao lado da fonte.

³¹E disse: Entra, bendito do Senhor; por que estás aqui fora? pois eu já preparei a casa, e lugar para os camelos.

³²Então veio o homem à casa, e desarreou os camelos; deram palha e forragem para os camelos e água para lavar os pés dele e dos homens que estavam com ele.

³³Depois puseram comida diante dele. Ele, porém, disse: Não comerei, até que tenha exposto a minha incumbência. Respondeu-lhe Labão: Fala.

³⁴Então disse: Eu sou o servo de Abraão.

³⁵O Senhor tem abençoado muito ao meu senhor, o qual se tem engrandecido; deu-lhe rebanhos e gado, prata e ouro, escravos e escravas, camelos e jumentos.

³⁶E Sara, a mulher do meu senhor, mesmo depois, de velha deu um filho a meu senhor; e o pai lhe deu todos os seus bens.

³⁷Ora, o meu senhor me fez jurar, dizendo: Não tomarás mulher para meu filho das filhas dos cananeus, em cuja terra habito;

³⁸irás, porém, à casa de meu pai, e à minha parentela, e tomarás mulher para meu filho.

³⁹Então respondi ao meu senhor: Porventura não me seguirá a mulher.

⁴⁰Ao que ele me disse: O Senhor, em cuja presença tenho andado, enviará o seu anjo contigo, e prosperará o teu caminho; e da minha parentela e da casa de meu pai tomarás mulher para meu filho;

⁴¹então serás livre do meu juramento, quando chegares à minha parentela; e se não ta derem, livre serás do meu juramento.

⁴²E hoje cheguei à fonte, e disse: Senhor, Deus de meu senhor Abraão, se é que agora prosperas o meu caminho, o qual venho seguindo,

⁴³eis que estou junto à fonte; faze, pois, que a donzela que sair para tirar água, a quem eu disser: Dá-me, peço-te, de beber um pouco de água do teu cântaro,

⁴⁴e ela me responder: Bebe tu, e também tirarei água para os teus camelos; seja a mulher que o Senhor designou para o filho de meu senhor.

⁴⁵Ora, antes que eu acabasse de falar no meu coração, eis que Rebeca saía com o seu cântaro sobre o ombro, desceu à fonte e tirou água; e eu lhe disse: Dá-me de beber, peço-te.

⁴⁶E ela, com presteza, abaixou o seu cântaro do ombro, e disse: Bebe, e também darei de beber aos teus camelos; assim bebi, e ela deu também de beber aos camelos.

⁴⁷Então lhe perguntei: De quem és filha? E ela disse: Filha de Betuel, filho de Naor, que Milca lhe deu. Então eu lhe pus o pendente no nariz e as pulseiras sobre as mãos;

⁴⁸e, inclinando-me, adorei e bendisse ao Senhor, Deus do meu senhor Abraão, que me havia conduzido pelo caminho direito para tomar para seu filho a filha do irmão do meu senhor.

⁴⁹Agora, pois, se vós haveis de usar de benevolência e de verdade para com o meu senhor, declarai-mo; e se não, também mo declarai, para que eu vá ou para a direita ou para a esquerda.

⁵⁰Então responderam Labão e Betuel: Do Senhor procede este negócio; nós não podemos falar-te mal ou bem.

⁵¹Eis que Rebeca está diante de ti, toma-a e vai-te; seja ela a mulher do filho de teu senhor, como tem dito o Senhor.

⁵²Quando o servo de Abraão ouviu as palavras deles, prostrou-se em terra diante do Senhor:

⁵³e tirou o servo jóias de prata, e jóias de ouro, e vestidos, e deu-os a Rebeca; também deu coisas preciosas a seu irmão e a sua mãe.

⁵⁴Então comeram e beberam, ele e os homens que com ele estavam, e passaram a noite. Quando se levantaram de manhã, disse o servo: Deixai-me ir a meu senhor.

⁵⁵Disseram o irmão e a mãe da donzela: Fique ela conosco alguns dias, pelo menos dez dias; e depois irá.

⁵⁶Ele, porém, lhes respondeu: Não me detenhas, visto que o Senhor me tem prosperado o caminho; deixai-me partir, para que eu volte a meu senhor.

⁵⁷Disseram-lhe: chamaremos a donzela, e perguntaremos a ela mesma.

⁵⁸Chamaram, pois, a Rebeca, e lhe perguntaram: Irás tu com este homem; Respondeu ela: Irei.

⁵⁹Então despediram a Rebeca, sua irmã, e à sua ama e ao servo de Abraão e a seus homens;

⁶⁰e abençoaram a Rebeca, e disseram-lhe: Irmã nossa, sê tu a mãe de milhares de miríades, e possua a tua descendência a porta de seus aborrecedores!

⁶¹Assim Rebeca se levantou com as suas moças e, montando nos camelos, seguiram o homem; e o servo, tomando a Rebeca, partiu.

⁶²Ora, Isaque tinha vindo do caminho de Beer-Laai-Rói; pois habitava na terra do Negebe.

⁶³Saíra Isaque ao campo à tarde, para meditar; e levantando os olhos, viu, e eis que vinham camelos.

⁶⁴Rebeca também levantou os olhos e, vendo a Isaque, saltou do camelo

⁶⁵e perguntou ao servo: Quem é aquele homem que vem pelo campo ao nosso encontro? respondeu o servo: É meu senhor. Então ela tomou o véu e se cobriu.

⁶⁶Depois o servo contou a Isaque tudo o que fizera.

⁶⁷Isaque, pois, trouxe Rebeca para a tenda de Sara, sua mãe; tomou-a e ela lhe foi por mulher; e ele a amou. Assim Isaque foi consolado depois da morte de sua mãe.

## Capítulo 25

¹Ora, Abraão tomou outra mulher, que se chamava Quetura.

²Ela lhe deu à luz a Zinrã, Jocsã, Medã, Midiã, Isbaque e Suá.

³Jocsã gerou a Seba e Dedã. Os filhos de Dedã foram Assurim, Letusim e Leumim.

⁴Os filhos de Midiã foram Efá, Efer, Hanoque, Abidá e Eldá; todos estes foram filhos de Quetura.

⁵Abraão, porém, deu tudo quanto possuía a Isaque;

⁶no entanto aos filhos das concubinas que Abraão tinha, deu ele dádivas; e, ainda em vida, os separou de seu filho Isaque, enviando-os ao Oriente, para a terra oriental.

⁷Estes, pois, são os dias dos anos da vida de Abraão, que ele viveu: cento e setenta e, cinco anos.

⁸E Abraão expirou, morrendo em boa velhice, velho e cheio de dias; e foi congregado ao seu povo.

⁹Então Isaque e Ismael, seus filhos, o sepultaram na cova de Macpela, no campo de Efrom, filho de Zoar, o heteu, que estava em frente de Manre,

¹⁰o campo que Abraão comprara aos filhos de Hete. Ali foi sepultado Abraão, e Sara, sua mulher.

¹¹Depois da morte de Abraão, Deus abençoou a Isaque, seu filho; e habitava Isaque junto a Beer-Laai-Rói.

¹²Estas são as gerações de Ismael, filho de Abraão, que Agar, a egípcia, serva de Sara, lhe deu;

¹³e estes são os nomes dos filhos de Ismael pela sua ordem, segundo as suas gerações: o primogênito de Ismael era Nebaiote, depois Quedar, Abdeel, Mibsão,

¹⁴Misma, Dumá, Massá,

¹⁵Hadade, Tema, Jetur, Nafis e Quedemá.

¹⁶Estes são os filhos de Ismael, e estes são os seus nomes pelas suas vilas e pelos seus acampamentos: doze príncipes segundo as suas tribos.

¹⁷E estes são os anos da vida de Ismael, cento e trinta e sete anos; e ele expirou e, morrendo, foi cogregado ao seu povo.

¹⁸Eles então habitaram desde Havilá até Sur, que está em frente do Egito, como quem vai em direção da Assíria; assim Ismael se estabeleceu diante da face de todos os seus irmãos.

¹⁹E estas são as gerações de Isaque, filho de Abraão: Abraão gerou a Isaque;

²⁰e Isaque tinha quarenta anos quando tomou por mulher a Rebeca, filha de Betuel, arameu de Padã-Arã, e irmã de Labão, arameu.

²¹Ora, Isaque orou insistentemente ao Senhor por sua mulher, porquanto ela era estéril; e o Senhor ouviu as suas orações, e Rebeca, sua mulher, concebeu.

²²E os filhos lutavam no ventre dela; então ela disse: Por que estou eu assim? E foi consultar ao Senhor.

²³Respondeu-lhe o Senhor: Duas nações há no teu ventre, e dois povos se dividirão das tuas estranhas, e um povo será mais forte do que o outro povo, e o mais velho servirá ao mais moço.

²⁴Cumpridos que foram os dias para ela dar à luz, eis que havia gêmeos no seu ventre.

²⁵Saiu o primeiro, ruivo, todo ele como um vestido de pelo; e chamaram-lhe Esaú.

²⁶Depois saiu o seu irmão, agarrada sua mão ao calcanhar de Esaú; pelo que foi chamado Jacó. E Isaque tinha sessenta anos quando Rebeca os deu à luz.

²⁷Cresceram os meninos; e Esaú tornou-se perito caçador, homem do campo; mas Jacó, homem sossegado, que habitava em tendas.

²⁸Isaque amava a Esaú, porque comia da sua caça; mas Rebeca amava a Jacó.

²⁹Jacó havia feito um guisado, quando Esaú chegou do campo, muito cansado;

³⁰e disse Esaú a Jacó: Deixa-me, peço-te, comer desse guisado vermelho, porque estou muito cansado. Por isso se chamou Edom.

³¹Respondeu Jacó: Vende-me primeiro o teu direito de primogenitura.

³²Então replicou Esaú: Eis que estou a ponto e morrer; logo, para que me servirá o direito de primogenitura?

³³Ao que disse Jacó: Jura-me primeiro. Jurou-lhe, pois; e vendeu o seu direito de primogenitura a Jacó.

³⁴Jacó deu a Esaú pão e o guisado e lentilhas; e ele comeu e bebeu; e, levantando-se, seguiu seu caminho. Assim desprezou Esaú o seu direito de primogenitura.

## Capítulo 26

¹Sobreveio à terra uma fome, além da primeira, que ocorreu nos dias de Abraão. Por isso foi Isaque a Abimeleque, rei dos filisteus, em Gerar.

²E apareceu-lhe o Senhor e disse: Não desças ao Egito; habita na terra que eu te disser;

³peregrina nesta terra, e serei contigo e te abençoarei; porque a ti, e aos que descenderem de ti, darei todas estas terras, e confirmarei o juramento que fiz a Abraão teu pai;

⁴e multiplicarei a tua descendência como as estrelas do céu, e lhe darei todas estas terras; e por meio dela serão bendidas todas as nações da terra;

⁵porquanto Abraão obedeceu à minha voz, e guardou o meu mandado, os meus preceitos, os meus estatutos e as minhas leis.

⁶Assim habitou Isaque em Gerar.

⁷Então os homens do lugar perguntaram-lhe acerca de sua mulher, e ele respondeu: É minha irmã; porque temia dizer: É minha mulher; para que porventura, dizia ele, não me matassem os homens daquele lugar por amor de Rebeca; porque era ela formosa à vista.

⁸Ora, depois que ele se demorara ali muito tempo, Abimeleque, rei dos filisteus, olhou por uma janela, e viu, e eis que Isaque estava brincando com Rebeca, sua mulher.

⁹Então chamou Abimeleque a Isaque, e disse: Eis que na verdade é tua mulher; como pois disseste: E minha irmã? Respondeu-lhe Isaque: Porque eu dizia: Para que eu porventura não morra por sua causa.

¹⁰Replicou Abimeleque: Que é isso que nos fizeste? Facilmente se teria deitado alguém deste povo com tua mulher, e tu terias trazido culpa sobre nós.

¹¹E Abimeleque ordenou a todo o povo, dizendo: Qualquer que tocar neste homem ou em sua mulher, certamente morrerá.

¹²Isaque semeou naquela terra, e no mesmo ano colheu o cêntuplo; e o Senhor o abençoou.

¹³E engrandeceu-se o homem; e foi-se enriquecendo até que se tornou mui poderoso;

¹⁴e tinha possessões de rebanhos e de gado, e muita gente de serviço; de modo que os filisteus o invejavam.

¹⁵Ora, todos os poços, que os servos de seu pai tinham cavado nos dias de seu pai Abraão, os filisteus entulharam e encheram de terra.

¹⁶E Abimeleque disse a Isaque: Aparta-te de nós; porque muito mais poderoso te tens feito do que nós.

¹⁷Então Isaque partiu dali e, acampando no vale de Gerar, lá habitou.

¹⁸E Isaque tornou a cavar os poços que se haviam cavado nos dias de Abraão seu pai, pois os filisteus os haviam entulhado depois da morte de Abraão; e deu-lhes os nomes que seu pai lhes dera.

¹⁹Cavaram, pois, os servos de Isaque naquele vale, e acharam ali um poço de águas vivas.

²⁰E os pastores de Gerar contenderam com os pastores de Isaque, dizendo: Esta água é nossa. E ele chamou ao poço Eseque, porque contenderam com ele.

²¹Então cavaram outro poço, pelo qual também contenderam; por isso chamou-lhe Sitna.

²²E partiu dali, e cavou ainda outro poço; por este não contenderam; pelo que chamou-lhe Reobote, dizendo: Pois agora o Senhor nos deu larguras, e havemos de crescer na terra.

²³Depois subiu dali a Beer-Seba.

²⁴E apareceu-lhe o Senhor na mesma noite e disse: Eu sou o Deus de Abraão, teu pai; não temas, porque eu sou contigo, e te abençoarei e multiplicarei a tua descendência por amor do meu servo Abraão.

²⁵Isaque, pois, edificou ali um altar e invocou o nome do Senhor; então armou ali a sua tenda, e os seus servos cavaram um poço.

²⁶Então Abimeleque veio a ele de Gerar, com Aüzate, seu amigo, e Ficol, o chefe do seu exército.

²⁷E perguntou-lhes Isaque: Por que viestes ter comigo, visto que me odiais, e me repelistes de vós?

²⁸Responderam eles: Temos visto claramente que o Senhor é contigo, pelo que dissemos: Haja agora juramento entre nós, entre nós e ti; e façamos um pacto contigo,

²⁹que não nos farás mal, assim como nós não te havemos tocado, e te fizemos somente o bem, e te deixamos ir em paz. Agora tu és o bendito do Senhor.

³⁰Então Isaque lhes deu um banquete, e comeram e beberam.

³¹E levantaram-se de manhã cedo e juraram de parte a parte; depois Isaque os despediu, e eles se despediram dele em paz.

³²Nesse mesmo dia vieram os servos de Isaque e deram-lhe notícias acerca do poço que haviam cavado, dizendo-lhe: Temos achado água.

³³E ele chamou o poço Seba; por isso é o nome da cidade Beer-Seba até o dia de hoje.

³⁴Ora, quando Esaú tinha quarenta anos, tomou por mulher a Judite, filha de Beeri, o heteu e a Basemate, filha de Elom, o heteu.

³⁵E estas foram para Isaque e Rebeca uma amargura de espírito.

## Capítulo 27

¹Quando Isaque já estava velho, e se lhe enfraqueciam os olhos, de maneira que não podia ver, chamou a Esaú, seu filho mais velho, e disse-lhe: Meu filho! Ele lhe respondeu: Eis-me aqui!

²Disse-lhe o pai: Eis que agora estou velho, e não sei o dia da minha morte;

³toma, pois, as tuas armas, a tua aljava e o teu arco; e sai ao campo, e apanha para mim alguma caça;

⁴e faze-me um guisado saboroso, como eu gosto, e traze-mo, para que eu coma; a fim de que a minha alma te abençoe, antes que morra.

⁵Ora, Rebeca estava escutando quando Isaque falou a Esaú, seu filho. Saiu, pois, Esaú ao campo para apanhar caça e trazê-la.

⁶Disse então Rebeca a Jacó, seu filho: Eis que ouvi teu pai falar com Esaú, teu irmão, dizendo:

⁷Traze-me caça, e faze-me um guisado saboroso, para que eu

*Gênesis*

coma, e te abençoe diante do Senhor, antes da minha morte.

⁸Agora, pois, filho meu, ouve a minha voz naquilo que eu te ordeno:

⁹Vai ao rebanho, e traze-me de lá das cabras dois bons cabritos; e eu farei um guisado saboroso para teu pai, como ele gosta;

¹⁰e levá-lo-ás a teu pai, para que o coma, a fim de te abençoar antes da sua morte.

¹¹Respondeu, porém, Jacó a Rebeca, sua mãe: Eis que Esaú, meu irmão, é peludo, e eu sou liso.

¹²Porventura meu pai me apalpará e serei a seus olhos como enganador; assim trarei sobre mim uma maldição, e não uma bênção.

¹³Respondeu-lhe sua mãe: Meu filho, sobre mim caia essa maldição; somente obedece à minha voz, e vai trazer-mos.

¹⁴Então ele foi, tomou-os e os trouxe a sua mãe, que fez um guisado saboroso como seu pai gostava.

¹⁵Depois Rebeca tomou as melhores vestes de Esaú, seu filho mais velho, que tinha consigo em casa, e vestiu a Jacó, seu filho mais moço;

¹⁶com as peles dos cabritos cobriu-lhe as mãos e a lisura do pescoço;

¹⁷e pôs o guisado saboroso e o pão que tinha preparado, na mão de Jacó, seu filho.

¹⁸E veio Jacó a seu pai, e chamou: Meu pai! E ele disse: Eis-me aqui; quem és tu, meu filho?

¹⁹Respondeu Jacó a seu pai: Eu sou Esaú, teu primogênito; tenho feito como me disseste; levanta-te, pois, senta-te e come da minha caça, para que a tua alma me abençoe.

²⁰Perguntou Isaque a seu filho: Como é que tão depressa a achaste, filho meu? Respondeu ele: Porque o Senhor, teu Deus, a mandou ao meu encontro.

²¹Então disse Isaque a Jacó: Chega-te, pois, para que eu te apalpe e veja se és meu filho Esaú mesmo, ou não.

²²chegou-se Jacó a Isaque, seu pai, que o apalpou, e disse: A voz é a voz de Jacó, porém as mãos são as mãos de Esaú.

²³E não o reconheceu, porquanto as suas mãos estavam peludas, como as de Esaú seu irmão; e abençoou-o.

²⁴No entanto perguntou: Tu és mesmo meu filho Esaú? E ele declarou: Eu o sou.

²⁵Disse-lhe então seu pai: Traze-mo, e comerei da caça de meu filho, para que a minha alma te abençoe: E Jacó lho trouxe, e ele comeu; trouxe-lhe também vinho, e ele bebeu.

²⁶Disse-lhe mais Isaque, seu pai: Aproxima-te agora, e beija-me, meu filho.

²⁷E ele se aproximou e o beijou; e seu pai, sentindo-lhe o cheiro das vestes o abençoou, e disse: Eis que o cheiro de meu filho é como o cheiro de um campo que o Senhor abençoou.

²⁸Que Deus te dê do orvalho do céu, e dos lugares férteis da terra, e abundância de trigo e de mosto.

²⁹sirvam-te povos, e nações se encurvem a ti; sê senhor de teus irmãos, e os filhos da tua mãe se encurvem a ti; sejam malditos os que te amaldiçoarem, e benditos sejam os que te abençoarem.

³⁰Tão logo Isaque acabara de abençoar a Jacó, e este saíra da presença de seu pai, chegou da caça Esaú, seu irmão;

³¹e fez também ele um guisado saboroso e, trazendo-o a seu pai, disse-lhe: Levantate, meu pai, e come da caça de teu filho, para que a tua alma me abençoe.

³²Perguntou-lhe Isaque, seu pai: Quem és tu? Respondeu ele: Eu sou teu filho, o teu primogênito, Esaú.

³³Então estremeceu Isaque de um estremecimento muito grande e disse: Quem, pois, é aquele que apanhou caça e ma trouxe? Eu comi de tudo, antes que tu viesses, e abençoei-o, e ele será bendito.

³⁴Esaú, ao ouvir as palavras de seu pai, bradou com grande e mui amargo brado, e disse a seu pai: Abençoa-me também a mim, meu pai!

³⁵Respondeu Isaque: Veio teu irmão e com sutileza tomou a tua bênção.

³⁶Disse Esaú: Não se chama ele com razão Jacó, visto que já por duas vezes me enganou? tirou-me o direito de primogenitura, e eis que agora me tirou a bênção. E perguntou: Não reservaste uma bênção para mim?

³⁷Respondeu Isaque a Esaú: Eis que o tenho posto por senhor sobre ti, e todos os seus irmãos lhe tenho dado por servos; e de trigo e de mosto o tenho fortalecido. Que, pois, poderei eu fazer por ti, meu filho?

³⁸Disse Esaú a seu pai: Porventura tens uma única bênção, meu pai? Abençoa-me também a mim, meu pai. E levantou Esaú a voz, e chorou.

³⁹Respondeu-lhe Isaque, seu pai: Longe dos lugares férteis da terra será a tua habitação, longe do orvalho do alto céu;

⁴⁰pela tua espada viverás, e a teu irmão, servirás; mas quando te tornares impaciente, então sacudirás o seu jugo do teu pescoço.

⁴¹Esaú, pois, odiava a Jacó por causa da bênção com que seu pai o tinha abençoado, e disse consigo: Vêm chegando os dias de luto por meu pai; então hei de matar Jacó, meu irmão.

⁴²Ora, foram denunciadas a Rebeca estas palavras de Esaú, seu filho mais velho; pelo que ela mandou chamar Jacó, seu filho mais moço, e lhe disse: Eis que Esaú teu irmão se consola a teu respeito, propondo matar-te.

⁴³Agora, pois, meu filho, ouve a minha voz; levanta-te, refugia-te na casa de Labão, meu irmão, em Harã,

⁴⁴e demora-te com ele alguns dias, até que passe o furor de teu irmão;

⁴⁵até que se desvie de ti a ira de teu irmão, e ele se esqueça do que lhe fizeste; então mandarei trazer-te de lá; por que seria eu desfilhada de vós ambos num só dia?

⁴⁶E disse Rebeca a Isaque: Enfadada estou da minha vida, por causa das filhas de Hete; se Jacó tomar mulher dentre as filhas de Hete, tais como estas, dentre as filhas desta terra, para que viverei?

## Capítulo 28

¹Isaque, pois, chamou Jacó, e o abençoou, e ordenou-lhe, dizendo: Não tomes mulher dentre as filhas de Canaã.

²Levanta-te, vai a Padã-Arã, à casa de Betuel, pai de tua mãe, e toma de lá uma mulher dentre as filhas de Labão, irmão de tua mãe.

³Deus Todo-Poderoso te abençoe, te faça frutificar e te multiplique, para que venhas a ser uma multidão de povos; seu

⁴e te dê a bênção de Abraão, a ti e à tua descendência contigo, para que herdes a terra de tuas peregrinações, que Deus deu a Abraão.

⁵Assim despediu Isaque a Jacó, o qual foi a Padã-Arã, a Labão, filho de Betuel, arameu, irmão de Rebeca, mãe de Jacó e de Esaú.

⁶Ora, viu Esaú que Isaque abençoara a Jacó, e o enviara a Padã-Arã, para tomar de lá mulher para si, e que, abençoando-o, lhe ordenara, dizendo: Não tomes mulher dentre as filhas de Canaã,

⁷e que Jacó, obedecendo a seu pai e a sua mãe, fora a Padã- Arã;

⁸vendo também Esaú que as filhas de Canaã eram más aos olhos de Isaque seu pai,

⁹foi-se Esaú a Ismael e, além das mulheres que já tinha, tomou por mulher a Maalate, filha de Ismael, filho de Abraão, irmã de Nebaiote.

¹⁰Partiu, pois, Jacó de Beer-Seba e se foi em direção a Harã;

¹¹e chegou a um lugar onde passou a noite, porque o sol já se havia posto; e, tomando uma das pedras do lugar e pondo-a debaixo da cabeça, deitou-se ali para dormir.

¹²Então sonhou: estava posta sobre a terra uma escada, cujo topo chegava ao céu; e eis que os anjos de Deus subiam e desciam por ela;

¹³por cima dela estava o Senhor, que disse: Eu sou o Senhor, o Deus de Abraão teu pai, e o Deus de Isaque; esta terra em que estás deitado, eu a darei a ti e à tua descendência.

¹⁴e a tua descendência será como o pó da terra; dilatar-te-ás para o ocidente, para o oriente, para o norte e para o sul; por meio de ti e da tua descendência serão benditas todas as famílias da terra.

¹⁵Eis que estou contigo, e te guardarei por onde quer que fores, e te farei tornar a esta terra; pois não te deixarei até que haja cumprido aquilo de que te tenho falado.

¹⁶Ao acordar Jacó do seu sono, disse: Realmente o Senhor está neste lugar; e eu não o sabia.

¹⁷E temeu, e disse: Quão terrível é este lugar! Este não é outro lugar senão a casa de Deus; e esta é a porta dos céus.

¹⁸Jacó levantou-se de manhã cedo, tomou a pedra que pusera debaixo da cabeça, e a pôs como coluna; e derramou-lhe azeite em cima.

¹⁹E chamou aquele lugar Betel; porém o nome da cidade antes era Luz.

²⁰Fez também Jacó um voto, dizendo: Se Deus for comigo e me guardar neste caminho que vou seguindo, e me der pão para comer e vestes para vestir,

²¹de modo que eu volte em paz à casa de meu pai, e se o Senhor for o meu Deus,

²²então esta pedra que tenho posto como coluna será casa de Deus; e de tudo quanto me deres, certamente te darei o dízimo.

## Capítulo 29

¹Então pôs-se Jacó a caminho e chegou à terra dos filhos do Oriente.

²E olhando, viu ali um poço no campo, e três rebanhos de ovelhas deitadas junto dele; pois desse poço se dava de beber aos rebanhos; e havia uma grande pedra sobre a boca do poço.

³Ajuntavam-se ali todos os rebanhos; os pastores removiam a

pedra da boca do poço, davam de beber às ovelhas e tornavam a pôr a pedra no seu lugar sobre a boca do poço.

⁴Perguntou-lhes Jacó: Meus irmãos, donde sois? Responderam eles: Somos de Harã.

⁵Perguntou-lhes mais: Conheceis a Labão, filho de Naor; Responderam: Conhecemos.

⁶Perguntou-lhes ainda: vai ele bem? Responderam: Vai bem; e eis ali Raquel, sua filha, que vem chegando com as ovelhas.

⁷Disse ele: Eis que ainda vai alto o dia; não é hora de se ajuntar o gado; dai de beber às ovelhas, e ide apascentá-las.

⁸Responderam: Não podemos, até que todos os rebanhos se ajuntem, e seja removida a pedra da boca do poço; assim é que damos de beber às ovelhas.

⁹Enquanto Jacó ainda lhes falava, chegou Raquel com as ovelhas de seu pai; porquanto era ela quem as apascentava.

¹⁰Quando Jacó viu a Raquel, filha de Labão, irmão de sua mãe, e as ovelhas de Labão, irmão de sua mãe, chegou-se, revolveu a pedra da boca do poço e deu de beber às ovelhas de Labão, irmão de sua mãe.

¹¹Então Jacó beijou a Raquel e, levantando a voz, chorou.

¹²E Jacó anunciou a Raquel que ele era irmão de seu pai, e que era filho de Rebeca. Raquel, pois foi correndo para anunciá-lo a, seu pai.

¹³Quando Labão ouviu essas novas de Jacó, filho de sua irmã, correu-lhe ao encontro, abraçou-o, beijou-o e o levou à sua casa. E Jacó relatou a Labão todas essas, coisas.

¹⁴Disse-lhe Labão: Verdadeiramente tu és meu osso e minha carne. E Jacó ficou com ele um mês inteiro.

¹⁵Depois perguntou Labão a Jacó: Por seres meu irmão hás de servir-me de graça? Declara-me, qual será o teu salário?

¹⁶Ora, Labão tinha duas filhas; o nome da mais velha era Léia, e o da mais moça Raquel.

¹⁷Léia tinha os olhos enfermos, enquanto que Raquel era formosa de porte e de semblante.

¹⁸Jacó, porquanto amava a Raquel, disse: Sete anos te servirei para ter a Raquel, tua filha mais moça.

¹⁹Respondeu Labão: Melhor é que eu a dê a ti do que a outro; fica comigo.

²⁰Assim serviu Jacó sete anos por causa de Raquel; e estes lhe pareciam como poucos dias, pelo muito que a amava.

²¹Então Jacó disse a Labão: Dá-me minha mulher, porque o tempo já está cumprido; para que eu a tome por mulher.

²²Reuniu, pois, Labão todos os homens do lugar, e fez um banquete.

²³Â tarde tomou a Léia, sua filha e a trouxe a Jacó, que esteve com ela.

²⁴E Labão deu sua serva Zilpa por serva a Léia, sua filha.

²⁵Quando amanheceu, eis que era Léia; pelo que perguntou Jacó a Labão: Que é isto que me fizeste? Porventura não te servi em troca de Raquel? Por que, então, me enganaste?

²⁶Respondeu Labão: Não se faz assim em nossa terra; não se dá a menor antes da primogênita.

²⁷Cumpre a semana desta; então te daremos também a outra, pelo trabalho de outros sete anos que ainda me servirás.

²⁸Assim fez Jacó, e cumpriu a semana de Léia; depois Labão lhe deu por mulher sua filha Raquel.

²⁹E Labão deu sua serva Bila por serva a Raquel, sua filha.

³⁰Então Jacó esteve também com Raquel; e amou a Raquel muito mais do que a Léia; e serviu com Labão ainda outros sete anos.

³¹Viu, pois, o Senhor que Léia era desprezada e tornou-lhe fecunda a madre; Raquel, porém, era estéril.

³²E Léia concebeu e deu à luz um filho, a quem chamou Rúben; pois disse: Porque o Senhor atendeu à minha aflição; agora me amará meu marido.

³³Concebeu outra vez, e deu à luz um filho; e disse: Porquanto o Senhor ouviu que eu era desprezada, deu-me também este. E lhe chamou Simeão.

³⁴Concebeu ainda outra vez e deu à luz um filho e disse: Agora esta vez se unirá meu marido a mim, porque três filhos lhe tenho dado. Portanto lhe chamou Levi.

³⁵De novo concebeu e deu à luz um filho; e disse: Esta vez louvarei ao Senhor. Por isso lhe chamou Judá. E cessou de ter filhos.

## Capítulo 30

¹Vendo Raquel que não dava filhos a Jacó, teve inveja de sua irmã, e disse a Jacó: Dá-me filhos, senão eu morro.

²Então se acendeu a ira de Jacó contra Raquel; e disse: Porventura estou eu no lugar de Deus que te impediu o fruto do ventre?

³Respondeu ela: Eis aqui minha serva Bila; recebe-a por mulher, para que ela dê à luz sobre os meus joelhos, e eu deste modo tenha filhos por ela.

⁴Assim lhe deu a Bila, sua serva, por mulher; e Jacó a conheceu.

⁵Bila concebeu e deu à luz um filho a Jacó.

⁶Então disse Raquel: Julgou-me Deus; ouviu a minha voz e me deu um filho; pelo que lhe chamou Dã.

⁷E Bila, serva de Raquel, concebeu outra vez e deu à luz um segundo filho a Jacó.

⁸Então disse Raquel: Com grandes lutas tenho lutado com minha irmã, e tenho vencido; e chamou-lhe Naftali.

⁹Também Léia, vendo que cessara de ter filhos, tomou a Zilpa, sua serva, e a deu a Jacó por mulher.

¹⁰E Zilpa, serva de Léia, deu à luz um filho a Jacó.

¹¹Então disse Léia: Afortunada! e chamou-lhe Gade.

¹²Depois Zilpa, serva de Léia, deu à luz um segundo filho a Jacó.

¹³Então disse Léia: Feliz sou eu! porque as filhas me chamarão feliz; e chamou-lhe Aser.

¹⁴Ora, saiu Rúben nos dias da ceifa do trigo e achou mandrágoras no campo, e as trouxe a Léia, sua mãe. Então disse Raquel a Léia: Dá-me, peço, das mandrágoras de teu filho.

¹⁵Ao que lhe respondeu Léia: É já pouco que me hajas tirado meu marido? queres tirar também as mandrágoras de meu filho? Prosseguiu Raquel: Por isso ele se deitará contigo esta noite pelas mandrágoras de teu filho.

¹⁶Quando, pois, Jacó veio à tarde do campo, saiu-lhe Léia ao encontro e disse: Hás de estar comigo, porque certamente te aluguei pelas mandrágoras de meu filho. E com ela deitou-se Jacó aquela noite.

¹⁷E ouviu Deus a Léia, e ela concebeu e deu a Jacó um quinto filho.

¹⁸Então disse Léia: Deus me tem dado o meu galardão, porquanto dei minha serva a meu marido. E chamou ao filho Issacar.

¹⁹Concebendo Léia outra vez, deu a Jacó um sexto filho;

²⁰e disse: Deus me deu um excelente dote; agora morará comigo meu marido, porque lhe tenho dado seis filhos. E chamou-lhe Zebulom.

²¹Depois. disto deu à luz uma filha, e chamou-lhe Diná.

²²Também lembrou-se Deus de Raquel, ouviu-a e a tornou fecunda.

²³De modo que ela concebeu e deu à luz um filho, e disse: Tirou-me Deus o opróbrio.

²⁴E chamou-lhe José, dizendo: Acrescente-me o Senhor ainda outro filho.

²⁵Depois que Raquel deu a luz a José, disse Jacó a Labão: Despede-me a fim de que eu vá para meu lugar e para minha terra.

²⁶Dá-me as minhas mulheres, e os meus filhos, pelas quais te tenho servido, e deixame ir; pois tu sabes o serviço que te prestei.

²⁷Labão lhe respondeu: Se tenho achado graça aos teus olhos, fica comigo; pois tenho percebido que o Senhor me abençoou por amor de ti.

²⁸E disse mais: Determina-me o teu salário, que to darei.

²⁹Ao que lhe respondeu Jacó: Tu sabes como te hei servido, e como tem passado o teu gado comigo.

³⁰Porque o pouco que tinhas antes da minha vinda tem se multiplicado abundantemente; e o Senhor te tem abençoado por onde quer que eu fui. Agora, pois, quando hei de trabalhar também por minha casa?

³¹Insistiu Labão: Que te darei? Então respondeu Jacó: Não me darás nada; tornarei a apascentar e a guardar o teu rebanho se me fizeres isto:

³²Passarei hoje por todo o teu rebanho, separando dele todos os salpicados e malhados, e todos os escuros entre as ovelhas, e os malhados e salpicados entre as cabras; e isto será o meu salário.

³³De modo que responderá por mim a minha justiça no dia de amanhã, quando vieres ver o meu salário assim exposto diante de ti: tudo o que não for salpicado e malhado entre as cabras e escuro entre as ovelhas, esse, se for achado comigo, será tido por furtado.

³⁴Concordou Labão, dizendo: Seja conforme a tua palavra.

³⁵E separou naquele mesmo dia os bodes listrados e malhados e todas as cabras salpicadas e malhadas, tudo em que havia algum branco, e todos os escuros entre os cordeiros e os deu nas mãos de seus filhos;

³⁶e pôs três dias de caminho entre si e Jacó; e Jacó apascentava o restante dos rebanhos de Labão.

³⁷Então tomou Jacó varas verdes de estoraque, de amendoeira e de plátano e, descascando nelas riscas brancas, descobriu o branco que nelas havia;

³⁸e as varas que descascara pôs em frente dos rebanhos, nos cochos, isto é, nos bebedouros, onde os rebanhos bebiam; e conceberam quando vinham beber.

Gênesis

³⁹Os rebanhos concebiam diante das varas, e as ovelhas davam crias listradas, salpicadas e malhadas.

⁴⁰Então separou Jacó os cordeiros, e fez os rebanhos olhar para os listrados e para todos os escuros no rebanho de Labão; e pôs seu rebanho à parte, e não pôs com o rebanho de Labão.

⁴¹e todas as vezes que concebiam as ovelhas fortes, punha Jacó as varas nos bebedouros, diante dos olhos do rebanho, para que concebessem diante das varas;

⁴²mas quando era fraco o rebanho, ele não as punha. Assim as fracas eram de Labão, e as fortes de Jacó.

⁴³E o homem se enriqueceu sobremaneira, e teve grandes rebanhos, servas e servos, camelos e jumentos.

## Capítulo 31

¹Jacó, entretanto, ouviu as palavras dos filhos de Labão, que diziam: Jacó tem levado tudo o que era de nosso pai, e do que era de nosso pai adquiriu ele todas estas, riquezas.

²Viu também Jacó o rosto de Labão, e eis que não era para com ele como dantes.

³Disse o Senhor, então, a Jacó: Volta para a terra de teus pais e para a tua parentela; e eu serei contigo.

⁴Pelo que Jacó mandou chamar a Raquel e a Léia ao campo, onde estava o seu rebanho,

⁵e lhes disse: vejo que o rosto de vosso pai para comigo não é como anteriormente; porém o Deus de meu pai tem estado comigo.

⁶Ora, vós mesmas sabeis que com todas as minhas forças tenho servido a vosso pai.

⁷Mas vosso pai me tem enganado, e dez vezes mudou o meu salário; Deus, porém, não lhe permitiu que me fizesse mal.

⁸Quando ele dizia assim: Os salpicados serão o teu salário; então todo o rebanho dava salpicados. E quando ele dizia assim: Os listrados serão o teu salário, então todo o rebanho dava listrados.

⁹De modo que Deus tem tirado o gado de vosso pai, e mo tem dado a mim.

¹⁰Pois sucedeu que, ao tempo em que o rebanho concebia, levantei os olhos e num sonho vi que os bodes que cobriam o rebanho eram listrados, salpicados e malhados.

¹¹Disse-me o anjo de Deus no sonho: Jacó! Eu respondi: Eis-me aqui.

¹²Prosseguiu o anjo: Levanta os teus olhos e vê que todos os bodes que cobrem o rebanho são listrados, salpicados e malhados; porque tenho visto tudo o que Labão te vem fazendo.

¹³Eu sou o Deus de Betel, onde ungiste uma coluna, onde me fizeste um voto; levanta-te, pois, sai-te desta terra e volta para a terra da tua parentela.

¹⁴Então lhe responderam Raquel e Léia: Temos nós ainda parte ou herança na casa de nosso pai?

¹⁵Não somos tidas por ele como estrangeiras? pois nos vendeu, e consumiu todo o nosso preço.

¹⁶Toda a riqueza que Deus tirou de nosso pai é nossa e de nossos filhos; portanto, faze tudo o que Deus te mandou.

¹⁷Levantou-se, pois, Jacó e fez montar seus filhos e suas mulheres sobre os camelos;

¹⁸e levou todo o seu gado, e toda a sua fazenda, que havia adquirido, o gado de sua possuía, que havia adquirido em Padã-Arã, a fim de ir ter com Isaque, seu pai, à terra de Canaã.

¹⁹Ora, tendo Labão ido tosquiar as suas ovelhas, Raquel furtou os ídolos que pertenciam a seu pai.

²⁰Jacó iludiu a Labão, o arameu, não lhe fazendo saber que fugia;

²¹e fugiu com tudo o que era seu; e, levantando-se, passou o Rio, e foi em direção à montanha de Gileade.

²²Ao terceiro dia foi Labão avisado de que Jacó havia fugido.

²³Então, tomando consigo seus irmãos, seguiu atrás de Jacó jornada de sete dias; e alcançou-o na montanha de Gileade.

²⁴Mas Deus apareceu de noite em sonho a Labão, o arameu, e disse-lhe: Guarda-te, que não fales a Jacó nem bem nem mal.

²⁵Alcançou, pois, Labão a Jacó. Ora, Jacó tinha armado a sua tenda na montanha; armou também Labão com os seus irmãos a sua tenda na montanha de Gileade.

²⁶Então disse Labão a Jacó: Que fizeste, que me iludiste e levaste minhas filhas como cativas da espada?

²⁷Por que fugiste ocultamente, e me iludiste e não mo fizeste saber, para que eu te enviasse com alegria e com cânticos, ao som de tamboris e de harpas;

²⁸Por que não me permitiste beijar meus filhos e minhas filhas? Ora, assim procedeste nesciamente.

²⁹Está no poder da minha mão fazer-vos o mal, mas o Deus de vosso pai falou-me ontem à noite, dizendo: Guarda-te, que não fales a Jacó nem bem nem mal.

³⁰Mas ainda que quiseste ir embora, porquanto tinhas saudades da casa de teu pai, por que furtaste os meus deuses?

³¹Respondeu-lhe Jacó: Porque tive medo; pois dizia comigo que tu me arrebatarias as tuas filhas.

³²Com quem achares os teus deuses, porém, esse não viverá; diante de nossos irmãos descobre o que é teu do que está comigo, e leva-o contigo. Pois Jacó não sabia que Raquel os tinha furtado.

³³Entrou, pois, Labão na tenda de Jacó, na tenda de Léia e na tenda das duas servas, e não os achou; e, saindo da tenda de Léia, entrou na tenda de Raquel.

³⁴Ora, Raquel havia tomado os ídolos e os havia metido na albarda do camelo, e se assentara em cima deles. Labão apalpou toda a tenda, mas não os achou.

³⁵E ela disse a seu pai: Não se acenda a ira nos olhos de meu senhor, por eu não me poder levantar na tua presença, pois estou com o incômodo das mulheres. Assim ele procurou, mas não achou os ídolos.

³⁶Então irou-se Jacó e contendeu com Labão, dizendo: Qual é a minha transgressão? qual é o meu pecado, que tão furiosamente me tens perseguido?

³⁷Depois de teres apalpado todos os meus móveis, que achaste de todos os móveis da tua casar. Põe-no aqui diante de meus irmãos e de teus irmãos, para que eles julguem entre nós ambos.

³⁸Estes vinte anos estive eu contigo; as tuas ovelhas e as tuas cabras nunca abortaram, e não comi os carneiros do teu rebanho.

³⁹Não te trouxe eu o despedaçado; eu sofri o dano; da minha mão requerias tanto o furtado de dia como o furtado de noite.

⁴⁰Assim andava eu; de dia me consumia o calor, e de noite a geada; e o sono me fugia dos olhos.

⁴¹Estive vinte anos em tua casa; catorze anos te servi por tuas duas filhas, e seis anos por teu rebanho; dez vezes mudaste o meu salário.

⁴²Se o Deus de meu pai, o Deus de Abraão e o Temor de Isaque não fora por mim, certamente hoje me mandarias embora vazio. Mas Deus tem visto a minha aflição e o trabalho das minhas mãos, e repreendeu-te ontem à noite.

⁴³Respondeu-lhe Labão: Estas filhas são minhas filhas, e estes filhos são meus filhos, e este rebanho é meu rebanho, e tudo o que vês é meu; e que farei hoje a estas minhas filhas, ou aos filhos que elas tiveram?

⁴⁴Agora pois vem, e façamos um pacto, eu e tu; e sirva ele de testemunha entre mim e ti.

⁴⁵Então tomou Jacó uma pedra, e a erigiu como coluna.

⁴⁶E disse a seus irmãos: Ajuntai pedras. Tomaram, pois, pedras e fizeram um montão, e ali junto ao montão comeram.

⁴⁷Labão lhe chamou Jegar-Saaduta, e Jacó chamou-lhe Galeede.

⁴⁸Disse, pois, Labão: Este montão é hoje testemunha entre mim e ti. Por isso foi chamado Galeede;

⁴⁹e também Mizpá, porquanto disse: Vigie o Senhor entre mim e ti, quando estivermos apartados um do outro.

⁵⁰Se afligires as minhas filhas, e se tomares outras mulheres além das minhas filhas, embora ninguém esteja conosco, lembra-te de que Deus é testemunha entre mim e ti.

⁵¹Disse ainda Labão a Jacó: Eis aqui este montão, e eis aqui a coluna que levantei entre mim e ti.

⁵²Seja este montão testemunha, e seja esta coluna testemunha de que, para mal, nem passarei eu deste montão a ti, nem passarás tu deste montão e desta coluna a mim.

⁵³O Deus de Abraão e o Deus de Naor, o Deus do pai deles, julgue entre nós. E jurou Jacó pelo Temor de seu pai Isaque.

⁵⁴Então Jacó ofereceu um sacrifício na montanha, e convidou seus irmãos para comerem pão; e, tendo comido, passaram a noite na montanha.

⁵⁵Levantou-se Labão de manhã cedo, beijou seus filhos e suas filhas e os abençoou; e, partindo, voltou para o seu lugar.

## Capítulo 32

¹Jacó também seguiu o seu caminho; e encontraram-no os anjos de Deus.

²Quando Jacó os viu, disse: Este é o exército de Deus. E chamou àquele lugar Maanaim.

³Então enviou Jacó mensageiros diante de si a Esaú, seu irmão, à terra de Seir, o território de Edom,

⁴tendo-lhes ordenado: Deste modo falareis a meu senhor Esaú: Assim diz Jacó, teu servo: Como peregrino morei com Labão, e com ele fiquei até agora;

⁵e tenho bois e jumentos, rebanhos, servos e servas; e mando

comunicar isso a meu senhor, para achar graça aos teus olhos.

⁶Depois os mensageiros voltaram a Jacó, dizendo: Fomos ter com teu irmão Esaú; e, em verdade, vem ele para encontrar-te, e quatrocentos homens com ele.

⁷Jacó teve muito medo e ficou aflito; dividiu em dois bandos o povo que estava com ele, bem como os rebanhos, os bois e os camelos;

⁸pois dizia: Se Esaú vier a um bando e o ferir, o outro bando escapará.

⁹Disse mais Jacó: o Deus de meu pai Abraão, Deus de meu pai Isaque, ó Senhor, que me disseste: Volta para a tua terra, e para a tua parentela, e eu te farei bem!

¹⁰Não sou digno da menor de todas as tuas beneficências e de toda a fidelidade que tens usado para com teu servo; porque com o meu cajado passei este Jordão, e agora volto em dois bandos.

¹¹Livra-me, peço-te, da mão de meu irmão, da mão de Esaú, porque eu o temo; acaso não venha ele matar-me, a mãe com os filhos.

¹²Pois tu mesmo disseste: Certamente te farei bem, e farei a tua descendência como a areia do mar, que pela multidão não se pode contar.

¹³Passou ali aquela noite; e do que tinha tomou um presente para seu irmão Esaú:

¹⁴duzentas cabras e vinte bodes, duzentas ovelhas e vinte carneiros,

¹⁵trinta camelas de leite com suas crias, quarenta vacas e dez touros, vinte jumentas e dez jumentinhos.

¹⁶Então os entregou nas mãos dos seus servos, cada manada em separado; e disse a seus servos: Passai adiante de mim e ponde espaço entre manada e manada.

¹⁷E ordenou ao primeiro, dizendo: Quando Esaú, meu irmão, te encontrar e te perguntar: De quem és, e para onde vais, e de quem são estes diante de ti?

¹⁸Então responderás: São de teu servo Jacó, presente que envia a meu senhor, a Esaú, e eis que ele vem também atrás dé nos.

¹⁹Ordenou igualmente ao segundo, e ao terceiro, e a todos os que vinham atrás das manadas, dizendo: Desta maneira falareis a Esaú quando o achardes.

²⁰E direis também: Eis que o teu servo Jacó vem atrás de nós. Porque dizia: Aplacá-lo-ei com o presente, que vai adiante de mim, e depois verei a sua face; porventura ele me aceitará.

²¹Foi, pois, o presente adiante dele; ele, porém, passou aquela noite no arraial.

²²Naquela mesma noite levantou-se e, tomando suas duas mulheres, suas duas servas e seus onze filhos, passou o vau de Jaboque.

²³Tomou-os, e fê-los passar o ribeiro, e fez passar tudo o que tinha.

²⁴Jacó, porém, ficou só; e lutava com ele um homem até o romper do dia.

²⁵Quando este viu que não prevalecia contra ele, tocou-lhe a juntura da coxa, e se deslocou a juntura da coxa de Jacó, enquanto lutava com ele.

²⁶Disse o homem: Deixa-me ir, porque já vem rompendo o dia. Jacó, porém, respondeu: Não te deixarei ir, se me não abençoares.

²⁷Perguntou-lhe, pois: Qual é o teu nome? E ele respondeu: Jacó.

²⁸Então disse: Não te chamarás mais Jacó, mas Israel; porque tens lutado com Deus e com os homens e tens prevalecido.

²⁹Perguntou-lhe Jacó: Dize-me, peço-te, o teu nome. Respondeu o homem: Por que perguntas pelo meu nome? E ali o abençoou.

³⁰Pelo que Jacó chamou ao lugar Peniel, dizendo: Porque tenho visto Deus face a face, e a minha vida foi preservada.

³¹E nascia o sol, quando ele passou de Peniel; e coxeava de uma perna.

³²Por isso os filhos de Israel não comem até o dia de hoje o nervo do quadril, que está sobre a juntura da coxa, porquanto o homem tocou a juntura da coxa de Jacó no nervo do quadril.

## Capítulo 33

¹Levantou Jacó os olhos, e olhou, e eis que vinha Esaú, e quatrocentos homens com ele. Então repartiu os filhos entre Léia, e Raquel, e as duas servas.

²Pôs as servas e seus filhos na frente, Léia e seus filhos atrás destes, e Raquel e José por últimos.

³Mas ele mesmo passou adiante deles, e inclinou-se em terra sete vezes, até chegar perto de seu irmão.

⁴Então Esaú correu-lhe ao encontro, abraçou-o, lançou-se-lhe ao pescoço, e o beijou; e eles choraram.

⁵E levantando Esaú os olhos, viu as mulheres e os meninos, e perguntou: Quem são estes contigo? Respondeu-lhe Jacó: Os filhos que Deus bondosamente tem dado a teu servo.

⁶Então chegaram-se as servas, elas e seus filhos, e inclinaram-se.

⁷Chegaram-se também Léia e seus filhos, e inclinaram-se; depois chegaram-se José e Raquel e se inclinaram.

⁸Perguntou Esaú: Que queres dizer com todo este bando que tenho encontrado? Respondeu Jacó: Para achar graça aos olhos de meu senhor.

⁹Mas Esaú disse: Tenho bastante, meu irmão; seja teu o que tens.

¹⁰Replicou-lhe Jacó: Não, mas se agora tenho achado graça aos teus olhos, aceita o presente da minha mão; porquanto tenho visto o teu rosto, como se tivesse visto o rosto de Deus, e tu te agradaste de mim.

¹¹Aceita, peço-te, o meu presente, que eu te trouxe; porque Deus tem sido bondoso para comigo, e porque tenho de tudo. E insistiu com ele, e ele o aceitou.

¹²Então Esaú disse: Ponhamo-nos a caminho e vamos; eu irei adiante de ti.

¹³Respondeu-lhe Jacó: Meu senhor sabe que estes filhos são tenros, e que tenho comigo ovelhas e vacas de leite; se forem obrigadas a caminhar demais por um só dia, todo o rebanho morrerá.

¹⁴Passe o meu senhor adiante de seu servo; e eu seguirei, conduzindo-os calmamente, conforme o passo do gado que está diante de mim, e conforme o passo dos meninos, até que chegue a meu senhor em Seir.

¹⁵Ao que disse Esaú: Permite ao menos que eu deixe contigo alguns da minha gente. Replicou Jacó: Para que? Basta que eu ache graça aos olhos de meu senhor.

¹⁶Assim tornou Esaú aquele dia pelo seu caminho em direção a Seir.

¹⁷Jacó, porém, partiu para Sucote, e edificou para si uma casa, e fez barracas para o seu gado; por isso o lugar se chama Sucote.

¹⁸Depois chegou Jacó em paz à cidade de Siquém, que está na terra de Canaã, quando veio de Padã-Arã; e armou a sua tenda diante da cidade.

¹⁹E comprou a parte do campo, em que estendera a sua tenda, dos filhos de Hamor, pai de Siquém, por cem peças de dinheiro.

²⁰Então levantou ali um altar, e chamou-lhe o El-Eloé-Israel.

## Capítulo 34

¹Diná, filha de Léia, que esta tivera de Jacó, saiu para ver as filhas da terra.

²Viu-a Siquém, filho de Hamor o heveu, príncipe da terra; e, tomando-a, deitou-se com ela e humilhou-a.

³Assim se apegou a sua alma a Diná, filha de Jacó, e, amando a donzela, falou-lhe afetuosamente.

⁴Então disse Siquém a Hamor seu pai: Consegue-me esta donzela por mulher.

⁵Ora, Jacó ouviu que Siquém havia contaminado a Diná sua filha. Entretanto, estando seus filhos no campo com o gado, calou-se Jacó até que viessem.

⁶Hamor, pai de Siquém, saiu a fim de falar com Jacó.

⁷Os filhos de Jacó, pois, vieram do campo logo que souberam do caso; e entristeceram-se e iraram-se muito, porque Siquém havia cometido uma insensatez em Israel, deitando-se com a filha de Jacó, coisa que não se devia fazer.

⁸Então falou Hamor com eles, dizendo: A alma de meu filho Siquém afeiçoou-se fortemente a vossa filha; dai-lha, peço-vos, por mulher.

⁹Também aparentai-vos conosco; dai-nos as vossas filhas e recebei as nossas.

¹⁰Assim habitareis conosco; a terra estará diante de vós; habitai e negociai nela, e nela adquiri propriedades.

¹¹Depois disse Siquém ao pai e aos irmãos dela: Ache eu graça aos vossos olhos, e darei o que me disserdes;

¹²exigi de mim o que quiserdes em dote e presentes, e darei o que me pedirdes; somente dai-me a donzela por mulher.

¹³Então os filhos de Jacó, respondendo, falaram enganosamente a Siquém e a Hamor, seu pai, porque Siquém havia contaminado a Diná, sua irmã,

¹⁴e lhes disseram: Não podemos fazer p isto, dar a nossa irmã a um homem incircunciso; porque isso seria uma vergonha para nós.

¹⁵Sob esta única condição consentiremos; se vos tornardes como nós, circuncidando-se todo varão entre vós;

¹⁶então vos daremos nossas filhas a vós, e receberemos vossas filhas para nós; assim habitaremos convosco e nos tornaremos um só povo.

¹⁷Mas se não nos ouvirdes, e não vos circuncidardes, levaremos nossa filha e nos iremos embora.

¹⁸E suas palavras agradaram a Hamor e a Siquém, seu filho.

¹⁹Não tardou, pois, o mancebo em fazer isso, porque se agradava da filha de Jacó. Era ele o mais honrado de toda a casa de seu pai.

²⁰Vieram, pois, Hamor e Siquém, seu filho, à porta da sua cidade, e falaram aos homens da cidade, dizendo:

²¹Estes homens são pacíficos para conosco; portanto habitem na terra e negociem nela, pois é bastante espaçosa para eles. Recebamos por mulheres as suas filhas, e lhes demos as nossas.

²²Mas sob uma única condição é que consentirão aqueles homens em habitar conosco para nos tornarmos um só povo: se todo varão entre nós se circuncidar, como eles são circuncidados.

²³O seu gado, as suas aquisições, e todos os seus animais, não serão nossos? consintamos somente com eles, e habitarão conosco.

²⁴E deram ouvidos a Hamor e a Siquém, seu filho, todos os que saíam da porta da cidade; e foi circuncidado todo varão, todos os que saíam pela porta da sua cidade.

²⁵Ao terceiro dia, quando os homens estavam doridos, dois filhos de Jacó, Simeão e Levi, irmãos de Diná, tomaram cada um a sua espada, entraram na cidade com toda a segurança e mataram todo varão.

²⁶Mataram também ao fio da espada a Hamor e a Siquém, seu filho; e, tirando Diná da casa de Siquém, saíram.

²⁷Vieram os filhos de Jacó aos mortos e saquearam a cidade; porquanto haviam contaminado a sua irmã.

²⁸Tomaram-lhes os rebanhos, os bois, os jumentos, e o que havia tanto na cidade como no campo;

²⁹e todos os seus bens, e todos os seus pequeninos, e as suas mulheres, levaram por presa; e despojando as casas, levaram tudo o que havia nelas.

³⁰Então disse Jacó a Simeão e a Levi: Tendes-me perturbado, fazendo-me odioso aos habitantes da terra, aos cananeus e perizeus. Tendo eu pouca gente, eles se ajuntarão e me ferirão; e serei destruído, eu com minha casa.

³¹Ao que responderam: Devia ele tratar a nossa irmã como a uma prostituta?

## Capítulo 35

¹Depois disse Deus a Jacó: Levanta-te, sobe a Betel e habita ali; e faze ali um altar ao Deus que te apareceu quando fugias da face de Esaú, teu irmão.

²Então disse Jacó à sua família, e a todos os que com ele estavam: Lançai fora os deuses estranhos que há no meio de vós, e purificai-vos e mudai as vossas vestes.

³Levantemo-nos, e subamos a Betel; ali farei um altar ao Deus que me respondeu no dia da minha angústia, e que foi comigo no caminho por onde andei.

⁴Entregaram, pois, a Jacó todos os deuses estranhos, que tinham nas mãos, e as arrecadas que pendiam das suas orelhas; e Jacó os escondeu debaixo do carvalho que está junto a Siquém.

⁵Então partiram; e o terror de Deus sobreveio às cidades que lhes estavam ao redor, de modo que não perseguiram os filhos de Jacó.

⁶Assim chegou Jacó à Luz, que está na terra de Canaã (esta é Betel), ele e todo o povo que estava com ele.

⁷Edificou ali um altar, e chamou ao lugar El-Betel; porque ali Deus se lhe tinha manifestado quando fugia da face de seu irmão.

⁸Morreu Débora, a ama de Rebeca, e foi sepultada ao pé de Betel, debaixo do carvalho, ao qual se chamou Alom-Bacute.

⁹Apareceu Deus outra vez a Jacó, quando ele voltou de Padã-Arã, e o abençoou.

¹⁰E disse-lhe Deus: O teu nome é Jacó; não te chamarás mais Jacó, mas Israel será o teu nome. Chamou-lhe Israel.

¹¹Disse-lhe mais: Eu sou Deus Todo-Poderoso; frutifica e multiplica-te; uma nação, sim, uma multidão de nações sairá de ti, e reis procederão dos teus lombos;

¹²a terra que dei a Abraão e a Isaque, a ti a darei; também à tua descendência depois de ti a darei.

¹³E Deus subiu dele, do lugar onde lhe falara.

¹⁴Então Jacó erigiu uma coluna no lugar onde Deus lhe falara, uma coluna de pedra; e sobre ela derramou uma libação e deitou-lhe também azeite;

¹⁵e Jacó chamou Betel ao lugar onde Deus lhe falara.

¹⁶Depois partiram de Betel; e, faltando ainda um trecho pequeno para chegar a Efrata, Raquel começou a sentir dores de parto, e custou-lhe o dar à luz.

¹⁷Quando ela estava nas dores do parto, disse-lhe a parteira: Não temas, pois ainda terás este filho.

¹⁸Então Raquel, ao sair-lhe a alma (porque morreu), chamou ao filho Benôni; mas seu pai chamou-lhe Benjamim.

¹⁹Assim morreu Raquel, e foi sepultada no caminho de Efrata (esta é Bete-Leém).

²⁰E Jacó erigiu uma coluna sobre a sua sepultura; esta é a coluna da sepultura de Raquel até o dia de hoje.

²¹Então partiu Israel, e armou a sua tenda além de Migdal-Eder.

²²Quando Israel habitava naquela terra, foi Rúben e deitou-se com Bila, concubina de seu pai; e Israel o soube. Eram doze os filhos de Jacó:

²³Os filhos de Léia: Rúben o primogênito de Jacó, depois Simeão, Levi, Judá, Issacar e Zebulom;

²⁴os filhos de Raquel: José e Benjamim;

²⁵os filhos de Bila, serva de Raquel: Dã e Naftali;

²⁶os filhos de Zilpa, serva de Léia: Gade e Aser. Estes são os filhos de Jacó, que lhe nasceram em Padã-Arã.

²⁷Jacó veio a seu pai Isaque, a Manre, a Quiriate-Arba (esta é Hebrom), onde peregrinaram Abraão e Isaque.

²⁸Foram os dias de Isaque cento e oitenta anos;

²⁹e, exalando o espírito, morreu e foi congregado ao seu povo, velho e cheio de dias; e Esaú e Jacó, seus filhos, o sepultaram.

## Capítulo 36

¹Estas são as gerações de Esaú (este é Edom):

²Esaú tomou dentre as filhas de Canaã suas mulheres: Ada, filha de Elom o heteu, e Aolíbama, filha de Ana, filha de Zibeão o heveu,

³e Basemate, filha de Ismael, irmã de Nebaiote.

⁴Ada teve de Esaú a Elifaz, e Basemate teve a Reuel; e Aolíbama teve a Jeús, Jalão e Corá; estes são os filhos de Esaú, que lhe nasceram na terra de Canaã.

⁶Depois Esaú tomou suas mulheres, seus filhos, suas filhas e todas as almas de sua casa, seu gado, todos os seus animais e todos os seus bens, que havia adquirido na terra de Canaã, e foi-se para outra terra, apartando-se de seu irmão Jacó.

⁷Porque os seus bens eram abundantes demais para habitarem juntos; e a terra de suas peregrinações não os podia sustentar por causa do seu gado.

⁸Portanto Esaú habitou no monte de Seir; Esaú é Edom.

⁹Estas, pois, são as gerações de Esaú, pai dos edomeus, no monte de Seir:

¹⁰Estes são os nomes dos filhos de Esaú: Elifaz, filho de Ada, mulher de Esaú; Reuel, filho de Basemate, mulher de Esaú.

¹¹E os filhos de Elifaz foram: Temã, Omar, Zefô, Gatã e Quenaz.

¹²Timna era concubina de Elifaz, filho de Esaú, e teve de Elifaz a Amaleque. São esses os filhos de Ada, mulher de Esaú.

¹³Foram estes os filhos de Reuel: Naate e Zerá, Sama e Mizá. Foram esses os filhos de Basemate, mulher de Esaú.

¹⁴Estes foram os filhos de Aolíbama, filha de Ana, filha de Zibeão, mulher de Esaú: ela teve de Esaú Jeús, Jalão e Corá.

¹⁵São estes os chefes dos filhos de Esaú: dos filhos de Elifaz, o primogênito de Esaú, os chefes Temã, Omar, Zefô, Quenaz,

¹⁶Corá, Gatã e Amaleque. São esses os chefes que nasceram a Elifaz na terra de Edom; esses são os filhos de Ada.

¹⁷Estes são os filhos de Reuel, filho de Esaú: os chefes Naate, Zerá, Sama e Mizá; esses são os chefes que nasceram a Reuel na terra de Edom; esses são os filhos de Basemate, mulher de Esaú.

¹⁸Estes são os filhos de Aolíbama, mulher de Esaú: os chefes Jeús, Jalão e Corá; esses são os chefes que nasceram a Iíbama, filha de Ana, mulher de Esaú.

¹⁹Esses são os filhos de Esaú, e esses seus príncipes: ele é Edom.

²⁰São estes os filhos de Seir, o horeu, moradores da terra: Lotã, Sobal, Zibeão, Anás,

²¹Disom, Eser e Disã; esses são os chefes dos horeus, filhos de Seir, na terra de Edom.

²²Os filhos de Lotã foram: Hori e Hemã; e a irmã de Lotã era Timna.

²³Estes são os filhos de Sobal: Alvã, Manaate, Ebal, Sefô e Onão.

²⁴Estes são os filhos de Zibeão: Aías e Anás; este é o Anás que achou as fontes termais no deserto, quando apascentava os jumentos de Zibeão, seu pai.

²⁵São estes os filhos de Ana: Disom e Aolíbama, filha de Ana.

²⁶São estes os filhos de Disom: Hendã, Esbã, Itrã e Querã.

²⁷Estes são os filhos de Eser: Bilã, Zaavã e Acã.

²⁸Estes são os filhos de Disã: Uz e Arã.

²⁹Estes são os chefes dos horeus: Lotã, Sobal, Zibeão, Anás,

³⁰Disom, Eser e Disã; esses são os chefes dos horeus que governaram na terra de Seir.

³¹São estes os reis que reinaram na terra de Edom, antes que reinasse rei algum sobre os filhos de Israel.

³²Reinou, pois, em Edom Belá, filho de Beor; e o nome da sua cidade era Dinabá.

³³Morreu Belá; e Jobabe, filho de Zerá de Bozra, reinou em seu lugar.

³⁴Morreu Jobabe; e Husão, da terra dos temanitas, reinou em seu lugar.

³⁵Morreu Husão; e em seu lugar reinou Hadade, filho de Bedade, que feriu a Midiã no campo de Moabe; e o nome da sua cidade era Avite.

³⁶Morreu Hadade; e Sâmela de Masreca reinou em seu lugar.

³⁷Morreu Sâmela; e Saul de Reobote junto ao rio reinou em seu lugar.

³⁸Morreu Saul; e Baal-Hanã, filho de Acbor, reinou em seu lugar.

³⁹Morreu Baal-Hanã, filho de Acbor; e Hadar reinou em seu lugar; e o nome da sua cidade era Paú; e o nome de sua mulher era Meetabel, filha de Matrede, filha de Me-Zaabe.

⁴⁰Estes são os nomes dos chefes dos filhos de Esaú, segundo as suas famílias, segundo os seus lugares, pelos seus nomes: os chefes Timna, Alva, Jetete,

⁴¹Aolíbama, Elá, Pinom,

⁴²Quenaz, Temã, Mibzar,

⁴³Magdiel e Irão; esses são os chefes de Edom, segundo as suas habitações, na terra ,da sua possessão. Este é Esaú, pai dos edomeus.

## Capítulo 37

¹Jacó habitava na terra das peregrinações de seu pai, na terra de Canaã.

²Estas são as gerações de Jacó. José, aos dezessete anos de idade, estava com seus irmãos apascentando os rebanhos; sendo ainda jovem, andava com os filhos de Bila, e com os filhos de Zilpa, mulheres de seu pai; e José trazia a seu pai más notícias a respeito deles.

³Israel amava mais a José do que a todos os seus filhos, porque era filho da sua velhice; e fez-lhe uma túnica de várias cores.

⁴Vendo, pois, seus irmãos que seu pai o amava mais do que a todos eles, odiavam-no, e não lhe podiam falar pacificamente.

⁵José teve um sonho, que contou a seus irmãos; por isso o odiaram ainda mais.

⁶Pois ele lhes disse: Ouvi, peço-vos, este sonho que tive:

⁷Estávamos nós atando molhos no campo, e eis que o meu molho, levantando-se, ficou em pé; e os vossos molhos o rodeavam, e se inclinavam ao meu molho.

⁸Responderam-lhe seus irmãos: Tu pois, deveras reinarás sobre nós? Tu deveras terás domínio sobre nós? Por isso ainda mais o odiavam por causa dos seus sonhos e das suas palavras.

⁹Teve José outro sonho, e o contou a seus irmãos, dizendo: Tive ainda outro sonho; e eis que o sol, e a lua, e onze estrelas se inclinavam perante mim.

¹⁰Quando o contou a seu pai e a seus irmãos, repreendeu-o seu pai, e disse-lhe: Que sonho é esse que tiveste? Porventura viremos, eu e tua mãe, e teus irmãos, a inclinar-nos com o rosto em terra diante de ti?

¹¹Seus irmãos, pois, o invejavam; mas seu pai guardava o caso no seu coração.

¹²Ora, foram seus irmãos apascentar o rebanho de seu pai, em Siquém.

¹³Disse, pois, Israel a José: Não apascentam teus irmãos o rebanho em Siquém? Vem, e enviar-te-ei a eles. Respondeu-lhe José: Eis-me aqui.

¹⁴Disse-lhe Israel: Vai, vê se vão bem teus irmãos, e o rebanho; e traze-me resposta. Assim o enviou do vale de Hebrom; e José foi a Siquém.

¹⁵E um homem encontrou a José, que andava errante pelo campo, e perguntou-lhe: Que procuras?

¹⁶Respondeu ele: Estou procurando meus irmãos; dize-me, peço-te, onde apascentam eles o rebanho.

¹⁷Disse o homem: Foram-se daqui; pois ouvi-lhes dizer: Vamos a Dotã. José, pois, seguiu seus irmãos, e os achou em Dotã.

¹⁸Eles o viram de longe e, antes que chegasse aonde estavam, conspiraram contra ele, para o matarem,

¹⁹dizendo uns aos outros: Eis que lá vem o sonhador!

²⁰Vinde pois agora, fmatemo-lo e lancemo-lo numa das covas; e diremos: uma besta-fera o devorou. Veremos, então, o que será dos seus sonhos.

²¹Mas Rúben, ouvindo isso, livrou-o das mãos deles, dizendo: Não lhe tiremos a vida.

²²Também lhes disse Rúben: Não derrameis sangue; lançai-o nesta cova, que está no deserto, e não lanceis mão nele. Disse isto para livrá-lo das mãos deles, a fim de restituí-lo a seu pai.

²³Logo que José chegou a seus irmãos, estes o despiram da sua túnica, a túnica de várias cores, que ele trazia;

²⁴e tomando-o, lançaram-no na cova; mas a cova estava vazia, não havia água nela.

²⁵Depois sentaram-se para comer; e, levantando os olhos, viram uma caravana de ismaelitas que vinha de Gileade; nos seus camelos traziam tragacanto, bálsamo e mirra, que iam levar ao Egito.

²⁶Disse Judá a seus irmãos: De que nos aproveita matar nosso irmão e encobrir o seu sangue?

²⁷Vinde, vendamo-lo a esses ismaelitas, e não seja nossa mão sobre ele; porque é nosso irmao, nossa carne. E escutaram-no seus irmãos.

²⁸Ao passarem os negociantes midianitas, tiraram José, alçando-o da cova, e venderam-no por vinte siclos de prata aos ismaelitas, os quais o levaram para o Egito.

²⁹Ora, Rúben voltou à cova, e eis que José não estava na cova; pelo que rasgou as suas vestes

³⁰e, tornando a seus irmãos, disse: O menino não aparece; e eu, aonde irei?

³¹Tomaram, então, a túnica de José, mataram um cabrito, e tingiram a túnica no sangue.

³²Enviaram a túnica de várias cores, mandando levá-la a seu pai e dizer-lhe: Achamos esta túnica; vê se é a túnica de teu filho, ou não.

³³Ele a reconheceu e exclamou: A túnica de meu filho! uma besta-fera o devorou; certamente José foi despedaçado.

³⁴Então Jacó rasgou as suas vestes, e pôs saco sobre os seus lombos e lamentou seu filho por muitos dias.

³⁵E levantaram-se todos os seus filhos e todas as suas filhas, para o consolarem; ele, porém, recusou ser consolado, e disse: Na verdade, com choro hei de descer para meu filho até o Seol. Assim o chorou seu pai.

³⁶Os midianitas venderam José no Egito a Potifar, oficial de Faraó, capitão da guarda.

## Capítulo 38

¹Nesse tempo Judá desceu de entre seus irmãos e entrou na casa dum adulamita, que se chamava Hira,

²e viu Judá ali a filha de um cananeu, que se chamava Suá; tomou-a por mulher, e esteve com ela.

³Ela concebeu e teve um filho, e o pai chamou-lhe Er.

⁴Tornou ela a conceber e teve um filho, a quem ela chamou Onã.

⁵Teve ainda mais um filho, e chamou-lhe Selá. Estava Judá em Quezibe, quando ela o teve.

⁶Depois Judá tomou para Er, o seu primogênito, uma mulher, por nome Tamar.

⁷Ora, Er, o primogênito de Judá, era mau aos olhos do Senhor, pelo que o Senhor o matou.

⁸Então disse Judá a Onã: Toma a mulher de teu irmão, e cumprindo-lhe o dever de cunhado, suscita descendência a teu irmão.

⁹Onã, porém, sabia que tal descendência não havia de ser para ele; de modo que, toda vez que se unia à mulher de seu irmão, derramava o sêmen no chão para não dar descendência a seu irmão.

¹⁰E o que ele fazia era mau aos olhos do Senhor, pelo que o matou também a ele.

¹¹Então disse Judá a Tamar sua nora: Conserva-te viúva em casa de teu pai, até que Selá, meu filho, venha a ser homem; porquanto disse ele: Para que porventura não morra também este, como seus irmãos. Assim se foi Tamar e morou em casa de seu pai.

¹²Com o correr do tempo, morreu a filha de Suá, mulher de Judá. Depois de consolado, Judá subiu a Timnate para ir ter com os tosquiadores das suas ovelhas, ele e Hira seu amigo, o adulamita.

¹³E deram aviso a Tamar, dizendo: Eis que o teu sogro sobe a Timnate para tosquiar as suas ovelhas.

¹⁴Então ela se despiu dos vestidos da sua viuvez e se cobriu com o véu, e assim envolvida, assentou-se à porta de Enaim que está no caminho de Timnate; porque via que Selá já era homem, e ela lhe não fora dada por mulher.

¹⁵Ao vê-la, Judá julgou que era uma prostituta, porque ela havia coberto o rosto.

¹⁶E dirigiu-se para ela no caminho, e disse: Vem, deixa-me estar contigo; porquanto não sabia que era sua nora. Perguntou-lhe ela: Que me darás, para estares comigo?

¹⁷Respondeu ele: Eu te enviarei um cabrito do rebanho. Perguntou ela ainda: Dar-me-ás um penhor até que o envies?

¹⁸Então ele respondeu: Que penhor é o que te darei? Disse ela: O teu selo com a corda, e o cajado que está em tua mão. Ele, pois, lhos deu, e esteve com ela, e ela concebeu dele.

¹⁹E ela se levantou e se foi; tirou de si o véu e vestiu os vestidos da sua viuvez.

²⁰Depois Judá enviou o cabrito por mão do seu amigo o adulamita, para receber o penhor da mão da mulher; porém ele não a encontrou.

²¹Pelo que perguntou aos homens daquele lugar: Onde está a prostituta que estava em Enaim junto ao caminho? E disseram: Aqui não esteve prostituta alguma.

²²Voltou, pois, a Judá e disse: Não a achei; e também os homens daquele lugar disseram: Aqui não esteve prostituta alguma.

²³Então disse Judá: Deixa-a ficar com o penhor, para que não caiamos em desprezo; eis que enviei este cabrito, mas tu não a achaste.

²⁴Passados quase três meses, disseram a Judá: Tamar, tua nora, se prostituiu e eis que está grávida da sua prostituição. Então disse Judá: Tirai-a para fora, e seja ela queimada.

²⁵Quando ela estava sendo tirada para fora, mandou dizer a seu sogro: Do homem a quem pertencem estas coisas eu concebi. Disse mais: Reconhece, peço-te, de quem são estes, o selo com o cordão, e o cajado.

²⁶Reconheceu-os, pois, Judá, e disse: Ela é mais justa do que eu, porquanto não a dei a meu filho Selá. E nunca mais a conheceu.

²⁷Sucedeu que, ao tempo de ela dar à luz, havia gêmeos em seu ventre;

²⁸e dando ela à luz, um pôs fora a mão, e a parteira tomou um fio encarnado e o atou em sua mão, dizendo: Este saiu primeiro.

²⁹Mas recolheu ele a mão, e eis que seu irmão saiu; pelo que ela disse: Como tens tu rompido! Portanto foi chamado Pérez.

³⁰Depois saiu o seu irmão, em cuja mão estava o fio encarnado; e foi chamado Zerá.

## Capítulo 39

¹José foi levado ao Egito; e Potifar, oficial de Faraó, capitão da guarda, egípcio, comprou-o da mão dos ismaelitas que o haviam levado para lá.

²Mas o Senhor era com José, e ele tornou-se próspero; e estava na casa do seu senhor, o egípcio.

³E viu o seu senhor que Deus era com ele, e que fazia prosperar em sua mão tudo quanto ele empreendia.

⁴Assim José achou graça aos olhos dele, e o servia; de modo que o fez mordomo da sua casa, e entregou na sua mão tudo o que tinha.

⁵Desde que o pôs como mordomo sobre a sua casa e sobre todos os seus bens, o Senhor abençoou a casa do egípcio por amor de José; e a bênção do Senhor estava sobre tudo o que tinha, tanto na casa como no campo.

⁶Potifar deixou tudo na mão de José, de maneira que nada sabia do que estava com ele, a não ser do pão que comia. Ora, José era formoso de porte e de semblante.

⁷E aconteceu depois destas coisas que a mulher do seu senhor pôs os olhos em José, e lhe disse: Deita-te comigo.

⁸Mas ele recusou, e disse à mulher do seu senhor: Eis que o meu senhor não sabe o que está comigo na sua casa, e entregou em minha mão tudo o que tem;

⁹ele não é maior do que eu nesta casa; e nenhuma coisa me vedou, senão a ti, porquanto és sua mulher. Como, pois, posso eu cometer este grande mal, e pecar contra Deus?

¹⁰Entretanto, ela instava com José dia após dia; ele, porém, não lhe dava ouvidos, para se deitar com ela, ou estar com ela.

¹¹Mas sucedeu, certo dia, que entrou na casa para fazer o seu serviço; e nenhum dos homens da casa estava lá dentro.

¹²Então ela, pegando-o pela capa, lhe disse: Deita-te comigo! Mas ele, deixando a capa na mão dela, fugiu, escapando para fora.

¹³Quando ela viu que ele deixara a capa na mão dela e fugira para fora,

¹⁴chamou pelos homens de sua casa, e disse-lhes: Vede! meu marido trouxe-nos um hebreu para nos insultar; veio a mim para se deitar comigo, e eu gritei em alta voz;

¹⁵e ouvigiu-se para ela no caminho, e disse: Vem, deixa-me deixou, aqui a sua capa e fugiu, escapando para fora.

¹⁶Ela guardou a capa consigo, até que o senhor dele voltou a casa.

¹⁷Então falou-lhe conforme as mesmas palavras, dizendo: O servo hebreu, que nos trouxeste, veio a mim para me insultar;

¹⁸mas, levantando eu a voz e gritando, ele deixou comigo a capa e fugiu para fora.

¹⁹Tendo o seu senhor ouvido as palavras de sua mulher, que lhe falava, dizendo: Desta maneira me fez teu servo, a sua ira se acendeu.

²⁰Então o senhor de José o tomou, e o lançou no cárcere, no lugar em que os presos do rei estavam encarcerados; e ele ficou ali no cárcere.

²¹O Senhor, porém, era com José, estendendo sobre ele a sua benignidade e dando-lhe graça aos olhos do carcereiro,

²²o qual entregou na mão de José todos os presos que estavam no cárcere; e era José quem ordenava tudo o que se fazia ali.

²³E o carcereiro não tinha cuidado de coisa alguma que estava na mão de José, porquanto o Senhor era com ele, fazendo prosperar tudo quanto ele empreendia.

## Capítulo 40

¹Depois destas coisas o copeiro do rei do Egito e o seu padeiro ofenderam o seu senhor, o rei do Egito.

²Pelo que se indignou Faraó contra os seus dois oficiais, contra o copeiro-mor e contra o padeiro-mor;

³e mandou detê-los na casa do capitão da guarda, no cárcere onde José estava preso;

⁴e o capitão da guarda pô-los a cargo de José, que os servia. Assim estiveram por algum tempo em detenção.

⁵Ora, tiveram ambos um sonho, cada um seu sonho na mesma noite, cada um conforme a interpretação do seu sonho, o copeiro e o padeiro do rei do Egito, que se achavam presos no cárcere:

⁶Quando José veio a eles pela manhã, viu que estavam perturbados:

⁷Perguntou, pois, a esses oficiais de Faraó, que com ele estavam no cárcere da casa de seu senhor, dizendo: Por que estão os vossos semblantes tão tristes hoje?

⁸Responderam-lhe: Tivemos um sonho e ninguém há que o interprete. Pelo que lhes disse José: Porventura não pertencem a Deus as interpretações? Contai-mo, peço-vos.

⁹Então contou o copeiro-mor o seu sonho a José, dizendo-lhe: Eis que em meu sonho havia uma vide diante de mim,

¹⁰e na vide três sarmentos; e, tendo a vide brotado, saíam as suas flores, e os seus cachos produziam uvas maduras.

¹¹O copo de Faraó estava na minha mão; e, tomando as uvas, eu as espremia no copo de Faraó e entregava o copo na mão de Faraó.

¹²Então disse-lhe José: Esta é a sua interpretação: Os três sarmentos são três dias;

¹³dentro de três dias Faraó levantará a tua cabeça, e te restaurará ao teu cargo; e darás o copo de Faraó na sua mão, conforme o costume antigo, quando eras seu copeiro.

¹⁴Mas lembra-te de mim, quando te for bem; usa, peço-te, de compaixão para comigo e faze menção de mim a Faraó e tira-me desta casa;

¹⁵porque, na verdade, fui roubado da terra dos hebreus; e aqui também nada tenho feito para que me pusessem na masmorra.

¹⁶Quando o padeiro-mor viu que a interpretação era boa, disse a José: Eu também sonhei, e eis que três cestos de pão branco estavam sobre a minha cabeça.

¹⁷E no cesto mais alto havia para Faraó manjares de todas as qualidades que fazem os padeiros; e as aves os comiam do cesto que estava sobre a minha cabeça.

¹⁸Então respondeu José: Esta é a interpretação do sonho: Os três cestos são três dias;

¹⁹dentro de três dias tirará Faraó a tua cabeça, e te pendurará num madeiro, e as aves comerão a tua carne de sobre ti.

²⁰E aconteceu ao terceiro dia, o dia natalício de Faraó, que este deu um banquete a todos os seus servos; e levantou a cabeça do copeiro-mor, e a cabeça do padeiro-mor no meio dos seus servos;

²¹e restaurou o copeiro-mor ao seu cargo de copeiro, e este deu o copo na mão de Faraó;

²²mas ao padeiro-mor enforcou, como José lhes havia interpretado.

²³O copeiro-mor, porém, não se lembrou de José, antes se esqueceu dele.

## Capítulo 41

¹Passados dois anos inteiros, Faraó sonhou que estava em pé junto ao rio Nilo;

²e eis que subiam do rio sete vacas, formosas à vista e gordas de carne, e pastavam no carriçal.

³Após elas subiam do rio outras sete vacas, feias à vista e magras de carne; e paravam junto às outras vacas à beira do Nilo.

⁴E as vacas feias à vista e magras de carne devoravam as sete formosas à vista e gordas. Então Faraó acordou.

⁵Depois dormiu e tornou a sonhar; e eis que brotavam dum mesmo pé sete espigas cheias e boas.

⁶Após elas brotavam sete espigas miúdas e queimadas do vento oriental;

⁷e as espigas miúdas devoravam as sete espigas grandes e cheias.

Então Faraó acordou, e eis que era um sonho.

⁸Pela manhã o seu espírito estava perturbado; pelo que mandou chamar todos os adivinhadores do Egito, e todos os seus sábios; e Faraó contou-lhes os seus sonhos, mas não havia quem lhos interpretasse.

⁹Então falou o copeiro-mor a Faraó, dizendo: Dos meus pecados me lembro hoje:

¹⁰Estando faraó mui indignado contra os seus servos, e pondo-me sob prisão na casa do captão da guarda, a mim e ao padeiro-mor.

¹¹Então sonhamos um sonho na mesma noite, eu e ele, cada um conforme a interpretação do seu sonho sonhamos.

¹²Ora, estava ali conosco um mancebo hbreu, servo do capitão da guarda, ao qual contamos os nossos sonhos, e ele no-los interpretou, a cada um conforme o seu sonho.

¹³E como ele nos interpretou, assim mesmo foi feito: a mim me fez tornar ao meu estado, e a ele fez enforcar.

¹⁴Então enviou Faraó, e chamou a José, e o fizeram sair logo da cova; e barbeou-se e mudou os seus vestidos, e veio a Faraó.

¹⁵E Faraó disse a José: Eu sonhei um sonho, e ninguém há que o interprete; mas de ri ouvi dizer que quando ouves um sonho o interpretas.

¹⁶E respondeu José a Faraó, dizendo: Isso não está em mim; Deus dará resposta de paz a Faraó.

¹⁷Então disse Faraó a José: Eis que em meu sonho estava em pé na praia do rio,

¹⁸E eis que subiam do rio sete vacas gordas de carne e formosas à vista, e pastavam no prado.

¹⁹E eis que outras sete vacas subiam após estas, muito feias à vista, e magras de carne; não tenho visto outras taus, quanto à fealdade, em toda a terra do Egito

²⁰E as vacas magras e feias comiam as primeiras sete vacas gordas;

²¹E entravam em suas entranhas, mas não se conhecia que houvessem entrado em suas entranhas; porque o seu parecer era feio como no principio. Então acordei.

²²Depois vi em meu sonho, e eis que dum mesmo pé subiam sete espigas cheias e boas;

²³E eis que sete espigas secas, miúdas e queimadas do vento oriental brotavam após elas.

²⁴E as espigas miudas devoravam as sete espigas boas. E eu disse-o aos magos, mas ninguém houve que mo interpretasse.

²⁵Então disse José a Faraó: O sonho de Faraó é um só; o que Deus há de fazer, notificou-o a Faraó.

²⁶As sete vacas formosas são sete anos; as sete espigas formosas também são sete anos; o sonho é um só.

²⁷E as sete vacas magras e feias à vista, que subiam depois delas, são sete anos, como as sete espigas miúdas e queimadas do vento oriental; serão sete anos de fome.

²⁸Esta é a palavra que tenho dito a Faraó; o que Deus há de fazer, mostrou-o a Faraó.

²⁹E eis que vêm sete anos, e haverá grande fartura em toda a terra do Egito

³⁰E depois deles levantar-se-ão sete anos de fome, e toda aquela fartura será esquecida na terra do Egito, e a fome consumirá a terra:

³¹e não será conhecida a abundância na terra, por causa daquela fome que seguirá; porquanto será gravíssima.

³²Ora, se o sonho foi duplicado a Faraó, é porque esta coisa é determinada por Deus, e ele brevemente a fará.

³³Portanto, proveja-se agora Faraó de um homem entendido e sábio, e o ponha sobre a terra do Egito.

³⁴Faça isto Faraó: nomeie administradores sobre a terra, que tomem a quinta parte dos produtos da terra do Egito nos sete anos de fartura;

³⁵e ajuntem eles todo o mantimento destes bons anos que vêm, e amontoem trigo debaixo da mão de Faraó, para mantimento nas cidades e o guardem;

³⁶assim será o mantimento para provimento da terra, para os sete anos de fome, que haverá na terra do Egito; para que a terra não pereça de fome.

³⁷Esse parecer foi bom aos olhos de Faraó, e aos olhos de todos os seus servos.

³⁸Perguntou, pois, Faraó a seus servos: Poderíamos achar um homem como este, em quem haja o espírito de Deus?

³⁹Depois disse Faraó a José: Porquanto Deus te fez saber tudo isto, ninguém há tão entendido e sábio como tu.

⁴⁰Tu estarás sobre a minha casa, e por tua voz se governará todo o meu povo; somente no trono eu serei maior que tu.

⁴¹Disse mais Faraó a José: Vê, eu te hei posto sobre toda a terra do Egito.

⁴²E Faraó tirou da mão o seu anel-sinete e pô-lo na mão de José, vestiu-o de traje de linho fino, e lhe pôs ao pescoço um colar de ouro.

⁴³Ademais, fê-lo subir ao seu segundo carro, e clamavam diante dele: Ajoelhai-vos. Assim Faraó o constituiu sobre toda a terra do Egito.

⁴⁴Ainda disse Faraó a José: Eu sou Faraó; sem ti, pois, ninguém levantará a mão ou o pé em toda a terra do Egito.

⁴⁵Faraó chamou a José Zafnate-Paneã, e deu-lhe por mulher Asenate, filha de Potífera, sacerdote de Om. Depois saiu José por toda a terra do Egito.

⁴⁶Ora, José era da idade de trinta anos, quando se apresentou a Faraó, rei do Egito. E saiu José da presença de Faraó e passou por toda a terra do Egito.

⁴⁷Durante os sete anos de fartura a terra produziu a mancheias;

⁴⁸e José ajuntou todo o mantimento dos sete anos, que houve na terra do Egito, e o guardou nas cidades; o mantimento do campo que estava ao redor de cada cidade, guardou-o dentro da mesma.

⁴⁹Assim José ajuntou muitíssimo trigo, como a areia do mar, até que cessou de contar; porque não se podia mais contá-lo.

⁵⁰Antes que viesse o ano da fome, nasceram a José dois filhos, que lhe deu Asenate, filha de Potífera, sacerdote de Om.

⁵¹E chamou José ao primogênito Manassés; porque disse: Deus me fez esquecer de todo o meu trabalho, e de toda a casa de meu pai.

⁵²Ao segundo chamou Efraim; porque disse: Deus me fez crescer na terra da minha aflição.

⁵³Acabaram-se, então, os sete anos de fartura que houve na terra do Egito;

⁵⁴e começaram a vir os sete anos de fome, como José tinha dito; e havia fome em todas as terras; porém, em toda a terra do Egito havia pão.

⁵⁵Depois toda a terra do Egito teve fome, e o povo clamou a Faraó por pão; e Faraó disse a todos os egípcios: Ide a José; o que ele vos disser, fazei.

⁵⁶De modo que, havendo fome sobre toda a terra, abriu José todos os depósitos, e vendia aos egípcios; porque a fome prevaleceu na terra do Egito.

⁵⁷Também de todas as terras vinham ao Egito, para comprarem de José; porquanto a fome prevaleceu em todas as terras.

## Capítulo 42

¹Ora, Jacó soube que havia trigo no Egito, e disse a seus filhos: Por que estais olhando uns para os outros?

²Disse mais: Tenho ouvido que há trigo no Egito; descei até lá, e de lá comprai-o para nós, a fim de que vivamos e não morramos.

³Então desceram os dez irmãos de José, para comprarem trigo no Egito.

⁴Mas a Benjamim, irmão de José, não enviou Jacó com os seus irmãos, pois disse: Para que, porventura, não lhe suceda algum desastre.

⁵Assim entre os que iam lá, foram os filhos de Israel para comprar, porque havia fome na terra de Canaã.

⁶José era o governador da terra; era ele quem vendia a todo o povo da terra; e vindo os irmãos de José, prostraram-se diante dele com o rosto em terra.

⁷José, vendo seus irmãos, reconheceu-os; mas portou-se como estranho para com eles, falou-lhes asperamente e perguntou-lhes: Donde vindes? Responderam eles: Da terra de Canaã, para comprarmos mantimento.

⁸José, pois, reconheceu seus irmãos, mas eles não o reconheceram.

⁹Lembrou-se então José dos sonhos que tivera a respeito deles, e disse-lhes: Vós sois espias, e viestes para ver a nudez da terra.

¹⁰Responderam-lhe eles: Não, senhor meu; mas teus servos vieram comprar mantimento.

¹¹Nós somos todos filhos de um mesmo homem; somos homens de retidão; os teus servos não são espias.

¹²Replicou-lhes: Não; antes viestes para ver a nudez da terra.

¹³Mas eles disseram: Nós, teus servos, somos doze irmãos, filhos de um homem da terra de Canaã; o mais novo está hoje com nosso pai, e outro já não existe.

¹⁴Respondeu-lhe José: É assim como vos disse; sois espias.

¹⁵Nisto sereis provados: Pela vida de Faraó, não saireis daqui, a menos que venha para cá vosso irmão mais novo.

¹⁶Enviai um dentre vós, que traga vosso irmão, mas vós ficareis presos, a fim de serem provadas as vossas palavras, se há verdade convosco; e se não, pela vida de Faraó, vós sois espias.

¹⁷E meteu-os juntos na prisão por três dias.

¹⁸Ao terceiro dia disse-lhes José: Fazei isso, e vivereis; porque eu temo a Deus.

¹⁹Se sois homens de retidão, que fique um dos irmãos preso na

casa da vossa prisão; mas ide vós, levai trigo para a fome de vossas casas,

²⁰e trazei-me o vosso irmão mais novo; assim serão verificadas vossas palavras, e não morrereis. E eles assim fizeram.

²¹Então disseram uns aos outros: Nós, na verdade, somos culpados no tocante a nosso irmão, porquanto vimos a angústia da sua alma, quando nos rogava, e não o quisemos atender; é por isso que vem sobre nós esta angústia.

²²Respondeu-lhes Rúben: Não vos dizia eu: Não pequeis contra o menino; Mas não quisestes ouvir; por isso agora é requerido de nós o seu sangue.

²³E eles não sabiam que José os entendia, porque havia intérprete entre eles.

²⁴Nisto José se retirou deles e chorou. Depois tornou a eles, falou-lhes, e tomou a Simeão dentre eles, e o amarrou perante os seus olhos.

²⁵Então ordenou José que lhes enchessem de trigo os sacos, que lhes restituíssem o dinheiro a cada um no seu saco, e lhes dessem provisões para o caminho. E assim lhes foi feito.

²⁶Eles, pois, carregaram o trigo sobre os seus jumentos, e partiram dali.

²⁷Quando um deles abriu o saco, para dar forragem ao seu jumento na estalagem, viu o seu dinheiro, pois estava na boca do saco.

²⁸E disse a seus irmãos: Meu dinheiro foi-me devolvido; ei-lo aqui no saco. Então lhes desfaleceu o coração e, tremendo, viravam-se uns para os outros, dizendo: Que é isto que Deus nos tem feito?

²⁹Depois vieram para Jacó, seu pai, na terra de Canaã, e contaram-lhe tudo o que lhes acontecera, dizendo:

³⁰O homem, o senhor da terra, falou-nos asperamente, e tratou-nos como espias da terra.

³¹mas dissemos-lhe: Somos homens de retidão; não somos espias;

³²somos doze irmãos, filhos de nosso pai; um já não existe e o mais novo está hoje com nosso pai na terra de Canaã.

³³Respondeu-nos o homem, o senhor da terra: Nisto conhecerei que vós sois homens de retidão: Deixai comigo um de vossos irmãos, levai trigo para a fome de vossas casas, e parti,

³⁴e trazei-me vosso irmão mais novo; assim saberei que não sois espias, mas homens de retidão; então vos entregarei o vosso irmão e negociareis na terra.

³⁵E aconteceu que, despejando eles os sacos, eis que o pacote de dinheiro de cada um estava no seu saco; quando eles e seu pai viram os seus pacotes de dinheiro, tiveram medo.

³⁶Então Jacó, seu pai, disse-lhes: Tendes-me desfilhado; José já não existe, e não existe Simeão, e haveis de levar Benjamim! Todas estas coisas vieram sobre mim.

³⁷Mas Rúben falou a seu pai, dizendo: Mata os meus dois filhos, se eu to não tornar a trazer; entrega-o em minha mão, e to tornarei a trazer.

³⁸Ele porém disse: Não descerá meu filho convosco; porquanto o seu irmão é morto, e só ele ficou. Se lhe suceder algum desastre pelo caminho em que fordes, fareis descer minhas cãs com tristeza ao Seol.

## Capítulo 43

¹Ora, a fome era gravíssima na terra.

²Tendo eles acabado de comer o mantimento que trouxeram do Egito, disse-lhes seu pai: voltai, comprai-nos um pouco de alimento.

³Mas respondeu-lhe Judá: Expressamente nos advertiu o homem, dizendo: Não vereis a minha face, se vosso irmão não estiver convosco.

⁴Se queres enviar conosco o nosso irmão, desceremos e te compraremos alimento; mas se não queres enviá-lo, não desceremos, porquanto o homem nos disse: Não vereis a minha face, se vosso irmão não estiver convosco.

⁶Perguntou Israel: Por que me fizeste este mal, fazendo saber ao homem que tínheis ainda outro irmão?

⁷Responderam eles: O homem perguntou particularmente por nós, e pela nossa parentela, dizendo: vive ainda vosso pai? tendes mais um irmão? e respondemos-lhe segundo o teor destas palavras. Podíamos acaso saber que ele diria: Trazei vosso irmão?

⁸Então disse Judá a Israel, seu pai: Envia o mancebo comigo, e levantar-nos-emos e iremos, para que vivamos e não morramos, nem nós, nem tu, nem nossos filhinhos.

⁹Eu serei fiador por ele; da minha mão o requererás. Se eu to não trouxer, e o não puser diante de ti, serei réu de crime para contigo para sempre.

¹⁰E se não nos tivéssemos demorado, certamente já segunda vez estaríamos de volta.

¹¹Então disse-lhes Israel seu pai: Se é sim, fazei isto: tomai os melhores produtos da terra nas vossas vasilhas, e levai ao homem um presente: um pouco de bálsamo e um pouco de mel, tragacanto e mirra, nozes de fístico e amêndoas;

¹²levai em vossas mãos dinheiro em dobro; e o dinheiro que foi devolvido na boca dos vossos sacos, tornai a levá-lo em vossas mãos; bem pode ser que fosse engano.

¹³Levai também vosso irmão; levantai-vos e voltai ao homem;

¹⁴e Deus Todo-Poderoso vos dê misericórdia diante do homem, para que ele deixe vir convosco vosso outro irmão, e Benjamim; e eu, se for desfilhado, desfilhado ficarei.

¹⁵Tomaram, pois, os homens aquele presente, e dinheiro em dobro nas mãos, e a Benjamim; e, levantando-se desceram ao Egito e apresentaram-se diante de José.

¹⁶Quando José viu Benjamim com eles, disse ao despenseiro de sua casa: Leva os homens à casa, mata reses, e apronta tudo; pois eles comerão comigo ao meio-dia.

¹⁷E o homem fez como José ordenara, e levou-os à casa de José.

¹⁸Então os homens tiveram medo, por terem sido levados à casa de José; e diziam: por causa do dinheiro que da outra vez foi devolvido nos nossos sacos que somos trazidos aqui, para nos criminar e cair sobre nós, para que nos tome por servos, tanto a nós como a nossos jumentos.

¹⁹Por isso eles se chegaram ao despenseiro da casa de José, e falaram com ele à porta da casa,

²⁰e disseram: Ai! senhor meu, na verdade descemos dantes a comprar mantimento;

²¹e quando chegamos à estalagem, abrimos os nossos sacos, e eis que o dinheiro de cada um estava na boca do seu saco, nosso dinheiro por seu peso; e tornamos a trazê-lo em nossas mãos;

²²também trouxemos outro dinheiro em nossas mãos, para comprar mantimento; não sabemos quem tenha posto o dinheiro em nossos sacos.

²³Respondeu ele: Paz seja convosco, não temais; o vosso Deus, e o Deus de vosso pai, deu-vos um tesouro nos vossos sacos; o vosso dinheiro chegou-me às mãos. E trouxe-lhes fora Simeão.

²⁴Depois levou os homens à casa de José, e deu-lhes água, e eles lavaram os pés; também deu forragem aos seus jumentos.

²⁵Então eles prepararam o presente para quando José viesse ao meio-dia; porque tinham ouvido que ali haviam de comer.

²⁶Quando José chegou em casa, trouxeram-lhe ali o presente que guardavam junto de si; e inclinaram-se a ele até a terra.

²⁷Então ele lhes perguntou como estavam; e prosseguiu: vosso pai, o ancião de quem falastes, está bem? ainda vive?

²⁸Responderam eles: O teu servo, nosso pai, está bem; ele ainda vive. E abaixaram a cabeça, e inclinaram-se.

²⁹Levantando os olhos, José viu a Benjamim, seu irmão, filho de sua mãe, e perguntou: É este o vosso irmão mais novo de quem me falastes? E disse: Deus seja benévolo para contigo, meu filho.

³⁰E José apressou-se, porque se lhe comoveram as entranhas por causa de seu irmão, e procurou onde chorar; e, entrando na sua câmara, chorou ali.

³¹Depois lavou o rosto, e saiu; e se conteve e disse: Servi a comida.

³²Serviram-lhe, pois, a ele à parte, e a eles também à parte, e à parte aos egípcios que comiam com ele; porque os egípcios não podiam comer com os hebreus, porquanto é isso abominação aos egípcios.

³³Sentaram-se diante dele, o primogênito segundo a sua primogenitura, e o menor segundo a sua menoridade; do que os homens se maravilhavam entre si.

³⁴Então ele lhes apresentou as porções que estavam diante dele; mas a porção de Benjamim era cinco vezes maior do que a de qualquer deles. E eles beberam, e se regalaram com ele.

## Capítulo 44

¹Depois José deu ordem ao despenseiro de sua casa, dizendo: Enche de mantimento os sacos dos homens, quanto puderem levar, e põe o dinheiro de cada um na boca do seu saco.

²e a minha taça de prata porás na boca do saco do mais novo, com o dinheiro do seu trigo. Assim fez ele conforme a palavra que José havia dito.

³Logo que veio a luz da manhã, foram despedidos os homens, eles com os seus jumentos.

⁴Havendo eles saído da cidade, mas não se tendo distanciado muito, disse José ao seu despenseiro: Levanta-te e segue os homens; e, alcançando-os, dize-lhes: Por que tornastes o mal pelo bem?

⁵Não é esta a taça por que bebe meu senhor, e de que se serve para adivinhar? Fizestes mal no que fizestes.

⁶Então ele, tendo-os alcançado, lhes falou essas mesmas palavras.

⁷Responderam-lhe eles: Por que fala meu senhor tais palavras?

Longe estejam teus servos de fazerem semelhante coisa.

⁸Eis que o dinheiro, que achamos nas bocas dos nossos sacos, to tornamos a trazer desde a terra de Canaã; como, pois, furtaríamos da casa do teu senhor prata ou ouro?

⁹Aquele dos teus servos com quem a taça for encontrada, morra; e ainda nós seremos escravos do meu senhor.

¹⁰Ao que disse ele: Seja conforme as vossas palavras; aquele com quem a taça for encontrada será meu escravo; mas vós sereis inocentes.

¹¹Então eles se apressaram cada um a pôr em terra o seu saco, e cada um a abri-lo.

¹²E o despenseiro buscou, começando pelo maior, e acabando pelo mais novo; e achou-se a taça no saco de Benjamim.

¹³Então rasgaram os seus vestidos e, tendo cada um carregado o seu jumento, voltaram à cidade.

¹⁴E veio Judá com seus irmãos à casa de José, pois ele ainda estava ali; e prostraram-se em terra diante dele.

¹⁵Logo lhes perguntou José: Que ação é esta que praticastes? não sabeis vós que um homem como eu pode, muito bem, adivinhar?

¹⁶Respondeu Judá: Que diremos a meu senhor? que falaremos? e como nos justificaremos? Descobriu Deus a iniquidade de teus servos; eis que somos escravos de meu senhor, tanto nós como aquele em cuja mão foi achada a taça.

¹⁷Disse José: Longe esteja eu de fazer isto; o homem em cuja mão a taça foi achada, aquele será meu servo; porém, quanto a vós, subi em paz para vosso pai.

¹⁸Então Judá se chegou a ele, e disse: Ai! senhor meu, deixa, peço-te, o teu servo dizer uma palavra aos ouvidos de meu senhor; e não se acenda a tua ira contra o teu servo; porque tu és como Faraó.

¹⁹Meu senhor perguntou a seus servos, dizendo: Tendes vós pai, ou irmão?

²⁰E respondemos a meu senhor: Temos pai, já velho, e há um filho da sua velhice, um menino pequeno; o irmão deste é morto, e ele ficou o único de sua mãe; e seu pai o ama.

²¹Então tu disseste a teus servos: Trazei-mo, para que eu ponha os olhos sobre ele.

²²E quando respondemos a meu senhor: O menino não pode deixar o seu pai; pois se ele deixasse o seu pai, este morreria;

²³replicaste a teus servos: A menos que desça convosco vosso irmão mais novo, nunca mais vereis a minha face.

²⁴Então subimos a teu servo, meu pai, e lhe contamos as palavras de meu senhor.

²⁵Depois disse nosso pai: Tornai, comprai-nos um pouco de mantimento;

²⁶e lhe respondemos: Não podemos descer; mas, se nosso irmão menor for conosco, desceremos; pois não podemos ver a face do homem, se nosso irmão menor não estiver conosco.

²⁷Então nos disse teu servo, meu pai: Vós sabeis que minha mulher me deu dois filhos;

²⁸um saiu de minha casa e eu disse: certamente foi despedaçado, e não o tenho visto mais;

²⁹se também me tirardes a este, e lhe acontecer algum desastre, fareis descer as minhas cãs com tristeza ao Seol.

³⁰Agora, pois, se eu for ter com o teu servo, meu pai, e o menino não estiver conosco, como a sua alma está ligada com a alma dele,

³¹acontecerá que, vendo ele que o menino ali não está, morrerá; e teus servos farão descer as cãs de teu servo, nosso pai com tristeza ao Seol.

³²Porque teu servo se deu como fiador pelo menino para com meu pai, dizendo: Se eu to não trouxer de volta, serei culpado, para com meu pai para sempre.

³³Agora, pois, fique teu servo em lugar do menino como escravo de meu senhor, e que suba o menino com seus irmãos.

³⁴Porque, como subirei eu a meu pai, se o menino não for comigo? para que não veja eu o mal que sobrevirá a meu pai.

## Capítulo 45

¹Então José não se podia conter diante de todos os que estavam com ele; e clamou: Fazei a todos sair da minha presença; e ninguém ficou com ele, quando se deu a conhecer a seus irmãos.

²E levantou a voz em choro, de maneira que os egípcios o ouviram, bem como a casa de Faraó.

³Disse, então, José a seus irmãos: Eu sou José; vive ainda meu pai? E seus irmãos não lhe puderam responder, pois estavam pasmados diante dele.

⁴José disse mais a seus irmãos: Chegai-vos a mim, peço-vos. E eles se chegaram. Então ele prosseguiu: Eu sou José, vosso irmão, a quem vendestes para o Egito.

⁵Agora, pois, não vos entristeçais, nem vos aborreçais por me haverdes vendido para cá; porque para preservar vida é que Deus me enviou adiante de vós.

⁶Porque já houve dois anos de fome na terra, e ainda restam cinco anos em que não haverá lavoura nem sega.

⁷Deus enviou-me adiante de vós, para conservar-vos descendência na terra, e para guardar-vos em vida por um grande livramento.

⁸Assim não fostes vós que me enviastes para cá, senão Deus, que me tem posto por pai de Faraó, e por senhor de toda a sua casa, e como governador sobre toda a terra do Egito.

⁹Apressai-vos, subi a meu pai, e dizei-lhe: Assim disse teu filho José: Deus me tem posto por senhor de toda a terra do Egito; desce a mim, e não te demores;

¹⁰habitarás na terra de Gósem e estarás perto de mim, tu e os teus filhos e os filhos de teus filhos, e os teus rebanhos, o teu gado e tudo quanto tens;

¹¹ali te sustentarei, porque ainda haverá cinco anos de fome, para que não sejas reduzido à pobreza, tu e tua casa, e tudo o que tens.

¹²Eis que os vossos olhos, e os de meu irmão Benjamim, vêem que é minha boca que vos fala.

¹³Fareis, pois, saber a meu pai toda a minha glória no Egito; e tudo o que tendes visto; e apressar-vos-eis a fazer descer meu pai para cá.

¹⁴Então se lançou ao pescoço de Benjamim seu irmão, e chorou; e Benjamim chorou também ao pescoço dele.

¹⁵E José beijou a todos os seus irmãos, chorando sobre eles; depois seus irmãos falaram com ele.

¹⁶Esta nova se fez ouvir na casa de Faraó: São vindos os irmãos de José; o que agradou a Faraó e a seus servos.

¹⁷Ordenou Faraó a José: Dize a teus irmãos: Fazei isto: carregai os vossos animais e parti, tornai à terra de Canaã;

¹⁸tomai o vosso pai e as vossas famílias e vinde a mim; e eu vos darei o melhor da terra do Egito, e comereis da fartura da terra.

¹⁹A ti, pois, é ordenado dizer-lhes: Fazei isto: levai vós da terra do Egito carros para vossos meninos e para vossas mulheres; trazei vosso pai, e vinde.

²⁰E não vos pese coisa alguma das vossas alfaias; porque o melhor de toda a terra do Egito será vosso.

²¹Assim fizeram os filhos de Israel. José lhes deu carros, conforme o mandado de Faraó, e deu-lhes também provisão para o caminho.

²²A todos eles deu, a cada um, mudas de roupa; mas a Benjamim deu trezentas peças de prata, e cinco mudas de roupa.

²³E a seu pai enviou o seguinte: dez jumentos carregados do melhor do Egito, e dez jumentas carregadas de trigo, pão e provisão para seu pai, para o caminho.

²⁴Assim despediu seus irmãos e, ao partirem eles, disse-lhes: Não contendais pelo caminho.

²⁵Então subiram do Egito, vieram à terra de Canaã, a Jacó seu pai,

²⁶e lhe anunciaram, dizendo: José ainda vive, e é governador de toda a terra do Egito. E o seu coração desmaiou, porque não os acreditava.

²⁷Quando, porém, eles lhe contaram todas as palavras que José lhes falara, e vendo Jacó, seu pai, os carros que José enviara para levá-lo, reanimou-se-lhe o espírito;

²⁸e disse Israel: Basta; ainda vive meu filho José; eu irei e o verei antes que morra.

## Capítulo 46

¹Partiu, pois, Israel com tudo quanto tinha e veio a Beer-Seba, onde ofereceu sacrifícios ao Deus de seu pai Isaque.

²Falou Deus a Israel em visões de noite, e disse: Jacó, Jacó! Respondeu Jacó: Eis-me aqui.

³E Deus disse: Eu sou Deus, o Deus de teu pai; não temas descer para o Egito; porque eu te farei ali uma grande nação.

⁴Eu descerei contigo para o Egito, e certamente te farei tornar a subir; e José porá a sua mão sobre os teus olhos.

⁵Então Jacó se levantou de Beer-Seba; e os filhos de Israel levaram seu pai Jacó, e seus meninos, e as suas mulheres, nos carros que Faraó enviara para o levar.

⁶Também tomaram o seu gado e os seus bens que tinham adquirido na terra de Canaã, e vieram para o Egito, Jacó e toda a sua descendência com ele.

⁷Os seus filhos e os filhos de seus filhos com ele, as suas filhas e as filhas de seus filhos, e toda a sua descendência, levou-os consigo para o Egito.

⁸São estes os nomes dos filhos de Israel, que vieram para o Egito, Jacó e seus filhos: Rúben, o primogênito de Jacó.

⁹E os filhos de Rúben: Hanoque, Palu, Hezrom e Carmi.

¹⁰E os filhos de Simeão: Jemuel, Jamim, Oade, Jaquim, Zoar, e Saul, filho de uma mulher cananéia.

¹¹E os filhos de Levi: Gérsom, Coate e Merári.

¹²E os filhos de Judá: Er, Onã, Selá, Pérez e Zerá. Er e Onã, porém, morreram na terra de Canaã. E os filhos de Pérez foram Hezrom e Hamul,

¹³E os filhos de Issacar: Tola, Puva, Iobe e Sinrom.

¹⁴E os filhos de Zebulom: Serede, Elom e Jaleel.

¹⁵Estes são os filhos de Léia, que ela deu a Jacó em Padã-Arã, além de Diná, sua filha; todas as almas de seus filhos e de suas filhas eram trinta e três.

¹⁶E os filhos de Gade: Zifiom, Hagui, Suni, Ezbom, Eri, Arodi e Areli.

¹⁷E os filhos de Aser: Imná, Isvá, Isvi e Beria, e Sera, a irmã deles; e os filhos de Beria: Heber e Malquiel.

¹⁸Estes são os filhos de Zilpa, a qual Labão deu à sua filha Léia; e estes ela deu a Jacó, ao todo dezesseis almas.

¹⁹Os filhos de Raquel, mulher de Jacó: José e Benjamim.

²⁰E nasceram a José na terra do Egito Manassés e Efraim, que lhe deu Asenate, filha de Potífera, sacerdote de Om.

²¹E os filhos de Benjamim: Belá, Bequer, Asbel, Gêra, Naamã, Eí, Ros, Mupim, Hupim e Arde.

²²Estes são os filhos de Raquel, que nasceram a Jacó, ao todo catorze almas.

²³E os filhos de Dã: Husim.

²⁴E os filhos de Naftali: Jazeel, Guni, Jezer e Silém.

²⁵Estes são os filhos de Bila, a qual Labão deu à sua filha Raquel; e estes deu ela a Jacó, ao todo sete almas.

²⁶Todas as almas que vieram com Jacó para o Egito e que saíram da sua coxa, fora as mulheres dos filhos de Jacó, eram todas sessenta e seis almas;

²⁷e os filhos de José, que lhe nasceram no Egito, eram duas almas. Todas as almas da casa de Jacó, que vieram para o Egito eram setenta.

²⁸Ora, Jacó enviou Judá adiante de si a José, para o encaminhar a Gósen; e chegaram à terra de Gósen.

²⁹Então José aprontou o seu carro, e subiu ao encontro de Israel, seu pai, a Gósen; e tendo-se-lhe apresentado, lançou-se ao seu pescoço, e chorou sobre o seu pescoço longo tempo.

³⁰E Israel disse a José: Morra eu agora, já que tenho visto o teu rosto, pois que ainda vives.

³¹Depois disse José a seus irmãos, e à casa de seu pai: Eu subirei e informarei a Faraó, e lhe direi: Meus irmãos e a casa de meu pai, que estavam na terra de Canaã, vieram para mim.

³²Os homens são pastores, que se ocupam em apascentar gado; e trouxeram os seus rebanhos, o seu gado e tudo o que têm.

³³Quando, pois, Faraó vos chamar e vos perguntar: Que ocupação é a vossa?

³⁴respondereis: Nós, teus servos, temos sido pastores de gado desde a nossa mocidade até agora, tanto nós como nossos pais. Isso direis para que habiteis na terra de Gósen; porque todo pastor de ovelhas é abominação para os egípcios.

## Capítulo 47

¹Então veio José, e informou a Faraó, dizendo: Meu pai e meus irmãos, com seus rebanhos e seu gado, e tudo o que têm, chegaram da terra de Canaã e estão na terra de Gósen.

²E tomou dentre seus irmãos cinco homens e os apresentou a Faraó.

³Então perguntou Faraó a esses irmãos de José: Que ocupação é a vossa; Responderam-lhe: Nós, teus servos, somos pastores de ovelhas, tanto nós como nossos pais.

⁴Disseram mais a Faraó: Viemos para peregrinar nesta terra; porque não há pasto para os rebanhos de teus servos, porquanto a fome é grave na terra de Canaã; agora, pois, rogamos-te permitas que teus servos habitem na terra de Gósen.

⁵Então falou Faraó a José, dizendo: Teu pai e teus irmãos vieram a ti;

⁶a terra do Egito está diante de ti; no melhor da terra faze habitar teu pai e teus irmãos; habitem na terra de Gósen. E se sabes que entre eles há homens capazes, põe-nos sobre os pastores do meu gado.

⁷Também José introduziu a Jacó, seu pai, e o apresentou a Faraó; e Jacó abençoou a Faraó.

⁸Então perguntou Faraó a Jacó: Quantos são os dias dos anos da tua vida?

⁹Respondeu-lhe Jacó: Os dias dos anos das minhas peregrinações são cento e trinta anos; poucos e maus têm sido os dias dos anos da minha vida, e não chegaram aos dias dos anos da vida de meus pais nos dias das suas peregrinações.

¹⁰E Jacó abençoou a Faraó, e saiu da sua presença.

¹¹José, pois, estabeleceu a seu pai e seus irmãos, dando-lhes possessão na terra do Egito, no melhor da terra, na terra de Ramessés, como Faraó ordenara.

¹²E José sustentou de pão seu pai, seus irmãos e toda a casa de seu pai, segundo o número de seus filhos.

¹³Ora, não havia pão em toda a terra, porque a fome era mui grave; de modo que a terra do Egito e a terra de Canaã desfaleciam por causa da fome.

¹⁴Então José recolheu todo o dinheiro que se achou na terra do Egito, e na terra de Canaã, pelo trigo que compravam; e José trouxe o dinheiro à casa de Faraó.

¹⁵Quando se acabou o dinheiro na terra do Egito, e na terra de Canaã, vieram todos os egípcios a José, dizendo: Dá-nos pão; por que morreremos na tua presença? porquanto o dinheiro nos falta.

¹⁶Respondeu José: Trazei o vosso gado, e vo-lo darei por vosso gado, se falta o dinheiro.

¹⁷Então trouxeram o seu gado a José; e José deu-lhes pão em troca dos cavalos, e das ovelhas, e dos bois, e dos jumentos; e os sustentou de pão aquele ano em troca de todo o seu gado.

¹⁸Findo aquele ano, vieram a José no ano seguinte e disseram-lhe: Não ocultaremos ao meu senhor que o nosso dinheiro está todo gasto; as manadas de gado já pertencem a meu senhor; e nada resta diante de meu senhor, senão o nosso corpo e a nossa terra;

¹⁹por que morreremos diante dos teus olhos, tanto nós como a nossa terra? Compra-nos a nós e a nossa terra em troca de pão, e nós e a nossa terra seremos servos de Faraó; dá-nos também semente, para que vivamos e não morramos, e para que a terra não fique desolada.

²⁰Assim José comprou toda a terra do Egito para Faraó; porque os egípcios venderam cada um o seu campo, porquanto a fome lhes era grave em extremo; e a terra ficou sendo de Faraó.

²¹Quanto ao povo, José fê-lo passar às cidades, desde uma até a outra extremidade dos confins do Egito.

²²Somente a terra dos sacerdotes não a comprou, porquanto os sacerdotes tinham rações de Faraó, e eles comiam as suas rações que Faraó lhes havia dado; por isso não venderam a sua terra.

²³Então disse José ao povo: Hoje vos tenho comprado a vós e a vossa terra para Faraó; eis aí tendes semente para vós, para que semeeis a terra.

²⁴Há de ser, porém, que no tempo as colheitas dareis a quinta parte a Faraó, e quatro partes serão vossas, para semente do campo, e para o vosso mantimento e dos que estão nas vossas casas, e para o mantimento de vossos filhinho.

²⁵Responderam eles: Tu nos tens conservado a vida! achemos graça aos olhos de meu senhor, e seremos servos de Faraó.

²⁶José, pois, estabeleceu isto por estatuto quanto ao solo do Egito, até o dia de hoje, que a Faraó coubesse o quinto a produção; somente a terra dos sacerdotes não ficou sendo de Faraó.

²⁷Assim habitou Israel na terra do Egito, na terra de Gósen; e nela adquiriram propriedades, e frutificaram e multiplicaram-se muito.

²⁸E Jacó viveu na terra do Egito dezessete anos; de modo que os dias de Jacó, os anos da sua vida, foram cento e quarenta e sete anos.

²⁹Quando se aproxima o tempo da morte de Israel, chamou ele a José, seu filho, e disse-lhe: Se tenho achado graça aos teus olhos, põe a mão debaixo da minha coxa, e usa para comigo de benevolência e de verdade: rogo-te que não me enterres no Egito;

³⁰mas quando eu dormir com os meus pais, levar-me-ás do Egito e enterrar-me-ás junto à sepultura deles. Respondeu José: Farei conforme a tua palavra.

³¹E Jacó disse: Jura-me; e ele lhe jurou. Então Israel inclinou-se sobre a cabeceira da cama.

## Capítulo 48

¹Depois destas coisas disseram a José: Eis que teu pai está enfermo. Então José tomou consigo os seus dois filhos, Manassés e Efraim.

²Disse alguém a Jacó: Eis que José, teu olho, vem ter contigo. E esforçando-se Israel, sentou-se sobre a cama.

³E disse Jacó a José: O Deus Todo-Poderoso me apareceu em Luz, na terra de Canaã, e me abençoou,

⁴e me disse: Eis que te farei frutificar e te multiplicarei; tornar-te-ei uma multidão de povos e darei esta terra à tua descendência depois de ti, em possessão perpétua.

⁵Agora, pois, os teus dois filhos, que nasceram na terra do Egito antes que eu viesse a ti no Egito, são meus: Efraim e Manassés serão meus, como Rúben e Simeão;

⁶mas a prole que tiveres depois deles será tua; segundo o nome de seus irmãos serão eles chamados na sua herança.

⁷Quando eu vinha de Padã, morreu-me Raquel no caminho, na terra de Canaã, quando ainda faltava alguma distância para chegar a Efrata; sepultei-a ali no caminho que vai dar a Efrata, isto é, Belém.

⁸Quando Israel viu os filhos de José, perguntou: Quem são estes?

⁹Respondeu José a seu pai: Eles são meus filhos, que Deus me tem dado aqui. Continuou Israel: Traze-mos aqui, e eu os abençoarei.

¹⁰Os olhos de Israel, porém, se tinham escurecido por causa da velhice, de modo que não podia ver. José, pois, fê-los chegar a ele; e ele os beijou e os abraçou.

¹¹E Israel disse a José: Eu não cuidara ver o teu rosto; e eis que Deus me fez ver também a tua descendência.

¹²Então José os tirou dos joelhos de seu pai; e inclinou-se à terra diante da sua face.

¹³E José tomou os dois, a Efraim com a sua mão direita, à esquerda de Israel, e a Manassés com a sua mão esquerda, à direita de Israel, e assim os fez chegar a ele.

¹⁴Mas Israel, estendendo a mão direita, colocou-a sobre a cabeça de Efraim, que era o menor, e a esquerda sobre a cabeça de Manassés, dirigindo as mãos assim propositadamente, sendo embora este o primogênito.

¹⁵E abençoou a José, dizendo: O Deus em cuja presença andaram os meus pais Abraão e Isaque, o Deus que tem sido o meu pastor durante toda a minha vida até este dia,

¹⁶o anjo que me tem livrado de todo o mal, abençoe estes mancebos, e seja chamado neles o meu nome, e o nome de meus pois Abraão e Isaque; e multipliquem-se abundantemente no meio da terra.

¹⁷Vendo José que seu pai colocava a mão direita sobre a cabeça de Efraim, foi-lhe isso desagradável; levantou, pois, a mão de seu pai, para a transpor da cabeça de Efraim pára a cabeça de Manassés.

¹⁸E José disse a seu pai: Não assim, meu pai, porque este é o primogênito; põe a mão direita sobre a sua cabeça.

¹⁹Mas seu pai, recusando, disse: Eu o sei, meu filho, eu o sei; ele também se tornará um povo, ele também será grande; contudo o seu irmão menor será maior do que ele, e a sua descendência se tornará uma multidão de nações.

²⁰Assim os abençoou naquele dia, dizendo: Por ti Israel abençoará e dirá: Deus te faça como Efraim e como Manassés. E pôs a Efraim diante de Manassés.

²¹Depois disse Israel a José: Eis que eu morro; mas Deus será convosco, e vos fará tornar para a terra de vossos pais.

²²E eu te dou um pedaço de terra a mais do que a teus irmãos, o qual tomei com á minha espada e com o meu arco da mão dos amorreus.

## Capítulo 49

¹Depois chamou Jacó a seus filhos, e disse: Ajuntai-vos para que eu vos anuncie o que vos há de acontecer nos dias vindouros.

²Ajuntai-vos, e ouvi, filhos de Jacó; ouvi a Israel vosso pai:

³Rúben, tu és meu primogênito, minha força e as primícias do meu vigor, preeminente em dignidade e preeminente em poder.

⁴Descomedido como a àgua, não reterás a preeminência; porquanto subiste ao leito de teu pai; então o contaminaste. Sim, ele subiu à minha cama.

⁵Simeão e Levi são irmãos; as suas espadas são instrumentos de violência.

⁶No seu concílio não entres, ó minha alma! com a sua assembléia não te ajuntes, ó minha glória! porque no seu furor mataram homens e, na sua teima jarretaram bois.

⁷Maldito o seu furor, porque era forte! maldita a sua ira, porque era cruel! Dividi-los-ei em Jacó, e os espalharei em Israel.

⁸Judá, a ti te louvarão teus irmãos; a tua mão será sobre o pescoço de teus inimigos: diante de ti se prostrarão os filhos de teu pai.

⁹Judá é um leãozinho. Subiste da presa, meu filho. Ele se encurva e se deita como um leão, e como uma leoa; quem o despertará?

¹⁰O cetro não se arredará de Judá, nem o bastão de autoridade dentre seus pés, até que venha aquele a quem pertence; e a ele obedecerão os povos.

¹¹Atando ele o seu jumentinho à vide, e o filho da sua jumenta à videira seleta, lava as suas roupas em vinho e a sua vestidura em sangue de uvas.

¹²Os olhos serão escurecidos pelo vinho, e os dentes brancos de leite.

¹³Zebulom habitará no litoral; será ele ancoradouro de navios; e o seu termo estender-se-á até Sidom.

¹⁴Issacar é jumento forte, deitado entre dois fardos.

¹⁵Viu ele que o descanso era bom, e que a terra era agradável. Sujeitou os seus ombros à carga e entregou-se ao serviço forçado de um escravo.

¹⁶Dã julgará o seu povo, como uma das tribos de Israel.

¹⁷Dã será serpente junto ao caminho, uma víbora junto à vereda, que morde os calcanhares do cavalo, de modo que caia o seu cavaleiro para trás.

¹⁸A tua salvação tenho esperado, ó Senhor!

¹⁹Quanto a Gade, guerrilheiros o acometerão; mas ele, por sua vez, os acometerá.

²⁰De Aser, o seu pão será gordo; ele produzirá delícias reais.

²¹Naftali é uma gazela solta; ele profere palavras formosas.

²²José é um ramo frutífero, ramo frutífero junto a uma fonte; seus raminhos se estendem sobre o muro.

²³Os flecheiros lhe deram amargura, e o flecharam e perseguiram,

²⁴mas o seu arco permaneceu firme, e os seus braços foram fortalecidos pelas mãos do Poderoso de Jacó, o Pastor, o Rochedo de Israel,

²⁵pelo Deus de teu pai, o qual te ajudará, e pelo Todo-Poderoso, o qual te abençoara, com bênçãos dos céus em cima, com bênçãos do abismo que jaz embaixo, com bênçãos dos seios e da madre.

²⁶As bênçãos de teu pai excedem as bênçãos dos montes eternos, as coisas desejadas dos eternos outeiros; sejam elas sobre a cabeça de José, e sobre o alto da cabeça daquele que foi separado de seus irmãos.

²⁷Benjamim é lobo que despedaça; pela manhã devorará a presa, e à tarde repartirá o despojo.

²⁸Todas estas são as doze tribos de Israel: e isto é o que lhes falou seu pai quando os abençoou; a cada um deles abençoou segundo a sua bênção.

²⁹Depois lhes deu ordem, dizendo-lhes: Eu estou para ser congregado ao meu povo; sepultai-me com meus pais, na cova que está no campo de Efrom, o heteu,

³⁰na cova que está no campo de Macpela, que está em frente de Manre, na terra de Canaã, cova esta que Abraão comprou de Efrom, o heteu, juntamente com o respectivo campo, como propriedade de sepultura.

³¹Ali sepultaram a Abraão e a Sara, sua mulher; ali sepultaram a Isaque e a Rebeca, sua mulher; e ali eu sepultei a Léia.

³²O campo e a cova que está nele foram comprados aos filhos de Hete.

³³Acabando Jacó de dar estas instruções a seus filhos, encolheu os seus pés na cama, expirou e foi congregado ao seu povo.

## Capítulo 50

¹Então José se lançou sobre o rosto de seu pai, chorou sobre ele e o beijou.

²E José ordenou a seus servos, os médicos, que embalsamassem a seu pai; e os médicos embalsamaram a Israel.

³Cumpriram-se-lhe quarenta dias, porque assim se cumprem os dias de embalsamação; e os egípcios o choraram setenta dias.

⁴Passados, pois, os dias de seu choro, disse José à casa de Faraó: Se agora tenho achado graça aos vossos olhos, rogo-vos que faleis aos ouvidos de Faraó, dizendo:

⁵Meu pai me fez jurar, dizendo: Eis que eu morro; em meu sepulcro, que cavei para mim na terra de Canaã, ali me sepultarás. Agora, pois, deixa-me subir, peço-te, e sepultar meu pai; então voltarei.

⁶Respondeu Faraó: Sobe, e sepulta teu pai, como ele te fez jurar.

⁷Subiu, pois, José para sepultar a seu pai; e com ele subiram todos os servos de Faraó, os anciãos da sua casa, e todos os anciãos da terra do Egito,

⁸como também toda a casa de José, e seus irmãos, e a casa de seu pai; somente deixaram na terra de Gósen os seus pequeninos, os seus rebanhos e o seu gado.

⁹E subiram com ele tanto carros como gente a cavalo; de modo que o concurso foi mui grande.

¹⁰Chegando eles à eira de Atade, que está além do Jordão, fizeram ali um grande e forte pranto; assim fez José por seu pai um grande pranto por sete dias.

¹¹Os moradores da terra, os cananeus, vendo o pranto na eira de Atade, disseram: Grande pranto é este dos egípcios; pelo que o lugar foi chamado Abel-Mizraim, o qual está além do Jordão.

¹²Assim os filhos de Jacó lhe fizeram como ele lhes ordenara;

¹³pois o levaram para a terra de Canaã, e o sepultaram na cova do campo de Macpela, que Abraão tinha comprado com o campo, como propriedade de sepultura, a Efrom, o heteu, em frente de Manre.

¹⁴Depois de haver sepultado seu pai, José voltou para o Egito, ele, seus irmãos, e todos os que com ele haviam subido para sepultar seu pai.

*Gênesis*

¹⁵Vendo os irmãos de José que seu pai estava morto, disseram: Porventura José nos odiará e nos retribuirá todo o mal que lhe fizemos.

¹⁶Então mandaram dizer a José: Teu pai, antes da sua morte, nos ordenou:

¹⁷Assim direis a José: Perdoa a transgressão de teus irmãos, e o seu pecado, porque te fizeram mal. Agora, pois, rogamos-te que perdoes a transgressão dos servos do Deus de teu pai. E José chorou quando eles lhe falavam.

¹⁸Depois vieram também seus irmãos, prostraram-se diante dele e disseram: Eis que nós somos teus servos.

¹⁹Respondeu-lhes José: Não temais; acaso estou eu em lugar de Deus?

²⁰Vós, na verdade, intentastes o mal contra mim; Deus, porém, o intentou para o bem, para fazer o que se vê neste dia, isto é, conservar muita gente com vida.

²¹Agora, pois, não temais; eu vos sustentarei, a vós e a vossos filhinhos. Assim ele os consolou, e lhes falou ao coração.

²²José, pois, habitou no Egito, ele e a casa de seu pai; e viveu cento e dez anos.

²³E viu José os filhos de Efraim, da terceira geração; também os filhos de Maquir, filho de Manassés, nasceram sobre os joelhos de José.

²⁴Depois disse José a seus irmãos: Eu morro; mas Deus certamente vos visitará, e vos fará subir desta terra para a terra que jurou a Abraão, a Isaque e a Jacó.

²⁵E José fez jurar os filhos de Israel, dizendo: Certamente Deus vos visitará, e fareis transportar daqui os meus ossos.

²⁶Assim morreu José, tendo cento e dez anos de idade; e o embalsamaram e o puseram num caixão no Egito.

# Êxodo

## Capítulo 1

¹Ora, estes são os nomes dos filhos de Israel, que entraram no Egito; entraram com Jacó, cada um com a sua família:
²Rúben, Simeão, Levi, e Judá;
³Issacar, Zebulom e Benjamim;
⁴Dã e Naftali, Gade e Aser.
⁵Todas as almas, pois, que procederam da coxa de Jacó, foram setenta; José, porém, já estava no Egito.
⁶Morreu, pois, José, e todos os seus irmãos, e toda aquela geração.
⁷Depois os filhos de Israel frutificaram e aumentaram muito, multiplicaram-se e tornaram-se sobremaneira fortes, de modo que a terra se encheu deles.
⁸Entrementes se levantou sobre o Egito um novo rei, que não conhecera a José.
⁹Disse ele ao seu povo: Eis que o povo de Israel é mais numeroso e mais forte do que nós.
¹⁰Eia, usemos de astúcia para com ele, para que não se multiplique, e aconteça que, vindo guerra, ele também se ajunte com os nossos inimigos, e peleje contra nós e se retire da terra.
¹¹Portanto puseram sobre eles feitores, para os afligirem com suas cargas. Assim os israelitas edificaram para Faraó cidades armazéns, Pitom e Ramessés.
¹²Mas quanto mais os egípcios afligiam o povo de Israel, tanto mais este se multiplicava e se espalhava; de maneira que os egípcios se enfadavam por causa dos filhos de Israel.
¹³Por isso os egípcios faziam os filhos de Israel servir com dureza;
¹⁴assim lhes amarguravam a vida com pesados serviços em barro e em tijolos, e com toda sorte de trabalho no campo, enfim com todo o seu serviço, em que os faziam servir com dureza.
¹⁵Falou o rei do Egito às parteiras das hebréias, das quais uma se chamava Sifrá e a outra Puá,
¹⁶dizendo: Quando ajudardes no parto as hebréias, e as virdes sobre os assentos, se for filho, matá-lo-eis; mas se for filha, viverá.
¹⁷As parteiras, porém, temeram a Deus e não fizeram como o rei do Egito lhes ordenara, antes conservavam os meninos com vida.
¹⁸Pelo que o rei do Egito mandou chamar as parteiras e as interrogou: Por que tendes feito isto e guardado os meninos com vida?
¹⁹Responderam as parteiras a Faraó: É que as mulheres hebréias não são como as egípcias; pois são vigorosas, e já têm dado à luz antes que a parteira chegue a elas.
²⁰Portanto Deus fez bem às parteiras. E o povo se aumentou, e se fortaleceu muito.
²¹Também aconteceu que, como as parteiras temeram a Deus, ele lhes estabeleceu as casas.
²²Então ordenou Faraó a todo o seu povo, dizendo: A todos os filhos que nascerem lançareis no rio, mas a todas as filhas guardareis com vida.

## Capítulo 2

¹Foi-se um homem da casa de Levi e casou com uma filha de Levi.
²A mulher concebeu e deu à luz um filho; e, vendo que ele era formoso, escondeu-o três meses.
³Não podendo, porém, escondê-lo por mais tempo, tomou para ele uma arca de juncos, e a revestiu de betume e pez; e, pondo nela o menino, colocou-a entre os juncos à margem do rio.
⁴E sua irmã postou-se de longe, para saber o que lhe aconteceria.
⁵A filha de Faraó desceu para banhar-se no rio, e as suas criadas passeavam à beira do rio. Vendo ela a arca no meio os juncos, mandou a sua criada buscá-la.
⁶E abrindo-a, viu a criança, e eis que o menino chorava; então ela teve compaixão dele, e disse: Este é um dos filhos dos hebreus.
⁷Então a irmã do menino perguntou à filha de Faraó: Queres que eu te vá chamar uma ama dentre as hebréias, para que crie este menino para ti?
⁸Respondeu-lhe a filha de Faraó: Vai. Foi, pois, a moça e chamou a mãe do menino.
⁹Disse-lhe a filha de Faraó: Leva este menino, e cria-mo; eu te darei o teu salário. E a mulher tomou o menino e o criou.
¹⁰Quando, pois, o menino era já grande, ela o trouxe à filha de Faraó, a qual o adotou; e lhe chamou Moisés, dizendo: Porque das águas o tirei.
¹¹Ora, aconteceu naqueles dias que, sendo Moisés já homem, saiu a ter com seus irmãos e atentou para as suas cargas; e viu um egípcio que feria a um hebreu dentre, seus irmãos.
¹²Olhou para um lado e para outro, e vendo que não havia ninguém ali, matou o egípcio e escondeu-o na areia.
¹³Tornou a sair no dia seguinte, e eis que dois hebreus contendiam; e perguntou ao que fazia a injustiça: Por que feres a teu próximo?
¹⁴Respondeu ele: Quem te constituiu a ti príncipe e juiz sobre nós? Pensas tu matar-me, como mataste o egípcio? Temeu, pois, Moisés e disse: Certamente o negócio já foi descoberto.
¹⁵E quando Faraó soube disso, procurou matar a Moisés. Este, porém, fugiu da presença de Faraó, e foi habitar na terra de Midiã; e sentou-se junto a um poço.
¹⁶O sacerdote de Midiã tinha sete filhas, as quais vieram tirar água, e encheram os tanques para dar de beber ao rebanho de seu pai.
¹⁷Então vieram os pastores, e as expulsaram dali; Moisés, porém, levantou-se e as defendeu, e deu de beber ao rebanho delas.
¹⁸Quando elas voltaram a Reuel, seu pai, este lhes perguntou: como é que hoje voltastes tão cedo?
¹⁹Responderam elas: um egípcio nos livrou da mão dos pastores; e ainda tirou água para nós e deu de beber ao rebanho.
²⁰E ele perguntou a suas filhas: Onde está ele; por que deixastes lá o homem? chamai-o para que coma pão.
²¹Então Moisés concordou em marar com aquele homem, o qual lhe deu sua filha Zípora.
²²E ela deu à luz um filho, a quem ele chamou Gérson, porque disse: Peregrino sou em terra estrangeira.
²³No decorrer de muitos dias, morreu o rei do Egito; e os filhos de Israel gemiam debaixo da servidão; pelo que clamaram, e subiu a Deus o seu clamor por causa dessa servidão.
²⁴Então Deus, ouvindo-lhes os gemidos, lembrou-se do seu pacto com Abraão, com Isaque e com Jacó.
²⁵E atentou Deus para os filhos de Israel; e Deus os conheceu.

## Capítulo 3

¹Ora, Moisés estava apascentando o rebanho de Jetro, seu sogro, sacerdote de Midiã; e levou o rebanho para trás do deserto, e chegou a Horebe, o monte de Deus.
²E apareceu-lhe o anjo do Senhor em uma chama de fogo do meio duma sarça. Moisés olhou, e eis que a sarça ardia no fogo, e a sarça não se consumia;
³pelo que disse: Agora me virarei para lá e verei esta maravilha, e por que a sarça não se queima.
⁴E vendo o Senhor que ele se virara para ver, chamou-o do meio da sarça, e disse: Moisés, Moisés! Respondeu ele: Eis-me aqui.
⁵Prosseguiu Deus: Não te chegues para cá; tira os sapatos dos pés; porque o lugar em que tu estás é terra santa.
⁶Disse mais: Eu sou o Deus de teu pai, o Deus de Abraão, o Deus de Isaque, e o Deus de Jacó. E Moisés escondeu o rosto, porque temeu olhar para Deus.
⁷Então disse o Senhor: Com efeito tenho visto a aflição do meu povo, que está no Egito, e tenho ouvido o seu clamor por causa dos seus exatores, porque conheço os seus sofrimentos;
⁸e desci para o livrar da mão dos egípcios, e para o fazer subir daquela terra para uma terra boa e espaçosa, para uma terra que mana leite e mel; para o lugar do cananeu, do heteu, do amorreu, do perizeu, do heveu e do jebuseu.
⁹E agora, eis que o clamor dos filhos de Israel é vindo a mim; e também tenho visto a opressão com que os egípcios os oprimem.
¹⁰Agora, pois, vem e eu te enviarei a Faraó, para que tires do Egito o meu povo, os filhos de Israel.
¹¹Então Moisés disse a Deus: Quem sou eu, para que vá a Faraó e tire do Egito os filhos de Israel?
¹²Respondeu-lhe Deus: Certamente eu serei contigo; e isto te será por sinal de que eu te enviei: Quando houveres tirado do Egito o meu povo, servireis a Deus neste monte.
¹³Então disse Moisés a Deus: Eis que quando eu for aos filhos de Israel, e lhes disser: O Deus de vossos pais me enviou a vós; e eles me perguntarem: Qual é o seu nome? Que lhes direi?
¹⁴Respondeu Deus a Moisés: EU SOU O QUE SOU. Disse mais: Assim dirás aos olhos de Israel: EU SOU me enviou a vós.
¹⁵E Deus disse mais a Moisés: Assim dirás aos filhos de Israel: O Senhor, o Deus de vossos pais, o Deus de Abraão, o Deus de Isaque, e o Deus de Jacó, me enviou a vós; este é o meu nome eternamente, e este é o meu memorial de geração em geração.

¹⁶Vai, ajunta os anciãos de Israel e dize-lhes: O Senhor, o Deus de vossos pais, o Deus de Abraão, de Isaque e de Jacó, apareceu-me, dizendo: certamente vos tenho visitado e visto o que vos tem sido feito no Egito.

¹⁷e tenho dito: Far-vos-ei subir da aflição do Egito para a terra do cananeu, do heteu, do amorreu, do perizeu, do heveu e do jebuseu, para uma terra que mana leite e mel.

¹⁸E ouvirão a tua voz; e ireis, tu e os anciãos de Israel, ao rei do Egito, e dir-lhe-eis: O Senhor, o Deus dos hebreus, encontrou-nos. Agora, pois, deixa-nos ir caminho de três dias para o deserto para que ofereçamos sacrifícios ao Senhor nosso Deus.

¹⁹Eu sei, porém, que o rei do Egito não vos deixará ir, a não ser por uma forte mão.

²⁰Portanto estenderei a minha mão, e ferirei o Egito com todas as minhas maravilhas que farei no meio dele. Depois vos deixará ir.

²¹E eu darei graça a este povo aos olhos dos egípcios; e acontecerá que, quando sairdes, não saireis vazios.

²²Porque cada mulher pedirá à sua vizinha e à sua hóspeda jóias de prata e jóias de ouro, bem como vestidos, os quais poreis sobre vossos filhos e sobre vossas filhas; assim despojareis os egípcios.

## Capítulo 4

¹Então respondeu Moisés: Mas eis que não me crerão, nem ouvirão a minha voz, pois dirão: O Senhor não te apareceu.

²Ao que lhe perguntou o Senhor: Que é isso na tua mão. Disse Moisés: uma vara.

³Ordenou-lhe o Senhor: Lança-a no chão. Ele a lançou no chão, e ela se tornou em cobra; e Moisés fugiu dela.

⁴Então disse o Senhor a Moisés: Estende a mão e pega-lhe pela cauda (estendeu ele a mão e lhe pegou, e ela se tornou em vara na sua mão);

⁵para que eles creiam que te apareceu o Senhor, o Deus de seus pais, o Deus de Abraão, o Deus de Isaque e o Deus de Jacó.

⁶Disse-lhe mais o Senhor: Mete agora a mão no seio. E meteu a mão no seio. E quando a tirou, eis que a mão estava leprosa, branca como a neve.

⁷Disse-lhe ainda: Torna a meter a mão no seio. (E tornou a meter a mão no seio; depois tirou-a do seio, e eis que se tornara como o restante da sua carne.)

⁸E sucederá que, se eles não te crerem, nem atentarem para o primeiro sinal, crerão ao segundo sinal.

⁹E se ainda não crerem a estes dois sinais, nem ouvirem a tua voz, então tomarás da água do rio, e a derramarás sobre a terra seca; e a água que tomares do rio tornar-se-á em sangue sobre a terra seca.

¹⁰Então disse Moisés ao Senhor: Ah, Senhor! eu não sou eloqüente, nem o fui dantes, nem ainda depois que falaste ao teu servo; porque sou pesado de boca e pesado de língua.

¹¹Ao que lhe replicou o Senhor: Quem faz a boca do homem? ou quem faz o mudo, ou o surdo, ou o que vê, ou o cego?. Não sou eu, o Senhor?

¹²Vai, pois, agora, e eu serei com a tua boca e te ensinarei o que hás de falar.

¹³Ele, porém, respondeu: Ah, Senhor! envia, peço-te, por mão daquele a quem tu hás de enviar.

¹⁴Então se acendeu contra Moisés a ira do Senhor, e disse ele: Não é Arão, o levita, teu irmão? eu sei que ele pode falar bem. Eis que ele também te sai ao encontro, e vendo-te, se alegrará em seu coração.

¹⁵Tu, pois, lhe falarás, e porás as palavras na sua boca; e eu serei com a tua boca e com a dele, e vos ensinarei o que haveis de fazer.

¹⁶E ele falará por ti ao povo; assim ele te será por boca, e tu lhe serás por Deus.

¹⁷Tomarás, pois, na tua mão esta vara, com que hás de fazer os sinais.

¹⁸Então partiu Moisés, e voltando para Jetro, seu sogro, disse-lhe: Deixa-me, peço-te, voltar a meus irmãos, que estão no Egito, para ver se ainda vivem. Disse, pois, Jetro a Moisés: Vai-te em paz.

¹⁹Disse também o Senhor a Moisés em Midiã: Vai, volta para o Egito; porque morreram todos os que procuravam tirar-te a vida.

²⁰Tomou, pois, Moisés sua mulher e seus filhos, e os fez montar num jumento e tornou à terra do Egito; e Moisés levou a vara de Deus na sua mão.

²¹Disse ainda o Senhor a Moisés: Quando voltares ao Egito, vê que faças diante de Faraó todas as maravilhas que tenho posto na tua mão; mas eu endurecerei o seu coração, e ele não deixará ir o povo.

²²Então dirás a Faraó: Assim diz o Senhor: Israel é meu filho, meu primogênito;

²³e eu te tenho dito: Deixa ir meu filho, para que me sirva. mas tu recusaste deixá-lo ir; eis que eu matarei o teu filho, o teu primogênito.

²⁴Ora, sucedeu no caminho, numa estalagem, que o Senhor o encontrou, e quis matá-lo.

²⁵Então Zípora tomou uma faca de pedra, circuncidou o prepúcio de seu filho e, lançando-o aos pés de Moisés, disse: Com efeito, és para mim um esposo sanguinário.

²⁶O Senhor, pois, o deixou. Ela disse: Esposo sanguinário, por causa da circuncisão.

²⁷Disse o Senhor a Arão: Vai ao deserto, ao encontro de Moisés. E ele foi e, encontrando-o no monte de Deus, o beijou:

²⁸E relatou Moisés a Arão todas as palavras com que o Senhor o enviara e todos os sinais que lhe mandara.

²⁹Então foram Moisés e Arão e ajuntaram todos os anciãos dos filhos de Israel;

³⁰e Arão falou todas as palavras que o Senhor havia dito a Moisés e fez os sinais perante os olhos do povo.

³¹E o povo creu; e quando ouviram que o Senhor havia visitado os filhos de Israel e que tinha visto a sua aflição, inclinaram-se, e adoraram.

## Capítulo 5

¹Depois foram Moisés e Arão e disseram a Faraó: Assim diz o Senhor, o Deus de Israel: Deixa ir o meu povo, para que me celebre uma festa no deserto.

²Mas Faraó respondeu: Quem é o Senhor, para que eu ouça a sua voz para deixar ir Israel? Não conheço o Senhor, nem tampouco deixarei ir Israel.

³Então eles ainda falaram: O Deus dos hebreus nos encontrou; portanto deixa-nos, pedimos-te, ir caminho de três dias ao deserto, e oferecer sacrifícios ao Senhor nosso Deus, para que ele não venha sobre nós com pestilência ou com espada.

⁴Respondeu-lhes de novo o rei do Egito: Moisés e Arão, por que fazeis o povo cessar das suas obras? Ide às vossas cargas.

⁵Disse mais Faraó: Eis que o povo da terra já é muito, e vós os fazeis abandonar as suas cargas.

⁶Naquele mesmo dia Faraó deu ordem aos exatores do povo e aos seus oficiais, dizendo:

⁷Não tornareis a dar, como dantes, palha ao povo, para fazer tijolos; vão eles mesmos, e colham palha para si.

⁸Também lhes imporeis a conta dos tijolos que dantes faziam; nada diminuireis dela; porque eles estão ociosos; por isso clamam, dizendo: Vamos, sacrifiquemos ao nosso Deus.

⁹Agrave-se o serviço sobre esses homens, para que se ocupem nele e não dêem ouvidos a palavras mentirosas.

¹⁰Então saíram os exatores do povo e seus oficiais, e disseram ao povo: Assim diz Faraó: Eu não vos darei palha;

¹¹ide vós mesmos, e tomai palha de onde puderdes achá-la; porque nada se diminuirá de vosso serviço.

¹²Então o povo se espalhou por toda parte do Egito a colher restolho em lugar de palha.

¹³E os exatores os apertavam, dizendo: Acabai a vossa obra, a tarefa do dia no seu dia, como quando havia palha.

¹⁴E foram açoitados os oficiais dos filhos de Israel, postos sobre eles pelos exatores de Faraó, que reclamavam: Por que não acabastes nem ontem nem hoje a vossa tarefa, fazendo tijolos como dantes?

¹⁵Pelo que os oficiais dos filhos de Israel foram e clamaram a Faraó, dizendo: Porque tratas assim a teus servos?

¹⁶Palha não se dá a teus servos, e nos dizem: Fazei tijolos; e eis que teus servos são açoitados; porém o teu povo é que tem a culpa.

¹⁷Mas ele respondeu: Estais ociosos, estais ociosos; por isso dizeis: vamos, sacrifiquemos ao Senhor.

¹⁸Portanto, ide, trabalhai; palha, porém, não se vos dará; todavia, dareis a conta dos tijolos.

¹⁹Então os oficiais dos filhos de Israel viram-se em aperto, porquanto se lhes dizia: Nada diminuireis dos vossos tijolos, da tarefa do dia no seu dia.

²⁰Ao saírem da presença de Faraó depararam com Moisés e Arão que vinham ao encontro deles,

²¹e disseram-lhes: Olhe o Senhor para vós, e julgue isso, porquanto fizestes o nosso caso repelente diante de Faraó e diante de seus servos, metendo-lhes nas mãos uma espada para nos matar.

²²Então, tornando-se Moisés ao Senhor, disse: Senhor! por que trataste mal a este povo? por que me enviaste?

²³Pois desde que me apresentei a Faraó para falar em teu nome, ele tem maltratado a este povo; e de nenhum modo tens livrado o teu povo.

## Capítulo 6

¹Então disse o Senhor a Moisés: Agora verás o que hei de fazer a Faraó; pois por uma poderosa mão os deixará ir, sim, por uma poderosa mão os lançará de sua terra.

²Falou mais Deus a Moisés, e disse-lhe: Eu sou Jeová.

³Apareci a Abraão, a Isaque e a Jacó, como o Deus Todo-Poderoso; mas pelo meu nome Jeová, não lhes fui conhecido.

⁴Estabeleci o meu pacto com eles para lhes dar a terra de Canaã, a terra de suas peregrinações, na qual foram peregrinos.

⁵Ademais, tenho ouvido o gemer dos filhos de Israel, aos quais os egípcios vêm escravizando; e lembrei-me do meu pacto.

⁶Portanto dize aos filhos de Israel: Eu sou Jeová; eu vos tirarei de debaixo das cargas dos egípcios, livrar-vos-ei da sua servidão, e vos resgatarei com braço estendido e com grandes juízos.

⁷Eu vos tomarei por meu povo e serei vosso Deus; e vós sabereis que eu sou Jeová vosso Deus, que vos tiro de debaixo das cargas dos egípcios.

⁸Eu vos introduzirei na terra que jurei dar a Abraão, a Isaque e a Jacó; e vo-la darei por herança. Eu sou Jeová.

⁹Assim falou Moisés aos filhos de Israel, mas eles não lhe deram ouvidos, por causa da angústia de espírito e da dura servidão.

¹⁰Falou mais o Senhor a Moisés, dizendo:

¹¹Vai, fala a Faraó, rei do Egito, que deixe sair os filhos de Israel da sua terra.

¹²Moisés, porém, respondeu perante o Senhor, dizendo: Eis que os filhos de Israel não me têm ouvido: como, pois, me ouvirá Faraó a mim, que sou incircunciso de lábios?

¹³Todavia o Senhor falou a Moisés e a Arão, e deu-lhes mandamento para os filhos de Israel, e para Faraó, rei do Egito, a fim de tirarem os filhos de Israel da terra do Egito..

¹⁴Estes são os cabeças das casas de seus pais: Os filhos de Rúben o primogênito de Israel: Hanoque e Palu, Hezrom e Carmi; estas são as famílias de Rúben.

¹⁵E os filhos de Simeão: Jemuel, Jamim, Oade, Jaquim, Zoar e Saul, filho de uma cananéia; estas são as famílias de Simeão.

¹⁶E estes são os nomes dos filhos de Levi, segundo as suas gerações: Gérson, Coate e Merári; e os anos da vida de Levi foram cento e trinta e sete anos.

¹⁷Os filhos de Gérson: Líbni e Simei, segundo as suas famílias.

¹⁸Os filhos de Coate: Anrão, Izar, Hebrom e Uziel; e os anos da vida de Coate foram cento e trinta e três anos.

¹⁹Os filhos de Merári: Mali e Musi; estas são as famílias de Levi, segundo as suas gerações.

²⁰Ora, Anrão tomou por mulher a Joquebede, sua tia; e ela lhe deu Arão e Moisés; e os anos da vida de Anrão foram cento e trinta e sete anos.

²¹Os filhos de Izar: Corá, Nofegue e Zicri.

²²Os filhos de Uziel: Misael, Elzafã e Sitri.

²³Arão tomou por mulher a Eliseba, filha de Aminadabe, irmã de Nasom; e ela lhe deu Nadabe, Abiú, Eleazar e Itamar.

²⁴Os filhos de Corá: Assir, Elcana e Abiasafe; estas são as famílias dos coraítas.

²⁵Eleazar, filho de Arão, tomou por mulher uma das filhas de Putiel; e ela lhe deu Finéias; estes são os chefes das casa, paternas dos levitas, segundo as suas famílias.

²⁶Estes são Arão e Moisés, aos quais o Senhor disse: Tirai os filhos de Israel da terra do Egito, segundo os seus exércitos.

²⁷Foram eles os que falaram a Faraó, rei do Egito, a fim de tirarem do Egito os filhos de Israel; este Moisés e este Arão.

²⁸No dia em que o Senhor falou a Moisés na terra do Egito,

²⁹disse o Senhor a Moisés: Eu sou Jeová; dize a Faraó, rei de Egito, tudo quanto eu te digo.

³⁰Respondeu Moisés perante o Senhor: Eis que eu sou incircunciso de lábios; como, pois, me ouvirá Faraó;

## Capítulo 7

¹Então disse o Senhor a Moisés: Eis que te tenho posto como Deus a Faraó, e Arão, teu irmão, será o teu profeta.

²Tu falarás tudo o que eu te mandar; e Arão, teu irmão, falará a Faraó, que deixe ir os filhos de Israel da sua terra.

³Eu, porém, endurecerei o coração de Faraó e multiplicarei na terra do Egito os meus sinais e as minhas maravilhas.

⁴Mas Faraó não vos ouvirá; e eu porei minha mão sobre o Egito, e tirarei os meus exércitos, o meu povo, os filhos de Israel, da terra do Egito, com grandes juízos.

⁵E os egípcios saberão que eu sou o Senhor, quando estender a minha mão sobre o Egito, e tirar os filhos de Israel do meio deles.

⁶Assim fizeram Moisés e Arão; como o Senhor lhes ordenara, assim fizeram.

⁷Tinha Moisés oitenta anos, e Arão oitenta e três, quando falaram a Faraó.

⁸Falou, pois, o Senhor a Moisés e Arão:

⁹Quando Faraó vos disser: Apresentai da vossa parte algum milagre; dirás a Arão: Toma a tua vara, e lança-a diante de Faraó, para que se torne em serpente.

¹⁰Então Moisés e Arão foram ter com Faraó, e fizeram assim como o Senhor ordenara. Arão lançou a sua vara diante de Faraó e diante dos seus servos, e ela se tornou em serpente.

¹¹Faraó também mandou vir os sábios e encantadores; e eles, os magos do Egito, também fizeram o mesmo com os seus encantamentos.

¹²Pois cada um deles lançou a sua vara, e elas se tornaram em serpentes; mas a vara de Arão tragou as varas deles.

¹³Endureceu-se, porém, o coração de Faraó, e ele não os ouviu, como o Senhor tinha dito.

¹⁴Então disse o Senhor a Moisés: Obstinou-se o coração de Faraó; ele recusa deixar ir o povo.

¹⁵Vai ter com Faraó pela manhã; eis que ele sairá às águas; pôr-te-ás à beira do rio para o encontrar, e tomarás na mão a vara que se tomou em serpente.

¹⁶E lhe dirás: O Senhor, o Deus dos hebreus, enviou-me a ti para dizer-te: Deixa ir o meu povo, para que me sirva no deserto; porém eis que até agora não o tens ouvido.

¹⁷Assim diz o Senhor: Nisto saberás que eu sou o Senhor: Eis que eu, com esta vara que tenho na mão, ferirei as águas que estão no rio, e elas se tornarão em sangue.

¹⁸E os peixes que estão no rio morrerão, e o rio cheirará mal; e os egípcios terão nojo de beber da água do rio.

¹⁹Disse mais o Senhor a Moisés: Dize a Arão: Toma a tua vara, e estende a mão sobre as águas do Egito, sobre as suas correntes, sobre os seus rios, e sobre as suas lagoas e sobre todas as suas águas empoçadas, para que se tornem em sangue; e haverá sangue por toda a terra do Egito, assim nos vasos de madeira como nos de pedra.

²⁰Fizeram Moisés e Arão como lhes ordenara o Senhor; Arão, levantando a vara, feriu as águas que estavam no rio, diante dos olhos de Faraó, e diante dos olhos de seus servos; e todas as águas do rio se tornaram em sangue.

²¹De modo que os peixes que estavam no rio morreram, e o rio cheirou mal, e os egípcios não podiam beber da água do rio; e houve sangue por toda a terra do Egito.

²²Mas o mesmo fizeram também os magos do Egito com os seus encantamentos; de maneira que o coração de Faraó se endureceu, e não os ouviu, como o Senhor tinha dito.

²³Virou-se Faraó e entrou em sua casa, e nem ainda a isto tomou a sério.

²⁴Todos os egípcios, pois, cavaram junto ao rio, para achar água que beber; porquanto não podiam beber da água do rio.

²⁵Assim se passaram sete dias, depois que o Senhor ferira o rio.

## Capítulo 8

¹Então disse o Senhor a Moisés: Vai a Faraó, e dize-lhe: Assim diz o Senhor: Deixa ir o meu povo, para que me sirva.

²Mas se recusares deixá-lo ir, eis que ferirei com rãs todos os teus termos.

³O rio produzirá rãs em abundância, que subirão e virão à tua casa, e ao teu dormitório, e sobre a tua cama, e às casas dos teus servos, e sobre o teu povo, e aos teus fornos, e às tuas amassadeiras.

⁴Sim, as rãs subirão sobre ti, e sobre o teu povo, e sobre todos os teus servos.

⁵Disse mais o Senhor a Moisés: Dize a Arão: Estende a tua mão com a vara sobre as correntes, e sobre os rios, e sobre as lagoas, e faze subir rãs sobre a terra do Egito.

⁶Arão, pois, estendeu a mão sobre as águas do Egito, e subiram rãs, que cobriram a terra do Egito.

⁷Então os magos fizeram o mesmo com os seus encantamentos, e fizeram subir rãs sobre a terra do Egito.

⁸Chamou, pois, Faraó a Moisés e a Arão, e disse: Rogai ao Senhor que tire as rãs de mim e do meu povo; depois deixarei ir o povo, para que ofereça sacrifícios ao Senhor.

⁹Respondeu Moisés a Faraó: Digna-te dizer-me quando é que hei de rogar por ti, e pelos teus servos, e por teu povo, para tirar as rãs de ti, e das tuas casas, de sorte que fiquem somente no rio?.

¹⁰Disse Faraó: Amanhã. E Moisés disse: Seja conforme a tua palavra, para que saibas que ninguém há como o Senhor nosso Deus.

¹¹As rãs, pois, se apartarão de ti, e das tuas casas, e dos teus

servos, e do teu povo; ficarão somente no rio.

¹²Então saíram Moisés e Arão da presença de Faraó; e Moisés clamou ao Senhor por causa das rãs que tinha trazido sobre Faraó.

¹³O Senhor, pois, fez conforme a palavra de Moisés; e as rãs morreram nas casas, nos pátios, e nos campos.

¹⁴E ajuntaram-nas em montes, e a terra, cheirou mal.

¹⁵Mas vendo Faraó que havia descanso, endureceu o seu coração, e não os ouviu, como o Senhor tinha dito.

¹⁶Disse mais o Senhor a Moisés: Dize a Arão: Estende a tua vara, e fere o pó da terra, para que se torne em piolhos por toda a terra do Egito.

¹⁷E assim fizeram. Arão estendeu a sua mão com a vara, e feriu o pó da terra, e houve piolhos nos homens e nos animais; todo o pó da terra se tornou em piolhos em toda a terra do Egito.

¹⁸Também os magos fizeram assim com os seus encantamentos para produzirem piolhos, mas não puderam. E havia piolhos, nos homens e nos animais.

¹⁹Então disseram os magos a Faraó: Isto é o dedo de Deus. No entanto o coração de Faraó se endureceu, e não os ouvia, como o Senhor tinha dito:.

²⁰Disse mais o Senhor a Moisés: levanta-te pela manhã cedo e põe-te diante de Faraó:; eis que ele sairá às águas; e dize-lhe: Assim diz o Senhor: Deixa ir o meu povo, para que me sirva.

²¹Porque se não deixares ir o meu povo., eis que enviarei enxames de moscas sobre ti, e sobre os teus servos, e sobre o teu povo, e nas tuas casas; e as casas dos egípcios se encherão destes enxames, bem como a terra em que eles estiverem.

²²Mas naquele dia separarei a terra de Gósem em que o meu povo habita, a fim de que nela não haja enxames de moscas, para que saibas que eu sou o Senhor no meio desta terra.

²³Assim farei distinção entre o meu povo e o teu povo; amanhã se fará este milagre.

²⁴O Senhor, pois, assim fez. Entraram grandes enxames de moscas na casa de Faraó e nas casas dos seus servos; e em toda parte do Egito a terra foi assolada pelos enxames de moscas.

²⁵Então chamou Faraó a Moisés e a Arão, e disse: Ide, e oferecei sacrifícios ao vosso Deus nesta terra.

²⁶Respondeu Moisés: Não convém que assim se faça, porque é abominação aos egípcios o que havemos de oferecer ao Senhor nosso Deus. Sacrificando nós a abominação dos egípcios perante os seus olhos, não nos apedrejarão eles?

²⁷Havemos de ir caminho de três dias ao deserto, para que ofereçamos sacrifícios ao Senhor nosso Deus, como ele nos ordenar.

²⁸Então disse Faraó: Eu vos deixarei ir, para que ofereçais sacrifícios ao Senhor vosso Deus no deserto; somente não ireis muito longe; e orai por mim.

²⁹Respondeu Moisés: Eis que saio da tua presença e orarei ao Senhor, que estes enxames de moscas se apartem amanhã de Faraó, dos seus servos, e do seu povo; somente não torne mais Faraó a proceder dolosamente, não deixando ir o povo para oferecer sacrifícios ao Senhor.

³⁰Então saiu Moisés da presença de Faraó, e orou ao Senhor.

³¹E fez o Senhor conforme a palavra de Moisés, e apartou os enxames de moscas de Faraó, dos seus servos, e do seu povo; não ficou uma sequer.

³²Mas endureceu Faraó ainda esta vez o seu coração, e não deixou ir o povo.

## Capítulo 9

¹Depois o Senhor disse a Moisés: Vai a Faraó e dize-lhe: Assim diz o Senhor, o Deus dos hebreus: Deixa ir o meu povo, para que me sirva.

²Porque, se recusares deixá-los ir, e ainda os retiveres,

³eis que a mão do Senhor será sobre teu gado, que está no campo: sobre os cavalos, sobre os jumentos, sobre os camelos, sobre os bois e sobre as ovelhas; haverá uma pestilência muito grave.

⁴Mas o Senhor fará distinção entre o gado de Israel e o gado do Egito; e não morrerá nada de tudo o que pertence aos filhos de Israel.

⁵E o Senhor assinalou certo tempo, dizendo: Amanhã fará o Senhor isto na terra.

⁶Fez, pois, o Senhor isso no dia seguinte; e todo gado dos egípcios morreu; porém do gado dos filhos de Israel não morreu nenhum.

⁷E Faraó mandou ver, e eis que do gado dos israelitas não morrera sequer um. Mas o coração de Faraó se obstinou, e não deixou ir o povo.

⁸Então disse o Senhor a Moisés e a Arão: Tomai mancheias de cinza do forno, e Moisés a espalhe para o céu diante dos olhos de Faraó;

⁹e ela se tornará em pó fino sobre toda a terra do Egito, e haverá tumores que arrebentarão em úlceras nos homens e no gado, por toda a terra do Egito.

¹⁰E eles tomaram cinza do forno, e apresentaram-se diante de Faraó; e Moisés a espalhou para o céu, e ela se tornou em tumores que arrebentavam em úlceras nos homens e no gado.

¹¹Os magos não podiam manter-se diante de Moisés, por causa dos tumores; porque havia tumores nos magos, e em todos os egípcios.

¹²Mas o Senhor endureceu o coração de Faraó, e este não os ouviu, como o Senhor tinha dito a Moisés.

¹³Então disse o Senhor a Moisés: Levanta-te pela manhã cedo, põe-te diante de Faraó, e dize-lhe: Assim diz o Senhor, o Deus dos hebreus: Deixa ir o meu povo, para que me sirva.

¹⁴porque desta vez enviarei todas as minhas pragas sobre o teu coração, e sobre os teus servos, e sobre o teu povo, para que saibas que não há outro como eu em toda a terra.

¹⁵Agora, por pouco, teria eu estendido a mão e ferido a ti e ao teu povo com pestilência, e tu terias sido destruído da terra;

¹⁶mas, na verdade, para isso te hei mantido com vida, para te mostrar o meu poder, e para que o meu nome seja anunciado em toda a terra.

¹⁷Tu ainda te exaltas contra o meu povo, não o deixando ir?

¹⁸Eis que amanhã, por este tempo, s farei chover saraiva tão grave qual nunca houve no Egito, desde o dia em que foi fundado até agora.

¹⁹Agora, pois, manda recolher o teu gado e tudo o que tens no campo; porque sobre todo homem e animal que se acharem no campo, e não se recolherem à casa, cairá a saraiva, e morrerão.

²⁰Quem dos servos de Faraó temia a o palavra do Senhor, fez Fugir os seus servos e o seu gado para as casas;

²¹mas aquele que não se importava com a palavra do Senhor, deixou os seus servos e o seu gado no campo.

²²Então disse o Senhor a Moisés: Estende a tua mão para o céu, para que caia saraiva em toda a terra do Egito, sobre os homens e sobre os animais, e sobre toda a erva do campo na terra do Egito.

²³E Moisés estendeu a sua vara para o céu, e o Senhor enviou trovões e saraiva, e fogo desceu à terra; e o Senhor fez chover saraiva sobre a terra do Egito.

²⁴Havia, pois, saraiva misturada com fogo, saraiva tão grave qual nunca houvera em toda a terra do Egito, desde que veio a ser uma nação.

²⁵E a saraiva feriu, em toda a terra do Egito, tudo quanto havia no campo, tanto homens como animais; feriu também toda erva do campo, e quebrou todas as árvores do campo.

²⁶Somente na terra de Gósem onde se achavam os filhos de Israel, não houve saraiva.

²⁷Então Faraó mandou chamar Moisés e e Arão, e disse-lhes: Esta vez pequei; o Senhor é justo, mas eu e o meu povo somos a ímpios.

²⁸Orai ao Senhor; pois já bastam estes trovões da parte de Deus e esta saraiva; eu vos deixarei ir, e não permanecereis mais, aqui.

²⁹Respondeu-lhe Moisés: Logo que eu tiver saído da cidade estenderei minhas mãos ao Senhor; os trovões cessarão, e não haverá mais saraiva, para que saibas que a terra é do Senhor.

³⁰Todavia, quanto a ti e aos teus servos, eu sei que ainda não temereis diante do Senhor Deus.

³¹Ora, o linho e a cevada foram danificados, porque a cevada já estava na espiga, e o linho em flor;

³²mas não foram danificados o trigo e a espelta, porque não estavam crescidos.

³³Saiu, pois, Moisés da cidade, da presença de Faraó, e estendeu as mãos ao Senhor; e cessaram os trovões e a saraiva, e a chuva não caiu mais sobre a terra.

³⁴Vendo Faraó que a chuva, a saraiva e os trovões tinham cessado, continuou a pecar, e endureceu o seu coração, ele e os seus servos.

³⁵Assim, o coração de Faraó se endureceu, e não deixou ir os filhos de Israel, como o Senhor tinha dito por Moisés.

## Capítulo 10

¹Depois disse o Senhor a Moisés: vai a Faraó; porque tenho endurecido o seu coração, e o coração de seus servos, para manifestar estes meus sinais no meio deles,

²e para que contes aos teus filhos, e aos filhos de teus filhos, as coisas que fiz no Egito, e os meus sinais que operei entre eles; para que vós saibais que eu sou o Senhor.

³Foram, pois, Moisés e Arão a Faraó, e disseram-lhe: Assim diz o Senhor, o Deus dos hebreus: Até quando recusarás humilhar-te diante de mim? Deixa ir o meu povo, para que me sirva;

⁴mas se tu recusares deixar ir o meu povo, eis que amanhã trarei gafanhotos aos teus termos;

⁵e eles cobrirão a face da terra, de sorte que não se poderá ver a terra e comerão o resto do que escapou, o que vos ficou da saraiva; também comerão toda árvore que vos cresce no campo;

⁶e encherão as tuas casas, as casas de todos os teus servos e as casas de todos os egípcios, como nunca viram teus pais nem os pais de teus pais, desde o dia em que apareceram na terra até o dia de hoje. E virou-se, e saiu da presença de Faraó.

⁷Então os servos de Faraó lhe disseram: Até quando este homem nos há de ser por laço? deixa ir os homens, para que sirvam ao Senhor seu Deus; porventura não sabes ainda que o Egito está destruído?

⁸Pelo que Moisés e Arão foram levados outra vez a Faraó, e ele lhes disse: Ide, servi ao Senhor vosso Deus. Mas quais são os que hão de ir?

⁹Respondeu-lhe Moisés: Havemos de ir com os nossos jovens e com os nossos velhos; com os nossos filhos e com as nossas filhas, com os nossos rebanhos e com o nosso gado havemos de ir; porque temos de celebrar uma festa ao Senhor.

¹⁰Replicou-lhes Faraó: Seja o Senhor convosco, se eu vos deixar ir a vós e a vossos pequeninos! Olhai, porque há mal diante de vós.

¹¹Não será assim; agora, ide vós, os homens, e servi ao Senhor, pois isso é o que pedistes: E foram expulsos da presença de Faraó.

¹²Então disse o Senhor a Moisés: Quanto aos gafanhotos, estende a tua mão sobre a terra do Egito, para que venham eles sobre a terra do Egito e comam toda erva da terra, tudo o que deixou a saraiva.

¹³Então estendeu Moisés sua vara sobre a terra do Egito, e o Senhor trouxe sobre a terra um vento oriental todo aquele dia e toda aquela noite; e, quando amanheceu, o vento oriental trouxe os gafanhotos.

¹⁴Subiram, pois, os gafanhotos sobre toda a terra do Egito e pousaram sobre todos os seus termos; tão numerosos foram, que antes destes nunca houve tantos, nem depois deles haverá.

¹⁵Pois cobriram a face de toda a terra, de modo que a terra se escureceu; e comeram toda a erva da terra e todo o fruto das árvores, que deixara a saraiva; nada verde ficou, nem de árvore nem de erva do campo, por toda a terra do Egito.

¹⁶Então Faraó mandou apressadamente chamar Moisés e Arão, e lhes disse: Pequei contra o Senhor vosso Deus, e contra vós.

¹⁷Agora: pois, perdoai-me peço-vos somente esta vez o meu pecado, e orai ao Senhor vosso Deus que tire de mim mais esta morte.

¹⁸Saiu, pois, Moisés da presença de Faraó, e orou ao Senhor.

¹⁹Então o Senhor trouxe um vento ocidental fortíssimo, o qual levantou os gafanhotos e os lançou no Mar Vermelho; não ficou um só gafanhoto em todos os termos do Egito.

²⁰O Senhor, porém, endureceu o coração de Faraó, e este não deixou ir os filhos de Israel.

²¹Então disse o Senhor a Moisés: Estende a mão para o céu, para que haja trevas sobre a terra do Egito, trevas que se possam apalpar.

²²Estendeu, pois, Moisés a mão para o céu, e houve trevas espessas em toda a terra do Egito por três dias.

²³Não se viram uns aos outros, e ninguém se levantou do seu lugar por três dias; mas para todos os filhos de Israel havia luz nas suas habitações.

²⁴Então mandou Faraó chamar Moisés, e disse: Ide, servi ao Senhor; somente fiquem os vossos rebanhos e o vosso gado; mas vão juntamente convosco os vossos pequeninos.

²⁵Moisés, porém, disse: Tu também nos tens de dar nas mãos sacrifícios e holocaustos, para que possamos oferecer sacrifícios ao Senhor nosso Deus.

²⁶E também o nosso gado há de ir conosco; nem uma unha ficará; porque dele havemos de tomar para servir ao Senhor nosso Deus; porque não sabemos com que havemos de servir ao Senhor, até que cheguemos lá.

²⁷O Senhor, porém, endureceu o coração de Faraó, e este não os quis deixar ir:

²⁸Disse, pois, Faraó a Moisés: Retira-te de mim, guarda-te que não mais vejas o meu rosto; porque no dia em que me vires o rosto morrerás.

²⁹Respondeu Moisés: Disseste bem; eu nunca mais verei o teu rosto.

## Capítulo 11

¹Disse o Senhor a Moisés: Ainda mais uma praga trarei sobre Faraó, e sobre o Egito; depois ele vos deixará ir daqui; e, deixando vos ir a todo, com efeito vos expulsará daqui.

²Fala agora aos ouvidos do povo, que cada homem peça ao seu vizinho, e cada mulher à sua vizinha, jóias de prata e jóias de ouro.

³E o Senhor deu ao povo graça aos olhos dos egípcios. Além disso o varão Moisés era mui grande na terra do Egito, aos olhos dos servos de Faraó e aos olhos do povo.

⁴Depois disse Moisés a Faraó: Assim diz o Senhor: è meia-noite eu sairei pelo meio do Egito;

⁵e todos os primogênitos na terra do Egito morrerão, desde o primogênito de Faraó, que se assenta sobre o seu trono, até o primogênito da serva que está detrás da mó, e todos os primogênitos dos animais.

⁶Pelo que haverá grande clamor em toda a terra do Egito, como nunca houve nem haverá jamais.

⁷Mas contra os filhos de Israel nem mesmo um cão moverá a sua língua, nem contra homem nem contra animal; para que saibais que o Senhor faz distinção entre os egípcios e os filhos de Israel.

⁸Então todos estes teus servos descerão a mim, e se inclinarão diante de mim, dizendo: Sai tu, e todo o povo que te segue as pisadas. Depois disso eu sairei. E Moisés saiu da presença de Faraó ardendo em ira.

⁹Pois o Senhor dissera a Moisés: Faraó não vos ouvirá, para que as minhas maravilhas se multipliquem na terra do Egito.

¹⁰E Moisés e Arão fizeram todas estas maravilhas diante de Faraó; mas o Senhor endureceu o coração de Faraó, que não deixou ir da sua terra os filhos de Israel.

## Capítulo 12

¹Ora, o Senhor falou a Moisés e a Arão na terra do Egito, dizendo:

²Este mês será para vós o princípio dos meses; este vos será o primeiro dos meses do ano.

³Falai a toda a congregação de Israel, dizendo: Ao décimo dia deste mês tomará cada um para si um cordeiro, segundo as casas dos pais, um cordeiro para cada família.

⁴Mas se a família for pequena demais para um cordeiro, tomá-lo-á juntamente com o vizinho mais próximo de sua casa, conforme o número de almas; conforme ao comer de cada um, fareis a conta para o cordeiro.

⁵O cordeiro, ou cabrito, será sem defeito, macho de um ano, o qual tomareis das ovelhas ou das cabras,

⁶e o guardareis até o décimo quarto dia deste mês; e toda a assembléia da congregação de Israel o matará à tardinha:

⁷Tomarão do sangue, e pô-lo-ão em ambos os umbrais e na verga da porta, nas casas em que o comerem.

⁸E naquela noite comerão a carne assada ao fogo, com pães ázimos; com ervas amargosas a comerao.

⁹Não comereis dele cru, nem cozido em água, mas sim assado ao fogo; a sua cabeça com as suas pernas e com a sua fressura.

¹⁰Nada dele deixareis até pela manhã; mas o que dele ficar até pela manhã, queimá-lo-eis no fogo.

¹¹Assim pois o comereis: Os vossos lombos cingidos, os vossos sapatos nos pés, e o vosso cajado na mão; e o comereis apressadamente; esta é a páscoa do Senhor.

¹²Porque naquela noite passarei pela terra do Egito, e ferirei todos os primogênitos na tèrra do Egito, tanto dos homens como dos animais; e sobre todos os deuses do Egito executarei juízos; eu sou o Senhor.

¹³Mas o sangue vos será por sinal nas casas em que estiverdes; vendo eu o sangue, passarei por cima de vós, e não haverá entre vós praga para vos destruir, quando vos ferir a terra do Egito.

¹⁴E este dia vos será por memorial, e celebrá-lo-eis por festa ao Senhor; através das vossas gerações o celebrareis por estatuto perpétuo.

¹⁵Por sete dias comereis pães ázimos; logo ao primeiro dia tirareis o fermento das vossas casas, porque qualquer que comer pão levedado, entre o primeiro e o sétimo dia, esse será cortado de Israel.

¹⁶E ao primeiro dia haverá uma santa convocação; também ao sétimo dia tereis uma santa convocação; neles não se fará trabalho algum, senão o que diz respeito ao que cada um houver de comer; somente isso poderá ser feito por vós.

¹⁷Guardareis, pois, a festa dos pães ázimos, porque nesse mesmo dia tirei vossos exércitos da terra do Egito; pelo que guardareis este dia através das vossas gerações por estatuto perpétuo.

¹⁸No primeiro mês, aos catorze dias do mês, à tarde, comereis pães ázimos até vinte e um do mês à tarde.

¹⁹Por sete dias não se ache fermento algum nas vossas casas; porque qualquer que comer pão levedado, esse será cortado da congregação de Israel, tanto o peregrino como o natural da terra.

²⁰Nenhuma coisa levedada comereis; em todas as vossas habitações comereis pães ázimos.

²¹Chamou, pois, Moisés todos os anciãos de Israel, e disse-lhes: Ide e tomai-vos cordeiros segundo as vossas famílias, e imolai a páscoa.

²²Então tomareis um molho de hissopo, embebê-lo-eis no sangue

## Êxodo

que estiver na bacia e marcareis com ele a verga da porta e os dois umbrais; mas nenhum de vós sairá da porta da sua casa até pela manhã.

²³Porque o Senhor passará para ferir aos egípcios; e, ao ver o sangue na verga da porta e em ambos os umbrais, o Senhor passará aquela porta, e não deixará o destruidor entrar em vossas casas para vos ferir.

²⁴Portanto guardareis isto por estatuto para vós e para vossos filhos, para sempre.

²⁵Quando, pois, tiverdes entrado na terra que o Senhor vos dará, como tem prometido, guardareis este culto.

²⁶E quando vossos filhos vos perguntarem: Que quereis dizer com este culto?

²⁷Respondereis: Este é o sacrifício da páscoa do Senhor, que passou as casas dos filhos de Israel no Egito, quando feriu os egípcios, e livrou as nossas casas. Então o povo inclinou-se e adorou.

²⁸E foram os filhos de Israel, e fizeram isso; como o Senhor ordenara a Moisés e a Arão, assim fizeram.

²⁹E aconteceu que à meia-noite o Senhor feriu todos os primogênitos na terra do Egito, desde o primogênito de Faraó, que se assentava em seu trono, até o primogênito do cativo que estava no cárcere, e todos os primogênitos dos animais.

³⁰E Faraó levantou-se de noite, ele e todos os seus servos, e todos os egípcios; e fez-se grande clamor no Egito, porque não havia casa em que não houvesse um morto.

³¹Então Faraó chamou Moisés e Arão de noite, e disse: Levantai-vos, saí do meio do meu povo, tanto vós como os filhos de Israel; e ide servir ao Senhor, como tendes dito.

³²Levai também convosco os vossos rebanhos e o vosso gado, como tendes dito; e ide, e abençoai-me também a mim.

³³E os egípcios apertavam ao povo, e apressando-se por lançá-los da terra; porque diziam: Estamos todos mortos.

³⁴Ao que o povo tomou a massa, antes que ela levedasse, e as amassadeiras atadas e em seus vestidos, sobre os ombros.

³⁵Fizeram, pois, os filhos de Israel conforme a palavra de Moisés, e pediram aos egípcios jóias de prata, e jóias de ouro, e vestidos.

³⁶E o Senhor deu ao povo graça aos olhos dos egípcios, de modo que estes lhe davam o que pedia; e despojaram aos egípcios.

³⁷Assim viajaram os filhos de Israel de a Ramessés a Sucote, cerca de seiscentos mil homens de pé, sem contar as crianças.

³⁸Também subiu com eles uma grande mistura de gente; e, em rebanhos e manadas, uma grande quantidade de gado.

³⁹E cozeram bolos ázimos da massa que levaram do Egito, porque ela não se tinha levedado, porquanto foram lançados do Egito; e não puderam deter-se, nem haviam preparado comida.

⁴⁰Ora, o tempo que os filhos de Israel moraram no Egito foi de quatrocentos e trinta anos.

⁴¹E aconteceu que, ao fim de quatrocentos e trinta anos, naquele mesmo dia, todos os exércitos do Senhor saíram da terra do Egito.

⁴²Esta é uma noite que se deve guardar ao Senhor, porque os tirou da terra do Egito; esta é a noite do Senhor, que deve ser guardada por todos os filhos de Israel através das suas gerações.

⁴³Disse mais o Senhor a Moisés e a Arão: Esta é a ordenança da páscoa; nenhum, estrangeiro comerá dela;

⁴⁴mas todo escravo comprado por dinheiro, depois que o houveres circuncidado, comerá dela.

⁴⁵O forasteiro e o assalariado não comerão dela.

⁴⁶Numa só casa se comerá o cordeiro; não levareis daquela carne fora da casa nem lhe quebrareis osso algum.

⁴⁷Toda a congregação de Israel a observará.

⁴⁸Quando, porém, algum estrangeiro peregrinar entre vós e quiser celebrar a páscoa ao Senhor, circuncidem-se todos os seus varões; então se chegará e a celebrará, e será como o natural da terra; mas nenhum incircunciso comerá dela.

⁴⁹Haverá uma mesma lei para o natural e para o estrangeiro que peregrinar entre vós.

⁵⁰Assim, pois, fizeram todos os filhos de Israel; como o Senhor ordenara a Moisés e a Arão, assim fizeram.

⁵¹E naquele mesmo dia o Senhor tirou os filhos de Israel da terra do Egito, segundo os seus exércitos.

### Capítulo 13

¹Então falou o Senhor a Moisés, dizendo:

²Santifica-me todo primogênito, todo o que abrir a madre de sua mãe entre os filhos de Israel, assim de homens como de animais; porque meu é.

³E Moisés disse ao povo: Lembrai-vos deste dia, em que saístes do Egito, da casa da servidão; pois com mão forte o Senhor vos tirou daqui; portanto não se comerá pão levedado.

⁴Hoje, no mês de abibe, vós saís.

⁵Quando o Senhor te houver introduzido na terra dos cananeus, dos heteus, dos amorreus, dos heveus e dos jebuseus, que ele jurou a teus pais que te daria, terra que mana leite e mel, guardarás este culto neste mes.

⁶Sete dias comerás pães ázimos, e ao sétimo dia haverá uma festa ao Senhor.

⁷Sete dias se comerão pães ázimos, e o levedado não se verá contigo, nem ainda fermento será visto em todos os teus termos.

⁸Naquele dia contarás a teu filho, dizendo: Isto é por causa do que o Senhor me fez, quando eu saí do Egito;

⁹e te será por sinal sobre tua mão e por memorial entre teus olhos, para que a lei do Senhor esteja em tua boca; porquanto com mão forte o Senhor te tirou do Egito.

¹⁰Portanto guardarás este estatuto a seu tempo, de ano em ano.

¹¹Também quando o Senhor te houver introduzido na terra dos cananeus, como jurou a ti e a teus pais, quando ta houver dado,

¹²separarás para o Senhor tudo o que abrir a madre, até mesmo todo primogênito dos teus animais; os machos serão do Senhor.

¹³Mas todo primogênito de jumenta resgatarás com um cordeiro; e, se o não quiseres resgatar, quebrar-lhe-ás a cerviz.; e todo primogênito do homem entre teus filhos resgatarás.

¹⁴E quando teu filho te perguntar no futuro, dizendo: Que é isto? responder-lhe-ás: O Senhor, com mão forte, nos tirou do Egito, da casa da servidão.

¹⁵Porque sucedeu que, endurecendo-se Faraó, para não nos deixar ir, o Senhor matou todos os primogênitos na terra do Egito, tanto os primogênitos dos homens como os primogênitos dos animais; por isso eu sacrifico ao Senhor todos os primogênitos, sendo machos; mas a todo primogênito de meus filhos eu resgato.

¹⁶E isto será por sinal sobre tua mão, e por frontais entre os teus olhos, porque o Senhor, com mão forte, nos tirou do Egito.

¹⁷Ora, quando Faraó deixou ir o povo, Deus não o conduziu pelo caminho da terra dos filisteus, se bem que fosse mais perto; porque Deus disse: Para que porventura o povo não se arrependa, vendo a guerra, e volte para o Egito;

¹⁸mas Deus fez o povo rodear pelo caminho do deserto perto do Mar Vermelho; e os filhos de Israel subiram armados da terra do Egito.

¹⁹Moisés levou consigo os ossos de José, porquanto havia este solenemente ajuramentado os filhos de Israel, dizendo: Certamente Deus vos visitará; e vós haveis de levar daqui convosco os meus ossos.

²⁰Assim partiram de Sucote, e acamparam-se em Etã, à entrada do deserto.

²¹E o Senhor ia adiante deles, de dia numa coluta e os dois para os guiar pelo caminho, e de noite numa coluna de fogo para os alumiar, a fim de que caminhassem de dia e de noite.

²²Não desaparecia de diante do povo a coluna de nuvem de dia, nem a coluna de fogo de noite.

### Capítulo 14

¹Disse o Senhor a Moisés:

²Fala aos filhos de Israel que se voltem e se acampem diante de Pi-Hairote, entre Migdol e o mar, diante de Baal-Zefom; em frente dele assentareis o acampamento junto ao mar.

³Então Faraó dirá dos filhos de Israel: Eles estão embaraçados na terra, o deserto os encerrou.

⁴Eu endurecerei o coração de Faraó, e ele os perseguirá; glorificar-me-ei em Faraó, e em todo o seu exército; e saberão os egípcios que eu sou o Senhor. E eles fizeram assim.

⁵Quando, pois, foi anunciado ao rei do Egito que o povo havia fugido, mudou-se o coração de Faraó, e dos seus servos, contra o povo, e disseram: Que é isso que fizemos, permitindo que Israel saísse e deixasse de nos servir?

⁶E Faraó aprontou o seu carro, e tomou consigo o seu povo;

⁷tomou também seiscentos carros escolhidos e todos os carros do Egito, e capitães sobre todos eles.

⁸Porque o Senhor endureceu o coração de Faraó, rei do Egito, e este perseguiu os filhos de Israel; pois os filhos de Israel saíam afoitamente.

⁹Os egípcios, com todos os cavalos e carros de Faraó, e os seus cavaleiros e o seu exército, os perseguiram e os alcançaram acampados junto ao mar, perto de Pi-Hairote, diante de Baal-Zefom.

¹⁰Quando Faraó se aproximava, os filhos de Israel levantaram os olhos, e eis que os egípcios marchavam atrás deles; pelo que tiveram muito medo os filhos de Israel e clamaram ao Senhor:

¹¹e disseram a Moisés: Foi porque não havia sepulcros no Egito

que de lá nos tiraste para morrermos neste deserto? Por que nos fizeste isto, tirando-nos do Egito?

¹²Não é isto o que te dissemos no Egito: Deixa-nos, que sirvamos aos egípcios? Pois melhor nos fora servir aos egípcios, do que morrermos no deserto.

¹³Moisés, porém, disse ao povo: Não temais; estai quietos, e vede o livramento do Senhor, que ele hoje vos fará; porque aos egípcios que hoje vistes, nunca mais tornareis a ver;

¹⁴o Senhor pelejará por vós; e vós vos calareis.

¹⁵Então disse o Senhor a Moisés: Por que clamas a mim? dize aos filhos de Israel que marchem.

¹⁶E tu, levanta a tua vara, e estende a mão sobre o mar e fende-o, para que os filhos de Israel passem pelo meio do mar em seco.

¹⁷Eis que eu endurecerei o coração dos egípcios, e estes entrarão atrás deles; e glorificar-me-ei em Faraó e em todo o seu exército, nos seus carros e nos seus cavaleiros.

¹⁸E os egípcios saberão que eu sou o Senhor, quando me tiver glorificado em Faraó, nos seus carros e nos seus cavaleiros.

¹⁹Então o anjo de Deus, que ia adiante do exército de Israel, se retirou e se pos atrás deles; também a coluna de nuvem se retirou de diante deles e se pôs atrás,

²⁰colocando-se entre o campo dos egípcios e o campo dos israelitas; assim havia nuvem e trevas; contudo aquela clareava a noite para Israel; de maneira que em toda a noite não se aproximou um do outro.

²¹Então Moisés estendeu a mão sobre o mar; e o Senhor fez retirar o mar por um forte vento oriental toda aquela noite, e fez do mar terra seca, e as águas foram divididas.

²²E os filhos de Israel entraram pelo meio do mar em seco; e as águas foram-lhes qual muro à sua direita e à sua esquerda.

²³E os egípcios os perseguiram, e entraram atrás deles até o meio do mar, com todos os cavalos de Faraó, os seus carros e os seus cavaleiros.

²⁴Na vigília da manhã, o Senhor, na coluna do fogo e da nuvem, olhou para o campo dos egípcios, e alvoroçou o campo dos egípcios;

²⁵embaraçou-lhes as rodas dos carros, e fê-los andar dificultosamente; de modo que os egípcios disseram: Fujamos de diante de Israel, porque o Senhor peleja por eles contra os egípcios.

²⁶Nisso o Senhor disse a Moisés: Estende a mão sobre o mar, para que as águas se tornem sobre os egípcios, sobre os seus carros e sobre os seus cavaleiros.

²⁷Então Moisés estendeu a mão sobre o mar, e o mar retomou a sua força ao amanhecer, e os egípcios fugiram de encontro a ele; assim o Senhor derribou os egípcios no meio do mar.

²⁸As águas, tornando, cobriram os carros e os cavaleiros, todo o exército de Faraó, que atrás deles havia entrado no mar; não ficou nem sequer um deles.

²⁹Mas os filhos de Israel caminharam a pé enxuto pelo meio do mar; as águas foram-lhes qual muro à sua direita e à sua esquerda.

³⁰Assim o Senhor, naquele dia, salvou Israel da mão dos egípcios; e Israel viu os egípcios mortos na praia do mar.

³¹E viu Israel a grande obra que o Senhor operara contra os egípcios; pelo que o povo temeu ao Senhor, e creu no Senhor e em Moisés, seu servo.

## Capítulo 15

¹Então cantaram Moisés e os filhos de Israel este cântico ao Senhor, dizendo: Cantarei ao Senhor, porque gloriosamente triunfou; lançou no mar o cavalo e o seu cavaleiro.

²O Senhor é a minha força, e o meu cântico; ele se tem tornado a minha salvação; é ele o meu Deus, portanto o louvarei; é o Deus de meu pai, por isso o exaltarei.

³O Senhor é homem de guerra; Jeová é o seu nome.

⁴Lançou no mar os carros de Faraó e o seu exército; os seus escolhidos capitães foram submersos no Mar Vermelho.

⁵Os abismos os cobriram; desceram às profundezas como pedra.

⁶A tua destra, ó Senhor, é gloriosa em poder; a tua destra, ó Senhor, destroça o inimigo.

⁷Na grandeza da tua excelência derrubas os que se levantam contra ti; envias o teu furor, que os devora como restolho.

⁸Ao sopro dos teus narizes amontoaram-se as águas, as correntes pararam como montão; os abismos coalharam-se no coração do mar.

⁹O inimigo dizia: Perseguirei, alcançarei, repartirei os despojos; deles se satisfará o meu desejo; arrancarei a minha espada, a minha mão os destruirá.

¹⁰Sopraste com o teu vento, e o mar os cobriu; afundaram-se como chumbo em grandes aguas.

¹¹Quem entre os deuses é como tu, ó Senhor? a quem é como tu poderoso em santidade, admirável em louvores, operando maravilhas?

¹²Estendeste a mão direita, e a terra os tragou.

¹³Na tua beneficência guiaste o povo que remiste; na tua força o conduziste à tua santa habitação.

¹⁴Os povos ouviram e estremeceram; dores apoderaram-se dos habitantes da Filístia.

¹⁵Então os príncipes de Edom se pasmaram; dos poderosos de Moabe apoderou-se um tremor; derreteram-se todos os habitantes de Canaã.

¹⁶Sobre eles caiu medo, e pavor; pela grandeza do teu braço emudeceram como uma pedra, até que o teu povo passasse, ó Senhor, até que passasse este povo que adquiriste.

¹⁷Tu os introduzirás, e os plantarás no monte da tua herança, no lugar que tu, ó Senhor, aparelhaste para a tua habitação, no santuário, ó Senhor, que as tuas mãos estabeleceram.

¹⁸O Senhor reinará eterna e perpetuamente.

¹⁹Porque os cavalos de Faraó, com os seus carros e com os seus cavaleiros, entraram no mar, e o Senhor fez tornar as águas do mar sobre eles, mas os filhos de Israel passaram em seco pelo meio do mar.

²⁰Então Miriã, a profetisa, irmã de Arão, tomou na mão um tamboril, e todas as mulheres saíram atrás dela com tamboris, e com danças.

²¹E Miriã lhes respondia: Cantai ao Senhor, porque gloriosamente triunfou; lançou no mar o cavalo com o seu cavaleiro.

²²Depois Moisés fez partir a Israel do Mar Vermelho, e saíram para o deserto de Sur; caminharam três dias no deserto, e não acharam água.

²³E chegaram a Mara, mas não podiam beber das suas águas, porque eram amargas; por isso chamou-se o lugar Mara.

²⁴E o povo murmurou contra Moisés, dizendo: Que havemos de beber?

²⁵Então clamou Moisés ao Senhor, e o Senhor mostrou-lhe uma árvore, e Moisés lançou-a nas águas, as quais se tornaram doces. Ali Deus lhes deu um estatuto e uma ordenança, e ali os provou,

²⁶dizendo: Se ouvires atentamente a voz do Senhor teu Deus, e fizeres o que é reto diante de seus olhos, e inclinares os ouvidos aos seus mandamentos, e guardares todos os seus estatutos, sobre ti não enviarei nenhuma das enfermidades que enviei sobre os egípcios; porque eu sou o Senhor que te sara.

²⁷Então vieram a Elim, onde havia doze fontes de água e setenta palmeiras; e ali, junto das águas, acamparam.

## Capítulo 16

¹Depois partiram de Elim; e veio toda a congregação dos filhos de Israel ao deserto de Sim, que está entre Elim e Sinai, aos quinze dias do segundo mês depois que saíram da terra do Egito.

²E toda a congregação dos filhos de Israel murmurou contra Moisés e contra Arão no deserto.

³Pois os filhos de Israel lhes disseram: Quem nos dera que tivéssemos morrido pela mão do Senhor na terra do Egito, quando estávamos sentados junto às panelas de carne, quando comíamos pão até fartar! porque nos tendes tirado para este deserto, para matardes de fome a toda esta multidão.

⁴Então disse o Senhor a Moisés: Eis que vos farei chover pão do céu; e sairá o povo e colherá diariamente a porção para cada dia, para que eu o prove se anda em minha lei ou não.

⁵Mas ao sexto dia prepararão o que colherem; e será o dobro do que colhem cada dia.

⁶Disseram, pois, Moisés e Arão a todos os filhos de Israel: tarde sabereis que o Senhor é quem vos tirou da terra do Egito,

⁷e amanhã vereis a glória do Senhor, porquanto ele ouviu as vossas murmurações contra o Senhor; e quem somos nós, para que murmureis contra nós?

⁸Disse mais Moisés: Isso será quando o Senhor à tarde vos der carne para comer, e pela manhã pão a fartar, porquanto o Senhor ouve as vossas murmurações, com que murmurais contra ele; e quem somos nós? As vossas murmurações não são contra nós, mas sim contra o Senhor.

⁹Depois disse Moisés a Arão: Dize a toda a congregação dos filhos de Israel: Chegai-vos à presença do Senhor, porque ele ouviu as vossas murmurações.

¹⁰E quando Arão falou a toda a congregação dos filhos de Israel, estes olharam para o deserto, e eis que a glória do Senhor, apareceu na nuvem.

¹¹Então o Senhor falou a Moisés, dizendo:

¹²Tenho ouvido as murmurações dos filhos de Israel; dize-lhes: e

tardinha comereis carne, e pela manhã vos fartareis de pão; e sabereis que eu sou o Senhor vosso Deus.

¹³E aconteceu que à tarde subiram codornizes, e cobriram o arraial; e pela manhã havia uma camada de orvalho ao redor do arraial.

¹⁴Quando desapareceu a camada de orvalho, eis que sobre a superfície do deserto estava uma coisa miúda, semelhante a escamas, coisa miúda como a geada sobre a terra.

¹⁵E, vendo-a os filhos de Israel, disseram uns aos outros: Que é isto? porque não sabiam o que era. Então lhes disse Moisés: Este é o pão que o Senhor vos deu para comer.

¹⁶Isto é o que o Senhor ordenou: Colhei dele cada um conforme o que pode comer; um gômer para cada cabeça, segundo o número de pessoas; cada um tomará para os que se acharem na sua tenda.

¹⁷Assim o fizeram os filhos de Israel; e colheram uns mais e outros menos.

¹⁸Quando, porém, o mediam com o gômer, nada sobejava ao que colhera muito, nem faltava ao que colhera pouco; colhia cada um tanto quanto podia comer.

¹⁹Também disse-lhes Moisés: Ninguém deixe dele para amanhã.

²⁰Eles, porém, não deram ouvidos a Moisés, antes alguns dentre eles deixaram dele para o dia seguinte; e criou bichos, e cheirava mal; por isso indignou-se Moisés contra eles.

²¹Colhiam-no, pois, pela manhã, cada um conforme o que podia comer; porque, vindo o calor do sol, se derretia.

²²Mas ao sexto dia colheram pão em dobro, dois gômeres para cada um; pelo que todos os principais da congregação vieram, e contaram-no a Moisés.

²³E ele lhes disse: Isto é o que o Senhor tem dito: Amanhã é repouso, sábado santo ao Senhor; o que quiserdes assar ao forno, assai-o, e o que quiserdes cozer em água, cozei-o em água; e tudo o que sobejar, ponde-o de lado para vós, guardando-o para amanhã.

²⁴Guardaram-no, pois, até o dia seguinte, como Moisés tinha ordenado; e não cheirou mal, nem houve nele bicho algum.

²⁵Então disse Moisés: Comei-o hoje, porquanto hoje é o sábado do Senhor; hoje não o achareis no campo.

²⁶Seis dias o colhereis, mas o sétimo dia é o sábado; nele não haverá.

²⁷Mas aconteceu ao sétimo dia que saíram alguns do povo para o colher, e não o acharam.

²⁸Então disse o Senhor a Moisés: Até quando recusareis guardar os meus mandamentos e as minhas leis?

²⁹Vede, visto que o Senhor vos deu o sábado, por isso ele no sexto dia vos dá pão para dois dias; fique cada um no seu lugar, não saia ninguém do seu lugar no sétimo dia.

³⁰Assim repousou o povo no sétimo dia.

³¹A casa de Israel deu-lhe o nome de maná. Era como semente de coentro; era branco, e tinha o sabor de bolos de mel.

³²E disse Moisés: Isto é o que o Senhor ordenou: Dele enchereis um gômer, o qual se guardará para as vossas gerações, para que elas vejam o pão que vos dei a comer no deserto, quando eu vos tirei da terra do Egito.

³³Disse também Moisés a Arão: Toma um vaso, mete nele um gômer cheio de maná e põe-no diante do Senhor, a fim de que seja guardado para as vossas gerações.

³⁴Como o Senhor tinha ordenado a Moisés, assim Arão o pôs diante do testemunho, para ser guardado.

³⁵Ora, os filhos de Israel comeram o maná quarenta anos, até que chegaram a uma terra habitada; comeram o maná até que chegaram aos termos da terra de Canaã.

³⁶Um gômer é a décima parte de uma efa.

## Capítulo 17

¹Partiu toda a congregação dos filhos de Israel do deserto de Sim, pelas suas jornadas, segundo o mandamento do Senhor, e acamparam em Refidim; e não havia ali água para o povo beber.

²Então o povo contendeu com Moisés, dizendo: Dá-nos água para beber. Respondeu-lhes Moisés: Por que contendeis comigo? por que tentais ao Senhor?

³Mas o povo, tendo sede ali, murmurou contra Moisés, dizendo: Por que nos fizeste subir do Egito, para nos matares de sede, a nós e aos nossos filhos, e ao nosso gado?

⁴Pelo que Moisés, clamando ao Senhor, disse: Que hei de fazer a este povo? daqui a pouco me apedrejará.

⁵Então disse o Senhor a Moisés: Passa adiante do povo, e leva contigo alguns dos anciãos de Israel; toma na mão a tua vara, com que feriste o rio, e vai-te.

⁶Eis que eu estarei ali diante de ti sobre a rocha, em Horebe; ferirás a rocha, e dela sairá água para que o povo possa beber. Assim, pois fez Moisés à vista dos anciãos de Israel.

⁷E deu ao lugar o nome de Massá e Meribá, por causa da contenda dos filhos de Israel, e porque tentaram ao Senhor, dizendo: Está o Senhor no meio de nós, ou não?

⁸Então veio Amaleque, e pelejou contra e Israel em Refidim.

⁹Pelo que disse Moisés a Josué: Escolhe-nos homens, e sai, peleja contra Amaleque; e amanhã eu estarei sobre o cume do outeiro, tendo na mão a vara de Deus.

¹⁰Fez, pois, Josué como Moisés lhe dissera, e pelejou contra Amaleque; e Moisés, Arão, e Hur subiram ao cume do outeiro.

¹¹E acontecia que quando Moisés levantava a mão, prevalecia Israel; mas quando ele abaixava a mão, prevalecia Amaleque.

¹²As mãos de Moisés, porém, ficaram cansadas; por isso tomaram uma pedra, e a puseram debaixo dele, e ele sentou-se nela; Arão e Hur sustentavam-lhe as mãos, um de um lado e o outro do outro; assim ficaram as suas mãos firmes até o pôr do sol.

¹³Assim Josué prostrou a Amaleque e a seu povo, ao fio da espada.

¹⁴Então disse o Senhor a Moisés: Escreve isto para memorial num livro, e relata-o aos ouvidos de Josué; que eu hei de riscar totalmente a memória de Amaleque de debaixo do céu.

¹⁵Pelo que Moisés edificou um altar, ao qual chamou Jeová-Níssi.

¹⁶E disse: Porquanto jurou o Senhor que ele fará guerra contra Amaleque de geração em geração.

## Capítulo 18

¹Ora Jetro, sacerdote de Midiã, sogro de Moisés, ouviu todas as coisas que Deus tinha feito a Moisés e a Israel, seu povo, como o Senhor tinha tirado a Israel do Egito.

²E Jetro, sogro de Moisés, tomou a Zípora, a mulher de Moisés, depois que este lha enviara,

³e aos seus dois filhos, dos quais um se chamava Gérson; porque disse Moisés: Fui peregrino em terra estrangeira;

⁴e o outro se chamava Eliézer; porque disse: O Deus de meu pai foi minha ajuda, e me livrou da espada de Faraó.

⁵Veio, pois, Jetro, o sogro de Moisés, com os filhos e a mulher deste, a Moisés, no deserto onde se tinha acampado, junto ao monte de Deus;

⁶e disse a Moisés: Eu, teu sogro Jetro, venho a ti, com tua mulher e seus dois filhos com ela.

⁷Então saiu Moisés ao encontro de seu sogro, inclinou-se diante dele e o beijou; perguntaram um ao outro como estavam, e entraram na tenda.

⁸Depois Moisés contou a seu sogro tudo o que o Senhor tinha feito a Faraó e aos egípcios por amor de Israel, todo o trabalho que lhes sobreviera no caminho, e como o Senhor os livrara.

⁹E alegrou-se Jetro por todo o bem que o Senhor tinha feito a Israel, livrando-o da mão dos egípcios,

¹⁰e disse: Bendito seja o Senhor, que vos livrou da mão dos egípcios e da mão de Faraó; que livrou o povo de debaixo da mão dos egípcios.

¹¹Agora sei que o Senhor é maior que todos os deuses; até naquilo em que se houveram arrogantemente contra o povo.

¹²Então Jetro, o sogro de Moisés, tomou holocausto e sacrifícios para Deus; e veio Arão, e todos os anciãos de Israel, para comerem pão com o sogro de Moisés diante de Deus.

¹³No dia seguinte assentou-se Moisés para julgar o povo; e o povo estava em pé junto de Moisés desde a manhã até a tarde.

¹⁴Vendo, pois, o sogro de Moisés tudo o que ele fazia ao povo, perguntou: Que é isto que tu fazes ao povo? por que te assentas só, permanecendo todo o povo junto de ti desde a manhã até a tarde?

¹⁵Respondeu Moisés a seu sogro: É por que o povo vem a mim para consultar a Deus.

¹⁶Quando eles têm alguma questão, vêm a mim; e eu julgo entre um e outro e lhes declaro os estatutos de Deus e as suas leis.

¹⁷O sogro de Moisés, porém, lhe replicou: Não é bom o que fazes.

¹⁸certamente desfalecerás, assim tu, como este povo que está contigo; porque isto te é pesado demais; tu só não o podes fazer.

¹⁹Ouve agora a minha voz; eu te aconselharei, e seja Deus contigo: sê tu pelo povo diante de Deus, e leva tu as causas a Deus;

²⁰ensinar-lhes-ás os estatutos e as leis, e lhes mostrarás o caminho em que devem andar, e a obra que devem fazer.

²¹Além disto procurarás dentre todo o povo homens de capacidade, tementes a Deus, homens verazes, que aborreçam a avareza, e os porás sobre eles por chefes de mil, chefes de cem, chefes de cinquenta e chefes de dez;

²²e julguem eles o povo em todo o tempo. Que a ti tragam toda causa grave, mas toda causa pequena eles mesmos a julguem; assim a ti mesmo te aliviarás da carga, e eles a levarão contigo.

²³Se isto fizeres, e Deus to mandar, poderás então subsistir; assim também todo este povo irá em paz para o seu lugar.

²⁴E Moisés deu ouvidos à voz de seu sogro, e fez tudo quanto este lhe dissera;

²⁵e escolheu Moisés homens capazes dentre todo o Israel, e os pôs por cabeças sobre o povo: chefes de mil, chefes de cem, chefes de cinqüenta e chefes de dez.

²⁶Estes, pois, julgaram o povo em todo o tempo; as causas graves eles as trouxeram a Moisés; mas toda causa pequena, julgaram-na eles mesmos.

²⁷Então despediu Moisés a seu sogro, o qual se foi para a sua terra.

## Capítulo 19

¹No terceiro mês depois que os filhos de Israel haviam saído da terra do Egito, no mesmo dia chegaram ao deserto de Sinai.

²Tendo partido de Refidim, entraram no deserto de Sinai, onde se acamparam; Israel, pois, ali acampou-se em frente do monte.

³Então subiu Moisés a Deus, e do monte o Senhor o chamou, dizendo: Assim falarás à casa de Jacó, e anunciarás aos filhos de Israel:

⁴Vós tendes visto o que fiz: aos egípcios, como vos levei sobre asas de águias, e vos trouxe a mim.

⁵Agora, pois, se atentamente ouvirdes a minha voz e guardardes o meu pacto, então sereis a minha possessão peculiar dentre todos os povos, porque minha é toda a terra;

⁶e vós sereis para mim reino sacerdotal e nação santa. São estas as palavras que falarás aos filhos de Israel.

⁷Veio, pois, Moisés e, tendo convocado os anciãos do povo, expôs diante deles todas estas palavras, que o Senhor lhe tinha ordenado.

⁸Ao que todo o povo respondeu a uma voz: Tudo o que o Senhor tem falado, faremos. E relatou Moisés ao Senhor as palavras do povo.

⁹Então disse o Senhor a Moisés: Eis que eu virei a ti em uma nuvem espessa, para que o povo ouça, quando eu falar contigo, e também para que sempre te creia. Porque Moisés tinha anunciado as palavras do seu povo ao Senhor.

¹⁰Disse mais o Senhor a Moisés: Vai ao povo, e santifica-os hoje e amanhã; lavem eles os seus vestidos,

¹¹e estejam prontos para o terceiro dia; porquanto no terceiro dia descerá o Senhor diante dos olhos de todo o povo sobre o monte Sinai.

¹²Também marcarás limites ao povo em redor, dizendo: Guardai-vos, não subais ao monte, nem toqueis o seu termo; todo aquele que tocar o monte será morto.

¹³Mão alguma tocará naquele que o fizer, mas ele será apedrejado ou asseteado; quer seja animal, quer seja homem, não viverá. Quando soar a buzina longamente, subirão eles até o pé do monte.

¹⁴Então Moisés desceu do monte ao povo, e santificou o povo; e lavaram os seus vestidos.

¹⁵E disse ele ao povo: Estai prontos para o terceiro dia; e não vos chegueis a mulher.

¹⁶Ao terceiro dia, ao amanhecer, houve trovões, relâmpagos, e uma nuvem espessa sobre o monte; e ouviu-se um sonido de buzina mui forte, de maneira que todo o povo que estava no arraial estremeceu.

¹⁷E Moisés levou o povo fora do arraial ao encontro de Deus; e puseram-se ao pé do monte.

¹⁸Nisso todo o monte Sinai fumegava, porque o Senhor descera sobre ele em fogo; e a fumaça subiu como fumaça de uma fornalha, e todo o monte tremia fortemente.

¹⁹E, crescendo o sonido da buzina cada vez mais, Moisés falava, e Deus lhe respondia por uma voz.

²⁰E, tendo o Senhor descido sobre o monte Sinai, sobre o cume do monte, chamou a Moisés ao cume do monte; e Moisés subiu.

²¹Então disse o Senhor a Moisés: Desce, adverte ao povo, para não suceder que traspasse os limites até o Senhor, a fim de ver, e muitos deles pereçam.

²²Ora, santifiquem-se também os sacerdotes, que se chegam ao Senhor, para que o Senhor não se lance sobre eles.

²³Respondeu Moisés ao Senhor: O povo não poderá subir ao monte Sinai, porque tu nos tens advertido, dizendo: Marca limites ao redor do monte, e santifica-o.

²⁴Ao que lhe disse o Senhor: Vai, desce; depois subirás tu, e Arão contigo; os sacerdotes, porém, e o povo não traspassem os limites para subir ao Senhor, para que ele não se lance sobre eles.

²⁵Então Moisés desceu ao povo, e disse-lhes isso.

## Capítulo 20

¹Então falou Deus todas estas palavras, dizendo:

²Eu sou o Senhor teu Deus, que te tirei da terra do Egito, da casa da servidão.

³Não terás outros deuses diante de mim.

⁴Não farás para ti imagem esculpida, nem figura alguma do que há em cima no céu, nem em baixo na terra, nem nas águas debaixo da terra:

⁵Não te encurvarás diante delas, nem as servirás; porque eu, o Senhor teu Deus, sou Deus zeloso, que visito a iniqüidade dos pais nos filhos até a terceira e quarta geração daqueles que me odeiam.

⁶e uso de misericórdia com milhares dos que me amam e guardam os meus mandamentos.

⁷Não tomarás o nome do Senhor teu Deus em vão; porque o Senhor não terá por inocente aquele que tomar o seu nome em vão.

⁸Lembra-te do dia do sábado, para o santificar.

⁹Seis dias trabalharás, e farás todo o teu trabalho;

¹⁰mas o sétimo dia é o sábado do Senhor teu Deus. Nesse dia não farás trabalho algum, nem tu, nem teu filho, nem tua filha, nem o teu servo, nem a tua serva, nem o teu animal, nem o estrangeiro que está dentro das tuas portas.

¹¹Porque em seis dias fez o Senhor o céu e a terra, o mar e tudo o que neles há, e ao sétimo dia descansou; por isso o Senhor abençoou o dia do sábado, e o santificou.

¹²Honra a teu pai e a tua mãe, para que se prolonguem os teus dias na terra que o Senhor teu Deus te dá.

¹³Não matarás.

¹⁴Não adulterarás.

¹⁵Não furtarás.

¹⁶Não dirás falso testemunho contra o teu proximo.

¹⁷Não cobiçarás a casa do teu próximo, não cobiçarás a mulher do teu próximo, nem o seu servo, nem a sua serva, nem o seu boi, nem o seu jumento, nem coisa alguma do teu próximo.

¹⁸Ora, todo o povo presenciava os trovões, e os relâmpagos, e o sonido da buzina, e o monte a fumegar; e o povo, vendo isso, estremeceu e pôs-se de longe.

¹⁹E disseram a Moisés: Fala-nos tu mesmo, e ouviremos; mas não fale Deus conosco, para que não morramos.

²⁰Respondeu Moisés ao povo: Não temais, porque Deus veio para vos provar, e para que o seu temor esteja diante de vós, a fim de que não pequeis.

²¹Assim o povo estava em pé de longe; Moisés, porém, se chegou às trevas espessas onde Deus estava.

²²Então disse o Senhor a Moisés: Assim dirás aos filhos de Israel: Vós tendes visto que do céu eu vos falei.

²³Não fareis outros deuses comigo; deuses de prata, ou deuses de ouro, não os fareis para vós.

²⁴um altar de terra me farás, e sobre ele sacrificarás os teus holocaustos, e as tuas ofertas pacíficas, as tuas ovelhas e os teus bois. Em todo lugar em que eu fizer recordar o meu nome, virei a ti e te abençoarei.

²⁵E se me fizeres um altar de pedras, não o construirás de pedras lavradas; pois se sobre ele levantares o teu buril, profaná-lo-ás.

²⁶Também não subirás ao meu altar por degraus, para que não seja ali exposta a tua nudez.

## Capítulo 21

¹Estes são os estatutos que lhes proporás:

²Se comprares um servo hebreu, seis anos servirá; mas ao sétimo sairá forro, de graça.

³Se entrar sozinho, sozinho sairá; se tiver mulher, então com ele sairá sua mulher.

⁴Se seu senhor lhe houver dado uma mulher e ela lhe houver dado filhos ou filhas, a mulher e os filhos dela serão de seu senhor e ele sairá sozinho.

⁵Mas se esse servo expressamente disser: Eu amo a meu senhor, a minha mulher e a meus filhos, não quero sair forro;

⁶então seu senhor o levará perante os juízes, e o fará chegar à porta, ou ao umbral da porta, e o seu senhor lhe furará a orelha com uma sovela; e ele o servirá para sempre.

⁷Se um homem vender sua filha para ser serva, ela não saira como saem os servos.

⁸Se ela não agradar ao seu senhor, de modo que não se despose com ela, então ele permitirá que seja resgatada; vendê-la a um povo estrangeiro, não o poderá fazer, visto ter usado de dolo para com ela.

⁹Mas se a desposar com seu filho, fará com ela conforme o direito de filhas.

¹⁰Se lhe tomar outra, não diminuirá e o mantimento daquela, nem

*Êxodo*

o seu vestido, nem o seu direito conjugal.

¹¹E se não lhe cumprir estas três obrigações, ela sairá de graça, sem dar dinheiro.

¹²Quem ferir a um homem, de modo que este morra, certamente será morto.

¹³Se, porém, lhe não armar ciladas, mas Deus lho entregar nas mãos, então te designarei um lugar, para onde ele fugirá.

¹⁴No entanto, se alguém se levantar deliberadamente contra seu próximo para o matar à traição, tirá-lo-ás do meu altar, para que morra.

¹⁵Quem ferir a seu pai, ou a sua mãe, certamente será morto.

¹⁶Quem furtar algum homem, e o vender, ou mesmo se este for achado na sua mão, certamente será morto.

¹⁷Quem amaldiçoar a seu pai ou a sua mãe, certamente será morto.

¹⁸Se dois homens brigarem e um ferir ao outro com pedra ou com o punho, e este não morrer, mas cair na cama,

¹⁹se ele tornar a levantar-se e andar fora sobre o seu bordão, então aquele que o feriu será absolvido; somente lhe pagará o tempo perdido e fará que ele seja completamente curado.

²⁰Se alguém ferir a seu servo ou a sua serva com pau, e este morrer debaixo da sua mão, certamente será castigado;

²¹mas se sobreviver um ou dois dias, não será castigado; porque é dinheiro seu.

²²Se alguns homens brigarem, e um ferir uma mulher grávida, e for causa de que aborte, não resultando, porém, outro dano, este certamente será multado, conforme o que lhe impuser o marido da mulher, e pagará segundo o arbítrio dos juízes;

²³mas se resultar dano, então darás vida por vida,

²⁴olho por olho, dente por dente, mão por mão, pé por pé,

²⁵queimadura por queimadura, ferida por ferida, golpe por golpe.

²⁶Se alguém ferir o olho do seu servo ou o olho da sua serva e o cegar, deixá-lo-á ir forro por causa do olho.

²⁷Da mesma sorte se tirar o dente do seu servo ou o dente da sua serva, deixá-lo-á ir forro por causa do dente.

²⁸Se um boi escornear um homem ou uma mulher e este morrer, certamente será apedrejado o boi e a sua carne não se comerá; mas o dono do boi será absolvido.

²⁹Mas se o boi dantes era escorneador, e o seu dono, tendo sido disso advertido, não o guardou, o boi, matando homem ou mulher, será apedrejado, e também o seu dono será morto.

³⁰Se lhe for imposto resgate, então dará como redenção da sua vida tudo quanto lhe for imposto;

³¹quer tenha o boi escorneado a um filho, quer a uma filha, segundo este julgamento lhe será feito.

³²Se o boi escornear um servo, ou uma serva, dar-se-á trinta siclos de prata ao seu senhor, e o boi será apedrejado.

³³Se alguém descobrir uma cova, ou se alguém cavar uma cova e não a cobrir, e nela cair um boi ou um jumento,

³⁴o dono da cova dará indenização; pagá-la-á em dinheiro ao dono do animal morto, mas este será seu.

³⁵Se o boi de alguém ferir de morte o boi do seu próximo, então eles venderão o boi vivo e repartirão entre si o dinheiro da venda, e o morto também dividirão entre si.

³⁶Ou se for notório que aquele boi dantes era escorneador, e seu dono não o guardou, certamente pagará boi por boi, porém o morto será seu.

## Capítulo 22

¹Se alguém furtar um boi (ou uma ovelha), e o matar ou vender, por um boi pagará cinco bois, e por uma ovelha quatro ovelhas.

²Se o ladrão for achado a minar uma casa, e for ferido de modo que morra, o que o feriu não será réu de sangue;

³mas se o sol houver saído sobre o ladrão, o que o feriu será réu de sangue. O ladrão certamente dará indenização; se nada possuir, será então vendido por seu furto.

⁴Se o furto for achado vivo na sua mão, seja boi, ou jumento, ou ovelha, pagará ele o dobro.

⁵Se alguém fizer pastar o seu animal num campo ou numa vinha, e se soltar o seu animal e este pastar no campo de outrem, do melhor do seu próprio campo e do melhor da sua própria vinha fará restituição.

⁶Se alastrar um fogo e pegar nos espinhos, de modo que sejam destruídas as medas de trigo, ou a seara, ou o campo, aquele que acendeu o fogo certamente dará indenização.

⁷Se alguém entregar ao seu próximo dinheiro, ou objetos, para guardar, e isso for furtado da casa desse homem, o ladrão, se for achado, pagará o dobro.

⁸Se o ladrão não for achado, então o dono da casa irá à presença dos juízes para se verificar se não meteu a mão nos bens do seu próximo.

⁹Em todo caso de transgressão, seja a respeito de boi, ou de jumento, ou de ovelhas, ou de vestidos, ou de qualquer coisa perdida de que alguém disser que é sua, a causa de ambas as partes será levada perante os juízes; aquele a quem os juízes condenarem pagará o dobro ao seu próximo.

¹⁰Se alguém entregar a seu próximo para guardar um jumento, ou boi, ou ovelha, ou outro qualquer animal, e este morrer, ou for aleijado, ou arrebatado, ninguém o vendo,

¹¹então haverá o juramento do Senhor entre ambos, para ver se o guardador não meteu a mão nos bens do seu próximo; e o dono aceitará o juramento, e o outro não fará restituição.

¹²Se, porém, o animal lhe tiver sido furtado, fará restituirão ao seu dono.

¹³Se tiver sido dilacerado, trá-lo-á em testemunho disso; não dará indenização pelo dilacerado.

¹⁴Se alguém pedir emprestado a seu próximo algum animal, e este for danificado ou morrer, não estando presente o seu dono, certamente dará indenização;

¹⁵se o dono estiver presente, o outro não dará indenização; se tiver sido alugado, o aluguel responderá por qualquer dano.

¹⁶Se alguém seduzir uma virgem que não for desposada, e se deitar com ela, certamente pagará por ela o dote e a terá por mulher.

¹⁷Se o pai dela inteiramente recusar dar-lha, pagará ele em dinheiro o que for o dote das virgens.

¹⁸Não permitirás que viva uma feiticeira.

¹⁹Todo aquele que se deitar com animal, certamente será morto.

²⁰Quem sacrificar a qualquer deus, a não ser tão-somente ao Senhor, será morto.

²¹Ao estrangeiro não maltratarás, nem o oprimirás; pois vós fostes estrangeiros na terra do Egito.

²²A nenhuma viúva nem órfão afligireis.

²³Se de algum modo os afligirdes, e eles clamarem a mim, eu certamente ouvirei o seu clamor;

²⁴e a minha ira se acenderá, e vos matarei à espada; vossas mulheres ficarão viúvas, e vossos filhos órfãos.

²⁵Se emprestares dinheiro ao meu povo, ao pobre que está contigo, não te haverás com ele como credor; não lhe imporás juros.

²⁶Ainda que chegues a tomar em penhor o vestido do teu próximo, lho restituirás antes do pôr do sol;

²⁷porque é a única cobertura que tem; é o vestido da sua pele; em que se deitaria ele? Quando pois clamar a mim, eu o ouvirei, porque sou misericordioso.

²⁸Aos juízes não maldirás, nem amaldiçoarás ao governador do teu povo.

²⁹Não tardarás em trazer ofertas da tua ceifa e dos teus lagares. O primogênito de teus filhos me darás.

³⁰Assim farás com os teus bois e com as tuas ovelhas; sete dias ficará a cria com a mãe; ao oitavo dia ma darás.

³¹Ser-me-eis homens santos; portanto não comereis carne que por feras tenha sido despedaçada no campo; aos cães a lançareis.

## Capítulo 23

¹Não levantarás falso boato, e não pactuarás com o ímpio, para seres testemunha injusta.

²Nao seguirás a multidão para fazeres o mal; nem numa demanda darás testemunho, acompanhando a maioria, para perverteres a justiça;

³nem mesmo ao pobre favorecerás na sua demanda.

⁴Se encontrares desgarrado o boi do teu inimigo, ou o seu jumento, sem falta lho reconduzirás.

⁵Se vires deitado debaixo da sua carga o jumento daquele que te odeia, não passarás adiante; certamente o ajudarás a levantá-lo.

⁶Não perverterás o direito do teu pobre na sua demanda.

⁷Guarda-te de acusares falsamente, e não matarás o inocente e justo; porque não justificarei o ímpio.

⁸Também não aceitarás peita, porque a peita cega os que têm vista, e perverte as palavras dos justos.

⁹Outrossim, não oprimirás o estrangeiro; pois vós conheceis o coração do estrangeiro, porque fostes estrangeiros na terra do Egito.

¹⁰Seis anos semearás tua terra, e recolherás os seus frutos;

¹¹mas no sétimo ano a deixarás descansar e ficar em pousio, para que os pobres do teu povo possam comer, e do que estes deixarem comam os animais do campo. Assim farás com a tua vinha e com o teu olival.

¹²Seis dias farás os teus trabalhos, mas ao sétimo dia descansarás; para que descanse o teu boi e o teu jumento, e para que tome alento o filho da tua escrava e o estrangeiro.

¹³Em tudo o que vos tenho dito, andai apercebidos. Do nome de outros deuses nem fareis menção; nunca se ouça da vossa boca o nome deles.

¹⁴Três vezes no ano me celebrarás festa:

¹⁵A festa dos pães ázimos guardarás: sete dias comerás pães ázimos como te ordenei, ao tempo apontado no mês de abibe, porque nele saíste do Egito; e ninguém apareça perante mim de mãos vazias;

¹⁶também guardarás a festa da sega, a das primícias do teu trabalho, que houveres semeado no campo; igualmente guardarás a festa da colheita à saída do ano, quando tiveres colhido do campo os frutos do teu trabalho.

¹⁷Três vezes no ano todos os teus homens aparecerão diante do Senhor Deus.

¹⁸Não oferecerás o sangue do meu sacrifício com pão levedado, nem ficará da noite para a manhã a gordura da minha festa.

¹⁹As primícias dos primeiros frutos da tua terra trarás à casa do Senhor teu Deus. Não cozerás o cabrito no leite de sua mãe.

²⁰Eis que eu envio um anjo adiante de ti, para guardar-te pelo caminho, e conduzir-te ao lugar que te tenho preparado.

²¹Anda apercebido diante dele, e ouve a sua voz; não sejas rebelde contra ele, porque não perdoará a tua rebeldia; pois nele está o meu nome.

²²Mas se, na verdade, ouvires a sua voz, e fizeres tudo o que eu disser, então serei inimigo dos teus inimigos, e adversário dos teus adversários.

²³Porque o meu anjo irá adiante de ti, e te introduzirá na terra dos amorreus, dos heteus, dos perizeus, dos cananeus, dos heveus e dos jebuseus; e eu os aniquilarei.

²⁴Não te inclinarás diante dos seus deuses, nem os servirás, nem farás conforme as suas obras; Antes os derrubarás totalmente, e quebrarás de todo as suas colunas.

²⁵Servireis, pois, ao Senhor vosso Deus, e ele abençoará o vosso pão e a vossa água; e eu tirarei do meio de vós as enfermidades.

²⁶Na tua terra não haverá mulher que aborte, nem estéril; o número dos teus dias completarei.

²⁷Enviarei o meu terror adiante de ti, pondo em confusão todo povo em cujas terras entrares, e farei que todos os teus inimigos te voltem as costas.

²⁸Também enviarei na tua frente vespas, que expulsarão de diante de ti os heveus, os cananeus e os heteus.

²⁹Não os expulsarei num só ano, para que a terra não se torne em deserto, e as feras do campo não se multipliquem contra ti.

³⁰Pouco a pouco os lançarei de diante de ti, até que te multipliques e possuas a terra por herança.

³¹E fixarei os teus limites desde o Mar Vermelho até o mar dos filisteus, e desde o deserto até o o rio; porque hei de entregar nas tuas mãos os moradores da terra, e tu os expulsarás de diante de ti.

³²Não farás pacto algum com eles, nem com os seus deuses.

³³Não habitarão na tua terra, para que não te façam pecar contra mim; pois se servires os seus deuses, certamente isso te será um laço.

## Capítulo 24

¹Depois disse Deus a Moisés: Subi ao Senhor, tu e Arão, Nadabe e Abiú, e setenta dos anciãos de Israel, e adorai de longe.

²Só Moisés se chegará ao Senhor; os, outros não se chegarão; nem o povo subirá com ele.

³Veio, pois, Moisés e relatou ao povo todas as palavras do Senhor e todos os estatutos; então todo o povo respondeu a uma voz: Tudo o que o Senhor tem falado faremos.

⁴Então Moisés escreveu todas as palavras do Senhor e, tendo-se levantado de manhã cedo, edificou um altar ao pé do monte, e doze colunas, segundo as doze tribos de Israel,

⁵e enviou certos mancebos dos filhos de Israel, os quais ofereceram holocaustos, e sacrificaram ao Senhor sacrifícios pacíficos, de bois.

⁶E Moisés tomou a metade do sangue, e a pôs em bacias; e a outra metade do sangue espargiu sobre o altar.

⁷Também tomou o livro do pacto e o leu perante o povo; e o povo disse: Tudo o que o Senhor tem falado faremos, e obedeceremos.

⁸Então tomou Moisés aquele sangue, e espargiu-o sobre o povo e disse: Eis aqui o sangue do pacto que o Senhor tem feito convosco no tocante a todas estas coisas.

⁹Então subiram Moisés e Arão, Nadabe e Abiú, e setenta dos anciãos de Israel,

¹⁰e viram o Deus de Israel, e debaixo de seus pés havia como que uma calçada de pedra de safira, que parecia com o próprio céu na sua pureza.

¹¹Deus, porém, não estendeu a sua mão contra os nobres dos filhos de Israel; eles viram a Deus, e comeram e beberam.

¹²Depois disse o Senhor a Moisés: Sobe a mim ao monte, e espera ali; e dar-te-ei tábuas de pedra, e a lei, e os mandamentos que tenho escrito, para lhos ensinares.

¹³E levantando-se Moisés com Josué, seu servidor, subiu ao monte de Deus,

¹⁴tendo dito aos anciãos: Esperai-nos aqui, até que tornemos a vós; eis que Arão e Hur ficam convosco; quem tiver alguma questão, se chegará a eles.

¹⁵E tendo Moisés subido ao monte, a nuvem cobriu o monte.

¹⁶Também a glória do Senhor repousou sobre o monte Sinai, e a nuvem o cobriu por seis dias; e ao sétimo dia, do meio da nuvem, Deus chamou a Moisés.

¹⁷Ora, a aparência da glória do Senhor era como um fogo consumidor no cume do monte, aos olhos dos filhos de Israel.

¹⁸Moisés, porém, entrou no meio da nuvem, depois que subiu ao monte; e Moisés esteve no monte quarenta dias e quarenta noites.

## Capítulo 25

¹Então disse o Senhor a Moisés:

²Fala aos filhos de Israel que me tragam uma oferta alçada; de todo homem cujo coração se mover voluntariamente, dele tomareis a minha oferta alçada.

³E esta é a oferta alçada que tomareis deles: ouro, prata, bronze,

⁴estofo azul, púrpura, carmesim, linho fino, pêlos de cabras,

⁵peles de carneiros tintas de vermelho, peles de golfinhos, madeira de acácia,

⁶azeite para a luz, especiarias para o óleo da unção e para o incenso aromático,

⁷pedras de ônix, e pedras de engaste para o éfode e para o peitoral.

⁸E me farão um santuário, para que eu habite no meio deles.

⁹Conforme a tudo o que eu te mostrar para modelo do tabernáculo, e para modelo de todos os seus móveis, assim mesmo o fareis.

¹⁰Também farão uma arca de madeira, de acácia; o seu comprimento será de dois côvados e meio, e a sua largura de um côvado e meio, e de um côvado e meio a sua altura.

¹¹E cobri-la-ás de ouro puro, por dentro e por fora a cobrirás; e farás sobre ela uma moldura de ouro ao redor;

¹²e fundirás para ela quatro argolas de ouro, que porás nos quatro cantos dela; duas argolas de um lado e duas do outro.

¹³Também farás varais de madeira de acácia, que cobrirás de ouro.

¹⁴Meterás os varais nas argolas, aos lados da arca, para se levar por eles a arca.

¹⁵Os varais permanecerão nas argolas da arca; não serão tirados dela.

¹⁶E porás na arca o testemunho, que eu te darei.

¹⁷Igualmente farás um propiciatório, de ouro puro; o seu comprimento será de dois covados e meio, e a sua largura de um côvado e meio.

¹⁸Farás também dois querubins de ouro; de ouro batido os farás, nas duas extremidades do propiciatório.

¹⁹Farás um querubim numa extremidade e o outro querubim na outra extremidade; de uma só peça com o propiciatório fareis os querubins nas duas extremidades dele.

²⁰Os querubins estenderão as suas asas por cima do propiciatório, cobrindo-o com as asas, tendo as faces voltadas um para o outro; as faces dos querubins estarão voltadas para o propiciatório.

²¹E porás o propiciatório em cima da arca; e dentro da arca porás o testemunho que eu te darei.

²²E ali virei a ti, e de cima do propiciatório, do meio dos dois querubins que estão sobre a arca do testemunho, falarei contigo a respeito de tudo o que eu te ordenar no tocante aos filhos de Israel.

²³Também farás uma mesa de madeira de acácia; o seu comprimento será de dois côvados, a sua largura de um côvado e a sua altura de um côvado e meio;

²⁴cobri-la-ás de ouro puro, e lhe farás uma moldura de ouro ao redor.

²⁵Também lhe farás ao redor uma guarnição de quatro dedos de largura, e ao redor na guarnição farás uma moldura de ouro.

²⁶Também lhe farás quatro argolas de ouro, e porás as argolas nos quatro cantos, que estarão sobre os quatro pés.

²⁷Junto da guarnição estarão as argolas, como lugares para os varais, para se levar a mesa.

²⁸Farás, pois, estes varais de madeira de acácia, e os cobrirás de ouro; e levar-se-á por eles a mesa.

²⁹Também farás os seus pratos, as suas colheres, os seus cântaros

e as suas tigelas com que serão oferecidas as libações; de ouro puro os farás.

³⁰E sobre a mesa porás os pães da proposição perante mim para sempre.

³¹Também farás um candelabro de ouro puro; de ouro batido se fará o candelabro, tanto o seu pedestal como a sua haste; os seus copos, os seus cálices e as suas corolas formarão com ele uma só peça.

³²E de seus lados sairão seis braços: três de um lado, e três do outro.

³³Em um braço haverá três copos a modo de flores de amêndoa, com cálice e corola; também no outro braço três copos a modo de flores de amêndoa, com cálice e corola; assim se farão os seis braços que saem do candelabro.

³⁴Mas na haste central haverá quatro copos a modo de flores de amêndoa, com os seus cálices e as suas corolas,

³⁵e um cálice debaixo de dois braços, formando com a haste uma só peça; outro cálice debaixo de dois outros braços, de uma só peça com a haste; e ainda outro cálice debaixo de dois outros braços, de uma só peça com a haste; assim será para os seis braços que saem do candelabro.

³⁶Os seus cálices e os seus braços formarão uma só peça com a haste; o todo será de obra batida de ouro puro.

³⁷Também lhe farás sete lâmpadas, as quais se acenderão para alumiar defronte dele.

³⁸Os seus espevitadores e os seus cinzeiros serão de ouro puro.

³⁹De um talento de ouro puro se fará o candelabro, com todos estes utensílios.

⁴⁰Atenta, pois, que os faças conforme o seu modelo, que te foi mostrado no monte.

## Capítulo 26

¹O tabernáculo farás de dez cortinas de linho fino torcido, e de estofo azul, púrpura, e carmesim; com querubins as farás, obra de artífice.

²O comprimento de cada cortina será de vinte e oito côvados, e a largura de quatro côvados; todas as cortinas serão da mesma medida.

³Cinco cortinas serão enlaçadas, cada uma à outra; e as outras cinco serão enlaçadas da mesma maneira.

⁴Farás laçadas de estofo azul na orla da última cortina do primeiro grupo; assim também farás na orla da primeira cortina do segundo grupo;

⁵a saber, cinqüenta laçadas na orla de uma cortina, e cinqüenta laçadas na orla da outra; as laçadas serão contrapostas uma à outra.

⁶Farás cinqüenta colchetes de ouro, e prenderás com eles as cortinas, uma à outra; assim o tabernáculo virá a ser um todo.

⁷Farás também cortinas de pêlos de cabras para servirem de tenda sobre o tabernáculo; onze destas cortinas farás.

⁸O comprimento de cada cortina será de trinta côvados, e a largura de cada cortina de quatro côvados; as onze cortinas serão da mesma medida.

⁹E ajuntarás cinco cortinas em um grupo, e as outras seis cortinas em outro grupo; e dobrarás a sexta cortina na frente da tenda.

¹⁰E farás cinqüenta laçadas na orla da última cortina do primeiro grupo, e outras cinqüenta laçadas na orla da primeira cortina do segundo grupo.

¹¹Farás também cinqüenta colchetes de bronze, e meterás os colchetes nas laçadas, e assim ajuntarás a tenda, para que venha a ser um todo.

¹²E o resto que sobejar das cortinas da tenda, a saber, a meia cortina que sobejar, penderá aos fundos do tabernáculo.

¹³E o côvado que sobejar de um lado e de outro no comprimento das cortinas da tenda, penderá de um e de outro lado do tabernáculo, para cobri-lo.

¹⁴Farás também para a tenda uma coberta de peles de carneiros, tintas de vermelho, e por cima desta uma coberta de peles de golfinhos.

¹⁵Farás também as tábuas para o tabernáculo de madeira de acácia, as quais serão colocadas verticalmente.

¹⁶O comprimento de cada tábua será de dez côvados, e a sua largura de um côvado e meio.

¹⁷Duas couceiras terá cada tábua, unidas uma à outra por travessas; assim farás com todas as tábuas do tabernáculo.

¹⁸Ao fazeres as tábuas para o tabernáculo, farás vinte delas para o lado meridional.

¹⁹Farás também quarenta bases de prata debaixo das vinte tábuas; duas bases debaixo de uma tábua, para as suas duas couceiras, e duas bases debaixo de outra, para as duas couceiras dela.

²⁰Também para o outro lado do tabernáculo, o que dá para o norte, farás vinte tábuas,

²¹com as suas quarenta bases de prata; duas bases debaixo de uma tábua e duas debaixo de outra.

²²E para o lado posterior do tabernáculo, o que dá para o ocidente, farás seis tábuas.

²³Farás também duas tábuas para os cantos do tabernáculo no lado posterior.

²⁴Por baixo serão duplas, do mesmo modo se estendendo inteiras até a primeira argola em cima; assim se fará com as duas tábuas; elas serão para os dois cantos.

²⁵Haverá oito tábuas com as suas dezesseis bases de prata: duas bases debaixo de uma tábua e duas debaixo de outra.

²⁶Farás também travessões de madeira de acácia; cinco para as tábuas de um lado do tabernáculo,

²⁷e cinco para as tábuas do outro lado do tabernáculo, bem como c⁶ azeite para a luz, especiarias para o óleo da unção e para o para o ocidente.

²⁸O travessão central passará ao meio das tábuas, de uma extremidade à outra.

²⁹E cobrirás de ouro as tábuas, e de ouro farás as suas argolas, como lugares para os travessões; também os travessões cobrirás de ouro.

³⁰Então levantarás o tabernáculo conforme o modelo que te foi mostrado no monte.

³¹Farás também um véu de azul, púrpura, carmesim, e linho fino torcido; com querubins, obra de artífice, se fará;

³²e o suspenderás sobre quatro colunas de madeira de acácia, cobertas de ouro; seus colchetes serão de ouro, sobre quatro bases de prata.

³³Pendurarás o véu debaixo dos colchetes, e levarás para dentro do véu a arca do testemunho; este véu vos fará separação entre o lugar santo e o santo dos santos.

³⁴Porás o propiciatório sobre a arca do testemunho no santo dos santos;

³⁵colocarás a mesa fora do véu, e o candelabro defronte da mesa, para o lado sul do tabernáculo; e porás a mesa para o lado norte.

³⁶Farás também para a porta da tenda um reposteiro de azul, púrpura, carmesim: e linho fino torcido, obra de bordador.

³⁷E para o reposteiro farás cinco colunas de madeira de acácia, cobrindo-as de ouro (os seus colchetes também serão de ouro), e para elas fundirás cinco bases de bronze.

## Capítulo 27

¹Farás também o altar de madeira de acácia; de cinco côvados será o comprimento, de cinco côvados a largura (será quadrado o altar), e de três côvados a altura.

²E farás as suas pontas nos seus quatro cantos; as suas pontas formarão uma só peça com o altar; e o cobrirás de bronze.

³Far-lhe-ás também os cinzeiros, para recolher a sua cinza, e as pás, e as bacias, e os garfos e os braseiros; todos os seus utensílios farás de bronze.

⁴Far-lhe-ás também um crivo de bronze em forma de rede, e farás para esta rede quatro argolas de bronze nos seus quatro cantos,

⁵e a porás em baixo da borda em volta do altar, de maneira que a rede chegue até o meio do altar.

⁶Farás também varais para o altar, varais de madeira de acácia, e os cobrirás de bronze.

⁷Os varais serão metidos nas argolas, e estarão de um e de outro lado do altar, quando for levado.

⁸èco, de tábuas, o farás; como se te mostrou no monte, assim o farão.

⁹Farás também o átrio do tabernáculo. No lado que dá para o sul o átrio terá cortinas de linho fino torcido, de cem côvados de comprimento.

¹⁰As suas colunas serão vinte, e vinte as suas bases, todas de bronze; os colchetes das colunas e as suas faixas serão de prata.

¹¹Assim também ao longo do lado do norte haverá cortinas de cem côvados de comprimento, e serão vinte as suas colunas e vinte as bases destas, todas de bronze; os colchetes das colunas e as suas faixas serão de prata.

¹²E na largura do átrio do lado do ocidente haverá cortinas de cinqüenta côvados; serão dez as suas colunas, e dez as bases destas.

¹³Semelhantemente a largura do átrio do lado que dá para o nascente será de cinqüenta côvados.

¹⁴As cortinas para um lado da porta serão de quinze côvados; três serão as suas colunas, e três as bases destas.

¹⁵E de quinze côvados serão as cortinas para o outro lado; as suas

colunas serão três, e três as bases destas.

¹⁶Também à porta do átrio haverá um reposteiro de vinte côvados, de azul, púrpura, carmesim, e linho fino torcido, obra de bordador; as suas colunas serão quatro, e quatro as bases destas.

¹⁷Todas as colunas do átrio ao redor serão cingidas de faixas de prata; os seus colchetes serão de prata, porém as suas bases de bronze.

¹⁸O comprimento do átrio será de cem côvados, e a largura, por toda a extensão, de cinqüenta, e a altura de cinco côvados; as cortinas serão de linho fino torcido; e as bases das colunas de bronze.

¹⁹Todos os utensílios do tabernáculo em todo o seu serviço, e todas as suas estacas, e todas as estacas do átrio, serão de bronze.

²⁰Ordenarás aos filhos de Israel que te tragam azeite puro de oliveiras, batido, para o candeeiro, para manter uma lâmpada acesa continuamente.

²¹Na tenda da revelação, fora do véu que está diante do testemunho, Arão e seus filhos a conservarão em ordem, desde a tarde até pela manhã, perante o Senhor; este será um estatuto perpétuo para os filhos de Israel pelas suas gerações.

## Capítulo 28

¹Depois farás chegar a ti teu irmão Arão, e seus filhos com ele, dentre os filhos de Israel, para me administrarem o ofício sacerdotal; a saber: Arão, Nadabe e Abiú, Eleazar e Itamar, os filhos de Arão.

²Farás vestes sagradas para Arão, teu irmão, para glória e ornamento.

³Falarás a todos os homens hábeis, a quem eu tenha enchido do espírito de sabedoria, que façam as vestes de Arão para santificá-lo, a fim de que me administre o ofício sacerdotal.

⁴Estas pois são as vestes que farão: um peitoral, um éfode, um manto, uma túnica bordada, uma mitra e um cinto; farão, pois, as vestes sagradas para Arão, teu irmão, e para seus filhos, a fim de me administrarem o ofício sacerdotal.

⁵E receberão o ouro, o azul, a púrpura, o carmesim e o linho fino.

⁶e farão o éfode de ouro, azul, púrpura, carmesim e linho fino torcido, obra de desenhista.

⁷Terá duas ombreiras, que se unam às suas duas pontas, para que seja unido.

⁸E o cinto de obra esmerada do éfode, que estará sobre ele, formando com ele uma só peça, será de obra semelhante de ouro, azul, púrpura, carmesim e linho fino torcido.

⁹E tomarás duas pedras de berilo, e gravarás nelas os nomes dos filhos de Israel.

¹⁰Seis dos seus nomes numa pedra, e os seis nomes restantes na outra pedra, segundo a ordem do seu nascimento.

¹¹Conforme a obra de lapidário, como a gravura de um selo, gravarás as duas pedras, com os nomes dos filhos de Israel; guarnecidas de engastes de ouro as farás.

¹²E porás as duas pedras nas ombreiras do éfode, para servirem de pedras de memorial para os filhos de Israel; assim sobre um e outro ombro levará Arão diante do Senhor os seus nomes como memorial.

¹³Farás também engastes de ouro,

¹⁴e duas cadeiazinhas de ouro puro; como cordas as farás, de obra trançada; e aos engastes fixarás as cadeiazinhas de obra trançada.

¹⁵Farás também o peitoral do juízo, obra de artífice; conforme a obra do éfode o farás; de ouro, de azul, de púrpura, de carmesim, e de linho fino torcido o farás.

¹⁶Quadrado e duplo, será de um palmo o seu comprimento, e de um palmo a sua largura.

¹⁷E o encherás de pedras de engaste, em quatro fileiras: a primeira será de uma cornalina, um topázio e uma esmeralda;

¹⁸a segunda fileira será de uma granada, uma safira e um ônix;

¹⁹a terceira fileira será de um jacinto, uma ágata e uma ametista;

²⁰e a quarta fileira será de uma crisólita, um berilo e um jaspe; elas serão guarnecidas de ouro nos seus engastes.

²¹Serão, pois, as pedras segundo os nomes dos filhos de Israel, doze segundo os seus nomes; serão como a gravura de um selo, cada uma com o seu nome, para as doze tribos.

²²Também farás sobre o peitoral cadeiazinhas como cordas, obra de trança, de ouro puro.

²³Igualmente sobre o peitoral farás duas argolas de ouro, e porás as duas argolas nas duas extremidades do peitoral.

²⁴Então meterás as duas cadeiazinhas de ouro, de obra trançada, nas duas argolas nas extremidades do peitoral;

²⁵e as outras duas pontas das duas cadeiazinhas de obra trançada meterás nos dois engastes, e as porás nas ombreiras do éfode, na parte dianteira dele.

²⁶Farás outras duas argolas de ouro, e as porás nas duas extremidades do peitoral, na sua borda que estiver junto ao lado interior do éfode.

²⁷Farás mais duas argolas de ouro, e as porás nas duas ombreiras do éfode, para baixo, na parte dianteira, junto à costura, e acima do cinto de obra esmerada do éfode.

²⁸E ligarão o peitoral, pelas suas argolas, às argolas do éfode por meio de um cordão azul, de modo que fique sobre o cinto de obra esmerada do éfode e não se separe o peitoral do éfode.

²⁹Assim Arão levará os nomes dos filhos de Israel no peitoral do juízo sobre o seu coração, quando entrar no lugar santo, para memorial diante do Senhor continuamente.

³⁰Também porás no peitoral do juízo o Urim e o Tumim, para que estejam sobre o coração de Arão, quando entrar diante do Senhor; assim Arão levará o juízo dos filhos de Israel sobre o seu coração diante do Senhor continuamente.

³¹Também farás o manto do éfode todo de azul.

³²No meio dele haverá uma abertura para a cabeça; esta abertura terá um debrum de obra tecida ao redor, como a abertura de cota de malha, para que não se rompa.

³³E nas suas abas, em todo o seu redor, farás romãs de azul, púrpura e carmesim, e campainhas de ouro, entremeadas com elas ao redor.

³⁴uma campainha de ouro, e uma romã, outra campainha de ouro, e outra romã, haverá nas abas do manto ao redor.

³⁵E estará sobre Arão quando ministrar, para que se ouça o sonido ao entrar ele no lugar santo diante do Senhor e ao sair, para que ele não morra.

³⁶Também farás uma lâmina de ouro puro, e nela gravarás como a gravura de um selo: SANTO AO SENHOR.

³⁷Pô-la-ás em um cordão azul, de maneira que esteja na mitra; bem na frente da mitra estará.

³⁸E estará sobre a testa de Arão, e Arão levará a iniqüidade das coisas santas, que os filhos de Israel consagrarem em todas as suas santas ofertas; e estará continuamente na sua testa, para que eles sejam aceitos diante do Senhor.

³⁹Também tecerás a túnica enxadrezada de linho fino; bem como de linho fino farás a mitra; e farás o cinto, obra de bordador.

⁴⁰Também para os filhos de Arão farás túnicas; e far-lhes-ás cintos; também lhes farás tiaras, para glória e ornamento.

⁴¹E vestirás com eles a Arão, teu irmão, e também a seus filhos, e os ungirás e consagrarás, e os santificarás, para que me administrem o sacerdócio.

⁴²Faze-lhes também calções de linho, para cobrirem a carne nua; estender-se-ão desde os lombos até as coxas.

⁴³E estarão sobre Arão e sobre seus filhos, quando entrarem na tenda da revelação, ou quando chegarem ao altar para ministrar no lugar santo, para que não levem iniqüidade e morram; isto será estatuto perpétuo para ele e para a sua descendência depois dele.

## Capítulo 29

¹Isto é o que lhes farás para os santificar, para que me administrem o sacerdócio: Toma um novilho e dois carneiros sem defeito,

²e pão ázimo, e bolos ázimos, amassados com azeite, e coscorões ázimos, untados com azeite; de flor de farinha de trigo os farás;

³e os porás num cesto, e os trarás no cesto, com o novilho e os dois carneiros.

⁴Então farás chegar Arão e seus filhos à porta da tenda da revelação e os lavarás, com água.

⁵Depois tomarás as vestes, e vestirás a Arão da túnica e do manto do éfode, e do éfode mesmo, e do peitoral, e lhe cingirás o éfode com o seu cinto de obra esmerada;

⁶e pôr-lhe-ás a mitra na cabeça; e sobre a mitra porás a coroa de santidade;

⁷então tomarás o óleo da unção e, derramando-lho sobre a cabeça, o ungirás.

⁸Depois farás chegar seus filhos, e lhes farás vestir túnicas,

⁹e os cingirás com cintos, a Arão e a seus filhos, e lhes atarás as tiaras. Por estatuto perpétuo eles terão o sacerdócio; consagrarás, pois, a Arão e a seus filhos.

¹⁰Farás chegar o novilho diante da tenda da revelação, e Arão e seus filhos porão as mãos sobre a cabeça do novilho;

¹¹e imolarás o novilho perante o Senhor, à porta da tenda da revelação.

¹²Depois tomarás do sangue do novilho, e com o dedo o porás sobre as pontas do altar, e todo o sangue restante derramarás à base do altar.

¹³Também tomarás toda a gordura que cobre as entranhas, o

redenho do fígado, os dois rins e a gordura que houver neles, e queimá-los-ás sobre o altar;

¹⁴mas a carne do novilho, o seu couro e o seu excremento queimarás fora do arraial; é sacrifício pelo pecado.

¹⁵Depois tomarás um carneiro, e Arão e seus filhos porão as mãos sobre a cabeça dele,

¹⁶e imolarás o carneiro e, tomando o seu sangue, o espargirás sobre o altar ao redor;

¹⁷e partirás o carneiro em suas partes, e lavarás as suas entranhas e as suas pernas, e as porás sobre as suas partes e sobre a sua cabeça.

¹⁸Assim queimarás todo o carneiro sobre o altar; é um holocausto para o Senhor; é cheiro suave, oferta queimada ao Senhor.

¹⁹Depois tomarás o outro carneiro, e Arão e seus filhos porão as mãos sobre a cabeça dele;

²⁰e imolarás o carneiro, e tomarás do seu sangue, e o porás sobre a ponta da orelha direita de Arão e sobre a ponta da orelha direita de seus filhos, como também sobre o dedo polegar da sua mão direita e sobre o dedo polegar do seu pé direito; e espargirás o sangue sobre o altar ao redor.

²¹Então tomarás do sangue que estará sobre o altar, e do óleo da unção, e os espargirás sobre Arão e sobre as suas vestes, e sobre seus filhos, e sobre as vestes de seus filhos com ele; assim ele será santificado e as suas vestes, também seus filhos e as vestes de seus filhos com ele.

²²Depois tomarás do carneiro a gordura e a cauda gorda, a gordura que cobre as entranhas e o redenho do fígado, os dois rins com a gordura que houver neles e a coxa direita (porque é carneiro de consagração),

²³e uma fogaça de pão, um bolo de pão azeitado e um coscorão do cesto dos pães ázimos que estará diante do Senhor,

²⁴e tudo porás nas mãos de Arão, e nas mãos de seus filhos; e por oferta de movimento o moverás perante o Senhor.

²⁵Depois o tomarás das suas mãos e o queimarás no altar sobre o holocausto, por cheiro suave perante o Senhor; é oferta queimada ao Senhor.

²⁶Também tomarás o peito do carneiro de consagração, que é de Arão, e por oferta de movimento o moverás perante o Senhor; e isto será a tua porção.

²⁷E santificarás o peito da oferta de movimento e a coxa da oferta alçada, depois de movida e alçada, isto é, aquilo do carneiro de consagração que for de Arão e de seus filhos;

²⁸e isto será para Arão e para seus filhos a porção de direito, para sempre, da parte dos filhos de Israel, porque é oferta alçada; e oferta alçada será dos filhos de Israel, dos sacrifícios das suas ofertas pacíficas, oferta alçada ao Senhor.

²⁹As vestes sagradas de Arão ficarão para seus filhos depois dele, para nelas serem ungidos e sagrados.

³⁰Sete dias os vestirá aquele que de seus filhos for sacerdote em seu lugar, quando entrar na tenda da revelação para ministrar no lugar santo.

³¹Também tomarás o carneiro de consagração e cozerás a sua carne em lugar santo.

³²E Arão e seus filhos comerão a carne do carneiro, e o pão que está no cesto, à porta da tenda da revelação;

³³e comerão as coisas com que for feita expiação, para consagrá-los, e para santificá-los; mas delas o estranho não comerá, porque são santas.

³⁴E se sobejar alguma coisa da carne da consagração, ou do pão, até pela manhã, o que sobejar queimarás no fogo; não se comerá, porque é santo.

³⁵Assim, pois, farás a Arão e a seus filhos conforme tudo o que te hei ordenado; por sete dias os sagrarás.

³⁶Também cada dia oferecerás para expiação o novilho de sacrifício pelo pecado; e purificarás o altar, fazendo expiação por ele; e o ungirás para santificá-lo.

³⁷Sete dias farás expiação pelo altar, e o santificarás; e o altar será santíssimo; tudo o que tocar o altar será santo.

³⁸Isto, pois, é o que oferecerás sobre o altar: dois cordeiros de um ano cada dia continuamente.

³⁹Um cordeiro oferecerás pela manhã, e o outro cordeiro oferecerás à tardinha.

⁴⁰com um cordeiro a décima parte de uma efa de flor de farinha, misturada com a quarta parte de um him de azeite batido, e para libação a quarta parte de um him de vinho.

⁴¹E o outro cordeiro oferecerás à tardinha, e com ele farás oferta de cereais como com a oferta da manhã, e conforme a sua oferta de libação, por cheiro suave; oferta queimada é ao Senhor.

⁴²Este será o holocausto contínuo por vossas gerações, à porta da tenda da revelação, perante o Senhor, onde vos encontrarei, para falar contigo ali.

⁴³E ali virei aos filhos de Israel; e a tenda será santificada pela minha glória;

⁴⁴santificarei a tenda da revelação e o altar; também santificarei a Arão e seus filhos, para que me administrem o sacerdócio.

⁴⁵Habitarei no meio dos filhos de Israel, e serei o seu Deus;

⁴⁶e eles saberão que eu sou o Senhor seu Deus, que os tirei da terra do Egito, para habitar no meio deles; eu sou o Senhor seu Deus.

## Capítulo 30

¹Farás um altar para queimar o incenso; de madeira de acácia o farás.

²O seu comprimento será de um côvado, e a sua largura de um côvado; será quadrado; e de dois côvados será a sua altura; as suas pontas formarão uma só peça com ele.

³De ouro puro o cobrirás, tanto a face superior como as suas paredes ao redor, e as suas pontas; e lhe farás uma moldura de ouro ao redor.

⁴Também lhe farás duas argolas de ouro debaixo da sua moldura; nos dois cantos de ambos os lados as farás; e elas servirão de lugares para os varais com que o altar será levado.

⁵Farás também os varais de madeira de acácia e os cobrirás de ouro.

⁶E porás o altar diante do véu que está junto à arca do testemunho, diante do propiciatório, que se acha sobre o testemunho, onde eu virei a ti.

⁷E Arão queimará sobre ele o incenso das especiarias; cada manhã, quando puser em ordem as lâmpadas, o queimará.

⁸Também quando acender as lâmpadas à tardinha, o queimará; este será incenso perpétuo perante o Senhor pelas vossas gerações.

⁹Não oferecereis sobre ele incenso estranho, nem holocausto, nem oferta de cereais; nem tampouco derramareis sobre ele ofertas de libação.

¹⁰E uma vez no ano Arão fará expiação sobre as pontas do altar; com o sangue do sacrifício de expiação de pecado, fará expiação sobre ele uma vez no ano pelas vossas gerações; santíssimo é ao Senhor.

¹¹Disse mais o Senhor a Moisés:

¹²Quando fizeres o alistamento dos filhos de Israel para sua enumeração, cada um deles dará ao Senhor o resgate da sua alma, quando os alistares; para que não haja entre eles praga alguma por ocasião do alistamento.

¹³Dará cada um, ao ser alistado, meio siclo, segundo o siclo do santuário (este siclo é de vinte jeiras); meio siclo é a oferta ao Senhor.

¹⁴Todo aquele que for alistado, de vinte anos para cima, dará a oferta do Senhor.

¹⁵O rico não dará mais, nem o pobre dará menos do que o meio siclo, quando derem a oferta do Senhor, para fazerdes expiação por vossas almas.

¹⁶E tomarás o dinheiro da expiação dos filhos de Israel, e o designarás para o serviço da tenda da revelação, para que sirva de memorial a favor dos filhos de Israel diante do Senhor, para fazerdes expiação por vossas almas.

¹⁷Disse mais o Senhor a Moisés:

¹⁸Farás também uma pia de bronze com a sua base de bronze, para lavatório; e a porás entre a tenda da revelação e o altar, e nela deitarás água.

¹⁹com a qual Arão e seus filhos lavarão as mãos e os pés;

²⁰quando entrarem na tenda da revelação lavar-se-ão com água, para que não morram, ou quando se chegarem ao altar para ministrar, para fazer oferta queimada ao Senhor.

²¹Lavarão, pois, as mãos e os pés, para que não morram; e isto lhes será por estatuto perpétuo a ele e à sua descendência pelas suas gerações.

²²Disse mais o Senhor a Moisés:

²³Também toma das principais especiarias, da mais pura mirra quinhentos siclos, de canela aromática a metade, a saber, duzentos e cinqüenta siclos, de cálamo aromático duzentos e cinqüenta siclos,

²⁴de cássia quinhentos siclos, segundo o siclo do santuário, e de azeite de oliveiras um him.

²⁵Disto farás um óleo sagrado para as unções, um perfume composto segundo a arte do perfumista; este será o óleo sagrado para as unções.

²⁶Com ele ungirás a tenda da revelação, a arca do testemunho,

²⁷a mesa com todos os seus utensílios, o candelabro com os seus utensílios, o altar de incenso,

²⁸a altar do holocausto com todos os seus utensílios, o altar de

incenso,

²⁹Assim santificarás estas coisas, para que sejam santíssimas; tudo o que as tocar será santo.

³⁰Também ungirás a Arão e seus filhos, e os santificarás para me administrarem o sacerdócio.

³¹E falarás aos filhos de Israel, dizendo: Este me será o óleo sagrado para as unções por todas as vossas gerações.

³²Não se ungirá com ele carne de homem; nem fareis outro de semelhante composição; sagrado é, e para vós será sagrado.

³³O homem que compuser um perfume como este, ou que com ele ungir a um estranho, será extirpado do seu povo.

³⁴Disse mais o Senhor a Moisés: Toma especiarias aromáticas: estoraque, e ônica, e gálbano, especiarias aromáticas com incenso puro; de cada uma delas tomarás peso igual;

³⁵e disto farás incenso, um perfume segundo a arte do perfumista, temperado com sal, puro e santo;

³⁶e uma parte dele reduzirás a pó e o porás diante do testemunho, na tenda da revelação onde eu virei a ti; coisa santíssima vos será.

³⁷Ora, o incenso que fareis conforme essa composição, não o fareis para vós mesmos; santo vos será para o Senhor.

³⁸O homem que fizer tal como este para o cheirar, será extirpado do seu povo.

## Capítulo 31

¹Depois disse o Senhor a Moisés:

²Eis que eu tenho chamado por nome a Bezaleel, filho de îri, filho de Hur, da tribo de Judá,

³e o enchi do espírito de Deus, no tocante à sabedoria, ao entendimento, à ciência e a todo ofício,

⁴para inventar obras artísticas, e trabalhar em ouro, em prata e em bronze,

⁵e em lavramento de pedras para engastar, e em entalhadura de madeira, enfim para trabalhar em todo ofício.

⁶E eis que eu tenho designado com ele a Aoliabe, filho de Aisamaque, da tribo de Dã, e tenho dado sabedoria ao coração de todos os homens hábeis, para fazerem tudo o que te hei ordenado,

⁷a saber: a tenda da revelação, a arca do testemunho, o propiciatório que estará sobre ela, e todos os móveis da tenda;

⁸a mesa com os seus utensílios, o candelabro de ouro puro com todos os seus utensílios, o altar do incenso;

⁹o altar do holocausto com todos os seus utensílios, e a pia com a sua base;

¹⁰as vestes finamente tecidas, as vestes sagradas de Arão, o sacerdote, e as de seus filhos, para administrarem o sacerdócio;

¹¹o óleo da unção, e o incenso aromático para o lugar santo; eles farão conforme tudo o que te hei mandado.

¹²Disse mais o Senhor a Moisés:

¹³Falarás também aos filhos de Israel, dizendo: Certamente guardareis os meus sábados; porquanto isso é um sinal entre mim e vós pelas vossas gerações; para que saibais que eu sou o Senhor, que vos santifica.

¹⁴Portanto guardareis o sábado, porque santo é para vós; aquele que o profanar certamente será morto; porque qualquer que nele fizer algum trabalho, aquela alma será exterminada do meio do seu povo.

¹⁵Seis dias se trabalhará, mas o sétimo dia será o sábado de descanso solene, santo ao Senhor; qualquer que no dia do sábado fizer algum trabalho, certamente será morto.

¹⁶Guardarão, pois, o sábado os filhos de Israel, celebrando-o nas suas gerações como pacto perpétuo.

¹⁷Entre mim e os filhos de Israel será ele um sinal para sempre; porque em seis dias fez o Senhor o céu e a terra, e ao sétimo dia descansou, e achou refrigério.

¹⁸E deu a Moisés, quando acabou de falar com ele no monte Sinai, as duas tábuas do testemunho, tábuas de pedra, escritas pelo dedo de Deus.

## Capítulo 32

¹Mas o povo, vendo que Moisés tardava em descer do monte, acercou-se de Arão, e lhe disse: Levanta-te, faze-nos um deus que vá adiante de nós; porque, quanto a esse Moisés, o homem que nos tirou da terra do Egito, não sabemos o que lhe aconteceu.

²E Arão lhes disse: Tirai os pendentes de ouro que estão nas orelhas de vossas mulheres, de vossos filhos e de vossas filhas, e trazei-mos.

³Então todo o povo, tirando os pendentes de ouro que estavam nas suas orelhas, os trouxe a Arão;

⁴ele os recebeu de suas mãos, e com um buril deu forma ao ouro, e dele fez um bezerro de fundição. Então eles exclamaram: Eis aqui, ó Israel, o teu deus, que te tirou da terra do Egito.

⁵E Arão, vendo isto, edificou um altar diante do bezerro e, fazendo uma proclamação, disse: Amanhã haverá festa ao Senhor.

⁶No dia seguinte levantaram-se cedo, ofereceram holocaustos, e trouxeram ofertas pacíficas; e o povo sentou-se a comer e a beber; depois levantou-se para folgar.

⁷Então disse o Senhor a Moisés: Vai, desce; porque o teu povo, que fizeste subir da terra do Egito, se corrompeu;

⁸depressa se desviou do caminho que eu lhe ordenei; eles fizeram para si um bezerro de fundição, e adoraram-no, e lhe ofereceram sacrifícios, e disseram: Eis aqui, ó Israel, o teu deus, que te tirou da terra do Egito.

⁹Disse mais o Senhor a Moisés: Tenho observado este povo, e eis que é povo de dura cerviz.

¹⁰Agora, pois, deixa-me, para que a minha ira se acenda contra eles, e eu os consuma; e eu farei de ti uma grande nação.

¹¹Moisés, porém, suplicou ao Senhor seu Deus, e disse: ç Senhor, por que se acende a tua ira contra o teu povo, que tiraste da terra do Egito com grande força e com forte mão?

¹²Por que hão de falar os egípcios, dizendo: Para mal os tirou, para matá-los nos montes, e para destruí-los da face da terra?. Torna-te da tua ardente ira, e arrepende-te deste mal contra o teu povo.

¹³Lembra-te de Abraão, de Isaque, e de Israel, teus servos, aos quais por ti mesmo juraste, e lhes disseste: Multiplicarei os vossos descendentes como as estrelas do céu, e lhes darei toda esta terra de que tenho falado, e eles a possuirão por herança para sempre.

¹⁴Então o Senhor se arrependeu do mal que dissera que havia de fazer ao seu povo.

¹⁵E virou-se Moisés, e desceu do monte com as duas tábuas do testemunho na mão, tábuas escritas de ambos os lados; de um e de outro lado estavam escritas.

¹⁶E aquelas tábuas eram obra de Deus; também a escritura era a mesma escritura de Deus, esculpida nas tábuas.

¹⁷Ora, ouvindo Josué a voz do povo que jubilava, disse a Moisés: Alarido de guerra há no arraial.

¹⁸Respondeu-lhe Moisés: Não é alarido dos vitoriosos, nem alarido dos vencidos, mas é a voz dos que cantam que eu ouço.

¹⁹Chegando ele ao arraial e vendo o bezerro e as danças, acendeu-se-lhe a ira, e ele arremessou das mãos as tábuas, e as despedaçou ao pé do monte.

²⁰Então tomou o bezerro que tinham feito, e queimou-o no fogo; e, moendo-o até que se tornou em pó, o espargiu sobre a água, e deu-o a beber aos filhos de Israel.

²¹E perguntou Moisés a Arão: Que te fez este povo, que sobre ele trouxeste tamanho pecado?.

²²Ao que respondeu Arão: Não se acenda a ira do meu senhor; tu conheces o povo, como ele é inclinado ao mal.

²³Pois eles me disseram: Faze-nos um deus que vá adiante de nós; porque, quanto a esse Moisés, o homem que nos tirou da terra do Egito, não sabemos o que lhe aconteceu.

²⁴Então eu lhes disse: Quem tem ouro, arranque-o. Assim mo deram; e eu o lancei no fogo, e saiu este bezerro.

²⁵Quando, pois, Moisés viu que o povo estava desenfreado (porque Arão o havia desenfreado, para escárnio entre os seus inimigos),

²⁶pôs-se em pé à entrada do arraial, e disse: Quem está ao lado do Senhor, venha a mim. Ao que se ajuntaram a ele todos os filhos de Levi.

²⁷Então ele lhes disse: Assim diz o Senhor, o Deus de Israel: Cada um ponha a sua espada sobre a coxa; e passai e tornai pelo arraial de porta em porta, e mate cada um a seu irmão, e cada um a seu amigo, e cada um a seu vizinho.

²⁸E os filhos de Levi fizeram conforme a palavra de Moisés; e caíram do povo naquele dia cerca de três mil homens.

²⁹Porquanto Moisés tinha dito: Consagrai-vos hoje ao Senhor; porque cada um será contra o seu filho, e contra o seu irmão; para que o Senhor vos conceda hoje uma bênção.

³⁰No dia seguinte disse Moisés ao povo Vós tendes cometido grande pecado; agora porém subirei ao Senhor; porventura farei expiação por vosso pecado.

³¹Assim tornou Moisés ao Senhor, e disse: Oh! este povo cometeu um grande pecado, fazendo parà si um deus de ouro.

³²Agora, pois, perdoa o seu pecado; ou se não, risca-me do teu livro, que tens escrito.

³³Então disse o Senhor a Moisés: Aquele que tiver pecado contra mim, a este riscarei do meu livro.

³⁴Vai pois agora, conduze este povo para o lugar de que te hei dito; eis que o meu anjo irá adiante de ti; porém no dia da minha

Êxodo

visitação, sobre eles visitarei o seu pecado.

³⁵Feriu, pois, o Senhor ao povo, por ter feito o bezerro que Arão formara.

## Capítulo 33

¹Disse mais o Senhor a Moisés: Vai, sobe daqui, tu e o povo que fizeste subir da terra do Egito, para a terra a respeito da qual jurei a Abraão, a Isaque, e a Jacó, dizendo: ë tua descendência a darei.

²E enviarei um anjo adiante de ti (e lançarei fora os cananeus, e os amorreus, e os heteus, e os perizeus, e os heveus, e os jebuseus),

³para uma terra que mana leite e mel; porque eu não subirei no meio de ti, porquanto és povo de cerviz dura; para que não te consuma eu no caminho.

⁴E quando o povo ouviu esta má notícia, pôs-se a prantear, e nenhum deles vestiu os seus atavios.

⁵Pois o Senhor tinha dito a Moisés: Dize aos filhos de Israel: És um povo de dura cerviz; se por um só momento eu subir no meio de ti, te consumirei; portanto agora despe os teus atavios, para que eu saiba o que te hei de fazer.

⁶Então os filhos de Israel se despojaram dos seus atavios, desde o monte Horebe em diante.

⁷Ora, Moisés costumava tomar a tenda e armá-la fora do arraial, bem longe do arraial; e chamou-lhe a tenda da revelação. E todo aquele que buscava ao Senhor saía à tenda da revelação, que estava fora do arraial.

⁸Quando Moisés saía à tenda, levantava-se todo o povo e ficava em pé cada um à porta da sua tenda, e olhava a Moisés pelas costas, até entrar ele na tenda.

⁹E quando Moisés entrava na tenda, a coluna de nuvem descia e ficava à porta da tenda; e o Senhor falava com Moisés.

¹⁰Assim via todo o povo a coluna de nuvem que estava à porta da tenda, e todo o povo, levantando-se, adorava, cada um à porta da sua tenda.

¹¹E falava o Senhor a Moisés face a face, como qualquer fala com o seu amigo. Depois tornava Moisés ao arraial; mas o seu servidor, o mancebo Josué, filho de Num, não se apartava da tenda.

¹²E Moisés disse ao Senhor: Eis que tu me dizes: Faze subir a este povo; porém não me fazes saber a quem hás de enviar comigo. Disseste também: Conheço-te por teu nome, e achaste graça aos meus olhos.

¹³Se eu, pois, tenho achado graça aos teus olhos, rogo-te que agora me mostres os teus caminhos, para que eu te conheça, a fim de que ache graça aos teus olhos; e considera que esta nação é teu povo.

¹⁴Respondeu-lhe o Senhor: Eu mesmo irei contigo, e eu te darei descanso.

¹⁵Então Moisés lhe disse: Se tu mesmo não fores conosco, não nos faças subir daqui.

¹⁶Como, pois, se saberá agora que tenho achado graça aos teus olhos, eu e o teu povo? acaso não é por andares tu conosco, de modo a sermos separados, eu e o teu povo, de todos os povos que há sobre a face da terra;

¹⁷Ao que disse o Senhor a Moisés: Farei também isto que tens dito; porquanto achaste graça aos meus olhos, e te conheço pelo teu nome.

¹⁸Moisés disse ainda: Rogo-te que me mostres a tua glória.

¹⁹Respondeu-lhe o Senhor: Eu farei passar toda a minha bondade diante de ti, e te proclamarei o meu nome Jeová; e terei misericórdia de quem eu tiver misericórdia, e me compadecerei de quem me compadecer.

²⁰E disse mais: Não poderás ver a minha face, porquanto homem nenhum pode ver a minha face e viver.

²¹Disse mais o Senhor: Eis aqui um lugar junto a mim; aqui, sobre a penha, te porás.

²²E quando a minha glória passar, eu te porei numa fenda da penha, e te cobrirei com a minha mão, até que eu haja passado.

²³Depois, quando eu tirar a mão, me verás pelas costas; porém a minha face não se verá.

## Capítulo 34

¹Então disse o Senhor a Moisés: Lavra duas tábuas de pedra, como as primeiras; e eu escreverei nelas as palavras que estavam nas primeiras tábuas, que tu quebraste.

²Prepara-te para amanhã, e pela manhã sobe ao monte Sinai, e apresenta-te a mim ali no cume do monte.

³Mas ninguém suba contigo, nem apareça homem algum em todo o monte; nem mesmo se apascentem defronte dele ovelhas ou bois.

⁴Então Moisés lavrou duas tábuas de pedra, como as primeiras; e, levantando-se de madrugada, subiu ao monte Sinai, como o Senhor lhe tinha ordenado, levando na mão as duas tábuas de pedra.

⁵O Senhor desceu numa nuvem e, pondo-se ali junto a ele, proclamou o nome Jeová.

⁶Tendo o Senhor passado perante Moisés, proclamou: Jeová, Jeová, Deus misericordioso e compassivo, tardio em irar-se e grande em beneficência e verdade;

⁷que usa de beneficência com milhares; que perdoa a iniquidade, a transgressão e o pecado; que de maneira alguma terá por inocente o culpado; que visita a iniquidade dos pais sobre os filhos e sobre os filhos dos filhos até a terceira e quarta geração.

⁸Então Moisés se apressou a inclinar-se à terra, e adorou,

⁹dizendo: Senhor, se agora tenho achado graça aos teus olhos, vá o Senhor no meio de nós; porque este é povo de dura cerviz;; e perdoa a nossa iniquidade e o nosso pecado, e toma-nos por tua herança.

¹⁰Então disse o Senhor: Eis que eu faço um pacto; farei diante de todo o teu povo maravilhas quais nunca foram feitas em toda a terra, nem dentro de nação alguma; e todo este povo, no meio do qual estás, verá a obra do Senhor; porque coisa terrível é o que faço contigo.

¹¹Guarda o que eu te ordeno hoje: eis que eu lançarei fora de diante de ti os amorreus, os cananeus, os heteus, os perizeus, os heveus e os jebuseus.

¹²Guarda-te de fazeres pacto com os habitantes da terra em que hás de entrar, para que isso não seja por laço no meio de ti.

¹³Mas os seus altares derrubareis, e as suas colunas quebrareis, e os seus aserins cortareis

¹⁴(porque não adorarás a nenhum outro deus; pois o Senhor, cujo nome é Zeloso, é Deus zeloso),

¹⁵para que não faças pacto com os habitantes da terra, a fim de que quando se prostituirem após os seus deuses, e sacrificarem aos seus deuses, tu não sejas convidado por eles, e não comas do seu sacrifício;

¹⁶e não tomes mulheres das suas filhas para os teus filhos, para que quando suas filhas se prostituírem após os seus deuses, não façam que também teus filhos se prostituam após os seus deuses.

¹⁷Não farás para ti deuses de fundição.

¹⁸A festa dos pães ázimos guardarás; sete dias comerás pães ázimos, como te ordenei, ao tempo apontado no mês de abibe; porque foi no mês de abibe que saíste do Egito.

¹⁹Tudo o que abre a madre é meu; até todo o teu gado, que seja macho, que abre a madre de vacas ou de ovelhas;

²⁰o jumento, porém, que abrir a madre, resgatarás com um cordeiro; mas se não quiseres resgatá-lo, quebrar-lhe-ás a cerviz. Resgatarás todos os primogênitos de teus filhos. E ninguém aparecerá diante de mim com as mãos vazias.

²¹Seis dias trabalharás, mas ao sétimo dia descansarás; na aradura e na sega descansarás.

²²Também guardarás a festa das semanas, que é a festa das primícias da ceifa do trigo, e a festa da colheita no fim do ano.

²³Três vezes no ano todos os teus varões aparecerão perante o Senhor Jeová, Deus do Israel;

²⁴porque eu lançarei fora as nações de diante de ti, e alargarei as tuas fronteiras; ninguém cobiçará a tua terra, quando subires para aparecer três vezes no ano diante do Senhor teu Deus.

²⁵Não sacrificarás o sangue do meu sacrifício com pão levedado, nem o sacrifício da festa da páscoa ficará da noite para a manhã.

²⁶As primeiras das primícias da tua terra trarás à casa do Senhor teu Deus. Não cozerás o cabrito no leite de sua mãe.

²⁷Disse mais o Senhor a Moisés: Escreve estas palavras; porque conforme o teor destas palavras tenho feito pacto contigo e com Israel.

²⁸E Moisés esteve ali com o Senhor quarenta dias e quarenta noites; não comeu pão, nem bebeu água, e escreveu nas tábuas as palavras do pacto, os dez mandamentos.

²⁹Quando Moisés desceu do monte Sinai, trazendo nas mãos as duas tsbuas do testemunho, sim, quando desceu do monte, Moisés não sabia que a pele do seu rosto resplandecia, por haver Deus falado com ele.

³⁰Quando, pois, Arão e todos os filhos de Israel olharam para Moisés, eis que a pele do seu rosto resplandecia, pelo que tiveram medo de aproximar-se dele.

³¹Então Moisés os chamou, e Arão e todos os príncipes da congregação tornaram a ele; e Moisés lhes falou.

³²Depois chegaram também todos os filhos de Israel, e ele lhes ordenou tudo o que o Senhor lhe falara no monte Sinai.

³³Assim que Moisés acabou de falar com eles, pôs um véu sobre o rosto.

³⁴Mas, entrando Moisés perante o Senhor, para falar com ele, tirava o véu até sair; e saindo, dizia aos filhos de Israel o que lhe era ordenado.

³⁵Assim, pois, viam os filhos de Israel o rosto de Moisés, e que a

pele do seu rosto resplandecia; e tornava Moisés a pôr o véu sobre o seu rosto, até entrar para falar com Deus.

## Capítulo 35

¹Então Moisés convocou toda a congregação dos filhos de Israel, e disse-lhes: Estas são as palavras que o Senhor ordenou que cumprísseis.

²Seis dias se trabalhará, mas o sétimo dia vos será santo, sábado de descanso solene ao Senhor; todo aquele que nele fizer qualquer trabalho será morto.

³Não acendereis fogo em nenhuma das vossas moradas no dia do sábado.

⁴Disse mais Moisés a toda a congregação dos filhos de Israel: Esta é a palavra que o Senhor ordenou dizendo:

⁵Tomai de entre vós uma oferta para o Senhor; cada um cujo coração é voluntariamente disposto a trará por oferta alçada ao Senhor: ouro, prata e bronze,

⁶como também azul, púrpura, carmesim, linho fino, pelos de cabras,

⁷peles de carneiros tintas de vermelho, peles de golfinhos, madeira de acácia,

⁸azeite para a luz, especiarias para o óleo da unção e para o incenso aromático,

⁹pedras de berilo e pedras de engaste para o éfode e para o peitoral.

¹⁰E venham todos os homens hábeis entre vós, e façam tudo o que o Senhor tem ordenado:

¹¹o tabernáculo, a sua tenda e a sua coberta, os seus colchetes e as suas tábuas, os seus travessões, as suas colunas e as suas bases;

¹²a arca e os seus varais, o propiciatório, e o véu e reposteiro;

¹³a mesa e os seus varais, todos os seus utensílios, e os pães da proposição;

¹⁴o candelabro para a luz, os seus utensílios, as suas lâmpadas, e o azeite para a luz;

¹⁵o altar do incenso e os seus varais, o óleo da unção e o incenso aromático, e o reposteiro da porta para a entrada do tabernáculo;

¹⁶o altar do holocausto com o seu crivo de bronze, os seus varais, e todos os seus utensílios; a pia e a sua base;

¹⁷as cortinas do átrio, as suas colunas e as suas bases, o reposteiro para a porta do átrio;

¹⁸as estacas do tabernáculo, as estacas do átrio, e as suas cordas;

¹⁹as vestes finamente tecidas, para o uso no ministério no lugar santo, as vestes sagradas de Arão, o sacerdote, e as vestes de seus filhos, para administrarem o sacerdócio.

²⁰Então toda a congregação dos filhos de Israel saiu da presença de Moisés.

²¹E veio todo homem cujo coração o moveu, e todo aquele cujo espírito o estimulava, e trouxeram a oferta alçada do Senhor para a obra da tenda da revelação, e para todo o serviço dela, e para as vestes sagradas.

²²Vieram, tanto homens como mulheres, todos quantos eram bem dispostos de coração, trazendo broches, pendentes, anéis e braceletes, sendo todos estes jóias de ouro; assim veio todo aquele que queria fazer oferta de ouro ao Senhor.

²³E todo homem que possuía azul, púrpura, carmesim, linho fino, pelos de cabras, peles de carneiros tintas de vermelho, ou peles de golfinhos, os trazia.

²⁴Todo aquele que tinha prata ou metal para oferecer, o trazia por oferta alçada ao Senhor; e todo aquele que possuía madeira de acácia, a trazia para qualquer obra do serviço.

²⁵E todas as mulheres hábeis fiavam com as mãos, e traziam o que tinham fiado, o azul e a púrpura, o carmesim e o linho fino.

²⁶E todas as mulheres hábeis que quisessem fiavam os pelos das cabras.

²⁷Os príncipes traziam pedras de berilo e pedras de engaste para o éfode e para o peitoral,

²⁸e as especiarias e o azeite para a luz, para o óleo da unção e para o incenso aromático.

²⁹Trouxe uma oferta todo homem e mulher cujo coração voluntariamente se moveu a trazer alguma coisa para toda a obra que o senhor ordenara se fizesse por intermédio de Moisés; assim trouxeram os filhos de Israel uma oferta voluntária ao Senhor.

³⁰Depois disse Moisés aos filhos de Israel: Eis que o Senhor chamou por nome a Bezaleel, filho de îri, filho de Hur, da tribo de Judá,

³¹e o encheu do espírito de Deus, no tocante à sabedoria, ao entendimento, à ciência e a todo ofício,

³²para inventar obras artísticas, para trabalhar em ouro, em prata e em bronze,

³³em lavramento de pedras para engastar, em entalhadura de madeira, enfim, para trabalhar em toda obra fina.

³⁴Também lhe dispôs o coração para ensinar a outros; a ele e a Aoliabe, filho de Aisamaque, da tribo de Dã,

³⁵a estes encheu de sabedoria do coração para exercerem todo ofício, seja de gravador, de desenhista, de bordador em azul, púrpura, carmesim e linho fino, de tecelão, enfim, dos que exercem qualquer ofício e dos que inventam obras artísticas.

## Capítulo 36

¹Assim trabalharão Bezaleel e Aoliabe, e todo homem hábil, a quem o Senhor deu sabedoria e entendimento, para saberem exercer todo ofício para o serviço do santuário, conforme tudo o que o Senhor tem ordenado.

²Então Moisés chamou a Bezaleel e a Aoliabe, e a todo homem hábil, em cujo coração Deus tinha posto sabedoria, isto é, a todo aquele cujo coração o moveu a se chegar à obra para fazê-la;

³e receberam de Moisés toda a oferta alçada, que os filhos de Israel tinham do para a obra do serviço do santuário, para fazê-la; e ainda eles lhe traziam cada manhã ofertas voluntárias.

⁴Então todos os sábios que faziam toda a obra do santuário vieram, cada um da obra que fazia,

⁵e disseram a Moisés: O povo traz muito mais do que é necessário para o serviço da obra que o Senhor ordenou se fizesse.

⁶Pelo que Moisés deu ordem, a qual fizeram proclamar por todo o arraial, dizendo: Nenhum homem, nem mulher, faça mais obra alguma para a oferta alçada do santuário. Assim o povo foi proibido de trazer mais.

⁷Porque o material que tinham era bastante para toda a obra, e ainda sobejava.

⁸Assim todos os homens hábeis, dentre os que trabalhavam na obra, fizeram o tabernáculo de dez cortinas de linho fino torcido, de azul, de púrpura e de carmesim, com querubins, obra de artífice.

⁹O comprimento de cada cortina era de vinte e oito côvados, e a largura de quatro côvados; todas as cortinas eram da mesma medida.

¹⁰Ligaram cinco cortinas uma com outra; e as outras cinco da mesma maneira.

¹¹Fizeram laçadas de azul na orla da última cortina do primeiro grupo; assim, também fizeram na orla da primeira cortina do segundo grupo.

¹²Cinqüenta laçadas fizeram na orla de uma cortina, e cinqüenta laçadas na orla da outra, do segundo grupo; as laçadas eram contrapostas uma à outra.

¹³Também fizeram cinqüenta colchetes de ouro, e com estes colchetes uniram as cortinas, uma com outra; e o tabernáculo veio a ser um todo.

¹⁴Fizeram também cortinas de pelos de cabras para servirem de tenda sobre o tabernáculo; onze cortinas fizeram.

¹⁵O comprimento de cada cortina era de trinta côvados, e a largura de quatro côvados; as onze cortinas eram da mesma medida.

¹⁶uniram cinco destas cortinas à parte, e as outras seis à parte.

¹⁷Fizeram cinqüenta laçadas na orla da última cortina do primeiro grupo, e cinqüenta laçadas na orla da primeira cortina do segundo grupo.

¹⁸Fizeram também cinqüenta colchetes de bronze, para ajuntar a tenda, para que viesse a ser um todo.

¹⁹Fizeram para a tenda uma cobertura de peles de carneiros tintas de vermelho, e por cima desta uma cobertura de peles de golfinhos.

²⁰Também fizeram, de madeira de acácia, as tábuas para o tabernáculo, as quais foram colocadas verticalmente.

²¹O comprimento de cada tábua era de dez côvados, e a largura de um côvado e meio.

²²Cada tábua tinha duas couceiras, unidas uma à outra; assim fizeram com todas as tábuas do tabernáculo.

²³Assim, pois, fizeram as tábuas para o tabernáculo; vinte tábuas para o lado que dá para o sul;

²⁴e fizeram quarenta bases de prata para se pôr debaixo das vinte tábuas: duas bases debaixo de uma tábua para as suas duas couceiras, e duas debaixo de outra, para as duas couceiras dela.

²⁵Também para o segundo lado do tabernáculo, o que dá para o norte, fizeram vinte tábuas,

²⁶com as suas quarenta bases de prata, duas bases debaixo de uma tábua, e duas bases debaixo de outra.

²⁷Para o lado posterior do tabernáculo, o que dá para o ocidente, fizeram seis tábuas.

²⁸E para os dois cantos do tabernáculo no lado posterior, fizeram mais duas tábuas.

²⁹Por baixo eram duplas, do mesmo modo se estendendo até a primeira argola, em cima; assim fizeram com as duas tábuas nos dois cantos.

³⁰Assim havia oito tábuas com as suas bases de prata, a saber, dezesseis bases, duas debaixo de cada tábua.

³¹Fizeram também travessões de madeira de acácia: cinco travessões para as tábuas de um lado do tabernáculo,

³²e cinco para as tábuas do outro lado do tabernáculo, e outros cinco para as tábuas do tabernáculo no lado posterior, o que dá para o ocidente.

³³Fizeram que o travessão do meio passasse ao meio das tábuas duma extremidade até a outra.

³⁴E cobriram as tábuas de ouro, e de ouro fizeram as suas argolas como lugares para os travessões; também os travessões cobriu de ouro.

³⁵Fizeram então o véu de azul, púrpura, carmesim e linho fino torcido; com querubins, obra de artífice, o fizeram.

³⁶E fizeram-lhe quatro colunas de madeira de acácia e as cobriram de ouro; e seus colchetes fizeram de ouro; e fundiram-lhes quatro bases de prata.

³⁷Fizeram também para a porta da tenda um reposteiro de azul, púrpura, carmesim e linho fino torcido, obra de bordador,

³⁸com as suas cinco colunas e os seus colchetes; e de ouro cobriu os seus capitéis e as suas faixas; e as suas cinco bases eram de bronze.

## Capítulo 37

¹Fez também Bezaleel a arca de madeira de acácia; o seu comprimento era de dois côvados e meio, a sua largura de um côvado e meio, e a sua altura de um côvado e meio.

²Cobriu-a de ouro puro por dentro e por fora, fez-lhe uma moldura de ouro ao redor,

³e fundiu-lhe quatro argolas de ouro nos seus quatro cantos, duas argolas num lado e duas no outro.

⁴Também fez varais de madeira de acácia, e os cobriu de ouro;

⁵e meteu os varais pelas argolas aos lados da arca, para se levar a arca.

⁶Fez também um propiciatório de ouro puro; o seu comprimento era de dois côvados e meio, e a sua largura de um côvado e meio.

⁷Fez também dois querubins de ouro; de ouro batido os fez nas duas extremidades do propiciatório,

⁸um querubim numa extremidade, e o outro querubim na outra; de uma só peça com o propiciatório fez os querubins nas duas extremidades dele.

⁹E os querubins estendiam as suas asas por cima do propiciatório, cobrindo-o com as asas, tendo as faces voltadas um para o outro; para o propiciatório estavam voltadas as faces dos querubins.

¹⁰Fez também a mesa de madeira de acácia; o seu comprimento era de dois côvados, a sua largura de um côvado, e a sua altura de um côvado e meio.

¹¹cobriu-a de ouro puro, e fez-lhe uma moldura de ouro ao redor.

¹²Fez-lhe também ao redor uma guarnição de quatro dedos de largura, e ao redor na guarnição fez uma moldura de ouro.

¹³Fundiu-lhe também nos quatro cantos que estavam sobre os seus quatro pés.

¹⁴Junto da guarnição estavam as argolas para os lugares dos varais, para se levar a mesa.

¹⁵Fez também estes varais de madeira de acácia, e os cobriu de ouro, para se levar a mesa.

¹⁶E de ouro puro fez os utensílios que haviam de estar sobre a mesa, os seus pratos e as suas colheres, as suas tigelas e os seus cântaros, com que se haviam de oferecer as libações.

¹⁷Fez também o candelabro de ouro puro; de ouro batido fez o candelabro, tanto o seu pedestal como a sua haste; os seus copos, os seus cálices e as suas corolas formavam com ele uma só peça.

¹⁸Dos seus lados saíam seis braços: três de um lado do candelabro e três do outro lado.

¹⁹Em um braço havia três copos a modo de flores de amêndoa, com cálice e corola; igualmente no outro braço três copos a modo de flores de amêndoa, com cálice e corola; assim se fez com os seis braços que saíam do candelabro.

²⁰Mas na haste central havia quatro copos a modo de flores de amêndoa, com os seus cálices e as suas corolas;

²¹também havia um cálice debaixo de dois braços, formando com a haste uma só peça, e outro cálice debaixo de dois outros braços, de uma só peça com a haste, e ainda outro cálice debaixo de dois outros braços, de uma só peça com a haste; e assim se fez para os seis braços que saíam da haste.

²²Os seus cálices e os seus braços formavam uma só peça com a haste; o todo era uma obra batida de ouro puro.

²³Também de ouro puro lhe fez as lâmpadas, em número de sete, com os seus espevitadores e os seus cinzeiros.

²⁴De um talento de ouro puro fez o candelabro e todos os seus utensílios.

²⁵De madeira de acácia fez o altar do incenso; de um côvado era o seu comprimento, e de um côvado a sua largura, quadrado, e de dois côvados a sua altura; as suas pontas formavam uma só peça com ele.

²⁶Cobriu-o de ouro puro, tanto a face superior como as suas paredes ao redor, e as suas pontas, e fez-lhe uma moldura de ouro ao redor.

²⁷Fez-lhe também duas argolas de ouro debaixo da sua moldura, nos dois cantos de ambos os lados, como lugares dos varais, para com eles se levar o altar.

²⁸E os varais fez de madeira de acácia, e os cobriu de ouro.

²⁹Também fez o óleo sagrado da unção, e o incenso aromático, puro, qual obra do perfumista.

## Capítulo 38

¹Fez também o altar do holocausto de madeira de acácia; de cinco côvados era o seu comprimento e de cinco côvados a sua largura, quadrado, e de três côvados a sua altura.

²E fez-lhe pontas nos seus quatro cantos; as suas pontas formavam uma só peça com ele; e cobriu-o de bronze.

³Fez também todos os utensílios do altar: os cinzeiros, as pás, as bacias, os garfos e os braseiros; todos os seus utensílios fez de bronze.

⁴Fez também para o altar um crivo de bronze em forma de rede, em baixo da borda ao redor, chegando ele até o meio do altar.

⁵E fundiu quatro argolas para as quatro extremidades do crivo de bronze, como lugares dos varais.

⁶E fez os varais de madeira de acácia, e os cobriu de bronze.

⁷E meteu os varais pelas argolas aos lados do altar, para com eles se levar o altar; fê-lo oco, de tábuas.

⁸Fez também a pia de bronze com a sua base de bronze, dos espelhos das mulheres que se reuniam e ministravam à porta da tenda da revelação.

⁹Fez também o átrio. Para o lado meridional as cortinas eram de linho fino torcido, de cem côvados de comprimento.

¹⁰As suas colunas eram vinte, e vinte as suas bases, todas de bronze; os colchetes das colunas e as suas faixas eram de prata.

¹¹Para o lado setentrional as cortinas eram de cem côvados; as suas colunas eram vinte, e vinte as suas bases, todas de bronze; os colchetes das colunas e as suas faixas eram de prata.

¹²Para o lado ocidental as cortinas eram de cinquenta covados; as suas colunas eram dez, e as suas bases dez; os colchetes das colunas e as suas faixas eram de prata.

¹³E para o lado oriental eram as cortinas de cinqüenta côvados.

¹⁴As cortinas para um lado da porta eram de quinze côvados; as suas colunas eram três e as suas bases três.

¹⁵Do mesmo modo para o outro lado; de um e de outro lado da porta do átrio havia cortinas de quinze côvados; as suas colunas eram três e as suas bases três.

¹⁶Todas as cortinas do átrio ao redor eram de linho fino torcido.

¹⁷As bases das colunas eram de bronze; os colchetes das colunas e as suas faixas eram de prata; o revestimento dos seus capitéis era de prata; e todas as colunas do átrio eram cingidas de faixas de prata.

¹⁸O reposteiro da porta do átrio era de azul, púrpura, carmesim e linho fino torcido, obra de bordador; o comprimento era de vinte côvados, e a altura, na largura, de cinco côvados, conforme a altura das cortinas do átrio.

¹⁹As suas colunas eram quatro, e quatro as suas bases, todas de bronze; os seus colchetes eram de prata, como também o revestimento dos capitéis, e as suas faixas.

²⁰E todas as estacas do tabernáculo e do átrio ao redor eram de bronze.

²¹Esta é a enumeração das coisas para o tabernáculo, a saber, o tabernáculo do testemunho, que por ordem de Moisés foram contadas para o ministério dos levitas, por intermédio de Itamar, filho de Arão, o sacerdote.

²²Fez, pois, Bezaleel, filho de îri, filho de Hur, da tribo de Judá, tudo quanto o Senhor tinha ordenado a Moisés;

²³e com ele Aoliabe, filho de Aisamaque, da tribo de Dã, gravador, desenhista, e bordador em azul, púrpura, carmesim e linho fino.

²⁴Todo o ouro gasto na obra, em toda a obra do santuário, a saber, o ouro da oferta, foi vinte e nove talentos e setecentos e trinta siclos, conforme o siclo do santuário.

²⁵A prata dos arrolados da congregação montou em cem talentos e mil setecentos setenta e cinco siclos, conforme o siclo do santuário;
²⁶um beca para cada cabeça, isto é, meio siclo, conforme o siclo do santuário, de todo aquele que passava para os arrolados, da idade de vinte anos e acima, que foram seiscentos e três mil quinhentos e cinquenta.
²⁷E houve cem talentos de prata para fundir as bases do santuário e as bases do véu; para cem bases eram cem talentos, um talento para cada base.
²⁸Mas dos mil setecentos e setenta e cinco siclos, fez colchetes para as colunas, e cobriu os seus capitéis e fez-lhes as faixas.
²⁹E o bronze da oferta foi setenta talentos e dois mil e quatrocentos siclos.
³⁰Dele fez as bases da porta da tenda da revelação, o altar de bronze, e o crivo de bronze para ele, todos os utensílios do altar,
³¹as bases do átrio ao redor e as bases da porta do átrio, todas as estacas do tabernáculo e todas as estacas do átrio ao redor.

## Capítulo 39

¹Fizeram também de azul, púrpura e carmesim as vestes, finamente tecidas, para ministrar no lugar santo, e fizeram as vestes sagradas para Arão, como o Senhor ordenara a Moisés.
²Assim se fez o éfode de ouro, azul, púrpura, carmesim e linho fino torcido;
³bateram o ouro em lâminas delgadas, as quais cortaram em fios, para entretecê-lo no azul, na púrpura, no carmesim e no linho fino, em obra de desenhista;
⁴fizeram-lhe ombreiras que se uniam; assim pelos seus dois cantos superiores foi ele unido.
⁵E o cinto da obra esmerada do éfode, que estava sobre ele, formava com ele uma só peça e era de obra semelhante, de ouro, azul, púrpura, carmesim e linho fino torcido, como o Senhor ordenara a Moisés.
⁶Também prepararam as pedras de berilo, engastadas em ouro, lavradas como a gravura de um selo, com os nomes dos filhos de Israel;
⁷as quais puseram sobre as ombreiras do éfode para servirem de pedras de memorial para os filhos de Israel, como o Senhor ordenara a Moisés.
⁸Fez-se também o peitoral de obra de desenhista, semelhante à obra do éfode, de ouro, azul, púrpura, carmesim e linho fino torcido.
⁹Quadrado e duplo fizeram o peitoral; o seu comprimento era de um palmo, e a sua largura de um palmo, sendo ele dobrado. f
¹⁰E engastaram nele quatro fileiras de pedras: a primeira delas era de um sárdio, um topázio e uma esmeralda;
¹¹a segunda fileira era de uma granada, uma safira e um ônix;
¹²a terceira fileira era de um jacinto, uma ágata e uma ametista;
¹³e a quarta fileira era de uma crisólita, um berilo e um jaspe; eram elas engastadas nos seus engastes de ouro.
¹⁴Estas pedras, pois, eram doze, segundo os nomes dos filhos de Israel; eram semelhantes a gravuras de selo, cada uma com o nome de uma das doze tribos.
¹⁵Também fizeram sobre o peitoral cadeiazinhas, semelhantes a cordas, obra de trança, de ouro puro.
¹⁶Fizeram também dois engastes de ouro e duas argolas de ouro, e fixaram as duas argolas nas duas extremidades do peitoral.
¹⁷E meteram as duas cadeiazinhas de trança de ouro nas duas argolas, nas extremidades do peitoral.
¹⁸E as outras duas pontas das duas cadeiazinhas de trança meteram nos dois engastes, e as puseram sobre as ombreiras do éfode, na parte dianteira dele.
¹⁹Fizeram outras duas argolas de ouro, que puseram nas duas extremidades do peitoral, na sua borda que estava junto ao éfode por dentro.
²⁰Fizeram mais duas argolas de ouro, que puseram nas duas ombreiras do éfode, debaixo, na parte dianteira dele, junto à sua costura, acima do cinto de obra esmerada do éfode.
²¹E ligaram o peitoral, pelas suas argolas, às argolas do éfode por meio de um cordão azul, para que estivesse sobre o cinto de obra esmerada do éfode, e o peitoral não se separasse do éfode, como o Senhor ordenara a Moisés.
²²Fez-se também o manto do éfode de obra tecida, todo de azul,
²³e a abertura do manto no meio dele, como a abertura de cota de malha; esta abertura tinha um debrum em volta, para que não se rompesse.
²⁴Nas abas do manto fizeram romãs de azul, púrpura e carmesim, de fio torcido.
²⁵Fizeram também campainhas de ouro puro, pondo as campainhas nas abas do manto ao redor, entremeadas com as romãs;
²⁶uma campainha e uma romã, outra campainha e outra romã, nas abas do manto ao redor, para uso no ministério, como o Senhor ordenara a Moisés.
²⁷Fizeram também as túnicas de linho fino, de obra tecida, para Arão e para seus filhos,
²⁸e a mitra de linho fino, e o ornato das tiaras de linho fino, e os calções de linho fino torcido,
²⁹e o cinto de linho fino torcido, e de azul, púrpura e carmesim, obra de bordador, como o Senhor ordenara a Moisés.
³⁰Fizeram também, de ouro puro, a lâmina da coroa sagrada, e nela gravaram uma inscrição como a gravura de um selo: SANTO AO SENHOR.
³¹E a ela ataram um cordão azul, para prendê-la à parte superior da mitra, como o Senhor ordenara a Moisés.
³²Assim se acabou toda a obra do tabernáculo da tenda da revelação; e os filhos de Israel fizeram conforme tudo o que o Senhor ordenara a Moisés; assim o fizeram.
³³Depois trouxeram a Moisés o tabernáculo, a tenda e todos os seus utensílios, os seus colchetes, as suas tábuas, os seus travessões, as suas colunas e as suas bases;
³⁴e a cobertura de peles de carneiros tintas de vermelho, e a cobertura de peles de golfinhos, e o véu do reposteiro;
³⁵a arca do testemunho com os seus varais, e o propiciatório;
³⁶a mesa com todos os seus utensílios, e os pães da proposição;
³⁷o candelabro puro com suas lâmpadas todas em ordem, com todos os seus utensílios, e o azeite para a luz;
³⁸também o altar de ouro, o óleo da unção e o incenso aromático, e o reposteiro para a porta da tenda;
³⁹o altar de bronze e o seu crivo de bronze, os seus varais, e todos os seus utensílios; a pia e a sua base;
⁴⁰as cortinas do átrio, as suas colunas e as suas bases, e o reposteiro para a porta do átrio, as suas cordas e as suas estacas, e todos os utensílios do serviço do tabernáculo, para a tenda da revelação;
⁴¹as vestes finamente tecidas para uso no ministério no lugar santo, e as vestes sagradas para Arão, o sacerdote, e as vestes para seus filhos, para administrarem o sacerdócio.
⁴²Conforme tudo o que o Senhor ordenara a Moisés, assim fizeram os filhos de Israel toda a obra.
⁴³Viu, pois, Moisés toda a obra, e eis que a tinham feito; como o Senhor ordenara, assim a fizeram; então Moisés os abençoou.

## Capítulo 40

¹Depois disse o Senhor a Moisés:
²No primeiro mês, no primeiro dia do mês, levantarás o tabernáculo da tenda da revelação,
³e porás nele a arca do testemunho, e resguardarás a arca com o véu.
⁴Depois colocarás nele a mesa, e porás em ordem o que se deve pôr em ordem nela; também colocarás nele o candelabro, e acenderás as suas lâmpadas.
⁵E porás o altar de ouro para o incenso diante da arca do testemunho; então pendurarás o reposteiro da porta do tabernáculo.
⁶E porás o altar do holocausto diante da porta do tabernáculo da tenda da revelação.
⁷E porás a pia entre a tenda da revelação e o altar, e nela deitarás água.
⁸Depois levantarás as cortinas do átrio ao redor, e pendurarás o reposteiro da porta do átrio.
⁹Então tomarás o óleo da unção e ungirás o tabernáculo, e tudo o que há nele; e o santificarás, a ele e a todos os seus móveis; e será santo.
¹⁰Ungirás também o altar do holocausto, e todos os seus utensílios, e santificarás o altar; e o altar será santíssimo.
¹¹Então ungirás a pia e a sua base, e a santificarás.
¹²E farás chegar Arão e seus filhos à porta da tenda da revelação, e os lavarás com água.
¹³E vestirás Arão das vestes sagradas, e o ungirás, e o santificarás, para que me administre o sacerdócio.
¹⁴Também farás chegar seus filhos, e os vestirás de túnicas,
¹⁵e os ungirás como ungiste a seu pai, para que me administrem o sacerdócio, e a sua unção lhes será por sacerdócio perpétuo pelas suas gerações.
¹⁶E Moisés fez conforme tudo o que o Senhor lhe ordenou; assim o fez.
¹⁷E no primeiro mês do segundo ano, no primeiro dia do mês, o tabernáculo foi levantado.
¹⁸Levantou, pois, Moisés o tabernáculo: lançou as suas bases;

*Êxodo*

armou as suas tábuas e nestas meteu os seus travessões; levantou as suas colunas;

¹⁹estendeu a tenda por cima do tabernáculo, e pôs a cobertura da tenda sobre ela, em cima, como o Senhor lhe ordenara.

²⁰Então tomou o testemunho e pô-lo na arca, ajustou à arca os varais, e pôs-lhe o propiciatório em cima.

²¹Depois introduziu a arca no tabernáculo, e pendurou o véu do reposteiro, e assim resguardou a arca do testemunho, como o Senhor lhe ordenara.

²²Pôs também a mesa na tenda da revelação, ao lado do tabernáculo para o norte, fora do véu,

²³e sobre ela pôs em ordem o pão perante o Senhor, como o Senhor lhe ordenara.

²⁴Pôs também na tenda da revelação o candelabro defronte da mesa, ao lado do tabernáculo para o sul,

²⁵e acendeu as lâmpadas perante o Senhor, como o Senhor lhe ordenara.

²⁶Pôs o altar de ouro na tenda da revelação diante do véu,

²⁷e sobre ele queimou o incenso de especiarias aromáticas, como o Senhor lhe ordenara.

²⁸Pendurou o reposteiro à: porta do tabernáculo,

²⁹e pôs o altar do holocausto à porta do tabernáculo da tenda da revelação, e sobre ele ofereceu o holocausto e a oferta de cereais, como o Senhor lhe ordenara.

³⁰Depois: colocou a pia entre a tenda da revelação e o altar, e nela deitou água para a as abluções.

³¹E junto dela Moisés, e Arão e seus filhos lavaram as mãos e os pés.

³²Quando entravam na tenda da revelação, e quando chegavam ao altar, lavavam-se, como o Senhor ordenara a Moises.

³³Levantou também as cortinas do átrio ao redor do tabernáculo e do altar e pendurou o reposteiro da porta do átrio. Assim Moisés acabou a obra.

³⁴Então a nuvem cobriu a tenda da revelação, e a glória do Senhor encheu o tabernáculo;

³⁵de maneira que Moisés não podia entrar na tenda da revelação, porquanto a nuvem repousava sobre ela, e a glória do Senhor enchia o tabernáculo.

³⁶Quando, pois, a nuvem se levantava de sobre o tabernáculo, prosseguiam os filhos de Israel, em todas as suas jornadas;

³⁷se a nuvem, porém, não se levantava, não caminhavam até o dia em que ela se levantasse.

³⁸Porquanto a nuvem do Senhor estava de dia sobre o tabernáculo, e o fogo estava de noite sobre ele, perante os olhos de toda a casa de Israel, em todas as suas jornadas.

# Levítico

## Capítulo 1

¹Ora, chamou o Senhor a Moisés e, da tenda da revelação, lhe disse:

²Fala aos filhos de Israel e dize-lhes: Quando algum de vós oferecer oferta ao Senhor, oferecereis as vossas ofertas do gado, isto é, do gado vacum e das ovelhas.

³Se a sua oferta for holocausto de gado vacum, oferecerá ele um macho sem defeito; à porta da tenda da revelação o oferecerá, para que ache favor perante o Senhor.

⁴Porá a sua mão sobre a cabeça do holocausto, e este será aceito a favor dele, para a sua expiação.

⁵Depois imolará o novilho perante o Senhor; e os filhos de Arão, os sacerdotes, oferecerão o sangue, e espargirão o sangue em redor sobre o altar que está à porta da tenda da revelação.

⁶Então esfolará o holocausto, e o partirá nos seus pedaços.

⁷E os filhos de Arão, o sacerdote, porão fogo sobre o altar, pondo em ordem a lenha sobre o fogo;

⁸também os filhos de Arão, os sacerdotes, porão em ordem os pedaços, a cabeça e a gordura, sobre a lenha que está no fogo em cima do altar;

⁹a fressura, porém, e as pernas, ele as lavará com água; e o sacerdote queimará tudo isso sobre o altar como holocausto, oferta queimada, de cheiro suave ao Senhor.

¹⁰Se a sua oferta for holocausto de gado miúdo, seja das ovelhas seja das cabras, oferecerá ele um macho sem defeito,

¹¹e o imolará ao lado do altar que dá para o norte, perante o Senhor; e os filhos de Arão, os sacerdotes, espargirão o sangue em redor sobre o altar.

¹²Então o partirá nos seus pedaços, juntamente com a cabeça e a gordura; e o sacerdote os porá em ordem sobre a lenha que está no fogo sobre o altar;

¹³a fressura, porém, e as pernas, ele as lavará com água; e o sacerdote oferecerá tudo isso, e o queimará sobre o altar; holocausto é, oferta queimada, de cheiro suave ao Senhor.

¹⁴Se a sua oferta ao Senhor for holocausto tirado de aves, então de rolas ou de pombinhos oferecerá a sua oferta.

¹⁵E o sacerdote a trará ao altar; tirar-lhe-á a cabeça e a queimará sobre o altar; e o seu sangue será espremido na parede do altar;

¹⁶e o seu papo com as suas penas tirará e o lançará junto ao altar, para o lado do oriente, no lugar da cinza;

¹⁷e fendê-la-á junto às suas asas, mas não a partirá; e o sacerdote a queimará em cima do altar sobre a lenha que está no fogo; holocausto é, oferta queimada, de cheiro suave ao Senhor.

## Capítulo 2

¹Quando alguém fizer ao Senhor uma oferta de cereais, a sua oferta será de flor de farinha; deitará nela azeite, e sobre ela porá incenso;

²e a trará aos filhos de Arão, os sacerdotes, um dos quais lhe tomará um punhado da flor de farinha e do azeite com todo o incenso, e o queimará sobre o altar por oferta memorial, oferta queimada, de cheiro suave ao Senhor.

³O que restar da oferta de cereais pertencerá a Arão e a seus filhos; é coisa santíssima entre as ofertas queimadas ao Senhor.

⁴Quando fizerdes oferta de cereais assada ao forno, será de bolos ázimos de flor de farinha, amassados com azeite, e coscorões ázimos untados com azeite.

⁵E se a tua oferta for oferta de cereais assada na assadeira, será de flor de farinha sem fermento, amassada com azeite.

⁶Em pedaços a partirás, e sobre ela deitarás azeite; é oferta de cereais.

⁷E se a tua oferta for oferta de cereais cozida na frigideira, far-se-á de flor de farinha com azeite.

⁸Então trarás ao Senhor a oferta de cereais que for feita destas coisas; e será apresentada ao sacerdote, o qual a levará ao altar.

⁹E o sacerdote tomará da oferta de cereais o memorial dela, e o queimará sobre o altar; é oferta queimada, de cheiro suave ao Senhor.

¹⁰E o que restar da oferta de cereais pertencerá a Arão e a seus filhos; é coisa santíssima entre as ofertas queimadas ao Senhor.

¹¹Nenhuma oferta de cereais, que fizerdes ao Senhor, será preparada com fermento; porque não queimareis fermento algum nem mel algum como oferta queimada ao Senhor.

¹²Como oferta de primícias oferecê-los-eis ao Senhor; mas sobre o altar não subirão por cheiro suave.

¹³Todas as suas ofertas de cereais temperarás com sal; não deixarás faltar a elas o sal do pacto do teu Deus; em todas as tuas ofertas oferecerás sal.

¹⁴Se fizeres ao Senhor oferta de cereais de primícias, oferecerás, como oferta de cereais das tuas primícias, espigas tostadas ao fogo, isto é, o grão trilhado de espigas verdes.

¹⁵Sobre ela deitarás azeite, e lhe porás por cima incenso; é oferta de cereais.

¹⁶O sacerdote queimará o memorial dela, isto é, parte do grão trilhado e parte do azeite com todo o incenso; é oferta queimada ao Senhor.

## Capítulo 3

¹Se a oferta de alguém for sacrifício pacífico: se a fizer de gado vacum, seja macho ou fêmea, oferecê-la-á sem defeito diante do Senhor;

²porá a mão sobre a cabeça da sua oferta e a imolará à porta da tenda da revelação; e os filhos de Arão, os sacerdotes, espargirão o sangue sobre o altar em redor.

³Então, do sacrifício de oferta pacífica, fará uma oferta queimada ao Senhor; a gordura que cobre a fressura, sim, toda a gordura que está sobre ela,

⁴os dois rins e a gordura que está sobre eles, e a que está junto aos lombos, e o redenho que está sobre o fígado, juntamente com os rins, ele os tirará.

⁵E os filhos de Arão queimarão isso sobre o altar, em cima do holocausto que está sobre a lenha no fogo; é oferta queimada, de cheiro suave ao Senhor.

⁶E se a sua oferta por sacrifício pacífico ao Senhor for de gado miúdo, seja macho ou fêmea, sem defeito o oferecerá.

⁷Se oferecer um cordeiro por sua oferta, oferecê-lo-á perante o Senhor;

⁸e porá a mão sobre a cabeça da sua oferta, e a imolará diante da tenda da revelação; e os filhos de Arão espargirão o sangue sobre o altar em redor.

⁹Então, do sacrifício de oferta pacífica, fará uma oferta queimada ao Senhor; a gordura da oferta, a cauda gorda inteira, tirá-la-á junto ao espinhaço; e a gordura que cobre a fressura, sim, toda a gordura que está sobre ela,

¹⁰os dois rins e a gordura que está sobre eles, e a que está junto aos lombos, e o redenho que está sobre o fígado, juntamente com os rins, tirá-los-á.

¹¹E o sacerdote queimará isso sobre o altar; é o alimento da oferta queimada ao Senhor.

¹²E se a sua oferta for uma cabra, perante o Senhor a oferecerá;

¹³e lhe porá a mão sobre a cabeça, e a imolará diante da tenda da revelação; e os filhos de Arão espargirão o sangue da cabra sobre o altar em redor.

¹⁴Depois oferecerá dela a sua oferta, isto é, uma oferta queimada ao Senhor; a gordura que cobre a fressura, sim, toda a gordura que está sobre ela,

¹⁵os dois rins e a gordura que está sobre eles, e a que está junto aos lombos, e o redenho que está sobre o fígado, juntamente com os rins, tirá-los-á.

¹⁶E o sacerdote queimará isso sobre o altar; é o alimento da oferta queimada, de cheiro suave. Toda a gordura pertencerá ao Senhor.

¹⁷Estatuto perpétuo, pelas vossas gerações, em todas as vossas habitações, será isto: nenhuma gordura nem sangue algum comereis.

## Capítulo 4

¹Disse mais o Senhor a Moisés:

²Fala aos filhos de Israel, dizendo: Se alguém pecar por ignorância no tocante a qualquer das coisas que o Senhor ordenou que não se fizessem, fazendo qualquer delas;

³se for o sacerdote ungido que pecar, assim tornando o povo culpado, oferecerá ao Senhor, pelo pecado que cometeu, um novilho sem defeito como oferta pelo pecado.

⁴Trará o novilho à porta da tenda da revelação, perante o Senhor; porá a mão sobre a cabeça do novilho e o imolará perante o Senhor.

⁵Então o sacerdote ungido tomará do sangue do novilho, e o trará à tenda da revelação;

⁶e, molhando o dedo no sangue, espargirá do sangue sete vezes perante o Senhor, diante do véu do santuário.

⁷Também o sacerdote porá daquele sangue perante o Senhor, sobre as pontas do altar do incenso aromático, que está na tenda da revelação;

*Levítico*

e todo o resto do sangue do novilho derramará à base do altar do holocausto, que está à porta da tenda da revelação.

⁸E tirará toda a gordura do novilho da oferta pelo pecado; a gordura que cobre a fressura, sim, toda a gordura que está sobre ela,

⁹os dois rins e a gordura que está sobre eles, e a que está junto aos lombos, e o redenho que está sobre o fígado, juntamente com os rins, tirá-los-á,

¹⁰assim como se tira do boi do sacrifício pacífico; e o sacerdote os queimará sobre o altar do holocausto.

¹¹Mas o couro do novilho, e toda a sua carne, com a cabeça, as pernas, a fressura e o excremento,

¹²enfim, o novilho todo, levá-lo-á para fora do arraial a um lugar limpo, em que se lança a cinza, e o queimará sobre a lenha; onde se lança a cinza, aí se queimará.

¹³Se toda a congregação de Israel errar, sendo isso oculto aos olhos da assembléia, e eles tiverem feito qualquer de todas as coisas que o Senhor ordenou que não se fizessem, assim tornando-se culpados;

¹⁴quando o pecado que cometeram for conhecido, a assembléia oferecerá um novilho como oferta pelo pecado, e o trará diante da tenda da revelação.

¹⁵Os anciãos da congregação porão as mãos sobre a cabeça do novilho perante o Senhor; e imolar-se-á o novilho perante o Senhor.

¹⁶Então o sacerdote ungido trará do sangue do novilho à tenda da revelação;

¹⁷e o sacerdote molhará o dedo no sangue, e o espargirá sete vezes perante o Senhor, diante do véu.

¹⁸E do sangue porá sobre as pontas do altar, que está perante o Senhor, na tenda da revelação; e todo o resto do sangue derramará à base do altar do holocausto, que está diante da tenda da revelação.

¹⁹E tirará dele toda a sua gordura, e queimá-la-á sobre o altar.

²⁰Assim fará com o novilho; como fez ao novilho da oferta pelo pecado, assim fará a este; e o sacerdote fará expiação por eles, e eles serão perdoados.

²¹Depois levará o novilho para fora do arraial, e o queimará como queimou o primeiro novilho; é oferta pelo pecado da assembléia.

²²Quando um príncipe pecar, fazendo por ignorância qualquer das coisas que o Senhor seu Deus ordenou que não se fizessem, e assim se tornar culpado;

²³se o pecado que cometeu lhe for notificado, então trará por sua oferta um bode, sem defeito;

²⁴porá a mão sobre a cabeça do bode e o imolará no lugar em que se imola o holocausto, perante o Senhor; é oferta pelo pecado.

²⁵Depois o sacerdote, com o dedo, tomará do sangue da oferta pelo pecado e pô-lo-á sobre as pontas do altar do holocausto; então o resto do sangue derramará à base do altar do holocausto.

²⁶Também queimará sobre o altar toda a sua gordura como a gordura do sacrifício da oferta pacífica; assim o sacerdote fará por ele expiação do seu pecado, e ele será perdoado.

²⁷E se alguém dentre a plebe pecar por ignorância, fazendo qualquer das coisas que o Senhor ordenou que não se fizessem, e assim se tornar culpado;

²⁸se o pecado que cometeu lhe for notificado, então trará por sua oferta uma cabra, sem defeito, pelo pecado cometido;

²⁹porá a mão sobre a cabeça da oferta pelo pecado, e a imolará no lugar do holocausto.

³⁰Depois o sacerdote, com o dedo, tomará do sangue da oferta, e o porá sobre as pontas do altar do holocausto; e todo o resto do sangue derramará à base do altar.

³¹Tirará toda a gordura, como se tira a gordura do sacrifício pacífico, e a queimará sobre o altar, por cheiro suave ao Senhor; e o sacerdote fará expiação por ele, e ele será perdoado.

³²Ou, se pela sua oferta trouxer uma cordeira como oferta pelo pecado, sem defeito a trará;

³³porá a mão sobre a cabeça da oferta pelo pecado, e a imolará por oferta pelo pecado, no lugar em que se imola o holocausto.

³⁴Depois o sacerdote, com o dedo, tomará do sangue da oferta pelo pecado, e o porá sobre as pontas do altar do holocausto; então todo o resto do sangue da oferta derramará à base do altar.

³⁵Tirará toda a gordura, como se tira a gordura do cordeiro do sacrifício pacífico e a queimará sobre o altar, em cima das ofertas queimadas do Senhor; assim o sacerdote fará por ele expiação do pecado que cometeu, e ele será perdoado.

## *Capítulo 5*

¹Se alguém, tendo-se ajuramentado como testemunha, pecar por não denunciar o que viu, ou o que soube, levará a sua iniquidade.

²Se alguém tocar alguma coisa imunda, seja cadáver de besta-fera imunda, seja cadáver de gado imundo, seja cadáver de réptil imundo, embora faça sem se aperceber, contudo será ele imundo e culpado.

³Se alguém, sem se aperceber tocar a imundícia de um homem, seja qual for a imundícia com que este se tornar imundo, quando o souber será culpado.

⁴Se alguém, sem se aperceber, jurar temerariamente com os seus lábios fazer mal ou fazer bem, em tudo o que o homem pronunciar temerariamente com juramento, quando o souber, culpado será numa destas coisas.

⁵Deverá, pois, quando for culpado numa destas coisas, confessar aquilo em que houver pecado.

⁶E como sua oferta pela culpa, ele trará ao Senhor, pelo pecado que cometeu, uma fêmea de gado miúdo; uma cordeira, ou uma cabrinha, trará como oferta pelo pecado; e o sacerdote fará por ele expiação do seu pecado.

⁷Mas, se as suas posses não bastarem para gado miúdo, então trará ao Senhor, como sua oferta pela culpa por aquilo em que houver pecado, duas rolas, ou dois pombinhos; um como oferta pelo pecado, e o outro como holocausto.

⁸e os trará ao sacerdote, o qual oferecerá primeiro aquele que é para a oferta pelo pecado, e com a unha lhe fenderá a cabeça junto ao pescoço, mas não o partirá;

⁹e do sangue da oferta pelo pecado espargirá sobre a parede do altar, porém o que restar, daquele sangue espremer-se-á à base do altar; é oferta pelo pecado.

¹⁰E do outro fará holocausto conforme a ordenança; assim o sacerdote fará expiação por ele do pecado que cometeu, e ele será perdoado.

¹¹Se, porém, as suas posses não bastarem para duas rolas, ou dois pombinhos, então, como oferta por aquilo em que houver pecado, trará a décima parte duma efa de flor de farinha como oferta pelo pecado; não lhe deitará azeite nem lhe porá em cima incenso, porquanto é oferta pelo pecado;

¹²e o trará ao sacerdote, o qual lhe tomará um punhado como memorial da oferta, e a queimará sobre o altar em cima das ofertas queimadas do Senhor; é oferta pelo pecado.

¹³Assim o sacerdote fará por ele expiação do seu pecado, que houver cometido em alguma destas coisas, e ele será perdoado; e o restante pertencerá ao sacerdote, como a oferta de cereais.

¹⁴Disse mais o Senhor a Moisés:

¹⁵Se alguém cometer uma transgressão, e pecar por ignorância nas coisas sagradas do Senhor, então trará ao Senhor, como a sua oferta pela culpa, um carneiro sem defeito, do rebanho, conforme a tua avaliação em siclos de prata, segundo o siclo do santuário, para oferta pela culpa.

¹⁶Assim fará restituição pelo pecado que houver cometido na coisa sagrada, e ainda lhe acrescentará a quinta parte, e a dará ao sacerdote; e com o carneiro da oferta pela culpa, o sacerdote fará expiação por ele, e ele será perdoado.

¹⁷Se alguém pecar, fazendo qualquer de todas as coisas que o Senhor ordenou que não se fizessem, ainda que não o soubesse, contudo será ele culpado, e levará a sua iniquidade.

¹⁸e como oferta pela culpa trará ao sacerdote um carneiro sem defeito, do rebanho, conforme a tua avaliação; e o sacerdote fará por ele expiação do erro que involuntariamente houver cometido sem o saber; e ele será perdoado.

¹⁹É oferta pela culpa; certamente ele se tornou culpado diante do Senhor.

## *Capítulo 6*

¹Disse ainda o Senhor a Moisés:

²Se alguém pecar e cometer uma transgressão contra o Senhor, e se houver dolosamente para com o seu próximo no tocante a um depósito, ou penhor, ou roubo, ou tiver oprimido a seu próximo;

³se achar o perdido, e nisso se houver dolosamente e jurar falso; ou se fizer qualquer de todas as coisas em que o homem costuma pecar;

⁴se, pois, houver pecado e for culpado, restituirá o que roubou, ou o que obteve pela opressão, ou o depósito que lhe foi dado em guarda, ou o perdido que achou,

⁵ou qualquer coisa sobre que jurou falso; por inteiro o restituirá, e ainda a isso acrescentará a quinta parte; a quem pertence, lho dará no dia em que trouxer a sua oferta pela culpa.

⁶E como a sua oferta pela culpa, trará ao Senhor um carneiro sem defeito, do rebanho; conforme a tua avaliação para oferta pela culpa trá-

lo-á ao sacerdote;

⁷e o sacerdote fará expiação por ele diante do Senhor, e ele será perdoado de todas as coisas que tiver feito, nas quais se tenha tornado culpado.

⁸Disse mais o Senhor a Moisés:

⁹Dá ordem a Arão e a seus filhos, dizendo: Esta é a lei do holocausto: o holocausto ficará a noite toda, até pela manhã, sobre a lareira do altar, e nela se conservará aceso o fogo do altar.

¹⁰E o sacerdote vestirá a sua veste de linho, e vestirá as calças de linho sobre a sua carne; e levantará a cinza, quando o fogo houver consumido o holocausto sobre o altar, e a porá junto ao altar.

¹¹Depois despirá as suas vestes, e vestirá outras vestes; e levará a cinza para fora do arraial a um lugar limpo.

¹²O fogo sobre o altar se conservará aceso; não se apagará. O sacerdote acenderá lenha nele todos os dias pela manhã, e sobre ele porá em ordem o holocausto, e queimará a gordura das ofertas pacíficas.

¹³O fogo se conservará continuamente aceso sobre o altar; não se apagará.

¹⁴Esta é a lei da oferta de cereais: os filhos de Arão a oferecerão perante o Senhor diante do altar.

¹⁵O sacerdote tomará dela um punhado, isto é, da flor de farinha da oferta de cereais e do azeite da mesma, e todo o incenso que estiver sobre a oferta de cereais, e os queimará sobre o altar por cheiro suave ao Senhor, como o memorial da oferta.

¹⁶E Arão e seus filhos comerão o restante dela; comê-lo-ão sem fermento em lugar santo; no átrio da tenda da revelação o comerão.

¹⁷Levedado não se cozerá. Como a sua porção das minhas ofertas queimadas lho tenho dado; coisa santíssima é, como a oferta pelo pecado, e como a oferta pela culpa.

¹⁸Todo varão entre os filhos de Arão comerá dela, como a sua porção das ofertas queimadas do Senhor; estatuto perpétuo será para as vossas gerações; tudo o que as tocar será santo.

¹⁹Disse mais o Senhor a Moisés:

²⁰Esta é a oferta de Arão e de seus filhos, a qual oferecerão ao Senhor no dia em que ele for ungido: a décima parte duma efa de flor de farinha, como oferta de cereais, perpetuamente, a metade dela pela amanhã, e a outra metade à tarde.

²¹Numa assadeira se fará com azeite; bem embebida a trarás; em pedaços cozidos oferecerás a oferta de cereais por cheiro suave ao Senhor.

²²Também o sacerdote que, de entre seus filhos, for ungido em seu lugar, a oferecerá; por estatuto perpétuo será ela toda queimada ao Senhor.

²³Assim toda oferta de cereais do sacerdote será totalmente queimada; não se comerá.

²⁴Disse mais o Senhor a Moisés:

²⁵Fala a Arão e a seus filhos, dizendo: Esta é a lei da oferta pelo pecado: no lugar em que se imola o holocausto se imolará a oferta pelo pecado perante o Senhor; coisa santíssima é.

²⁶O sacerdote que a oferecer pelo pecado a comerá; comê-la-á em lugar santo, no átrio da tenda da revelação.

²⁷Tudo o que tocar a carne da oferta será santo; e quando o sangue dela for espargido sobre qualquer roupa, lavarás em lugar santo a roupa sobre a qual ele tiver sido espargido.

²⁸Mas o vaso de barro em que for cozida será quebrado; e se for cozida num vaso de bronze, este será esfregado, e lavado, na água.

²⁹Todo varão entre os sacerdotes comerá dela; coisa santíssima é.

³⁰Contudo não se comerá nenhuma oferta pelo pecado, da qual uma parte do sangue é trazida dentro da tenda da revelação, para fazer expiação no lugar santo; no fogo será queimada.

## Capítulo 7

¹Esta é a lei da oferta pela culpa: coisa santíssima é.

²No lugar em que imolam o holocausto, imolarão a oferta pela culpa, e o sangue dela se espargirá sobre o altar em redor.

³Dela se oferecerá toda a gordura: a cauda gorda, e a gordura que cobre a fressura,

⁴os dois rins e a gordura que está sobre eles, e a que está junto aos lombos, e o redenho sobre o fígado, juntamente com os rins, os tirará;

⁵e o sacerdote os queimará sobre o altar em oferta queimada ao Senhor; é uma oferta pela culpa.

⁶Todo varão entre os sacerdotes comerá dela; num lugar santo se comerá; coisa santíssima é.

⁷Como é a oferta pelo pecado, assim será a oferta pela culpa; há uma só lei para elas, a saber, pertencerá ao sacerdote que com ela houver feito expiação.

⁸Também o sacerdote que oferecer o holocausto de alguém terá para si o couro do animal que tiver oferecido.

⁹Igualmente toda oferta de cereais que se assar ao forno, como tudo o que se preparar na frigideira e na assadeira, pertencerá ao sacerdote que a oferecer.

¹⁰Também toda oferta de cereais, seja ela amassada com azeite, ou seja seca, pertencerá a todos os filhos de Arão, tanto a um como a outro.

¹¹Esta é a lei do sacrifício das ofertas pacíficas que se oferecerá ao Senhor:

¹²Se alguém o oferecer por oferta de ação de graças, com o sacrifício de ação de graças oferecerá bolos ázimos amassados com azeite, e coscorões ázimos untados com azeite, e bolos amassados com azeite, de flor de farinha, bem embebidos.

¹³Com os bolos oferecerá pão levedado como sua oferta, com o sacrifício de ofertas pacíficas por ação de graças.

¹⁴E dele oferecerá um de cada oferta por oferta alçada ao Senhor, o qual pertencerá ao sacerdote que espargir o sangue da oferta pacífica.

¹⁵Ora, a carne do sacrifício de ofertas pacíficas por ação de graças se comerá no dia do seu oferecimento; nada se deixará dela até pela manhã.

¹⁶Se, porém, o sacrifício da sua oferta for voto, ou oferta voluntária, no dia em que for oferecido se comerá, e no dia seguinte se comerá o que dele ficar;

¹⁷mas o que ainda ficar da carne do sacrifício até o terceiro dia será queimado no fogo.

¹⁸Se alguma parte da carne do sacrifício da sua oferta pacífica se comer ao terceiro dia, aquele sacrifício não será aceito, nem será imputado àquele que o tiver oferecido; coisa abominável será, e quem dela comer levará a sua iniqüidade.

¹⁹A carne que tocar alguma coisa imunda não se comerá; será queimada no fogo; mas da outra carne, qualquer que estiver limpo comerá dela;

²⁰todavia, se alguma pessoa, estando imunda, comer a carne do sacrifício da oferta pacífica, que pertence ao Senhor, essa pessoa será extirpada do seu povo.

²¹E, se alguma pessoa, tendo tocado alguma coisa imunda, como imundícia de homem, ou gado imundo, ou qualquer abominação imunda, comer da carne do sacrifício da oferta pacífica, que pertence ao Senhor, essa pessoa será extirpada do seu povo.

²²Depois disse o Senhor a Moisés:

²³Fala aos filhos de Israel, dizendo: Nenhuma gordura de boi, nem de carneiro, nem de cabra comereis.

²⁴Todavia pode-se usar a gordura do animal que morre por si mesmo, e a gordura do que é dilacerado por feras, para qualquer outro fim; mas de maneira alguma comereis dela.

²⁵Pois quem quer que comer da gordura do animal, do qual se oferecer oferta queimada ao Senhor, sim, a pessoa que dela comer será extirpada do seu povo.

²⁶E nenhum sangue comereis, quer de aves, quer de gado, em qualquer das vossas habitações.

²⁷Toda pessoa que comer algum sangue será extirpada do seu povo.

²⁸Disse mais o Senhor a Moisés:

²⁹Fala aos filhos de Israel, dizendo: Quem oferecer sacrifício de oferta pacífica ao Senhor trará ao Senhor a respectiva oblação da sua oferta pacífica.

³⁰Com as próprias mãos trará as ofertas queimadas do Senhor; o peito com a gordura trará, para movê-lo por oferta de movimento perante o Senhor.

³¹E o sacerdote queimará a gordura sobre o altar, mas o peito pertencerá a Arão e a seus filhos.

³²E dos sacrifícios das vossas ofertas pacíficas, dareis a coxa direita ao sacerdote por oferta alçada.

³³Aquele dentre os filhos de Arão que oferecer o sangue da oferta pacífica, e a gordura, esse terá a coxa direita por sua porção;

³⁴porque o peito movido e a coxa alçada tenho tomado dos filhos de Israel, dos sacrifícios das suas ofertas pacíficas, e os tenho dado a Arão, o sacerdote, e a seus filhos, como sua porção, para sempre, da parte dos filhos de Israel.

³⁵Esta é a porção sagrada de Arão e a porção sagrada de seus filhos, das ofertas queimadas do Senhor, desde o dia em que ele os apresentou para administrar o sacerdócio ao Senhor;

³⁶a qual o Senhor, no dia em que os ungiu, ordenou que se lhes desse da parte dos filhos de Israel; é a sua porção para sempre, pelas suas gerações.

³⁷Esta é a lei do holocausto, da oferta de cereais, da oferta pelo pecado, da oferta pela culpa, da oferta das consagrações, e do sacrifício das ofertas pacíficas;

³⁸a qual o Senhor entregou a Moisés no monte Sinai, no dia em

*Levítico*

que este estava ordenando aos filhos de Israel que oferecessem as suas ofertas ao Senhor, no deserto de Sinai.

## Capítulo 8

¹Disse mais o Senhor a Moisés:

²Toma a Arão e a seus filhos com ele, e os vestidos, e o óleo da unção, e o novilho da oferta pelo pecado, e os dois carneiros, e o cesto de pães ázimos,

³e reúne a congregação toda à porta da tenda da revelação.

⁴Fez, pois, Moisés como o Senhor lhe ordenara; e a congregação se reuniu à porta da tenda da revelação.

⁵E disse Moisés à congregação: Isto é o que o Senhor ordenou que se fizesse.

⁶Então Moisés fez chegar Arão e seus filhos, e os lavou com água,

⁷e vestiu Arão com a túnica, cingiu-o com o cinto, e vestiu-lhe o manto, e pôs sobre ele o éfode, e cingiu-o com o cinto de obra esmerada, e com ele lhe apertou o éfode.

⁸Colocou-lhe, então, o peitoral, no qual pôs o Urim e o Tumim;

⁹e pôs sobre a sua cabeça a mitra, e sobre esta, na parte dianteira, pôs a lâmina de ouro, a coroa sagrada; como o Senhor lhe ordenara.

¹⁰Então Moisés, tomando o óleo da unção, ungiu o tabernáculo e tudo o que nele havia, e os santificou;

¹¹e dele espargiu sete vezes sobre o altar, e ungiu o altar e todos os seus utensílios, como também a pia e a sua base, para santificá-los.

¹²Em seguida derramou do óleo da unção sobre a cabeça de Arão, e ungiu-o, para santificá-lo.

¹³Depois Moisés fez chegar aos filhos de Arão, e os vestiu de túnicas, e os cingiu com cintos, e lhes atou tiaras; como o Senhor lhe ordenara.

¹⁴Então fez chegar o novilho da oferta pelo pecado; e Arão e seus filhos puseram as mãos sobre a cabeça do novilho da oferta pelo pecado;

¹⁵e, depois de imolar o novilho, Moisés tomou o sangue, e pôs dele com o dedo sobre as pontas do altar em redor, e purificou o altar; depois derramou o resto do sangue à base do altar, e o santificou, para fazer expiação por ele.

¹⁶Então tomou toda a gordura que estava na fressura, e o redenho do fígado, e os dois rins com a sua gordura, e os queimou sobre o altar.

¹⁷Mas o novilho com o seu couro, com a sua carne e com o seu excremento, queimou-o com fogo fora do arraial; como o Senhor lhe ordenara.

¹⁸Depois fez chegar o carneiro do holocausto; e Arão e seus filhos puseram as mãos sobre a cabeça do carneiro.

¹⁹Havendo imolado o carneiro, Moisés espargiu o sangue sobre o altar em redor.

²⁰Partiu também o carneiro nos seus pedaços, e queimou dele a cabeça, os pedaços e a gordura.

²¹Mas a fressura e as pernas lavou com água; então Moisés queimou o carneiro todo sobre o altar; era holocausto de cheiro suave, uma oferta queimada ao Senhor; como o Senhor lhe ordenara.

²²Depois fez chegar o outro carneiro, o carneiro da consagração; e Arão e seus filhos puseram as mãos sobre a cabeça do carneiro;

²³e tendo Moisés imolado o carneiro, tomou do sangue deste e o pôs sobre a ponta da orelha direita de Arão, sobre o polegar da sua mão direita, e sobre o polegar do seu pé direito.

²⁴Moisés fez chegar também os filhos de Arão, e pôs daquele sangue sobre a ponta da orelha direita deles, e sobre o polegar da mão direita, e sobre o polegar do seu pé direito; e espargiu o sangue sobre o altar em redor.

²⁵E tomou a gordura, e a cauda gorda, e toda a gordura que estava na fressura, e o redenho do fígado, e os dois rins com a sua gordura, e a coxa direita;

²⁶também do cesto dos pães ázimos, que estava diante do Senhor, tomou um bolo ázimo, e um bolo de pão azeitado, e um coscorão, e os pôs sobre a gordura e sobre a coxa direita;

²⁷e pôs tudo nas mãos de Arão e de seus filhos, e o ofereceu por oferta movida perante o Senhor.

²⁸Então Moisés os tomou das mãos deles, e os queimou sobre o altar em cima do holocausto; os quais eram uma consagração, por cheiro suave, oferta queimada ao Senhor.

²⁹Em seguida tomou Moisés o peito, e o ofereceu por oferta movida perante o Senhor; era a parte do carneiro da consagração que tocava a Moisés, como o Senhor lhe ordenara.

³⁰Tomou Moisés também do óleo da unção, e do sangue que estava sobre o altar, e o espargiu sobre Arão e suas vestes, e sobre seus filhos e as vestes de seus filhos com ele; e assim santificou tanto a Arão e suas vestes, como a seus filhos e as vestes de seus filhos com ele.

³¹E disse Moisés a Arão e seus filhos: Cozei a carne à porta da tenda da revelação; e ali a comereis com o pão que está no cesto da consagração, como ordenei, dizendo: Arão e seus filhos a comerão.

³²Mas o que restar da carne e do pão, queimá-lo-eis ao fogo.

³³Durante sete dias não saireis da porta da tenda da revelação, até que se cumpram os dias da vossa consagração; porquanto por sete dias ele vos consagrará.

³⁴Como se fez neste dia, assim o senhor ordenou que se proceda, para fazer expiação por vós.

³⁵Permanecereis, pois, à porta da tenda da revelação dia e noite por sete dias, e guardareis as ordenanças do Senhor, para que não morrais; porque assim me foi ordenado.

³⁶E Arão e seus filhos fizeram todas as coisas que o Senhor ordenara por intermédio de Moisés.

## Capítulo 9

¹Ora, ao dia oitavo, Moisés chamou a Arão e seus filhos, e os anciãos de Israel,

²e disse a Arão: Toma um bezerro tenro para oferta pelo pecado, e um carneiro para holocausto, ambos sem defeito, e oferece-os perante o Senhor.

³E falarás aos filhos de Israel, dizendo: Tomai um bode para oferta pelo pecado; e um bezerro e um cordeiro, ambos de um ano, e sem defeito, como holocausto;

⁴também um boi e um carneiro para ofertas pacíficas, para sacrificar perante o Senhor e oferta de cereais, amassada com azeite; porquanto hoje o Senhor vos aparecerá.

⁵Então trouxeram até a entrada da tenda da revelação o que Moisés ordenara, e chegou-se toda a congregação, e ficou de pé diante do Senhor.

⁶E disse Moisés: Esta é a coisa que o Senhor ordenou que fizésseis; e a glória do Senhor vos aparecerá.

⁷Depois disse Moisés a Arão: Chega-te ao altar, e apresenta a tua oferta pelo pecado e o teu holocausto, e faze expiação por ti e pelo povo; também apresenta a oferta do povo, e faze expiação por ele, como ordenou o Senhor.

⁸Arão, pois, chegou-se ao altar, e imolou o bezerro que era a sua própria oferta pelo pecado.

⁹Os filhos de Arão trouxeram-lhe o sangue; e ele molhou o dedo no sangue, e o pôs sobre as pontas do altar, e derramou o sangue à base do altar;

¹⁰mas a gordura, e os rins, e o redenho do fígado, tirados da oferta pelo pecado, queimou-os sobre o altar, como o Senhor ordenara a Moisés.

¹¹E queimou ao fogo fora do arraial a carne e o couro.

¹²Depois imolou o holocausto, e os filhos de Arão lhe entregaram o sangue, e ele espargiu sobre o altar em redor.

¹³Também lhe entregaram o holocausto, pedaço por pedaço, e a cabeça; e ele os queimou sobre o altar.

¹⁴E lavou a fressura e as pernas, e as queimou sobre o holocausto no altar.

¹⁵Então apresentou a oferta do povo e, tomando o bode que era a oferta pelo pecado do povo, imolou-o e o ofereceu pelo pecado, como fizera com o primeiro.

¹⁶Apresentou também o holocausto, e o ofereceu segundo a ordenança. rifício até o terceiro

¹⁷E apresentou a oferta de cereais e, tomando dela um punhado, queimou-o sobre o altar, além do holocausto da manhã.

¹⁸Imolou também o boi e o carneiro em sacrifício de oferta pacífica pelo povo; e os filhos de Arão entregaram-lhe o sangue, que ele espargiu sobre o altar em redor,

¹⁹como também a gordura do boi e do carneiro, a cauda gorda, e o que cobre a fressura, e os rins, e o redenho do fígado;

²⁰e puseram a gordura sobre os peitos, e ele queimou a gordura sobre o altar;

²¹mas os peitos e a coxa direita, ofereceu-os Arão por oferta movida perante o Senhor, como Moisés tinha ordenado.

²²Depois Arão, levantando as mãos para o povo, o abençoou e desceu, tendo acabado de oferecer a oferta pelo pecado, o holocausto e as ofertas pacíficas.

²³E Moisés e Arão entraram na tenda da revelação; depois saíram, e abençoaram o povo; e a glória do Senhor apareceu a todo o povo,

²⁴pois saiu fogo de diante do Senhor, e consumiu o holocausto e a gordura sobre o altar; o que vendo todo o povo, jubilaram e prostraram-se sobre os seus rostos.

## Capítulo 10

¹Ora, Nadabe, e Abiú, filhos de Arão, tomaram cada um o seu incensário e, pondo neles fogo e sobre ele deitando incenso, ofereceram fogo estranho perante o Senhor, o que ele não lhes ordenara.

²Então saiu fogo de diante do Senhor, e os devorou; e morreram perante o Senhor.

³Disse Moisés a Arão: Isto é o que o Senhor falou, dizendo: Serei santificado naqueles que se chegarem a mim, e serei glorificado diante de todo o povo. Mas Arão guardou silêncio.

⁴E Moisés chamou a Misael e a Elzafã, filhos de Uziel, tio de Arão, e disse-lhes: Chegai-vos, levai vossos irmãos de diante do santuário, para fora do arraial.

⁵Chegaram-se, pois, e levaram-nos como estavam, nas próprias túnicas, para fora do arraial, como Moisés lhes dissera.

⁶Então disse Moisés a Arão, e a seus filhos Eleazar e Itamar: Não descubrais as vossas cabeças, nem rasgueis as vossas vestes, para que não morrais, nem venha a ira sobre toda a congregação; mas vossos irmãos, toda a casa de Israel, lamentem este incêndio que o Senhor acendeu.

⁷E não saireis da porta da tenda da revelação, para que não morrais; porque está sobre vós o óleo da unção do Senhor. E eles fizeram conforme a palavra de Moisés.

⁸Falou também o Senhor a Arão, dizendo:

⁹Não bebereis vinho nem bebida forte, nem tu nem teus filhos contigo, quando entrardes na tenda da revelação, para que não morrais; estatuto perpétuo será isso pelas vossas gerações,

¹⁰não somente para fazer separação entre o santo e o profano, e entre o imundo e o limpo,

¹¹mas também para ensinar aos filhos de Israel todos os estatutos que o Senhor lhes tem dado por intermédio de Moisés.

¹²Também disse Moisés a Arão, e a Eleazar e Itamar, seus filhos que lhe ficaram: Tomai a oferta de cereais que resta das ofertas queimadas do Senhor, e comei-a sem levedura junto do altar, porquanto é coisa santíssima.

¹³Comê-la-eis em lugar santo, porque isto é a tua porção, e a porção de teus filhos, das ofertas queimadas do Senhor; porque assim me foi ordenado.

¹⁴Também o peito da oferta movida e a coxa da oferta alçada, comê-los-eis em lugar limpo, tu, e teus filhos e tuas filhas contigo; porquanto são eles dados como tua porção, e como porção de teus filhos, dos sacrifícios das ofertas pacíficas dos filhos de Israel.

¹⁵Trarão a coxa da oferta alçada e o peito da oferta movida juntamente com as ofertas queimadas da gordura, para movê-los como oferta movida perante o Senhor; isso te pertencerá como porção, a ti e a teus filhos contigo, para sempre, como o Senhor tem ordenado.

¹⁶E Moisés buscou diligentemente o bode da oferta pelo pecado, e eis que já tinha sido queimado; pelo que se indignou grandemente contra Eleazar e contra Itamar, os filhos que de Arão ficaram, e lhes disse:

¹⁷Por que não comestes a oferta pelo pecado em lugar santo, visto que é coisa santíssima, e o Senhor a deu a vós para levardes a iniqüidade da congregação, para fazerdes expiação por eles diante do Senhor?

¹⁸Eis que não se trouxe o seu sangue para dentro do santuário; certamente a devíeis ter comido em lugar santo, como eu havia ordenado.

¹⁹Então disse Arão a Moisés: Eis que hoje ofereceram a sua oferta pelo pecado e o seu holocausto perante o Senhor, e tais coisas como essas me têm acontecido; se eu tivesse comido hoje a oferta pelo pecado, porventura teria sido isso coisa agradável aos olhos do Senhor?

²⁰Ouvindo Moisés isto, pareceu-lhe razoável.

## Capítulo 11

¹Falou o Senhor a Moisés e a Arão, dizendo-lhes:

²Dizei aos filhos de Israel: Estes são os animais que podereis comer dentre todos os animais que há sobre a terra:

³dentre os animais, todo o que tem a unha fendida, de sorte que se divide em duas, o que rumina, esse podereis comer.

⁴Os seguintes, contudo, não comereis, dentre os que ruminam e dentre os que têm a unha fendida: o camelo, porque rumina mas não tem a unha fendida, esse vos será imundo;

⁵o querogrilo, porque rumina mas não tem a unha fendida, esse vos será imundo;

⁶a lebre, porque rumina mas não tem a unha fendida, essa vos será imunda;

⁷e o porco, porque tem a unha fendida, de sorte que se divide em duas, mas não rumina, esse vos será imundo.

⁸Da sua carne não comereis, nem tocareis nos seus cadáveres; esses vos serão imundos.

⁹Estes são os que podereis comer de todos os que há nas águas: todo o que tem barbatanas e escamas, nas águas, nos mares e nos rios, esse podereis comer.

¹⁰Mas todo o que não tem barbatanas, nem escamas, nos mares e nos rios, todo réptil das águas, e todos os animais que vivem nas águas, estes vos serão abomináveis,

¹¹tê-los-eis em abominação; da sua carne não comereis, e abominareis os seus cadáveres.

¹²Tudo o que não tem barbatanas nem escamas, nas águas, será para vós abominável.

¹³Dentre as aves, a estas abominareis; não se comerão, serão abomináveis: a águia, o quebrantosso, o xofrango,

¹⁴o açor, o falcão segundo a sua espécie,

¹⁵todo corvo segundo a sua espécie,

¹⁶o avestruz, o mocho, a gaivota, o gavião segundo a sua espécie,

¹⁷o bufo, o corvo marinho, a coruja,

¹⁸o porfirião, o pelicano, o abutre,

¹⁹a cegonha, a garça segundo a sua, espécie, a poupa e o morcego.

²⁰Todos os insetos alados que andam sobre quatro pés, serão para vós uma abominação.

²¹Contudo, estes há que podereis comer de todos os insetos alados que andam sobre quatro pés: os que têm pernas sobre os seus pés, para saltar com elas sobre a terra;

²²isto é, deles podereis comer os seguintes: o gafanhoto segundo a sua espécie, o solham segundo a sua espécie, o hargol segundo a sua espécie e o hagabe segundo a sua especie.

²³Mas todos os outros insetos alados que têm quatro pés, serão para vós uma abominação.

²⁴Também por eles vos tornareis imundos; qualquer que tocar nos seus cadáveres, será imundo até a tarde,

²⁵e quem levar qualquer parte dos seus cadáveres, lavará as suas vestes, e será imundo até a tarde.

²⁶Todo animal que tem unhas fendidas, mas cuja fenda não as divide em duas, e que não rumina, será para vós imundo; qualquer que tocar neles será imundo.

²⁷Todos os plantígrados dentre os quadrúpedes, esses vos serão imundos; qualquer que tocar nos seus cadáveres sera imundo até a tarde,

²⁸e o que levar os seus cadáveres lavará as suas vestes, e será imundo até a tarde; eles serão para vós imundos.

²⁹Estes também vos serão por imundos entre os animais que se arrastam sobre a terra: a doninha, o rato, o crocodilo da terra segundo a sua espécie,

³⁰o musaranho, o crocodilo da água, a lagartixa, o lagarto e a toupeira.

³¹Esses vos serão imundos dentre todos os animais rasteiros; qualquer que os tocar, depois de mortos, será imundo até a tarde;

³²e tudo aquilo sobre o que cair o cadáver de qualquer deles será imundo; seja vaso de madeira, ou vestidura, ou pele, ou saco, seja qualquer instrumento com que se faz alguma obra, será metido na água, e será imundo até a tarde; então será limpo.

³³E quanto a todo vaso de barro dentro do qual cair algum deles, tudo o que houver nele será imundo, e o vaso quebrareis.

³⁴Todo alimento depositado nele, que se pode comer, sobre o qual vier água, será imundo; e toda bebida que se pode beber, sendo depositada em qualquer destes vasos será imunda.

³⁵E tudo aquilo sobre o que cair: alguma parte dos cadáveres deles será imundo; seja forno, seja fogão, será quebrado; imundos são, portanto para vós serão imundos.

³⁶Contudo, uma fonte ou cisterna, em que há depósito de água, será limpa; mas quem tocar no cadáver será imundo.

³⁷E, se dos seus cadáveres cair alguma coisa sobre alguma semente que se houver de semear, esta será limpa;

³⁸mas se for deitada água sobre a semente, e se dos cadáveres cair alguma coisa sobre ela, então ela será para vós imunda.

³⁹E se morrer algum dos animais de que vos é lícito comer, quem tocar no seu cadáver sera imundo até a tarde;

⁴⁰e quem comer do cadáver dele lavará as suas vestes, e será imundo até a tarde; igualmente quem levar o cadáver dele lavará as suas vestes, e será imundo até a tarde.

⁴¹Também todo animal rasteiro que se move sobre a terra será abominação; não se comerá.

⁴²Tudo o que anda sobre o ventre, tudo o que anda sobre quatro pés, e tudo o que tem muitos pés, enfim todos os animais rasteiros que se movem sobre a terra, desses não comereis, porquanto são abomináveis.

⁴³Não vos tomareis abomináveis por nenhum animal rasteiro, nem neles vos contaminareis, para não vos tornardes imundos por eles.

⁴⁴Porque eu sou o Senhor vosso Deus; portanto santificai-vos, e sede santos, porque eu sou santo; e não vos contaminareis com nenhum animal rasteiro que se move sobre a terra;

⁴⁵porque eu sou o Senhor, que vos fiz subir da terra do Egito, para ser o vosso Deus, sereis pois santos, porque eu sou santo.

⁴⁶Esta é a lei sobre os animais e as aves, e sobre toda criatura vivente que se move nas águas e toda criatura que se arrasta sobre a terra;

⁴⁷para fazer separação entre o imundo e o limpo, e entre os animais que se podem comer e os animais que não se podem comer.

## Capítulo 12

¹Disse mais o Senhor a Moisés:

²Fala aos filhos de Israel, dizendo: Se uma mulher conceber e tiver um menino, será imunda sete dias; assim como nos dias da impureza da sua enfermidade, será imunda.

³E no dia oitavo se circuncidará ao menino a carne do seu prepúcio.

⁴Depois permanecerá ela trinta e três dias no sangue da sua purificação; em nenhuma coisa sagrada tocará, nem entrará no santuário até que se cumpram os dias da sua purificação.

⁵Mas, se tiver uma menina, então será imunda duas semanas, como na sua impureza; depois permanecerá sessenta e seis dias no sangue da sua purificação.

⁶E, quando forem cumpridos os dias da sua purificação, seja por filho ou por filha, trará um cordeiro de um ano para holocausto, e um pombinho ou uma rola para oferta pelo pecado, à porta da tenda da revelação, ao sacerdote,

⁷o qual o oferecerá perante o Senhor, e fará expiação por ela; então ela será limpa do fluxo do seu sangue. Esta é a lei da que der à luz menino ou menina.

⁸Mas, se as suas posses não bastarem para um cordeiro, então tomará duas rolas, ou dois pombinhos: um para o holocausto e outro para a oferta pelo pecado; assim o sacerdote fará expiação por ela, e ela será limpa.

## Capítulo 13

¹Falou mais o Senhor a Moisés e a Arão, dizendo:

²Quando um homem tiver na pele da sua carne inchação, ou pústula, ou mancha lustrosa, e esta se tornar na sua pele como praga de lepra, então será levado a Arão o sacerdote, ou a um de seus filhos, os sacerdotes,

³e o sacerdote examinará a praga na pele da carne. Se o pêlo na praga se tiver tornado branco, e a praga parecer mais profunda que a pele, é praga de lepra; o sacerdote, verificando isto, o declarará imundo.

⁴Mas, se a mancha lustrosa na sua pele for branca, e não parecer mais profunda que a pele, e o pêlo não se tiver tornado branco, o sacerdote encerrará por sete dias aquele que tem a praga.

⁵Ao sétimo dia o sacerdote o examinará; se a praga, na sua opinião, tiver parado e não se tiver estendido na pele, o sacerdote o encerrará por outros sete dias.

⁶Ao sétimo dia o sacerdote o examinará outra vez; se a praga tiver escurecido, não se tendo estendido na pele, o sacerdote o declarará limpo; é uma pústula. O homem lavará as suas vestes, e será limpo.

⁷Mas se a pústula se estender muito na pele, depois de se ter mostrado ao sacerdote para a sua purificação, mostrar-se-á de novo ao sacerdote,

⁸o qual o examinará; se a pústula se tiver estendido na pele, o sacerdote o declarará imundo; é lepra.

⁹Quando num homem houver praga de lepra, será ele levado ao sacerdote,

¹⁰o qual o examinará; se houver na pele inchação branca que tenha tornado branco o pêlo, e houver carne viva na inchação,

¹¹lepra inveterada é na sua pele. Portanto, o sacerdote o declarará imundo; não o encerrará, porque imundo é.

¹²Se a lepra se espalhar muito na pele, e cobrir toda a pele do que tem a praga, desde a cabeça até os pés, quanto podem ver os olhos do sacerdote,

¹³este o examinará; e, se a lepra tiver coberto a carne toda, declarará limpo o que tem a praga; ela toda se tornou branca; o homem é limpo.

¹⁴Mas no dia em que nele aparecer carne viva será imundo.

¹⁵Examinará, pois, o sacerdote a carne viva, e declarará o homem imundo; a carne viva é imunda; é lepra.

¹⁶Ou, se a carne viva mudar, e ficar de novo branca, ele virá ao sacerdote,

¹⁷e este o examinará; se a praga se tiver tornado branca, o sacerdote declarará limpo o que tem a praga; limpo está.

¹⁸Quando também a carne tiver na sua pele alguma úlcera, se esta sarar,

¹⁹e em seu lugar vier inchação branca ou mancha lustrosa, tirando a vermelho, mostrar-se-á ao sacerdote,

²⁰e este a examinará; se ela parecer mais profunda que a pele, e o pêlo se tiver tornado branco, o sacerdote declarará imundo o homem; é praga de lepra, que brotou na úlcera.

²¹Se, porém, o sacerdote a examinar, e nela não houver pêlo branco e não estiver mais profunda que a pele, mas tiver escurecido, o sacerdote encerrará por sete dias o homem.

²²Se ela se estender na pele, o sacerdote a declarará imundo; é praga.

²³Mas se a mancha lustrosa parar no seu lugar, não se estendendo, é cicatriz da úlcera; o sacerdote, pois, o declarará limpo.

²⁴Ou, quando na pele da carne houver queimadura de fogo, e a carne viva da queimadura se tornar em mancha lustrosa, tirando a vermelho ou branco,

²⁵o sacerdote a examinará, e se o pêlo na mancha lustrosa se tiver tornado branco, e ela parecer mais profunda que a pele, é lepra; brotou na queimadura; portanto o sacerdote o declarará imundo; é praga de lepra.

²⁶Mas se o sacerdote a examinar, e na mancha lustrosa não houver pêlo branco, nem estiver mais profunda que a pele, mas tiver escurecido, o sacerdote o encerrará por sete dias.

²⁷Ao sétimo dia o sacerdote o examinará. Se ela se houver estendido na pele, o sacerdote o declarará imundo; é praga de lepra.

²⁸Mas se a mancha lustrosa tiver parado no seu lugar, não se estendendo na pele, e tiver escurecido, é a inchação da queimadura; portanto o sacerdote o declarará limpo; porque é cicatriz da queimadura.

²⁹E quando homem (ou mulher) tiver praga na cabeça ou na barba,

³⁰o sacerdote examinará a praga, e se ela parecer mais profunda que a pele, e nela houver pêlo fino amarelo, o sacerdote o declarará imundo; é tinha, é lepra da cabeça ou da barba.

³¹Mas se o sacerdote examinar a praga da tinha, e ela não parecer mais profunda que a pele, e nela não houver pêlo preto, o sacerdote encerrará por sete dias o que tem a praga da tinha.

³²Ao sétimo dia o sacerdote examinará a praga; se a tinha não se tiver estendido, e nela não houver pêlo amarelo, nem a tinha parecer mais profunda que a pele,

³³o homem se rapará, mas não rapará a tinha; e o sacerdote encerrará por mais sete dias o que tem a tinha.

³⁴Ao sétimo dia o sacerdote examinará a tinha; se ela não se houver estendido na pele, e não parecer mais profunda que a pele, o sacerdote declarará limpo o homem; o qual lavará as suas vestes, e será limpo.

³⁵Mas se, depois da sua purificação, a tinha estender na pele,

³⁶o sacerdote o examinará; se a tinha se tiver estendido na pele, o sacerdote não buscará pêlo amarelo; o homem está imundo.

³⁷Mas se a tinha, a seu ver, tiver parado, e nela tiver crescido pêlo preto, a tinha terá sarado; limpo está o homem; portanto o sacerdote o declarará limpo.

³⁸Quando homem (ou mulher) tiver na pele da sua carne manchas lustrosas, isto é, manchas lustrosas brancas,

³⁹o sacerdote as examinará; se essas manchas lustrosas forem brancas tirando a escuro, é impigem que brotou na pele; o homem é limpo.

⁴⁰Quando a cabeça do homem se pelar, ele é calvo; contudo é limpo.

⁴¹E, se a frente da sua cabeça se pelar, ele é meio calvo; contudo é limpo.

⁴²Mas se na calva, ou na meia calva, houver praga branca tirando a vermelho, é lepra que lhe está brotando na calva ou na meia calva.

⁴³Então o sacerdote o examinará, e se a inchação da praga na calva ou na meia calva for branca tirando a vermelho, como parece a lepra na pele da carne,

⁴⁴leproso é aquele homem, é imundo; o sacerdote certamente o declarará imundo; na sua cabeça está a praga.

⁴⁵Também as vestes do leproso, em quem está a praga, serão rasgadas; ele ficará com a cabeça descoberta e de cabelo solto, mas cobrirá o bigode, e clamará: Imundo, imundo.

⁴⁶Por todos os dias em que a praga estiver nele, será imundo; imundo é; habitará só; a sua habitação será fora do arraial.

⁴⁷Quando também houver praga de lepra em alguma vestidura, seja em vestidura de lã ou em vestidura de linho,

⁴⁸quer na urdidura, quer na trama, seja de linho ou seja de lã; ou em pele, ou em qualquer obra de pele;

⁴⁹se a praga na vestidura, quer na urdidura, quer na trama, ou na pele, ou em qualquer coisa de pele, for verde ou vermelha, é praga de lepra, pelo que se mostrará ao sacerdote;

⁵⁰o sacerdote examinará a praga, e encerrará por sete dias aquilo que tem a praga.

⁵¹Ao sétimo dia examinará a praga; se ela se houver estendido na vestidura, quer na urdidura, quer na trama, ou na pele, seja qual for a obra em que se empregue, a praga é lepra roedora; é imunda.

⁵²Pelo que se queimará aquela vestidura, seja a urdidura ou a trama, seja de lã ou de linho, ou qualquer obra de pele, em que houver a praga, porque é lepra roedora; queimar-se-á ao fogo.

⁵³Mas se o sacerdote a examinar, e ela não se tiver estendido na vestidura, seja na urdidura, seja na trama, ou em qualquer obra de pele,

⁵⁴o sacerdote ordenará que se lave aquilo, em que está a praga, e o encerrará por mais sete dias.

⁵⁵O sacerdote examinará a praga, depois de lavada, e se ela não tiver mudado de cor, nem se tiver estendido, é imunda; no fogo a queimarás; é praga penetrante, seja por dentro, seja por fora.

⁵⁶Mas se o sacerdote a examinar, e a praga tiver escurecido, depois de lavada, então a rasgará da vestidura, ou da pele, ou da urdidura, ou da trama;

⁵⁷se ela ainda aparecer na vestidura, seja na urdidura, seja na trama, ou em qualquer coisa de pele, é lepra brotante; no fogo queimarás aquilo em que há a praga.

⁵⁸Mas a vestidura, quer a urdidura, quer a trama, ou qualquer coisa de pele, que lavares, e de que a praga se retirar, se lavará segunda vez, e será limpa.

⁵⁹Esta é a lei da praga da lepra na vestidura de lã, ou de linho, quer na urdidura, quer na rama, ou em qualquer coisa de pele, para declará-la limpa, ou para declará-la imunda.

## Capítulo 14

¹Depois disse o Senhor a Moisés:

²Esta será a lei do leproso no dia da sua purificação: será levado ao sacerdote,

³e este sairá para fora do arraial, e o examinará; se a praga do leproso tiver sarado,

⁴o sacerdote ordenará que, para aquele que se há de purificar, se tomem duas aves vivas e limpas, pau de cedro, carmesim e hissopo.

⁵Mandará também que se imole uma das aves num vaso de barro sobre águas vivas.

⁶Tomará a ave viva, e com ela o pau de cedro, o carmesim e o hissopo, os quais molhará, juntamente com a ave viva, no sangue da ave que foi imolada sobre as águas vivas;

⁷e a espargirá sete vezes sobre aquele que se há de purificar da lepra; então o declarará limpo, e soltará a ave viva sobre o campo aberto.

⁸Aquele que se há de purificar lavará as suas vestes, rapará todo o seu pêlo e se lavará em água; assim será limpo. Depois entrará no arraial, mas ficará fora da sua tenda por sete dias.

⁹Ao sétimo dia rapará todo o seu pêlo, tanto a cabeça como a barba e as sobrancelhas, sim, rapará todo o pêlo; também lavará as suas vestes, e banhará o seu corpo em água; assim será limpo.

¹⁰Ao oitavo dia tomará dois cordeiros sem defeito, e uma cordeira sem defeito, de um ano, e três décimos de efa de flor de farinha para oferta de cereais, amassada com azeite, e um logue de azeite;

¹¹e o sacerdote que faz a purificação apresentará o homem que se há de purificar, bem como aquelas coisas, perante o Senhor, à porta da tenda da revelação.

¹²E o sacerdote tomará um dos cordeiros, o oferecerá como oferta pela culpa; e, tomando também o logue de azeite, os moverá por oferta de movimento perante o Senhor.

¹³E imolará o cordeiro no lugar em que se imola a oferta pelo pecado e o holocausto, no lugar santo; porque, como a oferta pelo pecado pertence ao sacerdote, assim também a oferta pela culpa; é coisa santíssima.

¹⁴Então o sacerdote tomará do sangue da oferta pela culpa e o porá sobre a ponta da orelha direita daquele que se há de purificar, e sobre o dedo polegar da sua mão direita, e sobre o dedo polegar do seu pé direito.

¹⁵Tomará também do logue de azeite, e o derramará na palma da sua própria mão esquerda;

¹⁶então molhará o dedo direito no azeite que está na mão esquerda, e daquele azeite espargirá com o dedo sete vezes perante o Senhor.

¹⁷Do restante do azeite que está na sua mão, o sacerdote porá sobre a ponta da orelha direita daquele que se há de purificar, e sobre o dedo polegar da sua mão direita, e sobre o dedo polegar do seu pé direito, por cima do sangue da oferta pela culpa;

¹⁸e o restante do azeite que está na sua mão, pô-lo-á sobre a cabeça daquele que se há de purificar; assim o sacerdote fará expiação por ele perante o Senhor.

¹⁹Também o sacerdote oferecerá a oferta pelo pecado, e fará expiação por aquele que se há de purificar por causa a sua imundícia; e depois imolará o holocausto,

²⁰e oferecerá o holocausto e a oferta de cereais sobre o altar; assim o sacerdote fará expiação por ele, e ele será limpo.

²¹Mas se for pobre, e as suas posses não bastarem para tanto, tomará um cordeiro para oferta pela culpa como oferta de movimento, para fazer expiação por ele, um décimo de efa de flor de farinha amassada com azeite, para oferta de cereais, um logue de azeite,

²²e duas rolas ou dois pombinhos, conforme suas posses permitirem; dos quais um será oferta pelo pecado, e o outro holocausto.

²³Ao oitavo dia os trará, para a sua purificação, ao sacerdote, à porta da tenda da revelação, perante o Senhor;

²⁴e o sacerdote tomará o cordeiro da oferta pela culpa, e o logue de azeite, e os moverá por oferta de movimento perante o Senhor.

²⁵Então imolará o cordeiro da oferta pela culpa e, tomando do sangue da oferta pela culpa, pô-lo-á sobre a ponta da orelha direita daquele que se há de purificar, e sobre o dedo polegar da sua mão direita, e sobre o dedo polegar do seu pé direito.

²⁶Também o sacerdote derramará do azeite na palma da sua própria mão esquerda;

²⁷e com o dedo direito espargirá do azeite que está na mão esquerda, sete vezes perante o Senhor;

²⁸igualmente, do azeite que está na mão, porá na ponta da orelha direita daquele que se há de purificar, e no dedo polegar da sua mão direita, e no dedo polegar do seu pé direito, em cima do lugar do sangue da oferta pela culpa;

²⁹e o restante do azeite que está na mão porá sobre a cabeça daquele que se há de purificar, para fazer expiação por ele perante o Senhor.

³⁰Então oferecerá uma das rolas ou um dos pombinhos, conforme as suas posses lhe permitirem,

³¹sim, conforme as suas posses, um para oferta pelo pecado, e o outro como holocausto, juntamente com a oferta de cereais; assim fará o sacerdote, perante o Senhor, expiação por aquele que se há de purificar.

³²Esta é a lei daquele em quem estiver a praga da lepra, e cujas posses não lhe permitirem apresentar a oferta estipulada para a sua purificação.

³³Disse mais o Senhor a Moisés e a Arão:

³⁴Quando tiverdes entrado na terra de Canaã, que vos dou em possessão, e eu puser a praga da lepra em alguma casa da terra da vossa possessão,

³⁵aquele a quem pertencer a casa virá e informará ao sacerdote, dizendo: Parece-me que há como que praga em minha casa.

³⁶E o sacerdote ordenará que despejem a casa, antes que entre para examinar a praga, para que não se torne imundo tudo o que está na casa; depois entrará o sacerdote para examinar a casa;

³⁷examinará a praga, e se ela estiver nas paredes da casa em covinhas verdes ou vermelhas, e estas parecerem mais profundas que a superfície,

³⁸o sacerdote, saindo daquela casa, deixá-la-á fechada por sete dias.

³⁹Ao sétimo dia voltará o sacerdote e a examinará; se a praga se tiver estendido nas paredes da casa,

⁴⁰o sacerdote ordenará que arranquem as pedras em que estiver a praga, e que as lancem fora da cidade, num lugar imundo;

⁴¹e fará raspar a casa por dentro ao redor, e o pó que houverem raspado deitarão fora da cidade, num lugar imundo;

⁴²depois tomarão outras pedras, e as porão no lugar das primeiras; e outra argamassa se tomará, e se rebocará a casa.

⁴³Se, porém, a praga tornar a brotar na casa, depois de arrancadas as pedras, raspada a casa e de novo rebocada,

⁴⁴o sacerdote entrará, e a examinará; se a praga se tiver estendido na casa, lepra roedora há na casa; é imunda.

⁴⁵Portanto se derrubará a casa, as suas pedras, e a sua madeira, como também toda a argamassa da casa, e se levará tudo para fora da cidade, a um lugar imundo.

⁴⁶Aquele que entrar na casa, enquanto estiver fechada, será imundo até a tarde.

⁴⁷Aquele que se deitar na casa lavará, as suas vestes; e quem comer na casa lavara as suas vestes.

⁴⁸Mas, tornando o sacerdote a entrar, e examinando a casa, se a

praga não se tiver estendido nela, depois de ter sido rebocada, o sacerdote declarará limpa a casa, porque a praga está curada.

⁴⁹E, para purificar a casa, tomará duas aves, pau de cedro, carmesim e hissopo;

⁵⁰imolará uma das aves num vaso de barro sobre águas vivas;

⁵¹tomará o pau de cedro, o hissopo, o carmesim e a ave viva, e os molhará no sangue da ave imolada e nas águas vivas, e espargirá a casa sete vezes;

⁵²assim purificará a casa com o sangue da ave, com as águas vivas, com a ave viva, com o pau de cedro, com o hissopo e com o carmesim;

⁵³mas soltará a ave viva para fora da cidade para o campo aberto; assim fará expiação pela casa, e ela será limpa.

⁵⁴Esta é a lei de toda sorte de praga de lepra e de tinha;

⁵⁵da lepra das vestes e das casas;

⁵⁶da inchação, das pústulas e das manchas lustrosas;

⁵⁷para ensinar quando alguma coisa será imunda, e quando será limpa. Esta é a lei da lepra.

## Capítulo 15

¹Disse ainda o Senhor a Moisés e a Arão:

²Falai aos filhos de Israel, e dizei-lhes: Qualquer homem que tiver fluxo da sua carne, por causa do seu fluxo será imundo.

³Esta, pois, será a sua imundícia por causa do seu fluxo: se a sua carne vasa o seu fluxo, ou se a sua carne estanca o seu fluxo, esta é a sua imundícia.

⁴Toda cama em que se deitar aquele que tiver fluxo será imunda; e toda coisa sobre o que se sentar, será imunda.

⁵E, qualquer que tocar na cama dele lavará as suas vestes, e se banhará em água, e será imundo até a tarde.

⁶E aquele que se sentar sobre aquilo em que se sentou o que tem o fluxo, lavará as suas vestes, e se banhará em água; e será imundo até a tarde,

⁷Também aquele que tocar na carne do que tem o fluxo, lavará as suas vestes, e se banhará em água, e será imundo até a tarde.

⁸Quando o que tem o fluxo cuspir sobre um limpo, então lavará este as suas vestes, e se banhará em água, e será imundo até a tarde.

⁹Também toda sela, em que cavalgar o que tem o fluxo, será imunda.

¹⁰E qualquer que tocar em alguma coisa que tiver estado debaixo dele será imundo até a tarde; e aquele que levar alguma dessas coisas, lavará as suas vestes, e se banhará em água, e será imundo até a tarde.

¹¹Também todo aquele em quem tocar o que tiver o fluxo, sem haver antes lavado as mãos em água, lavará as suas vestes, e se banhará em água, e será imundo até a tarde.

¹²Todo vaso de barro em que tocar o que tiver o fluxo será quebrado; porém todo vaso de madeira será lavado em água.

¹³Quando, pois, o que tiver o fluxo e ficar limpo do seu fluxo, contará para si sete dias para a sua purificação, lavará as suas vestes, banhará o seu corpo em águas vivas, e será limpo.

¹⁴Ao oitavo dia tomará para si duas rolas, ou dois pombinhos, e virá perante o Senhor, à porta da tenda da revelação, e os dará ao sacerdote,

¹⁵o qual os oferecerá, um para oferta pelo pecado, e o outro para holocausto; e assim o sacerdote fará por ele expiação perante o Senhor, por causa do seu fluxo.

¹⁶Também se sair de um homem o seu sêmen banhará o seu corpo todo em água, e será imundo até a tarde.

¹⁷E toda vestidura, e toda pele sobre que houver sêmen serão lavadas em água, e serão imundas até a tarde.

¹⁸Igualmente quanto à mulher com quem o homem se deitar com sêmen ambos se banharão em água, e serão imundos até a tarde.

¹⁹Mas a mulher, quando tiver fluxo, e o fluxo na sua carne for sangue, ficará na sua impureza por sete dias, e qualquer que nela tocar será imundo até a tarde.

²⁰E tudo aquilo sobre o que ela se deitar durante a sua impureza, será imundo; e tudo sobre o que se sentar, será imundo.

²¹Também qualquer que tocar na sua cama, lavará as suas vestes, e se banhará em água, e será imundo até a tarde.

²²E quem tocar em alguma coisa, sobre o que ela se tiver sentado, lavará as suas vestes, e se banhará em água, e será imundo até a tarde.

²³Se o sangue estiver sobre a cama, ou sobre alguma coisa em que ela se sentar, quando alguém tocar nele, será imundo até a tarde.

²⁴E se, com efeito, qualquer homem se deitar com ela, e a sua imundícia ficar sobre ele, imundo será por sete dias; tambem toda cama, sobre que ele se deitar, será imunda.

²⁵Se uma mulher tiver um fluxo de sangue por muitos dias fora do tempo da sua impureza, ou quando tiver fluxo de sangue por mais tempo do que a sua impureza, por todos os dias do fluxo da sua imundícia será como nos dias da sua impureza; imunda será.

²⁶Toda cama sobre que ela se deitar durante todos os dias do seu fluxo ser-lhe-á como a cama da sua impureza; e toda coisa sobre que se sentar será imunda, conforme a imundícia da sua impureza.

²⁷E qualquer que tocar nessas coisas será imundo; portanto lavará as suas vestes, e se banhará em água, e será imundo até a tarde.

²⁸Quando ela ficar limpa do seu fluxo, contará para si sete dias, e depois será limpa.

²⁹Ao oitavo dia tomará para si duas rolas, ou dois pombinhos, e os trará ao sacerdote, à porta da tenda da revelação.

³⁰Então o sacerdote oferecerá um deles para oferta pelo pecado, e o outro para holocausto; e o sacerdote fará por ela expiação perante o Senhor, por causa do fluxo da sua imundícia.

³¹Assim separareis os filhos de Israel da sua imundícia, para que não morram na sua imundícia, contaminando o meu tabernáculo, que está no meio deles.

³²Esta é a lei daquele que tem o fluxo e daquele de quem sai o sêmen de modo que por eles se torna imundo;

³³como também da mulher enferma com a sua impureza e daquele que tem o fluxo, tanto do homem como da mulher, e do homem que se deita com mulher imunda.

## Capítulo 16

¹Falou o Senhor a Moisés, depois da morte dos dois filhos de Arão, que morreram quando se chegaram diante do Senhor.

²Disse, pois, o Senhor a Moisés: Dize a Arão, teu irmão, que não entre em todo tempo no lugar santo, para dentro do véu, diante do propiciatório que está sobre a arca, para que não morra; porque aparecerei na nuvem sobre o propiciatório.

³Com isto entrará Arão no lugar santo: com um novilho, para oferta pelo pecado, e um carneiro para holocausto.

⁴Vestirá ele a túnica sagrada de linho, e terá as calças de linho sobre a sua carne, e cingir-se-á com o cinto de linho, e porá na cabeça a mitra de linho; essas são as vestes sagradas; por isso banhará o seu corpo em água, e as vestirá.

⁵E da congregação dos filhos de Israel tomará dois bodes para oferta pelo pecado e um carneiro para holocausto.

⁶Depois Arão oferecerá o novilho da oferta pelo pecado, o qual será para ele, e fará expiação por si e pela sua casa.

⁷Também tomará os dois bodes, e os porá perante o Senhor, à porta da tenda da revelação.

⁸E Arão lançará sortes sobre os dois bodes: uma pelo Senhor, e a outra por Azazel.

⁹Então apresentará o bode sobre o qual cair a sorte pelo Senhor, e o oferecerá como oferta pelo pecado;

¹⁰mas o bode sobre que cair a sorte para Azazel será posto vivo perante o Senhor, para fazer expiação com ele a fim de enviá-lo ao deserto para Azazel.

¹¹Arão, pois, apresentará o novilho da oferta pelo pecado, que é por ele, e fará expiação por si e pela sua casa; e imolará o novilho que é a sua oferta pelo pecado.

¹²Então tomará um incensário cheio de brasas de fogo de sobre o altar, diante do Senhor, e dois punhados de incenso aromático bem moído, e os trará para dentro do véu;

¹³e porá o incenso sobre o fogo perante o Senhor, a fim de que a nuvem o incenso cubra o propiciatório, que está sobre o testemunho, para que não morra.

¹⁴Tomará do sangue do novilho, e o espargirá com o dedo sobre o propiciatório ao lado oriental; e perante o propiciatório espargirá do sangue sete vezes com o dedo.

¹⁵Depois imolará o bode da oferta pelo pecado, que é pelo povo, e trará o sangue o bode para dentro do véu; e fará com ele como fez com o sangue do novilho, espargindo-o sobre o propiciatório, e perante o propiciatório;

¹⁶e fará expiação pelo santuário por causa das imundícias dos filhos de Israel e das suas transgressões, sim, de todos os seus pecados. Assim também fará pela tenda da revelação, que permanece com eles no meio das suas imundícias.

¹⁷Nenhum homem estará na tenda da revelação quando Arão entrar para fazer expiação no lugar santo, até que ele saia, depois de ter feito expiação por si mesmo, e pela sua casa, e por toda a congregação de Israel.

¹⁸Então sairá ao altar, que está perante o Senhor, e fará expiação pelo altar; tomará do sangue do novilho, e do sangue do bode, e o porá sobre as pontas do altar ao redor.

¹⁹E do sangue espargirá com o dedo sete vezes sobre o altar, purificando-o e santificando-o das imundícias dos filhos de Israel.

²⁰Quando Arão houver acabado de fazer expiação pelo lugar santo, pela tenda da revelação, e pelo altar, apresentará o bode vivo;

²¹e, pondo as mãos sobre a cabeça do bode vivo, confessará sobre ele todas as iniquidades dos filhos de Israel, e todas as suas transgressões, sim, todos os seus pecados; e os porá sobre a cabeça do bode, e enviá-lo-á para o deserto, pela mão de um homem designado para isso.

²²Assim aquele bode levará sobre si todas as iniquidades deles para uma região solitária; e esse homem soltará o bode no deserto.

²³Depois Arão entrará na tenda da revelação, e despirá as vestes de linho, que havia vestido quando entrara no lugar santo, e ali as deixará.

²⁴E banhará o seu corpo em água num lugar santo, e vestirá as suas próprias vestes; então sairá e oferecerá o seu holocausto, e o holocausto do povo, e fará expiação por si e pelo povo.

²⁵Também queimará sobre o altar a gordura da oferta pelo pecado.

²⁶E aquele que tiver soltado o bode para Azazel lavará as suas vestes, e banhará o seu corpo em água, e depois entrará no arraial.

²⁷Mas o novilho da oferta pelo pecado e o bode da oferta pelo pecado, cujo sangue foi trazido para fazer expiação no lugar santo, serão levados para fora do arraial; e lhes queimarão no fogo as peles, a carne e o excremento.

²⁸Aquele que os queimar lavará as suas vestes, banhara o seu corpo em água, e depois entrará no arraial.

²⁹Também isto vos será por estatuto perpétuo: no sétimo mês, aos dez do mês, afligireis as vossas almas, e não fareis trabalho algum, nem o natural nem o estrangeiro que peregrina entre vós;

³⁰porque nesse dia se fará expiação por vós, para purificar-vos; de todos os vossos pecados sereis purificados perante o Senhor.

³¹Será sábado de descanso solene para vós, e afligireis as vossas almas; é estatuto perpétuo.

³²E o sacerdote que for ungido e que for sagrado para administrar o sacerdócio no lugar de seu pai, fará a expiação, havendo vestido as vestes de linho, isto é, as vestes sagradas;

³³assim fará expiação pelo santuário; também fará expiação pela tenda da revelação e pelo altar; igualmente fará expiação e pelos sacerdotes e por todo o povo da congregação.

³⁴Isto vos será por estatuto perpétuo, para fazer expiação uma vez no ano pelos filhos de Israel por causa de todos os seus pecados. E fez Arão como o Senhor ordenara a Moisés.

## Capítulo 17

¹Disse mais o Senhor a Moisés:

²Fala a Arão e aos seus filhos, e a s todos os filhos de Israel, e dize-lhes: Isto é o que o Senhor tem ordenado:

³Qualquer homem da casa de Israel que imolar boi, ou cordeiro, ou cabra, no arraial, ou fora do arraial,

⁴e não o trouxer à porta da tenda da revelação, para o oferecer como oferta ao Senhor diante do tabernáculo do Senhor, a esse homem será imputado o sangue; derramou sangue, pelo que será extirpado do seu povo;

⁵a fim de que os filhos de Israel tragam os seus sacrifícios, que oferecem no campo, isto é, a fim de que os tragam ao Senhor, à porta da tenda da revelação, ao sacerdote, e os ofereçam por sacrifícios de ofertas, pacíficas ao Senhor.

⁶E o sacerdote espargirá o sangue sobre o altar do Senhor, à porta da tenda da revelação, e queimará a gordura por cheiro suave ao Senhor.

⁷E nunca mais oferecerão os seus sacrifícios aos sátiros, após os quais eles se prostituem; isso lhes será por estatuto perpétuo pelas suas gerações.

⁸Dir-lhes-ás pois: Qualquer homem da casa de Israel, ou dos estrangeiros que entre vós peregrinam, que oferecer holocausto ou sacrifício,

⁹e não o trouxer à porta da tenda da revelação, para oferecê-lo ao Senhor, esse homem será extirpado do seu povo.

¹⁰Também, qualquer homem da casa de Israel, ou dos estrangeiros que peregrinam entre eles, que comer algum sangue, contra aquela alma porei o meu rosto, e a extirparei do seu povo.

¹¹Porque a vida da carne está no sangue; pelo que vo-lo tenho dado sobre o altar, para fazer expiação pelas vossas almas; porquanto é o sangue que faz expiação, em virtude da vida.

¹²Portanto tenho dito aos filhos de Israel: Nenhum de vós comerá sangue; nem o estrangeiro que peregrina entre vós comerá sangue.

¹³Também, qualquer homem dos filhos de Israel, ou dos estrangeiros que peregrinam entre eles, que apanhar caça de fera ou de ave que se pode comer, derramará o sangue dela e o cobrirá com pó.

¹⁴Pois, quanto à vida de toda a carne, o seu sangue é uma e a mesma coisa com a sua vida; por isso eu disse aos filhos de Israel: Não comereis o sangue de nenhuma carne, porque a vida de toda a carne é o seu sangue; qualquer que o comer será extirpado.

¹⁵E todo homem, quer natural quer estrangeiro, que comer do que morre por si ou do que é dilacerado por feras, lavará as suas vestes, e se banhará em água, e será imundo até a tarde; depois será limpo.

¹⁶Mas, se não as lavar, nem banhar o seu corpo, levará sobre si a sua iniquidade

## Capítulo 18

¹Disse mais o Senhor a Moisés:

²Fala aos filhos de Israel, e dize-lhes: Eu sou o Senhor vosso Deus.

³Não fareis segundo as obras da terra do Egito, em que habitastes; nem fareis segundo as obras da terra de Canaã, para a qual eu vos levo; nem andareis segundo os seus estatutos.

⁴Os meus preceitos observareis, e os meus estatutos guardareis, para andardes neles. Eu sou o Senhor vosso Deus.

⁵Guardareis, pois, os meus estatutos e as minhas ordenanças, pelas quais o homem, observando-as, viverá. Eu sou o Senhor.

⁶Nenhum de vós se chegará àquela que lhe é próxima por sangue, para descobrir a sua nudez. Eu sou o Senhor.

⁷Não descobrirás a nudez de teu pai, nem tampouco a de tua mãe; ela é tua mãe, não descobrirás a sua nudez.

⁸Não descobrirás a nudez da mulher de teu pai; é nudez de teu pai.

⁹A nudez de tua irmã por parte de pai ou por parte de mãe, quer nascida em casa ou fora de casa, não a descobrirás.

¹⁰Nem tampouco descobrirás a nudez da filha de teu filho, ou da filha de tua filha; porque é tua nudez.

¹¹A nudez da filha da mulher de teu pai, gerada de teu pai, a qual é tua irmã, não a descobrirás.

¹²Não descobrirás a nudez da irmã de teu pai; ela é parenta chegada de teu pai.

¹³Não descobrirás a nudez da irmã de tua mãe, pois ela é parenta chegada de tua mãe.

¹⁴Não descobrirás a nudez do irmão de teu pai; não te chegarás à sua mulher; ela é tua tia.

¹⁵Não descobrirás a nudez de tua nora, ela é mulher de teu filho; não descobrirás a sua nudez.

¹⁶Não descobrirás a nudez da mulher de teu irmão; é a nudez de teu irmão.

¹⁷Não descobrirás a nudez duma mulher e de sua filha. Não tomarás a filha de seu filho, nem a filha de sua filha, para descobrir a sua nudez; são parentas chegadas; é maldade.

¹⁸E não tomarás uma mulher juntamente com sua irmã, durante a vida desta, para tornar-lha rival, descobrindo a sua nudez ao lado da outra.

¹⁹Também não te chegarás a mulher enquanto for impura em virtude da sua imundícia, para lhe descobrir a nudez.

²⁰Nem te deitarás com a mulher de teu próximo, contaminando-te com ela.

²¹Não oferecerás a Moloque nenhum dos teus filhos, fazendo-o passar pelo fogo; nem profanarás o nome de teu Deus. Eu sou o Senhor.

²²Não te deitarás com varão, como se fosse mulher; é abominação.

²³Nem te deitarás com animal algum, contaminando-te com ele; nem a mulher se porá perante um animal, para ajuntar-se com ele; é confusão.

²⁴Não vos contamineis com nenhuma dessas coisas, porque com todas elas se contaminaram as nações que eu expulso de diante de vós;

²⁵e, porquanto a terra está contaminada, eu visito sobre ela a sua iniquidade, e a terra vomita os seus habitantes.

²⁶Vós, pois, guardareis os meus estatutos e os meus preceitos, e nenhuma dessas abominações fareis, nem o natural, nem o estrangeiro que peregrina entre vós

²⁷(porque todas essas abominações cometeram os homens da terra, que nela estavam antes de vós, e a terra ficou contaminada);

²⁸para que a terra não seja contaminada por vós e não vos vomite também a vós, como vomitou a nação que nela estava antes de vós.

²⁹Pois qualquer que cometer alguma dessas abominações, sim, aqueles que as cometerem serão extirpados do seu povo.

³⁰Portanto guardareis o meu mandamento, de modo que não caiais em nenhum desses abomináveis costumes que antes de vós foram seguidos, e para que não vos contamineis com eles. Eu sou o Senhor vosso Deus.

Levítico
## Capítulo 19

¹Disse mais o Senhor a Moisés:

²Fala a toda a congregação dos filhos de Israel, e dize-lhes: Sereis santos, porque eu, o Senhor vosso Deus, sou santo.

³Temerá cada um a sua mãe e a seu pai; e guardareis os meus sábados. Eu sou o Senhor vosso Deus.

⁴Não vos volteis para os ídolos, nem façais para vós deuses de fundição. Eu sou o Senhor vosso Deus.

⁵Quando oferecerdes ao Senhor sacrifício de oferta pacífica, oferecê-lo-eis de modo a serdes aceitos.

⁶No mesmo dia, pois, em que o oferecerdes, e no dia seguinte, se comerá; mas o que sobejar até o terceiro dia será queimado no fogo.

⁷E se, na verdade, alguma coisa dele for comida ao terceiro dia, é coisa abominável; não será aceito.

⁸E qualquer que o comer levará sobre si a sua iniqüidade, porquanto profanou a coisa santa do Senhor; por isso tal alma será extirpada do seu povo.

⁹Quando fizeres a colheita da tua terra, não segarás totalmente os cantos do teu campo, nem colherás as espigas caídas da tua sega.

¹⁰Semelhantemente não rabiscarás a tua vinha, nem colherás os bagos caídos da tua vinha; deixá-los-ás para o pobre e para o estrangeiro. Eu sou o senhor vosso Deus.

¹¹Não furtareis; não enganareis, nem mentireis uns aos outros;

¹²não jurareis falso pelo meu nome, assim profanando o nome do vosso Deus. Eu sou o Senhor.

¹³Não oprimirás o teu próximo, nem o roubarás; a paga do jornaleiro não ficará contigo até pela manhã.

¹⁴Não amaldiçoarás ao surdo, nem porás tropeço diante do cego; mas temerás a teu Deus. Eu sou o Senhor.

¹⁵Não farás injustiça no juízo; não farás acepção da pessoa do pobre, nem honrarás ao poderoso; mas com justiça julgarás o teu próximo.

¹⁶Não andarás como mexeriqueiro entre o teu povo; nem conspirarás contra o sangue do teu próximo. Eu sou o Senhor.

¹⁷Não odiarás a teu irmão no teu coração; não deixarás de repreender o teu próximo, e não levarás sobre ti pecado por causa dele.

¹⁸Não te vingarás nem guardarás ira contra os filhos do teu povo; mas amarás o teu próximo como a ti mesmo. Eu sou o Senhor.

¹⁹Guardareis os meus estatutos. Não permitirás que se cruze o teu gado com o de espécie diversa; não semearás o teu campo com semente diversa; nem vestirás roupa tecida de materiais diversos.

²⁰E, quando um homem se deitar com uma mulher que for escrava, desposada com um homem, e que não for resgatada, nem se lhe houver dado liberdade, então ambos serão açoitados; não morrerão, pois ela não era livre.

²¹E como a sua oferta pela culpa, trará o homem ao Senhor, à porta da tenda da revelação, um carneiro para expiação de culpa;

²²e, com o carneiro da oferta pela culpa, o sacerdote fará expiação por ele perante o Senhor, pelo pecado que cometeu; e este lhe será perdoado.

²³Quando tiverdes entrado na terra e tiverdes plantado toda qualidade de árvores para delas comerdes, tereis o seu fruto como incircunciso; por três anos ele vos será como incircunciso; dele não se comerá.

²⁴No quarto ano, porém, todo o seu o fruto será santo, para oferta de louvor ao Senhor.

²⁵E partindo do quinto ano comereis o seu fruto; para que elas vos aumentem a sua produção. Eu sou o Senhor vosso Deus.

²⁶Não comereis coisa alguma com o sangue; não usareis de encantamentos, nem de agouros.

²⁷Não cortareis o cabelo, arredondando os cantos da vossa cabeça, nem desfigurareis os cantos da vossa barba.

²⁸Não fareis lacerações na vossa carne pelos mortos; nem no vosso corpo imprimireis qualquer marca. Eu sou o Senhor.

²⁹Não profanarás a tua filha, fazendo-a prostituir-se; para que a terra não se prostitua e não se encha de maldade.

³⁰Guardareis os meus sábados, e o meu santuário reverenciareis. Eu sou o Senhor.

³¹Não vos voltareis para os que consultam os mortos nem para os feiticeiros; não os busqueis para não ficardes contaminados por eles. Eu sou o Senhor vosso Deus.

³²Diante das cãs te levantarás, e honrarás a face do ancião, e temerás o teu Deus. Eu sou o Senhor.

³³Quando um estrangeiro peregrinar convosco na vossa terra, não o maltratareis.

³⁴Como um natural entre vós será o estrangeiro que peregrinar convosco; amá-lo-eis como a vós mesmos; pois estrangeiros fostes na terra do Egito. Eu sou o Senhor vosso Deus.

³⁵Não cometereis injustiça no juízo, nem na vara, nem no peso, nem na medida.

³⁶Balanças justas, pesos justos, efa justa, e justo him tereis. Eu sou o Senhor vosso Deus, que vos tirei da terra do Egito.

³⁷Pelo que guardareis todos os meus estatutos e todos os meus preceitos, e os cumprireis. Eu sou o Senhor.

## Capítulo 20

¹Disse mais o Senhor a Moisés:

²Também dirás aos filhos de Israel: Qualquer dos filhos de Israel, ou dos estrangeiros peregrinos em Israel, que der de seus filhos a Moloque, certamente será morto; o povo da terra o apedrejará.

³Eu porei o meu rosto contra esse homem, e o extirparei do meio do seu povo; porquanto eu de seus filhos a Moloque, assim contaminando o meu santuário e profanando o meu santo nome.

⁴E, se o povo da terra de alguma maneira esconder os olhos para não ver esse homem, quando der de seus filhos a Moloque, e não matar,

⁵eu porei o meu rosto contra esse homem, e contra a sua família, e o extirparei do meio do seu povo, bem como a todos os que forem após ele, prostituindo-se após Moloque.

⁶Quanto àquele que se voltar para os que consultam os mortos e para os feiticeiros, prostituindo-se após eles, porei o meu rosto contra aquele homem, e o extirparei do meio do seu povo.

⁷Portanto santificai-vos, e sede santos, pois eu sou o Senhor vosso Deus.

⁸Guardai os meus estatutos, e cumpri-os. Eu sou o Senhor, que vos santifico.

⁹Qualquer que amaldiçoar a seu pai ou a sua mãe, certamente será morto; amaldiçoou a seu pai ou a sua mãe; o seu sangue será sobre ele.

¹⁰O homem que adulterar com a mulher de outro, sim, aquele que adulterar com a mulher do seu próximo, certamente será morto, tanto o adúltero, como a adúltera.

¹¹O homem que se deitar com a mulher de seu pai terá descoberto a nudez de seu pai; ambos os adúlteros certamente serão mortos; o seu sangue será sobre eles.

¹²Se um homem se deitar com a sua nora, ambos certamente serão mortos; cometeram uma confusão; o seu sangue será sobre eles.

¹³Se um homem se deitar com outro homem, como se fosse com mulher, ambos terão praticado abominação; certamente serão mortos; o seu sangue será sobre eles.

¹⁴Se um homem tomar uma mulher e a mãe dela, é maldade; serão queimados no fogo, tanto ele quanto elas, para que não haja maldade no meio de vós.

¹⁵Se um homem se ajuntar com um animal, certamente será morto; também matareis o animal.

¹⁶Se uma mulher se chegar a algum animal, para ajuntar-se com ele, matarás a mulher e bem assim o animal; certamente serão mortos; o seu sangue será sobre eles:

¹⁷Se um homem tomar a sua irmã, por parte de pai, ou por parte de mãe, e vir a nudez dela, e ela a dele, é torpeza; portanto serão extirpados aos olhos dos filhos do seu povo; terá descoberto a nudez de sua irmã; levará sobre si a sua iniqüidade.

¹⁸Se um homem se deitar com uma mulher no tempo da enfermidade dela, e lhe descobrir a nudez, descobrindo-lhe também a fonte, e ela descobrir a fonte do seu sangue, ambos serão extirpados do meio do seu povo.

¹⁹Não descobrirás a nudez da irmã de tua mãe, ou da irmã de teu pai, porquanto isso será descobrir a sua parenta chegada; levarão sobre si a sua iniqüidade.

²⁰Se um homem se deitar com a sua tia, terá descoberto a nudez de seu tio; levarão sobre si o seu pecado; sem filhos morrerão.

²¹Se um homem tomar a mulher de seu irmão, é imundícia; terá descoberto a nudez de seu irmão; sem filhos ficarão.

²²Guardareis, pois, todos os meus estatutos e todos os meus preceitos, e os cumprireis; a fim de que a terra, para a qual eu vos levo, para nela morardes, não vos vomite.

²³E não andareis nos costumes dos povos que eu expulso de diante de vós; porque eles fizeram todas estas coisas, e eu os abominei.

²⁴Mas a vós vos tenho dito: Herdareis a sua terra, e eu vo-la darei para a possuirdes, terra que mana leite e mel. Eu sou o Senhor vosso Deus, que vos separei dos povos.

²⁵Fareis, pois, diferença entre os animais limpos e os imundos, e entre as aves imundas e as limpas; e não fareis abomináveis as vossas almas por causa de animais, ou de aves, ou de qualquer coisa de tudo de que está cheia a terra, as quais coisas apartei de vós como imundas.

²⁶E sereis para mim santos; porque eu, o Senhor, sou santo, e vos

separei dos povos, para serdes meus.

²⁷O homem ou mulher que consultar os mortos ou for feiticeiro, certamente será morto. Serão apedrejados, e o seu sangue será sobre eles.

## Capítulo 21

¹Depois disse o senhor a Moisés: Fala aos sacerdotes, filhos de Arão, e dize-lhes: O sacerdote não se contaminará por causa dum morto entre o seu povo,

²salvo por um seu parente mais chegado: por sua mãe ou por seu pai, por seu filho ou por sua filha, por seu irmão,

³ou por sua irmã virgem, que lhe é chegada, que ainda não tem marido; por ela também pode contaminar-se.

⁴O sacerdote, sendo homem principal entre o seu povo, não se profanará, assim contaminando-se.

⁵Não farão os sacerdotes calva na cabeça, e não raparão os cantos da barba, nem farão lacerações na sua carne.

⁶santos serão para seu Deus, e não profanarão o nome do seu Deus; porque oferecem as ofertas queimadas do senhor, que são o pão do seu Deus; portanto serão santos.

⁷Não tomarão mulher prostituta ou desonrada, nem tomarão mulher repudiada de seu marido; pois o sacerdote é santo para seu Deus.

⁸Portanto o santificarás; porquanto oferece o pão do teu Deus, santo te será; pois eu, o Senhor, que vos santifico, sou santo.

⁹E se a filha dum sacerdote se profanar, tornando-se prostituta, profana a seu pai; no fogo será queimada.

¹⁰Aquele que é sumo sacerdote entre seus irmãos, sobre cuja cabeça foi derramado o óleo da unção, e que foi consagrado para vestir as vestes sagradas, não descobrirá a cabeça nem rasgará a sua vestidura;

¹¹e não se chegará a cadáver algum; nem sequer por causa de seu pai ou de sua mãe se contaminará;

¹²não sairá do santuário, nem profanará o santuário do seu Deus; pois a coroa do óleo da unção do seu Deus está sobre ele. Eu sou o Senhor.

¹³E ele tomará por esposa uma mulher na sua virgindade.

¹⁴Viúva, ou repudiada, ou desonrada, ou prostituta, destas não tomará; mas virgem do seu povo tomará por mulher.

¹⁵E não profanará a sua descendência entre o seu povo; porque eu sou o Senhor que o santifico.

¹⁶Disse mais o Senhor a Moisés:

¹⁷Fala a Arão, dizendo: Ninguém dentre os teus descendentes, por todas as suas gerações, que tiver defeito, se chegará para oferecer o pão do seu Deus.

¹⁸Pois nenhum homem que tiver algum defeito se chegará: como homem cego, ou coxo, ou de nariz chato, ou de membros demasiadamente compridos,

¹⁹ou homem que tiver o pé quebrado, ou a mão quebrada,

²⁰ou for corcunda, ou anão, ou que tiver belida, ou sarna, ou impigens, ou que tiver testículo lesado;

²¹nenhum homem dentre os descendentes de Arão, o sacerdote, que tiver algum defeito, se chegará para oferecer as ofertas queimadas do Senhor; ele tem defeito; não se chegará para oferecer o pão do seu Deus.

²²Comerá do pão do seu Deus, tanto do santíssimo como do santo;

²³contudo, não entrará até o véu, nem se chegará ao altar, porquanto tem defeito; para que não profane os meus santuários; porque eu sou o Senhor que os santifico.

²⁴Moisés, pois, assim falou a Arão e a seus filhos, e a todos os filhos de Israel.

## Capítulo 22

¹Depois disse o Senhor a Moisés:

²Dize a Arão e a seus filhos que se abstenham das coisas sagradas dos filhos de Israel, as quais eles a mim me santificam, e que não profanem o meu santo nome. Eu sou o Senhor.

³Dize-lhes: Todo homem dentre os vossos descendentes pelas vossas gerações, que, tendo sobre si a sua imundícia, se chegar às coisas sagradas que os filhos de Israel santificam ao Senhor, aquela alma será extirpada da minha presença. Eu sou o Senhor.

⁴Ninguém dentre os descendentes de Arão que for leproso, ou tiver fluxo, comerá das coisas sagradas, até que seja limpo. Também o que tocar em alguma coisa tornada imunda por causa e um morto, ou aquele de quem sair o sêmem

⁵ou qualquer que tocar em algum animal que se arrasta, pelo qual se torne imundo, ou em algum homem, pelo qual se torne imundo, seja qual for a sua imundícia,

⁶o homem que tocar em tais coisas será imundo até a tarde, e não comerá das coisas sagradas, mas banhará o seu corpo em água

⁷e, posto o sol, então será limpo; depois comerá das coisas sagradas, porque isso é o seu pão.

⁸Do animal que morrer por si, ou do que for dilacerado por feras, não comerá o homem, para que não se contamine com ele. Eu sou o Senhor.

⁹Guardarão, pois, o meu mandamento, para que, havendo-o profanado, não levem pecado sobre si e morram nele. Eu sou o Senhor que os santifico.

¹⁰Também nenhum estranho comerá das coisas sagradas; nem o hóspede do sacerdote, nem o jornaleiro, comerá delas.

¹¹Mas aquele que o sacerdote tiver comprado com o seu dinheiro, e o nascido na sua casa, esses comerão do seu pão.

¹²Se a filha de um sacerdote se casar com um estranho, ela não comerá da oferta alçada das coisas sagradas.

¹³Mas quando a filha do sacerdote for viúva ou repudiada, e não tiver filhos, e houver tornado para a casa de seu pai, como na sua mocidade, do pão de seu pai comerá; mas nenhum estranho comerá dele.

¹⁴Se alguém por engano comer a coisa sagrada, repô-la-á, acrescida da quinta parte, e a dará ao sacerdote como a coisa sagrada.

¹⁵Assim não profanarão as coisas sagradas dos filhos de Israel, que eles oferecem ao Senhor,

¹⁶nem os farão levar sobre si a iniqüidade que envolve culpa, comendo as suas coisas sagradas; pois eu sou o Senhor que as santifico.

¹⁷Disse mais o Senhor a Moisés:

¹⁸Fala a Arão, e a seus filhos, e a todos os filhos de Israel, e dize-lhes: Todo homem da casa de Israel, ou dos estrangeiros em Israel, que oferecer a sua oferta, seja dos seus votos, seja das suas ofertas voluntárias que oferecerem ao Senhor em holocausto,

¹⁹para que sejais aceitos, oferecereis macho sem defeito, ou dos novilhos, ou dos cordeiros, ou das cabras.

²⁰Nenhuma coisa, porém, que tiver defeito oferecereis, porque não será aceita a vosso favor.

²¹E, quando alguém oferecer sacrifício de oferta pacífica ao Senhor para cumprir um voto, ou para oferta voluntária, seja do gado vacum, seja do gado miúdo, o animal será perfeito, para que seja aceito; nenhum defeito haverá nele.

²²O cego, ou quebrado, ou aleijado, ou que tiver úlceras, ou sarna, ou impigens, estes não oferecereis ao Senhor, nem deles poreis oferta queimada ao Senhor sobre o altar.

²³Todavia, um novilho, ou um cordeiro, que tenha algum membro comprido ou curto demais, poderás oferecer por oferta voluntária, mas para cumprir voto não será aceito.

²⁴Não oferecereis ao Senhor um animal que tiver testículo machucado, ou moído, ou arrancado, ou lacerado; não fareis isso na vossa terra.

²⁵Nem da mão do estrangeiro oferecereis de alguma dessas coisas o pão do vosso Deus; porque a sua corrupção nelas está; há defeito nelas; não serão aceitas a vosso favor.

²⁶Disse mais o Senhor a Moisés:

²⁷Quando nascer um novilho, ou uma ovelha, ou uma cabra, por sete dias ficará debaixo de sua mãe; depois, desde o dia oitavo em diante, será aceito por oferta queimada ao Senhor.

²⁸Também, seja vaca ou seja ovelha, não a imolareis a ela e à sua cria, ambas no mesmo dia.

²⁹E, quando oferecerdes ao Senhor sacrifício de ação de graças, oferecê-lo-eis de modo a serdes aceitos.

³⁰No mesmo dia se comerá; nada deixareis ficar dele até pela manhã. Eu sou o Senhor.

³¹Guardareis os meus mandamentos, e os cumprireis. Eu sou o Senhor.

³²Não profanareis o meu santo nome, e serei santificado no meio dos filhos de Israel. Eu sou o Senhor que vos santifico,

³³que vos tirei da terra do Egito para ser o vosso Deus. Eu sou o Senhor.

## Capítulo 23

¹Depois disse o Senhor a Moisés:

²Fala aos filhos de Israel, e dize-lhes: As festas fixas do Senhor, que proclamareis como santas convocações, são estas:

³Seis dias se fará trabalho, mas o sétimo dia é o sábado do descanso solene, uma santa convocação; nenhum trabalho fareis; é sábado do Senhor em todas as vossas habitações.

⁴São estas as festas fixas do Senhor, santas convocações, que proclamareis no seu tempo determinado:

⁵No mês primeiro, aos catorze do mês, à tardinha, é a páscoa do

Senhor.

⁶E aos quinze dias desse mês é a festa dos pães ázimos do Senhor; sete dias comereis pães ázimos.

⁷No primeiro dia tereis santa convocação; nenhum trabalho servil fareis.

⁸Mas por sete dias oferecereis oferta queimada ao Senhor; ao sétimo dia haverá santa convocação; nenhum trabalho servil fareis.

⁹Disse mais o Senhor a Moisés:

¹⁰Fala aos filhos de Israel, e dize-lhes: Quando houverdes entrado na terra que eu vos dou, e segardes a sua sega, então trareis ao sacerdote um molho das primícias da vossa sega;

¹¹e ele moverá o molho perante o Senhor, para que sejais aceitos. No dia seguinte ao sábado o sacerdote o moverá.

¹²E no dia em que moverdes o molho, oferecereis um cordeiro sem defeito, de um ano, em holocausto ao Senhor.

¹³Sua oferta de cereais será dois décimos de efa de flor de farinha, amassada com azeite, para oferta queimada em cheiro suave ao Senhor; e a sua oferta de libação será de vinho, um quarto de him.

¹⁴E não comereis pão, nem trigo torrado, nem espigas verdes, até aquele mesmo dia, em que trouxerdes a oferta do vosso Deus; é estatuto perpétuo pelas vossas gerações, em todas as vossas habitações.

¹⁵Contareis para vós, desde o dia depois do sábado, isto é, desde o dia em que houverdes trazido o molho da oferta de movimento, sete semanas inteiras;

¹⁶até o dia seguinte ao sétimo sábado, contareis cinqüenta dias; então oferecereis nova oferta de cereais ao Senhor.

¹⁷Das vossas habitações trareis, para oferta de movimento, dois pães de dois décimos de efa; serão de flor de farinha, e levedados se cozerão; são primícias ao Senhor.

¹⁸Com os pães oferecereis sete cordeiros sem defeito, de um ano, um novilho e dois carneiros; serão holocausto ao Senhor, com as respectivas ofertas de cereais e de libação, por oferta queimada de cheiro suave ao Senhor.

¹⁹Também oferecereis um bode para oferta pelo pecado, e dois cordeiros de um ano para sacrifício de ofertas pacíficas.

²⁰Então o sacerdote os moverá, juntamente com os pães das primícias, por oferta de movimento perante o Senhor, com os dois cordeiros; santos serão ao Senhor para uso do sacerdote.

²¹E fareis proclamação nesse mesmo dia, pois tereis santa convocação; nenhum trabalho servil fareis; é estatuto perpétuo em todas as vossas habitações pelas vossas gerações.

²²Quando fizeres a sega da tua terra, não segarás totalmente os cantos do teu campo, nem colherás as espigas caídas da tua sega; para o pobre e para o estrangeiro as deixarás. Eu sou o Senhor vosso Deus.

²³Disse mais o Senhor a Moisés:

²⁴Fala aos filhos de Israel: No sétimo mês, no primeiro dia do mês, haverá para vós descanso solene, em memorial, com sonido de trombetas, uma santa convocação.

²⁵Nenhum trabalho servil fareis, e oferecereis oferta queimada ao Senhor.

²⁶Disse mais o Senhor a Moisés:

²⁷Ora, o décimo dia desse sétimo mês será o dia da expiação; tereis santa convocação, e afligireis as vossas almas; e oferecereis oferta queimada ao Senhor.

²⁸Nesse dia não fareis trabalho algum; porque é o dia da expiação, para nele fazer-se expiação por vós perante o Senhor vosso Deus.

²⁹Pois toda alma que não se afligir nesse dia, será extirpada do seu povo.

³⁰Também toda alma que nesse dia fizer algum trabalho, eu a destruirei do meio do seu povo.

³¹Não fareis nele trabalho algum; isso será estatuto perpétuo pelas vossas gerações em todas as vossas habitações.

³²Sábado de descanso vos será, e afligireis as vossas almas; desde a tardinha do dia nono do mês até a outra tarde, guardareis o vosso sábado.

³³Disse mais o Senhor a Moisés:

³⁴Fala aos filhos de Israel, dizendo: Desde o dia quinze desse sétimo mês haverá a festa dos tabernáculos ao Senhor por sete dias.

³⁵No primeiro dia haverá santa convocação; nenhum trabalho servil fareis.

³⁶Por sete dias oferecereis ofertas queimadas ao Senhor; ao oitavo dia tereis santa convocação, e oferecereis oferta queimada ao Senhor; será uma assembléia solene; nenhum trabalho servil fareis.

³⁷Estas são as festas fixas do Senhor, que proclamareis como santas convocações, para oferecer-se ao Senhor oferta queimada, holocausto e oferta de cereais, sacrifícios e ofertas de libação, cada qual em seu dia próprio;

³⁸além dos sábados do Senhor, e além dos vossos dons, e além de todos os vossos votos, e além de todas as vossas ofertas voluntárias que derdes ao Senhor.

³⁹Desde o dia quinze do sétimo mês, quando tiverdes colhido os frutos da terra, celebrareis a festa do Senhor por sete dias; no primeiro dia haverá descanso solene, e no oitavo dia haverá descanso solene.

⁴⁰No primeiro dia tomareis para vós o fruto de árvores formosas, folhas de palmeiras, ramos de árvores frondosas e salgueiros de ribeiras; e vos alegrareis perante o Senhor vosso Deus por sete dias.

⁴¹E celebrá-la-eis como festa ao Senhor por sete dias cada ano; estatuto perpétuo será pelas vossas gerações; no mês sétimo a celebrareis.

⁴²Por sete dias habitareis em tendas de ramos; todos os naturais em Israel habitarão em tendas de ramos,

⁴³para que as vossas gerações saibam que eu fiz habitar em tendas de ramos os filhos de Israel, quando os tirei da terra do Egito. Eu sou o Senhor vosso Deus.

⁴⁴Assim declarou Moisés aos filhos de Israel as festas fixas do Senhor.

## Capítulo 24

¹Disse mais o Senhor a Moisés:

²Ordena aos filhos de Israel que te tragam, para o candeeiro, azeite de oliveira, puro, batido, a fim de manter uma lâmpada acesa continuamente.

³Arão a conservará em ordem perante o Senhor, continuamente, desde a tarde até a manhã, fora do véu do testemunho, na tenda da revelação; será estatuto perpétuo pelas vossas gerações.

⁴Sobre o candelabro de ouro puro conservará em ordem as lâmpadas perante o Senhor continuamente.

⁵Também tomarás flor de farinha, e dela cozerás doze pães; cada pão será de dois décimos de efa.

⁶E pô-los-ás perante o Senhor, em duas fileiras, seis em cada fileira, sobre a mesa de ouro puro.

⁷Sobre cada fileira porás incenso puro, para que seja sobre os pães como memorial, isto é, como oferta queimada ao Senhor;

⁸em cada dia de sábado, isso se porá em ordem perante o Senhor continuamente; e, a favor dos filhos de Israel, um pacto perpétuo.

⁹Pertencerão os pães a Arão e a seus filhos, que os comerão em lugar santo, por serem coisa santíssima para eles, das ofertas queimadas ao Senhor por estatuto perpétuo.

¹⁰Naquele tempo apareceu no meio dos filhos de Israel o filho duma mulher israelita, o qual era filho dum egípcio; e o filho da israelita e um homem israelita pelejaram no arraial;

¹¹e o filho da mulher israelita blasfemou o Nome, e praguejou; pelo que o trouxeram a Moisés. Ora, o nome de sua mãe era Selomite, filha de Dibri, da tribo de Dã.

¹²Puseram-no, pois, em detenção, até que se lhes fizesse declaração pela boca do Senhor.

¹³Então disse o Senhor a Moisés:

¹⁴Tira para fora do arraial o que tem blasfemado; todos os que o ouviram porão as mãos sobre a cabeça dele, e toda a congregação o apedrejará.

¹⁵E dirás aos filhos de Israel: Todo homem que amaldiçoar o seu Deus, levará sobre si o seu pecado.

¹⁶E aquele que blasfemar o nome do Senhor, certamente será morto; toda a congregação certamente o apedrejará. Tanto o estrangeiro como o natural, que blasfemar o nome do Senhor, será morto.

¹⁷Quem matar a alguém, certamente será morto;

¹⁸e quem matar um animal, fará restituição por ele, vida por vida.

¹⁹Se alguém desfigurar o seu próximo, como ele fez, assim lhe será feito:

²⁰quebradura por quebradura, olho por olho, dente por dente; como ele tiver desfigurado algum homem, assim lhe será feito.

²¹Quem, pois, matar um animal, fará restituição por ele; mas quem matar um homem, será morto.

²²uma mesma lei tereis, tanto para o estrangeiro como para o natural; pois eu sou o Senhor vosso Deus.

²³Então falou Moisés aos filhos de Israel. Depois eles levaram para fora do arraial aquele que tinha blasfemado e o apedrejaram. Fizeram, pois, os filhos de Israel como o Senhor ordenara a Moisés.

## Capítulo 25

¹Disse mais o Senhor a Moisés no monte Sinai:

²Fala aos filhos de Israel e dize-lhes: Quando tiverdes entrado na terra que eu vos dou, a terra guardará um sábado ao Senhor.

³Seis anos semearás a tua terra, e seis anos podarás a tua vinha, e colherás os seus frutos;

⁴mas no sétimo ano haverá sábado de descanso solene para a terra, um sábado ao Senhor; não semearás o teu campo, nem podarás a tua vinha.

⁵O que nascer de si mesmo da tua sega não segarás, e as uvas da tua vide não tratada não vindimarás; ano de descanso solene será para a terra.

⁶Mas os frutos do sábado da terra vos serão por alimento, a ti, e ao teu servo, e à tua serva, e ao teu jornaleiro, e ao estrangeiro que peregrina contigo,

⁷e ao teu gado, e aos animais que estão na tua terra; todo o seu produto será por mantimento.

⁸Também contarás sete sábados de anos, sete vezes sete anos; de maneira que os dias dos sete sábados de anos serão quarenta e nove anos.

⁹Então, no décimo dia do sétimo mês, farás soar fortemente a trombeta; no dia da expiação fareis soar a trombeta por toda a vossa terra.

¹⁰E santificareis o ano qüinquagésimo, e apregoareis liberdade na terra a todos os seus habitantes; ano de jubileu será para vós; pois tornareis, cada um à sua possessão, e cada um à sua família.

¹¹Esse ano qüinquagésimo será para vós jubileu; não semeareis, nem segareis o que nele nascer de si mesmo, nem nele vindimareis as uvas das vides não tratadas.

¹²Porque é jubileu; santo será para vós; diretamente do campo comereis o seu produto.

¹³Nesse ano do jubileu tornareis, cada um à sua possessão.

¹⁴Se venderdes alguma coisa ao vosso próximo ou a comprardes da mão do vosso próximo, não vos defraudareis uns aos outros.

¹⁵Conforme o número de anos desde o jubileu é que comprarás ao teu próximo, e conforme o número de anos das colheitas é que ele te venderá.

¹⁶Quanto mais forem os anos, tanto mais aumentarás o preço, e quanto menos forem os anos, tanto mais abaixarás o preço; porque é o número das colheitas que ele te vende.

¹⁷Nenhum de vós oprimirá ao seu próximo; mas temerás o teu Deus; porque eu sou o Senhor vosso Deus.

¹⁸Pelo que observareis os meus estatutos, e guardareis os meus preceitos e os cumprireis; assim habitareis seguros na terra.

¹⁹Ela dará o seu fruto, e comereis a fartar; e nela habitareis seguros.

²⁰Se disserdes: Que comeremos no sétimo ano, visto que não haveremos de semear, nem fazer a nossa colheita?

²¹então eu mandarei a minha bênção sobre vós no sexto ano, e a terra produzirá fruto bastante para os três anos.

²²No oitavo ano semeareis, e comereis da colheita velha; até o ano nono, até que venha a colheita nova, comereis da velha.

²³Também não se venderá a terra em perpetuidade, porque a terra é minha; pois vós estais comigo como estrangeiros e peregrinos:

²⁴Portanto em toda a terra da vossa possessão concedereis que seja remida a terra.

²⁵Se teu irmão empobrecer e vender uma parte da sua possessão, virá o seu parente mais chegado e remirá o que seu irmão vendeu.

²⁶E se alguém não tiver remidor, mas ele mesmo tiver enriquecido e achado o que basta para o seu resgate,

²⁷contará os anos desde a sua venda, e o que ficar do preço da venda restituirá ao homem a quem a vendeu, e tornará à sua possessão.

²⁸Mas, se as suas posses não bastarem para reavê-la, aquilo que tiver vendido ficará na mão do comprador até o ano do jubileu; porém no ano do jubileu sairá da posse deste, e aquele que vendeu tornará à sua possessão.

²⁹Se alguém vender uma casa de moradia em cidade murada, poderá remi-la dentro de um ano inteiro depois da sua venda; durante um ano inteiro terá o direito de a remir.

³⁰Mas se, passado um ano inteiro, não tiver sido resgatada, essa casa que está na cidade murada ficará, em perpetuidade, pertencendo ao que a comprou, e à sua descendência; não sairá o seu poder no jubileu.

³¹Todavia as casas das aldeias que não têm muro ao redor serão consideradas como o campo da terra; poderão ser remidas, e sairão do poder do comprador no jubileu.

³²Também, no tocante às cidades dos levitas, às casas das cidades da sua possessão, terão eles direito perpétuo de remi-las.

³³E se alguém comprar dos levitas uma casa, a casa comprada e a cidade da sua possessão sairão do poder do comprador no jubileu; porque as casas das cidades dos levitas são a sua possessão no meio dos filhos de Israel.

³⁴Mas o campo do arrabalde das suas cidades não se poderá vender, porque lhes é possessão perpétua.

³⁵Também, se teu irmão empobrecer ao teu lado, e lhe enfraquecerem as mãos, sustentá-lo-ás; como estrangeiro e peregrino viverá contigo.

³⁶Não tomarás dele juros nem ganho, mas temerás o teu Deus, para que teu irmão viva contigo.

³⁷Não lhe darás teu dinheiro a juros, nem os teus víveres por lucro.

³⁸Eu sou o Senhor vosso Deus, que vos tirei da terra do Egito, para vos dar a terra de Canaã, para ser o vosso Deus.

³⁹Também, se teu irmão empobrecer ao teu lado e vender-se a ti, não o farás servir como escravo.

⁴⁰Como jornaleiro, como peregrino estará ele contigo; até o ano do jubileu te servirá;

⁴¹então sairá do teu serviço, e com ele seus filhos, e tornará à sua família, à possessão de seus pais.

⁴²Porque são meus servos, que tirei da terra do Egito; não serão vendidos como escravos.

⁴³Não dominarás sobre ele com rigor, mas temerás o teu Deus.

⁴⁴E quanto aos escravos ou às escravas que chegares a possuir, das nações que estiverem ao redor de vós, delas é que os comprareis.

⁴⁵Também os comprareis dentre os filhos dos estrangeiros que peregrinarem entre vós, tanto dentre esses como dentre as suas famílias que estiverem convosco, que tiverem eles gerado na vossa terra; e vos serão por possessão.

⁴⁶E deixá-los-eis por herança aos vossos filhos depois de vós, para os herdarem como possessão; desses tomareis os vossos escravos para sempre; mas sobre vossos irmãos, os filhos de Israel, não dominareis com rigor, uns sobre os outros.

⁴⁷Se um estrangeiro ou peregrino que estiver contigo se tornar rico, e teu irmão, que está com ele, empobrecer e vender-se ao estrangeiro ou peregrino que está contigo, ou à linhagem da família do estrangeiro,

⁴⁸depois que se houver vendido, poderá ser remido; um de seus irmãos o poderá remir;

⁴⁹ou seu tio, ou o filho de seu tio, ou qualquer parente chegado da sua família poderá remi-lo; ou, se ele se tiver tornado rico, poderá remir-se a si mesmo.

⁵⁰E com aquele que o comprou fará a conta desde o ano em que se vendeu a ele até o ano do jubileu; e o preço da sua venda será conforme o número dos anos; conforme os dias de um jornaleiro estará com ele.

⁵¹Se ainda faltarem muitos anos, conforme os mesmos restituirá, do dinheiro pelo qual foi comprado, o preço da sua redenção;

⁵²e se faltarem poucos anos até o ano do jubileu, fará a conta com ele; segundo o número dos anos restituirá o preço da sua redenção.

⁵³Como servo contratado de ano em ano, estará com o comprador; o qual não dominará sobre ele com rigor diante dos teus olhos.

⁵⁴E, se não for remido por nenhum desses meios, sairá livre no ano do jubileu, e com ele seus filhos.

⁵⁵Porque os filhos de Israel são meus servos; eles são os meus servos que tirei da terra do Egito. Eu sou o Senhor vosso Deus.

## Capítulo 26

¹Não fareis para vós ídolos, nem para vós levantareis imagem esculpida, nem coluna, nem poreis na vossa terra pedra com figuras, para vos inclinardes a ela; porque eu sou o Senhor vosso Deus.

²Guardareis os meus sábados, e reverenciareis o meu santuário. Eu sou o Senhor.

³Se andardes nos meus estatutos, e guardardes os meus mandamentos e os cumprires,

⁴eu vos darei as vossas chuvas a seu tempo, e a terra dará o seu produto, e as árvores do campo darão os seus frutos;

⁵a debulha vos continuará até a vindima, e a vindima até a semeadura; comereis o vosso pão a fartar, e habitareis seguros na vossa terra.

⁶Também darei paz na terra, e vos deitareis, e ninguém vos amedrontará. Farei desaparecer da terra os animais nocivos, e pela vossa terra não passará espada.

⁷Perseguireis os vossos inimigos, e eles cairão à espada diante de vós.

⁸Cinco de vós perseguirão a um cento deles, e cem de vós perseguirão a dez mil; e os vossos inimigos cairão à espada diante de vós.

⁹Outrossim, olharei para vós, e vos farei frutificar, e vos multiplicarei, e confirmarei o meu pacto convosco.

¹⁰E comereis da colheita velha por longo tempo guardada, até afinal a removerdes para dar lugar à nova.

¹¹Também porei o meu tabernáculo no meio de vós, e a minha alma não vos abominará.

¹²Andarei no meio de vós, e serei o vosso Deus, e vós sereis o meu

## Levítico

povo.

¹³Eu sou o Senhor vosso Deus, que vos tirei da terra dos egípcios, para que não fôsseis seus escravos; e quebrei os canzis do vosso jugo, e vos fiz andar erguidos.

¹⁴Mas, se não me ouvirdes, e não cumprirdes todos estes mandamentos,

¹⁵e se rejeitardes os meus estatutos, e a vossa alma desprezar os meus preceitos, de modo que não cumprais todos os meus mandamentos, mas violeis o meu pacto,

¹⁶então eu, com efeito, vos farei isto: porei sobre vós o terror, a tísica e a febre ardente, que consumirão os olhos e farão definhar a vida; em vão semeareis a vossa semente, pois os vossos inimigos a comerão.

¹⁷Porei o meu rosto contra vós, e sereis feridos diante de vossos inimigos; os que vos odiarem dominarão sobre vós, e fugireis sem que ninguém vos persiga.

¹⁸Se nem ainda com isto me ouvirdes, prosseguirei em castigar-vos sete vezes mais, por causa dos vossos pecados.

¹⁹Pois quebrarei a soberba do vosso poder, e vos farei o céu como ferro e a terra como bronze.

²⁰Em vão se gastará a vossa força, porquanto a vossa terra não dará o seu produto, nem as árvores da terra darão os seus frutos.

²¹Ora, se andardes contrariamente para comigo, e não me quiseres ouvir, trarei sobre vós pragas sete vezes mais, conforme os vossos pecados.

²²Enviarei para o meio de vós as feras do campo, as quais vos desfilharão, e destruirão o vosso gado, e vos reduzirão a pequeno número; e os vossos caminhos se tornarão desertos.

²³Se nem ainda com isto quiserdes voltar a mim, mas continuardes a andar contrariamente para comigo,

²⁴eu também andarei contrariamente para convosco; e eu, eu mesmo, vos ferirei sete vezes mais, por causa dos vossos pecados.

²⁵Trarei sobre vós a espada, que executará a vingança do pacto, e vos aglomerareis nas vossas cidades; então enviarei a peste entre vós, e sereis entregues na mão do inimigo.

²⁶Quando eu vos quebrar o sustento do pão, dez mulheres cozerão o vosso pão num só forno, e de novo vo-lo entregarão por peso; e comereis, mas não vos fartareis.

²⁷Se nem ainda com isto me ouvirdes, mas continuardes a andar contrariamente para comigo,

²⁸também eu andarei contrariamente para convosco com furor; e vos castigarei sete vezes mais, por causa dos vossos pecados.

²⁹E comereis a carne de vossos filhos e a carne de vossas filhas.

³⁰Destruirei os vossos altos, derrubarei as vossas imagens do sol, e lançarei os vossos cadáveres sobre os destroços dos vossos ídolos; e a minha alma vos abominará.

³¹Reduzirei as vossas cidades a deserto, e assolarei os vossos santuários, e não cheirarei o vosso cheiro suave.

³²Assolarei a terra, e sobre ela pasmarão os vossos inimigos que nela habitam.

³³Espalhar-vos-ei por entre as nações e, desembainhando a espada, vos perseguirei; a vossa terra será assolada, e as vossas cidades se tornarão em deserto.

³⁴Então a terra folgará nos seus sábados, todos os dias da sua assolação, e vós estareis na terra dos vossos inimigos; nesse tempo a terra descansará, e folgará nos seus sábados.

³⁵Por todos os dias da assolação descansará, pelos dias que não descansou nos vossos sábados, quando nela habitáveis.

³⁶E, quanto aos que de vós ficarem, eu lhes meterei pavor no coração nas terras dos seus inimigos; e o ruído de uma folha agitada os porá em fuga; fugirão como quem foge da espada, e cairão sem que ninguém os persiga;

³⁷sim, embora não haja quem os persiga, tropeçarão uns sobre os outros como diante da espada; e não podereis resistir aos vossos inimigos.

³⁸Assim perecereis entre as nações, e a terra dos vossos inimigos vos devorará;

³⁹e os que de vós ficarem definharão pela sua iniquidade nas terras dos vossos inimigos, como também pela iniquidade de seus pais.

⁴⁰Então confessarão a sua iniquidade, e a iniquidade de seus pais, com as suas transgressões, com que transgrediram contra mim; igualmente confessarão que, por terem andado contrariamente para comigo,

⁴¹eu também andei contrariamente para com eles, e os trouxe para a terra dos seus inimigos. Se então o seu coração incircunciso se humilhar, e tomarem por bem o castigo da sua iniquidade,

⁴²eu me lembrarei do meu pacto com Jacó, do meu pacto com Isaque, e do meu pacto com Abraão; e bem assim da terra me lembrarei.

⁴³A terra também será deixada por eles e folgará nos seus sábados, sendo assolada por causa deles; e eles tomarão por bem o castigo da sua iniquidade, em razão mesmo de que rejeitaram os meus preceitos e a sua alma desprezou os meus estatutos.

⁴⁴Todavia, ainda assim, quando eles estiverem na terra dos seus inimigos, não os rejeitarei nem os abominarei a ponto de consumi-los totalmente e quebrar o meu pacto com eles; porque eu sou o Senhor seu Deus.

⁴⁵Antes por amor deles me lembrarei do pacto com os seus antepassados, que tirei da terra do Egito perante os olhos das nações, para ser o seu Deus. Eu sou o Senhor.

⁴⁶São esses os estatutos, os preceitos e as leis que o Senhor firmou entre si e os filhos de Israel, no monte Sinai, por intermédio de Moisés.

## Capítulo 27

¹Disse mais o Senhor a Moisés:

²Fala aos filhos de Israel, e dize-lhes: Quando alguém fizer ao Senhor um voto especial que envolve pessoas, o voto será cumprido segundo a tua avaliação das pessoas.

³Se for de um homem, desde a idade de vinte até sessenta anos, a tua avaliação será de cinquenta siclos de prata, segundo o siclo do santuário.

⁴Se for mulher, a tua avaliação será de trinta siclos.

⁵Se for de cinco anos até vinte, a tua avaliação do homem será de vinte siclos, e da mulher dez siclos.

⁶Se for de um mês até cinco anos, a tua avaliação do homem será de cinco siclos de prata, e da mulher três siclos de prata.

⁷Se for de sessenta anos para cima, a tua avaliação do homem será de quinze siclos, e da mulher dez siclos.

⁸Mas, se for mais pobre do que a tua avaliação, será apresentado perante o sacerdote, que o avaliará conforme as posses daquele que tiver feito o voto.

⁹Se for animal dos que se oferecem em oferta ao Senhor, tudo quanto der dele ao Senhor será santo.

¹⁰Não o mudará, nem o trocará, bom por mau, ou mau por bom; mas se de qualquer maneira trocar animal por animal, tanto um como o outro será santo.

¹¹Se for algum animal imundo, dos que não se oferecem em oferta ao Senhor, apresentará o animal diante do sacerdote;

¹²e o sacerdote o avaliará, seja bom ou seja mau; segundo tu, sacerdote, o avaliares, assim será.

¹³Mas, se o homem, com efeito, quiser remi-lo, acrescentará a quinta parte sobre a tua avaliação.

¹⁴Quando alguém santificar a sua casa para ser santa ao Senhor, o sacerdote a avaliará, seja boa ou seja má; como o sacerdote a avaliar, assim será.

¹⁵Mas, se aquele que a tiver santificado quiser remir a sua casa, então acrescentará a quinta parte do dinheiro sobre a tua avaliação, e terá a casa.

¹⁶Se alguém santificar ao Senhor uma parte do campo da sua possessão, então a tua avaliação será segundo a sua sementeira: um terreno que leva um hômer de semente de cevada será avaliado em cinquenta siclos de prata.

¹⁷Se ele santificar o seu campo a partir do ano do jubileu, conforme a tua avaliação ficará.

¹⁸Mas se santificar o seu campo depois do ano do jubileu, o sacerdote lhe calculará o dinheiro conforme os anos que restam até o ano do jubileu, e assim será feita a tua avaliação.

¹⁹Se aquele que tiver santificado o campo, com efeito, quiser remi-lo, acrescentará a quinta parte do dinheiro da tua avaliação, e lhe ficará assegurado o campo.

²⁰Se não o quiser remir, ou se houver vendido o campo a outrem, nunca mais poderá ser remido.

²¹Mas o campo, quando sair livre no ano do jubileu, será santo ao Senhor, como campo consagrado; a possessão dele será do sacerdote.

²²Se alguém santificar ao Senhor um campo que tiver comprado, o qual não for parte do campo da sua possessão,

²³o sacerdote lhe contará o valor da tua avaliação até o ano do jubileu; e no mesmo dia dará a tua avaliação, como coisa santa ao Senhor.

²⁴No ano do jubileu o campo tornará àquele de quem tiver sido comprado, isto é, àquele a quem pertencer a possessão do campo.

²⁵Ora, toda tua avaliação se fará conforme o siclo do santuário; o siclo será de vinte jeiras.

²⁶Contudo o primogênito dum animal, que por ser primogênito já pertence ao senhor, ninguém o santificará; seja boi ou gado miúdo, pertence ao Senhor.

²⁷Mas se o primogênito for dum animal imundo, remir-se-á

segundo a tua avaliação, e a esta se acrescentará a quinta parte; e se não for remido, será vendido segundo a tua avaliação.

²⁸Todavia, nenhuma coisa consagrada ao Senhor por alguém, daquilo que possui, seja homem, ou animal, ou campo da sua possessão, será vendida nem será remida; toda coisa consagrada será santíssima ao Senhor.

²⁹Nenhuma pessoa que dentre os homens for devotada será resgatada; certamente será morta.

³⁰Também todos os dízimos da terra, quer dos cereais, quer do fruto das árvores, pertencem ao senhor; santos são ao Senhor.

³¹Se alguém quiser remir uma parte dos seus dízimos, acrescentar-lhe-á a quinta parte.

³²Quanto a todo dízimo do gado e do rebanho, de tudo o que passar debaixo da vara, esse dízimo será santo ao Senhor.

³³Não se examinará se é bom ou mau, nem se trocará; mas se, com efeito, se trocar, tanto um como o outro será santo; não serão remidos.

³⁴são esses os mandamentos que o Senhor ordenou a Moisés, para os filhos de Israel, no monte Sinai.

*Números*
# Números

## Capítulo 1

¹Falou o Senhor a Moisés no deserto de Sinai, na tenda da revelação, no primeiro dia do segundo mês, no segundo ano depois da saída dos filhos de Israel da terra do Egito, dizendo:

²Tomai a soma de toda a congregação dos filhos de Israel, segundo as suas famílias, segundo as casas de seus pais, conforme o número dos nomes de todo homem, cabeça por cabeça;

³os da idade de vinte anos para cima, isto é, todos os que em Israel podem sair à guerra, a esses contareis segundo os seus exércitos, tu e Arão.

⁴Estará convosco de cada tribo um homem que seja cabeça da casa de seus pais.

⁵Estes, pois, são os nomes dos homens que vos assistirão: de Rúben Elizur, filho de Sedeur;

⁶de Simeão, Selumiel, filho de Zurisadai;

⁷de Judá, Nasom, filho de Aminadabe;

⁸de Issacar, Netanel, filho de Zuar;

⁹de Zebulom, Eliabe, filho de Helom;

¹⁰dos filhos de José: de Efraim, Elisama, filho de Amiúde; de Manassés, Gamaliel, filho de Pedazur;

¹¹de Benjamim, Abidã, filho de Gideôni;

¹²de Dã, Aizer, filho de Amisadai;

¹³de Aser, Pagiel, filho de Ocrã;

¹⁴de Gade, Eliasafe, filho de o Deuel;

¹⁵de Naftali, Airá, Filho de Enã.

¹⁶São esses os que foram chamados da congregação, os príncipes dos tribos de seus pais, os cabeças dos milhares de Israel.

¹⁷Então tomaram Moisés e Arão a esses homens que são designados por nome;

¹⁸e, tendo ajuntado toda a congregação no primeiro dia do segundo mês, declararam a linhagem deles segundo as suas famílias, segundo as casas de seus pais, conforme o número dos nomes dos de vinte anos para cima, cabeça por cabeça;

¹⁹como o Senhor ordenara a Moisés, assim este os contou no deserto de Sinai.

²⁰Os filhos de Rúben o primogênito de Israel, as suas gerações, pelas suas famílias, segundo as casas de seus pais, conforme o número dos nomes, cabeça por cabeça, todo homem de vinte anos para cima, todos os que podiam sair à guerra,

²¹os que foram contados deles, da tribo de Rúben eram quarenta e seis mil e quinhentos.

²²Dos filhos de Simeão, as suas gerações, pelas suas famílias, segundo as casas de seus pais, conforme o número dos nomes, cabeça por cabeça, todo homem de vinte anos para cima, todos os que podiam sair à guerra,

²³os que foram contados deles, da tribo de Simeão, eram cinqüenta e nove mil e trezentos.

²⁴Dos filhos de Gade, as suas gerações, pelas suas famílias, segundo as casas de seus pais, conforme o número dos nomes dos de vinte anos para cima, todos os que podiam sair a guerra,

²⁵os que foram contados deles, da tribo de Gade, eram quarenta e cinco mil seiscentos e cinqüenta.

²⁶Dos filhos de Judá, as suas gerações, pelas suas famílias, segundo as casas de seus pais, conforme o número dos nomes dos de vinte anos para cima, todos os que podiam sair a guerra,

²⁷os que foram contados deles, da tribo de Judá, eram setenta e quatro mil e seiscentos.

²⁸Dos filhos de Issacar, as suas gerações, pelas suas famílias, segundo as casas de seus pais, conforme o número dos nomes dos de vinte anos para cima, todos os que podiam sair a guerra,

²⁹os que foram contados deles, da tribo de Issacar, eram cinqüenta e quatro mil e quatrocentos.

³⁰Dos filhos de Zebulom, as suas gerações, pelas suas famílias, segundo as casas de seus pais, conforme o número dos nomes dos de vinte anos para cima, todos os que podiam sair a guerra,

³¹os que foram contados deles, da tribo de Zebulom, eram cinqüenta e sete mil e quatrocentos.

³²Dos filhos de José: dos filhos de Efraim, as suas gerações, pelas suas famílias, segundo as casas de seus pais, conforme o número dos nomes de vinte anos para cima, todos os que podiam sair à guerra,

³³os que foram contados deles, da tribo de Efraim, eram quarenta mil e quinhentos;

³⁴e dos filhos de Manassés, as suas gerações, pelas suas famílias, segundo as casas de seus pais, conforme o número dos nomes dos de vinte anos para cima, todos os que podiam sair à guerra,

³⁵os que foram contados deles, da tribo de Manassés, eram trinta e dois mil e duzentos.

³⁶Dos filhos de Benjamim, as suas gerações, pelas suas famílias, segundo as casas de seus pais, conforme o número dos nomes dos de vinte anos para cima, todos os que podiam sair à guerra,

³⁷os que foram contados deles, da tribo de Benjamim, eram trinta e cinco mil e quatrocentos.

³⁸Dos filhos de Dã, as suas gerações, pelas suas famílias, segundo as casas de seus pais, conforme o número dos nomes dos de vinte anos para cima, todos os que podiam sair à guerra,

³⁹os que foram contados deles, da tribo de Dã, eram sessenta e dois mil e setecentos.

⁴⁰Dos filhos de Aser, as suas gerações, pelas suas famílias, segundo as casas de seus pais, conforme o numero dos nomes dos de vinte anos para cima, todos os que podiam sair à guerra,

⁴¹os que foram contados deles, da tribo de Aser, eram quarenta e um mil e quinhentos.

⁴²Dos filhos de Naftali, as suas gerações, pelas suas famílias, segundo as casas de seus pais, conforme o número dos nomes dos de vinte anos para cima, todos os que podiam sair a guerra,

⁴³os que foram contados deles, da tribo de Naftali, eram cinqüenta e três mil e quatrocentos,

⁴⁴São esses os que foram contados por Moisés e Arão, e pelos príncipes de Israel, sendo estes doze homens e representando cada um a casa de seus pais.

⁴⁵Assim todos os que foram contados dos filhos de Israel, segundo as casas de seus pais, de vinte anos para cima, todos os de Israel que podiam sair à guerra,

⁴⁶sim, todos os que foram contados eram : seiscentos e três mil quinhentos e cinqüenta.

⁴⁷Mas os levitas, segundo a tribo de e seus pais, não foram contados entre eles;

⁴⁸porquanto o Senhor dissera a Moisés:

⁴⁹Somente não contarás a tribo de Levi, nem tomarás a soma deles entre os filhos de Israel;

⁵⁰mas tu põe os levitas sobre o tabernáculo do testemunho, sobre todos os seus móveis, e sobre tudo o que lhe pertence. Eles levarão o tabernáculo e todos os seus móveis, e o administrarão; e acampar-se-ão ao redor do tabernáculo.

⁵¹Quando o tabernáculo houver de partir, os levitas o desarmarão; e quando o tabernáculo se houver de assentar, os levitas o armarão; e o estranho que se chegar será morto.

⁵²Os filhos de Israel acampar-se-ão, cada um no seu arraial, e cada um junto ao seu estandarte, segundo os seus exércitos.

⁵³Mas os levitas acampar-se-ão ao redor do tabernáculo do testemunho, para que não suceda acender-se ira contra a congregação dos filhos de Israel; pelo que os levitas terão o cuidado da guarda do tabernáculo do testemunho.

⁵⁴Assim fizeram os filhos de Israel; conforme tudo o que o Senhor ordenara a Moisés, assim o fizeram.

## Capítulo 2

¹Disse o Senhor a Moisés e a Arão:

²Os filhos de Israel acampar-se-ão, cada um junto ao seu estandarte, com as insígnias das casas de seus pais; ao redor, de frente para a tenda da revelação, se acamparão.

³Ao lado oriental se acamparão os do estandarte do arraial de Judá, segundo os seus exércitos; e Nasom, filho de Aminadabe, será o príncipe dos filhos de Judá.

⁴E o seu exército, os que foram contados deles, era de setenta e quatro mil e seiscentos.

⁵Junto a eles se acamparão os da tribo de Issacar; e Netanel, filho de Zuar, será o príncipe dos filhos de Issacar.

⁶E o seu exército, os que foram contados deles, era de cinqüenta e quatro mil e quatrocentos.

⁷Depois a tribo de Zebulom; e Eliabe, filho de Helom, será o príncipe dos filhos de Zebulom.

⁸E o seu exército, os que foram contados deles, era de cinqüenta e sete mil e quatrocentos.

⁹Todos os que foram contados do arraial de Judá eram cento e oitenta e seis mil e quatrocentos, segundo os seus exércitos. Esses marcharão primeiro.

¹⁰O estandarte do arraial de Rúben segundo os seus exércitos,

estará para a banda do sul; e Elizur, filho de Sedeur, será o príncipe dos filhos de Rúben.

¹¹E o seu exército, os que foram contados deles, era de quarenta e seis mil e quinhentos.

¹²Junto a ele se acamparão os da tribo de Simeão; e Selumiel, filho de Zurisadai, será o príncipe dos filhos de Simeão.

¹³E o seu exército, os que foram contados deles, era de cinqüenta e nove mil e trezentos.

¹⁴Depois a tribo de Gade; e Eliasafe, filho de Reuel, será o príncipe dos filhos de Gade.

¹⁵E o seu exército, os que foram contados deles, era de quarenta e cinco mil seiscentos e cinqüenta.

¹⁶Todos os que foram contados do arraial de Rúben eram cento e cinqüenta e um mil quatrocentos e cinqüenta, segundo os seus exércitos. Esses marcharão em segundo lugar.

¹⁷Então partirá a tenda da revelação com o arraial dos levitas no meio dos arraiais; como se acamparem, assim marcharão, cada um no seu lugar, segundo os seus estandartes.

¹⁸Para a banda do ocidente estará o estandarte do arraial de Efraim, segundo os seus exércitos; e Elisama, filho de Amiúde, será o príncipe dos filhos de Efraim.

¹⁹E o seu exército, os que foram contados deles, era de quarenta mil e quinhentos.

²⁰Junto a eles estará a tribo de Manassés; e Gamaliel, filho de Pedazur, será o príncipe dos filhos de Manassés.

²¹E o seu exército, os que foram contados deles, era de trinta e dois mil e duzentos.

²²Depois a tribo de Benjamim; e Abidã, filho de Gideôni, será o príncipe dos filhos de Benjamim.

²³E o seu exército, os que foram contados deles, era de trinta e cinco mil e quatrocentos.

²⁴Todos os que foram contados o arraial de Efraim eram cento e oito mil e cem, segundo os seus exércitos. Esses marcharão em terceiro lugar.

²⁵Para a banda do norte estará o estandarte do arraial de Dã, segundo os seus exércitos; e Aiezer, filho de Amisadai, será o príncipe dos filhos de Dã.

²⁶E o seu exército, os que foram contados deles, era de sessenta e dois mil e setecentos.

²⁷Junto a eles se acamparão os da tribo de Aser; e Pagiel, filho de Ocrã, será o príncipe dos filhos de Aser.

²⁸E o seu exército, os que foram contados deles, era de quarenta e um mil e quinhentos.

²⁹Depois a tribo de Naftali; e Airá, filho de Enã, será o príncipe dos filhos de Naftali.

³⁰E o seu exército, os que foram contados deles, era de cinqüenta e três mil e quatrocentos.

³¹Todos os que foram contados do arraial de Dã eram cento e cinqüenta e sete mil e seiscentos. Esses marcharão em último lugar, segundo os seus estandartes.

³²São esses os que foram contados dos filhos de Israel, segundo as casas de seus pais; todos os que foram contados dos arraiais segundo os seus exércitos, eram seiscentos e três mil quinhentos e cinqüenta.

³³Os levicampo consagrado; a possessão dele será do sacerdote. foram contados entre os filhos de Israel.

³⁴Assim fizeram os filhos de Israel, conforme tudo o que o Senhor ordenara a Moisés; acamparam-se segundo os seus estandartes, e marcharam, cada qual segundo as suas famílias, segundo as casas de seus pais.

## Capítulo 3

¹Estas, pois, eram as gerações de Arão e de Moisés, no dia em que o Senhor falou com Moisés no monte Sinai.

²Os nomes dos filhos de Arão são estes: o primogênito, Nadabe; depois Abiú, Eleazar e Itamar.

³São esses os nomes dos filhos de Arão, dos sacerdotes que foram ungidos, a quem ele consagrou para administrarem o sacerdocio.

⁴Mas Nadabe e Abiú morreram perante o Senhor, quando ofereceram fogo estranho perante o Senhor no deserto de Sinai, e não tiveram filhos; porém Eleazar e Itamar administraram o sacerdócio diante de Arão, seu pai.

⁵Então disse o Senhor a Moisés:

⁶Faze chegar a tribo de Levi, e põe-nos diante de Arão, o sacerdote, para que o sirvam;

⁷eles cumprirão o que é devido a ele e a toda a congregação, diante da tenda da revelação, fazendo o serviço do tabernáculo;

⁸cuidarão de todos os móveis da tenda da revelação, e zelarão pelo cumprimento dos deveres dos filhos de Israel, fazendo o serviço do tabernáculo.

⁹Darás, pois, os levitas a Arão e a seus filhos; de todo lhes são dados da parte dos filhos de Israel.

¹⁰Mas a Arão e a seus filhos ordenarás que desempenhem o seu sacerdócio; e o estranho que se chegar será morto.

¹¹Disse mais o senhor a Moisés:

¹²Eu, eu mesmo tenho tomado os levitas do meio dos filhos de Israel, em lugar de todo primogênito, que abre a madre, entre os filhos de Israel; e os levitas serão meus,

¹³porque todos os primogênitos são meus. No dia em que feri a todos os primogênitos na terra do Egito, santifiquei para mim todos os primogênitos em Israel, tanto dos homens como dos animais; meus serão. Eu sou o Senhor.

¹⁴Disse mais o Senhor a Moisés no deserto de Sinai:

¹⁵Conta os filhos de Levi, segundo as casas de seus pais, pelas suas famílias; contarás todo homem da idade de um mês, para cima.

¹⁶E Moisés os contou conforme o mandado do Senhor, como lhe fora ordenado.

¹⁷Estes, pois, foram os filhos de Levi, pelos seus nomes: Gérson, Coate e Merári.

¹⁸E estes são os nomes dos filhos de Gérson pelas suas famílias: Líbni e Simei.

¹⁹E os filhos de Coate, pelas suas famílias: Anrão, Izar, Hebrom e Uziel.

²⁰E os filhos de Merári, pelas suas famílias: Mali e Musi. São essas as famílias dos levitas, segundo as casas de seus pais.

²¹De Gérson era a família dos libnitas e a família dos simeítas. São estas as famílias dos gersonitas.

²²Os que deles foram contados, segundo o número de todos os homens da idade de um mês para cima, sim, os que deles foram c contados eram sete mil e quinhentos.

²³As famílias dos gersonitas acampar-se-ão atrás do tabernáculo, ao ocidente.

²⁴E o prícipe da casa paterna dos gersonitas será Eliasafe, filho de Lael.

²⁵E os filhos de Gérson terão a seu cargo na tenda da revelação o tabernáculo e a tenda, a sua coberta e o reposteiro da porta da tenda da revelação,

²⁶e as cortinas do átrio, e o reposteiro da porta do átrio, que está junto ao tabernáculo e junto ao altar, em redor, como também as suas cordas para todo o seu serviço.

²⁷De Coate era a família dos anramitas, e a família dos izaritas, e a família dos hebronitas, e a família dos uzielitas; são estas as famílias dos coatitas.

²⁸Segundo o número de todos os homens da idade de um mês para cima, eram oito mil e seiscentos os que tinham a seu cargo o santuário.

²⁹As famílias dos filhos de Coate acampar-se-ão ao lado do tabernáculo para a banda do sul.

³⁰E o príncipe da casa paterna das famílias dos coatitas será Elizafã, filho de Uziel.

³¹Eles terão a seu cargo a arca e a mesa, o candelabro, os altares e os utensílios do santuário com que ministram, e o reposteiro com todo o seu serviço.

³²E o príncipe dos príncipes de Levi será Eleazar, filho de Arão, o sacerdote; ele terá a superintendência dos que têm a seu cargo o santuário.

³³De Merári era a família dos malitas e a família dos musitas; são estas as famílias de Merári.

³⁴Os que deles foram contados, segundo o número de todos os homens de um mês para cima, eram seis mil e duzentos.

³⁵E o príncipe da casa paterna das famílias de Merári será Zuriel, filho de Abiail; eles se acamparão ao lado do tabernáculo, para a banda do norte.

³⁶Por designação os filhos de Merári terão a seu cargo as armações do tabernáculo e os seus travessões, as suas colunas e as suas bases, e todos os seus pertences, com todo o seu serviço,

³⁷e as colunas do átrio em redor e as suas bases, as suas estacas e as suas cordas.

³⁸Diante do tabernáculo, para a banda do oriente, diante da tenda da revelação, acampar-se-ão Moisés, e Arão com seus filhos, que terão a seu cargo o santuário, para zelarem pelo cumprimento dos deveres dos filhos de Israel; e o estranho que se chegar será morto.

³⁹Todos os que foram contados dos levitas, que Moisés e Arão contaram por mandado do Senhor, segundo as suas famílias, todos os homens de um mês para cima, eram vinte e dois mil.

⁴⁰Disse mais o Senhor a Moisés: Conta todos os primogênitos dos filhos de Israel, da idade de um mês para cima, e toma o número dos

*Números*

seus nomes.

⁴¹E para mim tomarás os levitas (eu sou o Senhor) em lugar de todos os primogênitos dos filhos de Israel, e o gado dos levitas em lugar de todos os primogênitos entre o gado de Israel.

⁴²Moisés, pois, contou, como o Senhor lhe ordenara, todos os primogênitos entre os filhos de Israel.

⁴³E todos os primogênitos, pelo número dos nomes, da idade de um mês para cima, segundo os que foram contados deles, eram vinte e dois mil duzentos e setenta e três.

⁴⁴Disse ainda mais o Senhor a Moisés:

⁴⁵Toma os levitas em lugar de todos os primogênitos entre os filhos de Israel, e o gado dos levitas em lugar do gado deles; porquanto os levitas serão meus. Eu sou o Senhor.

⁴⁶Pela redenção dos duzentos e setenta e três primogênitos dos filhos de Israel, que excedem o número dos levitas,

⁴⁷receberás por cabeça cinco siclos; conforme o siclo do santuário os receberás (o siclo tem vinte jeiras),

⁴⁸e darás a Arão e a seus filhos o dinheiro da redenção dos que excedem o número entre eles.

⁴⁹Então Moisés recebeu o dinheiro da redenção dos que excederam o número dos que foram remidos pelos levitas;

⁵⁰dos primogênitos dos filhos de Israel recebeu o dinheiro, mil trezentos e sessenta e cinco siclos, segundo o siclo do santuário.

⁵¹E Moisés deu o dinheiro da redenção a Arão e a seus filhos, conforme o Senhor lhe ordenara.

## Capítulo 4

¹Disse mais o Senhor a Moisés e a Arão:

²Tomai a soma dos filhos de Coate, dentre os filhos de Levi, pelas suas famílias, segundo as casas de seus pais,

³da idade de trinta anos para cima até os cinqüenta anos, de todos os que entrarem no serviço para fazerem o trabalho na tenda da revelação.

⁴Este será o serviço dos filhos de Coate; na tenda da revelação, no tocante as coisas santíssimas:

⁵Quando partir o arraial, Arão e seus filhos entrarão e, abaixando o véu do reposteiro, com ele cobrirão a arca do testemunho;

⁶por-lhe-ão por cima uma coberta de peles de golfinhos, e sobre ela estenderão um pano todo de azul, e lhe meterão os varais.

⁷Sobre a mesa dos pães da proposição estenderão um pano de azul, e sobre ela colocarão os pratos, as colheres, as tigelas e os cântaros para as ofertas de libação; também o pão contínuo estará sobre ela.

⁸Depois estender-lhe-ão por cima um pano de carmesim, o qual cobrirão com uma coberta de peles de golfinhos, e meterão à mesa os varais.

⁹Então tomarão um pano de azul, e cobrirão o candelabro da luminária, as suas lâmpadas, os seus espevitadores, os seus cinzeiros, e todos os seus vasos do azeite, com que o preparam;

¹⁰e o envolverão, juntamente com todos os seus utensílios, em uma coberta de peles de golfinhos, e o colocarão sobre os varais.

¹¹Sobre o altar de ouro estenderão um pano de azul, e com uma coberta de peles de golfinhos o cobrirão, e lhe meterão os varais.

¹²Também tomarão todos os utensílios do ministério, com que servem no santuário, envolvê-los-ão num pano de azul e, cobrindo-os com uma coberta de peles de golfinhos, os colocarão sobre os varais.

¹³E, tirando as cinzas do altar, estenderão sobre ele um pano de púrpura;

¹⁴colocarão nele todos os utensílios com que o servem: os seus braseiros, garfos, as pás e as bacias, todos os utensílios do altar; e sobre ele estenderão uma coberta de peles de golfinhos, e lhe meterão os varais.

¹⁵Quando Arão e seus filhos, ao partir o arraial, acabarem de cobrir o santuário e todos os seus móveis, os filhos de Coate virão para levá-lo; mas nas coisas sagradas não tocarão, para que não morram; esse é o cargo dos filhos de Coate na tenda da revelação.

¹⁶Eleazar, filho de Arão, o sacerdote, terá a seu cargo o azeite da luminária, o incenso aromático, a oferta contínua de cereais e o óleo da unção; isto é, terá a seu cargo todo o tabernáculo, e tudo o que nele há, o santuário e os seus móveis.

¹⁷Disse mais o Senhor a Moisés e a Arão:

¹⁸Não cortareis a tribo das famílias dos coatitas do meio dos levitas;

¹⁹mas isto lhes fareis, para que vivam e não morram, quando se aproximarem das coisas santíssimas: Arão e seus filhos entrarão e lhes designarão a cada um o seu serviço e o seu cargo;

²⁰mas eles não entrarão a ver, nem por um momento, as coisas sagradas, para que não morram.

²¹Disse mais o Senhor a Moisés:

²²Toma também a soma dos filhos de Gérsom segundo as casas de seus pais, segundo as suas famílias;

²³da idade de trinta anos para cima até os cinqüenta os contarás, a todos os que entrarem no serviço para fazerem o trabalho na tenda da revelação.

²⁴Este será o serviço das famílias dos gersonitas, ao servirem e ao levarem as cargas:

²⁵levarão as cortinas do tabernáculo, a tenda da revelação, a sua coberta, a coberta de peles de golfinhos, que está por cima, o reposteiro da porta da tenda da revelação,

²⁶as cortinas do átrio, o reposteiro da porta do átrio, que está junto ao tabernáculo e junto ao altar em redor, as suas cordas, e todos os instrumentos do seu serviço; enfim tudo quanto se houver de fazer no tocante a essas coisas, nisso hão de servir.

²⁷Todo o trabalho dos filhos dos gersonitas, em todo o seu cargo, e em todo o seu serviço, será segundo o mandado de Arão e de seus filhos; e lhes designareis os cargos em que deverão servir.

²⁸Este é o serviço das famílias dos filhos dos gersonitas na tenda da revelação; e o seu trabalho estará sob a direção de Itamar, filho de Arão, o sacerdote.

²⁹Quanto aos filhos de Merári, contá-los-ás segundo as suas famílias, segundo as casas e seus pais;

³⁰da idade de trinta anos para cima até os cinqüenta os contarás, a todos os que entrarem no serviço para fazerem o trabalho da tenda da revelação,

³¹Este será o seu encargo, segundo todo o seu serviço na tenda da revelação: as armações do tabernáculo e os seus varais, as suas colunas e as suas bases,

³²como também as colunas do átrio em redor e as suas bases, as suas estacas e as suas cordas, com todos os seus objetos, e com todo o seu serviço; e por nome lhes designareis os objetos que ficarão a seu cargo.

³³Este é o serviço das famílias dos filhos de Merári, segundo todo o seu trabalho na tenda da revelação, sob a direção de Itamar, filho de Arão, o sacerdote.

³⁴Moisés, pois, e Arão e os príncipes da congregação contaram os filhos dos coatitas, segundo as suas famílias, segundo as casas e seus pais,

³⁵da idade de trinta anos para cima até os cinqüenta, todos os que entraram no serviço para o trabalho na tenda da revelação;

³⁶os que deles foram contados, pois, segundo as suas famílias, eram dois mil setecentos e cinqüenta.

³⁷Esses são os que foram contados das famílias dos coatitas, isto é, todos os que haviam de servir na tenda da revelação, aos quais Moisés e Arão contaram, conforme o mandado do Senhor por intermédio de Moisés.

³⁸Semelhantemente os que foram contados dos filhos de Gérsom segundo as suas famílias, segundo as casas de seus pais,

³⁹da idade de trinta anos para cima até os cinqüenta, todos os que entraram no serviço, para o trabalho na tenda da revelação,

⁴⁰os que deles foram contados, segundo as suas famílias, segundo as casas de seus pais, eram dois mil seiscentos e trinta.

⁴¹Esses são os que foram contados das famílias dos filhos de Gérsom todos os que haviam de servir na tenda da revelação, aos quais Moisés e Arão contaram, conforme o mandado do Senhor.

⁴²E os que foram contados das famílias dos filhos de Merári, segundo as suas famílias, segundo as casas de seus pais,

⁴³da idade de trinta anos para cima até os cinqüenta, todos os que entraram no serviço, para o trabalho na tenda da revelação,

⁴⁴os que deles foram contados, segundo as suas famílias, eram três mil e duzentos.

⁴⁵Esses são os que foram contados das famílias dos filhos de Merári, aos quais Moisés e Arão contaram, conforme o mandado do Senhor por intermédio de Moisés.

⁴⁶Todos os que foram contados dos levitas, aos quais contaram Moisés e Arão e os príncipes de Israel, segundo as suas famílias, segundo as casas de seus pais,

⁴⁷da idade de trinta anos para cima até os cinqüenta, todos os que entraram no serviço para trabalharem e para levarem cargas na tenda da revelação,

⁴⁸os que deles foram contados eram oito mil quinhentos e oitenta.

⁴⁹Conforme o mandado do Senhor foram contados por Moisés, cada qual segundo o seu serviço, e segundo o seu cargo; assim foram contados por ele, como o Senhor lhe ordenara.

## Capítulo 5

¹Disse mais o Senhor a Moisés:

²Ordena aos filhos de Israel que lancem para fora do arraial a todo leproso, e a todo o que padece fluxo, e a todo o que está oriundo por ter tocado num morto;

³tanto homem como mulher os lançareis para fora, sim, para fora do arraial os lançareis; para que não contaminem o seu arraial, no meio do qual eu habito.

⁴Assim fizeram os filhos de Israel, lançando-os para fora do arraial; como o Senhor falara a Moisés, assim fizeram os filhos de Israel.

⁵Disse mais o Senhor a Moisés: Dize aos filhos de Israel: Quando homem ou mulher pecar contra o seu próximo, transgredindo os mandamentos do Senhor, e tornando-se assim culpado,

⁷confessará o pecado que tiver cometido, e pela sua culpa fará plena restituição, e ainda lhe acrescentará a sua quinta parte; e a dará àquele contra quem se fez culpado.

⁸Mas, se esse homem não tiver parente chegado, a quem se possa fazer a restituição pela culpa, esta será feita ao Senhor, e será do sacerdote, além do carneiro da expiação com que se fizer expiação por ele.

⁹Semelhantemente toda oferta alçada de todas as coisas consagradas dos filhos de Israel, que estes trouxerem ao sacerdote, será dele.

¹⁰Enfim, as coisas consagradas de cada um serão do sacerdote; tudo o que alguém lhe der será dele.

¹¹Disse mais o Senhor a Moisés:

¹²Fala aos filhos de Israel, e dize-lhes: Se a mulher de alguém se desviar pecando contra ele,

¹³e algum homem se deitar com ela, sendo isso oculto aos olhos de seu marido e conservado encoberto, se ela se tiver contaminado, e contra ela não houver testemunha, por não ter sido apanhada em flagrante;

¹⁴se o espírito de ciúmes vier sobre ele, e de sua mulher tiver ciúmes, por ela se haver contaminado, ou se sobre ele vier o espírito de ciúmes, e de sua mulher tiver ciúmes, mesmo que ela não se tenha contaminado;

¹⁵o homem trará sua mulher perante o sacerdote, e juntamente trará a sua oferta por ela, a décima parte de uma efa de farinha de cevada, sobre a qual não deitará azeite nem porá incenso; porquanto é oferta de cereais por ciúmes, oferta memorativa, que traz a iniqüidade à memória.

¹⁶O sacerdote fará a mulher chegar, e a porá perante o Senhor.

¹⁷E o sacerdote tomará num vaso de barro água sagrada; também tomará do pó que houver no chão do tabernáculo, e o deitará na água.

¹⁸Então apresentará a mulher perante o Senhor, e descobrirá a cabeça da mulher, e lhe porá na mão a oferta de cereais memorativa, que é a oferta de cereais por ciúmes; e o sacerdote terá na mão a água de amargura, que traz consigo a maldição.

¹⁹e a fará jurar, e dir-lhe-á: Se nenhum homem se deitou contigo, e se não te desviaste para a imundícia, violando o voto conjugal, sejas tu livre desta água de amargura, que traz consigo a maldição;

²⁰mas se te desviaste, violando o voto conjugal, e te contaminaste, e algum homem que não é teu marido se deitou contigo, -

²¹então o sacerdote, fazendo que a mulher tome o juramento de maldição, lhe dirá: - O Senhor te ponha por maldição e praga no meio do teu povo, fazendo-te o Senhor consumir-se a tua coxa e inchar o teu ventre;

²²e esta água que traz consigo a maldição entrará nas tuas entranhas, para te fazer inchar o ventre, e te fazer consumir-se a coxa. Então a mulher dirá: Amém, amém.

²³Então o sacerdote escreverá estas maldições num livro, e na água de amargura as apagará;

²⁴e fará que a mulher beba a água de amargura, que traz consigo a maldição; e a água que traz consigo a maldição entrará nela para se tornar amarga.

²⁵E o sacerdote tomará da mão da mulher a oferta de cereais por ciúmes, e moverá a oferta de cereais perante o Senhor, e a trará ao altar;

²⁶também tomará um punhado da oferta de cereais como memorial da oferta, e o queimará sobre o altar, e depois fará que a mulher beba a água.

²⁷Quando ele tiver feito que ela beba a água, sucederá que, se ela se tiver contaminado, e tiver pecado contra seu marido, a água, que traz consigo a maldição, entrará nela, tornando-se amarga; inchar-lhe-á o ventre e a coxa se lhe consumirá; e a mulher será por maldição no meio do seu povo.

²⁸E, se a mulher não se tiver contaminado, mas for inocente, então será livre, e conceberá filhos.

²⁹Esta é a lei dos ciúmes, no tocante à mulher que, violando o voto conjugal, se desviar e for contaminada;

³⁰ou no tocante ao homem sobre quem vier o espírito de ciúmes, e se enciumar de sua mulher; ele apresentará a mulher perante o Senhor, e o sacerdote cumprirá para com ela toda esta lei.

³¹Esse homem será livre da iniqüidade; a mulher, porém, levará sobre si a sua iniqüidade.

## Capítulo 6

¹Disse mais o Senhor a Moisés:

²Fala aos filhos de Israel, e dize-lhes: Quando alguém, seja homem, seja mulher, fizer voto especial de nazireu, a fim de se separar para o Senhor,

³abster-se-á de vinho e de bebida forte; não beberá, vinagre de vinho, nem vinagre de bebida forte, nem bebida alguma feita de uvas, nem comerá uvas frescas nem secas.

⁴Por todos os dias do seu nazireado não comerá de coisa alguma que se faz da uva, desde os caroços até as cascas.

⁵Por todos os dias do seu voto de nazireado, navalha não passará sobre a sua cabeça; até que se cumpram os dias pelos quais ele se tenha separado para o Senhor, será santo; deixará crescer as guedelhas do cabelo da sua cabeça.

⁶Por todos os dias da sua separação para o Senhor, não se aproximará de cadáver algum.

⁷Não se contaminará nem por seu pai, nem por sua mãe, nem por seu irmão, nem por sua irmã, quando estes morrerem; porquanto o nazireado do seu Deus está sobre a sua cabeça:

⁸Por todos os dias do seu nazireado será santo ao Senhor.

⁹Se alguém morrer subitamente junto dele, contaminando-se assim a cabeça do seu nazireado, rapará a sua cabera no dia da sua purificação, ao sétimo dia a rapará.

¹⁰Ao oitavo dia trará duas rolas ou dois pombinhos, ao sacerdote, à porta da tenda da revelação;

¹¹e o sacerdote oferecerá um como oferta pelo pecado, e o outro como holocausto, e fará expiação por esse que pecou no tocante ao morto; assim naquele mesmo dia santificará a sua cabeça.

¹²Então separará ao Senhor os dias do seu nazireado, e para oferta pela culpa trará um cordeiro de um ano; mas os dias antecedentes serão perdidos, porquanto o seu nazireado foi contaminado.

¹³Esta, pois, é a lei do nazireu: no dia em que se cumprirem os dias do seu nazireado ele será trazido à porta da tenda da revelação,

¹⁴e oferecerá a sua oferta ao Senhor: um cordeiro de um ano, sem defeito, como holocausto, e uma cordeira de um ano, sem defeito, como oferta pelo pecado, e um carneiro sem defeito como oferta pacífica;

¹⁵e um cesto de pães ázimos, bolos de flor de farinha amassados com azeite como também as respectivas ofertas de cereais e de libação.

¹⁶E o sacerdote os apresentará perante o Senhor, e oferecerá a oferta pelo pecado, e o holocausto;

¹⁷também oferecerá o carneiro em sacrifício de oferta pacífica ao Senhor, com o cesto de pães ázimos e as respectivas ofertas de cereais e de libação.

¹⁸Então o nazireu, à porta da tenda da revelação, rapará o cabelo do seu nazireado, tomá-lo-á e o porá sobre o fogo que está debaixo do sacrifício das ofertas pacíficas.

¹⁹Depois o sacerdote tomará a espádua cozida do carneiro, e um pão ázimo do cesto, e um coscorão ázimo, e os porá nas mãos do nazireu, depois de haver este rapado o cabelo do seu nazireado;

²⁰e o sacerdote os moverá como oferta de movimento perante o Senhor; isto é santo para o sacerdote, juntamente com o peito da oferta de movimento, e com a espádua da oferta alçada; e depois o nazireu poderá beber vinho.

²¹Esta é a lei do que fizer voto de nazireu, e da sua oferta ao Senhor pelo seu nazireado, afora qualquer outra coisa que as suas posses lhe permitirem oferecer; segundo o seu voto, que fizer, assim fará conforme a lei o seu nazireado.

²²Disse mais o Senhor a Moisés:

²³Fala a Arão, e a seus filhos, dizendo: Assim abençoareis os filhos de Israel; dir-lhes-eis:

²⁴O Senhor te abençoe e te guarde;

²⁵o Senhor faça resplandecer o seu rosto sobre ti, e tenha misericórdia de ti;

²⁶o Senhor levante sobre ti o seu rosto, e te dê a paz.

²⁷Assim porão o meu nome sobre os filhos de Israel, e eu os abençoarei.

Números
## Capítulo 7

¹No dia em que Moisés acabou de levantar o tabernáculo, tendo-o ungido e santificado juntamente com todos os seus móveis, bem como o altar e todos os seus utensílios, depois de ungi-los e santificá-los,

²os príncipes de Israel, cabeças das casas de seus pais, fizeram as suas ofertas. Estes eram os príncipes das tribos, os que estavam sobre os que foram contados.

³Trouxeram eles a sua oferta perante o Senhor: seis carros cobertos, e doze bois; por dois príncipes um carro, e por cada um, um boi; e os apresentaram diante do tabernáculo.

⁴Então disse o Senhor a Moisés:

⁵Recebe-os deles, para serem utilizados no serviço da tenda da revelação; e os darás aos levitas, a cada qual segundo o seu serviço:

⁶Assim Moisés recebeu os carros e os bois, e os deu aos levitas.

⁷Dois carros e quatro bois deu aos filhos de Gérson segundo o seu serviço;

⁸e quatro carros e oito bois deu aos filhos de Merári, segundo o seu serviço, sob as ordens de Itamar, filho de Arão, o sacerdote.

⁹Mas aos filhos de Coate não deu nenhum, porquanto lhes pertencia o serviço de levar o santuário, e o levavam aos ombros.

¹⁰Os príncipes fizeram também oferta para a dedicação do altar, no dia em que foi ungido; e os príncipes apresentaram as suas ofertas perante o altar.

¹¹E disse o Senhor a Moisés: Cada príncipe oferecerá a sua oferta, cada qual no seu dia, para a dedicação do altar.

¹²O que ofereceu a sua oferta no primeiro dia foi Nasom, filho de Aminadabe, da tribo de Judá.

¹³A sua oferta foi uma salva de prata do peso de cento e trinta siclos, uma bacia de prata de setenta siclos, segundo o siclo do santuário; ambas cheias de flor de farinha amassada com azeite, para oferta de cereais;

¹⁴uma colher de ouro de dez siclos, cheia de incenso;

¹⁵um novilho, um carneiro, um cordeiro de um ano, para holocausto;

¹⁶um bode para oferta pelo pecado;

¹⁷e para sacrifício de ofertas pacíficas dois bois, cinco carneiros, cinco bodes, cinco cordeiros de um ano; esta foi a oferta de Nasom, filho de Aminadabe.

¹⁸No segundo dia fez a sua oferta Netanel, filho de Zuar, príncipe de Issacar.

¹⁹E como sua oferta ofereceu uma salva de prata do peso de cento e trinta siclos, uma bacia de prata de setenta siclos, segundo o siclo do santuário; ambos cheios de flor de farinha amassada com azeite, para oferta de cereais;

²⁰uma colher de ouro de dez siclos, cheia de incenso;

²¹um novilho, um carneiro, um cordeiro de um ano, para holocausto;

²²um bode para oferta pelo pecado;

²³e para sacrifício de ofertas pacíficas dois bois, cinco carneiros, cinco bodes, cinco cordeiros de um ano; esta foi a oferta de Netanel, filho de Zuar.

²⁴No terceiro dia fez a sua oferta Eliabe, filho de Helom, príncipe dos filhos de Zebulom.

²⁵A sua oferta foi uma salva de prata do peso de cento e trinta siclos, uma bacia de prata de setenta siclos, segundo o siclo do santuário; ambos cheios de flor de farinha amassada com azeite, para oferta de cereais;

²⁶uma colher de ouro de dez siclos, cheia de incenso;

²⁷um novilho, um carneiro, um cordeiro de um ano, para holocausto;

²⁸um bode para oferta pelo pecado;

²⁹e para sacrifício de ofertas pacíficas dois bois, cinco carneiros, cinco bodes, cinco cordeiros de um ano; esta foi a oferta de Eliabe, filho de Helom.

³⁰No quarto dia fez a sua oferta Elizur, filho de Sedeur, príncipe dos filhos de Rúben.

³¹A sua oferta foi uma salva de prata do peso de cento e trinta siclos, uma bacia de prata de setenta siclos, segundo o siclo do santuário; ambos cheios de flor de farinha amassada com azeite, para oferta de cereais;

³²uma colher de ouro de dez siclos, cheio de incenso;

³³um novilho, um carneiro, um cordeiro de um ano, para holocausto;

³⁴um bode para oferta pelo pecado;

³⁵e para sacrifício de ofertas pacíficas dois bois, cinco carneiros, cinco bodes, cinco cordeiros de um ano; esta foi a oferta de Elizur, filho de Sedeur.

³⁶No quinto dia fez a sua oferta Selumiel, filho de Zurisadai, príncipe dos filhos de Simeão.

³⁷A sua oferta foi uma salva de prata do peso de cento e trinta siclos, uma bacia de prata de setenta siclos, segundo o siclo do santuário; ambos cheios de flor de farinha amassada com azeite, para oferta de cereais;

³⁸uma colher de ouro de dez siclos, cheia de incenso;

³⁹um novilho, um carneiro, um cordeiro de um ano, para holocausto;

⁴⁰um bode para oferta pelo pecado;

⁴¹e para sacrifício de ofertas pacíficas dois bois, cinco carneiros, cinco bodes, cinco cordeiros de um ano; esta foi a oferta de Selumiel, filho de Zurisadai.

⁴²No sexto dia fez a sua oferta Eliasafe, filho de Deuel, príncipe dos filhos de Gade.

⁴³A sua oferta foi uma salva de prata do peso de cento e trinta siclos, uma bacia de prata de setenta siclos, segundo o siclo do santuário; ambos cheios de flor de farinha amassada com azeite, para oferta de cereais;

⁴⁴uma colher de ouro do dez siclos, cheia de incenso;

⁴⁵um novilho, um carneiro, um cordeiro de um ano, para holocausto; ,

⁴⁶um bode para oferta pelo pecado;

⁴⁷e para sacrifício de ofertas pacíficas dois bois, cinco carneiros, cinco bodes, cinco cordeiros de um ano; esta foi a oferta de Eliasafe, filho de Deuel,

⁴⁸No sétimo dia fez a sua oferta Elisama, filho de Amiúde, príncipe dos filhos de Efraim.

⁴⁹A sua oferta foi uma salva de prata do peso de cento e trinta siclos, uma bacia de prata de setenta siclos, segundo o siclo do santuário; ambos cheios de flor de farinha amassada com azeite, para oferta de cereais;

⁵⁰uma colher de ouro de dez siclos, cheia de incenso;

⁵¹um novilho, um carneiro, um cordeiro de um ano, para holocausto;

⁵²um bode para oferta pelo pecado;

⁵³e para sacrifício de ofertas pacíficas dois bois, cinco carneiros, cinco bodes, cinco cordeiros de um ano; esta foi a oferta de Elisama, filho de Amiúde.

⁵⁴No oitavo dia fez a sua oferta Gamaliel, filho de Pedazur, príncipe dos filhos de Manassés.

⁵⁵A sua oferta foi uma salva de prata do peso de cento e trinta siclos, uma bacia de prata de setenta siclos, segundo o siclo do santuário; ambos cheios de flor de farinha amassada com azeite, para oferta de cereais;

⁵⁶uma colher de ouro de dez siclos, cheia de incenso;

⁵⁷um novilho, um carneiro, um cordeiro de um ano, para holocausto;

⁵⁸um bode para oferta pelo pecado;

⁵⁹e para sacrifício de ofertas pacíficas dois bois, cinco carneiros, cinco bodes, cinco cordeiros de um ano; esta foi a oferta de Gamaliel, filho de Pedazur.

⁶⁰No dia nono fez a sua oferta Abidã, filho de Gideôni, príncipe dos filhos de Benjamim.

⁶¹A sua oferta foi uma salva de prata do peso de cento e trinta siclos, uma bacia de prata de setenta siclos, segundo o siclo do santuário; ambos cheios de flor de farinha amassada com azeite, para oferta de cereais;

⁶²uma colher de ouro de dez siclos, cheia de incenso;

⁶³um novilho, um carneiro, um cordeiro de um ano, para holocausto;

⁶⁴um bode para oferta pelo pecado;

⁶⁵e para sacrifício de ofertas pacíficas dois bois, cinco carneiros, cinco bodes, cinco cordeiros de um ano; esta foi a oferta de Abidã, filho de Gideôni.

⁶⁶No décimo dia fez a sua oferta Aiezer, filho de Amisadai, príncipe filhos filhos de Dã.

⁶⁷A sua oferta foi uma salva de prata do peso de cento e trinta siclos, uma bacia de prata de setenta siclos, segundo o siclo do santuário; ambos cheios de flor de farinha amassada com azeite, para oferta de cereais;

⁶⁸uma colher de ouro de dez siclos, cheia de incenso;

⁶⁹um novilho, um carneiro, um cordeiro de um ano, para holocausto;

⁷⁰um bode para oferta pelo pecado;

⁷¹e para sacrifício de ofertas pacíficas dois bois, cinco carneiros, cinco bodes, cinco cordeiros de um ano; esta foi a oferta de Aiezer, filho

de Amisadai.

⁷²No dia undécimo fez a sua oferta Pagiel, filho de Ocrã, príncipe dos filhos de Aser.

⁷³A sua oferta foi uma salva de prata do peso de cento e trinta siclos, uma bacia de prata de setenta siclos, segundo o siclo do santuário; ambos cheios de flor de farinha amassada com azeite, para oferta de cereais;

⁷⁴uma colher de ouro de dez siclos, cheia de incenso;

⁷⁵um novilho, um carneiro, um cordeiro de um ano, para holocausto;

⁷⁶um bode para oferta pelo pecado;

⁷⁷e para sacrifício de ofertas pacíficas dois bois, cinco carneiros, cinco bodes, cinco cordeiros de um ano; esta foi a oferta do Pagiel, filho do Ocrã.

⁷⁸No duodécimo dia fez a sua oferta Airá, filho de Enã, príncipe dos filhos de Naftali.

⁷⁹A sua oferta foi uma salva de prata do peso de cento e trinta siclos, uma bacia de prata de setenta siclos, segundo o siclo do santuário; ambos cheios de flor de farinha amassada com azeite, para oferta de cereais;

⁸⁰uma colher de ouro de dez siclos, cheia de incenso;

⁸¹um novilho, um carneiro, um cordeiro de um ano, para holocausto;

⁸²um bode para oferta pelo pecado;

⁸³e para sacrifício de ofertas pacíficas dois bois, cinco carneiros, cinco bodes, cinco cordeiros de um ano; esta foi a oferta de Airá, filho de Enã.

⁸⁴Esta foi a oferta dedicatória do altar, feita pelos príncipes de Israel, no dia em que foi ungido: doze salvas de prata, doze bacias de prata, doze colheres de ouro,

⁸⁵pesando cada salva de prata cento e trinta siclos, e cada bacia setenta; toda a prata dos vasos foi dois mil e quatrocentos siclos, segundo o siclo do santuário;

⁸⁶doze colheres de ouro cheias de incenso, pesando cada colher dez siclos, segundo o siclo do santuário; todo o ouro das colheres foi cento e vinte siclos.

⁸⁷Todos os animais para holocausto foram doze novilhos, doze carneiros, e doze cordeiros de um ano, com as respectivas ofertas de cereais; e para oferta pelo pecado, doze bodes;

⁸⁸e todos os animais para sacrifício das ofertas pacíficas foram vinte e quatro novilhos, sessenta carneiros, sessenta bodes, e sessenta cordeiros de um ano. Esta foi a oferta dedicatória do altar depois que foi ungido.

⁸⁹Quando Moisés entrava na tenda da revelação para falar com o Senhor, ouvia a voz que lhe falava de cima do propiciatório, que está sobre a arca do testemunho entre os dois querubins; assim ele lhe falava.

## *Capítulo 8*

¹Disse mais o Senhor a Moisés:

²Fala a Arão, e dize-lhe: Quando acenderes as lâmpadas, as sete lâmpadas alumiarão o espaço em frente do candelabro.

³Arão, pois, assim fez; acendeu as lâmpadas do candelabro de modo que alumiassem o espaço em frente do mesmo, como o Senhor ordenara a Moisés.

⁴Esta era a obra do candelabro, obra de ouro batido; desde o seu pedestal até as suas corolas, era ele de ouro batido; conforme o modelo que o Senhor mostrara a Moisés, assim ele tinha feito o candelabro.

⁵Disse mais o Senhor a Moisés:

⁶Toma os levitas do meio dos filhos de Israel, e purifica-os;

⁷e assim lhes farás, para os purificar: esparge sobre eles a água da purificação; e eles farão passar a navalha sobre todo o seu corpo, e lavarão os seus vestidos, e se purificarão.

⁸Depois tomarão um novilho, com a sua oferta de cereais de flor de farinha amassada com azeite; e tomarás tu outro novilho para oferta pelo pecado.

⁹Também farás chegar os levitas perante a tenda da revelação, e ajuntarás toda a congregação dos filhos de Israel.

¹⁰Apresentarás, pois, os levitas perante o Senhor, e os filhos do Israel porão as suas mãos sobre os levitas.

¹¹E Arão oferecerá os levitas perante o Senhor como oferta de movimento, da parte dos filhos de Israel, para que sirvam no ministério do Senhor.

¹²Os levitas porão as suas mãos sobre a cabeça dos novilhos; então tu sacrificarás um como oferta pelo pecado, e o outro como holocausto ao Senhor, para fazeres expiação pelos levitas.

¹³E porás os levitas perante Arão, e perante os seus filhos, e os oferecerás como oferta de movimento ao Senhor.

¹⁴Assim separarás os levitas do meio dos filhos de Israel; e os levitas serão meus.

¹⁵Depois disso os levitas entrarão para fazerem o serviço da tenda da revelação, depois de os teres purificado e oferecido como oferta de movimento.

¹⁶Porquanto eles me são dados inteiramente dentre os filhos de Israel; em lugar de todo aquele que abre a madre, isto é, do primogênito de todos os filhos de Israel, para mim os tenho tomado.

¹⁷Porque meu é todo primogênito entre os filhos de Israel, tanto entre os homens como entre os animais; no dia em que, na terra do Egito, feri a todo primogênito, os santifiquei para mim.

¹⁸Mas tomei os levitas em lugar de todos os primogênitos entre os filhos de Israel.

¹⁹Dentre os filhos de Israel tenho dado os levitas a Arão e a seus filhos, para fazerem o serviço dos filhos de Israel na tenda da revelação, e para fazerem expiação por eles, a fim de que não haja praga entre eles, quando se aproximarem do santuário.

²⁰Assim Moisés e Arão e toda a congregação dos filhos de Israel fizeram aos levitas; conforme tudo o que o Senhor ordenara a Moisés no tocante aos levitas, assim os filhos de Israel lhes fizeram.

²¹Os levitas, pois, purificaram-se, e lavaram os seus vestidos; e Arão os ofereceu como oferta de movimento perante o Senhor, e fez expiação por eles, para purificá-los.

²²Depois disso entraram os levitas, para fazerem o seu serviço na tenda da revelação, perante Arão e seus filhos; como o Senhor ordenara a Moisés acerca dos levitas, assim lhes fizeram.

²³Disse mais o Senhor a Moisés:

²⁴Este será o encargo dos levitas: Da idade de vinte e cinco anos para cima entrarão para se ocuparem no serviço a tenda da revelação;

²⁵e aos cinquenta anos de idade sairão desse serviço e não servirão mais.

²⁶Continuarão a servir, porém, com seus irmãos na tenda da revelação, orientando-os no cumprimento dos seus encargos; mas não farão trabalho. Assim farás para com os levitas no tocante aos seus cargos.

## *Capítulo 9*

¹Também falou o Senhor a Moisés no deserto de Sinai, no primeiro mês do segundo ano depois que saíram da terra do Egito, dizendo:

²Celebrem os filhos de Israel a páscoa a seu tempo determinado.

³No dia catorze deste mês, à tardinha, a seu tempo determinado, a celebrareis; segundo todos os seus estatutos, e segundo todas as suas ordenanças a celebrareis.

⁴Disse, pois, Moisés aos filhos de Israel que celebrassem a páscoa.

⁵Então celebraram a páscoa no dia catorze do primeiro mês, à tardinha, no deserto de Sinai; conforme tudo o que o Senhor ordenara a Moisés, assim fizeram os filhos de Israel.

⁶Ora, havia alguns que se achavam imundos por terem tocado o cadáver de um homem, de modo que não podiam celebrar a páscoa naquele dia; pelo quê no mesmo dia se chegaram perante Moisés e Arão;

⁷e aqueles homens disseram-lhes: Estamos imundos por havermos tocado o cadáver de um homem; por que seríamos privados de oferecer a oferta do Senhor a seu tempo determinado no meio dos filhos de Israel?

⁸Respondeu-lhes Moisés: Esperai, para que eu ouça o que o Senhor há de ordenar acerca de vós.

⁹Então disse o Senhor a Moisés:

¹⁰Fala aos filhos de Israel, dizendo: Se alguém dentre vós, ou dentre os vossos descendentes estiver imundo por ter tocado um cadáver, ou achar-se longe, em viagem, contudo ainda celebrará a páscoa ao Senhor.

¹¹No segundo mês, no dia: catorze, à tardinha, a celebrarão; comê-la-ão com pães ázimos e ervas amargas.

¹²Dela não deixarão nada até pela manhã, nem quebrarão dela osso algum; segundo todo o estatuto da páscoa a celebrarão.

¹³Mas o homem que, estando limpo e não se achando em viagem, deixar de celebrar a páscoa, essa alma será extirpada do seu povo; porquanto não ofereceu a oferta do Senhor a seu tempo determinado, tal homem levará o seu pecado.

¹⁴Também se um estrangeiro peregrinar entre vós e celebrar a páscoa ao Senhor, segundo o estatuto da páscoa e segundo a sua ordenança a celebrará; haverá um só estatuto, quer para o estrangeiro, quer para o natural da terra.

¹⁵No dia em que foi levantado o tabernáculo, a nuvem cobriu o tabernáculo, isto é, a própria tenda do testemunho; e desde a tarde até

pela manhã havia sobre o tabernáculo uma aparência de fogo.

¹⁶Assim acontecia de contínuo: a nuvem o cobria, e de noite havia aparência de fogo.

¹⁷Mas sempre que a nuvem se alçava de sobre a tenda, os filhos de Israel partiam; e no lugar em que a nuvem parava, ali os filhos de Israel se acampavam.

¹⁸À ordem do Senhor os filhos de Israel partiam, e à ordem do Senhor se acampavam; por todos os dias em que a nuvem parava sobre o tabernáculo eles ficavam acampados.

¹⁹E, quando a nuvem se detinha sobre o tabernáculo muitos dias, os filhos de Israel cumpriam o mandado do Senhor, e não partiam.

²⁰Às vezes a nuvem ficava poucos dias sobre o tabernáculo; então à ordem do Senhor permaneciam acampados, e à ordem do Senhor partiam.

²¹Outras vezes ficava a nuvem desde a tarde até pela manhã; e quando pela manhã a nuvem se alçava, eles partiam; ou de dia ou de noite, alçando-se a nuvem, partiam.

²²Quer fosse por dois dias, quer por um mês, quer por mais tempo, que a nuvem se detinha sobre o tabernáculo, enquanto ficava sobre ele os filhos de Israel permaneciam acampados, e não partiam; mas, alçando-se ela, eles partiam.

²³À ordem do Senhor se acampavam, e à ordem do Senhor partiam; cumpriam o mandado do Senhor, que ele lhes dera por intermédio de Moisés.

## Capítulo 10

¹Disse mais o Senhor a Moisés:

²Faze-te duas trombetas de prata; de obra batida as farás, e elas te servirão para convocares a congregação, e para ordenares a partida dos arraiais.

³Quando se tocarem as trombetas, toda a congregação se ajuntará a ti à porta da tenda da revelação.

⁴Mas quando se tocar uma só, a ti se congregarão os príncipes, os cabeças dos milhares de Israel.

⁵Quando se tocar retinindo, partirão os arraiais que estão acampados da banda do oriente.

⁶Mas quando se tocar retinindo, pela segunda, vez, partirão os arraiais que estão acampados da banda do sul; para as partidas dos arraiais se tocará retinindo.

⁷Mas quando se houver de reunir a congregação, tocar-se-á sem retinir:

⁸Os filhos de Arão, sacerdotes, tocarão as trombetas; e isto vos será por estatuto perpétuo nas vossas gerações.

⁹Ora, quando na vossa terra sairdes à guerra contra o inimigo que vos estiver oprimindo, fareis retinir as trombetas; e perante o Senhor vosso Deus sereis tidos em memória, e sereis salvos dos vossos inimigos.

¹⁰Semelhantemente, no dia da vossa alegria, nas vossas festas fixas, e nos princípios dos vossos meses, tocareis as trombetas sobre os vossos holocaustos, e sobre os sacrifícios de vossas ofertas pacíficas; e eles vos serão por memorial perante vosso Deus. Eu sou o Senhor vosso Deus.

¹¹Ora, aconteceu, no segundo ano, no segundo mês, aos vinte do mês, que a nuvem se alçou de sobre o tabernáculo da congregação.

¹²Partiram, pois, os filhos de Israel do deserto de Sinai para as suas jornadas; e a nuvem parou ,no deserto de Parã.

¹³Assim iniciaram a primeira caminhada, à ordem do Senhor por intermédio de Moisés:

¹⁴partiu primeiramente o estandarte do arraial dos filhos de Judá segundo os seus exércitos; sobre o seu exército estava Nasom, filho de Aminadabe;

¹⁵sobre o exército da tribo dos filhos de Issacar, Netanel, filho de Zuar;

¹⁶e sobre o exército da tribo dos filhos de Zebulom, Eliabe, filho de Helom.

¹⁷Então o tabernáculo foi desarmado, e os filhos de Gérson e os filhos de Merári partiram, levando o tabernáculo.

¹⁸Depois partiu o estandarte do arraial de Rúben segundo os seus exércitos; sobre o seu exército estava Elizur, filho de Sedeur;

¹⁹sobre o exército da tribo dos filhos de Simeão, Selumiel, filho de Zurisadai;

²⁰e sobre o exército da tribo dos filhos de Gade, Eliasafe, filho de Deuel.

²¹Então partiram os coatitas, levando o santuário; e os outros erigiam o tabernáculo, enquanto estes vinham.

²²Depois partiu o estandarte do arraial dos filhos de Efraim segundo os seus exércitos; sobre o seu exército estava Elisama, filho de Amiúde;

²³sobre o exército da tribo dos filhos de Manassés, Gamaliel, filho de Pedazur;

²⁴e sobre o exército da tribo dos filhos de Benjamim, Abidã, filho de Gideôni.

²⁵Então partiu o estandarte do arraial dos filhos de Dã, que era a retaguarda de todos os arraiais, segundo os seus exércitos; sobre o seu exército estava Aiezer, filho de Amisadai;

²⁶sobre o exército da tribo dos filhos de Aser, Pagiel, filho de Ocrã;

²⁷e sobre o exército da tribo dos filhos de Naftali, Airá, filho de Enã.

²⁸Tal era a ordem de partida dos filhos de Israel segundo os seus exércitos, quando partiam.

²⁹Disse então Moisés a Hobabe, filho de Reuel, o midianita, sogro de Moisés: Nós caminhamos para aquele lugar de que o Senhor disse: Vo-lo darei. Vai conosco, e te faremos bem; porque o Senhor falou bem acerca de Israel.

³⁰Respondeu ele: Não irei; antes irei à minha terra e à minha parentela.

³¹Tornou-lhe Moisés: Ora, não nos deixes, porquanto sabes onde devamos acampar no deserto; de olhos nos serviras.

³²Se, pois, vieres conosco, o bem que o Senhor nos fizer, também nós faremos a ti.

³³Assim partiram do monte do Senhor caminho de três dias; e a arca do pacto do Senhor ia adiante deles, para lhes buscar lugar de descanso.

³⁴E a nuvem do Senhor ia sobre eles de dia, quando partiam do arraial.

³⁵Quando, pois, a arca partia, dizia Moisés: Levanta-te, Senhor, e dissipados sejam os teus inimigos, e fujam diante de ti os que te odeiam.

³⁶E, quando ela pousava, dizia: Volta, ó Senhor, para os muitos milhares de Israel.

## Capítulo 11

¹Depois o povo tornou-se queixoso, falando o que era mau aos ouvidos do Senhor; e quando o Senhor o ouviu, acendeu-se a sua ira; o fogo do Senhor irrompeu entre eles, e devorou as extremidades do arraial.

²Então o povo clamou a Moisés, e Moisés orou ao Senhor, e o fogo se apagou.

³Pelo que se chamou aquele lugar Tabera, porquanto o fogo do Senhor se acendera entre eles.

⁴Ora, o vulgo que estava no meio deles veio a ter grande desejo; pelo que os filhos de Israel também tornaram a chorar, e disseram: Quem nos dará carne a comer?

⁵Lembramo-nos dos peixes que no Egito comíamos de graça, e dos pepinos, dos melões, dos porros, das cebolas e dos alhos.

⁶Mas agora a nossa alma se seca; coisa nenhuma há senão este maná diante dos nossos olhos.

⁷E era o maná como a semente do coentro, e a sua aparência como a aparência de bdélio.

⁸O povo espalhava-se e o colhia, e, triturando-o em moinhos ou pisando-o num gral, em panelas o cozia, e dele fazia bolos; e o seu sabor era como o sabor de azeite fresco.

⁹E, quando o orvalho descia de noite sobre o arraial, sobre ele descia também o maná.

¹⁰Então Moisés ouviu chorar o povo, todas as suas famílias, cada qual à porta da sua tenda; e a ira do Senhor grandemente se acendeu; e aquilo pareceu mal aos olhos de Moisés.

¹¹Disse, pois, Moisés ao Senhor: Por que fizeste mal a teu servo, e por que não achei graça aos teus olhos, pois que puseste sobre mim o peso de todo este povo.

¹²Concebi eu porventura todo este povo? dei-o eu à luz, para que me dissesses: Leva-o ao teu colo, como a ama leva a criança de peito, para a terra que com juramento prometeste a seus pais?

¹³Donde teria eu carne para dar a todo este povo? porquanto choram diante de mim, dizendo: Dá-nos carne a comer.

¹⁴Eu só não posso: levar a todo este povo, porque me é pesado demais.

¹⁵Se tu me hás de tratar assim, mata-me, peço-te, se tenho achado graça aos teus olhos; e não me deixes ver a minha miséria.

¹⁶Disse então o Senhor a Moisés: Ajunta-me setenta homens dos anciãos de Israel, que sabes serem os anciãos do povo e seus oficiais; e os trarás perante a tenda da revelação, para que estejam ali contigo.

¹⁷Então descerei e ali falarei contigo, e tirarei do espírito que está sobre ti, e o porei sobre eles; e contigo levarão eles o peso do povo para

que tu não o leves só.

¹⁸E dirás ao povo: Santificai-vos para amanhã, e comereis carne; porquanto chorastes aos ouvidos do Senhor, dizendo: Quem nos dará carne a comer? pois bem nos ia no Egito. Pelo que o Senhor vos dará carne, e comereis.

¹⁹Não comereis um dia, nem dois dias, nem cinco dias, nem dez dias, nem vinte dias;

²⁰mas um mês inteiro, até vos sair pelas narinas, até que se vos torne coisa nojenta; porquanto rejeitastes ao Senhor, que está no meio de vós, e chorastes diante dele, dizendo: Por que saímos do Egito?

²¹Respondeu Moisés: Seiscentos mil homens de pé é este povo no meio do qual estou; todavia tu tens dito: Dar-lhes-ei carne, e comerão um mês inteiro.

²²Matar-se-ão para eles rebanhos e gados, que lhes bastem? ou ajuntar-se-ão, para eles todos os peixes do mar, que lhes bastem?

²³Pelo que replicou o Senhor a Moisés: Porventura tem-se encurtado a mão do Senhor? agora mesmo verás se a minha palavra se há de cumprir ou não.

²⁴Saiu, pois, Moisés, e relatou ao povo as palavras do Senhor; e ajuntou setenta homens dentre os anciãos do povo e os colocou ao redor da tenda.

²⁵Então o Senhor desceu na nuvem, e lhe falou; e, tirando do espírito que estava sobre ele, pô-lo sobre aqueles setenta anciãos; e aconteceu que, quando o espírito repousou sobre eles profetizaram, mas depois nunca mais o fizeram.

²⁶Mas no arraial ficaram dois homens; chamava-se um Eldade, e o outro Medade; e repousou sobre eles o espírito, porquanto estavam entre os inscritos, ainda que não saíram para irem à tenda; e profetizavam no arraial.

²⁷Correu, pois, um moço, etenho dado os levitas a Arão e a Eldade e Medade profetizaram no arraial.

²⁸Então Josué, filho de Num, servidor de Moisés, um dos seus mancebos escolhidos, respondeu e disse: Meu Senhor Moisés, proíbe-lho.

²⁹Moisés, porém, lhe disse: Tens tu ciúmes por mim? Oxalá que do povo do Senhor todos fossem profetas, que o Senhor pusesse o seu espírito sobre eles!

³⁰Depois Moisés se recolheu ao arraial, ele e os anciãos de Israel.

³¹Soprou, então, um vento da parte do Senhor e, do lado do mar, trouxe codornizes que deixou cair junto ao arraial quase caminho de um dia de um e de outro lado, à roda do arraial, a cerca de dois côvados da terra.

³²Então o povo, levantando-se, colheu as codornizes por todo aquele dia e toda aquela noite, e por todo o dia seguinte; o que colheu menos, colheu dez hômeres. E as estenderam para si ao redor do arraial.

³³Quando a carne ainda estava entre os seus dentes, antes que fosse mastigada, acendeu-se a ira do Senhor contra o povo, e feriu o Senhor ao povo com uma praga, mui grande.

³⁴Pelo que se chamou aquele lugar Quibrote-Hataavá, porquanto ali enterraram o povo que tivera o desejo.

³⁵De Quibrote-Hataavá partiu o povo para Hazerote; e demorou-se em Hazerote.

## Capítulo 12

¹Ora, falaram Miriã e Arão contra Moisés, por causa da mulher cuchita que este tomara; porquanto tinha tomado uma mulher cuchita.

²E disseram: Porventura falou o Senhor somente por Moisés? Não falou também por nós? E o Senhor o ouviu.

³Ora, Moisés era homem mui manso, mais do que todos os homens que havia sobre a terra.

⁴E logo o Senhor disse a Moisés, a Arão e a Miriã: Saí vos três à tenda da revelação. E saíram eles três.

⁵Então o Senhor desceu em uma coluna de nuvem, e se pôs à porta da tenda; depois chamou a Arão e a Miriã, e os dois acudiram.

⁶Então disse: Ouvi agora as minhas palavras: se entre vós houver profeta, eu, o Senhor, a ele me farei conhecer em visão, em sonhos falarei com ele.

⁷Mas não é assim com o meu servo Moisés, que é fiel em toda a minha casa;

⁸boca a boca falo com ele, claramente e não em enigmas; pois ele contempla a forma do Senhor. Por que, pois, não temestes falar contra o meu servo, contra Moisés?

⁹Assim se acendeu a ira do Senhor contra eles; e ele se retirou;

¹⁰também a nuvem se retirou de sobre a tenda; e eis que Miriã se tornara leprosa, branca como a neve; e olhou Arão para Miriã e eis que estava leprosa.

¹¹Pelo que Arão disse a Moisés: Ah, meu senhor! rogo-te não ponhas sobre nós este pecado, porque procedemos loucamente, e pecamos.

¹²Não seja ela como um morto que, ao sair do ventre de sua mãe, tenha a sua carne já meio consumida.

¹³Clamou, pois, Moisés ao Senhor, dizendo: ç Deus, rogo-te que a cures.

¹⁴Respondeu o Senhor a Moisés: Se seu pai lhe tivesse cuspido na cara não seria envergonhada por sete dias? Esteja fechada por sete dias fora do arraial, e depois se recolherá outra vez.

¹⁵Assim Miriã esteve fechada fora do arraial por sete dias; e o povo não partiu, enquanto Miriã não se recolheu de novo.

¹⁶Mas depois o povo partiu de Hazerote, e acampou-se no deserto de Parã.

## Capítulo 13

¹Então disse o Senhor a Moisés:

²Envia homens que espiem a terra de Canaã, que eu hei de dar aos filhos de Israel. De cada tribo de seus pais enviarás um homem, sendo cada qual príncipe entre eles.

³Moisés, pois, enviou-os do deserto de Parã, segundo a ordem do Senhor; eram todos eles homens principais dentre os filhos de Israel.

⁴E estes são os seus nomes: da tribo de Rúben, Samua, filho de Zacur;

⁵da tribo de Simeão, Safate, filho de Hori;

⁶da tribo de Judá, Calebe, filho de Jefoné;

⁷da tribo de Issacar, Ioal, filho de José;

⁸da tribo de Efraim, Oséias, filho de Num;

⁹da tribo de Benjamim, Palti, filho de Rafu;

¹⁰da tribo de Zebulom, Gadiel, filho de Sódi;

¹¹da tribo de José, pela tribo de Manassés, Gadi, filho de Susi;

¹²da tribo de Dã, Amiel, filho de Gemali;

¹³da tribo de Aser, Setur, filho de Micael;

¹⁴da tribo de Naftali, Nabi, filho de Vofsi;

¹⁵da tribo de Gade, Geuel, filho de Maqui.

¹⁶Estes são os nomes dos homens que Moisés enviou a espiar a terra. Ora, a Oséias, filho de Num, Moisés chamou Josué.

¹⁷Enviou-os, pois, Moisés a espiar a terra de Canaã, e disse-lhes: Subi por aqui para o Negebe, e penetrai nas montanhas;

¹⁸e vede a terra, que tal é; e o povo que nela habita, se é forte ou fraco, se pouco ou muito;

¹⁹que tal é a terra em que habita, se boa ou má; que tais são as cidades em que habita, se arraiais ou fortalezas;

²⁰e que tal é a terra, se gorda ou magra; se nela há árvores, ou não; e esforçai-vos, e tomai do fruto da terra. Ora, a estação era a das uvas temporãs.

²¹Assim subiram, e espiaram a terra desde o deserto de Zim, até Reobe, à entrada de Hamate.

²²E subindo para o Negebe, vieram até Hebrom, onde estavam Aimã, Sesai e Talmai, filhos de Anaque. (Ora, Hebrom foi edificada sete anos antes de Zoã no Egito.)

²³Depois vieram até e vale de Escol, e dali cortaram um ramo de vide com um só cacho, o qual dois homens trouxeram sobre uma verga; trouxeram também romãs e figos.

²⁴Chamou-se aquele lugar o vale de Escol, por causa do cacho que dali cortaram os filhos de Israel.

²⁵Ao fim de quarenta dias voltaram de espiar a terra.

²⁶E, chegando, apresentaram-se a Moisés e a Arão, e a toda a congregação dos filhos de Israel, no deserto de Parã, em Cades; e deram-lhes notícias, a eles e a toda a congregação, e mostraram-lhes o fruto da terra.

²⁷E, dando conta a Moisés, disseram: Fomos à terra a que nos enviaste. Ela, em verdade, mana leite e mel; e este é o seu fruto.

²⁸Contudo o povo que habita nessa terra é poderoso, e as cidades são fortificadas e mui grandes. Vimos também ali os filhos de Anaque.

²⁹Os amalequitas habitam na terra do Negebe; os heteus, os jebuseus e os amorreus habitam nas montanhas; e os cananeus habitam junto do mar, e ao longo do rio Jordão.

³⁰Então Calebe, fazendo calar o povo perante Moisés, disse: Subamos animosamente, e apoderemo-nos dela; porque bem poderemos prevalecer contra ela.

³¹Disseram, porém, os homens que subiram com ele: Não poderemos subir contra aquele povo, porque é mais forte do que nos.

³²Assim, perante os filhos de Israel infamaram a terra que haviam espiado, dizendo: A terra, pela qual passamos para espiá-la, é terra que devora os seus habitantes; e todo o povo que vimos nela são homens de grande estatura.

³³Também vimos ali os nefilins, isto é, os filhos de Anaque, que

são descendentes dos nefilins; éramos aos nossos olhos como gafanhotos; e assim também éramos aos seus olhos.

## Capítulo 14

¹Então toda a congregação levantou a voz e gritou; e o povo chorou naquela noite.

²E todos os filhos de Israel murmuraram contra Moisés e Arão; e toda a congregação lhes disse: Antes tivéssemos morrido na terra do Egito, ou tivéssemos morrido neste deserto!

³Por que nos traz o Senhor a esta terra para cairmos à espada? Nossas mulheres e nossos pequeninos serão por presa. Não nos seria melhor voltarmos para o Egito?

⁴E diziam uns aos outros: Constituamos um por chefe o voltemos para o Egito.

⁵Então Moisés e Arão caíram com os rostos por terra perante toda a assembléia da congregação dos filhos de Israel.

⁶E Josué, filho de Num, e Calebe, filho de Jefoné, que eram dos que espiaram a terra, rasgaram as suas vestes;

⁷e falaram a toda a congregação dos filhos de Israel, dizendo: A terra, pela qual passamos para a espiar, é terra muitíssimo boa.

⁸Se o Senhor se agradar de nós, então nos introduzirá nesta terra e no-la dará; terra que mana leite e mel.

⁹Tão somente não sejais rebeldes contra o Senhor, e não temais o povo desta terra, porquanto são eles nosso pão. Retirou-se deles a sua defesa, e o Senhor está conosco; não os temais.

¹⁰Mas toda a congregação disse que fossem apedrejados. Nisso a glória do Senhor apareceu na tenda da revelação a todos os filhos de Israel.

¹¹Disse então o Senhor a Moisés: Até quando me desprezará este povo e até quando não crerá em mim, apesar de todos os sinais que tenho feito no meio dele?

¹²Com pestilência o ferirei, e o rejeitarei; e farei de ti uma nação maior e mais forte do que ele.

¹³Respondeu Moisés ao Senhor: Assim os egípcios o ouvirão, eles, do meio dos quais, com a tua força, fizeste subir este povo,

¹⁴e o dirão aos habitantes desta terra. Eles ouviram que tu, ó Senhor, estás no meio deste povo; pois tu, ó Senhor, és visto face a face, e a tua nuvem permanece sobre eles, e tu vais adiante deles numa coluna de nuvem de dia, e numa coluna de fogo de noite.

¹⁵E se matares este povo como a um só homem, então as nações que têm ouvido da tua fama, dirão:

¹⁶Porquanto o Senhor não podia introduzir este povo na terra que com juramento lhe prometera, por isso os matou no deserto.

¹⁷Agora, pois, rogo-te que o poder do meu Senhor se engrandeça, segundo tens dito:

¹⁸O Senhor é tardio em irar-se, e grande em misericórdia; perdoa a iniquidade e a transgressão; ao culpado não tem por inocente, mas visita a iniquidade dos pais nos filhos até a terceira e a quarta geração.

¹⁹Perdoa, rogo-te, a iniquidade deste povo, segundo a tua grande misericórdia, como o tens perdoado desde o Egito até, aqui.

²⁰Disse-lhe o Senhor: Conforme a tua palavra lhe perdoei;

²¹tão certo, porém, como eu vivo, e como a glória do Senhor encherá toda a terra,

²²nenhum de todos os homens que viram a minha glória e os sinais que fiz no Egito e no deserto, e todavia me tentaram estas dez vezes, não obedecendo à minha voz,

²³nenhum deles verá a terra que com juramento prometi a seus pais; nenhum daqueles que me desprezaram a verá.

²⁴Mas o meu servo Calebe, porque nele houve outro espírito, e porque perseverou em seguir-me, eu o introduzirei na terra em que entrou, e a sua posteridade a possuirá.

²⁵Ora, os amalequitas e os cananeus habitam no vale; tornai-vos amanhã, e caminhai para o deserto em direção ao Mar Vermelho.

²⁶Depois disse o Senhor a Moisés e Arão:

²⁷Até quando sofrerei esta má congregação, que murmura contra mim? tenho ouvido as murmurações dos filhos de Israel, que eles fazem contra mim.

²⁸Dize-lhes: Pela minha vida, diz o Senhor, certamente conforme o que vos ouvi falar, assim vos hei de fazer:

²⁹neste deserto cairão os vossos cadáveres; nenhum de todos vós que fostes contados, segundo toda a vossa conta, de vinte anos para cima, que contra mim murmurastes,

³⁰certamente nenhum de vós entrará na terra a respeito da qual jurei que vos faria habitar nela, salvo Calebe, filho de Jefoné, e Josué, filho de Num.

³¹Mas aos vossos pequeninos, dos quais dissestes que seriam por presa, a estes introduzirei na terra, e eles conhecerão a terra que vós rejeitastes.

³²Quanto a vós, porém, os vossos cadáveres cairão neste deserto;

³³e vossos filhos serão pastores no deserto quarenta anos, e levarão sobre si as vossas infidelidades, até que os vossos cadáveres se consumam neste deserto.

³⁴Segundo o número dos dias em que espiastes a terra, a saber, quarenta dias, levareis sobre vós as vossas iniquidades por quarenta anos, um ano por um dia, e conhecereis a minha oposição.

³⁵Eu, o Senhor, tenho falado; certamente assim o farei a toda esta má congregação, aos que se sublevaram contra mim; neste deserto se consumirão, e aqui morrerão.

³⁶Ora, quanto aos homens que Moisés mandara a espiar a terra e que, voltando, fizeram murmurar toda a congregação contra ele, infamando a terra,

³⁷aqueles mesmos homens que infamaram a terra morreram de praga perante o Senhor.

³⁸Mas Josué, filho de Num, e Calebe, filho de Jefoné, que eram dos homens que foram espiar a terra, ficaram com vida.

³⁹Então Moisés falou estas palavras a todos os filhos de Israel, pelo que o povo se entristeceu muito.

⁴⁰Eles, pois, levantando-se de manhã cedo, subiram ao cume do monte, e disseram: Eis-nos aqui; subiremos ao lugar que o Senhor tem dito; porquanto havemos pecado.

⁴¹Respondeu Moisés: Ora, por que transgredis o mandado do Senhor, visto que isso não prosperará?

⁴²Não subais, pois o Senhor não está no meio de vós; para que não sejais feridos diante dos vossos inimigos.

⁴³Porque os amalequitas e os cananeus estão ali diante da vossa face, e caireis à espada; pois, porquanto vos desviastes do Senhor, o Senhor não estará convosco.

⁴⁴Contudo, temerariamente subiram eles ao cume do monte; mas a arca do pacto do Senhor, e Moisés, não se apartaram do arraial.

⁴⁵Então desceram os amalequitas e os cananeus, que habitavam na montanha, e os feriram, derrotando-os até Horma.

## Capítulo 15

¹Depois disse o Senhor a Moisés:

²Fala aos filhos de Israel e dize-lhes: Quando entrardes na terra da vossa habitação, que eu vos hei de dar,

³e ao Senhor fizerdes, do gado eu do rebanho, oferta queimada, holocausto ou sacrifício, para cumprir um voto, ou como oferta voluntária, para fazer nas vossas festas fixas um cheiro suave ao Senhor,

⁴Então aquele que fizer a sua oferta, fará ao Senhor uma oferta de cereais de um décimo de efa de flor de farinha, misturada com a quarta parte de um him de azeite;

⁵e de vinho para a oferta de libação prepararás a quarta parte de um him para o holocausto, ou para o sacrifício, para cada cordeiro;

⁶e para cada carneiro prepararás como oferta de cereais, dois décimos de efa de flor de farinha, misturada com a terça parte de um him de azeite;

⁷e de vinho para a oferta de libação oferecerás a terça parte de um him em cheiro suave ao Senhor.

⁸Também, quando preparares novilho para holocausto ou sacrifício, para cumprir um voto, ou um sacrifício de ofertas pacíficas ao Senhor,

⁹com o novilho oferecerás uma oferta de cereais de três décimos de efa, de flor de farinha, misturada com a metade de um him de azeite;

¹⁰e de vinho para a oferta de libação oferecerás a metade de um him como oferta queimada em cheiro suave ao Senhor.

¹¹Assim se fará com cada novilho, ou carneiro, ou com cada um dos cordeiros ou dos cabritos.

¹²Segundo o número que oferecerdes, assim fareis com cada um deles.

¹³Todo natural assim fará estas coisas, ao oferecer oferta queimada em cheiro suave ao Senhor.

¹⁴Também se peregrinar convosco algum estrangeiro, ou quem quer que estiver entre vos nas vossas gerações, e ele oferecer uma oferta queimada de cheiro suave ao Senhor, como vós fizerdes, assim fará ele.

¹⁵Quanto à assembléia, haverá um mesmo estatuto para vós e para o estrangeiro que peregrinar convosco, estatuto perpétuo nas vossas gerações; como vós, assim será o peregrino perante o Senhor.

¹⁶Uma mesma lei e uma mesma ordenança haverá para vós e para o estrangeiro que peregrinar convosco.

¹⁷Disse mais o Senhor a Moisés:

¹⁸Fala aos filhos de Israel, e dize-lhes: Depois de terdes entrado na terra em que vos hei de introduzir,

¹⁹será que, ao comerdes do pão da terra, oferecereis ao Senhor uma oferta alçada.

²⁰Das primícias da vossa massa oferecereis um bolo em oferta alçada; como a oferta alçada da eira, assim o oferecereis.

²¹Das primícias das vossas massas dareis ao Senhor oferta alçada durante as vossas gerações.

²²Igualmente, quando vierdes a errar, e não observardes todos esses mandamentos, que o Senhor tem falado a Moisés,

²³sim, tudo quanto o Senhor vos tem ordenado por intermédio do Moisés, desde o dia em que o Senhor começou a dar os seus mandamentos, e daí em diante pelas vossas gerações,

²⁴será que, quando se fizer alguma coisa sem querer, e isso for encoberto aos olhos da congregação, toda a congregação oferecerá um novilho para holocausto em cheiro suave ao Senhor, juntamente com a oferta de cereais do mesmo e a sua oferta de libação, segundo a ordenança, e um bode como sacrifício pelo pecado.

²⁵E o sacerdote fará expiação por toda a congregação dos filhos de Israel, e eles serão perdoados; porquanto foi erro, e trouxeram a sua oferta, oferta queimada ao Senhor, e o seu sacrifício pelo pecado perante o Senhor, por causa do seu erro.

²⁶Será, pois, perdoada toda a congregação dos filhos de Israel, bem como o estrangeiro que peregrinar entre eles; porquanto sem querer errou o povo todo.

²⁷E, se uma só pessoa pecar sem querer, oferecerá uma cabra de um ano como sacrifício pelo pecado.

²⁸E o sacerdote fará perante o Senhor expiação pela alma que peca, quando pecar sem querer; e, feita a expiação por ela, será perdoada.

²⁹Haverá uma mesma lei para aquele que pecar sem querer, tanto para o natural entre os filhos de Israel, como para o estrangeiro que peregrinar entre eles.

³⁰Mas a pessoa que fizer alguma coisa temerariamente, quer seja natural, quer estrangeira, blasfema ao Senhor; tal pessoa será extirpada do meio do seu povo,

³¹por haver desprezado a palavra do Senhor, e quebrado o seu mandamento; essa alma certamente será extirpada, e sobre ela recairá a sua iniqüidade.

³²Estando, pois, os filhos de Israel no deserto, acharam um homem apanhando lenha no dia de sábado.

³³E os que o acharam apanhando lenha trouxeram-no a Moisés e a Arão, e a toda a congregação.

³⁴E o meteram em prisão, porquanto ainda não estava declarado o que se lhe devia fazer.

³⁵Então disse o Senhor a Moisés: certamente será morto o homem; toda a congregação o apedrejará fora do arraial.

³⁶Levaram-no, pois, para fora do arraial, e o apedrejaram, de modo que ele morreu; como o Senhor ordenara a Moisés.

³⁷Disse mais o Senhor a Moisés:

³⁸Fala aos filhos de Israel, e dize-lhes que façam para si franjas nas bordas das suas vestes, pelas suas gerações; e que ponham nas franjas das bordas um cordão azul.

³⁹Tê-lo-eis nas franjas, para que o vejais, e vos lembreis de todos os mandamentos do Senhor, e os observeis; e para que não vos deixeis arrastar à infidelidade pelo vosso coração ou pela vossa vista, como antes o fazíeis;

⁴⁰para que vos lembreis de todos os meus mandamentos, e os observeis, e sejais santos para com o vosso Deus.

⁴¹Eu sou o senhor vosso Deus, que vos tirei da terra do Egito para ser o vosso Deus. Eu sou o Senhor vosso Deus.

## *Capítulo 16*

¹Ora, Corá, filho de Izar, filho de Coate, filho de Levi, juntamente com Datã e Abirão, filhos de Eliabe, e Om, filho de Pelete, filhos de Rúben, tomando certos homens,

²levantaram-se perante Moisés, juntamente com duzentos e cinqüenta homens dos filhos de Israel, príncipes da congregação, chamados à assembléia, varões de renome;

³e ajuntando-se contra Moisés e contra Arão, disseram-lhes: Demais é o que vos arrogais a vós, visto que toda a congregação e santa, todos eles são santos, e o Senhor está no meio deles; por que, pois, vos elevais sobre a assembléia do Senhor?

⁴Quando Moisés ouviu isso, caiu com o rosto em terra;

⁵depois falou a Corá e a toda a sua companhia, dizendo: Amanhã pela manhã o Senhor fará saber quem é seu, e quem é o santo, ao qual ele fará chegar a si; e aquele a quem escolher fará chegar a si.

⁶Fazei isto: Corá e toda a sua companhia, tomai para vós incensários;

⁷e amanhã, pondo fogo neles, sobre eles deitai incenso perante o Senhor; e será que o homem a quem o Senhor escolher, esse será o santo; demais é o que vos arrogais a vós, filhos de Levi.

⁸Disse mais Moisés a Corá: Ouvi agora, filhos de Levi!

⁹Acaso é pouco para vós que o Deus de Israel vos tenha separado da congregação de Israel, para vos fazer chegar a si, a fim de fazerdes o serviço do tabernáculo do Senhor e estardes perante a congregação para ministrar-lhe;

¹⁰e te fez chegar, e contigo todos os teus irmãos, os filhos de Levi? procurais também o sacerdócio?

¹¹Pelo que tu e toda a tua companhia estais congregados contra o Senhor; e Arão, quem é ele, para que murmureis contra ele?

¹²Então Moisés mandou chamar a Datã e a Abirão, filhos de Eliabe; eles porém responderam: Não subiremos.

¹³É pouco, porventura, que nos tenhas feito subir de uma terra que mana leite e mel, para nos matares no deserto, para que queiras ainda fazer-te príncipe sobre nós?

¹⁴Ademais, não nos introduziste em uma terra que mana leite e mel, nem nos deste campos e vinhas em herança; porventura cegarás os olhos a estes homens? Não subiremos.

¹⁵Então Moisés irou-se grandemente, e disse ao Senhor: Não atentes para a sua oferta; nem um só jumento tenho tomado deles, nem a nenhum deles tenho feito mal.

¹⁶Disse mais Moisés a Corá: Comparecei amanhã tu e toda a tua companhia perante o Senhor; tu e eles, e Arão.

¹⁷Tome cada um o seu incensário, e ponha nele incenso; cada um traga perante o Senhor o seu incensário, duzentos e cinqüenta incensários; também tu e Arão, cada qual o seu incensário.

¹⁸Tomou, pois, cada qual o seu incensário, e nele pôs fogo, e nele deitou incenso; e se puseram à porta da tenda da revelação com Moisés e Arão.

¹⁹E Corá fez ajuntar contra eles toda o congregação à porta da tenda da revelação; então a glória do Senhor apareceu a toda a congregação.

²⁰Então disse o senhor a Moisés e a Arão:

²¹Apartai-vos do meio desta congregação, para que eu, num momento, os possa consumir.

²²Mas eles caíram com os rostos em terra, e disseram: ç Deus, Deus dos espíritos de toda a carne, pecará um só homem, e indignar-te-ás tu contra toda esta congregação?

²³Respondeu o Senhor a Moisés:

²⁴Fala a toda esta congregação, dizendo: Subi do derredor da habitação de Corá, Datã e Abirão.

²⁵Então Moisés levantou-se, e foi ter com Datã e Abirão; e seguiram-nos os anciãos de Israel.

²⁶E falou à congregação, dizendo: Retirai-vos, peço-vos, das tendas desses homens ímpios, e não toqueis nada do que é seu, para que não pereçais em todos os seus pecados.

²⁷Subiram, pois, do derredor da habitação de Corá, Datã e Abirão. E Datã e Abirão saíram, e se puseram à porta das suas tendas, juntamente com suas mulheres, e seus filhos e seus pequeninos.

²⁸Então disse Moisés: Nisto conhecereis que o Senhor me enviou a fazer todas estas obras; pois não as tenho feito de mim mesmo.

²⁹Se todos estes morrerem como morrem todos os homens, e se forem visitados como são visitados todos os homens, o Senhor não me enviou.

³⁰Mas, se o Senhor criar alguma coisa nova, e a terra abrir a boca e os tragar com tudo o que é deles, e vivos descerem ao Seol, então compreendereis que estes homens têm desprezado o Senhor.

³¹E aconteceu que, acabando ele de falar todas estas palavras, a terra que estava debaixo deles se fendeu;

³²e a terra abriu a boca e os tragou com as suas famílias, como também a todos os homens que pertenciam a Corá, e a toda a sua fazenda.

³³Assim eles e tudo o que era seu desceram vivos ao Seol; e a terra os cobriu, e pereceram do meio da congregação,

³⁴E todo o Israel, que estava ao seu redor, fugiu ao clamor deles, dizendo: não suceda que a terra nos trague também a nós.

³⁵Então saiu fogo do Senhor, e consumiu os duzentos e cinqüenta homens que ofereciam o incenso.

³⁶Então disse o Senhor a Moisés:

³⁷Dize a Eleazar, filho de Arão, o sacerdote, que tire os incensários do meio do incêndio; e espalha tu o fogo longe; porque se tornaram santos

³⁸os incensários daqueles que pecaram contra as suas almas; deles se façam chapas, de obra batida, para cobertura do altar; porquanto os trouxeram perante o Senhor, por isso se tornaram santos; e serão por sinal aos filhos de Israel.

³⁹Eleazar, pois, o sacerdote, tomou os incensários de bronze, os

quais aqueles que foram queimados tinham oferecido; e os converteram em chapas para cobertura do altar,

⁴⁰para servir de memória aos filhos de Israel, a fim de que nenhum estranho, ninguém que não seja da descendência de Arão, se chegue para queimar incenso perante o Senhor, para que não seja como Corá e a sua companhia; conforme o Senhor dissera a Eleazar por intermédio de Moisés.

⁴¹Mas no dia seguinte toda oa congregação dos filhos de Israel murmurou contra Moisés e Arão, dizendo: Vós matastes o povo do Senhor.

⁴²E tendo-se sublevado a congregação contra Moisés e Arão, dirigiu-se para a tenda da revelação, e eis que a nuvem a cobriu, e a glória do Senhor apareceu.

⁴³Vieram, pois, Moisés e Arão à frente da tenda da revelação.

⁴⁴Então disse o Senhor a Moisés:

⁴⁵Levantai-vos do meio desta congregação, para que eu, num momento, a possa consumir. Então caíram com o rosto em terra.

⁴⁶Depois disse Moisés a Arão: Toma o teu incensário, põe nele fogo do altar, deita incenso sobre ele e leva-o depressa à congregação, e faze expiação por eles; porque grande indignação saiu do Senhor; já começou a praga.

⁴⁷Tomou-o Arão, como Moisés tinha falado, e correu ao meio da congregação; e eis que já a praga havia começado entre o povo; e deitando o incenso no incensário, fez expiação pelo povo.

⁴⁸E pôs-se em pé entre os mortos e os vivos, e a praga cessou.

⁴⁹Ora, os que morreram da praga foram catorze mil e setecentos, além dos que morreram no caso de Corá.

⁵⁰E voltou Arão a Moisés à porta da tenda da revelação, pois cessara a praga.

## Capítulo 17

¹Então disse o Senhor a Moisés:

²Fala aos filhos de Israel, e toma deles uma vara para cada casa paterna de todos os seus príncipes, segundo as casas de seus pais, doze varas; e escreve o nome de cada um sobre a sua vara.

³O nome de Arão escreverás sobre a vara de Levi; porque cada cabeça das casas de seus pais terá uma vara.

⁴E as porás na tenda da revelação, perante o testemunho, onde venho a vós.

⁵Então brotará a vara do homem que eu escolher; assim farei cessar as murmurações dos filhos de Israel contra mim, com que murmuram contra vós.

⁶Falou, pois, Moisés aos filhos de Israel, e todos os seus príncipes deram-lhe varas, cada príncipe uma, segundo as casas de seus pais, doze varas; e entre elas estava a vara de Arão.

⁷E Moisés depositou as varas perante o Senhor na tenda do testemunho.

⁸Sucedeu, pois, no dia seguinte, que Moisés entrou na tenda do testemunho, e eis que a vara de Arão, pela casa de Levi, brotara, produzira gomos, rebentara em flores e dera amêndoas maduras.

⁹Então Moisés trouxe todas as varas de diante do Senhor a todos os filhos de Israel; e eles olharam, e tomaram cada um a sua vara.

¹⁰Então o Senhor disse a Moisés: Torna a pôr a vara de Arão perante o testemunho, para se guardar por sinal contra os filhos rebeldes; para que possas fazer acabar as suas murmuraçoes contra mim, a fim de que não morram.

¹¹Assim fez Moisés; como lhe ordenara o Senhor, assim fez.

¹²Então disseram os filhos de Israel a Moisés: Eis aqui, nós expiramos, perecemos, todos nós perecemos.

¹³Todo aquele que se aproximar, sim, todo o que se aproximar do tabernáculo do Senhor, morrerá; porventura pereceremos todos?

## Capítulo 18

¹Depois disse o Senhor a Arão: Tu e teus filhos, e a casa de teu pai contigo, levareis a iniqüidade do santuário; e tu e teus filhos contigo levareis a iniqüidade do vosso sacerdócio.

²Faze, pois, chegar contigo também teus irmãos, a tribo de Levi, a tribo de teu pai, para que se ajuntem a ti, e te sirvam; mas tu e teus filhos contigo estareis perante a tenda do testemunho.

³Eles cumprirão as tuas ordens, e assumirão o encargo de toda a tenda; mas não se chegarão aos utensílios do santuário, nem ao altar, para que não morram, assim eles, como vós.

⁴Mas se ajuntarão a ti, e assumirão o encargo da tenda da revelação, para todo o serviço da tenda; e o estranho não se chegará a vós.

⁵Vós, pois, assumireis o encargo do santuário e o encargo do altar, para que não haja outra vez furor sobre os filhos de Israel.

⁶Eis que eu tenho tomado vossos irmãos, os levitas, do meio dos filhos de Israel; eles vos são uma dádiva, feita ao Senhor, para fazerem o serviço da tenda da revelação.

⁷Mas tu e teus filhos contigo cumprireis o vosso sacerdócio no tocante a tudo o que é do altar, e a tudo o que está dentro do véu; nisso servireis. Eu vos dou o sacerdócio como dádiva ministerial, e o estranho que se chegar será morto.

⁸Disse mais o Senhor a Arão: Eis que eu te tenho dado as minhas ofertas alçadas, com todas as coisas santificadas dos filhos de Israel; a ti as tenho dado como porção, e a teus filhos como direito perpétuo.

⁹Das coisas santíssimas reservadas do fogo serão tuas todas as suas ofertas, a saber, todas as ofertas de cereais, todas as ofertas pelo pecado e todas as ofertas pela culpa, que me entregarem; estas coisas serão santíssimas para ti e para teus filhos.

¹⁰Num lugar santo as comerás; delas todo varão comerá; santas te serão.

¹¹Também isto será teu: a oferta alçada das suas dádivas, com todas as ofertas de movimento dos filhos de Israel; a ti, a teus filhos, e a tuas filhas contigo, as tenho dado como porção, para sempre. Todo o que na tua casa estiver limpo, comerá delas.

¹²Tudo o que do azeite há de melhor, e tudo o que do mosto e do grão há de melhor, as primícias destes que eles derem ao Senhor, a ti as tenho dado.

¹³Os primeiros frutos de tudo o que houver na sua terra, que trouxerem ao Senhor, serão teus. Todo o que na tua casa estiver limpo comerá deles.

¹⁴Toda coisa consagrada em Israel será tua.

¹⁵Todo primogênito de toda a carne, que oferecerem ao Senhor, tanto de homens como de animais, será teu; contudo os primogênitos dos homens certamente remirás; também os primogênitos dos animais imundos remirás.

¹⁶Os que deles se houverem de remir, desde a idade de um mês os remirás, segundo a tua avaliação, por cinco siclos de dinheiro, segundo o siclo do santuário, que é de vinte jeiras.

¹⁷Mas o primogênito da vaca, o primogênito da ovelha, e o primogênito da cabra não remirás, porque eles são santos. Espargirás o seu sangue sobre o altar, e queimarás a sua gordura em oferta queimada, de cheiro suave ao Senhor.

¹⁸E a carne deles será tua, bem como serão teus o peito da oferta de movimento e a coxa direita.

¹⁹Todas as ofertas alçadas das coisas sagradas, que os filhos de Israel oferecerem ao Senhor, eu as tenho dado a ti, a teus filhos e a tuas filhas contigo, como porção, para sempre; é um pacto perpétuo de sal perante o Senhor, para ti e para a tua descendência contigo.

²⁰Disse também o Senhor a Arão: Na sua terra herança nenhuma terás, e no meio deles nenhuma porção terás; eu sou a tua porção e a tua herança entre os filhos de Israel.

²¹Eis que aos filhos de Levi tenho dado todos os dízimos em Israel por herança, pelo serviço que prestam, o serviço da tenda da revelação.

²²Ora, nunca mais os filhos de Israel se chegarão à tenda da revelação, para que não levem sobre si o pecado e morram.

²³Mas os levitas farão o serviço da tenda da revelação, e eles levarão sobre si a sua iniqüidade; pelas vossas gerações estatuto perpétuo será; e no meio dos filhos de Israel nenhuma herança terão.

²⁴Porque os dízimos que os filhos de Israel oferecerem ao Senhor em oferta alçada, eu os tenho dado por herança aos levitas; porquanto eu lhes disse que nenhuma herança teriam entre os filhos de Israel.

²⁵Disse mais o Senhor a Moisés:

²⁶Também falarás aos levitas, e lhes dirás: Quando dos filhos de Israel receberdes os dízimos, que deles vos tenho dado por herança, então desses dízimos fareis ao Senhor uma oferta alçada, o dízimo dos dízimos.

²⁷E computar-se-á a vossa oferta alçada, como o grão da eira, e como a plenitude do lagar.

²⁸Assim fareis ao Senhor uma oferta alçada de todos os vossos dízimos, que receberdes dos filhos de Israel; e desses dízimos dareis a oferta alçada do Senhor a Arão, o sacerdote.

²⁹De todas as dádivas que vos forem feitas, oferecereis, do melhor delas, toda a oferta alçada do Senhor, a sua santa parte.

³⁰Portanto lhes dirás: Quando fizerdes oferta alçada do melhor dos dízimos, será ela computada aos levitas, como a novidade da eira e como a novidade do lagar.

³¹E o comereis em qualquer lugar, vós e as vossas famílias; porque é a vossa recompensa pelo vosso serviço na tenda da revelação.

³²Pelo que não levareis sobre vós pecado, se tiverdes alçado o que deles há de melhor; e não profanareis as coisas sagradas dos filhos de Israel, para que não morrais.

## Capítulo 19

¹Disse mais o Senhor a Moisés e a Arão:

²Este é o estatuto da lei que o Senhor ordenou, dizendo: Dize aos filhos de Israel que te tragam uma novilha vermelha sem defeito, que não tenha mancha, e sobre a qual não se tenha posto jugo:

³Entregá-la-eis a Eleazar, o sacerdote; ele a tirará para fora do arraial, e a imolarão diante dele.

⁴Eleazar, o sacerdote, tomará do sangue com o dedo, e dele espargirá para a frente da tenda da revelação sete vezes.

⁵Então à vista dele se queimará a novilha, tanto o couro e a carne, como o sangue e o excremento;

⁶e o sacerdote, tomando pau de cedro, hissopo e carmesim, os lançará no meio do fogo que queima a novilha.

⁷Então o sacerdote lavará as suas vestes e banhará o seu corpo em água; depois entrará no arraial; e o sacerdote será imundo até a tarde.

⁸Também o que a tiver queimado lavará as suas vestes e banhará o seu corpo em água, e sera imundo até a tarde.

⁹E um homem limpo recolherá a cinza da novilha, e a depositará fora do arraial, num lugar limpo, e ficará ela guardada para a congregação dos filhos de Israel, para a água de purificação; é oferta pelo pecado.

¹⁰E o que recolher a cinza da novilha lavará as suas vestes e será imundo até a tarde; isto será por estatuto perpétuo aos filhos de Israel e ao estrangeiro que peregrina entre eles.

¹¹Aquele que tocar o cadáver de algum homem, será imundo sete dias.

¹²Ao terceiro dia o mesmo se purificará com aquela água, e ao sétimo dia se tornará limpo; mas, se ao terceiro dia não se purificar, não se tornará limpo ao sétimo dia.

¹³Todo aquele que tocar o cadáver de algum homem que tenha morrido, e não se purificar, contamina o tabernáculo do Senhor; e essa alma será extirpada de Israel; porque a água da purificação não foi espargida sobre ele, continua imundo; a sua imundícia está ainda sobre ele.

¹⁴Esta é a lei, quando um homem morrer numa tenda: todo aquele que entrar na tenda, e todo aquele que nela estiver, será imundo sete dias.

¹⁵Também, todo vaso aberto, sobre que não houver pano atado, será imundo.

¹⁶E todo aquele que no campo tocar alguém que tenha sido morto pela espada, ou outro cadáver, ou um osso de algum homem, ou uma sepultura, será imundo sete dias.

¹⁷Para o imundo, pois, tomarão da cinza da queima da oferta pelo pecado, e sobre ela deitarão água viva num vaso;

¹⁸e um homem limpo tomará hissopo, e o molhará na água, e a espargirá sobre a tenda, sobre todos os objetos e sobre as pessoas que ali estiverem, como também sobre aquele que tiver tocado o osso, ou o que foi morto, ou o que faleceu, ou a sepultura.

¹⁹Também o limpo, ao terceiro dia e ao sétimo dia, a espargirá sobre o imundo, e ao sétimo dia o purificará; e o que era imundo lavará as suas vestes, e se banhará em água, e à tarde será limpo.

²⁰Mas o que estiver imundo e não se purificar, esse será extirpado do meio da assembléia, porquanto contaminou o santuário do Senhor; a água de purificação não foi espargida sobre ele; é imundo.

²¹Isto lhes será por estatuto perpétuo: o que espargir a água de purificação lavará as suas vestes; e o que tocar a água de purificação será imundo até a tarde.

²²E tudo quanto o imundo tocar também será imundo; e a pessoa que tocar naquilo será imunda até a tarde.

## Capítulo 20

¹Os filhos de Israel, a congregação toda, chegaram ao deserto de Zim no primeiro mês, e o povo ficou em Cades. Ali morreu Miriã, e ali foi sepultada.

²Ora, não havia água para a congregação; pelo que se ajuntaram contra Moisés e Arão.

³E o povo contendeu com Moisés, dizendo: Oxalá tivéssemos perecido quando pereceram nossos irmãos perante o Senhor!

⁴Por que trouxestes a congregação do Senhor a este deserto, para que morramos aqui, nós e os nossos animais?

⁵E por que nos fizestes subir do Egito, para nos trazer a este mau lugar? lugar onde não há semente, nem figos, nem vides, nem romãs, nem mesmo água para beber.

⁶Então Moisés e Arão se foram da presença da assembléia até a porta da tenda da revelação, e se lançaram com o rosto em terra; e a glória do Senhor lhes apareceu.

⁷E o Senhor disse a Moisés:

⁸Toma a vara, e ajunta a congregação, tu e Arão, teu irmão, e falai à rocha perante os seus olhos, que ela dê as suas águas. Assim lhes tirarás água da rocha, e darás a beber à congregação e aos seus animais.

⁹Moisés, pois, tomou a vara de diante do senhor, como este lhe ordenou.

¹⁰Moisés e Arão reuniram a assembléia diante da rocha, e Moisés disse-lhes: Ouvi agora, rebeldes! Porventura tiraremos água desta rocha para vós?

¹¹Então Moisés levantou a mão, e feriu a rocha duas vezes com a sua vara, e saiu água copiosamente, e a congregação bebeu, e os seus animais.

¹²Pelo que o Senhor disse a Moisés e a Arão: Porquanto não me crestes a mim, para me santificardes diante dos filhos de Israel, por isso não introduzireis esta congregação na terra que lhes dei.

¹³Estas são as águas de Meribá, porque ali os filhos de Israel contenderam com o Senhor, que neles se santificou.

¹⁴De Cades, Moisés enviou mensageiros ao rei de Edom, dizendo: Assim diz teu irmão Israel: Tu sabes todo o trabalho que nos tem sobrevindo;

¹⁵como nossos pais desceram ao Egito, e nós no Egito habitamos muito tempo; e como os egípcios nos maltrataram, a nós e a nossos pais;

¹⁶e quando clamamos ao Senhor, ele ouviu a nossa voz, e mandou um anjo, e nos tirou do Egito; e eis que estamos em Cades, cidade na extremidade dos teus termos.

¹⁷Deixa-nos, pois, passar pela tua terra; não passaremos pelos campos, nem pelas vinhas, nem beberemos a água dos poços; iremos pela estrada real, não nos desviando para a direita nem para a esquerda, até que tenhamos passado os teus termos.

¹⁸Respondeu-lhe Edom: Não passarás por mim, para que eu não saia com a espada ao teu encontro.

¹⁹Os filhos de Israel lhe replicaram: Subiremos pela estrada real; e se bebermos das tuas águas, eu e o meu gado, darei o preço delas; sob condição de eu nada mais fazer, deixa-me somente passar a pé.

²⁰Edom, porém, respondeu: Não passarás. E saiu-lhe ao encontro com muita gente e com mão forte.

²¹Assim recusou Edom deixar Israel passar pelos seus termos; pelo que Israel se desviou dele.

²²Então partiram de Cades; e os filhos de Israel, a congregação toda, chegaram ao monte Hor.

²³E falou o Senhor a Moisés e a Arão no monte Hor, nos termos da terra de Edom, dizendo:

²⁴Arão será recolhido a seu povo, porque não entrará na terra que dei aos filhos de Israel, porquanto fostes rebeldes contra a minha palavra no tocante às águas de Meribá.

²⁵Toma a Arão e a Eleazar, seu filho, e faze-os subir ao monte Hor;

²⁶e despe a Arão as suas vestes, e as veste a Eleazar, seu filho, porque Arão será recolhido, e morrerá ali.

²⁷Fez, pois, Moisés como o Senhor lhe ordenara; e subiram ao monte Hor perante os olhos de toda a congregação.

²⁸Moisés despiu a Arão as vestes, e as vestiu a Eleazar, seu filho; e morreu Arão ali sobre o cume do monte; e Moisés e Eleazar desceram do monte.

²⁹Vendo, pois, toda a congregação que Arão era morto, chorou-o toda a casa de Israel por trinta dias.

## Capítulo 21

¹Ora, ouvindo o cananeu, rei de Arade, que habitava no Negebe, que Israel vinha pelo caminho de Atarim, pelejou contra Israel, e levou dele alguns prisioneiros.

²Então Israel fez um voto ao Senhor, dizendo: Se na verdade entregares este povo nas minhas mãos, destruirei totalmente as suas cidades.

³O Senhor, pois, ouviu a voz de Israel, e entregou-lhe os cananeus; e os israelitas os destruíram totalmente, a eles e às suas cidades; e chamou-se aquele lugar Horma.

⁴Então partiram do monte Hor, pelo caminho que vai ao Mar Vermelho, para rodearem a terra de Edom; e a alma do povo impacientou-se por causa do caminho.

⁵E o povo falou contra Deus e contra Moisés: Por que nos fizestes subir do Egito, para morrermos no deserto? pois aqui não há pão e não há água: e a nossa alma tem fastio deste miserável pão.

⁶Então o Senhor mandou entre o povo serpentes abrasadoras, que o mordiam; e morreu muita gente em Israel.

⁷Pelo que o povo veio a Moisés, e disse: Pecamos, porquanto temos falado contra o Senhor e contra ti; ora ao Senhor para que tire de nós estas serpentes. Moisés, pois, orou pelo povo.

⁸Então disse o Senhor a Moisés: Faze uma serpente de bronze, e põe-na sobre uma haste; e será que todo mordido que olhar para ela viverá.

⁹Fez, pois, Moisés uma serpente de bronze, e pô-la sobre uma haste; e sucedia que, tendo uma serpente mordido a alguém, quando esse olhava para a serpente de bronze, vivia.

¹⁰Partiram, então, os filhos de Israel, e acamparam-se em Obote.

¹¹Depois partiram de Obote, e acamparam-se em Ije-Abarim, no deserto que está defronte de Moabe, para o nascente.

¹²Dali partiram, e acamparam-se no vale de Zerede.

¹³E, partindo dali, acamparam-se além do Arnom, que está no deserto que sai dos termos dos amorreus; porque o Arnom é o termo de Moabe, entre Moabe e os amorreus.

¹⁴Pelo que se diz no livro das guerras do Senhor: Vaebe em Sufa, e os vales do Arnom,

¹⁵e o declive dos vales, que se inclina para a situação Ar, e se encosta aos termos de Moabe

¹⁶Dali vieram a Beer; esse é o poço do qual o Senhor disse a Moisés: Ajunta o povo, e lhe darei água.

¹⁷Então Israel cantou este cântico: Brota, ó poço! E vós, entoai-lhe cânticos!

¹⁸Ao poço que os príncipes cavaram, que os nobres do povo escavaram com o bastão, e com os seus bordões. Do deserto vieram a Matana;

¹⁹de Matana a Naaliel; de Naaliel a Bamote;

²⁰e de Bamote ao vale que está no campo de Moabe, ao cume de Pisga, que dá para o deserto.

²¹Então Israel mandou mensageiros a Siom, rei dos amorreus, a dizer-lhe:

²²Deixa-me passar pela tua terra; não nos desviaremos para os campos nem para as vinhas; as águas dos poços não beberemos; iremos pela estrada real até que tenhamos passado os teus termos.

²³Siom, porém, não deixou Israel passar pelos seus termos; pelo contrário, ajuntou todo o seu povo, saiu ao encontro de Israel no deserto e, vindo a Jaza, pelejou contra ele.

²⁴Mas Israel o feriu ao fio da espada, e apoderou-se da sua terra, desde o Arnom até o Jaboque, até os amonitas; porquanto a fronteira dos amonitas era fortificada.

²⁵Assim Israel tomou todas as cidades dos amorreus e habitou nelas, em Hesbom e em todas as suas aldeias.

²⁶Porque Hesbom era a cidade de Siom, rei dos amorreus, que pelejara contra o precedente rei de Moabe, e tomara da mão dele toda a sua terra até o Arnom.

²⁷Pelo que dizem os que falam por provérbios: Vinde a Hesbom! edifique-se e estabeleça-se a cidade de Siom!

²⁸Porque fogo saiu de Hesbom, e uma chama da cidade de Siom; e devorou a Ar de Moabe, aos senhores dos altos do Arnom.

²⁹Ai de ti, Moabe! perdido estás, povo de Quemós! Entregou seus filhos como fugitivos, e suas filhas como cativas, a Siom, rei dos amorreus.

³⁰Nós os asseteamos; Hesbom está destruída até Dibom, e os assolamos até Nofá, que se estende até Medeba.

³¹Assim habitou Israel na terra dos amorreus.

³²Depois Moisés mandou espiar a Jazer, e tomaram as suas aldeias e expulsaram os amorreus que ali estavam.

³³Então viraram-se, e subiram pelo caminho de Basã. E Ogue, rei de Basã, saiu-lhes ao encontro, ele e todo o seu povo, para lhes dar batalha em Edrei.

³⁴Disse, pois, o Senhor a Moisés: Não o temas, porque eu to entreguei na mão, a ele, a todo o seu povo, e à sua terra; e far-lhe-ás como fizeste a Siom, rei dos amorreus, que habitava em Hesbom.

³⁵Assim o feriram, a ele e seus filhos, e a todo o seu povo, até que nenhum lhe ficou restando; também se apoderaram da terra dele.

## Capítulo 22

¹Depois os filhos de Israel partiram, e acamparam-se nas planícies de Moabe, além do Jordão, na altura de Jericó.

²Ora, Balaque, filho de Zipor, viu tudo o que Israel fizera aos amorreus.

³E Moabe tinha grande medo do povo, porque era muito; e Moabe andava angustiado por causa dos filhos de Israel.

⁴Por isso disse aos anciãos de Midiã: Agora esta multidão lamberá tudo quanto houver ao redor de nós, como o boi lambe a erva do campo. Nesse tempo Balaque, filho de Zipor, era rei de Moabe.

⁵Ele enviou mensageiros a Balaão, filho de Beor, a Petor, que está junto ao rio, à terra dos filhos do seu povo, a fim de chamá-lo, dizendo: Eis que saiu do Egito um povo, que cobre a face da terra e estaciona defronte de mim.

⁶Vem pois agora, rogo-te, amaldiçoar-me este povo, pois mais poderoso é do que eu; porventura prevalecerei, de modo que o possa ferir e expulsar da terra; porque eu sei que será abençoado aquele a quem tu abençoares, e amaldiçoado aquele a quem tu amaldiçoares.

⁷Foram-se, pois, os anciãos de Moabe e os anciãos de Midiã, com o preço dos encantamentos nas mãos e, chegando a Balaão, referiram-lhe as palavras de Balaque.

⁸Ele lhes respondeu: Passai aqui esta noite, e vos trarei a resposta, como o Senhor me falar. Então os príncipes de Moabe ficaram com Balaão.

⁹Então veio Deus a Balaão, e perguntou: Quem são estes homens que estão contigo?

¹⁰Respondeu Balaão a Deus: Balaque, filho de Zipor, rei de Moabe, mos enviou, dizendo:

¹¹Eis que o povo que saiu do Egito cobre a face da terra; vem agora amaldiçoar-mo; porventura poderei pelejar contra ele e expulsá-lo.

¹²E Deus disse a Balaão: Não irás com eles; não amaldiçoarás a este povo, porquanto é bendito.

¹³Levantando-se Balaão pela manhã, disse aos príncipes de Balaque: Ide para a vossa terra, porque o Senhor recusa deixar-me ir convosco.

¹⁴Levantaram-se, pois, os príncipes de Moabe, vieram a Balaque e disseram: Balaão recusou vir conosco.

¹⁵Balaque, porém, tornou a enviar príncipes, em maior número e mais honrados do que aqueles.

¹⁶Estes vieram a Balaão e lhe disseram: Assim diz Balaque, filho de Zipor: Rogo-te que não te demores em vir a mim,

¹⁷porque grandemente te honrarei, e farei tudo o que me disseres; vem pois, rogo-te, amaldiçoar-me este povo.

¹⁸Respondeu Balaão aos servos de Balaque: Ainda que Balaque me quisesse dar a sua casa cheia de prata e de ouro, eu não poderia ir além da ordem do Senhor meu Deus, para fazer coisa alguma, nem pequena nem grande.

¹⁹Agora, pois, rogo-vos que fiqueis aqui ainda esta noite, para que eu saiba o que o Senhor me dirá mais.

²⁰Veio, pois, Deus a Balaão, de noite, e disse-lhe: Já que esses homens te vieram chamar, levanta-te, vai com eles; todavia, farás somente aquilo que eu te disser.

²¹Então levantou-se Balaão pela manhã, albardou a sua jumenta, e partiu com os príncipes de Moabe.

²²A ira de Deus se acendeu, porque ele ia, e o anjo do Senhor pôs-se-lhe no caminho por adversário. Ora, ele ia montado na sua jumenta, tendo consigo os seus dois servos.

²³A jumenta viu o anjo do Senhor parado no caminho, com a sua espada desembainhada na mão e, desviando-se do caminho, meteu-se pelo campo; pelo que Balaão espancou a jumenta para fazê-la tornar ao caminho.

²⁴Mas o anjo do Senhor pôs-se numa vereda entre as vinhas, havendo uma sebe de um e de outro lado.

²⁵Vendo, pois, a jumenta o anjo do Senhor, coseu-se com a sebe, e apertou contra a sebe o pé de Balaão; pelo que ele tornou a espancá-la.

²⁶Então o anjo do Senhor passou mais adiante, e pôs-se num lugar estreito, onde não havia caminho para se desviar nem para a direita nem para a esquerda.

²⁷E, vendo a jumenta o anjo do Senhor, deitou-se debaixo de Balaão; e a ira de Balaão se acendeu, e ele espancou a jumenta com o bordão.

²⁸Nisso abriu o Senhor a boca da jumenta, a qual perguntou a Balaão: Que te fiz eu, para que me espancasses estas três vezes?

²⁹Respondeu Balaão à jumenta: Porque zombaste de mim; oxalá tivesse eu uma espada na mão, pois agora te mataria.

³⁰Tornou a jumenta a Balaão: Porventura não sou a tua jumenta, em que cavalgaste toda a tua vida até hoje? Porventura tem sido o meu costume fazer assim para contigo? E ele respondeu: Não.

³¹Então o Senhor abriu os olhos a Balaão, e ele viu o anjo do Senhor parado no caminho, e a sua espada desembainhada na mão; pelo que inclinou a cabeça, e prostrou-se com o rosto em terra.

³²Disse-lhe o anjo do senhor: Por que já três vezes espancaste a tua jumenta? Eis que eu te saí como adversário, porquanto o teu caminho é perverso diante de mim.

³³a jumenta, porém, me viu, e já três vezes se desviou de diante de mim; se ela não se tivesse desviado de mim, na verdade que eu te haveria matado, deixando a ela com vida.

³⁴Respondeu Balaão ao anjo do Senhor: pequei, porque não sabia que estavas parado no caminho para te opores a mim; e agora, se parece mal aos teus olhos, voltarei.

³⁵Tornou o anjo do Senhor a Balaão: Vai com os mem, ou uma somente a palavra que eu te disser é que falarás. Assim Balaão seguiu com os príncipes de Balaque.

³⁶Tendo, pois, Balaque ouvido que Balaão vinha chegando, saiu-lhe ao encontro até Ir-Moabe, cidade fronteira que está à margem do Arnom.

³⁷Perguntou Balaque a Balaão: Porventura não te enviei diligentemente mensageiros a chamar-te? por que não vieste a mim? não posso eu, na verdade, honrar-te?

³⁸Respondeu Balaão a Balaque: Eis que sou vindo a ti; porventura poderei eu agora, de mim mesmo, falar alguma coisa? A palavra que Deus puser na minha boca, essa falarei.

³⁹E Balaão foi com Balaque, e chegaram a Quiriate-Huzote.

⁴⁰Então Balaque ofereceu em sacrifício bois e ovelhas, e deles enviou a Balaão e aos príncipes que estavam com ele.

⁴¹E sucedeu que, pela manhã, Balaque tomou a Balaão, e o levou aos altos de Baal, e viu ele dali a parte extrema do povo.

## Capítulo 23

¹Disse Balaão a Balaque: Edifica-me aqui sete altares e prepara-me aqui sete novilhos e sete carneiros.

²Fez, pois, Balaque como Balaão dissera; e Balaque e Balaão ofereceram um novilho e um carneiro sobre cada altar.

³Então Balaão disse a Balaque: Fica aqui em pé junto ao teu holocausto, e eu irei; porventura o Senhor me sairá ao encontro, e o que ele me mostrar, eu to direi. E foi a um lugar alto.

⁴E quando Deus se encontrou com Balaão, este lhe disse: Preparei os sete altares, e ofereci um novilho e um carneiro sobre cada altar.

⁵Então o senhor pôs uma palavra na boca de Balaão, e disse: Volta para Balaque, e assim falarás.

⁶Voltou, pois, para ele, e eis que estava em pé junto ao seu holocausto, ele e todos os príncipes de Moabe.

⁷Então proferiu Balaão a sua parábola, dizendo: De Arã me mandou trazer Balaque, o rei de Moabe, desde as montanhas do Oriente, dizendo: Vem, amaldiçoa-me a Jacó; vem, denuncia a Israel.

⁸Como amaldiçoarei a quem Deus não amaldiçoou? e como denunciarei a quem o Senhor não denunciou?

⁹Pois do cume das penhas o vejo, e dos outeiros o contemplo; eis que é um povo que habita só, e entre as nações não será contado.

¹⁰Quem poderá contar o pó de Jacó e o número da quarta parte de Israel? Que eu morra a morte dos justos, e seja o meu fim como o deles.

¹¹Então disse Balaque a Balaão: Que me fizeste? Chamei-te para amaldiçoares os meus inimigos, e eis que inteiramente os abençoaste.

¹²E ele respondeu: Porventura não terei cuidado de falar o que o Senhor me puser na boca?

¹³Então Balaque lhe disse: Rogo-te que venhas comigo a outro lugar, donde o poderás ver; verás somente a última parte dele, mas a todo ele não verás; e amaldiçoa-mo dali.

¹⁴Assim o levou ao campo de Zofim, ao cume de Pisga; e edificou sete altares, e ofereceu um novilho e um carneiro sobre cada altar.

¹⁵Disse Balaão a Balaque: Fica aqui em pé junto ao teu holocausto, enquanto eu vou ali ao encontro do Senhor.

¹⁶E, encontrando-se o Senhor com Balaão, pôs-lhe na boca uma palavra, e disse: Volta para Balaque, e assim falarás.

¹⁷Voltou, pois, para ele, e eis que estava em pé junto ao seu holocausto, e os príncipes de Moabe com ele. Perguntou-lhe, pois, Balaque: Que falou o Senhor?

¹⁸Então proferiu Balaão a sua parábola, dizendo: Levanta-te, Balaque, e ouve; escuta-me, filho de Zipor;

¹⁹Deus não é homem, para que minta; nem filho do homem, para que se arrependa. Porventura, tendo ele dito, não o fará? ou, havendo falado, não o cumprirá?

²⁰Eis que recebi mandado de abençoar; pois ele tem abençoado, e eu não o posso revogar.

²¹Não se observa iniquidade em Jacó, nem se vê maldade em Israel; o senhor seu Deus é com ele, no meio dele se ouve a aclamação dum rei;

²²É Deus que os vem tirando do Egito; as suas forças são como as do boi selvagem.

²³Contra Jacó, pois, não há encantamento, nem adivinhação contra Israel. Agora se dirá de Jacó e de Israel: Que coisas Deus tem feito!

²⁴Eis que o povo se levanta como leoa, e se ergue como leão; não se deitará até que devore a presa, e beba o sangue dos que foram mortos.

²⁵Então Balaque disse a Balaão: Nem o amaldiçoes, nem tampouco o abençoes;

²⁶Respondeu, porém, Balaão a Balaque: Não te falei eu, dizendo: Tudo o que o Senhor falar, isso tenho de fazer?

²⁷Tornou Balaque a Balaão: Vem agora, e te levarei a outro lugar; porventura parecerá bem aos olhos de Deus que dali mo amaldiçoes.

²⁸Então Balaque levou Balaão ao cume de Peor, que dá para o deserto.

²⁹E Balaão disse a Balaque: Edifica-me aqui sete altares, e prepara-me aqui sete novilhos e sete carneiros.

³⁰Balaque, pois, fez como dissera Balaão; e ofereceu um novilho e um carneiro sobre cada altar.

## Capítulo 24

¹Vendo Balaão que parecia bem aos olhos do Senhor que abençoasse a Israel, não foi, como era costume, ao encontro dos encantamentos, mas voltou o rosto para o deserto.

²E, levantando Balaão os olhos, viu a Israel que se achava acampado segundo as suas tribos; e veio sobre ele o Espírito de Deus.

³Então proferiu Balaão a sua parábola, dizendo: Fala Balaão, filho de Beor; fala o homem que tem os olhos abertos;

⁴fala aquele que ouve as palavras de Deus, o que vê a visão do Todo-Poderoso, que cai, e se lhe abrem os olhos:

⁵Quão formosas são as tuas tendas, ó Jacó! as tuas moradas, ó Israel!

⁶Como vales, elas se estendem; são como jardins à beira dos rios, como árvores de aloés que o Senhor plantou, como cedros junto às águas.

⁷De seus baldes manarão águas, e a sua semente estará em muitas águas; o seu rei se exalçará mais do que Agague, e o seu reino será exaltado.

⁸É Deus que os vem tirando do Egito; as suas forças são como as do boi selvagem; ele devorará as nações, seus adversários, lhes quebrará os ossos, e com as suas setas os atravessará.

⁹Agachou-se, deitou-se como leão, e como leoa; quem o despertará? Benditos os que te abençoarem, e malditos os que te amaldiçoarem.

¹⁰Pelo que a ira de Balaque se acendeu contra Balaão, e batendo ele as palmas, disse a Balaão: Para amaldiçoares os meus inimigos é que te chamei; e eis que já três vezes os abençoaste.

¹¹Agora, pois, foge para o teu lugar; eu tinha dito que certamente te honraria, mas eis que o Senhor te privou dessa honra.

¹²Então respondeu Balaão a Balaque: Não falei eu também aos teus mensageiros, que me enviaste, dizendo:

¹³Ainda que Balaque me quisesse dar a sua casa cheia de prata e de ouro, eu não poderia ir além da ordem do Senhor, para fazer, de mim mesmo, o bem ou o mal; o que o Senhor falar, isso falarei eu?

¹⁴Agora, pois, eis que me vou ao meu povo; vem, avisar-te-ei do que este povo fará ao teu povo nos últimos dias.

¹⁵Então proferiu Balaão a sua parábola, dizendo: Fala Balaão, filho de Beor; fala o homem que tem os olhos abertos;

¹⁶fala aquele que ouve as palavras de Deus e conhece os desígnios do Altíssimo, que vê a visão do Todo-Poderoso, que cai, e se lhe abrem os olhos:

¹⁷Eu o vejo, mas não no presente; eu o contemplo, mas não de perto; de Jacó procederá uma estrela, de Israel se levantará um cetro que ferirá os termos de Moabe, e destruirá todos os filhos de orgulho.

¹⁸E Edom lhe será uma possessão, e assim também Seir, os quais eram os seus inimigos; pois Israel fará proezas.

¹⁹De Jacó um dominará e destruirá os sobreviventes da cidade.

²⁰Também viu Balaão a Amaleque e proferiu a sua parábola, dizendo: Amaleque era a primeira das nações, mas o seu fim será a destruição.

²¹E, vendo os quenitas, proferiu a sua parábola, dizendo: Firme está a tua habitação; e posto na penha está o teu ninho;

²²todavia será o quenita assolado, até que Assur te leve por prisioneiro.

²³Proferiu ainda a sua parábola, dizendo: Ai, quem viverá, quando Deus fizer isto?

²⁴Naus virão das costas de Quitim, e afligirão a Assur; igualmente afligirão a Eber, que também será para destruição.

²⁵Então, tendo-se Balaão levantado, partiu e voltou para o seu lugar; e também Balaque se foi pelo seu caminho.

## Capítulo 25

¹Ora, Israel demorava-se em Sitim, e o povo começou a prostituir-se com as filhas de Moabe,

²pois elas convidaram o povo aos sacrifícios dos seus deuses; e o povo comeu, e inclinou-se aos seus deuses.

³Porquanto Israel se juntou a Baal-Peor, a ira do Senhor acendeu-

se contra ele.

⁴Disse, pois, o Senhor a Moisés: Toma todos os cabeças do povo, e enforca-os ao senhor diante do sol, para que a grande ira do Senhor se retire de Israel.

⁵Então Moisés disse aos juízes de Israel: Mate cada um os seus homens que se juntaram a Baal-Peor.

⁶E eis que veio um homem dos filhos de Israel, e trouxe a seus irmãos uma midianita à vista de Moisés e à vista de toda a congregação dos filhos de Israel, enquanto estavam chorando à porta da tenda da revelação.

⁷Vendo isso Finéias, filho de Eleazar, filho do sacerdote Arão, levantou-se do meio da congregação, e tomou na mão uma lança; o foi após o israelita, e entrando na sua tenda, os atravessou a ambos, ao israelita e à mulher, pelo ventre. Então a praga cessou de sobre os filhos de Israel.

⁹Ora, os que morreram daquela praga foram vinte e quatro mil.

¹⁰Então disse o Senhor a Moisés:

¹¹Finéias, filho de Eleazar, filho do sacerdote Arão, desviou a minha ira de sobre os filhos de Israel, pois foi zeloso com o meu zelo no meio deles, de modo que no meu zelo não consumi os filhos de Israel.

¹²Portanto dize: Eis que lhe dou o meu pacto de paz,

¹³e será para ele e para a sua descendência depois dele, o pacto de um sacerdócio perpétuo; porquanto foi zeloso pelo seu Deus, e fez expiação pelos filhos de Israel.

¹⁴O nome do israelita que foi morto com a midianita era Zinri, filho de Salu, príncipe duma casa paterna entre os simeonitas.

¹⁵E o nome da mulher midianita morta era Cozbi, filha de Zur; o qual era cabeça do povo duma casa paterna em Midiã.

¹⁶Disse mais o Senhor a Moisés:

¹⁷Afligi vós os midianitas e feri-os;

¹⁸porque eles vos afligiram a vós com as suas ciladas com que vos enganaram no caso de Peor, e no caso de Cozbi, sua irmã, filha do príncipe de Midiã, a qual foi morta no dia da praga no caso de Peor.

## Capítulo 26

¹Depois daquela praga disse o Senhor a Moisés e a Eleazar, filho do sacerdote Arão:

²Tomai a soma de toda a congregação dos filhos de Israel, da idade de vinte anos para cima, segundo as casas e seus pais, todos os que em Israel podem sair à guerra.

³Falaram-lhes, pois, Moisés e Eleazar o sacerdote, nas planícies de Moabe, junto ao Jordão, na altura de Jericó, dizendo:

⁴Contai o povo da idade de vinte anos para cima; como o Senhor ordenara a Moisés e aos filhos de Israel que saíram da terra do Egito.

⁵Rúben, o primogênito de Israel; os filhos de Rúben: de Hanoque, a família dos hanoquitas; de Palu, a família dos paluítas;

⁶de Hezrom, a família dos hezronitas; de Carmi, a família dos carmitas.

⁷Estas são as famílias dos rubenitas; os que foram deles contados eram quarenta e três mil setecentos e trinta.

⁸E o filho de Palu: Eliabe.

⁹Os filhos de Eliabe: Nemuel, Dato e Abirão. Estes são aqueles Datã e Abirão que foram chamados da congregação, os quais contenderam contra Moisés e contra Arão na companhia de Corá, quando contenderam contra o Senhor;

¹⁰e a terra abriu a boca, e os tragou juntamente com Corá, quando pereceu aquela companhia; quando o fogo devorou duzentos e cinqüenta homens, os quais serviram de advertência.

¹¹Todavia os filhos de Corá não morreram.

¹²Os filhos de Simeão, segundo as suas famílias: de Nemuel, a família dos nemuelitas; de Jamim, a família dos jaminitas; de Jaquim, a família dos jaquinitas;

¹³de Zerá, a família dos zeraítas; de Saul, a família dos saulitas.

¹⁴Estas são as famílias dos simeonitas, vinte e dois mil e duzentos.

¹⁵Os filhos de Gade, segundo as suas famílias: de Zefom, a família dos zefonitas; de Hagui, a família dos haguitas; de Suni, a família dos sunitas;

¹⁶de Ozni, a família dos oznitas; de Eri, a família dos eritas;

¹⁷de Arode, a família dos aroditas; de Areli, a família dos arelitas.

¹⁸Estas são as famílias dos filhos de Gade, segundo os que foram deles contados, quarenta mil e quinhentos.

¹⁹Os filhos de Judá: Er e Onã; mas Er e Onã morreram na terra de Canaã.

²⁰Assim os filhos de Judá, segundo as suas famílias, eram: de Selá, a família dos selanitas; de Pérez, a família dos perezitas; de Zerá, a família dos zeraítas.

²¹E os filhos de Pérez eram: de Hezrom, a família dos hezronitas; de Hamul, a família dos hamulitas.

²²Estas são as famílias de Judá, segundo os que foram deles contados, setenta e seis mil e quinhentos.

²³Os filhos de Issacar, segundo as suas famílias: de Tola, a família dos tolaítas; de Puva, a família dos puvitas;

²⁴de Jasube, a família dos jasubitas; de Sinrom, a família dos sinronitas.

²⁵Estas são as famílias de Issacar, segundo os que foram deles contados, sessenta e quatro mil e trezentos:

²⁶Os filhos de Zebulom, segundo as suas famílias: de Serede, a família dos sereditas; de Elom, a família dos elonitas; de Jaleel, a família dos jaleelitas.

²⁷Estas são as famílias dos zebulonitas, segundo os que foram deles contados, sessenta mil e quinhentos.

²⁸Os filhos de José, segundo as suas famílias: Manassés e Efraim.

²⁹Os filhos de Manassés: de Maquir, a família dos maquiritas; e Maquir gerou a Gileade; de Gileade, a família dos gileaditas.

³⁰Estes são os filhos de Gileade: de Iezer, a família dos iezritas; de Heleque, a família dos helequitas;

³¹de Asriel, a família dos asrielitas; de Siquém, a família dos siquemitas;

³²e de Semida, a família dos semidaítas; e de Hefer, a família dos heferitas.

³³Ora, Zelofeade, filho de Hefer, não tinha filhos, senão filhas; e as filhas de Zelofeade chamavam-se Macla, Noa, Hogla, Milca e Tirza.

³⁴Estas são as famílias de Manassés; os que foram deles contados, eram cinqüenta e dois mil e setecentos.

³⁵Estes são os filhos de Efraim, segundo as suas famílias: de Sutela, a família dos sutelaítas; de Bequer, a família dos bequeritas; de Taã, a família dos taanitas.

³⁶E estes são os filhos de Sutela: de Erã, a família dos eranitas.

³⁷Estas são as famílias dos filhos de Efraim, segundo os que foram deles contados, trinta e dois mil e quinhentos. Estes são os filhos de José, segundo as suas famílias.

³⁸Os filhos de Benjamim, segundo as suas famílias: de Belá, a família dos belaítas; de Asbel, a família dos asbelitas; de Airão, a família dos airamitas;

³⁹de Sefufã, a família dos sufamitas; de Hufão, a família dos hufamitas.

⁴⁰E os filhos de Belá eram Arde e Naamã: de Arde a família dos arditas; de Naamã, a família dos naamitas.

⁴¹Estes são os filhos de Benjamim, segundo as suas famílias; os que foram deles contados, eram quarenta e cinco mil e seiscentos.

⁴²Estes são os filhos de Dã, segundo as suas famílias: de Suão a família dos suamitas. Estas são as famílias de Dã, segundo as suas famílias.

⁴³Todas as famílias dos suamitas, segundo os que foram deles contados, eram sessenta e quatro mil e quatrocentos.

⁴⁴Os filhos de Aser, segundo as suas famílias: de Imná, a família dos imnitas; de Isvi, a família dos isvitas; de Berias, a família dos beritas.

⁴⁵Dos filhos de Berias: de Heber, a família dos heberitas; de Malquiel, a família dos malquielitas.

⁴⁶E a filha de Aser chamava-se Sera.

⁴⁷Estas são as famílias dos filhos de Aser, segundo os que foram deles contados, cinqüenta e três mil e quatrocentos.

⁴⁸Os filhos de Naftali, segundo as suas famílias: de Jazeel, a família dos jazeelitas; de Guni, a família dos gunitas;

⁴⁹de Jezer, a família dos jezeritas; de Silém, a família dos silemitas.

⁵⁰Estas são as famílias de Naftali, segundo as suas famílias; os que foram deles contados, eram quarenta e cinco mil e quatrocentos.

⁵¹Estes são os que foram contados dos filhos de Israel, seiscentos e um mil setecentos e trinta.

⁵²Disse mais o senhor a Moisés:

⁵³A estes se repartirá a terra em herança segundo o número dos nomes.

⁵⁴À tribo de muitos darás herança maior, e à de poucos darás herança menor; a cada qual se dará a sua herança segundo os que foram deles contados.

⁵⁵Todavia a terra se repartirá por sortes; segundo os nomes das tribos de seus pais a herdarão.

⁵⁶Segundo sair a sorte, se repartirá a herança deles entre as tribos de muitos e as de poucos.

⁵⁷Também estes são os que foram contados dos levitas, segundo as suas famílias: de Gérson, a família dos gersonitas; de Coate, a família dos coatitas; de Merári, a família os meraritas.

⁵⁸Estas são as famílias de Levi: a família dos libnitas, a família dos hebronitas, a família dos malitas, a família dos musitas, a família dos coraítas. Ora, Coate gerou a Anrão.

⁵⁹E a mulher de Anrão chamava-se Joquebede, filha de Levi, a qual nasceu a Levi no Egito; e de Anrão ela teve Arão e Moisés, e Miriã, irmã deles.

⁶⁰E a Arão nasceram Nadabe e Abiú, Eleazar e Itamar.

⁶¹Mas Nadabe e Abiú morreram quando ofereceram fogo estranho perante o Senhor.

⁶²E os que foram deles contados eram vinte e três mil, todos os homens da idade de um mês para cima; porque não foram contados entre os filhos de Israel, porquanto não lhes foi dada herança entre os filhos de Israel.

⁶³Esses são os que foram contados por Moisés e Eleazar, o sacerdote, que contaram os filhos de Israel nas planícies de Moabe, junto ao Jordão, na altura de Jericó.

⁶⁴Entre esses, porém, não se achava nenhum daqueles que tinham sido contados por Moisés e Arão, o sacerdote, quando contaram os filhos de Israel no deserto de Sinai.

⁶⁵Porque o senhor dissera deles: Certamente morrerão no deserto; pelo que nenhum deles ficou, senão Calebe, filho de Jefoné, e Josué, filho de Num.

## Capítulo 27

¹Então vieram as filhas de Zelofeade, filho de Hefer, filho de Gileade, filho de Maquir, filho de Manassés, das famílias de Manassés, filho de José; e os nomes delas são estes: Macla, Noa, Hogla, Milca e Tirza;

²apresentaram-se diante de Moisés, e de Eleazar, o sacerdote, e diante dos príncipes e de toda a congregação à porta da tenda da revelação, dizendo:

³Nosso pai morreu no deserto, e não se achou na companhia daqueles que se ajuntaram contra o Senhor, isto é, na companhia de Corá; porém morreu no seu próprio pecado, e não teve filhos.

⁴Por que se tiraria o nome de nosso pai dentre a sua família, por não ter tido um filho? Dai-nos possessão entre os irmãos de nosso pai.

⁵Moisés, pois, levou a causa delas perante o Senhor.

⁶Então disse o Senhor a Moisés:

⁷O que as filhas de Zelofeade falam é justo; certamente lhes darás possessão de herança entre os irmãos de seu pai; a herança de seu pai farás passar a elas.

⁸E dirás aos filhos de Israel: Se morrer um homem, e não tiver filho, fareis passar a sua herança à sua filha.

⁹E, se não tiver filha, dareis a sua herança a seus irmãos.

¹⁰Mas, se não tiver irmãos, dareis a sua herança aos irmãos de seu pai.

¹¹Se também seu pai não tiver irmãos, então dareis a sua herança a seu parente mais chegado dentre a sua família, para que a possua; isto será para os filhos de Israel estatuto de direito, como o Senhor ordenou a Moisés.

¹²Depois disse o Senhor a Moisés: sobe a este monte de Abarim, e vê a terra que tenho dado aos filhos de Israel.

¹³E, tendo-a visto, serás tu também recolhido ao teu povo, assim como o foi teu irmão Arão;

¹⁴porquanto no deserto de Zim, na contenda da congregação, fostes rebeldes à minha palavra, não me santificando diante dos seus olhos, no tocante às águas (estas são as águas de Meribá de Cades, no deserto de Zim).

¹⁵Respondeu Moisés ao Senhor:

¹⁶Que o senhor, Deus dos espíritos de toda a carne, ponha um homem sobre a congregação,

¹⁷o qual saia diante deles e entre diante deles, e os faça sair e os faça entrar; para que a congregação do Senhor não seja como ovelhas que não têm pastor.

¹⁸Então disse o Senhor a Moisés: Toma a Josué, filho de Num, homem em quem há o Espírito, e impõe-lhe a mão;

¹⁹e apresenta-o perante Eleazar, o sacerdote, e perante toda a congregação, e dá-lhe a comissão à vista deles;

²⁰e sobre ele porás da tua glória, para que lhe obedeça toda a congregação dos filhos de Israel.

²¹Ele, pois, se apresentará perante Eleazar, o sacerdote, o qual por ele inquirirá segundo o juízo do Urim, perante o Senhor; segundo a ordem de Eleazar sairão, e segundo a ordem de Eleazar entrarão, ele e todos os filhos de Israel, isto é, toda a congregação.

²²Então Moisés fez como o Senhor lhe ordenara: tomou a Josué, apresentou-o perante Eleazar, o sacerdote, e perante toda a congregação,

²³impôs-lhe as mãos, e lhe deu a comissão; como o Senhor falara por intermédio de Moisés.

## Capítulo 28

¹Disse mais o Senhor a Moisés:

²Ordena aos filhos de Israel, e dize-lhes: A minha oferta, o alimento para as minhas ofertas queimadas, de cheiro suave para mim, tereis cuidado para ma oferecer aos seus tempos determinados.

³Também lhes dirás: Esta é a oferta queimada que oferecereis ao Senhor: dois cordeiros de um ano, sem defeito, cada dia, em contínuo holocausto.

⁴Um cordeiro oferecerás pela manhã, e o outro à tardinha,

⁵juntamente com a décima parte de uma efa de flor de farinha em oferta de cereais, misturada com a quarta parte de um him de azeite batido.

⁶Este é o holocausto contínuo, instituído no monte Sinai, em cheiro suave, oferta queimada ao Senhor.

⁷A oferta de libação do mesmo será a quarta parte de um him para um cordeiro; no lugar santo oferecerás a libação de bebida forte ao Senhor.

⁸E o outro cordeiro, oferecê-lo-ás à tardinha; com as ofertas de cereais e de libação, como o da manhã, o oferecerás, oferta queimada de cheiro suave ao Senhor.

⁹No dia de sábado oferecerás dois cordeiros de um ano, sem defeito, e dois décimos de efa de flor de farinha, misturada com azeite, em oferta de cereais, com a sua oferta de libação;

¹⁰é o holocausto de todos os sábados, além do holocausto contínuo e a sua oferta de libação.

¹¹Nos princípios dos vossos meses oferecereis em holocausto ao Senhor: dois novilhos, um carneiro e sete cordeiros de um ano, sem defeito;

¹²e três décimos de efa de flor de farinha, misturada com azeite, em oferta de cereais, para cada novilho; e dois décimos de efa de flor de farinha, misturada com azeite, em oferta de cereais, para o carneiro;

¹³e um décimo de efa de flor de farinha, misturada com azeite, em oferta de cereais, para cada cordeiro; é holocausto de cheiro suave, oferta queimada ao Senhor.

¹⁴As ofertas de libação do mesmo serão a metade de um him de vinho para um novilho, e a terça parte de um him para um carneiro, e a quarta parte de um him para um cordeiro; este é o holocausto de cada mês, por todos os meses do ano.

¹⁵Também oferecerás ao Senhor um bode como oferta pelo pecado; oferecer-se-á esse além do holocausto contínuo, com a sua oferta de libação.

¹⁶No primeiro mês, aos catorze dias do mês, é a páscoa do Senhor.

¹⁷E aos quinze dias do mesmo mês haverá festa; por sete dias se comerão pães ázimos.

¹⁸No primeiro dia haverá santa convocação; nenhum trabalho servil fareis;

¹⁹mas oferecereis oferta queimada em holocausto ao Senhor: dois novilhos, um carneiro e sete cordeiros de um ano, todos eles sem defeito;

²⁰e a sua oferta de cereais, de flor de farinha misturada com azeite; oferecereis três décimos de efa para cada novilho, dois décimos para o carneiro,

²¹e um décimo para cada um dos sete cordeiros;

²²e em oferta pelo pecado oferecereis um bode, para fazer expiação por vós.

²³Essas coisas oferecereis, além do holocausto da manhã, o qual é o holocausto contínuo.

²⁴Assim, cada dia oferecereis, por sete dias, o alimento da oferta queimada em cheiro suave ao Senhor; oferecer-se-á além do holocausto contínuo com a sua oferta de libação;

²⁵e no sétimo dia tereis santa convocação; nenhum trabalho servil fareis.

²⁶Semelhantemente tereis santa convocação no dia das primícias, quando fizerdes ao Senhor oferta nova de cereais na vossa festa de semanas; nenhum trabalho servil fareis.

²⁷Então oferecereis um holocausto em cheiro suave ao Senhor: dois novilhos, um carneiro e sete cordeiros de um ano;

²⁸e a sua oferta de cereais, de flor de farinha misturada com azeite, três décimos de efa para cada novilho, dois décimos para o carneiro,

²⁹e um décimo para cada um dos sete cordeiros;

³⁰e um bode para fazer expiação por vós.

³¹Além do holocausto contínuo e a sua oferta de cereais, os oferecereis, com as suas ofertas de libação; eles serão sem defeito.

*Números*

## Capítulo 29

¹No sétimo mês, no primeiro dia do mês, tereis uma santa convocação; nenhum trabalho servil fareis; será para vós dia de sonido de trombetas.

²Oferecereis um holocausto em cheiro suave ao Senhor: um novilho, um carneiro e sete cordeiros de um ano, todos sem defeito;

³e a sua oferta de cereais, de flor de farinha misturada com azeite, três décimos de efa para o novilho, dois décimos para o carneiro,

⁴e um décimo para cada um dos sete cordeiros;

⁵e um bode para oferta pelo pecado, para fazer expiação por vós;

⁶além do holocausto do mês e a sua oferta de cereais, e do holocausto contínuo e a sua oferta de cereais, com as suas ofertas de libação, segundo a ordenança, em cheiro suave, oferta queimada ao Senhor.

⁷Também no dia dez deste sétimo mês tereis santa convocação, e afligireis as vossas almas; nenhum trabalho fareis;

⁸mas oferecereis um holocausto, em cheiro suave ao Senhor: um novilho, um carneiro e sete cordeiros de um ano, todos eles sem defeito;

⁹e a sua oferta de cereais, de flor de farinha misturada com azeite, três décimos de efa para o novilho, dois décimos para o carneiro,

¹⁰e um décimo para cada um dos sete cordeiros;

¹¹e um bode para oferta pelo pecado, além da oferta pelo pecado, com a qual se faz expiação, e do holocausto contínuo com a sua oferta de cereais e as suas ofertas de libação.

¹²Semelhantemente, aos quinze dias deste sétimo mês tereis santa convocação; nenhum trabalho servil fareis; mas por sete dias celebrareis festa ao Senhor.

¹³Oferecereis um holocausto em oferta queimada, de cheiro suave ao Senhor: treze novilhos, dois carneiros e catorze cordeiros de um ano, todos eles sem defeito;

¹⁴e a sua oferta de cereais, de flor de farinha misturada com azeite, três décimos de efa para cada um dos treze novilhos, dois décimos para cada um dos dois carneiros,

¹⁵e um décimo para cada um dos catorze cordeiros;

¹⁶e um bode para oferta pelo pecado, além do holocausto contínuo com a sua oferta de cereais e a sua oferta de libação.

¹⁷No segundo dia, doze novilhos, dois carneiros, catorze cordeiros de um ano, sem defeito;

¹⁸e a sua oferta de cereais, e as suas ofertas de libação para os novilhos, para os carneiros e para os cordeiros, conforme o seu número, segundo a ordenança;

¹⁹e um bode para oferta pelo pecado, além do holocausto contínuo com a sua oferta de cereais e as suas ofertas de libação:

²⁰No terceiro dia, onze novilhos, dois carneiros, catorze cordeiros de um ano, sem defeito;

²¹e a sua oferta de cereais, e as suas ofertas de libação para os novilhos, para os carneiros e para os cordeiros, conforme o seu número, segundo a ordenança;

²²e um bode para oferta pelo pecado, além do holocausto contínuo com a sua oferta de cereais e a sua oferta de libação.

²³No quarto dia, dez novilhos, dois carneiros, catorze cordeiros de um ano, sem defeito;

²⁴e a sua oferta de cereais, e as suas ofertas de libação para os novilhos, para os carneiros e para os cordeiros, conforme o seu número, segundo a ordenança;

²⁵e um bode para oferta pelo pecado, além do holocausto contínuo com a sua oferta de cereais e a sua oferta de libação.

²⁶No quinto dia, nove novilhos, dois carneiros, catorze cordeiros de um ano, sem defeito;

²⁷e a sua oferta de cereais, e as suas ofertas de libação para os novilhos, para os carneiros e para os cordeiros, conforme o seu número, segundo a ordenança;

²⁸e um bode para oferta pelo pecado, além do holocausto contínuo com a sua oferta de cereais e a sua oferta de libação.

²⁹No sexto dia, oito novilhos, dois carneiros, catorze cordeiros de um ano, sem defeito;

³⁰e a sua oferta de cereais, e as suas ofertas de libação para os novilhos, para os carneiros e para os cordeiros, conforme o seu número, segundo a ordenança;

³¹e um bode para oferta pelo pecado, além do holocausto contínuo com a sua oferta de cereais e a sua oferta de libação.

³²No sétimo dia, sete novilhos, dois carneiros, catorze cordeiros de um ano, sem defeito;

³³e a sua oferta de cereais, e as suas ofertas de libação para os novilhos, para os carneiros e para os cordeiros, conforme o seu número, segundo a ordenança;

³⁴e um bode para oferta pelo pecado, além do holocausto contínuo com a sua oferta de cereais e a sua oferta de libação.

³⁵No oitavo dia tereis assembléia solene; nenhum trabalho servil fareis;

³⁶mas oferecereis um holocausto em oferta queimada de cheiro suave ao Senhor: um novilho, um carneiro, sete cordeiros de um ano, sem defeito;

³⁷e a sua oferta de cereais, e as suas ofertas de libação para o novilho, para o carneiro e para os cordeiros, conforme o seu número, segundo a ordenança;

³⁸e um bode para oferta pelo pecado, além do holocausto contínuo com a sua oferta de cereais e a sua oferta de libação.

³⁹Oferecereis essas coisas ao Senhor nas vossas festas fixas, além dos vossos votos, e das vossas ofertas voluntárias, tanto para os vossos holocaustos, como para as vossas ofertas de cereais, as vossas ofertas de libações e os vossos sacrifícios de ofertas pacíficas.

⁴⁰Falou, pois, Moisés aos filhos de Israel, conforme tudo o que o Senhor lhe ordenara.

## Capítulo 30

¹Depois disse Moisés aos cabeças das tribos dos filhos de Israel: Isto é o que o Senhor ordenou:

²Quando um homem fizer voto ao Senhor, ou jurar, ligando-se com obrigação, não violará a sua palavra; segundo tudo o que sair da sua boca fará.

³Também quando uma mulher, na sua mocidade, estando ainda na casa de seu pai, fizer voto ao Senhor, e com obrigação se ligar,

⁴e seu pai souber do seu voto e da obrigação com que se ligou, e se calar para com ela, então todos os seus votos serão válidos, e toda a obrigação com que se ligou será válida.

⁵Mas se seu pai lho vedar no dia em que o souber, todos os seus votos e as suas obrigações, com que se tiver ligado, deixarão de ser válidos; e o Senhor lhe perdoará, porquanto seu pai lhos vedou.

⁶Se ela se casar enquanto ainda estiverem sobre ela os seus votos ou o dito irrefletido dos seus lábios, com que se tiver obrigado,

⁷e seu marido o souber e se calar para com ela no dia em que o souber, os votos dela serão válidos; e as obrigações com que se ligou serão válidas.

⁸Mas se seu marido lho vedar no dia em que o souber, anulará o voto que estiver sobre ela, como também o dito irrefletido dos seus lábios, com que se tiver obrigado; e o senhor lhe perdoará.

⁹No tocante ao voto de uma viúva ou de uma repudiada, tudo com que se obrigar ser-lhe-á válido.

¹⁰Se ela, porém, fez voto na casa de seu marido, ou se obrigou com juramento,

¹¹e seu marido o soube e se calou para com ela, não lho vedando, todos os seus votos serão válidos; e toda a obrigação com que se ligou será válida.

¹²Se, porém, seu marido de todo lhos anulou no dia em que os soube, deixará de ser válido tudo quanto saiu dos lábios dela, quer no tocante aos seus votos, quer no tocante àquilo a que se obrigou; seu marido lhos anulou; e o senhor lhe perdoará.

¹³Todo voto, e todo juramento de obrigação, que ela tiver feito para afligir a alma, seu marido pode confirmá-lo, ou pode anulá-lo.

¹⁴Se, porém, seu marido, de dia em dia, se calar inteiramente para com ela, confirma todos os votos e todas as obrigações que estiverem sobre ela; ele lhos confirmou, porquanto se calou para com ela no dia em que os soube.

¹⁵Mas se de todo lhos anular depois de os ter sabido, ele levará sobre si a iniqüidade dela.

¹⁶Esses são os estatutos que o Senhor ordenou a Moisés, entre o marido e sua mulher, entre o pai e sua filha, na sua mocidade, em casa de seu pai.

## Capítulo 31

¹Disse mais o Senhor a Moisés:

²Vinga os filhos de Israel dos midianitas; depois serás recolhido ao teu povo.

³Falou, pois, Moisés ao povo, dizendo: Armai homens dentre vós para a guerra, a fim de que saiam contra Midiã, para executarem a vingança do Senhor sobre Midiã.

⁴Enviareis à guerra mil de cada tribo entre todas as tribos de Israel.

⁵Assim foram entregues dos milhares de Israel, mil de cada tribo, doze mil armados para a peleja.

⁶E Moisés mandou à guerra esses mil de cada tribo, e com eles Finéias, filho de Eleazar, o sacerdote, o qual levava na mão os vasos do santuário e as trombetas para tocarem o alarme.

⁷E pelejaram contra Midiã, como o senhor ordenara a Moisés; e

mataram a todos os homens.

⁸Com eles mataram também os reis de Midiã, a saber, Evi, Requem, Zur, Hur e Reba, cinco reis de Midiã; igualmente mataram à espada a Balaão, filho de Beor.

⁹Também os filhos de Israel levaram presas as mulheres dos midianitas e os seus pequeninos; e despojaram-nos de todo o seu gado, e de todos os seus rebanhos, enfim, de todos os seus bens;

¹⁰queimaram a fogo todas as cidades em que eles habitavam e todos os seus acampamentos;

¹¹tomaram todo o despojo e toda a presa, tanto de homens como de animais;

¹²e trouxeram os cativos e a presa e o despojo a Moisés, a Eleazar, o sacerdote, e à congregação dos filhos de Israel, ao arraial, nas planícies de Moabe, que estão junto do Jordão, na altura de Jericó.

¹³Saíram, pois, Moisés e Eleazar, o sacerdote, e todos os príncipes da congregação, ao encontro deles fora do arraial.

¹⁴E indignou-se Moisés contra os oficiais do exército, chefes dos milhares e chefes das centenas, que vinham do serviço da guerra,

¹⁵e lhes disse: Deixastes viver todas as mulheres?

¹⁶Eis que estas foram as que, por conselho de Balaão, fizeram que os filhos de Israel pecassem contra o Senhor no caso de Peor, pelo que houve a praga entre a congregação do Senhor.

¹⁷Agora, pois, matai todos os meninos entre as crianças, e todas as mulheres que conheceram homem, deitando-se com ele.

¹⁸Mas todas as meninas, que não conheceram homem, deitando-se com ele, deixai-as viver para vós.

¹⁹Acampai-vos por sete dias fora do arraial; todos vós, tanto o que tiver matado alguma pessoa, como o que tiver tocado algum morto, ao terceiro dia e ao sétimo dia purificai-vos, a vós e aos vossos cativos.

²⁰Também purificai-vos no tocante a todo vestido, e todo artigo de peles, e toda obra de pelos de cabras, e todo utensílio de madeira.

²¹Então Eleazar, o sacerdote, disse aos homens de guerra que tinham saído à peleja: Este é o estatuto da lei que o Senhor ordenou a Moisés:

²²o ouro, a prata, o bronze, o ferro, o estanho, o chumbo,

²³tudo o que pode resistir ao fogo, fá-lo-eis passar pelo fogo, e ficará limpo; todavia será purificado com a água de purificação; e tudo o que não pode resistir ao fogo, fá-lo-eis passar pela água.

²⁴Também lavareis as vossas vestes ao sétimo dia, e ficareis limpos, e depois entrareis no arraial.

²⁵Disse mais o Senhor a Moisés:

²⁶Faze a soma da presa que foi tomada, tanto de homens como de animais, tu e Eleazar, o sacerdote, e os cabeças das casas paternas da congregação;

²⁷e divide-a em duas partes iguais, entre os que, hábeis na guerra, saíram à peleja, e toda a congregação.

²⁸E tomarás para o Senhor um tributo dos homens de guerra, que saíram à peleja; um em quinhentos, assim dos homens, como dos bois, dos jumentos e dos rebanhos;

²⁹da sua metade o tomareis, e o dareis a Eleazar, o sacerdote, para a oferta alçada do Senhor.

³⁰Mas da metade que pertence aos filhos de Israel tomarás um de cada cinqüenta, tanto dos homens, como dos bois, dos jumentos, dos rebanhos, enfim, de todos os animais, e os darás aos levitas, que estão encarregados do serviço do tabernáculo do Senhor.

³¹Fizeram, pois, Moisés e Eleazar, o sacerdote, como o Senhor ordenara a Moisés.

³²Ora, a presa, o restante do despojo que os homens de guerra tomaram, foi de seiscentas e setenta e cinco mil ovelhas,

³³setenta e dois mil bois,

³⁴e sessenta e um mil jumentos;

³⁵e trinta e duas mil pessoas, ao todo, do sexo feminino, que ainda se conservavam virgens.

³⁶Assim a metade, que era a porção dos que saíram à guerra, foi em número de trezentas e trinta e sete mil e quinhentas ovelhas;

³⁷e das ovelhas foi o tributo para o Senhor seiscentas e setenta e cinco.

³⁸E foram os bois trinta e seis mil, dos quais foi o tributo para o Senhor setenta e dois.

³⁹E foram os jumentos trinta mil e quinhentos, dos quais foi o tributo para o Senhor sessenta e um.

⁴⁰E houve de pessoas dezesseis mil, das quais foi o tributo para o Senhor trinta e duas pessoas.

⁴¹Moisés, pois, deu a Eleazar, o sacerdote, o tributo, que era a oferta alçada do Senhor, como o Senhor ordenara a Moisés.

⁴²E da metade que era dos filhos de Israel, que Moisés separara da que era dos homens que pelejaram

⁴³(ora, a metade que coube à congregação foi, das ovelhas, trezentas e trinta e sete mil e quinhentas;

⁴⁴dos bois trinta e seis mil;

⁴⁵dos jumentos trinta mil e quinhentos;

⁴⁶e das pessoas dezesseis mil),

⁴⁷isto é, da metade que era dos filhos de Israel, Moisés tomou um de cada cinqüenta, tanto dos homens como dos animais, e os deu aos levitas, que estavam encarregados do serviço do tabernáculo do Senhor; como o Senhor ordenara a Moisés.

⁴⁸Então chegaram-se a Moisés os oficiais que estavam sobre os milhares do exército, os chefes de mil e os chefes de cem,

⁴⁹e disseram-lhe: Teus servos tomaram a soma dos homens de guerra que estiveram sob o nosso comando; e não falta nenhum de nós.

⁵⁰Pelo que trouxemos a oferta do Senhor, cada um o que achou, artigos de ouro, cadeias, braceletes, anéis, arrecadas e colares, para fazer expiação pelas nossas almas perante o Senhor.

⁵¹Assim Moisés e Eleazar, o sacerdote, tomaram deles o ouro, todo feito em jóias.

⁵²E todo o ouro da oferta alçada que os chefes de mil e os chefes de cem fizeram ao Senhor, foi dezesseis mil setecentos e cinqüenta siclos

⁵³(pois os homens de guerra haviam tomado despojo, cada um para si).

⁵⁴Assim receberam Moisés e Eleazar, o sacerdote, o ouro dos chefes de mil e dos chefes de cem, e o puseram na tenda da revelação por memorial para os filhos de Israel perante o Senhor.

## Capítulo 32

¹Ora, os filhos de Rúben e os filhos de Gade tinham gado em grande quantidade; e quando viram a terra de Jazer, e a terra de Gileade, e que a região era própria para o gado,

²vieram os filhos de Gade e os filhos de Rúben a Moisés e a Eleazar, o sacerdote, e aos príncipes da congregação e falaram-lhes, dizendo:

³Atarote, Dibom, Jazer, Ninra, Hesbom, Eleale, Sebã, Nebo e Beom,

⁴a terra que o Senhor feriu diante da congregação de Israel, é terra para gado, e os teus servos têm gado.

⁵Disseram mais: Se temos achado graça aos teus olhos, dê-se esta terra em possessão aos teus servos, e não nos faças passar o Jordão.

⁶Moisés, porém, respondeu aos filhos de Gade e aos filhos de Rúben: Irão vossos irmãos à peleja, e ficareis vós sentados aqui?

⁷Por que, pois, desanimais o coração dos filhos de Israel, para eles não passarem à terra que o Senhor lhes deu?

⁸Assim fizeram vossos pais, quando os mandei de Cades-Barnéia a ver a terra.

⁹Pois, tendo eles subido até o vale de Escol, e visto a terra, desanimaram o coração dos filhos de Israel, para que não entrassem na terra que o Senhor lhes dera.

¹⁰Então a ira do Senhor se acendeu naquele mesmo dia, e ele jurou, dizendo:

¹¹De certo os homens que subiram do Egito, de vinte anos para cima, não verão a terra que prometi com juramento a Abraão, a Isaque, e a Jacó! porquanto não perseveraram em seguir-me;

¹²exceto Calebe, filho de Jefoné o quenezeu, e Josué, filho de Num, porquanto perseveraram em seguir ao Senhor.

¹³Assim se acendeu a ira do Senhor contra Israel, e ele os fez andar errantes no deserto quarenta anos, até que se consumiu toda aquela geração que fizera mal aos olhos do Senhor.

¹⁴E eis que vós, uma geração de homens pecadores, vos levantastes em lugar de vossos pais, para ainda mais aumentardes o furor da ira do Senhor contra Israel.

¹⁵se vós vos virardes de segui-lo, também ele tornará a deixá-los no deserto; assim destruireis a todo este povo.

¹⁶Então chegaram-se a ele, e disseram: Construiremos aqui currais para o nosso gado, e cidades para os nossos pequeninos;

¹⁷nós, porém, nos armaremos, apressando-nos adiante dos filhos de Israel, até os levarmos ao seu lugar; e ficarão os nossos pequeninos nas cidades fortificadas, por causa dos habitantes da terra.

¹⁸Não voltaremos para nossas casas até que os filhos de Israel estejam de posse, cada um, da sua herança.

¹⁹Porque não herdaremos com eles além do Jordão, nem mais adiante; visto que já possuímos a nossa herança aquém do Jordão, ao oriente.

²⁰Então lhes respondeu Moisés: se isto fizerdes, se vos armardes para a guerra perante o Senhor,

²¹e cada um de vós, armado, passar o Jordão perante o Senhor, até

que ele haja lançado fora os seus inimigos de diante dele,

²²e a terra esteja subjugada perante o senhor, então, sim, voltareis e sereis inculpáveis perante o Senhor e perante Israel; e esta terra vos será por possessão perante o Senhor.

²³Mas se não fizerdes assim, estareis pecando contra o Senhor; e estai certos de que o vosso pecado vos há de atingir.

²⁴Edificai cidades para os vossos pequeninos, e currais para as vossas ovelhas; e cumpri o que saiu da vossa boca.

²⁵Então os filhos de Gade e os filhos de Rúben disseram a Moisés: Como ordena meu senhor, assim farão teus servos.

²⁶Os nossos pequeninos, as nossas mulheres, os nossos rebanhos e todo o nosso gado ficarão nas cidades de Gileade;

²⁷mas os teus servos passarão, cada um que está armado para a guerra, a pelejar perante o Senhor, como diz o meu senhor.

²⁸Então Moisés deu ordem acerca deles a Eleazar, o sacerdote, e a Josué, filho de Num, e aos cabeças das casas paternas nas tribos dos filhos de Israel;

²⁹e disse-lhes Moisés: Se os filhos de Gade e os filhos de Rúben passarem convosco o Jordão, armado cada um para a guerra perante o Senhor, e a terra for subjugada diante de vós, então lhes dareis a terra de Gileade por possessão;

³⁰se, porém, não passarem armados convosco, terão possessões entre vós na terra de Canaã.

³¹Ao que responderam os filhos de Gade e os filhos de Rúben: Como o senhor disse a teus servos, assim faremos.

³²Nós passaremos armados perante o senhor para a terra de Canaã, e teremos a possessão de nossa herança aquém do Jordão.

³³Assim deu Moisés aos filhos de Gade e aos filhos de Rúben, e à meia tribo de Manassés, filho de José, o reino de Siom, rei dos amorreus, e o reino de Ogue, rei de Basã, a terra com as suas cidades e os respectivos territórios ao redor.

³⁴Os filhos de Gade, pois, edificaram a Dibom, Atarote, Aroer,

³⁵Atarote-Sofã, Jazer, Jogbeá,

³⁶Bete-Ninra e Bete-Harã, cidades fortificadas; e construíram currais de ovelhas.

³⁷E os filhos de Rúben edificaram a Hesbom, Eleale e Quiriataim;

³⁸e Nebo e Baal-Meom (mudando-lhes os nomes), e Sibma; e deram outros nomes às cidades que edificaram.

³⁹E os filhos de Maquir, filho de Manassés, foram a Gileade e a tomaram, e desapossaram aos amorreus que aí estavam.

⁴⁰Deu, pois, Moisés a terra de Gileade a Maquir, filho de Manassés, o qual habitou nela.

⁴¹E foi Jair, filho de Manassés, e tomou as aldeias dela, e chamou-lhes Havote-Jair.

⁴²Também foi Nobá, e tomou a Quenate com as suas aldeias; e chamou-lhe Nobá, segundo o seu próprio nome.

## Capítulo 33

¹São estas as jornadas dos filhos de Israel, pelas quais saíram da terra do Egito, segundo os seus exércitos, sob o comando de Moisés e Arão.

²Moisés registrou os pontos de partida, segundo as suas jornadas, conforme o mandado do Senhor; e estas são as suas jornadas segundo os pontos de partida:

³Partiram de Ramessés no primeiro mês, no dia quinze do mês; no dia seguinte ao da páscoa saíram os filhos de Israel afoitamente à vista de todos os egípcios,

⁴enquanto estes enterravam a todos os seus primogênitos, a quem o Senhor havia ferido entre eles, havendo o senhor executado juízos também contra os seus deuses.

⁵Partiram, pois, os filhos de Israel de Ramessés, e acamparam-se em Sucote.

⁶Partiram de Sucote, e acamparam-se em Etã, que está na extremidade do deserto.

⁷Partiram de Etã, e voltando a Pi-Hairote, que está defronte de Baal-Zefom, acamparam-se diante de Migdol.

⁸Partiram de Pi-Hairote, e passaram pelo meio do mar ao deserto; e andaram caminho de três dias no deserto de Etã, e acamparam-se em Mara.

⁹Partiram de Mara, e vieram a Elim, onde havia doze fontes de água e setenta palmeiras, e acamparam-se ali.

¹⁰Partiram de Elim, e acamparam-se junto ao Mar Vermelho.

¹¹Partiram do Mar Vermelho, e acamparam-se no deserto de Sim.

¹²Partiram do deserto de Sim, e acamparam-se em Dofca.

¹³Partiram de Dofca, e acamparam-se em Alus.

¹⁴Partiram de Alus, e acamparam-se em Refidim; porém não havia ali água para o povo beber.

¹⁵Partiram, pois, de Refidim, e acamparam-se no deserto de Sinai.

¹⁶Partiram do deserto de Sinai, e acamparam-se em Quibrote-Hataavá.

¹⁷Partiram de Quibrote-Hataavá, e acamparam-se em Hazerote.

¹⁸Partiram de Hazerote, e acamparam-se em Ritma.

¹⁹Partiram de Ritma, e acamparam-se em Rimom-Pérez.

²⁰Partiram de Rimom-Pérez, e acamparam-se em Libna.

²¹Partiram de Libna, e acamparam-se em Rissa.

²²Partiram de Rissa, e acamparam-se em Queelata.

²³Partiram de Queelata, e acamparam-se no monte Sefer.

²⁴Partiram do monte Sefer, e acamparam-se em Harada.

²⁵Partiram de Harada, e acamparam-se em Maquelote.

²⁶Partiram de Maquelote, e acamparam-se em Taate.

²⁷Partiram de Taate, e acamparam-se em Tera.

²⁸Partiram de Tera, e acamparam-se em Mitca.

²⁹Partiram de Mitca, e acamparam-se em Hasmona.

³⁰Partiram de Hasmona, e acamparam-se em Moserote.

³¹Partiram de Moserote, e acamparam-se em Bene-Jaacã.

³²Partiram de Bene-Jaacã, e acamparam-se em Hor-Hagidgade.

³³Partiram de Hor-Hagidgade, e acamparam-se em Jotbatá.

³⁴Partiram de Jotbatá, e acamparam-se em Abrona.

³⁵Partiram de Abrona, e acamparam-se em Eziom-Geber.

³⁶Partiram de Eziom-Geber, e acamparam-se no deserto de Zim, que é Cades.

³⁷Partiram de Cades, e acamparam-se no monte Hor, na fronteira da terra de Edom.

³⁸Então Arão, o sacerdote, subiu ao monte Hor, conforme o mandado do Senhor, e ali morreu no quadragésimo ano depois da saída dos filhos de Israel da terra do Egito, no quinto mês, no primeiro dia do mês.

³⁹E Arão tinha cento e vinte e três anos de idade, quando morreu no monte Hor.

⁴⁰Ora, o cananeu, rei de Arade, que habitava o sul da terra de Canaã, ouviu que os filhos de Israel chegavam.

⁴¹Partiram do monte Hor, e acamparam-se em Zalmona.

⁴²Partiram de Zalmona, e acamparam-se em Punom.

⁴³Partiram de Punom, e acamparam-se em Obote.

⁴⁴Partiram de Obote, e acamparam-se em Ije-Abarim, na fronteira de Moabe.

⁴⁵Partiram de Ije-Abarim, e acamparam-se em Dibom-Gade.

⁴⁶Partiram de Dibom-Fade, e acamparam-se em Almom-Diblataim.

⁴⁷Partiram de Almom-Diblataim, e acamparam-se nos montes de Abarim, defronte de Nebo.

⁴⁸seu pai. de Moabe, junto ao Jordão, na altura de Jericó;

⁴⁹isto é, acamparam-se junto ao Jordão, desde Bete-Jesimote até Abel-Sitim, nas planícies de Moabe.

⁵⁰Também disse o Senhor a Moisés, nas planícies de Moabe, junto ao Jordão, na altura de Jericó:

⁵¹Fala aos filhos de Israel, e dize-lhes: Quando houverdes passado o Jordão para a terra de Canaã,

⁵²lançareis fora todos os habitantes da terra de diante de vós, e destruireis todas as suas pedras em que há figuras; também destruireis todas as suas imagens de fundição, e desfareis todos os seus altos;

⁵³e tomareis a terra em possessão, e nela habitareis; porquanto a vós vos tenho dado esta terra para a possuirdes.

⁵⁴Herdareis a terra por meio de sortes, segundo as vossas famílias: à família que for grande, dareis uma herança maior, e à família que for pequena, dareis uma herança menor; o lugar que por sorte sair para alguém, esse lhe pertencerá; segundo as tribos de vossos pais recebereis as heranças.

⁵⁵Mas se não lançardes fora os habitantes da terra de diante de vós, os que deixardes ficar vos serão como espinhos nos olhos, e como abrolhos nas ilhargas, e vos perturbarão na terra em que habitardes;

⁵⁶e eu vos farei a vós como pensei em fazer-lhes a eles.

## Capítulo 34

¹Disse mais o Senhor a Moisés:

²Dá ordem aos filhos de Israel, e dize-lhes: Quando entrardes na terra de Canaã, terra esta que vos há de cair em herança, por toda a sua extensão,

³a banda do sul será desde o deserto de Zim, ao longo de Edom; e o limite do sul se estenderá da extremidade do Mar Salgado, para o oriente;

⁴e este limite irá rodeando para o sul da subida de Acrabim, e continuará até Zim; e, saindo ao sul de Cades-Barnéia, seguirá para Hazar-Hadar, e continuará até Azmom;

⁵e daí irá rodeando até o ribeiro do Egito, e terminará na praia do mar.

⁶Para o ocidente, o Mar Grande vos será por limite; o próprio mar será o vosso limite ocidental.

⁷Este será o vosso limite setentrional: desde o Mar Grande marcareis para vós até o Monte Hor;

⁸desde o monte Hor marcareis até a entrada de Hamate; daí ele se estenderá até Zedade;

⁹dali continuará até Zifrom, e irá terminar em Hazar-Enã. Este será o vosso limite setentrional.

¹⁰Marcareis o vosso limite oriental desde Hazar-Enã até Sefã;

¹¹este limite descerá de Sefã até Ribla, ao oriente de Aim; depois irá descendo ao longo da borda do mar de Quinerete ao oriente;

¹²descerá ainda para o Jordão, e irá terminar no Mar Salgado. Esta será a vossa terra, segundo os seus limites em redor.

¹³Moisés, pois, deu ordem aos filhos de Israel, dizendo: Esta é a terra que herdareis por sortes, a qual o Senhor mandou que se desse às nove tribos e à meia tribo;

¹⁴porque a tribo dos filhos de Rúben, segundo as casas de seus pais, e a tribo dos filhos de Gade, segundo as casas de seus pais, como também a meia tribo de Manassés, já receberam a sua herança;

¹⁵isto é, duas tribos e meia já receberam a sua herança aquém do Jordão, na altura de Jericó, do lado oriental.

¹⁶Disse mais o Senhor a Moisés:

¹⁷Estes são os nomes dos homens que vos repartirão a terra por herança: Eleazar, o sacerdote, e Josué, filho de Num;

¹⁸também tomareis de cada tribo um príncipe, para repartir a terra em herança.

¹⁹E estes são os nomes dos homens: Da tribo de Judá, Calebe, filho de Jefoné:

²⁰da tribo dos filhos de Simeão, Semuel, filho de Amiúde;

²¹da tribo de Benjamim, Elidá, filho de Quislom;

²²da tribo dos filhos de Dã o príncipe Buqui, filho de Jógli;

²³dos filhos de José: da tribo dos filhos de Manassés o príncipe Haniel, filho de Éfode;

²⁴da tribo dos filhos de Efraim o príncipe Quemuel, filho de Siftã;

²⁵da tribo dos filhos de Zebulom o príncipe Elizafã, filho de Parnaque;

²⁶da tribo dos filhos de Issacar o príncipe Paltiel, filho de Azã;

²⁷da tribo dos filhos de Aser o príncipe Aiúde, filho de Selômi;

²⁸da tribo dos filhos de Naftali o príncipe Pedael, filho de Amiúde.

²⁹Estes são aqueles a quem o Senhor ordenou que repartissem a herança pelos filhos de Israel na terra de Canaã.

## Capítulo 35

¹Disse mais o Senhor a Moisés nas planícies de Moabe, junto ao Jordão, na altura de Jericó:

²Dá ordem aos filhos de Israel que da herança da sua possessão dêem aos levitas cidades em que habitem; também dareis aos levitas arrabaldes ao redor delas.

³Terão eles estas cidades para habitarem; e os arrabaldes delas serão para os seus gados, e para a sua fazenda, e para todos os seus animais.

⁴Os arrabaldes que dareis aos levitas se estenderão, do muro da cidade para fora, mil côvados em redor.

⁵E fora da cidade medireis para o lado oriental dois mil côvados, para o lado meridional dois mil côvados, para o lado ocidental dois mil côvados, e para o lado setentrional dois mil côvados; e a cidade estará no meio. Isso terão por arrabaldes das cidades.

⁶Entre as cidades que dareis aos levitas haverá seis cidades de refúgio, as quais dareis para que nelas se acolha o homicida; e além destas lhes dareis quarenta e duas cidades.

⁷Todas as cidades que dareis aos levitas serão quarenta e oito, juntamente com os seus arrabaldes.

⁸Ora, no tocante às cidades que dareis da possessão dos filhos de Israel, da tribo que for grande tomareis muitas, e da que for pequena tomareis poucas; cada uma segundo a herança que receber dará as suas cidades aos levitas.

⁹Disse mais o Senhor a Moisés:

¹⁰Fala aos filhos de Israel, e dize-lhes: Quando passardes o Jordão para a terra de Canaã,

¹¹escolhereis para vós cidades que vos sirvam de cidades de refúgio, para que se refugie ali o homicida que tiver matado alguém involuntariamente.

¹²E estas cidades vos serão por refúgio do vingador, para que não morra o homicida antes de ser apresentado perante a congregação para julgamento.

¹³Serão seis as cidades que haveis de dar por cidades de refúgio para vós.

¹⁴Dareis três cidades aquém do Jordão, e três na terra de Canaã; cidades de refúgio serão.

¹⁵Estas seis cidades serão por refúgio aos filhos de Israel, ao estrangeiro, e ao peregrino no meio deles, para que se refugie ali todo aquele que tiver matado alguém involuntariamente.

¹⁶Mas se alguém ferir a outrem com instrumento de ferro de modo que venha a morrer, homicida é; e o homicida será morto.

¹⁷Ou se o ferir com uma pedra na mão, que possa causar a morte, e ele morrer, homicida é; e o homicida será morto.

¹⁸Ou se o ferir com instrumento de pau na mão, que possa causar a morte, e ele morrer, homicida é; será morto o homicida.

¹⁹O vingador do sangue matará ao homicida; ao encontrá-lo, o matará.

²⁰Ou se alguém empurrar a outrem por ódio ou de emboscada lançar contra ele alguma coisa de modo que venha a morrer,

²¹ou por inimizade o ferir com a mão de modo que venha a morrer, será morto aquele que o feriu; homicida é. O vingador do sangue, ao encontrá-lo, o matará.

²²Mas se o empurrar acidentalmente, sem inimizade, ou contra ele lançar algum instrumento, sem ser de emboscada,

²³ou sobre ele atirar alguma pedra, não o vendo, e o ferir de modo que venha a morrer, sem que fosse seu inimigo nem procurasse o seu mal,

²⁴então a congregação julgará entre aquele que feriu e o vingador do sangue, segundo estas leis,

²⁵e a congregação livrará o homicida da mão do vingador do sangue, fazendo-o voltar à sua cidade de refúgio a que se acolhera; ali ficará ele morando até a morte do sumo sacerdote, que foi ungido com o óleo sagrado.

²⁶Mas, se de algum modo o homicida sair dos limites da sua cidade de refúgio, onde se acolhera,

²⁷e o vingador do sangue o achar fora dos limites da sua cidade de refúgio, e o matar, não será culpado de sangue;

²⁸pois o homicida deverá ficar na sua cidade de refúgio até a morte do sumo sacerdote; mas depois da morte do sumo sacerdote o homicida voltará para a terra da sua possessão.

²⁹Estas coisas vos serão por estatuto de direito pelas vossas gerações, em todos os lugares da vossa habitação.

³⁰Todo aquele que matar alguém, será morto conforme o depoimento de testemunhas; mas uma só testemunha não deporá contra alguém, para condená-lo à morte.

³¹Não aceitareis resgate pela vida de um homicida que é réu de morte; porém ele será certamente será morto.

³²Também não aceitareis resgate por aquele que se tiver acolhido à sua cidade de refúgio, a fim de que ele possa tornar a habitar na terra antes da morte do sumo sacerdote.

³³Assim não profanareis a terra da vossa habitação, porque o sangue profana a terra; e nenhuma expiação se poderá fazer pela terra por causa do sangue que nela for derramado, senão com o sangue daquele que o derramou.

³⁴Não contaminareis, pois, a terra em que haveis de habitar, no meio da qual eu também habitarei; pois eu, o Senhor, habito no meio dos filhos de Israel.

## Capítulo 36

¹Chegaram-se então os cabeças das casas paternas da família dos filhos de Gileade, filho de Maquir, filho de Manassés, das famílias dos filhos de José, e falaram diante de Moisés, e diante dos príncipes, cabeças das casas paternas dos filhos de Israel,

²e disseram: O Senhor mandou a meu senhor que por sortes repartisse a terra em herança aos filhos de Israel; e meu senhor recebeu ordem do senhor de dar a herança do nosso irmão Zelofeade às filhas deste.

³E, se elas se casarem com os filhos das outras tribos de Israel, então a sua herança será diminuída da herança de nossos pais, e acrescentada à herança da tribo a que vierem a pertencer; assim será tirada da sorte da nossa herança.

⁴Vindo também o ano do jubileu dos filhos de Israel, a herança delas será acrescentada à herança da tribo a que pertencerem; assim a sua herança será tirada da herança da tribo de nossos pais.

⁵Então Moisés falou aos filhos de Israel, segundo a palavra do senhor, dizendo: A tribo dos filhos de José fala o que é justo.

⁶Isto é o que o senhor ordenou acerca das filhas de Zelofeade, dizendo: Casem com quem bem parecer aos seus olhos, contanto que se casem na família da tribo de seu pai.

*Números*

⁷Assim a herança dos filhos de Israel não passará de tribo em tribo, pois os filhos de Israel se apegarão cada um a herança da tribo de seus pais.

⁸E toda filha que possuir herança em qualquer tribo dos filhos de Israel se casará com alguém da família da tribo de seu pai, para que os filhos de Israel possuam cada um a herança de seus pais.

⁹Assim nenhuma herança passará de uma tribo a outra, pois as tribos dos filhos de Israel se apegarão cada uma à sua herança.

¹⁰Como o Senhor ordenara a Moisés, assim fizeram as filhas de Zelofeade;

¹¹pois Macla, Tirza, Hogla, Milca e Noa, filhas de Zelofeade, se casaram com os filhos de seus tios paternos.

¹²Casaram-se nas famílias dos filhos de Manassés, filho de José; assim a sua herança permaneceu na tribo da família de seu pai.

¹³São esses os mandamentos e os preceitos que o Senhor ordenou aos filhos de Israel por intermédio de Moisés nas planícies de Moabe, junto ao Jordão, na altura de Jericó.

# Deuteronômio

## Capítulo 1

¹Estas são as palavras que Moisés falou a todo Israel além do Jordão, no deserto, na Arabá defronte de Sufe, entre Parã, Tofel, Labã, Hazerote e Di-Zaabe.

²São onze dias de viagem desde Horebe, pelo caminho da montanha de Seir, até Cades-Barnéia.

³No ano quadragésimo, no mês undécimo, no primeiro dia do mês, Moisés falou aos filhos de Israel, conforme tudo o que o senhor lhes mandara por seu intermédio,

⁴depois que derrotou a Siom, rei dos amorreus, que habitava em Hesbom, e a Ogue, rei de Basã, que habitava em Astarote, em Edrei.

⁵Além do Jordão, na terra de Moabe, Moisés se pôs a explicar esta lei, e disse:

⁶O Senhor nosso Deus nos falou em Horebe, dizendo: Assaz vos haveis demorado neste monte.

⁷Voltai-vos, ponde-vos a caminho, e ide à região montanhosa dos amorreus, e a todos os lugares vizinhos, na Arabá, na região montanhosa, no vale e no sul; à beira do mar, à terra dos cananeus, e ao Líbano, até o grande rio, o rio Eufrates.

⁸Eis que tenho posto esta terra diante de vós; entrai e possuí a terra que o Senhor prometeu com juramento dar a vossos pais, Abraão, Isaque, e Jacó, a eles e à sua descendência depois deles.

⁹Nesse mesmo tempo eu vos disse: Eu sozinho não posso levar-vos,

¹⁰o Senhor vosso Deus já vos tem multiplicado, e eis que hoje sois tão numerosos como as estrelas do céu.

¹¹O Senhor Deus de vossos pais vos faça mil vezes mais numerosos do que sois; e vos abençoe, como vos prometeu.

¹²Como posso eu sozinho suportar o vosso peso, as vossas cargas e as vossas contendas?

¹³Tomai-vos homens sábios, entendidos e experimentados, segundo as vossas tribos, e eu os porei como cabeças sobre vós.

¹⁴Então me respondestes: bom fazermos o que disseste.

¹⁵Tomei, pois, os cabeças de vossas tribos, homens sábios e experimentados, e os constituí por cabeças sobre vós, chefes de mil, chefes de cem, chefes de cinqüenta e chefes de dez, por oficiais, segundo as vossas tribos.

¹⁶E no mesmo tempo ordenei a vossos juízes, dizendo: Ouvi as causas entre vossos irmãos, e julgai com justiça entre o homem e seu irmão, ou o estrangeiro que está com ele.

¹⁷Não fareis acepção de pessoas em juízo; de um mesmo modo ouvireis o pequeno e o grande; não temereis a face de ninguém, porque o juízo é de Deus; e a causa que vos for difícil demais, a trareis a mim, e eu a ouvirei.

¹⁸Assim naquele tempo vos ordenei todas as coisas que devíeis fazer.

¹⁹Então partimos de Horebe, e caminhamos por todo aquele grande e terrível deserto que vistes, pelo caminho das montanhas dos amorreus, como o Senhor nosso Deus nos ordenara; e chegamos a Cades-Barnéia.

²⁰Então eu vos disse: Chegados sois às montanhas dos amorreus, que o Senhor nosso Deus nos dá.

²¹Eis aqui o Senhor teu Deus tem posto esta terra diante de ti; sobe, apodera-te dela, como te falou o Senhor Deus de teus pais; não temas, e não te assustes.

²²Então todos vós vos chegastes a mim, e dissestes: Mandemos homens adiante de nós, para que nos espiem a terra e, de volta, nos ensinem o caminho pelo qual devemos subir, e as cidades a que devemos ir.

²³Isto me pareceu bem; de modo que dentre vós tomei doze homens, de cada tribo um homem;

²⁴foram-se eles e, subindo as montanhas, chegaram até o vale de Escol e espiaram a terra.

²⁵Tomaram do fruto da terra nas mãos, e no-lo trouxeram; e nos informaram, dizendo: Boa é a terra que nos dá o Senhor nosso Deus.

²⁶Todavia, vós não quisestes subir, mas fostes rebeldes ao mandado do Senhor nosso Deus;

²⁷e murmurastes nas vossas tendas, e dissestes: Porquanto o Senhor nos odeia, tirou-nos da terra do Egito para nos entregar nas mãos dos amorreus, a fim de nos destruir.

²⁸Para onde estamos nós subindo? nossos irmãos fizeram com que se derretesse o nosso coração, dizendo: Maior e mais alto é o povo do que nós; as cidades são grandes e fortificadas até o céu; e também vimos ali os filhos dos anaquins.

²⁹Então eu vos disse: Não vos atemorizeis, e não tenhais medo deles.

³⁰O Senhor vosso Deus, que vai adiante de vós, ele pelejará por vós, conforme tudo o que tem feito por vós diante dos vossos olhos, no Egito,

³¹como também no deserto, onde vistes como o Senhor vosso Deus vos levou, como um homem leva seu filho, por todo o caminho que andastes, até chegardes a este lugar.

³²Mas nem ainda assim confiastes no Senhor vosso Deus,

³³que ia adiante de vós no caminho, de noite no fogo e de dia na nuvem, para vos achar o lugar onde devíeis acampar, e para vos mostrar o caminho por onde havíeis de andar.

³⁴Ouvindo, pois, o Senhor a voz das vossas palavras, indignou-se e jurou, dizendo:

³⁵Nenhum dos homens desta geração perversa verá a boa terra que prometi com juramento dar a vossos pais,

³⁶salvo Calebe, filho de Jefoné; ele a verá, e a terra que pisou darei a ele e a seus filhos, porquanto perseverou em seguir ao Senhor.

³⁷Também contra mim o Senhor se indignou por vossa causa, dizendo: Igualmente tu lá não entrarás.

³⁸Josué, filho de Num, que te serve, ele ali entrará; anima-o, porque ele fará que Israel a receba por herança.

³⁹E vossos pequeninos, dos quais dissestes que seriam por presa, e vossos filhos que hoje não conhecem nem o bem nem o mal, esses lá entrarão, a eles a darei e eles a possuirão.

⁴⁰Quanto a vós, porém, virai-vos, e parti para o deserto, pelo caminho do Mar Vermelho.

⁴¹Então respondestes, e me dissestes: Pecamos contra o Senhor; nós subiremos e pelejaremos, conforme tudo o que nos ordenou o Senhor nosso Deus. Vós, pois, vos armastes, cada um, dos vossos instrumentos de guerra, e temerariamente propusestes subir a montanha.

⁴²E disse-me o Senhor: Dize-lhes: Não subais nem pelejeis, pois não estou no meio de vós; para que não sejais feridos diante de vossos inimigos.

⁴³Assim vos falei, mas não ouvistes; antes fostes rebeldes à ordem do Senhor e, agindo presunçosamente, subistes à montanha.

⁴⁴E os amorreus, que habitavam naquela montanha, vos saíram ao encontro e, perseguindo-vos como fazem as abelhas, vos destroçaram desde Seir até Horma.

⁴⁵Voltastes, pois, e chorastes perante o Senhor; mas o Senhor não ouviu a vossa voz, nem para vós inclinou os ouvidos.

⁴⁶Assim foi grande a vossa demora em Cades, pois ali vos demorastes muitos dias.

## Capítulo 2

¹Depois viramo-nos, e caminhamos para o deserto, pelo caminho do Mar Vermelho, como o Senhor me tinha dito, e por muitos dias rodeamos o monte Seir.

²Então o Senhor me disse:

³Basta de rodeardes este monte; virai-vos para o norte.

⁴Dá ordem ao povo, dizendo: Haveis de passar pelo território de vossos irmãos, os filhos de Esaú, que habitam em Seir; e eles terão medo de vós. Portanto guardai-vos bem;

⁵não contendais com eles, porque não vos darei da sua terra nem sequer o que pisar a planta de um pé; porquanto a Esaú dei o monte Seir por herança.

⁶Comprareis deles por dinheiro mantimento para comerdes, como também comprareis deles água para beberdes.

⁷Pois o Senhor teu Deus te há abençoado em toda obra das tuas mãos; ele tem conhecido o teu caminho por este grande deserto; estes quarenta anos o Senhor teu Deus tem estado contigo; nada te há faltado.

⁸Assim, pois, passamos por nossos irmãos, os filhos de Esaú, que habitam em Seir, desde o caminho da Arabá de Elate e de Eziom-Geber: Depois nos viramos e passamos pelo caminho do deserto de Moabe.

⁹Então o Senhor me disse: Não molestes aos de Moabe, e não contendas com eles em peleja, porque nada te darei da sua terra por herança; porquanto dei Ar por herança aos filhos de Ló.

¹⁰(Antes haviam habitado nela os emins, povo grande e numeroso, e alto como os anaquins;

¹¹eles também são considerados refains como os anaquins; mas os moabitas lhes chamam emins.

¹²Outrora os horeus também habitaram em Seir; porém os filhos de Esaú os desapossaram, e os destruíram de diante de si, e habitaram no lugar deles, assim come Israel fez à terra da sua herança, que o

*Deuteronômio*
Senhor lhe deu.)

¹³Levantai-vos agora, e passai o ribeiro de Zerede. Passamos, pois, o ribeiro de Zerede.

¹⁴E os dias que caminhamos, desde Cades-Barnéia até passarmos o ribeiro de Zerede, foram trinta e oito anos, até que toda aquela geração dos homens de guerra se consumiu do meio do arraial, como o Senhor lhes jurara.

¹⁵Também foi contra eles a mão do Senhor, para os destruir do meio do arraial, até os haver consumido.

¹⁶Ora, sucedeu que, sendo já consumidos pela morte todos os homens de guerra dentre o povo,

¹⁷o Senhor me disse:

¹⁸Hoje passarás por Ar, o limite de Moabe;

¹⁹e quando chegares defronte dos amonitas, não os molestes, e com eles não contendas, porque nada te darei da terra dos amonitas por herança; porquanto aos filhos de Ló a dei por herança.

²⁰(Também essa é considerada terra de refains; outrora habitavam nela refains, mas os amonitas lhes chamam zanzumins,

²¹povo grande e numeroso, e alto como os anaquins; mas o Senhor os destruiu de diante dos amonitas; e estes, tendo-os desapossado, habitaram no lugar deles;

²²assim como fez pelos filhos de Esaú, que habitam em Seir, quando de diante deles destruiu os horeus; e os filhos de Esaú, havendo-os desapossado, habitaram no lugar deles até hoje.

²³Também os caftorins, que saíram de Caftor, destruíram os aveus, que habitavam em aldeias até Gaza, e habitaram no lugar deles.)

²⁴Levantai-vos, parti e passai o ribeiro de Arnom; eis que entreguei nas tuas mãos a Siom, o amorreu, rei de Hesbom, e à sua terra; começa a te apoderares dela, contendendo com eles em peleja.

²⁵Neste dia começarei a meter terror e medo de ti aos povos que estão debaixo de todo o céu; os quais, ao ouvirem a tua fama, tremerão e se angustiarão por causa de ti.

²⁶Então, do deserto de Quedemote, mandei mensageiros a Siom, rei de Hesbom, com palavras de paz, dizendo:

²⁷Deixa-me passar pela tua terra; somente pela estrada irei, não me desviando nem para a direita nem para a esquerda.

²⁸Por dinheiro me venderás mantimento, para que eu coma; e por dinheiro me darás a água, para que eu beba. Tão-somente deixa-me passar a pé,

²⁹assim como me fizeram os filhos de Esaú, que habitam em Seir, e os moabitas que habitam em Ar; até que eu passe o Jordão para a terra que o Senhor nosso Deus nos dá.

³⁰Mas Siom, rei de Hesbom, não nos quis deixar passar por sua terra, porquanto o Senhor teu Deus lhe endurecera o espírito, e lhe fizera obstinado o coração, para te entregar nas mãos, como hoje se vê.

³¹Disse-me, pois, o Senhor: Eis aqui, comecei a entregar-te Siom e a sua terra; começa, pois, a te apoderares dela, para possuíres a sua terra por herança.

³²Então Siom nos saiu ao encontro, ele e todo o seu povo, à peleja, em Jaza;

³³e o Senhor nosso Deus no-lo entregou, e o ferimos a ele, e a seus filhos, e a todo o seu povo.

³⁴Também naquele tempo lhe tomamos todas as cidades, e fizemos perecer a todos, homens, mulheres e pequeninos, não deixando sobrevivente algum;

³⁵somente tomamos por presa o gado para nós, juntamente com o despojo das cidades que havíamos tomado.

³⁶Desde Aroer, que está à borda do vale do Arnom, e desde a cidade que está no vale, até Gileade, nenhuma cidade houve tão alta que de nós escapasse; tudo o Senhor nosso Deus no-lo entregou.

³⁷Somente à terra dos amonitas não chegastes, nem a parte alguma da borda do ribeiro de Jaboque, nem a cidade alguma da região montanhosa, nem a coisa alguma que o Senhor nosso Deus proibira.

## *Capítulo 3*

¹Depois nos viramos e subimos pelo caminho de Basã; e Ogue, rei de Basã, nos saiu ao encontro, ele e todo o seu povo, à peleja, em Edrei.

²Então o Senhor me disse: Não o temas, porque to entreguei nas mãos, a ele e a todo o seu povo, e a sua terra; e farás a ele como fizeste a Siom, rei dos amorreus, que habitava em Hesbom.

³Assim o Senhor nosso Deus nos entregou nas mãos também a Ogue, rei de Basã, e a todo o seu povo; de maneira que o ferimos, até que não lhe ficou sobrevivente algum.

⁴E naquele tempo tomamos todas as suas cidades; nenhuma cidade houve que não lhes tomássemos: sessenta cidades, toda a região de Argobe, o reino de Ogue em Basã,

⁵cidades estas todas fortificadas com altos muros, portas e ferrolhos, além de muitas cidades sem muros.

⁶E destruímo-las totalmente, como fizéramos a Siom, rei de Hesbom, fazendo perecer a todos, homens, mulheres e pequeninos.

⁷Mas todo o gado e o despojo das cidades, tomamo-los por presa para nós.

⁸Assim naquele tempo tomamos a terra da mão daqueles dois reis dos amorreus, que estavam além do Jordão, desde o rio Arnom até o monte Hermom

⁹(ao Hermom os sidônios chamam Siriom, e os amorreus chamam-lhe Senir),

¹⁰todas as cidades do planalto, e todo o Gileade, e todo o Basã, até Salca e Edrei, cidades do reino de Ogue em Basã.

¹¹Porque só Ogue, rei de Basã, ficou de resto dos refains; eis que o seu leito, um leito de ferro, não está porventura em Rabá dos amonitas? o seu comprimento é de nove côvados, e de quatro côvados a sua largura, segundo o côvado em uso.

¹²Naquele tempo, pois, tomamos essa terra por possessão. Desde Aroer, que está junto do vale do Arnom, e a metade da região montanhosa de Gileade, com as suas cidades, dei aos nibenitas e gaditas;

¹³e dei à meia tribo de Manassés o resto de Gileade, como também todo o Basã, o reino de Ogue, isto é, toda a região de Argobe com todo o Basã. (O mesmo se chamava a terra dos refains.

¹⁴Jair, filho de Manassés, tomou toda a região de Argobe, até a fronteira dos resuritas e dos maacatitas, e lhes chamou, inclusive o Basã, pelo seu nome, Havote-Jair, até hoje).

¹⁵E a Maquir dei Gileade.

¹⁶E aos rubenitas e gaditas dei desde Gileade até o vale do Arnom, tanto o meio do vale como a sua borda, e até o ribeiro de Jaboque, o termo dos amonitas;

¹⁷como também a Arabá, com o Jordão por termo, desde Quinerete até o mar da Arabá, o Mar Salgado, pelas faldas de Pisga para o oriente.

¹⁸No mesmo tempo também vos ordenei, dizendo: O Senhor vosso Deus vos deu esta terra, para a possuirdes; vós, todos os homens valentes, passareis armados adiante de vossos irmãos, os filhos de Israel.

¹⁹Tão-somente vossas mulheres, e vossos pequeninos, e vosso gado (porque eu sei que tendes muito gado) ficarão nas cidades que já vos dei;

²⁰até que o Senhor dê descanso a vossos irmãos como a vós, e eles também possuam a terra que o Senhor vosso Deus lhes dá além do Jordão: Então voltareis cada qual à sua herança que já vos tenho dado.

²¹Também dei ordem a Josué no mesmo tempo, dizendo: Os teus olhos viram tudo o que o Senhor vosso Deus tem feito a esses dois reis; assim fará o Senhor a todos os reinos a que tu estás passando.

²²Não tenhais medo deles, porque o Senhor vosso Deus é o que peleja por nós.

²³Também roguei ao Senhor nesse tempo, dizendo:

²⁴ç Senhor Jeová, tu já começaste a mostrar ao teu servo a tua grandeza e a tua forte mão; pois, que Deus há no céu ou na terra, que possa fazer segundo as tuas obras, e segundo os teus grandes feitos?

²⁵Rogo-te que me deixes passar, para que veja essa boa terra que está além do Jordão, essa boa região montanhosa, e o Líbano!

²⁶Mas o Senhor indignou-se muito contra mim por causa de vós, e não me ouviu; antes me disse: Basta; não me fales mais nisto.

²⁷sobe ao cume do Pisga, e levanta os olhos para o ocidente, para o norte, para o sul e para o oriente, e contempla com os teus olhos; porque não passarás este Jordão.

²⁸Mas dá ordens a Josué, anima-o, e fortalece-o, porque ele passará adiante deste povo, e o levará a possuir a terra que tu verás.

²⁹Assim ficamos no vale defronte de Bete-Peor.

## *Capítulo 4*

¹Agora, pois, ó Israel, ouve os estatutos e os preceitos que eu vos ensino, para os observardes, a fim de que vivais, e entreis e possuais a terra que o Senhor Deus de vossos pais vos dá.

²Não acrescentareis à palavra que vos mando, nem diminuireis dela, para que guardeis os mandamentos do Senhor vosso Deus, que eu vos mando.

³Os vossos olhos viram o que o Senhor fez por causa de Baal-Peor; pois a todo homem que seguiu a Baal-Peor, o Senhor vosso Deus o consumiu do meio de vós.

⁴Mas vós, que vos apegastes ao Senhor vosso Deus, todos estais hoje vivos.

⁵Eis que vos ensinei estatutos e preceitos, como o Senhor meu Deus me ordenou, para que os observeis no meio da terra na qual estais

entrando para a possuirdes.

⁶Guardai-os e observai-os, porque isso é a vossa sabedoria e o vosso entendimento à vista dos povos, que ouvirão todos estes, estatutos, e dirão: Esta grande nação é deveras povo sábio e entendido.

⁷Pois que grande nação há que tenha deuses tão chegados a si como o é a nós o Senhor nosso Deus todas as vezes que o invocamos?

⁸E que grande nação há que tenha estatutos e preceitos tão justos como toda esta lei que hoje ponho perante vós?

⁹Tão-somente guarda-te a ti mesmo, e guarda bem a tua alma, para que não te esqueças das coisas que os teus olhos viram, e que elas não se apaguem do teu coração todos os dias da tua vida; porém as contarás a teus filhos, e aos filhos de teus filhos;

¹⁰o dia em que estiveste perante o Senhor teu Deus em Horebe, quando o Senhor me disse: Ajunta-me este povo, e os farei ouvir as minhas palavras, e aprendê-las-ão, para me temerem todos os dias que na terra viverem, e as ensinarão a seus filhos.

¹¹Então vós vos chegastes, e vos pusestes ao pé do monte; e o monte ardia em fogo até o meio do céu, e havia trevas, e nuvens e escuridão.

¹²E o Senhor vos falou do meio do fogo; ouvistes o som de palavras, mas não vistes forma alguma; tão-somente ouvistes uma voz.

¹³Então ele vos anunciou o seu pacto, o qual vos ordenou que observásseis, isto é, os dez mandamentos; e os escreveu em duas tábuas de pedra.

¹⁴Também o Senhor me ordenou ao mesmo tempo que vos ensinasse estatutos e preceitos, para que os cumprísseis na terra a que estais passando para a possuirdes.

¹⁵Guardai, pois, com diligência as vossas almas, porque não vistes forma alguma no dia em que o Senhor vosso Deus, em Horebe, falou convosco do meio do fogo;

¹⁶para que não vos corrompais, fazendo para vós alguma imagem esculpida, na forma de qualquer figura, semelhança de homem ou de mulher;

¹⁷ou semelhança de qualquer animal que há na terra, ou de qualquer ave que voa pelo céu;

¹⁸ou semelhança de qualquer animal que se arrasta sobre a terra, ou de qualquer peixe que há nas águas debaixo da terra;

¹⁹e para que não suceda que, levantando os olhos para o céu, e vendo o sol, a lua e as estrelas, todo esse exército do céu, sejais levados a vos inclinardes perante eles, prestando culto a essas coisas que o Senhor vosso Deus repartiu a todos os povos debaixo de todo o céu.

²⁰Mas o Senhor vos tomou, e vos tirou da fornalha de ferro do Egito, a fim de lhe serdes um povo hereditário, como hoje o sois.

²¹O Senhor se indignou contra mim por vossa causa, e jurou que eu não passaria o Jordão, e que não entraria na boa terra que o Senhor vosso Deus vos dá por herança;

²²mas eu tenho de morrer nesta terra; não poderei passar o Jordão; porém vós o passareis, e possuireis essa boa terra.

²³Guardai-vos de que vos esqueçais do pacto do Senhor vosso Deus, que ele fez convosco, e não façais para vós nenhuma imagem esculpida, semelhança de alguma coisa que o Senhor vosso Deus vos proibiu.

²⁴Porque o Senhor vosso Deus é um fogo consumidor, um Deus zeloso.

²⁵Quando, pois, tiverdes filhos, e filhos de filhos, e envelhecerdes na terra, e vos corromperdes, fazendo alguma imagem esculpida, semelhança de alguma coisa, e praticando o que é mau aos olhos do Senhor vosso Deus, para o provocar a ira, -

²⁶hoje tomo por testemunhas contra vós o céu e a terra, - bem cedo perecereis da terra que, passado o Jordão, ides possuir. Não prolongareis os vossos dias nela, antes sereis de todo destruídos.

²⁷E o Senhor vos espalhará entre os povos, e ficareis poucos em número entre as nações para as quais o Senhor vos conduzirá.

²⁸Lá servireis a deuses que são obra de mãos de homens, madeira e pedra, que não vêem, nem ouvem, nem comem, nem cheiram.

²⁹Mas de lá buscarás ao Senhor teu Deus, e o acharás, quando o buscares de todo o teu coração e de toda a tua alma.

³⁰Quando estiveres em angústia, e todas estas coisas te alcançarem, então nos últimos dias voltarás para o Senhor teu Deus, e ouvirás a sua voz;

³¹porquanto o Senhor teu Deus é Deus misericordioso, e não te desamparará, nem te destruirá, nem se esquecerá do pacto que jurou a teus pais.

³²Agora, pois, pergunta aos tempos passados que te precederam desde o dia em que Deus criou o homem sobre a terra, desde uma extremidade do céu até a outra, se aconteceu jamais coisa tão grande como esta, ou se jamais se ouviu coisa semelhante?

³³Ou se algum povo ouviu a voz de Deus falar do meio do fogo, como tu a ouviste, e ainda ficou vivo?

³⁴Ou se Deus intentou ir tomar para si uma nação do meio de outra nação, por meio de provas, de sinais, de maravilhas, de peleja, de mão poderosa, de braço estendido, bem como de grandes espantos, segundo tudo quanto fez a teu favor o Senhor teu Deus, no Egito, diante dos teus olhos?

³⁵A ti te foi mostrado para que soubesses que o Senhor é Deus; nenhum outro há senão ele.

³⁶Do céu te fez ouvir a sua voz, para te instruir, e sobre a terra te mostrou o seu grande fogo, do meio do qual ouviste as suas palavras.

³⁷E, porquanto amou a teus pais, não somente escolheu a sua descendência depois deles, mas também te tirou do Egito com a sua presença e com a sua grande força;

³⁸para desapossar de diante de ti nações maiores e mais poderosas do que tu, para te introduzir na sua terra e ta dar por herança, como neste dia se vê.

³⁹Pelo que hoje deves saber e considerar no teu coração que só o Senhor é Deus, em cima no céu e embaixo na terra; não há nenhum outro.

⁴⁰E guardarás os seus estatutos e os seus mandamentos, que eu te ordeno hoje, para que te vá bem a ti, e a teus filhos depois de ti, e para que prolongues os dias na terra que o Senhor teu Deus te dá, para todo o sempre.

⁴¹Então Moisés separou três cidades além do Jordão, para o nascente,

⁴²para que se refugiasse ali o homicida que involuntariamente tivesse matado o seu próximo a quem dantes não tivesse ódio algum; para que, refugiando-se numa destas cidades, vivesse:

⁴³a Bezer, no deserto, no planalto, para os rubenitas; a Ramote, em Gileade, para os paditas; e a Golã, em Basã, para os manassitas.

⁴⁴Esta é a lei que Moisés propôs aos filhos de Israel;

⁴⁵estes são os testemunhos, os estatutos e os preceitos que Moisés falou aos filhos de Israel, depois que saíram do Egito,

⁴⁶além do Jordão, no vale defronte de Bete-Peor, na terra de Siom, rei dos amorreus, que habitava em Hesbom, a quem Moisés e os filhos de Israel derrotaram, depois que saíram do Egito;

⁴⁷pois tomaram a terra deles em possessão, como também a terra de Ogue, rei de Basã, sendo esses os dois reis dos amorreus, que estavam além do Jordão, para o nascente;

⁴⁸desde Aroer, que está à borda do ribeiro de Arnom, até o monte de Siom, que é Hermom,

⁴⁹e toda a Arabá, além do Jordão, para o oriente, até o mar da Arabá, pelas faldas de Pisga.

## Capítulo 5

¹Chamou, pois, Moisés a todo o Israel, e disse-lhes: Ouve, ó Israel, os estatutos e preceitos que hoje vos falo aos ouvidos, para que os aprendais e cuideis em os cumprir.

²O Senhor nosso Deus fez um pacto conosco em Horebe.

³Não com nossos pais fez o Senhor esse pacto, mas conosco, sim, com todos nós que hoje estamos aqui vivos.

⁴Face a face falou o Senhor conosco no monte, do meio o fogo

⁵(estava eu nesse tempo entre o Senhor e vós, para vos anunciar a palavra do Senhor; porque tivestes medo por causa do fogo, e não subistes ao monte), dizendo ele:

⁶Eu sou o Senhor teu Deus, que te tirei da terra do Egito, da casa da servidão.

⁷Não terás outros deuses diante de mim.

⁸Não farás para ti imagem esculpida, nem figura alguma do que há em cima no céu, nem embaixo na terra, nem nas águas debaixo da terra;

⁹não te encurvarás diante delas, nem as servirás; porque eu, o Senhor teu Deus, sou Deus zeloso, que visito a iniquidade dos pais nos filhos até a terceira e quarta geração daqueles que me odeiam,

¹⁰e uso de misericórdia com milhares dos que me amam e guardam os meus mandamentos.

¹¹Não tomarás o nome do Senhor teu Deus em vão; porque o Senhor não terá por inocente aquele que tomar o seu nome em vão.

¹²Guarda o dia do sábado, para o santificar, como te ordenou o senhor teu Deus;

¹³seis dias trabalharás, e farás todo o teu trabalho;

¹⁴mas o sétimo dia é o sábado do Senhor teu Deus; nesse dia não farás trabalho algum, nem tu, nem teu filho, nem tua filha, nem o teu servo, nem a tua serva, nem o teu boi, nem o teu jumento, nem animal algum teu, nem o estrangeiro que está dentro das tuas portas; para que o teu servo e a tua serva descansem assim como tu.

¹⁵Lembra-te de que foste servo na terra do Egito, e que o Senhor teu Deus te tirou dali com mão forte e braço estendido; pelo que o

Senhor teu Deus te ordenou que guardasses o dia do sábado.

¹⁶Honra a teu pai e a tua mãe, como o senhor teu Deus te ordenou, para que se prolonguem os teus dias, e para que te vá bem na terra que o Senhor teu Deus te dá.

¹⁷Não matarás.

¹⁸Não adulterarás.

¹⁹Não furtarás.

²⁰Não dirás falso testemunho contra o teu próximo.

²¹Não cobiçarás a mulher do teu próximo; não desejarás a casa do teu próximo; nem o seu campo, nem o seu servo, nem a sua serva, nem o seu boi, nem o seu jumento, nem coisa alguma do teu próximo.

²²Essas palavras falou o senhor a toda a vossa assembléia no monte, do meio do fogo, da nuvem e da escuridão, com grande voz; e nada acrescentou. E escreveu-as em duas tábuas de pedra, que ele me deu.

²³Mas quando ouvistes a voz do meio das trevas, enquanto ardia o monte em fogo, viestes ter comigo, mesmo todos os cabeças das vossas tribos, e vossos anciãos,

²⁴e dissestes: Eis que o Senhor nosso Deus nos fez ver a sua glória e a sua grandeza, e ouvimos a sua voz do meio do fogo; hoje vimos que Deus fala com o homem, e este ainda continua vivo.

²⁵Agora, pois, por que havemos de morrer? Este grande fogo nos consumirá; se ainda mais ouvirmos a voz do Senhor nosso Deus, morreremos.

²⁶Porque, quem há de toda a carne, que tenha ouvido a voz do Deus vivente a falar do meio do fogo, como nós a ouvimos, e ainda continue vivo?

²⁷Chega-te tu, e ouve tudo o que o Senhor nosso Deus falar; e tu nos dirás tudo o que ele te disser; assim o ouviremos e o cumpriremos.

²⁸Ouvindo, pois, o Senhor as vossas palavras, quando me faláveis, disse-me: Eu ouvi as palavras deste povo, que eles te disseram; falaram bem em tudo quanto disseram.

²⁹Quem dera que eles tivessem tal coração que me temessem, e guardassem em todo o tempo todos os meus mandamentos, para que bem lhes fosse a eles, e a seus filhos para sempre!

³⁰Vai, dize-lhes: Voltai às vossas tendas.

³¹Tu, porém, deixa-te ficar aqui comigo, e eu te direi todos os mandamentos, estatutos e preceitos que tu lhes hás de ensinar, para que eles os cumpram na terra que eu lhes dou para a possuírem.

³²Olhai, pois, que façais como vos ordenou o Senhor vosso Deus; não vos desviareis nem para a direita nem para a esquerda.

³³Andareis em todo o caminho que vos ordenou a Senhor vosso Deus, para que vivais e bem vos suceda, e prolongueis os vossos dias na terra que haveis de possuir.

## Capítulo 6

¹Estes, pois, são os mandamentos, os estatutos e os preceitos que o Senhor teu Deus mandou ensinar-te, a fim de que os cumprisses na terra a que estás passando: para a possuíres;

²para que temas ao Senhor teu Deus, e guardes todos os seus estatutos e mandamentos, que eu te ordeno, tu, e teu filho, e o filho de teu filho, todos os dias da tua vida, e para que se prolonguem os teus dias.

³Ouve, pois, ó Israel, e atenta em que os guardes, para que te vá bem, e muito te multipliques na terra que mana leite e mel, como te prometeu o Senhor Deus de teus pais.

⁴Ouve, ó Israel; o Senhor nosso Deus é o único Senhor.

⁵Amarás, pois, ao Senhor teu Deus de todo o teu coração, de toda a tua alma e de todas as tuas forças.

⁶E estas palavras, que hoje te ordeno, estarão no teu coração;

⁷e as ensinarás a teus filhos, e delas falarás sentado em tua casa e andando pelo caminho, ao deitar-te e ao levantar-te.

⁸Também as atarás por sinal na tua mão e te serão por frontais entre os teus olhos;

⁹e as escreverás nos umbrais de tua casa, e nas tuas portas.

¹⁰Quando, pois, o Senhor teu Deus te introduzir na terra que com juramento prometeu a teus pais, Abraão, Isaque e Jacó, que te daria, com grandes e boas cidades, que tu não edificaste,

¹¹e casas cheias de todo o bem, as quais tu não encheste, e poços cavados, que tu não cavaste, vinhas e olivais, que tu não plantaste, e quando comeres e te fartares;

¹²guarda-te, que não te esqueças do Senhor, que te tirou da terra do Egito, da casa da servidão.

¹³Temerás ao Senhor teu Deus e o servirás, e pelo seu nome jurarás.

¹⁴Não seguirás outros deuses, os deuses dos povos que houver à roda de ti;

¹⁵porque o Senhor teu Deus é um Deus zeloso no meio de ti; para que a ira do Senhor teu Deus não se acenda contra ti, e ele te destrua de sobre a face da terra.

¹⁶Não tentareis o Senhor vosso Deus, como o tentastes em Massá.

¹⁷Diligentemente guardarás os mandamentos do Senhor teu Deus, como também os seus testemunhos, e seus estatutos, que te ordenou.

¹⁸Também praticarás o que é reto e bom aos olhos do Senhor, para que te vá bem, e entres, e possuas a boa terra, a qual o Senhor prometeu com juramento a teus pais;

¹⁹para que lance fora de diante de ti todos os teus inimigos, como disse o Senhor.

²⁰Quando teu filho te perguntar no futuro, dizendo: Que significam os testemunhos, estatutos e preceitos que o Senhor nosso Deus vos ordenou?

²¹responderás a teu filho: Éramos servos de Faraó no Egito, porém o Senhor, com mão forte, nos tirou de lá;

²²e, aos nossos olhos, o Senhor fez sinais e maravilhas grandes e penosas contra o Egito, contra Faraó e contra toda a sua casa;

²³mas nos tirou de lá, para nos introduzir e nos dar a terra que com juramento prometera a nossos pais.

²⁴Pelo que o Senhor nos ordenou que observássemos todos estes estatutos, que temêssemos o Senhor nosso Deus, para o nosso bem em todo o tempo, a fim de que ele nos preservasse em vida, assim como hoje se vê.

²⁵E será justiça para nós, se tivermos cuidado de cumprir todos estes mandamentos perante o Senhor nosso Deus, como ele nos ordenou.

## Capítulo 7

¹Quando o Senhor teu Deus te houver introduzido na terra a que vais a fim de possuí-la, e tiver lançado fora de diante de ti muitas nações, a saber, os heteus, os girgaseus, os amorreus, os cananeus, os perizeus, os heveus e os jebuseus, sete nações mais numerosas e mais poderosas do que tu;

²e quando o Senhor teu Deus tas tiver entregue, e as ferires, totalmente as destruirás; não farás com elas pacto algum, nem terás piedade delas;

³não contrairás com elas matrimônios; não darás tuas filhas a seus filhos, e não tomarás suas filhas para teus filhos;

⁴pois fariam teus filhos desviarem-se de mim, para servirem a outros deuses; e a ira do Senhor se acenderia contra vós, e depressa vos consumiria.

⁵Mas assim lhes fareis: Derrubareis os seus altares, quebrareis as suas colunas, cortareis os seus aserins, e queimareis a fogo as suas imagens esculpidas.

⁶Porque tu és povo santo ao Senhor teu Deus; o Senhor teu Deus te escolheu, a fim de lhe seres o seu próprio povo, acima de todos os povos que há sobre a terra.

⁷O Senhor não tomou prazer em vós nem vos escolheu porque fôsseis mais numerosos do que todos os outros povos, pois éreis menos em número do que qualquer povo;

⁸mas, porque o Senhor vos amou, e porque quis guardar o juramento que fizera a vossos pais, foi que vos tirou com mão forte e vos resgatou da casa da servidão, da mão de Faraó, rei do Egito.

⁹Saberás, pois, que o Senhor teu Deus é que é Deus, o Deus fiel, que guarda o pacto e a misericórdia, até mil gerações, aos que o amam e guardam os seus mandamentos;

¹⁰e que retribui diretamente aos que o odeiam, para os destruir; não será remisso para quem o odeia, diretamente lhe retribuirá.

¹¹Guardarás, pois, os mandamentos, os estatutos e os preceitos que eu hoje te ordeno, para os cumprires.

¹²Sucederá, pois, que, por ouvirdes estes preceitos, e os guardardes e cumprirdes, o Senhor teu Deus te guardará o pacto e a misericórdia que com juramento prometeu a teus pais;

¹³ele te amará, te abençoará e te fará multiplicar; abençoará o fruto do teu ventre, e o fruto da tua terra, o teu grão, o teu mosto e o teu azeite, a criação das tuas vacas, e as crias dos teus rebanhos, na terra que com juramento prometeu a teus pais te daria.

¹⁴Bendito serás mais do que todos os povos; não haverá estéril no meio de ti, seja homem, seja mulher, nem entre os teus animais.

¹⁵E o Senhor desviará de ti toda enfermidade; não porá sobre ti nenhuma das más doenças dos egípcios, que bem conheces; no entanto as porá sobre todos os que te odiarem.

¹⁶Consumirás todos os povos que o Senhor teu Deus te entregar; os teus olhos não terão piedade deles; e não servirás a seus deuses, pois isso te seria por laço.

¹⁷Se disseres no teu coração: Estas nações são mais numerosas do

que eu; como as poderei desapossar?

¹⁸delas não terás medo; antes lembrarte-ás do que o Senhor teu Deus fez a Faraó e a todos os egípcios;

¹⁹das grandes provas que os teus olhos viram, e dos sinais, e das maravilhas, e da mão forte, e do braço estendido, com que o Senhor teu Deus te tirou: Assim fará o Senhor teu Deus a todos os povos, diante dos quais tu temes.

²⁰Além disso o Senhor teu Deus mandará entre eles vespões, até que pereçam os restantes que se tiverem escondido de ti.

²¹Não te espantes diante deles, porque o Senhor teu Deus está no meio de ti, Deus grande e terrível.

²²E o Senhor teu Deus lançará fora de diante de ti, pouco a pouco, estas nações; não poderás destruí-las todas de pronto, para que as feras do campo não se multipliquem contra ti.

²³E o Senhor tas entregará a ti, e lhes infligirá uma grande derrota, até que sejam destruídas.

²⁴Também os seus reis te entregará nas tuas mãos, e farás desaparecer o nome deles de debaixo do céu; nenhum te poderá resistir, até que os tenhas destruído.

²⁵As imagens esculpidas de seus deuses queimarás a fogo; não cobiçarás a prata nem o ouro que estão sobre elas, nem deles te apropriarás, para que não te enlaces neles; pois são abominação ao Senhor teu Deus.

²⁶Não meterás, pois, uma abominação em tua casa, para que não sejas anátema, semelhante a ela; de todo a detestarás, e de todo a abominarás, pois é anátema.

## Capítulo 8

¹Todos os mandamentos que hoje eu vos ordeno cuidareis de observar, para que vivais, e vos multipliqueis, e entreis, e possuais a terra que o Senhor, com juramento, prometeu a vossos pais.

²E lembrarás de todo o caminho pelo qual o Senhor teu Deus tem te conduzido durante estes quarenta anos no deserto, a fim de te humilhar e te provar, para saber o que estava no teu coração, se guardarias ou não os seus mandamentos.

³Sim, ele te humilhou, e te deixou ter fome, e te sustentou com o maná, que nem tu nem teus pais conhecíeis; para te dar a entender que o homem não vive só de pão, mas de tudo o que sai da boca do Senhor, disso vive o homem.

⁴Não se envelheceram as tuas vestes sobre ti, nem se inchou o teu pé, nestes quarenta anos.

⁵Saberás, pois, no teu coração que, como um homem corrige a seu filho, assim te corrige o Senhor teu Deus.

⁶E guardarás os mandamentos de Senhor teu Deus, para andares nos seus caminhos, e para o temeres.

⁷Porque o Senhor teu Deus te está introduzindo numa boa terra, terra de ribeiros de águas, de fontes e de nascentes, que brotam nos vales e nos outeiros;

⁸terra de trigo e cevada; de vides, figueiras e romeiras; terra de oliveiras, de azeite e de mel;

⁹terra em que comerás o pão sem escassez, e onde não te faltará coisa alguma; terra cujas pedras são ferro, e de cujos montes poderás cavar o cobre.

¹⁰Comerás, pois, e te fartarás, e louvarás ao Senhor teu Deus pela boa terra que te deu.

¹¹Guarda-te, que não te esqueças do Senhor teu Deus, deixando de observar os seus mandamentos, os seus preceitos e os seus estatutos, que eu hoje te ordeno;

¹²para não suceder que, depois de teres comido e estares farto, depois de teres edificado boas casas e estares morando nelas,

¹³depois de se multiplicarem as tuas manadas e es teus rebanhos, a tua prata e o teu ouro, sim, depois de se multiplicar tudo quanto tens,

¹⁴se exalte e teu coração e te esqueças do Senhor teu Deus, que te tirou da terra o Egito, da casa da servidão;

¹⁵que te conduziu por aquele grande e terrível deserto de serpentes abrasadoras e de escorpiões, e de terra árida em que não havia água, e onde te fez sair água da rocha pederneira;

¹⁶que no deserto te alimentou com o maná, que teus pais não conheciam; a fim de te humilhar e te provar, para nos teus últimos dias te fazer bem;

¹⁷e digas no teu coração: A minha força, e a fortaleza da minha mão me adquiriram estas riquezas.

¹⁸Antes te lembrarás do Senhor teu Deus, porque ele é o que te dá força para adquirires riquezas; a fim de confirmar o seu pacto, que jurou a teus pais, como hoje se vê.

¹⁹Sucederá, porém, que, se de qualquer maneira te esqueceres de Senhor teu Deus, e se seguires após outros deuses, e os servires, e te encurvares perante eles, testifico hoje contra ti que certamente perecerás.

²⁰Como as nações que o Senhor vem destruindo diante de vós, assim vós perecereis, por não quererdes ouvir a voz do Senhor vosso Deus. rovas, de sinais, de maravilhas, de peleja,

## Capítulo 9

¹Ouve, ó Israel: hoje tu vais passar o Jordão para entrares para desapossares nações maiores e mais fortes do que tu, cidades grandes e muradas até o céu;

²um povo grande e alto, filhos dos anaquins, que tu conhecestes, e dos quais tens ouvido dizer: Quem poderá resistir aos filhos de Anaque?

³Sabe, pois, hoje que o Senhor teu Deus é o que passa adiante de ti como um fogo consumidor; ele os destruirá, e os subjugará diante de ti; e tu os lançarás fora, e cedo os desfarás, como o Senhor te prometeu.

⁴Depois que o Senhor teu Deus os tiver lançado fora de diante de ti, não digas no teu coração: por causa da minha justiça é que o Senhor me introduziu nesta terra para a possuir. Porque pela iniquidade destas nações é que o Senhor as lança fora de diante de ti.

⁵Não é por causa da tua justiça, nem pela retidão do teu coração que entras a possuir a sua terra, mas pela iniquidade destas nações o Senhor teu Deus as lança fora de diante de ti, e para confirmar a palavra que o Senhor teu Deus jurou a teus pais, Abraão, Isaque e Jacó.

⁶Sabe, pois, que não é por causa da tua justiça que o Senhor teu Deus te dá esta boa terra para a possuíres, pois tu és povo de dura cerviz.

⁷Lembra-te, e não te esqueças, de como provocaste à ira o Senhor teu Deus no deserto; desde o dia em que saíste da terra do Egito, até que chegaste a este lugar, foste rebelde contra o Senhor;

⁸também em Horebe provocastes à ira o Senhor, e o Senhor se irou contra vós para vos destruir.

⁹Quando subi ao monte a receber as tábuas de pedra, as tábuas do pacto que o Senhor fizera convosco, fiquei no monte quarenta dias e quarenta noites; não comi pão, nem bebi água.

¹⁰E o Senhor me deu as duas tábuas de pedra, escritas com o dedo de Deus; e nelas estavam escritas todas aquelas palavras que o Senhor tinha falado convosco no monte, do meio do fogo, no dia da assembléia.

¹¹Sucedeu, pois, que ao fim dos quarenta dias e quarenta naites, o Senhor me deu as duas tábuas de pedra, as tábuas do pacto.

¹²E o Senhor me disse: Levanta-te, desce logo daqui, porque o teu povo, que tiraste do Egito, já se corrompeu; cedo se desviaram do caminho que eu lhes ordenei; fizeram para si uma imagem de fundição.

¹³Disse-me ainda o Senhor: Atentei para este povo, e eis que ele é povo de dura cerviz;

¹⁴deixa-me que o destrua, e apague o seu nome de debaixo do céu; e farei de ti nação mais poderosa e mais numerosa do que esta.

¹⁵Então me virei, e desci do monte, o qual ardia em fogo; e as duas tábuas do pacto estavam nas minhas duas mãos.

¹⁶Olhei, e eis que havíeis pecado contra o Senhor vosso Deus; tínheis feito para vós um bezerro de fundição; depressa vos tínheis desviado do caminho que o Senhor vos ordenara.

¹⁷Peguei então das duas tábuas e, arrojando-as das minhas mãos, quebrei-as diante dos vossos olhos.

¹⁸Prostrei-me perante o Senhor, como antes, quarenta dias e quarenta noites; não comi pão, nem bebi água, por causa de todo o vosso pecado que havíeis cometido, fazendo o que era mau aos olhos do Senhor, para o provocar a ira.

¹⁹Porque temi por causa da ira e do furor com que o Senhor estava irado contra vós para vos destruir; porém ainda essa vez o Senhor me ouviu.

²⁰O Senhor se irou muito contra Arão para o destruir; mas também orei a favor de Arão ao mesmo tempo.

²¹Então eu tomei o vosso pecado, o bezerro que tínheis feito, e o queimei a fogo e o pisei, moendo-o bem, até que se desfez em pó; e o seu pó lancei no ribeiro que descia do monte.

²²Igualmente em Tabera, e em Massá, e em Quibrote-Hataavá provocastes à ira o Senhor.

²³Quando também o Senhor vos enviou de Cades-Barnéia, dizendo: Subi, e possuí a terra que vos dei; vós vos rebelastes contra o mandado do Senhor vosso Deus, e não o crestes, e não obedecestes à sua voz.

²⁴Tendes sido rebeldes contra o Senhor desde o dia em que vos conheci.

²⁵Assim me prostrei perante o Senhor; quarenta dias e quarenta noites estive prostrado, porquanto o Senhor ameaçara destruir-vos.

²⁶Orei ao Senhor, dizendo: ç Senhor Jeová, não destruas o teu povo, a tua herança, que resgataste com a tua grandeza, que tiraste do

*Deuteronômio*

Egito com mão forte.

²⁷Lembra-te dos teus servos, Abraão, Isaque e Jacó; não atentes para a dureza deste povo, nem para a sua iniqüidade, nem para o seu pecado;

²⁸para que o povo da terra de onde nos tiraste não diga: Porquanto o Senhor não pôde introduzi-los na terra que lhes prometera, passou a odiá-los, e os tirou para os matar no deserto.

²⁹Todavia são eles o teu povo, a sua herança, que tiraste com a sua grande força e com o teu braço estendido.

## Capítulo 10

¹Naquele mesmo tempo me disse o Senhor: Alisa duas tábuas de pedra, como as primeiras, e sobe a mim ao monte, e faze uma arca de madeira.

²Nessas tábuas escreverei as palavras que estavam nas primeiras tábuas, que quebras-te, e as porás na arca.

³Assim, fiz ume arca de madeira de acácia, alisei duas tábuas de pedra, como as primeiras, e subi ao monte com as duas tábuas nas mãos.

⁴Então o Senhor escreveu nas tábuas, conforme a primeira escritura, os dez mandamentos, que ele vos falara no monte, do meio do fogo, no dia da assembléia; e o Senhor mas deu a mim.

⁵Virei-me, pois, desci do monte e pus as tábuas na arca que fizera; e ali estão, como o Senhor me ordenou.

⁶(Ora, partiram os filhos de Israel de Beerote-Bene-Jaacã para Mosera. Ali faleceu Arão e foi sepultado; e Eleazar, seu filho, administrou o sacerdócio em seu lugar.

⁷Dali partiram para Gudgoda, e de Gudgoda para Jotbatá, terra de ribeiros de águas.

⁸Por esse tempo o Senhor separou a tribo de Levi, para levar a arca do pacto do Senhor, para estar diante do Senhor, servindo-o, e para abençoar em seu nome até o dia de hoje.

⁹Pelo que Levi não tem parte nem herança com seus irmãos; o Senhor é a sua herança, como o Senhor teu Deus lhe disse.)

¹⁰Também, como antes, eu estive no monte quarenta dias e quarenta noites; e o Senhor me ouviu ainda essa vez; o Senhor não te quis destruir;

¹¹antes disse-me o Senhor: Levanta-te, põe-te a caminho diante do povo; eles entrarão e possuirão a terra que com juramento prometi a seus pais lhes daria.

¹²Agora, pois, ó Israel, que é que o Senhor teu Deus requer de ti, senão que temas o Senhor teu Deus, que andes em todos os seus caminhos, o ames, e sirvas ao Senhor teu Deus de todo o teu coração e de toda a tua alma,

¹³que guardes os mandamentos do Senhor, e os seus estatutos, que eu hoje te ordeno para o teu bem?

¹⁴Eis que do Senhor teu Deus são o céu e o céu dos céus, a terra e tudo o que nela há.

¹⁵Entretanto o Senhor se afeiçoou a teus pais para os amar; e escolheu a sua descendência depois deles, isto é, a vós, dentre todos os povos, como hoje se vê.

¹⁶Circuncidai, pois, o prepúcio do vosso coração, e não mais endureçais a vossa cerviz.

¹⁷Pois o Senhor vosso Deus, é o Deus dos deuses, e o Senhor dos senhores, o Deus grande, poderoso e terrível, que não faz acepção de pessoas, nem recebe peitas;

¹⁸que faz justiça ao órfão e à viúva, e ama o estrangeiro, dando-lhe pão e roupa.

¹⁹Pelo que amareis o estrangeiro, pois fostes estrangeiros na terra do Egito.

²⁰Ao Senhor teu Deus temerás; a ele servirás, e a ele te apegarás, e pelo seu nome jurarás.

²¹Ele é o teu louvor e o teu Deus, que te fez estas grandes e terríveis coisas que os teus olhos têm visto.

²²Com setenta almas teus pais desceram ao Egito; e agora o Senhor teu Deus te fez, em número, como as estrelas do céu.

## Capítulo 11

¹Amarás, pois, ao Senhor teu Deus, e guardarás as suas ordenanças, os seus estatutos, os seus preceitos e os seus mandamentos, por todos os dias.

²Considerai hoje (pois não falo com vossos filhos, que não conheceram, nem viram) a instrução do Senhor vosso Deus, a sua grandeza, a sua mão forte, e o seu braço estendido;

³os seus sinais, as suas obras, que fez no meio do Egito a Faraó, rei do Egito, e a toda a sua terra;

⁴o que fez ao exército dos egípcios, aos seus cavalos e aos seus carros; como fez passar sobre eles as águas do Mar Vermelho, quando vos perseguiam, e como o Senhor os destruiu até o dia de hoje;

⁵o que vos fez no deserto, até chegardes a este lugar;

⁶e o que fez a Datã e a Abirão, filhos de Eliabe, filho de Rúben; como a terra abriu a sua boca e os tragou com as suas casas e as suas tendas, e bem assim todo ser vivente que lhes pertencia, no meia de todo o Israel;

⁷porquanto os vossos olhos são os que viram todas as grandes obras que fez o Senhor.

⁸Guardareis, pois, todos os mandamentos que eu vos ordeno hoje, para que sejais fortes, e entreis, e ocupeis a terra a que estais passando para a possuirdes;

⁹e para que prolongueis os dias nessa terra que o Senhor, com juramento, prometeu dar a vossos pais e à sua descendência, terra que mana leite e mel.

¹⁰Pois a terra na qual estais entrando para a possuirdes não é como a terra do Egito, de onde saístes, em que semeáveis a vossa semente, e a regáveis com o vosso pé, como a uma horta;

¹¹mas a terra a que estais passando para a possuirdes é terra de montes e de vales; da chuva do céu bebe as águas;

¹²terra de que o Senhor teu Deus toma cuidado; os olhos do Senhor teu Deus estão sobre ela continuamente, desde o princípio até o fim do ano.

¹³E há de ser que, se diligentemente obedeceres a meus mandamentos que eu hoje te ordeno, de amar ao Senhor teu Deus, e o servir de todo o teu coração e de toda a tua alma,

¹⁴darei a chuva da tua terra a seu tempo, a temporã e a serôdia, para que recolhas o teu grão, o teu mosto e o teu azeite;

¹⁵e darei erva no teu campo para o teu gado, e comerás e fartar-te-ás.

¹⁶Guardai-vos para que o vosso coração não se engane, e vos desvieis, e sirvais a outros deuses, e os adoreis;

¹⁷e a ira do Senhor se acenda contra vós, e feche ele o céu, e não caia chuva, e a terra não dê o seu fruto, e cedo pereçais da boa terra que o Senhor vos dá.

¹⁸Ponde, pois, estas minhas palavras no vosso coração e na vossa alma; atá-las-eis por sinal na vossa mão, e elas vos serão por frontais entre os vossos olhos;

¹⁹e ensiná-las-eis a vossos filhos, falando delas sentados em vossas casas e andando pelo caminho, ao deitar-vos e ao levantar-vos;

²⁰e escrevê-las-eis nos umbrais de vossas casas, e nas vossas portas;

²¹para que se multipliquem os vossos dias e os dias de vossos filhos na terra que o Senhor, com juramento, prometeu dar a vossos pais, enquanto o céu cobrir a terra.

²²Porque, se diligentemente guardardes todos estes mandamentos que eu vos ordeno, se amardes ao Senhor vosso Deus, e andardes em todos os seus caminhos, e a ele vos apegardes,

²³também o Senhor lançará fora de diante de vós todas estas nações, e possuireis nações maiores e mais poderosas do que vós.

²⁴Todo lugar que pisar a planta do vosso pé será vosso; o vosso termo se estenderá do deserto ao Líbano, e do rio, o rio Eufrates, até o mar ocidental.

²⁵Ninguém vos poderá resistir; o Senhor vosso Deus porá o medo e o terror de vós sobre toda a terra que pisardes, assim como vos disse.

²⁶Vede que hoje eu ponho diante de vós a bênção e a maldição:

²⁷A bênção, se obedecerdes aos mandamentos do Senhor vosso Deus, que eu hoje vos ordeno;

²⁸porém a maldição, se não obedecerdes aos mandamentos do Senhor vosso Deus, mas vos desviardes do caminho que eu hoje vos ordeno, para seguirdes outros deuses que nunca conhecestes.

²⁹Ora, quando o Senhor teu Deus te introduzir na terra a que vais para possuí-la, pronunciarás a bênção sobre o monte Gerizim, e a maldição sobre o monte Ebal.

³⁰Porventura não estão eles além do Jordão, atrás do caminho do pôr do sol, na terra dos cananeus, que habitam na Arabá defronte de Gilgal, junto aos carvalhos de Moré?

³¹Porque estais a passar o Jordão para entrardes a possuir a terra que o Senhor vosso Deus vos dá; e a possuireis, e nela habitareis.

³²Tende, pois, cuidado em observar todos os estatutos e os preceitos que eu hoje vos proponho.

## Capítulo 12

¹São estes os estatutos e os preceitos que tereis cuidado em observar na terra que o Senhor Deus de vossos pais vos deu para a possuirdes por todos os dias que viverdes sobre a terra.

²Certamente destruireis todos os lugares em que as nações que haveis de subjugar serviram aos seus deuses, sobre as altas montanhas, sobre os outeiros, e debaixo de toda árvore frondosa;

³e derrubareis os seus altares, quebrareis as suas colunas, queimareis a fogo os seus aserins, abatereis as imagens esculpidas dos seus deuses e apagareis o seu nome daquele lugar.

⁴Não fareis assim para com o Senhor vosso Deus;

⁵mas recorrereis ao lugar que o Senhor vosso Deus escolher de todas as vossas tribos para ali pôr o seu nome, para sua habitação, e ali vireis.

⁶A esse lugar trareis os vossos holocaustos e sacrifícios, e os vossos dízimos e a oferta alçada da vossa mão, e os vossos votos e ofertas voluntárias, e os primogênitos das vossas vacas e ovelhas;

⁷e ali comereis perante o Senhor vosso Deus, e vos alegrareis, vós e as vossas casas, em tudo em que puserdes a vossa mão, no que o Senhor vosso Deus vos tiver abençoado.

⁸Não fareis conforme tudo o que hoje fazemos aqui, cada qual tudo o que bem lhe parece aos olhos.

⁹Porque até agora não entrastes no descanso e na herança que o Senhor vosso Deus vos dá;

¹⁰mas quando passardes o Jordão, e habitardes na terra que o senhor vosso Deus vos faz herdar, ele vos dará repouso de todos os vossos inimigos em redor, e morareis seguros.

¹¹Então haverá um lugar que o Senhor vosso Deus escolherá para ali fazer habitar o seu nome; a esse lugar trareis tudo o que eu vos ordeno: os vossos holocaustos e sacrifícios, os vossos dízimos, a oferta alçada da vossa mão, e tudo o que de melhor oferecerdes ao Senhor em cumprimento dos votos que fizerdes.

¹²E vos alegrareis perante o Senhor vosso Deus, vós, vossos filhos e vossas filhas, vossos servos e vossas servas, bem como o levita que está dentro das vossas portas, pois convosco não tem parte nem herança.

¹³Guarda-te de ofereceres os teus holocaustos em qualquer lugar que vires;

¹⁴mas no lugar que o Senhor escolher numa das tuas tribos, ali oferecerás os teus holocaustos, e ali farás tudo o que eu te ordeno.

¹⁵Todavia, conforme todo o teu desejo, poderás degolar, e comer carne dentro das tuas portas, segundo a bênção do Senhor teu Deus que ele te houver dado; tanto o imundo como o limpo comerão dela, como da gazela e do veado;

¹⁶tão-somente não comerás do sangue; sobre a terra o derramarás como água.

¹⁷Dentro das tuas portas não poderás comer o dízimo do teu grão, do teu mosto e do teu azeite, nem os primogênitos das tuas vacas e das tuas ovelhas, nem qualquer das tuas ofertas votivas, nem as tuas ofertas voluntárias, nem a oferta alçada da tua mão;

¹⁸mas os comerás perante o Senhor teu Deus, no lugar que ele escolher, tu, teu filho, tua filha, o teu servo, a tua serva, e bem assim e levita que está dentre das tuas portas; e perante o Senhor teu Deus te alegrarás em tudo em que puseres a mão.

¹⁹Guarda-te, que não desampares o levita por todos os dias que viveres na tua terra.

²⁰Quando o Senhor teu Deus dilatar os teus termos, como te prometeu, e tu disseres: Comerei carne (porquanto tens desejo de comer carne); conforme todo o teu desejo poderás comê-la.

²¹Se estiver longe de ti o lugar que o Senhor teu Deus escolher para ali pôr o seu nome, então degolarás do teu gado e do teu rebanho, que o Senhor te houver dado, como te ordenei; e poderás comer dentro das tuas portas, conforme todo o teu desejo.

²²Como se come a gazela e o veado, assim comerás dessas carnes; o imundo e o limpo igualmente comerão delas.

²³Tão-somente guarda-te de comeres o sangue; pois o sangue é a vida; pelo que não comerás a vida com a carne.

²⁴Não o comerás; sobre a terra o derramarás como água.

²⁵Não o comerás, para que te vá bem a ti, a teus filhos depois de ti, quando fizeres o que é reto aos olhos do Senhor.

²⁶Somente tomarás as coisas santas que tiveres, e as tuas ofertas votivas, e irás ao lugar que o Senhor escolher;

²⁷oferecerás os teus holocaustos, a carne e o sangue sobre o altar do Senhor teu Deus; e o sangue dos teus sacrifícios se derramará sobre o altar do Senhor teu Deus, porém a carne comerás.

²⁸Ouve e guarda todas estas palavras que eu te ordeno, para que te vá bem a ti, e a teus filhos depois de ti, para sempre, se fizeres o que é bom e reto aos olhos do Senhor teu Deus.

²⁹Quando o Senhor teu Deus exterminar de diante de ti as nações aonde estás entrando para as possuir, e as desapossares e habitares na sua terra,

³⁰guarda-te para que não te enlaces para as seguires, depois que elas forem destruídas diante de ti; e que não perguntes acerca dos seus deuses, dizendo: De que modo serviam estas nações os seus deuses? pois do mesmo modo também farei eu.

³¹Não farás assim para com o Senhor teu Deus; porque tudo o que é abominável ao Senhor, e que ele detesta, fizeram elas para com os seus deuses; pois até seus filhos e suas filhas queimam no fogo aos seus deuses.

³²Tudo o que eu te ordeno, observarás; nada lhe acrescentarás nem diminuirás.

## Capítulo 13

¹Se se levantar no meio de vós profeta, ou sonhador de sonhos, e vos anunciar um sinal ou prodígio,

²e suceder o sinal ou prodígio de que vos houver falado, e ele disser: Vamos após outros deuses - deuses que nunca conhecestes - e sirvamo-los!

³não ouvireis as palavras daquele profeta, ou daquele sonhador; porquanto o Senhor vosso Deus vos está provando, para saber se amais o Senhor vosso Deus de todo o vosso coração e de toda a vossa alma.

⁴Após o Senhor vosso Deus andareis, e a ele temereis; os seus mandamentos guardareis, e a sua voz ouvireis; a ele servireis, e a ele vos apegareis.

⁵E aquele profeta, ou aquele sonhador, morrerá, pois falou rebeldia contra o Senhor vosso Deus, que vos tirou da terra do Egito e vos resgatou da casa da servidão, para vos desviar do caminho em que o Senhor vosso Deus vos ordenou que andásseis; assim exterminareis o mal do meio vós.

⁶Quando teu irmão, filho da tua mãe, ou teu filho, ou tua filha, ou a mulher do teu seio, ou teu amigo que te é como a tua alma, te incitar em segredo, dizendo: Vamos e sirvamos a outros deuses! - deuses que nunca conheceste, nem tu nem teus pais,

⁷dentre os deuses dos povos que estão em redor de ti, perto ou longe de ti, desde uma extremidade da terra até a outra -

⁸não consentirás com ele, nem o ouvirás, nem o teu olho terá piedade dele, nem o pouparás, nem o esconderás;

⁹mas certamente o matarás; a tua mão será a primeira contra ele para o matar, e depois a mão de todo o povo;

¹⁰e o apedrejarás, até que morra, pois procurou apartar-te do Senhor teu Deus, que te tirou da terra do Egito, da casa da servidão.

¹¹Todo o Israel o ouvirá, e temerá, e não se tornará a praticar semelhante iniqüidade no meio de ti.

¹²Se, a respeito de alguma das tuas cidades que o Senhor teu Deus te dá para ali habitares, ouvires dizer:

¹³Uns homens, filhos de Belial, saindo do meio de ti, incitaram os moradores da sua cidade, dizendo: Vamos, e sirvamos a outros deuses! - deuses que nunca conheceste -

¹⁴então inquirirás e investigarás, perguntando com diligência; e se for verdade, se for certo que se fez tal abominação no meio de ti,

¹⁵certamente ferirás ao fio da espada os moradores daquela cidade, destruindo a ela e a tudo o que nela houver, até os animais.

¹⁶E ajuntarás todo o seu despojo no meio da sua praça; e a cidade e todo o seu despojo queimarás totalmente para o Senhor teu Deus, e será montão perpétuo; nunca mais será edificada.

¹⁷Não se te pegará às mãos nada do anátema; para que o Senhor se aparte do ardor da sua ira, e te faça misericórdia, e tenha piedade de ti, e te multiplique; como jurou a teus pais,

¹⁸se ouvires a voz do Senhor teu Deus, para guardares todos os seus mandamentos, que eu hoje te ordeno, para fazeres o que é reto aos olhos do Senhor teu Deus.

## Capítulo 14

¹Filhos sois do Senhor vosso Deus; não vos cortareis a vós mesmos, nem abrireis calva entre vossos olhos por causa de algum morto.

²Porque és povo santo ao Senhor teu Deus, e o Senhor te escolheu para lhe seres o seu próprio povo, acima de todos os povos que há sobre a face da terra.

³Nenhuma coisa abominável comereis.

⁴Estes são os animais que comereis: o boi, a ovelha, a cabra,

⁵o veado, a gazela, o cabrito montês, a cabra montesa, o antílope, o órix e a ovelha montesa.

⁶Dentre os animais, todo o que tem a unha fendida, dividida em duas, e que rumina, esse podereis comer.

⁷Porém, dos que ruminam, ou que têm a unha fendida, não podereis comer os seguintes: o camelo, a lebre e o querogrilo, porque ruminam, mas não têm a unha fendida; imundos vos serão;

⁸nem o porco, porque tem unha fendida, mas não rumina; imundo vos será. Não comereis da carne destes, e não tocareis nos seus cadáveres.

⁹Isto podereis comer de tudo o que há nas águas: tudo o que tem barbatanas e escamas podereis comer;

¹⁰mas tudo o que não tem barbatanas nem escamas não comereis; imundo vos será.

¹¹De todas as aves limpas podereis comer.

¹²Mas estas são as de que não comereis: a águia, o quebrantosso, o xofrango,

¹³o açor, o falcão, o milhafre segundo a sua espécie,

¹⁴todo corvo segundo a sua espécie,

¹⁵o avestruz, o mocho, a gaivota, o gavião segundo a sua espécie,

¹⁶o bufo, a coruja, o porfirião,

¹⁷o pelicano, o abutre, o corvo marinho,

¹⁸a cegonha, a garça segundo a sua espécie, a poupa e o morcego.

¹⁹Também todos os insetos alados vos serão imundos; não se comerão.

²⁰De todas as aves limpas podereis comer.

²¹Não comerás nenhum animal que tenha morrido por si; ao peregrino que está dentro das tuas portas o darás a comer, ou o venderás ao estrangeiro; porquanto és povo santo ao Senhor teu Deus. Não cozerás o cabrito no leite de sua mãe.

²²Certamente darás os dízimos de todo o produto da tua semente que cada ano se recolher do campo.

²³E, perante o Senhor teu Deus, no lugar que escolher para ali fazer habitar o seu nome, comerás os dízimos do teu grão, do teu mosto e do teu azeite, e os primogênitos das tuas vacas e das tuas ovelhas; para que aprendas a temer ao Senhor teu Deus por todos os dias.

²⁴Mas se o caminho te for tão comprido que não possas levar os dízimos, por estar longe de ti o lugar que Senhor teu Deus escolher para ali por o seu nome, quando o Senhor teu Deus te tiver abençoado;

²⁵então vende-os, ata o dinheiro na tua mão e vai ao lugar que o Senhor teu Deus escolher.

²⁶E aquele dinheiro darás por tudo o que desejares, por bois, por ovelhas, por vinho, por bebida forte, e por tudo o que te pedir a tua alma; comerás ali perante o Senhor teu Deus, e te regozijarás, tu e a tua casa.

²⁷Mas não desampararás o levita que está dentro das tuas portas, pois não tem parte nem herança contigo.

²⁸Ao fim de cada terceiro ano levarás todos os dízimos da tua colheita do mesmo ano, e os depositarás dentro das tuas portas.

²⁹Então virá o levita (pois nem parte nem herança tem contigo), o peregrino, o órfão, e a viúva, que estão dentro das tuas portas, e comerão, e fartar-se-ão; para que o Senhor teu Deus te abençoe em toda obra que as tuas mãos fizerem.

## Capítulo 15

¹Ao fim de cada sete anos farás remissão.

²E este é o modo da remissão: todo credor remitirá o que tiver emprestado ao seu próximo; não o exigirá do seu próximo ou do seu irmão, pois a remissão do Senhor é apregoada.

³Do estrangeiro poderás exigi-lo; mas o que é teu e estiver em poder de teu irmão, a tua mão o remitirá.

⁴Contudo não haverá entre ti pobre algum (pois o Senhor certamente te abençoará na terra que o Senhor teu Deus te dá por herança, para a possuíres),

⁵contanto que ouças diligentemente a voz do Senhor teu Deus para cuidares em cumprir todo este mandamento que eu hoje te ordeno.

⁶Porque o Senhor teu Deus te abençoará, como te prometeu; assim, emprestarás a muitas nações, mas não tomarás empréstimos; e dominarás sobre muitas nações, porém elas não dominarão sobre ti.

⁷Quando no meio de ti houver algum pobre, dentre teus irmãos, em qualquer das tuas cidades na terra que o Senhor teu Deus te dá, não endurecerás o teu coração, nem fecharás a mão a teu irmão pobre;

⁸antes lhe abrirás a tua mão, e certamente lhe emprestarás o que lhe falta, quanto baste para a sua necessidade.

⁹Guarda-te, que não haja pensamento vil no teu coração e venhas a dizer: Vai-se aproximando o sétimo ano, o ano da remissão; e que o teu olho seja maligno para com teu irmão pobre, e não lhe dês nada; e que ele clame contra ti ao Senhor, e haja em ti pecado.

¹⁰Livremente lhe darás, e não fique pesaroso o teu coração quando lhe deres; pois por esta causa te abençoará o Senhor teu Deus em toda a tua obra, e em tudo no que puseres a mão.

¹¹Pois nunca deixará de haver pobres na terra; pelo que eu te ordeno, dizendo: Livremente abrirás a mão para o teu irmão, para o teu necessitado, e para o teu pobre na tua terra.

¹²Se te for vendido um teu irmão hebreu ou irmã hebréia, seis anos te servirá, mas na sétimo ano o libertarás.

¹³E, quando o libertares, não o deixarás ir de mãos vazias;

¹⁴liberalmente o fornecerás do teu rebanho, e da tua eira, e do teu lagar; conforme o Senhor teu Deus tiver abençoado te darás.

¹⁵Pois lembrar-te-ás de que foste servo na terra do Egito, e de que o Senhor teu Deus te resgatou; pelo que eu hoje te ordeno isso.

¹⁶Mas se ele te disser: Não sairei de junto de ti; porquanto te ama a ti e a tua casa, por estar bem contigo;

¹⁷então tomarás uma sovela, e lhe furarás a orelha contra a porta, e ele será teu servo para sempre; e também assim farás à tua serva.

¹⁸Não seja duro aos teus olhos de teres de libertá-lo, pois seis anos te prestou serviço equivalente ao dobro do salário dum mercenário; e o Senhor teu Deus te abençoará em tudo o que fizeres.

¹⁹Todo primogênito que nascer das tuas vacas e das tuas ovelhas santificarás ao Senhor teu Deus; com o primogênito do teu boi não trabalharás, nem tosquiarás o primogênito das tuas ovelhas.

²⁰Perante o Senhor teu Deus os comerás, tu e a tua casa, de ano em ano, no lugar que o Senhor escolher.

²¹Mas se nele houver algum defeito, como se for coxo, ou cego, ou tiver qualquer outra deformidade, não o sacrificarás ao Senhor teu Deus.

²²Nas tuas portas o comerás; o imundo e o limpo igualmente o comerão, como da gazela ou do veado.

²³Somente do seu sangue não comerás; sobre a terra o derramarás como água.

## Capítulo 16

¹Guarda o mês de abibe, e celebra a páscoa ao Senhor teu Deus; porque no mes de abibe, de noite, o Senhor teu Deus tirou-te do Egito.

²Então, das ovelhas e das vacas, sacrificarás a páscoa ao Senhor teu Deus, no lugar que o Senhor escolher para ali fazer habitar o seu nome.

³Nela não comerás pão levedado; por sete dias comerás pães ázimos, pão de aflição (porquanto apressadamente saíste da terra do Egito), para que te lembres do dia da tua saída da terra do Egito, todos os dias da tua vida.

⁴O fermento não aparecerá contigo por sete dias em todos os teus termos; também da carne que sacrificares à tarde, no primeiro dia, nada ficará até pela manhã.

⁵Não poderás sacrificar a páscoa em qualquer uma das tuas cidades que o Senhor teu Deus te dá,

⁶mas no lugar que o Senhor teu Deus escolher para ali fazer habitar o seu nome; ali sacrificarás a páscoa à tarde, ao pôr do sol, ao tempo determinado da tua saída do Egito.

⁷Então a cozerás, e comerás no lugar que o Senhor teu Deus escolher; depois, pela manhã, voltarás e irás às tuas tendas.

⁸Seis dias comerás pães ázimos, e no sétimo dia haverá assembléia solene ao Senhor teu Deus; nele nenhum trabalho farás.

⁹Sete semanas contarás; desde o dia em que começares a meter a foice na seara, começarás a contar as sete semanas.

¹⁰Depois celebrarás a festa das semanas ao Senhor teu Deus segundo a medida da oferta voluntária da tua mão, que darás conforme o Senhor teu Deus te houver abençoado.

¹¹E te regozijarás perante o Senhor teu Deus, tu, teu filho e tua filha, teu servo e tua serva, o levita que está dentro das tuas portas, o peregrino, o órfão e a viúva que estão no meio de ti, no lugar que o Senhor teu Deus escolher para ali fazer habitar o seu nome.

¹²Também te lembrarás de que foste servo no Egito, e guardarás estes estatutos, e os cumprirás.

¹³A festa dos tabernáculos celebrarás por sete dias, quando tiveres colhido da tua eira e do teu lagar.

¹⁴E na tua festa te regozijarás, tu, teu filho e tua filha, teu servo e tua serva, e o levita, o peregrino, o órfão e a viúva que estão dentro das tuas portas.

¹⁵sete dias celebrarás a festa ao Senhor teu Deus, no lugar que o senhor escolher; porque o Senhor teu Deus te há de abençoar em toda a tua colheita, e em todo trabalho das tuas mãos; pelo que estarás de todo alegre.

¹⁶Três vezes no ano todos os teus homens aparecerão perante o Senhor teu Deus, no lugar que ele escolher: na festa dos pães ázimos, na festa das semanas, e na festa dos tabernáculos. Não aparecerão vazios perante o Senhor;

¹⁷cada qual oferecerá conforme puder, conforme a bênção que o

Senhor teu Deus lhe houver dado.

¹⁸Juízes e oficiais porás em todas as tuas cidades que o Senhor teu Deus te dá, segundo as tuas tribos, para que julguem o povo com justiça.

¹⁹Não torcerás o juízo; não farás acepção de pessoas, nem receberás peitas; porque a peita cega os olhos dos sábios, e perverte a causa dos justos.

²⁰A justiça, somente a justiça seguirás, para que vivas, e possuas em herança a terra que o Senhor teu Deus te dá.

²¹Não plantarás nenhuma árvore como asera, ao pé do altar do Senhor teu Deus, que fizeres,

²²nem levantarás para ti coluna, coisas que o Senhor teu Deus detesta.

## Capítulo 17

¹Ao Senhor teu Deus não sacrificarás boi ou ovelha em que haja defeito ou qualquer deformidade; pois isso é abominação ao senhor teu Deus.

²Se no meio de ti, em alguma das tuas cidades que te dá o Senhor teu Deus, for encontrado algum homem ou mulher que tenha feito o que é mau aos olhos do Senhor teu Deus, transgredindo o seu pacto,

³que tenha ido e servido a outros deuses, adorando-os, a eles, ou ao sol, ou à lua, ou a qualquer astro do exército do céu (o que não ordenei),

⁴e isso te for denunciado, e o ouvires, então o inquirirás bem; e eis que, sendo realmente verdade que se fez tal abominação em Israel,

⁵então levarás às tuas portas o homem, ou a mulher, que tiver cometido esta maldade, e apedrejarás o tal homem, ou mulher, até que morra.

⁶Pela boca de duas ou de três testemunhas, será morto o que houver de morrer; pela boca duma só testemunha não morrerá.

⁷A mão das testemunhas será a primeira contra ele, para matá-lo, e depois a mão de todo o povo; assim exterminarás o mal do meio de ti.

⁸Se alguma causa te for difícil demais em juízo, entre sangue e sangue, entre demanda e demanda, entre ferida e ferida, tornando-se motivo de controvérsia nas tuas portas, então te levantarás e subirás ao lugar que o Senhor teu Deus escolher;

⁹virás aos levitas sacerdotes, e ao juiz que houver nesses dias, e inquirirás; e eles te anunciarão a sentença da juízo.

¹⁰Depois cumprirás fielmente a sentença que te anunciarem no lugar que o Senhor escolher; e terás cuidado de fazer conforme tudo o que te ensinarem.

¹¹Conforme o teor da lei que te ensinarem, e conforme o juízo que pronunciarem, farás da palavra que te disserem não te desviarás, nem para a direita nem para a esquerda.

¹²O homem que se houver soberbamente, não dando ouvidos ao sacerdote, que está ali para servir ao Senhor teu Deus, nem ao juiz, esse homem morrerá; assumirá de Israel o mal.

¹³E todo o povo, ouvindo isso, temerá e nunca mais se ensoberbecerá.

¹⁴Quando entrares na terra que o Senhor teu Deus te dá, e a possuíres e, nela habitando, disseres: Porei sobre mim um rei, como o fazem todas as nações que estão em redor de mim;

¹⁵porás certamente sobre ti como rei aquele que o Senhor teu Deus escolher. Porás um dentre teus irmãos como rei sobre ti; não poderás pôr sobre ti um estrangeiro, homem que não seja de teus irmãos.

¹⁶Ele, porém, não multiplicará para si cavalos, nem fará voltar o povo ao Egito, para multiplicar cavalos; pois o Senhor vos tem dito: Nunca mais voltareis por este caminho.

¹⁷Tampouco multiplicará para si mulheres, para que o seu coração não se desvie; nem multiplicará muito para si a prata e o ouro.

¹⁸Será também que, quando se assentar sobre o trono do seu reino, escreverá para si, num livro, uma cópia desta lei, do exemplar que está diante dos levitas sacerdotes.

¹⁹E o terá consigo, e nele lerá todos os dias da sua vida, para que aprenda a temer ao Senhor seu Deus, e a guardar todas as palavras desta lei, e estes estatutos, a fim de os cumprir;

²⁰para que seu coração não se exalte sobre seus irmãos, e não se aparte do mandamento, nem para a direita nem para a esquerda; a fim de que prolongue os seus dias no seu reino, ele e seus filhos, no meio de Israel.

## Capítulo 18

¹Os levitas sacerdotes, e toda a tribo de Levi, não terão parte nem herança com Israel. Comerão das ofertas queimadas do Senhor e da herança dele.

²Não terão herança no meio de seus irmãos; o Senhor é a sua herança, como lhes tem dito.

³Este, pois, será o direito dos sacerdotes, a receber do povo, dos que oferecerem sacrifícios de boi ou de ovelha: o ofertante dará ao sacerdote a espádua, as queixadas e o bucho.

⁴Ao sacerdote darás as primícias do teu grão, do teu mosto e do teu azeite, e as primícias da tosquia das tuas ovelhas.

⁵Porque o Senhor teu Deus o escolheu dentre todas as tribos, para assistir e ministrar em nome do Senhor, ele e seus filhos, para sempre.

⁶Se um levita, saindo de alguma das tuas cidades de todo o Israel em que ele estiver habitando, vier com todo o desejo da sua alma ao lugar que o Senhor escolher,

⁷e ministrar em nome do Senhor seu Deus, como o fazem todos os seus irmãos, os levitas, que assistem ali perante o Senhor,

⁸comerá porção igual à deles, fora a das vendas do seu patrimônio.

⁹Quando entrares na terra que o Senhor teu Deus te dá, não aprenderás a fazer conforme as abominações daqueles povos.

¹⁰Não se achará no meio de ti quem faça passar pelo fogo o seu filho ou a sua filha, nem adivinhador, nem prognosticador, nem agoureiro, nem feiticeiro,

¹¹nem encantador, nem quem consulte um espírito adivinhador, nem mágico, nem quem consulte os mortos;

¹²pois todo aquele que faz estas coisas é abominável ao Senhor, e é por causa destas abominações que o Senhor teu Deus os lança fora de diante de ti.

¹³Perfeito serás para com o Senhor teu Deus.

¹⁴Porque estas nações, que hás de possuir, ouvem os prognosticadores e os adivinhadores; porém, quanto a ti, o Senhor teu Deus não te permitiu tal coisa.

¹⁵O Senhor teu Deus te suscitará do meio de ti, dentre teus irmãos, um profeta semelhante a mim; a ele ouvirás;

¹⁶conforme tudo o que pediste ao Senhor teu Deus em Horebe, no dia da assembléia, dizendo: Não ouvirei mais a voz do Senhor meu Deus, nem mais verei este grande fogo, para que não morra.

¹⁷Então o Senhor me disse: Falaram bem naquilo que disseram.

¹⁸Do meio de seus irmãos lhes suscitarei um profeta semelhante a ti; e porei as minhas palavras na sua boca, e ele lhes falará tudo o que eu lhe ordenar.

¹⁹E de qualquer que não ouvir as minhas palavras, que ele falar em meu nome, eu exigirei contas.

²⁰Mas o profeta que tiver a presunção de falar em meu nome alguma palavra que eu não tenha mandado falar, ou o que falar em nome de outros deuses, esse profeta morrerá.

²¹E, se disseres no teu coração: Como conheceremos qual seja a palavra que o Senhor falou?

²²Quando o profeta falar em nome do Senhor e tal palavra não se cumprir, nem suceder assim, esta é a palavra que o Senhor não falou; com presunção a falou o profeta; não o temerás.

## Capítulo 19

¹Quando o Senhor teu Deus desarraigar as nações cuja terra ele te dá, e tu as desapossares, e morares nas suas cidades e nas suas casas,

²designarás para ti no meio da terra que o Senhor teu Deus te dá para a possuíres, três cidades;

³preparar-lhe-ás caminhos, e partirás em três os termos da tua terra, que o Senhor teu Deus te dará em herança; isto será para que todo homicida se acolha nessas cidades.

⁴Este, pois é o caso no tocante ao homicida que se acolher ali para que viva: aquele que involuntariamente matar o seu próximo, a quem dantes não odiava;

⁵como, por exemplo, aquele que entrar com o seu próximo no bosque para cortar lenha e, pondo força na sua mão com o machado para cortar a árvore, o ferro saltar do cabo e ferir o seu próximo de sorte que venha a morrer; o tal se acolherá a uma dessas cidades, e viverá;

⁶para que o vingador do sangue não persiga o homicida, enquanto estiver abrasado o seu coração, e o alcance, por ser comprido o caminho, e lhe tire a vida, não havendo nele culpa de morte, pois que dantes não odiava o seu próximo.

⁷Pelo que eu te deu esta ordem: Três cidades designarás para ti.

⁸E, se o Senhor teu Deus dilatar os teus termos, como jurou a teus pais, e te der toda a terra que prometeu dar a teus pais

⁹(quando guardares, para o cumprires, todo este mandamento que eu hoje te ordeno, de amar o Senhor teu Deus e de andar sempre nos

*Deuteronômio*

seus caminhos), então acrescentarás a estas três, mais três cidades;

¹⁰para que não se derrame sangue inocente no meio da tua terra, que o Senhor teu Deus te dá por herança, e não haja sangue sobre ti.

¹¹Mas se alguém, odiando a seu próximo e lhe armando ciladas, se levantar contra ele e o ferir de modo que venha a morrer, e se acolher a alguma destas cidades,

¹²então os anciãos da sua cidade, mandando tirá-lo dali, o entregarão nas mãos do vingador do sangue, para que morra.

¹³O teu olho não terá piedade dele; antes tirarás de Israel o sangue inocente, para que te vá bem.

¹⁴Não removerás os marcos do teu próximo, colocados pelos teus antecessores na tua herança que receberás, na terra que o Senhor teu Deus te dá para a possuíres.

¹⁵uma só testemunha não se levantará contra alguém por qualquer iniqüidade, ou por qualquer pecado, seja qual for o pecado cometido; pela boca de duas ou de três testemunhas se estabelecerá o fato.

¹⁶Se uma testemunha iníqua se levantar contra alguém, para o acusar de transgressão,

¹⁷então aqueles dois homens que tiverem a demanda se apresentarão perante o Senhor, diante dos sacerdotes e dos juízes que houver nesses dias.

¹⁸E os juízes inquirirão cuidadosamente; e eis que, sendo a testemunha falsa, e falso o testemunho que deu contra seu irmão,

¹⁹far-lhe-ás como ele cuidava fazer a seu irmão; e assim exterminarás o mal do meio de ti.

²⁰Os restantes, ouvindo isso, temerão e nunca mais cometerão semelhante mal no meio de ti.

²¹O teu olho não terá piedade dele; vida por vida, olho por olho, dente por dente, mão por mão, pé por pé.

## Capítulo 20

¹Quando saíres à peleja, contra teus inimigos, e vires cavalos, e carros, e povo mais numeroso do que tu, deles não terás temor, pois contigo está o Senhor teu Deus que te fez subir da terra do Egito.

²Quando estiveres para entrar na peleja, o sacerdote se chegará e falará ao povo,

³e lhe dirá: Ouvi, é Israel; vós estais hoje para entrar na peleja contra os vossos inimigos; não se amoleça o vosso coração; não temais nem tremais, nem vos aterrorizeis diante deles;

⁴pois e Senhor vosso Deus é o que vai convosco, a pelejar por vós contra os vossos inimigos, para vos salvar.

⁵Então os oficiais falarão ao povo, dizendo: Qual é o homem que edificou casa nova e ainda não a dedicou? vá, e torne para casa; não suceda que morra na peleja e outro a dedique.

⁶E qual é o homem que plantou uma vinha e ainda não a desfrutou, vá, e torne para casa; não suceda que morra na peleja e outro a desfrute.

⁷Também qual é e homem que está desposado com uma mulher e ainda não a recebeu? vá, e torne para casa; não suceda que morra na peleja e outro a receba.

⁸Assim continuarão os oficiais a falar ao povo, dizendo: Qual é o homem medroso e de coração tímido? vá, e torne para casa, a fim de que o coração de seus irmãos não se derreta como o seu coração.

⁹Então, tendo os oficiais, acabado de falar ao povo, designarão chefes das tropas para estarem à frente do povo.

¹⁰Quando te aproximares duma cidade para combatê-la, apregoar-lhe-ás paz.

¹¹Se ela te responder em paz, e te abrir as portas, todo o povo que se achar nela será sujeito a trabalhos forçados e te servirá.

¹²Se ela, pelo contrário, não fizer paz contigo, mas guerra, então a sitiarás,

¹³e logo que o Senhor teu Deus a entregar nas tuas mãos, passarás ao fio da espada todos os homens que nela houver;

¹⁴porém as mulheres, os pequeninos, os animais e tudo o que houver na cidade, todo o seu despojo, tomarás por presa; e comerás o despojo dos teus inimigos, que o Senhor teu Deus te deu.

¹⁵Assim farás a todas as cidades que estiverem mais longe de ti, que não são das cidades destas nações.

¹⁶Mas, das cidades destes povos, que o Senhor teu Deus te dá em herança, nada que tem fôlego deixarás com vida;

¹⁷antes destruí-los-ás totalmente: aos heteus, aos amorreus, aos cananeus, aos perizeus, aos heveus, e aos jebuseus; como Senhor teu Deus te ordenou;

¹⁸para que não vos ensinem a fazer conforme todas as abominações que eles fazem a seus deuses, e assim pequeis contra o Senhor vosso Deus.

¹⁹Quando sitiares uma cidade por muitos dias, pelejando contra ela para a tomar, não destruirás o seu arvoredo, metendo nele o machado, porque dele poderás comer; pelo que não o cortarás; porventura a árvore do campo é homem, para que seja sitiada por ti?

²⁰Somente as árvores que souberes não serem árvores cujo fruto se pode comer, é que destruirás e cortarás, e contra a cidade que guerrear contra ti edificarás baluartes, até que seja vencida.

## Capítulo 21

¹Se na terra que o Senhor teu Deus te dá para a possuíres, for encontrado algum morto caído no campo, sem que se saiba quem o matou,

²sairão os teus anciãos e os teus juízes, e medirão as distâncias dali até as cidades que estiverem em redor do morto;

³e será que, na cidade mais próxima do morto, os anciãos da mesma tomarão uma novilha da manada, que ainda não tenha trabalhado nem tenha puxado na canga,

⁴trarão a novilha a um vale de águas correntes, que nunca tenha sido lavrado nem semeado, e ali, naquele vale, quebrarão o pescoço à novilha.

⁵Então se achegarão os sacerdotes, filhos de Levi; pois o Senhor teu Deus os escolheu para o servirem, e para abençoarem em nome do Senhor; e segundo a sua sentença se determinará toda demanda e todo ferimento;

⁶e todos os anciãos da mesma cidade, a mais próxima do morto, lavarão as mãos sobre a novilha cujo pescoço foi quebrado no vale,

⁷e, protestando, dirão: As nossas mãos não derramaram este sangue, nem os nossos olhos o viram.

⁸Perdoa, ó Senhor, ao teu povo Israel, que tu resgataste, e não ponhas o sangue inocente no meio de teu povo Israel. E aquele sangue lhe será perdoado.

⁹Assim tirarás do meio de ti o sangue inocente, quando fizeres o que é reto aos olhos do Senhor.

¹⁰Quando saíres à peleja contra os teus inimigos, e o Senhor teu Deus os entregar nas tuas mãos, e os levares cativos,

¹¹se vires entre os cativas uma mulher formosa à vista e, afeiçoando-te a ela, quiseres tomá-la por mulher,

¹²então a trarás para a tua casa; e ela, tendo rapado a cabeça, cortado as unhas,

¹³e despido as vestes do seu cativeiro, ficará na tua casa, e chorará a seu pai e a sua mãe um mes inteiro; depois disso estarás com ela, e serás seu marido e ela será tua mulher.

¹⁴E, se te enfadares dela, deixá-la-ás ir à sua vontade; mas de modo nenhum a venderás por dinheiro, nem a tratarás como escrava, porque a humilhaste.

¹⁵Se um homem tiver duas mulheres, uma a quem ama e outra a quem despreza, e ambas lhe tiverem dado filhos, e o filho primogênito for da desprezada,

¹⁶quando fizer herdar a seus filhos o que tiver, não poderá dar a primogenitura ao filho da amada, preferindo-o ao filho da desprezada, que é o primogênito;

¹⁷mas ao filho da aborrecida reconhecerá por primogênito, dando-lhe dobrada porção de tudo quanto tiver, porquanto ele é as primícias da sua força; o direito da primogenitura é dele.

¹⁸Se alguém tiver um filho contumaz e rebelde, que não obedeça à voz de seu pai e à voz de sua mãe, e que, embora o castiguem, não lhes dê ouvidos,

¹⁹seu pai e sua mãe, pegando nele, o levarão aos anciãos da sua cidade, e à porta do seu lugar;

²⁰e dirão aos anciãos da cidade: Este nosso filho é contumaz e rebelde; não dá ouvidos à nossa voz; é comilão e beberrão.

²¹Então todos os homens da sua cidade o apedrejarão, até que morra; assim exterminarás o mal do meio de ti; e todo o Israel, ouvindo isso, temerá.

²²Se um homem tiver cometido um pecado digno de morte, e for morto, e o tiveres pendurado num madeiro,

²³o seu cadáver não permanecerá toda a noite no madeiro, mas certamente o enterrarás no mesmo dia; porquanto aquele que é pendurado é maldito de Deus. Assim não contaminarás a tua terra, que o Senhor teu Deus te dá em herança.

## Capítulo 22

¹Se vires extraviado o boi ou a ovelha de teu irmão, não te desviarás deles; sem falta os reconduzirás a teu irmão.

²E se teu irmão não estiver perto de ti ou não o conheceres, levá-los-ás para tua casa e ficarão contigo até que teu irmão os venha procurar; então lhes restituirás.

³Assim farás também com o seu jumento, bem como com as suas vestes, e com toda coisa que teu irmão tiver perdido e tu achares; não te

poderás desviar deles.

⁴Se vires o jumento ou o boi de teu irmão caídos no caminho, não te desviarás deles; sem falta o ajudarás a levantá-los.

⁵Não haverá traje de homem na mulher, e não vestirá o homem vestido de mulher, porque qualquer que faz isto é abominação ao Senhor teu Deus.

⁶Se encontrares pelo caminho, numa árvore ou no chão, um ninho de ave com passarinhos ou ovos, e a mãe posta sobre os passarinhos, ou sobre os ovos, não temarás a mãe com os filhotes;

⁷sem falta deixarás ir a mãe, porém os filhotes poderás tomar; para que te vá bem, e para que prolongues os teus dias.

⁸Quando edificares uma casa nova, farás no terraço um parapeito, para que não tragas sangue sobre a tua casa, se alguém dali cair.

⁹Não semearás a tua vinha de duas espécies de semente, para que não fique sagrado todo o produto, tanto da semente que semeares como do fruto da vinha.

¹⁰Não lavrarás com boi e jumento juntamente.

¹¹Não te vestirás de estofo misturado, de lã e linho juntamente.

¹²Porás franjas nos quatro cantos da tua manta, com que te cobrires.

¹³Se um homem tomar uma mulher por esposa, e, tendo coabitado com ela, vier a desprezá-la,

¹⁴e lhe atribuir coisas escandalosas, e contra ela divulgar má fama, dizendo: Tomei esta mulher e, quando me cheguei a ela, não achei nela os sinais da virgindade;

¹⁵então o pai e a mãe da moça tomarão os sinais da virgindade da moça, e os levarão aos anciãos da cidade, à porta;

¹⁶e o pai da moça dirá aos anciãos: Eu dei minha filha por mulher a este homem, e agora ele a despreza,

¹⁷e eis que lhe atribuiu coisas escandalosas, dizendo: Não achei na tua filha os sinais da virgindade; porém eis aqui os sinais da virgindade de minha filha. E eles estenderão a roupa diante dos anciãos da cidade.

¹⁸Então os anciãos daquela cidade, tomando o homem, o castigarão,

¹⁹e, multando-o em cem siclos de prata, os darão ao pai da moça, porquanto divulgou má fama sobre uma virgem de Israel. Ela ficará sendo sua mulher, e ele por todos os seus dias não poderá repudiá-la.

²⁰Se, porém, esta acusação for confirmada, não se achando na moça os sinais da virgindade,

²¹levarão a moça à porta da casa de seu pai, e os homens da sua cidade a apedrejarão até que morra; porque fez loucura em Israel, prostituindo-se na casa de seu pai. Assim exterminarás o mal do meio de ti.

²²Se um homem for encontrado deitado com mulher que tenha marido, morrerão ambos, o homem que se tiver deitado com a mulher, e a mulher. Assim exterminarás o mal de Israel.

²³Se houver moça virgem desposada e um homem a achar na cidade, e se deitar com ela,

²⁴trareis ambos à porta daquela cidade, e os apedrejareis até que morram: a moça, porquanto não gritou na cidade, e o homem, porquanto humilhou a mulher do seu próximo. Assim exterminarás o mal do meio de ti.

²⁵Mas se for no campo que o homem achar a moça que é desposada, e o homem a forçar, e se deitar com ela, morrerá somente o homem que se deitou com ela;

²⁶porém, à moça não farás nada. Não há na moça pecado digno de morte; porque, como no caso de um homem que se levanta contra o seu próximo e lhe tira a vida, assim é este caso;

²⁷pois ele a achou no campo; a moça desposada gritou, mas não houve quem a livrasse. em juizo, entre sangue

²⁸Se um homem achar uma moça virgem não desposada e, pegando nela, deitar-se com ela, e forem apanhados,

²⁹o homem que se deitou com a moça dará ao pai dela cinqüenta siclos de prata, e porquanto a humilhou, ela ficará sendo sua mulher; não a poderá repudiar por todos os seus dias.

³⁰Nenhum homem tomará a mulher de seu pai, e não levantará a cobertura de seu pai.

## Capítulo 23

¹Aquele a quem forem trilhados os testículos, ou for cortado o membro viril, não entrará na assembléia do Senhor.

²Nenhum bastardo entrará na assembléia do Senhor; nem ainda a sua décima geração entrará na assembléia do Senhor.

³Nenhum amonita nem moabita entrará na assembléia do Senhor; nem ainda a sua décima geração entrará jamais na assembléia do Senhor;

⁴porquanto não saíram com pão e água a receber-vos no caminho, quando saíeis do Egito; e, porquanto alugaram contra ti a Balaão, filho de Beor, de Petor, da Mesopotâmia, para te amaldiçoar.

⁵Contudo o Senhor teu Deus não quis ouvir a Balaão, antes trocou-te a maldição em bênção; porquanto o Senhor teu Deus te amava.

⁶Não lhes procurarás nem paz nem prosperidade por todos os teus dias para sempre.

⁷Não abominarás o edomeu, pois é teu irmão; nem abominarás o egípcio, pois peregrino foste na sua terra.

⁸Os filhos que lhes nascerem na terceira geração entrarão na assembléia do Senhor.

⁹Quando te acampares contra os teus inimigos, então te guardarás de toda coisa má.

¹⁰Se houver no meio de ti alguém que por algum acidente noturno não estiver limpo, sairá fora do arraial; não entrará no meio dele.

¹¹Porém, ao cair da tarde, ele se lavará em água; e depois do sol posto, entrará no meio do arraial.

¹²Também terás um lugar fora do arraial, para onde sairás.

¹³Entre os teus utensílios terás uma pá; e quando te assentares lá fora, então com ela cavarás e, virando-te, cobrirás o teu excremento;

¹⁴porquanto o Senhor teu Deus anda no meio do teu arraial, para te livrar, e para te entregar a ti os teus inimigos; pelo que o teu arraial será santo, para que ele não veja coisa impura em ti, e de ti se aparte.

¹⁵Não entregarás a seu senhor o servo que, fugindo dele, se tiver acolhido a ti;

¹⁶contigo ficará, no meio de ti, no lugar que escolher em alguma das tuas cidades, onde lhe agradar; não o oprimirás.

¹⁷Não haverá dentre as filhas de Israel quem se prostitua no serviço do templo, nem dentre os filhos de Israel haverá quem o faça;

¹⁸não trarás o salário da prostituta nem o aluguel do sodomita para a casa do Senhor teu Deus por qualquer voto, porque uma e outra coisa são igualmente abomináveis ao Senhor teu Deus.

¹⁹Do teu irmão não exigirás juros; nem de dinheiro, nem de comida, nem de qualquer outra coisa que se empresta a juros.

²⁰Do estrangeiro poderás exigir juros; porém do teu irmão não os exigirás, para que o Senhor teu Deus te abençoe em tudo a que puseres a mão, na terra à qual vais para a possuíres.

²¹Quando fizeres algum voto ao Senhor teu Deus, não tardarás em cumpri-lo; porque o Senhor teu Deus certamente o requererá de ti, e em ti haverá pecado.

²²Se, porém, te abstiveres de fazer voto, não haverá pecado em ti.

²³O que tiver saído dos teus lábios guardarás e cumprirás, tal como voluntariamente o votaste ao Senhor teu Deus, prometendo-o pela tua boca.

²⁴Quando entrares na vinha do teu próximo, poderás comer uvas conforme o teu desejo, até te fartares, porém não as porás no teu alforje.

²⁵Quando entrares na seara do teu próximo, poderás colher espigas com a mão, porém não meterás a foice na seara do teu próximo.

## Capítulo 24

¹Quando um homem tomar uma mulher e se casar com ela, se ela não achar graça aos seus olhos, por haver ele encontrado nela coisa vergonhosa, far-lhe-á uma carta de divórcio e lha dará na mão, e a despedirá de sua casa.

²Se ela, pois, saindo da casa dele, for e se casar com outro homem,

³e este também a desprezar e, fazendo-lhe carta de divórcio, lha der na mão, e a despedir de sua casa; ou se este último homem, que a tomou para si por mulher, vier a morrer;

⁴então seu primeiro marido que a despedira, não poderá tornar a tomá-la por mulher, depois que foi contaminada; pois isso é abominação perante o Senhor. Não farás pecar a terra que o Senhor teu Deus te dá por herança.

⁵Quando um homem for recém-casado não sairá à guerra, nem se lhe imporá cargo público; por um ano inteiro ficará livre na sua casa, para se regozijar com a sua mulher, que tomou.

⁶Ninguém tomará em penhor as duas mós, nem mesmo a mó de cima, pois se penhoraria assim a vida.

⁷Se for descoberto alguém que, havendo furtado um dentre os seus irmãos, dos filhos de Israel, e tenha escravizado, ou vendido, esse ladrão morrerá. Assim exterminarás o mal do meio de ti.

⁸No tocante à praga da lepra, toma cuidado de observar diligentemente tudo o que te ensinarem os levitas sacerdotes; segundo lhes tenho ordenado, assim cuidarás de fazer.

⁹Lembra-te do que o Senhor teu Deus fez a Miriã no caminho, quando saíste do Egito.

¹⁰Quando emprestares alguma coisa ao teu próximo, não entrarás em sua casa para lhe tirar o penhor;

¹¹ficarás do lado de fora, e o homem, a quem fizeste o

*Deuteronômio*

empréstimo, te trará para fora o penhor.

¹²E se ele for pobre, não te deitarás com o seu penhor;

¹³ao pôr do sol, sem falta lhe restituirás o penhor, para que durma na sua roupa, e te abençoe; e isso te será justiça diante do Senhor teu Deus.

¹⁴Não oprimirás o trabalhador pobre e necessitado, seja ele de teus irmãos, ou seja dos estrangeiros que estão na tua terra e dentro das tuas portas.

¹⁵No mesmo dia lhe pagarás o seu salário, e isso antes que o sol se ponha; porquanto é pobre e está contando com isso; para que não clame contra ti ao Senhor, e haja em ti pecado.

¹⁶Não se farão morrer os pais pelos filhos, nem os filhos pelos pais; cada qual morrerá pelo seu próprio pecado.

¹⁷Não perverterás o direito do estrangeiro nem do órfão; nem tomarás em penhor o vestido da viúva.

¹⁸Lembrar-te-ás de que foste escravo no Egito, e de que o Senhor teu Deus te resgatou dali; por isso eu te dou este mandamento para o cumprires.

¹⁹Quando no teu campo fizeres a tua sega e esqueceres um molho no campo, não voltarás para tomá-lo; para o estrangeiro para o orfão, e para a viúva será, para que o Senhor teu Deus te abençoe em todas as obras das tuas mãos.

²⁰Quando bateres a tua oliveira, não voltarás para colher o fruto dos ramos; para o estrangeiro, para o órfão, e para a viúva será.

²¹Quando vindimares a tua vinha, não voltarás para rebuscá-la; para o estrangeiro, para o órfão, e para a viúva será.

²²E lembrar-te-ás de que foste escravo na terra do Egito; por isso eu te dou este mandamento para o cumprires.

## Capítulo 25

¹Se houver contenda entre alguns, e vierem a juízo para serem julgados, justificar-se-á ao inocente, e ao culpado condenar-se-á.

²E se o culpado merecer açoites, o juiz fará que ele se deite e seja açoitado na sua presença, de acordo com a gravidade da sua culpa.

³Até quarenta açoites lhe poderá dar, não mais; para que, porventura, se lhe der mais açoites do que estes, teu irmão não fique envilecido aos teus olhos.

⁴Não atarás a boca ao boi quando estiver debulhando.

⁵Se irmãos morarem juntos, e um deles morrer sem deixar filho, a mulher do falecido não se casará com homem estranho, de fora; seu cunhado estará com ela, e a tomará por mulher, fazendo a obrigação de cunhado para com ela.

⁶E o primogênito que ela lhe der sucederá ao nome do irmão falecido, para que o nome deste não se apague de Israel.

⁷Mas, se o homem não quiser tomar sua cunhada, esta subirá à porta, aos anciãos, e dirá: Meu cunhado recusa suscitar a seu irmão nome em Israel; não quer cumprir para comigo o dever de cunhado.

⁸Então os anciãos da sua cidade o chamarão, e falarão com ele. Se ele persistir, e disser: Não quero tomá-la;

⁹sua cunhada se chegará a ele, na presença dos anciãos, e lhe descalçará o sapato do pé, e lhe cuspirá ao rosto, e dirá: Assim se fará ao homem que não edificar a casa de seu irmão.

¹⁰E sua casa será chamada em Israel a casa do descalçado.

¹¹Quando pelejarem dois homens, um contra o outro, e a mulher de um chegar para livrar a seu marido da mão daquele que o fere, e ela, estendendo a mão, lhe pegar pelas suas vergonhas;

¹²decepar-lhe-á a mão; o teu olho não terá piedade dela.

¹³Não terás na tua bolsa pesos diferentes, um grande e um pequeno.

¹⁴Não terás na tua casa duas efas, uma grande e uma pequena.

¹⁵Terás peso inteiro e justo; terás efa inteira e justa; para que se prolonguem os teus dias na terra que o Senhor teu Deus te dá.

¹⁶Porque é abominável ao Senhor teu Deus todo aquele que faz tais coisas, todo aquele que pratica a injustiça.

¹⁷Lembra-te do que te fez Amaleque no caminho, quando saías do Egito;

¹⁸como te saiu ao encontro no caminho e feriu na tua retaguarda todos os fracos que iam após ti, estando tu cansado e afadigado; e não temeu a Deus.

¹⁹Quando, pois, o Senhor teu Deus te houver dado repouso de todos os teus inimigos em redor, na terra que o Senhor teu Deus te dá por herança para a possuíres, apagarás a memória de Amaleque de debaixo do céu; não te esquecerás.

## Capítulo 26

¹Também, quando tiveres entrado na terra que o Senhor teu Deus te dá por herança, e a possuíres, e nela habitares,

²tomarás das primícias de todos os frutos do solo que trouxeres da terra que o senhor teu Deus te dá, e as porás num cesto, e irás ao lugar que o Senhor teu Deus escolher para ali fazer habitar o seu nome.

³E irás ao sacerdote que naqueles dias estiver de serviço, e lhe dirás: Hoje declaro ao Senhor teu Deus que entrei na terra que o senhor com juramento prometeu a nossos pais que nos daria.

⁴O sacerdote, pois, tomará o cesto da tua mão, e o porá diante do altar do Senhor teu Deus.

⁵E perante o Senhor teu Deus dirás: Arameu prestes a perecer era meu pai; e desceu ao Egito com pouca gente, para ali morar; e veio a ser ali uma nação grande, forte e numerosa.

⁶Mas os egípcios nos maltrataram e nos afligiram, e nos impuseram uma dura servidão.

⁷Então clamamos ao Senhor Deus de nossos pais, e o Senhor ouviu a nossa voz, e atentou para a nossa aflição, o nosso trabalho, e a nossa opressão;

⁸e o Senhor nos tirou do Egito com mão forte e braço estendido, com grande espanto, e com sinais e maravilhas;

⁹e nos trouxe a este lugar, e nos deu esta terra, terra que mana leite e mel.

¹⁰E eis que agora te trago as primícias dos frutos da terra que tu, ó Senhor, me deste. Então as porás perante o Senhor teu Deus, e o adorarás;

¹¹e te alegrarás por todo o bem que o Senhor teu Deus te tem dado a ti e à tua casa, tu e o levita, e o estrangeiro que está no meio de ti.

¹²Quando acabares de separar todos os dízimos da tua colheita do terceiro ano, que é o ano dos dízimos, dá-los-ás ao levita, ao estrangeiro, ao órfão e à viúva, para que comam dentro das tuas portas, e se fartem.

¹³E dirás perante o Senhor teu Deus: Tirei da minha casa as coisas consagradas, e as dei ao levita, ao estrangeiro, ao órfão e à viúva, conforme todos os teus mandamentos que me tens ordenado; não transgredi nenhum dos teus mandamentos, nem deles me esqueci.

¹⁴Delas não comi no meu luto, nem delas tirei coisa alguma estando eu imundo, nem delas dei para algum morto; ouvi a voz do senhor meu Deus; conforme tudo o que me ordenaste, tenho feito.

¹⁵Olha desde a tua santa habitação, desde o céu, e abençoa o teu povo de Israel, e a terra que nos deste, como juraste a nossos pais, terra que mana leite e mel.

¹⁶Neste dia o Senhor teu Deus te manda observar estes estatutos e preceitos; portanto os guardarás e os observarás com todo o teu coração e com toda a tua alma.

¹⁷Hoje declaraste ao Senhor que ele te será por Deus, e que andarás nos seus caminhos, e guardarás os seus estatutos, os seus mandamentos e os seus preceitos, e darás ouvidos à sua voz.

¹⁸Outrossim, o Senhor hoje te declarou que lhe serás por seu próprio povo, como te tem dito, e que deverás guardar todos os seus mandamentos;

¹⁹para assim te exaltar em honra, em fama e em glória sobre todas as nações que criou; e para que sejas um povo santo ao Senhor teu Deus, como ele disse.

## Capítulo 27

¹Moisés, com os anciãos de Israel, deu ordem ao povo, dizendo: Guardai todos estes mandamentos que eu hoje vos ordeno.

²E no dia em que passares o Jordão para a terra que o Senhor teu Deus te dá, levantarás umas pedras grandes e as caiarás.

³E escreverás nelas todas as palavras desta lei, quando tiveres passado para entrar na terra que o Senhor teu Deus te dá, terra que mana leite e mel, como o Senhor, o Deus de teus pais, te prometeu.

⁴Quando, pois, houverdes passado o Jordão, levantareis no monte Ebal estas pedras, como eu hoje vos ordeno, e as caiareis.

⁵Também ali edificarás um altar ao Senhor teu Deus, um altar de pedras; não alçarás ferramenta sobre elas.

⁶De pedras brutas edificarás o altar do Senhor teu Deus, e sobre ele oferecerás holocaustos ao Senhor teu Deus.

⁷Também sacrificarás ofertas pacíficas, e ali comerás, e te alegrarás perante o Senhor teu Deus.

⁸Naquelas pedras escreverás todas as palavras desta lei, gravando-as bem nitidamente.

⁹Falou mais Moisés, e os levitas sacerdotes, a todo o Israel, dizendo: Guarda silêncio, e ouve, ó Israel! hoje vieste a ser o povo do Senhor teu Deus.

¹⁰Portanto obedecerás à voz do Senhor teu Deus, e cumprirás os seus mandamentos e os seus estatutos, que eu hoje te ordeno.

¹¹Nesse mesmo dia Moisés deu ordem ao povo, dizendo:
¹²Quando houverdes passado o Jordão, estes estarão sobre o monte Gerizim, para abençoarem o povo: Simeão, Levi, Judá, Issacar, José e Benjamim;
¹³e estes estarão sobre o monte Ebal para pronunciarem a maldição: Rúben, Gade, Aser, Zebulom, Dã e Naftali.
¹⁴E os levitas dirão em alta voz a todos os homens de Israel:
¹⁵Maldito o homem que fizer imagem esculpida, ou fundida, abominação ao Senhor, obra da mão do artífice, e a puser em um lugar escondido. E todo o povo, respondendo, dirá: Amém.
¹⁶Maldito aquele que desprezar a seu pai ou a sua mãe. E todo o povo dirá: Amém.
¹⁷Maldito aquele que remover os marcos do seu próximo. E todo o povo dirá: Amém.
¹⁸Maldito aquele que fizer que o cego erre do caminho. E todo o povo dirá: Amém.
¹⁹Maldito aquele que perverter o direito do estrangeiro, do órfão e da viúva. E todo o povo dirá: Amém,
²⁰Maldito aquele que se deitar com a mulher de seu pai, porquanto levantou a cobertura de seu pai. E todo o povo dirá: Amém.
²¹Maldito aquele que se deitar com algum animal. E todo o povo dirá: Amem.
²²Maldito aquele que se deitar com sua irmã, filha de seu pai, ou filha de sua mãe. E todo o povo dirá: Amém.
²³Maldito aquele que se deitar com sua sogra. E todo o povo dirá: Amém.
²⁴Maldito aquele que ferir ao seu próximo em oculto. E todo o povo dirá: Amém.
²⁵Maldito aquele que receber peita para matar uma pessoa inocente. E todo o povo dirá: Amém.
²⁶Maldito aquele que não confirmar as palavras desta lei, para as cumprir. E todo o povo dirá: Amém.

## Capítulo 28

¹Se ouvires atentamente a voz do Senhor teu Deus, tendo cuidado de guardar todos os seus mandamentos que eu hoje te ordeno, o Senhor teu Deus te exaltará sobre todas as nações da terra;
²e todas estas bênçãos virão sobre ti e te alcançarão, se ouvires a voz do Senhor teu Deus:
³Bendito serás na cidade, e bendito serás no campo.
⁴Bendito o fruto do teu ventre, e o fruto do teu solo, e o fruto dos teus animais, e as crias das tuas vacas e das tuas ovelhas.
⁵Bendito o teu cesto, e a tua amassadeira.
⁶Bendito serás quando entrares, e bendito serás quando saíres.
⁷O Senhor entregará, feridos diante de ti, os teus inimigos que se levantarem contra ti; por um caminho sairão contra ti, mas por sete caminhos fugirão da tua presença.
⁸O Senhor mandará que a bênção esteja contigo nos teus celeiros e em tudo a que puseres a tua mão; e te abençoará na terra que o Senhor teu Deus te dá.
⁹O Senhor te confirmará para si por povo santo, como te jurou, se guardares os mandamentos do Senhor teu Deus e andares nos seus caminhos.
¹⁰Assim todos os povos da terra verão que és chamado pelo nome do Senhor, e terão temor de ti.
¹¹E o Senhor te fará prosperar grandemente no fruto do teu ventre, no fruto dos teus animais e no fruto do teu solo, na terra que o Senhor, com juramento, prometeu a teus pais te dar.
¹²O Senhor te abrirá o seu bom tesouro, o céu, para dar à tua terra a chuva no seu tempo, e para abençoar todas as obras das tuas mãos; e emprestarás a muitas nações, porém tu não tomarás emprestado.
¹³E o Senhor te porá por cabeça, e não por cauda; e só estarás por cima, e não por baixo; se obedeceres aos mandamentos do Senhor teu Deus, que eu hoje te ordeno, para os guardar e cumprir,
¹⁴não te desviando de nenhuma das palavras que eu hoje te ordeno, nem para a direita nem para a esquerda, e não andando após outros deuses, para os servires.
¹⁵Se, porém, não ouvires a voz do Senhor teu Deus, se não cuidares em cumprir todos os seus mandamentos e os seus estatutos, que eu hoje te ordeno, virão sobre ti todas estas maldições, e te alcançarão:
¹⁶Maldito serás na cidade, e maldito serás no campo.
¹⁷Maldito o teu cesto, e a tua amassadeira.
¹⁸Maldito o fruto do teu ventre, e o fruto do teu solo, e as crias das tuas vacas e das tuas ovelhas.
¹⁹Maldito serás ao entrares, e maldito serás ao saíres.
²⁰O Senhor mandará sobre ti a maldição, a derrota e o desapontamento, em tudo a que puseres a mão para fazer, até que sejas destruído, e até que repentinamente pereças, por causa da maldade das tuas obras, pelas quais me deixaste.
²¹O Senhor fará pegar em ti a peste, até que te consuma da terra na qual estás entrando para a possuíres.
²²O Senhor te ferirá com a tísica e com a febre, com a inflamação, com o calor forte, com a seca, com crestamento e com ferrugem, que te perseguirão até que pereças
²³O céu que está sobre a tua cabeça será de bronze, e a terra que está debaixo de ti será de ferro.
²⁴O Senhor dará por chuva à tua terra pó; do céu descerá sobre ti a poeira, ate que sejas destruído.
²⁵O Senhor fará que sejas ferido diante dos teus inimigos; por um caminho sairás contra eles, e por sete caminhos fugirás deles; e serás espetáculo horrendo a todos os reinos da terra.
²⁶Os teus cadáveres servirão de pasto a todas as aves do céu, e aos animais da terra, e não haverá quem os enxote.
²⁷O Senhor te ferirá com as úlceras do Egito, com tumores, com sarna e com coceira, de que não possas curar-te;
²⁸o Senhor te ferirá com loucura, com cegueira, e com pasmo de coração.
²⁹Apalparás ao meio-dia como o cego apalpa nas trevas, e não prosperarás nos teus caminhos; serás oprimido e roubado todos os dias, e não haverá quem te salve.
³⁰Desposar-te-ás com uma mulher, porém outro homem dormirá com ela; edificarás uma casa, porém não morarás nela; plantarás uma vinha, porém não a desfrutarás.
³¹O teu boi será morto na tua presença, porém dele não comerás; o teu jumento será roubado diante de ti, e não te será restituído a ti; as tuas ovelhas serão dadas aos teus inimigos, e não haverá quem te salve.
³²Teus filhos e tuas filhas serão dados a outro povo, os teus olhos o verão, e desfalecerão de saudades deles todo o dia; porém não haverá poder na tua mão.
³³O fruto da tua terra e todo o teu trabalho comê-los-á um povo que nunca conheceste; e serás oprimido e esmagado todos os dias.
³⁴E enlouquecerás pelo que hás de ver com os teus olhos.
³⁵Com úlceras malignas, de que não possas sarar, o Senhor te ferirá nos joelhos e nas pernas, sim, desde a planta do pé até o alto da cabeça.
³⁶O Senhor te levará a ti e a teu rei, que tiveres posto sobre ti, a uma nação que não conheceste, nem tu nem teus pais; e ali servirás a outros deuses, ao pau e à pedra.
³⁷E virás a ser por pasmo, provérbio e ludíbrio entre todos os povos a que o Senhor te levar.
³⁸Levarás muita semente para o teu campo, porem colherás pouco; porque o gafanhoto a consumirá.
³⁹Plantarás vinhas, e as cultivarás, porém não lhes beberás o vinho, nem colherás as uvas; porque o bicho as devorará.
⁴⁰Terás oliveiras em todos os teus termos, porém não te ungirás com azeite; porque a azeitona te cairá da oliveira.
⁴¹Filhos e filhas gerarás, porém não te pertencerão; porque irão em cativeiro.
⁴²Todo o teu arvoredo e o fruto do teu solo consumi-los-á o gafanhoto.
⁴³O estrangeiro que está no meio de ti se elevará cada vez mais sobre ti, e tu cada vez mais descerás;
⁴⁴ele emprestará a ti, porém tu não emprestarás a ele; ele será a cabeça, e tu serás a cauda.
⁴⁵Todas estas maldições virão sobre ti, e te perseguirão, e te alcançarão, até que sejas destruído, por não haveres dado ouvidos à voz do Senhor teu Deus, para guardares os seus mandamentos, e os seus estatutos, que te ordenou.
⁴⁶Estarão sobre ti por sinal e por maravilha, como também sobre a tua descendencia para sempre.
⁴⁷Por não haveres servido ao Senhor teu Deus com gosto e alegria de coração, por causa da abundância de tudo,
⁴⁸servirás aos teus inimigos, que o Senhor enviará contra ti, em fome e sede, e em nudez, e em falta de tudo; e ele porá sobre o teu pescoço um jugo de ferro, até que te haja destruído.
⁴⁹O Senhor levantará contra ti de longe, da extremidade da terra, uma nação que voa como a águia, nação cuja língua não entenderás;
⁵⁰nação de rosto feroz, que não respeitará ao velho, nem se compadecerá do moço;
⁵¹e comerá o fruto dos teus animais e o fruto do teu solo, até que sejas destruído; e não te deixará grão, nem mosto, nem azeite, nem as crias das tuas vacas e das tuas ovelhas, até que te faça perecer;
⁵²e te sitiará em todas as tuas portas, até que em toda a tua terra venham a cair os teus altos e fortes muros, em que confiavas; sim, te sitiará em todas as tuas portas, em toda a tua terra que o Senhor teu

*Deuteronômio*
Deus te deu.

⁵³E, no cerco e no aperto com que os teus inimigos te apertarão, comerás o fruto do teu ventre, a carne de teus filhos e de tuas filhas, que o Senhor teu Deus te houver dado.

⁵⁴Quanto ao homem mais mimoso e delicado no meio de ti, o seu olho será mesquinho para com o seu irmão, para com a mulher de seu regaço, e para com os filhos que ainda lhe ficarem de resto;

⁵⁵de sorte que não dará a nenhum deles da carne de seus filhos que ele comer, porquanto nada lhe terá ficado de resto no cerco e no aperto com que o teu inimigo te apertará em todas as tuas portas.

⁵⁶Igualmente, quanto à mulher mais mimosa e delicada no meio de ti, que de mimo e delicadeza nunca tentou pôr a planta de seu pé sobre a terra, será mesquinho o seu olho para com o homem de seu regaço, para com seu filho, e para com sua filha;

⁵⁷também ela será mesquinha para com as suas páreas, que saírem dentre os seus pés, e para com os seus filhos que tiver; porque os comerá às escondidas pela falta de tudo, no cerco e no aperto com que o teu inimigo te apertará nas tuas portas.

⁵⁸Se não tiveres cuidado de guardar todas as palavras desta lei, que estão escritas neste livro, para temeres este nome glorioso e temível, o Senhor teu Deus;

⁵⁹então o Senhor fará espantosas as tuas pragas, e as pragas da tua descendência, grandes e duradouras pragas, e enfermidades malignas e duradouras;

⁶⁰e fará tornar sobre ti todos os males do Egito, de que tiveste temor; e eles se apegarão a ti.

⁶¹Também o Senhor fará vir a ti toda enfermidade, e toda praga que não está escrita no livro desta lei, até que sejas destruído.

⁶²Assim ficareis poucos em número, depois de haverdes sido em multidão como as estrelas do céu; porquanto não deste ouvidos à voz do Senhor teu Deus.

⁶³E será que, assim como o Senhor se deleitava em vós, para fazer-vos o bem e multiplicar-vos, assim o Senhor se deleitará em destruir-vos e consumir-vos; e sereis desarraigados da terra na qual estais entrando para a possuirdes.

⁶⁴E o Senhor vos espalhará entre todos os povos desde uma extremidade da terra até a outra; e ali servireis a outros deuses que não conhecestes, nem vós nem vossos pais, deuses de pau e de pedra.

⁶⁵E nem ainda entre estas nações descansarás, nem a planta de teu pé terá repouso; mas o Senhor ali te dará coração tremente, e desfalecimento de olhos, e desmaio de alma.

⁶⁶E a tua vida estará como em suspenso diante de ti; e estremecerás de noite e de dia, e não terás segurança da tua própria vida.

⁶⁷Pela manhã dirás: Ah! quem me dera ver a tarde; E à tarde dirás: Ah! quem me dera ver a manhã! pelo pasmo que terás em teu coração, e pelo que verás com os teus olhos.

⁶⁸E o Senhor te fará voltar ao Egito em navios, pelo caminho de que te disse: Nunca mais o verás. Ali vos poreis à venda como escravos e escravas aos vossos inimigos, mas não haverá quem vos compre.

## Capítulo 29

¹Estas são as palavras do pacto que o Senhor ordenou a Moisés que fizesse com os filhos de Israel na terra de Moabe, além do pacto que fizera com eles em Horebe.

²Chamou, pois, Moisés a todo o Israel, e disse-lhes: Vistes tudo quanto o Senhor fez perante vossos olhos, na terra do Egito, a Faraó, a todos os seus servos e a toda a sua terra;

³as grandes provas que os teus olhos viram, os sinais e aquelas grandes maravilhas.

⁴Mas até hoje o Senhor não vos tem dado um coração para entender, nem olhos para ver, nem ouvidos para ouvir.

⁵Quarenta anos vos fiz andar pelo deserto; não se envelheceu sobre vós a vossa roupa, nem o sapato no vosso pé.

⁶Pão não comestes, vinho e bebida forte não bebestes; para que soubésseis que eu sou o Senhor vosso Deus.

⁷Quando, pois, viemos a este lugar, Siom, rei de Hesbom, e Ogue, rei de Basã, nos saíram ao encontro, à peleja, e nós os ferimos;

⁸e lhes tomamos a terra, e a demos por herança aos rubenitas, aos gaditas e à meia tribo dos manassitas.

⁹Guardai, pois, as palavras deste pacto e cumpri-as, para que prospereis em tudo quanto fizerdes.

¹⁰Vós todos estais hoje perante o Senhor vosso Deus: os vossos cabeças, as vossas tribos, os vossos anciãos e os vossos oficiais, a saber, todos os homens de Israel,

¹¹os vossos pequeninos, as vossas mulheres, e o estrangeiro que está no meio do vosso arraial, tanto o rachador da vossa lenha como o tirador da vossa água;

¹²para entrardes no pacto do Senhor vosso Deus, e no seu juramento que o Senhor vosso Deus hoje faz convosco;

¹³para que hoje vos estabeleça por seu povo, e ele vos seja por Deus, como vos disse e como prometeu com juramento a vossos pais, a Abraão, a Isaque e a Jacó.

¹⁴Ora, não é somente convosco que faço este pacto e este juramento,

¹⁵mas é com aquele que hoje está aqui conosco perante o Senhor nosso Deus, e também com aquele que hoje não está aqui conosco

¹⁶(porque vós sabeis como habitamos na terra do Egito, e como passamos pelo meio das nações, pelas quais passastes;

¹⁷e vistes as suas abominações, os seus ídolos de pau e de pedra, de prata e de ouro, que havia entre elas);

¹⁸para que entre vós não haja homem, nem mulher, nem família, nem tribo, cujo coração hoje se desvie do Senhor nosso Deus, e vá servir aos deuses dessas nações; para que entre vós não haja raiz que produza veneno e fel,

¹⁹e aconteça que alguém, ouvindo as palavras deste juramento, se abençoe no seu coração, dizendo: Terei paz, ainda que ande na teimosia do meu coração para acrescentar à sede a bebedeira.

²⁰O Senhor não lhe quererá perdoar, pelo contrário fumegará contra esse homem a ira do Senhor, e o seu zelo, e toda maldição escrita neste livro pousará sobre ele, e o Senhor lhe apagará o nome de debaixo do céu.

²¹Assim o Senhor o separará para mal, dentre todas as tribos de Israel, conforme todas as maldições do pacto escrito no livro desta lei.

²²Pelo que a geração vindoura - os vossos filhos que se levantarem depois de vós - e o estrangeiro que vier de terras remotas dirão, ao verem as pragas desta terra, e as suas doenças, com que o Senhor a terá afligido,

²³e que toda a sua terra é enxofre e sal e abrasamento, de sorte que não será semeada, e nada produzirá, nem nela crescerá erva alguma, assim como foi a destruição de Sodoma e de Gomorra, de Admá e de Zeboim, que o Senhor destruiu na sua ira e no seu furor;

²⁴sim, todas as nações dirão: Por que fez o Senhor assim com esta terra? Que significa o furor de tamanha ira?

²⁵Então se dirá: Porquanto deixaram o pacto do Senhor, o Deus de seus pais, que tinha feito com eles, quando os tirou da terra do Egito;

²⁶e se foram e serviram a outros deuses, e os adoraram; deuses que eles não tinham conhecido, e que lhes não foram dados;

²⁷por isso é que a ira do Senhor se acendeu contra esta terra, para trazer sobre ela toda maldição que está escrita neste livro;

²⁸e o Senhor os arrancou da sua terra com ira, com furor e com grande indignação, e os lançou em outra terra, como neste dia se vê.

²⁹As coisas encobertas pertencem ao Senhor nosso Deus, mas as reveladas nos pertencem a nós e a nossos filhos para sempre, para que observemos todas as palavras desta lei.

## Capítulo 30

¹Quando te sobrevierem todas estas coisas, a bênção ou a maldição, que pus diante de ti, e te recordares delas entre todas as nações para onde o Senhor teu Deus te houver lançado,

²e te converteres ao Senhor teu Deus, e obedeceres à sua voz conforme tudo o que eu te ordeno hoje, tu e teus filhos, de todo o teu coração e de toda a tua alma,

³o Senhor teu Deus te fará voltar do teu cativeiro, e se compadecerá de ti, e tornará a ajuntar-te dentre todos os povos entre os quais te houver espalhado o senhor teu Deus.

⁴Ainda que o teu desterro tenha sido para a extremidade do céu, desde ali te ajuntará o Senhor teu Deus, e dali te tomará;

⁵e o Senhor teu Deus te trará à terra que teus pais possuíram, e a possuirás; e te fará bem, e te multiplicará mais do que a teus pais.

⁶Também o Senhor teu Deus circuncidará o teu coração, e o coração de tua descendência, a fim de que ames ao Senhor teu Deus de todo o teu coração e de toda a tua alma, para que vivas.

⁷E o Senhor teu Deus porá todas estas maldições sobre teus inimigos, sobre aqueles que te tiverem odiado e perseguido.

⁸Tu te tornarás, pois, e obedecerás à voz do Senhor, e observarás todos os seus mandamentos que eu hoje te ordeno.

⁹Então o Senhor teu Deus te fará prosperar grandemente em todas as obras das tuas mãos, no fruto do teu ventre, e no fruto dos teus animais, e no fruto do teu solo; porquanto o Senhor tornará a alegrar-se em ti para te fazer bem, como se alegrou em teus pais;

¹⁰quando obedeceres à voz do Senhor teu Deus, guardando os seus mandamentos e os seus estatutos, escritos neste livro da lei; quando te converteres ao Senhor teu Deus de todo o teu coração e de toda à tua alma.

¹¹Porque este mandamento, que eu hoje te ordeno, não te é difícil demais, nem tampouco está longe de ti.

¹²Não está no céu para dizeres: Quem subirá por nós ao céu, e no-lo trará, e no-lo fará ouvir, para que o cumpramos?

¹³Nem está além do mar, para dizeres: Quem passará por nós além do mar, e no-lo trará, e no-lo fará ouvir, para que o cumpramos?

¹⁴Mas a palavra está mui perto de ti, na tua boca, e no teu coração, para a cumprires.

¹⁵Vê que hoje te pus diante de ti a vida e o bem, a morte e o mal.

¹⁶Se guardares o mandamento que eu hoje te ordeno de amar ao Senhor teu Deus, de andar nos seus caminhos, e de guardar os seus mandamentos, os seus estatutos e os seus preceitos, então viverás, e te multiplicarás, e o Senhor teu Deus te abençoará na terra em que estás entrando para a possuíres.

¹⁷Mas se o teu coração se desviar, e não quiseres ouvir, e fores seduzido para adorares outros deuses, e os servires,

¹⁸declaro-te hoje que certamente perecerás; não prolongarás os dias na terra para entrar na qual estás passando o Jordão, a fim de a possuíres.

¹⁹O céu e a terra tomo hoje por testemunhas contra ti de que te pus diante de ti a vida e a morte, a bênção e a maldição; escolhe, pois, a vida, para que vivas, tu e a tua descendência,

²⁰amando ao Senhor teu Deus, obedecendo à sua voz, e te apegando a ele; pois ele é a tua vida, e o prolongamento dos teus dias; e para que habites na terra que o Senhor prometeu com juramento a teus pais, a Abraão, a Isaque e a Jacó, que lhes havia de dar.

## Capítulo 31

¹Prosseguindo Moisés, falou ainda estas palavras a todo o Israel,

²dizendo-lhes: Cento e vinte anos tenho eu hoje. Já não posso mais sair e entrar; e o Senhor me disse: Não passarás este Jordão.

³O Senhor teu Deus passará adiante de ti; ele destruirá estas nações de diante de ti, para que as possuas. Josué passará adiante de ti, como o Senhor disse.

⁴E o Senhor lhes fará como fez a Siom e a Ogue, reis dos amorreus, e à sua terra, aos quais destruiu.

⁵Quando, pois, o Senhor vo-los entregar, fareis com eles conforme todo o mandamento que vos tenho ordenado.

⁶Sede fortes e corajosos; não temais, nem vos atemorizeis diante deles; porque o Senhor vosso Deus é quem vai convosco. Não vos deixará, nem vos desamparará.

⁷Então chamou Moisés a Josué, e lhe disse à vista de todo o Israel: Sê forte e corajoso, porque tu entrarás com este povo na terra que o Senhor, com juramento, prometeu a teus pais lhes daria; e tu os farás herdá-la.

⁸O Senhor, pois, é aquele que vai adiante de ti; ele será contigo, não te deixará, nem te desamparará. Não temas, nem te espantes.

⁹Moisés escreveu esta lei, e a entregou aos sacerdotes, filhos de Levi, que levavam a arca do pacto do Senhor, e a todos os anciãos de Israel.

¹⁰Também Moisés lhes deu ordem, dizendo: Ao fim de cada sete anos, no tempo determinado do ano da remissão, na festa dos tabernáculos,

¹¹quando todo o Israel vier a comparecer perante ao Senhor teu Deus, no lugar que ele escolher, lereis esta lei diante de todo o Israel, para todos ouvirem.

¹²Congregai o povo, homens, mulheres e pequeninos, e os estrangeiros que estão dentro das vossas portas, para que ouçam e aprendam, e temam ao Senhor vosso Deus, e tenham cuidado de cumprir todas as palavras desta lei;

¹³e que seus filhos que não a souberem ouçam, e aprendam a temer ao Senhor vosso Deus, todos os dias que viverdes sobre a terra a qual estais passando o Jordão para possuir.

¹⁴Também disse o Senhor a Moisés: Eis que vem chegando o dia em que hás de morrer. Chama a Josué, e apresentai-vos na tenda da revelação, para que eu lhe dê ordens. Assim foram Moisés e Josué, e se apresentaram na tenda da revelação.

¹⁵Então o Senhor apareceu na tenda, na coluna de nuvem; e a coluna de nuvem parou sobre a porta da tenda.

¹⁶E disse o Senhor a Moisés: Eis que dormirás com teus pais; e este povo se levantará, e se prostituirá indo após os deuses estranhos da terra na qual está entrando, e me deixará, e quebrará o meu pacto, que fiz com ele.

¹⁷Então se acenderá a minha ira naquele dia contra ele, e eu o deixarei, e dele esconderei o meu rosto, e ele será devorado. Tantos males e angústias o alcançarão, que dirá naquele dia: Não é, porventura, por não estar o meu Deus comigo, que me sobrevieram estes males?

¹⁸Esconderei pois, totalmente o meu rosto naquele dia, por causa de todos os males que ele tiver feito, por se haver tornado para outros deuses.

¹⁹Agora, pois, escrevei para vós este cântico, e ensinai-o aos filhos de Israel; ponde-o na sua boca, para que este cântico me sirva por testemunha contra o povo de Israel.

²⁰Porque o introduzirei na terra que, com juramento, prometi a seus pais, terra que mana leite e mel; comerá, fartar-se-á, e engordará; então, tornando-se para outros deuses, os servirá, e me desprezará, violando o meu pacto.

²¹E será que, quando lhe sobrevierem muitos males e angústias, então este cântico responderá contra ele por testemunha, pois não será esquecido da boca de sua descendência; porquanto conheço a sua imaginação, o que ele maquina hoje, antes de eu o ter introduzido na terra que lhe prometi com juramento.

²²Assim Moisés escreveu este cântico naquele dia, e o ensinou aos filhos de Israel.

²³E ordenou o Senhor a Josué, filho de Num, dizendo: sê forte e corajoso, porque tu introduzirás os filhos de Israel na terra que, com juramento, lhes prometi; e eu serei contigo.

²⁴Ora, tendo Moisés acabado de escrever num livro todas as palavras desta lei,

²⁵deu ordem aos levitas que levavam a arca do pacto do Senhor, dizendo:

²⁶Tomai este livro da lei, e ponde-o ao lado da arca do pacto do Senhor vosso Deus, para que ali esteja por testemunha contra vós.

²⁷Porque conheço a vossa rebeldia e a vossa dura cerviz; eis que, vivendo eu ainda hoje convosco, rebeldes fostes contra o Senhor; e quanto mais depois da minha morte!

²⁸Congregai perante mim todos os anciãos das vossas tribos, e vossos oficiais, para que eu fale estas palavras aos seus ouvidos, e tome por testemunhas contra eles o céu e a terra.

²⁹Porque eu sei que depois da minha morte certamente vos corrompereis, e vos desviareis do caminho que vos ordenei; então este mal vos sobrevirá nos últimos dias, quando fizerdes o que é mau aos olhos do Senhor, para o provocar à ira com a obra das vossas mãos.

³⁰Então Moisés proferiu todas as palavras deste cântico, ouvindo-o toda a assembléia de Israel:

## Capítulo 32

¹Inclinai os ouvidos, ó céus, e falarei; e ouça a terra as palavras da minha boca.

²Caia como a chuva a minha doutrina; destile a minha palavra como o orvalho, como chuvisco sobre a erva e como chuvas sobre a relva.

³Porque proclamarei o nome do Senhor; engrandecei o nosso Deus.

⁴Ele é a Rocha; suas obras são perfeitas, porque todos os seus caminhos são justos; Deus é fiel e sem iniqüidade; justo e reto é ele.

⁵Corromperam-se contra ele; não são seus filhos, e isso é a sua mancha; geração perversa e depravada é.

⁶É assim que recompensas ao Senhor, povo louco e insensato? não é ele teu pai, que te adquiriu, que te fez e te estabeleceu?

⁷Lembra-te dos dias da antigüidade, atenta para os anos, geração por geração; pergunta a teu pai, e ele te informará, aos teus anciãos, e eles to dirão.

⁸Quando o Altíssimo dava às nações a sua herança, quando separava os filhos dos homens, estabeleceu os termos dos povos conforme o número dos filhos de Israel.

⁹Porque a porção do Senhor é o seu povo; Jacó é a parte da sua herança.

¹⁰Achou-o numa terra deserta, e num ermo de solidão e horrendos uivos; cercou-o de proteção; cuidou dele, guardando-o como a menina do seu olho.

¹¹Como a águia desperta o seu ninho, adeja sobre os seus filhos e estendendo as suas asas, toma-os, e os leva sobre as suas asas,

¹²assim só o Senhor o guiou, e não havia com ele deus estranho.

¹³Ele o fez cavalgar sobre as alturas da terra, e comer os frutos do campo; também o fez chupar mel da rocha e azeite da dura pederneira,

¹⁴coalhada das vacas e leite das ovelhas, com a gordura dos cordeiros, dos carneiros de Basã, e dos bodes, com o mais fino trigo; e por vinho bebeste o sangue das uvas.

¹⁵E Jesurum, engordando, recalcitrou (tu engordaste, tu te engrossaste e te cevaste); então abandonou a Deus, que o fez, e desprezou a Rocha da sua salvação.

¹⁶Com deuses estranhos o moveram a zelos; com abominações o provocaram à ira:

*Deuteronômio*

¹⁷Ofereceram sacrifícios aos demônios, não a Deus, a deuses que não haviam conhecido, deuses novos que apareceram há pouco, aos quais os vossos pais não temeram.

¹⁸Olvidaste a Rocha que te gerou, e te esqueceste do Deus que te formou.

¹⁹Vendo isto, o Senhor os desprezou, por causa da provocação que lhe fizeram seus filhos e suas filhas;

²⁰e disse: Esconderei deles o meu rosto, verei qual será o seu fim, porque geração perversa são eles, filhos em quem não há fidelidade.

²¹A zelos me provocaram com aquilo que não é Deus, com as suas vaidades me provocaram à ira; portanto eu os provocarei a zelos com aquele que não é povo, com uma nação insensata os despertarei à ira.

²²Porque um fogo se acendeu na minha ira, e arde até o mais profundo do Seol, e devora a terra com o seu fruto, e abrasa os fundamentos dos montes.

²³Males amontoarei sobre eles, esgotarei contra eles as minhas setas.

²⁴Consumidos serão de fome, devorados de raios e de amarga destruição; e contra eles enviarei dentes de feras, juntamente com o veneno dos que se arrastam no pó.

²⁵Por fora devastará a espada, e por dentro o pavor, tanto ao mancebo como à virgem, assim à criança de peito como ao homem encanecido.

²⁶Eu teria dito: Por todos os cantos os espalharei, farei cessar a sua memória dentre os homens,

²⁷se eu não receasse a vexação da parte do inimigo, para que os seus adversários, iludindo-se, não dissessem: A nossa mão está exaltada; não foi o Senhor quem fez tudo isso.

²⁸Porque são gente falta de conselhos, e neles não há entendimento.

²⁹Se eles fossem sábios, entenderiam isso, e atentariam para o seu fim!

³⁰Como poderia um só perseguir mil, e dois fazer rugir dez mil, se a sua Rocha não os vendera, e o Senhor não os entregara?

³¹Porque a sua rocha não é como a nossa Rocha, sendo até os nossos inimigos juízes disso.

³²Porque a sua vinha é da vinha de Sodoma e dos campos de Gomorra; as suas uvas são uvas venenosas, seus cachos são amargos.

³³O seu vinho é veneno de serpentes, e peçonha cruel de víboras.

³⁴Não está isto encerrado comigo? selado nos meus tesouros?

³⁵Minha é a vingança e a recompensa, ao tempo em que resvalar o seu pé; porque o dia da sua ruína está próximo, e as coisas que lhes hão de suceder se apressam a chegar.

³⁶Porque o Senhor vindicará ao seu povo, e se arrependerá no tocante aos seus servos, quando vir que o poder deles já se foi, e que não resta nem escravo nem livre.

³⁷Então dirá: Onde estão os seus deuses, a rocha em que se refugiavam,

³⁸os que comiam a gordura dos sacrifícios deles e bebiam o vinho das suas ofertas de libação? Levantem-se eles, e vos ajudem, a fim de que haja agora refúgio para vós.

³⁹Vede agora que eu, eu o sou, e não há outro deus além de mim; eu faço morrer e eu faço viver; eu firo e eu saro; e não há quem possa livrar da minha mão.

⁴⁰Pois levanto a minha mão ao céu, e digo: Como eu vivo para sempre,

⁴¹se eu afiar a minha espada reluzente, e a minha mão travar do juízo, então retribuirei vingança aos meus adversários, e recompensarei aos que me odeiam.

⁴²De sangue embriagarei as minhas setas, e a minha espada devorará carne; do sangue dos mortos e dos cativos, das cabeças cabeludas dos inimigos

⁴³Aclamai, ó nações, com alegria, o povo dele, porque ele vingará o sangue dos seus servos; aos seus adversários retribuirá vingança, e fará expiação pela sua terra e pelo seu povo.

⁴⁴Veio, pois, Moisés, e proferiu todas as palavras deste cântico na presença do povo, ele e Oséias, filho de Num.

⁴⁵E, acabando Moisés de falar todas essas palavras a todo o Israel,

⁴⁶disse-lhes: Aplicai o vosso coração a todas as palavras que eu hoje vos testifico, as quais haveis de recomendar a vossos filhos, para que tenham cuidado de cumprir todas as palavras desta lei.

⁴⁷Porque esta palavra não vos é vã, mas é a vossa vida, e por esta mesma palavra prolongareis os dias na terra à qual ides, passando o Jordão, para a possuir.

⁴⁸Naquele mesmo dia falou o Senhor a Moisés, dizendo:

⁴⁹Sobe a este monte de Abarim, ao monte Nebo, que está na terra de Moabe, defronte de Jericó, e vê a terra de Canaã, que eu dou aos filhos de Israel por possessão;

⁵⁰e morre no monte a que vais subir, e recolhe-te ao teu povo; assim como Arão, teu irmão, morreu no monte Hor, e se recolheu ao seu povo;

⁵¹porquanto pecastes contra mim no meio dos filhos de Israel, junto às águas de Meribá de Cades, no deserto de Zim, pois não me santificastes no meio dos filhos de Israel.

⁵²Pelo que verás a terra diante de ti, porém lá não entrarás, na terra que eu dou aos filhos de Israel.

## Capítulo 33

¹Esta é a bênção com que Moisés, homem de Deus, abençoou os filhos de Israel antes da sua morte.

²Disse ele: O Senhor veio do Sinai, e de Seir raiou sobre nós; resplandeceu desde o monte Parã, e veio das miríades de santos; à sua direita havia para eles o fogo da lei.

³Na verdade ama o seu povo; todos os seus santos estão na sua mão; postos serão no meio, entre os teus pés, e cada um receberá das tuas palavras.

⁴Moisés nos prescreveu uma lei, uma herança para a assembléia de Jacó.

⁵E tornou-se rei em Jesurum, quando se congregaram os cabeças do povo juntamente com as tribos de Israel.

⁶Viva Rúben, e não morra; e não sejam poucos os seus homens.

⁷E isto é o que disse de Judá: Ouve, ó Senhor, a voz de Judá e introduze-o no meio do seu povo; com as suas mãos pelejou por si; sê tu o seu auxílio contra os seus inimigos.

⁸De Levi disse: Sejam teu Tumim e teu Urim para o teu homem santo, que provaste em Massá, com quem contendeste junto às águas de Meribá;

⁹aquele que disse de seu pai e de sua mãe: Nunca os vi, e não reconheceu a seus irmãos, e não conheceu a seus filhos; pois esses levitas guardaram a tua palavra e observaram o teu pacto.

¹⁰Ensinarão os teus preceitos a Jacó, e a tua lei a Israel; chegarão incenso ao seu nariz, e porão holocausto sobre o teu altar.

¹¹Abençoa o seu poder, ó Senhor, e aceita a obra das suas mãos; fere os lombos dos que se levantam contra ele e o odeiam, para que nunca mais se levantem.

¹²De Benjamim disse: O amado do Senhor habitará seguro junto a ele; e o Senhor o cercará o dia todo, e ele habitará entre os seus ombros.

¹³De José disse: Abençoada pelo Senhor seja a sua terra, com os mais excelentes dons do céu, com o orvalho, e com as águas do abismo que jaz abaixo;

¹⁴com os excelentes frutos do sol, e com os excelentes produtos dos meses;

¹⁵com as coisas mais excelentes dos montes antigos, e com as coisas excelentes dos outeiros eternos;

¹⁶com as coisas excelentes da terra, e com a sua plenitude, e com a benevolência daquele que habitava na sarça; venha tudo isso sobre a cabeça de José, sobre o alto da cabeça daquele que é príncipe entre seus irmãos.

¹⁷Eis o seu novilho primogênito; ele tem majestade; e os seus chifres são chifres de boi selvagem; com eles rechaçará todos os povos, sim, todas as extremidades da terra. Tais são as miríades de Efraim, e tais são os milhares de Manassés.

¹⁸De Zebulom disse: Zebulom, alegra-te nas tuas saídas; e tu, Issacar, nas tuas tendas.

¹⁹Eles chamarão os povos ao monte; ali oferecerão sacrifícios de justiça, porque chuparão a abundância dos mares e os tesouros escondidos da areia.

²⁰De Gade disse: Bendito aquele que faz dilatar a Gade; habita como a leoa, e despedaça o braço, e o alto da cabeça.

²¹Ele se proveu da primeira parte, porquanto ali estava reservada a porção do legislador; pelo que veio com os chefes do povo, executou a justiça do Senhor e os seus juízos para com Israel.

²²De Dã disse: Dã é cachorro de leão, que salta de Basã.

²³De Naftali disse: ç Naftali, saciado de favores, e fartó da bênção do Senhor, possui o lago e o sul.

²⁴De Aser disse: Bendito seja Aser dentre os filhos de Israel; seja o favorecido de seus irmãos; e mergulhe em azeite o seu pé;

²⁵de ferro e de bronze sejam os teus ferrolhos; e como os teus dias, assim seja a tua força.

²⁶Não há outro, ó Jesurum, semelhante a Deus, que cavalga sobre o céu para a tua ajuda, e na sua majestade sobre as mais altas nuvens.

²⁷O Deus eterno é a tua habitação, e por baixo tens os braços eternos; ele lançou o inimigo de diante de ti e disse: Destrói-o.

²⁸Israel pois habitará seguro, a fonte de Jacó a sós, na terra de grão e de mosto; e o seu céu gotejará o orvalho.

²⁹Feliz és tu, ó Israel! quem é semelhante a ti? um povo salvo pelo Senhor, o escudo do teu socorro, e a espada da tua majestade; pelo que os teus inimigos te serão sujeitos, e tu pisarás sobre as suas alturas.

## Capítulo 34

¹Então subiu Moisés das planícies de Moabe ao monte Nebo, ao cume de Pisga, que está defronte de Jericó; e o Senhor mostrou-lhe toda a terra desde Gileade até Dã,

²todo o Naftali, a terra de Efraim e Manassés, toda a terra de Judá, até o mar ocidental,

³o Negebe, e a planície do vale de Jericó, a cidade das palmeiras, até Zoar.

⁴E disse-lhe o Senhor: Esta é a terra que prometi com juramento a Abraão, a Isaque e a Jacó, dizendo: ë tua descendência a darei. Eu te fiz vê-la com os teus olhos, porém para lá não passarás.

⁵Assim Moisés, servo do Senhor, morreu ali na terra de Moabe, conforme o dito do Senhor,

⁶que o sepultou no vale, na terra de Moabe, defronte de Bete-Peor; e ninguém soube até hoje o lugar da sua sepultura.

⁷Tinha Moisés cento e vinte anos quando morreu; não se lhe escurecera a vista, nem se lhe fugira o vigor.

⁸Os filhos de Israel prantearam a Moisés por trinta dias nas planícies de Moabe; e os dias do pranto no luto por Moisés se cumpriram.

⁹Ora, Josué, filho de Num, foi cheio do espírito de sabedoria, porquanto Moisés lhe tinha imposto as mãos; assim se filhos de Israel lhe obedeceram, e fizeram como o Senhor ordenara a Moisés.

¹⁰E nunca mais se levantou em Israel profeta como Moisés, a quem o Senhor conhecesse face a face,

¹¹nem semelhante em todos os sinais e maravilhas que o Senhor o enviou para fazer na terra do Egito, a Faraó: e a todos os seus servos, e a toda a sua terra;

¹²e em tudo o que Moisés operou com mão forte, e com grande espanto, aos olhos de todo o Israel.

# Josué

## Capítulo 1

¹Depois da morte de Moisés, servo do Senhor, falou o Senhor a Josué, filho de Num, servidor de Moisés, dizendo:

²Moisés, meu servo, é morto; levanta-te pois agora, passa este Jordão, tu e todo este povo, para a terra que eu dou aos filhos de Israel.

³Todo lugar que pisar a planta do vosso pé, vo-lo dei, como eu disse a Moisés.

⁴Desde o deserto e este Líbano, até o grande rio, o rio Eufrates, toda a terra dos heteus, e até o grande mar para o poente do sol, será o vosso termo.

⁵Ninguém te poderá resistir todos os dias da tua vida. Como fui com Moisés, assim serei contigo; não te deixarei, nem te desampararei.

⁶Esforça-te, e tem bom ânimo, porque tu farás a este povo herdar a terra que jurei a seus pais lhes daria.

⁷Tão-somente esforça-te e tem mui bom ânimo, cuidando de fazer conforme toda a lei que meu servo Moisés te ordenou; não te desvies dela, nem para a direita nem para a esquerda, a fim de que sejas bem sucedido por onde quer que andares.

⁸Não se aparte da tua boca o livro desta lei, antes medita nele dia e noite, para que tenhas cuidado de fazer conforme tudo quanto nele está escrito; porque então farás prosperar o teu caminho, e serás bem sucedido.

⁹Não to mandei eu? Esforça-te, e tem bom ânimo; não te atemorizes, nem te espantes; porque o Senhor teu Deus está contigo, por onde quer que andares.

¹⁰Então Josué deu esta ordem aos oficiais do povo:

¹¹Passai pelo meio do arraial, e ordenai ao povo, dizendo: Provede-vos de mantimentos, porque dentro de três dias haveis de atravessar este Jordão, a fim de que entreis para tomar posse da terra que o Senhor vosso Deus vos dá para a possuirdes.

¹²E disse Josué aos rubenitas, aos gaditas, e à meia tribo de Manassés:

¹³Lembrai-vos da palavra que vos mandou Moisés, servo do Senhor, dizendo: O Senhor vosso Deus vos dá descanso, e vos dá esta terra.

¹⁴Vossas mulheres, vossos pequeninos e vosso gado fiquem na terra que Moisés vos deu desta banda do Jordão; porém vós, todos os homens valorosos, passareis armados adiante de vossos irmãos e os ajudareis;

¹⁵até que o Senhor tenha dado descanso: a vossos irmãos, assim como vo-lo deu a vós, e eles também tenham possuído a terra que o Senhor vosso Deus lhes dá; então tornareis para a terra da vossa herança, e a possuireis, terra que Moisés, servo do Senhor, vos deu além do Jordão, para o nascente do sol.

¹⁶Então responderam a Josué, dizendo: Tudo quanto nos ordenaste faremos, e aonde quer que nos enviares iremos.

¹⁷Como em tudo ouvimos a Moisés, assim te ouviremos a ti; tão-somente seja o Senhor teu Deus contigo, como foi com Moisés.

¹⁸Quem quer que se rebelar contra as tuas ordens, e não ouvir as tuas palavras em tudo quanto lhe mandares, será morto. Tão-somente esforça-te, e tem bom ânimo.

## Capítulo 2

¹De Sitim Josué, filho de Num, enviou secretamente dois homens como espias, dizendo-lhes: Ide reconhecer a terra, particularmente a Jericó. Foram pois, e entraram na casa duma prostituta, que se chamava Raabe, e pousaram ali.

²Então deu-se notícia ao rei de Jericó, dizendo: Eis que esta noite vieram aqui uns homens dos filhos de Israel, para espiar a terra.

³Pelo que o rei de Jericó mandou dizer a Raabe: Faze sair os homens que vieram a ti e entraram na tua casa, porque vieram espiar toda a terra.

⁴Mas aquela mulher, tomando os dois homens, os escondeu, e disse: é verdade que os homens vieram a mim, porém eu não sabia donde eram;

⁵e aconteceu que, havendo-se de fechar a porta, sendo já escuro, aqueles homens saíram. Não sei para onde foram; ide após eles depressa, porque os alcançareis.

⁶Ela, porém, os tinha feito subir ao eirado, e os tinha escondido entre as canas do linho que pusera em ordem sobre o eirado.

⁷Assim foram esses homens após eles pelo caminho do Jordão, até os vaus; e, logo que saíram, fechou-se a porta.

⁸E, antes que os espias se deitassem, ela subiu ao eirado a ter com eles,

⁹e disse-lhes: Bem sei que o Senhor vos deu esta terra, e que o pavor de vós caiu sobre nós, e que todos os moradores da terra se derretem diante de vós.

¹⁰Porque temos ouvido que o Senhor secou as águas do Mar Vermelho diante de vós, quando saístes do Egito, e também o que fizestes aos dois reis dos amorreus, Siom e Ogue, que estavam além de Jordão, os quais destruístes totalmente.

¹¹Quando ouvimos isso, derreteram-se os nossos corações, e em ninguém mais há ânimo algum, por causa da vossa presença; porque o Senhor vosso Deus é Deus em cima no céu e embaixo na terra.

¹²Agora pois, peço-vos, jurai-me pelo Senhor que, como usei de bondade para convosco, vós também usareis de bondade para com a casa e meu pai; e dai-me um sinal seguro

¹³de que conservareis em vida meu pai e minha mãe, como também meus irmãos e minhas irmãs, com todos os que lhes pertencem, e de que livrareis da morte as nossas vidas.

¹⁴Então eles lhe responderam: A nossa vida responderá pela vossa, se não denunciardes este nosso negócio; e, quando o Senhor nos entregar esta terra, usaremos para contigo de bondade e de fidelidade.

¹⁵Ela então os fez descer por uma corda pela janela, porquanto a sua casa estava sobre o muro da cidade, de sorte que morava sobre o muro;

¹⁶e disse-lhes: Ide-vos ao monte, para que não vos encontrem os perseguidores, e escondei-vos lá três dias, até que eles voltem; depois podereis tomar o vosso caminho.

¹⁷Disseram-lhe os homens: Nós seremos inocentes no tocante a este juramento que nos fizeste jurar.

¹⁸Eis que, quando nós entrarmos na terra, atarás este cordão de fio de escarlata à janela pela qual nos fizeste descer; e recolherás em casa contigo teu pai, tua mãe, teus irmãos e toda a família de teu pai.

¹⁹Qualquer que sair fora das portas da tua casa, o seu sangue cairá sobre a sua cabeça, e nós seremos inocentes; mas qualquer que estiver contigo em casa, o seu sangue cairá sobre a nossa cabeça se nele se puser mão.

²⁰Se, porém, tu denunciares este nosso negócio, seremos desobrigados do juramento que nos fizeste jurar.

²¹Ao que ela disse: Conforme as vossas palavras, assim seja. Então os despediu, e eles se foram; e ela atou o cordão de escarlata à janela.

²²Foram-se, pois, e chegaram ao monte, onde ficaram três dias, até que voltaram os perseguidores; pois estes os buscaram por todo o caminho, porém, não os acharam.

²³Então os dois homens, tornando a descer do monte, passaram o rio, chegaram a Josué, filho de Num, e lhe contaram tudo quanto lhes acontecera.

²⁴E disseram a Josué: Certamente o Senhor nos tem entregue nas mãos toda esta terra, pois todos os moradores se derretem diante de nós.

## Capítulo 3

¹Levantou-se, pois, Josué de madrugada e, partindo de Sitim ele e todos os filhos de Israel, vieram ao Jordão; e pousaram ali, antes de atravessá-lo.

²E sucedeu, ao fim de três dias, que os oficiais passaram pelo meio do arraial,

³e ordenaram ao povo, dizendo: Quando virdes a arca da pacto do Senhor vosso Deus sendo levada pelos levitas sacerdotes, partireis vós também do vosso lugar, e a seguireis

⁴(haja, contudo, entre vós e ela, uma distância de dois mil côvados, e não vos chegueis a ela), para que saibais o caminho pelo qual haveis de ir, porquanto por este caminho nunca dantes passastes.

⁵Disse Josué também ao povo: Santificai-vos, porque amanhã o Senhor fará maravilhas no meio de vós.

⁶E falou Josué aos sacerdotes, dizendo: Levantai a arca do pacto, e passai adiante do povo. Levantaram, pois, a arca do pacto, e foram andando adiante do povo.

⁷Então disse o Senhor a Josué: Hoje começarei a engrandecer-te perante os olhos de todo o Israel, para que saibam que, assim como fui com Moisés, serei contigo.

⁸Tu, pois, ordenarás aos sacerdotes que levam a arca do pacto, dizendo: Quando chegardes à beira das águas de Jordão, aí parareis.

⁹Disse então Josué aos filhos de Israel: Aproximai-vos, e ouvi as palavras do Senhor vosso Deus.

¹⁰E acrescentou: Nisto conhecereis que o Deus vivo está no meio de vós, e que certamente expulsará de diante de vós os cananeus, os

heteus, os heveus, os perizeus, os girgaseus, os amorreus e os jebuseus.

¹¹Eis que a arca do pacto do Senhrr de toda a terra passará adiante de vós para o meio do Jordão.

¹²Tomai, pois, agora doze homens das tribos de Israel, de cada tribo um homem;

¹³porque assim que as plantas dos pés dos sacerdotes que levam a arca do Senhor, o Senhor de toda a terra, pousarem nas águas do Jordão, estas serão cortadas, isto é, as águas que vêm de cima, e, amontoadas, pararão.

¹⁴Quando, pois, o povo partiu das suas tendas para atravessar o Jordão, levando os sacerdotes a arca do pacto adiante do povo,

¹⁵e quando os que levavam a arca chegaram ao Jordão, e os seus pés se mergulharam na beira das águas (porque o Jordão transbordava todas as suas ribanceiras durante todos os dias da sega),

¹⁶as águas que vinham de cima, parando, levantaram-se num montão, mui longe, à altura de Adã, cidade que está junto a Zaretã; e as que desciam ao mar da Arabá, que é o Mar Salgado, foram de todo cortadas. Então o povo passou bem em frente de Jericó.

¹⁷Os sacerdotes que levavam a arca do pacto do Senhor pararam firmes em seco no meio do Jordão, e todo o Israel foi passando a pé enxuto, até que todo o povo acabou de passar o Jordão.

## Capítulo 4

¹Quando todo o povo acabara de passar o Jordão, falou o Senhor a Josué, dizendo:

²Tomai dentre o povo doze homens, de cada tribo um homem;

³e mandai-lhes, dizendo: Tirai daqui, do meio do Jordão, do lugar em que estiveram parados os pés dos sacerdotes, doze pedras, levai-as convosco para a outra banda e depositai-as no lugar em que haveis de passar esta noite.

⁴Chamou, pois, Josué os doze homens que escolhera dos filhos de Israel, de cada tribo um homem;

⁵e disse-lhes: Passai adiante da arca do Senhor vosso Deus, ao meio do Jordão, e cada um levante uma pedra sobre o ombro, segundo o número das tribos dos filhos de Israel;

⁶para que isto seja por sinal entre vós; e quando vossos filhos no futuro perguntarem: Que significam estas pedras?

⁷direis a eles que as águas do Jordão foram cortadas diante da arca do pacto de Senhor; quando ela passou pelo Jordão, as águas foram cortadas; e estas pedras serão para sempre por memorial aos filhos de Israel.

⁸Fizeram, pois, os filhos de Israel assim como Josué tinha ordenado, e levantaram doze pedras do meio do Jordão como o Senhor dissera a Josué, segundo o número das tribos dos filhos de Israel; e levaram-nas consigo ao lugar em que pousaram, e as depositaram ali.

⁹Amontoou Josué também doze pedras no meio do Jordão, no lugar em que pararam os pés dos sacerdotes que levavam a arca do pacto; e ali estão até o dia de hoje.

¹⁰Pois os sacerdotes que levavam a arca pararam no meio do Jordão, até que se cumpriu tudo quanto o Senhor mandara Josué dizer ao povo, conforme tudo o que Moisés tinha ordenado a Josué. E o povo apressou-se, e passou.

¹¹Assim que todo o povo acabara de passar, então passaram a arca do Senhor e os sacerdotes, à vista do povo.

¹²E passaram os filhos de Rúben e os filhos de Gade, e a meia tribo de Manassés, armados, adiante dos filhos de Israel, como Moisés lhes tinha dito;

¹³uns quarenta mil homens em pé de guerra passaram diante do Senhor para a batalha, às planícies de Jericó.

¹⁴Naquele dia e Senhor engrandeceu a Josué aos olhos de todo o Israel; e temiam-no, como haviam temido a Moisés, por todos os dias da sua vida.

¹⁵Depois falou o Senhor a Josué, dizendo:

¹⁶Dá ordem aos sacerdotes que levam a arca do testemunho, que subam do Jordão.

¹⁷Pelo que Josué deu ordem aos sacerdotes, dizendo: Subi do Jordão.

¹⁸E aconteceu que, quando os sacerdotes que levavam a arca do pacto do Senhor subiram do meio do Jordão, e as plantas dos seus pés se puseram em terra seca, as águas do Jordão voltaram ao seu lugar, e trasbordavam todas as suas ribanceiras, como dantes.

¹⁹O povo, pois, subiu do Jordão no dia dez do primeiro mês, e acampou-se em Gilgal, ao oriente de Jericó.

²⁰E as doze pedras, que tinham tirado do Jordão, levantou-as Josué em Gilgal;

²¹e falou aos filhos de Israel, dizendo: Quando no futuro vossos filhos perguntarem a seus pais: Que significam estas pedras?

²²fareis saber a vossos filhos, dizendo: Israel passou a pé enxuto este Jordão.

²³Porque o Senhor vosso Deus fez secar as águas do Jordão diante de vós, até que passásseis, assim como fizera ao Mar Vermelho, ao qual fez secar perante nós, até que passássemos;

²⁴para que todos os povos da terra conheçam que a mão do Senhor é forte; a fim de que vós também temais ao Senhor vosso Deus para sempre.

## Capítulo 5

¹Quando, pois, todos os reis dos amorreus que estavam ao oeste do Jordão, e todos os reis dos cananeus que estavam ao lado do mar, ouviram que o Senhor tinha secado as águas do Jordão de diante dos filhos de Israel, até que passassem, derreteu-se-lhes o coração, e não houve mais ânimo neles, por causa dos filhos de Israel.

²Naquele tempo disse o Senhor a Josué: Faze facas de pederneira, e circuncida segunda vez aos filhos de Israel.

³Então Josué fez facas de pederneira, e circuncidou aos filhos de Israel em Gibeate-Haaralote.

⁴Esta é a razão por que Josué os circuncidou: todo o povo que tinha saído do Egito, os homens, todos os homens de guerra, já haviam morrido no deserto, pelo caminho, depois que saíram do Egito.

⁵Todos estes que saíram estavam circuncidados, mas nenhum dos que nasceram no deserto, pelo caminho, depois de terem saído do Egito, havia sido circuncidado.

⁶Pois quarenta anos andaram os filhos de Israel pelo deserto, até se acabar toda a nação, isto é, todos os homens de guerra que saíram do Egito, e isso porque não obedeceram à voz do Senhor; aos quais o Senhor tinha jurado que não lhes havia de deixar ver a terra que, com juramento, prometera a seus pais nos daria, terra que mana leite e mel.

⁷Mas em lugar deles levantou seus filhos; a estes Josué circuncidou, porquanto estavam incircuncisos, porque não os haviam circuncidado pelo caminho.

⁸E depois que foram todos circuncidados, permaneceram no seu lugar no arraial, até que sararam.

⁹Disse então o Senhor a Josué: Hoje revolvi de sobre vós o opróbrio do Egito; pelo que se chama aquele lugar: Gilgal, até o dia de hoje.

¹⁰Estando, pois, os filhos de Israel acampados em Gilgal, celebraram a páscoa no dia catorze do mês, à tarde, nas planícies de Jericó.

¹¹E, ao outro dia depois da páscoa, nesse mesmo dia, comeram, do produto da terra, pães ázimos e espigas tostadas.

¹²E no dia depois de terem comido do produto da terra, cessou o maná, e os filhos de Israel não o tiveram mais; porém nesse ano comeram dos produtos da terra de Canaã.

¹³Ora, estando Josué perto de Jericó, levantou os olhos, e olhou; e eis que estava em pé diante dele um homem que tinha na mão uma espada nua. Chegou-se Josué a ele, e perguntou-lhe: És tu por nós, ou pelos nossos adversários?

¹⁴Respondeu ele: Não; mas venho agora como príncipe do exército do Senhor. Então Josué, prostrando-se com o rosto em terra, o adorou e perguntou-lhe: Que diz meu Senhor ao seu servo?

¹⁵Então respondeu o príncipe do exército do Senhor a Josué: Tira os sapatos dos pés, porque o lugar em que estás é santo. E Josué assim fez:

## Capítulo 6

¹Ora, Jericó se conservava rigorosamente fechada por causa dos filhos de Israel; ninguém saía nem entrava.

²Então disse o Senhor a Josué: Olha, entrego na tua mão Jericó, seu rei e os seus homens valorosos.

³Vós, pois, todos os homens de guerra, rodeareis a cidade, contornando-a uma vez por dia; assim fareis por seis dias.

⁴Sete sacerdotes levarão sete trombetas de chifres de carneiros adiante da arca; e no sétimo dia rodeareis a cidade sete vezes, e os sacerdotes tocarão as trombetas.

⁵E será que, fazendo-se sonido prolongado da trombeta, e ouvindo vós tal sonido, todo o povo dará um grande brado; então o muro da cidade cairá rente com o chão, e o povo subirá, cada qual para o lugar que lhe ficar defronte:

⁶Chamou, pois, Josué, filho de Num, aos sacerdotes, e disse-lhes: Levai a arca do pacto, e sete sacerdotes levem sete trombetas de chifres de carneiros, adiante da arca do Senhor.

⁷E disse ao povo: Passai e rodeai a cidade; e marchem os homens armados adiante da arca do Senhor.

⁸Assim, pois, se fez como Josué dissera ao povo: os sete sacerdotes, levando as sete trombetas adiante do Senhor, passaram, e

## Josué

tocaram-nas; e a arca do pacto do Senhor os seguia.

⁹E os homens armados iam adiante dos sacerdotes que tocavam as trombetas, e a retaguarda seguia após a arca, os sacerdotes sempre tocando as trombetas.

¹⁰Josué tinha dado ordem ao povo, dizendo: Não gritareis, nem fareis ouvir a vossa voz, nem sairá palavra alguma da vossa boca, até o dia em que eu vos disser: gritai! Então gritareis.

¹¹Assim fizeram a arca do Senhor rodear a cidade, contornando-a uma vez; então entraram no arraial, e ali passaram a noite.

¹²Josué levantou-se de madrugada, e os sacerdotes tomaram a arca do Senhor.

¹³Os sete sacerdotes que levavam as sete trombetas de chifres de carneiros adiante da arca da Senhor iam andando, tocando as trombetas; os homens armados iam adiante deles, e a retaguarda seguia atrás da arca do Senhor, os sacerdotes sempre tocando as trombetas.

¹⁴E rodearam a cidade uma vez no segundo dia, e voltaram ao arraial. Assim fizeram por seis dias.

¹⁵No sétimo dia levantaram-se bem de madrugada, e da mesma maneira rodearam a cidade sete vezes; somente naquele dia rodearam-na sete vezes.

¹⁶E quando os sacerdotes pela sétima vez tocavam as trombetas, disse Josué ao povo: Gritai, porque o Senhor vos entregou a cidade.

¹⁷A cidade, porém, com tudo quanto nela houver, será danátema ao Senhor; somente a prostituta Raabe viverá, ela e todos os que com ela estiverem em casa, porquanto escondeu os mensageiros que enviamos.

¹⁸Mas quanto a vós, guardai-vos do anátema, para que, depois de o terdes feito tal, não tomeis dele coisa alguma, e não façais anátema o arraial de Israel, e o perturbeis.

¹⁹Contudo, toda a prata, e o ouro, e os vasos de bronze e de ferro, são consagrados ao Senhor; irão para o tesouro do Senhor.

²⁰Gritou, pois, o povo, e os sacerdotes tocaram as trombetas; ouvindo o povo o sonido da trombeta, deu um grande brado, e o muro caiu rente com o chão, e o povo subiu à cidade, cada qual para o lugar que lhe ficava defronte, e tomaram a cidade;

²¹E destruíram totalmente, ao fio da espada, tudo quanto havia na cidade, homem e mulher, menino e velho, bois, ovelhas e jumentos.

²²Então disse Josué aos dois homens que tinham espiado a terra: Entrai na casa da prostituta, e tirai-a dali com tudo quanto tiver, como lhe prometestes com juramento.

²³Entraram, pois, os mancebos espias, e tiraram Raabe, seu pai, sua mãe, seus irmãos, e todos quantos lhe pertenciam; e, trazendo todos os seus parentes, os puseram fora do arraial de Israel.

²⁴A cidade, porém, e tudo quanto havia nela queimaram a fogo; tão-somente a prata, e o ouro, e os vasos de bronze e de ferro, colocaram-nos no tesouro da casa do Senhor.

²⁵Assim Josué poupou a vida à prostituta Raabe, à família de seu pai, e a todos quantos lhe pertenciam; e ela ficou habitando no meio de Israel até o dia de hoje, porquanto escondera os mensageiros que Josué tinha enviado a espiar a Jericó.

²⁶Também nesse tempo Josué os esconjurou, dizendo: Maldito diante do Senhor seja o homem que se levantar e reedificar esta cidade de Jericó; com a perda do seu primogênito a fundará, e com a perda do seu filho mais novo lhe colocará as portas.

²⁷Assim era o Senhor com Josué; e corria a sua fama por toda a terra.

## *Capítulo 7*

¹Mas os filhos de Israel cometeram uma transgressão no tocante ao anátema, pois Acã, filho de Carmi, filho de Zabdi, filho de Zerá, da tribo de Judá, tomou do anátema; e a ira do Senhor se acendeu contra os filhos de Israel.

²Josué enviou de Jericó alguns homens a Ai, que está junto a Bete-Áven ao Oriente de Betel, e disse-lhes: Subi, e espiai a terra. Subiram, pois, aqueles homens, e espiaram a Ai.

³Voltaram a Josué, e disseram-lhe: Não suba todo o povo; subam uns dois ou três mil homens, e destruam a Ai. Não fatigues ali a todo o povo, porque os habitantes são poucos.

⁴Assim, subiram lá do povo cerca de três mil homens, os quais fugiram diante dos homens de Ai.

⁵E os homens de Ai mataram deles cerca de trinta e seis e, havendo-os perseguido desde a porta até Sebarim, bateram-nos na descida; e o coração do povo se derreteu e se tornou como água.

⁶Então Josué rasgou as suas vestes, e se prostrou com o rosto em terra perante a arca do Senhor até a tarde, ele e os anciãos de Israel; e deitaram pó sobre as suas cabeças.

⁷E disse Josué: Ah, Senhor Deus! por que fizeste a este povo atravessar o Jordão, para nos entregares nas mãos dos amorreus, para nos fazeres perecer? Oxalá nos tivéssemos contentado em morarmos além do Jordão.

⁸Ah, Senhor! que direi, depois que Israel virou as costas diante dos seus inimigos?

⁹Pois os cananeus e todos os moradores da terra o ouvirão e, cercando-nos, exterminarão da terra o nosso nome; e então, que farás pelo teu grande nome?

¹⁰Respondeu o Senhor a Josué: Levanta-te! por que estás assim prostrado com o rosto em terra?

¹¹Israel pecou; eles transgrediram o meu pacto que lhes tinha ordenado; tomaram do anátema, furtaram-no e, dissimulando, esconderam-no entre a sua bagagem.

¹²Por isso os filhos de Israel não puderam subsistir perante os seus inimigos, viraram as costas diante deles, porquanto se fizeram anátema. Não serei mais convosco, se não destruirdes o anátema do meio de vós.

¹³Levanta-te santifica o povo, e dize-lhe: Santificai-vos para amanhã, pois assim diz o Senhor, o Deus de Israel: Anátema há no meio de ti, Israel; não poderás suster-te diante dos teus inimigos, enquanto não tirares do meio de ti o anátema.

¹⁴Amanhã, pois, vos chegareis, segundo as vossas tribos; a tribo que o Senhor tomar se chegará por famílias; a família que o Senhor tomar se chegará por casas; e a casa que o Senhor tomar se chegará homem por homem.

¹⁵E aquele que for tomado com o anátema, será queimado no fogo, ele e tudo quanto tiver, porquanto transgrediu o pacto do Senhor, e fez uma loucura em Israel.

¹⁶Então Josué se levantou de madrugada, e fez chegar Israel segundo as suas tribos, e foi tomada por sorte a tribo de Judá;

¹⁷fez chegar a tribo de Judá, e foi tomada a família dos zeraítas; fez chegar a família dos zeraítas, homem por homem, e foi tomado Zabdi;

¹⁸fez chegar a casa de Zabdi, homem por homem, e foi tomado Acã, filho de Carmi, filho de Zabdi, filho de Zerá, da tribo de Judá.

¹⁹Então disse Josué a Acã: Filho meu, dá, peço-te, glória ao Senhor Deus de Israel, e faze confissão perante ele. Declara-me agora o que fizeste; não mo ocultes.

²⁰Respondeu Acã a Josué: Verdadeiramente pequei contra o Senhor Deus de Israel, e eis o que fiz:

²¹quando vi entre os despojos uma boa capa babilônica, e duzentos siclos de prata, e uma cunha de ouro do peso de cinquenta siclos, cobicei-os e tomei-os; eis que estão escondidos na terra, no meio da minha tenda, e a prata debaixo da capa.

²²Então Josué enviou mensageiros, que foram correndo à tenda; e eis que tudo estava escondido na sua tenda, estando a prata debaixo da capa.

²³Tomaram, pois, aquelas coisas do meio da tenda, e as trouxeram a Josué e a todos os filhos de Israel; e as puseram perante o Senhor.

²⁴Então Josué e todo o Israel com ele tomaram Acã, filho de Zerá, e a prata, a capa e a cunha de ouro, e seus filhos e suas filhas, e seus bois, jumentos e ovelhas, e a sua tenda, e tudo quanto tinha, e levaram-nos ao vale de Acor.

²⁵E disse Josué: Por que nos perturbaste? hoje o Senhor te perturbará a ti: E todo o Israel o apedrejou; queimaram-nos no fogo, e os apedrejaram;

²⁶E levantaram sobre ele um grande montão de pedras, que permanece até o dia de hoje. E o Senhor se apartou do ardor da sua ira. Por isso se chama aquele lugar até hoje o vale de Acor.

## *Capítulo 8*

¹Então disse o Senhor a Josué: Não temas, e não te espantes; toma contigo toda a gente de guerra, levanta-te, e sobe a Ai. Olha que te entreguei na tua mão o rei de Ai, o seu povo, a sua cidade e a sua terra.

²Farás pois a Ai e a seu rei, como fizeste a Jericó e a seu rei; salvo que para vós tomareis os seus despojos, e o seu gado. Põe emboscadas à cidade, por detrás dela.

³Então Josué levantou-se, com toda a gente de guerra, para subir contra Ai; e escolheu Josué trinta mil homens valorosos, e enviou-os de noite.

⁴E deu-lhes ordem, dizendo: Ponde-vos de emboscada contra a cidade, por detrás dela; não vos distancieis muito da cidade, mas estai todos vós apercebidos.

⁵Mas eu e todo o povo que está comigo nos aproximaremos da cidade; e quando eles nos saírem ao encontro, como dantes, fugiremos diante deles.

⁶E eles sairão atrás de nós, até que os tenhamos afastado da cidade, pois dirão: Fogem diante de nós como dantes. Assim fugiremos

diante deles;

⁷e vós saireis da emboscada, e tomareis a cidade, porque o Senhor vosso Deus vo-la entregará nas maos.

⁸Logo que tiverdes tomado a cidade, pôr-lhe-eis fogo, fazendo conforme a palavra do Senhor; olhai que vo-lo tenho mandado.

⁹Assim Josué os enviou, e eles se foram à emboscada, colocando-se entre Betel e Ai, ao ocidente de Ai; porém Josué passou aquela noite no meio do povo.

¹⁰Levantando-se Josué de madrugada, passou o povo em revista; então subiu, com os anciãos de Israel, adiante do povo contra Ai.

¹¹Todos os homens armados que estavam com ele subiram e, aproximando-se pela frente da cidade, acamparam-se ao norte de Ai, havendo um vale entre eles e Ai.

¹²Tomou também cerca de cinco mil homens, e pô-los de emboscada entre Betel e Ai, ao ocidente da cidade.

¹³Assim dispuseram o povo, todo o arraial ao norte da cidade, e a sua emboscada ao ocidente da cidade. Marchou Josué aquela noite até o meio do vale.

¹⁴Quando o rei de Ai viu isto, ele e todo o seu povo se apressaram, levantando-se de madrugada, e os homens da cidade saíram ao encontro de Israel ao combate, ao lugar determinado, defronte da planície; mas ele não sabia que se achava uma emboscada contra ele atrás da cidade.

¹⁵Josué, pois, e todo o Israel fingiram-se feridos diante deles, e furiram pelo caminho do deserto:

¹⁶Portanto, todo o povo que estava na cidade foi convocado para os perseguir; e seguindo eles após Josué, afastaram-se da cidade.

¹⁷Nem um só homem ficou em Ai, nem em Betel, que não saísse após Israel; assim deixaram a cidade aberta, e seguiram a Israel:

¹⁸Então o Senhor disse a Josué: Estende para Ai a lança que tens na mão; porque eu ta entregarei. E Josué estendeu para a cidade a lança que estava na sua mão.

¹⁹E, tendo ele estendido a mão, os que estavam de emboscada se levantaram apressadamente do seu lugar e, correndo, entraram na cidade, e a tomaram; e, apressando-se, puseram fogo à cidade.

²⁰Nisso, olhando os homens de Ai para trás, viram a fumaça da cidade, que subia ao céu, e não puderam fugir nem para uma parte nem para outra, porque o povo que fugia para o deserto se tornou contra eles.

²¹E vendo Josué e todo o Israel que a emboscada tomara a cidade, e que a fumaça da cidade subia, voltaram e feriram os homens de Ai.

²²Também aqueles que estavam na cidade lhes saíram ao encontro, e assim os de Ai ficaram no meio dos israelitas, estando estes de uma e de outra parte; e feriram-nos, de sorte que não deixaram ficar nem escapar nenhum deles.

²³Mas ao rei de Ai tomaram vivo, e o trouxeram a Josué.

²⁴Quando os israelitas acabaram de matar todos os moradores de Ai no campo, no deserto para onde os tinham seguido, e havendo todos caído ao fio da espada até serem consumidos, então todo o Israel voltou para Ai e a feriu a fio de espada.

²⁵Ora, todos os que caíram naquele dia, assim homens como mulheres, foram doze mil, isto é, todos os de Ai.

²⁶Pois Josué não retirou a mão, que estendera com a lança, até destruir totalmente a todos os moradores de Ai.

²⁷Tão-somente os israelitas tomaram para si o gado e os despojos da cidade, conforme a palavra que o Senhor ordenara a Josue:

²⁸Queimou pois Josué a Ai, e a tornou num perpétuo montão de ruínas, como o é até o dia de hoje.

²⁹Ao rei de Ai enforcou num madeiro, deixando-o ali até a tarde. Ao pôr do sol, por ordem de Josué, tiraram do madeiro o cadáver, lançaram-no à porta da cidade e levantaram sobre ele um grande montão de pedras, que permanece até o dia de hoje.

³⁰Então Josué edificou um altar ao Senhor Deus de Israel, no monte Ebal,

³¹como Moisés, servo do Senhor, ordenara aos filhos de Israel, conforme o que está escrito no livro da lei de Moisés, a saber: um altar de pedras brutas, sobre as quais não se levantara ferramenta; e ofereceram sobre ele holocaustos ao Senhor, e sacrificaram ofertas pacíficas.

³²Também ali, na presença dos filhos de Israel, escreveu em pedras uma cópia da lei de Moisés, a qual este escrevera.

³³E todo o Israel, tanto o estrangeiro como o natural, com os seus anciãos, oficiais e juízes, estava de um e de outro lado da arca, perante os levitas sacerdotes que levavam a arca do pacto do Senhor; metade deles em frente do monte Gerizim, e a outra metade em frente do monte Ebal, como Moisés, servo do Senhor, dantes ordenara, para que abençoassem o povo de Israel.

³⁴Depois leu em alta voz todas as palavras da lei, a bênção e a maldição, conforme tudo o que está escrito no livro da lei.

³⁵Palavra nenhuma houve, de tudo o que Moisés ordenara, que Josué não lesse perante toda a congregação de Israel, e as mulheres, e os pequeninos, e os estrangeiros que andavam no meio deles.

## Capítulo 9

¹Depois sucedeu que, ouvindo isto todos os reis que estavam além do Jordão, na região montanhosa, na baixada e em toda a costa do grande mar, defronte do Líbano, os heteus, os amorreus, os cananeus, os perizeus, os heveus, e os jebuseus

²se ajuntaram de comum acordo para pelejar contra Josué e contra Israel.

³Ora, os moradores de Gibeão, ouvindo o que Josué fizera a Jericó e a Ai.

⁴usaram de astúcia: foram e se fingiram embaixadores, tomando sacos velhos sobre os seus jumentos, e odres de vinho velhos, rotos e recosidos,

⁵tendo nos seus pés sapatos velhos e remendados, e trajando roupas velhas; e todo o pão que traziam para o caminho era seco e bolorento.

⁶E vieram a Josué, ao arraial em Gilgal, e disseram a ele e aos homens de Israel: Somos vindos duma terra longínqua; fazei, pois, agora pacto conosco.

⁷Responderam os homens de Israel a estes heveus: Bem pode ser que habiteis no meio de nós; como pois faremos pacto convosco?

⁸Então eles disseram a Josué: Nós somos teus servos. Ao que lhes perguntou Josué: Quem sois vós? e donde vindes?

⁹Responderam-lhe: Teus servos vieram duma terra mui distante, por causa do nome do Senhor teu Deus, porquanto ouvimos a sua fama, e tudo o que fez no Egito,

¹⁰e tudo o que fez aos dois reis dos amorreus, que estavam além do Jordão, a Siom, rei de Hesbom, e a Ogue, rei de Basã, que estava em Astarote.

¹¹Pelo que nossos anciãos e todos os moradores da nossa terra nos falaram, dizendo: Tomai nas mãos provisão para o caminho, e ide-lhes ao encontro, e dizei-lhes: Nós somos vossos servos; fazei, pois, agora pacto conosco.

¹²Este nosso pão tomamo-lo quente das nossas casas para nossa provisão, no dia em que saímos para vir ter convosco, e ei-lo aqui agora seco e bolorento;

¹³estes odres, que enchemos de vinho, eram novos, e ei-los aqui já rotos; e esta nossa roupa e nossos sapatos já envelheceram em razão do mui longo caminho.

¹⁴Então os homens de Israel tomaram da provisão deles, e não pediram conselho ao Senhor.

¹⁵Assim Josué fez paz com eles; também fez um pacto com eles, prometendo poupar-lhes a vida; e os príncipes da congregação lhes prestaram juramento.

¹⁶Três dias depois de terem feito pacto com eles, ouviram que eram vizinhos e que moravam no meio deles.

¹⁷Tendo partido os filhos de Israel, chegaram ao terceiro dia às cidades deles, que eram Gibeão, Cefira, Beerote e Quiriate-Jearir.

¹⁸Mas os filhos de Israel não os mataram, porquanto os príncipes da congregação lhes haviam prestado juramento pelo Senhor, o Deus de Israel; pelo que toda a congregação murmurava contra os príncipes.

¹⁹Mas os príncipes disseram a toda a congregação: Nós lhes prestamos juramento pelo Senhor, o Deus de Israel, e agora não lhes podemos tocar.

²⁰Isso cumpriremos para com eles, poupando-lhes a vida, para que não haja ira sobre nós, por causa do juramento que lhes fizemos.

²¹Disseram, pois, os príncipes: Vivam. Assim se tornaram rachadores de lenha e tiradores de água para toda a congregação, como os príncipes lhes disseram.

²²Então Josué os chamou, e lhes disse: Por que nos enganastes, dizendo: Mui longe de vós habitamos, morando vós no meio de nós?

²³Agora, pois, sois malditos, e dentre vós nunca deixará de haver servos, rachadores de lenha e tiradores de água para a casa do meu Deus.

²⁴Respondendo a Josué, disseram: Porquanto foi anunciado aos teus servos que o Senhor teu Deus ordenou a Moisés, seu servo, que vos desse toda esta terra, e destruísse todos os seus moradores diante de vós, temíamos muito pelas nossas vidas por causa de vós, e fizemos isso.

²⁵E eis que agora estamos na tua mão; faze aquilo que te pareça bom e reto que se nos faça.

²⁶Assim pois ele lhes fez, e livrou-os das mãos dos filhos de Israel, de sorte que estes não os mataram.

²⁷Mas, naquele dia, Josué os fez rachadores de lenha e tiradores de água para a congregação e para o altar do Senhor, no lugar que ele escolhesse, como ainda o são.

## Capítulo 10

¹Quando Adoni-Zedeque, rei de Jerusalém, ouviu que Josué tomara a Ai, e a destruíra totalmente (pois este fizera a Ai e ao seu rei como tinha feito a Jericó e ao seu rei), e que os moradores de Gibeão tinham feito paz com os israelitas, e estavam no meio deles,

²temeu muito, pois Gibeão era uma cidade grande como uma das cidades reais, e era ainda maior do que Ai, e todos os seus homens eram valorosos.

³Pelo que Adoni-Zedeque, rei de Jerusalém, enviou mensageiros a Hoão, rei de Hebrom, a Pirã, rei de Jarmute, a Jafia, rei de Laquis, e a Debir, rei de Eglom, para lhes dizer:

⁴Subi a mim, e ajudai-me; firamos a Gibeão, porquanto fez paz com Josué e com os filhos de Israel.

⁵Então se ajuntaram, e subiram cinco reis dos amorreus, o rei de Jerusalém, o rei de Hebrom, o rei de Jarmute, o rei de Laquis, o rei de Eglom, eles e todos os seus exércitos, e sitiaram a Gibeão e pelejaram contra ela.

⁶Enviaram, pois, os homens de Gibeão a Josué, ao arraial em Gilgal, a dizer-lhe: Não retires de teus servos a tua mão; sobe apressadamente a nós, e livra-nos, e ajuda-nos, porquanto se ajuntaram contra nós todos os reis dos amorreus, que habitam na região montanhosa.

⁷Josué, pois, subiu de Gilgal com toda a gente de guerra e todos os homens valorosos.

⁸E o Senhor disse a Josué: Não os temas, porque os entreguei na tua mão; nenhum deles te poderá resistir.

⁹E Josué deu de repente sobre eles, tendo marchado a noite toda, subindo de Gilgal;

¹⁰e o Senhor os pôs em desordem diante de Israel, que os desbaratou com grande matança em Gibeão, e os perseguiu pelo caminho que sobe a Bete-Horom, ferindo-os até Azeca e Maqueda.

¹¹Pois, quando eles iam fugindo de diante de Israel, à descida de Bete-Horom, o Senhor lançou sobre eles, do céu, grandes pedras até Azeca, e eles morreram; e foram mais os que morreram das pedras da saraiva do que os que os filhos de Israel mataram à espada.

¹²Então Josué falou ao Senhor, no dia em que o Senhor entregou os amorreus na mão dos filhos de Israel, e disse na presença de Israel: Sol, detém-se sobre Gibeão, e tu, lua, sobre o vale de Aijalom.

¹³E o sol se deteve, e a lua parou, até que o povo se vingou de seus inimigos. Não está isto escrito no livro de Jasar? O sol, pois, se deteve no meio do céu, e não se apressou a pôr-se, quase um dia inteiro.

¹⁴E não houve dia semelhante a esse, nem antes nem depois dele, atendendo o Senhor assim à voz dum homem; pois o Senhor pelejava por Israel.

¹⁵Depois voltou Josué, e todo o Israel com ele, ao arraial em Gilgal.

¹⁶Aqueles cinco reis, porém, fugiram e se esconderam na caverna que há em Maqueda.

¹⁷E isto foi anunciado a Josué nestas palavras: Acharam-se os cinco reis escondidos na caverna em Maqueda.

¹⁸Disse, pois, Josué: Arrastai grandes pedras para a boca da caverna, e junto a ela ponde homens que os guardem.

¹⁹Vós, porém, não vos detenhais; persegui os vossos inimigos, matando os que vão ficando atrás; não os deixeis entrar nas suas cidades, porque o Senhor vosso Deus já vo-los entregou nas mãos.

²⁰Quando Josué e os filhos de Israel acabaram de os ferir com mui grande matança, até serem eles exterminados, e os que ficaram deles se retiraram às cidades fortificadas,

²¹todo o povo voltou em paz a Josué, ao arraial em Maqueda. Não havia ninguém que movesse a sua língua contra os filhos de Israel.

²²Depois disse Josué: Abri a boca da caverna, e trazei-me para fora aqueles cinco reis.

²³Fizeram, pois, assim, e trouxeram-lhe aqueles cinco reis para fora da caverna: o rei de Jerusalém, o rei de Hebrom, o rei de Jarmute, o rei de Laquis, e o rei de Eglom.

²⁴Quando os trouxeram a Josué, este chamou todos os homens de Israel, e disse aos comandantes dos homens de guerra que o haviam acompanhado: Chegai-vos, ponde os pés sobre os pescoços destes reis. E eles se chegaram e puseram os pés sobre os pescoços deles.

²⁵Então Josué lhes disse: Não temais, nem vos atemorizeis; esforçai-vos e tende bom ânimo, porque assim fará o Senhor a todos os vossos inimigos, contra os quais haveis de pelejar.

²⁶Depois disto Josué os feriu, e os matou, e os pendurou em cinco madeiros, onde ficaram pendurados até a tarde.

²⁷Ao pôr do sol, por ordem de Josué, tiraram-nos dos madeiros, lançaram-nos na caverna em que se haviam escondido, e puseram à boca da mesma grandes pedras, que ainda ali estão até o dia de hoje.

²⁸Naquele mesmo dia Josué tomou a Maqueda, e feriu-a a fio de espada, bem como a seu rei; totalmente os destruiu com todos os que nela havia, sem deixar ali nem sequer um. Fez, pois, ao rei de Maqueda como fizera ao rei de Jericó.

²⁹De Maqueda, Josué, e todo o Israel com ele, passou a Libna, e pelejou contra ela.

³⁰E a esta também, e a seu rei, o Senhor entregou na mão de Israel, que a feriu a fio de espada com todos os que nela havia, sem deixar ali nem sequer um. Fez, pois, ao seu rei como fizera ao rei de Jericó.

³¹De Libna, Josué, e todo o Israel com ele, passou a Laquis, e a sitiou, e pelejou contra ela.

³²O Senhor entregou também a Laquis na mão de Israel, que a tomou no segundo dia, e a feriu a fio de espada com todos os que nela havia, conforme tudo o que fizera a Libna.

³³Então Horão, rei de Gezer, subiu para ajudar a Laquis; porém Josué o feriu, a ele e ao seu povo, até não lhe deixar nem sequer um.

³⁴De Laquis, Josué, e todo o Israel com ele, passou a Eglom, e a sitiaram, e pelejaram contra ela,

³⁵e no mesmo dia a tomaram, ferindo-a a fio de espada; destruiu totalmente nesse mesmo dia todos os que nela estavam, conforme tudo o que fizera a Laquis.

³⁶De Eglom, Josué, e todo o Israel com ele, subiu a Hebrom; pelejaram contra ela,

³⁷tomaram-na, e a feriram ao fio da espada, bem como ao seu rei, e a todas as suas cidades, com todos os que nelas havia. A ninguém deixou com vida, mas, conforme tudo o que fizera a Eglom, a destruiu totalmente, com todos os que nela havia.

³⁸Então Josué, e todo o Israel com ele, voltou a Debir, pelejou contra ela,

³⁹e a tomou com o seu rei e com todas as suas cidades; feriu-as a fio de espada, e a todos os que nelas havia destruiu totalmente, não deixando nem sequer um. Como fizera a Hebrom, e como fizera também a Libna e ao seu rei, assim fez a Debir e ao seu rei.

⁴⁰Assim feriu Josué toda aquela terra, a região montanhosa, o Negebe, a baixada, e as faldas das montanhas, e a todos os seus reis. Não deixou nem sequer um; mas a tudo o que tinha fôlego destruiu totalmente, como ordenara o Senhor, o Deus de Israel.

⁴¹Assim Josué os feriu desde Cades-Barnéia até Gaza, como também toda a terra de Gósem, até Gibeão.

⁴²E de uma só vez tomou Josué todos esses reis e a sua terra, porquanto o Senhor, o Deus de Israel, pelejava por Israel.

⁴³Então Josué, e todo o Israel com ele, voltou ao arraial em Gilgal.

## Capítulo 11

¹Quando Jabim, rei de Hazor, ouviu isso, enviou mensageiros a Jobabe, rei de Madom, e ao rei de Sinrom, e ao rei de Acsafe,

²e aos reis que estavam ao norte, na região montanhosa, na Arabá ao sul de Quinerote, na baixada, e nos planaltos de Dor ao ocidente;

³ao cananeu do oriente e do ocidente, ao amorreu, ao heteu, ao perizeu, ao jebuseu na região montanhosa, e ao heveu ao pé de Hermom na terra de Mizpá.

⁴Saíram pois eles, com todos os seus exércitos, muito povo, em multidão como a areia que está na praia do mar, e muitíssimos cavalos e carros.

⁵Todos esses reis, reunindo-se, vieram e juntos se acamparam às águas de Merom, para pelejarem contra Israel.

⁶Disse o Senhor a Josué: Não os temas, pois amanhã a esta hora eu os entregarei todos mortos diante de Israel. Os seus cavalos jarretarás, e os seus carros queimarás a fogo.

⁷Josué, pois, com toda a gente de guerra, sobreveio-lhes de repente às águas de Merom, e deu sobre eles.

⁸E o Senhor os entregou na mão dos israelitas, que os feriram e os perseguiram até a grande Sidom, e até Misrefote-Maim, e até o vale de Mizpe ao oriente; e feriram-nos até não lhes deixar nem sequer um.

⁹Fez-lhes Josué como o Senhor lhe dissera: os seus cavalos jarretou, e os seus carros queimou a fogo.

¹⁰Naquele tempo Josué voltou e tomou também a Hazor, e feriu à espada ao seu rei, porquanto Hazor dantes era a cabeça de todos estes reinos.

¹¹E passaram ao fio da espada a todos os que nela havia, destruindo-os totalmente; nada restou do que tinha fôlego; e a Hazor ele queimou a fogo.

¹²Josué, pois, tomou todas as cidades desses reis, e a eles mesmos, e os passou ao fio da espada, destruindo-os totalmente, como ordenara Moisés, servo do Senhor.

¹³Contudo, quanto às cidades que se achavam sobre os seus altos, a nenhuma delas queimou Israel, salvo somente a Hazor; a essa Josué

queimou.

¹⁴Mas todos os despojos dessas cidades, e o gado, tomaram-nos os filhos de Israel como presa para si; porém feriram ao fio da espada todos os homens, até os destruírem; nada deixaram do que tinha fôlego de vida.

¹⁵Como o Senhor ordenara a Moisés, seu servo, assim Moisés ordenou a Josué, e assim Josué o fez; não deixou de fazer coisa alguma de tudo o que o Senhor ordenara a Moisés.

¹⁶Assim Josué tomou toda aquela terra, a região montanhosa, todo o Negebe, e toda a terra de Gósem e a baixada, e a Arabá, e a região montanhosa de Israel com a sua baixada,

¹⁷desde o monte Halaque, que sobe a Seir, até Baal-Gade, no vale do Líbano, ao pé do monte Hermom; também tomou todos os seus reis, e os feriu e os matou.

¹⁸Por muito tempo Josué fez guerra contra todos esses reis.

¹⁹Não houve cidade que fizesse paz com os filhos de Israel, senão os heveus, moradores de Gibeão; a todas tomaram à força de armas.

²⁰Porquanto do Senhor veio o endurecimento dos seus corações para saírem à guerra contra Israel, a fim de que fossem destruídos totalmente, e não achassem piedade alguma, mas fossem exterminados, como o Senhor tinha ordenado a Moisés.

²¹Naquele tempo veio Josué, e exterminou os anaquins da região montanhosa de Hebrom, de Debir, de Anabe, de toda a região montanhosa de Judá, e de toda a região montanhosa de Israel; Josué os destruiu totalmente com as suas cidades.

²²Não foi deixado nem sequer um dos anaquins na terra dos filhos de Israel; somente ficaram alguns em Gaza, em Gate, e em Asdode.

²³Assim Josué tomou toda esta terra conforme tudo o que o Senhor tinha dito a Moisés; e Josué a deu em herança a Israel, pelas suas divisões, segundo as suas tribos; e a terra repousou da guerra.

## Capítulo 12

¹Estes, pois, são os reis da terra, aos quais os filhos de Israel feriram e cujas terras possuíram, do Jordão para o nascente do sol, desde o vale do Arnom até o monte Hermom, e toda a Arabá para o oriente:

²Siom, rei dos amorreus, que habitava em Hesbom e que dominava desde Aroer, que está a borda do vale do Arnom, e desde o meio do vale, e a metade de Gileade, até o ribeiro Jaboque, termo dos amonitas;

³e a Arabá até o mar de Quinerote para o oriente, e até o mar da Arabá, o Mar Salgado, para o oriente, pelo caminho de Bete-Jesimote, e no sul abaixo das faldas de Pisga;

⁴como também o termo de Ogue, rei de Basã, que era do restante dos refains, o qual habitava em Astarote, e em Edrei,

⁵e dominava no monte Hermom, e em Salca, e em toda a Basã, até o termo dos gesureus e dos maacateus, e metade de Gileade, termo de siom, rei de Hesbom.

⁶Moisés, servo do Senhor, e os filhos de Israel os feriram; e Moisés, servo do Senhor, deu essa terra em possessão aos rubenitas, e aos gaditas, e à meia tribo de Manassés:

⁷E estes são os reis da terra, aos quais Josué e os filhos de Israel feriram, do Jordão para o ocidente, desde Baal-Gade, no vale do Líbano, até o monte Halaque, que sobe a Seir (e Josué deu as suas terras às tribos de Israel em possessão, segundo as suas divisoes,

⁸isto é, o que havia na região montanhosa, na baixada, na Arabá, nas faldas das montanhas, no deserto e no Negebe: o heteu, o amorreu, e o cananeu, o perizeu, o heveu, e o jebuseu):

⁹o rei de Jericó, o rei de Ai, que está ao lado de Betel,

¹⁰o rei de Jerusalém, o rei de Hebrom,

¹¹o rei de Jarmute, o rei de Laquis,

¹²o rei de Eglom, o rei de Gezer,

¹³o rei de Debir, o rei de Geder,

¹⁴o rei de Horma, o rei de Arade,

¹⁵o rei de Libna, o rei de Adulão,

¹⁶o rei de Maqueda, o rei de Betel,

¹⁷o rei de Tapua, o rei de Hefer,

¹⁸o rei de Afeque, o rei de Lassarom,

¹⁹o rei de Madom, o rei de Hazor,

²⁰o rei de Sinrom-Merom, o rei de Acsafe,

²¹o rei de Taanaque, o rei de Megido,

²²o rei de Quedes, o rei de Jocneão do Carmelo,

²³o rei de Dor no outeiro de Dor, o rei de Goiim em Gilgal,

²⁴o rei de Tirza: trinta e um reis ao todo.

## Capítulo 13

¹Era Josué já velho e avançado em anos, quando lhe disse o Senhor: Já estás velho e avançado em anos, e ainda fica muitíssima terra para se possuir.

²A terra que ainda fica é esta: todas as regiões dos filisteus, bem como todas as dos gesureus,

³desde Sior, que está defronte do Egito, até o termo de Ecrom para o norte, que se tem como pertencente aos cananeus; os cinco chefes dos filisteus; o gazeu, o asdodeu, o asqueloneu, o giteu, e o ecroneu; também os aveus;

⁴no sul toda a terra, dos cananeus, e Meara, que pertence aos sidônios, até Afeca, até o termo dos amorreus;

⁵como também a terra dos Gebalitas, e todo o Líbano para o nascente do sol, desde Baal-Gade, ao pé do monte Hermom, até a entrada de Hamate;

⁶todos os habitantes da região montanhosa desde o Líbano até Misrefote-Maim, a saber, todos os sidônios. Eu os lançarei de diante dos filhos de Israel; tão-somente reparte a terra a Israel por herança, como já te mandei.

⁷Reparte, pois, agora esta terra por herança às nove tribos, e à meia tribo de Manassés.

⁸Com a outra meia tribo os rubenitas e os gaditas já haviam recebido a sua herança do Jordão para o oriente, a qual Moisés, servo do Senhor, lhes tinha dado:

⁹desde Aroer, que está à borda do vale do Arnom, e a cidade que está no meio do vale, e todo o planalto de Medeba até Dibom;

¹⁰e todas as cidades de Siom, rei dos amorreus, que reinou em Hesbom, até o termo dos amonitas;

¹¹e Gileade, e o território dos gesureus e dos maacateus, e todo o monte Hermom, e toda a Basã até Salca,

¹²todo o reino de Ogue em Basã, que reinou em Astarote e em Edrei (ele era dos refains que ficaram); pois que Moisés os feriu e expulsou.

¹³Contudo os filhos de Israel não expulsaram os gesureus nem os maacateus, os quais ficaram habitando no meio de Israel até o dia de hoje.

¹⁴Tão-somente à tribo de Levi não deu herança; as ofertas queimadas ao Senhor, Deus de Israel, são a sua herança, como lhe tinha dito.

¹⁵Assim Moisés deu herança à tribo dos filhos de Rúben conforme as suas famílias.

¹⁶E foi o seu território desde Aroer, que está à borda do vale do Amom, e a cidade que está no meio do vale, e todo o planalto junto a Medeba;

¹⁷Hesbom, e todas as suas cidades que estão no planalto; Dibom, Bamote-Baal e Bete-Baal-Meom,

¹⁸Jaza, Qa espada até serem consumidos, então todo o Israel

¹⁹Quiriataim, Sibma e Zerete-Saar, no monte do vale;

²⁰Bete-Peor, as faldas de Pisga e Bete-Jesimote;

²¹todas as cidades do planalto, e todo o reino de Siom, rei dos amorreus, que reinou em Hesbom, a quem Moisés feriu juntamente com os príncipes de Midiã: Evi, Requem, Zur, Hur e Reba, príncipes de Siom, que moravam naquela terra.

²²Também ao adivinho Balaão, filho de Beor, os filhos de Israel mataram à espada, juntamente com os demais que por eles foram mortos.

²³E ficou sendo o Jordão o termo dos filhos de Rúben. Essa região, com as suas cidades e aldeias, foi a herança dos filhos de Rúben, segundo as suas famílias.

²⁴Também deu Moisés herança à tribo de Gade, aos filhos de Gade, segundo as suas famílias.

²⁵E foi o seu território Jazer, e todas as cidades de Gileade, e metade da terra dos amonitas, até Aroer, que está defronte de Rabá;

²⁶desde Hesbom até Ramá-Mizpe, e Betonim, e desde Maanaim até o termo de Debir;

²⁷e no vale, Bete-Arã, Bete-Ninra, Sucote e Zafom, resto do reino de Siom, rei de Hesbom, tendo o Jordão por termo, até a extremidade do mar de Quinerete, do Jordão para o oriente.

²⁸Essa região, com as suas cidades e aldeias, foi a herança dos filhos da Gade, segundo as suas famílias.

²⁹Também deu Moisés herança à meia tribo de Manassés; a qual foi repartida à meia tribo dos filhos de Manassés segundo as suas famílias.

³⁰Foi o seu território desde Maanaim; toda a Basã, todo o reino de Ogue, rei de Basã, e todas as aldeias de Jair, que estão em Basã, sessenta ao todo;

³¹e metade de Gileade, e Astarote, e Edrei, cidades do reino de

Ogue, em Basã, foram para os filhos de Maquir, filho de Manassés, isto é, para a metade dos filhos de Maquir, segundo as suas famílias.

³²Isso é o que Moisés repartiu em herança nas planícies de Moabe, do Jordão para o oriente, na altura de Jericó.

³³Contudo, à tribo de Levi Moisés não deu herança; o Senhor, Deus de Israel, é a sua herança, como lhe tinha dito.

## Capítulo 14

¹Estas, pois, são as heranças que os filhos de Israel receberam na terra de Canaã, as quais Eleazar, o sacerdote, e Josué, filho de Num, e os cabeças das casas paternas das tribos dos filhos de Israel lhes repartiram.

²Foi feita por sorte a partilha da herança entre as nove tribos e meia, como o Senhor ordenara por intermédio de Moisés.

³Porquanto às duas tribos e meia Moisés já dera herança além do Jordão; mas aos levitas não deu herança entre eles.

⁴Os filhos de José eram duas tribos, Manassés e Efraim; e aos levitas não se deu porção na terra, senão cidades em que habitassem e os arrabaldes delas para o seu gado e para os seus bens. :

⁵Como o Senhor ordenara a Moisés, assim fizeram os filhos de Israel e repartiram a terra.

⁶Então os filhos de Judá chegaram a Josué em Gilgal; e Calebe, filho de Jefoné o quenezeu, lhe disse: Tu sabes o que o Senhor falou a Moisés, homem de Deus, em Cades-Barnéia, a respeito de mim e de ti.

⁷Quarenta anos tinha eu quando Moisés, servo do Senhor, me enviou de Cades-Barnéia para espiar a terra, e eu lhe trouxe resposta, como sentia no meu coração.

⁸Meus irmãos que subiram comigo fizeram derreter o coração o povo; mas eu perseverei em seguir ao Senhor meu Deus.

⁹Naquele dia Moisés jurou, dizendo: Certamente a terra em que pisou o teu pé te será por herança a ti e a teus filhos para sempre, porque perseveraste em seguir ao Senhor meu Deus.

¹⁰E agora eis que o Senhor, como falou, me conservou em vida estes quarenta e cinco anos, desde o tempo em que o Senhor falou esta palavra a Moisés, andando Israel ainda no deserto; e eis que hoje tenho já oitenta e cinco anos;

¹¹ainda hoje me acho tão forte como no dia em que Moisés me enviou; qual era a minha força então, tal é agora a minha força, tanto para a guerra como para sair e entrar.

¹²Agora, pois, dá-me este monte de que o Senhor falou naquele dia; porque tu ouviste, naquele dia, que estavam ali os anaquins, bem como cidades grandes e fortificadas. Porventura o Senhor será comigo para os expulsar, como ele disse.

¹³Então Josué abençoou a Calebe, filho de Jefoné, e lhe deu Hebrom em herança.

¹⁴Portanto Hebrom ficou sendo herança de Calebe, filho de Jefoné o quenezeu, até o dia de hoje, porquanto perseverara em seguir ao Senhor Deus de Israel.

¹⁵Ora, o nome de Hebrom era outrora Quiriate-Arba, porque Arba era o maior homem entre os anaquins. E a terra repousou da guerra.

## Capítulo 15

¹A sorte que coube à tribo dos filhos de Judá, segundo as suas famílias, se estende até o termo de Edom, até o deserto de Zim para o sul, na extremidade do lado meridional

²O seu termo meridional, partindo da extremidade do Mar Salgado, da baía que dá para o sul,

³estende-se para o sul, até a subida de Acrabim, passa a Zim, sobe pelo sul de Cades-Barnéia, passa por Hezrom, sobe a Adar, e vira para Carca;

⁴daí passa a Azmom, chega até o ribeiro do Egito, e por ele vai até o mar. Este será o vosso termo meridional.

⁵O termo oriental é o Mar Salgado, até a foz do Jordão. O termo setentrional, partindo da baía do mar na foz do Jordão,

⁶sobe até Bete-Hogla, passa ao norte de Bete-Arabá, e sobe até a pedra de Boã, filho de Rúben;

⁷sobe mais este termo a Debir, desde o vale de Acor, indo para o norte em direção a Gilgal, a qual está defronte da subida de Adumim, que se acha ao lado meridional do ribeiro; então continua este termo até as águas de En-Semes, e os seus extremos chegam a En-Rogel;

⁸sobe ainda pelo vale de Ben-Hinom, até a saliência meridional do monte jebuseu (isto é, Jerusalém); sobe ao cume do monte que está fronteiro ao vale de Hinom para o ocidente, na extremidade do vale dos refains para o norte;

⁹do cume do monte se estende até a fonte das águas de Neftoa e, seguindo até as cidades do monte de Efrom, estende-se ainda até Baalá (esta é Quiriate-Jearim) ;

¹⁰de Baalá este termo volta para o ocidente, até o monte Seir, passa ao lado do monte Jearim da banda do norte (este é Quesalom) , desce a Bete-Semes e passa por Timna;

¹¹segue mais este termo até o lado de Ecrom para o norte e, indo para Siquerom e passando o monte de Baalá, chega a Jabneel; e assim este termo finda no mar.

¹²O termo ocidental é o mar grande. São esses os termos dos filhos de Judá ao redor, segundo as suas famílias.

¹³Deu-se, porém, a Calebe, filho de Jefoné, uma porção no meio dos filhos de Judá, conforme a ordem do Senhor a Josué, a saber, Quiriate-Arba, que é Hebrom (Arba era o pai de Anaque).

¹⁴E Calebe expulsou dali os três filhos de Anaque: Sesai, Aimã e Talmai, descendentes de Anaque.

¹⁵Dali subiu contra os habitantes de Debir. Ora, o nome de Debir era dantes Quiriate-Sefer.

¹⁶Disse então Calebe: A quem atacar Quiriate-Sefer e a tomar, darei a minha filha Acsa por mulher.

¹⁷Tomou-a, pois, Otniel, filho de Quenaz, irmão de Calebe; e este lhe deu a sua filha Acsa por mulher.

¹⁸Estando ela em caminho para a casa de Otniel, persuadiu-o que pedisse um campo ao pai dela. E quando ela saltou do jumento, Calebe lhe perguntou: Que é que tens?

¹⁹Respondeu ela: Dá-me um presente; porquanto me deste terra no Negebe, dá-me também fontes d'água. Então lhe deu as fontes superiores e as fontes inferiores.

²⁰Esta é a herança da tribo dos filhos de Judá, segundo as suas famílias.

²¹As cidades pertencentes à tribo dos filhos de Judá, no extremo sul, para o lado de Edom, são: Cabzeel, Eder, Jagur,

²²Quiná, Dimona, Adada,

²³Quedes, Hazor, Itnã,

²⁴Zife, Telem, Bealote,

²⁵Hazor-Hadada, Queriote-Hezrom (que é Hazor),

²⁶Amã, Sema, Molada,

²⁷Hazar-Gada, Hesmom, Bete-Pelete,

²⁸Hazar-Sual, Berseba, Biziotiá,

²⁹Baalá, Iim, Ezem,

³⁰Eltolade, Quesil, Horma,

³¹Ziclague, Madmana, Sansana,

³²Lebaote, Silim, Aim e Rimom; ao todo, vinte e nove cidades, e as suas aldeias.

³³Na baixada: Estaol, Zorá, Asná,

³⁴Zanoa, En-Ganim, Tapua, Enã,

³⁵Jarmute, Adulão, Socó, Azeca,

³⁶Saraim, Aditaim, Gedera e Gederotaim; catorze cidades e as suas aldeias.

³⁷Zenã, Hadasa, Migdal-Gade,

³⁸Dileã, Mizpe, Jocteel,

³⁹Laquis, Bozcate, Erglom,

⁴⁰Cabom, Laamás, Quitlis,

⁴¹Gederote, Bete-Dagom, Naama e Maqueda; dezesseis cidades e as suas aldeias.

⁴²Libna, Eter, Asã,

⁴³Iftá, Asná, Nezibe,

⁴⁴Queila, Aczibe e Maressa; nove cidades e as suas aldeias.

⁴⁵Ecrom, com as suas vilas e aldeias;

⁴⁶desde Ecrom até o mar, todas as que estão nas adjacências de Asdode, e as suas aldeias;

⁴⁷Asdode, com as suas vilas e aldeias; Gaza, com as suas vilas e aldeias, até o rio do Egito, e o mar grande, que serve de termo.

⁴⁸E na região montanhosa: Samir, Jatir, Socó,

⁴⁹Daná, Quiriate-Saná (que é Debir),

⁵⁰Anabe, Estemó, Anim,

⁵¹Gósem Holom e Gilo; onze cidades e as suas aldeias.

⁵²Arabe, Dumá, Esã,

⁵³Janim, Bete-Tapua, Afeca,

⁵⁴Hunta, Quiriate-Arba (que é Hebrom) e Zior; nove cidades e as suas aldeias.

⁵⁵Maom, Carmelo, Zife, Jutá,

⁵⁶Jizreel, Jocdeão, Zanoa,

⁵⁷Caim, Gibeá e Timna; dez cidades e as suas aldeias.

⁵⁸Halul, Bete-Zur, Gedor,

⁵⁹Maarate, Bete-Anote e Eltecom; seis cidades e as suas aldeias.

⁶⁰Quiriate-Baal (que é Quiriate-Jearim) e Rabá; duas cidades e as suas aldeias.

⁶¹No deserto: Bete-Arabá, Midim, Secaca,

⁶²Nibsã, a cidade do Sal e En-Gedi; seis cidades e as suas aldeias.

⁶³Não puderam, porém, os filhos de Judá expulsar os jebuseus que habitavam em Jerusalém; assim ficaram habitando os jebuseus com os filhos de Judá em Jerusalém, até o dia de hoje.

## Capítulo 16

¹Saiu depois a sorte dos filhos de José, a qual, partindo do Jordão, na altura de Jericó, junto às águas de Jericó ao oriente, se estende pelo deserto que sobe de Jericó através da região montanhosa até Betel;

²de Betel vai para Luz, e passa ao termo dos arquitas, até Atarote;

³desce para o ocidente até o termo dos jafletitas, até o termo de Bete-Horom de baixo, e daí até Gezer, indo terminar no mar.

⁴Assim receberam a sua herança os filhos de José, Manassés e Efraim.

⁵Ora, fica o termo dos filhos de Efraim, segundo as suas famílias, como se segue: para o oriente o termo da sua herança é Atarote-Adar até Bete-Horom de cima;

⁶sai este termo para o ocidente junto a Micmetá ao norte e vira para o oriente até Taanate-Siló, margeando-a a leste de Janoa;

⁷desce de Janoa a Atarote e a Naarate, toca em Jericó e termina no Jordão:

⁸De Tapua estende-se para o ocidente até o ribeiro de Caná, e vai terminar no mar. Esta é a herança da tribo dos filhos de Efraim, segundo as suas famílias.

⁹juntamente com as cidades que se separaram para os filhos de Efraim no meio da herança dos filhos de Manassés, todas as cidades e suas aldeias.

¹⁰E não expulsaram aos cananeus que habitavam em Gezer; mas os cananeus ficaram habitando no meio dos efraimitas até o dia de hoje, e tornaram-se servos, sujeitos ao trabalho forçado.

## Capítulo 17

¹Também coube sorte à tribo de Manassés, porquanto era o primogênito de José. Quanto a Maquir, o primogênito de Manassés, pai de Gileade, porquanto era homem de guerra, obtivera Gileade e Basã.

²Também os outros filhos de Manassés tiveram a sua parte, segundo as suas famílias, a saber: os filhos de Abiezer, os filhos de Heleque, os filhos de Asriel, os filhos de Siquém, os filhos de Hefer, e os filhos de semida. Esses são os filhos de Manassés, filho de José, segundo as suas famílias.

³Zelofeade, porém, filho de Héfer, filho de Gileade, filho de Maquir, filho de Manassés, não teve filhos, mas só filhas; e estes são os nomes de suas filhas: Macla, Noa, Hogla, Milca e Tirza.

⁴Estas, pois, se apresentaram diante de Eleazar, o sacerdote, e diante de Josué, filho de Num, e diante dos príncipes, dizendo: O Senhor ordenou a Moisés que se nos desse herança no meio de nossos irmãos. Pelo que se lhes deu herança no meio dos irmãos de seu pai, conforme a ordem do Senhor.

⁵E couberam a Manassés dez quinhões, afora a terra de Gileade e Basã, que está além do Jordão;

⁶porque as filhas de Manassés possuíram herança entre os filhos dele; e a terra de Gileade coube aos outros filhos de Manassés.

⁷Ora, o termo de Manassés vai desde Aser até Micmetá, que está defronte de Siquém; e estende-se pela direita até os moradores de En-Tapua.

⁸A terra de Tapua ficou pertencendo a Manassés; porém Tapua, junto ao termo de Manassés, pertencia aos filhos de Efraim.

⁹Então desce este termo ao ribeiro de Caná; a Efraim couberam as cidades ao sul do ribeiro no meio das cidades de Manassés; o termo de Manassés está ao norte do ribeiro, e vai até o mar.

¹⁰Ao sul a terra é de Efraim, e ao norte de Manassés, sendo o mar o seu termo. Estendem-se ao norte até Aser, e ao oriente até Issacar

¹¹Porque em Issacar e em Aser couberam a Manassés Bete-Seã e suas vilas, Ibleão e suas vilas, os habitantes de Dor e suas vilas, os habitantes de En-Dor e suas vilas, os habitantes de Taanaque e suas vilas, e os habitantes de Megido e suas vilas, com os seus três outeiros.

¹²Contudo os filhos de Manassés não puderam expulsar os habitantes daquelas cidades, porquanto os cananeus persistiram em habitar naquela terra.

¹³Mas quando os filhos de Israel se tornaram fortes, sujeitaram os cananeus a trabalhos forçados, porém não os expulsaram de todo.

¹⁴Então os filhos de José falaram a Josué, dizendo: Por que me deste por herança apenas uma sorte e um quinhão, sendo eu um povo numeroso, porquanto o Senhor até aqui me tem abençoado?

¹⁵Respondeu-lhes Josué: Se és povo numeroso, sobe ao bosque, e corta para ti lugar ali na terra dos perizeus e dos refains, desde que a região montanhosa de Efraim te é estreita demais.

¹⁶Tornaram os filhos de José: A região montanhosa não nos bastaria; além disso todos os cananeus que habitam na terra do vale têm carros de ferro, tanto os de Bete-Seã e das suas vilas, como os que estão no vale de Jizreel.

¹⁷Então Josué falou a casa de José, isto é, a Efraim e a Manassés, dizendo: Povo numeroso és tu, e tens grande força; não terás uma sorte apenas;

¹⁸porém a região montanhosa será tua; ainda que é bosque, cortá-lo-ás, e as suas extremidades serão tuas; porque expulsarás os cananeus, não obstante terem eles carros de ferro e serem fortes:

## Capítulo 18

¹Ora, toda a congregação dos filhos de Israel, havendo conquistado a terra, se reuniu em Siló, e ali armou a tenda da revelação.

²E dentre os filhos de Israel restavam sete tribos que ainda não tinham repartido a sua herança.

³Disse, pois, Josué aos filhos de Israel: Até quando sereis remissos em entrardes para possuir a terra que o Senhor Deus de vossos pais vos deu?

⁴Designai vós a três homens de cada tribo, e eu os enviarei; e eles sairão a percorrer a terra, e a demarcarão segundo as suas heranças, e voltarão a ter comigo.

⁵Reparti-la-ão em sete partes; Judá ficará no seu termo da banda do sul; e a casa de José ficará no seu termo da banda do norte.

⁶Sim, vós demarcareis a terra em sete partes, e me trareis a mim a sua descrição; eu vos lançarei as sortes aqui perante o Senhor nosso Deus.

⁷Porquanto os levitas não têm parte no meio de vós, porque o sacerdócio do Senhor é a sua herança; e Gade, Rúben e a meia tribo de Manassés já receberam a sua herança além do Jordão para o oriente, a qual lhes deu Moisés, servo do Senhor.

⁸Então aqueles homens se aprontaram para saírem; e Josué deu ordem a esses que iam demarcar a terra, dizendo: Ide, percorrei a terra, e demarcai-a; então vinde ter comigo; e aqui em Siló vos lançarei as sortes perante o Senhor.

⁹Foram, pois, aqueles homens e, passando pela terra, a demarcaram em sete partes segundo as suas cidades, descrevendo-a num livro; e voltaram a Josué, ao arraial em Siló.

¹⁰Então Josué lhes lançou as sortes em Siló, perante o Senhor; e ali repartiu Josué a terra entre os filhos de Israel, conforme as suas divisões.

¹¹E surgiu a sorte da tribo dos filhos de Benjamim, segundo as suas famílias, e coube-lhe o território da sua sorte entre os filhos de Judá e os filhos de José.

¹²O seu termo ao norte, partindo do Jordão, vai até a saliência ao norte de Jericó e, subindo pela região montanhosa para o ocidente, chega até o deserto de Bete-Áven;

¹³dali passa até Luz, ao lado de Luz (que é Betel) para o sul; e desce a Atarote-Adar, junto ao monte que está ao sul de Bete-Horom de baixo;

¹⁴e vai este termo virando, pelo lado ocidental, para o sul desde o monte que está defronte de Bete-Horom; e chega a Quiriate-Baal (que é Quiriate-Jearim), cidade dos filhos de Judá. Esta é a sua fronteira ocidental.

¹⁵A sua fronteira meridional começa desde a extremidade de Quiriate-Jearim, e dali se estende até Efrom, até a fonte das águas de Neftoa;

¹⁶desce à extremidade do monte que está fronteiro ao vale de Ben-Hinom, que está no vale dos refains, para o norte; também desce ao vale de Hinom da banda dos jebuseus para o sul; e desce ainda até En-Rogel;

¹⁷passando para o norte, chega a En-Semes, e dali sai a Gelilote, que está defronte da subida de Adumim; desce à pedra de Boã, filho de Rúben;

¹⁸segue para o norte, margeando a Arabá, e desce ainda até a Arabá;

¹⁹segue dali para o norte, ladeando Bete-Hogla; e os seus extremos chegam à baía setentrional do Mar Salgado, na extremidade meridional do Jordão. Esse é o termo do sul.

²⁰E o Jordão é o seu termo oriental. Essa é a herança dos filhos de Benjamim, pelos seus termos ao redor, segundo as suas famílias.

²¹Ora, as cidades da tribo dos filhos de Benjamim, segundo as suas famílias, são: Jericó, Bete-Hogla, Emeque-Queziz,

²²Bete-Arabá, Zemaraim, Betel,

²³Avim, Pará, Ofra,

²⁴Quefar-Ha-Amonai. Ofni e Gaba; doze cidades e as suas aldeias.

²⁵Gibeão, Ramá, Beerote,

²⁶Mizpe, Cefira, Moza,

²⁷Requem, Irpeel, Tarala,

28Zela, Elefe e Jebus (esta é Jerusalém), Gibeá e Quiriate; catorze cidades e as suas aldeias. Essa é a herança dos filhos de Benjamim, segundo as suas famílias.

## Capítulo 19

¹Saiu a segunda sorte a Simeão, isto é, à tribo dos filhos de Simeão, segundo as suas famílias; e foi a sua herança no meio da herança dos filhos de Judá.

²Tiveram, pois, na sua herança: Berseba, Seba, Molada,

³Hazar-Sual, Balá, Ezem,

⁴Eltolade, Betul, Horma,

⁵Ziclague, Bete-Marcabote, Hazar-Susa,

⁶Bete-Lebaote e Saruém; treze cidades e as suas aldeias.

⁷Aim, Rimom, Eter e Asã; quatro cidades e as suas aldeias;

⁸e todas as aldeias que havia em redor dessas cidades, até Baalate-Ber, que é Ramá do sul. Essa é a herança da tribo dos filhos de Simeão, segundo as suas famílias.

⁹Ora, do quinhão dos filhos de Judá tirou-se a herança dos filhos de Simeão, porquanto a porção dos filhos de Judá era demasiadamente grande para eles; pelo que os filhos de Simeão receberam herança no meio da herança deles.

¹⁰Surgiu a terceira sorte aos filhos de Zebulom, segundo as suas famílias. Vai o termo da sua herança até Saride;

¹¹sobe para o ocidente até Marala, estende-se até Dabesete, e chega até o ribeiro que está defronte de Jocneão;

¹²de Saride vira para o oriente, para o nascente do sol, até o termo de Quislote-Tabor, estende-se a Daberate, e vai subindo a Jafia;

¹³dali passa para o oriente a Gate-Hefer, a Ete-Cazim, chegando a Rimom-Metoar e virando-se para Neá;

¹⁴vira ao norte para Hanatom, e chega ao vale de Iftael;

¹⁵e Catate, Naalal, Sinrom, Idala e Belém; doze cidades e as suas aldeias.

¹⁶Essa é a herança dos filhos de Zebulom, segundo as suas famílias, essas cidades e as suas aldeias.

¹⁷A quarta sorte saiu aos filhos de Issacar, segundo as suas famílias.

¹⁸Vai o seu termo até Jizreel, Quesulote, Suném.

¹⁹Hafaraim, Siom, Anaarate,

²⁰Rabite, Quisiom, Abes,

²¹Remete, En-Ganim, En-Hadá e Bete-Pazez,

²²estendendo-se este termo até Tabor, Saazima e Bete-Semes; e vai terminar no Jordão; dezesseis cidades e as suas aldeias.

²³Essa é a herança da tribo dos filhos de Issacar, segundo as suas famílias, essas cidades e as suas aldeias.

²⁴Saiu a quinta sorte à tribo dos filhos de Aser, segundo as suas famílias.

²⁵O seu termo inclui Helcate, Hali, Bétem, Acsafe,

²⁶Alameleque, Amade e Misal; estende-se para o ocidente até Carmelo e Sior-Libnate;

²⁷vira para o nascente do sol a Bete-Dagom; chega a Zebulom e ao vale de Iftael para o norte, até Bete-Emeque e Neiel; estende-se pela esquerda até Cabul,

²⁸Ebrom, Reobe, Hamom e Caná, até a grande Sidom;

²⁹vira para Ramá, e para a cidade fortificada de Tiro, desviando-se então para Hosa, donde vai até o mar; Maalabe, Aczibe,

³⁰Umá, Afeca e Reobe; ao todo, vinte e duas cidades e as suas aldeias.

³¹Essa é a herança da tribo dos filhos de Aser, segundo as suas famílias, essas cidades e as suas aldeias.

³²Saiu a sexta sorte aos filhos de Naftali, segundo as suas famílias.

³³Vai o seu termo desde Helefe e desde o carvalho em Zaananim, e Adâmi-Nequebe e Jabneel, até Lacum, terminando no Jordão;

³⁴vira para o ocidente até Aznote-Tabor, e dali passa a Hucoque; chega a Zebulom, da banda do sul, e a Aser, da banda do ocidente, e a Judá, à margem do Jordão, para o oriente.

³⁵E são as cidades fortificadas: Zidim, Zer, Hamate, Racate, Quinerete.

³⁶Adama, Ramá, Hazor,

³⁷Quedes, Edrei, En-Hazor,

³⁸Irom, Migdal-El, Horem, Bete-Anate e Bete-Semes; dezenove cidades e as suas aldeias.

³⁹Essa é a herança da tribo dos filhos de Naftali, segundo as suas famílias, essas cidades e as suas aldeias.

⁴⁰A sétima sorte saiu à tribo dos filhos de Dã, segundo as suas famílias.

⁴¹O termo da sua herança inclui: Zorá, Estaol, Ir-Semes,

⁴²Saalabim, Aijalom, Itla,

⁴³Elom, Timnate, Ecrom,

⁴⁴Elteque, Gibetom, Baalate,

⁴⁵Jeúde, Bene-Beraque, Gate-Rimom,

⁴⁶Me-Jarcom e Racom, com o território defronte de Jope.

⁴⁷Saiu, porém, pequena o território dos filhos de Dã; pelo que os filhos de Dã subiram, pelejaram contra Lesem e a tomaram; feriram-na ao fio da espada, tomaram posse dela e habitaram-na; e a Lesem chamaram Dã, conforme o nome de Dã, seu pai.

⁴⁸Essa é a herança da tribo dos filhos de Dã, segundo as suas famílias, essas cidades e as suas aldeias.

⁴⁹Tendo os filhos de Israel acabado de repartir a terra em herança segundo os seus termos, deram a Josué, filho de Num, herança no meio deles.

⁵⁰Segundo a ordem do Senhor lhe deram a cidade que pediu, Timnate-Sera, na região montanhosa de Efraim; e ele reedificou a cidade, e habitou nela.

⁵¹Essas são as heranças que Eleazar, o sacerdote, e Josué, filho de Num, e os cabeças das casas paternas nas tribos dos filhos de Israel repartiram em herança por sorte em Siló, perante o Senhor, à porta da tenda da revelação. E assim acabaram de repartir a terra.

## Capítulo 20

¹Falou mais o Senhor a Josué:

²Dize aos filhos de Israel: Designai para vós as cidades de refúgio, de que vos falei por intermédio de Moisés,

³a fim de que fuja para ali o homicida, que tiver matado alguma pessoa involuntariamente, e não com intento; e elas vos servirão de refúgio contra o vingador do sangue.

⁴Fugindo ele para uma dessas cidades, apresentar-se-á à porta da mesma, e exporá a sua causa aos anciãos da tal cidade; então eles o acolherão ali e lhe darão lugar, para que habite com eles.

⁵Se, pois, o vingador do sangue o perseguir, não lhe entregarão o homicida, porquanto feriu a seu próximo sem intenção e sem odiá-lo dantes.

⁶E habitará nessa cidade até que compareça em juízo perante a congregação, até que morra o sumo sacerdote que houver naqueles dias; então o homicida voltará, e virá à sua cidade e à sua casa, à cidade donde tiver fugido.

⁷Então designaram a Quedes na Galiléia, na região montanhosa de Naftali, a Siquém na região montanhosa de Efraim, e a Quiriate-Arba (esta é Hebrom) na região montanhosa de Judá.

⁸E, além do Jordão na altura de Jericó para o oriente, designaram a Bezer, no deserto, no planalto da tribo de Rúben a Ramote, em Gileade, da tribo de Gade, e a Golã, em Basã, da tribo de Manassés.

⁹Foram estas as cidades designadas para todos os filhos de Israel, e para o estrangeiro que peregrinasse entre eles, para que se acolhesse a elas todo aquele que matasse alguma pessoa involuntariamente, para que não morresse às mãos do vingador do sangue, até se apresentar perante a congregação.

## Capítulo 21

¹Então os cabeças das casas paternas dos levitas chegaram a Eleazar, o sacerdote, e a Josué, filho de Num, e aos cabeças das casas paternas nas tribos dos filhos de Israel,

²em Siló, na terra de Canaã, e lhes falaram, dizendo: O Senhor ordenou, por intermédio de Moisés, que se nos dessem cidades em que habitássemos, e os seus arrabaldes para os nossos animais.

³Pelo que os filhos de Israel deram aos levitas, da sua herança, conforme a ordem do Senhor, as seguintes cidades e seus arrabaldes.

⁴Saiu, pois, a sorte às famílias dos coatitas; e aos filhos de Arão, o sacerdote, que eram dos levitas, caíram por sorte, da tribo de Judá, da tribo de Simeão e da tribo de Benjamim, treze cidades;

⁵aos outros filhos de Coate caíram por sorte, das famílias da tribo de Efraim, da tribo de Dã e da meia tribo de Manassés, dez cidades;

⁶aos filhos de Gérson caíram por sorte, das famílias da tribo de Issacar, da tribo de Aser, da tribo de Naftali e da meia tribo de Manassés em Basã, treze cidades;

⁷e aos filhos de Merári, segundo as suas famílias, da tribo de Rúben, da tribo de Gade e da tribo de Zebulom, doze cidades.

⁸Assim deram os filhos de Israel aos levitas estas cidades e seus arrabaldes por sorte, como o Senhor ordenara por intermédio de Moisés.

⁹Ora, deram, da tribo dos filhos de Judá e da tribo dos filhos de Simeão, estas cidades que por nome vão aqui mencionadas,

¹⁰as quais passaram a pertencer aos filhos de Arão, sendo estes das famílias dos coatitas e estes, por sua vez, dos filhos de Levi; porquanto lhes caiu a primeira sorte.

¹¹Assim lhes deram Quiriate-Arba, que é Hebrom, na região

montanhosa de Judá, e seus arrabaldes em redor (Arba era o pai de Anaque).

¹²Mas deram o campo da cidade e suas aldeias a Calebe, filho de Jefoné, por sua possessão.

¹³Aos filhos de Arão, o sacerdote, deram Hebrom, cidade de refúgio do homicida, e seus arrabaldes, Libna e seus arrabaldes,

¹⁴Jatir e seus arrabaldes, Estemoa e seus arrabaldes,

¹⁵Holom e seus arrabaldes, Debir e seus arrabaldes,

¹⁶Aim e seus arrabaldes, Jutá e seus arrabaldes, Bete-Semes e seus arrabaldes; nove cidades dessas duas tribos.

¹⁷E da tribo de Benjamim, Gibeão e seus arrabaldes, Geba e seus arrabaldes,

¹⁸Anatote e seus arrabaldes, Almom e seus arrabaldes; quatro cidades.

¹⁹Todas as cidades dos sacerdotes, filhos de Arão, foram treze cidades e seus arrabaldes.

²⁰As famílias dos filhos de Coate, levitas, isto é, os demais filhos de Coate, receberam as cidades da sua sorte; da tribo de Efraim

²¹deram-lhes Siquém, cidade de refúgio do homicida, e seus arrabaldes, na região montanhosa de Efraim, Gezer e seus arrabaldes,

²²Quibzaim e seus arrabaldes, Bete-Horom e seus arrabaldes; quatro cidades.

²³E da tribo de Dã, Elteque e seus arrabaldes, Gibetom e seus arrabaldes,

²⁴Aijalom e seus arrabaldes, Gate-Rimon e seus arrabaldes; quatro cidades.

²⁵E da meia tribo de Manassés, Taanaque e seus arrabaldes, e Gate-Rimon e seus arrabaldes; duas cidades.

²⁶As famílias dos demais filhos de Coate tiveram ao todo dez cidades e seus arrabaldes.

²⁷Aos filhos de Gérsom das famílias dos levitas, deram, da meia tribo de Manassés, Golã, cidade de refúgio do homicida, em Basã, e seus arrabaldes, e Beesterá e seus arrabaldes; duas cidades.

²⁸E da tribo de Issacar, Quisiom e seus arrabaldes, Daberate e seus arrabaldes,

²⁹Jarmute e seus arrabaldes, En-Ganim e seus arrabaldes; quatro cidades.

³⁰E da tribo de Aser, Misal e seus arrabaldes, Abdom e seus arrabaldes,

³¹Helcate e seus arrabaldes, Reobe e seus arrabaldes; quatro cidades.

³²E da tribo de Naftali, Quedes, cidade de refúgio do homicida, na Galiléia, e seus arrabaldes, Hamote-Dor e seus arrabaldes, Cartã e seus arrabaldes; três cidades.

³³Todas as cidades dos gersonitas, segundo as suas famílias, foram treze cidades e seus arrabaldes.

³⁴Ás famílias dos filhos de Merári, aos demais levitas, deram da tribo de Zebulom, Jocneão e seus arrabaldes, Cartá e seus arrabaldes,

³⁵Dimna e seus arrabaldes, Naalal e seus arrabaldes; quatro cidades.

³⁶E da tribo de Rúben, Bezer e seus arrabaldes, Jaza e seus arrabaldes,

³⁷Quedemote e seus arrabaldes, Mefaate e seus arrabaldes; quatro cidades.

³⁸E da tribo de Gade, Ramote, cidade de refúgio do homicida, em Gileade, e seus arrabaldes, Maanaim e seus arrabaldes,

³⁹Hesbom e seus arrabaldes, Jazer e seus arrabaldes; ao todo, quatro cidades.

⁴⁰Todas essas cidades couberam por sorte aos filhos de Merári, segundo as suas famílias, o restante das famílias dos levitas; foram, ao todo, doze cidades.

⁴¹Todas as cidades dos levitas, no meio da herança dos filhos de Israel, foram quarenta e oito cidades e seus arrabaldes.

⁴²Cada uma dessas cidades tinha os seus arrabaldes em redor; assim foi com todas elas.

⁴³Desta maneira deu o Senhor a Israel toda a terra que, com juramento, prometera dar a seus pais; e eles a possuíram e habitaram nela.

⁴⁴E o Senhor lhes deu repouso de todos os lados, conforme tudo quanto jurara a seus pais; nenhum de todos os seus inimigos pôde ficar de pé diante deles, mas a todos o Senhor lhes entregou nas mãos.

⁴⁵Palavra alguma falhou de todas as boas coisas que o Senhor prometera à casa de Israel; tudo se cumpriu.

## Capítulo 22

¹Então Josué chamou os rubenitas, os gaditas e a meia tribo de Manassés,

²e disse-lhes: Tudo quanto Moisés, servo do Senhor, vos ordenou, tendes observado, bem como tendes obedecido à minha voz em tudo quanto vos ordenei.

³A vossos irmãos nunca desamparastes, até o dia de hoje, mas tendes observado cuidadosamente o mandamento do Senhor vosso Deus.

⁴Agora o Senhor vosso Deus deu descanso a vossos irmãos, como lhes prometera; voltai, pois, agora, e ide para as vossas tendas, para a terra da vossa possessão, que Moisés, servo do Senhor, vos deu além do Jordão.

⁵Tão-somente tende cuidado de guardar com diligência o mandamento e a lei que Moisés, servo do Senhor, vos ordenou: que ameis ao Senhor vosso Deus, andeis em todos os seus caminhos, guardeis os seus mandamentos, e vos apegueis a ele e o sirvais com todo o vosso coração e com toda a vossa alma.

⁶Assim Josué os abençoou, e os despediu; e eles foram para as suas tendas.

⁷Ora, Moisés dera herança em Basã à meia tribo de Manassés, porém à outra metade Josué deu herança entre seus irmãos, a oeste do Jordão. E quando Josué os enviou para as suas tendas os abençoou

⁸e lhes disse: Voltai para as vossas tendas com grandes riquezas: com muitíssimo gado, com prata e ouro, com cobre e ferro, e com muitíssimos vestidos; e reparti com vossos irmãos o despojo dos vossos inimigos.

⁹Assim voltaram os filhos de Rúben os filhos de Gade e a meia tribo de Manassés, separando-se dos filhos de Israel em Siló, que está na terra de Canaã, para irem à terra de Gileade, à terra da sua possessão, de que foram feitos possuidores, segundo a ordem do Senhor por intermédio de Moisés.

¹⁰Tendo chegado à região junto ao Jordão, ainda na terra de Canaã, os filhos de Rúben os filhos de Gade e a meia tribo de Manassés edificaram ali, à beira do Jordão, um altar de grandes proporções.

¹¹E os filhos de Israel ouviram dizer: Eis que os filhos de Rúben os filhos de Gade e a meia tribo de Manassés edificaram um altar na fronteira da terra de Canaã, na região junto ao Jordão, da banda que pertence aos filhos de Israel.

¹²Quando os filhos de Israel ouviram isto, congregaram-se todos em Siló, para subirem a guerrear contra eles.

¹³Então os filhos de Israel enviaram aos filhos de Rúben aos filhos de Gade e à meia tribo de Manassés, à terra de Gileade, Finéias, filho de Eleazar, o sacerdote,

¹⁴e com ele dez príncipes, um príncipe de cada casa paterna de todas as tribos de Israel; e eles eram os cabeças das suas casas paternas entre os milhares de Israel.

¹⁵Foram, pois, ter com os filhos de Rúben e os filhos de Gade e a meia tribo de Manassés, à terra de Gileade, e lhes disseram:

¹⁶Assim diz toda a congregação do Senhor: Que transgressão é esta que cometestes contra o Deus de Israel, deixando hoje de seguir ao Senhor, edificando-vos um altar para vos rebelardes hoje contra o Senhor?

¹⁷Acaso nos é pouca a iniqüidade de Peor, de que ainda até o dia de hoje não nos temos purificado, apesar de ter vindo uma praga sobre a congregaçao do Senhor,

¹⁸para que hoje queirais abandonar ao Senhor? Será que, rebelando-vos hoje contra o Senhor, amanhã ele se irará contra toda a congregação de Israel.

¹⁹Se é, porém, que a terra da vossa possessão é imunda, passai para a terra da possessão do Senhor, onde habita o tabernáculo do Senhor, e tomai possessão entre nós; mas não vos rebeleis contra o Senhor, nem tampouco vos rebeleis contra nós, edificando-vos um altar afora o altar do Senhor nosso Deus.

²⁰Não cometeu Acã, filho de Zerá, transgressão no tocante ao anátema? e não veio ira sobre toda a congregação de Israel? de modo que não pereceu ele só na sua iniqüidade.

²¹Então responderam os filhos de Rúben os filhos de Gade e a meia tribo de Manassés, e disseram aos cabeças dos milhares de Israel:

²²O Poderoso, Deus, o Senhor, o Poderoso, Deus, o Senhor, ele o sabe, e Israel mesmo o saberá! Se foi em rebeldia, ou por transgressão contra o Senhor não nos salves hoje;

²³se nós edificamos um altar, para nos tornar de após o Senhor, ou para sobre ele oferecer holocausto e oferta de cereais, ou sobre ele oferecer sacrifícios de ofertas pacíficas, o Senhor mesmo de nós o requeira;

²⁴e se antes o não fizemos com receio e de propósito, dizendo:

Amanhã vossos filhos poderiam dizer a nossos filhos: Que tendes vós com o Senhor Deus de Israel?

²⁵Pois o Senhor pôs o Jordão por termo entre nós e vós, ó filhos de Rúben e ó filhos de Gade; não tendes parte no Senhor. Assim bem poderiam vossos filhos fazer com que os nossos filhos deixassem de temer ao Senhor.

²⁶Pelo que dissemos: Edifiquemos agora um altar, não para holocausto, nem para sacrifício,

²⁷mas para que, entre nós e vós, e entre as nossas gerações depois de nós, nos sirva de testemunho para podermos fazer o serviço do Senhor diante dele com os nossos holocaustos, com os nossos sacrifícios e com as nossas ofertas pacíficas; para que vossos filhos não digam amanhã a nossos filhos: Não tendes parte no Senhor.

²⁸Pelo que dissemos: Quando amanhã disserem assim a nós ou às nossas gerações, então diremos: Vede o modelo do altar do Senhor que os nossos pais fizeram, não para holocausto nem para sacrifício, porém para ser testemunho entre nós e vós,

²⁹Longe esteja de nós que nos rebelemos contra o Senhor, ou que hoje o abandonemos, edificando altar para holocausto, oferta de cereais ou sacrifício, afora o altar do Senhor nosso Deus, que está perante o seu tabernáculo.

³⁰Quando, pois, Finéias, o sacerdote, e os príncipes da congregação, os cabeças dos milhares de Israel que estavam com ele, ouviram as palavras que lhes disseram os filhos de Rúben os filhos de Gade e os filhos de Manassés, ficaram satisfeitos.

³¹Então disse Finéias, filho de Eleazar, o sacerdote, aos filhos de Rúben aos filhos de Gade e aos filhos de Manassés: Hoje sabemos que o Senhor está no meio de nós, porquanto não cometestes tal transgressão contra o Senhor; agora livrastes os filhos de Israel da mão do Senhor.

³²E Finéias, filho de Eleazar, o sacerdote, e os príncipes, deixando os filhos de Rúben e os filhos de Gade, voltaram da terra de Gileade para a terra de Canaã, aos filhos de Israel, e trouxeram-lhes a resposta.

³³E com isso os filhos de Israel ficaram satisfeitos; e louvaram a Deus, e não falaram mais de subir a guerrear contra eles, para destruírem a terra em que habitavam os filhos de Rúben e os filhos de Gade.

³⁴E os filhos de Rúben e os filhos de Gade chamaram ao altar Testemunha; pois, disseram eles, é testemunho entre nós que o Senhor é Deus.

## Capítulo 23

¹Passados muitos dias, tendo o Senhor dado repouso a Israel de todos os seus inimigos em redor, e sendo Josué já velho, de idade muito avançada,

²chamou Josué a todo o Israel, aos seus anciãos, aos seus cabeças, aos seus juízes e aos seus oficiais, e disse-lhes: Eu já sou velho, de idade muito avançada;

³e vós tendes visto tudo quanto o Senhor vosso Deus fez a todas estas nações por causa e vós, porque é o Senhor vosso Deus que tem pelejado por vós.

⁴Vede que vos reparti por sorte estas nações que restam, para serem herança das vossas tribos, juntamente com todas as nações que tenho destruído, desde o Jordão até o grande mar para o pôr do sol.

⁵E o Senhor vosso Deus as impelirá, e as expulsará de diante de vós; e vós possuireis a sua terra, como vos disse o Senhor vosso Deus.

⁶Esforçai-vos, pois, para guardar e cumprir tudo quanto está escrito no livro da lei de Moisés, para que dela não vos desvieis nem para a direita nem para a esquerda;

⁷para que não vos mistureis com estas nações que ainda restam entre vós; e dos nomes de seus deuses não façais menção, nem por eles façais jurar, nem os sirvais, nem a eles vos inclineis.

⁸Mas ao Senhor vosso Deus vos apegareis, como fizeste até o dia de hoje;

⁹pois o Senhor expulsou de diante de vós grandes e fortes nações, e, até o dia de hoje, ninguém vos tem podido resistir.

¹⁰um só homem dentre vós persegue a mil, pois o Senhor vosso Deus é quem peleja por vós, como já vos disse.

¹¹Portanto, cuidai diligentemente de amar ao Senhor vosso Deus.

¹²Porque se de algum modo vos desviardes, e vos apegardes ao resto destas nações que ainda ficam entre vós, e com elas contrairdes matrimônio, e entrardes a elas, e elas a vós,

¹³sabei com certeza que o Senhor vosso Deus não continuará a expulsar estas nações de diante de vós; porém elas vos serão por laço e rede, e açoite às vossas ilhargas, e espinhos aos vossos olhos, até que pereçais desta boa terra que o Senhor vosso Deus vos deu.

¹⁴Eis que vou hoje pelo caminho de toda a terra; e vós sabeis em vossos corações e em vossas almas que não tem falhado uma só palavra de todas as boas coisas que a vosso respeito falou o Senhor vosso Deus; nenhuma delas falhou, mas todas se cumpriram.

¹⁵E assim como vos sobrevieram todas estas boas coisas de que o Senhor vosso Deus vos falou, assim trará o Senhor sobre vós todas aquelas más coisas, até vos destruir de sobre esta boa terra que ele vos deu.

¹⁶Quando transgredirdes o pacto do Senhor vosso Deus, que ele vos ordenou, e fordes servir a outros deuses, inclinando-vos a eles, a ira do Senhor se acenderá contra vós, e depressa perecereis de sobre a boa terra que ele vos deu.

## Capítulo 24

¹Depois Josué reuniu todas as tribos de Israel em Siquém, e chamou os anciãos de Israel, os seus cabeças, os seus juízes e os seus oficiais; e eles se apresentaram diante de Deus.

²Disse então Josué a todo o povo: Assim diz o Senhor Deus de Israel: Além do Rio habitaram antigamente vossos pais, Tera, pai de Abraão e de Naor; e serviram a outros deuses.

³Eu, porém, tomei a vosso pai Abraão dalém do Rio, e o conduzi por toda a terra de Canaã; também multipliquei a sua descendência, e dei-lhe Isaque.

⁴A Isaque; dei Jacó e Esaú; a Esaú dei em possessão o monte Seir; mas Jacó e seus filhos desceram para o Egito.

⁵Então enviei Moisés e Arão, e feri o Egito com aquilo que fiz no meio dele; e depois vos tirei de lá.

⁶Depois que tirei a vossos pais do Egito viestes ao mar; e os egípcios perseguiram a vossos pais, com carros e com cavaleiros, até o Mar Vermelho.

⁷Quando clamaram ao Senhor, ele pôs uma escuridão entre vós e os egípcios, e trouxe o mar sobre eles e os cobriu; e os vossos olhos viram o que eu fiz no Egito. Depois habitastes no deserto muitos dias.

⁸Então eu vos trouxe à terra dos amorreus, que habitavam além do Jordão, os quais pelejaram contra vós; porém os entreguei na vossa mão, e possuístes a sua terra; assim os destruí de diante de vós.

⁹Levantou-se também Balaque, filho de Zipor, rei dos moabitas, e pelejou contra Israel; e mandou chamar a Balaão, filho de Beor, para que vos amaldiçoasse;

¹⁰porém eu não quis ouvir a Balaão; pelo que ele vos abençoou; e eu vos livrei da sua mao.

¹¹E quando vós, passando o Jordão, viestes a Jericó, pelejaram contra vós os homens de Jericó, e os amorreus, os perizeus, os cananeus, os heteus, os girgaseus, os heveus e os jebuseus; porém os entreguei na vossa mao.

¹²Pois enviei vespões adiante de vós, que os expulsaram de diante de vós, como aos dois reis dos amorreus, não com a vossa espada, nem com o vosso arco.

¹³E eu vos dei uma terra em que não trabalhastes, e cidades que não edificastes, e habitais nelas; e comeis de vinhas e de olivais que não plantastes.

¹⁴Agora, pois, temei ao Senhor, e servi-o com sinceridade e com verdade; deitai fora os deuses a que serviram vossos pais dalém do Rio, e no Egito, e servi ao Senhor.

¹⁵Mas, se vos parece mal o servirdes ao Senhor, escolhei hoje a quem haveis de servir; se aos deuses a quem serviram vossos pais, que estavam além do Rio, ou aos deuses dos amorreus, em cuja terra habitais. Porém eu e a minha casa serviremos ao Senhor.

¹⁶Então respondeu o povo, e disse: Longe esteja de nós o abandonarmos ao Senhor para servirmos a outros deuses:

¹⁷porque o Senhor é o nosso Deus; ele é quem nos fez subir, a nós e a nossos pais, da terra do Egito, da casa da servidão, e quem fez estes grandes sinais aos nossos olhos, e nos preservou por todo o caminho em que andamos, e entre todos os povos pelo meio dos quais passamos.

¹⁸E o Senhor expulsou de diante de nós a todos esses povos, mesmo os amorreus, que moravam na terra. Nós também serviremos ao Senhor, porquanto ele é nosso Deus.

¹⁹Então Josué disse ao povo: Não podereis servir ao Senhor, porque é Deus santo, é Deus zeloso, que não perdoará a vossa transgressão nem os vossos pecados.

²⁰Se abandonardes ao Senhor e servirdes a deuses estranhos, então ele se tornará, e vos fará o mal, e vos consumirá, depois de vos ter feito o bem.

²¹Disse então o povo a Josué: Não! antes serviremos ao Senhor.

²²Josué, pois, disse ao povo: Sois testemunhas contra vós mesmos e que escolhestes ao Senhor para o servir. Responderam eles: Somos testemunhas.

²³Agora, pois, - disse Josué - deitai fora os deuses estranhos que há no meio de vós, e inclinai o vosso coração ao Senhor Deus de Israel.

²⁴Disse o povo a Josué: Serviremos ao Senhor nosso Deus, e obedeceremos à sua voz.

²⁵Ássim fez Josué naquele dia um pacto com o povo, e lhe deu leis e ordenanças em Siquem.

²⁶E Josué escreveu estas palavras no livro da lei de Deus; e, tomando uma grande pedra, a pôs ali debaixo do carvalho que estava junto ao santuário do Senhor,

²⁷e disse a todo o povo: Eis que esta pedra será por testemunho contra nós, pois ela ouviu todas as palavras que o Senhor nos falou; pelo que será por testemunho contra vós, para que não negueis o vosso Deus.

²⁸Então Josué despediu o povo, cada um para a sua herança.

²⁹Depois destas coisas Josué, filho de Num, servo do Senhor, morreu, tendo cento e dez anos de idade;

³⁰e o sepultaram no território da sua herança, em Timnate-Sera, que está na região montanhosa de Efraim, para o norte do monte Gaás.

³¹Serviu, pois, Israel ao Senhor todos os dias de Josué, e todos os dias dos anciãos que sobreviveram a Josué e que sabiam toda a obra que o Senhor tinha feito a favor de Israel.

³²Os ossos de José, que os filhos de Israel trouxeram do Egito, foram enterrados em Siquém, naquela parte do campo que Jacó comprara aos filhos de Hamor, pai de Siquém, por cem peças de prata, e que se tornara herança dos filhos de José.

³³Morreu também Eleazar, filho de Arão, e o sepultaram no outeiro de Finéias, seu filho, que lhe fora dado na região montanhosa de Efraim.

# Juízes

## Capítulo 1

¹Depois da morte de Josué os filhos de Israel consultaram ao Senhor, dizendo: Quem dentre nós subirá primeiro aos cananeus, para pelejar contra eles?

²Respondeu o Senhor: Judá subirá; eis que entreguei a terra na sua mão.

³Então disse Judá a Simeão, seu irmão: sobe comigo à sorte que me coube, e pelejemos contra os cananeus, e eu também subirei contigo à tua sorte. E Simeão foi com ele.

⁴Subiu, pois, Judá; e o Senhor lhes entregou nas mãos os cananeus e os perizeus; e bateram deles em Bezeque dez mil homens.

⁵Acharam em Bezeque a Adoni-Bezeque, e pelejaram contra ele; e bateram os cananeus e os perizeus.

⁶Mas Adoni-Bezeque fugiu; porém eles o perseguiram e, prendendo-o, cortaram-lhe os dedos polegares das mãos e dos pés.

⁷Então disse Adoni-Bezeque: Setenta reis, com os dedos polegares das mãos e dos pés cortados, apanhavam as migalhas debaixo da minha mesa; assim como eu fiz, assim Deus me pagou. E o trouxeram a Jerusalém, e ali morreu.

⁸Ora, os filhos de Judá pelejaram contra Jerusalém e, tomando-a, passaram-na ao fio da espada e puseram fogo à cidade.

⁹Depois os filhos de Judá desceram a pelejar contra os cananeus que habitavam na região montanhosa, e no Negebe, e na baixada.

¹⁰Então partiu Judá contra os cananeus que habitavam em Hebrom, cujo nome era outrora Quiriate-Arba; e bateu Sesai, Aimã e Talmai.

¹¹Dali partiu contra os moradores de Debir, que se chamava outrora Quiriate-Sefer.

¹²Disse então Calebe: A quem atacar Quiriate-Sefer e a tomar, darei a minha filha Acsa por mulher.

¹³E tomou-a Otniel, filho de Quenaz, o irmão mais moço de Calebe; e este lhe deu sua filha Acsa por mulher.

¹⁴Estando ela em caminho para a casa de Otniel, persuadiu-o que pedisse um campo ao pai dela. E quando ela saltou do jumento, Calebe lhe perguntou: Que é que tens?

¹⁵Ela lhe respondeu: Dá-me um presente; porquanto me deste uma terra no Negebe, dá-me também fontes d'água. Deu-lhe, pois, Calebe as fontes superiores e as fontes inferiores.

¹⁶Também os filhos do queneu, sogro de Moisés, subiram da cidade das palmeiras com os filhos de Judá ao deserto de Judá, que está ao sul de Arade; e foram habitar com o povo.

¹⁷E Judá foi com Simeão, seu irmão, e derrotaram os cananeus que habitavam em Zefate, e a destruíram totalmente. E chamou-se o nome desta cidade Horma.

¹⁸Judá tomou também a Gaza, a Asquelom e a Ecrom, com os seus respectivos territórios.

¹⁹Assim estava o Senhor com Judá, o qual se apoderou da região montanhosa; mas não pôde desapossar os habitantes do vale, porquanto tinham carros de ferro.

²⁰E como Moisés dissera, deram Hebrom a Calebe, que dali expulsou os três filhos de Anaque.

²¹Mas os filhos de Benjamim não expulsaram aos jebuseus que habitavam em Jerusalém; pelo que estes ficaram habitando com os filhos de Benjamim em Jerusalém até o dia de hoje.

²²Também os da casa de José subiram contra Betel; e o Senhor estava com eles.

²³E a casa de José fez espiar a Betel (e fora outrora o nome desta cidade Luz);

²⁴e, vendo os espias a um homem que saía da cidade, disseram-lhe: Mostra-nos a entrada da cidade, e usaremos de bondade para contigo.

²⁵Mostrou-lhes, pois, a entrada da cidade, a qual eles feriram ao fio da espada; porém deixaram livre aquele homem e toda a sua família.

²⁶Então o homem se foi para a terra dos heteus, edificou uma cidade, e pôs-lhe o nome de Luz; este é o seu nome até o dia de hoje.

²⁷Manassés não expulsou os habitantes de Bete-Seã e suas vilas, nem os de Taanaque e suas virael estas cidades e nem os de Ibleão e suas vilas, nem os de Megido e suas vilas; porém os cananeus persistiram em habitar naquela terra.

²⁸Mas quando Israel se tornou forte, sujeitou os cananeus a trabalhos forçados, porém não os expulsou de todo.

²⁹Também Efraim não expulsou os cananeus que habitavam em Gezer; mas os cananeus ficaram habitando no meio dele, em Gezer.

³⁰Também Zebulom não expulsou os habitantes de Quitrom, nem os de Naalol; porém os cananeus ficaram habitando no meio dele, e foram sujeitos a trabalhos forçados.

³¹Também Aser não expulsou os habitantes de Aco, nem de Sidom, nem de Alabe, nem de Aczibe, nem de Helba, nem de Afeca, nem de Reobe;

³²porém os aseritas ficaram habitando no meio dos cananeus, os habitantes da terra, porquanto não os expulsaram.

³³Também Naftali não expulsou os habitantes de Bete-Semes, nem os de Bete-Anate; mas, habitou no meio dos cananeus, os habitantes da terra; todavia os habitantes de Bete-Semes e os de Bete-Anate foram sujeitos a trabalhos forçados.

³⁴Os amorreus impeliram os filhos de Dã até a região montanhosa; pois não lhes permitiram descer ao vale.

³⁵Os amorreus quiseram também habitar no monte Heres, em Aijalom e em Saalabim; contudo prevaleceu a mão da casa de José, de modo que eles ficaram sujeitos a trabalhos forçados.

³⁶E foi o termo dos amorreus desde a subida de Acrabim, desde Sela, e dali para cima.

## Capítulo 2

¹O anjo do Senhor subiu de Gilgal a Boquim, e disse: Do Egito vos fiz subir, e vos trouxe para a terra que, com juramento, prometi a vossos pais, e vos disse: Nunca violarei o meu pacto convosco;

²e, quanto a vós, não fareis pacto com os habitantes desta terra, antes derrubareis os seus altares. Mas vós não obedecestes à minha voz. Por que fizestes isso?

³Pelo que também eu disse: Não os expulsarei de diante de vós; antes estarão quais espinhos nas vossas ilhargas, e os seus deuses vos serão por laço.

⁴Tendo o anjo do Senhor falado estas palavras a todos os filhos de Israel, o povo levantou a sua voz e chorou.

⁵Pelo que chamaram àquele lugar Boquim; e ali sacrificaram ao Senhor.

⁶Havendo Josué despedido o povo, foram-se os filhos de Israel, cada um para a sua herança, a fim de possuírem a terra.

⁷O povo serviu ao Senhor todos os dias de Josué, e todos os dias dos anciãos que sobreviveram a Josué e que tinham visto toda aquela grande obra do Senhor, a qual ele fizera a favor de Israel.

⁸Morreu, porém, Josué, filho de Num, servo do Senhor, com a idade de cento e dez anos;

⁹e o sepultaram no território da sua herança, em Timnate-Heres, na região montanhosa de Efraim, para o norte do monte Gaás.

¹⁰E foi também congregada toda aquela geração a seus pais, e após ela levantou-se outra geração que não conhecia ao Senhor, nem tampouco a obra que ele fizera a Israel.

¹¹Então os filhos de Israel fizeram o que era mau aos olhos do Senhor, servindo aos baalins;

¹²abandonaram o Senhor Deus de seus pais, que os tirara da terra do Egito, e foram-se após outros deuses, dentre os deuses dos povos que havia ao redor deles, e os adoraram; e provocaram o Senhor à ira,

¹³abandonando-o, e servindo a baalins e astarotes.

¹⁴Pelo que a ira do Senhor se acendeu contra Israel, e ele os entregou na mão dos espoliadores, que os despojaram; e os vendeu na mão dos seus inimigos ao redor, de modo que não puderam mais resistir diante deles.

¹⁵Por onde quer que saíam, a mão do Senhor era contra eles para o mal, como o Senhor tinha dito, e como lho tinha jurado; e estavam em grande aflição.

¹⁶Mas o Senhor suscitou juízes, que os livraram da mão dos que os espojavam.

¹⁷Contudo, não deram ouvidos nem aos seus juízes, pois se prostituíram após outros deuses, e os adoraram; depressa se desviaram do caminho, por onde andaram seus pais em obediência aos mandamentos do Senhor; não fizeram como eles.

¹⁸Quando o Senhor lhes suscitava juízes, ele era com o juiz, e os livrava da mão dos seus inimigos todos os dias daquele juiz; porquanto o Senhor se compadecia deles em razão do seu gemido por causa dos que os oprimiam e afligiam.

¹⁹Mas depois da morte do juiz, reincidiam e se corrompiam mais do que seus pais, andando após outros deuses, servindo-os e adorando-os; não abandonavam nenhuma das suas práticas, nem a sua obstinação.

²⁰Pelo que se acendeu contra Israel a ira do Senhor, e ele disse: Porquanto esta nação violou o meu pacto, que estabeleci com seus pais, não dando ouvidos à minha voz,

²¹eu não expulsarei mais de diante deles nenhuma das nações que Josué deixou quando morreu;

²²a fim de que, por elas, ponha a prova Israel, se há de guardar, ou não, o caminho do Senhor, como seus pais o guardaram, para nele andar.

²³Assim o Senhor deixou ficar aquelas nações, e não as desterrou logo, nem as entregou na mão de Josué.

## Capítulo 3

¹Estas são as nações que o Senhor deixou ficar para, por meio delas, provar a Israel, a todos os que não haviam experimentado nenhuma das guerras de Canaã;

²tão-somente para que as gerações dos filhos de Israel delas aprendessem a guerra, pelo menos os que dantes não tinham aprendido.

³Estas nações eram: cinco chefes dos filisteus, todos os cananeus, os sidônios, e os heveus que habitavam no monte Líbano, desde o monte Baal-Hermom até a entrada de Hamate.

⁴Estes, pois, deixou ficar, a fim de de por eles provar os filhos de Israel, para saber se dariam ouvidos aos mandamentos do Senhor, que ele tinha ordenado a seus pais por intermédio de Moisés.

⁵Habitando, pois, os filhos de Israel entre os cananeus, os heteus, os amorreus, os perizeus, os heveus e os jebuseus.

⁶tomaram por mulheres as filhas deles, e deram as suas filhas aos filhos dos mesmos, e serviram aos seus deuses.

⁷Assim os filhos de Israel fizeram o que era mau aos olhos do Senhor, esquecendo-se do Senhor seu Deus e servindo aos baalins e às aserotes.

⁸Pelo que a ira do Senhor se acendeu contra Israel, e ele os vendeu na mão de cusã-Risataim, rei da Mesopotâmia; e os filhos de Israel serviram a Cusã-Risataim oito anos.

⁹Mas quando os filhos de Israel clamaram ao Senhor, o Senhor suscitou-lhes um libertador, que os livrou: Otniel, filho de Quenaz, o irmão mais moço de Calebe.

¹⁰Veio sobre ele o Espírito do Senhor, e ele julgou a Israel; saiu à peleja, e o Senhor lhe entregou Cusã-Risataim, rei da Mesopotâmia, contra o qual prevaleceu a sua mao:

¹¹Então a terra teve sossego por quarenta anos; e Otniel, filho de Quenaz, morreu.

¹²Os filhos de Israel tornaram a fazer o que era mau aos olhos do Senhor; então o Senhor fortaleceu a Eglom, rei de Moabe, contra Israel, por terem feito o que era mau aos seus olhos.

¹³Eglom, unindo a si os amonitas e os amalequitas, foi e feriu a Israel, tomando a cidade das palmeiras.

¹⁴E os filhos de Israel serviram a Eglom, rei de Moabe, dezoito anos.

¹⁵Mas quando os filhos de Israel clamaram ao Senhor, o Senhor suscitou-lhes um libertador, Eúde, filho de Gêra, benjamita, homem canhoto. E, por sua intermédio, os filhos de Israel enviaram tributo a Eglom, rei de Moabe.

¹⁶E Eúde fez para si uma espada de dois gumes, de um côvado de comprimento, e cingiu-a à coxa direita, por baixo das vestes.

¹⁷E levou aquele tributo a Eglom, rei de Moabe. Ora, Eglom era muito gordo:

¹⁸Quando Eúde acabou de entregar o tributo, despediu a gente que o trouxera.

¹⁹Ele mesmo, porém, voltou das imagens de escultura que estavam ao pé de Gilgal, e disse: Tenho uma palavra para dizer-te em segredo, ó rei. Disse o rei: Silêncio! E todos os que lhe assistiam saíram da sua presença.

²⁰Eúde aproximou-se do rei, que estava sentado a sós no seu quarto de verão, e lhe disse: Tenho uma palavra da parte de Deus para dizer-te. Ao que o rei se levantou da sua cadeira.

²¹Então Eúde, estendendo a mão esquerda, tirou a espada de sobre a coxa direita, e lha cravou no ventre.

²²O cabo também entrou após a lâmina, e a gordura encerrou a lâmina, pois ele não tirou a espada do ventre:

²³Então Eúde, saindo ao pórtico, cerrou as portas do quarto e as trancou.

²⁴Tendo ele saído vieram os servos do rei; e olharam, e eis que as portas do quarto estavam trancadas. Disseram: Sem dúvida ele está aliviando o ventre na privada do seu quarto.

²⁵Assim esperaram até ficarem alarmados, mas ainda não abria as portas do quarto. Então, tomando a chave, abriram-nas, e eis seu senhor estendido morto por terra.

²⁶Eúde escapou enquanto eles se demoravam e, tendo passado pelas imagens de escultura, chegou a Seirá.

²⁷E assim que chegou, tocou a trombeta na região montanhosa de Efraim; e os filhos de Israel, com ele à frente, desceram das montanhas.

²⁸E disse-lhes: Segui-me, porque o Senhor vos entregou nas mãos os vossos inimigos, os moabitas. E desceram após ele, tomaram os vaus do Jordão contra os moabitas, e não deixaram passar a nenhum deles.

²⁹E naquela ocasião mataram dos moabitas cerca de dez mil homens, todos robustos e valentes; e não escapou nenhum.

³⁰Assim foi subjugado Moabe naquele dia debaixo da mão de Israel; e a terra teve sossego por oitenta anos.

³¹Depois dele levantou-se Sangar, filho de Anate, que matou seiscentos homens dos filisteus com uma aguilhada de bois; ele também libertou a Israel.

## Capítulo 4

¹Mas os filhos de Israel tornaram a fazer o que era mau aos olhos do Senhor, depois da morte de Eúde.

²E o Senhor os vendeu na mão de Jabim, rei de Canaã, que reinava em Hazor; o chefe do seu exército era Sísera, o qual habitava em Harosete dos Gentios.

³Então os filhos de Israel clamaram ao Senhor, porquanto Jabim tinha novecentos carros de ferro, e por vinte anos oprimia cruelmente os filhos de Israel.

⁴Ora, Débora, profetisa, mulher de Lapidote, julgava a Israel naquele tempo.

⁵Ela se assentava debaixo da palmeira de Débora, entre Ramá e Betel, na região montanhosa de Efraim; e os filhos de Israel subiam a ter com ela para julgamento.

⁶Mandou ela chamar a Baraque, filho de Abinoão, de Quedes-Naftali, e disse-lhe: Porventura o Senhor Deus de Israel não te ordena, dizendo: Vai, e atrai gente ao monte Tabor, e toma contigo dez mil homens dos filhos de Naftali e dos filhos de Zebulom;

⁷e atrairei a ti, para o ribeiro de Quisom, Sísera, chefe do exército de Jabim; juntamente com os seus carros e com as suas tropas, e to entregarei na mão?

⁸Disse-lhe Baraque: Se fores comigo, irei; porém se não fores, não irei.

⁹Respondeu ela: Certamente irei contigo; porém não será tua a honra desta expedição, pois à mão de uma mulher o Senhor venderá a Sísera. Levantou-se, pois, Débora, e foi com Baraque a Quedes.

¹⁰Então Baraque convocou a Zebulom e a Naftali em Quedes, e subiram dez mil homens após ele; também Débora subiu com ele.

¹¹Ora, Heber, um queneu, se tinha apartado dos queneus, dos filhos de Hobabe, sogro de Moisés, e tinha estendido as suas tendas até o carvalho de Zaananim, que está junto a Quedes.

¹²Anunciaram a Sísera que Baraque, filho de Abinoão, tinha subido ao monte Tabor.

¹³Sísera, pois, ajuntou todos os seus carros, novecentos carros de ferro, e todo o povo que estava com ele, desde Harosete dos Gentios até o ribeiro de Quisom.

¹⁴Então disse Débora a Baraque: Levanta-te, porque este é o dia em que o Senhor entregou Sísera na tua mão; porventura o Senhor não saiu adiante de ti? Baraque, pois, desceu do monte Tabor, e dez mil homens após ele.

¹⁵E o Senhor desbaratou a Sísera, com todos os seus carros e todo o seu exército, ao fio da espada, diante de Baraque; e Sísera, descendo do seu carro, fugiu a pé.

¹⁶Mas Baraque perseguiu os carros e o exército, até Harosete dos Gentios; e todo o exército de Sísera caiu ao fio da espada; não restou um só homem.

¹⁷Entretanto Sísera fugiu a pé para a tenda de Jael, mulher de Heber, o queneu, porquanto havia paz entre Jabim, rei de Hazor, e a casa de Heber, o queneu.

¹⁸Saindo Jael ao encontro de Sísera, disse-lhe: Entra, senhor meu, entra aqui; não temas. Ele entrou na sua tenda; e ela o cobriu com uma coberta.

¹⁹Então ele lhe disse: Peço-te que me dês a beber um pouco d'água, porque tenho sede. Então ela abriu um odre de leite, e deu-lhe de beber, e o cobriu.

²⁰Disse-lhe ele mais: Põe-te à porta da tenda; e se alguém vier e te perguntar: Está aqui algum homem? responderás: Não.

²¹Então Jael, mulher de Heber, tomou uma estaca da tenda e, levando um martelo, chegou-se de mansinho a ele e lhe cravou a estaca na fonte, de sorte que penetrou na terra; pois ele estava num profundo sono e mui cansado. E assim morreu.

²²E eis que, seguindo Baraque a Sísera, Jael lhe saiu ao encontro e disse-lhe: Vem, e mostrar-te-ei o homem a quem procuras. Entrou ele na tenda; e eis que Sísera jazia morto, com a estaca na fonte.

²³Assim Deus naquele dia humilhou a Jabim, rei de Canaã, diante

dos filhos de Israel.

²⁴E a mão dos filhos de Israel prevalecia cada vez mais contra Jabim, rei de Canaã, até que o destruíram.

## Capítulo 5

¹Então cantaram Débora e Baraque, filho de Abinoão, naquele dia, dizendo:

²Porquanto os chefes se puseram à frente em Israel, porquanto o povo se ofereceu voluntariamente, louvai ao Senhor.

³Ouvi, ó reis; dai ouvidos, ó príncipes! eu cantarei ao Senhor, salmodiarei ao Senhor Deus de Israel.

⁴ç Senhor, quando saíste de Seir, quando caminhaste desde o campo de Edom, a terra estremeceu, os céus gotejaram, sim, as nuvens gotejaram águas.

⁵Os montes se abalaram diante do Senhor, e até Sinai, diante do Senhor Deus de Israel.

⁶Nos dias de Sangar, filho de Anate, nos dias de Jael, cessaram as caravanas; e os que viajavam iam por atalhos desviados.

⁷Cessaram as aldeias em Israel, cessaram; até que eu Débora, me levantei, até que eu me levantei por mãe em Israel.

⁸Escolheram deuses novos; logo a guerra estava às portas; via-se porventura escudo ou lança entre quarenta mil em Israel?

⁹Meu coração inclina-se para os guias de Israel, que voluntariamente se ofereceram entre o povo. Bendizei ao Senhor.

¹⁰Louvai-o vós, os que cavalgais sobre jumentas brancas, que vos assentais sobre ricos tapetes; e vós, que andais pelo caminho.

¹¹Onde se ouve o estrondo dos flecheiros, entre os lugares onde se tiram águas, ali falarão das justiças do Senhor, das justiças que fez às suas aldeias em Israel; então o povo do Senhor descia às portas.

¹²Desperta, desperta, Débora; desperta, desperta, entoa um cântico; levanta-te, Baraque, e leva em cativeiro os teus prisioneiros, tu, filho de Abinoão.

¹³Então desceu o restante dos nobres e do povo; desceu o Senhor por mim contra os poderosos.

¹⁴De Efraim desceram os que tinham a sua raiz em Amaleque, após ti, Benjamim, entre os teus povos; de Maquir desceram os guias, e de Zebulom os que levam o báculo do inspetor de tropas.

¹⁵Também os príncipes de Issacar estavam com Débora; e como Issacar, assim também Baraque; ao vale precipitaram-se em suas pegadas. Junto aos ribeiros de Rúben grandes foram as resoluções do coração.

¹⁶Por que ficastes entre os currais a escutar os balidos dos rebanhos? Junto aos ribeiros de Rúben grandes foram as resoluções do coração.

¹⁷Gileade ficou da banda dalém do Jordão; e Dã, por que se deteve com seus navios? Aser se assentou na costa do mar e ficou junto aos seus portos.

¹⁸Zebulom é um povo que se expôs à morte, como também Naftali, nas alturas do campo.

¹⁹Vieram reis e pelejaram; pelejaram os reis de Canaã, em Taanaque junto às águas de Megido; não tomaram despojo de prata.

²⁰Desde os céus pelejaram as estrelas; desde as suas órbitas pelejaram contra Sísera.

²¹O ribeiro de Quisom os arrastou, aquele antigo ribeiro, o ribeiro de Quisom. Ó minha alma, calcaste aos pés a força.

²²Então os cascos dos cavalos feriram a terra na fuga precipitada dos seus valentes.

²³Amaldiçoai a Meroz, diz o anjo do Senhor, amaldiçoai acremente aos seus habitantes; porquanto não vieram em socorro do Senhor, em socorro do Senhor, entre os valentes.

²⁴Bendita entre todas as mulheres será Jael, mulher de Heber, o queneu; bendita será entre as mulheres nômades.

²⁵Água pediu ele, leite lhe deu ela; em taça de príncipes lhe ofereceu coalhada.

²⁶Â estaca estendeu a mão esquerda, e ao martelo dos trabalhadores a direita, e matou a Sísera, rachando-lhe a cabeça; furou e traspassou-lhe as fontes.

²⁷Aos pés dela ele se encurvou, caiu, ficou estirado; aos pés dela se encurvou, caiu; onde se encurvou, ali caiu morto.

²⁸A mãe de Sísera olhando pela janela, através da grade exclamava: Por que tarda em vir o seu carro? por que se demora o rumor das suas carruagens?

²⁹As mais sábias das suas damas responderam, e ela respondia a si mesma:

³⁰Não estão, porventura, achando e repartindo os despojos? uma ou duas donzelas a cada homem? para Sísera despojos de estofos tintos, despojos de estofos tintos bordados, bordados de várias cores, para o meu pescoço?

³¹Assim ó Senhor, pereçam todos os teus inimigos! Sejam, porém, os que te amam, como o sol quando se levanta na sua força.

³²E a terra teve sossego por quarenta anos.

## Capítulo 6

¹Mas os filhos de Israel fizeram o que era mau aos olhos do Senhor, e o Senhor os entregou na mão de Midiã por sete anos.

²Prevalecia, pois, a mão de Midiã sobre Israel e, por causa de Midiã, fizeram os filhos de Israel para si as covas que estão nos montes, as cavernas e as fortalezas.

³Porque sucedia que, havendo Israel semeado, subiam contra ele os midianitas, os amalequitas e os filhos do oriente;

⁴e, acampando-se contra ele, destruíam o produto da terra até chegarem a Gaza, e não deixavam mantimento em Israel, nem ovelhas, nem bois, nem jumentos.

⁵Porque subiam com os seus rebanhos e tendas; vinham em multidão, como gafanhotos; tanto eles como os seus camelos eram inumeráveis; e entravam na terra, para a destruir.

⁶Assim Israel se enfraqueceu muito por causa dos midianitas; então os filhos de Israel clamaram ao Senhor.

⁷E sucedeu que, clamando eles ao Senhor por causa dos midianitas,

⁸enviou-lhes o Senhor um profeta, que lhes disse: Assim diz o Senhor, Deus de Israel: Do Egito eu vos fiz subir, e vos tirei da casa da servidão;

⁹livrei-vos da mão dos egípcios, e da mão de todos quantos vos oprimiam, e os expulsei de diante de vós, e a vós vos dei a sua terra.

¹⁰Também eu vos disse: Eu sou o Senhor vosso Deus; não temais aos deuses dos amorreus, em cuja terra habitais. Mas não destes ouvidos à minha voz.

¹¹Então o anjo do Senhor veio, e sentou-se debaixo do carvalho que estava em Ofra e que pertencia a Joás, abiezrita, cujo filho Gideão estava malhando o trigo no lagar para o esconder dos midianitas.

¹²Apareceu-lhe então o anjo do Senhor e lhe disse: O Senhor é contigo, ó homem valoroso.

¹³Gideão lhe respondeu: Ai, senhor meu, se o Senhor é conosco, por que tudo nos sobreveio? e onde estão todas as suas maravilhas que nossos pais nos contaram, dizendo: Não nos fez o Senhor subir do Egito? Agora, porém, o Senhor nos desamparou, e nos entregou na mão de Midiã.

¹⁴Virou-se o Senhor para ele e lhe disse: Vai nesta tua força, e livra a Israel da mão de Midiã; porventura não te envio eu?

¹⁵Replicou-lhe Gideão: Ai, senhor meu, com que livrarei a Israel? eis que a minha família é a mais pobre em Manassés, e eu o menor na casa de meu pai.

¹⁶Tornou-lhe o Senhor: Porquanto eu hei de ser contigo, tu ferirás aos midianitas como a um só homem.

¹⁷Prosseguiu Gideão: Se agora tenho achado graça aos teus olhos, dá-me um sinal de que és tu que falas comigo.

¹⁸Rogo-te que não te apartes daqui até que eu volte trazendo do meu presente e o ponha diante de ti. Respondeu ele: Esperarei até que voltes.

¹⁹Entrou, pois, Gideão, preparou um cabrito e fez, com uma e efa de farinha, bolos ázimos; pôs a carne num cesto e o caldo numa panela e, trazendo para debaixo do carvalho, lho apresentou.

²⁰Mas o anjo de Deus lhe disse: Toma a carne e os bolos ázimos, e põe-nos sobre esta rocha e derrama-lhes por cima o caldo. E ele assim fez.

²¹E o anjo do Senhor estendeu a ponta do cajado que tinha na mão, e tocou a carne e os bolos ázimos; então subiu fogo da rocha, e consumiu a carne e os bolos ázimos; e o anjo do Senhor desapareceu-lhe da vista.

²²Vendo Gideão que era o anjo do Senhor, disse: Ai de mim, Senhor Deus! pois eu vi o anjo do Senhor face a face.

²³Porém o Senhor lhe disse: Paz seja contigo, não temas; não morrerás.

²⁴Então Gideão edificou ali um altar ao Senhor, e lhe chamou Jeová-Salom; e ainda até o dia de hoje está o altar em Ofra dos abiezritas.

²⁵Naquela mesma noite, disse o Senhor a Gidão: Toma um dos bois de teu pai, a saber, o segundo boi de sete anos, e derriba o altar de Baal, que é de teu pai, e corta a asera que está ao pé dele.

²⁶Edifica ao Senhor teu Deus um altar no cume deste lugar forte, na forma devida; toma o segundo boi, e o oferece em holocausto, com a lenha da asera que cortares

²⁷Então Gideão tomou dez homens dentre os seus servos, e fez

como o Senhor lhe dissera; porém, temendo ele a casa de seu pai e os homens daquela cidade, não o fez de dia, mas de noite.

²⁸Levantando-se, pois, os homens daquela cidade, de madrugada, eis que estava o altar de Baal derribado, cortada a asera que estivera ao pé dele, e o segundo boi oferecido no altar que fora edificado.

²⁹Pelo que disseram uns aos outros: Quem fez isto? E, depois de investigarem e inquirirem, disseram: Gideão, filho de Joás, é quem fez isto.

³⁰Então os homens daquela cidade disseram a Joás: Tira para fora teu filho, para que morra, porque derribou o altar de Baal e cortou a asera que estava ao pé dele.

³¹Joás, porém, disse a todos os que se puseram contra ele: Contendereis vós por Baal? livrá-lo-eis vós? Qualquer que por ele contender, ainda esta manhã será morto; se ele é deus, por si mesmo contenda, pois foi derribado o seu altar.

³²Pelo que naquele dia chamaram a Gidão Jerubaal, dizendo: Baal contenda contra ele, pois derribou o seu altar.

³³Então todos os midianitas, os amalequitas e os filhos do oriente se ajuntaram e, passando o Jordão, acamparam no vale de Jizreel.

³⁴Mas o Espírito do Senhor apoderou-se de Gideão; e tocando ele a trombeta, os abiezritas se ajuntaram após ele.

³⁵E enviou mensageiros por toda a tribo de Manassés, que também se ajuntou após ele; e ainda enviou mensageiros a Aser, a Zebulom e a Naftali, que lhe saíram ao encontro.

³⁶Disse Gideão a Deus: Se hás de livrar a Israel por minha mão, como disseste,

³⁷eis que eu porei um velo de lã na eira; se o orvalho estiver somente no velo, e toda a terra ficar enxuta, então conhecerei que hás de livrar a Israel por minha mão, como disseste.

³⁸E assim foi; pois, levantando-se de madrugada no dia seguinte, apertou o velo, e espremeu dele o orvalho, que encheu uma taça.

³⁹Disse mais Gideão a Deus: Não se acenda contra mim a tua ira se ainda falar só esta vez. Permite que só mais esta vez eu faça prova com o velo; rogo-te que só o velo fique enxuto, e em toda a terra haja orvalho.

⁴⁰E Deus assim fez naquela noite; pois só o velo estava enxuto, e sobre toda a terra havia orvalho.

## Capítulo 7

¹Então Jerubaal, que é Gideão, e todo o povo que estava com ele, levantando-se de madrugada acamparam junto à fonte de Harode; e o arraial de Midiã estava da banda do norte, perto do outeiro de Moré, no vale.

²Disse o Senhor a Gideão: O povo que está contigo é demais para eu entregar os midianitas em sua mão; não seja caso que Israel se glorie contra mim, dizendo: Foi a minha própria mão que me livrou.

³Agora, pois, apregoa aos ouvidos do povo, dizendo: Quem for medroso e tímido volte, e retire-se do monte Gileade. Então voltaram do povo vinte e dois mil, e dez mil ficaram.

⁴Disse mais o Senhor a Gideão: Ainda são muitos. Faze-os descer às águas, e ali os provarei; e será que, aquele de que eu te disser: Este irá contigo, esse contigo irá; porém todo aquele de que eu te disser: Este não irá contigo, esse não irá.

⁵E Gideão fez descer o povo às águas. Então o Senhor lhe disse: Qualquer que lamber as águas com a língua, como faz o cão, a esse porás de um lado; e a todo aquele que se ajoelhar para beber, porás do outro.

⁶E foi o número dos que lamberam a água, levando a mão à boca, trezentos homens; mas todo o resto do povo se ajoelhou para beber.

⁷Disse ainda o Senhor a Gideão: Com estes trezentos homens que lamberam a água vos livrarei, e entregarei os midianitas na tua mão; mas, quanto ao resto do povo, volte cada um ao seu lugar.

⁸E o povo tomou na sua mão as provisões e as suas trombetas, e Gideão enviou todos os outros homens de Israel cada um à sua tenda, porém reteve os trezentos. O arraial de Midiã estava embaixo no vale.

⁹Naquela mesma noite disse o Senhor a Gideão: Levanta-te, e desce contra o arraial, porque eu o entreguei na tua mão.

¹⁰Mas se tens medo de descer, vai com o teu moço, Purá, ao arraial;

¹¹ouvirás o que dizem, e serão fortalecidas as tuas mãos para desceres contra o arraial. Então desceu ele com e seu moço, Purá, até o posto avançado das sentinelas do arraial.

¹²Os midianitas, os amalequitas, e todos os filhos do oriente jaziam no vale, como gafanhotos em multidão; e os seus camelos eram inumeráveis, como a areia na praia do mar.

¹³No momento em que Gideão chegou, um homem estava contando ao seu companheiro um sonho, e dizia: Eu tive um sonho; eis que um pão de cevada vinha rolando sobre o arraial dos midianitas e, chegando a uma tenda, bateu nela de sorte a fazê-la cair, e a virou de cima para baixo, e ela ficou estendida por terra.

¹⁴Ao que respondeu o seu companheiro, dizendo: Isso não é outra coisa senão a espada de Gideão, filho de Joás, varão israelita. Na sua mão Deus entregou Midiã e todo este arraial.

¹⁵Quando Gideão ouviu a narração do sonho e a sua interpretação, adorou a Deus; e voltando ao arraial de Israel, disse: Levantai-vos, porque o Senhor entregou nas vossas mãos o arraial de Midiã.

¹⁶Então dividiu os trezentos homens em três companhias, pôs nas mãos de cada um deles trombetas, e cântaros vazios contendo tochas acesas,

¹⁷e disse-lhes: Olhai para mim, e fazei como eu fizer; e eis que chegando eu à extremidade do arraial, como eu fizer, assim fareis vós.

¹⁸Quando eu tocar a trombeta, eu e todos os que comigo estiverem, tocai também vós as trombetas ao redor de todo o arraial, e dizei: Pelo Senhor e por Gideão!

¹⁹Gideão, pois, e os cem homens que estavam com ele chegaram à extremidade do arraial, ao princípio da vigília do meio, havendo sido de pouco colocadas as guardas; então tocaram as trombetas e despedaçaram os cântaros que tinham nas mãos.

²⁰Assim tocaram as três companhias as trombetas, despedaçaram os cântaros, segurando com as mãos esquerdas as tochas e com as direitas as trombetas para as tocarem, e clamaram: A espada do Senhor e de Gideão!

²¹E conservou-se cada um no seu lugar ao redor do arraial; então todo o exército deitou a correr e, gritando, fugiu.

²²Pois, ao tocarem os trezentos as trombetas, o Senhor tornou a espada de um contra o outro, e isto em todo o arraial, e fugiram até Bete-Sita, em direção de Zererá, até os limites de Abel-Meolá, junto a Tabate.

²³Então os homens de Israel, das tribos de Naftali, de Aser e de todo o Manassés, foram convocados e perseguiram a Midiã.

²⁴Também Gideão enviou mensageiros por tóda a região montanhosa de Efraim, dizendo: Descei ao encontro de Midiã, e ocupai-lhe as águas até Bete-Bara, e também o Jordão. Convocados, pois todos os homens de Efraim, tomaram-lhe as águas até Bete-Bara, e também o Jordão;

²⁵e prenderam dois príncipes de Midiã, Orebe e Zeebe; e mataram Orebe na penha de Orebe, e Zeebe mataram no lagar de Zeebe, e perseguiram a Midiã; e trouxeram as cabeças de Orebe e de Zeebe a Gideão, além do Jordão.

## Capítulo 8

¹Então os homens de Efraim lhe disseram: Que é isto que nos fizeste, não nos chamando quando foste pelejar contra Midiã? E repreenderam-no asperamente.

²Ele, porém, lhes respondeu: Que fiz eu agora em comparação ao que vós fizestes? Não são porventura os rabiscos de Efraim melhores do que a vindima de Abiezer?

³Deus entregou na vossa mão os príncipes de Midiã, Orebe e Zeebe; que, pois, pude eu fazer em comparação ao que vós fizestes? Então a sua ira se abrandou para com ele, quando falou esta palavra.

⁴E Gideão veio ao Jordão e o atravessou, ele e os trezentos homens que estavam com ele, fatigados, mas ainda perseguindo.

⁵Disse, pois, aos homens de Sucote: Dai, peço-vos, uns pães ao povo que me segue, porquanto está fatigado, e eu vou perseguindo a Zeba e Zalmuna, reis os midianitas.

⁶Mas os príncipes de Sucote responderam: Já estão em teu poder as mãos de Zebá e Zalmuna, para que demos pão ao teu exército?

⁷Replicou-lhes Gideão: Pois quando o Senhor entregar na minha mão a Zebá e a Zalmuna, trilharei a vossa carne com os espinhos do deserto e com os abrolhos.

⁸Dali subiu a Penuel, e falou da mesma maneira aos homens desse lugar, que lhe responderam como os homens de Sucote lhe haviam respondido.

⁹Por isso falou também aos homens de Penuel, dizendo: Quando eu voltar em paz, derribarei esta torre.

¹⁰Zebá e Zalmuna estavam em Carcor com o seu exército, cerca de quinze mil homens, os restantes de todo o exército dos filhos do oriente; pois haviam caído cento e vinte mil homens que puxavam da espada.

¹¹subiu Gideão pelo caminho dos que habitavam em tendas, ao oriente de Nobá e Jogbeá, e feriu aquele exército, porquanto se dava por seguro.

¹²E, fugindo Zebá e Zalmuna, Gideão os perseguiu, tomou presos esses dois reis dos midianitas e desbaratou todo o exército.

¹³Voltando, pois, Gideão, filho de Joás, da peleja pela subida de

Heres, ¹⁴tomou preso a um moço dos homens de Sucote, e o inquiriu; este lhe deu por escrito os nomes dos príncipes de Sucote, e dos seus anciãos, setenta e sete homens.

¹⁵Então veio aos homens de Sucote, e disse: Eis aqui Zebá e Zalmuna, a respeito dos quais me escarnecestes, dizendo: Porventura já estão em teu poder as mãos de Zebá e Zalmuna, para que demos pão aos teus homens fatigados?

¹⁶Nisso tomou os anciãos da cidade, e espinhos e abrolhos do deserto, e com eles ensinou aos homens de Sucote.

¹⁷Também derrubou a torre de Penuel, e matou os homens da cidade.

¹⁸Depois perguntou a Zebá e a Zalmuna: Como eram os homens que matastes em Tabor? E responderam eles: Qual és tu, tais eram eles; cada um parecia filho de rei.

¹⁹Então disse ele: Eram meus irmãos, filhos de minha mãe; vive o Senhor, que se lhes tivésseis poupado a vida, eu não vos mataria.

²⁰E disse a Jeter, seu primogênito: Levanta-te, mata-os. O mancebo, porém, não puxou da espada, porque temia, porquanto ainda era muito moço.

²¹Então disseram Zebá e Zalmuna: Levanta-te tu mesmo, e acomete-nos; porque, qual o homem, tal a sua força. Levantando-se, pois, Gideão, matou Zebá e Zalmuna, e tomou os crescentes que estavam aos pescoços dos seus camelos.

²²Então os homens de Israel disseram a Gideão: Domina sobre nós, assim tu, como teu filho, e o filho de teu filho; porquanto nos livraste da mão de Midiã.

²³Gideão, porém, lhes respondeu: Nem eu dominarei sobre vós, nem meu filho, mas o Senhor sobre vós dominará.

²⁴Disse-lhes mais Gideão: uma petição vos farei: dá-me, cada um de vós, as arrecadas do despojo. (Porque os inimigos tinham arrecadas de ouro, porquanto eram ismaelitas).

²⁵Ao que disseram eles: De boa vontade as daremos. E estenderam uma capa, na qual cada um deles deitou as arrecadas do seu despojo.

²⁶E foi o peso das arrecadas de ouro que ele pediu, mil e setecentos siclos de ouro, afora os crescentes, as cadeias e as vestes de púrpura que os reis de Midiã trajavam, afora as correntes que os camelos traziam ao pescoço.

²⁷Disso fez Gideão um éfode, e o pôs na sua cidade, em Ofra; e todo o Israel se prostituiu ali após ele; e foi um laço para Gideão e para sua casa.

²⁸Assim foram abatidos os midianitas diante dos filhos de Israel, e nunca mais levantaram a cabeça. E a terra teve sossego, por quarenta anos nos dias de Gideão.

²⁹Então foi Jerubaal, filho de Joás, e habitou em sua casa.

³⁰Gideão teve setenta filhos, que procederam da sua coxa, porque tinha muitas mulheres.

³¹A sua concubina que estava em Siquém deu-lhe também um filho; e pôs-lhe por nome Abimeleque.

³²Morreu Gideão, filho de Joás, numa boa velhice, e foi sepultado no sepulcro de seu pai Joás, em Ofra dos abiezritas.

³³Depois da morte de Gideão os filhos de Israel tornaram a se prostituir após os baalins, e puseram a Baal-Berite por deus.

³⁴Assim os filhos de Israel não se lembraram do Senhor seu Deus, que os livrara da mão de todos os seus inimigos ao redor;

³⁵nem usaram de beneficência para com a casa de Jerubaal, a saber, de Gideão, segundo todo o bem que ele havia feito a Israel.

## Capítulo 9

¹Abimeleque, filho de Jerubaal, foi a Siquém, aos irmãos de sua mãe, e falou-lhes, e a toda a parentela da casa de pai de sua mãe, dizendo:

²Falai, peço-vos, aos ouvidos de todos os cidadãos de Siquém: Que é melhor para vós? que setenta homens, todos os filhos de Jerubaal, dominem sobre vós, ou que um só domine sobre vós? Lembrai-vos também de que sou vosso osso e vossa carne.

³Então os irmãos de sua mãe falaram todas essas palavras a respeito dele aos ouvidos de todos os cidadãos de Siquém; e o coração deles se inclinou a seguir Abimeleque; pois disseram: E nosso irmão.

⁴E deram-lhe setenta siclos de prata, da casa de Baal-Berite, com os quais alugou Abimeleque alguns homens ociosos e le⁹

⁵e foi à casa de seu pai, a Ofra, e matou a seus irmãos, os filhos de Jerubaal, setenta homens, sobre uma só pedra. Mas Jotão, filho menor de Jerubaal, ficou, porquanto se tinha escondido.

⁶Então se ajuntaram todos os cidadãos de Siquém e toda a Bete-Milo, e foram, e constituíram rei a Abimeleque, junto ao carvalho da coluna que havia em Siquém.

⁷Jotão, tendo sido avisado disso, foi e, pondo-se no cume do monte Gerizim, levantou a voz e clamou, dizendo: Ouvi-me a mim, cidadãos de Siquém, para que Deus vos ouça a vos.

⁸Foram uma vez as árvores a ungir para si um rei; e disseram à oliveira: Reina tu sobre nós.

⁹Mas a oliveira lhes respondeu: Deixaria eu a minha gordura, que Deus e os homens em mim prezam, para ir balouçar sobre as árvores?

¹⁰Então disseram as árvores à figueira: Vem tu, e reina sobre nós.

¹¹Mas a figueira lhes respondeu: Deixaria eu a minha doçura, o meu bom fruto, para ir balouçar sobre as árvores?

¹²Disseram então as árvores à videira: Vem tu, e reina sobre nós.

¹³Mas a videira lhes respondeu: Deixaria eu o meu mosto, que alegra a Deus e aos homens, para ir balouçar sobre as árvores?

¹⁴Então todas as árvores disseram ao espinheiro: Vem tu, e reina sobre nós.

¹⁵O espinheiro, porém, respondeu às árvores: Se de boa fé me ungis por vosso rei, vinde refugiar-vos debaixo da minha sombra; mas, se não, saia fogo do espinheiro, e devore os cedros do Líbano.

¹⁶Agora, pois, se de boa fé e com retidão procedestes, constituindo rei a Abimeleque, e se bem fizestes para com Jerubaal e para com a sua casa, e se com ele usastes conforme o merecimento de suas mãos

¹⁷(porque meu pai pelejou por vós, desprezando a própria vida, e vos livrou da mão de Midiã;

¹⁸porém vós hoje vos levantastes contra a casa de meu pai, e matastes a seus filhos, setenta homens, sobre uma só pedra; e a Abimeleque, filho da sua serva, fizestes reinar sobre os cidadãos de Siquém, porque é vosso irmão);

¹⁹se de boa fé e com retidão procedestes hoje para com Jerubaal e para com a sua casa, alegrai-vos em Abimeleque, e também ele se alegre em vós;

²⁰mas se não, saia fogo de Abimeleque, e devore os cidadãos de Siquém, e a Bete-Milo; e saia fogo dos cidadãos de Siquém e de Bete-Milo, e devore Abimeleque.

²¹E partindo Jotão, fugiu e foi para Beer, e ali habitou, por medo de Abimeleque, seu irmão.

²²Havendo Abimeleque reinado três anos sobre Israel,

²³Deus suscitou um espírito mau entre Abimeleque e os cidadãos de Siquém; e estes procederam aleivosamente para com Abimeleque;

²⁴para que a violência praticada contra os setenta filhos de Jerubaal, como também o sangue deles, recaíssem sobre Abimeleque, seu irmão, que os matara, e sobre os cidadãos de Siquém, que fortaleceram as mãos dele para matar a seus irmãos.

²⁵E os cidadãos de Siquém puseram de emboscada contra ele, sobre os cumes dos montes, homens que roubavam a todo aquele que passava por eles no caminho. E contou-se isto a Abimeleque.

²⁶Também veio Gaal, filho de Ebede, com seus irmãos, e estabeleceu-se em Siquém; e confiaram nele os cidadãos de Siquém.

²⁷Saindo ao campo, vindimaram as suas vinhas, pisaram as uvas e fizeram uma festa; e, entrando na casa de seu deus, comeram e beberam, e amaldiçoaram a Abimeleque.

²⁸E disse Gaal, filho de Ebede: Quem é Abimeleque, e quem é Siquém, para que sirvamos a Abimeleque? não é, porventura, filho de Jerubaal? e não é Zebul o seu mordomo? Servi antes aos homens de Hamor, pai de Siquém; pois, por que razão serviríamos nós a Abimeleque?

²⁹Ah! se este povo estivesse sob a minha mão, eu transtornaria a Abimeleque. Eu lhe diria: Multiplica o teu exército, e vem.

³⁰Quando Zebul, o governador da cidade, ouviu as palavras de Gaal, filho de Ebede, acendeu-se em ira.

³¹E enviou secretamente mensageiros a Abimeleque, para lhe dizerem: Eis que Gaal, filho de Ebede, e seus irmãos vieram a Siquém, e estão sublevando a cidade contra ti.

³²Levanta-te, pois, de noite, tu e o povo que tiveres contigo, e põe-te de emboscada no campo.

³³E pela manhã, ao nascer do sol, levanta-te, e dá de golpe sobre a cidade; e, saindo contra ti Gaal e o povo que tiver com ele, faze-lhe como te permitirem as circunstâncias.

³⁴Levantou-se, pois, de noite Abimeleque, e todo o povo que com ele havia, e puseram emboscadas a Siquém, em quatro bandos.

³⁵E Gaal, filho de Ebede, saiu e pôs-se à entrada da porta da cidade; e das emboscadas se levantou Abimeleque, e todo o povo que estava com ele.

³⁶Quando Gaal viu aquele povo, disse a Zebul: Eis que desce gente dos cumes dos montes. Respondeu-lhe Zebul: Tu vês as sombras dos montes como se fossem homens.

³⁷Gaal, porém, tornou a falar, e disse: Eis que desce gente do meio da terra; também vem uma tropa do caminho do carvalho de Meonenim.

³⁸Então lhe disse Zebul: Onde está agora a tua boca, com a qual

dizias: Quem é Abimeleque, para que o sirvamos? Não é esse, porventura, o povo que desprezaste. Sai agora e peleja contra ele!

³⁹Assim saiu Gaal, à frente dos cidadãos de Siquém, e pelejou contra Abimeleque.

⁴⁰Mas Abimeleque o perseguiu, pois Gaal fugiu diante dele, e muitos caíram feridos até a entrada da porta.

⁴¹Abimeleque ficou em Arumá. E Zebul expulsou Gaal e seus irmãos, para que não habitassem em Siquém.

⁴²No dia seguinte sucedeu que o povo saiu ao campo; disto foi avisado Abimeleque,

⁴³o qual, tomando o seu povo, dividiu-o em três bandos, que pôs de emboscada no campo. Quando viu que o povo saía da cidade, levantou-se contra ele e o feriu.

⁴⁴Abimeleque e os que estavam com ele correram e se puseram à porta da cidade; e os outros dois bandos deram de improviso sobre todos quantos estavam no campo, e os feriram.

⁴⁵Abimeleque pelejou contra a cidade todo aquele dia, tomou-a e matou o povo que nela se achava; e, assolando-a, a semeou de sal.

⁴⁶Tendo ouvido isso todos os cidadãos de Migdol-Siquém, entraram na fortaleza, na casa de El-Berite.

⁴⁷E contou-se a Abimeleque que todos os cidadãos de Migbol-Siquém se haviam congregado.

⁴⁸Então Abimeleque subiu ao monte Zalmom, ele e todo o povo que com ele havia; e, tomando na mão um machado, cortou um ramo de árvore e, levantando-o, pô-lo ao seu ombro, e disse ao povo que estava com ele: O que me vistes fazer, apressai-vos a fazê-lo também.

⁴⁹Tendo, pois, cada um cortado o seu ramo, seguiram a Abimeleque; e, pondo os ramos junto da fortaleza, queimaram-na a fogo com os que nela estavam; de modo que morreram também todos os de Migdol-Siquém, cerca de mil homens e mulheres.

⁵⁰Então Abimeleque foi a Tebez, e a sitiou e tomou.

⁵¹Havia, porém, no meio da cidade uma torre forte, na qual se refugiaram todos os habitantes da cidade, homens e mulheres; e fechando após si as portas, subiram ao eirado da torre.

⁵²E Abimeleque, tendo chegado até a torre, atacou-a, e chegou-se à porta da torre, para lhe meter fogo.

⁵³Nisso uma mulher lançou a pedra superior de um moinho sobre a cabeça de Abimeleque, e quebrou-lhe o crânio.

⁵⁴Então ele chamou depressa o moço, seu escudeiro, e disse-lhe: Desembainha a tua espada e mata-me, para que não se diga de mim: uma mulher o matou. E o moço o traspassou e ele morreu.

⁵⁵Vendo, pois, os homens de Israel que Abimeleque já era morto, foram-se cada um para o seu lugar.

⁵⁶Assim Deus fez tornar sobre Abimeleque o mal que tinha feito a seu pai, matando seus setenta irmãos;

⁵⁷como também fez tornar sobre a cabeça dos homens de Siquém todo o mal que fizeram; e veio sobre eles a maldição de Jotão, filho de Jerubaal.

## Capítulo 10

¹Depois de Abimeleque levantou-se, para livrar a Israel, Tola, filho de Puva, filho de Dodó, homem de Issacar, que habitava em Samir, na região montanhosa de Efraim.

²Ele julgou a Israel vinte e três anos; e morreu, e foi sepultado em Samir.

³Depois dele levantou-se Jair, gileadita, que julgou a Israel vinte e dois anos.

⁴Ele tinha trinta filhos, que cavalgavam sobre trinta jumentos; e tinham estes trinta cidades, que se chamam Havote-Jair, até a dia de hoje, as quais estão na terra de Gileade.

⁵Morreu Jair, e foi sepultado em Camom.

⁶Então tornaram os filhos de Israel a fazer o que era mau aos olhos do Senhor, e serviram aos baalins, e às astarotes, e aos deuses da Síria, e aos de Sidom, e de Moabe, e dos amonitas, e dos filisteus; e abandonaram o Senhor, e não o serviram.

⁷Pelo que a ira do Senhor se acendeu contra Israel, e ele os vendeu na mão dos filisteus e na mão dos amonitas,

⁸os quais naquele mesmo ano começaram a vexá-los e oprimi-los. Por dezoito anos oprimiram a todos os filhos de Israel que estavam dalém do Jordão, na terra dos amorreus, que é em Gileade.

⁹E os amonitas passaram o Jordão, para pelejar também contra Judá e Benjamim, e contra a casa de Efraim, de maneira que Israel se viu muito angustiado.

¹⁰Então os filhos de Israel clamaram ao Senhor, dizendo: Pecamos contra ti, pois abandonamos o nosso Deus, e servimos aos baalins.

¹¹O Senhor, porém, respondeu aos filhos de Israel: Porventura não vos livrei eu dos egípcios, dos amorreus, dos amonitas e dos filisteus?

¹²Também os sidônios, os amalequitas e os maonitas vos oprimiram; e, quando clamastes a mim, não vos livrei da sua mão?

¹³Contudo vós me deixastes a mim e servistes a outros deuses, pelo que não vos livrarei mais.

¹⁴Ide e clamai aos deuses que escolhestes; que eles vos livrem no tempo da vossa angústia.

¹⁵Mas os filhos de Israel disseram ao Senhor: Pecamos; fazes-nos conforme tudo quanto te parecer bem; tão-somente te rogamos que nos livres hoje.

¹⁶E tiraram os deuses alheios do meio de si, e serviram ao Senhor, que se moveu de compaixão por causa da desgraça de Israel.

¹⁷Depois os amonitas se reuniram e acamparam em Gileade; também os filhos de Israel, reunindo-se, acamparam em Mizpá.

¹⁸Então o povo, isto é, os príncipes de Gileade disseram uns aos outros: Quem será o varão que começará a peleja contra os amonitas? esse será o chefe de todos os habitantes de Gileade.

## Capítulo 11

¹Era então Jefté, o gileadita, homem valoroso, porém filho duma prostituta; Gileade era o pai dele.

²Também a mulher de Gileade lhe deu filhos; quando os filhos desta eram já grandes, expulsaram a Jefté, e lhe disseram: Não herdarás na casa de nosso pai, porque és filho de outra mulher.

³Então Jefté fugiu de diante de seus irmãos, e habitou na terra de Tobe; e homens levianos juntaram-se a Jefté, e saíam com ele.

⁴Passado algum tempo, os amonitas fizeram guerra a Israel.

⁵E, estando eles a guerrear contra Israel, foram os anciãos de Gileade para trazer Jefté da terra de Tobe,

⁶e lhe disseram: Vem, sê o nosso chefe, para que combatamos contra os amonitas.

⁷Jefté, porém, perguntou aos anciãos de Gileade: Porventura não me odiastes, e não me expulsastes da casa de meu pai? por que, pois, agora viestes a mim, quando estais em aperto?

⁸Responderam-lhe os anciãos de Gileade: É por isso que tornamos a ti agora, para que venhas conosco, e combatas contra os amonitas, e nos sejas por chefe sobre todos os habitantes de Gileade.

⁹Então Jefté disse aos anciãos de Gileade: Se me fizerdes voltar para combater contra os amonitas, e o Senhor mos entregar diante de mim, então serei eu o vosso chefe.

¹⁰Responderam os anciãos de Gileade a Jefté: O Senhor será testemunha entre nós de que faremos conforme a tua palavra.

¹¹Assim Jefté foi com os anciãos de Gileade, e o povo o pôs por cabeça e chefe sobre si; e Jefté falou todas as suas palavras perante o Senhor em Mizpá.

¹²Depois Jefté enviou mensageiros ao rei dos amonitas, para lhe dizerem: Que há entre mim e ti, que vieste a mim para guerrear contra a minha terra?

¹³Respondeu o rei dos amonitas aos mensageiros de Jefté: É porque Israel, quando subiu do Egito, tomou a minha terra, desde o Arnom até o Jaboque e o Jordão; restitui-me, pois, agora essas terras em paz.

¹⁴Jefté, porém, tornou a enviar mensageiros ao rei dos amonitas,

¹⁵dizendo-lhe: Assim diz Jefté: Israel não tomou a terra de Moabe, nem a terra dos amonitas;

¹⁶mas quando Israel subiu do Egito, andou pelo deserto até o Mar Vermelho, e depois chegou a Cades;

¹⁷dali enviou mensageiros ao rei de Edom, a dizer-lhe: Rogo-te que me deixes passar pela tua terra. Mas o rei de Edom não lhe deu ouvidos. Então enviou ao rei de Moabe, o qual também não consentiu; e assim Israel ficou em Cades.

¹⁸Depois andou pelo deserto e rodeou a terra de Edom e a terra de Moabe, e veio pelo lado oriental da terra de Moabe, e acampou além do Arnom; porém não entrou no território de Moabe, pois o Arnom era o limite de Moabe.

¹⁹E Israel enviou mensageiros a Siom, rei dos amorreus, rei de Hesbom, e disse-lhe: Rogo-te que nos deixes passar pela tua terra até o meu lugar.

²⁰Siom, porém, não se fiou de Israel para o deixar passar pelo seu território; pelo contrário, ajuntando todo o seu povo, acampou em Jaza e combateu contra Israel.

²¹E o Senhor Deus de Israel entregou Siom com todo o seu povo na mão de Israel, que os feriu e se apoderou de toda a terra dos amorreus que habitavam naquela região.

²²Apoderou-se de todo o território dos amorreus, desde o Arnom até o Jaboque, e desde o deserto até o Jordão.

²³Assim o Senhor Deus de Israel desapossou os amorreus de diante do seu povo de Israel; e possuirias tu esse território?

²⁴Não possuirias tu o território daquele que Quemós, teu deus, desapossasse de diante de ti? assim possuiremos nós o território de todos quantos o Senhor nosso Deus desapossar de diante de nós.

²⁵Agora, és tu melhor do que Balaque, filho de Zipor, rei de Moabe? ousou ele jamais contender com Israel, ou lhe mover guerra?

²⁶Enquanto Israel habitou trezentos anos em Hesbom e nas suas vilas, em Aroer e nas suas vilas em todas as cidades que estão ao longo do Arnom, por que não as recuperaste naquele tempo?

²⁷Não fui eu que pequei contra ti; és tu, porém, que usas de injustiça para comigo, fazendo-me guerra. O Senhor, que é juiz, julgue hoje entre os filhos de Israel e os amonitas.

²⁸Contudo o rei dos amonitas não deu ouvidos à mensagem que Jefté lhe enviou.

²⁹Então o Espírito do Senhor veio sobre Jefté, de modo que ele passou por Gileade e Manassés, e chegando a Mizpá de Gileade, dali foi ao encontro dos amonitas.

³⁰E Jefté fez um voto ao Senhor, dizendo: Se tu me entregares na mão os amonitas,

³¹qualquer que, saindo da porta de minha casa, me vier ao encontro, quando eu, vitorioso, voltar dos amonitas, esse será do Senhor; eu o oferecerei em holocausto.

³²Assim Jefté foi ao encontro dos amonitas, a combater contra eles; e o Senhor lhos entregou na mão.

³³E Jefté os feriu com grande mortandade, desde Aroer até chegar a Minite, vinte cidades, e até Abel-Queramim. Assim foram subjugados os amonitas pelos filhos de Israel.

³⁴Quando Jefté chegou a Mizpá, à sua casa, eis que a sua filha lhe saiu ao encontro com adufes e com danças; e era ela a filha única; além dela não tinha outro filho nem filha.

³⁵Logo que ele a viu, rasgou as suas vestes, e disse: Ai de mim, filha minha! muito me abateste; és tu a causa da minha desgraça! pois eu fiz, um voto ao Senhor, e não posso voltar atrás.

³⁶Ela lhe respondeu: Meu pai, se fizeste um voto ao Senhor, faze de mim conforme o teu voto, pois o Senhor te vingou dos teus inimigos, os filhos de Amom.

³⁷Disse mais a seu pai: Concede-me somente isto: deixa-me por dois meses para que eu vá, e desça pelos montes, chorando a minha virgindade com as minhas companheiras.

³⁸Disse ele: Vai. E deixou-a ir por dois meses; então ela se foi com as suas companheiras, e chorou a sua virgindade pelos montes.

³⁹E sucedeu que, ao fim dos dois meses, tornou ela para seu pai, o qual cumpriu nela o voto que tinha feito; e ela não tinha conhecido varão. Daí veio o costume em Israel,

⁴⁰de irem as filhas de Israel de ano em ano lamentar por quatro dias a filha de Jefté, o gileadita. Isso não é

## Capítulo 12

¹Então os homens de Efraim se congregaram, passaram para Zafom e disseram a Jefté: Por que passaste a combater contra os amonitas, e não nos chamaste para irmos contigo? Queimaremos a fogo a tua casa contigo.

²Disse-lhes Jefté: Eu e o meu povo tivemos grande contenda com os amonitas; e quando vos chamei, não me livrastes da sua mão.

³Vendo eu que não me livráveis, arrisquei a minha vida e fui de encontro aos amonitas, e o Senhor mos entregou nas mãos; por que, pois, subistes vós hoje para combater contra mim?

⁴Depois ajuntou Jefté todos os homens de Gileade, e combateu contra Efraim, e os homens de Gileade feriram a Efraim; porque este lhes dissera: Fugitivos sois de Efraim, vós gileaditas que habitais entre Efraim e Manassés.

⁵E tomaram os gileaditas aos efraimitas os vaus do Jordão; e quando algum dos fugitivos de Efraim diza: Deixai-me passar; então os homens de Gileade lhe perguntavam: És tu efraimita? E dizendo ele: Não;

⁶então lhe diziam: Dize, pois, Chibolete; porém ele dizia: Sibolete, porque não o podia pronunciar bem. Então pegavam dele, e o degolavam nos vaus do Jordão. Caíram de Efraim naquele tempo quarenta e dois mil.

⁷Jefté julgou a Israel seis anos; e morreu Jefté, o gileadita, e foi sepultado numa das cidades de Gileade.

⁸Depois dele julgou a Israel Ibzã de Belém.

⁹Tinha este trinta filhos, e trinta filhas que casou fora; e trinta filhas trouxe de fora para seus filhos. E julgou a Israel sete anos.

¹⁰Morreu Ibzã, e foi sepultado em Belém.

¹¹Depois dele Elom, o zebulonita, julgou a Israel dez anos.

¹²Morreu Elom, o zebulonita, e foi sepultado em Aijalom, na terra de Zebulom.

¹³Depois dele julgou a Israel Abdom, filho de Hilel, o piratonita.

¹⁴Tinha este quarenta filhos e trinta netos, que cavalgavam sobre setenta jumentos. E julgou a Israel oito anos.

¹⁵Morreu Abdom, filho de Hilel, o piratonita, e foi sepultado em Piratom, na terra de Efraim, na região montanhosa dos amalequitas.

## Capítulo 13

¹Os filhos de Israel tornaram a fazer o que era mau aos olhos do Senhor, e ele os entregou na mão dos filisteus por quarenta anos.

²Havia um homem de Zorá, da tribo de Dã, cujo nome era Manoá; e sua mulher, sendo estéril, não lhe dera filhos.

³Mas o anjo do Senhor apareceu à mulher e lhe disse: Eis que és estéril, e nunca deste à luz; porém conceberás, e terás um filho.

⁴Agora pois, toma cuidado, e não bebas vinho nem bebida forte, e não comas coisa alguma impura;

⁵porque tu conceberás e terás um filho, sobre cuja cabeça não passará navalha, porquanto o menino será nazireu de Deus desde o ventre de sua mãe; e ele começara a livrar a Israel da mão dos filisteus.

⁶Então a mulher entrou, e falou a seu marido, dizendo: Veio a mim um homem de Deus, cujo semblante era como o de um anjo de Deus, em extremo terrível; e não lhe perguntei de onde era, nem ele me disse o seu nome;

⁷porém disse-me: Eis que tu conceberás e terás um filho. Agora pois, não bebas vinho nem bebida forte, e não comas coisa impura; porque o menino sera nazireu de Deus, desde o ventre de sua mãe até o dia da sua morte.

⁸Então Manoá suplicou ao Senhor, dizendo: Ah! Senhor meu, rogo-te que o homem de Deus, que enviaste, venha ter conosco outra vez e nos ensine o que devemos fazer ao menino que há de nascer.

⁹Deus ouviu a voz de Manoá; e o anjo de Deus veio outra vez ter com a mulher, estando ela sentada no campo, porém não estava com ela o seu marido, Manoá.

¹⁰Apressou-se, pois, a mulher e correu para dar a notícia a seu marido, e disse-lhe: Eis que me apareceu aquele homem que veio ter comigo o outro dia.

¹¹Então Manoá se levantou, seguiu a sua mulher e, chegando à presença do homem, perguntou-lhe: És tu o homem que falou a esta mulher? Ele respondeu: Sou eu.

¹²Então disse Manoá: Quando se cumprirem as tuas palavras, como se há de criar o menino e que fará ele?

¹³Respondeu o anjo do Senhor a Manoá: De tudo quanto eu disse à mulher se guardará ela;

¹⁴de nenhum produto da vinha comerá; não beberá vinho nem bebida forte, nem comerá coisa impura; tudo quanto lhe ordenei cumprirá.

¹⁵Então Manoá disse ao anjo do Senhor: Deixa que te detenhamos, para que te preparemos um cabrito.

¹⁶Disse, porém, o anjo do Senhor a Manoá: Ainda que me detenhas, não comerei de teu pão; e se fizeres holocausto, é ao Senhor que o oferecerás. (Pois Manoá não sabia que era o anjo do Senhor).

¹⁷Ainda perguntou Manoá ao anjo do Senhor: Qual é o teu nome? - para que, quando se cumprir a tua palavra, te honremos.

¹⁸Ao que o anjo do Senhor lhe respondeu: Por que perguntas pelo meu nome, visto que é maravilhoso?

¹⁹Então Manoá tomou um cabrito com a oferta de cereais, e o ofereceu sobre a pedra ao Senhor; e fez o anjo maravilhas, enquanto Manoá e sua mulher o observavam.

²⁰Ao subir a chama do altar para o céu, subiu com ela o anjo do Senhor; o que vendo Manoá e sua mulher, caíram com o rosto em terra.

²¹E não mais apareceu o anjo do Senhor a Manoá, nem à sua mulher; então compreendeu Manoá que era o anjo do Senhor.

²²Disse Manoá a sua mulher: Certamente morreremos, porquanto temos visto a Deus.

²³Sua mulher, porém, lhe respondeu: Se o Senhor nos quisera matar, não teria recebido da nossa mão o holocausto e a oferta de cereais, nem nos teria mostrado todas estas coisas, nem agora nos teria dito semelhantes coisas.

²⁴Depois teve esta mulher um filho, a quem pôs o nome de Sansão; e o menino cresceu, e o Senhor o abençoou.

²⁵E o Espírito do Senhor começou a incitá-lo em Maané-Dã, entre Zorá e Estaol.

## Capítulo 14

¹Desceu Sansão a Timnate; e vendo em Timnate uma mulher das filhas dos filisteus,

²subiu, e declarou-o a seu pai e a sua mãe, dizendo: Vi uma mulher em Timnate, das filhas dos filisteus; agora pois, tomai-ma por mulher.

³Responderam-lhe, porém, seu pai e sua mãe: Não há, porventura, mulher entre as filhas de teus irmãos, nem entre todo o nosso povo, para que tu vás tomar mulher dos filisteus, daqueles incircuncisos? Disse, porém, Sansão a seu pai: Toma esta para mim, porque ela muito me agrada.

⁴Mas seu pai e sua mãe não sabiam que isto vinha do Senhor, que buscava ocasião contra os filisteus; porquanto naquele tempo os filisteus dominavam sobre Israel.

⁵Desceu, pois, Sansão com seu pai e com sua mãe a Timnate. E, chegando ele às vinhas de Timnate, um leão novo, rugindo, saiu-lhe ao encontro.

⁶Então o Espírito do Senhor se apossou dele, de modo que ele, sem ter coisa alguma na mão, despedaçou o leão como se fosse um cabrito. E não disse nem a seu pai nem a sua mãe o que tinha feito.

⁷Depois desceu e falou àquela mulher; e ela muito lhe agradou.

⁸Passado algum tempo, Sansão voltou para recebê-la; e apartando-se de caminho para ver o cadáver do leão, eis que nele havia um enxame de abelhas, e mel.

⁹E tirando-o nas mãos, foi andando e comendo dele; chegando aonde estavam seu pai e sua mãe, deu-lhes do mel, e eles comeram; porém não lhes disse que havia tirado o mel do corpo do leão.

¹⁰Desceu, pois, seu pai à casa da mulher; e Sansão fez ali um banquete, porque assim os mancebos costumavam fazer.

¹¹E sucedeu que, quando os habitantes do lugar o viram, trouxeram trinta companheiros para estarem com ele.

¹²Disse-lhes, pois, Sansão: Permiti-me propor-vos um enigma; se nos sete dias das bodas o decifrardes e mo descobrirdes, eu vos darei trinta túnicas de linho e trinta mantos;

¹³mas se não puderdes decifrar, vós me dareis a mim as trinta túnicas de linho e os trinta mantos. Ao que lhe responderam eles: Propõe o teu enigma, para que o ouçamos.

¹⁴Então lhes disse: Do que come saiu comida, e do forte saiu doçura. E em três dias não puderam decifrar o enigma.

¹⁵Ao quarto dia, pois, disseram à mulher de Sansão: Persuade teu marido a que declare o enigma, para que não queimemos a fogo a ti e à casa de teu pai. Acaso nos convidastes para nos despojardes?

¹⁶E a mulher de Sansão chorou diante dele, e disse: Tão-somente me aborreces, e não me amas; pois propuseste aos filhos do meu povo um enigma, e não mo declaraste a mim. Respondeu-lhe ele: Eis que nem a meu pai nem a minha mãe o declarei, e to declararei a ti.

¹⁷Assim ela chorava diante dele os sete dias em que celebravam as bodas. Sucedeu, pois, que ao sétimo dia lho declarou, porquanto o importunava; então ela declarou o enigma aos filhos do seu povo.

¹⁸Os homens da cidade, pois, ainda no sétimo dia, antes de se pôr o sol, disseram a Sansão: Que coisa há mais doce do que o mel? e que coisa há mais forte do que o leão? Respondeu-lhes ele: Se vós não tivésseis lavrado com a minha novilha, não teríeis descoberto o meu enigma.

¹⁹Então o Espírito do Senhor se apossou dele, de modo que desceu a Asquelom, matou trinta dos seus homens e, tomando as suas vestes, deu-as aos que declararam o enigma; e, ardendo em ira, subiu à casa de seu pai.

²⁰E a mulher de Sansão foi dada ao seu companheiro, que lhe servira de paraninfo.

## Capítulo 15

¹Alguns dias depois disso, durante a ceifa do trigo, Sansão, levando um cabrito, foi visitar a sua mulher, e disse: Entrarei na câmara de minha mulher. Mas o pai dela não o deixou entrar,

²dizendo-lhe: Na verdade, pensava eu que de todo a aborrecias; por isso a dei ao teu companheiro. Não é, porém, mais formosa do que ela a sua irmã mais nova? Toma-a, pois, em seu lugar.

³Então Sansão lhes disse: De agora em diante estarei sem culpa para com os filisteus, quando lhes fizer algum mal.

⁴E Sansão foi, apanhou trezentas raposas, tomou fachos e, juntando as raposas cauda a cauda, pôs-lhes um facho entre cada par de caudas.

⁵E tendo chegado fogo aos fachos, largou as raposas nas searas dos filisteus;, e assim abrasou tanto as medas como o trigo ainda em pé as vinhas e os olivais.

⁶Perguntaram os filisteus: Quem fez isto? Respondeu-se-lhes: Sansão, o genro do timnita, porque este lhe tomou a sua mulher, e a deu ao seu companheiro. Subiram, pois, os filisteus, e queimaram a fogo a ela e a seu pai.

⁷Disse-lhes Sansão: É assim que fazeis? pois só cessarei quando me houver vingado de vós.

⁸E de todo os desbaratou, infligindo-lhes grande mortandade. Então desceu, e habitou na fenda do penhasco de Etã.

⁹Então os filisteus subiram, acamparam-se em Judá, e estenderam-se por Leí.

¹⁰Perguntaram-lhes os homens de Judá: Por que subistes contra nós. E eles responderam: Subimos para amarrar a Sansão, para lhe fazer como ele nos fez.

¹¹Então três mil homens de Judá desceram até a fenda do penhasco de Etã, e disseram a Sansão: Não sabias tu que os filisteus dominam sobre nós? por que, pois, nos fizeste isto? E ele lhes disse: Assim como eles me fizeram a mim, eu lhes fiz a eles.

¹²Tornaram-lhe eles: Descemos para amarrar-te, a fim de te entregar nas mãos dos filisteus. Disse-lhes Sansão: Jurai-me que vós mesmos não me acometereis.

¹³Eles lhe responderam: Não, não te mataremos, mas apenas te amarraremos, e te entregaremos nas mãos deles. E amarrando-o com duas cordas novas, tiraram-no do penhasco.

¹⁴Quando ele chegou a Leí, os filisteus lhe saíram ao encontro, jubilando. Então o Espírito do Senhor se apossou dele, e as cordas que lhe ligavam os braços se tornaram como fios de linho que estão queimados do fogo, e as suas amarraduras se desfizeram das suas mãos.

¹⁵E achou uma queixada fresca de jumento e, estendendo a mão, tomou-a e com ela matou mil homens.

¹⁶Disse Sansão: Com a queixada de um jumento montões e mais montões! Sim, com a queixada de um jumento matei mil homens.

¹⁷E acabando ele de falar, lançou da sua mão a queixada; e chamou-se aquele lugar Ramá-Leí.

¹⁸Depois, como tivesse grande sede, clamou ao Senhor, e disse: Pela mão do teu servo tu deste este grande livramento; e agora morrerei eu de sede, e cairei nas mãos destes incircuncisos?

¹⁹Então o Senhor abriu a fonte que está em Leí, e dela saiu água; e Sansão, tendo bebido, recobrou alento, e reviveu; pelo que a fonte ficou sendo chamada En-Hacore, a qual está em Leí até o dia de hoje.

²⁰E julgou a Israel, nos dias dos filisteus, vinte anos.

## Capítulo 16

¹Sansão foi a Gaza, e viu ali uma prostituta, e entrou a ela.

²E foi dito aos gazitas: Sansão entrou aqui. Cercaram-no, pois, e de emboscada à porta da cidade o esperaram toda a noite; assim ficaram quietos a noite toda, dizendo: Quando raiar o dia, matá-lo-emos.

³Mas Sansão deitou-se até a meia-noite; então, levantando-se, pegou nas portas da entrada da cidade, com ambos os umbrais, arrancou-as juntamente com a tranca e, pondo-as sobre os ombros, levou-as até o cume do monte que está defronte de Hebrom.

⁴Depois disto se afeiçoou a uma mulher do vale de Soreque, cujo nome era Dalila.

⁵Então os chefes dos filisteus subiram a ter com ela, e lhe disseram: Persuade-o, e vê em que consiste a sua grande força, e como poderemos prevalecer contra ele e amarrá-lo, para assim o afligirmos; e te daremos, cada um de nós, mil e cem moedas de prata.

⁶Disse, pois, Dalila a Sansão: Declara-me, peço-te, em que consiste a tua grande força, e com que poderias ser amarrado para te poderem afligir.

⁷Respondeu-lhe Sansão: Se me amarrassem com sete cordas de nervos, ainda não secados, então me tornaria fraco, e seria como qualquer outro homem.

⁸Então os chefes dos filisteus trouxeram a Dalila sete cordas de nervos, ainda não secados, com as quais ela o amarrou.

⁹Ora, tinha ela em casa uns espias sentados na câmara interior. Então ela disse: Os filisteus vêm sobre ti, Sansão! E ele quebrou as cordas de nervos, como se quebra o fio da estopa ao lhe chegar o fogo. Assim não se soube em que consistia a sua força.

¹⁰Disse, pois, Dalila a Sansão: Eis que zombaste de mim, e me disseste mentiras; declara-me agora com que poderia ser a amarrado.

¹¹Respondeu-lhe ele: Se me amarrassem fortemente com cordas novas, que nunca tivessem sido usadas, então me tornaria fraco, e seria como qualquer outro homem.

¹²Então Dalila tomou cordas novas, e o amarrou com elas, e disse-lhe: Os filisteus vêm sobre ti, Sansão! E os espias estavam sentados na câmara interior. Porém ele as quebrou de seus braços como a um fio.

¹³Disse Dalila a Sansão: Até agora zombaste de mim, e me disseste mentiras; declara-me pois, agora, com que poderia ser

amarrado. E ele lhe disse: Se teceres as sete tranças da minha cabeça com os liços da teia.

¹⁴Assim ela as fixou com o torno de tear, e disse-lhe: Os filisteus vêm sobre ti, Sansão! Então ele despertou do seu sono, e arrancou o torno do tear, juntamente com os liços da teia.

¹⁵Disse-lhe ela: como podes dizer: Eu te amo! não estando comigo o teu coração? Já três vezes zombaste de mim, e ainda não me declaraste em que consiste a tua força.

¹⁶E sucedeu que, importunando-o ela todos os dias com as suas palavras, e molestando-o, a alma dele se angustiou até a morte.

¹⁷E descobriu-lhe todo o seu coração, e disse-lhe: Nunca passou navalha pela ninha cabeça, porque sou nazireu de Deus desde o ventre de minha mãe; se viesse a ser rapado, ir-se-ia de mim a minha força, e me tornaria fraco, e seria como qualquer outro homem.

¹⁸Vendo Dalila que ele lhe descobrira todo o seu coração, mandou chamar os chefes dos filisteus, dizendo: Subi ainda esta vez, porque agora me descobriu ele todo o seu coração. E os chefes dos filisteus subiram a ter com ela, trazendo o dinheiro nas mãos.

¹⁹Então ela o fez dormir sobre os seus joelhos, e mandou chamar um homem para lhe rapar as sete tranças de sua cabeça. Depois começou a afligi-lo, e a sua força se lhe foi.

²⁰E disse ela: Os filisteus vêm sobre ti, Sansão! Despertando ele do seu sono, disse: Sairei, como das outras vezes, e me livrarei. Pois ele não sabia que o Senhor se tinha retirado dele.

²¹Então os filisteus pegaram nele, arrancaram-lhe os olhos e, tendo-o levado a Gaza, amarraram-no com duas cadeias de bronze; e girava moinho no cárcere.

²²Todavia o cabelo da sua cabeça, logo que foi rapado, começou a crescer de novo:

²³Então os chefes dos filisteus se ajuntaram para oferecer um grande sacrifício ao seu deus Dagom, e para se regozijar; pois diziam: Nosso deus nos entregou nas mãos a Sansão, nosso inimigo.

²⁴semelhantemente o povo, vendo-o, louvava ao seu deus, dizendo: Nosso Deus nos entregou nas mãos o nosso inimigo, aquele que destruía a nossa terra, e multiplicava os nossos mortos.

²⁵E sucedeu que, alegrando-se o seu coração, disseram: Mandai vir Sansão, para que brinque diante de nós. Mandaram, pois, vir do cárcere Sansão, que brincava diante deles; e fizeram-no estar em pé entre as colunas.

²⁶Disse Sansão ao moço que lhe segurava a mão: Deixa-me apalpar as colunas em que se sustém a casa, para que me encoste a elas.

²⁷Ora, a casa estava cheia de homens e mulheres; e também ali estavam todos os chefes dos filisteus, e sobre o telhado havia cerca de três mil homens e mulheres, que estavam vendo Sansão brincar.

²⁸Então Sansão clamou ao Senhor, e disse: Ó Senhor Deus! lembra-te de mim, e fortalece-me agora só esta vez, ó Deus, para que duma só vez me vingue dos filisteus pelos meus dois olhos.

²⁹Abraçou-se, pois, Sansão com as duas colunas do meio, em que se sustinha a casa, arrimando-se numa com a mão direita, e na outra com a esquerda.

³⁰E bradando: Morra eu com os filisteus! inclinou-se com toda a sua força, e a casa caiu sobre os chefes e sobre todo o povo que nela havia. Assim foram mais os que matou ao morrer, do que os que matara em vida.

³¹Então desceram os seus irmãos e toda a casa de seu pai e, tomando-o, o levaram e o sepultaram, entre Zorá e Estaol, no sepulcro de Manoá, seu pai. Ele havia julgado a Israel vinte anos.

## Capítulo 17

¹Havia um homem da região montanhosa de Efraim, cujo nome era Mica.

²Disse este a sua mãe: As mil e cem moedas de prata que te foram tiradas, por cuja causa lançaste maldições, e acerca das quais também me falaste, eis que esse dinheiro está comigo, eu o tomei. Então disse sua mãe: Bendito do Senhor seja meu filho!

³E ele restituiu as mil e cem moedas de prata a sua mãe; porém ela disse: Da minha mão dedico solenemente este dinheiro ao Senhor a favor de meu filho, para fazer uma imagem esculpida e uma de fundição; de sorte que agora to tornarei a dar.

⁴Quando ele restituiu o dinheiro a sua mãe, ela tomou duzentas moedas de prata, e as deu ao ourives, o qual fez delas uma imagem esculpida e uma de fundição, as quais ficaram em casa de Mica.

⁵Ora, tinha este homem, Mica, uma casa de deuses; e fez um éfode e terafins, e consagrou um de seus filhos, que lhe serviu de sacerdote.

⁶Naquelas dias não havia rei em Israel; cada qual fazia o que parecia bem aos seus olhos.

⁷E havia um mancebo de Belém de Judá, da família de Judá, que era levita, e peregrinava ali.

⁸Este homem partiu da cidade de Belém de Judá para peregrinar onde quer que achasse conveniente. Seguindo ele o seu caminho, chegou à região montanhosa de Efraim, à casa de Mica,

⁹o qual lhe perguntou: Donde vens? E ele lhe respondeu: Sou levita de Belém de Judá, e vou peregrinar onde achar conveniente.

¹⁰Então lhe disse Mica: Fica comigo, e sê-me por pai e sacerdote; e cada ano te darei dez moedas de prata, o vestuário e o sustento. E o levita entrou.

¹¹Consentiu, pois, o levita em ficar com aquele homem, e lhe foi como um de seus filhos.

¹²E Mica consagrou o levita, e o mancebo lhe serviu de sacerdote, e ficou em sua casa.

¹³Então disse Mica: Agora sei que o Senhor me fará bem, porquanto tenho um levita por sacerdote.

## Capítulo 18

¹Naqueles dias não havia rei em Israel; a tribo dos danitas buscava para si herança em que habitar; porque até então não lhe havia caído a sua herança entre as tribos de Israel.

²E de Zorá e Estaol os filhos de Dã enviaram cinco homens da sua tribo, escolhidos dentre todo o povo, homens valorosos, para espiar e reconhecer a terra; e lhes disseram: Ide, reconhecei a terra. E chegaram eles à região montanhosa de Efraim, à casa de Mica, e passaram ali a noite.

³Pois, estando eles perto da casa de Mica, reconheceram a voz do mancebo levita; e, dirigindo-se para lá, lhe perguntaram: Quem te trouxe para cá? que estás fazendo aqui? e que é isto que tens aqui?

⁴E ele lhes respondeu: Assim e assim me tem feito Mica; ele me assalariou, e eu lhe sirvo e sacerdote.

⁵Então lhe disseram: Consulta a Deus, para que saibamos se será próspero o caminho que seguimos.

⁶Ao que lhes disse o sacerdote: Ide em paz; perante o Senhor está o caminho que seguis.

⁷Então foram-se aqueles cinco homens, e chegando a Laís, viram o povo que havia nela, como vivia em segurança, conforme o costume dos sidônios, quieto e desprecavido; não havia naquela terra falta de coisa alguma; era um povo rico e, estando longe dos sidônios, não tinha relações com ninguém.

⁸Então voltaram a seus irmãos, em Zorá e Estaol, os quais lhes perguntaram: Que dizeis vós?

⁹Eles responderam: Levantai-vos, e subamos contra eles; porque examinamos a terra, e eis que é muito boa. E vós estareis aqui tranqüilos? Não sejais preguiçosos em entrardes para tomar posse desta terra.

¹⁰Quando lá chegardes, achareis um povo desprecavido, e a terra é muito espaçosa; pois Deus vos entregou na mão um lugar em que não há falta de coisa alguma que há na terra.

¹¹Então seiscentos homens da tribo dos danitas partiram de Zorá e Estaol, munidos de armas de guerra.

¹²E, tendo subido, acamparam-se em Quiriate-Jearim, em Judá; pelo que esse lugar ficou sendo chamado Maané-Dã, até o dia de hoje; eis que está ao ocidente de Quiriate-Jearim.

¹³Dali passaram à região montanhosa de Efraim, e chegaram à casa de Mica.

¹⁴Então os cinco homens que tinham ido espiar a terra de Laís disseram a seus irmãos: Sabeis vós que naquelas casas há um éfode, e terafins, e uma imagem esculpida e uma de fundição? Considerai, pois, agora o que haveis de fazer.

¹⁵Então se dirigiram para lá, e chegaram à casa do mancebo, o levita, à casa de Mica, e o saudaram.

¹⁶E os seiscentos homens dos danitas, munidos de suas armas de guerra, ficaram à entrada da porta.

¹⁷Mas subindo os cinco homens que haviam espiado a terra, entraram ali e tomaram a imagem esculpida, e éfode, os terafins e a imagem de fundição, ficando o sacerdote em pé à entrada da porta, com os seiscentos homens armados.

¹⁸Quando eles entraram na casa de Mica, e tomaram a imagem esculpida, o éfode, os terafins e a imagem de fundição, perguntou-lhes o sacerdote: Que estais fazendo?

¹⁹E eles lhe responderam: Cala-te, põe a mão sobre a boca, e vem conosco, e sê-nos por pai e sacerdote. Que te é melhor? ser sacerdote da casa dum só homem, ou duma tribo e duma geração em Israel?

²⁰Então alegrou-se o coração do sacerdote, o qual tomou o éfode, os terafins e a imagem esculpida, e entrou no meio do povo.

²¹E, virando-se, partiram, tendo posto diante de si os pequeninos, o gado e a bagagem.

²²Estando eles já longe da casa de Mica, os homens que estavam nas casas vizinhas à dele se reuniram, e alcançaram os filhos de Dã.

²³E clamaram após os filhos de Dã, os quais, virando-se, perguntaram a Mica: Que é que tens, visto que vens com tanta gente?

²⁴Então ele respondeu: Os meus deuses que eu fiz, vós me tomastes, juntamente com o sacerdote, e partistes; e agora, que mais me fica? Como, pois, me dizeis: Que é que tens?

²⁵Mas os filhos de Dã lhe disseram: Não faças ouvir a tua voz entre nós, para que porventura homens violentos não se lancem sobre vós, e tu percas a tua vida, e a vida dos da tua casa.

²⁶Assim seguiram o seu caminho os filhos de Dã; e Mica, vendo que eram mais fortes do que ele, virou-se e voltou para sua casa.

²⁷Eles, pois, levaram os objetos que Mica havia feito, e o sacerdote que estava com ele e, chegando a Laís, a um povo quieto e despreocupado, passaram-no ao fio da espada, e puseram fogo à cidade.

²⁸E ninguém houve que o livrasse, porquanto estava longe de Sidom, e não tinha relações com ninguém; a cidade estava no vale que está junto a Bete-Reobe. Depois, reedificando-a, habitaram nela,

²⁹e chamaram-lhe Dã, segundo o nome de Dã, seu pai, que nascera a Israel; era, porém, dantes o nome desta cidade Laís.

³⁰Depois os filhos de Dã levantaram para si aquela imagem esculpida; e Jônatas, filho de Gérson, o filho de Moisés, ele e seus filhos foram sacerdotes da tribo dos danitas, até o dia do cativeiro da terra.

³¹Assim, pois, estabeleceram para si a imagem esculpida que Mica fizera, por todo o tempo em que a casa de Deus esteve em Siló.

## Capítulo 19

¹Aconteceu também naqueles dias, quando não havia rei em Israel, que certo levita, habitante das partes remotas da região montanhosa de Efraim, tomou para si uma concubina, de Belém de Judá.

²Ora, a sua concubina adulterou contra ele e, deixando-o, foi para casa de seu pai em Belém de Judá, e ali ficou uns quatro meses.

³Seu marido, levantando-se, foi atrás dela para lhe falar bondosamente, a fim de tornar a trazê-la; e levava consigo o seu moço e um par de jumentos. Ela o levou à casa de seu pai, o qual, vendo-o, saiu alegremente a encontrar-se com ele.

⁴E seu sogro, o pai da moça, o deteve consigo três dias; assim comeram e beberam, e se alojaram ali.

⁵Ao quarto dia madrugaram, e ele se levantou para partir. Então o pai da moça disse a seu genro: Fortalece-te com um bocado de pão, e depois partireis:

⁶Sentando-se, pois, ambos juntos, comeram e beberam; e disse o pai da moça ao homem: Peço-te que fiques ainda esta noite aqui, e alegre-se o teu coração.

⁷O homem, porém, levantou-se para partir; mas, como seu sogro insistisse, tornou a passar a noite ali.

⁸Também ao quinto dia madrugaram para partir; e disse o pai da moça: Ora, conforta o teu coração, e detém-te até o declinar do dia. E ambos juntos comeram.

⁹Então o homem se levantou para partir, ele, a sua concubina, e o seu moço; e disse-lhe seu sogro, o pai da moça: Eis que já o dia declina para a tarde; peço-te que aqui passes a noite. O dia já vai acabando; passa aqui a noite, e alegre-se o teu coração: Amanhã de madrugada levanta-te para encetares viagem, e irás para a tua tenda.

¹⁰Entretanto, o homem não quis passar a noite ali, mas, levantando-se, partiu e chegou à altura de Jebus (que é Jerusalém), e com ele o par de jumentos albardados, como também a sua concubina.

¹¹Quando estavam perto de Jebus, já o dia tinha declinado muito; e disse o moço a seu senhor: Vem, peço-te, retiremo-nos a esta cidade dos jebuseus, e passemos nela a noite.

¹²Respondeu-lhe, porém, o seu senhor: Não nos retiraremos a nenhuma cidade estrangeira, que não seja dos filhos de Israel, mas passaremos até Gibeá.

¹³Disse mais a seu moço: Vem, cheguemos a um destes lugares, Gibeá ou Ramá, e passemos ali a noite.

¹⁴Passaram, pois, continuando o seu caminho; e o sol se pôs quando estavam perto de Gibeá, que pertence a Benjamim.

¹⁵Pelo que se dirigiram para lá, a fim de passarem ali a noite; e o levita, entrando, sentou-se na praça da cidade, porque não houve quem os recolhesse em casa para ali passarem a noite.

¹⁶Eis que ao anoitecer vinha do seu trabalho no campo um ancião; era ele da região montanhosa de Efraim, mas habitava em Gibeá; os homens deste lugar, porém, eram benjamitas.

¹⁷Levantando ele os olhos, viu na praça da cidade o viajante, e perguntou-lhe: Para onde vais, e donde vens?

¹⁸Respondeu-lhe ele: Estamos de viagem de Belém de Judá para as partes remotas da região montanhosa de Efraim, donde sou. Fui a Belém de Judá, porém agora vou à casa do Senhor; e ninguem há que me recolha em casa.

¹⁹Todavia temos palha e forragem para os nossos jumentos; também há pão e vinho para mim, para a tua serva, e para o moço que vem com os teus servos; de coisa nenhuma há falta.

²⁰Disse-lhe o ancião: Paz seja contigo; tudo quanto te faltar fique ao meu cargo; tão-somente não passes a noite na praça.

²¹Assim o fez entrar em sua casa, e deu ração aos jumentos; e, depois de lavarem os pés, comeram e beberam.

²²Enquanto eles alegravam o seu coração, eis que os homens daquela cidade, filhos de Belial, cercaram a casa, bateram à porta, e disseram ao ancião, dono da casa: Traze cá para fora o homem que entrou em tua casa, para que o conheçamos.

²³O dono da casa saiu a ter com eles, e disse-lhes: Não, irmãos meus, não façais semelhante mal; já que este homem entrou em minha casa, não façais essa loucura.

²⁴Aqui estão a minha filha virgem e a concubina do homem; fá-las-ei sair; humilhai-as a elas, e fazei delas o que parecer bem aos vossos olhos; porém a este homem não façais tal loucura.

²⁵Mas esses homens não o quiseram ouvir; então aquele homem pegou da sua concubina, e lha tirou para fora. Eles a conheceram e abusaram dela a noite toda até pela manhã; e ao subir da alva deixaram-na:

²⁶Ao romper do dia veio a mulher e caiu à porta da casa do homem, onde estava seu senhor, e ficou ali até que se fez claro.

²⁷Levantando-se pela manhã seu senhor, abriu as portas da casa, e ia sair para seguir o seu caminho; e eis que a mulher, sua concubina, jazia à porta da casa, com as mãos sobre o limiar.

²⁸Ele lhe disse: Levanta-te, e vamo-nos; porém ela não respondeu. Então a pôs sobre o jumento e, partindo dali, foi para o seu lugar.

²⁹Quando chegou em casa, tomou um cutelo e, pegando na sua concubina, a dividiu, membro por membro, em doze pedaços, que ele enviou por todo o território de Israel.

³⁰E sucedeu que cada um que via aquilo dizia: Nunca tal coisa se fez, nem se viu, desde o dia em que os filhos de Israel subiram da terra do Egito até o dia de hoje; ponderai isto, consultai, e dai o vosso parecer.

## Capítulo 20

¹Então saíram todos os filhos de Israel, desde Dã até Berseba, e desde a terra de Gileade, e a congregação, como se fora um só homem, se ajuntou diante do senhor em Mizpá.

²Os homens principais de todo o povo, de todas as tribos de Israel, apresentaram-se na assembléia do povo de Deus; eram quatrocentos mil homens de infantaria que arrancavam da espada.

³(Ora, ouviram os filhos de Benjamim que os filhos de Israel haviam subido a Mizpá). E disseram os filhos de Israel: Dizei-nos, de que modo se cometeu essa maldade?

⁴Então respondeu o levita, marido da mulher que fora morta, e disse: Cheguei com à minha concubina a Gibeá, que pertence a Benjamim, para ali passar a noite;

⁵e os cidadãos de Gibeá se levantaram contra mim, e cercaram e noite a casa em que eu estava; a mim intentaram matar, e violaram a minha concubina, de maneira que morreu.

⁶Então peguei na minha concubina, dividi-a em pedaços e os enviei por todo o país da herança de Israel, porquanto cometeram tal abominação e loucura em Israel:

⁷Eis aqui estais todos vós, ó filhos de Israel; dai a vossa palavra e conselho neste caso.

⁸Então todo o povo se levantou como um só homem, dizendo: Nenhum de nós irá à sua tenda, e nenhum de nós voltará a sua casa.

⁹Mas isto é o que faremos a Gibeá: subiremos contra ela por sorte;

¹⁰tomaremos, de todas as tribos de Israel, dez homens de cada cem, e cem de cada mil, e mil de cada dez mil, para trazerem mantimento para o povo, a fim de que, vindo ele a Gibeá de Benjamim, lhe faça conforme toda a loucura que ela fez em Israel.

¹¹Assim se ajuntaram contra essa cidade todos os homens de Israel, unidos como um só homem.

¹²Então as tribos de Israel enviaram homens por toda a tribo de Benjamim, para lhe dizerem: Que maldade é essa que se fez entre vós?

¹³Entregai-nos, pois, agora aqueles homens, filhos de Belial, que estão em Gibeá, para que os matemos, e extirpemos de Israel este mal. Mas os filhos de Benjamim não quiseram dar ouvidos à voz de seus irmãos, os filhos de Israel;

¹⁴pelo contrário, das suas cidades se ajuntaram em Gibeá, para saírem a pelejar contra os filhos de Israel:

¹⁵Ora, contaram-se naquele dia dos filhos de Benjamim, vindos das suas cidades, vinte e seis mil homens que arrancavam da espada, afora os moradores de Gibeá, de que se sentaram setecentos homens escolhidos.

¹⁶Entre todo esse povo havia setecentos homens escolhidos, canhotos, cada um dos quais podia, com a funda, atirar uma pedra a um fio de cabelo, sem errar.

¹⁷Contaram-se também dos homens de Israel, afora os de Benjamim, quatrocentos mil homens que arrancavam da espada, e todos eles homens de guerra.

¹⁸Então, levantando-se os filhos de Israel, subiram a Betel, e consultaram a Deus, perguntando: Quem dentre nós subirá primeiro a pelejar contra Benjamim? Respondeu o Senhor: Judá subirá primeiro.

¹⁹Levantaram-se, pois, os filhos de Israel pela manhã, e acamparam contra Gibeá.

²⁰E os homens de Israel saíram a pelejar contra os benjamitas, e ordenaram a batalha contra eles ao pé de Gibeá.

²¹Então os filhos de Benjamim saíram de Gibeá, e derrubaram por terra naquele dia vinte e dois mil homens de Israel.

²²Mas esforçou-se o povo, isto é, os homens de Israel, e tornaram a ordenar a batalha no lugar onde no primeiro dia a tinham ordenado.

²³E subiram os filhos de Israel, e choraram perante o Senhor até a tarde, e perguntaram-lhe: Tornaremos a pelejar contra os filhos de Benjamim, nosso irmão? E disse o Senhor: Subi contra eles.

²⁴Avançaram, pois, os filhos de Israel contra os filhos de Benjamim, no dia seguinte.

²⁵Também os de Benjamim, nesse mesmo dia, saíram de Gibeá ao seu encontro e derrubaram por terra mais dezoito mil homens, sendo todos estes dos que arrancavam da espada.

²⁶Então todos os filhos de Israel, o exército todo, subiram e, vindo a Betel, choraram; estiveram ali sentados perante o Senhor, e jejuaram aquele dia até a tarde; e ofereceram holocaustos e ofertas pacíficas perante ao Senhor.

²⁷Consultaram, pois, os filhos de Israel ao Senhor (porquanto a arca do pacto de Deus estava ali naqueles dias;

²⁸e Finéias, filho de Eleazar, filho de Arão, lhe assistia), e perguntaram: Tornaremos ainda a sair à pelejar contra os filhos de Benjamim, nosso irmão, eu desistiremos? Respondeu o Senhor: Subi, porque amanhã vo-los entregarei nas mãos.

²⁹Então Israel pôs emboscadas ao redor de Gibeá.

³⁰E ao terceiro dia subiram os filhos de Israel contra os filhos de Benjamim e, como das outras vezes, ordenaram a batalha junto a Gibeá.

³¹Então os filhos de Benjamim saíram ao encontro do povo, e foram atraídos da cidade. e começaram a ferir o povo como das outras vezes, matando uns trinta homens de Israel, pelos caminhos, um dos quais sobe para Betel, e o outro para Gibeá pelo campo.

³²Pelo que disseram os filhos de Benjamim: Vão sendo derrotados diante de nós como dantes. Mas os filhos de Israel disseram: Fujamos, e atraiamo-los da cidade para os caminhos.

³³Então todos os homens de Israel se levantaram do seu lugar, e ordenaram a batalha em Baal-Tamar; e a emboscada de Israel irrompeu do seu lugar, a oeste de Geba.

³⁴Vieram contra Gibeá dez mil homens escolhidos de todo o Israel, e a batalha tornou-se rude; porém os de Gibeá não sabiam que o mal lhes sobrevinha.

³⁵Então o Senhor derrotou a Benjamim diante dos filhos de Israel, que destruíram naquele dia vinte e cinco mil e cem homens de Benjamim, todos estes dos que arrancavam da espada.

³⁶Assim os filhos de Benjamim viram que estavam derrotados; pois os homens de Israel haviam cedido terreno aos benjamitas, porquanto estavam confiados na emboscada que haviam posto contra Gibea;

³⁷e a emboscada, apressando-se, acometeu a Gibeá, e prosseguiu contra ela, ferindo ao fio da espada toda a cidade:

³⁸Ora, os homens de Israel tinham determinado com a emboscada um sinal, que era fazer levantar da cidade uma grande nuvem de fumaça.

³⁹Viraram-se, pois, os homens de Israel na peleja; e já Benjamim começara a atacar es homens de Israel, havendo morto uns trinta deles; pelo que diziam: Certamente vão sendo derrotados diante de nós, como na primeira batalha.

⁴⁰Mas quando o sinal começou a levantar-se da cidade, numa coluna de fumaça, os benjamitas olharam para trás de si, e eis que toda a cidade subia em fumaça ao céu.

⁴¹Nisso os homens de Israel se viraram contra os de Benjamim, os quais pasmaram, pois viram que o mal lhes sobreviera.

⁴²Portanto, virando as costas diante dos homens de Israel, fugiram para o caminho do deserto; porém a peleja os apertou; e os que saíam das cidades os destruíam no meio deles.

⁴³Cercaram os benjamitas e os perseguiram, pisando-os desde Noá até a altura de Gibeá para o nascente do sol.

⁴⁴Assim caíram de Benjamim dezoito mil homens, sendo todos estes homens valorosos.

⁴⁵Então os restantes, virando as costas fugiram para deserto, até a penha de Rimom; mas os filhos de Israel colheram deles pelos caminhos ainda cinco mil homens; e, seguindo-os de perto até Gidom, mataram deles mais dois mil.

⁴⁶E, todos, os de Benjamim que caíram naquele dia oram vinte e cinco mil homens que arrancavam da espada, todos eles homens valorosos.

⁴⁷Mas seiscentos homens viraram as costas e, fugindo para o deserto, para a penha de Rimom, ficaram ali quatro meses.

⁴⁸E os homens de Israel voltaram para os filhos de Benjamim, e os passaram ao fio da espada, tanto os homens da cidade como os animais, tudo quanto encontraram; e a todas as cidades que acharam puseram fogo.

## Capítulo 21

¹Ora, os homens de Israel tinham jurado em Mizpá dizendo: Nenhum de nós dará sua filha por mulher aos benjamitas.

²Veio, pois, o povo a Betel, e ali ficou sentado até a tarde, diante de Deus; e todos, levantando a voz, fizeram grande pranto,

³e disseram: Ah! Senhor Deus de Israel, por que sucedeu isto, que falte uma tribo em Israel?

⁴No dia seguinte o povo levantou-se de manhã cedo, edificou ali um altar e ofereceu holocaustos e ofertas pacíficas.

⁵E disseram os filhos de Israel: Quem dentre todas as tribos de Israel não subiu à assembléia diante do Senhor? Porque se tinha feito um juramento solene acerca daquele que não subisse ao Senhor em Mizpá, dizendo: Certamente será morto.

⁶E os filhos de Israel tiveram pena de Benjamim, seu irmão, e disseram: Hoje é cortada de Israel uma tribo.

⁷Como havemos de conseguir mulheres para os que restam deles, desde que juramos pelo Senhor que nenhuma de nossas filhas lhes daríamos por mulher?

⁸Então disseram: Quem é que dentre as tribos de Israel não subiu ao Senhor em Mizpá? E eis que ninguém de Jabes-Gileade viera ao arraial, à assembléia.

⁹Porquanto, ao contar-se o povo, nenhum dos habitantes de Jabes-Gileade estava ali.

¹⁰Pelo que a congregação enviou para lá doze mil homens dos mais valorosos e lhes ordenou, dizendo: Ide, e passai ao fio da espada os habitantes de Jabes-Gileade, juntamente com as mulheres e os pequeninos.

¹¹Mas isto é o que haveis de fazer: A todo homem e a toda mulher que tiver conhecido homem, totalmente destruireis.

¹²E acharam entre os moradores de Jabes-Gileade quatrocentas moças virgens, que não tinham conhecido homem, e as trouxeram ao arraial em Siló, que está na terra de Canaã.

¹³Toda a congregação enviou mensageiros aos filhos de Benjamim, que estavam na penha de Rimom, e lhes proclamou a paz.

¹⁴Então voltaram os benjamitas, e os de Israel lhes deram as mulheres que haviam guardado com vida, das mulheres de Jabes-Gileade; porém estas ainda não lhes bastaram.

¹⁵E o povo teve pena de Benjamim, porquanto o Senhor tinha aberto uma brecha nas tribos de Israel.

¹⁶Disseram, pois os anciãos da congregação: Como havemos de conseguir mulheres para os que restam, pois que foram destruídas as mulheres de Benjamim?

¹⁷Disseram mais: Deve haver uma herança para os que restam de Benjamim, para que uma tribo não seja apagada de Israel.

¹⁸Contudo nós não lhes poderemos dar mulheres dentre nossas filhas. Pois os filhos de Israel tinham jurado, dizendo: Maldito aquele que der mulher aos benjamitas.

¹⁹Disseram então: Eis que de ano em ano se realiza a festa do Senhor em Siló que está ao norte de Betel, a leste do caminho que sobe de Betel a Siquém, e ao sul de Lebona.

²⁰Ordenaram, pois, aos filhos de Benjamim, dizendo: Ide, ponde-vos de emboscada nas vinhas,

²¹e vigiai; ao saírem as filhas de Siló a dançar nos coros, saí vós das vinhas, arrebatai cada um sua mulher, das filhas de Siló, e ide-vos para a terra de Benjamim.

²²Então quando seus pais e seus irmãos vierem queixar-se a nós, nós lhes diremos: Dignai-vos de no-las conceder; pois nesta guerra não tomamos mulheres para cada um deles, nem vós lhas destes; de outro

modo seríeis agora culpados.

²³Assim fizeram os filhos de Benjamim; e conforme o seu número tomaram para si mulheres, arrebatando-as dentre as que dançavam; e, retirando-se, voltaram à sua herança, reedificaram as cidades e habitaram nelas.

²⁴Nesse mesmo tempo os filhos de Israel partiram dali, cada um para a sua tribo e para a sua família; assim voltaram cada um para a sua herança.

²⁵Naqueles dias não havia rei em Israel; cada um fazia o que parecia bem aos seus olhos.

# Rute

## Capítulo 1

¹Nos dias em que os juízes governavam, houve uma fome na terra; pelo que um homem de Belém de Judá saiu a peregrinar no país de Moabe, ele, sua mulher, e seus dois filhos.

²Chamava-se este homem Elimeleque, e sua mulher Noêmi, e seus dois filhos se chamavam Malom e Quiliom; eram efrateus, de Belém de Judá. Tendo entrado no país de Moabe, ficaram ali.

³E morreu Elimeleque, marido de Noêmi; e ficou ela com os seus dois filhos,

⁴os quais se casaram com mulheres moabitas; uma destas se chamava Orfa, e a outra Rute; e moraram ali quase dez anos.

⁵E morreram também os dois, Malom e Quiliom, ficando assim a mulher desamparada de seus dois filhos e de seu marido.

⁶Então se levantou ela com as suas noras, para voltar do país de Moabe, porquanto nessa terra tinha ouvido que e Senhor havia visitado o seu povo, dando-lhe pão.

⁷Pelo que saiu de lugar onde estava, e com ela as duas noras. Indo elas caminhando para voltarem para a terra de Judá,

⁸disse Noêmi às suas noras: Ide, voltai, cada uma para a casa de sua mãe; e o Senhor use convosco de benevolência, como vós o fizestes com os falecidos e comigo.

⁹O Senhor vos dê que acheis descanso cada uma em casa de seu marido. Quando as beijou, porém, levantaram a vóz e choraram.

¹⁰E disseram-lhe: Certamente voltaremos contigo para o teu povo.

¹¹Noêmi, porém, respondeu: Voltai, minhas filhas; porque ireis comigo? Tenho eu ainda filhos no meu ventre, para que vos viessem a ser maridos?

¹²Voltai, filhas minhas; ide-vos, porque já sou velha demais para me casar. Ainda quando eu dissesse: Tenho esperança; ainda que esta noite tivesse marido e ainda viesse a ter filhos.

¹³esperá-los-íeis até que viessem a ser grandes? deter-vos-íeis por eles, sem tomardes marido? Não, filhas minhas, porque mais amargo me é a mim do que a vós mesmas; porquanto a mão do Senhor se descarregou contra mim.

¹⁴Então levantaram a voz, e tornaram a chorar; e Orfa beijou a sua sogra, porém Rute se apegou a ela.

¹⁵Pelo que disse Noêmi: Eis que tua concunhada voltou para o seu povo e para os seus deuses; volta também tu após a tua concunhada.

¹⁶Respondeu, porém, Rute: Não me instes a que te abandone e deixe de seguir-te. Porque aonde quer que tu fores, irei eu; e onde quer que pousares, ali pousarei eu; o teu povo será o meu povo, o teu Deus será o meu Deus.

¹⁷Onde quer que morreres, morrerei eu, e ali serei sepultada. Assim me faça o Senhor, e outro tanto, se outra coisa que não seja a morte me separar de ti.

¹⁸Vendo Noêmi que de todo estava resolvida a ir com ela, deixou de lhe falar nisso.

¹⁹Assim, pois, foram-se ambas, até que chegaram a Belém. E sucedeu que, ao entrarem em Belém, toda a cidade se comoveu por causa delas, e as mulheres perguntavam: É esta, porventura, Noêmi?

²⁰Ela, porém, lhes respondeu: Não me chameis Noêmi; chamai-me Mara, porque o Todo-Poderoso me encheu de amargura.

²¹Cheia parti, porém vazia o Senhor me fez tornar. Por que, pois, me chamais Noêmi, visto que o Senhor testemunhou contra mim, e o Todo-Poderoso me afligiu?

²²Assim Noêmi voltou, e com ela Rute, a moabita, sua nora, que veio do país de Moabe; e chegaram a Belém no princípio da sega da cevada.

## Capítulo 2

¹Ora, tinha Noêmi um parente de seu marido, homem poderoso e rico, da família de Elimeleque; e ele se chamava Boaz.

²Rute, a moabita, disse a Noêmi: Deixa-me ir ao campo a apanhar espigas atrás daquele a cujos olhos eu achar graça. E ela lhe respondeu: Vai, minha filha.

³Foi, pois, e chegando ao campo respigava após os segadores; e caiu-lhe em sorte uma parte do campo de Boaz, que era da família de Elimeleque.

⁴E eis que Boaz veio de Belém, e disse aos segadores: O Senhor seja convosco. Responderam-lhe eles: O Senhor te abençoe.

⁵Depois perguntou Boaz ao moço que estava posto sobre os segadores: De quem é esta moça?

⁶Respondeu-lhe o moço: Esta é a moça moabita que voltou com Noêmi do país de Moabe.

⁷Disse-me ela: Deixa-me colher e ajuntar espigas por entre os molhos após os segadores: Assim ela veio, e está aqui desde pela manhã até agora, sem descansar nem sequer um pouco.

⁸Então disse Boaz a Rute: Escuta filha minha; não vás colher em outro campo, nem tampouco passes daqui, mas ajunta-te às minhas moças.

⁹Os teus olhos estarão atentos no campo que segarem, e irás após elas; não dei eu ordem aos moços, que não te molestem? Quando tiveres sede, vai aos vasos, e bebe do que os moços tiverem tirado.

¹⁰Então ela, inclinando-se e prostrando-se com o rosto em terra, perguntou-lhe: Por que achei eu graça aos teus olhos, para que faças caso de mim, sendo eu estrangeira?

¹¹Ao que lhe respondeu Boaz: Bem se me contou tudo quanto tens feito para com tua sogra depois da morte de teu marido; como deixaste a teu pai e a tua mãe, e a terra onde nasceste, e vieste para um povo que dantes não conhecias.

¹²O Senhor recompense o que fizeste, e te seja concedido pleno galardão da parte do Senhor Deus de Israel, sob cujas asas te vieste abrigar.

¹³E disse ela: Ache eu graça aos teus olhos, senhor meu, pois me consolaste, e falaste bondosamente a tua serva, não sendo eu nem mesmo como uma das tuas criadas.

¹⁴Também à hora de comer, disse-lhe Boaz: Achega-te, come do pão e molha o teu bocado no vinagre. E, sentando-se ela ao lado dos segadores, ele lhe ofereceu grão tostado, e ela comeu e ficou satisfeita, e ainda lhe sobejou.

¹⁵Quando ela se levantou para respigar, Boaz deu ordem aos seus moços, dizendo: Até entre os molhos deixai-a respigar, e não a censureis.

¹⁶Também, tirai dos molhos algumas espigas e deixai-as ficar, para que as colha, e não a repreendais.

¹⁷Assim ela respigou naquele campo até a tarde; e debulhou o que havia apanhado e foi quase uma efa de cevada.

¹⁸Então, carregando-se com a cevada, veio à cidade; e viu sua sogra o que ela havia apanhado. Também Rute tirou e deu-lhe o que sobejara depois de fartar-se.

¹⁹Ao que lhe perguntou sua sogra: Onde respigaste hoje, e onde trabalhaste? Bendito seja aquele que fez caso de ti. E ela relatou à sua sogra com quem tinha trabalhado, e disse: O nome do homem com quem hoje trabalhei é Boaz.

²⁰Disse Noêmi a sua nora: Bendito seja ele do Senhor, que não tem deixado de misturar a sua beneficência nem para com os vivos nem para com os mortos. Disse-lhe mais Noêmi: Esse homem é parente nosso, um dos nossos remidores.

²¹Respondeu Rute, a moabita: Ele me disse ainda: Seguirás de perto os meus moços até que tenham acabado toda a minha sega.

²²Então disse Noêmi a sua nora, Rute: Bom é, filha minha, que saias com as suas moças, e que não te encontrem noutro campo.

²³Assim se ajuntou com as moças de Boaz, para respigar até e fim da sega da cevada e do trigo; e morava com a sua sogra.

## Capítulo 3

¹Depois lhe disse Noêmi, sua sogra: Minha filha, não te hei de buscar descanso, para que fiques bem?

²Ora pois, não é Boaz, com cujas moças estiveste, de nossa parentela. Eis que esta noite ele vai joeirar a cevada na eira.

³Lava-te pois, unge-te, veste os teus melhores vestidos, e desce à eira; porém não te dês a conhecer ao homem, até que tenha acabado de comer e beber.

⁴E quando ele se deitar, notarás o lugar em que se deita; então entrarás, descobrir-lhe-ás os pés e te deitarás, e ele te dirá o que deves fazer.

⁵Respondeu-lhe Rute: Tudo quanto me disseres, farei.

⁶Então desceu à eira, e fez conforme tudo o que sua sogra lhe tinha ordenado.

⁷Havendo, pois, Boaz comido e bebido, e estando já o seu coração alegre, veio deitar-se ao pé de uma meda; e vindo ela de mansinho, descobriu-lhe os pés, e se deitou.

⁸Ora, pela meia-noite, o homem estremeceu, voltou-se, e viu uma mulher deitada aos seus pes.

⁹E perguntou ele: Quem és tu? Ao que ela respondeu: Sou Rute, tua serva; estende a tua capa sobre a tua serva, porque tu és o remidor.

¹⁰Então disse ele: Bendita sejas tu do Senhor, minha filha; mostraste agora mais bondade do que dantes, visto que após nenhum

mancebo foste, quer pobre quer rico.

¹¹Agora, pois, minha filha, não temas; tudo quanto disseres te farei, pois toda a cidade do meu povo sabe que és mulher virtuosa.

¹²Ora, é bem verdade que eu sou remidor, porém há ainda outro mais chegado do que eu.

¹³Fica-te aqui esta noite, e será que pela manhã, se ele cumprir para contigo os deveres de remidor, que o faça; mas se não os quiser cumprir, então eu o farei tão certamente como vive o Senhor; deita-te até pela manhã.

¹⁴Ficou, pois, deitada a seus pés até pela manhã, e levantou-se antes que fosse possível a uma pessoa reconhecer outra; porquanto ele disse: Não se saiba que uma mulher veio à eira.

¹⁵Disse mais: Traze aqui a capa com que te cobres, e segura-a. Segurou-a, pois, e ele as mediu seis medidas de cevada, e lhas pôs no ombro. Então ela foi para a cidade.

¹⁶Quando chegou à sua sogra, esta lhe perguntou: Como te houveste, minha filha? E ela lhe contou tudo quanto aquele homem lhe fizera.

¹⁷Disse mais: Estas seis medidas de cevada ele mas deu, dizendo: Não voltarás vazia para tua sogra.

¹⁸Então disse Noêmi: Espera, minha filha, até que saibas como irá terminar o caso; porque aquele homem não descansará enquanto não tiver concluído hoje este negócio.

## *Capítulo 4*

¹Boaz subiu à porta, e sentou-se ali; e eis que o remidor de quem ar de jumentos. Ela o levou à casa de seu pai, o qual, vendo-o, ele, desviando-se para ali, sentou-se.

²Então Boaz tomou dez homens dentre os anciãos da cidade, e lhes disse: Sentai-vos aqui. E eles se sentaram.

³Disse Boaz ao remidor: Noêmi, que voltou da terra dos moabitas, vendeu a parte da terra que pertencia a Elimeleque; nosso irmão.

⁴Resolvi informar-te disto, e dizer-te: Compra-a na presença dos que estão sentados aqui, na presença dos anciãos do meu povo; se hás de redimi-la, redime-a, e se não, declara-mo, para que o saiba, pois outro não há, senão tu, que a redima, e eu depois de ti. Então disse ele: Eu a redimirei.

⁵Disse, porém, Boaz: No dia em que comprares o campo da mão de Noêmi, também tomarás a Rute, a moabita, que foi mulher do falecido, para suscitar o nome dele na sua herança.

⁶Então disse o remidor: Não poderei redimi-lo para mim, para que não prejudique a minha própria herança; toma para ti o meu direito de remissão, porque eu não o posso fazer.

⁷Outrora em Israel, para confirmar qualquer negócio relativo à remissão e à permuta, o homem descalçava o sapato e o dava ao seu próximo; e isto era por testemunho em Israel.

⁸Dizendo, pois, o remidor a Boaz: Compra-a para ti, descalçou o sapato.

⁹Então Boaz disse aos anciãos e a todo o povo: Sois hoje testemunhas de que comprei tudo quanto foi de Elimeleque, e de Quiliom, e de Malom, da mão de Noêmi,

¹⁰e de que também tomei por mulher a Rute, a moabita, que foi mulher de Malom, para suscitar o nome do falecido na sua herança, para que a nome dele não seja desarraigado dentre seus irmãos e da porta do seu lugar; disto sois hoje testemunhas.

¹¹Ao que todo o povo que estava na porta e os anciãos responderam: Somos testemunhas. O Senhor faça a esta mulher, que entra na tua casa, como a Raquel e a Léia, que juntas edificaram a casa de Israel. Porta-te valorosamente em Efrata, e faze-te nome afamado em Belém.

¹²Também seja a tua casa como a casa de Pérez, que Tamar deu a Judá, pela posteridade que o Senhor te der desta moça.

¹³Assim tomou Boaz a Rute, e ela lhe foi por mulher; ele a conheceu, e o Senhor permitiu a Rute conceber, e ela teve um filho.

¹⁴Disseram então as mulheres a Noêmi: Bendito seja o Senhor, que não te deixou hoje sem remidor; e torne-se o seu nome afamado em Israel.

¹⁵Ele será restaurador da tua vida, e consolador da tua velhice, pois tua nora, que te ama, o deu à luz; ela te é melhor do que sete filhos.

¹⁶E Noêmi tomou o menino, pô-lo no seu regaço, e foi sua ama.

¹⁷E as vizinhas deram-lhe nome, dizendo: A Noêmi nasceu um filho, E chamaram ao menino Obede. Este é o pai de Jessé, pai de Davi.

¹⁸São estas as gerações de Pérez: Pérez gerou a Hezrom,

¹⁹Hezrom gerou a Rão, Rão gerou a Aminadabe,

²⁰Aminadabe gereu a Nasom, Nasom gerou a Salmom,

²¹Salmom gerou a Boaz, Boaz gerou a Obede,

²²Obede gerou a Jessé, e Jessé gerou a Davi.

# 1 Samuel

## Capítulo 1

¹Houve um homem de Ramataim-Zofim, da região montanhosa de Efraim, cujo nome era Elcana, filho de Jeroão, filho de Eliú, filho de Toú, filho de Zufe, efraimita.

²Tinha ele duas mulheres: uma se chamava Ana, e a outra Penina. Penina tinha filhos, porém Ana não os tinha.

³De ano em ano este homem subia da sua cidade para adorar e sacrificar ae Senhor dos exércitos em Siló. Assistiam ali os sacerdotes do Senhor, Hofni e Finéias, os dois filhos de Eli.

⁴No dia em que Elcana sacrificava, costumava dar quinhões a Penina, sua mulher, e a todos os seus filhos e filhas;

⁵porém a Ana, embora a amasse, dava um só quinhão, porquanto o Senhor lhe havia cerrado a madre.

⁶Ora, a sua rival muito a provocava para irritá-la, porque o Senhor lhe havia cerrado a madre.

⁷E assim sucedia de ano em ano que, ao subirem à casa do Senhor, Penina provocava a Ana; pelo que esta chorava e não comia.

⁸Então Elcana, seu marido, lhe perguntou: Ana, por que choras? e porque não comes? e por que está triste o teu coração? Não te sou eu melhor de que dez filhos?

⁹Então Ana se levantou, depois que comeram e beberam em Siló; e Eli, sacerdote, estava sentado, numa cadeira, junto a um pilar do templo do Senhor.

¹⁰Ela, pois, com amargura de alma, orou ao Senhor, e chorou muito,

¹¹e fez um voto, dizendo: ç Senhor dos exércitos! se deveras atentares para a aflição da tua serva, e de mim te lembrares, e da tua serva não te esqueceres, mas lhe deres um filho varão, ao Senhor o darei por todos os dias da sua vida, e pela sua cabeça não passará navalha.

¹²Continuando ela a orar perante e Senhor, Eli observou a sua boca;

¹³porquanto Ana falava no seu coração; só se moviam os seus lábios, e não se ouvia a sua voz; pelo que Eli a teve por embriagada,

¹⁴e lhe disse: Até quando estarás tu embriagada? Aparta de ti o teu vinho.

¹⁵Mas Ana respondeu: Não, Senhor meu, eu sou uma mulher atribulada de espírito; não bebi vinho nem bebida forte, porém derramei a minha alma perante o Senhor.

¹⁶Não tenhas, pois, a tua serva por filha de Belial; porque da multidão dos meus cuidados e do meu desgosto tenho falado até agora.

¹⁷Então lhe respondeu Eli: Vai-te em paz; e o Deus de Israel te conceda a petição que lhe fizeste.

¹⁸Ao que disse ela: Ache a tua serva graça aos teus olhos. Assim a mulher se foi o seu caminho, e comeu, e já não era triste o seu semblante.

¹⁹Depois, levantando-se de madrugada, adoraram perante o Senhor e, voltando, foram a sua casa em Ramá. Elcana conheceu a Ana, sua mulher, e o Senhor se lembrou dela.

²⁰De modo que Ana concebeu e, no tempo devido, teve um filho, ao qual chamou Samuel; porque, dizia ela, o tenho pedido ao Senhor.

²¹Subiu, pois aquele homem, Elcana, com toda a sua casa, para oferecer ao Senhor o sacrifício anual e cumprir o seu voto.

²²Ana, porém, não subiu, pois disse a seu marido: Quando o menino for desmamado, então e levarei, para que apareça perante o Senhor, e lá fique para sempre.

²³E Elcana, seu marido, lhe disse: faze o que bem te parecer; fica até que o desmames; tão-somente confirme o Senhor a sua palavra. Assim ficou a mulher, e amamentou seu filho, até que o desmamou.

²⁴Depois de o ter desmamado, ela o tomou consigo, com um touro de três anos, uma efa de farinha e um odre de vinho, e o levou à casa do Senhor, em Siló; e era o menino ainda muito criança.

²⁵Então degolaram o touro, e trouxeram o menino a Eli;

²⁶e disse ela: Ah, meu Senhor! tão certamente como vive a tua alma, meu Senhor, eu sou aquela mulher que aqui esteve contigo, orando ao Senhor.

²⁷Por este menino orava eu, e o Senhor atendeu a petição que eu lhe fiz.

²⁸Por isso eu também o entreguei ao Senhor; por todos os dias que viver, ao Senhor está entregue. E adoraram ali ao Senhor.

## Capítulo 2

¹Então Ana orou, dizendo: O meu coração exulta no Senhor; o meu poder está exaltado no Senhor; a minha boca dilata-se contra os meus imimigos, porquanto me regozijo na tua salvação.

²Ninguém há santo como o Senhor; não há outro fora de ti; não há rocha como a nosso Deus.

³Não faleis mais palavras tão altivas, nem saia da vossa boca a arrogância; porque o Senhor é o Deus da sabedoria, e por ele são pesadas as ações.

⁴Os arcos dos fortes estão quebrados, e os fracos são cingidos de força.

⁵Os que eram fartos se alugam por pão, e deixam de ter fome os que eram famintos; até a estéril teve sete filhos, e a que tinha muitos filhos enfraquece.

⁶O Senhor é o que tira a vida e a dá; faz descer ao Seol e faz subir dali.

⁷O Senhor empobrece e enriquece; abate e também exalta.

⁸Levanta do pó o pobre, do monturo eleva o necessitado, para os fazer sentar entre os príncipes, para os fazer herdar um trono de glória; porque do Senhor são as colunas da terra, sobre elas pôs ele o mundo.

⁹Ele guardará os pés dos seus santos, porém os ímpios ficarão mudos nas trevas, porque o homem não prevalecerá pela força.

¹⁰Os que contendem com o Senhor serão quebrantados; desde os céus trovejará contra eles. O Senhor julgará as extremidades da terra; dará força ao seu rei, e exaltará o poder do seu ungido.

¹¹Então Elcana se retirou a Ramá, à sua casa. O menino, porém, ficou servindo ao Senhor perante e sacerdote Eli.

¹²Ora, os filhos de Eli eram homens ímpios; não conheciam ao Senhor.

¹³Porquanto o costume desses sacerdotes para com o povo era que, oferecendo alguém um sacrifício, e estando-se a cozer a carne, vinha o servo do sacerdote, tendo na mão um garfo de três dentes,

¹⁴e o metia na panela, ou no tacho, ou no caldeirão, ou na marmita; e tudo quanto a garfo tirava, o sacerdote tomava para si. Assim faziam a todos os de Israel que chegavam ali em Siló.

¹⁵Também, antes de queimarem a gordura, vinha o servo do sacerdote e dizia ao homem que sacrificava: Dá carne de assar para o sacerdote; porque não receberá de ti carne cozida, mas crua.

¹⁶se lhe respondia o homem: Sem dúvida, logo há de ser queimada a gordura e depois toma quanto desejar a tua alma; então ele lhe dizia: Não hás de dá-la agora; se não, à força a tomarei.

¹⁷Era, pois, muito grande o pecado destes mancebos perante o Senhor, porquanto os homens vieram a desprezar a oferta do Senhor.

¹⁸Samuel, porém, ministrava perante o Senhor, sendo ainda menino, vestido de um éfode de linho.

¹⁹E sua mãe lhe fazia de ano em ano uma túnica pequena, e lha trazia quando com seu marido subia para oferecer o sacrifício anual.

²⁰Então Eli abençoava a Elcana e a sua mulher, e dizia: O Senhor te dê desta mulher descendência, pelo empréstimo que fez ao Senhor. E voltavam para o seu lugar.

²¹Visitou, pois, o Senhor a Ana, que concebeu, e teve três filhos e duas filhas. Entrementes, o menino Samuel crescia diante do Senhor.

²²Eli era já muito velho; e ouvia tudo quanto seus filhos faziam a todo o Israel, e como se deitavam com as mulheres que ministravam à porta da tenda da revelação.

²³E disse-lhes: Por que fazeis tais coisas? pois ouço de todo este povo os vossos malefícios.

²⁴Não, filhos meus, não é boa fama esta que ouço. Fazeis transgredir o povo do Senhor.

²⁵Se um homem pecar contra outro, Deus o julgará; mas se um homem pecar contra o Senhor, quem intercederá por ele? Todavia eles não ouviram a voz de seu pai, porque o Senhor os queria destruir.

²⁶E o menino Samuel ia crescendo em estatura e em graça diante do Senhor, como também diante dos homens.

²⁷Veio um homem de Deus a Eli, e lhe disse: Assim diz o Senhor: Não me revelei, na verdade, à casa de teu pai, estando eles ainda no Egito, sujeitos à casa de Faraó?

²⁸E eu o escolhi dentre todas as tribos de Israel para ser o meu sacerdote, para subir ao meu altar, para queimar o incenso, e para trazer o éfode perante mim; e dei à casa de teu pai todas as ofertas queimadas dos filhos de Israel.

²⁹Por que desprezais o meu sacrifício e a minha oferta, que ordenei se fizessem na minha morada, e por que honras a teus filhos mais de que a mim, de modo a vos engordardes do principal de todas as

ofertas do meu povo Israel?

³⁰Portanto, diz o Senhor Deus de Israel: Na verdade eu tinha dito que a tua casa e a casa de teu pai andariam diante de mim perpetuamente. Mas agora o Senhor diz: Longe de mim tal coisa, porque honrarei aos que me honram, mas os que me desprezam serão desprezados.

³¹Eis que vêm dias em que cortarei o teu braço e o braço da casa de teu pai, para que não haja mais ancião algum em tua casa.

³²E tu, na angústia, olharás com inveja toda a prosperidade que hei de trazer sobre Israel; e não haverá por todos os dias ancião algum em tua casa.

³³O homem da tua linhagem a quem eu não desarraigar do meu altar será para consumir-te os olhos e para entristecer-te a alma; e todos es descendentes da tua casa morrerão pela espada dos homens.

³⁴E te será por sinal o que sobrevirá a teus dois filhos, a Hofni e a Finéias; ambos morrerão no mesmo dia.

³⁵E eu suscitarei para mim um sacerdote fiel, que fará segundo o que está no meu coração e na minha mente. Edificar-lhe-ei uma casa duradoura, e ele andará sempre diante de meu ungido.

³⁶Também todo aquele que ficar de resto da tua casa virá a inclinar-se diante dele por uma moeda de prata e por um pedaço de pão, e dirá: Rogo-te que me admitas a algum cargo sacerdotal, para que possa comer um bocado de pão.

## Capítulo 3

¹Entretanto, o menino Samuel servia ao Senhor perante Eli. E a palavra de Senhor era muito rara naqueles dias; as visões não eram freqüentes.

²Sucedeu naquele tempo que, estando Eli deitado no seu lugar (ora, os seus olhos começavam já a escurecer, de modo que não podia ver),

³e ainda não se havendo apagado a lâmpada de Deus, e estando Samuel também deitado no templo do Senhor, onde estava a arca de Deus,

⁴o Senhor chamou: Samuel! Samuel! Ele respondeu: Eis-me aqui.

⁵E correndo a Eli, disse-lhe: Eis-me aqui, porque tu me chamaste. Mas ele disse: Eu não te chamei; torna a deitar-te. E ele foi e se deitou.

⁶Tornou o Senhor a chamar: Samuel! E Samuel se levantou, foi a Eli e disse: Eis-me aqui, porque tu me chamaste. Mas ele disse: Eu não te chamei, filho meu; torna a deitar-te.

⁷Ora, Samuel ainda não conhecia ao Senhor, e a palavra de Senhor ainda não lhe tinha sido revelada.

⁸O Senhor, pois, tornou a chamar a Samuel pela terceira vez. E ele, levantando-se, foi a Eli e disse: Eis-me aqui, porque tu me chamaste. Então entendeu Eli que o Senhor chamava o menino.

⁹Pelo que Eli disse a Samuel: Vai deitar-te, e há de ser que, se te chamar, dirás: Fala, Senhor, porque o teu servo ouve. Foi, pois, Samuel e deitou-se no seu lugar.

¹⁰Depois veio o Senhor, parou e chamou como das outras vezes: Samuel! Samuel! Ao que respondeu Samuel: Fala, porque o teu servo ouve.

¹¹Então disse o Senhor a Samuel: Eis que vou fazer uma coisa em Israel, a qual fará tinir ambos os ouvidos a todo o que a ouvir.

¹²Naquele mesmo dia cumprirei contra Eli, de princípio a fim, tudo quanto tenho falado a respeito da sua casa.

¹³Porque já lhe fiz: saber que hei de julgar a sua casa para sempre, por causa da iniqüidade de que ele bem sabia, pois os seus filhos blasfemavam a Deus, e ele não os repreendeu.

¹⁴Portanto, jurei à casa de Eli que nunca jamais será expiada a sua iniqüidade, nem com sacrifícios, nem com ofertas.

¹⁵Samuel ficou deitado até pela manhã, e então abriu as portas da casa do Senhor; Samuel, porém, temia relatar essa visão a Eli.

¹⁶Mas chamou Eli a Samuel, e disse: Samuel, meu filho! Ao que este respondeu: Eis-me aqui.

¹⁷Eli perguntou-lhe: Que te falou o Senhor? peço-te que não mo encubras; assim Deus te faça, e outro tanto, se me encobrires alguma coisa de tudo o que te falou.

¹⁸Samuel, pois, relatou-lhe tudo, e nada lhe encobriu. Então disse Eli: Ele é o Senhor, faça o que bem parecer aos seus olhos.

¹⁹Samuel crescia, e o Senhor era com ele e não deixou nenhuma de todas as suas palavras cair em terra.

²⁰E todo o Israel, desde Dã até Berseba, conheceu que Samuel estava confirmado como profeta do Senhor.

²¹E voltou o Senhor a aparecer em Siló; porquanto o Senhor se manifestava a Samuel em Siló pela sua palavra. E chegava a palavra de Samuel a todo o Israel.

## Capítulo 4

¹Ora, saiu Israel à batalha contra os filisteus, e acampou-se perto de Ebenézer; e os filisteus se acamparam junto a Afeque.

²E os filisteus se dispuseram em ordem de batalha contra Israel; e, travada a peleja, Israel foi ferido diante dos filisteus, que mataram no campo cerca de quatro mil homens do exército.

³Quando o povo voltou ao arraial, disseram os anciãos de Israel: Por que nos feriu o Senhor hoje diante dos filisteus? Tragamos para nós de Siló a arca do pacto do Senhor, para que ela venha para o meio de nós, e nos livre da mão de nossos inimigos.

⁴Enviou, pois, o povo a Siló, e trouxeram de lá a arca do pacto do Senhor dos exércitos, que se assenta sobre os querubins; e os dois filhos de Eli, Hofni e Finéias, estavam ali com a arca do pacto de Deus.

⁵Quando a arca do pacto do Senhor chegou ao arraial, prorrompeu todo o Israel em grandes gritos, de modo que a terra vibrou.

⁶E os filisteus, ouvindo o som da gritaria, disseram: Que quer dizer esta grande vozearia no arraial dos hebreus? Quando souberam que a arca do Senhor havia chegado ao arraial,

⁷os filisteus se atemorizaram; e diziam: Os deuses vieram ao arraial. Diziam mais: Ai de nós! porque nunca antes sucedeu tal coisa.

⁸Ai de nós! quem nos livrará da mão destes deuses possantes? Estes são os deuses que feriram aos egípcios com toda sorte de pragas no deserto.

⁹Esforçai-vos, e portai-vos varonilmente, ó filisteus, para que porventura não venhais a ser escravos dos hebreus, como eles o foram vossos; portai-vos varonilmente e pelejai.

¹⁰Então pelejaram os filisteus, e Israel foi derrotado, fugindo cada um para a sua tenda; e houve mui grande matança, pois caíram de Israel trinta mil homens de infantaria.

¹¹Também foi tomada a arca de Deus, e os dois filhos de Eli, Hofni e Finéias, foram mortos.

¹²Então um homem de Benjamim, correndo do campo de batalha chegou no mesmo dia a Siló, com as vestes rasgadas e terra sobre a cabeça.

¹³Ao chegar ele, estava Eli sentado numa cadeira ao pé do caminho vigiando, porquanto o seu coração estava tremendo pela arca de Deus. E quando aquele homem chegou e anunciou isto na cidade, a cidade toda prorrompeu em lamentações.

¹⁴E Eli, ouvindo a voz do lamento, perguntou: Que quer dizer este alvoroço? Então o homem, apressando-se, chegou e o anunciou a Eli.

¹⁵Ora, Eli tinha noventa e oito anos; e os seus olhos haviam cegado, de modo que já não podia ver.

¹⁶E disse aquele homem a Eli: Estou vindo do campo de batalha, donde fugi hoje mesmo. Perguntou Eli: Que foi que sucedeu, meu filho?

¹⁷Então respondeu o que trazia as novas, e disse: Israel fugiu de diante dos filisteus, e houve grande matança entre o povo; além disto, também teus dois filhos, Hofni e Finéias, são mortos, e a arca de Deus é tomada.

¹⁸Quando ele fez menção da arca de Deus, Eli caiu da cadeira para trás, junto à porta, e quebrou-se-lhe o pescoço, e morreu, porquanto era homem velho e pesado. Ele tinha julgado a Israel quarenta anos.

¹⁹E estando sua nora, a mulher de Finéias, grávida e próxima ao parto, e ouvindo estas novas, de que a arca de Deus era tomada, e de que seu sogro e seu marido eram mortos, encurvou-se e deu à luz, porquanto as dores lhe sobrevieram.

²⁰E, na hora em que ia morrendo, disseram as mulheres que estavam com ela: Não temas, pois tiveste um filho. Ela, porém, não respondeu, nem deu atenção a isto.

²¹E chamou ao menino de Icabô, dizendo: De Israel se foi a glória! Porque fora tomada a arca de Deus, e por causa de seu sogro e de seu marido.

²²E disse: De Israel se foi a glória, pois é tomada a arca de Deus.

## Capítulo 5

¹Os filisteus, pois, tomaram a arca de Deus, e a levaram de Ebenézer a Asdode.

²Então os filisteus tomaram a arca de Deus e a introduziram na casa de Dagom, e a puseram junto a Dagom.

³Levantando-se, porém, de madrugada no dia seginte os de Asdode, eis que Dagom estava caído com o rosto em terra diante da arca do Senhor; e tomaram a Dagom, e tornaram a pô-lo no seu lugar.

⁴E, levantando-se eles de madrugada no dia seguinte, eis que Dagom estava caído com o rosto em terra diante da arca do Senhor; e a cabeça de Dagom e ambas as suas mãos estavam cortadas sobre o limiar; somente o tronco ficou a Dagom.

⁵Pelo que nem os sacerdotes de Dagom, nem nenhum de todos os que entram na casa de Dagom, pisam o limiar de Dagom em Asdode,

*1 Samuel*

até o dia de hoje.

⁶Entretanto a mão do Senhor se agravou sobre os de Asdode, e os assolou, e os feriu com tumores, a Asdode e aos seus termos.

⁷O que tendo visto os homens de Asdode, disseram: Não fique conosco a arca do Deus de Israel, pois a sua mão é dura sobre nós, e sobre Dagom, nosso deus.

⁸Pelo que enviaram mensageiros e congregaram a si todos os chefes dos filisteus, e disseram: Que faremos nós da arca do Deus de Israel? Responderam: Seja levada para Gate. Assim levaram para lá a arca do Deus de Israel.

⁹E desde que a levaram para lá, a mão do Senhor veio contra aquela cidade, causando grande pânico; pois feriu aos homens daquela cidade, desde o pequeno até o grande, e nasceram-lhes tumores.

¹⁰Então enviaram a arca de Deus a Ecrom. Sucedeu porém que, vindo a arca de Deus a Ecrom, os de Ecrom exclamaram, dizendo: Transportaram para nós a arca de Deus de Israel, para nos matar a nós e ao nosso povo.

¹¹Enviaram, pois, mensageiros, e congregaram a todos os chefes dos filisteus, e disseram: Enviai daqui a arca do Deus de Israel, e volte ela para o seu lugar, para que não se mate a nós e ao nosso povo. Porque havia pânico mortal em toda a cidade, e a mão de Deus muito se agravara sobre ela.

¹²Pois os homens que não morriam eram feridos com tumores; de modo que o clamor da cidade subia até o céu.

## *Capítulo 6*

¹A arca do Senhor ficou na terra dos filisteus sete meses.

²Então os filisteus chamaram os sacerdotes e os adivinhadores para dizer-lhes: Que faremos nós da arca do Senhor? Fazei-nos saber como havemos de enviá-la para o seu lugar.

³Responderam eles: Se enviardes a arca do Deus de Israel, não a envieis vazia, porém sem falta enviareis a ele uma oferta pela culpa; então sereis curados, e se vos fará saber por que a sua mão não se retira de vós.

⁴Então perguntaram: Qual é a oferta pela culpa que lhe havemos de enviar? Eles responderam: Segundo o número dos chefes dos filisteus, cinco tumores de ouro e cinco ratos de ouro, porque a praga é uma e a mesma sobre todos os vossos príncipes.

⁵Fazei, pois, imagens, dos vossos tumores, e dos ratos que andam destruindo a terra, e dai glória ao Deus de Israel; porventura aliviará o peso da sua mão de sobre vós, e de sobre vosso deus, e de sobre vossa terra:

⁶Por que, pois, endurecerieis os vossos corações, como os egípcios e Faraó endureceram os seus corações? Porventura depois de os haver Deus castigado, não deixaram ir o povo, e este não se foi?

⁷Agora, pois, fazei um carro novo, tomai duas vacas que estejam criando, sobre as quais não tenha vindo o jugo, atai-as ao carro e levai os seus bezerros de após elas para casa.

⁸Tomai a arca de Senhor, e ponde-a sobre o carro; também metei num cofre, ao seu lado, as jóias de ouro que haveis de oferecer ao Senhor como ofertas pela culpa; e assim a enviareis, para que se vá.

⁹Reparai então: se ela subir pelo caminho do seu termo a Bete-Semes, foi ele quem nos fez este grande mal; mas, se não, saberemos que não foi a sua mão que nos feriu, e que isto nos sucedeu por acaso.

¹⁰Assim, pois, fizeram aqueles homens: tomaram duas vacas que criavam, ataram-nas ao carro, e encerraram os bezerros em casa;

¹¹também puseram a arca do Senhor sobre o carro, bem como e cofre com os ratos de ouro e com as imagens dos seus tumores.

¹²Então as vacas foram caminhando diretamente pelo caminho de Bete-Semes, seguindo a estrada, andando e berrando, sem se desviarem nem para a direita nem para a esquerda; e os chefes dos filisteus foram seguindo-as até o termo de Bete-Semes.

¹³Ora, andavam os de Bete-Semes fazendo a sega do trigo no vale; e, levantando os olhos, viram a arca e, vendo-a, se alegraram.

¹⁴Tendo chegado o carro ao campo de Josué, o bete-semita, parou ali, onde havia uma grande pedra. Fenderam a madeira do carro, e ofereceram as vacas ao Senhor em holocausto.

¹⁵Nisso os levitas desceram a arca do Senhor, como também o cofre que estava junto a ela, em que se achavam as jóias de ouro, e puseram-nos sobre aquela grande pedra; e no mesmo dia os homens de Bete-Semes ofereceram holocaustos e sacrifícios ao Senhor.

¹⁶E os cinco chefes dos filisteus, tendo visto aquilo, voltaram para Ecrom no mesmo dia.

¹⁷Estes, pois, são os tumores de ouro que os filisteus enviaram ao Senhor como oferta pela culpa: por Asdode um, por Gaza outro, por Asquelom outro, por Gate outro, por Ecrom outro.

¹⁸Como também os ratos de ouro, segundo o número de todas as cidades dos filisteus, pertencentes aos cinco chefes, desde as cidades fortificadas até as aldeias campestres. Disso é testemunha a grande pedra sobre a qual puseram a arca do Senhor, pedra que ainda está até o dia de hoje no campo de Josué, o bete-semita.

¹⁹Ora, o Senhor feriu os homens de Bete-Semes, porquanto olharam para dentro da arca do Senhor; feriu do povo cinqüenta mil e setenta homens; então o povo se entristeceu, porque o Senhor o ferira com tão grande morticínio.

²⁰Disseram os homens de Bete-Semes: Quem poderia subsistir perante o Senhor, este Deus santo? e para quem subirá de nós?

²¹Enviaram, pois, mensageiros aos habitantes de Quiriate-Jearim, para lhes dizerem: Os filisteus remeteram a arca do Senhor; descei, e fazei-a subir para vós.

## *Capítulo 7*

¹Vieram, pois, os homens de Quiriate-Jearim, tomaram a arca do Senhor e a levaram à casa de Abinadabe, no outeiro; e consagraram a Eleazar, filho dele, para que guardasse a arca da Senhor.

²E desde e dia em que a arca ficou em Queriate-Jearim passou-se muito tempo, chegando até vinte anos; então toda a casa de Israel suspirou pelo Senhor.

³Samuel, pois, falou a toda a casa de Israel, dizendo: Se de todo o vosso coração voltais para o Senhor, lançai do meio de vós os deuses estranhos e as astarotes, preparai o vosso coração para com o Senhor, e servi a ele só; e ele vos livrará da mão dos filisteus.

⁴Os filhos de Israel, pois, lançaram do meio deles os baalins e as astarotes, e serviram so ao Senhor.

⁵Disse mais Samuel: Congregai a todo o Israel em Mizpá, e orarei por vós ao Senhor.

⁶Congregaram-se, pois, em Mizpá, tiraram água e a derramaram perante o Senhor; jejuaram aquele dia, e ali disseram: Pecamos contra o Senhor. E Samuel julgava os filhos de Israel em Mizpá.

⁷Quando os filisteus ouviram que os filhos de Israel estavam congregados em Mizpá, subiram os chefes dos filisteus contra Israel. Ao saberem disto os filhos de Israel, temeram por causa dos filisteus.

⁸Pelo que disseram a Samuel: Não cesses de clamar ao Senhor nosso Deus por nós, para que nos livre da mão dos filisteus.

⁹Então tomou Samuel um cordeiro de mama, e o ofereceu inteiro em holocausto ao Senhor; e Samuel clamou ao Senhor por Israel, e o Senhor o atendeu.

¹⁰Enquanto Samuel oferecia o holocausto, os filisteus chegaram para pelejar contra Israel; mas o Senhor trovejou naquele dia com grande estrondo sobre os filisteus, e os aterrou; de modo que foram derrotados diante dos filhos de Israel.

¹¹Os homens de Israel, saindo de Mizpá, perseguiram os filisteus e os feriram até abaixo de Bete-Car.

¹²Então Samuel tomou uma pedra, e a pôs entre Mizpá e Sem, e lhe chamou Ebenézer; e disse: Até aqui nos ajudou o Senhor.

¹³Assim os filisteus foram subjugados, e não mais vieram aos termos de Israel, porquanto a mão do Senhor foi contra os filisteus todos os dias de Samuel.

¹⁴E as cidades que os filisteus tinham tomado a Israel lhe foram restituídas, desde Ecrom até Gate, cujos termos também Israel arrebatou da mão dos filisteus. E havia paz entre Israel e os amorreus.

¹⁵Samuel julgou a Israel todos os dias da sua vida.

¹⁶De ano em ano rodeava por Betel, Gilgal e Mizpá, julgando a Israel em todos esses lugares.

¹⁷Depois voltava a Ramá, onde estava a sua casa, e ali julgava a Israel; e edificou ali um altar ao Senhor.

## *Capítulo 8*

¹Ora, havendo Samuel envelhecido, constituiu a seus filhos por juízes sobre Israel.

²O seu filho primogênito chamava-se Joel, e o segundo Abias; e julgavam em Berseba.

³Seus filhos, porém, não andaram nos caminhos dele, mas desviaram-se após o lucro e, recebendo peitas, perverteram a justiça.

⁴Então todos os anciãos de Israel se congregaram, e vieram ter com Samuel, a Ramá,

⁵e lhe disseram: Eis que já estás velho, e teus filhos não andam nos teus caminhos. Constitui-nos, pois, agora um rei para nos julgar, como o têm todas as nações.

⁶Mas pareceu mal aos olhos de Samuel, quando disseram: Dá-nos um rei para nos julgar. Então Samuel orou ao Senhor.

⁷Disse o Senhor a Samuel: Ouve a voz do povo em tudo quanto te dizem, pois não é a ti que têm rejeitado, porém a mim, para que eu não reine sobre eles.

⁸Conforme todas as obras que fizeram desde o dia em que os tirei do Egito até o dia de hoje, deixando-me a mim e servindo a outros deuses, assim também fazem a ti.

⁹Agora, pois, ouve a sua voz, contudo lhes protestarás solenemente, e lhes declararás qual será o modo de agir do rei que houver de reinar sobre eles.

¹⁰Referiu, pois, Samuel todas as palavras do Senhor ao povo, que lhe havia pedido um rei,

¹¹e disse: Este será o modo de agir do rei que houver de reinar sobre vós: tomará os vossos filhos, e os porá sobre os seus carros, e para serem seus cavaleiros, e para correrem adiante dos seus carros;

¹²e os porá por chefes de mil e chefes de cinqüenta, para lavrarem os seus campos, fazerem as suas colheitas e fabricarem as suas armas de guerra e os petrechos de seus carros.

¹³Tomará as vossas filhas para perfumistas, cozinheiras e padeiras.

¹⁴Tomará o melhor das vossas terras, das vossas vinhas e dos vossos olivais, e o dará aos seus servos.

¹⁵Tomará e dízimo das vossas sementes e das vossas vinhas, para dar aos seus oficiais e aos seus servos.

¹⁶Também os vossos servos e as vossas servas, e os vossos melhores mancebos, e os vossos jumentos tomará, e os empregará no seu trabalho.

¹⁷Tomará o dízimo do vosso rebanho; e vós lhe servireis de escravos.

¹⁸Então naquele dia clamareis por causa de vosso rei, que vós mesmos houverdes escolhido; mas o Senhor não vos ouvirá.

¹⁹O povo, porém, não quis ouvir a voz de Samuel; e disseram: Não, mas haverá sobre nós um rei,

²⁰para que nós também sejamos como todas as outras nações, e para que o nosso rei nos julgue, e saia adiante de nós, e peleje as nossas batalhas.

²¹Ouviu, pois, Samuel todas as palavras do povo, e as repetiu aos ouvidos do Senhor.

²²Disse o Senhor a Samuel: Dá ouvidos à sua voz, e constitui-lhes rei. Então Samuel disse aos homens de Israel: Volte cada um para a sua cidade.

## Capítulo 9

¹Ora, havia um homem de Benjamim, cujo nome era Quis, filho de Abiel, filho de Zeror, filho de Becorate, filho de Afias, filho dum benjamita; era varão forte e valoroso.

²Tinha este um filho, chamado Saul, jovem e tão belo que entre os filhos de Israel não havia outro homem mais belo de que ele; desde os ombros para cima sebressaía em altura a todo o povo.

³Tinham-se perdido as jumentas de Quis, pai de Saul; pelo que disse Quis a Saul, seu filho: Toma agora contigo um dos moços, levanta-te e vai procurar as jumentas.

⁴Passaram, pois, pela região montanhosa de Efraim, como também pela terra e Salisa, mas não as acharam; depois passaram pela terra de Saalim, porém tampouco estavam ali; passando ainda pela terra de Benjamim, não as acharam.

⁵Vindo eles, então, à terra de Zufe, Saul disse para o moço que ia com ele: Vem! Voltemos, para que não suceda que meu pai deixe de inquietar-se pelas jumentas e se aflija por causa de nós.

⁶Mas ele lhe disse: Eis que há nesta cidade um homem de Deus, e ele é muito considerado; tudo quanto diz, sucede infalivelmente. Vamos, pois, até lá; porventura nos mostrará o caminho que devemos seguir.

⁷Então Saul disse ao seu moço: Porém se lá formos, que levaremos ao homem? Pois o pão de nossos alforjes se acabou, e presente nenhum temos para levar ao homem de Deus; que temos?

⁸O moço tornou a responder a Saul, e disse: Eis que ainda tenho em mão um quarto dum siclo de prata, o qual darei ao homem de Deus, para que nos mostre o caminho.

⁹(Antigamente em Israel, indo alguém consultar a Deus, dizia assim: Vinde, vamos ao vidente; porque ao profeta de hoje, outrora se chamava vidente.)

¹⁰Então disse Saul ao moço: Dizes bem; vem, pois, vamos! E foram-se à cidade onde estava e homem de Deus.

¹¹Quando eles iam subindo à cidade, encontraram umas moças que saíam para tirar água; e perguntaram-lhes: Está aqui o vidente?

¹²Ao que elas lhes responderam: Sim, eis aí o tens diante de ti; apressa-te, porque hoje veio à cidade, porquanto o povo tem hoje sacrifício no alto.

¹³Entrando vós na cidade, logo o achareis, antes que ele suba ao alto para comer; pois o povo não comerá até que ele venha, porque ele é o que abençoa a sacrifício, e depois os convidados comem. Subi agora, porque a esta hora o achareis.

¹⁴Subiram, pois, à cidade; e, ao entrarem, eis que Samuel os encontrou, quando saía para subir ao alto.

¹⁵Ora, o Senhor revelara isto aos ouvidos de Samuel, um dia antes de Saul chegar, dizendo:

¹⁶Amanhã a estas horas te enviarei um homem da terra de Benjamim, o qual ungirás por príncipe sobre o meu povo de Israel; e ele livrará o meu povo da mão dos filisteus; pois olhei para o meu povo, porque o seu clamor chegou a mim.

¹⁷E quando Samuel viu a Saul, o Senhor e disse: Eis aqui o homem de quem eu te falei. Este dominará sobre o meu povo.

¹⁸Então Saul se chegou a Samuel na porta, e disse: Mostra-me, peço-te, onde é a casa do vidente.

¹⁹Respondeu Samuel a Saul: Eu sou o vidente; sobe diante de mim ao alto, porque comereis hoje comigo; pela manhã te despedirei, e tudo quanto está no teu coração to declararei.

²⁰Também quanto às jumentas que há três dias se te perderam, não te preocupes com elas, porque já foram achadas. Mas para quem é tudo o que é desejável em Israel? porventura não é para ti, e para toda a casa de teu pai?

²¹Então respondeu Saul: Acaso não sou eu benjamita, da menor das tribos de Israel? E não é a minha família a menor de todas as famílias da tribo de Benjamim? Por que, pois, me falas desta maneira?

²²Samuel, porém, tomando a Saul e ao seu moço, levou-os à câmara, e deu-lhes o primeiro lugar entre os convidados, que eram cerca de trinta homens.

²³Depois disse Samuel ao cozinheiro: Traze a porção que te dei, da qual te disse: põe-na à parte contigo.

²⁴Levantou, pois, o cozinheiro a espádua, com o que havia nela, e pô-la diante de Saul. E disse Samuel: Eis que o que foi reservado está diante de ti. Come; porque te foi guardado para esta ocasião, para que o comesses com os convidados. Assim comeu Saul naquele dia com Samuel.

²⁵Então desceram do alto para a cidade, e falou Samuel com Saul, no eirado.

²⁶E se levantaram de madrugada, quase ao subir da alva, pois Samuel chamou a Saul, que estava no eirado, dizendo: Levanta-te para eu te despedir. Levantou-se, pois, Saul, e sairam ambos, ele e Samuel.

²⁷Quando desciam para a extremidade da cidade, Samuel disse a Saul: Dize ao moço que passe adiante de nós (e ele passou); tu, porém, espera aqui, e te farei ouvir a palavra de Deus.

## Capítulo 10

¹Então Samuel tomou um vaso de azeite, e o derramou sobre a cabeça de Saul, e o beijou, e disse: Porventura não te ungiu o Senhor para ser príncipe sobre a sua herança?

²Quando te apartares hoje de mim, encontrarás dois homens junto ao sepulcro de Raquel, no termo de Benjamim, em Zelza, os quais te dirão: Acharam-se as jumentas que foste buscar, e eis que já o teu pai deixou de pensar nas jumentas, e anda aflito por causa de ti, dizendo: Que farei eu por meu filho?

³Então dali passarás mais adiante, e chegarás ao carvalho de Tabor; ali te encontrarão três homens, que vão subindo a Deus, a Betel, levando um três cabritos, outro três formas de pão, e o outro um odre de vinho.

⁴Eles te saudarão, e te darão dois pães, que receberás das mãos deles.

⁵Depois chegarás ao outeiro de Deus, onde está a guarnição dos filisteus; ao entrares ali na cidade, encontrarás um grupo de profetas descendo do alto, precedido de saltérios, tambores, flautas e harpas, e eles profetizando.

⁶E o Espírito do Senhor se apoderará de ti, e profetizarás com eles, e serás transformado em outro homem.

⁷Quando estes sinais te vierem, faze o que achar a tua mão para fazer, pois Deus é contigo.

⁸Tu, porém, descerás adiante de mim a Gilgal, e eis que eu descerei a ter contigo, para oferecer holocaustos e sacrifícios de ofertas pacíficas. Esperarás sete dias, até que eu vá ter contigo e te declare o que hás de fazer.

⁹Ao virar Saul as costas para se apartar de Samuel, Deus lhe mudou o coração em outro; e todos esses sinais aconteceram naquele mesmo dia.

¹⁰Quando eles iam chegando ao outeiro, eis que um grupo de profetas lhes saiu ao encontro; e o Espírito de Deus se apoderou de Saul, e ele profetizou no meio deles.

¹¹Todos os que o tinham conhecido antes, ao verem que ele profetizava com os profetas, diziam uns aos outros: Que é que sucedeu

*1 Samuel*

ao filho de Quis? Está também Saul entre os profetas?

¹²Então um homem dali respondeu, e disse: Pois quem é o pai deles? Pelo que se tornou em provérbio: Está também Saul entre os profetas?

¹³Tendo ele acabado de profetizar, foi ao alto.

¹⁴Depois o tio de Saul perguntou-lhe, a ele e ao seu moço: Aonde fostes?: Respondeu ele: Procurar as jumentas; e, não as tendo encontrado, fomos ter com Samuel.

¹⁵Disse mais o tio de Saul: Declara-me, peço-te, o que vos disse Samuel.

¹⁶Ao que respondeu Saul a seu tio: Declarou-nos, seguramente, que as jumentas tinham sido encontradas. Mas quanto ao assunto do reino, de que Samuel falara, nada lhe declarou.

¹⁷Então Samuel convocou o povo ao Senhor em Mizpá;

¹⁸e disse aos filhos de Israel: Assim diz o Senhor Deus de Israel: Eu fiz subir a Israel do Egito, e vos livrei da mão dos egípcios e da mão de todos os reinos que vos oprimiam.

¹⁹Mas vós hoje rejeitastes a vosso Deus, àquele que vos livrou de todos os vossos males e angústias, e lhe dissestes: Põe um rei sobre nós. Agora, pois, ponde-vos perante o Senhor, segundo as vossas tribos e segundo os vossos milhares.

²⁰Tendo, pois, Samuel feito chegar todas as tribos de Israel, foi tomada por sorte a tribo de Benjamim.

²¹E, quando fez chegar a tribo de Benjamim segundo as suas famílias, foi tomada a família de Matri, e dela foi tomado Saul, filho de Quis; e o procuraram, mas não foi encontrado.

²²Pelo que tornaram a perguntar ao Senhor: Não veio o homem ainda para cá? E respondeu o Senhor: Eis que se escondeu por entre a bagagem.

²³Correram, pois, e o trouxeram dali; e estando ele no meio do povo, sobressaía em altura a todo o povo desde os ombros para cima.

²⁴Então disse Samuel a todo o povo: Vedes já a quem o Senhor escolheu: Não há entre o povo nenhum semelhante a ele. Então todo o povo o aclamou, dizendo: Viva o rei;

²⁵Também declarou Samuel ao povo a lei do reino, e a escreveu num livro, e pô-lo perante o Senhor. Então Samuel despediu todo o povo, cada um para sua casa.

²⁶E foi também Saul para sua casa em Gibeá; e foram com ele homens de valor, aqueles cujo coração Deus tocara.

²⁷Mas alguns homens ímpios disseram: Como pode este homem nos livrar? E o desprezaram, e não lhe trouxeram presentes; porém ele se fez como surdo.

## Capítulo 11

¹Então subiu Naás, o amonita, e sitiou a Jabes-Gileade. E disseram todos os homens de Jabes a Naás: Faze aliança conosco, e te serviremos.

²Respondeu-lhes, porém, Naás, o amonita: Com esta condição farei aliança convosco: que a todos vos arranque o olho direito; assim porei opróbrio sobre todo o Israel.

³Ao que os anciãos de Jabes lhe disseram: Concede-nos sete dias, para que enviemos mensageiros por todo o território de Israel; e, não havendo ninguém que nos livre, entregar-nos-emos a ti.

⁴Então, vindo os mensageiros a Gibeá de Saul, falaram estas palavras aos ouvidos do povo. Pelo que todo o povo levantou a voz e chorou.

⁵E eis que Saul vinha do campo, atrás dos bois; e disse Saul: Que tem o povo, que chega? E contaram-lhe as palavras dos homens de Jabes.

⁶Então o Espírito de Deus se apoderou de Saul, ao ouvir ele estas palavras; e acendeu-se sobremaneira a sua ira.

⁷Tomou ele uma junta de bois, cortou-os em pedaços, e os enviou por todo o território de Israel por mãos de mensageiros, dizendo: Qualquer que não sair após Saul e após Samuel, assim se fará aos seus bois. Então caiu o temor do Senhor sobre o povo, e acudiram como um só homem.

⁸Saul passou-lhes revista em Bezeque; e havia dos homens de Israel trezentos mil, e dos homens de Judá trinta mil.

⁹Então disseram aos mensageiros que tinham vindo: Assim direis aos homens de Jabes-Gileade: Amanhã, em aquentando o sol, vos virá livramento. Vindo, pois, os mensageiros, anunciaram-no aos homens de Jabes, os quais se alegraram.

¹⁰E os homens de Jabes disseram aos amonitas: Amanhã nos entregaremos a vós; então nos fareis conforme tudo o que bem vos parecer.

¹¹Ao outro dia Saul dividiu o povo em três companhias; e pela vigília da manhã vieram ao meio do arraial, e feriram aos amonitas até que o dia aquentou; e sucedeu que os restantes se espalharam de modo a não ficarem dois juntos.

¹²Então disse o povo a Samuel: Quais são os que diziam: Reinará porventura Saul sobre nós? Dai cá esses homens, para que os matemos.

¹³Saul, porém, disse: Hoje não se há de matar ninguém, porque neste dia o senhor operou um livramento em Israel:

¹⁴Depois disse Samuel ao povo: Vinde, vamos a Gilgal, e renovemos ali o reino.

¹⁵Foram, pois, para Gilgal, onde constituíram rei a Saul perante o Senhor, e imolaram sacrifícios de ofertas pacíficas perante o Senhor; e ali Saul se alegrou muito com todos os homens de Israel.

## Capítulo 12

¹Então disse Samuel a todo o Israel: Eis que vos dei ouvidos em tudo quanto me dissestes, e constituí sobre vós um rei.

²Agora, eis que o rei vai adiante de vós; quanto a mim, já sou velho e encanecido, e meus filhos estão convosco: eu tenho andado adiante de vós desde a minha mocidade até o dia de hoje.

³Eis-me aqui! testificai contra mim perante o Senhor, e perante o seu ungido. De quem tomei o boi? ou de quem tomei o jumento? ou a quem defraudei? ou a quem tenho oprimido? ou da mão de quem tenho recebido peita para encobrir com ela os meus olhos? E eu vo-lo restituirei.

⁴Responderam eles: Em nada nos defraudaste, nem nos oprimiste, nem tomaste coisa alguma da mão de ninguém.

⁵Ele lhes disse: O Senhor é testemunha contra vós, e o seu ungido é hoje testemunha de que nada tendes achado na minha mão. Ao que respondeu o povo: Ele é testemunha.

⁶Então disse Samuel ao povo: O Senhor é o que escolheu a Moisés e a Arão, e tirou a vossos pais da terra do Egito.

⁷Agora ponde-vos aqui, para que eu pleiteie convosco perante o Senhor, no tocante a todos os atos de justiça do Senhor, que ele fez a vós e a vossos pais.

⁸Quando Jacó entrou no Egito, e vossos pais clamaram ao Senhor, então o Senhor enviou Moisés e Arão, que tiraram vossos pais do Egito, e os fizeram habitar neste lugar.

⁹Esqueceram-se, porém, do Senhor seu Deus; e ele os entregou na mão de Sísera, chefe do exército de Hazor, e na mão dos filisteus, e na mão do rei de Moabe, os quais pelejaram contra eles.

¹⁰Clamaram, pois, ao Senhor, e disseram: Pecamos, porque deixamos ao Senhor, e servimos aos baalins e astarotes; agora, porém, livra-nos da mão de nossos inimigos, e te serviremos:

¹¹Então o Senhor enviou Jerubaal, e Baraque, e Jefté, e Samuel; e vos livrou da mão de vossos inimigos em redor, e habitastes em segurança.

¹²Quando vistes que Naás, rei dos filhos de Amom, vinha contra vós, dissestes-me: Não, mas reinará sobre nós um rei; entretanto, o Senhor vosso Deus era o vosso Rei.

¹³Agora, eis o rei que escolhestes e que pedistes; eis que o Senhor tem posto sobre vós um rei.

¹⁴Se temerdes ao Senhor, e o servirdes, e derdes ouvidos à sua voz, e não fordes rebeldes às suas ordens, e se tanto vós como o rei que reina sobre vós seguirdes o Senhor vosso Deus, bem está;

¹⁵mas se não derdes ouvidos à voz do Senhor, e fordes rebeldes às suas ordens, a mão do Senhor será contra vós, como foi contra vossos pais:

¹⁶Portanto ficai agora aqui, e vede esta grande coisa que o Senhor vai fazer diante dos vossos olhos.

¹⁷Não é hoje a sega do trigo? clamarei, pois, ao Senhor, para que ele envie trovões e chuva; e sabereis e vereis que é grande a vossa maldade, que fizestes perante o Senhor, pedindo para vós um rei.

¹⁸Então invocou Samuel ao Senhor, e o Senhor enviou naquele dia trovões e chuva; pelo que todo o povo temeu sobremaneira ao Senhor e a Samuel.

¹⁹Disse todo o povo a Samuel: Roga pelos teus servos ao Senhor teu Deus, para que não morramos; porque a todos os nossos pecados temos acrescentado este mal, de pedirmos para nós um rei.

²⁰Então disse Samuel ao povo: Não temais; vós fizestes todo este mal; porém não vos desvieis de seguir ao Senhor, mas servi-o de todo o vosso coração.

²¹Não vos desvieis; porquanto seguiríeis coisas vãs, que nada aproveitam, e tampouco vos livrarão, porque são vãs.

²²Pois o Senhor, por causa do seu grande nome, não desamparará o seu povo; porque aprouve ao Senhor fazer de vós o seu povo.

²³E quanto a mim, longe de mim esteja o pecar contra o Senhor, deixando de orar por vós; eu vos ensinarei o caminho bom e direito.

²⁴Tão-somente temei ao Senhor, e servi-o fielmente de todo o vosso coração; pois vede quão grandiosas coisas vos fez.

²⁵Se, porém, perseverardes em fazer o mal, perecereis, assim vós como o vosso rei.

## Capítulo 13

¹Saul tinha ...anos de idade quando começou a reinar; e tendo reinado dois anos sobre Israel,

²escolheu para si três mil homens de Israel; dois mil estavam com Saul em Micmás e no monte de Betel, e mil estavam com Jônatas em Gibeá de Benjamim. Quanto ao resto do povo, mandou-o cada um para sua tenda.

³Ora, Jônatas feriu a guarnição dos filisteus que estava em Geba, o que os filisteus ouviram; pelo que Saul tocou a trombeta por toda a terra, dizendo: Ouçam os hebreus.

⁴Então todo o Israel ouviu dizer que Saul ferira a guarnição dos filisteus, e que Israel se fizera abominável aos filisteus. E o povo foi convocado após Saul em Gilgal.

⁵E os filisteus se ajuntaram para pelejar contra Israel, com trinta mil carros, seis mil cavaleiros, e povo em multidão como a areia que está à beira do mar subiram e se acamparam em Micmás, ao oriente de Bete-Aven.

⁶Vendo, pois, os homens de Israel que estavam em aperto (porque o povo se achava angustiado), esconderam-se nas cavernas, nos espinhais, nos penhascos, nos esconderijos subterrâneos e nas cisternas.

⁷Ora, alguns dos hebreus passaram o Jordão para a terra de Gade e Gileade; mas Saul ficou ainda em Gilgal, e todo o povo o seguia tremendo.

⁸Esperou, pois, sete dias, até o tempo que Samuel determinara; não vindo, porém, Samuel a Gilgal, o povo, deixando a Saul, se dispersava.

⁹Então disse Saul: Trazei-me aqui um holocausto, e ofertas pacíficas. E ofereceu o holocausto.

¹⁰Mal tinha ele acabado de oferecer e holocausto, eis que Samuel chegou; e Saul lhe saiu ao encontro, para o saudar.

¹¹Então perguntou Samuel: Que fizeste? Respondeu Saul: Porquanto via que o povo, deixando-me, se dispersava, e que tu nao vinhas no tempo determinado, e que os filisteus já se tinham ajuntado em Micmás,

¹²eu disse: Agora descerão os filisteus sobre mim a Gilgal, e ainda não aplaquei o Senhor. Assim me constrangi e ofereci o holocausto.

¹³Então disse Samuel a Saul: Procedeste nesciamente; não guardaste o mandamento que o Senhor teu Deus te ordenou. O Senhor teria confirmado o teu reino sobre Israel para sempre;

¹⁴agora, porém, não subsistirá o teu reino; já tem o Senhor buscado para si um homem segundo o seu coração, e já o tem destinado para ser príncipe sobre o seu povo, porquanto não guardaste o que o Senhor te ordenou.

¹⁵Então Samuel se levantou, e subiu de Gilgal a Gibeá de Benjamim. Saul contou o povo que se achava com ele, cerca de seiscentos homens.

¹⁶E Saul, seu filho Jônatas e o povo que se achava com eles, ficaram em Gibeá de Benjamim, mas os filisteus se tinham acampado em Micmás.

¹⁷Nisso os saqueadores saíram do arraial dos filisteus em três companhias: uma das companhias tomou o caminho de Ofra para a terra de Sual,

¹⁸outra tomou o caminho de Bete-Horom, e a outra tomou o caminho do termo que dá para o vale de Zebuim, na direção do deserto.

¹⁹Ora, em toda a terra de Israel não se achava um só ferreiro; porque os filisteus tinham dito: Não façam os hebreus para si nem espada nem lança.

²⁰Pelo que todos os israelitas tinham que descer aos filisteus para afiar cada um a sua relha, a sua enxada, o seu machado e o seu sacho.

²¹Tinham porém limas para os sachos, para as enxadas, para as forquilhas e para os machados, e para consertar as aguilhadas.

²²Assim, no dia da peleja, não se achou nem espada nem lança na mão de todo o povo que estava com Saul e com Jônatas; acharam-se, porém, com Saul e com Jônatas seu filho.

²³E saiu a guarnição dos filisteus para o desfiladeiro de Micmás.

## Capítulo 14

¹Sucedeu, pois, um dia, que Jônatas, filho de Saul, disse ao seu escudeiro: Vem, passemos à guarnição dos filisteus, que está do outro lado. Mas não o fez saber a seu pai.

²Ora Saul estava na extremidade de Gibeá, debaixo da romeira que havia em Migrom; e o povo que estava com ele era cerca de seiscentos homens;

³e Aíja, filho de Aitube, irmão de Icabô, filho de Finéias, filho de Eli, sacerdote do Senhor em Siló, trazia o éfode. E o povo não sabia que Jônatas tinha ido.

⁴Ora, entre os desfiladeiros pelos quais Jônatas procurava chegar à guarnição dos filisteus, havia um penhasco de um e de outro lado; o nome de um era Bozez, e o nome do outro Sené.

⁵Um deles estava para o norte defronte de Micmás, e o outro para o sul defronte de Gibeá.

⁶Disse, pois, Jônatas ao seu escudeiro: Vem, passemos à guarnição destes incircuncisos; porventura operará o Senhor por nós, porque para o Senhor nenhum impedimento há de livrar com muitos ou com poucos.

⁷Ao que o seu escudeiro lhe respondeu: Faze tudo o que te aprouver; segue, eis-me aqcaustos e sacrifícios ao Senhor.

⁸Disse Jônatas: Eis que passaremos àqueles homens, e nos descobriremos a eles.

⁹Se nos disserem: Parai até que cheguemos a vós; então ficaremos no nosso lugar, e não subiremos a eles.

¹⁰Se, porém, disserem: Subi a nós; então subiremos, pois o Senhor os entregou em nossas mãos; isso nos será por sinal.

¹¹Então ambos se descobriram à guarnição dos filisteus, e os filisteus disseram: Eis que já os hebreus estão saindo das cavernas em que se tinham escondido.

¹²E os homens da guarnição disseram a Jônatas e ao seu escudeiro: Subi a nós, e vos ensinaremos uma coisa. Disse, pois, Jônatas ao seu escudeiro: Sobe atrás de mim, porque o Senhor os entregou na mão de Israel.

¹³Então trepou Jônatas de gatinhas, e o seu escudeiro atrás dele; e os filisteus caíam diante de Jônatas, e o seu escudeiro os matava atrás dele.

¹⁴Esta primeira derrota, em que Jônatas e o seu escudeiro mataram uns vinte homens, deu-se dentro de meia jeira de terra.

¹⁵Pelo que houve tremor no arraial, no campo e em todo o povo; também a própria guarnição e os saqueadores tremeram; e até a terra estremeceu; de modo que houve grande pânico.

¹⁶Olharam, pois, as sentinelas de Saul e Gibeá de Benjamim, e eis que a multidão se derretia, fugindo para cá e para lá.

¹⁷Disse então Saul ao povo que estava com ele: Ora, contai e vede quem é que saiu dentre nós: E contaram, e eis que nem Jônatas nem o seu escudeiro estava ali.

¹⁸Então Saul disse a Aíja: Traze aqui a arca de Deus. Pois naquele dia estava a arca de Deus com os filhos de Israel.

¹⁹E sucedeu que, estando Saul ainda falando com o sacerdote, o alvoroço que havia no arraial dos filisteus ia crescendo muito; pelo que disse Saul ao sacerdote: Retira a tua mão.

²⁰Então Saul e todo o povo que estava com ele se reuniram e foram à peleja; e eis que dentre os filisteus a espada de um era contra o outro, e houve mui grande derrota.

²¹Os hebreus que estavam dantes com os filisteus, e tinham subido com eles ao arraial, também se ajuntaram aos israelitas que estavam com Saul e Jônatas.

²²E todos os homens de Israel que se haviam escondido na região montanhósa de Efraim, ouvindo que os filisteus fugiam, também os perseguiram de perto na peleja.

²³Assim o Senhor livrou a Israel naquele dia, e a batalha passou além de Bete-Aven.

²⁴Ora, os homens de Israel estavam já exaustos naquele dia, porquanto Saul conjurara o povo, dizendo: Maldito o homem que comer pão antes da tarde, antes que eu me vingue de meus inimigos. Pelo que todo o povo se absteve de comer.

²⁵Mas todo o povo chegou a um bosque, onde havia mel à flor da terra.

²⁶Chegando, pois, o povo ao bosque, viu correr o mel; todavia ninguém chegou a mão à boca, porque o povo temia a conjuração.

²⁷Jônatas, porém, não tinha ouvido quando seu pai conjurara o povo; pelo que estendeu a ponta da vara que tinha na mão, e a molhou no favo de mel; e, ao chegar a mão à boca, aclararam-se-lhe os olhos.

²⁸Então disse um do povo: Teu pai solenemente conjurou o povo, dizendo: Maldito o homem que comer pão hoje. E o povo ainda desfalecia.

²⁹Pelo que disse Jônatas: Meu pai tem turbado a terra; ora vede como se me aclararam os olhos por ter provado um pouco deste mel.

³⁰Quanto maior não teria sido a derrota dos filisteus se o povo hoje tivesse comido livremente do despojo, que achou de seus inimigos?

³¹Feriram, contudo, naquele dia aos filisteus, desde Micmás até Aijalom. E o povo desfaleceu em extremo;

³²então o povo se lançou ao despojo, e tomou ovelhas, bois e bezerros e, degolando-os no chão, comeu-os com o sangue.

³³E o anunciaram a Saul, dizendo: Eis que o povo está pecando contra o Senhor, comendo carne com o sangue. Respondeu Saul:

Procedestes deslealmente. Trazei-me aqui já uma grande pedra.

³⁴Disse mais Saul: Dispersai-vos entre e povo, e dizei-lhes: Trazei-me aqui cada um o seu boi, e cada um a sua ovelha e degolai-os aqui, e comei; e não pequeis contra e Senhor, comendo com sangue. Então todo o povo trouxe de noite, cada um o seu boi, e os degolaram ali.

³⁵Então edificou Saul um altar ao Senhor; este foi o primeiro altar que ele edificou ao Senhor.

³⁶Depois disse Saul: Desçamos de noite atrás dos filisteus, e despojemo-los, até e amanhecer, e não deixemos deles um só homem. E o povo disse: Faze tudo o que parecer bem aos teus olhos. Disse, porém, o sacerdote: Cheguemo-nos aqui a Deus.

³⁷Então consultou Saul a Deus, dizendo: Descerei atrás dos filisteus? entregá-los-ás na mão de Israel? Deus, porém, não lhe respondeu naquele dia.

³⁸Disse, pois, Saul: Chegai-vos para cá, todos os chefes do povo; informai-vos, e vede em que se cometeu hoje este pecado;

³⁹porque, como vive o Senhor que salva a Israel, ainda que seja em meu filha Jônatas, ele será morto. Mas de todo o povo ninguém lhe respondeu.

⁴⁰Disse mais a todo o Israel: Vós estareis dum lado, e eu e meu filho Jônatas estaremos do outro. Então disse o povo a Saul: Faze o que parecer bem aos teus olhos.

⁴¹Falou, pois, Saul ao Senhor Deus de Israel: Mostra o que é justo. E Jônatas e Saul foram tomados por sorte, e o povo saiu livre.

⁴²Então disse Saul: Lançai a sorte entre mim e Jônatas, meu filho. E foi tomado Jônatas.

⁴³Disse então Saul a Jônatas: Declara-me o que fizeste. E Jônatas lho declarou, dizendo: Provei, na verdade, um pouco de mel com a ponta da vara que tinha na mão; eis-me pronto a morrer.

⁴⁴Ao que disse Saul: Assim me faça Deus, e outro tanto, se tu, certamente, não morreres, Jônatas.

⁴⁵Mas o povo disse a Saul: Morrerá, porventura, Jônatas, que operou esta grande salvação em Israel? Tal não suceda! como vive o Senhor, não lhe há de cair no chão um só cabelo da sua cabeça! pois com Deus fez isso hoje. Assim o povo livrou Jônatas, para que não morresse.

⁴⁶Então Saul deixou de perseguir os filisteus, e estes foram para o seu lugar.

⁴⁷Tendo Saul tomado o reino sobre Israel, pelejou contra todos os seus inimigos em redor: contra Moabe, contra os filhos de Amom, contra Edom, contra os reis de Zobá e contra os filisteus; e, para onde quer que se voltava, saía vitorioso.

⁴⁸Houve-se valorosamente, derrotando os amalequitas, e libertando Israel da mão dos que o saqueavam.

⁴⁹Ora, os filhos de Saul eram Jônatas, Isvi e Malquisua; os nomes de suas duas filhas eram estes: o da mais velha Merabe, e o da mais nova Mical.

⁵⁰O nome da mulher de Saul era Ainoã, filha de Aimaaz; e o nome do chefe do seu exército, Abner, filho de Ner, tio de Saul.

⁵¹Quis, pai de Saul, e Ner, pai de Abner, eram filhos de Abiel.

⁵²E houve forte guerra contra os filisteus, por todos os dias de Saul; e sempre que Saul via algum homem poderoso e valente, o agregava a si.

## Capítulo 15

¹Disse Samuel a Saul: Enviou-me o Senhor a ungir-te rei sobre o seu povo, sobre Israel; ouve, pois, agora as palavras do Senhor.

²Assim diz o Senhor dos exércitos: Castigarei a Amaleque por aquilo que fez a Israel quando se lhe opôs no caminho, ae subir ele do Egito.

³Vai, pois, agora e fere a Amaleque, e o destrói totalmente com tudo o que tiver; não o poupes, porém matarás homens e mulheres, meninos e crianças de peito, bois e ovelhas, camelos e jumentos.

⁴Então Saul convocou o povo, e os contou em Telaim, duzentos mil homens de infantaria, e mais dez mil dos de Judá.

⁵Chegando, pois, Saul à cidade de Amaleque, pôs uma emboscada no vale.

⁶E disse Saul aos queneus: Ide, retirai-vos, saí do meio dos amalequitas, para que eu não vos destrua juntamente com eles; porque vós usastes de misericórdia com todos os filhos de Israel, quando subiram do Egito. Retiraram-se, pois, os queneus do meio dos amalequitas.

⁷Depois Saul feriu os amalequitas desde Havilá até chegar a Sur, que está defronte do Egito.

⁸E tomou vivo a Agague, rei dos amalequitas, porém a todo o povo destruiu ao fio da espada.

⁹Mas Saul e o povo pouparam a Agague, como também ao melhor das ovelhas, dos bois, e dos animais engordados, e aos cordeiros, e a tudo o que era bom, e não os quiseram destruir totalmente; porém a tudo o que era vil e desprezível destruíram totalmente.

¹⁰Então veio a palavra do Senhor a Samuel, dizendo:

¹¹Arrependo-me de haver posto a Saul como rei; porquanto deixou de me seguir, e não cumpriu as minhas palavras. Então Samuel se contristou, e clamou ao Senhor a noite toda.

¹²E Samuel madrugou para encontrar-se com Saul pela manhã; e foi dito a Samuel: Já chegou Saul ao Carmelo, e eis que levantou para si numa coluna e, voltando, passou e desceu a Gilgal.

¹³Veio, pois, Samuel ter com Saul, e Saul lhe disse: Bendito sejas do Senhor; já cumpri a palavra do Senhor.

¹⁴Então perguntou Samuel: Que quer dizer, pois, este balido de ovelhas que chega aos meus ouvidos, e o mugido de bois que ouço?

¹⁵Ao que respondeu Saul: De Amaleque os trouxeram, porque o povo guardou o melhor das ovelhas e dos bois, para os oferecer ao Senhor teu Deus; o resto, porém, destruímo-lo totalmente.

¹⁶Então disse Samuel a Saul: Espera, e te declararei o que o Senhor me disse esta noite. Respondeu-lhe Saul: Fala.

¹⁷Prosseguiu, pois, Samuel: Embora pequeno aos teus próprios olhos, porventura não foste feito o cabeça das tribos de Israel? O Senhor te ungiu rei sobre Israel;

¹⁸e bem assim te enviou o Senhor a este caminho, e disse: Vai, e destrói totalmente a estes pecadores, os amalequitas, e peleja contra eles, até que sejam aniquilados.

¹⁹Por que, pois, não deste ouvidos à voz do Senhor, antes te lançaste ao despojo, e fizeste o que era mau aos olhos do Senhor?

²⁰Então respondeu Saul a Samuel: Pelo contrário, dei ouvidos à voz do Senhor, e caminhei no caminho pelo qual o Senhor me enviou, e trouxe a Agague, rei de Amaleque, e aos amalequitas destruí totalmente;

²¹mas o povo tomou do despojo ovelhas e bois, o melhor do anátema, para sacrificar ao Senhor teu Deus em Gilgal.

²²Samuel, porém, disse: Tem, porventura, o Senhor tanto prazer em holocaustos e sacrifícios, como em que se obedeça à voz do Senhor? Eis que o obedecer é melhor do que o sacrificar, e o atender, do que a gordura de carneiros

²³Porque a rebelião é como o pecado de adivinhação, e a obstinação é como a iniqüidade de idolatria. Porquanto rejeitaste a palavra do Senhor, ele também te rejeitou, a ti, para que não sejas rei.

²⁴Então disse Saul a Samuel: Pequei, porquanto transgredi a ordem do Senhor e as tuas palavras; porque temi ao povo, e dei ouvidos a sua voz.

²⁵Agora, pois, perdoa o meu pecado, e volta comigo, para que eu adore ao Senhor.

²⁶Samuel porém disse a Saul: Não voltarei contigo; porquanto rejeitaste a palavra do Senhor, e o Senhor te rejeitou a ti, para que não sejas rei sobre Israel:

²⁷E, virando-se Samuel para se ir, Saul pegou-lhe pela orla da capa, a qual se rasgou.

²⁸Então Samuel lhe disse: O Senhor rasgou de ti hoje o reino de Israel, e o deu a um teu próximo, que é melhor do que tu.

²⁹Também aquele que é a Força de Israel não mente nem se arrepende, por quanto não é homem para que se arrependa.

³⁰Ao que disse Saul: Pequei; honra-me, porém, agora diante dos anciãos do meu povo, e diante de Israel, e volta comigo, para que eu adore ao Senhor teu Deus.

³¹Então, voltando Samuel, seguiu a Saul, e Saul adorou ao Senhor.

³²Então disse Samuel: Trazei-me aqui a Agague, rei dos amalequitas. E Agague veio a ele animosamente; e disse: Certamente já passou a amargura da morte.

³³Disse, porém, Samuel: Assim como a tua espada desfilhou a mulheres, assim ficará desfilhada tua mãe entre as mulheres. E Samuel despedaçou a Agague perante o Senhor em Gilgal.

³⁴Então Samuel se foi a Ramá; e Saul subiu a sua casa, a Gibeá de Saul.

³⁵Ora, Samuel nunca mais viu a Saul até o dia da sua morte, mas Samuel teve dó de Saul. E o Senhor se arrependeu de haver posto a Saul rei sobre Israel.

## Capítulo 16

¹Então disse o Senhor a Samuel: Até quando terás dó de Saul, havendo-o eu rejeitado, para que não reine sobre Israel? Enche o teu vaso de azeite, e vem; enviar-te-ei a Jessé o belemita, porque dentre os seus filhos me tenho provido de um rei.

²Disse, porém, Samuel: Como irei eu? pois Saul o ouvirá e me matará. Então disse o Senhor: Leva contigo uma bezerra, e dize: Vim

para oferecer sacrifício ao Senhor:

³E convidarás a Jessé para o sacrifício, e eu te farei saber o que hás de fazer; e ungir-me-ás a quem eu te designar.

⁴Fez, pois, Samuel o que dissera o Senhor, e veio a Belém; então os anciãos da cidade lhe saíram ao encontro, tremendo, e perguntaram: É de paz a tua vinda?

⁵Respondeu ele: É de paz; vim oferecer sacrifício ao Senhor. Santificai-vos, e vinde comigo ao sacrifício. E santificou ele a Jessé e a seus filhos, e os convidou para o sacrifício.

⁶E sucedeu que, entrando eles, viu a Eliabe, e disse: Certamente está perante o Senhor o seu ungido.

⁷Mas o Senhor disse a Samuel: Não atentes para a sua aparência, nem para a grandeza da sua estatura, porque eu o rejeitei; porque o Senhor não vê como vê o homem, pois o homem olha para o que está diante dos olhos, porém o Senhor olha para o coraçao.

⁸Depois chamou Jessé a Abinadabe, e o fez passar diante de Samuel, o qual disse: Nem a este escolheu o Senhor.

⁹Então Jessé fez passar a Samá; Samuel, porém, disse: Tampouco a este escolheu o Senhor.

¹⁰Assim fez passar Jessé a sete de seus filhos diante de Samuel; porém Samuel disse a Jessé: O Senhor não escolheu a nenhum destes.

¹¹Disse mais Samuel a Jessé: São estes todos os teus filhos? Respondeu Jessé: Ainda falta o menor, que está apascentando as ovelhas. Disse, pois, Samuel a Jessé: Manda trazê-lo, porquanto não nos sentaremos até que ele venha aqui.

¹²Jessé mandou buscá-lo e o fez entrar. Ora, ele era ruivo, de belos olhos e de gentil aspecto. Então disse o Senhor: Levanta-te, e unge-o, porque é este mesmo.

¹³Então Samuel tomou o vaso de azeite, e o ungiu no meio de seus irmãos; e daquele dia em diante o Espírito do Senhor se apoderou de Davi. Depois Samuel se levantou, e foi para Ramá.

¹⁴Ora, o Espírito do Senhor retirou-se de Saul, e o atormentava um espírito maligno da parte do Senhor.

¹⁵Então os criados de Saul lhe disseram: Eis que agora um espírito maligno da parte de Deus te atormenta;

¹⁶dize, pois, Senhor nosso, a teus servos que estão na tua presença, que busquem um homem que saiba tocar harpa; e quando o espírito maligno da parte do Senhor vier sobre ti, ele tocará com a sua mão, e te sentirás melhor.

¹⁷Então disse Saul aos seus servos: Buscai-me, pois, um homem que toque bem, e trazei-mo.

¹⁸Respondeu um dos mancebos: Eis que tenho visto um filho de Jessé, o belemita, que sabe tocar bem, e é forte e destemido, homem de guerra, sisudo em palavras, e de gentil aspecto; e o Senhor é com ele.

¹⁹Pelo que Saul enviou mensageiros a Jessé, dizendo: Envia-me Davi, teu filho, o que está com as ovelhas.

²⁰Jessé, pois, tomou um jumento carregado de pão, e um odre de vinho, e um cabrito, e os enviou a Saul pela mão de Davi, seu filho.

²¹Assim Davi veio e se apresentou a Saul, que se agradou muito dele e o fez seu escudeiro.

²²Então Saul mandou dizer a Jessé: Deixa ficar Davi ao meu serviço, pois achou graça aos meus olhos.

²³E quando o espírito maligno da parte de Deus vinha sobre Saul, Davi tomava a harpa, e a tocava com a sua mão; então Saul sentia alívio, e se achava melhor, e o espírito maligno se retirava dele.

## Capítulo 17

¹Ora, os filisteus ajuntaram as suas forças para a guerra e congregaram-se em Socó, que pertence a Judá, e acamparam entre Socó e Azeca, em Efes-Damim.

²Saul, porém, e os homens de Israel se ajuntaram e acamparam no vale de Elá, e ordenaram a batalha contra os filisteus.

³Os filisteus estavam num monte de um lado, e os israelitas estavam num monte do outro lado, e entre eles o vale.

⁴Então saiu do arraial dos filisteus um campeão, cujo nome era Golias, de Gate, que tinha de altura seis côvados e um palmo.

⁵Trazia na cabeça um capacete de bronze, e vestia uma couraça escameada, cujo peso era de cinco mil siclos de bronze.

⁶Também trazia grevas de bronze nas pernas, e um dardo de bronze entre os ombros.

⁷A haste da sua lança era como o órgão de um tear, e a ponta da sua lança pesava seiscentos siclos de ferro; adiante dele ia o seu escudeiro.

⁸Ele, pois, de pé, clamava às fileiras de Israel e dizia-lhes: Por que saístes a ordenar a batalha? Não sou eu filisteu, e vós servos de Saul? Escolhei dentre vós um homem que desça a mim.

⁹Se ele puder pelejar comigo e matar-me, seremos vossos servos; porém, se eu prevalecer contra ele e o matar, então sereis nossos servos, e nos servireis.

¹⁰Disse mais o filisteu: Desafio hoje as fileiras de Israel; dai-me um homem, para que nós dois pelejemos.

¹¹Ouvindo, então, Saul e todo o Israel estas palavras do filisteu, desalentaram-se, e temeram muito.

¹²Ora, Davi era filho de um homem efrateu, de Belém de Judá, cujo nome era Jessé, que tinha oito filhos; e nos dias de Saul este homem era já velho e avançado em idade entre os homens.

¹³Os três filhos mais velhos de Jessé tinham seguido a Saul à guerra; eram os nomes de seus três filhos que foram à guerra: Eliabe, o primogênito, o segundo Abinadabe, e o terceiro Samá:

¹⁴Davi era o mais moço; os três maiores seguiram a Saul.

¹⁵mas Davi ia e voltava de Saul, para apascentar as ovelhas de seu pai em Belem.

¹⁶Chegava-se, pois, o filisteu pela manhã e à tarde; e apresentou-se por quarenta dias.

¹⁷Disse então Jessé a Davi, seu filho: Toma agora para teus irmãos uma refa deste grão tostado e estes dez pães, e corre a levá-los ao arraial, a teus irmãos.

¹⁸Leva, também, estes dez queijos ao seu comandante de mil; e verás como passam teus irmãos, e trarás notícias deles.

¹⁹Ora, estavam Saul, e eles, e todos os homens de Israel no vale de Elá, pelejando contra os filisteus.

²⁰Davi então se levantou de madrugada e, deixando as ovelhas com um guarda, carregou-se e partiu, como Jessé lhe ordenara; e chegou ao arraial quando o exército estava saindo em ordem de batalha e dava gritos de guerra.

²¹Os israelitas e os filisteus se punham em ordem de batalha, fileira contra fileira.

²²E Davi, deixando na mão do guarda da bagagem a carga que trouxera, correu às fileiras; e, chegando, perguntou a seus irmãos se estavam bem.

²³Enquanto ainda falava com eles, eis que veio subindo do exército dos filisteus o campeão, cujo nome era Golias, o filisteu de Gate, e falou conforme aquelas palavras; e Davi as ouviu.

²⁴E todos os homens de Israel, vendo aquele homem, fugiam, de diante dele, tomados de pavor.

²⁵Diziam os homens de Israel: Vistes aquele homem que subiu? pois subiu para desafiar a Israel. Ao homem, pos, que o matar, o rei cumulará de grandes riquezas, e lhe dará a sua filha, e fará livre a casa de seu pai em Israel.

²⁶Então falou Davi aos homens que se achavam perto dele, dizendo: Que se fará ao homem que matar a esse filisteu, e tirar a afronta de sobre Israel? pois quem é esse incircunciso filisteu, para afrontar os exércitos do Deus vivo?

²⁷E o povo lhe repetiu aquela palavra, dizendo: Assim se fará ao homem que o matar.

²⁸Eliabe, seu irmão mais velho, ouviu-o quando falava àqueles homens; pelo que se acendeu a sua ira contra Davi, e disse: Por que desceste áqui, e a quem deixaste aquelas poucas ovelhas no deserto? Eu conheço a tua presunção, e a maldade do teu coração; pois desceste para ver a peleja.

²⁹Respondeu Davi: Que fiz eu agora? porventura não há razão para isso?

³⁰E virou-se dele para outro, e repetiu as suas perguntas; e o povo lhe respondeu como da primeira vez.

³¹Então, ouvidas as palavras que Davi falara, foram elas referidas a Saul, que mandou chamá-lo.

³²E Davi disse a Saul: Não desfaleça o coração de ninguém por causa dele; teu servo irá, e pelejará contra este filisteu.

³³Saul, porém, disse a Davi: Não poderás ir contra esse filisteu para pelejar com ele, pois tu ainda és moço, e ele homem de guerra desde a sua mocidade.

³⁴Então disse Davi a Saul: Teu servo apascentava as ovelhas de seu pai, e sempre que vinha um leão, ou um urso, e tomava um cordeiro do rebanho,

³⁵eu saía após ele, e o matava, e lho arrancava da boca; levantando-se ele contra mim, segurava-o pela queixada, e o feria e matava.

³⁶O teu servo matava tanto ao leão como ao urso; e este incircunciso filisteu será como um deles, porquanto afrontou os exércitos do Deus vivo.

³⁷Disse mais Davi: O Senhor, que me livrou das garras do leão, e das garras do urso, me livrará da mão deste filisteu. Então disse Saul a Davi: Vai, e o Senhor seja contigo.

³⁸E vestiu a Davi da sua própria armadura, pôs-lhe sobre a cabeça um capacete de bronze, e o vestiu de uma couraça.

*1 Samuel*

³⁹Davi cingiu a espada sobre a armadura e procurou em vão andar, pois não estava acostumado àquilo. Então disse Davi a Saul: Não posso andar com isto, pois não estou acostumado. E Davi tirou aquilo de sobre si.

⁴⁰Então tomou na mão o seu cajado, escolheu do ribeiro cinco seixos lisos e pô-los no alforje de pastor que trazia, a saber, no surrão, e, tomando na mão a sua funda, foi-se chegando ao filisteu.

⁴¹O filisteu também vinha se aproximando de Davi, tendo a: sua frente o seu escudeiro.

⁴²Quando o filisteu olhou e viu a Davi, desprezou-o, porquanto era mancebo, ruivo, e de gentil aspecto.

⁴³Disse o filisteu a Davi: Sou eu algum cão, para tu vires a mim com paus? E o filisteu, pelos seus deuses, amaldiçoou a Davi.

⁴⁴Disse mais o filisteu a Davi: Vem a mim, e eu darei a tua carne às aves do céu e às bestas do campo.

⁴⁵Davi, porém, lhe respondeu: Tu vens a mim com espada, com lança e com escudo; mas eu venho a ti em nome do Senhor dos exércitos, o Deus dos exércitos de Israel, a quem tens afrontado.

⁴⁶Hoje mesmo o Senhor te entregará na minha mão; ferir-te-ei, e tirar-te-ei a cabeça; os cadáveres do arraial dos filisteus darei hoje mesmo às aves do céu e às feras da terra; para que toda a terra saiba que há Deus em Israel;

⁴⁷e para que toda esta assembléia saiba que o Senhor salva, não com espada, nem com lança; pois do Senhor é a batalha, e ele vos entregará em nossas mãos.

⁴⁸Quando o filisteu se levantou e veio chegando para se defrontar com Davi, este se apressou e correu ao combate, a encontrar-se com o filisteu.

⁴⁹E Davi, metendo a mão no alforje, tirou dali uma pedra e com a funda lha atirou, ferindo o filisteu na testa; a pedra se lhe cravou na testa, e ele caiu com o rosto em terra.

⁵⁰Assim Davi prevaleceu contra o filisteu com uma funda e com uma pedra; feriu-o e o matou; e não havia espada na mão de Davi.

⁵¹Correu, pois, Davi, pôs-se em pé sobre o filisteu e, tomando a espada dele e tirando-a da bainha, o matou, decepando-lhe com ela a cabeça. Vendo então os filisteus que o seu campeão estava morto, fugiram.

⁵²Então os homens de Israel e de Judá se levantaram gritando, e perseguiram os filisteus até a entrada de Gai e até as portas de Ecrom; e caíram os feridos dos filisteus pelo caminho de Saraim até Gate e até Ecrom.

⁵³Depois voltaram os filhos de Israel de perseguirem os filisteus, e despojaram os seus arraiais.

⁵⁴Davi tomou a cabeça do filisteu e a trouxe a Jerusalém; porém pôs as armas dele na sua tenda.

⁵⁵Quando Saul viu Davi sair e encontrar-se com o filisteu, perguntou a Abner, o chefe do exército: De quem é filho esse jovem, Abner? Respondeu Abner: Vive a tua alma, ó rei, que não sei.

⁵⁶Disse então o rei: Pergunta, pois, de quem ele é filho.

⁵⁷Voltando, pois, Davi de ferir o filisteu, Abner o tomou consigo, e o trouxe à presença de Saul, trazendo Davi na mão a cabeça do filisteu.

⁵⁸E perguntou-lhe Saul: De quem és filho, jovem? Respondeu Davi: Filho de teu servo Jessé, belemita.

## *Capítulo 18*

¹Ora, acabando Davi de falar com Saul, a alma de Jônatas ligou-se com a alma de Davi; e Jônatas o amou como à sua própria alma.

²E desde aquele dia Saul o reteve, não lhe permitindo voltar para a casa de seu pai.

³Então Jônatas fez um pacto com Davi, porque o amava como à sua própria vida.

⁴E Jônatas se despojou da capa que vestia, e a deu a Davi, como também a sua armadura, e até mesmo a sua espada, o seu arco e o seu cinto.

⁵E saía Davi aonde quer que Saul o enviasse, e era sempre bem sucedido; e Saul o pôs sobre a gente de guerra, e isso pareceu bem aos olhos de todo o povo, e até aos olhos dos servos de Saul.

⁶Sucedeu porém que, retornando eles, quando Davi voltava de ferir o filisteu, as mulheres de todas as cidades de Israel saíram ao encontro do rei Saul, cantando e dançando alegremente, com tamboris, e com instrumentos de música.

⁷E as mulheres, dançando, cantavam umas para as outras, dizendo: Saul feriu os seus milhares, porém Davi os seus dez milhares.

⁸Então Saul se indignou muito, pois aquela palavra pareceu mal aos seus olhos, e disse: Dez milhares atribuíram a Davi, e a mim somente milhares; que lhe falta, senão só o reino?

⁹Daquele dia em diante, Saul trazia Davi sob suspeita.

¹⁰No dia seguinte o espírito maligno da parte de Deus se apoderou de Saul, que começou a profetizar no meio da casa; e Davi tocava a harpa, como nos outros dias. Saul tinha na mão uma lança.

¹¹E Saul arremessou a lança, dizendo consigo: Encravarei a Davi na parede. Davi, porém, desviou-se dele por duas vezes.

¹²Saul, pois, temia a Davi, porque o Senhor era com Davi e se tinha retirado dele.

¹³Pelo que Saul o afastou de si, e o fez comandante de mil; e ele saía e entrava diante do povo.

¹⁴E Davi era bem sucedido em todos os seus caminhos; e o Senhor era com ele.

¹⁵Vendo, então, Saul que ele era tão bem sucedido, tinha receio dele.

¹⁶Mas todo o Israel e Judá amavam a Davi, porquanto saía e entrava diante deles.

¹⁷Pelo que Saul disse a Davi: Eis que Merabe, minha filha mais velha, te darei por mulher, contanto que me sejas filho valoroso, e guerreies as guerras do Senhor. Pois Saul dizia consigo: Não seja contra ele a minha mão, mas sim a dos filisteus.

¹⁸Mas Davi disse a Saul: Quem sou eu, e qual é a minha vida e a família de meu pai em Israel, para eu vir a ser genro do rei?

¹⁹Sucedeu, porém, que ao tempo em que Merabe, filha de Saul, devia ser dada a Davi, foi dada por mulher a Adriel, meolatita.

²⁰Mas Mical, a outra filha de Saul, amava a Davi; sendo isto anunciado a Saul, pareceu bem aos seus olhos.

²¹E Saul disse: Eu lha darei, para que ela lhe sirva de laço, e para que a mão dos filisteus venha a ser contra ele. Pelo que Saul disse a Davi: com a outra serás hoje meu genro.

²²Saul, pois, deu ordem aos seus servos: Falai em segredo a Davi, dizendo: Eis que o rei se agrada de ti, e todos os seus servos te querem bem; agora, pois, consente em ser genro do rei.

²³Assim os servos de Saul falaram todas estas palavras aos ouvidos de Davi. Então disse Davi: Parece-vos pouca coisa ser genro do rei, sendo eu homem pobre e de condição humilde?

²⁴E os servos de Saul lhe anunciaram isto, dizendo: Assim e assim falou Davi.

²⁵Então disse Saul: Assim direis a Davi: O rei não deseja dote, senão cem prepúcios de filisteus, para que seja vingado dos seus inimigos. Porquanto Saul tentava fazer Davi cair pela mão dos filisteus.

²⁶Tendo os servos de Saul anunciado estas palavras a Davi, pareceu bem aos seus olhos tornar-se genro do rei. Ora, ainda os dias não se haviam cumprido,

²⁷quando Davi se levantou, partiu com os seus homens, e matou dentre os filisteus duzentos homens; e Davi trouxe os prepúcios deles, e os entregou, bem contados, ao rei, para que fosse seu genro. Então Saul lhe deu por mulher sua filha Mical.

²⁸Mas quando Saul viu e compreendeu que o Senhor era com Davi e que todo o Israel o amava,

²⁹temeu muito mais a Davi; e Saul se tornava cada vez mais seu inimigo.

³⁰Então saíram os chefes dos filisteus à campanha; e sempre que eles saíam, Davi era mais bem sucedido do que todos os servos de Saul, pelo que o seu nome era mui estimado.

## *Capítulo 19*

¹Falou, pois, Saul a Jônatas, seu filho, e a todos os seus servos, para que matassem a Davi. Porém Jônatas, filho de Saul, estava muito afeiçoado a Davi.

²Pelo que Jônatas o anunciou a Davi, dizendo: Saul, meu pai, procura matar-te; portanto, guarda-te amanhã pela manhã, fica num lugar oculto e esconde-te;

³eu sairei e me porei ao lado de meu pai no campo em que estiveres, falarei acerca de ti a meu pai, verei o que há, e te anunciarei.

⁴Então Jônatas falou bem de Davi a Saul, seu pai, e disse-lhe: Não peque o rei contra seu servo Davi, porque ele não pecou contra ti, e porque os seus feitos para contigo têm sido muito bons.

⁵Porque expôs a sua vida e matou o filisteu, e o Senhor fez um grande livramento para todo o Israel. Tu mesmo o viste, e te alegraste; por que, pois, pecarias contra o sangue inocente, matando sem causa a Davi?

⁶E Saul deu ouvidos à voz de Jônatas, e jurou: Como vive o Senhor, Davi não morrerá.

⁷Jônatas, pois, chamou a Davi, contou-lhe todas estas palavras, e o levou a Saul; e Davi o assistia como dantes.

⁸Depois tornou a haver guerra; e saindo Davi, pelejou contra os filisteus, e os feriu com grande matança, e eles fugiram diante dele.

⁹Então o espírito maligno da parte do Senhor veio sobre Saul, estando ele sentado em sua casa, e tendo na mão a sua lança; e Davi estava tocando a harpa.

¹⁰E Saul procurou encravar a Davi na parede, porém ele se desviou de diante de Saul, que fincou a lança na parede. Então Davi fugiu, e escapou naquela mesma noite.

¹¹Mas Saul mandou mensageiros à casa de Davi, para que o vigiassem, e o matassem pela manhã; porém Mical, mulher de Davi, o avisou, dizendo: Se não salvares a tua vida esta noite, amanhã te matarão.

¹²Então Mical desceu Davi por uma janela, e ele se foi e, fugindo, escapou.

¹³Mical tomou uma estátua, deitou-a na cama, pôs-lhe à cabeceira uma pele de cabra, e a cobriu com uma capa.

¹⁴Quando Saul enviou mensageiros para prenderem a Davi, ela disse: Está doente.

¹⁵Tornou Saul a enviá-los, para que vissem a Davi, dizendo-lhes: Trazei-mo na cama, para que eu o mate.

¹⁶Vindo, pois, os mensageiros, eis que estava a estátua na cama, e a pele de cabra à sua cabeceira.

¹⁷Então perguntou Saul a Mical: Por que assim me enganaste, e deixaste o meu inimigo ir e escapar? Respondeu Mical a Saul: Porque ele me disse: Deixa-me ir! Por que hei de matar-te?

¹⁸Assim Davi fugiu e escapou; e indo ter com Samuel, em Ramá, contou-lhe tudo quanto Saul lhe fizera; foram, pois, ele e Samuel, e ficaram em Naiote.

¹⁹E foi dito a Saul: Eis que Davi está em Naiote, em Ramá.

²⁰Então enviou Saul mensageiros para prenderem a Davi; quando eles viram a congregação de profetas profetizando, e Samuel a presidi-los, o Espírito de Deus veio sobre os mensageiros de Saul, e também eles profetizaram.

²¹Avisado disso, Saul enviou outros mensageiros, e também estes profetizaram. Ainda terceira vez enviou Saul mensageiros, os quais também profetizaram.

²²Então foi ele mesmo a Rama e, chegando ao poço grande que estava em Sécu, perguntou: Onde estão Samuel e Davi? Responderam-lhe: Eis que estão em Naiote, em Ramá.

²³Foi, pois, para Naiote, em Ramá; e o Espírito de Deus veio também sobre ele, e ele ia caminhando e profetizando, até chegar a Naiote, em Ramá.

²⁴E despindo as suas vestes, ele também profetizou diante de Samuel; e esteve nu por terra todo aquele dia e toda aquela noite. Pelo que se diz: Está também Saul entre os profetas?

## Capítulo 20

¹Então fugiu Davi de Naiote, em Ramá, veio ter com Jônatas e lhe disse: Que fiz eu? qual é a minha iniquidade? e qual é o meu pecado diante de teu pai, para que procure tirar-me a vida?

²E ele lhe disse: Longe disso! não hás de morrer. Meu pai não faz coisa alguma, nem grande nem pequena, sem que primeiro ma participe; por que, pois, meu pai me encobriria este negócio? Não é verdade.

³Respondeu-lhe Davi, com juramento: Teu pai bem sabe que achei graça aos teus olhos; pelo que disse: Não saiba isto Jônatas, para que não se magoe. Mas, na verdade, como vive o Senhor, e como vive a tua alma, há apenas um passo entre mim e a morte.

⁴Disse Jônatas a Davi: O que desejas tu que eu te faça?

⁵Respondeu Davi a Jônatas: Eis que amanhã é a lua nova, e eu deveria sentar-me com o rei para comer; porém deixa-me ir, e esconder-me-ei no campo até a tarde do terceiro dia.

⁶Se teu pai notar a minha ausência, dirás: Davi me pediu muito que o deixasse ir correndo a Belém, sua cidade, porquanto se faz lá o sacrifício anual para toda a parentela.

⁷Se ele disser: Está bem; então teu servo tem paz; porém se ele muito se indignar, fica sabendo que ele já está resolvido a praticar o mal.

⁸Usa, pois, de misericórdia para com o teu servo, porque o fizeste entrar contigo em aliança do Senhor; se, porém, há culpa em mim, mata-me tu mesmo; por que me levarias a teu pai?

⁹Ao que respondeu Jônatas: Longe de ti tal coisa! Se eu soubesse que meu pai estava resolvido a trazer o mal sobre ti, não to descobriria eu?

¹⁰Perguntou, pois, Davi a Jônatas: Quem me fará saber, se por acaso teu pai te responder asperamente?

¹¹Então disse Jônatas a Davi: Vem, e saiamos ao campo. E saíram ambos ao campo.

¹²E disse Jônatas a Davi: O Senhor, Deus de Israel, seja testemunha! Sondando eu a meu pai amanhã a estas horas, ou depois de amanhã, se houver coisa favorável para Davi, eu não enviarei a ti e não to farei saber?

¹³O Senhor faça assim a Jônatas, e outro tanto, se, querendo meu pai fazer-te mal, eu não te fizer saber, e não te deixar partir, para ires em paz; e o Senhor seja contigo, assim como foi com meu pai.

¹⁴E não somente usarás para comigo, enquanto viver, da benevolência do Senhor, para que não morra,

¹⁵como também não cortarás nunca da minha casa a tua benevolência, nem ainda quando o Senhor tiver desarraigado da terra a cada um dos inimigos de Davi.

¹⁶Assim fez Jônatas aliança com a casa de Davi, dizendo: O Senhor se vingue dos inimigos de Davi.

¹⁷Então Jônatas fez Davi jurar de novo, porquanto o amava; porque o amava com todo o amor da sua alma.

¹⁸Disse-lhe ainda Jônatas: Amanhã é a lua nova, e notar-se-á a tua ausência, pois o teu lugar estará vazio.

¹⁹Ao terceiro dia descerás apressadamente, e irás àquele lugar onde te escondeste no dia do negócio, e te sentarás junto à pedra de Ezel.

²⁰E eu atirarei três flechas para aquela banda, como se atirasse ao alvo.

²¹Então mandarei o moço, dizendo: Anda, busca as flechas. Se eu expressamente disser ao moço: Olha que as flechas estão para cá de ti, apanha-as; então vem, porque, como vive o Senhor, há paz para ti, e não há nada a temer.

²²Mas se eu disser ao moço assim: Olha que as flechas estão para lá de ti; vai-te embora, porque o Senhor te manda ir.

²³E quanto ao negócio de que eu e tu falamos, o Senhor é testemunha entre mim e ti para sempre.

²⁴Escondeu-se, pois, Davi no campo; e, sendo a lua nova, sentou-se o rei para comer.

²⁵E, sentando-se o rei, como de costume, no seu assento junto à parede, Jônatas sentou-se defronte dele, e Abner sentou-se ao lado de Saul; e o lugar de Davi ficou vazio.

²⁶Entretanto Saul não disse nada naquele dia, pois dizia consigo: Aconteceu-lhe alguma coisa pela qual não está limpo; certamente não está limpo.

²⁷Sucedeu também no dia seguinte, o segundo da lua nova, que o lugar de Davi ficou vazio. Perguntou, pois, Saul a Jônatas, seu filho: Por que o filho de Jessé não veio comer nem ontem nem hoje?

²⁸Respondeu Jônatas a Saul: Davi pediu-me encarecidamente licença para ir a Belém,

²⁹dizendo: Peço-te que me deixes ir, porquanto a nossa parentela tem um sacrifício na cidade, e meu irmão ordenou que eu fosse; se, pois, agora tenho achado graça aos teus olhos, peço-te que me deixes ir, para ver a meus irmãos. Por isso não veio à mesa do rei.

³⁰Então se acendeu a ira de Saul contra Jônatas, e ele lhe disse: Filho da perversa e rebelde! Não sei eu que tens escolhido a filho de Jessé para vergonha tua, e para vergonha de tua mãe?

³¹Pois por todo o tempo em que o filho de Jessé viver sobre a terra, nem tu estarás seguro, nem o teu reino; pelo que envia agora, e traze-mo, porque ele há de morrer.

³²Ao que respondeu Jônatas a Saul, seu pai, e lhe disse: Por que há de morrer. que fez ele?

³³Então Saul levantou a lança, para o ferir; assim entendeu Jônatas que seu pai tinha determinado matar a Davi.

³⁴Pelo que Jônatas, todo encolerizado, se levantou da mesa, e no segundo dia do mês não comeu; pois se magoava por causa de Davi, porque seu pai o tinha ultrajado.

³⁵Jônatas, pois, saiu ao campo, pela manhã, ao tempo que tinha ajustado com Davi, levando consigo um rapazinho.

³⁶Então disse ao moço: Corre a buscar as flechas que eu atirar. Correu, pois, o moço; e Jônatas atirou uma flecha, que fez passar além dele.

³⁷Quando o moço chegou ao lugar onde estava a flecha que Jônatas atirara, gritou-lhe este, dizendo: Não está porventura a flecha para lá de ti?

³⁸E tornou a gritar ao moço: Apressa-te, anda, não te demores! E o servo de Jônatas apanhou as flechas, e as trouxe a seu senhor.

³⁹O moço, porém, nada percebeu; só Jônatas e Davi sabiam do negócio.

⁴⁰Então Jônatas deu as suas armas ao moço, e lhe disse: Vai, leva-as à cidade.

⁴¹Logo que o moço se foi, levantou-se Davi da banda do sul, e lançou-se sobre o seu rosto em terra, e inclinou-se três vezes; e beijaram-se um ao outro, e choraram ambos, mas Davi chorou muito mais.

⁴²E disse Jônatas a Davi: Vai-te em paz, porquanto nós temos

*1 Samuel*

jurado ambos em nome do Senhor, dizendo: O Senhor seja entre mim e ti, e entre a minha descendência e a tua descendência perpetuamente.

⁴³Então Davi se levantou e partiu; e Jônatas entrou na cidade.

## Capítulo 21

¹Então veio Davi a Nobe, ao sacerdote Aimeleque, o qual saiu, tremendo, ao seu encontro, e lhe perguntou: Por que vens só, e ninguém contigo?

²Respondeu Davi ao sacerdote Aimeleque: O rei me encomendou um negócio, e me disse: Ninguém saiba deste negócio pelo qual eu te enviei, e o qual te ordenei. Quanto aos mancebos, apontei-lhes tal e tal lugar.

³Agora, pois, que tens à mão? Dá-me cinco pães, ou o que se achar.

⁴Ao que, respondendo o sacerdote a Davi, disse: Não tenho pão comum à mão; há, porém, pão sagrado, se ao menos os mancebos se têm abstido das mulheres.

⁵E respondeu Davi ao sacerdote, e lhe disse: Sim, em boa fé, as mulheres se nos vedaram há três dias; quando eu saí, os vasos dos mancebos também eram santos, embora fosse para uma viagem comum; quanto mais ainda hoje não serão santos os seus vasos?

⁶Então o sacerdote lhe deu o pão sagrado; porquanto não havia ali outro pão senão os pães da proposição, que se haviam tirado de diante do Senhor no dia em que se tiravam para se pôr ali pão quente.

⁷Ora, achava-se ali naquele dia um dos servos de Saul, detido perante o Senhor; e era seu nome Doegue, edomeu, chefe dos pastores de Saul.

⁸E disse Davi a Aimeleque: Não tens aqui à mão uma lança ou uma espada? porque eu não trouxe comigo nem a minha espada nem as minhas armas, pois o negócio do rei era urgente.

⁹Respondeu o sacerdote: A espada de Golias, o filisteu, a quem tu feriste no vale de Elá, está aqui envolta num pano, detrás do éfode; se a queres tomar, toma-a, porque não há outra aqui senão ela. E disse Davi: Não há outra igual a essa; dá-ma.

¹⁰Levantou-se, pois, Davi e fugiu naquele dia de diante de Saul, e foi ter com Áquis, rei de Gate.

¹¹Mas os servos de Áquis lhe perguntaram: Este não é Davi, o rei da terra? não foi deste que cantavam nas danças, dizendo: Saul matou os seus milhares, por Davi os seus dez milhares?

¹²E Davi considerou estas palavras no seu coração, e teve muito medo de Áquis, rei de Gate.

¹³Pelo que se contrafez diante dos olhos deles, e fingiu-se doido nas mãos deles, garatujando nas portas, e deixando correr a saliva pela barba.

¹⁴Então disse Áquis aos seus servos: Bem vedes que este homem está louco; por que mo trouxestes a mim?

¹⁵Faltam-me a mim doidos, para que trouxésseis a este para fazer doidices diante de mim? há de entrar este na minha casa?

## Capítulo 22

¹Depois Davi, retirando-se desse lugar, escapou para a caverna de Adulão. Quando os seus irmãos e toda a casa de seu pai souberam disso, desceram ali para ter com ele.

²Ajuntaram-se a ele todos os que se achavam em aperto, todos os endividados, e todos os amargurados de espírito; e ele se fez chefe deles; havia com ele cerca de quatrocentos homens.

³Dali passou Davi para Mizpe de Moabe; e disse ao rei de Moabe: Deixa, peço-te, que meu pai e minha mãe fiquem convosco, até que eu saiba o que Deus há de fazer de mim.

⁴E os deixou com o rei de Moabe; e ficaram com ele por todo o tempo que Davi esteve no lugar forte.

⁵Disse o profeta Gade a Davi: Não fiques no lugar forte; sai, e entra na terra de Judá. Então Davi saiu, e foi para o bosque de Herete.

⁶Ora, ouviu Saul que já havia notícias de Davi e dos homens que estavam com ele. Estava Saul em Gibeá, sentado debaixo da tamargueira, sobre o alto, e tinha na mão a sua lança, e todos os seus servos estavam com ele.

⁷Então disse Saul a seus servos que estavam com ele: Ouvi, agora, benjamitas! Acaso o filho de Jessé vos dará a todos vós terras e vinhas, e far-vos-á a todos chefes de milhares e chefes de centenas,

⁸para que todos vós tenhais conspirado contra mim, e não haja ninguém que me avise de ter meu filho, feito aliança com o filho de Jessé, e não haja ninguém dentre vós que se doa de mim, e me participe o ter meu filho sublevado meu servo contra mim, para me armar ciladas, como se vê neste dia?

⁹Então respondeu Doegue, o edomeu, que também estava com os servos de Saul, e disse: Vi o filho de Jessé chegar a Nobe, a Aimeleque, filho de Aitube;

¹⁰o qual consultou por ele ao Senhor, e lhe deu mantimento, e lhe deu também a espada de Golias, o filisteu.

¹¹Então o rei mandou chamar a Aimeleque, o sacerdote, filho de Aitube, e a toda a casa de seu pai, isto é, aos sacerdotes que estavam em Nobe; e todos eles vieram ao rei.

¹²E disse Saul: Ouve, filho de Aitube! E ele lhe disse: Eis-me aqui, senhor meu.

¹³Então lhe perguntou Saul: Por que conspirastes contra mim, tu e o filho de Jessé, pois deste lhe pão e espada, e consultaste por ele a Deus, para que ele se levantasse contra mim a armar-me ciladas, como se vê neste dia?

¹⁴Ao que respondeu Aimeleque ao rei dizendo: Quem há, entre todos os teus servos, tão fiel como Davi, o genro do rei, chefe da tua guarda, e honrado na tua casa?

¹⁵Porventura é de hoje que comecei a consultar por ele a Deus? Longe de mim tal coisa! Não impute o rei coisa nenhuma a mim seu servo, nem a toda a casa de meu pai, pois o teu servo não soube nada de tudo isso, nem muito nem pouco.

¹⁶O rei, porém, disse: Hás de morrer, Aimeleque, tu e toda a casa de teu pai.

¹⁷E disse o rei aos da sua guarda que estavam com ele: Virai-vos, e matai os sacerdotes do Senhor, porque também a mão deles está com Davi, e porque sabiam que ele fugia e não mo fizeram saber. Mas os servos do rei não quiseram estender as suas mãos para arremeter contra os sacerdotes do Senhor.

¹⁸Então disse o rei a Doegue: Vira-te e arremete contra os sacerdotes. Virou-se, então, Doegue, o edomeu, e arremeteu contra os sacerdotes, e matou naquele dia oitenta e cinco homens que vestiam éfode de linho.

¹⁹Também a Nobe, cidade desses sacerdotes, passou a fio de espada; homens e mulheres, meninos e criancinhas de peito, e até os bois, jumentos e ovelhas passou a fio de espada.

²⁰Todavia um dos filhos de Aimeleque, filho de Aitube, que se chamava Abiatar, escapou e fugiu para Davi.

²¹E Abiatar anunciou a Davi que Saul tinha matado os sacerdotes do Senhor.

²²Então Davi disse a Abiatar: Bem sabia eu naquele dia que, estando ali Doegue, o edomeu, não deixaria de o denunciar a Saul. Eu sou a causa da morte de todos os da casa de teu pai.

²³Fica comigo, não temas; porque quem procura a minha morte também procura a tua; comigo estarás em segurança.

## Capítulo 23

¹Ora, foi anunciado a Davi: Eis que os filisteus pelejam contra Queila e saqueiam as eiras.

²Pelo que consultou Davi ao Senhor, dizendo: Irei eu, e ferirei a esses filisteus? Respondeu o Senhor a Davi: Vai, fere aos filisteus e salva a Queila.

³Mas os homens de Davi lhe disseram: Eis que tememos aqui em Judá, quanta mais se formos a Queila, contra o exército dos filisteus!

⁴Davi, pois, tornou a consultar ao Senhor, e o Senhor lhe respondeu: Levanta-te, desce a Queila, porque eu hei de entregar os filisteus na tua mão.

⁵Então Davi partiu com os seus homens para Queila, pelejou contra os filisteus, levou-lhes o gado, e fez grande matança entre eles; assim Davi salvou os moradores de Queila.

⁶Ora, quando Abiatar, filho de Aimeleque, fugiu para Davi, a Queila, desceu com um éfode na mão.

⁷Então foi anunciado a Saul que Davi tinha ido a Queila; e disse Saul: Deus o entregou nas minhas mãos; pois está encerrado, porque entrou numa cidade que tem portas e ferrolhos.

⁸E convocou todo o povo à peleja, para descerem a Queila, e cercar a Davi e os seus homens.

⁹Sabendo, pois, Davi que Saul maquinava este mal contra ele, disse a Abiatar, sacerdote: Traze aqui o éfode.

¹⁰E disse Davi: ç Senhor, Deus de Israel, teu servo acaba de ouvir que Saul procura vir a Queila, para destruir a cidade por causa de mim.

¹¹Entregar-me-ão os cidadãos de Queila na mão dele? descerá Saul, como o teu servo tem ouvido? Ah, Senhor Deus de Israel! faze-o saber ao teu servo. Respondeu o Senhor: Descerá.

¹²Disse mais Davi: Entregar-me-ão os cidadãos de Queila, a mim e aos meus homens, nas mãos de Saul? E respondeu o Senhor: Entregarão.

¹³Levantou-se, então, Davi com os seus homens, cerca de seiscentos, e saíram de Queila, e foram-se aonde puderam. Saul, quando lhe foi anunciado que Davi escapara de Queila, deixou de sair contra

ele.

¹⁴E Davi ficou no deserto, em lugares fortes, permanecendo na região montanhosa no deserto de Zife. Saul o buscava todos os dias, porém Deus não o entregou na sua mao.

¹⁵Vendo, pois, Davi que Saul saíra à busca da sua vida, esteve no deserto de Zife, em Hores.

¹⁶Então se levantou Jônatas, filho de Saul, e foi ter com Davi em Hores, e o confortou em Deus;

¹⁷e disse-lhe: Não temas; porque não te achará a mão de Saul, meu pai; porém tu reinarás sobre Israel, e eu serei contigo o segundo; o que também Saul, meu pai, bem sabe.

¹⁸E ambos fizeram aliança perante o Senhor; Davi ficou em Hores, e Jônatas, voltou para sua casa.

¹⁹Então subiram os zifeus a Saul, a Gibea, dizendo: Não se escondeu Davi entre nós, nos lugares fortes em Hores, no outeiro de Haquila, que está à mão direita de Jesimom?

²⁰Agora, pois, ó rei, desce apressadamente, conforme todo o desejo da tua alma; a nós nos cumpre entregá-lo nas mãos do rei.

²¹Então disse Saul: Benditos sejais vós do Senhor, porque vos compadecestes de mim:

²²Ide, pois, informai-vos ainda melhor; sabei e notai o lugar que ele freqüenta, e quem o tenha visto ali; porque me foi dito que é muito astuto.

²³Pelo que atentai bem, e informai-vos acerca de todos os esconderijos em que ele se oculta; e então voltai para mim com notícias exatas, e eu irei convosco. E há de ser que, se estiver naquela terra, eu o buscarei entre todos os milhares de Judá.

²⁴Eles, pois, se levantaram e foram a Zife adiante de Saul; Davi, porém, e os seus homens estavam no deserto de Maom, na campina ao sul de Jesimom.

²⁵E Saul e os seus homens foram em busca dele. Sendo isso anunciado a Davi, desceu ele à penha que está no deserto de Maom. Ouvindo-o Saul, foi ao deserto de Maom, a perseguir Davi.

²⁶Saul ia de uma banda do monte, e Davi e os seus homens da outra banda. E Davi se apressava para escapar, por medo de Saul, porquanto Saul e os seus homens iam cercando a Davi e aos seus homens, para os prender.

²⁷Nisso veio um mensageiro a Saul, dizendo: Apressa-te, e vem, porque os filisteus acabam de invadir a terra.

²⁸Pelo que Saul voltou de perseguir a Davi, e se foi ao encontro dos filisteus. Por esta razão aquele lugar se chamou Selá-Hamalecote.

²⁹Depois disto, Davi subiu e ficou nos lugares fortes de En-Gedi.

## Capítulo 24

¹Ora, quando Saul voltou de perseguir os filisteus, foi-lhe dito: Eis que Davi está no deserto de En-Gedi.

²Então tomou Saul três mil homens, escolhidos dentre todo o Israel, e foi em busca de Davi e dos seus homens, até sobre as penhas das cabras montesas.

³E chegou no caminho a uns currais de ovelhas, onde havia uma caverna; e Saul entrou nela para aliviar o ventre. Ora Davi e os seus homens estavam sentados na parte interior da caverna.

⁴Então os homens de Davi lhe disseram: Eis aqui o dia do qual o Senhor te disse: Eis que entrego o teu inimigo nas tuas mãos; far-lhe-ás como parecer bem aos teus olhos. Então Davi se levantou, e de mansinho cortou a orla do manto de Saul.

⁵Sucedeu, porém, que depois doeu o coração de Davi, por ter cortado a orla do manto de Saul.

⁶E disse aos seus homens: O Senhor me guarde de que eu faça tal coisa ao meu senhor, ao ungido do Senhor, que eu estenda a minha mão contra ele, pois é o ungido do Senhor.

⁷com essas palavras Davi conteve os seio chegando para se permitiu que se levantassem contra Saul. E Saul se levantou da caverna, e prosseguiu o seu caminho.

⁸Depois também Davi se levantou e, saindo da caverna, gritou por detrás de Saul, dizendo: ç rei, meu senhor! Quando Saul olhou para trás, Davi se inclinou com o rosto em terra e lhe fez reverência.

⁹Então disse Davi a Saul: por que dás ouvidos às palavras dos homens que dizem: Davi procura fazer-te mal?

¹⁰Eis que os teus olhos acabam de ver que o Senhor hoje te pôs em minhas mãos nesta caverna; e alguns disseram que eu te matasse, porém a minha mão te poupou; pois eu disse: Não estenderei a minha mão contra o meu senhor, porque é o ungido do Senhor.

¹¹Olha, meu pai, vê aqui a orla do teu manto na minha mão, pois cortando-te eu a orla do manto, não te matei. Considera e vê que não há na minha mão nem mal nem transgressão alguma, e que não pequei contra ti, ainda que tu andes à caça da minha vida para ma tirares.

¹²Julgue o Senhor entre mim e ti, e vingue-me o Senhor de ti; a minha mão, porém, não será contra ti.

¹³Como diz o provérbio dos antigos: Dos ímpios procede a impiedade. A minha mão, porém, não será contra ti.

¹⁴Após quem saiu o rei de Israel? a quem persegues tu? A um cão morto, a uma pulga!

¹⁵Seja, pois, o Senhor juiz, e julgue entre mim e ti; e veja, e advogue a minha causa, e me livre da tua mão.

¹⁶Acabando Davi de falar a Saul todas estas palavras, perguntou Saul: E esta a tua voz, meu filho Davi? Então Saul levantou a voz e chorou.

¹⁷E disse a Davi: Tu és mais justo do que eu, pois me recompensaste com bem, e eu te recompensei com mal.

¹⁸E tu mostraste hoje que procedeste bem para comigo, por isso que, havendo-me o Senhor entregado na tua mão, não me mataste.

¹⁹Pois, quem há que, encontrando o seu inimigo, o deixará ir o seu caminho? O Senhor, pois, te pague com bem, pelo que hoje me fizeste.

²⁰Agora, pois, sei que certamente hás de reinar, e que o reino de Israel há de se firmar na tua mão.

²¹Portanto jura-me pelo Senhor que não desarraigarás a minha descendência depois de mim, nem extinguirás o meu nome da casa de meu pai.

²²Então jurou Davi a Saul. E foi Saul para sua casa, mas Davi e os seus homens subiram ao lugar forte.

## Capítulo 25

¹Ora, faleceu Samuel; e todo o Israel se ajuntou e o pranteou; e o sepultaram na sua casa, em Ramá. E Davi se levantou e desceu ao deserto de Parã.

²Havia um homem em Maom que tinha as suas possessões no Carmelo. Este homem era muito rico, pois tinha três mil ovelhas e mil Cabras e estava tosquiando as suas ovelhas no Carmelo.

³Chamava-se o homem Nabal, e sua mulher chamava-se Abigail; era a mulher sensata e formosa; o homem porém, era duro, e maligno nas suas ações; e era da casa de Calebe.

⁴Ouviu Davi no deserto que Nabal tosquiava as suas ovelhas,

⁵e enviou-lhe dez mancebos, dizendo-lhes: Subi ao Carmelo, ide a Nabal e perguntai-lhe, em meu nome, como está.

⁶Assim lhe direis: Paz seja contigo, e com a tua casa, e com tudo o que tens.

⁷Agora, pois, tenho ouvido que tens tosquiadores. Ora, os pastores que tens acabam de estar conosco; agravo nenhum lhes fizemos, nem lhes desapareceu coisa alguma por todo o tempo que estiveram no Carmelo.

⁸Pergunta-o aos teus mancebos, e eles to dirão. Que achem, portanto, os teus servos graça aos teus olhos, porque viemos em boa ocasião. Dá, pois, a teus servos e a Davi, teu filho, o que achares à mão.

⁹Chegando, pois, os mancebos de Davi, falaram a Nabal todas aquelas palavras em nome de Davi, e se calaram.

¹⁰Ao que Nabal respondeu aos servos de Davi, e disse: Quem é Davi, e quem o filho de Jessé? Muitos servos há que hoje fogem ao seu senhor.

¹¹Tomaria eu, pois, o meu pão, e a minha água, e a carne das minhas reses que degolei para os meus tosquiadores, e os daria a homens que não sei donde vêm?

¹²Então os mancebos de Davi se puseram a caminho e, voltando, vieram anunciar-lhe todas estas palavras.

¹³Pelo que disse Davi aos seus homens: Cada um cinja a sua espada. E cada um cingiu a sua espada, e Davi também cingiu a sua, e subiram após Davi cerca de quatrocentos homens, e duzentos ficaram com a bagagem.

¹⁴um dentre os mancebos, porém, o anunciou a Abigail, mulher de Nabal, dizendo: Eis que Davi enviou mensageiros desde o deserto a saudar o nosso amo; e ele os destratou.

¹⁵Todavia, aqueles homens têm-nos sido muito bons, e nunca fomos agravados deles, e nada nos desapareceu por todo o tempo em que convivemos com eles quando estávamos no campo.

¹⁶De muro em redor nos serviram, assim de dia como de noite, todos os dias que andamos com eles apascentando as ovelhas.

¹⁷Considera, pois, agora e vê o que hás de fazer, porque o mal já está de todo determinado contra o nosso amo e contra toda a sua casa; e ele é tal filho de Belial, que não há quem lhe possa falar.

¹⁸Então Abigail se apressou, e tomou duzentos pães, dois odres de vinho, cinco ovelhas assadas, cinco medidas de trigo tostado, cem cachos de passas, e duzentas pastas de figos secos, e os pôs sobre jumentos.

¹⁹E disse aos seus mancebos: Ide adiante de mim; eis que vos

*1 Samuel*

seguirei de perto. Porém não o declarou a Nabal, seu marido.

²⁰E quando ela, montada num jumento, ia descendo pelo encoberto do monte, eis que Davi e os seus homens lhe vinham ao encontro; e ela se encontrou com eles.

²¹Ora, Davi tinha dito: Na verdade que em vão tenho guardado tudo quanto este tem no deserto, de sorte que nada lhe faltou de tudo quanto lhe pertencia; e ele me pagou mal por bem.

²²Assim faça Deus a Davi, e outro tanto, se eu deixar até o amanhecer, de tudo o que pertence a Nabal, um só varão.

²³Vendo, pois, Abigail a Davi, apressou-se, desceu do jumento e prostrou-se sobre o seu rosto diante de Davi, inclinando-se à terra,

²⁴e, prostrada a seus pés, lhe disse: Ah, senhor meu, minha seja a iniquidade! Deixa a tua serva falar aos teus ouvidos, e ouve as palavras da tua serva.

²⁵Rogo-te, meu senhor, que não faças caso deste homem de Belial, a saber, Nabal; porque tal é ele qual é o seu nome. Nabal é o seu nome, e a loucura está com ele; mas eu, tua serva, não vi os mancebos de meu senhor, que enviaste.

²⁶Agora, pois, meu senhor, vive o Senhor, e vive a tua alma, porquanto o Senhor te impediu de derramares sangue, e de te vingares com a tua própria mão, sejam agora como Nabal os teus inimigos e os que procuram fazer o mal contra o meu senhor.

²⁷Aceita agora este presente que a tua serva trouxe a meu senhor; seja ele dado aos mancebos que seguem ao meu senhor.

²⁸Perdoa, pois, a transgressão da tua serva; porque certamente fará o Senhor casa firme a meu senhor, pois meu senhor guerreia as guerras do Senhor; e não se achará mal em ti por todos os teus dias.

²⁹Se alguém se levantar para te perseguir, e para buscar a tua vida, então a vida de meu senhor será atada no feixe dos que vivem com o Senhor teu Deus; porém a vida de teus inimigos ele arrojará ao longe, como do côncavo de uma funda.

³⁰Quando o Senhor tiver feito para com o meu senhor conforme todo o bem que já tem dito de ti, e te houver estabelecido por príncipe sobre Israel,

³¹então, meu senhor, não terás no coração esta tristeza nem este remorso de teres derramado sangue sem causa, ou de haver-se vingado o meu senhor a si mesmo. E quando o Senhor fizer bem a meu senhor, lembra-te então da tua serva.

³²Ao que Davi disse a Abigail: Bendito seja o Senhor Deus de Israel, que hoje te enviou ao meu encontro!

³³E bendito seja o teu conselho, e bendita sejas tu, que hoje me impediste de derramar sangue, e de vingar-me pela minha própria mão!

³⁴Pois, na verdade, vive o Senhor Deus de Israel que me impediu de te fazer mal, que se tu não te apressaras e não me vieras ao encontro, não teria ficado a Nabal até a luz da manhã nem mesmo um menino.

³⁵Então Davi aceitou da mão dela o que lhe tinha trazido, e lhe disse: Sobe em paz à tua casa; vê que dei ouvidos à tua voz, e aceitei a tua face.

³⁶Ora, quando Abigail voltou para Nabal, eis que ele fazia em sua casa um banquete, como banquete de rei; e o coração de Nabal estava alegre, pois ele estava muito embriagado; pelo que ela não lhe deu a entender nada daquilo, nem pouco nem muito, até a luz da manhã.

³⁷Sucedeu, pois, que, pela manhã, estando Nabal já livre do vinho, sua mulher lhe contou essas coisas; de modo que o seu coração desfaleceu, e ele ficou como uma pedra.

³⁸Passados uns dez dias, o Senhor feriu a Nabal, e ele morreu.

³⁹Quando Davi ouviu que Nabal morrera, disse: Bendito seja o Senhor, que me vingou da afronta que recebi de Nabal, e deteve do mal a seu servo, fazendo cair a maldade de Nabal sobre a sua cabeça. Depois mandou Davi falar a Abigail, para tomá-la por mulher.

⁴⁰Vindo, pois, os servos de Davi a Abigail, no Carmelo, lhe falaram, dizendo: Davi nos mandou a ti, para te tomarmos por sua mulher.

⁴¹Ao que ela se levantou, e se inclinou com o rosto em terra, e disse: Eis que a tua serva servirá de criada para lavar os pés dos servos de meu senhor.

⁴²Então Abigail se apressou e, levantando-se, montou num jumento, e levando as cinco moças que lhe assistiam, seguiu os mensageiros de Davi, que a recebeu por mulher.

⁴³Davi tomou também a Ainoã de Jizreel; e ambas foram suas mulheres.

⁴⁴Pois Saul tinha dado sua filha Mical, mulher de Davi, a Palti, filho de Laís, o qual era de Galim.

## Capítulo 26

¹Ora, vieram os zifeus a Saul, a Gibeá, dizendo: Não está Davi se escondendo no outeiro de Haquila, defronte de Jesimom?

²Então Saul se levantou, e desceu ao deserto de Zife, levando consigo três mil homens escolhidos de Israel, para buscar a Davi no deserto de Zife.

³E acampou-se Saul no outeiro de Haquila, defronte de Jesimom, junto ao caminho; porém Davi ficou no deserto, e percebendo que Saul vinha após ele ao deserto,

⁴enviou espias, e certificou-se de que Saul tinha chegado.

⁵Então Davi levantou-se e foi ao lugar onde Saul se tinha acampado; viu Davi o lugar onde se deitavam Saul e Abner, filho de Ner, chefe do seu exército. E Saul estava deitado dentro do acampamento, e o povo estava acampado ao redor dele.

⁶Então Davi, dirigindo-se a Aimeleque, o heteu, e a Abisai, filho de Zeruia, irmão de Joabe, perguntou: Quem descerá comigo a Saul, ao arraial? Respondeu Abisai: Eu descerei contigo.

⁷Foram, pois, Davi e Abisai de noite ao povo; e eis que Saul estava deitado, dormindo dentro do acampamento, e a sua lança estava pregada na terra à sua cabeceira; e Abner e o povo estavam deitados ao redor dele.

⁸Então disse Abisai a Davi: Deus te entregou hoje nas mãos o teu inimigo; deixa-me, pois, agora encravá-lo na terra, com a lança, de um só golpe; não o ferirei segunda vez.

⁹Mas Davi respondeu a Abisai: Não o mates; pois quem pode estender a mão contra o ungido do Senhor, e ficar inocente?

¹⁰Disse mais Davi: Como vive o Senhor, ou o Senhor o ferirá, ou chegará o seu dia e morrerá, ou descerá para a batalha e perecerá;

¹¹o Senhor, porém, me guarde de que eu estenda a mão contra o ungido do Senhor. Agora, pois, toma a lança que está à sua cabeceira, e a bilha d'água, e vamo-nos.

¹²Tomou, pois, Davi a lança e a bilha d'água da cabeceira de Saul, e eles se foram. Ninguém houve que o visse, nem que o soubesse, nem que acordasse; porque todos estavam dormindo, pois da parte do Senhor havia caído sobre eles um profundo sono.

¹³Então Davi, passando à outra banda, pôs-se no cume do monte, ao longe, de maneira que havia grande distância entre eles.

¹⁴E Davi bradou ao povo, e a Abner, filho de Ner, dizendo: Não responderás, Abner? Então Abner respondeu e disse: Quem és tu, que bradas ao rei?

¹⁵Ao que disse Davi a Abner: Não és tu um homem? e quem há em Israel como tu? Por que, então, não guardaste o rei, teu senhor? porque um do povo veio para destruir o rei, teu senhor.

¹⁶Não é bom isso que fizeste. Vive o Senhor, que sois dignos de morte, porque não guardastes a vosso senhor, o ungido do Senhor. Vede, pois, agora onde está a lança do rei, e a bilha d'água que estava à sua cabeceira.

¹⁷Saul reconheceu a voz de Davi, e disse: Não é esta a tua voz, meu filho Davi? Respondeu Davi: É minha voz, ó rei, meu senhor.

¹⁸Disse mais: Por que o meu senhor persegue tanto o seu servo? que fiz eu? e que maldade se acha na minha mão?

¹⁹Ouve pois agora, ó rei, meu senhor, as palavras de teu servo: Se é o Senhor quem te incita contra mim, receba ele uma oferta; se, porém, são os filhos dos homens, malditos sejam perante o Senhor, pois eles me expulsaram hoje para que eu não tenha parte na herança do Senhor, dizendo: Vai, serve a outros deuses.

²⁰Agora, pois, não caia o meu sangue em terra fora da presença do Senhor; pois saiu o rei de Israel em busca duma pulga, como quem persegue uma perdiz nos montes.

²¹Então disse Saul: Pequei; volta, meu filho Davi, pois não tornarei a fazer-te mal, porque a minha vida foi hoje preciosa aos teus olhos. Eis que procedi como um louco, e errei grandissimamente.

²²Davi então respondeu, e disse: Eis aqui a lança, ó rei! venha cá um dos mancebos, e leve-a.

²³O Senhor, porém, pague a cada um a sua justiça e a sua lealdade; pois o Senhor te entregou hoje na minha mão, mas eu não quis estender a mão contra o ungido do Senhor.

²⁴E assim como foi a tua vida hoje preciosa aos meus olhos, seja a minha vida preciosa aos olhos do Senhor, e livre-me ele de toda a tribulação.

²⁵Então Saul disse a Davi: Bendito sejas tu, meu filho Davi, pois grandes coisas farás e também certamente prevalecerás. Então Davi se foi o seu caminho e Saul voltou para o seu lugar.

## Capítulo 27

¹Disse, porém, Davi no seu coração: Ora, perecerei ainda algum dia pela mão de Saul; não há coisa melhor para mim do que escapar para a terra dos filisteus, para que Saul perca a esperança de mim, e cesse de me buscar por todos os termos de Israel; assim escaparei da sua mão.

²Então Davi se levantou e passou, com os seiscentos homens que com ele estavam, para Áquis, filho de Maoque, rei de Gate.

³E Davi ficou com Áquis em Gate, ele e os seus homens, cada um com a sua família, e Davi com as suas duas mulheres, Ainoã, a jizreelita, e Abigail, que fora mulher de Nabal, o carmelita.

⁴Ora, sendo Saul avisado de que Davi tinha fugido para Gate, não cuidou mais de buscá-lo.

⁵Disse Davi a Áquis: Se eu tenho achado graça aos teus olhos, que se me dê lugar numa das cidades do país, para que eu ali habite; pois, por que haveria o teu servo de habitar contigo na cidade real?

⁶Então lhe deu Áquis naquele dia a cidade de Ziclague; pelo que Ziclague pertence aos reis de Judá, até o dia de hoje.

⁷E o número dos dias que Davi habitou na terra dos filisteus foi de um ano e quatro meses.

⁸Ora, Davi e os seus homens subiam e davam sobre os gesuritas, e os girzitas, e os amalequitas; pois, desde tempos remotos, eram estes os moradores da terra que se estende na direção de Sur até a terra do Egito.

⁹E Davi feria aquela terra, não deixando com vida nem homem nem mulher; e, tomando ovelhas, bois, jumentos, camelos e vestuários, voltava, e vinha a Áquis.

¹⁰E quando Áquis perguntava: Sobre que parte fizestes incursão hoje? Davi respondia: Sobre o Negebe de Judá; ou: Sobre o Negebe dos jerameelitas; ou: Sobre o Negebe dos queneus.

¹¹E Davi não deixava com vida nem homem nem mulher para trazê-los a Gate, pois dizia: Para que porventura não nos denunciem, dizendo: Assim fez Davi. E este era o seu costume por todos os dias que habitou na terra dos filisteus.

¹²Áquis, pois, confiava em Davi, dizendo: Fez-se ele por certo aborrecível para com o seu povo em Israel; pelo que me será por servo para sempre.

## Capítulo 28

¹Naqueles dias ajuntaram os filisteus os seus exércitos para a guerra, para pelejarem contra Israel. Disse Áquis a Davi: Sabe de certo que sairás comigo ao arraial, tu e os teus homens.

²Respondeu Davi a Áquis: Assim saberás o que o teu servo há de fazer. E disse Áquis a Davi: Por isso te farei para sempre guarda da minha pessoa.

³Ora, Samuel já havia morrido, e todo o Israel o tinha chorado, e o tinha sepultado em Ramá, que era a sua cidade. E Saul tinha desterrado es necromantes e os adivinhos.

⁴Ajuntando-se, pois, os filisteus, vieram acampar-se em Suném; Saul ajuntou também todo o Israel, e se acamparam em Gilboa.

⁵Vendo Saul o arraial dos filisteus, temeu e estremeceu muito o seu coração.

⁶Pelo que consultou Saul ao Senhor, porém o Senhor não lhe respondeu, nem por sonhos, nem por Urim, nem por profetas.

⁷Então disse Saul aos seus servos: Buscai-me uma necromante, para que eu vá a ela e a consulte. Disseram-lhe os seus servos: Eis que em En-Dor há uma mulher que é necromante.

⁸Então Saul se disfarçou, vestindo outros trajes; e foi ele com dois homens, e chegaram de noite à casa da mulher. Disse-lhe Saul: Peço-te que me adivinhes pela necromancia, e me faças subir aquele que eu te disser.

⁹A mulher lhe respondeu: Tu bem sabes o que Saul fez, como exterminou da terra os necromantes e os adivinhos; por que, então, me armas um laço à minha vida, para me fazeres morrer?

¹⁰Saul, porém, lhe jurou pelo Senhor, dizendo: Como vive o Senhor, nenhum castigo te sobrevirá por isso.

¹¹A mulher então lhe perguntou: Quem te farei subir? Respondeu ele: Faze-me subir Samuel.

¹²Vendo, pois, a mulher a Samuel, gritou em alta voz, e falou a Saul, dizendo: Por que me enganaste? pois tu mesmo és Saul.

¹³Ao que o rei lhe disse: Não temas; que é que vês? Então a mulher respondeu a Saul: Vejo um deus que vem subindo de dentro da terra.

¹⁴Perguntou-lhe ele: Como é a sua figura? E disse ela: Vem subindo um ancião, e está envolto numa capa. Entendendo Saul que era Samuel, inclinou-se com o rosto em terra, e lhe fez reverência.

¹⁵Samuel disse a Saul: Por que me inquietaste, fazendo-me subir? Então disse Saul: Estou muito angustiado, porque os filisteus guerreiam contra mim, e Deus se tem desviado de mim, e já não me responde, nem por intermédio dos profetas nem por sonhos; por isso te chamei, para que me faças saber o que hei de fazer.

¹⁶Então disse Samuel: Por que, pois, me perguntas a mim, visto que o Senhor se tem desviado de ti, e se tem feito teu inimigo?

¹⁷O Senhor te fez como por meu intermédio te disse; pois o Senhor rasgou o reino da tua mão, e o deu ao teu próximo, a Davi.

¹⁸Porquanto não deste ouvidos à voz do Senhor, e não executaste e furor da sua ira contra Amaleque, por isso o Senhor te fez hoje isto.

¹⁹E o Senhor entregará também a Israel contigo na mão dos filisteus. Amanhã tu e teus filhos estareis comigo, e o Senhor entregará o arraial de Israel na mão dos filisteus.

²⁰Imediatamente Saul caiu estendido por terra, tomado de grande medo por causa das palavras de Samuel; e não houve força nele, porque nada havia comido todo aquele dia e toda aquela noite.

²¹Então a mulher se aproximou de Saul e, vendo que estava tão perturbado, disse-lhe: Eis que a tua serva deu ouvidos à tua voz; pus a minha vida na minha mão, dando ouvidos às palavras que disseste.

²²Agora, pois, ouve também tu as palavras da tua serva, e permite que eu ponha um bocado de pão diante de ti; come, para que tenhas forças quando te puseres a caminho.

²³Ele, porém, recusou, dizendo: Não comerei. Mas os seus servos e a mulher o constrangeram, e ele deu ouvidos à sua voz; e levantando-se do chão, sentou-se na cama.

²⁴Ora, a mulher tinha em casa um bezerro cevado; apressou-se, pois, e o degolou; também tomou farinha, e a amassou, e a cozeu em bolos ázimos.

²⁵Então pôs tudo diante de Saul e de seus servos; e eles comeram. Depois levantaram-se e partiram naquela mesma noite.

## Capítulo 29

¹Os filisteus ajuntaram todos os seus exércitos em Afeque; e acamparam-se os israelitas junto à fonte que está em Jizreel.

²Então os chefes dos filisteus se adiantaram com centenas e com milhares; e Davi e os seus homens iam com Áquis na retaguarda.

³Perguntaram os chefes dos filisteus: que fazem aqui estes hebreus? Respondeu Áquis aos chefes dos filisteus: Não é este Davi, o servo de Saul, rei de Israel, que tem estado comigo alguns dias ou anos? e nenhuma culpa tenho achado nele desde o dia em que se revoltou, até o dia de hoje.

⁴Mas os chefes dos filisteus muito se indignaram contra ele, e disseram a Áquis: Faze voltar este homem para que torne ao lugar em que o puseste; não desça ele conosco à batalha, a fim de que não se torne nosso adversário no combate; pois, como se tornaria este agradável a seu senhor? porventura não seria com as cabeças destes homens?

⁵Este não é aquele Davi, a respeito de quem cantavam nas danças: Saul feriu os seus milhares, mas Davi os seus dez milhares?

⁶Então Áquis chamou a Davi e disse-lhe: Como vive o Senhor, tu és reto, e a sua entrada e saída comigo no arraial é boa aos meus olhos, pois nenhum mal tenho achado em ti, desde o dia em que vieste ter comigo, até o dia de hoje; porém aos chefes não agradas.

⁷Volta, pois, agora, e vai em paz, para não desagradares os chefes dos filisteus.

⁸Ao que Davi disse a Áquis: Por quê? que fiz eu? ou, que achaste no teu servo, desde o dia em que vim ter contigo, até o dia de hoje, para que eu não vá pelejar contra es inimigos do rei meu senhor?

⁹Respondeu, porém, Áquis e disse a Davi: Bem o sei; e, na verdade, aos meus olhos és bom como um anjo de Deus; contudo os chefes dos filisteus disseram: Este não há de subir conosco à batalha.

¹⁰Levanta-te, pois, amanhã de madrugada, tu e os servos de teu senhor que vieram contigo; e, tendo vos levantado de madrugada, parti logo que haja luz.

¹¹Madrugaram, pois, Davi e os seus homens, a fim de partirem pela manhã, e voltarem à terra dos filisteus; e os filisteus subiram a Jizreel.

## Capítulo 30

¹Sucedeu, pois, que, chegando Davi e os seus homens ao terceiro dia a Ziclague, os amalequitas tinham feito uma incursão sobre o Negebe, e sobre Ziclague, e tinham ferido a Ziclague e a tinham queimado a fogo;

²e tinham levado cativas as mulheres, e todos os que estavam nela, tanto pequenos como grandes; a ninguém, porém, mataram, tão-somente os levaram consigo, e foram o seu caminho.

³Quando Davi e os seus homens chegaram à cidade, eis que estava queimada a fogo, e suas mulheres, seus filhos e suas filhas tinham sido

*1 Samuel*

levados cativos.

⁴Então Davi e o povo que se achava com ele alçaram a sua voz, e choraram, até que não ouve neles mais forças para chorar.

⁵Também as duas mulheres de Davi foram levadas cativas: Ainoã, a jizreelita, e Abigail, que fora mulher de Nabal, o carmelita.

⁶Também Davi se angustiou; pois o povo falava em apedrejá-lo, porquanto a alma de todo o povo estava amargurada por causa de seus filhos e de suas filhas. Mas Davi se fortaleceu no Senhor seu Deus.

⁷Disse Davi a Abiatar, o sacerdote, filho de Aimeleque: Traze-me aqui o éfode. E Abiatar trouxe o éfode a Davi.

⁸Então consultou Davi ao Senhor, dizendo: Perseguirei eu a esta tropa? alcançá-la-ei? Respondeu-lhe o Senhor: Persegue-a; porque de certo a alcançarás e tudo recobrarás.

⁹Ao que partiu Davi, ele e os seiscentos homens que com ele se achavam, e chegaram ao ribeiro de Besor, onde pararam os que tinham ficado para trás.

¹⁰Mas Davi ainda os perseguia, com quatrocentos homens, enquanto que duzentos ficaram atrás, por não poderem, de cansados que estavam, passar o ribeiro de Besor.

¹¹Ora, acharam no campo um egípcio, e o trouxeram a Davi; deram-lhe pão a comer, e água a beber;

¹²deram-lhe também um pedaço de massa de figos secos e dois cachos de passas. Tendo ele comido, voltou-lhe o ânimo; pois havia três dias e três noites que não tinha comido pão nem bebido água.

¹³Então Davi lhe perguntou: De quem és tu, e donde vens? Respondeu ele: Sou um moço egípcio, servo dum amalequita; e o meu senhor me abandonou, porque adoeci há três dias.

¹⁴Nós fizemos uma incursão sobre o Negebe dos queretitas, sobre o de Judá e sobre o de Calebe, e pusemos fogo a Ziclague.

¹⁵Perguntou-lhe Davi: Poderias descer e guiar-me a essa tropa? Respondeu ele: Jura-me tu por Deus que não me matarás, nem me entregarás na mão de meu senhor, e eu descerei e te guiarei a essa tropa.

¹⁶Desceu, pois, e o guiou; e eis que eles estavam espalhados sobre a face de toda a terra, comendo, bebendo e dançando, por causa de todo aquele grande despojo que haviam tomado da terra dos filisteus e a terra de Judá.

¹⁷Então Davi os feriu, desde o crepúsculo até a tarde do dia seguinte, e nenhum deles escapou, senão só quatrocentos mancebos que, montados sobre camelos, fugiram.

¹⁸Assim recobrou Davi tudo quanto os amalequitas haviam tomado; também libertou as suas duas mulheres.

¹⁹De modo que não lhes faltou coisa alguma, nem pequena nem grande, nem filhos nem filhas, nem qualquer coisa de tudo quanto os amalequitas lhes haviam tomado; tudo Davi tornou a trazer.

²⁰Davi lhes tomou também todos os seus rebanhos e manadas; e o povo os levava adiante do outro gado, e dizia: Este é o despojo de Davi.

²¹Quando Davi chegou aos duzentos homens que, de cansados que estavam, não tinham podido segui-los, e que foram obrigados a ficar ao pé do ribeiro de Besor, estes saíram ao encontro de Davi e do povo que com ele vinha; e Davi, aproximando-se deles, os saudou em paz.

²²Então todos os malvados e perversos, dentre os homens que tinham ido com Davi, disseram: Visto que não foram conosco, nada lhes daremos do despojo que recobramos, senão a cada um sua mulher e seus filhos, para que os levem e se retirem.

²³Mas Davi disse: Não fareis assim, irmãos meus, com o que nos deu o Senhor, que nos guardou e entregou nas nossas mãos a tropa que vinha contra nós.

²⁴E quem vos daria ouvidos nisso? pois qual é a parte dos que desceram à batalha, tal será também a parte dos que ficaram com a bagagem; receberão partes.

²⁵E assim foi daquele dia em diante, ficando estabelecido por estatuto e direito em Israel até o dia de hoje.

²⁶Quando Davi chegou a Ziclague, enviou do despojo presente aos anciãos de Judá, seus amigos, dizendo: Eis aí para vós um presente do despojo dos inimigos do Senhor;

²⁷aos de Betel, aos de Ramote do Sul, e aos de Jatir;

²⁸aos de Aroer, aos de Sifmote, e aos de Estemoa;

²⁹aos de Racal, aos das cidades dos jerameelitas, e aos das cidades dos queneus;

³⁰aos de Horma, aos de Corasã, e aos de Atace;

³¹e aos de Hebrom, e aos de todos os lugares que Davi e os seus homens costumavam freqüentar.

## *Capítulo 31*

¹Ora, os filisteus pelejaram contra Israel; e os homens de Israel fugiram de diante dos filisteus, e caíram mortos no monte Gilboa.

²E os filisteus apertaram com Saul e seus filhos, e mataram a Jônatas, a Abinadabe e e a Malquisua, filhos de Saul.

³A peleja se agravou contra Saul, e os flecheiros o alcançaram, e o feriram gravemente.

⁴Pelo que disse Saul ae seu escudeiro: Arranca a tua espada, e atravessa-me com ela, para que porventura não venham esses incircuncisos, e me atravessem e escarneçam de mim. Mas o seu escudeiro não quis, porque temia muito. Então Saul tomou a espada, e se lançou sobre ela.

⁵Vendo, pois, e seu escudeiro que Saul já era morto, também ele se lançou sobre a sua espada, e morreu com ele.

⁶Assim morreram juntamente naquele dia Saul, seus três filhos, e seu escudeiro, e todos os seus homens.

⁷Quando os israelitas que estavam no outro lado do vale e os que estavam além de Jordão viram que os homens de Israel tinham fugido, e que Saul e seus filhos estavam mortos, abandonaram as suas cidades e fugiram; e vieram os filisteus e habitaram nelas.

⁸No dia seguinte, quando os filisteus vieram para despojar os mortos, acharam Saul e seus três filhos estirados no monte Gilboa.

⁹Então cortaram a cabeça a Saul e o despejaram das suas armas; e enviaram pela terra dos filisteus, em redor, a anunciá-lo no templo dos seus ídolos e entre e povo,

¹⁰Puseram as armas de Saul no templo de Astarote; e penduraram o seu corpo no muro de Bete-Sã.

¹¹Quando os moradores de Jabes-Gileade ouviram isso a respeito de Saul, isto é, o que os filisteus lhe tinham feito,

¹²todos os homens valorosos se levantaram e, caminhando a noite toda, tiraram e corpo de Saul e os corpos de seus filhos do muro de Bete-Sã; e voltando à Jabes, ali os queimaram.

¹³Depois tomaram os seus ossos, e os sepultaram debaixo da tamargueira, em Jabes, e jejuaram sete dias.

# 2 Samuel

## Capítulo 1

¹Depois da morte de Saul, tendo Davi voltado da derrota dos amalequitas e estando há dois dias em Ziclague,

²ao terceiro dia veio um homem do arraial de Saul, com as vestes rasgadas e a cabeça coberta de terra; e, chegando ele a Davi, prostrou-se em terra e lhe fez reverência.

³Perguntou-lhe Davi: Donde vens? Ele lhe respondeu: Escapei do arraial de Israel.

⁴Davi ainda lhe indagou: Como foi lá isso? Dize-mo. Ao que ele lhe respondeu: O povo fugiu da batalha, e muitos do povo caíram, e morreram; também Saul e Jônatas, seu filho, foram mortos.

⁵Perguntou Davi ao mancebo que lhe trazia as novas: Como sabes que Saul e Jônatas, seu filho, são mortos?

⁶Então disse o mancebo que lhe dava a notícia: Achava-me por acaso no monte Gilboa, e eis que Saul se encostava sobre a sua lança; os carros e os cavaleiros apertavam com ele.

⁷Nisso, olhando ele para trás, viu-me e me chamou; e eu disse: Eis-me aqui.

⁸Ao que ele me perguntou: Quem és tu? E eu lhe respondi: Sou amalequita.

⁹Então ele me disse: Chega-te a mim, e mata-me, porque uma vertigem se apoderou de mim, e toda a minha vida está ainda em mim.

¹⁰Cheguei-me, pois, a ele, e o matei, porque bem sabia eu que ele não viveria depois de ter caído; e tomei a coroa que ele tinha na cabeça, e o bracelete que trazia no braço, e os trouxe aqui a meu senhor.

¹¹Então pegou Davi nas suas vestes e as rasgou; e assim fizeram também todos os homens que estavam com ele;

¹²e prantearam, e choraram, e jejuaram até a tarde por Saul, e por Jônatas, seu filho, e pelo povo do Senhor, e pela casa de Israel, porque tinham caído à espada.

¹³Perguntou então Davi ao mancebo que lhe trouxera a nova: Donde és tu? Respondeu ele: Sou filho de um peregrino amalequita.

¹⁴Davi ainda lhe perguntou: Como não temeste estender a mão para matares o ungido do Senhor?

¹⁵Então Davi, chamando um dos mancebos, disse-lhe: chega-te, e lança-te sobre ele. E o mancebo o feriu, de sorte que morreu.

¹⁶Pois Davi lhe dissera: O teu sangue seja sobre a tua cabeça, porque a tua própria boca testificou contra ti, dizendo: Eu matei o ungido do Senhor.

¹⁷Lamentou Davi a Saul e a Jônatas, seu filho, com esta lamentação,

¹⁸mandando que fosse ensinada aos filhos de Judá; eis que está escrita no livro de Jasar:

¹⁹Tua glória, ó Israel, foi morta sobre os teus altos! Como caíram os valorosos!

²⁰Não o noticieis em Gate, nem o publiqueis nas ruas de Asquelom; para que não se alegrem as filhas dos filisteus, para que não exultem as filhas dos incircuncisos.

²¹Vós, montes de Gilboa, nem orvalho, nem chuva caia sobre, vós, ó campos de morte; pois ali desprezivelmente foi arrojado o escudo dos valorosos, o escudo de Saul, ungido com óleo.

²²Do sangue dos feridos, da gordura dos valorosos, nunca recuou o arco de Jônatas, nem voltou vazia a espada de Saul.

²³Saul e Jônatas, tão queridos e amáveis na sua vida, também na sua morte não se separaram; eram mais ligeiros do que as águias, mais fortes do que os leões.

²⁴Vós, filhas de Israel, chorai por Saul, que vos vestia deliciosamente de escarlata, que vos punha sobre os vestidos adornos de ouro.

²⁵Como caíram os valorosos no meio da peleja!

²⁶Angustiado estou por ti, meu irmão Jônatas; muito querido me eras! Maravilhoso me era o teu amor, ultrapassando o amor de mulheres.

²⁷Como caíram os valorosos, e pereceram as armas de guerra!

## Capítulo 2

¹Sucedeu depois disto que Davi consultou ao Senhor, dizendo: Subirei a alguma das cidades de Judá? Respondeu-lhe o Senhor: Sobe. Ainda perguntou Davi: Para onde subirei? Respondeu o Senhor: Para Hebrom.

²Subiu, pois, Davi para lá, e também as suas duas mulheres, Ainoã, a jizreelita, e Abigail, que fora mulher de Nabal, e carmelita.

³Davi fez subir também os homens que estavam com ele, cada um com sua família; e habitaram nas cidades de Hebrom.

⁴Então vieram os homens de Judá, e ali ungiram Davi rei sobre a casa de Judá. Depois informaram a Davi, dizendo: Foram os homens de Jabes-Gileade que sepultaram a Saul.

⁵Pelo que Davi enviou mensageiros aos homens de Jabes-Gileade, a dizer-lhes: Benditos do Senhor sejais vós, que fizestes tal benevolência, sepultando a Saul, vosso senhor!

⁶Agora, pois, o Senhor use convosco de benevolência e fidelidade; e eu também vos retribuirei esse bem que fizestes.

⁷Esforcem-se, pois, agora as vossas mãos, e sede homens valorosos; porque Saul, vosso senhor, é morto, e a casa de Judá me ungiu por seu rei.

⁸Ora, Abner, filho de Ner, chefe do exército de Saul, tomou a Isbosete, filho de Saul, e o fez passar a Maanaim,

⁹e o constituiu rei sobre Gileade, sobre os asuritas, sobre Jizreel, sobre Efraim, sobre Benjamim e sobre todo o Israel.

¹⁰Quarenta anos tinha Isbosete, filho de Saul, quando começou a reinar sobre Israel, e reinou dois anos, A casa de Judá, porém, seguia a Davi.

¹¹E foi o tempo que Davi reinou em Hebrom, sobre a casa de Judá, sete anos e seis meses.

¹²Depois Abner, filho de Ner, com os servos de Isbosete, filho de Saul, saiu de Maanaim para Gibeão.

¹³Saíram também Joabe, filho de Zeruia, e os servos de Davi, e se encontraram com eles perto do tanque de Gibeão; e pararam uns de um lado do tanque, e os outros do outro lado.

¹⁴Então disse Abner a Joabe: Levantem-se os mancebos, e se batam diante de nós. Respondeu Joabe: Levantem-se.

¹⁵Levantaram-se, pois, e passaram, em número de doze por Benjamim e por Isbosete, filho de Saul, e doze dos servos de Davi.

¹⁶E cada um lançou mão da cabeça de seu contendor, e meteu-lhe a espada pela ilharga; assim caíram juntos; pelo que se chamou àquele lugar, que está junto a Gibeão, Helcate-Hazurim.

¹⁷Seguiu-se naquele dia uma crua peleja; e Abner e os homens de Israel foram derrotados diante dos servos de Davi.

¹⁸Ora, estavam ali os três filhos de Zeruia: Joabe, Abisai, e Asael; e Asael era ligeiro de pés, como as gazelas do campo.

¹⁹Perseguiu, pois, Asael a Abner, seguindo-o sem se desviar nem para a direita nem para a esquerda.

²⁰Nisso Abner, olhando para trás, perguntou: És tu Asael? Respondeu ele: Sou eu.

²¹Ao que lhe disse Abner: Desvia-te para a direita, ou para a esquerda, e lança mão de um dos mancebos, e toma os seus despojos. Asael, porém, não quis desviar-se de seguí-lo.

²²Então Abner tornou a dizer a Asael: Desvia-te de detráz de mim; porque hei de ferir-te e dar contigo em terra? e como levantaria eu o meu rosto diante de Joabe, teu irmão?

²³Todavia ele recusou desviar-se; pelo que Abner o feriu com o conto da lança pelo ventre, de modo que a lança lhe saiu por detrás; e ele caiu ali, e morreu naquele mesmo lugar. E sucedeu que, todos os que chegavam ao lugar onde Asael caíra morto, paravam.

²⁴Mas Joabe e Abisai perseguiram a Abner; e pôs-se o sol ao chegarem eles ao outeiro de Amá, que está diante de Giá, junto ao caminho do deserto de Gibeão.

²⁵E os filhos de Benjamim se ajuntaram atrás de Abner e, formando-se num batalhão, puseram-se no cume dum outeiro.

²⁶Então Abner gritou a Joabe, e disse: Devorará a espada para sempre? não sabes que por fim haverá amargura? até quando te demorarás em ordenar ao povo que deixe de perseguir a seus irmãos?

²⁷Respondeu Joabe: Vive Deus, que, se não tivesses falado, só amanhã cedo teria o povo cessado, cada um, de perseguir a seu irmao.

²⁸Então Joabe tocou a buzina, e todo o povo parou; e não perseguiram mais a Israel, e tampouco pelejaram mais.

²⁹E caminharam Abner e os seus homens toda aquela noite pela Arabá; e, passando o Jordão, caminharam por todo o Bitrom, e vieram a Maanaim.

³⁰Voltou, pois, Joabe de seguir a Abner; e quando ajuntou todo o povo, faltavam dos servos de Davi dezenove homens, e Asael.

³¹Mas os servos de Davi tinham ferido dentre os de Benjamim, e dentre os homens de Abner, a trezentos e sessenta homens, de tal maneira que morreram.

³²E levantaram a Asael, e o sepultaram no sepulcro de seu pai, que estava em Belém. E Joabe e seus homens caminharam toda aquela noite, e amanheceu-lhes o dia em Hebrom.

## 2 Samuel
### Capítulo 3

¹Ora, houve uma longa guerra entre a casa de Saul e a casa de Davi; porém Davi se fortalecia cada vez mais, enquanto a casa de Saul cada vez mais se enfraquecia.

²Nasceram filhos a Davi em Hebrom. Seu primogênito foi Amnom, de Ainoã, a jizreelita;

³o segundo Quileabe, de Abigail, que fôra mulher de Nabal, o carmelita; o terceiro Absalão, filho de Maacá, filha de Talmai, rei de Gesur;

⁴o quarto Adonias, filho de Hagite, o quinto Sefatias, filho de Abital;

⁵e o sexto Itreão, de Eglá, também mulher de Davi; estes nasceram a Davi em Hebrom.

⁶Enquanto havia guerra entre a casa de Saul e a casa de Davi, Abner ia se tornando poderoso na casa de Saul:

⁷Ora, Saul tivera uma concubina, cujo nome era Rizpa, filha de Aías. Perguntou, pois, Isbosete a Abner: Por que entraste à concubina de meu pai?

⁸Então Abner, irando-se muito pelas palavras de Isbosete, disse: Sou eu cabeça de cão, que pertença a Judá? Ainda hoje uso de benevolência para com a casa de Saul, teu pai, e para com seus irmãos e seus amigos, e não te entreguei nas mãos de Davi; contudo tu hoje queres culpar-me no tocante a essa mulher.

⁹Assim faça Deus a Abner, e outro tanto, se, como o Senhor jurou a Davi, assim eu não lhe fizer,

¹⁰transferindo o reino da casa de Saul, e estabelecendo o trono de Davi sobre Israel, e sobre Judá, desde Dã até Berseba.

¹¹E Isbosete não pôde responder a Abner mais uma palavra, porque o temia.

¹²Então enviou Abner da sua parte mensageiros a Davi, dizendo: De quem é a terra? Comigo faze a tua aliança, e eis que a minha mão será contigo, para fazer tornar a ti todo o Israel.

¹³Respondeu Davi: Está bem; farei aliança contigo; mas uma coisa te exijo; não verás a minha face, se primeiro não me trouxeres Mical, filha de Saul, quando vieres ver a minha face.

¹⁴Também enviou Davi mensageiros a Isbosete, filho de Saul, dizendo: Entrega-me minha mulher Mical, que eu desposei por cem prepúcios de filisteus.

¹⁵Enviou, pois, Isbosete, e a tirou a seu marido, a Paltiel, filho de Laís,

¹⁶que a seguia, chorando atrás dela até Baurim. Então lhe disse Abner: Vai-te; volta! E ele voltou.

¹⁷Falou Abner com os anciãos de Israel, dizendo: De há muito procurais fazer com que Davi reine sobre vós;

¹⁸fazei-o, pois, agora, porque o Senhor falou de Davi, dizendo: Pela mão do meu servo Davi livrarei o meu povo da mão dos filisteus e da mão de todos os seus inimigos.

¹⁹Do mesmo modo falou Abner a Benjamim, e foi também dizer a Davi, em Hebrom, tudo o que Israel e toda a casa de Benjamim tinham resolvido.

²⁰Abner foi ter com Davi, em Hebrom, com vinte homens; e Davi fez um banquete a Abner e aos homens que com ele estavam.

²¹Então disse Abner a Davi: Eu me levantarei, e irei ajuntar ao rei meu senhor todo o Israel, para que faça aliança contigo; e tu reinarás sobre tudo o que desejar a sua alma: Assim despediu Davi a Abner, e ele se foi em paz.

²²Eis que os servos de Davi e Joabe voltaram de uma sortida, e traziam consigo grande despojo; mas Abner já não estava com Davi em Hebrom, porque este o tinha despedido, e ele se fora em paz.

²³Quando, pois, chegaram Joabe e todo o exército que vinha com ele, disseram-lhe: Abner, filho de Ner, veio ter com o rei; e o rei o despediu, e ele se foi em paz.

²⁴Então Joabe foi ao rei, e disse: Que fizeste? Eis que Abner veio ter contigo; por que, pois, o despediste, de maneira que se fosse assim livremente?

²⁵Bem conheces a Abner, filho de Ner; ele te veio enganar, e saber a tua saída e a tua entrada, e conhecer tudo quanto fazes.

²⁶E Joabe, retirando-se de Davi, enviou mensageiros atrás de Abner, que o fizeram voltar do poço de Sira, sem que Davi o soubesse.

²⁷Quando Abner voltou a Hebrom, Joabe o tomou à parte, à entrada da porta, para lhe falar em segredo; e ali, por causa do sangue de Asael, seu irmão, o feriu no ventre, de modo que ele morreu.

²⁸Depois Davi, quando o soube, disse: Inocente para sempre sou eu, e o meu reino, para com o Senhor, no tocante ao sangue de Abner, filho de Ner.

²⁹Caia ele sobre a cabeça de Joabe e sobre toda a casa de seu pai, e nunca falte na casa de Joabe quem tenha fluxo, ou quem seja leproso, ou quem se atenha a bordão, ou quem caia à espada, ou quem necessite de pão.

³⁰Joabe, pois, e Abisai, seu irmão, mataram Abner, por ter ele morto a Asael, irmão deles, na peleja em Gibeão.

³¹Disse Davi a Joabe e a todo o povo que com ele estava: Rasgai as vossas vestes, cingi-vos de sacos e ide pranteando diante de Abner. E o rei Davi ia seguindo o féretro.

³²Sepultaram Abner em Hebrom; e o rei, levantando a sua voz, chorou junto da sepultura de Abner; chorou também todo o povo.

³³Pranteou o rei a Abner, dizendo: Devia Abner, porventura, morrer como morre o vilão?

³⁴As tuas mãos não estavam atadas, nem os teus pés carregados de grilhões; mas caíste como quem cai diante dos filhos da iniqüidade. Então todo o povo tornou a chorar por ele.

³⁵Depois todo o povo veio fazer com que Davi comesse pão, sendo ainda dia; porém Davi jurou, dizendo: Assim Deus me faça e outro tanto, se, antes que o sol se ponha, eu provar pão ou qualquer outra coisa.

³⁶Todo o povo notou isso, e pareceu-lhe bem; assim como tudo quanto o rei fez pareceu bem a todo o povo.

³⁷Assim todo o povo e todo o Israel entenderam naquele mesmo dia que não fora a vontade do rei que matassem a Abner, filho de Ner.

³⁸Então disse o rei aos seus servos: Não sabeis que hoje caiu em Israel um príncipe, um grande homem?

³⁹E quanto a mim, hoje estou fraco, embora ungido rei; estes homens, filhos de Zeruia, são duros demais para mim. Retribua o Senhor ao malfeitor conforme a sua maldade.

### Capítulo 4

¹Quando Isbosete, filho de Saul, soube que Abner morrera em Hebrom, esvaíram-se-lhe as forças, e todo o Israel ficou perturbado.

²Tinha Isbosete, filho de Saul, dois homens chefes de guerrilheiros; um deles se chamava Baaná, e o outro Recabe, filhos de Rimom, o beerotita, dos filhos de Benjamim (porque também Beerote era contado de Benjamim,

³tendo os beerotitas fugido para Jitaim, onde têm peregrinado até o dia de hoje).

⁴Ora, Jônatas, filho de Saul, tinha um filho aleijado dos pés. Este era da idade de cinco anos quando chegaram de Jizreel as novas a respeito de Saul e Jônatas; pelo que sua ama o tomou, e fugiu; e sucedeu que, apressando-se ela a fugir, ele caiu, e ficou coxo. O seu nome era Mefibosete.

⁵Foram os filhos de Rimom, o beerotita, Recabe e Baaná, no maior calor de dia, e entraram em casa de Isbosete, estando ele deitado a dormir a sesta.

⁶Entraram ali até o meio da casa, como que vindo apanhar trigo, e o feriram no ventre; e Recabe e Baaná, seu irmão, escaparam.

⁷Porque entraram na sua casa, estando ele deitado na cama, no seu quarto de dormir, e o feriram e mataram, e cortando-lhe a cabeça, tomaram-na e andaram a noite toda pelo caminho da Arabá.

⁸Assim trouxeram a cabeça de Isbosete a Davi em Hebrom, e disseram ao rei: Eis aqui a cabeça de Isbosete, filho de Saul, teu inimigo, que procurava a tua morte; assim o Senhor vingou hoje ao rei meu Senhor, de Saul e da sua descendência.

⁹Mas Davi, respondendo a Recabe e a Baaná, seu irmão, filhos de Rimom, o beerotita, disse-lhes: Vive o Senhor, que remiu a minha alma de toda a angústia!

¹⁰Se àquele que me trouxe novas, dizendo: Eis que Saul é morto, cuidando que trazia boas novas, eu logo lancei mão dele, e o matei em Ziclague, sendo essa a recompensa que lhe dei pelas novas,

¹¹quanto mais quando homens cruéis mataram um homem justo em sua casa, sobre a sua cama, não requererei eu o seu sangue de vossas mãos, e não vos exterminarei da terra?

¹²E Davi deu ordem aos seus mancebos; e eles os mataram e, cortando-lhes as mãos e os pés, os penduraram junto ao tanque em Hebrom. Tomaram, porém, a cabeça de Isbosete, e a sepultaram na sepultura de Abner, em Hebrom.

### Capítulo 5

¹Então todas as tribos de Israel vieram a Davi em Hebrom e disseram: Eis-nos aqui, teus ossos e tua carne!

²Além disso, outrora, quando Saul ainda reinava sobre nós, eras tu o que saías e entravas com Israel; e também o Senhor te disse: Tu apascentarás o meu povo de Israel, e tu serás chefe sobre Israel.

³Assim, pois, todos os anciãos de Israel vieram ter com o rei em Hebrom; e o rei Davi fez aliança com eles em Hebrom, perante o Senhor; e ungiram a Davi rei sobre Israel.

⁴Trinta anos tinha Davi quando começou a reinar, e reinou quarenta anos.

⁵Em Hebrom reinou sete anos e seis meses sobre Judá, e em Jerusalém reinou trinta e três anos sobre todo o Israel e Judá.

⁶Depois partiu o rei com os seus homens para Jerusalém, contra os jebuseus, que habitavam naquela terra, os quais disseram a Davi: Não entrarás aqui; os cegos e es coxos te repelirão; querendo dizer: Davi de maneira alguma entrará aqui.

⁷Todavia Davi tomou a fortaleza de Sião; esta é a cidade de Davi.

⁸Ora, Davi disse naquele dia: Todo o que ferir os jebuseus, suba ao canal, e fira a esses coxos e cegos, a quem a alma de Davi aborrece. Por isso se diz: Nem cego nem, coxo entrara na casa.

⁹Assim habitou Davi na fortaleza, e chamou-a cidade de Davi; e foi levantando edifícios em redor, desde Milo para dentro.

¹⁰Davi ia-se engrandecendo cada vez mais, porque o Senhor Deus dos exércitos era com ele.

¹¹Hirão, rei de Tiro, enviou mensageiros a Davi, e madeira de cedro, e carpinteiros e pedreiros, que edificaram para Davi uma casa.

¹²Entendeu, pois, Davi que o Senhor o confirmara rei sobre Israel, e que exaltara o reino dele por amar do seu povo Israel.

¹³Davi tomou ainda para si concubinas e mulheres de Jerusalém, depois que viera de Hebrom; e nasceram a Davi mais filhos e filhas.

¹⁴São estes os nomes dos que lhe nasceram em Jerusalém: Samua, Sobabe, Natã, Salomão,

¹⁵Ibar, Elisua, Nefegue, Jafia,

¹⁶Elisama, e Eliadá e Elifelete.

¹⁷Quando os filisteus ouviram que Davi fora ungido rei sobre Israel, subiram todos em busca dele. Ouvindo isto, Davi desceu à fortaleza.

¹⁸Os filisteus vieram, e se estenderam pelo vale de Refaim.

¹⁹Pelo que Davi consultou ao Senhor, dizendo: Subirei contra os filisteus? entrega-los-ás nas mãos? Respondeu o Senhor a Davi: Sobe, pois eu entregarei os filisteus nas tuas mãos.

²⁰Então foi Davi a Baal-Perazim, e ali os derrotou; e disse: O Senhor rompeu os meus inimigos diante de mim, como as águas rompem barreiras. Por isso chamou o nome daquele lugar Baal-Perazim.

²¹Os filisteus deixaram lá os seus ídolos, e Davi e os seus homens os levaram.

²²Tornaram ainda os filisteus a subir, e se espalharam pelo vale de Refaim.

²³E Davi consultou ao Senhor, que respondeu: Não subirás; mas rodeia-os por detrás, e virás sobre eles por defronte dos balsameiros.

²⁴E há de ser que, ouvindo tu o ruído de marcha pelas copas dos balsameiros, então te apressarás, porque é o Senhor que sai diante de ti, a ferir o arraial dos filisteus.

²⁵Fez, pois, Davi como o Senhor lhe havia ordenado; e feriu os filisteus desde Geba, até chegar a Gezer.

## Capítulo 6

¹Tornou Davi a ajuntar todos os escolhidos de Israel, em número de trinta mil.

²Depois levantou-se Davi, e partiu para Baal-Judá com todo o povo que tinha consigo, para trazerem dali para cima a arca de Deus, a qual é chamada pelo Nome, o nome do Senhor dos exércitos, que se assenta sobre os querubins.

³Puseram a arca de Deus em um carro novo, e a levaram da casa de Abinadabe, que estava sobre o outeiro; e Uzá e Aiô, filhos de Abinadabe, guiavam o carro novo.

⁴Foram, pois, levando-o da casa de Abinadabe, que estava sobre o outeiro, com a arca de Deus; e Aiô ia adiante da arca.

⁵E Davi, e toda a casa de Israel, tocavam perante o Senhor, com toda sorte de instrumentos de pau de faia, como também com harpas, saltérios, tamboris, pandeiros e címbalos.

⁶Quando chegaram à eira de Nacom, Uzá estendeu a mão à arca de Deus, e pegou nela, porque os bois tropeçaram.

⁷Então a ira do Senhor se acendeu contra Uzá, e Deus o feriu ali; e Uzá morreu ali junto à arca de Deus.

⁸E Davi se contristou, porque o Senhor abrira rotura em Uzá; e passou-se a chamar àquele lugar, Pérez-Uzá, até o dia de hoje.

⁹Davi, pois, teve medo do Senhor naquele dia, e disse: Como virá a mim a arca do Senhor?

¹⁰E não quis levar a arca do Senhor para a cidade de Davi; mas fê-la entrar na casa de Obede-Edom, o gitita.

¹¹E ficou a arca do Senhor três meses na casa de Obede-Edom, o gitita, e o Senhor o abençoou e a toda a sua casa.

¹²Então informaram a Davi, dizendo: O Senhor abençoou a casa de Obede-Edom, e tudo quanto é dele, por causa da arca de Deus. Foi, pois, Davi, e com alegria fez subir a arca de Deus, da casa de Obede-Edom para a cidade de Davi.

¹³Quando os que levavam a arca do Senhor tinham dado seis passos, ele sacrificou um boi e um animal cevado.

¹⁴E Davi dançava com todas as suas forças diante do Senhor; e estava Davi cingido dum éfode de linho.

¹⁵Assim Davi e toda a casa de Israel subiam, trazendo a arca do Senhor com júbilo e ao som de trombetas.

¹⁶Quando entrava a arca do Senhor na cidade de Davi, Mical, filha de Saul, estava olhando pela janela; e, vendo ao rei Davi saltando e dançando diante do senhor, o desprezou no seu coração.

¹⁷Introduziram, pois, a arca do Senhor, e a puseram no seu lugar, no meio da tenda que Davi lhe armara; e Davi ofereceu holocaustos e ofertas pacíficas perante o Senhor.

¹⁸Quando Davi acabou de oferecer os holocaustos e ofertas pacíficas, abençoou o povo em nome do Senhor dos exércitos.

¹⁹Depois repartiu a todo o povo, a toda a multidão de Israel, tanto a homens como a mulheres, a cada um, um bolo de pão, um bom pedaço de carne e um bolo de passas. Em seguida todo o povo se retirou, cada um para sua casa.

²⁰Então Davi voltou para abençoar a sua casa; e Mical, filha de Saul, saiu a encontrar-se com Davi, e disse: Quão honrado foi o rei de Israel, descobrindo-se hoje aos olhos das servas de seus servos, como sem pejo se descobre um indivíduo qualquer.

²¹Disse, porém, Davi a Mical: Perante o Senhor, que teu escolheu a mim de preferência a teu pai e a toda a sua casa, estabelecendo-me por chefe sobre o povo do Senhor, sobre Israel, sim, foi perante Senhor que dancei; e perante ele ainda hei de dançar

²²Também ainda mais do que isso me envilecerei, e me humilharei aos meus olhos; mas das servas, de quem falaste, delas serei honrado.

²³E Mical, filha de Saul não teve filhos, até o dia de sua morte.

## Capítulo 7

¹Ora, estando o rei Davi em sua casa e tendo-lhe dado o Senhor descanso de todos os seus inimigos em redor,

²disse ele ao profeta Natã: Eis que eu moro numa casa de cedro, enquanto que a arca de Deus dentro de uma tenda.

³Respondeu Natã ao rei: Vai e faze tudo quanto está no teu coração, porque o Senhor é contigo.

⁴Mas naquela mesma noite a palavra do Senhor veio a Natã, dizendo:

⁵Vai, e dize a meu servo Davi: Assim diz o Senhor: Edificar-me-ás tu uma casa para eu nela habitar?

⁶Porque em casa nenhuma habitei, desde o dia em que fiz subir do Egito os filhos de Israel até o dia de hoje, mas tenho andado em tenda e em tabernáculo.

⁷E em todo lugar em que tenho andado com todos os filhos de Israel, falei porventura, alguma palavra a qualquer das suas tribos a que mandei apascentar o meu povo de Israel, dizendo: por que não me edificais uma casa de cedro?

⁸Agora, pois, assim dirás ao meu servo Davi: Assim diz o Senhor dos exércitos: Eu te tomei da malhada, de detrás das ovelhas, para que fosses príncipe sobre o meu povo, sobre Israel;

⁹e fui contigo, por onde quer que foste, e destruí a todos os teus inimigos diante de ti; e te farei um grande nome, como o nome dos grandes que há na terra.

¹⁰Também designarei lugar para o meu povo, para Israel, e o plantarei ali, para que ele habite no seu lugar, e não mais seja perturbado, e nunca mais os filhos da iniqüidade o aflijam, como dantes,

¹¹e como desde o dia em que ordenei que houvesse juízes sobre o meu povo Israel. A ti, porém, darei descanso de todos os teus inimigos. Também o Senhor te declara que ele te fará casa.

¹²Quando teus dias forem completos, e vieres a dormir com teus pais, então farei levantar depois de ti um dentre a tua descendência, que sair das tuas entranhas, e estabelecerei o seu reino.

¹³Este edificará uma casa ao meu nome, e eu estabelecerei para sempre o trono do seu reino.

¹⁴Eu lhe serei pai, e ele me será filho. E, se vier a transgredir, castigá-lo-ei com vara de homens, e com açoites de filhos de homens;

¹⁵mas não retirarei dele a minha benignidade como a retirei de Saul, a quem tirei de diante de ti.

¹⁶A tua casa, porém, e o teu reino serão firmados para sempre diante de ti; teu trono será estabelecido para sempre.

¹⁷Conforme todas estas palavras, e conforme toda esta visão, assim falou Natã a Davi.

¹⁸Então entrou o rei Davi, e sentou-se perante o Senhor, e disse: Quem sou eu, Senhor Jeová, e que é a minha casa, para me teres trazido

2 Samuel
até aqui?

¹⁹E isso ainda foi pouco aos teus olhos, Senhor Jeová, senão que também falaste da casa do teu servo para tempos distantes; e me tens mostrado gerações futuras, ó Senhor Jeová?

²⁰Que mais te poderá dizer Davi. pois tu conheces bem o teu servo, ó Senhor Jeová.

²¹Por causa da tua palavra, e segundo o teu coração, fizeste toda esta grandeza, revelando-a ao teu servo.

²²Portanto és grandioso, ó Senhor Jeová, porque ninguém há semelhante a ti, e não há Deus senão tu só, segundo tudo o que temos ouvido com os nossos ouvidos.

²³Que outra nação na terra é semelhante a teu povo Israel, a quem tu, ó Deus, foste resgatar para te ser povo, para te fazeres um nome, e para fazeres a seu favor estas grandes e terríveis coisas para a tua terra, diante do teu povo, que tu resgataste para ti do Egito, desterrando nações e seus deuses?

²⁴Assim estabeleceste o teu povo Israel por teu povo para sempre, e tu, Senhor, te fizeste o seu Deus.

²⁵Agora, pois, o Senhor Jeová, confirma para sempre a palavra que falaste acerca do teu servo e acerca da sua casa, e faze como tens falado.

²⁶para que seja engrandecido o teu nome para sempre, e se diga: O Senhor dos exércitos é Deus sobre Israel; e a casa do teu servo será estabelecida diante de ti.

²⁷Pois tu, Senhor dos exércitos, Deus de Israel, fizeste uma revelação ao teu servo, dizendo: Edificar-te-ei uma casa. Por isso o teu servo se animou a fazer-te esta oração.

²⁸Agora, pois, Senhor Jeová, tu és Deus, e as tuas palavras são verdade, e tens prometido ao teu servo este bem.

²⁹Sê, pois, agora servido de abençoar a casa do teu servo, para que subsista para sempre diante de ti; pois tu, ó Senhor Jeová, o disseste; e com a tua bênção a casa do teu servo será, abençoada para sempre.

## Capítulo 8

¹Sucedeu depois disso que Davi derrotou os filisteus, e os sujeitos; e Davi tomou a Metegue-Ama das mãos dos filisteus.

²Também derrotou os moabitas, e os mediu com cordel, fazendo-os deitar por terra; e mediu dois cordéis para os matar, e um cordel inteiro para os deixar com vida. Ficaram assim os moabitas por servos de Davi, pagando-lhe tributos.

³Davi também derrotou a Hadadézer, filho de Reobe, rei de Zobá, quando este ia estabelecer o seu domínio sobre o rio Eufrates.

⁴E tomou-lhe Davi mil e setecentos cavaleiros e vinte mil homens de infantaria; e Davi jarretou a todos os cavalos dos carros, reservando apenas cavalos para cem carros.

⁵Os sírios de Damasco vieram socorrer a Hadadézer, rei de Zobá, mas Davi matou deles vinte e dois mil homens.

⁶Então Davi pôs guarnições em Síria de Damasco, e os sírios ficaram por servos de Davi, pagando-lhe tributos. E o Senhor lhe dava a vitória por onde quer que ia.

⁷E Davi tomou os escudos de ouro que os servos de Hadadézer usavam, e os trouxe para Jerusalém.

⁸De Betá e de Berotai, cidades de Hadadézer, o rei Davi tomou grande quantidade de bronze.

⁹Quando Toí, rei de Hamate, ouviu que Davi ferira todo o exército de Hadadézer,

¹⁰mandou-lhe seu filho Jorão para saudá-lo, e para felicitá-lo por haver pelejado contra Hadadézer e o haver derrotado; pois Hadadézer de contínuo fazia guerra a Toí. E Jorão trouxe consigo vasos de prata de ouro e de bronze,

¹¹os quais o rei Davi consagrou ao Senhor, como já havia consagrado a prata e o ouro de todas as nações que sujeitara.

¹²da Síria, de Moabe, dos amonitas, dos filisteus, de Amaleque e dos despojos de Hadadézer, filho de Reobe, rei de Zobá.

¹³Assim Davi ganhou nome para si. E quando voltou, matou no Vale do Sal a dezoito mil edomitas.

¹⁴E pôs guarnições em Edom; pô-las em todo o Edom, e todos os edomitas tornaram-se servos de Davi. E o Senhor lhe dava a vitória por onde quer que ia.

¹⁵Reinou, pois, Davi sobre todo o Israel, e administrava a justiça e a eqüidade a todo o seu povo.

¹⁶Joabe, filho de Zeruia, estava sobre exército; Jeosafá, filho de Ailude, era cronista;

¹⁷Zadoque, filho de Aitube, e Aimeleque, filho de Abiatar, eram sacerdotes; Seraías era escrivão;

¹⁸Benaías, filho de Jeoiada, tinha o cargo dos quereteus e peleteus; e os filhos de Davi eram ministros de estado.

## Capítulo 9

¹Disse Davi: Resta ainda alguém da casa de Saul, para que eu use de benevolência para com ele por amor de Jônatas?

²E havia um servo da casa de Saul, cujo nome era Ziba; e o chamaram à presença de Davi. perguntou-lhe o rei: Tu és Ziba? Respondeu ele: Teu servo!

³Prosseguiu o rei: Não há ainda alguém da casa de Saul para que eu possa usar com ele da benevolência de Deus? Então disse Ziba ao rei: Ainda há um filho de Jônatas, aleijado dos pés.

⁴Perguntou-lhe o rei: Onde está. Respondeu Ziba ao rei: Está em casa de Maquir, filho de Amiel, em Lo-Debar.

⁵Então mandou o rei Davi, e o tomou da casa de Maquir, filho de Amiel, em Lo-Debar.

⁶E Mefibosete, filho de Jônatas, filho de Saul, veio a Davi e, prostrando-se com o rosto em terra, lhe fez reverência. E disse Davi: Mefibosete! Respondeu ele: Eis aqui teu servo.

⁷Então lhe disse Davi: Não temas, porque de certo usarei contigo de benevolência por amor de Jônatas, teu pai, e te restituirei todas as terras de Saul, teu pai; e tu sempre comerás à minha mesa.

⁸Então Mefibosete lhe fez reverência, e disse: Que é o teu servo, para teres olhado para um cão morto tal como eu?

⁹Então chamou Davi a Ziba, servo de Saul, e disse-lhe: Tudo o que pertencia a Saul, e a toda a sua casa, tenho dado ao filho de teu senhor.

¹⁰Cultivar-lhe-ás, pois, a terra, tu e teus filhos, e teus servos; e recolherás os frutos, para que o filho de teu senhor tenha pão para comer; mas Mefibosete, filho de teu senhor, comerá sempre à minha mesa. Ora, tinha Ziba quinze filhos e vinte servos.

¹¹Respondeu Ziba ao rei: Conforme tudo quanto meu senhor, o rei, manda a seu servo, assim o fará ele. Disse o rei: Quanto a Mefibosete, ele comerá à minha mesa como um dos filhos do rei.

¹²E tinha Mefibosete um filho pequeno, cujo nome era Mica. E todos quantos moravam em casa de Ziba eram servos de Mefibosete.

¹³Morava, pois, Mefibosete em Jerusalém, porquanto sempre comia à mesa do rei. E era coxo de ambos os pés.

## Capítulo 10

¹Depois disto morreu o rei dos amonitas, e seu filho Hanum reinou em seu lugar.

²Então disse Davi: usarei de benevolência para com Hanum, filho de Naás, como seu pai usou de benevolência para comigo. Davi, pois, enviou os seus servos para o consolar acerca de seu pai; e foram os servos de Davi à terra dos amonitas.

³Então disseram os príncipes dos amonitas a seu senhor, Hanum: Pensas, porventura, que foi para honrar teu pai que Davi te enviou consoladores? Não te enviou antes os seus servos para reconhecerem esta cidade e para a espiarem, a fim de transtorná-la?

⁴Pelo que Hanum tomou os servos de Davi, rapou-lhes metade da barba, cortou-lhes metade dos vestidos, até as nádegas, e os despediu.

⁵Quando isso foi dito a Davi, enviou ele mensageiros a encontrá-los, porque aqueles homens estavam sobremaneira envergonhados; e mandou dizer-lhes: Deixai-vos estar em Jericó, até que vos torne a crescer a barba, e então voltai.

⁶Vendo, pois, os amonitas que se haviam feito abomináveis para com Davi, enviaram e alugaram dos sírios de Bete-Reobe e dos sírios de Bete-Reobe e dos sírios de Sobá vinte mil homens de infantaria, e do rei de Maacá mil homens, e dos homens de Tobe doze mil.

⁷O que ouvindo Davi, enviou contra eles a Joabe com todo o exército dos valentes.

⁸E saíram os amonitas, e ordenaram a batalha a entrada da porta; mas os sírios de Zobá e de Reobe, e os homens de Tobe e de Maacá estavam à parte no campo.

⁹Vendo, pois, Joabe que a batalha estava preparada contra ele pela frente e pela retaguarda, escolheu alguns homens dentre a flor do exército de Israel, e formou-os em linha contra os sírios;

¹⁰e entregou o resto do povo a seu irmão Abisai, para que o formasse em linha contra os amonitas.

¹¹E disse-lhe: Se os sírios forem mais fortes do que eu, tu me virás em socorro; e se os amonitas forem mais fortes do que tu, eu irei em teu socorro.

¹²Tem bom ânimo, e sejamos corajosos pelo nosso povo, e pelas cidades de nosso Deus; e faça o Senhor o que bem lhe parecer.

¹³Então Joabe e o povo que estava com ele travaram a peleja contra os sírios; e estes fugiram diante dele.

¹⁴E, vendo os amonitas que os sírios fugiam, também eles fugiram de diante de Abisai, e entraram na cidade. Então Joabe voltou dos amonitas e veio para Jerusalém.

¹⁵Os sírios, vendo que tinham sido derrotados diante de Israel,

trataram de refazer-se.

¹⁶E Hadadézer mandou que viessem os sírios que estavam da outra banda do rio; e eles vieram a Helã, tendo à sua frente Sobaque, chefe do exército de Hadadézer.

¹⁷Davi, informado disto, ajuntou todo o Israel e, passando o Jordão, foi a Helã; e os sírios se puseram em ordem contra Davi, e pelejaram contra ele.

¹⁸Os sírios, porém, fugiram de diante de Israel; e Davi matou deles os homens de setecentos carros, e quarenta mil homens de cavalaria; e feriu a Sobaque, general do exército, de sorte que ele morreu ali.

¹⁹Vendo, pois, todos os reis, servos de Hadadézer, que estavam derrotados diante de Israel, fizeram paz com Israel, e o serviram. E os sírios não ousaram mais socorrer aos amonitas.

## Capítulo 11

¹Tendo decorrido um ano, no tempo em que os reis saem à guerra, Davi enviou Joabe, e com ele os seus servos e todo o Israel; e eles destruíram os amonitas, e sitiaram a Rabá. Porém Davi ficou em Jerusalem.

²Ora, aconteceu que, numa tarde, Davi se levantou do seu leito e se pôs a passear no terraço da casa real; e do terraço viu uma mulher que se estava lavando; e era esta mulher mui formosa à vista.

³Tendo Davi enviado a indagar a respeito daquela mulher, disseram-lhe: Porventura não é Bate-Seba, filha de Eliã, mulher de Urias, o heteu?

⁴Então Davi mandou mensageiros para trazê-la; e ela veio a ele, e ele se deitou com ela (pois já estava purificada da sua imundícia); depois ela voltou para sua casa.

⁵A mulher concebeu; e mandou dizer a Davi: Estou grávida.

⁶Então Davi mandou dizer a Joabe: Envia-me Urias, o heteu. E Joabe o enviou a Davi.

⁷Vindo, pois, Urias a Davi, este lhe perguntou como passava Joabe, e como estava o povo, e como ia a guerra.

⁸Depois disse Davi a Urias: Desce a tua casa, e lava os teus pés. E, saindo Urias da casa real, logo foi mandado após ele um presente do rei.

⁹Mas Urias dormiu à porta da casa real, com todos os servos do seu senhor, e não desceu a sua casa.

¹⁰E o contaram a Davi, dizendo: Urias não desceu a sua casa. Então perguntou Davi a Urias: Não vens tu duma jornada? por que não desceste a tua casa?

¹¹Respondeu Urias a Davi: A arca, e Israel, e Judá estão em tendas; e Joabe, meu senhor, e os servos de meu senhor estão acampados ao relento; e entrarei eu na minha casa, para comer e beber, e para me deitar com minha mulher? Como vives tu, e como vive a tua alma, não farei tal coisa.

¹²Então disse Davi a Urias: Fica ainda hoje aqui, e amanhã te despedirei. Urias, pois, ficou em Jerusalém aquele dia e o seguinte.

¹³E Davi o convidou a comer e a beber na sua presença, e o embebedou; e à tarde saiu Urias a deitar-se na sua cama com os servos de seu senhor, porém não desceu a sua casa.

¹⁴Pela manhã Davi escreveu uma carta a Joabe, e mandou-lha por mão de Urias.

¹⁵Escreveu na carta: Ponde Urias na frente onde for mais renhida a peleja, e retirai-vos dele, para que seja ferido e morra.

¹⁶Enquanto Joabe sitiava a cidade, pôs Urias no lugar onde sabia que havia homens valentes.

¹⁷Quando os homens da cidade saíram e pelejaram contra Joabe, caíram alguns do povo, isto é, dos servos de Davi; morreu também Urias, o heteu.

¹⁸Então Joabe mandou dizer a Davi tudo o que sucedera na peleja;

¹⁹e deu ordem ao mensageiro, dizendo: Quando tiveres acabado de contar ao rei tudo o que sucedeu nesta peleja,

²⁰caso o rei se encolerize, e te diga: Por que vos chegastes tão perto da cidade a pelejar. Não sabíeis vós que haviam de atirar do muro?

²¹Quem matou a Abimeleque, filho de Jerubesete? Não foi uma mulher que lançou sobre ele, do alto do muro, a pedra superior dum moinho, de modo que morreu em Tebez? Por que chegastes tão perto do muro? Então dirás: Também morreu teu servo Urias, o heteu.

²²Partiu, pois, o mensageiro e, tendo chegado, referiu a Davi tudo o que Joabe lhe ordenara.

²³Disse o mensageiro a Davi: Os homens ganharam uma vantagem sobre nós, e sairam contra nos ao campo; porém nos os repelimos até a entrada da porta.

²⁴Então os flecheiros atiraram contra os teus servos desde o alto do muro, e morreram alguns servos do rei; e também morreu o teu servo Urias, o heteu.

²⁵Disse Davi ao mensageiro: Assim dirás a Joabe: Não te preocupes com isso, pois a espada tanto devora este como aquele; aperta a tua peleja contra a cidade, e a derrota. Encoraja-o tu assim.

²⁶Ouvindo, pois, a mulher de Urias que seu marido era morto, o chorou.

²⁷E, passado o tempo do luto, mandou Davi recolhê-la a sua casa: e ela lhe foi por mulher, e lhe deu um filho. Mas isto que Davi fez desagradou ao Senhor.

## Capítulo 12

¹O Senhor, pois, enviou Natã a Davi. E, entrando ele a ter com Davi, disse-lhe: Havia numa cidade dois homens, um rico e outro pobre.

²O rico tinha rebanhos e manadas em grande número;

³mas o pobre não tinha coisa alguma, senão uma pequena cordeira que comprara e criara; ela crescera em companhia dele e de seus filhos; do seu bocado comia, do seu copo bebia, e dormia em seu regaço; e ele a tinha como filha.

⁴Chegou um viajante à casa do rico; e este, não querendo tomar das suas ovelhas e do seu gado para guisar para o viajante que viera a ele, tomou a cordeira do pobre e a preparou para o seu hóspede.

⁵Então a ira de Davi se acendeu em grande maneira contra aquele homem; e disse a Natã: Vive o Senhor, que digno de morte é o homem que fez isso.

⁶Pela cordeira restituirá o quádruplo, porque fez tal coisa, e não teve compaixão.

⁷Então disse Natã a Davi: Esse homem és tu! Assim diz o Senhor Deus de Israel: Eu te ungi rei sobre Israel, livrei-te da mão de Saul,

⁸e te dei a casa de teu senhor, e as mulheres de teu senhor em teu seio; também te dei a casa de Israel e de Judá. E se isso fosse pouco, te acrescentaria outro tanto.

⁹Por que desprezaste a palavra do Senhor, fazendo o mal diante de seus olhos? A Urias, o heteu, mataste à espada, e a sua mulher tomaste para ser tua mulher; sim, a ele mataste com a espada dos amonitas.

¹⁰Agora, pois, a espada jamais se apartará da tua casa, porquanto me desprezaste, e tomaste a mulher de Urias, o heteu, para ser tua mulher.

¹¹Assim diz o Senhor: Eis que suscitarei da tua própria casa o mal sobre ti, e tomarei tuas mulheres perante os teus olhos, e as darei a teu próximo, o qual se deitará com tuas mulheres à luz deste sol.

¹²Pois tu o fizeste em oculto; mas eu farei este negócio perante todo o Israel e à luz do sol.

¹³Então disse Davi a Natã: Pequei contra o Senhor. Tornou Natã a Davi: Também o Senhor perdooou o teu pecado; não morreras.

¹⁴Todavia, porquanto com este feito deste lugar a que os inimigos do Senhor blasfemem, o filho que te nasceu certamente morrerá.

¹⁵Então Natã foi para sua casa. Depois o Senhor feriu a criança que a mulher de Urias dera a Davi, de sorte que adoeceu gravemente.

¹⁶Davi, pois, buscou a Deus pela criança, e observou rigoroso jejum e, recolhendo-se, passava a noite toda prostrado sobre a terra.

¹⁷Então os anciãos da sua casa se puseram ao lado dele para o fazerem levantar-se da terra; porém ele não quis, nem comeu com eles.

¹⁸Ao sétimo dia a criança morreu; e temiam os servos de Davi dizer-lhe que a criança tinha morrido; pois diziam: Eis que, sendo a criança ainda viva, lhe falávamos, porém ele não dava ouvidos à nossa voz; como, pois, lhe diremos que a criança morreu? Poderá cometer um desatino.

¹⁹Davi, porém, percebeu que seus servos cochichavam entre si, e entendeu que a criança havia morrido; pelo que perguntou a seus servos: Morreu a criança? E eles responderam: Morreu.

²⁰Então Davi se levantou da terra, lavou-se, ungiu-se, e mudou de vestes; e, entrando na casa do Senhor, adorou. Depois veio a sua casa, e pediu o que comer; e lho deram, e ele comeu.

²¹Então os seus servos lhe disseram: Que é isso que fizeste? pela criança viva jejuaste e choraste; porém depois que a criança morreu te levantaste e comeste.

²²Respondeu ele: Quando a criança ainda vivia, jejuei e chorei, pois dizia: Quem sabe se o Senhor não se compadecerá de mim, de modo que viva a criança?

²³Todavia, agora que é morta, por que ainda jejuaria eu? Poderei eu fazê-la voltar? Eu irei para ela, porém ela não voltará para mim.

²⁴Então consolou Davi a Bate-Seba, sua mulher, e entrou, e se deitou com ela. E teve ela um filho, e Davi lhe deu o nome de Salomão. E o Senhor o amou;

²⁵e mandou, por intermédio do profeta Natã, dar-lhe o nome de Jedidias, por amor do Senhor.

²⁶Ora, pelejou Joabe contra Rabá, dos amonitas, e tomou a cidade real.

²⁷Então mandou Joabe mensageiros a Davi, e disse: Pelejei contra

Rabá, e já tomei a cidade das águas.

²⁸Ajunta, pois, agora o resto do povo, acampa contra a cidade e toma-a, para que eu não a tome e seja o meu nome aclamado sobre ela.

²⁹Então Davi ajuntou todo o povo, e marchou para Rabá; pelejou contra ela, e a tomou.

³⁰Também tirou a coroa da cabeça do seu rei; e o peso dela era de um talento de ouro e havia nela uma pedra preciosa; e foi posta sobre a cabeça de Davi, que levou da cidade mui grande despojo.

³¹E, trazendo os seus habitantes, os pôs a trabalhar com serras, trilhos de ferro, machados de ferro, e em fornos de tijolos; e assim fez a todas as cidades dos amonitas. Depois voltou Davi e todo o povo para Jerusalém.

## Capítulo 13

¹Ora, Absalão, filho de Davi, tinha uma irmã formosa, cujo nome era Tamar; e sucedeu depois de algum tempo que Amnom, filho de Davi enamorou-se dela.

²E angustiou-se Amnom, até adoecer, por amar, sua irmã; pois era virgem, e parecia impossível a Amnom fazer coisa alguma com ela.

³Tinha, porém, Amnom um amigo, cujo nome era Jonadabe, filho de Siméia, irmão de Davi; e era Jonadabe homem mui sagaz.

⁴Este lhe perguntou: Por que tu de dia para dia tanto emagreces, ó filho do rei? não mo dirás a mim? Então lhe respondeu Amnom: Amo a Tamar, irmã de Absalão, meu irmão.

⁵Tornou-lhe Jonadabe: Deita-te na tua cama, e finge-te doente; e quando teu pai te vier visitar, dize-lhe: Peço-te que minha irmã Tamar venha dar-me de comer, preparando a comida diante dos meus olhos, para que eu veja e coma da sua mão.

⁶Deitou-se, pois, Amnom, e fingiu-se doente. Vindo o rei visitá-lo, disse-lhe Amnom: Peço-te que minha irmã Tamar venha e prepare dois bolos diante dos meus olhos, para que eu coma da sua mão.

⁷Mandou, então, Davi a casa, a dizer a Tamar: Vai a casa de Amnom, teu irmão, e faze-lhe alguma comida.

⁸Foi, pois, Tamar a casa de Amnom, seu irmão; e ele estava deitado. Ela tomou massa e, amassando-a, fez bolos e os cozeu diante dos seus olhos.

⁹E tomou a panela, e os tirou diante dele; porém ele recusou comer. E disse Amnom: Fazei retirar a todos da minha presença. E todos se retiraram dele.

¹⁰Então disse Amnom a Tamar: Traze a comida a câmara, para que eu coma da tua mão. E Tamar, tomando os bolos que fizera, levou-os à câmara, ao seu irmão Amnom.

¹¹Quando lhos chegou, para que ele comesse, Amnom pegou dela, e disse-lhe: Vem, deita-te comigo, minha irmã.

¹²Ela, porém, lhe respondeu: Não, meu irmão, não me forces, porque não se faz assim em Israel; não faças tal loucura.

¹³Quanto a mim, para onde levaria o meu opróbrio? E tu passarias por um dos insensatos em Israel. Rogo-te, pois, que fales ao rei, porque ele não me negará a ti.

¹⁴Todavia ele não quis dar ouvidos à sua voz; antes, sendo mais forte do que ela, forçou-a e se deitou com ela.

¹⁵Depois sentiu Amnom grande aversão por ela, pois maior era a aversão que se sentiu por ela do que o amor que lhe tivera. E disse-lhe Amnom: Levanta-te, e vai-te.

¹⁶Então ela lhe respondeu: Não há razão de me despedires; maior seria este mal do que o outro já me tens feito. Porém ele não lhe quis dar ouvidos,

¹⁷mas, chamando o moço que o servia, disse-lhe: Deita fora a esta mulher, e fecha a porta após ela.

¹⁸Ora, trazia ela uma túnica talar; porque assim se vestiam as filhas virgens dos reis. Então o criado dele a deitou fora, e fechou a porta após ela.

¹⁹Pelo que Tamar, lançando cinza sobre a cabeça, e rasgando a túnica talar que trazia, pôs as mãos sobre a cabeça, e se foi andando e clamando.

²⁰Mas Absalão, seu irmão, lhe perguntou: Esteve Amnom, teu irmão, contigo? Ora pois, minha irmã, cala-te; é teu irmão. Não se angustie o seu coração por isto. Assim ficou Tamar, desolada, em casa de Absalão, seu irmão.

²¹Quando o rei Davi ouviu todas estas coisas, muito se lhe acendeu a ira.

²²Absalão, porém, não falou com Amnom, nem mal nem bem, porque odiava a Amnom por ter ele forçado a Tamar, sua irmã.

²³Decorridos dois anos inteiros, tendo Absalão tosquiadores em Baal-Hazor, que está junto a Efraim, convidou todos os filhos do rei.

²⁴Foi, pois, Absalão ter com o rei, e disse: Eis que agora o teu servo faz a tosquia. Peço que o rei e os seus servos venham com o teu servo.

²⁵O rei, porém, respondeu a Absalão: Não, meu filho, não vamos todos, para não te sermos pesados. Absalão instou com ele; todavia ele não quis ir, mas deu-lhe a sua bençao.

²⁶Disse-lhe Absalão: Ao menos, deixa ir conosco Amnom, meu irmão. O rei, porém, lhe perguntou: Para que iria ele contigo?

²⁷Mas como Absalão instasse com o rei, este deixou ir com ele Amnom, e os demais filhos do rei.

²⁸Ora, Absalão deu ordem aos seus servos, dizendo: Tomai sentido; quando o coração de Amnom estiver alegre do vinho, e eu vos disser: Feri a Amnom; então matai-o. Não tenhais medo; não sou eu quem vo-lo ordenou? Esforçai-vos, e sede valentes.

²⁹E os servos de Absalão fizeram a Amnom como Absalão lhes havia ordenado. Então todos os filhos do rei se levantaram e, montando cada um no seu mulo, fugiram.

³⁰Enquanto eles ainda estavam em caminho, chegou a Davi um rumor, segundo o qual se dizia: Absalão matou todos os filhos do rei; nenhum deles ficou.

³¹Então o rei se levantou e, rasgando as suas vestes, lançou-se por terra; da mesma maneira todos os seus servos que lhe assistiam rasgaram as suas vestes.

³²Mas Jonadabe, filho de Siméia, irmão de Davi, disse-lhe: Não presuma o meu senhor que mataram todos os mancebos filhos do rei, porque só morreu Amnom; porque assim o tinha resolvido fazer Absalão, desde o dia em que ele forçou a Tamar, sua irmã.

³³Não se lhe meta, pois, agora no coração ao rei meu senhor o pensar que morreram todos os filhos do rei; porque só morreu Amnom.

³⁴Absalão, porém, fugiu. E o mancebo que estava de guarda, levantando os olhos, orou, e eis que vinha muito povo pelo caminho por detrás dele, ao lado do monte.

³⁵Então disse Jonadabe ao rei: Eis aí vêm os filhos do rei; conforme a palavra de teu servo, assim sucedeu.

³⁶Acabando ele de falar, chegaram os filhos do rei e, levantando a sua voz, choraram; e também o rei e todos os seus servos choraram amargamente.

³⁷Absalão, porém, fugiu, e foi ter com Talmai, filho de Amiur, rei de Gesur. E Davi pranteava a seu filho todos os dias.

³⁸Tendo Absalão fugido para Gesur, esteve ali três anos.

³⁹Então o rei Davi sentiu saudades de Absalão, pois já se tinha consolado acerca da morte de Amnom.

## Capítulo 14

¹Percebendo Joabe, filho de Zeruia, que o coração do rei estava inclinado para Absalão,

²mandou a Tecoa trazer de lá uma mulher sagaz, e disse-lhe: Ora, finge que estás de nojo; põe vestidos de luto, não te unjas com óleo, e faze-te como uma mulher que há muitos dias chora algum morto;

³vai ter com o rei, e fala-lhe desta maneira. Então Joabe lhe pôs as palavras na boca.

⁴A mulher tecoíta, pois, indo ter com o rei e prostrando-se com o rosto em terra, fez-lhe uma reverência e disse: Salva-me, ó rei.

⁵Ao que lhe perguntou o rei: Que tens? Respondeu ela: Na verdade eu sou viúva; morreu meu marido.

⁶Tinha a tua serva dois filhos, os quais tiveram uma briga no campo e, não havendo quem os apartasse, um feriu ao outro, e o matou.

⁷E eis que toda a parentela se levantou contra a tua serva, dizendo: Dá-nos aquele que matou a seu irmão, para que o matemos pela vida de seu irmão, a quem ele matou, de modo que exterminemos também o herdeiro. Assim apagarão a brasa que me ficou, de sorte a não deixarem a meu marido nem nome, nem remanescente sobre a terra.

⁸Então disse o rei à mulher: Vai para tua casa, e eu darei ordem a teu respeito.

⁹Respondeu a mulher tecoíta ao rei: A iniqüidade, ó rei meu senhor, venha sobre mim e sobre a casa de meu pai; e fique inculpável o rei e o seu trono.

¹⁰Tornou o rei: Quem falar contra ti, traze-mo a mim, é nunca mais te tocará.

¹¹Disse ela: Ora, lembre-se o rei do Senhor seu Deus, para que o vingador do sangue não prossiga na destruição, e não extermine a meu filho. Então disse ele: Vive o Senhor, que não há de cair no chão nem um cabelo de teu filho.

¹²Então disse a mulher: Permite que a tua serva fale uma palavra ao rei meu senhor. Respondeu ele: Fala.

¹³Ao que disse a mulher: Por que, pois, pensas tu tal coisa contra o povo de Deus? Pois, falando o rei esta palavra, fica como culpado, visto que o rei não torna a trazer o seu desterrado.

¹⁴Porque certamente morreremos, e sereremos como águas

derramadas na terra, que não se podem ajuntar mais; Deus, todavia, não tira a vida, mas cogita meios para que não fique banido dele o seu desterrado.

¹⁵E se eu agora vim falar esta palavra ao rei meu senhor, e porque o povo me atemorizou; pelo que dizia a tua serva: Falarei, pois, ao rei; porventura fará o rei segundo a palavra da sua serva.

¹⁶Porque o rei ouvirá, para livrar a sua serva da mão do homem que intenta exterminar da herança de Deus tanto a mim como a meu filho.

¹⁷Dizia mais a tua serva: Que a palavra do rei meu senhor me dê um descanso; porque como o anjo de Deus é o rei, meu senhor, para discernir o bem e o mal; e o Senhor teu Deus seja contigo.

¹⁸Então respondeu o rei à mulher: Peço-te que não me encubras o que eu te perguntar. Tornou a mulher: Fale agora o rei meu senhor.

¹⁹Perguntou, pois, o rei: Não é verdade que a mão de Joabe está contigo em tudo isso? Respondeu a mulher: Vive a tua alma, ó rei meu senhor, que ninguém se poderá desviar, nem para a direita nem para a esquerda, de tudo quanto diz o rei meu senhor; porque Joabe, teu servo, é quem me deu ordem, e foi ele que pôs na boca da tua serva todas estas palavras;

²⁰para mudar a feição do negócio é que Joabe, teu servo, fez isso. Sábio, porém, é meu senhor, conforme a sabedoria do anjo de Deus, para entender tudo o que há na terra.

²¹Então o rei disse a Joabe: Eis que faço o que pedes; vai, pois, e faze voltar o mancebo Absalão.

²²Então Joabe se prostrou com o rosto em terra e, fazendo uma reverência, abençoou o rei; e disse Joabe: Hoje conhece o teu servo que achei graça aos teus olhos, ó rei meu senhor, porque o rei fez segundo a palavra do teu servo.

²³Levantou-se, pois, Joabe, foi a Gesue e trouxe Absalão para Jerusalém.

²⁴E disse o rei: Torne ele para sua casa, mas não venha à minha presença. Tornou, pois, Absalão para sua casa, e não foi à presença do rei.

²⁵Não havia em todo o Israel homem tão admirável pela sua beleza como Absalão; desde a planta do pé até o alto da cabeça não havia nele defeito algum.

²⁶E, quando ele cortava o cabelo, o que costumava fazer no fim de cada ano, porquanto lhe pesava muito, o peso do cabelo era de duzentos siclos, segundo o peso real.

²⁷Nasceram a Absalão três filhos, e uma filha cujo nome era Tamar; e esta era mulher formosa à vista.

²⁸Assim ficou Absalão dois anos inteiros em Jerusalém, sem ver a face do rei.

²⁹Então Absalão mandou chamar Joabe, para o enviar ao rei; porém Joabe não quis vir a ele. Mandou chamá-lo segunda vez, mas ele não quis vir.

³⁰Pelo que disse aos seus servos: Vede ali o campo de Joabe pegado ao meu, onde ele tem cevada; ide, e ponde-lhe fogo. E os servos de Absalão puseram fogo ao campo.

³¹Então Joabe se levantou, e veio ter com Absalão, em casa, e lhe perguntou: Por que os teus servos puseram fogo ao meu campo?

³²Respondeu Absalão a Joabe: Eis que enviei a ti, dizendo: Vem cá, para que te envie ao rei, a dizer-lhe: Para que vim de Gesur? Melhor me fora estar ainda lá. Agora, pois, veja eu a face do rei; e, se há em mim alguma culpa, que me mate.

³³Foi, pois, Joabe à presença do rei, e lho disse. Então o rei chamou Absalão, e ele entrou à presença do rei, e se prostrou com o rosto em terra diante do rei; e o rei beijou Absalão.

## Capítulo 15

¹Aconteceu depois disso que Absalão adquiriu para si um carro e cavalos, e cinqüenta homens que corressem adiante dele.

²E levantando-se Absalão cedo, parava ao lado do caminho da porta; e quando algum homem tinha uma demanda para, vir ao rei a juízo, Absalão o chamava a si e lhe dizia: De que cidade és tu? E, dizendo ele: De tal tribo de Israel é teu servo;

³Absalão lhe dizia: Olha, a tua causa é boa e reta, porém não há da parte do rei quem te ouça.

⁴Dizia mais Absalão: Ah, quem me dera ser constituído juiz na terra! para que viesse ter comigo todo homem que tivesse demanda ou questão, e eu lhe faria justiça.

⁵Sucedia também que, quando alguém se chegava a ele para lhe fazer reverência, ele estendia a mão e, pegando nele o beijava.

⁶Assim fazia Absalão a todo o Israel que vinha ao rei para juízo; desse modo Absalão furtava o coração dos homens de Israel.

⁷Aconteceu, ao cabo de quatro anos, que Absalão disse ao rei: Deixa-me ir pagar em Hebrom o voto que fiz ao Senhor.

⁸Porque, morando eu em Gesur, na Síria, fez o teu servo um voto, dizendo: Se o Senhor, na verdade, me fizer tornar a Jerusalém, servirei ao Senhor.

⁹Então lhe disse o rei: Vai em paz. Levantou-se, pois, e foi para Hebrom.

¹⁰Absalão, porém, enviou emissários por todas as tribos de Israel, dizendo: Quando ouvirdes o som da trombeta, direis: Absalão reina em Hebrom.

¹¹E de Jerusalém foram com Absalão duzentos homens que tinham sido convidados; mas iam na sua simplicidade, pois nada sabiam daquele desígnio.

¹²Também Absalão, enquanto oferecia os seus sacrifícios, mandou vir da cidade de Siló, Aitofel, o gilonita, conselheiro de Davi. E a conspiração tornava-se poderosa, crescendo cada vez mais o número do povo que estava com Absalão.

¹³Então veio um mensageiro a Davi, dizendo: O coração de todo o Israel vai após Absalão.

¹⁴Disse, pois, Davi a todos os seus servos que estavam com ele em Jerusalém: Levantai-vos, e fujamos, porque doutra forma não poderemos escapar diante de Absalão. Apressai-vos a sair; não seja caso que ele nos apanhe de súbito, e lance sobre nós a ruína, e fira a cidade ao fio da espada.

¹⁵Então os servos do rei lhe disseram: Eis aqui os teus servos para tudo quanto determinar o rei, nosso senhor.

¹⁶Assim saiu o rei, com todos os de sua casa, deixando, porém, dez concubinas para guardarem a casa.

¹⁷Tendo, pois, saído o rei com todo o povo, pararam na última casa.

¹⁸E todos os seus servos iam ao seu lado; mas todos os quereteus, e todos os peleteus, e todos os giteus, seiscentos homens que o seguiram de Gate, caminhavam adiante do rei.

¹⁹Disse o rei a Itai, o giteu: Por que irias tu também conosco? Volta e fica-te com o rei, porque és estrangeiro e exilado; torna a teu lugar.

²⁰Ontem vieste, e te levaria eu hoje conosco a vaguear? Pois eu vou para onde puder ir; volta, e lei, e contigo teus irmãos; a misericórdia e a fidelidade sejam contigo.

²¹Respondeu, porém, Itai ao rei, e disse: Vive o Senhor, e vive o rei meu senhor, que no lugar em que estiver o rei meu senhor, seja para morte, seja para vida, aí estará também o teu servo.

²²Então disse Davi a Itai: Vai, pois, e passa adiante. Assim passou Itai, o giteu, e todos os seus homens, e todos os pequeninos que havia com ele.

²³Toda a terra chorava em alta voz, enquanto todo o povo passava; e o rei atravessou o ribeiro de Cedrom, e todo o povo caminhava na direção do deserto.

²⁴E chegou Abiatar; e veio também Zadoque, e com ele todos os levitas que levavam a arca do pacto de Deus; e puseram ali a arca de Deus, até que todo o povo acabou de sair da cidade.

²⁵Então disse o rei a Zadoque: Torna a levar a arca de Deus à cidade; pois, se eu achar graça aos olhos do Senhor, ele me fará voltar para lá, e deixará ver a arca e a sua habitação.

²⁶Se ele, porém, disser: Não tenho prazer em ti; eis-me aqui, faça a mim o que bem lhe parecer.

²⁷Disse mais o rei a Zadoque, o sacerdote: Não és tu porventura vidente? volta, pois, para a cidade em paz, e contigo também teus dois filhos, Aimaaz, teu filho, e Jônatas, filho de Abiatar.

²⁸Vede eu me demorarei nos vaus do deserto até que tenha notícias da vossa parte.

²⁹Zadoque, pois, e Abiatar tornaram a levar para Jerusalém a arca de Deus, e ficaram ali.

³⁰Mas Davi, subindo pela encosta do monte das Oliveiras, ia chorando; tinha a cabeça coberta, e caminhava com os pés descalços. Também todo o povo que ia com ele tinha a cabeça coberta, e subia chorando sem cessar.

³¹Então disseram a Davi: Aitofel está entre os que conspiraram com Absalão. Pelo que disse Davi: ç Senhor, torna o conselho de Aitofel em loucura!

³²Ora, aconteceu que, chegando Davi ao cume, onde se costumava adorar a Deus, Husai, o arquita, veio encontrar-se com ele, com a roupa rasgada e a cabeça coberta de terra.

³³Disse-lhe Davi: Se fores comigo, ser-me-ás pesado;

³⁴porém se voltares para a cidade, e disseres a Absalão: Eu serei, ó rei, teu servo; como fui dantes servo de teu pai, assim agora serei teu servo; dissipar-me-ás então o conselho de Aitofel.

³⁵E não estão ali contigo Zadoque e Abiatar, sacerdotes? Portanto, tudo o que ouvires da casa do rei lhes dirás.

²⁶Eis que estão também ali com eles seus dois filhos, Aimaaz, filho de Zadoque, e Jônatas, filho de Abiatar; por eles me avisareis de tudo o que ouvirdes.

³⁷Husai, pois, amigo de Davi, voltou para a cidade. E Absalão entrou em Jerusalém.

## Capítulo 16

¹Tendo Davi passado um pouco além do cume, eis que Ziba, o moço de Mefibosete, veio encontrar-se com ele, com um par de jumentos albardados, e sobre eles duzentos pães, cem cachos de passas, e cem de frutas de verão e um odre de vinho.

²Perguntou, pois, o rei a Ziba: Que pretendes com isso? Respondeu Ziba: Os jumentos são para a casa do rei, para se montarem neles; e o pão e as frutas de verão para os moços comerem; e o vinho para os cansados no deserto beberem.

³Perguntou ainda o rei: E onde está o filho de teu senhor? Respondeu Ziba ao rei: Eis que permanece em Jerusalém, pois disse: Hoje a casa de Israel me restituirá o reino de meu pai.

⁴Então disse o rei a Ziba: Eis que tudo quanto pertencia a Mefibosete é teu. Ao que Ziba, inclinando-se, disse: Que eu ache graça aos teus olhos, ó rei meu senhor.

⁵Tendo o rei Davi chegado a Baurim, veio saindo dali um homem da linhagem da casa de Saul, cujo nome era Simei, filho de Gêra; e, adiantando-se, proferia maldições.

⁶Também atirava pedras contra Davi e todos os seus servos, ainda que todo o povo e todos os valorosos iam à direita e à esquerda do rei.

⁷E, amaldiçoando-o Simei, assim dizia: Sai, sai, homem sanguinário, homem de Belial!

⁸O Senhor te deu agora a paga de todo o sangue da casa de Saul, em cujo lugar tens reinado; já entregou o Senhor o reino na mão de Absalão, teu filho; e eis-te agora na desgraça, pois és um homem sanguinário.

⁹Então Abisai, filho de Zeruia, disse ao rei: Por que esse cão morto amaldiçoaria ao rei meu senhor? Deixa-me passar e tirar-lhe a cabeça.

¹⁰Disse, porém, o rei: Que tenho eu convosco, filhos de Zeruia? Por ele amaldiçoar e por lhe ter dito o Senhor: Amaldiçoa a Davi; quem dirá: Por que assim fizeste?

¹¹Disse mais Davi a Abisai, e a todos os seus servos: Eis que meu filho, que saiu das minhas entranhas, procura tirar-me a vida; quanto mais ainda esse benjamita? Deixai-o; deixai que amaldiçoe, porque o Senhor lho ordenou.

¹²Porventura o Senhor olhará para a minha aflição, e me pagará com bem a maldição deste dia.

¹³Prosseguiam, pois, o seu caminho, Davi e os seus homens, enquanto Simei ia pela encosta do monte, defronte dele, caminhando e amaldiçoando, e atirava pedras contra ele, e levantava poeira.

¹⁴E o rei e todo o povo que ia com ele chegaram cansados ao Jordão; e ali descansaram.

¹⁵Absalão e todo o povo, os homens de Israel, vieram a Jerusalém; e Aitofel estava com ele.

¹⁶E chegando Husai, o arquita, amigo de Davi, a Absalão, disse-lhe: Viva o rei, viva o rei!

¹⁷Absalão, porém, perguntou a Husai: E esta a tua benevolência para com o teu amigo? Por que não foste com o teu amigo?

¹⁸Respondeu-lhe Husai: Não; pois aquele a quem o Senhor, e este povo, e todos os homens de Israel têm escolhido, dele serei e com ele ficarei.

¹⁹E, demais disto, a quem serviria eu? Porventura não seria a seu filho? como servi a teu pai, assim servirei a ti.

²⁰Então disse Absalão a Aitofel: Dai o vosso conselho sobre o que devemos fazer.

²¹Respondeu Aitofel a Absalão: Entra às concubinas de teu pai, que ele deixou para guardarem a casa; e assim todo o Israel ouvirá que te fizeste aborrecível para com teu pai, e se fortalecerão as mãos de todos os que estão contigo.

²²Estenderam, pois, para Absalão uma tenda no terraço; e entrou Absalão às concubinas de seu pai, à vista de todo o Israel.

²³E o conselho que Aitofel dava naqueles dias era como se o oráculo de Deus se consultara; tal era todo o conselho de Aitofel, tanto para com Davi como para Absalão.

## Capítulo 17

¹Disse mais Aitofel a Absalão: Deixa-me escolher doze mil homens, e me levantarei, e perseguirei a Davi esta noite.

²Irei sobre ele, enquanto está cansado, e fraco de mãos, e o espantarei: então fugirá todo o povo que está com ele. Ferirei tão-somente o rei;

³e farei tornar a ti todo o povo, como uma noiva à casa do seu esposo; pois é a vida dum só homem que tu buscas; assim todo o povo estará em paz.

⁴E este conselho agradou a Absalão, e a todos os anciãos de Israel.

⁵Disse, porém, Absalão: Chamai agora a Husai, o arquita, e ouçamos também o que ele diz.

⁶Quando Husai chegou a Absalão, este lhe disse: Desta maneira falou Aitofel; faremos conforme a sua palavra? Se não, fala tu.

⁷Então disse Husai a Absalão: O conselho que Aitofel deu esta vez não é bom.

⁸Acrescentou Husai: Tu bem sabes que teu pai e os seus homens são valentes, e que estão com o espírito amargurado, como a ursa no campo, roubada dos seus cachorros; além disso teu pai é homem de guerra, e não passará a noite com o povo.

⁹Eis que agora está ele escondido nalguma cova, ou em qualquer outro lugar; e será que, caindo alguns no primeiro ataque, todo o que o ouvir dirá: Houve morticínio entre o povo que segue a Absalão.

¹⁰Então até o homem valente, cujo coração é como coração de leão, sem dúvida desmaiará; porque todo o Israel sabe que teu pai é valoroso, e que são valentes os que estão com ele.

¹¹Eu, porém, aconselho que com toda a pressa se ajunte a ti todo o Israel, desde Dã até Berseba, em multidão como a areia do mar; e que tu em pessoa vás à peleja.

¹²Então iremos a ele, em qualquer lugar em que se achar, e desceremos sobre ele, como o orvalho cai sobre a terra; e nao ficará dele e de todos os homens que estão com ele nem sequer um só.

¹³se ele, porém, se retirar para alguma cidade, todo o Israel trará cordas àquela cidade, e arrastá-la-emos até o ribeiro, até que não se ache ali nem uma só pedrinha

¹⁴Então Absalão e todos os homens e Israel disseram: Melhor é o conselho de Husai, o arquita, do que o conselho de Aitofel: Porque assim o Senhor o ordenara, para aniquilar o bom conselho de Aitofel, a fim de trazer o mal sobre Absalão.

¹⁵Também disse Husai a Zadoque e a Abiatar, sacerdotes: Assim e assim aconselhou Aitofel a Absalão e aos anciãos de Israel; porém eu aconselhei assim e assim.

¹⁶Agora, pois, mandai apressadamente avisar a Davi, dizendo: Não passes esta noite nos vaus do deserto; mas passa sem falta à outra banda, para que não seja devorado o rei, e todo o povo que com ele está.

¹⁷Ora, Jônatas e Aimaaz estavam esperando junto a En-Rogel; e foi uma criada, e lhes avisou, para que eles fossem e o dissessem ao rei Davi; pois não deviam ser vistos entrando na cidade.

¹⁸Viu-os todavia um moço, e avisou a Absalão. Ambos, porém, partiram apressadamente, e entraram em casa de um homem, em Baurim, o qual tinha no pátio de sua casa um poço, para o qual eles desceram.

¹⁹E a mulher, tomando a tampa, colocou-a sobre a boca do poço, e espalhou grão triturado sobre ela; assim nada se soube.

²⁰Chegando, pois, os servos de Absalão àquela casa, perguntaram à mulher: Onde estão Aimaaz e Jônatas? Respondeu-lhes a mulher: Já passaram a corrente das águas. E, havendo-os procurado sem os encontrarem, voltaram para Jerusalém.

²¹Depois que eles partiram, Aimaaz e Jônatas, saindo do poço, foram e avisaram a Davi; e disseram-lhe: Levantai-vos, e passai depressa as águas, porque assim e assim aconselhou contra vós Aitofel.

²²Então se levantou Davi e todo o povo que com ele estava, e passaram o Jordão; e ao raiar da manhã não faltava nem um só que não o tivesse passado.

²³Vendo, pois, Aitofel que não se havia seguido o seu conselho, albardou o jumento e, partindo, foi para casa, para a sua cidade; e, tendo posto em ordem a sua casa, se enforcou e morreu; e foi sepultado na sepultura de seu pai.

²⁴Então Davi veio a Maanaim; e Absalão passou o Jordão, ele e todos os homens de Israel com ele.

²⁵E Absalão colocou Amasa em lugar de Joabe sobre o exército. Ora, Amasa era filho de um homem que se chamava Itra, o jizreelita, o qual entrara a Abigail, filha de Naás e irmã de Zeruia, mãe de Joabe.

²⁶Israel e Absalão se acamparam na terra de Gileade.

²⁷Tendo Davi chegado a Maanaim, Sobi, filho de Naás, de Rabá dos filhos de Amom, e Maquir, filho de Amiel, de Lo-Debar, e Barzilai, o gileadita, de Rogelim,

²⁸tomaram camas, bacias e vasilhas de barro; trigo, cevada, farinha, grão tostado, favas, lentilhas e torradas;

²⁹mel, manteiga, ovelhas e queijos de vaca, e os trouxeram a Davi e ao povo que com ele estava, para comerem; pois diziam: O povo está faminto, cansado e sedento, no deserto.

## Capítulo 18

¹Então Davi contou o povo que tinha consigo, e pôs sobre ele chefes de mil e chefes de cem.

²E Davi enviou o exército, um terço sob o mando de Joabe, outro terço sob o mando de Abisai, filho de Zeruia, irmão de Joabe, e outro terço sob o mando de Itai, o giteu. E disse o rei ao povo: Eu também sairei convosco.

³Mas o povo respondeu: Não sairás; porque se fugirmos, eles não se importarão conosco; nem se importarão conosco ainda que morra metade de nós; porque tu vales por dez mil tais como nós. Melhor será que da cidade nos mandes socorro.

⁴Respondeu-lhes o rei: Farei o que vos parecer bem. E o rei se pôs ao lado da porta, e todo o povo saiu em centenas e em milhares.

⁵E o rei deu ordem a Joabe, a Abisai e a Itai, dizendo: Tratai brandamente, por amor de mim, o mancebo Absalão. E todo o povo ouviu quando o rei deu ordem a todos os chefes acerca de Absalão.

⁶Assim saiu o povo a campo contra Israel; e deu-se a batalha no bosque de Efraim.

⁷Ali o povo de Israel foi derrotado pelos servos de Davi; e naquele dia houve ali grande morticínio, de vinte mil homens.

⁸Pois a batalha se estendeu sobre a face de toda aquela terra, e o bosque consumiu mais gente naquele dia do que a espada.

⁹Por acaso Absalão se encontrou com os servos de Davi; e Absalão ia montado num mulo e, entrando o mulo debaixo dos espessos ramos de um grande carvalho, pegou-se a cabeça de Absalão no carvalho, e ele ficou pendurado entre o céu e a terra; e o mulo que estava debaixo dele passou adiante.

¹⁰um homem, vendo isso, contou-o a Joabe, dizendo: Eis que vi Absalão pendurado dum carvalho.

¹¹Então disse Joabe ao homem que lho contara: Pois que o viste, por que não o derrubaste logo por terra? E eu te haveria dado dez siclos de prata e um cinto.

¹²Respondeu, porém, o homem a Joabe: Ainda que eu pudesse pesar nas minhas mãos mil siclos de prata, não estenderia a mão contra o filho do rei; pois bem ouvimos que o rei deu ordem a ti, e a Abisai, e a Itai, dizendo: Guardai-vos, cada um, de tocar no mancebo Absalão.

¹³E se eu tivesse procedido falsamente contra a sua vida, coisa nenhuma se esconderia ao rei, e tu mesmo te oporias a mim:

¹⁴Então disse Joabe: Não posso demorar-me assim contigo aqui. E tomou na mão três dardos, e traspassou com eles o coração de Absalão, estando ele ainda vivo no meio do carvalho.

¹⁵E cercaram dez mancebos, que levavam as armas de Joabe; e feriram a Absalão, e o mataram.

¹⁶Então tocou Joabe a buzina, e o povo voltou de perseguir a Israel; porque Joabe deteve o povo.

¹⁷E tomaram a Absalão e, lançando-o numa grande cova no bosque, levantaram sobre ele mui grande montão de pedras. E todo Israel fugiu, cada um para a sua tenda.

¹⁸Ora, Absalão, quando ainda vivia, tinha feito levantar para si a coluna que está no vale do rei; pois dizia: Nenhum filho tenho para conservar a memória o meu nome. E deu o seu próprio nome àquela coluna, a qual até o dia de hoje se chama o Pilar de Absalão.

¹⁹Então disse Aimaaz, filho de Zadoque: Deixa-me correr, e anunciarei ao rei que o Senhor o vingou a mão e seus inimigos.

²⁰Mas Joabe lhe disse: Tu não serás hoje o portador das novas; outro dia as levarás, mas hoje não darás a nova, porque é morto o filho do rei.

²¹Disse, porém, Joabe ao cuchita: Vai tu, e dize ao rei o que viste. O cuchita se inclinou diante de Joabe, e saiu correndo.

²²Então prosseguiu Aimaaz, filho de Zadoque, e disse a Joabe: Seja o que for, deixa-me também correr após o cuchita. Respondeu Joabe: Para que agora correrias tu, meu filho, pois não receberias recompensa pelas novas?

²³seja o que for, disse Aimaaz, correrei. Disse-lhe, pois, Joabe: Corre. Então Aimaaz correu pelo caminho da planície, e passou adiante do cuchita.

²⁴Ora, Davi estava sentado entre as duas portas; e a sentinela subiu ao terraço rém, percebeu que seus servos cochichavam entre si, um homem que corria só.

²⁵Gritou, pois, a sentinela, e o disse ao rei. Respondeu o rei: Se vem só, é portador de novas. Vinha, pois, o mensageiro aproximando-se cada vez mais.

²⁶Então a sentinela viu outro homem que corria, e gritou ao porteiro, e disse: Eis que lá vem outro homem correndo só. Então disse o rei: Também esse traz novas.

²⁷Disse mais a sentinela: O correr do primeiro parece ser o correr de Aimaaz, filho de Zadoque. Então disse o rei: Este é homem de bem, e virá com boas novas.

²⁸Gritou, pois, Aimaaz, e disse ao rei: Paz! E inclinou-se ao rei com o rosto em terra, e disse: Bendito seja o Senhor teu Deus, que entregou os homens que levantaram a mão contra o rei meu senhor.

²⁹Então perguntou o rei: Vai bem o mancebo Absalão? Respondeu Aimaaz: Quando Joabe mandou a mim, o servo do rei, vi um grande alvoroço; porem nao sei o que era.

³⁰Disse-lhe o rei: Põe-te aqui ao lado. E ele se pôs ao lado, e esperou de pé.

³¹Nisso chegou o cuchita, e disse: Novas para o rei meu senhor. Pois que hoje o Senhor te vingou da mão de todos os que se levantaram contra ti.

³²Então perguntou o rei ao cuchita: Vai bem o mancebo Absalão? Respondeu o cuchita: Sejam como aquele mancebo os inimigos do rei meu senhor, e todos os que se levantam contra ti para te fazerem mal.

³³Pelo que o rei ficou muito comovido e, subindo à sala que estava por cima da porta, pôs-se a chorar; e andando, dizia assim: Meu filho Absalão, meu filho, meu filho Absalão! quem me dera que eu morrera por ti, Absalão, meu filho, meu filho!

## Capítulo 19

¹Disseram a Joabe: Eis que o rei está chorando e se lamentando por Absalão.

²Então a vitória se tornou naquele dia em tristeza para todo o povo, porque nesse dia o povo ouviu dizer: O rei está muito triste por causa de seu filho.

³E nesse dia o povo entrou furtivamente na cidade, como o faz quando, envergonhado, foge da peleja.

⁴Estava, pois, o rei com o rosto coberto, e clamava em alta voz: Meu filho Absalão, Absalão meu filho, meu filho!

⁵Então entrou Joabe na casa onde estava o rei, e disse: Hoje envergonhaste todos os teus servos, que livraram neste dia a tua vida, a vida de teus filhos e filhas, e a vida de tuas mulheres e concubinas,

⁶amando aos que te odeiam, e odiando aos que te amam. Porque hoje dás a entender que nada valem para ti nem chefes nem servos; pois agora entendo que se Absalão vivesse, e todos nós hoje fôssemos mortos, ficarias bem contente.

⁷Levanta-te, pois, agora; sai e fala ao coração de teus servos. Porque pelo Senhor te juro que, se não saíres, nem um só homem ficará contigo esta noite; e isso será pior do que todo o mal que tem vindo sobre ti desde a tua mocidade até agora.

⁸Pelo que o rei se levantou, e se sentou à porta; e avisaram a todo o povo, dizendo: Eis que o rei está sentado à porta. Então todo o povo veio apresentar-se diante do rei. Ora, Israel havia fugido, cada um para a sua tenda.

⁹Entrementes todo o povo, em todas as tribos de Israel, andava altercando entre si, dizendo: O rei nos tirou das mãos de nossos inimigos, e nos livrou das mãos dos filisteus; e agora fugiu da terra por causa de Absalão.

¹⁰Também Absalão, a quem ungimos sobre nós, morreu na peleja. Agora, pois, porque vos calais, e não fazeis voltar o rei?

¹¹Então o rei Davi mandou dizer a Zadoque e a Abiatar, sacerdotes: Falai aos anciãos de Judá, dizendo: Por que seríeis vós os últimos em tornar a trazer o rei para sua casa? Porque a palavra de todo o Israel tem chegado ao rei, até a sua casa.

¹²Vós sois meus irmãos; meus ossos e minha carne sois vós; por que, pois, seríeis os últimos em tornar a trazer o rei?

¹³Dizei a Amasa: Porventura não és tu meu osso e minha carne? Assim me faça Deus e outro tanto, se não fores chefe do exercito diante e mim para sempre, em lugar de Joabe.

¹⁴Assim moveu ele o coração de todos os homens de Judá, como se fosse o de um só homem; e enviaram ao rei, dizendo: Volta, com todos os teus servos.

¹⁵Então o rei voltou, e chegou até o Jordão; e Judá veio a Gilgal, para encontrar-se com o rei, a fim de fazê-lo passar o Jordão.

¹⁶Ora, apressou-se Simei, filho de Gêra, benjamita, que era de Baurim, e desceu com os homens de Judá a encontrar-se com o rei Davi;

¹⁷e com ele mil homens de Benjamim, como também Ziba, servo da casa de Saul, e seus quinze filhos, e seus vinte servos com ele; desceram apressadamente ao Jordão adiante do rei,

¹⁸atravessando o vau para trazer a casa do rei e para fazer o que

aprouvesse a ele. Quando o rei ia passar o Jordão, Simei, filho de Gêra, se prostrou diante dele,

¹⁹e lhe disse: Não me impute meu senhor à minha culpa, e não te lembres do que tão perversamente fez teu servo, no dia em que o rei meu senhor saiu de Jerusalém; não conserve o rei isso no coração.

²⁰Porque eu, teu servo, deveras confesso que pequei; por isso eis que eu sou o primeiro, de toda a casa de José, a descer ao encontro do rei meu senhor.

²¹Respondeu Abisai, filho de Zeruia, dizendo: Não há de ser morto Simei por haver amaldiçoado ao ungido do Senhor?

²²Mas Davi disse: Que tenho eu convosco, filhos de Zeruia, para que hoje me sejais adversários? Será morto alguém hoje em Israel? pois não sei eu que hoje sou rei sobre Israel?

²³Então disse o rei a Simei: Não morrerás. E o rei lho jurou.

²⁴Também Mefibosete, filho de Saul, desceu a encontrar-se com o rei, e não cuidara dos pés, nem fizera a barba, nem lavara as suas vestes desde o dia em que o rei saíra até o dia em que voltou em paz.

²⁵E sucedeu que, vindo ele a Jerusalém a encontrar-se com o rei, este lhe perguntou: Por que não foste comigo, Mefibosete?

²⁶Respondeu ele: O rei meu senhor, o meu servo me enganou. Porque o teu servo dizia: Albardarei um jumento, para nele montar e ir com o rei; pois o teu servo é coxo.

²⁷E ele acusou falsamente o teu servo diante do rei meu senhor; porém o rei meu senhor é como um anjo de Deus; faze, pois, o que bem te parecer.

²⁸Pois toda a casa de meu pai não era senão de homens dignos de morte diante do rei meu senhor; contudo, puseste teu servo entre os que comem à tua mesa. E que direito mais tenho eu de clamar ainda ao rei.

²⁹Ao que lhe respondeu o rei: Por que falas ainda de teus negócios? Já decidi: Tu e Ziba reparti as terras.

³⁰Então disse Mefibosete ao rei: Deixe que ele tome tudo, uma vez que o rei meu senhor já voltou em paz à sua casa.

³¹Também Barzilai, o gileadita, desceu de Rogelim, e passou com o rei o Jordão, para acompanhá-lo até à outra banda do rio.

³²E era Barzilai mui velho, da idade de oitenta anos; e ele tinha provido o rei de víveres enquanto este se demorara em Maanaim, pois era homem muito rico.

³³Disse, pois, o rei a Barzilai: Passa tu comigo e eu te sustentarei em Jerusalém, em minha companhia.

³⁴Barzilai, porém, respondeu ao rei: Quantos anos viverei ainda, para que suba com o rei a Jerusalém.

³⁵Oitenta anos tenho hoje; poderei eu discernir entre e bom e o mau? poderá o teu servo perceber sabor no que comer e beber? poderei eu mais ouvir a voz dos cantores e das cantoras? e por que será o teu servo ainda pesado ao rei meu senhor?

³⁶O teu servo passará com o rei até um pouco além do Jordão. Por que me daria o rei tal recompensa?

³⁷Deixa voltar o teu servo, para que eu morra na minha cidade, junto à sepultura de meu pai e de minha mãe. Mas eis aí o teu servo Quimã; passe ele com o rei meu senhor, e faze-lhe o que for do teu agrado.

³⁸Ao que disse o rei: Quimã passará comigo, e eu lhe farei o que te parecer bem, e tudo quanto me pedires te farei.

³⁹Havendo, pois, todo o povo passado o Jordão, e tendo passado também o rei, beijou o rei a Barzilai, e o abençoou; e este voltou para o seu lugar.

⁴⁰Dali passou o rei a Gilgal, e Quimã com ele; e todo o povo de Judá, juntamente com a metade do povo de Israel, conduziu o rei.

⁴¹Então todos os homens de Israel vieram ter com o rei, e lhe disseram: Por que te furtaram nossos irmãos, os homens de Judá, e fizeram passar o Jordão o rei e a sua casa, e todos os seus homens com ele?

⁴²Responderam todos os homens de Judá aos homens de Israel: Porquanto o rei é nosso parente: Por que vos irais por isso. Acaso temos comido à custa do rei, ou nos deu ele algum presente?

⁴³Ao que os homens de Israel responderam aos homens de Judá: Dez partes temos no rei; mais temos nós em Davi do que vós. Por que, pois, fizestes pouca conta de nós. Não foi a nossa palavra a primeira, para tornar a trazer o nosso rei? Porém a palavra dos homens de Judá foi mais forte do que a palavra dos homens de Israel.

## Capítulo 20

¹Ora, sucedeu achar-se ali um homem de Belial, cujo nome era Sebá, filho de Bicri, homem de Benjamim, o qual tocou a buzina, e disse: Não temos parte em Davi, nem herança no filho de Jessé; cada um à sua tenda, ó Israel!

²Então todos os homens de Israel se separaram de Davi, e seguiram a Sebá, filho de Bicri; porém os homens de Judá seguiram ao seu rei desde o Jordão até Jerusalém.

³Quando Davi chegou à sua casa em Jerusalém, tomou as dez concubinas que deixara para guardarem a casa, e as pôs numa casa, sob guarda, e as sustentava; porém não entrou a elas. Assim estiveram encerradas até o dia da sua morte, vivendo como viúvas.

⁴Disse então o rei a Amasa: Convoca-me dentro de três dias os homens de Judá, e apresenta-te aqui.

⁵Foi, pois, Amasa para convocar a Judá, porém demorou-se além do tempo que o rei lhe designara.

⁶Então disse Davi a Abisai: Mais mal agora nos fará Sebá, filho de Bicri, do que Absalão; toma, pois, tu os servos de teu senhor, e persegue-o, para que ele porventura não ache para si cidades fortificadas, e nos escape à nossa vista.

⁷Então saíram atrás dele os homens de Joabe, e os quereteus, e os peleteus, e todos os valentes; saíram de Jerusalém para perseguirem a Sebá, filho de Bicri.

⁸Quando chegaram à pedra grande que está junto a Gibeão, Amasa lhes veio ao encontro. Estava Joabe cingido do seu traje de guerra que vestira, e sobre ele um cinto com a espada presa aos seus lombos, na sua bainha; e, adiantando-se ele, a espada caiu da bainha.

⁹E disse Joabe a Amasa: Vais bem, meu irmão? E Joabe, com a mão direita, pegou da barba de Amasa, para o beijar.

¹⁰Amasa, porém, não reparou na espada que está na mão de Joabe; de sorte que o feriu com ela no ventre, derramando-lhe por terra as entranhas, sem feri-lo segunda vez; e ele morreu. Então Joabe e Abisai, seu irmão, perseguiram a Sebá, filho de Bicri.

¹¹Mas um homem dentre os servos de Joabe ficou junto a Amasa, e dizia: Quem favorece a Joabe, e quem é por Davi, siga a Joabe.

¹²E Amasa se revolvia no seu sangue no meio do caminho. E aquele homem, vendo que todo o povo parava, removeu Amasa do caminho para o campo, e lançou sobre ele um manto, porque viu que todo aquele que chegava ao pé dele parava.

¹³Mas removido Amasa do caminho, todos os homens seguiram a Joabe, para perseguirem a Sebá, filho de Bicri.

¹⁴Então Sebá passou por todas as tribos de Israel até Abel e Bete-Maacá; e todos os beritas, ajuntando-se, também o seguiram.

¹⁵Vieram, pois, e cercaram a Sebá em Abel de Bete-Maacá; e levantaram contra a cidade um montão, que se elevou defronte do muro; e todo o povo que estava com Joabe batia o muro para derrubá-lo.

¹⁶Então uma mulher sábia gritou de dentro da cidade: Ouvi! ouvi! Dizei a Joabe: Chega-te cá, para que eu te fale.

¹⁷Ele, pois, se chegou perto dela; e a mulher perguntou: Tu és Joabe? Respondeu ele: Sou. Ela lhe disse: Ouve as palavras de tua serva. Disse ele: Estou ouvindo.

¹⁸Então falou ela, dizendo: Antigamente costumava-se dizer: Que se peça conselho em Abel; e era assim que se punha termo às questões.

¹⁹Eu sou uma das pacíficas e das fiéis em Israel; e tu procuras destruir uma cidade que é mãe em Israel; por que, pois, devorarias a herança do Senhor?

²⁰Então respondeu Joabe, e disse: Longe, longe de mim que eu tal faça, que eu devore ou arruíne!

²¹A coisa não é assim; porém um só homem da região montanhosa de Efraim, cujo nome é Sebá, filho de Bicri, levantou a mão contra o rei, contra Davi; entregai-me só este, e retirar-me-ei da cidade. E disse a mulher a Joabe: Eis que te será lançada a sua cabeça pelo muro.

²²A mulher, na sua sabedoria, foi ter com todo o povo; e cortaram a cabeça de Sebá, filho de Bicri, e a lançaram a Joabe. Este, pois, tocou a buzina, e eles se retiraram da cidade, cada um para sua tenda. E Joabe voltou a Jerusalém, ao rei.

²³Ora, Joabe estava sobre todo o exército de Israel; e Benaías, filho de Jeoiada, sobre os quereteus e os peleteus;

²⁴e Adorão sobre a gente de trabalhos forçados; Jeosafá, filho de Ailude, era cronista;

²⁵Seva era escrivão; Zadoque e Abiatar, sacerdotes;

²⁶e Ira, o jairita, era o oficial-mor de Davi.

## Capítulo 21

¹Nos dias de Davi houve uma fome de três anos consecutivos; pelo que Davi consultou ao Senhor; e o Senhor lhe disse: É por causa de Saul e da sua casa sanguinária, porque matou os gibeonitas.

²Então o rei chamou os gibeonitas e falou com eles (ora, os gibeonitas não eram dos filhos de Israel, mas do restante dos amorreus; e os filhos de Israel tinham feito pacto com eles; porém Saul, no seu zelo pelos filhos de Israel e de Judá, procurou feri-los);

³perguntou, pois, Davi aos gibeonitas: Que quereis que eu vos faça, e como hei de fazer expiação, para que abençoeis a herança do Senhor?

⁴Então os gibeonitas lhe disseram: Não é por prata nem ouro que temos questão com Saul e com a sua casa; nem tampouco cabe a nós matar pessoa alguma em Israel. Disse-lhes Davi: Que quereis que vos faça?

⁵Responderam ao rei: Quanto ao homem que nos consumia, e procurava destruir-nos, de modo que não pudéssemos subsistir em termo algum de Israel,

⁶de seus filhos se nos dêem sete homens, para que os enforquemos ao Senhor em Gibeá de Saul, o eleito do Senhor. E o rei disse: Eu os darei.

⁷O rei, porém, poupou a Mefibosete, filho de Jônatas, filho de Saul, por causa do juramento do Senhor que entre eles houvera, isto é, entre Davi e Jônatas, filho de Saul.

⁸Mas o rei tomou os dois filhos de Rizpa, filha de Aías, que ela tivera de Saul, a saber, a Armoni e a Mefibosete, como também os cinco filhos de Merabe, filha de Saul, que ela tivera de Adriel, filho de Barzilai, meolatita,

⁹e os entregou na mão dos gibeonitas, os quais os enforcaram no monte, perante o Senhor; e os sete caíram todos juntos. Foi nos primeiros dias da sega que foram mortos, no princípio a sega da cevada.

¹⁰Então Rizpa, filha de Aías, tomando um pano de cilício, estendeu-o para si sobre uma pedra e, desde o princípio da sega até que a água caiu do céu sobre os corpos, não deixou que se aproximassem deles as aves do céu de dia, nem os animais do campo de noite;

¹¹Quando foi anunciado a Davi o que fizera Rizpa, filha de Aías, concubina de Saul,

¹²ele foi e tomou os ossos de Saul e os de Jônatas seu filho, aos homens de Jabes-Gileade, que os haviam furtado da praça de Bete-Sã, onde os filisteus os tinham pendurado quando mataram a Saul em Gilboa;

¹³e trouxe dali os ossos de Saul e os de Jônatas seu filho; e ajuntaram a eles também os ossos dos enforcados.

¹⁴Enterraram os ossos de Saul e de Jônatas seu filho, na terra de Benjamim, em Zela, na sepultura de Quis, seu pai; e fizeram tudo o que o rei ordenara. Depois disto Deus se aplacou para com a terra.

¹⁵De novo tiveram os filisteus uma guerra contra Israel. E desceu Davi, com ele os seus servos; e tanto pelejara contra os filisteus, que Davi se cansou.

¹⁶E Isbi-Benobe, que era dos filhos do gigante, cuja lança tinha o peso de trezentos siclos de bronze, e que cingia uma espada nova, intentou matar Davi.

¹⁷Porém, Abisai, filho de Zeruia, o socorreu; e, ferindo ao filisteu, o matou. Então os homens de Davi lhe juraram, dizendo: Nunca mais sairás conosco à batalha, para que não apagues a lâmpada de Israel.

¹⁸Aconteceu depois disto que houve em Gobe ainda outra peleja contra os filisteus; então Sibecai, o husatita, matou Safe, que era dos filhos do gigante.

¹⁹Houve mais outra peleja contra os filisteus em Gobe; e El-Hanã, filho de Jaaré-Oregim, o belemita, matou Golias, o giteu, de cuja lança a haste era como órgão de tecelão.

²⁰Houve ainda também outra peleja em Gate, onde estava um homem de alta estatura, que tinha seis dedos em cada mão, e seis em cada pé, vinte e quatro por todos; também este era descendente do gigante.

²¹Tendo ele desafiado a Israel, Jônatas, filho de Simei, irmão de Davi, o matou.

²²Estes quatro nasceram ao gigante em Gate; e caíram pela mão de Davi e pela mão de seus servos.

## Capítulo 22

¹Davi dirigiu ao Senhor as palavras deste cântico, no dia em que o Senhor o livrou das mãos de todos os seus inimigos e das mãos de Saul, dizendo:

²O Senhor é o meu rochedo, a minha fortaleza e o meu libertador.

³É meu Deus, a minha rocha, nele confiarei; é o meu escudo, e a força da minha salvação, o meu alto retiro, e o meu refúgio. O meu Salvador; da violência tu me livras.

⁴Ao Senhor invocarei, pois é digno de louvor; assim serei salvo dos meus inimigos.

⁵As ondas da morte me cercaram, as torrentes de Belial me atemorizaram.

⁶Cordas do Seol me cingiram, laços de morte me envolveram.

⁷Na minha angústia invoquei ao Senhor; sim, a meu Deus clamei; do seu templo ouviu ele a minha voz, e o meu clamor chegou aos seus ouvidos.

⁸Então se abalou e tremeu a terra, os fundamentos dos céus se moveram; abalaram-se porque ele se irou.

⁹Das suas narinas subiu fumaça, e da sua boca um fogo devorador, que pôs carvões em chamas.

¹⁰Ele abaixou os céus, e desceu; e havia escuridão debaixo dos seus pés.

¹¹Montou num querubim, e voou; apareceu sobre as asas do vento.

¹²E por tendas pôs trevas ao redor de si, ajuntamento de águas, espessas nuvens do céu.

¹³Pelo resplendor da sua presença acenderam-se brasas de fogo.

¹⁴Do céu trovejou o Senhor, o Altíssimo fez soar a sua voz.

¹⁵Disparou flechas, e os dissipou; raios, e os desbaratou.

¹⁶Então apareceram as profundezas do mar; os fundamentos do mundo se descobriram, pela repreensão do Senhor, pelo assopro do vento das suas narinas.

¹⁷Estendeu do alto a sua mão e tomou-me; tirou-me das muitas águas.

¹⁸Livrou-me do meu possante inimigo, e daqueles que me odiavam; porque eram fortes demais para mim.

¹⁹Encontraram-me no dia da minha calamidade, porém o Senhor se fez o meu esteio.

²⁰Conduziu-me para um lugar espaçoso; livrou-me, porque tinha prazer em mim.

²¹Recompensou-me o Senhor conforme a minha justiça; conforme a pureza e minhas mãos me retribuiu.

²²Porque guardei os caminhos do Senhor, e não me apartei impiamente do meu Deus.

²³Pois todos os seus preceitos estavam diante de mim, e dos seus estatutos não me desviei.

²⁴Fui perfeito para com ele, e guardei-me da minha iniquidade.

²⁵Por isso me retribuiu o Senhor conforme a minha justiça, conforme a minha pureza diante dos meus olhos.

²⁶Para com o benigno te mostras benigno; para com o perfeito te mostras perfeito,

²⁷para com o puro te mostras puro, mas para com o perverso te mostras avesso.

²⁸Livrarás o povo que se humilha, mas teus olhos são contra os altivos, e tu os abaterás.

²⁹Porque tu, Senhor, és a minha candeia; e o Senhor alumiará as minhas trevas.

³⁰Pois contigo passarei pelo meio dum esquadrão; com o meu Deus transporei um muro.

³¹Quanto a Deus, o seu caminho é perfeito, e a palavra do Senhor é fiel; é ele o escudo de todos os que nele se refugiam.

³²Pois quem é Deus, senão o Senhor? e quem é rocha, senão o nosso Deus?

³³Deus é a minha grande fortaleza; e ele torna perfeito o meu caminho.

³⁴Faz ele os meus pés como os das gazelas, e me põe sobre as minhas alturas.

³⁵Ele instrui as minhas mãos para a peleja, de modo que os meus braços podem entesar um arco de bronze.

³⁶Também me deste o escudo da tua salvação, e tua brandura me engrandece.

³⁷Alargaste os meus passos debaixo de mim, e não vacilaram os meus artelhos.

³⁸Persegui os meus inimigos e os destruí, e nunca voltei atrás sem que os consumisse.

³⁹Eu os consumi, e os atravessei, de modo que nunca mais se levantaram; sim, caíram debaixo dos meus pés.

⁴⁰Pois tu me cingiste de força para a peleja; prostraste debaixo de mim os que se levantaram contra mim.

⁴¹Fizeste que me voltassem as costas os meus inimigos, aqueles que me odiavam, para que eu os destruísse.

⁴²Olharam ao redor, mas não houve quem os salvasse; clamaram ao Senhor, mas ele não lhes respondeu.

⁴³Então os moí como o pó da terra; como a lama das ruas os trilhei e dissipei.

⁴⁴Também me livraste das contendas do meu povo; guardaste-me para ser o cabeça das nações; um povo que eu não conhecia me serviu.

⁴⁵Estrangeiros, com adulação, se submeteram a mim; ao ouvirem de mim, me obedeceram.

⁴⁶Os estrangeiros desfaleceram e, tremendo, saíram os seus esconderijos.

⁴⁷O Senhor vive; bendita seja a minha rocha, e exaltado seja Deus, a rocha da minha salvação,

⁴⁸o Deus que me deu vingança, e sujeitou povos debaixo de mim,

⁴⁹e me tirou dentre os meus inimigos; porque tu me exaltaste sobre os meus adversarios; tu me livraste do homem violento.

⁵⁰Por isso, ó Senhor, louvar-te-ei entre as nações, e entoarei louvores ao teu nome.

⁵¹Ele dá grande livramento a seu rei, e usa de benignidade para com o seu ungido, para com Davi e a sua descendência para sempre.

## Capítulo 23

¹São estas as últimas palavras de Davi: Diz Davi, filho de Jessé, diz a homem que foi exaltado, o ungido do Deus de Jacó, o suave salmista de Israel.

²O Espírito do Senhor fala por mim, e a sua palavra está na minha língua.

³Falou o Deus de Israel, a Rocha de Israel me disse: Quando um justo governa sobre os homens, quando governa no temor de Deus,

⁴será como a luz da manhã ao sair do sol, da manhã sem nuvens, quando, depois da chuva, pelo resplendor do sol, a erva brota da terra.

⁵Pois não é assim a minha casa para com Deus? Porque estabeleceu comigo um pacto eterno, em tudo bem ordenado e seguro; pois não fará ele prosperar toda a minha salvação e todo o meu desejo?

⁶Porém os ímpios todos serão como os espinhos, que se lançam fora, porque não se pode tocar neles;

⁷mas qualquer que os tocar se armará de ferro e da haste de uma lança; e a fogo serão totalmente queimados no mesmo lugar.

⁸São estes os nomes dos valentes de Davi: Josebe-Bassebete, o taquemonita; era este principal dos três; foi ele que, com a lança, matou oitocentos de uma vez.

⁹Depois dele Eleazar, filho de Dodó, filho de Aoí, um dos três valentes que estavam com Davi, quando desafiaram os filisteus que se haviam reunido para a peleja, enquanto os homens de Israel se retiravam.

¹⁰Este se levantou, e feriu os filisteus, até lhe cansar a mão e ficar pegada à espada; e naquele dia o Senhor operou um grande livramento; e o povo voltou para junto de Eleazar, somente para tomar o despojo.

¹¹Depois dele era Samá, filho de Agé, o hararita. Os filisteus se haviam ajuntado em Leí, onde havia um terreno cheio de lentilhas; e o povo fugiu de diante dos filisteus.

¹²Samá, porém, pondo-se no meio daquele terreno, defendeu-o e matou os filisteus, e o Senhor efetuou um grande livramento.

¹³Também três dos trinta cabeças desceram, no tempo da sega, e foram ter com Davi, à caverna de Adulão; e a tropa dos filisteus acampara no vale de Refaim.

¹⁴Davi estava então no lugar forte, e a guarnição dos filisteus estava em Belém.

¹⁵E Davi, com saudade, exclamou: Quem me dera beber da água da cisterna que está junto à porta de Belém!

¹⁶Então aqueles três valentes romperam pelo arraial dos filisteus, tiraram água da cisterna que está junto a porta de Belém, e a trouxeram a Davi; porém ele não quis bebê-la, mas derramou-a perante o Senhor;

¹⁷e disse: Longe de mim, ó Senhor, que eu tal faça! Beberia eu o sangue dos homens que foram com risco das suas vidas? De maneira que não a quis beber. Isto fizeram aqueles três valentes.

¹⁸Ora, Abisai, irmão de Joabe, filho de Zeruia, era chefe dos trinta; e este alçou a sua lança contra trezentos, e os matou, e tinha nome entre os três.

¹⁹Porventura não era este o mais nobre dentre os trinta? portanto se tornou o chefe deles; porém aos primeiros três não chegou.

²⁰Também Benaías, filho de Jeoiada, filho dum homem de Cabzeel, valoroso e de grandes feitos, matou os dois filhos de Ariel de Moabe; depois desceu, e matou um leão dentro duma cova, no tempo da neve.

²¹Matou também um egípcio, homem de temível aspecto; tinha este uma lança na mão, mas Benaías desceu a ele com um cajado, arrancou-lhe da mão a lança, e com ela o matou.

²²Estas coisas fez Benaías, filho de Jeoiada, pelo que teve nome entre os três valentes.

²³Dentre os trinta ele era o mais afamado, porém aos três primeiros não chegou. Mas Davi o pôs sobre os seus guardas.

²⁴Asael, irmão de Joabe, era um dos trinta; El-Hanã, filho de Dodó, de Belém;

²⁵Samá, o harodita; Elica, o harodita;

²⁶Jelez, o paltita; Ira, filho de Iques, o tecoíta;

²⁷Abiezer, o anatotita; Mebunai, o husatita;

²⁸Zalmom, o aoíta; Maarai, o netofatita;

²⁹Helebe, filho de Baaná, o netofatita; Itai, filho de Ribai, de Gibeá dos filhos de Benjamim;

³⁰Benaías, o piratonita; Hidai, das torrentes de Gaás;

³¹Abi-Albom, o arbatita; Azmavete, o barumita;

³²Eliabá, o saalbonita; Bene-Jásen; e Jônatas;

³³Samá, o hararita; Aião, filho de Sarar, o hararita;

³⁴Elifelete, filho de Acasbai, filho do maacatita; Eliã, filho de Aitofel, o gilonita;

³⁵Hezrai, o carmelita; Paarai, o arbita;

³⁶Igal, filho de Natã, de Zobá; Bani, o gadita;

³⁷Zeleque, o amonita; Naarai, o beerotita, o que trazia as armas de Joabe, filho de Zeruia;

³⁸Ira, o itrita; Garebe, o itrita;

³⁹Urias, o heteu; trinta e sete ao todo.

## Capítulo 24

¹A ira do Senhor tornou a acender-se contra Israel, e o Senhor incitou a Davi contra eles, dizendo: Vai, numera a Israel e a Judá.

²Disse, pois, o rei a Joabe, chefe do exército, que estava com ele: Percorre todas as tribos de Israel, desde Dã até Berseba, e numera o povo, para que eu saiba o seu número.

³Então disse Joabe ao rei: Ora, multiplique o Senhor teu Deus a este povo cem vezes tanto quanto agora é, e os olhos do rei meu senhor o vejam. Mas por que tem prazer nisto o rei meu senhor;

⁴Todavia a palavra do rei prevaleceu contra Joabe, e contra os chefes do exército; Joabe, pois, saiu com os chefes do exército da presença do rei para numerar o povo de Israel.

⁵Tendo eles passado o Jordão, acamparam-se em Aroer, à direita da cidade que está no meio do vale de Gade e na direção de Jazer;

⁶em seguida foram a Gileade, e a terra de Tatim-Hódsi; dali foram a Da-Jaã, e ao redor até Sidom;

⁷depois foram à fortaleza de Tiro, e a todas as cidades dos heveus e dos cananeus; e saíram para a banda do sul de Judá, em Berseba.

⁸Assim, tendo percorrido todo o país, voltaram a Jerusalém, ao cabo de nove meses e vinte dias.

⁹Joabe, pois, deu ao rei o resultado da numeração do povo. E havia em Israel oitocentos mil homens valorosos, que arrancavam da espada; e os homens de Judá eram quinhentos mil.

¹⁰Mas o coração de Davi o acusou depois de haver ele numerado o povo; e disse Davi ao Senhor: Muito pequei no que fiz; porém agora, ó Senhor, rogo-te que perdoes a iniquidade do teu servo, porque tenho procedido mui nesciamente.

¹¹Quando, pois, Davi se levantou pela manhã, veio a palavra do Senhor ao profeta Gade, vidente de Davi, dizendo:

¹²Vai, e dize a Davi: Assim diz o Senhor: Três coisas te ofereço; escolhe qual delas queres que eu te faça.

¹³Veio, pois, Gade a Davi, e fez-lho saber dizendo-lhe: Queres que te venham sete anos de fome na tua terra; ou que por três meses fujas diante de teus inimigos, enquanto estes te perseguirem; ou que por três dias haja peste na tua terra? Delibera agora, e vê que resposta hei de dar àquele que me enviou.

¹⁴Respondeu Davi a Gade: Estou em grande angústia; porém caiamos nas mãos do Senhor, porque muitas são as suas misericórdias; mas nas mãos dos homens não caia eu.

¹⁵Então enviou o Senhor a peste sobre Israel, desde a manhã até o tempo determinado; e morreram do povo, desde Dã até Berseba, setenta mil homens.

¹⁶Ora, quando o anjo estendeu a mão sobre Jerusalém, para a destruir, o Senhor se arrependeu daquele mal; e disse ao anjo que fazia a destruição entre o povo: Basta; retira agora a tua mão. E o anjo do Senhor estava junto à eira de Araúna, o jebuseu.

¹⁷E, vendo Davi ao anjo que feria o povo, falou ao Senhor, dizendo: Eis que eu pequei, e procedi iniquamente; porém estas ovelhas, que fizeram? Seja, pois, a tua mão contra mim, e contra a casa de meu pai.

¹⁸Naquele mesmo dia veio Gade a Davi, e lhe disse: Sobe, levanta ao Senhor um altar na eira de Araúna, o jebuseu.

¹⁹Subiu, pois, Davi, conforme a palavra de Gade, como o Senhor havia ordenado.

²⁰E olhando Araúna, viu que vinham ter com ele o rei e os seus servos; saiu, pois, e inclinou-se diante do rei com o rosto em terra.

²¹Perguntou Araúna: Por que vem o rei meu senhor ao seu servo? Respondeu Davi: Para comprar de ti a eira, a fim de edificar nela um altar ao Senhor, para que a praga cesse de sobre o povo.

²²Então disse Araúna a Davi: Tome e ofereça o rei meu senhor o que bem lhe parecer; eis aí os bois para o holocausto, e os trilhos e os aparelhos dos bois para lenha.

²³Tudo isto, ó rei, Araúna te oferece. Disse mais Araúna ao rei: O Senhor teu Deus tome prazer em ti.

²⁴Mas o rei disse a Araúna: Não! antes to comprarei pelo seu valor, porque não oferecerei ao Senhor meu Deus holocaustos que não me custem nada. Comprou, pois, Davi a eira e os bois por cinqüenta siclos de prata.

²⁵E edificou ali um altar ao Senhor, e ofereceu holocaustos e ofertas pacíficas. Assim o Senhor se tornou propício para com a terra, e cessou aquela praga de sobre Israel.

# 1 Reis

## Capítulo 1

¹Ora, o rei Davi era já velho, de idade mui avançada; e por mais que o cobrissem de roupas não se aquecia.

²Disseram-lhe, pois, os seus servos: Busque-se para o rei meu senhor uma jovem donzela, que esteja perante o rei, e tenha cuidado dele; e durma no seu seio, para que o rei meu senhor se aqueça.

³Assim buscaram por todos os termos de Israel uma jovem formosa; e acharam Abisague, a sunamita, e a trouxeram ao rei.

⁴Era a jovem sobremaneira formosa; e cuidava do rei, e o servia; porém o rei não a conheceu.

⁵Então Adonias, filho de Hagite, se exaltou e disse: Eu reinarei. E preparou para si carros e cavaleiros, e cinqüenta homens que corressem adiante dele.

⁶Ora, nunca seu pai o tinha contrariado, dizendo: Por que fizeste assim? Além disso, era ele muito formoso de parecer; e era mais moço do que Absalão.

⁷E teve entendimento com Joabe, filho de Zeruia, e com o sacerdote Abiatar, os quais aderiram a ele e o ajudavam.

⁸Mas Zadoque, o sacerdote, e Benaías, filho de Jeoiada, e Natã, o profeta, e Simei, e Rei, e os valentes que Davi tinha, não eram por Adonias.

⁹Adonias matou ovelhas, bois e animais cevados, junto à pedra de Zoelete, que está perto de En-Rogel; e convidou a todos os seus irmãos, os filhos do rei, e a todos os homens de Judá, servos do rei;

¹⁰porém a Natã, o profeta, e a Benaías, e aos valentes, e a Salomão, seu irmão, não os convidou.

¹¹Então falou Natã a Bate-Seba, mãe de Salomão, dizendo: Não ouviste que Adonias, filho de Hagite, reina? e que nosso senhor Davi não o sabe?

¹²Vem, pois, agora e deixa-me dar-te um conselho, para que salves a tua vida, e a de teu filho Salomão.

¹³Vai à presença do rei Davi, e dize-lhe: Não juraste, ó rei meu senhor, à tua serva, dizendo: Certamente teu filho Salomão reinará depois de mim, e se assentará no meu trono? Por que, pois, reina Adonias?

¹⁴Eis que, estando tu ainda a falar com o rei, eu também entrarei depois de ti, e confirmarei as tuas palavras.

¹⁵Foi, pois, Bate-Seba à presença do rei na sua câmara. Ele era mui velho; e Abisague, a sunamita, o servia.

¹⁶Bate-Seba inclinou a cabeça, e se prostrou perante o rei. Então o rei lhe perguntou: Que queres?

¹⁷Respondeu-lhe ela: Senhor meu, tu juraste à tua serva pelo Senhor teu Deus, dizendo: Salomão, teu filho, reinará depois de mim, e se assentará no meu trono.

¹⁸E agora eis que Adonias reina; e tu, ó rei meu senhor, não o sabes.

¹⁹Ele matou bois, animais cevados e ovelhas em abundância, e convidou a todos os filhos do rei, e a Abiatar, o sacerdote, e a Joabe, general do exército; mas a teu servo Salomão não o convidou.

²⁰Mas, ó rei meu senhor, os olhos de todo o Israel estão sobre ti, para que lhes declares quem há de assentar-se no teu trono depois de ti.

²¹Doutro modo sucederá que, quando o rei meu senhor dormir com seus pais, eu e Salomão meu filho seremos tidos por ofensores.

²²Enquanto ela ainda falava com o rei, eis que chegou o profeta Natã.

²³E o fizeram saber ao rei, dizendo: Eis aí está o profeta Natã. Entrou Natã à presença do rei, inclinou-se perante ele com o rosto em terra,

²⁴e disse: ó rei meu senhor, acaso disseste: Adonias reinará depois de mim, e se assentará no meu trono?

²⁵Pois ele hoje desceu, e matou bois, animais cevados e ovelhas em abundância, e convidou a todos os filhos do rei, e aos chefes do exército, e ao sacerdote Abiatar; e eis que comem e bebem perante ele, e dizem: Viva o rei Adonias!

²⁶Porém a mim teu servo, e ao sacerdote Zadoque, e a Benaías, filho de Jeoiada, e ao teu servo Salomão, não convidou.

²⁷Foi feito isso da parte do rei meu senhor? e não fizeste saber a teu servo quem havia de assentar-se no teu trono depois de ti?

²⁸Respondeu o rei Davi: Chamai-me a Bate-Seba. E ela entrou à presença do rei, e ficou de pé diante dele.

²⁹Então o rei jurou, dizendo: Vive o Senhor, o qual remiu a minha alma de toda a angústia,

³⁰que, assim como te jurei pelo Senhor Deus de Israel, dizendo: Teu filho Salomão há de reinar depois de mim, e ele se assentará no meu trono, em meu lugar; assim mesmo o cumprirei hoje.

³¹Então Bate-Seba, inclinando-se com o rosto em terra perante o rei, fez-lhe reverência e disse: Viva para sempre o rei Davi meu senhor!

³²Depois disse o rei Davi: Chamai-me a Zadoque, o sacerdote, e a Natã, o profeta, e a Benaías, filho de Jeoiada. E estes entraram à presença do rei.

³³E o rei lhes disse: Tomai convosco os servos de vosso senhor, fazei montar meu filho Salomão na minha mula, e levai-o a Giom.

³⁴E Zadoque, o sacerdote, com Natã, o profeta, ali o ungirão rei sobre Israel. E tocareis a trombeta, e direis: Viva o rei Salomão!

³⁵Então subireis após ele, e ele virá e se assentará no meu trono; pois reinará em meu lugar, porquanto o tenho designado para ser príncipe sobre Israel e sobre Judá.

³⁶Ao que Benaías, filho de Jeoiada, respondeu ao rei, dizendo: Amém; assim o diga também o Senhor Deus do rei meu senhor.

³⁷Como o Senhor foi com o rei meu senhor, assim seja ele com Salomão, e faça que o seu trono seja maior do que o trono do rei Davi meu senhor.

³⁸Pelo que desceram Zadoque, o sacerdote, e Natã, o profeta, e Benaías, filho de Jeoiada, e os quereteus, e os peleteus, e fizeram montar Salomão na mula que era do rei Davi, e o levaram a Giom.

³⁹Então Zadoque, o sacerdote, tomou do tabernáculo o vaso do azeite e ungiu a Salomão. Então tocaram a trombeta, e todo o povo disse: Viva o rei Salomão!

⁴⁰E todo o povo subiu após ele, tocando flauta e alegrando-se sobremaneira, de modo que a terra retiniu com o seu clamor.

⁴¹Adonias e todos os convidados que estavam com ele o ouviram, ao acabarem de comer. E ouvindo Joabe o soar das trombetas, disse: Que quer dizer este alvoroço na cidade?

⁴²Ele ainda estava falando, quando chegou Jônatas, filho de Abiatar, o sacerdote; e disse Adonias: Entra, porque és homem de bem, e trazes boas novas.

⁴³Respondeu Jônatas a Adonias: Deveras! O rei Davi, nosso senhor, constituiu rei a Salomão.

⁴⁴E o rei enviou com ele Zadoque, o sacerdote, e Natã, o profeta, e Benaías, filho de Jeoiada, os quereteus e os peleteus; e eles o fizeram montar na mula do rei.

⁴⁵E Zadoque, o sacerdote, e Natã, o profeta, ungiram-no rei em Giom; e dali subiram cheios de alegria, e a cidade está alvoroçada. Este é o clamor que ouvistes.

⁴⁶E Salomão já está assentado no trono do reino.

⁴⁷Além disso os servos do rei vieram abençoar o nosso senhor, o rei Davi, dizendo: Faça teu Deus o nome de Salomão mais célebre do que o teu nome, e faça o seu trono maior do que o teu trono. E o rei se inclinou no leito.

⁴⁸Também assim falou o rei: Bendito o Senhor Deus de Israel, que hoje tem dado quem se assente no meu trono, e que os meus olhos o vissem.

⁴⁹Então, tomados de pavor, levantaram-se todos os convidados que estavam com Adonias, e cada qual se foi seu caminho.

⁵⁰Adonias, porém, temeu a Salomão e, levantando-se, foi apegar-se às pontas do altar.

⁵¹E foi dito a Salomão: Eis que Adonias teme ao rei Salomão; pois que se apegou às pontas do altar, dizendo: Jure-me hoje o rei Salomão que não matará o seu servo à espada.

⁵²Ao que disse Salomão: Se ele se houver como homem de bem, nem um só de seus cabelos cairá em terra; se, porém, se houver dolosamente, morrerá.

⁵³Então o rei Salomão deu ordem, e tiraram Adonias do altar. E vindo ele, inclinou-se perante o rei Salomão, o qual lhe disse: Vai para tua casa.

## Capítulo 2

¹Ora, aproximando-se o dia da morte de Davi, deu ele ordem a Salomão, seu filho, dizendo:

²Eu vou pelo caminho de toda a terra; sê forte, pois, e porta-te como homem.

³Guarda as ordenanças do Senhor teu Deus, andando nos seus caminhos, e observando os seus estatutos, os seus mandamentos, os seus preceitos e os seus testemunhos, como está escrito na lei de Moisés, para que prosperes em tudo quanto fizeres e por onde quer que fores,

⁴e para que o Senhor confirme a palavra que falou acerca de mim, dizendo: Se teus filhos guardarem os seus caminhos, andando perante a minha face fielmente, com todo o seu coração e com toda a sua alma,

nunca te faltará sucessor ao trono de Israel.

⁵Tu sabes também o que me fez Joabe, filho de Zeruia, a saber, o que fez aos dois chefes do exército de Israel, a Abner, filho de Ner, e a Amasa, filho de Jeter, os quais ele matou, e em tempo de paz derramou o sangue de guerra, manchando com ele o cinto que tinha nos lombos, e os sapatos que trazia nos pés.

⁶Faze, pois, segundo a tua sabedoria, e não permitas que suas cãs desçam à sepultura em paz.

⁷Mas para com os filhos de Barzilai, o gileadita, usa de benevolência, e estejam eles entre os que comem à tua mesa; porque assim se houveram comigo, quando eu fugia por causa de teu irmão Absalão.

⁸E eis que também contigo está Simei, filho de Gêra, benjamita, de Baurim, que me lançou atroz maldição, no dia em que eu ia a Maanaim; porém ele saiu a encontrar-se comigo junto ao Jordão, e eu lhe jurei pelo Senhor, dizendo: Não te matarei à espada.

⁹Agora, porém, não o tenhas por inocente; pois és homem sábio, e bem saberás o que lhe hás de fazer; farás com que as suas cãs desçam à sepultura com sangue.

¹⁰Depois Davi dormiu com seus pais, e foi sepultado na cidade de Davi.

¹¹E foi o tempo que Davi reinou sobre Israel quarenta anos: sete anos reinou em Hebrom, e em Jerusalém reinou trinta e três anos.

¹²Salomão, pois, assentou-se no trono de Davi, seu pai; e o seu reino se fortificou sobremaneira.

¹³Então Adonias, filho de Hagite, veio a Bate-Seba, mãe de Salomão; e perguntou ela: De paz é a tua vinda? Respondeu ele: É de paz.

¹⁴E acrescentou: Uma palavra tenho que dizer-te. Respondeu ela: Fala.

¹⁵Disse, pois, ele: Bem sabes que o reino era meu, e que todo o Israel tinha posto a vista em mim para que eu viesse a reinar; contudo o reino se transferiu e veio a ser de meu irmão, porque foi feito seu pelo Senhor.

¹⁶Agora uma só coisa te peço; não ma recuses. Ela lhe disse: Fala.

¹⁷E ele disse: Peço-te que fales ao rei Salomão (porque ele não to recusará), que me dê por mulher a Abisague, a sunamita.

¹⁸Respondeu Bate-Seba: Pois bem; eu falarei por ti ao rei.

¹⁹Foi, pois, Bate-Seba ter com o rei Salomão, para falar-lhe por Adonias. E o rei se levantou a encontrar-se com ela, e se inclinou diante dela; então, assentando-se no seu trono, mandou que pusessem um trono para a rainha-mãe; e ela se assentou à sua direita.

²⁰Então disse ela: Só uma pequena coisa te peço; não ma recuses. Respondeu-lhe o rei: Pede, minha mãe, porque não ta recusarei.

²¹E ela disse: Dê-se Abisague, a sunamita, por mulher a teu irmão Adonias.

²²Então respondeu o rei Salomão, e disse a sua mãe: E por que pedes Abisague, a sunamita, para Adonias? Pede também para ele o reino (porque é meu irmão mais velho); sim, para ele, e também para Abiatar, o sacerdote, e para Joabe, filho de Zeruia.

²³E jurou o rei Salomão pelo Senhor, dizendo: Assim Deus me faça, e outro tanto, se não falou Adonias esta palavra contra a sua vida.

²⁴Agora, pois, vive o Senhor, que me confirmou e me fez assentar no trono de Davi, meu pai, e que me estabeleceu casa, como tinha dito, que hoje será morto Adonias.

²⁵E o rei Salomão deu ordem a Benaías, filho de Jeoiada, o qual feriu a Adonias, de modo que morreu.

²⁶Também a Abiatar, o sacerdete, disse o rei: Vai para Anatote, para os teus campos, porque és homem digno de morte; porém hoje não te matarei, porquanto levaste a arca do Senhor Deus diante de Davi, meu pai, e porquanto participaste de todas as aflições de meu pai.

²⁷Salomão, pois, expulsou Abiatar, para que não fosse sacerdote do Senhor, assim cumprindo a palavra que o Senhor tinha dito acerca da casa de Eli em Siló.

²⁸Ora, veio esta notícia a Joabe (pois Joabe se desviara após Adonias, ainda que não se tinha desviado após Absalão); pelo que Joabe fugiu para o tabernáculo do Senhor, e apegou-se as pontas do altar.

²⁹E disseram ao rei Salomão: Joabe fugiu para o tabernáculo do Senhor; e eis que está junto ao altar. Então Salomão enviou Benaías, filho de Jeoiada, dizendo: Vai, mata-o.

³⁰Foi, pois, Benaías ao tabernáculo do Senhor, e disse a Joabe: Assim diz o rei: Sai daí. Respondeu Joabe: Não! porém aqui morrerei. E Benaías tornou com a resposta ao rei, dizendo: Assim falou Joabe, e assim me respondeu.

³¹Ao que lhe disse o rei: Faze como ele disse; mata-o, e sepulta-o, para que tires de sobre mim e de sobre a casa de meu pai o sangue que Joabe sem causa derramou.

³²Assim o Senhor fará recair o sangue dele sobre a sua cabeça, porque deu sobre dois homens mais justos e melhores do que ele, e os matou à espada, sem que meu pai Davi o soubesse, a saber: a Abner, filho de Ner, chefe do exército de Israel, e a Amasa, filho de Jeter, chefe do exército de Judá.

³³Assim recairá o sangue destes sobre a cabeça de Joabe e sobre a cabeça da sua descendência para sempre; mas a Davi, e à sua descendência, e à sua casa, e ao seu trono, o Senhor dará paz para sempre.

³⁴Então Benaías, filho de Jeoiada, subiu e, arremetendo contra Joabe, o matou. E foi sepultado em sua casa, no deserto.

³⁵Em lugar dele o rei pôs a Benaías, filho de Jeoiada, sobre o exército; e a Zadoque, o sacerdote, pôs em lugar de Abiatar.

³⁶Depois o rei mandou chamar a Simei e lhe disse: Edifica para ti uma casa em Jerusalém, habita aí, e daí não saias, nem para uma nem para outra parte.

³⁷E fica sabendo que, no dia em que saíres e passares o ribeiro de Cedrom, de certo hás de morrer. O teu sangue será sobre a tua cabeça.

³⁸Respondeu Simei ao rei: Boa é essa palavra; como tem dito o rei meu senhor, assim fará o teu servo. E Simei habitou em Jerusalém muitos dias.

³⁹Sucedeu porém que, ao cabo de três anos, dois servos de Simei fugiram para Aquis, filho de Maacá, rei de Gate. E deram parte a Simei, dizendo: Eis que teus servos estão em Gate.

⁴⁰Então Simei se levantou, albardou o seu jumento e foi a Gate ter com Aquis, em busca dos seus servos; assim foi Simei, e os trouxe de Gate.

⁴¹Disseram a Salomão que Simei fora de Jerusalém a Gate, e já havia voltado.

⁴²Então o rei mandou chamar a Simei e lhe disse: Não te conjurei pelo Senhor e não te protestei, dizendo: No dia em que saíres para qualquer parte, sabe de certo que hás de morrer? E tu me disseste: Boa é essa palavra que ouvi.

⁴³Por que, então, não guardaste o juramento do Senhor, e a ordem que te dei?

⁴⁴Disse-lhe mais: Bem sabes tu, e o teu coração reconhece toda a maldade que fizeste a Davi, meu pai; pelo que o Senhor fará recair a tua maldade sobre a tua cabeça.

⁴⁵Mas o rei Salomão será abençoado, e o trono de Davi será confirmado perante o Senhor para sempre:

⁴⁶E o rei deu ordem a Benaías, filho de Jeoiada, o qual saiu, e feriu a Simei, de modo que morreu. Assim foi confirmado o reino na mão de Salomão.

## Capítulo 3

¹Ora, Salomão aparentou-se com Faraó, rei do Egito, pois tomou por mulher a filha dele; e a trouxe à cidade de Davi, até que acabasse de edificar a sua casa, e a casa do Senhor, e a muralha de Jerusalém em redor.

²Entretanto o povo oferecia sacrifícios sobre os altos, porque até aqueles dias ainda não se havia edificado casa ao nome do Senhor.

³E Salomão amava ao Senhor, andando nos estatutos de Davi, seu pai; exceto que nos altos oferecia sacrifícios e queimava incenso.

⁴Foi, pois, o rei a Gibeão para oferecer sacrifícios ali, porque aquele era o principal dentre os altos; mil holocaustos sacrificou Salomão naquele altar.

⁵Em Gibeão apareceu o Senhor a Salomão de noite em sonhos, e disse-lhe: Pede o que queres que eu te dê.

⁶Respondeu Salomão: De grande benevolência usaste para com teu servo Dai, meu pai, porquanto ele andou diante de ti em verdade, em justiça, e em retidão de coração para contigo; e guardaste-lhe esta grande benevolência, e lhe deste um filho, que se assentasse no seu trono, como se vê neste dia.

⁷Agora, pois, ó Senhor meu Deus, tu fizeste reinar teu servo em lugar de Davi, meu pai. E eu sou apenas um menino pequeno; nao sei como sair, nem como entrar.

⁸Teu servo está no meio do teu povo que elegeste, povo grande, que nem se pode contar, nem numerar, pela sua multidão.

⁹Dá, pois, a teu servo um coração entendido para julgar o teu povo, para que prudentemente discirna entre o bem e o mal; porque, quem poderia julgar a este teu tão grande povo?

¹⁰E pareceu bem aos olhos do Senhor o ter Salomão pedido tal coisa.

¹¹Pelo que Deus lhe disse: Porquanto pediste isso, e não pediste para ti muitos dias, nem riquezas, nem a vida de teus inimigos, mas pediste entendimento para discernires o que é justo,

¹²eis que faço segundo as tuas palavras. Eis que te dou um coração

tão sábio e entendido, que antes de ti teu igual não houve, e depois de ti teu igual não se levantará.

¹³Também te dou o que não pediste, assim riquezas como glória; de modo que não haverá teu igual entre os reis, por todos os teus dias.

¹⁴E ainda, se andares nos meus caminhos, guardando os meus estatutos e os meus mandamentos, como andou Davi,

¹⁵Então Salomão acordou, e eis que era sonho. E, voltando ele a Jerusalém, pôs-se diante da arca do pacto do Senhor, sacrificou holocaustos e preparou sacrifícios pacíficos, e deu um banquete a todos os seus servos.

¹⁶Então vieram duas mulheres prostitutas ter com o rei, e se puseram diante dele.

¹⁷E disse-lhe uma das mulheres: Ah, meu senhor! eu e esta mulher moramos na mesma casa; e tive um filho, estando com ela naquela casa.

¹⁸E sucedeu que, no terceiro dia depois de meu parto, também esta mulher teve um filho. Estávamos juntas; nenhuma pessoa estranha estava conosco na casa; somente nós duas estávamos ali.

¹⁹Ora, durante a noite morreu o filho desta mulher, porquanto se deitara sobre ele.

²⁰E ela se levantou no decorrer da noite, tirou do meu lado o meu filho, enquanto a tua serva dormia, e o deitou no seu seio, e a seu filho morto deitou-o no meu seio.

²¹Quando me levantei pela manhã, para dar de mamar a meu filho, eis que estava morto; mas, atentando eu para ele à luz do dia, eis que não era o filho que me nascera.

²²Então disse a outra mulher: Não, mas o vivo é meu filho, e teu filho o morto. Replicou a primeira: Não; o morto é teu filho, e meu filho o vivo. Assim falaram perante o rei.

²³Então disse o rei: Esta diz: Este que vive é meu filho, e teu filho o morto; e esta outra diz: Não; o morto é teu filho, e meu filho o vivo.

²⁴Disse mais o rei: Trazei-me uma espada. E trouxeram uma espada diante dele.

²⁵E disse o rei: Dividi em duas partes o menino vivo, e dai a metade a uma, e metade a outra.

²⁶Mas a mulher cujo filho er suas entranhas se lhe enterneceram por seu filho), e disse: Ah, meu senhor! dai-lhe o menino vivo, e de modo nenhum o mateis. A outra, porém, disse: Não será meu, nem teu; dividi-o.

²⁷Respondeu, então, o rei: Dai à primeira o menino vivo, e de modo nenhum o mateis; ela é sua mãe.

²⁸E todo o Israel ouviu a sentença que o rei proferira, e temeu ao rei; porque viu que havia nele a sabedoria de Deus para fazer justiça.

## Capítulo 4

¹Assim foi Salomão rei sobre todo o Israel.

²E estes eram os príncipes que tinha: Azarias, filho de Zadoque, era sacerdote;

³Eliorefe e Aías, filhos de Sisa, secretários; Jeosafá, filho de Ailude, cronista;

⁴Benaías, filho de Jeoiada, estava sobre o exército; Zadoque e Abiatar eram sacerdotes;

⁵Azarias, filho de Natã, estava sobre os intendentes; Zabude, filho de Natã, era o oficial-mor, amigo do rei;

⁶Aisar, o mordomo; e Adonirão, filho de Abda, estava sobre a gente de trabalhos forçados.

⁷Salomão tinha doze intendentes sobre todo o Israel, que proviam de mantimentos ao rei e à sua casa; e cada um tinha que prover mantimentos para um mês no ano.

⁸São estes os seus nomes: Bene-Hur, na região montanhosa de Efraim.

⁹Bene-Dequer, em Macaz, Saalabim, Bete-Semes e Elom-Bete-Hanã;

¹⁰Bene-Hesede, em Arubote; também este tinha Socó e toda a terra de Jefer;

¹¹Bene-Abinadabe, em toda a região alta de Dor; tinha este a Tafate, filha de Salomão, por mulher;

¹²Baaná, filho de Ailude, em Taanaque e Megido, e em toda a Bete-Seã, que está junto a Zaretã, abaixo de Jizreel, desde Bete-Seã até Abel-Meolá, para além de Jocmeão;

¹³o filho de Geber, em Ramote-Gileade; tinha este as aldeias de Jair, filho de Manassés, as quais estão em Gileade; também tinha a região de Argobe, o qual está em Basã, sessenta grandes cidades com muros e ferrolhos de bronze;

¹⁴Ainadabe, filho de Ido, em Maanaim;

¹⁵Aimaaz, em Naftali; também este tomou a Basemate, filha de Salomão, por mulher;

¹⁶Baaná, filho de Hasai, em Aser e em Alote;

¹⁷Jeosafá, filho de Paruá, em Issacar;

¹⁸Simei, filho de Elá, em Benjamim;

¹⁹Geber, filho de Uri, na terra de Gileade, a terra de Siom, rei dos amorreus, e de Ogue, rei de Basã; havia um só intendente naquela terra.

²⁰Eram, pois, os de Judá e Israel numerosos, como a areia que está à beira do mar; e, comendo e bebendo, se alegravam.

²¹E dominava Salomão sobre todos os reinos, desde o rio até a terra dos filisteus e até o termo do Egito; eles pagavam tributo, e serviram a Salomão todos os dias da sua vida.

²²O provimento diário de Salomão era de trinta coros de flor de farinha, e sessenta coros e farinha;

²³dez bois cevados, vinte bois de pasto e cem ovelhas, afora os veados, gazelas, cabras montesas e aves cevadas.

²⁴Pois dominava ele sobre toda a região e sobre todos os reis daquém do rio, desde Tifsa até Gaza; e tinha paz por todos os lados em redor.

²⁵Judá e Israel habitavam seguros, desde Dã até Berseba, cada um debaixo da sua videira, e debaixo da sua figueira, por todos os dias de Salomão.

²⁶Salomão tinha também quarenta mil manjedouras para os cavalos dos seus carros, e doze mil cavaleiros.

²⁷Aqueles intendentes, pois, cada um no seu mês, proviam de mantimentos o rei Salomão e todos quantos se chegavam à sua mesa; coisa nenhuma deixavam faltar.

²⁸Também traziam, cada um segundo seu cargo, a cevada e a palha para os cavalos e os ginetes, para o lugar em que estivessem.

²⁹Ora, Deus deu a Salomão sabedoria, e muitíssimo entendimento, e conhecimentos multiplos, como a areia que está na praia do mar.

³⁰A sabedoria de Salomão era maior do que a de todos os do Oriente e do que toda a sabedoria dos egípcios.

³¹Era ele ainda mais sábio do que todos os homens, mais sábio do que Etã, o ezraíta, e do que Hemã, Calcol e Darda, filhos de Maol; e a sua fama correu por todas as nações em redor.

³²Proferiu ele três mil provérbios, e foram os seus cânticos mil e cinco.

³³Dissertou a respeito das árvores, desde o cedro que está no Líbano até o hissopo que brota da parede; também dissertou sobre os animais, as aves, os répteis e os peixes.

³⁴De todos os povos vinha gente para ouvir a sabedoria de Salomão, e da parte de todos os reis da terra que tinham ouvido da sua sabedoria.

## Capítulo 5

¹Hirão, rei de Tiro, enviou os seus servos a Salomão, quando ouviu que o haviam ungido rei em lugar de seu pai; porquanto Hirão fora sempre muito amigo de Davi.

²Salomão, pois, mandou dizer a Hirão.

³Bem sabes tu que Davi, meu pai, não pôde edificar uma casa ao nome do Senhor seu Deus, por causa das guerras com que o cercaram, até que o Senhor lhe pôs os inimigos debaixo dos seus pés.

⁴Agora, porém, o Senhor meu Deus me tem dado descanso de todos os lados: adversário não há, nem calamidade alguma.

⁵Pretendo, pois, edificar uma casa ao nome do Senhor meu Deus, como falou o senhor a Davi, meu pai, dizendo: Teu filho, que porei em teu lugar no teu trono, ele edificará uma casa ao meu nome.

⁶Portanto, dá ordem agora que do Líbano me cortem cedros; os meus servos estarão com os teus servos; eu te pagarei o salário dos teus servos, conforme tudo o que disseres; porque tu sabes que entre nós ninguém há que saiba cortar madeira como os sidônios.

⁷Quando Hirão ouviu as palavras de Salomão, muito se alegrou, e disse: Bendito seja hoje o Senhor, que deu a Davi um filho sábio sobre este tão grande povo.

⁸E Hirão mandou dizer a Salomão: Ouvi o que me mandaste dizer. Eu farei tudo quanto desejas acerca das madeiras de cedro e de cipreste.

⁹Os meus servos as levarão do Líbano até o mar, e farei conduzi-las em jangadas pelo mar até o lugar que me designares; ali ás desamarrarei, e tu as receberás; também farás o meu desejo, dando sustento à minha casa.

¹⁰Assim dava Hirão a Salomão madeira de cedro e madeira de cipreste, conforme todo o seu desejo.

¹¹E Salomão dava a Hirão vinte mil coros de trigo, para sustento da sua casa, e vinte, coros de azeite batido; isso fazia anualmente.

¹²Deu, pois, o Senhor a Salomão sabedoria, como lhe tinha prometido. E houve paz entre Hirão e Salomão; e fizeram aliança entre si.

¹³Também e rei Salomão fez, dentre todo o Israel, uma leva de gente para trabalho forçado; e a leva se compunha de trinta mil homens.

¹⁴E os enviava ao Líbano por turnos, cada mês dez mil; um mês estavam no Líbano, e dois meses cada um em sua casa; e Adonirão estava sobre a leva.

¹⁵Tinha também Salomão setenta mil que levavam as cargas, e oitenta mil que talhavam pedras nas montanhas,

¹⁶afora os mestres de obra que estavam sobre aquele serviço, três mil e trezentes, os quais davam as ordens aos trabalhadores.

¹⁷Por ordem do rei eles cortaram grandes pedras, de grande preço, para fundarem a casa em pedras lavradas.

¹⁸Lavraram-nas, pois, os edificadores de Salomão, e os de Hirão, e os gebalitas, e prepararam as madeiras e as pedras para edificar a casa.

## Capítulo 6

¹Sucedeu, pois, que no ano quatrocentos e oitenta depois de saírem os filhos de Israel da terra do Egito, no quarto ano do reinado de Salomão sobre Israel, no mês de zive, que é o segundo mês, começou-se a edificar a casa do Senhor.

²Ora, a casa que e rei Salomão edificou ao Senhor era de sessenta côvados de comprimento, vinte côvados de largura, e trinta côvados de altura.

³E o pórtico diante do templo da casa era de vinte côvados de comprimento, segundo a largura da casa, e de dez côvados de largura.

⁴E fez para a casa janelas de gelósias fixas.

⁵Edificou andares em torno da casa, contra a parede, tanto do templo como do oráculo, fazendo assim câmaras laterais ao seu redor.

⁶A câmara de baixo era de cinco côvados, a do meio de seis côvados, e a terceira de sete côvados de largura. E do lado de fora, ao redor da casa, fez pilastras de reforço, para que as vigas não se apoiassem nas paredes da casa.

⁷E edificava-se a casa com pedras lavradas na pedreira; de maneira que nem martelo, nem machado, nem qualquer outro instrumento de ferro se ouviu na casa enquanto estava sendo edificada.

⁸A porta para as câmaras laterais do meio estava à banda direita da casa; e por escadas espirais subia-se ao andar do meio, e deste ao terceiro.

⁹Assim, pois, edificou a casa, e a acabou, cobrindo-a com traves e pranchas de cedro.

¹⁰Também edificou os andares, contra toda a casa, de cinco côvados de altura, e os ligou à casa com madeira de cedro.

¹¹Então veio a palavra do Senhor a Salomão, dizendo:

¹²Quanto a esta casa que tu estás edificando, se andares nos meus estatutos, e executares os meus preceitos, e guardares todos os meus mandamentos, andando neles, confirmarei para contigo a minha palavra, que falei a Davi, teu pai;

¹³e habitarei no meio dos filhos de Israel, e não desampararei o meu povo de Israel.

¹⁴Salomão, pois, edificou aquela casa, e a acabou.

¹⁵Também cobriu as paredes da casa por dentro com tábuas de cedro; desde o soalho da casa até o teto, tudo cobriu com madeira por dentro; e cobriu o soalho da casa com tábuas de cipreste.

¹⁶A vinte côvados do fundo da casa fez de tábuas de cedro uma divisão, de altura igual à do teto; e por dentro a preparou para o oráculo, isto é, para a lugar santíssimo.

¹⁷E era a casa, isto é, o templo fronteiro ao oráculo, de quarenta côvados de comprido.

¹⁸O cedro da casa por dentro era lavrado de botões e flores abertas; tudo era cedro; pedra nenhuma se via.

¹⁹No meio da casa, na parte mais interior, preparou o oráculo, para pôr ali a arca do pacto do Senhor.

²⁰E o oráculo era, por dentro, de vinte côvados de comprimento, vinte de largura e vinte de altura; e o cobriu de ouro puro. Também cobriu de cedro o altar.

²¹Salomão, pois, cobriu a casa por dentro de ouro puro; e estendeu cadeias de ouro diante do oráculo, que cobriu também de ouro.

²²Assim cobriu inteiramente de ouro a casa toda; também cobriu de ouro todo oe altar doe oráculo.

²³No oráculo fez dois querubins de madeira de oliveira, cada um com dez côvados de altura.

²⁴Uma asa de um querubim era de cinco côvados, e a outra de cinco côvados; dez côvados havia desde a extremidade de uma das suas asas até a extremidade da outra.

²⁵Assim era também o outro querubim; ambos os querubins eram da mesma medida e do mesmo talho.

²⁶Um querubim tinha dez côvados de altura, e assim também o outro.

²⁷E pôs os querubins na parte mais interior da casa. As asas dos querubins se estendiam de maneira que a asa de um tocava numa parede, e a do outro na outra parede, e as suas asas no meio da casa tocavam uma na outra.

²⁸Também cobriu de ouro os querubins.

²⁹Quanto a todas as paredes da casa em redor, entalhou-as de querubins, de palmas e de palmas abertas, tanto na parte mais interior como na mais exterior.

³⁰Também cobriu de ouro o soalho da casa, de uma e de outra parte.

³¹E para a entrada do oráculo fez portas de madeira de oliveira; a verga com os umbrais faziam a quinta parte da parede.

³²Assim fez as duas portas de madeira de oliveira; e entalhou-as de querubins, de palmas e de flores abertas, que cobriu de ouro também estendeu ouro sobre os querubins e sobre as palmas.

³³Assim também fez para a porta do templo umbrais de madeira de oliveira, que constituíam a quarta parte da parede;

³⁴E eram as duas partes de madeira de cipreste; e as duas folhas duma porta eram dobradiças, como também as duas folhas da outra porta.

³⁵E as lavrou de querubins, de palmas e de flores abertas; e as cobriu de ouro acomodado ao lavor.

³⁶Também edificou o átrio interior de três ordens de pedras lavradas e de uma ordem de vigas de cedro.

³⁷No quarto ano se pôs o fundamento da casa do Senhor, no mês de zive.

³⁸E no undécimo ano, no mês de bul, que é o oitavo mês, se acabou esta casa com todas as suas dependências, e com tudo o que lhe convinha. Assim levou sete anos para edificá-la.

## Capítulo 7

¹Salomão edificou também a sua casa, levando treze anos para acabá-la.

²Edificou ainda a casa do bosque de Líbano, de cem côvados de comprimento, cinqüenta de largura e trinta de altura, sobre quatro ordens de colunas de cedros, e vigas de cedro sobre as colunas.

³E por cima estava coberta de cedro sobre as câmaras, que estavam sobre quarenta e cinco colunas, quinze em cada ordem.

⁴E havia três ordens de janelas, e uma janela estava defronte da outra janela, em três fileiras.

⁵Todas as portas e esquadrias eram quadradas; e uma janela estava defronte da outra, em três fileiras.

⁶Depois fez um pórtico de colunas, de cinqüenta côvados de comprimento e trinta de largura; e defronte dele outro pórtico, com suas respectivas colunas e degraus.

⁷Também fez o pórtico para o trono onde julgava, isto é, o pórtico do juízo, o qual era coberto de cedro desde o soalho até o teto.

⁸E em sua casa, em que morava, havia outro átrio por dentro do pórtico, de obra semelhante à deste; também para a filha de Faraó, que ele tomara por mulher, fez uma casa semelhante àquele pórtico.

⁹Todas estas casas eram de pedras de grande preço, cortadas sob medida, tendo as suas faces por dentro e por fora serradas à serra; e isto desde o fundamento até as beiras do teto, e por fora até o grande átrio.

¹⁰Os fundamentos eram de pedras de grande preço, pedras grandes, de dez e de oito côvados,

¹¹e por cima delas havia pedras de grande preço, lavradas sob medida, e madeira de cedro.

¹²O átrio grande tinha em redor três ordens de pedras lavradas, com uma ordem de vigas de cedro; assim era também o átrio interior da casa do Senhor e o pórtico da casa.

¹³O rei Salomão mandou trazer de Tiro a Hirão.

¹⁴Era ele filho de uma viúva, da tribo de Naftali, e fora seu pai um homem de Tiro, que trabalhava em bronze; ele era cheio de sabedoria, de entendimento e de ciência para fazer toda sorte de obras de bronze. Este veio ter com o rei Salomão, e executou todas as suas obras.

¹⁵Formou as duas colunas de bronze; a altura de cada coluna era de dezoito côvados; e um fio de doze côvados era a medida da circunferência de cada uma das colunas;

¹⁶também fez dois capitéis de bronze fundido para pôr sobre o alto das colunas; de cinco côvados era a altura dum capitel, e de cinco côvados também a altura do outro.

¹⁷Havia redes de malha, e grinaldas entrelaçadas, para os capitéis que estavam sobre o alto das colunas: sete para um capitel e sete para o outro.

¹⁸Assim fez as colunas; e havia duas fileiras de romãs em redor sobre uma rede, para cobrir os capitéis que estavam sobre o alto das colunas; assim fez com um e outro capitel.

¹⁹Os capitéis que estavam sobre o alto das colunas, no pórtico, figuravam lírios, e eram de quatro covados.

## 1 Reis

²⁰Os capitéis, pois, sobre as duas colunas estavam também justamente em cima do bojo que estava junto à rede; e havia duzentas romãs, em fileiras em redor, sobre um e outro capitel.

²¹Depois levantou as colunas no pórtico do templo; levantando a coluna direita, pôs-lhe o nome de Jaquim; e levantando a caluna esquerda, pôs-lhe o nome de Boaz.

²²Sobre o alto das colunas estava a obra de lírios. E assim se acabou a obra das colunas.

²³Fez também o mar de fundição; era redondo e media dez côvados duma borda à outra, cinco côvados de altura e trinta de circunferência.

²⁴Por baixo da sua borda em redor havia betões que o cingiam, dez em cada côvado, cercando aquele mar em redor; duas eram as fileiras destes botões, fundidas juntamente com o mar.

²⁵E firmava-se sobre doze bois, três dos quais olhavam para o norte, três para o ocidente, três para o sul e três para o oriente; e o mar descansava sobre eles, e as partes posteriores deles estavam para a banda de dentro.

²⁶A sua grossura era de três polegadas, e a borda era como a de um copo, como flor de lírio; ele levava dois mil batos.

²⁷Fez também as dez bases de bronze; cada uma tinha quatro côvados de comprimento, quatro de largura e três de altura.

²⁸E a estrutura das bases era esta: tinham elas almofadas, as quais estavam entre as junturas;

²⁹e sobre as almofadas que estavam entre as junturas havia leões, bois, e querubins, bem como os havia sobre as junturas em cima; e debaixo dos leões e dos bois havia grinaldas pendentes.

³⁰Cada base tinha quatro rodas de bronze, e eixos de bronze; e os seus quatro cantos tinham suportes; debaixo da pia estavam estes suportes de fundição, tendo eles grinaldas de cada lado.

³¹A sua boca, dentro da coroa, e em cima, era de um côvado; e era redonda segundo a obra dum pedestal, de côvado e meio; e também sobre a sua boca havia entalhes, e as suas almofadas eram quadradas, não redondas.

³²As quatro rodas estavam debaixo das almofadas, e os seus eixos estavam na base; e era a altura de cada roda de côvado e meio.

³³O feitio das rodas era como o de uma roda de carro; seus eixos, suas cambas, seus raios e seus cubos, todos eram fundidos.

³⁴Havia quatro suportes aos quatro cantos de cada base, os quais faziam parte da própria base.

³⁵No alto de cada base havia um cinto redondo, de meio côvado de altura; também sobre o topo de cada base havia esteios e almofadas que faziam parte dela.

³⁶E nas placas dos seus esteios e nas suas almofadas lavrou querubins, leões e palmas, segundo o espaço que havia em cada uma, com grinaldas em redor.

³⁷Deste modo fez as dez bases: todas com a mesma fundição, a mesma medida e o mesmo entalhe.

³⁸Também fez dez pias de bronze; em cada uma cabiam quarenta batos, e cada pia era de quatro côvados; e cada uma delas estava sobre uma das dez bases.

³⁹E pôs cinco bases à direita da casa, e cinco à esquerda; porém o mar pôs ao lado direito da casa para a banda do oriente, na direção do sul.

⁴⁰Hirão fez também as caldeiras, as pás e as bacias; assim acabou de fazer toda a obra que executou para o rei Salomão, para a casa do Senhor,

⁴¹a saber: as duas colunas, os globos dos capitéis que estavam sobre o alto das colunas, e as duas redes para cobrir os dois globos dos capitéis que estavam sobre o alto das colunas,

⁴²e as quatrocentas romãs para as duas redes, a saber, duas carreiras de romãs para cada rede, para cobrirem os dois globos dos capitéis que estavam em cima das colunas;

⁴³as dez bases, e as dez pias sobre as bases;

⁴⁴o mar, e os doze bois debaixo do mesmo;

⁴⁵as caldeiras, as pás e as bacias; todos estes objetos que Hirão fez para o rei Salomão, para a casa do Senhor, eram de bronze polido.

⁴⁶O rei os fez fundir na planície do Jordão, num terreno argiloso que havia entre Sucote e Zaretã.

⁴⁷E Salomão deixou de pesar esses objetos devido ao seu excessivo número; não se averiguou o peso do bronze.

⁴⁸Também fez Salomão todos os utensílios para a casa do Senhor: o altar de ouro, e a mesa de ouro, sobre a qual estavam os pães da proposição;

⁴⁹os castiçais, cinco à direita e cinco esquerda, diante do oráculo, de ouro puro; as flores, as lâmpadas e as tenazes, também de ouro;

⁵⁰e as taças, as espevitadeiras, as bacias, as colheres e os braseiros, de ouro puro; e os gonzos para as portas da casa interior, para o lugar santíssimo, e os das portas da casa, isto é, do templo, também de ouro.

⁵¹Assim se acabou toda a obra que o rei Salomão fez para a casa do Senhor. Então trouxe Salomão as coisas que seu pai Davi tinha consagrado, a saber, a prata, o ouro e os vasos; e os depositou nos tesouros da casa do senhor.

## *Capítulo 8*

¹Então congregou Salomão diante de si em Jerusalém os anciãos de Israel, e todos os cabeças das tribos, os chefes das casas paternas, dentre os filhos de Israel, para fazerem subir da cidade de Davi, que é Sião, a arca do pacto do Senhor:

²De maneira que todos os homens de Israel se congregaram ao rei Salomão, na ocasião da festa, no mês de etanim, que é o sétimo mes.

³E tendo chegado todos os anciãos de Israel, os sacerdotes alçaram a arca;

⁴e trouxeram para cima a arca do Senhor, e a tenda da revelação, juntamente com todos os utensílios sagrados que havia na tenda; foram os sacerdotes e os levitas que os trouxeram para cima.

⁵E o rei Salomão, e toda a congregação de Israel, que se ajuntara diante dele, estavam diante da arca, imolando ovelhas e bois, os quais não se podiam contar nem numerar, pela sua multidão.

⁶E os sacerdotes introduziram a arca do pacto do Senhor no seu lugar, no oráculo da casa, no lugar santíssimo, debaixo das asas dos querubins.

⁷Pois os querubins estendiam ambas as asas sobre o lugar da arca, e cobriam por cima a arca e os seus varais.

⁸Os varais sobressaíam tanto que as suas pontas se viam desde o santuário diante do oráculo, porém de fora não se viam; e ali estão até o dia de hoje.

⁹Nada havia na arca, senão as duas tábuas de pedra, que Moisés ali pusera, junto a Horebe, quando o Senhor, fez u pacto com os filhos de Israel, ao sairem eles da terra do Egito.

¹⁰E sucedeu que, saindo os sacerdotes do santuário, uma nuvem encheu a casa do Senhor;

¹¹de modo que os sacerdotes não podiam ter-se em pé para ministrarem, por causa da nuvem; porque a glória do Senhor enchera a casa do Senhor.

¹²Então falou Salomão: O Senhor disse que habitaria na escuridão.

¹³Certamente te edifiquei uma casa para morada, assento para a tua eterna habitação.

¹⁴Então o rei virou o rosto, e abençoou toda a congregação de Israel; e toda a congregação ficou em pe.

¹⁵E disse Salomão: Bendito seja e Senhor, Deus de Israel, que falou pela sua boca a Davi, meu pai, e pela sua mão cumpriu a palavra que disse:

¹⁶Desde o dia em que eu tirei do Egito o meu povo Israel, não escolhi cidade alguma de todas as tribos de Israel para se edificar ali uma casa em que estivesse o meu nome; porém escolhi a Davi, para que presidisse sobre o meu povo Israel.

¹⁷Ora, Davi, meu pai, propusera em seu coração edificar uma casa ao nome de Senhor, Deus de Israel.

¹⁸Mas o Senhor disse a Davi, meu pai: Quanto ao teres proposto no teu coração o edificar casa ao meu nome, bem fizeste em o propor no teu coração.

¹⁹Todavia, tu não edificarás a casa; porém teu filho, que sair de teus lombos, esse edificará a casa ao meu nome.

²⁰E o Senhor cumpriu a palavra que falou; porque me levantei em lugar de Davi, meu pai, e me assentei no trono de Israel, como falou o Senhor, e edifiquei uma casa, ao nome do Senhor, Deus de Israel.

²¹E ali constituí lugar para a arca em que está o pacto do Senhor, que ele fez com nossos pais quando os tirou da terra de Egito.

²²Depois Salomão se pôs diante do altar do Senhor, em frente de toda a congregação de Israel e, estendendo as mãos para os céus,

²³disse: ç Senhor, Deus de Israel, não há Deus como tu, em cima no céu nem em baixo na terra, que guardas o pacto e a benevolência para com os teus servos que andam diante de ti com inteirezá de coração;

²⁴que cumpriste com teu servo Davi, meu pai, o que lhe prometeste; porque com a tua boca o disseste, e com a tua mão o cumpriste, como neste dia se vê.

²⁵Agora, pois, ó Senhor, Deus de Israel, faz a teu servo Davi, meu pai, o que lhe prometeste ao dizeres: Não te faltará diante de mim sucessor, que se assente no trono de Israel; contanto que teus filhos guardem o seu caminho, para andarem diante de mim como tu andaste.

²⁶Agora também, ó Deus de Israel, cumpra-se a tua palavra, que disseste a teu servo Davi, meu pai.

²⁷Mas, na verdade, habitaria Deus na terra? Eis que o céu, e até o

céu dos céus, não te podem conter; quanto menos esta casa que edifiquei!

²⁸Contudo atende à oração de teu servo, e à sua súplica, ó Senhor meu Deus, para ouvires o clamor e a oração que o teu servo hoje faz diante de ti;

²⁹para que os teus olhos estejam abertos noite e dia sobre esta casa, sobre este lugar, do qual disseste: O meu nome estará ali; para ouvires a oração que o teu servo fizer, voltado para este lugar.

³⁰Ouve, pois, a súplica do teu servo, e do teu povo Israel, quando orarem voltados para este lugar. Sim, ouve tu do lugar da tua habitação no céu; ouve, e perdoa.

³¹Se alguém pecar contra o seu próximo e lhe for exigido que jure, e ele vier jurar diante do teu altar nesta casa,

³²ouve então do céu, age, e julga os teus servos; condena ao culpado, fazendo recair sobre a sua cabeça e seu proceder, e justifica ao reto, retribuindo-lhe segundo a sua retidão.

³³Quando o teu povo Israel for derrotado diante do inimigo, por ter pecado contra ti; se eles voltarem a ti, e confessarem o teu nome, e orarem e fizerem súplicas a ti nesta casa,

³⁴ouve então do céu, e perdoa a pecado do teu povo Israel, e torna a levá-lo à terra que deste a seus pais.

³⁵Quando o céu se fechar e não houver chuva, por terem pecado contra ti, e orarem, voltados para este lugar, e confessarem o teu nome, e se converterem dos seus pecados, quando tu os afligires,

³⁶ouve então do céu, e perdoa o pecado dos teus servos e do teu povo Israel, ensinando-lhes o bom caminho em que devem andar; e envia chuva sobre a tua terra que deste ao teu povo em herança.

³⁷Se houver na terra fome ou peste, se houver crestamento ou ferrugem, gafanhotos ou lagarta; se o seu inimigo os cercar na terra das suas cidades; seja qual for a praga ou doença que houver;

³⁸toda oração, toda súplica que qualquer homem ou todo o teu povo Israel fizer, conhecendo cada um a chaga do seu coração, e estendendo as suas mãos para esta casa,

³⁹ouve então do céu, lugar da tua habitação, perdoa, e age, retribuindo a cada um conforme todos os seus caminhos, segundo vires o seu coração (pois tu, só tu conheces o coração de todos os filhos dos homens);

⁴⁰para que te temam todos os dias que viverem na terra que deste a nossos pais.

⁴¹Também quando o estrangeiro, que não é do teu povo Israel, vier de terras remotas por amor do teu nome

⁴²(porque ouvirão do teu grande nome, e da tua forte mão, e do teu braço estendido), quando vier orar voltado para esta casa,

⁴³ouve do céu, lugar da tua habitação, e faze conforme tudo o que o estrangeiro a ti clamar, a fim de que todos os povos da terra conheçam o teu nome, e te temam como o teu povo Israel, e saibam que pelo teu nome é chamada esta casa que edifiquei.

⁴⁴Quando o teu povo sair à guerra contra os seus inimigos, seja qual for o caminho por que os enviares, e orarem ao Senhor, voltados para a cidade que escolheste, e para a casa que edifiquei ao teu nome,

⁴⁵ouve então do céu a sua oração e a sua súplica, e defende a sua causa.

⁴⁶Quando pecarem contra ti (pois não há homem que não peque), e tu te indignares contra eles, e os entregares ao inimigo, de modo que os levem em cativeiro para a terra inimiga, longínqua ou próxima,

⁴⁷se na terra aonde forem levados em cativeiro caírem em si, e se converterem, e na terra do seu cativeiro te suplicarem, dizendo: Pecamos e procedemos perversamente, cometemos iniqüidade;

⁴⁸se voltarem a ti de todo o seu coração e de toda a sua alma, na terra de seus inimigos que os tenham levado em cativeiro, e orarem a ti, voltados para a sua terra, que deste a seus pais, para a cidade que escolheste, e para a casa que edifiquei ao teu nome,

⁴⁹ouve então do céu, lugar da tua habitação, a sua oração e a sua súplica, e defende a sua causa;

⁵⁰perdoa ao teu povo que houver pecado contra ti, perdoa todas as transgressões que houverem cometido contra ti, e dá-lhes alcançar misericórdia da parte dos que os levarem cativos, para que se compadeçam deles;

⁵¹porque são o teu povo e a tua herança, que tiraste da terra do Egito, do meio da fornalha de ferro.

⁵²Estejam abertos os teus olhos à súplica do teu servo e à súplica do teu povo Israel, a fim de os ouvires sempre que clamarem a ti.

⁵³Pois tu, ó Senhor Jeová, os separaste dentre todos os povos da terra, para serem a tua herança como falaste por intermédio de Moisés, teu servo, quando tiraste do Egito nossos pais.

⁵⁴Sucedeu pois que, acabando Salomão de fazer ao Senhor esta oração e esta súplica, estando de joelhos e com as mãos estendidas para o céu, se levantou de diante do altar do Senhor,

⁵⁵pôs-se em pé, e abençoou em alta voz a toda a congregação de Israel, dizendo:

⁵⁶Bendito seja o Senhor, que deu repouso ao seu povo Israel, segundo tudo o que disse; não falhou nem sequer uma de todas as boas palavras que falou por intermédio de Moisés, seu servo.

⁵⁷O Senhor nosso Deus seja conosco, como foi com nossos pais; não nos deixe, nem nos abandone;

⁵⁸mas incline a si os nossos corações, a fim de andarmos em todos os seus caminhos, e guardarmos os seus mandamentos, e os seus estatutos, e os seus preceitos, que ordenou a nossos pais.

⁵⁹E que estas minhas palavras, com que supliquei perante o Senhor, estejam perto, diante do Senhor nosso Deus, de dia e de noite, para que defenda ele a causa do seu servo e a causa do seu povo Israel, como cada dia o exigir,

⁶⁰para que todos os povos da terra, saibam que o Senhor é Deus, e que não há outro.

⁶¹E seja o vosso coração perfeito para com o Senhor nosso Deus, para andardes nos seus estatutos, e guardardes os seus mandamentos, como hoje o fazeis.

⁶²Então o rei e todo o Israel com ele ofereceram sacrifícios perante o Senhor.

⁶³Ora, Salomão deu, para o sacrifício pacífico que ofereceu ao Senhor, vinte e dois mil bois e cento e vinte mil ovelhas. Assim o rei e todos os filhos de Israel consagraram a casa do Senhor.

⁶⁴No mesmo dia o rei santificou o meio do átrio que estava diante da casa do Senhor; porquanto ali ofereceu o holocausto, a oferta de cereais e a gordura das ofertas pacíficas, porque o altar de bronze que está diante do Senhor era muito pequeno para nele caberem o holocausto, a oferta de cereais, e a gordura das ofertas pacíficas.

⁶⁵No mesmo tempo celebrou Salomão a festa, e todo o Israel com ele, uma grande congregação, vinda desde a entrada de Hamate e desde o rio do Egito, perante a face do Senhor nosso Deus, por sete dias, e mais sete dias (catorze dias ao todo).

⁶⁶E no oitavo dia despediu o povo, e todos bendisseram ao rei; então se foram às suas tendas, alegres e de coração contente, por causa de todo o bem que o Senhor fizera a Davi seu servo, e a Israel seu povo.

## Capítulo 9

¹Sucedera pois que, tendo Salomão acabado de edificar a casa do Senhor, e a casa do rei, e tudo quanto lhe aprouve fazer,

²apareceu-lhe o Senhor segunda vez, como lhe tinha aparecido em Gibeão.

³E o Senhor lhe disse: Ouvi a tua oração e a tua súplica, que fizeste perante mim; santifiquei esta casa que edificaste, a fim de pôr ali o meu nome para sempre; e os meus olhos e o meu coração estarão ali todos os dias.

⁴Ora, se tu andares perante mim como andou Davi, teu pai, com inteireza de coração e com eqüidade, fazendo conforme tudo o que te ordenei, e guardando os meus estatutos e as minhas ordenanças,

⁵então confirmarei o trono de teu reino sobre Israel para sempre, como prometi a teu pai Davi, dizendo: Não te faltará varão sobre o trono de Israel.

⁶Se, porém, vós e vossos filhos de qualquer maneira vos desviardes e nao me seguirdes, nem guadardardes os meus mandamentos e os meus estatutos, que vos tenho proposto, mas fordes, e servirdes a outros deuses, curvando-vos perante eles,

⁷então exterminarei a Israel da terra que lhe dei; e a esta casa, que santifiquei a meu nome, lançarei longe da minha presença, e Israel será por provérbio e motejo entre todos os povos.

⁸E desta casa, que é tão exaltada, todo aquele que por ela passar pasmará e assobiará, e dirá: Por que fez o Senhor assim a esta terra e a esta casa?

⁹E lhe responderão: E porque deixaram ao Senhor seu Deus, que tirou da terra do Egito a seus pais, e se apegaram a deuses alheios, e perante eles se encurvaram, e os serviram; por isso o Senhor trouxe sobre eles todo este mal.

¹⁰Ao fim dos vinte anos em que Salomão edificara as duas casas, a casa do Senhor e a casa do rei,

¹¹como Hirão, rei de Tiro, trouxera a Salomão madeira de cedro e de cipreste, e ouro segundo todo o seu desejo, deu o rei Salomão a Hirão vinte cidades na terra da Galiléia.

¹²Hirão, pois, saiu de Tiro para ver as cidades que Salomão lhe dera; porém não lhe agradaram.

¹³Pelo que disse: Que cidades são estas que me deste, irmão meu? De sorte que são chamadas até hoje terra de Cabul.

¹⁴Hirão enviara ao rei cento e vinte talentos de ouro.

¹⁵A razão da leva de gente para trabalho forçado que o rei

Salomão fez é esta: edificar a casa do Senhor e a sua própria casa, e Milo, e o muro de Jerusalém, como também Hazor, e Megido, e Gezer.

¹⁶Pois Faraó, rei do Egito, tendo subido, tomara a Gezer e a queimara a fogo, e matando os cananeus que moravam na cidade, dera-a em dote a sua filha, mulher de Salomão.

¹⁷Salomão edificou Gezer, Bete-Horom a baixa,

¹⁸Baalate, Tamar no deserto daquela terra,

¹⁹como também todas as cidades-armazéns que Salomão tinha, as cidades dos carros as cidades dos cavaleiros, e tudo o que Salomão quis edificar em Jerusalém, no Líbano, e em toda a terra de seu domínio.

²⁰Quanto a todo o povo que restou dos amorreus, dos heteus, dos perizeus, dos heveus e dos jebuseus, que não eram dos filhos de Israel,

²¹a seus filhos, que restaram depois deles na terra, os quais os filhos de Israel não puderam destruir totalmente, Salomão lhes impôs tributo de trabalho forçado, até hoje.

²²Mas dos filhos de Israel não fez Salomão escravo algum; porém eram homens de guerra, e seus servos, e seus príncipes, e seus capitães, e chefes dos seus carros e dos seus cavaleiros.

²³Estes eram os chefes dos oficiais que estavam sobre a obra de Salomão, quinhentos e cinqüenta, que davam ordens ao povo que trabalhava na obra.

²⁴Subiu, porém, a filha de Faraó da cidade de Davi à sua casa, que Salomão lhe edificara; então ele edificou Milo.

²⁵E Salomão oferecia três vezes por ano holocaustos e ofertas pacíficas sobre a altar que edificara ao Senhor, queimando com eles incenso sobre o altar que estava perante o Senhor, depois que acabou de edificar a casa.

²⁶Também o rei Salomão fez uma frota em Eziom-Geber, que está junto a Elote, na praia do Mar Vermelho, na terra de Edom.

²⁷Hirão mandou com aquela frota, em companhia dos servos de Salomão, os seus próprios servos, marinheiros que conheciam o mar;

²⁸os quais foram a Ofir, e tomaram de lá quatrocentos e vinte talentos de ouro, que trouxeram ao rei Salomão.

## Capítulo 10

¹Tendo a rainha de Sabá ouvido da fama de Salomão, no que concerne ao nome do Senhor, veio prová-lo por enigmas.

²E chegou a Jerusalém com uma grande comitiva, com camelos carregados de especiarias, e muitíssimo ouro, e pedras preciosas; e, tendo-se apresentado a Salomão, conversou com ele acerca de tudo o que tinha no coração.

³E Salomão lhe deu resposta a todas as suas perguntas; não houve nada que o rei não lhe soubesse explicar.

⁴Vendo, pois, a rainha de Sabá toda a sabedoria de Salomão, a casa que edificara,

⁵as iguarias da sua mesa, o assentar dos seus oficiais, as funções e os trajes dos seus servos, e os seus copeiros, e os holocaustos que ele oferecia na casa do Senhor, ficou estupefata,

⁶e disse ao rei: Era verdade o que ouvi na minha terra, acerca des teus feitos e da tua sabedoria.

⁷Contudo eu não o acreditava, até que vim e os meus olhos o viram. Eis que não me disseram metade; sobrepujaste em sabedoria e bens a fama que ouvi.

⁸Bem-aventurados os teus homens! Bem-aventuradas estes teus servos, que estão sempre diante de ti, que ouvem a tua sabedoria.

⁹Bendito seja o Senhor teu Deus, que se agradou de ti e te colocou no trono de Israel! Porquanto o Senhor amou Israel para sempre, por isso te estabeleceu rei, para executares juízo e justiça.

¹⁰E deu ela ao rei cento e vinte talentos de ouro, especiarias em grande quantidade e pedras preciosas; nunca mais apareceu tamanha abundância de especiarias como a que a rainha de Sabá deu ao rei Salomão.

¹¹Também a frota de Hirão, que de Ofir trazia ouro, trouxe dali madeira de almugue em quantidade, e pedras preciosas.

¹²Desta madeira de almugue fez e rei balaústres para a casa do Senhor, e para a casa de rei, como também harpas e alaúdes para os cantores; não se trouxe nem se viu mais tal madeira de almugue, até o dia de hoje.

¹³E o rei salomão deu à rainha de Sabà tudo o que ela desejou, tudo quanto pediu, além de que lhe dera espontaneamente, da sua munificência real. Então voltou e foi para a sua terra, ela e os seus servos.

¹⁴Ora, o peso do ouro que se trazia a Salomão cada ano era de seiscentos e sessenta e seis talentos de ouro,

¹⁵além do que vinha dos vendedores ambulantes, e do tráfico dos negociantes, e de todos as reis da Arábia, e dos governadores do país.

¹⁶Também o rei Salomão fez duzentos paveses de ouro batido; de seiscentos siclos de ouro mandou fazer cada pavês;

¹⁷do mesmo modo fez também trezentos escudos de ouro batido; de três minas de auro mandou fazer cada escudo. Então e rei os pôs na casa do bosque de Líbano.

¹⁸Fez mais o rei um grande trono de marfim, e o revestiu de ouro puríssimo.

¹⁹Tinha o trono seis degraus, e o alto do trono era redondo pelo espaldar; de ambos os lados tinha braços junto ao assento, e dois leões em pé junto aos braços.

²⁰E sobre os seis degraus havia doze leões de ambos os lados; outro tal não se fizera em reino algum.

²¹Também todos os vasos de beber de rei Salomão eram de ouro, e todos os vasos da casa do bosque do Líbano eram de ouro puro; não havia nenhum de prata, porque nos dias de Salomão a prata não tinha estimação alguma.

²²Porque o rei tinha no mar uma frota de Társis, com a de Hirão; de três em três anos a frota de Társis voltava, trazendo ouro e prata, marfim, bugios e pavões.

²³Assim o rei Salomão excedeu a todos os reis da terra, tanto em riquezas como em sabedoria.

²⁴E toda a terra buscava a presença de Salomão para ouvir a sabedoria que Deus lhe tinha posto no coração.

²⁵Cada um trazia seu presente, vasos de prata, vasos de ouro, vestidos, armaduras, especiarias, cavalos e mulas; isso faziam cada ano.

²⁶Também ajuntou Salomão carros e cavaleiros, de sorte que tinha mil e quatrocentos carros e doze mil cavaleiros, e os distribuiu pelas cidades dos carros, e junto ao rei em Jerusalém.

²⁷E o rei tornou a prata tão comum em Jerusalém como as pedras, e os cedros tantos em abundância como os sicômoros que há pelas campinas.

²⁸Os cavalos que Salomão tinha eram trazidos do Egito e de Coa; os mercadores do rei os recebiam de Coa por preço determinado.

²⁹E subia e saía um carro do Egito por seiscentos siclos de prata, e um cavalo por cento e cinqüenta; e assim, por intermédio desses mercadores, eram exportados para todos os reis dos heteus e para os reis da Síria.

## Capítulo 11

¹Ora, o rei Salomão amou muitas mulheres estrangeiras, além da filha de Faraó: moabitas, amonitas, edomitas, sidônias e heteias,

²das nações de que o Senhor dissera aos filhos de Israel: Não ireis para elas, nem elas virão para vós; doutra maneira perverterão o vosso coração para seguirdes os seus deuses. A estas se apegou Salomão, levado pelo amor.

³Tinha ele setecentas mulheres, princesas, e trezentas concubinas; e suas mulheres lhe perverteram o coração.

⁴Pois sucedeu que, no tempo da velhice de Salomão, suas mulheres lhe perverteram o coração para seguir outros deuses; e e seu coração já não era perfeito para com o Senhor seu Deus, como fora o de Davi, seu pai;

⁵Salomão seguiu a Astarete, deusa dos sidônios, e a Milcom, abominação dos amonitas.

⁶Assim fez Salomão o que era mau aos olhos do Senhor, e não perseverou em seguir, como fizera Davi, seu pai.

⁷Nesse tempo edificou Salomão um alto a Quemós, abominação dos moabitas, sobre o monte que está diante de Jerusalém, e a Moleque, abominação dos amonitas.

⁸E assim fez para todas as suas mulheres estrangeiras, as quais queimavam incenso e ofereciam sacrifícios a seus deuses.

⁹Pelo que o Senhor se indignou contra Salomão, porquanto e seu coração se desviara do Senhor Deus de Israel, o qual duas vezes lhe aparecera,

¹⁰e lhe ordenara expressamente que não seguisse a outros deuses. Ele, porém, não guardou o que o Senhor lhe ordenara.

¹¹Disse, pois, o Senhor a Salomão: Porquanto houve isto em ti, que não guardaste a meu pacto e os meus estatutos que te ordenei, certamente rasgarei de ti este reino, e o darei a teu servo.

¹²Contudo não o farei nos teus dias, por amor de Davi, teu pai; da mão de teu filho o rasgarei.

¹³Todavia não rasgarei o reino todo; mas uma tribo darei a teu filho, por amor de meu servo Davi, e por amor de Jerusalém, que escolhi.

¹⁴O Senhor levantou contra Salomão um adversário, Hadade, o edomeu; o qual era da estirpe real de Edom.

¹⁵Porque sucedeu que, quando Davi esteve em guerra contra Edom, tendo Joabe, o chefe do exército, subido a enterrar os mortos, e ferido a todo varão em Edom

¹⁶(porque Joabe ficou ali seis meses com todo o Israel, até que destruiu a todo varão em Edom),

¹⁷Hadade, que era ainda menino, fugiu para o Egito com alguns edemeus, servos de seu pai.

¹⁸Levantando-se, pois, de Midiã, foram a Parã; e tomando consigo homens de Parã, foram ao Egito ter com Faraó, rei do Egito, o qual deu casa a Hadade, proveu-lhe a subsistência, e lhe deu terras.

¹⁹E Hadade caiu tanto em graça a Faraó, que este lhe deu por mulher a irmã de sua mulher, a irmã da rainha Tafnes.

²⁰Ora, desta irmã de Tafnes nasceu a Hadade seu filho Genubate, a qual Tafnes criou na casa de Faraó, onde Genubate esteve entre os filhos de rei.

²¹Ouvindo, pois, Hadade no Egito que Davi adormecera com seus pais, e que Jeabe, chefe do exército, era morto, disse o Faraó: Deixa-me ir, para que eu volte à minha terra.

²²Perguntou-lhe Faraó: Que te falta em minha companhia, que procuras partir para a tua terra? Respondeu ele: Nada; todavia, peço que me deixes ir.

²³Deus levantou contra Salomão ainda outro adversário, Rezom, filho de Eliadá, que tinha fugido de seu senhor Hadadézer, rei de Zobá.

²⁴Pois ele ajuntara a si homens, e se fizera capitão de uma tropa, quando Davi matou os de Zebá; e, indo-se para Damasco, habitaram ali; e fizeram-no rei em Damasco.

²⁵E foi adversário de Israel por todos os dias de Salomão, e isto além do mal que Hadade fazia; detestava a Israel, e reinava sobre a Síria.

²⁶Também Jeroboão, filho de Nebate, efrateu de Zeredá, servo de Salomão, cuja mãe era viúva, por nome Zeruá, levantou a mão contra o rei.

²⁷E esta foi a causa por que levantou a mão contra o rei: Salomão tinha edificado a Milo, e cerrado à brecha da cidade de Davi, seu pai.

²⁸Ora, Jeroboão era homem forte e valente; e vendo Salomão que este mancebo era laborioso, colocou-o sobre toda a carga imposta à casa de José.

²⁹E sucedeu naquele tempo que, saindo Jeroboão de Jerusalém, o profeta Aías, o silonita, o encontrou no caminho; este se tinha vestido duma capa nova; e os dois estavam sós no campo.

³⁰Então Aías pegou na capa nova que tinha sobre si, e a rasgou em doze pedaços.

³¹E disse a Jeroboão: Toma estes dez pedaços para ti, porque assim diz e Senhor Deus de Israel: Eis que rasgarei o reino da mão de Salomão, e a ti darei dez tribos.

³²Ele, porém, terá uma tribo, por amor de Davi, meu servo, e por amor de Jerusalém, a cidade que escolhi dentre todas as tribos de Israel.

³³Porque me deixaram, e se encurvaram a Astarote, deusa dos sidônios, a Quemós, deus dos moabitas, e a Milcom, deus dos amonitas; e não andaram pelos meus caminhos, para fazerem o que parece reto aos meus olhos, e para guardarem os meus estatutos e os meus preceitos, como o fez Davi, seu pai.

³⁴Todavia não tomarei da sua mão o reino todo; mas deixá-lo-ei governar por todos os dias da sua vida, por amor de Davi, meu servo, a quem escolhi, o qual guardou os meus mandamentos e os meus estatutos.

³⁵Mas da mão de seu filho tomarei o reino e to darei a ti, isto é, as dez tribos.

³⁶Todavia a seu filho darei uma tribo, para que Davi, meu servo, sempre tenha uma lâmpada diante de mim em Jerusalém, a cidade que escolhi para ali pôr o meu nome.

³⁷Então te tomarei, e reinarás sobre tudo o que desejar a tua alma, e serás rei sobre Israel.

³⁸E há de ser que, se ouvires tudo o que eu te ordenar, e andares polos meus caminhos, e fizeres o que é reto aos meus olhos, guardando os meus estatutos e os meus mandamentos, como o fez Davi, meu servo, eu serei contigo, e te edificarei uma casa firme, como o fiz para Davi, e te darei Israel.

³⁹E por isso afligirei a descendência de Davi, todavia não para sempre.

⁴⁰Pelo que Salomão procurou matar Jeroboão; porém este se levantou, e fugiu para o Egito, a ter com Sisaque, rei de Egito, onde esteve até a morte de Salomão.

⁴¹Quanto ao restante dos atos de Salomão, e a tudo o que ele fez, e à sua sabedoria, porventura não está escrito no livro dos atos de Salomão?

⁴²O tempo que Salomão reinou em Jerusalém sobre todo o Israel foi quarenta anos.

⁴³E Salomão dormiu com seus pais, e foi sepultado na cidade de Davi, seu pai; e Roboão, seu filho, reinou em seu lugar.

## Capítulo 12

¹Foi então Roboão para Siquém, porque todo o Israel se congregara ali para fazê-lo rei.

²E Jeroboão, filho de Nebate, que estava ainda no Egito, para onde fugira da presença do rei Salomão, ouvindo isto, voltou do Egito.

³E mandaram chamá-lo; Jeroboão e toda a congregação de Israel vieram, e falaram a Roboão, dizendo:

⁴Teu pai agravou o nosso jugo; agora, pois, alivia a dura servidão e o pesado juro que teu pai nos impôs, e nós te serviremos.

⁵Ele lhes respondeu: Ide-vos até o terceiro dia, e então voltai a mim. E o povo se foi.

⁶Teve o rei Roboão conselho com os anciãos que tinham assistido diante de Salomão, seu pai, quando este ainda vivia, e perguntou-lhes: como aconselhais vós que eu responda a este povo?

⁷Eles lhe disseram: Se hoje te tornares servo deste povo, e o servires, e, respondendo-lhe, lhe falares boas palavras, eles serão para sempre teus servos.

⁸Ele, porém, deixou o conselho que os anciãos lhe deram, e teve conselho com os mancebos que haviam crescido com ele, e que assistiam diante dele,

⁹perguntando-lhes: Que aconselhais vós que respondamos a este povo, que me disse: Alivia o jugo que teu pai nos impôs?

¹⁰E os mancebos que haviam crescido com ele responderam-lhe: A este povo que te falou, dizendo: Teu pai fez pesado o nosso jugo, mas tu o alivia de sobre nós; assim lhe falarás: Meu dedo mínimo é mais grosso do que os lombos de meu pai.

¹¹Assim que, se meu pai vos carregou dum jugo pesado, eu ainda aumentarei o vosso jugo; meu pai vos castigou com açoites; eu, porém, vos castigarei com escorpiões.

¹²Veio, pois, Jeroboão com todo o povo a Roboão ao terceiro dia, como o rei havia ordenado, dizendo: Voltai a mim ao terceiro dia.

¹³E o rei respondeu ao povo asperamente e, deixando o conselho que os anciãos lhe haviam dado,

¹⁴falou-lhe conforme o conselho dos mancebos, dizendo: Meu pai agravou o vosso jugo, porém eu ainda o aumentarei; meu pai vos castigou com açoites, porém eu vos castigarei com escorpiões.

¹⁵O rei, pois, não deu ouvidos ao povo; porque esta mudança vinha do Senhor, para confirmar a palavra que o Senhor dissera por intermédio de Aías, o silonita, a Jeroboão, filho de Nebate.

¹⁶Vendo, pois, todo o Israel que o rei não lhe dava ouvidos, respondeu-lhe, dizendo: Que parte temos nós em Davi? Não temos herança no filho de Jessé. Às tuas tendas, ó Israel! Agora olha por tua casa, ó Davi! Então Israel se foi para as suas tendas.

¹⁷(Mas quanto aos filhos de Israel que habitavam nas cidades de Judá, sobre eles reinou Roboão.)

¹⁸Então o rei Roboão enviou-lhes Adorão, que estava sobre a leva de tributários servis; e todo o Israel o apedrejou, e ele morreu. Pelo que o rei Roboão se apressou a subir ao seu carro e fugiu para Jerusalém.

¹⁹Assim Israel se rebelou contra a casa de Davi até o dia de hoje.

²⁰Sucedeu então que, ouvindo todo o Israel que Jeroboão tinha voltado, mandaram chamá-lo para a congregação, e o fizeram rei sobre todo o Israel; e não houve ninguém que seguisse a casa de Davi, senão somente a tribo de Judá.

²¹Tendo Roboão chegado a Jerusalém, convocou toda a casa de Judá e a tribo de Benjamim, cento e oitenta mil homens escolhidos, destros para a guerra, para pelejarem contra a casa de Israel a fim de restituírem o reino a Roboãa, filho de Salomão.

²²Veio, porém, a palavra de Deus a Semaías, homem de Deus, dizendo:

²³Fala a Roboão, filho de Salomão, rei de Judá, e a toda a casa de Judá e de Benjamim, e ao resto do povo, dizendo:

²⁴Assim diz o Senhor: Não subireis, nem pelejareis contra vossos irmãos, os filhos de Israel; volte cada um para a sua casa, porque de mim proveio isto. E ouviram a palavra do Senhor, e voltaram segundo o seu mandado.

²⁵Jeroboão edificou Siquém, na região montanhosa de Efraim, e habitou ali; depois, saindo dali, edificou Penuel.

²⁶Disse Jeroboão no seu coração: Agora tornará o reino para a casa de Davi.

²⁷Se este povo subir para fazer sacrifícios na casa do Senhor, em Jerusalém, o seu coração se tornará para o seu senhor, Roboão, rei de Judá; e, matando-me, voltarão para Roboão, rei de Judá.

²⁸Pelo que o rei, tendo tomado conselho, fez doisvado e meio. ouro; e disse ao povo: Basta de subires a Jerusalém; eis aqui teus deuses, ó Israel, que te fizeram subir da terra do Egito.

²⁹E pôs um em Betel, e o outro em Dã.

³⁰Ora, isto se tornou em pecado; pois que o povo ia até Dã para

adorar o ídolo.

³¹Também fez casas nos altos, e constituiu sacerdotes dentre o povo, que não eram dos filhos de Levi.

³²E Jeroboão ordenou uma festa no oitavo mês, no dia décimo quinto do mês, como a festa que se celebrava em Judá, e sacrificou no altar. Semelhantemente fez em Betel, sacrificando aos bezerros que tinha feito; também em Betel estabeleceu os sacerdotes dos altos que fizera.

³³Sacrificou, pois, no altar, que fizera em Betel, no dia décimo quinto do oitavo mês, mês que ele tinha escolhido a seu bel prazer; assim ordenou uma festa para os filhos de Israel, e sacrificou no altar, queimando incenso.

## Capítulo 13

¹Eis que, por ordem do Senhor, veio de Judá a Betel um homem de Deus; e Jeroboão estava junto ao altar, para queimar incenso.

²E o homem clamou contra o altar, por ordem do Senhor, dizendo: Altar, altar! assim diz o Senhor: Eis que um filho nascerá à casa de Davi, cujo nome será Josias; e qual sacrificará sobre ti os sacerdotes dos altos que sobre ti queimam incenso, e ossos de homens se queimarão sobre ti.

³E deu naquele mesmo dia um sinal, dizendo: Este é o sinal de que o Senhor falou; Eis que o altar se fenderá, e a cinza que está sobre ele se derramará.

⁴Sucedeu pois que, ouvindo o rei Jeroboão a palavra que o homem de Deus clamara contra o altar de Betel, estendeu a mão de sobre o altar, dizendo: Pegai-o! E logo, a mão que estendera contra ele secou-se, de modo que não podia tornar a trazê-la a si.

⁵E o altar se fendeu, e a cinza se derramou do altar, conforme o sinal que o homem de Deus, por ordem do Senhor, havia dado.

⁶Então respondeu o rei, e disse ao homem de Deus: Suplica ao Senhor teu Deus, e roga por mim, para que se me restitua a minha mão. Pelo que o homem de Deus suplicou ao Senhor, e a mão do rei se lhe restituiu, e ficou como dantes.

⁷Disse então o rei ao homem de Deus: Vem comigo a minha casa, e conforta-te, e dar-te-ei uma recompensa.

⁸Mas o homem de Deus respondeu ao rei: Ainda que me desses metade da tua casa, não iria contigo, nem comeria pão, nem beberia água neste lugar.

⁹Porque assim me ordenou o Senhor pela sua palavra, dizendo: Não comas pão, nem bebas água, nem voltes pelo caminho por onde vieste.

¹⁰Ele, pois, se foi por outro caminho, e não voltou pelo caminho por onde viera a Betel.

¹¹Ora, morava em Betel um velho profeta. Seus filhos vieram contar-lhe tudo o que o homem de Deus fizera aquele dia em Betel; e as palavras que ele dissera ao rei, contaram-nas também a seu pai.

¹²Perguntou-lhes seu pai: Por que caminho se foi? pois seus filhos tinham visto o caminho por onde fora o homem de Deus que viera de Judá.

¹³Então disse a seus filhos: Albardai-me o jumento. E albardaram-lhe o jumento, no qual ele montou.

¹⁴E tendo ido após o homem de Deus, achou-o sentado debaixo de um carvalho, e perguntou-lhe: És tu o homem de Deus que vieste de Judá? Respondeu ele: Sou.

¹⁵Então lhe disse: Vem comigo a casa, e come pão.

¹⁶Mas ele tornou: Não posso voltar contigo, nem entrar em tua casa; nem tampouco comerei pão, nem beberei água contigo neste lugar;

¹⁷porque me foi mandado pela palavra de Senhor: Ali não comas pão, nem bebas água, nem voltes pelo caminho por onde vieste.

¹⁸Respondeu-lhe o outro: Eu também sou profeta como tu, e um anjo me falou por ordem do Senhor, dizendo: Faze-o voltar contigo a tua casa, para que coma pão e beba água. Mas mentia-lhe.

¹⁹Assim o homem voltou com ele, comeu pão em sua casa, e bebeu água.

²⁰Estando eles à mesa, a palavra do Senhor veio ao profeta que o tinha feito voltar;

²¹e ele clamou ao homem de Deus que viera de Judá, dizendo: Assim diz o Senhor: Porquanto foste rebelde à ordem do Senhor, e não guardaste o mandamento que o Senhor teu Deus te mandara,

²²mas voltaste, e comeste pão e bebeste água no lugar de que te dissera: Não comas pão, nem bebas água; o teu cadáver não entrará no sepulcro de teus pais.

²³E, havendo eles comido e bebido, albardou o jumento para o profeta que fizera voltar.

²⁴Este, pois, se foi, e um leão o encontrou no caminho, e o matou; o seu cadáver ficou estendido no caminho, e o jumento estava parado junto a ele, e também o leão estava junto ao cadáver.

²⁵E, passando por ali alguns homens, viram o cadáver estendido no caminho, e o leão ao lado dele. Foram, pois, e o disseram na cidade onde o velho profeta habitava.

²⁶Quando o profeta que o fizera voltar do caminho ouviu isto, disse: É o homem de Deus, que foi rebelde à palavra do Senhor; por isso o Senhor o entregou ao leão, que o despedaçou e matou, segundo a palavra que o Senhor lhe dissera.

²⁷E disse a seus filhos: Albardai-me o jumento. Eles lho albardaram.

²⁸Então foi e achou o cadáver estendido no caminho, e o jumento e o leão, que estavam parados junto ao cadáver; o leão não o havia devorado, nem havia despedaçado o jumento.

²⁹Então e profeta levantou o cadáver do homem de Deus e, pondo-o em cima do jumento, levou-o consigo; assim veio o velho profeta à cidade para o chorar e o sepultar.

³⁰E colocou o cadáver no seu próprio sepulcro; e prantearam-no, dizendo: Ah, irmão meu!

³¹Depois de o haver sepultado, disse a seus filhos. Quando eu morrer, sepultai-me no sepulcro em que o homem de Deus está sepultado; ponde os meus ossos junto aos ossos dele.

³²Porque certamente se cumprirá o que, pela palavra de Senhor, clamou, contra o altar que está em Betel, como tambem contra todas as casas dos altos que estão nas cidades de Samária.

³³Nem depois destas coisas deixou Jeroboão e seu mau caminho, porém tornou a fazer dentre todo o povo sacerdotes dos lugares altos; e a qualquer que o queria consagrava sacerdote dos lugares altos.

³⁴E isso foi causa de pecado à casa de Jeroboão, para destruí-la e extingui-la da face da terra.

## Capítulo 14

¹Naquele tempo adoeceu Abias, filho de Jeroboão.

²E disse Jeroboão a sua mulher: Levanta-te, e disfarça-te, para que não conheçam que és mulher de Jeroboão, e vai a Siló. Eis que lá está o profeta Aías, o qual falou acerca de mim que eu seria rei sobre este povo.

³Leva contigo dez pães, alguns bolos e uma botija de mel, e vai ter com ele; ele te declarará o que há de suceder a este menino.

⁴Assim, pois, fez a mulher de Jeroboão; e, levantando-se, foi a Siló, e entrou na casa de Aías. Este já não podia ver, pois seus olhos haviam cegado por causa da velhice.

⁵O Senhor, porém, dissera a Aías: Eis que a mulher de Jeroboão vem consultar-te sobre seu filho, que está doente. Assim e assim lhe falarás; porque há de ser que, entrando ela, fingirá ser outra.

⁶Sucedeu que, ouvindo Aías o ruído de seus pés, ao entrar ela pela porta, disse: Entra, mulher de Jeroboão; por que te disfarças assim? Pois eu sou enviado a ti com duras novas.

⁷Vai, dize a Jeroboão: Assim diz o Senhor Deus de Israel: Porquanto te exaltei do meio do povo, e te constituí príncipe sobre o meu povo de Israel,

⁸e rasguei o reino da casa de Davi, e o dei a ti; todavia não tens sido como o meu servo Davi, que guardou os meus mandamentos e que me seguiu de todo o coração para fazer somente o que era reto aos meus olhos;

⁹mas tens praticado o mal, pior do que todos os que foram antes de ti, e foste fizeste para ti outros deuses e imagens de fundição, para provocar-me à ira, e me lançaste para trás das tuas costas;

¹⁰portanto, eis que trarei o mal sobre a casa de Jeroboão, e exterminarei de Jeroboão todo homem, escravo ou livre, em Israel, e lançarei fora os remanescentes da casa de Jeroboão, como se lança fora o esterco, até que de todo se acabe.

¹¹Quem morrer a Jeroboão na cidade, comê-lo-ão os cães; e o que lhe morrer no campo, comê-lo-ão as aves do céu; porque o Senhor o disse.

¹²Levanta-te, pois, e vai-te para tua casa; ao entrarem os teus pés na cidade, o menino morrerá.

¹³E todo o Israel o pranteará, e o sepultará; porque de Jeroboão só este entrará em sepultura, porquanto, dos da casa de Jeroboão, só nele se achou alguma coisa boa para com o Senhor Deus de Israel.

¹⁴O Senhor, porém, levantará para si um rei sobre Israel, que destruirá a casa de Jeroboão nesse dia. - E agora, que será?

¹⁵Ferirá o Senhor a Israel, como se agita a cana nas águas; e arrancará a Israel desta boa terra que tinha dado a seus pais, e o espalhará para além do rio, porquanto fizeram os seus aserins, provocando o Senhor à ira.

¹⁶E entregará Israel por causa dos pecados de Jeroboão, o qual pecou e fez pecar a Israel.

¹⁷Então a mulher de Jeroboão se levantou e partiu, e veio para Tirza; chegando ela ao limiar da casa, o menino morreu.

¹⁸E todo o Israel o sepultou e o pranteou, conforme a palavra do Senhor, que ele falara por intermédio de seu servo Aías, o profeta.

¹⁹Quanto ao restante dos atos de Jeroboão, como guerreou, e como reinou, eis que está escrito no livro das crônicas dos reis de Israel.

²⁰E o tempo que Jeroboão reinou foi vinte e dois anos. E dormiu com seus pais; e Nadabe, seu filho, reinou em seu lugar.

²¹Reinou em Judá Roboão, filho de Salomão. Tinha quarenta e um anos quando começou a reinar, e reinou dezessete anos em Jerusalém, a cidade que o Senhor escolhera dentre todas as tribos de Israel para pôr ali o seu nome. E era o nome de sua mãe Naama, a amonita.

²²E fez Judá o que era mau aos olhos do Senhor; e, com os seus pecados que cometeram, provocaram-no a zelos, mais do que o fizeram os seus pais.

²³Porque também eles edificaram altos, e colunas, e aserins sobre todo alto outeiro e debaixo de toda árvore frondosa;

²⁴e havia também sodomitas na terra: fizeram conforme todas as abominações dos povos que o Senhor tinha expulsado de diante dos filhos de Israel.

²⁵Ora, sucedeu que, no quinto ano do rei Roboão, Sisaque, rei do Egito, subiu contra Jerusalém,

²⁶e tomou os tesouros da casa de Senhor e os tesouros da casa do rei; levou tudo. Também tomou todos os escudos de ouro que Salomão tinha feito.

²⁷Em lugar deles, fez o rei Roboão escudos de bronze, e os entregou nas mãos dos capitães da guarda, que guardavam a porta da casa do rei.

²⁸E todas as vezes que o rei entrava na casa do Senhor os da guarda levavam os escudos, e depois tornavam a pô-los na câmara da guarda.

²⁹Quanto ao restante dos atos de Reboão, e a tudo quanto fez, porventura não estão escritos no livro das crônicas dos reis de Judá?

³⁰Houve guerra continuamente entre Roboão e Jeroboão.

³¹E Roboão dormiu com seus pais, e foi sepultado com eles na cidade de Davi. Era o nome de sua mãe Naama, a amonita. E Abião, seu filho, reinou em seu lugar.

## Capítulo 15

¹No décimo oitavo ano do rei Jeroboão, filho de Nebate, começou Abião a reinar sobre Judá.

²Reinou três anos em Jerusalém. Era o nome de sua mãe Maacá, filha de Absalão.

³Ele andou em todos os pecados que seu pai tinha cometido antes dele; o seu coração não foi perfeito para com o Senhor seu Deus como o coração de Davi, seu pai.

⁴Mas por amor de Davi o Senhor lhe deu uma lâmpada em Jerusalém, levantando a seu filho depois dele, e confirmando a Jerusalem;

⁵porque Davi fez o que era reto aos olhos do Senhor, e não se desviou de tudo o que lhe ordenou em todos os dias da sua vida, a não ser no caso de Urias, o heteu.

⁶Ora, houve guerra entre Roboão e Jeroboão todos os dias da vida de Roboão.

⁷Quanto ao restante dos atos de Abião, e a tudo quanto fez, porventura não estão escritos no livro das crônicas dos reis de Judá? Também houve guerra entre Abião e Jeroboão.

⁸Abião dormiu com seus pais, e o sepultaram na cidade de Davi. E Asa, seu filho, reinou em seu lugar.

⁹No vigésimo ano de Jeroboão, rei de Israel, começou Asa a reinar em Judá,

¹⁰e reinou quarenta e um anos em Jerusalém. Era o nome de sua mãe Maacá, filha de Absalão.

¹¹Asa fez o que era reto aos olhos do Senhor, como Davi, seu pai.

¹²Porque tirou da terra os sodomitas, e removeu todos os ídolos que seus pais tinham feito.

¹³E até a Maacá, sua mãe, removeu para que não fosse rainha, porquanto tinha feito um abominável ídolo para servir de Asera; e Asa desfez esse ídolo, e o queimou junto ao ribeiro de Cedrom.

¹⁴Os altos, porém, não foram tirados; todavia o coração de Asa foi reto para com o Senhor todos os seus dias.

¹⁵E trouxe para a casa do Senhor as coisas que seu pai havia consagrado, e as coisas que ele mesmo consagrara: prata, ouro e vasos.

¹⁶Ora, houve guerra entre Asa e Baasa, rei de Israel, todos os seus dias.

¹⁷Pois Baasa, rei de Israel, subiu contra Judá, e edificou Ramá, para que a ninguém fosse permitido sair, nem entrar a ter com Asa, rei de Judá.

¹⁸Então Asa tomou toda a prata e ouro que ficaram nos tesouros da casa do Senhor, e os tesouros da casa do rei, e os entregou nas mãos de seus servos. E o rei Asa os enviou a Bene-Hadade, filho de Tabrimom, filho de Heziom, rei da Síria, que habitava em Damasco, dizendo:

¹⁹Haja aliança entre mim e ti, como houve entre meu pai e teu pai. Eis que aqui te mando um presente de prata e de ouro; vai, e anula a tua aliança com Baasa, rei de Israel, para que ele se retire de mim.

²⁰Bene-Hadade, pois, deu ouvidos ao rei Asa, e enviou os capitães dos seus exércitos contra as cidades de Israel; e feriu a Ijom, a Dã, a Abel-Bete-Maacá, e a todo o distrito de Quinerote, com toda a terra de Naftali.

²¹E sucedeu que, ouvindo-o Baasa, deixou de edificar Ramá, e ficou em Tirza.

²²Então o rei Asa fez apregoar por toda a Judá que todos, sem exceção, trouxessem as pedras de Ramá, e a madeira com que Baasa a edificava; e com elas o rei Asa edificou Geba de Benjamim e Mizpá.

²³Quanto ao restante de todos os atos de Asa, e todo o seu poder, e tudo quanto fez, e as cidades que edificou, porventura não estão escritos no livro das crônicas dos reis de Judá? Porém, na velhice, ficou, enfermo dos pés.

²⁴E Asa dormiu com seus pais, e foi sepultado com eles na cidade de Davi seu pai; e Jeosafá, seu filho reinou em seu lugar.

²⁵Nadabe, filho de Jeroboão, começou a reinar sobre Israel no segundo ano de Asa, rei de Judá, e reinou sobre Israel dois anos.

²⁶E fez o que era mau aos olhos de Senhor, andando nos caminhos de seu pai, e no seu pecado com que tinha feito Israel pecar.

²⁷Conspirou contra ele Baasa, filho de Aías, da casa de Issacar, e o feriu em Gibetom, que pertencia aos filisteus; pois Nadabe e todo o Israel sitiavam a Gibetom.

²⁸Matou-o, pois, Baasa no terceiro ano de Asa, rei de Judá, e reinou em seu lugar.

²⁹E logo que começou a reinar, feriu toda a casa de Jeroboão; a ninguém de Jeroboão que tivesse fôlego deixou de destruir totalmente, conforme a palavra do Senhor que ele falara por intermédio de seu servo Aías, o silonita,

³⁰por causa dos pecados que Jeroboão cometera, e com que fizera Israel pecar, e por causa da provocação com que provocara à ira o Senhor Deus de Israel.

³¹Quanto ao restante dos atos de Nadabe, e a tudo quanto fez, porventura não estão escritos no livro das crônicas dos reis de Israel?

³²Houve guerra entre Asa e Baasa, rei de Israel, todos os seus dias.

³³No terceiro ano de Asa, rei de Judá, Baasa, filho de Aías, começou a reinar sobre todo o Israel em Tirza, e reinou vinte e quatro anos.

³⁴E fez o que era mau aos olhos do Senhor, andando no caminho de Jeroboão e no seu pecado com que tinha feito Israel pecar.

## Capítulo 16

¹Então veio a palavra do Senhor a Jeú, filho de Hanâni, contra Baasa, dizendo:

²Porquanto te exaltei do pó, e te constituí chefe sobre o meu povo Israel, e tu tens andado no caminho de Jeroboão, e tens feito o meu povo Israel pecar, provocando-me à ira com os seus pecados,

³eis que exterminarei os descendentes de Baasa, e os descendentes da casa dele; sim, tornarei a tua casa como a casa de Jeroboão, filho de Nebate.

⁴Quem morrer a Baasa na cidade, comê-lo-ão os cães; e o que lhe morrer no campo, comê-lo-ão as aves do céu.

⁵Quanto ao restante dos atos de Baasa, e ao que fez, e ao seu poder, porventura não estão escritos no livro das crônicas dos reis de Israel?

⁶E Baasa dormiu com seus pais, e foi sepultado em Tirza. Então Elá, seu filho, reinou em seu lugar.

⁷Assim veio também a palavra do Senhor, por intermédio do profeta Jeú, filho de Hanâni, contra Baasa e contra a casa dele, não somente por causa de todo o mal que fizera aos olhos do Senhor, de modo a provocá-lo à ira com a obra de suas mãos, tornando-se como a casa de Jeroboão, mas também porque exterminara a casa de Jeroboão.

⁸No ano vinte e seis de Asa, rei de Judá, Elá, filho de Baasa, começou a reinar em Tirza sobre Israel, e reinou dois anos.

⁹E Zinri, seu servo, chefe de metade dos carros, conspirou contra ele. Ora, Elá achava-se em Tirza bebendo e embriagando-se em casa de Arza, que era o seu mordomo em Tirza.

¹⁰Entrou, pois, Zinri e o feriu, e o matou, no ano vigésimo sétimo de Asa, rei de Judá, e reinou em seu lugar.

¹¹Quando ele começou a reinar, logo que se assentou no seu trono,

feriu toda a casa de Baasa; não lhe deixou homem algum, nem de seus parentes, nem de seus amigos.

¹²Ássim destruiu Zinri toda a casa de Baasa, conforme a palavra do Senhor, que ele falara contra Baasa por intermédio do profeta Jeú,

¹³por causa de todos os pecados de Baasa, e dos pecados de Elá, seu filho, com que pecaram, e com que fizeram Israel pecar, provocando à ira, com as suas vaidades, o Senhor Deus de Israel.

¹⁴Quanto ao restante dos atos de Elá, e a tudo quanto fez, porventura não estão escritos no livro das crônicas dos reis de Israel?

¹⁵No ano vigésimo sétimo de Asa, rei de Judá, reinou Zinri sete dias em Tirza. Estava o povo acampado contra Gibetom, que pertencia aos filisteus.

¹⁶E o povo que estava acampado ouviu dizer: Zinri conspirou, e matou o rei; pelo que no mesmo dia, no arraial, todo o Israel constituiu rei sobre Israel a Onri, chefe do exercito.

¹⁷Então Onri subiu de Gibetom com todo o Israel, e cercaram Tirza.

¹⁸Vendo Zinri que a cidade era tomada, entrou no castelo da casa do rei, e queimou-a sobre si; e morreu,

¹⁹por causa dos pecados que cometera, fazendo o que era mau aos olhos do Senhor, andando no caminho de Jeroboão, e no pecado que este cometera, fazendo Israel pecar.

²⁰Quanto ao restante dos atos de Zinri, e à conspiração que fez, porventura não estão escritos no livro das crônicas dos reis de Israel?

²¹Então o povo de Israel se dividiu em dois partidos: metade do povo seguia a Tíbni, filho de Ginate, para fazê-lo rei, e a outra metade seguia a Onri.

²²Mas o povo que seguia a Onri prevaleceu contra o que seguia a Tíbni, filho de Ginate; de sorte que Tíbni morreu, e Onri reinou.

²³No trigésimo primeiro ano de Asa, rei de Judá, Onri começou a reinar sobre Israel, e reinou doze anos. Reinou seis anos em Tirza.

²⁴E de Semer comprou o outeiro de Samária por dois talentos de prata, e edificou nele; e chamou a cidade que edificou Samária, do nome de Semer, dono do outeiro.

²⁵E fez Onri o que era mau aos olhos do Senhor; pior mesmo do que todos os que o antecederam.

²⁶Pois ele andou em todos os caminhos de Jeroboão, filho de Nebate, como também nos pecados com que este fizera Israel pecar, provocando à ira, com as suas vaidades, o Senhor Deus de Israel.

²⁷Quanto ao restante dos atos que Onri fez, e ao poder que manifestou, porventura não estão escritos no livro das crônicas dos reis de Israel?

²⁸Onri dormiu com seus pais, e foi sepultado em Samária. E Acabe, seu filho, reinou em seu ugar.

²⁹No trigésimo oitavo ano de Asa, rei de Judá, começou Acabe, filho de Onri, a reinar sobre Israel; e reinou sobre Israel em Samária vinte e dois anos.

³⁰E fez Acabe, filho de Onri, o que era mau aos olhos do Senhor, mais do que todos os que o antecederam.

³¹E, como se fosse pouco andar nos pecados de Jeroboão, filho de Nebate, ainda tomou por mulher a Jezabel, filha de Etbaal, rei dos sidônios, e foi e serviu a Baal, e o adorou;

³²e levantou um altar a Baal na casa de Baal que ele edificara em Samária;

³³também fez uma asera. De maneira que Acabe fez muito mais para provocar à ira o Senhor Deus de Israel do que todos os reis de Israel que o antecederam.

³⁴Em seus dias Hiel, o betelita, edificou Jericó. Quando lançou os seus alicerces, morreu-lhe Abirão, seu primogênito; e quando colocou as suas portas, morreu-lhe Segube, seu filho mais moço; conforme a palavra do Senhor, que ele falara por intermédio de Josué, filho de Num.

## Capítulo 17

¹Então Elias, o tisbita, que habitava em Gileade, disse a Acabe: Vive o Senhor, Deus de Israel, em cuja presença estou, que nestes anos não haverá orvalho nem chuva, senão segundo a minha palavra.

²Depois veio a Elias a palavra do Senhor, dizendo:

³Retira-te daqui, vai para a banda de oriente, e esconde-te junto ao ribeiro de Querite, que está ao oriente do Jordão.

⁴Beberás do ribeiro; e eu tenho ordenado aos corvos que ali te sustentem.

⁵Partiu, pois, e fez conforme a palavra do Senhor; foi habitar junto ao ribeiro de Querite, que está ao oriente do Jordão.

⁶E os corvos lhe traziam pão e carne pela manhã, como também pão e carne à tarde; e ele bebia do ribeiro.

⁷Mas, decorridos alguns dias, o ribeiro secou, porque não tinha havido chuva na terra.

⁸Veio-lhe então a palavra do Senhor, dizendo:

⁹Levanta-te, vai para Sarepta, que pertence a Sidom, e habita ali; eis que eu ordenei a uma mulher viúva ali que te sustente.

¹⁰Levantou-se, pois, e foi para Sarepta. Chegando ele à porta da cidade, eis que estava ali uma mulher viúva apanhando lenha; ele a chamou e lhe disse: Traze-me, peço-te, num vaso um pouco d'água, para eu beber.

¹¹Quando ela ia buscá-la, ele a chamou e lhe disse: Traze-me também um bocado de pão contigo.

¹²Ela, porém, respondeu: Vive o Senhor teu Deus, que não tenho nem um bolo, senão somente um punhado de farinha na vasilha, e um pouco de azeite na botija; e eis que estou apanhando uns dois gravetos, para ir prepará-lo para mim e para meu filho, a fim de que o comamos, e morramos.

¹³Ao que lhe disse Elias: Não temas; vai, faze como disseste; porém, faze disso primeiro para mim um bolo pequeno, e traze-mo aqui; depois o farás para ti e para teu filho.

¹⁴Pois assim diz o Senhor Deus de Israel: A farinha da vasilha não se acabará, e o azeite da botija não faltará, até o dia em que o Senhor dê chuva sobre a terra.

¹⁵Ela foi e fez conforme a palavra de Elias; e assim comeram, ele, e ela e a sua casa, durante muitos dias.

¹⁶Da vasilha a farinha não se acabou, e da botija o azeite não faltou, conforme a palavra do Senhor, que ele falara por intermédio de Elias.

¹⁷Depois destas coisas aconteceu adoecer o filho desta mulher, dona da casa; e a sua doença se agravou tanto, que nele não ficou mais fôlego.

¹⁸Então disse ela a Elias: Que tenho eu contigo, ó homem de Deus? Vieste tu a mim para trazeres à memória a minha iniqüidade, e matares meu filho?

¹⁹Respondeu-lhe ele: Dá-me o teu filho. E ele o tomou do seu regaço, e o levou para cima, ao quarto onde ele mesmo habitava, e o deitou em sua cama.

²⁰E, clamando ao Senhor, disse: ç Senhor meu Deus, até sobre esta viúva, que me hospeda, trouxeste o mal, matando-lhe o filho?

²¹Então se estendeu sobre o menino três vezes, e clamou ao Senhor, dizendo: ç Senhor meu Deus, faze que a vida deste menino torne a entrar nele.

²²O Senhor ouviu a voz de Elias, e a vida do menino tornou a entrar nele, e ele reviveu.

²³E Elias tomou o menino, trouxe-o do quarto à casa, e o entregou a sua mãe; e disse Elias: Vês aí, teu filho vive:

²⁴Então a mulher disse a Elias: Agora sei que tu és homem de Deus, e que a palavra do Senhor na tua boca é verdade.

## Capítulo 18

¹Depois de muitos dias veio a Elias a palavra do Senhor, no terceiro ano, dizendo: Vai, apresenta-te a Acabe; e eu mandarei chuva sobre a terra.

²Então Elias foi apresentar-se a Acabe. E a fome era extrema em Samária.

³Acabe chamou a Obadias, o mordomo (ora, Obadias temia muito ao Senhor;

⁴pois sucedeu que, destruindo Jezabel os profetas do Senhor, Obadias tomou cem profetas e os escondeu, cinqüenta numa cova e cinqüenta noutra, e os sustentou com pão e água);

⁵e disse Acabe a Obadias: Vai pela terra a todas as fontes de água, e a todos os rios. Pode ser ser que achemos erva para salvar a vida dos cavalos e mulas, de maneira que não percamos todos os os animais.

⁶E repartiram entre si a terra, para a percorrerem; e foram a sós, Acabe por um caminho, e Obadias por outro.

⁷Quando, pois, Obadias já estava em caminho, eis que Elias se encontrou com ele; e Obadias, reconhecendo-o, prostrou-se com o rosto em terra e disse: És tu, meu senhor Elias?

⁸Respondeu-lhe ele: Sou eu. Vai, dize a teu senhor: Eis que Elias está aqui.

⁹Ele, porém, disse: Em que pequei, para que entregues teu servo na mão de Acabe, para ele me matar?

¹⁰Vive o Senhor teu Deus, que não há nação nem reino aonde o meu senhor não tenha mandado em busca de ti; e dizendo eles: Aqui não está; então fazia-os jurar que não te haviam achado.

¹¹Agora tu dizes: Vai, dize a teu senhor: Eis que Elias está aqui.

¹²E será que, apartando-me eu de ti, o Espírito do Senhor te levará não sei para onde; e, vindo eu dar as novas a Acabe, e não te achando ele, matar-me-á. Todavia eu, teu servo, temo ao Senhor desde a minha

mocidade.

¹³Porventura não disseram a meu senhor o que fiz, quando Jezabel matava os profetas do Senhor, como escondi cem dos profetas do Senhor, cinquenta numa cova e cinquenta noutra, e os sustentei com pão e água:

¹⁴E agora tu dizes: Vai, dize a teu senhor: Eis que Elias está aqui! Ele me matará.

¹⁵E disse Elias: Vive o Senhor dos exércitos, em cuja presença estou, que deveras hoje hei de apresentar-me a ele.

¹⁶Então foi Obadias encontrar-se com Acabe, e lho anunciou; e Acabe foi encontrar-se com Elias.

¹⁷E sucedeu que, vendo Acabe a Elias, disse-lhe: És tu, perturbador de Israel?

¹⁸Respondeu Elias: Não sou eu que tenho perturbado a Israel, mas és tu e a casa de teu pai, por terdes deixado os mandamentos do Senhor, e por teres tu seguido os baalins.

¹⁹Agora pois manda reunir-se a mim todo o Israel no monte Carmelo, como também os quatrocentos e cinquenta profetas de Baal, e os quatrocentos profetas de Asera, que comem da mesa de Jezabel.

²⁰Então Acabe convocou todos os filhos de Israel, e reuniu os profetas no monte Carmelo.

²¹E Elias se chegou a todo o povo, e disse: Até quando coxeareis entre dois pensamentos? Se o Senhor é Deus, segui-o; mas se Baal, segui-o. O povo, porém, não lhe respondeu nada.

²²Então disse Elias ao povo: Só eu fiquei dos profetas do Senhor; mas os profetas de Baal são quatrocentos e cinquenta homens.

²³Dêem-se-nos, pois, dois novilhos; e eles escolham para si um dos novilhos, e o dividam em pedaços, e o ponham sobre a lenha, porém não lhe metam fogo; e eu prepararei o outro novilho, e o porei sobre a lenha, e não lhe meterei fogo.

²⁴Então invocai o nome do vosso deus, e eu invocarei o nome do Senhor; e há de ser que o deus que responder por meio de fogo, esse será Deus. E todo o povo respondeu, dizendo: É boa esta palavra.

²⁵Disse, pois, Elias aos profetas de Baal: Escolhei para vós: um dos novilhos, e preparai-o primeiro, porque sois muitos, e invocai o nome do Senhor, vosso deus, mas não metais fogo ao sacrifício.

²⁶E, tomando o novilho que se lhes dera, prepararam-no, e invocaram o nome de Baal, desde a manhã até o meio-dia, dizendo: Ah Baal, responde-nos! Porém não houve voz; ninguém respondeu. E saltavam em volta do altar que tinham feito.

²⁷Sucedeu que, ao meio-dia, Elias zombava deles, dizendo: Clamai em altas vozes, porque ele é um deus; pode ser que esteja falando, ou que tenha alguma coisa que fazer, ou que intente alguma viagem; talvez esteja dormindo, e necessite de que o acordem.

²⁸E eles clamavam em altas vozes e, conforme o seu costume, se retalhavam com facas e com lancetas, até correr o sangue sobre eles.

²⁹Também sucedeu que, passado o meio dia, profetizaram eles até a hora de se oferecer o sacrifício da tarde. Porém não houve voz; ninguém respondeu, nem atendeu.

³⁰Então Elias disse a todo o povo: chegai-vos a mim. E todo o povo se chegou a ele. E Elias reparou o altar do Senhor, que havia sido derrubado.

³¹Tomou doze pedras, conforme o número das tribos dos filhos de Jacó, ao qual viera a palavra do Senhor, dizendo: Israel será o teu nome;

³²e com as pedras edificou o altar em nome do Senhor; depois fez em redor do altar um rego, em que podiam caber duas medidas de semente.

³³Então armou a lenha, e dividiu o novilho em pedaços, e o pôs sobre a lenha, e disse: Enchei de água quatro cântaros, e derramai-a sobre o holocausto e sobre a lenha.

³⁴Disse ainda: fazei-o segunda vez; e o fizeram segunda vez. De novo disse: Fazei-o terceira vez; e o fizeram terceira vez.

³⁵De maneira que a água corria ao redor do altar; e ele encheu de água também o rego.

³⁶Sucedeu pois que, sendo já hora de se oferecer o sacrifício da tarde, o profeta Elias se chegou, e disse: ç Senhor, Deus de Abraão, de Isaque, e de Israel, seja manifestado hoje que tu és Deus em Israel, e que eu sou teu servo, e que conforme a tua palavra tenho feito todas estas coisas.

³⁷Responde-me, ó Senhor, responde-me para que este povo conheça que tu, ó Senhor, és Deus, e que tu fizeste voltar o seu coração.

³⁸Então caiu fogo do Senhor, e consumiu o holocausto, a lenha, as pedras, e o pó, e ainda lambeu a água que estava no rego.

³⁹Quando o povo viu isto, prostraram-se todos com o rosto em terra e disseram: O senhor é Deus! O Senhor é Deus!

⁴⁰Disse-lhes Elias: Agarrai os profetas de Baal! que nenhum deles escape: Agarraram-nos; e Elias os fez descer ao ribeiro de Quisom, onde os matou.

⁴¹Então disse Elias a Acabe: Sobe, come e bebe, porque há ruído de abundante chuva.

⁴²Acabe, pois, subiu para comer e beber; mas Elias subiu ao cume do Carmelo e, inclinando-se por terra, meteu o rosto entre os joelhos.

⁴³E disse ao seu moço: Sobe agora, e olha para a banda do mar. E ele subiu, olhou, e disse: Não há nada. Então disse Elias: Volta lá sete vezes.

⁴⁴Sucedeu que, à sétima vez, disse: Eis que se levanta do mar uma nuvem, do tamanho da mão dum homem: Então disse Elias: Sobe, e dize a Acabe: Aparelha o teu carro, e desce, para que a chuva não te impeça.

⁴⁵E sucedeu que em pouco tempo o céu se enegreceu de nuvens e vento, e caiu uma grande chuva. Acabe, subindo ao carro, foi para Jizreel:

⁴⁶E a mão do Senhor estava sobre Elias, o qual cingiu os lombos, e veio correndo perante Acabe, até a entrada de Jizreel.

## Capítulo 19

¹Ora, Acabe fez saber a Jezabel tudo quanto Elias havia feito, e como matara à espada todos os profetas.

²Então Jezabel mandou um mensageiro a Elias, a dizer-lhe: Assim me façam os deuses, e outro tanto, se até amanhã a estas horas eu não fizer a tua vida como a de um deles.

³Quando ele viu isto, levantou-se e, para escapar com vida, se foi. E chegando a Berseba, que pertence a Judá, deixou ali o seu moço.

⁴Ele, porém, entrou pelo deserto caminho de um dia, e foi sentar-se debaixo de um zimbro; e pediu para si a morte, dizendo: Já basta, ó Senhor; toma agora a minha vida, pois não sou melhor do que meus pais.

⁵E deitando-se debaixo do zimbro, dormiu; e eis que um anjo o tocou, e lhe disse: Levanta-te e come.

⁶Ele olhou, e eis que à sua cabeceira estava um pão cozido sobre as brasas, e uma botija de água. Tendo comido e bebido, tornou a deitar-se.

⁷O anjo do Senhor veio segunda vez, tocou-o, e lhe disse: Levanta-te e come, porque demasiado longa te será a viagem.

⁸Levantou-se, pois, e comeu e bebeu; e com a força desse alimento caminhou quarenta dias e quarenta noites até Horebe, o monte de Deus.

⁹Ali entrou numa caverna, onde passou a noite. E eis que lhe veio a palavra do Senhor, dizendo: Que fazes aqui, Elias?

¹⁰Respondeu ele: Tenho sido muito zeloso pelo Senhor Deus dos exércitos; porque os filhos de Israel deixaram o teu pacto, derrubaram os teus altares, e mataram os teus profetas à espada; e eu, somente eu, fiquei, e buscam a minha vida para ma tirarem.

¹¹Ao que Deus lhe disse: Vem cá fora, e põe-te no monte perante o Senhor: E eis que o Senhor passou; e um grande e forte vento fendia os montes e despedaçava as penhas diante do Senhor, porém o Senhor não estava no vento; e depois do vento um terremoto, porém o Senhor não estava no terremoto;

¹²e depois do terremoto um fogo, porém o Senhor não estava no fogo; e ainda depois do fogo uma voz mansa e delicada.

¹³E ao ouvi-la, Elias cobriu o rosto com a capa e, saindo, pôs-se à entrada da caverna. E eis que lhe veio uma voz, que dizia: Que fazes aqui, Elias?

¹⁴Respondeu ele: Tenho sido muito zeloso pelo Senhor Deus dos exércitos; porque os filhos de Israel deixaram o teu pacto, derrubaram os teus altares, e mataram os teus profetas à espada; e eu, somente eu, fiquei, e buscam a minha vida para ma tirarem.

¹⁵Então o Senhor lhe disse: Vai, volta pelo teu caminho para o deserto de Damasco; quando lá chegares, ungirás a Hazael para ser rei sobre a Síria.

¹⁶E a Jeú, filho de Ninsi, ungirás para ser rei sobre Israel; bem como a Eliseu, filho de Safate de Abel-Meolá, ungirás para ser profeta em teu lugar.

¹⁷E há de ser que o que escapar da espada de Hazael, matá-lo-á Jeú; e o que escapar da espada de Jeú, matá-lo-á Eliseu.

¹⁸Todavia deixarei em Israel sete mil: todos os joelhos que não se dobraram a Baal, e toda boca que não o beijou.

¹⁹Partiu, pois, Elias dali e achou Eliseu, filho de Safate, que andava lavrando com doze juntas de bois adiante dele, estando ele com a duodécima; chegando-se Elias a Eliseu, lançou a sua capa sobre ele.

²⁰Então, deixando este os bois, correu após Elias, e disse: Deixa-me beijar a meu pai e a minha mãe, e então te seguirei. Respondeu-lhe Elias: Vai, volta; pois, que te fiz eu?

²¹Voltou, pois, de o seguir, tomou a junta de bois, e os matou, e com os aparelhos dos bois cozeu a carne, e a deu ao povo, e comeram. Então se levantou e seguiu a Elias, e o servia.

1 Reis

## Capítulo 20

¹Ora, Bene-Hadade, rei da Síria, ajuntou todo o seu exército; e havia com ele trinta e dois reis, e cavalos e carros. Então subiu, cercou a Samária, e pelejou contra ela.

²E enviou à cidade mensageiros a Acabe, rei de Israel, a dizer-lhe: Assim diz: Bene-Hadade:

³A tua prata e o teu ouro são meus; e também, das tuas mulheres e dos teus filhos, os melhores são meus.

⁴Ao que respondeu o rei de Israel, dizendo: Conforme a tua palavra, ó rei meu senhor, sou teu, com tudo quanto tenho.

⁵Tornaram a vir os mensageiros, e disseram: Assim fala Bene-Hadade, dizendo: Enviei-te, na verdade, mensageiros que dissessem: Tu me hás de entregar a tua prata e o teu ouro, as tuas mulheres e os teus filhos;

⁶todavia amanhã a estas horas te enviarei os meus servos, os quais esquadrinharão a tua casa, e as casas dos teus servos; e há de ser que tudo o que de precioso tiveres, eles tomarão consigo e o levarão.

⁷Então o rei de Israel chamou todos os anciãos da terra, e disse: Notai agora, e vede como esse homem procura o mal; pois mandou pedir-me as minhas mulheres, os meus filhos, a minha prata e o meu ouro, e não os neguei.

⁸Responderam-lhe todos os anciãos e todo o povo: Não lhe dês ouvidos, nem consintas.

⁹Pelo que disse aos mensageiros de Bene-Hadade: Dizei ao rei, meu senhor: Tudo o que a princípio mandaste pedir a teu servo, farei; porém isto não posso fazer. Voltaram os mensageiros, e lhe levaram a resposta.

¹⁰Tornou Bene-Hadade a enviar-lhe mensageiros, e disse: Assim me façam os deuses, e outro tanto, se o pó de Samária bastar para encher as mãos de todo o povo que me segue.

¹¹O rei de Israel, porém, respondeu: Dizei-lhe: Não se gabe quem se cinge das armas como aquele que as depõe.

¹²E sucedeu que, ouvindo ele esta palavra, estando a beber com os reis nas tendas, disse aos seus servos: Ponde-vos em ordem. E eles se puseram em ordem contra a cidade.

¹³E eis que um profeta, chegando-se a Acabe, rei de Israel, lhe disse: Assim diz o Senhor: Viste toda esta grande multidão eis que hoje ta entregarei nas mãos, e saberás que eu sou o Senhor.

¹⁴Perguntou Acabe: Por quem? Respondeu ele: Assim diz o Senhor: Pelos moços dos chefes das províncias. Ainda perguntou Acabe: Quem começará a peleja? Respondeu ele: Tu.

¹⁵Então contou os moços dos chefes das províncias, e eram duzentos e trinta e dois; e depois deles contou todo o povo, a saber, todos os filhos de Israel, e eram sete mil.

¹⁶Saíram, pois, ao meio-dia. Bene-Hadade, porém, estava bebendo e se embriagando nas tendas, com os reis, os trinta e dois reis que o ajudavam.

¹⁷E os moços dos chefes das províncias saíram primeiro; e Bene-Hadade enviou espias, que lhe deram aviso, dizendo: Saíram de Samária uns homens.

¹⁸Ao que ele disse: Quer venham eles tratar de paz, quer venham à peleja, to-mai-os vivos.

¹⁹Saíram, pois, da cidade os moços dos chefes das provincias, e o exército que os seguia.

²⁰E eles mataram cada um o seu adversário. Então os sírios fugiram, e Israel os perseguiu; mas Bene-Hadade, rei da Síria, escapou a cavalo, com alguns cavaleiros.

²¹E saindo o rei de Israel, destruiu os cavalos e os carros, e infligiu aos sírios grande derrota.

²²Então o profeta chegou-se ao rei de Israel e lhe disse: Vai, fortalece-te; atenta bem para o que hás de fazer; porque decorrido um ano, o rei da Síria subirá contra ti.

²³Os servos do rei da Síria lhe disseram: Seus deuses são deuses dos montes, por isso eles foram mais fortes do que nós; mas pelejemos com eles na planície, e por certo prevaleceremos contra eles.

²⁴Faze, pois, isto: tira os reis, cada um do seu lugar, e substitui-os por capitães;

²⁵arregimenta outro exército, igual ao exército que perdeste, cavalo por cavalo, e carro por carro; pelejemos com eles na planicie, e por certo prevaleceremos contra eles. Ele deu ouvidos ao que disseram, e assim fez.

²⁶Passado um ano, Bene-Hadade arregimentou os sírios, e subiu a Afeque, para pelejar contra Israel.

²⁷Também os filhos de Israel foram arregimentados e, providos de víveres, marcharam contra eles. E os filhos de Israel acamparam-se defronte deles, como dois pequenos rebanhos de cabras; mas os sírios enchiam a terra.

²⁸Nisso chegou o homem de Deus, e disse ao rei de Israel: Assim diz o Senhor: Porquanto os sírios disseram: O Senhor é Deus dos montes, e não Deus dos vales, entregarei nas tuas mãos toda esta grande multidão, e saberás que eu sou o Senhor.

²⁹Assim, pois, estiveram acampados sete dias, uns defronte dos outros. Ao sétimo dia a peleja começou, e num só dia os filhos de Israel mataram dos sírios cem mil homens da infantaria.

³⁰E os restantes fugiram para Afeque, e entraram na cidade; e caiu o muro sobre vinte e sete mil homens que restavam. Bene-Hadade, porém, fugiu, e veio à cidade, onde se meteu numa câmara interior.

³¹Disseram-lhe os seus servos: Eis que temos ouvido dizer que os reis da casa de Israel são reis clementes; ponhamos, pois, sacos aos lombos, e cordas aos pescoços, e saiamos ao rei de Israel; pode ser que ele te poupe a vida.

³²Então cingiram sacos aos lombos e cordas aos pescoços e, indo ter com o rei de Israel, disseram-lhe: Diz o teu servo Bene-Hadade: Deixa-me viver, rogo-te. Ao que disse Acabe: Pois ainda vive? É meu irmão.

³³Aqueles homens, tomando isto por bom presságio, apressaram-se em apanhar a sua palavra, e disseram: Bene-Hadade é teu irmão! Respondeu-lhes ele: Ide, trazei-me. Veio, pois, Bene-Hadade à presença de Acabe; e este o fez subir ao carro.

³⁴Então lhe disse Bene-Hadade: Eu te restituirei as cidades que meu pai tomou a teu pai; e farás para ti praças em Damasco, como meu pai as fez em Samária. E eu, respondeu Acabe, com esta aliança te deixarei ir. E fez com ele aliança e o deixou ir.

³⁵Ora, certo homem dentre os filhos dos profetas disse ao seu companheiro, pela palavra do Senhor: Fere-me, peço-te. Mas o homem recusou feri-lo.

³⁶Pelo que ele lhe disse: Porquanto não obedeceste à voz do Senhor, eis que, em te apartando de mim, um leão te matará. E logo que se apartou dele um leão o encontrou e o matou.

³⁷Depois o profeta encontrou outro homem, e disse-lhe: Fere-me, peço-te. E aquele homem deu nele e o feriu.

³⁸Então foi o profeta, pôs-se a esperar e rei no caminho, e disfarçou-se, cobrindo os olhos com o seu turbante.

³⁹E passando o rei, clamou ele ao rei, dizendo: Teu servo estava no meio da peleja; e eis que um homem, voltando-se, me trouxe um outro, e disse: Guarda-me este homem; se ele de qualquer maneira vier a faltar, a tua vida responderá pela vida dele, ou então pagarás um talento de prata.

⁴⁰E estando o teu servo ocupado de uma e de outra parte, eis que o homem desapareceu. Ao que lhe respondeu o rei de Israel: Esta é a tua sentença; tu mesmo a pronunciaste.

⁴¹Então ele se apressou, e tirou o turbante de sobre os seus olhos; e o rei de Israel o reconheceu, que era um dos profetas.

⁴²E disse ele ao rei: Assim diz o Senhor: Porquanto deixaste escapar da mão o homem que eu havia posto para destruição, a tua vida responderá pela sua vida, e o teu povo pelo seu povo.

⁴³E o rei de Israel seguiu para sua casa, desgostoso e indignado, e veio a Samária.

## Capítulo 21

¹Sucedeu depois destas coisas que, tendo Nabote, o jizreelita, uma vinha em Jizrreel, junto ao palácio de Acabe, rei de Samária,

²falou este a Nabote, dizendo: Dá-me a tua vinha, para que me sirva de horta, porque está vizinha, ao pé da minha casa; e te darei por ela outra vinha melhor; ou, se desejares, dar-te-ei o seu valor em dinheiro.

³Respondeu, porém, Nabote a Acabe: Guarde-me o Senhor de que eu te dê a herança de meus pais.

⁴Então Acabe veio para sua casa, desgostoso e indignado, por causa da palavra que Nabote, o jizreelita, lhe falara; pois este lhe dissera: Não te darei a herança de meus pais. Tendo-se deitado na sua cama, virou a rosto, e não quis comer.

⁵Mas, vindo a ele Jezabel, sua mulher, lhe disse: Por que está o teu espírito tão desgostoso que não queres comer?

⁶Ele lhe respondeu: Porque falei a Nabote, o jizreelita, e lhe disse: Dá-me a tua vinha por dinheiro; ou, se te apraz, te darei outra vinha em seu lugar. Ele, porém, disse: Não te darei a minha vinha.

⁷Ao que Jezabel, sua mulher, lhe disse: Governas tu agora no reino de Israel? Levanta-te, come, e alegre-se o teu coração; eu te darei a vinha de Nabote, o jizreelita.

⁸Então escreveu cartas em nome de Acabe e, selando-as com o sinete dele, mandou-as aos anciãos e aos nobres que habitavam com Nabote na sua cidade.

⁹Assim escreveu nas cartas: Apregoai um jejum, e ponde Nabote

diante do povo.

¹⁰E ponde defronte dele dois homens, filhos de Belial, que testemunhem contra ele, dizendo: Blasfemaste contra Deus e contra o rei. Depois conduzi-o para fora, e apedrejai-o até que morra.

¹¹Pelo que os homens da cidade dele, isto é, os anciãos e os nobres que habitavam na sua cidade, fizeram como Jezabel lhes ordenara, conforme estava escrito nas cartas que ela lhes mandara.

¹²Apregoaram um jejum, e puseram Nabote diante do povo.

¹³Também vieram dois homens, filhos de Belial, e sentaram-se defronte dele; e estes filhos de Belial testemunharam contra Nabote perante o povo, dizendo: Nabote blasfemou contra Deus e contra o rei. Então o conduziram para fora da cidade e o apedrejaram, de sorte que morreu.

¹⁴Depois mandaram dizer a Jezabel: Nabote foi apedrejado e morreu.

¹⁵Ora, ouvindo Jezabel que Nabote fora apedrejado e morrera, disse a Acabe: Levanta-te e toma posse da vinha de Nabote, e jizreelita, a qual ele recusou dar-te por dinheiro; porque Nabote já não vive, mas é morto.

¹⁶Quando Acabe ouviu que Nabote já era morto, levantou-se para descer à vinha de Nabote, o jizreelita, a fim de tomar posse dela.

¹⁷Então veio a palavra do Senhor a Elias, o tisbita, dizendo:

¹⁸Levanta-te, desce para encontrar-te com Acabe, rei de Israel, que está em Samária. Eis que está na vinha de Nabote, aonde desceu a fim de tomar posse dela.

¹⁹E falar-lhe-ás, dizendo: Assim diz o Senhor: Porventura não mataste e tomaste a herança? Falar-lhe-ás mais, dizendo: Assim diz o Senhor: No lugar em que os cães lamberam o sangue de Nabote, lamberão também o teu próprio sangue.

²⁰Ao que disse Acabe a Elias: Já me achaste, ó inimigo meu? Respondeu ele: Achei-te; porque te vendeste para fazeres o que é mau aos olhos do Senhor.

²¹Eis que trarei o mal sobre ti; lançarei fora a tua posteridade, e arrancarei de Acabe todo homem, escravo ou livre, em Israel;

²²e farei a tua casa como a casa de Jeroboão, filho de Nebate, e como a casa de Baasa, filho de Aías, por causa da provocação com que me provocaste à ira, fazendo Israel pecar.

²³Também acerca de Jezabel falou o Senhor, dizendo: Os cães comerão Jezabel junto ao antemuro de Jizreel.

²⁴Quem morrer a Acabe na cidade, os cães o comerão; e o que lhe morrer no campo, as aves do céu o comerão.

²⁵(Não houve, porém, ninguém como Acabe, que se vendeu para fazer o que era mau aos olhos do Senhor, sendo instigado por Jezabel, sua mulher.

²⁶E fez grandes abominações, seguindo os ídolos, conforme tudo o que fizeram os amorreus, os quais o Senhor lançou fora da sua possessão, de diante dos filhos de Israel.)

²⁷Sucedeu, pois, que Acabe, ouvindo estas palavras, rasgou as suas vestes, cobriu de saco a sua carne, e jejuou; e jazia em saco, e andava humildemente.

²⁸Então veio a palavra do Senhor a Elias, o tisbita, dizendo:

²⁹Não viste que Acabe se humilha perante mim? Por isso, porquanto se humilha perante mim, não trarei o mal enquanto ele viver, mas nos dias de seu filho trarei o mal sobre a sua casa.

## Capítulo 22

¹Passaram-se três anos sem haver guerra entre a Síria e Israel.

²No terceiro ano, porém, desceu Jeosafá, rei de Judá, a ter com o rei de Israel.

³E o rei de Israel disse aos seus servos: Não sabeis vós que Ramote-Gileade é nossa, e nós estamos quietos, sem a tomar da mão do rei da Síria?

⁴Então perguntou a Jeosafá: Irás tu comigo à peleja, a Ramote-Gileade? Respondeu Jeosafá ao rei de Israel: Como tu és sou eu, o meu povo como o teu povo, e os meus cavalos como os teus cavalos.

⁵Disse mais Jeosafá ao rei de Israel: Rogo-te, porém, que primeiro consultes a palavra do Senhor.

⁶Então o rei de Israel ajuntou os profetas, cerca de quatrocentos homens, e perguntou-lhes: Irei à peleja contra Ramote-Gileade, ou deixarei de ir? Responderam eles: Sobe, porque o Senhor a entregará nas mãos do rei.

⁷Disse, porém, Jeosafá: Não há aqui ainda algum profeta do Senhor, ao qual possamos consultar?

⁸Então disse o rei de Israel a Jeosafá: Ainda há um homem por quem podemos consultar ao Senhor - Micaías, filho de Inlá; porém eu o odeio, porque nunca profetiza o bem a meu respeito, mas somente o mal. Ao que disse Jeosafá: Não fale o rei assim.

⁹Então o rei de Israel chamou um eunuco, e disse: Traze-me depressa Micaías, filho de Inlá.

¹⁰Ora, o rei de Israel e Jeosafá, rei de Judá, vestidos de seus trajes reais, estavam assentados cada um no seu trono, na praça à entrada da porta de Samária; e todos os profetas profetizavam diante deles.

¹¹E Zedequias, filho de Quenaaná, fez para si uns chifres de ferro, e disse: Assim diz o Senhor: Com estes ferirás os sírios, até que sejam consumidos.

¹²Do mesmo modo também profetizavam todos os profetas, dizendo: Sobe a Ramote-Gileade, e serás bem sucedido; porque o Senhor a entregará nas mãos do rei.

¹³O mensageiro que fora chamar Micaías falou-lhe, dizendo: Eis que as palavras dos profetas, a uma voz, são favoráveis ao rei; seja, pois, a tua palavra como a de um deles, e fala o que é bom.

¹⁴Micaías, porém, disse: Vive o Senhor, que o que o Senhor me disser, isso falarei.

¹⁵Quando ele chegou à presença do rei, este lhe disse: Micaías, iremos a Ramote-Gileade à peleja, ou deixaremos de ir? Respondeu-lhe ele: Sobe, e serás bem sucedido, porque o Senhor a entregará nas mãos do rei.

¹⁶E o rei lhe disse: Quantas vezes hei de conjurar-te que não me fales senão a verdade em nome do Senhor?

¹⁷Então disse ele: Vi todo o Israel disperso pelos montes, como ovelhas que não têm pastor; e disse o Senhor: Estes não têm senhor; torne cada um em paz para sua casa.

¹⁸Disse o rei de Israel a Jeosafá: Não te disse eu que ele não profetizaria o bem a meu respeito, mas somente o mal?

¹⁹Micaías prosseguiu: Ouve, pois, a palavra do Senhor! Vi o Senhor assentado no seu trono, e todo o exército celestial em pé junto a ele, à sua direita e à sua esquerda.

²⁰E o Senhor perguntou: Quem induzirá Acabe a subir, para que caia em Ramote-Gileade? E um respondia de um modo, e outro de outro.

²¹Então saiu um espírito, apresentou-se diante do Senhor, e disse: Eu o induzirei. E o Senhor lhe perguntou: De que modo?

²²Respondeu ele: Eu sairei, e serei um espírito mentiroso na boca de todos os seus profetas. Ao que disse o Senhor: Tu o induzirás, e prevalecerás; sai, e faze assim.

²³Agora, pois, eis que o Senhor pôs um espírito mentiroso na boca dentes da casa dele; sim, tornarei a tua casa como a casa de respeito de ti.

²⁴Então Zedequias, filho de Quenaaná, chegando-se, feriu a Micaías na face e disse: Por onde passou de mim o Espírito do Senhor para falar a ti?

²⁵Respondeu Micaías: Eis que tu o verás naquele dia, quando entrares numa câmara interior, para te esconderes.

²⁶Então disse o rei de Israel: Tomai Micaías, e tornai a levá-lo a Amom, o governador da cidade, e a Joás, filho do rei,

²⁷dizendo-lhes: Assim diz o rei: Metei este homem no cárcere, e sustentai-o a pão e água, até que eu volte em paz.

²⁸Replicou Micaías: Se tu voltares em paz, o senhor não tem falado por mim. Disse mais: Ouvi, povos todos!

²⁹Assim o rei de Israel e Jeosafá, rei de Judá, subiram a Ramote-Gileade.

³⁰E disse o rei de Israel a Jeosafá: Eu me disfarçarei, e entrarei na peleja; tu, porém, veste os teus trajes reais. Disfarçou-se, pois, o rei de Israel, e entrou na peleja.

³¹Ora, o rei da Síria tinha ordenado aos capitães dos carros, que eram trinta e dois, dizendo: Não pelejeis nem contra pequeno nem contra grande, senão só contra o rei de Israel.

³²E sucedeu que, vendo os capitães dos carros a Jeosafá, disseram: Certamente este é o rei de Israel. Viraram-se, pois, para pelejar com ele, e Jeosafá gritou.

³³Vendo os capitães dos carros que não era o rei de Israel, deixaram de segui-lo.

³⁴Então um homem entesou o seu arco, e atirando a esmo, feriu o rei de Israel por entre a couraça e a armadura abdominal. Pelo que ele disse ao seu carreteiro: Dá volta, e tira-me do exército, porque estou gravemente ferido.

³⁵E a peleja tornou-se renhida naquele dia; contudo o rei foi sustentado no carro contra os sírios; porém à tarde ele morreu; e o sangue da ferida corria para o fundo do carro.

³⁶Ao pôr do sol passou pelo exército a palavra: Cada um para a sua cidade, e cada um para a sua terra!

³⁷Morreu, pois, o rei, e o levaram para Samária, e ali o sepultaram.

³⁸E lavaram o seu carro junto ao tanque de Samária, e os cães lamberam-lhe o sangue, conforme a palavra que o Senhor tinha dito; ora, as prostitutas se banhavam ali.

³⁹Quanto ao restante dos atos de Acabe, e a tudo quanto fez, e à casa de marfim que construiu, e a todas as cidades que edificou, porventura não estão escritos no livro das crônicas dos reis de Israel?

⁴⁰Assim dormiu Acabe com seus pais. E Acazias, seu filho, reinou em seu lugar.

⁴¹Ora, Jeosafá, filho de Asa, começou a reinar sobre Judá no quarto ano de Acabe, rei de Israel.

⁴²Era Jeosafá da idade de trinta e cinco anos quando começou a reinar, e reinou vinte e cinco anos em Jerusalém. Era o nome de sua mãe Azuba, filha de Sili.

⁴³E andou em todos os caminhos de seu pai Asa; não se desviou deles, mas fez o que era reto aos olhos do Senhor. Todavia os altos não foram tirados e o povo ainda sacrificava e queimava incenso nos altos.

⁴⁴E Jeosafá teve paz com o rei de Israel.

⁴⁵Quanto ao restante dos atos de Jeosafá, e ao poder que mostrou, e como guerreou, porventura não estão escritos no livro das crônicas dos reis de Judá?

⁴⁶Também expulsou da terra o restante dos sodomitas, que ficaram nos dias de seu pai Asa

⁴⁷Nesse tempo não havia rei em Edom; um vice-rei governava.

⁴⁸E Jeosafá construiu navios de Társis para irem a Ofir em busca de ouro; porém não foram, porque os navios se quebraram em Eziom-Geber.

⁴⁹Então Acazias, filho de Acabe, disse a Jeosafá: Vão os meus servos com os teus servos nos navios. Jeosafá, porém, não quis.

⁵⁰Depois Jeosafá dormiu com seus pais, e foi sepultado junto a eles na cidade de Davi, seu pai. E em seu lugar reinou seu filho Jeorão.

⁵¹Ora, Acazias, filho de Acabe, começou a reinar em Samaria no ano dezessete de Jeosafá, rei de Judá, e reinou dois anos sobre Israel.

⁵²E fez o que era mau aos olhos do Senhor; porque andou no caminho de seu pai, como também no caminho de sua mãe, e no caminho de Jeroboão, filho de Nebate, que fez Israel pecar.

⁵³Serviu a Baal, e o adorou, provocando à ira o Senhor Deus de Israel, conforme tudo quanto seu pai fizera.

# 2 Reis

## Capítulo 1

¹Depois da morte de Acabe, Moabe se rebelou contra Israel.

²Ora, Acazias caiu pela grade do seu quarto alto em Samária, e adoeceu; e enviou mensageiros, dizendo-lhes: Ide, e perguntai a Baal-Zebube, deus de Ecrom, se sararei desta doença.

³O anjo do Senhor, porém, disse a Elias, o tisbita: Levanta-te, sobe para te encontrares com os mensageiros do rei de Samária, e dize-lhes: Porventura não há Deus em Israel, para irdes consultar a Baal-Zebube, deus de Ecrom?

⁴Agora, pois, assim diz o Senhor: Da cama a que subiste não descerás, mas certamente morrerás. E Elias se foi.

⁵Os mensageiros voltaram para Acazias, que lhes perguntou: Que há, que voltastes?

⁶Responderam-lhe eles: Um homem subiu ao nosso encontro, e nos disse: Ide, voltai para o rei que vos mandou, e dizei-lhe: Assim diz o Senhor: Porventura não há Deus em Israel, para que mandes consultar a Baal-Zebube, deus de Ecrom? Portanto, da cama a que subiste não descerás, mas certamente morrerás.

⁷Pelo que ele lhes indagou: Qual era a aparência do homem que subiu ao vosso encontro e vos falou estas palavras?

⁸Responderam-lhe eles: Era um homem vestido de pelos, e com os lombos cingidos dum cinto de couro. Então disse ele: É Elias, o tisbita.

⁹Então o rei lhe enviou um chefe de cinqüenta, com os seus cinqüenta. Este subiu a ter com Elias que estava sentado no cume do monte, e disse-lhe: ç homem de Deus, o rei diz: Desce.

¹⁰Mas Elias respondeu ao chefe de cinqüenta, dizendo-lhe: Se eu, pois, sou homem de Deus, desça fogo do céu, e te consuma a ti e aos teus cinqüenta. Então desceu fogo do céu, e consumiu a ele e aos seus cinqüenta.

¹¹Tornou o rei a enviar-lhe outro chefe de cinqüenta com os seus cinqüenta. Este lhe falou, dizendo: ç homem de Deus, assim diz o rei: Desce depressa.

¹²Também a este respondeu Elias: Se eu sou homem de Deus, desça fogo do céu, e te consuma a ti e aos teus cinqüenta. Então o fogo de Deus desceu do céu, e consumiu a ele e aos seus cinqüenta.

¹³Ainda tornou o rei a enviar terceira vez um chefe de cinqüenta com os seus cinqüenta. E o terceiro chefe de cinqüenta, subindo, veio e pôs-se de joelhos diante de Elias e suplicou-lhe, dizendo: ç homem de Deus, peço-te que seja preciosa aos teus olhos a minha vida, e a vida destes cinqüenta teus servos.

¹⁴Eis que desceu fogo do céu, e consumiu aqueles dois primeiros chefes de cinqüenta, com os seus cinqüenta; agora, porém, seja preciosa aos teus olhos a minha vida.

¹⁵Então o anjo do Senhor disse a Elias: Desce com este; não tenhas medo dele. Levantou-se, pois, e desceu com ele ao rei.

¹⁶E disse-lhe: Assim diz o Senhor: Por que enviaste mensageiros a consultar a Baal-Zebube, deus de Ecrom? Porventura é porque não há Deus em Israel, para consultares a sua palavra? Portanto, desta cama a que subiste não descerás, mas certamente morrerás.

¹⁷Assim, pois, morreu conforme a palavra do Senhor que Elias falara. E Jorão começou a reinar em seu lugar no ano segundo de Jeorão, filho de Jeosafá, rei de Judá; porquanto Acazias não tinha filho.

¹⁸Ora, o restante dos feitos de Acazias, porventura não está escrito no livro das crônicas dos reis de Israel?

## Capítulo 2

¹Quando o Senhor estava para tomar Elias ao céu num redemoinho, Elias partiu de Gilgal com Eliseu.

²Disse Elias a Eliseu: Fica-te aqui, porque o Senhor me envia a Betel. Eliseu, porém disse: Vive o Senhor, e vive a tua alma, que não te deixarei. E assim desceram a Betel.

³Então os filhos dos profetas que estavam em Betel saíram ao encontro de Eliseu, e lhe disseram: Sabes que o Senhor hoje tomará o teu senhor por sobre a tua cabeça? E ele disse: Sim, eu o sei; calai-vos.

⁴E Elias lhe disse: Eliseu, fica-te aqui, porque o Senhor me envia a Jericó. Ele, porém, disse: Vive o Senhor, e vive a tua alma, que não te deixarei. E assim vieram a Jericó.

⁵Então os filhos dos profetas que estavam em Jericó se chegaram a Eliseu, e lhe disseram: Sabes que o Senhor hoje tomará o teu senhor por sobre a tua cabeça? E ele disse: Sim, eu o sei; calai-vos.

⁶E Elias lhe disse: Fica-te aqui, porque o Senhor me envia ao Jordão. Mas ele disse: Vive o Senhor, e vive a tua alma, que não te deixarei. E assim ambos foram juntos.

⁷E foram cinqüenta homens dentre os filhos dos profetas, e pararam defronte deles, de longe; e eles dois pararam junto ao Jordão.

⁸Então Elias tomou a sua capa e, dobrando-a, feriu as águas, as quais se dividiram de uma à outra banda; e passaram ambos a pé enxuto.

⁹Havendo eles passado, Elias disse a Eliseu: Pede-me o que queres que eu te faça, antes que seja tomado de ti. E disse Eliseu: Peço-te que haja sobre mim dobrada porção de teu espírito.

¹⁰Respondeu Elias: Coisa difícil pediste. Todavia, se me vires quando for tomado de ti, assim se te fará; porém, se não, assim se não fará.

¹¹E, indo eles caminhando e conversando, eis que um carro de fogo, com cavalos de fogo, os separou um do outro; e Elias subiu ao céu num redemoinho.

¹²O que vendo Eliseu, clamou: Meu pai, meu pai! o carro de Israel, e seus cavaleiros! E não o viu mais. Pegou então nas suas vestes e as rasgou em duas partes;

¹³tomou a capa de Elias, que dele caíra, voltou e parou à beira do Jordão.

¹⁴Então, pegando da capa de Elias, que dele caíra, feriu as águas e disse: Onde está o Senhor, o Deus de Elias? Quando feriu as águas, estas se dividiram de uma à outra banda, e Eliseu passou.

¹⁵Vendo-o, pois, os filhos dos profetas que estavam defronte dele em Jericó, disseram: O espírito de Elias repousa sobre Eliseu. E vindo ao seu encontro, inclinaram-se em terra diante dele.

¹⁶E disseram-lhe: Eis que entre os teus servos há cinqüenta homens valentes. Deixa-os ir, pedimos-te, em busca do teu senhor; pode ser que o Espírito do Senhor o tenha arrebatado e lançado nalgum monte, ou nalgum vale. Ele, porém, disse: Não os envieis.

¹⁷Mas insistiram com ele, até que se envergonhou; e disse-lhes: Enviai. E enviaram cinqüenta homens, que o buscaram três dias, porém não o acharam.

¹⁸Então voltaram para Eliseu, que ficara em Jericó; e ele lhes disse: Não vos disse eu que não fôsseis?

¹⁹Os homens da cidade disseram a Eliseu: Eis que a situação desta cidade é agradável, como vê o meu senhor; porém as águas são péssimas, e a terra é estéril.

²⁰E ele disse: Trazei-me um jarro novo, e ponde nele sal. E lho trouxeram.

²¹Então saiu ele ao manancial das águas e, deitando sal nele, disse: Assim diz o Senhor: Sarei estas águas; não mais sairá delas morte nem esterilidade.

²²E aquelas águas ficaram sãs, até o dia de hoje, conforme a palavra que Eliseu disse.

²³Então subiu dali a Betel; e, subindo ele pelo caminho, uns meninos saíram da cidade, e zombavam dele, dizendo: Sobe, calvo; sobe, calvo!

²⁴E, virando-se ele para trás, os viu, e os amaldiçoou em nome do Senhor. Então duas ursas saíram do bosque, e despedaçaram quarenta e dois daqueles meninos.

²⁵E dali foi para o monte Carmelo, de onde voltou para Samária.

## Capítulo 3

¹Ora, Jorão, filho de Acabe, começou a reinar sobre Israel, em Samária, no décimo oitavo ano de Jeosafá, rei de Judá, e reinou doze anos.

²Fez o que era mau aos olhos do Senhor, porém não como seu pai, nem como sua mãe; pois tirou a coluna de Baal que seu pai fizera.

³Contudo aderiu aos pecados de Jeroboão, filho de Nebate, com que este fizera Israel pecar, e deles não se apartou.

⁴Ora, Messa, rei dos moabitas, era criador de ovelhas, e pagava de tributo ao rei de Israel cem mil cordeiros, e cem mil carneiros com a sua lã.

⁵Sucedeu, porém, que, morrendo Acabe, o rei dos moabitas se rebelou contra o rei de Israel.

⁶Por isso, nesse mesmo tempo Jorão saiu de Samária e fez revista de todo o Israel.

⁷E, pondo-se em marcha, mandou dizer a Jeosafá, rei de Judá: O rei dos moabitas rebelou-se contra mim; irás tu comigo a guerra contra os moabitas? Respondeu ele: Irei; como tu és sou eu, o meu povo como o teu povo, e os meus cavalos como os teus cavalos.

⁸E perguntou: Por que caminho subiremos? Respondeu-lhe Jorão: Pelo caminho do deserto de Edom.

⁹Partiram, pois, o rei de Israel, o rei de Judá e o rei de Edom; e andaram rodeando durante sete dias; e não havia água para o exército nem para o gado que os seguia.

¹⁰Disse então o rei de Israel: Ah! o Senhor chamou estes três reis

para entregá-los nas mãos dos moabitas.

¹¹Perguntou, porém, Jeosafá: Não há aqui algum profeta do Senhor por quem consultemos ao Senhor? Então respondeu um dos servos do rei de Israel, e disse: Aqui está Eliseu, filho de Safate, que deitava água sobre as mãos de Elias.

¹²Disse Jeosafá: A palavra do Senhor está com ele. Então o rei de Israel, e Jeosafá, e o rei de Edom desceram a ter com ele.

¹³Eliseu disse ao rei de Israel: Que tenho eu contigo? Vai ter com os profetas de teu pai, e com os profetas de tua mãe. O rei de Israel, porém, lhe disse: Não; porque o Senhor chamou estes três reis para entregá-los nas mãos dos moabitas.

¹⁴Respondeu Eliseu: Vive o Senhor dos exércitos, em cuja presença estou, que se eu não respeitasse a presença de Jeosafá, rei de Judá, não te contemplaria, nem te veria.

¹⁵Agora, contudo, trazei-me um harpista. E sucedeu que, enquanto o harpista tocava, veio a mão do Senhor sobre Eliseu.

¹⁶E ele disse: Assim diz o Senhor: Fazei neste vale muitos poços.

¹⁷Porque assim diz o Senhor: Não vereis vento, nem vereis chuva; contudo este vale se encherá de água, e bebereis vós, os vossos servos e os vossos animais.

¹⁸E ainda isso é pouco aos olhos do Senhor; também entregará ele os moabitas nas vossas mãos,

¹⁹e ferireis todas as cidades fortes e todas as cidades escolhidas, cortareis todas as boas árvores, tapareis todas as fontes d'água, e cobrireis de pedras todos os bons campos.

²⁰E sucedeu que, pela manhã, à hora de se oferecer o sacrifício, eis que vinham as águas pelo caminho de Edom, e a terra se encheu d'água:

²¹Ouvindo, pois, todos os moabitas que os reis tinham subido para pelejarem contra eles, convocaram-se todos os que estavam em idade de pegar armas, e daí para cima, e puseram-se às fronteiras.

²²Levantaram-se os moabitas de madrugada e, resplandecendo o sol sobre as águas, viram diante de si as águas vermelhas como sangue;

²³e disseram: Isto é sangue; certamente os reis pelejaram entre si e se mataram um ao outro! Agora, pois, à presa, moabitas!

²⁴Quando, porém, chegaram ao arraial de Israel, os israelitas se levantaram, e bateram os moabitas, os quais fugiram diante deles; e ainda entraram na terra, ferindo ali também os moabitas.

²⁵E arrasaram as cidades; e cada um deles lançou pedras em todos os bons campos, entulhando-os; taparam todas as fontes d'água, e cortaram todas as boas árvores; somente a Quir-Haresete deixaram ficar as pedras; contudo os fundeiros a cercaram e a feriram.

²⁶Vendo o rei dos moabitas que a peleja prevalecia contra ele, tomou consigo setecentos homens que arrancavam da espada, para romperem contra o rei de Edom; porém não puderam.

²⁷Então tomou a seu filho primogênito, que havia de reinar em seu lugar, e o ofereceu em holocausto sobre o muro, pelo que houve grande indignação em Israel; por isso retiraram-se dele, e voltaram para a sua terra.

## Capítulo 4

¹Ora uma dentre as mulheres dos filhos dos profetas clamou a Eliseu, dizendo: Meu marido, teu servo, morreu; e tu sabes que o teu servo temia ao Senhor. Agora acaba de chegar o credor para levar-me os meus dois filhos para serem escravos.

²Perguntou-lhe Eliseu: Que te hei de fazer? Dize-me o que tens em casa. E ela disse: Tua serva não tem nada em casa, senão uma botija de azeite.

³Disse-lhe ele: Vai, pede emprestadas vasilhas a todos os teus vizinhos, vasilhas vazias, não poucas.

⁴Depois entra, e fecha a porta sobre ti e sobre teus filhos; deita azeite em todas essas vasilhas, e põe à parte a que estiver cheia.

⁵Então ela se apartou dele. Depois, fechada a porta sobre si e sobre seus filhos, estes lhe chegavam as vasilhas, e ela as enchia.

⁶Cheias que foram as vasilhas, disse a seu filho: Chega-me ainda uma vasilha. Mas ele respondeu: Não há mais vasilha nenhuma. Então o azeite parou.

⁷Veio ela, pois, e o fez saber ao homem de Deus. Disse-lhe ele: Vai, vende o azeite, e paga a tua dívida; e tu e teus filhos vivei do resto.

⁸Sucedeu também certo dia que Eliseu foi a Suném, onde havia uma mulher rica que o reteve para comer; e todas as vezes que ele passava por ali, lá se dirigia para comer.

⁹E ela disse a seu marido: Tenho observado que este que passa sempre por nós é um santo homem de Deus.

¹⁰Façamos-lhe, pois, um pequeno quarto sobre o muro; e ponhamos-lhe ali uma cama, uma mesa, uma cadeira e um candeeiro; e há de ser que, quando ele vier a nós se recolherá ali.

¹¹Sucedeu que um dia ele chegou ali, recolheu-se àquele quarto e se deitou.

¹²Então disse ao seu moço Geazi: Chama esta sunamita. Ele a chamou, e ela se apresentou perante ele.

¹³Pois Eliseu havia dito a Geazi: Dize-lhe: Eis que tu nos tens tratado com todo o desvelo; que se há de fazer por ti? Haverá alguma coisa de que se fale por ti ao rei, ou ao chefe do exército? Ao que ela respondera: Eu habito no meio do meu povo.

¹⁴Então dissera ele: Que se há de fazer, pois por ela? E Geazi dissera: Ora, ela não tem filho, e seu marido é velho.

¹⁵Pelo que disse ele: Chama-a. E ele a chamou, e ela se pôs à porta.

¹⁶E Eliseu disse: Por este tempo, no ano próximo, abraçarás um filho. Respondeu ela: Não, meu senhor, homem de Deus, não mintas à tua serva.

¹⁷Mas a mulher concebeu, e deu à luz um filho, no tempo determinado, no ano seguinte como Eliseu lhe dissera.

¹⁸Tendo o menino crescido, saiu um dia a ter com seu pai, que estava com os segadores.

¹⁹Disse a seu pai: Minha cabeça! minha cabeça! Então ele disse a um moço: Leva-o a sua mãe.

²⁰Este o tomou, e o levou a sua mãe; e o menino esteve sobre os joelhos dela até o meio-dia, e então morreu.

²¹Ela subiu, deitou-o sobre a cama do homem de Deus e, fechando sobre ele a porta, saiu.

²²Então chamou a seu marido, e disse: Manda-me, peço-te, um dos moços e uma das jumentas, para que eu corra ao homem de Deus e volte.

²³Disse ele: Por que queres ir ter com ele hoje? Não é lua nova nem sábado. E ela disse: Tudo vai bem.

²⁴Então ela fez albardar a jumenta, e disse ao seu moço: Guia e anda, e não me detenhas no caminhar, senão quando eu to disser.

²⁵Partiu pois, e foi ter com o homem de Deus, ao monte Carmelo; e sucedeu que, vendo-a de longe o homem de Deus, disse a Geazi, seu moço: Eis aí a sunamita;

²⁶corre-lhe ao encontro e pergunta-lhe: Vais bem? Vai bem teu marido? Vai bem teu filho? Ela respondeu: Vai bem.

²⁷Chegando ela ao monte, à presença do homem de Deus, apegou-se-lhe aos pés. Chegou-se Geazi para a retirar, porém, o homem de Deus lhe disse: Deixa-a, porque a sua alma está em amargura, e o Senhor mo encobriu, e não mo manifestou.

²⁸Então disse ela: Pedi eu a meu senhor algum filho? Não disse eu: Não me enganes?

²⁹Ao que ele disse a Geazi: Cinge os teus lombos, toma o meu bordão na mão, e vai. Se encontrares alguém, não o saúdes; e se alguém te saudar, não lhe respondas; e põe o meu bordão sobre o rosto do menino.

³⁰A mãe do menino, porém, disse: Vive o senhor, e vive a tua alma, que não te hei de deixar. Então ele se levantou, e a seguiu.

³¹Geazi foi adiante deles, e pôs o bordão sobre o rosto do menino; porém não havia nele voz nem sentidos. Pelo que voltou a encontrar-se com Eliseu, e o informou, dizendo: O menino não despertou.

³²Quando Eliseu chegou à casa, eis que o menino jazia morto sobre a sua cama.

³³Então ele entrou, fechou a porta sobre eles ambos, e orou ao Senhor.

³⁴Em seguida subiu na cama e deitou-se sobre o menino, pondo a boca sobre a boca do menino, os olhos sobre os seus olhos, e as mãos sobre as suas mãos, e ficou encurvado sobre ele até que a carne do menino aqueceu.

³⁵Depois desceu, andou pela casa duma parte para outra, tornou a subir, e se encurvou sobre ele; então o menino espirrou sete vezes, e abriu os olhos.

³⁶Eliseu chamou a Geazi, e disse: Chama essa sunamita. Ele a chamou. Quando ela se lhe apresentou, disse ele: Toma o teu filho.

³⁷Então ela entrou, e prostrou-se a seus pés, inclinando-se à terra; e tomando seu filho, saiu.

³⁸Eliseu voltou a Gilgal. E havia fome na terra; e os filhos dos profetas estavam sentados na sua presença. E disse ao seu moço: Põe a panela grande ao lume, e faze um caldo de ervas para os filhos dos profetas.

³⁹Então um deles saiu ao campo a fim de apanhar ervas, e achando uma parra brava, colheu dela a sua capa cheia de colocíntidas e, voltando, cortou-as na panela do caldo, não sabendo o que era.

⁴⁰Assim tiraram de comer para os homens. E havendo eles provado o caldo, clamaram, dizendo: ç homem de Deus, há morte na panela! E não puderam comer.

⁴¹Ele, porém, disse: Trazei farinha. E deitou-a na panela, e disse: Tirai para os homens, a fim de que comam. E já não havia mal nenhum

na panela.

⁴²Um homem veio de Baal-Salisa, trazendo ao homem de Deus pães das primícias, vinte pães de cevada, e espigas verdes no seu alforje. Eliseu disse: Dá ao povo, para que coma.

⁴³Disse, porém, seu servo: Como hei de pôr isto diante de cem homens? Ao que tornou Eliseu: Dá-o ao povo, para que coma; porque assim diz o Senhor: Comerão e sobejará.

⁴⁴Então lhos pôs diante; e comeram, e ainda sobrou, conforme a palavra do Senhor.

## Capítulo 5

¹Ora, Naamã, chefe do exército do rei da Síria, era um grande homem diante do seu senhor, e de muito respeito, porque por ele o Senhor dera livramento aos sírios; era homem valente, porém leproso.

²Os sírios, numa das suas investidas, haviam levado presa, da terra de Israel, uma menina que ficou ao serviço da mulher de Naamã.

³Disse ela a sua senhora: Oxalá que o meu senhor estivesse diante do profeta que está em Samária! Pois este o curaria da sua lepra.

⁴Então Naamã foi notificar a seu senhor, dizendo: Assim e assim falou a menina que é da terra de Israel.

⁵Respondeu o rei da Síria: Vai, anda, e enviarei uma carta ao rei de Israel. Foi, pois, e levou consigo dez talentos de prata, e seis mil siclos de ouro e dez mudas de roupa.

⁶Também levou ao rei de Israel a carta, que dizia: Logo, em chegando a ti esta carta, saberás que eu te enviei Naamã, meu servo, para que o cures da sua lepra.

⁷Tendo o rei de Israel lido a carta, rasgou as suas vestes, e disse: Sou eu Deus, que possa matar e vivificar, para que este envie a mim um homem a fim de que eu o cure da sua lepra? Notai, peço-vos, e vede como ele anda buscando ocasião contra mim.

⁸Quando Eliseu, o homem de Deus, ouviu que o rei de Israel rasgara as suas vestes, mandou dizer ao rei: Por que rasgaste as tuas vestes? Deixa-o vir ter comigo, e saberá que há profeta em Israel.

⁹Veio, pois, Naamã com os seus cavalos, e com o seu carro, e parou à porta da casa de Eliseu.

¹⁰Então este lhe mandou um mensageiro, a dizer-lhe: Vai, lava-te sete vezes no Jordão, e a tua carne tornará a ti, e ficarás purificado.

¹¹Naamã, porém, indignado, retirou-se, dizendo: Eis que pensava eu: Certamente ele sairá a ter comigo, pôr-se-á em pé, invocará o nome do Senhor seu Deus, passará a sua mão sobre o lugar, e curará o leproso.

¹²Não são, porventura, Abana e Farpar, rios de Damasco, melhores do que todas as águas de Israel? não poderia eu lavar-me neles, e ficar purificado? Assim se voltou e se retirou com indignação.

¹³Os seus servos, porém, chegaram-se a ele e lhe falaram, dizendo: Meu pai, se o profeta te houvesse indicado alguma coisa difícil, porventura não a terias cumprido? Quanto mais, dizendo-te ele: Lava-te, e ficarás purificado.

¹⁴Desceu ele, pois, e mergulhou-se no Jordão sete vezes, conforme a palavra do homem de Deus; e a sua carne tornou-se como a carne dum menino, e ficou purificado.

¹⁵Então voltou ao homem de Deus, ele e toda a sua comitiva; chegando, pôs-se diante dele, e disse: Eis que agora sei que em toda a terra não há Deus senão em Israel; agora, pois, peço-te que do teu servo recebas um presente.

¹⁶Ele, porém, respondeu: Vive o Senhor, em cuja presença estou, que não o receberei. Naamã instou com ele para que o tomasse; mas ele recusou.

¹⁷Ao que disse Naamã: Seja assim; contudo dê-se a este teu servo terra que baste para carregar duas mulas; porque nunca mais oferecerá este teu servo holocausto nem sacrifício a outros deuses, senão ao Senhor.

¹⁸Nisto perdoe o Senhor ao teu servo: Quando meu amo entrar na casa de Rimom para ali adorar, e ele se apoiar na minha mão, e eu também me tenha de encurvar na casa de Rimom; quando assim me encurvar na casa de Rimom, nisto perdoe o Senhor ao teu servo.

¹⁹Eliseu lhe disse: Vai em paz.

²⁰Quando Naamã já ia a uma pequena distância, Geazi, moço de Eliseu, o homem de Deus, disse: Eis que meu senhor poupou a este sírio Naamã, não recebendo da mão dele coisa alguma do que trazia; vive o Senhor, que hei de correr atrás dele, e receber dele alguma coisa.

²¹Foi pois, Geazi em alcance de Naamã. Este, vendo que alguém corria atrás dele, saltou do carro a encontrá-lo, e perguntou: Vai tudo bem?

²²Respondeu ele: Tudo vai bem. Meu senhor me enviou a dizer-te: Eis que agora mesmo vieram a mim dois mancebos dos filhos dos profetas da região montanhosa de Efraim; dá-lhes, pois, um talento de prata e duas mudas de roupa.

²³Disse Naamã: Sê servido de tomar dois talentos. E instou com ele, e amarrou dois talentos de prata em dois sacos, com duas mudas de roupa, e pô-los sobre dois dos seus moços, os quais os levaram adiante de Geazi.

²⁴Tendo ele chegado ao outeiro, tomou-os das mãos deles e os depositou na casa; e despediu aqueles homens, e eles se foram.

²⁵Mas ele entrou e pôs-se diante de seu amo. Então lhe perguntou Eliseu: Donde vens, Geazi? Respondeu ele: Teu servo não foi a parte alguma.

²⁶Eliseu porém, lhe disse: Porventura não foi contigo o meu coração, quando aquele homem voltou do seu carro ao teu encontro? Era isto ocasião para receberes prata e roupa, olivais e vinhas, ovelhas e bois, servos e servas?

²⁷Portanto a lepra de Naamã se pegará a ti e à tua descendência para sempre. Então Geazi saiu da presença dele leproso, branco como a neve.

## Capítulo 6

¹Os filhos dos profetas disseram a Eliseu: Eis que o lugar em que habitamos diante da tua face é estreito demais para nós.

²Vamos, pois até o Jordão, tomemos de lá cada um de nós, uma viga, e ali edifiquemos para nós um lugar em que habitemos. Respondeu ele: Ide.

³Disse-lhe um deles: Digna-te de ir com os teus servos. E ele respondeu: Eu irei.

⁴Assim foi com eles; e, chegando eles ao Jordão, cortavam madeira.

⁵Mas sucedeu que, ao derrubar um deles uma viga, o ferro do machado caiu na água; e ele clamou, dizendo: Ai, meu senhor! ele era emprestado.

⁶Perguntou o homem de Deus: Onde caiu? E ele lhe mostrou o lugar. Então Eliseu cortou um pau, e o lançou ali, e fez flutuar o ferro.

⁷E disse: Tira-o. E ele estendeu a mão e o tomou.

⁸Ora, o rei da Síria fazia guerra a Israel; e teve conselho com os seus servos, dizendo: Em tal e tal lugar estará o meu acampamento.

⁹E o homem de Deus mandou dizer ao rei de Israel: Guarda-te de passares por tal lugar porque os sírios estão descendo ali.

¹⁰Pelo que o rei de Israel enviou àquele lugar, de que o homem de Deus lhe falara, e de que o tinha avisado, e assim se salvou. Isso aconteceu não uma só vez, nem duas.

¹¹Turbou-se por causa disto o coração do rei da Síria que chamou os seus servos, e lhes disse: Não me fareis saber quem dos nossos é pelo rei de Israel?

¹²Respondeu um dos seus servos: Não é assim, ó rei meu senhor, mas o profeta Eliseu que está em Israel, faz saber ao rei de Israel as palavras que falas na tua câmara de dormir.

¹³E ele disse: Ide e vede onde ele está, para que eu envie e mande trazê-lo. E foi-lhe dito; Eis que está em Dotã.

¹⁴Então enviou para lá cavalos, e carros, e um grande exército, os quais vieram de noite e cercaram a cidade.

¹⁵Tendo o moço do homem de Deus se levantado muito cedo, saiu, e eis que um exército tinha cercado a cidade com cavalos e carros. Então o moço disse ao homem de Deus: Ai, meu senhor! que faremos?

¹⁶Respondeu ele: Não temas; porque os que estão conosco são mais do que os que estão com eles.

¹⁷E Eliseu orou, e disse: ç senhor, peço-te que lhe abras os olhos, para que veja. E o Senhor abriu os olhos do moço, e ele viu; e eis que o monte estava cheio de cavalos e carros de fogo em redor de Eliseu.

¹⁸Quando os sírios desceram a ele, Eliseu orou ao Senhor, e disse: Fere de cegueira esta gente, peço-te. E o Senhor os feriu de cegueira, conforme o pedido de Eliseu.

¹⁹Então Eliseu lhes disse: Não é este o caminho, nem é esta a cidade; segui-me, e guiar-vos-ei ao homem que buscais. E os guiou a Samária.

²⁰E sucedeu que, chegando eles a Samária, disse Eliseu: Ó Senhor, abre a estes os olhos para que vejam. O Senhor lhes abriu os olhos, e viram; e eis que estavam no meio de Samária.

²¹Quando o rei de Israel os viu, disse a Eliseu: Feri-los-ei, feri-los-ei, meu pai?

²²Respondeu ele: Não os ferirás; feririas tu os que tomasses prisioneiros com a tua espada e com o teu arco? Põe-lhes diante pão e água, para que comam e bebam, e se vão para seu senhor.

²³Preparou-lhes, pois, um grande banquete; e eles comeram e beberam; então ele os despediu, e foram para seu senhor. E as tropas dos sírios desistiram de invadir a terra de Israel.

²⁴Sucedeu, depois disto, que Bene-Hadade, rei da Síria, ajuntando todo o seu exército, subiu e cercou Samária.

²⁵E houve grande fome em Samária, porque mantiveram o cerco até que se vendeu uma cabeça de jumento por oitenta siclos de prata, e a quarta parte dum cabo de esterco de pombas por cinco siclos de prata.

²⁶E sucedeu que, passando o rei de Israel pelo muro, uma mulher lhe gritou, dizendo: Acode-me, ó rei meu Senhor.

²⁷Mas ele lhe disse: Se o Senhor não te acode, donde te acudirei eu? da eira ou do lagar?

²⁸Contudo o rei lhe perguntou: Que tens? E disse ela: Esta mulher me disse: Dá cá o teu filho, para que hoje o comamos, e amanhã comeremos o meu filho.

²⁹cozemos, pois, o meu filho e o comemos; e ao outro dia lhe disse eu: Dá cá o teu filho para que o comamos; e ela escondeu o seu filho.

³⁰Ouvindo o rei as palavras desta mulher, rasgou as suas vestes (ora, ele ia passando pelo muro); e o povo olhou e viu que o rei trazia saco por dentro, sobre a sua carne.

³¹Então disse ele: Assim me faça Deus, e outro tanto, se a cabeça de Eliseu, filho de Safate, lhe ficar hoje sobre os ombros.

³²Estava então Eliseu sentado em sua casa, e também os anciãos estavam sentados com ele, quando o rei enviou um homem adiante de si; mas, antes que o mensageiro chegasse a Eliseu, disse este aos anciãos: Vedes como esse filho de homicida mandou tirar-me a cabeça? Olhai quando vier o mensageiro, fechai a porta, e empurrai-o para fora com a porta. Porventura não vem após ele o ruído dos pés do seu senhor?

³³Quando Eliseu ainda estava falando com eles, eis que o mensageiro desceu a ele; e disse: Eis que este mal vem do Senhor; por que, pois, esperaria eu mais pelo Senhor?

## Capítulo 7

¹Então disse Eliseu: Ouvi a palavra do Senhor; assim diz o Senhor: Amanhã, por estas horas, haverá uma medida de farinha por um siclo, e duas medidas de cevada por um siclo, à porta de Samária.

²porém o capitão em cujo braço o rei se apoiava respondeu ao homem de Deus e disse: Ainda que o Senhor fizesse janelas no céu, poderia isso suceder? Disse Eliseu: Eis que o verás com os teus olhos, porém não comeras.

³Ora, quatro homens leprosos estavam à entrada da porta; e disseram uns aos outros: Para que ficamos nós sentados aqui até morrermos?

⁴Se dissermos: Entremos na cidade; há fome na cidade, e morreremos aí; e se ficarmos sentados aqui, também morreremos. Vamo-nos, pois, agora e passemos para o arraial dos sírios; se eles nos deixarem viver, viveremos; e se nos matarem, tão somente morreremos.

⁵Levantaram-se, pois, ao crepúsculo, para irem ao arraial dos sírios; e, chegando eles à entrada do arraial, eis que não havia ali ninguém.

⁶Porque o Senhor fizera ouvir no arraial dos sírios um ruído de carros e de cavalos, como de um grande exército; de maneira que disseram uns aos outros: Eis que o rei de Israel alugou contra nós os reis dos heteus e os reis dos egípcios, para virem sobre nós.

⁷Pelo que se levantaram e fugiram, ao crepúsculo; deixaram as suas tendas, os seus cavalos e os seus jumentos, isto é, o arraial tal como estava, e fugiram para salvarem as suas vidas.

⁸Chegando, pois, estes leprosos à entrada do arraial, entraram numa tenda, comeram e beberam; e tomando dali prata, ouro e vestidos, foram e os esconderam; depois voltaram, entraram em outra tenda, e dali também tomaram alguma coisa e a esconderam.

⁹Então disseram uns aos outros: Não fazemos bem; este dia é dia de boas novas, e nós nos calamos. Se esperarmos até a luz da manhã, algum castigo nos sobrevirá; vamos, pois, agora e o anunciemos à casa do rei.

¹⁰Vieram, pois, bradaram aos porteiros da cidade, e lhes anunciaram, dizendo: Fomos ao arraial dos sírios e eis que lá não havia ninguém, nem voz de homem, porém só os cavalos e os jumentos atados, e as tendas como estavam.

¹¹Assim chamaram os porteiros, e estes o anunciaram dentro da casa do rei.

¹²E o rei se levantou de noite, e disse a seus servos: Eu vos direi o que é que os sírios nos fizeram. Bem sabem eles que estamos esfaimados; pelo que saíram do arraial para se esconderem no campo, dizendo: Quando saírem da cidade, então os tomaremos vivos, e entraremos na cidade.

¹³Então um dos seus servos respondeu, dizendo: Tomem-se, pois, cinco dos cavalos do resto que ficou aqui dentro (eis que eles estão como toda a multidão dos israelitas que ficaram aqui de resto, e que se vêm extenuando), e enviemo-los, e vejamos.

¹⁴Tomaram pois dois carros com cavalos; e o rei os enviou com mensageiros após o exército dos sírios, dizendo-lhe: Ide, e vede.

¹⁵E foram após ele até o Jordão; e eis que todo o caminho estava cheio de roupas e de objetos que os sírios, na sua precipitação, tinham lançado fora; e voltaram os mensageiros, e o anunciaram ao rei.

¹⁶Então saiu o povo, e saqueou o arraial dos sírios. Assim houve uma medida de farinha por um siclo e duas medidas de cevada por um siclo, conforme a palavra do Senhor.

¹⁷O rei pusera à porta o capitão em cujo braço ele se apoiava; e o povo o atropelou na porta, de sorte que morreu, como falara o homem de Deus quando o rei descera a ter com ele.

¹⁸Porque, quando o homem de Deus falara ao rei, dizendo: Amanhã, por estas horas, haverá duas medidas de cevada por um siclo, e uma medida de farinha por um siclo, à porta de Samária;

¹⁹aquele capitão respondera ao homem de Deus: Ainda que o Senhor fizesse janelas no céu poderia isso suceder? e ele dissera: Eis que o verás com os teus olhos, porém não comerás.

²⁰E assim foi; pois o povo o atropelou à porta, e ele morreu.

## Capítulo 8

¹Ora Eliseu havia falado àquela mulher cujo filho ele ressuscitara, dizendo: Levanta-te e vai, tu e a tua família, e peregrina onde puderes peregrinar; porque o Senhor chamou a fome, e ela virá sobre a terra por sete anos.

²A mulher, pois, levantou-se e fez conforme a palavra do homem de Deus; foi com a sua família, e peregrinou na terra dos filisteus sete anos.

³Mas ao cabo dos sete anos, a mulher voltou da terra dos filisteus, e saiu a clamar ao rei pela sua casa e pelas suas terras.

⁴Ora, o rei falava a Geazi, o moço do homem de Deus, dizendo: Conta-me, peço-te, todas as grandes obras que Eliseu tem feito.

⁵E sucedeu que, contando ele ao rei como Eliseu ressuscitara aquele que estava morto, eis que a mulher cujo filho ressuscitara veio clamar ao rei pela sua casa e pelas suas terras. Então disse Geazi: ó rei meu senhor, esta é a mulher, e este o seu filho a quem Eliseu ressuscitou.

⁶O rei interrogou a mulher, e ela lhe contou o caso. Então o rei lhe designou um oficial, ao qual disse: Faze restituir-lhe tudo quanto era seu, e todas as rendas das terras desde o dia em que deixou o país até agora.

⁷Depois veio Eliseu a Damasco. E estando Bene-Hadade, rei da Síria, doente, lho anunciaram, dizendo: O homem de Deus chegou aqui.

⁸Então o rei disse a Hazael: Toma um presente na tua mão, vai encontrar-te com o homem de Deus e por meio dele consulta ao Senhor, dizendo: Sararei eu desta doença?

⁹Foi, pois, Hazael encontrar-se com ele, e levou consigo um presente, a saber, quarenta camelos carregados de tudo o que havia de bom em Damasco. Ao chegar, apresentou-se a ele e disse: Teu filho Bene-Hadade, rei da Síria, enviou-me a ti para perguntar: sararei eu desta doença?

¹⁰Respondeu-lhe Eliseu: Vai e dize-lhe: Hás de sarar. Contudo o Senhor me mostrou que ele morrerá.

¹¹E olhou para Hazael, fitando nele os olhos até que este ficou confundido; e o homem de Deus chorou.

¹²Então disse Hazael: Por que meu senhor está chorando? E ele disse: Porque sei o mal que hás de fazer aos filhos de Israel: Porás fogo às suas fortalezas, matarás à espada os seus mancebos, despedaçarás os seus pequeninos e fenderás as suas mulheres grávidas.

¹³Ao que disse Hazael: Que é o teu servo, que não é mais do que um cão, para fazer tão grande coisa? Respondeu Eliseu: O Senhor mostrou-me que tu hás de ser rei da Síria.

¹⁴Então apartou-se de Eliseu, e voltou ao seu senhor, o qual lhe perguntou: Que te disse Eliseu? Respondeu ele: Disse-me que certamente sararás.

¹⁵Ao outro dia Hazael tomou um cobertor, molhou-o na água e o estendeu sobre o rosto do rei, de modo que este morreu. E Hazael reinou em seu lugar.

¹⁶Ora, no ano quinto de Jorão, filho de Acabe, rei de Israel, Jeorão, filho de Jeosafá, rei de Judá, começou a reinar.

¹⁷Tinha trinta e dois anos quando começou a reinar, e reinou oito anos em Jerusalém.

¹⁸E andou no caminho dos reis de Israel, como também fizeram os da casa de Acabe, porque tinha por mulher a filha de Acabe; e fez o que era mau aos olhos do Senhor.

¹⁹Todavia o Senhor não quis destruir a Judá, por causa de Davi, seu servo, porquanto lhe havia prometido que lhe daria uma lâmpada, a ele e a seus filhos, para sempre.

²⁰Nos seus dias os edomitas se rebelaram contra o domínio de

Judá, e constituiram um rei para si.

²¹Pelo que Jeorão passou a Zair, com todos os seus carros; e ele se levantou de noite, com os chefes dos carros, e feriu os edomitas que o haviam cercado; mas o povo fugiu para as suas tendas.

²²Assim os edomitas ficaram rebelados contra o domínio de Judá até o dia de hoje. Também Libna se rebelou nesse mesmo tempo.

²³O restante dos atos de Jeorão, e tudo quanto fez, porventura não estão escritos no livro das crônicas de Judá?

²⁴Jeorão dormiu com seus pais, e foi sepultado junto a eles na cidade de Davi. E Acazias, seu filho, reinou em seu lugar.

²⁵No ano doze de Jorão, filho de Acabe, rei de Israel, começou a reinar Acazias, filho de Jeorão, rei de Judá.

²⁶Acazias tinha vinte e dois anos quando começou a reinar, e reinou um ano em Jerusalém. O nome de sua mãe era Atalia; era neta de Onri, rei de Israel.

²⁷Ele andou no caminho da casa de Acabe, e fez o que era mau aos olhos do Senhor, como a casa de Acabe, porque era genro de Acabe.

²⁸Ora, ele foi com Jorão, filho de Acabe, a Ramote-Gileade, a pelejar contra Hazael, rei da Síria; e os sírios feriram a Jorão.

²⁹Então voltou o rei Jorão para se curar em Jizreel das feridas que os sírios lhe fizeram em Ramá, quando pelejou contra Hazael, rei da Síria; e desceu Acazias, filho de Jeorão, rei de Judá, para ver Jorão, filho de Acabe, em Jizreel, porquanto estava doente.

## Capítulo 9

¹Depois o profeta Eliseu chamou um dos filhos dos profetas, e lhe disse: Cinge os teus lombos, toma na mão este vaso de azeite e vai a Ramote-Gileade;

²quando lá chegares, procura a Jeú, filho de Jeosafá, filho de Ninsi; entra, faze que ele se levante do meio de seus irmãos, e leva-o para uma câmara interior.

³Toma, então, o vaso de azeite, derrama-o sobre a sua cabeça, e dize: Assim diz o Senhor: Ungi-te rei sobre Israel. Então abre a porta, foge e não te detenhas.

⁴Foi, pois, o jovem profeta, a Ramote-Gileade.

⁵E quando chegou, eis que os chefes do exército estavam sentados ali; e ele disse: Chefe, tenho uma palavra para te dizer. E Jeú perguntou: A qual de todos nós? Respondeu ele: A ti, chefe!

⁶Então Jeú se levantou, e entrou na casa; e o mancebo derramou-lhe o azeite sobre a cabeça, e lhe disse: Assim diz o Senhor Deus de Israel: Ungi-te rei sobre o povo do Senhor, sobre Israel.

⁷Ferirás a casa de Acabe, teu senhor, para que eu vingue da mão de Jezabel o sangue de meus servos, os profetas, e o sangue de todos os servos do Senhor.

⁸Pois toda a casa de Acabe perecerá; e destruirei de Acabe todo filho varão, tanto o escravo como o livre em Israel.

⁹Porque hei de fazer a casa de Acabe como a casa de Jeroboão, filho de Nebate, e como a casa de Baasa, filho de Aías.

¹⁰Os cães comerão a Jezabel no campo de Jizreel; não haverá quem a enterre. Então o mancebo abriu a porta e fugiu.

¹¹Saiu então Jeú aos servos de seu senhor; e um lhe perguntou: Vai tudo bem? Por que veio a ti esse louco? E ele lhes respondeu: Bem conheceis o homem e o seu falar.

¹²Mas eles replicaram. É mentira; dize-no-lo, pedimos-te. Ao que disse Jeú: Assim e assim ele me falou, dizendo: Assim diz o Senhor: Ungi-te rei sobre Israel.

¹³Então se apressaram, e cada um tomou a sua capa e a pôs debaixo dele, no mais alto degrau; e tocaram a buzina, e disseram: Jeú reina!

¹⁴Assim Jeú, filho de Jeosafá, filho de Ninsi, conspirou contra Jorão. (Ora, tinha Jorão cercado a Ramote-Gileade, ele e todo o Israel, por causa de Hazael, rei da Síria;

¹⁵porém o rei Jorão tinha voltado para se curar em Jizreel das feridas que os sírios lhe fizeram, quando pelejou contra Hazael, rei da Síria.) E disse Jeú: Se isto é o vosso parecer, ninguém escape nem saia da cidade para ir dar a nova em Jizreel.

¹⁶Então Jeú subiu a um carro, e foi a Jizreel; porque Jorão estava acamado ali; e também Acazias, rei de Judá, descera para ver Jorão.

¹⁷O atalaia que estava na torre de Jizreel viu a tropa de Jeú, que vinha e disse: Vejo uma tropa. Disse Jorão: Toma um cavaleiro, e envia-o ao seu encontro a perguntar: Há paz?

¹⁸E o cavaleiro lhe foi ao encontro, e disse: Assim diz o rei: Há paz? Respondeu Jeú: Que tens tu que fazer com a paz? Passa para trás de mim. E o atalaia deu aviso, dizendo: Chegou a eles o mensageiro, porém não volta.

¹⁹Então Jorão enviou outro cavaleiro; e, chegando este a eles, disse Assim diz o rei: Há paz? Respondeu Jeú: Que tens tu que fazer com a paz? Passa para trás de mim.

²⁰E o atalaia deu aviso, dizendo: Também este chegou a eles, porém não volta; e o andar se parece com o andar de Jeú, filho de Ninsi porque anda furiosamente.

²¹Disse Jorão: Aparelha-me o carro! E lho aparelharam. Saiu Jorão, rei de Israel, com Acazias, rei de Judá, cada um em seu carro para irem ao encontro de Jeú, e o encontraram no campo de Nabote, o jizreelita.

²²E sucedeu que, vendo Jorão a Jeú, perguntou: Há paz, Jeú? Respondeu ele: Que paz, enquanto as prostituições da tua mãe Jezabel e as suas feitiçarias são tantas?

²³Então Jorão deu volta, e fugiu, dizendo a Acazias: Há traição, Acazias!

²⁴Mas Jeú, entesando o seu arco com toda a força, feriu Jorão entre as espáduas, e a flecha lhe saiu pelo coração; e ele caiu no seu carro.

²⁵Disse então Jeú a Bidcar, seu ajudante: Levanta-o, e lança-o no campo da herança de Nabote, o jizreelita; pois lembra-te de indo eu e tu juntos a cavalo após seu pai Acabe, o Senhor pôs sobre ele esta sentença, dizendo:

²⁶Certamente vi ontem o sangue de Nabote e o sangue de seus filhos, diz o Senhor; e neste mesmo campo te retribuirei, diz o Senhor. Agora, pois, levanta-o, e lança-o neste campo, conforme a palavra do Senhor.

²⁷Quando Acazias, rei de Judá, viu isto, fugiu pelo caminho da casa do jardim. E Jeú o perseguiu, dizendo: A este também! Matai-o! Então o feriram no carro, à subida de Gur, que está junto a Ibleão; mas ele fugiu para Megido, e ali morreu.

²⁸E seus servos o levaram num carro a Jerusalém, e o sepultaram na sua sepultura junto a seus pais, na cidade de Davi.

²⁹Ora, Acazias começara a reinar sobre Judá no ano undécimo de Jorão, filho de Acabe.

³⁰Depois Jeú veio a Jizreel; o que ouvindo Jezabel, pintou-se em volta dos olhos, e enfeitou a sua cabeça, e olhou pela janela.

³¹Quando Jeú entrava pela porta, disse ela: Teve paz Zinri, que matou a seu senhor?

³²Ao que ele levantou o rosto para a janela e disse: Quem é comigo? quem? E dois ou três eunucos olharam para ele.

³³Então disse ele: Lançai-a daí abaixo. E lançaram-na abaixo; e foram salpicados com o sangue dela a parede e os cavalos; e ele a atropelou.

³⁴E tendo ele entrado, comeu e bebeu; depois disse: Olhai por aquela maldita, e sepultai-a, porque é filha de rei.

³⁵Foram, pois, para a sepultar; porém não acharam dela senão a caveira, os pés e as palmas das mãos.

³⁶Então voltaram, e lho disseram. Pelo que ele disse: Esta é a palavra do Senhor, que ele falou por intermédio de Elias, o tisbita, seu servo, dizendo: No campo de Jizreel os cães comerão a carne de Jezabel,

³⁷e o seu cadáver será como esterco sobre o campo, na herdade de Jizreel; de modo que não se poderá dizer: Esta é Jezabel.

## Capítulo 10

¹Ora, Acabe tinha setenta filhos em Samária. E Jeú escreveu cartas, e as enviou a Samária, aos chefes de Jizreel, aos anciãos, e aos aios dos filhos de Acabe, dizendo:

²Logo que vos chegar esta carta, visto que estão convosco os filhos de vosso senhor, como também carros, e cavalos, e uma cidade fortificada, e armas,

³escolhei o melhor e mais reto dos filhos de vosso senhor, ponde-o sobre o trono de seu pai, e pelejai pela casa de vosso senhor.

⁴Eles, porém, temeram muitíssimo, e disseram: Eis que dois reis não lhe puderam resistir; como, pois, poderemos nós resistir-lhe?

⁵Então o que tinha cargo da casa, o que tinha cargo da cidade, os anciãos e os aios mandaram dizer a Jeú: Nós somos teus servos, e tudo quanto nos ordenares faremos; a homem algum constituiremos rei. Faze o que parecer bem aos teus olhos.

⁶Depois lhes escreveu outra carta, dizendo: Se sois comigo, e se quereis ouvir a minha voz, tomai as cabeças dos homens, filhos de vosso senhor, e amanhã a estas horas vinde ter comigo a Jizreel: Ora, os filhos do rei, que eram setenta, estavam com os grandes da cidade, que os criavam.:

⁷Sucedeu pois, que, chegada a eles a carta, tomaram os setenta filhos do rei e os mataram; puseram as cabeças deles nuns cestos, e lhas mandaram a Jizreel.

⁸Veio um mensageiro e lhe anunciou, dizendo: Trouxeram as cabeças dos filhos do rei. E ele disse: Ponde-as em dois montões à

entrada da porta, até pela manhã.

⁹Ao sair ele pela manhã, parou, e disse a todo o povo: Vós sois justos; eis que eu conspirei contra o meu senhor, e o matei; mas quem feriu a todos estes?

¹⁰Sabei, pois, agora que, da palavra do senhor, que o Senhor falou contra a casa de Acabe, nada cairá em terra; porque o Senhor tem feito o que falou por intermédio de seu servo Elias.

¹¹E Jeú feriu todos os restantes da casa de Acabe em Jizreel, como também a todos os seus grandes, os seus amigos íntimos, e os seus sacerdotes, até não lhe deixar ficar nenhum de resto.

¹²Então Jeú se levantou e partiu para ir a Samária. E, estando no caminho, em Bete-Equede dos pastores,

¹³encontrou-se com os irmãos de Acazias, rei de Judá, e perguntou: Quem sois vós? Responderam eles: Somos os irmãos de Acazias; e descemos a saudar os filhos do rei e os filhos da rainha.

¹⁴Então disse ele: Apanhai-os vivos. E eles os apanharam vivos, quarenta e dois homens, e os mataram junto ao poço de Bete-Equede, e a nenhum deles deixou de resto.

¹⁵E, partindo dali, encontrou-se com Jonadabe, filho de Recabe, que lhe vinha ao encontro, ao qual saudou e lhe perguntou: O teu coração é sincero para comigo como o meu o é para contigo? Respondeu Jonadabe: É. Então, se é, disse Jeú, dá-me a tua mão. E ele lhe deu a mão; e Jeú fê-lo subir consigo ao carro,

¹⁶e disse: Vem comigo, e vê o meu zelo para com o Senhor. E fê-lo sentar consigo no carro.

¹⁷Quando Jeú chegou a Samária, feriu a todos os que restavam de Acabe em Samária, até os destruir, conforme a palavra que o Senhor dissera a Elias.

¹⁸Depois ajuntou Jeú todo o povo, e disse-lhe: Acabe serviu pouco a Baal; Jeú, porém, muito o servirá.

¹⁹Pelo que chamai agora à minha presença todos os profetas de Baal, todos os seus servos e todos os seus sacerdotes; não falte nenhum, porque tenho um grande sacrifício a fazer a Baal; aquele que faltar não viverá. Jeú, porém, fazia isto com astúcia, para destruir os adoradores de Baal.

²⁰Disse mais Jeú: Consagrai a Baal uma assembléia solene. E eles a apregoaram.

²¹Também Jeú enviou mensageiros por todo o Israel; e vieram todos os adoradores de Baal, de modo que não ficou deles homem algum que não viesse. E entraram na casa de Baal, e encheu-se a casa de Baal, de um lado a outro.

²²Então disse ao que tinha a seu cargo as vestimentas: Tira vestimentas para todos os adoradores de Baal. E eles lhes tirou para fora as vestimentas.

²³E entrou Jeú com Jonadabe, filho de Recabe, na casa de Baal, e disse aos adoradores de Baal: Examinai, e vede bem, que porventura não haja entre vós algum servo do Senhor, mas somente os adoradores de Baal. dom; porém não puderam.

²⁴Assim entraram para oferecer sacrifícios e holocaustos. Ora, Jeú tinha posto de prontidão do lado de fora oitenta homens, e lhes tinha dito: Aquele que deixar escapar algum dos homens que eu vos entregar nas mãos, pagará com a própria vida a vida dele.

²⁵Sucedeu, pois, que, acabando de fazer o holocausto, disse Jeú aos da sua guarda, e aos oficiais: Entrai e matai-os! não escape nenhum! Então os feriram ao fio da espada; e os da guarda e os oficiais os lançaram fora e, entrando no santuário da casa de Baal,

²⁶tiraram as colunas que nela estavam, e as queimaram.

²⁷Também quebraram a coluna de Baal, e derrubaram a casa de Baal, fazendo dela uma latrina, como é até o dia de hoje.

²⁸Assim Jeú exterminou de Israel a Baal.

²⁹Todavia Jeú não se apartou dos pecados de Jeroboão, filho de Nebate, com que fez Israel pecar, a saber, dos bezerros de ouro, que estavam em Betel e em Dã.

³⁰Ora, disse o Senhor a Jeú: Porquanto executaste bem o que é reto aos meus olhos, e fizeste à casa de Acabe conforme tudo quanto eu tinha no meu coração, teus filhos até a quarta geração se assentarão no trono de Israel.

³¹Mas Jeú não teve o cuidado de andar de todo o seu coração na lei do Senhor Deus de Israel, nem se apartou dos pecados de Jeroboão, com os quais este fez Israel pecar.

³²Naqueles dias começou o Senhor a diminuir os termos de Israel. Hazael feriu a Israel em todas as suas fronteiras,

³³desde o Jordão para o nascente do sol, a toda a terra de Gileade, aos gaditas, aos rubenitas e aos manassitas, desde Aroer, que está junto ao ribeiro de Arnom, por toda a Gileade e Basã.

³⁴Ora, o restante dos atos de Jeú, e tudo quanto fez, e todo o seu poder, porventura não estão escritos no livro das crônicas dos reis de Israel?

³⁵Jeú dormiu com seus pais, e o sepultaram em Samária. Em seu lugar reinou seu filho Jeoacaz.

³⁶Os dias que Jeú reinou sobre Israel em Samária foram vinte e oito anos.

## Capítulo 11

¹Vendo pois Atalia, mãe de Acazias, que seu filho era morto, levantou-se, e destruiu toda a descendência real.

²Mas Jeoseba, filha do rei Jorão, irmã de Acazias, tomou a Joás, filho de Acazias, furtando-o dentre os filhos do rei, aos quais matavam na recâmara, e o escondeu de Ataliá, a ele e à sua ama, de sorte que não o mataram.

³E esteve com ela escondido na casa do Senhor seis anos; e Atalia reinava sobre o país.

⁴No sétimo ano, porém, Jeoiada mandou chamar os centuriões dos caritas e os oficiais da guarda, e fê-los entrar consigo na casa do Senhor; e fez com eles um pacto e, ajuramentando-os na casa do Senhor, mostrou-lhes o filho do rei.

⁵Então lhes ordenou, dizendo: Eis aqui o que haveis de fazer: uma terça parte de vós, os que entrais no sábado, fará a guarda da casa do rei;

⁶outra terça parte estará à porta Sur; e a outra terça parte à porta detrás dos da guarda. Assim fareis a guarda desta casa, afastando a todos.

⁷As duas companhias, a saber, todos os que saem no sábado, farão a guarda da casa do Senhor junto ao rei;

⁸e rodeareis o rei, cada um com as suas armas na mão, e aquele que entrar dentro das fileiras, seja morto; e estai vós com o rei quando sair e quando entrar.

⁹Fizeram, pois, os centuriões conforme tudo quanto ordenara o sacerdote Jeoiada; e tomando cada um os seus homens, tanto os que entravam no sábado como os que saíam no sábado, vieram ter com o sacerdote Jeoiada.

¹⁰O sacerdote entregou aos centuriões as lanças e os escudos que haviam sido do rei Davi, e que estavam na casa do Senhor.

¹¹E os da guarda, cada um com as armas na mão, se puseram em volta do rei, desde o lado direito da casa até o lado esquerdo, ao longo do altar e da casa.

¹²Então Jeoiada lhes apresentou o filho do rei, pôs-lhe a coroa, e lhe deu o testemunho; e o fizeram rei e o ungiram, e, batendo palmas, clamaram: Viva o rei!

¹³Quando Atalia ouviu o vozerio da guarda e do povo, foi ter com o povo na casa do Senhor;

¹⁴e olhou, e eis que o rei estava junto à coluna, conforme o costume, e os capitães e os trombeteiros junto ao rei; e todo o povo da terra se alegrava e tocava trombetas. Então Atalia rasgou os seus vestidos, e clamou: Traição! Traição!

¹⁵Então Jeoiada, o sacerdote, deu ordem aos centuriões que comandavam as tropas, dizendo-lhes: Tirai-a para fora por entre as fileiras, e a quem a seguir matai-o à espada. Pois o sacerdote dissera: Não seja ela morta na casa do Senhor.

¹⁶E lançaram-lhe as mãos e ela foi pelo caminho da entrada dos cavalos à casa do rei, e ali a mataram.

¹⁷Ora, Jeoiada firmou um pacto entre o Senhor e o rei e o povo, pelo qual este seria o povo do Senhor; como também firmou pacto entre o rei e o povo.

¹⁸Então todo o povo da terra entrou na casa de Baal, e a derrubaram; como também os seus altares, e as suas imagens, totalmente quebraram; e a Matã, sacerdote de Baal, mataram diante dos altares. Também o sacerdote pôs vigias sobre a casa do Senhor.

¹⁹E tomou os centuriões, os caritas, a guarda, e todo o povo da terra; e conduziram da casa do Senhor o rei, e foram pelo caminho da porta da guarda, à casa do rei; e ele se assentou no trono dos reis.

²⁰E todo o povo da terra se alegrou, e a cidade ficou em paz, depois que mataram Atalia à espada junto à casa do rei.

²¹Joás tinha sete anos quando começou a reinar.

## Capítulo 12

¹Foi no ano sétimo de Jeú que Joás começou a reinar, e reinou quarenta anos em Jerusalém. O nome de sua mãe era Zíbia, de Berseba.

²E Joás fez o que era reto aos olhos do Senhor todos os dias em que o sacerdote Jeoiada o instruiu.

³Contudo os altos não foram tirados; o povo ainda sacrificava e queimava incenso neles.

⁴Disse Joás aos sacerdotes: Todo o dinheiro das coisas consagradas que se trouxer à casa do Senhor, o dinheiro daquele que passa o arrolamento, o dinheiro de cada uma das pessoas, segundo a sua avaliação, e todo o dinheiro que cada um trouxer voluntariamente para a

casa do Senhor,

⁵recebam-no os sacerdotes, cada um dos seus conhecidos, e reparem os estragos da casa, todo estrago que se achar nela.

⁶Sucedeu porém que, no vigésimo terceiro ano do rei Joás, os sacerdotes ainda não tinham reparado os estragos da casa.

⁷Então o rei Joás chamou o sacerdote Jeoiada e os demais sacerdotes, e lhes disse: Por que não reparais os estragos da casa? Agora, pois, não tomeis mais dinheiro de vossos conhecidos, mas entregai-o para o reparo dos estragos da casa.

⁸E consentiram os sacerdotes em não tomarem mais dinheiro do povo, e em não mais serem os encarregados de reparar os estragos da casa.

⁹Mas o sacerdote Jeoiada tomou uma arca, fez um buraco na tampa, e a pôs ao pé do altar, à mão direita de quem entrava na casa do Senhor. E os sacerdotes que guardavam a entrada metiam ali todo o dinheiro que se trazia à casa do Senhor.

¹⁰Sucedeu pois que, vendo eles que já havia muito dinheiro na arca, o escrivão do rei e o sumo sacerdote vinham, e ensacavam e contavam o dinheiro que se achava na casa do Senhor.

¹¹E entregavam o dinheiro, depois de pesado, nas mãos dos que faziam a obra e que tinham a seu cargo a casa do Senhor; e eles o distribuíam aos carpinteiros, e aos edificadores que reparavam a casa do Senhor;

¹²como também aos pedreiros e aos cabouqueiros; e para se comprar madeira e pedras de cantaria a fim de repararem os estragos da casa do Senhor, e para tudo quanto exigia despesa para se reparar a casa.

¹³Todavia, do dinheiro que se trazia à casa do Senhor, não se faziam nem taças de prata, nem espevitadeiras, nem bacias, nem trombetas, nem vaso algum de ouro ou de prata para a casa do Senhor;

¹⁴porque o davam aos que faziam a obra, os quais reparavam com ele a casa do Senhor.

¹⁵E não se tomavam contas aos homens em cujas mãos entregavam aquele dinheiro para o dar aos que faziam a obra, porque eles se haviam com fidelidade.

¹⁶Mas o dinheiro das ofertas pela culpa, e o dinheiro das ofertas pelo pecado, não se trazia à casa do Senhor; para os sacerdotes.

¹⁷Então subiu Hazael, rei da Síria, e pelejou contra Gate, e a tomou. Depois Hazael virou o rosto para marchar contra Jerusalém.

¹⁸Pelo que Joás, rei de Judá, tomou todas as coisas consagradas que Jeosafá, Jeorão e Acazias, seus pais, reis de Judá, tinham consagrado, e tudo o que ele mesmo tinha oferecido, como também todo o ouro que se achou nos tesouros da casa do Senhor e na casa do rei, e o mandou a Hazael, rei da Síria, o qual se desviou de Jerusalém.

¹⁹Ora, o restante dos atos de Joás, e tudo quanto fez, porventura não estão escritos no livro das crônicas dos reis de Judá?

²⁰Levantaram-se os servos de Joás e, conspirando contra ele, o feriram na casa de Milo, junto ao caminho que desce para Sila.

²¹Foram Jozacar, filho de Simeate, e Jeozabade, filho de Somer, seus servos que o feriram, e ele morreu. Sepultaram-no com seus pais na cidade de Davi. E Amazias, seu filho, reinou em seu lugar.

## Capítulo 13

¹No vigésimo terceiro ano de Joás, filho de Acazias, rei de Judá, começou a reinar Jeoacaz, filho de Jeú, sobre Israel, em Samária, e reinou dezessete anos.

²E fez o que era mau aos olhos do Senhor, porque seguiu os pecados de Jeroboão, filho de Nebate, com os quais ele fizera Israel pecar; não se apartou deles.

³Pelo que a ira do Senhor se acendeu contra Israel; e o entregou continuadamente na mão de Hazael, rei da Síria, e na mão de Bene-Hadade, filho de Hazael.

⁴Jeoacaz, porém, suplicou diante da face do Senhor; e o senhor o ouviu, e viu a opressão com que o rei da Síria oprimia a Israel,

⁵(pelo que o Senhor deu um libertador a Israel, de modo que saiu de sob a mão dos sírios; e os filhos de Israel habitaram nas suas tendas, como dantes.

⁶Contudo não se apartaram dos pecados da casa de Jeroboão, com os quais ele fizera Israel pecar, porém andaram neles; e também a Asera ficou em pé em Samária.)

⁷porque, de todo o povo, não deixara a Jeoacaz mais que cinqüenta cavaleiros, dez carros e dez mil homens de infantaria, porquanto o rei da Síria os tinha destruído e os tinha feito como o pó da eira.

⁸Ora, o restante dos atos de Jeoacaz, e tudo quanto fez, e o seu poder, porventura não estão escritos no livro das crônicas dos reis de Israel?

⁹E Jeoacaz dormiu com seus pais; e o sepultaram em Samária. E Jeoás, seu filho, reinou em seu lugar.

¹⁰No ano trinta e sete de Joás, rei de Judá, começou a reinar Jeoás, filho de Jeoacaz, sobre Israel, em Samária, e reinou dezesseis anos.

¹¹E fez o que era mau aos olhos do Senhor; não se apartou de nenhum dos pecados de Jeroboão filho de Nebate, com os quais ele fizera Israel pecar, porém andou neles.

¹²Ora, o restante dos atos de Jeoás, e tudo quanto fez, e o seu poder, com que pelejou contra Amazias, rei de Judá, porventura não estão escritos no livro das crônicas dos reis de Israel?

¹³Jeoás dormiu com seus pais, e Jeroboão se assentou no seu trono. Jeoás foi sepultado em Samária, junto aos reis de Israel.

¹⁴Estando Eliseu doente da enfermidade de que morreu, Jeoás, rei de Israel, desceu a ele, e, chorando sobre ele exclamou: Meu pai, meu pai! carro de Israel, e seus cavaleiros!

¹⁵E Eliseu lhe disse: Toma um arco e flechas. E ele tomou um arco e flechas.

¹⁶Então Eliseu disse ao rei de Israel: Põe a mão sobre o arco. E ele o fez. Eliseu pôs as suas mãos sobre as do rei,

¹⁷e disse: Abre a janela para o oriente. E ele a abriu. Então disse Eliseu: Atira. E ele atirou. Prosseguiu Eliseu: A flecha do livramento do Senhor é a flecha do livramento contra os sírios; porque ferirás os sírios em Afeque até os consumir.

¹⁸Disse mais: Toma as flechas. E ele as tomou. Então disse ao rei de Israel: Fere a terra. E ele a feriu três vezes, e cessou.

¹⁹Ao que o homem de Deus se indignou muito contra ele, e disse: Cinco ou seis vezes a deverias ter ferido; então feririas os sírios até os consumir; porém agora só três vezes ferirás os sírios.

²⁰Depois morreu Eliseu, e o sepultaram. Ora, as tropas dos moabitas invadiam a terra à entrada do ano.

²¹E sucedeu que, estando alguns a enterrarem um homem, viram uma dessas tropas, e lançaram o homem na sepultura de Eliseu. Logo que ele tocou os ossos de Eliseu, reviveu e se levantou sobre os seus pés.

²²Hazael, rei da Síria, oprimiu a Israel todos os dias de Jeoacaz.

²³O Senhor, porém, teve misericórdia deles, e se compadeceu deles, e se tornou para eles, por amor do seu pacto com Abraão, Isaque e Jacó; e não os quis destruir nem lançá-los da sua presença

²⁴Ao morrer Hazael, rei da Síria, Bene-Hadade, seu filho, reinou em seu lugar.

²⁵E Jeoás, filho de Jeoacaz, retomou das mãos de Bene-Hadade, filho de Hazael, as cidades que este havia tomado das mãos de Jeoacaz, seu pai, na guerra; três vezes Jeoás o feriu, e recuperou as cidades de Israel.

## Capítulo 14

¹No segundo ano de Jeoás, filho de Jeoacaz, rei de Israel, começou a reinar Amazias, filho de Joás, rei de Judá.

²Tinha vinte e cinco anos quando começou a reinar, e reinou vinte e nove anos em Jerusalém. O nome de sua mãe era Jeoadim, de Jerusalém.

³E fez o que era reto aos olhos do Senhor, ainda que não como seu pai Davi; fez, porém, conforme tudo o que fizera Joás, seu pai.

⁴Contudo os altos não foram tirados; o povo ainda sacrificava e queimava incenso neles.

⁵Sucedeu que, logo que o reino foi confirmado na sua mão matou aqueles seus servos que haviam matado o rei, seu pai;

⁶porém os filhos dos assassinos não matou, segundo o que está escrito no livro da lei de Moisés, conforme o Senhor deu ordem, dizendo: Não serão mortos os pais por causa dos filhos, nem os filhos por causa dos pais; mas cada um será morto pelo seu próprio pecado.

⁷Também matou dez mil edomitas no Vale do Sal, e tomou em batalha a sela; e chamou o seu nome Jocteel, nome que conserva até hoje.

⁸Então Amazias enviou mensageiros a Jeoás, filho de Jeoacaz, filho de Jeú, rei de Israel, dizendo: Vem, vejamo-nos face a face.

⁹Mandou, porém, Jeoás, rei de Israel, dizer a Amazias, rei de Judá: O cardo que estava no Líbano mandou dizer ao cedro que estava no Líbano: Dá tua filha por mulher a meu filho. Mas uma fera que estava no Líbano passou e pisou o cardo.

¹⁰Na verdade feriste Edom, e o teu coração se ensoberbeceu; gloria-te disso, e fica em tua casa; pois, por que te entremeterias no mal, para caíres tu, e Judá contigo?

¹¹Amazias, porém, não o quis ouvir. De modo que Jeoás, rei de Israel, subiu; e ele e Amazias, rei de Judá, viram-se face a face, em Bete-Semes, que está em Judá.

¹²Então Judá foi derrotado diante de Israel, e fugiu cada um para a sua tenda.

¹³E Jeoás, rei de Israel, aprisionou Amazias, rei de Judá, filho de Joás, filho de Acazias, em Bete-Semes e, vindo a Jerusalém, rompeu o seu muro desde a porta de Efraim até a porta da esquina, quatrocentos covados.

¹⁴E tomou todo o ouro e a prata e todos os vasos que se achavam na casa do Senhor e nos tesouros da casa do rei, como também reféns, e voltou para Samária.

¹⁵Ora, o restante dos atos de Jeoás, o que fez, e o seu poder, e como pelejou contra Amazias, rei de Judá, porventura não estão escritos no livro das crônicas dos reis de Israel?

¹⁶E dormiu Jeoás com seus pais, e foi sepultado em Samária, junto aos reis de Israel. Jeroboão, seu filho, reinou em seu lugar.

¹⁷Amazias, filho de Joás, rei de Judá, viveu quinze anos depois da morte de Jeoás, filho de Jeoacaz, rei de Israel.

¹⁸Ora, o restante dos atos de Amazias, porventura não está escrito no livro das crônicas dos reis de Judá?

¹⁹Conspiraram contra ele em Jerusalém, e ele fugiu para Laquis; porém enviaram após ele até Laquis, e ali o mataram.

²⁰Então o trouxeram sobre cavalos; e ele foi sepultado em Jerusalém, junto a seus pais, na cidade de Davi.

²¹E todo o povo de Judá tomou a Azarias, que tinha dezesseis anos, e fê-lo rei em lugar de Amazias, seu pai.

²²Ele edificou a Elate, e a restituiu a Judá, depois que o rei dormiu com seus pais.

²³No décimo quinto ano de Amazias, filho de Joás, rei de Judá, começou a reinar em Samária, Jeroboão, filho de Jeoás, rei de Israel, e reinou quarenta e um anos.

²⁴E fez o que era mau aos olhos do Senhor; não se apartou de nenhum dos pecados de Jeroboão, filho de Nebate, com os quais ele fizera Israel pecar.

²⁵Foi ele que restabeleceu os termos de Israel, desde a entrada de Hamate até o mar da Arabá, conforme a palavra que o Senhor, Deus de Israel, falara por intermédio de seu servo Jonas filho do profeta Amitai, de Gate-Hefer.

²⁶Porque viu o Senhor que a aflição de Israel era muito amarga, e que não restava nem escravo, nem livre, nem quem socorresse a Israel.

²⁷E ainda não falara o Senhor em apagar o nome de Israel de debaixo do céu; porém o livrou por meio de Jeroboão, filho de Jeoás.

²⁸Ora, o restante dos atos de Jeroboão, e tudo quanto fez o seu poder, como pelejou e como reconquistou para Israel Damasco e Hamate, que tinham sido de Judá, porventura não estão escritos no livro das crônicas de Israel?

²⁹E Jeroboão dormiu com seus pais, os reis de Israel. E Zacarias, seu filho, reinou em seu lugar.

## Capítulo 15

¹No ano vinte e sete de Jeroboão, rei de Israel, começou a reinar Azarias, filho de Amazias, rei de Judá.

²Tinha dezesseis anos quando começou a reinar, e reinou cinquenta e dois anos, em Jerusalém. O nome de sua mãe era Jecolia, de Jerusalém.

³E fez o que era reto aos olhos do Senhor, conforme tudo o que fizera Amazias, seu pai.

⁴Contudo os altos não foram tirados; o povo ainda sacrificava e queimava incenso neles.

⁵E o Senhor feriu o rei, de modo que ficou leproso até o dia da sua morte; e habitou numa casa separada; e Jotão, filho do rei, tinha o cargo da casa, julgando o povo da terra.

⁶Ora, o restante dos atos de Azarias, e tudo quanto fez, porventura não estão escritos no livro das crônicas dos reis de Judá?

⁷E Azarias dormiu com seus pais, e com eles o sepultaram na cidade de Davi: E Jotão, seu filho, reinou em seu lugar.

⁸No ano trinta e oito de Azarias, rei de Judá, reinou Zacarias, filho de Jeroboão, sobre Israel, em Samária, seis meses.

⁹E fez o que era mau aos olhos do Senhor, como tinham feito seus pais; nunca se apartou dos pecados de Jeroboão, filho de Nebate, com os quais ele fizera Israel pecar.

¹⁰Salum, filho de Jabes, conspirou contra ele; feriu-o diante do povo, matou-o e reinou em seu lugar.

¹¹Ora o restante dos atos de Zacarias está escrito no livro das crônicas dos reis de Israel.

¹²Esta foi a palavra do Senhor, que ele falara a Jeú, dizendo: Teus filhos, até a quarta geração, se assentarão sobre o trono de Israel. E assim foi.

¹³Salum, filho de Jabes, começou a reinar no ano trinta e nove de Uzias, rei de Judá, e reinou um mês em Samária.

¹⁴E Menaém, filho de Gadi, subindo de Tirza, veio a Samária; feriu a Salum, filho de Jabes, em Samária, matou-o e reinou em seu lugar.

¹⁵Ora, o restante dos atos de Salum, e a conspiração que fez, estão escritos no livro das crônicas dos reis de Israel.

¹⁶Então Menaém feriu a Tifsa, e a todos os que nela havia, como também a seus termos desde Tirza; porque não lha tinham aberto, por isso a feriu; e fendeu a todas as mulheres grávidas que nela estavam.

¹⁷No ano trinta e nove de Azarias, rei de Judá, Menaém, filho de Gadi, começou a reinar sobre Israel, e reinou dez anos em Samária.

¹⁸E fez o que era mau aos olhos do Senhor; em todos os seus dias nunca se apartou dos pecados de Jeroboão, filho de Nebate, com os quais ele fizera Israel pecar.

¹⁹Então veio Pul, rei da Assíria, contra a terra; e Menaém deu a Pul mil talentos de prata, para que este o ajudasse a firmar o reino na sua mão.

²⁰Menaém exigiu este dinheiro de todos os poderosos e ricos em Israel, para o dar ao rei da Assíria, de cada homem cinquenta siclos de prata; assim voltou o rei da Assíria, e não se demorou ali na terra.

²¹Ora, o restante dos atos de Menaém, e tudo quanto fez, porventura não estão escritos no livro das crônicas dos reis de Israel?

²²Menaém dormiu com seus pais. E Pecaías, seu filho, reinou em seu lugar.

²³No ano cinquenta de Azarias, rei de Judá, Pecaías, filho de Menaém, começou a reinar sobre Israel em Samária, e reinou dois anos.

²⁴E fez o que era mau aos olhos do Senhor; nunca se apartou dos pecados de Jeroboão, filho de Nebate, com os quais ele fizera Israel pecar.

²⁵E Peca, chefe das suas tropas, filho de Remalias, conspirou contra ele, e o feriu em Samária, no castelo da casa do rei, juntamente com Argobe e com Arié; e com Peca estavam cinquenta homens dos filhos dos gileaditas; e o matou, e reinou em seu lugar.

²⁶Ora, o restante dos atos de Pecaías, e tudo quanto fez, estão escritos no livro das crônicas dos reis de Israel.

²⁷No ano cinquenta e dois de Azarias, rei de Judá, Peca, filho de Remalias, começou a reinar sobre Israel, em Samária, e reinou vinte anos.

²⁸E fez o que era mau aos olhos do Senhor; nunca se apartou dos pecados de Jeroboão, filho de Nebate, com os quais ele fizera Israel pecar.

²⁹Nos dias de Peca, rei de Israel, veio Tiglate-Pileser rei da Assíria e tomou Ijom, Abel-Bete-Maacá, Janoa, Quedes, Hazor, Gileade e Galiléia, toda a terra de Naftali; e levou cativos os habitantes para a Assíria.

³⁰E Oséias, filho de Elá, conspirou contra Peca, filho de Remalias, o feriu e matou, e reinou em seu lugar, no vigésimo ano de Jotão, filho de Uzias.

³¹Ora, o restante dos atos de Peca, e tudo quanto fez, estão escritos no livro das crônicas dos reis de Israel.

³²No segundo ano de Peca, filho de Remalias, rei de Israel, começou a reinar Jotão, filho de Uzias, rei de Judá.

³³Tinha vinte e cinco anos quando começou a reinar, e reinou dezesseis anos em Jerusalém. O nome de sua mãe era Jenisa, filha de Zadoque.

³⁴E fez o que era reto aos olhos do Senhor; fez conforme tudo quanto fizera seu pai Uzias.

³⁵Contudo os altos não foram tirados; o povo ainda sacrificava e queimava incenso neles. Pois ele que edificou a porta alta da casa do Senhor.

³⁶Ora, o restante dos atos de Jotão, e tudo quanto fez, porventura não estão escritos no livro das crônicas dos reis de Judá?

³⁷Naqueles dias começou o Senhor a enviar contra Judá Rezim, rei da Síria, e Peca, filho de Remalias.

³⁸E Jotão dormiu com seus pais, e com eles foi sepultado na cidade de Davi, seu pai. E Acaz, seu filho, reinou em seu lugar.

## Capítulo 16

¹No ano dezessete de Peca, filho de Remalia começou a reinar Acaz, filho de Jotão, rei de Judá.

²Tinha Acaz vinte anos quando começou a reinar, e reinou dezesseis anos em Jerusalém; e não fez o que era reto aos olhos do Senhor seu Deus, como tinha feito Davi, seu pai,

³mas andou no caminho dos reis de Israel, e até fez passar pelo fogo o seu filho, segundo as abominações dos gentios que o Senhor lançara fora de diante dos filhos de Israel.

⁴Também oferecia sacrifícios e queimava incenso nos altos e nos outeiros, como também debaixo de toda árvore frondosa.

⁵Então subiu Rezim, rei da Síria, com Peca, filho de Remalias, rei

de Israel, contra Jerusalém, para lhe fazer guerra; e cercaram a Acaz, porém não puderam vencê-lo.

⁶Nesse mesmo tempo Rezim, rei da Síria, restituiu Elate a Síria, lançando fora dela os judeus; e os sírios vieram a Elate, e ficaram habitando ali até o dia de hoje.

⁷Então Acaz enviou mensageiros a Tiglate-Pileser, rei da Assíria, dizendo: Eu sou teu servo e teu filho; sobe, e livra-me das mãos do rei da Síria, e das mãos do rei de Israel, os quais se levantaram contra mim.

⁸E tomou Acaz a prata e o ouro que se achou na casa do Senhor e nos tesouros da casa do rei, e mandou um presente ao rei da Assíria.

⁹E o rei da Assíria lhe deu ouvidos e, subindo contra Damasco, tomou-a, levou cativo o povo para Quir, e matou Rezim.

¹⁰Então o rei Acaz foi a Damasco para se encontrar com Tiglate-Pileser, rei da Assíria; e, vendo o altar que estava em Damasco, enviou ao sacerdote Urias a figura do altar, e o modelo exato de toda a sua obra.

¹¹E Urias, o sacerdote, edificou o altar; conforme tudo o que o rei Acaz lhe tinha enviado de Damasco, assim o fez o sacerdote Urias, antes que o rei Acaz viesse de Damasco.

¹²Tendo o rei vindo de Damasco, viu o altar; e, acercando-se do altar, ofereceu sacrifício sobre ele;

¹³queimou o seu holocausto e a sua oferta de cereais, derramou a sua libação, e espargiu o sangue dos seus sacrifícios pacíficos sobre o altar.

¹⁴E o altar de bronze, que estava perante o Senhor, ele o tirou da parte fronteira da casa, de entre o seu altar e a casa do Senhor, e o colocou ao lado setentrional do seu altar.

¹⁵E o rei Acaz ordenou a Urias, o sacerdote, dizendo: No grande altar queima o holocausto da manhã, como também a oferta de cereais da noite, o holocausto do rei e a sua oferta de cereais, o holocausto de todo o povo da terra, a sua oferta de cereais e as suas libações; e todo o sangue dos holocaustos, e todo o sangue dos sacrifícios espargirás nele; porém o altar de bronze ficará ao meu dispor para nele inquirir.

¹⁶Assim fez Urias, o sacerdote, conforme tudo quanto o rei Acaz lhe ordenara.

¹⁷Também o rei Acaz cortou as almofadas das bases, e de cima delas removeu a pia; tirou o mar de sobre os bois de bronze, que estavam debaixo dele, e o colocou sobre um pavimento de pedra.

¹⁸Também o passadiço coberto para uso no sábado, que tinham construído na casa, e a entrada real externa, retirou da casa do Senhor, por causa do rei da Assíria.

¹⁹Ora, o restante dos atos de Acaz, e o que fez porventura não estão escritos no livro das crônicas dos reis de Judá?

²⁰E dormiu Acaz com seus pais, e com eles foi sepultado na cidade de Davi. E Ezequias, seu filho, reinou em seu lugar.

## Capítulo 17

¹No ano duodécimo de Acaz, rei de Judá, começou a reinar Oséias, filho de Elá, e reinou sobre Israel, em Samária nove anos.

²E fez o que era mau aos olhos do Senhor, contudo não como os reis de Israel que foram antes dele.

³Contra ele subiu Salmanasar, rei da Assíria; e Oséias ficou sendo servo dele e lhe pagava tributos.

⁴O rei da Assíria, porém, achou em Oséias conspiração; porque ele enviara mensageiros a Sô, rei do Egito, e não pagava, como dantes, os tributos anuais ao rei da Assíria; então este o encerrou e o pôs em grilhões numa prisão.

⁵E o rei da Assíria subiu por toda a terra, e chegando a Samária sitiou-a por três anos.

⁶No ano nono de Oséias, o rei da Assíria tomou Samária, e levou Israel cativo para a Assíria; e fê-los habitar em Hala, e junto a Habor, o rio de Gozã, e nas cidades dos medos.

⁷Assim sucedeu, porque os filhos de Israel tinham pecado contra o Senhor seu Deus que os fizera subir da terra do Egito, de debaixo da mãe de Faraó, rei do Egito, e porque haviam temido a outros deuses,

⁸e andado segundo os costumes das nações que o Senhor lançara fora de diante dos filhos de Israel, e segundo os que os reis de Israel introduziram.

⁹Também os filhos de Israel fizeram secretamente contra o Senhor seu Deus coisas que não eram retas. Edificaram para si altos em todas as suas cidades, desde a torre das atalaias até a cidade fortificada;

¹⁰Levantaram para si colunas e aserins em todos os altos outeiros, e debaixo de todas as árvores frondosas;

¹¹queimaram incenso em todos os altos, como as nações que o Senhor expulsara de diante deles; cometeram ações iníquas, provocando à ira o Senhor,

¹²e serviram os ídolos, dos quais o Senhor lhes dissera: Não fareis isso.

¹³Todavia o Senhor advertiu a Israel e a Judá pelo ministério de todos os profetas e de todos os videntes, dizendo: Voltai de vossos maus caminhos, e guardai os meus mandamentos e os meus estatutos, conforme toda a lei que ordenei a vossos pais e que vos enviei pelo ministério de meus servos, os profetas.

¹⁴Eles porém, não deram ouvidos; antes endureceram a sua cerviz, como fizeram seus pais, que não creram no Senhor seu Deus;

¹⁵rejeitaram os seus estatutos, e o seu pacto, que fizera com os pais deles, como também as advertências que lhes fizera; seguiram a vaidade e tornaram-se vãos, como também seguiram as nações que estavam ao redor deles, a respeito das quais o Senhor lhes tinha ordenado que não as imitassem.

¹⁶E, deixando todos os mandamentos do Senhor seu Deus, fizeram para si dois bezerros de fundição, e ainda uma Asera; adoraram todo o exército do céu, e serviram a Baal.

¹⁷Fizeram passar pelo fogo seus filhos, suas filhas, e deram-se a adivinhações e encantamentos; e venderam-se para fazer o que era mau aos olhos do Senhor, provocando-o à ira.

¹⁸Pelo que o Senhor muito se indignou contra Israel, e os tirou de diante da sua face; não ficou senão somente a tribo de Judá.

¹⁹Nem mesmo Judá havia guardado os mandamentos do Senhor seu Deus; antes andou nos costumes que Israel introduzira.

²⁰Pelo que o Senhor rejeitou toda a linhagem de Israel, e os oprimiu, entregando-os nas mãos dos despojadores, até que os expulsou da sua presença.

²¹Pois rasgara Israel da casa de Davi; e eles fizeram rei a Jeroboão, filho de Nebate, o qual apartou Israel de seguir o Senhor, e os fez cometer um grande pecado.

²²Assim andaram os filhos de Israel em todos os pecados que Jeroboão tinha cometido; nunca se apartaram deles;

²³até que o Senhor tirou Israel da sua presença, como falara por intermédio de todos os seus servos os profetas. Assim foi Israel transportado da sua terra para a Assíria, onde está até o dia de hoje.

²⁴Depois o rei da Assíria trouxe gente de Babilônia, de Cuta, de Ava, de Hamate e de Sefarvaim, e a fez habitar nas cidades de Samária em lugar dos filhos de Israel; e eles tomaram Samária em herança, e habitaram nas suas cidades.

²⁵E sucedeu que, no princípio da sua habitação ali, não temeram ao Senhor; e o Senhor mandou entre eles leões, que mataram alguns deles.

²⁶Pelo que foi dito ao rei da Assíria: A gente que transportaste, e fizeste habitar nas cidades de Samária, não conhece a lei do deus da terra; por isso ele tem enviado entre ela leões que a matam, porquanto não conhece a lei do deus da terra.

²⁷Então o rei da Assíria mandou dizer: Levai ali um dos sacerdotes que transportastes de lá para que vá e habite ali, e lhes ensine a lei do deus da terra.

²⁸Veio, pois, um dos sacerdotes que eles tinham transportado de Samária, e habitou em Betel, e lhes ensinou como deviam temer ao Senhor.

²⁹Todavia as nações faziam cada uma o seu próprio deus, e os punham nas casas dos altos que os samaritanos tinham feito, cada nação nas cidades que habitava.

³⁰Os de Babilônia fizeram e Sucote-Benote; os de Cuta fizeram Nergal; os de Hamate fizeram Asima;

³¹os aveus fizeram Nibaz e Tartaque: e os sefarvitas queimavam seus filhos no fogo e a adrameleque e a Anameleque, deuses de Sefarvaim.

³²Temiam também ao Senhor, e dentre o povo fizeram para si sacerdotes dos lugares altos, os quais exerciam o ministério nas casas dos lugares altos.

³³Assim temiam ao Senhor, mas também serviam a seus próprios deuses, segundo o costume das nações do meio das quais tinham sido transportados.

³⁴Até o dia de hoje fazem segundo os antigos costumes: não temem ao Senhor; nem fazem segundo os seus estatutos, nem segundo as suas ordenanças; nem tampouco segundo a lei, nem segundo o mandamento que o Senhor ordenou aos filhos de Jacó, a quem deu o nome de Israel,

³⁵com os quais o Senhor tinha feito um pacto, e lhes ordenara, dizendo: Não temereis outros deuses, nem vos inclinareis diante deles, nem os servireis, nem lhes oferecereis sacrifícios;

³⁶mas sim ao Senhor, que vos fez subir da terra do Egito com grande poder e com braço estendido, a ele temereis, a ele vos inclinareis, e a ele oferecereis sacrifícios.

³⁷Quanto aos estatutos, às ordenanças, à lei, e ao mandamento, que para vós escreveu, a esses tereis cuidado de observar todos os dias; e

não temereis outros deuses;

³⁸e do pacto que fiz convosco não vos esquecereis. Não temereis outros deuses,

³⁹mas ao Senhor vosso Deus temereis, e ele vos livrará das mãos de todos os vossos inimigos.

⁴⁰Contudo eles não ouviram; antes fizeram segundo o seu antigo costume.

⁴¹Assim estas nações temiam ao Senhor, mas serviam também as suas imagens esculpidas; também seus filhos, e os filhos de seus filhos fazem até o dia de hoje como fizeram seus pais.

## Capítulo 18

¹Ora, sucedeu que, no terceiro ano de Oséias, filho de Elá, rei de Israel, começou a reinar Ezequias, filho de Acaz, rei de Judá.

²Tinha vinte e cinco anos quando começou a reinar, e reinou vinte e nove anos em Jerusalém. O nome de sua mãe era Abi, filha de Zacarias.

³Ele fez o que era reto aos olhos do Senhor, conforme tudo o que fizera Davi, seu pai.

⁴Tirou os altos, quebrou as colunas, e deitou abaixo a Asera; e despedaçou a serpente de bronze que Moisés fizera (porquanto até aquele dia os filhos de Israel lhe queimavam incenso), e chamou-lhe Neústã.

⁵Confiou no Senhor Deus de Israel, de modo que depois dele não houve seu semelhante entre todos os reis de Judá, nem entre os que foram antes dele.

⁶Porque se apegou ao Senhor; não se apartou de o seguir, e guardou os mandamentos que o Senhor ordenara a Moisés.

⁷Assim o Senhor era com ele; para onde quer que saísse prosperava. Rebelou-se contra o rei da Assíria, e recusou servi-lo.

⁸Feriu os filisteus até Gaza e os seus termos, desde a torre dos atalaias até a cidade fortificada.

⁹No quarto ano do rei Ezequias que era o sétimo ano de Oséias, filho de Elá, rei de Israel, Salmanasar, rei da Assíria, subiu contra Samária, e a cercou

¹⁰e, ao fim de três anos, tomou-a. No ano sexto de Ezequias, que era o ano nono de Oséias, rei de Israel, Samária foi tomada.

¹¹Depois o rei da Assíria levou Israel cativo para a Assíria, e os colocou em Hala, e junto ao Habor, rio de Gozã, e nas cidades dos medos;

¹²porquanto não obedeceram à voz do senhor seu Deus, mas violaram o seu pacto, nada ouvindo nem fazendo de tudo quanto Moisés, servo do Senhor, tinha ordenado.

¹³No ano décimo quarto do rei Ezequias, subiu Senaqueribe, rei da Assíria, contra todas as cidades fortificadas de Judá, e as tomou.

¹⁴Pelo que Ezequias, rei de Judá, enviou ao rei da Assíria, a Laquis, dizendo: Pequei; retira-te de mim; tudo o que me impuseres suportarei. Então o rei da Assíria impôs a Ezequias, rei de Judá, trezentos talentos de prata e trinta talentos de ouro.

¹⁵Assim deu Ezequias toda a prata que se achou na casa do Senhor e nos tesouros da casa do rei.

¹⁶Foi nesse tempo que Ezequias, rei de Judá, cortou das portas do templo do Senhor, e dos umbrais, o ouro de que ele mesmo os cobrira, e o deu ao rei da Assíria.

¹⁷Contudo este enviou de Laquis Tartã, Rabe-Sáris e Rabsaqué, com um grande exército, ao rei Ezequias, a Jerusalém; e subiram, e vieram a Jerusalém. E, tendo chegado, pararam ao pé do aqueduto da piscina superior, que está junto ao caminho do campo do lavandeiro.

¹⁸Havendo eles chamado o rei, saíram-lhes ao encontro Eliaquim, filho de Hilquias, o mordomo, e Sebna, o escrivão, e Joá, filho de Asafe, o cronista.

¹⁹E Rabsaqué lhes disse: Dizei a Ezequias: Assim diz o grande rei, o rei da Assíria: Que confiança é essa em que te estribas?

²⁰Dizes (são, porém, palavras vãs): Há conselho e poder para a guerra. Em quem, pois, agora confias, que contra mim te revoltas?

²¹Estás confiando nesse bordão de cana quebrada, que é o Egito; o qual, se alguém nele se apoiar, entrar-lhe-á pela mão e a traspassará; assim é Faraó, rei do Egito para com todos os que nele confiam.

²²Se, porém, me disserdes: No Senhor nosso Deus confiamos; porventura não é esse aquele cujos altos e altares Ezequias tirou dizendo a Judá e a Jerusalém: Perante, este altar adorareis em Jerusalém?

²³Ora pois faze uma aposta com o meu senhor, o rei da Assíria: dar-te-ei dois mil cavalos, se tu puderes dar cavaleiros para eles.

²⁴Como, então, poderias repelir um só príncipe dos menores servos de meu senhor, quando estás confiando no Egito para obteres carros e cavaleiros?

²⁵Porventura teria eu subido sem o Senhor contra este lugar para o destruir? Foi o Senhor que me disse: sobe contra esta terra e a destrói.

²⁶Então disseram Eliaquim, filho de Hilquias, e Sebna, e Joá, a Rabsaqué: Rogamos-te que fales aos teus servos em aramaico, porque bem o entendemos; e não nos fales na língua judaica, aos ouvidos do povo que está em cima do muro.

²⁷Rabsaqué, porém, lhes disse: Porventura mandou-me meu senhor para falar estas palavras a teu senhor e a ti, e não aos homens que estão sentados em cima do muro que juntamente convosco hão de comer o seu excremento e beber a sua urina?

²⁸Então pondo-se em pé, Rabsaqué clamou em alta voz, na língua judaica, dizendo: Ouvi a palavra do grande rei, do rei da Assíria.

²⁹Assim diz o rei: Não vos engane Ezequias; porque não vos poderá livrar da minha mão;

³⁰nem tampouco vos faça Ezequias confiar no Senhor, dizendo: Certamente nos livrará o Senhor, e esta cidade não será entregue na mão do rei da Assíria.

³¹Não deis ouvidos a Ezequias; pois assim diz o rei da Assíria: Fazei paz comigo, e saí a mim; e coma cada um da sua vide e da sua figueira, e beba cada um a água da sua cisterna;

³²até que eu venha, e vos leve para uma terra semelhante à vossa, terra de trigo e de mosto, terra de pão e de vinhas, terra de azeite de oliveiras e de mel; para que vivais e não morrais. Não deis ouvidos a Ezequias, quando vos envenena, dizendo: O Senhor nos livrará.

³³Porventura os deuses das nações puderam livrar, cada um a sua terra, das mãos do rei da Assíria?

³⁴Dentre todos os deuses das terras, quais são os que livraram a sua terra da minha mão, para que o Senhor livre Jerusalém da minha mão?

³⁵Que é feito dos deuses de Hamate e de Arpade? Que é feito dos deuses de Sefarvaim, de Hena e de Iva? porventura livraram Samária da minha mão?

³⁶O povo, porém, ficou calado, e não lhe respondeu uma só palavra, porque o rei ordenara, dizendo: Não lhe respondais.

³⁷Então Eliaquim, filho de Hilquias, o mordomo, e Sebna, o escrivão, e Joá, filho de Asafe, o cronista, vieram a Ezequias com as vestes rasgadas, e lhe fizeram saber as palavras de Rabsaqué.

## Capítulo 19

¹Quando o rei Ezequias ouviu isto rasgou as suas vestes, cobriu-se de saco, e entrou na casa do Senhor.

²Então enviou Eliaquim, o mordomo, e Sebna, o escrivão, e os anciãos dos sacerdotes, cobertos de sacos, ao profeta Isaías, filho de Amoz.

³Eles lhe disseram: Assim diz Ezequias: Este dia é dia de angústia, de vituperação e de blasfêmia; porque os filhos chegaram ao parto, e não há força para os dar à luz.

⁴Bem pode ser que o Senhor teu Deus tenha ouvido todas as palavras de Rabsaque, a quem o seu senhor, o rei da Assíria, enviou para afrontar o Deus vivo, e repreenda as palavras que o senhor teu Deus ouviu. Faze, pois, oração pelo resto que ainda fica.

⁵Foram, pois, os servos do rei Ezequias ter com Isaías.

⁶E Isaías lhes disse: Assim direis a vosso senhor: Assim diz o Senhor: Não temas as palavras que ouviste, com as quais os servos do rei da Assíria me blasfemaram.

⁷Eis que meterei nele um espírito, e ele ouvirá uma nova, e voltará para a sua terra; e à espada o farei cair na sua terra.

⁸Voltou, pois, Rabsaqué e achou o rei da Assíria pelejando contra Libna, porque soubera que o rei havia partido de Laquis.

⁹E o rei, ouvindo dizer acerca de Tiraca, rei da Etiópia: Eis que saiu para te fazer guerra, tornou a enviar mensageiros a Ezequias, dizendo:

¹⁰Assim falareis a Ezequias, rei de Judá: Não te engane o teu Deus, em quem confias, dizendo: Jerusalém não será entregue na mão do rei da Assíria.

¹¹Eis que já tens ouvido o que os reis da Assíria fizeram a todas as terras, destruindo-as totalmente; e tu serias poupado?

¹²Porventura os deuses das nações a quem meus pais destruíram, puderam livrá-las, a saber, Gozã, Harã, Rezefe, e os filhos de Eden que estavam em Telassar?

¹³Que é feito do rei de Hamate, do rei de Arpade, do rei da cidade de Sefarvaim, de Hena e de Iva?

¹⁴Ezequias, pois, tendo recebido a carta das mãos dos mensageiros, e tendo-a lido, subiu à casa do Senhor, e a estendeu perante o Senhor.

¹⁵E Ezequias orou perante o Senhor, dizendo: ó Senhor Deus de Israel, que estás assentado sobre os querubins, tu mesmo, só tu és Deus de todos os reinos da terra; tu fizeste o céu e a terra.

¹⁶Inclina, ó Senhor, o teu ouvido, e ouve; abre, ó Senhor, os teus olhos, e vê; e ouve as palavras de Senaqueribe, com as quais enviou seu mensageiro para afrontar o Deus vivo.

¹⁷Verdade é, ó Senhor, que os reis da Assíria têm assolado as nações e as suas terras,

¹⁸e lançado os seus deuses no fogo porquanto não eram deuses mas obra de mãos de homens, madeira e pedra; por isso os destruíram.

¹⁹Agora, pois, Senhor nosso Deus, livra-nos da sua mão, para que todos os reinos da terra saibam que só tu, Senhor, és Deus.

²⁰Então Isaías, filho de Amoz, mandou dizer a Ezequias: Assim diz o Senhor Deus de Israel: Ouvi o que me pediste no tocante a Senaqueribe, rei da Assíria.

²¹Esta é a palavra que o Senhor falou a respeito dele: A virgem, a filha de Sião, te despreza e te escarnece; a filha de Jerusalém meneia a cabeça por detrás de ti.

²²A quem afrontaste e blasfemaste? E contra quem alçaste a voz, e ergueste os olhos ao alto? Contra o Santo de Israel!

²³Por meio de teus mensageiros afrontaste o Senhor, e disseste: Com a multidão de meus carros subi ao alto dos montes, aos lados do Líbano; cortei os seus altos cedros, e as suas mais formosas faias, e entrei na sua mais distante pousada, no bosque do seu campo fértil.

²⁴Eu cavei, e bebi águas estrangeiras; e com as plantas de meus pés sequei todos os rios do Egito.

²⁵Porventura não ouviste que já há muito tempo determinei isto, e já desde os dias antigos o planejei? Agora, porém, o executei, para que fosses tu que reduzisses as cidades fortificadas a montões desertos.

²⁶Por isso os moradores delas tiveram pouca força, ficaram pasmados e confundidos; tornaram-se como a erva do campo, como a relva verde, e como o feno dos telhados, que se queimam antes de amadurecer.

²⁷Eu, porém, conheço o teu assentar, o teu sair e o teu entrar, bem como o teu furor contra mim.

²⁸Por causa do teu furor contra mim, e porque a tua arrogância subiu aos meus ouvidos, porei o meu anzol no teu nariz e o meu freio na tua boca, e te farei voltar pelo caminho por onde vieste.

²⁹E isto te será por sinal: Este ano comereis o que nascer por si mesmo, e no ano seguinte que daí proceder; e no terceiro ano semeai e comei, e plantai vinhas, e comei os seus frutos.

³⁰Pois o que escapou da casa de Judá, e ficou de resto, tornará a lançar raízes para baixo, e dará fruto para cima.

³¹Porque de Jerusalém sairá o restante, e do monte Sião os que escaparem; o zelo do Senhor fará isto.

³²Portanto, assim diz o Senhor acerca do rei da Assíria: Não entrará nesta cidade, nem lançará nela flecha alguma; tampouco virá perante ela com escudo, nem contra ela levantará tranqueira.

³³Pelo caminho por onde veio, por esse mesmo voltará, e nesta cidade não entrará, diz o Senhor.

³⁴Porque eu defenderei esta cidade para livrá-la, por amor de mim e por amor do meu servo Davi.

³⁵Sucedeu, pois, que naquela mesma noite saiu o anjo do Senhor, e feriu no arraial dos assírios a cento e oitenta e cinco mil deles: e, levantando-se os assírios pela manhã cedo, eis que aqueles eram todos cadáveres.

³⁶Então Senaqueribe, rei da Assíria, se retirou e, voltando, habitou em Nínive.

³⁷E quando ele estava adorando na casa de Nisroque, seu deus, Adrameleque e Sarezer, seus filhos, o mataram à espada e fugiram para a terra de Arará. E Esar-Hadom, seu filho, reinou em seu lugar.

## Capítulo 20

¹Por aquele tempo Ezequias ficou doente, à morte. O profeta Isaías, filho de Amoz, veio ter com ele, e lhe disse: Assim diz o Senhor: Põe em ordem a tua casa porque morrerás, e não viverás.

²Então o rei virou o rosto para a parede, e orou ao Senhor, dizendo:

³Lembra-te agora, ó Senhor, te peço, de como tenho andado diante de ti com fidelidade e integridade de coração, e tenho feito o que era reto aos teus olhos. E Ezequias chorou muitíssimo.

⁴E sucedeu que, não havendo Isaías ainda saído do meio do pátio, veio a ele a palavra do Senhor, dizendo:

⁵Volta, e dize a Ezequias, príncipe do meu povo: Assim diz o Senhor Deus de teu pai Davi: Ouvi a tua oração, e vi as tuas lágrimas. Eis que eu te sararei; ao terceiro dia subirás à casa do Senhor.

⁶Acrescentarei aos teus dias quinze anos; e das mãos do rei da Assíria te livrarei, a ti e a esta cidade; e defenderei esta cidade por amor de mim, e por amor do meu servo Davi.

⁷Disse mais Isaías: Tomai uma pasta de figos e ponde-a sobre a úlcera; e ele sarará.

⁸Perguntou, pois, Ezequias a Isaías: Qual é o sinal de que o Senhor me sarará, e de que ao terceiro dia subirei à casa do Senhor?

⁹Respondeu Isaías: Isto te será sinal, da parte do Senhor, de que o Senhor cumprirá a palavra que disse: Adiantar-se-á a sombra dez graus, ou voltará dez graus atrás?

¹⁰Então disse Ezequias: É fácil que a sombra decline dez graus; não seja assim, antes volte a sombra dez graus atrás.

¹¹Então o profeta Isaías clamou ao Senhor, que fez voltar a sombra dez graus atrás, pelos graus que já tinha declinado no relógio de sol de Acaz.

¹²Naquele tempo Berodaque-Baladã, filho de Baladã, rei de Babilônia, enviou cartas e um presente a Ezequias, porque ouvira que Ezequias tinha estado doente.

¹³E Ezequias deu audiência aos mensageiros, e lhes mostrou toda a casa de seu tesouro, a prata e o ouro, as especiarias e os melhores ungüentos, a sua casa de armas e tudo quanto havia nos seus tesouros; coisa nenhuma houve que lhes não mostrasse, nem em sua casa, nem em todo o seu domínio.

¹⁴Então o profeta Isaías veio ao rei Ezequias, e lhe perguntou: Que disseram aqueles homens, e donde vieram a ti? Respondeu Ezequias: Vieram de um país mui remoto, de Babilônia.

¹⁵E disse ele: Que viram em tua casa? E disse Ezequias: Viram tudo quanto há em minha casa; não há coisa nenhuma nos meus tesouros que eu não lhes mostrasse.

¹⁶Então disse Isaías a Ezequias: Ouve a palavra do Senhor:

¹⁷Eis que vêm dias em que será levado para a Babilônia tudo quanto houver em minha casa, bem como o que os teus pais entesouraram até o dia de hoje; não ficará coisa alguma, diz o Senhor.

¹⁸E até mesmo alguns de teus filhos, que procederem de ti, e que tu gerares, levarão; e eles serão eunucos no paço do rei de Babilônia.

¹⁹Então disse Ezequias a Isaías: Boa é a palavra do Senhor que disseste. Disse mais: Pois não é assim, se em meus dias vai haver paz e segurança?

²⁰Ora, o restante dos atos de Ezequias, e todo o seu poder, e como fez a piscina e o aqueduto, e como fez vir a água para a cidade, porventura não estão escritos no livro das crônicas dos reis de Judá?

²¹E Ezequias dormiu com seus pais. E Manassés, seu filho, reinou em seu lugar.

## Capítulo 21

¹Manassés tinha doze anos quando começou a reinar, e reinou cinquenta e cinco anos em Jerusalém. O nome de sua mãe era Hefzibá.

²E fez o que era mau aos olhos do Senhor, conforme as abominações das nações que o Senhor desterrara de diante dos filhos de Israel.

³Porque tornou a edificar os altos que Ezequias, seu pai, tinha destruído, e levantou altares a Baal, e fez uma Asera como a que fizera Acabe, rei de Israel, e adorou a todo o exército do céu, e os serviu.

⁴E edificou altares na casa do Senhor, da qual o Senhor tinha dito: Em Jerusalém porei o meu nome.

⁵Também edificou altares a todo o exército do céu em ambos os átrios da casa do Senhor.

⁶E até fez passar seu filho pelo fogo, e usou de augúrios e de encantamentos, e instituiu adivinhos e feiticeiros; fez muito mal aos olhos do Senhor, provocando-o à ira.

⁷Também pôs a imagem esculpida de Asera, que tinha feito, na casa de que o Senhor dissera a Davi e a Salomão, seu filho: Nesta casa e em Jerusalém, que escolhi dentre todas as tribos de Israel, porei o meu nome para sempre;

⁸e não mais farei andar errante o pé de Israel desta terra que tenho dado a seus pais, contanto que somente tenham cuidado de fazer conforme tudo o que lhes tenho ordenado, e conforme toda a lei que Moisés, meu servo, lhes ordenou.

⁹Eles, porém, não ouviram; porque Manassés de tal modo os fez errar, que fizeram pior do que as nações que o Senhor tinha destruído de diante dos filhos de Israel.

¹⁰Então o Senhor falou por intermédio de seus servos os profetas, dizendo:

¹¹Porquanto Manassés, rei de Judá, cometeu estas abominações, fazendo pior do que tudo quanto fizeram os amorreus, que foram antes dele, e com os seus ídolos fez Judá também pecar;

¹²por isso assim diz o Senhor Deus de Israel: Eis que trago tais males sobre Jerusalém e Judá, que a qualquer que deles ouvir lhe ficarão retinindo ambos os ouvidos.

¹³Estenderei sobre Jerusalém o cordel de Samária e o prumo da casa de Acabe; e limparei Jerusalém como quem limpa a escudela,

limpando-a e virando-a sobre a sua face.

¹⁴Desampararei os restantes da minha herança, e os entregarei na mão de seus inimigos. tornar-se-ão presa e despojo para todos os seus inimigos;

¹⁵porquanto fizeram o que era mau aos meus olhos, e me provocaram à ira, desde o dia em que seus pais saíram do Egito até hoje.

¹⁶Além disso, Manassés derramou muitíssimo sangue inocente, até que encheu Jerusalém de um a outro extremo, afora o seu pecado com que fez Judá pecar fazendo o que era mau aos olhos do Senhor.

¹⁷Quanto ao restante dos atos de Manassés, e a tudo quanto fez, e ao pecado que cometeu, porventura não estão escritos no livro das crônicas dos reis de Judá?

¹⁸E Manassés dormiu com seus pais, e foi sepultado no jardim da sua casa, no jardim de Uzá. E Amom, seu filho, reinou em seu lugar.

¹⁹Amom tinha vinte e dois anos quando começou a reinar, e reinou dois anos em Jerusalém. O nome de sua mãe era Mesulemete, filha de Haniz, de Jotba.

²⁰Ele fez o que era mau aos olhos do Senhor, como fizera Manassés, seu pai;

²¹e andou em todo o caminho em que seu pai andara, e serviu os ídolos que ele tinha servido, e os adorou.

²²Assim deixou o Senhor, Deus de seus pais, e não andou no caminho do Senhor.

²³E os servos de Amom conspiraram contra ele, e o mataram em sua casa.

²⁴O povo da terra, porém, matou a todos os que conspiraram contra o rei Amom, e constituiu Josias, seu filho, rei em seu lugar.

²⁵Quanto ao restante dos atos de Amom, porventura não está escrito no livro das crônicas dos reis de Judá?

²⁶E o puseram na sua sepultura, no jardim de Uzá. E Josias, seu filho, reinou em seu lugar.

## Capítulo 22

¹Josias tinha oito anos quando começou a reinar, e reinou trinta e um anos em Jerusalém. O nome de sua mãe era Jedida, filha de Adaías, de Bozcate.

²Ele fez o que era reto aos olhos do Senhor; e andou em todo o camimho de Davi, seu pai, não se apartando dele nem para a direita nem para a esquerda.

³No ano décimo oitavo do rei Josias, o rei mandou o escrivão Safã, filho de Azalias, filho de Mesulão, à casa do Senhor, dizendo-lhe:

⁴Sobe a Hilquias, o sumo sacerdote, para que faça a soma do dinheiro que se tem trazido para a casa do Senhor, o qual os guardas da entrada têm recebido do povo;

⁵e que só entreguem na mão dos mestres de obra que estão encarregados da casa do Senhor; e que estes o dêem aos que fazem a obra, aos que estão na casa do Senhor para repararem os estragos da casa,

⁶aos carpinteiros, aos edificadores, e aos pedreiros. e que comprem madeira e pedras lavradas, a fim de repararem a casa.

⁷Contudo não se tomava conta a eles do dinheiro que se lhes entregava nas mãos, porquanto se haviam com fidelidade.

⁸Então disse o sumo sacerdote Hilquias ao escrivão Safã: Achei o livro da lei na casa do Senhor. E Hilquias entregou o livro a Safã, e ele o leu.

⁹Depois o escrivão Safã veio ter com o rei, e, dando ao rei o relatório, disse: Teus servos despejaram o dinheiro que se achou na casa, e o entregaram na mão dos mestres de obra que estão encarregados da casa do Senhor.

¹⁰Safã, o escrivão, falou ainda ao rei, dizendo: O sacerdote Hilquias me entregou um livro. E Safã o leu diante do rei.

¹¹E sucedeu que, tendo o rei ouvido as palavras do livro da lei, rasgou as suas vestes.

¹²Então o rei deu ordem a Hilquias, o sacerdote, a Aicão, filho de Safã, a Acbor, filho de Micaías, a Safã, o escrivão, e Asaías, servo do rei, dizendo:

¹³Ide, consultai ao Senhor por mim, e pelo povo, e por todo o Judá, acerca das palavras deste livro que se achou; porque grande é o furor do Senhor, que se acendeu contra nós, porquanto nossos pais não deram ouvidos às palavras deste livro, para fazerem conforme tudo quanto acerca de nós está escrito.

¹⁴Então o sacerdote Hilquias, e Aicão, e Acbor, e Safã, e Asaías foram ter com a profetisa Hulda, mulher de Salum, filho de Ticvá, filho de Harás, o guarda das vestiduras (ela habitava então em Jerusalém, na segunda parte), e lhe falaram.

¹⁵E ela lhes respondeu: Assim diz o Senhor, o Deus de Israel: Dizei ao homem que vos enviou a mim:

¹⁶Assim diz o Senhor: Eis que trarei males sobre este lugar e sobre os seus habitantes, conforme todas as palavras do livro que o rei de Judá leu.

¹⁷Porquanto me deixaram, e queimaram incenso a outros deuses, para me provocarem à ira por todas as obras das suas mãos, o meu furor se acendeu contra este lugar, e não se apagará.

¹⁸Todavia ao rei de Judá, que vos enviou para consultar ao Senhor, assim lhe direis: Assim diz o Senhor, o Deus de Israel: Quanto às palavras que ouviste,

¹⁹porquanto o teu coração se enterneceu, e te humilhaste perante o Senhor, quando ouviste o que falei contra este lugar, e contra os seus habitantes, isto é, que se haviam de tornar em assolação e em maldição, e rasgaste as tuas vestes, e choraste perante mim, também eu te ouvi, diz o Senhor.

²⁰Pelo que eu te recolherei a teus pais, e tu serás recolhido em paz à tua sepultura, e os teus olhos não verão todo o mal que hei de trazer sobre este lugar. Então voltaram, levando a resposta ao rei.

## Capítulo 23

¹Então o rei deu ordem, e todos os anciãos de Judá e de Jerusalém se ajuntaram a ele.

²Subiu o rei à casa do Senhor, e com ele todos os homens de Judá, todos os habitantes de Jerusalém, os sacerdotes, os profetas, e todo o povo, desde o menor até o maior; e leu aos ouvidos deles todas as palavras do livro do pacto, que fora encontrado na casa do Senhor.

³Então o rei, pondo-se em pé junto à coluna, fez um pacto perante o Senhor, de andar com o Senhor, e guardar os seus mandamentos, os seus testemunhos e os seus estatutos, de todo o coração e de toda a alma, confirmando as palavras deste pacto, que estavam escritas naquele livro; e todo o povo esteve por este pacto.

⁴Também o rei mandou ao sumo sacerdote Hilquias, e aos sacerdotes da segunda ordem, e aos guardas da entrada, que tirassem do templo do Senhor todos os vasos que tinham sido feitos para Baal, e para a Asera, e para todo o exército do céu; e os queimou fora de Jerusalém, nos campos de Cedrom, e levou as cinzas deles para Betel.

⁵Destituiu os sacerdotes idólatras que os reis de Judá haviam constituído para queimarem incenso sobre os altos nas cidades de Judá, e ao redor de Jerusalém, como também os que queimavam incenso a Baal, ao sol, à lua, aos planetas, e a todo o exército do céu.

⁶Tirou da casa do Senhor a Asera e, levando-a para fora de Jerusalém até o ribeiro de Cedrom, ali a queimou e a reduziu a pó, e lançou o pó sobre as sepulturas dos filhos do povo.

⁷Derrubou as casas dos sodomitas que estavam na casa do Senhor, em que as mulheres teciam cortinas para a Asera.

⁸Tirou das cidades de Judá todos os sacerdotes, e profanou os altos em que os sacerdotes queimavam incenso desde Geba até Berseba; e derrubou os altos que estavam às portas junto à entrada da porta de Josué, o chefe da cidade, à esquerda daquele que entrava pela porta da cidade.

⁹Todavia os sacerdotes dos altos não sacrificavam sobre o altar do Senhor em Jerusalém, porém comiam pães ázimos no meio de seus irmãos.

¹⁰Profanou a Tofete, que está no vale dos filhos de Hinom, para que ninguém fosse passar seu filho ou sua filha pelo fogo a Moloque.

¹¹Tirou os cavalos que os reis de Judá tinham consagrado ao sol, à entrada da casa do Senhor, perto da câmara do camareiro Natã-Meleque, a qual estava no recinto; e os carros do sol queimou a fogo.

¹²Também o rei derrubou os altares que estavam sobre o terraço do cenáculo de Acaz, os quais os reis de Judá tinham feito, como também os altares que Manassés fizera nos dois átrios da casa do Senhor; e, tendo-os esmigalhado, os tirou dali e lançou o pó deles no ribeiro de Cedrom.

¹³O rei profanou também os altos que estavam ao oriente de Jerusalém, à direita do Monte de Corrupção, os quais Salomão, rei de Israel, edificara a Astarote, abominação dos sidônios, a Quemós, abominação dos moabitas, e a Milcom, abominação dos filhos de Amom.

¹⁴Semelhantemente quebrou as colunas, e cortou os aserins, e encheu os seus lugares de ossos de homens.

¹⁵Igualmente o altar que estava em Betel, e o alto feito por Jeroboão, filho de Nebate, que fizera Israel pecar, esse altar e o alto ele os derrubou; queimando o alto, reduziu-o a pó, e queimou a Asera.

¹⁶E, virando-se Josias, viu as sepulturas que estavam ali no monte, e mandou tirar os ossos das sepulturas e os queimou sobre aquele altar, e assim o profanou, conforme a palavra do Senhor proclamada pelo homem de Deus que predissera estas coisas.

¹⁷Então perguntou: Que monumento é este que vejo?

Responderam-lhe os homens da cidade: É a sepultura do homem de Deus que veio de Judá e predisse estas coisas que acabas de fazer contra este altar de Betel.

¹⁸Ao que disse Josias: Deixai-o estar; ninguém mexa nos seus ossos. Deixaram estar, pois, os seus ossos juntamente com os do profeta que viera de Samária.

¹⁹Josias tirou também todas as casas dos altos que havia nas cidades de Samária, e que os reis de Israel tinham feito para provocarem o Senhor à ira, e lhes fez conforme tudo o que havia feito em Betel.

²⁰E a todos os sacerdotes dos altos que encontrou ali, ele os matou sobre os respectivos altares, onde também queimou ossos de homens; depois voltou a Jerusalém.

²¹Então o rei deu ordem a todo o povo dizendo: Celebrai a páscoa ao Senhor vosso Deus, como está escrito neste livro do pacto.

²²Pois não se celebrara tal páscoa desde os dias dos juízes que julgaram a Israel, nem em todos os dias dos reis de Israel, nem tampouco nos dias dos reis de Judá.

²³Foi no décimo oitavo ano do rei Josias que esta páscoa foi celebrada ao Senhor em Jerusalém.

²⁴Além disso, os adivinhos, os feiticeiros, os terafins, os ídolos e todas abominações que se viam na terra de Judá e em Jerusalém, Josias os extirpou, para confirmar as palavras da lei, que estavam escritas no livro que o sacerdote Hilquias achara na casa do Senhor.

²⁵Ora, antes dele não houve rei que lhe fosse semelhante, que se convertesse ao Senhor de todo o seu coração, e de toda a sua alma, e de todas as suas forças, conforme toda a lei de Moisés; e depois dele nunca se levantou outro semelhante.

²⁶Todavia o Senhor não se demoveu do ardor da sua grande ira, com que ardia contra Judá por causa de todas as provocações com que Manassés o provocara.

²⁷E disse o Senhor: Também a Judá hei de remover de diante da minha face, como removi a Israel, e rejeitarei esta cidade de Jerusalém que elegi, como também a casa da qual eu disse: Estará ali o meu nome.

²⁸Ora, o restante dos atos de Josias, e tudo quanto fez, por ventura não estão escritos no livro das crônicas dos reis de Judá?

²⁹Nos seus dias subiu Faraó-Neco, rei do Egito, contra o rei da Assíria, ao rio Eufrates. E o rei Josias lhe foi ao encontro; e Faraó-Neco o matou em Megido, logo que o viu.

³⁰De Megido os seus servos o levaram morto num carro, e o trouxeram a Jerusalém, onde o sepultaram no seu sepulcro. E o povo da terra tomou a Jeoacaz, filho de Josias, ungiram-no, e o fizeram rei em lugar de seu pai.

³¹Jeoacaz tinha vinte e três anos quando começou a reinar, e reinou três meses em Jerusalém. O nome de sua mãe era Hamutal, filha de Jeremias, de Libna.

³²Ele fez o que era mau aos olhos do Senhor, conforme tudo o que seus pais haviam feito.

³³Ora, Faraó-Neco mandou prendê-lo em Ribla, na terra de Hamate, para que não reinasse em Jerusalém; e à terra impôs o tributo de cem talentos de prata e um talento de ouro.

³⁴Também Faraó-Neco constituiu rei a Eliaquim, filho de Josias, em lugar de Josias, seu pai, e lhe mudou o nome em Jeoiaquim; porém levou consigo a Jeoacaz, que conduzido ao Egito, ali morreu.

³⁵E Jeoiaquim deu a Faraó a prata e o ouro; porém impôs à terra uma taxa, para fornecer esse dinheiro conforme o mandado de Faraó. Exigiu do povo da terra, de cada um segundo a sua avaliação, prata e ouro, para o dar a Faraó-Neco.

³⁶Jeoiaquim tinha vinte e cinco ano quando começou a reinar, e reinou onze anos em Jerusalém. O nome de sua mãe era Zebida, filha de Pedaías, de Ruma.

³⁷Ele fez o que era mau aos olhos do Senhor, conforme tudo o que seus pais haviam feito.

## Capítulo 24

¹Nos seus dias subiu Nabucodonozor, rei de Babilônia, e Jeoiaquim ficou sendo seu servo por três anos; mas depois se rebelou contra ele.

²Então o Senhor enviou contra Jeoiaquim tropas dos caldeus, tropas dos sírios, tropas dos moabitas e tropas dos filhos de Amom; e as enviou contra Judá, para o destruírem, conforme a palavra que o Senhor falara por intermédio de seus servos os profetas.

³Foi, na verdade, por ordem do Senhor que isto veio sobre Judá para removê-lo de diante da sua face, por causa de todos os pecados cometidos por Manassés,

⁴bem como por causa do sangue inocente que ele derramou; pois encheu Jerusalém de sangue inocente; e por isso o Senhor não quis perdoar.

⁵Ora, o restante dos atos de Jeoiaquim, e tudo quanto fez, porventura não estão escritos no livro das crônicas dos reis de Judá?

⁶Jeoiaquim dormiu com seus pais. E Joaquim, seu filho, reinou em seu lugar.

⁷O rei do Egito nunca mais saiu da sua terra, porque o rei de Babilônia tinha tomado tudo quanto era do rei do Egito desde o rio do Egito até o rio Eufrates.

⁸Tinha Joaquim dezoito anos quando começou a reinar e reinou três meses em Jerusalém. O nome de sua mãe era Neústa, filha de Elnatã, de Jerusalém.

⁹Ele fez o que era mau aos olhos do Senhor, conforme tudo o que seu pai tinha feito.

¹⁰Naquele tempo os servos de Nabucodonozor, rei de Babilônia, subiram contra Jerusalém, e a cidade foi sitiada.

¹¹E Nabucodonozor, rei de Babilônia, chegou diante da cidade quando já os seus servos a estavam sitiando.

¹²Então saiu Joaquim, rei de Judá, ao rei da Babilônia, ele, e sua mãe, e seus servos, e seus príncipes, e seus oficiais; e, no ano oitavo do seu reinado, o rei de Babilônia o levou preso.

¹³E tirou dali todos os tesouros da casa do Senhor, e os tesouros da casa do rei; e despedaçou todos os vasos de ouro que Salomão, rei de Israel, fizera no templo do Senhor, como o Senhor havia dito.

¹⁴E transportou toda a Jerusalém, como também todos os príncipes e todos os homens valentes, deu mil cativos, e todos os artífices e ferreiros; ninguém ficou senão o povo pobre da terra.

¹⁵Assim transportou Joaquim para Babilônia; como também a mãe do rei, as mulheres do rei, os seus oficiais, e os poderosos da terra, ele os levou cativos de Jerusalém para Babilônia.

¹⁶Todos os homens valentes, em número de sete mil, e artífices e ferreiros em número de mil, todos eles robustos e destros na guerra, a estes o rei de Babilônia levou cativos para Babilônia.

¹⁷E o rei de Babilônia constituiu rei em lugar de Joaquim a Matanias, seu tio paterno, e lhe mudou o nome em Zedequias.

¹⁸Zedequias tinha vinte e um anos quando começou a reinar, e reinou onze anos em Jerusalém. O nome de sua mãe era Hamutal, filha de Jeremias, de Libna.

¹⁹Ele fez o que era mau aos olhos do Senhor, conforme tudo quanto fizera Jeoiaquim.

²⁰Por causa da ira do Senhor, assim sucedeu em Jerusalém, e em Judá, até que ele as lançou da sua presença. E Zedequias se rebelou contra o rei de Babilônia.

## Capítulo 25

¹E sucedeu que, ao nono ano do seu reinado, no décimo dia do décimo mês, Nabucodonozor, rei de Babilônia, veio contra Jerusalém com todo o seu exército, e se acampou contra ela; levantaram contra ela tranqueiras em redor.

²E a cidade ficou sitiada até o décimo primeiro ano do rei Zedequias

³Aos nove do quarto mês, a cidade se via tão apertada pela fome que não havia mais pão para o povo da terra.

⁴Então a cidade foi arrombada, e todos os homens de guerra fugiram de noite pelo caminho da porta entre os dois muros, a qual estava junto ao jardim do rei (porque os caldeus estavam contra a cidade em redor), e o rei se foi pelo caminho da Arabá.

⁵Mas o exército dos caldeus perseguiu o rei, e o alcançou nas campinas de Jericó; e todo o seu exército se dispersou.

⁶Então prenderam o rei, e o fizeram subir a Ribla ao rei de Babilônia, o qual pronunciou sentença contra ele.

⁷Degolaram os filhos de Zedequias à vista dele, vasaram-lhe os olhos, ataram-no com cadeias de bronze e o levaram para Babilônia.

⁸Ora, no quinto mês, no sétimo dia do mês, no ano décimo nono de Nabucodonozor, rei de Babilônia, veio a Jerusalém Nebuzaradão, capitão da guarda, servo do rei de Babilônia;

⁹e queimou a casa do Senhor e a casa do rei, como também todas as casas de Jerusalém; todas as casas de importância, ele as queimou.

¹⁰E todo o exército dos caldeus, que estava com o capitão da guarda, derrubou os muros em redor de Jerusalém.

¹¹Então o resto do povo que havia ficado na cidade, e os que já se haviam rendido ao rei de babilônia, e o resto da multidão, Nebuzaradão, capitão da guarda, levou cativos.

¹²Mas dos mais pobres da terra deixou o capitão da guarda ficar alguns para vinheiros e para lavradores.

¹³Ademais os caldeus despedaçaram as colunas de bronze que estavam na casa do Senhor, como também as bases e o mar de bronze que estavam na casa do senhor e levaram esse bronze para Babilônia.

¹⁴Também tomaram as caldeiras, as pás, as espevitadeiras, as

colheres, e todos os utensilios de bronze, com que se ministrava;

¹⁵como também os braseiros e as bacias; tudo o que era de ouro, o capitão da guarda levou em ouro, e tudo o que era de prata, em prata.

¹⁶As duas colunas, o mar, e as bases, que Salomão fizera para a casa do Senhor, o bronze de todos esses utensilios era de peso imensurável.

¹⁷A altura duma coluna era de dezoito côvados, e sobre ela havia um capitel de bronze, cuja altura era de três côvados; em redor do capitel havia uma rede e romãs, tudo de bronze; e semelhante a esta era a outra coluna com a rede.

¹⁸O capitão da guarda tomou também Seraías, primeiro sacerdote, Sofonias, segundo sacerdote, e os três guardas da entrada.

¹⁹Da cidade tomou um oficial, que tinha cargo da gente de guerra, e cinco homens dos que viam a face do rei e que se achavam na cidade, como também o escrivão-mor do exército, que registrava o povo da terra, e sessenta homens do povo da terra, que se achavam na cidade.

²⁰Tomando-os Nebuzaradão, capitão da guarda, levou-os ao rei de Babilônia, a Ribla.

²¹Então o rei de Babilônia os feriu e matou em Ribla, na terra de Hamate. Assim Judá foi levado cativo para fora da sua terra.

²²Quanto ao povo que tinha ficado, na terra de Judá, Nabucodonozor, rei de Babilônia, que o deixara ficar, pôs por governador sobre ele Gedalias, filho de Aicão, filho de Safã.

²³Ouvindo, pois, os chefes das forças, eles e os seus homens, que o rei de Babilônia pusera Gedalias por governador, vieram ter com Gedalias, a Mizpá, a saber: Ismael, filho de Netanias, Joanã, filho de Careá, Seraías, filho de Tanumete netofatita, e Jaazanias, filho do maacatita, eles e os seus homens.

²⁴E Gedalias lhe jurou, a eles e aos seus homens, e lhes disse: Não temais ser servos dos caldeus; ficai na terra, e servi ao rei de Babilônia, e bem vos irá.

²⁵Mas no sétimo mês Ismael, filho de Netanias, filho de Elisama, da descendência real, veio com dez homens, e feriram e mataram Gedalias, como também os judeus e os caldeus que estavam com ele em Mizpá.

²⁶Então todo o povo, tanto pequenos como grandes, e os chefes das forças, levantando-se, foram para o Egito, porque temiam os caldeus.

²⁷Depois disso sucedeu que, no ano trinta e sete do cativeiro de Joaquim, rei de Judá, no dia vinte e sete do décimo segundo mês, Evil-Merodaque, rei de Babilônia, no ano em que começou a reinar, levantou a cabeça de Joaquim, rei de Judá, tirando-o da casa da prisão;

²⁸e lhe falou benignamente, e pôs o seu trono acima do trono dos reis que estavam com ele em Babilônia.

²⁹Também lhe fez mudar as vestes de prisão; e ele comeu da mesa real todos os dias da sua vida.

³⁰E, quanto à sua subsistência, esta lhe foi dada de contínuo pelo rei, a porção de cada dia no seu dia, todos os dias da sua vida.

# 1 Crônicas

## Capítulo 1

¹Adão, Sete, Enos,
²Quenã, Maalalel, Jarede,
³Enoque, Matusalém, Lameque,
⁴Noé, Sem, Cão e Jafé.
⁵Os filhos de Jafé: Gomer, Magogue, Madai, Javã, Tubal, Meseque e Tiras.
⁶Os filhos de Gomer: Asquenaz, Rifate e Togarma.
⁷Os filhos de Javã: Elisá, Társis, Quitim e Dodanim.
⁸Os filhos de Cão: Cuche, Mizraim, Pute e Canaã.
⁹Os filhos de Cuche: Seba, Havilá, Sabtá, Raamá e Sabtecá; e os filhos de Raamá: Sebá e Dedã.
¹⁰Cuche foi pai de Ninrode, o qual foi o primeiro a ser poderoso na terra:
¹¹De Mizraim descenderam os ludeus, os anameus, os leabeus, os naftueus,
¹²os patrusins, os casluins (dos quais procederam os filisteus) e os caftoreus.
¹³Canaã foi pai de Sidom, seu primogênito, e de Hete,
¹⁴e dos jebuseus, dos amorreus, dos girgaseus,
¹⁵dos heveus, dos arqueus, dos sineus,
¹⁶dos arvadeus, dos zemareus e dos hamateus.
¹⁷Os filhos de Sem: Elão, Assur, Arfaxade, Lude, Arã, Uz, Hul, Geter e Meseque.
¹⁸Arfaxade foi pai de Selá; e Selá foi pai de Eber.
¹⁹A Eber nasceram dois filhos: o nome dum foi Pelegue, pois nos seus dias se repartiu a terra; e o nome do seu irmão foi Joctã.
²⁰Joctã foi pai de Almodá, Selefe, Hazarmavé, Jerá,
²¹Hadorão, Uzal, Diclá,
²²Ebal, Abimael, Sebá,
²³Ofir, Havilá e Jobabe; todos esses foram filhos de Joctã.
²⁴Sem, Arfaxade, Selá;
²⁵Eber, Pelegue, Reú;
²⁶Serugue, Naor, Tera;
²⁷Abrão, que é Abraão.
²⁸Os filhos de Abraão: Isaque e Ismael.
²⁹Estas são as suas gerações: o primogênito de Ismael, Nebaiote; depois Quedar, Adbeel, Mibsão,
³⁰Misma, Dumá, Massá, Hadade, Tema,
³¹Jetur, Nafis e Quedemá; esses foram os filhos de Ismael.
³²Quanto aos filhos de Quetura, concubina de Abraão, esta deu à luz Zinrã, Jocsã, Medã, Midiã, Isbaque e Suá. Os filhos de Jocsã foram Sebá e Dedã.
³³Os filhos de Midiã: Efá, Efer, Hanoque, Abidá e Eldá; todos esses foram filhos de Quetura.
³⁴Abraão foi pai de Isaque. Os filhos de Isaque: Esaú e Israel.
³⁵Os filhos de Esaú: Elifaz, Reuel, Jeús, Jalão e Corá.
³⁶Os filhos de Elifaz: Temã, Omar, Zefi, Gatã, Quenaz, Timna e Amaleque.
³⁷Os filhos de Reuel: Naate, Zerá, Samá e Mizá.
³⁸Os filhos de Seir: Lotã, Sobal, Zibeão, Anás, Disom, Eser e Disã.
³⁹Os filhos de Lotã: Hori, e Homã; e a irmã de Lotã foi Timna.
⁴⁰Os filhos de Sobal: Aliã, Manaate, Ebal, Sefi e Onã. Os filhos de Zibeão: Aías e Anás.
⁴¹Anás foi pai de Disom. Os filhos de Disom: Hanrão, Esbã, Itrã e Querã.
⁴²Os filhos de Eser: Bilã, Zaavã e Jaacã. Os filhos de Disã: Uz e Arã.
⁴³Estes foram os reis que reinaram na terra de Edom, antes que houvesse rei sobre os filhos de Israel: Belá, filho de Beor; e era o nome da sua cidade Dinabá.
⁴⁴Morreu Belá, e reinou em seu lugar Jobabe, filho de Zerá, de Bozra.
⁴⁵Morreu Jobabe, e reinou em seu lugar Husão, da terra dos temanitas.
⁴⁶Morreu Husão, e reinou em seu lugar Hadade, filho de Bedade, que derrotou os midianitas no campo de Moabe; e era o nome da sua cidade Avite.
⁴⁷Morreu Hadade, e reinou em seu lugar Sâmela, de Masreca.
⁴⁸Morreu Sâmela, e reinou em seu lugar Saul, de Reobote junto ao rio.
⁴⁹Morreu Saul, e reinou em seu lugar Baal-Ranã, filho de Acbor.
⁵⁰Morreu Baal-Hanã, e Hadade reinou em seu lugar; e era o nome da sua cidade Paí. O nome de sua mulher era Meetabel, filha de Matrede, filha de Me-Zaabe.
⁵¹E morreu Hadade. Os príncipes de Edom foram: o príncipe Timna, o príncipe Aliá, o príncipe Jetete,
⁵²o príncipe Aolíbama, o príncipe Elá, o príncipe Pinom,
⁵³o príncipe Quenaz, o príncipe Temã, o príncipe Mibzar,
⁵⁴o príncipe Magdiel, o príncipe Irã. Estes foram os príncipes de Edom.

## Capítulo 2

¹Foram estes os filhos de Israel: Rúben, Simeão, Levi, Judá, Issacar, Zebulom,
²Dã, José, Benjamim, Naftali, Gade e Aser.
³Os filhos de Judá: Er, Onã e Selá; estes três lhe nasceram da filha de Suá, a cananéia. E Er, o primogênito de Judá, foi mau aos olhos do Senhor, que o matou:
⁴Tamar, nora de Judá, lhe deu à luz Pérez e Zerá. Ao todo os filhos de Judá foram cinco.
⁵Os filhos de Perez: Hezrom e Hamul:
⁶Os filhos de Zerá: Zinri, Etã, Hemã, Calcol e Dara; cinco ao todo.
⁷Os filhos de Carmi: Acar, o perturbador de Israel, que pecou no anátema.
⁸De Etã foi filho Azarias.
⁹Os filhos que nasceram a Hezrom: Jerameel, Rão e Quelubai.
¹⁰Rão foi pai de Aminadabe, e Aminadabe de Nasom, príncipe dos filhos de Judá;
¹¹Nason foi pai de Salmom, e Salmom de Boaz;
¹²Boaz foi pai de Obede, e Obede de Jessé;
¹³a Jessé nasceram Eliabe, seu primogênito, Abinadabe o segundo, Siméia o terceiro,
¹⁴Netanel o quarto, Radai o quinto,
¹⁵Ozen o sexto e Davi o sétimo;
¹⁶e foram suas irmãs Zeruia e Abigail. Os filhos de Zeruia foram: Abisai, Joabe e Asael, três.
¹⁷Abigail deu à luz Amasa; o pai de Amasa foi Jeter, o ismaelita.
¹⁸A Calebe, filho de Hezrom, nasceram filhos de Azuba, sua mulher, e de Jeriote; e os filhos dela foram estes: Jeser, Sobabe e Ardom.
¹⁹Morreu Azuba; e Calebe tomou para si Efrata, da qual lhe nasceu Hur.
²⁰Hur foi pai de Îri, e Îri de Bezaleel.
²¹Então Hezrom, tendo já sessenta anos, tomou por mulher a filha de Maquir, pai de Gileade; e conheceu-a, e ela lhe deu à luz Segube.
²²Segube foi pai de Jair, o qual veio a ter vinte e três cidades na terra de Gileade.
²³Mas Gesur e Arã tomaram deles Havote-Jair, e Quenate e suas aldeias, sessenta cidades. Todos estes foram filhos de Maquir, pai de Gileade.
²⁴Depois da morte de Hezrom, em Calebe de Efrata, Abia, mulher de Hezrom, lhe deu Asur, pai de Tecoa.
²⁵Os filhos de Jerameel, primogênito de Jezrom, foram: Rão, o primogênito, Buna, Orem, Ozem e Aías.
²⁶Jerameel teve outra mulher, cujo nome era Atara, a qual foi mãe de Onã.
²⁷Os filhos de Rão, primogênito de Jerameel, foram: Maaz, Jamim e Equer.
²⁸Os filhos de Onã, foram: Samai e Jada; e os filhos de Samai: Nadabe e Abisur.
²⁹O nome da mulher de Abisur era Abiail, que lhe deu à luz Abã e Molide.
³⁰Os filhos de Nadabe: Selede e Apaim; e Selede morreu sem filhos.
³¹O filho de Apaim: Isi; o filho de Isi: Sesã; o filho de Sesã: Alai.
³²Os filhos de Jada, irmão de Samai: Jeter e Jônatas; e Jeter morreu sem filhos.
³³Os filhos de Jônatas: Pelete e Zaza. Esses foram os filhos de Jerameel.
³⁴Sesã não teve filhos, mas filhas. E tinha Sesã um servo egípcio, cujo nome era Jará:
³⁵Deu, pois, Sesã sua filha por mulher a Jará, seu servo; e ela lhe deu à luz Atai.
³⁶Atai foi pai de Natã, Natã de Zabade,
³⁷Zabade de Eflal, Eflal de Obede,
³⁸Obede de Jeú, Jeú de Azarias,

*1 Crônicas*

³⁹Azarias de Helez, Helez de Eleasá,
⁴⁰Eleasá de Sismai, Sismai de Salum,
⁴¹Salum de Jecamias, e Jecamias de Elisama.
⁴²Os filhos de Calebe, irmão de Jerameel: Messa, seu primogênito, que foi o pai de Zife, e os filhos de Maressa, pai de Hebrom.
⁴³Os filhos de Hebrom: Corá, Tapua, Requem e Sema.
⁴⁴Sema foi pai de Raão, pai de Jorqueão; e Requem foi pai de Samai.
⁴⁵O filho de Samai foi Maom; e Maom foi pai de Bete-Zur.
⁴⁶Efá, a concubina de Calebe, teve Harã, Moza e Gazez; e Harã foi pai de Gazez.
⁴⁷Os filhos de Jadai: Regem, Jotão, Gesã, Pelete, Efá e Saafe.
⁴⁸Maacá, concubina de Calebe, deu à luz Seber e Tiraná.
⁴⁹Deu à luz também Saafe, pai de Madmana, e Seva, pai de Macbena e de Gibeá; e a filha de Calebe foi Acsa.
⁵⁰Estes foram os filhos de Calebe, filho de Hur, o primogênito de Efrata: Sobal, pai de Quiriate-Jearim,
⁵¹Salma, pai de Belém, e Harefe, pai de Bete-Gader.
⁵²Os filhos de Sobal, pai de Quiriate-Jearim, foram: Haroé e metade dos menuotes.
⁵³As famílias de Quiriate-Jearim: os itreus, os puteus, os sumateus e os misraeus; destes saíram os zorateus e os estaloeus.
⁵⁴Os filhos de Salma: Belém, os netofatitas, Atarote-Bete-Joabe, metade dos manaatitas e os zoritas.
⁵⁵As famílias dos escribas que habitavam em Jabes: os tiratitas, os simeatitas e os sucatitas; estes são os queneus que descenderam de Hamate, pai da casa de Recabe.

## Capítulo 3

¹Estes foram os filhos de Davi que lhe nasceram em Hebrom: o primogênito Amnom, de Ainoã, a jizreelita; o segundo Daniel, de Abigail, a carmelita;
²O terceiro Absalão, filho de Maacá, filha de Talmai, rei de Gesur; o quarto Adonias, filho de Hagite;
³O quinto Sefatias, de Abital; o sexto Itreão, de Eglá, sua mulher.
⁴Seis lhe nasceram em Hebrom, onde reinou sete anos e seis meses; e reinou trinta e três anos em Jerusalém.
⁵Estes lhe nasceram em Jerusalém: Siméia, Sobabe, Natã e Salomão; estes quatro lhe nasceram de Bate-Sua, filha de Amiel.
⁶Nasceram-lhe mais: Ibar, Elisama, Elifelete,
⁷Nogá, Nefegue, Jafia,
⁸Elisama, Eliadá e Elifelete, nove.
⁹Todos estes foram filhos de Davi, afora os filhos das concubinas; e Tamar foi irmã deles.
¹⁰Filho de Salomão foi Roboão, de quem foi filho Abias, de quem foi filho Asa, de quem foi filho Jeosafá,
¹¹de quem foi filho Jorão, de quem foi filho Acazias, de quem foi filho Joás,
¹²de quem foi filho Amazias, de quem foi filho Jotão,
¹³de quem foi filho Acaz, de quem foi filho Ezequias, de quem foi filho Manassés,
¹⁴de quem foi filho Amom, e de quem foi filho Josias.
¹⁵Os filhos de Josias: o primogênito Joanã, o segundo Jeoiaquim, o terceiro Zedequias, o quarto Salum.
¹⁶Os filhos de Jeoiaquim: Jeconias, seu filho, e Zedequias, seu filho.
¹⁷Os filhos de Jeconias, o deportado: Sealtiel, seu filho,
¹⁸Malquirão, Pedaías, Senazar, Jecamias, Hosama e Nedabias.
¹⁹Os filhos de Pedaías: Zorobabel e Simei; e os filhos de Zorobabel: Mesulão e Hananias, e Selomite, irmã destes;
²⁰e Hasubá, Oel, Berequias, Hasadias e Jusabe-Hesede, cinco.
²¹Hananias foi pai de Pelatias; Pelatias de Jesaías; Jesaías de Refaías; Refaías de Arnã; Arnã de Obadias; e Obadias de Secanias.
²²Os filhos de Secanias: Semaías e os filhos deste: Hatus, Igal, Bariá, Nearias e Safate, seis.
²³Os filhos de Nearias: Elioenai, Ezequias e Azricão, três.
²⁴E os filhos de Elioenai: Hodavias, Eliasibe, Pelaías, Acube, Joanã, Delaías e Anani, sete.

## Capítulo 4

¹Os filhos de Judá: Pérez, Hezrom, Carmi, Hur e Sobal.
²Reaías, filho de Sobal, foi pai de Jaate, e Jaate de Aümai e Laade; estas são as famílias dos zoratitas.
³Estes foram os filhos de Etã: Jizreel, Ismá, e Idbás; e o nome da irmã deles era Hazelelponi;
⁴e mais Penuel, pai de Gedor, e Ézer, pai de Husá; estes foram os filhos de Hur, o primogênito de Efrata, pai de Belém.
⁵Asur, pai de Tecoa, tinha duas mulheres: Helá e Naará.
⁶Naará deu-lhe à luz Aüzão, Hefer, Temêni e Haastári; estes foram os filhos de Naará.
⁷E os filhos de Helá: Zerete, Izar e Etnã.
⁸Coz foi pai de Anube e Zobeba, e das famílias de Acarel, filho de Harum.
⁹Jabes foi mais ilustre do que seus irmãos (sua mãe lhe pusera o nome de Jabes, dizendo: Porquanto com dores o dei à luz)..
¹⁰Jabes invocou o Deus de Israel, dizendo: Oxalá que me abençoes, e estendas os meus termos; que a tua mão seja comigo e faças que do mal eu não seja afligido! E Deus lhe concedeu o que lhe pedira.
¹¹Quelube, irmão de Suá, foi pai de Meir, e este foi pai de Estom.
¹²Estom foi pai de Bete-Rafa, Paséia e Teína, que foi pai de Ir-Naás; estes foram os homens, de Reca.
¹³Os filhos de Quenaz: Otniel e Seraías; e Otniel foi pai de Hatate
¹⁴e Meonotai, que foi pai de Ofra; Seraías foi pai de Joabe, fundador de Ge-Harasim, cujos habitantes foram artífices.
¹⁵Os filhos de Calebe, filho de Jefoné: æru, Elá e Naã; e Elá foi pai de Quenaz:
¹⁶Os filhos de Jealelel: Zife, Zifá, Tíria e Asareel.
¹⁷Os filhos de Ezra: Jeter, Merede, Efer e Jalom; e ela deu à luz Miriã, Samai, e Isbá, pai de Estemoa,
¹⁸cuja mulher judia deu à luz Jerede, pai de Gedor, Heber, pai de Socó, e Jecutiel, pai de Zanoa; e estes foram os filhos de Bitia, filha de Faraó, que Merede tomou.
¹⁹Os filhos da mulher de Hodias, irmã de Naã, foram os pais de Queila, o garmita, e Estemoa, o maacatita.
²⁰Os filhos de Simão: Amnom, Rina, Bene-Hanã e Tilom; e os filhos de Isi: Zoete e Bene-Zoete.
²¹Os filhos de Selá, filho de Judá: Er, pai de Leca, Lada, pai de Maressa, e as famílias da casa dos que fabricavam linho, em Bete-Asbéia;
²²como também Joquim, e os homens de Cozeba, e Joás e Sarafe, os quais dominavam sobre Moabe, e Jasúbi-Leém. (Estes registros são antigos.)
²³Estes foram os oleiros, os habitantes de Netaim e de Gedera; e moravam ali com o rei para o seu serviço.
²⁴Os filhos de Simeão: Nemuel, Jamim, Jaribe, Zerá e Saul,
²⁵de quem foi filho Salum, de quem foi filho Mibsão, de quem foi filho Misma.
²⁶Os filhos de Misma: Jamuel, seu filho, de quem foi filho Zacur, de quem foi filho Simei.
²⁷Simei teve dezesseis filhos e seis filhas; porém seus irmãos não tiveram muitos filhos, nem se multiplicou toda a sua família tanto como as dos filhos de Judá.
²⁸Eles habitaram em Berseba, Molada, Hazar-Sual,
²⁹Bila, Ezem, Tolade,
³⁰Betuel, Horma, Ziclague,
³¹Bete-Marcabote, Hazar-Susim, Bete-Biri e Saraim; essas foram as suas cidades até o reinado de Davi.
³²As suas aldeias foram: Etã, Aim, Rimom, Toquem e Asã, cinco cidades,
³³com todas as suas aldeias, que estavam em redor destas cidades, até Baal. Estas foram as suas habitações e as suas genealogias.
³⁴Ora, Mesobabe, Jamleque, Josa, filho de Amazias,
³⁵Joel, Jeú, filho de Josibias, filho de Seraías, filho de Asiel,
³⁶Elioenai, Jaacobá, Jesoaías, Asaías, Adiel, Jesimiel, Benaías,
³⁷e Ziza, filho de Sifi, filho de Alom, filho de Jedaías, filho de Sínri, filho de Semaías
³⁸estes, registrados por nome, foram príncipes nas suas famílias; e as famílias de seus pais se multiplicaram grandemente.
³⁹Chegaram até a entrada de Gedor, ao lado oriental do vale, em busca de pasto para os seus rebanhos.
⁴⁰e acharam pasto abundante e bom, e a terra era espaçosa, quieta e pacífica; pois os que antes habitavam ali eram descendentes de Cão.
⁴¹Estes que estão inscritos por nome, vieram nos dias de Ezequias, rei de Judá, e destruíram as tendas e os meunins que se acharam ali, e os exterminaram totalmente até o dia de hoje, e habitaram em lugar deles; porque ali havia pasto para os seus rebanhos.
⁴²Também deles, isto é, dos filhos de Simeão, quinhentos homens foram ao monte Seir, tendo por capitães Pelatias, Nearias, Refaías e Uziel, filhos de Isi,
⁴³e, matando o restante dos amalequitas, que havia escapado, ficaram habitando ali até o dia de hoje.

## Capítulo 5

¹Quanto aos filhos de Rúben, o primogênito de Israel (pois ele era o primogênito; mas, porquanto profanara a cama de seu pai, deu-se a sua primogenitura aos filhos de José, filho de Israel, de sorte que a sua genealogia não é contada segundo o direito da primogenitura;

²pois Judá prevaleceu sobre seus irmãos, e dele proveio o príncipe; porém a primogenitura foi de José);

³os filhos de Rúben o primogênito de Israel: Hanoque, Palu, Hezrom e Carmi.

⁴Os filhos de Joel: Semaías, de quem foi filho Gogue, de quem foi filho Simei,

⁵de quem foi filho Mica, de quem foi filho Reaías, de quem foi filho Baal,

⁶de quem foi filho Beera, a quem Tilgate-Pilneser levou cativo; ele foi príncipe dos rubenitas.

⁷E seus irmãos, pelas suas famílias, quando se fez a genealogia das suas gerações, foram: o chefe Jeiel, Zacarias,

⁸Belá, filho de Azaz, filho de Sema, filho de Joel, que habitou em Aroer até Nebo e Baal-Meom;

⁹ao oriente habitou até a entrada do deserto, desde o rio Eufrates; porque seu gado se tinha multiplicado na terra de Gileade.

¹⁰E nos dias de Saul fizeram guerra aos hagarenos, que caíram pela sua mão; e eles habitaram nas suas tendas em toda a região oriental de Gileade.

¹¹E os filhos de Gade habitaram defronte deles na terra de Basã, até Salca:

¹²o chefe Joel, Safã o segundo, Janai e Safate em Basã,

¹³e seus irmãos, segundo as suas casas paternas: Micael, Mesulão, Sebá, Jorai, Jacã, Ziá e Eber, sete.

¹⁴Estes foram os filhos de Abiail, filho de Huri, filho de Jaroá, filho de Gileade, filho de Micael, filho de Jesisai, filho de Jado, filho de Buz;

¹⁵Aí, filho de Abdiel, filho de Guni, chefe das casas paternas.

¹⁶E habitaram em Gileade, em Basã, e nas suas aldeias, como também em todos os arrabaldes de Sarom até os seus termos.

¹⁷Todos estes foram registrados, segundo as suas genealogias, nos dias de Jotão, rei de Judá, e nos dias de Jeroboão, rei de Israel.

¹⁸Os rubenitas, os gaditas, e a meia tribo de Manassés tinham homens valentes, que traziam escudo e espada e entesavam o arco, e que eram destros na guerra, quarenta e quatro mil setecentos e sessenta, que saíam à peleja.

¹⁹Fizeram guerra aos hagarenos, bem como a Jetur, a Nafis e a Nodabe,

²⁰e foram ajudados contra eles, de sorte que os hagarenos e todos quantos estavam com eles foram entregues em sua mão; porque clamaram a Deus na peleja, e ele lhes deu ouvidos, porquanto confiaram nele.

²¹E levaram o gado deles: cinqüenta mil camelos, duzentos e cinqüenta mil ovelhas e dois mil jumentos; e também cem mil homens,

²²pois muitos caíram mortos, porque de Deus era a peleja; e ficaram habitando no lugar deles até o cativeiro.

²³Os filhos da meia tribo de Manassés habitaram naquela terra; e multiplicaram-se desde Basã até Baal-Hermom, Senir, e o monte Hermom.

²⁴E estes foram os cabeças de suas casas paternas, a saber: Efer, Isi, Eliel, Azriel, Jeremias, Hodavias e Jadiel, homens valentes, homens de nome, e chefes das suas casas paternas.

²⁵Cometeram, porém, transgressões contra o Deus de seus pais, e se prostituíram, seguindo os deuses dos povos da terra, os quais Deus destruíra de diante deles.

²⁶Pelo que o Deus de Israel excitou o espírito de Pul, rei da Assíria, e o espírito de Tilgate-Pilneser, rei da Assíria, que os levaram cativos, a saber: os rubenitas, os gaditas, e a meia tribo de Manassés; e os transportaram para Hala, Habor, Hara, e para o rio de Gozã, onde estão até o dia de hoje.

## Capítulo 6

¹Os filhos de Levi: Gérson, Coate e Merári.

²Os filhos de Coate: Anrão, Izar, Hebrom e Uziel.

³Os filhos de Anrão: Arão, Moisés e Miriã; e os filhos de Arão: Nadabe, Abiú, Eleazar e Itamar.

⁴Eleazar foi pai de Finéias, Finéias de Abisua,

⁵Abisua de Buqui, Buqui de Uzi,

⁶Uzi de Zeraías, Zeraías de Meraiote,

⁷Meraiote de Amarias, Amarias de Aitube,

⁸Aitube de Zadoque, Zadoque de Aimaaz,

⁹Aimaaz de Azarias, Azarias de Joanã,

¹⁰Joanã de Azarias, que exerceu o sacerdócio na casa que Salomão edificou em Jerusalém;

¹¹Azarias foi pai de Amarias, Amarias de Aitube,

¹²Aitube de Zadoque, Zadoque de Salum,

¹³Salum de Hilquias, Hilquias de Azarias,

¹⁴Azarias de Seraías, Seraías de Jeozadaque;

¹⁵e Jeozadaque foi levado cativo quando o Senhor levou em cativeiro Judá e Jerusalém por intermédio de Nabucodonozor.

¹⁶Os filhos de Levi: Gérson, Coate e Merári.

¹⁷Estes são os nomes dos filhos de Gérson: Líbni e Simei.

¹⁸Os filhos de Coate: Anrão, Izar, Hebrom e Uziel.

¹⁹Os filhos de Merári: Mali e Musi. Estas são as famílias dos levitas, segundo as casas de seus pais.

²⁰De Gérson: Líbni, de quem foi filho Jaate, de quem foi filho Zima,

²¹de quem foi filho Joá, de quem foi filho Ido, de quem foi filho Zerá, de quem foi filho Jeaterai;

²²Os filhos de Coate: Aminadabe, de quem foi filho Corá, de quem foi filho Assir,

²³de quem foi filho Elcana, de quem foi filho Ebiasafe, de quem foi filho Assir,

²⁴de quem foi filho Taate, de quem foi filho Uriel, de quem foi filho Uzias, de quem foi filho Saul.

²⁵Os filhos de Elcana: Amasai e Aimote,

²⁶de quem foi filho Elcana, de quem foi filho Zofai, de quem foi filho Naate,

²⁷de quem foi filho Eliabe, de quem foi filho Jeroão, de quem foi filho Elcana.

²⁸E os filhos de Samuel: Joel, seu primogênito, e Abias, o segundo.

²⁹Os filhos de Merári: Mali, de quem foi filho Líbni, de quem foi filho Simei, de quem foi filho Uzá,

³⁰de quem foi filho Siméia, de quem foi filho Hagias, de quem foi filho Asaías.

³¹Estes são os que Davi constituiu sobre o serviço de canto da casa do Senhor, depois: que a arca teve repouso.

³²Ministravam com cântico diante do tabernáculo da tenda da revelação, até que Salomão edificou a casa do Senhor em Jerusalém; e exerciam o seu ministério segundo a sua ordem.

³³São estes; pois, os que ali estavam com seus filhos: dos filhos dos coatitas, Hemã, o cantor, filho de Joel, filho de Samuel,

³⁴filho de Elcana, filho de Jeroão, filho de Eliel, filho de Toá,

³⁵filho de Zufe, filho de Elcana, filho de Maate, filho de Amasai,

³⁶filho de Elcana, filho de Joel, filho de Azarias, filho de Sofonias,

³⁷filho de Taate, filho de Assir, filho de Ebiasafe, filho de Corá,

³⁸filho de Izar, filho de Coate, filho de Levi, filho de Israel.

³⁹E seu irmão Asafe estava à sua direita; e era Asafe filho de Berequias, filho de Siméia,

⁴⁰filho de Micael, filho de Baaséias, filho de Malquias,

⁴¹filho de Etni, filho de Zerá, filho de Adaías,

⁴²filho de Etã, filho de Zima, filho de Simei,

⁴³filho de Jaate, filho de Gérson, filho de Levi.

⁴⁴E à esquerda estavam seus irmãos, os filhos de Merári: Etã, filho de Quísi, filho de Abdi, filho de Maluque,

⁴⁵filho de Hasabias, filho de Amazias, filho de Hilquias,

⁴⁶filho de Anzi, filho de Bani, filho de Semer,

⁴⁷filho de Mali, filho de Musi, filho de Merári, filho de Levi.

⁴⁸Mas Arão e seus irmãos, os levitas, foram designados para todo o serviço do tabernáculo da casa de Deus.

⁴⁹Mas Arão e seus filhos ofereciam os sacrifícios sobre o altar do holocausto e o incenso sobre o altar do incenso, para todo o serviço do lugar santíssimo, e para fazer expiação a favor de Israel, conforme tudo quanto Moisés, servo de Deus, havia ordenado:

⁵⁰Estes foram os filhos de Arão: Eleazar, de quem foi filho Finéias, de quem foi filho Abisua,

⁵¹de quem foi filho Buqui, de quem foi filho Uzi, de quem foi filho Zeraías,

⁵²de quem foi filho Meraiote, de quem foi filho Amarias, de quem foi filho Aitube,

⁵³de quem foi filho Zadoque, de quem foi filho Aimaaz.

⁵⁴Ora, estas foram as suas habitações, segundo os seus acampamentos nos seus termos, a saber: aos filhos de Arão, das famílias dos coatitas (porque lhes caiu a primeira sorte),

⁵⁵deram-lhes Hebrom, na terra de Judá, e os campos que a rodeiam;

⁵⁶porém os campos da cidade e as suas aldeias, deram-nos a Calebe, filho de Jefone.

⁵⁷E aos filhos de Arão deram as cidades de refúgio: Hebrom, Libna e seus campos, Jatir, Estemoa e seus campos,

⁵⁸Hilem e seus campos, Debir e seus campos,

⁵⁹Asã e seus campos, Bete-Senues e seus campos;

⁶⁰e da tribo de Benjamim: Geba e seus campos, Alemete e seus campos, Anatote e seus campos; todas as suas cidades, pelas suas famílias, foram treze.

⁶¹Mas aos filhos de Coate, aos restantes da família da tribo, por sorte caíram dez cidades da meia tribo, da metade de Manassés;

⁶²aos filhos de Gérsom segundo as suas famílias, cairam treze cidades das tribos de Issacar, Aser, Naftali e Manassés, em Basã;

⁶³e aos filhos de Merári, segundo as suas famílias, por sorte caíram doze cidades das tribos de Rúben Gade e Zebulom.

⁶⁴Assim os filhos de Israel deram aos levitas estas cidades e seus campos.

⁶⁵Deram-lhes por sorte, da tribo dos filhos de Judá, da tribo dos filhos de Simeão, e da tribo dos filhos de Benjamim, estas cidades que são mencionadas nominalmente.

⁶⁶Algumas das famílias dos filhos de Coate receberam da tribo de Efraim cidades de seus termos.

⁶⁷Deram-lhes as cidades de refúgio: Siquém e seus campos, na região montanhosa de Efraim, como também Gezer e seus campos.

⁶⁸Jocmeão e seus campos, Bete-Horom e seus campos,

⁶⁹Aijalom e seus campos, e Gate-Rimom e seus campos;

⁷⁰e da meia tribo de Manassés, Aner e seus campos, e Bileã e seus campos, deram-nos aos restantes da família dos filhos de Coate.

⁷¹Aos filhos de Gérson deram, da família da meia tribo de Manassés, Golã, em Basã, e seus campos, e Astarote e seus campos;

⁷²e da tribo de Issacar: Quedes e seus campos, Daberate e seus campos,

⁷³Ramote e seus campos, e Aném e seus campos;

⁷⁴e da tribo de Aser: Masal e seus campos, Abdom e seus campos,

⁷⁵Hucoque e seus campos, e Reobe e seus campos;

⁷⁶e da tribo de Naftali: Quedes, em Galiléia, e seus campos, Hamom e seus campos, e Quiriataim e seus campos.

⁷⁷Aos restantes dos filhos de Merári deram, da tribo de Zebulom, Rimono e seus campos, Tabor e seus campos,

⁷⁸e dalém do Jordão, na altura de Jericó, ao oriente do Jordão, deram, da tribo de Rúben Bezer, no deserto, e seus campos, Jaza e seus campos,

⁷⁹Quedemote e seus campos, e Mefaate e seus campos;

⁸⁰e da tribo de Gade, Ramote, em Gileade, e seus campos, Maanaim e seus campos.

⁸¹Hesbom e seus campos, e Jazer e seus campos.

## Capítulo 7

¹Os filhos de Issacar foram: Tola, Pua, Jasube e Sinrom, quatro.

²Os filhos de Tola: Uzi, Refaias, Jeriel, Jamai, Ibsão e Semuel, chefes das suas casas paternas, da linhagem de Tola, homens valentes nas suas gerações; o seu número nos dias de Davi foi de vinte e dois mil e seiscentos.

³Os filhos de Uzi: Izraías e mais os filhos de Izraías: Micael, Obadias, Joel e Issijá, cinco, todos eles chefes.

⁴E houve com eles, nas suas gerações, segundo as suas casas paternas, em tropas de gente de guerra, trinta e seis mil; pois tiveram muitas mulheres e filhos.

⁵E seus irmãos, em todas as famílias de Issacar, varões valentes, todos contados pelas suas genealogias, foram oitenta e sete mil.

⁶Os filhos de Benjamim: Beiá, Bequer e Jediael, três.

⁷Os filhos de Belá: Ezbom, Uzi, Uziel; Jerimote e Iri, cinco chefes de casas paternas, homens valentes, os quais foram contados pelas suas genealogias vinte e dois:

⁸Os filhos de Bequer: Zemira, Joás, Eliézer, Elioenai, Onri, Jerimote, Abias, Anatote e Alemete; todos estes foram filhos de Bequer.

⁹E foram contados pelas suas genealogias, segundo as suas gerações, chefes das suas casas paternas, homens valentes, vinte mil e duzentos.

¹⁰Os filhos de Jediael: Bilã, e mais os filhos de Bilã: Jeús, Benjamim, Eúde, Quenaaná, Zetã, Társis e Aisaar.

¹¹Todos estes filhos de Jediael, segundo os chefes das casas paternas, homens valentes, foram dezessete mil e duzentos, que podiam sair no exército à peleja.

¹²E também Supim, e Hupim, os filhos de Ir, com Husim, o filho de Aer.

¹³Os filhos de Naftali: Jaziel, Guni, Jezer e Salum, filho de Bila.

¹⁴Os filhos de Manassés: Asriel, que teve da sua mulher; a sua concubina, a sira, teve a Maquir, pai de Gileade;

¹⁵e Maquir tomou mulheres para Hupim e Supim; a irmã dele se chamava Maacar. Foi o nome do segundo Zelofeade; e Zelofeade teve filhas.

¹⁶Maacá, mulher de Maquir, teve um filho, e chamou o seu nome Peres, e o nome de seu irmão foi Seres; e foram seus filhos: Ulão e Raquém.

¹⁷De Ulão foi filho Beda. Esses foram os filhos de Gileade, filho de Maquir, filho de Manassés.

¹⁸Sua irmã Hamolequete teve Isode, Abiezer e Maclá.

¹⁹E foram os filhos de Semida: Aiã, Siquém, Líqui e Anião. que

²⁰Os filhos de Efraim: Sutela, de quem foi filho Berede, de quem foi filho Taate, de quem foi filho Eleadá, de quem foi filho Taate,

²¹de quem foi filho Zabade, de quem foi filho Sutela; e Ezer e Eleade, aos quais os homens de Tate, naturais da terra, mataram, por terem descido para tomar o seu gado.

²²E Efraim, seu pai, os pranteou por muitos dias, pelo que seus irmãos vieram para o consolar.

²³Depois juntou-se com sua mulher, e concebendo ela, teve um filho, ao qual ele deu o nome de Berias, porque as coisas iam mal na sua casa.

²⁴Sua filha foi Seerá, que edificou a Bete-Horom, a baixa e a alta, como também a Uzem-Seerá.

²⁵Foi seu filho Refa, como também Resefe, de quem foi filho Tela, de quem foi filho Taã,

²⁶de quem foi filho Ladã, de quem foi filho Amiúde, de quem foi filho Elisama,

²⁷de quem foi filho Num, de quem foi filho Josué:

²⁸Ora, as suas possessões e as suas habitações foram Betel e suas aldeias, e ao oriente Naarã, e ao ocidente Gezer e suas aldeias, e Siquém e suas aldeias, até Gaza e suas aldeias;

²⁹e da banda dos filhos de Manassés, Bete-Seã e suas aldeias, Taanaque e suas aldeias, Megido e suas aldeias, e Dor e suas aldeias. Nesses lugares habitaram os filhos de José, filho de Israel.

³⁰Os filhos de Aser: Imná, Isvá, Isvi, Berias e Sera, irmã deles:

³¹Os filhos de Berias: Heber e Malquiel; este foi o pai de Birzavite.

³²Heber foi pai de Jaflete, Somer, Hotão e Suá, irmã deles.

³³Os filhos de Jaflete: Pasaque, Bimal e Asvate; esses foram os filhos de Jaflete.

³⁴Os filhos de Semer: Aí, Roga, Jeubá e Arã:

³⁵Os filhos de seu irmão Helem: Zofa, Imna, Seles e Amal.

³⁶Os filhos de Zofa: Suá, Harnefer, Sual, Beri, Inra,

³⁷Bezer, Hode, Samá, Silsa, Itrã e Beera.

³⁸Os filhos de Jeter: Jefoné, Pispa e Ara.

³⁹Os filhos de Ula: Ará, Haniel e Rízia.

⁴⁰Todos esses foram filhos de Aser, chefes das casas paternas, homens escolhidos e valentes, chefes dos príncipes; e o número deles, contados segundo as suas genealogias para o serviço de guerra, foi vinte e seis mil homens.

## Capítulo 8

¹Benjamim foi pai de Belá, seu primogênito, de Asbel o segundo, e de Aará o terceiro,

²de Noá o quarto, e de Rafa o quinto.

³Belá teve estes filhos: Adar, Gêra, Abiúde,

⁴Abisua, Naamã, Aoá,

⁵Gêra, Sefufã e Hurão.

⁶Estes foram os filhos de Eúde, que foram os chefes das casas paternas dos habitantes de Geba, e que foram levados cativos para Manaate;

⁷Naamã, Aías e Gêra; este os transportou; foi ele pai de Uzá e Aiúde.

⁸Saaraim teve filhos na terra de Moabe, depois que despedira Husim e Baara, suas mulheres.

⁹E de Hodes, sua mulher, teve Jobabe, Zíbia, Messa, Malcã,

¹⁰Jeuz, Saquias e Mirma; esses foram seus filhos:, chefes de casas paternas:

¹¹De Husim teve Abitube e Elpaal.

¹²Os filhos de Elpaal: Eber, Misã, Semede (este edificou Ono e Lode e suas aldeias),

¹³Berias e Sema (estes foram chefes de casas paternas dos habitantes de Aijalom, os quais afugentaram os habitantes de Gatel,

¹⁴Aiô, Sasaque e Jerimote.

¹⁵Zebadias, Arade, Eder,

¹⁶Micael, Ispá e Joá foram filhos de Berias;

¹⁷Zebadias, Mesulão, Hizqui, Heber,

¹⁸Ismerai, Izlias e Jobabe foram filhos de Elpaal;

¹⁹Jaquim, Zicri, Zabdi,
²⁰Elienai, Ziletai, Eliel,
²¹Adaías, Beraías e Sinrate foram filhos de Simei;
²²Ispã, Eber, Eliel,
²³Abdom, Zicri, Hanã,
²⁴Hananias, Elão, Antotias,
²⁵Ifdéias e Penuel foram filhos de Sasaque;
²⁶Sanserai, Searias, Atalias,
²⁷Jaaresias, Elias e Zicri foram filhos de Jeroão.
²⁸Estes foram chefes de casas paternas, segundo as suas gerações, homens principais; e habitaram em Jerusalém.
²⁹E em Gibeão habitaram o pai de Gibeão, cuja mulher se chamava Maacá,
³⁰e seu filho primogênito Abdom, depois Zur, Quiz, Baal, Nadabe,
³¹Gedor, Aiô, Zequer e Miclote.
³²Miclote foi pai de Siméia; também estes habitaram em Jerusalém defronte de seus irmãos.
³³Ner foi pai de Quis, e Quis de Saul; Saul foi pai de Jônatas, Malquisua, Abinadabe e Es-Baal.
³⁴Filho de Jônatas foi Meribe-Baal; e Meribe-Baal foi pai de Mica.
³⁵Os filhos de Mica foram: Pitom, Meleque, Tareá e Acaz.
³⁶Acaz foi pai de Jeoada; Jeoada foi pai de Alemete, Azmavete e Zinri; Zinri foi pai de Moza;
³⁷Moza foi pai de Bineá, de quem foi filho Rafa, de quem foi filho Eleasá, de quem foi filho Azel.
³⁸Azel teve seis filhos, cujos nomes foram: Azricão, Bocru, Ismael, Searias, Obadias e Hanã; todos estes foram filhos de Azel.
³⁹Os filhos de Eseque, seu irmão: Ulão, seu primogênito, Jeús o segundo, e Elifelete o terceiro.
⁴⁰Os filhos de Ulão foram homens heróis, valentes, e flecheiros destros; e tiveram muitos filhos, e filhos de filhos, cento e cinquenta. Todos estes foram dos filhos de Benjamim.

## Capítulo 9

¹Todo o Israel, pois, foi arrolado por genealogias, que estão inscritas no livro dos reis de Israel; e Judá foi transportado para Babilônia, por causa da sua infidelidade.
²Ora, os primeiros a se restabelecerem nas suas possessões e nas suas cidades foram de Israel, os sacerdotes, os levitas, e os netinins.
³E alguns dos filhos de Judá, de Benjamim, e de Efraim e Manassés, habitaram em Jerusalém:
⁴Utai, filho de Amiúde, filho de Onri, filho de Inri, filho de Bari, dos filhos de Pérez, filho de Judá;
⁵dos silonitas: Asaías o primogênito, e seus filhos;
⁶dos filhos de Zerá: Jeuel e seus irmãos, seiscentos e noventa;
⁷dos filhos de Benjamim: Salu, filho de Mesulão, filho de Hodavias, filho de Hassenua;
⁸Ibnéias, filho de Jeroão; Elá, filho de Uzi, filho de Mícri; Mesulão, filho de Sefatias, filho de Reuel, filho de Ibnijas;
⁹e seus irmãos, segundo as suas gerações, novecentos e cinquenta e seis. Todos estes homens foram chefes de casas paternas, segundo as casas de seus pais.
¹⁰E dos sacerdotes: Jedaías, Jeoiaribe e Jaquim;
¹¹Azarias, filho de Hilquias, filho de Mesulão, filho de Zadoque, filho de Meraiote. filho de Aitube, regente da casa de Deus;
¹²Adaías, filho de Jeroão, filho de Pasur, filho de Malquias; Maasai, filho de Adiel, filho de Jazera, filho de Mesulão, filho de Mesilemite, filho de Imer;
¹³como também seus irmãos, chefes de suas casas paternas, mil setecentos e sessenta, homens capacitados para o serviço a casa de Deus.
¹⁴E dos levitas: Semaías, filho de Hassube, filho de Azricão, filho de Hasabias, dos filhos de Merári:
¹⁵Baquebacar, Heres, Galal, e Matanias, filho de Mica, filho de Zicri, filho de Asafe;
¹⁶Obadias, filho de Semaías, filho de Galal, filho de Jedútun; e Berequias, filho de Asa, filho de Elcana, morador das aldeias dos netofatitas.
¹⁷Foram porteiros: Salum, Acube, Talmom, Aimã, e seus irmãos, sendo Salum o chefe;
¹⁸e até aquele tempo estavam de guarda à porta do rei, que ficava ao oriente. Estes foram os porteiros para os arraiais dos filhos de Levi.
¹⁹Salum, filho de Coré, filho de Ebiasafe, filho de Corá, e seus irmãos da casa de seu pai, os coraítas estavam encarregados do serviço como guardas das entradas do tabernáculo, como seus pais também tinham sido encarregados do arraial do Senhor, sendo guardas da entrada.

²⁰Finéias, filho de Eleazar, dantes era guia entre eles; e o Senhor era com ele.
²¹Zacarias, filho de Meselemias, guardava a porta da tenda da revelação.
²²Todos estes, escolhidos para serem guardas das entradas, foram duzentos e doze; e foram contados por suas genealogias, nas suas aldeias. Davi e Samuel, o vidente, os constituíram nos seus respectivos cargos.
²³Tinham, pois, eles e seus filhos o cargo das portas da casa do Senhor, a saber, da casa da tenda, como guardas.
²⁴Os porteiros estavam aos quatro lados, ao oriente, ao ocidente, ao norte e ao sul:
²⁵Seus irmãos, que moravam nas suas aldeias, deviam de tempo em tempo vir por sete dias para servirem com eles.
²⁶pois os quatro porteiros principais, que eram levitas, estavam encarregados das câmaras e dos tesouros da casa de Deus.
²⁷E se alojavam à roda da casa de Deus. Porque a sua guarda lhes estava entregue, e tinham o encargo de abri-la cada manhã.
²⁸Alguns deles estavam encarregados dos utensílios do serviço, pois estes por conta eram trazidos e por conta eram tirados.
²⁹Outros estavam encarregados dos móveis e de todos os utensílios do santuário, como também da flor de farinha, do vinho, do azeite, do incenso e das especiarias.
³⁰Os que confeccionavam as especiarias eram dos filhos dos sacerdotes.
³¹Matitias, um dos levitas, o primogênito de Salum, o coraíta, estava encarregado de tudo o que se cozia em sertãs.
³²E seus irmãos, dentre os filhos dos coatitas, alguns tinham o cargo dos pães da proposição, para os prepararem de sábado em sábado.
³³Estes são os cantores, chefes de casas paternas dos levitas, que moravam nas câmaras e estavam isentos de outros serviços, porque de dia e de noite se ocupavam naquele serviço.
³⁴Estes foram chefes de casas paternas dos levitas, em suas gerações; e estes habitaram em Jerusalém.
³⁵Em Gibeão habitou Jeiel, pai de Hibeão (e era o nome de sua mulher Maacá);
³⁶seu filho primogênito foi Abdom; depois Zur, Quis, Baal, Ner, Nadabe,
³⁷Gedor, Aiô, Zacarias e Miclote.
³⁸Miclote foi pai de Simeão; também estes habitaram em Jerusalém defronte d? seus irmaos.
³⁹Ner foi pai de Quis; Quis de Saul; e Saul de Jônatas, Malquisua, Abinadabe e Es-Baal.
⁴⁰Filho de Jônatas foi Meribe-Baal; Meribe-Baal foi pai de Mica.
⁴¹Os filhos de Mica: Pitom, Meleque, Tareá, e Acaz.
⁴²Acaz foi pai de Jará; Jará foi pai de Alemete, Azmavete e Zinri; Zinri foi pai de Moza.
⁴³Moza foi pai de Bineá, de quem foi filho Refaías, de quem foi filho Eleasá, de quem foi filho Azel.
⁴⁴Azel teve seis filhos, cujos nomes são: Azricão, Bocru, Ismael, Searias, Obadias e Hanã; estes foram os filhos de Azel.

## Capítulo 10

¹Ora, os filisteus pelejaram contra Israel; e os homens de Israel, fugindo de diante dos filisteus, caíram mortos no monte Gilboa.
²Os filisteus perseguiram a Saul e seus filhos, e mataram Jônatas, Abinadabe e Malquisua, filhos de Saul.
³A peleja se agravou contra Saul, e os flecheiros o alcançaram, e ele foi ferido pelos flecheiros.
⁴Então disse Saul: Arranca a tua espada, e atravessa-me com ela, para que que não venham estes incircuncisos e escarneçam de mim. Mas o seu escudeiro não quis, porque temia muito; então tomou Saul a sua espada, e se lançou sobre ela.
⁵Vendo, pois, o seu escudeiro que Saul estava morto, lançou-se também sobre sua espada, e morreu.
⁶Assim morreram Saul e seus três filhos; morreu toda a sua casa juntamente.
⁷Quando todos os homens de Israel que estavam no vale viram que Israel havia fugido, e que Saul eram mortos, abandonaram as suas cidades e fugiram, e vindo os filisteus, habitaram nelas.
⁸No dia seguinte, quando os filisteus vieram para despojar os mortos acharam Saul e seus filhos estirados no monte Gilboa.
⁹Então o despojaram, tomaram a sua cabeça e as suas armas, e enviaram mensageiros pela terra dos filisteus em redor, para levarem a boa nova a seus ídolos e ao povo.
¹⁰Puseram as armas dele na casa de seus deuses, e pregaram-lhe a cabeça na casa de Dagom.

¹¹Quando, pois, toda a Jabes-Gileade ouviu tudo quanto os filisteus haviam feito a Saul,

¹²todos os homens valentes se levantaram e, tomando o corpo de Saul e os corpos de seus filhos, trouxeram-nos a Jabes; e sepultaram os seus ossos debaixo o terebinto em Jabes, e jejuaram sete dias.

¹³Assim morreu Saul por causa da sua infidelidade para com o Senhor, porque não havia guardado a palavra do Senhor; e também porque buscou a adivinhadora para a consultar,

¹⁴e não buscou ao Senhor; pelo que ele o matou, e transferiu o reino a Davi, filho de Jessé.

## Capítulo 11

¹Então todo o Israel se ajuntou a Davi em Hebron, dizendo: Eis que somos teus ossos e tua carne.

²Já dantes, quando Saul ainda era rei, eras tu o que fazias Israel sair, e entrar; também o Senhor teu Deus te disse: Tu apascentaras o meu povo Israel; tu seras príncipe sobre o meu povo Israel.

³Assim vieram todos os anciãos de Israel ao rei, a Hebrom; e Davi fez com eles um pacto em Hebrom, perante o Senhor; e ungiram a Davi rei sobre Israel, conforme a palavra do Senhor por intermédio de Samuel.

⁴Então Davi, com todo o Israel, partiu para Jerusalém, que é Jebus; e estavam ali os jebuseus, habitantes da terra.

⁵E disseram os habitantes de Jebus a Davi: Tu não entrarás aqui. Não obstante isso, Davi tomou a fortaleza de Sião, que é a cidade de Davi.

⁶Davi disse: Qualquer que primeiro ferir os jebuseus será chefe e capitão. E Joabe, filho de Zeruia, subiu primeiro, pelo que foi feito chefe.

⁷Então Davi habitou na fortaleza, e por isso foi chamada cidade de Davi.

⁸E edificou a cidade ao redor, desde Milo em diante; e Joabe reparou o resto da cidade.

⁹Davi tornava-se cada vez mais forte; porque o Senhor dos exércitos era com ele.

¹⁰São estes os chefes dos valentes de Davi, que o apoiaram fortemente no seu reino, com todo o Israel, para o fazerem rei, conforme a palavra do Senhor, no tocante a Israel.

¹¹Esta é a relação dos valentes de Davi: Jasobeão, filho dum hacmonita, o chefe dos trinta, o qual, brandindo a sua lança contra trezentos, duma só vez os matou.

¹²Depois dele, Eleazar, filho de Dodó, o aoíta; ele estava entre os três valentes.

¹³Este esteve com Davi em Pas-Damim, quando os filisteus ali se ajuntaram à peleja, onde havia um pedaço de campo cheio de cevada; e o povo fugia de diante dos filisteus.

¹⁴Mas eles se puseram no meio daquele campo, e o defenderam, e mataram os filisteus; e o Senhor os salvou com uma grande vitória.

¹⁵Três dos trinta chefes desceram à penha, a ter com Davi, na caverna de Adulão; e o exército dos filisteus estara acampado no vale de Refaim.

¹⁶Davi estava então no lugar forte, e a guarnição dos filisteus estava em Belém.

¹⁷E Davi, ofegante, exclamou: Quem me dera beber da água do poço de Belém, que está junto à porta!

¹⁸Então aqueles três romperam pelo arraial dos filisteus, tiraram água do poço de Belém, que estava junto à porta, e a trouxeram a Davi; porém Davi não a quis beber, mas a derramou perante o Senhor,

¹⁹dizendo: Não permita meu Deus que eu faça isso! Beberia eu o sangue da vida destes homens? Pois com perigo das suas vidas a trouxeram. Assim, não a quis beber. Isso fizeram aqueles três valentes.

²⁰Abisai, irmão de Joabe, era o chefe dos três; o qual, brandindo a sua lança contra trezentos, os matou, e teve nome entre os três.

²¹Ele foi mais ilustre do que os outros dois, pelo que foi feito chefe deles; todavia não igualou aos primeiros três.

²²Havia também Benaías, filho de Jeoiada, filho de um homem valente de Cabzeel, autor de grandes feitos; este matou dois filhos de Ariel de Moabe; depois desceu e matou um leão dentro duma cova, no tempo da neve.

²³Matou também um egípcio, homem de grande altura, de cinco côvados. O egípcio tinha na mão uma lança como o órgão de tecelão; mas Benaías desceu contra ele com um cajado, arrancou-lhe da mão a lança e com ela o matou.

²⁴Estas coisas fez Benaías, filho de Jeoiada, pelo que teve nome entre os três valentes.

²⁵e o mais ilustre, contudo não igualou aos primeiros três; e Davi o pôs sobre os da sua guarda.

²⁶Os valentes dos exércitos: Asael, irmão de Joabe; El-Hanã, filho de Dodó, de Belém;

²⁷Samote, o harorita; Helez, o pelonita;

²⁸Ira, filho de Iques, o tecoíta; Abiezer, o anatotita;

²⁹Sibecai, o husatita; Ilai, o aoíta;

³⁰Maarai, o netofatita; Helede, filho de Baaná, o netofatita;

³¹Itai, filho de Ribai, de Gibeá, dos filhos de Benjamim; Benaías, o piratonita;

³²Hurai, dos ribeiros de Gaás; Abiel, o arbatita;

³³Azmavete, o baarumita; Eliabá, o saalbonita;

³⁴dos filhos de Hasem, o gizonita: Jônatas, filho de Sage, o hararita;

³⁵Aião, filho de Sacar, o hararita; Elifal, filho de Ur.

³⁶Hefer, o mequeratita; Aías, o pelonita;

³⁷Hezro, o carmelita; , Naarai, filho de Ebzai;

³⁸Joel, irmão de Natã; Mibar, filho de Harri;

³⁹Zeleque, o amonita; Naarai, o berotita, escudeiro de Joabe, filho de Zeniia;

⁴⁰Ira, o itrita; Garebe, o itrita;

⁴¹Urias, o heteu; Zabade, filho de Alai;

⁴²Adina, filho de Siza, o rubenita, chefe dos rubenitas, e com ele trinta;

⁴³Hanã, filho de Maacá; Jeosafá, o mitnita;

⁴⁴Uzias, o asteratita; Sama e Jeiel, filhos de Hotão, o aroerita;

⁴⁵Jediael, filho de Sínri, e Joá, seu irmão, o tizita;

⁴⁶Eliel, o maavita; Jeribai e Josavias, filhos de Elnaão; Itma, o moabita;

⁴⁷Eliel, Obede e Jaasiel, o mezobaíta

## Capítulo 12

¹Ora, estes são os que vieram a Davi a Ziclague, estando ele ainda tolhido nos seus movimentos por causa de Saul, filho de Quis; e eram dos valentes que o ajudaram na guerra.

²Eram archeiros, e usavam tanto da mão direita como da esquerda em atirar pedras com fundas e em disparar flechas com o arco; eram dos irmãos de Saul, benjamitas.

³Aizer, o chefe, e Joás, filhos de Semaá, o gibeatita; Jeziel e Pelete, filhos de Azmavete; Beraca e Jeú, o anatotita;

⁴Ismaías, o gibeonita, valente entre os trinta, e chefe deles; Jeremias, Jaaziel, Joanã e Jozabade, o gederatita;

⁵Eluzai, Jerimote, Bealias, Semarias e Sefatias, o harufita;

⁶Elcana, Issias, Azarel, Joezer e Jasobeão, os coraítas;

⁷e Joela e Zebadias, filhos de Jeroão de Ged or.

⁸Dos gaditas se passaram para Davi, ao lugar forte no deserto, homens valentes adestrados para a guerra, que sabiam manejar escudo e lança; seus rostos eram como rostos de leões, e eles eram tão ligeiros como corças sobre os montes.

⁹Ezer era o chefe, Obadias o segundo, Eliabe o terceiro,

¹⁰Mismana o quarto, Jeremias o quinto,

¹¹Atai o sexto, Eliel o sétimo,

¹²Joanã o oitavo, Elzabade o nono,

¹³Jeremias o décimo, Macbanai o undécimo.

¹⁴Estes, dos filhos de Gade, foram os chefes do exército; o menor valia por cem, e o maior por mil.

¹⁵Estes são os que passaram o Jordão no mês primeiro, quando ele transbordava por todas as suas ribanceiras, e puseram em fuga todos os dois vales ao oriente e ao ocidente.

¹⁶Igualmente alguns dos filhos de Benjamim e de Judá vieram a Davi, ao lugar forte.

¹⁷Davi saiu-lhes ao encontro e lhes disse: Se viestes a mim pacificamente para me ajudar, o meu coração se unirá convosco; porém se é para me entregar aos meus inimigos, sem que haja mal nas minhas mãos, o Deus de nossos pais o veja e o repreenda.

¹⁸Então veio o espírito sobre Amasai, chefe dos trinta, que disse: Nós somos teus, ó Davi, e contigo estamos, ó filho de Jessé! Paz, paz contigo, e paz com quem te ajuda! pois que teu Deus te ajuda. E Davi os recebeu, e os fez chefes de tropas.

¹⁹Também de Manassés alguns se passaram para Davi; foi quando ele veio com os filisteus para a batalha contra Saul; todavia não os ajudou, pois os chefes dos filisteus tendo feito conselho, o despediram, dizendo: Com perigo de nossas cabeças ele se passará para Saul, seu senhor;

²⁰Voltando ele, pois, a Ziclague, passaram-se para ele, de Manassés: Adná, Jozabade, Jediael, Micael, Jozabade, Eliú e Ziletai, chefes de milhares dos de Manassés.

²¹E estes ajudaram a Davi contra a tropa de saqueadores, pois todos eles eram heróis valentes, e foram chefes no exército.

²²De dia em dia concorriam a Davi para o ajudar, até que se fez um grande exército, como o exército de Deus.

²³Ora, estes são os números dos chefes armados para a peleja, que vieram a Davi em Hebrom, para transferir a ele o reino de Saul, conforme a palavra do Senhor:

²⁴dos filhos de Judá, que traziam escudo e lança, seis mil e oitocentos, armados para a peleja;

²⁵dos filhos de Simeão, homens valentes para pelejar, sete mil e cem;

²⁶dos filhos de Levi quatro mil e seiscentos;

²⁷Jeoiada, que era o chefe da casa de Arão, e com ele três mil e setecentos;

²⁸e Zadoque, ainda jovem, homem valente, com vinte e dois príncipes da casa de seu pai;

²⁹dos filhos de Benjamim, irmãos de Saul, três mil, porque até então a maior parte deles se tinha conservado fiel à casa de Saul;

³⁰dos filhos de Efraim vinte mil e oitocentos homens valentes, homens de nome nas casas de seus pais;

³¹da meia tribo de Manassés dezoito mil, que foram designados por nome para virem fazer Davi rei;

³²dos filhos de Issacar, duzentos de seus chefes, entendidos na ciência dos tempos para saberem o que Israel devia fazer, e todos os seus irmãos sob suas ordens;

³³de Zebulom, dos que podiam sair no exército, cinqüenta mil, ordenados para a peleja com todas as armas de guerra, como também destros para ordenarem a batalha, e não eram de coração dobre;

³⁴de Naftali, mil chefes, e com eles trinta e sete mil com escudo e lança;

³⁵dos danitas vinte e oito mil e seiscentos, destros para ordenarem a batalha;

³⁶de Aser, dos que podiam sair no exército e ordenar a batalha, quarenta mil;

³⁷da outra banda do Jordão, dos rubenitas e gaditas, e da meia tribo de Manassés, com toda sorte de instrumentos de guerra para pelejar, cento e vinte mil.

³⁸Todos estes, homens de guerra, que sabiam ordenar a batalha, vieram a Hebrom com inteireza de coração, para constituir Davi rei sobre todo o Israel; e também todo o resto de Israel estava de um só coração para constituir Davi rei.

³⁹E estiveram ali com Davi três dias, comendo e bebendo, pois seus irmãos lhes tinham preparado as provisões.

⁴⁰Também da vizinhança, e mesmo desde Issacar, Zebulom e Naftali, trouxeram sobre jumentos, e camelos, e mulos e bois, pão, provisões de farinha, pastas de figos e cachos de passas, vinho e azeite, bois e gado miúdo em abundância; porque havia alegria em Israel.

## Capítulo 13

¹Ora, Davi consultou os chefes dos milhares, e das centenas, a saber, todos os oficiais.

²E disse Davi a toda a congregação de Israel: Se bem vos parece, e se isto vem do Senhor nosso Deus, enviemos mensageiros por toda parte aos nossos outros irmãos que estão em todas as terras de Israel, e com eles aos sacerdotes e levitas nas suas cidades, e nos seus campos, para que se reunam conosco,

³e tornemos a trazer para nós a arca do nosso Deus; porque não a buscamos nos dias de Saul.

⁴E toda a congregação concordou em que assim se fizesse; porque isso pareceu reto aos olhos de todo o povo.

⁵Convocou, pois, Davi todo o Israel desde Sior, o ribeiro do Egito, até a entrada de Hamate, para trazer de Quiriate-Jearim a arca de Deus.

⁶E Davi, com todo o Israel, subiu a Baalá, isto é, a Quiriate-Jearim, que está em Judá, para fazer subir dali a arca de Deus, a qual se chama pelo nome do Senhor, que habita entre os querubins.

⁷Levaram a arca de Deus sobre um carro novo, tirando-a da casa de Abinadabe; e Uzá e Aiô guiavam o carro.

⁸Davi e todo o Israel alegravam-se perante Deus com todas as suas forças, cantando e tocando harpas, alaúdes, tamboris, címbalos e trombetas.

⁹Quando chegaram a eira de Quidom, Uzá estendeu a mão para segurar a arca, porque os bois tropeçavam.

¹⁰Então se acendeu a ira do Senhor contra Uzá, e o Senhor o feriu por ter estendido a mão à arca; e ele morreu ali perante Deus.

¹¹E Davi se encheu de desgosto porque o Senhor havia irrompido contra Uzá; pelo que chamou aquele lugar Pérez-Uzá, como se chama até o dia de hoje.

¹²Temeu Davi a Deus naquele dia, e disse: Como trarei a mim a arca de Deus?

¹³Pelo que não trouxe a arca a si para a cidade de Davi, porém a fez retirar para a casa de Obede-Edom, o giteu.

¹⁴Assim ficou a arca de Deus com a família de Obede-Edom, três meses em sua casa; e o Senhor abençoou a casa de Obede-Edom, e tudo o que lhe pertencia.

## Capítulo 14

¹Hirão, rei de Tiro, mandou mensageiros a Davi, e madeira de cedro, pedreiros e carpinteiros para lhe edificarem uma casa.

²Então percebeu Davi que o Senhor o tinha confirmado rei sobre Israel; porque o seu reino tinha sido muito exaltado por amor do seu povo Israel.

³Davi tomou em Jerusalém ainda outras mulheres, e teve ainda filhos e filhas.

⁴Estes, pois, são os nomes dos filhos que lhe nasceram em Jerusalém: Samua, Sobabe, Natã, Salomão,

⁵Ibar, Elisua, Elpelete,

⁶Nogá, Nefegue, Jafia,

⁷Elisama, Beeliada e Elifelete.

⁸Quando os filisteus ouviram que Davi havia sido ungido rei sobre todo o Israel, subiram todos em busca dele; o que ouvindo Davi, logo saiu contra eles.

⁹Ora, os filisteus tinham vindo e feito uma arremetida pelo vale de Refaim.

¹⁰Então Davi consultou a Deus, dizendo: Subirei contra os filisteus, e nas minhas mãos os entregarás?: E o Senhor lhe disse: Sobe, porque os entregarei nas tuas mãos.

¹¹E subiram os filisteus a Baal-Perazim, onde Davi os derrotou; e disse Davi: por minha mão Deus fez uma brecha nos meus inimigos, como uma brecha feita pelas águas. Pelo que chamaram aquele lugar Baal-Perazim.

¹²E deixaram ali os seus deuses, que, por ordem de Davi, foram queimados a fogo.

¹³Mas os filisteus tornaram a fazer uma arremetida pelo vale.

¹⁴Tornou Davi a consultar a Deus, que lhe respondeu: Não subirás atrás deles; mas rodeia-os por detrás e vem sobre eles por defronte dos balsameiros;

¹⁵e será que, ouvindo tu um ruído de marcha pelas copas dos balsameiros, sairás à peleja; porque Deus terá saído diante de ti para ferir o exército dos filisteus.

¹⁶E fez Davi como Deus lhe ordenara; e desbarataram o exército dos filisteus desde Gibeão até Gezer:

¹⁷Assim a fama de Davi se espalhou por todas aquelas terras, e o Senhor pôs o temor dele sobre todas aquelas gentes.

## Capítulo 15

¹Davi fez para si casas na cidade de Davi; também preparou um lugar para a arca de Deus, e armou-lhe uma tenda:

²Então disse Davi: Ninguém deve levar a arca de Deus, senão os levitas; porque o Senhor os elegeu para levarem a arca de Deus, e para o servirem para sempre.

³Convocou, pois, Davi todo o Israel a Jerusalém, para fazer subir a arca do Senhor ao seu lugar, que lhe tinha preparado.

⁴E reuniu os filhos de Arão e os levitas.

⁵dos filhos de Coate, Uriel, o chefe, e de seus irmãos cento e vinte;

⁶dos filhos de Merári, Asaías, o chefe, e de seus irmãos duzentos e vinte;

⁷dos filhos de Gérson Joel, o chefe, e de seus irmãos cento e trinta;

⁸dos filhos de Elizafã, Semaías, o chefe, e de seus irmãos duzentos;

⁹dos filhos de Hebrom, Eliel, o chefe, e de seus irmãos oitenta;

¹⁰dos filhos de Uziel, Aminadabe, o chefe, e de seus irmãos cento e doze.

¹¹Então chamou Davi os sacerdotes Zadoque e Abiatar, e os levitas Uriel, Asaías, Joel, Semaías, Eliel e Aminadabe,

¹²e disse-lhes: Vós sois os chefes das casas paternas entre os levitas; santificai-vos, vós e vossos irmãos, para que façais subir a arca do Senhor Deus de Israel ao lugar que lhe preparei.

¹³Porquanto da primeira vez vós não a levastes, o Senhor fez uma brecha em nós, porque não o buscamos segundo a ordenança:

¹⁴Santificaram-se, pois, os sacerdotes e os levitas para fazerem subir a arca do Senhor Deus de Israel.

¹⁵E os levitas trouxeram a arca de Deus sobre os seus ombros, pelos varais que nela havia, como Moisés tinha ordenado, conforme a palavra do Senhor.

¹⁶E Davi ordenou aos chefes dos levitas que designassem alguns de seus irmãos como cantores, para tocarem com instrumentos musicais,

com alaúdes, harpas e címbalos, e levantarem a voz com alegria.

¹⁷Designaram, pois, os levitas a Hemã, filho de Joel; e dos seus irmãos, a Asafe, filho de Berequias; e dos filhos de Merári, seus irmãos, a Etã, filho de Cusaías,

¹⁸e com eles a seus irmãos da segunda ordem: Zacarias, Bene, Jaaziel, Semiramote, Jeiel, Uni, Eliabe, Benaías, Maaséias, Matitias, Elifeleu e Micnéias, e Obede-Edom e Jeiel, os porteiros.

¹⁹Assim os cantores Hemã, Asafe e Etã se faziam ouvir com címbalos de bronze;

²⁰e Zacarias, Aziel, Semiramote, Jeiel, Uni, Eliabe, Maaséias e Benaías, com alaúdes adaptados ao soprano;

²¹e Matitias, Elifeleu, Micnéias, Obede-Edom, Jeiel e Azazias, com harpas adaptadas ao baixo, para dirigirem;

²²e Quenanias, chefe dos levitas, estava encarregado dos cânticos e os dirigia, porque era entendido;

²³e Berequias e Elcana eram porteiros da arca;

²⁴e Sebanias, Jeosafá, Netanel, Amasai, Zacarias, Benaías e Eliézer, os sacerdotes, tocavam as trombetas perante a arca de Deus; e Obede-Edom e Jeías eram porteiros da arca.

²⁵Sucedeu pois que Davi, os anciãos de Israel, os capitães dos milhares foram, com alegria, para fazer subir a arca do pacto do Senhor, da casa de Obede-Edem.

²⁶E sucedeu que, havendo Deus ajudado os levitas que levavam a arca do pacto do Senhor, sacrificaram sete novilhos e sete carneiros.

²⁷Davi ia vestido de um manto de linho fino, como também todos os levitas que levavam a arca, e os cantores, e juntamente com eles Quenanias, diretor do canto; Davi levava também sobre si um éfode de linho.

²⁸Assim todo o Israel fez subir a arca do pacto do Senhor com vozes de júbilo, ao som de buzinas, trombetas e címbalos, juntamente com alaúdes e harpas.

²⁹E sucedeu que, chegando a arca do pacto do Senhor à cidade de Davi, Mical, a filha de Saul, olhou duma janela e, vendo Davi dançar e saltar, desprezou-o no seu coração.

## Capítulo 16

¹Trouxeram, pois, a arca de Deus e a colocaram no meio da tenda que Davi lhe tinha armado; e ofereceram holocaustos e sacrifícios pacíficos perante Deus.

²Tendo Davi acabado de oferecer os holocaustos e sacrifícios pacíficos, abençoou o povo em nome do Senhor.

³Então repartiu a todos em Israel, tanto a homens como a mulheres, a cada um, um pão, um pedaço de carne e um bolo de passas.

⁴Também designou alguns dos levitas por ministros perante a arca do Senhor, para celebrarem, e para agradecerem e louvarem ao Senhor Deus de Israel, a saber:

⁵Asafe, o chefe, e Zacarias, o segundo depois dele; Jeiel, Semiramote, Jeiel, Matitias, Eliabe, Benaías, Obede-Edom e Jeiel, com alaúdes e com harpas; e Asafe se fazia ouvir com címbalos;

⁶e Benaías e Jaaziel, os sacerdotes, tocavam trombetas continuamente perante a arca do pacto de Deus.

⁷Foi nesse mesmo dia que Davi, pela primeira vez, ordenou que pelo ministério de Asafe e de seus irmãos se dessem ações de graças ao Senhor, nestes termos:

⁸Louvai ao Senhor, invocai o seu nome; fazei conhecidos entre os povos os seus feitos.

⁹Cantai-lhe, salmodiai-lhe, falai de todas as suas obras maravilhosas.

¹⁰Gloriai-vos no seu santo nome; alegre-se o coração dos que buscam ao Senhor.

¹¹Buscai ao Senhor e a sua força; buscai a sua face continuamente.

¹²Lembrai-vos das obras maravilhosas que ele tem feito, dos seus prodígios, e dos juízos da sua boca,

¹³vós, descendência de Israel, seus servos, vós, filhos de Jacó, seus eleitos.

¹⁴Ele é o Senhor nosso Deus; em toda a terra estão os seus juízos.

¹⁵Lembrai-vos perpetuamente do seu pacto, da palavra que prescreveu para mil gerações;

¹⁶do pacto que fez com Abraão, do seu juramento a Isaque,

¹⁷o qual também a Jacó confirmou por estatuto, e a Israel por pacto eterno,

¹⁸dizendo: A ti te darei a terra de Canaã, quinhão da vossa herança.

¹⁹Quando eram poucos em número, sim, mui poucos, e estrangeiros na terra,

²⁰andando de nação em nação, e dum reino para outro povo,

²¹a ninguém permitiu que os oprimisse, e por amor deles repreendeu reis,

²²dizendo: Não toqueis os meus ungidos, e não façais mal aos meus profetas.

²³Cantai ao Senhor em toda a terra; proclamai de dia em dia a sua salvação.

²⁴Publicai entre as nações a sua glória, entre todos os povos as suas maravilhas.

²⁵Porque grande é o Senhor, e mui digno de louvor; também é mais temível do que todos os deuses.

²⁶Pois todos os deuses dos povos são ídolos, porém o Senhor fez os céus.

²⁷Diante dele há honra e majestade; há força e alegria no seu lugar.

²⁸Tributai ao Senhor, ó famílias dos povos, tributai ao Senhor glória e força.

²⁹Tributai ao Senhor a glória devida ao seu nome; trazei presentes, e vinde perante ele; adorai ao Senhor vestidos de trajes santos.

³⁰Trema diante dele toda a terra; o mundo se acha firmado, de modo que se não pode abalar.

³¹Alegre-se o céu, e regozije-se a terra; e diga-se entre as nações: O Senhor reina.

³²Brama o mar e a sua plenitude; exulte o campo e tudo o que nele há;

³³então jubilarão as árvores dos bosques perante o Senhor, porquanto vem julgar a terra.

³⁴Dai graças ao Senhor, porque ele é bom; porque a sua benignidade dura para sempre.

³⁵E dizei: Salva-nos, ó Deus da nossa salvação, e ajunta-nos, e livra-nos das nações, para que demos graças ao teu santo nome, e exultemos no teu louvor.

³⁶Bendito seja o Senhor Deus de Israel, de eternidade a eternidade. Então todo o povo disse: Amém! e louvou ao Senhor.

³⁷Davi, pois, deixou ali, diante da arca do pacto do Senhor, Asafe e seus irmãos, para ministrarem continuamente perante a arca, segundo a exigência de cada dia.

³⁸Também deixou Obeede-Edom, com seus irmãos, sessenta e oito; Obede-Edomsa filho de Jedútum e Hosa, para serem porteiros;

³⁹e deixou Zadoque, o sacerdote, e seus irmãos, os sacerdotes, diante do tabernáculo do Senhor, no alto que havia em Gibeao,

⁴⁰para oferecerem holocaustos ao Senhor continuamente, pela manhã e à tarde, sobre o altar dos holocaustos; e isto segundo tudo o que está escrito na lei que o Senhor tinha ordenado a Israel;

⁴¹e com eles Hemã, e Jedútum e os demais escolhidos, que tinham sido nominalmente designados, para darem graças ao Senhor, porque a sua benignidade dura para sempre.

⁴²Estavam Hemã e Jedútum encarregados das trombetas e dos címbalos para os que os haviam de tocar, e dos outros instrumentos para os cânticos de Deus; e os filhos de Jedútun estavam à porta.

⁴³Então todo o povo se retirou, cada um para a sua casa; e Davi voltou para abençoar a sua casa.

## Capítulo 17

¹Tendo Davi começado a morar em sua casa, disse ao profeta Natã: Eis que eu moro numa casa de cedro, mas a arca do pacto do Senhor está debaixo de cortinas.

²Então Natã disse a Davi: Tudo quanto tens no teu coração faze, porque Deus é contigo.

³Mas sucedeu, na mesma noite, que a palavra de Deus veio à Natã, dizendo:

⁴Vai e dize a Davi, meu servo: Assim diz o Senhor: Tu não me edificarás casa para eu habitar;

⁵porque em nenhuma casa morei, desde o dia em que fiz subir Israel até o dia e hoje, mas fui de tenda em tenda, e de tabernáculo em tabernáculo.

⁶Por todas as partes por onde tenho andado com todo o Israel, porventura falei eu jamais uma palavra a algum dos juízes dé Israel, a quem ordenei que apascentasse o meu povo, dizendo: Por que não me tendes edificado uma casa de cedro?

⁷Agora, pois, assim dirás a meu servo Davi: Assim diz o Senhor dos exércitos: Eu te tirei do curral, de detrás das ovelhas, para que fosses chefe do meu povo Israel;

⁸e estive contigo por onde quer que andavas, e de diante de ti exterminei todos os teus inimigos; também te farei um nome como o nome dos grandes que estão na terra.

⁹Designarei um lugar para o meu povo Israel, e o plantarei, para que ele habite no seu lugar, e nunca mais seja perturbado; e nunca mais debilitarão os filhos da perversidade, como dantes,

¹⁰e como desde os dias em que ordenei juízes sobre o meu povo Israel; e subjugarei todos os teus inimigos. Também te declaro que o Senhor te edificará uma casa.

¹¹Quando forem cumpridos os teus dias, para ires a teus pais, levantarei a tua descendência depois de ti, um dos teus filhos, e estabelecerei o seu reino.

¹²Esse me edificará casa, e eu firmarei o seu trono para sempre.

¹³Eu lhe serei por pai, e ele me será por filho; e a minha misericórdia não retirarei dele, como a retirei daquele que foi antes de ti;

¹⁴mas o confirmarei na minha casa e no meu reino para sempre, e para sempre o seu trono será firme.

¹⁵Conforme todas estas palavras, e conforme toda esta visão, assim falou Natã a Davi.

¹⁶Então entrou o rei Davi, sentou-se perante o Senhor, e disse: Quem sou eu, ó Senhor Deus, e que é a minha casa, para que me tenhas trazido até aqui?,

¹⁷E isto foi pouco aos teus olhos, O Deus; também falaste da casa do teu servo para tempos distantes, e me consideras como a um homem ilustre, ó Senhor Deus.

¹⁸Que mais te dirá Davi, acerca da honra feita ao teu servo? pois tu bem conheces o teu servo.

¹⁹O Senhor! por amor do teu servo, e segundo o teu coração, fizeste todas estas grandezas, tornando conhecidas todas estas grandes coisas.

²⁰O Senhor, ninguém há semelhante a ti, e não há Deus fora de ti, segundo tudo quanto ouvimos com os nossos ouvidos.

²¹Também quem há como o teu povo Israel, única gente na terra a quem Deus foi remir para ser seu povo, fazendo-te nome por meio de feitos grandes e terríveis, expulsando as nações de diante do teu povo, que remiste do Egito?

²²Pois fizeste o teu povo Israel povo teu para sempre; e tu, Senhor, te fizeste seu Deus.

²³Agora, ó Senhor, seja confirmada para sempre a palavra que falaste acerca da teu servo, e acerca da sua casa, e faze como falaste.

²⁴E seja o teu nome estabelecido e glorificado para sempre, e diga-se: O Senhor dos exércitos é o Deus de Israel, sim, é Deus para Israel; permaneça firme diante de ti a casa de Davi, teu servo.

²⁵Porque tu, Deus meu, revelaste ao teu servo que lhe edificarias casa; pelo que o teu servo achou confiança para orar em tua presença.

²⁶Agora, pois, ó Senhor, tu és Deus, e falaste este bem acerca do teu servo.

²⁷E agora foste servido abençoar a casa do teu servo, para que permaneça para sempre diante de ti; porque tu, Senhor, a abençoaste, ficará abençoada para sempre.

## Capítulo 18

¹Depois disto Davi derrotou os filisteus, e os subjugou e tomou das mãos deles Gate e as suas aldeias.

²Também derrotou os moabitas, e estes lhe ficaram sujeitos, pagando-lhe tributos.

³Davi derrotou também Hadadézer, rei de Zobá, junto a Hamate, quando foi estabelecer o seu domínio junto ao rio Eufrates.

⁴E Davi lhe tomou mil carros, sete mil cavaleiros e vinte mil homens de infantaria; e jarretou todos os cavalos dos carros; porém reservou deles para cem carros.

⁵E quando os sírios de Damasco vieram para ajudar a Hadadézer, rei de Zobá, Davi matou deles vinte e dois mil homens.

⁶Então Davi pôs guarnições entre os sírios de Damasco, e os sirios lhe ficaram sujeitos, pagando-lhe tributos; e o Senhor dava vitória a Davi, por onde quer que ia.

⁷Davi tomou os escudos de ouro que tinham sido dos servos de Hadadézer, e os trouxe a Jerusalém.

⁸Também de Tibate, e de Cum, cidades de Hadadézer, Davi tomou muitíssimo bronze, de que Salomão fez o mar de bronze, as colunas, e os utensílios de bronze.

⁹Ora, quando Toú, rei de Hamate, ouviu que Davi destruíra todo o exército de Hadadézer, rei de Zobá,

¹⁰mandou seu filho Hadorão ao rei Davi, para o saudar, e para o felicitar por haver pelejado contra Hadadézer e por tê-lo destruído (porque Hadadézer fazia guerra a Toú). Enviou-lhe também toda sorte de utensílios de ouro, de prata e de bronze. l

¹¹A estes também o rei Davi consagrou ao Senhor, juntamente com a prata e o ouro que trouxera de todas as nações dos edomeus, moabitas, dos amonitas, dos filisteus e dos amalequitas.

¹²Além disso Abisai, filho de Zeruia, matou dezoito mil edomeus no Vale do Sal.

¹³E pôs guarnições em Edom, e todos os edomeus ficaram sujeitos a Davi; e o Senhor dava vitória a Davi, por onde quer que ia.

¹⁴Dari, pois, reinou sobre todo o Israel; e julgava, e fazia justiça a todo o seu povo.

¹⁵Joabe, filho de Zeruia, tinha o cargo do exército; Jeosafá, filho de Ailude, era cronista;

¹⁶Zadoque, filho de Aiuube, e Abimeleque, filho de Abiatar, eram sacerdotes; Sarsa era escrivão;

¹⁷Benaías, filho de Jeoiada, tinha o cargo dos quereteus e peleteus; e os filhos de Davi eram os primeiros junto ao rei.

## Capítulo 19

¹Aconteceu, depois disto, que Naás, rei dos amonitas, morreu; e seu filho reinou em seu lugar.

²Então disse Davi: usarei de benevolência para com Hanum, filho de Naás, porque seu pai usou de benevolência para comigo. Pelo que Davi enviou mensageiros para o consolarem acerca de seu pai. Mas quando os servos de Davi chegaram à terra dos amonitas, a Hanum, para o consolarem,

³disseram os príncipes dos amonitas a Hanum: Pensas que Davi quer honrar a teu pai, porque te mandou consoladores? Não vieram ter contigo os seus servos a esquadrinhar, a transtornar e a espiar a terra?

⁴Pelo que Hanum tomou os servos de Davi, raspou-lhes a barba, e lhes cortou as vestes pelo meio até o alto das coxas, e os despediu.

⁵Então foram alguns e avisaram a Davi acerca desses homens; pelo que ele mandou mensageiros ao seu encontro, pois estavam sobremaneira envergonhados. Disse o rei: Ficai em Jericó até que vos torne a crescer a barba, e então voltai.

⁶Vendo os amonitas que se tinham feito odiosos para com Davi, Hanum e os amonitas enviaram mil talentos de prata, para alugarem para si carros e cavaleiros de Mesopotâmia, de Arã-Maacá e de Zobá.

⁷E alugaram para si trinta e dois mil carros e o rei de Maacá com a sua gente, os quais vieram e se acamparam diante de Medeba; também os amonitas se ajuntaram das suas cidades e vieram para a guerra.

⁸Davi, quando soube disto, enviou Joabe e todo o exército de homens valentes.

⁹Os amonitas saíram e ordenaram a batalha à porta da cidade; porém os reis que tinham vindo se puseram à parte no campo.

¹⁰Ora, quando Joabe viu que a batalha estava ordenada contra ele pela frente e pela retaguarda, escolheu os melhores dentre os homens de Israel, e os pôs em ordem contra os sirios;

¹¹e o resto do povo entregou na mão de Abisai, seu irmão; e eles se puseram em ordem de batalha contra os amonitas.

¹²E disse Joabe: Se os sírios forem mais fortes do que eu, tu virás socorrer-me; e, se os amonitas forem mais fortes do que tu, então eu te socorrerei a ti.

¹³Esforça-te, e pelejemos varonilmente pelo nosso povo e pelas cidades do nosso Deus; e faça o Senhor o que bem lhe parecer.

¹⁴Então se chegou Joabe, e o povo que estava com ele, diante dos sírios, para a batalha; e estes fugiram de diante dele.

¹⁵Vendo, pois, os amonitas que os sírios tinham fugido, fugiram eles também de diante de Abisai, irmão de Joabe, e entraram na cidade. Então Joabe voltou para Jerusalém.

¹⁶Ora, vendo-se os sírios derrotados diante de Israel, enviaram mensageiros, e fizeram sair os sírios que habitavam além do rio; e tinham por comandante Sofaque, chefe do exército de Hadadézer.

¹⁷Avisado disto, Davi ajuntou todo o Israel, passou o Jordão e, indo ao encontro deles, ordenou contra eles a batalha. Tendo Davi ordenado a batalha contra os sírios, pelejaram estes contra ele.

¹⁸Mas os sírios fugiram de diante de Israel; e Davi matou deles os homens de sete mil carros, e quarenta mil homens da infantaria; matou também Sofaque, chefe do exército.

¹⁹Vendo, pois, os servos de Hadadézer que tinham sido derrotados diante de Israel, fizeram paz cem Davi, e e serviram; e os sírios nunca mais quiseram socorrer os amonitas.

## Capítulo 20

¹Aconteceu pois que, na primavera, no tempo em que os reis costumam sair para a guerra, Joabe levou a flor do exército, e devastou a terra dos amonitas, e foi, e pôs cerco a Rabá; porém Davi ficou em Jerusalém. E Joabe bateu Rabá, e a destruiu.

²Tirando Davi a coroa da cabeça do rei deles, achou nela o peso dum talento de ouro, e havia nela pedras preciosas; e foi posta sobre a cabeça de Davi. E ele levou da cidade mui grande despojo.

³Também fez sair o povo que estava nela e o fez trabalhar com serras, com trilhos de ferro e com machado, e assim fez Davi a todas as cidades dos amonitas. Então voltou Davi, com todo o povo, para

# 1 Crônicas

Jerusalém.

⁴Depois disso levantou-se guerra em Gezer com os filisteus; então Sibecai, o husatita, matou Sipai, dos filhos do gigante; e eles ficaram subjugados.

⁵Tornou a haver guerra com os filisteus; e El-Hanã, filho de Jair, matou Lami, irmão de Golias, o giteu, cuja lança tinha a haste como órgão de tecelão,

⁶Houve ainda outra guerra em Gate, onde havia um homem de grande estatura, que tinha vinte e quatro dedos, seis em cada mão e seis em cada pé, e que também era filho do gigante.

⁷Tendo ele insultado a Israel, Jônatas, filho de Siméia, irmão de Davi, o matou.

⁸Esses nasceram ao gigante em Gate; e caíram pela mão de Davi e pela mão dos seus servos.

## Capítulo 21

¹Então Satanás se levantou contra Israel, e incitou Davi a numerar Israel.

²E disse Davi a Joabe e aos príncipes de povo: Ide, cantai a Israel desde Berseba até Dã; e trazei-me a conta, para que eu saiba o número deles.

³Então disse Joabe: O Senhor acrescente ao seu povo cem vezes tanto como ele é! Porventura, é rei meu senhor, não são teus os servos de meu senhor? Por que requer isto e meu senhor. Por que traria ele culpa sobre Israel?

⁴Todavia a palavra de rei prevaleceu contra Joabe. Pelo que saiu Joabe, e passou por todo o Israel; depois voltou para Jerusulém.

⁵E Joabe deu a Davi o resultado da numeração do povo. E era todo o Israel um milhão e cem mil homens que arrancavam da espada; e de Judá quatrocentos e setenta mil homens que arrancavam da espada.

⁶Mas entre eles Joabe não contou os de Levi e Benjamim, porque a palavra do rei lhe foi abominável.

⁷E este negócio desagradou a Deus, pelo que feriu Israel.

⁸Então disse Davi a Deus: Gravemente pequei em fazer tal coisa; agora porém, peço-te, tira a iniqüidade de teu servo, porque procedi mui loucamente.

⁹Falou o Senhor a Gade, o vidente de Davi, dizendo:

¹⁰Vai, e dize a Davi: Assim diz o Senhor: Três coisas te proponho; escolhe uma delas, para que eu ta faça.

¹¹E Gade veio a Davi, e lhe disse: Assim diz o Senhor: Escolhe o que quiseres:

¹²ou três anos de fome; ou seres por três meses consumido diante de teus adversários, enquanto a espada de teus inimigos te alcance; ou que por três dias a espada do Senhor, isto é, a peste na terra, e o anjo do Senhor façam destruição por todos os termos de Israel. Vê, pois, agora que resposta hei de levar a quem me enviou.

¹³Então disse Davi a Gade: Estou em grande angústia; caia eu, pois, nas mãos do Senhor, porque mui grandes são as suas misericórdias; mas que eu não caia nas mãos dos homens.

¹⁴Mandou, pois, o Senhor a peste a Israel; e caíram de Israel setenta mil homens.

¹⁵E Deus mandou um anjo a Jerusalém para a destruir; e, estando ele prestes a destruí-la, o Senhor olhou e se arrependeu daquele mal, e disse ao anjo destruidor: Basta; agora retira a tua mão. E o anjo do Senhor estava junto à eira de Ornã, o jebuseu.

¹⁶E Davi, levantando os olhos, viu o anjo do Senhor, que estava entre a terra e o céu, tendo na mão uma espada desembainhada estendida sobre Jerusalém. Então Davi e os anciãos, cobertos de sacos, se prostraram sobre os seus rostos.

¹⁷E dissemorreram Saul e seus três filhos; morreu toda a sua o povo? E eu mesmo sou o que pequei, e procedi muito mal; mas estas ovelhas, que fizeram? Seja tua mão, Senhor Deus meu, contra mim e contra a casa de meu pai, porem não contra o teu povo para castigá-lo com peste.

¹⁸Então o anjo do Senhor ordenou a Gade que dissesse a Davi para subir e levantar um altar ao Senhor na eira de Ornã, o jebuseu.

¹⁹Subiu, pois, Davi, conforme a palavra que Gade falara em nome do Senhor.

²⁰E, virando-se Ornã, viu o anjo; e seus quatro filhos, que estavam com ele, se esconderam. Ora, Ornã estava debulhando trigo.

²¹Quando Davi se vinha chegando a Ornã, este olhou e o viu e, saindo da terra, prostrou-se diante dele com o rosto em terra.

²²Então disse Davi a Ornã: Dá-me o lugar da eira pelo seu valor, para eu edificar nele um altar ao Senhor, para que cesse esta praga de sobre o povo.

²³Respondeu Ornã a Davi: Toma-o para ti, e faça o rei meu senhor o que lhe parecer bem. Eis que dou os bois para holocaustos, os trilhos para lenha, e o trigo para oferta de cereais; tudo dou.

²⁴Mas o rei Davi disse a Ornã: Não, antes quero comprá-lo pelo seu valor; pois não tomarei para o Senhor o que é teu, nem oferecerei holocausto que não me custe nada.

²⁵E Davi deu a Ornã por aquele lugar o peso de seiscentos siclos de ouro.

²⁶Então Davi edificou ali um altar ao Senhor, e ofereceu holocaustos e ofertas pacíficas; e invocou o Senhor, o qual lhe respondeu do céu, com fogo sobre o altar de holocausto.

²⁷E o Senhor deu ordem ao anjo, que tomou a meter a sua espada na bainha.

²⁸Nesse mesmo tempo, vendo Davi que o Senhor lhe respondera na eira de Ornã, o jebuseu, ofereceu ali os seus sacrifícios.

²⁹Pois o tabernáculo do Senhor que Moisés fizera no deserto, e o altar do holocausto, estavam naquele tempo no alto de Gibeão;

³⁰mas Davi não podia ir perante ele para consultar a Deus, porque estava atemorizado por causa da espada do anjo do Senhor.

## Capítulo 22

¹Então disse Davi: Esta é a casa de Senhor Deus, e este é o altar de holocausto para Israel.

²Então Davi deu ordem que se ajuntassem os estrangeiros que estavam na terra de Israel, e encarregou pedreiros de lavrarem pedras de cantaria para edificar a casa de Deus,

³Também aparelhou ferro em abundância, para os pregos das portas das entradas e para as junturas; como também bronze em abundância, sem pesá-lo;

⁴e madeira de cedro sem conta, porque os sidonios e tírios traziam a Davi cedro em abundancia

⁵Porque dizia Davi: Salomão, meu filho, ainda é moço e tenro, e a casa que se há de edificar para o Senhor deve ser magnífica em excelência, de renome e glória em todas as terras; eu, pois, agora lhe farei os preparativos. Assim fez Davi grandes preparativos antes da sua morte.

⁶Então chamou a Salomão, seu filho, e lhe ordenou que edificasse uma casa ao Senhor Deus de Israel.

⁷Disse Davi a Salomão: Filho meu, quanto a mim, tive em meu coração a proposito de edificar uma casa ao nome do Senhor meu Deus.

⁸A palavra do Senhor, porém, veio a mim, dizendo: Tu tens derramado muito sangue, e tens feito grandes guerras; não edificarás casa ao meu nome, porquanto muito sangue tens derrumado na terra, perante mim.

⁹Eis que te nascerá um filho, que será homem de repouso; porque lhe darei repouso de todos os seus inimigos ao redor; portanto Salomão será o seu nome, e eu darei paz e descanso a Israel nos seus dias.

¹⁰Ele edificará uma casa ao meu nome. Ele me será por filho, e eu lhe serei por pai, e confirmarei o trono de seu reino sobre Israel para sempre.

¹¹Agora, meu filho, o Senhor seja contigo; prospera, e edifica a casa de Senhor teu Deus, como ele falou a respeito de ti.

¹²Tão somente te dê o Senhor prudência e entendimento para governares sobre Israel, e para guardares a lei do Senhor teu Deus.

¹³Então prosperarás, se tiveres cuidado de guardar os estatutos e os juízos que o Senhor ordenou a Moisés acerca de Israel. Esforça-te, e tem bom ânimo; não temas, nem te espantes.

¹⁴Com trabalhos penosas preparei para a casa do Senhor cem mil talentos de ouro, e um milhão de talentos de prata, e bronze e ferro que por sua abundância, não se pesou; também madeira e pedras preparei; e tu os aumentarás ainda.

¹⁵Além disso tens trabalhadores em grande número, canteiros, pedreiros e carpinteiros, e toda sorte de peritos em toda espécie de obra.

¹⁶Do ouro, da prata, da bronze e do ferro não há conta. Levanta-te, pois; mãos à obra! E o Senhor seja contigo!

¹⁷Também Davi deu ordem a todos os chefes de Israel que ajudassem a Salomão, seu filho, dizendo:

¹⁸Porventura não está convosco o Senhor vosso Deus, e não vos deu repouso por todos os lados? Pois entregou na minha mão os habitantes da terra; e a terra foi subjugada diante do Senhor e diante do seu povo.

¹⁹Disponde, pois, agora o vosso coração e a vossa alma para buscardes ao Senhor vosso Deus; e levantai-vos, e edificai o santuário do Senhor Deus, para que a arca do pacto do Senhor e os vasos sagrados de Deus sejam trazidos, para a casa que se há de edificar ao nome do Senhor.

## Capítulo 23

¹Ora, sendo Davi já velho e cheio de dias, fez Salomão, seu filho, rei sobre Israel.

²E reuniu todos os chefes de Israel, como também os sacerdotes e levitas.

³Foram contados os levitas de trinta anos para cima; e foi o número deles, segundo o seu registo, trinta e oito mil homens.

⁴Deste número vinte e quatro mil promoverão a obra da casa do Senhor; seis mil servirão como oficiais e juízes;

⁵quatro mil como porteiros; e quatro mil para louvarem ao Senhor com os instrumentos, que eu fiz para o louvar, disse Davi.

⁶Davi os repartiu por turmas segundo os filhos de Levi: Gérsom, Coate e Merári.

⁷Dos gersonitas: Ladã e Simei.

⁸Os filhos de Ladã: Jeiel o chefe, Zetão e Joel, três.

⁹Os filhos de Simei: Selomite, Haziel e Arã, três; estes foram os chefes das casas paternas de Ladã.

¹⁰Os filhos de Simei: Jaate, Zina, Jeús e Berias; estes foram os filhos de Simei, quatro.

¹¹Jaate era o chefe, e Ziza o segundo. Mas Jeús e Berias não tiveram muitos filhos; pelo que estes, contados juntos, se tornaram uma só casa paterna.

¹²Os filhos de Coate: Anrão, Izar, Hebrom e Uziel, quatro.

¹³Os filhos de Anrão: Arão e Moisés. Arão foi separado para consagrar as coisas santíssimas, ele e seus filhos, eternamente para queimarem incenso diante do Senhor, e o servirem, e pronunciarem bênçãos em nome de Deus para sempre.

¹⁴Mas quanto a Moisés, homem de Deus, seus filhos foram contados entre os da tribo de Davi.

¹⁵Os filhos de Moisés: Gerson e Eliézer.

¹⁶De Gérson: Sebuel o chefe.

¹⁷De Eliézer: Reabias o chefe; e Eliézer não teve outros filhos; porém os filhos de Reabias foram muito numerosos.

¹⁸De Izar: Selomite o chefe.

¹⁹Os filhos: de Hebrom: Jerias o chefe, Amarias o segundo, Jaaziel o terceiro, e Jecameão o quarto.

²⁰Os filhos de Uziel: Mica o chefe. Issias o segundo.

²¹Os filhos de Merári: Mali e Musi. Os filhos de Mali: Eleazar e Quis.

²²Eleazar morreu, não tendo filhos, mas tão somente filhas; e os filhos de Quis, seus irmãos, tomaram-nas por mulheres.

²³Os filhos de Musi: Mali, Eder e Jerimote, três.

²⁴Esses são os filhos de Levi segundo as suas casas paternas, isto é, segundo os chefes das casas paternas, conforme o número dos que foram registrados pelos seus: nomes, individualmente, da idade de vinte anos para cima, os quais trabalhavam no serviço da casa do Senhor.

²⁵Pois Davi disse: O Senhor Deus de Israel deu repouso ao seu povo; e ele habita em Jerusalém para sempre.

²⁶Também os levitas não terão mais de levar o tabernáculo e todos os objetos pertencentes ao serviço do mesmo.

²⁷Eis porque, segundo as ultimas palavras de Davi, foram contados os levitas da idade de vinte anos para cima.

²⁸Porque o seu cargo seria o de assistirem aos filhos de Arão no serviço da casa do Senhor, nos átrios, e nas câmaras, e na purificação de todas as coisas sagradas, e em qualquer trabalho para o serviço da casa de Deus.

²⁹cuidando dos pães da proposição, e da flor de farinha para a oferta de cereais, quer seja de bolos ázimos, quer seja do que se assa na panela, quer seja do que é misturado com azeite, e de toda sorte de medidas e pesos;

³⁰e de estarem cada manhã em pé para render graças e louvor ao Senhor, e semelhantemente à tarde.

³¹e oferecerem continuamente perante o Senhor todos os holocaustos, nos sábados, nas luas novas e nas festas fixas, segundo o número ordenado.

³²Também teriam a seu cargo a tenda da revelação, o lugar santo, e os filhos de Arão, seus irmãos, no serviço da casa do Senhor.

## Capítulo 24

¹As turmas dos filhos de Arão foram estas: os filhos de Arão: Nadabe, Abiú, Eleazar e Itamar.

²Mas Nadabe e Abiú morreram antes de seu pai, e não tiveram filhos; por isso Eleazar e Itamar exerciam o sacerdócio.

³E Davi, juntamente com Zadoque, dos filhos de Eleazar, e com Aimeleque, dos filhos de Itamar, os distribuiu segundo os deveres do seu serviço.

⁴E acharam-se mais chefes dentre os filhos de Eleazar do que dentre os filhos de Itamar; e assim foram distribuídos: dos filhos de Eleazar, chefes das casas paternas, dezesseis; e dos filhos de Itamar, segundo as suas casas paternas, oito.

⁵Assim foram distribuídos por sortes, tanto uns como os outros; porque havia príncipes do santuário e príncipes de Deus, tanto dentre os filhos de Eleazar, como dentre os filhos de Itamar.

⁶E os registrou Semaías, filho de Netanel, o escrivão dentre os levitas, diante do rei, dos príncipes, de Zadoque, o sacerdote, de Aimeleque, filho de Abiatar, e dos chefes das casas paternas entre os sacerdotes e entre os levitas, tomando-se uma casa paterna para Eleazar, e outra para Itamar.

⁷Assim a primeira sorte saiu a Jeoiaribe, a segunda a Jedaías,

⁸a terceira a Harim, a quarta a Seorim,

⁹a quinta a Malquias, a sexta a Miamim,

¹⁰a sétima a Hacoz, a oitava a Abias,

¹¹a nona a Jesuá, a décima a Secanias,

¹²a undécima a Eliasibe, a duodécima a Jaquim,

¹³a décima terceira a Hupá, a décima quarta a Jesebeabe,

¹⁴a décima quinta a Bilga, a décima sexta a Imer,

¹⁵a décima sétima a Hezir, a décima oitava a Hapizes,

¹⁶a décima nona a Petaías, a vigésima a Jeezquel,

¹⁷a vigésima primeira a Jaquim, a vigésima segunda a Gamul,

¹⁸a vigésima terceira a Delaías, a vigésima quarta a Maazias.

¹⁹Esta foi a distribuição deles no seu serviço, para entrarem na casa do Senhor, segundo lhes fora ordenado por Arão, seu pai, como o Senhor Deus de Israel lhe tinha mandado.

²⁰Do restante dos filhos de Levi: dos filhos de Anrão, Subael; dos filhos de Subael, Jedeías.

²¹Quanto a Reabias: dos filhos de Reabias, Issijá o chefe;

²²dos izaritas, Selomote; dos filhos de Selomote, Jaate;

²³dos filhos de Hebrom: Jerias o chefe, Amarias o segundo, Jaaziel o terceiro, Jecameão o quarto;

²⁴dos filhos de Uziel, Mica; dos filhos de Mica, Samir.

²⁵o irmão de Mica, Issijá; dos filhos de Issijá, Zacarias.

²⁶Os filhos de Merári, Mali e Musi; dos filhos de Jaazias, Beno;

²⁷os filhos de Merári: de Jaazias: Beno, Soão, Zacur e Ibri;

²⁸de Mali, Eleazar; e este não teve filhos.

²⁹Quanto a Quis: dos filhos de Quis, Jerameel;

³⁰e os filhos de Musi: Mali, Eder e Jerimote. Esses foram os filhos dos levitas, segundo as suas casas paternas.

³¹Estes também, como seus irmãos, os filhos de Arão, lançaram sortes diante do rei Davi, de Zadoque, de Aimeleque, e dos chefes das casas paternas entre os sacerdotes e entre os levitas; assim fizeram, tanto para o chefe de casa paterna, como para o seu irmão menor.

## Capítulo 25

¹Também Davi juntamente com os capitães do exército, separou para o serviço alguns dos filhos de Asafe, e de Hemã, e de Jedútum para profetizarem com harpas, com alaúdes, e com címbalos. Este foi o número dos homens que fizeram a obra: segundo o seu serviço:

²dos filhos de Asafe: Zacur, José, Netanias e Asarela, filhos de Asafe, a cargo de Asafe, que profetizava sob as ordens do rei.

³De Jedútum os filhos de Jedútun: Gedalias, e Zeri, Jesaías, Hasabias e Matitias, seis, a cargo de seu pai, Jedútum que profetizava com a harpa, louvando ao Senhor e dando-lhe graças.

⁴De Hemã, os filhos de Hemã: Buquias, Matanias, Uziel, Sebuel, Jerimote, Hananias, Hanâni, Eliatá, Gidálti, e Românti-Ezer, Josbecasa, Malóti, Hotir e Maaziote.

⁵Todos estes foram filhos de Hemã, o vidente do rei, segundo a promessa de Deus de exaltá-lo. Deus dera a Hemã catorze filhos e três filhas.

⁶Todos estes estavam sob a direção de seu pai para a música na casa do Senhor, com címbalos, alaúdes e harpas para o serviço da casa de Deus. E Asafe, Jedútun e Hemã estavam sob as ordens do rei.

⁷Era o número deles, juntamente com seus irmãos instruídos em cantar ao Senhor, todos eles mestres, duzentos e oitenta e oito.

⁸E determinaram os seus cargos por sortes, todos igualmente, tanto o pequeno como o grande, assim o mestre como o discípulo.

⁹A primeira sorte, que era de Asafe, saiu a José; a segunda a Gedalias, que com seus irmãos e filhos eram doze;

¹⁰a terceira a Zacur, seus filhos e irmãos, doze;

¹¹a quarta a Izri, seus filhos e irmãos, doze;

¹²a quinta a Netanias, seus filhos e irmãos, doze;

¹³a sexta a Buquias, seus filhos e irmãos, doze;

¹⁴a sétima a Jesarela, seus filhos e irmãos, doze;

¹⁵a oitava a Jesaías, seus filhos e irmãos, doze;

¹⁶a nona a Matanias, seus filhos e irmãos, doze;

17a décima a Simei, seus filhos e irmãos, doze;
18a undécima a Azarel, seus filhos e irmãos, doze;
19a duodécima a Hasabias, seus filhos e irmãos, doze;
20a décima terceira a Subael, seus filhos: e irmãos, doze;
21a décima quarta a Matitias, seus filhos e irmãos, doze;
22a décima quinta a Jerimote, seus filhos e irmãos, doze;
23a décima sexta a Hananias, seus filhos e irmãos, doze;
24a décima sétima a Josbecasa, seus filhos e irmãos, doze;
25a décima oitava a Hanâni, seus filhos e irmãos, doze;
26a décima nona a Malóti, seus filhos e irmãos, doze;
27a vigésima a Eliatá, seus filhos e irmãos, doze;
28a vigésima primeira a Hotir, seus filhos e irmãos, doze;
29a vigésima segunda a Gidálti, seus filhos e irmãos, doze;
30a vigésima terceira a Maaziote, seus filhos e irmãos, doze;
31a vigésima quarta a Românti-Ezer, seus filhos e irmãos, doze.

## Capítulo 26

1Quanto às turmas dos porteiros: Meselemias, filho de Coré, dos filhos de Asafe.
2E foram os filhos de Meselemias: Zacarias o primogênito, Jediael o segundo, Zebadias o terceiro, Jatniel o quarto,
3Elão o quinto, Jeoanã o sexto, Elioenai, o sétimo.
4Os filhos de Obede-Edom foram: Semaías o primogênito, Jeozabade o segundo, Joá o terceiro, Sacar o quarto, Netanel o quinto,
5Amiel o sexto, Issacar o sétimo, Peuletai o oitavo; porque Deus o tinha abençoado.
6Também a seu filho Semaías nasceram filhos, que dominaram sobre a casa de seu pai porque foram varões valentes.
7Os filhos de Semaías: Otni, Rafael, Obede e Elzabade, com seus irmãos, homens valentes, Eliú e Semaquias.
8Todos estes foram dos filhos de Obede-Edom; eles e seus filhos e irmãos, homens capazes e de força para o serviço, eram sessenta e dois, de Obede-Edom.
9Os filhos e os irmãos de Meselemias, homens valentes, foram dezoito.
10De Hosa, dos filhos de Merári, foram filhos: Sínri o chefe (ainda que não era o primogênito, contudo seu pai o constituiu chefe),
11Hilquias o segundo, Tebalias o terceiro, e Zacarias o quarto; todos os filhos e irmãos de Hosa foram treze.
12Destes se fizeram as turmas dos porteiros, isto é, dos homens principais, tendo cargos como seus irmãos, para ministrarem na casa do Senhor.
13E lançaram sortes, assim os pequenos como os grandes, segundo as suas casas paternas, para cada porta.
14E caiu a sorte do oriente a Selemias. Depois se lançou a sorte por seu filho Zacarias, conselheiro entendido, e saiu-lhe a do norte.
15A Obede-Edom a do sul; e a seus filhos a casa dos depósitos.
16A Supim e Hosa a do ocidente; perto da porta Salequete, junto ao caminho da subida, uma guarda defronte de outra guarda.
17Ao oriente estavam seis levitas, ao norte quatro por dia, ao sul quatro por dia, porém para a casa dos depósitos de dois em dois.
18Para Parbar, ao ocidente, quatro junto ao caminho, e dois junto a Parbar.
19Essas foram as turmas dos porteiros dentre os filhos dos coraítas, e dentre os filhos de Merári.
20E dos levitas, Aías tinha cargo dos tesouros da casa de Deus e dos tesouros das ofertas dedicadas.
21Quanto aos filhos de Ladã, os filhos dos gersonitas que pertencem a Ladã, chefes das casas paternas de Ladã; Jeiéli.
22Os filhos de Jeiéli: Zetão e Joel, seu irmão; estes tinham cargo dos tesouros da casa do Senhor.
23Dos anramitas, dos izaritas:, dos hebronitas, dos uzielitas.
24Sebuel, filho de Gérsom o filho de Moisés, que era chefe dos tesouros.
25Seus irmãos: de Eliézer foi filho Reabias, de quem foi filho Jesaías, de quem foi filho Jorão, de quem foi filho Zicri, de quem foi filho Selomote.
26Este Selomote e seus irmãos tinham a seu cargo todos os tesouros das ofertas dedicadas, que o rei Davi e os chefes das casas paternas, chefes de milhares, e de centenas, e chefes do exército tinham dedicado.
27Dos despojos das guerras dedicaram ofertas para consertarem a casa do Senhor.
28Também tudo quanto fora dedicado por Samuel, o vidente, Saul, filho de Quis, Abner, filho de Ner, e Joabe, filho de Zeruia, isto é, tudo quanto qualquer havia dedicado estava sob a guarda de Selomote e seus irmãos.
29Dos izaritas, Quenanias e seus filhos foram postos sobre Israel para os negócios de fora, como oficiais e juízes.
30Dos hebronitas foram Hasabias e seus irmãos, homens valentes, mil e setecentos, que tinham a seu cargo Israel, ao ocidente do Jordão, em todos os negócios do Senhor e no serviço do rei.
31Jerias era o chefe dos hebronitas, segundo as suas gerações conforme as casas paternas. No ano quarenta do reino de Davi foram procurados, e acharam-se entre eles varões valentes em Jazer de Gileade.
32A ele e a seus irmãos, dois mil e setecentos homens valentes, chefes das casas paternas, o rei Davi constituiu sobre os rubenitas e os gaditas, e a meia tribo dos manassitas, para todos os serviços de Deus, e para todos os negócios do rei.

## Capítulo 27

1Ora, os filhos de Israel segundo o seu número, os chefes das casas paternas, e os chefes dos milhares e das centenas, com os seus oficiais, que serviam ao rei em todos os negócios das turmas que entravam e saíam de mês em mês, em todos os meses do ano, eram em cada turma vinte e quatro mil.
2sobre a primeira turma, no primeiro mês, estava Jasobeão, filho de Zabdiel; e em sua turma vinte e quatro mil.
3Era ele descendente de Pérez, e chefe de todos os comandantes do exército para o primeiro mês.
4Sobre a turma do segundo mês estava Dodai, o aoíta, com a sua turma, cujo chefe era Miclote; e em sua turma havia vinte e quatro mil.
5O terceiro comandante do exército, para o terceiro mês, era o chefe Benaías, filho do sacerdote Jeoiada; e em sua turma havia vinte e quatro mil.
6Este é aquele Benaías que era o varão valente entre os trinta e comandava os trinta; e da sua turma era seu filho Amizabade.
7O quarto, do quarto mês, era Asael, irmão de Joabe, e depois dele Zebadia; seu filho; e em sua turma havia vinte e quatro mil.
8O quinto, do quinto mês:, Samute, o israíta; e em sua turma havia vinte e quatro mil.
9O sexto, do sexto mês: Ira, filho de Iques, o tecoíta; e em sua turma havia vinte e quatro mil.
10O sétimo, do sétimo mês:, Helez, o pelonita, descendente de Efraim; e em sua turma havia vinte e quatro mil.
11O oitavo, do oitavo mês, Sibecai, o husatita, dos zeraítas; e em sua turma havia vinte e quatro mil.
12O nono, do nono mês, Abiezer, o anatotita, dos benjamitas; e em sua turma havia vinte e quatro mil.
13O décimo, do décimo mês, Maarai, o netofatita, dos zeraítas; e em sua turma havia vinte e quatro mil.
14O undécimo, do undécimo mês, Benaías, o piratonita, dos filhos de Efraim; e em sua turma havia vinte e quatro mil.
15O duodécimo, do duodécimo mês, Heldai, o netofatita, de Otniel; e em sua turma havia vinte e quatro mil.
16Sobre as tribos de Israel estavam estes: sobre os rubenitas era chefe Eliézer, filho de Zicri; sobre os simeonitas, Sefatias, filho de Maacá;
17sobre os levitas, Hasabias, filho de Quemuel; sobre os aronitas, Zadoque;
18sobre Judá, , Eliu:, um dos irmãos de Davi; sobre Issacar, Onri, filho de Micael;
19sobre Zebulom, Ismaías, filho de Obadias; sobre Naftali, Jerimote, filho de Azrriel;
20sobre os filhos de Efraim, Oséias, filho de Azazias; sobre a meia tribo de Manassés, Joel, filho de Pedaías;
21sobre a meia tribo de Manassés em Gileade, Ido, filho de Zacarias; sobre Benjamim, Jaasiel, filho de Abner;
22sobre Dã, Azarel, filho de Jeroão. Esses eram os chefes das tribos de Israel.
23Não tomou, porém, Davi o número dos de vinte anos para baixo, porquanto o Senhor tinha dito que havia de multiplicar Israel como as estrelas do céu.
24Joabe, filho de Zeruia, tinha começado a numerá-los, porém não acabou, porquanto viera por isso ira sobre Israel; pelo que o número não foi posto no livro das crônicas do rei Davi.
25Sobre os tesouros do rei estava Azmavete, filho de Adiel; sobre os tesouros dos campos, das cidades, das aldeias e das torres, Jônatas, filho de Uzias;
26sobre os que faziam a obra do campo, na lavoura da terra, Ezri, filho de Quelube;
27sobre as vinhas, Simei, o ramatita; sobre o produto das vides nas adegas do vinho, Zabdi, o sifmita;

²⁸sobre os olivais e sicômoros que havia nas campinas, Baal-Hanã, o gederita; sobre os armazéns do azeite, Joás;

²⁹sobre o gado que pastava em Sarom, Sitrai, o saronita; sobre o gado dos vales, Safate, filho de Adlai;

³⁰sobre os camelos, Obil, o ismaelita; sobre as jumentas, Jedeías, o meronotita;

³¹e sobre o gado miúdo, Jaziz, o hagrita. Todos esses eram os intendentes dos bens do rei Davi.

³²Jônatas, tio de Davi, era conselheiro, homem entendido, e escriba; ele e Jeiel, filho de Hacmôni, assistiam os filhos do rei;

³³Aitofel era conselheiro do rei; Husai, o arquita, era amigo o rei;

³⁴depois de Aitotel, Jeoiada, filho de Benaías, e Abiatar foram conselheiros; e Joabe era chefe do exército do rei.

## Capítulo 28

¹Ora, Davi convocou a Jerusalém todos os chefes de Israel, os chefes das tribos, os chefes das turmas que serviam o rei, os chefes de mil, e os chefes de cem, e os intendentes de todos os bens e possessões do rei e de seus filhos, como também os oficiais e os homens mais valorosos e valentes.

²Então o rei Davi se pôs em pé, e disse: Ouvi-me, irmãos meus e povo meu. Em meu coração havia eu proposto edificar uma casa de repouso para a arca do pacto de Senhor, e para o escabelo dos pés do nosso Deus, e tinha feito os preparativos para a edificar.

³Mas Deus me disse: Tu não edificarás casa ao meu nome, porque és homem de guerra, e tens derramado muito sangue.

⁴Todavia o Senhor Deus de Israel escolheu-me de toda a casa de meu pai, para ser rei sobre Israel para sempre; porque a Judá escolheu por príncipe, e na casa de Judá a casa de meu pai, e entre os filhos de meu pai se agradou de mim para me fazer rei sobre todo o Israel.

⁵E, de todos os meus filhos (porque muitos filhos me deu o Senhor), escolheu ele o meu filho Salomão para se assentar no trono do reino do Senhor sobre Israel,

⁶e me disse: Teu filho Salomão edificará a minha casa e os meus átrios, porque o escolhi para me ser por filho, e eu lhe serei por pai.

⁷Estabelecerei o seu reino para sempre, se ele perseverar em cumprir os meus mandamentos e os meus juízos, como o faz no dia de hoje.

⁸Agora, pois, à vista de todo o Israel, a congregação do Senhor, e em presença de nosso Deus, que nos ouve, observai e buscai todos os mandamentos do Senhor vosso Deus, para que possuais esta boa terra, e a deixeis por herança a vossos filhos depois de, vos, para sempre.

⁹E tu, meu filho Salomão, conhece o Deus de teu pai, e serve-o com coração perfeito e espírito voluntário; porque o Senhor esquadrinha todos os corações, e penetra todos os desígnios e pensamentos. Se o buscares, será achado de ti; porém, se o deixares, rejeitar-te-á para sempre.

¹⁰Agora toma cuidado, porque o Senhor te escolheu para edificares uma casa para o santuário; esforça-te, e faze a obra.

¹¹Então Davi deu a Salomão, seu filho, o modelo do alpendre com as suas casas, as suas tesourarias, os seus cenáculos e as suas recâmaras interiores, como também da casa do propiciatório;

¹²e também o modelo de tudo o que tinha em mente para os átrios da casa do Senhor, para todas as câmaras em redor, para os tesouros da casa de Deus e para os tesouros das coisas sagradas;

¹³também para as turmas dos sacerdotes e dos levitas, para toda a obra do serviço da casa do Senhor e para todos os vasos do serviço da casa do Senhor,

¹⁴especificando o peso do ouro para os vasos de ouro, para todos os vasos de cada espécie de serviço, o peso da prata para todos os vasos de prata, para todos os vasos de cada espécie de serviço;

¹⁵o peso para os castiçais de ouro e suas lâmpadas, o peso do ouro para cada castiçal e as suas lâmpadas, e o peso da prata para os castiçais de prata, para cada castiçal e as suas lâmpadas, segundo o uso de cada castiçal;

¹⁶o peso do ouro para as mesas dos pães da proposição, para cada mesa; como também da prata para as mesas de prata;

¹⁷e o ouro puro para os garfos, as bacias e os jarros; para as taças de ouro, o peso para cada taça; como também para as taças de prata, o peso para cada taça,

¹⁸e para o altar do incenso, o peso de ouro refinado; como também o ouro para o modelo do carro dos querubins que, de asas estendidas, cobririam a arca do pacto do Senhor.

¹⁹Tudo isso se me fez entender, disse Davi, por escrito da mão do Senhor, a saber, todas as obras deste modelo.

²⁰Disse, pois, Davi a seu filho Salomão: Esforça-te e tem bom ânimo, e faze a obra; não temas, nem te desalentes, pois o Senhor Deus, meu Deus, é contigo; não te deixará, nem te desamparará, até que seja acabada toda a obra para o serviço da casa do Senhor.

²¹Eis aí as turmas dos sacerdotes e dos levitas para todo o serviço da casa de Deus; e estará contigo para toda a obra todo homem bem disposto e perito em qualquer espécie de serviço; também os chefes e todo o povo estarão inteiramente às tuas ordens.

## Capítulo 29

¹Disse mais o rei Davi a toda a congregação: Salomão, meu filho, o único a quem Deus escolheu, é ainda moço e tenro, e a obra é grande, porque o palácio não é para homem, mas para o Senhor Deus.

²Eu, pois, com todas as minhas forças tenho preparado para a casa de meu Deus o ouro para as obras de ouro, a prata para as de prata, o bronze para as de bronze, o ferro para as de ferro e a madeira para as de madeira; pedras de oberilo, pedras de engaste, pedras de ornato, pedras de várias cores, toda sorte de pedras preciosas, e mármore em abundância.

³Além disso, porque pus o meu afeto na casa de meu Deus, o ouro e prata particular que tenho, eu o dou para a casa do meu Deus, afora tudo quanto tenho preparado para a casa do santuário:

⁴três mil talentos de ouro, do ouro de Ofir, e sete mil talentos de prata refinada, para cobrir as paredes das casas;

⁵ouro para as obras e ouro, e prata para as de prata, para toda a obra a ser feita por mão de artífices. Quem, pois, está disposto a fazer oferta voluntária, consagrando-se hoje ao Senhor?

⁶Então os chefes das casas paternas, os chefes das tribos de Israel, e os chefes de mil e de cem, juntamente com os intendentes da obra do rei, fizeram ofertas voluntárias;

⁷e deram para o serviço da casa de Deus cinco mil talentos e dez mil, dracmas de ouro, e dez mil talentos de prata, dezoito mil talentos de bronze, e cem mil talentos de ferro.

⁸E os que tinham pedras preciosas deram-nas para o tesouro da casa do Senhor, que estava ao cargo de Jeiel, o gersonita.

⁹E o povo se alegrou das ofertas voluntárias que estes fizeram, pois de um coração perfeito as haviam oferecido ao Senhor; e também o rei Davi teve grande alegria.

¹⁰Pelo que Davi bendisse ao Senhor na presença de toda a congregação, dizendo: Bendito és tu, ó Senhor, Deus de nosso pai Israel, de eternidade em eternidade.

¹¹Tua é, ó Senhor, a grandeza, e o poder, e a glória, e a vitória, e a majestade, porque teu é tudo quanto há no céu e na terra; teu é, ó Senhor, o reino, e tu te exaltaste como chefe sobre todos.

¹²Tanto riquezas como honra vêm de ti, tu dominas sobre tudo, e na tua mão há força e poder; na tua mão está o engrandecer e o dar força a tudo.

¹³Agora, pois, ó nosso Deus, graças te damos, e louvamos o teu glorioso nome.

¹⁴Mas quem sou eu, e quem é o meu povo, para que pudéssemos fazer ofertas tão voluntariamente? Porque tudo vem de ti, e do que é teu to damos.

¹⁵Porque somos estrangeiros diante de ti e peregrinos, como o foram todos os nossos pais; como a sombra são os nossos dias sobre a terra, e não há permanência:

¹⁶ç Senhor, Deus nosso, toda esta abundância, que preparamos para te edificar uma casa ao teu santo nome, vem da tua mão, e é toda tua.

¹⁷E bem sei, Deus meu, que tu sondas o coração, e que te agradas da retidão. Na sinceridade de meu coração voluntariamente ofereci todas estas coisas; e agora vi com alegria que o teu povo, que se acha aqui, ofereceu voluntariamente.

¹⁸O Senhor, Deus de nossos pais Abraão, Isaque e Israel, conserva para sempre no coração do teu povo estas disposições e estes pensamentos, e encaminha o seu coração para ti.

¹⁹E a Salomão, meu filho, dá um coração perfeito, para guardar os teus mandamentos, os teus testemunhos e os teus estatuto, e para fazer todas estas coisas, e para edificar o palácio para o qual tenha providenciado.

²⁰Então disse Davi a toda a congregação: Bendizei ao Senhor vosso Deus! E toda a congregação bendisse ao Senhor Deus de seus pais, e inclinaram-se e prostraram-se perante a Senhor e perante o rei.

²¹E no dia seguinte imolaram sacrifícios ao Senhor e lhe ofereceram em holocausto mil novilhos, mil carneiros, mil cordeiros, com as suas libações, e sacrifícios em abundância a favor de todo o Israel.

²²E comeram e beberam naquele dia perante o Senhor, com grande gozo. E pela segunda vez proclamaram rei a Salomão, filho de Davi, e o ungiram ao Senhor para ser príncipe, e a Zadoque para ser sacerdote.

*1 Crônicas*

²³Assim Salomão se assentou no trono do Senhor, como rei em lugar de seu pai Davi, e prosperou; e todo o Israel lhe prestou obediência.

²⁴E todos os chefes, e os homens poderosos, e também todos os filhos do rei Davi se submeteram ao rei Salomão.

²⁵E o Senhor engrandeceu muito a Salomão à vista de todo o Israel, e deu-lhe tal majestade real qual antes dele não teve nenhum rei em Israel.

²⁶Assim Davi, filho de Jessé, reinou sobre todo o Israel.

²⁷O tempo que reinou sobre Israel foi quarenta anos; em Hebrom reinou sete anos, e em Jerusalém trinta e três.

²⁸E morreu numa boa velhice, cheio de dias, riquezas e honra; e Salomão, seu filho, reinou em seu lugar.

²⁹Ora, os atos do rei Davi, desde os primeiros até os últimos, estão escritos nas crônicas de Samuel, o vidente, e nas crônicas do profeta Natã, e nas crônicas de Gade, o vidente,

³⁰com todo o seu reinado e o seu poder e os acontecimentos que sobrevieram a ele, a Israel, e a todos os reinos daquelas terras.

# 2 Crônicas

## Capítulo 1

¹Ora, Salomão, filho de Davi, fortaleceu-se no seu reino, e o Senhor seu Deus era com ele, e muito o engrandeceu.

²E falou Salomão a todo o Israel, aos chefes de mil e de cem, e aos juízes, e a todos os príncipes em todo o Israel, chefes das casas paternas.

³E foi Salomão, e toda a congregação com ele, ao alto que estava em Gibeão porque ali estava a tenda da revelação de Deus, que Moisés, servo do Senhor, tinha feito no deserto.

⁴Mas Davi tinha feito subir a arca de Deus de Quiriate-Jearim ao lugar que lhe preparara; pois lhe havia armado uma tenda em Jerusalém.

⁵Também o altar de bronze feito por Bezaleel, filho de Uri, filho de Hur, estava ali diante do tabernáculo do Senhor; e Salomão e a congregação o buscavam.

⁶E Salomão ofereceu ali sacrifícios perante o Senhor, sobre o altar de bronze que estava junto à tenda da revelação; ofereceu sobre ele mil holocaustos.

⁷Naquela mesma noite Deus apareceu a Salomão, e lhe disse: Pede o que queres que eu te dê.

⁸E Salomão disse a Deus: Tu usaste de grande benevolência para com meu pai Davi, e a mim me fizeste rei em seu lugar.

⁹Agora, pois, ó Senhor Deus, confirme-se a tua promessa, dada a meu pai Davi; porque tu me fizeste rei sobre um povo numeroso como o pó da terra.

¹⁰Dá-me, pois, agora sabedoria e conhecimento, para que eu possa sair e entrar perante este povo; pois quem poderá julgar este teu povo, que é tão grande?

¹¹Então Deus disse a Salomão: Porquanto houve isto no teu coração, e não pediste riquezas, bens ou honra, nem a morte dos que te odeiam, nem tampouco pediste muitos dias de vida, mas pediste para ti sabedoria e conhecimento para poderes julgar o meu povo, sobre o qual te fiz reinar,

¹²sabedoria e conhecimento te são dados; também te darei riquezas, bens e honra, quais não teve nenhum rei antes de ti, nem haverá depois de ti rei que tenha coisas semelhantes.

¹³Assim Salomão veio a Jerusalém, do alto que estava em Gibeão, de diante da tenda da revelação; e reinou sobre Israel.

¹⁴Salomão ajuntou carros e cavaleiros; teve mil e quatrocentos carros e doze mil cavaleiros, que colocou nas cidades dos carros e junto de si em Jerusalém.

¹⁵E o rei tornou o ouro e a prata tão comuns em Jerusalém como as pedras, e os cedros tantos em abundância como os sicômoros que há na baixada.

¹⁶Os cavalos que Salomão tinha eram trazidos do Egito e de Coa; e os mercadores do rei os recebiam de Coa por preço determinado.

¹⁷E faziam subir e sair do Egito cada carro por seiscentos siclos de prata, e cada cavalo por cento e cinqüenta; e assim por meio deles eram exportados para todos os reis dos heteus, e para os reis da Síria.

## Capítulo 2

¹Ora, resolveu Salomão edificar uma casa ao nome do Senhor, como também uma casa real para si.

²Designou, pois, Salomão setenta mil homens para servirem de carregadores, e oitenta mil para cortarem pedras na montanha, e três mil e seiscentos inspetores sobre eles.

³E Salomão mandou dizer a Hurão, rei de Tiro: Como fizeste com Davi, meu pai, mandando-lhe cedros para edificar uma casa em que morasse, assim também fazem comigo.

⁴Eis que vou edificar uma casa ao nome do Senhor meu Deus e lha consagrar para queimar perante ele incenso aromático, para apresentar continuamente, o pão da preposição, e para oferecer os holocaustos da manhã e da tarde, nos sábados, nas luas novas e nas festas fixas do Senhor nosso Deus; o que é obrigação perpétua de Israel.

⁵A casa que vou edificar há de ser grande, porque o nosso Deus é maior do que todos os deuses.

⁶Mas quem é capaz de lhe edificar uma casa, visto que o céu e até o céu dos céus o não podem conter? E quem sou eu, para lhe edificar uma casa, a não ser para queimar incenso perante ele?

⁷Agora, pois, envia-me um homem hábil para trabalhar em ouro, em prata, em bronze, em ferro, em púrpura, em carmesim, e em azul, e que saiba lavrar ao buril, para estar com os peritos que estão comigo em Judá e em Jerusalém, os quais Davi, meu pai, escolheu.

⁸Manda-me também madeiras de cedro, de cipreste, e de algumins do Líbano; porque bem sei eu que os teus servos sabem cortar madeira no Líbano; e eis que os meus servos estarão com os teus servos,

⁹a fim de me prepararem madeiras em abundância, porque a casa que vou edificar há de ser grande e maravilhosa.

¹⁰E aos teus servos, os trabalhadores que cortarem a madeira, darei vinte mil coros de trigo malhado, vinte mil coros de cevada, vinte mil e batos de vinho e vinte mil batos de azeite.

¹¹Hurão, rei de Tiro, mandou por escrito resposta a Salomão, dizendo: Porquanto o Senhor ama o seu povo, te constituiu rei sobre ele.

¹²Disse mais Hurão: Bendito seja o Senhor Deus de Israel, que fez o céu e a terra, que deu ao rei Davi um filho sábio, de grande prudência e entendimento para edificar uma casa ao Senhor, e uma casa real para si.

¹³Agora, pois, envio um homem perito, de entendimento, a saber, Hurão-Abi,

¹⁴filho duma mulher das filhas de Dã, e cujo pai foi um homem de Tiro; este sabe trabalhar em ouro, em prata, em bronze, em ferro, em pedras e em madeira, em púrpura, em azul, em linho fino, e em carmesim, e é hábil para toda obra de buril, e para toda espécie de engenhosas invenções; para que lhe seja designado um lugar juntamente com os teus peritos, e com os peritos de teu pai Davi, meu senhor.

¹⁵Agora mande meu senhor para os seus servos o trigo, a cevada, o azeite, e o vinho, de que falou;

¹⁶e nós cortaremos tanta madeira do Líbano quanta precisares, e a levaremos em jangadas pelo mar até Jope, e tu mandarás transportá-la para Jerusalém.

¹⁷Salomão contou todos os estrangeiros que havia na terra de Israel, segundo o recenseamento que seu pai Davi fizera; e acharam-se cento e cinqüenta e três mil e seiscentos.

¹⁸E deles separou setenta mil para servirem de carregadores, e oitenta mil para cortarem madeira na montanha, como também três mil e seiscentos inspetores para fazerem trabalhar o povo.

## Capítulo 3

¹Então Salomão começou a edificar a casa do Senhor em Jerusalém, no monte Moriá, onde o Senhor aparecera a Davi, seu pai, no lugar que Davi tinha preparado na eira de Ornã, o jebuseu.

²Começou a edificar no segundo dia do segundo mês, no quarto ano do seu reinado.

³Estes foram os fundamentos que Salomão pôs para edificar a casa de Deus. O comprimento em côvados, segundo a primitiva medida, era de sessenta côvados, e a largura de vinte côvados:

⁴O pórtico que estava na frente tinha vinte côvados de comprimento, correspondendo à largura da casa, e a altura era de cento e vinte; e por dentro o revestiu de ouro puro.

⁵A câmara maior forrou com madeira de cipreste e a cobriu de ouro fino, no qual gravou palmas e cadeias.

⁶Para ornamento guarneceu a câmara de pedras preciosas; e o ouro era ouro de Parvaim.

⁷Também revestiu de ouro as traves e os umbrais, bem como as paredes e portas da câmara, e lavrou querubins nas paredes.

⁸Fez também a câmara santíssima, cujo comprimento era de vinte côvados, correspondendo à largura da casa, e a sua largura era de vinte côvados; e a revestiu de ouro fino, do peso de seiscentos talentos.

⁹O peso dos pregos era de cinqüenta siclos de ouro. Também revestiu de ouro os cenáculos.

¹⁰Também fez na câmara santíssima dois querubins de madeira, e os cobriu de ouro.

¹¹As asas dos querubins tinham vinte côvados de comprimento: uma asa de um deles, tendo cinco côvados, tocava na parede da casa, e a outra asa, tendo também cinco côvados, tocava na asa do outro querubim;

¹²também a asa deste querubim, tendo cinco côvados, tocava na parede da casa, e a outra asa, tendo igualmente cinco côvados, estava unida à asa do primeiro querubim.

¹³Assim as asas destes querubins se estendiam por vinte côvados; eles estavam postos em pé, com os rostos virados para â camara.

¹⁴Também fez o véu de azul, púrpura, carmesim e linho fino; e fez bordar nele querubins.

¹⁵Diante da casa fez duas colunas de trinta e cinco côvados de altura; e o capitel que estava sobre cada uma era de cinco côvados.

¹⁶Também fez cadeias no oráculo, e as pôs sobre o alto das colunas; fez também cem romãs, as quais pôs nas cadeias.

¹⁷E levantou as colunas diante do templo, uma à direita, e outra à esquerda; e chamou o nome da que estava à direita Jaquim, e o nome da que estava à esquerda Boaz.

2 Crônicas

## Capítulo 4

¹Além disso fez um altar de bronze de vinte côvados de comprimento, vinte de largura e dez de altura.

²Fez também o mar de fundição; era redondo e media dez côvados duma borda à outra, cinco de altura e trinta de circunferencia.

³Por baixo da borda figuras de bois que cingiam o mar ao redor, dez em cada côvado, contornando-o todo; os bois estavam em duas fileiras e foram fundidos juntamente com o mar.

⁴O mar estava assentado sobre doze bois, três dos quais olhavam para o norte, três para o ocidente, três para o sul, e três para o oriente; e o mar estava posto sobre os bois, cujas ancas estavam todas para a banda de dentro.

⁵Tinha quatro dedos de grossura; e a sua borda foi feita como a borda dum copo, como a flor dum lírio; e cabiam nele mais de três mil batos.

⁶Fez também dez pias; e pôs cinco à direita e cinco à esquerda, para lavarem nelas; isto é, lavaram nelas o que pertencia ao holocausto. Porém o mar era para os sacerdotes se lavarem nele.

⁷E fez dez castiçais de ouro, segundo o que fora ordenado a respeito deles, e pô-los no templo, cinco à direita e cinco à esquerda.

⁸Também fez dez mesas, e pô-las no templo, cinco à direita e cinco à esquerda; e fez ainda cem bacias de ouro.

⁹Fez mais o átrio dos sacerdotes, e o átrio grande, e as suas portas, as quais revestiu de bronze.

¹⁰E pôs o mar ao lado direito da casa, a sudeste.

¹¹Hurão fez ainda as caldeiras, as pás e as bacias. Assim completou Hurão a obra que fazia para o rei Salomão na casa de Deus:

¹²as duas colunas, os globos, e os dois capitéis no alto das colunas; as duas redes para cobrir os dois globos dos capitéis que estavam no alto das colunas;

¹³e as quatrocentas romãs para as duas redes, duas fileiras de romãs para cada rede, para cobrirem os dois globos dos capitéis que estavam em cima das colunas.

¹⁴Também fez as bases, e as pias sobre as bases;

¹⁵o mar, e os doze bois debaixo dele.

¹⁶Semelhantemente as caldeiras, as pás, os garfos e todos os vasos, os fez Hurão-Abi de bronze luzente para o rei Salomão, para a casa do Senhor.

¹⁷Na campina do Jordão os fundiu o rei, na terra argilosa entre Sucote e Zeredá.

¹⁸Salomão fez todos estes vasos em grande abundância, de sorte que o peso do bronze não se podia averiguar.

¹⁹Assim fez Salomão todos os vasos que eram para a casa de Deus, o altar de ouro, as mesas para os pães da proposição,

²⁰os castiçais com as suas lâmpadas, de ouro puro, para arderem perante o oráculo, segundo a ordenança;

²¹as flores, as lâmpadas e as tenazes, de ouro puríssimo,

²²como também as espevitadeiras, as bacias, as colheres e os braseiros, de ouro puro. Quanto à entrada da casa, tanto as portas internas, do lugar santíssimo, como as portas da casa, isto é, do santuário, eram de ouro.

## Capítulo 5

¹Assim se completou toda a obra que Salomão fez para a casa do Senhor. Então trouxe Salomão as coisas que seu pai Davi tinha consagrado, a saber, a prata, e ouro e todos os vasos, e os pôs nos tesouros da casa de Deus.

²Então Salomão congregou em Jerusalém os anciãos de Israel, e todos as cabeças das tribos, os chefes das casas paternas dos filhos de Israel, para fazerem subir da cidade de Davi, que é Sião, a arca do pacto do Senhor.

³E todos os homens de Israel se congregaram ao rei na festa, no sétimo mês.

⁴E, tendo chegado todos os anciãos de Israel; os levitas levantaram a arca,

⁵e fizeram subir a arca, a tenda da revelação e todos os utensílios sagrados que estavam na tenda; os sacerdotes levitas os levaram.

⁶Então o rei Salomão e toda a congregação de Israel, que se havia reunido a ele diante da arca, sacrificavam carneiros e bois, que não se podiam contar nem numerar por causa da sua multidão.

⁷Assim trouxeram os sacerdotes a arca do pacto do Senhor para o seu lugar, no oráculo da casa, no lugar santíssimo, debaixo das asas dos querubins.

⁸Porque os querubins estendiam as asas sobre o lugar da arca, cobrindo a arca e os seus varais:

⁹Os varais eram tão compridos que as suas pontas se viam perante o oráculo, mas não se viam de fora; e ali tem estado a arca até o dia de hoje.

¹⁰Na arca não havia coisa alguma senão as duas tábuas que Moisés ali tinha posto em Horebe, quando o Senhor fez um pacto com os filhos de Israel, ao saírem eles do Egito.

¹¹Quando os sacerdotes saíram do lugar santo (pois todos os sacerdotes que se achavam presentes se tinham santificado, sem observarem a ordem das suas turmas;

¹²também os levitas que eram cantores, todos eles, a saber, Asafe, Remã, Jedútum e seus filhos, e seus irmãos, vestidos de linho fino, com címbalos, com alaúdes e com harpas, estavam em pé ao lado oriental do altar, e juntamente com eles cento e vinte sacerdotes, que tocavam as trombetas),

¹³quando os trombeteiros e os cantores estavam acordes em fazerem ouvir uma só voz, louvando ao Senhor e dando-lhe graças, e quando levantavam a voz com trombetas, e címbalos, e outros instrumentos de música, e louvavam ao Senhor, dizendo: Porque ele é bom, porque a sua benignidade dura para sempre; então se encheu duma nuvem a casa, a saber, a casa do Senhor,

¹⁴de modo que os sacerdotes não podiam ter-se em pé, para ministrar, por causa da nuvem; porque a glória do Senhor encheu a casa de Deus.

## Capítulo 6

¹Então disse Salomão: O Senhor disse que habitaria nas trevas.

²E eu te construí uma casa para morada, um lugar para a tua eterna habitação.

³Então o rei virou o rosto e abençoou toda a congregação de Israel; e toda a congregação estava em pé.

⁴E ele disse: Bendito seja o Senhor Deus de Israel, que pelas suas mãos cumpriu o que falou pela sua boca a Davi, meu pai, dizendo:

⁵Desde o dia em que tirei o meu povo da terra do Egito não escolhi cidade alguma de todas as tribos de Israel, para edificar nela uma casa em que estivese o meu nome, nem escolhi homem algum para ser chefe do meu povo Israel;

⁶mas escolhi Jerusalém para que ali estivesse o meu nome; e escolhi Davi para que estivesse sobre o meu povo Israel.

⁷Davi, meu pai, teve no seu coração o propósito de edificar uma casa ao nome do Senhor, Deus de Israel.

⁸Mas o Senhor disse a Davi, meu pai: Porquanto tiveste no teu coração o propósito de edificar uma casa ao meu nome, fizeste bem em ter isto no teu coração.

⁹Contudo tu não edificarás a casa, mas teu filho, que há de proceder de teus lombos, esse edificará a casa ao meu nome.

¹⁰Assim cumpriu o Senhor a palavra que falou; pois eu me levantei em lugar de Davi, meu pai, e me assentei sobre o trono de Israel, como prometeu o Senhor, e edifiquei a casa ao nome do Senhor, Deus de Israel.

¹¹E pus nela a arca, em que está o pacto que o Senhor fez com os filhos de Israel.

¹²Depois Salomão se colocou diante do altar do Senhor, na presença de toda a congregação de Israel, e estendeu as mãos

¹³(pois Salomão tinha feito uma plataforma de bronze, de cinco côvados de comprimento, cinco de largura e três de altura, a qual tinha posto no meio do átrio; a ela assomou e, pondo-se de joelhos perante toda a congregação de Israel, estendeu as mãos para o céu)

¹⁴e disse: ç Senhor, Deus de Israel, não há, nem no céu nem na terra, Deus semelhante a ti, que guardas o pacto e a beneficência para com os teus servos que andam perante ti de todo o seu coração;

¹⁵que cumpriste ao teu servo Davi, meu pai, o que lhe falaste; sim, pela tua boca o disseste, e pela tua mão o cumpriste, como se vê neste dia.

¹⁶Agora, pois, Senhor, Deus de Israel, cumpre ao teu servo Davi, meu pai, o que lhe promete-te, dizendo: Nunca te faltará varão diante de mim, que se assente sobre o trono de Israel; tão somente que teus filhos guardem o seu caminho para andarem na minha lei, como tu andaste diante de mim.

¹⁷Agora pois, Senhor, Deus de Israel, confirme-se a tua palavra, que falaste ao teu servo Davi.

¹⁸Mas, na verdade, habitará Deus com os homens na terra? Eis que o céu e o céu dos céus não te podem conter; quanto menos esta casa que tenho edificado!

¹⁹Contudo, atende à oração e à súplica do teu servo, ó Senhor meu Deus, para ouvires o clamor e a oração que o teu servo faz diante de ti;

²⁰que dia e noite estejam os teus olhos abertos para esta casa, sim, para o lugar de que disseste que ali porias o teu nome; para ouvires a oração que o teu servo fizer neste lugar.

²¹Ouve as súplicas do teu servo, e do teu povo Israel, que fizerem

neste lugar; sim, ouve do lugar da tua habitação, do céu; e, ouvindo, perdoa.

²²Se alguém pecar contra o seu próximo, e lhe for exigido que jure, e ele vier jurar perante o teu altar, nesta casa,

²³ouve então do céu, age, e julga os teus servos: paga ao culpado, fazendo recair sobre a sua cabeça o seu proceder, e justifica ao reto, retribuindo-lhe segundo a sua retidão.

²⁴Se o teu povo Israel for derrotado diante do inimigo, por ter pecado contra ti; e eles se converterem, e confessarem o teu nome, e orarem e fizerem súplicas diante de ti nesta casa,

²⁵ouve então do céu, e perdoa os pecados do teu povo Israel, e torna a levá-los para a terra que lhes deste a eles e a seus pais.

²⁶Se o céu se fechar e não houver chuva, por terem pecado contra ti; se orarem, voltados para este lugar, e confessarem o teu nome, e se converterem dos seus pecados, quando tu os afligires,

²⁷ouve então do céu, e perdoa o pecado dos teus servos, e do teu povo Israel, ensinando-lhes o b décima quarta a Jesebeabe, envia chuva sobre a tua terra, que deste ao teu povo em herança.

²⁸Se houver na terra fome ou peste, se houver crestamento ou ferrugem, gafanhotos ou lagarta; se os seus inimigos os cercarem nas suas cidades; seja qual for a praga ou doença que houver;

²⁹toda oração e toda súplica que qualquer homem ou todo o teu povo Israel fizer, conhecendo cada um a sua praga e a sua dor, e estendendo as suas mãos para esta casa,

³⁰ouve então do céu, lugar da tua habitação, e perdoa, e dá a cada um conforme todos os seus caminhos, segundo vires o seu coração (pois tu, só tu conheces o coração dos filhos dos homens)

³¹para que te temam e andem nos teus caminhos todos os dias que viverem na terra que deste a nossos pais.

³²Assim também ao estrangeiro, que não é do teu povo Israel, quando vier de um país remoto pòr amor do teu grande nome, da tua mão poderosa e do teu braço estendido, vindo ele e orando nesta casa,

³³ouve então do céu, lugar da tua habitação, e faze conforme tudo o que o estrangeiro te suplicar, a fim de que todos os povos da terra conheçam o teu nome, e te temam como o teu povo Israel, e saibam que pelo teu nome é chamada esta casa que edifiquei.

³⁴Se o teu povo sair à guerra contra os seus inimigos, seja qual for o caminho por que os enviares, e orarem a ti, voltados para esta cidade que escolheste e para a casa que edifiquei ao teu nome,

³⁵ouve então do céu a sua oração e a sua súplica, e defende a sua causa.

³⁶Se pecarem contra ti (pois não há homem que não peque), e tu te indignares contra eles, e os entregares ao inimigo, de modo que os levem em cativeiro para alguma terra, longínqua ou próxima;

³⁷se na terra para onde forem levados em cativeiro caírem em si, e se converterem, e na terra do seu cativeiro te suplicarem, dizendo: Pecamos, cometemos iniqüidade, procedemos perversamente;

³⁸se eles se arrependerem de todo o seu coração e de toda a sua alma, na terra do seu cativeiro, a que os tenham levado cativos, e orarem voltados para a sua terra, que deste a seus pais, e para a cidade que escolheste, e para a casa que edifiquei ao teu nome,

³⁹ouve então do céu, lugar da tua habitação, a sua oração e as suas súplicas, defende a sua causa e perdoa ao teu povo que houver pecado contra ti.

⁴⁰Agora, ó meu Deus, estejam os teus olhos abertos, e os teus ouvidos atentos à oração que se fizer neste lugar.

⁴¹Levanta-te pois agora, Senhor Deus, e vem para o lugar do teu repouso, tu e a arca da tua fortaleza; sejam os teus sacerdotes, ó Senhor Deus, vestidos de salvação, e os teus santos se regozijem no bem.

⁴²Senhor Deus, não faças virar o rosto do teu ungido; lembra-te das tuas misericórdias para com teu servo Davi!

## Capítulo 7

¹Tendo Salomão acabado de orar, desceu fogo do céu e consumiu o holocausto e os sacrifícios; e a glória do Senhor encheu a casa.

²E os sacerdotes não podiam entrar na casa do Senhor, porque a glória do Senhor tinha enchido a sua casa.

³E todos os filhos de Israel, vendo descer o fogo, e a glória do Senhor sobre a casa, prostraram-se com o rosto em terra sobre o pavimento, adoraram ao Senhor e lhe deram graças, dizendo: Porque ele é bom; porque a sua benignidade dura para sempre.

⁴Então o rei e todo o povo ofereceram sacrifícios perante o Senhor.

⁵E o rei Salomão ofereceu em sacrifício vinte e dois mil bois e cento e vinte mil ovelhas. Assim o rei e todo o povo consagraram a casa de Deus.

⁶Os sacerdotes estavam em pé nos seus postos, como também os levitas com os instrumentos musicais do Senhor, que o rei Davi tinha feito para dar graças ao Senhor (porque a sua benignidade dura para sempre), quando Davi o louvava pelo ministério deles; e os sacerdotes tocavam trombetas diante deles; e todo o Israel estava em pé.

⁷Salomão consagrou também o meio do átrio que estava diante da casa do Senhor; porquanto ali ele ofereceu os holocaustos e a gordura das ofertas pacíficas; pois no altar de bronze que Salomão tinha feito não cabiam o holocausto, e a oferta de cereais e a gordura.

⁸Assim naquele tempo celebrou salomão a festa por sete dias, e todo o Israel com ele, uma grande congregação, vinda desde a entrada de Hamate e desde o rio do Egito.

⁹E no oitavo dia celebraram uma assembléia solene, pois haviam celebrado por sete dias a dedicação do altar, e por sete dias a festa.

¹⁰E, no vigésimo terceiro dia do sétimo, mês, ele despediu o povo para as suas tendas, alegre e de bom ânimo pelo bem que o Senhor tinha feito a Davi e a Salomão, e a seu povo Israel.

¹¹Assim Salomão acabou a casa do Senhor e a casa do rei; tudo quanto Salomão intentara fazer na casa do Senhor e na sua própria casa, ele o realizou com êxito.

¹²E o Senhor apareceu de noite a Salomão e lhe disse: Eu ouvi a tua oração e escolhi para mim este lugar para casa de sacrifício.

¹³Se eu cerrar o céu de modo que não haja chuva, ou se ordenar aos gafanhotos que consumam a terra, ou se enviar a peste entre o meu povo;

¹⁴e se o meu povo, que se chama pelo meu nome, se humilhar, e orar, e buscar a minha face, e se desviar dos seus maus caminhos, então eu ouvirei do céu, e perdoarei os seus pecados, e sararei a sua terra.

¹⁵Agora estarão abertos os meus olhos e atentos os meus ouvidos à oração que se fizer neste lugar.

¹⁶Pois agora escolhi e consagrei esta casa, para que nela esteja o meu nome para sempre; e nela estarão fixos os meus olhos e o meu coração perpetuamente.

¹⁷E, quanto a ti, se andares diante de mim como andou Davi, teu pai, fazendo conforme tudo o que te ordenei, guardando os meus estatutos e as minhas ordenanças,

¹⁸então confirmarei o trono do teu reino, conforme o pacto que fiz com Davi, teu pai, dizendo: Não te faltará varão que governe em Israel.

¹⁹Mas se vos desviardes, e deixardes os meus estatutos e os meus mandamentos, que vos tenho proposto, e fordes, e servirdes a outros deuses, e os adorardes,

²⁰então vos arrancarei da minha terra que vos dei; e esta casa que consagrei ao meu nome, lançá-la-ei da minha presença, e farei com que ela seja por provérbio e motejo entre todos os povos.

²¹E desta casa, que é tão exaltada, se espantará qualquer que por ela passar, e dirá: Por que fez o Senhor assim a esta terra e a esta casa.

²²E lhe responderão: Porquanto deixaram ao Senhor Deus de seus pais, que os tirou da terra do Egito, e se apegaram a outros deuses, e os adoraram e os serviram; por isso trouxe sobre eles todo este mal

## Capítulo 8

¹Ao fim de vinte anos, nos quais Salomão tinha edificado a casa do Senhor e a sua propria casa

²Salomão edificou as casas que Salomão tinha dado, e fez habitar nelas os filhos de Israel.

³Depois foi Salomão a Hamate-Zobá, e apoderou-se dela.

⁴E edificou Tadmor no deserto, e todas as cidades-armazéns, que edificou em Hamate.

⁵Edificou também Bete-Horom, tanto a alta como a baixa, cidades fortes, com muros, portas e ferrolhos;

⁶como também Baalate, e todas as cidades-armazéns que Salomão tinha, e todas as cidades para os seus carros e as cidades para os seus cavaleiros, e tudo quanto Salomão desejava edificar em Jerusalém, no Líbano e em toda a terra do seu domínio.

⁷Quanto a todo o povo que tinha ficado dos heteus, dos amorreus, dos perizeus, dos heveus e dos jebuseus, os quais não eram de Israel;

⁸a seus filhos, que ficaram depois deles na terra, os quais os filhos de Israel não destruíram, Salomão lhes impôs tributo de trabalho forçado, até o dia de hoje.

⁹Mas dos filhos de Israel Salomão não fez escravo algum para a sua obra; porém eram homens de guerra, chefes dos seus capitães, e chefes dos seus carros e dos seus cavaleiros.

¹⁰Estes eram os chefes dos oficiais que o rei Salomão tinha, duzentos e cinqüenta; que presidiam sobre o seu povo.

¹¹E Salomão levou a filha do Faraó da cidade de Davi para a casa que lhe edificara; pois disse: Minha mulher não morará na casa de Davi, rei de Israel, porquanto os lugares nos quais entrou a arca do Senhor são santos.

¹²Então Salomão ofereceu holocaustos ao Senhor, sobre o altar do Senhor, que edificara diante do pórtico;

¹³e isto segundo o dever de cada dia, fazendo ofertas segundo o mandamento de Moisés, nos sábados e nas luas novas, e nas três festas anuais, a saber: na festa dos pães ázimos, na festa das semanas, e na festa dos tabernáculos.

¹⁴Também, conforme a ordem de Davi, seu pai, designou as turmas dos sacerdotes para os seus cargos, como também os levitas para os seus cargos, para louvarem a Deus e ministrarem diante dos sacerdotes, como exigia o dever de cada dia, e ainda os porteiros, pelas suas turmas, a cada porta; pois assim tinha mandado Davi, o homem de Deus.

¹⁵E os sacerdotes e os levitas não se desviaram do que lhes mandou o rei, em negócio nenhum, especialmente no tocante aos tesouros.

¹⁶Assim se executou toda a obra de Salomão, desde o dia em que se lançaram os fundamentos da casa do Senhor, até se acabar. Deste modo se completou a casa do Senhor.

¹⁷Então Salomão foi a Eziom-Geber, e a Elote, à praia do mar, na terra de Edom.

¹⁸E Hurão, por meio de seus servos, enviou-lhe navios, e servos práticos do mar; e eles foram com os servos de Salomão a Ofir, e de lá tomaram quatrocentos e cinqüenta talentos de ouro, e os trouxeram ao rei Salomão.

## Capítulo 9

¹Tendo a rainha de Sabá ouvido da fama de Salomão, veio a Jerusalém para prová-lo por enigmas; trazia consigo uma grande comitiva, e camelos carregados de especiarias, e ouro em abundância, e pedras preciosas; e vindo ter com Salomão, falou com ele de tudo o que tinha no seu coração.

²E Salomão lhe respondeu a todas as perguntas; não houve nada que Salomão não lhe soubesse explicar.

³Vendo, pois, a rainha de Sabá a sabedoria de Salomão, e a casa que ele edificara,

⁴e as iguarias da sua mesa, e o assentar dos seus oficiais, e as funções e os trajes dos seus servos, e os seus copeiros e os trajes deles, e os holocaustos que ele oferecia na casa do Senhor, ficou estupefata.

⁵Então disse ao rei: Era verdade o que ouvi na minha terra acerca dos teus feitos e da tua sabedoria.

⁶Todavia eu não o acreditava, até que vim e os meus olhos o viram; e eis que não me contaram metade da grandeza da tua sabedoria; sobrepujaste a fama que ouvi.

⁷Bem-aventurados os teus homens! Bem-aventurados estes teus servos, que estão sempre diante de ti, e ouvem a tua sabedoria!

⁸Bendito seja o Senhor teu Deus, que se agradou de ti, colocando-te sobre o seu trono, para ser rei pelo Senhor teu Deus! Porque teu Deus amou a Israel, para o estabelecer perpetuamente, por isso te constituiu rei sobre eles, para executares juízo e justiça.

⁹Então ela deu ao rei cento e vinte talentos de ouro, e especiarias em grande abundância, e pedras preciosas; e nunca houve tais especiarias quais a rainha de Sabá deu ao rei Salomão.

¹⁰Também os servos de Hurão, e os servos de Salomão, que de Ofir trouxeram ouro, trouxeram madeira de algumins, e pedras preciosas.

¹¹E o rei fez, da madeira de algumins, degraus para a casa do Senhor e para a casa do rei, como também harpas e alaúdes para os cantores, quais nunca dantes se viram na terra de Judá.

¹²E o rei Salomão deu à rainha de Sabá tudo quanto ela desejou, tudo quanto lhe pediu, excedendo mesmo o que ela trouxera ao rei. Assim voltou e foi para a sua terra, ela e os seus servos.

¹³Ora, o peso do ouro que se trazia cada ano a Salomão era de seiscentos e sessenta e seis talentos,

¹⁴afora o que os mercadores e negociantes traziam; também todos os reis da Arábia, e os governadores do país traziam a Salomão ouro e prata.

¹⁵E o rei Salomão fez duzentos paveses de ouro batido, empregando em cada pavês seiscentos siclos de ouro batido;

¹⁶como também trezentos escudos de ouro batido, empregando em cada escudo trezentos siclos de ouro. E o rei os depositou na casa do bosque do Líbano.

¹⁷Fez mais o rei um grande trono de marfim, e o revestiu de ouro puro.

¹⁸O trono tinha seis degraus e um estrado de ouro, que eram ligados ao trono, e de ambos os lados tinha braços junto ao lugar do assento, e dois leões de pé junto aos braços.

¹⁹E havia doze leões em pé de um e outro lado sobre os seis degraus; outro tal não se fizera em reino algum.

²⁰Também todos os vasos de beber do rei Salomão eram de ouro, e todos os utensílios da casa do bosque do Líbano, de ouro puro; a prata reputava-se sem valor nos dias de Salomão.

²¹Pois o rei tinha navios que iam a Társis com os servos de Hurão; de três em três anos os navios voltavam de Társis, trazendo ouro, prata, marfim, bugios e pavões.

²²Assim excedeu o rei Salomão todos os reis da terra, em riqueza e em sabedoria.

²³E todos os reis da terra buscavam a presença de Salomão para ouvirem a sabedoria que Deus lhe tinha posto no coração.

²⁴Cada um trazia o seu presente, vasos de prata, vasos de ouro, vestidos, armaduras, especiarias, cavalos e mulos, uma quota de ano em ano.

²⁵Teve também Salomão quatro mil manjedouras para os cavalos de seus carros, doze mil cavaleiros; e os colocou nas cidades dos carros, e junto ao rei em Jerusalém.

²⁶Ele dominava sobre todos os reis, desde o Rio Eufrates até a terra dos filisteus, e até o termo do Egito.

²⁷Também o rei tornou a prata tão comum em Jerusalém como as pedras, e os cedros tantos em abundância como os sicômoros que há na baixada.

²⁸E cavalos eram trazidos a Salomão do Egito e de todas as terras.

²⁹Ora, o restante dos atos de Salomão, desde os primeiros até os últimos, porventura não estão escritos na história de Natã, o profeta, e na profecia de Aías, o silonita, e nas visões de Ido, o vidente, acerca de Jeroboão, filho de Nebate?

³⁰Salomão reinou em Jerusalém quarenta anos sobre todo o Israel.

³¹E dormiu com seus pais, e foi sepultado na cidade de Davi, seu pai. E Roboão, seu filho, reinou em seu lugar.

## Capítulo 10

¹Roboão foi a Siquém, pois todo o Israel se congregara ali para fazê-lo rei.

²E Jeroboão, filho de Nebate, que estava então no Egito para onde fugira da presença do rei Salomão, ouvindo isto, voltou do Egito.

³E mandaram chamá-lo; Jeroboão e todo o Israel vieram e falaram a Roboão, dizendo:

⁴Teu pai fez duro o nosso jugo; agora, pois, alivia a dura servidão e o pesado jugo que teu pai nos impôs, e nós te serviremos.

⁵Ele lhes respondeu: Daqui a três dias tornai a mim. Então o povo se foi.

⁶E teve o rei Roboão conselho com os anciãos, que tinham assistido diante de Salomão, seu pai, quando este ainda vivia, e perguntou-lhes: Como aconselhais vós que eu responda a este povo?

⁷Eles lhe disseram: Se te fizeres benigno para com este povo, e lhes agradares, e lhes falares boas palavras, então eles serão teus servos para sempre.

⁸Mas ele deixou o conselho que os anciãos lhe deram, e teve conselho com os jovens que haviam crescido com ele, e que assistiam diante dele.

⁹Perguntou-lhes: Que aconselhais vós que respondamos a este povo que me falou, dizendo: Alivia o jugo que teu pai nos impôs?

¹⁰E os jovens que haviam crescido com ele responderam-lhe Assim dirás a este povo, que te falou, dizendo: Teu pai fez pesado nosso jugo, mas tu o alivia de sobre nós; assim lhe falarás: o meu dedo mínimo é mais grosso do que os lombos de meu pai.

¹¹Assim que, se meu pai vos carregou dum jugo pesado, eu ainda aumentarei o vosso jugo; meu pai vos castigou com açoites; eu, porém, vos castigarei com escorpiões.

¹²Veio, pois, Jeroboão com todo o povo a Roboão, ao terceiro dia, como o rei havia ordenado, dizendo: Voltai a mim ao terceiro dia.

¹³E o rei Roboão lhes respondeu asperamente e, deixando o conselho dos anciãos,

¹⁴falou-lhes conforme o conselho dos jovens, dizendo: Meu pai fez pesado o vosso jugo, mas eu lhe acrescentarei mais; meu pai vos castigou com açoites, mas eu vos castigarei com escorpiões.

¹⁵O rei, pois, não deu ouvidos ao povo; porque esta mudança vinha de Deus, para que o Senhor confirmasse a sua palavra, a qual falara por intermédio de Aías, o silonita, a Jeroboão, filho de Nebate.

¹⁶Vendo, pois, todo o Israel que o rei não lhe dava ouvidos, respondeu-lhe dizendo: Que parte temos nós em Davi? Não temos herança no filho de Jessé: Cada um as suas tendas, ó Israel! Agora olha por tua casa, ó Davi! Então todo o Israel se foi para as suas tendas.

¹⁷(Mas quanto aos filhos de Israel que habitavam nas cidades de Judá, sobre eles reinou Roboão.)

¹⁸Então o rei Roboão enviou-lhes Hadorão, que estava sobre a

leva de tributários servis; mas os filhos de Israel o apedrejaram, de modo que morreu. E o rei Roboão se apressou a subir para o seu carro, e fugiu para Jerusalém.

¹⁹Assim se rebelou Israel contra a casa de Davi, até o dia de hoje.

## Capítulo 11

¹Tendo Roboão chegado a Jerusalém, convocou da casa de Judá e Benjamim cento e oitenta mil escolhidos, destros na guerra, para pelejarem contra Israel a fim de restituírem o reino a Roboão.

²Veio, porém, a palavra do Senhor a Semaías, homem de Deus, dizendo:

³Fala a Roboão, filho de Salomão, rei de Judá, e a todo o Israel em Judá e Benjamim, dizendo:

⁴Assim diz o Senhor: Não subireis, nem pelejareis contra os vossos irmãos; volte cada um à sua casa, porque de mim proveio isto. Ouviram, pois, a palavra do Senhor, e desistiram de ir contra Jeroboão.

⁵E Roboão habitou em Jerusalém, e edificou em Judá cidades para fortalezas.

⁶Edificou, pois, Belém, Etã, Tecoa,

⁷Bete-Zur, Socó, Adulão,

⁸Gate, Maressa, Zife,

⁹Adoraim, Laquis, Azeca,

¹⁰Zorá, Aijalom e Hebrom, que estão em Judá e em Benjamim, cidades fortes.

¹¹Fortificou estas cidades e pôs nelas capitães, e armazéns de víveres, de azeite e de vinho.

¹²E pôs em cada cidade paveses e lanças, e fortificou-as grandemente, de sorte que reteve Judá e Benjamim.

¹³Também os sacerdotes e os levitas que havia em todo o Israel recorreram a ele de todos os seus termos.

¹⁴Pois os levitas deixaram os seus arrabaldes e a sua possessão, e vieram para Judá e para Jerusalém, porque Jeroboão e seus filhos os lançaram fora, para que não exercessem o ofício sacerdotal ao Senhor;

¹⁵e Jeroboão constituiu para si sacerdotes, para os altos, e para os demônios, e para os bezerros que fizera.

¹⁶Além desses, de todas as tribos de Israel, os que determinaram no seu coração buscar ao Senhor Deus de Israel, também vieram a Jerusalém, para oferecerem sacrifícios ao Senhor Deus de seus pais.

¹⁷Assim fortaleceram o reino de Judá e corroboraram a Roboão, filho de Salomão, por três anos; porque durante três anos andaram no caminho de Davi e Salomão.

¹⁸Roboão tomou para si, por mulher, a Maalate, filha de Jerimote, filho de Davi; e a Abiail, filha de Eliabe, filho de Jessé,

¹⁹a qual lhe deu os filhos Jeús, Semarias e Zaão.

²⁰Depois dela tomou a Maacá, filha de Absalão; esta lhe deu Abias, Atai, Ziza e Selomite.

²¹Amava Roboão a Maacá, filha de Absalão, mais do que a todas as suas outras mulheres e concubinas; pois tinha tomado dezoito mulheres e sessenta concubinas, e gerou vinte e oito filhos e sessenta filhas.

²²E Roboão designou Abias, filho de Maacá, chefe e príncipe entre os seus irmãos, porque queria fazê-lo rei.

²³Também usou de prudência, distribuindo todos os seus filhos por entre todas as terras de Judá e Benjamim, por todas as cidades fortes; e deu-lhes víveres em abundância, e procurou para eles muitas mulheres.

## Capítulo 12

¹E sucedeu que, quando ficou estabelecido o reino de Roboão, e havendo o rei se tornado forte, ele deixou a lei do Senhor, e com ele todo o Israel.

²Pelo que, no quinto ano da rei Roboão, Sisaque, rei do Egito, subiu contra Jerusalém (porque eles tinham transgredido contra o Senhor)

³com mil e duzentes carros e sessenta mil cavaleiros; era inumerável a gente que vinha com ele do Egito: líbios, suquitas e etíopes;

⁴E tomou as cidades fortificadas de Judá, e chegou até Jerusalém.

⁵Então Semaías, o profeta, fei ter com Roboão e com os príncipes de Judá que se tinham ajuntado em Jerusalém por causa de Sisaque, e disse-lhes: Assim diz o Senhor: Vós me deixastes a mim, pelo que eu também vos deixei na mão de Sisaque.

⁶Então se humilharam os príncipes de Israel e o rei, e disseram: O Senhor é justo.

⁷Quando, pois, o Senhor viu que se humilhavam, veio a palavra do Senhor a Semaías, dizendo: Humilharam-se, não os destruirei; mas dar-lhes-ei algum socorro, e o meu furor não será derramado sobre Jerusalém por mão de Sisaque.

⁸Todavia eles lhe serão servos, para que conheçam a diferença entre a minha servidão e a servidão dos reinos da terra.

⁹Subiu, pois, Sisaque, rei do Egito, contra Jerusalém, e levou os tesouros da casa do Senhor, e os tesouros da casa do rei; levou tudo. Levou até os escudos de ouro que Salomão fizera.

¹⁰E o rei Roboão fez em lugar deles escudos de bronze, e os entregou na mão dos capitães da guarda, que guardavam a porta da casa do rei.

¹¹E todas as vezes que o rei entrava na casa do Senhor, vinham os da guarda e os levavam; depois tornavam a pô-los na câmara da guarda.

¹²E humilhando-se ele, a ira do Senhor se desviou dele, de modo que não o destruiu de todo; porque ainda havia coisas boas em Judá.

¹³Fortaleceu-se, pois, o rei Roboão em Jerusalém, e reinou. Roboão tinha quarenta e um anos quando começou a reinar, e reinou dezessete anos em Jerusalém, a cidade que o Senhor escolhera dentre todas as tribos de Israel, para pôr ali o seu nome. E era o nome de sua mãe Naama, a amonita.

¹⁴Ele fez o que era mau, porquanto não dispôs o seu coração para buscar ao Senhor.

¹⁵Ora, os atos de Roboão, desde os primeiros até os últimos, porventura não estão escritos nas histórias de Semaías, o profeta, e de Ido, o vidente, na relação das genealogias? Houve guerra entre Roboão e Jeroboão por todos os seus dias.

¹⁶E Roboão dormiu com seus pais, e foi sepultado na cidade de Davi. E Abias, seu filho, reinou em seu lugar.

## Capítulo 13

¹No ano décimo oitavo do rei Jeroboão começou Abias a reinar sobre Judá.

²Três anos reinou em Jerusalém; o nome de sua mãe era Micaías, filha de Uriel de Gibeá. E houve guerra entre Abias e Jeroboão.

³Abias dispôs-se para a peleja com um exército de varões valentes, quatrocentos mil homens escolhidos; e Jeroboão dispôs contra ele a batalha com oitocentos mil homens escolhidos, todos homens valentes.

⁴Então Abias pôs-se em pé em cima do monte Zemaraim, que está na região montanhosa de Efraim, e disse: Ouvi-me, Jeroboão e todo o Israel:

⁵Porventura não vos convém saber que o Senhor Deus de Israel deu para sempre a Davi a soberania sobre Israel, a ele e a seus filhos, por um pacto de sal?

⁶Contudo levantou-se Jeroboão, filho de Nebate, servo de Salomão, filho de Davi, e se rebelou contra seu senhor;

⁷e ajuntaram-se a ele homens vadios filhos de Belial, e fortaleceram-se contra Roboão, filho de Salomão, sendo Roboão ainda moço e indeciso de coração, e nao podendo resistir-lhes.

⁸E agora julgais poder resistir ao reino do Senhor, que está na mão dos filhos de Davi, visto que sois uma grande multidão, e tendes convosco os bezerros de ouro que Jeroboão vos fez para deuses.

⁹Não lançastes fora os sacerdotes do Senhor, filhos de Arão, e os levitas, e não fizestes para vós sacerdotes, como o fazem os povos das outras terras? Qualquer que vem a consagrar-se, trazendo um novilho e sete carneiros, logo se faz sacerdote daqueles que não são deuses.

¹⁰Mas, quanto a nós, o Senhor é nosso Deus, e nunca o deixamos. Temos sacerdotes que ministram ao Senhor, os quais são filhos de Arão, e os levitas para o seu serviço.

¹¹Queimam perante o Senhor cada manhã e cada tarde holocausto e incenso aromático; também dispõem os pães da proposição sobre a mesa de ouro puro, e o castiçal de ouro e as suas lâmpadas para se acenderem cada tarde; porque nós temos guardado os preceitos do Senhor nosso Deus; mas vós o deixastes.

¹²Eis que Deus está conosco, à nossa frente, como também os seus sacerdotes com as trombetas, para tocarem alarme contra vós. O filhos de Israel, não pelejeis contra o Senhor Deus de vossos pais; porque não sereis bem sucedidos.

¹³Jeroboão, porém, armou uma emboscada, para dar sobre Judá pela retaguarda; de maneira que as suas tropas estavam em frente de Judá e a emboscada por detrás.

¹⁴Então os de Judá olharam para trás, e eis que tinham de pelejar por diante e pela retaguarda; então clamaram ao Senhor, e os sacerdotes tocaram as trombetas.

¹⁵E os homens de Judá deram o brado de guerra; e sucedeu que, bradando eles, Deus feriu Jeroboão e todo o Israel diante de Abias e de Judá.

¹⁶E os filhos de Israel fugiram de diante de Judá, e Deus lhos entregou nas suas mãos.

¹⁷De maneira que Abias e o seu povo fizeram grande matança entre eles; pois que caíram mortos de Israel quinhentos mil homens

escolhidos.

¹⁸Assim foram humilhados os filhos de Israel naquele tempo, e os filhos de Judá prevaleceram, porque confiaram no Senhor Deus de seus pais.

¹⁹E Abias foi perseguindo Jeroboão, e tomou-lhe cidades: Betel e seus arrabaldes, Jesana e seus arrabaldes, e Efrom e seus arrabaldes.

²⁰Jeroboão não recobrou mais a sua força nos dias de Abias; e o Senhor o feriu, e ele morreu.

²¹Abias, porém, se fortaleceu, e tomou para si catorze mulheres, e teve vinte e dois filhos e dezesseis filhas.

²²O restante dos atos de Abias, os seus caminhos e as suas palavras, estão escritos no comentário do profeta Ido.

## Capítulo 14

¹Abias dormiu com seus pais, e o sepultaram na cidade de Davi. E Asa, seu filho, reinou em seu lugar; nos seus dias a terra esteve em paz por dez anos.

²E Asa fez o que era bom e reto aos olhos do Senhor seu Deus;

³removeu os altares estranhos, e os altos, quebrou as colunas, cortou os aserins.

⁴e mandou a Judá que buscasse ao Senhor, Deus de seus pais, e que observasse a lei e o mandamento.

⁵Também removeu de todas as cidades de Judá os altos e os altares de incenso; e sob ele o reino esteve em paz.

⁶Edificou cidades fortificadas em Judá; porque a terra estava em paz, e não havia guerra contra ele naqueles anos, porquanto o Senhor lhe dera repouso.

⁷Disse, pois, a Judá: Edifiquemos estas cidades, e cerquemo-las de muros e torres, portas e ferrolhos; a terra ainda é nossa porque buscamos ao Senhor nosso Deus; nós o buscamos, e ele nos deu repouso de todos os lados. Edificaram, pois, e prosperaram.

⁸Ora, tinha Asa um exército de trezentos mil homens de Judá, que traziam pavês e lança; e duzentos e oitenta mil de Benjamim, que traziam escudo e atiravam com arco; todos estes eram homens valentes.

⁹E Zerá, o etíope, saiu contra eles, com um exército de um milhão de homens, e trezentos carros, e chegou até Maressa.

¹⁰Então Asa saiu contra ele, e ordenaram a batalha no vale de Zefatá, junto a Maressa.

¹¹E Asa clamou ao Senhor seu Deus, dizendo: ç Senhor, nada para ti é ajudar, quer o poderoso quer o de nenhuma força. Acuda-nos, pois, o Senhor nosso Deus, porque em ti confiamos, e no teu nome viemos contra esta multidão. ç Senhor, tu és nosso Deus, não prevaleça contra ti o homem.

¹²E o Senhor desbaratou os etíopes diante de Asa e diante de Judá; e os etíopes fugiram.

¹³Asa e o povo que estava com ele os perseguiram até Gerar; e caíram tantos dos etíopes que já não havia neles resistência alguma; porque foram quebrantados diante do Senhor, e diante do seu exército. Os homens de Judá levaram dali mui grande despojo.

¹⁴Feriram todas as cidades nos arredores de Gerar, porque veio sobre elas o terror da parte do Senhor; e saquearam todas as cidades, pois havia nelas muito despojo.

¹⁵Também feriram as malhadas do gado, e levaram ovelhas em abundância, e camelos, e voltaram para Jerusalém.

## Capítulo 15

¹Então veio o Espírito de Deus sobre Azarias, filho de Odede,

²que saiu ao encontro de Asa e lhe disse: Ouvi-me, Asa, e todo o Judá e Benjamim: O Senhor está convosco, enquanto vós estais com ele; se o buscardes, o achareis; mas se o deixardes, ele vos deixará.

³Ora, por muito tempo Israel esteve sem o verdadeiro Deus, sem sacerdote que o ensinasse e sem lei.

⁴Quando, porém, na sua angústia voltaram para o Senhor, Deus de Israel, e o buscaram, o acharam.

⁵E naqueles tempos não havia paz nem para o que saía, nem para o que entrava, mas grandes perturbações estavam sobre todos os habitantes daquelas terras.

⁶Pois nação contra nação e cidade contra cidade se despedaçavam, porque Deus as conturbara com toda sorte de aflições.

⁷Vós, porém, esforçai-vos, e não desfaleçam as vossas mãos; porque a vossa obra terá uma recompensa.

⁸Asa, tendo ouvido estas palavras, e a profecia do profeta filho de Odede, cobrou ânimo e lançou fora as abominações de toda a terra de Judá e de Benjamim, como também das cidades que tomara na região montanhosa de Efraim, e renovou o altar do Senhor, que estava diante do pórtico do Senhor.

⁹E congregou todo o Judá e Benjamim, e os de Efraim, Manassés e Simeão que com eles peregrinavam; pois que muitos e Israel tinham vindo a ele quando viram que o Senhor seu Deus era com ele.

¹⁰Ajuntaram-se em Jerusalém no terceiro mês, no décimo quinto ano do reinado de Asa.

¹¹E no mesmo dia ofereceram em sacrifício ao Senhor, do despojo que trouxeram, setecentos bois e sete mil ovelhas.

¹²E entraram no pacto de buscarem ao Senhor, Deus de seus pais, de todo o seu coração e de toda a sua alma;

¹³e de que todo aquele que não buscasse ao Senhor, Deus de Israel, fosse morto, tanto pequeno como grande, tanto homem como mulher.

¹⁴E prestaram juramento ao Senhor em alta voz, com júbilo, ao som de trombetas e buzinas.

¹⁵E todo o Judá se alegrou deste juramento; porque de todo o seu coração juraram, e de toda a sua vontade buscaram ao Senhor, e o acharam; e o Senhor lhes deu descanso ao redor.

¹⁶O rei Asa depôs Maacá, sua mãe, para que não fosse mais rainha, porquanto ela fizera um abominável ídolo para servir de Asera, ao qual Asa derrubou e, despedaçando-o, o queimou junto ao ribeiro de Cedrom.

¹⁷Os altos, porém, não se tiraram de Israel; contudo o coração de Asa foi perfeito todos os seus dias.

¹⁸E trouxe para a casa de Deus as coisas que seu pai tinha consagrado, e as que ele mesmo tinha consagrado: prata, ouro e utensílios.

¹⁹E não mais houve guerra até o ano trigésimo quinto do reinado de Asa.

## Capítulo 16

¹No trigésimo sexto ano do reinado de Asa, Baasa, rei de Israel, subiu contra Judá e edificou a Ramá, para não deixar ninguém sair nem entrar para Asa, rei de Judá.

²Então Asa tirou a prata e o ouro dos tesouros da casa do Senhor, e da casa do rei, e enviou mensageiros a Bene-Hadade, rei da Síria, que habitava em Damasco, dizendo:

³Haja aliança entre mim e ti, como havia entre meu pai e o teu. Eis que te envio prata e ouro; vai, pois, e rompe a sua aliança com Baasa, rei de Israel, para que se retire de mim.

⁴E Bene-Hadade deu ouvidos ao rei Asa, e enviou os comandantes dos seus exércitos contra as cidades de Israel, os quais feriram Ijom, Dã, Abel-Maim e todas as cidades-armazéns de Naftali.

⁵E tendo Baasa notícia disto, cessou de edificar a Ramá, e não continuou a sua obra.

⁶Então o rei Asa tomou todo o Judá, e eles levaram as pedras de Ramá, e a sua madeira, com que Baasa edificara; e com elas edificou Geba e Mizpá.

⁷Naquele mesmo tempo veio Hanâni, o vidente, ter com Asa, rei de Judá, e lhe disse: Porque confiaste no rei da Síria, e não confiaste no Senhor teu Deus, por isso o exército do rei da Síria escapou da tua mão.

⁸Porventura não foram os etíopes e os líbios um grande exército, com muitíssimos carros e cavaleiros? Confiando tu, porém, no Senhor, ele os entregou nas mãos.

⁹Porque, quanto ao Senhor, seus olhos passam por toda a terra, para mostrar-se forte a favor daqueles cujo coração é perfeito para com ele; nisto procedeste loucamente, pois desde agora haverá guerras contra ti.

¹⁰Então Asa, indignado contra o vidente, lançou-o na casa do tronco, porque estava enfurecido contra ele por causa disto; também nesse mesmo tempo Asa oprimiu alguns do povo.

¹¹Eis que os atos de Asa, desde os primeiros até os últimos, estão escritos no livro dos reis de Judá e de Israel.

¹²No ano trinta e nove do seu reinado Asa caiu doente dos pés; e era mui grave a sua enfermidade; e nem mesmo na enfermidade buscou ao Senhor, mas aos médicos.

¹³E Asa dormiu com seus pais, morrendo no ano quarenta e um do seu reinado.

¹⁴E o sepultaram no sepulcro que tinha cavado para si na cidade de Davi, havendo-o deitado na cama, que se enchera de perfumes e de diversas especiarias preparadas segundo a arte dos perfumistas; e destas coisas fizeram-lhe uma grande queima.

## Capítulo 17

¹Jeosafá, seu filho, reinou em seu lugar, e fortaleceu-se contra Israel.

²Pôs forças armadas em todas as cidades fortes de Judá e dispôs guarnições na terra de Judá, como também nas cidades de Efraim que Asa, seu pai, tinha tomado.

³E o Senhor era com Jeosafá, porque andou conforme os primeiros caminhos de Davi, seu pai, e não buscou aos baalins;

⁴antes buscou ao Deus de seu pai, e andou nos seus mandamentos, e não segundo as obras de Israel.

⁵Por isso o Senhor confirmou o reino na sua mão; e todo o Judá trouxe presentes a Jeosafá; e ele teve riquezas e glória em abundância.

⁶E encorajou-se o seu coração nos caminhos do Senhor; e ele tirou de Judá os altos e os aserins.

⁷No terceiro ano do seu reinado enviou ele os seus príncipes, Bene-Hail, Obadias, Zacarias, Netanel e Micaías, para ensinarem nas cidades de Judá;

⁸e com eles os levitas Semaías, Netanias, Zebadias, Asael, Semiramote, Jônatas, Adonias, Tobias e Tobadonias e, com estes levitas, os sacerdotes Elisama e Jeorão.

⁹E ensinaram em Judá, levando consigo o livro da lei do Senhor; foram por todas as cidades de Judá, ensinando entre o povo.

¹⁰Então caiu o temor do Senhor sobre todos os reinos das terras que estavam ao redor de Judá, de modo que não fizeram guerra contra Jeosafá.

¹¹Alguns dentre os filisteus traziam presentes a Jeosafá, e prata como tributo; e os árabes lhe trouxeram rebanhos: sete mil e setecentos carneiros, e sete mil e setecentos bodes.

¹²Assim Jeosafá ia-se tornando cada vez mais poderoso; e edificou fortalezas e cidades-armazéns em Judá;

¹³e teve grande quantidade de munições nas cidades de Judá, e soldados, homens valorosos, em Jerusalém.

¹⁴Este é o número deles segundo as suas casas paternas: de Judá os comandantes de mil: o comandante Adná, com trezentos mil homens valorosos;

¹⁵após ele o comandante Jeoanã com duzentos e oitenta mil;

¹⁶após ele Amasias, filho de Zicri, que voluntariamente se entregou ao Senhor, e com ele duzentos mil valorosos;

¹⁷e de Benjamim: Eliadá, homem destemido, com duzentos mil armados de arco e de escudo;

¹⁸e após ele Jeozabade, com cento e oitenta mil armados para a guerra.

¹⁹Estes estavam no serviço do rei, afora os que o rei tinha posto nas cidades fortes por todo o Judá.

## Capítulo 18

¹Tinha, pois, Jeosafá riquezas e glória em abundância, e aparentou-se com Acabe.

²Ao cabo de alguns anos foi ter com Acabe em Samária. E Acabe matou ovelhas e bois em abundância, para ele e para o povo que o acompanhava; e o persuadiu a subir com ele a Ramote-Gileade.

³Perguntou Acabe, rei de Israel, a Jeosafá, rei de Judá: Irás tu comigo a Ramote-Gileade? E respondeu-lhe Jeosafá: Como tu és sou eu, e o meu povo como o teu povo; seremos contigo na guerra.

⁴Disse mais Jeosafá ao rei de Israel: Consulta hoje a palavra do Senhor.

⁵Então o rei de Israel ajuntou os profetas, quatrocentos homens, e lhes perguntou: Iremos à peleja contra Ramote-Gileade, ou deixarei de ir? Responderam eles: Sobe, porque Deus a entregará nas mãos do rei.

⁶Disse, porém, Jeosafá: Não há aqui ainda algum profeta do Senhor a quem possamos consultar?

⁷Ao que o rei de Israel respondeu a Jeosafá: Ainda há um homem por quem podemos consultar ao Senhor; eu, porém, o odeio, porque nunca profetiza o bem a meu respeito, mas sempre o mal; é Micaías, filho de Inlá. Mas Jeosafá disse: Não fale o rei assim.

⁸Então o rei de Israel chamou um eunuco, e disse: Traze aqui depressa Micaías, filho de Inlá.

⁹Ora, o rei de Israel e Jeosafá, rei de Judá, vestidos de seus trajes reais, estavam assentados cada um no seu trono, na praça à entrada da porta de Samária; e todos os profetas profetizavam diante deles.

¹⁰E Zedequias, filho de Quenaaná, fez para si uns chifres de ferro, e disse: Assim diz o Senhor: Com estes ferirás os sírios, até que sejam consumidos.

¹¹E todos os profetas profetizavam o mesmo, dizendo: Sobe a Ramote-Gileade, e serás bem sucedido, pois o Senhor a entregará nas mãos do rei.

¹²O mensageiro que fora chamar Micaías lhe falou, dizendo: Eis que as palavras dos profetas, a uma voz, são favoráveis ao rei: seja, pois, também a tua palavra como a de um deles, e fala o que é bom.

¹³Micaías, porém, disse: Vive o Senhor, que o que meu Deus me disser, isso falarei.

¹⁴Quando ele chegou à presença do rei, este lhe disse: Micaías, iremos a Ramote-Gileade à peleja, ou deixarei de ir? Respondeu ele: Subi, e sereis bem sucedidos; e eles serão entregues nas vossas mãos.

¹⁵Mas o rei lhe disse: Quantas vezes hei de conjurar-te que não me fales senão a verdade em nome do Senhor?

¹⁶Respondeu ele: Vi todo o Israel disperso pelos montes, como ovelhas que não têm pastor; e disse o Senhor: Estes não têm senhor; torne em paz cada um para sua casa.

¹⁷Então o rei de Israel disse a Jeosafá: Não te disse eu que ele não profetizaria a respeito de mim o bem, porém o mal?

¹⁸Prosseguiu Micaías: Ouvi, pois, a palavra do Senhor! Vi o Senhor assentado no seu trono, e todo o exército celestial em pé à sua direita e à sua esquerda.

¹⁹E o Senhor perguntou: Quem induzirá Acabe, rei de Israel, a subir, para que caia em Ramote-Gileade? E um respondia de um modo, e outro de outro.

²⁰Então saiu um espírito, apresentou-se diante do Senhor, e disse: Eu o induzirei. Perguntou-lhe o Senhor: De que modo?

²¹E ele disse: Eu sairei, e serei um espírito mentiroso na boca de todos os seus profetas. Ao que disse o Senhor. Tu o induzirás, e prevalecerás; sai, e faze assim.

²²Agora, pois, eis que o Senhor pôs um espírito mentiroso na boca destes teus profetas; o Senhor é quem falou o mal a respeito de ti.

²³Então Zedequias, filho de Quenaaná, chegando-se, feriu a Micaías na face e disse: Por que caminho passou de mim o Espírito do Senhor para falar a ti?

²⁴Respondeu Micaías: Eis que tu o verás naquele dia, quando entrares numa câmara interior para te esconderes.

²⁵Então disse o rei de Israel: Tomai Micaías, e tornai a levá-lo a Amom, o governador da cidade, e a Joás, filho do rei,

²⁶dizendo-lhes: Assim diz o rei: Metei este homem no cárcere, e sustentai-o a pão e água até que eu volte em paz.

²⁷Mas disse Micaías: se tu voltares em paz, o Senhor não tem falado por mim. Disse mais: Ouvi, povos todos!

²⁸Subiram, pois, o rei de Israel e Jeosafá, rei de Judá, a Ramote-Gileade.

²⁹E disse o rei de Israel a Jeosafá: Eu me disfarçarei, e entrarei na peleja; tu, porém, veste os teus trajes reais. Disfarçou-se, pois, o rei de Israel, e eles entraram na peleja.

³⁰Ora, o rei da Síria dera ordens aos capitães dos seus carros, dizendo: Não pelejareis nem contra pequeno nem contra grande, senão só contra o rei de Israel.

³¹Pelo que os capitães dos carros, quando viram a Jeosafá, disseram: Este é o rei de Israel. Viraram-se, pois, para pelejar contra ele; mas Jeosafá clamou, e o Senhor o socorreu, e os desviou dele.

³²Pois vendo os capitães dos carros que não era o rei de Israel, deixaram de segui-lo.

³³Então um homem entesou o seu arco e, atirando a esmo, feriu o rei de Israel por entre a couraça e a armadura abdominal. Pelo que ele disse ao carreteiro: Dá volta, e tira-me do exército, porque estou gravemente ferido.

³⁴E a peleja tornou-se renhida naquele dia; contudo o rei de Israel foi sustentado no carro contra os sírios até a tarde; porém ao pôr do sol morreu.

## Capítulo 19

¹Jeosafá, rei de Judá, voltou em paz à sua casa em Jerusalém.

²Mas Jeú, filho de Hanâni, a vidente, saiu ao encontro do rei Jeosafá e lhe disse: Devias tu ajudar o ímpio, e amar aqueles que odeiam ao Senhor? Por isso virá sobre ti grande ira da parte do Senhor.

³Contudo, alguma virtude se acha em ti, porque tiraste para fora da terra as aserotes, e dispuseste o teu coração para buscar a Deus.

⁴Habitou, pois, Jeosafá em Jerusalém; e tornou a passar pelo povo desde Berseba até a região montanhosa de Efraim, fazendo com que voltasse ao Senhor Deus de seus pais.

⁵Estabeleceu juízes na terra, em todas as cidades fortes de Judá, de cidade em cidade;

⁶e disse aos juízes: Vede o que fazeis; porque não julgais da parte do homem, mas da parte do Senhor, e ele está convosco no julgamento.

⁷Agora, pois, seja o temor do Senhor convosco; tomai cuidado no que fazeis; porque não há no Senhor nosso Deus iniqüidade, nem acepção de pessoas, nem aceitação de presentes.

⁸Também em Jerusalém estabeleceu Jeosafá alguns dos levitas e

## 2 Crônicas

dos sacerdotes e dos chefes das casas paternas de Israel sobre e juízo da parte do Senhor, e sobre as causas civis. E voltaram para Jerusalém.

⁹E deu-lhes ordem, dizendo: Assim procedei no temor do Senhor, com fidelidade e com coração perfeito.

¹⁰Todas as vezes que se vos submeter qualquer controvérsia da parte de vossos irmãos que habitam nas suas cidades, entre sangue e sangue, entre lei e mandamento, entre estatutos e juízos, admoestai- os a que se não façam culpados para com o Senhor, e deste modo venha grande ira sobre vós e sobre vossos irmãos. Procedei assim, e não vos fareis culpados.

¹¹E eis que Amarias, o sumo sacerdete, presidirá sobre vós em todos os negócios do Senhor; e Zebadias, filho de Ismael, príncipe da casa de Judá, em todos os negócios do rei; também os levitas serão oficiais perante vós. Procedei corajosamente e seja o Senhor com os retos.

### Capítulo 20

¹Depois disto sucedeu que os moabitas, e os amonitas, e com eles alguns dos meunitas vieram contra Jeosafá para lhe fazerem guerra.

²Vieram alguns homens dar notícia a Jeosafá, dizendo: Vem contra ti uma grande multidão de Edom, dalém do mar; e eis que já estão em Hazazom-Tamar, que é En-Gedi.

³Então Jeosafá teve medo, e pôs-se a buscar ao Senhor, e apregoou jejum em todo o Judá.

⁴E Judá se ajuntou para pedir socorro ao Senhor; de todas as cidades de Judá vieram para buscarem ao Senhor.

⁵Jeosafá pôs-se em pé na congregação de Judá e de Jerusalém, na casa do Senhor, diante do átrio novo,

⁶e disse: ç Senhor, Deus de nossos pais, não és tu Deus no céu? e não és tu que governas sobre todos os reinos das nações? e na tua mão há poder e força, de modo que não há quem te possa resistir.

⁷ç nosso Deus, não lançaste fora os moradores desta terra de diante do teu povo Israel, e não a deste para sempre à descendência de Abraão, teu amigo?

⁸E habitaram nela, e nela edificaram um santuário ao teu nome, dizendo:

⁹Se algum mal nos sobrevier, espada, juízo, peste, ou fome, nós nos apresentaremos diante desta casa e diante de ti, pois teu nome está nesta casa, e clamaremos a ti em nossa aflição, e tu nos ouvirás e livrarás.

¹⁰Agora, pois, eis que os homens de Amom, de Moabe, e do monte Seir, pelos quais não permitiste que passassem os filhos de Israel, quando vinham da terra do Egito, mas deles se desviaram e não os destruíram -

¹¹eis como nos recompensam, vindo para lançar-nos fora da tua herança, que nos fizeste herdar.

¹²ç nosso Deus, não os julgarás? Porque nós não temos força para resistirmos a esta grande multidão que vem contra nós, nem sabemos o que havemos de fazer; porém os nossos olhos estão postos em ti.

¹³E todo o Judá estava em pé diante do Senhor, como também os seus pequeninos, as suas mulheres, e os seus filhos.

¹⁴Então veio o Espírito do Senhor no meio da congregação, sobre Jaaziel, filho de Zacarias, filho de Benaías, filho de Jeiel, filho de Matanias o levita, dos filhos de Asafe,

¹⁵e disse: Dai ouvidos todo o Judá, e vós, moradores de Jerusalém, e tu, ó rei Jeosafá. Assim vos diz o Senhor: Não temais, nem vos assusteis por causa desta grande multidão, porque a peleja não é vossa, mas de Deus.

¹⁶Amanhã descereis contra eles; eis que sobem pela ladeira de Ziz, e os achareis na extremidade do vale, defronte do deserto de Jeruel.

¹⁷Nesta batalha não tereis que pelejar; postai-vos, ficai parados e vede o livramento que o Senhor vos concederá, ó Judá e Jerusalém. Não temais, nem vos assusteis; amanhã saí-lhes ao encontro, porque o Senhor está convosco.

¹⁸Então Jeosafá se prostrou com o rosto em terra; e todo o Judá e os moradores de Jerusalém se lançaram perante o Senhor, para o adorarem.

¹⁹E levantaram-se os levitas dos filhos dos coatitas e dos filhos dos coraítas, para louvarem ao Senhor Deus de Israel, em alta voz.

²⁰Pela manhã cedo se levantaram saíram ao deserto de Tecoa; ao saírem, Jeosafá pôs-se em pé e disse: Ouvi-me, ó Judá, e vós, moradores de Jerusalém. Crede no Senhor vosso Deus, e estareis seguros; crede nos seus profetas, e sereis bem sucedidos.

²¹Tendo ele tomado conselho com o povo, designou os que haviam de cantar ao Senhor e louvá-lo vestidos de trajes santos, ao saírem diante do exército, e dizer: Dai graças ao Senhor, porque a sua benignidade dura para sempre.

²²Ora, quando começaram a cantar e a dar louvores, o Senhor pôs emboscadas contra os homens de Amom, de Moabe e do monte Seir, que tinham vindo contra Judá; e foram desbaratados.

²³Pois os homens de Amom e de Moabe se levantaram contra os moradores do monte Seir, para os destruir e exterminar; e, acabando eles com os moradores do monte Seir, ajudaram a destruir-se uns aos outros.

²⁴Nisso chegou Judá à atalaia do deserto; e olharam para a multidão, e eis que eram cadáveres que jaziam por terra, não havendo ninguém escapado.

²⁵Quando Jeosafá e o seu povo vieram para saquear os seus despojos, acharam entre eles gado em grande número, objetos de valor e roupas, assim como jóias preciosas, e tomaram para si tanto que não podiam levar mais; por três dias saquearam o despojo, porque era muito.

²⁶Ao quarto dia eles se ajuntaram no vale de Beraca; pois ali louvaram ao Senhor. Por isso aquele lugar é chamado o vale de Beraca, até o dia de hoje.

²⁷Então, voltando dali todos os homens de Judá e de Jerusalém com Jeosafá à frente deles, retornaram a Jerusalém com alegria; porque o Senhor os fizera regozijar-se, sobre os seus inimigos.

²⁸Vieram, pois, a Jerusalém com alaúdes, com harpas e com trombetas, para a casa do Senhor.

²⁹Então veio o temor de Deus sobre todos os reinos daqueles países, quando eles ouviram que o Senhor havia pelejado contra os inimigos de Israel.

³⁰Assim o reino de Jeosafá ficou em paz; pois que o seu Deus lhe deu repouso ao redor.

³¹E Jeosafá reinou sobre Judá; era da idade de trinta e cinco anos quando começou a reinar, e reinou vinte e cinco anos em Jerusalém. E o nome de sua mãe era Azuba, filha de Sili.

³²Ele andou no caminho de Asa, seu pai, e não se desviou dele, fazendo o que era reto aos olhos do Senhor.

³³Contudo os altos não foram tirados; nem tinha o povo ainda disposto o seu coração para o Deus de seus pais.

³⁴Ora, o restante dos atos de Jeosafá, desde os primeiros até os últimos, eis que está escrito nas crônicas de Jeú, filho de Hanâni, que estão inseridas no livro dos reis de Israel.

³⁵Depois disto Jeosafá, rei de Judá, se aliou com Acazias, rei de Israel, que procedeu impiamente;

³⁶aliou-se com ele para construírem navios que fossem a Társis; e construíram os navios em Eziom-Geber.

³⁷Então Eliézer, filho de Dodavaú, de Maressa, profetizou contra Jeosafá, dizendo: Porquanto te aliaste com Acazias, o Senhor destruiu as tuas obras. E os navios se despedaçaram e não puderam ir a Társis.

### Capítulo 21

¹Depois Jeosafá dormiu com seus pais, e com eles foi sepultado na cidade de Davi. E Jeorão, seu filho, reinou em seu lugar.

²E tinha irmãos, filhos de Jeosafá: Azarias, Jeiel, Zacarias, Asarias, Micael e Sefatias; todos estes foram filhos de Jeosafá, rei de Judá.

³Seu pai lhes dera grandes dádivas, em prata, em ouro e em objetos preciosos, juntamente com cidades fortes em Judá; mas o reino deu a Jeorão, porque ele era o primogênito.

⁴Ora, tendo Jeorão subido ao reino de seu pai, e havendo-se fortificado, matou todos os seus irmãos à espada, como também alguns dos príncipes de Israel.

⁵Jeorão tinha trinta e dois anos quando começou a reinar, e reinou oito anos em Jerusalém.

⁶E andou no caminho dos reis de Israel, como faz Acabe, porque tinha a filha de Acabe por mulher; e fazia o que parecia mal aos olhos do senhor.

⁷Contudo o Senhor não quis destruir a casa de Davi, em atenção ao pacto que tinha feito com ele, e porque tinha dito que lhe daria por todos os dias uma lâmpada, a ele e a seus filhos.

⁸Nos dias de Jeorão os edomeus se revoltaram contra o domínio de Judá, e constituíram para si um rei.

⁹Pelo que Jeorão passou adiante com os seus chefes e com todos os seus carros; e, levantando-se de noite, desbaratou os edomeus, que tinham cercado a ele e aos capitães dos carros.

¹⁰Todavia os edomeus ficaram revoltados contra o domínio de Judá até o dia de hoje. Nesse mesmo tempo Libna também se revoltou contra o seu domínio, porque ele deixara ao Senhor, Deus de seus pais.

¹¹Ele fez também altos nos montes de Judá, induziu os habitantes de Jerusalém à idolatria e impeliu Judá a prevaricar.

¹²Então lhe veio uma carta da parte de Elias, o profeta, que dizia: Assim diz o Senhor, Deus de Davi teu pai: Porquanto não andaste nos

caminhos de Jeosafá, teu pai, e nos caminhos de Asa, rei de Judá;

¹³mas andaste no caminho dos reis de Israel e induziste Judá e os habitantes de Jerusalém a idolatria semelhante à idolatria da casa de Acabe, e também mataste teus irmãos, da casa de teu pai, os quais eram melhores do que tu;

¹⁴eis que o Senhor ferirá com uma grande praga o teu povo, os teus filhos, as tuas mulheres e toda a tua fazenda;

¹⁵e tu terás uma grave enfermidade; a saber, um mal nas tuas entranhas, ate que elas saiam, de dia em dia, por causa do mal.

¹⁶E o Senhor despertou contra Jeorão o espírito dos filisteus e dos árabes que estão da banda dos etíopes.

¹⁷Estes subiram a Judá e, dando sobre ela, levaram toda a fazenda que se achou na casa do rei, como também seus filhos e suas mulheres; de modo que não lhe ficou filho algum, senão Jeoacaz, o mais moço de seus filhos.

¹⁸E depois de tudo isso o Senhor o feriu nas suas entranhas com uma enfermidade incurável.

¹⁹No decorrer do tempo, ao fim de dois anos, saíram-lhe as entranhas por causa da doença, e morreu desta horrível enfermidade. E o seu povo não lhe queimou aromas como queimara a seus pais.

²⁰Tinha trinta e dois anos quando começou a reinar, e reinou oito anos em Jerusalém. Morreu sem deixar de si saudades; e o sepultaram na cidade de Davi, porém não nos sepulcros dos reis.

## Capítulo 22

¹Então os habitantes de Jerusalém fizeram reinar em seu lugar Acazias, seu filho mais moço, porque a tropa que viera com os árabes ao arraial tinha matado todos os mais velhos. Assim reinou Acazias, filho de Jeorão, rei de Judá.

²Tinha quarenta e dois anos quando começou a reinar, e reinou um ano em Jerusalém. E o nome de sua mãe era Atalia, filha de Onri.

³Ele também andou nos caminhos da casa de Acabe, porque sua mãe era sua conselheira para proceder impiamente.

⁴E fez o que era mau aos olhos do Senhor, como fez a casa de Acabe; porque eles eram seus conselheiros depois da morte de seu pai, para sua perdição.

⁵Andando nos conselhos deles foi com Jorão, filho de Acabe, rei de Israel, a guerrear contra Hazael, rei da Síria, junto a Ramote-Gileade; e os sírios feriram Jorão,

⁶o qual voltou para curar-se em Jizreel das feridas que lhe fizeram em Ramá, quando ele pelejava contra Hazael, rei da Síria. E Acazias, filho de Jeorão, rei de judá, desceu para visitar Jorão, filho de Acabe, em Jizreel, por estar ele doente.

⁷Foi por vontade de Deus que Acazias, para sua ruína visitou Jorão; pois, quando chegou, saiu com Jorão contra Jeú, filho de Ninsi, a quem o Senhor tinha ungido para exterminar a casa de Acabe.

⁸E quando Jeú executava juízo contra a casa de Acabe, achou os príncipes de Judá e os filhos dos irmãos de Acazias, que o serviam, e os matou.

⁹Depois buscou a Acazias, o qual foi preso quando se escondia em Samária, trouxeram-no a Jeú e o mataram. Então o sepultaram, pois disseram: É filho de Jeosafá, que buscou ao Senhor de toda o seu coração. E já não tinha a casa de Acazias ninguém que fosse capaz de reinar.

¹⁰Vendo Atalia, mãe de Acazias, que seu filho era morto, levantou-se e destruiu toda estirpe real da casa de Judá.

¹¹Mas Jeosabeate, filha do rei, tomou Joás, filho de Acazias, e o furtou dentre os filhos do rei, que estavam para ser mortos, e o pôs com a sua ama na câmara dos leitos. Assim Jeosabeate, filha do rei Jeorão, mulher do sacerdote Jeoiada e irmã de Acazias, o escondeu de Atalia, de modo que ela não o matou.

¹²E esteve com eles seis anos, escondido na casa de Deus; e Atalia reinou sobre a terra.

## Capítulo 23

¹Ora, no sétimo ano Jeoiada, cobrando ânimo, tomou consigo em aliança os capitães de cem, Azarias, filho de Jeroão, Ismael, filho de Jeoanã, Azarias, filho de Obede, Maaséias, filho de Adaías, e Elisafaté, filho de Zicri.

²Estes percorreram a Judá, ajuntando os levitas de todas as cidades de Judá e os chefes das casas paternas de Israel; e vieram para Jerusalém.

³E toda aquela congregação fez aliança com o rei na casa de Deus. E Jeoiada lhes disse: Eis que reinará o filho do rei, como o Senhor falou a respeito dos filhos de Davi.

⁴Isto é o que haveis de fazer: uma terça parte de vós, isto é, dos sacerdotes e dos levitas que entram no sábado, servirá de porteiros às entradas;

⁵outra terça parte estará junto à casa do rei; e a outra terça parte à porta do Fundamento; e todo o povo estará nos átrios da casa do Senhor.

⁶Não entre, porém, ninguém na casa da Senhor, senão os sacerdotes e os levitas que ministram; estes entrarão, porque são santos; mas todo o povo guardará a ordenança do Senhor.

⁷E os levitas cercarão o rei de todos os lados, cada um com as suas armas na mão; e qualquer que entrar na casa seja morto; mas acompanhai vós o rei, quando entrar e quando sair.

⁸Fizeram, pois, os levitas e todo o Judá conforme tudo o que ordenara e sacerdote Jeoiada; e tomou cada um os seus homens, tanto os que haviam de entrar no sábado como os que haviam de sair, pois o sacerdote Jeoiada não despediu as turmas.

⁹Também o sacerdote Jeoiada deu aos capitães de cem as lanças, os paveses e os escudos que tinham pertencido ao rei Davi, os quais estavam na casa de Deus.

¹⁰E dispôs todo o povo, cada um com as suas armas na mão, desde o lado direito até o lado esquerdo da casa, por entre o altar e a casa, ao redor do rei.

¹¹Então tiraram para fora o filho do rei e, pondo-lhe a coroa e o testemunho, o fizeram rei; e Jeoiada e seus filhos o ungiram, e disseram: Viva o rei!

¹²Ouvindo, pois, Atalia a voz de povo que corria e louvava ao rei, veio ao povo na casa do Senhor;

¹³e quando olhou, eis que o rei estava junto à sua coluna, à entrada, e os capitães e os trombeteiros perto do rei; e todo o povo da terra se alegrava, e tocava trombetas; e também os cantores tocavam instrumentos musicais, e dirigiam os cânticos de louvor. Então Atalia, rasgando os seus vestidos, clamou: Traição! Traição!

¹⁴Nisso o sacerdote Jeoiada trouxe para fora os centuriões que estavam sobre o exército e disse-lhes: Trazei-a por entre as fileiras, e o que a seguir seja morto à espada. Pois o sacerdote dissera: Não a mateis na casa do Senhor.

¹⁵Então deitaram as mãos nela; e ela foi até a entrada da porta dos cavalos, que dá para a casa do rei, e ali a mataram.

¹⁶E Jeoiada firmou um pacto entre si e o povo todo e o rei, pelo qual seriam o povo do Senhor.

¹⁷Depois todo o povo entrou na casa de Baal, e a derrubaram; quebraram os seus altares e as suas imagens, e a Matã, sacerdote de Baal, mataram diante dos altares.

¹⁸E Jeoiada dispôs guardas na casa do Senhor, sob a direção dos sacerdotes levíticos a quem Davi designara na casa do Senhor para oferecerem com alegria e com cânticos os holocaustos do Senhor, como está escrito na lei de Moisés, e segundo a ordem de Davi.

¹⁹Colocou porteiros às portas da casa do Senhor, para que não entrasse nela ninguém imundo no tocante a coisa alguma.

²⁰E tomou os centuriões, os nobres, os governadores do povo e todo o povo da terra; e conduziram da casa do Senhor o rei e, passando pela porta superior para a casa do rei, fizeram-no sentar no trono real.

²¹Assim todo o povo da terra se alegrou, e a cidade ficou em paz, depois que mataram Atalia à espada.

## Capítulo 24

¹Tinha Joás sete anos quando começou a reinar, e reinou quarenta anos em Jerusalém. O nome de sua mãe era Zíbia, de Berseba.

²E Joás fez o que era reto aos olhos do Senhor por todos os dias do sacerdote Jeoiada.

³E tomou Jeoiada para ele duas mulheres, das quais teve filhos e filhas.

⁴Depois disso Joás resolveu renovar a casa do Senhor.

⁵Reuniu, pois, os sacerdotes e os levitas e lhes disse: Saí pelas cidades de Judá, e levantai dinheiro de todo a Israel, anualmente, para reparar a casa do vosso Deus; e vede que apresseis este negócio: contudo os levitas não o apressaram.

⁶Pelo que o rei chamou Jeoiada, o chefe, e lhe perguntou: Por que não tens obrigado os levitas a trazerem de Judá e de Jerusalém o imposto ordenado por Moisés, servo do Senhor, à congregação de Israel, para a tenda do testemunho?

⁷Pois os filhos de Atalia, aquela mulher ímpia, tinham arruinado a casa de Deus; e até empregaram todas as coisas sagradas da casa do Senhor no serviço dos baalins.

⁸O rei, pois, deu ordem; e fizeram uma arca, e a puseram do lado de fora, à porta da casa do Senhor.

⁹E publicou-se em Judá e em Jerusalém que trouxessem ao Senhor o imposto que Moisés, o servo de Deus, havia ordenado a Israel no deserto.

¹⁰Então todos os príncipes e todo o povo se alegraram, e

trouxeram o imposto e o lançaram na arca, até que ficou cheia.

¹¹E quando era trazida a arca pelas mãos dos levitas ao recinto do rei, na ocasião em que viam que havia muito dinheiro, vinham o escrivão do rei e o deputado do sumo sacerdote, esvaziavam a arca e, tomando-a, tornavam a levá-la ao seu lugar. Assim faziam dia após dia, e ajuntaram dinheiro em abundância.

¹²E o rei e Jeoiada davam-no aos encarregados da obra da casa do Senhor; e assalariaram pedreiros e carpinteiros para renovarem a casa do Senhor, como tambem os que trabalhavam em ferro e em bronze para repararem a casa do Senhor.

¹³Assim os encarregados da obra faziam com que o serviço da reparação progredisse nas suas mãos; e restituíram a casa de Deus a seu estado anterior, e a consolidaram.

¹⁴Depois de acabarem a obra trouxeram ao rei e a Jeoiada o resto do dinheiro, e dele se fizeram utensílios para a casa do Senhor, para serem usados no ministério e nos holocaustos, e colheres, e vasos de ouro e de prata. E se ofereciam holocaustos continuamente na casa do Senhor, por todos os dias de Jeoiada.

¹⁵Jeoiada, porém, envelheceu e, cheio de dias, morreu; tinha cento e trinta anos quando morreu.

¹⁶E o sepultaram na cidade de Davi com os reis, porque tinha feito o bem em Israel, e para com Deus e sua casa.

¹⁷E depois da morte de Jeoiada vieram os príncipes de Judá e prostraram-se diante do rei; então o rei lhes deu ouvidos.

¹⁸E eles, abandonando a casa do Senhor, Deus de seus pais, serviram aos aserins e aos ídolos; de sorte que veio grande ira sobre Judá e Jerusalém por causa desta sua culpa.

¹⁹Contudo Deus enviou profetas entre eles para os fazer tornar ao Senhor, os quais protestaram contra eles; mas eles não lhes deram ouvidos.

²⁰E o Espírito de Deus apoderou-se de Zacarias, filho do sacerdote Jeoiada, o qual se pôs em pé acima do povo, e lhes disse: Assim diz Deus: Por que transgredis os mandamentos do Senhor, de modo que não possais prosperar? Porquanto abandonastes o Senhor, também ele vos abandonou.

²¹Mas conspiraram contra ele e por ordem do rei, o apedrejaram no átrio da casa do Senhor.

²²Assim o rei Joás não se lembrou da bondade que lhe fizera Jeoiada pai de Zacarias, antes matou-lhe o filho, o qual morrendo disse: Veja-o o Senhor, e o retribua.

²³Decorrido um ano, o exército da Síria subiu contra Joás; e vieram a Judá e a Jerusalém, e destruíram dentre o povo todos os seus príncipes, e enviaram todo o seu despojo ao rei de Damasco.

²⁴O exército dos sírios viera com poucos homens, contudo o Senhor entregou nas suas mãos um exército mui grande, porquanto abandonaram o Senhor, Deus de seus pais. Assim executaram juízo contra Joás.

²⁵Quando os sírios se retiraram dele, deixaram-no gravemente ferido; então seus servos conspiraram contra ele por causa do sangue dos filhos do sacerdote Jeoiada, e o mataram na sua cama, e assim morreu; e o sepultaram na cidade de Davi, porém não nos sepulcros dos reis.

²⁶Estes foram os que conspiraram contra ele Zabade, filho de Simeate a amonita, e Jeozabade, filho de Sinrite a moabita.

²⁷Ora, quanto a seus filhos, e ao grande número de oráculos pronunciados contra ele, e à restauração da casa de Deus, eis que estão escritos no comentário do livro dos reis. E Amazias, seu filho, reinou em seu lugar.

## Capítulo 25

¹Amazias tinha vinte e cinco anos quando começou a reinar, e reinou vinte e nove anos em Jerusalém. E o nome de sua mãe era Jeoadã, de Jerusalém.

²Ele fez o que era reto aos olhos do Senhor, mas não o fez com coração perfeito.

³Quando o reino já lhe tinha sido confirmado, ele matou os seus servos que tinham assassinado o rei seu pai.

⁴Contudo não matou os filhos deles mas fez segundo está escrito na lei: no livro de Moisés, como o Senhor ordenou, dizendo: Não morrerão os pais pelos filhos nem os filhos pelos pais; mas cada um morrerá pelo seu pecado.

⁵Depois Amazias congregou Judá e o colocou, segundo as suas casas paternas sob comandantes de milhares e de centenas, por todo o Judá e Benjamim; e os contou de vinte anos para cima, e achou deles trezentos mil escolhidos que podiam ir à guerra e sabiam manejar lança e escudo.

⁶Também de Israel tomou a soldo cem mil varões valentes, por cem talentos de prata.

⁷Veio ter com ele, porém, um homem de Deus, dizendo: ç rei, não deixes ir contigo o exército de Israel, porque o Senhor não é com Israel, a saber, com todos os filhos de Efraim.

⁸Mas se julgas que assim serás forte para a peleja, Deus te fará cair diante do inimigo; pois Deus tem poder para ajudar e para fazer cair.

⁹Então perguntou Amazias ao homem de Deus: Mas que se fará dos cem talentos de prata que dei às tropas de Israel? Respondeu o homem de Deus: Mais tem o Senhor que te dar do que isso.

¹⁰Então Amazias separou as tropas que lhe tinham vindo de Efraim, para que voltassem para a sua terra; pelo que muito se acendeu a ira deles contra Judá, e voltaram para a sua terra ardendo em ira.

¹¹Amazias, cobrando ânimo, conduziu o seu povo, e foi ao Vale do Sal, onde matou dez mil dos filhos de Seir.

¹²Os filhos de Judá prenderam vivos outros dez mil, e trazendo-os ao cume da rocha, lançaram-nos dali abaixo, de modo que todos foram despedaçados.

¹³Mas os homens das tropas que Amazias despedira, não deixando que fossem com ele à batalha, deram sobre as cidades de Judá, desde Samária até Bete-Horom, e dos seus habitantes mataram três mil, e saquearam grande despojo.

¹⁴Quando Amazias veio da matança dos edomeus, trouxe consigo os deuses dos filhos de Seir e os elevou para serem os seus deuses, prostrando-se diante deles e queimando-lhes incenso.

¹⁵Pelo que o Senhor se irou contra Amazias e lhe enviou um profeta, que lhe disse: Por que buscaste os deuses deste povo, os quais não livraram o seu próprio povo da tua mão?

¹⁶Enquanto ele ainda falava com o rei, este lhe respondeu: Fizemos-te conselheiro do rei? Cala-te! Por que haverias de ser morto? Então o profeta calou, havendo dito: Sei que Deus resolveu destruir-te, porquanto fizeste isto, e não deste ouvidos a meu conselho.

¹⁷Tendo Amazias, rei de Judá, tomado conselho, mandou dizer a Jeoás, filho de Jeoacaz, filho de Jeú, rei de Israel: Vem, vejamo-nos face a face.

¹⁸Mas Jeoás, rei de Israel, mandou responder a Amazias, rei de Judá: O cardo que estava no Líbano mandou dizer ao cedro que estava no Líbano: Dá tua filha por mulher a meu filho. Mas uma fera que estava no Líbano passou e pisou o cardo.

¹⁹Tu dizes a ti mesmo: Eis que feri Edom. Assim o teu coração se eleva para te gloriares. Agora, pois, fica em tua casa; por que te meterias no mal, para caíres tu e Judá contigo?

²⁰Amazias, porém, não lhe deu ouvidos; pois isto vinha de Deus, para entregá-los na mão dos seus inimigos, porque buscaram os deuses de Edom.

²¹Subiu, pois, Jeoás, rei de Israel; e ele e Amazias, rei de Judá, se viram face a face em Bete-Semes, que pertence a Judá.

²²E Judá foi desbaratado diante de Israel, e fugiu cada um para a sua tenda.

²³E Jeoás, rei de Israel, prendeu Amazias, rei de Judá, filho de Joás, o filho de Jeoacaz, em Bete-Semes, e o levou a Jerusalém; e derrubou o muro de Jerusalém, desde a porta de Efraim até a porta da esquina, quatrocentos côvados.

²⁴Também tomou todo o ouro, e toda a prata, e todos os utensílios que se acharam na casa de Deus com Obede-Edom, e os tesouros da casa do rei, e os reféns, e voltou pura Samária.

²⁵E Amazias, filho de Joás, rei de Judá, viveu quinze anos depois da morte de Jeoás, filho de Jeoacaz, rei de Israel.

²⁶Quanto ao restante dos atos de Amazias, desde os primeiros até os últimos, não estão porventura escritos no livro dos reis de Judá e de Israel?

²⁷Desde o tempo em que Amazias se desviou do Senhor, conspiraram contra ele em Jerusalém, e ele fugiu para Laquis; mas perseguiram-no até Laquis, e ali o mataram.

²⁸E o trouxeram sobre cavalos e o sepultaram junto a seus pais na cidade de Davi.

## Capítulo 26

¹Então todo o povo de Judá tomou a Uzias, que tinha dezesseis anos, e o fizeram rei em lugar de seu pai Amazias.

²Ele edificou Elote, e a restituiu a Judá, depois que o rei dormiu com seus pais.

³Tinha Uzias dezesseis anos quando começou a reinar, e reinou cinquenta e dois anos em Jerusalém. E o nome de sua mãe era Jecolia, de Jerusalém.

⁴Ele fez o que era reto aos olhos do Senhor, conforme tudo o que fizera Amazias seu pai.

⁵E buscou a Deus enquanto viveu Zacarias, que o instruiu no

temor de Deus; e enquanto buscou ao Senhor, Deus o fez prosperar.

⁶Saiu e guerreou contra os filisteus, e derrubou o muro de Gate, o muro de Jabné e o muro de Asdode; e edificou cidades no país de Asdode e entre os filisteus;

⁷porque Deus, o ajudou contra os filisteus e contra os árabes que habitavam em Gur-Baal, e contra os meunitas.

⁸Os amonitas pagaram tributo a Uzias; e a sua fama se espalhou até a entrada do Egito, pois se tornou muito poderoso.

⁹Também Uzias edificou torres em Jerusalém, à porta da esquina, à porta do vale e ao ângulo do muro, e as fortificou.

¹⁰Edificou torres no deserto, e cavou muitos poços, porque tinha muito gado tanto nos vales como nas campinas; e tinha lavradores e vinhateiros nos montes e nos campos férteis, pois era amigo da agricultura.

¹¹Tinha também Uzias um exército de homens destros nas armas, que saíam à guerra em tropas, segundo o número da sua resenha feita pelo escrivão Jeiel e o oficial Maaséias, sob as ordens de Hananias, um dos príncipes do rei.

¹²O número total dos chefes das casas paternas, homens valorosos, era de dois mil e seiscentos.

¹³E sob as suas ordens havia um exército disciplinado de trezentos e sete mil e quinhentos homens, que guerreavam valorosamente, para ajudarem o rei contra os inimigos.

¹⁴Uzias proveu o exército inteiro de escudos, lanças, capacetes, couraças e arcos, e até fundas para atirar pedras.

¹⁵E em Jerusalém fabricou máquinas, inventadas por peritos, para que fossem colocadas nas torres e nos cantos das muralhas, a fim de se atirarem com elas flechas e grandes pedras. E voou a sua fama até muito longe; porque foi maravilhosamente ajudado, até que se tornou poderoso.

¹⁶Mas, quando ele se havia tornado poderoso, o seu coração se exaltou de modo que se corrompeu, e cometeu transgressões contra o Senhor, seu Deus; pois entrou no templo do Senhor para queimar incenso no altar do incenso.

¹⁷Mas o sacerdote Azarias entrou após ele, com oitenta sacerdotes do Senhor, homens valorosos,

¹⁸e se opuseram ao rei Uzias, dizendo-lhe: A ti, Uzias, não compete queimar incenso perante o Senhor, mas aos sacerdotes, filhos de Arão, que foram consagrados para queimarem incenso. Sai do santuário, pois cometeste uma transgressão; e não será isto para honra tua da parte do Senhor Deus.

¹⁹Então Uzias se indignou; e tinha na mão um incensário para queimar incenso. Indignando-se ele, pois, contra os sacerdotes, nasceu-lhe a lepra na testa, perante os sacerdotes, na casa de Senhor, junto ao altar do incenso.

²⁰Então o sumo sacerdote Azarias olhou para ele, como também todos os sacerdotes, e eis que já estava leproso na sua testa. E apressuradamente o lançaram fora, e ele mesmo se apressou a sair, porque o Senhor o ferira.

²¹Assim ficou leproso o rei Uzias até o dia da sua morte; e, por ser leproso, morou numa casa separada, pois foi excluído da casa do Senhor. E Jotão, seu filho, tinha o cargo da casa do rei, julgando o povo da terra.

²²Quanto ao restante dos atos de Uzias, desde os primeiros até os últimos, o profeta Isaías, filho de Amoz, o escreveu.

²³Assim dormiu Uzias com seus pais, e com eles o sepultaram, isto é, no campo de sepultura que era dos reis; pois disseram: ele é leproso. E Jotão, seu filho, reinou em seu lugar.

## Capítulo 27

¹Tinha Jotão vinte e cinco anos quando começou a reinar, e reinou dezesseis anos em Jerusalém. E o nome de sua mãe era Jerusa, filha de Zadoque,

²Ele fez o que era reto aos olhos do Senhor, conforme tudo o que fizera Uzias, seu pai; todavia não invadiu o templo do Senhor. Mas o povo ainda se corrompia.

³Ele construiu a porta superior da casa do Senhor, e edificou extensivamente sobre o muro de Ofel.

⁴Também edificou cidades na região montanhosa de Judá, e castelos e torres nos bosques.

⁵Guerreou contra o rei dos amonitas e prevaleceu sobre eles; de modo que os amonitas naquele ano lhe deram cem talentos de prata, dez mil coros de trigo e dez mil de cevada. Isso lhe trouxeram os amonitas também no segundo e no terceiro ano.

⁶Assim Jotão se tornou poderoso, porque dirigiu os seus caminhos na presença do Senhor seu Deus.

⁷Ora, o restante dos atos de Jotão, e todas as suas guerras e os seus caminhos, eis que estão escritos no livro dos reis de Israel e de Judá.

⁸Tinha vinte e cinco anos quando começou a reinar, e reinou dezesseis anos em Jerusalém.

⁹E Jotão dormiu com seus pais, e o sepultaram na cidade de Davi. E Acaz, seu filho, reinou em seu lugar.

## Capítulo 28

¹Tinha Acaz vinte anos quando começou a reinar, e reinou dezesseis anos em Jerusalém. E não fez o que era reto aos olhos do Senhor, como Davi, seu pai;

²mas andou nos caminhos dos reis de Israel, e até fez imagens de fundição para os baalins.

³Também queimava incenso no vale do filho de Hinom, e queimou seus filhos no fogo, conforme as abominações das nações que o senhor expulsara de diante dos filhos de Israel.

⁴E sacrificava e queimava incenso nos altos e nos outeiros, como também debaixo de toda árvore frondosa.

⁵Pelo que o Senhor seu Deus o entregou na mão do rei dos sírios, os quais o derrotaram e tomaram-lhe em cativeiro grande multidão de presos, que levaram para Damasco. Foi também entregue na mão do rei de Israel, o qual lhe infligiu grande derrota,

⁶pois Peca, filho de Remalias, matou em Judá, num só dia cento e vinte mil todos homens valentes; porquanto haviam abandonado o Senhor, Deus de seus pais.

⁷E Zicri, varão poderoso de Efraim matou Maaséias, filho do rei, e Azricão, e mordomo, e Elcana, o segundo depois do rei.

⁸E os filhos de Israel levaram cativos de seus irmãos duzentos mil, mulheres filhos e filhas; também saquearam deles grande despojo, que levaram para Samária.

⁹Mas estava ali um profeta do Senhor, cujo nome era Odede, o qual saiu ao encontro do exército que vinha para Samária, e lhe disse: Eis que, irando-se o Senhor Deus de vossos pais contra Judá, os entregou na vossa mão, e vós os matastes com uma raiva que chegou até o céu.

¹⁰E agora vós quereis sujeitar a vós os filhos de Judá e de Jerusalém, como escravos e escravas; porventura não sois vós mesmos culpados para com o Senhor vosso Deus?

¹¹Agora, pois, ouvi-me, e tornai a enviar os cativos que trouxestes dentre vossos irmãos, pois o ardor da ira do Senhor está sobre vós.

¹²Então alguns dos chefes dos efraimitas, a saber, Azarias, filho de Joanã, Berequias, filho de Mesilemote, Jeizquias, filho de Salum, e Amasa, filho de Hadlai, se levantaram contra os que voltavam da guerra,

¹³e lhes disseram: Não fareis entrar aqui estes cativos; porque, além da nossa culpa contra o Senhor, o que vós quereis fazer acrescentaria mais a nossos pecados e a nossas culpas; pois já temos grande culpa, e o ardor da ira do Senhor está sobre Israel.

¹⁴Então os homens armados deixaram os cativos e o despojo diante dos príncipes e de toda a congregação.

¹⁵E os homens já mencionados por nome se levantaram e tomaram os cativos, e vestiram do despojo a todos os que dentre eles estavam nus; vestiram-nos, e os calçaram, e lhes deram de comer e de beber, e os ungiram; e, levando sobre jumentos todos os que estavam fracos, conduziram-nos a Jericó, a cidade das palmeiras, a seus irmãos. Depois voltaram para Samária.

¹⁶Naquele tempo o rei Acaz mandou pedir socorro ao rei da Assíria.

¹⁷Pois de novo os edomeus, tendo invadido Judá, a derrotaram e levaram prisioneiros.

¹⁸Também os filisteus tinham invadido as cidades da baixada e do sul de Judá, e tinham tomado Bete-Semes, Aijalom, Gederote, Socó e suas aldeias, Timna e suas aldeias, e Ginzo e suas aldeias, estabelecendo-se ali.

¹⁹Pois o Senhor humilhou Judá por causa do rei Acaz, porque este se houve desenfreadamente em Judá, havendo desprezado ao Senhor.

²⁰E veio a ele Tilgate-Pilneser, rei da Assíria, e o pôs em aperto, em vez de fortalecê-lo.

²¹Pois Acaz saqueou a casa do Senhor, e a casa do rei, e dos príncipes, e deu os despojos por tributo ao rei da Assíria; porém isso não o ajudou.

²²No tempo da sua angústia houve-se com ainda maior desprezo pelo Senhor, este mesmo rei Acaz.

²³Pois sacrificou aos deuses de Damasco, que o tinham derrotado, e disse: Visto que os deuses dos reis da Síria os ajudam, portanto eu lhes sacrificarei, para que me ajudem a mim. Eles, porém, foram a ruína dele e de todo o Israel.

²⁴Ajuntou Acaz os utensílios da casa de Deus, fê-los em pedaços,

*2 Crônicas*

e fechou as portas da casa do Senhor; e fez para si altares em todos os cantos de Jerusalém.

²⁵Também em cada cidade de Judá fez altos para queimar incenso a outros deuses, assim provocando à ira o Senhor, Deus de seus pais.

²⁶Ora, o restante dos seus atos e de todos os seus caminhos, desde os primeiros até os últimos, eis que está escrito no livro dos reis de Judá e de Israel.

²⁷E Acaz dormiu com seus pais, e o sepultaram na cidade, em Jerusalém; pois não o puseram nos sepulcros dos reis de Israel. E Ezequias, seu filho, reinou em seu lugar.

## *Capítulo 29*

¹Ezequias começou a reinar quando tinha vinte e cinco anos; e reinou vinte e nove anos em Jerusalém. E o nome de sua mãe era Abia, filha de Zacarias.

²Ele fez o que era reto aos olhos do Senhor, conforme tudo quanto fizera Davi, seu pai.

³Pois ele, no primeiro ano do seu reinado, no primeiro mês, abriu as portas da casa do Senhor, e as reparou.

⁴Fez vir os sacerdotes e os levitas e, ajuntando-os na praça oriental,

⁵disse-lhes: Ouvi-me, ó levitas; santificai-vos agora, e santificai a casa do Senhor, Deus de vossos pais, e tirai do santo lugar a imundícia.

⁶Porque nossos pais se houveram traiçoeiramente, e fizeram o que era mau aos olhos do Senhor nosso Deus; deixaram-no e, desviando os seus rostos da habitação do Senhor, voltaram-lhe as costas.

⁷Também fecharam as portas do alpendre, apagaram as lâmpadas, e não queimaram incenso nem ofereceram holocaustos no santo lugar ao Deus de Israel.

⁸Pelo que veio a ira do Senhor sobre Judá e Jerusalém, e ele os entregou para serem motivo de espanto, de admiração e de escárnio, como vós o estais vendo com os vossos olhos.

⁹Porque eis que nossos pais caíram à espada, e nossos filhos, nossas filhas e nossas mulheres estão por isso em cativeiro.

¹⁰Agora tenho no coração o propósito de fazer um pacto com o Senhor, Deus de Israel, para que se desvie de nós o ardor da sua ira.

¹¹Filhos meus, não sejais negligentes, pois o Senhor vos escolheu para estardes diante dele a fim de o servir, e para serdes seus ministros e queimardes incenso.

¹²Então se levantaram os levitas: Maate, filho de Amasai, e Joel, filho de Azarias, dos filhos dos coatitas; e dos filhos de Merári: Quis, filho de Abdi, e Azurias, filho de Jealelel; e dos gersonitas: Joá, filho de Zima, e Edem filho de Joá;

¹³e dos filhos de Elizafã: Sínri e Jeuel; dos filhos de Asafe; Zacarias e Matanias;

¹⁴e dos filhos de Hemã: Jeuel e Simei; e dos filhos de Jedutun: Semaías e Uziel.

¹⁵Ajuntaram seus irmãos, santificaram-se e entraram conforme a ordem do rei, segundo as palavras do Senhor, para purificarem a casa do Senhor.

¹⁶Também os sacerdotes entraram na parte interior da casa do Senhor para a limparem, e tirarem para fora, ao átrio da casa do Senhor, toda a imundícia que acharem no templo do Senhor; e os levitas a tomaram e a levaram para fora, ao ribeiro de Cedrom.

¹⁷Começaram a santificá-la no primeiro dia do primeiro mês, e ao oitavo dia do mês chegaram ao alpendre do Senhor, e santificaram a casa do Senhor em oito dias; no décimo sexto dia do primeiro mês acabaram.

¹⁸Então foram ter com o rei Ezequias no palácio, e disseram: Acabamos de limpar toda a casa do Senhor, como também o altar do holocausto com todos os seus utensílios, e a mesa dos pães da proposição com todos os seus utensílios.

¹⁹Todos os utensílios que o rei Acaz, no seu reinado, lançou fora, na sua infidelidade, já os preparamos e santificamos; e eis que estão diante do altar do Senhor.

²⁰Então o rei Ezequias se levantou de madrugada, e ajuntou os príncipes da cidade e subiu à casa do Senhor.

²¹E trouxeram sete novilhos, sete carneiros, sete cordeiros e sete bodes, como oferta pelo pecado a favor do reino, e do santuário e de Judá; e o rei deu ordem aos sacerdotes, filhos de Arão, que os oferecessem sobre o altar do Senhor.

²²Os sacerdotes pois imolaram os novilhos, e tomando o sangue o espargiram sobre o altar; também imolaram os carneiros, e espargiram o sangue sobre o altar; semelhantemente imolaram os cordeiros, e espargiram o sangue sobre o altar.

²³Então trouxeram os bodes, como oferta pelo pecado, perante o rei e a congregação, que lhes impuseram as mãos;

²⁴e os sacerdotes os imolaram, e com o seu sangue fizeram uma oferta pelo pecado, sobre o altar, para fazer expiação por todo o Israel. Porque o rei tinha ordenado que se fizesse aquele holocausto e aquela oferta pelo pecado por todo o Israel.

²⁵Também dispôs os levitas na casa do Senhor com címbalos, alaúdes e harpas conforme a ordem de Davi, e de Gade, o vidente do rei, e do profeta Natã; porque esta ordem viera do Senhor, por meio de seus profetas.

²⁶E os levitas estavam em pé com os instrumentos de Davi, e os sacerdotes com as trombetas.

²⁷E Ezequias ordenou que se oferecesse o holocausto sobre o altar; e quando começou o holocausto, começou também o canto do Senhor, ao som das trombetas e dos instrumentos de Davi, rei de Israel.

²⁸Então toda a congregação adorava, e os cantores cantavam, e os trombeteiros tocavam; tudo isso continuou até se acabar o holocausto.

²⁹Tendo eles acabado de fazer a oferta, o rei e todos os que estavam com ele se prostraram e adoraram.

³⁰E o rei Ezequias e os príncipes ordenaram aos levitas que louvassem ao Senhor com as palavras de Davi, e de Asafe, o vidente. E eles cantaram louvores com alegria, e se inclinaram e adoraram.

³¹Então Ezequias disse: Agora que vos consagrastes ao Senhor chegai-vos e trazei sacrifícios e ofertas em ação de graças a casa do Senhor. E a congregação trouxe sacrifícios e ofertas em ação de graças, e todos os que estavam dispostos de coração trouxeram holocaustos.

³²E o número dos holocaustos que a congregação trouxe foi de setenta novilhos, cem carneiros e duzentos cordeiros, tudo isso em holocausto ao Senhor.

³³Houve também, de coisas consagradas, seiscentos bois e três mil ovelhas.

³⁴Eram, porém, mui poucos os sacerdotes, de modo que não podiam esfolar todos os holocaustos; pelo que seus irmãos, os levitas, os ajudaram, até se acabar a obra, e até que os outros sacerdotes se santificassem, pois os levitas foram mais retos de coração, para se santificarem, do que os sacerdotes.

³⁵E houve também holocaustos em abundância, juntamente com a gordura das ofertas pacíficas, e com as ofertas de libação para cada holocausto. Assim se restabeleceu o ministério da casa do Senhor.

³⁶E Ezequias regozijou-se, e com ele todo o povo, por causa daquilo que Deus tinha preparado a favor do povo; pois isto se fizera de improviso.

## *Capítulo 30*

¹Depois disso Ezequias enviou mensageiros por todo o Israel e Judá, e escreveu cartas a Efraim e a Manassés, para que viessem à casa do Senhor em Jerusalém, a fim de celebrarem a páscoa ao Senhor Deus de Israel.

²Pois o rei tivera conselho com os príncipes e com toda a congregação em Jerusalém, para celebrarem a páscoa no segundo mês.

³Pois não a puderam celebrar no tempo próprio porque não se tinham santificado sacerdotes em número suficiente, e porque o povo não se tinha ajuntado em Jerusalém.

⁴Isto pareceu bem aos olhos do rei e de toda a congregação.

⁵E decretaram que se fizesse proclamação por todo o Israel, desde Berseba até Dã para que viessem celebrar a páscoa ao Senhor, Deus de Israel, em Jerusalém; porque muitos não a tinham celebrado como está escrito.

⁶Foram pois, os correios com as cartas, do rei e dos, seus príncipes, por todo o Israel e Judá, segundo a ordem do rei, dizendo: Filhos de Israel, voltai para o Senhor, Deus de Abraão, de Isaque e de Israel, para que ele se volte para o restante de vós que escapastes da mão dos reis da Assíria.

⁷Não sejais como vossos pais e vossos irmãos, que foram infiéis para com o Senhor, Deus de seus pais, de modo que os entregou à desolação como vedes.

⁸Não endureçais agora a vossa cerviz, como fizeram vossos pais; mas submetei-vos ao Senhor, e entrai no seu santuário que ele santificou para sempre, e servi ao Senhor vosso Deus, para que o ardor da sua ira se desvie de vós.

⁹Pois, se voltardes para o Senhor, vossos irmãos e vossos filhos acharão misericórdia diante dos que os levaram cativos, e tornarão para esta terra; porque o Senhor vosso Deus é clemente e compassivo, e não desviará de vós o seu rosto, se vos voltardes para ele.

¹⁰Os correios, pois, foram passando de cidade em cidade, pela terra de Efraím e Manassés, até Zebulom; porém riam-se e zombavam deles.

¹¹Todavia alguns de Aser, e de Manassés, e de Zebulom, se humilharam e vieram a Jerusalém.

¹²E a mão de Deus esteve com Judá, dando-lhes um só coração para cumprirem a ordem do rei e dos príncipes conforme a palavra do Senhor.

¹³E ajuntou-se em Jerusalém muito povo para celebrar a festa dos pães ázimos no segundo mês, uma congregação mui grande.

¹⁴E, levantando-se, tiraram os altares que havia em Jerusalém; também tiraram todos os altares de incenso, e os lançaram no ribeiro de Cedrom.

¹⁵Então imolaram a páscoa no décimo quarto dia do segundo mês; e os sacerdotes e levitas, envergonhados, santificaram-se e trouxeram holocaustos à casa do Senhor.

¹⁶Tomaram os seus lugares, segundo a sua ordem, conforme a lei de Moisés, homem de Deus; e os sacerdotes espargiram o sangue, que recebiam da mão dos levitas.

¹⁷Pois havia muitos na congregação que não se tinham santificado; pelo que os levitas tiveram que imolar os cordeiros da páscoa por todo aquele que não estava limpo, para o santificarem ao Senhor.

¹⁸Porque uma multidão do povo, muitos de Efraim e Manassés, Issacar e Zebulom, não se tinham purificado, contudo comeram a páscoa, ainda que não segundo o que está escrito; pois Ezequias tinha orado por eles, dizendo: O Senhor, que é bom, perdoe todo aquele

¹⁹que dispõe o seu coração para buscar a Deus, o Senhor, o Deus de seus pais, ainda que não esteja purificado segundo a purificação do santuário.

²⁰E o Senhor ouviu Ezequias, e sarou o povo.

²¹E os filhos de Israel que se acharam em Jerusalém celebraram a festa dos pães ázimos por sete dias com grande alegria; e os levitas e os sacerdotes louvaram ao Senhor de dia em dia com instrumentos fortemente retinintes, cantando ao Senhor.

²²E Ezequias falou benignamente a todos os levitas que tinham bom entendimento no serviço do Senhor. Assim comeram as ofertas da festa por sete dias, sacrificando ofertas pacíficas, e dando graças ao Senhor, Deus de seus pais.

²³E, tendo toda a congregação resolvido celebrar outros sete dias, celebraram por mais sete dias com alegria.

²⁴Pois Ezequias, rei de Judá, apresentou à congregação para os sacrifícios mil novilhos e sete mil ovelhas; e os príncipes apresentaram à congregação mil novilhos e dez mil ovelhas; e os sacerdotes se santificaram em grande número.

²⁵E regozijaram-se toda a congregação de Judá, juntamente com os sacerdotes e levitas, e toda a congregação dos que vieram de Israel, como também os estrangeiros que vieram da terra de Israel e os que habitavam em Judá.

²⁶Assim houve grande alegria em Jerusalém, pois desde os dias de Salomão, filho de Davi, rei de Israel, não tinha havido coisa semelhante em Jerusalém.

²⁷Então os levitas sacerdotes se levantaram e abençoaram o povo; e a sua voz foi ouvida, porque a sua oração chegou até a santa habitação de Deus, até o céu.

## Capítulo 31

¹Acabado tudo isso, todos os israelitas que ali estavam saíram às cidades de Judá e despedaçaram as colunas, cortaram os aserins, e derrubaram os altos e altares por toda a Judá e Benjamim, como também em Efraim e Manassés, até os destruírem de todo. Depois voltaram todos os filhos de Israel para as suas cidades, cada um para sua possessão.

²E Ezequias estabeleceu as turmas dos sacerdotes e levitas, turma por turma, cada um segundo o seu serviço, tanto os sacerdotes como os levitas, para os holocaustos e as ofertas pacíficas, para ministrarem, renderem ações de graças e cantarem louvores nas portas do arraial do Senhor.

³A contribuição da fazenda do rei foi designada para os holocaustos: os holocaustos da manhã e da tarde, e os holocaustos dos sábados, das luas novas e das festas fixas, como está escrito na lei do Senhor.

⁴Além disso ordenou ao povo que morava em Jerusalém que desse a porção pertencente aos sacerdotes e aos levitas, para que eles se dedicassem à lei do Senhor.

⁵Logo que esta ordem se divulgou, os filhos de Israel trouxeram em abundância as primícias de trigo, mosto, azeite, mel e todo produto do campo; também trouxeram em abundância o dízimo de tudo.

⁶Os filhos de Israel e de Judá que habitavam nas cidades de Judá também trouxeram o dízimo de bois e de ovelhas, e o dízimo das coisas dedicadas que foram consagradas ao Senhor seu Deus, e depositaram-nos em montões.

⁷No terceiro mês começaram a formar os montões, e no sétimo mês acabaram.

⁸Vindo, pois, Ezequias e os príncipes, e vendo aqueles montões, bendisseram ao Senhor e ao seu povo Israel.

⁹Então perguntou Ezequias aos sacerdotes e aos levitas acerca daqueles montões.

¹⁰Respondeu-lhe Azarias, o sumo sacerdote, que era da casa de Zadoque, dizendo: Desde que o povo começou a trazer as ofertas para a casa do Senhor, tem havido o que comer e de que se fartar, e ainda nos tem sobejado bastante, porque o Senhor abençoou ao seu povo; e os sobejos constituem esta abastança.

¹¹Então ordenou Ezequias que se preparassem câmaras na casa do Senhor; e as prepararam.

¹²Ali recolheram fielmente as ofertas, os dízimos e as coisas dedicadas; e tinha o cargo disto o levita Conanias, e depois dele Simei, seu irmão.

¹³E Jeiel, Azazias, Naate, Asael, Jerimote, Jozabade, Eliel, Ismaquias, Maate e Benaías eram superintendentes sob a direção de Conanias e de Simei, seu irmão, por decreto do rei Ezequias e de Azarias, o chefe da casa de Deus.

¹⁴E o levita Coré, filho de Imná, e guarda da porta oriental, estava encarregado das ofertas voluntárias que se faziam a Deus, para distribuir as ofertas do Senhor e as coisas santíssimas.

¹⁵E debaixo das suas ordens estavam Edem, Miniamim, Jesuá, Semaías, Amarias e Secanias, nas cidades dos sacerdotes, para fazerem com fidelidade a distribuição a seus irmãos, segundo as suas turmas, tanto aos pequenos como aos grandes,

¹⁶exceto os que estavam contados pelas genealogias, varões da idade de três anos para cima, todos os que entravam na casa do Senhor, para o seu serviço diário nos seus cargos segundo as suas turmas.

¹⁷Quanto ao registro dos sacerdotes, era feito segundo as suas casas paternas; e o dos levitas da idade de vinte anos para cima era feito segundo os seus cargos nas suas turmas.

¹⁸Os sacerdotes eram arrolados com todos os seus pequeninos, suas mulheres, seus filhos e suas filhas, por toda a congregação; porque estes se dedicavam fielmente às coisas consagradas.

¹⁹Também para os filhos de Arão os sacerdotes que estavam nos campos dos arrabaldes das suas cidades, em cada cidade, havia homens designados por nome para distribuírem porções a todo homem entre os sacerdotes e a todos os arrolados entre os levitas.

²⁰Assim fez Ezequias em todo o Judá; e fez o que era bom, e reto, e fiel perante o Senhor seu Deus.

²¹E toda a obra que empreendeu no serviço da casa de Deus, e de acordo com a lei e os mandamentos, para buscar a seu Deus, ele a fez de todo o seu coração e foi bem sucedido.

## Capítulo 32

¹Depois destas coisas e destes atos de fidelidade, veio Senaqueribe, rei da Assíria e, entrando em Judá, acampou-se contra as cidades fortes, a fim de apoderar-se delas.

²Quando Ezequias viu que Senaqueribe tinha vindo com o propósito de guerrear contra Jerusalém,

³teve conselho com os seus príncipes e os seus poderosos, para que se tapassem as fontes das águas que havia fora da cidade; e eles o ajudaram.

⁴Assim muito povo se ajuntou e tapou todas as fontes, como também o ribeiro que corria pelo meio da terra, dizendo: Por que viriam os reis da Assíria, e achariam tantas águas?

⁵Ezequias, cobrando ânimo, edificou todo o muro que estava demolido, levantando torres sobre ele, fez outro muro por fora, fortificou a Milo na cidade de Davi, e fez armas e escudos em abundância.

⁶Então pôs oficiais de guerra sobre o povo e, congregando-os na praça junto à porta da cidade, falou-lhes ao coração, dizendo:

⁷Sede corajosos, e tende bom ânimo; não temais, nem vos espanteis, por causa do rei da Assíria, nem por causa de toda a multidão que está com ele, pois há conosco um maior do que o que está com ele.

⁸Com ele está um braço de carne, mas conosco o Senhor nosso Deus, para nos ajudar e para guerrear por nós. E o povo descansou nas palavras de Ezequias, rei de Judá.

⁹Depois disso Senaqueribe, rei da Assíria, enquanto estava diante de Laquis, com todas as suas forças, enviou os seus servos a Jerusalém a Ezequias, rei de Judá, e a todo o Judá que estava em Jerusalém, dizendo:

¹⁰Assim diz Senaqueribe, rei da Assíria: Em que confiais vós, para vos deixardes sitiar em Jerusalém?

¹¹Porventura não vos engana Ezequias, para vos fazer morrer à fome e à sede, quando diz: O Senhor nosso Deus nos livrará das mãos do rei da Assíria?

¹²Esse mesmo Ezequias não lhe tirou os altos e os altares, e não ordenou a Judá e a Jerusalém, dizendo: Diante de um só altar adorareis, e sobre ele queimareis incenso?

¹³Não sabeis vós o que eu e meus pais temos feito a todos os povos de outras terras? Puderam de qualquer maneira os deuses das nações daquelas terras livrar a sua terra da minha mão?

¹⁴Qual é, de todos os deuses daquelas nações que meus pais destruíram, o que pôde livrar o seu povo da minha mão, para que o vosso Deus vos possa livrar da minha mão?

¹⁵Agora, pois, não vos engane Ezequias, nem vos incite assim, nem lhe deis crédito. Porque nenhum deus de nação alguma, nem de reino algum, pôde livrar o seu povo da minha mão, nem da mão de meus pais; quanto menos o vosso Deus vos poderá livrar da minha mão?

¹⁶E os servos de Senaqueribe falaram ainda mais contra o Senhor Deus, e contra o seu servo Ezequias.

¹⁷Ele também escreveu cartas para blasfemar do Senhor Deus de Israel, dizendo contra ele: Assim como os deuses das nações das terras não livraram o seu povo da minha mão, assim também o Deus de Ezequias não livrará o seu povo da minha mão.

¹⁸E clamaram em alta voz, na língua dos judeus, ao povo de Jerusalém que estava em cima do muro, para os atemorizarem e os perturbarem, a fim de tomarem a cidade.

¹⁹E falaram do Deus de Jerusalém como dos deuses dos povos da terra, que são obras das mãos dos homens.

²⁰Mas o rei Ezequias e o profeta Isaías, filho de Amoz, oraram por causa disso, e clamaram ao céu.

²¹Então o Senhor enviou um anjo que destruiu no arraial do rei da Assíria todos os guerreiros valentes, e os príncipes, e os chefes. Ele, pois, envergonhado voltou para a sua terra; e, quando entrou na casa de seu deus, alguns dos seus próprios filhos o mataram ali à espada.

²²Assim o Senhor salvou Ezequias, e os moradores de Jerusalém, da mão de Senaqueribe, rei da Assíria, e da mão de todos; e lhes deu descanso de todos os lados.

²³E muitos trouxeram presentes a Jerusalém ao Senhor, e coisas preciosas a Ezequias, rei de Judá, de modo que desde então ele foi exaltado perante os olhos de todas as nações.

²⁴Naqueles dias Ezequias, adoecendo, estava à morte: e orou ao Senhor o qual lhe respondeu, e lhe deu um sinal.

²⁵Mas Ezequias não correspondeu ao benefício que lhe fora feito, pois o seu coração se exaltou; pelo que veio grande ira sobre ele, e sobre Judá e Jerusalém.

²⁶Todavia Ezequias humilhou-se pela soberba do seu coração, ele e os habitantes de Jerusalém; de modo que a grande ira do Senhor não veio sobre eles nos dias de Ezequias.

²⁷E teve Ezequias riquezas e honra em grande abundância; proveu-se de tesourarias para prata, ouro, pedras preciosas, especiarias, escudos, e toda espécie de objetos desejáveis;

²⁸também de celeiros para o aumento de trigo, de vinho, e de azeite; e de estrebarias para toda a casta de animais, e de currais para os rebanhos.

²⁹Além disso edificou para si cidades, e teve rebanhos e manadas em abundância; pois Deus lhe tinha dado muitíssima fazenda.

³⁰Também foi Ezequias quem tapou o manancial superior das águas de Giom, fazendo-as correr em linha reta pelo lado ocidental da cidade de Davi. Ezequias, pois, prosperou em todas as suas obras.

³¹Contudo, no negócio dos embaixadores dos príncipes de Babilônia, que lhe foram enviados a perguntarem acerca do prodígio que fora feito na sua terra, Deus o desamparou para experimentá-lo, e para saber tudo o que havia no seu coração.

³²Ora, o restante dos atos de Ezequias, e as suas boas obras, eis que estão escritos na visão do profeta Isaías, filho de Amoz, no livro dos reis de Judá e de Israel.

³³E Ezequias dormiu com seus pais, e o sepultaram no mais alto dos sepulcros dos filhos de Davi; e todo o Judá e os habitantes de Jerusalém lhe renderam honras na sua morte. E Manassés, seu filho, reinou em seu lugar.

## *Capítulo 33*

¹Tinha Manassés doze anos quando começou a reinar, e reinou cinquenta e cinco anos em Jerusalém.

²E fez o que era mau aos olhos do Senhor, conforme as abominações dos povos que o Senhor lançara fora de diante dos filhos de Israel.

³Pois tornou a edificar os altos que Ezequias, seu pai, tinha derribado; e levantou altares aos baalins, e fez aserotes, e adorou a todo o exército do céu, e o serviu.

⁴Também edificou altares na casa do Senhor, da qual o Senhor tinha dito: Em Jerusalém estará o meu nome eternamente.

⁵Edificou altares a todo o exército do céu, nos dois átrios da casa do Senhor.

⁶Além disso queimou seus filhos como sacrifício no vale do filho de Hinom; e usou de augúrios e de encantamentos, e dava-se a artes mágicas, e instituiu adivinhos e feiticeiros; sim, fez muito mal aos olhos do Senhor, para o provocar à ira.

⁷Também a imagem esculpida do ídolo que tinha feito, ele a colocou na casa de Deus, da qual Deus tinha dito a Davi e a Salomão, seu filho: Nesta casa, e em Jerusalém, que escolhi de todas as tribos de Israel, porei eu o meu nome para sempre;

⁸e nunca mais removerei o pé de Israel da terra que destinei a vossos pais; contanto que tenham cuidado de fazer tudo o que eu lhes ordenei, toda a lei, os estatutos e as ordenanças dados por intermédio de Moisés.

⁹Manassés tanto fez errar a Judá e aos moradores de Jerusalém, que eles fizeram o mal ainda mais do que as nações que o Senhor tinha destruído de diante dos filhos de Israel.

¹⁰Falou o Senhor a Manassés e ao seu povo, porém não deram ouvidos.

¹¹Pelo que o Senhor trouxe sobre eles os comandantes do exército do rei da Assíria, os quais prenderam Manassés com ganchos e, amarrando-o com cadeias de bronze, o levaram para Babilônia.

¹²E estando ele angustiado, suplicou ao Senhor seu Deus, e humilhou-se muito perante o Deus de seus pais;

¹³sim, orou a ele; e Deus se aplacou para com ele, e ouviu-lhe a súplica, e tornou a trazê-lo a Jerusalém, ao seu reino. Então conheceu Manassés que o Senhor era Deus.

¹⁴Ora, depois disso edificou um muro do lado de fora da cidade de Davi, ao ocidente de Giom, no vale, até a entrada da porta dos peixes; e fê-lo passar ao redor de Ofel, e o levantou muito alto; também pôs oficiais do exército em todas as cidades fortificadas de Judá.

¹⁵Tirou da casa do Senhor os deuses estranhos e o ídolo, como também todos os altares que tinha edificado no monte da casa do Senhor, e em Jerusalém, e os lançou fora da cidade.

¹⁶Também reparou o altar do Senhor, e ofereceu sobre ele sacrifícios de ofertas pacíficas e de ações de graças; e ordenou a Judá que servisse ao Senhor Deus de Israel.

¹⁷Contudo o povo ainda sacrificava nos altos, mas somente ao Senhor seu Deus.

¹⁸O restante dos atos de Manassés, e a sua oração ao seu Deus, e as palavras dos videntes que lhe falaram em nome do Senhor, Deus de Israelram os seus altares e as suas imagens, e a Matã, sacerdote de

¹⁹Também a sua oração, e como Deus se aplacou para com ele, e todo o seu pecado, e a sua transgressão, e os lugares onde edificou altos e pôs os aserins e as imagens esculpidas antes de se ter humilhado, eis que estão escritos nas crônicas dos videntes.

²⁰E dormiu Manassés com seus pais, e o sepultaram em sua casa; e Amom, seu filho, reinou em seu lugar.

²¹Tinha Amom vinte e dois anos quando começou a reinar, e reinou dois anos em Jerusalém.

²²Fez o que era mau aos olhos do Senhor, como havia feito Manassés, seu pai Amom sacrificou a todas as imagens esculpidas que Manassés, seu pai, tinha feito, e as serviu.

²³Mas não se humilhou perante o Senhor, como Manassés, seu pai, se humilhara; pelo contrário multiplicou Amom os seus delitos.

²⁴E conspiraram contra ele os seus servos, e o mataram em sua casa.

²⁵Mas o povo da terra matou todos os que conspiraram contra o rei Amom, e fez reinar em lugar dele seu filho Josias.

## *Capítulo 34*

¹Tinha Josias oito anos quando começou a reinar, e reinou trinta e um anos em Jerusalém.

²Fez o que era reto aos olhos do Senhor, e andou nos caminhos de Davi, seu pai, sem se desviar deles nem para a direita nem para a esquerda.

³Pois no oitavo ano do seu reinado, sendo ainda moço, começou a buscar o Deus de Davi, seu pai; e no duodécimo ano começou a purificar Judá e Jerusalém, dos altos, dos aserins e das imagens esculpidas e de fundição.

⁴Foram derribados na presença dele os altares dos baalins; e ele derribou os altares de incenso que estavam acima deles; os aserins e as imagens esculpidas e de fundição ele os quebrou e reduziu a pó, que espargiu sobre as sepulturas dos que lhes tinham sacrificado.

⁵E os ossos dos sacerdotes queimou sobre os seus altares; e purificou Judá e Jerusalém.

⁶E nas cidades de Manassés, de Efraim, de Simeão e ainda até Naftali, em seus lugares assolados ao redor,

⁷derribou os altares, reduziu a pó os aserins e as imagens esculpidas, e cortou todos os altares de incenso por toda a terra de Israel. Então, voltou para Jerusalém.

⁸No décimo oitavo ano do seu reinado, havendo já purificado a terra e a casa, ele enviou Safã, filho de Azalias, Maaséias, o governador da cidade, e Joá, filho de Joacaz, o cronista, para repararem a casa do Senhor seu Deus.

⁹E foram ter com Hilquias, o sumo sacerdote, e entregaram o dinheiro que se tinha trazido à casa de Deus, e que os levitas, guardas da entrada, tinham recebido da mão de Manassés, de Efraim e de todo o resto de Israel, como também, de todo o Judá e Benjamim, e dos habitantes de Jerusalém.

¹⁰E eles o entregaram nas mãos dos oficiais que eram superintendentes da casa do Senhor; estes o deram aos que faziam a obra e que trabalhavam na casa do Senhor, para consertarem e repararem a casa.

¹¹Deram-no aos carpinteiros e aos edificadores, a fim de comprarem pedras lavradas, e madeiras para as junturas e para servirem de vigas para as casas que os reis de Judá tinham destruído.

¹²E os homens trabalhavam fielmente na obra; e os superintendentes sobre eles eram Jaate e Obadias, levitas, dos filhos de Merári, como também Zacarias e Mesulão, dos filhos dos coatitas, para adiantarem a obra; e todos os levitas que eram entendidos em instrumentos de música.

¹³Estavam sobre os carregadores e dirigiam todos os que trabalhavam em qualquer sorte de serviço; também dentre os levitas eram os escrivães, os oficiais e os porteiros.

¹⁴Ora, quando estavam tirando o dinheiro que se tinha trazido à casa do Senhor, Hilquias, o sacerdote, achou o livro da lei do Senhor dada por intermédio de Moisés.

¹⁵Disse Hilquias a Safã, o escrivão: Achei o livro da lei na casa do Senhor. E entregou o livro a Safã.

¹⁶Safã levou o livro ao rei, e deu conta também ao rei, dizendo: Teus servos estão fazendo tudo quanto se lhes encomendou.

¹⁷Tomaram o dinheiro que se achou na casa do Senhor, e o entregaram nas mãos dos superintendentes e nas mãos dos que fazem a obra.

¹⁸Safã, o escrivão, falou ainda ao rei, dizendo: O sacerdote Hilquias entregou-me um livro. E Safã leu nele perante o rei.

¹⁹Quando o rei ouviu as palavras da lei, rasgou as suas vestes.

²⁰E o rei ordenou a Hilquias, a Aicão, filho de Safã, a Abdom, filho de Mica, a Safã, o escrivão, e a Asaías, servo do rei, dizendo:

²¹Ide, consultai ao Senhor por mim e pelos que restam em Israel e em Judá, sobre as palavras deste livro que se achou; pois grande é o furor do Senhor que se tem derramado sobre nós por não terem os nossos pais guardado a palavra do Senhor, para fazerem conforme tudo quanto está escrito neste livro.

²²Então Hilquias e os enviados do rei foram ter com a profetisa Hulda, mulher de Salum, filho de Tocate, filho de Hasra, o guarda das vestiduras (ela habitava então em Jerusalém na segunda parte); e lhe falaram a esse respeito.

²³E ela lhes respondeu: Assim diz o Senhor, Deus de Israel: Dizei ao homem que vos enviou a mim:

²⁴Assim diz o Senhor: Eis que trarei o mal sobre este lugar, e sobre os seus habitantes, a saber, todas as maldições que estão escritas no livro que se leu perante o rei de Judá.

²⁵Porque me deixaram, e queimaram incenso a outros deuses, para me provocarem à ira com todas as obras das suas mãos; portanto o meu furor se derramará sobre este lugar, e não se apagará.

²⁶Todavia ao rei de Judá, que vos enviou para consultar ao Senhor, assim lhe direis: Assim diz o Senhor, Deus de Israel: Quanto às palavras que ouviste,

²⁷porquanto o teu coração se enterneceu, e te humilhaste perante Deus, ouvindo as suas palavras contra este lugar e contra os seus habitantes, e te humilhaste perante mim, e rasgaste as tuas vestes, e choraste perante mim, também eu te ouvi, diz o Senhor.

²⁸Eis que te ajuntarei a teus pais, e tu serás recolhido ao teu sepulcro em paz, e os teus olhos não verão todo o mal que hei de trazer sobre este lugar e sobre os seus habitantes. E voltaram com esta resposta ao rei.

²⁹Então o rei mandou reunir todos os anciãos de Judá e de Jerusalém;

³⁰e o rei subiu à casa do Senhor, com todos os homens de Judá, e os habitantes de Jerusalém, e os sacerdotes, e os levitas, e todo o povo, desde o menor até o maior; e ele leu aos ouvidos deles todas as palavras do livro do pacto, que fora encontrado na casa do Senhor.

³¹E o rei pôs-se em pé em seu lugar, e fez um pacto perante o Senhor, de andar após o Senhor, e de guardar os seus mandamentos, e os seus testemunhos, e os seus estatutos, de todo o coração e de toda a alma, a fim de cumprir as palavras do pacto, que estavam escritas naquele livro.

³²Também fez com que todos quantos se achavam em Jerusalém e em Benjamim o firmassem; e os habitantes de Jerusalém fizeram conforme o pacto de Deus, do Deus de seus pais.

³³E Josias tirou todas as abominações de todas as terras que eram dos filhos de Israel; e ainda fez que todos quantos se achavam em Israel servissem ao Senhor seu Deus. E, enquanto ele viveu, não deixaram de seguir ao Senhor, Deus de seus pais.

## Capítulo 35

¹Então Josias celebrou a páscoa ao Senhor em Jerusalém; imolou-se o cordeiro da páscoa no décimo quarto dia do primeiro mês.

²E estabeleceu os sacerdotes nos seus cargos, e os animou a servirem na casa do Senhor.

³E disse aos levitas que ensinavam a todo o Israel e que estavam consagrados ao Senhor: Ponde a arca sagrada na casa que Salomão, filho de Davi, rei de Israel, edificou; não tereis mais esta carga sobre os vossos ombros. Agora servi ao Senhor vosso Deus e ao seu povo Israel;

⁴preparai-vos segundo as vossas casas paternas, e segundo as vossas turmas, conforme o preceito de Davi, rei de Israel, e o de Salomão, seu filho.

⁵E estai no lugar santo segundo as divisões das casas paternas de vossos irmãos, os filhos do povo, e haja para cada divisão uma parte de uma família levítica.

⁶Também imolai a páscoa, e santificai-vos, e preparai-a para vossos irmãos, fazendo conforme a palavra do Senhor dada por intermédio de Moisés.

⁷Ora, Josias deu aos filhos do povo, a todos que ali estavam, cordeiros e cabritos do rebanho em número de trinta mil, todos para os sacrifícios da páscoa, e três mil novilhos; isto era da fazenda do rei.

⁸Também os seus príncipes fizeram ofertas voluntárias ao povo, aos sacerdotes e aos levitas; Hilquias, Zacarias e Jeiel, chefes da casa de Deus, deram aos sacerdotes, para os sacrifícios da páscoa, dois mil e seiscentos cordeiros e cabritos e trezentos novilhos.

⁹Também Conanias, e Semaías e Netanel, seus irmãos, como também Hasabias, Jeiel e Jozabade, chefes dos levitas, apresentaram aos levitas, para os sacrifícios da páscoa, cinco mil cordeiros e cabritos e quinhentos novilhos.

¹⁰Assim se preparou o serviço, e puseram-se os sacerdotes nos seus postos, e os levitas pelas suas turmas, conforme a ordem do rei.

¹¹Então imolaram a páscoa; e os sacerdotes espargiam o sangue que recebiam das mãos dos levitas, e estes esfolavam as reses.

¹²E puseram à parte os holocaustos para os distribuírem aos filhos do povo, segundo as divisões das casas paternas, a fim de que os oferecessem ao Senhor, como está escrito no livro de Moisés; e assim fizeram com os novilhos.

¹³Assaram a páscoa ao fogo, segundo a ordenança; e as ofertas sagradas cozeram em panelas em caldeirões e em tachos, e prontamente as repartiram entre todo o povo.

¹⁴Depois prepararam o que era preciso para si e para os sacerdotes; porque os sacerdotes, filhos de Arão, se ocuparam até a noite em oferecer os holocaustos e a gordura; pelo que os levitas prepararam para si e para os sacerdotes, filhos de Arão.

¹⁵Os cantores, filhos de Asafe, estavam no seu posto, segundo o mandado de Davi, de Asafe, de Hemã e de Jedútum vidente do rei; como também os porteiros estavam a cada porta; não precisaram se desviar do seu serviço, porquanto seus irmãos, os levitas preparavam o necessário para eles.

¹⁶Assim se estabeleceu todo o serviço do Senhor naquele dia, para celebrar a páscoa, e para oferecer holocaustos sobre o altar do Senhor, segundo a ordem do rei Josias.

¹⁷E os filhos de Israel que ali estavam celebraram a páscoa naquela ocasião e, durante sete dias, a festa dos pães ázimos.

¹⁸Nunca se celebrara em Israel uma páscoa semelhante a essa, desde os dias do profeta Samuel; e nenhum dos reis de Israel celebrara tal páscoa como a que Josias celebrou com os sacerdotes e levitas, e todo o Judá e Israel que ali estavam, e os habitantes de Jerusalém.

¹⁹Foi no décimo oitavo ano do reinado de Josias que se celebrou esta páscoa.

²⁰Depois de tudo isso, havendo Josias já preparado o templo, subiu Neco, rei do Egito, para guerrear contra Carquêmis, junto ao Eufrates; e Josias lhe saiu ao encontro.

²¹Neco, porém, mandou-lhe mensageiros, dizendo: Que tenho eu

que fazer contigo, rei de Judá? Não é contra ti que venho hoje, mas contra a casa à qual faço guerra; e Deus mandou que me apressasse. Deixa de te opores a Deus, que está comigo, para que ele não te destrua.

²²Todavia Josias não quis virar dele o seu rosto, mas disfarçou-se para pelejar contra ele e, não querendo ouvir as palavras de Neco, que saíram da boca de Deus, veio pelejar no vale de Megido.

²³E os flecheiros atiraram ao rei Josias. Então o rei disse a seus servos: Tirai-me daqui, porque estou gravemente ferido.

²⁴Seus servos o removeram do carro e pondo-o no seu segundo carro, o trouxeram a Jerusalém. Ele morreu, e foi sepultado nos sepulcros de seus pais. E todo o Judá e Jerusalém prantearam a Josias.

²⁵Também Jeremias fez uma lamentação sobre Josias; e todos os cantores e cantoras têm falado de Josias nas suas lamentações até o dia de hoje; e as estabeleceram por costume em Israel; e eis que estão escritas nas Lamentações.

²⁶Ora, o restante dos atos de Josias, e as suas boas obras em conformidade com o que está escrito na lei do Senhor,

²⁷e os seus atos, desde os primeiros até os últimos, eis que estão escritos no livro dos reis de Israel e de Judá.

## Capítulo 36

¹O povo da terra tomou Jeoacaz, filho de Josias, e o constituiu rei em lugar de seu pai, em Jerusalém.

²Tinha Jeoacaz vinte e três anos quando começou a reinar, e reinou três meses em Jerusalém.

³Porquanto o rei do Egito o depôs em Jerusalém, e condenou a terra a pagar um tributo de cem talentos de prata e um talento de ouro.

⁴Então o rei do Egito constituiu Eliaquim, irmão de Jeoacaz, rei sobre Judá e Jerusalém, e mudou-lhe o nome em Jeoiaquim; mas a seu irmão, Jeoacaz, Neco o tomou e o levou para o Egito.

⁵Tinha Jeoiaquim vinte e cinco anos quando começou a reinar, e reinou onze anos em Jerusalém; e fez o que era mau aos olhos do Senhor seu Deus.

⁶Contra ele subiu Nabucodonozor, rei de Babilônia, e o amarrou com cadeias a fim de o levar para Babilônia.

⁷Também alguns dos vasos da casa do Senhor levou Nabucodonozor para Babilônia, e pô-los no seu templo em Babilônia.

⁸Ora, o restante dos atos de Jeoiaquim, e as abominações que praticou, e o que se achou contra ele, eis que estão escritos no livro dos reis de Israel e de Judá. E Joaquim, seu filho, reinou em seu lugar.

⁹Tinha Joaquim oito anos quando começou a reinar, e reinou três meses e dez dias em Jerusalém; e fez o que era mau aos olhos do Senhor.

¹⁰Na primavera seguinte o rei Nabucodonozor mandou que o levassem para Babilônia, juntamente com os vasos preciosos da casa do Senhor; e constituiu a Zedequias, irmão de Joaquim, rei sobre Judá e Jerusalém.

¹¹Tinha Zedequias vinte e um anos quando começou a reinar, e reinou onze anos em Jerusalém.

¹²E fez o que era mau aos olhos do Senhor seu Deus; e não se humilhou perante o profeta Jeremias, que lhe falava da parte do Senhor.

¹³Também rebelou-se contra o rei Nabucodonozor, que o tinha ajuramentado por Deus. Mas endureceu a sua cerviz e se obstinou no seu coração, para não voltar ao Senhor, Deus de Israel.

¹⁴Além disso todos os chefes dos sacerdotes e o povo aumentavam cada vez mais a sua infidelidade, seguindo todas as abominações dos gentios; e profanaram a casa do Senhor, que ele tinha santificado para si em Jerusalém.

¹⁵E o Senhor, Deus de seus pais, falou-lhes persistentemente por intermédio de seus mensageiros, porque se compadeceu do seu povo e da sua habitação.

¹⁶Eles, porém, zombavam dos mensageiros de Deus, desprezando as suas palavras e mofando dos seus profetas, até que o furor do Senhor subiu tanto contra o seu povo, que mais nenhum remédio houve.

¹⁷Por isso fez vir sobre eles o rei dos caldeus, o qual matou os seus mancebos à espada, na casa do seu santuário, e não teve piedade nem dos mancebos, nem das donzelas, nem dos velhos nem dos decrépitos; entregou-lhos todos nas mãos.

¹⁸E todos os vasos da casa de Deus, grandes e pequenos, os tesouros da casa do Senhor, e os tesouros do rei e dos seus príncipes, tudo levou para Babilônia.

¹⁹Também queimaram a casa de Deus, derribaram os muros de Jerusalém, queimaram a fogo todos os seus palácios, e destruíram todos os seus vasos preciosos.

²⁰E aos que escaparam da espada, a esses levou para Babilônia; e se tornaram servos dele e de seus filhos, até o tempo do reino da Pérsia,

²¹para se cumprir a palavra do Senhor proferida pela boca de Jeremias, até haver a terra gozado dos seus sábados; pois por todos os dias da desolação repousou, até que os setenta anos se cumpriram.

²²Ora, no primeiro ano de Ciro, rei da pérsia, para que se cumprisse a palavra do Senhor proferida pela boca de Jeremias, despertou o Senhor o espírito de Ciro, rei da Pérsia, de modo que ele fez proclamar por todo o seu reino, de viva voz e também por escrito, este decreto:

²³Assim diz Ciro, rei da Pérsia: O Senhor Deus do céu me deu todos os reinos da terra, e me encarregou de lhe edificar uma casa em Jerusalém, que é em Judá. Quem há entre vós de todo o seu povo suba, e o Senhor seu Deus seja com ele.

# Esdras

## Capítulo 1

¹No primeiro ano de Ciro, rei da Pérsia, para que se cumprisse a palavra do Senhor proferida pela boca de Jeremias, despertou o Senhor o espírito de Ciro, rei da Pérsia, de modo que ele fez proclamar por todo o seu reino, de viva voz e também por escrito, este decreto:

²Assim diz Ciro, rei da Pérsia: O Senhor Deus do céu me deu todos os reinos da terra, e me encarregou de lhe edificar uma casa em Jerusalém, que é em Judá.

³Quem há entre vós de todo o seu povo (seja seu Deus com ele) suba para Jerusalém, que é em Judá, e edifique a casa do Senhor, Deus de Israel; ele é o Deus que habita em Jerusalém.

⁴E todo remanescente, seja qual for o lugar em que é peregrino, seja ajudado pelos homens desse lugar com prata, com ouro, com bens e com animais, afora a oferta voluntária para a casa de Deus, que está em Jerusalém.

⁵Então se levantaram os chefes das casas paternas de Judá e Benjamim e os sacerdotes, e os levitas, todos aqueles cujo espírito Deus despertara, para subirem a edificar a casa do Senhor, que está em Jerusalém.

⁶E todos os seus vizinhos os ajudaram com utensílios de prata, com ouro, com bens, com animais e com coisas preciosas, afora tudo o que se ofereceu voluntariamente.

⁷Também o rei Ciro tirou os utensílios que pertenciam à casa do Senhor e que Nabucodonozor tinha trazido de Jerusalém e posto na casa de seus deuses.

⁸Ciro, rei da Pérsia, tirou-os pela mão de Mitredate, o tesoureiro, que os entregou contados a Sesbazar, príncipe de Judá.

⁹Este é o número deles: Trinta bacias de ouro, mil bacias de prata, vinte e nove incensários,

¹⁰trinta taças de ouro, quatrocentas e dez taças de prata e mil outros utensílios.

¹¹Todos os utensílios de ouro e de prata foram cinco mil e quatrocentos; todos estes levou Sesbazar, quando os do cativeiro foram conduzidos de Babilônia para Jerusalém.

## Capítulo 2

¹Estes são os filhos da província que subiram do cativeiro, dentre os exilados, a quem Nabucodonozor, rei de Babilônia, tinha levado para Babilônia, e que voltaram para Jerusalém e para Judá, cada um para a sua cidade;

²os quais vieram com Zorobabel Jesuá Neemias, Seraías, Reelaías, Mardoqueu, Bilsã, Mizpar, Bigvai, Reum e Baaná. O número dos homens do povo de Israel.

³Os filhos de Parós, dois mil cento e setenta e dois.

⁴Os filhos de Sefatias, trezentos e setenta e dois.

⁵Os filhos de Ará, setecentos e setenta e cinco.

⁶Os filhos de Paate-Moabe, dos filhos de Jesuá e de Joabe, dois mil oitocentos e doze.

⁷Os filhos de Elão, mil duzentos e cinqüenta e quatro.

⁸Os filhos de Zatu, novecentos e quarenta e cinco.

⁹Os filhos de Zacai, setecentos e sessenta.

¹⁰Os filhos de Bani, seiscentos e quarenta e dois.

¹¹Os filhos de Bebai, seiscentos e vinte e três.

¹²Os filhos de Azgade, mil duzentos e vinte e dois.

¹³Os filhos de Adonicão, seiscentos e sessenta e seis.

¹⁴Os filhos de Bigvai, dois mil e cinqüenta e seis.

¹⁵Os filhos de Adim, quatrocentos e cinqüenta e quatro.

¹⁶Os filhos de Ater, de Ezequias, noventa e oito.

¹⁷Os filhos de Bezai, trezentos e vinte e três.

¹⁸Os filhos de Jora, cento e doze.

¹⁹Os filhos de Hasum, duzentos e vinte e três.

²⁰Os filhos de Gibar, noventa e cinco.

²¹Os filhos de Belém, cento e vinte e três.

²²Os homens de Netofá, cinqüenta e seis.

²³Os homens de Anatote, cento e vinte e oito.

²⁴Os filhos de Azmavete, quarenta e dois.

²⁵Os filhos de Quiriate-Arim, de Cefira e de Beerote, setecentos e quarenta e três

²⁶Os filhos de Ramá e de Gaba, seiscentos e vinte e um.

²⁷Os homens de Micmás, cento e vinte e dois.

²⁸Os homens de Betel e de Ai, duzentos e vinte e três.

²⁹Os filhos de Nebo, cinqüenta e dois.

³⁰Os filhos de Magbis, cento e cinqüenta e seis.

³¹Os filhos do outro Elão, mil duzentos e cinqüenta e quatro.

³²Os filhos de Harim, trezentos e vinte.

³³Os filhos de Lode, de Hadide e de Ono, setecentos e vinte e cinco.

³⁴Os filhos de Jericó, trezentos e quarenta e cinco.

³⁵Os filhos de Senaá, três mil seiscentos e trinta.

³⁶Os sacerdotes: os filhos de Jedaías, da casa de Jesuá, novecentos e setenta e três.

³⁷Os filhos de Imer, mil e cinqüenta e dois.

³⁸Os filhos de Pasur, mil duzentos e quarenta e sete.

³⁹Os filhos de Harim, mil e dezessete.

⁴⁰Os levitas os filhos de Jesuá, e de Cadmiel, dos filhos de , Hodavias, setenta e quatro.

⁴¹Os cantores: os filhos de Asafe, cento e vinte e oito.

⁴²Os filhos dos porteiros: os filhos de Salum, os filhos de Ater, os filhos de Talmom, os filhos de Acube, os filhos de Hatita, os filhos de Sobai, ao todo, cento e trinta e nove.

⁴³Os netinins: os filhos de Ziá, os filhos de Hasufa, os filhos de Tabaote,

⁴⁴os filhos de Querós, os filhos de Siá, os filhos de Padom,

⁴⁵os filhos de Lebana, os filhos de Hagaba, os filhos de Acube,

⁴⁶os filhos de Hagabe, os filhos de Sanlai, os filhos de Hanã,

⁴⁷os filhos de Gidel, os filhos de Gaar, os filhos de Reaías,

⁴⁸os filhos de Rezin, os filhos de Necoda, os filhos de Gazão,

⁴⁹os filhos de Uzá, os filhos de Paséia, os filhos de Besai,

⁵⁰os filhos de Asná, os filhos de Meunim, os filhos dos nefusins,

⁵¹os filhos de Baquebuque, os filhos de Hacufa, os filhos de Hurur,

⁵²os filhos de Bazlute, os filhos de Meída, os filhos de Harsa,

⁵³os filhos de Barcos, os filhos de Sísera, os filhos de Tamá,

⁵⁴os filhos de Nezias, os filhos de Hatifa.

⁵⁵Os filhos dos servos de Salomão: os filhos de Sotai, os filhos de Soferete, os filhos de Peruda,

⁵⁶os filhos de Jaalá, os filhos de Darcom, os filhos de Gidel,

⁵⁷os filhos de Sefatias, os filhos de Hatil, os filhos de Poquerete-Hazebaim os filhos de Ami.

⁵⁸Todos os netinins e os filhos dos servos de Salomão foram trezentos e noventa e dois.

⁵⁹Estes foram os que subiram de Tel-Mela, de Tel-Harsa, de Querube, de Adã e de Imer; porém não puderam provar que as suas casas paternas e sua linhagem eram de Israel:

⁶⁰os filhos de Delaías, os filhos de Tobias, os filhos de Necoda, seiscentos e cinqüenta e dois.

⁶¹E dos filhos dos sacerdotes: os filhos de Habaías, os filhos de Hacoz, os filhos de Barzilai, que tomou mulher das filhas de Barzilai, o gileadita, e que foi chamado do seu nome.

⁶²Estes procuraram o seu registro entre os que estavam arrolados nas genealogias, mas não foi encontrado; pelo que, por imundos, foram excluídos do sacerdócio;

⁶³e o governador lhes intimou que não comessem das coisas santíssimas, até que se levantasse um sacerdote com Urim e Tumim.

⁶⁴Toda esta congregação junta somava quarenta e dois mil trezentos e sessenta,

⁶⁵afora os seus servos, e as suas servas, que foram sete mil trezentos e trinta e sete; também havia duzentos cantores e cantoras.

⁶⁶Os seus cavalos eram setecentos e trinta e seis; os seus mulos, duzentos e quarenta e cinco;

⁶⁷os seus camelos, quatrocentos e trinta e cinco; os jumentos, seis mil setecentos e vinte.

⁶⁸Alguns dos chefes das casas paternas, vindo à casa do Senhor em Jerusalém, deram ofertas voluntárias para a casa de Deus, para a edificarem no seu lugar;

⁶⁹conforme as suas posses, deram para a tesouraria da obra, em ouro sessenta e um mil dáricos, e em prata cinco mil minas, e cem vestes sacerdotais.

⁷⁰Ora, os sacerdotes e os levitas, e alguns do povo, tanto os cantores como os porteiros e os netinins, habitaram nas suas cidades, e todo o Israel nas suas cidades.

Esdras

## Capítulo 3

¹Quando chegou o sétimo mês, estando já os filhos de Israel nas suas cidades, ajuntou-se o povo, como um só homem, em Jerusalém.

²Então se levantou Jesuá, filho de Jozadaque, com seus irmãos, os sacerdotes, e Zorobabel, filho de Sealtiel, e seus irmãos; e edificaram o altar do Deus de Israel, para oferecerem sobre ele holocaustos, como está escrito na lei de Moisés, homem de Deus.

³Colocaram o altar sobre a sua base (pois o terror estava sobre eles por causa dos povos das terras e ofereceram sobre ele holocaustos ao Senhor, holocaustos pela manhã e à tarde.

⁴E celebraram a festa dos tabernáculos como está escrito, e ofereceram holocaustos diários segundo o número ordenado para cada dia,

⁵e em seguida o holocausto contínuo, e os das luas novas e de todas as festas fixas do Senhor, como também os de qualquer que fazia oferta voluntária ao Senhor.

⁶Desde o primeiro dia do sétimo mês começaram a oferecer holocaustos ao Senhor; porém ainda não haviam sido lançados os alicerces do templo do Senhor.

⁷Deram dinheiro aos pedreiros e aos carpinteiros; como também comida e bebida, e azeite aos sidônios, e aos tírios, para trazerem do Líbano madeira de cedro ao mar, para Jope, segundo a concessão que lhes tinha feito Ciro, rei da Pérsia.

⁸Ora, no segundo ano da sua vinda à casa de Deus em Jerusalém, no segundo mês, Zorobabel, filho de Sealtiel, e Jesuá, filho de Jozadaque, e os outros seus irmãos, os sacerdotes e os levitas, e todos os que vieram do cativeiro para Jerusalém, deram início à obra e constituíram os levitas da idade de vinte anos para cima, para superintenderem a obra da casa do Senhor.

⁹Então se levantaram Jesuá com seus filhos e seus irmãos, Cadmiel e seus filhos, os filhos de Judá, como um só homem, para superintenderem os que faziam a obra na casa de Deus; como também os filhos de Henadade, com seus filhos e seus irmãos, os levitas.

¹⁰Quando os edificadores lançaram os alicerces do templo do Senhor, os sacerdotes trajando suas vestes, apresentaram-se com trombetas, e os levitas, filhos de Asafe, com címbalos, para louvarem ao Senhor, segundo a ordem de Davi, rei de Israel.

¹¹E cantavam a revezes, louvando ao Senhor e dando-lhe graças com estas palavras: Porque ele é bom; porque a sua benignidade dura para sempre sobre Israel. E todo o povo levantou grande brado, quando louvaram ao Senhor, por se terem lançado os alicerces da casa do Senhor.

¹²Muitos, porém, dos sacerdotes e dos levitas, e dos chefes das casas paternas, os idosos que tinham visto a primeira casa, choraram em altas vozes quando, a sua vista, foi lançado o fundamento desta casa; também muitos gritaram de júbilo;

¹³de maneira que não podia o povo distinguir as vozes do júbilo das vozes do choro do povo; porque o povo bradava em tão altas vozes que o som se ouvia de mui longe.

## Capítulo 4

¹Ora, ouvindo os adversários de Judá e de Benjamim que os que tornaram do cativeiro edificavam o templo ao Senhor, Deus de Israel,

²chegaram-se a Zorobabel e aos chefes das casas paternas, e disseram-lhes: Deixai-nos edificar convosco; pois, como vós, buscamos o vosso Deus; como também nós lhe temos sacrificado desde os dias de Esar-Hadom, rei da Assíria, que nos fez subir para aqui.

³Responderam-lhes, porém, Zorobabel e Jesuá e os outros chefes das casas paternas de Israel: Não convém que vós e nós edifiquemos casa a nosso Deus: mas nós sozinhos a edificaremos ao Senhor, Deus de Israel, como nos ordenou o rei Ciro, rei da Pérsia.

⁴Então o povo da terra debilitava as mãos do povo de Judá, e os inquietava, impedindo-os de edificar;

⁵e assalariaram contra eles conselheiros para frustrarem o seu plano, por todos os dias de Ciro, rei da Pérsia, até o reinado de Dario, rei da Pérsia.

⁶No reinado de Assuero, no princípio do seu reino, escreveram uma acusação contra os habitantes de Judá e de Jerusalém.

⁷Também nos dias de Artaxerxes escreveram Bislão, Mitredate, Tabeel, e os companheiros destes, a Artaxerxes, rei da Pérsia; e a carta foi escrita em caracteres aramaicos, e traduzida na língua aramaica.

⁸Reum, o comandante, e Sinsai, o escrivão, escreveram uma carta contra Jerusalém, ao rei Artaxerxes, do teor seguinte;

⁹isto é, escreveram Reum, o comandante, Sinsai, o escrivão, e seus companheiros, os juízes, os governadores, os oficiais, os persas, os homens de Ereque, os babilônios, os susanquitas, isto é, os elamitas,

¹⁰e as demais nações que o grande e afamado Osnapar transportou, e que fez habitar na cidade de Samária e no restante da província dalém do Rio.

¹¹Eis, pois, a cópia da carta que mandaram ao rei Artaxerxes: Teus servos, os homens de além do Rio, assim escrevem:

¹²Saiba o rei que os judeus que subiram de ti a nós foram a Jerusalém e estão reedificando aquela rebelde e malvada cidade, e vão restaurando os seus muros e reparando os seus fundamentos.

¹³Agora saiba o rei que, se aquela cidade for reedificada e os muros forem restaurados, eles não pagarão nem tributo, nem imposto, nem pedágio; e assim se danificará a fazenda dos reis.

¹⁴Agora, visto que comemos do sal do palácio, e não nos convém ver a desonra do rei, por isso mandamos dar aviso ao rei,

¹⁵para que se busque no livro das crônicas de teus pais; e acharás no livro das crônicas e saberás que aquela é uma cidade rebelde, e danosa a reis e províncias, e que nela houve rebelião em tempos antigos; por isso é que ela foi destruída.

¹⁶Nós, pois, estamos avisando ao rei que, se aquela cidade for reedificada e os seus muros forem restaurados, não terás porção alguma a oeste do Rio.

¹⁷Então o rei enviou esta resposta a Reum, o comandante, e a Sinsai, o escrivão, e aos demais seus companheiros, que habitavam em Samária e no restante do país a oeste do Rio: 'Paz.

¹⁸A carta que nos enviastes foi claramente lida na minha presença.

¹⁹E, ordenando-o eu, buscaram e acharam que desde tempos antigos aquela cidade se tem levantado contra os reis, e que nela se tem feito rebelião e sedição.

²⁰E tem havido reis poderosos sobre Jerusalém, os quais dominavam igualmente toda a província dalém do Rio; e a eles se pagavam tributos, impostos e pedágio.

²¹Agora, pois, dai ordem para que aqueles homens parem, a fim de que não seja edificada aquela cidade até que eu dê ordem.

²²E guardai-vos de serdes remissos nisto; não suceda que o dano cresça em prejuízo dos reis.

²³Então, logo que a cópia da carta do rei Artaxerxes foi lida perante Reum e Sinsai, o escrivão, e seus companheiros, foram eles apressadamente a Jerusalém, aos judeus, e os impediram à força e com violência.

²⁴Então cessou a obra da casa de Deus, que estava em Jerusalém, ficando interrompida até o segundo ano do reinado de Dario, rei da Pérsia.

## Capítulo 5

¹Ora, os profetas Ageu e Zacarias, filho de Ido, profetizaram aos judeus que estavam em Judá e em Jerusalém; em nome do Deus de Israel lhes profetizaram.

²Então se levantaram Zorobabel, filho de Sealtiel, e Jesuá, filho de Jozadaque, e começaram a edificar a casa de Deus, que está em Jerusalém; e com eles estavam os profetas de Deus, que os ajudavam.

³Naquele tempo vieram ter com eles Tatenai, o governador da província a oeste do Rio, e Setar-Bozenai, e os seus companheiros, e assim lhes perguntaram: Quem vos deu ordem para edificar esta casa, e completar este muro?

⁴Ainda lhes perguntaram: Quais são os nomes dos homens que constroem este edifício?

⁵Os olhos do seu Deus, porém, estavam sobre os anciãos dos judeus, de modo que eles não os impediram, até que o negócio se comunicasse a Dario, e então chegasse resposta por carta sobre isso.

⁶A cópia da carta que Tatenai, o governador da província a oeste do Rio, e Setar-Bozenai, e os seus companheiros, os governadores, que estavam deste lado do Rio, enviaram ao rei Dario;

⁷enviaram-lhe um relatório, no qual estava escrito: Ao rei Dario toda a paz.

⁸Saiba o rei que nós fomos à província de Judá, à casa do grande Deus, a qual se edifica com grandes pedras, e já a madeira está sendo posta nas paredes, e esta obra vai-se fazendo com diligência, e se adianta em suas mãos.

⁹Então perguntamos àqueles anciãos, falando-lhes assim: Quem vos deu ordem para edificar esta casa, e completar este muro?

¹⁰Além disso lhes perguntamos pelos seus nomes, para tos declararmos, isto é, para te escrevermos os nomes dos homens que entre eles são os chefes.

¹¹E esta é a resposta que nos deram: Nós somos servos do Deus do céu e da terra, e reedificamos a casa que há muitos anos foi edificada, a qual um grande rei de Israel edificou e acabou.

¹²Mas depois que nossos pais provocaram à ira o Deus do céu, ele os entregou na mão de Nabucodonozor, o caldeu, rei de Babilônia, o qual destruiu esta casa, e transportou o povo para Babilônia.

¹³Porém, no primeiro ano de Ciro, rei de Babilônia, o rei Ciro baixou decreto para que esta casa de Deus fosse reedificada.

¹⁴E até os utensílios de ouro e de prata da casa de Deus, que Nabucodonozor tinha tomado do templo que estava em Jerusalém e levado para o templo de Babilônia, o rei Siro os tirou do templo de Babilônia, e eles foram entregues a um homem cujo nome era Sesbazar, a quem ele tinha constituído governador;

¹⁵e disse-lhe: Toma estes utensílios, vai, e leva-os para o templo que está em Jerusalém, e reedifique-se a casa de Deus no seu lugar.

¹⁶Então veio o dito Sesbazar, e lançou os fundamentos da casa de Deus, que está em Jerusalém; de então para cá ela vem sendo edificada, não estando ainda concluída.

¹⁷Agora, pois, se parece bem ao rei, busque-se nos arquivos reais, ali em Babilônia, para ver se é verdade haver um decreto do rei Ciro para se reedificar esta casa de Deus em Jerusalém, e sobre isto nos faça o rei saber a sua vontade.

## Capítulo 6

¹Então o rei Dario o decretou, e foi feita uma busca nos arquivos onde se guardavam os tesouros em Babilônia.

²E em Ecbatana, a capital, que está na província da Média, se achou um rolo, e nele estava escrito um memorial, que dizia assim:

³No primeiro ano do rei Ciro, o rei Ciro baixou um decreto com respeito à casa de Deus em Jerusalém: Seja edificada a casa, o lugar em que se oferecem sacrifícios, e sejam os seus fundamentos bem firmes; a sua altura será de sessenta côvados, e a sua largura de sessenta côvados,

⁴com três carreiras de grandes pedras, e uma carreira de madeira nova; e a despesa se fará do tesouro do rei.

⁵Além disso sejam restituídos os utensílios de ouro e de prata da casa de Deus, que Nabucodonozor tirou do templo em Jerusalém e levou para Babilônia, e que se tornem a levar para o templo em Jerusalém, cada um para o seu lugar, e tu os porás na casa de Deus.'

⁶Agora, pois, Tatenai, governador de além do Rio, Setar-Bozenai, e os vossos companheiros, os governadores, que estais além do Rio, retirai-vos desse lugar;

⁷deixai de impedir a obra desta casa de Deus; edifiquem o governador dos judeus e os seus anciãos esta casa de Deus no seu lugar.

⁸Além disso, por mim se decreta o que haveis de fazer para com esses anciãos dos judeus, para a edificação desta casa de Deus, a saber, que da fazenda do rei, dos tributos da província dalém do Rio, se pague prontamente a estes homens toda a despesa.

⁹Igualmente o que for necessário, como novilhos, carneiros e cordeiros, para holocaustos ao Deus do céu; também trigo, sal, vinho e azeite, segundo a palavra dos sacerdotes que estão em Jerusalém, dê-se-lhes isso de dia em dia sem falta;

¹⁰para que ofereçam sacrifícios de cheiro suave ao Deus do céu, e orem pela vida do rei e de seus filhos.

¹¹Também por mim se decreta que a todo homem que alterar este decreto, se arranque uma viga da sua casa e que ele seja pregado nela; e da sua casa se faça por isso um monturo.

¹²O Deus, pois, que fez habitar ali o seu nome derribe todos os reis e povos que estenderem a mão para alterar o decreto e para destruir esta casa de Deus, que está em Jerusalém. Eu, Dario, baixei o decreto. Que com diligência se execute.

¹³Então Tatenai, o governador a oeste do Rio, Setar-Bozenai, e os seus companheiros executaram com toda a diligência o que mandara o rei Dario.

¹⁴Assim os anciãos dos judeus iam edificando e prosperando pela profecia de Ageu o profeta e de Zacarias, filho de Ido. Edificaram e acabaram a casa de acordo com o mandado do Deus de Israel, e de acordo com o decreto de Ciro, e de Dario, e de Artaxerxes, rei da Pérsia.

¹⁵E acabou-se esta casa no terceiro dia do mês de Adar, no sexto ano do reinado do rei Dario.

¹⁶E os filhos de Israel, os sacerdotes e os levitas, e o resto dos filhos do cativeiro fizeram a dedicação desta casa de Deus com alegria.

¹⁷Ofereceram para a dedicação desta casa de Deus cem novilhos, duzentos carneiros e quatrocentos cordeiros; e como oferta pelo pecado por todo o Israel, doze bodes, segundo o número das tribos de Israel.

¹⁸E puseram os sacerdotes nas suas divisões e os levitas nas suas turmas, para o serviço de Deus em Jerusalém, conforme o que está escrito no livro de Moisés.

¹⁹E os que vieram do cativeiro celebraram a páscoa no dia catorze do primeiro mês.

²⁰Pois os sacerdotes e levitas se tinham purificado como se fossem um só homem; todos estavam limpos. E imolaram o cordeiro da páscoa para todos os filhos do cativeiro, e para seus irmãos, os sacerdotes, e para si mesmos.

²¹Assim comeram a páscoa os filhos de Israel que tinham voltado do cativeiro, com todos os que, unindo-se a eles, se apartaram da imundícia das nações da terra para buscarem o Senhor, Deus de Israel;

²²e celebraram a festa dos pães ázimos por sete dias com alegria; porque o Senhor os tinha alegrado, tendo mudado o coração do rei da Assíria a favor deles, para lhes fortalecer as mãos na obra da casa de Deus, o Deus de Israel.

## Capítulo 7

¹Ora, depois destas coisas, no reinado de Artaxerxes, rei da Pérsia, Esdras, filho de Seraías, filho de Azarias, filho de Hilquias,

²filho de Salum, filho de Zadoque, filho de Aitube,

³filho de Amarias, filho de Azarias, filho de Meraiote,

⁴filho de Zeraías, filho de Uzi, filho de Buqui,

⁵filho de Abisua, filho de Finéias, filho de Eleazar, filho de Arão, o sumo sacerdote -

⁶este Esdras subiu de Babilônia. E ele era escriba hábil na lei de Moisés, que o Senhor Deus de Israel tinha dado; e segundo a mão de Senhor seu Deus, que estava sobre ele, o rei lhe deu tudo quanto lhe pedira.

⁷Também subiram a Jerusalém alguns dos filhos de Israel, dos sacerdotes, dos levitas, dos cantores, dos porteiros e dos netinins, no sétimo ano do rei Artaxerxes.

⁸No quinto mês Esdras chegou a Jerusalém, no sétimo ano deste rei.

⁹Pois no primeiro dia do primeiro mês ele partiu de Babilônia e no primeiro dia do quinto mês chegou a Jerusalém, graças à mão benéfica do seu Deus sobre ele.

¹⁰Porque Esdras tinha preparado o seu coração para buscar e cumprir a lei do Senhor, e para ensinar em Israel os seus estatutos e as suas ordenanças.

¹¹Esta é, pois, a cópia da carta que o rei Artaxerxes deu a Esdras, o sacerdote, o escriba instruído nas palavras dos mandamentos do Senhor e dos seus estatutos para Israel:

¹²Artaxerxes, rei dos reis, ao sacerdote Esdras, escriba da lei do Deus do céu: Saudações.

¹³Por mim se decreta que no meu reino todo aquele do povo de Israel, e dos seus sacerdotes e levitas, que quiser ir a Jerusalém, vá contigo.

¹⁴Porquanto és enviado da parte do rei e dos seus sete conselheiros para indagares a respeito de Judá e de Jerusalém, conforme a lei do teu Deus, a qual está na tua mão;

¹⁵e para levares a prata e o ouro que o rei e os seus conselheiros voluntariamente deram ao Deus de Israel cuja habitação está em Jerusalém,

¹⁶com toda a prata e o ouro que achares em toda a província de Babilônia, e com as ofertas voluntárias do povo e dos sacerdotes, que voluntariamente as oferecerem para a casa do seu Deus, que está em Jerusalém;

¹⁷portanto com toda a diligência comprarás com este dinheiro novilhos, carneiros, e cordeiros, com as suas ofertas de cereais e as suas ofertas de libações, e os oferecerás sobre o altar da casa do vosso Deus, que está em Jerusalém.

¹⁸Também o que a ti e a teus irmãos parecer bem fazerdes do resto da prata e do ouro, o fareis conforme a vontade do vosso Deus.

¹⁹Os vasos que te foram dados para o serviço da casa do teu Deus, entrega-os todos perante ele, o Deus de Jerusalém.

²⁰E tudo o mais que for necessário para a casa do teu Deus, e que te convenha dar, o darás da casa dos tesouros do rei.

²¹E eu, o rei Artaxerxes, decreto a todos os tesoureiros que estão na província dalém do Rio, que tudo quanto vos exigir o sacerdote Esdras, escriba da lei do Deus do céu, prontamente se lhe conceda,

²²até cem talentos de prata cem coros de trigo, cem batos de vinho, cem batos de azeite, e sal à vontade.

²³Tudo quanto for ordenado pelo Deus do céu, isso precisamente se faça para a casa do Deus do céu; pois, por que haveria ira sobre o reino do rei e de seus filhos?

²⁴Também vos notificamos acerca de todos os sacerdotes e levitas, cantores, porteiros, netinins, e outros servos desta casa de Deus, que não será lícito exigir-lhes nem tributo, nem imposto, nem pedágio.

²⁵E tu, Esdras, conforme a sabedoria do teu Deus, que possuis, constitui magistrados e juízes, que julguem todo o povo que está na província dalém do Rio, isto é, todos os que conhecem as leis do teu Deus; e ensina-as ao que não as conhece.

²⁶E todo aquele que não observar a lei do teu Deus e a lei do rei, com zelo se lhe execute a justiça: quer seja morte, quer desterro, quer confiscação de bens, quer prisão.

²⁷Bendito seja o Senhor Deus de nossos pais, que pôs no coração do rei este desejo de ornar a casa do Senhor, que está em Jerusalém; ²⁸e que estendeu sobre mim a sua benevolência perante o rei e os seus conselheiros e perante todos os príncipes poderosos do rei. Assim encorajado pela mão do Senhor, meu Deus, que estava sobre mim, ajuntei dentre Israel alguns dos homens principais para subirem comigo.

## Capítulo 8

¹Estes, pois, são os chefes de suas casas paternas, e esta é a genealogia dos que subiram comigo de Babilônia no reinado do rei Artaxerxes:

²Dos filhos de Finéias, Gérson; dos filhos de Itamar, Daniel; dos filhos de Davi, Hatus;

³dos filhos de Secanias, dos filhos de Parós, Zacarias; e com ele, segundo as genealogias dos varões, se contaram cento e cinqüenta;

⁴dos filhos de Paate-Moabe, Elioenai, filho de Zeraías, e com ele duzentos homens;

⁵dos filhos de Zatu, Secanias, o filho de Jaaziel, e com ele trezentos homens;

⁶dos filhos de Adim, Ebede, filho de Jônatas, e com ele cinqüenta homens;

⁷dos filhos de Elão, Jesaías, filho de Atalias, e com ele setenta homens;

⁸dos filhos de Sefatias, Zebadias, filho de Micael, e com ele oitenta homens; e

⁹dos filhos de Joabe, Obadias, filho de Jeiel, e com ele duzentos e dezoito homens;

¹⁰dos filhos de Bani, Selomite, o filho de Josifias, e com ele cento e sessenta homens;

¹¹dos filhos de Bebai, Zacarias, o filho de Bebai, e com ele vinte e oito homens;

¹²dos filhos de Azgade, Joanã, o filho de Hacatã, e com ele cento e dez homens;

¹³dos filhos de Adonicão, que eram os últimos, eis os seus nomes: Elifelete, Jeuel e Semaías, e com eles sessenta homens;

¹⁴e dos filhos de Bigvai, Utai e Zabude, e com eles setenta homens.

¹⁵Ajuntei-os à margem do rio que corre para Ava; e ficamos ali acampados três dias. Então passei em revista o povo e os sacerdotes, e não achei ali nenhum dos filhos de Levi.

¹⁶Mandei, pois, chamar Eliézer, Ariel, Semaías, Elnatã, Jaribe, Elnatã, Natã, Zacarias e Mesulão, os chefes, como também, Joiaribe e Elnatã, que eram mestres.

¹⁷E os enviei a Ido, chefe em Casífia, e lhes pus na boca palavras para dizerem a Ido e aos seus irmãos, os netinins, em Casífia, que nos trouxessem ministros para a casa do nosso Deus.

¹⁸E, pela boa mão de nosso Deus sobre nós, trouxeram-nos um homem entendido, dos filhos de Mali, filho de Levi, filho de Israel; e Serebias, com os seus filhos e irmãos, dezoito;

¹⁹e Hasabias, e com ele Jesaías, dos filhos de Merári, com seus irmãos e os filhos deles, vinte;

²⁰e dos netinins, que Davi e os príncipes tinham dado para o serviço dos levitas, duzentos e vinte, todos eles mencionados por nome.

²¹Então proclamei um jejum ali junto ao rio Ava, para nos humilharmos diante do nosso Deus, a fim de lhe pedirmos caminho seguro para nós, para nossos pequeninos, e para toda a nossa fazenda.

²²Pois tive vergonha de pedir ao rei uma escolta de soldados, e cavaleiros para nos defenderem do inimigo pelo caminho, porquanto havíamos dito ao rei: A mão do nosso Deus é sobre todos os que o buscam, para o bem deles; mas o seu poder e a sua ira estão contra todos os que o deixam.

²³Nós, pois, jejuamos, e pedimos isto ao nosso Deus; e ele atendeu às nossas orações.

²⁴Então separei doze dos principais dentre os sacerdotes: Serebias e Hasabias, e com eles dez dos seus irmãos;

²⁵e pesei-lhes a prata, o ouro e os vasos, a oferta para a casa do nosso Deus, que o rei, os seus conselheiros, os seus príncipes e todo o Israel que estava ali haviam oferecido;

²⁶entreguei-lhes nas mãos seiscentos e cinqüenta talentos de prata, e em vasos de prata cem talentos; e cem talentos de ouro;

²⁷e vinte taças de ouro no valor de mil dáricos, e dois vasos de bronze claro e brilhante, tão precioso como o ouro.

²⁸E disse-lhes: Vós sois santos ao Senhor, e santos são estes vasos; como também esta prata e este ouro são ofertas voluntárias, oferecidas ao Senhor, Deus de vossos pais.

²⁹Vigiai, pois, e guardai-os até que os peseis na presença dos principais dos sacerdotes e dos levitas, e dos príncipes das casas paternas de Israel, em Jerusalém, nas câmaras da casa do Senhor.

³⁰Então os sacerdotes e os levitas receberam o peso da prata, e do ouro, e dos vasos, a fim de os trazerem para Jerusalém, para a casa do nosso Deus.

³¹Então partimos do rio Ava, no dia doze do primeiro mês, a fim de irmos para Jerusalém; e a mão do nosso Deus estava sobre nós, e ele nos livrou da mão dos inimigos, e dos que nos armavam ciladas pelo caminho.

³²Chegamos, pois, a Jerusalém, e repousamos ali três dias.

³³No quarto dia se pesou a prata, e o ouro, e os vasos, na casa do nosso Deus, para as mãos de Meremote filho do sacerdote Urias; e com ele estava Eleazar, filho de Finéias, e com eles os levitas Jozabade, filho de Jesuá, e Noadias, filho de Binuí.

³⁴Tudo foi entregue por número e peso; e o peso de tudo foi registrado na ocasião.

³⁵Os exilados que tinham voltado do cativeiro ofereceram holocaustos ao Deus de Israel: doze novilhos por todo o Israel, noventa e seis carneiros, setenta e sete cordeiros, e doze bodes em oferta pelo pecado; tudo em holocausto ao Senhor.

³⁶Então entregaram os editos do rei aos sátrapas do rei, e aos governadores a oeste do Rio; e estes ajudaram o povo e a casa de Deus.

## Capítulo 9

¹Ora, logo que essas coisas foram terminadas, vieram ter comigo os príncipes, dizendo: O povo de Israel, e os sacerdotes, e os levitas, não se têm separado dos povos destas terras, das abominações dos cananeus, dos heteus, dos perizeus, dos jebuseus, dos amonitas, dos moabitas, dos epípcios e dos amorreus;

²pois tomaram das suas filhas para si e para seus filhos; de maneira que a raça santa se tem misturado com os povos de outras terras; e até os oficiais e magistrados foram os primeiros nesta transgressão.

³Ouvindo eu isto, rasguei a minha túnica e o meu manto, e arranquei os cabelos da minha cabeça e da minha barba, e me sentei atônito.

⁴Então se ajuntaram a mim todos os que tremiam das palavras do Deus de Israel por causa da transgressão dos do cativeiro; porém eu permaneci sentado atônito até a oblação da tarde.

⁵A hora da oblação da tarde levantei-me da minha humilhação, e com a túnica e o manto rasgados, pus-me de joelhos, estendi as mãos ao Senhor meu Deus,

⁶e disse: Ó meu Deus! Estou confuso e envergonhado, para levantar o meu rosto a ti, meu Deus; porque as nossas iniqüidades se multiplicaram sobre a nossa cabeça, e a nossa culpa tem crescido até o céu.

⁷Desde os dias de nossos pais até o dia de hoje temos estado em grande culpa, e por causa das nossas iniqüidades fomos entregues, nós, os nossos reis e os nossos sacerdotes, na mão dos reis das terras, à espada, ao cativeiro, à rapina e à confusão do rosto, como hoje se vê.

⁸Agora, por um pequeno momento se manifestou a graça da parte do Senhor, nosso Deus, para nos deixar um restante que escape, e para nos dar estabilidade no seu santo lugar, a fim de que o nosso Deus nos alumie os olhos, e nos dê um pouco de refrigério em nossa escravidão;

⁹pois somos escravos; contudo o nosso Deus não nos abandonou em nossa escravidão, mas estendeu sobre nós a sua benevolência perante os reis da Pérsia, para nos dar a vida, a fim de levantarmos a casa do nosso Deus e repararmos as suas assolações, e para nos dar um abrigo em Judá e em Jerusalém.

¹⁰Agora, ó nosso Deus, que diremos depois disto? Pois temos deixado os teus mandamentos,

¹¹os quais ordenaste por intermédio de teus servos, os profetas, dizendo: A terra em que estais entrando para a possuir, é uma terra imunda pelas imundícias dos povos das terras, pelas abominações com que, na sua corrupção, a encheram duma extremidade à outra.

¹²Por isso não deis vossas filhas a seus filhos, e não tomeis suas filhas para vossos filhos, nem procureis jamais a sua paz ou à sua prosperidade; para que sejais fortes e comais o bem da terra, e a deixeis por herança a vossos filhos para sempre.

¹³E depois de tudo o que nos tem sucedido por causa das nossas más obras, e da nossa grande culpa, ainda assim tu, ó nosso Deus, nos tens castigado menos do que merecem as nossas iniqüidades, e ainda nos deixaste este remanescente;

¹⁴tornaremos, pois, agora a violar os teus mandamentos, e a aparentar-nos com os povos que cometem estas abominações? Não estarias tu indignado contra nós até de todo nos consumires, de modo que não ficasse restante, nem quem escapasse?

¹⁵Ó Senhor Deus de Israel, justo és, pois ficamos qual um restante

que escapou, como hoje se vê. Eis que estamos diante de ti em nossa culpa; e, por causa disto, ninguém há que possa subsistir na tua presença.

## Capítulo 10

¹Ora, enquanto Esdras orava e fazia confissão, chorando e prostrando-se diante da casa de Deus, ajuntou-se a ele, de Israel, uma grande congregação de homens, mulheres, e crianças; pois o povo chorava amargamente.

²Então Seeanias, filho de Jeiel, um dos filhos de Elão, dirigiu-se a Esdras, dizendo: Nós temos sido infiéis para com o nosso Deus, e casamos com mulheres estrangeiras dentre os povos da terra; contudo, no tocante a isto, ainda há esperança para Israel.

³Agora, pois, façamos um pacto com o nosso Deus, de que despediremos todas as mulheres e os que delas são nascidos, conforme o conselho do meu Senhor, e dos que tremem ao mandamento do nosso Deus; e faça-se conforme a lei.

⁴Levanta-te; pois a ti pertence este negócio, e nós somos contigo; tem bom ânimo, e faze-o.

⁵Então Esdras se levantou, e ajuramentou os principais dos sacerdotes, os levitas, e todo o Israel, de que fariam conforme esta palavra; e eles juraram.

⁶Em seguida Esdras se levantou de diante da casa de Deus, e entrou na câmara de Joanã, filho de Eliasibe; e, chegando lá, não comeu pão, nem bebeu água, porque pranteava por causa da infidelidade dos do cativeiro.

⁷E fizeram passar pregão por Judá e Jerusalém, a todos os que vieram do cativeiro, para que se ajuntassem em Jerusalém;

⁸e que todo aquele que dentro de três dias não viesse, segundo o conselho dos oficiais e dos anciãos, toda a sua fazenda se pusesse em interdito, e fosse ele excluído da congregação dos que voltaram do cativeiro.

⁹Pelo que todos os homens de Judá e de Benjamim dentro de três dias se ajuntaram em Jerusalém. Era o nono mês, aos vinte dias do mês; e todo o povo se assentou na praça diante da casa de Deus, tremendo por causa deste negócio e por causa das grandes chuvas.

¹⁰Então se levantou Esdras, o sacerdote, e disse-lhes: Vós tendes transgredido, e casastes com mulheres estrangeiras, aumentando a culpa de Israel.

¹¹Agora, pois, fazei confissão ao Senhor, Deus de vossos pais, e fazei o que é do seu agrado; separai-vos dos povos das terras, e das mulheres estrangeiras.

¹²E toda a congregação respondeu em alta voz: Conforme as tuas palavras havemos de fazer.

¹³Porém o povo é muito; também é tempo de grandes chuvas, e não se pode estar aqui fora. Isso não é obra de um dia nem de dois, pois somos muitos os que transgredimos neste negócio.

¹⁴Ponham-se os nossos oficiais por toda a congregação, e todos os que em nossas cidades casaram com mulheres estrangeiras venham em tempos apontados, e com eles os anciãos e juízes de cada cidade, até que se desvie de nós o ardor da ira do nosso Deus no tocante a este negócio.

¹⁵(Somente Jônatas, filho de Asael, e Jazéias, filho de Ticvá, se opuseram a isso; e Mesulão, e Sabetai, o levita, os apoiaram.)

¹⁶Assim o fizeram os que tornaram do cativeiro: foram indicados o sacerdote Esdras e certos homens, cabeças de casas paternas, segundo as suas casas paternas, cada um designado por nome; e assentaram-se no primeiro dia do décimo mês, para averiguar este negócio.

¹⁷E no primeiro dia do primeiro mês acabaram de tratar de todos os homens que tinham casado com mulheres estrangeiras.

¹⁸Entre os filhos dos sacerdotes acharam-se estes que tinham casado com mulheres estrangeiras: dos filhos de Jesuá, filho de Jozadaque, e seus irmãos, Maaséias, Eliézer, Jaribe e Gedalias.

¹⁹E deram a sua mão, comprometendo-se a despedirem suas mulheres; e, achando-se culpados, ofereceram um carneiro do rebanho pela sua culpa.

²⁰Dos filhos de Imer: Hanâni e Zebadias.

²¹Dos filhos de Harim: Maaséias, Elias, Semaías, Jeiel e Uzias.

²²E dos filhos de Pasur: Elioenai, Maaséias, Ismael, Netanel, Jozabade e Elasa.

²³Dos levitas: Jozabade, Simei, Quelaías (este é Quelita), Petaías, Judá e Eliézer.

²⁴Dos cantores: Eliasibe. Dos porteiros: Salum, Telem e îri.

²⁵E de Israel, dos filhos de Parós: Ramias, Izias, Malquias, Miamim, Eleazar, Hasabias e Benaías.

²⁶Dos filhos de Elão: Matanias, Zacarias, Jeiel, Abdi, Jerimote e Elias.

²⁷Dos filhos de Zatu: Elioenai, Eliasibe, Matanias, Jerimote, Zabade e Aziza.

²⁸Dos filhos de Bebai: Jeoanã, Hananias, Zabai e Atlai.

²⁹Dos filhos de Bani: Mesulão, Maluque, Adaías, Jasube, Seal e Jerimote.

³⁰Dos filhos de Paate-Moabe: Adná, Quelal, Benaías, Maaséias, Matanias, Bezaleel, Binuí e Manassés.

³¹Dos filhos de Harim: Eliézer, Issijá, Malquias, Semaías, Simeão,

³²Benjamim, Maluque e Semarias.

³³Dos filhos de Hasum: Matenai, Matatá, Zabade, Elifelete, Jeremai, Manassés e Simei.

³⁴Dos filhos de Bani: Maadai, Anrão e Uel,

³⁵Benaías, Bedéias, Queluí,

³⁶Vanias, Meremote, Eliasibe,

³⁷Matanias, Matenai e Jaasu.

³⁸Dos filhos de Binuí: Simei,

³⁹Selemias, Natã, Adaías,

⁴⁰Macnadbai, Sasai, Sarai,

⁴¹Azarel, Selemias, Semarias,

⁴²Salum, Amarias e José.

⁴³Dos filhos de Nebo: Jeiel, Matitias, Zabade, Zebina, Jadai, Joel e Benaías.

⁴⁴Todos estes tinham tomado mulheres estrangeiras; e se despediram das mulheres e dos filhos.

# Neemias

## Capítulo 1

¹Palavras de Neemias, filho de Hacalias. Ora, sucedeu no mês de quisleu, no ano vigésimo, estando eu em Susã, a capital,

²que veio Hanâni, um de meus irmãos, com alguns de Judá; e perguntei-lhes pelos judeus que tinham escapado e que restaram do cativeiro, e acerca de Jerusalém.

³Eles me responderam: Os restantes que ficaram do cativeiro, lá na província estão em grande aflição e opróbrio; também está derribado o muro de Jerusalém, e as suas portas queimadas a fogo.

⁴Tendo eu ouvido estas palavras, sentei-me e chorei, e lamentei por alguns dias; e continuei a jejuar e orar perante o Deus do céu,

⁵e disse: Ó Senhor, Deus do céu, Deus grande e temível, que guardas o pacto e usas de misericórdia para com aqueles que te amam e guardam os teus mandamentos:

⁶Estejam atentos os teus ouvidos e abertos os teus olhos, para ouvires a oração do teu servo, que eu hoje faço perante ti, dia e noite, pelos filhos de Israel, teus servos, confessando eu os pecados dos filhos de Israel, que temos cometido contra ti; sim, eu e a casa de meu pai pecamos;

⁷na verdade temos procedido perversamente contra ti, e não temos guardado os mandamentos, nem os estatutos, nem os juízos, que ordenaste a teu servo Moisés.

⁸Lembra-te, pois, da palavra que ordenaste a teu servo Moisés, dizendo: Se vós transgredirdes, eu vos espalharei por entre os povos;

⁹mas se vos converterdes a mim, e guardardes os meus mandamentos e os cumprirdes, ainda que os vossos rejeitados estejam na extremidade do céu, de lá os ajuntarei e os trarei para o lugar que tenho escolhido para ali fazer habitar o meu nome.

¹⁰Eles são os teus servos e o teu povo, que resgataste com o teu grande poder e com a tua mão poderosa.

¹¹Ó Senhor, que estejam atentos os teus ouvidos à oração do teu servo, e à oração dos teus servos que se deleitam em temer o teu nome; e faze prosperar hoje o teu servo, e dá-lhe graça perante este homem. (Era eu então copeiro do rei.)

## Capítulo 2

¹Sucedeu, pois, no mês de nisã, no ano vigésimos do rei Artaxerxes, quando o vinho estava posto diante dele, que eu apanhei o vinho e o dei ao rei. Ora, eu nunca estivera triste na sua presença.

²E o rei me disse: Por que está triste o teu rosto, visto que não estás doente? Não é isto senão tristeza de coração. Então temi sobremaneira.

³e disse ao rei: Viva o rei para sempre! Como não há de estar triste o meu rosto, estando na cidade, o lugar dos sepulcros de meus pais, assolada, e tendo sido consumidas as suas portas pelo fogo?

⁴Então o rei me perguntou: Que me pedes agora? Orei, pois, ao Deus do céu,

⁵e disse ao rei: Se for do agrado do rei, e se teu servo tiver achado graça diante de ti, peço-te que me envies a Judá, à cidade dos sepulcros de meus pais, para que eu a reedifique.

⁶Então o rei, estando a rainha assentada junto a ele, me disse: Quanto durará a tua viagem, e quando voltarás? E aprouve ao rei enviar-me, apontando-lhe eu certo prazo.

⁷Eu disse ainda ao rei: Se for do agrado do rei, dêem-se-me cartas para os governadores dalém do Rio, para que me permitam passar até que eu chegue a Judá;

⁸como também uma carta para Asafe, guarda da floresta do rei, a fim de que me dê madeira para as vigas das portas do castélo que pertence à casa, e para o muro da cidade, e para a casa que eu houver de ocupar. E o rei mas deu, graças à mão benéfica do meu Deus sobre mim.

⁹Então fui ter com os governadores dalém do Rio, e lhes entreguei as cartas do rei. Ora, o rei tinha enviado comigo oficiais do exército e cavaleiros.

¹⁰O que ouvindo Sambalate, o horonita, e Tobias, o servo amonita, ficaram extremamente agastados de que alguém viesse a procurar o bem dos filhos de Israel.

¹¹Cheguei, pois, a Jerusalém, e estive ali três dias.

¹²Então de noite me levantei, eu e uns poucos homens comigo; e não declarei a ninguém o que o meu deus pusera no coração para fazer por Jerusalém. Não havia comigo animal algum, senão aquele que eu montava.

¹³Assim saí de noite pela porta do vale, até a fonte do dragão, e até a porta do monturo, e contemplei os muros de Jerusalém, que estavam demolidos, e as suas portas, que tinham sido consumidas pelo fogo.

¹⁴E passei adiante até a porta da fonte, e à piscina do rei; porém não havia lugar por onde pudesse passar o animal que eu montava.

¹⁵Ainda de noite subi pelo ribeiro, e contemplei o muro; e virando, entrei pela porta do vale, e assim voltei.

¹⁶E não souberam os magistrados aonde eu fora nem o que eu fazia; pois até então eu não havia declarado coisa alguma, nem aos judeus, nem aos sacerdotes, nem aos nobres, nem aos magistrados, nem aos demais que faziam a obra.

¹⁷Então eu lhes disse: Bem vedes vós o triste estado em que estamos, como Jerusalém está assolada, e as suas portas queimadas a fogo; vinde, pois, e edifiquemos o muro de Jerusalém, para que não estejamos mais em opróbrio.

¹⁸Então lhes declarei como a mão do meu Deus me fora favorável, e bem assim as palavras que o rei me tinha dito. Eles disseram: Levantemo-nos, e edifiquemos. E fortaleceram as mãos para a boa obra.

¹⁹O que ouvindo Sambalate, o horonita, e Tobias, o servo amonita, e Gesem, o arábio, zombaram de nós, desprezaram-nos e disseram: O que é isso que fazeis? Quereis rebelar-vos contra o rei?

²⁰Então lhes respondi: O Deus do céu é que nos fará prosperar; e nós, seus servos, nos levantaremos e edificaremos: mas vós não tendes parte, nem direito, nem memorial em Jerusalém.

## Capítulo 3

¹Então se levantou Eliasibe, o sumo sacerdote, juntamente com os seus irmãos, os sacerdotes, e edificaram a porta das ovelhas, a qual consagraram, e lhe assentaram os batentes. Consagraram-na até a torre dos cem, até a torre de Henanel.

²E junto a ele edificaram os homens de Jericó; também ao lado destes edificou Zacur, o filho de Inri.

³Os filhos de Hassenaá edificaram a porta dos peixes, colocaram-lhe as vigas, e lhe assentaram os batentes, com seus ferrolhos e trancas.

⁴Ao seu lado fez os reparos Meremote, filho de Urias, filho de Hacoz; ao seu lado Mesulão, filho de Berequias, filho de Mesezabel; ao seu lado Zadoque, filho de Baaná;

⁵ao lado destes repararam os tecoítas; porém os seus nobres não meteram o pescoço os serviço do Senhor.

⁶Joiada, filho de Paséia, e Mesulão, filho de Besodéias, repararam a porta velha, colocaram-lhe as vigas, e lhe assentaram os batentes com seus ferrolhos e trancas.

⁷Junto deles fizeram os reparos Melatias, o gibeonita, e Jadom, o meronotita, homens de Gibeão e de Mizpá, que pertenciam ao domínio do governador dalém do Rio;

⁸ao seu lado Uziel, filho de Haraías, um dos ourives; ao lado dele Hananias, um dos perfumistas; e fortificaram Jerusalém até o muro largo.

⁹Ao seu lado fez os reparos Refaías, filho de Hur, governador da metade do distrito de Jerusalém;

¹⁰ao seu lado Jedaías, filho de Harumafe, defronte de sua casa; ao seu lado Hatus, filho de Hasabnéias.

¹¹Malquias, filho de Harim, e Hassube, filho de Paate-Moabe, repararam outra parte, como também a torre dos fornos;

¹²e ao seu lado Salum, filho de Haloés, governador da outra metade do distrito de Jerusalém, ele e as suas filhas.

¹³A porta do vale, repararam-na Hanum e os moradores de Zanoa; estes a edificaram, e lhe assentaram os batentes, com seus ferrolhos e trancas, como também mil côvados de muro até a porto do monturo.

¹⁴A porta do monturo, reparou-a Malquias, filho de Recabe, governador do distrito Bete-Haquerem; este a edificou, e lhe assentou os batentes com seus ferrolhos e trancas.

¹⁵A porta da fonte, reparou-a Salum, filho de Col-Hoze, governador do distrito de Mizpá; edificou-a e a cobriu, e lhe assentou os batentes, com seus ferrolhos e trancas; edificou também o muro da piscina de Selá, do jardim do rei, até os degraus que descem da cidade de Davi.

¹⁶Depois dele Neemias, filho de Azbuque, governador da metade do distrito de Bete-Zur, fez os reparos até defronte dos sepulcros de Davi, até a piscina artificial, e até a casa dos homens poderosos.

¹⁷Depois dele fizeram os reparos os levitas: Reum, filho de Bani, e ao seu lado, Hasabias, governador da metade do distrito de Queila, por seu distrito;

¹⁸depois dele seus irmãos, Bavai, filho de Henadade, governador da outra metade do distrito de Queila.

¹⁹Ao seu lado Ézer, filho de Jesuá, governador de Mizpá, reparou

outra parte, defronte da subida para a casa das armas, no ângulo.

²⁰Depois dele reparou Baruque, filho de Zabai, outra parte, desde o ângulo até a porta da casa de Eliasibe, o sumo sacerdote.

²¹Depois dele reparou Meremote, filho de Urias, filho de Hacoz, outra parte, deste a porta da casa de Eliasibe até a extremidade da mesma.

²²Depois dele fizeram os reparos os sacerdotes que habitavam na campina;

²³depois Benjamim e Hassube, defronte da sua casa; depois deles Azarias, filho de Maaséias, filho de Ananias, junto à sua casa.

²⁴Depois dele reparou Binuí, filho de Henadade, outra porte, desde a casa de Azarias até o ângulo e até a esquina.

²⁵Palal, filho de Uzai, reparou defronte do ângulo, e a torre que se projeta da casa real superior, que está junto ao átrio da guarda; depois dele Pedaías, filho de Parós.

²⁶(Ora, os netinins habitavam em Ofel, até defronte da porta das águas, para o oriente, e até a torre que se projeta.)

²⁷Depois repararam os tecoítas outra parte, defronte da grande torre que se projeta, e até o muro de Ofel.

²⁸Para cima da porta dos cavalos fizeram os reparos os sacerdotes, cada um defronte da sua casa;

²⁹depois dele Zadoque, filho de Imer, defronte de sua casa; e depois dele Semaías, filho de Secanias, guarda da porta oriental.

³⁰Depois dele repararam outra parte Hananias, filho de Selemias, e Hanum, o sexto filho de Zalafe. Depois dele reparou Mesulão, filho de Berequias, uma parte defronte da sua câmara.

³¹Depois dele reparou Malquias, um dos ourives, uma parte até a casa dos netinins e dos mercadores, defronte da porta da guarda, e até a câmara superior da esquina.

³²E entre a câmara da esquina e a porta das ovelhas repararam os ourives e os mercadores.

## Capítulo 4

¹Ora, quando Sambalate ouviu que edificávamos o muro, ardeu em ira, indignou-se muito e escarneceu dos judeus;

²e falou na presença de seus irmãos e do exército de Samária, dizendo: Que fazem estes fracos judeus? Fortificar-se-ão? Oferecerão sacrifícios? Acabarão a obra num só dia? Vivificarão dos montões de pó as pedras que foram queimadas?

³Ora, estava ao lado dele Tobias, o amonita, que disse: Ainda que edifiquem, vindo uma raposa derrubará o seu muro de pedra.

⁴Ouve, ó nosso Deus, pois somos tão desprezados; faze recair o opróbrio deles sobre as suas cabeças, e faze com que eles sejam um despojo numa terra de cativeiro.

⁵Não cubras a sua iniquidade, e não se risque de diante de ti o seu pecado, pois que te provocaram à ira na presença dos edificadores.

⁶Assim edificamos o muro; e todo o muro se completou até a metade da sua altura; porque o coração do povo se inclinava a trabalhar.

⁷Mas, ouvindo Sambalate e Tobias, e os arábios, o amonitas e os asdoditas, que ia avante a reparação dos muros de Jerusalém e que já as brechas se começavam a fechar, iraram-se sobremodo;

⁸e coligaram-se todos, para virem guerrear contra Jerusalém e fazer confusão

⁹Nós, porém, oramos ao nosso Deus, e pusemos guarda contra eles de dia e de noite.

¹⁰Então disse Judá: Desfalecem as forças dos carregadores, e há muito escombro; não poderemos edificar o muro.

¹¹E os nossos inimigos disseram: Nada saberão nem verão, até que entremos no meio deles, e os matemos, e façamos cessar a obra.

¹²Mas sucedeu que, vindo os judeus que habitavam entre eles, dez vezes nos disseram: De todos os lugares de onde moram subirão contra nós.

¹³Pelo que nos lugares baixos por detrás do muro e nos lugares abertos, dispus o povo segundo suas famílias com as suas espadas, com as suas lanças, e com os seus arcos.

¹⁴Olhei, levantei-me, e disse aos nobres, aos magistrados e ao resto do povo: Não os temais! Lembrai-vos do Senhor, grande e temível, e pelejai por vossos irmãos, vossos filhos, vossas filhas, vossas mulheres e vossas casas.

¹⁵Quando os nossos inimigos souberam que nós tínhamos sido avisados, e que Deus tinha dissipado o conselho deles, todos voltamos ao muro, cada um para a sua obra.

¹⁶Desde aquele dia metade dos meus moços trabalhavam na obra, e a outra metade empunhava as lanças, os escudos, os arcos, e as couraças; e os chefes estavam por detrás de toda a casa de Judá.

¹⁷Os que estavam edificando o muro, e os carregadores que levavam as cargas, cada um com uma das mãos fazia a obra e com a outra segurava a sua arma;

¹⁸e cada um dos edificadores trazia a sua espada à cinta, e assim edificavam. E o que tocava a trombeta estava no meu lado.

¹⁹Disse eu aos nobres, aos magistrados e ao resto do povo: Grande e extensa é a obra, e nós estamos separados no muro, longe uns dos outros;

²⁰em qualquer lugar em que ouvirdes o som da trombeta, ali vos ajuntareis conosco. O nosso Deus pelejará por nós.

²¹Assim trabalhávamos na obra; e metade deles empunhava as lanças desde a subida da alva até o sair das estrelas.

²²Também nesse tempo eu disse ao povo: Cada um com o seu moço pernoite em Jerusalém, para que de noite nos sirvam de guardas, e de dia trabalhem.

²³Desta maneira nem eu, nem meus irmãos, nem meus moços, nem os homens da guarda que me acompanhavam largávamos as nossas vestes; cada um ia com a arma à sua direita.

## Capítulo 5

¹Então se levantou um grande clamor do povo e de duas mulheres contra os judeus, seus irmãos.

²Pois havia alguns que diziam: Nós, nossos filhos e nossas filhas somos muitos; que se nos dê trigo, para que comamos e vivamos.

³Também havia os que diziam: Estamos empenhando nossos campos, as nossas vinhas e as nossas casas, para conseguirmos trigo durante esta fome.

⁴Havia ainda outros que diziam: Temos tomado dinheiro emprestado até para o tributo do rei sobre os nossos campos e as nossas vinhas.

⁵Ora, a nossa carne é como a carne de nossos irmãos, e nossos filhos como os filhos deles; e eis que estamos sujeitando nossos filhos e nossas filhas para serem servos, e algumas de nossas filhas já estão reduzidas à escravidão. Não está em nosso poder evitá-lo, pois outros têm os nossos campos e as nossas vinhas.

⁶Ouvindo eu, pois, o seu clamor, e estas palavras, muito me indignei.

⁷Então consultei comigo mesmo; depois contendi com do nobres e com os magistrados, e disse-lhes: Estais tomando juros, cada um de seu irmão. E ajuntei contra eles uma grande assembléia.

⁸E disse-lhes: Nós, segundo as nossas posses, temos resgatado os judeus, nossos irmãos, que foram vendidos às nações; e vós venderíeis os vossos irmãos, ou seriam vendidos a nós? Então se calaram, e não acharam o que responder.

⁹Disse mais: Não é bom o que fazeis; porventura não devíeis andar no temor do nosso Deus, por causa do opróbrio dos povos, os nosso inimigos? ¹⁰Também eu, meus irmãos e meus moços lhes temos emprestado dinheiro e trigo. Deixemos, peço-vos este ganho.

¹¹Restituí-lhes hoje os seus campos, as suas vinhas, os seus olivais e as suas casas, como também a centésima parte do dinheiro, do trigo, do mosto e do azeite, que deles tendes exigido.

¹²Então disseram: Nós lho restituiremos, e nada lhes pediremos; faremos assim como dizes. Então, chamando os sacerdotes, fi-los jurar que fariam conforme prometeram.

¹³Também sacudi as minhas vestes, e disse: Assim sacuda Deus da sua casa e do seu trabalho todo homem que não cumprir esta promessa; assim mesmo seja ele sacudido e despojado. E toda a congregação disse: Amém! E louvaram ao Senhor; e o povo fez conforme a sua promessa.

¹⁴Além disso, desde o dia em que fui nomeado seu governador na terra de Judá, desde o ano vinte até o anos trinta e dois do rei Artaxerxes, isto é, por doze anos, nem eu nem meus irmãos comemos o pão devido ao governador.

¹⁵Mas os primeiros governadores, que foram antes de mim, oprimiram o povo, e tomaram-lhe pão e vinho e, além disso, quarenta siclos de prata; e até os seus moços dominavam sobre o povo. Porém eu assim não fiz, por causa do temor de Deus.

¹⁶Também eu prossegui na obra deste muro, e terra nenhuma compramos; e todos os meus moços se ajuntaram ali para a obra.

¹⁷Sentavam-se à minha mesa cento e cinqüenta homens dentre os judeus e os magistrados, além dos que vinham ter conosco dentre as nações que estavam ao redor de nós.

¹⁸Ora, o que se preparava para cada dia era um boi e seis ovelhas escolhidas; também se preparavam aves e, de dez em dez dias, provisão de toda qualidade de vinho. Todavia, nem por isso exigi o pão devido ao governador, porquanto a servidão deste povo era pesada.

¹⁹Lembra-te de mim para teu bem, ó meu Deus, e de tudo tenho feito em prol deste povo

## Capítulo 6

¹Quando Sambalate, Tobias e Gesem, o arábio, e o resto dos nossos inimigos souberam que eu já tinha edificado o muro e que nele já não havia brecha alguma, ainda que até este tempo não tinha posto as portas nos portais,

²Sambalate e Gesem mandaram dizer-me: Vem, encontremo-nos numa das aldeias da planície de Ono. Eles, porém, intentavam fazer-me mal.

³E enviei-lhes mensageiros a dizer: Estou fazendo uma grande obra, de modo que não poderei descer. Por que cessaria esta obra, enquanto eu a deixasse e fosse ter convosco?

⁴Do mesmo modo mandaram dizer-se quatro vezes; e do mesmo modo lhes respondi.

⁵Então Sambalate, ainda pela quinta vez, me enviou o seu moço com uma carta aberta na mão,

⁶na qual estava escrito: Entre as nações se ouviu, e Gesem o diz, que tu e os judeus intentais revoltar-vos, e por isso tu estás edificando o muro, e segundo se diz, queres fazer-te rei deles;

⁷e que constituíste profetas para proclamarem a respeito de ti em Jerusalém: Há rei em Judá. Ora, estas coisas chegarão aos ouvidos do rei; vem pois, agora e consultemos juntamente.

⁸Então mandei dizer-lhe: De tudo o que dizes, coisa nenhuma sucedeu, mas tu mesmo o inventas.

⁹Pois todos eles nos procuravam atemorizar, dizendo: As suas mãos hão de largar a obra, e não se efetuará. Mas agora, ó Deus, fortalece as minhas mãos.

¹⁰Fui à casa de Semaías, filho de Delaías, filho de Meetabel, que estava em recolhimento; e disse ele: Ajuntemo-nos na casa de Deus, dentro do templo, e fechemos as suas portas, pois virão matar-te; sim, de noite virão matar-te.

¹¹Eu, porém, respondi: Um homem como eu fugiria? e quem há que, sendo tal como eu, possa entrar no templo e viver? De maneira nenhuma entrarei.

¹²E percebi que não era Deus que o enviara; mas ele pronunciou essa profecia contra mim, porquanto Tobias e Sambalate o haviam subornado.

¹³Eles o subornaram para me atemorizar, a fim de que eu assim fizesse, e pecasse, para que tivessem de que me infamar, e assim vituperassem.

¹⁴Lembra-te, meu Deus, de Tobias e de Sambalate, conforme estas suas obras, e também da profetisa Noadias, e dos demais profetas que procuravam atemorizar-me.

¹⁵Acabou-se, pois, o muro aos vinte e cinco do mês de elul, em cinqüenta e dois dias.

¹⁶Quando todos os nosso inimigos souberam disso, todos os povos que havia em redor de nós temeram, e abateram-se muito em seu próprio conceito; pois perceberam que fizemos esta obra com o auxílio do nosso Deus.

¹⁷Além disso, naqueles dias o nobres de Judá enviaram muitas cartas a Tobias, e as cartas de Tobias vinham para eles.

¹⁸Pois muitos em Judá estavam ligados a ele por juramento, por ser ele genro de Secanias, filho de Ará, e por haver seu filho Joanã casado com a filha de Mesulão, filho de Berequias.

¹⁹Também as boas ações dele contavam perante mim, e as minhas palavras transmitiam a ele. Tobias, pois, escrevia cartas para me atemorizar.

## Capítulo 7

¹Ora, depois que o muro foi edificado, tendo eu assentado as portas, e havendo sido designados os porteiros, os cantores e os levitas,

²pus Hanâni, meu irmão, e Hananias, governador do castelo, sobre Jerusalém; pois ele era homem fiel e temente a Deus, mais do que muitos;

³e eu lhes disse: Não se abram as portas de Jerusalém até que o sol aqueça; e enquanto os guardas estiverem nos postos se fechem e se tranquem as portas; e designei dentre os moradores de Jerusalém guardas, cada um por seu turno, e cada um diante da sua casa.

⁴Ora, a cidade era larga e grande, mas o povo dentro dela era pouco, e ainda as casa não estavam edificadas.

⁵Então o meu Deus me pôs no coração que ajuntasse os nobres, os magistrados e o povo, para registrar as genealogias. E achei o livro da genealogia dos que tinham subido primeiro e achei escrito nele o seguinte:

⁶Este são os filhos da província que subiram do cativeiro dentre os exilados, que Nabucodonozor, rei da Babilônia, transportara e que voltaram para Jerusalém e para Judá, cada um para a sua cidade,

⁷os quais vieram com Zorobabel, Jesuá, Neemias, Azarias, Raamias, Naamâni, Mardoqueu, Bilsã, Misperete, Bigvai, Neum e Baaná. Este é o número dos homens do povo de Israel:

⁸foram os filhos de Parós, dois mil cento e setenta e dois;

⁹os filhos de Sefatias, trezentos e setenta e dois;

¹⁰os filhos de Ará, seiscentos e cinqüenta e dois;

¹¹os filhos de Paate-Moabe, dos filhos de Jesuá e de Joabe, dois mil oitocentos e dezoito;

¹²os filhos de Elão, mil duzentos e cinqüenta e quatro;

¹³os filhos de Zatu, oitocentos e quarenta e cinco;

¹⁴os filhos de Zacai, setecentos e sessenta;

¹⁵os filhos de Binuí, seiscentos e quarenta e oito;

¹⁶os filhos de Bebai, seiscentos e vinte e oito;

¹⁷os filhos de Azgade, dois mil trezentos e vinte e dois;

¹⁸os filhos de Adonicão, seiscentos e sessenta e sete;

¹⁹os filhos de Bigvai, dois mil e sessenta e sete;

²⁰os filhos de Adim, seiscentos e cinqüenta e cinco;

²¹os filhos de Ater, de Ezequias, noventa e oito;

²²os filhos de Hasum, trezentos e vinte e oito;

²³os filhos de Bezai, trezentos e vinte e quatro;

²⁴os filhos de Harife, cento e doze;

²⁵os filhos de Gibeão, noventa e cinco;

²⁶os filhos de Belém e de Netofá, cento e oitenta e oito;

²⁷os homens de Anatote, cento e vinte e oito;

²⁸os homens de Bete-Azmavete, quarenta e dois;

²⁹os homens de Quiriate-Jeriam, de Cefira, e de Beerote, setecentos e quarenta e três;

³⁰os homens de Ramá e Gaba, seiscentos e vinte e um;

³¹os homens de Micmás, cento e vinte e dois;

³²os homens de Betel e Ai, cento e vinte e três;

³³os homens do outro Nebo, cinqüenta e dois;

³⁴os filhos do outro Elão, mil duzentos e cinqüenta e quatro;

³⁵os filhos de Harim, trezentos e vinte;

³⁶os filhos de Jericó, trezentos e quarenta e cinco;

³⁷os filhos de Lode, de hadide e de Ono, setecentos e vinte e um;

³⁸os filhos de Senaá, três mil novecentos e trinta.

³⁹Os sacerdotes: os filhos de Jedaías, da casa de Jesuá, novecentos e setenta e três;

⁴⁰os filhos de Imer, mil e cinqüenta e dois;

⁴¹os filhos de Pasur, mil duzentos e quarenta e sete;

⁴²os filhos de Harim, mil e dezessete;

⁴³Os levitas: os filhos de Jesuá, de Cadmiel, dos filhos de Hodevá, setenta e quatro.

⁴⁴Os cantores: os filhos de Asafe, cento e quarenta e oito.

⁴⁵Os porteiros: os filhos de Salum, os filhos de Ater, os filhos de Talmom, os filhos de Acube, os filhos de Hatita, os filhos de Sobai, cento e trinta e oito.

⁴⁶Os netinis: os filhos de Ziá, os filhos de Hasufa, os filhos de Tabaote,

⁴⁷os filhos de Querós, os filhos de Siá, os filhos de Padom,

⁴⁸os filhos de Lebana, os filhos de Hagaba, os filhos de Salmai,

⁴⁹os filhos de Hanã, os filhos de Gidel, os filhos de Gaar,

⁵⁰os filhos de Recaías, os filhos de Rezim, os filhos de Necoda,

⁵¹os filhos de Gazão, os filhos de Uzá, os filhos de Paséia,

⁵²os filhos de Besai, os filhos de Meunim, os filhos de Nefusesim,

⁵³os filhos de Baquebuque, os filhos de Hacufa, os filhos de Hacur,

⁵⁴os filhos de Bazlite, os filhos de Meída, os filhos de Harsa,

⁵⁵os filhos de Barcos, os filhos de Sísera, os filhos de Tamá,

⁵⁶os filhos de Nezias, os filhos de Hatifa,

⁵⁷os filhos dos servos de Salomão: os filhos de Sotai, os filhos de Soforete, os filhos de Perida,

⁵⁸os filhos de Jaala, os filhos de Darcom, os filhos de Gidel,

⁵⁹os filhos de Sefatias, os filhos de Hatil, os filhos de Paquerete-Hazebaim e os filhos de Amom.

⁶⁰Todos os netinins e os filhos dos servos de Salomão, eram trezentos e noventa e dois.

⁶¹Estes foram os que subiram de Tel-Mela, Tel-Harsa, Querube, Adom, e Imer; porém não puderam provar que as suas casas paternas e as sua linhagem eram de Israel:

⁶²os filhos de Dalaías, os filhos de Tobias, os filhos de Necoda, seiscentos e quarenta e dois.

⁶³E dos sacerdotes: os filhos de Hobaías, os filhos Hacoz, os filhos de Barzilai, que tomara por mulher uma das filhas Barzilai, o gileadita, e que foi chamado do seu nome.

⁶⁴Estes buscaram o seu registro entre os arrolados nos registros genealógicos, mas não foi encontrado; pelo que, tidos por imundos, foram excluídos do sacerdócio.

⁶⁵E o governador lhes disse que não comesse das coisas sagradas, até que se levantasse um sacerdote com Urim e Tumim.

⁶⁶Toda esta congregação junta somava quarenta e dois mil trezentos e sessenta;

⁶⁷afora os seus servos e as suas servas, que foram sete mil trezentos e trinta e sete; e tinham duzentos e quarenta e cinco cantores e cantoras.

⁶⁸Os seus cavalos foram setecentos e trinta e seis; os seus mulos, duzentos e quarenta e cinco;

⁶⁹os seus camelos, quatrocentos e trinta e cinco; e os seus jumentos, seis mil setecentos e vinte.

⁷⁰Ora, alguns dos cabeças das casas paternas contribuíram para a obra. O governador deu para a tesouraria mil dáricos de ouro, cinqüenta bacias, e quinhentas e trinta vestes sacerdotais.

⁷¹E alguns dos cabeças das casas paternas deram para a tesouraria da obra vinte mil dáricos de ouro, e duas mil e duzentas minas de prata.

⁷²O que o resto do povo deu foram vinte mil dáricos de ouro, duas mil minas de prata, e sessenta e sete vestes sacerdotais.

⁷³Os sacerdotes, os levitas, os porteiros, os cantores, alguns dentre o povo, os netinins e todo o Israel habitaram nas suas cidades. Quando chegou o sétimo mês, já se achavam os filhos de Israel nas suas cidades.

## Capítulo 8

¹Então todo o povo se ajuntou como um só homem, na praça diante da porta das águas; e disseram a Esdras, o escriba, que trouxesse o livro da lei de Moisés, que o Senhor tinha ordenado a Israel.

²E Esdras, o sacerdote, trouxe a lei perante a congregação, tanto de homens como de mulheres, e de todos os que podiam ouvir com entendimento, no primeiro dia do sétimo mês.

³E leu nela diante da praça que está fronteira à porta das águas, desde a alva até o meio-dia, na presença dos homens e das mulheres, e dos que podiam entender; e os ouvidos de todo o povo estavam atentos ao livro da lei.

⁴Esdras, o escriba, ficava em pé sobre um estrado de madeira, que fizeram para esse fim e estavam em pé junto a ele, à sua direita, Matitias, Sema, Ananías, Urias, Hilquias e Maaséias; e à sua esquerda, Pedaías, Misael, Malquias, Hasum, Hasbadana, Zacarias e Mesulão.

⁵E Esdras abriu o livro à vista de todo o povo (pois estava acima de todo o povo); e, abrindo-o ele, todo o povo se pôs em pé.

⁶Então Esdras bendisse ao Senhor, o grande Deus; e todo povo, levantando as mãos, respondeu: Amém! amém! E, inclinando-se, adoraram ao Senhor, com os rostos em terra.

⁷Também Jesuá, Bani, Serebias, Jamim, Acube; Sabetai, Hodias, Maaséias, Quelita, Azarias, Jozabade, Hanã, Pelaías e os levitas explicavam ao povo a lei; e o povo estava em pé no seu lugar.

⁸Assim leram no livro, na lei de Deus, distintamente; e deram o sentido, de modo que se entendesse a leitura.

⁹E Neemias, que era o governador, e Esdras, sacerdote e escriba, e os levitas que ensinavam o povo, disseram a todo o povo: Este dia é consagrado ao Senhor vosso Deus; não pranteeis nem choreis. Pois todo o povo chorava, ouvindo as palavras da lei.

¹⁰Disse-lhes mais: Ide, comei as gorduras, e bebei as doçuras, e enviai porções aos que não têm nada preparado para si; porque este dia é consagrado ao nosso Senhor. Portanto não vos entristeçais, pois a alegria do Senhor é a vossa força.

¹¹Os levitas, pois, fizeram calar todo o povo, dizendo: Calai-vos, porque este dia é santo; por isso não vos entristeçais.

¹²Então todo o povo se foi para comer e beber, e para enviar porções, e para fazer grande regozijo, porque tinha entendido as palavras que lhe foram referidas.

¹³Ora, no dia seguinte ajuntaram-se os cabeças das casas paternas de todo o povo, os sacerdotes e os levitas, na presença de Esdras, o escriba, para examinarem as palavras da lei;

¹⁴e acharam escrito na lei que o Senhor, por intermédio de Moisés, ordenara que os filhos de Israel habitassem em cabanas durante a festa do sétimo mês;

¹⁵e que publicassem e fizessem passar pregão por todas as suas cidades, e em ramos de oliveiras, de zambujeiros e de murtas, folhas de palmeiras, e ramos de outras árvores frondosas, para fazerdes cabanas, como está escrito.

¹⁶Saiu, pois, o povo e trouxe os ramos; e todos fizeram para si cabanas, cada um no eirado da sua casa, nos seus pátios, nos átrios da casa de Deus, na praça da porta das águas, e na praça da porta de Efraim.

¹⁷E toda a comunidade dos que tinham voltado do cativeiro fez cabanas, e habitaram nelas; pois não tinham feito assim os filhos de Israel desde os dias de Josué, filho de Num, até aquele dia. E houve mui grande regozijo.

¹⁸E Esdras leu no livro da lei de Deus todos os dias, desde o primeiro até o último; e celebraram a festa por sete dias, e no oitavo dia houve uma assembléia solene, segundo a ordenança.

## Capítulo 9

¹Ora, no dia vinte e quatro desse mês, se ajuntaram os filhos de Israel em jejum, vestidos de sacos e com terra sobre as cabeças.

²E os da linhagem de Israel se apartaram de todos os estrangeiros, puseram-se em pé e confessaram os seus pecados e as iniquidades de seus pais.

³E, levantando-se no seu lugar, leram no livro da lei do Senhor seu Deus, uma quarta parte do dia; e outra quarta parte fizeram confissão, e adoraram ao Senhor seu Deus.

⁴Então Jesuá, Bani, Cadmiel, Sebanias, Buni, Serebias, Bani e Quenâni se puseram em pé sobre os degraus dos levitas, e clamaram em alta voz ao Senhor seu Deus.

⁵E os levitas Jesuá, Cadmiel, Bani, Hasabnéias, Serebias, Hodias, Sebanias e Petaías disseram: Levantai-vos, bendizei ao Senhor vosso Deus de eternidade em eternidade. Bendito seja o teu glorioso nome, que está exaltado sobre toda benção e louvor.

⁶Tu, só tu, és Senhor; tu fizeste o céu e o céu dos céus, juntamente com todo o seu exército, a terra e tudo quanto nela existe, os mares e tudo quanto neles já, e tu os conservas a todos, e o exército do céu te adora.

⁷Tu és o Senhor, o Deus que elegeste a Abrão, e o tiraste de Ur dos caldeus, e lhe puseste por nome Abraão;

⁸e achaste o seu coração fiel perante ti, e fizeste com ele o pacto de que darias à sua descendência a terra dos cananeus, dos heteus, dos amorreus, dos perizeus, dos jebuseus e dos girgaseus; e tu cumpriste as tuas palavras, pois és justo.

⁹Também viste a aflição de nossos pais no Egito, e ouviste o seu clamor junto ao Mar Vermelho;

¹⁰e o operaste sinais e prodígios contra Faraó; e contra todos os seus servos, e contra todo o povo da sua terra; pois sabias com que soberba eles os haviam tratado; e assim adquiriste renome, como hoje se vê.

¹¹Fendente o mar diante deles, de modo que passaram pelo meio do mar, em seco; e lançaste os seus perseguidores nas profundezas, como uma pedra nas águas impetuosas.

¹²Além disso tu os guiaste de dia por uma coluna de nuvem e de noite por uma coluna de fogo, para os alumiares no caminho por onde haviam de ir.

¹³Desceste sobre o monte Sinai, do céu falaste com eles, e lhes deste juízos retos e leis verdadeiras, bons estatutos e mandamentos;

¹⁴o teu santo sábado lhes fizeste conhecer; e lhes ordenaste mandamentos e estatutos e uma lei, por intermédio de teu servo Moisés.

¹⁵Do céu lhes deste pão quando tiveram fome, e da rocha fizeste brotar água quando tiveram sede; e lhes ordenaste que entrassem para possuir a terra que com juramento lhes havias prometido dar.

¹⁶Eles, porém, os nossos pais, se houveram soberbamente e endureceram a cerviz, e não deram ouvidos aos teus mandamentos,

¹⁷recusando ouvir-te e não se lembrando das tuas maravilhas, que fizeste no meio deles; antes endureceram a cerviz e, na sua rebeldia, levantaram um chefe, a fim de voltarem para sua servidão. Tu, porém, és um Deus pronto para perdoar, clemente e misericordioso, tardio em irar-te e grande em beneficência, e não os abandonaste.

¹⁸Ainda mesmo quando eles fizeram para si um bezerro de fundição, e disseram: Este é o teu Deus, que te tirou do Egito, e cometeram grandes blasfêmias,

¹⁹todavia tu, pela multidão das tuas misericórdias, não os abandonaste no deserto. A coluna de nuvem não se apartou deles de dia, para os guiar pelo caminho, nem a coluna de fogo de noite, para lhes alumiar o caminho por onde haviam de ir.

²⁰Também lhes deste o teu bom espírito para os ensinar, e o teu maná não retiraste da tua boca, e água lhes deste quando tiveram sede.

²¹Sim, por quarenta anos os sustentaste no deserto; não lhes faltou coisa alguma; a sua roupa não envelheceu, e o seus pés não se incharam.

²²Além disso lhes deste reinos e povos, que lhes repartiste em porções; assim eles possuíram a terra de Siom, a saber; a terra do rei de Hesbom, e a terra de Ogue, rei de Basã.

²³Outrossim mulplicaste os seus filhos como as estrelas do céu, e os introduziste na terra de que tinhas dito a seus pais que nela entrariam para a possuírem.

²⁴Os filhos, pois, entraram e possuíram a terra; e abateste perante eles, os moradores da terra, os cananeus, e lhos entregaste nas mãos, como também os seus reis, e os povos da terra, para fazerem deles

conforme a sua vontade.

²⁵Tomaram cidades fortificadas e uma terra fértil, e possuíram casas cheias de toda sorte de coisas boas, cisternas cavadas, vinhas e olivais, e árvores frutíferas em abundância; comeram, pois, fartaram-se e engordaram, e viveram em delícias, pela tua grande bondade.

²⁶Não obstante foram desobedientes, e se rebelaram contra ti; lançaram a tua lei para trás das costas, e mataram os teus profetas que protestavam contra eles para que voltassem a ti; assim cometeram grandes provocações.

²⁷Pelo que os entregaste nas mãos dos seus adversários, que os afligiram; mas no tempo da sua angústia, quando eles clamaram a ti, tu os ouviste do céu; e segundo a multidão das tuas misericórdias lhes deste libertadores que os libertaram das mãos de seus adversários.

²⁸Mas, tendo alcançado repouso, tornavam a fazer o mal diante de ti,; portanto tu os deixavas nas mãos dos seus inimigos, de modo que estes dominassem sobre eles; todavia quando eles voltavam e clamavam a ti, tu os ouvias do céu, e segundo a tua misericórdia os livraste muitas vezes;

²⁹e testemunhaste contra eles, para os fazeres voltar para a tua lei; contudo eles se houveram soberbamente, e não deram ouvidos aos teus mandamentos, mas pecaram contra os teus juízos, pelos quais viverá o homem que os cumprir; viraram o ombro, endureceram a cerviz e não quiseram ouvir.

³⁰Não obstante, por muitos anos os aturaste, e testemunhaste contra eles pelo teu Espírito, por intermédio dos teus profetas; todavia eles não quiseram dar ouvidos; pelo que os entregaste nas mãos dos povos de outras terras.

³¹Contudo pela tua grande misericórdia não os destruíste de todo, nem os abandonaste, porque és um Deus clemente e misericordioso.

³²Agora, pois, ó nosso Deus, Deus grande, poderoso e temível, que guardas o pacto e a beneficência, não tenhas em pouca conta toda a aflição que nos alcançou a nós, a nossos reis, a nossos príncipes, a nossos sacerdotes, a nossos profetas, a nossos pais e a todo o teu povo, desde os dias dos reis da Assíria até o dia de hoje.

³³Tu, porém, és justo em tudo quanto tem vindo sobre nós; pois tu fielmente procedeste, mas nós perversamente.

³⁴Os nossos reis, os nossos príncipes, os nossos sacerdotes, e os nossos pais não têm guardado a tua lei, nem têm dado ouvidos aos teus mandamentos e aos teus testemunhos, com que testificaste contra eles.

³⁵Porque eles, no seu reino, na muita abundância de bens que lhes deste, na terra espaçosa e fértil que puseste diante deles, não te serviram, nem se converteram de suas más obras.

³⁶Eis que hoje somos escravos; e quanto à terra que deste a nossos pais, para comerem o seu fruto e o seu bem, eis que somos escravos nela.

³⁷E ela multiplica os seus produtos para os reis que puseste sobre nós por causa dos nossos pecados; também eles dominam sobre os nossos corpos e sobre o nosso gado como bem lhes apraz, e estamos em grande angústia.

³⁸Contudo, por causa de tudo isso firmamos um pacto e o escrevemos; e selam-no os nossos príncipes, os nossos levitas e os nossos sacerdotes.

## Capítulo 10

¹Os que selaram foram: Neemias, o governador, filho de Hacalias, Zedequias,

²Seraías, Azarias, Jeremias,

³Pasur, Amarias, Malquias,

⁴Hatus, Sebanias, Maluque,

⁵Harim, Meremote, Obadias,

⁶Daniel, Ginetom, Baruque,

⁷Mesulão, Abias, Miamim,

⁸Maazias, Bilgai e Semaías;estes foram os sacerdotes.

⁹E os levitas: Jesuá, filho de Azanias, Binuí, dos filhos de Henadade, Cadmiel,

¹⁰e seus irmãos, Sebanias, Hodias, Quelita, Pelaías, Hanã,

¹¹Mica, Reobe, Hasabias,

¹²Zacur, Serebias, Sebanias,

¹³Hodias, Bani e Benínu.

¹⁴Os chefes do povo: Parós, Paate-Moabe, Elão, Zatu, Bani,

¹⁵Buni, Azgade, Bebai,

¹⁶Adonias, Bigvai, Adim,

¹⁷Ater, Ezequias, Azur,

¹⁸Hodias, Asum, Bezai,

¹⁹Harife, Anotote, Nobai,

²⁰Magpias, Mesulão, Hezir,

²¹Mesezabel, Zadoque, Jadua,

²²Pelatias, Hanã, Anaías,

²³Oséias, Hananias, Ananías,

²⁴Haloés, Pilá, Sobeque,

²⁵Reum, Hasabna, Maaséias,

²⁶Aías, Hanã, Anã,

²⁷Maluque, Harim e Baaná.

²⁸E o resto do povo, os sacerdotes, os porteiros, os cantores, os netinins, e todos os que se tinham separado dos povos de outras terras para seguir a lei de Deus, suas mulheres, seus filhos e suas filhas, todos os que tinham conhecimento e entendimento,

²⁹aderiram a seus irmãos, os seus nobres, e convieram num juramento sob pena de maldição de que andariam na lei de Deus, a qual foi dada por intermédio de Moisés, servo de Deus, e de que guardariam e cumpririam todos os mandamentos do Senhor, nosso Senhor, e os seus juízos e os seus estatutos;

³⁰de que não daríamos as nossas filhas aos povos da terra, nem tomaríamos as filhas deles para os nossos filhos;

³¹de que, se os povos da terra trouxessem no dia de sábado qualquer mercadoria ou quaisquer cereais para venderem, nada lhes compraríamos no sábado, nem em dia santificado; e de que abriríamos mão do produto do sétimo ano e da cobrança nele de todas as dívidas.

³²Também sobre nós impusemos ordenanças, obrigando-nos a dar a cada ano a terça parte dum siclo para o serviço da casa do nosso Deus;

³³para os pães da proposição, para a contínua oferta de cereais, para o contínuo holocausto dos sábados e das luas novas, para as festas fixas, para as coisas sagradas, para as ofertas pelo pecado a fim de fazer expiação por Israel, e para toda a obra da casa do nosso Deus.

³⁴E nós, os sacerdotes, os levitas e o povo lançamos sortes acerca da oferta da lenha que havíamos de trazer à casa do nosso Deus, segundo as nossas casas paternas, a tempos determinados, de ano em ano, para se queimar sobre o altar do Senhor nosso Deus, como está escrito na lei.

³⁵Também nos obrigamos a trazer de ano em ano à casa do Senhor as primícias de todos os frutos de todas as árvores;

³⁶e a trazer os primogênitos dos nossos filhos, e os do nosso gado, como está escrito na lei, e os primogênitos das nossas manadas e dos nossos rebanhos à casa do nosso Deus, aos sacerdotes que ministram na casa do nosso Deus;

³⁷e as primícias da nossa mas, e as nossas ofertas alçadas, e o fruto de toda sorte de árvores, para as câmaras da casa de nosso Deus; e os dízimos da nossa terra aos levitas; pois eles, os levitas, recebem os dízimos em todas as cidades por onde temos lavoura.

³⁸E o sacerdote, filho de Arão, deve estar com os levitas quando estes receberem os dízimos; e os levitas devem trazer o dízimo dos dízimos à casa do nosso Deus, para as câmaras, dentro da tesouraria.

³⁹Pois os filhos de Israel e os filhos de Levi devem trazer ofertas alçadas dos cereais, do mosto e do azeite para aquelas câmaras, em que estão os utensílios do santuário, como também os sacerdotes que ministram, e os porteiros, e os cantores; e assim não negligenciarmos a casa do nosso Deus.

## Capítulo 11

¹Ora, os príncipes do povo habitaram em Jerusalém; e o restante do povo lançou sortes, para atirar um de cada dez que habitasse na santa cidade de Jerusalém, ficando nove nas outras cidades.

²E o povo bendisse todos os homens que voluntariamente se ofereceram para habitar em Jerusalém.

³Estes, pois, são os chefes da província que habitaram em Jerusalém; porém nas cidades de Judá habitou cada um na sua possessão, nas suas cidades, a saber, Israel, os sacerdotes, os levitas, os netinins e os filhos dos servos de Salomão.

⁴E habitaram em Jerusalém alguns dos filhos de Judá e dos filhos de Benjamim. Dos filhos de Judá: Ataías, filho de Uzias, filho de Zacarias, filho de Amarias, filho de Sefatias, filho de Maalelel, dos filhos de Pérez;

⁵e Maaséias, filho de Baruque, filho de Col-Hoze, filho de Hazaías, filho de Adaías, filho de Joiaribe, filho de Zacarias, filho de Silôni.

⁶Todos os filhos de Pérez que habitaram em Jerusalém foram quatrocentos e sessenta e oito homens valentes.

⁷São estes os filhos de Benjamim: Salu, filho de Mesulão, filho de Joede, filho de Pedaías, filho de Colaías, filho de Maaséias, filho de Itiel, filho de Jesaías.

⁸E depois dele Gabai, Salai, ...novecentos e vinte e oito.

⁹Joel, filho de Zicri, superintendente sobre eles; e Judá, filho de Senua, o segundo sobre a cidade.

¹⁰Dos sacerdotes: Jedaías, filho de Joiaribe, Jaquim,

¹¹Seraías, filho de Hilquias, filho de Mesulão, filho de Zadoque, filho de Meraiote, filho de Altube, príncipe sobre a casa de Deus;

¹²e seus irmãos que faziam a obra da casa, oitocentos e vinte e dois; e Adaías, filho de Jeroão, filho de Pelalias, filho de Anzi, filho de Zacarias, filha de Pasur, filho de Malquias,

¹³e seus irmãos, cabeças de casas paternas, duzentos e quarenta e dois; e Amassai, filho de Azarel, filho de Aazai, filho de Mesilemote, filho de Imer,

¹⁴e os irmãos deles, homens valentes, cento e vinte e oito; e o superintendente sobre eles era Zabdiel, filho de Hagedolim.

¹⁵Dos levitas: Semaías, filho de Hassube, filho de Azricão, filho de Hasabias, filho de Buni;

¹⁶Sabetai e Jozabade, dos cabeças dos levitas, presidiam o serviço externo da casa de Deus;

¹⁷Matanias, filho de Mica, filho de Zabdi, filho de Asafe, o dirigente que iniciava as ações de graças na oração, e Baquebuquias, o segundo entre seus irmãos; depois Abda, filho de Samua, filho de Galal, filho de Jedútun.

¹⁸Todos os levitas na santa cidade foram duzentos e oitenta e quatro.

¹⁹Também os porteiros, Acube, Talmom, e seus irmãos, os guardas das portas, foram cento e sessenta e dois.

²⁰O resto de Israel e dos sacerdotes e levitas, habitou em todas as cidades de Judá, cada um na sua herança.

²¹Os netinins, porém, habitaram em Ofel; e Ziá e Gispa presidiram sobre eles.

²²O superintendente dos levitas em Jerusalém era Uzi, filho de Bani, filho de Hasabias, filho de Matanias, filho de Mica, dos filhos de Asafe, os cantores; ele estava encarregado do serviço da casa de Deus.

²³Pois havia uma ordem da parte do rei acerca deles, e uma norma para os cantores, estabelecendo o dever de cada dia.

²⁴E Petaías, filho de Mesezabel, dos filhos de Zerá, filho de Judá, estava às ordens do rei, em todos os negócios concernentes ao povo.

²⁵E quanto às aldeias com os seus campos, alguns dos filhos de Judá habitaram em Quiriate-Arba e seus arrabaldes, em Dibom e seus arrabaldes, e em Jecabzeel e suas aldeias;

²⁶em Jesuá, em Molada, em Bete-Pelete,

²⁷Em Hazar-Sual, em Berseba e seus arrabaldes,

²⁸em Ziclague, em Mecona e seus arrabaldes,

²⁹em En-Rimom, em Zorá, em Jarmute,

³⁰em Zanoa, em Adulão e suas aldeias, em Laquis e seus campos, e em Azeca e seus arrabaldes. Acamparam-se, pois, desde Berseba até o vale do Hinom.

³¹Os filhos de Benjamim também habitaram desde Geba em diante, em Micmás e Aíja, em Betel e seus arrabaldes,

³²em Anatote, em Nobe, em Ananias,

³³em Hazor, em Ramá, em Gitaim,

³⁴em Hadide, em Zeboim, em Nebalate,

³⁵em Lode, e em Ono, vale dos artífices.

³⁶E dos levitas que habitavam em Judá, algumas turmas foram unidas a Benjamim.

## Capítulo 12

¹Ora, estes são os sacerdotes e os levitas que subiram com Zorobabel, filho de Sealtiel, e com Jesuá: Seraías, Jeremias, Esdras,

²Amarias, Maluque, Hatus,

³Ido, Ginetói, Abias,

⁴Secanias, Reum, Meremote,

⁵Miamim, Maadias, Bilga,

⁶Semaías, Joiaribe, Jedaías,

⁷Salu, Amoque, Hilquias e Jedaías; estes foram os chefes dos sacerdotes e de seus irmãos, nos dias de Jesuá.

⁸E os levitas: Jesuá, Binuí, Cadmiel, Serebias, Judá, Matanias; este e seus irmãos dirigiam os louvores.

⁹E Baquebuquias e Uni, seus irmãos, estavam defronte deles segundo os seus cargos.

¹⁰Jesuá foi pai de Joiaquim, Joiaquim de Eliasibe, Eliasibe de Joiada,

¹¹Joiada de Jonatã, e Jonatã de Jadua.

¹²E nos dias de Joiaquim foram sacerdotes, chefes das casas paternas: por Seraías, Meraías; por Jeremias, Hananias;

¹³por Esdras, Mesulão; por Amarias, Jeoanã;

¹⁴por Malúqui, Jonatã; por Sebanias, José;

¹⁵por Harim, Adná; por Meraiote, Helcai;

¹⁶por Ido, Zacarias; por Gineton, Mesulão;

¹⁷por Abias, Zicri; por Miniamim, por Moadias, Piltai;

¹⁸por Bilga, Samua; por Semaías, Jeonatã;

¹⁹por Joiaribe, Matenai; por Jedaías, Uzi;

²⁰por Salai, Calai; por Amoque, Eber;

²¹por Hilquias, Hasabias; por Jedaías, Netanel.

²²Nos dias de Eliasibe, Joiada, Joanã e Jadua foram inscritos, dos levitas, os chefes das casas paternas; e assim também os dos sacerdotes, no reinado de Dário, o persa.

²³Os filhos de Levi, chefes de casas paternas, foram inscritos no livro das crônicas, até os dias de Joanã, filho de Eliasibe.

²⁴Foram, pois, os chefes dos levitas: Hasabias, Serebias, Jesuá, filho de Cadmiel, e seus irmãos que ficavam defronte deles, turma contra turma, para louvarem e darem graças, segundo a ordem de Davi, homem de Deus.

²⁵Matanias, Baquebuquias, Obadias, Mesulão, Talmom, e Acube eram porteiros, e faziam a guarda junto aos celeiros das portas.

²⁶Estes viveram nos dias de Joiaquim, filho de Jesuá, filho de Jozadaque, como também nos dias de Neemias, o governador, e do sacerdote Esdras, o escriba.

²⁷Ora, na dedicação dos muros de Jerusalém buscaram os levitas de todos os lugares, para os trazerem a Jerusalém, a fim de celebrarem a dedicação com alegria e com ações de graças, e com canto, címbalos, alaúdes e harpas.

²⁸Ajuntaram-se os filhos dos cantores, tanto da campina dos arredores de Jerusalém, como das aldeias do netofatitas;

²⁹como também de Bete-Gilgal, e dos campos de Geba e Azmavete; pois os cantores tinham edificado para si aldeias ao redor de Jerusalém.

³⁰E os sacerdotes e os levitas se purificaram, e purificaram o povo, as portas e o muro.

³¹Então fiz subir os príncipes de Judá sobre o muro, e constituí duas grandes companhias para darem graças e andarem em procissão, uma das quais foi para a direita sobre o muro, em direção à porta do monturo;

³²e após ela seguiam Hosaías, e a metade dos príncipes de Judá,

³³e Azarias, Esdras, Mesulão,

³⁴Judá, Benjamim, Semaías, e Jeremias;

³⁵e dos filhos dos sacerdotes, levando trombetas, Zacarias, filho de Jonatã, filho de Semaías, filho de Matanias, filho de Micaías, filho de Zacur, filho de Asafe.

³⁶e seus irmãos, Semaías, Azarel, Milalai, Gilalai, Maai, Netanel, Judá e Hanâni, com os instrumento musicais de Davi, homem de Deus; e Esdras, o escriba, ia adiante deles.

³⁷À entrada da porta da fonte subiram diretamente as escadas da cidade de Davi onde começa a subida do muro, acima da casa de Davi, até a porta das águas a leste.

³⁸A outra companhia dos que davam graças foi para a esquerda, seguindo-os eu com a metade do povo, sobre o muro, passando pela torre dos fornos até a muralha larga,

³⁹e seguindo por cima da porta de Efraim, e da porta velha, e da porta dos peixes, e pela torre de Hananel, e a torre dos Cem até a porta das ovelhas; e pararam à porta da guarda.

⁴⁰Assim as duas companhias dos que davam graças pararam na casa de Deus, como também eu e a metade dos magistrados que estavam comigo.

⁴¹e os sacerdotes Eliaquim, Maaséias, Miniamim, Micaías, Elioenai, Zacarias e Hananias, com trombetas,

⁴²com também Maaséias, Semaías, Eleazar, Uzi, Jeoanã, Malquias, Elão, e Ézer; e os cantores cantavam, tendo Jezraías por dirigente.

⁴³Naquele dia ofereceram grandes sacrifícios, e se alegraram, pois Deus lhes dera motivo de grande alegria; também as mulheres e as crianças se alegraram, de modo que o júbilo de Jerusalém se fez ouvir longe.

⁴⁴No mesmo dia foram nomeados homens sobre as câmaras do tesouro para as ofertas alçadas, as primícias e os dízimos, para nelas recolherem, dos campos, das cidades, os quinhões designados pela lei para os sacerdotes e para os levitas; pois Judá se alegrava por estarem os sacerdotes e os levitas no seu posto,

⁴⁵observando os preceitos do seu Deus, e os da purificação, como também o fizeram os cantores e porteiros, conforme a ordem de Davi e de seu filho Salomão.

⁴⁶Pois desde a antiguidade, já nos dias de Davi e de Asafe, havia um chefe dos cantores, e havia cânticos de louvor e de ação de graça a Deus.

⁴⁷Pelo que todo o Israel, nos dias de Zorobabel e nos dias de Neemias, dava aos cantores e aos porteiros as suas porções destinadas aos levitas, e os levitas separavam as porções destinadas aos filhos de Arão.

Neemias
## Capítulo 13

¹Naquele dia leu-se o livro de Moisés, na presença do povo, e achou-se escrito nele que os amonitas e os moabitas não entrassem jamais na assembléias de Deus;

²porquanto não tinham saído ao encontro dos filhos de Israel com pão e água, mas contra eles assalariaram Balaão para os amaldiçoar; contudo o nosso Deus converteu a maldição em benção.

³Ouvindo eles esta lei, apartaram de Israel toda a multidão mista.

⁴Ora, antes disto Eliasibe, sacerdote, encarregado das câmaras da casa de nosso Deus, se aparentara com Tobias,

⁵e lhe fizera uma câmara grande, onde dantes se recolhiam as ofertas de cereais, o incenso, os utensílios, os dízimos dos cereais, do mosto e do azeite, que eram dados por ordenança aos levitas, aos cantores e aos porteiros, como também as ofertas alçadas para os sacerdotes.

⁶Mas durante todo este tempo não estava eu em Jerusalém, porque no ano trinta e dois de Artaxerxes, rei da Babilônia, fui ter com o rei; mas a cabo de alguns dias pedi licença ao rei,

⁷e vim a Jerusalém; e soube do mal que Eliasibe fizera em servir a Tobias, preparando-lhe uma câmara nos átrios da casa de Deus.

⁸Isso muito me desagradou; pelo que lancei todos os móveis da casa de Tobias fora da câmara.

⁹Então, por minha ordem purificaram as câmaras; e tornei a trazer para ali os utensílios da casa de Deus, juntamente com as ofertas de cereais e o incenso.

¹⁰Também soube que os quinhões dos levitas não se lhes davam, de maneira que os levitas e os cantores, que faziam o serviço, tinham fugido cada um para o seu campo.

¹¹Então contendi com os magistrados e disse: Por que se abandonou a casa de Deus? Eu, pois, ajuntei os levitas e os cantores e os restaurei no seu posto.

¹²Então todo o Judá trouxe para os celeiros os dízimos dos cereais, do mosto e do azeite.

¹³E por tesoureiros pus sobre os celeiros Selemias, o sacerdote, e Zadoque, o escrivão, e Pedaías, dentre os levitas, e como ajudante deles Hanã, filho de Zacur, filho de Matanias, porque foram achados fiéis; e se lhes encarregou de fazerem a distribuição entre seus irmãos.

¹⁴Por isto, Deus meu, lembra-te de mim, e não risques as beneficências que eu tenho feito para a casa do meu Deus e para o serviço dela.

¹⁵Naqueles dias vi em Judá homens que pisavam lugares no sábado, e traziam molhos, que carregavam sobre jumentos; vi também vinho, uvas e figos, e toda sorte de cargas, que eles traziam a Jerusalém no dia de sábado; e protestei contra eles quanto ao dia em que estavam vendendo mantimentos.

¹⁶E em Jerusalém habitavam homens de Tiro, os quais traziam peixes e toda sorte de mercadorias, que vendiam no sábado aos filhos de Judá, e em Jerusalém.

¹⁷Então contendi com os nobres de Judá, e lhes disse: Que mal é este que fazeis, profanando o dia de sábado?

¹⁸Porventura não fizeram vossos pais assim, e não trouxe nosso Deus todo este mal sobre nós e sobre esta cidade? Contudo vós ainda aumentais a ira sobre Israel, profanando o sábado.

¹⁹E sucedeu que, ao começar a fazer-se escuro nas portas de Jerusalém, antes do sábado, eu ordenei que elas fossem fechadas, e mandei que não as abrissem até passar o sábado e pus às portas alguns de meus moços, para que nenhuma carga entrasse no dia de sábado.

²⁰Então os negociantes e os vendedores de toda sorte de mercadorias passaram a noite fora de Jerusalém, uma ou duas vezes.

²¹Protestei, pois, contra eles, dizendo-lhes: Por que passais a noite defronte do muro? Se outra vez o fizerdes, hei de lançar mão em vós. Daquele tempo em diante não vieram no sábado.

²²Também ordenei aos levitas que se purificassem, e viessem guardar as portas, para santificar o sábado. Nisso também, Deus meu, lembra-te de mim, e perdoa-me segundo a abundância da tua misericórdia.

²³Vi também naqueles dias judeus que tinham casado com mulheres asdoditas, amonitas, e moabitas;

²⁴e seus filhos falavam no meio asdodita, e não podiam falar judaico, senão segundo a língua de seu povo.

²⁵Contendi com eles, e os amaldiçoei; espanquei alguns deles e, arrancando-lhes os cabelos, os fiz jurar por Deus, e lhes disse: Não darei vossas filhas a seus filhos, e não tomareis suas filhas para vossos filhos, nem para vós mesmos.

²⁶Não pecou nisso Salomão, rei de Israel? Entre muitas nações não havia rei semelhante a ele, e ele era amado de seu Deus, e Deus o constituiu rei sobre todo o Israel. Contudo mesmo a ele as mulheres estrangeiras o fizeram pecar.

²⁷E dar-vos-íamos nós ouvidos, para fazermos todo este grande mal, esta infidelidade contra o nosso Deus, casando com mulheres estrangeiras?

²⁸Também um dos filhos de Joiada, filho do sumo sacerdote Eliasibe, era genro de Sambalate, o horonita, pelo que o afugentei de mim.

²⁹Lembra-te deles, Deus meu, pois contaminaram o sacerdocio, como tambem o pacto do sacerdocio e dos levitas.

³⁰Assim os purifiquei de tudo que era estrangeiro, e determinei os cargos para os sacerdotes e para os levitas, cada um na sua função;

³¹como também o que diz respeito à oferta da lenha em tempos determinados, e bem assim às primícias. Lembra-te de mim, Deus meu, para o meu bem.

# Ester

## Capítulo 1

¹Sucedeu nos dias de Assuero, o Assuero que reinou desde a Índia até a Etiópia, sobre cento e vinte e seis províncias,

²que, estando o rei Assuero assentado no seu trono do seu reino em Susã, a capital,

³no terceiro ano de seu reinado, deu um banquete a todos os seus príncipes e seus servos, estando assim perante ele o poder da Pérsia e da Média, os nobres e os oficiais das províncias.

⁴Nessa ocasião ostentou as riquezas do seu glorioso reino, e o esplendor da sua excelente grandeza, por muitos dias, a saber cento e oitenta dias.

⁵E, acabado aqueles dias, deu o rei um banquete a todo povo que se achava em Susã, a capital, tanto a grandes como a pequenos, por sete dias, no pátio do jardim do palácio real.

⁶As cortinas eram de pano branco verde e azul celeste, atadas com cordões de linho fino e de púrpura a argola de prata e a colunas de mármore; os leitos eram de ouro e prata sobre um pavimento mosaico de pórfiro, de mármore, de madrepérola e de pedras preciosas.

⁷Dava-se de beber em copos de ouro, os quais eram diferentes uns dos outros; e havia vinho real em abundância, segundo a generosidade do rei.

⁸E bebiam como estava prescrito, sem constrangimento; pois o rei tinha ordenado a todos os oficiais do palácio que fizessem conforme a vontade de cada um.

⁹Também a rainha Vasti deu um banquete às mulheres no palácio do rei Assuero.

¹⁰Ao sétimo dia, o rei, estando já o seu coração alegre do vinho, mandou a Meumã, Bizta, Harbona, Bigta, Abagta, Zétar e Carcás, os sete eunucos que serviam na presença do rei Assuero,

¹¹que introduzissem à presença do rei a rainha Vasti, com a coroa real, para mostrar aos povos e aos príncipes a sua formosura, pois era formosíssima.

¹²A rainha Vasti, porém, recusou atender à ordem do rei dada por intermédio dos eunucos; pelo que o rei muito se enfureceu, e se inflamou de ira.

¹³Então perguntou o rei aos sábios que conheciam os tempos (pois assim se tratavam os negócios do rei, na presença de todos os que sabiam a lei e o direito;

¹⁴e os mais chegados a ele eram: Carsena, Setar, Admata, Társis, Meres, Marsena, Memucã, os sete príncipes da Pérsia e da Média, que viam o rosto do rei e ocupavam os primeiros assentos no reino)

¹⁵o que se devia fazer, segundo a lei, à rainha Vasti, por não haver cumprido a ordem do rei Assuero dada por intermédio dos eunucos.

¹⁶Respondeu Memucã na presença do rei e dos príncipes: Não somente contra o rei pecou a rainha Vasti, mas também contra todos os príncipes, e contra todos os povos que há em todas as províncias do rei Assuero.

¹⁷Pois o que a rainha fez chegará ao conhecimento de todas as mulheres, induzindo-as a desprezarem seus maridos quando se disser: O rei Assuero mandou que introduzissem à sua presença a rainha Vasti, e ela não veio.

¹⁸E neste mesmo dia as princesas da Pérsia e da Média, sabendo do que fez a rainha, dirão o mesmo a todos os príncipes do rei; e assim haverá muito desprezo e indignação.

¹⁹Se bem parecer ao rei, saia da sua parte um edito real, e escreva-se entre as leis dos persas e dos medos para que não seja alterado, que Vasti não entre mais na presença do rei Assuero, e dê o rei os seus direitos de rainha a outra que seja melhor do que ela.

²⁰E quando o decreto que o rei baixar for publicado em todo o seu reino, grande como é, todas as mulheres darão honra a seus maridos, tanto aos nobres como aos humildes.

²¹Pareceu bem este conselho ao rei e aos príncipes; e o rei fez conforme a palavra de Memucã,

²²enviando cartas a todas as províncias do rei, a cada província segundo o seu modo de escrever e a cada povo segundo a sua língua, mandando que cada homem fosse senhor em sua casa, e que falasse segundo a língua de seu povo.

## Capítulo 2

¹Passadas estas coisas e aplacada a ira do rei Assuero, lembrou-se ele de Vasti, do que ela fizera e do que se decretara a seu respeito.

²Então disseram os servos do rei que lhe ministravam: Busquem-se para o rei moças virgens e formosas.

³Ponha o rei em todas as províncias do seu reino oficiais que ajuntem todas as moças virgens e formosas em Susã, a capital, na casa das mulheres, sob a custódia de Hegai, eunuco do rei, guarda das mulheres; e dêem-se-lhes os seus cosméticos.

⁴E a donzela que agradar ao rei seja rainha em lugar de Vasti. E isso pareceu bem ao rei; e ele assim fez.

⁵Havia então em Susã, a capital, certo judeu, benjamita, cujo nome era Mardoqueu, filho de Jair, filho de Simei, filho de Quis,

⁶que tinha sido levado de Jerusalém com os cativos que foram deportados com Jeconias, rei de Judá, o qual nabucodonosor, rei de Babilônia, transportara.

⁷Criara ele Hadassa, isto é, Ester, filha de seu tio, pois não tinha ela nem pai nem mãe; e era donzela esbelta e formosa; e, morrendo seu pai e sua mãe, Mardoqueu a tomara por filha.

⁸Tendo se divulgado a ordem do rei e o seu edito, e ajuntando-se muitas donzelas em Susã, a capital, sob a custódia de Hegai, levaram também Ester ao palácio do rei, à custódia de Hegai, guarda das mulheres.

⁹E a donzela gradou-lhe, e alcançou o favor dele; pelo que ele se apressou em dar-lhe os cosméticos e os devidos alimentos, como também sete donzelas escolhidas do palácio do rei; e a fez passar com as suas donzelas ao melhor lugar na casa das mulheres.

¹⁰Ester, porém, não tinha declarado o seu povo nem a sua parentela, pois Mardoqueu lhe tinha ordenado que não o declarasse.

¹¹E cada dia Mardoqueu passeava diante do pátio da casa das mulheres, para lhe informar como Ester passava e do que lhe sucedia.

¹²Ora, quando chegava a vez de cada donzela vir ao Rei Assuero, depois que fora feito a cada uma segundo prescrito para as mulheres, por doze meses (pois assim se cumpriam os dias de seus preparativos, a saber, seis meses com óleo de mirra, e seis meses com especiarias e ungüentos em uso entre as mulheres);

¹³desta maneira vinha a donzela ao rei: dava-lhe tudo quanto ela quisesse para levar consigo da casa das mulheres para o palácio do rei;

¹⁴à tarde ela entrava, e pela manhã voltava para a segunda casa das mulheres, à custódia de Saasgaz, eunuco do rei, guarda das concubinas; ela não tornava mais ao rei, salvo se o rei desejasse, e fosse ela chamada por nome.

¹⁵Ora, quando chegou a vez de Ester, filha de Abiail, tio de mardoqueu, que a tomara por sua filha, para ir ao rei, coisa nenhuma pediu senão o que indicou Hegai, eunuco do rei, guarda das mulheres. Mas Ester alcançava graça aos olhos de todos quantos a viam.

¹⁶Ester foi levada ao rei Assuero, ao palácio real, no décimo mês, que é o mês de tebete, no sétimo ano de seu reinado.

¹⁷E o rei amou a Ester mais do que a todas mulheres, e ela alcançou graça e favor diante dele mais do que todas as virgens; de sorte que lhe pôs sobre a cabeça a coroa real, e afez rainha em lugar de Vasti.

¹⁸Então o rei deu um grande banquete a todos os seus príncipes e aos seus servos; era um banquete em honra de Ester; e concedeu alívio às províncias, e fez presentes com régia liberalidade.

¹⁹Quando pela segunda vez se ajuntavam as virgens, Mardoqueu estava sentado à porta do rei.

²⁰Ester, porém, como Mardoqueu lhe ordenara, não tinha declarado a sua parentela nem o seu povo: porque obedecia as ordens de Mardoqueu como quando estava sendo criada em casa dele.

²¹Naqueles dias, estando Mardoqueu sentado à porta do rei, dois eunucos do rei, os guardas da porta, Bigtã e Teres, se indignaram e procuravam tirar a vida ao rei Assuero.

²²E veio isto ao conhecimento de Mardoqueu, que revelou à rainha Ester; e Ester o disse ao rei em nome de Mardoqueu.

²³Quando se investigou o negócio e se achou ser verdade, ambos foram enforcados; e isso foi escrito no livro das crônicas perante o rei.

## Capítulo 3

¹Depois destas coisas o rei Assuero engrandeceu a Hamã, filho de Hamedata, o agagita, e o exaltou, pondo-lhe o assento acima dos de todos os príncipes que estavam com ele.

²E todos os servos do rei que estavam à porta do rei se inclinavam e se prostravam perante Hamã, porque assim ordenara o rei a seu respeito: porém Mardoqueu não se inclinava nem se prostrava.

³Então os servos do rei que estavam à porta do rei disseram a Mardoqueu: Por que transgrides a ordem do rei?

⁴E sucedeu que, dizendo-lhe eles isso dia após dia, e não lhes dando ele ouvidos, o fizeram saber a Hamã, para verem se o procedimento de Mardoqueu seria tolerado; pois ele lhes tinha declarado que era judeu.

⁵Vendo, pois, Hamã que Mardoqueu não se inclinava nem se prostrava diante dele, encheu-se de furor.

⁶Mas, achou pouco tirar a vida somente a Mardoqueu; porque lhe haviam declarado o povo de Mardoqueu. Por esse motivo Hamã procurou destruir todos os judeus, o povo de Mardoqueu, que havia em todo o reino de Assuero.

⁷No primeiro mês, que é o mês de nisã, no ano duodécimo do rei Assuero, se lançou Pur, isto é, a sorte, perante Hamã, para cada dia e para mês, até o duodécimo, que é o mês de adar.

⁸E Hamã disse ao rei Assuero: Existe espalhado e disperso entre os povos em todas as províncias do teu reino um povo, cujas leis são diferentes das leis de todos os povos, e que não cumprem as leis do rei; pelo que não convém ao rei tolerá-lo.

⁹Se bem parecer ao rei, decrete-se que seja destruído; e eu pagarei dez mil talentos de prata aos encarregados dos negócios do rei, para os recolherem ao tesouro do rei.

¹⁰Então o rei tirou do seu dedo o anel, e o deu a Hamã, filho de Hamedata, o agagita, o inimigo dos judeus;

¹¹e disse o rei a Hamã: Essa prata te é dada, como também esse povo, para fazeres dele o que bem parecer aos teus olhos.

¹²Então foram chamados os secretários do rei no primeiro mês, no dia treze do mesmo e, conforme tudo, quando Hamã ordenou, se escreveu aos sátrapas do rei, e aos governadores que havia sobre todas as províncias, e aos príncipes de todos os povos; a cada província segundo o seu modo de escrever, e a cada povo segundo a sua língua; em nome do rei Assuero se escreveu, e com o anel do rei se selou.

¹³Entiaram-se as cartas pelos correios a todas províncias do rei, para que destruíssem, matassem, e fizessem perecer todos os judeus, moços e velhos, crianças e mulheres, em um mesmo dia, a treze do duodécimo mês, que é o mês de adar, e para que lhes saqueassem os bens.

¹⁴Uma cópia do documento havia de ser publicada como decreto em cada província, para que todos os povos estivessem preparados para aquele dia.

¹⁵Os correios saíram às pressas segundo a ordem do rei, e o decreto foi proclamado em Susã, a capital. Então, o rei e Hamã se assentaram a beber, mas a cidade de Susã estava perplexa.

## Capítulo 4

¹Quando Mardoqueu soube tudo quanto se havia passado, rasgou as suas vestes, vestiu-se de saco e de cinza, e saiu pelo meio da cidade, clamando com grande e amargo clamor;

²e chegou até diante da porta do rei, pois ninguém vestido de saco podia entrar elas portas do rei.

³Em todas as províncias aonde chegava a ordem do rei, e o seu decreto, havia entre os judeus grande pranto, com jejum, e choro, e lamentação; e muitos se deitavam em saco e em cinza.

⁴Quando vieram as moças de Ester e os eunucos lho fizeram saber, a rainha muito se entristeceu; e enviou roupa para Mardoqueu, a fim de que, despindo-lhe o saco, lha vestissem; ele, porém, não a aceitou.

⁵Então Ester mandou chamar Hataque, um dos eunucos do rei, que este havia designado para a servir, e o mandou ir ter com Mardoqueu para saber que era aquilo, e por que era.

⁶Hataque, pois, saiu a ter com Mardoqueu à praça da cidade, diante da porta do rei;

⁷e Mardoqueu lhe fez saber tudo quanto lhe tinha sucedido, como também a soma exata do dinheiro que Hamã prometera pagar ao tesouro do rei pela destruição dos judeus.

⁸Também lhe deu a cópia do decreto escrito que se publicara em susã para os destruir, para que a mostrasse a Ester, e lha explicasse, ordenando-lhe que fosse ter com o rei, e lhe pedisse misericórdia e lhe fizesse súplica ao seu povo.

⁹Veio, pois, Hataque, e referiu a Ester as palavras de Mardoqueu.

¹⁰Então falou Ester a Hataque, mandando-o dizer a Mardoqueu:

¹¹Todos os servos do rei, e o povo das províncias do rei, bem sabem que, para todo homem ou mulher que entrar à presença do rei no pátio interior sem ser chamado, não há senão uma sentença, a de morte, a menos que o rei estenda para ele o cetro de ouro, para que viva; mas eu já há trinta dias não sou chamada para entrar a ter com o rei.

¹²E referiram a Mardoqueu as palavras de Ester.

¹³Então Mardoqueu mandou que respondessem a Ester: Não imagines que, por estares no palácio do rei, terás mais sorte para escapar do que todos os outros judeus.

¹⁴Pois, se de todo te calares agora, de outra parte se levantarão socorro e livramento para os judeus, mas tu e a casa de teu pai perecereis; e quem sabe se não foi para tal tempo como este que chegaste ao reino?

¹⁵De novo Ester mandou-os responder a Mardoqueu:

¹⁶Vai, ajunta todos os judeus que se acham em Susã, e jejuai por mim, e não comais nem bebais por três dias, nem de noite nem de dia; e eu e as minhas moças também assim jejuaremos. Depois irei ter com o rei, ainda que isso não é segundo a lei; e se eu perecer, pereci.

¹⁷Então Mardoqueu foi e fez conforme tudo quanto Ester lhe ordenara.

## Capítulo 5

¹Ao terceiro dia Ester se vestiu de trajes reais, e se pôs no pátio interior do palácio do rei, defronte da sala do rei; e o rei estava assentado sobre o seu trono, na sala real, defronte da entrada.

²E sucedeu que, vendo o rei à rainha Ester, que estava em pé no pátio, ela alcançou favor dele; e o rei estendeu para Ester o cetro de ouro que tinha na sua mão. Ester, pois, chegou-se e tocou na ponta do cetro.

³Então o rei lhe disse: O que é, rainha Ester? qual é a tua petição? Até metade do reino se te dará.

⁴Ester respondeu: Se parecer bem ao rei, venha hoje com Hamã ao banquete que tenho preparado para o rei.

⁵Então disse o rei: Fazei Hamã apressar-se para que se cumpra a vontade de Ester. Vieram, pois, o rei e Hamã ao banquete que Ester tinha preparado.

⁶De novo disse o rei a Ester, no banquete do vinho: Qual é a tua petição? e ser-te-á concedida; e qual é o teu rogo? e se te dará, ainda que seja metade do reino.

⁷Ester respondeu, dizendo; Eis a minha petição e o meu rogo:

⁸Se tenho alcançado favor do rei, e se parecer bem ao rei conceder-me a minha petição e cumprir o meu rogo, venha o rei com Hamã ao banquete que lhes hei de preparar, e amanhã farei conforme a palavra do rei.

⁹Então naquele dia Hamã saiu alegre e de bom ânimo; porém, vendo Mardoqueu à porta do rei, e que ele não se levantava nem tremia diante dele, Hamã se encheu de furor contra Mardoqueu.

¹⁰Contudo Hamã se refreou, e foi para casa; enviou e mandou vir os seus amigos, e Zéres, sua mulher.

¹¹E contou-lhes Hamã a glória de suas riquezas, a multidão de seus filhos, e tudo em que o rei o tinha engrandecido, e como o havia exaltado sobre os príncipes e servos do rei.

¹²E acrescentou: Tampouco a rainha Ester a ninguém fez vir com o rei ao banquete que preparou, senão a mim; e também para amanhã estou convidado por ela juntamente com o rei.

¹³Todavia tudo isso não me satisfaz, enquanto eu vir o judeu Mardoqueu sentado à porta do rei.

¹⁴Então lhe disseram Zéres, sua mulher, e todos os seus amigos: Faça-se uma forca de cinquenta côvados de altura, e pela manhã dize ao rei que nela seja enforcado Mardoqueu; e então entra alegre com o rei para o banquete. E este conselho agradou a Hamã, que mandou fazer a forca.

## Capítulo 6

¹Naquela mesma noite fugiu do rei o sono; então ele mandou trazer o livro de registro das crônicas, as quais se leram diante do rei.

²E achou-se escrito que Mardoqueu tinha denunciado Bigtã e Teres, dois dos eunucos do rei, guardas da porta, que tinham procurado tirar a vida ao rei Assuero.

³E o rei perguntou: Que honra, ou dignidade, foi conferida a Mardoqueu por Isso? Responderam os moços do rei que o serviam: Coisa nenhuma se lhe fez.

⁴Então disse o rei: Quem está no pátio? Ora, Hamã acabara de entrar no pátio exterior do palácio real para falar com o rei, a fim de que se enforcasse Mardoqueu na forca que lhe tinha preparado.

⁵E os servos do rei lhe responderam: Eis que Hamã está esperando no pátio. E disse o rei que entrasse.

⁶Hamã, pois, entrou. Perguntou-lhe o rei: Que se fará ao homem a quem o rei se agrada honrar? Então Hamã disse consigo mesmo: A quem se agradaria o rei honrar mais do que a mim?

⁷Pelo que disse Hamã ao rei: Para o homem a quem o rei se agrada honrar,

⁸sejam trazidos trajes reais que o rei tenha usado, e o cavalo em que o rei costuma andar, e ponha-se-lhe na cabeça uma coroa real;

⁹sejam entregues os trajes e o cavalo à mão dum dos príncipes mais nobres do rei, e vistam deles aquele homem a quem o rei se agrada honrar, e façam-no andar montado pela praça da cidade, e proclamem diante dele: Assim se faz ao homem a quem o rei se agrada honrar!

¹⁰Então disse o rei a Hamã: Apressa-te, toma os trajes e o cavalo como disseste, e faze assim para com o judeu Mardoqueu, que está

sentado à porta do rei; e não deixes falhar coisa alguma de tudo quanto disseste.

¹¹Hamã, pois, tomou os trajes e o cavalo e vestiu a Mardoqueu, e o fez andar montado pela praça da cidade, e proclamou diante dele: Assim se faz ao homem a quem o rei se agrada honrar!

¹²Depois disto Mardoqueu voltou para a porta do rei; porém Hamã se recolheu a toda pressa para sua casa, lamentando-se e de cabeça coberta.

¹³E contou Hamã a Zerés, sua mulher, e a todos os seus amigos tudo quanto lhe tinha sucedido. Então os seus sábios e Zerés, sua mulher, lhe disseram: Se Mardoqueu, diante de quem já começaste a cair, é da linhagem dos judeus, não prevalecerás contra ele, antes certamente cairás diante dele.

¹⁴Enquanto estes ainda falavam com ele, chegaram os eunucos do rei, e se apressaram a levar Hamã ao banquete que Ester preparara.

## Capítulo 7

¹Entraram, pois, o rei e Hamã para se banquetearem com a rainha Ester.

²Ainda outra vez disse o rei a Ester, no segundo dia, durante o banquete do vinho: Qual é a tua petição, rainha Ester? e ser-te-á concedida; e qual é o teu rogo? Até metade do reino se te dará.

³Então respondeu a rainha Ester, e disse: Ó rei! se eu tenho alcançado o teu favor, e se parecer bem ao rei, seja-me concedida a minha vida, eis a minha petição, e o meu povo, eis o meu rogo;

⁴porque fomos vendidos, eu e o meu povo, para sermos destruídos, mortos e exterminados; se ainda por servos e por servas nos tivessem vendido, eu teria me calado, ainda que o adversário não poderia ter compensado a perda do rei.

⁵Então falou o rei Assuero, e disse à rainha Ester: Quem é e onde está esse, cujo coração o instigou a fazer assim?

⁶Respondeu Ester: Um adversário e inimigo, este perverso Hamã! Então Hamã ficou aterrorizado perante o rei e a rainha.

⁷E o rei, no seu furor, se levantou do banquete do vinho e entrou no jardim do palácio; Hamã, porém, ficou para rogar à rainha Ester pela sua vida, porque viu que já o mal lhe estava determinado pelo rei.

⁸Ora, o rei voltou do jardim do palácio à sala do banquete do vinho; e Hamã havia caído prostrado sobre o leito em que estava Ester. Então disse o rei: Porventura quereria ele também violar a rainha perante mim na minha própria casa? Ao sair essa palavra da boca do rei, cobriram a Hamã o rosto.

⁹Então disse Harbona, um dos eunucos que serviam diante do rei: Eis que a forca de cinqüenta côvados de altura que Hamã fizera para Mardoqueu, que falara em defesa do rei, está junto à casa de Hamã. Então disse o rei: Enforcai-o nela.

¹⁰Enforcaram-no, pois, na forca que ele tinha preparado para Mardoqueu. Então o furor do rei se aplacou.

## Capítulo 8

¹Naquele mesmo dia deu o rei Assuero à rainha Ester a casa de Hamã, o inimigo dos judeus. E Mardoqueu apresentou-se perante o rei, pois Ester tinha declarado o que ele era.

²O rei tirou o seu anel que ele havia tomado a Hamã, e o deu a Mardoqueu. E Ester encarregou Mardoqueu da casa de Hamã.

³Tornou Ester a falar perante o rei, e lançando-se-lhe aos pés, com lágrimas suplicou que revogasse a maldade de Hamã, o agagita, e o intento que este projetara contra os judeus.

⁴Então o rei estendeu para Ester o cetro de ouro. Ester, pois, levantou-se e, pondo-se em pé diante do rei,

⁵disse: Se parecer bem ao rei, e se eu tenho alcançado o seu favor, e se este negócio é reto diante do rei, e se eu lhe agrado, escreva-se que se revoguem as cartas concebidas por Hamã, filho de Hamedata, o agagita, as quais ele escreveu para destruir os judeus que há em todas as províncias do rei.

⁶Pois como poderei ver a calamidade que sobrevirá ao meu povo? ou como poderei ver a destruição da minha parentela?

⁷Então disse o rei Assuero à rainha Ester e ao judeu Mardoqueu: Eis que dei a Ester a casa de Hamã, e a ele enforcaram, porquanto estenderá as mãos contra os judeus.

⁸Escrevei vós também a respeito dos judeus, em nome do rei, como vos parecer bem, e selai-o com o anel do rei; pois um documento escrito em nome do rei e selado com o anel do rei não se pode revogar.

⁹Então foram chamados os secretários do rei naquele mesmo tempo, no terceiro mês, que é o mês de sivã, no vigésimo terceiro dia; e se escreveu conforme tudo quanto Mardoqueu ordenou a respeito dos judeus, aos sátrapas, aos governadores e aos príncipes das províncias, que se estendem da Índia até a Etiópia, cento e vinte e sete províncias, a cada província segundo o seu modo de escrever, e a cada povo conforme a sua língua; como também aos judeus segundo o seu modo de escrever e conforme a tua língua.

¹⁰Mardoqueu escreveu as cartas em nome do rei Assuero e, selando-as com anel do rei, enviou-as pela mão dos correios montados, que cavalgavam sobre ginetes que se usavam no serviço real e que eram da coudelaria do rei.

¹¹Nestas cartas o rei concedia aos judeus que havia em cada cidade que se reunissem e se dispusessem para defenderem as suas vidas, e para destruírem, matarem e exterminarem todas as forças do povo e da província que os quisessem assaltar, juntamente com os seus pequeninos e as suas mulheres, e que saqueassem os seus bens,

¹²num mesmo dia, em todas as províncias do rei Assuero, do dia treze do duodécimo mês, que é o mês de adar.

¹³E uma cópia da carta, que seria divulgada como decreto em todas as províncias, foi publicada entre todos os povos, para que os judeus estivessem preparados para aquele dia, a fim de se vingarem de seus inimigos.

¹⁴Partiram, pois, os correios montados em ginetes que se usavam no serviço real, apressados e impelidos pela ordem do rei; e foi proclamado o decreto em Susã, a capital.

¹⁵Então Mardoqueu saiu da presença do rei, vestido de um traje real azul celeste e branco, trazendo uma grande coroa de ouro, e um manto de linho fino e de púrpura, e a cidade de Susã exultou e se alegrou.

¹⁶E para os judeus houve luz e alegria, gozo e honra.

¹⁷Também em toda a província, e em toda cidade, aonde chegava a ordem do rei ao seu decreto, havia entre os judeus alegria e gozo, banquetes e festas; e muitos, dentre os povos da terra, se fizeram judeus, pois o medo dos judeus tinha caído sobre eles.

## Capítulo 9

¹Ora, no duodécimo mês que é o mês de adar, no dia treze do mês, em que a ordem do rei e o seu decreto estavam para se executar, no dia em que os inimigos dos judeus esperavam assenhorar-se deles, sucedeu o contrário, de modo que os judeus foram os que se assenhorearam do que os odiavam.

²Ajuntaram-se, pois, os judeus nas suas cidades, em todas as províncias do rei Assuero, para pôr as mãos naqueles que procuravam o seu mal; e ninguém podia resistir-lhes, porque o medo deles caíra sobre todos aqueles povos.

³E todos os príncipes das províncias, os sátrapas, os governadores e os que executavam os negócios do rei auxiliavam aos judeus, porque tinha caído sobre eles o medo de Mardoqueu.

⁴Pois Mardoqueu era grande na casa do rei, e a sua fama se espalhava por todas as províncias, porque o homem ia se tornando cada vez mais poderoso.

⁵Feriram, pois, os judeus a todos os seus inimigos a golpes de espada, matando-os e destruindo-os; e aos que os odiavam trataram como quiseram.

⁶E em Susã, a capital, os judeus mataram e destruíram quinhentos homens;

⁷como também mataram Parsandata, Dalfom, Aspata,

⁸Porata, Adalia, Aridata,

⁹Parmasta, Arisai, Aridai e Vaizata,

¹⁰os dez filhos de Hamã, filho de Hamedata, o inimigo dos judeus; porém ao despojo não estederam a mão.

¹¹Nesse mesmo dia veio ao conhecimento do rei o número dos mortos em Susã, a capital.

¹²E disse o rei à rainha Ester: Em Susã, a capital, os judeus mataram e destruíram quinhentos homens e os dez filhos de Hamã; que não teriam feito nas demais províncias do rei? Agora, qual é a tua petição? e te será concedida; e qual é ainda o teu rogo? e atender-se-á.

¹³Respondeu Ester: Se parecer bem ao rei, conceda aos judeus se acham em Susã que façam ainda amanhã conforme o decreto de hoje; e que os dez filhos de Hamã sejam pendurados na forca.

¹⁴Então o rei mandou que assim se fizesse; e foi publicado em edito em Susã, e os dez filhos de Hamã foram dependurados.

¹⁵Os judeus que se achavam em Susã reuniram-se também no dia catorze do mês de adar, e mataram em Susã trezentos homens; porém ao despojo não estenderam a mão.

¹⁶Da mesma sorte os demais judeus que se achavam nas províncias do rei se reuniram e se dispuseram em defesa das suas vidas, e tiveram repouso dos seus inimigos, matando dos que os odiavam setenta e cinco mil; porém ao despojo não estenderam a mão.

¹⁷Sucedeu isso no dia treze do mês de adar e no dia catorze descansaram, e o fizeram dia de banquetes e de alegria.

¹⁸Mas os judeus que se achavam em Susã se ajuntaram no dia treze como também no dia catorze; e descansaram no dia quinze, fazendo-o dia de banquetes e de alegria.

¹⁹Portanto os judeus das aldeias, que habitam nas cidades não muradas, fazem do dia catorze do mês de adar dia de alegria e de banquetes, e de festas, e dia de mandarem porções escolhidas uns aos outros.

²⁰mardoqueu escreveu estas coisas, e enviou cartas a todos os judeus que se achavam em todas as províncias do rei Assuero, aos de perto e aos de longe,

²¹ordenando-lhes que guardassem o dia catorze do mês de adar e o dia quinze do mesmo, todos os anos,

²²como os dias em que os judeus tiveram repouso dos seus inimigos, e o mês em que se lhes mudou a tristeza em alegria, e o pranto em dia de festa, a fim de que os fizessem dias de banquetes e de alegria, e de mandarem porções escolhidas uns aos outros, e dádivas aos pobres.

²³E os judeus se comprometeram a fazer como já tinham começado, e como Mardoqueu lhes tinha escrito;

²⁴porque Hamã, filho de Hamedata, o agagita, o inimigo de todos os judeus, tinha intentado destruir os judeus, e tinha lançado Pur, isto é, a sorte, para os assolar e destruir;

²⁵mas quando isto veio perante o rei, ordenou ele por cartas que o mau intento que Hamã formara contra os judeus recaísse sobre a sua cabeça, e que ele e seus filhos fossem pendurados na forca.

²⁶Por isso aqueles dias se chamaram Purim, segundo o nome Pur. portanto, por causa de todas as palavras daquela carta, e do que tinham testemunhado nesse sentido, e do que lhes havia sucedido,

²⁷os judeus concordaram e se comprometeram por si, sua descendência, e por todos os que haviam de unir-se com eles, a não deixarem de guardar estes dois dias, conforme o que se escreveras a respeito deles, e segundo o seu tempo determinado, todos os anos;

²⁸e a fazerem com que esses dias fossem lembrados e guardados por toda geração, família, província e cidade; e que esses dias de Purim não fossem revogados entre os judeus, e que a memória deles nunca perecesse dentre a sua descendência.

²⁹Então a rainha Ester, filha de Abiail, e o judeu Mardoqueu escreveram cartas com toda a autoridade para confirmar esta segunda carta a respeito de Purim,

³⁰e enviaram-nas a todos os judeus, às cento e vinte e sete províncias do reino de Assuero, com palavras de paz e de verdade,

³¹para confirmar esses dias de Purim nos seus tempos determinados, como o judeu Mardoqueu e a rainha Ester lhes tinham ordenado, e como eles se haviam obrigado por si e pela sua descendência no tocante a seus jejuns e suas lamentações.

³²A ordem de Ester confirmou o que dizia respeito ao Purim; e foi isso registrado nos anais.

## Capítulo 10

¹O rei Assuero impôs tributo à terra e às ilhas do mar.

²Quanto a todos os atos do seu poder e do seu valor, e a narrativa completa da grandeza de Mardoqueu, com que o rei o exaltou, porventura não estão eles escritos no livro dos anais dos reis da Média e da Pérsia?

³Pois o judeu Mardoqueu foi o segundo depois do rei Assuero, e grande entre os judeus, e estimado pela multidão de seus irmãos, porque procurava o bem-estar do seu povo, e falava pela paz de toda sua nação.

# Jó

## Capítulo 1

¹Havia um homem na terra de Uz, cujo nome era Jó. Era homem íntegro e reto, que temia a Deus e se desviava do mal.

²Nasceram-lhe sete filhos e três filhas.

³Possuía ele sete mil ovelhas, três mil camelos, quinhentas juntas de bois e quinhentas jumentas, tendo também muitíssima gente ao seu serviço; de modo que este homem era o maior de todos os do Oriente.

⁴Iam seus filhos à casa uns dos outros e faziam banquetes cada um por sua vez; e mandavam convidar as suas três irmãs para comerem e beberem com eles.

⁵E sucedia que, tendo decorrido o turno de dias de seus banquetes, enviava Jó e os santificava; e, levantando-se de madrugada, oferecia holocaustos segundo o número de todos eles; pois dizia Jó: Talvez meus filhos tenham pecado, e blasfemado de Deus no seu coração. Assim o fazia Jó continuamente.

⁶Ora, chegado o dia em que os filhos de Deus vieram apresentar-se perante o Senhor, veio também Satanás entre eles.

⁷O Senhor perguntou a Satanás: Donde vens? E Satanás respondeu ao Senhor, dizendo: De rodear a terra, e de passear por ela.

⁸Disse o Senhor a Satanás: Notaste porventura o meu servo Jó, que ninguém há na terra semelhante a ele, homem íntegro e reto, que teme a Deus e se desvia do mal?

⁹Então respondeu Satanás ao Senhor, e disse: Porventura Jó teme a Deus debalde?

¹⁰Não o tens protegido de todo lado a ele, a sua casa e a tudo quanto tem? Tens abençoado a obra de suas mãos, e os seus bens se multiplicam na terra.

¹¹Mas estende agora a tua mão, e toca-lhe em tudo quanto tem, e ele blasfemará de ti na tua face!

¹²Ao que disse o Senhor a Satanás: Eis que tudo o que ele tem está no teu poder; somente contra ele não estendas a tua mão. E Satanás saiu da presença do Senhor.

¹³Certo dia, quando seus filhos e suas filhas comiam e bebiam vinho em casa do irmão mais velho,

¹⁴veio um mensageiro a Jó e lhe disse: Os bois lavravam, e as jumentas pasciam junto a eles;

¹⁵e deram sobre eles os sabeus; e os tomaram; mataram os moços ao fio da espada, e só eu escapei para trazer-te a nova.

¹⁶Enquanto este ainda falava, veio outro e disse: Fogo de Deus caiu do céu e queimou as ovelhas e os moços, e os consumiu; e só eu escapei para trazer-te a nova.

¹⁷Enquanto este ainda falava, veio outro e disse: Os caldeus, dividindo-se em três bandos, deram sobre os camelos e os tomaram; e mataram os moços ao fio da espada; e só eu escapei para trazer-te a nova.

¹⁸Enquanto este ainda falava, veio outro e disse: Teus filhos e tuas filhas estavam comendo e bebendo vinho em casa do irmão mais velho;

¹⁹e eis que sobrevindo um grande vento de além do deserto, deu nos quatro cantos da casa, e ela caiu sobre os mancebos, de sorte que morreram; e só eu escapei para trazer-te a nova.

²⁰Então Jó se levantou, rasgou o seu manto, rapou a sua cabeça e, lançando-se em terra, adorou;

²¹e disse: Nu saí do ventre de minha mãe, e nu tornarei para lá. O Senhor deu, e o Senhor tirou; bendito seja o nome do Senhor.

²²Em tudo isso Jó não pecou, nem atribuiu a Deus falta alguma.

## Capítulo 2

¹Chegou outra vez o dia em que os filhos de Deus vieram apresentar-se perante o Senhor; e veio também Satanás entre eles apresentar-se perante o Senhor.

²Então o Senhor perguntou a Satanás: Donde vens? Respondeu Satanás ao Senhor, dizendo: De rodear a terra, e de passear por ela.

³Disse o Senhor a Satanás: Notaste porventura o meu servo Jó, que ninguém há na terra semelhante a ele, homem íntegro e reto, que teme a Deus e se desvia do mal? Ele ainda retém a sua integridade, embora me incitasses contra ele, para o consumir sem causa.

⁴Então Satanás respondeu ao Senhor: Pele por pele! Tudo quanto o homem tem dará pela sua vida.

⁵Estende agora a mão, e toca-lhe nos ossos e na carne, e ele blasfemará de ti na tua face!

⁶Disse, pois, o Senhor a Satanás: Eis que ele está no teu poder; somente poupa-lhe a vida.

⁷Saiu, pois, Satanás da presença do Senhor, e feriu Jó de úlceras malignas, desde a planta do pé até o alto da cabeça.

⁸E Jó, tomando um caco para com ele se raspar, sentou-se no meio da cinza.

⁹Então sua mulher lhe disse: Ainda reténs a tua integridade? Blasfema de Deus, e morre.

¹⁰Mas ele lhe disse: Como fala qualquer doida, assim falas tu; receberemos de Deus o bem, e não receberemos o mal? Em tudo isso não pecou Jó com os seus lábios.

¹¹Ouvindo, pois, três amigos de Jó todo esse mal que lhe havia sucedido, vieram, cada um do seu lugar: Elifaz o temanita, Bildade o suíta e Zofar o naamatita; pois tinham combinado para virem condoer-se dele e consolá-lo.

¹²E, levantando de longe os olhos e não o reconhecendo, choraram em alta voz; e, rasgando cada um o seu manto, lançaram pó para o ar sobre as suas cabeças.

¹³E ficaram sentados com ele na terra sete dias e sete noites; e nenhum deles lhe dizia palavra alguma, pois viam que a dor era muito grande.

## Capítulo 3

¹Depois disso abriu Jó a sua boca, e amaldiçoou o seu dia.

²E Jó falou, dizendo:

³Pereça o dia em que nasci, e a noite que se disse: Foi concebido um homem!

⁴Converta-se aquele dia em trevas; e Deus, lá de cima, não tenha cuidado dele, nem resplandeça sobre ele a luz.

⁵Reclamem-no para si as trevas e a sombra da morte; habitem sobre ele nuvens; espante-o tudo o que escurece o dia.

⁶Quanto àquela noite, dela se apodere a escuridão; e não se regozije ela entre os dias do ano; e não entre no número dos meses.

⁷Ah! que estéril seja aquela noite, e nela não entre voz de regozijo.

⁸Amaldiçoem-na aqueles que amaldiçoam os dias, que são peritos em suscitar o leviatã.

⁹As estrelas da alva se lhe escureçam; espere ela em vão a luz, e não veja as pálpebras da manhã;

¹⁰porquanto não fechou as portas do ventre de minha mãe, nem escondeu dos meus olhos a aflição.

¹¹Por que não morri ao nascer? por que não expirei ao vir à luz?

¹²Por que me receberam os joelhos? e por que os seios, para que eu mamasse?

¹³Pois agora eu estaria deitado e quieto; teria dormido e estaria em repouso,

¹⁴com os reis e conselheiros da terra, que reedificavam ruínas para si,

¹⁵ou com os príncipes que tinham ouro, que enchiam as suas casas de prata;

¹⁶ou, como aborto oculto, eu não teria existido, como as crianças que nunca viram a luz.

¹⁷Ali os ímpios cessam de perturbar; e ali repousam os cansados.

¹⁸Ali os presos descansam juntos, e não ouvem a voz do exator.

¹⁹O pequeno e o grande ali estão e o servo está livre de seu senhor.

²⁰Por que se concede luz ao aflito, e vida aos amargurados de alma;

²¹que anelam pela morte sem que ela venha, e cavam em procura dela mais do que de tesouros escondidos;

²²que muito se regozijam e exultam, quando acham a sepultura?

²³Sim, por que se concede luz ao homem cujo caminho está escondido, e a quem Deus cercou de todos os lados?

²⁴Pois em lugar de meu pão vem o meu suspiro, e os meus gemidos se derramam como água.

²⁵Porque aquilo que temo me sobrevém, e o que receio me acontece.

²⁶Não tenho repouso, nem sossego, nem descanso; mas vem a perturbação.

## Capítulo 4

¹Então respondeu Elifaz, o temanita, e disse:

²Se alguém intentar falar-te, enfadarte-ás? Mas quem poderá conter as palavras?

³Eis que tens ensinado a muitos, e tens fortalecido as mãos fracas.

⁴As tuas palavras têm sustentado aos que cambaleavam, e os joelhos desfalecentes tens fortalecido.

⁵Mas agora que se trata de ti, te enfadas; e, tocando-te a ti, te desanimas.

⁶Porventura não está a tua confiança no teu temor de Deus, e a tua

esperança na integridade dos teus caminhos?

⁷Lembra-te agora disto: qual o inocente que jamais pereceu? E onde foram os retos destruídos?

⁸Conforme tenho visto, os que lavram iniquidade e semeiam o mal segam o mesmo.

⁹Pelo sopro de Deus perecem, e pela rajada da sua ira são consumidos.

¹⁰Cessa o rugido do leão, e a voz do leão feroz; os dentes dos leõezinhos se quebram.

¹¹Perece o leão velho por falta de presa, e os filhotes da leoa andam dispersos.

¹²Ora, uma palavra se me disse em segredo, e os meus ouvidos perceberam um sussurro dela.

¹³Entre pensamentos nascidos de visões noturnas, quando cai sobre os homens o sono profundo,

¹⁴sobrevieram-me o espanto e o tremor, que fizeram estremecer todos os meus ossos.

¹⁵Então um espírito passou por diante de mim; arrepiaram-se os cabelos do meu corpo.

¹⁶Parou ele, mas não pude discernir a sua aparência; um vulto estava diante dos meus olhos; houve silêncio, então ouvi uma voz que dizia:

¹⁷Pode o homem mortal ser justo diante de Deus? Pode o varão ser puro diante do seu Criador?

¹⁸Eis que Deus não confia nos seus servos, e até a seus anjos atribui loucura;

¹⁹quanto mais aos que habitam em casas de lodo, cujo fundamento está no pó, e que são esmagados pela traça!

²⁰Entre a manhã e a tarde são destruídos; perecem para sempre sem que disso se faça caso.

²¹Se dentro deles é arrancada a corda da sua tenda, porventura não morrem, e isso sem atingir a sabedoria?

## Capítulo 5

¹Chama agora; há alguém que te responda; E a qual dentre os entes santos te dirigirás?

²Pois a dor destrói o louco, e a inveja mata o tolo.

³Bem vi eu o louco lançar raízes; mas logo amaldiçoei a sua habitação:

⁴Seus filhos estão longe da segurança, e são pisados nas portas, e não há quem os livre.

⁵A sua messe é devorada pelo faminto, que até dentre os espinhos a tira; e o laço abre as fauces para a fazenda deles.

⁶Porque a aflição não procede do pó, nem a tribulação brota da terra;

⁷mas o homem nasce para a tribulação, como as faíscas voam para cima.

⁸Mas quanto a mim eu buscaria a Deus, e a Deus entregaria a minha causa;

⁹o qual faz coisas grandes e inescrutáveis, maravilhas sem número.

¹⁰Ele derrama a chuva sobre a terra, e envia águas sobre os campos.

¹¹Ele põe num lugar alto os abatidos; e os que choram são exaltados à segurança.

¹²Ele frustra as maquinações dos astutos, de modo que as suas mãos não possam levar coisa alguma a efeito.

¹³Ele apanha os sábios na sua própria astúcia, e o conselho dos perversos se precipita.

¹⁴Eles de dia encontram as trevas, e ao meio-dia andam às apalpadelas, como de noite.

¹⁵Mas Deus livra o necessitado da espada da boca deles, e da mão do poderoso.

¹⁶Assim há esperança para o pobre; e a iniquidade tapa a boca.

¹⁷Eis que bem-aventurado é o homem a quem Deus corrige; não desprezes, pois, a correção do Todo-Poderoso.

¹⁸Pois ele faz a ferida, e ele mesmo a liga; ele fere, e as suas mãos curam.

¹⁹Em seis angústias te livrará, e em sete o mal não te tocará.

²⁰Na fome te livrará da morte, e na guerra do poder da espada.

²¹Do açoite da língua estarás abrigado, e não temerás a assolação, quando chegar.

²²Da assolação e da fome te rirás, e dos animais da terra não terás medo.

²³Pois até com as pedras do campo terás a tua aliança, e as feras do campo estarão em paz contigo.

²⁴Saberás que a tua tenda está em paz; visitarás o teu rebanho, e nada te faltará.

²⁵Também saberás que se multiplicará a tua descendência e a tua posteridade como a erva da terra.

²⁶Em boa velhice irás à sepultura, como se recolhe o feixe de trigo a seu tempo.

²⁷Eis que isso já o havemos inquirido, e assim o é; ouve-o, e conhece-o para teu bem.

## Capítulo 6

¹Então Jó, respondendo, disse:

²Oxalá de fato se pesasse a minha mágoa, e juntamente na balança se pusesse a minha calamidade!

³Pois, na verdade, seria mais pesada do que a areia dos mares; por isso é que as minhas palavras têm sido temerárias.

⁴Porque as flechas do Todo-Poderoso se cravaram em mim, e o meu espírito suga o veneno delas; os terrores de Deus se arregimentam contra mim.

⁵Zurrará o asno montês quando tiver erva? Ou mugirá o boi junto ao seu pasto?:

⁶Pode se comer sem sal o que é insípido? Ou há gosto na clara do ovo?

⁷Nessas coisas a minha alma recusa tocar, pois são para mim qual comida repugnante.

⁸Quem dera que se cumprisse o meu rogo, e que Deus me desse o que anelo!

⁹que fosse do agrado de Deus esmagar-me; que soltasse a sua mão, e me exterminasse!

¹⁰Isto ainda seria a minha consolação, e exultaria na dor que não me poupa; porque não tenho negado as palavras do Santo.

¹¹Qual é a minha força, para que eu espere? Ou qual é o meu fim, para que me porte com paciência?

¹²É a minha força a força da pedra? Ou é de bronze a minha carne?

¹³Na verdade não há em mim socorro nenhum. Não me desamparou todo o auxílio eficaz?

¹⁴Ao que desfalece devia o amigo mostrar compaixão; mesmo ao que abandona o temor do Todo-Poderoso.

¹⁵Meus irmãos houveram-se aleivosamente, como um ribeiro, como a torrente dos ribeiros que passam,

¹⁶os quais se turvam com o gelo, e neles se esconde a neve;

¹⁷no tempo do calor vão minguando; e quando o calor vem, desaparecem do seu lugar.

¹⁸As caravanas se desviam do seu curso; sobem ao deserto, e perecem.

¹⁹As caravanas de Tema olham; os viandantes de Sabá por eles esperam.

²⁰Ficam envergonhados por terem confiado; e, chegando ali, se confundem.

²¹Agora, pois, tais vos tornastes para mim; vedes a minha calamidade e temeis.

²²Acaso disse eu: Dai-me um presente? Ou: Fazei-me uma oferta de vossos bens?

²³Ou: Livrai-me das mãos do adversário? Ou: Resgatai-me das mãos dos opressores?

²⁴Ensinai-me, e eu me calarei; e fazei-me entender em que errei.

²⁵Quão poderosas são as palavras da boa razão! Mas que é o que a vossa argüição reprova?

²⁶Acaso pretendeis reprovar palavras, embora sejam as razões do desesperado como vento?

²⁷Até quereis lançar sortes sobre o órfão, e fazer mercadoria do vosso amigo.

²⁸Agora, pois, por favor, olhai para mim; porque de certo à vossa face não mentirei.

²⁹Mudai de parecer, peço-vos, não haja injustiça; sim, mudai de parecer, que a minha causa é justa.

³⁰Há iniqüidade na minha língua? Ou não poderia o meu paladar discernir coisas perversas?

## Capítulo 7

¹Porventura não tem o homem duro serviço sobre a terra? E não são os seus dias como os do jornaleiro?

²Como o escravo que suspira pela sombra, e como o jornaleiro que espera pela sua paga,

³assim se me deram meses de escassez, e noites de aflição se me ordenaram.

⁴Havendo-me deitado, digo: Quando me levantarei? Mas comprida é a noite, e farto-me de me revolver na cama até a alva.

⁵A minha carne se tem vestido de vermes e de torrões de pó; a minha pele endurece, e torna a rebentar-se.

⁶Os meus dias são mais velozes do que a lançadeira do tecelão, e chegam ao fim sem esperança.

⁷Lembra-te de que a minha vida é um sopro; os meus olhos não tornarão a ver o bem.

⁸Os olhos dos que agora me vêem não me verão mais; os teus olhos estarão sobre mim, mas não serei mais.

⁹Tal como a nuvem se desfaz e some, aquele que desce à sepultura nunca tornará a subir.

¹⁰Nunca mais tornará à sua casa, nem o seu lugar o conhecerá mais.

¹¹Por isso não reprimirei a minha boca; falarei na angústia do meu espírito, queixar-me-ei na amargura da minha alma.

¹²Sou eu o mar, ou um monstro marinho, para que me ponhas uma guarda?

¹³Quando digo: Confortar-me-á a minha cama, meu leito aliviará a minha queixa,

¹⁴então me espantas com sonhos, e com visões me atemorizas;

¹⁵de modo que eu escolheria antes a estrangulação, e a morte do que estes meus ossos.

¹⁶A minha vida abomino; não quero viver para sempre; retira-te de mim, pois os meus dias são vaidade.

¹⁷Que é o homem, para que tanto o engrandeças, e ponhas sobre ele o teu pensamento,

¹⁸e cada manhã o visites, e cada momento o proves?

¹⁹Até quando não apartarás de mim a tua vista, nem me largarás, até que eu possa engolir a minha saliva?

²⁰Se peco, que te faço a ti, ó vigia dos homens? Por que me fizeste alvo dos teus dardos? Por que a mim mesmo me tornei pesado?

²¹Por que me não perdoas a minha transgressão, e não tiras a minha iniquidade? Pois agora me deitarei no pó; tu me buscarás, porém eu não serei mais.

## Capítulo 8

¹Então respondeu Bildade, o suíta, dizendo:

²Até quando falarás tais coisas, e até quando serão as palavras da tua boca qual vento impetuoso?

³Perverteria Deus o direito? Ou perverteria o Todo-Poderoso a justiça?

⁴Se teus filhos pecaram contra ele, ele os entregou ao poder da sua transgressão.

⁵Mas, se tu com empenho buscares a Deus, e ,ao Todo-Poderoso fizeres a tua súplica,

⁶se fores puro e reto, certamente mesmo agora ele despertará por ti, e tornará segura a habitação da tua justiça.

⁷Embora tenha sido pequeno o teu princípio, contudo o teu último estado aumentará grandemente.

⁸Indaga, pois, eu te peço, da geração passada, e considera o que seus pais descobriram.

⁹Porque nós somos de ontem, e nada sabemos, porquanto nossos dias sobre a terra, são uma sombra.

¹⁰Não te ensinarão eles, e não te falarão, e do seu entendimento não proferirão palavras?

¹¹Pode o papiro desenvolver-se fora de um pântano. Ou pode o junco crescer sem água?

¹²Quando está em flor e ainda não cortado, seca-se antes de qualquer outra erva.

¹³Assim são as veredas de todos quantos se esquecem de Deus; a esperança do ímpio perecerá,

¹⁴a sua segurança se desfará, e a sua confiança será como a teia de aranha.

¹⁵Encostar-se-á à sua casa, porém ela não subsistirá; apegar-se-lhe-á, porém ela não permanecerá.

¹⁶Ele está verde diante do sol, e os seus renovos estendem-se sobre o seu jardim;

¹⁷as suas raízes se entrelaçam junto ao monte de pedras; até penetra o pedregal.

¹⁸Mas quando for arrancado do seu lugar, então este o negará, dizendo: Nunca te vi.

¹⁹Eis que tal é a alegria do seu caminho; e da terra outros brotarão.

²⁰Eis que Deus não rejeitará ao reto, nem tomará pela mão os malfeitores,

²¹ainda de riso te encherá a boca, e os teus lábios de louvor.

²²Teus aborrecedores se vestirão de confusão; e a tenda dos ímpios não subsistirá.

## Capítulo 9

¹Então Jó respondeu, dizendo:

²Na verdade sei que assim é; mas como pode o homem ser justo para com Deus?

³Se alguém quisesse contender com ele, não lhe poderia responder uma vez em mil.

⁴Ele é sábio de coração e poderoso em forças; quem se endureceu contra ele, e ficou seguro?

⁵Ele é o que remove os montes, sem que o saibam, e os transtorna no seu furor;

⁶o que sacode a terra do seu lugar, de modo que as suas colunas estremecem;

⁷o que dá ordens ao sol, e ele não nasce; o que sela as estrelas;

⁸o que sozinho estende os céus, e anda sobre as ondas do mar;

⁹o que fez a ursa, o Oriom, e as Plêiades, e as recâmaras do sul;

¹⁰o que faz coisas grandes e insondáveis, e maravilhas que não se podem contar.

¹¹Eis que ele passa junto a mim, e, nao o vejo; sim, vai passando adiante, mas não o percebo.

¹²Eis que arrebata a presa; quem o pode impedir? Quem lhe dirá: Que é o que fazes?

¹³Deus não retirará a sua ira; debaixo dele se curvaram os aliados de Raabe;

¹⁴quanto menos lhe poderei eu responder ou escolher as minhas palavras para discutir com ele?

¹⁵Embora, eu seja justo, não lhe posso responder; tenho de pedir misericórdia ao meu juiz.

¹⁶Ainda que eu chamasse, e ele me respondesse, não poderia crer que ele estivesse escutando a minha voz.

¹⁷Pois ele me quebranta com uma tempestade, e multiplica as minhas chagas sem causa.

¹⁸Não me permite respirar, antes me farta de amarguras.

¹⁹Se fosse uma prova de força, eis-me aqui, diria ele; e se fosse questão de juízo, quem o citaria para comparecer?

²⁰Ainda que eu fosse justo, a minha própria boca me condenaria; ainda que eu fosse perfeito, então ela me declararia perverso:

²¹Eu sou inocente; não estimo a mim mesmo; desprezo a minha vida.

²²Tudo é o mesmo, portanto digo: Ele destrói o reto e o ímpio.

²³Quando o açoite mata de repente, ele zomba da calamidade dos inocentes.

²⁴A terra está entregue nas mãos do ímpio. Ele cobre o rosto dos juízes; se não é ele, quem é, logo?

²⁵Ora, os meus dias são mais velozes do que um correio; fogem, e não vêem o bem.

²⁶Eles passam como balsas de junco, como águia que se lança sobre a presa.

²⁷Se eu disser: Eu me esquecerei da minha queixa, mudarei o meu aspecto, e tomarei alento;

²⁸então tenho pavor de todas as minhas dores; porque bem sei que não me terás por inocente.

²⁹Eu serei condenado; por que, pois, trabalharei em vão?

³⁰Se eu me lavar com água de neve, e limpar as minhas mãos com sabão,

³¹mesmo assim me submergirás no fosso, e as minhas próprias vestes me abominarão.

³²Porque ele não é homem, como eu, para eu lhe responder, para nos encontrarmos em juízo.

³³Não há entre nós árbitro para pôr a mão sobre nós ambos.

³⁴Tire ele a sua vara de cima de mim, e não me amedronte o seu terror;

³⁵então falarei, e não o temerei; pois eu não sou assim em mim mesmo.

## Capítulo 10

¹Tendo tédio à minha vida; darei livre curso à minha queixa, falarei na amargura da minha alma:

²Direi a Deus: Não me condenes; faze-me saber por que contendes comigo.

³Tens prazer em oprimir, em desprezar a obra das tuas mãos e favorecer o desígnio dos ímpios?

⁴Tens tu olhos de carne? Ou vês tu como vê o homem?

⁵São os teus dias como os dias do homem? Ou são os teus anos como os anos de um homem,

⁶para te informares da minha iniquidade, e averiguares o meu pecado,

⁷ainda que tu sabes que eu não sou ímpio, e que não há ninguém

que possa livrar-me da tua mão?

⁸As tuas mãos me fizeram e me deram forma; e te voltas agora para me consumir?

⁹Lembra-te, pois, de que do barro me formaste; e queres fazer-me tornar ao pó?

¹⁰Não me vazaste como leite, e não me coalhaste como queijo?

¹¹De pele e carne me vestiste, e de ossos e nervos me teceste.

¹²Vida e misericórdia me tens concedido, e a tua providência me tem conservado o espírito.

¹³Contudo ocultaste estas coisas no teu coração; bem sei que isso foi o teu desígnio.

¹⁴Se eu pecar, tu me observas, e da minha iniquidade não me absolverás.

¹⁵Se for ímpio, ai de mim! Se for justo, não poderei levantar a minha cabeça, estando farto de ignomínia, e de contemplar a minha miséria.

¹⁶Se a minha cabeça se exaltar, tu me caças como a um leão feroz; e de novo fazes maravilhas contra mim.

¹⁷Tu renovas contra mim as tuas testemunhas, e multiplicas contra mim a tua ira; reveses e combate estão comigo.

¹⁸Por que, pois, me tiraste da madre? Ah! se então tivera expirado, e olhos nenhuns me vissem!

¹⁹Então fora como se nunca houvera sido; e da madre teria sido levado para a sepultura.

²⁰Não são poucos os meus dias? Cessa, pois, e deixa-me, para que por um pouco eu tome alento;

²¹antes que me vá para o lugar de que não voltarei, para a terra da escuridão e das densas trevas,

²²terra escuríssima, como a própria escuridão, terra da sombra trevosa e do caos, e onde a própria luz é como a escuridão.

## Capítulo 11

¹Então respondeu Zofar, o naamatita, dizendo:

²Não se dará resposta à multidão de palavras? ou será justificado o homem falador?

³Acaso as tuas jactâncias farão calar os homens? e zombarás tu sem que ninguém te envergonhe?

⁴Pois dizes: A minha doutrina é pura, e limpo sou aos teus olhos.

⁵Mas, na verdade, oxalá que Deus falasse e abrisse os seus lábios contra ti,

⁶e te fizesse saber os segredos da sabedoria, pois é multiforme o seu entendimento; sabe, pois, que Deus exige de ti menos do que merece a tua iniquidade.

⁷Poderás descobrir as coisas profundas de Deus, ou descobrir perfeitamente o Todo-Poderoso?

⁸Como as alturas do céu é a sua sabedoria; que poderás tu fazer? Mais profunda é ela do que o Seol; que poderás tu saber?

⁹Mais comprida é a sua medida do que a terra, e mais larga do que o mar.

¹⁰Se ele passar e prender alguém, e chamar a juízo, quem o poderá impedir?

¹¹Pois ele conhece os homens vãos; e quando vê a iniquidade, não atentará para ela?

¹²Mas o homem vão adquirirá entendimento, quando a cria do asno montês nascer homem.

¹³Se tu preparares o teu coração, e estenderes as mãos para ele;

¹⁴se há iniquidade na tua mão, lança-a para longe de ti, e não deixes a perversidade habitar nas tuas tendas;

¹⁵então levantarás o teu rosto sem mácula, e estarás firme, e não temerás.

¹⁶Pois tu te esquecerás da tua miséria; apenas te lembrarás dela como das águas que já passaram.

¹⁷E a tua vida será mais clara do que o meio-dia; a escuridão dela será como a alva.

¹⁸E terás confiança, porque haverá esperança; olharás ao redor de ti e repousarás seguro.

¹⁹Deitar-te-ás, e ninguém te amedrontará; muitos procurarão obter o teu favor.

²⁰Mas os olhos dos ímpios desfalecerão, e para eles não haverá refúgio; a sua esperança será o expirar.

## Capítulo 12

¹Então Jó respondeu, dizendo:

²Sem dúvida vós sois o povo, e convosco morrerá a sabedoria.

³Mas eu tenho entendimento como, vos; eu não vos sou inferior. Quem não sabe tais coisas como essas?

⁴Sou motivo de riso para os meus amigos; eu, que invocava a Deus, e ele me respondia: o justo e reto servindo de irrisão!

⁵No pensamento de quem está seguro há desprezo para a desgraça; ela está preparada para aquele cujos pés resvalam.

⁶As tendas dos assoladores têm descanso, e os que provocam a Deus estão seguros; os que trazem o seu deus na mão!

⁷Mas, pergunta agora às alimárias, e elas te ensinarão; e às aves do céu, e elas te farão saber;

⁸ou fala com a terra, e ela te ensinará; até os peixes do mar to declararão.

⁹Qual dentre todas estas coisas não sabe que a mão do Senhor fez isto?

¹⁰Na sua mão está a vida de todo ser vivente, e o espírito de todo o gênero humano.

¹¹Porventura o ouvido não prova as palavras, como o paladar prova o alimento?

¹²Com os anciãos está a sabedoria, e na longura de dias o entendimento.

¹³Com Deus está a sabedoria e a força; ele tem conselho e entendimento.

¹⁴Eis que ele derriba, e não se pode reedificar; ele encerra na prisão, e não se pode abrir.

¹⁵Ele retém as águas, e elas secam; solta-as, e elas inundam a terra.

¹⁶Com ele está a força e a sabedoria; são dele o enganado e o enganador.

¹⁷Aos conselheiros leva despojados, e aos juízes faz desvairar.

¹⁸Solta o cinto dos reis, e lhes ata uma corda aos lombos.

¹⁹Aos sacerdotes leva despojados, e aos poderosos transtorna.

²⁰Aos que são dignos da confiança emudece, e tira aos anciãos o discernimento.

²¹Derrama desprezo sobre os príncipes, e afrouxa o cinto dos fortes.

²²Das trevas descobre coisas profundas, e traz para a luz a sombra da morte.

²³Multiplica as nações e as faz perecer; alarga as fronteiras das nações, e as leva cativas.

²⁴Tira o entendimento aos chefes do povo da terra, e os faz vaguear pelos desertos, sem caminho.

²⁵Eles andam nas trevas às apalpadelas, sem luz, e ele os faz cambalear como um ébrio.

## Capítulo 13

¹Eis que os meus olhos viram tudo isto, e os meus ouvidos o ouviram e entenderam.

²O que vós sabeis também eu o sei; não vos sou inferior.

³Mas eu falarei ao Todo-Poderoso, e quero defender-me perante Deus.

⁴Vós, porém, sois forjadores de mentiras, e vós todos, médicos que não valem nada.

⁵Oxalá vos calásseis de todo, pois assim passaríeis por sábios.

⁶Ouvi agora a minha defesa, e escutai os argumentos dos meus lábios.

⁷Falareis falsamente por Deus, e por ele proferireis mentiras?

⁸Fareis aceitação da sua pessoa? Contendereis a favor de Deus?

⁹Ser-vos-ia bom, se ele vos esquadrinhasse? Ou zombareis dele, como quem zomba de um homem?

¹⁰Certamente vos repreenderá, se em oculto vos deixardes levar de respeitos humanos.

¹¹Não vos amedrontará a sua majestade? E não cairá sobre vós o seu terror?

¹²As vossas máximas são provérbios de cinza; as vossas defesas são torres de barro.

¹³Calai-vos perante mim, para que eu fale, e venha sobre mim o que vier.

¹⁴Tomarei a minha carne entre os meus dentes, e porei a minha vida na minha mão.

¹⁵Eis que ele me matará; não tenho esperança; contudo defenderei os meus caminhos diante dele.

¹⁶Também isso será a minha salvação, pois o ímpio não virá perante ele.

¹⁷Ouvi atentamente as minhas palavras, e chegue aos vossos ouvidos a minha declaração.

¹⁸Eis que já pus em ordem a minha causa, e sei que serei achado justo.

¹⁹Quem é o que contenderá comigo? Pois então me calaria e renderia o espírito.

²⁰Concede-me somente duas coisas; então não me esconderei do

teu rosto:

²¹desvia a tua mão rara longe de mim, e não me amedronte o teu terror.

²²Então chama tu, e eu responderei; ou eu falarei, e me responde tu.

²³Quantas iniqüidades e pecados tenho eu? Faze-me saber a minha transgressão e o meu pecado.

²⁴Por que escondes o teu rosto, e me tens por teu inimigo?

²⁵Acossarás uma folha arrebatada pelo vento? E perseguirás o restolho seco?

²⁶Pois escreves contra mim coisas amargas, e me fazes herdar os erros da minha mocidade;

²⁷também pões no tronco os meus pés, e observas todos os meus caminhos, e marcas um termo ao redor dos meus pés,

²⁸apesar de eu ser como uma coisa podre que se consome, e como um vestido, ao qual rói a traça.

## Capítulo 14

¹O homem, nascido da mulher, é de poucos dias e cheio de inquietação.

²Nasce como a flor, e murcha; foge também como a sombra, e não permanece.

³Sobre esse tal abres os teus olhos, e a mim me fazes entrar em juízo contigo?

⁴Quem do imundo tirará o puro? Ninguém.

⁵Visto que os seus dias estão determinados, contigo está o número dos seus meses; tu lhe puseste limites, e ele não poderá passar além deles.

⁶Desvia dele o teu rosto, para que ele descanse e, como o jornaleiro, tenha contentamento no seu dia.

⁷Porque há esperança para a árvore, que, se for cortada, ainda torne a brotar, e que não cessem os seus renovos.

⁸Ainda que envelheça a sua raiz na terra, e morra o seu tronco no pó,

⁹contudo ao cheiro das águas brotará, e lançará ramos como uma planta nova.

¹⁰O homem, porém, morre e se desfaz; sim, rende o homem o espírito, e então onde está?

¹¹Como as águas se retiram de um lago, e um rio se esgota e seca,

¹²assim o homem se deita, e não se levanta; até que não haja mais céus não acordará nem será despertado de seu sono.

¹³Oxalá me escondesses no Seol, e me ocultasses até que a tua ira tenha passado; que me determinasses um tempo, e te lembrasses de mim!

¹⁴Morrendo o homem, acaso tornará a viver? Todos os dias da minha lida esperaria eu, até que viesse a minha mudança.

¹⁵Chamar-me-ias, e eu te responderia; almejarias a obra de tuas mãos.

¹⁶Então contarias os meus passos; não estarias a vigiar sobre o meu pecado;

¹⁷a minha transgressão estaria selada num saco, e ocultarias a minha iniqüidade.

¹⁸Mas, na verdade, a montanha cai e se desfaz, e a rocha se remove do seu lugar.

¹⁹As águas gastam as pedras; as enchentes arrebatam o solo; assim tu fazes perecer a esperança do homem.

²⁰Prevaleces para sempre contra ele, e ele passa; mudas o seu rosto e o despedes.

²¹Os seus filhos recebem honras, sem que ele o saiba; são humilhados sem que ele o perceba.

²²Sente as dores do seu próprio corpo somente, e só por si mesmo lamenta.

## Capítulo 15

¹Então respondeu Elifaz, o temanita:

²Porventura responderá o sábio com ciência de vento? E encherá do vento oriental o seu ventre,

³argüindo com palavras que de nada servem, ou com razões com que ele nada aproveita?

⁴Na verdade tu destróis a reverência, e impedes a meditação diante de Deus.

⁵Pois a tua iniqüidade ensina a tua boca, e escolhes a língua dos astutos.

⁶A tua própria boca te condena, e não eu; e os teus lábios testificam contra ti.

⁷És tu o primeiro homem que nasceu? Ou foste dado à luz antes dos outeiros?

⁸Ou ouviste o secreto conselho de Deus? E a ti só reservas a sabedoria?

⁹Que sabes tu, que nós não saibamos; que entendes, que não haja em nós?

¹⁰Conosco estão os encanecidos e idosos, mais idosos do que teu pai.

¹¹Porventura fazes pouco caso das consolações de Deus, ou da palavra que te trata benignamente?

¹²Por que te arrebata o teu coração, e por que flamejam os teus olhos,

¹³de modo que voltas contra Deus o teú espírito, e deixas sair tais palavras da tua boca?

¹⁴Que é o homem, para que seja puro? E o que nasce da mulher, para que fique justo?

¹⁵Eis que Deus não confia nos seus santos, e nem o céu é puro aos seus olhos;

¹⁶quanto menos o homem abominável e corrupto, que bebe a iniqüidade como a água?

¹⁷Escuta-me e to mostrarei; contar-te-ei o que tenho visto

¹⁸(o que os sábios têm anunciado e seus pais não o ocultaram;

¹⁹aos quais somente era dada a terra, não havendo estranho algum passado por entre eles);

²⁰Todos os dias passa o ímpio em angústia, sim, todos os anos que estão reservados para o opressor.

²¹O sonido de terrores está nos seus ouvidos; na prosperidade lhe sobrevém o assolador.

²²Ele não crê que tornará das trevas, mas que o espera a espada.

²³Anda vagueando em busca de pão, dizendo: Onde está? Bem sabe que o dia das trevas lhe está perto, à mão.

²⁴Amedrontam-no a angústia e a tribulação; prevalecem contra ele, como um rei preparado para a peleja.

²⁵Porque estendeu a sua mão contra Deus, e contra o Todo-Poderoso se porta com soberba;

²⁶arremete contra ele com dura cerviz, e com as saliências do seu escudo;

²⁷porquanto cobriu o seu rosto com a sua gordura, e criou carne gorda nas ilhargas,

²⁸e habitou em cidades assoladas, em casas em que ninguem deveria morar, que estavam a ponto de tornar-se em montões de ruínas;

²⁹não se enriquecerá, nem subsistirá a sua fazenda, nem se estenderão pela terra as suas possessões.

³⁰Não escapará das trevas; a chama do fogo secará os seus ramos, e ao sopro da boca de Deus desaparecerá.

³¹Não confie na vaidade, enganando-se a si mesmo; pois a vaidade será a sua recompensa.

³²Antes do seu dia se cumprirá, e o seu ramo não reverdecerá.

³³Sacudirá as suas uvas verdes, como a vide, e deixará cair a sua flor como a oliveira.

³⁴Pois a assembléia dos ímpios é estéril, e o fogo consumirá as tendas do suborno.

³⁵Concebem a malícia, e dão à luz a iniqüidade, e o seu coração prepara enganos.

## Capítulo 16

¹Então Jó respondeu, dizendo:

²Tenho ouvido muitas coisas como essas; todos vós sois consoladores molestos.

³Não terão fim essas palavras de vento? Ou que é o que te provoca, para assim responderes?

⁴Eu também poderia falar como vós falais, se vós estivésseis em meu lugar; eu poderia amontoar palavras contra vós, e contra vós menear a minha cabeça;

⁵poderia fortalecer-vos com a minha boca, e a consolação dos meus lábios poderia mitigar a vossa dor.

⁶Ainda que eu fale, a minha dor nað se mitiga; e embora me cale, qual é o meu alívio?

⁷Mas agora, ó Deus, me deixaste exausto; assolaste toda a minha companhia.

⁸Tu me emagreceste, e isso constitui uma testemunha contra mim; contra mim se levanta a minha magreza, e o meu rosto testifica contra mim.

⁹Na sua ira ele me despedaçou, e me perseguiu; rangeu os dentes contra mim; o meu adversário aguça os seus olhos contra mim.

¹⁰Os homens abrem contra mim a boca; com desprezo me ferem nas faces, e contra mim se ajuntam a uma.

¹¹Deus me entrega ao ímpio, nas mãos dos iníquos me faz cair.

¹²Descansado estava eu, e ele me quebrantou; e pegou-me pelo

pescoço, e me despedaçou; colocou-me por seu alvo;

¹³cercam-me os seus flecheiros. Atravessa-me os rins, e não me poupa; derrama o meu fel pela terra.

¹⁴Quebranta-me com golpe sobre golpe; arremete contra mim como um guerreiro.

¹⁵Sobre a minha pele cosi saco, e deitei a minha glória no pó.

¹⁶O meu rosto todo está inflamado de chorar, e há sombras escuras sobre as minhas pálpebras,

¹⁷embora não haja violência nas minhas maos, e seja pura a minha oração.

¹⁸ó terra, não cubras o meu sangue, e não haja lugar em que seja abafado o meu clamor!

¹⁹Eis que agora mesmo a minha testemunha está no céu, e o meu fiador nas alturas.

²⁰Os meus amigos zombam de mim; mas os meus olhos se desfazem em lágrimas diante de Deus,

²¹para que ele defenda o direito que o homem tem diante de Deus e o que o filho do homem tem perante, o seu proximo.

²²Pois quando houver decorrido poucos anos, eu seguirei o caminho por onde não tornarei.

## *Capítulo 17*

¹O meu espírito está quebrantado, os meus dias se extinguem, a sepultura me está preparada!

²Deveras estou cercado de zombadores, e os meus olhos contemplam a sua provocação!

³Dá-me, peço-te, um penhor, e sê o meu fiador para contigo; quem mais há que me dê a mão?

⁴Porque aos seus corações encobriste o entendimento, pelo que não os exaltarás.

⁵Quem entrega os seus amigos como presa, os olhos de seus filhos desfalecerão.

⁶Mas a mim me pôs por motejo dos povos; tornei-me como aquele em cujo rosto se cospe.

⁷De mágoa se escureceram os meus olhos, e todos os meus membros são como a sombra.

⁸Os retos pasmam disso, e o inocente se levanta contra o ímpio.

⁹Contudo o justo prossegue no seu caminho e o que tem mãos puras vai crescendo em força.

¹⁰Mas tornai vós todos, e vinde, e sábio nenhum acharei entre vós.

¹¹Os meus dias passaram, malograram-se os meus propósitos, as aspirações do meu coração.

¹²Trocam a noite em dia; dizem que a luz está perto das trevas. el,

¹³Se eu olhar o Seol como a minha casa, se nas trevas estender a minha cama,

¹⁴se eu clamar à cova: Tu és meu pai; e aos vermes: Vós sois minha mãe e minha irmã;

¹⁵onde está então a minha esperança? Sim, a minha esperança, quem a poderá ver?

¹⁶Acaso descerá comigo até os ferrolhos do Seol? Descansaremos juntos no pó?

## *Capítulo 18*

¹Então respondeu Bildade, o suíta:

²Até quando estareis à procura de palavras? considerai bem, e então falaremos.

³Por que somos tratados como gado, e como estultos aos vossos olhos?

⁴Oh tu, que te despedaças na tua ira, acaso por amor de ti será abandonada a terra, ou será a rocha removida do seu lugar?

⁵Na verdade, a luz do ímpio se apagará, e não resplandecerá a chama do seu fogo.

⁶A luz se escurecerá na sua tenda, e a lâmpada que está sobre ele se apagará.

⁷Os seus passos firmes se estreitarão, e o seu próprio conselho o derribará.

⁸Pois por seus próprios pés é ele lançado na rede, e pisa nos laços armados.

⁹A armadilha o apanha pelo calcanhar, e o laço o prende;

¹⁰a corda do mesmo está-lhe escondida na terra, e uma armadilha na vereda.

¹¹Terrores o amedrontam de todos os lados, e de perto lhe perseguem os pés.

¹²O seu vigor é diminuído pela fome, e a destruição está pronta ao seu lado.

¹³São devorados os membros do seu corpo; sim, o primogênito da morte devora os seus membros.

¹⁴Arrancado da sua tenda, em que confiava, é levado ao rei dos terrores.

¹⁵Na sua tenda habita o que não lhe pertence; espalha-se enxofre sobre a sua habitação.

¹⁶Por baixo se secam as suas raízes, e por cima são cortados os seus ramos.

¹⁷A sua memória perece da terra, e pelas praças não tem nome.

¹⁸É lançado da luz para as trevas, e afugentado do mundo.

¹⁹Não tem filho nem neto entre o seu povo, e descendente nenhum lhe ficará nas moradas.

²⁰Do seu dia pasmam os do ocidente, assim como os do oriente ficam sobressaltados de horror.

²¹Tais são, na verdade, as moradas do, impio, e tal é o lugar daquele que não conhece a Deus.

## *Capítulo 19*

¹Então Jó respondeu:

²Até quando afligireis a minha alma, e me atormentareis com palavras?

³Já dez vezes me haveis humilhado; não vos envergonhais de me maltratardes?

⁴Embora haja eu, na verdade, errado, comigo fica o meu erro.

⁵Se deveras vos quereis engrandecer contra mim, e me incriminar pelo meu opróbrio,

⁶sabei então que Deus é o que transtornou a minha causa, e com a sua rede me cercou.

⁷Eis que clamo: Violência! mas não sou ouvido; grito: Socorro! mas não há justiça.

⁸com muros fechou ele o meu caminho, de modo que não posso passar; e pôs trevas nas minhas veredas.

⁹Da minha honra me despojou, e tirou-me da cabeça a coroa.

¹⁰Quebrou-me de todos os lados, e eu me vou; arrancou a minha esperança, como a, uma árvore.

¹¹Acende contra mim a sua ira, e me considera como um de seus adversários.

¹²Juntas as suas tropas avançam, levantam contra mim o seu caminho, e se acampam ao redor da minha tenda.

¹³Ele pôs longe de mim os meus irmãos, e os que me conhecem tornaram-se estranhos para mim.

¹⁴Os meus parentes se afastam, e os meus conhecidos se esquecem de, mim.

¹⁵Os meus domésticos e as minhas servas me têm por estranho; vim a ser um estrangeiro aos seus olhos.

¹⁶Chamo ao meu criado, e ele não me responde; tenho que suplicar-lhe com a minha boca.

¹⁷O meu hÁlito é intolerável à minha mulher; sou repugnante aos filhos de minhã mae.

¹⁸Até os pequeninos me desprezam; quando me levanto, falam contra mim.

¹⁹Todos os meus amigos íntimos me abominam, e até os que eu amava se tornaram contra mim.

²⁰Os meus ossos se apegam à minha pele e à minha carne, e só escapei com a pele dos meus dentes.

²¹Compadecei-vos de mim, amigos meus; compadecei-vos de mim; pois a mão de Deus me tocou.

²²Por que me perseguis assim como Deus, e da minha carne não vos fartais?

²³Oxalá que as minhas palavras fossem escritas! Oxalá que fossem gravadas num livro!

²⁴Que, com pena de ferro, e com chumbo, fossem para sempre esculpidas na rocha!

²⁵Pois eu sei que o meu Redentor vive, e que por fim se levantará sobre a terra.

²⁶E depois de consumida esta minha pele, então fora da minha carne verei a Deus;

²⁷vê-lo-ei ao meu lado, e os meus olhos o contemplarão, e não mais como adversário. O meu coração desfalece dentro de mim!

²⁸Se disserdes: Como o havemos de perseguir! e que a causa deste mal se acha em mim,

²⁹temei vós a espada; porque o furor traz os castigos da espada, para saberdes que há um juízo.

## Capítulo 20

¹Então respondeu Zofar, o naamatita:
²Ora, os meus pensamentos me fazem responder, e por isso eu me apresso.
³Estou ouvindo a tua repreensão, que me envergonha, mas o espírito do meu entendimento responde por mim.
⁴Não sabes tu que desde a antigüidade, desde que o homem foi posto sobre a terra,
⁵o triunfo dos iníquos é breve, e a alegria dos ímpios é apenas dum momento?
⁶Ainda que a sua exaltação suba até o céu, e a sua cabeça chegue até as nuvens,
⁷contudo, como o seu próprio esterco, perecerá para sempre; e os que o viam perguntarão: Onde está?
⁸Dissipar-se-á como um sonho, e não será achado; será afugentado qual uma visão da noite.
⁹Os olhos que o viam não o verão mais, nem o seu lugar o contemplará mais.
¹⁰Os seus filhos procurarão o favor dos pobres, e as suas mãos restituirão os seus lucros ilícitos.
¹¹Os seus ossos estão cheios do vigor da sua juventude, mas este se deitará com ele no pó.
¹²Ainda que o mal lhe seja doce na boca, ainda que ele o esconda debaixo da sua língua,
¹³ainda que não o queira largar, antes o retenha na sua boca,
¹⁴contudo a sua comida se transforma nas suas entranhas; dentro dele se torna em fel de áspides.
¹⁵Engoliu riquezas, mas vomitá-las-á; do ventre dele Deus as lançará.
¹⁶Veneno de áspides sorverá, língua de víbora o matará.
¹⁷Não verá as correntes, os rios e os ribeiros de mel e de manteiga.
¹⁸O que adquiriu pelo trabalho, isso restituirá, e não o engolirá; não se regozijará conforme a fazenda que ajuntou.
¹⁹Pois que oprimiu e desamparou os pobres, e roubou a casa que não edificou.
²⁰Porquanto não houve limite à sua cobiça, nada salvará daquilo em que se deleita.
²¹Nada escapou à sua voracidade; pelo que a sua prosperidade não perdurará.
²²Na plenitude da sua abastança, estará angustiado; toda a força da miséria virá sobre ele.
²³Mesmo estando ele a encher o seu estômago, Deus mandará sobre ele o ardor da sua ira, que fará chover sobre ele quando for comer.
²⁴Ainda que fuja das armas de ferro, o arco de bronze o atravessará.
²⁵Ele arranca do seu corpo a flecha, que sai resplandecente do seu fel; terrores vêm sobre ele.
²⁶Todas as trevas são reservadas paro os seus tesouros; um fogo não assoprado o consumirá, e devorará o que ficar na sua tenda.
²⁷Os céus revelarão a sua iniqüidade, e contra ele a terra se levantará.
²⁸As rendas de sua casa ir-se-ão; no dia da ira de Deus todas se derramarão.
²⁹Esta, da parte de Deus, é a porção do ímpio; esta é a herança que Deus lhe reserva.

## Capítulo 21

¹Então Jó respondeu:
²Ouvi atentamente as minhas palavras; seja isto a vossa consolação.
³Sofrei-me, e eu falarei; e, havendo eu falado, zombai.
⁴É porventura do homem que eu me queixo? Mas, ainda que assim fosse, não teria motivo de me impacientar?
⁵Olhai para mim, e pasmai, e ponde a mão sobre a boca.
⁶Quando me lembro disto, me perturbo, e a minha carne estremece de horror.
⁷Por que razão vivem os ímpios, envelhecem, e ainda se robustecem em poder?
⁸Os seus filhos se estabelecem à vista deles, e os seus descendentes perante os seus olhos.
⁹As suas casas estão em paz, sem temor, e a vara de Deus não está sobre eles.
¹⁰O seu touro gera, e não falha; pare a sua vaca, e não aborta.
¹¹Eles fazem sair os seus pequeninos, como a um rebanho, e suas crianças andam saltando.
¹²Levantam a voz, ao som do tamboril e da harpa, e regozijam-se ao som da flauta.
¹³Na prosperidade passam os seus dias, e num momento descem ao Seol.
¹⁴Eles dizem a Deus: retira-te de nós, pois não desejamos ter conhecimento dos teus caminhos.
¹⁵Que é o Todo-Poderoso, para que nós o sirvamos? E que nos aproveitará, se lhe fizermos orações?
¹⁶Vede, porém, que eles não têm na mão a prosperidade; esteja longe de mim o conselho dos ímpios!
¹⁷Quantas vezes sucede que se apague a lâmpada dos ímpios? que lhes sobrevenha a sua destruição? que Deus na sua ira lhes reparta dores?
¹⁸que eles sejam como a palha diante do vento, e como a pragana, que o redemoinho arrebata?
¹⁹Deus, dizeis vós, reserva a iniqüidade do pai para seus filhos, mas é a ele mesmo que Deus deveria punir, para que o conheça.
²⁰Vejam os seus próprios olhos a sua ruína, e beba ele do furor do Todo-Poderoso.
²¹Pois, que lhe importa a sua casa depois de morto, quando lhe for cortado o número dos seus meses?
²²Acaso se ensinará ciência a Deus, a ele que julga os excelsos?
²³Um morre em plena prosperidade, inteiramente sossegado e tranqüilo;
²⁴com os seus baldes cheios de leite, e a medula dos seus ossos umedecida.
²⁵Outro, ao contrário, morre em amargura de alma, não havendo provado do bem.
²⁶Juntamente jazem no pó, e os vermes os cobrem.
²⁷Eis que conheço os vossos pensamentos, e os maus intentos com que me fazeis injustiça.
²⁸Pois dizeis: Onde está a casa do príncipe, e onde a tenda em que morava o ímpio?
²⁹Porventura não perguntastes aos viandantes? e não aceitais o seu testemunho,
³⁰de que o mau é preservado no dia da destruição, e poupado no dia do furor?
³¹Quem acusará diante dele o seu caminho? e quem lhe dará o pago do que fez?
³²Ele é levado para a sepultura, e vigiam-lhe o túmulo.
³³Os torrões do vale lhe são doces, e o seguirão todos os homens, como ele o fez aos inumeráveis que o precederam.
³⁴Como, pois, me ofereceis consolações vãs, quando nas vossas respostas só resta falsidade?

## Capítulo 22

¹Então respondeu Elifaz, o temanita:
²Pode o homem ser de algum proveito a Deus? Antes a si mesmo é que o prudente será proveitoso.
³Tem o Todo-Poderoso prazer em que tu sejas justo, ou lucro em que tu faças perfeitos os teus caminhos?
⁴É por causa da tua reverência que te repreende, ou que entra contigo em juízo?
⁵Não é grande a tua malícia, e sem termo as tuas iniqüidades?
⁶Pois sem causa tomaste penhôres a teus irmãos e aos nus despojaste dos vestidos.
⁷Não deste ao cansado água a beber, e ao faminto retiveste o pão.
⁸Mas ao poderoso pertencia a terra, e o homem acatado habitava nela.
⁹Despediste vazias as viúvas, e os braços dos órfãos foram quebrados.
¹⁰Por isso é que estás cercado de laços, e te perturba um pavor repentino,
¹¹ou trevas de modo que nada podes ver, e a inundação de águas te cobre.
¹²Não está Deus na altura do céu? Olha para as mais altas estrelas, quão elevadas estão!
¹³E dizes: Que sabe Deus? Pode ele julgar através da escuridão?
¹⁴Grossas nuvens o encobrem, de modo que não pode ver; e ele passeia em volta da abóbada do céu.
¹⁵Queres seguir a vereda antiga, que pisaram os homens iníquos?
¹⁶Os quais foram arrebatados antes do seu tempo; e o seu fundamento se derramou qual um rio.
¹⁷Diziam a Deus: retira-te de nós; e ainda: Que é que o Todo-Poderoso nos pode fazer?
¹⁸Contudo ele encheu de bens as suas casas. Mas longe de mim estejam os conselhos dos ímpios!
¹⁹Os justos o vêem, e se alegram; e os inocentes escarnecem deles,
²⁰dizendo: Na verdade são exterminados os nossos adversários, e o

fogo consumiu o que deixaram.

²¹Apega-te, pois, a Deus, e tem paz, e assim te sobrevirá o bem.
²²Aceita, peço-te, a lei da sua boca, e põe as suas palavras no teu coração.
²³Se te voltares para o Todo-Poderoso, serás edificado; se lançares a iniqüidade longe da tua tenda,
²⁴e deitares o teu tesouro no pó, e o ouro de Ofir entre as pedras dos ribeiros,
²⁵então o Todo-Poderoso será o teu tesouro, e a tua prata preciosa.
²⁶Pois então te deleitarás no Todo-Poderoso, e levantarás o teu rosto para Deus.
²⁷Tu orarás a ele, e ele te ouvirá; e pagarás os teus votos.
²⁸Também determinarás algum negócio, e ser-te-á firme, e a luz brilhará em teus caminhos.
²⁹Quando te abaterem, dirás: haja exaltação! E Deus salvará ao humilde.
³⁰E livrará até o que não é inocente, que será libertado pela pureza de tuas mãos.

## Capítulo 23

¹Então Jó respondeu:
²Ainda hoje a minha queixa está em amargura; o peso da mão dele é maior do que o meu gemido.
³Ah, se eu soubesse onde encontrá-lo, e pudesse chegar ao seu tribunal!
⁴Exporia ante ele a minha causa, e encheria a minha boca de argumentos.
⁵Saberia as palavras com que ele me respondesse, e entenderia o que me dissesse.
⁶Acaso contenderia ele comigo segundo a grandeza do seu poder? Não; antes ele me daria ouvidos.
⁷Ali o reto pleitearia com ele, e eu seria absolvido para sempre por meu Juiz.
⁸Eis que vou adiante, mas não está ali; volto para trás, e não o percebo;
⁹procuro-o à esquerda, onde ele opera, mas não o vejo; viro-me para a direita, e não o diviso.
¹⁰Mas ele sabe o caminho por que eu ando; provando-me ele, sairei como o ouro.
¹¹Os meus pés se mantiveram nas suas pisadas; guardei o seu caminho, e não me desviei dele.
¹²Nunca me apartei do preceito dos seus lábios, e escondi no meu peito as palavras da sua boca.
¹³Mas ele está resolvido; quem então pode desviá-lo? E o que ele quiser, isso fará.
¹⁴Pois cumprirá o que está ordenado a meu respeito, e muitas coisas como estas ainda tem consigo.
¹⁵Por isso me perturbo diante dele; e quando considero, tenho medo dele.
¹⁶Deus macerou o meu coração; o Todo-Poderoso me perturbou.
¹⁷Pois não estou desfalecido por causa das trevas, nem porque a escuridão cobre o meu rosto.

## Capítulo 24

¹Por que o Todo-Poderoso não designa tempos? e por que os que o conhecem não vêem os seus dias?
²Há os que removem os limites; roubam os rebanhos, e os apascentam.
³Levam o jumento do órfão, tomam em penhor o boi da viúva.
⁴Desviam do caminho os necessitados; e os oprimidos da terra juntos se escondem.
⁵Eis que, como jumentos monteses no deserto, saem eles ao seu trabalho, procurando no ermo a presa que lhes sirva de sustento para seus filhos.
⁶No campo segam o seu pasto, e vindimam a vinha do ímpio.
⁷Passam a noite nus, sem roupa, não tendo coberta contra o frio.
⁸Pelas chuvas das montanhas são molhados e, por falta de abrigo, abraçam-se com as rochas.
⁹Há os que arrancam do peito o órfão, e tomam o penhor do pobre;
¹⁰fazem que estes andem nus, sem roupa, e, embora famintos, carreguem os molhos.
¹¹Espremem o azeite dentro dos muros daqueles homens; pisam os seus lagares, e ainda têm sede.
¹²Dentro das cidades gemem os moribundos, e a alma dos feridos clama; e contudo Deus não considera o seu clamor.
¹³Há os que se revoltam contra a luz; não conhecem os caminhos dela, e não permanecem nas suas veredas.
¹⁴O homicida se levanta de madrugada, mata o pobre e o necessitado, e de noite torna-se ladrão.
¹⁵Também os olhos do adúltero aguardam o crepúsculo, dizendo: Ninguém me verá; e disfarça o rosto.
¹⁶Nas trevas minam as casas; de dia se conservam encerrados; não conhecem a luz.
¹⁷Pois para eles a profunda escuridão é a sua manhã; porque são amigos das trevas espessas.
¹⁸São levados ligeiramente sobre a face das águas; maldita é a sua porção sobre a terra; não tornam pelo caminho das vinhas.
¹⁹A sequidão e o calor desfazem as águas da neve; assim faz o Seol aos que pecaram.
²⁰A madre se esquecerá dele; os vermes o comerão gostosamente; não será mais lembrado; e a iniqüidade se quebrará como árvore.
²¹Ele despoja a estéril que não dá à luz, e não faz bem à viúva.
²²Todavia Deus prolonga a vida dos valentes com a sua força; levantam-se quando haviam desesperado da vida.
²³Se ele lhes dá descanso, estribam-se nisso; e os seus olhos estão sobre os caminhos deles.
²⁴Eles se exaltam, mas logo desaparecem; são abatidos, colhidos como os demais, e cortados como as espigas do trigo.
²⁵Se não é assim, quem me desmentirá e desfará as minhas palavras?

## Capítulo 25

¹Então respondeu Bildade, o suíta:
²Com Deus estão domínio e temor; ele faz reinar a paz nas suas alturas.
³Acaso têm número os seus exércitos? E sobre quem não se levanta a sua luz?
⁴Como, pois, pode o homem ser justo diante de Deus, e como pode ser puro aquele que nasce da mulher?
⁵Eis que até a lua não tem brilho, e as estrelas não são puras aos olhos dele;
⁶quanto menos o homem, que é um verme, e o filho do homem, que é um vermezinho!

## Capítulo 26

¹Então Jó respondeu:
²Como tens ajudado ao que não tem força e sustentado o braço que não tem vigor!
³Como tens aconselhado ao que não tem sabedoria, e plenamente tens revelado o verdadeiro conhecimento!
⁴Para quem proferiste palavras? E de quem é o espírito que saiu de ti?
⁵Os mortos tremem debaixo das águas, com os que ali habitam.
⁶O Seol está nu perante Deus, e não há coberta para o Abadom.
⁷Ele estende o norte sobre o vazio; suspende a terra sobre o nada.
⁸Prende as águas em suas densas nuvens, e a nuvem não se rasga debaixo delas.
⁹Encobre a face do seu trono, e sobre ele estende a sua nuvem.
¹⁰Marcou um limite circular sobre a superfície das águas, onde a luz e as trevas se confinam.
¹¹As colunas do céu tremem, e se espantam da sua ameaça.
¹²Com o seu poder fez sossegar o mar, e com o seu entendimento abateu a Raabe.
¹³Pelo seu sopro ornou o céu; a sua mão traspassou a serpente veloz.
¹⁴Eis que essas coisas são apenas as orlas dos seus caminhos; e quão pequeno é o sussurro que dele ouvimos! Mas o trovão do seu poder, quem o poderá entender?

## Capítulo 27

¹E prosseguindo Jó em seu discurso, disse:
²Vive Deus, que me tirou o direito, e o Todo-Poderoso, que me amargurou a alma;
³enquanto em mim houver alento, e o sopro de Deus no meu nariz,
⁴não falarão os meus lábios iniqüidade, nem a minha língua pronunciará engano.
⁵Longe de mim que eu vos dê razão; até que eu morra, nunca apartarei de mim a minha integridade.
⁶à minha justiça me apegarei e não a largarei; o meu coração não reprova dia algum da minha vida.
⁷Seja como o ímpio o meu inimigo, e como o perverso aquele que se levantar contra mim.
⁸Pois qual é a esperança do ímpio, quando Deus o cortar, quando Deus lhe arrebatar a alma?

⁹Acaso Deus lhe ouvirá o clamor, sobrevindo-lhe a tribulação?

¹⁰Deleitar-se-á no Todo-Poderoso, ou invocará a Deus em todo o tempo?

¹¹Ensinar-vos-ei acerca do poder de Deus, e não vos encobrirei o que está com o Todo-Poderoso.

¹²Eis que todos vós já vistes isso; por que, pois, vos entregais completamente à vaidade?

¹³Esta é da parte de Deus a porção do ímpio, e a herança que os opressores recebem do Todo-Poderoso:

¹⁴Se os seus filhos se multiplicarem, será para a espada; e a sua prole não se fartará de pão.

¹⁵Os que ficarem dele, pela peste serão sepultados, e as suas viúvas não chorarão.

¹⁶Embora amontoe prata como pó, e acumule vestes como barro,

¹⁷ele as pode acumular, mas o justo as vestirá, e o inocente repartirá a prata.

¹⁸A casa que ele edifica é como a teia da aranha, e como a cabana que o guarda faz.

¹⁹Rico se deita, mas não o fará mais; abre os seus olhos, e já se foi a sua riqueza.

²⁰Pavores o alcançam como um dilúvio; de noite o arrebata a tempestade.

²¹O vento oriental leva-o, e ele se vai; sim, varre-o com ímpeto do seu lugar:

²²Pois atira contra ele, e não o poupa, e ele foge precipitadamente do seu poder.

²³Bate palmas contra ele, e assobia contra ele do seu lugar.

## Capítulo 28

¹Na verdade, há minas donde se extrai a prata, e também lugar onde se refina o ouro;

²O ferro tira-se da terra, e da pedra se funde o cobre.

³Os homens põem termo às trevas, e até os últimos confins exploram as pedras na escuridão e nas trevas mais densas.

⁴Abrem um poço de mina longe do lugar onde habitam; são esquecidos pelos viajantes, ficando pendentes longe dos homens, e oscilam de um lado para o outro.

⁵Quanto à terra, dela procede o pão, mas por baixo é revolvida como por fogo.

⁶As suas pedras são o lugar de safiras, e têm pó de ouro.

⁷A ave de rapina não conhece essa vereda, e não a viram os olhos do falcão.

⁸Nunca a pisaram feras altivas, nem o feroz leão passou por ela.

⁹O homem estende a mão contra a pederneira, e revolve os montes desde as suas raízes.

¹⁰Corta canais nas pedras, e os seus olhos descobrem todas as coisas preciosas.

¹¹Ele tapa os veios d'água para que não gotejem; e tira para a luz o que estava escondido.

¹²Mas onde se achará a sabedoria? E onde está o lugar do entendimento?

¹³O homem não lhe conhece o caminho; nem se acha ela na terra dos viventes.

¹⁴O abismo diz: Não está em mim; e o mar diz: Ela não está comigo.

¹⁵Não pode ser comprada com ouro fino, nem a peso de prata se trocará.

¹⁶Nem se pode avaliar em ouro fino de Ofir, nem em pedras preciosas de berilo, ou safira.

¹⁷Com ela não se pode comparar o ouro ou o vidro; nem se trocara por jóias de ouro fino.

¹⁸Não se fará menção de coral nem de cristal; porque a aquisição da sabedoria é melhor que a das pérolas.

¹⁹Não se lhe igualará o topázio da Etiópia, nem se pode comprar por ouro puro.

²⁰Donde, pois, vem a sabedoria? Onde está o lugar do entendimento?

²¹Está encoberta aos olhos de todo vivente, e oculta às aves do céu.

²²O Abadom e a morte dizem: Ouvimos com os nossos ouvidos um rumor dela.

²³Deus entende o seu caminho, e ele sabe o seu lugar.

²⁴Porque ele perscruta até as extremidades da terra, sim, ele vê tudo o que há debaixo do céu.

²⁵Quando regulou o peso do vento, e fixou a medida das águas;

²⁶quando prescreveu leis para a chuva e caminho para o relâmpago dos trovões;

²⁷então viu a sabedoria e a manifestou; estabeleceu-a, e também a esquadrinhou.

²⁸E disse ao homem: Eis que o temor do Senhor é a sabedoria, e o apartar-se do mal é o entendimento.

## Capítulo 29

¹E prosseguindo Jó no seu discurso, disse:

²Ah! quem me dera ser como eu fui nos meses do passado, como nos dias em que Deus me guardava;

³quando a sua lâmpada luzia sobre o minha cabeça, e eu com a sua luz caminhava através das trevas;

⁴como era nos dias do meu vigor, quando o íntimo favor de Deus estava sobre a minha tenda;

⁵quando o Todo-Poderoso ainda estava comigo, e os meus filhos em redor de mim;

⁶quando os meus passos eram banhados em leite, e a rocha me deitava ribeiros de azeite!

⁷Quando eu saía para a porta da cidade, e na praça preparava a minha cadeira,

⁸os moços me viam e se escondiam, e os idosos se levantavam e se punham em pé;

⁹os príncipes continham as suas palavras, e punham a mão sobre a sua boca;

¹⁰a voz dos nobres emudecia, e a língua se lhes pegava ao paladar.

¹¹Pois, ouvindo-me algum ouvido, me tinha por bem-aventurado; e vendo-me algum olho, dava testemunho de mim;

¹²porque eu livrava o miserável que clamava, e o órfão que não tinha quem o socorresse.

¹³A bênção do que estava a perecer vinha sobre mim, e eu fazia rejubilar-se o coração da viúva.

¹⁴vestia-me da retidão, e ela se vestia de mim; como manto e diadema era a minha justiça.

¹⁵Fazia-me olhos para o cego, e pés para o coxo;

¹⁶dos necessitados era pai, e a causa do que me era desconhecido examinava com diligência.

¹⁷E quebrava os caninos do perverso, e arrancava-lhe a presa dentre os dentes.

¹⁸Então dizia eu: No meu ninho expirarei, e multiplicarei os meus dias como a areia;

¹⁹as minhas raízes se estendem até as águas, e o orvalho fica a noite toda sobre os meus ramos;

²⁰a minha honra se renova em mim, e o meu arco se revigora na minha mão.

²¹A mim me ouviam e esperavam, e em silêncio atendiam ao meu conselho.

²²Depois de eu falar, nada replicavam, e minha palavra destilava sobre eles;

²³esperavam-me como à chuva; e abriam a sua boca como à chuva tardia.

²⁴Eu lhes sorria quando não tinham confiança; e não desprezavam a luz do meu rosto;

²⁵eu lhes escolhia o caminho, assentava-me como chefe, e habitava como rei entre as suas tropas, como aquele que consola os aflitos.

## Capítulo 30

¹Mas agora zombam de mim os de menos idade do que eu, cujos pais teria eu desdenhado de pôr com os cães do meu rebanho.

²Pois de que me serviria a força das suas mãos, homens nos quais já pereceu o vigor?

³De míngua e fome emagrecem; andam roendo pelo deserto, lugar de ruínas e desolação.

⁴Apanham malvas junto aos arbustos, e o seu mantimento são as raízes dos zimbros.

⁵São expulsos do meio dos homens, que gritam atrás deles, como atrás de um ladrão.

⁶Têm que habitar nos desfiladeiros sombrios, nas cavernas da terra e dos penhascos.

⁷Bramam entre os arbustos, ajuntam-se debaixo das urtigas.

⁸São filhos de insensatos, filhos de gente sem nome; da terra foram enxotados.

⁹Mas agora vim a ser a sua canção, e lhes sirvo de provérbio.

¹⁰Eles me abominam, afastam-se de mim, e no meu rosto não se privam de cuspir.

¹¹Porquanto Deus desatou a minha corda e me humilhou, eles sacudiram de si o freio perante o meu rosto.

¹²à direita levanta-se gente vil; empurram os meus pés, e contra

mim erigem os seus caminhos de destruição.

¹³Estragam a minha vereda, promovem a minha calamidade; não há quem os detenha.

¹⁴Vêm como por uma grande brecha, por entre as ruínas se precipitam.

¹⁵Sobrevieram-me pavores; é perseguida a minha honra como pelo vento; e como nuvem passou a minha felicidade.

¹⁶E agora dentro de mim se derrama a minha alma; os dias da aflição se apoderaram de mim.

¹⁷De noite me são traspassados os ossos, e o mal que me corrói não descansa.

¹⁸Pela violência do mal está desfigurada a minha veste; como a gola da minha túnica, me aperta.

¹⁹Ele me lançou na lama, e fiquei semelhante ao pó e à cinza.

²⁰Clamo a ti, e não me respondes; ponho-me em pé, e não atentas para mim.

²¹Tornas-te cruel para comigo; com a força da tua mão me persegues.

²²Levantas-me sobre o vento, fazes-me cavalgar sobre ele, e dissolves-me na tempestade.

²³Pois eu sei que me levarás à morte, e à casa do ajuntamento destinada a todos os viventes.

²⁴Contudo não estende a mão quem está a cair? ou não clama por socorro na sua calamidade?

²⁵Não chorava eu sobre aquele que estava aflito? ou não se angustiava a minha alma pelo necessitado?

²⁶Todavia aguardando eu o bem, eis que me veio o mal, e esperando eu a luz, veio a escuridão.

²⁷As minhas entranhas fervem e não descansam; os dias da aflição me surpreenderam.

²⁸Denegrido ando, mas não do sol; levanto-me na congregação, e clamo por socorro.

²⁹Tornei-me irmão dos chacais, e companheiro dos avestruzes.

³⁰A minha pele enegrece e se me cai, e os meus ossos estão queimados do calor.

³¹Pelo que se tornou em pranto a minha harpa, e a minha flauta em voz dos que choram.

## Capítulo 31

¹Fiz pacto com os meus olhos; como, pois, os fixaria numa virgem?

²Pois que porção teria eu de Deus lá de cima, e que herança do Todo-Poderoso lá do alto?

³Não é a destruição para o perverso, e o desastre para os obradores da iniqüidade?

⁴Não vê ele os meus caminhos, e não conta todos os meus passos?

⁵Se eu tenho andado com falsidade, e se o meu pé se tem apressado após o engano

⁶(pese-me Deus em balanças fiéis, e conheça a minha integridade);

⁷se os meus passos se têm desviado do caminho, e se o meu coração tem seguido os meus olhos, e se qualquer mancha se tem pegado às minhas mãos;

⁸então semeie eu e outro coma, e seja arrancado o produto do meu campo.

⁹Se o meu coração se deixou seduzir por causa duma mulher, ou se eu tenho armado traição à porta do meu próximo,

¹⁰então moa minha mulher para outro, e outros se encurvem sobre ela.

¹¹Pois isso seria um crime infame; sim, isso seria uma iniqüidade para ser punida pelos juízes;

¹²porque seria fogo que consome até Abadom, e desarraigaria toda a minha renda.

¹³Se desprezei o direito do meu servo ou da minha serva, quando eles pleitearam comigo,

¹⁴então que faria eu quando Deus se levantasse? E quando ele me viesse inquirir, que lhe responderia?

¹⁵Aquele que me formou no ventre não o fez também a meu servo? E não foi um que nos plasmou na madre?

¹⁶Se tenho negado aos pobres o que desejavam, ou feito desfalecer os olhos da viúva,

¹⁷ou se tenho comido sozinho o meu bocado, e não tem comido dele o órfão também

¹⁸(pois desde a minha mocidade o órfão cresceu comigo como com seu pai, e a viúva, tenho-a guiado desde o ventre de minha mãe);

¹⁹se tenho visto alguém perecer por falta de roupa, ou o necessitado não ter com que se cobrir;

²⁰se os seus lombos não me abençoaram, se ele não se aquentava com os velos dos meus cordeiros;

²¹se levantei a minha mão contra o órfão, porque na porta via a minha ajuda;

²²então caia do ombro a minha espádua, e separe-se o meu braço da sua juntura.

²³Pois a calamidade vinda de Deus seria para mim um horror, e eu não poderia suportar a sua majestade.

²⁴Se do ouro fiz a minha esperança, ou disse ao ouro fino: Tu és a minha confiança;

²⁵se me regozijei por ser grande a minha riqueza, e por ter a minha mão alcança o muito;

²⁶se olhei para o sol, quando resplandecia, ou para a lua, quando ela caminhava em esplendor,

²⁷e o meu coração se deixou enganar em oculto, e a minha boca beijou a minha mão;

²⁸isso também seria uma iniqüidade para ser punida pelos juízes; pois assim teria negado a Deus que está lá em cima.

²⁹Se me regozijei com a ruína do que me tem ódio, e se exultei quando o mal lhe sobreveio

³⁰(mas eu não deixei pecar a minha boca, pedindo com imprecação a sua morte);

³¹se as pessoas da minha tenda não disseram: Quem há que não se tenha saciado com carne provida por ele?

³²O estrangeiro não passava a noite na rua; mas eu abria as minhas portas ao viandante;

³³se, como Adão, encobri as minhas transgressões, ocultando a minha iniqüidade no meu seio,

³⁴porque tinha medo da grande multidão, e o desprezo das famílias me aterrorizava, de modo que me calei, e não saí da porta...

³⁵Ah! quem me dera um que me ouvisse! Eis a minha defesa, que me responda o Todo-Poderoso! Oxalá tivesse eu a acusação escrita pelo meu adversário!

³⁶Por certo eu a levaria sobre o ombro, sobre mim a ataria como coroa.

³⁷Eu lhe daria conta dos meus passos; como príncipe me chegaria a ele

³⁸Se a minha terra clamar contra mim, e se os seus sulcos juntamente chorarem;

³⁹se comi os seus frutos sem dinheiro, ou se fiz que morressem os seus donos;

⁴⁰por trigo me produza cardos, e por cevada joio. Acabaram-se as palavras de Jó.

## Capítulo 32

¹E aqueles três homens cessaram de responder a Jó; porque era justo aos seus próprios olhos.

²Então se acendeu a ira de Eliú, filho de Baraquel, o buzita, da família de Rão; acendeu-se a sua ira contra Jó, porque este se justificava a si mesmo, e não a Deus.

³Também contra os seus três amigos se acendeu a sua ira, porque não tinham achado o que responder, e contudo tinham condenado a Jó.

⁴Ora, Eliú havia esperado para falar a Jó, porque eles eram mais idosos do que ele.

⁵Quando, pois, Eliú viu que não havia resposta na boca daqueles três homens, acendeu-se-lhe a ira.

⁶Então respondeu Eliú, filho de Baraquel, o buzita, dizendo: Eu sou de pouca idade, e vós sois, idosos; arreceei-me e temi de vos declarar a minha opinião.

⁷Dizia eu: Falem os dias, e a multidão dos anos ensine a sabedoria.

⁸Há, porém, um espírito no homem, e o sopro do Todo-Poderoso o faz entendido.

⁹Não são os velhos que são os sábios, nem os anciãos que entendem o que é reto.

¹⁰Pelo que digo: Ouvi-me, e também eu declararei a minha opinião.

¹¹Eis que aguardei as vossas palavras, escutei as vossas considerações, enquanto buscáveis o que dizer.

¹²Eu, pois, vos prestava toda a minha atenção, e eis que não houve entre vós quem convencesse a Jó, nem quem respondesse às suas palavras;

¹³pelo que não digais: Achamos a sabedoria; Deus é que pode derrubá-lo, e não o homem.

¹⁴Ora ele não dirigiu contra mim palavra alguma, nem lhe responderei com as vossas palavras.

¹⁵Estão pasmados, não respondem mais; faltam-lhes as palavras.

¹⁶Hei de eu esperar, porque eles não falam, porque já pararam, e não respondem mais?

¹⁷Eu também darei a minha resposta; eu também declararei a minha opinião.
¹⁸Pois estou cheio de palavras; o espírito dentro de mim me constrange.
¹⁹Eis que o meu peito é como o mosto, sem respiradouro, como odres novos que estão para arrebentar.
²⁰Falarei, para que ache alívio; abrirei os meus lábios e responderei:
²¹Que não faça eu acepção de pessoas, nem use de lisonjas para com o homem.
²²Porque não sei usar de lisonjas; do contrário, em breve me levaria o meu Criador.

## Capítulo 33

¹Ouve, pois, as minhas palavras, ó Jó, e dá ouvidos a todas as minhas declarações.
²Eis que já abri a minha boca; já falou a minha língua debaixo do meu paladar.
³As minhas palavras declaram a integridade do meu coração, e os meus lábios falam com sinceridade o que sabem.
⁴O Espírito de Deus me fez, e o sopro do Todo-Poderoso me dá vida.
⁵Se podes, responde-me; põe as tuas palavras em ordem diante de mim; apresenta-te.
⁶Eis que diante de Deus sou o que tu és; eu também fui formado do barro.
⁷Eis que não te perturbará nenhum medo de mim, nem será pesada sobre ti a minha mão.
⁸Na verdade tu falaste aos meus ouvidos, e eu ouvi a voz das tuas palavras. Dizias:
⁹Limpo estou, sem transgressão; puro sou, e não há em mim iniqüidade.
¹⁰Eis que Deus procura motivos de inimizade contra mim, e me considera como o seu inimigo.
¹¹Põe no tronco os meus pés, e observa todas as minhas veredas.
¹²Eis que nisso não tens razão; eu te responderei; porque Deus é maior do que o homem.
¹³Por que razão contendes com ele por não dar conta dos seus atos?
¹⁴Pois Deus fala de um modo, e ainda de outro se o homem não lhe atende.
¹⁵Em sonho ou em visão de noite, quando cai sono profundo sobre os homens, quando adormecem na cama;
¹⁶então abre os ouvidos dos homens, e os atemoriza com avisos,
¹⁷para apartar o homem do seu desígnio, e esconder do homem a soberba;
¹⁸para reter a sua alma da cova, e a sua vida de passar pela espada.
¹⁹Também é castigado na sua cama com dores, e com incessante contenda nos seus ossos;
²⁰de modo que a sua vida abomina o pão, e a sua alma a comida apetecível.
²¹Consome-se a sua carne, de maneira que desaparece, e os seus ossos, que não se viam, agora aparecem.
²²A sua alma se vai chegando à cova, e a sua vida aos que trazem a morte.
²³Se com ele, pois, houver um anjo, um intérprete, um entre mil, para declarar ao homem o que lhe é justo,
²⁴então terá compaixão dele, e lhe dirá: Livra-o, para que não desça à cova; já achei resgate.
²⁵Sua carne se reverdecerá mais do que na sua infância; e ele tornará aos dias da sua juventude.
²⁶Deveras orará a Deus, que lhe será propício, e o fará ver a sua face com júbilo, e restituirá ao homem a sua justiça.
²⁷Cantará diante dos homens, e dirá: Pequei, e perverti o direito, o que de nada me aproveitou.
²⁸Mas Deus livrou a minha alma de ir para a cova, e a minha vida verá a luz.
²⁹Eis que tudo isto Deus faz duas e três vezes para com o homem,
³⁰para reconduzir a sua alma da cova, a fim de que seja iluminado com a luz dos viventes.
³¹Escuta, pois, ó Jó, ouve-me; cala-te, e eu falarei.
³²Se tens alguma coisa que dizer, responde-me; fala, porque desejo justificar-te.
³³Se não, escuta-me tu; cala-te, e ensinar-te-ei a sabedoria.

## Capítulo 34

¹Prosseguiu Eliú, dizendo:
²Ouvi, vós, sábios, as minhas palavras; e vós, entendidos, inclinai os ouvidos para mim.
³Pois o ouvido prova as palavras, como o paladar experimenta a comida.
⁴O que é direito escolhamos para nós; e conheçamos entre nós o que é bom.
⁵Pois Jó disse: Sou justo, e Deus tirou-me o direito.
⁶Apesar do meu direito, sou considerado mentiroso; a minha ferida é incurável, embora eu esteja sem transgressão.
⁷Que homem há como Jó, que bebe o escárnio como água,
⁸que anda na companhia dos malfeitores, e caminha com homens ímpios?
⁹Porque disse: De nada aproveita ao homem o comprazer-se em Deus.
¹⁰Pelo que ouvi-me, vós homens de entendimento: longe de Deus o praticar a maldade, e do Todo-Poderoso o cometer a iniqüidade!
¹¹Pois, segundo a obra do homem, ele lhe retribui, e faz a cada um segundo o seu caminho.
¹²Na verdade, Deus não procederá impiamente, nem o Todo-Poderoso perverterá o juízo.
¹³Quem lhe entregou o governo da terra? E quem lhe deu autoridade sobre o mundo todo?
¹⁴Se ele retirasse para si o seu espírito, e recolhesse para si o seu fôlego,
¹⁵toda a carne juntamente expiraria, e o homem voltaria para o pó.
¹⁶Se, pois, há em ti entendimento, ouve isto, inclina os ouvidos às palavras que profiro.
¹⁷Acaso quem odeia o direito governará? Quererás tu condenar aquele que é justo e poderoso?
¹⁸aquele que diz a um rei: ó vil? e aos príncipes: ó ímpios?
¹⁹que não faz acepção das pessoas de príncipes, nem estima o rico mais do que o pobre; porque todos são obra de suas mãos?
²⁰Eles num momento morrem; e à meia-noite os povos são perturbados, e passam, e os poderosos são levados não por mão humana.
²¹Porque os seus olhos estão sobre os caminhos de cada um, e ele vê todos os seus passos.
²²Não há escuridão nem densas trevas, onde se escondam os obradores da iniqüidade.
²³Porque Deus não precisa observar por muito tempo o homem para que este compareça perante ele em juízo.
²⁴Ele quebranta os fortes, sem inquiriçao, e põe outros em lugar deles.
²⁵Pois conhecendo ele as suas obras, de noite os transtorna, e ficam esmagados.
²⁶Ele os fere como ímpios, à vista dos circunstantes;
²⁷porquanto se desviaram dele, e não quiseram compreender nenhum de seus caminhos,
²⁸de sorte que o clamor do pobre subisse até ele, e que ouvisse o clamor dos aflitos.
²⁹Se ele dá tranqüilidade, quem então o condenará? Se ele encobrir o rosto, quem então o poderá contemplar, quer seja uma nação, quer seja um homem só?
³⁰para que o ímpio não reine, e não haja quem iluda o povo.
³¹Pois, quem jamais disse a Deus: Sofri, ainda que não pequei;
³²o que não vejo, ensina-me tu; se fiz alguma maldade, nunca mais a hei de fazer?
³³Será a sua recompensa como queres, para que a recuses? Pois tu tens que fazer a escolha, e não eu; portanto fala o que sabes.
³⁴Os homens de entendimento dir-me-ão, e o varão sábio, que me ouvir:
³⁵Jó fala sem conhecimento, e às suas palavras falta sabedoria.
³⁶Oxalá que Jó fosse provado até o fim; porque responde como os iníquos.
³⁷Porque ao seu pecado acrescenta a rebelião; entre nós bate as palmas, e multiplica contra Deus as suas palavras.

## Capítulo 35

¹Disse mais Eliú:
²Tens por direito dizeres: Maior é a minha justiça do que a de Deus?
³Porque dizes: Que me aproveita? Que proveito tenho mais do que se eu tivera pecado?
⁴Eu te darei respostas, a ti e aos teus amigos contigo.
⁵Atenta para os céus, e vê; e contempla o firmamento que é mais alto do que tu.

⁶Se pecares, que efetuarás contra ele? Se as tuas transgressões se multiplicarem, que lhe farás com isso?

⁷Se fores justo, que lhe darás, ou que receberá ele da tua mão?

⁸A tua impiedade poderia fazer mal a outro tal como tu; e a tua justiça poderia aproveitar a um filho do homem.

⁹Por causa da multidão das opressões os homens clamam; clamam por socorro por causa do braço dos poderosos.

¹⁰Mas ninguém diz: Onde está Deus meu Criador, que inspira canções durante a noite;

¹¹que nos ensina mais do que aos animais da terra, e nos faz mais sábios do que as aves do céu?

¹²Ali clamam, porém ele não responde, por causa da arrogância os maus.

¹³Certo é que Deus não ouve o grito da vaidade, nem para ela atentará o Todo-Poderoso.

¹⁴Quanto menos quando tu dizes que não o vês. A causa está perante ele; por isso espera nele.

¹⁵Mas agora, porque a sua ira ainda não se exerce, nem grandemente considera ele a arrogância,

¹⁶por isso abre Jó em vão a sua boca, e sem conhecimento multiplica palavras.

## Capítulo 36

¹Prosseguiu ainda Eliú e disse:

²Espera-me um pouco, e mostrar-te-ei que ainda há razões a favor de Deus.

³De longe trarei o meu conhecimento, e ao meu criador atribuirei a justiça.

⁴Pois, na verdade, as minhas palavras não serão falsas; contigo está um que tem perfeito conhecimento.

⁵Eis que Deus é mui poderoso, contudo a ninguém despre grande é no poder de entendimento.

⁶Ele não preserva a vida do ímpio, mas faz justiça aos aflitos.

⁷Do justo não aparta os seus olhos; antes com os reis no trono os faz sentar para sempre, e assim são exaltados.

⁸E se estão presos em grilhões, e amarrados com cordas de aflição,

⁹então lhes faz saber a obra deles, e as suas transgressões, porquanto se têm portado com soberba.

¹⁰E abre-lhes o ouvido para a instrução, e ordena que se convertam da iniqüidade.

¹¹Se o ouvirem, e o servirem, acabarão seus dias em prosperidade, e os seus anos em delícias.

¹²Mas se não o ouvirem, à espada serão passados, e expirarão sem conhecimento.

¹³Assim os ímpios de coração amontoam a sua ira; e quando Deus os põe em grilhões, não clamam por socorro.

¹⁴Eles morrem na mocidade, e a sua vida perece entre as prostitutas.

¹⁵Ao aflito livra por meio da sua aflição, e por meio da opressão lhe abre os ouvidos.

¹⁶Assim também quer induzir-te da angústia para um lugar espaçoso, em que não há aperto; e as iguarias da tua mesa serão cheias de gordura.

¹⁷Mas tu estás cheio do juízo do ímpio; o juízo e a justiça tomam conta de ti.

¹⁸Cuida, pois, para que a ira não te induza a escarnecer, nem te desvie a grandeza do resgate.

¹⁹Prevalecerá o teu clamor, ou todas as forças da tua fortaleza, para que não estejas em aperto?

²⁰Não suspires pela noite, em que os povos sejam tomados do seu lugar.

²¹Guarda-te, e não declines para a iniqüidade; porquanto isso escolheste antes que a aflição.

²²Eis que Deus é excelso em seu poder; quem é ensinador como ele?

²³Quem lhe prescreveu o seu caminho? Ou quem poderá dizer: Tu praticaste a injustiça?

²⁴Lembra-te de engrandecer a sua obra, de que têm cantado os homens.

²⁵Todos os homens a vêem; de longe a contempla o homem.

²⁶Eis que Deus é grande, e nós não o conhecemos, e o número dos seus anos não se pode esquadrinhar.

²⁷Pois atrai a si as gotas de água, e do seu vapor as destila em chuva,

²⁸que as nuvens derramam e gotejam abundantemente sobre o homem.

²⁹Poderá alguém entender as dilatações das nuvens, e os trovões do seu pavilhão?

³⁰Eis que ao redor de si estende a sua luz, e cobre o fundo do mar.

³¹Pois por estas coisas julga os povos e lhes dá mantimento em abundância.

³²Cobre as mãos com o relâmpago, e dá-lhe ordem para que fira o alvo.

³³O fragor da tempestade dá notícia dele; até o gado pressente a sua aproximação.

## Capítulo 37

¹Sobre isso também treme o meu coração, e salta do seu lugar.

²Dai atentamente ouvidos ao estrondo da voz de Deus e ao sonido que sai da sua boca.

³Ele o envia por debaixo de todo o céu, e o seu relâmpago até os confins da terra.

⁴Depois do relâmpago ruge uma grande voz; ele troveja com a sua voz majestosa; e não retarda os raios, quando é ouvida a sua voz.

⁵Com a sua voz troveja Deus maravilhosamente; faz grandes coisas, que nós não compreendemos.

⁶Pois à neve diz: Cai sobre a terra; como também às chuvas e aos aguaceiros: Sede copiosos.

⁷Ele sela as mãos de todo homem, para que todos saibam que ele os fez.

⁸E as feras entram nos esconderijos e ficam nos seus covis.

⁹Da recâmara do sul sai o tufão, e do norte o frio.

¹⁰Ao sopro de Deus forma-se o gelo, e as largas águas são congeladas.

¹¹Também de umidade carrega as grossas nuvens; as nuvens espalham relâmpagos.

¹²Fazem evoluções sob a sua direção, para efetuar tudo quanto lhes ordena sobre a superfície do mundo habitável:

¹³seja para disciplina, ou para a sua terra, ou para beneficência, que as faça vir.

¹⁴A isto, Jó, inclina os teus ouvidos; pára e considera as obras maravilhosas de Deus.

¹⁵Sabes tu como Deus lhes dá as suas ordens, e faz resplandecer o relâmpago da sua nuvem?

¹⁶Compreendes o equilíbrio das nuvens, e as maravilhas daquele que é perfeito nos conhecimentos?

¹⁷tu cujas vestes são quentes, quando há calma sobre a terra por causa do vento sul?

¹⁸Acaso podes, como ele, estender o firmamento, que é sólido como um espelho fundido?

¹⁹Ensina-nos o que lhe diremos; pois nós nada poderemos pôr em boa ordem, por causa das trevas.

²⁰Contar-lhe-ia alguém que eu quero falar. Ou desejaria um homem ser devorado?

²¹E agora o homem não pode olhar para o sol, que resplandece no céu quando o vento, tendo passado, o deixa limpo.

²²Do norte vem o áureo esplendor; em Deus há tremenda majestade.

²³Quanto ao Todo-Poderoso, não o podemos compreender; grande é em poder e justiça e pleno de retidão; a ninguém, pois, oprimirá.

²⁴Por isso o temem os homens; ele não respeita os que se julgam sábios.

## Capítulo 38

¹Depois disso o Senhor respondeu a Jó dum redemoinho, dizendo:

²Quem é este que escurece o conselho com palavras sem conhecimento?

³Agora cinge os teus lombos, como homem; porque te perguntarei, e tu me responderás.

⁴Onde estavas tu, quando eu lançava os fundamentos da terra? Faze-mo saber, se tens entendimento.

⁵Quem lhe fixou as medidas, se é que o sabes? ou quem a mediu com o cordel?

⁶Sobre que foram firmadas as suas bases, ou quem lhe assentou a pedra de esquina,

⁷quando juntas cantavam as estrelas da manhã, e todos os filhos de Deus bradavam de júbilo?

⁸Ou quem encerrou com portas o mar, quando este rompeu e saiu da madre;

⁹quando eu lhe pus nuvens por vestidura, e escuridão por faixas,

¹⁰e lhe tracei limites, pondo-lhe portas e ferrolhos,

¹¹e lhe disse: Até aqui virás, porém não mais adiante; e aqui se quebrarão as tuas ondas orgulhosas?

¹²Desde que começaram os teus dias, deste tu ordem à madrugada,

ou mostraste à alva o seu lugar,

¹³para que agarrasse nas extremidades da terra, e os ímpios fossem sacudidos dela?

¹⁴A terra se transforma como o barro sob o selo; e todas as coisas se assinalam como as cores dum vestido.

¹⁵E dos ímpios é retirada a sua luz, e o braço altivo se quebranta.

¹⁶Acaso tu entraste até os mananciais do mar, ou passeaste pelos recessos do abismo?

¹⁷Ou foram-te descobertas as portas da morte, ou viste as portas da sombra da morte?

¹⁸Compreendeste a largura da terra? Faze-mo saber, se sabes tudo isso.

¹⁹Onde está o caminho para a morada da luz? E, quanto às trevas, onde está o seu lugar,

²⁰para que às tragas aos seus limites, e para que saibas as veredas para a sua casa?

²¹De certo tu o sabes, porque já então eras nascido, e porque é grande o número dos teus dias!

²²Acaso entraste nos tesouros da neve, e viste os tesouros da saraiva,

²³que eu tenho reservado para o tempo da angústia, para o dia da peleja e da guerra?

²⁴Onde está o caminho para o lugar em que se reparte a luz, e se espalha o vento oriental sobre a terra?

²⁵Quem abriu canais para o aguaceiro, e um caminho para o relâmpago do trovão;

²⁶para fazer cair chuva numa terra, onde não há ninguém, e no deserto, em que não há gente;

²⁷para fartar a terra deserta e assolada, e para fazer crescer a tenra relva?

²⁸A chuva porventura tem pai? Ou quem gerou as gotas do orvalho?

²⁹Do ventre de quem saiu o gelo? E quem gerou a geada do céu?

³⁰Como pedra as águas se endurecem, e a superfície do abismo se congela.

³¹Podes atar as cadeias das Plêiades, ou soltar os atilhos do Oriom?

³²Ou fazer sair as constelações a seu tempo, e guiar a ursa com seus filhos?

³³Sabes tu as ordenanças dos céus, ou podes estabelecer o seu domínio sobre a terra?

³⁴Ou podes levantar a tua voz até as nuvens, para que a abundância das águas te cubra?

³⁵Ou ordenarás aos raios de modo que saiam? Eles te dirão: Eis-nos aqui?

³⁶Quem pôs sabedoria nas densas nuvens, ou quem deu entendimento ao meteoro?

³⁷Quem numerará as nuvens pela sabedoria? Ou os odres do céu, quem os esvaziará,

³⁸quando se funde o pó em massa, e se pegam os torrões uns aos outros?

³⁹Podes caçar presa para a leoa, ou satisfazer a fome dos filhos dos leões,

⁴⁰quando se agacham nos covis, e estão à espreita nas covas?

⁴¹Quem prepara ao corvo o seu alimento, quando os seus pintainhos clamam a Deus e andam vagueando, por não terem o que comer?

## Capítulo 39

¹Sabes tu o tempo do parto das cabras montesas, ou podes observar quando é que parem as corças?

²Podes contar os meses que cumprem, ou sabes o tempo do seu parto?

³Encurvam-se, dão à luz as suas crias, lançam de si a sua prole.

⁴Seus filhos enrijam, crescem no campo livre; saem, e não tornam para elas:

⁵Quem despediu livre o jumento montês, e quem soltou as prisões ao asno veloz,

⁶ao qual dei o ermo por casa, e a terra salgada por morada?

⁷Ele despreza o tumulto da cidade; não obedece os gritos do condutor.

⁸O circuito das montanhas é o seu pasto, e anda buscando tudo o que está verde.

⁹Quererá o boi selvagem servir-te? ou ficará junto à tua manjedoura?

¹⁰Podes amarrar o boi selvagem ao arado com uma corda, ou esterroará ele após ti os vales?

¹¹Ou confiarás nele, por ser grande a sua força, ou deixarás a seu cargo o teu trabalho?

¹²Fiarás dele que te torne o que semeaste e o recolha à tua eira?

¹³Movem-se alegremente as asas da avestruz; mas é benigno o adorno da sua plumagem?

¹⁴Pois ela deixa os seus ovos na terra, e os aquenta no pó,

¹⁵e se esquece de que algum pé os pode pisar, ou de que a fera os pode calcar.

¹⁶Endurece-se para com seus filhos, como se não fossem seus; embora se perca o seu trabalho, ela está sem temor;

¹⁷porque Deus a privou de sabedoria, e não lhe repartiu entendimento.

¹⁸Quando ela se levanta para correr, zomba do cavalo, e do cavaleiro.

¹⁹Acaso deste força ao cavalo, ou revestiste de força o seu pescoço?

²⁰Fizeste-o pular como o gafanhoto? Terrível é o fogoso respirar das suas ventas.

²¹Escarva no vale, e folga na sua força, e sai ao encontro dos armados.

²²Ri-se do temor, e não se espanta; e não torna atrás por causa da espada.

²³Sobre ele rangem a aljava, a lança cintilante e o dardo.

²⁴Tremendo e enfurecido devora a terra, e não se contém ao som da trombeta.

²⁵Toda vez que soa a trombeta, diz: Eia! E de longe cheira a guerra, e o trovão dos capitães e os gritos.

²⁶É pelo teu entendimento que se eleva o gavião, e estende as suas asas para o sul?

²⁷Ou se remonta a águia ao teu mandado, e põe no alto o seu ninho?

²⁸Mora nas penhas e ali tem a sua pousada, no cume das penhas, no lugar seguro.

²⁹Dali descobre a presa; seus olhos a avistam de longe.

³⁰Seus filhos chupam o sangue; e onde há mortos, ela aí está.

## Capítulo 40

¹Disse mais o Senhor a Jó:

²Contenderá contra o Todo-Poderoso o censurador? Quem assim argúi a Deus, responda a estas coisas.

³Então Jó respondeu ao Senhor, e disse:

⁴Eis que sou vil; que te responderia eu? Antes ponho a minha mão sobre a boca.

⁵Uma vez tenho falado, e não replicarei; ou ainda duas vezes, porém não prosseguirei.

⁶Então, do meio do redemoinho, o Senhor respondeu a Jó:

⁷Cinge agora os teus lombos como homem; eu te perguntarei a ti, e tu me responderás.

⁸Farás tu vão também o meu juízo, ou me condenarás para te justificares a ti?

⁹Ou tens braço como Deus; ou podes trovejar com uma voz como a dele?

¹⁰Orna-te, pois, de excelência e dignidade, e veste-te de glória e de esplendor.

¹¹Derrama as inundações da tua ira, e atenta para todo soberbo, e abate-o.

¹²Olha para todo soberbo, e humilha-o, e calca aos pés os ímpios onde estão.

¹³Esconde-os juntamente no pó; ata-lhes os rostos no lugar escondido.

¹⁴Então também eu de ti confessarei que a tua mão direita te poderá salvar.

¹⁵Contempla agora o hipopótamo, que eu criei como a ti, que come a erva como o boi.

¹⁶Eis que a sua força está nos seus lombos, e o seu poder nos músculos do seu ventre.

¹⁷Ele enrija a sua cauda como o cedro; os nervos das suas coxas são entretecidos.

¹⁸Os seus ossos são como tubos de bronze, as suas costelas como barras de ferro.

¹⁹Ele é obra prima dos caminhos de Deus; aquele que o fez o proveu da sua espada.

²⁰Em verdade os montes lhe produzem pasto, onde todos os animais do campo folgam.

²¹Deita-se debaixo dos lotos, no esconderijo dos canaviais e no pântano.

²²Os lotos cobrem-no com sua sombra; os salgueiros do ribeiro o

*Jó*

cercam. ²³Eis que se um rio trasborda, ele não treme; sente-se seguro ainda que o Jordão se levante até a sua boca.

²⁴Poderá alguém apanhá-lo quando ele estiver de vigia, ou com laços lhe furar o nariz?

## Capítulo 41

¹Poderás tirar com anzol o leviatã, ou apertar-lhe a língua com uma corda?

²Poderás meter-lhe uma corda de junco no nariz, ou com um gancho furar a sua queixada?

³Porventura te fará muitas súplicas, ou brandamente te falará?

⁴Fará ele aliança contigo, ou o tomarás tu por servo para sempre?

⁵Brincarás com ele, como se fora um pássaro, ou o prenderás para tuas meninas?

⁶Farão os sócios de pesca tráfico dele, ou o dividirão entre os negociantes?

⁷Poderás encher-lhe a pele de arpões, ou a cabeça de fisgas?

⁸Põe a tua mão sobre ele; lembra-te da peleja; nunca mais o farás!

⁹Eis que é vã a esperança de apanhá-lo; pois não será um homem derrubado só ao vê-lo?

¹⁰Ninguém há tão ousado, que se atreva a despertá-lo; quem, pois, é aquele que pode erguer-se diante de mim?

¹¹Quem primeiro me deu a mim, para que eu haja de retribuir-lhe? Pois tudo quanto existe debaixo de todo céu é meu.

¹²Não me calarei a respeito dos seus membros, nem da sua grande força, nem da graça da sua estrutura.

¹³Quem lhe pode tirar o vestido exterior? Quem lhe penetrará a couraça dupla?

¹⁴Quem jamais abriu as portas do seu rosto? Pois em roda dos seus dentes está o terror.

¹⁵As suas fortes escamas são o seu orgulho, cada uma fechada como por um selo apertado.

¹⁶Uma à outra se chega tão perto, que nem o ar passa por entre elas.

¹⁷Umas às outras se ligam; tanto aderem entre si, que não se podem separar.

¹⁸Os seus espirros fazem resplandecer a luz, e os seus olhos são como as pestanas da alva.

¹⁹Da sua boca saem tochas; faíscas de fogo saltam dela.

²⁰Dos seus narizes procede fumaça, como de uma panela que ferve, e de juncos que ardem.

²¹O seu hálito faz incender os carvões, e da sua boca sai uma chama.

²²No seu pescoço reside a força; e diante dele anda saltando o terror.

²³Os tecidos da sua carne estão pegados entre si; ela é firme sobre ele, não se pode mover.

²⁴O seu coração é firme como uma pedra; sim, firme como a pedra inferior dumá mó.

²⁵Quando ele se levanta, os valentes são atemorizados, e por causa da consternação ficam fora de si.

²⁶Se alguém o atacar com a espada, essa não poderá penetrar; nem tampouco a lança, nem o dardo, nem o arpão.

²⁷Ele considera o ferro como palha, e o bronze como pau podre.

²⁸A seta não o poderá fazer fugir; para ele as pedras das fundas se tornam em restolho.

²⁹Os bastões são reputados como juncos, e ele se ri do brandir da lança.

³⁰Debaixo do seu ventre há pontas agudas; ele se estende como um trilho sobre o lodo.

³¹As profundezas faz ferver, como uma panela; torna o mar como uma vasilha de ungüento.

³²Após si deixa uma vereda luminosa; parece o abismo tornado em brancura de cãs.

³³Na terra não há coisa que se lhe possa comparar; pois foi feito para estar sem pavor.

³⁴Ele vê tudo o que é alto; é rei sobre todos os filhos da soberba.

## Capítulo 42

¹Então respondeu Jó ao Senhor:

²Bem sei eu que tudo podes, e que nenhum dos teus propósitos pode ser impedido.

³Quem é este que sem conhecimento obscurece o conselho? por isso falei do que não entendia; coisas que para mim eram demasiado maravilhosas, e que eu não conhecia.

⁴Ouve, pois, e eu falarei; eu te perguntarei, e tu me responderas.

⁵Com os ouvidos eu ouvira falar de ti; mas agora te vêem os meus olhos.

⁶Pelo que me abomino, e me arrependo no pó e na cinza.

⁷Sucedeu pois que, acabando o Senhor de dizer a Jó aquelas palavras, o Senhor disse a Elifaz, o temanita: A minha ira se acendeu contra ti e contra os teus dois amigos, porque não tendes falado de mim o que era reto, como o meu servo Jó.

⁸Tomai, pois, sete novilhos e sete carneiros, e ide ao meu servo Jó, e oferecei um holocausto por vós; e o meu servo Jó orará por vós; porque deveras a ele aceitarei, para que eu não vos trate conforme a vossa estultícia; porque vós não tendes falado de mim o que era reto, como o meu servo Jó.

⁹Então foram Elifaz o temanita, e Bildade o suíta, e Zofar o naamatita, e fizeram como o Senhor lhes ordenara; e o Senhor aceitou a Jó.

¹⁰O Senhor, pois, virou o cativeiro de Jó, quando este orava pelos seus amigos; e o Senhor deu a Jó o dobro do que antes possuía.

¹¹Então vieram ter com ele todos os seus irmãos, e todas as suas irmãs, e todos quantos dantes o conheceram, e comeram com ele pão em sua casa; condoeram-se dele, e o consolaram de todo o mal que o Senhor lhe havia enviado; e cada um deles lhe deu uma peça de dinheiro e um pendente de ouro.

¹²E assim abençoou o Senhor o último estado de Jó, mais do que o primeiro; pois Jó chegou a ter catorze mil ovelhas, seis mil camelos, mil juntas de bois e mil jumentas.

¹³Também teve sete filhos e três filhas.

¹⁴E chamou o nome da primeira Jemima, e o nome da segunda Quezia, e o nome da terceira Quéren-Hapuque.

¹⁵E em toda a terra não se acharam mulheres tão formosas como as filhas de Jó; e seu pai lhes deu herança entre seus irmãos.

¹⁶Depois disto viveu Jó cento e quarenta anos, e viu seus filhos, e os filhos de seus filhos: até a quarta geração.

¹⁷Então morreu Jó, velho e cheio de dias.

# Salmos

## Capítulo 1

¹Bem-aventurado o homem que não anda segundo o conselho dos ímpios, nem se detém no caminho dos pecadores, nem se assenta na roda dos escarnecedores;

²antes tem seu prazer na lei do Senhor, e na sua lei medita de dia e noite.

³Pois será como a árvore plantada junto às correntes de águas, a qual dá o seu fruto na estação própria, e cuja folha não cai; e tudo quanto fizer prosperará.

⁴Não são assim os ímpios, mas são semelhantes à moinha que o vento espalha.

⁵Pelo que os ímpios não subsistirão no juízo, nem os pecadores na congregação dos justos;

⁶porque o Senhor conhece o caminho dos justos, mas o caminho dos ímpios conduz à ruína.

## Capítulo 2

¹Por que se amotinam as nações, e os povos tramam em vão?

²Os reis da terra se levantam, e os príncipes juntos conspiram contra o Senhor e contra o seu ungido, dizendo:

³Rompamos as suas ataduras, e sacudamos de nós as suas cordas.

⁴Aquele que está sentado nos céus se rirá; o Senhor zombará deles.

⁵Então lhes falará na sua ira, e no seu furor os confundirá, dizendo:

⁶Eu tenho estabelecido o meu Rei sobre Sião, meu santo monte.

⁷Falarei do decreto do Senhor; ele me disse: Tu és meu Filho, hoje te gerei.

⁸Pede-me, e eu te darei as nações por herança, e as extremidades da terra por possessão.

⁹Tu os quebrarás com uma vara de ferro; tu os despedaçarás como a um vaso de oleiro.

¹⁰Agora, pois, ó reis, sede prudentes; deixai-vos instruir, juízes da terra.

¹¹Servi ao Senhor com temor, e regozijai-vos com tremor.

¹²Beijai o Filho, para que não se ire, e pereçais no caminho; porque em breve se inflamará a sua ira. Bem-aventurados todos aqueles que nele confiam.

## Capítulo 3

¹Senhor, como se têm multiplicado os meus adversários! Muitos se levantam contra mim.

²Muitos são os que dizem de mim: Não há socorro para ele em Deus.

³Mas tu, Senhor, és um escudo ao redor de mim, a minha glória, e aquele que exulta a minha cabeça.

⁴Com a minha voz clamo ao Senhor, e ele do seu santo monte me responde.

⁵Eu me deito e durmo; acordo, pois o Senhor me sustenta.

⁶Não tenho medo dos dez milhares de pessoas que se puseram contra mim ao meu redor.

⁷Levanta-te, Senhor! salva-me, Deus meu! pois tu feres no queixo todos os meus inimigos; quebras os dentes aos ímpios.

⁸A salvação vem do Senhor; sobre o teu povo seja a tua bênção.

## Capítulo 4

¹Responde-me quando eu clamar, ó Deus da minha justiça! Na angústia me deste largueza; tem misericórdia de mim e ouve a minha oração.

²Filhos dos homens, até quando convertereis a minha glória em infâmia? Até quando amareis a vaidade e buscareis a mentira?

³Sabei que o Senhor separou para si aquele que é piedoso; o Senhor me ouve quando eu clamo a ele.

⁴Irai-vos e não pequeis; consultai com o vosso coração em vosso leito, e calai-vos.

⁵Oferecei sacrifícios de justiça, e confiai no Senhor.

⁶Muitos dizem: Quem nos mostrará o bem? Levanta, Senhor, sobre nós a luz do teu rosto.

⁷Puseste no meu coração mais alegria do que a deles no tempo em que se lhes multiplicam o trigo e o vinho.

⁸Em paz me deitarei e dormirei, porque só tu, Senhor, me fazes habitar em segurança.

## Capítulo 5

¹Dá ouvidos às minhas palavras, ó Senhor; atende aos meus gemidos.

²Atende à voz do meu clamor, Rei meu e Deus meu, pois é a ti que oro.

³Pela manhã ouves a minha voz, ó Senhor; pela manhã te apresento a minha oração, e vigio.

⁴Porque tu não és um Deus que tenha prazer na iniqüidade, nem contigo habitará o mal.

⁵Os arrogantes não subsistirão diante dos teus olhos; detestas a todos os que praticam a maldade.

⁶Destróis aqueles que proferem a mentira; ao sanguinário e ao fraudulento o Senhor abomina.

⁷Mas eu, pela grandeza da tua benignidade, entrarei em tua casa; e em teu temor me inclinarei para o teu santo templo.

⁸Guia-me, Senhor, na tua justiça, por causa dos meus inimigos; aplana diante de mim o teu caminho.

⁹Porque não há fidelidade na boca deles; as suas entranhas são verdadeiras maldades, a sua garganta é um sepulcro aberto; lisonjeiam com a sua língua.

¹⁰Declara-os culpados, ó Deus; que caiam por seus próprios conselhos; lança-os fora por causa da multidão de suas transgressões, pois se revoltaram contra ti.

¹¹Mas alegrem-se todos os que confiam em ti; exultem eternamente, porquanto tu os defendes; sim, gloriem-se em ti os que amam o teu nome.

¹²Pois tu, Senhor, abençoas o justo; tu o circundas do teu favor como de um escudo.

## Capítulo 6

¹Senhor, não me repreendas na tua ira, nem me castigues no teu furor.

²Tem compaixão de mim, Senhor, porque sou fraco; sara-me, Senhor, porque os meus ossos estão perturbados.

³Também a minha alma está muito perturbada; mas tu, Senhor, até quando?...

⁴Volta-te, Senhor, livra a minha alma; salva-me por tua misericórdia.

⁵Pois na morte não há lembrança de ti; no Seol quem te louvará?

⁶Estou cansado do meu gemido; toda noite faço nadar em lágrimas a minha cama, inundo com elas o meu leito.

⁷Os meus olhos estão consumidos pela mágoa, e enfraquecem por causa de todos os meus inimigos.

⁸Apartai-vos de mim todos os que praticais a iniqüidade; porque o Senhor já ouviu a voz do meu pranto.

⁹O Senhor já ouviu a minha súplica, o Senhor aceita a minha oração.

¹⁰Serão envergonhados e grandemente perturbados todos os meus inimigos; tornarão atrás e subitamente serão envergonhados.

## Capítulo 7

¹Senhor, Deus meu, confio, salva-me de todo o que me persegue, e livra-me;

²para que ele não me arrebate, qual leão, despedaçando-me, sem que haja quem acuda.

³Senhor, Deus meu, se eu fiz isto, se há perversidade nas minhas mãos,

⁴se paguei com o mal àquele que tinha paz comigo, ou se despojei o meu inimigo sem causa.

⁵persiga-me o inimigo e alcance-me; calque aos pés a minha vida no chão, e deite no pó a minha glória.

⁶Ergue-te, Senhor, na tua ira; levanta-te contra o furor dos meus inimigos; desperta-te, meu Deus, pois tens ordenado o juízo.

⁷Reúna-se ao redor de ti a assembléia dos povos, e por cima dela remonta-te ao alto.

⁸O Senhor julga os povos; julga-me, Senhor, de acordo com a minha justiça e conforme a integridade que há em mim.

⁹Cesse a maldade dos ímpios, mas estabeleça-se o justo; pois tu, ó justo Deus, provas o coração e os rins.

¹⁰O meu escudo está em Deus, que salva os retos de coração.

¹¹Deus é um juiz justo, um Deus que sente indignação todos os dias.

¹²Se o homem não se arrepender, Deus afiará a sua espada; armado e teso está o seu arco;

*Salmos*

¹³já preparou armas mortíferas, fazendo suas setas inflamadas.

¹⁴Eis que o mau está com dores de perversidade; concedeu a malvadez, e dará à luz a falsidade.

¹⁵Abre uma cova, aprofundando-a, e cai na cova que fez.

¹⁶A sua malvadez recairá sobre a sua cabeça, e a sua violência descerá sobre o seu crânio.

¹⁷Eu louvarei ao Senhor segundo a sua justiça, e cantarei louvores ao nome do Senhor, o Altíssimo.

## Capítulo 8

¹Ó Senhor, Senhor nosso, quão admirável é o teu nome em toda a terra, tu que puseste a tua glória dos céus!

²Da boca das crianças e dos que mamam tu suscitaste força, por causa dos teus adversários para fazeres calar o inimigo e vingador.

³Quando contemplo os teus céus, obra dos teus dedos, a lua e as estrelas que estabeleceste,

⁴que é o homem, para que te lembres dele? e o filho do homem, para que o visites?

⁵Contudo, pouco abaixo de Deus o fizeste; de glória e de honra o coroaste.

⁶Deste-lhe domínio sobre as obras das tuas mãos; tudo puseste debaixo de seus pés:

⁷todas as ovelhas e bois, assim como os animais do campo,

⁸as aves do céu, e os peixes do mar, tudo o que passa pelas veredas dos mares.

⁹Ó Senhor, Senhor nosso, quão admirável é o teu nome em toda a terra!

## Capítulo 9

¹Eu te louvarei, Senhor, de todo o meu coração; contarei todas as tuas maravilhas.

²Em ti me alegrarei e exultarei; cantarei louvores ao teu nome, ó Altíssimo;

³porquanto os meus inimigos retrocedem, caem e perecem diante de ti.

⁴Sustentaste o meu direito e a minha causa; tu te assentaste no tribunal, julgando justamente.

⁵Repreendeste as nações, destruíste os ímpios; apagaste o seu nome para sempre e eternamente.

⁶Os inimigos consumidos estão; perpétuas são as suas ruínas.

⁷Mas o Senhor está entronizado para sempre; preparou o seu trono para exercer o juízo.

⁸Ele mesmo julga o mundo com justiça; julga os povos com eqüidade.

⁹O Senhor é também um alto refúgio para o oprimido, um alto refúgio em tempos de angústia.

¹⁰Em ti confiam os que conhecem o teu nome; porque tu, Senhor, não abandonas aqueles que te buscam.

¹¹Cantai louvores ao Senhor, que habita em Sião; anunciai entre os povos os seus feitos.

¹²Pois ele, o vingador do sangue, se lembra deles; não se esquece do clamor dos aflitos.

¹³Tem misericórdia de mim, Senhor; olha a aflição que sofro daqueles que me odeiam, tu que me levantas das portas da morte.

¹⁴para que eu conte todos os teus louvores nas portas da filha de Sião e me alegre na tua salvação.

¹⁵Afundaram-se as nações na cova que abriram; na rede que ocultaram ficou preso o seu pé.

¹⁶O Senhor deu-se a conhecer, executou o juízo; enlaçado ficou o ímpio nos seus próprios feitos.

¹⁷Os ímpios irão para o Seol, sim, todas as nações que se esquecem de Deus.

¹⁸Pois o necessitado não será esquecido para sempre, nem a esperança dos pobres será frustrada perpetuamente.

¹⁹Levanta-te, Senhor! Não prevaleça o homem; sejam julgadas as nações na tua presença!

²⁰Senhor, incute-lhes temor! Que as nações saibam que não passam de meros homens!

## Capítulo 10

¹Por que te conservas ao longe, Senhor? Por que te escondes em tempos de angústia?

²Os ímpios, na sua arrogância, perseguem furiosamente o pobre; sejam eles apanhados nas ciladas que maquinaram.

³Pois o ímpio gloria-se do desejo do seu coração, e o que é dado à rapina despreza e maldiz o Senhor.

⁴Por causa do seu orgulho, o ímpio não o busca; todos os seus pensamentos são: Não há Deus.

⁵Os seus caminhos são sempre prósperos; os teus juízos estão acima dele, fora da sua vista; quanto a todos os seus adversários, ele os trata com desprezo.

⁶Diz em seu coração: Não serei abalado; nunca me verei na adversidade.

⁷A sua boca está cheia de imprecações, de enganos e de opressão; debaixo da sua língua há malícia e iniqüidade.

⁸Põe-se de emboscada nas aldeias; nos lugares ocultos mata o inocente; os seus olhos estão de espreita ao desamparado.

⁹Qual leão no seu covil, está ele de emboscada num lugar oculto; está de emboscada para apanhar o pobre; apanha-o, colhendo-o na sua rede.

¹⁰Abaixa-se, curva-se; assim os desamparados lhe caem nas fortes garras.

¹¹Diz ele em seu coração: Deus se esqueceu; cobriu o seu rosto; nunca verá isto.

¹²Levanta-te, Senhor; ó Deus, levanta a tua mão; não te esqueças dos necessitados.

¹³Por que blasfema de Deus o ímpio, dizendo no seu coração: Tu não inquirirás?

¹⁴Tu o viste, porque atentas para o trabalho e enfado, para o tomares na tua mão; a ti o desamparado se entrega; tu és o amparo do órfão.

¹⁵Quebra tu o braço do ímpio e malvado; esquadrinha a sua maldade, até que a descubras de todo.

¹⁶O Senhor é Rei sempre e eternamente; da sua terra perecerão as nações.

¹⁷Tu, Senhor, ouvirás os desejos dos mansos; confortarás o seu coração; inclinarás o teu ouvido,

¹⁸para fazeres justiça ao órfão e ao oprimido, a fim de que o homem, que é da terra, não mais inspire terror.

## Capítulo 11

¹No Senhor confio. Como, pois, me dizeis: Foge para o monte, como um pássaro?

²Pois eis que os ímpios armam o arco, põem a sua flecha na corda, para atirarem, às ocultas, aos retos de coração.

³Quando os fundamentos são destruídos, que pode fazer o justo?

⁴O Senhor está no seu santo templo, o trono do Senhor está nos céus; os seus olhos contemplam, as suas pálpebras provam os filhos dos homens.

⁵O Senhor prova o justo e o ímpio; a sua alma odeia ao que ama a violência.

⁶Sobre os ímpios fará chover brasas de fogo e enxofre; um vento abrasador será a porção do seu copo.

⁷Porque o Senhor é justo; ele ama a justiça; os retos, pois, verão o seu rosto.

## Capítulo 12

¹Salva-nos, Senhor, pois não existe mais o piedoso; os fiéis desapareceram dentre os filhos dos homens.

²Cada um fala com falsidade ao seu próximo; falam com lábios lisonjeiros e coração dobre.

³Corte o Senhor todos os lábios lisonjeiros e a língua que fala soberbamente,

⁴os que dizem: Com a nossa língua prevaleceremos; os nossos lábios a nós nos pertecem; quem sobre nós é senhor?

⁵Por causa da opressão dos pobres, e do gemido dos necessitados, levantar-me-ei agora, diz o Senhor; porei em segurança quem por ela suspira.

⁶As palavras do Senhor são palavras puras, como prata refinada numa fornalha de barro, purificada sete vezes.

⁷Guarda-nos, ó Senhor; desta geração defende-nos para sempre.

⁸Os ímpios andam por toda parte, quando a vileza se exalta entre os filhos dos homens.

## Capítulo 13

¹Até quando, ó Senhor, te esquecerás de mim? para sempre? Até quando esconderás de mim o teu rosto?

²Até quando encherei de cuidados a minha alma, tendo tristeza no meu coração cada dia? Até quando o meu inimigo se exaltará sobre mim?

³Considera e responde-me, ó Senhor, Deus meu; alumia os meus olhos para que eu não durma o sono da morte;

⁴para que o meu inimigo não diga: Prevaleci contra ele; e os meus adversários não se alegrem, em sendo eu abalado.

⁵Mas eu confio na tua benignidade; o meu coração se regozija na tua salvação.

⁶Cantarei ao Senhor, porquanto me tem feito muito bem.

## Capítulo 14

¹Diz o néscio no seu coração: Não há Deus. Os homens têm-se corrompido, fazem-se abomináveis em suas obras; não há quem faça o bem.

²O Senhor olhou do céu para os filhos dos homens, para ver se havia algum que tivesse entendimento, que buscasse a Deus.

³Desviaram-se todos e juntamente se fizeram imundos; não há quem faça o bem, não há sequer um.

⁴Acaso não tem conhecimento nem sequer um dos que praticam a iniqüidade, que comem o meu povo como se comessem pão, e que não invocam o Senhor?

⁵Achar-se-ão ali em grande pavor, porque Deus está na geração dos justos.

⁶Vós quereis frustar o conselho dos pobres, mas o Senhor é o seu refúgio.

⁷Oxalá que de Sião viesse a salvação de Israel! Quando o Senhor fizer voltar os cativos do seu povo, então se regozijará Jacó e se alegrará Israel.

## Capítulo 15

¹Quem, Senhor, habitará na tua tenda? quem morará no teu santo monte?

²Aquele que anda irrepreensivelmente e pratica a justiça, e do coração fala a verdade;

³que não difama com a sua língua, nem faz o mal ao seu próximo, nem contra ele aceita nenhuma afronta;

⁴aquele a cujos olhos o réprobo é desprezado, mas que honra os que temem ao Senhor; aquele que, embora jure com dano seu, não muda;

⁵que não empresta o seu dinheiro a juros, nem recebe peitas contra o inocente. Aquele que assim procede nunca será abalado.

## Capítulo 16

¹Guarda-me, ó Deus, porque em ti me refugio.

²Digo ao Senhor: Tu és o meu Senhor; além de ti não tenho outro bem.

³Quanto aos santos que estão na terra, eles são os ilustres nos quais está todo o meu prazer.

⁴Aqueles que escolhem a outros deuses terão as suas dores multiplicadas; eu não oferecerei as suas libações de sangue, nem tomarei os seus nomes nos meus lábios.

⁵Tu, Senhor, és a porção da minha herança e do meu cálice; tu és o sustentáculo do meu quinhão.

⁶As sortes me caíram em lugares deliciosos; sim, coube-me uma formosa herança.

⁷Bendigo ao Senhor que me aconselha; até os meus rins me ensinam de noite.

⁸Tenho posto o Senhor continuamente diante de mim; porquanto ele está à minha mão direita, não serei abalado.

⁹Porquanto está alegre o meu coração e se regozija a minha alma; também a minha carne habitará em segurança.

¹⁰Pois não deixarás a minha alma no Seol, nem permitirás que o teu Santo veja corrupção.

¹¹Tu me farás conhecer a vereda da vida; na tua presença há plenitude de alegria; à tua mão direita há delícias perpetuamente.

## Capítulo 17

¹Ouve, Senhor, a justa causa; atende ao meu clamor; dá ouvidos à minha oração, que não procede de lábios enganosos.

²Venha de ti a minha sentença; atendam os teus olhos à eqüidade.

³Provas-me o coração, visitas-me de noite; examinas-me e não achas iniqüidade; a minha boca não transgride.

⁴Quanto às obras dos homens, pela palavra dos teus lábios eu me tenho guardado dos caminhos do homem violento.

⁵Os meus passos apegaram-se às tuas veredas, não resvalaram os meus pés.

⁶A ti, ó Deus, eu clamo, pois tu me ouvirás; inclina para mim os teus ouvidos, e ouve as minhas palavras.

⁷Faze maravilhosas as tuas beneficências, ó Salvador dos que à tua destra se refugiam daqueles que se levantam contra eles.

⁸Guarda-me como à menina do olho; esconde-me, à sombra das tuas asas,

⁹dos ímpios que me despojam, dos meus inimigos mortais que me cercam.

¹⁰Eles fecham o seu coração; com a boca falam soberbamente.

¹¹Andam agora rodeando os meus passos; fixam em mim os seus olhos para me derrubarem por terra.

¹²Parecem-se com o leão que deseja arrebatar a sua presa, e com o leãozinho que espreita em esconderijos.

¹³Levanta-te, Senhor, detém-nos, derruba-os; livra-me dos ímpios, pela tua espada,

¹⁴dos homens, pela tua mão, Senhor, dos homens do mundo, cujo quinhão está nesta vida. Enche-lhes o ventre da tua ira entesourada. Fartem-se dela os seus filhos, e dêem ainda os sobejos por herança aos seus pequeninos.

¹⁵Quanto a mim, em retidão contemplarei a tua face; eu me satisfarei com a tua semelhança quando acordar.

## Capítulo 18

¹Eu te amo, ó Senhor, força minha.

²O Senhor é a minha rocha, a minha fortaleza e o meu libertador; o meu Deus, o meu rochedo, em quem me refúgio; o meu escudo, a força da minha salvação, e o meu alto refúgio.

³Invoco o Senhor, que é digno de louvor, e sou salvo dos meus inimigos.

⁴Cordas de morte me cercaram, e torrentes de perdição me amedrontaram.

⁵Cordas de Seol me cingiram, laços de morte me surpreenderam.

⁶Na minha angústia invoquei o Senhor, sim, clamei ao meu Deus; do seu templo ouviu ele a minha voz; o clamor que eu lhe fiz chegou aos seus ouvidos.

⁷Então a terra se abalou e tremeu, e os fundamentos dos montes também se moveram e se abalaram, porquanto ele se indignou.

⁸Das suas narinas subiu fumaça, e da sua boca saiu fogo devorador; dele saíram brasas ardentes.

⁹Ele abaixou os céus e desceu; trevas espessas havia debaixo de seus pés.

¹⁰Montou num querubim, e voou; sim, voou sobre as asas do vento.

¹¹Fez das trevas o seu retiro secreto; o pavilhão que o cercava era a escuridão das águas e as espessas nuvens do céu.

¹²Do resplendor da sua presença saíram, pelas suas espessas nuvens, saraiva e brasas de fogo.

¹³O Senhor trovejou a sua voz; e havia saraiva e brasas de fogo.

¹⁴Despediu as suas setas, e os espalhou; multiplicou raios, e os perturbou.

¹⁵Então foram vistos os leitos das águas, e foram descobertos os fundamentos do mundo, à tua repreensão, Senhor, ao sopro do vento das tuas narinas.

¹⁶Do alto estendeu o braço e me tomou; tirou-me das muitas águas.

¹⁷Livrou-me do meu inimigo forte e daqueles que me odiavam; pois eram mais poderosos do que eu.

¹⁸Surpreenderam-me eles no dia da minha calamidade, mas o Senhor foi o meu amparo.

¹⁹Trouxe-me para um lugar espaçoso; livrou-me, porque tinha prazer em mim.

²⁰Recompensou-me o Senhor conforme a minha justiça, retribuiu-me conforme a pureza das minhas mãos.

²¹Pois tenho guardado os caminhos do Senhor, e não me apartei impiamente do meu Deus.

²²Porque todas as suas ordenanças estão diante de mim, e nunca afastei de mim os seus estatutos.

²³Também fui irrepreensível diante dele, e me guardei da iniqüidade.

²⁴Pelo que o Senhor me recompensou conforme a minha justiça, conforme a pureza de minhas mãos perante os seus olhos.

²⁵Para com o benigno te mostras benigno, e para com o homem perfeito te mostras perfeito.

²⁶Para com o puro te mostras puro, e para com o perverso te mostras contrário.

²⁷Porque tu livras o povo aflito, mas os olhos altivos tu os abates.

²⁸Sim, tu acendes a minha candeia; o Senhor meu Deus alumia as minhas trevas.

²⁹Com o teu auxílio dou numa tropa; com o meu Deus salto uma muralha.

³⁰Quanto a Deus, o seu caminho é perfeito; a promessa do Senhor é provada; ele é um escudo para todos os que nele confiam.

³¹Pois, quem é Deus senão o Senhor? e quem é rochedo senão o nosso Deus?

*Salmos*

³²Ele é o Deus que me cinge de força e torna perfeito o meu caminho;
³³faz os meus pés como os das corças, e me coloca em segurança nos meus lugares altos.
³⁴Adestra as minhas mãos para a peleja, de sorte que os meus braços vergam um arco de bronze.
³⁵Também me deste o escudo da tua salvação; a tua mão direita me sustém, e a tua clemência me engrandece.
³⁶Alargas o caminho diante de mim, e os meus pés não resvalam.
³⁷Persigo os meus inimigos, e os alcanço; não volto senão depois de os ter consumido.
³⁸Atravesso-os, de modo que nunca mais se podem levantar; caem debaixo dos meus pés.
³⁹Pois me cinges de força para a peleja; prostras debaixo de mim aqueles que contra mim se levantam.
⁴⁰Fazes também que os meus inimigos me dêem as costas; aos que me odeiam eu os destruo.
⁴¹Clamam, porém não há libertador; clamam ao Senhor, mas ele não lhes responde.
⁴²Então os esmiúço como o pó diante do vento; lanço-os fora como a lama das ruas.
⁴³Livras-me das contendas do povo, e me fazes cabeça das nações; um povo que eu não conhecia se me sujeita.
⁴⁴Ao ouvirem de mim, logo me obedecem; com lisonja os estrangeiros se me submetem.
⁴⁵Os estrangeiros desfalecem e, tremendo, saem dos seus esconderijos.
⁴⁶Vive o Senhor; bendita seja a minha rocha, e exaltado seja o Deus da minha salvação,
⁴⁷o Deus que me dá vingança, e sujeita os povos debaixo de mim,
⁴⁸que me livra de meus inimigos; sim, tu me exaltas sobre os que se levantam contra mim; tu me livras do homem violento.
⁴⁹Pelo que, ó Senhor, te louvarei entre as nações, e entoarei louvores ao teu nome.
⁵⁰Ele dá grande livramento ao seu rei, e usa de benignidade para com o seu ungido, para com Davi e sua posteridade, para sempre.

## Capítulo 19

¹Os céus proclamam a glória de Deus e o firmamento anuncia a obra das suas mãos.
²Um dia faz declaração a outro dia, e uma noite revela conhecimento a outra noite.
³Não há fala, nem palavras; não se lhes ouve a voz.
⁴Por toda a terra estende-se a sua linha, e as suas palavras até os consfins do mundo. Neles pôs uma tenda para o sol,
⁵que é qual noivo que sai do seu tálamo, e se alegra, como um herói, a correr a sua carreira.
⁶A sua saída é desde uma extremidade dos céus, e o seu curso até a outra extremidade deles; e nada se esconde ao seu calor.
⁷A lei do Senhor é perfeita, e refrigera a alma; o testemunho do Senhor é fiel, e dá sabedoria aos simples.
⁸Os preceitos do Senhor são retos, e alegram o coração; o mandamento do Senhor é puro, e alumia os olhos.
⁹O temor do Senhor é limpo, e permanece para sempre; os juízos do Senhor são verdadeiros e inteiramente justos.
¹⁰Mais desejáveis são do que o ouro, sim, do que muito ouro fino; e mais doces do que o mel e o que goteja dos favos.
¹¹Também por eles o teu servo é advertido; e em os guardar há grande recompensa.
¹²Quem pode discernir os próprios erros? Purifica-me tu dos que me são ocultos.
¹³Também de pecados de presunção guarda o teu servo, para que não se assenhoreiem de mim; então serei perfeito, e ficarei limpo de grande transgressão.
¹⁴Sejam agradáveis as palavras da minha boca e a meditação do meu coração perante a tua face, Senhor, Rocha minha e Redentor meu!

## Capítulo 20

¹O Senhor te ouça no dia da angústia; o nome do Deus de Jacó te proteja.
²Envie-te socorro do seu santuário, e te sustenha de Sião.
³Lembre-se de todas as tuas ofertas, e aceite os teus holocaustos.
⁴Conceda-te conforme o desejo do teu coração, e cumpra todo o teu desígnio.
⁵Nós nos alegraremos pela tua salvação, e em nome do nosso Deus arvoraremos pendões; satisfaça o Senhor todas as tuas petições.
⁶Agora sei que o Senhor salva o seu ungido; ele lhe responderá lá do seu santo céu, com a força salvadora da sua destra.
⁷Uns confiam em carros e outros em cavalos, mas nós faremos menção do nome do Senhor nosso Deus.
⁸Uns encurvam-se e caem, mas nós nos erguemos e ficamos de pé.
⁹Salva-nos, Senhor; ouça-nos o Rei quando clamarmos.

## Capítulo 21

¹Na tua força, ó Senhor, o rei se alegra; e na tua salvação quão grandemente se regozija!
²Concedeste-lhe o desejo do seu coração, e não lhe negaste a petição dos seus lábios.
³Pois o proveste de bênçãos excelentes; puseste-lhe na cabeça uma coroa de ouro fino.
⁴Vida te pediu, e lha deste, longura de dias para sempre e eternamente.
⁵Grande é a sua glória pelo teu socorro; de honra e de majestade o revestes.
⁶Sim, tu o fazes para sempre abençoado; tu o enches de gozo na tua presença.
⁷Pois o rei confia no Senhor; e pela bondade do Altíssimo permanecerá inabalável.
⁸A tua mão alcançará todos os teus inimigos, a tua destra alcançará todos os que te odeiam.
⁹Tu os farás qual fornalha ardente quando vieres; o Senhor os consumirá na sua indignação, e o fogo os devorará.
¹⁰A sua prole destruirás da terra, e a sua descendência dentre os filhos dos homens.
¹¹Pois intentaram o mal contra ti; maquinaram um ardil, mas não prevalecerão.
¹²Porque tu os porás em fuga; contra os seus rostos assestarás o teu arco.
¹³Exalta-te, Senhor, na tua força; então cantaremos e louvaremos o teu poder.

## Capítulo 22

¹Deus meu, Deus meu, por que me desamparaste? por que estás afastado de me auxiliar, e das palavras do meu bramido?
²Deus meu, eu clamo de dia, porém tu não me ouves; também de noite, mas não acho sossego.
³Contudo tu és santo, entronizado sobre os louvores de Israel.
⁴Em ti confiaram nossos pais; confiaram, e tu os livraste.
⁵A ti clamaram, e foram salvos; em ti confiaram, e não foram confundidos.
⁶Mas eu sou verme, e não homem; opróbrio dos homens e desprezado do povo.
⁷Todos os que me vêem zombam de mim, arreganham os beiços e meneiam a cabeça, dizendo:
⁸Confiou no Senhor; que ele o livre; que ele o salve, pois que nele tem prazer.
⁹Mas tu és o que me tiraste da madre; o que me preservaste, estando eu ainda aos seios de minha mãe.
¹⁰Nos teus braços fui lançado desde a madre; tu és o meu Deus desde o ventre de minha mãe.
¹¹Não te alongues de mim, pois a angústia está perto, e não há quem acuda.
¹²Muitos touros me cercam; fortes touros de Basã me rodeiam.
¹³Abrem contra mim sua boca, como um leão que despedaça e que ruge.
¹⁴Como água me derramei, e todos os meus ossos se desconjuntaram; o meu coração é como cera, derreteu-se no meio das minhas entranhas.
¹⁵A minha força secou-se como um caco e a língua se me pega ao paladar; tu me puseste no pó da morte.
¹⁶Pois cães me rodeiam; um ajuntamento de malfeitores me cerca; transpassaram-me as mãos e os pés.
¹⁷Posso contar todos os meus ossos. Eles me olham e ficam a mirar-me.
¹⁸Repartem entre si as minhas vestes, e sobre a minha túnica lançam sortes.
¹⁹Mas tu, Senhor, não te alongues de mim; força minha, apressa-te em socorrer-me.
²⁰Livra-me da espada, e a minha vida do poder do cão.
²¹Salva-me da boca do leão, sim, livra-me dos chifres do boi selvagem.
²²Então anunciarei o teu nome aos meus irmãos; louvar-te-ei no meio da congregação.
²³Vós, que temeis ao Senhor, louvai-o; todos vós, filhos de Jacó,

glorificai-o; temei-o todos vós, descendência de Israel.

²⁴Porque não desprezou nem abominou a aflição do aflito, nem dele escondeu o seu rosto; antes, quando ele clamou, o ouviu.

²⁵De ti vem o meu louvor na grande congregação; pagarei os meus votos perante os que o temem.

²⁶Os mansos comerão e se fartarão; louvarão ao Senhor os que o buscam. Que o vosso coração viva eternamente!

²⁷Todos os limites da terra se lembrarão e se converterão ao Senhor, e diante dele adorarão todas as famílias das nações.

²⁸Porque o domínio é do Senhor, e ele reina sobre as nações.

²⁹Todos os grandes da terra comerão e adorarão, e todos os que descem ao pó se prostrarão perante ele, os que não podem reter a sua vida.

³⁰A posteridade o servirá; falar-se-á do Senhor à geração vindoura.

³¹Chegarão e anunciarão a justiça dele; a um povo que há de nascer contarão o que ele fez.

## Capítulo 23

¹O Senhor é o meu pastor; nada me faltará.

²Deitar-me faz em pastos verdejantes; guia-me mansamente a águas tranqüilas.

³Refrigera a minha alma; guia-me nas veredas da justiça por amor do seu nome.

⁴Ainda que eu ande pelo vale da sombra da morte, não temerei mal algum, porque tu estás comigo; a tua vara e o teu cajado me consolam.

⁵Preparas uma mesa perante mim na presença dos meus inimigos; unges com óleo a minha cabeça, o meu cálice transborda.

⁶Certamente que a bondade e a misericórdia me seguirão todos os dias da minha vida, e habitarei na casa do Senhor por longos dias.

## Capítulo 24

¹Do Senhor é a terra e a sua plenitude; o mundo e aqueles que nele habitam.

²Porque ele a fundou sobre os mares, e a firmou sobre os rios.

³Quem subirá ao monte do Senhor, ou quem estará no seu lugar santo?

⁴Aquele que é limpo de mãos e puro de coração; que não entrega a sua alma à vaidade, nem jura enganosamente.

⁵Este receberá do Senhor uma bênção, e a justiça do Deus da sua salvação.

⁶Tal é a geração daqueles que o buscam, daqueles que buscam a tua face, ó Deus de Jacó.

⁷Levantai, ó portas, as vossas cabeças; levantai-vos, ó entradas eternas, e entrará o Rei da Glória.

⁸Quem é o Rei da Glória? O Senhor forte e poderoso, o Senhor poderoso na batalha.

⁹Levantai, ó portas, as vossas cabeças; levantai-vos, ó entradas eternas, e entrará o Rei da Glória.

¹⁰Quem é esse Rei da Glória? O Senhor dos exércitos; ele é o Rei da Glória.

## Capítulo 25

¹A ti, Senhor, elevo a minha alma.

²Deus meu, em ti confio; não seja eu envergonhado; não triunfem sobre mim os meus inimigos.

³Não seja envergonhado nenhum dos que em ti esperam; envergonhados sejam os que sem causa procedem traiçoeiramente.

⁴Faze-me saber os teus caminhos, Senhor; ensina-me as tuas veredas.

⁵Guia-me na tua verdade, e ensina-me; pois tu és o Deus da minha salvação; por ti espero o dia todo.

⁶Lembra-te, Senhor, da tua compaixão e da tua benignidade, porque elas são eternas.

⁷Não te lembres dos pecado da minha mocidade, nem das minhas transgressões; mas, segundo a tua misericórdia, lembra-te de mim, pela tua bondade, ó Senhor.

⁸Bom e reto é o Senhor; pelo que ensina o caminho aos pecadores.

⁹Guia os mansos no que é reto, e lhes ensina o seu caminho.

¹⁰Todas as veredas do Senhor são misericórdia e verdade para aqueles que guardam o seu pacto e os seus testemunhos.

¹¹Por amor do teu nome, Senhor, perdoa a minha iniqüidade, pois é grande.

¹²Qual é o homem que teme ao Senhor? Este lhe ensinará o caminho que deve escolher.

¹³Ele permanecerá em prosperidade, e a sua descendência herdará a terra.

¹⁴O conselho do Senhor é para aqueles que o temem, e ele lhes faz saber o seu pacto.

¹⁵Os meus olhos estão postos continuamente no Senhor, pois ele tirará do laço os meus pés.

¹⁶Olha para mim, e tem misericórdia de mim, porque estou desamparado e aflito.

¹⁷Alivia as tribulações do meu coração; tira-me das minhas angústias.

¹⁸Olha para a minha aflição e para a minha dor, e perdoa todos os meus pecados.

¹⁹Olha para os meus inimigos, porque são muitos e me odeiam com ódio cruel.

²⁰Guarda a minha alma, e livra-me; não seja eu envergonhado, porque em ti me refúgio.

²¹A integridade e a retidão me protejam, porque em ti espero.

²²Redime, ó Deus, a Israel de todas as suas angústias.

## Capítulo 26

¹Julga-me, ó Senhor, pois tenho andado na minha integridade; no Senhor tenho confiado sem vacilar.

²Examina-me, Senhor, e prova-me; esquadrinha o meu coração e a minha mente.

³Pois a tua benignidade está diante dos meus olhos, e tenho andado na tua verdade.

⁴Não me tenho assentado com homens falsos, nem associo com dissimuladores.

⁵Odeio o ajuntamento de malfeitores; não me sentarei com os ímpios.

⁶Lavo as minhas mãos na inocência; e assim, ó Senhor, me acerco do teu altar,

⁷para fazer ouvir a voz de louvor, e contar todas as tuas maravilhas.

⁸Ó Senhor, eu amo o recinto da tua casa e o lugar onde permanece a tua glória.

⁹Não colhas a minha alma com a dos pecadores, nem a minha vida a dos homens sanguinolentos,

¹⁰em cujas mãos há malefício, e cuja destra está cheia de subornos.

¹¹Quanto a mim, porém, ando na minha integridade; resgata-me e tem compaixão de mim.

¹²O meu pé está firme em terreno plano; nas congregações bendirei ao Senhor.

## Capítulo 27

¹O Senhor é a minha luz e a minha salvação; a quem temerei? O Senhor é a força da minha vida; de quem me recearei?

²Quando os malvados investiram contra mim, para comerem as minhas carnes, eles, meus adversários e meus inimigos, tropeçaram e caíram.

³Ainda que um exército se acampe contra mim, o meu coração não temerá; ainda que a guerra se levante contra mim, conservarei a minha confiança.

⁴Uma coisa pedi ao Senhor, e a buscarei: que possa morar na casa do Senhor todos os dias da minha vida, para contemplar a formosura do Senhor, e inquirir no seu templo.

⁵Pois no dia da adversidade me esconderá no seu pavilhão; no recôndito do seu tabernáculo me esconderá; sobre uma rocha me elevará.

⁶E agora será exaltada a minha cabeça acima dos meus inimigos que estão ao redor de mim; e no seu tabernáculo oferecerei sacrifícios de júbilo; cantarei, sim, cantarei louvores ao Senhor.

⁷Ouve, ó Senhor, a minha voz quando clamo; compadece-te de mim e responde-me.

⁸Quando disseste: Buscai o meu rosto; o meu coração te disse a ti: O teu rosto, Senhor, buscarei.

⁹Não escondas de mim o teu rosto, não rejeites com ira o teu servo, tu que tens sido a minha ajuda. Não me enjeites nem me desampares, ó Deus da minha salvação.

¹⁰Se meu pai e minha mãe me abandonarem, então o Senhor me acolherá.

¹¹Ensina-me, ó Senhor, o teu caminho, e guia-me por uma vereda plana, por causa dos que me espreitam.

¹²Não me entregues à vontade dos meus adversários; pois contra mim se levantaram falsas testemunhas e os que repiram violência.

¹³Creio que hei de ver a bondade do Senhor na terra dos viventes.

¹⁴Espera tu pelo Senhor; anima-te, e fortalece o teu coração; espera, pois, pelo Senhor.

Salmos

## Capítulo 28

¹A ti clamo, ó Senhor; rocha minha, não emudeças para comigo; não suceda que, calando-te a meu respeito, eu me torne semelhante aos que descem à cova.
²Ouve a voz das minhas súplicas, quando a ti clamo, quando levanto as minhas mãos para o teu santo templo.
³Não me arrastes juntamente com os ímpios e com os que praticam a iniquidade, que falam de paz ao seu próximo, mas têm o mal no seu coração.
⁴Retribui-lhes segundo as suas obras e segundo a malícia dos seus feitos; dá-lhes conforme o que fizeram as suas mãos; retribui-lhes o que eles merecem.
⁵Porquanto eles não atentam para as obras do Senhor, nem para o que as suas mãos têm feito, ele os derrubará e não os reedificará.
⁶Bendito seja o Senhor, porque ouviu a voz das minhas súplicas.
⁷O Senhor é a minha força e o meu escudo; nele confiou o meu coração, e fui socorrido; pelo que o meu coração salta de prazer, e com o meu cântico o louvarei.
⁸O Senhor é a força do seu povo; ele é a fortaleza salvadora para o seu ungido.
⁹Salva o teu povo, e abençoa a tua herança; apascenta-os e exalta-os para sempre.

## Capítulo 29

¹Tributai ao Senhor, ó filhos dos poderosos, tributai ao Senhor glória e força.
²Tributai ao Senhor a glória devida ao seu nome; adorai o Senhor vestidos de trajes santos.
³A voz do Senhor ouve-se sobre as águas; o Deus da glória troveja; o Senhor está sobre as muitas águas.
⁴A voz do Senhor é poderosa; a voz do Senhor é cheia de majestade.
⁵A voz do Senhor quebra os cedros; sim, o Senhor quebra os cedros do Líbano.
⁶Ele faz o Líbano saltar como um bezerro; e Siriom, como um filhote de boi selvagem.
⁷A voz do Senhor lança labaredas de fogo.
⁸A voz do Senhor faz tremer o deserto; o Senhor faz tremer o deserto de Cades.
⁹A voz do Senhor faz as corças dar à luz, e desnuda as florestas; e no seu templo todos dizem: Glória!
¹⁰O Senhor está entronizado sobre o dilúvio; o Senhor se assenta como rei, perpetuamente.
¹¹O Senhor dará força ao seu povo; o Senhor abençoará o seu povo com paz.

## Capítulo 30

¹Exaltar-te-ei, ó Senhor, porque tu me levantaste, e não permitiste que meus inimigos se alegrassem sobre mim.
²Ó Senhor, Deus meu, a ti clamei, e tu me curaste.
³Senhor, fizeste subir a minha alma do Seol, conservaste-me a vida, dentre os que descem à cova.
⁴Cantai louvores ao Senhor, vós que sois seus santos, e louvai o seu santo nome.
⁵Porque a sua ira dura só um momento; no seu favor está a vida. O choro pode durar uma noite; pela manhã, porém, vem o cântico de júbilo.
⁶Quanto a mim, dizia eu na minha prosperidade: Jamais serei abalado.
⁷Tu, Senhor, pelo teu favor fizeste que a minha montanha permanecesse forte; ocultaste o teu rosto, e fiquei conturbado.
⁸A ti, Senhor, clamei, e ao Senhor supliquei:
⁹Que proveito haverá no meu sangue, se eu descer à cova? Porventura te louvará o pó? Anunciará ele a tua verdade?
¹⁰Ouve, Senhor, e tem compaixão de mim! Ó Senhor, sê o meu ajudador!
¹¹Tornaste o meu pranto em regozijo, tiraste o meu cilício, e me cingiste de alegria;
¹²para que a minha alma te cante louvores, e não se cale. Senhor, Deus meu, eu te louvarei para sempre.

## Capítulo 31

¹Em ti, Senhor, me refugio; nunca seja eu envergonhado; livra-me pela tua justiça!
²Inclina para mim os teus ouvidos, livra-me depressa! Sê para mim uma rocha de refúgio, uma casa de defesa que me salve!
³Porque tu és a minha rocha e a minha fortaleza; pelo que, por amor do teu nome, guia-me e encaminha-me.
⁴Tira-me do laço que me armaram, pois tu és o meu refúgio.
⁵Nas tuas mãos entrego o meu espírito; tu me remiste, ó Senhor, Deus da verdade.
⁶Odeias aqueles que atentam para ídolos vãos; eu, porém, confio no Senhor.
⁷Eu me alegrarei e regozijarei na tua benignidade, pois tens visto a minha aflição. Tens conhecido as minhas angústias,
⁸e não me entregaste nas mãos do inimigo; puseste os meus pés num lugar espaçoso.
⁹Tem compaixão de mim, ó Senhor, porque estou angustiado; consumidos estão de tristeza os meus olhos, a minha alma e o meu corpo.
¹⁰Pois a minha vida está gasta de tristeza, e os meus anos de suspiros; a minha força desfalece por causa da minha iniquidade, e os meus ossos se consomem.
¹¹Por causa de todos os meus adversários tornei-me em opróbrio, sim, sobremodo o sou para os meus vizinhos, e horror para os meus conhecidos; os que me vêem na rua fogem de mim.
¹²Sou esquecido como um morto de quem não há memória; sou como um vaso quebrado.
¹³Pois tenho ouvido a difamação de muitos, terror por todos os lados; enquanto juntamente conspiravam contra mim, maquinaram tirar-me a vida.
¹⁴Mas eu confio em ti, ó Senhor; e digo: Tu és o meu Deus.
¹⁵Os meus dias estão nas tuas mãos; livra-me das mãos dos meus inimigos e dos que me perseguem.
¹⁶Faze resplandecer o teu rosto sobre o teu servo; salva-me por tua bondade.
¹⁷Não seja eu envergonhado, ó Senhor, porque te invoco; envergonhados sejam os ímpios, emudeçam no Seol.
¹⁸Emudeçam os lábios mentirosos, que falam insolentemente contra o justo, com arrogância e com desprezo.
¹⁹Oh! quão grande é a tua bondade, que guardaste para os que te temem, a qual na presença dos filhos dos homens preparaste para aqueles que em ti se refugiam!
²⁰No abrigo da tua presença tu os escondes das intrigas dos homens; em um pavilhão os ocultas da contenda das línguas.
²¹Bendito seja o Senhor, pois fez maravilhosa a sua bondade para comigo numa cidade sitiada.
²²Eu dizia no meu espanto: Estou cortado de diante dos teus olhos; não obstante, tu ouviste as minhas súplicas quando eu a ti clamei.
²³Amai ao Senhor, vós todos os que sois seus santos; o Senhor guarda os fiéis, e retribui abundantemente ao que usa de soberba.
²⁴Esforçai-vos, e fortaleça-se o vosso coração, vós todos os que esperais no Senhor.

## Capítulo 32

¹Bem-aventurado aquele cuja transgressão é perdoada, e cujo pecado é coberto.
²Bem-aventurado o homem a quem o Senhor não atribui a iniquidade, e em cujo espírito não há dolo.
³Enquanto guardei silêncio, consumiram-se os meus ossos pelo meu bramido durante o dia todo.
⁴Porque de dia e de noite a tua mão pesava sobre mim; o meu humor se tornou em sequidão de estio.
⁵Confessei-te o meu pecado, e a minha iniquidade não encobri. Disse eu: Confessarei ao Senhor as minhas transgressões; e tu perdoaste a culpa do meu pecado.
⁶Pelo que todo aquele é piedoso ore a ti, a tempo de te poder achar; no trasbordar de muitas águas, estas a ele não chegarão.
⁷Tu és o meu esconderijo; preservas-me da angústia; de alegres cânticos de livramento me cercas.
⁸Instruir-te-ei, e ensinar-te-ei o caminho que deves seguir; aconselhar-te-ei, tendo-te sob a minha vista.
⁹Não sejais como o cavalo, nem como a mula, que não têm entendimento, cuja boca precisa de cabresto e freio; de outra forma não se sujeitarão.
¹⁰O ímpio tem muitas dores, mas aquele que confia no Senhor, a misericórdia o cerca.
¹¹Alegrai-vos no Senhor, e regozijai-vos, vós justos; e cantai de

júbilo, todos vós que sois retos de coração.

## Capítulo 33

¹Regozijai-vos no Senhor, vós justos, pois aos retos fica bem o louvor.
²Louvai ao Senhor com harpa, cantai-lhe louvores com saltério de dez cordas.
³Cantai-lhe um cântico novo; tocai bem e com júbilo.
⁴Porque a palavra do Senhor é reta; e todas as suas obras são feitas com fidelidade.
⁵Ele ama a retidão e a justiça; a terra está cheia da benignidade do Senhor.
⁶Pela palavra do Senhor foram feitos os céus, e todo o exército deles pelo sopro da sua boca.
⁷Ele ajunta as águas do mar como num montão; põe em tesouros os abismos.
⁸Tema ao Senhor a terra toda; temam-no todos os moradores do mundo.
⁹Pois ele falou, e tudo se fez; ele mandou, e logo tudo apareceu.
¹⁰O Senhor desfaz o conselho das nações, anula os intentos dos povos.
¹¹O conselho do Senhor permanece para sempre, e os intentos do seu coração por todas as gerações.
¹²Bem-aventurada é a nação cujo Deus é o Senhor, o povo que ele escolheu para sua herança.
¹³O Senhor olha lá do céu; vê todos os filhos dos homens;
¹⁴da sua morada observa todos os moradores da terra,
¹⁵aquele que forma o coração de todos eles, que contempla todas as suas obras.
¹⁶Um rei não se salva pela multidão do seu exército; nem o homem valente se livra pela muita força.
¹⁷O cavalo é vã esperança para a vitória; não pode livrar ninguém pela sua grande força.
¹⁸Eis que os olhos do Senhor estão sobre os que o temem, sobre os que esperam na sua benignidade,
¹⁹para os livrar da morte, e para os conservar vivos na fome.
²⁰A nossa alma espera no Senhor; ele é o nosso auxílio e o nosso escudo.
²¹Pois nele se alegra o nosso coração, porquanto temos confiado no seu santo nome.
²²Seja a tua benignidade, Senhor, sobre nós, assim como em ti esperamos.

## Capítulo 34

¹Bendirei ao Senhor em todo o tempo; o seu louvor estará continuamente na minha boca.
²No Senhor se gloria a minha alma; ouçam-no os mansos e se alegrem.
³Engrandeci ao Senhor comigo, e juntos exaltemos o seu nome.
⁴Busquei ao Senhor, e ele me respondeu, e de todos os meus temores me livrou.
⁵Olhai para ele, e sede iluminados; e os vossos rostos jamais serão confundidos.
⁶Clamou este pobre, e o Senhor o ouviu, e o livrou de todas as suas angústias.
⁷O anjo do Senhor acampa-se ao redor dos que o temem, e os livra.
⁸Provai, e vede que o Senhor é bom; bem-aventurado o homem que nele se refugia.
⁹Temei ao Senhor, vós, seus santos, porque nada falta aos que o temem.
¹⁰Os leõezinhos necessitam e sofrem fome, mas àqueles que buscam ao Senhor, bem algum lhes faltará.
¹¹Vinde, filhos, ouvi-me; eu vos ensinarei o temor do Senhor.
¹²Quem é o homem que deseja a vida, e quer longos dias para ver o bem?
¹³Guarda a tua língua do mal, e os teus lábios de falarem dolosamente.
¹⁴Aparta-te do mal, e faze o bem: busca a paz, e segue-a.
¹⁵Os olhos do Senhor estão sobre os justos, e os seus ouvidos atentos ao seu clamor.
¹⁶A face do Senhor está contra os que fazem o mal, para desarraigar da terra a memória deles.
¹⁷Os justos clama, e o Senhor os ouve, e os livra de todas as suas angústias.
¹⁸Perto está o Senhor dos que têm o coração quebrantado, e salva os contritos de espírito.
¹⁹Muitas são as aflições do justo, mas de todas elas o Senhor o livra.
²⁰Ele lhe preserva todos os ossos; nem sequer um deles se quebra.
²¹A malícia matará o ímpio, e os que odeiam o justo serão condenados.
²²O Senhor resgata a alma dos seus servos, e nenhum dos que nele se refugiam será condenado.

## Capítulo 35

¹Contende, Senhor, com aqueles que contendem comigo; combate contra os que me combatem.
²Pega do escudo e do pavês, e levanta-te em meu socorro.
³Tira da lança e do dardo contra os que me perseguem. Dize à minha alma: Eu sou a tua salvação.
⁴Sejam envergonhados e confundidos os que buscam a minha vida; voltem atrás e se confudam os que contra mim intentam o mal.
⁵Sejam como a moinha diante do vento, e o anjo do Senhor os faça fugir.
⁶Seja o seu caminho tenebroso e escorregadio, e o anjo do Senhor os persiga.
⁷Pois sem causa me armaram ocultamente um laço; sem razão cavaram uma cova para a minha vida.
⁸Sobrevenha-lhes inesperadamente a destruição, e prenda-os o laço que ocultaram; caiam eles nessa mesma destruição.
⁹Então minha alma se regozijará no Senhor; exultará na sua salvação.
¹⁰Todos os meus ossos dirão: Ó Senhor, quem é como tu, que livras o fraco daquele que é mais forte do que ele? sim, o pobre e o necessitado, daquele que o rouba.
¹¹Levantam-se testemunhas maliciosas; interrogam-me sobre coisas que eu ignoro.
¹²Tornam-me o mal pelo bem, causando-me luto na alma.
¹³Mas, quanto a mim, estando eles enfermos, vestia-me de cilício, humilhava-me com o jejum, e orava de cabeça sobre o peito.
¹⁴Portava-me como o faria por meu amigo ou meu irmão; eu andava encurvado e lamentando-me, como quem chora por sua mãe.
¹⁵Mas, quando eu tropeçava, eles se alegravam e se congregavam; congregavam-se contra mim, homens miseráveis que eu não conhecia; difamavam-me sem cessar.
¹⁶Como hipócritas zombadores nas festas, rangiam os dentes contra mim.
¹⁷Ó Senhor, até quando contemplarás isto? Livra-me das suas violências; salva a minha vida dos leões!
¹⁸Então te darei graças na grande assembléia; entre muitíssimo povo te louvarei.
¹⁹Não se alegrem sobre mim os que são meus inimigos sem razão, nem pisquem os olhos aqueles que me odeiam sem causa.
²⁰Pois não falaram de paz, antes inventam contra os quietos da terra palavras enganosas.
²¹Escancararam contra mim a sua boca, e dizem: Ah! Ah! os nossos olhos o viram.
²²Tu, Senhor, o viste, não te cales; Senhor, não te alongues de mim.
²³Acorda e desperta para o meu julgamento, para a minha causa, Deus meu, e Senhor meu.
²⁴Justifica-me segundo a tua justiça, Senhor Deus meu, e não se regozijem eles sobre mim.
²⁵Não digam em seu coração: Eia! cumpriu-se o nosso desejo! Não digam: Nós o havemos devorado.
²⁶Envergonhem-se e confundam-se à uma os que se alegram com o meu mal; vistam-se de vergonha e de confusão os que se engrandecem contra mim.
²⁷Bradem de júbilo e se alegrem os que desejam a minha justificação, e digam a minha justificação, e digam continuamente: Seja engrandecido o Senhor, que se deleita na prosperidade do seu servo.
²⁸Então a minha língua falará da tua justiça e do teu louvor o dia todo.

## Capítulo 36

¹A transgressão fala ao ímpio no íntimo do seu coração; não há temor de Deus perante os seus olhos.
²Porque em seus próprios olhos se lisonjeia, cuidando que a sua iniqüidade não será descoberta e detestada.
³As palavras da sua boca são malícia e engano; deixou de ser prudente e de fazer o bem.
⁴Maquina o mal na sua cama; põe-se em caminho que não é bom; não odeia o mal.

*Salmos*

⁵A tua benignidade, Senhor, chega até os céus, e a tua fidelidade até as nuvens.

⁶A tua justiça é como os montes de Deus, os teus juízos são como o abismo profundo. Tu, Senhor, preservas os homens e os animais.

⁷Quão preciosa é, ó Deus, a tua benignidade! Os filhos dos homens se refugiam à sombra das tuas asas.

⁸Eles se fartarão da gordura da tua casa, e os farás beber da corrente das tuas delícias;

⁹pois em ti está o manancial da vida; na tua luz vemos a luz.

¹⁰Continua a tua benignidade aos que te conhecem, e a tua justiça aos retos de coração.

¹¹Não venha sobre mim o pé da soberba, e não me mova a mão dos ímpios.

¹²Ali caídos estão os que praticavam a iniquidade; estão derrubados, e não se podem levantar.

## Capítulo 37

¹Não te enfades por causa dos malfeitores, nem tenhas inveja dos que praticam a iniquidade.

²Pois em breve murcharão como a relva, e secarão como a erva verde.

³Confia no Senhor e faze o bem; assim habitarás na terra, e te alimentarás em segurança.

⁴Deleita-te também no Senhor, e ele te concederá o que deseja o teu coração.

⁵Entrega o teu caminho ao Senhor; confia nele, e ele tudo fará.

⁶E ele fará sobressair a tua justiça como a luz, e o teu direito como o meio-dia.

⁷Descansa no Senhor, e espera nele; não te enfades por causa daquele que prospera em seu caminho, por causa do homem que executa maus desígnios.

⁸Deixa a ira, e abandona o furor; não te enfades, pois isso só leva à prática do mal.

⁹Porque os malfeitores serão exterminados, mas aqueles que esperam no Senhor herdarão a terra.

¹⁰Pois ainda um pouco, e o ímpio não existirá; atentarás para o seu lugar, e ele ali não estará.

¹¹Mas os mansos herdarão a terra, e se deleitarão na abundância de paz.

¹²O ímpio maquina contra o justo, e contra ele range os dentes,

¹³mas o Senhor se ri do ímpio, pois vê que vem chegando o seu dia.

¹⁴Os ímpios têm puxado da espada e têm entesado o arco, para derrubarem o poder e necessitado, e para matarem os que são retos no seu caminho.

¹⁵Mas a sua espada lhes entrará no coração, e os seus arcos quebrados.

¹⁶Mais vale o pouco que o justo tem, do que as riquezas de muitos ímpios.

¹⁷Pois os braços dos ímpios serão quebrados, mas o Senhor sustém os justos.

¹⁸O Senhor conhece os dias dos íntegros, e a herança deles permanecerá para sempre.

¹⁹Não serão envergonhados no dia do mal, e nos dias da fome se fartarão.

²⁰Mas os ímpios perecerão, e os inimigos do Senhor serão como a beleza das pastagens; desaparecerão, em fumaça se desfarão.

²¹O ímpio toma emprestado, e não paga; mas o justo se compadece e dá.

²²Pois aqueles que são abençoados pelo Senhor herdarão a terra, mas aqueles que são por ele amaldiçoados serão exterminados.

²³Confirmados pelo Senhor são os passos do homem em cujo caminho ele se deleita;

²⁴ainda que caia, não ficará prostrado, pois o Senhor lhe segura a mão.

²⁵Fui moço, e agora sou velho; mas nunca vi desamparado o justo, nem a sua descendência a mendigar o pão.

²⁶Ele é sempre generoso, e empresta, e a sua descendência é abençoada.

²⁷Aparta-te do mal e faze o bem; e terás morada permanente.

²⁸Pois o Senhor ama a justiça e não desampara os seus santos. Eles serão preservados para sempre, mas a descendência dos ímpios será exterminada.

²⁹Os justos herdarão a terra e nela habitarão para sempre.

³⁰A boca do justo profere sabedoria; a sua língua fala o que é reto.

³¹A lei do seu Deus está em seu coração; não resvalarão os seus passos.

³²O ímpio espreita o justo, e procura matá-lo.

³³O Senhor não o deixará nas mãos dele, nem o condenará quando for julgado.

³⁴Espera no Senhor, e segue o seu caminho, e ele te exaltará para herdares a terra; tu o verás quando os ímpios forem exterminados.

³⁵Vi um ímpio cheio de prepotência, e a espalhar-se como a árvore verde na terra natal.

³⁶Mas eu passei, e ele já não era; procurei-o, mas não pôde ser encontrado.

³⁷Nota o homem íntegro, e considera o reto, porque há para o homem de paz um porvir feliz.

³⁸Quanto aos transgressores, serão à uma destruídos, e a posteridade dos ímpios será exterminada.

³⁹Mas a salvação dos justos vem do Senhor; ele é a sua fortaleza no tempo da angústia.

⁴⁰E o Senhor os ajuda e os livra; ele os livra dos ímpios e os salva, porquanto nele se refugiam.

## Capítulo 38

¹Ó Senhor, não me repreendas na tua ira, nem me castigues no teu furor.

²Porque as tuas flechas se cravaram em mim, e sobre mim a tua mão pesou.

³Não há coisa sã na minha carne, por causa da tua cólera; nem há saúde nos meus ossos, por causa do meu pecado.

⁴Pois já as minhas iniquidades submergem a minha cabeça; como carga pesada excedem as minhas forças.

⁵As minhas chagas se tornam fétidas e purulentas, por causa da minha loucura.

⁶Estou encurvado, estou muito abatido, ando lamentando o dia todo.

⁷Pois os meus lombos estão cheios de ardor, e não há coisa sã na minha carne.

⁸Estou gasto e muito esmagado; dou rugidos por causa do desassossego do meu coração.

⁹Senhor, diante de ti está todo o meu desejo, e o meu suspirar não te é oculto.

¹⁰O meu coração está agitado; a minha força me falta; quanto à luz dos meus olhos, até essa me deixou.

¹¹Os meus amigos e os meus companheiros afastaram-se da minha chaga; e os meus parentes se põem à distância.

¹²Também os que buscam a minha vida me armam laços, e os que procuram o meu mal dizem coisas perniciosas,

¹³Mas eu, como um surdo, não ouço; e sou qual um mudo que não abre a boca.

¹⁴Assim eu sou como homem que não ouve, e em cuja boca há com que replicar.

¹⁵Mas por ti, Senhor, espero; tu, Senhor meu Deus, responderás.

¹⁶Rogo, pois: Ouve-me, para que eles não se regozijem sobre mim e não se engrandeçam contra mim quando resvala o meu pé.

¹⁷Pois estou prestes a tropeçar; a minha dor está sempre comigo.

¹⁸Confesso a minha iniquidade; entristeço-me por causa do meu pecado.

¹⁹Mas os meus inimigos são cheios de vida e são fortes, e muitos são os que sem causa me odeiam.

²⁰Os que tornam o mal pelo bem são meus adversários, porque eu sigo o que é bom.

²¹Não me desampares, ó Senhor; Deus meu, não te alongues de mim.

²²Apressa-te em meu auxílio, Senhor, minha salvação.

## Capítulo 39

¹Disse eu: Guardarei os meus caminhos para não pecar com a minha língua; guardarei a minha boca com uma mordaça, enquanto o ímpio estiver diante de mim.

²Com silêncio fiquei qual um mundo; calava-me mesmo acerca do bem; mas a minha dor se agravou.

³Escandesceu-se dentro de mim o meu coração; enquanto eu meditava acendeu-se o fogo; então com a minha língua, dizendo:

⁴Faze-me conhecer, ó Senhor, o meu fim, e qual a medida dos meus dias, para que eu saiba quão frágil sou.

⁵Eis que mediste os meus dias a palmos; o tempo da minha vida é como que nada diante de ti. Na verdade, todo homem, por mais firme que esteja, é totalmente vaidade.

⁶Na verdade, todo homem anda qual uma sombra; na verdade, em vão se inquieta, amontoa riquezas, e não sabe quem as levará.

⁷Agora, pois, Senhor, que espero eu? a minha esperança está em ti.

⁸Livra-me de todas as minhas transgressões; não me faças o opróbrio do insensato.

⁹Emudecido estou, não abro a minha boca; pois tu és que agiste.

¹⁰Tira de sobre mim o teu flagelo; estou desfalecido pelo golpe da tua mão.

¹¹Quando com repreensões castigas o homem por causa da iniquidade, destróis, como traça, o que ele tem de precioso; na verdade todo homem é vaidade.

¹²Ouve, Senhor, a minha oração, e inclina os teus ouvidos ao meu clamor; não te cales perante as minhas lágrimas, porque sou para contigo como um estranho, um peregrino como todos os meus pais.

¹³Desvia de mim o teu olhar, para que eu tome alento, antes que me vá e não exista mais.

## Capítulo 40

¹Esperei com paciência pelo Senhor, e ele se inclinou para mim e ouviu o meu clamor.

²Também me tirou duma cova de destruição, dum charco de lodo; pôs os meus pés sobre uma rocha, firmou os meus passos.

³Pôs na minha boca um cântico novo, um hino ao nosso Deus; muitos verão isso e temerão, e confiarão no Senhor.

⁴Bem-aventurado o homem que faz do Senhor a sua confiança, e que não atenta para os soberbos nem para os apóstatas mentirosos.

⁵Muitas são, Senhor, Deus meu, as maravilhas que tens operado e os teus pensamentos para conosco; ninguém há que se possa comparar a ti; eu quisera anunciá-los, e manifestá-los, mas são mais do que se podem contar.

⁶Sacrifício e oferta não desejas; abriste-me os ouvidos; holocausto e oferta de expiação pelo pecado não reclamaste.

⁷Então disse eu: Eis aqui venho; no rolo do livro está escrito a meu respeito:

⁸Deleito-me em fazer a tua vontade, ó Deus meu; sim, a tua lei está dentro do meu coração.

⁹Tenho proclamado boas-novas de justiça na grande congregação; eis que não retive os meus lábios;

¹⁰Não ocultei dentro do meu coração a tua justiça; apregoei a tua fidelidade e a tua salvação; não escondi da grande congregação a tua benignidade e a tua verdade.

¹¹Não detenhas para comigo, Senhor a tua compaixão; a tua benignidade e a tua fidelidade sempre me guardem.

¹²Pois males sem número me têm rodeado; as minhas iniquidades me têm alcançado, de modo que não posso ver; são mais numerosas do que os cabelos da minha cabeça, pelo que desfalece o meu coração.

¹³Digna-te, Senhor, livra-me; Senhor, apressa-te em meu auxílio.

¹⁴Sejam à uma envergonhados e confundidos os que buscam a minha vida para destruí-la; tornem atrás e confundam-se os que me desejam o mal.

¹⁵Desolados sejam em razão da sua afronta os que me dizem: Ah! Ah!

¹⁶Regozijem-se e alegrem-se em ti todos os que te buscam. Digam continuamente os que amam a tua salvação: Engrandecido seja o Senhor.

¹⁷Eu, na verdade, sou pobre e necessitado, mas o Senhor cuida de mim. Tu és o meu auxílio e o meu libertador; não te detenhas, ó Deus meu.

## Capítulo 41

¹Bem-aventurado é aquele que considera o pobre; o Senhor o livrará no dia do mal.

²O Senhor o guardará, e o conservará em vida; será abençoado na terra; tu, Senhor não o entregarás à vontade dos seus inimigos.

³O Senhor o sustentará no leito da enfermidade; tu lhe amaciarás a cama na sua doença.

⁴Disse eu da minha parte: Senhor, compadece-te de mim, sara a minha alma, pois pequei contra ti.

⁵Os meus inimigos falam mal de mim, dizendo: Quando morrerá ele, e perecerá o seu nome?

⁶E, se algum deles vem ver-me, diz falsidades; no seu coração amontoa a maldade; e quando ele sai, é disso que fala.

⁷Todos os que me odeiam cochicham entre si contra mim; contra mim maquinam o mal, dizendo:

⁸Alguma coisa ruim se lhe apega; e agora que está deitado, não se levantará mais.

⁹Até o meu próprio amigo íntimo em quem eu tanto confiava, e que comia do meu pão, levantou contra mim o seu calcanhar.

¹⁰Mas tu, Senhor, compadece-te de mim e levanta-me, para que eu lhes retribua.

¹¹Por isso conheço eu que te deleitas em mim, por não triunfar de mim o meu inimigo

¹²Quanto a mim, tu me sustentas na minha integridade, e me colocas diante da tua face para sempre.

¹³Bendito seja o Senhor Deus de Israel de eternidade a eternidade. Amém e amém.

## Capítulo 42

¹Como o cervo anseia pelas correntes das águas, assim a minha alma anseia por ti, ó Deus!

²A minha alma tem sede de Deus, do Deus vivo; quando entrarei e verei a face de Deus?

³As minhas lágrimas têm sido o meu alimento de dia e de noite, porquanto se me diz constantemente: Onde está o teu Deus?

⁴Dentro de mim derramo a minha alma ao lembrar-me de como eu ia com a multidão, guiando-a em procissão à casa de Deus, com brados de júbilo e louvor, uma multidão que festejava.

⁵Por que estás abatida, ó minha alma, e por que te perturbas dentro de mim? Espera em Deus, pois ainda o louvarei pela salvação que há na sua presença.

⁶Ó Deus meu, dentro de mim a minha alma está abatida; porquanto me lembrarei de ti desde a terra do Jordão, e desde o Hermom, desde o monte Mizar.

⁷Um abismo chama outro abismo ao ruído das tuas catadupas; todas as tuas tuas ondas e vagas têm passado sobre mim.

⁸Contudo, de dia o Senhor ordena a sua bondade, e de noite a sua canção está comigo, uma oração ao Deus da minha vida.

⁹A Deus, a minha rocha, digo: Por que te esqueceste de mim? por que ando em pranto por causa da opressão do inimigo?

¹⁰Como com ferida mortal nos meus ossos me afrontam os meus adversários, dizendo-me continuamente: Onde está o teu Deus?

¹¹Por que estás abatida, ó minha alma, e por que te perturbas dentro de mim? Espera em Deus, pois ainda o louvarei, a ele que é o meu socorro, e o meu Deus.

## Capítulo 43

¹Faze-me justiça, ó Deus, e pleiteia a minha causa contra uma nação ímpia; livra-me do homem fraudulento e iníquo.

²Pois tu és o Deus da minha fortaleza; por que me rejeitaste? por que ando em pranto por causa da opressão do inimigo?

³Envia a tua luz e a tua verdade, para que me guiem; levem-me elas ao teu santo monte, e à tua habitação.

⁴Então irei ao altar de Deus, a Deus, que é a minha grande alegria; e ao som da harpa te louvarei, ó Deus, Deus meu.

⁵Por que estás abatida, ó minha alma? e por que te perturbas dentro de mim? Espera em Deus, pois ainda o louvarei, a ele que é o meu socorro, e o meu Deus.

## Capítulo 44

¹Ó Deus, nós ouvimos com os nossos ouvidos, nossos pais nos têm contado os feitos que realizaste em seus dias, nos tempos da antigüidade.

²Tu expeliste as nações com a tua mão, mas a eles plantaste; afligiste os povos, mas a eles estendes-te largamente.

³Pois não foi pela sua espada que conquistaram a terra, nem foi o seu braço que os salvou, mas a tua destra e o teu braço, e a luz do teu rosto, porquanto te agradaste deles.

⁴Tu és o meu Rei, ó Deus; ordena livramento para Jacó.

⁵Por ti derrubamos os nossos adversários; pelo teu nome pisamos os que se levantam contra nós.

⁶Pois não confio no meu arco, nem a minha espada me pode salvar.

⁷Mas tu nos salvaste dos nossos adversários, e confundiste os que nos odeiam.

⁸Em Deus é que nos temos gloriado o dia todo, e sempre louvaremos o teu nome.

⁹Mas agora nos rejeitaste e nos humilhaste, e não sais com os nossos exércitos.

¹⁰Fizeste-nos voltar as costas ao inimigo e aqueles que nos odeiam nos despojam à vontade.

¹¹Entregaste-nos como ovelhas para alimento, e nos espalhaste entre as nações.

¹²Vendeste por nada o teu povo, e não lucraste com o seu preço.

¹³Puseste-nos por opróbrio aos nossos vizinhos, por escárnio e zombaria àqueles que estão à roda de nós.

¹⁴Puseste-nos por provérbio entre as nações, por ludíbrio entre os povos.

¹⁵A minha ignomínia está sempre diante de mim, e a vergonha do

Salmos

meu rosto me cobre,
¹⁶à voz daquele que afronta e blasfema, à vista do inimigo e do vingador.
¹⁷Tudo isto nos sobreveio; todavia não nos esquecemos de ti, nem nos houvemos falsamente contra o teu pacto.
¹⁸O nosso coração não voltou atrás, nem os nossos passos se desviaram das tuas veredas,
¹⁹para nos teres esmagado onde habitam os chacais, e nos teres coberto de trevas profundas.
²⁰Se nos tivéssemos esquecido do nome do nosso Deus, e estendido as nossas mãos para um deus estranho,
²¹porventura Deus não haveria de esquadrinhar isso? pois ele conhece os segredos do coração.
²²Mas por amor de ti somos entregues à morte o dia todo; somos considerados como ovelhas para o matadouro.
²³Desperta! por que dormes, Senhor? Acorda! não nos rejeites para sempre.
²⁴Por que escondes o teu rosto, e te esqueces da nossa tribulação e da nossa angústia?
²⁵Pois a nossa alma está abatida até o pó; o nosso corpo pegado ao chão.
²⁶Levanta-te em nosso auxílio, e resgata-nos por tua benignidade.

## Capítulo 45

¹O meu coração trasborda de boas palavras; dirijo os meus versos ao rei; a minha língua é qual pena de um hábil escriba.
²Tu és o mais formoso dos filhos dos homens; a graça se derramou nos teus lábios; por isso Deus te abençoou para sempre.
³Cinge a tua espada à coxa, ó valente, na tua glória e majestade.
⁴E em tua majestade cavalga vitoriosamente pela causa da verdade, da mansidão e da justiça, e a tua destra te ensina coisas terríveis.
⁵As tuas flechas são agudas no coração dos inimigos do rei; os povos caem debaixo de ti.
⁶O teu trono, ó Deus, subsiste pelos séculos dos séculos; cetro de eqüidade é o cetro do teu reino.
⁷Amaste a justiça e odiaste a iniqüidade; por isso Deus, o teu Deus, te ungiu com óleo de alegria, mais do que a teus companheiros.
⁸Todas as tuas vestes cheiram a mirra a aloés e a cássia; dos palácios de marfim os instrumentos de cordas e te alegram.
⁹Filhas de reis estão entre as tuas ilustres donzelas; à tua mão direita está a rainha, ornada de ouro de Ofir.
¹⁰Ouve, filha, e olha, e inclina teus ouvidos; esquece-te do teu povo e da casa de teu pai.
¹¹Então o rei se afeiçoará à tua formosura. Ele é teu senhor, presta-lhe, pois, homenagem.
¹²A filha de Tiro estará ali com presentes; os ricos do povo suplicarão o teu favor.
¹³A filha do rei está esplendente lá dentro do palácio; as suas vestes são entretecidas de ouro.
¹⁴Em vestidos de cores brilhantes será conduzida ao rei; as virgens, suas companheiras que a seguem, serão trazidas à tua presença.
¹⁵Com alegria e regozijo serão trazidas; elas entrarão no palácio do rei.
¹⁶Em lugar de teus pais estarão teus filhos; tu os farás príncipes sobre toda a terra.
¹⁷Farei lembrado o teu nome de geração em geração; pelo que os povos te louvarão eternamente.

## Capítulo 46

¹Deus é o nosso refúgio e fortaleza, socorro bem presente na angústia.
²Pelo que não temeremos, ainda que a terra se mude, e ainda que os montes se projetem para o meio dos mares;
³ainda que as águas rujam e espumem, ainda que os montes se abalem pela sua braveza.
⁴Há um rio cujas correntes alegram a cidade de Deus, o lugar santo das moradas do Altíssimo.
⁵Deus está no meio dela; não será abalada; Deus a ajudará desde o raiar da alva.
⁶Bramam nações, reinos se abalam; ele levanta a sua voz, e a terra se derrete.
⁷O Senhor dos exércitos está conosco; o Deus de Jacó é o nosso refúgio.
⁸Vinde contemplai as obras do Senhor, as desolações que tem feito na terra.
⁹Ele faz cessar as guerras até os confins da terra; quebra o arco e corta a lança; queima os carros no fogo.
¹⁰Aquietai-vos, e sabei que eu sou Deus; sou exaltado entre as nações, sou exaltado na terra.
¹¹O Senhor dos exércitos está conosco; o Deus de Jacó é o nosso refúgio.

## Capítulo 47

¹Batei palmas, todos os povos; aclamai a Deus com voz de júbilo.
²Porque o Senhor Altíssimo é tremendo; é grande Rei sobre toda a terra.
³Ele nos sujeitou povos e nações sob os nossos pés.
⁴Escolheu para nós a nossa herança, a glória de Jacó, a quem amou.
⁵Deus subiu entre aplausos, o Senhor subiu ao som de trombeta.
⁶Cantai louvores a Deus, cantai louvores; cantai louvores ao nosso Rei, cantai louvores.
⁷Pois Deus é o Rei de toda a terra; cantai louvores com salmo.
⁸Deus reina sobre as nações; Deus está sentado sobre o seu santo trono.
⁹Os príncipes dos povos se reúnem como povo do Deus de Abraão, porque a Deus pertencem os escudos da terra; ele é sumamente exaltado.

## Capítulo 48

¹Grande é o Senhor e mui digno de ser louvado, na cidade do nosso Deus, no seu monte santo.
²De bela e alta situação, alegria de toda terra é o monte Sião aos lados do norte, a cidade do grande Rei.
³Nos palácios dela Deus se fez conhecer como alto refúgio.
⁴Pois eis que os reis conspiraram; juntos vieram chegando.
⁵Viram-na, e então ficaram maravilhados; ficaram assombrados e se apressaram em fugir.
⁶Aí se apoderou deles o tremor, sentiram dores como as de uma parturiente.
⁷Com um vento oriental quebraste as naus de Társis.
⁸Como temos ouvido, assim vimos na cidade do Senhor dos exércitos, na cidade do nosso Deus; Deus a estabelece para sempre.
⁹Temos meditado, ó Deus, na tua benignidade no meio do teu templo.
¹⁰Como é o teu nome, ó Deus, assim é o teu louvor até os confins da terra; de retidão está cheia a tua destra.
¹¹Alegre-se o monte Sião, regozijem-se as filhas de Judá, por causa dos teus juízos.
¹²Dai voltas a Sião, ide ao redor dela; contai as suas torres.
¹³Notai bem os seus antemuros, percorrei os seus palácios, para que tudo narreis à geração seguinte.
¹⁴Porque este Deus é o nosso Deus para todo o sempre; ele será nosso guia até a morte.

## Capítulo 49

¹Ouvi isto, vós todos os povos; inclinai os ouvidos, todos os habitantes do mundo,
²quer humildes quer grandes, tanto ricos como pobres.
³A minha boca falará a sabedoria, e a meditação do meu coração será de entendimento.
⁴Inclinarei os meus ouvidos a uma parábola; decifrarei o meu enigma ao som da harpa.
⁵Por que temeria eu nos dias da adversidade, ao cercar-me a iniqüidade dos meus perseguidores,
⁶dos que confiam nos seus bens e se gloriam na multidão das suas riquezas?
⁷Nenhum deles de modo algum pode remir a seu irmão, nem por ele dar um resgate a Deus,
⁸(pois a redenção da sua vida é caríssima, de sorte que os seus recursos não dariam;)
⁹para que continuasse a viver para sempre, e não visse a cova.
¹⁰Sim, ele verá que até os sábios morrem, que perecem igualmente o néscio e o estúpido, e deixam a outros os seus bens.
¹¹O pensamento íntimo deles é que as suas casas são perpétuas e as suas habitações de geração em geração; dão às suas terras os seus próprios nomes.
¹²Mas o homem, embora esteja em honra, não permanece; antes é como os animais que perecem.
¹³Este é o destino dos que confiam em si mesmos; o fim dos que se satisfazem com as suas próprias palavras.
¹⁴Como ovelhas são arrebanhados ao Seol; a morte os pastoreia; ao romper do dia os retos terão domínio sobre eles; e a sua formosura se

consumirá no Seol, que lhes será por habitação.

¹⁵Mas Deus remirá a minha alma do poder do Seol, pois me receberá.

¹⁶Não temas quando alguém se enriquece, quando a glória da sua casa aumenta.

¹⁷Pois, quando morrer, nada levará consigo; a sua glória não descerá após ele.

¹⁸Ainda que ele, enquanto vivo, se considera feliz e os homens o louvam quando faz o bem a si mesmo,

¹⁹ele irá ter com a geração de seus pais; eles nunca mais verão a luz

²⁰Mas o homem, embora esteja em honra, não permanece; antes é como os animais que perecem.

## Capítulo 50

¹O Poderoso, o Senhor Deus, fala e convoca a terra desde o nascer do sol até o seu ocaso.

²Desde Sião, a perfeição da formosura. Deus resplandece.

³O nosso Deus vem, e não guarda silêncio; diante dele há um fogo devorador, e grande tormenta ao seu redor.

⁴Ele intima os altos céus e a terra, para o julgamento do seu povo:

⁵Congregai os meus santos, aqueles que fizeram comigo um pacto por meio de sacrifícios.

⁶Os céus proclamam a justiça dele, pois Deus mesmo é Juiz.

⁷Ouve, povo meu, e eu falarei; ouve, ó Israel, e eu te protestarei: Eu sou Deus, o teu Deus.

⁸Não te repreendo pelos teus sacrifícios, pois os teus holocaustos estão de contínuo perante mim.

⁹Da tua casa não aceitarei novilho, nem bodes dos teus currais.

¹⁰Porque meu é todo animal da selva, e o gado sobre milhares de outeiros.

¹¹Conheço todas as aves dos montes, e tudo o que se move no campo é meu.

¹²Se eu tivesse fome, não to diria pois meu é o mundo e a sua plenitude.

¹³Comerei eu carne de touros? ou beberei sangue de bodes?

¹⁴Oferece a Deus por sacrifício ações de graças, e paga ao Altíssimo os teus votos;

¹⁵e invoca-me no dia da angústia; eu te livrarei, e tu me glorificarás.

¹⁶Mas ao ímpio diz Deus: Que fazes tu em recitares os meus estatutos, e em tomares o meu pacto na tua boca,

¹⁷visto que aborreces a correção, e lanças as minhas palavras para trás de ti?

¹⁸Quando vês um ladrão, tu te comprazes nele; e tens parte com os adúlteros.

¹⁹Soltas a tua boca para o mal, e a tua língua trama enganos.

²⁰Tu te sentas a falar contra teu irmão; difamas o filho de tua mãe.

²¹Estas coisas tens feito, e eu me calei; pensavas que na verdade eu era como tu; mas eu te argüirei, e tudo te porei à vista.

²²Considerai pois isto, vós que vos esqueceis de Deus, para que eu não vos despedace, sem que haja quem vos livre.

²³Aquele que oferece por sacrifício ações de graças me glorifica; e àquele que bem ordena o seu caminho eu mostrarei a salvação de Deus.

## Capítulo 51

¹Compadece-te de mim, ó Deus, segundo a tua benignidade; apaga as minhas tansgressões, segundo a multidão das tuas misericórdias.

²Lava-me completamente da minha iniqüidade, e purifica-me do meu pecado.

³Pois eu conheço as minhas transgressões, e o meu pecado está sempre diante de mim.

⁴Contra ti, contra ti somente, pequei, e fiz o que é mau diante dos teus olhos; de sorte que és justificado em falares, e inculpável em julgares.

⁵Eis que eu nasci em iniqüidade, e em pecado me concedeu minha mãe.

⁶Eis que desejas que a verdade esteja no íntimo; faze-me, pois, conhecer a sabedoria no secreto da minha alma.

⁷Purifica-me com hissopo, e ficarei limpo; lava-me, e ficarei mais alvo do que a neve.

⁸Faze-me ouvir júbilo e alegria, para que se regozijem os ossos que esmagaste.

⁹Esconde o teu rosto dos meus pecados, e apaga todas as minhas iniqüidades.

¹⁰Cria em mim, ó Deus, um coração puro, e renova em mim um espírito estável.

¹¹Não me lances fora da tua presença, e não retire de mim o teu santo Espírito.

¹²Restitui-me a alegria da tua salvação, e sustém-me com um espírito voluntário.

¹³Então ensinarei aos transgressores os teus caminhos, e pecadores se converterão a ti.

¹⁴Livra-me dos crimes de sangue, ó Deus, Deus da minha salvação, e a minha língua cantará alegremente a tua justiça.

¹⁵Abre, Senhor, os meus lábios, e a minha boca proclamará o teu louvor.

¹⁶Pois tu não te comprazes em sacrifícios; se eu te oferecesse holocaustos, tu não te deleitarias.

¹⁷O sacrifício aceitável a Deus é o espírito quebrantado; ao coração quebrantado e contrito não desprezarás, ó Deus.

¹⁸Faze o bem a Sião, segundo a tua boa vontade; edifica os muros de Jerusalém.

¹⁹Então te agradarás de sacrifícios de justiça dos holocaustos e das ofertas queimadas; então serão oferecidos novilhos sobre o teu altar.

## Capítulo 52

¹Por que te glorias na malícia, ó homem poderoso? pois a bondade de Deus subsiste em todo o tempo.

²A tua língua maquina planos de destruição, como uma navalha afiada, ó tu que usas de dolo.

³Tu amas antes o mal do que o bem, e o mentir do que o falar a verdade.

⁴Amas todas as palavras devoradoras, ó língua fraudulenta.

⁵Também Deus te esmagará para sempre; arrebatar-te-á e arrancar-te-á da tua habitação, e desarraigar-te-á da terra dos viventes.

⁶Os justos o verão e temerão; e se rirão dele, dizendo:

⁷Eis aqui o homem que não tomou a Deus por sua fortaleza; antes confiava na abundância das suas riquezas, e se fortalecia na sua perversidade.

⁸Mas eu sou qual oliveira verde na casa de Deus; confio na bondade de Deus para sempre e eternamente.

⁹Para sempre te louvarei, porque tu isso fizeste, e proclamarei o teu nome, porque é bom diante de teus santos.

## Capítulo 53

¹Diz o néscio no seu coração: Não há Deus. Corromperam-se e cometeram abominável iniqüidade; não há quem faça o bem.

²Deus olha lá dos céus para os filhos dos homens, para ver se há algum que tenha entendimento, que busque a Deus.

³Desviaram-se todos, e juntamente se fizeram imundos; não há quem faça o bem, não há sequer um.

⁴Acaso não têm conhecimento os que praticam a iniqüidade, os quais comem o meu povo como se comessem pão, e não invocam a Deus?

⁵Eis que eles se acham em grande pavor onde não há motivo de pavor, porque Deus espalhará os ossos daqueles que se acampam contra ti; tu os confundirás, porque Deus os rejeitou.

⁶Oxalá que de Sião viesse a salvação de Israel! Quando Deus fizer voltar os cativos do seu povo, então se regozijará Jacó e se alegrará Israel.

## Capítulo 54

¹Salva-me, ó Deus, pelo teu nome, e faze-me justiça pelo teu poder.

²Ó Deus, ouve a minha oração, dá ouvidos às palavras da minha boca.

³Porque homens insolentes se levantam contra mim, e violentos procuram a minha vida; eles não põem a Deus diante de si.

⁴Eis que Deus é o meu ajudador; o Senhor é quem sustenta a minha vida.

⁵Faze recair o mal sobre os meus inimigos; destrói-os por tua verdade.

⁶De livre vontade te oferecerei sacrifícios; louvarei o teu nome, ó Senhor, porque é bom.

⁷Porque tu me livraste de toda a angústia; e os meus olhos viram a ruína dos meus inimigos.

## Capítulo 55

¹Dá ouvidos, ó Deus, à minha oração, e não te escondas da minha súplica.

²Atende-me, e ouve-me; agitado estou, e ando perplexo,

³por causa do clamor do inimigo e da opressão do ímpio; pois lançam sobre mim iniqüidade, e com furor me perseguem.

⁴O meu coração confrange-se dentro de mim, e terrores de morte sobre mim caíram.

⁵Temor e tremor me sobrevêm, e o horror me envolveu.

⁶Pelo que eu disse: Ah! quem me dera asas como de pomba! então voaria, e encontraria descanso.

⁷Eis que eu fugiria para longe, e pernoitaria no deserto.

⁸Apressar-me-ia a abrigar-me da fúria do vento e da tempestade.

⁹Destrói, Senhor, confunde as suas línguas, pois vejo violência e contenda na cidade.

¹⁰Dia e noite andam ao redor dela, sobre os seus muros; também iniqüidade e malícia estão no meio dela.

¹¹Há destruição lá dentro; opressão e fraude não se apartam das suas ruas.

¹²Pois não é um inimigo que me afronta, então eu poderia suportá-lo; nem é um adversário que se exalta contra mim, porque dele poderia esconder-me;

¹³mas és tu, homem meu igual, meu companheiro e meu amigo íntimo.

¹⁴Conservávamos juntos tranqüilamente, e em companhia andávamos na casa de Deus.

¹⁵A morte os assalte, e vivos desçam ao Seol; porque há maldade na sua morada, no seu próprio íntimo.

¹⁶Mas eu invocarei a Deus, e o Senhor me salvará.

¹⁷De tarde, de manhã e ao meio-dia me queixarei e me lamentarei; e ele ouvirá a minha voz.

¹⁸Livrará em paz a minha vida, de modo que ninguém se aproxime de mim; pois há muitos que contendem contra mim.

¹⁹Deus ouvirá; e lhes responderá aquele que está entronizado desde a antigüidade; porque não há neles nenhuma mudança, e tampouco temem a Deus.

²⁰Aquele meu companheiro estendeu a sua mão contra os que tinham paz com ele; violou o seu pacto.

²¹A sua fala era macia como manteiga, mas no seu coração havia guerra; as suas palavras eram mais brandas do que o azeite, todavia eram espadas desembainhadas.

²²Lança o teu fardo sobre o Senhor, e ele te susterá; nunca permitirá que o justo seja abalado.

²³Mas tu, ó Deus, os farás descer ao poço da perdição; homens de sangue e de traição não viverão metade dos seus dias; mas eu em ti confiarei.

## Capítulo 56

¹Compadece-te de mim, ó Deus, pois homens me calcam aos pés e, pelejando, me aflingem o dia todo.

²Os meus inimigos me calcam aos pés o dia todo, pois são muitos os que insolentemente pelejam contra mim.

³No dia em que eu temer, hei de confiar em ti.

⁴Em Deus, cuja palavra eu lovo, em Deus ponho a minha confiança e não terei medo;

⁵Todos os dias torcem as minhas palavras; todos os seus pensamentos são contra mim para o mal.

⁶Ajuntam-se, escondem-se, espiam os meus passos, como que aguardando a minha morte.

⁷Escaparão eles por meio da sua iniqüidade? Ó Deus, derruba os povos na tua ira!

⁸Tu contaste as minhas aflições; põe as minhas lágrimas no teu odre; não estão elas no teu livro?

⁹No dia em que eu te invocar retrocederão os meus inimigos; isto eu sei, que Deus está comigo.

¹⁰Em Deus, cuja palavra eu louvo, no Senhor, cuja palavra eu louvo,

¹¹em Deus ponho a minha confiança, e não terei medo; que me pode fazer o homem?

¹²Sobre mim estão os votos que te fiz, ó Deus; eu te oferecerei ações de graças;

¹³pois tu livraste a minha alma da morte. Não livraste também os meus pés de tropeçarem, para que eu ande diante de Deus na luz da vida?

## Capítulo 57

¹Compadece-te de mim, ó Deus, compadece-te de mim, pois em ti se refugia a minha alma; à sombra das tuas asas me refugiarei, até que passem as calamidades.

²Clamarei ao Deus altíssimo, ao Deus que por mim tudo executa.

³Ele do céu enviará seu auxílio, e me salvará, quando me ultrajar aquele que quer calçar-me aos pés. Deus enviará a sua misericórdia e sua verdade.

⁴Estou deitado no meio de leões; tenho que deitar-me no meio daqueles que respiram chamas, filhos dos homens, cujos dentes são lanças e flechas, e cuja língua é espada afiada.

⁵Sê exaltado, ó Deus, acima dos céus; seja a tua glória sobre toda a terra.

⁶Armaram um laço para os meus passos, a minha alma ficou abatida; cavaram uma cova diante de mim, mas foram eles que nela caíram.

⁷Resoluto está o meu coração, ó Deus, resoluto está o meu coração; cantarei, sim, cantarei louvores.

⁸Desperta, minha alma; despertai, alaúde e harpa; eu mesmo despertarei a aurora.

⁹Louvar-te-ei, Senhor, entre os povos; cantar-te-ei louvores entre as nações.

¹⁰Pois a tua benignidade é grande até os céus, e a tua verdade até as nuvens.

¹¹Sê exaltado, ó Deus, acima dos céus; e seja a tua glória sobre a terra.

## Capítulo 58

¹Falais deveras o que é reto, vós os poderosos? Julgais retamente, ó filhos dos homens?

²Não, antes no coração forjais iniqüidade; sobre a terra fazeis pesar a violência das vossas mãos.

³Alienam-se os ímpios desde a madre; andam errados desde que nasceram, proferindo mentiras.

⁴Têm veneno semelhante ao veneno da serpente; são como a víbora surda, que tapa os seus ouvidos,

⁵de sorte que não ouve a voz dos encantadores, nem mesmo do encantador perito em encantamento.

⁶Ó Deus, quebra-lhes os dentes na sua boca; arranca, Senhor, os caninos aos filhos dos leões.

⁷Sumam-se como águas que se escoam; sejam pisados e murcham como a relva macia.

⁸Sejam como a lesma que se derrete e se vai; como o aborto de mulher, que nunca viu o sol.

⁹Que ele arrebate os espinheiros antes que cheguem a aquecer as vossas panelas, assim os verdes, como os que estão ardendo.

¹⁰O justo se alegrará quando vir a vingança; lavará os seus pés no sangue do ímpio.

¹¹Então dirão os homens: Deveras há uma recompensa para o justo; deveras há um Deus que julga na terra.

## Capítulo 59

¹Livra-me, Deus meu, dos meus inimigos; protege-me daqueles que se levantam contra mim.

²Livra-me do que praticam a iniqüidade, e salva-me dos homens sanguinários.

³Pois eis que armam ciladas à minha alma; os fortes se ajuntam contra mim, não por transgressão minha nem por pecado meu, ó Senhor.

⁴Eles correm, e se preparam, sem culpa minha; desperta para me ajudares, e olha.

⁵Tu, ó Senhor, Deus dos exércitos, Deus de Israel, desperta para punir todas as nações; não tenhas misericórdia de nenhum dos pérfidos que praticam a iniqüidade.

⁶Eles voltam à tarde, uivam como cães, e andam rodeando a cidade.

⁷Eis que eles soltam gritos; espadas estão nos seus lábios; porque (pensam eles), quem ouve?

⁸Mas tu, Senhor, te rirás deles; zombarás de todas as nações.

⁹Em ti, força minha, esperarei; pois Deus é o meu alto refúgio.

¹⁰O meu Deus com a sua benignidade virá ao meu encontro; Deus me fará ver o meu desejo sobre os meus inimigos.

¹¹Não os mates, para que meu povo não se esqueça; espalha-os pelo teu poder, e abate-os ó Senhor, escudo nosso.

¹²Pelo pecado da sua boca e pelas palavras dos seus lábios fiquem presos na sua soberba. Pelas maldições e pelas mentiras que proferem,

¹³consome-os na tua indignação; consome-os, de modo que não existem mais; para que saibam que Deus reina sobre Jacó, até os confins da terra.

¹⁴Eles tornam a vir à tarde, uivam como cães, e andam rodeando a cidade;

¹⁵vagueiam buscando o que comer, e resmungam se não se fartarem.

¹⁶Eu, porém, cantarei a tua força; pela manhã louvarei com alegria a tua benignidade, porquanto tens sido para mim uma fortaleza, e refúgio no dia da minha angústia.

¹⁷A ti, ó força minha, cantarei louvores; porque Deus é a minha fortaleza, é o Deus que me mostra benignidade.

## Capítulo 60

¹Ó Deus, tu nos rejeitaste, tu nos esmagaste, tu tens estado indignado; oh, restabelece-nos.

²Abalaste a terra, e a fendeste; sara as suas fendas, pois ela treme.

³Ao teu povo fizeste ver duras coisas; fizeste-nos beber o vinho de aturdimento.

⁴Deste um estandarte aos que te temem, para o qual possam fugir de diante do arco.

⁵Para que os teus amados sejam livres, salva-nos com a tua destra, e responde-nos.

⁶Deus falou na sua santidade: Eu exultarei; repartirei Siquém e medirei o vale de Sucote.

⁷Meu é Gileade, e meu é Manassés; Efraim é o meu capacete; Judá é o meu cetro.

⁸Moabe é a minha bacia de lavar; sobre Edom lançarei o meu sapato; sobre a Filístia darei o brado de vitória.

⁹Quem me conduzirá à cidade forte? Quem me guiará até Edom?

¹⁰Não nos rejeitaste, ó Deus? e tu, ó Deus, não deixaste de sair com os nossos exércitos?

¹¹Dá-nos auxílio contra o adversário, pois vão é o socorro da parte do homem.

¹²Em Deus faremos proezas; porque é ele quem calcará aos pés os nossos inimigos.

## Capítulo 61

¹Ouve, ó Deus, o meu clamor; atende à minha oração.

²Desde a extremidade da terra clamo a ti, estando abatido o meu coração; leva-me para a rocha que é mais alta do que eu.

³Pois tu és o meu refúgio, uma torre forte contra o inimigo.

⁴Deixa-me habitar no teu tabernáculo para sempre; dá que me abrigue no esconderijo das tuas asas.

⁵Pois tu, ó Deus, ouviste os meus votos; deste-me a herança dos que temem o teu nome.

⁶Prolongarás os dias do rei; e os seus anos serão como muitas gerações.

⁷Ele permanecerá no trono diante de Deus para sempre; faze que a benignidade e a fidelidade o preservem.

⁸Assim cantarei louvores ao teu nome perpetuamente, para pagar os meus votos de dia em dia.

## Capítulo 62

¹Somente em Deus espera silenciosa a minha alma; dele vem a minha salvação.

²Só ele é a minha rocha e a minha salvação; é ele a minha fortaleza; não serei grandemente abalado.

³Até quando acometereis um homem, todos vós, para o derrubardes, como a um muro pendido, uma cerca prestes a cair?

⁴Eles somente consultam como derrubá-lo da sua alta posição; deleitam-se em mentiras; com a boca bendizem, mas no íntimo maldizem.

⁵Ó minha alma, espera silenciosa somente em Deus, porque dele vem a minha esperança.

⁶Só ele é a minha rocha e a minha salvação; é a minha fortaleza; não serei abalado.

⁷Em Deus está a minha salvação e a minha glória; Deus é o meu forte rochedo e o meu refúgio.

⁸Confiai nele, ó povo, em todo o tempo; derramai perante ele o vosso coração; Deus é o nosso refúgio.

⁹Certamente que os filhos de Adão são vaidade, e os filhos dos homens são desilusão; postos na balança, subiriam; todos juntos são mais leves do que um sopro.

¹⁰Não confieis na opressão, nem vos vanglorieis na rapina; se as vossas riquezas aumentarem, não ponhais nelas o coração.

¹¹Uma vez falou Deus, duas vezes tenho ouvido isto: que o poder pertence a Deus.

¹²A ti também, Senhor, pertence a benignidade; pois retribuis a cada um segundo a sua obra.

## Capítulo 63

¹Ó Deus, tu és o meu Deus; ansiosamente te busco. A minha alma tem sede de ti; a minha carne te deseja muito em uma terra seca e cansada, onde não há água.

²Assim no santuário te contemplo, para ver o teu poder e a tua glória.

³Porquanto a tua benignidade é melhor do que a vida, os meus lábios te louvarão.

⁴Assim eu te bendirei enquanto viver; em teu nome levantarei as minhas mãos.

⁵A minha alma se farta, como de tutano e de gordura; e a minha boca te louva com alegres lábios.

⁶quando me lembro de ti no meu leito, e medito em ti nas vigílias da noite,

⁷pois tu tens sido o meu auxílio; de júbilo canto à sombra das tuas asas.

⁸A minha alma se apega a ti; a tua destra me sustenta.

⁹Mas aqueles que procuram a minha vida para a destruírem, irão para as profundezas da terra.

¹⁰Serão entregues ao poder da espada, servidão de pasto aos chacais.

¹¹Mas o rei se regozijará em Deus; todo o que por ele jura se gloriará, porque será tapada a boca aos que falam a mentira.

## Capítulo 64

¹Ouve, ó Deus, a minha voz na minha queixa; preserva a minha voz na minha queixa; preserva a minha vida do horror do inimigo.

²Esconde-me do secreto conselho dos maus, e do ajuntamento dos que praticam a iniqüidade,

³os quais afiaram a sua língua como espada, e armaram por suas flechas palavras amargas.

⁴Para em lugares ocultos atirarem sobre o íntegro; disparam sobre ele repentinamente, e não temem.

⁵Firmam-se em mau intento; falam de armar laços secretamente, e dizem: Quem nos verá?

⁶Planejam iniqüidades; ocultam planos bem traçados; pois o íntimo e o coração do homem são inescrutáveis.

⁷Mas Deus disparará sobre eles uma seta, e de repente ficarão feridos.

⁸Assim serão levados a tropeçar, por causa das suas próprias línguas; todos aqueles que os virem fugirão.

⁹E todos os homens temerão, e anunciarão a obra de Deus, e considerarão a obra de Deus, e considerarão prudentemente os seus feitos.

¹⁰O justo se alegrará no Senhor e confiará nele, e todos os de coração reto cantarão louvores.

## Capítulo 65

¹A ti, ó Deus, é devido o louvor em Sião; e a ti se pagará o voto.

²Ó tu que ouves a oração! a ti virá toda a carne.

³Prevalecem as iniqüidades contra mim; mas as nossas transgressões, tu as perdoarás.

⁴Bem-aventurado aquele a quem tu escolhes, e fazes chegar a ti, para habitar em teus átrios! Nós seremos satisfeitos com a bondade da tua casa, do teu santo templo.

⁵Com prodígios nos respondes em justiça, ó Deus da nossa salvação, a esperança de todas as extremidades da terra, e do mais remoto mar;

⁶tu que pela tua força consolidas os montes, cingido de poder;

⁷que aplacas o ruído dos mares, o ruído das suas ondas, e o tumulto dos povos.

⁸Os que habitam os confins da terra são tomados de medo à vista dos teus sinais; tu fazes exultar de júbilo as saídas da manhã e da tarde.

⁹Tu visitas a terra, e a regas; grandemente e enriqueces; o rio de Deus está cheio d'água; tu lhe dás o trigo quando assim a tens preparado;

¹⁰enches d'água os seus sulcos, aplanando-lhes as leivas, amolecendo-a com a chuva, e abençoando as suas novidades.

¹¹Coroas o ano com a tua bondade, e as tuas veredas destilam gordura;

¹²destilam sobre as pastagens do deserto, e os outeiros se cingem de alegria.

¹³As pastagens revestem-se de rebanhos, e os vales se cobrem de trigo; por isso eles se regozijam, por isso eles cantam.

Salmos

## Capítulo 66

¹Louvai a Deus com brados de júbilo, todas as terras.
²Cantai a glória do seu nome, dai glória em seu louvor.
³Dizei a Deus: Quão tremendas são as tuas obras! pela grandeza do teu poder te lisonjeiam os teus inimigos.
⁴Toda a terra te adorará e te cantará louvores; eles cantarão o teu nome.
⁵Vinde, e vede as obras de Deus; ele é tremendo nos seus feitos para com os filhos dos homens.
⁶Converteu o mar em terra seca; passaram o rio a pé; ali nos alegramos nele.
⁷Ele governa eternamente pelo seu poder; os seus olhos estão sobre as nações; não se exaltem os rebeldes.
⁸Bendizei, povos, ao nosso Deus, e fazei ouvir a voz do seu louvor;
⁹ao que nos conserva em vida, e não consente que resvalem os nossos pés.
¹⁰Pois tu, ó Deus, nos tens provado; tens nos refinado como se refina a prata.
¹¹Fizeste-nos entrar no laço; pesada carga puseste sobre os nossos lombos.
¹²Fizeste com que os homens cavalgassem sobre as nossas cabeças; passamos pelo fogo e pela água, mas nos trouxeste a um lugar de abundância.
¹³Entregarei em tua casa com holocaustos; pagar-te-ei os meus votos,
¹⁴votos que os meus lábios pronunciaram e a minha boca prometeu, quando eu estava na angústia.
¹⁵Oferecer-te-ei holocausto de animais nédios, com incenso de carneiros; prepararei novilhos com cabritos.
¹⁶Vinde, e ouvi, todos os que temeis a Deus, e eu contarei o que ele tem feito por mim.
¹⁷A ele clamei com a minha boca, e ele foi exaltado pela minha língua.
¹⁸Se eu tivesse guardado iniqüidade no meu coração, o Senhor não me teria ouvido;
¹⁹mas, na verdade, Deus me ouviu; tem atendido à voz da minha oração.
²⁰Bendito seja Deus, que não rejeitou a minha oração, nem retirou de mim a sua benignidade.

## Capítulo 67

¹Deus se compadeça de nós e nos abençoe, e faça resplandecer o seu rosto sobre nós,
²para que se conheça na terra o seu caminho e entre todas as nações a sua salvação.
³Louvem-te, ó Deus, os povos; louvem-te os povos todos.
⁴Alegrem-se e regozijem-se as nações, pois julgas os povos com eqüidade, e guias as nações sobre a terra.
⁵Louvem-te, ó Deus, os povos; louvem os povos todos.
⁶A terra tem produzido o seu fruto; e Deus, o nosso Deus, tem nos abençoado.
⁷Deus nos tem abençoado; temam-no todas as extremidades da terra!

## Capítulo 68

¹Levanta-se Deus! Sejam dispersos os seus inimigos; fujam de diante dele os que o odeiam!
²Como é impelida a fumaça, assim tu os impeles; como a cera se derrete diante do fogo, assim pereçam os ímpios diante de Deus.
³Mas alegrem-se os justos, e se regozijem na presença de Deus, e se encham de júbilo.
⁴Cantai a Deus, cantai louvores ao seu nome; louvai aquele que cavalga sobre as nuvens, pois o seu nome é Já; exultai diante dele.
⁵Pai de órfãos e juiz de viúvas é Deus na sua santa morada.
⁶Deus faz que o solitário viva em família; liberta os presos e os faz prosperar; mas os rebeldes habitam em terra árida.
⁷Ó Deus! quando saías à frente do teu povo, quando caminhavas pelo deserto,
⁸a terra se abalava e os céus gotejavam perante a face de Deus; o próprio Sinai tremeu na presença de Deus, do Deus de Israel.
⁹Tu, ó Deus, mandaste copiosa chuva; restauraste a tua herança, quando estava cansada.
¹⁰Nela habitava o teu rebanho; da tua bondade, ó Deus, proveste o pobre.
¹¹O Senhor proclama a palavra; grande é a companhia que anunciam as boas-novas.
¹²Reis de exércitos fogem, sim, fogem; as mulheres em casa repartem os despojos.
¹³Deitados entre redis, sois como as asas da pomba cobertas de prata, com as suas penas de ouro amarelo.
¹⁴Quando o Todo-Poderoso ali dispersou os reis, caiu neve em Zalmom.
¹⁵Monte grandíssimo é o monte de Basã; monte de cimos numerosos é o monte de Basã!
¹⁶Por que estás, ó monte de cimos numerosos, olhando com inveja o monte que Deus desejou para sua habitação? Na verdade o Senhor habitará nele eternamente.
¹⁷Os carros de Deus são miríades, milhares de milhares. O Senhor está no meio deles, como em Sinai no santuário.
¹⁸Tu subiste ao alto, levando os teus cativos; recebeste dons dentre os homens, e até dentre os rebeldes, para que o Senhor Deus habitasse entre eles.
¹⁹Bendito seja o Senhor, que diariamente leva a nossa carga, o Deus que é a nossa salvação.
²⁰Deus é para nós um Deus de libertação; a Jeová, o Senhor, pertence o livramento da morte.
²¹Mas Deus esmagará a cabeça de seus inimigos, o crânio cabeludo daquele que prossegue em suas culpas.
²²Disse o Senhor: Eu os farei voltar de Basã; fá-los-ei voltar das profundezas do mar;
²³para que mergulhes o teu pé em sangue, e para que a língua dos teus cães tenha dos inimigos o seu quinhão.
²⁴Viu-se, ó Deus, a tua entrada, a entrada do meu Deus, meu Rei, no santuário.
²⁵Iam na frente os cantores, atrás os tocadores de instrumentos, no meio as donzelas que tocavam adufes.
²⁶Bendizei a Deus nas congregações, ao Senhor, vós que sois da fonte de Israel.
²⁷Ali está Benjamim, o menor deles, na frente; os chefes de Judá com o seu ajuntamento; os chefes de Judá com o seu ajuntamento; os chefes de Zebulom e os chefes de Naftali.
²⁸Ordena, ó Deus, a tua força; confirma, ó Deus, o que já fizeste por nós.
²⁹Por amor do teu templo em Jerusalém, os reis te trarão presentes.
³⁰Repreende as feras dos caniçais, a multidão dos touros, com os bezerros dos povos. Calca aos pés as suas peças de prata; dissipa os povos que se deleitam na guerra.
³¹Venham embaixadores do Egito; estenda a Etiópia ansiosamente as mãos para Deus.
³²Reinos da terra, cantai a Deus, cantai louvores ao Senhor,
³³àquele que vai montado sobre os céus dos céus, que são desde a antigüidade; eis que faz ouvir a sua voz, voz veemente.
³⁴Atribuí a Deus força; sobre Israel está a sua excelência, e a sua força nos firmamento.
³⁵Ó Deus, tu és tremendo desde o teu santuário; o Deus de Israel, ele dá força e poder ao seu povo. Bendito seja Deus!

## Capítulo 69

¹Salva-me, ó Deus, pois as águas me sobem até o pescoço.
²Atolei-me em profundo lamaçal, onde não se pode firmar o pé; entrei na profundeza das águas, onde a corrente me submerge.
³Estou cansado de clamar; secou-se-me a garganta; os meus olhos desfalecem de esperar por meu Deus.
⁴Aqueles que me odeiam sem causa são mais do que os cabelos da minha cabeça; poderosos são aqueles que procuram destruir-me, que me atacam com mentiras; por isso tenho de restituir o que não extorqui.
⁵Tu, ó Deus, bem conheces a minha estultícia, e as minhas culpas não são ocultas.
⁶Não sejam envergonhados por minha causa aqueles que esperam em ti, ó Senhor Deus dos exércitos; não sejam confundidos por minha causa aqueles que te buscam, ó Deus de Israel.
⁷Porque por amor de ti tenho suportado afrontas; a confusão me cobriu o rosto.
⁸Tornei-me como um estranho para os meus irmãos, e um desconhecido para os filhos de minha mãe.
⁹Pois o zelo da tua casa me devorou, e as afrontas dos que te afrontam caíram sobre mim.
¹⁰Quando chorei e castiguei com jejum a minha alma, isto se me tornou em afrontas.
¹¹Quando me vesti de cilício, fiz-me para eles um provérbio.
¹²Aqueles que se sentem à porta falam de mim; e sou objeto das cantigas dos bêbedos.
¹³Eu, porém, faço a minha oração a ti, ó Senhor, em tempo

aceitável; ouve-me, ó Deus, segundo a grandeza da tua benignidade, segundo a fidelidade da tua salvação.

¹⁴Tira-me do lamaçal, e não me deixes afundar; seja eu salvo dos meus inimigos, e das profundezas das águas.

¹⁵Não me submerja a corrente das águas e não me trague o abismo, nem cerre a cova a sua boca sobre mim.

¹⁶Ouve-me, Senhor, pois grande é a tua benignidade; volta-te para mim segundo a tua muitíssima compaixão.

¹⁷Não escondas o teu rosto do teu servo; ouve-me depressa, pois estou angustiado.

¹⁸Aproxima-te da minha alma, e redime-a; resgata-me por causa dos meus inimigos.

¹⁹Tu conheces o meu opróbrio, a minha vergonha, e a minha ignomínia; diante de ti estão todos os meus adversários.

²⁰Afrontas quebrantaram-me o coração, e estou debilitado. Esperei por alguém que tivesse compaixão, mas não houve nenhum; e por consoladores, mas não os achei.

²¹Deram-me fel por mantimento, e na minha sede me deram a beber vinagre.

²²Torne-se a sua mesa diante deles em laço, e sejam-lhes as suas ofertas pacíficas uma armadilha.

²³Obscureçam-se-lhes os olhos, para que não vejam, e faze com que os seus lombos tremam constantemente.

²⁴Derrama sobre eles a tua indignação, e apanhe-os o ardor da tua ira.

²⁵Fique desolada a sua habitação, e não haja quem habite nas suas tendas.

²⁶Pois perseguem a quem afligiste, e aumentam a dor daqueles a quem feriste.

²⁷Acrescenta iniqüidade à iniqüidade deles, e não encontrem eles absolvição na tua justiça.

²⁸Sejam riscados do livro da vida, e não sejam inscritos com os justos.

²⁹Eu, porém, estou aflito e triste; a tua salvação, ó Deus, me ponha num alto retiro.

³⁰Louvarei o nome de Deus com um cântico, e engrandecê-lo-ei com ação de graças.

³¹Isto será mais agradável ao Senhor do que um boi, ou um novilho que tem pontas e unhas.

³²Vejam isto os mansos, e se alegrem; vós que buscais a Deus reviva o vosso coração.

³³Porque o Senhor ouve os necessitados, e não despreza os seus, embora sejam prisioneiros.

³⁴Louvem-no os céus e a terra, os mares e tudo quanto neles se move.

³⁵Porque Deus salvará a Sião, e edificará as cidades de Judá, e ali habitarão os seus servos e a possuirão.

³⁶E herdá-la-á a descendência de seus servos, e os que amam o seu nome habitarão nela.

## Capítulo 70

¹Apressa-te, ó Deus, em me livrar; Senhor, apressa-te em socorrer-me.

²Fiquem envergonhados e confundidos os que procuram tirar-me a vida; tornem atrás e confundam-se os que me desejam o mal.

³Sejam cobertos de vergonha os que dizem: Ah! Ah!

⁴Folguem e alegrem-se em ti todos os que te buscam; e aqueles que amam a tua salvação digam continuamente: engrandecido seja Deus.

⁵Eu, porém, estou aflito e necessitado; apressa-te em me valer, ó Deus. Tu és o meu amparo e o meu libertador; Senhor, não te detenhas.

## Capítulo 71

¹Em ti, Senhor, me refugio; nunca seja eu confundido.

²Na tua justiça socorre-me e livra-me; inclina os teus ouvidos para mim, e salva-me.

³Sê tu para mim uma rocha de refúgio a que sempre me acolha; deste ordem para que eu seja salvo, pois tu és a minha rocha e a minha fortaleza.

⁴Livra-me, Deus meu, da mão do ímpio, do poder do homem injusto e cruel,

⁵Pois tu és a minha esperança, Senhor Deus; tu és a minha confiança desde a minha mocidade.

⁶Em ti me tenho apoiado desde que nasci; tu és aquele que me tiraste das entranhas de minha mãe. O meu louvor será teu constantemente.

⁷Sou para muitos um assombro, mas tu és o meu refúgio forte.

⁸A minha boca se enche do teu louvor e da tua glória continuamente.

⁹Não me enjeites no tempo da velhice; não me desampares, quando se forem acabando as minhas forças.

¹⁰Porque os meus inimigos falam de mim, e os que espreitam a minha vida consultam juntos,

¹¹dizendo: Deus o desamparou; persegui-o e prendei-o, pois não há quem o livre.

¹²Ó Deus, não te alongues de mim; meu Deus, apressa-te em socorrer-me.

¹³Sejam envergonhados e consumidos os meus adversários; cubram-se de opróbrio e de confusão aqueles que procuram o meu mal.

¹⁴Mas eu esperarei continuamente, e te louvarei cada vez mais.

¹⁵A minha boca falará da tua justiça e da tua salvação todo o dia, posto que não conheça a sua grandeza.

¹⁶Virei na força do Senhor Deus; farei menção da tua justiça, da tua tão somente.

¹⁷Ensinaste-me, ó Deus, desde a minha mocidade; e até aqui tenho anunciado as tuas maravilhas.

¹⁸Agora, quando estou velho e de cabelos brancos, não me desampares, ó Deus, até que tenha anunciado a tua força a esta geração, e o teu poder a todos os vindouros.

¹⁹A tua justiça, ó Deus, atinge os altos céus; tu tens feito grandes coisas; ó Deus, quem é semelhante a ti?

²⁰Tu, que me fizeste ver muitas e penosas tribulações, de novo me restituirás a vida, e de novo me tirarás dos abismos da terra.

²¹Aumentarás a minha grandeza, e de novo me consolarás.

²²Também eu te louvarei ao som do saltério, pela tua fidelidade, ó meu Deus; cantar-te-ei ao som da harpa, ó Santo de Israel.

²³Os meus lábios exultarão quando eu cantar os teus louvores, assim como a minha alma, que tu remiste.

²⁴Também a minha língua falará da tua justiça o dia todo; pois estão envergonhados e confundidos aqueles que procuram o meu mal.

## Capítulo 72

¹Ó Deus, dá ao rei os teus juízes, e a tua justiça ao filho do rei.

²Julgue ele o teu povo com justiça, e os teus pobres com eqüidade.

³Que os montes tragam paz ao povo, como também os outeiros, com justiça.

⁴Julgue ele os aflitos do povo, salve os filhos do necessitado, e esmague o opressor.

⁵Viva ele enquanto existir o sol, e enquanto durar a lua, por todas as gerações.

⁶Desça como a chuva sobre o prado, como os chuveiros que regam a terra.

⁷Nos seus dias floreça a justiça, e haja abundância de paz enquanto durar a lua.

⁸Domine de mar a mar, e desde o Rio até as extremidades da terra.

⁹Inclinem-se diante dele os seus adversários, e os seus inimigos lambam o pó.

¹⁰Paguem-lhe tributo os reis de Társis e das ilhas; os reis de Sabá e de Seba ofereçam-lhe dons.

¹¹Todos os reis se prostrem perante ele; todas as nações o sirvam.

¹²Porque ele livra ao necessitado quando clama, como também ao aflito e ao que não tem quem o ajude.

¹³Compadece-se do pobre e do necessitado, e a vida dos necessitados ele salva.

¹⁴Ele os liberta da opressão e da violência, e precioso aos seus olhos é o sangue deles.

¹⁵Viva, pois, ele; e se lhe dê do ouro de Sabá; e continuamente se faça por ele oração, e o bendigam em todo o tempo.

¹⁶Haja abundância de trigo na terra sobre os cumes dos montes; ondule o seu fruto como o Líbano, e das cidades floresçam homens como a erva da terra.

¹⁷Permaneça o seu nome eternamente; continue a sua fama enquanto o sol durar, e os homens sejam abençoados nele; todas as nações o chamem bem-aventurado.

¹⁸Bendito seja o Senhor Deus, o Deus de Israel, o único que faz maravilhas.

¹⁹Bendito seja para sempre o seu nome glorioso, e encha-se da sua glória toda a terra. Amém e amém.

²⁰Findam aqui as orações de Davi, filho de Jessé.

## Capítulo 73

¹Verdadeiramente bom é Deus para com Israel, para com os limpos de coração.

²Quanto a mim, os meus pés quase resvalaram; pouco faltou para que os meus passos escorregassem.

³Pois eu tinha inveja dos soberbos, ao ver a prosperidade dos ímpios.

⁴Porque eles não sofrem dores; são e robusto é o seu corpo.

⁵Não se acham em tribulações como outra gente, nem são afligidos como os demais homens.

⁶Pelo que a soberba lhes cinge o pescoço como um colar; a violência os cobre como um vestido.

⁷Os olhos deles estão inchados de gordura; trasbordam as fantasias do seu coração.

⁸Motejam e falam maliciosamente; falam arrogantemente da opressão.

⁹Põem a sua boca contra os céus, e a sua língua percorre a terra.

¹⁰Pelo que o povo volta para eles e não acha neles falta alguma.

¹¹E dizem: Como o sabe Deus? e: Há conhecimento no Altíssimo?

¹²Eis que estes são ímpios; sempre em segurança, aumentam as suas riquezas.

¹³Na verdade que em vão tenho purificado o meu coração e lavado as minhas mãos na inocência,

¹⁴pois todo o dia tenho sido afligido, e castigado cada manhã.

¹⁵Se eu tivesse dito: Também falarei assim; eis que me teria havido traiçoeiramente para com a geração de teus filhos.

¹⁶Quando me esforçava para compreender isto, achei que era tarefa difícil para mim,

¹⁷até que entrei no santuário de Deus; então percebi o fim deles.

¹⁸Certamente tu os pões em lugares escorregadios, tu os lanças para a ruína.

¹⁹Como caem na desolação num momento! ficam totalmente consumidos de terrores.

²⁰Como faz com um sonho o que acorda, assim, ó Senhor, quando acordares, desprezarás as suas fantasias.

²¹Quando o meu espírito se amargurava, e sentia picadas no meu coração,

²²estava embrutecido, e nada sabia; era como animal diante de ti.

²³Todavia estou sempre contigo; tu me seguras a mão direita.

²⁴Tu me guias com o teu conselho, e depois me receberás em glória.

²⁵A quem tenho eu no céu senão a ti? e na terra não há quem eu deseje além de ti.

²⁶A minha carne e o meu coração desfalecem; do meu coração, porém, Deus é a fortaleza, e o meu quinhão para sempre.

²⁷Pois os que estão longe de ti perecerão; tu exterminas todos aqueles que se desviam de ti.

²⁸Mas para mim, bom é aproximar-me de Deus; ponho a minha confiança no Senhor Deus, para anunciar todas as suas obras.

## Capítulo 74

¹Ó Deus, por que nos rejeitaste para sempre? Por que se acende a tua ira contra o rebanho do teu pasto?

²Lembra-te da tua congregação, que compraste desde a antigüidade, que remiste para ser a tribo da tua herança, e do monte Sião, em que tens habitado.

³Dirige os teus passos para as perpétuas ruínas, para todo o mal que o inimigo tem feito no santuário.

⁴Os teus inimigos bramam no meio da tua assembléia; põem nela as suas insígnias por sinais.

⁵A entrada superior cortaram com machados a grade de madeira.

⁶Eis que toda obra entalhada, eles a despedaçaram a machados e martelos.

⁷Lançaram fogo ao teu santuário; profanaram, derrubando-a até o chão, a morada do teu nome.

⁸Disseram no seu coração: Despojemo-la duma vez. Queimaram todas as sinagogas de Deus na terra.

⁹Não vemos mais as nossas insígnias, não há mais profeta; nem há entre nós alguém que saiba até quando isto durará.

¹⁰Até quando, ó Deus, o adversário afrontará? O inimigo ultrajará o teu nome para sempre?

¹¹Por que reténs a tua mão, sim, a tua destra? Tira-a do teu seio, e consome-os.

¹²Todavia, Deus é o meu Rei desde a antigüidade, operando a salvação no meio da terra.

¹³Tu dividiste o mar pela tua força; esmigalhaste a cabeça dos monstros marinhos sobre as águas.

¹⁴Tu esmagaste as cabeças do leviatã, e o deste por mantimento aos habitantes do deserto.

¹⁵Tu abriste fontes e ribeiros; tu secaste os rios perenes.

¹⁶Teu é o dia e tua é a noite: tu preparaste a luz e o sol.

¹⁷Tu estabeleceste todos os limites da terra; verão e inverno, tu os fizeste.

¹⁸Lembra-te disto: que o inimigo te afrontou, ó Senhor, e que um povo insensato ultrajou o teu nome.

¹⁹Não entregues às feras a alma da tua rola; não te esqueça para sempre da vida dos teus aflitos.

²⁰Atenta para o teu pacto, pois os lugares tenebrosos da terra estão cheios das moradas de violência.

²¹Não volte envergonhado o oprimido; louvem o teu nome o aflito e o necessitado.

²²Levanta-te, ó Deus, pleiteia a tua própria causa; lembra-te da afronta que o insensato te faz continuamente.

²³Não te esqueças da gritaria dos teus adversários; o tumulto daqueles que se levantam contra ti sobe continuamente.

## Capítulo 75

¹Damos-te graças, ó Deus, damos-te graças, pois o teu nome está perto; os que invocam o teu nome anunciam as tuas maravilhas.

²Quando chegar o tempo determinado, julgarei retamente.

³Dissolve-se a terra e todos os seus moradores, mas eu lhe fortaleci as colunas.

⁴Digo eu aos arrogantes: Não sejais arrogantes; e aos ímpios: Não levanteis a fronte;

⁵não levanteis ao alto a vossa fronte, nem faleis com arrogância.

⁶Porque nem do oriente, nem do ocidente, nem do deserto vem a exaltação.

⁷Mas Deus é o que julga; a um abate, e a outro exalta.

⁸Porque na mão do Senhor há um cálice, cujo vinho espuma, cheio de mistura, do qual ele dá a beber; certamente todos os ímpios da terra sorverão e beberão as suas fezes.

⁹Mas, quanto a mim, exultarei para sempre, cantarei louvores ao Deus de Jacó.

¹⁰E quebrantarei todas as forças dos ímpios, mas as forças dos justos serão exaltadas.

## Capítulo 76

¹Conhecido é Deus em Judá, grande é o seu nome em Israel.

²Em Salém está a sua tenda, e a sua morada em Sião.

³Ali quebrou ele as flechas do arco, o escudo, a espada, e a guerra.

⁴Glorioso és tu, mais majestoso do que os montes eternos.

⁵Os ousados de coração foram despojados; dormiram o seu último sono; nenhum dos homens de força pôde usar as mãos.

⁶À tua repreensão, ó Deus de Jacó, cavaleiros e cavalos ficaram estirados sem sentidos.

⁷Tu, sim, tu és tremendo; e quem subsistirá à tua vista, quando te irares?

⁸Desde o céu fizeste ouvir o teu juízo; a terra tremeu e se aquietou,

⁹quando Deus se levantou para julgar, para salvar a todos os mansos da terra.

¹⁰Na verdade a cólera do homem redundará em teu louvor, e do restante da cólera tu te cingirás.

¹¹Fazei votos, e pagai-os ao Senhor, vosso Deus; tragam presentes, os que estão em redor dele, àquele que deve ser temido.

¹²Ele ceifará o espírito dos príncipes; é tremendo para com os reis da terra.

## Capítulo 77

¹Levanto a Deus a minha voz; a Deus levanto a minha voz, para que ele me ouça.

²No dia da minha angústia busco ao Senhor; de noite a minha mão fica estendida e não se cansa; a minha alma recusa ser consolada.

³Lembro-me de Deus, e me lamento; queixo-me, e o meu espírito desfalece.

⁴Conservas vigilantes os meus olhos; estou tão perturbado que não posso falar.

⁵Considero os dias da antigüidade, os anos dos tempos passados.

⁶De noite lembro-me do meu cântico; consulto com o meu coração, e examino o meu espírito.

⁷Rejeitará o Senhor para sempre e não tornará a ser favorável?

⁸Cessou para sempre a sua benignidade? Acabou-se a sua promessa para todas as gerações

⁹Esqueceu-se Deus de ser compassivo? Ou na sua ira encerrou ele as suas ternas misericórdias?

¹⁰E eu digo: Isto é minha enfermidade; acaso se mudou a destra do Altíssimo?
¹¹Recordarei os feitos do Senhor; sim, me lembrarei das tuas maravilhas da antiguidade.
¹²Meditarei também em todas as tuas obras, e ponderarei os teus feitos poderosos
¹³O teu caminho, ó Deus, é em santidade; que deus é grande como o nosso Deus?
¹⁴Tu és o Deus que fazes maravilhas; tu tens feito notória a tua força entre os povos.
¹⁵Com o teu braço remiste o teu povo, os filhos de Jacó e de José.
¹⁶As águas te viram, ó Deus, as águas te viram, e tremeram; os abismos também se abalaram.
¹⁷As nuvens desfizeram-se em água; os céus retumbaram; as tuas flechas também correram de uma para outra parte.
¹⁸A voz do teu trovão estava no redemoinho; os relâmpagos alumiaram o mundo; a terra se abalou e tremeu.
¹⁹Pelo mar foi teu caminho, e tuas veredas pelas grandes águas; e as tuas pegadas não foram conhecidas.
²⁰Guiaste o teu povo, como a um rebanho, pela mão de Moisés e de Arão.

## Capítulo 78

¹Escutai o meu ensino, povo meu; inclinai os vossos ouvidos às palavras da minha boca.
²Abrirei a minha boca numa parábola; proporei enigmas da antiguidade,
³coisas que temos ouvido e sabido, e que nossos pais nos têm contado.
⁴Não os encobriremos aos seus filhos, cantaremos às gerações vindouras os louvores do Senhor, assim como a sua força e as maravilhas que tem feito.
⁵Porque ele estabeleceu um testemunho em Jacó, e instituiu uma lei em Israel, as quais coisas ordenou aos nossos pais que as ensinassem a seus filhos;
⁶para que as soubesse a geração vindoura, os filhos que houvesse de nascer, os quais se levantassem e as contassem a seus filhos,
⁷a fim de que pusessem em Deus a sua esperança, e não se esquecessem das obras de Deus, mas guardassem os seus mandamentos;
⁸e que não fossem como seus pais, geração contumaz e rebelde, geração de coração instável, cujo espírito não foi fiel para com Deus.
⁹Os filhos de Efraim, armados de arcos, retrocederam no dia da peleja.
¹⁰Não guardaram o pacto de Deus, e recusaram andar na sua lei;
¹¹esqueceram-se das suas obras e das maravilhas que lhes fizera ver.
¹²Maravilhas fez ele à vista de seus pais na terra do Egito, no campo de Zoá.
¹³Dividiu o mar, e os fez passar por ele; fez com que as águas parassem como um montão.
¹⁴Também os guiou de dia por uma nuvem, e a noite toda por um clarão de fogo.
¹⁵Fendeu rochas no deserto, e deu-lhes de beber abundantemente como de grandes abismos.
¹⁶Da penha fez sair fontes, e fez correr águas como rios.
¹⁷Todavia ainda prosseguiram em pecar contra ele, rebelando-se contra o Altíssimo no deserto.
¹⁸E tentaram a Deus nos seus corações, pedindo comida segundo o seu apetite.
¹⁹Também falaram contra Deus, dizendo: Poderá Deus porventura preparar uma mesa no deserto? Acaso fornecerá carne para o seu povo?
²⁰Pelo que o Senhor, quando os ouviu, se indignou; e acendeu um fogo contra Jacó, e a sua ira subiu contra Israel;
²¹Pelo que o Senhor, quando os ouviu, se indignou; e acendeu um fogo contra Jacó, e a sua ira subiu contra Israel;
²²porque não creram em Deus nem confiaram na sua salvação.
²³Contudo ele ordenou às nuvens lá em cima, e abriu as portas dos céus;
²⁴fez chover sobre eles maná para comerem, e deu-lhes do trigo dos céus.
²⁵Cada um comeu o pão dos poderosos; ele lhes mandou comida em abundância.
²⁶Fez soprar nos céus o vento do oriente, e pelo seu poder trouxe o vento sul.
²⁷Sobre eles fez também chover carne como poeira, e aves de asas como a areia do mar;
²⁸e as fez cair no meio do arraial deles, ao redor de suas habitações.
²⁹Então comeram e se fartaram bem, pois ele lhes trouxe o que cobiçavam.
³⁰Não refrearam a sua cobiça. Ainda lhes estava a comida na boca,
³¹quando a ira de Deus se levantou contra eles, e matou os mais fortes deles, e prostrou os escolhidos de Israel.
³²Com tudo isso ainda pecaram, e não creram nas suas maravilhas.
³³Pelo que consumiu os seus dias como um sopro, e os seus anos em repentino terror.
³⁴Quando ele os fazia morrer, então o procuravam; arrependiam-se, e de madrugada buscavam a Deus.
³⁵Lembravam-se de que Deus era a sua rocha, e o Deus Altíssimo o seu Redentor.
³⁶Todavia lisonjeavam-no com a boca, e com a língua lhe mentiam.
³⁷Pois o coração deles não era constante para com ele, nem foram eles fiéis ao seu pacto.
³⁸Mas ele, sendo compassivo, perdoou a sua iniquidade, e não os destruiu; antes muitas vezes desviou deles a sua cólera, e não acendeu todo o seu furor.
³⁹Porque se lembrou de que eram carne, um vento que passa e não volta.
⁴⁰Quantas vezes se rebelaram contra ele no deserto, e o ofenderam no ermo!
⁴¹Voltaram atrás, e tentaram a Deus; e provocaram o Santo de Israel.
⁴²Não se lembraram do seu poder, nem do dia em que os remiu do adversário,
⁴³nem de como operou os seus sinais no Egito, e as suas maravilhas no campo de Zoã,
⁴⁴convertendo em sangue os seus rios, para que não pudessem beber das suas correntes.
⁴⁵Também lhes mandou enxames de moscas que os consumiram, e rãs que os destruíram.
⁴⁶Entregou às lagartas as novidades deles, e o fruto do seu trabalho aos gafanhotos.
⁴⁷Destruiu as suas vinhas com saraiva, e os seus sicômoros com chuva de pedra.
⁴⁸Também entregou à saraiva o gado deles, e aos coriscos os seus rebanhos.
⁴⁹E atirou sobre eles o ardor da sua ira, o furor, a indignação, e a angústia, qual companhia de anjos destruidores.
⁵⁰Deu livre curso à sua ira; não os poupou da morte, mas entregou a vida deles à pestilência.
⁵¹Feriu todo primogênito no Egito, primícias da força deles nas tendas de Cão.
⁵²Mas fez sair o seu povo como ovelhas, e os guiou pelo deserto como a um rebanho.
⁵³Guiou-os com segurança, de sorte que eles não temeram; mas aos seus inimigos, o mar os submergiu.
⁵⁴Sim, conduziu-os até a sua fronteira santa, até o monte que a sua destra adquirira.
⁵⁵Expulsou as nações de diante deles; e dividindo suas terras por herança, fez habitar em suas tendas as tribos de Israel.
⁵⁶Contudo tentaram e provocaram o Deus Altíssimo, e não guardaram os seus testemunhos.
⁵⁷Mas tornaram atrás, e portaram-se aleivosamente como seus pais; desviaram-se como um arco traiçoeiro.
⁵⁸Pois o provocaram à ira com os seus altos, e o incitaram a zelos com as suas imagens esculpidas.
⁵⁹Ao ouvir isso, Deus se indignou, e sobremodo abominou a Israel.
⁶⁰Pelo que desamparou o tabernáculo em Siló, a tenda da sua morada entre os homens,
⁶¹dando a sua força ao cativeiro, e a sua glória à mão do inimigo.
⁶²Entregou o seu povo à espada, e encolerizou-se contra a sua herança.
⁶³Aos seus mancebos o fogo devorou, e suas donzelas não tiveram cântico nupcial.
⁶⁴Os seus sacerdotes caíram à espada, e suas viúvas não fizeram pranto.
⁶⁵Então o Senhor despertou como dum sono, como um valente que o vinho excitasse.
⁶⁶E fez recuar a golpes os seus adversários; infligiu-lhes eterna ignomínia.
⁶⁷Além disso, rejeitou a tenda de José, e não escolheu a tribo de Efraim;

⁶⁸antes escolheu a tribo de Judá, o monte Sião, que ele amava.

⁶⁹Edificou o seu santuário como os lugares elevados, como a terra que fundou para sempre.

⁷⁰Também escolheu a Davi, seu servo, e o tirou dos apriscos das ovelhas;

⁷¹de após as ovelhas e suas crias o trouxe, para apascentar a Jacó, seu povo, e a Israel, sua herança.

⁷²E ele os apascentou, segundo a integridade do seu coração, e os guiou com a perícia de suas mãos.

## Capítulo 79

¹Ó Deus, as nações invadiram a tua herança; contaminaram o teu santo templo; reduziram Jerusalém a ruínas.

²Deram os cadáveres dos teus servos como pastos às aves dos céus, e a carne dos teus santos aos animais da terra.

³Derramaram o sangue deles como água ao redor de Jerusalém, e não houve quem os sepultasse.

⁴Somos feitos o opróbrio dos nossos vizinhos, o escárnio e a zombaria dos que estão em redor de nós.

⁵Até quando, Senhor? Indignar-te-ás para sempre? Arderá o teu zelo como fogo?

⁶Derrama o teu furor sobre as nações que não te conhecem, e sobre os reinos que não invocam o teu nome;

⁷porque eles devoraram a Jacó, e assolaram a sua morada.

⁸Não te lembres contra nós das iniqüidades de nossos pais; venha depressa ao nosso encontro a tua compaixão, pois estamos muito abatidos.

⁹Ajuda-nos, ó Deus da nossa salvação, pela glória do teu nome; livra-nos, e perdoa os nossos pecados, por amor do teu nome.

¹⁰Por que diriam as nações: Onde está o seu Deus? Torne-se manifesta entre as nações, à nossa vista, a vingança do sangue derramado dos teus servos.

¹¹Chegue à tua presença o gemido dos presos; segundo a grandeza do teu braço, preserva aqueles que estão condenados à morte.

¹²E aos nossos vizinhos, deita-lhes no regaço, setuplicadamente, a injúria com que te injuriaram, Senhor.

¹³Assim nós, teu povo ovelhas de teu pasto, te louvaremos eternamente; de geração em geração publicaremos os teus louvores.

## Capítulo 80

¹Ó pastor de Israel, dá ouvidos; tu, que guias a José como a um rebanho, que estás entronizado sobre os querubins, resplandece.

²Perante Efraim, Benjamim e Manassés, desperta o teu poder, e vem salvar-nos.

³Reabilita-nos, ó Deus; faze resplandecer o teu rosto, para que sejamos salvos.

⁴Ó Senhor Deus dos exércitos, até quando te indignarás contra a oração do teu povo?

⁵Tu os alimentaste com pão de lágrimas, e lhes deste a beber lágrimas em abundância.

⁶Tu nos fazes objeto de escárnio entre os nossos vizinhos; e os nossos inimigos zombam de nós entre si.

⁷Reabilita-nos, ó Deus dos exércitos; faze resplandecer o teu rosto, para que sejamos salvos.

⁸Trouxeste do Egito uma videira; lançaste fora as nações, e a plantaste.

⁹Preparaste-lhe lugar; e ela deitou profundas raízes, e encheu a terra.

¹⁰Os montes cobriram-se com a sua sombra, e os cedros de Deus com os seus ramos.

¹¹Ela estendeu a sua ramagem até o mar, e os seus rebentos até o Rio.

¹²Por que lhe derrubaste as cercas, de modo que a vindimam todos os que passam pelo caminho?

¹³O javali da selva a devasta, e as feras do campo alimentam-se dela.

¹⁴Ó Deus dos exércitos, volta-te, nós te rogamos; atende do céu, e vê, e visita esta videira,

¹⁵a videira que a tua destra plantou, e o sarmento que fortificaste para ti.

¹⁶Está queimada pelo fogo, está cortada; eles perecem pela repreensão do teu rosto.

¹⁷Seja a tua mão sobre o varão da tua destra, sobre o filho do homem que fortificaste para ti.

¹⁸E não nos afastaremos de ti; vivifica-nos, e nós invocaremos o teu nome.

¹⁹Reabilita-nos, Senhor Deus dos exércitos; faze resplandecer o teu rosto, para que sejamos salvos.

## Capítulo 81

¹Cantai alegremente a Deus, nossa fortaleza; erguei alegres vozes ao Deus de Jacó.

²Entoai um salmo, e fazei soar o adufe, a suave harpa e o saltério.

³Tocai a trombeta pela lua nova, pela lua cheia, no dia da nossa festa.

⁴Pois isso é um estatuto para Israel, e uma ordenança do Deus de Jacó.

⁵Ordenou-o por decreto em José, quando saiu contra a terra do Egito. Ouvi uma voz que não conhecia, dizendo:

⁶Livrei da carga o seu ombro; as suas mãos ficaram livres dos cestos.

⁷Na angústia clamaste e te livrei; respondi-te no lugar oculto dos trovões; provei-te junto às águas de Meribá.

⁸Ouve-me, povo meu, e eu te admoestarei; ó Israel, se me escutasses!

⁹não haverá em ti deus estranho, nem te prostrarás ante um deus estrangeiro.

¹⁰Eu sou o Senhor teu Deus, que te tirei da terra do Egito; abre bem a tua boca, e eu a encherei.

¹¹Mas o meu povo não ouviu a minha voz, e Israel não me quis.

¹²Pelo que eu os entreguei à obstinação dos seus corações, para que andassem segundo os seus próprios conselhos.

¹³Oxalá me escutasse o meu povo! oxalá Israel andasse nos meus caminhos!

¹⁴Em breve eu abateria os seus inimigos, e voltaria a minha mão contra os seus adversários.

¹⁵Os que odeiam ao Senhor o adulariam, e a sorte deles seria eterna.

¹⁶E eu te sustentaria com o trigo mais fino; e com o mel saído da rocha eu te saciaria.

## Capítulo 82

¹Deus está na assembléia divina; julga no meio dos deuses:

²Até quando julgareis injustamente, e tereis respeito às pessoas dos ímpios?

³Fazei justiça ao pobre e ao órfão; procedei retamente com o aflito e o desamparado.

⁴Livrai o pobre e o necessitado, livrai-os das mãos dos ímpios.

⁵Eles nada sabem, nem entendem; andam vagueando às escuras; abalam-se todos os fundamentos da terra.

⁶Eu disse: Vós sois deuses, e filhos do Altíssimo, todos vós.

⁷Todavia, como homens, haveis de morrer e, como qualquer dos príncipes, haveis de cair.

⁸Levanta-te, ó Deus, julga a terra; pois a ti pertencem todas as nações.

## Capítulo 83

¹Ó Deus, não guardes silêncio; não te cales nem fiques impassível, ó Deus.

²Pois eis que teus inimigos se alvoroçam, e os que te odeiam levantam a cabeça.

³Astutamente formam conselho contra o teu povo, e conspiram contra os teus protegidos.

⁴Dizem eles: Vinde, e apaguemo-los para que não sejam nação, nem seja lembrado mais o nome de Israel.

⁵Pois à uma se conluiam; aliam-se contra ti

⁶as tendas de Edom e os ismaelitas, Moabe e os hagarenos,

⁷Gebal, Amom e Amaleque, e a Filístia com os habitantes de tiro.

⁸Também a Assíria se ligou a eles; eles são o braço forte dos filhos de Ló.

⁹Faze-lhes como fizeste a Midiã, como a Sísera, como a Jabim junto ao rio Quisom,

¹⁰os quais foram destruídos em En-Dor; tornaram-se esterco para a terra.

¹¹Faze aos seus nobres como a Orebe e a Zeebe; e a todos os seus príncipes como a Zebá e a Zalmuna,

¹²que disseram: Tomemos para nós as pastagens de Deus.

¹³Deus meu, faze-os como um turbilhão de pó, como a palha diante do vento.

¹⁴Como o fogo queima um bosque, e como a chama incedeia as montanhas,

¹⁵assim persegue-os com a tua tempestade, e assombra-os com o teu furacão.

¹⁶Cobre-lhes o rosto de confusão, de modo que busquem o teu

nome, Senhor.

¹⁷Sejam envergonhados e conturbados perpetuamente; sejam confundidos, e pereçam,

¹⁸para que saibam que só tu, cujo nome é o Senhor, és o Altíssimo sobre toda a terra.

## Capítulo 84

¹Quão amável são os teus tabernáculos, ó Senhor dos exércitos!

²A minha alma suspira! sim, desfalece pelos átrios do Senhor; o meu coração e a minha carne clamam pelo Deus vivo.

³Até o pardal encontrou casa, e a andorinha ninho para si, onde crie os seus filhotes, junto aos teus altares, ó Senhor dos exércitos, Rei meu e Deus meu.

⁴Bem-aventurados os que habitam em tua casa; louvar-te-ão continuamente.

⁵Bem-aventurados os homens cuja força está em ti, em cujo coração os caminhos altos.

⁶Passando pelo vale de Baca, fazem dele um lugar de fontes; e a primeira chuva o cobre de bênçãos.

⁷Vão sempre aumentando de força; cada um deles aparece perante Deus em Sião.

⁸Senhor Deus dos exércitos, escuta a minha oração; inclina os ouvidos, ó Deus de Jacó!

⁹Olha, ó Deus, escudo nosso, e contempla o rosto do teu ungido.

¹⁰Porque vale mais um dia nos teus átrios do que em outra parte mil. Preferiria estar à porta da casa do meu Deus, a habitar nas tendas da perversidade.

¹¹Porquanto o Senhor Deus é sol e escudo; o Senhor dará graça e glória; não negará bem algum aos que andam na retidão.

¹²Ó Senhor dos exércitos, bem-aventurado o homem que em ti põe a sua confiança.

## Capítulo 85

¹Mostraste favor, Senhor, à tua terra; fizeste regressar os cativos de Jacó.

²Perdoaste a iniqüidade do teu povo; cobriste todos os seus pecados.

³Retraíste toda a tua cólera; refreaste o ardor da tua ira.

⁴Restabelece-nos, ó Deus da nossa salvação, e faze cessar a tua indignação contra nós.

⁵Estarás para sempre irado contra nós? estenderás a tua ira a todas as gerações?

⁶Não tornarás a vivificar-nos, para que o teu povo se regozije em ti?

⁷Mostra-nos, Senhor, a tua benignidade, e concede-nos a tua salvação.

⁸Escutarei o que Deus, o Senhor, disser; porque falará de paz ao seu povo, e aos seus santos, contanto que não voltem à insensatez.

⁹Certamente que a sua salvação está perto aqueles que o temem, para que a glória habite em nossa terra.

¹⁰A benignidade e a fidelidade se encontraram; a justiça e a paz se beijaram.

¹¹A fidelidade brota da terra, e a justiça olha desde o céu.

¹²O Senhor dará o que é bom, e a nossa terra produzirá o seu fruto.

¹³A justiça irá adiante dele, marcando o caminho com as suas pegadas.

## Capítulo 86

¹Inclina, Senhor, os teus ouvidos, e ouve-me, porque sou pobre e necessitado.

²Preserva a minha vida, pois sou piedoso; o Deus meu, salva o teu servo, que em ti confia.

³Compadece-te de mim, ó Senhor, pois a ti clamo o dia todo.

⁴Alegra a alma do teu servo, pois a ti, Senhor, elevo a minha alma.

⁵Porque tu, Senhor, és bom, e pronto a perdoar, e abundante em benignidade para com todos os que te invocam.

⁶Dá ouvidos, Senhor, à minha oração, e atende à voz das minhas súplicas.

⁷No dia da minha angústia clamo a ti, porque tu me respondes.

⁸Entre os deuses nenhum há semelhante a ti, Senhor, nem há obras como as tuas.

⁹Todas as nações que fizeste virão e se prostrarão diante de ti, Senhor, e glorificarão o teu nome.

¹⁰Ensina-me, Senhor, o teu caminho, e andarei na tua verdade; dispõe o meu coração para temer o teu nome.

¹¹Louvar-te-ei, Senhor Deus meu, de todo o meu coração, e glorificarei o teu nome para sempre.

¹²Pois grande é a tua benignidade para comigo, e livraste a minha alma das profundezas do Seol.

¹³Pois grande é a tua benignidade para comigo, e livraste a minha alma das profundezas do Seol.

¹⁴Ó Deus, os soberbos têm-se levantado contra mim, e um bando de homens violentos procura tirar-me a vida; eles não te puseram diante dos seus olhos.

¹⁵Mas tu, Senhor, és um Deus compassivo e benigno, longânimo, e abundante em graça e em fidelidade.

¹⁶Volta-te para mim, e compadece-te de mim; dá a tua força ao teu servo, e a salva o filho da tua serva.

¹⁷Mostra-me um sinal do teu favor, para que o vejam aqueles que me odeiam, e sejam envergonhados, por me haveres tu, Senhor, ajuntado e confortado.

## Capítulo 87

¹O fundamento dela está nos montes santos.

²O Senhor ama as portas de Sião mais do que todas as habitações de Jacó.

³Coisas gloriosas se dizem de ti, ó cidade de Deus.

⁴Farei menção de Raabe e de Babilônia dentre os que me conhecem; eis que da Filístia, e de Tiro, e da Etiópia, se dirá: Este nasceu ali.

⁵Sim, de Sião se dirá: Este e aquele nasceram ali; e o próprio Altíssimo a estabelecerá.

⁶O Senhor, ao registrar os povos, dirá: Este nasceu ali.

⁷Tanto os cantores como os que tocam instrumentos dirão: Todas as minhas fontes estão em ti.

## Capítulo 88

¹Ó Senhor, Deus da minha salvação, dia e noite clamo diante de ti.

²Chegue à tua presença a minha oração, inclina os teus ouvidos ao meu clamor;

³porque a minha alma está cheia de angústias, e a minha vida se aproxima do Seol.

⁴Já estou contado com os que descem à cova; estou como homem sem forças,

⁵atirado entre os finados; como os mortos que jazem na sepultura, dos quais já não te lembras, e que são desamparados da tua mão.

⁶Puseste-me na cova mais profunda, em lugares escuros, nas profundezas.

⁷Sobre mim pesa a tua cólera; tu me esmagaste com todas as tuas ondas.

⁸Apartaste de mim os meus conhecidos, fizeste-me abominável para eles; estou encerrado e não posso sair.

⁹Os meus olhos desfalecem por causa da aflição. Clamo a ti todo dia, Senhor, estendendo-te as minhas mãos.

¹⁰Mostrarás tu maravilhas aos mortos? ou levantam-se os mortos para te louvar?

¹¹Será anunciada a tua benignidade na sepultura, ou a tua fidelidade no Abadom?

¹²Serão conhecidas nas trevas as tuas maravilhas, e a tua justiça na terra do esquecimento?

¹³Eu, porém, Senhor, clamo a ti; de madrugada a minha oração chega à tua presença.

¹⁴Senhor, por que me rejeitas? por que escondes de mim a tua face?

¹⁵Estou aflito, e prestes a morrer desde a minha mocidade; sofro os teus terrores, estou desamparado.

¹⁶Sobre mim tem passado a tua ardente indignação; os teus terrores deram cabo de mim.

¹⁷Como águas me rodeiam todo o dia; cercam-me todos juntos.

¹⁸Aparte de mim amigos e companheiros; os meus conhecidos se acham nas trevas.

## Capítulo 89

¹Cantarei para sempre as benignidades do Senhor; com a minha boca proclamarei a todas as gerações a tua fidelidade.

²Digo, pois: A tua benignidade será renovada para sempre; tu confirmarás a tua fidelidade até nos céus, dizendo:

³Fiz um pacto com o meu escolhido; jurei ao meu servo Davi:

⁴Estabelecerei para sempre a tua descendência, e firmarei o teu trono por todas as gerações.

⁵Os céus louvarão as tuas maravilhas, ó Senhor, e a tua fidelidade na assembléia dos santos.

⁶Pois quem no firmamento se pode igualar ao Senhor? Quem entre os filhos de Deus é semelhante ao Senhor,

⁷um Deus sobremodo tremendo na assembléia dos santos, e temível mais do que todos os que estão ao seu redor?
⁸Ó Senhor, Deus dos exércitos, quem é poderoso como tu, Senhor, com a tua fidelidade ao redor de ti?
⁹Tu dominas o ímpio do mar; quando as suas ondas se levantam tu as fazes aquietar.
¹⁰Tu abateste a Raabe como se fora ferida de morte; com o teu braço poderoso espalhaste os teus inimigos.
¹¹São teus os céus, e tua é a terra; o mundo e a sua plenitude, tu os fundaste.
¹²O norte e o sul, tu os criaste; o Tabor e o Hermom regozijam-se em teu nome.
¹³Tu tens um braço poderoso; forte é a tua mão, e elevada a tua destra.
¹⁴Justiça e juízo são a base do teu trono; benignidade e verdade vão adiante de ti.
¹⁵Bem-aventurado o povo que conhece o som festivo, que anda, ó Senhor, na luz da tua face,
¹⁶que se regozija em teu nome todo o dia, e na tua justiça é exaltado.
¹⁷Pois tu és a glória da sua força; e pelo teu favor será exaltado o nosso poder.
¹⁸Porque o Senhor é o nosso escudo, e o Santo de Israel é o nosso Rei.
¹⁹Naquele tempo falaste em visão ao teu santo, e disseste: Coloquei a coroa num homem poderoso; exaltei um escolhido dentre o povo.
²⁰Achei Davi, meu servo; com o meu santo óleo o ungi.
²¹A minha mão será sempre com ele, e o meu braço o fortalecerá.
²²O inimigo não o surpreenderá, nem o filho da perversidade o afligirá.
²³Eu esmagarei diante dele os seus adversários, e aos que o odeiam abaterei.
²⁴A minha fidelidade, porém, e a minha benignidade estarão com ele, e em meu nome será exaltado o seu poder.
²⁵Porei a sua mão sobre o mar, e a sua destra sobre os rios.
²⁶Ele me invocará, dizendo: Tu és meu pai, meu Deus, e a rocha da minha salvação.
²⁷Também lhe darei o lugar de primogênito; fá-lo-ei o mais excelso dos reis da terra.
²⁸Conservar-lhe-ei para sempre a minha benignidade, e o meu pacto com ele ficará firme.
²⁹Farei que subsista para sempre a sua descendência, e o seu trono como os dias dos céus.
³⁰Se os seus filhos deixarem a minha lei, e não andarem nas minhas ordenanças,
³¹se profanarem os meus preceitos, e não guardarem os meus mandamentos,
³²então visitarei com vara a sua transgressão, e com açoites a sua iniqüidade.
³³Mas não lhe retirarei totalmente a minha benignidade, nem faltarei com a minha fidelidade.
³⁴Não violarei o meu pacto, nem alterarei o que saiu dos meus lábios.
³⁵Uma vez para sempre jurei por minha santidade; não mentirei a Davi.
³⁶A sua descendência subsistirá para sempre, e o seu trono será como o sol diante de mim;
³⁷será estabelecido para sempre como a lua, e ficará firme enquanto o céu durar.
³⁸Mas tu o repudiaste e rejeitaste, tu estás indignado contra o teu ungido.
³⁹Desprezaste o pacto feito com teu servo; profanaste a sua coroa, arrojando-a por terra.
⁴⁰Derribaste todos os seus muros; arruinaste as suas fortificações.
⁴¹Todos os que passam pelo caminho o despojam; tornou-se objeto de opróbrio para os seus vizinhos.
⁴²Exaltaste a destra dos seus adversários; fizeste com que todos os seus inimigos se regozijassem.
⁴³Embotaste o fio da sua espada, e não o sustentaste na peleja;
⁴⁴fizeste cessar o seu esplendor, e arrojaste por terra o seu trono;
⁴⁵abreviaste os dias da sua mocidade; cobriste-o de vergonha.
⁴⁶Até quando, Senhor? Esconder-te-ás para sempre? Até quando arderá a tua ira como fogo?
⁴⁷Lembra-te de quão breves são os meus dias; de quão efêmeros criaste todos os filhos dos homens!
⁴⁸Que homem há que viva e não veja a morte? ou que se livre do poder do Seol?
⁴⁹Senhor, onde estão as tuas antigas benignidades, que juraste a Davi na tua fidelidade?
⁵⁰Lembre-te, Senhor, do opróbrio dos teus servos; e de como trago no meu peito os insultos de todos os povos poderosos,
⁵¹com que os teus inimigos, ó Senhor, têm difamado, com que têm difamado os passos do teu ungido.
⁵²Bendito seja o Senhor para sempre. Amém e amém.

## Capítulo 90

¹Senhor, tu tens sido o nosso refúgio de geração em geração.
²Antes que nascessem os montes, ou que tivesses formado a terra e o mundo, sim, de eternidade a eternidade tu és Deus.
³Tu reduzes o homem ao pó, e dizes: Voltai, filhos dos homens!
⁴Porque mil anos aos teus olhos são como o dia de ontem que passou, e como uma vigília da noite.
⁵Tu os levas como por uma torrente; são como um sono; de manhã são como a erva que cresce;
⁶de manhã cresce e floresce; à tarde corta-se e seca.
⁷Pois somos consumidos pela tua ira, e pelo teu furor somos conturbados.
⁸Diante de ti puseste as nossas iniqüidades, à luz do teu rosto os nossos pecados ocultos.
⁹Pois todos os nossos dias vão passando na tua indignação; acabam-se os nossos anos como um suspiro.
¹⁰A duração da nossa vida é de setenta anos; e se alguns, pela sua robustez, chegam a oitenta anos, a medida deles é canseira e enfado; pois passa rapidamente, e nós voamos.
¹¹Quem conhece o poder da tua ira? e a tua cólera, segundo o temor que te é devido?
¹²Ensina-nos a contar os nossos dias de tal maneira que alcancemos corações sábios.
¹³Volta-te para nós, Senhor! Até quando? Tem compaixão dos teus servos.
¹⁴Sacia-nos de manhã com a tua benignidade, para que nos regozijemos e nos alegremos todos os nossos dias.
¹⁵Alegra-nos pelos dias em que nos afligiste, e pelos anos em que vimos o mal.
¹⁶Apareça a tua obra aos teus servos, e a tua glória sobre seus filhos.
¹⁷Seja sobre nós a graça do Senhor, nosso Deus; e confirma sobre nós a obra das nossas mãos; sim, confirma a obra das nossas mãos.

## Capítulo 91

¹Aquele que habita no esconderijo do Altíssimo, à sombra do Todo-Poderoso descansará.
²Direi do Senhor: Ele é o meu refúgio e a minha fortaleza, o meu Deus, em quem confio.
³Porque ele te livra do laço do passarinho, e da peste perniciosa.
⁴Ele te cobre com as suas penas, e debaixo das suas asas encontras refúgio; a sua verdade é escudo e broquel.
⁵Não temerás os terrores da noite, nem a seta que voe de dia,
⁶nem peste que anda na escuridão, nem mortandade que assole ao meio-dia.
⁷Mil poderão cair ao teu lado, e dez mil à tua direita; mas tu não serás atingido.
⁸Somente com os teus olhos contemplarás, e verás a recompensa dos ímpios.
⁹Porquanto fizeste do Senhor o teu refúgio, e do Altíssimo a tua habitação,
¹⁰nenhum mal te sucederá, nem praga alguma chegará à tua tenda.
¹¹Porque aos seus anjos dará ordem a teu respeito, para te guardarem em todos os teus caminhos.
¹²Eles te susterão nas suas mãos, para que não tropeces em alguma pedra.
¹³Pisarás o leão e a áspide; calcarás aos pés o filho do leão e a serpente.
¹⁴Pois que tanto me amou, eu o livrarei; pô-lo-ei num alto retiro, porque ele conhece o meu nome.
¹⁵Quando ele me invocar, eu lhe responderei; estarei com ele na angústia, livrá-lo-ei, e o honrarei.
¹⁶Com longura de dias fartá-lo-ei, e lhe mostrarei a minha salvação.

## Capítulo 92

¹Bom é render graças ao Senhor, e cantar louvores ao teu nome, ó Altíssimo,

²anunciar de manhã a tua benignidade, e à noite a tua fidelidade,

³sobre um instrumento de dez cordas, e sobre o saltério, ao som solene da harpa.

⁴Pois me alegraste, Senhor, pelos teus feitos; exultarei nas obras das tuas mãos.

⁵Quão grandes são, ó Senhor, as tuas obras! quão profundos são os teus pensamentos!

⁶O homem néscio não sabe, nem o insensato entende isto:

⁷quando os ímpios brotam como a erva, e florescem todos os que praticam a iniqüidade, é para serem destruídos para sempre.

⁸Mas tu, Senhor, estás nas alturas para sempre.

⁹Pois eis que os teus inimigos, Senhor, eis que os teus inimigos perecerão; serão dispersos todos os que praticam a iniqüidade.

¹⁰Mas tens exaltado o meu poder, como o do boi selvagem; fui ungido com óleo fresco.

¹¹Os meus olhos já viram o que é feito dos que me espreitam, e os meus ouvidos já ouviram o que sucedeu aos malfeitores que se levantam contra mim.

¹²Os justos florescerão como a palmeira, crescerão como o cedro no Líbano.

¹³Estão plantados na casa do Senhor, florescerão nos átrios do nosso Deus.

¹⁴Na velhice ainda darão frutos, serão viçosos e florescentes,

¹⁵para proclamarem que o Senhor é reto. Ele é a minha rocha, e nele não há injustiça.

## Capítulo 93

¹O Senhor reina; está vestido de majestade. O Senhor se revestiu, cingiu-se de fortaleza; o mundo também está estabelecido, de modo que não pode ser abalado.

²O teu trono está firme desde a antigüidade; desde a eternidade tu existes.

³Os rios levantaram, ó Senhor, os rios levantaram o seu ruído, os rios levantam o seu fragor.

⁴Mais que o ruído das grandes águas, mais que as vagas estrondosas do mar, poderoso é o Senhor nas alturas.

⁵Mui fiéis são os teus testemunhos; a santidade convém à tua casa, Senhor, para sempre.

## Capítulo 94

¹Ó Senhor, Deus da vingança, ó Deus da vingança, resplandece!

²Exalta-te, ó juiz da terra! dá aos soberbos o que merecem.

³Até quando os ímpios, Senhor, até quando os ímpios exultarão?

⁴Até quando falarão, dizendo coisas arrogantes, e se gloriarão todos os que praticam a iniqüidade?

⁵Esmagam o teu povo, ó Senhor, e afligem a tua herança.

⁶Matam a viúva e o estrangeiro, e tiram a vida ao órfão.

⁷E dizem: O Senhor não vê; o Deus de Jacó não o percebe.

⁸Atendei, ó néscios, dentre o povo; e vós, insensatos, quando haveis de ser sábios?

⁹Aquele que fez ouvido, não ouvirá? ou aquele que formou o olho, não verá?

¹⁰Porventura aquele que disciplina as nações, não corrigirá? Aquele que instrui o homem no conhecimento,

¹¹o Senhor, conhece os pensamentos do homem, que são vaidade.

¹²Bem-aventurado é o homem a quem tu repreendes, ó Senhor, e a quem ensinas a tua lei,

¹³para lhe dares descanso dos dias da adversidade, até que se abra uma cova para o ímpio.

¹⁴Pois o Senhor não rejeitará o seu povo, nem desamparará a sua herança.

¹⁵Mas o juízo voltará a ser feito com justiça, e hão de segui-lo todos os retos de coração.

¹⁶Quem se levantará por mim contra os malfeitores? quem se porá ao meu lado contra os que praticam a iniqüidade?

¹⁷Se o Senhor não tivesse sido o meu auxílio, já a minha alma estaria habitando no lugar do silêncio.

¹⁸Quando eu disse: O meu pé resvala; a tua benignidade, Senhor, me susteve.

¹⁹Quando os cuidados do meu coração se multiplicam, as tuas consolações recreiam a minha alma.

²⁰Pode acaso associar-se contigo o trono de iniqüidade, que forja o mal tendo a lei por pretexto?

²¹Acorrem em tropel contra a vida do justo, e condenam o sangue inocente.

²²Mas o Senhor tem sido o meu alto retiro, e o meu Deus a rocha do meu alto retiro, e o meu Deus a rocha do meu refúgio.

²³Ele fará recair sobre eles a sua própria iniqüidade, e os destruirá na sua própria malícia; o Senhor nosso Deus os destruirá.

## Capítulo 95

¹Vinde, cantemos alegremente ao Senhor, cantemos com júbilo à rocha da nossa salvação.

²Apresentemo-nos diante dele com ações de graças, e celebremo-lo com salmos de louvor.

³Porque o Senhor é Deus grande, e Rei grande acima de todos os deuses.

⁴Nas suas mãos estão as profundezas da terra, e as alturas dos montes são suas.

⁵Seu é o mar, pois ele o fez, e as suas mãos formaram a serra terra seca.

⁶Oh, vinde, adoremos e prostremo-nos; ajoelhemos diante do Senhor, que nos criou.

⁷Porque ele é o nosso Deus, e nós povo do seu pasto e ovelhas que ele conduz. Oxalá que hoje ouvísseis a sua voz:

⁸Não endureçais o vosso coração como em Meribá, como no dia de Massá no deserto,

⁹quando vossos pais me tentaram, me provaram e viram a minha obra.

¹⁰Durante quarenta anos estive irritado com aquela geração, e disse: É um povo que erra de coração, e não conhece os meus caminhos;

¹¹por isso jurei na minha ira: Eles não entrarão no meu descanso.

## Capítulo 96

¹Cantai ao Senhor um cântico novo, cantai ao Senhor, todos os moradores da terra.

²Cantai ao Senhor, bendizei o seu nome; anunciai de dia em dia a sua salvação.

³Anunciai entre as nações a sua glória, entre todos os povos as suas maravilhas.

⁴Porque grande é o Senhor, e digno de ser louvado; ele é mais temível do que todos os deuses.

⁵Porque todos os deuses dos povos são ídolos; mas o Senhor fez os céus.

⁶Glória e majestade estão diante dele, força e formosura no seu santuário.

⁷Tributai ao Senhor, ó famílias dos povos, tributai ao Senhor glória e força.

⁸Tributai ao Senhor a glória devida ao seu nome; trazei oferendas, e entrai nos seus átrios.

⁹Adorai ao Senhor vestidos de trajes santos; tremei diante dele, todos os habitantes da terra.

¹⁰Dizei entre as nações: O Senhor reina; ele firmou o mundo, de modo que não pode ser abalado. Ele julgará os povos com retidão.

¹¹Alegrem-se os céus, e regozije-se a terra; brame o mar e a sua plenitude.

¹²Exulte o campo, e tudo o que nele há; então cantarão de júbilo todas as árvores do bosque

¹³diante do Senhor, porque ele vem, porque vem julgar a terra: julgará o mundo com justiça e os povos com a sua fidelidade.

## Capítulo 97

¹O Senhor reina, regozije-se a terra; alegrem-se as numerosas ilhas.

²Nuvens e escuridão estão ao redor dele; justiça e eqüidade são a base do seu trono.

³Adiante dele vai um fogo que abrasa os seus inimigos em redor.

⁴Os seus relâmpagos alumiam o mundo; a terra os vê e treme.

⁵Os montes, como cera, se derretem na presença do Senhor, na presença do Senhor de toda a terra.

⁶Os céus anunciam a sua justiça, e todos os povos vêem a sua glória.

⁷Confundidos são todos os que servem imagens esculpidas, que se gloriam de ídolos; prostrai-vos diante dele, todos os deuses.

⁸Sião ouve e se alegra, e regozijam-se as filhas de Judá por causa dos teus juízos, Senhor.

⁹Pois tu, Senhor, és o Altíssimo sobre toda a terra; tu és sobremodo exaltado acima de todos os deuses.

¹⁰O Senhor ama aos que odeiam o mal; ele preserva as almas dos seus santos, ele os livra das mãos dos ímpios.

¹¹A luz é semeada para o justo, e a alegria para os retos de

*Salmos*

coração.

¹²Alegrai-vos, ó justos, no Senhor, e rendei graças ao seu santo nome.

## Capítulo 98

¹Cantai ao Senhor um cântico novo, porque ele tem feito maravilhas; a sua destra e o seu braço santo lhe alcançaram a vitória.

²O Senhor fez notória a sua salvação, manifestou a sua justiça perante os olhos das nações.

³Lembrou-se da sua misericórdia e da sua fidelidade para com a casa de Israel; todas as extremidades da terra viram a salvação do nosso Deus.

⁴Celebrai com júbilo ao Senhor, todos os habitantes da terra; dai brados de alegria, regozijai-vos, e cantai louvores.

⁵Louvai ao Senhor com a harpa; com a harpa e a voz de canto.

⁶Com trombetas, e ao som de buzinas, exultai diante do Rei, o Senhor.

⁷Brame o mar e a sua plenitude, o mundo e os que nele habitam;

⁸batam palmas os rios; à uma regozijem-se os montes

⁹diante do Senhor, porque vem julgar a terra; com justiça julgará o mundo, e os povos com eqüidade.

## Capítulo 99

¹O Senhor reina, tremam os povos; ele está entronizado sobre os querubins, estremeça a terra.

²O Senhor é grande em Sião, e exaltado acima de todos os povos.

³Louvem o teu nome, grande e tremendo; pois é santo.

⁴És Rei poderoso que amas a justiça; estabeleces a eqüidade, executas juízo e justiça em Jacó.

⁵Exaltai o Senhor nosso Deus, e prostrai-vos diante do escabelo de seus pés; porque ele é santo.

⁶Moisés e Arão entre os seus sacerdotes, e Samuel entre os que invocavam o seu nome, clamavam ao Senhor, e ele os ouvia.

⁷Na coluna de nuvem lhes falava; eles guardavam os seus testemunhos, e os estatutos que lhes dera.

⁸Tu os ouviste, Senhor nosso Deus; tu foste para eles um Deus perdoador, embora vingador dos seus atos.

⁹Exaltai o Senhor nosso Deus e adorai-o no seu santo monte, porque o Senhor nosso Deus é santo.

## Capítulo 100

¹Celebrai com júbilo ao Senhor, todos os habitantes da terra.

²Servi ao Senhor com alegria, e apresentai-vos a ele com cântico.

³Sabei que o Senhor é Deus! Foi ele quem nos fez, e somos dele; somos o seu povo e ovelhas do seu pasto.

⁴Entrai pelas suas portas com ação de graças, e em seus átrios com louvor; dai-lhe graças e bendizei o seu nome.

⁵Porque o Senhor é bom; a sua benignidade dura para sempre, e a sua fidelidade de geração em geração.

## Capítulo 101

¹Cantarei a benignidade e o juízo; a ti, Senhor, cantarei.

²Portar-me-ei sabiamente no caminho reto. Oh, quando virás ter comigo? Andarei em minha casa com integridade de coração.

³Não porei coisa torpe diante dos meus olhos; aborreço as ações daqueles que se desviam; isso não se apagará a mim.

⁴Longe de mim estará o coração perverso; não conhecerei o mal.

⁵Aquele que difama o seu próximo às escondidas, eu o destruirei; aquele que tem olhar altivo e coração soberbo, não o tolerarei.

⁶Os meus olhos estão sobre os fiéis da terra, para que habitem comigo; o que anda no caminho perfeito, esse me servirá.

⁷O que usa de fraude não habitará em minha casa; o que profere mentiras não estará firme perante os meus olhos.

⁸De manhã em manhã destruirei todos os ímpios da terra, para desarraigar da cidade do Senhor todos os que praticam a iniqüidade.

## Capítulo 102

¹Ó Senhor, ouve a minha oração, e chegue a ti o meu clamor.

²Não escondas de mim o teu rosto no dia da minha angústia; inclina para mim os teus ouvidos; no dia em que eu clamar, ouve-me depressa.

³Pois os meus dias se desvanecem como fumaça, e os meus ossos ardem como um tição.

⁴O meu coração está ferido e seco como a erva, pelo que até me esqueço de comer o meu pão.

⁵Por causa do meu doloroso gemer, os meus ossos se apegam à minha carne.

⁶Sou semelhante ao pelicano no deserto; cheguei a ser como a coruja das ruínas.

⁷Vigio, e tornei-me como um passarinho solitário no telhado.

⁸Os meus inimigos me afrontam todo o dia; os que contra mim se enfurecem, me amaldiçoam.

⁹Pois tenho comido cinza como pão, e misturado com lágrimas a minha bebida,

¹⁰por causa da tua indignação e da tua ira; pois tu me levantaste e me arrojaste de ti.

¹¹Os meus dias são como a sombra que declina, e eu, como a erva, me vou secando.

¹²Mas tu, Senhor, estás entronizado para sempre, e o teu nome será lembrado por todas as gerações.

¹³Tu te lenvantarás e terás piedade de Sião; pois é o tempo de te compadeceres dela, sim, o tempo determinado já chegou.

¹⁴Porque os teus servos têm prazer nas pedras dela, e se compadecem do seu pó.

¹⁵As nações, pois, temerão o nome do Senhor, e todos os reis da terra a tua glória,

¹⁶quando o Senhor edificar a Sião, e na sua glória se manifestar,

¹⁷atendendo à oração do desamparado, e não desprezando a sua súplica.

¹⁸Escreva-se isto para a geração futura, para que um povo que está por vir louve ao Senhor.

¹⁹Pois olhou do alto do seu santuário; dos céus olhou o Senhor para a terra,

²⁰para ouvir o gemido dos presos, para libertar os sentenciados à morte;

²¹a fim de que seja anunciado em Sião o nome do Senhor, e o seu louvor em Jerusalém,

²²quando se congregarem os povos, e os reinos, para servirem ao Senhor.

²³Ele abateu a minha força no caminho; abreviou os meus dias.

²⁴Eu clamo: Deus meu, não me leves no meio dos meus dias, tu, cujos anos alcançam todas as gerações.

²⁵Desde a antigüidade fundaste a terra; e os céus são obra das tuas mãos.

²⁶Eles perecerão, mas tu permanecerás; todos eles, como um vestido, envelhecerão; como roupa os mundarás, e ficarão mudados.

²⁷Mas tu és o mesmo, e os teus anos não acabarão.

²⁸Os filhos dos teus servos habitarão seguros, e a sua descendência ficará firmada diante de ti.

## Capítulo 103

¹Bendize, ó minha alma, ao Senhor, e tudo o que há em mim bendiga o seu santo nome.

²Bendize, ó minha alma, ao Senhor, e não te esqueças de nenhum dos seus benefícios.

³É ele quem perdoa todas as tuas iniqüidades, quem sara todas as tuas enfermidades,

⁴quem redime a tua vida da cova, quem te coroa de benignidade e de misericórdia,

⁵quem te supre de todo o bem, de sorte que a tua mocidade se renova como a da águia.

⁶O Senhor executa atos de justiça, e juízo a favor de todos os oprimidos.

⁷Fez notórios os seus caminhos a Moisés, e os seus feitos aos filhos de Israel.

⁸Compassivo e misericordioso é o Senhor; tardio em irar-se e grande em benignidade.

⁹Não repreenderá perpetuamente, nem para sempre conservará a sua ira.

¹⁰Não nos trata segundo os nossos pecados, nem nos retribui segundo as nossas iniqüidades.

¹¹Pois quanto o céu está elevado acima da terra, assim é grande a sua benignidade para com os que o temem.

¹²Quanto o oriente está longe do ocidente, tanto tem ele afastado de nós as nossas transgressões.

¹³Como um pai se compadece de seus filhos, assim o Senhor se compadece daqueles que o temem.

¹⁴Pois ele conhece a nossa estrutura; lembra-se de que somos pó.

¹⁵Quanto ao homem, os seus dias são como a erva; como a flor do campo, assim ele floresce.

¹⁶Pois, passando por ela o vento, logo se vai, e o seu lugar não a conhece mais.

¹⁷Mas é de eternidade a eternidade a benignidade do Senhor sobre

aqueles que o temem, e a sua justiça sobre os filhos dos filhos,

¹⁸sobre aqueles que guardam o seu pacto, e sobre os que se lembram dos seus preceitos para os cumprirem.

¹⁹O Senhor estabeleceu o seu trono nos céus, e o seu reino domina sobre tudo.

²⁰Bendizei ao Senhor, vós anjos seus, poderosos em força, que cumpris as suas ordens, obedecendo à voz da sua palavra!

²¹Bendizei ao Senhor, vós todos os seus exércitos, vós ministros seus, que executais a sua vontade!

²²Bendizei ao Senhor, vós todas as suas obras, em todos os lugares do seu domínio! Bendizei, ó minha alma ao Senhor!

## Capítulo 104

¹Bendize, ó minha alma, ao Senhor! Senhor, Deus meu, tu és magnificentíssimo! Estás vestido de honra e de majestade,

²tu que te cobres de luz como de um manto, que estendes os céus como uma cortina.

³És tu que pões nas águas os vigamentos da tua morada, que fazes das nuvens o teu carro, que andas sobre as asas do vento;

⁴que fazes dos ventos teus mensageiros, dum fogo abrasador os teus ministros.

⁵Lançaste os fundamentos da terra, para que ela não fosse abalada em tempo algum.

⁶Tu a cobriste do abismo, como dum vestido; as águas estavam sobre as montanhas.

⁷À tua repreensão fugiram; à voz do teu trovão puseram-se em fuga.

⁸Elevaram-se as montanhas, desceram os vales, até o lugar que lhes determinaste.

⁹Limite lhes traçaste, que não haviam de ultrapassar, para que não tornassem a cobrir a terra.

¹⁰És tu que nos vales fazes rebentar nascentes, que correm entre as colinas.

¹¹Dão de beber a todos os animais do campo; ali os asnos monteses matam a sua sede.

¹²Junto delas habitam as aves dos céus; dentre a ramagem fazem ouvir o seu canto.

¹³Da tua alta morada regas os montes; a terra se farta do fruto das tuas obras.

¹⁴Fazes crescer erva para os animais, e a verdura para uso do homem, de sorte que da terra tire o alimento,

¹⁵o vinho que alegra o seu coração, o azeite que faz reluzir o seu rosto, e o pão que lhe fortalece o coração.

¹⁶Saciam-se as árvores do Senhor, os cedros do Líbano que ele plantou,

¹⁷nos quais as aves se aninham, e a cegonha, cuja casa está nos ciprestes.

¹⁸Os altos montes são um refúgio para as cabras montesas, e as rochas para os querogrilos.

¹⁹Designou a lua para marcar as estações; o sol sabe a hora do seu ocaso.

²⁰Fazes as trevas, e vem a noite, na qual saem todos os animais da selva.

²¹Os leões novos os animais bramam pela presa, e de Deus buscam o seu sustento.

²²Quando nasce o sol, logo se recolhem e se deitam nos seus covis.

²³Então sai o homem para a sua lida e para o seu trabalho, até a tarde.

²⁴Ó Senhor, quão multiformes são as tuas obras! Todas elas as fizeste com sabedoria; a terra está cheia das tuas riquezas.

²⁵Eis também o vasto e espaçoso mar, no qual se movem seres inumeráveis, animais pequenos e grandes.

²⁶Ali andam os navios, e o leviatã que formaste para nele folgar.

²⁷Todos esperam de ti que lhes dê o sustento a seu tempo.

²⁸Tu lho dás, e eles o recolhem; abres a tua mão, e eles se fartam de bens.

²⁹Escondes o teu rosto, e ficam perturbados; se lhes tiras a respiração, morrem, e voltam para o seu pó.

³⁰Envias o teu fôlego, e são criados; e assim renovas a face da terra.

³¹Permaneça para sempre a glória do Senhor; regozije-se o Senhor nas suas obras;

³²ele olha para a terra, e ela treme; ele toca nas montanhas, e elas fumegam.

³³Cantarei ao Senhor enquanto eu viver; cantarei louvores ao meu Deus enquanto eu existir.

³⁴Seja-lhe agradável a minha meditação; eu me regozijarei no Senhor.

³⁵Sejam extirpados da terra os pecadores, e não subsistam mais os ímpios. Bendize, ó minha alma, ao Senhor. Louvai ao Senhor.

## Capítulo 105

¹Dai graças ao Senhor; invocai o seu nome; fazei conhecidos os seus feitos entre os povos.

²Cantai-lhe, cantai-lhe louvores; falai de todas as suas maravilhas.

³Gloriai-vos no seu santo nome; regozije-se o coração daqueles que buscam ao Senhor.

⁴Buscai ao Senhor e a sua força; buscai a sua face continuamente.

⁵Lembrai-vos das maravilhas que ele tem feito, dos seus prodígios e dos juízos da sua boca,

⁶vós, descendência de Abraão, seu servo, vós, filhos de Jacó, seus escolhidos.

⁷Ele é o Senhor nosso Deus; os seus juízos estão em toda a terra.

⁸Lembra-se perpetuamente do seu pacto, da palavra que ordenou para mil gerações;

⁹do pacto que fez com Abraão, e do seu juramento a Isaque;

¹⁰o qual ele confirmou a Jacó por estatuto, e a Israel por pacto eterno,

¹¹dizendo: A ti darei a terra de Canaã, como porção da vossa herança.

¹²Quando eles eram ainda poucos em número, de pouca importância, e forasteiros nela,

¹³andando de nação em nação, dum reino para outro povo,

¹⁴não permitiu que ninguém os oprimisse, e por amor deles repreendeu reis, dizendo:

¹⁵Não toqueis nos meus ungidos, e não maltrateis os meus profetas.

¹⁶Chamou a fome sobre a terra; retirou-lhes todo o sustento do pão.

¹⁷Enviou adiante deles um varão; José foi vendido como escravo;

¹⁸feriram-lhe os pés com grilhões; puseram-no a ferro,

¹⁹até o tempo em que a sua palavra se cumpriu; a palavra do Senhor o provou.

²⁰O rei mandou, e fez soltá-lo; o governador dos povos o libertou.

²¹Fê-lo senhor da sua casa, e governador de toda a sua fazenda,

²²para, a seu gosto, dar ordens aos príncipes, e ensinar aos anciãos a sabedoria.

²³Então Israel entrou no Egito, e Jacó peregrinou na terra de Cão.

²⁴E o Senhor multiplicou sobremodo o seu povo, e o fez mais poderoso do que os seus inimigos.

²⁵Mudou o coração destes para que odiassem o seu povo, e tratassem astutamente aos seus servos.

²⁶Enviou Moisés, seu servo, e Arão, a quem escolhera,

²⁷os quais executaram entre eles os seus sinais e prodígios na terra de Cão.

²⁸Mandou à escuridão que a escurecesse; e foram rebeldes à sua palavra.

²⁹Converteu-lhes as águas em sangue, e fez morrer os seus peixes.

³⁰A terra deles produziu rãs em abundância, até nas câmaras dos seus reis.

³¹Ele falou, e vieram enxames de moscas em todo o seu têrmo.

³²Deu-lhes saraiva por chuva, e fogo abrasador na sua terra.

³³Feriu-lhes também as vinhas e os figueirais, e quebrou as árvores da sua terra.

³⁴Ele falou, e vieram gafanhotos, e pulgões em quantidade inumerável,

³⁵que comeram toda a erva da sua terra, e devoraram o fruto dos seus campos.

³⁶Feriu também todos os primogênitos da terra deles, as primícias de toda a sua força.

³⁷E fez sair os israelitas com prata e ouro, e entre as suas tribos não havia quem tropeçasse.

³⁸O Egito alegrou-se quando eles saíram, porque o temor deles os dominara.

³⁹Estendeu uma nuvem para os cobrir, e um fogo para os alumiar de noite.

⁴⁰Eles pediram, e ele fez vir codornizes, e os saciou com pão do céu.

⁴¹Fendeu a rocha, e dela brotaram águas, que correram pelos lugares áridos como um rio.

⁴²Porque se lembrou da sua santa palavra, e de Abraão, seu servo.

⁴³Fez sair com alegria o seu povo, e com cânticos de júbilo os seus escolhidos.

⁴⁴Deu-lhes as terras das nações, e eles herdaram o fruto do trabalho dos povos,

⁴⁵para que guardassem os seus preceitos, e observassem as suas leis. Louvai ao Senhor

## Capítulo 106

¹Louvai ao Senhor. Louvai ao Senhor, porque ele é bom; porque a sua benignidade dura para sempre.

²Quem pode referir os poderosos feitos do Senhor, ou anunciar todo o seu louvor?

³Bem-aventurados os que observam o direito, que praticam a justiça em todos os tempos.

⁴Lembra-te de mim, Senhor, quando mostrares favor ao teu povo; visita-me com a tua salvação,

⁵para que eu veja a prosperidade dos teus escolhidos, para que me alegre com a alegria da tua nação, e me glorie juntamente com a tua herança.

⁶Nós pecamos, como nossos pais; cometemos a iniqüidade, andamos perversamente.

⁷Nossos pais não atentaram para as tuas maravilhas no Egito, não se lembraram da multidão das tuas benignidades; antes foram rebeldes contra o Altíssimo junto ao Mar Vermelho.

⁸Não obstante, ele os salvou por amor do seu nome, para fazer conhecido o seu poder.

⁹Pois repreendeu o Mar Vermelho e este se secou; e os fez caminhar pelos abismos como pelo deserto.

¹⁰Salvou-os da mão do adversário, livrou-os do poder do inimigo.

¹¹As águas, porém, cobriram os seus adversários; nem um só deles ficou.

¹²Então creram nas palavras dele e cantaram-lhe louvor.

¹³Cedo, porém, se esqueceram das suas obras; não esperaram pelo seu conselho.

¹⁴mas deixaram-se levar pela cobiça no deserto, e tentaram a Deus no ermo.

¹⁵E ele lhes deu o que pediram, mas fê-los definhar de doença.

¹⁶Tiveram inveja de Moisés no acampamento, e de Arão, o santo do Senhor.

¹⁷Abriu-se a terra, e engoliu a Datã, e cobriu a companhia de Abirão;

¹⁸ateou-se um fogo no meio da congregação; e chama abrasou os ímpios.

¹⁹Fizeram um bezerro em Horebe, e adoraram uma imagem de fundição.

²⁰Assim trocaram a sua glória pela figura de um boi que come erva.

²¹Esqueceram-se de Deus seu Salvador, que fizera grandes coisas no Egito,

²²maravilhas na terra de Cão, coisas tremendas junto ao Mar Vermelho.

²³Pelo que os teria destruído, como dissera, se Moisés, seu escolhido, não se tivesse interposto diante dele, para desviar a sua indignação, a fim de que não os destruísse.

²⁴Também desprezaram a terra aprazível; não confiaram na sua promessa;

²⁵antes murmuraram em suas tendas e não deram ouvidos à voz do Senhor.

²⁶Pelo que levantou a sua mão contra eles, afirmando que os faria cair no deserto;

²⁷que dispersaria também a sua descendência entre as nações, e os espalharia pelas terras.

²⁸Também se apegaram a Baal-Peor, e comeram sacrifícios oferecidos aos mortos.

²⁹Assim o provocaram à ira com as suas ações; e uma praga rebentou entre eles.

³⁰Então se levantou Finéias, que executou o juízo; e cessou aquela praga.

³¹E isto lhe foi imputado como justiça, de geração em geração, para sempre.

³²Indignaram-no também junto às águas de Meribá, de sorte que sucedeu mal a Moisés por causa deles;

³³porque amarguraram o seu espírito; e ele falou imprudentemente com seus lábios.

³⁴Não destruíram os povos, como o Senhor lhes ordenara;

³⁵antes se misturaram com as nações, e aprenderam as suas obras;

³⁶Serviram aos seus ídolos, que vieram a ser-lhes um laço;

³⁷sacrificaram seus filhos e suas filhas aos demônios;

³⁸e derramaram sangue inocente, o sangue de seus filhos e de suas filhas, que eles sacrificaram aos ídolos de Canaã; e a terra foi manchada com sangue.

³⁹Assim se contaminaram com as suas obras, e se prostituíram pelos seus feitos.

⁴⁰Pelo que se acendeu a ira do Senhor contra o seu povo, de modo que abominou a sua herança;

⁴¹entregou-os nas mãos das nações, e aqueles que os odiavam dominavam sobre eles.

⁴²Os seus inimigos os oprimiram, e debaixo das mãos destes foram eles humilhados.

⁴³Muitas vezes os livrou; mas eles foram rebeldes nos seus desígnios, e foram abatidos pela sua iniqüidade.

⁴⁴Contudo, atentou para a sua aflição, quando ouviu o seu clamor.

⁴⁵e a favor deles lembrou-se do seu pacto, e aplacou-se, segundo a abundância da sua benignidade.

⁴⁶Por isso fez com que obtivessem compaixão da parte daqueles que os levaram cativos.

⁴⁷Salva-nos, Senhor, nosso Deus, e congrega-nos dentre as nações, para que louvemos o teu santo nome, e nos gloriemos no teu louvor.

⁴⁸Bendito seja o Senhor, Deus de Israel, de eternidade em eternidade! E diga todo o povo: Amém. Louvai ao Senhor.

## Capítulo 107

¹Dai graças ao Senhor, porque ele é bom; porque a sua benignidade dura para sempre;

²digam-no os remidos do Senhor, os quais ele remiu da mão do inimigo,

³e os que congregou dentre as terras, do Oriente e do Ocidente, do Norte e do Sul.

⁴Andaram desgarrados pelo deserto, por caminho ermo; não acharam cidade em que habitassem.

⁵Andavam famintos e sedentos; desfalecia-lhes a alma.

⁶E clamaram ao Senhor na sua tribulação, e ele os livrou das suas angústias;

⁷conduziu-os por um caminho direito, para irem a uma cidade em que habitassem.

⁸Dêem graças ao Senhor pela sua benignidade, e pelas suas maravilhas para com os filhos dos homens!

⁹Pois ele satisfaz a alma sedenta, e enche de bens a alma faminta.

¹⁰Quanto aos que se assentavam nas trevas e sombra da morte, presos em aflição e em ferros,

¹¹por se haverem rebelado contra as palavras de Deus, e desprezado o conselho do Altíssimo,

¹²eis que lhes abateu o coração com trabalho; tropeçaram, e não houve quem os ajudasse.

¹³Então clamaram ao Senhor na sua tribulação, e ele os livrou das suas angústias.

¹⁴Tirou-os das trevas e da sombra da morte, e quebrou-lhes as prisões.

¹⁵Dêem graças ao Senhor pela sua benignidade, e pelas suas maravilhas para com os filhos dos homens!

¹⁶Pois quebrou as portas de bronze e despedaçou as trancas de ferro.

¹⁷Os insensatos, por causa do seu caminho de transgressão, e por causa das suas iniqüidades, são afligidos.

¹⁸A sua alma aborreceu toda sorte de comida, e eles chegaram até as portas da morte.

¹⁹Então clamaram ao Senhor na sua tribulação, e ele os livrou das suas angústias.

²⁰Enviou a sua palavra, e os sarou, e os livrou da destruição.

²¹Dêem graças ao Senhor pela sua benignidade, e pelas suas maravilhas para com os filhos dos homens!

²²Ofereçam sacrifícios de louvor, e relatem as suas obras com regozijo!

²³Os que descem ao mar em navios, os que fazem comércio nas grandes águas,

²⁴esses vêem as obras do Senhor, e as suas maravilhas no abismo.

²⁵Pois ele manda, e faz levantar o vento tempestuoso, que eleva as ondas do mar.

²⁶Eles sobem ao céu, descem ao abismo; esvaece-lhes a alma de aflição.

²⁷Balançam e cambaleiam como ébrios, e perdem todo o tino.

²⁸Então clamam ao Senhor na sua tribulação, e ele os livra das suas angústias.

²⁹Faz cessar a tormenta, de modo que se acalmam as ondas.

³⁰Então eles se alegram com a bonança; e assim ele os leva ao porto desejado.

³¹Dêem graças ao Senhor pela sua benignidade, e pelas suas maravilhas para com os filhos dos homens!
³²Exaltem-no na congregação do povo, e louvem-no na assembléia dos anciãos!
³³Ele converte rios em deserto, e nascentes em terra sedenta;
³⁴a terra frutífera em deserto salgado, por causa da maldade dos que nela habitam.
³⁵Converte o deserto em lagos, e a terra seca em nascentes.
³⁶E faz habitar ali os famintos, que edificam uma cidade para sua habitação;
³⁷semeiam campos e plantam vinhas, que produzem frutos abundantes.
³⁸Ele os abençoa, de modo que se multiplicam sobremaneira; e não permite que o seu gado diminua.
³⁹Quando eles decrescem e são abatidos pela opressão, aflição e tristeza,
⁴⁰ele lança o desprezo sobre os príncipes, e os faz desgarrados pelo deserto, onde não há caminho.
⁴¹Mas levanta da opressão o necessitado para um alto retiro, e dá-lhe famílias como um rebanho.
⁴²Os retos o vêem e se regozijam, e toda a iniquidade tapa a sua própria boca.
⁴³Quem é sábio observe estas coisas, e considere atentamente as benignidades do Senhor.

## Capítulo 108

¹Preparado está o meu coração, ó Deus; cantarei, sim, cantarei louvores, com toda a minha alma.
²Despertai, saltério e harpa; eu mesmo despertarei a aurora.
³Louvar-te-ei entre os povos, Senhor, cantar-te-ei louvores entre as nações.
⁴Pois grande, acima dos céus, é a tua benignidade, e a tua verdade ultrapassa as mais altas nuvens.
⁵Sê exaltado, ó Deus, acima dos céus, e seja a tua glória acima de toda a terra!
⁶Para que sejam livres os teus amados, salva-nos com a tua destra, e ouve-nos.
⁷Deus falou no seu santuário: Eu me regozijarei; repartirei Siquém, e medirei o vale de Sucote.
⁸Meu é Gileade, meu é Manassés; também Efraim é o meu capacete; Judá o meu cetro.
⁹Moabe a minha bacia de lavar; sobre Edom lançarei o meu sapato; sobre a Filístia bradarei em triunfo.
¹⁰Quem me conduzirá à cidade fortificada? Quem me guiará até Edom?
¹¹Porventura não nos rejeitaste, ó Deus? Não sais, ó Deus, com os nossos exércitos.
¹²Dá-nos auxílio contra o adversário, pois vão é o socorro da parte do homem.
¹³Em Deus faremos proezas; porque é ele quem calcará aos pés os nossos inimigos.

## Capítulo 109

¹Ó Deus do meu louvor, não te cales;
²pois a boca do ímpio e a boca fraudulenta se abrem contra mim; falam contra mim com uma língua mentirosa.
³Eles me cercam com palavras de ódio, e pelejam contra mim sem causa.
⁴Em paga do meu amor são meus adversários; mas eu me dedico à oração.
⁵Retribuem-me o mal pelo bem, e o ódio pelo amor.
⁶Põe sobre ele um ímpio, e esteja à sua direita um acusador.
⁷Quando ele for julgado, saia condenado; e em pecado se lhe torne a sua oração!
⁸Sejam poucos os seus dias, e outro tome o seu ofício!
⁹Fiquem órfãos os seus filhos, e viúva a sua mulher!
¹⁰Andem errantes os seus filhos, e mendiguem; esmolem longe das suas habitações assoladas.
¹¹O credor lance mão de tudo quanto ele tenha, e despojem-no estranhos do fruto do seu trabalho!
¹²Não haja ninguém que se compadeça dele, nem haja quem tenha pena dos seus órfãos!
¹³Seja extirpada a sua posteridade; o seu nome seja apagado na geração seguinte!
¹⁴Esteja na memória do Senhor a iniquidade de seus pais; e não se apague o pecado de sua mãe!
¹⁵Antes estejam sempre perante o Senhor, para que ele faça desaparecer da terra a memória deles!
¹⁶Porquanto não se lembrou de usar de benignidade; antes perseguiu o varão aflito e o necessitado, como também o quebrantado de coração, para o matar.
¹⁷Visto que amou a maldição, que ela lhe sobrevenha! Como não desejou a bênção, que ela se afaste dele!
¹⁸Assim como se vestiu de maldição como dum vestido, assim penetre ela nas suas entranhas como água, e em seus ossos como azeite!
¹⁹Seja para ele como o vestido com que ele se cobre, e como o cinto com que sempre anda cingido!
²⁰Seja este, da parte do Senhor, o galardão dos meus adversários, e dos que falam mal contra mim!
²¹Mas tu, ó Deus, meu Senhor age em meu favor por amor do teu nome; pois que é boa a tua benignidade, livra-me;
²²pois sou pobre e necessitado, e dentro de mim está ferido o meu coração.
²³Eis que me vou como a sombra que declina; sou arrebatado como o gafanhoto.
²⁴Os meus joelhos estão enfraquecidos pelo jejum, e a minha carne perde a sua gordura.
²⁵Eu sou para eles objeto de opróbrio; ao me verem, meneiam a cabeça.
²⁶Ajuda-me, Senhor, Deus meu; salva-me segundo a tua benignidade.
²⁷Saibam que nisto está a tua mão, e que tu, Senhor, o fizeste.
²⁸Amaldiçoem eles, mas abençoa tu; fiquem confundidos os meus adversários; mas alegre-se o teu servo!
²⁹Vistam-se de ignomínia os meus acusadores, e cubram-se da sua própria vergonha como dum manto!
³⁰Muitas graças darei ao Senhor com a minha boca;
³¹Pois ele se coloca à direita do poder, para o salvar dos que o condenam.

## Capítulo 110

¹Disse o Senhor ao meu Senhor: Assenta-te à minha direita, até que eu ponha os teus inimigos por escabelo dos teus pés.
²O Senhor enviará de Sião o cetro do teu poder. Domina no meio dos teus inimigos.
³O teu povo apresentar-se-á voluntariamente no dia do teu poder, em trajes santos; como vindo do próprio seio da alva, será o orvalho da tua mocidade.
⁴Jurou o Senhor, e não se arrependerá: Tu és sacerdote para sempre, segundo a ordem de Melquisedeque.
⁵O Senhor, à tua direita, quebrantará reis no dia da sua ira.
⁶Julgará entre as nações; enchê-las-á de cadáveres; quebrantará os cabeças por toda a terra.
⁷Pelo caminho beberá da corrente, e prosseguirá de cabeça erguida.

## Capítulo 111

¹Louvai ao Senhor. De todo o coração darei graças ao Senhor, no concílio dos retos e na congregação.
²Grandes são as obras do Senhor, e para serem estudadas por todos os que nelas se comprazem.
³Glória e majestade há em sua obra; e a sua justiça permanece para sempre.
⁴Ele fez memoráveis as suas maravilhas; compassivo e misericordioso é o Senhor.
⁵Dá mantimento aos que o temem; lembra-se sempre do seu pacto.
⁶Mostrou ao seu povo o poder das suas obras, dando-lhe a herança das nações.
⁷As obras das suas mãos são verdade e justiça; fiéis são todos os seus preceitos;
⁸firmados estão para todo o sempre; são feitos em verdade e retidão.
⁹Enviou ao seu povo a redenção; ordenou para sempre o seu pacto; santo e tremendo é o seu nome.
¹⁰O temor do Senhor é o princípio da sabedoria; têm bom entendimento todos os que cumprem os seus preceitos; o seu louvor subsiste para sempre.

## Capítulo 112

¹Louvai ao Senhor. Bem-aventurado o homem que teme ao Senhor, que em seus mandamentos tem grande prazer!
²A sua descendência será poderosa na terra; a geração dos retos será abençoada.
³Bens e riquezas há na sua casa; e a sua justiça permanece para

*Salmos*

sempre.

⁴Aos retos nasce luz nas trevas; ele é compassivo, misericordioso e justo.

⁵Ditoso é o homem que se compadece, e empresta, que conduz os seus negócios com justiça;

⁶pois ele nunca será abalado; o justo ficará em memória eterna.

⁷Ele não teme más notícias; o seu coração está firme, confiando no Senhor.

⁸O seu coração está bem firmado, ele não terá medo, até que veja cumprido o seu desejo sobre os seus adversários.

⁹Espalhou, deu aos necessitados; a sua justiça subsiste para sempre; o seu poder será exaltado em honra.

¹⁰O ímpio vê isto e se enraivece; range os dentes e se consome; o desejo dos ímpios perecerá.

## Capítulo 113

¹Louvai ao Senhor. Louvai, servos do Senhor, louvai o nome do Senhor.

²Bendito seja o nome do Senhor, desde agora e para sempre.

³Desde o nascimento do sol até o seu ocaso, há de ser louvado o nome do Senhor.

⁴Exaltado está o Senhor acima de todas as nações, e a sua glória acima dos céus.

⁵Quem é semelhante ao Senhor nosso Deus, que tem o seu assento nas alturas,

⁶que se inclina para ver o que está no céu e na terra?

⁷Ele levanta do pó o pobre, e do monturo ergue o necessitado,

⁸para o fazer sentar com os príncipes, sim, com os príncipes do seu povo.

⁹Ele faz com que a mulher estéril habite em família, e seja alegre mãe de filhos. Louvai ao Senhor.

## Capítulo 114

¹Quando Israel saiu do Egito, e a casa de Jacó dentre um povo de língua estranha,

²Judá tornou-lhe o santuário, e Israel o seu domínio.

³O mar viu isto, e fugiu; o Jordão tornou atrás.

⁴Os montes saltaram como carneiros, e os outeiros como cordeiros do rebanho.

⁵Que tens tu, ó mar, para fugires? e tu, ó Jordão, para tornares atrás?

⁶E vós, montes, que saltais como carneiros, e vós outeiros, como cordeiros do rebanho?

⁷Treme, ó terra, na presença do Senhor, na presença do Deus de Jacó,

⁸o qual converteu a rocha em lago de águas, a pederneira em manancial.

## Capítulo 115

¹Não a nós, Senhor, não a nós, mas ao teu nome dá glória, por amor da tua benignidade e da tua verdade.

²Por que perguntariam as nações: Onde está o seu Deus?

³Mas o nosso Deus está nos céus; ele faz tudo o que lhe apraz.

⁴Os ídolos deles são prata e ouro, obra das mãos do homem.

⁵Têm boca, mas não falam; têm olhos, mas não vêem;

⁶têm ouvidos, mas não ouvem; têm nariz, mas não cheiram;

⁷têm mãos, mas não apalpam; têm pés, mas não andam; nem som algum sai da sua garganta.

⁸Semelhantes a eles sejam os que fazem, e todos os que neles confiam.

⁹Confia, ó Israel, no Senhor; ele é seu auxílio e seu escudo.

¹⁰Casa de Arão, confia no Senhor; ele é seu auxílio e seu escudo.

¹¹Vós, os que temeis ao Senhor, confiai no Senhor; ele é seu auxílio e seu escudo.

¹²O Senhor tem-se lembrado de nós, abençoar-nos-á; abençoará a casa de Israel; abençoará a casa de Arão;

¹³abençoará os que temem ao Senhor, tanto pequenos como grandes.

¹⁴Aumente-vos o Senhor cada vez mais, a vós e a vossos filhos.

¹⁵Sede vós benditos do Senhor, que fez os céus e a terra.

¹⁶Os céus são os céus do Senhor, mas a terra, deu-a ele aos filhos dos homens.

¹⁷Os mortos não louvam ao Senhor, nem os que descem ao silêncio;

¹⁸nós, porém, bendiremos ao Senhor, desde agora e para sempre. Louvai ao Senhor.

## Capítulo 116

¹Amo ao Senhor, porque ele ouve a minha voz e a minha súplica.

²Porque inclina para mim o seu ouvido, invocá-lo-ei enquanto viver.

³Os laços da morte me cercaram; as angústias do Seol se apoderaram de mim; sofri tribulação e tristeza.

⁴Então invoquei o nome do Senhor, dizendo: Ó Senhor, eu te rogo, livra-me.

⁵Compassivo é o Senhor, e justo; sim, misericordioso é o nosso Deus.

⁶O Senhor guarda os simples; quando me acho abatido, ele me salva.

⁷Volta, minha alma, ao teu repouso, pois o Senhor te fez bem.

⁸Pois livraste a minha alma da morte, os meus olhos das lágrimas, e os meus pés de tropeçar.

⁹Andarei perante o Senhor, na terra dos viventes.

¹⁰Cri, por isso falei; estive muito aflito.

¹¹Eu dizia na minha precipitação: Todos os homens são mentirosos.

¹²Que darei eu ao Senhor por todos os benefícios que me tem feito?

¹³Tomarei o cálice da salvação, e invocarei o nome do Senhor.

¹⁴Pagarei os meus votos ao Senhor, na presença de todo o seu povo.

¹⁵Preciosa é à vista do Senhor a morte dos seus santos.

¹⁶Ó Senhor, deveras sou teu servo; sou teu servo, filho da tua serva; soltaste as minhas cadeias.

¹⁷Oferecer-te-ei sacrifícios de ação de graças, e invocarei o nome do Senhor.

¹⁸Pagarei os meus votos ao Senhor, na presença de todo o seu povo,

¹⁹nos átrios da casa do Senhor, no meio de ti, ó Jerusalém! Louvai ao Senhor.

## Capítulo 117

¹Louvai ao Senhor todas as nações, exaltai-o todos os povos.

²Porque a sua benignidade é grande para conosco, e a verdade do Senhor dura para sempre. Louvai ao Senhor.

## Capítulo 118

¹Dai graças ao Senhor, porque ele é bom; porque a sua benignidade dura para sempre.

²Diga, pois, Israel: A sua benignidade dura para sempre.

³Diga, pois, a casa de Arão: A sua benignidade dura para sempre.

⁴Digam, pois, os que temem ao Senhor: A sua benignidade dura para sempre.

⁵Do meio da angústia invoquei o Senhor; o Senhor me ouviu, e me pôs em um lugar largo.

⁶O Senhor é por mim, não recearei; que me pode fazer o homem?

⁷O Senhor é por mim entre os que me ajudam; pelo que verei cumprido o meu desejo sobre os que me odeiam.

⁸É melhor refugiar-se no Senhor do que confiar no homem.

⁹É melhor refugiar-se no Senhor do que confiar nos príncipes.

¹⁰Todas as nações me cercaram, mas em nome do Senhor eu as exterminei.

¹¹Cercaram-me, sim, cercaram-me; mas em nome do Senhor eu as exterminei.

¹²Cercaram-me como abelhas, mas apagaram-se como fogo de espinhos; pois em nome do Senhor as exterminei.

¹³Com força me impeliste para me fazeres cair, mas o Senhor me ajudou.

¹⁴O Senhor é a minha força e o meu cântico; tornou-se a minha salvação.

¹⁵Nas tendas dos justos há jubiloso cântico de vitória; a destra do Senhor faz proezas.

¹⁶A destra do Senhor se exalta, a destra do Senhor faz proezas.

¹⁷Não morrerei, mas viverei, e contarei as obras do Senhor.

¹⁸O Senhor castigou-me muito, mas não me entregou à morte.

¹⁹Abre-me as portas da justiça, para que eu entre por elas e dê graças ao Senhor.

²⁰Esta é a porta do Senhor; por ela os justos entrarão.

²¹Graças te dou porque me ouviste, e te tornaste a minha salvação.

²²A pedra que os edificadores rejeitaram, essa foi posta como pedra angular.

²³Foi o Senhor que fez isto e é maravilhoso aos nossos olhos.

²⁴Este é o dia que o Senhor fez; regozijemo-nos, e alegremo-nos nele.

²⁵Ó Senhor, salva, nós te pedimos; ó Senhor, nós te pedimos, envia-nos a prosperidade.

²⁶Bendito aquele que vem em nome do Senhor; da casa do Senhor vos bendizemos.

²⁷O Senhor é Deus, e nos concede a luz; atai a vítima da festa com cordas às pontas do altar.

²⁸Tu és o meu Deus, e eu te darei graças; tu és o meu Deus, e eu te exaltarei.

²⁹Dai graças ao Senhor, porque ele é bom; porque a sua benignidade dura para sempre. a tua palavra.

## Capítulo 119

¹Bem-aventurados os que trilham com integridade o seu caminho, os que andam na lei do Senhor!

²Bem-aventurados os que guardam os seus testemunhos, que o buscam de todo o coração,

³que não praticam iniquidade, mas andam nos caminhos dele!

⁴Tu ordenaste os teus preceitos, para que fossem diligentemente observados.

⁵Oxalá sejam os meus caminhos dirigidos de maneira que eu observe os teus estatutos!

⁶Então não ficarei confundido, atentando para todos os teus mandamentos.

⁷Louvar-te-ei com retidão de coração, quando tiver aprendido as tuas retas ordenanças.

⁸Observarei os teus estatutos; não me desampares totalmente!

⁹Como purificará o jovem o seu caminho? Observando-o de acordo com a tua palavra.

¹⁰De todo o meu coração tenho te buscado; não me deixes desviar dos teus mandamentos.

¹¹Escondi a tua palavra no meu coração, para não pecar contra ti.

¹²Bendito és tu, ó Senhor; ensina-me os teus estatutos.

¹³Com os meus lábios declaro todas as ordenanças da tua boca.

¹⁴Regozijo-me no caminho dos teus testemunhos, tanto como em todas as riquezas.

¹⁵Em teus preceitos medito, e observo os teus caminhos.

¹⁶Deleitar-me-ei nos teus estatutos; não me esquecerei da tua palavra.

¹⁷Faze bem ao teu servo, para que eu viva; assim observarei a tua palavra.

¹⁸Desvenda os meus olhos, para que eu veja as maravilhas da tua lei.

¹⁹Sou peregrino na terra; não escondas de mim os teus mandamentos.

²⁰A minha alma se consome de anelos por tuas ordenanças em todo o tempo.

²¹Tu repreendeste os soberbos, os malditos, que se desviam dos teus mandamentos.

²²Tira de sobre mim o opróbrio e o desprezo, pois tenho guardado os teus testemunhos.

²³Príncipes sentaram-se e falavam contra mim, mas o teu servo meditava nos teus estatutos.

²⁴Os teus testemunhos são o meu prazer e os meus conselheiros.

²⁵A minha alma apega-se ao pó; vivifica-me segundo a tua palavra.

²⁶Meus caminhos te descrevi, e tu me ouviste; ensina-me os teus estatutos.

²⁷Faze-me entender o caminho dos teus preceitos; assim meditarei nas tuas maravilhas.

²⁸A minha alma se consome de tristeza; fortalece-me segundo a tua palavra.

²⁹Desvia de mim o caminho da falsidade, e ensina-me benignidade a tua lei.

³⁰Escolhi o caminho da fidelidade; diante de mim pus as tuas ordenanças.

³¹Apego-me aos teus testemunhos, ó Senhor; não seja eu envergonhado.

³²Percorrerei o caminho dos teus mandamentos, quando dilatares o meu coração.

³³Ensina-me, ó Senhor, o caminho dos teus estatutos, e eu o guardarei até o fim.

³⁴Dá-me entendimento, para que eu guarde a tua lei, e a observe de todo o meu coração.

³⁵Faze-me andar na vereda dos teus mandamentos, porque nela me comprazo.

³⁶Inclina o meu coração para os teus testemunhos, e não para a cobiça.

³⁷Desvia os meus olhos de contemplarem a vaidade, e vivifica-me no teu caminho.

³⁸Confirma a tua promessa ao teu servo, que se inclina ao teu temor.

³⁹Desvia de mim o opróbrio que temo, pois as tuas ordenanças são boas.

⁴⁰Eis que tenho anelado os teus preceitos; vivifica-me por tua justiça.

⁴¹Venha também sobre mim a tua benignidade, ó Senhor, e a tua salvação, segundo a tua palavra.

⁴²Assim terei o que responder ao que me afronta, pois confio na tua palavra.

⁴³De minha boca não tires totalmente a palavra da verdade, pois tenho esperado nos teus juízos.

⁴⁴Assim observarei de contínuo a tua lei, para sempre e eternamente;

⁴⁵e andarei em liberdade, pois tenho buscado os teus preceitos.

⁴⁶Falarei dos teus testemunhos perante os reis, e não me envergonharei.

⁴⁷Deleitar-me-ei em teus mandamentos, que eu amo.

⁴⁸Também levantarei as minhas mãos para os teus mandamentos, que amo, e meditarei nos teus estatutos.

⁴⁹Lembra-te da palavra dada ao teu servo, na qual me fizeste esperar.

⁵⁰Isto é a minha consolação na minha angústia, que a tua promessa me vivifica.

⁵¹Os soberbos zombaram grandemente de mim; contudo não me desviei da tua lei.

⁵²Lembro-me dos teus juízos antigos, ó Senhor, e assim me consolo.

⁵³Grande indignação apoderou-se de mim, por causa dos ímpios que abandonam a tua lei.

⁵⁴Os teus estatutos têm sido os meus cânticos na casa da minha peregrinação.

⁵⁵De noite me lembrei do teu nome, ó Senhor, e observei a tua lei.

⁵⁶Isto me sucedeu, porque tenho guardado os teus preceitos.

⁵⁷O Senhor é o meu quinhão; prometo observar as tuas palavras.

⁵⁸De todo o meu coração imploro o teu favor; tem piedade de mim, segundo a tua palavra.

⁵⁹Quando considero os meus caminhos, volto os meus pés para os teus testemunhos.

⁶⁰Apresso-me sem detença a observar os teus mandamentos.

⁶¹Enleiam-me os laços dos ímpios; mas eu não me esqueço da tua lei.

⁶²À meia-noite me levanto para dar-te graças, por causa dos teus retos juízos.

⁶³Companheiro sou de todos os que te temem, e dos que guardam os teus preceitos.

⁶⁴A terra, ó Senhor, está cheia da tua benignidade; ensina-me os teus estatutos.

⁶⁵Tens usado de bondade para com o teu servo, Senhor, segundo a tua palavra.

⁶⁶Ensina-me bom juízo e ciência, pois creio nos teus mandamentos.

⁶⁷Antes de ser afligido, eu me extraviava; mas agora guardo a tua palavra.

⁶⁸Tu és bom e fazes o bem; ensina-me os teus estatutos.

⁶⁹Os soberbos forjam mentiras contra mim; mas eu de todo o coração guardo os teus preceitos.

⁷⁰Torna-se-lhes insensível o coração como a gordura; mas eu me deleito na tua lei.

⁷¹Foi-me bom ter sido afligido, para que aprendesse os teus estatutos.

⁷²Melhor é para mim a lei da tua boca do que milhares de ouro e prata.

⁷³As tuas mãos me fizeram e me formaram; dá-me entendimento para que aprenda os teus mandamentos.

⁷⁴Os que te temem me verão e se alegrarão, porque tenho esperado na tua palavra.

⁷⁵Bem sei eu, ó Senhor, que os teus juízos são retos, e que em tua fidelidade me afligiste.

⁷⁶Sirva, pois, a tua benignidade para me consolar, segundo a palavra que deste ao teu servo.

⁷⁷Venham sobre mim as tuas ternas misericórdias, para que eu viva, pois a tua lei é o meu deleite.

⁷⁸Envergonhados sejam os soberbos, por me haverem subvertido sem causa; mas eu meditarei nos teus preceitos.

*Salmos*

⁷⁹Voltem-se para mim os que te temem, para que conheçam os teus testemunhos.

⁸⁰Seja perfeito o meu coração nos teus estatutos, para que eu não seja envergonhado.

⁸¹Desfalece a minha alma, aguardando a tua salvação; espero na tua palavra.

⁸²Os meus olhos desfalecem, esperando por tua promessa, enquanto eu pergunto: Quando me consolarás tu?

⁸³Pois tornei-me como odre na fumaça, mas não me esqueci dos teus estatutos.

⁸⁴Quantos serão os dias do teu servo? Até quando não julgarás aqueles que me perseguem?

⁸⁵Abriram covas para mim os soberbos, que não andam segundo a tua lei.

⁸⁶Todos os teus mandamentos são fiéis. Sou perseguido injustamente; ajuda-me!

⁸⁷Quase que me consumiram sobre a terra, mas eu não deixei os teus preceitos.

⁸⁸Vivifica-me segundo a tua benignidade, para que eu guarde os testemunhos da tua boca.

⁸⁹Para sempre, ó Senhor, a tua palavra está firmada nos céus.

⁹⁰A tua fidelidade estende-se de geração a geração; tu firmaste a terra, e firme permanece.

⁹¹Conforme a tua ordenança, tudo se mantém até hoje, porque todas as coisas te obedecem.

⁹²Se a tua lei não fora o meu deleite, então eu teria perecido na minha angústia.

⁹³Nunca me esquecerei dos teus preceitos, pois por eles me tens vivificado.

⁹⁴Sou teu, salva-me; pois tenho buscado os teus preceitos.

⁹⁵Os ímpios me espreitam para me destruírem, mas eu atento para os teus testemunhos.

⁹⁶A toda perfeição vi limite, mas o teu mandamento é ilimitado.

⁹⁷Oh! quanto amo a tua lei! ela é a minha meditação o dia todo.

⁹⁸O teu mandamento me faz mais sábio do que meus inimigos, pois está sempre comigo.

⁹⁹Tenho mais entendimento do que todos os meus mestres, porque os teus testemunhos são a minha meditação.

¹⁰⁰Sou mais entendido do que os velhos, porque tenho guardado os teus preceitos.

¹⁰¹Retenho os meus pés de todo caminho mau, a fim de observar a tua palavra.

¹⁰²Não me aperto das tuas ordenanças, porque és tu quem me instrui.

¹⁰³Oh! quão doces são as tuas palavras ao meu paladar! mais doces do que o mel à minha boca.

¹⁰⁴Pelos teus preceitos alcanço entendimento, pelo que aborreço toda vereda de falsidade.

¹⁰⁵Lâmpada para os meus pés é a tua palavra, e luz para o meu caminho.

¹⁰⁶Fiz juramento, e o confirmei, de guardar as tuas justas ordenanças.

¹⁰⁷Estou aflitíssimo; vivifica-me, ó Senhor, segundo a tua palavra.

¹⁰⁸Aceita, Senhor, eu te rogo, as oferendas voluntárias da minha boca, e ensina-me as tuas ordenanças.

¹⁰⁹Estou continuamente em perigo de vida; todavia não me esqueço da tua lei.

¹¹⁰Os ímpios me armaram laço, contudo não me desviei dos teus preceitos.

¹¹¹Os teus testemunhos são a minha herança para sempre, pois são eles o gozo do meu coração.

¹¹²Inclino o meu coração a cumprir os teus estatutos, para sempre, até o fim.

¹¹³Aborreço a duplicidade, mas amo a tua lei.

¹¹⁴Tu és o meu refúgio e o meu escudo; espero na tua palavra.

¹¹⁵Apartai-vos de mim, malfeitores, para que eu guarde os mandamentos do meu Deus.

¹¹⁶Ampara-me conforme a tua palavra, para que eu viva; e não permitas que eu seja envergonhado na minha esperança.

¹¹⁷Sustenta-me, e serei salvo, e de contínuo terei respeito aos teus estatutos.

¹¹⁸Desprezas todos os que se desviam dos teus estatutos, pois a astúcia deles é falsidade.

¹¹⁹Deitas fora, como escória, todos os ímpios da terra; pelo que amo os teus testemunhos.

¹²⁰Arrepia-se-me a carne com temor de ti, e tenho medo dos teus juízos.

¹²¹Tenho praticado a retidão e a justiça; não me abandones aos meus opressores.

¹²²Fica por fiador do teu servo para o bem; não me oprimem os soberbos.

¹²³Os meus olhos desfalecem à espera da tua salvação e da promessa da tua justiça.

¹²⁴Trata com o teu servo segundo a tua benignidade, e ensina-me os teus estatutos.

¹²⁵Sou teu servo; dá-me entendimento, para que eu conheça os teus testemunhos.

¹²⁶É tempo de agires, ó Senhor, pois eles violaram a tua lei.

¹²⁷Pelo que amo os teus mandamentos mais do que o ouro, sim, mais do que o ouro fino.

¹²⁸Por isso dirijo os meus passos por todos os teus preceitos, e aborreço toda vereda de falsidade.

¹²⁹Maravilhosos são os teus testemunhos, por isso a minha alma os guarda.

¹³⁰A exposição das tuas palavras dá luz; dá entendimento aos simples.

¹³¹Abro a minha boca e arquejo, pois estou anelante pelos teus mandamentos.

¹³²Volta-te para mim, e compadece-te de mim, conforme usas para com os que amam o teu nome.

¹³³Firma os meus passos na tua palavra; e não se apodere de mim iniqüidade alguma.

¹³⁴Resgata-me da opressão do homem; assim guardarei os teus preceitos.

¹³⁵Faze resplandecer o teu rosto sobre o teu servo, e ensina-me os teus estatutos.

¹³⁶Os meus olhos derramam rios de lágrimas, porque os homens não guardam a tua lei.

¹³⁷Justo és, ó Senhor, e retos são os teus juízos.

¹³⁸Ordenaste os teus testemunhos com retidão, e com toda a fidelidade.

¹³⁹O meu zelo me consome, porque os meus inimigos se esquecem da tua palavra.

¹⁴⁰A tua palavra é fiel a toda prova, por isso o teu servo a ama.

¹⁴¹Pequeno sou e desprezado, mas não me esqueço dos teus preceitos.

¹⁴²A tua justiça é justiça eterna, e a tua lei é a verdade.

¹⁴³Tribulação e angústia se apoderaram de mim; mas os teus mandamentos são o meu prazer.

¹⁴⁴Justos são os teus testemunhos para sempre; dá-me entendimento, para que eu viva.

¹⁴⁵Clamo de todo o meu coração; atende-me, Senhor! Eu guardarei os teus estatutos.

¹⁴⁶A ti clamo; salva-me, para que guarde os teus testemunhos.

¹⁴⁷Antecipo-me à alva da manhã e clamo; aguardo com esperança as tuas palavras.

¹⁴⁸Os meus olhos se antecipam às vigílias da noite, para que eu medite na tua palavra.

¹⁴⁹Ouve a minha voz, segundo a tua benignidade; vivifica-me, ó Senhor, segundo a tua justiça.

¹⁵⁰Aproximam-se os que me perseguem maliciosamente; andam afastados da tua lei.

¹⁵¹Tu estás perto, Senhor, e todos os teus mandamentos são verdade.

¹⁵²Há muito sei eu dos teus testemunhos que os fundaste para sempre.

¹⁵³Olha para a minha aflição, e livra-me, pois não me esqueço da tua lei.

¹⁵⁴Pleiteia a minha causa, e resgata-me; vivifica-me segundo a tua palavra.

¹⁵⁵A salvação está longe dos ímpios, pois não buscam os teus estatutos.

¹⁵⁶Muitas são, Senhor, as tuas misericórdias; vivifica-me segundo os teus juízos.

¹⁵⁷Muitos são os meus perseguidores e os meus adversários, mas não me desvio dos teus testemunhos.

¹⁵⁸Vi os pérfidos, e me afligi, porque não guardam a tua palavra.

¹⁵⁹Considera como amo os teus preceitos; vivifica-me, Senhor, segundo a tua benignidade.

¹⁶⁰A soma da tua palavra é a verdade, e cada uma das tuas justas ordenanças dura para sempre.

¹⁶¹Príncipes me perseguem sem causa, mas o meu coração teme as tuas palavras.

¹⁶²Regozijo-me com a tua palavra, como quem acha grande

despojo.

¹⁶³Odeio e abomino a falsidade; amo, porém, a tua lei.
¹⁶⁴Sete vezes no dia te louvo pelas tuas justas ordenanças.
¹⁶⁵Muita paz têm os que amam a tua lei, e não há nada que os faça tropeçar.
¹⁶⁶Espero, Senhor, na tua salvação, e cumpro os teus mandamentos.
¹⁶⁷A minha alma observa os teus testemunhos; amo-os extremamente.
¹⁶⁸Observo os teus preceitos e os teus testemunhos, pois todos os meus caminhos estão diante de ti.
¹⁶⁹Chegue a ti o meu clamor, ó Senhor; dá-me entendimento conforme a tua palavra.
¹⁷⁰Chegue à tua presença a minha súplica; livra-me segundo a tua palavra.
¹⁷¹Profiram louvor os meus lábios, pois me ensinas os teus estatutos.
¹⁷²Celebre a minha língua a tua palavra, pois todos os teus mandamentos são justos.
¹⁷³Esteja pronta a tua mão para me socorrer, pois escolhi os teus preceitos.
¹⁷⁴Anelo por tua salvação, ó Senhor; a tua lei é o meu prazer.
¹⁷⁵Que minha alma viva, para que te louve; ajudem-me as tuas ordenanças.
¹⁷⁶Desgarrei-me como ovelha perdida; busca o teu servo, pois não me esqueço dos teus mandamentos.

## Capítulo 120
¹Na minha angústia clamei ao Senhor, e ele me ouviu.
²Senhor, livra-me dos lábios mentirosos e da língua enganadora.
³Que te será dado, ou que te será acrescentado, língua enganadora?
⁴Flechas agudas do valente, com brasas vivas de zimbro!
⁵Ai de mim, que peregrino em Meseque, e habito entre as tendas de Quedar!
⁶Há muito que eu habito com aqueles que odeiam a paz.
⁷Eu sou pela paz; mas quando falo, eles são pela guerra.

## Capítulo 121
¹Elevo os meus olhos para os montes; de onde me vem o socorro?
²O meu socorro vem do Senhor, que fez os céus e a terra.
³Não deixará vacilar o teu pé; aquele que te guarda não dormitará.
⁴Eis que não dormitará nem dormirá aquele que guarda a Israel.
⁵O Senhor é quem te guarda; o Senhor é a tua sombra à tua mão direita.
⁶De dia o sol não te ferirá, nem a lua de noite.
⁷O Senhor te guardará de todo o mal; ele guardará a tua vida.
⁸O Senhor guardará a tua saída e a tua entrada, desde agora e para sempre.

## Capítulo 122
¹Alegrei-me quando me disseram: Vamos à casa do Senhor.
²Os nossos pés estão parados dentro das tuas portas, ó Jerusalém!
³Jerusalém, que és edificada como uma cidade compacta,
⁴aonde sobem as tribos, as tribos do Senhor, como testemunho para Israel, a fim de darem graças ao nome do Senhor.
⁵Pois ali estão postos os tronos de julgamento, os tronos da casa de Davi.
⁶Orai pela paz de Jerusalém; prosperem aqueles que te amam.
⁷Haja paz dentro de teus muros, e prosperidade dentro dos teus palácios.
⁸Por causa dos meus irmãos e amigos, direi: Haja paz dentro de ti.
⁹Por causa da casa do Senhor, nosso Deus, buscarei o teu bem.

## Capítulo 123
¹A ti levanto os meus olhos, ó tu que estás entronizado nos céus.
²Eis que assim como os olhos dos servos atentam para a mão do seu senhor, e os olhos da serva para a mão de sua senhora, assim os nossos olhos atentam para o Senhor nosso Deus, até que ele se compadeça de nós.
³Compadece-te de nós, ó Senhor, compadece-te de nós, pois estamos sobremodo fartos de desprezo.
⁴A nossa alma está sobremodo farta da zombaria dos arrogantes, e do desprezo dos soberbos.

## Capítulo 124
¹Se não fora o Senhor, que esteve ao nosso lado, ora diga Israel:
²Se não fora o Senhor, que esteve ao nosso lado, quando os homens se levantaram contra nós,
³eles nos teriam tragado vivos, quando a sua ira se acendeu contra nós;
⁴as águas nos teriam submergido, e a torrente teria passado sobre nós;
⁵sim, as águas impetuosas teriam passado sobre nós.
⁶Bendito seja o Senhor, que não nos entregou, como presa, aos dentes deles.
⁷Escapamos, como um pássaro, do laço dos passarinheiros; o laço quebrou-se, e nós escapamos.
⁸O nosso socorro está no nome do Senhor, que fez os céus e a terra.

## Capítulo 125
¹Aqueles que confiam no Senhor são como o monte Sião, que não pode ser abalado, mas permanece para sempre.
²Como estão os montes ao redor de Jerusalém, assim o Senhor está ao redor do seu povo, desde agora e para sempre.
³Porque o cetro da impiedade não repousará sobre a sorte dos justos, para que os justos não estendam as suas mãos para cometer a iniqüidade.
⁴Faze o bem, ó Senhor, aos bons e aos que são retos de coração.
⁵Mas aos que se desviam para os seus caminhos tortuosos, levá-los-á o Senhor juntamente com os que praticam a maldade. Que haja paz sobre Israel.

## Capítulo 126
¹Quando o Senhor trouxe do cativeiro os que voltaram a Sião, éramos como os que estão sonhando.
²Então a nossa boca se encheu de riso e a nossa língua de cânticos. Então se dizia entre as nações: Grandes coisas fez o Senhor por eles.
³Sim, grandes coisas fez o Senhor por nós, e por isso estamos alegres.
⁴Faze regressar os nossos cativos, Senhor, como as correntes no sul.
⁵Os que semeiam em lágrimas, com cânticos de júbilo segarão.
⁶Aquele que sai chorando, levando a semente para semear, voltará com cânticos de júbilo, trazendo consigo os seus molhos.

## Capítulo 127
¹Se o Senhor não edificar a casa, em vão trabalham os que a edificam; se o Senhor não guardar a cidade, em vão vigia a sentinela.
²Inútil vos será levantar de madrugada, repousar tarde, comer o pão de dores, pois ele supre aos seus amados enquanto dormem.
³Eis que os filhos são herança da parte do Senhor, e o fruto do ventre o seu galardão.
⁴Como flechas na mão dum homem valente, assim os filhos da mocidade.
⁵Bem-aventurado o homem que enche deles a sua aljava; não serão confundidos, quando falarem com os seus inimigos à porta.

## Capítulo 128
¹Bem-aventurado todo aquele que teme ao Senhor e anda nos seus caminhos.
²Pois comerás do trabalho das tuas mãos; feliz serás, e te irá bem.
³A tua mulher será como a videira frutífera, no interior da tua casa; os teus filhos como plantas de oliveira, ao redor da tua mesa.
⁴Eis que assim será abençoado o homem que teme ao Senhor.
⁵De Sião o Senhor te abençoará; verás a prosperidade de Jerusalém por todos os dias da tua vida,
⁶e verás os filhos de teus filhos. A paz seja sobre Israel.

## Capítulo 129
¹Gravemente me angustiaram desde a minha mocidade, diga agora Israel;
²gravemente me angustiaram desde a minha mocidade, todavia não prevaleceram contra mim.
³Os lavradores araram sobre as minhas costas; compridos fizeram os seus sulcos.
⁴O Senhor é justo; ele corta as cordas dos ímpios.
⁵Sejam envergonhados e repelidos para trás todos os que odeiam a Sião.
⁶Sejam como a erva dos telhados, que seca antes de florescer;

⁷com a qual o segador não enche a mão, nem o regaço o que ata os feixes;

⁸nem dizem os que passam: A bênção do Senhor seja sobre vós; nós vos abençoamos em nome do Senhor.

## Capítulo 130

¹Das profundezas clamo a ti, ó Senhor.

²Senhor, escuta a minha voz; estejam os teus ouvidos atentos à voz das minhas súplicas.

³Se tu, Senhor, observares as iniquidades, Senhor, quem subsistirá?

⁴Mas contigo está o perdão, para que sejas temido.

⁵Aguardo ao Senhor; a minha alma o aguarda, e espero na sua palavra.

⁶A minha alma anseia pelo Senhor, mais do que os guardas pelo romper da manhã, sim, mais do que os guardas pela manhã.

⁷Espera, ó Israel, no Senhor! pois com o Senhor há benignidade, e com ele há copiosa redenção;

⁸e ele remirá a Israel de todas as suas iniquidades.

## Capítulo 131

¹Senhor, o meu coração não é soberbo, nem os meus olhos são altivos; não me ocupo de assuntos grandes e maravilhosos demais para mim.

²Pelo contrário, tenho feito acalmar e sossegar a minha alma; qual criança desmamada sobre o seio de sua mãe, qual criança desmamada está a minha alma para comigo.

³Espera, ó Israel, no Senhor, desde agora e para sempre.

## Capítulo 132

¹Lembra-te, Senhor, a bem de Davi, de todas as suas aflições;

²como jurou ao Senhor, e fez voto ao Poderoso de Jacó, dizendo:

³Não entrarei na casa em que habito, nem subirei ao leito em que durmo;

⁴não darei sono aos meus olhos, nem adormecimento às minhas pálpebras,

⁵até que eu ache um lugar para o Senhor uma morada para o Poderoso de Jacó.

⁶Eis que ouvimos falar dela em Efrata, e a achamos no campo de Jaar.

⁷Entremos nos seus tabernáculos; prostremo-nos ante o escabelo de seus pés.

⁸Levanta-te, Senhor, entra no lugar do teu repouso, tu e a arca da tua força.

⁹Vistam-se os teus sacerdotes de justiça, e exultem de júbilo os teus santos.

¹⁰Por amor de Davi, teu servo, não rejeites a face do teu ungido.

¹¹O Senhor jurou a Davi com verdade, e não se desviará dela: Do fruto das tuas entranhas porei sobre o teu trono.

¹²Se os teus filhos guardarem o meu pacto, e os meus testemunhos, que eu lhes hei de ensinar, também os seus filhos se assentarão perpetuamente no teu trono.

¹³Porque o Senhor escolheu a Sião; desejou-a para sua habitação, dizendo:

¹⁴Este é o lugar do meu repouso para sempre; aqui habitarei, pois o tenho desejado.

¹⁵Abençoarei abundantemente o seu mantimento; fartarei de pão os seus necessitados.

¹⁶Vestirei de salvação os seus sacerdotes; e de júbilo os seus santos exultarão

¹⁷Ali farei brotar a força de Davi; preparei uma lâmpada para o meu ungido.

¹⁸Vestirei de confusão os seus inimigos; mas sobre ele resplandecerá a sua coroa.

## Capítulo 133

¹Oh! quão bom e quão suave é que os irmãos vivam em união!

²É como o óleo precioso sobre a cabeça, que desceu sobre a barba, a barba de Arão, que desceu sobre a gola das suas vestes;

³como o orvalho de Hermom, que desce sobre os montes de Sião; porque ali o Senhor ordenou a bênção, a vida para sempre.

## Capítulo 134

¹Eis aqui, bendizei ao Senhor, todos vós, servos do Senhor, que de noite assistis na casa do Senhor.

²Erguei as mãos para o santuário, e bendizei ao Senhor.

³Desde Sião te abençoe o Senhor, que fez os céus e a terra.

## Capítulo 135

¹Louvai ao Senhor. Louvai o nome do Senhor; louvai-o, servos do Senhor,

²vós que assistis na casa do Senhor, nos átrios da casa do nosso Deus.

³Louvai ao Senhor, porque o Senhor é bom; cantai louvores ao seu nome, porque ele é bondoso.

⁴Porque o Senhor escolheu para si a Jacó, e a Israel para seu tesouro peculiar.

⁵Porque eu conheço que o Senhor é grande e que o nosso Senhor está acima de todos os deuses.

⁶Tudo o que o Senhor deseja ele o faz, no céu e na terra, nos mares e em todos os abismos.

⁷Faz subir os vapores das extremidades da terra; faz os relâmpagos para a chuva; tira os ventos dos seus tesouros.

⁸Foi ele que feriu os primogênitos do Egito, desde os homens até os animais;

⁹que operou sinais e prodígios no meio de ti, ó Egito, contra Faraó e contra os seus servos;

¹⁰que feriu muitas nações, e matou reis poderosos:

¹¹a Siom, rei dos amorreus, e a Ogue, rei de Basã, e a todos os reinos de Canaã;

¹²e deu a terra deles em herança, em herança a Israel, seu povo.

¹³O teu nome, ó Senhor, subsiste para sempre; e a tua memória, ó Senhor, por todas as gerações.

¹⁴Pois o Senhor julgará o seu povo, e se compadecerá dos seus servos.

¹⁵Os ídolos das nações são prata e ouro, obra das mãos dos homens;

¹⁶têm boca, mas não falam; têm olhos, mas não vêem;

¹⁷têm ouvidos, mas não ouvem; nem há sopro algum na sua boca.

¹⁸Semelhantemente a eles se tornarão os que os fazem, e todos os que neles confiam.

¹⁹Ó casa de Israel, bendizei ao Senhor; ó casa de Arão, bendizei ao Senhor;

²⁰ó casa de Levi, bendizei ao Senhor; vós, os que temeis ao Senhor, bendizei ao Senhor.

²¹Desde Sião seja bendito o Senhor, que habita em Jerusalém. Louvai ao Senhor.

## Capítulo 136

¹Dai graças ao Senhor, porque ele é bom; porque a sua benignidade dura para sempre.

²Dai graças ao Deus dos deuses, porque a sua benignidade dura para sempre

³Dai graças ao Senhor dos senhores, porque a sua benignidade dura para sempre;

⁴ao único que faz grandes maravilhas, porque a sua benignidade dura para sempre;

⁵àquele que com entendimento fez os céus, porque a sua benignidade dura para sempre;

⁶àquele que estendeu a terra sobre as águas, porque a sua benignidade dura para sempre;

⁷àquele que fez os grandes luminares, porque a sua benignidade dura para sempre;

⁸o sol para governar de dia, porque a sua benignidade dura para sempre;

⁹a lua e as estrelas para presidirem a noite, porque a sua benignidade dura para sempre;

¹⁰àquele que feriu o Egito nos seus primogênitos, porque a sua benignidade dura para sempre;

¹¹e que tirou a Israel do meio deles, porque a sua benignidade dura para sempre;

¹²com mão forte, e com braço estendido, porque a sua benignidade dura para sempre;

¹³àquele que dividiu o Mar Vermelho em duas partes, porque a sua benignidade dura para sempre;

¹⁴e fez passar Israel pelo meio dele, porque a sua benignidade dura para sempre;

¹⁵mas derrubou a Faraó com o seu exército no Mar Vermelho, porque a sua benignidade dura para sempre;

¹⁶àquele que guiou o seu povo pelo deserto, porque a sua benignidade dura para sempre;

¹⁷àquele que feriu os grandes reis, porque a sua benignidade dura para sempre;

¹⁸e deu a morte a reis famosos, porque a sua benignidade dura para sempre.

¹⁹a Siom, rei dos amorreus, porque a sua benignidade dura para sempre;

²⁰e a Ogue, rei de Basã, porque a sua benignidade dura para sempre;

²¹e deu a terra deles em herança, porque a sua benignidade dura para sempre;

²²sim, em herança a Israel, seu servo, porque a sua benignidade dura para sempre;

²³que se lembrou de nós em nossa humilhação, porque a sua benignidade dura para sempre;

²⁴e nos libertou dos nossos inimigos, porque a sua benignidade dura para sempre;

²⁵que dá alimento a toda a carne, porque a sua benignidade dura para sempre.

²⁶Dai graças ao Deus dos céus, porque a sua benignidade dura para sempre.

## Capítulo 137

¹Junto aos rios de Babilônia, ali nos assentamos e nos pusemos a chorar, recordando-nos de Sião.

²Nos salgueiros que há no meio dela penduramos as nossas harpas,

³pois ali aqueles que nos levaram cativos nos pediam canções; e os que nos atormentavam, que os alegrássemos, dizendo: Cantai-nos um dos cânticos de Sião.

⁴Mas como entoaremos o cântico do Senhor em terra estrangeira?

⁵Se eu me esquecer de ti, ó Jerusalém, esqueça-se a minha destra da sua destreza.

⁶Apegue-se-me a língua ao céu da boca, se não me lembrar de ti, se eu não preferir Jerusalém à minha maior alegria.

⁷Lembra-te, Senhor, contra os edomitas, do dia de Jerusalém, porque eles diziam: Arrasai-a, arrasai-a até os seus alicerces.

⁸Ah! filha de Babilônia, devastadora; feliz aquele que te retribuir consoante nos fizeste a nós;

⁹feliz aquele que pegar em teus pequeninos e der com eles nas pedra.

## Capítulo 138

¹Graças te dou de todo o meu coração; diante dos deuses a ti canto louvores.

²Inclino-me para o teu santo templo, e louvo o teu nome pela tua benignidade, e pela tua fidelidade; pois engrandeceste acima de tudo o teu nome e a tua palavra.

³No dia em que eu clamei, atendeste-me, alentaste-me, fortalecendo a minha alma.

⁴Todos os reis da terra de louvarão, ó Senhor, quando ouvirem as palavras da tua boca;

⁵e cantarão os caminhos do Senhor, pois grande é a glória do Senhor.

⁶Ainda que o Senhor é excelso, contudo atenta para o humilde; mas ao soberbo, conhece-o de longe.

⁷Embora eu ande no meio da angústia, tu me revivificas; contra a ira dos meus inimigos estendes a tua mão, e a tua destra me salva.

⁸O Senhor aperfeiçoará o que me diz respeito. A tua benignidade, ó Senhor, dura para sempre; não abandones as obras das tuas mãos.

## Capítulo 139

¹Senhor, tu me sondas, e me conheces.

²Tu conheces o meu sentar e o meu levantar; de longe entendes o meu pensamento.

³Esquadrinhas o meu andar, e o meu deitar, e conheces todos os meus caminhos.

⁴Sem que haja uma palavra na minha língua, eis que, ó Senhor, tudo conheces.

⁵Tu me cercaste em volta, e puseste sobre mim a tua mão.

⁶Tal conhecimento é maravilhoso demais para mim; elevado é, não o posso atingir.

⁷Para onde me irei do teu Espírito, ou para onde fugirei da tua presença?

⁸Se subir ao céu, tu aí estás; se fizer no Seol a minha cama, eis que tu ali estás também.

⁹Se tomar as asas da alva, se habitar nas extremidades do mar,

¹⁰ainda ali a tua mão me guiará e a tua destra me susterá.

¹¹Se eu disser: Ocultem-me as trevas; torne-se em noite a luz que me circunda;

¹²nem ainda as trevas são escuras para ti, mas a noite resplandece como o dia; as trevas e a luz são para ti a mesma coisa.

¹³Pois tu formaste os meus rins; entreteceste-me no ventre de minha mãe.

¹⁴Eu te louvarei, porque de um modo tão admirável e maravilhoso fui formado; maravilhosas são as tuas obras, e a minha alma o sabe muito bem.

¹⁵Os meus ossos não te foram encobertos, quando no oculto fui formado, e esmeradamente tecido nas profundezas da terra.

¹⁶Os teus olhos viram a minha substância ainda informe, e no teu livro foram escritos os dias, sim, todos os dias que foram ordenados para mim, quando ainda não havia nem um deles.

¹⁷E quão preciosos me são, ó Deus, os teus pensamentos! Quão grande é a soma deles!

¹⁸Se eu os contasse, seriam mais numerosos do que a areia; quando acordo ainda estou contigo.

¹⁹Oxalá que matasses o perverso, ó Deus, e que os homens sanguinários se apartassem de mim,

²⁰homens que se rebelam contra ti, e contra ti se levantam para o mal.

²¹Não odeio eu, ó Senhor, aqueles que te odeiam? e não me aflijo por causa dos que se levantam contra ti?

²²Odeio-os com ódio completo; tenho-os por inimigos.

²³Sonda-me, ó Deus, e conhece o meu coração; prova-me, e conhece os meus pensamentos;

²⁴vê se há em mim algum caminho perverso, e guia-me pelo caminho eterno.

## Capítulo 140

¹Livra-me, ó Senhor, dos homens maus; guarda-me dos homens violentos,

²os quais maquinam maldades no coração; estão sempre projetando guerras.

³Aguçaram as línguas como a serpente; peçonha de áspides está debaixo dos seus lábios.

⁴Guarda-me, ó Senhor, das mãos dos ímpios; preserva-me dos homens violentos, os quais planejaram transtornar os meus passos.

⁵Os soberbos armaram-me laços e cordas; estenderam uma rede à beira do caminho; puseram-me armadilhas.

⁶Eu disse, ao Senhor: Tu és o meu Deus; dá ouvidos, ó Senhor, à voz das minhas súplicas.

⁷Ó Senhor, meu Senhor, meu forte libertador, tu cobriste a minha cabeça no dia da batalha.

⁸Não concedas, ó Senhor, aos ímpios os seus desejos; não deixes ir por diante o seu mau propósito.

⁹Não levantem a cabeça os que me cercam; cubra-os a maldade dos seus lábios.

¹⁰Caiam sobre eles brasas vivas; sejam lançados em covas profundas, para que não se tornem a levantar!

¹¹Não se estabeleça na terra o caluniador; o mal persiga o homem violento com golpe sobre golpe.

¹²Sei que o Senhor manterá a causa do aflito, e o direito do necessitado.

¹³Decerto os justos louvarão o teu nome; os retos habitarão na tua presença.

## Capítulo 141

¹Ó Senhor, a ti clamo; dá-te pressa em me acudir! Dá ouvidos à minha voz, quando a ti clamo!

²Suba a minha oração, como incenso, diante de ti, e seja o levantar das minhas mãos como o sacrifício da tarde!

³Põe, ó Senhor, uma guarda à minha boca; vigia a porta dos meus lábios!

⁴Não inclines o meu coração para o mal, nem para se ocupar de coisas más, com aqueles que praticam a iniqüidade; e não coma eu das suas gulodices!

⁵Fira-me o justo, será isso uma benignidade; e repreenda-me, isso será como óleo sobre a minha cabeça; não o recuse a minha cabeça; mas continuarei a orar contra os feitos dos ímpios.

⁶Quando os seus juízes forem arremessados duma penha abaixo, saberão que as palavras do Senhor são verdadeiras.

⁷Como quando alguém lavra e sulca a terra, são os nossos ossos espalhados à boca do Seol.

⁸Mas os meus olhos te contemplam, ó Senhor, meu Senhor; em ti

Salmos

tenho buscado refúgio; não me deixes sem defesa!

⁹Guarda-me do laço que me armaram, e das armadilhas dos que praticam a iniqüidade.

¹⁰Caiam os ímpios nas suas próprias redes, até que eu tenha escapado inteiramente.

## Capítulo 142

¹Com a minha voz clamo ao Senhor; com a minha voz ao Senhor suplico.

²Derramo perante ele a minha queixa; diante dele exponho a minha tribulação.

³Quando dentro de mim esmorece o meu espírito, então tu conheces a minha vereda; no caminho em que eu ando ocultaram-me um laço.

⁴Olha para a minha mão direita, e vê, pois não há quem me conheça; refúgio me faltou; ninguém se interessa por mim.

⁵A ti, ó Senhor, clamei; eu disse: Tu és o meu refúgio, o meu quinhão na terra dos viventes.

⁶Atende ao meu clamor, porque estou muito abatido; livra-me dos meus perseguidores, porque são mais fortes do que eu.

⁷Tira-me da prisão, para que eu louve o teu nome; os justos me rodearão, pois me farás muito bem.

## Capítulo 143

¹Ó Senhor, ouve a minha oração, dá ouvidos às minhas súplicas! Atende-me na tua fidelidade, e na tua retidão;

²e não entres em juízo com o teu servo, porque à tua vista não se achará justo nenhum vivente.

³Pois o inimigo me perseguiu; abateu-me até o chão; fez-me habitar em lugares escuros, como aqueles que morreram há muito.

⁴Pelo que dentro de mim esmorece o meu espírito, e em mim está desolado o meu coração.

⁵Lembro-me dos dias antigos; considero todos os teus feitos; medito na obra das tuas mãos.

⁶A ti estendo as minhas mãos; a minha alma, qual terra sedenta, tem sede de ti.

⁷Atende-me depressa, ó Senhor; o meu espírito desfalece; não escondas de mim o teu rosto, para que não me torne semelhante aos que descem à cova.

⁸Faze-me ouvir da tua benignidade pela manhã, pois em ti confio; faze-me saber o caminho que devo seguir, porque a ti elevo a minha alma.

⁹Livra-me, ó Senhor, dos meus inimigos; porque em ti é que eu me refugio.

¹⁰Ensina-me a fazer a tua vontade, pois tu és o meu Deus; guie-me o teu bom Espírito por terreno plano.

¹¹Vivifica-me, ó Senhor, por amor do teu nome; por amor da tua justiça, tira-me da tribulação.

¹²E por tua benignidade extermina os meus inimigos, e destrói todos os meus adversários, pois eu sou servo.

## Capítulo 144

¹Bendito seja o Senhor, minha rocha, que adestra as minhas mãos para a peleja e os meus dedos para a guerra;

²meu refúgio e minha fortaleza, meu alto retiro e meu e meu libertador, escudo meu, em quem me refugio; ele é quem me sujeita o meu povo.

³Ó Senhor, que é o homem, para que tomes conhecimento dele, e o filho do homem, para que o consideres?

⁴O homem é semelhante a um sopro; os seus dias são como a sombra que passa.

⁵Abaixa, ó Senhor, o teu céu, e desce! Toca os montes, para que fumeguem!

⁶Arremessa os teus raios, e dissipa-os; envia as tuas flechas, e desbarata-os!

⁷Estende as tuas mãos desde o alto; livra-me, e arrebata-me das poderosas águas e da mão do estrangeiro,

⁸cuja boca fala vaidade, e cuja mão direita é a destra da falsidade.

⁹A ti, ó Deus, cantarei um cântico novo; com a harpa de dez cordas te cantarei louvores.

¹⁰sim, a ti que dás a vitória aos reis, e que livras da espada maligna a teu servo Davi.

¹¹Livra-me, e tira-me da mão do estrangeiro, cuja boca fala mentiras, e cuja mão direita é a destra da falsidade.

¹²Sejam os nossos filhos, na sua mocidade, como plantas bem desenvolvidas, e as nossas filhas como pedras angulares lavradas, como as de um palácio.

¹³Estejam repletos os nossos celeiros, fornecendo toda sorte de provisões; as nossas ovelhas produzam a milhares e a dezenas de milhares em nossos campos;

¹⁴os nossos bois levem ricas cargas; e não haja assaltos, nem sortidas, nem clamores em nossas ruas!

¹⁵Bem-aventurado o povo a quem assim sucede! Bem-aventurado o povo cujo Deus é o Senhor.

## Capítulo 145

¹Eu te exaltarei, ó Deus, rei meu; e bendirei o teu nome pelos séculos dos séculos.

²Cada dia te bendirei, e louvarei o teu nome pelos séculos dos séculos.

³Grande é o Senhor, e mui digno de ser louvado; e a sua grandeza é insondável.

⁴Uma geração louvará as tuas obras à outra geração, e anunciará os teus atos poderosos.

⁵Na magnificência gloriosa da tua majestade e nas tuas obras maravilhosas meditarei;

⁶falar-se-á do poder dos teus feitos tremendos, e eu contarei a tua grandeza.

⁷Publicarão a memória da tua grande bondade, e com júbilo celebrarão a tua justiça.

⁸Bondoso e compassivo é o Senhor, tardio em irar-se, e de grande benignidade.

⁹O Senhor é bom para todos, e as suas misericórdias estão sobre todas as suas obras.

¹⁰Todas as tuas obras te louvarão, ó Senhor, e os teus santos te bendirão.

¹¹Falarão da glória do teu reino, e relatarão o teu poder,

¹²para que façam saber aos filhos dos homens os teus feitos poderosos e a glória do esplendor do teu reino.

¹³O teu reino é um reino eterno; o teu domínio dura por todas as gerações.

¹⁴O Senhor sustém a todos os que estão a cair, e levanta a todos os que estão abatidos.

¹⁵Os olhos de todos esperam em ti, e tu lhes dás o seu mantimento a seu tempo;

¹⁶abres a mão, e satisfazes o desejo de todos os viventes.

¹⁷Justo é o Senhor em todos os seus caminhos, e benigno em todas as suas obras.

¹⁸Perto está o Senhor de todos os que o invocam, de todos os que o invocam em verdade.

¹⁹Ele cumpre o desejo dos que o temem; ouve o seu clamor, e os salva.

²⁰O Senhor preserva todos os que o amam, mas a todos os ímpios ele os destrói.

²¹Publique a minha boca o louvor do Senhor; e bendiga toda a carne o seu santo nome para todo o sempre.

## Capítulo 146

¹Louvai ao Senhor. Ó minha alma, louva ao Senhor.

²Louvarei ao Senhor durante a minha vida; cantarei louvores ao meu Deus enquanto viver.

³Não confieis em príncipes, nem em filho de homem, em quem não há auxílio.

⁴Sai-lhe o espírito, e ele volta para a terra; naquele mesmo dia perecem os seus pensamentos.

⁵Bem-aventurado aquele que tem o Deus de Jacó por seu auxílio, e cuja esperança está no Senhor seu Deus

⁶que fez os céus e a terra, o mar e tudo quanto neles há, e que guarda a verdade para sempre;

⁷que faz justiça aos oprimidos, que dá pão aos famintos. O Senhor solta os encarcerados;

⁸o Senhor abre os olhos aos cegos; o Senhor levanta os abatidos; o Senhor ama os justos.

⁹O Senhor preserva os peregrinos; ampara o órfão e a viúva; mas transtorna o caminho dos ímpios.

¹⁰O Senhor reinará eternamente: o teu Deus, ó Sião, reinará por todas as gerações. Louvai ao Senhor!

## Capítulo 147

¹Louvai ao Senhor; porque é bom cantar louvores ao nosso Deus; pois isso é agradável, e decoroso é o louvor.

²O Senhor edifica Jerusalém, congrega os dispersos de Israel;

³sara os quebrantados de coração, e cura-lhes as feridas;

⁴conta o número das estrelas, chamando-as a todas pelos seus

nomes. ⁵Grande é o nosso Senhor, e de grande poder; não há limite ao seu entendimento.
⁶O Senhor eleva os humildes, e humilha os perversos até a terra.
⁷Cantai ao Senhor em ação de graças; com a harpa cantai louvores ao nosso Deus.
⁸Ele é que cobre o céu de nuvens, que prepara a chuva para a terra, e que faz produzir erva sobre os montes;
⁹que dá aos animais o seu alimento, e aos filhos dos corvos quando clamam.
¹⁰Não se deleita na força do cavalo, nem se compraz nas pernas do homem.
¹¹O Senhor se compraz nos que o temem, nos que esperam na sua benignidade.
¹²Louva, ó Jerusalém, ao Senhor; louva, ó Sião, ao teu Deus.
¹³Porque ele fortalece as trancas das tuas portas; abençoa aos teus filhos dentro de ti.
¹⁴Ele é quem estabelece a paz nas tuas fronteiras; quem do mais fino trigo te farta;
¹⁵quem envia o seu mandamento pela terra; a sua palavra corre mui velozmente.
¹⁶Ele dá a neve como lã, esparge a geada como cinza,
¹⁷e lança o seu gelo em pedaços; quem pode resistir ao seu frio?
¹⁸Manda a sua palavra, e os derrete; faz soprar o vento, e correm as águas;
¹⁹ele revela a sua palavra a Jacó, os seus estatutos e as suas ordenanças a Israel.
²⁰Não fez assim a nenhuma das outras nações; e, quanto às suas ordenanças, elas não as conhecem. Louvai ao Senhor!

## Capítulo 148

¹Louvai ao Senhor! Louvai ao Senhor desde o céu, louvai-o nas alturas!
²Louvai-o, todos os seus anjos; louvai-o, todas as suas hostes!
³Louvai-o, sol e lua; louvai-o, todas as estrelas luzentes!
⁴Louvai-o, céus dos céus, e as águas que estão sobre os céus!
⁵Louvem eles o nome do Senhor; pois ele deu ordem, e logo foram criados.
⁶Também ele os estabeleceu para todo sempre; e lhes fixou um limite que nenhum deles ultrapassará.
⁷Louvai ao Senhor desde a terra, vós, monstros marinhos e todos os abismos;
⁸fogo e saraiva, neve e vapor; vento tempestuoso que excuta a sua palavra;
⁹montes e todos os outeiros; árvores frutíferas e todos os cedros;
¹⁰feras e todo o gado; répteis e aves voadoras;
¹¹reis da terra e todos os povos; príncipes e todos os juízes da terra;
¹²mancebos e donzelas; velhos e crianças!
¹³Louvem eles o nome do Senhor, pois só o seu nome é excelso; a sua glória é acima da terra e do céu.
¹⁴Ele também exalta o poder do seu povo, o louvor de todos os seus santos, dos filhos de Israel, um povo que lhe é chegado. Louvai ao Senhor!

## Capítulo 149

¹Louvai ao Senhor! Cantai ao Senhor um cântico novo, e o seu louvor na assembléia dos santos!
²Alegre-se Israel naquele que o fez; regozijem-se os filhos de Sião no seu Rei.
³Louvem-lhe o nome com danças, cantem-lhe louvores com adufe e harpa.
⁴Porque o Senhor se agrada do seu povo; ele adorna os mansos com a salvação.
⁵Exultem de glória os santos, cantem de alegria nos seus leitos.
⁶Estejam na sua garganta os altos louvores de Deus, e na sua mão espada de dois gumes,
⁷para exercerem vingança sobre as nações, e castigos sobre os povos;
⁸para prenderem os seus reis com cadeias, e os seus nobres com grilhões de ferro;
⁹para executarem neles o juízo escrito; esta honra será para todos os santos. Louvai ao Senhor!

## Capítulo 150

¹Louvai ao Senhor! Louvai a Deus no seu santuário; louvai-o no firmamento do seu poder!
²Louvai-o pelos seus atos poderosos; louvai-o conforme a excelência da sua grandeza!
³Louvai-o ao som de trombeta; louvai-o com saltério e com harpa!
⁴Louvai-o com adufe e com danças; louvai-o com instrumentos de cordas e com flauta!
⁵Louvai-o com címbalos sonoros; louvai-o com címbalos altissonantes!
⁶Tudo quanto tem fôlego louve ao Senhor. Louvai ao Senhor!

# Provérbios

## Capítulo 1

¹Provérbios de Salomão, filho de Davi, rei de Israel:
²Para se conhecer a sabedoria e a instrução; para se entenderem as palavras de inteligência;
³para se instruir em sábio procedimento, em retidão, justiça e eqüidade;
⁴para se dar aos simples prudência, e aos jovens conhecimento e bom siso.
⁵Ouça também, o sábio e cresça em ciência, e o entendido adquira habilidade,
⁶para entender provérbios e parábolas, as palavras dos sábios, e seus enigmas.
⁷O temor do Senhor é o princípio do conhecimento; mas os insensatos desprezam a sabedoria e a instrução.
⁸Filho meu, ouve a instrução de teu pai, e não deixes o ensino de tua mãe.
⁹Porque eles serão uma grinalda de graça para a tua cabeça, e colares para o teu pescoço.
¹⁰Filho meu, se os pecadores te quiserem seduzir, não consintas.
¹¹Se disserem: Vem conosco; embosquemo-nos para derramar sangue; espreitemos sem razão o inocente;
¹²traguemo-los vivos, como o Seol, e inteiros como os que descem à cova,
¹³acharemos toda sorte de bens preciosos; encheremos as nossas casas de despojos;
¹⁴lançarás a tua sorte entre nós; teremos todos uma só bolsa;
¹⁵filho meu, não andes no caminho com eles; guarda da sua vereda o teu pé,
¹⁶porque os seus pés correm para o mal, e eles se apressam a derramar sangue.
¹⁷Pois debalde se estende a rede à vista de qualquer ave.
¹⁸Mas estes se põem em emboscadas contra o seu próprio sangue, e as suas próprias vidas espreitam.
¹⁹Tais são as veredas de todo aquele que se entrega à cobiça; ela tira a vida dos que a possuem.
²⁰A suprema sabedoria altissonantemente clama nas ruas; nas praças levanta a sua voz.
²¹Do alto dos muros clama; às entradas das portas e na cidade profere as suas palavras:
²²Até quando, ó estúpidos, amareis a estupidez? e até quando se deleitarão no escárnio os escarnecedores, e odiarão os insensatos o conhecimento?
²³Convertei-vos pela minha repreensão; eis que derramarei sobre vós o meu espírito e vos farei saber as minhas palavras.
²⁴Mas, porque clamei, e vós recusastes; porque estendi a minha mão, e não houve quem desse atenção;
²⁵antes desprezastes todo o meu conselho, e não fizestes caso da minha repreensão;
²⁶também eu me rirei no dia da vossa calamidade; zombarei, quando sobrevier o vosso terror,
²⁷quando o terror vos sobrevier como tempestade, e a vossa calamidade passar como redemoinho, e quando vos sobrevierem aperto e angústia.
²⁸Então a mim clamarão, mas eu não responderei; diligentemente me buscarão, mas não me acharão.
²⁹Porquanto aborreceram o conhecimento, e não preferiram o temor do Senhor;
³⁰não quiseram o meu conselho e desprezaram toda a minha repreensão;
³¹portanto comerão do fruto do seu caminho e se fartarão dos seus próprios conselhos.
³²Porque o desvio dos néscios os matará, e a prosperidade dos loucos os destruirá.
³³Mas o que me der ouvidos habitará em segurança, e estará tranqüilo, sem receio do mal.

## Capítulo 2

¹Filho meu, se aceitares as minhas palavras, e entesourares contigo os meus mandamentos,
²para fazeres atento à sabedoria o teu ouvido, e para inclinares o teu coração ao entendimento;
³sim, se clamares por discernimento, e por entendimento alçares a tua voz,
⁴se o buscares como a prata e o procurares como a tesouros escondidos;
⁵então entenderás o temor do Senhor, e acharás o conhecimento de Deus.
⁶Porque o Senhor dá a sabedoria; da sua boca procedem o conhecimento e o entendimento;
⁷ele reserva a verdadeira sabedoria para os retos; e escudo para os que caminham em integridade,
⁸guardando-lhes as veredas da justiça, e preservando o caminho dos seus santos.
⁹Então entenderás a retidão, a justiça, a eqüidade, e todas as boas veredas.
¹⁰Pois a sabedoria entrará no teu coração, e o conhecimento será aprazível à tua alma;
¹¹o bom siso te protegerá, e o discernimento e guardará;
¹²para te livrar do mau caminho, e do homem que diz coisas perversas;
¹³dos que deixam as veredas da retidão, para andarem pelos caminhos das trevas;
¹⁴que se alegram de fazer o mal, e se deleitam nas perversidades dos maus;
¹⁵dos que são tortuosos nas suas veredas; e iníquos nas suas carreiras;
¹⁶e para te livrar da mulher estranha, da estrangeira que lisonjeia com suas palavras;
¹⁷a qual abandona o companheiro da sua mocidade e se esquece do concerto do seu Deus;
¹⁸pois a sua casa se inclina para a morte, e as suas veredas para as sombras.
¹⁹Nenhum dos que se dirigirem a ela, tornara a sair, nem retomará as veredas da vida.
²⁰Assim andarás pelo caminho dos bons, e guardarás as veredas dos justos.
²¹Porque os retos habitarão a terra, e os íntegros permanecerão nela.
²²Mas os ímpios serão exterminados da terra, e dela os aleivosos serão desarraigados.

## Capítulo 3

¹Filho meu, não te esqueças da minha instrução, e o teu coração guarde os meus mandamentos;
²porque eles te darão longura de dias, e anos de vida e paz.
³Não se afastem de ti a benignidade e a fidelidade; ata-as ao teu pescoço, escreve-as na tábua do teu coração;
⁴assim acharás favor e bom entendimento à vista de Deus e dos homens.
⁵Confia no Senhor de todo o teu coração, e não te estribes no teu próprio entendimento.
⁶Reconhece-o em todos os teus caminhos, e ele endireitará as tuas veredas.
⁷Não sejas sábio a teus próprios olhos; teme ao Senhor e aparta-te do mal.
⁸Isso será saúde para a tua carne; e refrigério para os teus ossos.
⁹Honra ao Senhor com os teus bens, e com as primícias de toda a tua renda;
¹⁰assim se encherão de fartura os teus celeiros, e trasbordarão de mosto os teus lagares.
¹¹Filho meu, não rejeites a disciplina do Senhor, nem te enojes da sua repreensão;
¹²porque o Senhor repreende aquele a quem ama, assim como o pai ao filho a quem quer bem.
¹³Feliz é o homem que acha sabedoria, e o homem que adquire entendimento;
¹⁴pois melhor é o lucro que ela dá do que o lucro da prata, e a sua renda do que o ouro.
¹⁵Mais preciosa é do que as jóias, e nada do que possas desejar é comparável a ela.
¹⁶Longura de dias há na sua mão direita; na sua esquerda riquezas e honra.
¹⁷Os seus caminhos são caminhos de delícias, e todas as suas veredas são paz.
¹⁸É árvore da vida para os que dela lançam mão, e bem-aventurado é todo aquele que a retém.
¹⁹O Senhor pela sabedoria fundou a terra; pelo entendimento estabeleceu o céu.

²⁰Pelo seu conhecimento se fendem os abismos, e as nuvens destilam o orvalho.

²¹Filho meu, não se apartem estas coisas dos teus olhos: guarda a verdadeira sabedoria e o bom siso;

²²assim serão elas vida para a tua alma, e adorno para o teu pescoço.

²³Então andarás seguro pelo teu caminho, e não tropeçará o teu pé.

²⁴Quando te deitares, não temerás; sim, tu te deitarás e o teu sono será suave.

²⁵Não temas o pavor repentino, nem a assolação dos ímpios quando vier.

²⁶Porque o Senhor será a tua confiança, e guardará os teus pés de serem presos.

²⁷Não negues o bem a quem de direito, estando no teu poder fazê-lo.

²⁸Não digas ao teu próximo: Vai, e volta, amanhã to darei; tendo-o tu contigo.

²⁹Não maquines o mal contra o teu próximo, que habita contigo confiadamente.

³⁰Não contendas com um homem, sem motivo, não te havendo ele feito o mal.

³¹Não tenhas inveja do homem violento, nem escolhas nenhum de seus caminhos.

³²Porque o perverso é abominação para o Senhor, mas com os retos está o seu segredo.

³³A maldição do Senhor habita na casa do ímpio, mas ele abençoa a habitação dos justos.

³⁴Ele escarnece dos escarnecedores, mas dá graça aos humildes.

³⁵Os sábios herdarão honra, mas a exaltação dos loucos se converte em ignomínia.

## *Capítulo 4*

¹Ouvi, filhos, a instrução do pai, e estai atentos para conhecerdes o entendimento.

²Pois eu vos dou boa doutrina; não abandoneis o meu ensino.

³Quando eu era filho aos pés de meu, pai, tenro e único em estima diante de minha mãe,

⁴ele me ensinava, e me dizia: Retenha o teu coração as minhas palavras; guarda os meus mandamentos, e vive.

⁵Adquire a sabedoria, adquire o entendimento; não te esqueças nem te desvies das palavras da minha boca.

⁶Não a abandones, e ela te guardará; ama-a, e ela te preservará.

⁷A sabedoria é a coisa principal; adquire, pois, a sabedoria; sim, com tudo o que possuis adquire o entendimento.

⁸Estima-a, e ela te exaltará; se a abraçares, ela te honrará.

⁹Ela dará à tua cabeça uma grinalda de graça; e uma coroa de glória te entregará.

¹⁰Ouve, filho meu, e aceita as minhas palavras, para que se multipliquem os anos da tua vida.

¹¹Eu te ensinei o caminho da sabedoria; guiei-te pelas veredas da retidão.

¹²Quando andares, não se embaraçarão os teus passos; e se correres, não tropeçarás.

¹³Apega-te à instrução e não a largues; guarda-a, porque ela é a tua vida.

¹⁴Não entres na vereda dos ímpios, nem andes pelo caminho dos maus.

¹⁵Evita-o, não passes por ele; desvia-te dele e passa de largo.

¹⁶Pois não dormem, se não fizerem o mal, e foge deles o sono se não fizerem tropeçar alguém.

¹⁷Porque comem o pão da impiedade, e bebem o vinho da violência.

¹⁸Mas a vereda dos justos é como a luz da aurora que vai brilhando mais e mais até ser dia perfeito.

¹⁹O caminho dos ímpios é como a escuridão: não sabem eles em que tropeçam.

²⁰Filho meu, atenta para as minhas palavras; inclina o teu ouvido às minhas instroções.

²¹Não se apartem elas de diante dos teus olhos; guarda-as dentro do teu coração.

²²Porque são vida para os que as encontram, e saúde para todo o seu corpo.

²³Guarda com toda a diligência o teu coração, porque dele procedem as fontes da vida.

²⁴Desvia de ti a malignidade da boca, e alonga de ti a perversidade dos lábios.

²⁵Dirijam-se os teus olhos para a frente, e olhem as tuas pálpebras diretamente diante de ti.

²⁶Pondera a vereda de teus pés, e serão seguros todos os teus caminhos.

²⁷Não declines nem para a direita nem para a esquerda; retira o teu pé do mal.

## *Capítulo 5*

¹Filho meu, atende à minha sabedoria; inclinão teu ouvido à minha prudência;

²para que observes a discrição, e os teus lábios guardem o conhecimento.

³Porque os lábios da mulher licenciosa destilam mel, e a sua boca e mais macia do que o azeite;

⁴mas o seu fim é amargoso como o absinto, agudo como a espada de dois gumes.

⁵Os seus pés descem à morte; os seus passos seguem no caminho do Seol.

⁶Ela não pondera a vereda da vida; incertos são os seus caminhos, e ela o ignora.

⁷Agora, pois, filhos, dai-me ouvidos, e não vos desvieis das palavras da minha boca.

⁸Afasta para longe dela o teu caminho, e não te aproximes da porta da sua casa;

⁹para que não dês a outros a tua honra, nem os teus anos a cruéis;

¹⁰para que não se fartem os estranhos dos teus bens, e não entrem os teus trabalhos na casa do estrangeiro,

¹¹e gemas no teu fim, quando se consumirem a tua carne e o teu corpo,

¹²e digas: Como detestei a disciplina! e desprezou o meu coração a repreensão!

¹³e não escutei a voz dos que me ensinavam, nem aos que me instruíam inclinei o meu ouvido!

¹⁴Quase cheguei à ruína completa, no meio da congregação e da assembléia.

¹⁵Bebe a água da tua própria cisterna, e das correntes do teu poço.

¹⁶Derramar-se-iam as tuas fontes para fora, e pelas ruas os ribeiros de águas?

¹⁷Sejam para ti só, e não para os estranhos juntamente contigo.

¹⁸Seja bendito o teu manancial; e regozija-te na mulher da tua mocidade.

¹⁹Como corça amorosa, e graciosa cabra montesa saciem-te os seus seios em todo o tempo; e pelo seu amor sê encantado perpetuamente.

²⁰E por que, filho meu, andarias atraído pela mulher licenciosa, e abraçarias o seio da adúltera?

²¹Porque os caminhos do homem estão diante dos olhos do Senhor, o qual observa todas as suas veredas.

²²Quanto ao ímpio, as suas próprias iniqüidades o prenderão, e pelas cordas do seu pecado será detido.

²³Ele morre pela falta de disciplina; e pelo excesso da sua loucura anda errado.

## *Capítulo 6*

¹Filho meu, se ficaste por fiador do teu próximo, se te empenhaste por um estranho,

²estás enredado pelos teus lábios; estás preso pelas palavras da tua boca.

³Faze pois isto agora, filho meu, e livra-te, pois já caíste nas mãos do teu próximo; vai, humilha-te, e importuna o teu próximo.

⁴não dês sono aos teus olhos, nem adormecimento às tuas pálpebras;

⁵livra-te como a gazela da mão do caçador, e como a ave da mão do passarinheiro.

⁶Vai ter com a formiga, ó preguiçoso, considera os seus caminhos, e sê sábio;

⁷a qual, não tendo chefe, nem superintendente, nem governador,

⁸no verão faz a provisão do seu mantimento, e ajunta o seu alimento no tempo da ceifa.

⁹o preguiçoso, até quando ficarás deitador? quando te levantarás do teu sono?

¹⁰um pouco para dormir, um pouco para toscanejar, um pouco para cruzar as mãos em repouso;

¹¹assim te sobrevirá a tua pobreza como um ladrão, e a tua necessidade como um homem armado.

¹²O homem vil, o homem iníquo, anda com a perversidade na boca,

¹³pisca os olhos, faz sinais com os pés, e acena com os dedos;

*Provérbios*

¹⁴perversidade há no seu coração; todo o tempo maquina o mal; anda semeando contendas.

¹⁵Pelo que a sua destruição virá repentinamente; subitamente será quebrantado, sem que haja cura.

¹⁶Há seis coisas que o Senhor detesta; sim, há sete que ele abomina:

¹⁷olhos altivos, língua mentirosa, e mãos que derramam sangue inocente;

¹⁸coração que maquina projetos iníquos, pés que se apressam a correr para o mal;

¹⁹testemunha falsa que profere mentiras, e o que semeia contendas entre irmãos.

²⁰Filho meu, guarda o mandamento de teu pai, e não abandones a instrução de tua mãe;

²¹ata-os perpetuamente ao teu coração, e pendura-os ao teu pescoço.

²²Quando caminhares, isso te guiará; quando te deitares, te guardará; quando acordares, falará contigo.

²³Porque o mandamento é uma lâmpada, e a instrução uma luz; e as repreensões da disciplina são o caminho da vida,

²⁴para te guardarem da mulher má, e das lisonjas da língua da adúltera.

²⁵Não cobices no teu coração a sua formosura, nem te deixes prender pelos seus olhares.

²⁶Porque o preço da prostituta é apenas um bocado de pão, mas a adúltera anda à caça da própria vida do homem.

²⁷Pode alguém tomar fogo no seu seio, sem que os seus vestidos se queimem?

²⁸Ou andará sobre as brasas sem que se queimem os seus pés?

²⁹Assim será o que entrar à mulher do seu proximo; não ficará inocente quem a tocar.

³⁰Não é desprezado o ladrão, mesmo quando furta para saciar a fome?

³¹E, se for apanhado, pagará sete vezes tanto, dando até todos os bens de sua casa.

³²O que adultera com uma mulher é falto de entendimento; destrói-se a si mesmo, quem assim procede.

³³Receberá feridas e ignomínia, e o seu opróbrio nunca se apagará;

³⁴porque o ciúme enfurece ao marido, que de maneira nenhuma poupará no dia da vingança.

³⁵Não aceitará resgate algum, nem se aplacará, ainda que multipliques os presentes.

## Capítulo 7

¹Filho meu, guarda as minhas palavras, e entesoura contigo os meus mandamentos.

²Observa os meus mandamentos e vive; guarda a minha lei, como a menina dos teus olhos.

³Ata-os aos teus dedos, escreve-os na tábua do teu coração.

⁴Dize à sabedoria: Tu és minha irmã; e chama ao entendimento teu amigo íntimo,

⁵para te guardarem da mulher alheia, da adúltera, que lisonjeia com as suas palavras.

⁶Porque da janela da minha casa, por minhas grades olhando eu,

⁷vi entre os simples, divisei entre os jovens, um mancebo falto de juízo,

⁸que passava pela rua junto à esquina da mulher adúltera e que seguia o caminho da sua casa,

⁹no crepúsculo, à tarde do dia, à noite fechada e na escuridão;

¹⁰e eis que uma mulher lhe saiu ao encontro, ornada à moda das prostitutas, e astuta de coração.

¹¹Ela é turbulenta e obstinada; não param em casa os seus pés;

¹²ora está ela pelas ruas, ora pelas praças, espreitando por todos os cantos.

¹³Pegou dele, pois, e o beijou; e com semblante impudico lhe disse:

¹⁴Sacrifícios pacíficos tenho comigo; hoje paguei os meus votos.

¹⁵Por isso saí ao teu encontro a buscar-te diligentemente, e te achei.

¹⁶Já cobri a minha cama de cobertas, de colchas de linho do Egito.

¹⁷Já perfumei o meu leito com mirra, aloés e cinamomo.

¹⁸Vem, saciemo-nos de amores até pela manhã; alegremo-nos com amores.

¹⁹Porque meu marido não está em casa; foi fazer uma jornada ao longe;

²⁰um saquitel de dinheiro levou na mão; só lá para o dia da lua cheia voltará para casa.

²¹Ela o faz ceder com a multidão das suas palavras sedutoras, com as lisonjas dos seus lábios o arrasta.

²²Ele a segue logo, como boi que vai ao matadouro, e como o louco ao castigo das prisões;

²³até que uma flecha lhe atravesse o fígado, como a ave que se apressa para o laço, sem saber que está armado contra a sua vida.

²⁴Agora, pois, filhos, ouvi-me, e estai atentos às palavras da minha boca.

²⁵Não se desvie para os seus caminhos o teu coração, e não andes perdido nas suas veredas.

²⁶Porque ela a muitos tem feito cair feridos; e são muitíssimos os que por ela foram mortos.

²⁷Caminho de Seol é a sua casa, o qual desce às câmaras da morte.

## Capítulo 8

¹Não clama porventura a sabedoria, e não faz o entendimento soar a sua voz?

²No cume das alturas, junto ao caminho, nas encruzilhadas das veredas ela se coloca.

³Junto às portas, à entrada da cidade, e à entrada das portas está clamando:

⁴A vós, ó homens, clamo; e a minha voz se dirige aos filhos dos homens.

⁵Aprendei, ó simples, a prudência; entendei, ó loucos, a sabedoria.

⁶Ouvi vós, porque profiro coisas excelentes; os meus lábios se abrem para a eqüidade.

⁷Porque a minha boca profere a verdade, os meus lábios abominam a impiedade.

⁸Justas são todas as palavras da minha boca; não há nelas nenhuma coisa tortuosa nem perversa.

⁹Todas elas são retas para o que bem as entende, e justas para os que acham o conhecimento.

¹⁰Aceitai antes a minha correção, e não a prata; e o conhecimento, antes do que o ouro escolhido.

¹¹Porque melhor é a sabedoria do que as jóias; e de tudo o que se deseja nada se pode comparar com ela.

¹²Eu, a sabedoria, habito com a prudência, e possuo o conhecimento e a discrição.

¹³O temor do Senhor é odiar o mal; a soberba, e a arrogância, e o mau caminho, e a boca perversa, eu os odeio.

¹⁴Meu é o conselho, e a verdadeira sabedoria; eu sou o entendimento; minha é a fortaleza.

¹⁵Por mim reinam os reis, e os príncipes decretam o que justo.

¹⁶Por mim governam os príncipes e os nobres, sim, todos os juízes da terra.

¹⁷Eu amo aos que me amam, e os que diligentemente me buscam me acharão.

¹⁸Riquezas e honra estão comigo; sim, riquezas duráveis e justiça.

¹⁹Melhor é o meu fruto do que o ouro, sim, do que o ouro refinado; e a minha renda melhor do que a prata escolhida.

²⁰Ando pelo caminho da retidão, no meio das veredas da justiça,

²¹dotando de bens permanentes os que me amam, e enchendo os seus tesouros.

²²O Senhor me criou como a primeira das suas obras, o princípio dos seus feitos mais antigos.

²³Desde a eternidade fui constituída, desde o princípio, antes de existir a terra.

²⁴Antes de haver abismos, fui gerada, e antes ainda de haver fontes cheias d'água.

²⁵Antes que os montes fossem firmados, antes dos outeiros eu nasci,

²⁶quando ele ainda não tinha feito a terra com seus campos, nem sequer o princípio do pó do mundo.

²⁷Quando ele preparava os céus, aí estava eu; quando traçava um círculo sobre a face do abismo,

²⁸quando estabelecia o firmamento em cima, quando se firmavam as fontes do abismo,

²⁹quando ele fixava ao mar o seu termo, para que as águas não traspassassem o seu mando, quando traçava os fundamentos da terra,

³⁰então eu estava ao seu lado como arquiteto; e era cada dia as suas delícias, alegrando-me perante ele em todo o tempo;

³¹folgando no seu mundo habitável, e achando as minhas delícias com os filhos dos homens.

³²Agora, pois, filhos, ouvi-me; porque felizes são os que guardam os meus caminhos.

³³Ouvi a correção, e sede sábios; e não a rejeiteis.

³⁴Feliz é o homem que me dá ouvidos, velando cada dia às minhas

entradas, esperando junto às ombreiras da minha porta.

³⁵Porque o que me achar achará a vida, e alcançará o favor do Senhor.

³⁶Mas o que pecar contra mim fará mal à sua própria alma; todos os que me odeiam amam a morte.

## Capítulo 9

¹A sabedoria já edificou a sua casa, já lavrou as suas sete colunas;

²já imolou as suas vítimas, misturou o seu vinho, e preparou a sua mesa.

³Já enviou as suas criadas a clamar sobre as alturas da cidade, dizendo:

⁴Quem é simples, volte-se para cá. Aos faltos de entendimento diz:

⁵Vinde, comei do meu pão, e bebei do vinho que tenho misturado.

⁶Deixai a insensatez, e vivei; e andai pelo caminho do entendimento.

⁷O que repreende ao escarnecedor, traz afronta sobre si; e o que censura ao ímpio, recebe a sua mancha.

⁸Não repreendas ao escarnecedor, para que não te odeie; repreende ao sábio, e amar-te-á.

⁹Instrui ao sábio, e ele se fará mais, sábio; ensina ao justo, e ele crescerá em entendimento.

¹⁰O temor do Senhor é o princípio sabedoria; e o conhecimento do Santo é o entendimento.

¹¹Porque por mim se multiplicam os teus dias, e anos de vida se te acrescentarão.

¹²Se fores sábio, para ti mesmo o serás; e, se fores escarnecedor, tu só o suportarás.

¹³A mulher tola é alvoroçadora; é insensata, e não conhece o pudor.

¹⁴Senta-se à porta da sua casa ou numa cadeira, nas alturas da cidade,

¹⁵chamando aos que passam e seguem direitos o seu caminho:

¹⁶Quem é simples, volte-se para cá! E aos faltos de entendimento diz:

¹⁷As águas roubadas são doces, e o pão comido às ocultas é agradável.

¹⁸Mas ele não sabe que ali estão os mortos; que os seus convidados estão nas profundezas do Seol.

## Capítulo 10

¹Provérbios de Salomão. Um filho sábio alegra a seu pai; mas um filho insensato é a tristeza de sua mãe.

²Os tesouros da impiedade de nada aproveitam; mas a justiça livra da morte.

³O Senhor não deixa o justo passar fome; mas o desejo dos ímpios ele rechaça.

⁴O que trabalha com mão remissa empobrece; mas a mão do diligente enriquece.

⁵O que ajunta no verão é filho prudente; mas o que dorme na sega é filho que envergonha.

⁶Bênçãos caem sobre a cabeça do justo; porém a boca dos ímpios esconde a violência.

⁷A memória do justo é abençoada; mas o nome dos ímpios apodrecerá.

⁸O sábio de coração aceita os mandamentos; mas o insensato palra dor cairá.

⁹Quem anda em integridade anda seguro; mas o que perverte os seus caminhos será conhecido.

¹⁰O que acena com os olhos dá dores; e o insensato palrador cairá.

¹¹A boca do justo é manancial de vida, porém a boca dos ímpios esconde a violência.

¹²O ódio excita contendas; mas o amor cobre todas as transgressões.

¹³Nos lábios do entendido se acha a sabedoria; mas a vara é para as costas do que é falto de entendimento.

¹⁴Os sábios entesouram o conhecimento; porém a boca do insensato é uma destruição iminente.

¹⁵Os bens do rico são a sua cidade forte; a ruína dos pobres é a sua pobreza.

¹⁶O trabalho do justo conduz à vida; a renda do ímpio, para o pecado.

¹⁷O que atende à instrução está na vereda da vida; mas o que rejeita a repreensão anda errado.

¹⁸O que encobre o ódio tem lábios falsos; e o que espalha a calúnia é um insensato.

¹⁹Na multidão de palavras não falta transgressão; mas o que refreia os seus lábios é prudente.

²⁰A língua do justo é prata escolhida; o coração dos ímpios é de pouco valor.

²¹Os lábios do justo apascentam a muitos; mas os insensatos, por falta de entendimento, morrem.

²²A bênção do Senhor é que enriquece; e ele não a faz seguir de dor alguma.

²³E um divertimento para o insensato o praticar a iniquidade; mas a conduta sábia é o prazer do homem entendido.

²⁴O que o ímpio teme, isso virá sobre ele; mas aos justos se lhes concederá o seu desejo.

²⁵Como passa a tempestade, assim desaparece o ímpio; mas o justo tem fundamentos eternos.

²⁶Como vinagre para os dentes, como fumaça para os olhos, assim é o preguiçoso para aqueles que o mandam.

²⁷O temor do Senhor aumenta os dias; mas os anos os impios serão abreviados.

²⁸A esperança dos justos é alegria; mas a expectação dos ímpios perecerá.

²⁹O caminho do Senhor é fortaleza para os retos; mas é destruição para os que praticam a iniquidade.

³⁰O justo nunca será abalado; mas os ímpios não habitarão a terra.

³¹A boca do justo produz sabedoria; porém a língua perversa será desarraigada.

³²Os lábios do justo sabem o que agrada; porém a boca dos ímpios fala perversidades.

## Capítulo 11

¹A balança enganosa é abominação para o Senhor; mas o peso justo é o seu prazer.

²Quando vem a soberba, então vem a desonra; mas com os humildes está a sabedoria.

³A integridade dos retos os guia; porém a perversidade dos desleais os destrói.

⁴De nada aproveitam as riquezas no dia da ira; porém a justiça livra da morte.

⁵A justiça dos perfeitos endireita o seu caminho; mas o ímpio cai pela sua impiedade.

⁶A justiça dos retos os livra; mas os traiçoeiros são apanhados nas, suas próprias cobiças.

⁷Morrendo o ímpio, perece a sua esperança; e a expectativa da iniquidade.

⁸O justo é libertado da angústia; e o ímpio fica em seu lugar.

⁹O hipócrita com a boca arruína o seu proximo; mas os justos são libertados pelo conhecimento.

¹⁰Quando os justos prosperam, exulta a cidade; e quando perecem os ímpios, há júbilo.

¹¹Pela bênção dos retos se exalta a cidade; mas pela boca dos ímpios é derrubada.

¹²Quem despreza o seu próximo é falto de senso; mas o homem de entendimento se cala.

¹³O que anda mexericando revela segredos; mas o fiel de espírito encobre o negócio.

¹⁴Quando não há sábia direção, o povo cai; mas na multidão de conselheiros há segurança.

¹⁵Decerto sofrerá prejuízo aquele que fica por fiador do estranho; mas o que aborrece a fiança estará seguro.

¹⁶A mulher aprazível obtém honra, e os homens violentos obtêm riquezas.

¹⁷O homem bondoso faz bem à sua, própria alma; mas o cruel faz mal a si mesmo.

¹⁸O ímpio recebe um salário ilusório; mas o que semeia justiça recebe galardão seguro.

¹⁹Quem é fiel na retidão encaminha, para a vida, e aquele que segue o mal encontra a morte.

²⁰Abominação para o Senhor são os perversos de coração; mas os que são perfeitos em seu caminho são o seu deleite.

²¹Decerto o homem mau não ficará sem castigo; porém a descendência dos justos será livre.

²²Como jóia de ouro em focinho de porca, assim é a mulher formosa que se aparta da discrição.

²³O desejo dos justos é somente o bem; porém a expectativa dos ímpios é a ira.

²⁴Um dá liberalmente, e se torna mais rico; outro retém mais do que é justo, e se empobrece.

²⁵A alma generosa prosperará, e o que regar também será regado.

²⁶Ao que retém o trigo o povo o amaldiçoa; mas bênção haverá

*Provérbios*

sobre a cabeça do que o vende.

²⁷O que busca diligentemente o bem, busca favor; mas ao que procura o mal, este lhe sobrevirá.

²⁸Aquele que confia nas suas riquezas, cairá; mas os justos reverdecerão como a folhagem.

²⁹O que perturba a sua casa herdará o vento; e o insensato será servo do entendido de coração.

³⁰O fruto do justo é árvore de vida; e o que ganha almas sábio é.

³¹Eis que o justo é castigado na terra; quanto mais o ímpio e o pecador!

## Capítulo 12

¹O que ama a correção ama o conhecimento; mas o que aborrece a repreensão é insensato.

²O homem de bem alcançará o favor do Senhor; mas ao homem de perversos desígnios ele condenará.

³O homem não se estabelece pela impiedade; a raiz dos justos, porém, nunca será, removida.

⁴A mulher virtuosa é a coroa do seu marido; porém a que procede vergonhosamente é como apodrecimento nos seus ossos.

⁵Os pensamentos do justo são retos; mas os conselhos do ímpio são falsos.

⁶As palavras dos ímpios são emboscadas para derramarem sangue; a boca dos retos, porém, os livrará.

⁷Transtornados serão os ímpios, e não serão mais; porém a casa dos justos permanecerá.

⁸Segundo o seu entendimento é louvado o homem; mas o perverso de coração é desprezado.

⁹Melhor é o que é estimado em pouco e tem servo, do que quem se honra a si mesmo e tem falta de pão.

¹⁰O justo olha pela vida dos seus animais; porém as entranhas dos ímpios são cruéis.

¹¹O que lavra a sua terra se fartará de pão; mas o que segue os ociosos é falto de entendimento.

¹²Deseja o ímpio o despojo dos maus; porém a raiz dos justos produz o seu próprio fruto.

¹³Pela transgressão dos lábios se enlaça o mau; mas o justo escapa da angústia.

¹⁴Do fruto das suas palavras o homem se farta de bem; e das obras das suas mãos se lhe retribui.

¹⁵O caminho do insensato é reto aos seus olhos; mas o que dá ouvidos ao conselho é sábio.

¹⁶A ira do insensato logo se revela; mas o prudente encobre a afronta.

¹⁷Quem fala a verdade manifesta a justiça; porém a testemunha falsa produz a fraude.

¹⁸Há palrador cujas palavras ferem como espada; porém a língua dos sábios traz saúde.

¹⁹O lábio veraz permanece para sempre; mas a língua mentirosa dura só um momento.

²⁰Engano há no coração dos que maquinam o mal; mas há gozo para os que aconselham a paz.

²¹Nenhuma desgraça sobrevém ao justo; mas os ímpios ficam cheios de males.

²²Os lábios mentirosos são abomináveis ao Senhor; mas os que praticam a verdade são o seu deleite.

²³O homem prudente encobre o conhecimento; mas o coração dos tolos proclama a estultícia.

²⁴A mão dos diligentes dominará; mas o indolente será tributário servil.

²⁵A ansiedade no coração do homem o abate; mas uma boa palavra o alegra.

²⁶O justo é um guia para o seu próximo; mas o caminho dos ímpios os faz errar.

²⁷O preguiçoso não apanha a sua caça; mas o bem precioso do homem é para o diligente.

²⁸Na vereda da justiça está a vida; e no seu caminho não há morte.

## Capítulo 13

¹O filho sábio ouve a instrução do pai; mas o escarnecedor não escuta a repreensão.

²Do fruto da boca o homem come o bem; mas o apetite dos prevaricadores alimenta-se da violência.

³O que guarda a sua boca preserva a sua vida; mas o que muito abre os seus lábios traz sobre si a ruína.

⁴O preguiçoso deseja, e coisa nenhuma alcança; mas o desejo do diligente será satisfeito.

⁵O justo odeia a palavra mentirosa, mas o ímpio se faz odioso e se cobre de vergonha.

⁶A justiça guarda ao que é reto no seu caminho; mas a perversidade transtorna o pecador.

⁷Há quem se faça rico, não tendo coisa alguma; e quem se faça pobre, tendo grande riqueza.

⁸O resgate da vida do homem são as suas riquezas; mas o pobre não tem meio de se resgatar.

⁹A luz dos justos alegra; porem a lâmpada dos ímpios se apagará.

¹⁰Da soberba só provém a contenda; mas com os que se aconselham se acha a sabedoria.

¹¹A riqueza adquirida às pressas diminuirá; mas quem a ajunta pouco a pouco terá aumento.

¹²A esperança adiada entristece o coração; mas o desejo cumprido é árvore devida.

¹³O que despreza a palavra traz sobre si a destruição; mas o que teme o mandamento será galardoado.

¹⁴O ensino do sábio é uma fonte devida para desviar dos laços da morte.

¹⁵O bom senso alcança favor; mas o caminho dos prevaricadores é aspero:

¹⁶Em tudo o homem prudente procede com conhecimento; mas o tolo espraia a sua insensatez.

¹⁷O mensageiro perverso faz cair no mal; mas o embaixador fiel traz saúde.

¹⁸Pobreza e afronta virão ao que rejeita a correção; mas o que guarda a repreensão será honrado.

¹⁹O desejo que se cumpre deleita a alma; mas apartar-se do ma e abominação para os tolos.

²⁰Quem anda com os sábios será sábio; mas o companheiro dos tolos sofre aflição.

²¹O mal persegue os pecadores; mas os justos são galardoados com o bem.

²²O homem de bem deixa uma herança aos filhos de seus filhos; a riqueza do pecador, porém, é reservada para o justo.

²³Abundância de mantimento há, na lavoura do pobre; mas se perde por falta de juízo.

²⁴Aquele que poupa a vara aborrece a seu filho; mas quem o ama, a seu tempo o castiga.

²⁵O justo come e fica satisfeito; mas o apetite dos ímpios nunca se satisfaz.

## Capítulo 14

¹Toda mulher sábia edifica a sua casa; a insensata, porém, derruba-a com as suas mãos.

²Quem anda na sua retidão teme ao Senhor; mas aquele que é perverso nos seus caminhos despreza-o.

³Na boca do tolo está a vara da soberba, mas os lábios do sábio preservá-lo-ão.

⁴Onde não há bois, a manjedoura está vazia; mas pela força do boi há abundância de colheitas.

⁵A testemunha verdadeira não mentirá; a testemunha falsa, porém, se desboca em mentiras.

⁶O escarnecedor busca sabedoria, e não a encontra; mas para o prudente o conhecimento é fácil.

⁷Vai-te da presença do homem insensato, pois nele não acharás palavras de ciência.

⁸A sabedoria do prudente é entender o seu caminho; porém a estultícia dos tolos é enganar.

⁹A culpa zomba dos insensatos; mas os retos têm o favor de Deus.

¹⁰O coração conhece a sua própria amargura; e o estranho não participa da sua alegria.

¹¹A casa dos ímpios se desfará; porém a tenda dos retos florescerá.

¹²Há um caminho que ao homem parece direito, mas o fim dele conduz à morte.

¹³Até no riso terá dor o coração; e o fim da alegria é tristeza.

¹⁴Dos seus próprios caminhos se fartará o infiel de coração, como também o homem bom se contentará dos seus.

¹⁵O simples dá crédito a tudo; mas o prudente atenta para os seus passos.

¹⁶O sábio teme e desvia-se do mal, mas o tolo é arrogante e dá-se por seguro.

¹⁷Quem facilmente se ira fará doidices; mas o homem discreto é paciente.

¹⁸Os simples herdam a estultícia; mas os prudentes se coroam de conhecimento.

¹⁹Os maus inclinam-se perante os bons; e os ímpios diante das

portas dos justos.

²⁰O pobre é odiado até pelo seu vizinho; mas os amigos dos ricos são muitos.

²¹O que despreza ao seu vizinho peca; mas feliz é aquele que se compadece dos pobres.

²²Porventura não erram os que maquinam o mal? mas há beneficência e fidelidade para os que planejam o bem.

²³Em todo trabalho há proveito; meras palavras, porém, só encaminham para a penúria.

²⁴A coroa dos sábios é a sua riqueza; porém a estultícia dos tolos não passa de estultícia.

²⁵A testemunha verdadeira livra as almas; mas o que fala mentiras é traidor.

²⁶No temor do Senhor há firme confiança; e os seus filhos terão um lugar de refúgio.

²⁷O temor do Senhor é uma fonte de vida, para o homem se desviar dos laços da morte.

²⁸Na multidão do povo está a glória do rei; mas na falta de povo está a ruína do príncipe.

²⁹Quem é tardio em irar-se é grande em entendimento; mas o que é de ânimo precipitado exalta a loucura.

³⁰O coração tranqüilo é a vida da carne; a inveja, porém, é a podridão dos ossos.

³¹O que oprime ao pobre insulta ao seu Criador; mas honra-o aquele que se compadece do necessitado.

³²O ímpio é derrubado pela sua malícia; mas o justo até na sua morte acha refúgio.

³³No coração do prudente repousa a sabedoria; mas no coração dos tolos não é conhecida.

³⁴A justiça exalta as nações; mas o pecado é o opróbrio dos povos.

³⁵O favor do rei é concedido ao servo que procede sabiamente; mas sobre o que procede indignamente cairá o seu furor.

## Capítulo 15

¹A resposta branda desvia o furor, mas a palavra dura suscita a ira.

²A língua dos sábios destila o conhecimento; porém a boca dos tolos derrama a estultícia.

³Os olhos do Senhor estão em todo lugar, vigiando os maus e os bons.

⁴Uma língua suave é árvore de vida; mas a língua perversa quebranta o espírito.

⁵O insensato despreza a correção de seu pai; mas o que atende à admoestação prudentemente se haverá.

⁶Na casa do justo há um grande tesouro; mas nos lucros do ímpio há perturbação.

⁷Os lábios dos sábios difundem conhecimento; mas não o faz o coração dos tolos.

⁸O sacrifício dos ímpios é abominável ao Senhor; mas a oração dos retos lhe é agradável.

⁹O caminho do ímpio é abominável ao Senhor; mas ele ama ao que segue a justiça.

¹⁰Há disciplina severa para o que abandona a vereda; e o que aborrece a repreensão morrerá.

¹¹O Seol e o Abadom estão abertos perante o Senhor; quanto mais o coração dos filhos dos homens!

¹²O escarnecedor não gosta daquele que o repreende; não irá ter com os sábios.

¹³O coração alegre aformoseia o rosto; mas pela dor do coração o espírito se abate.

¹⁴O coração do inteligente busca o conhecimento; mas a boca dos tolos se apascenta de estultícia.

¹⁵Todos os dias do aflito são maus; mas o coração contente tem um banquete contínuo.

¹⁶Melhor é o pouco com o temor do Senhor, do que um grande tesouro, e com ele a inquietação.

¹⁷Melhor é um prato de hortaliça, onde há amor, do que o boi gordo, e com ele o ódio.

¹⁸O homem iracundo suscita contendas; mas o longânimo apazigua a luta.

¹⁹O caminho do preguiçoso é como a sebe de espinhos; porém a vereda dos justos é uma estrada real.

²⁰O filho sábio alegra a seu pai; mas o homem insensato despreza a sua mãe.

²¹A estultícia é alegria para o insensato; mas o homem de entendimento anda retamente.

²²Onde não há conselho, frustram-se os projetos; mas com a multidão de conselheiros se estabelecem.

²³O homem alegra-se em dar uma resposta adequada; e a palavra a seu tempo quão boa é!

²⁴Para o sábio o caminho da vida é para cima, a fim de que ele se desvie do Seol que é em baixo.

²⁵O Senhor desarraiga a casa dos soberbos, mas estabelece a herança da viúva.

²⁶Os desígnios dos maus são abominação para o Senhor; mas as palavras dos limpos lhe são aprazíveis.

²⁷O que se dá à cobiça perturba a sua própria casa; mas o que aborrece a peita viverá.

²⁸O coração do justo medita no que há de responder; mas a boca dos ímpios derrama coisas más.

²⁹Longe está o Senhor dos ímpios, mas ouve a oração dos justos.

³⁰A luz dos olhos alegra o coração, e boas-novas engordam os ossos.

³¹O ouvido que escuta a advertência da vida terá a sua morada entre os sábios.

³²Quem rejeita a correção menospreza a sua alma; mas aquele que escuta a advertência adquire entendimento.

³³O temor do Senhor é a instrução da sabedoria; e adiante da honra vai a humildade.

## Capítulo 16

¹Ao homem pertencem os planos do coração; mas a resposta da língua é do Senhor.

²Todos os caminhos do homem são limpos aos seus olhos; mas o Senhor pesa os espíritos.

³Entrega ao Senhor as tuas obras, e teus desígnios serão estabelecidos.

⁴O Senhor fez tudo para um fim; sim, até o ímpio para o dia do mal.

⁵Todo homem arrogante é abominação ao Senhor; certamente não ficará impune.

⁶Pela misericórdia e pela verdade expia-se a iniqüidade; e pelo temor do Senhor os homens se desviam do mal.

⁷Quando os caminhos do homem agradam ao Senhor, faz que até os seus inimigos tenham paz com ele.

⁸Melhor é o pouco com justiça, do que grandes rendas com injustiça.

⁹O coração do homem propõe o seu caminho; mas o Senhor lhe dirige os passos.

¹⁰Nos lábios do rei acham-se oráculos; em juízo a sua boca não prevarica.

¹¹O peso e a balança justos são do Senhor; obra sua são todos os pesos da bolsa.

¹²Abominação é para os reis o praticarem a impiedade; porque com justiça se estabelece o trono.

¹³Lábios justos são o prazer dos reis; e eles amam aquele que fala coisas retas.

¹⁴O furor do rei é mensageiro da morte; mas o homem sábio o aplacará.

¹⁵Na luz do semblante do rei está a vida; e o seu favor é como a nuvem de chuva serôdia.

¹⁶Quanto melhor é adquirir a sabedoria do que o ouro! e quanto mais excelente é escolher o entendimento do que a prata!

¹⁷A estrada dos retos desvia-se do mal; o que guarda o seu caminho preserva a sua vida.

¹⁸A soberba precede a destruição, e a altivez do espírito precede a queda.

¹⁹Melhor é ser humilde de espírito com os mansos, do que repartir o despojo com os soberbos.

²⁰O que atenta prudentemente para a palavra prosperará; e feliz é aquele que confia no Senhor.

²¹O sábio de coração será chamado prudente; e a doçura dos lábios aumenta o saber.

²²O entendimento, para aquele que o possui, é uma fonte de vida, porém a estultícia é o castigo dos insensatos.

²³O coração do sábio instrui a sua boca, e aumenta o saber nos seus lábios.

²⁴Palavras suaves são como favos de mel, doçura para a alma e saúde para o corpo.

²⁵Há um caminho que ao homem parece direito, mas o fim dele conduz à morte.

²⁶O apetite do trabalhador trabalha por ele, porque a sua fome o incita a isso.

²⁷O homem vil suscita o mal; e nos seus lábios há como que um fogo ardente.

*Provérbios*

²⁸O homem perverso espalha contendas; e o difamador separa amigos íntimos.

²⁹O homem violento alicia o seu vizinho, e guia-o por um caminho que não é bom.

³⁰Quando fecha os olhos fá-lo para maquinar perversidades; quando morde os lábios, efetua o mal.

³¹Coroa de honra são as cãs, a qual se obtém no caminho da justiça.

³²Melhor é o longânimo do que o valente; e o que domina o seu espírito do que o que toma uma cidade.

³³A sorte se lança no regaço; mas do Senhor procede toda a disposição dela.

## Capítulo 17

¹Melhor é um bocado seco, e com ele a tranqüilidade, do que a casa cheia de festins, com rixas.

²O servo prudente dominará sobre o filho que procede indignamente; e entre os irmãos receberá da herança.

³O crisol é para a prata, e o forno para o ouro; mas o Senhor é que prova os corações.

⁴O malfazejo atenta para o lábio iníquo; o mentiroso inclina os ouvidos para a língua maligna.

⁵O que escarnece do pobre insulta ao seu Criador; o que se alegra da calamidade não ficará impune.

⁶Coroa dos velhos são os filhos dos filhos; e a glória dos filhos são seus pais.

⁷Não convém ao tolo a fala excelente; quanto menos ao príncipe o lábio mentiroso!

⁸Pedra preciosa é a peita aos olhos de quem a oferece; para onde quer que ele se volte, serve-lhe de proveito.

⁹O que perdoa a transgressão busca a amizade; mas o que renova a questão, afastam amigos íntimos.

¹⁰Mais profundamente entra a repreensão no prudente, do que cem açoites no insensato.

¹¹O rebelde não busca senão o mal; portanto um mensageiro cruel será enviado contra ele.

¹²Encontre-se o homem com a ursa roubada dos filhotes, mas não com o insensato na sua estultícia.

¹³Quanto àquele que torna mal por bem, não se apartará o mal da sua casa.

¹⁴O princípio da contenda é como o soltar de águas represadas; deixa por isso a porfia, antes que haja rixas.

¹⁵O que justifica o ímpio, e o que condena o justo, são abomináveis ao Senhor, tanto um como o outro.

¹⁶De que serve o preço na mão do tolo para comprar a sabedoria, visto que ele não tem entendimento?

¹⁷O amigo ama em todo o tempo; e para a angústia nasce o irmão.

¹⁸O homem falto de entendimento compromete-se, tornando-se fiador na presença do seu vizinho.

¹⁹O que ama a contenda ama a transgressao; o que faz alta a sua porta busca a ruína.

²⁰O perverso de coração nunca achará o bem; e o que tem a língua dobre virá a cair no mal.

²¹O que gera um tolo, para sua tristeza o faz; e o pai do insensato não se alegrará.

²²O coração alegre serve de bom remédio; mas o espírito abatido seca os ossos.

²³O ímpio recebe do regaço a peita, para perverter as veredas da justiça.

²⁴O alvo do inteligente é a sabedoria; mas os olhos do insensato estão nas extremidades da terra.

²⁵O filho insensato é tristeza para seu pai, e amargura para quem o deu à luz.

²⁶Não é bom punir ao justo, nem ferir aos nobres por causa da sua retidão.

²⁷Refreia as suas palavras aquele que possui o conhecimento; e o homem de entendimento é de espírito sereno.

²⁸Até o tolo, estando calado, é tido por sábio; e o que cerra os seus lábios, por entendido.

## Capítulo 18

¹Aquele que vive isolado busca seu próprio desejo; insurge-se contra a verdadeira sabedoria.

²O tolo não toma prazer no entendimento, mas tão somente em revelar a sua opinião.

³Quando vem o ímpio, vem também o desprezo; e com a desonra vem o opróbrio.

⁴Águas profundas são as palavras da boca do homem; e a fonte da sabedoria é um ribeiro que corre.

⁵Não é bom ter respeito à pessoa do ímpio, nem privar o justo do seu direito.

⁶Os lábios do tolo entram em contendas, e a sua boca clama por açoites.

⁷A boca do tolo é a sua própria destruição, e os seus lábios um laço para a sua alma.

⁸As palavras do difamador são como bocados doces, que penetram até o íntimo das entranhas.

⁹Aquele que é remisso na sua obra é irmão do que é destruidor.

¹⁰Torre forte é o nome do Senhor; para ela corre o justo, e está seguro.

¹¹Os bens do rico são a sua cidade forte, e como um muro alto na sua imaginação.

¹²Antes da ruína eleva-se o coração do homem; e adiante da honra vai a humildade.

¹³Responder antes de ouvir, é estultícia e vergonha.

¹⁴O espírito do homem o sustentará na sua enfermidade; mas ao espírito abatido quem o levantará?

¹⁵O coração do entendido adquire conhecimento; e o ouvido dos sábios busca conhecimento;

¹⁶O presente do homem alarga-lhe o caminho, e leva-o à presença dos grandes.

¹⁷O que primeiro começa o seu pleito parece justo; até que vem o outro e o examina.

¹⁸A sorte faz cessar os pleitos, e decide entre os poderosos.

¹⁹um irmão ajudado pelo irmão é como uma cidade fortificada; é forte como os ferrolhos dum castelo.

²⁰O homem se fartará do fruto da sua boca; dos renovos dos seus lábios se fartará.

²¹A morte e a vida estão no poder da língua; e aquele que a ama comerá do seu fruto.

²²Quem encontra uma esposa acha uma coisa boa; e alcança o favor do Senhor.

²³O pobre fala com rogos; mas o rico responde com durezas.

²⁴O homem que tem muitos amigos, tem-nos para a sua ruína; mas há um amigo que é mais chegado do que um irmão.

## Capítulo 19

¹Melhor é o pobre que anda na sua integridade, do que aquele que é perverso de lábios e tolo.

²Não é bom agir sem refletir; e o que se apressa com seus pés erra o caminho.

³A estultícia do homem perverte o seu caminho, e o seu coração se irrita contra o Senhor.

⁴As riquezas granjeiam muitos amigos; mas do pobre o seu próprio amigo se separa.

⁵A testemunha falsa não ficará impune; e o que profere mentiras não escapará.

⁶Muitos procurarão o favor do liberal; e cada um é amigo daquele que dá presentes.

⁷Todos os irmãos do pobre o aborrecem; quanto mais se afastam dele os seus amigos! persegue-os com súplicas, mas eles já se foram.

⁸O que adquire a sabedoria é amigo de si mesmo; o que guarda o entendimento prosperará.

⁹A testemunha falsa não ficará impune, e o que profere mentiras perecerá.

¹⁰Ao tolo não convém o luxo; quanto menos ao servo dominar os príncipes!

¹¹A discrição do homem fá-lo tardio em irar-se; e sua glória está em esquecer ofensas.

¹²A ira do rei é como o bramido o leão; mas o seu favor é como o orvalho sobre a erva.

¹³O filho insensato é a calamidade do pai; e as rixas da mulher são uma goteira contínua.

¹⁴Casa e riquezas são herdadas dos pais; mas a mulher prudente vem do Senhor.

¹⁵A preguiça faz cair em profundo sono; e o ocioso padecerá fome.

¹⁶Quem guarda o mandamento guarda a sua alma; mas aquele que não faz caso dos seus caminhos morrerá.

¹⁷O que se compadece do pobre empresta ao Senhor, que lhe retribuirá o seu benefício.

¹⁸Corrige a teu filho enquanto há esperança; mas não te incites a destruí-lo.

¹⁹Homem de grande ira tem de sofrer o castigo; porque se o

livrares, terás de o fazer de novo.

²⁰Ouve o conselho, e recebe a correção, para que sejas sábio nos teus últimos dias.

²¹Muitos são os planos no coração do homem; mas o desígnio do Senhor, esse prevalecerá.

²²O que faz um homem desejável é a sua benignidade; e o pobre é melhor do que o mentiroso.

²³O temor do Senhor encaminha para a vida; aquele que o tem ficará satisfeito, e mal nenhum o visitará.

²⁴O preguiçoso esconde a sua mão no prato, e nem ao menos quer levá-la de novo à boca.

²⁵Fere ao escarnecedor, e o simples aprenderá a prudência; repreende ao que tem entendimento, e ele crescerá na ciencia.

²⁶O que aflige a seu pai, e faz fugir a sua mãe, é filho que envergonha e desonra.

²⁷Cessa, filho meu, de ouvir a instrução, e logo te desviarás das palavras do conhecimento.

²⁸A testemunha vil escarnece da justiça; e a boca dos ímpios engole a iniqüidade.

²⁹A condenação está preparada para os escarnecedores, e os açoites para as costas dos tolos.

## Capítulo 20

¹O vinho é escarnecedor, e a bebida forte alvoroçadora; e todo aquele que neles errar não e sábio.

²Como o bramido do leão é o terror do rei; quem o provoca a ira peca contra a sua própria vida.

³Honroso é para o homem o desviar-se de questões; mas todo insensato se entremete nelas.

⁴O preguiçoso não lavra no outono; pelo que mendigará na sega, e nada receberá.

⁵Como águas profundas é o propósito no coração do homem; mas o homem inteligente o descobrirá.

⁶Muitos há que proclamam a sua própria bondade; mas o homem fiel, quem o achará?

⁷O justo anda na sua integridade; bem-aventurados serão os seus filhos depois dele.

⁸Assentando-se o rei no trono do juízo, com os seus olhos joeira a todo malfeitor.

⁹Quem pode dizer: Purifiquei o meu coração, limpo estou de meu pecado?

¹⁰O peso fraudulento e a medida falsa são abominação ao Senhor, tanto uma como outra coisa.

¹¹Até a criança se dá a conhecer pelas suas ações, se a sua conduta é pura e reta.

¹²O ouvido que ouve, e o olho que vê, o Senhor os fez a ambos.

¹³Não ames o sono, para que não empobreças; abre os teus olhos, e te fartarás de pão.

¹⁴Nada vale, nada vale, diz o comprador; mas, depois de retirar-se, então se gaba.

¹⁵Há ouro e abundância de pedras preciosas; mas os lábios do conhecimento são jóia de grande valor.

¹⁶Tira a roupa àquele que fica por fiador do estranho; e toma penhor daquele que se obriga por estrangeiros.

¹⁷Suave é ao homem o pão da mentira; mas depois a sua boca se enche de pedrinhas.

¹⁸Os projetos se confirmam pelos conselhos; assim, pois, com prudencia faze a guerra.

¹⁹O que anda mexericando revela segredos; pelo que não te metas com quem muito abre os seus lábios.

²⁰O que amaldiçoa a seu pai ou a sua mãe, apagar-se-lhe-á a sua lâmpada nas, mais densas trevas.

²¹A herança que no princípio é adquirida às pressas, não será abençoada no seu fim.

²²Não digas: vingar-me-ei do mal; espera pelo Senhor e ele te livrará.

²³Pesos fraudulentos são abomináveis ao Senhor; e balanças enganosas não são boas.

²⁴Os passos do homem são dirigidos pelo Senhor; como, pois, poderá o homem entender o seu caminho?

²⁵Laço é para o homem dizer precipitadamente: É santo; e, feitos os votos, então refletir.

²⁶O rei sábio joeira os ímpios e faz girar sobre eles a roda.

²⁷O espírito do homem é a lâmpada do Senhor, a qual esquadrinha todo o mais íntimo do coração.

²⁸A benignidade e a verdade guardam o rei; e com a benignidade sustém ele o seu trono.

²⁹A glória dos jovens é a sua força; e a beleza dos velhos são as cãs.

³⁰Os açoites que ferem purificam do mal; e as feridas penetram até o mais íntimo do corpo.

## Capítulo 21

¹Como corrente de águas é o coração do rei na mão do Senhor; ele o inclina para onde quer.

²Todo caminho do homem é reto aos seus olhos; mas o Senhor pesa os corações.

³Fazer justiça e julgar com retidão é mais aceitável ao Senhor do que oferecer-lhe sacrifício.

⁴Olhar altivo e coração orgulhoso, tal lâmpada dos ímpios é pecado.

⁵Os planos do diligente conduzem à abundância; mas todo precipitado apressa-se para a penúria.

⁶Ajuntar tesouros com língua falsa é uma vaidade fugitiva; aqueles que os buscam, buscam a morte.

⁷A violência dos ímpios arrebatá-los-á, porquanto recusam praticar a justiça.

⁸O caminho do homem perverso é tortuoso; mas o proceder do puro é reto.

⁹Melhor é morar num canto do eirado, do que com a mulher rixosa numa casa ampla.

¹⁰A alma do ímpio deseja o mal; o seu próximo não agrada aos seus olhos.

¹¹Quando o escarnecedor é castigado, o simples torna-se sábio; e, quando o sábio é instruído, recebe o conhecimento.

¹²O justo observa a casa do ímpio; precipitam-se os ímpios na ruína.

¹³Quem tapa o seu ouvido ao clamor do pobre, também clamará e não será ouvido.

¹⁴O presente que se dá em segredo aplaca a ira; e a dádiva às escondidas, a forte indignação.

¹⁵A execução da justiça é motivo de alegria para o justo; mas é espanto para os que praticam a iniqüidade.

¹⁶O homem que anda desviado do caminho do entendimento repousará na congregação dos mortos.

¹⁷Quem ama os prazeres empobrecerá; quem ama o vinho e o azeite nunca enriquecera.

¹⁸Resgate para o justo é o ímpio; e em lugar do reto ficará o prevaricador.

¹⁹Melhor é morar numa terra deserta do que com a mulher rixosa e iracunda.

²⁰Há tesouro precioso e azeite na casa do sábio; mas o homem insensato os devora.

²¹Aquele que segue a justiça e a bondade achará a vida, a justiça e a honra.

²²O sábio escala a cidade dos valentes, e derriba a fortaleza em que ela confia.

²³O que guarda a sua boca e a sua língua, guarda das angústias a sua alma.

²⁴Quanto ao soberbo e presumido, zombador é seu nome; ele procede com insolente orgulho.

²⁵O desejo do preguiçoso o mata; porque as suas mãos recusam-se a trabalhar.

²⁶Todo o dia o ímpio cobiça; mas o justo dá, e não retém.

²⁷O sacrifício dos ímpios é abominaçao; quanto mais oferecendo-o com intenção maligna!

²⁸A testemunha mentirosa perecerá; mas o homem que ouve falará sem ser contestado.

²⁹O homem ímpio endurece o seu rosto; mas o reto considera os seus caminhos.

³⁰Não há sabedoria, nem entendimento, nem conselho contra o Senhor.

³¹O cavalo prepara-se para o dia da batalha; mas do Senhor vem a vitória.

## Capítulo 22

¹Mais digno de ser escolhido é o bom nome do que as muitas riquezas; e o favor é melhor do que a prata e o ouro.

²O rico e o pobre se encontram; quem os faz a ambos é o Senhor.

³O prudente vê o perigo e esconde-se; mas os simples passam adiante e sofrem a pena.

⁴O galardão da humildade e do temor do Senhor é riquezas, e honra e vida.

⁵Espinhos e laços há no caminho do perverso; o que guarda a sua

alma retira-se para longe deles.

⁶Instrui o menino no caminho em que deve andar, e até quando envelhecer não se desviará dele.

⁷O rico domina sobre os pobres; e o que toma emprestado é servo do que empresta.

⁸O que semear a perversidade segará males; e a vara da sua indignação falhará.

⁹Quem vê com olhos bondosos será abençoado; porque dá do seu pão ao pobre.

¹⁰Lança fora ao escarnecedor, e a contenda se irá; cessarao a rixa e a injúria.

¹¹O que ama a pureza do coração, e que tem graça nos seus lábios, terá por seu amigo o rei.

¹²Os olhos do Senhor preservam o que tem conhecimento; mas ele transtorna as palavras do prevaricador.

¹³Diz o preguiçoso: um leão está lá fora; serei morto no meio das ruas.

¹⁴Cova profunda é a boca da adúltera; aquele contra quem o Senhor está irado cairá nela.

¹⁵A estultícia está ligada ao coração do menino; mas a vara da correção a afugentará dele.

¹⁶O que para aumentar o seu lucro oprime o pobre, e dá ao rico, certamente chegará à: penuria.

¹⁷Inclina o teu ouvido e ouve as palavras dos sábios, e aplica o teu coração ao meu conhecimento.

¹⁸Porque será coisa suave, se os guardares no teu peito, se estiverem todos eles prontos nos teus lábios.

¹⁹Para que a tua confiança esteja no senhor, a ti tos fiz saber hoje, sim, a ti mesmo.

²⁰Porventura não te escrevi excelentes coisas acerca dos conselhos e do conhecimento,

²¹para te fazer saber a certeza das palavras de verdade, para que possas responder com palavras de verdade aos que te enviarem?

²²Não roubes ao pobre, porque é pobre; nem oprimas ao aflito na porta;

²³porque o Senhor defenderá a sua causa em juízo, e aos que os roubam lhes tirará a vida.

²⁴Não faças amizade com o iracundo; nem andes com o homem colérico;

²⁵para que não aprendas as suas veredas, e tomes um laço para a tua alma.

²⁶Não estejas entre os que se comprometem, que ficam por fiadores de dívidas.

²⁷Se não tens com que pagar, por que tirariam a tua cama de debaixo de ti?

²⁸Não removas os limites antigos que teus pais fixaram.

²⁹Vês um homem hábil na sua obrar? esse perante reis assistirá; e não assistirá perante homens obscuros.

## Capítulo 23

¹Quando te assentares a comer com um governador, atenta bem para aquele que está diante de ti;

²e põe uma faca à tua garganta, se fores homem de grande apetite.

³Não cobices os seus manjares gostosos, porque é comida enganadora.

⁴Não te fatigues para seres rico; dá de mão à tua própria sabedoria:

⁵Fitando tu os olhos nas riquezas, elas se vão; pois fazem para si asas, como a águia, voam para o céu.

⁶Não comas o pão do avarento, nem cobices os seus manjares gostosos.

⁷Porque, como ele pensa consigo mesmo, assim é; ele te diz: Come e bebe; mas o seu coração não está contigo.

⁸Vomitarás o bocado que comeste, e perderás as tuas suaves palavras.

⁹Não fales aos ouvidos do tolo; porque desprezará a sabedoria das tuas palavras.

¹⁰Não removas os limites antigos; nem entres nos campos dos órfãos,

¹¹porque o seu redentor é forte; ele lhes pleiteará a causa contra ti.

¹²Aplica o teu coração à instrução, e os teus ouvidos às palavras do conhecimento.

¹³Não retires da criança a disciplina; porque, fustigando-a tu com a vara, nem por isso morrerá.

¹⁴Tu a fustigarás com a vara e livrarás a sua alma do Seol.

¹⁵Filho meu, se o teu coração for sábio, alegrar-se-á o meu coração, sim, ó, meu próprio;

¹⁶e exultará o meu coração, quando os teus lábios falarem coisas retas.

¹⁷Não tenhas inveja dos pecadores; antes conserva-te no temor do Senhor todo o dia.

¹⁸Porque deveras terás uma recompensa; não será malograda a tua esperança.

¹⁹Ouve tu, filho meu, e sê sábio; e dirige no caminho o teu coração.

²⁰Não estejas entre os beberrões de vinho, nem entre os comilões de carne.

²¹Porque o beberrão e o comilão caem em pobreza; e a sonolência cobrirá de trapos o homem.

²²Ouve a teu pai, que te gerou; e não desprezes a tua mãe, quando ela envelhecer.

²³Compra a verdade, e não a vendas; sim, a sabedoria, a disciplina, e o entendimento.

²⁴Grandemente se regozijará o pai do justo; e quem gerar um filho sábio, nele se alegrará.

²⁵Alegrem-se teu pai e tua mãe, e regozije-se aquela que te deu à luz.

²⁶Filho meu, dá-me o teu coração; e deleitem-se os teus olhos nos meus caminhos.

²⁷Porque cova profunda é a prostituta; e poço estreito é a aventureira.

²⁸Também ela, como o salteador, se põe a espreitar; e multiplica entre os homens os prevaricadores.

²⁹Para quem são os ais? para quem os pesares? para quem as pelejas, para quem as queixas? para quem as feridas sem causa? e para quem os olhos vermelhos?

³⁰Para os que se demoram perto do vinho, para os que andam buscando bebida misturada.

³¹Não olhes para o vinho quando se mostra vermelho, quando resplandece no copo e se escoa suavemente.

³²No seu fim morderá como a cobra, e como o basilisco picará.

³³Os teus olhos verão coisas estranhas, e tu falarás perversidades.

³⁴o serás como o que se deita no meio do mar, e como o que dorme no topo do mastro.

³⁵E dirás: Espancaram-me, e não me doeu; bateram-me, e não o senti; quando virei a despertar? ainda tornarei a buscá-lo outra vez.

## Capítulo 24

¹Não tenhas inveja dos homens malignos; nem desejes estar com eles;

²porque o seu coração medita a violência; e os seus lábios falam maliciosamente.

³Com a sabedoria se edifica a casa, e com o entendimento ela se estabelece;

⁴e pelo conhecimento se encherão as câmaras de todas as riquezas preciosas e deleitáveis.

⁵O sábio é mais poderoso do que o forte; e o inteligente do que o que possui a força.

⁶Porque com conselhos prudentes tu podes fazer a guerra; e há vitória na multidão dos conselheiros.

⁷A sabedoria é alta demais para o insensato; ele não abre a sua boca na porta.

⁸Aquele que cuida em fazer o mal, mestre de maus intentos o chamarão.

⁹O desígnio do insensato é pecado; e abominável aos homens é o escarnecedor.

¹⁰Se enfraqueces no dia da angústia, a tua força é pequena.

¹¹Livra os que estão sendo levados à morte, detém os que vão tropeçando para a matança.

¹²Se disseres: Eis que não o sabemos; porventura aquele que pesa os corações não o percebe? e aquele que guarda a tua vida não o sabe? e não retribuirá a cada um conforme a sua obra?

¹³Come mel, filho meu, porque é bom, e do favo de mel, que é doce ao teu paladar.

¹⁴Sabe que é assim a sabedoria para a tua alma: se a achares, haverá para ti recompensa, e não será malograda a tua esperança.

¹⁵Não te ponhas de emboscada, ó ímpio, contra a habitação do justo; nem assoles a sua pousada.

¹⁶Porque sete vezes cai o justo, e se levanta; mas os ímpios são derribados pela calamidade.

¹⁷Quando cair o teu inimigo, não te alegres, e quando tropeçar, não se regozije o teu coração;

¹⁸para que o Senhor não o veja, e isso seja mau aos seus olhos, e desvie dele, a sua ira.

¹⁹Não te aflijas por causa dos malfeitores; nem tenhas inveja dos

ímpios;

²⁰porque o maligno não tem futuro; e a lâmpada dos ímpios se apagará.

²¹Filho meu, teme ao Senhor, e ao rei; e não te entremetas com os que gostam de mudanças.

²²Porque de repente se levantará a sua calamidade; e a ruína deles, quem a conhecerá?

²³Também estes são provérbios dos sábios: Fazer acepção de pessoas no juízo não é bom.

²⁴Aquele que disser ao ímpio: Justo és; os povos o amaldiçoarão, as nações o detestarão;

²⁵mas para os que julgam retamente haverá delícias, e sobre eles virá copiosa bênção.

²⁶O que responde com palavras retas beija os lábios.

²⁷Prepara os teus trabalhos de fora, apronta bem o teu campo; e depois edifica a tua casa.

²⁸Não sejas testemunha sem causa contra o teu próximo; e não enganes com os teus lábios.

²⁹Não digas: Como ele me fez a mim, assim lhe farei a ele; pagarei a cada um segundo a sua obra.

³⁰Passei junto ao campo do preguiçoso, e junto à vinha do homem falto de entendimento.

³¹e eis que tudo estava cheio de cardos, e a sua superfície coberta de urtigas, e o seu muro de pedra estava derrubado.

³²O que tendo eu visto, o considerei; e, vendo-o, recebi instrução.

³³Um pouco para dormir, um pouco para toscanejar, um pouco para cruzar os braços em repouso;

³⁴assim sobrevirá a tua pobreza como um salteador, e a tua necessidade como um homem armado.

## Capítulo 25

¹Também estes são provérbios de Salomão, os quais transcreveram os homens de Ezequias, rei de Judá.

²A glória de Deus é encobrir as coisas; mas a glória dos reis é esquadrinhá-las.

³Como o céu na sua altura, e como a terra na sua profundidade, assim o coração dos reis é inescrutável.

⁴Tira da prata a escória, e sairá um vaso para o fundidor.

⁵Tira o ímpio da presença do rei, e o seu trono se firmará na justiça.

⁶Não reclames para ti honra na presença do rei, nem te ponhas no lugar dos grandes;

⁷porque melhor é que te digam: Sobe, para aqui; do que seres humilhado perante o príncipe.

⁸O que os teus olhos viram, não te apresses a revelar, para depois, ao fim, não saberes o que hás de fazer, podendo-te confundir o teu próximo.

⁹Pleiteia a tua causa com o teu próximo mesmo; e não reveles o segredo de outrem;

¹⁰para que não te desonre aquele que o ouvir, não se apartando de ti a infâmia.

¹¹Como maçãs de ouro em salvas de prata, assim é a palavra dita a seu tempo.

¹²Como pendentes de ouro e gargantilhas de ouro puro, assim é o sábio repreensor para o ouvido obediente.

¹³Como o frescor de neve no tempo da sega, assim é o mensageiro fiel para com os que o enviam, porque refrigera o espírito dos seus senhores.

¹⁴como nuvens e ventos que não trazem chuva, assim é o homem que se gaba de dádivas que não fez.

¹⁵Pela longanimidade se persuade o príncipe, e a língua branda quebranta os ossos.

¹⁶Se achaste mel, come somente o que te basta, para que porventura não te fartes dele, e o venhas a vomitar.

¹⁷Põe raramente o teu pé na casa do teu próximo, para que não se enfade de ti, e te aborreça.

¹⁸Malho, e espada, e flecha aguda é o homem que levanta falso testemunho contra o seu próximo.

¹⁹Como dente quebrado, e pé deslocado, é a confiança no homem desleal, no dia da angústia.

²⁰O que entoa canções ao coração aflito é como aquele que despe uma peça de roupa num dia de frio, e como vinagre sobre a chaga.

²¹Se o teu inimigo tiver fome, dá-lhe pão para comer, e se tiver sede, dá-lhe água para beber;

²²porque assim lhe amontoarás brasas sobre a cabeça, e o Senhor te recompensará.

²³O vento norte traz chuva, e a língua caluniadora, o rosto irado.

²⁴Melhor é morar num canto do eirado, do que com a mulher rixosa numa casa ampla.

²⁵Como água fresca para o homem sedento, tais são as boas-novas de terra remota.

²⁶Como fonte turva, e manancial poluído, assim é o justo que cede lugar diante do ímpio.

²⁷comer muito mel não é bom; não multipliques, pois, as palavras de lisonja.

²⁸Como a cidade derribada, que não tem muros, assim é o homem que não pode conter o seu espírito.

## Capítulo 26

¹Como a neve no verão, e como a chuva no tempo da ceifa, assim não convém ao tolo a honra.

²Como o pássaro no seu vaguear, como a andorinha no seu voar, assim a maldição sem causa não encontra pouso.

³O açoite é para o cavalo, o freio para o jumento, e a vara para as costas dos tolos.

⁴Não respondas ao tolo segundo a sua estultícia, para que também não te faças semelhante a ele.

⁵Responde ao tolo segundo a sua estultícia, para que ele não seja sábio aos seus próprios olhos.

⁶Os pés decepa, e o dano bebe, quem manda mensagens pela mão dum tolo.

⁷As pernas do coxo pendem frouxas; assim é o provérbio na boca dos tolos.

⁸Como o que ata a pedra na funda, assim é aquele que dá honra ao tolo.

⁹Como o espinho que entra na mão do ébrio, assim é o provérbio na mão dos tolos.

¹⁰Como o flecheiro que fere a todos, assim é aquele que assalaria ao transeunte tolo, ou ao ébrio.

¹¹Como o cão que torna ao seu vômito, assim é o tolo que reitera a sua estultícia.

¹²Vês um homem que é sábio a seus próprios olhos? Maior esperança há para o tolo do que para ele.

¹³Diz o preguiçoso: Um leão está no caminho; um leão está nas ruas.

¹⁴Como a porta se revolve nos seus gonzos, assim o faz o preguiçoso na sua cama.

¹⁵O preguiçoso esconde a sua mão no prato, e nem ao menos quer levá-la de novo à boca.

¹⁶Mais sábio é o preguiçoso a seus olhos do que sete homens que sabem responder bem.

¹⁷O que, passando, se mete em questão alheia é como aquele que toma um cão pelas orelhas.

¹⁸Como o louco que atira tições, flechas, e morte,

¹⁹assim é o homem que engana o seu próximo, e diz: Fiz isso por brincadeira.

²⁰Faltando lenha, apaga-se o fogo; e não havendo difamador, cessa a contenda.

²¹Como o carvão para as brasas, e a lenha para o fogo, assim é o homem contencioso para acender rixas.

²²As palavras do difamador são como bocados deliciosos, que descem ao íntimo do ventre.

²³Como o vaso de barro coberto de escória de prata, assim são os lábios ardentes e o coração maligno.

²⁴Aquele que odeia dissimula com os seus lábios; mas no seu interior entesoura o engano.

²⁵Quando te suplicar com voz suave, não o creias; porque sete abominações há no teu coração.

²⁶Ainda que o seu ódio se encubra com dissimulação, na congregação será revelada a sua malícia.

²⁷O que faz uma cova cairá nela; e a pedra voltará sobre aquele que a revolve.

²⁸A língua falsa odeia aqueles a quem ela tenha ferido; e a boca lisonjeira opera a ruína.

## Capítulo 27

¹Não te glories do dia de amanhã; porque não sabes o que produzirá o dia.

²Seja outro o que te louve, e não a tua boca; o estranho, e não os teus lábios.

³Pesada é a pedra, e a areia também; mas a ira do insensato é mais pesada do que elas ambas.

⁴Cruel é o furor, e impetuosa é a ira; mas quem pode resistir à inveja?

*Provérbios*

⁵Melhor é a repreensão aberta do que o amor encoberto.

⁶Fiéis são as feridas dum amigo; mas os beijos dum inimigo são enganosos.

⁷O que está farto despreza o favo de mel; mas para o faminto todo amargo é doce.

⁸Qual a ave que vagueia longe do seu ninho, tal é o homem que anda vagueando longe do seu lugar.

⁹O óleo e o perfume alegram o coração; assim é o doce conselho do homem para o seu amigo.

¹⁰Não abandones o teu amigo, nem o amigo de teu pai; nem entres na casa de teu irmão no dia de tua adversidade. Mais vale um vizinho que está perto do que um irmão que está longe.

¹¹Sê sábio, filho meu, e alegra o meu coração, para que eu tenha o que responder àquele que me vituperar.

¹²O prudente vê o mal e se esconde; mas os insensatos passam adiante e sofrem a pena.

¹³Tira a roupa àquele que fica por fiador do estranho, e toma penhor daquele que se obriga por uma estrangeira.

¹⁴O que bendiz ao seu amigo em alta voz, levantando-se de madrugada, isso lhe será contado como maldição.

¹⁵A goteira contínua num dia chuvoso e a mulher rixosa são semelhantes;

¹⁶retê-la é reter o vento, ou segurar o óleo com a destra.

¹⁷Afia-se o ferro com o ferro; assim o homem afia o rosto do seu amigo.

¹⁸O que cuida da figueira comerá do fruto dela; e o que vela pelo seu senhor será honrado.

¹⁹Como na água o rosto corresponde ao rosto, assim o coração do homem ao homem.

²⁰O Seol e o Abadom nunca se fartam, e os olhos do homem nunca se satisfazem.

²¹O crisol é para a prata, e o forno para o ouro, e o homem é provado pelos louvores que recebe.

²²Ainda que pisasses o insensato no gral entre grãos pilados, contudo não se apartaria dele a sua estultícia.

²³Procura conhecer o estado das tuas ovelhas; cuida bem dos teus rebanhos;

²⁴porque as riquezas não duram para sempre; e duraria a coroa de geração em geração?

²⁵Quando o feno é removido, e aparece a erva verde, e recolhem-se as ervas dos montes,

²⁶os cordeiros te proverão de vestes, e os bodes, do preço do campo.

²⁷E haverá bastante leite de cabras para o teu sustento, para o sustento da tua casa e das tuas criadas.

## Capítulo 28

¹Fogem os ímpios, sem que ninguém os persiga; mas os justos são ousados como o leão.

²Por causa da transgressão duma terra são muitos os seus príncipes; mas por virtude de homens prudentes e entendidos, ela subsistirá por longo tempo.

³O homem pobre que oprime os pobres, é como chuva impetuosa, que não deixa trigo nenhum.

⁴Os que abandonam a lei louvam os ímpios; mas os que guardam a lei pelejam contra eles.

⁵Os homens maus não entendem a justiça; mas os que buscam ao Senhor a entendem plenamente.

⁶Melhor é o pobre que anda na sua integridade, do que o rico perverso nos seus caminhos.

⁷O que guarda a lei é filho sábio; mas o companheiro dos comilões envergonha a seu pai.

⁸O que aumenta a sua riqueza com juros e usura, ajunta-a para o que se compadece do pobre.

⁹O que desvia os seus ouvidos de ouvir a lei, até a sua oração é abominável.

¹⁰O que faz com que os retos se desviem para um mau caminho, ele mesmo cairá na cova que abriu; mas os inocentes herdarão o bem.

¹¹O homem rico é sábio aos seus próprios olhos; mas o pobre que tem entendimento o esquadrinha.

¹²Quando os justos triunfam há grande glória; mas quando os ímpios sobem, escondem-se os homens.

¹³O que encobre as suas transgressões nunca prosperará; mas o que as confessa e deixa, alcançará misericórdia.

¹⁴Feliz é o homem que teme ao Senhor continuamente; mas o que endurece o seu coração virá a cair no mal.

¹⁵Como leão bramidor, e urso faminto, assim é o ímpio que domina sobre um povo pobre.

¹⁶O príncipe falto de entendimento é também opressor cruel; mas o que aborrece a avareza prolongará os seus dias.

¹⁷O homem culpado do sangue de qualquer pessoa será fugitivo até a morte; ninguém o ajude.

¹⁸O que anda retamente salvar-se-á; mas o perverso em seus caminhos cairá de repente.

¹⁹O que lavra a sua terra se fartará de pão; mas o que segue os ociosos se encherá de pobreza.

²⁰O homem fiel gozará de abundantes bênçãos; mas o que se apressa a enriquecer não ficará impune.

²¹Fazer acepção de pessoas não é bom; mas até por um bocado de pão prevaricará o homem.

²²Aquele que é cobiçoso corre atrás das riquezas; e não sabe que há de vir sobre ele a penúria.

²³O que repreende a um homem achará depois mais favor do que aquele que lisonjeia com a língua.

²⁴O que rouba a seu pai, ou a sua mãe, e diz: Isso não é transgressão; esse é companheiro do destruidor.

²⁵O cobiçoso levanta contendas; mas o que confia no Senhor prosperará.

²⁶O que confia no seu próprio coração é insensato; mas o que anda sabiamente será livre.

²⁷O que dá ao pobre não terá falta; mas o que esconde os seus olhos terá muitas maldições.

²⁸Quando os ímpios sobem, escondem-se os homens; mas quando eles perecem, multiplicam-se os justos.

## Capítulo 29

¹Aquele que, sendo muitas vezes repreendido, endurece a cerviz, será quebrantado de repente sem que haja cura.

²Quando os justos governam, alegra-se o povo; mas quando o ímpio domina, o povo geme.

³O que ama a sabedoria alegra a seu pai; mas o companheiro de prostitutas desperdiça a sua riqueza.

⁴O rei pela justiça estabelece a terra; mas o que exige presentes a transtorna.

⁵O homem que lisonjeia a seu próximo arma-lhe uma rede aos passos.

⁶Na transgressão do homem mau há laço; mas o justo canta e se regozija.

⁷O justo toma conhecimento da causa dos pobres; mas o ímpio não tem entendimento para a conhecer.

⁸Os escarnecedores abrasam a cidade; mas os sábios desviam a ira.

⁹O sábio que pleiteia com o insensato, quer este se agaste quer se ria, não terá descanso.

¹⁰Os homens sanguinários odeiam o íntegro; mas os retos procuram o seu bem.

¹¹O tolo derrama toda a sua ira; mas o sábio a reprime e aplaca.

¹²O governador que dá atenção às palavras mentirosas achará que todos os seus servos são ímpios.

¹³O pobre e o opressor se encontram; o Senhor alumia os olhos de ambos.

¹⁴Se o rei julgar os pobres com eqüidade, o seu trono será estabelecido para sempre.

¹⁵A vara e a repreensão dão sabedoria; mas a criança entregue a si mesma envergonha a sua mãe.

¹⁶Quando os ímpios se multiplicam, multiplicam-se as transgressões; mas os justos verão a queda deles.

¹⁷Corrige a teu filho, e ele te dará descanso; sim, deleitará o teu coração.

¹⁸Onde não há profecia, o povo se corrompe; mas o que guarda a lei esse é bem-aventurado.

¹⁹O servo não se emendará com palavras; porque, ainda que entenda, não atenderá.

²⁰Vês um homem precipitado nas suas palavras? Maior esperança há para o tolo do que para ele.

²¹Aquele que cria delicadamente o seu servo desde a meninice, no fim tê-lo-á por herdeiro.

²²O homem iracundo levanta contendas, e o furioso multiplica as transgressões.

²³A soberba do homem o abaterá; mas o humilde de espírito obterá honra.

²⁴O que é sócio do ladrão odeia a sua própria alma; sendo ajuramentado, nada denuncia.

²⁵O receio do homem lhe arma laços; mas o que confia no Senhor está seguro.

²⁶Muitos buscam o favor do príncipe; mas é do Senhor que o homem recebe a justiça.

²⁷O ímpio é abominação para os justos; e o que é reto no seu caminho é abominação para o ímpio.

## Capítulo 30

¹Palavras de Agur, filho de Jaqué de Massá. Diz o homem a Itiel, e a Ucal:

²Na verdade que eu sou mais estúpido do que ninguém; não tenho o entendimento do homem;

³não aprendi a sabedoria, nem tenho o conhecimento do Santo.

⁴Quem subiu ao céu e desceu? quem encerrou os ventos nos seus punhos? mas amarrou as águas no seu manto? quem estabeleceu todas as extremidades da terra? qual é o seu nome, e qual é o nome de seu filho? Certamente o sabes!

⁵Toda palavra de Deus é pura; ele é um escudo para os que nele confiam.

⁶Nada acrescentes às suas palavras, para que ele não te repreenda e tu sejas achado mentiroso.

⁷Duas coisas te peço; não mas negues, antes que morra:

⁸Alonga de mim a falsidade e a mentira; não me dês nem a pobreza nem a riqueza: dá-me só o pão que me é necessário;

⁹para que eu de farto não te negue, e diga: Quem é o Senhor? ou, empobrecendo, não venha a furtar, e profane o nome de Deus.

¹⁰Não calunies o servo diante de seu senhor, para que ele não te amaldiçoe e fiques tu culpado.

¹¹Há gente que amaldiçoa a seu pai, e que não bendiz a sua mãe.

¹²Há gente que é pura aos seus olhos, e contudo nunca foi lavada da sua imundícia.

¹³Há gente cujos olhos são altivos, e cujas pálpebras são levantadas para cima.

¹⁴Há gente cujos dentes são como espadas; e cujos queixais sao como facas, para devorarem da terra os aflitos, e os necessitados dentre os homens.

¹⁵A sanguessuga tem duas filhas, a saber: Dá, Dá. Há três coisas que nunca se fartam; sim, quatro que nunca dizem: Basta;

¹⁶o Seol, a madre estéril, a terra que não se farta d'água, e o fogo que nunca diz: Basta.

¹⁷Os olhos que zombam do pai, ou desprezam a obediência à mãe, serão arrancados pelos corvos do vale e devorados pelos filhos da águia.

¹⁸Há três coisas que são maravilhosas demais para mim, sim, há quatro que não conheço:

¹⁹o caminho da águia no ar, o caminho da cobra na penha, o caminho do navio no meio do mar, e o caminho do homem com uma virgem.

²⁰Tal é o caminho da mulher adúltera: ela come, e limpa a sua boca, e diz: não pratiquei iniqüidade.

²¹Por três coisas estremece a terra, sim, há quatro que não pode suportar:

²²o escravo quando reina; o tolo quando se farta de comer;

²³a mulher desdenhada quando se casa; e a serva quando fica herdeira da sua senhora.

²⁴Quatro coisas há na terra que são pequenas, entretanto são extremamente sábias;

²⁵as formigas são um povo sem força, todavia no verão preparam a sua comida;

²⁶os querogrilos são um povo débil, contudo fazem a sua casa nas rochas;

²⁷os gafanhotos não têm rei, contudo marcham todos enfileirados;

²⁸a lagartixa apanha-se com as mãos, contudo anda nos palácios dos reis.

²⁹Há três que andam com elegância, sim, quatro que se movem airosamente:

³⁰o leão, que é o mais forte entre os animais, e que não se desvia diante de ninguém;

³¹o galo emproado, o bode, e o rei à frente do seu povo.

³²Se procedeste loucamente em te elevares, ou se maquinaste o mal, põe a mão sobre a boca.

³³Como o espremer do leite produz queijo verde, e o espremer do nariz produz sangue, assim o espremer da ira produz contenda.

## Capítulo 31

¹As palavras do rei Lemuel, rei de Massá, que lhe ensinou sua mãe.

²Que te direi, filho meu? e que te direi, ó filho do meu ventre? e que te direi, ó filho dos meus votos?

³Não dês às mulheres a tua força, nem os teus caminhos às que destroem os reis.

⁴Não é dos reis, ó Lemuel, não é dos reis beber vinho, nem dos príncipes desejar bebida forte;

⁵para que não bebam, e se esqueçam da lei, e pervertam o direito de quem anda aflito.

⁶Dai bebida forte ao que está para perecer, e o vinho ao que está em amargura de espírito.

⁷Bebam e se esqueçam da sua pobreza, e da sua miséria não se lembrem mais.

⁸Abre a tua boca a favor do mudo, a favor do direito de todos os desamparados.

⁹Abre a tua boca; julga retamente, e faze justiça aos pobres e aos necessitados.

¹⁰Álefe. Mulher virtuosa, quem a pode achar? Pois o seu valor muito excede ao de jóias preciosas.

¹¹Bete. O coração do seu marido confia nela, e não lhe haverá falta de lucro.

¹²Guímel. Ela lhe faz bem, e não mal, todos os dias da sua vida.

¹³Dálete. Ela busca lã e linho, e trabalha de boa vontade com as mãos.

¹⁴Hê. É como os navios do negociante; de longe traz o seu pão.

¹⁵Vave. E quando ainda está escuro, ela se levanta, e dá mantimento à sua casa, e a tarefa às suas servas.

¹⁶Zaine. Considera um campo, e compra-o; planta uma vinha com o fruto de suas maos.

¹⁷Hete. Cinge os seus lombos de força, e fortalece os seus braços.

¹⁸Tete. Prova e vê que é boa a sua mercadoria; e a sua lâmpada não se apaga de noite.

¹⁹Iode. Estende as mãos ao fuso, e as suas mãos pegam na roca.

²⁰Cafe. Abre a mão para o pobre; sim, ao necessitado estende as suas mãos.

²¹Lâmede. Não tem medo da neve pela sua família; pois todos os da sua casa estão vestidos de escarlate.

²²Meme. Faz para si cobertas; de linho fino e de púrpura é o seu vestido.

²³Nune. Conhece-se o seu marido nas portas, quando se assenta entre os anciãos da terra.

²⁴Sâmerue. Faz vestidos de linho, e vende-os, e entrega cintas aos mercadores.

²⁵Aine. A força e a dignidade são os seus vestidos; e ri-se do tempo vindouro.

²⁶Pê. Abre a sua boca com sabedoria, e o ensino da benevolência está na sua língua.

²⁷Tsadê. Olha pelo governo de sua casa, e não come o pão da preguiça.

²⁸Côfe. Levantam-se seus filhos, e lhe chamam bem-aventurada, como também seu marido, que a louva, dizendo:

²⁹Reche. Muitas mulheres têm procedido virtuosamente, mas tu a todas sobrepujas.

³⁰Chine. Enganosa é a graça, e vã é a formosura; mas a mulher que teme ao Senhor, essa será louvada.

³¹Tau. Dai-lhe do fruto das suas mãos, e louvem-na nas portas as suas obras.

# Eclesiastes

## Capítulo 1

¹Palavras do pregador, filho de Davi, rei em Jerusalém.

²Vaidade de vaidades, diz o pregador; vaidade de vaidades, tudo é vaidade.

³Que proveito tem o homem, de todo o seu trabalho, com que se afadiga debaixo do sol?

⁴Uma geração vai-se, e outra geração vem, mas a terra permanece para sempre.

⁵O sol nasce, e o sol se põe, e corre de volta ao seu lugar donde nasce.

⁶O vento vai para o sul, e faz o seu giro vai para o norte; volve-se e revolve-se na sua carreira, e retoma os seus circuitos.

⁷Todos os ribeiros vão para o mar, e contudo o mar não se enche; ao lugar para onde os rios correm, para ali continuam a correr.

⁸Todas as coisas estão cheias de cansaço; ninguém o pode exprimir: os olhos não se fartam de ver, nem os ouvidos se enchem de ouvir.

⁹O que tem sido, isso é o que há de ser; e o que se tem feito, isso se tornará a fazer; nada há que seja novo debaixo do sol.

¹⁰Há alguma coisa de que se possa dizer: Voê, isto é novo? ela já existiu nos séculos que foram antes de nós.

¹¹Já não há lembrança das gerações passadas; nem das gerações futuras haverá lembrança entre os que virão depois delas.

¹²Eu, o pregador, fui rei sobre Israel em Jerusalém.

¹³E apliquei o meu coração a inquirir e a investigar com sabedoria a respeito de tudo quanto se faz debaixo do céu; essa enfadonha ocupação deu Deus aos filhos dos homens para nela se exercitarem.

¹⁴Atentei para todas as obras que se e fazem debaixo do sol; e eis que tudo era vaidade e desejo vão.

¹⁵O que é torto não se pode endireitar; o que falta não se pode enumerar.

¹⁶Falei comigo mesmo, dizendo: Eis que eu me engrandeci, e sobrepujei em sabedoria a todos os que houve antes de mim em Jerusalém; na verdade, tenho tido larga experiência da sabedoria e do conhecimento.

¹⁷E apliquei o coração a conhecer a sabedoria e a conhecer os desvarios e as loucuras; e vim a saber que também isso era desejo vao.

¹⁸Porque na muita sabedoria há muito enfado; e o que aumenta o conhecimento aumenta a tristeza.

## Capítulo 2

¹Disse eu a mim mesmo: Ora vem, eu te provarei com a alegria; portanto goza o prazer; mas eis que também isso era vaidade.

²Do riso disse: Está doido; e da alegria: De que serve estar.

³Busquei no meu coração como estimular com vinho a minha carne, sem deixar de me guiar pela sabedoria, e como me apoderar da estultícia, até ver o que era bom que os filhos dos homens fizessem debaixo do céu, durante o número dos dias de sua vida.

⁴Fiz para mim obras magníficas: edifiquei casas, plantei vinhas;

⁵fiz hortas e jardins, e plantei neles árvores frutíferas de todas as espécies.

⁶Fiz tanques de águas, para deles regar o bosque em que reverdeciam as árvores.

⁷Comprei servos e servas, e tive servos nascidos em casa; também tive grandes possessões de gados e de rebanhos, mais do que todos os que houve antes de mim em Jerusalém.

⁸Ajuntei também para mim prata e ouro, e tesouros dos reis e das províncias; provi-me de cantores e cantoras, e das delícias dos filhos dos homens, concubinas em grande número.

⁹Assim me engrandeci, e me tornei mais rico do que todos os que houve antes de mim em Jerusalém; perseverou também comigo a minha sabedoria.

¹⁰E tudo quanto desejaram os meus olhos não lho neguei, nem privei o meu coração de alegria alguma; pois o meu coração se alegrou por todo o meu trabalho, e isso foi o meu proveito de todo o meu trabalho.

¹¹Então olhei eu para todas as obras que as minhas mãos haviam feito, como também para o trabalho que eu aplicara em fazê-las; e eis que tudo era vaidade e desejo vão, e proveito nenhum havia debaixo do sol.

¹²Virei-me para contemplar a sabedoria, e a loucura, e a estultícia; pois que fará o homem que seguir ao rei? O mesmo que já se fez!

¹³Então vi eu que a sabedoria é mais excelente do que a estultícia, quanto a luz é mais excelente do que as trevas.

¹⁴Os olhos do sábio estão na sua cabeça, mas o louco anda em trevas; contudo percebi que a mesma coisa lhes sucede a ambos.

¹⁵Pelo que eu disse no meu coração: Como acontece ao estulto, assim me sucederá a mim; por que então busquei eu mais a sabedoria; Então respondi a mim mesmo que também isso era vaidade.

¹⁶Pois do sábio, bem como do estulto, a memória não durará para sempre; porquanto de tudo, nos dias futuros, total esquecimento haverá. E como morre o sábio, assim morre o estulto!

¹⁷Pelo que aborreci a vida, porque a obra que se faz debaixo do sol me era penosa; sim, tudo é vaidade e desejo vão.

¹⁸Também eu aborreci todo o meu trabalho em que me afadigara debaixo do sol, visto que tenho de deixá-lo ao homem que virá depois de mim.

¹⁹E quem sabe se será sábio ou estulto? Contudo, ele se assenhoreará de todo o meu trabalho em que me afadiguei, e em que me houve sabiamente debaixo do sol; também isso é vaidade.

²⁰Pelo que eu me volvi e entreguei o meu coração ao desespero no tocante a todo o trabalho em que me afadigara debaixo do sol.

²¹Porque há homem cujo trabalho é feito com sabedoria, e ciência, e destreza; contudo, deixará o fruto do seu labor para ser porção de quem não trabalhou nele; também isso é vaidade e um grande mal.

²²Pois, que alcança o homem com todo o seu trabalho e com a fadiga em que ele anda trabalhando debaixo do sol?

²³Porque todos os seus dias são dores, e o seu trabalho é vexação; nem de noite o seu coração descansa. Também isso é vaidade.

²⁴Não há nada melhor para o homem do que comer e beber, e fazer que a sua alma goze do bem do seu trabalho. Vi que também isso vem da mão de Deus.

²⁵Pois quem pode comer, ou quem pode gozar. melhor do que eu?

²⁶Porque ao homem que lhe agrada, Deus dá sabedoria, e conhecimento, e alegria; mas ao pecador dá trabalho, para que ele ajunte e amontoe, a fim de dá-lo àquele que agrada a Deus: Também isso é vaidade e desejo vão.

## Capítulo 3

¹Tudo tem a sua ocasião própria, e há tempo para todo propósito debaixo do céu.

²Há tempo de nascer, e tempo de morrer; tempo de plantar, e tempo de arrancar o que se plantou;

³tempo de matar, e tempo de curar; tempo de derribar, e tempo de edificar;

⁴tempo de chorar, e tempo de rir; tempo de prantear, e tempo de dançar;

⁵tempo de espalhar pedras, e tempo de ajuntar pedras; tempo de abraçar, e tempo de abster-se de abraçar;

⁶tempo de buscar, e tempo de perder; tempo de guardar, e tempo de deitar fora;

⁷tempo de rasgar, e tempo de coser; tempo de estar calado, e tempo de falar;

⁸tempo de amar, e tempo de odiar; tempo de guerra, e tempo de paz.

⁹Que proveito tem o trabalhador naquilo em que trabalha?

¹⁰Tenho visto o trabalho penoso que Deus deu aos filhos dos homens para nele se exercitarem.

¹¹Tudo fez formoso em seu tempo; também pôs na mente do homem a idéia da eternidade, se bem que este não possa descobrir a obra que Deus fez desde o princípio até o fim.

¹²Sei que não há coisa melhor para eles do que se regozijarem e fazerem o bem enquanto viverem;

¹³e também que todo homem coma e beba, e goze do bem de todo o seu trabalho é dom de Deus.

¹⁴Eu sei que tudo quanto Deus faz durará eternamente; nada se lhe pode acrescentar, e nada se lhe pode tirar; e isso Deus faz para que os homens temam diante dele:

¹⁵O que é, já existiu; e o que há de ser, também já existiu; e Deus procura de novo o que ja se passou.

¹⁶Vi ainda debaixo do sol que no lugar da retidão estava a impiedade; e que no lugar da justiça estava a impiedade ainda.

¹⁷Eu disse no meu coração: Deus julgará o justo e o ímpio; porque há um tempo para todo propósito e para toda obra.

¹⁸Disse eu no meu coração: Isso é por causa dos filhos dos homens, para que Deus possa prová-los, e eles possam ver que são em si mesmos como os brutos.

¹⁹Pois o que sucede aos filhos dos homens, isso mesmo também

sucede aos brutos; uma e a mesma coisa lhes sucede; como morre um, assim morre o outro; todos têm o mesmo fôlego; e o homem não tem vantagem sobre os brutos; porque tudo é vaidade.

20 Todos vão para um lugar; todos são pó, e todos ao pó tornarão.

21 Quem sabe se o espírito dos filhos dos homens vai para cima, e se o espírito dos brutos desce para a terra?

22 Pelo que tenho visto que não há coisa melhor do que alegrar-se o homem nas suas obras; porque esse é o seu quinhão; pois quem o fará voltar para ver o que será depois dele?

## Capítulo 4

1 Depois volvi-me, e atentei para todas as opressões que se fazem debaixo do sol; e eis as lágrimas dos oprimidos, e eles não tinham consolador; do lado dos seus opressores havia poder; mas eles não tinham consolador.

2 Pelo que julguei mais felizes os que já morreram, do que os que vivem ainda.

3 E melhor do que uns e outros é aquele que ainda não é, e que não viu as más obras que se fazem debaixo do sol.

4 Também vi eu que todo trabalho e toda destreza em obras provêm da inveja que o homem tem do seu próximo. Também isso é e vaidade e desejo vão.

5 O tolo cruza as mãos, e come a sua; própria carne.

6 Melhor é um punhado com tranqüilidade do que ambas as mãos cheias com trabalho e vão desejo.

7 Outra vez me volvi, e vi vaidade debaixo do sol.

8 Há um que é só, não tendo parente; não tem filho nem irmão e, contudo, de todo o seu trabalho não há fim, nem os seus olhos se fartam de riquezas. E ele não pergunta: Para quem estou trabalhando e privando do bem a minha alma? Também isso é vaidade a e enfadonha ocupação.

9 Melhor é serem dois do que um, porque têm melhor paga do seu trabalho.

10 Pois se caírem, um levantará o seu companheiro; mas ai do que estiver só, pois, caindo, não haverá outro que o levante.

11 Também, se dois dormirem juntos, eles se aquentarão; mas um só como se aquentará?

12 E, se alguém quiser prevalecer contra um, os dois lhe resistirão; e o cordão de três dobras não se quebra tão depressa.

13 Melhor é o mancebo pobre e sábio do que o rei velho e insensato, que não se deixa mais admoestar,

14 embora tenha saído do cárcere para reinar, ou tenha nascido pobre no seu próprio reino.

15 Vi a todos os viventes que andavam debaixo do sol, e eles estavam com o mancebo, o sucessor, que havia de ficar no lugar do rei.

16 Todo o povo, à testa do qual se achava, era inumerável; contudo os que lhe sucederam não se regozijarão a respeito dele. Na verdade também isso é vaidade e desejo vão.

## Capítulo 5

1 Guarda o teu pé, quando fores à casa de Deus; porque chegar-se para ouvir é melhor do que oferecer sacrifícios de tolos; pois não sabem que fazem mal.

2 Não te precipites com a tua boca, nem o teu coração se apresse a pronunciar palavra alguma na presença de Deus; porque Deus está no céu, e tu estás sobre a terra; portanto sejam poucas as tuas palavras.

3 Porque, da multidão de trabalhos vêm os sonhos, e da multidão de palavras, a voz do tolo.

4 Quando a Deus fizeres algum voto, não tardes em cumpri-lo; porque não se agrada de tolos. O que votares, paga-o.

5 Melhor é que não votes do que votares e nao pagarés.

6 Não consintas que a tua boca faça pecar a tua carne, nem digas na presença do anjo que foi erro; por que razão se iraria Deus contra a tua voz, e destruiria a obra das tuas mãos?

7 Porque na multidão dos sonhos há vaidades e muitas palavras; mas tu teme a Deus.

8 Se vires em alguma província opressão de pobres, e a perversão violenta do direito e da justiça, não te maravilhes de semelhante caso. Pois quem está altamente colocado tem superior que o vigia; e há mais altos ainda sobre eles.

9 O proveito da terra é para todos; até o rei se serve do campo.

10 Quem ama o dinheiro não se fartará de dinheiro; nem o que ama a riqueza se fartará do ganho; também isso é vaidade.

11 Quando se multiplicam os bens, multiplicam-se também os que comem; e que proveito tem o seu dono senão o de vê-los com os seus olhos?

12 Doce é o sono do trabalhador, quer coma pouco quer muito; mas a saciedade do rico não o deixa dormir.

13 Há um grave mal que vi debaixo do sol: riquezas foram guardadas por seu donó para o seu próprio dano;

14 e as mesmas riquezas se perderam por qualquer má aventura; e havendo algum filho nada fica na sua mão.

15 Como saiu do ventre de sua mãe, assim também se irá, nu como veio; e nada tomará do seu trabalho, que possa levar na mão.

16 Ora isso é um grave mal; porque justamente como veio, assim há de ir; e que proveito lhe vem de ter trabalhado para o vento,

17 e de haver passado todos os seus dias nas trevas, e de haver padecido muito enfado, enfermidades e aborrecimento?

18 Eis aqui o que eu vi, uma boa e bela coisa: alguém comer e beber, e gozar cada um do bem de todo o seu trabalho, com que se afadiga debaixo do sol, todos os dias da vida que Deus lhe deu; pois esse é o seu quinhão.

19 E quanto ao homem a quem Deus deu riquezas e bens, e poder para desfrutá-los, receber o seu quinhão, e se regozijar no seu trabalho, isso é dom de Deus.

20 Pois não se lembrará muito dos dias da sua vida; porque Deus lhe enche de alegria o coração.

## Capítulo 6

1 Há um mal que tenho visto debaixo do sol, e que pesa muito sobre o homem:

2 um homem a quem Deus deu riquezas, bens e honra, de maneira que nada lhe falta de tudo quanto ele deseja, contudo Deus não lhe dá poder para daí comer, antes o estranho lho come; também isso é vaidade e grande mal.

3 Se o homem gerar cem filhos, e viver muitos anos, de modo que os dias da sua vida sejam muitos, porém se a sua alma não se fartar do bem, e além disso não tiver sepultura, digo que um aborto é melhor do que ele;

4 porquanto debalde veio, e em trevas se vai, e de trevas se cobre o seu nome;

5 e ainda que nunca viu o sol, nem o conheceu, mais descanso tem do que o tal;

6 e embora vivesse duas vezes mil anos, mas não gozasse o bem, - não vão todos para um mesmo lugar?

7 Todo o trabalho do homem é para a sua boca, e contudo não se satisfaz o seu apetite.

8 Pois, que vantagem tem o sábio sobre o tolo? e que tem o pobre que sabe andar perante os vivos?

9 Melhor é a vista dos olhos do que o vaguear da cobiça; também isso é vaidade, e desejo vão.

10 Seja qualquer o que for, já há muito foi chamado pelo seu nome; e sabe-se que é homem; e ele não pode contender com o que é mais forte do que ele.

11 Visto que as muitas palavras aumentam a vaidade, que vantagem tira delas o homem?

12 Porque, quem sabe o que é bom nesta vida para o homem, durante os poucos dias da sua vida vã, os quais gasta como sombra? pois quem declarará ao homem o que será depois dele debaixo do sol?

## Capítulo 7

1 Melhor é o bom nome do que o melhor ungüento, e o dia da morte do que o dia do nascimento.

2 Melhor é ir à casa onde há luto do que ir a casa onde há banquete; porque naquela se vê o fim de todos os homens, e os vivos o aplicam ao seu coração.

3 Melhor é a mágoa do que o riso, porque a tristeza do rosto torna melhor o coração.

4 O coração dos sábios está na casa do luto, mas o coração dos tolos na casa da alegria.

5 Melhor é ouvir a repreensão do sábio do que ouvir alguém a canção dos tolos.

6 Pois qual o crepitar dos espinhos debaixo da panela, tal é o riso do tolo; também isso é vaidade.

7 Verdadeiramente a opressão faz endoidecer até o sábio, e a peita corrompe o coração.

8 Melhor é o fim duma coisa do que o princípio; melhor é o paciente do que o arrogante.

9 Não te apresses no teu espírito a irar-te, porque a ira abriga-se no seio dos tolos.

10 Não digas: Por que razão foram os dias passados melhores do que estes; porque não provém da sabedoria esta pergunta.

11 Tão boa é a sabedoria como a herança, e mesmo de mais proveito para os que vêem o sol.

¹²Porque a sabedoria serve de defesa, como de defesa serve o dinheiro; mas a excelência da sabedoria é que ela preserva a vida de quem a possui.

¹³Considera as obras de Deus; porque quem poderá endireitar o que ele fez torto?

¹⁴No dia da prosperidade regozija-te, mas no dia da adversidade considera; porque Deus fez tanto este como aquele, para que o homem nada descubra do que há de vir depois dele.

¹⁵Tudo isto vi nos dias da minha vaidade: há justo que perece na sua justiça, e há ímpio que prolonga os seus dias na sua maldade.

¹⁶Não sejas demasiadamente justo, nem demasiadamente sábio; por que te destruirias a ti mesmo?

¹⁷Não sejas demasiadamente ímpio, nem sejas tolo; por que morrerias antes do teu tempo?

¹⁸Bom é que retenhas isso, e que também daquilo não retires a tua mão; porque quem teme a Deus escapa de tudo isso.

¹⁹A sabedoria fortalece ao sábio mais do que dez governadores que haja na cidade.

²⁰Pois não há homem justo sobre a terra, que faça o bem, e nunca peque.

²¹Não escutes a todas as palavras que se disserem, para que não venhas a ouvir o teu servo amaldiçoar-te;

²²pois tu sabes também que muitas vezes tu amaldiçoaste a outros.

²³Tudo isto provei-o pela sabedoria; e disse: Far-me-ei sábio; porém a sabedoria ainda ficou longe de mim.

²⁴Longe está o que já se foi, e profundíssimo; quem o poderá achar?

²⁵Eu me volvi, e apliquei o meu coração para saber, e inquirir, e buscar a sabedoria e a razão de tudo, e para conhecer que a impiedade é insensatez e que a estultícia é loucura.

²⁶E eu achei uma coisa mais amarga do que a morte, a mulher cujo coração são laços e redes, e cujas mãos são grilhões; quem agradar a Deus escapará dela; mas o pecador virá a ser preso por ela.

²⁷Vedes aqui, isto achei, diz o pregador, conferindo uma coisa com a outra para achar a causa;

²⁸causa que ainda busco, mas não a achei; um homem entre mil achei eu, mas uma mulher entre todas, essa não achei.

²⁹Eis que isto tão-somente achei: que Deus fez o homem reto, mas os homens buscaram muitos artifícios.

## Capítulo 8

¹Quem é como o sábio? e quem sabe a interpretação das coisas? A sabedoria do homem faz brilhar o seu rosto, e com ela a dureza do seu rosto se transforma.

²Eu digo: Observa o mandamento do rei, e isso por causa do juramento a Deus.

³Não te apresses a sair da presença dele; nem persistas em alguma coisa má; porque ele faz tudo o que lhe agrada.

⁴Porque a palavra do rei é suprema; e quem lhe dirá: que fazes?

⁵Quem guardar o mandamento não experimentará nenhum mal; e o coração do sábio discernirá o tempo e o juízo.

⁶Porque para todo propósito há tempo e juízo; porquanto a miséria do homem pesa sobre ele.

⁷Porque não sabe o que há de suceder; pois quem lho dará a entender como há de ser?

⁸Nenhum homem há que tenha domínio sobre o espírito, para o reter; nem que tenha poder sobre o dia da morte; nem há licença em tempo de guerra; nem tampouco a impiedade livrará aquele que a ela está entregue.

⁹Tudo isto tenho observado enquanto aplicava o meu coração a toda obra que se faz debaixo do sol; tempo há em que um homem tem domínio sobre outro homem para o seu próprio dano.

¹⁰Vi também os ímpios sepultados, os que antes entravam e saíam do lugar santo; e foram esquecidos na cidade onde haviam assim procedido; também isso é vaidade.

¹¹Porquanto não se executa logo o juízo sobre a má obra, o coração dos filhos dos homens está inteiramente disposto para praticar o mal.

¹²Ainda que o pecador faça o mal cem vezes, e os dias se lhe prolonguem, contudo eu sei com certeza que bem sucede aos que temem a Deus, porque temem diante dele;

¹³ao ímpio, porém, não irá bem, e ele não prolongará os seus dias, que são como a sombra; porque ele não teme diante de Deus.

¹⁴Ainda há outra vaidade que se faz sobre a terra: há justos a quem sucede segundo as obras dos ímpios, e há ímpios a quem sucede segundo as obras dos justos. Eu disse que também isso é vaidade.

¹⁵Exalto, pois, a alegria, porquanto o homem nenhuma coisa melhor tem debaixo do sol do que comer, beber e alegrar-se; porque isso o acompanhará no seu trabalho nos dias da sua vida que Deus lhe dá debaixo do sol.

¹⁶Quando apliquei o meu coração a conhecer a sabedoria, e a ver o trabalho que se faz sobre a terra (pois homens há que nem de dia nem de noite conseguem dar sono aos seus olhos),

¹⁷então contemplei toda obra de Deus, e vi que o homem não pode compreender a obra que se faz debaixo do sol; pois por mais que o homem trabalhe para a descobrir, não a achará; embora o sábio queira conhecê-la, nem por isso a poderá compreender.

## Capítulo 9

¹Deveras a tudo isto apliquei o meu coração, para claramente entender tudo isto: que os justos, e os sábios, e as suas obras, estão nas mãos de Deus; se é amor ou se é ódio, não o sabe o homem; tudo passa perante a sua face.

²Tudo sucede igualmente a todos: o mesmo sucede ao justo e ao ímpio, ao bom e ao mau, ao puro e ao impuro; assim ao que sacrifica como ao que não sacrifica; assim ao bom como ao pecador; ao que jura como ao que teme o juramento.

³Este é o mal que há em tudo quanto se faz debaixo do sol: que a todos sucede o mesmo. Também o coração dos filhos dos homens está cheio de maldade; há desvarios no seu coração durante a sua vida, e depois se vão aos mortos.

⁴Ora, para aquele que está na companhia dos vivos há esperança; porque melhor é o cão vivo do que o leão morto.

⁵Pois os vivos sabem que morrerão, mas os mortos não sabem coisa nenhuma, nem tampouco têm eles daí em diante recompensa; porque a sua memória ficou entregue ao esquecimento.

⁶Tanto o seu amor como o seu ódio e a sua inveja já pereceram; nem têm eles daí em diante parte para sempre em coisa alguma do que se faz debaixo do sol.

⁷Vai, pois, come com alegria o teu pão .e bebe o teu vinho com coração contente; pois há muito que Deus se agrada das tuas obras.

⁸Sejam sempre alvas as tuas vestes, e nunca falte o óleo sobre a tua cabeça.

⁹Goza a vida com a mulher que amas, todos os dias da tua vida vã, os quais Deus te deu debaixo do sol, todos os dias da tua vida vã; porque este é o teu quinhão nesta vida, e do teu trabalho, que tu fazes debaixo do sol.

¹⁰Tudo quanto te vier à mão para fazer, faze-o conforme as tuas forças; porque no Seol, para onde tu vais, não há obra, nem projeto, nem conhecimento, nem sabedoria alguma.

¹¹Observei ainda e vi que debaixo do sol não é dos ligeiros a carreira, nem dos fortes a peleja, nem tampouco dos sábios o pão, nem ainda dos prudentes a riqueza, nem dos entendidos o favor; mas que a ocasião e a sorte ocorrem a todos.

¹²Pois o homem não conhece a sua hora. Como os peixes que se apanham com a rede maligna, e como os passarinhos que se prendem com o laço, assim se enlaçam também os filhos dos homens no mau tempo, quando este lhes sobrevém de repente.

¹³Também vi este exemplo de sabedoria debaixo do sol, que me pareceu grande:

¹⁴Houve uma pequena cidade em que havia poucos homens; e veio contra ela um grande rei, e a cercou e levantou contra ela grandes tranqueiras.

¹⁵Ora, achou-se nela um sábio pobre, que livrou a cidade pela sua sabedoria; contudo ninguém se lembrou mais daquele homem pobre.

¹⁶Então disse eu: Melhor é a sabedoria do que a força; todavia a sabedoria do pobre é desprezada, e as suas palavras não são ouvidas.

¹⁷As palavras dos sábios ouvidas em silêncio valem mais do que o clamor de quem governa entre os tolos.

¹⁸Melhor é a sabedoria do que as armas de guerra; mas um só pecador faz grande dano ao bem.

## Capítulo 10

¹As moscas mortas fazem com que o ungüento do perfumista emita mau cheiro; assim um pouco de estultícia pesa mais do que a sabedoria e a honra.

²O coração do sábio o inclina para a direita, mas o coração do tolo o inclina para a esquerda.

³E, até quando o tolo vai pelo caminho, falta-lhe o entendimento, e ele diz a todos que é tolo.

⁴Se se levantar contra ti o espírito do governador, não deixes o teu lugar; porque a deferência desfaz grandes ofensas.

⁵Há um mal que vi debaixo do sol, semelhante a um erro que procede do governador:

⁶a estultícia está posta em grande dignidade, e os ricos estão assentados em lugar humilde.

⁷Tenho visto servos montados a cavalo, e príncipes andando a pé como servos.

⁸Aquele que abrir uma cova, nela cairá; e quem romper um muro, uma cobra o morderá.

⁹Aquele que tira pedras é maltratado por elas, e o que racha lenha corre perigo nisso.

¹⁰Se estiver embotado o ferro, e não se afiar o corte, então se deve pôr mais força; mas a sabedoria é proveitosa para dar prosperidade.

¹¹Se a cobra morder antes de estar encantada, não há vantagem no encantador.

¹²As palavras da boca do sábio são cheias de graça, mas os lábios do tolo o devoram.

¹³O princípio das palavras da sua boca é estultícia, e o fim do seu discurso é loucura perversa.

¹⁴O tolo multiplica as palavras, todavia nenhum homem sabe o que há de ser; e quem lhe poderá declarar o que será depois dele?

¹⁵O trabalho do tolo o fatiga, de sorte que não sabe ir à cidade.

¹⁶Ai de ti, ó terra, quando o teu rei é criança, e quando os teus príncipes banqueteiam de manhã!

¹⁷Bem-aventurada tu, ó terra, quando o teu rei é filho de nobres, e quando os teus príncipes comem a tempo, para refazerem as forças, e não para bebedice!

¹⁸Pela preguiça se enfraquece o teto, e pela frouxidão das mãos a casa tem goteiras.

¹⁹Para rir é que se dá banquete, e o vinho alegra a vida; e por tudo o dinheiro responde.

²⁰Nem ainda no teu pensamento amaldições o rei; nem tampouco na tua recâmara amaldições o rico; porque as aves dos céus levarão a voz, e uma criatura alada dará notícia da palavra.

## *Capítulo 11*

¹Lança o teu pão sobre as águas, porque depois de muitos dias o acharás.

²Reparte com sete, e ainda até com oito; porque não sabes que mal haverá sobre a terra.

³Estando as nuvens cheias de chuva, derramam-na sobre a terra. Caindo a árvore para o sul, ou para o norte, no lugar em que a árvore cair, ali ficará.

⁴Quem observa o vento, não semeará, e o que atenta para as nuvens não segará.

⁵Assim como tu não sabes qual o caminho do vento, nem como se formam os ossos no ventre da que está grávida, assim também não sabes as obras de Deus, que faz todas as coisas.

⁶Pela manhã semeia a tua semente, e à tarde não retenhas a tua mão; pois tu não sabes qual das duas prosperará, se esta, se aquela, ou se ambas serão, igualmente boas.

⁷Doce é a luz, e agradável é aos olhos ver o sol.

⁸Se, pois, o homem viver muitos anos, regozije-se em todos eles; contudo lembre-se dos dias das trevas, porque hão de ser muitos. Tudo quanto sucede é vaidade.

⁹Alegra-te, mancebo, na tua mocidade, e anime-te o teu coração nos dias da tua mocidade, e anda pelos caminhos do teu coração, e pela vista dos teus olhos; sabe, porém, que por todas estas coisas Deus te trará a juízo.

¹⁰Afasta, pois, do teu coração o desgosto, remove da tua carne o mal; porque a mocidade e a aurora da vida são vaidade.

## *Capítulo 12*

¹Lembra-te também do teu Criador nos dias da tua mocidade, antes que venham os maus dias, e cheguem os anos em que dirás: Não tenho prazer neles;

²antes que se escureçam o sol e a luz, e a lua, e as estrelas, e tornem a vir as nuvens depois da chuva;

³no dia em que tremerem os guardas da casa, e se curvarem os homens fortes, e cessarem os moedores, por já serem poucos, e se escurecerem os que olham pelas janelas,

⁴e as portas da rua se fecharem; quando for baixo o ruído da moedura, e nos levantarmos à voz das aves, e todas as filhas da música ficarem abatidas;

⁵como também quando temerem o que é alto, e houver espantos no caminho; e florescer a amendoeira, e o gafanhoto for um peso, e falhar o desejo; porque o homem se vai à sua casa eterna, e os pranteadores andarão rodeando pela praça;

⁶antes que se rompa a cadeia de prata, ou se quebre o copo de ouro, ou se despedace o cântaro junto à fonte, ou se desfaça a roda junto à cisterna,

⁷e o pó volte para a terra como o era, e o espírito volte a Deus que o deu.

⁸Vaidade de vaidades, diz o pregador, tudo é vaidade.

⁹Além de ser sábio, o pregador também ensinou ao povo o conhecimento, meditando, e estudando, e pondo em ordem muitos provérbios.

¹⁰Procurou o pregador achar palavras agradáveis, e escreveu com acerto discursos plenos de verdade.

¹¹As palavras dos sábios são como aguilhões; e como pregos bem fixados são as palavras coligidas dos mestres, as quais foram dadas pelo único pastor.

¹²Além disso, filho meu, sê avisado. De fazer muitos livros não há fim; e o muito estudar é enfado da carne.

¹³Este é o fim do discurso; tudo já foi ouvido: Teme a Deus, e guarda os seus mandamentos; porque isto é todo o dever do homem.

¹⁴Porque Deus há de trazer a juízo toda obra, e até tudo o que está encoberto, quer seja bom, quer seja mau.

# Cantares de Salomão

## Capítulo 1

¹O cântico dos cânticos, que é de Salomão.

²Beije-me ele com os beijos da sua boca; porque melhor é o seu amor do que o vinho.

³Suave é o cheiro dos teus perfumes; como perfume derramado é o teu nome; por isso as donzelas te amam.

⁴Leva-me tu; correremos após ti. O rei me introduziu nas suas recâmaras; em ti nos alegraremos e nos regozijaremos; faremos menção do teu amor mais do que do vinho; com razão te amam.

⁵Eu sou morena, mas formosa, ó filhas de Jerusalém, como as tendas de Quedar, como as cortinas de Salomão.

⁶Não repareis em eu ser morena, porque o sol crestou-me a tez; os filhos de minha mãe indignaram-se contra mim, e me puseram por guarda de vinhas; a minha vinha, porém, não guardei.

⁷Dize-me, ó tu, a quem ama a minha alma: Onde apascentas o teu rebanho, onde o fazes deitar pelo meio-dia; pois, por que razão seria eu como a que anda errante pelos rebanhos de teus companheiros?

⁸Se não o sabes, ó tu, a mais formosa entre as mulheres, vai seguindo as pisadas das ovelhas, e apascenta os teus cabritos junto às tendas dos pastores.

⁹A uma égua dos carros de Faraó eu te comparo, ó amada minha.

¹⁰Formosas são as tuas faces entre as tuas tranças, e formoso o teu pescoço com os colares.

¹¹Nós te faremos umas tranças de ouro, marchetadas de pontinhos de prata.

¹²Enquanto o rei se assentava à sua mesa, dava o meu nardo o seu cheiro.

¹³O meu amado é para mim como um saquitel de mirra, que repousa entre os meus seios.

¹⁴O meu amado é para mim como um ramalhete de hena nas vinhas de En-Gedi.

¹⁵Eis que és formosa, ó amada minha, eis que és formosa; os teus olhos são como pombas.

¹⁶Eis que és formoso, ó amado meu, como amável és também; o nosso leito é viçoso.

¹⁷As traves da nossa casa são de cedro, e os caibros de cipreste.

## Capítulo 2

¹Eu sou a rosa de Sarom, o lírio dos vales.

²Qual o lírio entre os espinhos, tal é a minha amada entre as filhas.

³Qual a macieira entre as árvores do bosque, tal é o meu amado entre os filhos; com grande gozo sentei-me à sua sombra; e o seu fruto era doce ao meu paladar.

⁴Levou-me à sala do banquete, e o seu estandarte sobre mim era o amor.

⁵Sustentai-me com passas, confortai-me com maçãs, porque desfaleço de amor.

⁶A sua mão esquerda esteja debaixo da minha cabeça, e a sua mão direita me abrace.

⁷Conjuro-vos, ó filhas de Jerusalém, pelas gazelas e cervas do campo, que não acordeis nem desperteis o amor, até que ele o queira.

⁸A voz do meu amado! eis que vem aí, saltando sobre os montes, pulando sobre os outeiros.

⁹O meu amado é semelhante ao gamo, ou ao filho do veado; eis que está detrás da nossa parede, olhando pelas janelas, lançando os olhos pelas grades.

¹⁰Fala o meu amado e me diz: Levanta-te, amada minha, formosa minha, e vem.

¹¹Pois eis que já passou o inverno; a chuva cessou, e se foi;

¹²aparecem as flores na terra; já chegou o tempo de cantarem as aves, e a voz da rola ouve-se em nossa terra.

¹³A figueira começa a dar os seus primeiros figos; as vides estão em flor e exalam o seu aroma. Levanta-te, amada minha, formosa minha, e vem.

¹⁴Pomba minha, que andas pelas fendas das penhas, no oculto das ladeiras, mostra-me o teu semblante faze-me ouvir a tua voz; porque a tua voz é doce, e o teu semblante formoso.

¹⁵Apanhai-nos as raposas, as raposinhas, que fazem mal às vinhas; pois as nossas vinhas estão em flor.

¹⁶O meu amado é meu, e eu sou dele; ele apascenta o seu rebanho entre os lírios.

¹⁷Antes que refresque o dia, e fujam as sombras, volta, amado meu, e faze-te semelhante ao gamo ou ao filho dos veados sobre os montes de Beter.

## Capítulo 3

¹De noite, em meu leito, busquei aquele a quem ama a minha alma; busquei-o, porém não o achei.

²Levantar-me-ei, pois, e rodearei a cidade; pelas ruas e pelas praças buscarei aquele a quem ama a minha alma. Busquei-o, porém não o achei.

³Encontraram-me os guardas que rondavam pela cidade; eu lhes perguntei: Vistes, porventura, aquele a quem ama a minha alma?

⁴Apenas me tinha apartado deles, quando achei aquele a quem ama a minha alma; detive-o, e não o deixei ir embora, até que o introduzi na casa de minha mãe, na câmara daquela que me concebeu:

⁵Conjuro-vos, ó filhas de Jerusalém, pelas gazelas e cervas do campo, que não acordeis, nem desperteis o amor, até que ele o queira.

⁶Que é isso que sobe do deserto, como colunas de fumaça, perfumado de mirra, de incenso, e de toda sorte de pós aromáticos do mercador?

⁷Eis que é a liteira de Salomão; estão ao redor dela sessenta valentes, dos valentes de Israel,

⁸todos armados de espadas, destros na guerra, cada um com a sua espada a cinta, por causa dos temores noturnos.

⁹O rei Salomão fez para si um palanquim de madeira do Líbano.

¹⁰Fez-lhe as colunas de prata, o estrado de ouro, o assento de púrpura, o interior carinhosamente revestido pelas filhas de Jerusalém.

¹¹Saí, ó filhas de Sião, e contemplai o rei Salomão com a coroa de que sua mãe o coroou no dia do seu desposório, no dia do júbilo do seu coração.

## Capítulo 4

¹Como és formosa, amada minha, eis que és formosa! os teus olhos são como pombas por detrás do teu véu; o teu cabelo é como o rebanho de cabras que descem pelas colinas de Gileade.

²Os teus dentes são como o rebanho das ovelhas tosquiadas, que sobem do lavadouro, e das quais cada uma tem gêmeos, e nenhuma delas é desfilhada.

³Os teus lábios são como um fio de escarlate, e a tua boca é formosa; as tuas faces são como as metades de uma roma por detrás do teu véu.

⁴O teu pescoço é como a torre de Davi, edificada para sala de armas; no qual pendem mil broquéis, todos escudos de guerreiros valentes.

⁵Os teus seios são como dois filhos gêmeos da gazela, que se apascentam entre os lírios.

⁶Antes que refresque o dia e fujam as sombras, irei ao monte da mirra e ao outeiro do incenso.

⁷Tu és toda formosa, amada minha, e em ti não há mancha.

⁸Vem comigo do Líbano, noiva minha, vem comigo do Líbano. Olha desde o cume de Amana, desde o cume de Senir e de Hermom, desde os covis dos leões, desde os montes dos leopardos.

⁹Enlevaste-me o coração, minha irmã, noiva minha; enlevaste-me o coração com um dos teus olhares, com um dos colares do teu pescoço.

¹⁰Quão doce é o teu amor, minha irmã, noiva minha! quanto melhor é o teu amor do que o vinho! e o aroma dos teus ungüentos do que o de toda sorte de especiarias!

¹¹Os teus lábios destilam o mel, noiva minha; mel e leite estão debaixo da tua língua, e o cheiro dos teus vestidos é como o cheiro do Líbano.

¹²Jardim fechado é minha irmã, minha noiva, sim, jardim fechado, fonte selada.

¹³Os teus renovos são um pomar de romãs, com frutos excelentes; a hena juntamente com nardo,

¹⁴o nardo, e o açafrão, o cálamo, e o cinamomo, com toda sorte de árvores de incenso; a mirra e o aloés, com todas as principais especiarias.

¹⁵És fonte de jardim, poço de águas vivas, correntes que manam do Líbano!

¹⁶Levanta-te, vento norte, e vem tu, vento sul; assopra no meu jardim, espalha os seus aromas..Entre o meu amado no seu jardim, e coma os seus frutos excelentes!

## Capítulo 5

¹Venho ao meu jardim, minha irmã, noiva minha, para colher a minha mirra com o meu bálsamo, para comer o meu favo com o meu mel, e beber o meu vinho com o meu leite. Comei, amigos, bebei abundantemente, ó amados.

²Eu dormia, mas o meu coração velava. Eis a voz do meu amado! Está batendo: Abre-me, minha irmã, amada minha, pomba minha, minha imaculada; porque a minha cabeça está cheia de orvalho, os meus cabelos das gotas da noite.

³Já despi a minha túnica; como a tornarei a vestir? já lavei os meus pés; como os tornarei a sujar?

⁴O meu amado meteu a sua mão pela fresta da porta, e o meu coração estremeceu por amor dele.

⁵Eu me levantei para abrir ao meu amado; e as minhas mãos destilavam mirra, e os meus dedos gotejavam mirra sobre as aldravas da fechadura.

⁶Eu abri ao meu amado, mas ele já se tinha retirado e ido embora. A minha alma tinha desfalecido quando ele falara. Busquei-o, mas não o pude encontrar; chamei-o, porém ele não me respondeu.

⁷Encontraram-me os guardas que rondavam pela cidade; espancaram-me, feriram-me; tiraram-me o manto os guardas dos muros.

⁸Conjuro-vos, ó filhas de Jerusalém, se encontrardes o meu amado, que lhe digais que estou enferma de amor.

⁹Que é o teu amado mais do que outro amado, ó tu, a mais formosa entre as mulheres? Que é o teu amado mais do que outro amado, para que assim nos conjures?

¹⁰O meu amado é cândido e rubicundo, o primeiro entre dez mil.

¹¹A sua cabeça é como o ouro mais refinado, os seus cabelos são crespos, pretos como o corvo.

¹²Os seus olhos são como pombas junto às correntes das águas, lavados em leite, postos em engaste.

¹³As suas faces são como um canteiro de bálsamo, os montões de ervas aromáticas; e os seus lábios são como lírios que gotejam mirra.

¹⁴Os seus braços são como cilindros de ouro, guarnecidos de crisólitas; e o seu corpo é como obra de marfim, coberta de safiras.

¹⁵As suas pernas como colunas de mármore, colocadas sobre bases de ouro refinado; o seu semblante como o líbano, excelente como os cedros.

¹⁶O seu falar é muitíssimo suave; sim, ele é totalmente desejável. Tal é o meu amado, e tal o meu amigo, ó filhas de Jerusalém.

## Capítulo 6

¹Para onde foi o teu amado, ó tu, a mais formosa entre as mulheres? para onde se retirou o teu amado, a fim de que o busquemos juntamente contigo?

²O meu amado desceu ao seu jardim, aos canteiros de bálsamo, para apascentar o rebanho nos jardins e para colher os lírios.

³Eu sou do meu amado, e o meu amado é meu; ele apascenta o rebanho entre os lírios.

⁴Formosa és, amada minha, como Tirza, aprazível como Jerusalém, imponente como um exército com bandeiras.

⁵Desvia de mim os teus olhos, porque eles me perturbam. O teu cabelo é como o rebanho de cabras que descem pelas colinas de Gileade.

⁶Os teus dentes são como o rebanho de ovelhas que sobem do lavadouro, e das quais cada uma tem gêmeos, e nenhuma delas é desfilhada.

⁷As tuas faces são como as metades de uma romã, por detrás do teu véu.

⁸Há sessenta rainhas, oitenta concubinas, e virgens sem número.

⁹Mas uma só é a minha pomba, a minha imaculada; ela é a única de sua mãe, a escolhida da que a deu à luz. As filhas viram-na e lhe chamaram bem-aventurada; viram-na as rainhas e as concubinas, e louvaram-na.

¹⁰Quem é esta que aparece como a alva do dia, formosa como a lua, brilhante como o sol, imponente como um exército com bandeiras?

¹¹Desci ao jardim das nogueiras, para ver os renovos do vale, para ver se floresciam as vides e se as romanzeiras estavam em flor.

¹²Antes de eu o sentir, pôs-me a minha alma nos carros do meu nobre povo.

¹³Volta, volta, ó Sulamita; volta, volta, para que nós te vejamos. Por que quereis olhar para a Sulamita como para a dança de Maanaim?

## Capítulo 7

¹Quão formosos são os teus pés nas sandálias, ó filha de príncipe! Os contornos das tuas coxas são como jóias, obra das mãos de artista.

²O teu umbigo como uma taça redonda, a que não falta bebida; o teu ventre como montão de trigo, cercado de lírios.

³Os teus seios são como dois filhos gêmeos da gazela.

⁴O teu pescoço como a torre de marfim; os teus olhos como as piscinas de Hesbom, junto à porta de Bate-Rabim; o teu nariz é como torre do Líbano, que olha para Damasco.

⁵A tua cabeça sobre ti é como o monte Carmelo, e os cabelos da tua cabeça como a púrpura; o rei está preso pelas tuas tranças.

⁶Quão formosa, e quão aprazível és, ó amor em delícias!

⁷Essa tua estatura é semelhante à palmeira, e os teus seios aos cachos de uvas.

⁸Disse eu: Subirei à palmeira, pegarei em seus ramos; então sejam os teus seios como os cachos da vide, e o cheiro do teu fôlego como o das maçãs,

⁹e os teus beijos como o bom vinho para o meu amado, que se bebe suavemente, e se escoa pelos lábios e dentes.

¹⁰Eu sou do meu amado, e o seu amor é por mim.

¹¹Vem, ó amado meu, saiamos ao campo, passemos as noites nas aldeias.

¹²Levantemo-nos de manhã para ir às vinhas, vejamos se florescem as vides, se estão abertas as suas flores, e se as romanzeiras já estão em flor; ali te darei o meu amor.

¹³As mandrágoras exalam perfume, e às nossas portas há toda sorte de excelentes frutos, novos e velhos; eu os guardei para ti, ó meu amado.

## Capítulo 8

¹Ah! quem me dera que foras como meu irmão, que mamou os seios de minha mãe! quando eu te encontrasse lá fora, eu te beijaria; e não me desprezariam!

²Eu te levaria e te introduziria na casa de minha mãe, e tu me instruirias; eu te daria a beber vinho aromático, o mosto das minhas romãs.

³A sua mão esquerda estaria debaixo da minha cabeça, e a sua direita me abraçaria.

⁴Conjuro-vos, ó filhas de Jerusalém, que não acordeis nem desperteis o amor, até que ele o queira.

⁵Quem é esta que sobe do deserto, e vem encostada ao seu amado? Debaixo da macieira te despertei; ali esteve tua mãe com dores; ali esteve com dores aquela que te deu à luz.

⁶Põe-me como selo sobre o teu coração, como selo sobre o teu braço; porque o amor é forte como a morte; o ciúme é cruel como o Seol; a sua chama é chama de fogo, verdadeira labareda do Senhor.

⁷As muitas águas não podem apagar o amor, nem os rios afogá-lo. Se alguém oferecesse todos os bens de sua casa pelo amor, seria de todo desprezado.

⁸Temos uma irmã pequena, que ainda não tem seios; que faremos por nossa irmã, no dia em que ela for pedida em casamento?

⁹Se ela for um muro, edificaremos sobre ela uma torrezinha de prata; e, se ela for uma porta, cercá-la-emos com tábuas de cedro.

¹⁰Eu era um muro, e os meus seios eram como as suas torres; então eu era aos seus olhos como aquela que acha paz.

¹¹Teve Salomão uma vinha em Baal-Hamom; arrendou essa vinha a uns guardas; e cada um lhe devia trazer pelo seu fruto mil peças de prata.

¹²A minha vinha que me pertence está diante de mim; tu, ó Salomão, terás as mil peças de prata, e os que guardam o fruto terão duzentas.

¹³Ó tu, que habitas nos jardins, os companheiros estão atentos para ouvir a tua voz; faze-me, pois, também ouvi-la:

¹⁴Vem depressa, amado meu, e faze-te semelhante ao gamo ou ao filho da gazela sobre os montes dos aromas.

*Isaías*
# Isaías

## Capítulo 1

¹A visão de Isaías, filho de Amoz, que ele teve a respeito de Judá e Jerusalém, nos dias de Uzias, Jotão, Acaz, e Ezequias, reis de Judá.

²Ouvi, ó céus, e dá ouvidos, ó terra, porque falou o Senhor: Criei filhos, e os engrandeci, mas eles se rebelaram contra mim.

³O boi conhece o seu possuidor, e o jumento a manjedoura do seu dono; mas Israel não tem conhecimento, o meu povo não entende.

⁴Ah, nação pecadora, povo carregado de iniqüidade, descendência de malfeitores, filhos que praticam a corrupção! Deixaram o Senhor, desprezaram o Santo de Israel, voltaram para trás.

⁵Por que seríeis ainda castigados, que persistis na rebeldia? Toda a cabeça está enferma e todo o coração fraco.

⁶Desde a planta do pé até a cabeça não há nele coisa sã; há só feridas, contusões e chagas vivas; não foram espremidas, nem atadas, nem amolecidas com óleo.

⁷O vosso país está assolado; as vossas cidades abrasadas pelo fogo; a vossa terra os estranhos a devoram em vossa presença, e está devastada, como por uma pilhagem de estrangeiros.

⁸E a filha de Sião é deixada como a cabana na vinha, como a choupana no pepinal, como cidade sitiada.

⁹Se o Senhor dos exércitos não nos deixara alguns sobreviventes, já como Sodoma seríamos, e semelhantes a Gomorra.

¹⁰Ouvi a palavra do Senhor, governadores de Sodoma; dai ouvidos à lei do nosso Deus, ó povo de Gomorra.

¹¹De que me serve a mim a multidão de vossos sacrifícios? diz o Senhor. Estou farto dos holocaustos de carneiros, e da gordura de animais cevados; e não me agrado do sangue de novilhos, nem de cordeiros, nem de bodes.

¹²Quando vindes para comparecerdes perante mim, quem requereu de vós isto, que viésseis pisar os meus átrios?

¹³Não continueis a trazer ofertas vãs; o incenso é para mim abominação. As luas novas, os sábados, e a convocação de assembléias ... não posso suportar a iniqüidade e o ajuntamento solene!

¹⁴As vossas luas novas, e as vossas festas fixas, a minha alma as aborrece; já me são pesadas; estou cansado de as sofrer.

¹⁵Quando estenderdes as vossas mãos, esconderei de vós os meus olhos; e ainda que multipliqueis as vossas orações, não as ouvirei; porque as vossas mãos estão cheias de sangue.

¹⁶Lavai-vos, purificai-vos; tirai de diante dos meus olhos a maldade dos vossos atos; cessai de fazer o mal;

¹⁷aprendei a fazer o bem; buscai a justiça, acabai com a opressão, fazei justiça ao órfão, defendei a causa da viúva.

¹⁸Vinde, pois, e arrazoemos, diz o Senhor: ainda que os vossos pecados são como a escarlata, eles se tornarão brancos como a neve; ainda que são vermelhos como o carmesim, tornar-se-ão como a lã.

¹⁹Se quiserdes, e me ouvirdes, comereis o bem desta terra;

²⁰mas se recusardes, e fordes rebeldes, sereis devorados à espada; pois a boca do Senhor o disse.

²¹Como se fez prostituta a cidade fiel! ela que estava cheia de retidão! A justiça habitava nela, mas agora homicidas.

²²A tua prata tornou-se em escória, o teu vinho se misturou com água.

²³Os teus príncipes são rebeldes, e companheiros de ladrões; cada um deles ama as peitas, e anda atrás de presentes; não fazem justiça ao órfão, e não chega perante eles a causa da viúva.

²⁴portanto diz o Senhor Deus dos exércitos, o Poderoso de Israel: Ah! livrar-me-ei dos meus adversários, e vingar-me-ei dos meus inimigos.

²⁵Voltarei contra ti a minha mão, e purificarei como com potassa a tua escória; e tirar-te-ei toda impureza;

²⁶e te restituirei os teus juízes, como eram dantes, e os teus conselheiros, como no princípio, então serás chamada cidade de justiça, cidade fiel.

²⁷Sião será resgatada pela justiça, e os seus convertidos, pela retidão.

²⁸Mas os transgressores e os pecadores serão juntamente destruídos; e os que deixarem o Senhor serão consumidos.

²⁹Porque vos envergonhareis por causa dos terebintos de que vos agradastes, e sereis confundidos por causa dos jardins que escolhestes.

³⁰Pois sereis como um carvalho cujas folhas são murchas, e como um jardim que não tem água.

³¹E o forte se tornará em estopa, e a sua obra em faísca; e ambos arderão juntamente, e não haverá quem os apague.

## Capítulo 2

¹A visão que teve Isaías, filho de Amoz, a respeito de Judá e de Jerusalém.

²Acontecerá nos últimos dias que se firmará o monte da casa do Senhor, será estabelecido como o mais alto dos montes e se elevará por cima dos outeiros; e concorrerão a ele todas as nações.

³Irão muitos povos, e dirão: Vinde, e subamos ao monte do Senhor, à casa do Deus de Jacó, para que nos ensine os seus caminhos, e andemos nas suas veredas; porque de Sião sairá a lei, e de Jerusalém a palavra do Senhor.

⁴E ele julgará entre as nações, e repreenderá a muitos povos; e estes converterão as suas espadas em relhas de arado, e as suas lanças em foices; uma nação não levantará espada contra outra nação, nem aprenderão mais a guerra.

⁵Vinde, ó casa de Jacó, e andemos na luz do Senhor.

⁶Mas tu rejeitaste o teu povo, a casa de Jacó; porque estão cheios de adivinhadores do Oriente, e de agoureiros, como os filisteus, e fazem alianças com os filhos dos estrangeiros.

⁷A sua terra está cheia de prata e ouro, e são sem limite os seus tesouros; a sua terra está cheia de cavalos, e os seus carros não tem fim.

⁸Também a sua terra está cheia de ídolos; inclinam-se perante a obra das suas mãos, diante daquilo que os seus dedos fabricaram.

⁹Assim, pois, o homem é abatido, e o varão é humilhado; não lhes perdoes!

¹⁰Entra nas rochas, e esconde-te no pó, de diante da espantosa presença do Senhor e da glória da sua majestade.

¹¹Os olhos altivos do homem serão abatidos, e a altivez dos varões será humilhada, e só o Senhor será exaltado naquele dia.

¹²Pois o Senhor dos exércitos tem um dia contra todo soberbo e altivo, e contra todo o que se exalta, para que seja abatido;

¹³contra todos os cedros do Líbano, altos e sublimes; e contra todos os carvalhos de Basã;

¹⁴contra todos os montes altos, e contra todos os outeiros elevados;

¹⁵contra toda torre alta, e contra todo muro fortificado;

¹⁶e contra todos os navios de Társis, e contra toda a nau vistosa.

¹⁷E a altivez do homem será humilhada, e o orgulho dos varões se abaterá, e só o Senhor será exaltado naquele dia.

¹⁸E os ídolos desaparecerão completamente.

¹⁹Então os homens se meterão nas cavernas das rochas, e nas covas da terra, por causa da presença espantosa do Senhor, e da glória da sua majestade, quando ele se levantar para assombrar a terra.

²⁰Naquele dia o homem lançará às toupeiras e aos morcegos os seus ídolos de prata, e os seus ídolos de ouro, que fizeram para ante eles se prostrarem,

²¹para se meter nas fendas das rochas, e nas cavernas das penhas, por causa da presença espantosa do Senhor e da glória da sua majestade, quando ele se levantar para assombrar a terra.

²²Deixai-vos pois do homem cujo fôlego está no seu nariz; porque em que se deve ele estimar?

## Capítulo 3

¹Porque eis que o Senhor Deus dos exércitos está tirando de Jerusalém e de Judá o bordão e o cajado, isto é, todo o recurso de pão, e todo o recurso de água;

²o valente e o soldado, o juiz e o profeta, o adivinho e o ancião;

³o capitão de cinqüenta e o respeitável, o conselheiro, o artífice hábil e o encantador perito;

⁴e dar-lhes-ei meninos por príncipes, e crianças governarão sobre eles.

⁵O povo será oprimido; um será contra o outro, e cada um contra o seu próximo; o menino se atreverá contra o ancião, e o vil contra o nobre.

⁶Quando alguém pegar de seu irmão na casa de seu pai, dizendo: Tu tens roupa, tu serás o nosso príncipe, e tomarás sob a tua mão esta ruína.

⁷Naquele dia levantará este a sua voz, dizendo: Não quero ser médico; pois em minha casa não há pão nem roupa; não me haveis de constituir governador sobre o povo.

⁸Pois Jerusalém tropeçou, e Judá caiu; porque a sua língua e as suas obras são contra o Senhor, para afrontarem a sua gloriosa presença.

⁹O aspecto do semblante dá testemunho contra eles; e, como Sodoma, publicam os seus pecados sem os disfarçar. Ai da sua alma! porque eles fazem mal a si mesmos.

¹⁰Dizei aos justos que bem lhes irá; porque comerão do fruto das suas obras.

¹¹Ai do ímpio! mal lhe irá; pois se lhe fará o que as suas mãos fizeram.

¹²Quanto ao meu povo, crianças são os seus opressores, e mulheres dominam sobre eles. Ah, povo meu! os que te guiam te enganam, e destroem o caminho das tuas veredas.

¹³O Senhor levanta-se para pleitear, e põe-se de pé para julgar os povos.

¹⁴O Senhor entra em juízo contra os anciãos do seu povo, e contra os seus príncipes; sois vós que consumistes a vinha; o espólio do pobre está em vossas casas.

¹⁵Que quereis vós, que esmagais o meu povo e moeis o rosto do pobre? diz o Senhor Deus dos exércitos.

¹⁶Diz ainda mais o Senhor: Porquanto as filhas de Sião são altivas, e andam de pescoço emproado, lançando olhares impudentes; e, ao andarem, vão de passos curtos, fazendo tinir os ornamentos dos seus pés;

¹⁷o Senhor fará tinhosa a cabeça das filhas de Sião, e o Senhor porá a descoberto a sua nudez.

¹⁸Naquele dia lhes trará o Senhor o ornamento dos pés, e as coifas, e as luetas;

¹⁹os pendentes, e os braceletes, e os véus;

²⁰os diademas, as cadeias dos artelhos, os cintos, as caixinhas de perfumes e os amuletos;

²¹os anéis, e as jóias pendentes do nariz;

²²os vestidos de festa, e os mantos, e os xales, e os bolsos;

²³os vestidos diáfanos, e as capinhas de linho, e os turbantes, e os véus.

²⁴E será que em lugar de perfume haverá mau cheiro, e por cinto, uma corda; em lugar de encrespadura de cabelos, calvície; e em lugar de veste luxuosa, cinto de cilício; e queimadura em lugar de formosura.

²⁵Teus varões cairão à espada, e teus valentes na guerra.

²⁶E as portas da cidade gemerão e se carpirão e, desolada, ela se sentará no pó.

## Capítulo 4

¹Sete mulheres naquele dia lançarão mão dum só homem, dizendo: Nós comeremos do nosso pão, e nos vestiremos de nossos vestidos; tão somente queremos ser chamadas pelo teu nome; tira o nosso opróbrio.

²Naquele dia o renovo do Senhor será cheio de beleza e de glória, e o fruto da terra excelente e formoso para os que escaparem de Israel.

³E será que aquele que ficar em Sião e permanecer em Jerusalém, será chamado santo, isto é, todo aquele que estiver inscrito entre os vivos em Jerusalém;

⁴Quando o Senhor tiver lavado a imundícia das filhas de Sião, e tiver limpado o sangue de Jerusalém do meio dela com o espírito de justiça, e com o espírito de ardor.

⁵E criará o Senhor sobre toda a extensão do monte Sião, e sobre as assembléias dela, uma nuvem de dia, e uma fumaça, e um resplendor de fogo flamejante de noite; porque sobre toda a glória se estenderá um dossel.

⁶Também haverá de dia um pavilhão para sombra contra o calor, e para refúgio e esconderijo contra a tempestade e a chuva.

## Capítulo 5

¹Ora, seja-me permitido cantar para o meu bem amado uma canção de amor a respeito da sua vinha. O meu amado possuía uma vinha num outeiro fertilíssimo.

²E, revolvendo-a com enxada e limpando-a das pedras, plantou-a de excelentes vides, e edificou no meio dela uma torre, e também construiu nela um lagar; e esperava que desse uvas, mas deu uvas bravas.

³Agora, pois, ó moradores de Jerusalém, e homens de Judá, julgai, vos peço, entre mim e a minha vinha.

⁴Que mais se podia fazer à minha vinha, que eu lhe não tenha feito? e por que, esperando eu que desse uvas, veio a produzir uvas bravas?

⁵Agora, pois, vos farei saber o que eu hei de fazer à minha vinha: tirarei a sua sebe, e será devorada; derrubarei a sua parede, e sera pisada;

⁶e a tornarei em deserto; não será podada nem cavada, mas crescerão nela sarças e espinheiro; e às nuvens darei ordem que não derramem chuva sobre ela.

⁷Pois a vinha do Senhor dos exércitos é a casa de Israel, e os homens de Judá são a planta das suas delícias; e esperou que exercessem juízo, mas eis aqui derramamento de sangue; justiça, e eis aqui clamor.

⁸Ai dos que ajuntam casa a casa, dos que acrescentam campo a campo, até que não haja mais lugar, de modo que habitem sós no meio da terra!

⁹A meus ouvidos disse o Senhor dos exércitos: Em verdade que muitas casas ficarão desertas, e até casas grandes e lindas sem moradores.

¹⁰E dez jeiras de vinha darão apenas um bato, e um hômer de semente não dará mais do que uma efa.

¹¹Ai dos que se levantam cedo para correrem atrás da bebida forte e continuam até a noite, até que o vinho os esquente!

¹²Têm harpas e alaúdes, tamboris e pífanos, e vinho nos seus banquetes; porém não olham para a obra do Senhor, nem consideram as obras das mãos dele.

¹³Portanto o meu povo é levado cativo, por falta de entendimento; e os seus nobres estão morrendo de fome, e a sua multidão está seca de sede.

¹⁴Por isso o Seol aumentou o seu apetite, e abriu a sua boca desmesuradamente; e para lá descem a glória deles, a sua multidão, a sua pompa, e os que entre eles se exultam.

¹⁵O homem se abate, e o varão se humilha, e os olhos dos altivos se abaixam.

¹⁶Mas o Senhor dos exércitos é exaltado pelo juízo, e Deus, o Santo, é santificado em justiça.

¹⁷Então os cordeiros pastarão como em seus pastos; e nos campos desertos se apascentarão cevados e cabritos.

¹⁸Ai dos que puxam a iniqüidade com cordas de falsidade, e o pecado como com tirantes de carros!

¹⁹E dizem: Apresse-se Deus, avie a sua obra, para que a vejamos; e aproxime-se e venha o propósito do Santo de Israel, para que o conheçamos.

²⁰Ai dos que ao mal chamam bem, e ao bem mal; que põem as trevas por luz, e a luz por trevas, e o amargo por doce, e o doce por amargo!

²¹Ai dos que são sábios a seus próprios olhos, e astutos em seu próprio conceito!

²²Ai dos que são poderosos para beber vinho, e valentes para misturar bebida forte;

²³dos que justificam o ímpio por peitas, e ao inocente lhe tiram o seu direito!

²⁴Pelo que, como a língua de fogo consome o restolho, e a palha se desfaz na chama assim a raiz deles será como podridão, e a sua flor se esvaecerá como pó; porque rejeitaram a lei do Senhor dos exércitos, e desprezaram a palavra do santo de Israel,

²⁵Por isso se acendeu a ira do Senhor contra o seu povo, e o Senhor estendeu a sua mão contra ele, e o feriu; e as montanhas tremeram, e os seus cadáveres eram como lixo no meio das ruas; com tudo isto não tornou atrás a sua ira, mas ainda está estendida a sua mão.

²⁶E ele arvorará um estandarte para as nações de longe, e lhes assobiará desde a extremidade da terra; e eis que virão muito apressadamente.

²⁷Não há entre eles cansado algum nem quem tropece; ninguém cochila nem dorme; não se lhe desata o cinto dos lombos, nem se lhe quebra a correia dos sapatos.

²⁸As suas flechas são agudas, e todos os seus arcos retesados; os cascos dos seus cavalos são reputados como pederneira, e as rodas dos seus carros qual redemoinho.

²⁹O seu rugido é como o do leão; rugem como filhos de leão; sim, rugem e agarram a presa, e a levam, e não há quem a livre.

³⁰E bramarão contra eles naquele dia, como o bramido do mar; e se alguém olhar para a terra, eis que só verá trevas e angústia, e a luz se escurecerá nas nuvens sobre ela.

## Capítulo 6

¹No ano em que morreu o rei Uzias, eu vi o Senhor assentado sobre um alto e sublime trono, e as orlas do seu manto enchiam o templo.

²Ao seu redor havia serafins; cada um tinha seis asas; com duas cobria o rosto, e com duas cobria os pés e com duas voava.

³E clamavam uns para os outros, dizendo: Santo, santo, santo é o Senhor dos exércitos; a terra toda está cheia da sua glória.

⁴E as bases dos limiares moveram-se à voz do que clamava, e a casa se enchia de fumaça.

⁵Então disse eu: Ai de mim! pois estou perdido; porque sou homem de lábios impuros, e habito no meio dum povo de impuros lábios; e os meus olhos viram o rei, o Senhor dos exércitos!

⁶Então voou para mim um dos serafins, trazendo na mão uma

*Isaías*

brasa viva, que tirara do altar com uma tenaz;

⁷e com a brasa tocou-me a boca, e disse: Eis que isto tocou os teus lábios; e a tua iniqüidade foi tirada, e perdoado o teu pecado.

⁸Depois disto ouvi a voz do Senhor, que dizia: A quem enviarei, e quem irá por nós? Então disse eu: Eis-me aqui, envia-me a mim.

⁹Disse, pois, ele: Vai, e dize a este povo: Ouvis, de fato, e não entendeis, e vedes, em verdade, mas não percebeis.

¹⁰Engorda o coração deste povo, e endurece-lhe os ouvidos, e fecha-lhe os olhos; para que ele não veja com os olhos, e ouça com os ouvidos, e entenda com o coração, e se converta, e seja sarado.

¹¹Então disse eu: Até quando, Senhor? E respondeu: Até que sejam assoladas as cidades, e fiquem sem habitantes, e as casas sem moradores, e a terra seja de todo assolada,

¹²e o Senhor tenha removido para longe dela os homens, e sejam muitos os lugares abandonados no meio da terra.

¹³Mas se ainda ficar nela a décima parte, tornará a ser consumida, como o terebinto, e como o carvalho, dos quais, depois de derrubados, ainda fica o toco. A santa semente é o seu toco.

## Capítulo 7

¹Sucedeu, pois, nos dias de Acaz, filho de Jotão, filho de Uzias, rei de Judá, que Rezim, rei da Síria, e Peca, filho de Remalias, rei de Israel, subiram a Jerusalém, para pelejarem contra ela, mas não a puderam conquistar.

²Quando deram aviso à casa de Davi, dizendo: A Síria fez aliança com Efraim; ficou agitado o coração de Acaz, e o coração do seu povo, como se agitam as árvores do bosque à força do vento.

³Então disse o Senhor a Isaías: saí agora, tu e teu filho Sear-Jasube, ao encontro de Acaz, ao fim do aqueduto da piscina superior, na estrada do campo do lavandeiro,

⁴e dize-lhe: Acautela-te e aquieta-te; não temas, nem te desfaleça o coração por causa destes dois pedaços de tições fumegantes; por causa do ardor da ira de Rezim e da Síria, e do filho de Remalias.

⁵Porquanto a Síria maquinou o mal contra ti, com Efraim e com o filho de Remalias, dizendo:

⁶Subamos contra Judá, e amedrontemo-lo, e demos sobre ele, tomando-o para nós, e façamos reinar no meio dele o filho de Tabeel.

⁷Assim diz o Senhor Deus: Isto não subsistirá, nem tampouco acontecerá.

⁸Pois a cabeça da Síria é Damasco, e o cabeça de Damasco é Rezim; e dentro de sessenta e cinco anos Efraim será quebrantado, e deixará de ser povo.

⁹Entretanto a cabeça de Efraim será Samária, e o cabeça de Samária o filho de Remalias; se não o crerdes, certamente não haveis de permanecer.

¹⁰De novo falou o Senhor com Acaz, dizendo:

¹¹Pede para ti ao Senhor teu Deus um sinal; pede-o ou em baixo nas profundezas ou em cima nas alturas.

¹²Acaz, porém, respondeu: Não o pedirei nem porei à prova o Senhor.

¹³Então disse Isaías: Ouvi agora, ó casa de Davi: Pouco vos é afadigardes os homens, que ainda afadigareis também ao meu Deus?

¹⁴Portanto o Senhor mesmo vos dará um sinal: eis que uma virgem conceberá, e dará à luz um filho, e será o seu nome Emanuel.

¹⁵Manteiga e mel comerá, quando ele souber rejeitar o mal e escolher o bem.

¹⁶Pois antes que o menino saiba rejeitar o mal e escolher o bem, será desolada a terra dos dois reis perante os quais tu tremes de medo.

¹⁷Mas o Senhor fará vir sobre ti, e sobre o teu povo e sobre a casa de teu pai, dias tais, quais nunca vieram, desde o dia em que Efraim se separou de Judá, isto é, fará vir o rei da Assíria.

¹⁸Naquele dia assobiará o Senhor às moscas que há no extremo dos rios do Egito, e às abelhas que estão na terra da Assíria.

¹⁹E elas virão, e pousarão todas nus vales desertos e nas fendas das rochas, e sobre todos os espinheirais, e sobre todos os prados.

²⁰Naquele dia rapará o Senhor com uma navalha alugada, que está além do Rio, isto é, com o rei da Assíria, a cabeça e os cabelos dos pés; e até a barba arrancará.

²¹Sucederá naquele dia que um homem criará uma vaca e duas ovelhas;

²²e por causa da abundância do leite que elas hão de dar, comerá manteiga; pois manteiga e mel comerá todo aquele que ficar de resto no meio da terra.

²³Sucederá também naquele dia que todo lugar, em que antes havia mil vides, do valor de mil siclos de prata, será para sarças e para espinheiros.

²⁴Com arco e flechas entrarão ali; porque as sarças e os espinheiros cobrirão toda a terra.

²⁵Quanto a todos os outeiros que costumavam cavar com enxadas, para ali não chegarás, por medo das sarças e dos espinheiros; mas servirão de pasto para os bois, e serão pisados pelas ovelhas.

## Capítulo 8

¹Disse-me também o Senhor: Toma uma tábua grande e escreve nela em caracteres legíveis: Maer-Salal-Has-Baz;

²tomei pois, comigo fiéis testemunhas, a Urias sacerdote, e a Zacarias, filho de Jeberequias.

³E fui ter com a profetisa; e ela concebeu, e deu à luz um filho; e o Senhor me disse: Põe-lhe o nome de Maer-Salal-Has-Baz.

⁴Pois antes que o menino saiba dizer meu pai ou minha mãe, se levarão as riquezas de Damasco, e os despojos de Samária, diante do rei da Assíria.

⁵E continuou o Senhor a falar ainda comigo, dizendo:

⁶Porquanto este povo rejeitou as águas de Siloa, que correm brandamente, e se alegrou com Rezim e com o filho de Remalias,

⁷eis que o Senhor fará vir sobre eles as águas do Rio, fortes e impetuosas, isto é, o rei da Assíria, com toda a sua glória; e subirá sobre todos os seus leitos, e transbordará por todas as suas ribanceiras;

⁸e passará a Judá, inundando-o, e irá passando por ele e chegará até o pescoço; e a extensão de suas asas encherá a largura da tua terra, ó Emanuel.

⁹Exasperai-vos, ó povos, e sereis quebrantados; dai ouvidos, todos os que sois de terras longínquas; cingi-vos e sereis feitos em pedaços, cingi-vos e sereis feitos em pedaços;

¹⁰Tomai juntamente conselho, e ele será frustrado; dizei uma palavra, e ela não subsistirá; porque Deus é conosco.

¹¹Pois assim o Senhor me falou, com sua forte mão deitada em mim, e me admoestou a que não andasse pelo caminho deste povo, dizendo:

¹²Não chameis conspiração a tudo quanto este povo chama conspiração; e não temais aquilo que ele teme, nem por isso vos assombreis.

¹³Ao Senhor dos exércitos, a ele santificai; e seja ele o vosso temor e seja ele o vosso assombro.

¹⁴Então ele vos será por santuário; mas servirá de pedra de tropeço, e de rocha de escândalo, às duas casas de Israel; de armadilha e de laço aos moradores de Jerusalém.

¹⁵E muitos dentre eles tropeçarão, e cairão, e serão quebrantados, e enlaçados, e presos.

¹⁶Ata o testemunho, sela a lei entre os meus discípulos.

¹⁷Esperarei no Senhor, que esconde o seu rosto da casa de Jacó, e a ele aguardarei.

¹⁸Eis-me aqui, com os filhos que me deu o Senhor; são como sinais e portentos em Israel da parte do Senhor dos exércitos, que habita no monte Sião.

¹⁹Quando vos disserem: Consultai os que têm espíritos familiares e os feiticeiros, que chilreiam e murmuram, respondei: Acaso não consultará um povo à seu Deus? acaso a favor dos vivos consultará os mortos?

²⁰A Lei e ao Testemunho! se eles não falarem segundo esta palavra, nunca lhes raiará a alva.

²¹E passarão pela terra duramente oprimidos e famintos; e, tendo fome, se agastarão, e amaldiçoarão o seu rei e o seu Deus, olhando para o céu em cima,

²²e para a terra em baixo, e eis aí angústia e escuridão, tristeza da aflição; e para as trevas serão empurrados.

## Capítulo 9

¹Mas para a que estava aflita não haverá escuridão. Nos primeiros tempos, ele envileceu a terra de Zebulom, e a terra de Naftali; mas nos últimos tempos fará glorioso o caminho do mar, além do Jordão, a Galiléia dos gentios.

²O povo que andava em trevas viu uma grande luz; e sobre os que habitavam na terra de profunda escuridão resplandeceu a luz.

³Tu multiplicaste este povo, a alegria lhe aumentaste; todos se alegrarão perante ti, como se alegram na ceifa e como exultam quando se repartem os despojos.

⁴Porque tu quebraste o jugo da sua carga e o bordão do seu ombro, que é o cetro do seu opressor, como no dia de Midiã.

⁵Porque todo calçado daqueles que andavam no tumulto, e toda capa revolvida em sangue serão queimados, servindo de pasto ao fogo.

⁶Porque um menino nos nasceu, um filho se nos deu; e o governo estará sobre os seus ombros; e o seu nome será: Maravilhoso Conselheiro, Deus Forte, Pai Eterno, Príncipe da Paz.

⁷Do aumento do seu governo e da paz não haverá fim, sobre o trono de Davi e no seu reino, para o estabelecer e o fortificar em retidão e em justiça, desde agora e para sempre; o zelo do Senhor dos exércitos fará isso.

⁸O Senhor enviou uma palavra a Jacó, e ela caiu em Israel.

⁹E todo o povo o saberá, Efraim e os moradores de Samária, os quais em soberba e altivez de coração dizem:

¹⁰Os tijolos caíram, mas com cantaria tornaremos a edificar; cortaram-se os sicômoros, mas por cedros os substituiremos.

¹¹Pelo que o Senhor suscita contra eles os adversários de Rezim, e instiga os seus inimigos,

¹²os sírios do Oriente, e os filisteus do Ocidente; e eles devoram a Israel à boca escancarada. Com tudo isso não se apartou a sua ira, mas ainda está estendida a sua mão.

¹³Todavia o povo não se voltou para quem o feriu, nem buscou ao Senhor dos exércitos.

¹⁴Pelo que o Senhor cortou de Israel a cabeça e a cauda, o ramo e o junco, num mesmo dia.

¹⁵O ancião e o varão de respeito, esse é a cabeça; e o profeta que ensina mentiras, esse e a cauda.

¹⁶Porque os que guiam este povo o desencaminham; e os que por eles são guiados são devorados.

¹⁷Pelo que o Senhor não se regozija nos seus jovens, e não se compadece dos seus órfãos e das suas viúvas; porque todos eles são profanos e malfeitores, e toda boca profere doidices. Com tudo isso não se apartou a sua ira, mas ainda está estendida a sua mão.

¹⁸Pois a impiedade lavra como um fogo que devora espinhos e abrolhos, e se ateia no emaranhado da floresta; e eles sobem ao alto em espessas nuvens de fumaça.

¹⁹Por causa da ira do Senhor dos exércitos a terra se queima, e o povo é como pasto do fogo; ninguém poupa ao seu irmão.

²⁰Se colher da banda direita, ainda terá fome, e se comer da banda esquerda, ainda não se fartará; cada um comerá a carne de seu braço.

²¹Manassés será contra Efraim, e Efraim contra Manassés, e ambos eles serão contra Judá. Com tudo isso não se apartou a sua ira, mas ainda está estendida a sua mão.

## Capítulo 10

¹Ai dos que decretam leis injustas, e dos escrivães que escrevem perversidades;

²para privarem da justiça os necessitados, e arrebatarem o direito aos aflitos do meu povo; para despojarem as viúvas e roubarem os órfãos!

³Mas que fareis vós no dia da visitação, e na desolação, que há de vir de longe? a quem recorrereis para obter socorro, e onde deixareis a vossa riqueza?

⁴Nada mais resta senão curvar-vos entre os presos, ou cair entre os mortos. Com tudo isso não se apartou a sua ira, mas ainda está estendida a sua mão.

⁵Ai da Assíria, a vara da minha ira, porque a minha indignação é como bordão nas suas mãos.

⁶Eu a envio contra uma nação ímpia; e contra o povo do meu furor lhe dou ordem, para tomar o despojo, para arrebatar a presa, e para os pisar aos pés, como a lama das ruas.

⁷Todavia ela não entende assim, nem o seu coração assim o imagina; antes no seu coração intenta destruir e desarraigar não poucas nações.

⁸Pois diz: Não são meus príncipes todos eles reis?

⁹Não é Calnó como Carquêmis? não é Hamate como Arpade? e Samária como Damasco?

¹⁰Do mesmo modo que a minha mão alcançou os reinos dos ídolos, ainda que as suas imagens esculpidas eram melhores do que as de Jerusalém e de Samária.

¹¹como fiz a Samária e aos seus ídolos, não o farei igualmente a Jerusalém e aos seus ídolos?

¹²Por isso acontecerá que, havendo o Senhor acabado toda a sua obra no monte Sião e em Jerusalém, então castigará o rei da Assíria pela arrogância do seu coração e a pompa da altivez dos seus olhos.

¹³Porquanto diz ele: Com a força da minha mão o fiz, e com a minha sabedoria, porque sou entendido; eu removi os limites dos povos, e roubei os seus tesouros, e como valente abati os que se sentavam sobre tronos.

¹⁴E achou a minha mão as riquezas dos povos como a um ninho; e como se ajuntam os ovos abandonados, assim eu ajuntei toda a terra; e não houve quem movesse a asa, ou abrisse a boca, ou chilreasse.

¹⁵Porventura gloriar-se-á o machado contra o que corta com ele? ou se engrandecerá a serra contra o que a maneja? como se a vara movesse o que a levanta, ou o bordão levantasse aquele que não é pau!

¹⁶Pelo que o Senhor Deus dos exércitos fará definhar os que entre eles são gordos, e debaixo da sua glória ateará um incêndio, como incêndio de fogo.

¹⁷A Luz de Israel virá a ser um fogo e o seu Santo uma labareda, que num só dia abrasará e consumirá os seus espinheiros e as suas sarças.

¹⁸Também consumirá a glória da sua floresta, e do seu campo fértil, desde a alma até o corpo; e será como quando um doente vai definhando.

¹⁹E o resto das árvores da sua floresta será tão pouco que um menino as poderá contar.

²⁰E acontecerá naquele dia que o resto de Israel, e os que tiverem escapado da casa de Jacó, nunca mais se estribarão sobre aquele que os feriu; antes se estribarão lealmente sobre o Senhor, o Santo de Israel.

²¹Um resto voltará; sim, o resto de Jacó voltará para o Deus forte.

²²Porque ainda que o teu povo, ó Israel, seja como a areia do mar, só um resto dele voltará. Uma destruição está determinada, trasbordando de justiça.

²³Pois uma destruição, e essa já determinada, o Senhor Deus dos exércitos executará no meio de toda esta terra.

²⁴Pelo que assim diz o Senhor Deus dos exércitos: Ó povo meu, que habitas em Sião, não temas a Assíria, quando te ferir com a vara, e contra ti levantar o seu bordão a maneira dos egípcios;

²⁵porque daqui a bem pouco se cumprirá a minha indignação, e a minha ira servirá para os consumir.

²⁶E o Senhor dos exércitos suscitará contra ela um flagelo, como a matança de Midiã junto à rocha de Orebe; e a sua vara se estenderá sobre o mar, e ele a levantará como no Egito.

²⁷E naquele dia a sua carga será tirada do teu ombro, e o seu jugo do teu pescoço; e o jugo será quebrado por causa da gordura.

²⁸Os assírios já chegaram a Aiate, passaram por Migrom; em Micmás deixam depositada a sua bagagem;

²⁹já atravessaram o desfiladeiro, já se alojam em Geba; Ramá treme, Gibeá de Saul já fugiu.

³⁰Clama com alta voz, ó filha de Galim! Ouve, ó Laís! Responde-lhe, ó Anatote!

³¹Já se foi Madmena; os moradores de Gebim procuram refúgio.

³²Hoje mesmo parará em Nobe; sacudirá o punho contra o monte da filha de Sião, o outeiro de Jerusalém.

³³Eis que o Senhor Deus dos exércitos cortará os ramos com violência; e os de alta estatura serão cortados, e os elevados serão abatidos.

³⁴E cortará com o ferro o emaranhado da floresta, e o Líbano cairá pela mão de um poderoso.

## Capítulo 11

¹Então brotará um rebento do toco de Jessé, e das suas raízes um renovo frutificará.

²E repousará sobre ele o Espírito do Senhor, o espírito de sabedoria e de entendimento, o espírito de conselho e de fortaleza, o espírito de conhecimento e de temor do Senhor.

³E deleitar-se-á no temor do Senhor; e não julgará segundo a vista dos seus olhos, nem decidirá segundo o ouvir dos seus ouvidos;

⁴mas julgará com justiça os pobres, e decidirá com eqüidade em defesa dos mansos da terra; e ferirá a terra com a vara de sua boca, e com o sopro dos seus lábios matará o ímpio.

⁵A justiça será o cinto dos seus lombos, e a fidelidade o cinto dos seus rins.

⁶Morará o lobo com o cordeiro, e o leopardo com o cabrito se deitará; e o bezerro, e o leão novo e o animal cevado viverão juntos; e um menino pequeno os conduzirá.

⁷A vaca e a ursa pastarão juntas, e as suas crias juntas se deitarão; e o leão comerá palha como o boi.

⁸A criança de peito brincará sobre a toca da áspide, e a desmamada meterá a sua mão na cova do basilisco.

⁹Não se fará mal nem dano algum em todo o meu santo monte; porque a terra se encherá do conhecimento do Senhor, como as águas cobrem o mar.

¹⁰Naquele dia a raiz de Jessé será posta por estandarte dos povos, à qual recorrerão as nações; gloriosas lhe serão as suas moradas.

¹¹Naquele dia o Senhor tornará a estender a sua mão para adquirir outra vez o resto do seu povo, que for deixado, da Assíria, do Egito, de Patros, da Etiópia, de Elão, de Sinar, de Hamate, e das ilhas do mar.

¹²Levantará um pendão entre as nações e ajuntará os desterrados de Israel, e es dispersos de Judá congregará desde os quatro confins da terra.

## Isaías

¹³Também se esvaecerá a inveja de Efraim, e os vexadores de Judá serão desarraigados; Efraim não invejará a Judá e Judá não vexará a Efraim.

¹⁴Antes voarão sobre os ombros dos filisteus ao Ocidente; juntos despojarão aos filhos do Oriente; em Edom e Moabe porão as suas mãos, e os filhos de Amom lhes obedecerão.

¹⁵E o Senhor destruirá totalmente a língua do mar do Egito; e vibrará a sua mão contra o Rio com o seu vento abrasador, e, ferindo-o, dividi-lo-á em sete correntes, e fará que por ele passem a pé enxuto.

¹⁶Assim haverá caminho plano para e restante do seu povo, que voltar da Assíria, como houve para Israel no dia em que subiu da terra do Egito.

### Capítulo 12

¹Dirás, pois, naquele dia: Graças te dou, ó Senhor; porque, ainda que te iraste contra mim, a tua ira se retirou, e tu me confortaste.

²Eis que Deus é a minha salvação; eu confiarei e não temerei porque o Senhor, sim o Senhor é a minha força e o meu cântico; e se tornou a minha salvação.

³Portanto com alegria tirareis águas das fontes da salvação.

⁴E direis naquele dia: Dai graças ao Senhor, invocai o seu nome, fazei notórios os seus feitos entre os povos, proclamai quão excelso é o seu nome.

⁵Cantai ao Senhor; porque fez coisas grandiosas; saiba-se isso em toda a terra.

⁶Exulta e canta de gozo, ó habitante de Sião; porque grande é o Santo de Israel no meio de ti.

### Capítulo 13

¹Oráculo acerca de Babilônia, que Isaías, filho de Amoz, recebeu numa visão.

²Alçai uma bandeira sobre o monte escalvado; levantai a voz para eles; acenai-lhes com a mão, para que entrem pelas portas dos príncipes.

³Eu dei ordens aos meus consagrados; sim, já chamei os meus valentes para executarem a minha ira, os que exultam arrogantemente.

⁴Eis um tumulto sobre os montes, como o de grande multidão! Eis um tumulto de reinos, de nações congregadas! O Senhor dos exércitos passa em revista o exército para a guerra.

⁵Vêm duma terra de longe, desde a extremidade do céu, o Senhor e os instrumentos da sua indignação, para destruir toda aquela terra.

⁶Uivai, porque o dia do Senhor está perto; virá do Todo-Poderoso como assolação.

⁷Pelo que todas as mãos se debilitarão, e se dereterá o coração de todos os homens.

⁸E ficarão desanimados; e deles se apoderarão dores e ais; e se angustiarão, como a mulher que está de parto; olharão atônitos uns para os outros; os seus rostos serão rostos flamejantes.

⁹Eis que o dia do Senhor vem, horrendo, com furor e ira ardente; para pôr a terra em assolação e para destruir do meio dela os seus pecadores.

¹⁰Pois as estrelas do céu e as suas constelações não deixarão brilhar a sua luz; o sol se escurecerá ao nascer, e a lua não fará resplandecer a sua luz.

¹¹E visitarei sobre o mundo a sua maldade, e sobre os ímpios a sua iniqüidade; e farei cessar a arrogância dos atrevidos, e abaterei a soberba dos cruéis.

¹²Farei que os homens sejam mais raros do que o ouro puro, sim mais raros do que o ouro fino de Ofir.

¹³Pelo que farei estremecer o céu, e a terra se moverá do seu lugar, por causa do furor do Senhor dos exércitos, e por causa do dia da sua ardente ira.

¹⁴E como a corça quando é perseguida, e como a ovelha que ninguém recolhe, assim cada um voltará para o seu povo, e cada um fugirá para a sua terra.

¹⁵Todo o que for achado será traspassado; e todo o que for apanhado, cairá à espada.

¹⁶E suas crianças serão despedaçadas perante os seus olhos; as suas casas serão saqueadas, e as suas mulheres violadas.

¹⁷Eis que suscitarei contra eles os medos, que não farão caso da prata, nem tampouco no ouro terão prazer.

¹⁸E os seus arcos despedaçarão aos mancebos; e não se compadecerão do fruto do ventre; os seus olhos não pouparão as crianças.

¹⁹E Babilônia, a glória dos reinos, o esplendor e o orgulho dos caldeus, será como Sodoma e Gomorra, quando Deus as transtornou.

²⁰Nunca mais será habitada, nem nela morará alguém de geração em geração; nem o árabe armará ali a sua tenda; nem tampouco os pastores ali farão deitar os seus rebanhos.

²¹Mas as feras do deserto repousarão ali, e as suas casas se encherão de horríveis animais; e ali habitarão as avestruzes, e os sátiros pularão ali.

²²As hienas uivarão nos seus castelos, e os chacais nos seus palácios de prazer; bem perto está o seu tempo, e os seus dias não se prolongarão.

### Capítulo 14

¹Pois o Senhor se compadecerá de Jacó, e ainda escolherá a Israel e os porá na sua própria terra; e ajuntar-se-ão com eles os estrangeiros, e se apegarão à casa de Jacó.

²E os povos os receberão, e os levarão aos seus lugares; e a casa de Israel os possuirá por servos e por servas, na terra do Senhor e cativarão aqueles que os cativaram, e dominarão os seus opressores.

³No dia em que Deus vier a dar-te descanso do teu trabalho, e do teu tremor, e da dura servidão com que te fizeram servir,

⁴proferirás esta parábola contra o rei de Babilônia, e dirás: Como cessou o opressor! como cessou a tirania!

⁵Já quebrantou o Senhor o bastão dos ímpios e o cetro dos dominadores;

⁶cetro que feria os povos com furor, com açoites incessantes, e que em ira dominava as nações com uma perseguição irresistível.

⁷Toda a terra descansa, e está sossegada! Rompem em brados de júbilo.

⁸Até as faias se alegram sobre ti, e os cedros do Líbano, dizendo: Desde que tu caiste ninguém sobe contra nós para nos cortar.

⁹O Seol desde o profundo se turbou por ti, para sair ao teu encontro na tua vinda; ele despertou por ti os mortos, todos os que eram príncipes da terra, e fez levantar dos seus tronos todos os que eram reis das nações.

¹⁰Estes todos responderão, e te dirão: Tu também estás fraco como nós, e te tornaste semelhante a nós.

¹¹Está derrubada até o Seol a tua pompa, o som dos teus alaúdes; os bichinhos debaixo de ti se estendem e os bichos te cobrem.

¹²Como caíste do céu, ó estrela da manhã, filha da alva! como foste lançado por terra tu que prostravas as nações!

¹³E tu dizias no teu coração: Eu subirei ao céu; acima das estrelas de Deus exaltarei o meu trono; e no monte da congregação me assentarei, nas extremidades do norte;

¹⁴subirei acima das alturas das nuvens, e serei semelhante ao Altíssimo.

¹⁵Contudo levado serás ao Seol, ao mais profundo do abismo.

¹⁶Os que te virem te contemplarão, considerar-te-ão, e dirão: É este o varão que fazia estremecer a terra, e que fazia tremer os reinos?

¹⁷Que punha o mundo como um deserto, e assolava as suas cidades? que a seus cativos não deixava ir soltos para suas casas?

¹⁸Todos os reis das nações, todos eles, dormem com glória, cada um no seu túmulo.

¹⁹Mas tu és lançado da tua sepultura, como um renovo abominável, coberto de mortos atravessados a espada, como os que descem às pedras da cova, como cadáver pisado aos pés.

²⁰Com eles não te reunirás na sepultura; porque destruíste a tua terra e mataste o teu povo. Que a descendência dos malignos não seja nomeada para sempre!

²¹Preparai a matança para os filhos por causa da maldade de seus pais, para que não se levantem, e possuam a terra, e encham o mundo de cidades.

²²Levantar-me-ei contra eles, diz o Senhor dos exércitos, e exterminarei de Babilônia o nome, e os sobreviventes, o filho, e o neto, diz o Senhor.

²³E reduzi-la-ei a uma possessão do ouriço, e a lagoas de águas; e varrê-la-ei com a vassoura da destruição, diz o Senhor dos exércitos.

²⁴O Senhor dos exércitos jurou, dizendo: Como pensei, assim sucederá, e como determinei, assim se efetuará.

²⁵Quebrantarei o assírio na minha terra e nas minhas montanhas o pisarei; então o seu jugo se apartará deles e a sua carga se desviará dos seus ombros.

²⁶Este é o conselho que foi determinado sobre toda a terra; e esta é a mão que está estendida sobre todas as nações.

²⁷Pois o Senhor dos exércitos o determinou, e quem o invalidará? A sua mão estendida está, e quem a fará voltar atrás?

²⁸No ano em que morreu o rei Acaz, veio este oráculo.

²⁹Não te alegres, ó Filístia toda, por ser quebrada a vara que te feria; porque da raiz da cobra sairá um basilisco, e o seu fruto será uma serpente voadora.

³⁰E os primogênitos dos pobres serão apascentados, e os

necessitados se deitarão seguros; mas farei morrer de fome a tua raiz, e será destruído o teu restante.

³¹Uiva, ó porta; grita, ó cidade; tu, ó Filístia, estás toda derretida; porque do norte vem fumaça; e não há vacilante nas suas fileiras.

³²Que se responderá pois aos mensageiros do povo? Que o Senhor fundou a Sião, e que nela acharão refúgio os aflitos do seu povo.

## Capítulo 15

¹Oráculo acerca de Moabe. Porque Ar foi destruída numa noite, Moabe está desfeita; porque Quir foi destruída numa noite, Moabe está desfeita.

²Subiu a filha de Dibom aos altos para chorar; por Nebo e por Medeba pranteia Moabe; em todas as cabeças há calva, e toda barba é rapada.

³Nas suas ruas cingem-se de saco; nos seus terraços e nas suas praças todos andam pranteando, e choram abundantemente.

⁴Assim Hesbom como Eleale andam gritando; até Jaaz se ouve a sua voz; por isso os armados de Moabe clamam; estremece-lhes a alma.

⁵O meu coração clama por causa de Moabe; fogem os seus nobres para Zoar, qual uma novilha de três anos; pois vão chorando pela encosta de Luíte; no caminho de Horonaim levantam um grito de destruição.

⁶As águas de Ninrim são desoladas; secou-se a relva, definhou a erva verde, e não há verdura alguma.

⁷Pelo que a abundância que ajuntaram, e o que guardaram, para além do ribeiro dos salgueiros o levam.

⁸Pois o pranto já rodeou os limites de Moabe; até Eglaim chegou o seu clamor, e ainda até Beer-Elim o seu rugido.

⁹Pois as águas de Dimom estão cheias de sangue; pelo que ainda acrescentarei mais a Dimom, um leão contra aqueles que escaparem de Moabe, e contra o restante que ficou na terra.

## Capítulo 16

¹Enviaram cordeiros ao governador da terra, desde Sela, pelo deserto, até o monte da filha de Sião.

²Pois como pássaros que vagueiam, como ninhada dispersa, assim são as filhas de Moabe junto aos vaus do Arnom.

³Dá conselhos, executa juízo; põe a tua sombra como a noite ao pino do meio-dia; esconde os desterrados, e não traias o fugitivo.

⁴Habitem entre vós os desterrados de Moabe; serve-lhes de refúgio perante a face do destruidor. Quando o homem violento tiver fim, e a destruição tiver cessado, havendo os opressores desaparecido de sobre a terra,

⁵então um trono será estabelecido em benignidade, e sobre ele no tabernáculo de Davi se assentará em verdade um que julgue, e que procure a justiça e se apresse a praticar a retidão.

⁶Ouvimos da soberba de Moabe, a soberbíssima; da sua arrogância, da sua soberba, e da sua insolência; de nada valem as suas jactâncias.

⁷portanto Moabe pranteará; pranteará todos por Moabe; pelos bolos de passas de Quir-Haresete suspirareis, inteiramente desanimados.

⁸porque os campos de Hesbom enfraqueceram, e a vinha de Sibma; os senhores das nações derrubaram os seus ramos, que chegaram a Jazer e penetraram no deserto; os seus rebentos se estenderam e passaram além do mar.

⁹Pelo que prantearei, com o pranto de Jazer, a vinha de Sibma; regar-te-ei com as minhas lágrimas, ó Hesbom e Eleale; porque sobre os teus frutos de verão e sobre a tua sega caiu o grito da batalha.

¹⁰A alegria e o regozijo são tirados do fértil campo, e nas vinhas não se canta, nem há júbilo algum; já não se pisam as uvas nos lagares. Eu fiz cessar os gritos da vindima.

¹¹Pelo que minha alma lamenta por Moabe como harpa, e o meu íntimo por Quir-Heres.

¹²E será que, quando Moabe se apresentar, quando se cansar nos altos, e entrar no seu santuário a orar, nada alcançará.

¹³Essa é a palavra que o Senhor falou no passado acerca de Moabe.

¹⁴Mas agora diz o Senhor: Dentro de três anos, tais como os anos do jornaleiro, será envilecida a glória de Moabe, juntamente com toda a sua grande multidão; e os que lhe restarem serão poucos e débeis.

## Capítulo 17

¹Oráculo acerca de Damasco. Eis que Damasco será tirada, para não mais ser cidade, e se tornará um montão de ruínas.

²As cidades de Aroer serão abandonadas; hão de ser para os rebanhos, que se deitarão sem haver quem os espante.

³E a fortaleza de Efraim cessará, como também o reino de Damasco e o resto da Síria; serão como a glória dos filhos de Israel, diz o Senhor dos exércitos.

⁴E será diminuída naquele dia a glória de Jacó, e a gordura da sua carne desaparecerá.

⁵E será como o segador que colhe o trigo, e que com o seu braço sega as espigas; sim, será como quando alguém colhe espigas no vale de Refaim.

⁶Mas ainda ficarão nele alguns rabiscos, como no sacudir da oliveira: duas ou três azeitonas na mais alta ponta dos ramos, e quatro ou cinco nos ramos mais exteriores de uma árvore frutífera, diz o Senhor Deus de Israel.

⁷Naquele dia atentará o homem para o seu Criador, e os seus olhos olharão para o Santo de Israel.

⁸E não atentará para os altares, obra das suas mãos; nem olhará para o que fizeram seus dedos, para os aserins e para os altares do incenso.

⁹Naquele dia as suas cidades fortificadas serão como os lugares abandonados no bosque ou sobre o cume das montanhas, os quais foram abandonados ante os filhos de Israel; e haverá assolação.

¹⁰Porquanto te esqueceste do Deus da tua salvação, e não te lembraste da rocha da tua fortaleza; por isso, ainda que faças plantações deleitosas e ponhas nelas sarmentos de uma vide estranha,

¹¹e as faças crescer no dia em que as plantares, e florescer na manhã desse dia, a colheita voará no dia da tribulação e das dores insofríveis.

¹²Ai do bramido de muitos povos que bramam como o bramido dos mares; e do rugido das nações que rugem como o rugido de impetuosas águas.

¹³Rugem as nações, como rugem as muitas águas; mas Deus as repreenderá, e elas fugirão para longe; e serão afugentadas como a pragana dos montes diante do vento e como a poeira num redemoinho diante do tufão.

¹⁴Ao anoitecer, eis o terror! e antes que amanheça eles já não existem. Esse é o quinhão daqueles que nos despojam, e a sorte daqueles que nos saqueiam.

## Capítulo 18

¹Ai da terra do roçar das asas, que está além dos rios da Etiópia;

²que envia embaixadores por mar em navios de junco sobre as águas, dizendo: Ide, mensageiros velozes, a um povo de alta estatura e de tez luzidia, a um povo terrível desde o seu princípio, a uma nação forte e vitoriosa, cuja terra os rios dividem!

³Vede, todos vós, habitantes do mundo, e vós os moradores da terra, quando se arvorar a bandeira nos montes; e ouvi, quando se tocar a trombeta.

⁴Pois assim me disse o Senhor: estarei quieto, olhando desde a minha morada, como o ardor do sol resplandecente, como a nuvem do orvalho no calor da sega.

⁵Pois antes da sega, quando acaba a flor e o gomo se torna uva prestes a amadurecer, ele cortará com foices os sarmentos e tirará os ramos, e os lançará fora.

⁶Serão deixados juntos para as aves dos montes e os animais da terra; e sobre eles veranearão as aves de rapina, e todos os animais da terra invernarão sobre eles.

⁷Naquele tempo será levado um presente ao Senhor dos exércitos da parte dum povo alto e de tez luzidia, e dum povo terrível desde o seu princípio, uma nação forte e vitoriosa, cuja terra os rios dividem; um presente, sim, será levado ao lugar do nome do Senhor dos exércitos, ao monte Sião.

## Capítulo 19

¹Profecia acerca do Egito. Eis que o Senhor vem cavalgando numa nuvem ligeira, e entra no Egito; e os ídolos do Egito estremecerão diante dele, e o coração dos egípcios se derreterá dentro de si.

²Incitarei egípcios contra egípcios; e cada um pelejará contra o seu irmão, e cada um contra o seu próximo, cidade contra cidade, reino contra reino.

³E o espírito dos egípcios se esvaecerá dentro deles; eu destruirei o seu conselho; e eles consultarão os seus ídolos, e encantadores, e necromantes e feiticeiros.

⁴Pelo que entregarei os egípcios nas mãos de um senhor duro; e um rei rigoroso os dominará, diz o Senhor Deus dos exércitos.

⁵e as águas do Nilo minguarão, e o rio se esgotará e secará.

⁶Também os rios exalarão um fedor; diminuirão e secarão os canais do Egito; as canas e os juncos murcharão.

⁷Os prados junto ao Nilo, ao longo das suas margens, sim, tudo o que foi semeado junto dele secará, será arrancado, e deixará de existir.

⁸E os pescadores gemerão, e lamentarão todos os que lançam anzol ao Nilo, e desfalecerão os que estendem rede sobre as águas.

⁹Envergonhar-se-ão os que trabalham em linho fino, e os que tecem pano branco.

¹⁰E os que são as colunas do Egito serão esmagados, e todos os que trabalham, por salário serão entristecidos.

¹¹Na verdade estultos são os príncipes de Zoã; o conselho dos mais sábios conselheiros de Faraó se embruteceu. Como pois a Faraó direis: Sou filho de sábios, filho de reis antigos?

¹²Onde estão agora os teus sábios? anunciem-te agora, e te façam saber o que o Senhor dos exércitos determinou contra o Egito.

¹³Estultos tornaram-se os príncipes de Zoã, enganados estão os príncipes de Mênfis; fizeram errar o Egito, os que são a pedra de esquina das suas tribos.

¹⁴O Senhor derramou no meio deles um espírito de confusão; e eles fizeram errar o Egito em todas as suas obras, como o bêbedo vai cambaleando no seu vômito.

¹⁵E não haverá para o Egito coisa alguma que possa fazer cabeça ou cauda, ramo ou junco.

¹⁶Naquele dia os egípcios serão como mulheres, e tremerão e temerão por vibrar o Senhor dos exércitos a sua mão contra eles.

¹⁷E a terra de Judá será um espanto para o Egito; todo aquele a quem isso se anunciar se assombrará, por causa do propósito que o Senhor dos exércitos determinou contra eles.

¹⁸Naquele dia haverá cinco cidades na terra do Egito que falem a língua de Canaã e façam juramento ao Senhor dos exércitos. Uma destas se chamará Cidade de destruição.

¹⁹Naquele dia haverá um altar dedicado ao Senhor no meio da terra do Egito, e uma coluna se erigirá ao Senhor, na sua fronteira.

²⁰E servirá isso de sinal e de testemunho ao Senhor dos exércitos na terra do Egito; quando clamarem ao Senhor por causa dos opressores, ele lhes enviará um salvador, que os defenderá e os livrará.

²¹E o Senhor se dará a conhecer ao Egito e os egípcios conhecerão ao Senhor naquele dia, e o adorarão com sacrifícios e ofertas, e farão votos ao Senhor, e os cumprirão.

²²E ferirá o Senhor aos egípcios; feri-los-á, mas também os curará; e eles se voltarão para o Senhor, que ouvirá as súplicas deles e os curará.

²³Naquele dia haverá estrada do Egito até a Assíria, e os assírios virão ao Egito, e os egípcios irão à Assíria; e os egípcios adorarão com os assírios.

²⁴Naquele dia Israel será o terceiro com os egípcios e os assírios, uma benção no meio da terra;

²⁵porquanto o Senhor dos exércitos os tem abençoado, dizendo: Bem-aventurado seja o Egito, meu povo, e a Assíria, obra de minhas mãos, e Israel, minha herança.

## Capítulo 20

¹No ano em que Tartã, enviado por Sargão, rei da Assíria, veio a Asdode, e guerreou contra Asdode, e a tomou;

²falou o Senhor, naquele tempo, por intermédio de Isaías, filho de Amoz, dizendo: Vai, solta o cilício de teus lombos, e descalça os sapatos dos teus pés. E ele assim o fez, andando nu e descalço.

³Então disse o Senhor: Assim como o meu servo Isaías andou três anos nu e descalço, por sinal e portento contra o Egito e contra a Etiópia,

⁴assim o rei da Assíria levará em cativeiro os presos do Egito, e os exilados da Etiópia, tanto moços como velhos, nus e descalços, e com as nádegas descobertas, para vergonha do Egito.

⁵E assombrar-se-ão, e envergonhar-se-ão por causa da Etiópia, sua esperança, e do Egito, sua glória.

⁶Então os moradores desta região litorânea dirão naquele dia: Vede que tal é a nossa esperança, aquilo que buscamos por socorro, para nos livrarmos do rei da Assíria! Como pois escaparemos nós?

## Capítulo 21

¹Oráculo acerca do deserto do mar. Como os tufões de vento do sul, que tudo assolam, aí vem do deserto, duma terra horrível.

²Dura visão me foi manifesta: o pérfido trata perfidamente, e o destruidor anda destruindo. Sobe, ó Elão, sitia, ó Média; já fiz cessar todo o seu gemido.

³Pelo que os meus lombos estão cheios de angústia; dores apoderaram-se de mim como as dores de mulher na hora do parto; estou tão atribulado que não posso ouvir, tão desfalecido que não posso ver.

⁴O meu coração se agita, o horror apavora-me; o crepúsculo, que desejava, tem-se-me tornado em tremores.

⁵Eles põem a mesa, estendem os tapetes, comem, bebem. Levantai-vos, príncipes, e ungí o escudo.

⁶Porque assim me disse o Senhor: Vai, põe uma sentinela; e ela que diga o que vir.

⁷Quando vir uma tropa de cavaleiros de dois a dois, uma tropa de jumentos, ou uma tropa de camelos, escute a sentinela atentamente com grande cuidado.

⁸Então clamou aquele que viu: Senhor, sobre a torre de vigia estou em pé continuamente de dia, e de guarda me ponho todas as noites.

⁹E eis aqui agora vem uma tropa de homens, cavaleiros de dois a dois. Então ele respondeu e disse: Caiu, caiu Babilônia; e todas as imagens esculpidas de seus deuses são despedaçadas até o chão.

¹⁰Ah, malhada minha, e trigo da minha eira! o que ouvi do Senhor dos exércitos, Deus de Israel, isso vos tenho anunciado.

¹¹Oráculo acerca de Dumá. Alguém clama a mim de Seir: Guarda, que horas são da noite? guarda, que horas são da noite?

¹²Respondeu o guarda: Vem a manhã, e também a noite; se quereis perguntar, perguntai; voltai, vinde.

¹³Oráculo contra a Arábia. Nos bosques da Arábia passareis a noite, ó caravanas de dedanitas.

¹⁴Saí com água ao encontro dos sedentos; ó moradores da terra de Tema, saí com pão ao encontro dos fugitivos.

¹⁵pois fogem diante das espadas, diante da espada desembainhada, e diante do arco armado, e diante da pressão da guerra.

¹⁶porque assim me disse o Senhor: Dentro de um ano, tal como os anos de jornaleiro, toda a glória de Quedar esvaecerá.

¹⁷e os restantes do número dos flecheiros, os valentes dos filhos de Quedar, serão diminuídos; porque assim o disse o Senhor, Deus de Israel.

## Capítulo 22

¹Oráculo acerca do vale da visão. Que tens agora, pois que com todos os teus subiste aos telhados?

²e tu que estás cheia de clamor, cidade turbulenta, cidade alegre; os teus mortos não são mortos à espada, nem mortos em guerra.

³Todos os teus homens principais juntamente fugiram, sem o arco foram presos; todos os que em ti se acharam, foram presos juntamente, embora tivessem fugido para longe.

⁴Portanto digo: Desviai de mim a vista, e chorarei amargamente; não vos canseis mais em consolar-me pela destruição da filha do meu povo.

⁵Porque dia de destroço, de atropelamento, e de confusão é este da parte do Senhor Deus dos exércitos, no vale da visão; um derrubar de muros, e um clamor até as montanhas.

⁶Elão tomou a aljava, juntamente com carros e cavaleiros, e Quir descobriu os escudos.

⁷Os teus mais formosos vales ficaram cheios de carros, e os cavaleiros postaram-se contra as portas.

⁸Tirou-se a cobertura de Judá; e naquele dia olhaste para as armas da casa do bosque.

⁹E vistes que as brechas da cidade de Davi eram muitas; e ajuntastes as águas da piscina de baixo;

¹⁰e contastes as casas de Jerusalém, e derrubastes as casas, para fortalecer os muros;

¹¹fizestes também um reservatório entre os dois muros para as águas da piscina velha; mas não olhastes para aquele que o tinha feito, nem considerastes o que o formou desde a antiguidade.

¹²O Senhor Deus dos exércitos vos convidou naquele dia para chorar e prantear, para rapar a cabeça e cingir o cilício;

¹³mas eis aqui gozo e alegria; matam-se bois, degolam-se ovelhas, come-se carne, bebe-se vinho, e se diz: Comamos e bebamos, porque amanhã morreremos.

¹⁴Mas o Senhor dos exércitos revelou-se aos meus ouvidos, dizendo: Certamente esta maldade não se vos perdoará até que morrais, diz o Senhor Deus dos exércitos.

¹⁵Assim diz o Senhor Deus dos exércitos: Anda, vai ter com esse administrador, Sebna, o mordomo, e pergunta-lhe:

¹⁶Que fazes aqui? ou que parente tens tu aqui, para que cavasses aqui uma sepultura? Cavando em lugar alto a tua sepultura, cinzelando na rocha morada para ti mesmo!

¹⁷Eis que o Senhor te arrojará violentamente, ó homem forte, e seguramente te prenderá.

¹⁸Certamente te enrolará como uma bola, e te lançará para um país espaçoso. Ali morrerás, e ali irão os teus magníficos carros, ó tu, opróbrio da casa do teu senhor.

¹⁹E demitir-te-ei do teu posto; e da tua categoria serás derrubado.

²⁰Naquele dia chamarei a meu servo Eliaquim, filho de Hilquias,

²¹e vesti-lo-ei da tua túnica, e cingi-lo-ei com o teu cinto, e

entregarei nas suas mãos o teu governo; e ele será como pai para os moradores de Jerusalém, e para a casa de Judá.

²²Porei a chave da casa de Davi sobre o seu ombro; ele abrirá, e ninguém fechará; fechará, e ninguém abrirá.

²³E fixá-lo-ei como a um prego num lugar firme; e será como um trono de honra para a casa de seu pai.

²⁴Nele, pois, pendurarão toda a glória da casa de seu pai, a prole e a progênie, todos os vasos menores, desde as taças até os jarros.

²⁵Naquele dia, diz o Senhor dos exércitos, cederá o prego fincado em lugar firme; será cortado, e cairá; e a carga que nele estava se desprenderá, porque o Senhor o disse.

## Capítulo 23

¹Oráculo acerca de Tiro. Uivai, navios de Társis, porque ela está desolada, a ponto de não haver nela casa nem abrigo; desde a terra de Quitim lhes foi isso revelado.

²Calai-vos, moradores do litoral, vós a quem encheram os mercadores de Sidom, navegando pelo mar.

³Por sobre grandes águas foi-lhe trazida a sua provisão, a semente de Sior, a ceifa do Nilo; e ela se tornou a feira das nações.

⁴Envergonha-te, ó Sidom; porque o mar falou, a fortaleza do mar disse: Eu não tive dores de parto, nem dei à luz, nem ainda criei mancebos, nem eduquei donzelas.

⁵Quando a notícia chegar ao Egito, assim haverá dores quando se ouvirem as notícias de Tiro.

⁶Passai a Társis; uivai, moradores do litoral.

⁷É esta, porventura, a vossa cidade alegre, cuja origem é dos dias antigos, cujos pés a levavam para longe a peregrinar?

⁸Quem formou este desígnio contra Tiro, distribuidora de coroas, cujos mercadores eram príncipes e cujos negociantes eram os mais nobres da terra?

⁹O Senhor dos exércitos formou este desígnio para denegrir a soberba de toda a glória, e para reduzir à ignomínia os ilustres da terra.

¹⁰Inunda como o Nilo a tua terra, ó filha de Társis; já não há mais o que te refreie.

¹¹Ele estendeu a sua mão sobre o mar, e abalou os reinos; o Senhor deu mandado contra Canaã, para destruir as suas fortalezas.

¹²E disse: Não continuarás mais a te regozijar, ó oprimida donzela, filha de Sidom; levanta-te, passa a Chipre, e ainda ali não terás descanso.

¹³Eis a terra dos caldeus! este é o povo, não foi a Assíria. Destinou a Tiro para as feras do deserto; levantaram as suas torres de sítio; derrubaram os palácios dela; a ruínas a reduziu.

¹⁴Uivai, navios de Társis; porque está desolada a vossa fortaleza.

¹⁵Naquele dia Tiro será posta em esquecimento por setenta anos, conforme os dias dum rei; mas depois de findos os setenta anos, sucederá a Tiro como se diz na canção da prostituta.

¹⁶Toma a harpa, rodeia a cidade, ó prostituta, entregue ao esquecimento; toca bem, canta muitos cânticos, para que haja memória de ti.

¹⁷No fim de setenta anos o Senhor visitará a Tiro, e ela tornará à sua ganância de prostituta, e fornicará com todos os reinos que há sobre a face da terra.

¹⁸E será consagrado ao Senhor o seu comércio e a sua ganância de prostituta; não se entesourará, nem se guardará; mas o seu comércio será para os que habitam perante o Senhor, para que comam suficientemente; e tenham vestimenta esplêndida.

## Capítulo 24

¹Eis que o Senhor esvazia a terra e a desola, transtorna a sua superfície e dispersa os seus moradores.

²E o que suceder ao povo, sucederá ao sacerdote; ao servo, como ao seu senhor; à serva, como à sua senhora; ao comprador, como ao vendedor; ao que empresta, como ao que toma emprestado; ao que recebe usura, como ao que paga usura.

³De todo se esvaziará a terra, e de todo será saqueada, porque o Senhor pronunciou esta palavra.

⁴A terra pranteia e se murcha; o mundo enfraquece e se murcha; enfraquecem os mais altos do povo da terra.

⁵Na verdade a terra está contaminada debaixo dos seus habitantes; porquanto transgridem as leis, mudam os estatutos, e quebram o pacto eterno.

⁶Por isso a maldição devora a terra, e os que habitam nela sofrem por serem culpados; por isso são queimados os seus habitantes, e poucos homens restam.

⁷Pranteia o mosto, enfraquece a vide, e suspiram todos os que eram alegres de coração.

⁸Cessa o folguedo dos tamboris, acaba a algazarra dos jubilantes, cessa a alegria da harpa.

⁹Já não bebem vinho ao som das canções; a bebida forte é amarga para os que a bebem.

¹⁰Demolida está a cidade desordeira; todas as casas estão fechadas, de modo que ninguém pode entrar.

¹¹Há lastimoso clamor nas ruas por falta do vinho; toda a alegria se escureceu, já se foi o prazer da terra.

¹²Na cidade só resta a desolação, e a porta está reduzida a ruínas.

¹³Pois será no meio da terra, entre os povos, como a sacudidura da oliveira, e como os rabiscos, quando está acabada a vindima.

¹⁴Estes alçarão a sua voz, bradando de alegria; por causa da majestade do Senhor clamarão desde o mar.

¹⁵Por isso glorificai ao Senhor no Oriente, e na região litorânea do mar ao nome do Senhor Deus de Israel.

¹⁶Dos confins da terra ouvimos cantar: Glória ao Justo. Mas eu digo: Emagreço, emagreço, ai de mim! os pérfidos tratam perfidamente; sim, os pérfidos tratam muito perfidamente.

¹⁷O pavor, e a cova, e o laço vêm sobre ti, ó morador da terra.

¹⁸Aquele que fugir da voz do pavor cairá na cova, e o que subir da cova o laço o prenderá; porque as janelas do alto se abriram, e os fundamentos da terra tremem.

¹⁹A terra está de todo quebrantada, a terra está de todo fendida, a terra está de todo abalada.

²⁰A terra cambaleia como o ébrio, e balanceia como a rede de dormir; e a sua transgressão se torna pesada sobre ela, e ela cai, e nunca mais se levantará.

²¹Naquele dia o Senhor castigará os exércitos do alto nas alturas, e os reis da terra sobre a terra.

²²E serão ajuntados como presos numa cova, e serão encerrados num cárcere; e serão punidos depois de muitos dias.

²³Então a lua se confundirá, e o sol se envergonhará, pois o Senhor dos exércitos reinará no monte Sião e em Jerusalém; e perante os seus anciãos manifestará a sua glória.

## Capítulo 25

¹Ó Senhor, tu és o meu Deus; exaltar-te-ei a ti, e louvarei o teu nome; porque fizeste maravilhas, os teus conselhos antigos, em fidelidade e em verdade.

²Porque da cidade fizeste um montão, e da cidade fortificada uma ruína, e do paço dos estranhos, que não seja mais cidade; e ela jamais se tornará a edificar.

³Pelo que te glorificará um povo poderoso; e a cidade das nações formidáveis te temerá;

⁴Porque tens sido a fortaleza do pobre, a fortaleza do necessitado na sua angústia, refúgio contra a tempestade, e sombra contra o calor, pois o assopro dos violentos é como a tempestade contra o muro.

⁵Como o calor em lugar seco, tu abaterás o tumulto dos estranhos; como se abranda o calor pela sombra da espessa nuvem, assim acabará o cântico dos violentos.

⁶E o Senhor dos exércitos dará neste monte a todos os povos um banquete de coisas gordurosas, banquete de vinhos puros, de coisas gordurosas feitas de tutanos, e de vinhos puros, bem purificados.

⁷E destruirá neste monte a coberta que cobre todos os povos, e o véu que está posto sobre todas as nações.

⁸Aniquilará a morte para sempre, e assim enxugará o Senhor Deus as lágrimas de todos os rostos, e tirará de toda a terra o opróbrio do seu povo; porque o Senhor o disse.

⁹E naquele dia se dirá: Eis que este é o nosso Deus; por ele temos esperado, para que nos salve. Este é o Senhor; por ele temos esperado; na sua salvação gozaremos e nos alegraremos.

¹⁰Porque a mão do Senhor repousará neste monte; e Moabe será trilhado no seu lugar, assim como se trilha a palha na água do monturo.

¹¹E estenderá as suas mãos no meio disso, assim como as estende o nadador para nadar; mas o Senhor abaterá a sua altivez juntamente com a perícia das suas mãos.

¹²E abaixará as altas fortalezas dos teus muros; abatê-las-á e derrubá-las-á por terra até o pó.

## Capítulo 26

¹Naquele dia se entoará este cântico na terra de Judá: uma cidade forte temos, a que Deus pôs a salvação por muros e antemuros.

²Abri as portas, para que entre nela a nação justa, que observa a verdade.

³Tu conservarás em paz aquele cuja mente está firme em ti; porque ele confia em ti.

⁴Confiai sempre no Senhor; porque o Senhor Deus é uma rocha

*Isaías*

eterna.

⁵porque ele tem derrubado os que habitam no alto, na cidade elevada; abate-a, abate-a até o chão; e a reduz até o pó.

⁶Pisam-na os pés, os pés dos pobres, e os passos dos necessitados.

⁷O caminho do justo é plano; tu, que és reto, nivelas a sua vereda.

⁸No caminho dos teus juízos, Senhor, temos esperado por ti; no teu nome e na tua memória está o desejo da nossa alma.

⁹Minha alma te deseja de noite; sim, o meu espírito, dentro de mim, diligentemente te busca; porque, quando os teus juízos estão na terra, os moradores do mundo aprendem justiça.

¹⁰Ainda que se mostre favor ao ímpio, ele não aprende a justiça; até na terra da retidão ele pratica a iniqüidade, e não atenta para a majestade do Senhor.

¹¹Senhor, a tua mão está levantada, contudo eles não a vêem; vê-la-ão, porém, e confundir-se-ão por causa do zelo que tens do teu povo; e o fogo reservado para os teus adversários os devorará.

¹²Senhor, tu hás de estabelecer para nós a paz; pois tu fizeste para nós todas as nossas obras.

¹³ç Senhor Deus nosso, outros senhores além de ti têm tido o domínio sobre nós; mas, por ti só, nos lembramos do teu nome.

¹⁴Os falecidos não tornarão a viver; os mortos não ressuscitarão; por isso os visitaste e destruíste, e fizeste perecer toda a sua memória.

¹⁵Tu, Senhor, aumentaste a nação; aumentaste a nação e te fizeste glorioso; alargaste todos os confins da terra.

¹⁶Senhor, na angústia te buscaram; quando lhes sobreveio a tua correção, derramaram-se em oração.

¹⁷Como a mulher grávida, quando está próxima a sua hora, tem dores de parto e dá gritos nas suas dores, assim fomos nós diante de ti, ó Senhor!

¹⁸Concebemos nós, e tivemos dores de parto, mas isso foi como se tivéssemos dado à luz o vento; livramento não trouxemos à terra; nem nasceram moradores do mundo.

¹⁹Os teus mortos viverão, os seus corpos ressuscitarão; despertai e exultai, vós que habitais no pó; porque o teu orvalho é orvalho de luz, e sobre a terra das sombras fá-lo-ás cair.

²⁰Vem, povo meu, entra nas tuas câmaras, e fecha as tuas portas sobre ti; esconde-te só por um momento, até que passe a indignação.

²¹Pois eis que o Senhor está saindo do seu lugar para castigar os moradores da terra por causa da sua iniqüidade; e a terra descobrirá o seu sangue, e não encobrirá mais os seus mortos.

## Capítulo 27

¹Naquele dia o Senhor castigará com a sua dura espada, grande e forte, o leviatã, a serpente fugitiva, e o leviatã, a serpente tortuosa; e matará o dragão, que está no mar.

²Naquele dia haverá uma vinha deliciosa; cantai a seu respeito.

³Eu, o Senhor, a guardo, e a cada momento a regarei; para que ninguém lhe faça dano, de noite e de dia a guardarei.

⁴Não há indignação em mim; oxalá que fossem ordenados diante de mim em guerra sarças e espinheiros! eu marcharia contra eles e juntamente os queimaria.

⁵Ou, então, busquem o meu refúgio, e façai, paz comigo; sim, façam paz comigo.

⁶Dias virão em que Jacó lançará raízes; Israel florescerá e brotará; e eles encherão de fruto a face do mundo.

⁷Porventura feriu-os o Senhor como feriu aos que os feriram? ou matou-os ele assim como matou aos que por eles foram mortos?

⁸Com medida contendeste com eles, quando os rejeitaste; ele a removeu com o seu vento forte, no tempo do vento leste.

⁹Por isso se expiará a iniqüidade de Jacó; e este será todo o fruto da remoção do seu pecado: ele fará todas as pedras do altar como pedras de cal feitas em pedaços, de modo que os aserins e as imagens do sol não poderão ser mais levantados.

¹⁰porque a cidade fortificada está solitária, uma habitação rejeitada e abandonada como um deserto; ali pastarão os bezerros, ali também se deitarão e devorarão os seus ramos.

¹¹Quando os seus ramos se secam, são quebrados; vêm as mulheres e lhes ateiam fogo; porque este povo não é povo de entendimento; por isso aquele que o fez não se compadecerá dele, e aquele que o formou não lhe mostrará nenhum favor.

¹²Naquele dia o Senhor padejará o seu trigo desde as correntes do Rio, até o ribeiro do Egito; e vós, ó filhos de Israel, sereis colhidos um a um.

¹³E naquele dia se tocará uma grande trombeta; e os que andavam perdidos pela terra da Assíria, e os que foram desterrados para a terra do Egito tornarão a vir; e adorarão ao Senhor no monte santo em Jerusalém.

## Capítulo 28

¹Ai da vaidosa coroa dos bêbedos de Efraim, e da flor murchada do seu glorioso ornamento, que está sobre a cabeça do fértil vale dos vencidos do vinho.

²Eis que o Senhor tem um valente e poderoso; como tempestade de saraiva, tormenta destruidora, como tempestade de impetuosas águas que transbordam, ele a derrubará violentamente por terra.

³A vaidosa coroa dos bêbedos de Efraim será pisada aos pés;

⁴e a flor murchada do seu glorioso ornamento, que está sobre a cabeça do fértil vale, será como figo que amadurece antes do verão, que, vendo-o alguém, e mal tomando-o na mão, o engole.

⁵Naquele dia o Senhor dos exércitos será por coroa de glória e diadema de formosura para o restante de seu povo;

⁶e por espírito de juízo para o que se assenta a julgar, e por fortaleza para os que fazem recuar a peleja até a porta.

⁷Mas também estes cambaleiam por causa do vinho, e com a bebida forte se desencaminham; até o sacerdote e o profeta cambaleiam por causa da bebida forte, estão tontos do vinho, desencaminham-se por causa da bebida forte; erram na visão, e tropeçam no juízo.

⁸Pois todas as suas mesas estão cheias de vômitos e de sujidade, e não há lugar que esteja limpo.

⁹Ora, a quem ensinará ele o conhecimento? e a quem fará entender a mensagem? aos desmamados, e aos arrancados dos seios?

¹⁰Pois é preceito sobre preceito, preceito sobre preceito; regra sobre regra, regra sobre regra; um pouco aqui, um pouco ali.

¹¹Na verdade por lábios estranhos e por outra língua falará a este povo;

¹²ao qual disse: Este é o descanso, dai descanso ao cansado; e este é o refrigério; mas não quiseram ouvir.

¹³Assim pois a palavra do Senhor lhes será preceito sobre preceito, preceito sobre preceito; regra sobre regra, regra sobre regra; um pouco aqui, um pouco ali; para que vão, e caiam para trás, e fiquem quebrantados, enlaçados, e presos.

¹⁴Ouvi, pois, a palavra do Senhor, homens escarnecedores, que dominais este povo que está em Jerusalém.

¹⁵Porquanto dizeis: Fizemos pacto com a morte, e com o Seol fizemos aliança; quando passar o flagelo trasbordante, não chegará a nós; porque fizemos da mentira o nosso refúgio, e debaixo da falsidade nos escondemos.

¹⁶Portanto assim diz o Senhor Deus: Eis que ponho em Sião como alicerce uma pedra, uma pedra provada, pedra preciosa de esquina, de firme fundamento; aquele que crer não se apressará.

¹⁷E farei o juízo a linha para medir, e a justiça o prumo; e a saraiva varrerá o refúgio da mentira, e as águas inundarão o esconderijo.

¹⁸E o vosso pacto com a morte será anulado; e a vossa aliança com o Seol não subsistirá; e, quando passar o flagelo trasbordante, sereis abatidos por ele.

¹⁹Todas as vezes que passar, vos arrebatará; porque de manhã em manhã passará, de dia e de noite; e será motivo de terror o só ouvir tal notícia.

²⁰Pois a cama é tão curta que nela ninguém se pode estender; e o cobertor tão estreito que com ele ninguém se pode cobrir.

²¹Porque o Senhor se levantará como no monte Perazim, e se irará como no vale de Gibeão, para realizar a sua obra, a sua estranha obra, e para executar o seu ato, o seu estranho ato.

²²Agora, pois, não sejais escarnecedores, para que os vossos grilhões não se façam mais fortes; porque da parte do Senhor Deus dos exércitos ouvi um decreto de destruição completa e decisiva, sobre toda terra.

²³Inclinai os ouvidos, e ouvi a minha voz; escutai, e ouvi o meu discurso.

²⁴Porventura lavra continuamente o lavrador, para semear? ou está sempre abrindo e esterroando a sua terra?

²⁵Não é antes assim: quando já tem nivelado a sua superfície, então espalha a nigela, semeia o cominho, lança o trigo a eito, a cevada no lugar determinado e a espelta na margem?

²⁶Pois o seu Deus o instrui devidamente e o ensina.

²⁷Porque a nigela não se trilha com instrumento de trilhar, nem sobre o cominho passa a roda de carro; mas a nigela é debulhada com uma vara, e o cominho com um pau.

²⁸Acaso é esmiuçado o trigo? não; não se trilha continuamente, nem se esmiúça com as rodas do seu carro e os seus cavalos; não se esmiúça.

²⁹Até isso procede do Senhor dos exércitos, que é maravilhoso em conselho e grande em obra.

## Capítulo 29

¹Ah! Ariel, Ariel, cidade onde Davi acampou! Acrescentai ano a ano; completem as festas o seu ciclo.

²Então porei Ariel em aperto, e haverá pranto e lamentação; e ela será para mim como Ariel.

³Acamparei contra ti em redor, e te sitiarei com baluartes, e levantarei tranqueiras contra ti.

⁴Então serás abatida, falarás de debaixo da terra, e a tua fala desde o pó sairá fraca; e será a tua voz debaixo da terra, como a dum necromante, e a tua fala assobiará desde o pó.

⁵E a multidão dos teus inimigos será como o pó miúdo, e a multidão dos terríveis como a pragana que passa; e isso acontecerá num momento, repentinamente.

⁶Da parte do Senhor dos exércitos será ela visitada com trovões, e com terremotos, e grande ruído, como tufão, e tempestade, e labareda de fogo consumidor.

⁷E como o sonho e uma visão de noite será a multidão de todas as nações que hão de pelejar contra Ariel, sim a multidão de todos os que pelejarem contra ela e contra a sua fortaleza e a puserem em aperto.

⁸Será também como o faminto que sonha que está a comer, mas, acordando, sente-se vazio; ou como o sedento que sonha que está a beber, mas, acordando, desfalecido se acha, e ainda com sede; assim será a multidão de todas as nações que pelejarem contra o monte Sião.

⁹Pasmai, e maravilhai-vos; cegai-vos e ficai cegos; bêbedos estão, mas não de vinho, andam cambaleando, mas não de bebida forte.

¹⁰Porque o Senhor derramou sobre vós um espírito de profundo sono, e fechou os vossos olhos, os profetas; e vendou as vossas cabeças, os videntes.

¹¹Pelo que toda visão vos é como as palavras dum livro selado que se dá ao que sabe ler, dizendo: Ora lê isto; e ele responde: Não posso, porque está selado.

¹²Ou dá-se o livro ao que não sabe ler, dizendo: Ora lê isto; e ele responde: Não sei ler.

¹³Por isso o Senhor disse: Pois que este povo se aproxima de mim, e com a sua boca e com os seus lábios me honra, mas tem afastado para longe de mim o seu coração, e o seu temor para comigo consiste em mandamentos de homens, aprendidos de cor;

¹⁴portanto eis que continuarei a fazer uma obra maravilhosa com este povo, sim uma obra maravilhosa e um assombro; e a sabedoria dos seus sábios perecerá, e o entendimento dos seus entendidos se esconderá.

¹⁵Ai dos que escondem profundamente o seu propósito do Senhor, e fazem as suas obras às escuras, e dizem: Quem nos vê? e quem nos conhece?

¹⁶Vós tudo perverteis! Acaso o oleiro há de ser reputado como barro, de modo que a obra diga do seu artífice: Ele não me fez; e o vaso formado diga de quem o formou: Ele não tem entendimento?

¹⁷Porventura dentro ainda de muito pouco tempo não se converterá o Líbano em campo fértil? e o campo fértil não se reputará por um bosque?

¹⁸Naquele dia os surdos ouvirão as palavras do livro, e dentre a escuridão e dentre as trevas os olhos dos cegos a verão.

¹⁹E os mansos terão cada vez mais gozo no Senhor, e os pobres dentre os homens se alegrarão no santo de Israel.

²⁰Porque o opressor é reduzido a nada, e não existe mais o escarnecedor, e todos os que se dão à iniqüidade são desarraigados,

²¹os que fazem por culpado o homem numa causa, os que armam laços ao que repreende na porta, e os que por um nada desviam o justo.

²²Portanto o Senhor, que remiu a Abraão, assim diz acerca da casa de Jacó: Jacó não será agora envergonhado, nem agora se descorará a sua face.

²³Mas quando virem seus filhos a obra das minhas mãos no meio deles, santificarão o meu nome; sim santificarão ao Santo de Jacó, e temerão ao Deus de Israel.

²⁴E os errados de espírito virão a ter entendimento, e os murmuradores aprenderão instrução.

## Capítulo 30

¹Ai dos filhos rebeldes, diz o Senhor, que tomam conselho, mas não de mim; e que fazem aliança, mas não pelo meu espírito, para acrescentarem pecado a pecado;

²que se põem a caminho para descer ao Egito, sem pedirem o meu conselho; para se fortificarem com a força de Faraó, e para confiarem na sombra do Egito!

³Portanto, a força de Faraó se vos tornará em vergonha, e a confiança na sombra do Egito em confusão.

⁴Pois embora os seus oficiais estejam em Zoã, e os seus embaixadores cheguem a Hanes,

⁵eles se envergonharão de um povo que de nada lhes servirá, nem de ajuda, nem de proveito, porém de vergonha como também de opróbrio.

⁶Oráculo contra a Besta do Sul. Através da terra de aflição e de angústia, de onde vem a leoa e o leão, o basilisco, a áspide e a serpente voadora, levam às costas de jumentinhos as suas riquezas, e sobre as corcovas de camelos os seus tesouros, a um povo que de nada lhes aproveitará.

⁷Pois o Egito os ajuda em vão, e para nenhum fim; pelo que lhe tenho chamado Raabe que não se move.

⁸Vai pois agora, escreve isso numa tábua perante eles, registra-o num livro; para que fique como testemunho para o tempo vindouro, para sempre.

⁹Pois este é um povo rebelde, filhos mentirosos, filhos que não querem ouvir a lei do Senhor;

¹⁰que dizem aos videntes: Não vejais; e aos profetas: Não profetizeis para nós o que é reto; dizei-nos coisas aprazíveis, e profetizai-nos ilusões;

¹¹desviai-vos do caminho, apartai-vos da vereda; fazei que o Santo de Israel deixe de estar perante nós.

¹²Pelo que assim diz o Santo de Israel: Visto como rejeitais esta palavra, e confiais na opressão e na perversidade, e sobre elas vos estribais,

¹³por isso esta maldade vos será como brecha que, prestes a cair, já forma barriga num alto muro, cuja queda virá subitamente, num momento.

¹⁴E ele o quebrará como se quebra o vaso do oleiro, despedaçando-o por completo, de modo que não se achará entre os seus pedaços um caco que sirva para tomar fogo da lareira, ou tirar água da poça.

¹⁵Pois assim diz o Senhor Deus, o Santo de Israel: Voltando e descansando, sereis salvos; no sossego e na confiança estará a vossa força. Mas não quisestes;

¹⁶antes dissestes: Não; porém sobre cavalos fugiremos; portanto fugireis; e: Sobre cavalos ligeiros cavalgaremos; portanto hão de ser ligeiros os vossos perseguidores.

¹⁷Pela ameaça de um só fugirão mil; e pela ameaça de cinco vós fugireis; até que fiqueis como o mastro no cume do monte, e como o estandarte sobre o outeiro.

¹⁸Por isso o Senhor esperará, para ter misericórdia de vós; e por isso se levantará, para se compadecer de vós; porque o Senhor é um Deus de eqüidade; bem-aventurados todos os que por ele esperam.

¹⁹Na verdade o povo habitará em Sião, em Jerusalém; não chorarás mais; certamente se compadecerá de ti, à voz do teu clamor; e, ouvindo-a, te responderá.

²⁰Embora vos dê o Senhor pão de angústia e água de aperto, contudo não se esconderão mais os teus mestres; antes os teus olhos os verão;

²¹e os teus ouvidos ouvirão a palavra do que está por detrás de ti, dizendo: Este é o caminho, andai nele; quando vos desviardes para a direita ou para a esquerda.

²²E contaminareis a cobertura de prata das tuas imagens esculpidas, e o revestimento de ouro das tuas imagens fundidas; e as lançarás fora como coisa imunda; e lhes dirás: Fora daqui.

²³Então ele te dará chuva para a tua semente, com que semeares a terra, e trigo como produto da terra, o qual será pingue e abundante. Naquele dia o teu gado pastará em largos pastos.

²⁴Os bois e os jumentinhos que lavram a terra, comerão forragem com sal, que terá sido padejada com a pá e com o forcado,

²⁵Sobre todo monte alto, e todo outeiro elevado haverá ribeiros e correntes de águas, no dia da grande matança, quando caírem as torres.

²⁶E a luz da lua será como a luz do sol, e a luz do sol sete vezes maior, como a luz de sete dias, no dia em que o Senhor atar a contusão do seu povo, e curar a chaga da sua ferida.

²⁷Eis que o nome do Senhor vem de longe ardendo na sua ira, e com densa nuvem de fumaça; os seus lábios estão cheios de indignação, e a sua língua é como um fogo consumidor;

²⁸e a sua respiração é como o ribeiro transbordante, que chega até o pescoço, para peneirar as nações com peneira de destruição; e um freio de fazer errar estará nas queixadas dos povos.

²⁹um cântico haverá entre vós, como na noite em que se celebra uma festa santa; e alegria de coração, como a daquele que sai ao som da flauta para vir ao monte do Senhor, à Rocha de Israel.

³⁰O Senhor fará ouvir a sua voz majestosa, e mostrará a descida do seu braço, na indignação da sua ira, e a labareda dum fogo consumidor, e tempestade forte, e dilúvio e pedra de saraiva.

³¹Com a voz do Senhor será desfeita em pedaços a Assíria, quando

ele a ferir com a vara.

³²E a cada golpe do bordão de castigo, que o Senhor lhe der, haverá tamboris e harpas; e com combates de brandimento combaterá contra eles.

³³Porque uma fogueira está, de há muito, preparada; sim, está preparada para o rei; fez-se profunda e larga; a sua pira é fogo, e tem muita lenha; o assopro do Senhor como torrente de enxofre a acende.

## Capítulo 31

¹Ai dos que descem ao Egito a buscar socorro, e se estribam em cavalos, e têm confiança em carros, por serem muitos, e nos cavaleiros, por serem muito fortes; e não atentam para o Santo de Israel, e não buscam ao Senhor.

²Todavia também ele é sábio, e fará vir o mal, e não retirará as suas palavras; mas levantar-se-á contra a casa dos malfeitores, e contra a ajuda dos que praticam a iniqüidade.

³Ora os egípcios são homens, e não Deus; e os seus cavalos carne, e não espírito; e quando o Senhor estender a sua mão, tanto tropeçará quem dá auxílio, como cairá quem recebe auxílio, e todos juntamente serão consumidos.

⁴Pois assim me diz o Senhor: Como o leão e o cachorro do leão rugem sobre a sua presa, e quando se convoca contra eles uma multidão de pastores não se espantam das suas vozes, nem se abstêm pelo seu alarido, assim o Senhor dos exércitos descerá, para pelejar sobre o monte Sião, e sobre o seu outeiro.

⁵Como aves quando adejam, assim o Senhor dos exércitos protegerá a Jerusalém; ele a protegerá e a livrará, e, passando, a salvará.

⁶Voltai-vos, filhos de Israel, para aquele contra quem vos tendes profundamente rebelado.

⁷Pois naquele dia cada um lançará fora os seus ídolos de prata, e os seus ídolos de ouro, que vos fabricaram as vossas mãos para pecardes.

⁸E o assírio cairá pela espada, não de varão; e a espada, não de homem, o consumirá; e fugirá perante a espada, e os seus mancebos serão sujeitos a trabalhos forçados.

⁹A sua rocha passará de medo, e os seus oficiais em pânico desertarão da bandeira, diz o Senhor, cujo fogo está em Sião e em Jerusalém sua fornalha.

## Capítulo 32

¹Eis que reinará um rei com justiça, e com retidão governarão príncipes.

²um varão servirá de abrigo contra o vento, e um refúgio contra a tempestade, como ribeiros de águas em lugares secos, e como a sombra duma grande penha em terra sedenta.

³Os olhos dos que vêem não se ofuscarão, e os ouvidos dos que ouvem escutarão.

⁴O coração dos imprudentes entenderá o conhecimento, e a língua dos gagos estará pronta para falar distintamente.

⁵Ao tolo nunca mais se chamará nobre, e do avarento nunca mais se dirá que é generoso.

⁶Pois o tolo fala tolices, e o seu coração trama iniqüidade, para cometer profanação e proferir mentiras contra o Senhor, para deixar com fome o faminto e fazer faltar a bebida ao sedento.

⁷Também as maquinações do fraudulento são más; ele maquina invenções malignas para destruir os mansos com palavras falsas, mesmo quando o pobre fala o que é reto.

⁸Mas o nobre projeta coisas nobres; e nas coisas nobres persistirá.

⁹Levantai-vos, mulheres que estais sossegadas e ouvi a minha voz; e vós, filhas, que estais, tão seguras, inclinai os ouvidos às minhas palavras.

¹⁰Num ano e dias vireis a ser perturbadas, ó mulheres que tão seguras estais; pois a vindima falhará, e a colheita não virá.

¹¹Tremei, mulheres que estais sossegadas, e turbai-vos, vós que estais tão seguras; despi-vos e ponde-vos nuas, e cingi com saco os vossos lombos.

¹²Batei nos peitos pelos campos aprazíveis, e pela vinha frutífera;

¹³pela terra do meu povo, que produz espinheiros e sarças, e por todas as casas de alegria, na cidade jubilosa.

¹⁴Porque o palácio será abandonado, a cidade populosa ficará deserta; e o outeiro e a torre da guarda servirão de cavernas para sempre, para alegria dos asnos monteses, e para pasto dos rebanhos;

¹⁵até que se derrame sobre nós o espírito lá do alto, e o deserto se torne em campo fértil, e o campo fértil seja reputado por um bosque.

¹⁶Então o juízo habitará no deserto, e a justiça morará no campo fértil.

¹⁷E a obra da justiça será paz; e o efeito da justiça será sossego e segurança para sempre.

¹⁸O meu povo habitará em morada de paz, em moradas bem seguras, e em lugares quietos de descanso.

¹⁹Mas haverá saraiva quando cair o bosque; e a cidade será inteiramente abatida.

²⁰Bem-aventurados sois vós os que semeais junto a todas as águas, que deixais livres os pés do boi e do jumento.

## Capítulo 33

¹Ai de ti que despojas, e que não foste despojado; e que procedes perfidamente, e que não foste tratado perfidamente! quando acabares de destruir, serás destruído; e, quando acabares de tratar perfidamente, perfidamente te tratarão.

²ç Senhor, tem misericórdia de nós; por ti temos esperado. Sê tu o nosso braço cada manhã, como também a nossa salvação no tempo da tribulação.

³Ao ruído do tumulto fogem os povos; à tua exaltação as nações são dispersas.

⁴Então ajuntar-se-á o vosso despojo como ajunta a lagarta; como os gafanhotos saltam, assim sobre ele saltarão os homens.

⁵O Senhor é exalçado, pois habita nas alturas; encheu a Sião de retidão e justiça.

⁶Será ele a estabilidade dos teus tempos, abundância de salvação, sabedoria, e conhecimento; e o temor do Senhor é o seu tesouro.

⁷Eis que os valentes estão clamando de fora; e os embaixadores da paz estão chorando amargamente.

⁸As estradas estão desoladas, cessam os que passam pelas veredas; alianças se rompem, testemunhas se desprezam, e não se faz caso dos homens.

⁹A terra pranteia, desfalece; o Líbano se envergonha e se murcha; Sarom se tornou como um deserto; Basã e Carmelo ficam despidos de folhas.

¹⁰Agora me levantarei, diz o Senhor; agora me erguerei; agora serei exaltado.

¹¹Concebeis palha, produzis restolho; e o vosso fôlego é um fogo que vos devorará.

¹²E os povos serão como as queimas de cal, como espinhos cortados que são queimados no fogo.

¹³Ouvi, vós os que estais longe, o que tenho feito; e vós, que estais vizinhos, reconhecei o meu poder.

¹⁴Os pecadores de Sião se assombraram; o tremor apoderou-se dos ímpios. Quem dentre nós pode habitar com o fogo consumidor? quem dentre nós pode habitar com as labaredas eternas?

¹⁵Aquele que anda em justiça, e fala com retidão; aquele que rejeita o ganho da opressão; que sacode as mãos para não receber peitas; o que tapa os ouvidos para não ouvir falar do derramamento de sangue, e fecha os olhos para não ver o mal;

¹⁶este habitará nas alturas; as fortalezas das rochas serão o seu alto refúgio; dar-se-lhe-á o seu pão; as suas águas serão certas.

¹⁷Os teus olhos verão o rei na sua formosura, e verão a terra que se estende em amplidão.

¹⁸O teu coração meditará no terror, dizendo: Onde está aquele que serviu de escrivão? onde está o que pesou o tributo? onde está o que contou as torres?

¹⁹Não verás mais aquele povo feroz, povo de fala obscura, que não se pode compreender, e de língua tão estranha que não se pode entender.

²⁰Olha para Sião, a cidade das nossas festas solenes; os teus olhos verão a Jerusalém, habitação quieta, tenda que não será removida, cujas estacas nunca serão arrancadas, e das suas cordas nenhuma se quebrará.

²¹Mas o Senhor ali estará conosco em majestade, nesse lugar de largos rios e correntes, no qual não entrará barco de remo, nem por ele passará navio grande.

²²Porque o Senhor é o nosso juiz; o Senhor é nosso legislador; o Senhor é o nosso rei; ele nos salvará.

²³As tuas cordas ficaram frouxas; elas não puderam ter firme o seu mastro, nem servir para estender a vela; então a presa de abundantes despojos se repartirá; e ate os coxos participarão da presa.

²⁴E morador nenhum dirá: Enfermo estou; o povo que nela habitar será perdoado da sua iniqüidade.

## Capítulo 34

¹Chegai-vos, nações, para ouvir, e vós, povos, escutai; ouça a terra, e a sua plenitude, o mundo e tudo quanto ele produz.

²Porque a indignação do Senhor está sobre todas as nações, e o seu furor sobre todo o exército delas; ele determinou a sua destruição, entregou-as à matança.

³E os seus mortos serão arrojados, e dos seus cadáveres subirá o

mau cheiro; e com o seu sangue os montes se derreterão.

⁴E todo o exército dos céus se dissolverá, e o céu se enrolará como um livro; e todo o seu exército desvanecerá, como desvanece a folha da vide e da figueira.

⁵Pois a minha espada se embriagou no céu; eis que sobre Edom descerá, e sobre o povo do meu anátema, para exercer juízo.

⁶A espada do Senhor está cheia de sangue, está cheia de gordura, de sangue de cordeiros e de bodes, da gordura dos rins de carneiros; porque o Senhor tem sacrifício em Bozra, e grande matança na terra de Edom.

⁷E os bois selvagens cairão com eles, e os novilhos com os touros; e a sua terra embriagar-se-á de sangue, e o seu pó se engrossará de gordura.

⁸Pois o Senhor tem um dia de vingança, um ano de retribuições pela causa de Sião.

⁹E os ribeiros de Edom transformar-se-ão em pez, e o seu solo em enxofre, e a sua terra tornar-se-á em pez ardente.

¹⁰Nem de noite nem de dia se apagará; para sempre a sua fumaça subirá; de geração em geração será assolada; pelos séculos dos séculos ninguém passará por ela.

¹¹Mas o pelicano e o ouriço a possuirão; a coruja e o corvo nela habitarão; e ele estenderá sobre ela o cordel de confusão e o prumo de vaidade.

¹²Eles chamarão ao reino os seus nobres, mas nenhum haverá; e todos os seus príncipes não serão coisa nenhuma.

¹³E crescerão espinhos nos seus palácios, urtigas e cardos nas suas fortalezas; e será uma habitação de chacais, um sítio para avestruzes.

¹⁴E as feras do deserto se encontrarão com hienas; e o sátiro clamará a seu companheiro; e Lilite pousará ali, e achará lugar de repouso para si.

¹⁵Ali fará a coruja o seu ninho, e porá os seus ovos, e aninhará os seus filhotes, e os recolherá debaixo da sua sombra; também ali se ajuntarão os abutres, cada fêmea com o seu companheiro.

¹⁶Buscai no livro do Senhor, e lede: nenhuma destas criaturas faltará, nenhuma será privada do seu companheiro; porque é a boca dele que o ordenou, e é o seu espírito que os ajuntou.

¹⁷Ele mesmo lançou as sortes por eles, e a sua mão lhes repartiu a terra com o cordel; para sempre a possuirão; de geração em geração habitarão nela.

## Capítulo 35

¹O deserto e a terra sedenta se regozijarão; e o ermo exultará e florescerá;

²como o narciso florescerá abundantemente, e também exultará de júbilo e romperá em cânticos; dar-se-lhe-á a glória do Líbano, a excelência do Carmelo e Sarom; eles verão a glória do Senhor, a majestade do nosso Deus.

³Fortalecei as mãos fracas, e firmai os joelhos trementes.

⁴Dizei aos turbados de coração: Sede fortes, não temais; eis o vosso Deus! com vingança virá, sim com a recompensa de Deus; ele virá, e vos salvará.

⁵Então os olhos dos cegos serão abertos, e os ouvidos dos surdos se desimpedirão.

⁶Então o coxo saltará como o cervo, e a língua do mudo cantará de alegria; porque águas arrebentarão no deserto e ribeiros no ermo.

⁷E a miragem tornar-se-á em lago, e a terra sedenta em mananciais de águas; e nas habitações em que jaziam os chacais haverá erva com canas e juncos.

⁸E ali haverá uma estrada, um caminho que se chamará o caminho santo; o imundo não passará por ele, mas será para os remidos. Os caminhantes, até mesmo os loucos, nele não errarão.

⁹Ali não haverá leão, nem animal feroz subirá por ele, nem se achará nele; mas os redimidos andarão por ele.

¹⁰E os resgatados do Senhor voltarão; e virão a Sião com júbilo, e alegria eterna haverá sobre as suas cabeças; gozo e alegria alcançarão, e deles fugirá a tristeza e o gemido.

## Capítulo 36

¹No ano décimo quarto do rei Ezequias Senaqueribe, rei da Assíria, subiu contra todas as cidades fortificadas de Judá, e as tomou.

²Ora, o rei da Assíria enviou Rabsaqué, de Laquis a Jerusalém, ao rei Ezequias, com um grande exército; e ele parou junto ao aqueduto da piscina superior, que está junto ao caminho do campo do lavandeiro.

³Então saíram a ter com ele Eliaquim, filho de Hilquias, o mordomo, e Sebna, o escrivão, e Joá, filho de Asafe, o cronista.

⁴E Rabsaqué lhes disse: Ora, dizei a Ezequias: Assim diz o grande rei, o rei da Assíria: Que confiança é essa em que te estribas?

⁵Bem posso eu dizer: Teu conselho e poder para a guerra são apenas vãs palavras. Em quem pois agora confias, visto que contra mim te rebelas?

⁶Eis que confias no Egito, aquele bordão de cana quebrada que, se alguém se apoiar nele, lhe entrará pela mão, e a furará; assim é Faraó, rei do Egito, para com todos os que nele confiam.

⁷Mas se me disseres: No Senhor, nosso Deus, confiamos; porventura não é esse aquele cujos altos e cujos altares Ezequias tirou, e disse a Judá e a Jerusalém: Perante este altar adorareis?

⁸Ora, pois, faze uma aposta com o meu senhor, o rei da Assíria; dar-te-ei dois mil cavalos, se tu puderes dar cavaleiros para eles.

⁹Como então poderás repelir um só príncipe dos menores servos do meu senhor, quando confias no Egito pelos carros e cavaleiros?

¹⁰Porventura subi eu agora sem o Senhor contra esta terra, para destruí-la? O Senhor mesmo me disse: Sobe contra esta terra, e destrói-a.

¹¹Então disseram Eliaquim, Sebna, e Joá, a Rabsaqué: Pedimos-te que fales aos teus servos em aramaico, porque bem o entendemos; e não nos fales em judaico, aos ouvidos do povo que está sobre o muro.

¹²Rabsaqué, porém, disse: Porventura mandou-me o meu senhor só ao teu senhor e a ti, para dizer estas palavras e não aos homens que estão assentados sobre o muro, que juntamente convosco hão de comer o próprio excremento e beber a propria urina?

¹³Então Rabsaqué se pôs em pé, e clamou em alta voz na língua judaica, e disse: Ouvi as palavras do grande rei, do rei da Assíria.

¹⁴Assim diz o rei: Não vos engane Ezequias; porque não vos poderá livrar.

¹⁵Nem tampouco Ezequias vos faça confiar no Senhor, dizendo: Infalivelmente nos livrará o Senhor, e esta cidade não será entregue nas mãos do rei da Assíria.

¹⁶Não deis ouvidos a Ezequias; porque assim diz o rei da Assíria: Fazei as vossas pazes comigo, e saí a mim; e coma cada um da sua vide, e da sua figueira, e beba cada um da água da sua cisterna;

¹⁷até que eu venha, e vos leve para uma terra semelhante à vossa, terra de trigo e de mosto, terra de pão e de vinhas.

¹⁸Guardai-vos, para que não vos engane Ezequias, dizendo: O Senhor nos livrará. Porventura os deuses das nações livraram cada um a sua terra das mãos do rei da Assíria?

¹⁹Onde estão os deuses de Hamate e de Arpade? onde estão os deuses de Sefarvaim? porventura livraram eles a Samária da minha mão?

²⁰Quais dentre todos os deuses destes países livraram a sua terra das minhas mãos, para que o Senhor possa livrar a Jerusalém das minhas mãos?

²¹Eles, porém, se calaram e não lhe responderam palavra; porque havia mandado do rei, dizendo: Não lhe respondais.

²²Então Eliaquim, filho de Hilquias, o mordomo, e Sebna, o escrivão, e Joá, filho de Asafe, o cronista, vieram a Ezequias, com as vestiduras rasgadas, e lhe referiram as palavras de Rabsaqué.

## Capítulo 37

¹Tendo ouvido isso o rei Ezequias, rasgou as suas vestes, e se cobriu de saco, e entrou na casa do Senhor.

²Também enviou Eliaquim, o mordomo, Sebna, o escrivão, e os anciãos dos sacerdotes, cobertos de saco, a Isaías, filho de Amoz, o profeta,

³para lhe dizerem: Assim diz Ezequias: Este dia é dia de angústia e de vitupérios, e de blasfêmias, porque chegados são os filhos ao parto, e força não há para os dar à luz.

⁴Porventura o Senhor teu Deus terá ouvido as palavras de Rabsaqué, a quem enviou o rei da Assíria, seu amo, para afrontar o Deus vivo, e o para vituperar com as palavras que o Senhor teu Deus tem ouvido; faze oração pelo resto que ficou.

⁵Foram, pois, os servos do rei Ezequias ter com Isaías,

⁶e Isaías lhes disse: Dizei a vosso amo: Assim diz o Senhor: Não temas à vista das palavras que ouviste, com as quais os servos do rei da Assíria me blasfemaram.

⁷Eis que meterei nele um espírito, e ele ouvirá uma nova, e voltará para a sua terra; e fá-lo-ei cair morto à espada na sua própria terra.

⁸Voltou pois Rabsaqué, e achou o rei da Assíria pelejando contra Libna; porque ouvira que se havia retirado de Laquis.

⁹Então ouviu ele dizer a respeito de Tiraca, rei da Etiópia: Saiu para te fazer guerra. Assim que ouviu isto, enviou mensageiros a Ezequias, dizendo:

¹⁰Assim falareis a Ezequias, rei de Judá: Não te engane o teu Deus, em quem confias, dizendo: Jerusalém não será entregue na mão do rei da Assíria.

¹¹Eis que já tens ouvido o que fizeram os reis da Assíria a todas as terras, destruindo-as totalmente; e serás tu livrado?
¹²Porventura as livraram os deuses das nações que meus pais destruíram: Gozã, e Harã, e Rezefe, e os filhos de Edem que estavam em Telassar?
¹³Onde está o rei de Hamate, e o rei de Arpade, e o rei da cidade de Sefarvaim, Hena e Iva?
¹⁴Recebendo pois Ezequias as cartas das mãos dos mensageiros, e lendo-as, subiu à casa do Senhor; e Ezequias as estendeu perante o Senhor.
¹⁵E orou Ezequias ao Senhor, dizendo:
¹⁶O Senhor dos exércitos, Deus de Israel, tu que estás sentado sobre os querubins; tu, só tu, és o Deus de todos os reinos da terra; tu fizeste o céu e a terra.
¹⁷Inclina, ó Senhor, o teu ouvido, e ouve; abre, Senhor, os teus olhos, e vê; e ouve todas as palavras de Senaqueribe, as quais ele mandou para afrontar o Deus vivo.
¹⁸Verdade é, Senhor, que os reis da Assíria têm assolado todos os países, e suas terras,
¹⁹e lançado no fogo os seus deuses; porque deuses não eram, mas obra de mãos de homens, madeira e pedra; por isso os destruíram.
²⁰Agora, pois, ó Senhor nosso Deus, livra-nos da sua mão, para que todos os reinos da terra saibam que só tu és o Senhor.
²¹Então Isaías, filho de Amoz, mandou dizer a Ezequias: Assim diz o Senhor, o Deus de Israel: Portanto me fizeste a tua súplica contra Senaqueribe, rei de Assíria,
²²esta é a palavra que o Senhor falou a respeito dele: A virgem, a filha de Sião, te despreza, e de ti zomba; a filha de Jerusalém meneia a cabeça por detrás de ti.
²³A quem afrontaste e de quem blasfemaste? contra quem alçaste a voz e ergueste os teus olhos ao alto? Contra o Santo de Israel.
²⁴Por meio de teus servos afrontaste o Senhor, e disseste: Com a multidão dos meus carros subi eu aos cumes dos montes, aos últimos recessos do Líbano; e cortei os seus altos cedros e as suas faias escolhidas; e entrei no seu cume mais elevado, no bosque do seu campo fértil.
²⁵Eu cavei, e bebi as águas; e com as plantas de meus pés sequei todos os rios do Egito.
²⁶Não ouviste que já há muito tempo eu fiz isso, e que já desde os dias antigos o tinha determinado? Agora porém o executei, para que fosses tu o que reduzisses as cidades fortificadas a montões de ruínas.
²⁷Por isso os seus moradores, dispondo de pouca força, andaram atemorizados e envergonhados; tornaram-se como a erva do campo, e como a relva verde, e como o feno dos telhados ou dum campo, que se queimaram antes de amadurecer.
²⁸Mas eu conheço o teu sentar, o teu sair e o teu entrar, e o teu furor contra mim.
²⁹Por causa do teu furor contra mim, e porque a tua arrogância subiu até os meus ouvidos, portanto porei o meu anzol no teu nariz e o meu freio na tua boca, e te farei voltar pelo caminho por onde vieste.
³⁰E isto te será por sinal: este ano comereis o que espontaneamente nascer, e no segundo ano o que daí proceder; e no terceiro ano semeai e colhei, plantai vinhas, e comei os frutos delas.
³¹Pois o restante da casa de Judá, que sobreviveu, tornará a lançar raízes para baixo, e dará fruto para cima.
³²Porque de Jerusalém sairá o restante, e do monte Sião os que escaparam; o zelo do Senhor dos exércitos fará isso.
³³Portanto, assim diz o Senhor acerca do rei da Assíria: Não entrará nesta cidade, nem lançará nela flecha alguma; tampouco virá perante ela com escudo, ou levantará contra ela tranqueira.
³⁴Pelo caminho por onde veio, por esse voltará; mas nesta cidade não entrará, diz o Senhor.
³⁵Porque eu defenderei esta cidade, para a livrar, por amor de mim e, por amor do meu servo Davi.
³⁶Então saiu o anjo do Senhor, e feriu no arraial dos assírios a cento e oitenta e cinco mil; e quando se levantaram pela manhã cedo, eis que todos estes eram corpos mortos.
³⁷Assim Senaqueribe, rei da Assíria, se retirou, e se foi, e voltou, e habitou em Nínive.
³⁸E sucedeu que, enquanto ele adorava na casa de Nisroque, seu deus, Adrameleb, que e Sarezer, seus filhos, o mataram à espada; e escaparam para a terra de Arará. E Ezar-Hadom, seu filho, reinou em seu lugar.

## Capítulo 38

¹Naqueles dias Ezequias adoeceu e esteve à morte. E veio ter com ele o profeta Isaías, filho de Amoz, e lhe disse: Assim diz o Senhor: Põe em ordem a tua casa, porque morrerás, e não viverás.
²Então virou Ezequias o seu rosto para a parede, e orou ao Senhor,
³e disse: Lembra-te agora, ó Senhor, peço-te, de que modo tenho andado diante de ti em verdade, e com coração perfeito, e tenho feito o que era reto aos teus olhos. E chorou Ezequias amargamente.
⁴Então veio a palavra do Senhor a Isaías, dizendo:
⁵Vai e dize a Ezequias: Assim diz o Senhor, o Deus de Davi teu pai: Ouvi a tua oração, e vi as tuas lágrimas; eis que acrescentarei aos teus dias quinze anos.
⁶Livrar-te-ei das mãos do rei da Assíria, a ti, e a esta cidade; eu defenderei esta cidade.
⁷E isto te será da parte do Senhor como sinal de que o Senhor cumprirá esta palavra que falou:
⁸Eis que farei voltar atrás dez graus a sombra no relógio de Acaz, pelos quais já declinou com o sol. Assim recuou o sol dez graus pelos quais já tinha declinado.
⁹O escrito de Ezequias, rei de Judá, depois de ter estado doente, e de ter convalescido de sua enfermidade.
¹⁰Eu disse: Na tranquilidade de meus dias hei de entrar nas portas do Seol; estou privado do resto de meus anos.
¹¹Eu disse: Já não verei mais ao Senhor na terra dos viventes; jamais verei o homem com os moradores do mundo.
¹²A minha habitação já foi arrancada e arrebatada de mim, qual tenda de pastor; enrolei como tecelão a minha vida; ele me corta do tear; do dia para a noite tu darás cabo de mim.
¹³Clamei por socorro até a madrugada; como um leão, assim ele quebrou todos os meus ossos; do dia para a noite tu darás cabo de mim.
¹⁴Como a andorinha, ou o grou, assim eu chilreava; e gemia como a pomba; os meus olhos se cansavam de olhar para cima; ó Senhor, ando oprimido! fica por meu fiador.
¹⁵Que direi? como mo prometeu, assim ele mesmo o cumpriu; assim passarei mansamente por todos os meus anos, por causa da amargura da minha alma.
¹⁶ç Senhor por estas coisas vivem os homens, e inteiramente nelas está a vida do meu espírito; portanto restabelece-me, e faze-me viver.
¹⁷Eis que foi para minha paz que eu estive em grande amargura; tu, porém, amando a minha alma, a livraste da cova da corrupção; porque lançaste para trás das tuas costas todos os meus pecados.
¹⁸Pois não pode louvar-te o Seol, nem a morte cantar-te os louvores; os que descem para a cova não podem esperar na tua verdade.
¹⁹O vivente, o vivente é que te louva, como eu hoje faço; o pai aos filhos faz notória a tua verdade.
²⁰O Senhor está prestes a salvar-me; pelo que, tangendo eu meus instrumentos, nós o louvaremos todos os dias de nossa vida na casa do Senhor.
²¹Ora Isaías dissera: Tomem uma pasta de figos, e a ponham como cataplasma sobre a úlcera; e Ezequias sarará.
²²Também dissera Ezequias: Qual será o sinal de que hei de subir à casa do Senhor?

## Capítulo 39

¹Naquele tempo enviou Merodaque-Baladã, filho de Baladã, rei de Babilônia, cartas e um presente a Ezequias; porque tinha ouvido dizer que havia estado doente e que já tinha convalescido.
²E Ezequias se alegrou com eles, e lhes mostrou a casa do seu tesouro, a prata, e o ouro e as especiarias, e os melhores ungüentos, e toda a sua casa de armas, e tudo quanto se achava nos seus tesouros; coisa nenhuma houve, nem em sua casa, nem em todo o seu domínio, que Ezequias lhes não mostrasse.
³Então o profeta Isaías veio ao rei Ezequias, e lhe perguntou: Que foi que aqueles homens disseram, e donde vieram ter contigo? Respondeu Ezequias: Duma terra remota vieram ter comigo, de Babilônia.
⁴Ele ainda perguntou: Que foi que viram em tua casa? Respondeu Ezequias: Viram tudo quanto há em minha casa; coisa nenhuma há nos meus tesouros que eu deixasse de lhes mostrar.
⁵Então disse Isaías a Ezequias: Ouve a palavra do Senhor dos exércitos:
⁶Eis que virão dias em que tudo quanto houver em tua casa, juntamente com o que entesouraram teus pais até o dia de hoje, será levado para Babilônia; não ficará coisa alguma, disse o Senhor.
⁷E dos teus filhos, que de ti procederem, e que tu gerares, alguns serão levados cativos, para que sejam eunucos no palácio do rei de Babilônia.

⁸Então disse Ezequias a Isaías: Tua é a palavra do Senhor que disseste. Disse mais: Porque haverá paz e verdade em meus dias.

## Capítulo 40

¹Consolai, consolai o meu povo, diz o vosso Deus.

²Falai benignamente a Jerusalém, e bradai-lhe que já a sua malícia é acabada, que a sua iniqüidade está expiada e que já recebeu em dobro da mão do Senhor, por todos os seus pecados.

³Eis a voz do que clama: Preparai no deserto o caminho do Senhor; endireitai no ermo uma estrada para o nosso Deus.

⁴Todo vale será levantado, e será abatido todo monte e todo outeiro; e o terreno acidentado será nivelado, e o que é escabroso, aplanado.

⁵A glória do Senhor se revelará; e toda a carne juntamente a verá; pois a boca do Senhor o disse.

⁶Uma voz diz: Clama. Respondi eu: Que hei de clamar? Toda a carne é erva, e toda a sua beleza como a flor do campo.

⁷Seca-se a erva, e murcha a flor, soprando nelas o hálito do Senhor. Na verdade o povo é erva.

⁸Seca-se a erva, e murcha a flor; mas a palavra de nosso Deus subsiste eternamente.

⁹Tu, anunciador de boas-novas a Sião, sobe a um monte alto. Tu, anunciador de boas-novas a Jerusalém, levanta a tua voz fortemente; levanta-a, não temas, e dize às cidades de Judá: Eis aqui está o vosso Deus.

¹⁰Eis que o Senhor Deus virá com poder, e o seu braço dominará por ele; eis que o seu galardão está com ele, e a sua recompensa diante dele.

¹¹Como pastor ele apascentará o seu rebanho; entre os seus braços recolherá os cordeirinhos, e os levará no seu regaço; as que amamentam, ele as guiará mansamente.

¹²Quem mediu com o seu punho as águas, e tomou a medida dos céus aos palmos, e recolheu numa medida o pó da terra e pesou os montes com pesos e os outeiros em balanças,

¹³Quem guiou o Espírito do Senhor, ou, como seu conselheiro o ensinou?

¹⁴Com quem tomou ele conselho, para que lhe desse entendimento, e quem lhe mostrou a vereda do juízo? quem lhe ensinou conhecimento, e lhe mostrou o caminho de entendimento?

¹⁵Eis que as nações são consideradas por ele como a gota dum balde, e como o pó miúdo das balanças; eis que ele levanta as ilhas como a uma coisa pequeníssima.

¹⁶Nem todo o Líbano basta para o fogo, nem os seus animais bastam para um holocausto.

¹⁷Todas as nações são como nada perante ele; são por ele reputadas menos do que nada, e como coisa vã.

¹⁸A quem, pois, podeis assemelhar a Deus? ou que figura podeis comparar a ele?

¹⁹Quanto ao ídolo, o artífice o funde, e o ourives o cobre de ouro, e forja cadeias de prata para ele.

²⁰O empobrecido, que não pode oferecer tanto, escolhe madeira que não apodrece; procura para si um artífice perito, para gravar uma imagem que não se pode mover.

²¹Porventura não sabeis? porventura não ouvis? ou desde o princípio não se vos notificou isso mesmo? ou não tendes entendido desde a fundação da terra?

²²É ele o que está assentado sobre o círculo da terra, cujos moradores são para ele como gafanhotos; é ele o que estende os céus como cortina, e o desenrola como tenda para nela habitar.

²³E ele o que reduz a nada os príncipes, e torna em coisa vã os juízes da terra.

²⁴Na verdade, mal se tem plantado, mal se tem semeado e mal se tem arraigado na terra o seu tronco, quando ele sopra sobre eles, e secam-se, e a tempestade os leva como à pragana.

²⁵A quem, pois, me comparareis, para que eu lhe seja semelhante? diz o Santo.

²⁶Levantai ao alto os vossos olhos, e vede: quem criou estas coisas? Foi aquele que faz sair o exército delas segundo o seu número; ele as chama a todas pelos seus nomes; por ser ele grande em força, e forte em poder, nenhuma faltará.

²⁷Por que dizes, ó Jacó, e falas, ó Israel: O meu caminho está escondido ao Senhor, e o meu juízo passa despercebido ao meu Deus?

²⁸Não sabes, não ouviste que o eterno Deus, o Senhor, o Criador dos confins da terra, não se cansa nem se fatiga? É inescrutável o seu entendimento.

²⁹Ele dá força ao cansado, e aumenta as forças ao que não tem nenhum vigor.

³⁰Os jovens se cansarão e se fatigarão, e os mancebos cairão,

³¹mas os que esperam no Senhor renovarão as suas forças; subirão com asas como águias; correrão, e não se cansarão; andarão, e não se fatigarão.

## Capítulo 41

¹Calai-vos diante de mim, ó ilhas; e renovem os povos as forças; cheguem-se, e então falem; cheguemo-nos juntos a juízo.

²Quem suscitou do Oriente aquele cujos passos a vitória acompanha? Quem faz que as nações se lhe submetam e que ele domine sobre reis? Ele os entrega à sua espada como o pó, e ao seu arco como pragana arrebatada pelo vento.

³Ele os persegue, e passa adiante em segurança, até por uma vereda em que com os seus pés nunca tinha trilhado.

⁴Quem operou e fez isto, chamando as gerações desde o princípio? Eu, o Senhor, que sou o primeiro, e que com os últimos sou o mesmo.

⁵As ilhas o viram, e temeram; os confins da terra tremeram; aproximaram-se, e vieram.

⁶um ao outro ajudou, e ao seu companheiro disse: Esforça-te.

⁷Assim o artífice animou ao ourives, e o que alisa com o martelo ao que bate na bigorna, dizendo da coisa soldada: Boa é. Então com pregos a segurou, para que não viesse a mover-se.

⁸Mas tu, ó Israel, servo meu, tu Jacó, a quem escolhi, descendência de Abraão,

⁹tomei desde os confins da terra, e te chamei desde os seus cantos, e te disse: Tu és o meu servo, a ti te escolhi e não te rejeitei;

¹⁰não temas, porque eu sou contigo; não te assombres, porque eu sou teu Deus; eu te fortaleço, e te ajudo, e te sustento com a destra da minha justiça.

¹¹Eis que envergonhados e confundidos serão todos os que se irritam contra ti; tornar-se-ão em nada; e os que contenderem contigo perecerão.

¹²Quanto aos que pelejam contigo, buscá-los-ás, mas não os acharás; e os que guerreiam contigo tornar-se-ão em nada e perecerão.

¹³Porque eu, o Senhor teu Deus, te seguro pela tua mão direita, e te digo: Não temas; eu te ajudarei.

¹⁴Não temas, ó bichinho de Jacó, nem vós, povozinho de Israel; eu te ajudo, diz o Senhor, e o teu redentor é o Santo de Israel.

¹⁵Eis que farei de ti um trilho novo, que tem dentes agudos; os montes trilharás e os moerás, e os outeiros tornarás como a pragana.

¹⁶Tu os padejarás e o vento os levará, e o redemoinho os espalhará; e tu te alegrarás no Senhor e te gloriarás no Santo de Israel.

¹⁷Os pobres e necessitados buscam água, e não há, e a sua língua se seca de sede; mas eu o Senhor os ouvirei, eu o Deus de Israel não os desampararei.

¹⁸Abrirei rios nos altos desnudados, e fontes no meio dos vales; tornarei o deserto num lago d'água, e a terra seca em mananciais.

¹⁹Plantarei no deserto o cedro, a acácia, a murta, e a oliveira; e porei no ermo juntamente a faia, o olmeiro e o buxo.

²⁰para que todos vejam, e saibam, e considerem, e juntamente entendam que a mão do Senhor fez isso, e o Santo de Israel o criou.

²¹Apresentai a vossa demanda, diz o Senhor; trazei as vossas firmes razões, diz o Rei de Jacó.

²²Tragam-nas, e assim nos anunciem o que há de acontecer; anunciai-nos as coisas passadas, quais são, para que as consideremos, e saibamos o fim delas; ou mostrai-nos coisas vindouras.

²³Anunciai-nos as coisas que ainda hão de vir, para que saibamos que sois deuses; fazei bem, ou fazei mal, para que nos assombremos, e fiquemos atemorizados.

²⁴Eis que vindes do nada, e a vossa obra do que nada é; abominação é quem vos escolhe.

²⁵Do norte suscitei a um que já é chegado; do nascente do sol a um que invoca o meu nome; e virá sobre os magistrados como sobre o lodo, e como o oleiro pisa o barro.

²⁶Quem anunciou isso desde o princípio, para que o possamos saber? ou dantes, para que digamos: Ele é justo? Mas não há quem anuncie, nem tampouco quem manifeste, nem tampouco quem ouça as vossas palavras.

²⁷Eu sou o que primeiro direi a Sião: Ei-los, ei-los; e a Jerusalém darei um mensageiro que traz boas-novas.

²⁸E quando eu olho, não há ninguém; nem mesmo entre eles há conselheiro que possa responder palavra, quando eu lhes perguntar.

²⁹Eis que todos são vaidade. As suas obras não são coisa alguma; as suas imagens de fundição são vento e coisa vã.

Isaías

## Capítulo 42

¹Eis aqui o meu servo, a quem sustenho; o meu escolhido, em quem se compraz a minha alma; pus o meu espírito sobre ele. ele trará justiça às nações.

²Não clamará, não se exaltará, nem fará ouvir a sua voz na rua.

³A cana trilhada, não a quebrará, nem apagará o pavio que fumega; em verdade trará a justiça;

⁴não faltará nem será quebrantado, até que ponha na terra a justiça; e as ilhas aguardarão a sua lei.

⁵Assim diz Deus, o Senhor, que criou os céus e os desenrolou, e estendeu a terra e o que dela procede; que dá a respiração ao povo que nela está, e o espírito aos que andam nela.

⁶Eu o Senhor te chamei em justiça; tomei-te pela mão, e te guardei; e te dei por pacto ao povo, e para luz das nações;

⁷para abrir os olhos dos cegos, para tirar da prisão os presos, e do cárcere os que jazem em trevas.

⁸Eu sou o Senhor; este é o meu nome; a minha glória, pois, a outrem não a darei, nem o meu louvor às imagens esculpidas.

⁹Eis que as primeiras coisas já se realizaram, e novas coisas eu vos anuncio; antes que venham à luz, vo-las faço ouvir.

¹⁰Cantai ao Senhor um cântico novo, e o seu louvor desde a extremidade da terra, vós, os que navegais pelo mar, e tudo quanto há nele, vós ilhas, e os vossos habitantes.

¹¹Alcem a voz o deserto e as suas cidades, com as aldeias que Quedar habita; exultem os que habitam nos penhascos, e clamem do cume dos montes.

¹²Dêem glória ao Senhor, e anunciem nas ilhas o seu louvor.

¹³O Senhor sai como um valente, como homem de guerra desperta o zelo; clamará, e fará grande ruído, e mostrar-se-á valente contra os seus inimigos.

¹⁴Por muito tempo me calei; estive em silêncio, e me contive; mas agora darei gritos como a que está de parto, arfando e arquejando.

¹⁵Os montes e outeiros tornarei em deserto, e toda a sua erva farei secar; e tornarei os rios em ilhas, e secarei as lagoas.

¹⁶E guiarei os cegos por um caminho que não conhecem; fá-los-ei caminhar por veredas que não têm conhecido; tornarei as trevas em luz perante eles, e aplanados os caminhos escabrosos. Estas coisas lhes farei; e não os desampararei.

¹⁷Tornados para trás e cobertos de vergonha serão os que confiam em imagens esculpidas, que dizem às imagens de fundição: Vós sois nossos deuses.

¹⁸Surdos, ouvi; e vós, cegos, olhai, para que possais ver.

¹⁹Quem é cego, senão o meu servo, ou surdo como o meu mensageiro, que envio? e quem é cego como o meu dedicado, e cego como o servo do Senhor?

²⁰Tu vês muitas coisas, mas não as guardas; ainda que ele tenha os ouvidos abertos, nada ouve.

²¹Foi do agrado do Senhor, por amor da sua justiça, engrandecer a lei e torná-la gloriosa.

²²Mas este é um povo roubado e saqueado; todos estão enlaçados em cavernas, e escondidos nas casas dos cárceres; são postos por presa, e ninguém há que os livre; por despojo, e ninguém diz: Restitui.

²³Quem há entre vós que a isso dará ouvidos? que atenderá e ouvirá doravante?

²⁴Quem entregou Jacó por despojo, e Israel aos roubadores? porventura não foi o Senhor, aquele contra quem pecamos, e em cujos caminhos eles não queriam andar, e cuja lei não queriam observar?

²⁵Pelo que o Senhor derramou sobre Israel a indignação da sua ira, e a violência da guerra; isso lhe ateou fogo ao redor; contudo ele não o percebeu; e o queimou; contudo ele não se compenetrou disso.

## Capítulo 43

¹Mas agora, assim diz o Senhor que te criou, ó Jacó, e que te formou, ó Israel: Não temas, porque eu te remi; chamei-te pelo teu nome, tu és meu.

²Quando passares pelas águas, eu serei contigo; quando pelos rios, eles não te submergirão; quando passares pelo fogo, não te queimarás, nem a chama arderá em ti.

³Porque eu sou o Senhor teu Deus, o Santo de Israel, o teu Salvador; por teu resgate dei o Egito, e em teu lugar a Etiópia e Seba.

⁴Visto que foste precioso aos meus olhos, e és digno de honra e eu te amo, portanto darei homens por ti, e os povos pela tua vida.

⁵Não temas, pois, porque eu sou contigo; trarei a tua descendência desde o Oriente, e te ajuntarei desde o Ocidente.

⁶Direi ao Norte: Dá; e ao Sul: Não retenhas; trazei meus filhos de longe, e minhas filhas das extremidades da terra;

⁷a todo aquele que é chamado pelo meu nome, e que criei para minha glória, e que formei e fiz.

⁸Fazei sair o povo que é cego e tem olhos; e os surdos que têm ouvidos.

⁹Todas as nações se congreguem, e os povos se reúnam; quem dentre eles pode anunciar isso, e mostrar-nos coisas já passadas? apresentem as suas testemunhas, para que se justifiquem; e para que se ouça, e se diga: Verdade é.

¹⁰Vós sois as minhas testemunhas, do Senhor, e o meu servo, a quem escolhi; para que o saibais, e me creiais e entendais que eu sou o mesmo; antes de mim Deus nenhum se formou, e depois de mim nenhum haverá.

¹¹Eu, eu sou o Senhor, e fora de mim não há salvador.

¹²Eu anunciei, e eu salvei, e eu o mostrei; e deus estranho não houve entre vós; portanto vós sois as minhas testemunhas, diz o Senhor.

¹³Eu sou Deus; também de hoje em diante, eu o sou; e ninguém há que possa fazer escapar das minhas mãos; operando eu, quem impedirá?

¹⁴Assim diz o Senhor, vosso Redentor, o Santo de Israel: Por amor de vós enviarei a Babilônia, e a todos os fugitivos farei embarcar até os caldeus, nos navios com que se vangloriavam.

¹⁵Eu sou o Senhor, vosso Santo, o Criador de Israel, vosso Rei.

¹⁶Assim diz o Senhor, o que preparou no mar um caminho, e nas águas impetuosas uma vereda;

¹⁷o que faz sair o carro e o cavalo, o exército e a força; eles juntamente se deitam, e jamais se levantarão; estão extintos, apagados como uma torcida.

¹⁸Não vos lembreis das coisas passadas, nem considereis as antigas.

¹⁹Eis que faço uma coisa nova; agora está saindo à luz; porventura não a percebeis? eis que porei um caminho no deserto, e rios no ermo.

²⁰Os animais do campo me honrarão, os chacais e os avestruzes; porque porei águas no deserto, e rios no ermo, para dar de beber ao meu povo, ao meu escolhido,

²¹esse povo que formei para mim, para que publicasse o meu louvor.

²²Contudo tu não me invocaste a mim, ó Jacó; mas te cansaste de mim, ó Israel.

²³Não me trouxeste o gado miúdo dos teus holocaustos, nem me honraste com os teus sacrifícios; não te fiz servir com ofertas, nem te fatiguei com incenso.

²⁴Não me compraste por dinheiro cana aromática, nem com a gordura dos teus sacrifícios me satisfizeste; mas me deste trabalho com os teus pecados, e me cansaste com as tuas iniquidades.

²⁵Eu, eu mesmo, sou o que apago as tuas transgressões por amor de mim, e dos teus pecados não me lembro.

²⁶Procura lembrar-me; entremos juntos em juízo; apresenta as tuas razões, para que te possas justificar!

²⁷Teu primeiro pai pecou, e os teus intérpretes prevaricaram contra mim.

²⁸Pelo que profanei os príncipes do santuário; e entreguei Jacó ao anátema, e Israel ao opróbrio.

## Capítulo 44

¹Agora, pois, ouve, ó Jacó, servo meu, ó Israel, a quem escolhi.

²Assim diz o Senhor que te criou e te formou desde o ventre, e que te ajudará: Não temas, ó Jacó, servo meu, e tu, Jesurum, a quem escolhi.

³Porque derramarei água sobre o sedento, e correntes sobre a terra seca; derramarei o meu Espírito sobre a tua posteridade, e a minha bênção sobre a tua descendência;

⁴e brotarão como a erva, como salgueiros junto às correntes de águas.

⁵Este dirá: Eu sou do Senhor; e aquele se chamará do nome de Jacó; e aquele outro escreverá na própria mão: Eu sou do Senhor; e por sobrenome tomará o nome de Israel.

⁶Assim diz o Senhor, Rei de Israel, seu Redentor, o Senhor dos exércitos: Eu sou o primeiro, e eu sou o último, e fora de mim não há Deus.

⁷Quem há como eu? Que o proclame e o exponha perante mim! Quem tem anunciado desde os tempos antigos as coisas vindouras? Que nos anuncie as que ainda hão de vir.

⁸Não vos assombreis, nem temais; porventura não vo-lo declarei há muito tempo, e não vo-lo anunciei? Vós sois as minhas testemunhas! Acaso há outro Deus além de mim? Não, não há Rocha; não conheço nenhuma.

⁹Todos os artífices de imagens esculpidas são nada; e as suas coisas mais desejáveis são de nenhum préstimo; e suas próprias testemunhas nada vêem nem entendem, para que eles sejam confundidos.

¹⁰Quem forma um deus, e funde uma imagem de escultura, que é de nenhum préstimo?

¹¹Eis que todos os seus seguidores ficarão confundidos; e os artífices são apenas homens; ajuntem-se todos, e se apresentem; assombrar-se-ão, e serão juntamente confundidos.

¹²O ferreiro faz o machado, e trabalha nas brasas, e o forja com martelos, e o forja com o seu forte braço; ademais ele tem fome, e a sua força falta; não bebe água, e desfalece.

¹³O carpinteiro estende a régua sobre um pau, e com lápis esboça um deus; dá-lhe forma com o cepilho; torna a esboçá-lo com o compasso; finalmente dá-lhe forma à semelhança dum homem, segundo a beleza dum homem, para habitar numa casa.

¹⁴Um homem corta para si cedros, ou toma um cipreste, ou um carvalho; assim escolhe dentre as árvores do bosque; planta uma faia, e a chuva a faz crescer.

¹⁵Então ela serve ao homem para queimar: da madeira toma uma parte e com isso se aquenta; acende um fogo e assa o pão; também faz um deus e se prostra diante dele; fabrica uma imagem de escultura, e se ajoelha diante dela.

¹⁶Ele queima a metade no fogo, e com isso prepara a carne para comer; faz um assado, e dele se farta; também se aquenta, e diz: Ah! já me aquentei, já vi o fogo.

¹⁷Então do resto faz para si um deus, uma imagem de escultura; ajoelha-se diante dela, prostra-se, e lhe dirige a sua súplica dizendo: Livra-me porquanto tu és o meu deus.

¹⁸Nada sabem, nem entendem; porque se lhe untaram os olhos, para que não vejam, e o coração, para que não entendam.

¹⁹E nenhum deles reflete; e não têm conhecimento nem entendimento para dizer: Metade queimei no fogo, e assei pão sobre as suas brasas; fiz um assado e dele comi; e faria eu do resto uma abominação? ajoelhar-me-ei ao que saiu duma árvore?

²⁰Apascenta-se de cinza. O seu coração enganado o desviou, de maneira que não pode livrar a sua alma, nem dizer: Porventura não há uma mentira na minha mão direita?

²¹Lembra-te destas coisas, ó Jacó, sim, tu ó Israel; porque tu és meu servo! Eu te formei, meu servo és tu; ó Israel não te esquecerei de ti.

²²Apagai as tuas transgressões como a névoa, e os teus pecados como a nuvem; torna-te para mim, porque eu te remi.

²³Cantai alegres, vós, ó céus, porque o Senhor fez isso; exultai vós, as partes mais baixas da terra; vós, montes, retumbai com júbilo; também vós, bosques, e todas as árvores em vós; porque o Senhor remiu a Jacó, e se glorificará em Israel.

²⁴Assim diz o Senhor, teu Redentor, e que te formou desde o ventre: Eu sou o Senhor que faço todas as coisas, que sozinho estendi os céus, e espraiei a terra (quem estava comigo?);

²⁵que desfaço os sinais dos profetas falsos, e torno loucos os adivinhos, que faço voltar para trás os sábios, e converto em loucura a sua ciência;

²⁶sou eu que confirmo a palavra do meu servo, e cumpro o conselho dos meus mensageiros; que digo de Jerusalém: Ela será habitada; e das cidades de Judá: Elas serão edificadas, e eu levantarei as suas ruínas;

²⁷que digo ao abismo: Seca-te, eu secarei os teus rios;

²⁸que digo de Ciro: Ele é meu pastor, e cumprirá tudo o que me apraz; de modo que ele também diga de Jerusalém: Ela será edificada, e o fundamento do templo será lançado.

## Capítulo 45

¹Assim diz o Senhor ao seu ungido, a Ciro, a quem tomo pela mão direita, para abater nações diante de sua face, e descingir os lombos dos reis; para abrir diante dele as portas, e as portas não se fecharão;

²eu irei adiante de ti, e tornarei planos os lugares escabrosos; quebrarei as portas de bronze, e despedaçarei os ferrolhos de ferro.

³Dar-te-ei os tesouros das trevas, e as riquezas encobertas, para que saibas que eu sou o Senhor, o Deus de Israel, que te chamo pelo teu nome.

⁴Por amor de meu servo Jacó, e de Israel, meu escolhido, eu te chamo pelo teu nome; ponho-te o teu sobrenome, ainda que não me conheças.

⁵Eu sou o Senhor, e não há outro; fora de mim não há Deus; eu te cinjo, ainda que tu não me conheças.

⁶Para que se saiba desde o nascente do sol, e desde o poente, que fora de mim não há outro; eu sou o Senhor, e não há outro.

⁷Eu formo a luz, e crio as trevas; eu faço a paz, e crio o mal; eu sou o Senhor, que faço todas estas coisas.

⁸Destilai vós, céus, dessas alturas a justiça, e chovam-na as nuvens; abra-se a terra, e produza a salvação e ao mesmo tempo faça nascer a justiça; eu, o Senhor, as criei:

⁹Ai daquele que contende com o seu Criador! o caco entre outros cacos de barro! Porventura dirá o barro ao que o formou: Que fazes? ou dirá a tua obra: Não tens mãos?

¹⁰Ai daquele que diz ao pai: Que é o que geras? e à mulher: Que dás tu à luz?

¹¹Assim diz o Senhor, o Santo de Israel, aquele que o formou: Perguntai-me as coisas futuras; demandai-me acerca de meus filhos, e acerca da obra das minhas mãos.

¹²Eu é que fiz a terra, e nela criei o homem; as minhas mãos estenderam os céus, e a todo o seu exército dei as minhas ordens.

¹³Eu o despertei em justiça, e todos os seus caminhos endireitarei; ele edificará a minha cidade, e libertará os meus cativos, não por preço nem por presentes, diz o Senhor dos exércitos.

¹⁴Assim diz o Senhor: A riqueza do Egito, e as mercadorias da Etiópia, e os sabeus, homens de alta estatura, passarão para ti, e serão teus; irão atrás de ti; em grilhões virão; e, prostrando-se diante de ti, far-te-ão as suas súplicas, dizendo: Deus está contigo somente; e não há nenhum outro Deus.

¹⁵Verdadeiramente tu és um Deus que te ocultas, ó Deus de Israel, o Salvador.

¹⁶Envergonhar-se-ão, e também se confundirão todos; cairão juntos em ignomínia os que fabricam ídolos.

¹⁷Mas Israel será salvo pelo Senhor, com uma salvação eterna; pelo que não sereis jamais envergonhados nem confundidos em toda a eternidade.

¹⁸Porque assim diz o Senhor, que criou os céus, o Deus que formou a terra, que a fez e a estabeleceu, não a criando para ser um caos, mas para ser habitada: Eu sou o Senhor e não há outro.

¹⁹Não falei em segredo, nalgum lugar tenebroso da terra; não disse à descendência de Jacó: Buscai-me no caos; eu, o Senhor, falo a justiça, e proclamo o que é reto.

²⁰Congregai-vos, e vinde; chegai-vos juntos, os que escapastes das nações; nada sabem os que conduzem em procissão as suas imagens de escultura, feitas de madeira, e rogam a um deus que não pode salvar.

²¹Anunciai e apresentai as razões: tomai conselho todos juntos. Quem mostrou isso desde a antiguidade? quem de há muito o anunciou? Porventura não sou eu, o Senhor? Pois não há outro Deus senão eu; Deus justo e Salvador não há além de mim.

²²Olhai para mim, e sereis salvos, vós, todos os confins da terra; porque eu sou Deus, e não há outro.

²³Por mim mesmo jurei; já saiu da minha boca a palavra de justiça, e não tornará atrás. Diante de mim se dobrará todo joelho, e jurará toda língua.

²⁴De mim se dirá: Tão somente no senhor há justiça e força. A ele virão, envergonhados, todos os que se irritarem contra ele.

²⁵Mas no Senhor será justificada e se gloriará toda a descendência de Israel.

## Capítulo 46

¹Bel se encurva, Nebo se abaixa; os seus ídolos são postos sobre os animais, sobre as bestas; essas cargas que costumáveis levar são pesadas para as bestas já cansadas.

²Eles juntamente se abaixam e se encurvam; não podem salvar a carga, mas eles mesmos vão para o cativeiro.

³Ouvi-me, ó casa de Jacó, e todo o resto da casa de Israel, vós que por mim tendes sido carregados desde o ventre, que tendes sido levados desde a madre.

⁴Até a vossa velhice eu sou o mesmo, e ainda até as cãs eu vos carregarei; eu vos criei, e vos levarei; sim, eu vos carregarei e vos livrarei.

⁵A quem me assemelhareis, e com quem me igualareis e me comparareis, para que sejamos semelhantes?

⁶Os que prodigalizam o ouro da bolsa, e pesam a prata nas balanças, assalariam o ourives, e ele faz um deus; e diante dele se prostram e adora,

⁷Eles o tomam sobre os ombros, o levam, e o colocam no seu lugar, e ali permanece; do seu lugar não se pode mover; e, se recorrem a ele, resposta nenhuma dá, nem livra alguém da sua tribulação.

⁸Lembrai-vos, disto, e considerai; trazei-o à memória, ó transgressores.

⁹Lembrai-vos das coisas passadas desde a antiguidade; que eu sou Deus, e não há outro; eu sou Deus, e não há outro semelhante a mim;

¹⁰que anuncio o fim desde o princípio, e desde a antiguidade as coisas que ainda não sucederam; que digo: O meu conselho subsistirá, e farei toda a minha vontade;

¹¹chamando do oriente uma ave de rapina, e dum país remoto o homem do meu conselho; sim, eu o disse, e eu o cumprirei; formei esse propósito, e também o executarei.

¹²Ouvi-me, ó duros de coração, os que estais longe da justiça.

¹³Faço chegar a minha justiça; e ela não está longe, e a minha salvação não tardará; mas estabelecerei a salvação em Sião, e em Israel a minha glória.

## Capítulo 47

¹Desce, e assenta-te no pó, ó virgem filha de Babilônia; assenta-te no chão sem trono, ó filha dos caldeus, porque nunca mais seras chamada a mimosa nem a delicada.

²Toma a mó, e mói a farinha; remove o teu véu, suspende a cauda da tua vestidura, descobre as pernas e passa os rios.

³A tua nudez será descoberta, e ver-se-á o teu opróbrio; tomarei vingança, e não pouparei a homem algum.

⁴Quanto ao nosso Redentor, o Senhor dos exércitos é o seu nome, o Santo de Israel.

⁵Assenta-te calada, e entra nas trevas, ó filha dos caldeus; porque não serás chamada mais a senhora de reinos.

⁶Muito me agastei contra o meu povo, profanei a minha herança, e os entreguei na tua mão; não usaste de misericórdia para com eles, e até sobre os velhos fizeste muito pesado o teu jugo.

⁷E disseste: Eu serei senhora para sempre; de sorte que até agora não tomaste a peito estas coisas, nem te lembraste do fim delas.

⁸Agora pois ouve isto, tu que és dada a prazeres, que habitas descuidada, que dizes no teu coração: Eu sou, e fora de mim não há outra; não ficarei viúva, nem conhecerei a perda de filhos.

⁹Mas ambas estas coisas virão sobre ti num momento, no mesmo dia, perda de filhos e viuvez; em toda a sua plenitude virão sobre ti, apesar da multidão das tuas feitiçarias, e da grande abundância dos teus encantamentos.

¹⁰Porque confiaste na tua maldade e disseste: Ninguém me vê; a tua sabedoria e o teu conhecimento, essas coisas te perverteram; e disseste no teu coração: Eu sou, e fora de mim não há outra.

¹¹Pelo que sobre ti virá o mal de que por encantamentos não saberás livrar-te; e tal destruição cairá sobre ti, que não a poderás afastar; e virá sobre ti de repente tão tempestuosa desolação, que não a poderás conhecer.

¹²Deixa-te estar com os teus encantamentos, e com a multidão das tuas feitiçarias em que te hás fatigado desde a tua mocidade, a ver se podes tirar proveito, ou se porventura podes inspirar terror.

¹³Cansaste-te na multidão dos teus conselhos; levantem-se pois agora e te salvem os astrólogos, que contemplam os astros, e os que nas luas novas prognosticam o que há de vir sobre ti.

¹⁴Eis que são como restolho; o logo os queimará; não poderão livrar-se do poder das chamas; pois não é um braseiro com que se aquentar, nem fogo para se sentar junto dele.

¹⁵Assim serão para contigo aqueles com quem te hás fatigado, os que tiveram negócios contigo desde tua mocidade; andarão vagueando, cada um pelo seu caminho; não haverá quem te salve.

## Capítulo 48

¹Ouvi isto, casa de Jacó, que vos chamais do nome de Israel, e saístes dos lombos de Judá, que jurais pelo nome do Senhor, e fazeis menção do Deus de Israel, mas não em verdade nem em justiça.

²E até da santa cidade tomam o nome, e se firmam sobre o Deus de Israel; o Senhor dos exércitos é o seu nome.

³Desde a antigüidade anunciei as coisas que haviam de ser; da minha boca é que saíram, e eu as fiz ouvir; de repente as pus por obra, e elas aconteceram.

⁴Porque eu sabia que és obstinado, que a tua cerviz é um nervo de ferro, e a tua testa de bronze.

⁵Há muito tas anunciei, e as manifestei antes que acontecessem, para que não dissesses: O meu ídolo fez estas coisas, ou a minha imagem de escultura, ou a minha imagem de fundição as ordenou.

⁶Já o tens ouvido; olha bem para tudo isto; porventura não o anunciarás? Desde agora te mostro coisas novas e ocultas, que não sabias.

⁷São criadas agora, e não de há muito, e antes deste dia não as ouviste, para que não digas: Eis que já eu as sabia.

⁸Tu nem as ouviste, nem as conheceste, nem tampouco há muito foi aberto o teu ouvido; porque eu sabia que procedeste muito perfidamente, e que eras chamado transgressor desde o ventre.

⁹Por amor do meu nome retardo a minha ira, e por causa do meu louvor me contenho para contigo, para que eu não te extermine.

¹⁰Eis que te purifiquei, mas não como a prata; provei-te na fornalha da aflição,

¹¹Por amor de mim, por amor de mim o faço; porque como seria profanado o meu nome? A minha glória não a darei a outrem,

¹²Escuta-me, ó Jacó, e tu, ó Israel, a quem chamei; eu sou o mesmo, eu o primeiro, eu também o último.

¹³Também a minha mão fundou a terra, e a minha destra estendeu os céus; quando eu os chamo, eles aparecem juntos.

¹⁴Ajuntai-vos todos vós, e ouvi: Quem, dentre eles, tem anunciado estas coisas? Aquele a quem o Senhor amou executará a sua vontade contra Babilônia, e o seu braço será contra os caldeus.

¹⁵Eu, eu o tenho dito; também já o chamei; eu o trouxe, e o seu caminho será próspero.

¹⁶Chegai-vos a mim, ouvi isto: Não falei em segredo desde o princípio; desde o tempo em que aquilo se fez, eu estava ali; e agora o Senhor Deus me enviou juntamente com o seu Espírito.

¹⁷Assim diz o Senhor, o teu Redentor, o Santo de Israel: Eu sou o Senhor, o teu Deus, que te ensina o que é útil, e te guia pelo caminho em que deves andar.

¹⁸Ah! se tivesses dado ouvidos aos meus mandamentos! então seria a tua paz como um rio, e a tua justiça como as ondas do mar;

¹⁹também a tua descendência teria sido como a areia, e os que procedem das tuas entranhas como os seus grãos; o seu nome nunca seria cortado nem destruído de diante de mim.

²⁰Saí de Babilônia, fugi de entre os caldeus. E anunciai com voz de júbilo, fazei ouvir isto, e levai-o até o fim da terra; dizei: O Senhor remiu a seu servo Jacó;

²¹e não tinham sede, quando os levava pelos desertos; fez-lhes correr água da rocha; fendeu a rocha, e as águas jorraram.

²²Não há paz para os ímpios, diz o Senhor.

## Capítulo 49

¹Ouvi-me, ilhas, e escutai vós, povos de longe: O Senhor chamou-me desde o ventre, desde as entranhas de minha mãe fez menção do meu nome

²e fez a minha boca qual espada aguda; na sombra da sua mão me escondeu; fez-me qual uma flecha polida, e me encobriu na sua aljava;

³e me disse: Tu és meu servo; és Israel, por quem hei de ser glorificado.

⁴Mas eu disse: Debalde tenho trabalhado, inútil e vãmente gastei as minhas forças; todavia o meu direito está perante o Senhor, e o meu galardão perante o meu Deus.

⁵E agora diz o Senhor, que me formou desde o ventre para ser o seu servo, para tornar a trazer-lhe Jacó, e para reunir Israel a ele (pois aos olhos do Senhor sou glorificado, e o meu Deus se fez a minha força).

⁶Sim, diz ele: Pouco é que sejas o meu servo, para restaurares as tribos de Jacó, e tornares a trazer os preservados de Israel; também te porei para luz das nações, para seres a minha salvação até a extremidade da terra.

⁷Assim diz o Senhor, o Redentor de Israel, e o seu Santo, ao que é desprezado dos homens, ao que é aborrecido das nações, ao servo dos tiranos: Os reis o verão e se levantarão, como também os príncipes, e eles te adorarão, por amor do Senhor, que é fiel, e do Santo de Israel, que te escolheu.

⁸Assim diz o Senhor: No tempo aceitável te ouvi, e no dia da salvação te ajudei; e te guardarei, e te darei por pacto do povo, para restaurares a terra, e lhe dares em herança as herdades assoladas;

⁹para dizeres aos presos: Saí; e aos que estão em trevas: Aparecei; eles pastarão nos caminhos, e em todos os altos desnudados haverá o seu pasto.

¹⁰Nunca terão fome nem sede; não os afligirá nem a calma nem o sol; porque o que se compadece deles os guiará, e os conduzirá mansamente aos mananciais das águas.

¹¹Farei de todos os meus montes um caminho; e as minhas estradas serão exaltadas.

¹²Eis que estes virão de longe, e eis que aqueles do Norte e do Ocidente, e aqueles outros da terra de Sinim.

¹³Cantai, ó céus, e exulta, ó terra, e vós, montes, estalai de júbilo, porque o Senhor consolou o seu povo, e se compadeceu dos seus aflitos.

¹⁴Mas Sião diz: O Senhor me desamparou, o meu Senhor se esqueceu de mim.

¹⁵pode uma mulher esquecer-se de seu filho de peito, de maneira que não se compadeça do filho do seu ventre? Mas ainda que esta se esquecesse, eu, todavia, não me esquecerei de ti.

¹⁶Eis que nas palmas das minhas mãos eu te gravei; os teus muros estão continuamente diante de mim.

¹⁷Os teus filhos pressurosamente virão; mas os teus destruidores e

os teus assoladores sairão do meio de ti.

¹⁸Levanta os teus olhos ao redor, e olha; todos estes que se ajuntam vêm ter contigo. Vivo eu, diz o Senhor, que de todos estes te vestirás, como dum ornamento, e te cingirás deles como a noiva.

¹⁹Pois quanto aos teus desertos, e lugares desolados, e à tua terra destruída, serás agora estreita demais para os moradores, e os que te devoravam se afastarão para longe de ti.

²⁰Os filhos de que foste privada ainda dirão aos teus ouvidos: Muito estreito é para mim este lugar; dá-me espaço em que eu habite.

²¹Então no teu coração dirás: Quem me gerou estes, visto que eu era desfilhada e solitária, exilada e errante? quem, pois, me criou estes? Fui deixada sozinha; estes onde estavam?

²²Assim diz o Senhor Deus: Eis que levantarei a minha mão para as nações, e ante os povos arvorarei a minha bandeira; então eles trarão os teus filhos nos braços, e as tuas filhas serão levadas sobre os ombros.

²³Reis serão os teus aios, e as suas rainhas as tuas amas; diante de ti se inclinarão com o rosto em terra e lamberão o pó dos teus pés; e saberás que eu sou o Senhor, e que os que por mim esperam não serão confundidos.

²⁴Acaso tirar-se-ia a presa ao valente? ou serão libertados os cativos de um tirano?

²⁵Mas assim diz o Senhor: Certamente os cativos serão tirados ao valente, e a presa do tirano será libertada; porque eu contenderei com os que contendem contigo, e os teus filhos eu salvarei.

²⁶E sustentarei os teus opressores com a sua propria carne, e com o seu proprio sangue se embriagarão, como com mosto; e toda a carne saberá que eu sou o Senhor, o teu Salvador e o teu Redentor, o Poderoso de Jacó.

## Capítulo 50

¹Assim diz o Senhor: Onde está a carta de divórcio de vossa mãe, pela qual eu a repudiei? ou quem é o meu credor, a quem eu vos tenha vendido? Eis que por vossas maldades fostes vendidos, e por vossas transgressões foi repudiada vossa mãe.

²Por que razão, quando eu vim, ninguém apareceu? quando chamei, não houve quem respondesse? Acaso tanto se encolheu a minha mão, que já não possa remir? ou não tenho poder para livrar? Eis que com a minha repreensão faço secar o mar, e torno os rios em deserto; cheiram mal os seus peixes, pois não há água, e morrem de sede:

³Eu visto os céus de negridão, e lhes ponho cilício por sua cobertura.

⁴O Senhor Deus me deu a língua dos instruídos para que eu saiba sustentar com uma palavra o que está cansado; ele desperta-me todas as manhãs; desperta-me o ouvido para que eu ouça como discípulo.

⁵O Senhor Deus abriu-me os ouvidos, e eu não fui rebelde, nem me retirei para trás.

⁶Ofereci as minhas costas aos que me feriam, e as minhas faces aos que me arrancavam a barba; não escondi o meu rosto dos que me afrontavam e me cuspiam.

⁷Pois o Senhor Deus me ajuda; portanto não me sinto confundido; por isso pus o meu rosto como um seixo, e sei que não serei envergonhado.

⁸Perto está o que me justifica; quem contenderá comigo? apresentemo-nos juntos; quem é meu adversário? chegue-se para mim.

⁹Eis que o Senhor Deus me ajuda; quem há que me condene? Eis que todos eles se envelhecerão como um vestido, e a traça os comerá.

¹⁰Quem há entre vós que tema ao Senhor? ouça ele a voz do seu servo. Aquele que anda em trevas, e não tem luz, confie no nome do Senhor, e firme-se sobre o seu Deus.

¹¹Eia! todos vós, que acendeis fogo, e vos cingis com tições acesos; andai entre as labaredas do vosso fogo, e entre os tições que ateastes! Isto vos sobrevirá da minha mão, e em tormentos jazereis.

## Capítulo 51

¹Ouvi-me vós, os que seguis a justiça, os que buscais ao Senhor; olhai para a rocha donde fostes cortados, e para a caverna do poço donde fostes cavados.

²Olhai para Abraão, vosso pai, e para Sara, que vos deu à luz; porque ainda quando ele era um só, eu o chamei, e o abençoei e o multipliquei.

³Porque o Senhor consolará a Sião; consolará a todos os seus lugares assolados, e fará o seu deserto como o Edem e a sua solidão como o jardim do Senhor; gozo e alegria se acharão nela, ação de graças, e voz de cântico.

⁴Atendei-me, povo meu, e nação minha, inclinai os ouvidos para mim; porque de mim sairá a lei, e estabelecerei a minha justiça como luz dos povos.

⁵Perto está a minha justiça, vem saindo a minha salvação, e os meus braços governarão os povos; as ilhas me aguardam, e no meu braço esperam.

⁶Levantai os vossos olhos para os céus e olhai para a terra em baixo; porque os céus desaparecerão como a fumaça, e a terra se envelhecerá como um vestido; e os seus moradores morrerão semelhantemente; a minha salvação, porém, durará para sempre, e a minha justiça não será abolida.

⁷Ouvi-me, vós que conheceis a justiça, vós, povo, em cujo coração está a minha lei; não temais o opróbrio dos homens, nem vos turbeis pelas suas injúrias.

⁸Pois a traça os roerá como a um vestido, e o bicho os comerá como à lã; a minha justiça, porém, durará para sempre, e a minha salvação para todas as gerações.

⁹Desperta, desperta, veste-te de força, ó braço do Senhor; desperta como nos dias da antigüidade, como nas gerações antigas. Porventura não és tu aquele que cortou em pedaços a Raabe, e traspassou ao dragão,

¹⁰Não és tu aquele que secou o mar, as águas do grande abismo? o que fez do fundo do mar um caminho, para que por ele passassem os remidos?

¹¹Assim voltarão os resgatados do Senhor, e virão com júbilo a Sião; e haverá perpétua alegria sobre as suas cabeças; gozo e alegria alcançarão, a tristeza e o gemido fugirão.

¹²Eu, eu sou aquele que vos consola; quem, pois, és tu, para teres medo dum homem, que é mortal, ou do filho do homem que se tornará como feno;

¹³e te esqueces de Senhor, o teu Criador, que estendeu os céus, e fundou a terra, e temes continuamente o dia todo por causa do furor do opressor, quando se prepara para destruir? Onde está o furor do opressor?

¹⁴O exilado cativo depressa será solto, e não morrerá para ir à sepultura, nem lhe faltará o pão.

¹⁵Pois eu sou o Senhor teu Deus, que agita o mar, de modo que bramem as suas ondas. O Senhor dos exércitos é o seu nome.

¹⁶E pus as minhas palavras na tua boca, e te cubro com a sombra da minha mão; para plantar os céus, e para fundar a terra, e para dizer a Sião: Tu és o meu povo.

¹⁷Desperta, desperta, levanta-te, ó Jerusalém, que bebeste da mão do Senhor o cálice do seu furor; que bebeste da taça do atordoamento, e a esgotaste.

¹⁸De todos os filhos que ela teve, nenhum há que a guie; e de todos os filhos que criou, nenhum há que a tome pela mão.

¹⁹Estas duas coisas te aconteceram; quem terá compaixão de ti? a assolação e a ruína, a fome e a espada; quem te consolará?

²⁰Os teus filhos já desmaiaram, jazem nas esquinas de todas as ruas, como o antílope tomado na rede; cheios estão do furor do Senhor, e da repreensão do teu Deus.

²¹Pelo que agora ouve isto, ó aflita, e embriagada, mas não de vinho.

²²Assim diz o Senhor Deus e o teu Deus, que pleiteia a causa do seu povo: Eis que eu tiro da tua mão a taça de atordoamento e o cálice do meu furor; nunca mais dele beberás;

²³mas pô-lo-ei nas mãos dos que te afligem, os quais te diziam: Abaixa-te, para que passemos sobre ti; e tu puseste as tuas costas como o chão, e como a rua para os que passavam.

## Capítulo 52

¹Desperta, desperta, veste-te da tua fortaleza, Sião; veste-te dos teus vestidos formosos, ó Jerusalém, cidade santa; porque nunca mais entrará em ti nem incircunciso nem imundo.

²Sacode-te do pó; levanta-te, e assenta-te, ó Jerusalém; solta-te das ataduras de teu pescoço, ó cativa filha de Sião.

³Porque assim diz o Senhor: Por nada fostes vendidos; e sem dinheiro sereis resgatados.

⁴Pois assim diz o Senhor Deus: O meu povo desceu no princípio ao Egito, para peregrinar lá, e a Assíria sem razão o oprimiu.

⁵E agora, que acho eu aqui? diz o Senhor, pois que o meu povo foi tomado sem nenhuma razão, os seus dominadores dão uivos sobre ele, diz o Senhor; e o meu nome é blasfemado incessantemente o dia todo!

⁶Portanto o meu povo saberá o meu nome; portanto saberá naquele dia que sou eu o que falo; eis-me aqui.

⁷Quão formosos sobre os montes são os pés do que anuncia as boas-novas, que proclama a paz, que anuncia coisas boas, que proclama a salvação, que diz a Sião: O teu Deus reina!

⁸Eis a voz dos teus atalaias! eles levantam a voz, juntamente exultam; porque de perto contemplam a volta do Senhor a Sião.

⁹Clamai cantando, exultai juntamente, desertos de Jerusalém; porque o Senhor consolou o seu povo, remiu a Jerusalém.

¹⁰Ó Senhor desnudou o seu santo braço à vista de todas as nações; e todos os confins da terra verão a salvação do nosso Deus.

¹¹Retirai-vos, retirai-vos, saí daí, não toqueis coisa imunda; saí do meio dela, purificai-vos, os que levais os vasos do Senhor.

¹²Pois não saireis apressadamente, nem ireis em fuga; porque o Senhor irá diante de vós, e o Deus de Israel será a vossa retaguarda.

¹³Eis que o meu servo procederá com prudência; será exaltado, e elevado, e mui sublime.

¹⁴Como pasmaram muitos à vista dele (pois o seu aspecto estava tão desfigurado que não era o de um homem, e a sua figura não era a dos filhos dos homens),

¹⁵assim ele espantará muitas nações; por causa dele reis taparão a boca; pois verão aquilo que não se lhes havia anunciado, e entenderão aquilo que não tinham ouvido.

## Capítulo 53

¹Quem deu crédito à nossa pregação? e a quem se manifestou o braço do Senhor?

²Pois foi crescendo como renovo perante ele, e como raiz que sai duma terra seca; não tinha formosura nem beleza; e quando olhávamos para ele, nenhuma beleza víamos, para que o desejássemos.

³Era desprezado, e rejeitado dos homens; homem de dores, e experimentado nos sofrimentos; e, como um de quem os homens escondiam o rosto, era desprezado, e não fizemos dele caso algum.

⁴Verdadeiramente ele tomou sobre si as nossas enfermidades, e carregou com as nossas dores; e nós o reputávamos por aflito, ferido de Deus, e oprimido.

⁵Mas ele foi ferido por causa das nossas transgressões, e esmagado por causa das nossas iniquidades; o castigo que nos traz a paz estava sobre ele, e pelas suas pisaduras fomos sarados.

⁶Todos nós andávamos desgarrados como ovelhas, cada um se desviava pelo seu caminho; mas o Senhor fez cair sobre ele a iniquidade de todos nós.

⁷Ele foi oprimido e afligido, mas não abriu a boca; como um cordeiro que é levado ao matadouro, e como a ovelha que é muda perante os seus tosquiadores, assim ele não abriu a boca.

⁸Pela opressão e pelo juízo foi arrebatado; e quem dentre os da sua geração considerou que ele fora cortado da terra dos viventes, ferido por causa da transgressão do meu povo?

⁹E deram-lhe a sepultura com os ímpios, e com o rico na sua morte, embora nunca tivesse cometido injustiça, nem houvesse engano na sua boca.

¹⁰Todavia, foi da vontade do Senhor esmagá-lo, fazendo-o enfermar; quando ele se puser como oferta pelo pecado, verá a sua posteridade, prolongará os seus dias, e a vontade do Senhor prosperará nas suas mãos.

¹¹Ele verá o fruto do trabalho da sua alma, e ficará satisfeito; com o seu conhecimento o meu servo justo justificará a muitos, e as iniquidades deles levará sobre si.

¹²Pelo que lhe darei o seu quinhão com os grandes, e com os poderosos repartirá ele o despojo; porquanto derramou a sua alma até a morte, e foi contado com os transgressores; mas ele levou sobre si o pecado de muitos, e pelos transgressores intercedeu.

## Capítulo 54

¹Canta, alegremente, ó estéril, que não deste à luz; exulta de prazer com alegre canto, e exclama, tu que não tiveste dores de parto; porque mais são os filhos da desolada, do que os filhos da casada, diz o Senhor.

²Amplia o lugar da tua tenda, e estendam-se as cortinas das tuas habitações; não o impeças; alonga as tuas cordas, e firma bem as tuas estacas.

³Porque trasbordarás para a direita e para a esquerda; e a tua posteridade possuirá as nações e fará que sejam habitadas as cidades assoladas.

⁴Não temas, porque não serás envergonhada; e não te envergonhes, porque não sofrerás afrontas; antes te esquecerás da vergonha da tua mocidade, e não te lembrarás mais do opróbrio da tua viuvez.

⁵Pois o teu Criador é o teu marido; o Senhor dos exércitos é o seu nome; e o Santo de Israel é o teu Redentor, que é chamado o Deus de toda a terra.

⁶Porque o Senhor te chamou como a mulher desamparada e triste de espírito; como a mulher da mocidade, que fora repudiada, diz o teu Deus:

⁷Por um breve momento te deixei, mas com grande compaixão te recolherei;

⁸num ímpeto de indignação escondi de ti por um momento o meu rosto; mas com benignidade eterna me compadecerei de ti, diz o Senhor, o teu Redentor.

⁹Porque isso será para mim como as águas de Noé; como jurei que as águas de Noé não inundariam mais a terra, assim também jurei que não me irarei mais contra ti, nem te repreenderei.

¹⁰Pois as montanhas se retirarão, e os outeiros serão removidos; porém a minha benignidade não se apartará de ti, nem será removido ao pacto da minha paz, diz o Senhor, que se compadece de ti.

¹¹e aflita arrojada com a tormenta e desconsolada eis que eu assentarei as tuas pedras com antimônio, e lançarei os teus alicerces com safiras.

¹²Farei os teus baluartes de rubis, e as tuas portas de carbúnculos, e toda a tua muralha de pedras preciosas.

¹³E todos os teus filhos serão ensinados do Senhor; e a paz de teus filhos será abundante.

¹⁴Com justiça serás estabelecida; estarás longe da opressão, porque já não temerás; e também do terror, porque a ti não chegará.

¹⁵Eis que embora se levantem contendas, isso não será por mim; todos os que contenderem contigo, por causa de ti cairão.

¹⁶Eis que eu criei o ferreiro, que assopra o fogo de brasas, e que produz a ferramenta para a sua obra; também criei o assolador, para destruir.

¹⁷Não prosperará nenhuma arma forjada contra ti; e toda língua que se levantar contra ti em juízo, tu a condenarás; esta é a herança dos servos do Senhor, e a sua justificação que de mim procede, diz o Senhor.

## Capítulo 55

¹ç vós, todos os que tendes sede, vinde às águas, e os que não tendes dinheiro, vinde, comprai, e comei; sim, vinde e comprai, sem dinheiro e sem preço, vinho e leite.

²Por que gastais o dinheiro naquilo que não é pão! e o produto do vosso trabalho naquilo que não pode satisfazer? ouvi-me atentamente, e comei o que é bom, e deleitai-vos com a gordura.

³Inclinai os vossos ouvidos, e vinde a mim; ouvi, e a vossa alma viverá; porque convosco farei um pacto perpétuo, dando-vos as firmes beneficências prometidas a Davi.

⁴Eis que eu o dei como testemunha aos povos, como príncipe e governador dos povos.

⁵Eis que chamarás a uma nação que não conheces, e uma nação que nunca te conheceu a ti correrá, por amor do Senhor teu Deus, e do Santo de Israel; porque ele te glorificou.

⁶Buscai ao Senhor enquanto se pode achar, invocai-o enquanto está perto.

⁷Deixe o ímpio o seu caminho, e o homem maligno os seus pensamentos; volte-se ao Senhor, que se compadecerá dele; e para o nosso Deus, porque é generoso em perdoar.

⁸Porque os meus pensamentos não são os vossos pensamentos, nem os vossos caminhos os meus caminhos, diz o Senhor.

⁹Porque, assim como o céu é mais alto do que a terra, assim são os meus caminhos mais altos do que os vossos caminhos, e os meus pensamentos mais altos do que os vossos pensamentos.

¹⁰Porque, assim como a chuva e a neve descem dos céus e para lá não tornam, mas regam a terra, e a fazem produzir e brotar, para que dê semente ao semeador, e pão ao que come,

¹¹assim será a palavra que sair da minha boca: ela não voltará para mim vazia, antes fará o que me apraz, e prosperará naquilo para que a enviei.

¹²Pois com alegria saireis, e em paz sereis guiados; os montes e os outeiros romperão em cânticos diante de vós, e todas as árvores de campo baterão palmas.

¹³Em lugar do espinheiro crescerá a faia, e em lugar da sarça crescerá a murta; o que será para o Senhor por nome, por sinal eterno, que nunca se apagará.

## Capítulo 56

¹Assim diz o Senhor: Mantende a retidão, e fazei justiça; porque a minha salvação está prestes a vir, e a minha justiça a manifestar-se.

²Bem-aventurado o homem que fizer isto, e o filho do homem que lançar mão disto: que se abstém de profanar o sábado, e guarda a sua mão de cometer o mal.

³E não fale o estrangeiro, que se houver unido ao Senhor, dizendo: Certamente o Senhor me separará do seu povo; nem tampouco diga o eunuco: Eis que eu sou uma árvore seca.

⁴Pois assim diz o Senhor a respeito dos eunucos que guardam os

meus sábados, e escolhem as coisas que me agradam, e abraçam o meu pacto:

⁵Dar-lhes-ei na minha casa e dentro dos meus muros um memorial e um nome melhor do que o de filhos e filhas; um nome eterno darei a cada um deles, que nunca se apagará.

⁶E aos estrangeiros, que se unirem ao Senhor, para o servirem, e para amarem o nome do Senhor, sendo deste modo servos seus, todos os que guardarem o sábado, não o profanando, e os que abraçarem o meu pacto,

⁷sim, a esses os levarei ao meu santo monte, e os alegrarei na minha casa de oração; os seus holocaustos e os seus sacrifícios serão aceitos no meu altar; porque a minha casa será chamada casa de oração para todos os povos.

⁸Assim diz o Senhor Deus, que ajunta os dispersos de Israel: Ainda outros ajuntarei a ele, além dos que já se lhe ajuntaram.

⁹Vós, todos os animais do campo, todos os animais do bosque, vinde comer.

¹⁰Todos os seus atalaias são cegos, nada sabem; todos são cães mudos, não podem ladrar; deitados, sonham e gostam de dormir.

¹¹E estes cães são gulosos, nunca se podem fartar; e eles são pastores que nada compreendem; todos eles se tornam para o seu caminho, cada um para a sua ganância, todos sem exceção.

¹²Vinde, dizem, trarei vinho, e nos encheremos de bebida forte; e o dia de amanhã será como hoje, ou ainda mais festivo.

## Capítulo 57

¹Perece o justo, e não há quem se importe com isso; os homens compassivos são arrebatados, e não há ninguém que entenda. Pois o justo é arrebatado da calamidade,

²entra em paz; descansam nas suas camas todos os que andam na retidão.

³Mas chegai-vos aqui, vós os filhos da agoureira, linhagem do adúltero e da prostituta.

⁴De quem fazeis escárnio? Contra quem escancarais a boca, e deitais para fora a língua? Porventura não sois vós filhos da transgressão, estirpe da falsidade,

⁵que vos inflamais junto aos terebintos, debaixo de toda árvore verde, e sacrificais os filhos nos vales, debaixo das fendas dos penhascos?

⁶Por entre as pedras lisas do vale está o teu quinhão; estas, estas são a tua sorte; também a estas derramaste a tua libação e lhes ofereceste uma oblação. Contentar-me-ia com estas coisas?

⁷sobre um monte alto e levantado puseste a tua cama; e lá subiste para oferecer sacrifícios.

⁸Detrás das portas e dos umbrais colocaste o teu memorial; pois te descobriste a outro que não a mim, e subiste, e alargaste a tua cama; e fizeste para ti um pacto com eles; amaste a sua cama, onde quer que a viste.

⁹E foste ao rei com óleo, e multiplicaste os teus perfumes, e enviaste os teus embaixadores para longe, e te abateste até o Seol.

¹⁰Na tua comprida viagem te cansaste; contudo não disseste: Não há esperança; achaste com que renovar as tuas forças; por isso não enfraqueceste.

¹¹Mas de quem tiveste receio ou medo, para que mentisses, e não te lembrasses de mim, nem te importasses? Não é porventura porque eu me calei, e isso há muito tempo, e não me temes?

¹²Eu publicarei essa justiça tua; e quanto às tuas obras, elas não te aproveitarão.

¹³Quando clamares, livrem-te os ídolos que ajuntaste; mas o vento a todos levará, e um assopro os arrebatará; mas o que confia em mim possuirá a terra, e herdarão o meu santo monte.

¹⁴E dir-se-á: Aplanai, aplanai, preparai e caminho, tirai os tropeços do caminho do meu povo.

¹⁵Porque assim diz o Alto e o Excelso, que habita na eternidade e cujo nome é santo: Num alto e santo lugar habito, e também com o contrito e humilde de espírito, para vivificar o espírito dos humildes, e para vivificar o coração dos contritos.

¹⁶Pois eu não contenderei para sempre, nem continuamente ficarei irado; porque de mim procede o espírito, bem como o fôlego da vida que eu criei.

¹⁷Por causa da iniquidade da sua avareza me indignei e o feri; escondi-me, e indignei-me; mas, rebelando-se, ele seguiu o caminho do seu coração.

¹⁸Tenho visto os seus caminhos, mas eu o sararei; também o guiarei, e tornarei a dar-lhe consolação, a ele e aos que o pranteiam.

¹⁹Eu crio o fruto dos lábios; paz, paz, para o que está longe, e para o que está perto diz o Senhor; e eu o sararei.

²⁰Mas os ímpios são como o mar agitado; pois não pode estar quieto, e as suas águas lançam de si lama e lodo.

²¹Não há paz para os ímpios, diz o meu Deus.

## Capítulo 58

¹Clama em alta voz, não te detenhas, levanta a tua voz como a trombeta e anuncia ao meu povo a sua transgressão, e à casa de Jacó os seus pecados.

²Todavia me procuram cada dia, tomam prazer em saber os meus caminhos; como se fossem um povo que praticasse a justiça e não tivesse abandonado a ordenança do seu Deus, pedem-me juízos retos, têm prazer em se chegar a Deus!,

³Por que temos nós jejuado, dizem eles, e tu não atentas para isso? por que temos afligido as nossas almas, e tu não o sabes? Eis que no dia em que jejuais, prosseguis nas vossas empresas, e exigis que se façam todos os vossos trabalhos.

⁴Eis que para contendas e rixas jejuais, e para ferirdes com punho iníquo! Jejuando vós assim como hoje, a vossa voz não se fara ouvir no alto.

⁵Seria esse o jejum que eu escolhi? o dia em que o homem aflija a sua alma? Consiste porventura, em inclinar o homem a cabeça como junco e em estender debaixo de si saco e cinza? chamarias tu a isso jejum e dia aceitável ao Senhor?

⁶Acaso não é este o jejum que escolhi? que soltes as ligaduras da impiedade, que desfaças as ataduras do jugo? e que deixes ir livres os oprimidos, e despedaces todo jugo?

⁷Porventura não é também que repartas o teu pão com o faminto, e recolhas em casa os pobres desamparados? que vendo o nu, o cubras, e não te escondas da tua carne?

⁸Então romperá a tua luz como a alva, e a tua cura apressadamente brotará. e a tua justiça irá adiante de ti; e a glória do Senhor será a tua retaguarda.

⁹Então clamarás, e o Senhor te responderá; gritarás, e ele dirá: Eis-me aqui. Se tirares do meio de ti o jugo, o estender do dedo, e o falar iniquamente;

¹⁰e se abrires a tua alma ao faminto, e fartares o aflito; então a tua luz nascerá nas trevas, e a tua escuridão será como o meio dia.

¹¹O Senhor te guiará continuamente, e te fartará até em lugares áridos, e fortificará os teus ossos; serás como um jardim regado, e como um manancial, cujas águas nunca falham.

¹²E os que de ti procederem edificarão as ruínas antigas; e tu levantarás os fundamentos de muitas gerações; e serás chamado reparador da brecha, e restaurador de veredas para morar.

¹³Se desviares do sábado o teu pé, e deixares de prosseguir nas tuas empresas no meu santo dia; se ao sábado chamares deleitoso, santo dia do Senhor, digno de honra; se o honrares, não seguindo os teus caminhos, nem te ocupando nas tuas empresas, nem falando palavras vãs;

¹⁴então te deleitarás no Senhor, e eu te farei cavalgar sobre as alturas da terra, e te sustentarei com a herança de teu pai Jacó; porque a boca do Senhor o disse.

## Capítulo 59

¹Eis que a mão do Senhor não está encolhida, para que não possa salvar; nem surdo o seu ouvido, para que não possa ouvir;

²mas as vossas iniquidades fazem separação entre vós e o vosso Deus; e os vossos pecados esconderam o seu rosto de vós, de modo que não vos ouça.

³Porque as vossas mãos estão contaminadas de sangue, e os vossos dedos de iniquidade; os vossos lábios falam a mentira, a vossa língua pronuncia perversidade.

⁴Ninguém há que invoque a justiça com retidão, nem há quem pleiteie com verdade; confiam na vaidade, e falam mentiras; concebem o mal, e dão à luz a iniquidade.

⁵Chocam ovos de basiliscos, e tecem teias de aranha; o que comer dos ovos deles, morrerá; e do ovo que for pisado sairá uma víbora.

⁶As suas teias não prestam para vestidos; nem se poderão cobrir com o que fazem; as suas obras são obras de iniquidade, e atos de violência há nas suas mãos.

⁷Os seus pés correm para o mal, e se apressam para derramarem sangue inocente; os seus pensamentos são pensamentos de iniquidade; a desolação e a destruição acham-se nas suas estradas.

⁸O caminho da paz eles não o conhecem, nem há justiça nos seus passos; fizeram para si veredas tortas; todo aquele que anda por elas não tem conhecimento da paz.

⁹Pelo que a justiça está longe de nós, e a retidão não nos alcança; esperamos pela luz, e eis que só há trevas; pelo resplendor, mas

*Isaías*

andamos em escuridão.

¹⁰Apalpamos as paredes como cegos; sim, como os que não têm olhos andamos apalpando; tropeçamos ao meio-dia como no crepúsculo, e entre os vivos somos como mortos.

¹¹Todos nós bramamos como ursos, e andamos gemendo como pombas; esperamos a justiça, e ela não aparece; a salvação, e ela está longe de nós.

¹²Porque as nossas transgressões se multiplicaram perante ti, e os nossos pecados testificam contra nós; pois as nossas transgressões estão conosco, e conhecemos as nossas iniqüidades.

¹³transgredimos, e negamos o Senhor, e nos desviamos de seguir após o nosso Deus; falamos a opressão e a rebelião, concebemos e proferimos do coração palavras de falsidade.

¹⁴Pelo que o direito se tornou atrás, e a justiça se pôs longe; porque a verdade anda tropeçando pelas ruas, e a eqüidade não pode entrar.

¹⁵Sim, a verdade desfalece; e quem se desvia do mal arrisca-se a ser despojado; e o Senhor o viu, e desagradou-lhe o não haver justiça.

¹⁶E viu que ninguém havia, e maravilhou-se de que não houvesse um intercessor; pelo que o seu próprio braço lhe trouxe a salvação, e a sua própria justiça o susteve;

¹⁷vestiu-se de justiça, como de uma couraça, e pôs na cabeça o capacete da salvação; e por vestidura pôs sobre si vestes de vingança, e cobriu-se de zelo, como de um manto.

¹⁸Conforme forem as obras deles, assim será a sua retribuição, furor aos seus adversários, e recompensa aos seus inimigos; às ilhas dará ele a sua recompensa.

¹⁹Então temerão o nome do Senhor desde o poente, e a sua glória desde o nascente do sol; porque ele virá tal uma corrente impetuosa, que o assopro do Senhor impele.

²⁰E virá um Redentor a Sião e aos que em Jacó se desviarem da transgressão, diz o Senhor.

²¹Quanto a mim, este é o meu pacto com eles, diz o Senhor: o meu Espírito, que está sobre ti, e as minhas palavras, que pus na tua boca, não se desviarão da tua boca, nem da boca dos teus filhos, nem da boca dos filhos dos teus filhos, diz o Senhor, desde agora e para todo o sempre.

## Capítulo 60

¹Levanta-te, resplandece, porque é chegada a tua luz, e é nascida sobre ti a glória do Senhor.

²Pois eis que as trevas cobrirão a terra, e a escuridão os povos; mas sobre ti o Senhor virá surgindo, e a sua glória se verá sobre ti.

³E nações caminharão para a tua luz, e reis para o resplendor da tua aurora.

⁴Levanta em redor os teus olhos, e vê; todos estes se ajuntam, e vêm ter contigo; teus filhos vêm de longe, e tuas filhas se criarão a teu lado.

⁵Então o verás, e estarás radiante, e o teu coração estremecerá e se alegrará; porque a abundância do mar se tornará a ti, e as riquezas das nações a ti virão.

⁶A multidão de camelos te cobrirá, os dromedários de Midiã e Efá; todos os de Sabá, virão; trarão ouro e incenso, e publicarão os louvores do Senhor.

⁷Todos os rebanhos de Quedar se congregarão em ti, os carneiros de Nebaoite te servirão; com aceitação subirão ao meu altar, e eu glorificarei a casa da minha glória.

⁸Quem são estes que vêm voando como nuvens e como pombas para as suas janelas?

⁹Certamente as ilhas me aguardarão, e vêm primeiro os navios de Társis, para trazerem teus filhos de longe, e com eles a sua prata e o seu ouro, para o nome do Senhor teu Deus, e para o Santo de Israel, porquanto ele te glorificou.

¹⁰E estrangeiros edificarão os teus muros, e os seus reis te servirão; porque na minha ira te feri, mas na minha benignidade tive misericórdia de ti.

¹¹As tuas portas estarão abertas de contínuo; nem de dia nem de noite se fecharão; para que te sejam trazidas as riquezas das nações, e conduzidos com elas os seus reis.

¹²Porque a nação e o reino que não te servirem perecerão; sim, essas nações serão de todo assoladas.

¹³A glória do Líbano virá a ti; a faia, o olmeiro, e o buxo conjuntamente, para ornarem o lugar do meu santuário; e farei glorioso o lugar em que assentam os meus pés.

¹⁴Também virão a ti, inclinando-se, os filhos dos que te oprimiram; e prostrar-se-ão junto às plantas dos teus pés todos os que te desprezaram; e chamar-te-ão a cidade do Senhor, a Sião do Santo de Israel.

¹⁵Ao invés de seres abandonada e odiada como eras, de sorte que ninguém por ti passava, far-te-ei uma excelência perpétua, uma alegria de geração em geração.

¹⁶E mamarás o leite das nações, e te alimentarás ao peito dos reis; assim saberás que eu sou o Senhor, o teu Salvador, e o teu Redentor, o Poderoso de Jacó.

¹⁷Por bronze trarei ouro, por ferro trarei prata, por madeira bronze, e por pedras ferro; farei pacíficos os teus oficiais e justos os teus exatores.

¹⁸Não se ouvirá mais de violência na tua terra, de desolação ou destruição nos teus termos; mas aos teus muros chamarás Salvação, e às tuas portas Louvor.

¹⁹Não te servirá mais o sol para luz do dia, nem com o seu resplendor a lua te alumiará; mas o Senhor será a tua luz perpétua, e o teu Deus a tua glória.

²⁰Nunca mais se porá o teu sol, nem a tua lua minguará; porque o Senhor será a tua luz perpétua, e acabados serão os dias do teu luto.

²¹E todos os do teu povo serão justos; para sempre herdarão a terra; serão renovos por mim plantados, obra das minhas mãos, para que eu seja glorificado.

²²O mais pequeno virá a ser mil, e o mínimo uma nação forte; eu, o Senhor, apressarei isso a seu tempo.

## Capítulo 61

¹O Espírito do Senhor Deus está sobre mim, porque o Senhor me ungiu para pregar boas-novas aos mansos; enviou-me a restaurar os contritos de coração, a proclamar liberdade aos cativos, e a abertura de prisão aos presos;

²a apregoar o ano aceitável do Senhor e o dia da vingança do nosso Deus; a consolar todos os tristes;

³a ordenar acerca dos que choram em Sião que se lhes dê uma grinalda em vez de cinzas, óleo de gozo em vez de pranto, vestidos de louvor em vez de espírito angustiado; a fim de que se chamem árvores de justiça, plantação do Senhor, para que ele seja glorificado.

⁴E eles edificarão as antigas ruínas, levantarão as desolações de outrora, e restaurarão as cidades assoladas, as desolações de muitas gerações.

⁵E haverá estrangeiros, que apascentarão os vossos rebanhos; e estranhos serão os vossos lavradores e os vossos vinheiros.

⁶Mas vós sereis chamados sacerdotes do Senhor, e vos chamarão ministros de nosso Deus; comereis as riquezas das nações, e na sua glória vos gloriareis.

⁷Em lugar da vossa vergonha, haveis de ter dupla honra; e em lugar de opróbrio exultareis na vossa porção; por isso na sua terra possuirão o dobro, e terão perpétua alegria.

⁸Pois eu, o Senhor, amo o juízo, aborreço o roubo e toda injustiça; fielmente lhes darei sua recompensa, e farei com eles um pacto eterno.

⁹E a sua posteridade será conhecida entre as nações, e os seus descendentes no meio dos povos; todos quantos os virem os reconhecerão como descendência bendita do Senhor.

¹⁰Regozijar-me-ei muito no Senhor, a minha alma se alegrará no meu Deus, porque me vestiu de vestes de salvação, cobriu-me com o manto de justiça, como noivo que se adorna com uma grinalda, e como noiva que se enfeita com as suas jóias.

¹¹Porque, como a terra produz os seus renovos, e como o horto faz brotar o que nele se semeia, assim o Senhor Deus fará brotar a justiça e o louvor perante todas as nações.

## Capítulo 62

¹Por amor de Sião não me calarei, e por amor de Jerusalém não descansarei, até que saia a sua justiça como um resplendor, e a sua salvação como uma tocha acesa.

²E as nações verão a tua justiça, e todos os reis a tua glória; e chamar-te-ão por um nome novo, que a boca do Senhor designará.

³Também serás uma coroa de adorno na mão do Senhor, e um diadema real na mão do teu Deus.

⁴Nunca mais te chamarão: Desamparada, nem a tua terra se denominará Desolada; mas chamar-te-ão Hefzibá, e à tua terra Beulá; porque o Senhor se agrada de ti; e a tua terra se casará.

⁵Pois como o mancebo se casa com a donzela, assim teus filhos se casarão contigo; e, como o noivo se alegra da noiva, assim se alegrará de ti o teu Deus

⁶e Jerusalém, sobre os teus muros pus atalaias, que não se calarão nem de dia, nem de noite; ó vós, os que fazeis lembrar ao Senhor, não descanseis,

⁷e não lhe deis a ele descanso até que estabeleça Jerusalém e a

ponha por objeto de louvor na terra.

⁸Jurou o Senhor pela sua mão direita, e pelo braço da sua força: Nunca mais darei de comer o teu trigo aos teus inimigos, nem os estrangeiros beberão o teu mosto, em que trabalhaste.

⁹Mas os que o ajuntarem o comerão, e louvarão ao Senhor; e os que o colherem o beberão nos átrios do meu santuário.

¹⁰Passai, passai pelas portas; preparai o caminho ao povo; aplanai, aplanai a estrada, limpai-a das pedras; arvorai a bandeira aos povos.

¹¹Eis que o Senhor proclamou até as extremidades da terra: Dizei à filha de Sião: Eis que vem o teu Salvador; eis que com ele vem o seu galardão, e a sua recompensa diante dele.

¹²E chamar-lhes-ão: Povo santo, remidos do Senhor; e tu serás chamada Procurada, cidade não desamparada.

## Capítulo 63

¹Quem é este, que vem de Edom, de Bozra, com vestiduras tintas de escarlate? este que é glorioso no seu traje, que marcha na plenitude da sua força? Sou eu, que falo em justiça, poderoso para salvar.

²Por que está vermelha a tua vestidura, e as tuas vestes como as daquele que pisa no lagar?

³Eu sozinho pisei no lagar, e dos povos ninguém houve comigo; eu os pisei na minha ira, e os esmaguei no meu furor, e o seu sangue salpicou as minhas vestes, e manchei toda a minha vestidura.

⁴Porque o dia da vingança estava no meu coração, e o ano dos meus remidos é chegado.

⁵Olhei, mas não havia quem me ajudasse; e admirei-me de não haver quem me sustivesse; pelo que o meu próprio braço me trouxe a vitória; e o meu furor é que me susteve.

⁶Pisei os povos na minha ira, e os embriaguei no meu furor; e derramei sobre a terra o seu sangue.

⁷Celebrarei as benignidades do Senhor, e os louvores do Senhor, consoante tudo o que o Senhor nos tem concedido, e a grande bondade para com a casa de Israel, bondade que ele lhes tem concedido segundo as suas misericórdias, e segundo a multidão das suas benignidades.

⁸Porque dizia: Certamente eles são meu povo, filhos que não procederão com falsidade; assim ele se fez o seu Salvador.

⁹Em toda a angústia deles foi ele angustiado, e o anjo da sua presença os salvou; no seu amor, e na sua compaixão ele os remiu; e os tomou, e os carregou todos os dias da antiguidade.

¹⁰Eles, porém, se rebelaram, e contristaram o seu santo Espírito; pelo que se lhes tornou em inimigo, e ele mesmo pelejou contra eles.

¹¹Todavia se lembrou dos dias da antiguidade, de Moisés, e do seu povo, dizendo: Onde está aquele que os fez subir do mar com os pastores do seu rebanho? Onde está o que pôs no meio deles o seu santo Espírito?

¹²Aquele que fez o seu braço glorioso andar à mão direita de Moisés? que fendeu as águas diante deles, para fazer para si um nome eterno?

¹³Aquele que os guiou pelos abismos, como a um cavalo no deserto, de modo que nunca tropeçaram?

¹⁴Como ao gado que desce ao vale, o Espírito do Senhor lhes deu descanso; assim guiaste o teu povo, para te fazeres um nome glorioso.

¹⁵Atenta lá dos céus e vê, lá da tua santa e gloriosa habitação; onde estão o teu zelo e as tuas obras poderosas? A ternura do teu coração e as tuas misericórdias para comigo estancaram.

¹⁶Mas tu és nosso Pai, ainda que Abraão não nos conhece, e Israel não nos reconhece; tu, ó Senhor, és nosso Pai; nosso Redentor desde a antiguidade é o teu nome.

¹⁷Por que, ó Senhor, nos fazes errar dos teus caminhos? Por que endureces o nosso coração, para te não temermos? Faze voltar, por amor dos teus servos, as tribos da tua herança.

¹⁸Só por um pouco de tempo o teu santo povo a possuiu; os nossos adversários pisaram o teu santuário.

¹⁹Somos feitos como aqueles sobre quem tu nunca dominaste, e como os que nunca se chamaram pelo teu nome.

## Capítulo 64

¹Oh! se fendesses os céus, e descesses, e os montes tremessem à tua presença,

²como quando o fogo pega em acendalhas, e o fogo faz ferver a água, para fazeres notório o teu nome aos teus adversários, de sorte que à tua presença tremam as nações!

³Quando fazias coisas terríveis, que não esperávamos, descias, e os montes tremiam à tua presença.

⁴Porque desde a antiguidade não se ouviu, nem com ouvidos se percebeu, nem com os olhos se viu um Deus além de ti, que opera a favor daquele que por ele espera.

⁵Tu sais ao encontro daquele que, com alegria, pratica a justiça, daqueles que se lembram de ti nos teus caminhos. Eis que te iraste, porque pecamos; há muito tempo temos estado em pecados; acaso seremos salvos?

⁶Pois todos nós somos como o imundo, e todas as nossas justiças como trapo da imundícia; e todos nós murchamos como a folha, e as nossas iniquidades, como o vento, nos arrebatam.

⁷E não há quem invoque o teu nome, que desperte, e te detenha; pois escondeste de nós o teu rosto e nos consumiste, por causa das nossas iniquidades.

⁸Mas agora, ó Senhor, tu és nosso Pai; nós somos o barro, e tu o nosso oleiro; e todos nós obra das tuas mãos.

⁹Não te agastes tanto, ó Senhor, nem perpetuamente te lembres da iniquidade; olha, pois, nós te pedimos, todos nós somos o teu povo.

¹⁰As tuas santas cidades se tornaram em deserto, Sião está feita um ermo, Jerusalém uma desolação.

¹¹A nossa santa e gloriosa casa, em que te louvavam nossos pais, foi queimada a fogo; e todos os nossos lugares aprazíveis se tornaram em ruínas.

¹²Acaso conter-te-ás tu ainda sobre estas calamidades, ó Senhor? ficarás calado, e nos afligirás tanto?

## Capítulo 65

¹Tornei-me acessível aos que não perguntavam por mim; fui achado daqueles que não me buscavam. A uma nação que não se chamava do meu nome eu disse: Eis-me aqui, eis-me aqui.

²Estendi as minhas mãos o dia todo a um povo rebelde, que anda por um caminho que não é bom, após os seus próprios pensamentos;

³povo que de contínuo me provoca diante da minha face, sacrificando em jardins e queimando incenso sobre tijolos;

⁴que se assenta entre as sepulturas, e passa as noites junto aos lugares secretos; que come carne de porco, achando-se caldo de coisas abomináveis nas suas vasilhas;

⁵e que dizem: Retira-te, e não te chegues a mim, porque sou mais santo do que tu. Estes são fumaça no meu nariz, um fogo que arde o dia todo.

⁶Eis que está escrito diante de mim: Não me calarei, mas eu pagarei, sim, deitar-lhes-ei a recompensa no seu seio;

⁷as suas iniquidades, e juntamente as iniquidades de seus pais, diz o Senhor, os quais queimaram incenso nos montes, e me afrontaram nos outeiros; pelo que lhes tornarei a medir as suas obras antigas no seu seio.

⁸Assim diz o Senhor: Como quando se acha mosto num cacho de uvas, e se diz: Não o desperdices, pois há bênção nele; assim farei por amor de meus servos, para que eu não os destrua a todos.

⁹E produzirei descendência a Jacó, e a Judá um herdeiro dos meus montes; e os meus escolhidos herdarão a terra e os meus servos nela habitarão.

¹⁰E Sarom servirá de pasto de rebanhos, e o vale de Acor de repouso de gado, para o meu povo, que me buscou.

¹¹Mas a vós, os que vos apartais do Senhor, os que vos esqueceis do meu santo monte, os que preparais uma mesa para a fortuna, e que misturais vinho para o Destino

¹²também vos destinarei à espada, e todos vos encurvareis à matança; porque quando chamei, não respondestes; quando falei, não ouvistes, mas fizestes o que era mau aos meus olhos, e escolhestes aquilo em que eu não tinha prazer.

¹³Pelo que assim diz o Senhor Deus: Eis que os meus servos comerão, mas vós padecereis fome; eis que os meus servos beberão, mas vós tereis sede; eis que os meus servos se alegrarão, mas vós vos envergonhareis;

¹⁴eis que os meus servos cantarão pela alegria de coração, mas vós chorareis pela tristeza de coração, e uivareis pela angústia de espírito.

¹⁵E deixareis o vosso nome para maldição aos meus escolhidos; e vos matará o Senhor Deus, mas a seus servos chamará por outro nome.

¹⁶De sorte que aquele que se bendisser na terra será bendito no Deus da verdade; e aquele que jurar na terra, jurará pelo Deus da verdade; porque já estão esquecidas as angústias passadas, e estão escondidas dos meus olhos.

¹⁷Pois eis que eu crio novos céus e nova terra; e não haverá lembrança das coisas passadas, nem mais se recordarão:

¹⁸Mas alegrai-vos e regozijai-vos perpetuamente no que eu crio; porque crio para Jerusalém motivo de exultação e para o seu povo motivo de gozo.

¹⁹E exultarei em Jerusalém, e folgarei no meu povo; e nunca mais se ouvirá nela voz de choro nem voz de clamor.

²⁰Não haverá mais nela criança de poucos dias, nem velho que não

*Isaías*

tenha cumprido os seus dias; porque o menino morrerá de cem anos; mas o pecador de cem anos será amaldiçoado.

²¹E eles edificarão casas, e as habitarão; e plantarão vinhas, e comerão o fruto delas.

²²Não edificarão para que outros habitem; não plantarão para que outros comam; porque os dias do meu povo serão como os dias da árvore, e os meus escolhidos gozarão por longo tempo das obras das suas mãos:

²³Não trabalharão debalde, nem terão filhos para calamidade; porque serão a descendência dos benditos do Senhor, e os seus descendentes estarão com eles.

²⁴E acontecerá que, antes de clamarem eles, eu responderei; e estando eles ainda falando, eu os ouvirei.

²⁵O lobo e o cordeiro juntos se apascentarão, o leão comerá palha como o boi; e pó será a comida da serpente. Não farão mal nem dano algum em todo o meu santo monte, diz o Senhor.

## Capítulo 66

¹Assim diz o Senhor: O céu é o meu trono, e a terra o escabelo dos meus pés. Que casa me edificaríeis vós? e que lugar seria o do meu descanso?

²A minha mão fez todas essas coisas, e assim todas elas vieram a existir, diz o Senhor; mas eis para quem olharei: para o humilde e contrito de espírito, que treme da minha palavra.

³Quem mata um boi é como o que tira a vida a um homem; quem sacrifica um cordeiro, como o que quebra o pescoço a um cão; quem oferece uma oblação, como o que oferece sangue de porco; quem queima incenso, como o que bendiz a um ídolo. Porquanto eles escolheram os seus próprios caminhos, e tomam prazer nas suas abominações;

⁴também eu escolherei as suas aflições, farei vir sobre eles aquilo que temiam; porque quando clamei, ninguém respondeu; quando falei, eles não escutaram, mas fizeram o que era mau aos meus olhos, e escolheram aquilo em que eu não tinha prazer.

⁵Ouvi a palavra do Senhor, os que tremeis da sua palavra: Vossos irmãos, que vos odeiam e que para longe vos lançam por causa do meu nome, disseram: Seja glorificado o Senhor, para que vejamos a vossa alegria; mas eles serão confundidos.

⁶uma voz de grande tumulto vem da cidade, uma voz do templo, ei-la, a voz do Senhor, que dá a recompensa aos seus inimigos.

⁷Antes que estivesse de parto, deu à luz; antes que lhe viessem as dores, deu à luz um filho.

⁸Quem jamais ouviu tal coisa? quem viu coisas semelhantes? Poder-se-ia fazer nascer uma terra num só dia? nasceria uma nação de uma só vez? Mas logo que Sião esteve de parto, deu à luz seus filhos.

⁹Acaso farei eu abrir a madre, e não farei nascer? diz o Senhor. Acaso eu que faço nascer, fecharei a madre? diz o teu Deus.

¹⁰Regozijai-vos com Jerusalém, e alegrai-vos por ela, vós todos os que a amais; enchei-vos por ela de alegria, todos os que por ela pranteastes;

¹¹para que mameis e vos farteis dos peitos das suas consolações; para que sugueis, e vos deleiteis com a abundância da sua glória.

¹²Pois assim diz o Senhor: Eis que estenderei sobre ela a paz como um rio, e a glória das nações como um ribeiro que trasborda; então mamareis, ao colo vos trarão, e sobre os joelhos vos afagarão.

¹³Como alguém a quem consola sua mãe, assim eu vos consolarei; e em Jerusalém vós sereis consolados.

¹⁴Isso vereis e alegrar-se-á o vosso coração, e os vossos ossos reverdecerão como a erva tenra; então a mão do Senhor será notória aos seus servos, e ele se indignará contra os seus inimigos.

¹⁵Pois, eis que o Senhor virá com fogo, e os seus carros serão como o torvelinho, para retribuir a sua ira com furor, e a sua repreensão com chamas de fogo.

¹⁶Porque com fogo e com a sua espada entrará o Senhor em juízo com toda a carne; e os que forem mortos pelo Senhor serão muitos.

¹⁷Os que se santificam, e se purificam para entrar nos jardins após uma deusa que está no meio, os que comem da carne de porco, e da abominação, e do rato, esses todos serão consumidos, diz o Senhor.

¹⁸Pois eu conheço as suas obras e os seus pensamentos; vem o dia em que ajuntarei todas as nações e línguas; e elas virão, e verão a minha glória.

¹⁹Porei entre elas um sinal, e os que dali escaparem, eu os enviarei às nações, a Társis, Pul, e Lude, povos que atiram com o arco, a Tubal e Javã, até as ilhas de mais longe, que não ouviram a minha fama, nem viram a minha glória; e eles anunciarão entre as nações a minha glória.

²⁰E trarão todos os vossos irmãos, dentre todas as nações, como oblação ao Senhor; sobre cavalos, e em carros, e em liteiras, e sobre mulas, e sobre dromedários, os trarão ao meu santo monte, a Jerusalém, diz o Senhor, como os filhos de Israel trazem as suas ofertas em vasos limpos à casa do Senhor.

²¹E também deles tomarei alguns para sacerdotes e para levitas, diz o Senhor.

²²Pois, como os novos céus e a nova terra, que hei de fazer, durarão diante de mim, diz o Senhor, assim durará a vossa posteridade e o vosso nome.

²³E acontecerá que desde uma lua nova até a outra, e desde um sábado até o outro, virá toda a carne a adorar perante mim, diz o Senhor.

²⁴E sairão, e verão os cadáveres dos homens que transgrediram contra mim; porque o seu verme nunca morrerá, nem o seu fogo se apagará; e eles serão um horror para toda a carne.

# Jeremias

## Capítulo 1

¹As palavras de Jeremias, filho de Hilquias, um dos sacerdotes que estavam em Anatote, na terra de Benjamim;

²ao qual veio a palavra do Senhor, nos dias de Josias, filho de Amom, rei de Judá, no décimo terceiro ano do seu reinado;

³e lhe veio também nos dias de Jeoiaquim, filho de Josias, rei de Judá, até o fim do ano undécimo de Zedequias, filho de Josias, rei de Judá, até que Jerusalém foi levada em cativeiro no quinto mês.

⁴Ora veio a mim a palavra do Senhor, dizendo:

⁵Antes que eu te formasse no ventre te conheci, e antes que saísses da madre te santifiquei; às nações te dei por profeta.

⁶Então disse eu: Ah, Senhor Deus! Eis que não sei falar; porque sou um menino.

⁷Mas o Senhor me respondeu: Não digas: Eu sou um menino; porque a todos a quem eu te enviar, irás; e tudo quanto te mandar dirás.

⁸Não temas diante deles; pois eu sou contigo para te livrar, diz o Senhor.

⁹Então estendeu o Senhor a mão, e tocou-me na boca; e disse-me o Senhor: Eis que ponho as minhas palavras na tua boca.

¹⁰Olha, ponho-te neste dia sobre as nações, e sobre os reinos, para arrancares e derribares, para destruíres e arruinares; e também para edificares e plantares.

¹¹E veio a mim a palavra do Senhor, dizendo: Que é que vês, Jeremias? Eu respondi: Vejo uma vara de amendoeira.

¹²Então me disse o Senhor: Viste bem; porque eu velo sobre a minha palavra para a cumprir.

¹³Veio a mim a palavra do Senhor segunda vez, dizendo: Que é que vês? E eu disse: Vejo uma panela a ferver, que se apresenta da banda do norte.

¹⁴Ao que me disse o Senhor: Do norte se estenderá o mal sobre todos os habitantes da terra.

¹⁵Pois estou convocando todas as famílias dos reinos do norte, diz o Senhor; e, vindo, porá cada um o seu trono à entrada das portas de Jerusalém, e contra todos os seus muros em redor e contra todas as cidades de Judá.

¹⁶E pronunciarei contra eles os meus juízos, por causa de toda a sua malícia; pois me deixaram a mim, e queimaram incenso a deuses estranhos, e adoraram as obras das suas mãos.

¹⁷Tu, pois, cinge os teus lombos, e levanta-te, e dem-lhes tudo quanto eu te ordenar; não desanimes diante deles, para que eu não te desanime diante deles.

¹⁸Eis que hoje te ponho como cidade fortificada, e como coluna de ferro e muros de bronze contra toda a terra, contra os reis de Judá, contra os seus príncipes, contra os seus sacerdotes, e contra o povo da terra.

¹⁹E eles pelejarão contra ti, mas não prevalecerão; porque eu sou contigo, diz o Senhor, para te livrar.

## Capítulo 2

¹Veio a mim a palavra do Senhor, dizendo:

²Vai, e clama aos ouvidos de Jerusalém, dizendo: Assim diz o Senhor: Lembro-me, a favor de ti, da devoção da tua mocidade, do amor dos teus desposórios, de como me seguiste no deserto, numa terra não semeada.

³Então Israel era santo para o Senhor, primícias da sua novidade; todos os que o devoravam eram tidos por culpados; o mal vinha sobre eles, diz o Senhor.

⁴Ouvi a palavra do Senhor, ó casa de Jacó, e todas as famílias da casa de Israel;

⁵assim diz o Senhor: Que injustiça acharam em mim vossos pais, para se afastarem de mim, indo após a vaidade, e tornando-se leviános?

⁶Eles não perguntaram: Onde está o Senhor, que nos fez subir da terra do Egito? que nos enviou através do deserto, por uma terra de charnecas e de covas, por uma terra de sequidão e densas trevas, por uma terra em que ninguém transitava, nem morava?

⁷E eu vos introduzi numa terra fértil, para comerdes o seu fruto e o seu bem; mas quando nela entrastes, contaminastes a minha terra, e da minha herança fizestes uma abominação.

⁸Os sacerdotes não disseram: Onde está o Senhor? E os que tratavam da lei não me conheceram, e os governadores prevaricaram contra mim, e os profetas profetizaram por Baal, e andaram após o que é de nenhum proveito.

⁹Portanto ainda contenderei convosco, diz o Senhor; e até com os filhos de vossos filhos contenderei.

¹⁰Pois passai às ilhas de Quitim, e vede; enviai a Quedar, e atentai bem; vede se jamais sucedeu coisa semelhante.

¹¹Acaso trocou alguma nação os seus deuses, que contudo não são deuses? Mas o meu povo trocou a sua glória por aquilo que é de nenhum proveito.

¹²Espantai-vos disto, ó céus, e horrorizai-vos! ficai verdadeiramente desolados, diz o Senhor.

¹³Porque o meu povo fez duas maldades: a mim me deixaram, o manancial de águas vivas, e cavaram para si cisternas, cisternas rotas, que não retêm as águas.

¹⁴Acaso é Israel um servo? E ele um escravo nascido em casa? Por que, pois, veio a ser presa?

¹⁵Os leões novos rugiram sobre ele, e levantaram a sua voz; e fizeram da terra dele uma desolação; as suas cidades se queimaram, e ninguém habita nelas.

¹⁶Até os filhos de Mênfis e de Tapanes te quebraram o alto da cabeça.

¹⁷Porventura não trouxeste isso sobre ti mesmo, deixando o Senhor teu Deus no tempo em que ele te guiava pelo caminho?

¹⁸Agora, pois, que te importa a ti o caminho do Egito, para beberes as águas do Nilo? e que te importa a ti o caminho da Assíria, para beberes as águas do Eufrates?

¹⁹A tua malícia te castigará, e as tuas apostasias te repreenderão; sabe, pois, e vê, que má e amarga coisa é o teres deixado o Senhor teu Deus, e o não haver em ti o temor de mim, diz o Senhor Deus dos exércitos.

²⁰Já há muito quebraste o teu jugo, e rompeste as tuas ataduras, e disseste: Não servirei: Pois em todo outeiro alto e debaixo de toda árvore frondosa te deitaste, fazendo-te prostituta.

²¹Todavia eu mesmo te plantei como vide excelente, uma semente inteiramente fiel; como, pois, te tornaste para mim uma planta degenerada, de vida estranha?

²²Pelo que, ainda que te laves com salitre, e uses muito sabão, a mancha da tua iniqüidade está diante de mim, diz o Senhor Deus.

²³Como dizes logo: Não estou contaminada nem andei após Baal? Vê o teu caminho no vale, conhece o que fizeste; dromedária ligeira és, que anda torcendo os seus caminhos;

²⁴asna selvagem acostumada ao deserto e que no ardor do cio sorve o vento; quem lhe pode impedir o desejo? Dos que a buscarem, nenhum precisa cansar-se; pois no mês dela, achá-la-ão.

²⁵Evita que o teu pé ande descalço, e que a tua garganta tenha sede. Mas tu dizes: Não há esperança; porque tenho amado os estranhos, e após eles andarei.

²⁶Como fica confundido o ladrão quando o apanham, assim se confundem os da casa de Israel; eles, os seus reis, os seus príncipes, e os seus sacerdotes, e os seus profetas,

²⁷que dizem ao pau: Tu és meu pai; e à pedra: Tu me geraste. Porque me viraram as costas, e não o rosto; mas no tempo do seu aperto dir-me-ão: Levanta-te, e salvamos.

²⁸Mas onde estão os teus deuses que fizeste para ti? Que se levantem eles, se te podem livrar no tempo da tua tribulação; porque os teus deuses, ó Judá, são tão numerosos como as tuas cidades.

²⁹Por que disputais comigo? Todos vós transgredistes contra mim diz o Senhor.

³⁰Em vão castiguei os vossos filhos; eles não aceitaram a correção; a vossa espada devorou os vossos profetas como um leão destruidor.

³¹ç geração, considerai vós a palavra do Senhor: Porventura tenho eu sido para Israel um deserto? ou uma terra de espessa escuridão? Por que pois diz o meu povo: Andamos à vontade; não tornaremos mais a ti?

³²Porventura esquece-se a virgem dos seus enfeites, ou a esposa dos seus cendais? todavia o meu povo se esqueceu de mim por inumeráveis dias.

³³Como ornamentas o teu caminho, para buscares o amor! de sorte que até às malignas ensinaste os teus caminhos.

³⁴Até nas orlas dos teus vestidos se achou o sangue dos pobres inocentes; e não foi no lugar do arrombamento que os achaste; mas apesar de todas estas coisas,

³⁵ainda dizes: Eu sou inocente; certamente a sua ira se desviou de mim. Eis que entrarei em juízo contigo, porquanto dizes: Não pequei.

³⁶Por que te desvias tanto, mudando o teu caminho? Também pelo Egito serás envergonhada, como já foste envergonhada pela Assíria.

³⁷Também daquele sairás com as mães sobre a tua cabeça; porque o Senhor rejeitou as tuas confianças, e não prosperarás com elas.

*Jeremias*
## Capítulo 3

¹Eles dizem: Se um homem despedir sua mulher, e ela se desligar dele, e se ajuntar a outro homem, porventura tornará ele mais para ela? Não se poluiria de todo aquela terra? Ora, tu te maculaste com muitos amantes; mas ainda assim, torna para mim, diz o Senhor.

²Levanta os teus olhos aos altos escalvados, e vê: onde é o lugar em que não te prostituíste? Nos caminhos te assentavas, esperando-os, como o árabe no deserto. Manchaste a terra com as tuas devassidões e com a tua malícia.

³Pelo que foram retidas as chuvas copiosas, e não houve chuva tardia; contudo tens a fronte de uma prostituta, e não queres ter vergonha.

⁴Não me invocaste há pouco, dizendo: Pai meu, tu és o guia da minha mocidade;

⁵Reterá ele para sempre a sua ira? ou indignar-se-á continuamente? Eis que assim tens dito; porém tens feito todo o mal que pudeste.

⁶Disse-me mais o Senhor nos dias do rei Josias: Viste, porventura, o que fez a apóstata Israel, como se foi a todo monte alto, e debaixo de toda árvore frondosa, e ali andou prostituindo-se?

⁷E eu disse: Depois que ela tiver feito tudo isso, voltará para mim. Mas não voltou; e viu isso a sua aleivosa irmã Judá.

⁸Sim viu que, por causa de tudo isso, por ter cometido adultério a pérfida Israel, a despedi, e lhe dei o seu libelo de divórcio, que a aleivosa Judá, sua irmã, não temeu; mas se foi e também ela mesma se prostituiu.

⁹E pela leviandade da sua prostituição contaminou a terra, porque adulterou com a pedra e com o pau.

¹⁰Contudo, apesar de tudo isso a sua aleivosa irmã Judá não voltou para mim de todo o seu coração, mas fingidamente, diz o Senhor.

¹¹E o Senhor me disse: A pérfida Israel mostrou-se mais justa do que a aleivosa Judá.

¹²Vai, pois, e apregoa estas palavras para a banda do norte, e diz: Volta, ó pérfida Israel, diz o Senhor. Não olharei em era para ti; porque misericordioso sou, diz o Senhor, e não conservarei para sempre a minha ira.

¹³Somente reconhece a tua iniqüidade: que contra o Senhor teu Deus transgrediste, e estendeste os teus favores para os estranhos debaixo de toda árvore frondosa, e não deste ouvidos à minha voz, diz o Senhor.

¹⁴Voltai, ó filhos pérfidos, diz o Senhor; porque eu sou como esposo para vós; e vos tomarei, a um de uma cidade, e a dois de uma família; e vos levarei a Sião;

¹⁵e vos darei pastores segundo o meu coração, os quais vos apascentarão com ciência e com inteligência.

¹⁶E quando vos tiverdes multiplicado e frutificado na terra, naqueles dias, diz o Senhor, nunca mais se dirá: A arca do pacto do Senhor; nem lhes virá ela ao pensamento; nem dela se lembrarão; nem a visitarão; nem se fará mais.

¹⁷Naquele tempo chamarão a Jerusalém o trono do Senhor; e todas as nações se ajuntarão a ela, em nome do Senhor, a Jerusalém; e não mais andarão obstinadamente segundo o propósito do seu coração maligno.

¹⁸Naqueles dias andará a casa de Judá com a casa de Israel; e virão juntas da terra do norte, para a terra que dei em herança a vossos pais.

¹⁹Pensei como te poria entre os filhos, e te daria a terra desejável, a mais formosa herança das nações. Também pensei que me chamarias meu Pai, e que de mim não te desviarias.

²⁰Deveras, como a mulher se aparta aleivosamente do seu marido, assim aleivosamente te houveste comigo, ó casa de Israel, diz o Senhor.

²¹Nos altos escalvados se ouve uma voz, o pranto e as súplicas dos filhos de Israel; porque perverteram o seu caminho, e se esqueceram do Senhor seu Deus.

²²Voltai, ó filhos infiéis, eu curarei a vossa infidelidade. Responderam eles: Eis-nos aqui, vimos a ti, porque tu és o Senhor nosso Deus.

²³Certamente em vão se confia nos outeiros e nas orgias nas montanhas; deveras no Senhor nosso Deus está a salvação de Israel.

²⁴A coisa vergonhosa, porém, devorou o trabalho de nossos pais desde a nossa mocidade os seus rebanhos e os seus gados os seus filhos e as suas filhas.

²⁵Deitemo-nos em nossa vergonha, e cubra-nos a nossa confusão, porque temos pecado contra o Senhor nosso Deus, nós e nossos pais, desde a nossa mocidade até o dia de hoje; e não demos ouvidos à voz do Senhor nosso Deus.

## Capítulo 4

¹Se voltares, ó Israel, diz o Senhor, se voltares para mim e tirares as tuas abominações de diante de mim, e não andares mais vagueando;

²e se jurares: Como vive o Senhor, na verdade, na justiça e na retidão; então nele se bendirão as nações, e nele se gloriarão.

³Porque assim diz o Senhor aos homens de Judá e a Jerusalém: Lavrai o vosso terreno alqueivado, e não semeeis entre espinhos.

⁴Circuncidai-vos ao Senhor, e tirai os prepúcios do vosso coração, ó homens de Judá e habitadores de Jerusalém, para que a minha indignação não venha a sair como fogo, e arda de modo que ninguém o possa apagar, por causa da maldade das vossas obras.

⁵Anunciai em Judá, e publicai em Jerusalém; e dizei: Tocai a trombeta na terra; gritai em alta voz, dizendo: Ajuntai-vos, e entremos nas cidades fortificadas.

⁶Arvorai um estandarte no caminho para Sião; buscai refúgio, não demoreis; porque eu trago do norte um mal, sim, uma grande destruição.

⁷Subiu um leão da sua ramada, um destruidor de nações; ele já partiu, saiu do seu lugar para fazer da tua terra uma desolação, a fim de que as tuas cidades sejam assoladas, e ninguém habite nelas.

⁸Por isso cingi-vos de saco, lamentai, e uivai, porque o ardor da ira do Senhor não se desviou de nós.

⁹Naquele dia, diz o Senhor, desfalecerá o coração do rei e o coração dos príncipes; os sacerdotes pasmarão, e os profetas se maravilharão.

¹⁰Então disse eu: Ah, Senhor Deus! verdadeiramente trouxeste grande ilusão a este povo e a Jerusalém, dizendo: Tereis paz; entretanto a espada penetra-lhe até a alma.

¹¹Naquele tempo se dirá a este povo e a Jerusalém: Um vento abrasador, vindo dos altos escalvados no deserto, aproxima-se da filha do meu povo, não para cirandar, nem para alimpar,

¹²mas um vento forte demais para isto virá da minha parte; agora também pronunciarei eu juízos contra eles.

¹³Eis que vem subindo como nuvens, como o redemoinho são os seus carros; os seus cavalos são mais ligeiros do que as águias. Ai de nós! pois estamos arruinados!

¹⁴Lava o teu coração da maldade, ó Jerusalém, para que sejas salva; até quando permanecerão em ti os teus maus pensamentos?

¹⁵Porque uma voz anuncia desde Dã, e proclama a calamidade desde o monte de Efraim.

¹⁶Anunciai isto às nações; eis, proclamai contra Jerusalém que vigias vêm de uma terra remota; eles levantam a voz contra as cidades de Judá.

¹⁷Como guardas de campo estão contra ela ao redor; porquanto ela se rebelou contra mim, diz o Senhor.

¹⁸O teu caminho e as tuas obras te trouxeram essas coisas; essa é a tua iniquidade, e amargosa é, chegando até o coração.

¹⁹Ah, entranhas minhas, entranhas minhas! Eu me torço em dores! Paredes do meu coração! O meu coração se aflige em mim. Não posso calar; porque tu, ó minha alma, ouviste o som da trombeta e o alarido da guerra.

²⁰Destruição sobre destruição se apregoa; porque já toda a terra está assolada; de repente são destruídas as minhas tendas, e as minhas cortinas num momento.

²¹Até quando verei o estandarte, e ouvirei a voz da trombeta?

²²Deveras o meu povo é insensato, já me não conhece; são filhos obtusos, e não entendidos; são sábios para fazerem o mal, mas não sabem fazer o bem.

²³Observei a terra, e eis que era sem forma e vazia; também os céus, e não tinham a sua luz.

²⁴Observei os montes, e eis que estavam tremendo; e todos os outeiros estremeciam.

²⁵Observei e eis que não havia homem algum, e todas as aves do céu tinham fugido.

²⁶Vi também que a terra fértil era um deserto, e todas as suas cidades estavam derrubadas diante do Senhor, diante do furor da sua ira.

²⁷Pois assim diz o Senhor: Toda a terra ficará assolada; de todo, porém, não a consumirei.

²⁸Por isso lamentará a terra, e os céus em cima se enegrecerão; porquanto assim o disse eu, assim o propus, e não me arrependi, nem me desviarei disso.

²⁹Ao clamor dos cavaleiros e dos flecheiros fogem todas as cidades; entram pelas matas, e trepam pelos penhascos; todas as cidades ficam desamparadas, e já ninguém habita nelas.

³⁰Agora, pois, ó assolada, que farás? Embora te vistas de escarlate, e te adornes com enfeites de ouro, embora te pintes em volta dos olhos com antimônio, debalde te farias bela; os teus amantes te desprezam, e procuram tirar-te a vida.

³¹Pois ouvi uma voz, como a de mulher que está de parto, a angústia como a de quem dá à luz o seu primeiro filho; a voz da filha de Sião, ofegante, que estende as mãos, dizendo: Ai de mim agora! porque a minha alma desfalece por causa dos assassinos.

## Capítulo 5

¹Dai voltas às ruas de Jerusalém, e vede agora, e informai-vos, e buscai pelas suas praças a ver se podeis achar um homem, se há alguém que pratique a justiça, que busque a verdade; e eu lhe perdoarei a ela.

²E ainda que digam: Vive o Senhor; de certo falsamente juram.

³ç Senhor, acaso não atentam os teus olhos para a verdade? feriste-os, porém não lhes doeu; consumiste-os, porém recusaram receber a correção; endureceram as suas faces mais do que uma rocha; recusaram-se a voltar.

⁴Então disse eu: Deveras eles são uns pobres; são insensatos, pois não sabem o caminho do Senhor, nem a justiça do seu Deus.

⁵Irei aos grandes, e falarei com eles; porque eles sabem o caminho do Senhor, e a justiça do seu Deus; mas aqueles de comum acordo quebraram o jugo, e romperam as ataduras.

⁶Por isso um leão do bosque os matará, um lobo dos desertos os destruirá; um leopardo vigia contra as suas cidades; todo aquele que delas sair será despedaçado; porque são muitas as suas transgressões, e multiplicadas as suas apostasias.

⁷Como poderei perdoar-te? pois teus filhos me abandonaram a mim, e juraram pelos que não são deuses; quando eu os tinha fartado, adulteraram, e em casa de meretrizes se ajuntaram em bandos.

⁸Como cavalos de lançamento bem nutridos, andavam rinchando cada um à mulher do seu próximo.

⁹Acaso não hei de castigá-los por causa destas coisas? diz o Senhor; ou não hei de vingar-me de uma nação como esta?

¹⁰Subi aos seus muros, e destruí-os; não façais, porém, uma destruição final; tirai os seus ramos; porque não são do Senhor.

¹¹Porque aleivosissimamente se houveram contra mim a casa de Israel e a casa de Judá, diz o Senhor.

¹²Negaram ao Senhor, e disseram: Não é ele; nenhum mal nos sobrevirá; nem veremos espada nem fome.

¹³E até os profetas se farão como vento, e a palavra não está com eles; assim se lhes fará.

¹⁴Portanto assim diz o Senhor, o Deus dos exércitos: Porquanto proferis tal palavra, eis que converterei em fogo as minhas palavras na tua boca, e este povo em lenha, de modo que o fogo o consumirá.

¹⁵Eis que trago sobre vós uma nação de longe, ó casa de Israel, diz o Senhor; é uma nação durável, uma nação antiga, uma nação cuja língua ignoras, e não entenderás o que ela falar.

¹⁶A sua aljava é como uma sepultura aberta; todos eles são valentes.

¹⁷E comerão a tua sega e o teu pão, que teus filhos e tuas filhas haviam de comer; comerão os teus rebanhos e o teu gado; comerão a tua vide e a tua figueira; as tuas cidades fortificadas, em que confias, abatê-las-ão à espada.

¹⁸Contudo, ainda naqueles dias, diz o Senhor, não farei de vós uma destruição final.

¹⁹E quando disserdes: Por que nos fez o Senhor nosso Deus todas estas coisas? então lhes dirás: Como vós me deixastes, e servistes deuses estranhos na vossa terra, assim servireis estrangeiros, em terra que não é vossa.

²⁰Anunciai isto na casa de Jacó, e proclamai-o em Judá, dizendo:

²¹Ouvi agora isto, ó povo insensato e sem entendimento, que tendes olhos e não vedes, que tendes ouvidos e não ouvis:

²²Não me temeis a mim? diz o Senhor; não tremeis diante de mim, que pus a areia por limite ao mar, por ordenança eterna, que ele não pode passar? Ainda que se levantem as suas ondas, não podem prevalecer; ainda que bramem, não a podem traspassar.

²³Mas este povo é de coração obstinado e rebelde; rebelaram-se e foram-se.

²⁴E não dizem no seu coração: Temamos agora ao Senhor nosso Deus, que dá chuva, tanto a temporã como a tardia, a seu tempo, e nos conserva as semanas determinadas da sega.

²⁵As vossas iniquidades desviaram estas coisas, e os vossos pecados apartaram de vos o bem.

²⁶Porque ímpios se acham entre o meu povo; andam espiando, como espreitam os passarinheiros. Armam laços, apanham os homens.

²⁷Qual gaiola cheia de pássaros, assim as suas casas estão cheias de dolo; por isso se engrandeceram e enriqueceram.

²⁸Engordaram-se, estão nédios; também excedem o limite da maldade; não julgam com justiça a causa dos órfãos, para que prospere, nem defendem o direito dos necessitados.

²⁹Acaso não hei de trazer o castigo por causa destas coisas? diz o senhor; ou não hei de vingar-me de uma nação como esta?

³⁰Coisa espantosa e horrenda tem-se feito na terra:

³¹os profetas profetizam falsamente, e os sacerdotes dominam por intermédio deles; e o meu povo assim o deseja. Mas que fareis no fim disso?

## Capítulo 6

¹Fugi para segurança vossa, filhos de Benjamim, do meio de Jerusalém! Tocai a buzina em Tecoa, e levantai o sinal sobre Bete-Haquerem; porque do norte vem surgindo um grande mal, sim, uma grande destruição.

²A formosa e delicada, a filha de Sião, eu a exterminarei.

³Contra ela virão pastores com os seus rebanhos; levantarão contra ela as suas tendas em redor e apascentarão, cada um no seu lugar.

⁴Preparai a guerra contra ela; levantai-vos, e subamos ao meio-dia. Ai de nós! que ja declina o dia, que já se vão estendendo as sombras da tarde.

⁵Levantai-vos, e subamos de noite, e destruamos os seus palácios.

⁶Porque assim diz o Senhor dos exércitos: Cortai as suas árvores, e levantai uma tranqueira contra Jerusalém. Esta é a cidade que há de ser castigada; só opressão há no meio dela.

⁷Como o poço conserva frescas as suas águas, assim ela conserva fresca a sua maldade; violência e estrago se ouvem nela; enfermidade e feridas há diante de mim continuadamente.

⁸Sê avisada, ó Jerusalém, para que não me aparte de ti; para que eu não te faça uma assolação, uma terra não habitada.

⁹Assim diz o Senhor dos exércitos: Na verdade respigarão o resto de Israel como uma vinha; torna a tua mão, como o vindimador, aos ramos.

¹⁰A quem falarei e testemunharei, para que ouçam? eis que os seus ouvidos estão incircuncisos, e eles não podem ouvir; eis que a palavra do Senhor se lhes tornou em opróbrio; nela não têm prazer.

¹¹Pelo que estou cheio de furor do Senhor; estou cansado de o conter; derrama-o sobre os meninos pelas ruas, e sobre a assembléia dos jovens também; porque até o marido com a mulher serão presos, e o velho com o que está cheio de dias.

¹²As suas casas passarão a outros, como também os seus campos e as suas mulheres; porque estenderei a minha mão contra os habitantes da terra, diz o Senhor.

¹³Porque desde o menor deles até o maior, cada um se dá à avareza; e desde o profeta até o sacerdote, cada um procede perfidamente.

¹⁴Também se ocupam em curar superficialmente a ferida do meu povo, dizendo: Paz, paz; quando não há paz.

¹⁵Porventura se envergonharam por terem cometido abominação? Não, de maneira alguma; nem tampouco sabem que coisa é envergonhar-se. Portanto cairão entre os que caem; quando eu os visitar serão derribados, diz o Senhor.

¹⁶Assim diz o Senhor: Ponde-vos nos caminhos, e vede, e perguntai pelas veredas antigas, qual é o bom caminho, e andai por ele; e achareis descanso para as vossas almas. Mas eles disseram: Não andaremos nele.

¹⁷Também pus atalaias sobre vós dizendo: Estai atentos à voz da buzina. Mas disseram: Não escutaremos.

¹⁸Portanto ouvi, vós, nações, e informa-te tu, ó congregação, do que se faz entre eles!

¹⁹Ouve tu, ó terra! Eis que eu trarei o mal sobre este povo, o próprio fruto dos seus pensamentos; porque não estão atentos às minhas palavras; e quanto à minha lei, rejeitaram-na.

²⁰Para que, pois, me vem o incenso de Sabá, ou a melhor cana aromática de terras remotas? Vossos holocaustos não são aceitáveis, nem me agradam os vossos sacrifícios.

²¹Portanto assim diz o Senhor: Eis que armarei tropeços a este povo, e tropeçarão neles pais e filhos juntamente; o vizinho e o seu amigo perecerão.

²²Assim diz o Senhor: Eis que um povo vem da terra do norte, e uma grande nação se levanta das extremidades da terra.

²³Arco e lança trarão; são cruéis, e não usam de misericórdia; a sua voz ruge como o mar, e em cavalos vêm montados, dispostos como homens para a batalha, contra ti, ó filha de Sião.

²⁴Ao ouvirmos a notícia disso, afrouxam-se as nossas mãos; apoderam-se de nós angústia e dores, como as de parturiente.

²⁵Não saiais ao campo, nem andeis pelo caminho; porque espada do inimigo e espanto há por todos os lados.

²⁶ç filha do meu povo, cingi-te de saco, e revolve-te na cinza; pranteia como por um filho único, em pranto de grande amargura;

## Jeremias

porque de repente virá o destruidor sobre nós.

²⁷Por acrisolador e examinador te pus entre o meu povo, para que proves e examines o seu caminho.

²⁸Todos eles são os mais rebeldes, e andam espalhando calúnias; são bronze e ferro; todos eles andam corruptamente.

²⁹Já o fole se queimou; o chumbo se consumiu com o fogo; debalde continuam a fundição, pois os maus não são arrancados.

³⁰Prata rejeitada lhes chamam, porque o Senhor os rejeitou.

## Capítulo 7

¹A palavra que da parte do Senhor veio a Jeremias, dizendo:

²Põe-te à porta da casa do Senhor, e proclama ali esta palavra, e dize: Ouvi a palavra do Senhor, todos de Judá, os que entrais por estas portas, para adorardes ao Senhor.

³Assim diz o Senhor dos exércitos, o Deus de Israel: Emendai os vossos caminhos e as vossas obras, e vos farei habitar neste lugar.

⁴Não vos fieis em palavras falsas, dizendo: Templo do Senhor, templo do Senhor, templo do Senhor são estes.

⁵Mas, se deveras emendardes os vossos caminhos e as vossas obras; se deveras executardes a justiça entre um homem e o seu proximo,

⁶se não oprimirdes o estrangeiro, e o órfão, e a viúva, nem derramardes sangue inocente neste lugar, nem andardes após outros deuses para vosso próprio mal,

⁷então eu vos farei habitar neste lugar, na terra que dei a vossos pais desde os tempos antigos e para sempre.

⁸Eis que vós confiais em palavras falsas, que para nada são proveitosas.

⁹Furtareis vós, e matareis, e cometereis adultério, e jurareis falsamente, e queimareis incenso a Baal, e andareis após outros deuses que não conhecestes,

¹⁰e então vireis, e vos apresentareis diante de mim nesta casa, que se chama pelo meu nome, e direis: Somos livres para praticardes ainda todas essas abominações?

¹¹Tornou-se, pois, esta casa, que se chama pelo meu nome, uma caverna de salteadores aos vossos olhos? Eis que eu, eu mesmo, vi isso, diz o Senhor.

¹²Mas ide agora ao meu lugar, que estava em Siló, onde, ao princípio, fiz habitar o meu nome, e vede o que lhe fiz, por causa da maldade do meu povo Israel.

¹³Agora, pois, porquanto fizestes todas estas obras, diz o Senhor, e quando eu vos falei insistentemente, vós não ouvistes, e quando vos chamei, não respondestes,

¹⁴farei também a esta casa, que se chama pelo meu nome, na qual confiais, e a este lugar, que vos dei a vós e a vossos pais, como fiz a Siló.

¹⁵E eu vos lançarei da minha presença, como lancei todos os vossos irmãos, toda a linhagem de Efraim.

¹⁶Tu, pois, não ores por este povo, nem levantes por ele clamor ou oração, nem me importunes; pois eu não te ouvirei.

¹⁷Não vês tu o que eles andam fazendo nas cidades de Judá, e nas ruas de Jerusalém?

¹⁸Os filhos apanham a lenha, e os pais acendem o fogo, e as mulheres amassam a farinha para fazerem bolos à rainha do céu, e oferecem libações a outros deuses, a fim de me provocarem à ira.

¹⁹Acaso é a mim que eles provocam à ira? diz o Senhor; não se provocam a si mesmos, para a sua própria confusão?

²⁰Portanto assim diz o Senhor Deus: Eis que a minha ira e o meu furor se derramarão sobre este lugar, sobre os homens e sobre os animais, sobre as árvores do campo e sobre os frutos da terra; sim, acender-se-á, e não se apagará.

²¹Assim diz o Senhor dos exércitos, o Deus de Israel: Ajuntai os vossos holocaustos aos vossos sacrifícios, e comei a carne.

²²Pois não falei a vossos pais no dia em que os tirei da terra do Egito, nem lhes ordenei coisa alguma acerca de holocaustos ou sacrifícios.

²³Mas isto lhes ordenei: Dai ouvidos à minha voz, e eu serei o vosso Deus, e vós sereis o meu povo; andai em todo o caminho que eu vos mandar, para que vos vá bem.

²⁴Mas não ouviram, nem inclinaram os seus ouvidos; porém andaram nos seus próprios conselhos, no propósito do seu coração malvado, e andaram para trás, e não para diante.

²⁵Desde o dia em que vossos pais saíram da terra do Egito, até hoje, tenho-vos enviado insistentemente todos os meus servos, os profetas, dia após dia;

²⁶contudo não me deram ouvidos, nem inclinaram os seus ouvidos, mas endureceram a sua cerviz. Fizeram pior do que seus pais.

²⁷Dir-lhes-ás pois todas estas palavras, mas não te darão ouvidos; chamá-los-ás, mas não te responderão.

²⁸E lhes dirás: Esta é a nação que não obedeceu a voz do Senhor seu Deus e não aceitou a correção; já pereceu a verdade, e está exterminada da sua boca.

²⁹Corta os teus cabelos, Jerusalém, e lança-os fora, e levanta um pranto sobre os altos escalvados; porque o Senhor já rejeitou e desamparou esta geração, objeto do seu furor.

³⁰Porque os filhos de Judá fizeram o que era mau aos meus olhos, diz o Senhor; puseram as suas abominações na casa que se chama pelo meu nome, para a contaminarem.

³¹E edificaram os altos de Tofete, que está no Vale do filho de Hinom, para queimarem no fogo a seus filhos e a suas filhas, o que nunca ordenei, nem me veio à mente.

³²Portanto, eis que vêm os dias, diz o Senhor, em que não se chamará mais Tofete, nem Vale do filho de Hinom, mas o Vale da Matança; pois enterrarão em Tofete, por não haver mais outro lugar.

³³E os cadáveres deste povo servirão de pasto às aves do céu e aos animais da terra; e ninguém os enxotará.

³⁴E farei cessar nas cidades de Judá, e nas ruas de Jerusalém, a voz de gozo e a voz de alegria, a voz de noivo e a voz de noiva; porque a terra se tornará em desolação.

## Capítulo 8

¹Naquele tempo, diz o Senhor, tirarão para fora das suas sepulturas os ossos dos reis de Judá, e os ossos dos seus príncipes, e os ossos dos sacerdotes, e os ossos dos profetas, e os ossos dos habitantes de Jerusalém;

²e serão expostos ao sol, e à lua, e a todo o exército do céu, a quem eles amaram, e a quem serviram , e após quem andaram, e a quem buscaram, e a quem adoraram; não serão recolhidos nem sepultados; serão como esterco sobre a face da terra.

³E será escolhida antes a morte do que a vida por todos os que restarem desta raça maligna, que ficarem em todos os lugares onde os lancei, diz o senhor dos exércitos.

⁴Dize-lhes mais: Assim diz o Senhor: porventura cairão os homens, e não se levantarão? desviar-se-ão, e não voltarão?

⁵Por que, pois, se desvia este povo de Jerusalém com uma apostasia contínua? ele retém o engano, recusa-se a voltar.

⁶Eu escutei e ouvi; não falam o que é reto; ninguém há que se arrependa da sua maldade, dizendo: Que fiz eu? Cada um se desvia na sua carreira, como um cavalo que arremete com ímpeto na batalha.

⁷Até a cegonha no céu conhece os seus tempos determinados; e a rola, a andorinha, e o grou observam o tempo da sua arribação; mas o meu povo não conhece a ordenança do Senhor.

⁸Como pois dizeis: Nós somos sábios, e a lei do Senhor está conosco? Mas eis que a falsa pena dos escribas a converteu em mentira.

⁹Os sábios são envergonhados, espantados e presos; rejeitaram a palavra do Senhor; que sabedoria, pois, têm eles?

¹⁰Portanto darei suas mulheres a outros, e os seus campos aos conquistadores; porque desde o menor até o maior, cada um deles se dá à avareza; desde o profeta até o sacerdote, cada qual usa de falsidade.

¹¹E curam a ferida da filha de meu povo le²³

¹²Porventura se envergonham de terem cometido abominação? Não; de maneira alguma se envergonham, nem sabem que coisa é envergonhar- se. Portanto cairão entre os que caem; e no tempo em que eu os visitar, serão derribados, diz o Senhor.

¹³Quando eu os colheria, diz o Senhor, já não há uvas na vide, nem figos na figueira; até a folha está caída; e aquilo mesmo que lhes dei se foi deles.

¹⁴Por que nos assentamos ainda? juntai-vos e entremos nas cidades fortes, e ali pereçamos; pois o Senhor nosso Deus nos destinou a perecer e nos deu a beber água de fel; porquanto pecamos contra o Senhor.

¹⁵Esperamos a paz, porém não chegou bem algum; o tempo da cura, e eis o terror.

¹⁶Já desde Dã se ouve o resfolegar dos seus cavalos; a terra toda estremece à voz dos rinchos dos seus ginetes; porque vêm e devoram a terra e quanto nela há, a cidade e os que nela habitam.

¹⁷Pois eis que envio entre vós serpentes, basiliscos, contra os quais não há encantamento; e eles vos morderão, diz o Senhor.

¹⁸Oxalá que eu pudesse consolar-me na minha tristeza! O meu coração desfalece dentro de mim.

¹⁹Eis o clamor da filha do meu povo, de toda a extensão da terra; Não está o Senhor em Sião? Não está nela o seu rei? Por que me provocaram a ira com as suas imagens esculpidas, com vaidades estranhas?

²⁰Passou a sega, findou o verão, e nós não estamos salvos.
²¹Estou quebrantado pela ferida da filha do meu povo; ando de luto; o espanto apoderou-se de mim.
²²Porventura não há bálsamo em Gileade? ou não se acha lá médico? Por que, pois, não se realizou a cura da filha do meu povo?

## *Capítulo 9*

¹Oxalá a minha cabeça se tornasse em águas, e os meus olhos numa fonte de lágrimas, para que eu chorasse de dia e de noite os mortos da filha do meu povo!
²Oxalá que eu tivesse no deserto uma estalagem de viandantes, para poder deixar o meu povo, e me apartar dele! porque todos eles são adúlteros, um bando de aleivosos.
³E encurvam a língua, como se fosse o seu arco, para a mentira; fortalecem-se na terra, mas não para a verdade; porque avançam de malícia em malícia, e a mim me não conhecem, diz o Senhor.
⁴Guardai-vos cada um do seu próximo, e de irmão nenhum vos fieis; porque todo irmão não faz mais do que enganar, e todo próximo anda caluniando.
⁵E engana cada um a seu próximo, e nunca fala a verdade; ensinaram a sua língua a falar a mentira; andam-se cansando em praticar a iniqüidade.
⁶A tua habitação está no meio do engano; pelo engano recusam-se a conhecer-me, diz o Senhor.
⁷Portanto assim diz o Senhor dos exércitos: Eis que eu os fundirei e os provarei; pois, de que outra maneira poderia proceder com a filha do meu povo?
⁸uma flecha mortífera é a língua deles; fala engano; com a sua boca fala cada um de paz com o seu próximo, mas no coração arma-lhe ciladas.
⁹Não hei de castigá-los por estas coisas? diz o Senhor; ou não me vingarei de uma nação tal como esta?
¹⁰Pelos montes levantai choro e pranto, e pelas pastagens do deserto lamentação; porque já estão queimadas, de modo que ninguém passa por elas; nem se ouve mugido de gado; desde as aves dos céus até os animais, fugiram e se foram.
¹¹E farei de Jerusalém montões de pedras, morada de chacais, e das cidades de Judá farei uma desolação, de sorte que fiquem sem habitantes.
¹²Quem é o homem sábio, que entenda isto? e a quem falou a boca do Senhor, para que o possa anunciar? Por que razão pereceu a terra, e se queimou como um deserto, de sorte que ninguém passa por ela?
¹³E diz o Senhor: porque deixaram a minha lei, que lhes pus diante, e não deram ouvidos à minha voz, nem andaram nela,
¹⁴antes andaram obstinadamente segundo o seu próprio coração, e após baalins, como lhes ensinaram os seus pais.
¹⁵Portanto assim diz o Senhor dos exércitos, Deus de Israel: Eis que darei de comer losna a este povo, e lhe darei a beber água de fel.
¹⁶Também os espalharei por entre nações que nem eles nem seus pais conheceram; e mandarei a espada após eles, até que venha a consumi-los.
¹⁷Assim diz o Senhor dos exércitos: Considerai, e chamai as carpideiras, para que venham; e mandai procurar mulheres hábeis, para que venham também;
¹⁸e se apressem, e levantem o seu lamento sobre nós, para que se desfaçam em lágrimas os nossos olhos, e as nossas pálpebras destilem águas.
¹⁹Porque uma voz de pranto se ouviu de Sião: Como estamos arruinados! Estamos mui envergonhados, por termos deixado a terra, e por terem eles transtornado as nossas moradas.
²⁰Contudo ouvi, vós, mulheres, a palavra do Senhor, e recebam os vossos ouvidos a palavra da sua boca; e ensinai a vossas filhas o pranto, e cada uma à sua vizinha a lamentação.
²¹Pois a morte subiu pelas nossas janelas, e entrou em nossos palácios, para exterminar das ruas as crianças, e das praças os mancebos.
²²Fala: Assim diz o Senhor: Até os cadáveres dos homens cairão como esterco sobre a face do campo, e como gavela atrás do segador, e não há quem a recolha.
²³Assim diz o Senhor: Não se glorie o sábio na sua sabedoria, nem se glorie o forte na sua força; não se glorie o rico nas suas riquezas;
²⁴mas o que se gloriar, glorie-se nisto: em entender, e em me conhecer, que eu sou o Senhor, que faço benevolência, juízo e justiça na terra; porque destas coisas me agrado, diz o Senhor.
²⁵Eis que vêm dias, diz o Senhor, em que castigarei a todo circuncidado pela sua incircuncisão:
²⁶ao Egito, a Judá e a Edom, aos filhos de Amom e a Moabe, e a todos os que cortam os cantos da sua cabeleira e habitam no deserto; pois todas as nações são incircuncisas, e toda a casa de Israel é incircuncisa de coração.

## *Capítulo 10*

¹Ouvi a palavra que o Senhor vos fala a vós, ó casa de Israel.
²Assim diz o Senhor: Não aprendais o caminho das nações, nem vos espanteis com os sinais do céu; porque deles se espantam as nações,
³pois os costumes dos povos são vaidade; corta-se do bosque um madeiro e se lavra com machado pelas mãos do artífice.
⁴Com prata e com ouro o enfeitam, com pregos e com martelos o firmam, para que não se mova.
⁵São como o espantalho num pepinal, e não podem falar; necessitam de quem os leve, porquanto não podem andar. Não tenhais receio deles, pois não podem fazer o mal, nem tampouco têm poder de fazer o bem.
⁶Ninguém há semelhante a ti, ó Senhor; és grande, e grande é o teu nome em poder.
⁷Quem te não temeria a ti, ó Rei das nações? pois a ti se deve o temor; porquanto entre todos os sábios das nações, e em todos os seus reinos ninguém há semelhante a ti.
⁸Mas eles são todos embrutecidos e loucos; a instrução dos ídolos é como o madeiro.
⁹Trazem de Társis prata em chapas, e ouro de Ufaz, trabalho do artífice, e das mãos do fundidor; seus vestidos são de azul e púrpura; obra de peritos são todos eles.
¹⁰Mas o Senhor é o verdadeiro Deus; ele é o Deus vivo e o Rei eterno, ao seu furor estremece a terra, e as nações não podem suportar a sua indignação.
¹¹Assim lhes direis: Os deuses que não fizeram os céus e a terra, esses perecerão da terra e de debaixo dos céus.
¹²Ele fez a terra pelo seu poder; ele estabeleceu o mundo por sua sabedoria e com a sua inteligência estendeu os céus.
¹³Quando ele faz soar a sua voz, logo há tumulto de águas nos céus, e ele faz subir das extremidades da terra os vapores; faz os relâmpagos para a chuva, e dos seus tesouros faz sair o vento.
¹⁴Todo homem se embruteceu e não tem conhecimento; da sua imagem esculpida envergonha-se todo fundidor; pois as suas imagens fundidas são falsas, e nelas não há fôlego.
¹⁵Vaidade são, obra de enganos; no tempo da sua visitação virão a perecer.
¹⁶Não é semelhante a estes aquele que é a porção de Jacó; porque ele é o que forma todas as coisas, e Israel é a tribo da sua herança. Senhor dos exércitos é o seu nome.
¹⁷Tira do chão a tua trouxa, ó tu que habitas em lugar sitiado.
¹⁸Pois assim diz o Senhor: Eis que desta vez arrojarei como se fora com uma funda os moradores da terra, e os angustiarei, para que venham a senti-lo.
¹⁹Ai de mim, por causa do meu quebrantamento! a minha chaga me causa grande dor; mas eu havia dito: Certamente isto é minha enfermidade, e eu devo suportá-la.
²⁰A minha tenda está destruída, e todas as minhas cordas estão rompidas; os meus filhos foram-se de mim, e não existem; ninguém há mais que estire a minha tenda, e que levante as minhas cortinas.
²¹Pois os pastores se embruteceram, e não buscaram ao Senhor; por isso não prosperaram, e todos os seus rebanhos se acham dispersos.
²²Eis que vem uma voz de rumor, um grande tumulto da terra do norte, para fazer das cidades de Judá uma assolação, uma morada de chacais.
²³Eu sei, ó Senhor, que não é do homem o seu caminho; nem é do homem que caminha o dirigir os seus passos.
²⁴Corrige-me, ó Senhor, mas com medida justa; não na tua ira, para que não me reduzas a nada.
²⁵Derrama a tua indignação sobre as nações que não te conhecem, e sobre as famílias que não invocam o teu nome; porque devoraram a Jacó; sim, devoraram-no e consumiram-no, e assolaram a sua morada.

## *Capítulo 11*

¹A palavra que veio a Jeremias, da parte do Senhor, dizendo:
²Ouvi as palavras deste pacto, e falai aos homens de Judá, e aos habitantes de Jerusalém.
³Dize-lhes pois: Assim diz o Senhor, o Deus de Israel: Maldito o homem que não ouvir as palavras deste pacto,
⁴que ordenei a vossos pais no dia em que os tirei da terra do Egito, da fornalha de ferro, dizendo: Ouvi a minha voz, e fazei conforme a tudo que vos mando; assim vós sereis o meu povo, e eu serei o vosso Deus;

⁵para que eu confirme o juramento que fiz a vossos pais de dar-lhes uma terra que manasse leite e mel, como se vê neste dia. Então eu respondi, e disse: Amém, ó Senhor.

⁶Disse-me, pois, o Senhor: Proclama todas estas palavras nas cidades de Judá, e nas ruas de Jerusalém, dizendo: Ouvi as palavras deste pacto, e cumpri-as.

⁷Porque com instância admoestei a vossos pais, no dia em que os tirei da terra do Egito, até o dia de hoje, protestando persistentemente e dizendo: Ouvi a minha voz.

⁸Mas não ouviram, nem inclinaram os seus ouvidos; antes andaram cada um na obstinação do seu coração malvado; pelo que eu trouxe sobre eles todas as palavras deste pacto, as quais lhes ordenei que cumprissem, mas não o fizeram.

⁹Disse-me mais o Senhor: Uma conspiração se achou entre os homens de Judá, e entre os habitantes de Jerusalém.

¹⁰Tornaram às iniqüidades de seus primeiros pais, que recusaram ouvir as minhas palavras; até se foram após outros deuses para os servir; a casa de Israel e a casa de Judá quebrantaram o meu pacto, que fiz com seus pais.

¹¹Portanto assim diz o Senhor: Eis que estou trazendo sobre eles uma calamidade de que não poderão escapar; clamarão a mim, mas eu não os ouvirei.

¹²Então irão as cidades de Judá e os habitantes de Jerusalém e clamarão aos deuses a que eles queimam incenso; estes, porém, de maneira alguma os livrarão no tempo da sua calamidade.

¹³Pois, segundo o número das tuas cidades, são os teus deuses, ó Judá; e, segundo o número das ruas de Jerusalém, tendes levantado altares à impudência, altares para queimardes incenso a Baal.

¹⁴Tu, pois, não ores por este povo, nem levantes por eles clamor nem oração; porque não os ouvirei no tempo em que eles clamarem a mim por causa da sua calamidade.

¹⁵Que direito tem a minha amada na minha casa, visto que com muitos tem cometido grande abominação, e as carnes santas se desviaram de ti? Quando tu fazes mal, então andas saltando de prazer.

¹⁶Denominou-te o Senhor oliveira verde, formosa por seus deliciosos frutos; mas agora, à voz dum grande tumulto, acendeu fogo nela, e se quebraram os seus ramos.

¹⁷Porque o Senhor dos exércitos, que te plantou, pronunciou contra ti uma calamidade, por causa do grande mal que a casa de Israel e a casa de Judá fizeram, pois me provocaram à ira, queimando icenso a Baal.

¹⁸E o Senhor mo fez saber, e eu o soube; então me fizeste ver as suas ações.

¹⁹Mas eu era como um manso cordeiro, que se leva à matança; não sabia que era contra mim que maquinavam, dizendo: Destruamos a árvore com o seu fruto, e cortemo-lo da terra dos viventes, para que não haja mais memória do seu nome.

²⁰Mas, ó Senhor dos exércitos, justo Juiz, que provas o coração e a mente, permite que eu veja a tua vingança sobre eles; pois a ti descobri a minha causa.

²¹Portanto assim diz o Senhor acerca dos homens de Anatote, que procuram a tua vida, dizendo: Não profetizes no nome do Senhor, para que não morras às nossas mãos.

²²por isso assim diz o Senhor dos exércitos: Eis que eu os punirei; os mancebos morrerão à espada, os seus filhos e as suas filhas morrerão de fome.

²³E não ficará deles um resto; pois farei vir sobre os homens de Anatote uma calamidade, sim, o ano da sua punição.

## Capítulo 12

¹Justo és, ó Senhor, ainda quando eu pleiteio contigo; contudo pleitearei a minha causa diante de ti. Por que prospera o caminho dos ímpios? Por que vivem em paz todos os que procedem aleivosamente?

²Plantaste-os, e eles se arraigaram; medram, dão também fruto; chegado estás à sua boca, porém longe do seu coração.

³Mas tu, ó Senhor, me conheces, tu me vês, e provas o meu coração para contigo; tira-os como a ovelhas para o matadouro, e separa-os para o dia da matança.

⁴Até quando lamentará a terra, e se secará a erva de todo o campo? Por causa da maldade dos que nela habitam, perecem os animais e as aves; porquanto disseram: Ele não verá o nosso fim.

⁵Se te fatigas correndo com homens que vão a pé, então como poderás competir com cavalos? Se foges numa terra de paz, como hás de fazer na soberba do Jordão?

⁶Pois até os teus irmãos, e a casa de teu pai, eles mesmos se houveram aleivosamente contigo; eles mesmos clamam após ti em altas vozes. Não te fies neles, ainda que te digam coisas boas.

⁷Desamparei a minha casa, abandonei a minha herança; entreguei a amada da minha alma na mão de seus inimigos.

⁸Tornou-se a minha herança para mim como leão numa floresta; levantou a sua voz contra mim, por isso eu a odeio.

⁹Acaso é para mim a minha herança como uma ave de rapina de varias cores? Andam as aves de rapina contra ela em redor? Ide, pois, ajuntai a todos os animais do campo, trazei-os para a devorarem.

¹⁰Muitos pastores destruíram a minha vinha, pisaram o meu quinhão; tornaram em desolado deserto o meu quinhão aprazível.

¹¹Em assolação o tornaram; ele, desolado, clama a mim. Toda a terra está assolada, mas ninguém toma isso a peito.

¹²Sobre todos os altos escalvados do deserto vieram destruidores, porque a espada do Senhor devora desde uma até outra extremidade da terra; não há paz para nenhuma carne.

¹³Semearam trigo, mas segaram espinhos; cansaram-se, mas de nada se aproveitaram; haveis de ser envergonhados das vossas colheitas, por causa do ardor da ira do Senhor.

¹⁴Assim diz o Senhor acerca de todos os meus maus vizinhos, que tocam a minha herança que fiz herdar ao meu povo Israel: Eis que os arrancarei da sua terra, e a casa de Judá arrancarei do meio deles.

¹⁵E depois de os haver eu arrancado, tornarei, e me compadecerei deles, e os farei voltar cada um à sua herança, e cada um à sua terra.

¹⁶E será que, se diligentemente aprenderem os caminhos do meu povo, jurando pelo meu nome: Vive o Senhor; como ensinaram o meu povo a jurar por Baal; então edificar-se-ão no meio do meu povo.

¹⁷Mas, se não quiserem ouvir, totalmente arrancarei a tal nação, e a farei perecer, diz o Senhor.

## Capítulo 13

¹Assim me disse o Senhor: Vai, e compra-te um cinto de linho, e põe-no sobre os teus lombos, mas não o metas na água.

²E comprei o cinto, conforme a palavra do Senhor, e o pus sobre os meus lombos.

³Então me veio a palavra do Senhor pela segunda vez, dizendo:

⁴Toma o cinto que compraste e que trazes sobre os teus lombos, e levanta-te, vai ao Eufrates, e esconde-o ali na fenda duma rocha.

⁵Fui, pois, e escondi-o junto ao Eufrates, como o Senhor me havia ordenado.

⁶E passados muitos dias, me disse o Senhor: Levanta-te, vai ao Eufrates, e toma dali o cinto que te ordenei que escondesses ali.

⁷Então fui ao Eufrates, e cavei, e tomei o cinto do lugar onde e havia escondido; e eis que o cinto tinha apodrecido, e para nada prestava.

⁸Então veio a mim a palavra do Senhor, dizendo:

⁹Assim diz o Senhor: Do mesmo modo farei apodrecer a soberba de Judá, e a grande soberba de Jerusalém.

¹⁰Este povo maligno, que se recusa a ouvir as minhas palavras, que caminha segundo a teimosia do seu coração, e que anda após deuses alheios, para os servir, e para os adorar, será tal como este cinto, que para nada presta.

¹¹Pois, assim como se liga o cinto aos lombos do homem, assim eu liguei a mim toda a casa de Israel, e toda a casa de Judá, diz o Senhor, para me serem por povo, e por nome, e por louvor, e por glória; mas não quiseram ouvir:

¹²Pelo que lhes dirás esta palavra: Assim diz o Senhor Deus de Israel: Todo o odre se encherá de vinho. E dir-te-ão: Acaso não sabemos nós muito bem que todo o odre se encherá de vinho?

¹³Então lhes dirás: Assim diz o Senhor: Eis que eu encherei de embriaguez a todos os habitantes desta terra, mesmo aos reis que se assentam sobre o trono de Davi, e aos sacerdotes, e aos profetas, e a todos os habitantes de Jerusalém.

¹⁴E atirá-los-ei uns contra os outros, mesmo os pais juntamente com os filhos, diz o Senhor; não terei pena nem pouparei, nem terei deles compaixão para não os destruir.

¹⁵Escutai, e inclinai os ouvidos; não vos ensoberbeçais, porque o Senhor falou.

¹⁶Dai glória ao Senhor vosso Deus, antes que venha a escuridão e antes que tropecem vossos pés nos montes tenebrosos; antes que, esperando vós luz, ele a mude em densas trevas, e a reduza a profunda escuridão.

¹⁷Mas, se não ouvirdes, a minha alma chorará em oculto, por causa da vossa soberba; e amargamente chorarão os meus olhos, e se desfarão em lágrimas, porque o rebanho do Senhor se vai levado cativo.

¹⁸Dize ao rei e à rainha-mãe: Humilhai-vos, sentai-vos no chão; porque de vossas cabeças já caiu a coroa de vossa glória.

¹⁹As cidades do Negebe estão fechadas, e não há quem as abra; todo o Judá é levado cativo, sim, inteiramente cativo.

²⁰Levantai os vossos olhos, e vede os que vêm do norte; onde está o rebanho que se te deu, o teu lindo rebanho?

²¹Que dirás, quando ele puser sobre ti como cabeça os que ensinaste a serem teus amigos? Não te tomarão as dores, como as duma mulher que está de parto?

²²Se disseres no teu coração: Por que me sobrevieram estas coisas? Pela multidão das tuas iniquidades se descobriram as tuas fraldas, e os teus calcanhares sofrem violência.

²³pode o etíope mudar a sua pele, ou o leopardo as suas malhas? então podereis também vós fazer o bem, habituados que estais a fazer o mal.

²⁴Pelo que os espalharei como o restolho que passa arrebatado pelo vento do deserto.

²⁵Esta é a tua sorte, a porção que te é medida por mim, diz o Senhor; porque te esqueceste de mim, e confiaste em mentiras.

²⁶Assim também eu levantarei as tuas fraldas sobre o teu rosto, e aparecerá a tua ignomínia.

²⁷Os teus adultérios, e os teus rinchos, e a enormidade da tua prostituição, essas abominações tuas, eu as tenho visto sobre os outeiros no campo. Ai de ti, Jerusalém! até quando não te purificarás?

## Capítulo 14

¹A palavra do Senhor, que veio a Jeremias, a respeito da seca.

²Judá chora, e as suas portas estão enfraquecidas; eles se sentam de luto no chão; e o clamor de Jerusalém já vai subindo.

³E os seus nobres mandam os seus inferiores buscar água; estes vão às cisternas, e não acham água; voltam com os seus cântaros vazios; ficam envergonhados e confundidos, e cobrem as suas cabeças.

⁴Por causa do solo ressecado, pois que não havia chuva sobre a terra, os lavradores ficam envergonhados e cobrem as suas cabeças.

⁵Pois até a cerva no campo pare, e abandona sua cria, porquanto não há erva.

⁶E os asnos selvagens se põem nos altos escalvados e, ofegantes, sorvem o ar como os chacais; desfalecem os seus olhos, porquanto não ha erva.

⁷Posto que as nossas iniquidades testifiquem contra nós, ó Senhor, opera tu por amor do teu nome; porque muitas são as nossas rebeldias; contra ti havemos pecado.

⁸ç esperança de Israel, e Redentor seu no tempo da angústia! por que serias como um estrangeiro na terra? e como o viandante que arma a sua tenda para passar a noite?

⁹Por que serias como homem surpreendido, como valoroso que não pode livrar? Mas tu estás no meio de nós, Senhor, e nós somos chamados pelo teu nome; não nos desampares.

¹⁰Assim diz o Senhor acerca deste povo: Pois que tanto gostaram de andar errantes, e não detiveram os seus pés, por isso o Senhor não os aceita, mas agora se lembrará da iniquidade deles, e visitará os seus pecados.

¹¹Disse-me ainda o Senhor: Não rogues por este povo para seu bem.

¹²Quando jejuarem, não ouvirei o seu clamor, e quando oferecerem holocaustos e oblações, não me agradarei deles; antes eu os consumirei pela espada, e pela fome e pela peste.

¹³Então disse eu: Ah! Senhor Deus, eis que os profetas lhes dizem: Não vereis espada, e não tereis fome; antes vos darei paz verdadeira neste lugar.

¹⁴E disse-me o Senhor: Os profetas profetizam mentiras em meu nome; não os enviei, nem lhes dei ordem, nem lhes falei. Visão falsa, adivinhação, vaidade e o engano do seu coração é o que eles vos profetizam.

¹⁵Portanto assim diz o Senhor acerca dos profetas que profetizam em meu nome, sem que eu os tenha mandado, e que dizem: Nem espada, nem fome haverá nesta terra: Â espada e à fome serão consumidos esses profetas.

¹⁶E o povo a quem eles profetizam será lançado nas ruas de Jerusalém, por causa da fome e da espada; e não haverá quem os sepulte a eles, a suas mulheres, a seus filhos e a suas filhas; porque derramarei sobre eles a sua maldade.

¹⁷Portanto lhes dirás esta palavra: Os meus olhos derramem lágrimas de noite e de dia, e não cessem; porque a virgem filha do meu povo está gravemente ferida, de mui dolorosa chaga.

¹⁸Se eu saio ao campo, eis os mortos à espada, e, se entro na cidade, eis os debilitados pela fome; o profeta e o sacerdote percorrem a terra, e nada sabem.

¹⁹Porventura já de todo rejeitaste a Judá? Aborrece a tua alma a Sião? Por que nos feriste, de modo que não há cura para nós? Aguardamos a paz, e não chegou bem algum; e o tempo da cura, e eis o pavor!

²⁰Ah, Senhor! reconhecemos a nossa impiedade e a iniquidade de nossos pais; pois contra ti havemos pecado.

²¹Não nos desprezes, por amor do teu nome; não tragas opróbrio sobre o trono da tua glória; lembra-te, e não anules o teu pacto conosco.

²²Há, porventura, entre os deuses falsos das nações, algum que faça chover? Ou podem os céus dar chuvas? Não és tu, ó Senhor, nosso Deus? Portanto em ti esperaremos; pois tu tens feito todas estas coisas.

## Capítulo 15

¹Disse-me, porém, o Senhor: Ainda que Moisés e Samuel se pusessem diante de mim, não poderia estar a minha alma com este povo. Lança-os de diante da minha face, e saiam eles.

²E quando te perguntarem: Para onde iremos? dir-lhes-ás: Assim diz o Senhor: Os que para a morte, para a morte; e os que para a espada, para a espada; e os que para a fome, para a fome; e os que para o cativeiro, para o cativeiro.

³Pois os visitarei com quatro gêneros de destruidores, diz o Senhor: com espada para matar, e com cães, para os dilacerarem, e com as aves do céu e os animais da terra, para os devorarem e destruírem.

⁴Entregá-los-ei para serem um espetáculo horrendo perante todos os reinos da terra, por causa de Manassés, filho de Ezequias, rei de Judá, por tudo quanto fez em Jerusalém.

⁵Pois quem se compadecerá de ti, ó Jerusalém? ou quem se entristecerá por ti? Quem se desviará para perguntar pela tua paz?

⁶Tu me rejeitaste, diz o Senhor, voltaste para trás; por isso estenderei a minha mão contra ti, e te destruirei; estou cansado de me abrandar.

⁷E os padejei com a pá nas portas da terra; desfilhei, destruí o meu povo; não voltaram dos seus caminhos.

⁸As suas viúvas mais se me têm multiplicado do que a areia dos mares; trouxe ao meio-dia um destruidor sobre eles, até sobre a mãe de jovens; fiz que caísse de repente sobre ela angústia e terrores.

⁹A que dava à luz sete se enfraqueceu: expirou a sua alma; pôs-se-lhe o sol sendo ainda dia; ela se confundiu, e se envergonhou; e os que ficarem deles eu os entregarei à espada, diante dos seus inimigos, diz o Senhor.

¹⁰Ai de mim, minha mãe! porque me deste à luz, homem de rixas e homem de contendas para toda a terra. Nunca lhes emprestei com usura, nem eles me emprestaram a mim com usura, todavia cada um deles me amaldiçoa.

¹¹Assim seja, ó Senhor, se jamais deixei de suplicar-te pelo bem deles, ou de rogar-te pelo inimigo no tempo da calamidade e no tempo da angústia.

¹²Pode alguém quebrar o ferro, o ferro do Norte, e o bronze?

¹³As tuas riquezas e os teus tesouros, eu os entregarei sem preço ao saque; e isso por todos os teus pecados, mesmo em todos os teus limites.

¹⁴E farei que sirvas os teus inimigos numa terra que não conheces; porque o fogo se acendeu em minha ira, e sobre vós arderá.

¹⁵Tu, ó Senhor, me conheces; lembra-te de mim, visita-me, e vinga-me dos meus perseguidores; não me arrebates, por tua longanimidade. Sabe que por amor de ti tenho sofrido afronta.

¹⁶Acharam-se as tuas palavras, e eu as comi; e as tuas palavras eram para mim o gozo e alegria do meu coração; pois levo o teu nome, ó Senhor Deus dos exércitos.

¹⁷Não me assentei na roda dos que se alegram, nem me regozijei. Sentei-me a sós sob a tua mão, pois me encheste de indignação.

¹⁸Por que é perpétua a minha dor, e incurável a minha ferida, que se recusa a ser curada? Serás tu para mim como ribeiro ilusório e como águas inconstantes?

¹⁹Portanto assim diz o Senhor: Se tu voltares, então te restaurarei, para estares diante de mim; e se apartares o precioso do vil, serás como a minha boca; tornem-se eles a ti, mas não voltes tu a eles.

²⁰E eu te porei contra este povo como forte muro de bronze; eles pelejarão contra ti, mas não prevalecerão contra ti; porque eu sou contigo para te salvar, para te livrar, diz o Senhor.

²¹E arrebatar-te-ei da mão dos iníquos, e livrar-te-ei da mão dos cruéis.

## Capítulo 16

¹E veio a mim a palavra do Senhor, dizendo:

²Não tomarás a ti mulher, nem terás filhos nem filhas neste lugar.

³Pois assim diz o Senhor acerca dos filhos e das filhas que nascerem neste lugar, acerca de suas mães, que os tiverem, e de seus pais que os gerarem nesta terra:

⁴Morrerão de enfermidades dolorosas, e não serão pranteados nem

## Jeremias

sepultados; serão como esterco sobre a face da terra; pela espada e pela fome serão consumidos, e os seus cadáveres servirão de pasto para as aves do céu e para os animais da terra.

⁵Pois assim diz o Senhor: Não entres na casa que está de luto, nem vás a lamentá-los, nem te compadeças deles; porque deste povo, diz o Senhor, retirei a minha paz, benignidade e misericórdia.

⁶E morrerão nesta terra tanto grandes como pequenos; não serão sepultados, e não os prantearão, nem se farão por eles incisões, nem por eles se raparão os cabelos;

⁷nem pão se dará aos que estiverem de luto, para os consolar sobre os mortos; nem se lhes dará a beber o copo da consolação pelo pai ou pela mãe.

⁸Não entres na casa do banquete, para te assentares com eles a comer e a beber.

⁹Pois assim diz o Senhor dos exércitos, o Deus de Israel: Eis que perante os vossos olhos, e em vossos dias, farei cessar deste lugar a voz de gozo e a voz de alegria, a voz do noivo e a voz da noiva.

¹⁰E quando anunciares a este povo todas estas palavras, e eles te disserem: Por que pronuncia o Senhor sobre :nós todo este grande mal? Qual é a nossa iniqüidade? Qual é o pecado que cometemos contra o Senhor nosso Deus?

¹¹Então lhes dirás: Porquanto vossos pais me deixaram, diz o Senhor, e se foram após outros deuses, e os serviram e adoraram, e a mim me deixaram, e não guardaram a minha lei;

¹²e vós fizestes pior do que vossos pais; pois eis que andais, cada um de vós, após o pensamento obstinado do seu mau coração, recusando ouvir-me a mim;

¹³portanto eu vos lançarei fora desta terra, para uma terra que não conhecestes, nem vós nem vossos pais; e ali servireis a deuses estranhos de dia e de noite; pois não vos concederei favor algum.

¹⁴Portanto, eis que dias vêm, diz o Senhor, em que não se dirá mais: Vive o Senhor: que fez subir os filhos de Israel da terra do Egito;

¹⁵mas sim: Vive o Senhor, que fez subir os filhos de Israel da terra do norte, e de todas as terras para onde os tinha lançado; porque eu os farei voltar à sua terra, que dei a seus pais.

¹⁶Eis que mandarei vir muitos pescadores, diz o Senhor, os quais os pescarão; e depois mandarei vir muitos caçadores, os quais os caçarão de todo monte, e de todo outeiro, e até das fendas das rochas.

¹⁷Pois os meus olhos estão sobre todos os seus caminhos; não se acham eles escondidos da minha face, nem está a sua iniqüidade encoberta aos meus olhos.

¹⁸E eu retribuirei em dobro a sua iniqüidade e o seu pecado, porque contaminaram a minha terra com os vultos inertes dos seus ídolos detestáveis, e das suas abominações encheram a minha herança.

¹⁹ç Senhor, força minha e fortaleza minha, e refúgio meu no dia da angústia, a ti virão as nações desde as extremidades da terra, e dirão: Nossos pais herdaram só mentiras, e vaidade, em que não havia proveito.

²⁰Pode um homem fazer para si deuses? Esses tais não são deuses!

²¹Portanto, eis que lhes farei conhecer, sim desta vez lhes farei conhecer o meu poder e a minha força; e saberão que o meu nome é Jeová.

## Capítulo 17

¹O pecado de Judá está escrito com um ponteiro de ferro; com ponta de diamante está gravado na tábua do seu coração e nas pontas dos seus altares;

²enquanto seus filhos se lembram dos seus altares, e dos seus aserins, junto às árvores frondosas, sobre os altos outeiros,

³nas montanhas no campo aberto, a tua riqueza e todos os teus tesouros dá-los-ei como despojo por causa do pecado, em todos os teus termos.

⁴Assim tu, por ti mesmo, te privarás da tua herança que te dei; e far-te-ei servir os teus inimigos, na terra que não conheces; porque acendeste um fogo na minha ira, o qual arderá para sempre.

⁵Assim diz o Senhor: Maldito o varão que confia no homem, e faz da carne o seu braço, e aparta o seu coração do Senhor!

⁶Pois é como o junípero no deserto, e não verá vir bem algum; antes morará nos lugares secos do deserto, em terra salgada e inabitada.

⁷Bendito o varão que confia no Senhor, e cuja esperança é o Senhor.

⁸Porque é como a árvore plantada junto às águas, que estende as suas raízes para o ribeiro, e não receia quando vem o calor, mas a sua folha fica verde; e no ano de sequidão não se afadiga, nem deixa de dar fruto.

⁹Enganoso é o coração, mais do que todas as coisas, e perverso; quem o poderá conhecer?

¹⁰Eu, o Senhor, esquadrinho a mente, eu provo o coração; e isso para dar a cada um segundo os seus caminhos e segundo o fruto das suas ações.

¹¹Como a perdiz que ajunta pintainhos que não são do seu ninho, assim é aquele que ajunta riquezas, mas não retamente; no meio de seus dias as deixará, e no seu fim se mostrará insensato.

¹²Um trono glorioso, posto bem alto desde o princípio, é o lugar do nosso santuário.

¹³ç Senhor, esperança de Israel, todos aqueles que te abandonarem serão envergonhados. Os que se apartam de ti serão escritos sobre a terra; porque abandonam o Senhor, a fonte das águas vivas.

¹⁴Cura-me, ó Senhor, e serei curado; salva-me, e serei salvo; pois tu és o meu louvor.

¹⁵Eis que eles me dizem: Onde está a palavra do Senhor? venha agora.

¹⁶Quanto a mim, não instei contigo para enviares sobre eles o mal, nem tampouco desejei o dia calamitoso; tu o sabes; o que saiu dos meus lábios estava diante de tua face.

¹⁷Não me sejas por espanto; meu refúgio és tu no dia da calamidade.

¹⁸Envergonhem-se os que me perseguem, mas não me envergonhe eu; assombrem-se eles, mas não me assombre eu; traze sobre eles o dia da calamidade, e destrói-os com dobrada destruição.

¹⁹Assim me disse o Senhor: Vai, e põe-te na porta de Benjamim, pela qual entram os reis de Judá, e pela qual saem, como também em todas as portas de Jerusalém.

²⁰E dize-lhes: Ouvi a palavra do Senhor, vós, reis de Judá e todo o Judá, e todos os moradores de Jerusalém, que entrais por estas portas;

²¹assim diz o Senhor: Guardai-vos a vós mesmos, e não tragais cargas no dia de sábado, nem as introduzais pelas portas de Jerusalém;

²²nem tireis cargas de vossas casas no dia de sábado, nem façais trabalho algum; antes santificai o dia de sábado, como eu ordenei a vossos pais.

²³Mas eles não escutaram, nem inclinaram os seus ouvidos; antes endureceram a sua cerviz, para não ouvirem, e para não receberem instrução.

²⁴Mas se vós diligentemente me ouvirdes, diz o Senhor, não introduzindo cargas pelas portas desta cidade no dia de sábado, e santificardes o dia de sábado, não fazendo nele trabalho algum,

²⁵então entrarão pelas portas desta cidade reis e príncipes, que se assentem sobre o trono de Davi, andando em carros e montados em cavalos, eles e seus príncipes, os homens de Judá, e os moradores de Jerusalém; e esta cidade será para sempre habitada.

²⁶E virão das cidades de Judá, e dos arredores de Jerusalém, e da terra de Benjamim, e da planície, e da região montanhosa, e do sul, trazendo à casa do Senhor holocaustos, e sacrifícios, e ofertas de cereais, e incenso, trazendo também sacrifícios de ação de graças.

²⁷Mas, se não me ouvirdes, para santificardes o dia de sábado, e para não trazerdes carga alguma, quando entrardes pelas portas de Jerusalém no dia de sábado, então acenderei fogo nas suas portas, o qual consumirá os palácios de Jerusalém, e não se apagará.

## Capítulo 18

¹A palavra que veio do Senhor a Jeremias, dizendo:

²Levanta-te, e desce à casa do oleiro, e lá te farei ouvir as minhas palavras.

³Desci, pois, à casa do oleiro, e eis que ele estava ocupado com a sua obra sobre as rodas.

⁴Como o vaso, que ele fazia de barro, se estragou na mão do oleiro, tornou a fazer dele outro vaso, conforme pareceu bem aos seus olhos fazer.

⁵Então veio a mim a palavra do Senhor, dizendo:

⁶Não poderei eu fazer de vós como fez este oleiro, ó casa de Israel? diz o Senhor. Eis que, como o barro na mão do oleiro, assim sois vós na minha mão, ó casa de Israel.

⁷Se em qualquer tempo eu falar acerca duma nação, e acerca dum reino, para arrancar, para derribar e para destruir,

⁸e se aquela nação, contra a qual falar, se converter da sua maldade, também eu me arrependerei do mal que intentava fazer-lhe.

⁹E se em qualquer tempo eu falar acerca duma nação e acerca dum reino, para edificar e para plantar,

¹⁰se ela fizer o mal diante dos meus olhos, não dando ouvidos à minha voz, então me arrependerei do bem que lhe intentava fazer.

¹¹Ora pois, fala agora aos homens de Judá, e aos moradores de Jerusalém, dizendo: Assim diz o senhor: Eis que estou forjando mal contra vós, e projeto um plano contra vós; convertei-vos pois agora cada um do seu mau caminho, e emendai os vossos caminhos e as vossas

ações.

¹²Mas eles dizem: Não há esperança; porque após os nossos projetos andaremos, e cada um fará segundo o propósito obstinado do seu mau coraçao.

¹³Portanto assim diz o Senhor: Perguntai agora entre as nações quem ouviu tais coisas? coisa mui horrenda fez a virgem de Israel!

¹⁴Acaso desaparece a neve do Líbano dos penhascos do Siriom? Serão esgotadas as águas frias que vêm dos montes?

¹⁵Contudo o meu povo se tem esquecido de mim, queimando incenso a deuses falsos; fizeram-se tropeçar nos seus caminhos, e nas veredas antigas, para que andassem por atalhos não aplainados;

¹⁶para fazerem da sua terra objeto de espanto e de perpétuos assobios; todo aquele que passa por ela se espanta, e meneia a cabeça.

¹⁷Com vento oriental os espalharei diante do inimigo; mostrar-lhes-ei as costas e não o rosto, no dia da sua calamidade.

¹⁸Então disseram: Vinde, e maquinemos projetos contra Jeremias; pois não perecerá a lei do sacerdote, nem o conselho do sábio, nem a palavra do profeta. Vinde, e firâmo-lo com a língua, e não atendamos a nenhuma das suas palavras.

¹⁹Atende-me, ó Senhor, e ouve a voz dos que contendem comigo.

²⁰Porventura pagar-se-á mal por bem? Contudo cavaram uma cova para a minha vida. Lembra-te de que eu compareci na tua presença, para falar a favor deles, para desviar deles a tua indignação.

²¹Portanto entrega seus filhos à fome, e entrega-os ao poder da espada, e sejam suas mulheres roubadas dos filhos, e fiquem viúvas; e sejam seus maridos feridos de morte, e os seus jovens mortos à espada na peleja.

²²Seja ouvido o clamor que vem de suas casas, quando de repente trouxeres tropas sobre eles; porque cavaram uma cova para prender-me e armaram laços aos meus pés.

²³Mas tu, ó Senhor, sabes todo o seu conselho contra mim para matar-me. Não perdoes a sua iniquidade, nem apagues o seu pecado de diante da tua face; mas sejam transtornados diante de ti; trata-os assim no tempo da tua ira.

## Capítulo 19

¹Assim disse o Senhor: Vai, e compra uma botija de oleiro, e leva contigo alguns anciãos do povo e alguns anciãos dos sacerdotes;

²e sai ao vale do filho de Hinom, que está à entrada da Porta Harsite, e apregoa ali as palavras que eu te disser;

³e dirás: Ouvi a palavra do Senhor, ó reis de Judá, e moradores de Jerusalém. Assim diz o Senhor dos exércitos, o Deus de Israel: Eis que trarei sobre este lugar uma calamidade tal que fará retinir os ouvidos de quem quer que dela ouvir.

⁴Porquanto me deixaram, e profanaram este lugar, queimando nele incenso a outros deuses, que nunca conheceram, nem eles nem seus pais, nem os reis de Judá; e encheram este lugar de sangue de inocentes.

⁵E edificaram os altos de Baal, para queimarem seus filhos no fogo em holocaustos a Baal; o que nunca lhes ordenei, nem falei, nem entrou no meu pensamento.

⁶Por isso eis que dias vêm, diz o Senhor, em que este lugar não se chamará mais Tofete, nem o vale do filho de Hinom, mas o vale da matança.

⁷E tornarei vão o conselho de Judá e de Jerusalém neste lugar, e os farei cair à espada diante de seus inimigos e pela mão dos que procuram tirar-lhes a vida. Darei os seus cadaveres por pasto as aves do céu e aos animais da terra.

⁸E farei esta cidade objeto de espanto e de assobios; todo aquele que passar por ela se espantará, e assobiará, por causa de todas as suas pragas.

⁹E lhes farei comer a carne de seus filhos, e a carne de suas filhas, e comerá cada um a carne do seu próximo, no cerco e no aperto em que os apertarão os seus inimigos, e os que procuram tirar-lhes a vida.

¹⁰Então quebrarás a botija à vista dos homens que foram contigo,

¹¹e lhes dirás: Assim diz o Senhor dos exércitos: Deste modo quebrarei eu a este povo, e a esta cidade, como se quebra o vaso do oleiro, de sorte que não pode mais refazer-se; e os enterrarão em Tofete, porque não haverá outro lugar para os enterrar.

¹²Assim farei a este lugar e aos seus moradores, diz o Senhor; sim, porei esta cidade como Tofete.

¹³E as casas de Jerusalém, e as casas dos reis de Judá, serão imundas como o lugar de Tofete, como também todas as casas, sobre cujos terraços queimaram incenso a todo o exército dos céus, e ofereceram libações a deuses estranhos.

¹⁴Então voltou Jeremias de Tofete, aonde o tinha enviado o Senhor a profetizar; e pôs-se em pé no átrio da casa do Senhor, e disse a todo o povo:

¹⁵Assim diz o Senhor dos exércitos, o Deus de Israel: Eis que trarei sobre esta cidade, e sobre todas as suas cercanias, todo o mal que pronunciei contra ela, porquanto endureceram a sua cerviz, para não ouvirem as minhas palavras.

## Capítulo 20

¹Ora Pasur, filho de Imer, o sacerdote, que era superintendente da casa do Senhor, ouviu Jeremias profetizar estas coisas.

²Então feriu Pasur ao profeta Jeremias, e o meteu no cepo que está na porta superior de Benjamim, na casa do Senhor.

³No dia seguinte, quando Pasur o tirou do cepo Jeremias lhe disse: O Senhor não te chama Pasur, mas Magor-Missabibe.

⁴Porque assim diz o Senhor: Eis que farei de ti um terror para ti mesmo, e para todos os teus amigos. Eles cairão à espada de seus inimigos, e teus olhos o verão. Entregarei Judá todo na mão do rei de Babilônia; ele os levará cativos para Babilônia, e matá-los-á à espada.

⁵Também entregarei todas as riquezas desta cidade, todos os seus lucros, e todas as suas coisas preciosas, sim, todos os tesouros dos reis de Judá na mão de seus inimigos, que os saquearão e, tomando-os, os levarão a Babilônia.

⁶E tu, Pasur, e todos os moradores da tua casa ireis para o cativeiro; e virás para Babilônia, e ali morrerás, e ali serás sepultado, tu, e todos os teus amigos, aos quais profetizaste falsamente.

⁷Seduziste-me, ó Senhor, e deixei-me seduzir; mais forte foste do que eu, e prevaleceste; sirvo de escárnio o dia todo; cada um deles zomba de mim.

⁸Pois sempre que falo, grito, clamo: Violência e destruição; porque se tornou a palavra do Senhor um opróbrio para mim, e um ludíbrio o dia todo.

⁹Se eu disser: Não farei menção dele, e não falarei mais no seu nome, então há no meu coração um como fogo ardente, encerrado nos meus ossos, e estou fatigado de contê-lo, e não posso mais.

¹⁰Pois ouço a difamação de muitos, terror por todos os lados! Denunciai-o! Denunciemo-lo! dizem todos os meus íntimos amigos, aguardando o meu manquejar; bem pode ser que se deixe enganar; então prevaleceremos contra ele e nos vingaremos dele.

¹¹Mas o Senhor está comigo como um guerreiro valente; por isso tropeçarão os meus perseguidores, e não prevalecerão; ficarão muito confundidos, porque não alcançarão êxito, sim, terão uma confusão perpétua que nunca será esquecida.

¹²Tu pois, ó Senhor dos exércitos, que provas o justo, e vês os pensamentos e o coração, permite que eu veja a tua vingança sobre eles; porque te confiei a minha causa.

¹³Cantai ao Senhor, louvai ao Senhor; pois livrou a alma do necessitado da mão dos malfeitores.

¹⁴Maldito o dia em que nasci; não seja bendito o dia em que minha mãe me deu à luz.

¹⁵Maldito o homem que deu as novas a meu pai, dizendo: Nasceu-te um filho, alegrando-o com isso grandemente.

¹⁶E seja esse homem como as cidades que o senhor destruiu sem piedade; e ouça ele um clamor pela manhã, e um alarido ao meio-dia.

¹⁷Por que não me matou na madre? assim minha mãe teria sido a minha sepultura, e teria ficado grávida perpetuamente!

¹⁸Por que saí da madre, para ver trabalho e tristeza, e para que se consumam na vergonha os meus dias?

## Capítulo 21

¹A palavra que veio a Jeremias da parte do Senhor, quando o rei Zedequias lhe enviou Pasur, filho de Malquias, e Sofonias, filho de Maaséias, o sacerdote, dizendo:

²Pergunta agora por nós ao Senhor, por que Nabucodonozor, rei de Babilônia, guerreia contra nós; porventura o Senhor nos tratará segundo todas as suas maravilhas, e fará que o rei se retire de nós.

³Então Jeremias lhes respondeu: Assim direis a Zedequias:

⁴Assim diz o Senhor, o Deus de Israel: Eis que virarei contra vos as armas de guerra, que estão nas vossas mãos, com que vós pelejais contra o rei de Babilônia e contra os caldeus, que vos estão sitiando ao redor dos muros, e ajuntá-los-ei no meio desta cidade.

⁵E eu mesmo pelejarei contra vós com mão estendida, e com braço forte, e em ira, e em furor, e em grande indignação.

⁶E ferirei os habitantes desta cidade, tanto os homens como os animais; de grande peste morrerão.

⁷E depois disso, diz o Senhor, entregarei Zedequias, rei de Judá, e seus servos, e o povo, e os que desta cidade restarem da peste, e da espada, e da fome, sim entregá-los-ei na mão de Nabucodonozor, rei de Babilônia, na mão de seus inimigos, e na mão dos que procuram tirar-lhes a vida; e ele os passará ao fio da espada; não os poupará, nem se

## Jeremias

compadecerá, nem terá misericordia.

⁸E a este povo dirás: Assim diz o Senhor: Eis que ponho diante de vós o caminho da vida e o caminho da morte.

⁹O que ficar nesta cidade há de morrer à espada, ou de fome, ou de peste; mas o que sair, e se render aos caldeus, que vos cercam, viverá, e terá a sua vida por despojo.

¹⁰Porque pus o meu rosto contra esta cidade para mal, e não para bem, diz o Senhor; na mão do rei de Babilônia se entregará, e ele a queimará a fogo.

¹¹E à casa do rei de Judá dirás: Ouvi a palavra do Senhor:

¹²O casa de Davi, assim diz o Senhor: Executai justiça pela manhã, e livrai o espoliado da mão do opressor, para que não saia o meu furor como fogo, e se acenda, sem que haja quem o apague, por causa da maldade de vossas ações.

¹³Eis que eu sou contra ti, ó moradora do vale, ó rocha da campina, diz o Senhor; contra vós que dizeis: Quem descerá contra nós? ou: Quem entrará nas nossas moradas?

¹⁴E eu vos castigarei segundo o fruto das vossas ações, diz o Senhor; e no seu bosque acenderei fogo que consumirá a tudo o que está em redor dela.

### Capítulo 22

¹Assim diz o Senhor: Desce à casa do rei de Judá, e anuncia ali esta palavra.

²E dize: Ouve a palavra do Senhor, ó rei de Judá, que te assentas no trono de Davi; ouvi, tu, e os teus servos, e o teu povo, que entrais por estas portas.

³Assim diz o Senhor: Exercei o juízo e a justiça, e livrai o espoliado da mão do opressor. Não façais nenhum mal ou violencia ao estrangeiro, nem ao orfão, nem a viúva; não derrameis sangue inocente neste lugar.

⁴Pois se deveras cumprirdes esta palavra, entrarão pelas portas desta casa reis que se assentem sobre o trono de Davi, andando em carros e montados em cavalos, eles, e os seus servos, e o seu povo.

⁵Mas se não derdes ouvidos a estas palavras, por mim mesmo tenho jurado, diz o Senhor, que esta casa se tornará em assolação.

⁶Pois assim diz o Senhor acerca da casa do rei de Judá: Tu és para mim Gileade, e a cabeça do Líbano; todavia certamente farei de ti um deserto e cidades desabitadas.

⁷E prepararei contra ti destruidores, cada um com as suas armas; os quais cortarão os teus cedros escolhidos, e os lançarão no fogo.

⁸E muitas nações passarão por esta cidade, e dirá cada um ao seu companheiro: Por que procedeu o Senhor assim com esta grande cidade?

⁹Então responderão: Porque deixaram o pacto do Senhor seu Deus, e adoraram a outros deuses, e os serviram.

¹⁰Não choreis o morto, nem o lastimeis; mas chorai amargamente aquele que sai; porque não voltará mais, nem verá a terra onde nasceu.

¹¹Pois assim diz o Senhor acerca de Salum, filho de Josias, rei de Judá, que reinou em lugar de Josias seu pai, que saiu deste lugar: Nunca mais voltará para cá,

¹²mas no lugar para onde o levaram cativo morrerá, e nunca mais verá esta terra.

¹³Ai daquele que edifica a sua casa com iniqüidade, e os seus aposentos com injustiça; que se serve do trabalho do seu próximo sem remunerá-lo, e não lhe dá o salário;

¹⁴que diz: Edificarei para mim uma casa espaçosa, e aposentos largos; e que lhe abre janelas, forrando-a de cedro, e pintando-a de vermelhão.

¹⁵Acaso reinarás tu, porque procuras exceder no uso de cedro? O teu pai não comeu e bebeu, e não exercitou o juízo e a justiça? Por isso lhe sucedeu bem.

¹⁶Julgou a causa do pobre e necessitado; então lhe sucedeu bem. Porventura não é isso conhecer-me? diz o Senhor.

¹⁷Mas os teus olhos e o teu coração não atentam senão para a tua ganância, e para derramar sangue inocente, e para praticar a opressão e a violência.

¹⁸Portanto assim diz o Senhor acerca de Jeoiaquim, filho de Josias, rei de Judá: Não o lamentarão, dizendo: Ai, meu irmão! ou: Ai, minha irmã! nem o lamentarão, dizendo: Ai, Senhor! ou: Ai, sua majestade!

¹⁹Com a sepultura de jumento será sepultado, sendo arrastado e lançado fora das portas de Jerusalém.

²⁰Sobe ao Líbano, e clama, e levanta a tua voz em Basã, e clama desde Abarim; porque são destruídos todos os teus namorados.

²¹Falei contigo no tempo da tua prosperidade; mas tu disseste: Não escutarei. Este tem sido o teu caminho, desde tua mocidade, o não obedeceres à minha voz.

²²O vento apascentará todos os teus pastores, e os teus namorados irão para o cativeiro; certamente então te confundirás,

²³e tu, que habitas no Líbano, aninhada nos cedros, como hás de gemer, quando te vierem as dores, os ais como da que está de parto!

²⁴Vivo eu, diz o Senhor, ainda que Conias, filho de Jeoiaquim, rei de Judá, fosse o anel do selo da minha mão direita, contudo eu dali te arrancaria;

²⁵e te entregaria na mão dos que procuram tirar-te a vida, e na mão daqueles diante dos quais tu temes, a saber, na mão de Nabucodonozor, rei de Babilônia, e na mão dos caldeus.

²⁶A ti e a tua mãe, que te deu à luz, lançar-vos-ei para uma terra estranha, em que não nascestes, e ali morrereis.

²⁷Mas à terra para a qual eles almejam voltar, para lá não voltarão.

²⁸E este homem Conias algum vaso desprezado e quebrado, um vaso de que ninguém se agrada? Por que razão foram ele e a sua linhagem arremessados e arrojados para uma terra que não conhecem?

²⁹ç terra, terra, terra; ouve a palavra do Senhor.

³⁰Assim diz o Senhor: Escrevei que este homem fica sem filhos, homem que não prosperará nos seus dias; pois nenhum da sua linhagem prosperará para assentar-se sobre o trono de Davi e reinar daqui em diante em Judá.

### Capítulo 23

¹Ai dos pastores que destroem e dispersam as ovelhas do meu pasto, diz o Senhor.

²Portanto assim diz o Senhor, o Deus de Israel, acerca dos pastores que apascentam o meu povo: Vós dispersastes as minhas ovelhas, e as afugentastes, e não as visitastes. Eis que visitarei sobre vós a maldade das vossas ações, diz o Senhor.

³E eu mesmo recolherei o resto das minhas ovelhas de todas as terras para onde as tiver afugentado, e as farei voltar aos seus apriscos; e frutificarão, e se multiplicarão.

⁴E levantarei sobre elas pastores que as apascentem, e nunca mais temerão, nem se assombrarão, e nem uma delas faltará, diz o Senhor.

⁵Eis que vêm dias, diz o Senhor, em que levantarei a Davi um Renovo justo; e, sendo rei, reinará e procederá sabiamente, executando o juízo e a justiça na terra.

⁶Nos seus dias Judá será salvo, e Israel habitará seguro; e este é o nome de que será chamado: O SENHOR JUSTIÇA NOSSA.

⁷Portanto, eis que vêm dias, diz o Senhor, em que nunca mais dirão: Vive o Senhor, que tirou os filhos de Israel da terra do Egito;

⁸mas: Vive o Senhor, que tirou e que trouxe a linhagem da casa de Israel da terra do norte, e de todas as terras para onde os tinha arrojado; e eles habitarão na sua terra.

⁹Quanto aos profetas. O meu coração está quebrantado dentro de mim; todos os meus ossos estremecem; sou como um homem embriagado, e como um homem vencido do vinho, por causa do Senhor, e por causa das suas santas palavras.

¹⁰Pois a terra está cheia de adúlteros; por causa da maldição a terra chora, e os pastos do deserto se secam. A sua carreira é má, e a sua força não é reta.

¹¹Porque tanto o profeta como o sacerdote são profanos; até na minha casa achei a sua maldade, diz o Senhor.

¹²Portanto o seu caminho lhes será como veredas escorregadias na escuridão; serão empurrados e cairão nele; porque trarei sobre eles mal, o ano mesmo da sua punição, diz o Senhor.

¹³Nos profetas de Samária bem vi eu insensatez; profetizavam da parte de Baal, e faziam errar o meu povo Israel.

¹⁴Mas nos profetas de Jerusalém vejo uma coisa horrenda: cometem adultérios, e andam com falsidade, e fortalecem as mãos dos malfeitores, de sorte que não se convertam da sua maldade; eles têm-se tornado para mim como Sodoma, e os moradores dela como Gomorra.

¹⁵Portanto assim diz o Senhor dos exércitos acerca dos profetas: Eis que lhes darei a comer losna, e lhes farei beber águas de fel; porque dos profetas de Jerusalém saiu a contaminação sobre toda a terra.

¹⁶Assim diz o Senhor dos exércitos: Não deis ouvidos às palavras dos profetas, que vos profetizam a vós, ensinando-vos vaidades; falam da visão do seu coração, não da boca do Senhor.

¹⁷Dizem continuamente aos que desprezam a palavra do Senhor: Paz tereis; e a todo o que anda na teimosia do seu coração, dizem: Não virá mal sobre vós.

¹⁸Pois quem dentre eles esteve no concílio do Senhor, para que percebesse e ouvisse a sua palavra, ou quem esteve atento e escutou a sua palavra?

¹⁹Eis a tempestade do Senhor! A sua indignação, qual tempestade devastadora, já saiu; descarregar-se-á sobre a cabeça dos ímpios.

²⁰Não retrocederá a ira do Senhor, até que ele tenha executado e

cumprido os seus desígnios. Nos últimos dias entendereis isso claramente.

²¹Não mandei esses profetas, contudo eles foram correndo; não lhes falei a eles, todavia eles profetizaram.

²²Mas se tivessem assistido ao meu concílio, então teriam feito o meu povo ouvir as minhas palavras, e o teriam desviado do seu mau caminho, e da maldade das suas ações.

²³Sou eu apenas Deus de perto, diz o Senhor, e não também Deus de longe?

²⁴Esconder-se-ia alguém em esconderijos, de modo que eu não o veja? diz o Senhor. Porventura não encho eu o céu e a terra? diz o Senhor.

²⁵Tenho ouvido o que dizem esses profetas que profetizam mentiras em meu nome, dizendo: Sonhei, sonhei.

²⁶Até quando se achará isso no coração dos profetas que profetizam mentiras, e que profetizam do engano do seu próprio coração?

²⁷Os quais cuidam fazer com que o meu povo se esqueça do meu nome pelos seus sonhos que cada um conta ao seu próximo, assim como seus pais se esqueceram do meu nome por causa de Baal.

²⁸O profeta que tem um sonho conte o sonho; e aquele que tem a minha palavra, fale fielmente a minha palavra. Que tem a palha com o trigo? diz o Senhor.

²⁹Não é a minha palavra como fogo, diz o Senhor, e como um martelo que esmiúça a pedra?

³⁰Portanto, eis que eu sou contra os profetas, diz o Senhor, que furtam as minhas palavras, cada um ao seu próximo.

³¹Eis que eu sou contra os profetas, diz o Senhor, que usam de sua própria linguagem, e dizem: Ele disse.

³²Eis que eu sou contra os que profetizam sonhos mentirosos, diz o Senhor, e os contam, e fazem errar o meu povo com as suas mentiras e com a sua vã jactância; pois eu não os enviei, nem lhes dei ordem; e eles não trazem proveito algum a este povo, diz o Senhor.

³³Quando pois te perguntar este povo, ou um profeta, ou um sacerdote, dizendo: Qual é a profecia do Senhor? Então lhes dirás: Qual a profecia! que eu vos arrojarei, diz o Senhor.

³⁴E, quanto ao profeta, e ao sacerdote, e ao povo, que disser: A profecia do Senhor; eu castigarei aquele homem e a sua casa.

³⁵Assim direis, cada um ao seu próximo, e cada um ao seu irmão: Que respondeu o Senhor? e: Que falou o Senhor?

³⁶Mas nunca mais fareis menção da profecia do Senhor, porque a cada um lhe servirá de profecia a sua própria palavra; pois torceis as palavras do Deus vivo, do Senhor dos exércitos, o nosso Deus.

³⁷Assim dirás ao profeta: Que te respondeu o Senhor? e: Que falou o Senhor?

³⁸Se, porém, disserdes: A profecia do Senhor; assim diz o Senhor: Porque dizeis esta palavra: A profecia do Senhor, quando eu mandei dizer-vos: Não direis: A profecia do Senhor;

³⁹por isso, eis que certamente eu vos levantarei, e vos lançarei fora da minha presença, a vós e a cidade que vos dei a vós e a vossos pais;

⁴⁰e porei sobre vós perpétuo opróbrio, e eterna vergonha, que não será esquecida.

## Capítulo 24

¹Fez-me o Senhor ver, e vi dois cestos de figos, postos diante do templo do Senhor. Sucedeu isso depois que Nabucodonozor, rei de Babilônia, levara em cativeiro a Jeconias, filho de Jeoiaquim, rei de Judá, e os príncipes de Judá, e os carpinteiros, e os ferreiros de Jerusalém, e os trouxera a Babilônia.

²Um cesto tinha figos muito bons, como os figos temporãos; mas o outro cesto tinha figos muito ruins, que não se podiam comer, de ruins que eram.

³E perguntou-me o Senhor: Que vês tu, Jeremias? E eu respondi: Figos; os figos bons, muito bons, e os ruins, muito ruins, que não se podem comer, de ruins que são.

⁴Então veio a mim a palavra do Senhor, dizendo:

⁵Assim diz o Senhor, o Deus de Israel: Como a estes bons figos, assim atentarei com favor para os exilados de Judá, os quais eu enviei deste lugar para a terra dos caldeus.

⁶Porei os meus olhos sobre eles, para seu bem, e os farei voltar a esta terra. Edificá-los-ei, e não os demolirei; e plantá-los-ei, e não os arrancarei.

⁷E dar-lhes-ei coração para que me conheçam, que eu sou o Senhor; e eles serão o meu povo, e eu serei o seu Deus; pois se voltarão para mim de todo o seu coração.

⁸E como os figos ruins, que não se podem comer, de ruins que são, certamente assim diz o Senhor: Do mesmo modo entregarei Zedequias, rei de Judá, e os seus príncipes, e o resto de Jerusalém, que ficou de resto nesta terra, e os que habitam na terra do Egito;

⁹eu farei que sejam espetáculo horrendo, uma ofensa para todos os reinos da terra, um opróbrio e provérbio, um escárnio, e uma maldição em todos os lugares para onde os arrojarei.

¹⁰E enviarei entre eles a espada, a fome e a peste, até que sejam consumidos de sobre a terra que lhes dei a eles e a seus pais.

## Capítulo 25

¹A palavra que veio a Jeremias acerca de todo o povo de Judá, no ano quarto de Jeoiaquim, filho de Josias, rei de Judá (que era o primeiro ano de Nabucodonozor, rei de Babilônia,

²a qual anunciou o profeta Jeremias a todo o povo de Judá, e a todos os habitantes de Jerusalém, dizendo:

³Desde o ano treze de Josias, filho de Amom, rei de Judá, até o dia de hoje, período de vinte e três anos, tem vindo a mim a palavra do Senhor, e vo-la tenho anunciado, falando-vos insistentemente; mas vós não tendes escutado.

⁴Também o Senhor vos tem enviado com insistência todos os seus servos, os profetas mas vós não escutastes, nem inclinastes os vossos ouvidos para ouvir,

⁵quando vos diziam: Convertei-vos agora cada um do seu mau caminho, e da maldade das suas ações, e habitai na terra que o Senhor vos deu e a vossos pais, desde os tempos antigos e para sempre;

⁶e não andeis após deuses alheios para os servirdes, e para os adorardes, nem me provoqueis à ira com a obra de vossas mãos; e não vos farei mal algum.

⁷Todavia não me escutastes, diz o Senhor, mas me provocastes à ira com a obra de vossas mãos, para vosso mal.

⁸Portanto assim diz o Senhor dos exércitos: Visto que não escutastes as minhas palavras

⁹eis que eu enviarei, e tomarei a todas as famílias do Norte, diz o Senhor, como também a Nabucodonozor, rei de Babilônia, meu servo, e os trarei sobre esta terra, e sobre os seus moradores, e sobre todas estas nações em redor. e os destruirei totalmente, e farei que sejam objeto de espanto, e de assobio, e de perpétuo opróbrio.

¹⁰E farei cessar dentre eles a voz de gozo e a voz de alegria, a voz do noivo e a voz da noiva, o som das mós e a luz do candeeiro.

¹¹E toda esta terra virá a ser uma desolação e um espanto; e estas nações servirão ao rei de Babilônia setenta anos.

¹²Acontecerá, porém, que quando se cumprirem os setenta anos, castigarei o rei de Babilônia, e esta nação, diz o Senhor, castigando a sua iniqüidade, e a terra dos caldeus; farei dela uma desolação perpetua.

¹³E trarei sobre aquela terra todas as minhas palavras, que tenho proferido contra ela, tudo quanto está escrito neste livro, que profetizou Jeremias contra todas as nações.

¹⁴Porque deles, sim, deles mesmos muitas nações e grandes reis farão escravos; assim lhes retribuirei segundo os seus feitos, e segundo as obras das suas mãos.

¹⁵Pois assim me disse o Senhor, o Deus de Israel: Toma da minha mão este cálice do vinho de furor, e faze que dele bebam todas as nações, às quais eu te enviar.

¹⁶Beberão, e cambalearão, e enlouquecerão, por causa da espada, que eu enviarei entre eles.

¹⁷Então tomei o cálice da mão do Senhor, e fiz que bebessem todas as nações, às quais o Senhor me enviou:

¹⁸a Jerusalém, e às cidades de Judá, e aos seus reis, e aos seus príncipes, para fazer deles uma desolação, um espanto, um assobio e uma maldição, como hoje se vê;

¹⁹a Faraó, rei do Egito, e a seus servos, e a seus príncipes, e a todo o seu povo;

²⁰e a todo o povo misto, e a todos os reis da terra de Uz, e a todos os reis da terra dos filisteus, a Asquelom, a Gaza, a Ecrom, e ao que resta de Asdode;

²¹e a Edom, a Moabe, e aos filhos de Amom;

²²e a todos os reis de Tiro, e a todos os reis de Sidom, e aos reis das terras dalém do mar;

²³a Dedã, a Tema, a Buz e a todos os que cortam os -cantos da cabeleira;

²⁴a todos os reis da Arábia, e a todos os reis do povo misto que habita no deserto;

²⁵a todos os reis de Zinri, a todos os reis de Elão, e a todos os reis da Média;

²⁶a todos os reis do Norte, os de perto e os de longe, tanto um como o outro, e a todos os reinos da terra, que estão sobre a face da terra; e o rei de Sesaque beberá depois deles.

²⁷Pois lhes dirás: Assim diz o Senhor dos exércitos, o Deus de

Israel: Bebei, e embebedai-vos, e vomitai, e caí, e não torneis a levantar, por causa da espada que eu vos enviarei.

²⁸Se recusarem tomar o copo da tua mão para beber, então lhes dirás: Assim diz o Senhor dos exércitos: Certamente bebereis.

²⁹Pois eis que sobre a cidade que se chama pelo meu nome, eu começo a trazer a calamidade; e haveis vós de ficar totalmente impunes? Não ficareis impunes; porque eu chamo a espada sobre todos os moradores da terra, diz o Senhor dos exércitos.

³⁰Tu pois lhes profetizarás todas estas palavras, e lhes dirás: O Senhor desde o alto bramirá, e fará ouvir a sua voz desde a sua santa morada; bramirá fortemente contra a sua habitação; dará brados, como os que pisam as uvas, contra todos os moradores da terra.

³¹Chegará o estrondo até a extremidade da terra, porque o Senhor tem contenda com as nações, entrará em juízo com toda a carne; quanto aos ímpios, ele os entregará a espada, diz o Senhor.

³²Assim diz o Senhor dos exércitos: Eis que o mal passa de nação para nação, e grande tempestade se levantará dos confins da terra.

³³E os mortos do Senhor naquele dia se encontrarão desde uma extremidade da terra até a outra; não serão pranteados, nem recolhidos, nem sepultados; mas serão como esterco sobre a superfície da terra.

³⁴Uivai, pastores, e clamai; e revolvei-vos na cinza, vós que sois os principais do rebanho; pois já se cumpriram os vossos dias para serdes mortos, e eu vos despedaçarei, e vós então caireis como carneiros escolhidos.

³⁵E não haverá refúgio para os pastores, nem lugar para onde escaparem os principais do rebanho.

³⁶Eis a voz de grito dos pastores, o uivo dos principais do rebanho; porque o Senhor está devastando o pasto deles.

³⁷E as suas malhadas pacíficas são reduzidas a silêncio, por causa do furor da ira do Senhor.

³⁸Deixou como leão o seu covil; porque a sua terra se tornou em desolação, por causa do furor do opressor, e por causa do furor da sua ira.

## Capítulo 26

¹No princípio do reino de Jeoiaquim, filho de Josias, rei de Judá, veio da parte do Senhor esta palavra, dizendo:

²Assim diz o Senhor: Põe-te no átrio da casa do Senhor e dize a todas as cidades de Judá que vêm adorar na casa do Senhor, todas as palavras que te mando que lhes fales; não omitas uma só palavra.

³Bem pode ser que ouçam, e se convertam cada um do seu mau caminho, para que eu desista do mal que intento fazer-lhes por causa da maldade das suas ações.

⁴Dize-lhes pois: Assim diz o Senhor: Se não me derdes ouvidos para andardes na minha lei, que pus diante de vós,

⁵e para ouvirdes as palavras dos meus servos, os profetas, que eu com insistência vos envio, mas não ouvistes;

⁶então farei que esta casa seja como Siló, e farei desta cidade uma maldição para todas as nações da terra.

⁷E ouviram os sacerdotes, e os profetas, e todo o povo, a Jeremias, anunciando estas palavras na casa do Senhor.

⁸Tendo Jeremias acabado de dizer tudo quanto o Senhor lhe havia ordenado que dissesse a todo o povo, pegaram nele os sacerdotes, e os profetas, e todo o povo, dizendo: Certamente morrerás.

⁹Por que profetizaste em nome do Senhor, dizendo: Será como Siló esta casa, e esta cidade ficará assolada e desabitada? E ajuntou-se todo o povo contra Jeremias, na casa do Senhor.

¹⁰Quando os príncipes de Judá ouviram estas coisas, subiram da casa do rei à casa do Senhor, e se assentaram à entrada da porta nova do Senhor.

¹¹Então falaram os sacerdotes e os profetas aos príncipes e a todo povo, dizendo: Este homem é réu de morte, porque profetizou contra esta cidade, como ouvistes com os vossos próprios ouvidos.

¹²E falou Jeremias a todos os príncipes e a todo o povo, dizendo: O Senhor enviou-me a profetizar contra esta casa, e contra esta cidade, todas as palavras que ouvistes.

¹³Agora, pois, melhorai os vossos caminhos e as vossas ações, e ouvi a voz do Senhor vosso Deus, e o Senhor desistirá do mal que falou contra vós.

¹⁴Quanto a mim, eis que estou nas vossas mãos; fazei de mim conforme o que for bom e reto aos vossos olhos.

¹⁵Sabei, porém, com certeza que, se me matardes a mim, trareis sangue inocente sobre vós, e sobre esta cidade, e sobre os seus habitantes; porque, na verdade, o Senhor me enviou a vós, para dizer aos vossos ouvidos todas estas palavras.

¹⁶Então disseram os príncipes e todo o povo aos sacerdotes e aos profetas: Este homem não é réu de morte, porque em nome do Senhor nosso Deus, nos falou.

¹⁷Também se levantaram alguns dos anciãos da terra, e falaram a toda a assembléia do povo, dizendo:

¹⁸Miquéias, o morastita, profetizou nos dias de Ezequias, rei de Judá, e falou a todo o povo de Judá, dizendo: Assim diz o Senhor dos exércitos: Sião será lavrada como um campo, e Jerusalém se tornará em montões de ruínas, e o monte desta casa como os altos de um bosque.

¹⁹Mataram-no, porventura, Ezequias, rei de Judá, e todo o Judá? Antes não temeu este ao Senhor, e não implorou o favor do Senhor? e não se arrependeu o Senhor do mal que falara contra eles? Mas nós estamos fazendo um grande mal contra as nossas almas.

²⁰Também houve outro homem que profetizava em nome do Senhor: Urias, filho de Semaías, de Quiriate-Jearim, o qual profetizou contra esta cidade, e contra esta terra, conforme todas as palavras de Jeremias;

²¹e quando o rei Jeoiaquim, e todos os seus valentes, e todos os príncipes, ouviram as palavras dele, procurou o rei matá-lo; mas quando Urias o ouviu, temeu, e fugiu, e foi para o Egito;

²²mas o rei Jeoiaquim enviou ao Egito certos homens; Elnatã, filho de Acbor, e outros com ele,

²³os quais tiraram a Urias do Egito, e o trouxeram ao rei Jeoiaquim, que o matou à espada, e lançou o seu cadáver nas sepulturas da plebe.

²⁴Porém Aicão, filho de Safã, deu apoio a Jeremias, de sorte que não foi entregue na mão do povo, para ser morto.

## Capítulo 27

¹No princípio do reinado de Zedequias, filho de Josias, rei de Judá, veio esta palavra a Jeremias da parte do Senhor, dizendo:

²Assim me disse o Senhor: Faze-te brochas e canzis e põe-nos ao teu pescoço.

³Depois envia-os ao rei de Edom, e ao rei de Moabe, e ao rei dos filhos de Amom, e ao rei de Tiro, e ao rei de Sidom, pela mão dos mensageiros que são vindos a Jerusalém a ter com zedequias, rei de Judá;

⁴e lhes darás uma mensageem para seus senhores, dizendo: Assim diz o Senhor dos exércitos, o Deus de Israel: Assim direis a vossos senhores:

⁵Sou eu que, com o meu grande poder e o meu braço estendido, fiz a terra com os homens e os animais que estão sobre a face da terra; e a dou a quem me apraz.

⁶E agora eu entreguei todas estas terras na mão de Nabucodonozor, rei de Babilônia, meu servo; e ainda até os animais do campo lhe dei, para que o sirvam.

⁷Todas as nações o servirão a ele, e a seu filho, e ao filho de seu filho, até que venha o tempo da sua própria terra; e então muitas nações e grandes reis se servirão dele.

⁸A nação e o reino que não servirem a Nabucodonozor, rei de Babilônia, e que não puserem o seu pescoço debaixo do jugo do rei de Babilônia, punirei com a espada, com a fome, e com a peste a essa nação, diz o Senhor, até que eu os tenha consumido pela mão dele.

⁹Não deis ouvidos, pois, aos vossos profetas, e aos vossos adivinhadores, e aos vossos sonhos, e aos vossos agoureiros, e aos vossos encantadores, que vos dizem: Não servireis o rei de Babilônia;

¹⁰porque vos profetizam a mentira, para serdes removidos para longe da vossa terra, e eu vos expulsarei dela, e vós perecereis.

¹¹Mas a nação que meter o seu pescoço sob o jugo do rei de Babilônia, e o servir, eu a deixarei na sua terra, diz o Senhor; e lavrá-la-á e habitará nela.

¹²E falei com Zedequias, rei de Judá, conforme todas estas palavras: Metei os vossos pescoços no jugo do rei de Babilônia, e servi-o, a ele e ao seu povo, e vivei.

¹³Por que morrereis tu e o teu povo, à espada, de fome, e de peste, como o Senhor disse acerca da nação que não servir ao rei de Babilônia?

¹⁴Não deis ouvidos às palavras dos profetas que vos dizem: Não servireis ao rei de Babilônia; porque vos profetizam a mentira.

¹⁵Pois não os enviei, diz o Senhor, mas eles profetizam falsamente em meu nome; para que eu vos lance fora, e venhais a perecer, vós e os profetas que vos profetizam.

¹⁶Então falei aos sacerdotes, e a todo este povo, dizendo: Assim diz o Senhor: Não deis ouvidos às palavras dos vossos profetas, que vos profetizam dizendo: Eis que os utensílios da casa do senhor cedo voltarão de Babilônia; pois eles vos profetizam a mentira.

¹⁷Não lhes deis ouvidos; servi ao rei de Babilônia, e vivei. Por que se tornaria esta cidade em assolação?

¹⁸Se, porém, são profetas, e se está com eles a palavra do Senhor,

intercedam agora junto ao Senhor dos exércitos, para que os utensílios que ficaram na casa do Senhor, e na casa do rei de Judá, e em Jerusalém, não vão para Babilônia.

¹⁹Pois assim diz o Senhor dos exércitos acerca das colunas, e do mar, e das bases, e dos demais utensílios que ficaram na cidade,

²⁰os quais Nabucodonozor, rei de Babilônia, não levou, quando transportou de Jerusalém para Babilônia a Jeconias, filho de Jeoiaquim, rei de Judá, como também a todos os nobres de Judá e de Jerusalém;

²¹assim pois diz o Senhor dos exércitos, o Deus de Israel, acerca dos utensílios que ficaram na casa do Senhor, e na casa do rei de Judá, e em Jerusalém:

²²Para Babilônia serão levados, e ali ficarão até o dia em que eu os visitar, diz o Senhor; então os farei subir, e os restituirei a este lugar.

## Capítulo 28

¹E sucedeu no mesmo ano, no princípio do reinado de Zedequias, rei de Judá, no ano quarto, no mês quinto, que Hananias, filho de Azur, o profeta de Gibeão, me falou, na casa do Senhor, na presença dos sacerdotes e de todo o povo dizendo:

²Assim fala o Senhor dos exércitos, o Deus de Israel, dizendo: Eu quebrarei o jugo do rei de Babilônia.

³Dentro de dois anos, eu tornarei a trazer a este lugar todos os utensílios da casa do Senhor, que deste lugar tomou Nabucodonozor, rei de Babilônia, levando-os para Babilônia.

⁴Também a Jeconias, filho de Jeoiaquim rei de Judá, e a todos os do cativeiro de, Judá, que entraram em Babilônia, eu os tornarei a trazer a este lugar, diz o Senhor; porque hei de quebrar o jugo do rei de Babilônia.

⁵Então falou o profeta Jeremias ao profeta Hananias, na presença dos sacerdotes, e na presença de todo o povo que estava na casa do Senhor.

⁶Disse pois Jeremias, o profeta: Amém! assim faça o Senhor; cumpra o Senhor as tuas palavras, que profetizaste, e torne ele a trazer os utensílios da casa do Senhor, e todos os do cativeiro, de Babilônia para este lugar.

⁷Mas ouve agora esta palavra, que eu falo aos teus ouvidos e aos ouvidos de todo o povo:

⁸Os profetas que houve antes de mim e antes de ti, desde a antigüidade, profetizaram contra muitos países e contra grandes reinos, acerca de guerra, de fome e de peste:

⁹Quanto ao profeta que profetuar de paz, quando se cumprir a palavra desse profeta, então será conhecido que o Senhor na verdade enviou o profeta.

¹⁰Então o profeta Hananias tomou o canzil do pescoço do profeta Jeremias e o quebrou.

¹¹E falou Hananias na presença de todo o povo, dizendo: Isto diz o Senhor: Assim dentro de dois anos quebrarei o jugo de Nabucodonozor, rei de Babilônia, de sobre o pescoço de todas as nações. E Jeremias, o profeta, se foi seu caminho.

¹²Então veio a palavra do Senhor a Jeremias, depois de ter o profeta Hananias quebrado o jugo de sobre o pescoço do profeta Jeremias, dizendo:

¹³Vai, e fala a Hananias, dizendo: Assim diz o Senhor: Jugos de madeira quebraste, mas em vez deles farei jugos de ferro.

¹⁴Pois assim diz o Senhor dos exércitos o Deus de Israel Jugo de ferro pus sobre o, pescoço de todas estas nações, para servirem a Nabucodonozor, rei de Babilônia, e o servirão; e até os animais do campo lhe dei.

¹⁵Então disse o profeta Jeremias ao profeta Hananias: Ouve agora, Hananias: O Senhor não te enviou, mas tu fazes que este povo confie numa mentira.

¹⁶Pelo que assim diz o Senhor: Eis que te lançarei de sobre a face da terra. Este ano morrerás, porque pregaste rebelião contra o Senhor.

¹⁷Morreu, pois, Hananias, o profeta, no mesmo ano, no sétimo mês.

## Capítulo 29

¹Ora, são estas as palavras da carta que Jeremias, o profeta, enviou de Jerusalém, aos que restavam dos anciãos do cativeiro, como também aos sacerdotes, e aos profetas, e a todo o povo, que Nabucodonozor levara cativos de Jerusalém para Babilônia,

²depois de terem saído de Jerusalém o rei Jeconias, e a rainha-mãe, e os eunucos, e os príncipes de Judá e Jerusalém e os artífices e os ferreiros.

³Veio por mão de Elasa, filho de Safã, e de Gemarias, filho de Hilquias, os quais Zedequias, rei de Judá, enviou a Babilônia, a Nabucodonozor, rei de Babilônia; eis as palavras da carta:

⁴Assim diz o Senhor dos exércitos, o Deus de Israel, a todos os do cativeiro, que eu fiz levar cativos de Jerusalém para Babilônia:

⁵Edificai casas e habitai-as; plantai jardins, e comei o seu fruto.

⁶Tomai mulheres e gerai filhos e filhas; também tomai mulheres para vossos filhos, e dai vossas filhas a maridos, para que tenham filhos e filhas; assim multiplicai-vos ali, e não vos diminuais.

⁷E procurai a paz da cidade, para a qual fiz que fôsseis levados cativos, e orai por ela ao Senhor: porque na sua paz vós tereis paz.

⁸Pois assim diz o Senhor dos exércitos, o Deus de Israel: Não vos enganem os vossos profetas que estão no meio de vós, nem os vossos adivinhadores; nem deis ouvidos aos vossos sonhos, que vós sonhais;

⁹porque eles vos profetizam falsamente em meu nome; não os enviei, diz o Senhor.

¹⁰Porque assim diz o Senhor: Certamente que passados setenta anos em Babilônia, eu vos visitarei, e cumprirei sobre vós a minha boa palavra, tornando a trazer-vos a este lugar.

¹¹Pois eu bem sei os planos que estou projetando para vós, diz o Senhor; planos de paz, e não de mal, para vos dar um futuro e uma esperança.

¹²Então me invocareis, e ireis e orareis a mim, e eu vos ouvirei.

¹³Buscar-me-eis, e me achareis, quando me buscardes de todo o vosso coração.

¹⁴E serei achado de vós, diz o Senhor, e farei voltar os vossos cativos, e congregarvos-ei de todas as nações, e de todos os lugares para onde vos lancei, diz o Senhor; e tornarei a trazer-vos ao lugar de onde vos transportei.

¹⁵Porque dizeis: O Senhor nos levantou profetas em Babilônia;

¹⁶portanto assim diz o Senhor a respeito do rei que se assenta no trono de Davi, e de todo o povo que habita nesta cidade, vossos irmãos, que não saíram convosco para o cativeiro;

¹⁷assim diz o Senhor dos exércitos: Eis que enviarei entre eles a espada, a fome e a peste e fá-los-ei como a figos péssimos, que não se podem comer, de ruins que são.

¹⁸E persegui-los-ei com a espada, com a fome e com a peste; farei que sejam um espetáculo de terror para todos os reinos da terra, e para serem um motivo de execração, de espanto, de assobio, e de opróbrio entre as nações para onde os tiver lançado,

¹⁹porque não deram ouvidos às minhas palavras, diz o Senhor, as quais lhes enviei com insistência pelos meus servos, os profetas; mas vós não escutastes, diz o Senhor.

²⁰Ouvi, pois, a palavra do Senhor, vós todos os do cativeiro que enviei de Jerusalém para Babilônia.

²¹Assim diz o Senhor dos exércitos, o Deus de Israel, acerca de Acabe, filho de Colaías, e de Zedequias, filho de Maaséias, que vos profetizam falsamente em meu nome: Eis que os entregarei na mão de Nabucodonozor, rei de Babilônia, e ele os matará diante dos vossos olhos.

²²E por causa deles será formulada uma maldição por todos os exilados de Judá que estão em Babilônia, dizendo: O Senhor te faça como a Zedequias, e como a Acabe, os quais o rei de Babilônia assou no fogo;

²³porque fizeram insensatez em Israel, cometendo adultério com as mulheres de seus próximos, e anunciando falsamente em meu nome palavras que não lhes mandei. Eu o sei, e sou testemunha disso, diz o Senhor.

²⁴E a Semaías, o neelamita, falarás, dizendo:

²⁵Assim diz o Senhor dos exércitos, o Deus de Israel: Porquanto enviaste em teu próprio nome cartas a todo o povo que está em Jerusalém, como também a Sofonias, filho de Maaséias, o sacerdote, e a todos os sacerdotes, dizendo:

²⁶O Senhor te pôs por sacerdote em lugar de Jeoiada, o sacerdote, para que fosses encarregado da casa do Senhor, sobre todo homem obsesso que profetiza, para o lançares na prisão e no tronco;

²⁷agora, pois, por que não repreendeste a Jeremias, o anatotita, que vos profetiza?

²⁸Pois que até nos mandou dizer em Babilônia: O cativeiro muito há de durar; edificai casas, e habitai-as; e plantai jardins, e comei do seu fruto.

²⁹E lera Sofonias, o sacerdote, esta carta aos ouvidos de Jeremias, o profeta.

³⁰Então veio a palavra do Senhor a Jeremias, dizendo:

³¹Manda a todos os do cativeiro, dizendo: Assim diz o Senhor acerca de Semaías, o neelamita: Porquanto Semaías vos profetizou, quando eu não o enviei, e vos fez confiar numa mentira,

³²portanto assim diz o Senhor: Eis que castigarei a Semaías, o neelamita, e a sua descendência; ele não terá varão que habite entre este povo, nem verá ele o bem que hei de fazer ao meu povo, diz o Senhor, porque pregou rebelião contra o Senhor.

*Jeremias*

## Capítulo 30

¹A palavra que do Senhor veio a Jeremias, dizendo:

²Assim diz o Senhor, Deus de Israel: Escreve num livro todas as palavras que te falei;

³pois eis que vêm os dias, diz o Senhor, em que farei voltar do cativeiro o meu povo Israel e Judá, diz o Senhor; e tornarei a trazê-los à terra que dei a seus pais, e a possuirão.

⁴E estas são as palavras que disse o Senhor, acerca de Israel e de Judá.

⁵Assim, pois, diz o Senhor: Ouvimos uma voz de tremor, de temor mas não de paz.

⁶Perguntai, pois, e vede, se um homem pode dar à luz. Por que, pois, vejo a cada homem com as mãos sobre os lombos como a que está de parto? Por que empalideceram todos os rostos?

⁷Ah! porque aquele dia é tão grande, que não houve outro semelhante! É tempo de angústia para Jacó; todavia, há de ser livre dela.

⁸E será naquele dia, diz o Senhor dos exércitos, que eu quebrarei o jugo de sobre o seu pescoço, e romperei as suas brochas. Nunca mais se servirão dele os estrangeiros;

⁹mas ele servirá ao Senhor, seu Deus, como também a Davi, seu rei, que lhe levantarei.

¹⁰Não temas pois tu, servo meu, Jacó, diz o Senhor, nem te espantes, ó Israel; pois eis que te livrarei de terras longínquas, se à tua descendência da terra do seu cativeiro; e Jacó voltará, e ficará tranqüilo e sossegado, e não haverá quem o atemorize.

¹¹Porque eu sou contigo, diz o Senhor, para te salvar; porquanto darei fim cabal a todas as nações entre as quais te espalhei; a ti, porém, não darei fim, mas castigar-te-ei com medida justa, e de maneira alguma te terei por inocente.

¹²Porque assim diz o Senhor: Incurável é a tua fratura, e gravíssima a tua ferida.

¹³Não há quem defenda a tua causa; para a tua ferida não há remédio nem cura.

¹⁴Todos os teus amantes se esqueceram de ti; não te procuram; pois te feri com ferida de inimigo, e com castigo de quem é cruel, porque é grande a tua culpa, e têm-se multiplicado os teus pecados.

¹⁵Por que gritas por causa da tua fratura? tua dor é incurável. Por ser grande a tua culpa, e por se terem multiplicado os teus pecados, é que te fiz estas coisas.

¹⁶Portanto todos os que te devoram serão devorados, e todos os teus adversários irão, todos eles, para o cativeiro; e os que te roubam serão roubados, e a todos os que te saqueiam entregarei ao saque.

¹⁷Pois te restaurarei a saúde e te sararei as feridas, diz o Senhor; porque te chamaram a repudiada, dizendo: É Sião, à qual já ninguém procura.

¹⁸Assim diz o Senhor: Eis que acabarei o cativeiro das tendas de Jacó, e apiedar-me-ei das suas moradas; e a cidade será reedificada sobre o seu montão, e o palácio permanecerá como habitualmente.

¹⁹E sairá deles ação de graças e a voz dos que se alegram; e multiplicá-los-ei, e não serão diminuídos; glorificá-los-ei, e não serão apoucados.

²⁰E seus filhos serão como na antigüidade, e a sua congregação será estabelecida diante de mim, e castigarei todos os seus opressores.

²¹E o seu príncipe será deles, e o seu governador sairá do meio deles; e o farei aproximar, e ele se chegará a mim. Pois quem por si mesmo ousaria chegar-se a mim? diz o Senhor.

²²E vós sereis o meu povo, e eu serei o vosso Deus.

²³Eis a tempestade do Senhor! A sua indignação já saiu, uma tempestade varredora; cairá cruelmente sobre a cabeça dos ímpios.

²⁴Não retrocederá o furor da ira do Senhor, até que ele tenha executado, e até que tenha cumprido os desígnios do seu coração. Nos últimos dias entendereis isso.

## Capítulo 31

¹Naquele tempo, diz o Senhor, serei o Deus de todas as famílias de Israel, e elas serão o meu povo.

²Assim diz o Senhor: O povo que escapou da espada achou graça no deserto. Eu irei e darei descanso a Israel.

³De longe o Senhor me apareceu, dizendo: Pois que com amor eterno te amei, também com benignidade te atraí.

⁴De novo te edificarei, e serás edificada ó virgem de Israel! ainda serás adornada com os teus adufes, e sairás nas danças dos que se alegram.

⁵Ainda plantarás vinhas nos montes de Samária; os plantadores plantarão e gozarão dos frutos.

⁶Pois haverá um dia em que gritarão os vigias sobre o monte de Efraim: Levantai-vos, e subamos a Sião, ao Senhor nosso Deus.

⁷Pois assim diz o Senhor: Cantai sobre Jacó com alegria, e exultai por causa da principal das nações; proclamai, cantai louvores, e dizei: Salva, Senhor, o teu povo, o resto de Israel.

⁸Eis que os trarei da terra do norte e os congregarei das extremidades da terra; e com eles os cegos e aleijados, as mulheres grávidas e as de parto juntamente; em grande companhia voltarão para cá.

⁹Virão com choro, e com súplicas os levarei; guiá-los-ei aos ribeiros de águas, por caminho direito em que não tropeçarão; porque sou um pai para Israel, e Efraim é o meu primogênito.

¹⁰Ouvi a palavra do Senhor, ó nações, e anunciai-a nas longínquas terras marítimas, e dizei: Aquele que espalhou a Israel o congregará e o guardará, como o pastor ao seu rebanho.

¹¹Pois o Senhor resgatou a Jacó, e o livrou da mão do que era mais forte do que ele.

¹²E virão, e cantarão de júbilo nos altos de Sião, e ficarão radiantes pelos bens do Senhor, pelo trigo, o mosto, e o azeite, pelos cordeiros e os bezerros; e a sua vida será como um jardim regado, e nunca mais desfalecerão.

¹³Então a virgem se alegrará na dança, como também os mancebos e os velhos juntamente; porque tornarei o seu pranto em gozo, e os consolarei, e lhes darei alegria em lugar de tristeza.

¹⁴E saciarei de gordura a alma dos sacerdotes, e o meu povo se fartará dos meus bens, diz o Senhor.

¹⁵Assim diz o Senhor: Ouviu-se um clamor em Ramá, lamentação e choro amargo. Raquel chora a seus filhos, e não se deixa consolar a respeito deles, porque já não existem.

¹⁶Assim diz o Senhor: Reprime a tua voz do choro, e das lágrimas os teus olhos; porque há galardão para o teu trabalho, diz o Senhor, e eles voltarão da terra do inimigo.

¹⁷E há esperança para o teu futuro, diz o Senhor; pois teus filhos voltarão para os seus termos.

¹⁸Bem ouvi eu que Efraim se queixava, dizendo: Castigaste-me e fui castigado, como novilho ainda não domado; restaura-me, para que eu seja restaurado, pois tu és o Senhor meu Deus.

¹⁹Na verdade depois que me desviei, arrependi-me; e depois que fui instruído, bati na minha coxa; fiquei confundido e envergonhado, porque suportei o opróbrio da minha mocidade.

²⁰Não é Efraim meu filho querido? filhinho em quem me deleito? Pois quantas vezes falo contra ele, tantas vezes me lembro dele solicitamente; por isso se comovem por ele as minhas entranhas; deveras me compadecerei dele, diz o Senhor.

²¹Põe-te marcos, faze postes que te guiem; dirige a tua atenção à estrada, ao caminho pelo qual foste; regressa, ó virgem de Israel, regressa a estas tuas cidades.

²²Até quando andarás errante, ó filha rebelde? pois o senhor criou uma coisa nova na terra: uma mulher protege a um varão.

²³Assim diz o Senhor dos exércitos, o Deus de Israel: Ainda dirão esta palavra na terra de Judá, e nas suas cidades, quando eu acabar o seu cativeiro: O Senhor te abençoe, ó morada de justiça, ó monte de santidade!

²⁴E nela habitarão Judá, e todas as suas cidades juntamente; como também os lavradores e os que pastoreiam os rebanhos.

²⁵Pois saciarei a alma cansada, e fartarei toda alma desfalecida.

²⁶Nisto acordei, e olhei; e o meu sono foi doce para mim.

²⁷Eis que os dias vêm, diz o Senhor, em que semearei de homens e de animais a casa de Israel e a casa de Judá.

²⁸E será que, como vigiei sobre eles para arrancar e derribar, para transtornar, destruir, e afligir, assim vigiarei sobre eles para edificar e para plantar, diz o Senhor.

²⁹Naqueles dias não dirão mais: Os pais comeram uvas verdes, e os dentes dos filhos se embotaram.

³⁰Pelo contrário, cada um morrerá pela sua própria iniqüidade; de todo homem que comer uvas verdes, é que os dentes se embotarão.

³¹Eis que os dias vêm, diz o Senhor, em que farei um pacto novo com a casa de Israel e com a casa de Judá,

³²não conforme o pacto que fiz com seus pais, no dia em que os tomei pela mão, para os tirar da terra do Egito, esse meu pacto que eles invalidaram, apesar de eu os haver desposado, diz o Senhor.

³³Mas este é o pacto que farei com a casa de Israel depois daqueles dias, diz o Senhor: Porei a minha lei no seu interior, e a escreverei no seu coração; e eu serei o seu Deus e eles serão o meu povo.

³⁴E não ensinarão mais cada um a seu próximo, nem cada um a seu irmão, dizendo: Conheci ao Senhor; porque todos me conhecerão, desde o menor deles até o maior, diz o Senhor; pois lhes perdoarei a sua iniqüidade, e não me lembrarei mais dos seus pecados.

³⁵Assim diz o Senhor, que dá o sol para luz do dia, e a ordem

estabelecida da lua e das estrelas para luz da noite, que agita o mar, de modo que bramem as suas ondas; o Senhor dos exércitos é o seu nome:

³⁶Se esta ordem estabelecida falhar diante de mim, diz o Senhor, deixará também a linhagem de Israel de ser uma nação diante de mim para sempre.

³⁷Assim diz o Senhor: Se puderem ser medidos os céus lá em cima, e sondados os fundamentos da terra cá em baixo, também eu rejeitarei toda a linhagem de Israel, por tudo quanto eles têm feito, diz o Senhor.

³⁸Eis que vêm os dias, diz o Senhor, em que esta cidade será reedificada para o Senhor, desde a torre de Hananel até a porta da esquina.

³⁹E a linha de medir estender-se-á para diante, até o outeiro de Garebe, e dará volta até Goa.

⁴⁰E o vale inteiro dos cadáveres e da cinza, e todos os campos até o ribeiro de Cedrom, até a esquina da porta dos cavalos para o oriente, tudo será santo ao Senhor; nunca mais será arrancado nem derribado.

## Capítulo 32

¹A palavra que veio a Jeremias da parte do Senhor, no ano décimo de Zedequias, rei de Judá, o qual foi o ano dezoito de Nabucodonozor.

²Ora, cercava então o exército do rei de Babilônia a Jerusalém; e Jeremias, o profeta, se achava encerrado no pátio da guarda que estava na casa do rei de Judá;

³pois Zedequias, rei de Judá, o havia encarcerado, dizendo: Por que profetizas, dizendo: Assim diz o Senhor: Eis que entrego esta cidade na mão do rei de Babilônia, e ele a tomará;

⁴e Zedequias, rei de Judá, não escapará das mãos dos caldeus, mas certamente será entregue na mão do rei de Babilônia, e com ele falará boca a boca, e os seus olhos verão os olhos dele;

⁵e ele o levará para Babilônia a Zedequias, que ali estará até que eu o visite, diz o Senhor, e, ainda que pelejeis contra os caldeus, não ganhareis?

⁶Disse pois Jeremias: Veio a mim a palavra do Senhor, dizendo:

⁷Eis que Hanamel, filho de Salum, teu tio, virá a ti, dizendo: Compra o meu campo que está em Anatote, pois tens o direito de resgate; a ti compete comprá-lo.

⁸Veio, pois, a mim Hanamel, filho de meu tio, segundo a palavra do Senhor, ao pátio da guarda, e me disse: Compra o meu campo que está em Anatote, na terra de Benjamim; porque teu é o direito de herança e teu é o de resgate; compra-o para ti. Então entendi que isto era a palavra do Senhor.

⁹Comprei, pois, de Hanamel, filho de meu tio, o campo que está em Anatote; e pesei-lhe o dinheiro, dezessete siclos de prata.

¹⁰Assinei a escritura e a selei, chamei testemunhas, e pesei-lhe o dinheiro numa balança.

¹¹E tomei a escritura da compra, que continha os termos e as condições, tanto a que estava selada, como a cópia que estava aberta,

¹²e as dei a Baruque, filho de Nerias, filho de Maséias, na presença de Hanamel, filho de meu tio, e na presença das testemunhas que subscreveram a escritura da compra, à vista de todos os judeus que estavam sentados no pátio da guarda.

¹³E dei ordem a Banique, na presença deles, dizendo:

¹⁴Assim diz o Senhor dos exércitos, o Deus de Israel: Toma estas escrituras de compra, tanto a selada, como a aberta, e mete-as num vaso de barro, para que se possam conservar muitos dias;

¹⁵pois assim diz o Senhor dos exércitos, o Deus de Israel: Ainda se comprarão casas, e campos, e vinhas nesta terra.

¹⁶E depois que dei a escritura da compra a Banique, filho de Nerias, orei ao Senhor, dizendo:

¹⁷Ah! Senhor Deus! És tu que fizeste os céus e a terra com o teu grande poder, e com o teu braço estendido! Nada há que te seja demasiado difícil!

¹⁸Usas de benignidade para com milhares e tornas a iniqüidade dos pais ao seio dos filhos depois deles; tu és o grande, o poderoso Deus cujo nome é o Senhor dos exércitos.

¹⁹Grande em conselho, e poderoso em obras, cujos olhos estão abertos sobre todos os caminhos dos filhos dos homens, para dares a cada um segundo os seus caminhos e segundo o fruto das suas obras;

²⁰puseste sinais e maravilhas na terra do Egito até o dia de hoje, tanto em Israel, como entre os outros homens; e te fizeste um nome, qual tu tens neste dia.

²¹E tiraste o teu povo Israel da terra do Egito, com sinais e com maravilhas, e com mão forte, e com braço estendido, e com grande terror;

²²e lhes deste esta terra, que juraste a seus pais que lhes havias de dar, terra que mana leite e mel.

²³E entraram nela, e a possuíram; mas não obedeceram à tua voz, nem andaram na tua lei; de tudo o que lhes mandaste fazer, eles não fizeram nada; pelo que ordenaste lhes sucedesse todo este mal.

²⁴Eis aqui os valados! já vieram contra a cidade para tomá-la e a cidade está entregue na mão dos caldeus que pelejam contra ela, pela espada, pela fome e pela peste. O que disseste se cumpriu, e eis aqui o estás presenciando.

²⁵Contudo tu me disseste, ó Senhor Deus: Compra-te o campo por dinheiro, e chama testemunhas, embora a cidade já esteja dada na mão dos caldeus:

²⁶Então veio a palavra do Senhor a Jeremias, dizendo:

²⁷Eis que eu sou o Senhor, o Deus de toda a carne; acaso há alguma coisa demasiado difícil para mim?

²⁸Portanto assim diz o Senhor: Eis que eu entrego esta cidade na mão dos caldeus, e na mão de Nabucodonozor, rei de Babilônia, e ele a tomará.

²⁹E os caldeus que pelejam contra esta cidade entrarão nela, e lhe porão fogo, e a queimarão, juntamente com as casas sobre cujos terraços queimaram incenso a Baal e ofereceram libações a outros deuses, para me provocarem a ira.

³⁰Pois os filhos de Israel e os filhos de Judá têm feito desde a sua mocidade tão somente o que era mau aos meus olhos; pois os filhos de Israel nada têm feito senão provocar-me à ira com as obras das suas mãos, diz o Senhor.

³¹Na verdade esta cidade, desde o dia em que a edificaram e até o dia de hoje, tem provocado a minha ira e o meu furor, de sorte que eu a removerei de diante de mim,

³²por causa de toda a maldade dos filhos de Israel e dos filhos de Judá, que fizeram para me provocarem à ira, eles e os seus reis, os seus príncipes, os seus sacerdotes e os seus profetas, como também os homens de Judá e os moradores de Jerusalém.

³³E viraram para mim as costas, e não o rosto; ainda que eu os ensinava, com insistência, eles não deram ouvidos para receberem instrução.

³⁴Mas puseram as suas abominações na casa que se chama pelo meu nome, para a profanarem.

³⁵Também edificaram os altos de Baal, que estão no vale do filho de Hinom, para fazerem passar seus filhos e suas filhas pelo fogo a Moloque; o que nunca lhes ordenei, nem me passou pela mente, que fizessem tal abominação, para fazerem pecar a Judá.

³⁶E por isso agora assim diz o Senhor, o Deus de Israel, acerca desta cidade, da qual vós dizeis: Já está dada na mão do rei de Babilônia, pela espada, e pela fome, e pela peste:

³⁷Eis que eu os congregarei de todos os países para onde os tenho lançado na minha ira, e no meu furor e na minha grande indignação; e os tornarei a trazer a este lugar, e farei que habitem nele seguramente.

³⁸E eles serão o meu povo, e eu serei o seu Deus.

³⁹E lhes darei um só coração, e um só caminho, para que me temam para sempre, para seu bem e o bem de seus filhos, depois deles;

⁴⁰e farei com eles um pacto eterno de não me desviar de fazer-lhes o bem; e porei o meu temor no seu coração, para que nunca se apartem de mim.

⁴¹E alegrar-me-ei por causa deles, fazendo-lhes o bem; e os plantarei nesta terra, com toda a fidelidade do meu coração e da minha alma.

⁴²Pois assim diz o Senhor: Como eu trouxe sobre este povo todo este grande mal, assim eu trarei sobre eles todo o bem que lhes tenho prometido.

⁴³E comprar-se-ão campos nesta terra, da qual vós dizeis: É uma desolação, sem homens nem animais; está entregue na mão dos caldeus.

⁴⁴Comprarão campos por dinheiro, assinarão escrituras e as selarão, e chamarão testemunhas, na terra de Benjamim, e nos lugares ao redor de Jerusalém, e nas cidades de Judá e nas cidades da região montanhosa, e nas cidades das planícies e nas cidades do Sul porque os farei voltar do cativeiro, diz o Senhor.

## Capítulo 33

¹E veio a palavra do Senhor a Jeremias, segunda vez, estando ele ainda encarcerado no pátio da guarda, dizendo:

²Assim diz o Senhor que faz isto, o Senhor que forma isto, para o estabelecer; o Senhor é o seu nome.

³Clama a mim, e responder-te-ei, e anunciar-te-ei coisas grandes e ocultas, que não sabes.

⁴Pois assim diz o Senhor, o Deus de Israel, acerca das casas desta cidade, e acerca das casas dos reis de Judá, que foram demolidas para fazer delas uma defesa contra os valados e contra a espada;

⁵entrementes os caldeus estão entrando a pelejar para os encher de

cadáveres de homens que ferirei na minha ira e no meu furor; porquanto escondi o meu rosto desta cidade, por causa de toda a sua maldade.

⁶Eís que lhe trarei a ela saúde e cura, e os sararei, e lhes manifestarei abundância de paz e de segurança.

⁷E farei voltar do cativeiro os exilados de Judá e de Israel, e os edificarei como ao princípio.

⁸E os purificarei de toda a iniquidade do seu pecado contra mim; e perdoarei todas as suas iniquidades, com que pecaram e transgrediram contra mim.

⁹E esta cidade me servirá de nome de gozo, de louvor e de glória, diante de todas as nações da terra que ouvirem de todo o bem que eu lhe faço; e espantar-se-ão e perturbar-se-ão por causa de todo o bem, e por causa de toda a paz que eu lhe dou.

¹⁰Assim diz o Senhor: Neste lugar do qual vós dizeis: E uma desolação, sem homens nem animais, sim, nas cidades de Judá, e nas ruas de Jerusalém, que estão assoladas, sem homens, sem moradores e sem animais, ainda se ouvira

¹¹a voz de gozo e a voz de alegria, a voz de noivo e a voz de noiva, e a voz dos que dizem: Dai graças ao Senhor dos exércitos, porque bom é o Senhor, porque a sua benignidade dura para sempre; também se ouvirá a voz dos que trazem à casa do Senhor sacrifícios de ação de graças. Pois farei voltar a esta terra os seus exilados como no princípio, diz o Senhor.

¹²Assim diz o Senhor dos exércitos: Ainda neste lugar, que está deserto, sem homens, e sem animais, e em todas as suas cidades, haverá uma morada de pastores que façam repousar aos seus rebanhos.

¹³Nas cidades da região montanhosa, nas cidades das planícies, e nas cidades do sul, e na terra de Benjamim, e nos contornos de Jerusalém, e nas cidades de Judá, ainda passarão os rebanhos pelas mãos dos contadores, diz o Senhor.

¹⁴Eis que vêm os dias, diz o Senhor, em que cumprirei a boa palavra que falei acerca da casa de Israel e acerca da casa de Judá.

¹⁵Naqueles dias e naquele tempo farei que brote a Davi um Renovo de justiça; ele executará juízo e justiça na terra.

¹⁶Naqueles dias Judá será salvo e Jerusalém habitará em segurança; e este é o nome que lhe chamarão: O SENHOR É NOSSA JUSTIÇA.

¹⁷Pois assim diz o Senhor: Nunca faltará a Davi varão que se assente sobre o trono da casa de Israel;

¹⁸nem aos sacerdotes levíticos faltará varão diante de mim para oferecer holocaustos, e queimar ofertas de cereais e oferecer sacrifícios continuamente.

¹⁹E veio a palavra do Senhor a Jeremias, dizendo:

²⁰Assim diz o Senhor: se puderdes invalidar o meu pacto com o dia, e o meu pacto com a noite, de tal modo que não haja dia e noite a seu tempo,

²¹também se poderá invalidar o meu pacto com Davi, meu servo, para que não tenha filho que reine no seu trono; como também o pacto com os sacerdotes levíticos, meus ministros.

²²Assim como não se pode contar o exército dos céus, nem medir-se a areia do mar, assim multiplicarei a descendência de Davi, meu servo, e os levitas, que ministram diante de mim.

²³E veio ainda a palavra do Senhor a Jeremias, dizendo:

²⁴Acaso não observaste o que este povo está dizendo: As duas famílias que o Senhor escolheu, agora as rejeitou? Assim desprezam o meu povo, como se não fora um povo diante deles.

²⁵Assim diz o Senhor: Se o meu pacto com o dia e com a noite não permanecer, e se eu não tiver determinado as ordenanças dos céus e da terra,

²⁶também rejeitarei a descendência de Jacó, e de Davi, meu servo, de modo que não tome da sua descendência os que dominem sobre a descendência de Abraão, Isaque, e Jacó; pois eu os farei voltar do seu cativeiro, e apiedar-me-ei deles.

## *Capítulo 34*

¹A palavra que da parte do Senhor veio a Jeremias, quando Nabucodonozor, rei de Babilônia, e todo o seu exército, e todos os reinos da terra que estavam sob o domínio da sua mão, e todos os povos, pelejavam contra Jerusalém, e contra todas as suas cidades, dizendo:

²Assim diz o Senhor, Deus de Israel: Vai, e fala a Zedequias, rei de Judá, e dize-lhe: Assim diz o Senhor: Eis que estou prestes a entregar esta cidade na mão do rei de Babilônia, o qual a queimará a fogo.

³E tu não escaparás da sua mão; mas certamente serás preso e entregue na sua mão; e teus olhos verão os olhos do rei de Babilônia, e ele te falará boca a boca, e irás a Babilônia.

⁴Todavia ouve a palavra do Senhor, ó Zedequias, rei de Judá; assim diz o Senhor acerca de ti: Não morrerás à espada;

⁵em paz morrerás, e como queimavam perfumes a teus pais, os reis precedentes, que foram antes de ti, assim tos queimarão a ti; e te prantearão, dizendo: Ah Senhor! Pois eu disse a palavra, diz o Senhor.

⁶E anunciou Jeremias, o profeta, a Zedequias, rei de Judá, todas estas palavras, em Jerusalém,

⁷quando o exército do rei de Babilônia pelejava contra Jerusalém, e contra todas as cidades de Judá, que ficaram de resto, contra Laquis e contra Azeca; porque dentre as cidades de Judá, só estas haviam ficado como cidades fortificadas.

⁸A palavra que da parte do Senhor veio a Jeremias, depois que o rei Zedequias fez um pacto com todo o povo que estava em Jerusalém, para lhe fazer proclamação de liberdade,

⁹para que cada um libertasse o seu escravo, e cada um a sua escrava, hebreu ou hebréia, de maneira que ninguém se servisse mais dos judeus, seus irmãos, como escravos.

¹⁰E obedeceram todos os príncipes e todo o povo que haviam entrado no pacto de libertarem cada qual o seu escravo, e cada qual a sua escrava, de maneira a não se servirem mais deles, sim, obedeceram e os libertaram.

¹¹Mas depois se arrependeram, e fizeram voltar os escravos e as escravas que haviam libertado, e tornaram a escravizá-los.

¹²Veio, pois, a palavra do Senhor a Jeremias, da parte do Senhor, dizendo:

¹³Assim diz o Senhor, Deus de Israel: Eu fiz um pacto com vossos pais, no dia em que os tirei da terra do Egito, da casa da servidão, dizendo:

¹⁴Ao fim de sete anos libertareis cada um a seu irmão hebreu, que te for vendido, e te houver servido seis anos, e despedi-lo-ás livre de ti; mas vossos pais não me ouviram, nem inclinaram os seus ouvidos.

¹⁵E vos havíeis hoje arrependido, e tínheis feito o que é reto aos meus olhos, proclamando liberdade cada um ao seu próximo; e tínheis feito diante de mim um pacto, na casa que se chama pelo meu nome;

¹⁶mudastes, porém, e profanastes o meu nome, e fizestes voltar cada um o seu escravo, e cada um a sua escrava, que havíeis deixado ir livres à vontade deles; e os sujeitastes de novo à servidão.

¹⁷Portanto assim diz o Senhor: Vós não me ouvistes a mim, para proclamardes a liberdade, cada um ao seu irmão, e cada um ao seu próximo. Eis, pois, que eu vos proclamo a liberdade, diz o Senhor, para a espada, para a peste e para a fome; e farei que sejais um espetáculo de terror a todos os reinos da terra.

¹⁸Entregarei os homens que traspassaram o meu pacto, e não cumpriram as palavras do pacto que fizeram diante de mim com o bezerro que dividiram em duas partes, passando pelo meio das duas porções -

¹⁹os príncipes de Judá, os príncipes de Jerusalém, os eunucos, os sacerdotes, e todo o povo da terra, os mesmos que passaram pelo meio das porções do bezerro,

²⁰entregá-los-ei, digo, na mão de seus inimigos, e na mão dos que procuram a sua morte. Os cadáveres deles servirão de pasto para as aves do céu e para os animais da terra.

²¹E a Zedequias, rei de Judá, e seus príncipes entregarei na mão de seus inimigos e na mão dos que procuram a sua morte, e na mão do exército do rei de Babilônia, os quais já se retiraram de vós.

²²Eis que eu darei ordem, diz o Senhor, e os farei tornar a esta cidade, e pelejarão contra ela, e a tomarão, e a queimarão a fogo; e das cidades de Judá farei uma assolação, de sorte que ninguém habite nelas.

## *Capítulo 35*

¹A palavra que da parte do Senhor veio a Jeremias, nos dias de Jeoiaquim, filho de Josias, rei de Judá, dizendo:

²Vai à casa dos recabitas, e fala com eles, introduzindo-os na casa do Senhor, em uma das câmaras, e lhes oferece vinho a beber.

³Então tomei a Jaazanias, filho de Jeremias, filho de Habazínias, e a seus irmãos, e a todos os seus filhos, e a toda a casa dos recabitas,

⁴e os introduzi na casa do Senhor, na câmara dos filhos de Hanã, filho de Jigdalias, homem de Deus, a qual estava junto à câmara dos príncipes que ficava sobre a câmara de Maaséias, filho de Salum, guarda do vestíbulo;

⁵e pus diante dos filhos da casa dos recabitas taças cheias de vinho, e copos, e disse-lhes: Bebei vinho.

⁶Eles, porém, disseram: Não beberemos vinho, porque Jonadabe, filho de Recabe, nosso pai, nos ordenou, dizendo: Nunca jamais bebereis vinho, nem vós nem vossos filhos;

⁷não edificareis casa, nem semeareis semente, nem plantareis vinha, nem a possuireis; mas habitareis em tendas todos os vossos dias; para que vivais muitos dias na terra em que andais peregrinando;

⁸Obedecemos pois à voz de Jonadabe, filho de Recabe, nosso pai,

em tudo quanto nos ordenou, de não bebermos vinho em todos os nossos dias, nem nós, nem nossas mulheres, nem nossos filhos, nem nossas filhas;

⁹nem de edificarmos casas para nossa habitação; nem de possuirmos vinha, nem campo, nem semente;

¹⁰mas habitamos em tendas, e assim obedecemos e fazemos conforme tudo quanto nos ordenou Jonadabe, nosso pai.

¹¹Sucedeu, porém, que, quando subia Nabucodonozor, rei de Babilônia, contra esta terra, dissemos: Vinde, e vamo-nos a Jerusalém, por causa do exército dos caldeus, e por causa do exército dos sírios; e assim habitamos em Jerusalém.

¹²Então veio a palavra do Senhor a Jeremias, dizendo:

¹³Assim diz o Senhor dos exércitos, o Deus de Israel: Vai, e dize aos homens de Judá e aos moradores de Jerusalém: Acaso não aceitareis instrução, para ouvirdes as minhas palavras? diz o Senhor.

¹⁴As palavras de Jonadabe, filho de Recabe, pelas quais ordenou a seus filhos que não bebessem vinho, foram guardadas; pois não o têm bebido até o dia de hoje, porque obedecem o mandamento de seu pai; a mim, porém, que vos tenho falado a vós, com insistência, vós não me ouvistes.

¹⁵Também vos tenho enviado, insistentemente, todos os meus servos, os profetas, dizendo: Convertei-vos agora, cada um do seu mau caminho, e emendai as vossas ações, e não vades após outros deuses para os servir, e assim habitareis na terra que vos dei a vós e a vossos pais; mas não inclinastes o vosso ouvido, nem me obedecestes a mim.

¹⁶Os filhos de Jonadabe, filho de Recabe, guardaram o mandamento de seu pai que ele lhes ordenou, mas este povo não me obedeceu;

¹⁷por isso assim diz o Senhor, o Deus dos exércitos, o Deus de Israel: Eis que trarei sobre Judá, e sobre todos os moradores de Jerusalem, todo o mal que pronunciei contra eles; pois lhes tenho falado, e não ouviram; e clamei a eles, e não responderam.

¹⁸E à casa dos recabitas disse Jeremias: Assim diz o Senhor dos exércitos, o Deus de Israel: Pois que obedecestes ao mandamento de Jonadabe, vosso pai, guardando todos os seus mandamentos e fazendo conforme tudo quanto vos ordenou;

¹⁹portanto assim diz o Senhor dos exércitos, Deus de tsrael: Nunca jamais faltará varão a Jonadabe, filho de Recabe, que assista diante de mim.

## Capítulo 36

¹Sucedeu pois no ano quarto de Jeoiaquim, filho de Josias, rei de Judá, que da parte do Senhor veio esta palavra a Jeremias, dizendo:

²Toma o rolo dum livro, e escreve nele todas as palavras que te hei falado contra Israel, contra Judá e contra todas as nações, desde o dia em que eu te falei, desde os dias de Josias até o dia de hoje.

³Ouvirão talvez os da casa de Judá todo o mal que eu intento fazer-lhes; para que cada qual se converta do seu mau caminho, a fim de que eu perdoe a sua iniqüidade e o seu pecado.

⁴Então Jeremias chamou a Baruque, filho de Nerias; e escreveu Baruque, no rolo dum livro, enquanto Jeremias lhas ditava, todas as palavras que o Senhor lhe havia falado.

⁵E Jeremias deu ordem a Banique, dizendo: Eu estou impedido; não posso entrar na casa do Senhor.

⁶Entra pois tu e, pelo rolo que escreveste enquanto eu ditava, lê as palavras do Senhor aos ouvidos do povo, na casa do Senhor, no dia do jejum; e também as lerás aos ouvidos de todo o Judá que vem das suas cidades.

⁷Pode ser que caia a sua súplica diante do Senhor, e se converta cada um do seu mau caminho; pois grande é a ira e o furor que o Senhor tem manifestado contra este povo.

⁸E fez Baruque, filho de Nerias, conforme tudo quanto lhe havia ordenado Jeremias, o profeta, lendo no livro as palavras do Senhor na casa do Senhor.

⁹No quinto ano de Jeoiaquim, filho de Josias, rei de Judá, no mês nono, todo o povo em Jerusalém, como também todo o povo que vinha das cidades de Judá a Jerusalém, apregoaram um jejum diante do Senhor.

¹⁰Leu, pois, Banique no livro as palavras de Jeremias, na casa do Senhor, na câmara de Gemarias, filho de Safã, o escriba, no átrio superior, à entrada da porta nova da casa do Senhor, aos ouvidos de todo o povo.

¹¹E, ouvindo Micaías, filho de Gemarias, filho de Safã, todas as palavras do Senhor, naquele livro,

¹²desceu à casa do rei, à câmara do escriba. E eis que todos os príncipes estavam ali assentados: Elisama, o escriba, e Delaías, filho de Semaías, e Elnatã, filho de Acbor, e Gemarias, filho de Safã, e Zedequias, filho de Hananias, e todos os outros príncipes.

¹³E Micaías anunciou-lhes todas as palavras que ouvira, quando Baruque leu o livro aos ouvidos do povo.

¹⁴Então todos os príncipes mandaram Jeúdi, filho de Netanias, filho Selemias, filho de Cuche, a Baruque, para lhe dizer: O rolo que leste aos ouvidos do povo, toma-o na tua mão, e vem. E Banique, filho de Nerias, tomou o rolo na sua mão, e foi ter com eles.

¹⁵E disseram-lhe: Assenta-te agora, e lê-o aos nossos ouvidos. E Baruque o leu aos ouvidos deles.

¹⁶Ouvindo eles todas aquelas palavras, voltaram-se temerosos uns para os outros, e disseram a Banique: Sem dúvida alguma temos que anunciar ao rei todas estas palavras.

¹⁷E disseram a Baruque: Declara-nos agora como escreveste todas estas palavras. Ele as ditava?

¹⁸E disse-lhes Baruque: Sim, da sua boca ele me ditava todas estas palavras, e eu com tinta as escrevia no livro.

¹⁹Então disseram os príncipes a Banique: Vai, esconde-te tu e Jeremias; e ninguém saiba onde estais.

²⁰E foram ter com o rei ao átrio; mas depositaram o rolo na câmara de Elisama, o escriba, e anunciaram aos ouvidos do rei todas aquelas palavras.

²¹Então enviou o rei a Jeúdi para trazer o rolo; e Jeúdi tomou-o da câmara de Elisama, o escriba, e o leu aos ouvidos do rei e aos ouvidos de todos os príncipes que estavam em torno do rei.

²²Ora, era o nono mês e o rei estava assentado na casa de inverno, e diante dele estava um braseiro aceso.

²³E havendo Jeúdi lido três ou quatro colunas, o rei as cortava com o canivete do escrivão, e as lançava no fogo que havia no braseiro, até que todo o rolo se consumiu no fogo que estava sobre o braseiro.

²⁴E não temeram, nem rasgaram os seus vestidos, nem o rei nem nenhum dos seus servos que ouviram todas aquelas palavras

²⁵e, posto que Elnatã, Delaías e Gema rias tivessem insistido com o rei que não queimasse o rolo, contudo ele não lhes deu ouvidos.

²⁶Antes deu ordem o rei a Jerameel, filho do rei, e a Seraías, filho de Azriel, e a Selemias, filho de Abdeel, que prendessem a Baruque, o escrivão, e a Jeremias, o profeta; mas o Senhor os escondera.

²⁷Depois que o rei queimara o rolo com as palavras que Banique escrevera da boca de Jeremias, veio a Jeremias a palavra do Senhor, dizendo:

²⁸Toma ainda outro rolo, e escreve nele todas aquelas palavras que estavam no primeiro rolo, que Jeoiaquim, rei de Judá, queimou.

²⁹E a Jeoiaquim, rei de Judá, dirás: Assim diz o Senhor: Tu queimaste este rolo, dizendo: Por que escreveste nele anunciando: Certamente virá o rei da Babilônia, e destruirá esta terra e fará cessar nela homens e animais?,

³⁰Portanto assim diz o Senhor acerca de Jeoiaquim, rei de Judá: Não terá quem se assente sobre o trono de Davi, e será lançado o seu cadáver ao calor de dia, e à geada de noite.

³¹E castigá-lo-ei a ele, e a sua descendência e os seus servos, por causa da sua iniqüidade; e trarei sobre ele e sobre os moradores de Jerusalém, e sobre os homens de Judá, todo o mal que tenho pronunciado contra eles, e que não ouviram.

³²Tomou, pois, Jeremias outro rolo, e o deu a Baruque, filho de Nerias, o escrivão, o qual escreveu nele, enquanto Jeremias ditava, todas as palavras do livro que Jeoiaquim, rei de Judá, tinha queimado no fogo; e ainda se lhes acrescentaram muitas palavras semelhantes.

## Capítulo 37

¹E Zedequias, filho de Josias, a quem Nabucodonozor, rei de Babilônia, constituiu rei na terra de Judá, reinou em lugar de Conias, filho de Jeoiaquim.

²Mas nem ele, nem os seus servos, nem o povo da terra escutaram as palavras do Senhor que este falou por intermédio de Jeremias o profeta.

³Contudo mandou o rei Zedequias a Jeucal filho de Selemias, e a Sofonias, filho de Maaséias, o sacerdote, ao profeta Jeremias, para lhe dizerem: Roga agora por nós ao Senhor nosso Deus,

⁴Ora, Jeremias entrava e saía entre o povo; pois ainda não o tinham encerrado na prisão.

⁵E o exército de Faraó saíra do Egito; quando, pois, os caldeus que estavam sitiando Jerusalém, ouviram esta notícia, retiraram-se de Jerusalém.

⁶Então veio a Jeremias, o profeta, a palavra do Senhor, dizendo:

⁷Assim diz o Senhor, Deus de Israel: Assim direis ao rei de Judá, que vos enviou a mim, para me consultar: Eis que o exército de Faraó, que saiu em vosso socorro, voltará para a sua terra no Egito.

⁸E voltarão os caldeus, e pelejarão contra esta cidade, e a tomarão,

*Jeremias*

e a queimarão a fogo.

⁹Assim diz o Senhor: Não vos enganeis a vós mesmos, dizendo: Sem dúvida os caldeus se retirarão de nós; pois não se retirarão.

¹⁰Porque ainda que derrotásseis a todo o exército dos caldeus que peleja contra vós, e entre eles só ficassem homens feridos, contudo se levantariam, cada um na sua tenda, e queimariam a fogo esta cidade.

¹¹Ora, quando se retirou de Jerusalém o exército dos caldeus, por causa do exército de Ieáraó,

¹²saiu Jeremias de Jerusalém, a fim de ir à terra de Benjamim, para receber ali a sua parte no meio do povo.

¹³E quando ele estava à porta de Benjamim, achava-se ali um capitão da guarda, cujo nome era Jurias, filho de Selemias, filho de Hananias, o qual prendeu a Jeremias, o profeta, dizendo: Tu estás desertando para os caldeus.

¹⁴E Jeremias disse: Isso é falso, não estou desertando para os caldeus. Mas ele não lhe deu ouvidos, de modo que prendeu a Jeremias e o levou aos príncipes.

¹⁵E os príncipes ficaram muito irados contra Jeremias, de sorte que o açoitaram e o meteram no cárcere, na casa de Jônatas, o escrivão, porquanto a tinham transformado em cárcere.

¹⁶Tendo Jeremias entrado nas celas do calabouço, e havendo ficado ali muitos dias,

¹⁷o rei Zedequias mandou soltá-lo e lhe perguntou em sua casa, em segredo: Há alguma palavra da parte do Senhor? Respondeu Jeremias: Há. E acrescentou: Na mão do rei de Babilônia serás entregue.

¹⁸Disse mais Jeremias ao rei Zedequias: Em que tenho pecado contra ti, e contra os teus servos, e contra este povo, para que me pusésseis na prisão?

¹⁹Onde estão agora os vossos profetas que vos profetizavam, dizendo: O rei de Babilônia não virá contra vós nem contra esta terra?

²⁰Ora, pois, ouve agora, ó rei, meu senhor: seja aceita agora a minha súplica diante de ti; não me faças tornar à casa de Jônatas, o escriba, para que eu não venha a morrer ali.

²¹Então ordenou o rei Zedequias que pusessem a Jeremias no átrio da guarda; e deram-lhe um bolo de pão cada dia, da rua dos padeiros, até que se gastou todo o pão da cidade. Assim ficou Jeremias no átrio da guarda.

## *Capítulo 38*

¹Ouviram, pois, Sefatias, filho de Matã, e Gedalias, filho de Pasur, e Jeucal, filho de Selemias, e Pasur, filho de Malquias, as palavras que anunciava Jeremias a todo o povo, dizendo:

²Assim diz o Senhor: O que ficar nesta cidade morrerá à espada, de fome e de peste; mas o que sair para os caldeus viverá; pois a sa vida lhe será por despojo, e vivera.

³Assim diz o Senhor: Esta cidade infalivelmente será entregue na mão do exército do rei de Babilônia, e ele a tomará.

⁴E disseram os príncipes ao rei: Morra este homem, visto que ele assim enfraquece as mãos dos homens de guerra que restam nesta cidade, e as mãos de todo o povo, dizendo-lhes tais palavras; porque este homem não busca a paz para este povo, porem o seu mal.

⁵E disse o rei Zedequias: Eis que ele está na vossa mão; porque não é o rei que possa coisa alguma contra vós.

⁶Então tomaram a Jeremias, e o lançaram na cisterna de Malquias, filho do rei, que estava no átrio da guarda; e desceram Jeremias com cordas; mas na cisterna não havia água, senão lama, e atolou-se Jeremias na lama.

⁷Quando Ebede-Meleque, o etíope, um eunuco que então estava na casa do rei, ouviu que tinham metido Jeremias na cisterna, o rei estava assentado à porta de Benjamim.

⁸Saiu, pois, Ebede-Meleque da casa do rei, e falou ao rei, dizendo:

⁹o rei, senhor meu, estes homens fizeram mal em tudo quanto fizeram a Jeremias, o profeta, lançando-o na cisterna; de certo morrerá no lugar onde se acha, por causa da fome, pois não há mais pão na cidade.

¹⁰Deu ordem, então, o rei a Ebede-Meleque, o etíope, dizendo: Toma contigo daqui três homens, e tira Jeremias, o profeta, da cisterna, antes que morra.

¹¹Assim Ebede-Meleque tomou consigo os homens, e entrou na casa do rei, debaixo da tesouraria, e tomou dali uns trapos velhos e rotos, e roupas velhas, e desceu-os a Jeremias na cisterna por meio de cordas.

¹²E disse Ebede-Meleque, o etíope, a Jeremias: Poe agora estes trapos velhos e rotos, debaixo dos teus sovacos, entre os braços e as cordas. E Jeremias assim o fez.

¹³E tiraram Jeremias com as cordas, e o alçaram da cisterna; e ficou Jeremias no átrio da guarda.

¹⁴Então mandou o rei Zedequias e fez vir à sua presença Jeremias, o profeta, à terceira entrada do templo do Senhor; e disse o rei a Jeremias: Vou perguntar-te uma coisa; não me encubras nada.

¹⁵E disse Jeremias a Zedequias: Se eu ta declarar, acaso não me matarás? E se eu te aconselhar, não me ouvirás.

¹⁶Então jurou o rei Zedequias a Jeremias, em segredo, dizendo: Vive o Senhor, que nos fez esta alma, que não te matarei nem te entregarei na mão destes homens que procuram a tua morte.

¹⁷Então Jeremias disse a Zedequias: Assim diz o Senhor, Deus dos exércitos, Deus de Israel: Se te renderes aos príncipes do rei de Babilônia, será poupada a tua vida, e esta cidade não se queimará a fogo, e viverás tu e a tua casa.

¹⁸Mas, se não saíres aos príncipes do rei de Babilônia, então será entregue esta cidade na mão dos caldeus, e eles a queimarão a fogo, e tu não escaparás da sua mão.

¹⁹E disse o rei Zedequias a Jeremias: Receio-me dos judeus que se passaram para os caldeus, que seja entregue na mão deles, e escarneçam de mim.

²⁰Jeremias, porém, disse: Não te entregarão. Ouve, peço-te, a voz do Senhor, conforme a qual eu te falo; e bem te irá, e poupar-se-á a tua vida.

²¹Mas, se tu recusares sair, esta é a palavra que me mostrou o Senhor:

²²Eis que todas as mulheres que ficaram na casa do rei de Judá serão levadas aos príncipes do rei de Babilônia, e elas mesmas dirão: Os teus pacificadores te incitaram e prevaleceram contra ti; e agora que se atolaram os teus pés na lama, voltaram atrás.

²³Todas as tuas mulheres e os teus filhos serão levados para fora aos caldeus; e tu não escaparás da sua mão, mas pela mão do rei de Babilônia serás preso, e esta cidade será queimada a fogo.

²⁴Então disse Zedequias a Jeremias: Ninguém saiba estas palavras, e não morrerás.

²⁵Se os príncipes ouvirem que falei contigo, e vierem ter contigo e te disserem: Declara-nos agora o que disseste ao rei e o que o rei te disse; não no-lo encubras, e não te mataremos;

²⁶então lhes dirás: Eu lancei a minha súplica diante do rei, que não me fizesse tornar à casa de Jônatas, para morrer ali.

²⁷Então vieram todos os príncipes a Jeremias, e o interrogaram; e ele lhes respondeu conforme todas as palavras que o rei lhe havia ordenado; assim cessaram de falar com ele, pois a coisa não foi percebida.

²⁸E ficou Jeremias no átrio da guarda, até o dia em que Jerusalém foi tomada.

## *Capítulo 39*

¹No ano nono de Zedequias, rei de Judá, no décimo mês, veio Nabucodonozor, rei de Babilônia, e todo o seu exército contra Jerusalém, e a cercaram.

²No ano undécimo de Zedequias, no quarto mês, aos nove do mês, fez-se uma brecha na cidade.

³E entraram todos os príncipes do rei de Babilônia, e sentaram-se na porta do meio, os quais eram Nergal-Sarezer, Sangar-Nebo, Sarsequim, Rabe-Sáris Nergal Sarezer, Rabe-Maque, juntamente, com todo o resto dos príncipes do rei de Babilônia

⁴E sucedeu que, vendo-os Zedequias, rei de Judá, e todos os homens de guerra, fugiram, saindo da cidade de noite pelo caminho do jardim do rei, pela porta entre os dois muros; e seguiram pelo caminho da Arabá.

⁵Mas o exército dos caldeus os perseguiu; e eles alcançaram a Zedequias nas campinas de Jericó; e, prendendo-o, levaram-no a Nabucodonozor rei de Babilônia, a Ribla, na terra de Hamate; e o rei o sentenciou.

⁶E o rei de Babilônia matou os filhos de Zedequias em Ribla, à sua vista; também matou o rei de Babilônia a todos os nobres de Judá.

⁷Cegou os olhos a Zedequias, e o atou com cadeias de bronze, para levá-lo a Babilônia.

⁸Os caldeus incendiaram a casa do rei e as casas do povo, e derribaram os muros de Jerusalém.

⁹Então, ao resto do povo, que ficara na cidade, aos desertores que se tinham passado para ele e ao resto do povo que havia ficado, levou-os Nebuzaradão, capitão da guarda, para Babilônia.

¹⁰Mas aos pobres dentre o povo, que não tinham nada, Nebuzaradão, capitão da guarda, deixou-os ficar na terra de Judá; e ao mesmo tempo lhes deu vinhas e campos.

¹¹Ora Nabucodonozor, rei de Babilônia, havia ordenado acerca de Jeremias, a Nebuzaradão, capitão dos da guarda, dizendo:

¹²Toma-o, e trata-o bem, e não lhe faças mal algum; mas como ele

te disser, assim procederás para com ele.

¹³Pelo que Nebuzaradão, capitão da guarda, Nebusazbã, Rabe-Sáris, Nérgal-Sarezer, Rabe-Maeue, e todos os príncipes do rei de Babilônia

¹⁴mandaram retirar Jeremias do átrio da guarda, e o entregaram a Gedalias, filho de Aicão, filho de Safã, para que o levasse para casa; assim ele habitou entre o povo.

¹⁵Ora, a palavra do Senhor viera a Jeremias, estando ele ainda encarcerado no átrio da guarda, dizendo:

¹⁶Vai, e fala a Ebede-Meleque, o etíope, dizendo: Assim diz o Senhor dos exércitos, Deus de Israel: Eis que eu cumprirei as minhas palavras sobre esta cidade para mal e não para bem; e se cumprirão diante de ti naquele dia.

¹⁷A ti, porém, eu livrarei naquele dia, diz o Senhor, e não serás entregue na mão dos homens a quem temes.

¹⁸Pois certamente te salvarei, e não cairás à espada, mas a tua vida terás por despojo, porquanto confiaste em mim, diz o Senhor.

## Capítulo 40

¹A palavra que veio a Jeremias da parte do Senhor, depois que Nebuzaradão, capitão da guarda, o deixara ir de Ramá, quando o havia tomado, estando ele atado com cadeias no meio de todos os do cativeiro de Jerusalém e de Judá, que estavam sendo levados cativos para Babilônia.

²Ora o capitão da guarda levou Jeremias, e lhe disse: O Senhor teu Deus pronunciou este mal contra este lugar;

³e o Senhor o trouxe, e fez como havia dito; porque pecastes contra o Senhor, e não obedecestes à sua voz, portanto vos sucedeu tudo isto.

⁴Agora pois, eis que te solto hoje das cadeias que estão sobre as tuas mãos. Se te apraz vir comigo para Babilônia, vem, e eu velarei por ti; mas, se não te apraz vir comigo para Babilônia, deixa de vir. Olha, toda a terra está diante de ti; para onde te parecer bem e conveniente ir, para ali vai.

⁵Se assim quiseres, volta a Gedalias, filho de Aicão filho de Safã e a quem o rei de Babilônia constituiu governador das cidades de Judá, e habita com ele no meio do povo; ou vai para qualquer outra parte que te aprouver ir. E deu-lhe o capitão da guarda sustento para o caminho, e um presente, e o deixou ir.

⁶Assim veio Jeremias a Gedalias, filho de Aicão, a Mizpá, e habitou com ele no meio do povo que havia ficado na terra.

⁷Ouvindo pois todos os chefes das forças que estavam no campo, eles e os seus homens, que o rei de Babilônia havia constituído a Gedalias, filho de Aicão, governador da terra, e que lhe havia confiado homens, mulheres e crianças, os mais pobres da terra, que não foram levados cativos para Babilônia,

⁸vieram ter com Gedalias, a Mizpá; e eram: Ismael, filho de Netanias, e Joanã e Jônatas, filhos de Careá, e Seraías, filho de Tanumete, e os filhos de Efai, o netofatita, e Jezanias, filho do maacatita, eles e os seus homens.

⁹E jurou Gedalias, filho de Aicão, filho de Safã, eles e pôs seus homens, dizendo: Não temais servir aos caldeus; habitai na terra, e servi o rei de Babilônia, e bem vos irá.

¹⁰Quanto a mim, eis que habito em Mizpá, para vos representar diante dos caldeus que vierem a nós; vós, porém, colhei o vinho e os frutos de verão, e o azeite, e metei-os nos vossos vasos, e habitai nas vossas cidades, que tomastes.

¹¹Do mesmo modo, quando todos os judeus que estavam em Moabe, e entre os filhos de Amom, e em Edom, e os que havia em todos os países, ouviram que o rei de Babilônia havia deixado um resto em Judá, e que havia posto sobre eles a Guedalias, de Aicão, filho de Safã;

¹²voltaram, então, todos os judeus de todos os lugares para onde foram arrojados, e vieram para a terra de Judá, a Gedalias, a Mizpá, e colheram vinho e frutos do verão com muita abundância.

¹³Joanã, filho de Careá, e todos os chefes das forças que estavam no campo vieram ter com Gedalias, a Mizpá,

¹⁴e disseram-lhe: Sabes que Baalis, rei dos filhos de Amom, enviou a Ismael, filho de Netanias, para te tirar a vida? Mas não lhes deu crédito Gedalias, filho de Aicão.

¹⁵Todavia Joanã, filho de Careá, falou a Gedalias em segredo, em Mizpá, dizendo: Deixa, peço-te, que eu vá e mate a Ismael, filho de Netanias, sem que ninguém o saiba. Por que razão te tiraria ele a vida, de modo que fossem dispersos todos os judeus que se têm congregado a ti, e perecesse o resto de Judá?

¹⁶Mas disse Gedalias, filho de Aicão, a Joanã, filho de Careá: Não faças tal coisa; pois falas falsamente contra Ismael.

## Capítulo 41

¹Sucedeu, porém, no mês sétimo, que veio Ismael, filho de Netanias, filho de Elisama, de sangue real, e um dos nobres do rei, e dez homens com ele, a Gedalias, filho de Aicão, a Mizpá; e eles comeram pão juntos ali em Mizpá.

²E levantou-se Ismael, filho de Netanias, com os dez homens que estavam com ele, e feriram a Gedalias, filho de Aicão, filho de Safã, à espada, matando assim aquele que o rei de Babilônia havia posto por governador sobre a terra.

³Matou também Ismael a todos os judeus que estavam com Gedalias, em Mizpá, como também aos soldados caldeus que se achavam ali.

⁴Sucedeu pois no dia seguinte, depois que ele matara a Gedalias, sem ninguém o saber,

⁵que vieram de Siquém, de Siló e de Samária, oitenta homens, com a barba rapada, e os vestidos rasgados e tendo as carnes retalhadas, trazendo nas mãos ofertas de cereais e incenso, para os levarem à casa do Senhor.

⁶E, saindo-lhes ao encontro Ismael, filho de Netanias, desde Mizpá, ia chorando; e sucedeu que, encontrando-os, lhes disse: Vinde a Gedalias, filho de Aicão.

⁷Chegando eles, porém, até o meio da cidade, Ismael, filho de Netanias, e os homens que estavam com ele mataram-nos e os lançaram num poço.

⁸Mas entre eles se acharam dez homens que disseram a Ismael: Não nos mates a nós, porque temos escondidos no campo depósitos de trigo, cevada, azeite e mel. E ele por isso os deixou, e não os matou entre seus irmãos.

⁹E o poço em que Ismael lançou todos os cadáveres dos homens que matara por causa de Gedalias é o mesmo que fez o rei Asa, por causa de Baasa, rei de Israel; foi esse mesmo que Ismael, filho de Netanias, encheu de mortos.

¹⁰E Ismael levou cativo a todo o resto do povo que estava em Mizpá: as filhas do rei, e todo o povo que ficara em Mizpá, que Nebuzaradão, capitão da guarda, havia confiado a Gedalias, filho de Aicão; e levou-os cativos Ismael, filho de Netanias, e se foi para passar aos filhos de Amom.

¹¹Ouvindo, porém, Joanã, filho de Careá, e todos os chefes das forças que estavam com ele, todo o mal que havia feito Ismael, filho de Netanias,

¹²tomaram todos os seus homens e foram pelejar contra Ismael, filho de Netanias; e o acharam ao pé das grandes águas que há em Gibeão.

¹³E todo o povo que estava com Ismael se alegrou quando viu a Joanã, filho de Careá, e a todos os chefes das forças, que vinham com ele.

¹⁴E todo o povo que Ismael levara cativo de Mizpá virou as costas, e voltou, e foi para Joanã, filho de Careá.

¹⁵Mas Ismael, filho de Netanias, com oito homens, escapou de Joanã e se foi para os filhos de Amom.

¹⁶Então Joanã, filho de Careá, e todos os chefes das forças que estavam com ele, tomaram a todo o resto do povo que Ismael, filho de Netanias, tinha levado cativo de Mizpá, depois que matara Gedalias, filho de Aicão, a saber, aos soldados, as mulheres, aos meninos e aos eunucos, que Joanã havia recobrado de Gibeão,

¹⁷e partiram, indo habitar Gerute-Quimã, que está perto de Belém, para dali entrarem no Egito,

¹⁸por causa dos caldeus; pois os temiam, por ter Ismael, filho de Netanias, matado a Gedalias, filho de Aicão, a quem o rei de Babilônia tinha posto por governador sobre a terra.

## Capítulo 42

¹Então chegaram todos os chefes das forças, e Joanã, filho de Careá, e Jezanias, filho de Hosaías, e todo o povo, desde o menor até o maior,

²e disseram a Jeremias, o profeta: Seja aceita, pedimos-te, a nossa súplica diante de ti, e roga ao Senhor teu Deus, por nós e por todo este resto; porque de muitos restamos somente uns poucos, assim como nos vêem os teus olhos;

³para que o Senhor teu Deus nos ensine o caminho por onde havemos de andar e aquilo que havemos de fazer.

⁴Respondeu-lhes Jeremias o profeta: Eu vos tenho ouvido; eis que orarei ao Senhor vosso Deus conforme as vossas palavras; e o que o Senhor vos responder, eu vo-lo declararei; não vos ocultarei nada.

⁵Então eles disseram a Jeremias: Seja o Senhor entre nós testemunha verdadeira e fiel, se assim não fizermos conforme toda a palavra com que te enviar a nós o Senhor teu Deus.

⁶Seja ela boa, ou seja má, à voz do Senhor nosso Deus, a quem te enviamos, obedeceremos, para que nos suceda bem, obedecendo à voz do Senhor nosso Deus.

⁷Ao fim de dez dias veio a palavra do Senhor a Jeremias.

⁸Então chamou a Joanã, filho de Careá, e a todos os chefes das forças que havia com ele, e a todo o povo, desde o menor até o maior,

⁹e lhes disse: Assim diz o Senhor, Deus de Israel, a quem me enviastes para apresentar a vossa súplica diante dele:

¹⁰Se de boa mente habitardes nesta terra, então vos edificarei, e não vos derrubarei; e vos plantarei, e não vos arrancarei; porque estou arrependido do mal que vos tenho feito.

¹¹Não temais o rei de Babilônia, a quem vós temeis; não o temais, diz o Senhor; pois eu sou convosco, para vos salvar e para vos livrar da sua mão.

¹²E vos concederei misericórdia, para que ele tenha misericórdia de vós, e vos faça habitar na vossa terra.

¹³Mas se vós disserdes: Não habitaremos nesta terra; não obedecendo à voz do Senhor vosso Deus,

¹⁴e dizendo: Não; antes iremos para a terra do Egito, onde não veremos guerra, nem ouviremos o som de trombeta, nem teremos fome de pão, e ali habitaremos:

¹⁵nesse caso ouvi a palavra do Senhor, ó resto de Judá: Assim diz o Senhor dos exércitos, Deus de Israel: Se vós de todo vos propuserdes a entrar no Egito, e entrardes para lá peregrinar,

¹⁶então a espada que vós temeis vos alcançará ali na terra do Egito, e a fome que vós receais vos seguirá de perto mesmo no Egito, e ali morrereis.

¹⁷Assim sucederá a todos os homens que se propuserem a entrar no Egito, a fim de lá peregrinarem: morrerão à espada, de fome, e de peste; e deles não haverá quem reste ou escape do mal que eu trarei sobre eles.

¹⁸Pois assim diz o Senhor dos exércitos, Deus de Israel: Como se derramou a minha ira e a minha indignação sobre os habitantes de Jerusalém, assim se derramará a minha indignação sobre vós, quando entrardes no Egito. Sereis um espetáculo de execração, e de espanto, e de maldição, e de opróbrio; e não vereis mais este lugar.

¹⁹Falou o Senhor acerca de vós, ó resto de Judá: Não entreis no Egito. Tende por certo que hoje vos tenho avisado.

²⁰Porque vós vos enganastes a vós mesmos; pois me enviastes ao Senhor vosso Deus, dizendo: Roga por nós ao Senhor nosso Deus, e conforme tudo o que disser o Senhor Deus nosso, declara-no-lo assim, e o faremos.

²¹E vo-lo tenho declarado hoje, mas não destes ouvidos à voz do Senhor vosso Deus em coisa alguma pela qual ele me enviou a vos.

²²Agora pois sabei por certo que morrereis à espada, de fome e de peste no mesmo lugar onde desejais ir para lá peregrinardes.

## Capítulo 43

¹Tendo Jeremias acabado de falar a todo o povo todas as palavras do Senhor seu Deus, aquelas palavras com as quais o Senhor seu Deus lho havia enviado,

²então falaram Azarias, filho de Hosaías, e Joanã, filho de Careá, e todos os homens soberbos, dizendo a Jeremias: Tu dizes mentiras; o Senhor nosso Deus não te enviou a dizer: Não entreis no Egito para ali peregrinardes;

³mas Baruque, filho de Nerias, é que te incita contra nós, para nos entregar na mão dos caldeus, para eles nos matarem, ou para nos levarem cativos para Babilônia.

⁴Não obedeceu pois Joanã, filho de Careá, nem nenhum de todos os príncipes dos exércitos, nem o povo todo, à voz do Senhor, para ficarem na terra de Judá.

⁵Mas Joanã, filho de Careá, e todos os chefes das forças tomaram a todo o resto de Judá, que havia voltado dentre todas as nações, para onde haviam sido arrojados, com o fim de peregrinarem na terra de Judá;

⁶aos homens, às mulheres, às crianças, e às filhas do rei, e a toda pessoa que Nebuzaradão, capitão da guarda, deixara com Gedalias, filho de Aicão, filho de Safã, como também a Jeremias, o profeta, e a Baruque, filho de Nerias;

⁷e entraram na terra do Egito; pois não obedeceram à voz do Senhor; assim vieram até Tapanes.

⁸Então veio a palavra do Senhor a Jeremias, em Tapanes, dizendo:

⁹Toma na tua mão pedras grandes, e esconde-as com barro no pavimento que está à entrada da casa de Faraó em Tapanes, à vista dos homens de Judá;

¹⁰e dize-lhes: Assim diz o Senhor dos exércitos, Deus de Israel: Eis que eu enviarei, e tomarei a Nabucodonozor, rei de Babilônia, meu servo, e porei o seu trono sobre estas pedras que escondi; e ele estenderá o seu pavilhão real sobre elas.

¹¹Virá, e ferirá a terra do Egito, entregando à morte quem é para a morte, ao cativeiro quem é para o cativeiro, e à espada.

¹²E lançarei fogo às casas dos deuses do Egito; e ele os queimará e os levará cativos; e ornar-se-á da terra do Egito, como se veste o pastor com a sua roupa; e sairá dali em paz.

¹³E quebrará as colunas de Bete-Semes, que está na terra do Egito; e as casas dos deuses do Egito queimará a fogo.

## Capítulo 44

¹A palavra que veio a Jeremias, acerca de todos os judeus, que habitavam na terra do Egito, em Migdol, em Tapanes, em Mênfis, e no país de Patros:

²Assim diz o Senhor dos exércitos, Deus de Israel: Vós vistes todo o mal que fiz cair sobre Jerusalém, e sobre todas as cidades de Judá; e eis que elas são hoje uma desolação, e ninguém nelas habita;

³por causa da sua maldade que fizeram, para me irarem, indo queimar incenso, e servir a outros deuses, a quem eles nunca conheceram, nem eles, nem vós, nem vossos pais.

⁴Todavia eu vos enviei persistentemente todos os meus servos, os profetas, para vos dizer: Ora, não façais esta coisa abominável que odeio!

⁵Mas eles não escutaram, nem inclinaram os seus ouvidos, para se converterem da sua maldade, para não queimarem incenso a outros deuses.

⁶Pelo que se derramou a minha indignação e a minha ira, e acendeu-se nas cidades de Judá, e nas ruas de Jerusalém; e elas tornaram-se em deserto e em desolação, como hoje se vê.

⁷Agora, pois, assim diz o Senhor, Deus dos exércitos, Deus de Israel: Por que fazeis vós tão grande mal contra vós mesmos, para desarraigardes o homem e a mulher, a criança e o que mama, dentre vós, do meio de Judá, a fim de não vos deixardes ali resto algum;

⁸irando-me com as obras de vossas mãos, queimando incenso a outros deuses na terra do Egito, aonde vós entrastes para lá peregrinardes, para que sejais exterminados, e para que sirvais de maldição e de opróbrio entre todas as nações da terra?

⁹Esquecestes já as maldades de vossos pais, as maldades dos reis de Judá, as maldades das suas mulheres, as vossas maldades e as maldades das vossas mulheres, cometidas na terra de Judá e nas ruas de Jerusalém?

¹⁰Não se humilharam até o dia de hoje, nem temeram, nem andaram na minha lei, nem nos meus estatutos, que pus diante de vós e diante de vossos pais.

¹¹Portanto assim diz o Senhor dos exércitos, Deus de Israel: Eis que eu ponho o meu rosto contra vós para mal, e para desarraigar todo o Judá.

¹²E tomarei os que restam de Judá, os quais puseram o seu rosto para entrar na terra do Egito, a fim de lá peregrinarem, e todos eles serão consumidos; na terra do Egito cairão; à espada, e de fome serão consumidos; desde o menor até o maior morrerão à espada e de fome; e tornar-se-ão um espetáculo de execração, de espanto, de maldição e de opróbrio.

¹³Pois castigarei os que habitam na terra do Egito, como castiguei Jerusalém, com a espada, a fome e a peste.

¹⁴De maneira que, da parte remanescente de Judá que entrou na terra do Egito a fim de lá peregrinar, não haverá quem escape e fique para tornar à terra de Judá, à qual era seu grande desejo voltar, para ali habitar; mas não voltarão, senão um pugilo de fugitivos.

¹⁵Então responderam a Jeremias todos os homens que sabiam que suas mulheres queimavam incenso a outros deuses, e todas as mulheres que estavam presentes, uma grande multidão, a saber, todo o povo que habitava na terra do Egito, em Patros, dizendo:

¹⁶Quanto a palavra que nos anunciaste em nome do Senhor, não te obedeceremos a ti;

¹⁷mas certamente cumpriremos toda a palavra que saiu da nossa boca, de queimarmos incenso à rainha do céu, e de lhe oferecermos libações, como nós e nossos pais, nossos reis e nossos príncipes, temos feito, nas cidades de Judá, e nas ruas de Jerusalém; então tínhamos fartura de pão, e prosperávamos, e não vimos mal algum.

¹⁸Mas desde que cessamos de queimar incenso à rainha do céu, e de lhe oferecer libações, temos tido falta de tudo, e temos sido consumidos pela espada e pela fome.

¹⁹E nós, as mulheres, quando queimávamos incenso à rainha do céu, e lhe oferecíamos libações, acaso lhe fizemos bolos para a adorar e lhe oferecermos libações sem nossos maridos?

²⁰Então disse Jeremias a todo o povo, aos homens e às mulheres, e

a todo o povo que lhe havia dado essa resposta, dizendo:

²¹Porventura não se lembrou o Senhor, e não lhe veio à mente o incenso que queimastes nas cidades de Judá e nas ruas de Jerusalém, vós e vossos pais, vossos reis e vossos príncipes, como tambem o povo da terra?

²²O Senhor não podia por mais tempo suportar a maldade das vossas ações, as abominações que cometestes; pelo que se tornou a vossa terra em desolação, e em espanto, e em maldição, sem habitantes, como hoje se vê.

²³Porquanto queimastes incenso, e pecastes contra o Senhor, não obedecendo à voz do Senhor, nem andando na sua lei, nos seus estatutos e nos seus testemunhos; por isso vos sobreveio este mal, como se vê neste dia.

²⁴Disse mais Jeremias a todo o povo e a todas as mulheres: Ouvi a palavra do Senhor, vós, todo o Judá, que estais na terra do Egito.

²⁵Assim fala o Senhor dos exércitos, Deus de Israel, dizendo: Vós e vossas mulheres falastes por vossa boca, e com as vossas mãos o cumpristes, dizendo: Certamente cumpriremos os nossos votos que fizemos, de queimarmos incenso à rainha do céu e de lhe derramarmos libações; confirmai, pois, os vossos votos, e cumpri-os!

²⁶Ouvi, pois, a palavra do Senhor, todos os de Judá que habitais na terra do Egito: Eis que eu juro pelo meu grande nome, diz o Senhor, que nunca mais será pronunciado o meu nome pela boca de nenhum homem de Judá em toda a terra do Egito, dizendo: Como vive o Senhor Deus!

²⁷Eis que velarei sobre eles para o mal, e não para o bem; e serão consumidos todos os homens de Judá que estão na terra do Egito, pela espada e pela fome, até que de todo se acabem.

²⁸E os que escaparem da espada voltarão da terra do Egito para a terra de Judá, poucos em número; e saberá todo o resto de Judá que entrou na terra do Egito para peregrinar ali, se subsistirá a minha palavra ou a sua.

²⁹E isto vos servirá de sinal, diz o Senhor, de que eu vos castigarei neste lugar, para que saibais que certamente subsistirão as minhas palavras contra vós para o mal:

³⁰Assim diz o Senhor: Eis que eu entregarei Faraó-Hofra, rei do Egito, na mão de seus inimigos, e na mão dos que procuram a sua morte; como entreguei Zedequias, rei de Judá, na mão de Nabucodonozor, rei de Babilônia, seu inimigo, e que procurava a sua morte.

## Capítulo 45

¹A palavra que Jeremias, o profeta, falou a Banique, filho de Nerias, quando este escrevia num livro as palavras ditadas por Jeremias, no quarto ano de Jeoiaquim, filho de Josias, rei de Judá:

²Assim diz o Senhor, Deus de Israel, acerca de ti ó Baruque.

³Disseste: Ai de mim agora! porque me acrescentou o Senhor tristeza à minha dor; estou cansado do meu gemer, e não acho descanso.

⁴Isto lhe dirás: Assim diz o Senhor: Eis que estou a demolir o que edifiquei, e a arrancar o que plantei, e isso em toda esta terra.

⁵E procuras tu grandezas para ti mesmo? Não as busques; pois eis que estou trazendo o mal sobre toda a raça, diz o Senhor; porém te darei a tua vida por despojo, em todos os lugares para onde fores.

## Capítulo 46

¹A palavra do Senhor, que veio a Jeremias, o profeta, acerca das nações.

²Acerca do Egito: a respeito do exército de Faraó-Neco, rei do Egito, que estava junto ao rio Eufrates em Carquêmis, ao qual Nabucodonozor, rei de Babilônia, derrotou no quarto ano de Jeoiaquim, filho de Josias, rei de Judá.

³Preparai o escudo e o pavês, e chegai-vos para a pelèja.

⁴Aparelhai os cavalos, e montai, cavaleiros! Apresentai-vos com elmos; açacalai as lanças; vesti-vos de couraças.

⁵Por que razão os vejo espantados e voltando as costas? Os seus heróis estão abatidos, e vão fugindo, sem olharem para trás; terror há por todos os lados, diz o Senhor.

⁶Não pode fugir o ligeiro, nem escapar o heról; para a banda do norte, junto ao rio Eufrates, tropeçaram e caíram.

⁷Quem é este que vem subindo como o Nilo, como rios cujas águas se agitam?

⁸O Egito é que vem subindo como o Nilo, e como rios cujas águas se agitam; e ele diz: Subirei, cobrirei a terra; destruirei a cidade e os que nela habitam.

⁹Subi, ó cavalos; e estrondeai, ó carros; e saiam valentes: Cuche e Pute, que manejam o escudo, e os de Lude, que manejam e entesam o arco.

¹⁰Porque aquele dia é o dia do Senhor Deus dos exércitos, dia de vingança para ele se vingar dos seus adversários. A espada devorará, e se fartará, e se embriagará com o sangue deles; pois o Senhor Deus dos exércitos tem um sacrifício na terra do Norte junto ao rio Eufrates.

¹¹Sobe a Gileade, e toma bálsamo, ó virgem filha do Egito; debalde multiplicas remédios; não há cura para ti.

¹²As nações ouviram falar da tua vergonha, e a terra está cheia do teu clamor; porque o valente tropeçou no valente e ambos juntos cairam.

¹³A palavra que falou o Senhor a Jeremias, o profeta, acerca da vinda de Nabucodonozor, rei de Babilônia, para ferir a terra do Egito.

¹⁴Anunciai-o no Egito, proclamai isto em Migdol; proclamai-o também em Mênfis, e em Tapanes; dizei: Apresenta-te, e prepara-te; porque a espada devorará o que está ao redor de ti.

¹⁵Por que está derribado o teu valente? Ele não ficou em pé, porque o Senhor o abateu.

¹⁶Fez tropeçar a multidão; caíram uns sobre os outros, e disseram: Levanta-te, e voltemos para o nosso povo, para a terra do nosso nascimento, por causa da espada que oprime.

¹⁷Clamaram ali: Faraó, rei do Egito, é apenas um som; deixou passar o tempo assinalado.

¹⁸Vivo eu, diz o Rei, cujo nome é o Senhor dos exércitos, que certamente como o Tabor entre os montes, e como o Carmelo junto ao mar, assim ele virá.

¹⁹Prepara-te para ires para o cativeiro, ó moradora filha do Egito; porque Mênfis será tornada em desolação, e será incendiada, até que ninguém mais aí more.

²⁰Novilha mui formosa é o Egito; mas já lhe vem do Norte um tavão.

²¹Até os seus mercenários no meio dela são como bezerros cevados; mas também eles viraram as costas, fugiram juntos, não ficaram firmes; porque veio sobre eles o dia da sua ruína e o tempo da sua punição.

²²A sua voz irá como a da serpente; porque marcharão com um exército, e virão contra ela com machados, como cortadores de lenha.

²³Cortarão o seu bosque, diz o Senhor, embora seja impenetrável; porque se multiplicaram mais do que os gafanhotos; são inumeraveis.

²⁴A filha do Egito será envergonhada; será entregue na mão do povo do Norte.

²⁵Diz o Senhor dos exércitos, o Deus de Israel: Eis que eu castigarei a Amom de Tebas, e a Faraó, e ao Egito, juntamente com os seus deuses e os seus reis, sim, ao próprio Faraó, e aos que nele confiam.

²⁶E os entregarei na mão dos que procuram a sua morte, na mão de Nabucodonozor, rei de Babilônia, e na mão dos seus servos; mas depois será habitada, como nos dias antigos, diz o Senhor.

²⁷Mas não temas tu, servo meu, Jacó, nem te espantes, ó Israel; pois eis que te livrarei mesmo de longe, e a tua descendência da terra do seu cativeiro; e Jacó voltará, e ficará tranqüilo e sossegado, e não haverá quem o atemorize.

²⁸Tu não temas, servo meu, Jacó, diz o senhor; porque estou contigo; pois destruirei totalmente todas as nações para onde te arrojei; mas a ti não te destruirei de todo, mas castigar-te-ei com justiça, e de modo algum te deixarei impune.

## Capítulo 47

¹A palavra do Senhor que veio a Jeremias, o profeta, acerca dos filisteus, antes que Faraó ferisse a Gaza.

²Assim diz o Senhor: Eis que do Norte se levantam as águas, e tornar-se-ão em torrente trasbordante, e alagarão a terra e quanto há nela, a cidade e os que nela habitam; os homens clamarão, e todos os habitantes da terra uivarão,

³ao ruído estrepitoso das unhas dos seus fortes cavalos, ao barulho de seus carros, ao estrondo das suas rodas; os pais não atendem aos filhos, por causa da fraqueza das mãos,

⁴por causa do dia que vem para destruir a todos os filisteus, para cortar de Tiro e de Sidom todo o resto que os socorra; pois o Senhor destruirá os filisteus, o resto da ilha de Caftor.

⁵A calvicie é vinda sobre Gaza; foi desarraigada Asquelom, bem como o resto do seu vale; até quando te sarjarás?

⁶Ah espada do Senhor! até quando deixarás de repousar? volta para a tua bainha; descansa, e aquieta-te.

⁷Como podes estar quieta, se o Senhor te deu uma ordem? Contra Asquelom, e contra o litoral, é que ele a enviou.

*Jeremias*

## Capítulo 48

¹Acerca de Moabe. Assim diz o Senhor dos exércitos, Deus de Israel: Ai de Nebo, porque foi destruída; envergonhada está Quiriataim, já é tomada; Misgabe está envergonhada e espantada.

²O louvor de Moabe já não existe mais; em Hesbom projetaram mal contra ela, dizendo: Vinde, e exterminemo-la, para que não mais seja nação; também tu, ó Madmém, serás destruída; a espada te perseguirá.

³Voz de grito de Horonaim, ruína e grande destruição!

⁴Está destruído Moabe; seus filhinhos fizeram ouvir um clamor.

⁵Pois pela subida de Luíte eles vão subindo com choro contínuo; porque na descida de Horonaim, ouviram a angústia do grito da destruição.

⁶Fugi, salvai a vossa vida! Sede como o asno selvagem no deserto.

⁷Pois, porquanto confiaste nas tuas obras e nos teus tesouros, também tu serás tomada; e Quemós sairá para o cativeiro, os seus sacerdotes e os seus príncipes juntamente.

⁸Porque virá o destruidor sobre cada uma das cidades e nenhuma escapará, e perecerá o vale, e destruir-se-á a planície, como disse o Senhor.

⁹Dai asas a Moabe, porque voando sairá; e as suas cidades se tornarão em desolação, sem habitante.

¹⁰Maldito aquele que fizer a obra do Senhor negligentemente, e maldito aquele que vedar do sangue a sua espada!

¹¹Moabe tem estado sossegado desde a sua mocidade, e tem repousado como vinho sobre as fezes; não foi deitado de vasilha em vasilha, nem foi para o cativeiro; por isso permanece nele o seu sabor, e o seu cheiro não se altera.

¹²Portanto, eis que os dias vêm, diz o Senhor, em que lhe enviarei derramadores que o derramarão; e despejarão as suas vasilhas, e despedaçarão os seus jarros.

¹³E Moabe terá vergonha de Quemós, como se envergonhou a casa de Israel de Betel, sua confiança.

¹⁴Como direis: Somos valentes e homens fortes para a guerra?

¹⁵Já subiu o destruidor de Moabe e das suas cidades, e os seus mancebos escolhidos desceram à matança, diz o Rei, cujo nome é o Senhor dos exércitos.

¹⁶A calamidade de Moabe está perto e muito se apressa o seu mal.

¹⁷Condoei-vos dele todos os que estais em seu redor, e todos os que sabeis o seu nome; dizei: Como se quebrou a vara forte, o cajado formoso!

¹⁸Desce da tua glória, e senta-te no pó, ó moradora, filha de Dibom; porque o destruidor de Moabe subiu contra ti, e desfez as tuas fortalezas.

¹⁹Põe-te junto ao caminho, e espia, ó moradora do Aroer; pergunta ao que foge, e à que escapa: Que sucedeu?

²⁰Moabe está envergonhado, porque foi quebrantado; uivai e gritai; anunciai em Arnom que Moabe está destruído.

²¹Também o julgamento é vindo sobre a terra da planície; sobre Holom, Jaza, e Mefaate;

²²sobre Dibom, Nebo, e Bete-Diblataim;

²³sobre Quiriataim, Bete-Gamul, e BeteMeom;

²⁴sobre Queriote, e Bozra, e todas as cidades da terra de Moabe, as de longe e as de perto.

²⁵Está cortado o poder de Moabe, e quebrantado o seu braço, diz o senhor.

²⁶Embriagai-o, porque contra o Senhor se engrandeceu; e Moabe se revolverá no seu vômito, e ele também se tornará objeto de escárnio.

²⁷Pois não se tornou também Israel objeto de escárnio para ti? Porventura foi achado entre ladrões para que, sempre que falas dele, meneies a cabeça?

²⁸Deixai as cidades, e habitai no rochedo, ó moradores de Moabe; e sede como a pomba que se aninha nos lados da boca da caverna.

²⁹Temos ouvido da soberba de Moabe, que é soberbíssimo; da sua sobrançaria, do seu orgulho, da sua arrogância, e da altivez do seu coração.

³⁰Eu conheço, diz o Senhor, a sua insolência, mas isso nada é; as suas jactâncias nada têm efetuado.

³¹Por isso uivarei por Moabe; sim, gritarei por todo o Moabe; pelos homens de Quir-Heres lamentarei.

³²Com choro maior do que o de Jazer chorar-te-ei, ó vide de Sibma; os teus ramos passaram o mar, chegaram até o mar de Jazer; mas o destruidor caiu sobre os teus frutos de verão, e sobre a tua vindima.

³³Tirou-se, pois, a alegria e o regozijo do campo fértil e da terra de Moabe; e fiz que o vinho cessasse dos lagares; já não pisam uvas com júbilo; o brado não é o de júbilo

³⁴O grito de Hesbom e Eleale se ouve até Jaza; fazem ouvir a sua voz desde Zoar até Horonaim, e até Eglate-Selíssia; pois também as águas do Ninrim virão a ser uma desolação.

³⁵Demais, farei desaparecer de Moabe, diz o Senhor, aquele que sacrifica nos altos, e queima incenso a seus deuses.

³⁶Por isso geme como flauta o meu coração por Moabe, e como flauta geme o meu coração pelos homens de Quir-Heres; porquanto a abundância que ajuntou se perdeu.

³⁷Pois toda cabeça é tosquiada, e toda barba rapada; sobre todas as mãos há sarjaduras, e sobre os lombos sacos.

³⁸Sobre todos os eirados de Moabe e nas suas ruas há um pranto geral; porque quebrei a Moabe, como a um vaso que não agrada, diz o Senhor.

³⁹Como está quebrantado! como uivam! como virou Moabe as costas envergonhado! assim se tornou Moabe objeto de escárnio e de espanto para todos os que estão em redor dele.

⁴⁰Pois assim diz o Senhor: Eis que alguém voará como a águia, e estenderá as suas asas contra Moabe.

⁴¹Tomadas serão as cidades, e ocupadas as fortalezas; e naquele dia será o coração dos valentes de Moabe como o coração da mulher em suas dores de parto.

⁴²E Moabe será destruído, para que não seja povo, porque se engrandeceu contra o Senhor.

⁴³Temor, e cova, e laço estão sobre ti, ó morador de Moabe, diz o Senhor.

⁴⁴O que fugir do temor cairá na cova, e o que sair da cova ficará preso no laço; pois trarei sobre ele, sobre Moabe, o ano do seu castigo, diz o Senhor.

⁴⁵Os que fugiram ficam parados sem forças à sombra de Hesbom; mas fogo saiu de Hesbom, e a labareda do meio de Siom, e devorou a fronte de Moabe e o alto da cabeça dos turbulentos.

⁴⁶Ai de ti, Moabe! pereceu o povo de Quemós; pois teus filhos foram levados cativos, e tuas filhas para o cativeiro.

⁴⁷Contudo nos últimos dias restaurarei do cativeiro a Moabe, diz o Senhor. Até aqui o juizo de Moabe.

## Capítulo 49

¹A respeito dos filhos de Amom. Assim diz o Senhor: Acaso Israel não tem filhos? Não tem herdeiro? Por que, então, possui Milcom a Gade, e o seu povo habita nas suas cidades?

²Portanto, eis que vêm os dias, diz o Senhor, em que farei ouvir contra Rabá dos filhos de Amom o alarido de guerra, e tornar-se-á num montão de ruínas, e os seus arrabaldes serão queimados a fogo; então Israel deserdará aos que e deserdaram a ele, diz o Senhor.

³Uiva, ó Hesbom, porque é destruída Ai; clamai, ó filhas de Rabá, cingi-vos de sacos; lamentai, e dai voltas pelas sebes; porque Milcom irá em cativeiro, juntamente com os seus sacerdotes e os seus príncipes.

⁴Por que te glorias nos vales, teus luxuriantes vales, ó filha apóstata? que confias nos teus tesouros, dizendo: Quem virá contra mim?

⁵Eis que farei vir sobre ti pavor, diz o Senhor Deus dos exércitos, de todos os que estão ao redor de ti; e sereis lançados fora, cada um para diante, e ninguém recolherá o desgarrado.

⁶Mas depois disto farei voltar do cativeiro os filhos de Amom, diz o senhor.

⁷A respeito de Edom. Assim diz o Senhor dos exércitos: Acaso não há mais sabedoria em Temã? Pereceu o conselho dos entendidos? Desvaneceu-se-lhes a sabedoria.

⁸Fugi, voltai, habitai em profundezas, ó moradores de Dedã; porque trarei sobre ele a calamidade de Esaú, o tempo em que o punirei.

⁹Se vindimadores viessem a ti, não deixariam alguns rabiscos? se ladrões de noite, não te danificariam só o quanto lhes bastasse?

¹⁰Mas eu desnudei a Esaú, descobri os seus esconderijos, de modo que ele não se poderá esconder. E despojada a sua descendência, como também seus irmãos e seus vizinhos, e ele já não existe.

¹¹Deixa os teus órfãos, eu os guardarei em vida; e as tuas viúvas confiem em mim.

¹²Pois assim diz o Senhor: Eis que os que não estavam condenados a beber o copo, certamente o beberão; e ficarias tu inteiramente impune? Não ficarás impune, mas certamente o beberás.

¹³Pois por mim mesmo jurei, diz o Senhor, que Bozra servirá de objeto de espanto, de opróbrio, de ruína, e de maldição; e todas as suas cidades se tornarão em desolações perpétuas.

¹⁴Eu ouvi novas da parte do Senhor, que um embaixador é enviado por entre as nações para lhes dizer: Ajuntai-vos, e vinde contra ela, e levantai-vos para a guerra.

¹⁵Pois eis que te farei pequeno entre as nações, desprezado entre os homens.

¹⁶Quanto à tua terribilidade, enganou-te a arrogância do teu coração, ó tu que habitas nas cavernas dos penhascos, que ocupas as alturas dos outeiros; ainda que ponhas o teu ninho no alto como a águia, de lá te derrubarei, diz o Senhor.

¹⁷E Edom se tornará em objeto de espanto; todo aquele que passar por ela se espantará, e assobiará por causa de todas as suas pragas.

¹⁸Como na subversão de Sodoma e Gomorra, e das cidades circunvizinhas, diz o Senhor, não habitará ninguém ali, nem peregrinará nela filho de homem.

¹⁹Eis que como leão subirá das margens do Jordão um inimigo contra a morada forte; mas de repente o farei correr dali; e ao escolhido, pô-lo-ei sobre ela. Pois quem é semelhante a mim? e quem me fixará um prazo? e quem é o pastor que me poderá resistir?

²⁰Portanto ouvi o conselho do Senhor, que ele decretou contra Edom, e os seus desígnios, que ele intentou contra os moradores de Temã: Até os mais novos do rebanho serão arrastados; certamente ele assolará as suas moradas sobre eles.

²¹A terra estremecerá com o estrondo da sua queda; o som do seu clamor se ouvirá até o Mar Vermelho.

²²Eis que como águia subirá, e voará, e estenderá as suas asas contra Bozra; e o coração do valente de Edom naquele dia se tornará como o coração da mulher que está em dores de parto.

²³A respeito de Damasco. Envergonhadas estão Hamate e Arpade, e se derretem de medo porquanto ouviram más notícias; estão agitadas como o mar, que não pode aquietar-se.

²⁴Enfraquecida está Damasco, virou as costas para fugir, e o tremor apoderou-se dela; angústia e dores apossaram-se dela como da mulher que está de parto.

²⁵Como está abandonada a cidade famosa, a cidade da minha alegria!

²⁶Portanto os seus jovens lhe cairão nas ruas, e todos os homens de guerra serão consumidos naquele dia, diz o Senhor dos exércitos.

²⁷E acenderei fogo no muro de Damasco, o qual consumirá os palácios de Bene-Hadade.

²⁸A respeito de Quedar, e dos reinos de Hazor, que Nabucodonozor, rei de Babilônia, feriu. Assim diz o Senhor: Levantai-vos, subi contra Quedar, e destruí os filhos do Oriente.

²⁹As suas tendas e os seus rebanhos serão tomados; as suas cortinas serão levadas, como também todos os seus vasos, e os seus camelos; e lhes gritarão: Há terror de todos os lados!

³⁰Fugi, desviai-vos para muito longe, habitai nas profundezas, ó moradores de Hazor, diz o Senhor; porque Nabucodonozor, rei de Babilônia, tomou conselho contra vós, e formou um desígnio contra vós.

³¹Levantai-vos, subi contra uma nação que está sossegada, que habita descuidada, diz o Senhor; que não tem portas nem ferrolhos, que habita a sós.

³²E os seus camelos serão para presa e a multidão do seu gado para despojo; e espalharei a todo o vento aqueles que cortam os cantos da sua cabeleira; e de todos os lados lhes trarei a sua calamidade, diz o Senhor.

³³Assim Hazor se tornará em morada de chacais, em desolação para sempre; ninguém habitará ali, nem peregrinará nela filho de homem.

³⁴A palavra do Senhor, que veio a Jeremias, o profeta, acerca de Elão, no princípio do reinado de Zedequias, rei de Judá, dizendo:

³⁵Assim diz o Senhor dos exércitos: Eis que eu quebrarei o arco de Elão, o principal do seu poder.

³⁶E trarei sobre Elão os quatro ventos dos quatro cantos dos céus, e os espalharei para todos estes ventos; e não haverá nação aonde não cheguem os fugitivos de Elão.

³⁷E farei que Elão desfaleça diante de seus inimigos e diante dos que procuram a sua morte. Farei vir sobre eles o mal, o furor da minha ira, diz o Senhor; e enviarei após eles a espada, até que eu os tenha consumido.

³⁸E porei o meu trono em Elão, e destruirei dali rei e príncipes, diz o Senhor.

³⁹Acontecerá, porém, nos últimos dias, que restaurarei do cativeiro a Elão, diz o Senhor.

## Capítulo 50

¹A palavra que falou o Senhor acerca de Babilônia, acerca da terra dos caldeus, por intermédio de Jeremias o profeta.

²Anunciai entre as nações e publicai, arvorando um estandarte; sim publicai, não encubrais; dizei: Tomada está Babilônia, confundido está Bel, caído está Merodaque, confundidos estão os seus ídolos, e caídos estão os seus deuses.

³Pois do Norte sobe contra ela uma nação que fará da sua terra uma desolação, e não haverá quem nela habite; tanto os homens como os animais já fugiram e se foram.

⁴Naqueles dias, e naquele tempo, diz o Senhor, os filhos de Israel virão, eles e os filhos de Judá juntamente; andando e chorando virão, e buscarão ao Senhor seu Deus.

⁵Acerca de Sião indagarão, tendo os seus rostos voltados para lá e dizendo: Vinde e uni-vos ao Senhor num pacto eterno que nunca será esquecido.

⁶Ovelhas perdidas têm sido o meu povo; os seus pastores as fizeram errar, e voltar aos montes; de monte para outeiro andaram, esqueceram-se do lugar de seu repouso.

⁷Todos os que as achavam as devoraram, e os seus adversários diziam: Culpa nenhuma teremos; porque pecaram contra o Senhor, a morada da justiça, sim, o Senhor, a esperança de seus pais.

⁸Fugi do meio de Babilônia, e saí da terra dos caldeus, e sede como os bodes diante do rebanho.

⁹Pois eis que eu suscitarei e farei subir contra Babilônia uma companhia de grandes nações da terra do Norte; e por-se-ão em ordem contra ela; dali será a tomada. As suas flechas serão como as de valente herói; nenhuma tornará sem efeito.

¹⁰E Caldéia servirá de presa; todos os que a saquearem ficarão fartos, diz o Senhor.

¹¹Embora vos alegreis e vos regozijeis, ó saqueadores da minha herança, embora andeis soltos como novilha que pisa a erva, e rincheis como cavalos vigorosos,

¹²muito envergonhada será vossa mãe, ficará humilhada a que vos deu à luz; eis que ela será a última das nações, um deserto, uma terra seca e uma solidão.

¹³Por causa da ira do Senhor não será habitada, antes se tornará em total desolação; qualquer que passar por Babilônia se espantará, e assobiará por causa de todas as suas pragas.

¹⁴Ponde-vos em ordem para cercar Babilônia, todos os que armais arcos; atirai-lhe, não poupeis as flechas, porque ela tem pecado contra o Senhor.

¹⁵Gritai contra ela rodeando-a; ela já se submeteu; caíram seus baluartes, estão derribados os seus muros. Pois esta é a vingança do Senhor; vingai-vos dela; conforme o que ela fez, assim lhe fazei a ela.

¹⁶Cortai de Babilônia o que semeia, e o que maneja a foice no tempo da sega; por causa da espada do opressor virar-se-á cada um para o seu povo, e fugirá cada qual para a sua terra.

¹⁷Cordeiro desgarrado é Israel, os leões o afugentaram; o primeiro a devorá-lo foi o rei da Assíria, e agora por último Nabucodonozor, rei de Babilônia, lhe quebrou os ossos.

¹⁸Portanto, assim diz o Senhor dos exércitos, Deus de Israel: Eis que castigarei o rei de Babilônia e a sua terra, como castiguei o rei da Assíria.

¹⁹E farei voltar Israel para a sua morada, e ele pastará no Carmelo e em Basã, e se fartará nos outeiros de Efraim e em Gileade.

²⁰Naqueles dias, e naquele tempo, diz o Senhor, buscar-se-á a iniqüidade em Israel, e não haverá; e o pecado em Judá, e não se achará; pois perdoarei aos que eu deixar de resto.

²¹Sobe contra a terra de Merataim, sim, contra ela, e contra os moradores de Pecode; mata e inteiramente destruí tudo após eles, diz o Senhor, e faze conforme tudo o que te ordenei.

²²Na terra há estrondo de batalha, e de grande destruição.

²³Como foi cortado e quebrado o martelo de toda a terra! como se tornou Babilônia em objeto de espanto entre as nações!

²⁴Laços te armei, e também foste presa, ó Babilônia, e tu não o soubeste; foste achada, e também apanhada, porque contra o Senhor te entremeteste.

²⁵O Senhor abriu o seu arsenal, e tirou os instrumentos da sua indignação; porque o senhor Deus dos exércitos tem uma obra a realizar na terra dos caldeus.

²⁶Vinde contra ela dos confins da terra, abri os seus celeiros; fazei dela montões, e destruí-a de todo; nada lhe fique de resto.

²⁷Matai a todos os seus novilhos, desçam ao degoladouro; ai deles! porque é chegado o seu dia, o tempo da sua punição.

²⁸Eis a voz dos que fogem e escapam da terra de Babilônia para anunciarem em Sião a vingança do Senhor nosso Deus, a vingança do seu templo.

²⁹Convocai contra Babilônia os flecheiros, todos os que armam arcos; acampai-vos contra ela em redor, ninguém escape dela. Pagai-lhe conforme a sua obra; conforme tudo o que ela fez, assim lhe fazei a ela; porque se houve arrogantemente contra o Senhor, contra o Santo de Israel.

³⁰Portanto cairão os seus jovens nas suas praças, e todos os seus homens de guerra serão destruídos naquele dia, diz o Senhor.

## Jeremias

**31** Eis que eu sou contra ti, ó soberbo, diz o Senhor Deus dos exércitos; pois o teu dia é chegado, o tempo em que te hei de punir?

**32** Então tropeçará o soberbo, e cairá, e ninguém haverá que o levante; e porei fogo às suas cidades, o qual consumirá tudo o que está ao seu redor.

**33** Assim diz o Senhor dos exércitos: Os filhos de Israel e os filhos de Judá são juntamente oprimidos; e todos os que os levaram cativos os retêm, recusam soltá-los.

**34** Mas o seu Redentor é forte; o Senhor dos exércitos é o seu nome. Certamente defenderá em juízo a causa deles, para dar descanso à terra, e inquietar os moradores de Babilônia.

**35** A espada virá sobre os caldeus, diz o senhor, e sobre os moradores de Babilônia, e sobre os seus príncipes, e sobre os seus sábios.

**36** A espada virá sobre os paroleiros, e eles ficarão insensatos; a espada virá sobre os seus valentes, e eles desfalecerão.

**37** A espada virá sobre os seus cavalos, e sobre os seus carros, e sobre todo o povo misto, que se acha no meio dela, e eles se tornarão como mulheres; a espada virá sobre os seus tesouros, e estes serão saqueados.

**38** Cairá a seca sobre as suas águas, e elas secarão; pois é uma terra de imagens esculpidas, e eles pelos seus ídolos fazem-se loucos.

**39** Por isso feras do deserto juntamente com lobos habitarão ali; também habitarão nela avestruzes; e nunca mais será povoada, nem será habitada de geração em geração.

**40** Como quando Deus subverteu a Sodoma e a Gomorra, e às suas cidades vizinhas, diz o Senhor, assim ninguém habitará ali, nem peregrinará nela filho de homem.

**41** Eis que um povo vem do norte; e uma grande nação e muitos reis se levantam das extremidades da terra.

**42** Armam-se de arco e lança; são cruéis, e não têm piedade; a sua voz brama como o mar, e em cavalos vêm montados, dispostos como homens para a batalha, contra ti, ó filha de Babilônia.

**43** O rei de Babilônia ouviu a fama deles, e desfaleceram as suas mãos; a angústia se apoderou dele, dores, como da que está de parto.

**44** Eis que como leão subirá das margens do Jordão um inimigo contra a morada forte, mas de repente o farei correr dali; e ao escolhido, pô-lo-ei sobre ela. Pois quem é semelhante a mim? e quem me fixará um prazo? Quem é o pastor que me poderá resistir?

**45** Portanto ouvi o conselho que o Senhor decretou contra Babilônia, e o propósito que formou contra a terra dos caldeus: Certamente eles, os pequenos do rebanho, serão arrastados; certamente o aprisco ficará apavorado por causa deles.

**46** Ao estrondo da tomada de Babilônia estremece a terra; e o grito se ouve entre as nações.

## Capítulo 51

**1** Assim diz o Senhor: Eis que levantarei um vento destruidor contra Babilônia, e contra os que habitam na Caldéia.

**2** E enviarei padejadores contra Babilônia, que a padejarão, e esvaziarão a sua terra, quando vierem contra ela em redor no dia da calamidade.

**3** Não arme o flecheiro o seu arco, nem se levante o que estiver armado da sua couraça; não perdoeis aos seus jovens; destruí completamente todo o seu exército.

**4** Cairão mortos na terra dos caldeus, e feridos nas ruas dela.

**5** Pois Israel e Judá não foram abandonados do seu Deus, o Senhor dos exércitos, ainda que a terra deles esteja cheia de culpas contra o Santo de Israel.

**6** Fugi do meio de Babilônia, e livre cada um a sua vida; não sejais exterminados na sua punição; pois este é o tempo da vingança do Senhor; ele lhe dará o pago.

**7** Na mão do Senhor a Babilônia era um copo de ouro, o qual embriagava a toda a terra; do seu vinho beberam as nações; por isso as nações estão fora de si.

**8** Repentinamente caiu Babilônia, e ficou arruinada; uivai sobre ela; tomai bálsamo para a sua dor, talvez sare.

**9** Queríamos sarar Babilônia, ela, porém, não sarou; abandonai-a, e vamo-nos, cada qual para a sua terra; pois o seu julgamento chega até o céu, e se eleva até as mais altas nuvens.

**10** O Senhor trouxe à luz a nossa justiça; vinde e anunciemos em Sião a obra do Senhor nosso Deus.

**11** Aguçai as flechas, preparai os escudos; o Senhor despertou o espírito dos reis dos medos; porque o seu intento contra Babilônia é para a destruir; pois esta é a vingança do Senhor, a vingança do seu templo.

**12** Arvorai um estandarte sobre os muros de Babilônia, reforçai a guarda, colocai sentinelas, preparai as emboscadas; porque o Senhor tanto intentou como efetuou o que tinha dito acerca dos moradores de Babilônia.

**13** ç tu, que habitas sobre muitas águas, rica de tesouros! é chegado o teu fim, a medida da tua ganância.

**14** Jurou o Senhor dos exércitos por si mesmo, dizendo: Certamente te encherei de homens, como de locustas; e eles levantarão o grito de vitória sobre ti.

**15** É ele quem fez a terra com o seu poder, estabeleceu o mundo com a sua sabedoria, e estendeu os céus com o seu entendimento.

**16** Â sua voz, há grande tumulto de águas nas céus, e ele faz subir os vapores desde as extremidades da terra; faz os relâmpagos para a chuva, e tira o vento dos seus tesouros.

**17** Embruteceu-se todo homem, de modo que não tem conhecimento; todo ourives é envergonhado pelas suas imagens esculpidas; pois as suas imagens de fundição são mentira, e não há espírito em nenhuma delas.

**18** Vaidade são, obra de enganos; no tempo em que eu as visitar perecerão.

**19** Não é semelhante a estes a porção de Jacó; porque ele é o que forma todas as coisas; e Israel é a tribo da sua herança; o Senhor dos exércitos é o seu nome.

**20** Tu me serves de martelo e de armas de guerra; contigo despedaçarei nações, e contigo destruirei os reis;

**21** contigo despedaçarei o cavalo e o seu cavaleiro; contigo despedaçarei e carro e o que nele vai;

**22** contigo despedaçarei o homem e a mulher; contigo despedaçarei o velho e o moço; contigo despedaçarei o mancebo e a donzela;

**23** contigo despedaçarei o pastor e o seu rebanho; contigo despedaçarei o lavrador e a sua junta de bois; e contigo despedaçarei governadores e magistrados.

**24** Ante os vossos olhos pagarei a Babilônia, e a todos os moradores da Caldéia, toda a sua maldade que fizeram em Sião, diz o Senhor.

**25** Eis-me aqui contra ti, ó monte destruidor, diz o Senhor, que destróis toda a terra; estenderei a minha mão contra ti, e te revolverei dos penhascos abaixo, e farei de ti um monte incendiado.

**26** E não tomarão de ti pedra para esquina, nem pedra para fundamentos; mas desolada ficarás perpetuamente, diz o Senhor.

**27** Arvorai um estandarte na terra, tocai a trombeta entre as nações, preparai as nações contra ela, convocai contra ela os reinos de Arará, Mini, e Asquenaz; ponde sobre ela um capitão, fazei subir cavalos, como locustas eriçadas.

**28** Preparai contra ela as nações, os reis dos medos, os seus governadores e magistrados, e toda a terra do seu domínio.

**29** E a terra estremece e está angustiada; porque os desígnios do Senhor estão firmes contra Babilônia, para fazer da terra de Babilônia uma desolação, sem habitantes.

**30** Os valentes de Babilônia cessaram de pelejar, ficam nas fortalezas, desfaleceu a sua força, tornaram-se como mulheres; incendiadas são as suas moradas, quebrados os seus ferrolhos.

**31** Um correio corre ao encontro de outro correio, e um mensageiro ao encontro de outro mensageiro, para anunciar ao rei de Babilônia que a sua cidade está tomada de todos os lados.

**32** E os vaus estão ocupados, os canaviais queimados a fogo, e os homens de guerra assombrados.

**33** Pois assim diz o Senhor dos exércitos, o Deus de Israel: A filha de Babilônia é como a eira no tempo da debulha; ainda um pouco, e o tempo da sega lhe virá.

**34** Nabucodonozor, rei de Babilônia, devorou-me, esmagou-me, fez de mim um vaso vazio, qual monstro tragou-me, encheu o seu ventre do que eu tinha de delicioso; lançou-me fora.

**35** A violência que se me fez a mim e à minha carne venha sobre Babilônia, diga a moradora de Sião. O meu sangue caia sobre os moradores de Caldéia, diga Jerusalém.

**36** Pelo que assim diz o Senhor: Eis que defenderei a tua causa, e te vingarei; e secarei o seu mar, e farei que se esgote a sua fonte:

**37** E Babilônia se tornará em montões, morada de chacais, objeto de espanto e assobio, sem habitante.

**38** Juntos rugirão como leões novos, bramarão como cachorros de leões.

**39** Estando eles excitados, preparar-lhes-ei um banquete, e os embriagarei, para que se regozijem, e durmam um perpétuo sono, e não despertem, diz o Senhor.

**40** Fá-los-ei descer como cordeiros ao matadouro, como carneiros e bodes.

**41** Como foi tomada Sesaque, e apanhada de surpresa a glória de toda a terra! como se tornou Babilônia um espetáculo horrendo entre as nações!

⁴²O mar subiu sobre Babilônia; coberta está com a multidão das suas ondas.

⁴³Tornaram-se as suas cidades em ruínas, terra seca e deserta, terra em que ninguém habita, nem passa por ela filho de homem.

⁴⁴E castigarei a Bel em Babilônia, e tirarei da sua boca o que ele tragou; e nunca mais concorrerão a ele as nações; o muro de Babilônia está caído.

⁴⁵Saí do meio dela, ó povo meu, e salve cada um a sua vida do ardor da ira do Senhor.

⁴⁶Não desfaleça o vosso coração, nem temais pelo rumor que se ouvir na terra; pois virá num ano um rumor, e depois noutro ano outro rumor; e haverá violência na terra, dominador contra dominador.

⁴⁷Portanto eis que vêm os dias em que executarei juízo sobre as imagens esculpidas de Babilônia; e toda a sua terra ficará envergonhada; e todos os seus traspassados cairão no meio dela.

⁴⁸Então o céu e a terra, com tudo quanto neles há, jubilarão sobre Babilônia; pois do norte lhe virão os destruidores, diz o Senhor.

⁴⁹Babilônia há de cair pelos mortos de Israel, assim como por Babilônia têm caído os mortos de toda a terra.

⁵⁰Vós, que escapastes da espada, ide-vos, não pareis; desde terras longínquas lembrai-vos do Senhor, e suba Jerusalém à vossa mente.

⁵¹Envergonhados estamos, porque ouvimos opróbrio; a confusão nos cobriu o rosto; pois entraram estrangeiros nos santuários da casa do Senhor.

⁵²Portanto, eis que vêm os dias, diz o Senhor, em que executarei juízo sobre as suas imagens esculpidas; e em toda a sua terra gemerão os feridos.

⁵³Ainda que Babilônia subisse ao céu, e ainda que fortificasse a altura da sua fortaleza, contudo de mim viriam destruidores sobre ela, diz o Senhor.

⁵⁴Eis um clamor de Babilônia! de grande destruição da terra dos caldeus!

⁵⁵Pois o Senhor está despojando a Babilônia, e emudecendo a sua poderosa voz. Bramam as ondas do inimigo como muitas águas; ouve-se o arruído da sua voz.

⁵⁶Porque o destruidor veio sobre ela, sobre Babilônia, e os seus valentes estão presos; já estão despedaçados os seus arcos; pois o Senhor é Deus das recompensas, ele certamente retribuirá.

⁵⁷Embriagarei os seus príncipes e os seus sábios, os seus governadores, os seus magistrados, e os seus valentes; e dormirão um sono perpétuo, e jamais acordarão, diz o Rei, cujo nome é o Senhor dos exércitos.

⁵⁸Assim diz o Senhor dos exércitos: O largo muro de Babilônia será de todo derribado, e as suas portas altas serão abrasadas pelo fogo; e trabalharão os povos em vão, e as nações se cansarão só para o fogo.

⁵⁹A palavra que Jeremias, o profeta, mandou a Seraías, filho de Nerias, filho de Maséias, quando ia com Zedequias, rei de Judá, a Babilônia, no quarto ano do seu reinado. Ora, Seraías era o camareiro-mor.

⁶⁰Escreveu, pois, Jeremias num livro todo o mal que havia de vir sobre Babilônia, a saber, todas estas palavras que estão escritas acerca de Babilônia.

⁶¹E disse Jeremias a Seraías: Quando chegares a Babilônia, vê que leias todas estas palavras;

⁶²e dirás: Tu, Senhor, falaste a respeito deste lugar, que o havias de desarraigar, até não ficar nele morador algum, nem homem nem animal, mas que se tornaria em perpétua desolação.

⁶³E acabando tu de ler este livro, atar-lhe-ás uma pedra e o lançarás no meio do Eufrates;

⁶⁴e dirás: Assim será submergida Babilônia, e não se levantará, por causa do mal que vou trazer sobre ela; e eles se cansarão.

## Capítulo 52

¹Era Zedequias da idade de vinte e um anos quando começou a reinar, e reinou onze anos em Jerusalém. O nome de sua mãe era Hamutal, filha de Jeremias, de Libna.

²E fez o que era mau aos olhos do Senhor, conforme tudo o que fizera Jeoiaquim.

³Pois por causa da ira do Senhor, chegou-se a tal ponto em Jerusalém e Judá que ele os lançou da sua presença. E Zedequias rebelou-se contra o rei de Babilônia.

⁴No ano nono do seu reinado, no mês décimo, no décimo dia do mês, veio Nabucodonozor, rei de Babilônia, contra Jerusalém, ele e todo o seu exército, e se acamparam contra ela, e contra ela levantaram tranqueiras ao redor.

⁵Assim esteve cercada a cidade, até o ano undécimo do rei Zedequias.

⁶No quarto mês, aos nove do mês, a fome prevalecia na cidade, de tal modo que não havia pão para o povo da terra.

⁷Então foi aberta uma brecha na cidade; e todos os homens de guerra fugiram, e saíram da cidade de noite, pelo caminho da porta entre os dois muros, a qual está junto ao jardim do rei, enquanto os caldeus estavam ao redor da cidade; e foram pelo caminho da Arabá.

⁸Mas o exército dos caldeus perseguiu o rei, e alcançou a Zedequias nas campinas de Jericó; e todo o seu exército se espalhou, abandonando-o.

⁹Prenderam o rei, e o fizeram subir ao rei de Babilônia a Ribla na terra de Hamate, o qual lhe pronunciou a sentença.

¹⁰E o rei de Babilônia matou os filhos de Zedequias à sua vista; e também matou a todos os príncipes de Judá em Ribla.

¹¹E cegou os olhos a Zedequias; e o atou com cadeias; e o rei de Babilônia o levou para Babilônia, e o conservou na prisão até o dia da sua morte.

¹²No quinto mês, no décimo dia do mês, que era o décimo nono ano do rei Nabucodonozor, rei de Babilônia, veio a Jerusalém Nebuzaradão, capitão da guarda, que assistia na presença do rei de Babilônia.

¹³E queimou a casa do Senhor, e a casa do rei; como também a todas as casas de Jerusalém, todas as casas importantes, ele as incendiou.

¹⁴E todo o exército dos caldeus, que estava com o capitão da guarda, derribou todos os muros que rodeavam Jerusalém.

¹⁵E os mais pobres do povo, e o resto do povo que tinha ficado na cidade, e os desertores que se haviam passado para o rei de Babilônia, e o resto dos artífices, Nebuzaradão, capitão da guarda, levou-os cativos.

¹⁶Mas dos mais pobres da terra Nebuzaradão, capitão da guarda, deixou ficar alguns, para serem vinhateiros e lavradores.

¹⁷Os caldeus despedaçaram as colunas de bronze que estavam na casa do Senhor, e as bases, e o mar de bronze, que estavam na casa do Senhor, e levaram todo o bronze para Babilônia.

¹⁸Também tomaram as caldeiras, as pás, as espevitadeiras, as bacias, as colheres, e todos os utensílios de bronze, com que se ministrava.

¹⁹De igual modo o capitão da guarda levou os copos, os braseiros, as bacias, as caldeiras, os castiçais, as colheres, e as tigelas. O que era de ouro, levou como ouro, e o que era de prata, como prata.

²⁰Quanto às duas colunas, ao mar, e aos doze bois de bronze que estavam debaixo das bases, que fizera o rei Salomão para a casa do Senhor, o peso do bronze de todos estes vasos era incalculável.

²¹Dessas colunas, a altura de cada um era de dezoito côvados; doze côvados era a medida da sua circunferência; e era a sua espessura de quatro dedos; e era oca.

²²E havia sobre ela um capitel de bronze; e a altura dum capitel era de cinco côvados, com uma rede e romãs sobre o capitel ao redor, tudo de bronze; e a segunda coluna tinha as mesmas coisas com as romãs.

²³E havia noventa e seis romãs aos lados; as romãs todas, sobre a rede ao redor eram cem.

²⁴Levou também o capitão da guarda a Seraías, o principal sacerdote, e a Sofonias, o segundo sacerdote, e os três guardas da porta;

²⁵e da cidade levou um oficial que tinha a seu cargo os homens de guerra; e a sete homens dos que assistiam ao rei e que se achavam na cidade; como também o escrivão-mor do exército, que registrava o povo da terra; e mais sessenta homens do povo da terra que se achavam no meio da cidade.

²⁶Tomando-os pois Nebuzaradão, capitão da guarda, levou-os ao rei de Babilônia, a Ribla.

²⁷E o rei de Babilônia os feriu e os matou em Ribla, na terra de Hamate. Assim Judá foi levado cativo para fora da sua terra.

²⁸Este é o povo que Nabucodonozor levou cativo: no sétimo ano três mil e vinte e três judeus;

²⁹no ano décimo oitavo de Nabucodonozor, ele levou cativas de Jerusalém oitocentas e trinta e duas pessoas;

³⁰no ano vinte e três de Nabucodonozor, Nebuzaradão, capitão da guarda, levou cativas, dentre os judeus, setecentas e quarenta e cinco pessoas; todas as pessoas foram quatro mil e seiscentas.

*Jeremias*

³¹No ano trigésimo sétimo do cativeiro de Joaquim, rei de Judá, no mês duodécimo, aos vinte e cinco do mês, Evil-Merodaque, rei de Babilônia, no primeiro ano do seu reinado, levantou a cabeça de Joaquim, rei de Judá, e o tirou do cárcere;

³²e falou com ele benignamente, e pôs o trono dele acima dos tronos dos reis que estavam com ele em Babilônia;

³³e lhe fez mudar a roupa da sua prisão; e Joaquim comia pão na presença do rei continuamente, todos os dias da sua vida.

³⁴E, quanto à sua ração, foi-lhe dada pelo rei de Babilônia a sua porção quotidiana, até o dia da sua morte, durante todos os dias da sua vida.

# Lamentações de Jeremias

## Capítulo 1

¹Como está sentada solitária a cidade que era tão populosa! tornou-se como viúva a que era grande entre as nações! A que era princesa entre as províncias tornou-se avassalada!

²Chora amargamente de noite, e as lágrimas lhe correm pelas faces; não tem quem a console entre todos os seus amantes; todos os seus amigos se houveram aleivosamente com ela; tornaram-se seus inimigos.

³Judá foi para o cativeiro para sofrer aflição e dura servidão; ela habita entre as nações, não acha descanso; todos os seus perseguidores a alcançaram nas suas angústias.

⁴Os caminhos de Sião pranteiam, porque não há quem venha à assembléia solene; todas as suas portas estão desoladas; os seus sacerdotes suspiram; as suas virgens estão tristes, e ela mesma sofre amargamente.

⁵Os seus adversários a dominam, os seus inimigos prosperam; porque o Senhor a afligiu por causa da multidão das suas transgressões; os seus filhinhos marcharam para o cativeiro adiante do adversário.

⁶E da filha de Sião já se foi todo o seu esplendor; os seus príncipes ficaram sendo como cervos que não acham pasto e caminham sem força adiante do perseguidor.

⁷Lembra-se Jerusalém, nos dias da sua aflição e dos seus exílios, de todas as suas preciosas coisas, que tivera desde os tempos antigos; quando caía o seu povo na mão do adversário, e não havia quem a socorresse, os adversários a viram, e zombaram da sua ruína.

⁸Jerusalém gravemente pecou, por isso se fez imunda; todos os que a honravam a desprezam, porque lhe viram a nudez; ela também suspira e se volta para trás.

⁹A sua imundícia estava nas suas fraldas; não se lembrava do seu fim; por isso foi espantosamente abatida; não há quem a console; vê, Senhor, a minha aflição; pois o inimigo se tem engrandecido.

¹⁰Estendeu o adversário a sua mão a todas as coisas preciosas dela; pois ela viu entrar no seu santuário as nações, acerca das quais ordenaste que não entrassem na tua congregação.

¹¹Todo o seu povo anda gemendo, buscando o pão; deram as suas coisas mais preciosas a troco de mantimento para refazerem as suas forças. Vê, Senhor, e contempla, pois me tornei desprezível.

¹²Não vos comove isto a todos vós que passais pelo caminho? Atendei e vede se há dor igual a minha dor, que veio sobre mim, com que o Senhor me afligiu, no dia do furor da sua ira.

¹³Desde o alto enviou fogo que entra nos meus ossos, o qual se assenhoreou deles; estendeu uma rede aos meus pés, fez-me voltar para trás, tornou-me desolada e desfalecida o dia todo.

¹⁴O jugo das minhas transgressões foi atado; pela sua mão elas foram entretecidas e postas sobre o meu pescoço; ele abateu a minha força; entregou-me o Senhor nas mãos daqueles a quem eu não posso resistir.

¹⁵O Senhor desprezou todos os meus valentes no meio de mim; convocou contra mim uma assembléia para esmagar os meus mancebos; o Senhor pisou como num lagar a virgem filha de Judá.

¹⁶Por estas coisas vou chorando; os meus olhos, os meus olhos se desfazem em águas; porque está longe de mim um consolador que pudesse renovar o meu ânimo; os meus filhos estão desolados, porque prevaleceu o inimigo.

¹⁷Estende Sião as suas mãos, não há quem a console; ordenou o Senhor acerca de Jacó que fossem inimigos os que estão em redor dele; Jerusalém se tornou entre eles uma coisa imunda.

¹⁸Justo é o Senhor, pois me rebelei contra os seus mandamentos; ouvi, rogo-vos, todos os povos, e vede a minha dor; para o cativeiro foram-se as minhas virgens e os meus mancebos.

¹⁹Chamei os meus amantes, mas eles me enganaram; os meus sacerdotes e os meus anciãos expiraram na cidade, enquanto buscavam para si mantimento, para refazerem as suas forças.

²⁰Olha, Senhor, porque estou angustiada; turbadas estão as minhas entranhas; o meu coração está transtornado dentro de mim; porque gravemente me rebelei. Na rua me desfilha a espada, em casa é como a morte.

²¹Ouviram como estou gemendo; mas não há quem me console; todos os meus inimigos souberam do meu mal; alegram-se de que tu o determinaste; mas, em trazendo tu o dia que anunciaste, eles se tornarão semelhantes a mim.

²²Venha toda a sua maldade para a tua presença, e faze-lhes como me fizeste a mim por causa de todas as minhas transgressões; pois muitos são os meus gemidos, e desfalecido está o meu coração.

## Capítulo 2

¹Como cobriu o Senhor de nuvens na sua ira a filha de Sião! derrubou do céu à terra a glória de Israel, e no dia da sua ira não se lembrou do escabelo de seus pés.

²Devorou o Senhor sem piedade todas as moradas de Jacó; derrubou no seu furor as fortalezas da filha de Judá; abateu-as até a terra. Tratou como profanos o reino e os seus príncipes.

³No furor da sua ira cortou toda a força de Israel; retirou para trás a sua destra de diante do inimigo; e ardeu contra Jacó, como labareda de fogo que tudo consome em redor.

⁴Armou o seu arco como inimigo, firmou a sua destra como adversário, e matou todo o que era formoso aos olhos; derramou a sua indignação como fogo na tenda da filha de Sião.

⁵Tornou-se o Senhor como inimigo; devorou a Israel, devorou todos os seus palácios, destruiu as suas fortalezas, e multiplicou na filha de Judá o pranto e a lamentação.

⁶E arrancou a sua cabana com violência, como se fosse a de uma horta; destruiu o seu lugar de assembléia; o Senhor entregou ao esquecimento em Sião a assembléia solene e o sábado; e na indignação da sua ira rejeitou com desprezo o rei e o sacerdote.

⁷Desprezou o Senhor o seu altar, detestou o seu santuário; entregou na mão do inimigo os muros dos seus palácios; deram-se gritos na casa do Senhor, como em dia de reunião solene.

⁸Resolveu o Senhor destruir o muro da filha de Sião; estendeu o cordel, não reteve a sua mão de fazer estragos; fez gemer o antemuro e o muro; eles juntamente se enfraquecem.

⁹Sepultadas na terra estão as suas portas; ele destruiu e despedaçou os ferrolhos dela; o seu rei e os seus príncipes estão entre as nações; não há lei; também os seus profetas não recebem visão alguma da parte do Senhor.

¹⁰Estão sentados no chão os anciãos da filha de Sião, e ficam calados; lançaram pó sobre as suas cabeças; cingiram sacos; as virgens de Jerusalém abaixaram as suas cabeças até o chão.

¹¹Já se consumiram os meus olhos com lágrimas, turbada está a minha alma, o meu coração se derrama de tristeza por causa do quebrantamento da filha do meu povo; porquanto desfalecem os meninos e as crianças de peito pelas ruas da cidade.

¹²Ao desfalecerem, como feridos, pelas ruas da cidade, ao exalarem as suas almas no regaço de suas mães, perguntam a elas: Onde está o trigo e o vinho?

¹³Que testemunho te darei, a que te compararei, ó filha de Jerusalém? A quem te assemelharei, para te consolar, ó virgem filha de Sião? pois grande como o mar é a tua ferida; quem te poderá curar?

¹⁴Os teus profetas viram para ti visões falsas e insensatas; e não manifestaram a tua iniqüidade, para te desviarem do cativeiro; mas viram para ti profecias vãs e coisas que te levaram ao exílio.

¹⁵Todos os que passam pelo caminho batem palmas contra ti; eles assobiam e meneiam a cabeça sobre a filha de Jerusalém, dizendo: É esta a cidade que denominavam a perfeição da formosura, o gozo da terra toda?

¹⁶Todos os teus inimigos abrem as suas bocas contra ti, assobiam, e rangem os dentes; dizem: Devoramo-la; certamente este é o dia que esperávamos; achamo-lo, vimo-lo.

¹⁷Fez o Senhor o que intentou; cumpriu a sua palavra, que ordenou desde os dias da antigüidade; derrubou, e não se apiedou; fez que o inimigo se alegrasse por tua causa, exaltou o poder dos teus adversários.

¹⁸Clama ao Senhor, ó filha de Sião; corram as tuas lágrimas, como um ribeiro, de dia e de noite; não te dês repouso, nem descansem os teus olhos.

¹⁹Levanta-te, clama de noite no princípio das vigias; derrama o teu coração como águas diante do Senhor! Levanta a ele as tuas mãos, pela vida de teus filhinhos, que desfalecem de fome à entrada de todas as ruas.

²⁰Vê, ó Senhor, e considera a quem assim tens tratado! Acaso comerão as mulheres o fruto de si mesmas, as crianças que trazem nos braços? ou matar-se-á no santuário do Senhor o sacerdote e o profeta?

²¹Jazem por terra nas ruas o moço e o velho; as minhas virgens e os meus jovens vieram a cair à espada; tu os mataste no dia da tua ira; trucidaste-os sem misericórdia.

²²Convocaste de toda a parte os meus terrores, como no dia de assembléia solene; não houve no dia da ira do Senhor quem escapasse ou ficasse; aqueles que eu trouxe nas mãos e criei, o meu inimigo os consumiu.

Lamentações de Jeremias

## Capítulo 3

¹Eu sou o homem que viu a aflição causada pela vara do seu furor.
²Ele me guiou e me fez andar em trevas e não na luz.
³Deveras fez virar e revirar a sua mão contra mim o dia todo.
⁴Fez envelhecer a minha carne e a minha pele; quebrou-me os ossos.
⁵Levantou trincheiras contra mim, e me cercou de fel e trabalho.
⁶Fez-me habitar em lugares tenebrosos, como os que estavam mortos há muito.
⁷Cercou-me de uma sebe de modo que não posso sair; agravou os meus grilhões.
⁸Ainda quando grito e clamo por socorro, ele exclui a minha oração.
⁹Fechou os meus caminhos com pedras lavradas, fez tortuosas as minhas veredas.
¹⁰Fez-se-me como urso de emboscada, um leão em esconderijos.
¹¹Desviou os meus caminhos, e fez-me em pedaços; deixou-me desolado.
¹²Armou o seu arco, e me pôs como alvo à flecha.
¹³Fez entrar nos meus rins as flechas da sua aljava.
¹⁴Fui feito um objeto de escárnio para todo o meu povo, e a sua canção o dia todo.
¹⁵Encheu-me de amarguras, fartou-me de absinto.
¹⁶Quebrou com pedrinhas de areia os meus dentes, cobriu-me de cinza.
¹⁷Alongaste da paz a minha alma; esqueci-me do que seja a felicidade.
¹⁸Digo, pois: Já pereceu a minha força, como também a minha esperança no Senhor.
¹⁹Lembra-te da minha aflição e amargura, do absinto e do fel.
²⁰Minha alma ainda os conserva na memória, e se abate dentro de mim.
²¹Torno a trazer isso à mente, portanto tenho esperança.
²²A benignidade do Senhor jamais acaba, as suas misericórdias não têm fim;
²³renovam-se cada manhã. Grande é a tua fidelidade.
²⁴A minha porção é o Senhor, diz a minha alma; portanto esperarei nele.
²⁵Bom é o Senhor para os que esperam por ele, para a alma que o busca.
²⁶Bom é ter esperança, e aguardar em silêncio a salvação do Senhor.
²⁷Bom é para o homem suportar o jugo na sua mocidade.
²⁸Que se assente ele, sozinho, e fique calado, porquanto Deus o pôs sobre ele.
²⁹Ponha a sua boca no pó; talvez ainda haja esperança.
³⁰Dê a sua face ao que o fere; farte-se de afronta.
³¹Pois o Senhor não rejeitará para sempre.
³²Embora entristeça a alguém, contudo terá compaixão segundo a grandeza da sua misericórdia.
³³Porque não aflige nem entristece de bom grado os filhos dos homens.
³⁴Pisar debaixo dos pés a todos os presos da terra,
³⁵perverter o direito do homem perante a face do Altíssimo,
³⁶subverter o homem no seu pleito, não são do agrado do senhor.
³⁷Quem é aquele que manda, e assim acontece, sem que o Senhor o tenha ordenado?
³⁸Não sai da boca do Altíssimo tanto o mal como o bem?
³⁹Por que se queixaria o homem vivente, o varão por causa do castigo dos seus pecados?
⁴⁰Esquadrinhemos os nossos caminhos, provemo-los, e voltemos para o Senhor.
⁴¹Levantemos os nossos corações com as mãos para Deus no céu dizendo:
⁴²Nós transgredimos, e fomos rebeldes, e não perdoaste,
⁴³Cobriste-te de ira, e nos perseguiste; mataste, não te apiedaste.
⁴⁴Cobriste-te de nuvens, para que não passe a nossa oração.
⁴⁵Como escória e refugo nos puseste no meio dos povos.
⁴⁶Todos os nossos inimigos abriram contra nós a sua boca.
⁴⁷Temor e cova vieram sobre nós, assolação e destruição.
⁴⁸Torrentes de águas correm dos meus olhos, por causa da destruição da filha do meu povo.
⁴⁹Os meus olhos derramam lágrimas, e não cessam, sem haver intermissão,
⁵⁰até que o Senhor atente e veja desde o céu.
⁵¹Os meus olhos me afligem, por causa de todas as filhas da minha cidade.
⁵²Como ave me caçaram os que, sem causa, são meus inimigos.
⁵³Atiraram-me vivo na masmorra, e lançaram pedras sobre mim.
⁵⁴Águas correram sobre a minha cabeça; eu disse: Estou cortado.
⁵⁵Invoquei o teu nome, Senhor, desde a profundeza da masmorra.
⁵⁶Ouviste a minha voz; não escondas o teu ouvido ao meu suspiro, ao meu clamor.
⁵⁷Tu te aproximaste no dia em que te invoquei; disseste: Não temas.
⁵⁸Pleiteaste, Senhor, a minha causa; remiste a minha vida.
⁵⁹Viste, Senhor, a injustiça que sofri; julga tu a minha causa.
⁶⁰Viste toda a sua vingança, todos os seus desígnios contra mim.
⁶¹Ouviste as suas afrontas, Senhor, todos os seus desígnios contra mim,
⁶²os lábios e os pensamentos dos que se levantam contra mim o dia todo.
⁶³Observa-os ao assentarem-se e ao levantarem-se; eu sou a sua canção.
⁶⁴Tu lhes darás a recompensa, Senhor, conforme a obra das suas mãos.
⁶⁵Tu lhes darás dureza de coração, maldição tua sobre eles.
⁶⁶Na tua ira os perseguirás, e os destruirás de debaixo dos teus céus, ó Senhor.

## Capítulo 4

¹Como se escureceu o ouro! como se mudou o ouro puríssimo! como estão espalhadas as pedras do santuário pelas esquinas de todas as ruas!
²Os preciosos filhos de Sião, comparáveis a ouro puro, como são agora reputados por vasos de barro, obra das mãos de oleiro!
³Até os chacais abaixam o peito, dão de mamar aos seus filhos; mas a filha do meu povo tornou-se cruel como os avestruzes no deserto.
⁴A língua do que mama fica pegada pela sede ao seu paladar; os meninos pedem pão, e ninguém lho reparte.
⁵Os que comiam iguarias delicadas desfalecem nas ruas; os que se criavam em escarlata abraçam monturos.
⁶Pois maior é a iniqüidade da filha do meu povo do que o pecado de Sodoma, a qual foi subvertida como num momento, sem que mão alguma lhe tocasse.
⁷Os seus nobres eram mais alvos do que a neve, mais brancos do que o leite, eram mais ruivos de corpo do que o coral, e a sua formosura era como a de safira.
⁸Mas agora escureceu-se o seu parecer mais do que o negrume; eles não são reconhecidos nas ruas; a sua pele se lhes pegou aos ossos; secou-se, tornou-se como um pau.
⁹Os mortos à espada eram mais ditosos do que os mortos à fome, pois estes se esgotavam, como traspassados, por falta dos frutos dos campos.
¹⁰As mãos das mulheres compassivas cozeram os próprios filhos; estes lhes serviram de alimento na destruição da filha do meu povo.
¹¹Deu o Senhor cumprimento ao seu furor, derramou o ardor da sua ira; e acendeu um fogo em Sião, que consumiu os seus fundamentos.
¹²Não creram os reis da terra, bem como nenhum dos moradores do mundo, que adversário ou inimigo pudesse entrar pelas portas de Jerusalém.
¹³Isso foi por causa dos pecados dos seus profetas e das iniqüidades dos seus sacerdotes, que derramaram no meio dela o sangue dos justos.
¹⁴Vagueiam como cegos pelas ruas; andam contaminados de sangue, de tal sorte que não se lhes pode tocar nas roupas.
¹⁵Desviai-vos! imundo! gritavam-lhes; desviai-vos, desviai-vos, não toqueis! Quando fugiram, e andaram, vagueando, dizia-se entre as nações: Nunca mais morarão aqui.
¹⁶A ira do Senhor os espalhou; ele nunca mais tornará a olhar para eles; não respeitaram a pessoa dos sacerdotes, nem se compadeceram dos velhos.
¹⁷Os nossos olhos desfaleciam, esperando o nosso vão socorro. em vigiando olhávamos para uma nação, que não podia, livrai.
¹⁸Espiaram os nossos passos, de maneira que não podíamos andar pelas nossas ruas; o nosso fim estava perto; estavam contados os nossos dias, porque era chegado o nosso fim.
¹⁹Os nossos perseguidores foram mais ligeiros do que as águias do céu; sobre os montes nos perseguiram, no deserto nos armaram ciladas.
²⁰O fôlego da nossa vida, o ungido do Senhor, foi preso nas covas deles, o mesmo de quem dizíamos: Debaixo da sua sombra viveremos entre as nações.
²¹Regozija-te, e alegra-te, ó filha de Edom, que habitas na terra de

Uz; o cálice te passará a ti também; embebedar-te-ás, e te descobrirás.

²²Já se cumpriu o castigo da tua iniqüidade, ó filha de Sião; ele nunca mais te levará para o cativeiro; ele visitará a tua iniqüidade, ó filha de Edom; descobrirá os teus pecados.

## Capítulo 5

¹Lembra-te, Senhor, do que nos tem sucedido; considera, e olha para o nosso opróbrio.

²A nossa herdade passou a estranhos, e as nossas casas a forasteiros.

³Órfãos somos sem pai, nossas mães são como viúvas.

⁴A nossa água por dinheiro a bebemos, por preço vem a nossa lenha.

⁵Os nossos perseguidores estão sobre os nossos pescoços; estamos cansados, e não temos descanso.

⁶Aos egípcios e aos assírios estendemos as mãos, para nos fartarmos de pão.

⁷Nossos pais pecaram, e já não existem; e nós levamos as suas iniqüidades.

⁸Escravos dominam sobre nós; ninguém há que nos arranque da sua mão.

⁹Com perigo de nossas vidas obtemos o nosso pão, por causa da espada do deserto.

¹⁰Nossa pele está abraseada como um forno, por causa do ardor da fome.

¹¹Forçaram as mulheres em Sião, as virgens nas cidades de Judá.

¹²Príncipes foram enforcados pelas mãos deles; as faces dos anciãos não foram respeitadas.

¹³Mancebos levaram a mó; meninos tropeçaram sob fardos de lenha.

¹⁴Os velhos já não se assentam nas portas, os mancebos já não cantam.

¹⁵Cessou o gozo de nosso coração; converteu-se em lamentação a nossa dança.

¹⁶Caiu a coroa da nossa cabeça; ai de nós. porque pecamos.

¹⁷Portanto desmaiou o nosso coração; por isso se escureceram os nossos olhos.

¹⁸Pelo monte de Sião, que está assolado, andam os chacais.

¹⁹Tu, Senhor, permaneces eternamente; e o teu trono subsiste de geração em geração.

²⁰Por que te esquecerias de nós para sempre, por que nos desampararias por tanto tempo?

²¹Converte-nos a ti, Senhor, e seremos convertidos; renova os nossos dias como dantes;

²²se é que não nos tens de todo rejeitado, se é que não estás sobremaneira irado contra nos.

# Ezequiel

## Capítulo 1

¹Ora aconteceu no trigésimo ano, no quarto mês, no dia quinto do mês, que estando eu no meio dos cativos, junto ao rio Quebar, se abriram os céus, e eu tive visões de Deus.

²No quinto dia do mês, já no quinto ano do cativeiro do rei Joaquim,

³veio expressamente a palavra do Senhor a Ezequiel, filho de Buzi, o sacerdote, na terra dos caldeus, junto ao rio Quebar; e ali esteve sobre ele a mão do Senhor.

⁴Olhei, e eis que um vento tempestuoso vinha do norte, uma grande nuvem, com um fogo que emitia de contínuo labaredas, e um resplendor ao redor dela; e do meio do fogo saía uma coisa como o brilho de âmbar.

⁵E do meio dela saía a semelhança de quatro seres viventes. E esta era a sua aparência: tinham a semelhança de homem;

⁶cada um tinha quatro rostos, como também cada um deles quatro asas.

⁷E as suas pernas eram retas; e as plantas dos seus pés como a planta do pé dum bezerro; e luziam como o brilho de bronze polido.

⁸E tinham mãos de homem debaixo das suas asas, aos quatro lados; e todos quatro tinham seus rostos e suas asas assim:

⁹Uniam-se as suas asas uma à outra; eles não se viravam quando andavam; cada qual andava para adiante de si;

¹⁰e a semelhança dos seus rostos era como o rosto de homem; e à mão direita todos os quatro tinham o rosto de leão, e à mão esquerda todos os quatro tinham o rosto dé boi; e também tinham todos os quatro o rosto de águia;

¹¹assim eram os seus rostos. As suas asas estavam estendidas em cima; cada qual tinha duas asas que tocavam às de outro; e duas cobriam os corpos deles.

¹²E cada qual andava para adiante de si; para onde o espírito havia de ir, iam; não se viravam quando andavam.

¹³No meio dos seres viventes havia uma coisa semelhante a ardentes brasas de fogo, ou a tochas que se moviam por entre os seres viventes; e o fogo resplandecia, e do fogo saíam relâmpagos.

¹⁴E os seres viventes corriam, saindo e voltando à semelhança dum raio.

¹⁵Ora, eu olhei para os seres viventes, e vi rodas sobre a terra junto aos seres viventes, uma para cada um dos seus quatro rostos.

¹⁶O aspecto das rodas, e a obra delas, era como o brilho de crisólita; e as quatro tinham uma mesma semelhança; e era o seu aspecto, e a sua obra, como se estivera uma roda no meio de outra roda.

¹⁷Andando elas, iam em qualquer das quatro direções sem se virarem quando andavam.

¹⁸Estas rodas eram altas e formidáveis; as quatro tinham as suas cambotas cheias de olhos ao redor.

¹⁹E quando andavam os seres viventes, andavam as rodas ao lado deles; e quando os seres viventes se elevavam da terra, elevavam-se também as rodas.

²⁰Para onde o espírito queria ir, iam eles, mesmo para onde o espírito tinha de ir; e as rodas se elevavam ao lado deles; porque o espírito do ser vivente estava nas rodas.

²¹Quando aqueles andavam, andavam estas; e quando aqueles paravam, paravam estas; e quando aqueles se elevavam da terra, elevavam-se também as rodas ao lado deles; porque o espírito do ser vivente estava nas rodas.

²²E por cima das cabeças dos seres viventes havia uma semelhança de firmamento, como o brilho de cristal terrível, estendido por cima, sobre a sua cabeça.

²³E debaixo do firmamento estavam as suas asas direitas, uma em direção à outra; cada um tinha duas que lhe cobriam o corpo dum lado, e cada um tinha outras duas que o cobriam doutro lado.

²⁴E quando eles andavam, eu ouvia o ruído das suas asas, como o ruído de muitas águas, como a voz do Onipotente, o ruído de tumulto como o ruído dum exército; e, parando eles, abaixavam as suas asas.

²⁵E ouvia-se uma voz por cima do firmamento, que estava por cima das suas cabeças; parando eles, abaixavam as suas asas.

²⁶E sobre o firmamento, que estava por cima das suas cabeças, havia uma semelhança de trono, como a aparência duma safira; e sobre a semelhança do trono havia como que a semelhança dum homem, no alto, sobre ele.

²⁷E vi como o brilho de âmbar, como o aspecto do fogo pelo interior dele ao redor desde a semelhança dos seus lombos, e daí para cima; e, desde a semelhança dos seus lombos, e daí para baixo, vi como a semelhança de fogo, e havia um resplendor ao redor dele.

²⁸Como o aspecto do arco que aparece na nuvem no dia da chuva, assim era o aspecto do resplendor em redor. Este era o aspecto da semelhança da glória do Senhor; e, vendo isso, caí com o rosto em terra, e ouvi uma voz de quem falava.

## Capítulo 2

¹E disse-me: Filho do homem, põe-te em pé, e falarei contigo.

²Então, quando ele falava comigo entrou em mim o Espírito, e me pôs em pé, e ouvi aquele que me falava.

³E disse-me ele: Filho do homem, eu te envio aos filhos de Israel, às nações rebeldes que se rebelaram contra mim; eles e seus pais têm transgredido contra mim até o dia de hoje.

⁴E os filhos são de semblante duro e obstinados de coração. Eu te envio a eles, e lhes dirás: Assim diz o Senhor Deus.

⁵E eles, quer ouçam quer deixem de ouvir (porque eles são casa rebelde), hão de saber que esteve no meio deles um profeta.

⁶E tu, ó filho do homem, não os temas, nem temas as suas palavras; ainda que estejam contigo sarças e espinhos, e tu habites entre escorpiões; não temas as suas palavras, nem te assustes com os seus semblantes, ainda que são casa rebelde.

⁷Mas tu lhes dirás as minhas palavras, quer ouçam quer deixem de ouvir, pois são rebeldes.

⁸Mas tu, ó filho do homem, ouve o que te digo; não sejas rebelde como a casa rebelde; abre a tua boca, e come o que eu te dou.

⁹E quando olhei, eis que tua mão se estendia para mim, e eis que nela estava um rolo de livro.

¹⁰E abriu-o diante de mim; e o rolo estava escrito por dentro e por fora; e nele se achavam escritas lamentações, e suspiros e ais.

## Capítulo 3

¹Depois me disse: Filho do homem, come o que achares; come este rolo, e vai, fala à casa de Israel.

²Então abri a minha boca, e ele me deu a comer o rolo.

³E disse-me: Filho do homem, dá de comer ao teu ventre, e enche as tuas entranhas deste rolo que eu te dou. Então o comi, e era na minha boca doce como o mel.

⁴Disse-me ainda: Filho do homem, vai, entra na casa de Israel, e dize-lhe as minhas palavras.

⁵Pois tu não és enviado a um povo de estranha fala, nem de língua difícil, mas à casa de Israel;

⁶nem a muitos povos de estranha fala, e de língua difícil, cujas palavras não possas entender; se eu aos tais te enviara, certamente te dariam ouvidos.

⁷Mas a casa de Israel não te quererá ouvir; pois eles não me querem escutar a mim; porque toda a casa de Israel é de fronte obstinada e dura de coração.

⁸Eis que fiz duro o teu rosto contra os seus rostos, e dura a tua fronte contra a sua fronte.

⁹Fiz como esmeril a tua fronte, mais dura do que a pederneira. Não os temas pois, nem te assustes com os seus semblantes, ainda que são casa rebelde.

¹⁰Disse-me mais: Filho do homem, recebe no teu coração todas as minhas palavras que te hei de dizer; e ouve-as com os teus ouvidos.

¹¹E vai ter com os do cativeiro, com os filhos do teu povo, e lhes falarás, e tu dirás: Assim diz o Senhor Deus; quer ouçam quer deixem de ouvir.

¹²Então o Espírito me levantou, e ouvi por detrás de mim uma voz de grande estrondo, que dizia: Bendita seja a glória do Senhor, desde o seu lugar.

¹³E ouvi o ruído das asas dos seres viventes, ao tocarem umas nas outras, e o banilho das rodas ao lado deles, e o sonido dum grande estrondo.

¹⁴Então o Espírito me levantou, e me levou; e eu me fui, amargurado, na indignação do meu espírito; e a mão do Senhor era forte sobre mim.

¹⁵E vim ter com os do cativeiro, a Tel-Abibe, que moravam junto ao rio Quebar, e eu morava onde eles moravam; e por sete dias sentei-me ali, pasmado no meio deles.

¹⁶Ao fim de sete dias, veio a palavra do Senhor a mim, dizendo:

¹⁷Filho do homem, eu te dei por atalaia sobre a casa de Israel; quando ouvires uma palavra da minha boca, avisá-los-ás da minha parte.

¹⁸Quando eu disser ao ímpio: Certamente morrerás; se não o avisares, nem falares para avisar o ímpio acerca do seu mau caminho, a

fim de salvares a sua vida, aquele ímpio morrerá na sua iniqüidade; mas o seu sangue, da tua mão o requererei;

¹⁹Contudo se tu avisares o ímpio, e ele não se converter da sua impiedade e do seu mau caminho, ele morrerá na sua iniqüidade; mas tu livraste a tua alma.

²⁰Semelhantemente, quando o justo se desviar da sua justiça, e praticar a iniqüidade, e eu puser diante dele um tropeço, ele morrerá; porque não o avisaste, no seu pecado morrerá e não serão lembradas as suas ações de justiça que tiver praticado; mas o seu sangue, da tua mão o requererei.

²¹Mas se tu avisares o justo, para que o justo não peque, e ele não pecar, certamente viverá, porque recebeu o aviso; e tu livraste a tua alma.

²²E a mão do Senhor estava sobre mim ali, e ele me disse: Levanta-te, e sai ao vale, e ali falarei contigo.

²³Então me levantei, e saí ao vale; e eis que a glória do Senhor estava ali, como a glória que vi junto ao rio Quebar; e caí com o rosto em terra.

²⁴Então entrou em mim o Espírito, e me pôs em pé; e falou comigo, e me disse: Entra, encerra-te dentro da tua casa.

²⁵E quanto a ti, ó filho do homem, eis que porão cordas sobre ti, e te ligarão com elas, e tu não sairás por entre eles.

²⁶E eu farei que a tua língua se pegue ao teu paladar, e ficarás mudo, e não lhes servirás de repreendedor; pois casa rebelde são eles.

²⁷Mas quando eu falar contigo, abrirei a tua boca, e lhes dirás: Assim diz o Senhor Deus: Quem ouvir, ouça, e quem deixar de ouvir, deixe; pois casa rebelde são eles.

## Capítulo 4

¹Tu pois, ó filho do homem, toma um tijolo, e pô-lo-ás diante de ti, e grava nele uma cidade, a cidade de Jerusalém;

²e põe contra ela um cerco, e edifica contra ela uma fortificação, e levanta contra ela uma tranqueira; e coloca contra ela arraiais, e põe-lhe aríetes em redor.

³Toma também uma sertã de ferro, e põe-na por muro de ferro entre ti e a cidade; e olha para a cidade, e ela será cercada, e tu a cercarás; isso servirá de sinal para a casa de Israel.

⁴Tu também deita-te sobre o teu lado esquerdo, e põe sobre ele a iniqüidade da casa de Israel; conforme o número dos dias em que te deitares sobre ele, levarás a sua iniqüidade.

⁵Pois eu fixei os anos da sua iniqüidade, para que eles te sejam contados em dias, trezentos e noventa dias; assim levarás a iniqüidade da casa de Israel.

⁶E quando tiveres cumprido estes dias, deitar-te-ás sobre o teu lado direito, e levarás a iniqüidade da casa de Judá; quarenta dias te dei, cada dia por um ano.

⁷Dirigirás, pois, o teu rosto para o cerco de Jerusalém, com o teu braço descoberto; e profetizarás contra ela.

⁸E eis que porei sobre ti cordas; assim tu não te voltarás dum lado para o outro, até que tenhas cumprido os dias de teu cerco.

⁹E tu toma trigo, e cevada, e favas, e lentilhas, e milho miúdo, e espelta, e mete-os numa só vasilha, e deles faze pão. Conforme o número dos dias que te deitares sobre o teu lado, trezentos e noventa dias, comerás disso.

¹⁰E a tua comida, que hás de comer, será por peso, vinte siclos cada dia; de tempo em tempo a comerás.

¹¹Também beberás a água por medida, a sexta parte dum him; de tempo em tempo beberás.

¹²Tu a comerás como bolos de cevada, e à vista deles a assarás sobre o excremento humano.

¹³E disse o Senhor: Assim comerão os filhos de Israel o seu pão imundo, entre as nações, para onde eu os lançarei.

¹⁴Então disse eu: Ah Senhor Deus! eis que a minha alma não foi contaminada: pois desde a minha mocidade até agora jamais comi do animal que morre de si mesmo, ou que é dilacerado por feras; nem carne abominável entrou na minha boca.

¹⁵Então me disse: Vê, eu te dou esterco de bois em lugar de excremento de homem; e sobre ele prepararás o teu pão,

¹⁶Disse-me mais: Filho do homem, eis que quebrarei o báculo de pão em Jerusalém; e comerão o pão por peso, e com ansiedade; e beberão a água por medida, e com espanto;

¹⁷até que lhes falte o pão e a água, e se espantem uns com os outros, e se definhem na sua iniqüidade.

## Capítulo 5

¹E tu, ó filho do homem, toma uma espada afiada; como navalha de barbeiro a usarás, e a farás passar pela tua cabeça e pela tua barba. Então tomarás uma balança e repartirás os cabelos.

²A terça parte, queimá-la-ás no fogo, no meio da cidade, quando se cumprirem os dias do cerco; tomarás outra terça parte, e com uma espada feri-la-ás ao redor da cidade; e espalharás a outra terça parte ao vento; e eu desembainharei a espada atrás deles.

³E tomarás deles um pequeno número, e atá-los-ás nas bordas da tua capa.

⁴E ainda destes tomarás alguns e, lançando-os no meio do fogo, os queimarás no fogo; e dali sairá um fogo contra toda a casa de Israel.

⁵Assim diz o Senhor Deus: Esta é Jerusalém; coloquei-a no meio das nações, estando os países ao seu redor;

⁶ela, porém, se rebelou perversamente contra os meus juízos, mais do que as nações, e os meus estatutos mais do que os países que estão ao redor dela; porque rejeitaram as minhas ordenanças, e nao andaram nos meus preceitos.

⁷Portanto assim diz o Senhor Deus: Porque sois mais turbulentos do que as nações que estão ao redor de vós, e não tendes andado nos meus estatutos, nem guardado os meus juízos, e tendes procedido segundo as ordenanças das nações que estão ao redor de vós;

⁸por isso assim diz o Senhor Deus: Eis que eu, sim, eu, estou contra ti; e executarei juízos no meio de ti aos olhos das nações.

⁹E por causa de todas as tuas abominações farei sem ti o que nunca fiz, e coisas às quais nunca mais farei semelhantes.

¹⁰portanto os pais comerão a seus filhos no meio de ti, e os filhos comerão a seus pais; e executarei em ti juízos, e todos os que restarem de ti, espalhá-los-ei a todos os ventos.

¹¹Portanto, tão certo como eu vivo, diz o Senhor Deus, pois que profanaste o meu santuário com todas as tuas coisas detestáveis, e com todas as tuas abominações, também eu te diminuirei; e não te perdoarei, nem terei piedade de ti.

¹²uma terça parte de ti morrerá da peste, e se consumirá de fome no meio de ti; e outra terça parte cairá à espada em redor de ti; e a outra terça parte, espalha-la-ei a todos os ventos, e desembainharei a espada atrás deles.

¹³Assim se cumprirá a minha ira, e satisfarei neles o meu furor, e me consolarei; e saberão que sou eu, o Senhor, que tenho falado no meu zelo, quando eu cumprir neles o meu furor.

¹⁴Demais te farei uma desolação, e objeto de opróbrio entre as nações que estão em redor de ti, à vista de todos os que passarem.

¹⁵E isso será objeto de opróbrio e ludíbrio, e escarmento e espanto, às nações que estão em redor de ti, quando eu executar em ti juízos com ira, e com furor, e com furiosos castigos. Eu, o Senhor, o disse.

¹⁶Quando eu enviar as malignas flechas da fome contra eles, flechas para a destruição, as quais eu mandarei para vos destruir; e aumentarei a fome sobre vós, e tirar-vos-ei o sustento do pão.

¹⁷E enviarei sobre vós a fome e feras, que te desfilharão; e a peste e o sangue passarão por ti; e trarei a espada sobre ti. Eu, o Senhor, o disse.

## Capítulo 6

¹E veio a mim a palavra do Senhor, dizendo:

²Filho do homem, dirige o teu rosto para os montes de Israel, e profetiza contra eles.

³E dize: Montes de Israel, ouvi a palavra do Senhor Deus. Assim diz o Senhor Deus aos montes, aos outeiros, às ravinas e aos vales: Eis que eu, sim eu, trarei a espada sobre vós, e destruirei os vossos altos.

⁴E serão assolados os vossos altares, e quebrados os vossos altares de incenso; e arrojarei os vossos mortos diante dos vossos ídolos.

⁵E porei os cadáveres dos filhos de Israel diante dos seus ídolos, e espalharei os vossos ossos em redor dos vossos altares.

⁶Em todos os vossos lugares habitáveis as cidades serão destruídas, e os altos assolados; para que os vossos altares sejam destruídos e assolados, e os vossos ídolos se quebrem e sejam destruídos, e os altares de incenso sejam cortados, e desfeitas as vossas obras.

⁷E os traspassados cairão no meio de vós, e sabereis que eu sou o Senhor.

⁸Contudo deixarei com vida um restante, visto que tereis alguns que escaparão da espada entre as nações, quando fordes espalhados pelos países.

⁹Então os que dentre vós escaparem se lembrarão de mim entre as nações para onde forem levados em cativeiro, quando eu lhes tiver quebrantado o coração corrompido, que se desviou de mim, e cegado os seus olhos, que se vão corrompendo após os seus ídolos; e terão nojo de

si mesmos, por causa das maldades que fizeram em todas as suas abominações.

¹⁰E saberão que eu sou o Senhor; não disse debalde que lhes faria este mal.

¹¹Assim diz o Senhor Deus: Bate com a mão, e bate com o teu pé, e dize: Ah! por causa de todas as péssimas abominações da casa de Israel; pois eles cairão à espada, e de fome, e de peste.

¹²O que estiver longe morrerá de peste; e, o que está perto cairá à espada; e o que ficar de resto e cercado morrerá de fome; assim cumprirei o meu furor contra eles.

¹³Então sabereis que eu sou o Senhor, quando os seus mortos estiverem estendidos no meio dos seus ídolos, em redor dos seus altares, em todo outeiro alto, em todos os cumes dos montes, e debaixo de toda árvore verde, e debaixo de todo carvalho frondoso, lugares onde ofereciam suave cheiro a todos os seus ídolos.

¹⁴E estenderei a minha mão sobre eles, e farei a terra desolada e erma, em todas as suas habitações; desde o deserto até Dibla; e saberão que eu sou o Senhor.

## Capítulo 7

¹Demais veio a palavra do Senhor a mim, dizendo:

²E tu, ó filho do homem, assim diz o Senhor Deus à terra de Israel: Vem o fim, o fim vem sobre os quatro cantos da terra.

³Agora vem o fim sobre ti, e enviarei sobre ti a minha ira, e te julgarei conforme os teus caminhos; e trarei sobre ti todas as tuas abominações.

⁴E não te pouparei, nem terei piedade de ti; mas eu te punirei por todos os teus caminhos, enquanto as tuas abominações estiverem no meio de ti; e sabereis que eu sou o Senhor.

⁵Assim diz o Senhor Deus: Mal sobre mal! eis que vem!

⁶Vem o fim, o fim vem, despertou-se contra ti; eis que vem.

⁷Vem a tua ruína, ó habitante da terra! Vem o tempo; está perto o dia, o dia de tumulto, e não de gritos alegres, sobre os montes.

⁸Agora depressa derramarei o meu furor sobre ti, e cumprirei a minha ira contra ti, e te julgarei conforme os teus caminhos; e te punirei por todas as tuas abominações.

⁹E não te pouparei, nem terei piedade; conforme os teus caminhos, assim te punirei, enquanto as tuas abominações estiverem no meio de ti; e sabereis que eu, o Senhor, castigo.

¹⁰Eis o dia! Eis que vem! Veio a tua ruína; já floresceu a vara, já brotou a soberba.

¹¹A violência se levantou em vara de iniquidade. nada restará deles, nem da sua multidão, nem dos seus bens. Não haverá eminência entre eles.

¹²Vem o tempo, é chegado o dia; não se alegre o comprador, e não se entristeça o vendedor; pois a ira está sobre toda a multidão deles.

¹³Na verdade o vendedor não tornará a possuir o que vendeu, ainda que esteja por longo tempo entre os viventes; pois a visão, no tocante a toda a multidão deles, não voltará atrás; e ninguém prosperará na vida, pela sua iniqüidade.

¹⁴Já tocaram a trombeta, e tudo prepararam, mas não há quem vá à batalha; pois sobre toda a multidão deles está a minha ira.

¹⁵Fora está a espada, e dentro a peste e a fome; o que estiver no campo morrerá à espada; e o que estiver na cidade, devorá-lo-á a fome e a peste.

¹⁶E se escaparem alguns sobreviventes, estarão sobre os montes, como pombas dos vales, todos gemendo, cada um por causa da sua iniqüidade.

¹⁷Todas as mãos se enfraquecerão, e todos os joelhos se tornarão fracos como água.

¹⁸E se cingirão de sacos, e o terror os cobrirá; e sobre todos os rostos haverá vergonha e sobre todas as suas cabeças calva.

¹⁹A sua prata, lançá-la-ão pelas ruas, e o seu ouro será como imundícia; nem a sua prata nem o seu ouro os poderá livrar no dia do furor do Senhor; esses metais não lhes poderão saciar a fome, nem lhes encher o estômago; pois serviram de tropeço da sua iniqüidade.

²⁰Converteram em soberba a formosura dos seus adornos, e deles fizeram as imagens das suas abominações, e as suas coisas detestáveis; por isso eu a fiz para eles como uma coisa imunda.

²¹E entregá-la-ei nas mãos dos estrangeiros por presa, e aos ímpios da terra por despojo; e a profanarão.

²²E desviarei deles o meu rosto, e profanarão o meu lugar oculto; porque entrarão nele saqueadores, e o profanarão.

²³Faze uma cadeia, porque a terra está cheia de crimes de sangue, e a cidade está cheia de violência.

²⁴Pelo que trarei dentre as nações os piores, que possuirão as suas casas; e farei cessar a soberba dos poderosos; e os seus lugares santos serão profanados.

²⁵Quando vier a angústia eles buscarão a paz, mas não haverá paz.

²⁶Miséria sobre miséria virá, e se levantará rumor sobre rumor; e buscarão do profeta uma visão; mas do sacerdote perecerá a lei, e dos anciãos o conselho.

²⁷O rei pranteará, e o príncipe se vestirá de desolação, e as mãos do povo da terra tremerão de medo. Conforme o seu caminho lhes farei, e conforme os seus merecimentos os julgarei; e saberão que eu sou o Senhor.

## Capítulo 8

¹Sucedeu pois, no sexto ano, no mês sexto, no quinto dia do mês, estando eu assentado na minha casa, e os anciãos de Judá assentados diante de mim, que ali a mão do Senhor Deus caiu sobre mim.

²Então olhei, e eis uma semelhança como aparência de fogo. Desde a aparência dos seus lombos, e para baixo, era fogo; e dos seus lombos, e para cima, como aspecto de resplendor, como e brilho de âmbar.

³E estendeu a forma duma mão, e me tomou por uma trança da minha cabeça; e o Espírito me levantou entre a terra e o céu, e nas visões de Deus me trouxe a Jerusalém, até a entrada da porta do pátio de dentro, que olha para o norte, onde estava o assento da imagem do ciúme, que provoca ciúme.

⁴E eis que a glória do Deus de Israel estava ali, conforme a semelhança que eu tinha visto no vale.

⁵Então me disse: Filho do homem, levanta agora os teus olhos para o caminho do norte. Levantei, pois, os meus olhos para o caminho do norte, e eis que ao norte da porta do altar, estava esta imagem do ciúme na entrada.

⁶E ele me disse: Filho do homem, vês tu o que eles estão fazendo? as grandes abominações que a casa de Israel faz aqui, para que me afaste do meu santuário; Mas verás ainda outras grandes abominações.

⁷E levou-me à porta do átrio; então olhei, e eis que havia um buraco na parede.

⁸Então ele me disse: Filho do homem, cava agora na parede. E quando eu tinha cavado na parede, eis que havia uma porta.

⁹Disse-me ainda: Entra, e vê as ímpias abominações que eles fazem aqui.

¹⁰Entrei, pois, e olhei: E eis que toda a forma de répteis, e de animais abomináveis, e todos os ídolos da casa de Israel, estavam pintados na parede em todo o redor.

¹¹E setenta homens dos anciãos da casa de Israel, com Jaazanias, filho de Safã, no meio deles, estavam em pé diante das pinturas, e cada um tinha na mão o seu incensário; e subia o odor de uma nuvem de incenso.

¹²Então me disse: Viste, filho do homem, o que os anciãos da casa de Israel fazem nas trevas, cada um nas suas câmaras pintadas de imagens? Pois dizem: O Senhor não nos vê; o Senhor abandonou a terra.

¹³Também me disse: Verás ainda maiores abominações que eles fazem.

¹⁴Depois me levou à entrada da porta da casa do Senhor, que olha para o norte; e eis que estavam ali mulheres assentadas chorando por Tamuz.

¹⁵Então me disse: Viste, filho do homem? Verás ainda maiores abominações do que estas.

¹⁶E levou-me para o átrio interior da casa do Senhor; e eis que estavam à entrada do templo do Senhor, entre o pórtico e o altar, cerca de vinte e cinco homens, de costas para o templo do Senhor, e com os rostos para o oriente; e assim, virados para o oriente, adoravam o sol.

¹⁷Então me disse: Viste, filho do homem? Acaso é isto coisa le
¹⁸

## Capítulo 9

¹Então me gritou aos ouvidos com grande voz, dizendo: Chegai, vós, os intendentes da cidade, cada um com as suas armas destruidoras na mão.

²E eis que vinham seis homens do caminho da porta superior, que olha para o norte, e cada um com a sua arma de matança na mão; e entre eles um homem vestido de linho, com um tinteiro de escrivão à sua cintura. E entraram, e se puseram junto ao altar de bronze.

³E a glória do Deus de Israel se levantou do querubim sobre o qual estava, e passou para a entrada da casa; e clamou ao homem vestido de linho, que trazia o tinteiro de escrivão à sua cintura.

⁴E disse-lhe o Senhor: Passa pelo meio da cidade, pelo meio de Jerusalém, e marca com um sinal as testas dos homens que suspiram e que gemem por causa de todas as abominações que se cometem no meio

dela.

⁵E aos outros disse ele, ouvindo eu: Passai pela cidade após ele, e feri; não poupe o vosso olho, nem vos compadeçais.

⁶Matai velhos, mancebos e virgens, criancinhas e mulheres, até exterminá-los; mas não vos chegueis a qualquer sobre quem estiver o sinal; e começai pelo meu santuário. Então começaram pelos anciãos que estavam diante da casa.

⁷E disse-lhes: Profanai a casa, e enchei os átrios de mortos; saí. E saíram, e feriram na cidade.

⁸Sucedeu pois que, enquanto eles estavam ferindo, e ficando eu sozinho, caí com o rosto em terra, e clamei, e disse: Ah Senhor Deus! destruirás todo o restante de Israel, derramando a tua indignação sobre Jerusalém?

⁹Então me disse: A culpa da casa de Israel e de Judá é grandíssima, a terra está cheia de sangue, e a cidade cheia de injustiça; pois eles dizem: O Senhor abandonou a terra; o Senhor não vê.

¹⁰Também, quanto a mim, não pouparei nem me compadecerei; sobre a cabeça deles farei recair o seu caminho.

¹¹E eis que o homem que estava vestido de linho, a cuja cintura estava o tinteiro, tornou com a resposta, dizendo: Fiz como me ordenaste.

## Capítulo 10

¹Depois olhei, e eis que no firmamento que estava por cima da cabeça dos querubins, apareceu sobre eles uma como pedra de safira, semelhante em forma a um trono.

²E falou ao homem vestido de linho, dizendo: Vai por entre as rodas giradoras, até debaixo do querubim, enche as tuas mãos de brasas acesas dentre os querubins, e espalha-as sobre a cidade. E ele entrou à minha vista.

³E os querubins estavam de pé ao lado direito da casa, quando entrou o homem; e uma nuvem encheu o átrio interior.

⁴Então se levantou a glória do Senhor de sobre o querubim, e passou para a entrada da casa; e encheu-se a casa duma nuvem, e o átrio se encheu do resplendor da glória do Senhor.

⁵E o ruído das asas dos querubins se ouvia até o átrio exterior, como a voz do Deus Todo-Poderoso, quando fala.

⁶Sucedeu pois que, dando ele ordem ao homem vestido de linho, dizendo: Toma fogo dentre as rodas, dentre os querubins, entrou ele, e pôs-se junto a uma roda.

⁷Então estendeu um querubim a sua mão de entre os querubins para o fogo que estava entre os querubins; e tomou dele e o pôs nas mãos do que estava vestido de linho, o qual o tomou, e saiu.

⁸E apareceu nos querubins uma semelhança de mão de homem debaixo das suas asas.

⁹Então olhei, e eis quatro rodas junto aos querubins, uma roda junto a um querubim, e outra roda junto a outro querubim; e o aspecto das rodas era como o brilho de pedra de crisólita.

¹⁰E, quanto ao seu aspecto, as quatro tinham a mesma semelhança, como se estivesse uma roda no meio doutra roda.

¹¹Andando elas, iam em qualquer das quatro direções sem se virarem quando andavam, mas para o lugar para onde olhava a cabeça, para esse andavam; não se viravam quando andavam.

¹²E todo o seu corpo, as suas costas, as suas mãos, as suas asas, e as rodas que os quatro tinham, estavam cheias de olhos em redor.

¹³E, quanto às rodas, elas foram chamadas rodas giradoras, ouvindo-o eu.

¹⁴E cada um tinha quatro rostos: o primeiro rosto era rosto de querubim, o segundo era rosto de homem, o terceiro era rosto de leão, e o quarto era rosto de águia.

¹⁵E os querubins se elevaram ao alto. Eles são os mesmos seres viventes que vi junto ao rio Quebar.

¹⁶E quando os querubins andavam, andavam as rodas ao lado deles; e quando os querubins levantavam as suas asas, para se elevarem da terra, também as rodas não se separavam do lado deles.

¹⁷Quando aqueles paravam, paravam estas; e quando aqueles se elevavam, estas se elevavam com eles; pois o espírito do ser vivente estava nelas.

¹⁸Então saiu a glória do Senhor de sobre a entrada da casa, e parou sobre os querubins.

¹⁹E os querubins alçaram as suas asas, e se elevaram da terra à minha vista, quando saíram, acompanhados pelas rodas ao lado deles; e pararam à entrada da porta oriental da casa do Senhor, e a glória do Deus de Israel estava em cima sobre eles.

²⁰São estes os seres viventes que vi debaixo do Deus de Israel, junto ao rio Quebar; e percebi que eram querubins.

²¹Cada um tinha quatro rostos e cada um quatro asas; e debaixo das suas asas havia a semelhança de mãos de homem.

²²E a semelhança dos seus rostos era a dos rostos que eu tinha visto junto ao rio Quebar; tinham a mesma aparência, eram eles mesmos; cada um andava em linha reta para a frente.

## Capítulo 11

¹Então me levantou o Espírito, e me levou à porta oriental da casa do Senhor, a qual olha para o oriente; e eis que estavam à entrada da porta vinte e cinco homens, e no meio deles vi a Jaazanias, filho de Azur, e a Pelatias, filho de Benaías, príncipes do povo.

²E disse-me: Filho do homem, estes são os homens que maquinam a iniquidade, e dão ímpio conselho nesta cidade;

³os quais dizem: Não está próximo o tempo de edificar casas; esta cidade é a caldeira, e nós somos a carne.

⁴Portanto, profetiza contra eles; profetiza, ó filho do homem.

⁵E caiu sobre mim o Espírito do Senhor, e disse-me: Fala: Assim diz o Senhor: Assim tendes dito, ó casa de Israel; pois eu conheço as coisas que vos entram na mente.

⁶Multiplicastes os vossos mortos nesta cidade, e enchestes as suas ruas de mortos.

⁷Portanto, assim diz o Senhor Deus: Vossos mortos que deitastes no meio dela, esses são a carne, e ela é a caldeira; a vós, porém, vos tirarei do meio dela.

⁸Temestes a espada, e a espada eu a trarei sobre vós, diz o Senhor Deus.

⁹E vos farei sair do meio dela, e vos entregarei na mão de estrangeiros, e exercerei juízos entre vós.

¹⁰Caireis à espada; nos confins de Israel vos julgarei; e sabereis que eu sou o Senhor.

¹¹Esta cidade não vos servirá de caldeira, nem vós servirei de carne no meio dela; nos confins de Israel vos julgarei;

¹²e sabereis que eu sou o Senhor; pois não tendes andado nos meus estatutos, nem executado as minhas ordenanças; antes tendes procedido conforme as ordenanças das nações que estão em redor de vós.

¹³E aconteceu que, profetizando eu, morreu Pelatias, filho de Benaías. Então caí com o resto em terra, e clamei com grande voz, e disse: Ah Senhor Deus! darás fim cabal ao remanescente de Israel?

¹⁴Então veio a mim a palavra do Senhor, dizendo:

¹⁵Filho do homem, teus irmãos, os teus próprios irmãos, os homens de teu parentesco, e toda a casa de Israel, todos eles, são aqueles a quem os habitantes de Jerusalém disseram: Apartai-vos para longe do Senhor; a nós se nos deu esta terra em possessão.

¹⁶Portanto, dize: Assim diz o Senhor Deus: Ainda que os mandei para longe entre as nações, e ainda que os espalhei pelas terras, todavia lhes servirei de santuário por um pouco de tempo, nas terras para onde foram.

¹⁷Portanto, dize: Assim diz o senhor Deus: Hei de ajuntar-vos do meio dos povos, e vos recolherei do meio das terras para onde fostes espalhados, e vos darei a terra de Israel.

¹⁸E virão ali, e tirarão dela todas as suas coisas detestáveis e todas as suas abominações.

¹⁹E lhes darei um só coração, e porei dentro deles um novo espírito; e tirarei da sua carne o coração de pedra, e lhes darei um coração de carne,

²⁰para que andem nos meus estatutos, e guardem as minhas ordenanças e as cumpram; e eles serão o meu povo, e eu serei o seu Deus.

²¹Mas, quanto àqueles cujo coração andar após as suas coisas detestáveis, e das suas abominações, eu farei recair nas suas cabeças o seu caminho, diz o Senhor Deus.

²²Então os querubins elevaram as suas asas, estando as rodas ao lado deles; e a glória do Deus de Israel estava em cima sobre eles.

²³E a glória do Senhor se alçou desde o meio da cidade, e se pôs sobre o monte que está ao oriente da cidade.

²⁴Então o Espírito me levantou, e me levou na visão pelo Espírito de Deus para a Caldéia, para os exilados. Assim se foi de mim a visão que eu tinha visto.

²⁵E falei aos do cativeiro todas as coisas que o Senhor me tinha mostrado.

## Capítulo 12

¹Ainda veio a mim a palavra do Senhor, dizendo:

²Filho do homem, tu habitas no meio da casa rebelde, que tem olhos para ver e não vê, e tem ouvidos para ouvir e não ouve; porque é casa rebelde.

³Tu, pois, ó filho do homem, prepara-te os trastes para mudares

*Ezequiel*

para o exílio, e de dia muda à vista deles; e do teu lugar mudarás para outro lugar à vista deles; bem pode ser que reparem nisso, ainda que eles são casa rebelde.

⁴Â vista deles, pois, tirarás para fora, de dia, os teus trastes, como para mudança; então tu sairás de tarde à vista deles, como quem sai para o exílio.

⁵Faze para ti, à vista deles, uma abertura na parede, e por ali sairás.

⁶Â vista deles levarás aos ombros os teus trastes, e às escuras os transportarás, e cobrirás o teu rosto, para que não vejas o chão; porque te pus por sinal à casa de Israel.

⁷E fiz assim, como se me deu ordem: os meus trastes tirei para fora de dia, como para o exílio; então à tarde fiz com a mão uma abertura na parede; às escuras saí, carregando-os aos ombros, à vista deles.

⁸E veio a mim a palavra do Senhor, pela manhã, dizendo:

⁹Filho do homem, não te perguntou a casa de Israel, aquela casa rebelde: Que fazes tu?

¹⁰Dize-lhes: Assim diz o Senhor Deus: Este oráculo se refere ao príncipe em Jerusalém, e a toda a casa de Israel que está no meio dela.

¹¹Dize: Eu sou o vosso sinal: Assim como eu fiz, assim se lhes fará a eles; irão para o exílio para o cativeiro.

¹²E o príncipe que está no meio deles levará aos ombros os trastes, e às escuras sairá; ele fará uma abertura na parede e sairá por ela; ele cobrirá o seu rosto, pois com os seus olhos não verá o chão.

¹³Também estenderei a minha rede sobre ele, e ele será apanhado no meu laço; e o levarei para Babilônia, para a terra dos caldeus; contudo não a verá, ainda que ali morrerá.

¹⁴E todos os que estiverem ao redor dele para seu socorro e todas as suas tropas, espalhá-los-ei a todos os ventos; e desembainharei a espada atrás deles.

¹⁵Assim saberão que eu sou o Senhor, quando eu os dispersar entre as nações e os espalhar entre os países.

¹⁶Mas deles deixarei ficar alguns poucos, escapos da espada, da fome, e da peste, para que confessem todas as suas abominações entre as nações para onde forem; e saberão que eu sou o Senhor.

¹⁷Ainda veio a mim a palavra do Senhor, dizendo:

¹⁸Filho do homem, come o teu pão com tremor, e bebe a tua água com estremecimento e com receio.

¹⁹E dirás ao povo da terra: Assim diz o Senhor Deus acerca dos habitantes de Jerusalém, na terra de Israel: O seu pão comerão com receio, e a sua água beberão com susto pois a sua terra será despojada de sua abundância, por causa da violência de todos os que nela habitam.

²⁰E as cidades habitadas serão devastadas, e a terra se tornará em desolação; e sabereis que eu sou o Senhor.

²¹E veio ainda a mim a palavra do Senhor, dizendo:

²²Filho do homem, que provérbio é este que vós tendes na terra de Israel, dizendo: Dilatam-se os dias, e falha toda a visão?

²³Portanto, dize-lhes: Assim diz o Senhor Deus: Farei cessar este provérbio, e não será mais usado em Israel; mas dize-lhes: Estão próximos os dias, e o cumprimento de toda a visão.

²⁴Pois não haverá mais nenhuma visão vã, nem adivinhação lisonjeira, no meio da casa de Israel.

²⁵Porque eu sou o Senhor; falarei, e a palavra que eu falar se cumprirá. Não será mais adiada; pois em nossos dias, ó casa rebelde, falarei a palavra e a cumprirei, diz o Senhor Deus.

²⁶Veio mais a mim a palavra do Senhor, dizendo:

²⁷Filho do homem, eis que os da casa de Israel dizem: A visão que este vê é para muitos dias no futuro, e ele profetiza de tempos que estão longe.

²⁸Portanto dize-lhes: Assim diz o Senhor Deus: Não será mais adiada nenhuma das minhas palavras, mas a palavra que falei se cumprirá, diz o Senhor Deus.

## Capítulo 13

¹E veio a mim a palavra do Senhor, dizendo:

²Filho do homem, profetiza contra os profetas de Israel e dize a esses videntes que só profetizam o que vê o seu coração: Ouvi a palavra do Senhor.

³Assim diz o Senhor Deus: Ai dos profetas insensatos, que seguem o seu próprio

⁴Os teus profetas, ó Israel, têm sido como raposas nos desertos.

⁵Não subistes às brechas, nem fizestes uma cerca para a casa de Israel, para que permaneça firme na peleja no dia do Senhor.

⁶Viram vaidade e adivinhação mentirosa os que dizem: O Senhor diz; quando o Senhor não os enviou; e esperam que seja cumprida a palavra.

⁷Acaso não tivestes visão de vaidade, e não falastes adivinhação mentirosa, quando dissestes: O Senhor diz; sendo que eu tal não falei?

⁸Portanto assim diz o Senhor Deus: Porque tendes falado vaidade, e visto mentiras, por isso eis que eu sou contra vós, diz o Senhor Deus.

⁹E a minha mão será contra os profetas que vêem vaidade e que adivinham mentira; não estarão no concílio do meu povo, nem nos registros da casa de Israel se escreverão, nem entrarão na terra de Israel; e sabereis que eu sou o Senhor Deus.

¹⁰Portanto, sim, porquanto desviaram o meu povo, dizendo: Paz; e não há paz; e quando se edifica uma parede, eis que a rebocam de argamassa fraca;

¹¹dize aos que a rebocam de argamassa fraca que ela cairá. Sobrevirá forte chuva, grandes pedras de saraiva cairão, e um vento tempestuoso a fenderá.

¹²Ora, eis que, caindo a parede, não vos dirão: Onde está o reboco de que a rebocastes?

¹³Portanto assim diz o Senhor Deus: fendê-la-ei no meu furor com vento tempestuoso e, na minha ira, farei cair forte chuva, e grandes pedras de saraiva, na minha indignação, para a consumir.

¹⁴E derribarei a parede que rebocastes com argamassa fraca, e darei com ela por terra, de modo que seja descoberto o seu fundamento; quando ela cair, vós perecereis no meio dela; e sabereis que eu sou o Senhor.

¹⁵Assim cumprirei o meu furor contra a parede, e contra os que a rebocam de argamassa fraca; e vos direi: A parede já não existe, nem aqueles que a rebocaram, a saber,

¹⁶os profetas de Israel, que profetizam acerca de Jerusalém, e vêem para ela visão de paz, não havendo paz, diz o Senhor Deus.

¹⁷E tu, ó filho do homem, dirige o teu rosto contra as filhas do teu povo, que profetizam de seu próprio coração; e profetiza contra elas.

¹⁸e dize: Assim diz o Senhor Deus: Ai das que cosem pulseiras mágicas para todos os braços, e que fazem véus para as cabeças de pessoas de toda estatura para caçarem as almas! Porventura caçareis as almas do meu povo? e conservareis em vida almas para vosso proveito?

¹⁹Vós me profanastes entre o meu povo por punhados de cevada, e por pedaços de pão, matando aqueles que não haviam de morrer, e guardando vivos aqueles que não haviam de viver, mentindo ao meu povo que escuta a mentira.

²⁰Portanto assim diz o Senhor Deus: Eis aqui eu sou contra as vossas pulseiras mágicas com que vós ali caçais as almas como aves, e as arrancarei de vossos braços; e soltarei as almas, sim as almas que vós caçais como aves.

²¹Também rasgarei os vossos véus, e livrarei o meu povo das vossas mãos, e eles não estarão mais em vossas mãos para serem caçados; e sabereis que eu sou o Senhor.

²²Visto que entristecestes o coração do justo com falsidade, não o havendo eu entristecido, e fortalecestes as mãos do ímpio, para que não se desviasse do seu mau caminho, e vivesse;

²³portanto não tereis mais visões vãs, nem mais fareis adivinhações; mas livrarei o meu povo das vossas mãos, e sabereis que eu sou o Senhor.

## Capítulo 14

¹Então vieram a mim alguns homens dos anciãos de Israel, e se assentaram diante de mim.

²E veio a mim a palavra do Senhor, dizendo:

³Filho do homem, estes homens deram lugar nos seus corações aos seus ídolos, e puseram o tropeço da sua maldade diante da sua face; devo eu de alguma maneira ser interrogado por eles?

⁴Portanto fala com eles, e dize-lhes: Assim diz o Senhor Deus: Qualquer homem da casa de Israel que der lugar no seu coração aos seus ídolos, e puser o tropeço da sua maldade diante da sua face, e vier ao profeta, eu, o Senhor, lhe responderei nisso conforme a multidão dos seus ídolos;

⁵para que possa apanhar a casa de Israel no seu coração, porquanto todos são alienados de mim pelos seus ídolos.

⁶Portanto dize à casa de Israel: Assim diz o Senhor Deus: Convertei-vos, e deixai os vossos ídolos; e desviai os vossos rostos de todas as vossas abominações.

⁷Porque qualquer homem da casa de Israel, ou dos estrangeiros que peregrinam em Israel, que se alienar de mim e der lugar no seu coração aos seus ídolos, e puser tropeço da sua maldade diante do seu rosto, e vier ao profeta para me consultar a favor de si mesmo, eu, o Senhor, lhe responderei por mim mesmo;

⁸e porei o meu rosto contra o tal homem, e o farei um espanto, um sinal e um provérbio, e exterminá-lo-ei do meio do meu povo; e sabereis que eu sou o Senhor.

⁹E se o profeta for enganado, e falar alguma coisa, eu, o Senhor, terei enganado esse profeta; e estenderei a minha mão contra ele, e destruí-lo-ei do meio do meu povo Israel.

¹⁰E levarão o seu castigo. O castigo do profeta será como o castigo de quem o consultar;

¹¹para que a casa de Israel não se desvie mais de mim, nem mais se contamine com todas as suas transgressões; mas que sejam eles o meu povo, e seja eu o seu Deus, diz o Senhor Deus.

¹²Veio ainda a mim a palavra do Senhor, dizendo:

¹³Filho do homem, quando uma terra pecar contra mim, agindo traiçoeiramente, então estenderei a minha mão contra ela, e lhe quebrarei o báculo do pão, e enviarei contra ela a fome, e dela exterminarei homens e animais;

¹⁴ainda que estivessem no meio dela estes três homens, Noé, Daniel e Jó, eles pela sua justiça, livrariam apenas a sua própria vida, diz o Senhor Deus.

¹⁵Se eu fizer passar pela terra bestas feras, e estas a assolarem, de modo que ela fique desolada, sem que ninguém possa passar por ela por causa das feras;

¹⁶ainda que esses três homens estivessem no meio dela, vivo eu, diz o Senhor Deus, que nem a filhos nem a filhas livrariam; eles só ficariam livres; a terra, porém, seria assolada.

¹⁷Ou, se eu trouxer a espada sobre aquela terra, e disser: Espada, passa pela terra; de modo que eu extermine dela homens e animais;

¹⁸ainda que aqueles três homens estivessem nela, vivo eu, diz o Senhor Deus, eles não livrariam nem filhos nem filhas, mas eles só ficariam livres.

¹⁹Ou, se eu enviar a peste sobre aquela terra, e derramar o meu furor sobre ela com sangue, para exterminar dela homens e animais;

²⁰ainda que Noé, Daniel e Jó estivessem no meio dela, vivo eu, diz o Senhor Deus, eles não livrariam nem filho nem filha, tão somente livrariam as suas próprias vidas pela sua justiça.

²¹Pois assim diz o Senhor Deus: Quanto mais quando eu enviar contra Jerusalém os meus quatro juízos violentos, a espada, a fome, as bestas-feras e a peste, pura exterminar dela homens e animais?

²²Mas, se ainda restarem nela alguns sobreviventes que levem para fora filhos e filhas, quando eles saírem a ter convosco, vereis o seu caminho e os seus feitos, e ficareis consolados do mal que eu trouxe sobre Jerusalém, até de tudo o que trouxe sobre ela.

²³E sereis consolados, quando virdes o seu caminho e os seus feitos; e sabereis que não fiz sem razão tudo quanto nela tenho feito, diz o Senhor.

## Capítulo 15

¹De novo veio a mim a palavra do Senhor, dizendo:

²Filho do homem, que mais do que qualquer outro pau é o da videira, o sarmento que está entre as árvores do bosque?

³Tema-se dele madeira para fazer alguma obra? ou toma-se dele alguma estaca, para se lhe pendurar algum traste?

⁴Eis que é lançado no fogo, para servir de pasto; o fogo devora ambas as suas extremidades, e o meio dele fica também queimado; serve para alguma obra?

⁵Ora, quando estava inteiro, não servia para obra alguma; quanto menos, estando consumido ou carbonizado pelo fogo, se faria dele qualquer obra?

⁶Portanto, assim diz o Senhor Deus: Como entre as árvores do bosque é o pau da videira, que entreguei para servir de pasto ao fogo, assim entregarei os habitantes de Jerusalém.

⁷E porei a minha face contra eles; eles sairão do fogo, mas o fogo os devorará; e sabereis que eu sou o Senhor, quando tiver posto a minha face contra eles.

⁸Farei da terra uma desolação, porquanto eles se houveram traiçoeiramente, diz o Senhor Deus.

## Capítulo 16

¹Ainda veio a mim a palavra do Senhor, dizendo:

²Filho do homem, faze conhecer a Jerusalém seus atos abomináveis;

³e dize: Assim diz o Senhor Deus a Jerusalém: A tua origem e o teu nascimento procedem da terra dos cananeus. Teu pai era amorreu, e a tua mãe hetéia.

⁴E, quanto ao teu nascimento, no dia em que nasceste não te foi cortado o umbigo, nem foste lavada com água, para te alimpar; nem tampouco foste esfregada com sal, nem envolta em faixas;

⁵ninguém se apiedou de ti para te fazer alguma destas coisas, compadecido de ti; porém foste lançada fora no campo, pelo nojo de ti, no dia em que nasceste.

⁶E, passando eu por ti, vi-te banhada no teu sangue, e disse-te: Ainda que estás no teu sangue, vive; sim, disse-te: Ainda que estás no teu sangue, vive.

⁷Eu te fiz multiplicar como o renovo do campo. E cresceste, e te engrandeceste, e alcançaste grande formosura. Formaram-se os teus seios e cresceu o teu cabelo; contudo estavas nua e descoberta.

⁸Então, passando eu por ti, vi-te, e eis que o teu tempo era tempo de amores; e estendi sobre ti a minha aba, e cobri a tua nudez; e dei-te juramento, e entrei num pacto contigo, diz o Senhor Deus, e tu ficaste sendo minha.

⁹Então te lavei com água, alimpei-te do teu sangue e te ungi com óleo.

¹⁰Também te vesti de bordados, e te calcei com pele de dugongo, cingi-te de linho fino, e te cobri de seda.

¹¹Também te ornei de enfeites, e te pus braceletes nas mãos e um colar ao pescoço.

¹²E te pus um pendente no nariz, e arrecadas nas orelhas, e uma linda coroa na cabeça.

¹³Assim foste ornada de ouro e prata, e o teu vestido foi de linho fino, de seda e de bordados; de flor de farinha te nutriste, e de mel e azeite; e chegaste a ser formosa em extremo, e subiste até à realeza.

¹⁴Correu a tua fama entre as nações, por causa da tua formosura, pois era perfeita, graças ao esplendor que eu tinha posto sobre ti, diz o Senhor Deus.

¹⁵Mas confiaste na tua formosura, e te corrompeste por causa da tua fama; e derramavas as tuas prostituições sobre todo o que passava, para seres dele.

¹⁶E tomaste dos teus vestidos e fizeste lugares altos adornados de diversas cores, e te prostituíste sobre eles, como nunca sucedera, nem sucederá.

¹⁷Também tomaste as tuas belas jóias feitas do meu ouro e da minha prata que eu te havia dado, e fizeste imagens de homens, e te prostituíste com elas;

¹⁸e tomaste os teus vestidos bordados, e as cobriste; e puseste diante delas o meu azeite e o meu incenso.

¹⁹E o meu pão que te dei, a flor de farinha, e o azeite e o mel, com que eu te sustentava, também puseste diante delas em cheiro suave, diz o Senhor Deus.

²⁰Além disto, tomaste a teus filhos e tuas filhas, que me geraras, e lhos sacrificaste, para serem devorados pelas chamas. Acaso foi a tua prostituição de tão pouca monta,

²¹que havias de matar meus filhos e lhos entregar, fazendo os passar pelo fogo?

²²E em todas as tuas abominações, e nas tuas prostituições, não te lembraste dos dias da tua mocidade, quando tu estavas nua e descoberta, e jazias no teu sangue.

²³E sucedeu, depois de toda a tua maldade (ai, ai de ti! diz o Senhor Deus,

²⁴que te edificaste uma câmara abobadada, e fizeste lugares altos em todas as praças.

²⁵A cada canto do caminho edificaste o teu lugar alto, e fizeste abominável a tua formosura, e alargaste os teus pés a todo o que passava, e multiplicaste as tuas prostituições.

²⁶Também te prostituíste com os egípcios, teus vizinhos, grandemente carnais; e multiplicaste a tua prostituição, para me provocares à ira.

²⁷Pelo que estendi a minha mão sobre ti, e diminuí a tua porção; e te entreguei à vontade dos que te odeiam, das filhas dos filisteus, as quais se envergonhavam do teu caminho depravado.

²⁸Também te prostituíste com os assírios, porquanto eras insaciável; contudo, prostituindo-te com eles, nem ainda assim ficaste farta.

²⁹Demais multiplicaste as tuas prostituições na terra de tráfico, isto é, até Caldéia, e nem ainda com isso te fartaste.

³⁰Quão fraco é teu coração, diz o Senhor Deus, fazendo tu todas estas coisas, obra duma meretriz desenfreada,

³¹edificando a tua câmara abobadada no canto de cada caminho, e fazendo o teu lugar alto em cada rua! Não foste sequer como a meretriz, pois desprezaste a paga;

³²tens sido como a mulher adúltera que, em lugar de seu marido, recebe os estranhos.

³³A todas as meretrizes se dá a sua paga, mas tu dás presentes a todos es teus amantes; e lhes dás peitas, para que venham a ti de todas as partes, pelas tuas prostituições.

³⁴Assim és diferente de outras mulheres nas tuas prostituições; pois ninguém te procura para prostituição; pelo contrário tu dás a paga, e não a recebes; assim és diferente.

³⁵Portanto, ó meretriz, ouve a palavra do Senhor.

³⁶Assim diz o Senhor Deus: Pois que se derramou a tua lascívia, e se descobriu a tua nudez nas tuas prostituições com os teus amantes; por causa também de todos os ídolos das tuas abominações, e do sangue de teus filhos que lhes deste;

³⁷portanto eis que ajuntarei todos os teus amantes, com os quais te deleitaste, como também todos os que amaste, juntamente com todos os que odiaste, sim, ajuntá-los-ei contra ti em redor, e descobrirei a tua nudez diante deles, para que vejam toda a tua nudez.

³⁸E julgar-te-ei como são julgadas as adúlteras e as que derramam sangue; e entregar-te-ei ao sangue de furor e de ciúme.

³⁹Também te entregarei nas mãos dos teus inimigos, e eles derribarão a tua câmara abobadada, e demolirão os teus altos lugares, e te despirão os teus vestidos, e tomarão as tuas belas jóias, e te deixarão nua e descoberta.

⁴⁰Então farão subir uma hoste contra ti, e te apedrejarão, e te traspassarão com as suas espadas.

⁴¹E queimarão as tuas casas a fogo, e executarão juízos contra ti, à vista de muitas mulheres; e te farei cessar de ser meretriz, e paga não darás mais.

⁴²Assim satisfarei em ti o meu furor, e os meus ciúmes se desviarão de ti; também me aquietarei, e não tornarei mais a me indignar.

⁴³Porquanto não te lembraste dos dias da tua mocidade, mas me provocaste à ira com todas estas coisas, eis que eu farei recair o teu caminho sobre a tua cabeça diz o Senhor Deus. Pois não acrescentaste a infidelidade a todas as tuas abominações?

⁴⁴Eis que todo o que usa de provérbios usará contra ti deste provérbio: Tal mãe, tal filha.

⁴⁵Tu és filha de tua mãe, que tinha nojo de seu marido e de seus filhos; e tu és irmã de tuas irmãs, que tinham nojo de seus maridos e de seus filhos. Vossa mãe foi hetéia, e vosso pai amorreu.

⁴⁶E tua irmã maior, que habita à tua esquerda, é Samária, ela juntamente com suas filhas; e tua irmã menor, que habita à tua mão direita, é Sodoma e suas filhas.

⁴⁷Todavia não andaste nos seus caminhos, nem fizeste conforme as suas abominações; mas, como se isso mui pouco fora, ainda te corrompeste mais do que elas, em todos os teus caminhos.

⁴⁸Vivo eu, diz o Senhor Deus, não fez Sodoma, tua irmã, nem ela nem suas filhas, como fizeste tu e tuas filhas.

⁴⁹Eis que esta foi a iniqüidade de Sodoma, tua irmã: Soberba, fartura de pão, e próspera ociosidade teve ela e suas filhas; mas nunca fortaleceu a mão do pobre e do necessitado.

⁵⁰Também elas se ensoberbeceram, e fizeram abominação diante de mim; pelo quê, ao ver isso, as tirei do seu lugar.

⁵¹Demais Samária não cometeu metade de teus pecados; e multiplicaste as tuas abominações mais do que elas, e justificaste a tuas irmãs, com todas as abominações que fizeste.

⁵²Tu, também, pois que deste sentença favorável a tuas irmãs, leva a tua vergonha; por causa de teus pecados, que fizeste mais abomináveis do que elas, mais justas são elas do que tu; confunde-te logo também, e sofre a tua vergonha, porque justificaste a tuas irmãs.

⁵³Eu, pois, farei tornar do cativeiro a elas, a Sodoma e suas filhas, a Samária e suas filhas, e aos de vós que são cativos no meio delas;

⁵⁴para que sofras a tua vergonha, e sejas envergonhada por causa de tudo o que fizeste, dando-lhes tu consolação.

⁵⁵Quanto a tuas irmãs, Sodoma e suas filhas, tornarão ao seu primeiro estado; e Samária e suas filhas tornarão ao seu primeiro estado; também tu e tuas filhas tornareis ao vosso primeiro estado.

⁵⁶Não foi Sodoma, tua irmã, um provérbio na tua boca, no dia da tua soberba,

⁵⁷antes que fosse descoberta a tua maldade? Agora, de igual modo, te fizeste objeto de opróbrio das filhas da Síria, e de todos os que estão ao redor dela, e para as filhas dos filisteus, que te desprezam em redor.

⁵⁸Pela tua perversidade e as tuas abominações estás sofrendo, diz o Senhor.

⁵⁹Pois assim diz o Senhor Deus: Eu te farei como fizeste, tu que desprezaste o juramento, quebrantando o pacto.

⁶⁰Contudo eu me lembrarei do meu pacto, que fiz contigo nos dias da tua mocidade; e estabelecerei contigo um pacto eterno.

⁶¹Então te lembrarás dos teus caminhos, e ficarás envergonhada, quando receberes tuas irmãs, as mais velhas e as mais novas, e eu tas der por filhas, mas não por causa do pacto contigo.

⁶²E estabelecerei o meu pacto contigo, e saberás que eu sou o Senhor;

⁶³para que te lembres, e te envergonhes, e nunca mais abras a tua boca, por causa da tua vergonha, quando eu te perdoar tudo quanto fizeste, diz o Senhor Deus.

## Capítulo 17

¹Ainda veio a mim a palavra do Senhor, dizendo:

²Filho do homem, propõe um enigma, e profere uma alegoria à casa de Israel;

³e dize: Assim diz o Senhor Deus: uma grande águia, de grandes asas e de plumagem comprida, cheia de penas de várias cores, veio ao Líbano e tomou o mais alto ramo dum cedro;

⁴arrancou a ponta mais alta dos seus, raminhos, e a levou a uma terra de comércio; e a pôs numa cidade de comerciantes.

⁵Também tomou da semente da terra, e a lançou num solo frutífero; pô-la junto a muitas águas; e plantou-a como salgueiro.

⁶E brotou, e tornou-se numa videira larga, de pouca altura, virando-se para ela os seus ramos, e as suas raízes estavam debaixo dela. Tornou-se numa videira, e produzia sarmentos, e lançava renovos.

⁷Houve ainda outra grande águia, de grandes asas, e cheia de penas; e eis que também esta videira lançou para ela as suas raízes, e estendeu para ela os seus ramos desde as aréolas em que estava plantada, para que ela a regasse.

⁸Numa boa terra, junto a muitas águas, estava ela plantada, para produzir ramos, e para dar fruto, a fim de que fosse videira excelente.

⁹Dize: Assim diz o Senhor Deus: Acaso prosperará ela? Não lhe arrancará a águia as raízes, e não lhe cortará o fruto, para que se seque? para que se sequem todas as folhas de seus renovos? Não será necessário nem braço forte, nem muita gente, para arrancá-la pelas raízes.

¹⁰Mas, estando plantada, prosperará? Não se secará de todo, quando a tocar o vento oriental? Nas aréolas onde cresceu se secará.

¹¹Então veio a mim a palavra do Senhor, dizendo:

¹²Dize, pois, à casa rebelde: Não sabeis o que significam estas coisas? Dize-lhes: Eis que veio o rei de Babilônia a Jerusalém, e tomou o seu rei e os seus príncipes, e os levou consigo para Babilônia;

¹³e tomou um da estirpe real, e fez pacto com ele, e o juramentou. E aos poderosos da terra removeu,

¹⁴para que o reino ficasse humilhado, e não se levantasse, embora, guardando o seu pacto, pudesse subsistir.

¹⁵Mas ele se rebelou contra o rei de Babilônia, enviando os seus embaixadores ao Egito, para que se lhe mandassem cavalos e muita gente. Prosperará ou escapará aquele que faz tais coisas? Quebrará o pacto e escapará?

¹⁶Como eu vivo, diz o Senhor Deus, no lugar em que habita o rei que o fez reinar, cujo juramento desprezou, e cujo pacto quebrou, sim, com ele no meio de Babilônia certamente morrerá.

¹⁷Não lhe prestará Faraó ajuda em guerra, nem com seu grande exército, nem com sua companhia numerosa, quando se levantarem tranqueiras e se edificarem baluartes, para destruir muitas vidas.

¹⁸Porquanto desprezou o juramento e quebrou o pacto, porquanto deu a sua mão, e ainda fez todas estas coisas, ele não escapará.

¹⁹Portanto, assim diz o Senhor Deus: Vivo eu, que o meu juramento que desprezou, e o meu pacto que violou, isso farei recair sobre a sua cabeça.

²⁰E estenderei sobre ele a minha rede, e ficará preso no meu laço; e o levarei a Babilônia, e ali entrarei em juízo com ele por causa da traição que cometeu contra mim.

²¹E a fina flor de todas as suas tropas cairá à espada, e os que restarem serão espalhados a todos os ventos; e sabereis que eu, o Senhor, o disse.

²²Assim diz o Senhor Deus: Também eu tomarei um broto do topo do cedro, e o plantarei; do principal dos seus renovos cortarei o mais tenro, e o plantarei sobre um monte alto e sublime.

²³No monte alto de Israel o plantarei; e produzirá ramos, e dará fruto, e se fará um cedro excelente. Habitarão debaixo dele aves de toda a sorte; à sombra dos seus ramos habitarão.

²⁴Assim saberão todas as árvores do campo que eu, o Senhor, abati a árvore alta, elevei a árvore baixa, sequei a árvore verde, e fiz reverdecer a árvore seca; eu, e Senhor, o disse, e o farei.

## Capítulo 18

¹De novo veio a mim a palavra do Senhor, dizendo:

²Que quereis vós dizer, citando na terra de Israel este provérbio: Os pais comeram uvas verdes, e os dentes dos filhos se embotaram?

³Vivo eu, diz e Senhor Deus, não se vos permite mais usar deste provérbio em Israel.

⁴Eis que todas as almas são minhas; como o é a alma do pai, assim também a alma do filho é minha: a alma que pecar, essa morrerá.

⁵Sendo pois o homem justo, e procedendo com retidão e justiça,

⁶não comendo sobre os montes, nem levantando os seus olhos para os ídolos da casa de Israel, nem contaminando a mulher do seu próximo,

nem se chegando à mulher na sua separação;

⁷não oprimindo a ninguém, tornando, porém, ao devedor e seu penhor, e não roubando, repartindo e seu pão com o faminto, e cobrindo ao nu com vestido;

⁸não emprestando com usura, e não recebendo mais de que emprestou, desviando a sua mão da injustiça, e fazendo verdadeira justiça entre homem e homem;

⁹andando nos meus estatutos, e guardando as minhas ordenanças, para proceder segundo a verdade; esse é justo, certamente viverá, diz o Senhor Deus,

¹⁰E se ele gerar um filho que se torne salteador, que derrame sangue, que faça a seu irmão qualquer dessas coisas;

¹¹e que não cumpra com nenhum desses deveres, porém coma sobre os montes, e contamine a mulher de seu próximo,

¹²oprima ao pobre e necessitado, pratique roubos, não devolva o penhor, levante os seus olhos para os ídolos, cometa abominação,

¹³empreste com usura, e receba mais do que emprestou; porventura viverá ele? Não viverá! Todas estas abominações, ele as praticou; certamente morrerá; o seu sangue será sobre ele.

¹⁴Eis que também, se este por sua vez gerar um filho que veja todos os pecados que seu pai fez, tema, e não cometa coisas semelhantes,

¹⁵não coma sobre os montes, nem levante os olhos para os ídolos da casa de Israel, e não contamine a mulher de seu próximo,

¹⁶nem oprima a ninguém, e não empreste sob penhores, nem roube, porém reparta o seu pão com o faminto, e cubra ao nu com vestido;

¹⁷que aparte da iniqüidade a sua mão, que não receba usura nem mais do que emprestou, que observe as minhas ordenanças e ande nos meus estatutos; esse não morrerá por causa da iniqüidade de seu pai; certamente viverá.

¹⁸Quanto ao seu pai, porque praticou extorsão, e roubou os bens do irmão, e fez o que não era bom no meio de seu povo, eis que ele morrerá na sua iniqüidade.

¹⁹contudo dizeis: Por que não levará o filho a iniqüidade do pai? Ora, se o filho proceder com retidão e justiça, e guardar todos os meus estatutos, e os cumprir, certamente viverá.

²⁰A alma que pecar, essa morrerá; o filho não levará a iniqüidade do pai, nem o pai levará a iniqüidade do filho, A justiça do justo ficará sobre ele, e a impiedade do ímpio cairá sobre ele.

²¹Mas se o ímpio se converter de todos os seus pecados que cometeu, e guardar todos os meus estatutos, e preceder com retidão e justiça, certamente viverá; não morrerá.

²²De todas as suas transgressões que cometeu não haverá lembrança contra ele; pela sua justiça que praticou viverá.

²³Tenho eu algum prazer na morte do ímpio? diz o Senhor Deus. Não desejo antes que se converta dos seus caminhos, e viva?

²⁴Mas, desviando-se o justo da sua justiça, e cometendo a iniqüidade, fazendo conforme todas as abominações que faz o ímpio, porventura viverá? De todas as suas justiças que tiver feito não se fará memória; pois pela traição que praticou, e pelo pecado que cometeu ele morrerá.

²⁵Dizeis, porém: O caminho do Senhor não é justo. Ouvi, pois, ó casa de Israel: Acaso não é justo o meu caminho? não são os vossos caminhos que são injustos?

²⁶Desviando-se o justo da sua justiça, e cometendo iniqüidade, morrerá por ela; na sua iniqüidade que cometeu morrerá.

²⁷Mas, convertendo-se o ímpio da sua impiedade que cometeu, e procedendo com retidão e justiça, conservará este a sua alma em vida.

²⁸pois que reconsidera, e se desvia de todas as suas transgressões que cometeu, certamente viverá, não morrerá.

²⁹Contudo, diz a casa de Israel: O caminho do Senhor não é justo. Acaso não são justos os meus caminhos, ó casa de Israel, Não são antes os vossos caminhos que são injustos?

³⁰Portanto, eu vos julgarei, a cada um conforme os seus caminhos, ó casa de Israel, diz o Senhor Deus. Vinde, e convertei-vos de todas as vossas transgressões, para que a iniqüidade não vos leve à perdição.

³¹Lançai de vós todas as vossas transgressões que cometestes contra mim; e criai em vós um coração novo e um espírito novo; pois, por que morrereis, ó casa de Israel,

³²Porque não tenho prazer na morte de ninguém, diz o Senhor Deus; convertei-vos, pois, e vivei,

## Capítulo 19

¹E tu levanta uma lamentação sobre os príncipes de Israel,

²e dize: Que de leoa foi tua mãe entre os leões! Deitou-se no meio dos leõezinhos, criou os seus cachorros.

³Assim criou um dos seus cachorrinhos, o qual, fazendo-se leão novo, aprendeu a apanhar a presa; e devorou homens.

⁴Ora as nações ouviram falar dele; foi apanhado na cova delas; e o trouxeram com ganchos à terra do Egito.

⁵Vendo, pois, ela que havia esperado, e que a sua esperança era perdida, tomou outro dos seus cachorros, e fê-lo leão novo.

⁶E este, rondando no meio dos leões, veio a ser leão novo, e aprendeu a apanhar a presa; e devorou homens.

⁷E devastou os seus palácios, e destruiu as suas cidades; e assolou-se a terra, e a sua plenitude, por causa do som do seu rugido.

⁸Então se ajuntaram contra ele as gentes das províncias ao redor; estenderam sobre ele a rede; e ele foi apanhado na cova delas.

⁹E com ganchos meteram-no numa jaula, e o levaram ao rei de Babilônia; fizeram-no entrar nos lugares fortes, para que se não ouvisse mais a sua voz sobre os montes de Israel.

¹⁰Tua mãe era como uma videira plantada junto às águas; ela frutificou, e encheu-se de ramos, por causa das muitas aguas.

¹¹E tinha uma vara forte para cetro de governador, e elevou-se a sua estatura entre os espessos ramos, e foi vista na sua altura com a multidão dos seus ramos.

¹²Mas foi arrancada com furor, e lançada por terra; o vento oriental secou o seu fruto; quebrou-se e secou-se a sua forte vara; o fogo a consumiu.

¹³E agora está plantada no deserto, numa terra seca e sedenta.

¹⁴E duma vara dos seus ramos saiu fogo que consumiu o seu fruto, de maneira que não há mais nela nenhuma vara forte para servir de cetro para governar. Essa é a lamentação, e servirá de lamentação.

## Capítulo 20

¹Ora aconteceu, no sétimo ano, no mês quinto, aos dez do mês, que vieram alguns dos anciãos de Israel, para consultarem o Senhor; e assentaram-se diante de mim.

²Então veio a mim a palavra do Senhor, dizendo:

³Filho do homem, fala aos anciãos de Israel, e dize-lhes: Assim diz o Senhor Deus: Vós vindes consultar-me, Vivo eu, que não me deixarei ser consultado de vós, diz o Senhor Deus.

⁴Acaso os julgarás, faze-lhes saber as abominações de seus pais; e dize-lhes: Assim diz o Senhor Deus: No dia em que escolhi a Israel, levantei a minha mão para a descendência da casa de Jacó, e me deu a conhecer a eles na terra do Egito, quando levantei a minha mão para eles, dizendo: Eu sou o Senhor vosso Deus.

⁶Naquele dia levantei a minha mão para eles, jurando que os tiraria da terra do Egito para uma terra que lhes tinha espiado, que mana leite e mel, a qual é a glória de todas as terras.

⁷Então lhes disse: Lançai de vós, cada um, as coisas abomináveis que encantam os seus olhos, e não vos contamineis com os ídolos do Egito; eu sou o Senhor vosso Deus.

⁸Mas rebelaram-se contra mim, e não me quiseram ouvir; não lançaram de si, cada um, as coisas abomináveis que encantavam os seus olhos, nem deixaram os ídolos de Egito; então eu disse que derramaria sobre eles o meu furor, para cumprir a minha ira contra eles no meio da terra do Egito.

⁹O que fiz, porém, foi por amor do meu nome, para que não fosse profanado à vista das nações, no meio das quais eles estavam, a cujos olhos eu me dei a conhecer a eles, tirando-os da terra do Egito.

¹⁰Assim os tirei da terra do Egito, e os levei ao deserto.

¹¹E dei-lhes os meus estatutos, e lhes mostrei as minhas ordenanças, pelas quais o homem viverá, se as cumprir.

¹²Demais lhes dei também os meus sábados, para servirem de sinal entre mim e eles; a fim de que soubessem que eu sou o Senhor que os santifica.

¹³Mas a casa de Israel se rebelou contra mim no deserto, não andando nos meus estatutos, e rejeitando as minhas ordenanças, pelas quais o homem viverá, se as cumprir; e profanaram grandemente os meus sábados; então eu disse que derramaria sobre eles o meu furor no deserto, para os consumir.

¹⁴O que fiz, porém, foi por amor do meu nome, para que não fosse profanado à vista das nações perante as quais os fiz sair.

¹⁵E, contudo, eu levantei a minha mão para eles no deserto, jurando que não os introduziria na terra que lhes tinha dado, que mana leite e mel, a qual é a glória de todas as terras;

¹⁶porque rejeitaram as minhas ordenanças, e não andaram nos meus estatutos, e profanaram os meus sábados; pois o seu coração

## Ezequiel

andava após os seus ídolos.

¹⁷Não obstante os meus olhos os pouparam e não os destruí nem os consumi de todo no deserto.

¹⁸Mas disse eu a seus filhos no deserto: Não andeis nos estatutos de vossos pais, nem guardeis as suas ordenanças, nem vos contamineis com os seus ídolos.

¹⁹Eu sou o Senhor vosso Deus; andai nos meus estatutos, e guardai as minhas ordenanças, e executai-os

²⁰E santificai os meus sábados; e eles servirão de sinal entre mim e vós para que saibais que eu sou o Senhor vosso Deus.

²¹Mas também os filhos se rebelaram contra mim; não andaram nos meus estatutos nem guardaram as minhas ordenanças para as praticarem, pelas quais o homem viverá, se as cumprir; profanaram eles os meus sábados; por isso eu disse que derramaria sobre eles o meu furor, para cumprir contra eles a minha ira no deserto.

²²Todavia retive a minha mão, e procedi por amor do meu nome, para que não fosse profanado à vista das nações, a cujos olhos os fiz sair.

²³Também levantei a minha mão para eles no deserto, jurando que os espalharia entre as nações, e os dispersaria entre os países;

²⁴porque não haviam executado as minhas ordenanças, mas rejeitaram os meus estatutos, e profanaram os meus sábados, e os seus olhos se iam após os ídolos de seus pais.

²⁵Também lhes dei estatutos que não eram bons, e ordenanças pelas quais não poderiam viver;

²⁶e os deixei contaminar-se em seus próprios dons, nos quais faziam passar pelo fogo todos os que abrem a madre, para os assolar, a fim de que soubessem que eu sou o Senhor.

²⁷Portanto fala à casa de Israel, ó filho do homem, e dize-lhe: Assim diz o Senhor Deus: Ainda nisto me blasfemaram vossos pais, que procederam traiçõeiramente para comigo;

²⁸pois quando eu os havia introduzido na terra a respeito da qual eu levantara a minha mão, jurando que lha daria, então olharam para todo outeiro alto, e para toda árvore frondosa, e ofereceram ali os seus sacrifícios, e apresentaram ali a provocação das suas ofertas; puseram ali os seus cheiros suaves, e ali derramaram as suas libações.

²⁹E eu lhes disse: Que significa o alto a que vós ides? Assim o seu nome ficou sendo Bamá, até o dia de hoje.

³⁰Portanto dize à casa de Israel: Assim diz o Senhor Deus: Acaso vós vos contaminais a vós mesmos, à maneira de vossos pais? e vos prostituís com as suas abominações?

³¹E, ao oferecerdes os vossos dons, quando fazeis passar os vossos filhos pelo fogo, vós vos contaminais com todos os vossos ídolos, até hoje. E eu hei de ser consultado por vós, ó casa de Israel? Vivo eu, diz o Senhor Deus, que não serei consultado de vós.

³²E o que veio ao vosso espírito de maneira alguma sucederá, quando dizeis: Sejamos como as nações, como as tribos dos países, servindo ao madeiro e à pedra.

³³Vivo eu, diz o Senhor Deus, certamente com mão forte, e com braço estendido, e com indignação derramada, hei de reinar sobre vós.

³⁴E vos tirarei dentre os povos, e vos congregarei dos países nos quais fostes espalhados, com mão forte, e com braço estendido, e com indignação derramada;

³⁵e vos levarei ao deserto dos povos; e ali face a face entrarei em juízo convosco;

³⁶como entrei em juízo com vossos pais, no deserto da terra do Egito, assim entrarei em juízo convosco, diz o Senhor Deus.

³⁷Também vos farei passar debaixo da vara, e vos farei entrar no vínculo do pacto;

³⁸e separarei dentre vós os rebeldes, e os que transgridem contra mim; da terra das suas peregrinações os tirarei, mas à terra de Israel não voltarão; e sabereis que eu sou o Senhor.

³⁹Quanto a vós, ó casa de Israel, assim diz o Senhor Deus: Ide, sirva cada um os seus ídolos; contudo mais tarde me ouvireis e não profanareis mais o meu santo nome com as vossas dádivas e com os vossos ídolos.

⁴⁰Pois no meu santo monte, no monte alto de Israel, diz o Senhor Deus, ali me servirá toda a casa de Israel, toda ela, na terra; ali vos aceitarei, e ali requererei as vossas ofertas, e as primícias das vossas oblações, com todas as vossas coisas santas.

⁴¹Como cheiro suave vos aceitarei, quando eu vos tirar dentre os povos e vos congregar dos países em que fostes espalhados; e serei santificado em vós à vista das nações.

⁴²E sabereis que eu sou o Senhor, quando eu vos introduzir na terra de Israel, no país a respeito do qual levantei a minha mão, jurando que o daria a vossos pais.

⁴³Ali vos lembrareis de vossos caminhos, e de todos os vossos atos com que vos tendes contaminado; e tereis nojo de vós mesmos, por causa de todas as vossas maldades que tendes cometido.

⁴⁴E sabereis que eu sou o Senhor, quando eu proceder para convosco por amor do meu nome, não conforme os vossos maus caminhos, nem conforme os vossos atos corruptos, ó casa de Israel, diz o senhor Deus.

⁴⁵E veio a mim a palavra do Senhor, dizendo:

⁴⁶Filho do homem, dirige o teu rosto para o caminho do sul, e derrama as tuas palavras contra o sul, e profetiza contra o bosque do campo do sul.

⁴⁷E dize ao bosque do sul: Ouve a palavra do Senhor: Assim diz o Senhor Deus: Eis que acenderei em ti um fogo que em ti consumirá toda árvore verde e toda árvore seca; não se apagará a chama flamejante, antes com ela se queimarão todos os rostos, desde o sul até o norte.

⁴⁸E verá toda a carne que eu, o Senhor, o acendi; não se apagará.

⁴⁹Então disse eu: Ah Senhor Deus! eles dizem de mim: Não é este um fazedor de alegorias?

## Capítulo 21

¹Ainda veio a mim a palavra do Senhor, dizendo:

²Filho do homem, dirige o teu rosto para Jerusalém, e derrama as tuas palavras contra os santuários, e profetiza contra a terra de Israel.

³E dize à terra de Israel: Assim diz o Senhor: Eis que estou contra ti, e tirarei a minha espada da bainha, e exterminarei do meio de ti o justo e o ímpio.

⁴E, por isso que hei de exterminar do meio de ti o justo e o ímpio, a minha espada sairá da bainha contra toda a carne, desde o sul até o norte.

⁵E saberá toda a carne que eu, o Senhor, tirei a minha espada da bainha nunca mais voltará a ela.

⁶Suspira, pois, ó filho do homem; suspira à vista deles com quebrantamento dos teus lombos e com amargura.

⁷E será que, quando eles te disserem: Por que suspiras tu dirás: por causa das novas, porque vêm; e todo coração desmaiará, e todas as mãos se enfraquecerão, e todo espírito se angustiará, e todos os joelhos se desfarão em águas; eis que vêm, e se realizarão, diz o Senhor Deus.

⁸E veio a mim a palavra do Senhor, dizendo:

⁹Filho do homem, profetiza, e dize: Assim diz o Senhor; dize: A espada, a espada está afiada e polida.

¹⁰Para matar está afiada, para reluzir está polida. Alegrar-nos-emos pois? A vara de meu filho é que despreza todo o madeiro.

¹¹E foi dada a polir para ser manejada; esta espada está afiada e polida, para ser posta na mão do matador.

¹²Grita e uiva, ó filho do homem, porque ela será contra o meu povo, contra todos os príncipes de Israel. Estes juntamente com o meu povo estão entregues à espada; bate pois na tua coxa.

¹³Porque se faz uma prova; e que será se não mais existir a vara desprezadora, diz o Senhor Deus.

¹⁴Tu pois, ó filho do homem, profetiza, e bate com as mãos uma na outra; e dobre-se a espada até a terceira vez, a espada dos mortalmente feridos; é a espada para a grande matança, a que os rodeia.

¹⁵Para que se derreta o coração, e se multipliquem os tropeços, é que contra todas as suas portas pus a ponta da espada; ah! ela foi feita como relâmpago, e está aguçada para matar.

¹⁶e espada, une as tuas forças, vira-te para a direita; prepara-te, vira-te para a esquerda, para onde quer que o teu rosto se dirigir.

¹⁷Também eu baterei com as minhas mãos uma na outra, e farei descansar a minha indignação; eu, o Senhor, o disse.

¹⁸De novo veio a mim a palavra de Senhor, dizendo:

¹⁹Tu pois, ó filho do homem, propõe-te dois caminhos, por onde venha a espada do rei de Babilônia. Ambos procederão de uma mesma terra; e grava um marco, grava-o no princípio do caminho da cidade.

²⁰Um caminho proporás, por onde virá a espada contra Rabá dos filhos de Amom, e contra Judá, em Jerusalém, a fortificada.

²¹Pois o rei de Babilônia está parado na encruzilhada, no princípio dos dois caminhos, para fazer adivinhações; ele sacode as flechas, consulta os terafins, atenta para o fígado.

²²Na sua mão direita estava a adivinhação sobre Jerusalém, para dispor os aríetes, para abrir a boca, ordenando a matança, para levantar a voz com júbilo, para pôr os aríetes contra as portas, para levantar tranqueiras, para edificar baluartes.

²³Isso será como adivinhação vã aos olhos daqueles que lhes fizerem juramentos; mas ele se lembrará da iniquidade, para que sejam apanhados.

²⁴Portanto assim diz o Senhor Deus: Visto que fizestes ser lembrada a vossa iniquidade, descobrindo-se as vossas transgressões, aparecendo os vossos pecados em todos os vossos atos; visto que viestes em memória, sereis apanhados com a mão.

²⁵E tu, ó profano e ímpio príncipe de Israel, cujo dia é chegado no tempo da punição final;

²⁶assim diz o Senhor Deus: Remove o diadema, e tira a coroa; esta não será a mesma: exalta ao humilde, e humilha ao soberbo.

²⁷Ao revés, ao revés, ao revés o porei; também o que é não continuará assim, até que venha aquele a quem pertence de direito; e lho darei a ele.

²⁸E tu, ó filho do homem, profetiza e dize: Assim diz o Senhor Deus acerca dos filhos de Amom, e acerca do opróbrio deles; dize pois: A espada, a espada está desembainhada, polida para a matança, para consumir, para ser como relâmpago -

²⁹enquanto eles têm visões vãs a teu respeito, e adivinham mentiras - a fim de que seja posta no pescoço dos ímpios, que estão mortalmente feridos, cujo dia é chegado no tempo da punição final.

³⁰Torne a tua espada à sua bainha. No lugar em que foste criado, na terra do teu nascimento, eu te julgarei.

³¹Derramarei sobre ti a minha indignação, assoprarei contra ti o fogo do meu furor; entregar-te-ei nas mãos dos homens brutais, destros para destruírem.

³²Ao fogo servirás de pasto; o teu sangue estará no meio da terra; não serás mais lembrado; porque eu, o Senhor, o disse.

## Capítulo 22

¹Demais veio a mim a palavra do Senhor, dizendo:

²Tu pois, ó filho do homem, acaso julgarás, julgarás mesmo a cidade sanguinária? Então faze-lhe conhecer todas as suas abominações,

³e dize: Assim diz o Senhor Deus: A cidade que derrama o sangue dentro de si, para que venha o seu tempo! que faz ídolos contra si mesma, para se contaminar!

⁴Pelo teu sangue que derramaste te fizeste culpada, e pelos teus ídolos que fabricaste te contaminaste; e fizeste aproximar-se o teu dia, e é chegado o fim dos teus anos. Por isso eu te fiz o opróbrio das nações e o escárnio de todas as terras.

⁵As que estão perto e as que estão longe de ti escarnecerão de ti, infamada, cheia de tumulto.

⁶Eis que os príncipes de Israel, que estão em ti, cada um conforme o seu poder, se esforçam para derramarem sangue.

⁷No meio de ti desprezaram ao pai e à mãe; no meio de ti usaram de opressão para com o estrangeiro; no meio de ti foram injustos para com o órfão e a viúva.

⁸As minhas coisas santas desprezaste, e os meus sábados profanaste.

⁹Em ti se acham homens que caluniam para derramarem sangue; em ti há os que comem sobre os montes; e cometem perversidade no meio de ti.

¹⁰A vergonha do pai descobrem em ti; no meio de ti humilham a que está impura, na sua separação.

¹¹Um comete abominação com a mulher do seu próximo, outro contamina abominavelmente a sua nora, e outro humilha no meio de ti a sua irmã, filha de seu pai.

¹²Peitas se recebem no meio de ti para se derramar sangue; recebes usura e ganhos ilícitos, e usas de avareza com o teu próximo, oprimindo-o; mas de mim te esqueceste, diz o Senhor Deus.

¹³Eis que, portanto, bato as mãos contra o lucro desonesto que ganhaste, e por causa do sangue que houve no meio de ti.

¹⁴Poderá estar firme o teu coração? poderão estar fortes as tuas mãos, nos dias em que eu tratarei contigo? Eu, o Senhor, o disse, e o farei.

¹⁵Espalhar-te-ei entre as nações e dispersar-te-ei pelas terras; e de ti consumirei a tua imundícia.

¹⁶E tu serás profanada em ti mesma, aos olhos das nações, e saberás que eu sou o Senhor.

¹⁷De novo veio a mim a palavra do Senhor, dizendo:

¹⁸Filho do homem, a casa de Israel se tornou para mim em escória; todos eles são bronze, e estanho, e ferro, e chumbo no meio da fornalha; em escória de prata eles se tornaram.

¹⁹Portanto assim diz o Senhor Deus: Pois que todos vós vos tornastes em escória, por isso eis que eu vos ajuntarei no meio de Jerusalém.

²⁰Como se ajuntam a prata, e o bronze, e o ferro, e o chumbo, e o estanho, no meio da fornalha, para assoprar o fogo sobre eles, a fim de se fundirem, assim vos ajuntarei na minha ira e no meu furor, e ali vos porei e vos fundirei.

²¹Sim, congregar-vos-ei, e assoprarei sobre vós o fogo da minha ira; e sereis fundidos no meio dela.

²²Como se funde a prata no meio da fornalha, assim sereis fundidos no meio dela; e sabereis que eu, o Senhor, derramei o meu furor sobre vós.

²³Também veio a mim a palavra do Senhor, dizendo:

²⁴Filho do homem, dize-lhe a ela: Tu és uma terra que não está purificada, nem regada de chuvas no dia da indignação.

²⁵Conspiração dos seus profetas há no meio dela, como um leão que ruge, que arrebata a presa; eles devoram vidas humanas; tomam tesouros e coisas preciosas; multiplicam as suas viúvas no meio dela.

²⁶Os seus sacerdotes violentam a minha lei, e profanam as minhas coisas santas; não fazem diferença entre o santo e o profano, nem ensinam a discernir entre o impuro e o puro; e de meus sábados escondem os seus olhos, e assim sou profanado no meio deles.

²⁷Os seus príncipes no meio dela são como lobos que arrebatam a presa: derramando o sangue, e destruindo vidas, para adquirirem lucro desonesto.

²⁸E os profetas têm feito para eles reboco com argamassa fraca tendo visões falsas, e adivinhando-lhes mentira, dizendo: Assim diz o Senhor Deus; sem que o Senhor tivesse falado.

²⁹O povo da terra tem usado de opressão, e andado roubando e fazendo violência ao pobre e ao necessitado, e tem oprimido injustamente ao estrangeiro.

³⁰E busquei dentre eles um homem que levantasse o muro, e se pusesse na brecha perante mim por esta terra, para que eu não a destruísse; porém a ninguém achei.

³¹Por isso eu derramei sobre eles a minha indignação; com o fogo do meu furor os consumi; fiz que o seu caminho lhes recaísse sobre a cabeça, diz o Senhor Deus.

## Capítulo 23

¹Veio mais a mim a palavra do Senhor, dizendo:

²Filho do homem, houve duas mulheres, filhas da mesma mãe.

³Estas se prostituíram no Egito; prostituíram-se na sua mocidade; ali foram apertados os seus peitos, e ali foram apalpados os seios da sua virgindade.

⁴E os seus nomes eram: Aolá, a mais velha, e Aolibá, sua irmã; e foram minhas, e tiveram filhos e filhas; e, quanto aos seus nomes, Samária é Aolá, e Jerusalém é Aolibá.

⁵Ora prostituiu-se Aolá, sendo minha; e enamourou-se dos seus amantes, dos assírios, seus vizinhos,

⁶que se vestiam de azul, governadores e magistrados, todos mancebos cobiçáveis, cavaleiros montados a cavalo.

⁷Assim cometeu ela as suas devassidões com eles, que eram todos a flor dos filhos da Assíria; e contaminou-se com todos os ídolos de quem se enamorava.

⁸E não deixou as suas impudicícias, que trouxe do Egito; pois muitos se deitaram com ela na sua mocidade, e apalparam os seios da sua virgindade, e derramaram sobre ela a sua impudicícia.

⁹Portanto a entreguei na mão dos seus amantes, na mão dos filhos da Assíria, de quem se enamoravam.

¹⁰Estes se descobriram a sua vergonha; levaram-lhe os filhos e as filhas; e a ela mataram-na à espada; e ela se tornou um provérbio entre as mulheres; pois sobre ela executaram juízos.

¹¹Viu isso sua irmã Aolibá; contudo se corrompeu na sua paixão mais do que ela, como também nas suas devassidões, que eram piores do que as de sua irmã.

¹²Enamorou-se dos filhos da Assíria, dos governadores e dos magistrados seus vizinhos, vestidos com primor, cavaleiros que andam montados em cavalos, todos mancebos cobiçáveis.

¹³E vi que se tinha contaminado; o caminho de ambas era o mesmo.

¹⁴E ela aumentou as suas impudicícias; porque viu homens pintados na parede, imagens dos caldeus, pintadas de vermelho,

¹⁵com os seus lombos cingidos, tendo largos turbantes sobre as cabeças, todos com o parecer de príncipes, semelhantes aos filhos de Babilônia em Caldéia, terra do seu nascimento.

¹⁶Ela se apaixonou deles, ao lançar sobre eles os olhos; e lhes mandou mensageiros até Caldéia.

¹⁷Então vieram a ela os filhos de Babilônia para o leito dos amores, e a contaminaram com as suas impudicícias; e ela se contaminou com eles; então a sua alma deles se alienou.

¹⁸Assim pôs a descoberto as suas devassidões, e descobriu a sua vergonha; então a minha alma se alienou dela, assim como já se alienara a minha alma de sua irmã.

¹⁹Todavia ela multiplicou as suas prostituições, lembrando-se dos dias da sua mocidade, em que se prostituira na terra do Egito,

²⁰apaixonando-se dos seus amantes, cujas carnes eram como as de jumentos, e cujo fluxo era como o de cavalos.

²¹Assim desejaste a luxúria da tua mocidade, quando os egípcios

apalpavam os teus seios, para violentar os peitos da tua mocidade.

²²Por isso, ó Aolibá, assim diz o Senhor Deus: Eis que eu suscitarei contra ti os teus amantes, dos quais se alienara a tua alma, e os trarei contra ti de todos os lados:

²³Os filhos de Babilônia, e todos os caldeus de Pecode, e de Soá, e de Coa, juntamente com todos os filhos da Assíria, mancebos cobiçáveis, governadores e magistrados, todos eles príncipes e homens de renome, todos eles montados a cavalo.

²⁴E virão contra ti com armas, carros e carroças, e com ajuntamento de povos; e se porão contra ti em redor com paveses, e escudos, e capacetes; e lhes entregarei o julgamento, e te julgarão segundo os seus juízos.

²⁵E porei contra ti o meu zelo, e usarão de indignação contigo. Tirar-te-ão o nariz e as orelhas; e o que te ficar de resto cairá à espada. Tomarão os teus filhos e as tuas filhas, e o que em ti ficar será consumido pelo fogo.

²⁶Também te despirão os teus vestidos, e te tomarão as tuas jóias de adorno.

²⁷Assim farei cessar em ti a tua luxúria e a tua prostituição trazida da terra do Egito; de modo que não levantarás os teus olhos para eles, nem te lembrarás mais do Egito.

²⁸Pois assim diz o Senhor Deus: Eis que te entrego na mão dos que odeias, na mão daqueles de quem está alienada a tua alma;

²⁹e eles te tratarão com ódio, e levarão todo o fruto do teu trabalho, e te deixarão nua e despida; e descobrir-se-á a vergonha da tua prostituição, e a tua luxúria, e as tuas devassidões.

³⁰Estas coisas se te farão, porque te prostituíste após as nações, e te contaminaste com os seus ídolos.

³¹No caminho de tua irmã andaste; por isso entregarei o seu cálice na tua mão.

³²Assim diz o Senhor Deus: Beberás o cálice de tua irmã, o qual é fundo e largo; servirás de riso e escárnio; o cálice leva muito.

³³De embriaguez e de dor te encherás, do cálice de espanto e de assolação, do cálice de tua irmã Samária.

³⁴Bebê-lo-ás pois, e esgotá-lo-ás, e roerás os seus cacos, e te rasgarás teus próprios peitos; pois eu o falei, diz o Senhor Deus.

³⁵Portanto, assim diz o Senhor Deus: Como te esqueceste de mim, e me lançaste para trás das tuas costas, também carregarás com a tua luxúria e as tuas devassidões.

³⁶Disse-me mais o Senhor: Filho do homem, julgarás a Aolá e a Aolibá? Mostra-lhes, então, as suas abominações.

³⁷Pois adulteraram, e sangue se acha nas suas mãos; com os seus ídolos adulteraram, e até lhes ofereceram em holocausto, para serem consumidos, os seus filhos, que de mim geraram.

³⁸E ainda isto me fizeram: contaminaram o meu santuário no mesmo dia, e profanaram os meus sábados.

³⁹Porquanto, havendo sacrificado seus filhos aos seus ídolos, vinham ao meu santuário no mesmo dia para o profanarem; e eis que assim fizeram no meio da minha casa.

⁴⁰Além disto mandaram vir uns homens de longe, aos quais fora enviado um mensageiro, e eis que vieram. Por amor deles te lavaste, pintaste os teus olhos, e te ornaste de enfeites,

⁴¹e te assentaste sobre um leito de honra, diante do qual estava uma mesa preparada; e puseste sobre ela o meu incenso e o meu óleo.

⁴²Ouvia-se ali a voz de uma multidão satisfeita; e com homens de classe baixa foram trazidos beberrões do deserto; e eles puseram braceletes nas mãos das mulheres, e coroas de esplendor nas suas cabeças.

⁴³Então disse eu da envelhecida em adultérios: Agora deveras se contaminarão com ela e ela com eles.

⁴⁴E entraram a ela, como quem entra a uma prostituta; assim entraram a Aolá e a Aolibá, mulheres lascivas.

⁴⁵De maneira que homens justos são os que as julgarão como se julgam as adúlteras, e como se julgam as que derramam o sangue; porque adúlteras são, e sangue há nas suas mãos.

⁴⁶Pois assim diz o Senhor Deus: Farei subir contra elas uma hoste e as entregarei ao tumulto e ao saque.

⁴⁷E a hoste apedrejá-las-á, e as matará à espada; trucidará a seus filhos e suas filhas, e queimará as suas casas a fogo.

⁴⁸Assim farei cessar da terra a lascívia, para que se escarmentem todas as mulheres, e não procedam conforme a vossa lascívia.

⁴⁹E a vós vos pagarão o vosso procedimento lascivo e levareis os pecados dos vossos ídolos; e sabereis que eu sou o Senhor Deus.

## Capítulo 24

¹Demais veio a mim a palavra do Senhor, no ano nono, do décimo mês, aos dez do mês, dizendo:

²Filho do homem, escreve o nome deste dia, deste mesmo dia; o rei de Babilônia acaba de sitiar Jerusalém neste dia.

³E propõe à casa rebelde uma alegoria, e dize-lhe: Assim diz o Senhor Deus: Põe a caldeira ao lume, põe-na, e deita-lhe água dentro;

⁴mete nela os pedaços de carne, todos os bons pedaços, a coxa e a espádua; enche-a de ossos escolhidos.

⁵Escolhe o melhor do rebanho, ajunta um montão de lenha debaixo da caldeira dos ossos; faze-a ferver bem, e cozam-se dentro dela os seus ossos.

⁶Portanto, assim diz o Senhor Deus: Ai da cidade sanguinária, da caldeira, que está enferrujada por dentro, e cuja ferrugem não saiu dela! tira dela a carne pedaço por pedaço; não caiu sorte sobre ela.

⁷porque o seu sangue está no meio dela; sobre uma penha descalvada ela o pôs; não o derramou sobre o chão, para o cobrir com pó.

⁸Foi para fazer subir a minha indignação para tomar vingança, que eu pus o seu sangue numa penha descalvada, para que não fosse coberto.

⁹Portanto, assim diz o Senhor Deus: Ai da cidade sanguinária! também eu farei grande a fogueira.

¹⁰Amontoa a lenha, acende o fogo, ferve bem a carne, engrossando o caldo, e sejam queimados os ossos.

¹¹Então a porás vazia sobre as suas brasas, para que ela aqueça, e se derreta o seu cobre, e se funda a sua imundícia no meio dela, e se consuma a sua ferrugem.

¹²Ela tem-se cansado com trabalhos; contudo não sai dela a sua muita ferrugem pelo fogo.

¹³A ferrugem é a tua imundícia de luxúria, porquanto te purifiquei, e tu não te purificaste, não serás purificada nunca da tua imundícia, enquanto eu não tenha satisfeito sobre ti a minha indignação.

¹⁴Eu, o Senhor, o disse: será assim, e o farei; não tornarei atrás, e não pouparei, nem me arrependerei; conforme os teus caminhos, e conforme os teus feitos, te julgarei, diz o Senhor Deus.

¹⁵Também veio a mim a palavra do Senhor, dizendo:

¹⁶Filho do homem, eis que dum golpe tirarei de ti o desejo dos teus olhos; todavia não te lamentarás, nem chorarás, nem te correrão as lágrimas.

¹⁷Geme, porém, em silêncio; não faças lamentação pelos mortos; ata na cabeça o teu turbante, e mete nos pés os teus sapatos; não cubras os teus lábios e não comas o pão dos homens.

¹⁸Assim falei ao povo pela manhã, e à tarde morreu minha mulher; e fiz pela manhã como se me deu ordem.

¹⁹E o povo me perguntou: Não nos farás saber o que significam para nós estas coisas que estás fazendo?

²⁰Então lhes respondi: Veio a mim a palavra do Senhor, dizendo:

²¹Dize à casa de Israel: Assim diz o Senhor Deus: Eis que eu profanarei o meu santuário, o orgulho do vosso poder, a delícia dos vossos olhos, e o desejo da vossa alma; e vossos filhos e vossas filhas, que deixastes, cairão à espada.

²²Fareis pois como eu fiz: não vos cobrireis os lábios, e não comereis o pão dos homens;

²³tereis na cabeça os vossos turbantes, e os vossos sapatos nos pés; não vos lamentareis, nem chorareis, mas definhar-vos-eis nas vossas iniqüidades, e gemereis uns com os outros.

²⁴Assim vos servirá Ezequiel de sinal; conforme tudo quanto ele fez, assim fareis vós; e quando isso suceder, então sabereis que eu sou o Senhor Deus.

²⁵Também quanto a ti, filho do homem, no dia que eu lhes tirar a sua fortaleza, o gozo do seu ornamento, a delícia dos seus olhos, e o desejo dos seus corações, juntamente com seus filhos e suas filhas,

²⁶nesse dia virá ter contigo algum fugitivo para te trazer as notícias.

²⁷Nesse dia abrir-se-á a tua boca para com o fugitivo, e falarás, e por mais tempo não ficarás mudo; assim virás a ser para eles um sinal; e saberão que eu sou o Senhor.

## Capítulo 25

¹De novo veio a mim a palavra do Senhor, dizendo:

²Filho do homem, dirige o teu rosto contra os filhos de Amom, e profetiza contra eles.

³E dize aos amonitas: Ouvi a palavra do Senhor Deus: Assim diz o Senhor Deus: Visto que tu disseste: Ah! contra o meu santuário quando foi profanado, e contra a terra de Israel quando foi assolada, e contra a casa de Judá quando foi para o cativeiro;

⁴por isso eis que te entregarei em possessão ao povo do Oriente, e em ti estabelecerão os seus acampamentos, e porão em ti as suas moradas. Eles comerão os teus frutos, e beberão o teu leite.

⁵E farei de Rabá uma estrebaria de camelos, e dos amonitas um curral de rebanhos; e sabereis que eu sou o Senhor.

⁶Porque assim diz o Senhor Deus: Visto como bateste com as mãos, e pateaste com os pés, e te alegraste com todo o despeito do teu coração contra a terra de Israel;

⁷portanto eis que eu tenho estendido a minha mão contra ti, e te darei por despojo às nações, e te arrancarei dentre os povos, e te destruirei dentre os países, e de todo acabarei contigo; e saberás que eu sou o Senhor.

⁸Assim diz o Senhor Deus: Visto como dizem em Moabe. e Seir: Eis que a casa de Judá é como todas as nações;

⁹portanto, eis que eu abrirei o lado de Moabe desde as cidades, desde as suas cidades que estão pela banda das fronteiras, a glória do país, Bete-Jesimote, Baal-Meom, e até Quiriataim,

¹⁰e ao povo do Oriente, juntamente com os filhos de Amom, eu o entregarei em possessão, para que não haja mais memória dos filhos de Amom entre as nações.

¹¹Também executarei juízos contra Moabe; e saberão que eu sou o Senhor.

¹²Assim diz o Senhor Deus: Pois que Edom se houve vingativamente para com a casa de Judá, e se fez culpadíssimo, vingando-se deles.

¹³portanto assim diz o Senhor Deus: Também estenderei a minha mão contra Edom, e arrancarei dele homens e animais; e o tornarei em deserto desde Temã; e cairão à espada até Dedã.

¹⁴E exercerei a minha vingança sobre Edom, pela mão do meu povo de Israel; e farão em Edom segundo a minha ira e segundo o meu furor; e conhecerão a minha vingança, diz o Senhor Deus.

¹⁵Assim diz o Senhor Deus: Porquanto os filisteus se houveram vingativamente, e executaram vingança com despeito de coração, para destruírem com perpétua inimizade;

¹⁶portanto assim diz o Senhor Deus: Eis que estendo a minha mão contra os filisteus, e arrancarei os quereteus, e destruirei o resto da costa do mar.

¹⁷E executarei neles grandes vinganças, com furiosos castigos; e saberão que eu sou o Senhor, quando eu tiver exercido a minha vingança sobre eles.

## Capítulo 26

¹Ora sucedeu no undécimo ano, ao primeiro do mês, que veio a mim a palavra do Senhor, dizendo:

²Filho do homem, visto como Tiro disse no tocante a Jerusalém: Ah! está quebrada a porta dos povos; está aberta para mim; eu me encherei, agora que ela está assolada;

³portanto assim diz o Senhor Deus: Eis que eu sou contra ti, ó Tiro, e farei subir contra ti muitas nações, como o mar faz subir as suas ondas.

⁴Elas destruirão os muros de Tiro, e derrubarão as suas torres; e eu varrerei o seu solo, e dela farei uma rocha descalvada.

⁵Ela virá a ser no meio do mar um enxugadouro de redes; pois eu o falei, diz o Senhor Deus; e ela servirá de despojo para as nações.

⁶Também suas filhas que estão no campo serão mortas à espada; e saberão que eu sou o Senhor.

⁷Porque assim diz o Senhor Deus: Eis que eu trarei contra Tiro a Nabucodonozor, rei de Babilônia, desde o norte, o rei dos reis, com cavalos, e com carros, e com cavaleiros, sim, companhias e muito povo.

⁸As tuas filhas ele matará à espada no campo; e construirá fortes contra ti, levantará contra ti uma tranqueira, e alçará paveses contra ti;

⁹dirigirá os golpes dos seus arietes contra os teus muros, e derrubará as tuas torres com os seus machados.

¹⁰Por causa da multidão de seus cavalos te cobrirá o seu pó; os teus muros tremerão com o estrondo dos cavaleiros, e das carroças, e dos carros, quando ele entrar pelas tuas portas, como quem entra numa cidade em que se fez brecha.

¹¹Com as patas dos seus cavalos pisará todas as tuas ruas; ao teu povo matará à espada, e as tuas fortes colunas cairão por terra.

¹²Também eles roubarão as tuas riquezas e saquearão as tuas mercadorias; derrubarão os teus muros e arrasarão as tuas casas agradáveis; e lançarão no meio das águas as tuas pedras, as tuas madeiras, e o teu solo.

¹³E eu farei cessar o arruído das tuas cantigas, e o som das tuas harpas não se ouvirá mais;

¹⁴e farei de ti uma rocha descalvada; virás a ser um enxugadouro das redes, nunca mais serás edificada; pois eu, o Senhor, o falei, diz o Senhor Deus.

¹⁵Assim diz o Senhor Deus a Tiro: Acaso não tremerão as ilhas com o estrondo da tua queda, quando gemerem os feridos, quando se fizer a matança no meio de ti?

¹⁶Então todos os príncipes do mar descerão dos seus tronos, e porão de lado os seus mantos, e despirão as suas vestes bordadas; de tremores se vestirão; sobre a terra se assentarão; e estremecerão a cada momento, e de ti se espantarão.

¹⁷E farão uma lamentação sobre ti, e te dirão: Como pereceste, ó povoada de navegantes, ó cidade afamada, que foste forte no mar! tu e os teus moradores que atemorizastes a todos os que habitam ao teu redor!

¹⁸Agora estremecerão as ilhas no dia da tua queda; sim, as ilhas, que estão no mar, espantar-se-ão da tua saída.

¹⁹Pois assim diz o Senhor Deus: Quando eu te fizer uma cidade assolada, como as cidades que não se habitam, quando fizer subir sobre ti o abismo, e as muitas águas te cobrirem,

²⁰então te farei descer com os que descem à cova, ao povo antigo, e te farei habitar nas mais baixas partes da terra, em lugares desertos de há muito, juntamente com os que descem à cova, para que não sejas habitada; e estabelecerei a glória na terra dos viventes.

²¹Farei de ti um grande espanto, e não mais existirás; embora te procurem, contudo, nunca serás achada, diz o Senhor Deus.

## Capítulo 27

¹De novo veio a mim a palavra do Senhor, dizendo:

²Tu pois, ó filho do homem, levanta uma lamentação sobre Tiro;

³e dize a Tiro, que habita na entrada do mar, e negocia com os povos em muitas ilhas: Assim diz o Senhor Deus: ç Tiro, tu dizes: Eu sou perfeita em formosura.

⁴No coração dos mares estão os teus termos; os que te edificaram aperfeiçoaram a tua formosura.

⁵De ciprestes de Senir fizeram todas as tuas tábuas; trouxeram cedros do Líbano para fazerem um mastro para ti.

⁶Fizeram os teus remos de carvalhos de Basã; os teus bancos fizeram-nos de marfim engastado em buxo das ilhas de Quitim.

⁷Linho fino bordado do Egito era a tua vela, para te servir de estandarte; de azul, e púrpura das ilhas de Elisá era a tua cobertura.

⁸Os habitantes de Sidom e de Arvade eram os teus remadores; os teus peritos, ó Tiro, que em ti se achavam, esses eram os teus pilotos.

⁹Os anciãos de Gebal e seus peritos eram em ti os teus calafates; todos os navios do mar e os seus marinheiros se achavam em ti, para tratarem dos teus negócios.

¹⁰Os persas, e os lídios, e os de Pute eram no teu exército os teus soldados; penduravam em ti o escudo e o capacete; aumentavam o teu esplendor.

¹¹Os filhos de Arvade e o teu exército estavam sobre os teus muros em redor, e os gamaditas nas tuas torres; penduravam os seus escudos nos teus muros em redor; aperfeiçoavam a tua formosura.

¹²Társis negociava contigo, por causa da abundância de toda a casta de riquezas; seus negociantes trocavam pelas tuas mercadorias prata, ferro, estanho, e chumbo.

¹³Javã, Tubál e Meseque eram teus mercadores; pelas tuas mercadorias trocavam as pessoas de homens e vasos de bronze.

¹⁴Os da casa de Togarma trocavam pelas tuas mercadorias cavalos e ginetes e machos;

¹⁵os homens de Dedã eram teus mercadores; muitas ilhas eram o mercado da tua mão; tornavam a trazer-te em troca de dentes de marfim e pau de ébano.

¹⁶A Síria negociava contigo por causa da multidão das tuas manufaturas; pelas tuas mercadorias trocavam granadas, púrpura, obras bordadas, linho fino, corais e rubis.

¹⁷Judá e a terra de Israel eram teus mercadores; pelas tuas mercadorias trocavam o trigo de Minite, cera, mel, azeite e bálsamo.

¹⁸Por causa da multidão das tuas manufaturas, por causa da multidão de toda a sorte de riquezas, Damasco negociava contigo em vinho de Helbom e lã branca.

¹⁹Vedã e Javã de Uzal trocavam lã fiada pelas tuas manufaturas; ferro polido, cássia e cálamo aromático achavam-se entre as tuas mercadorias.

²⁰Dedã negociava contigo em suadouros para cavalgar.

²¹Arábia e todos os príncipes de Quedar também eram os mercadores ao teu serviço; em cordeiros, carneiros e bodes, nestas coisas negociavam contigo.

²²Os mercadores de Sabá e Raamá igualmente negociavam contigo; pelas tuas mercadorias trocavam as melhores de todas as especiarias e toda a pedra preciosa e ouro.

²³Harã, e Cané e Edem os mercadores de Sabá, Assur e Quilmade eram teus mercadores.

²⁴Estes negociavam contigo em roupas escolhidas, em agasalho de azul e de obra bordada, e em cofres de roupas preciosas, amarrados com cordas e feitos de cedro.

²⁵Os navios de Társis eram as tuas caravanas para a tua mercadoria; e te encheste, e te glorificaste muito no meio dos mares.

²⁶Os teus remadores te conduziram sobre grandes águas; o vento oriental te quebrantou no meio dos mares.

²⁷As tuas riquezas, os teus bens, as tuas mercadorias, os teus marinheiros e os teus pilotos, os teus calafates, e os que faziam os teus negócios, e todos os teus soldados, que estão em ti, juntamente com toda a tua companhia, que está no meio de ti, se submergirão no meio dos mares no dia da tua queda.

²⁸Ao estrondo da gritaria dos teus pilotos tremerão os arrabaldes.

²⁹E todos os que pegam no remo, os marinheiros, e todos os pilotos do mar descerão de seus navios, e pararão em terra,

³⁰e farão ouvir a sua voz sobre ti, e gritarão amargamente; lançarão pó sobre as cabeças, e na cinza se revolverão;

³¹e se farão calvos por tua causa, e se cingirão de sacos, e chorarão sobre ti com amargura de alma, com amarga lamentação.

³²No seu pranto farão uma lamentação sobre ti, na qual dirão: Quem foi como Tiro, como a que está reduzida ao silêncio no meio do mar?

³³Quando as tuas mercadorias eram exportadas pelos mares, fartaste a muitos povos; com a multidão das tuas riquezas e das tuas mercadorias, enriqueceste os reis da terra.

³⁴No tempo em que foste quebrantada pelos mares, nas profundezas das águas, caíram no meio de ti todas as tuas mercadorias e toda a tua companhia.

³⁵Todos os moradores das ilhas estão a teu respeito cheios de espanto; e os seus reis temem em grande maneira, e estão de semblante perturbado.

³⁶Os mercadores dentre os povos te dão vaias; tu te tornaste em grande espanto, e nao mais existiras.

## Capítulo 28

¹De novo veio a mim a palavra do Senhor, dizendo:

²Filho do homem, dize ao príncipe de Tiro: Assim diz o Senhor Deus: Visto como se elevou o teu coração, e disseste: Eu sou um deus, na cadeira dos deuses me assento, no meio dos mares; todavia tu és homem, e não deus, embora consideres o teu coração como se fora o coração de um deus.

³com efeito és mais sábio que Daniel; não há segredo algum que se possa esconder de ti.

⁴Pela tua sabedoria e pelo teu entendimento alcançaste para ti riquezas, e adquiriste ouro e prata nos teus tesouros.

⁵Pela tua grande sabedoria no comércio aumentaste as tuas riquezas, e por causa das tuas riquezas eleva-se o teu coração;

⁶portanto, assim diz o Senhor Deus: Pois que consideras o teu coração como se fora o coração de um deus,

⁷por isso eis que eu trarei sobre ti estrangeiros, os mais terríveis dentre as nações, os quais desembainharão as suas espadas contra a formosura da tua sabedoria, e mancharão o teu resplendor.

⁸Eles te farão descer à cova; e morrerás da morte dos traspassados, no meio dos mares.

⁹Acaso dirás ainda diante daquele que te matar: Eu sou um deus? mas tu és um homem, e não um deus, na mão do que te traspassa.

¹⁰Da morte dos incircuncisos morrerás, por mão de estrangeiros; pois eu o falei, diz o Senhor Deus.

¹¹Veio mais a mim a palavra do Senhor, dizendo:

¹²Filho do homem, levanta uma lamentação sobre o rei de Tiro, e dize-te: Assim diz o Senhor Deus: Tu eras o selo da perfeição, cheio de sabedoria e perfeito em formosura.

¹³Estiveste no Éden, jardim de Deus; cobrias-te de toda pedra preciosa: a cornalina, o topázio, o ônix, a crisólita, o berilo, o jaspe, a safira, a granada, a esmeralda e o ouro. Em ti se faziam os teus tambores e os teus pífaros; no dia em que foste criado foram preparados.

¹⁴Eu te coloquei com o querubim da guarda; estiveste sobre o monte santo de Deus; andaste no meio das pedras afogueadas.

¹⁵Perfeito eras nos teus caminhos, desde o dia em que foste criado, até que em ti se achou iniqüidade.

¹⁶Pela abundância do teu comércio o teu coração se encheu de violência, e pecaste; pelo que te lancei, profanado, fora do monte de Deus, e o querubim da guarda te expulsou do meio das pedras afogueadas.

¹⁷Elevou-se o teu coração por causa da tua formosura, corrompeste a tua sabedoria por causa do teu resplendor; por terra te lancei; diante dos reis te pus, para que te contemplem.

¹⁸Pela multidão das tuas iniqüidades, na injustiça do teu comércio, profanaste os teus santuários; eu, pois, fiz sair do meio de ti um fogo, que te consumiu a ti, e te tornei em cinza sobre a terra, à vista de todos os que te contemplavam.

¹⁹Todos os que te conhecem entre os povos estão espantados de ti; chegaste a um fim horrível, e não mais existirás, por todo o sempre.

²⁰Novamente veio a mim a palavra do Senhor, dizendo:

²¹Filho do homem, dirige o teu rosto para Sidom, e profetiza contra ela,

²²e dize: Assim diz o Senhor Deus: Eis-me contra ti, ó Sidom, e serei glorificado no meio de ti; e saberão que eu sou o Senhor, quando nela executar juízos e nela me santificar.

²³Pois lhe enviarei peste e sangue nas suas ruas; e os traspassados cairão no meio dela, estando a espada contra ela por todos os lados; e saberão que eu sou o Senhor.

²⁴E a casa de Israel nunca mais terá espinho que a fira, nem abrolho que lhe cause dor, entre os que se acham ao redor deles e que os desprezam; e saberão que eu sou o Senhor Deus.

²⁵Assim diz o Senhor Deus: Quando eu congregar a casa de Israel dentre os povos entre os quais estão espalhados, e eu me santificar entre eles, à vista das nações, então habitarão na sua terra que dei a meu servo, a Jacó.

²⁶E habitarão nela seguros; sim, edificarão casas, e plantarão vinhas, e habitarão seguros, quando eu executar juízos contra todos os que estão ao seu redor e que os desprezam; e saberão que eu sou o Senhor seu Deus.

## Capítulo 29

¹No décimo ano, no décimo mês, no dia doze do mês, veio a mim a palavra do Senhor, dizendo:

²Filho do homem, dirige o teu rosto contra Faraó, rei do Egito, e profetiza contra ele e contra todo o Egito.

³Fala, e dize: Assim diz o Senhor Deus: Eis-me contra ti, ó Faraó, rei do Egito, grande dragão, que pousas no meio dos teus rios, e que dizes: O meu rio é meu, e eu o fiz para mim.

⁴Mas eu porei anzóis em teus queixos, e farei que os peixes dos teus rios se apeguem às tuas escamas; e tirar-te-ei dos teus rios, juntamente com todos os peixes dos teus nos que se apegarem as tuas escamas.

⁵E te lançarei no deserto, a ti e a todos os peixes dos teus rios; sobre a face do campo cairás; não serás recolhido nem ajuntado. Aos animais da terra e às aves do céu te dei por pasto.

⁶E saberão todos os moradores do Egito que eu sou o Senhor, porque tu tens sido um bordão de cana para a casa de Israel.

⁷Tomando-te eles na mão, tu te quebraste e lhes rasgaste todo o ombro; e quando em ti se apoiaram, tu te quebraste, fazendo estremecer todos os seus lombos.

⁸Portanto, assim diz o Senhor Deus: Eis que eu trarei sobre ti a espada, e de ti exterminarei homem e animal.

⁹E a terra do Egito se tornará em desolação e deserto; e saberão que eu sou o Senhor. Porquanto disseste: O rio é meu, e eu o fiz;

¹⁰por isso eis que eu estou contra ti e contra os teus rios; e tornarei a terra do Egito em desertas e assoladas solidões, desde Migdol de Sevené até os confins da Etiópia.

¹¹Não passará por ela pé de homem, nem pé de animal passará por ela, nem será habitada durante quarenta anos.

¹²Assim tornarei a terra do Egito em desolação no meio das terras assoladas, e as suas cidades no meio das cidades assoladas ficarão desertas por quarenta anos; e espalharei os egípcios entre as nações, e os dispersarei pelos países.

¹³Pois assim diz o Senhor Deus: Ao cabo de quarenta anos ajuntarei os egípcios dentre os povos entre os quais foram espalhados.

¹⁴E restaurarei do cativeiro os egípcios, e os farei voltar à terra de Patros, à sua terra natal; e serão ali um reino humilde;

¹⁵mais humilde se fará do que os outros reinos, e nunca mais se exalçará sobre as nações; e eu os diminuirei, para que não mais dominem sobre as nações.

¹⁶E não será mais a confiança da casa de Israel e a ocasião de ser lembrada a sua iniqüidade, quando se virarem para olhar após eles; antes saberão que eu sou o Senhor Deus.

¹⁷E sucedeu que, no ano vinte e sete, no mês primeiro, no primeiro dia do mês, veio a mim a palavra do Senhor, dizendo:

¹⁸Filho do homem, Nabucodonozor, rei de Babilônia, fez com que o seu exército prestasse um grande serviço contra Tiro. Toda cabeça se tornou calva, e todo ombro se pelou; contudo não houve paga da parte

de Tiro para ele, nem para o seu exército, pelo serviço que prestou contra ela.

¹⁹Portanto, assim diz o Senhor Deus: Eis que eu darei a Nabucodonozor, rei de Babilônia, a terra do Egito; assim levará ele a multidão dela, como tomará o seu despojo e roubará a sua presa; e isso será a paga para o seu exército.

²⁰Como recompensa do serviço que me prestou, pois trabalhou por mim, eu lhe dei a terra do Egito, diz o Senhor Deus.

²¹Naquele dia farei brotar um chifre para a casa de Israel; e te concederei que abras a boca no meio deles; e saberão que eu sou o Senhor.

## Capítulo 30

¹De novo veio a mim a palavra do Senhor, dizendo:

²Filho do homem, profetiza, e dize: Assim diz o Senhor Deus: Gemei: Ah! aquele dia!

³Porque perto está o dia, sim, perto está o dia do Senhor; dia de nuvens será, o tempo das nações.

⁴E uma espada virá ao Egito, e haverá angústia na Etiópia, quando caírem os traspassados no Egito; o seu povo será levado para o cativeiro e serão destruídos os seus fundamentos.

⁵Etiópia, e Pute, e Lude, e todo o povo da Arábia, e Cube, e os filhos da terra da aliança cairão juntamente com eles à espada.

⁶Assim diz o Senhor: Também cairão os que sustêm o Egito, e descerá a soberba de seu poder; desde Migdol até Sevené cairão nela à espada, diz o Senhor Deus.

⁷E ficarão desolados no meio das terras assoladas; e as suas cidades estarão no meio das cidades desertas.

⁸E saberão que eu sou o Senhor, quando eu puser fogo ao Egito, e forem destruídos todos os que lhe davam auxílio.

⁹Naquele dia sairão mensageiros de diante de mim em navios, para amedrontarem os etíopes descuidados; e sobre eles haverá angústia, como no dia do Egito; pois eis que já vem.

¹⁰Assim diz o Senhor Deus: Também farei cessar do Egito a multidão, por mão de Nabucodonozor, rei de Babilônia.

¹¹Ele e o seu povo com ele, os terríveis dentre as nações, serão introduzidos para destruírem a terra; e desembainharão as suas espadas contra o Egito, e encherão a terra de mortos.

¹²E eu secarei os rios, e venderei a terra, entregando-a na mão dos maus, e assolarei a terra e a sua plenitude pela mão dos estranhos; eu, o Senhor, o disse.

¹³Assim diz o Senhor Deus: Também destruirei os ídolos, e farei cessar de Mênfis as imagens; e não mais haverá um príncipe na terra do Egito; e porei o temor na terra do Egito.

¹⁴E assolarei a Patros, e porei fogo a Zoã, e executarei juízos em Tebas;

¹⁵e derramarei o meu furor sobre Pelúsio, a fortaleza do Egito, e exterminarei a multidão de Tebas;

¹⁶também atearei um fogo no Egito; Pelúsio terá angústia, Tebas será destruída, e Mênfis terá adversários em pleno dia.

¹⁷Os mancebos de Om e Pi-Besete cairão à espada, e estas cidades irão ao cativeiro.

¹⁸E em Tapanes se escurecerá o dia, quando eu quebrar ali os jugos do Egito, e nela cessar a soberba do seu poder; quanto a ela, uma nuvem a cobrirá, e suas filhas irão ao cativeiro.

¹⁹Assim executarei juízos no Egito, e saberão que eu sou o Senhor.

²⁰E sucedeu no ano undécimo, no mês primeiro, aos sete do mês, que veio a mim a palavra do Senhor, dizendo:

²¹Filho do homem, eu quebrei o braço de Faraó, rei do Egito; e eis que não foi atado para se lhe aplicar remédios curativos, nem se lhe porão ligaduras para o atar, para torná-lo forte, a fim de pegar na espada.

²²Portanto assim diz o Senhor Deus: Eis que eu estou contra Faraó, rei do Egito, e quebrarei os seus braços, assim o forte como o que já foi quebrado; e farei cair da sua mão a espada.

²³E espalharei os egípcios entre as nações, e os dispersarei pelas terras.

²⁴Mas fortalecerei os braços do rei de Babilônia, e pôr-lhe-ei na mão a minha espada; quebrarei, porém, os braços de Faraó, e diante daquele gemerá como quem está mortalmente ferido.

²⁵Eu sustentarei os braços do rei de Babilônia, mas os braços de Faraó cairão; e saberão que eu sou o Senhor, quando eu puser a minha espada na mão do rei de Babilônia, e ele a estender sobre a terra do Egito.

²⁶E espalharei os egípcios entre as nações, e os dispersarei pelas terras; saberão assim que eu sou o Senhor.

## Capítulo 31

¹Também sucedeu, no ano undécimo, no terceiro mês, ao primeiro do mês, que veio a mim a palavra do Senhor, dizendo:

²Filho do homem, dize a Faraó, rei do Egito, e à sua multidão: A quem és semelhante na tua grandeza?

³Eis que o assírio era como um cedro do Líbano, de ramos formosos, de sombrosa ramagem e de alta estatura; e a sua copa estava entre os ramos espessos.

⁴As águas nutriram-no, o abismo fê-lo crescer; as suas correntes corriam em torno da sua plantação; assim ele enviava os seus regatos a todas as árvores do campo.

⁵Por isso se elevou a sua estatura sobre todas as árvores do campo, e se multiplicaram os seus ramos, e se alongaram as suas varas, por causa das muitas águas nas suas raizes.

⁶Todas as aves do céu se aninhavam nos seus ramos; e todos os animais do campo geravam debaixo dos seus ramos; e à sua sombra habitavam todos os grandes povos.

⁷Assim era ele formoso na sua grandeza, na extensão dos seus ramos, porque a sua raiz estava junto às muitas águas.

⁸Os cedros no jardim de Deus não o podiam esconder; as faias não igualavam os seus ramos, e os plátanos não eram como as suas varas; nenhuma árvore no jardim de Deus se assemelhava a ele na sua formosura.

⁹Formoso o fiz pela abundância dos seus ramos; de modo que tiveram inveja dele todas as árvores do Edem que havia no jardim de Deus.

¹⁰Portanto assim diz o Senhor Deus: Como se elevou na sua estatura, e se levantou a sua copa no meio dos espessos ramos, e o seu coração se ufanava da sua altura,

¹¹eu o entregarei na mão da mais poderosa das nações, que lhe dará o tratamento merecido. Eu já o lancei fora.

¹²Estrangeiros, da mais terrível das nações, o cortarão, e o deixarão; cairão os seus ramos sobre os montes e por todos os vales, e os seus renovos serão quebrados junto a todas as correntes da terra; e todos os povos da terra se retirarão da sua sombra, e o deixarão.

¹³Todas as aves do céu habitarão sobre a sua ruína, e todos os animais do campo estarão sobre os seus ramos;

¹⁴para que nenhuma de todas as árvores junto às águas se exalte na sua estatura, nem levante a sua copa no meio dos ramos espessos, nem se levantem na sua altura os seus poderosos, sim, todos os que bebem água; porque todos eles estão entregues à morte, até as partes inferiores da terra, no meio dos filhos dos homens, juntamente com os que descem a cova.

¹⁵Assim diz o Senhor Deus: No dia em que ele desceu ao Seol, fiz eu que houvesse luto; cobri o abismo, por sua causa, e retive as suas correntes, e detiveram-se as grandes águas; e fiz que o Líbano o pranteasse; e todas as árvores do campo por causa dele desfaleceram.

¹⁶Farei tremer as nações ao som da sua queda, quando o fizer descer ao Seol juntamente com os que descem à cova; e todas as árvores do Edem a flor e o melhor do Líbano, todas as que bebem águas, se consolarão nas partes inferiores da terra;

¹⁷também juntamente com ele descerão ao Seol, ajuntar-se aos que foram mortos à espada; sim, aos que foram seu braço, e que habitavam à sua sombra no meio das nações.

¹⁸A quem, pois, és semelhante em glória e em grandeza entre as árvores do Eden? Todavia serás precipitado juntamente com as árvores do Eden às partes inferiores da terra; no meio dos incircuncisos jazerás com os que foram mortos à espada: este é Faraó e toda a sua multidão, diz o Senhor Deus.

## Capítulo 32

¹Sucedeu que, no ano duodécimo, no mês duodécimo, ao primeiro do mês, veio a mim a palavra do Senhor, dizendo:

²Filho do homem, faze uma lamentação sobre Faraó, rei do Egito, e dize-lhe: Foste assemelhado a um leão novo entre as nações; contudo tu és como um dragão nos mares; pulavas nos teus rios e os sujavas, turvando com os pés as suas águas.

³Assim diz o Senhor Deus: Estenderei sobre ti a minha rede por meio duma companhia de muitos povos, e eles te alçarão na minha rede.

⁴Então te deixarei em terra; sobre a face do campo te lançarei, e farei pousar sobre ti todas as aves do céu, e fartarei de ti os animais de toda a terra.

⁵E porei as tuas carnes sobre os montes, e encherei os vales da tua altura.

⁶Também com o teu sangue regarei a terra onde nadas, até os montes; e as correntes se encherão de ti.

⁷E, apagando-te eu, cobrirei o céu, e enegrecerei as suas estrelas;

ao sol encobrirei com uma nuvem, e a lua não dará a sua luz.

⁸Todas as brilhantes luzes do céu, eu as enegrecerei sobre ti, e trarei trevas sobre a tua terra, diz o Senhor Deus.

⁹E afligirei o coração de muitos povos, quando eu levar a efeito a tua destruição entre as nações, até as terras que não conheceste.

¹⁰Demais farei com que muitos povos fiquem pasmados a teu respeito, e os seus reis serão sobremaneira amedrontados, quando eu brandir a minha espada diante deles; e estremecerão a cada momento, cada qual pela sua vida, no dia da tua queda.

¹¹Pois assim diz o Senhor Deus: A espada do rei de Babilônia virá sobre ti.

¹²Farei cair a tua multidão pelas espadas dos valentes; terríveis dentre as nações são todos eles; despojarão a soberba do Egito, e toda a sua multidão será destruída.

¹³Exterminarei também todos os seus animais de junto às muitas águas; não as turvará mais pé de homem, não as turvarão unhas de animais.

¹⁴Então tornarei claras as suas águas, e farei correr os seus rios como o azeite, diz o Senhor Deus.

¹⁵Quando eu tornar desolada a terra do Egito, e ela for despojada da sua plenitude, e quando eu ferir a todos os que nela habitarem, então saberão que eu sou o Senhor.

¹⁶Esta é a lamentação que se fará; que as filhas das nações farão sobre o Egito e sobre toda a sua multidão, diz o Senhor Deus.

¹⁷Também sucedeu que, no ano duodécimo, aos quinze do mês, veio a mim a palavra do Senhor, dizendo:

¹⁸Filho do homem, pranteia sobre a multidão do Egito, e faze-a descer, a ela e às filhas das nações majestosas, até as partes inferiores da terra, juntamente com os que descem à cova.

¹⁹A quem sobrepujas tu em beleza? Desce, e deita-te com os incircuncisos.

²⁰No meio daqueles que foram mortos à espada eles cairão; à espada ela está entregue; arrastai-a e a toda a sua multidão.

²¹Os poderosos entre os valentes lhe falarão desde o meio do Seol, com os que o socorrem; já desceram, jazem quietos os incircuncisos, mortos a espada.

²²Ali está Assur com toda a sua companhia. Em redor dele estão os seus sepulcros; todos eles foram mortos, caíram à espada.

²³Os seus sepulcros foram postos no mais interior da cova, e a sua companhia está em redor do seu sepulcro; foram mortos, caíram à espada todos esses que tinham causado espanto na terra dos viventes.

²⁴Ali está Elão com toda a sua multidão em redor do seu sepulcro; foram mortos, cairam a espada, e desceram incircuncisos às partes inferiores da terra, todos esses que causaram terror na terra dos viventes; e levaram a sua vergonha juntamente com os que descem à cova.

²⁵No meio dos mortos lhe puseram a cama entre toda a sua multidão; ao redor dele estão os seus sepulcros; todos esses incircuncisos foram mortos à espada; porque causaram terror na terra dos viventes; e levaram a sua vergonha com os que descem à cova. Está posto no meio dos mortos.

²⁶Ali estão Meseque, Tubal e toda a sua multidão; ao redor deles estão os seus sepulcros; todos esses incircuncisos foram mortos à espada; porque causaram terror na terra dos viventes.

²⁷E não jazem com os valentes que dentre os incircuncisos caíram, os quais desceram ao Seol com as suas armas de guerra e puseram as suas espadas debaixo das suas cabeças, tendo os seus escudos sobre os seus ossos; porque eram o terror dos poderosos na terra dos viventes.

²⁸Mas tu serás quebrado no meio dos incircuncisos, e jazerás com os que foram mortos a espada.

²⁹Ali está Edom, os seus reis e todos os seus príncipes, que no seu poder foram postos com os que foram mortos à espada; estes jazerão com os incircuncisos e com os que descem à cova.

³⁰Ali estão os príncipes do norte, todos eles, e todos os sidônios, que desceram com os mortos; envergonhados são pelo terror causado pelo seu poder; jazem incircuncisos com os que foram mortos à espada, e levam a sua vergonha com os que descem à cova.

³¹Faraó os verá, e se consolará sobre toda a sua multidão; sim, o próprio Faraó, e todo o seu exército, traspassados à espada, diz o Senhor Deus.

³²Pois também eu pus o terror dele na terra dos viventes; pelo que jazerá no meio dos incircuncisos, com os mortos à espada, o próprio Faraó e toda a sua multidão, diz o Senhor Deus.

## Capítulo 33

¹Ainda veio a mim a palavra do Senhor, dizendo:

²Filho do homem, fala aos filhos do teu povo, e dize-lhes: Quando eu fizer vir a espada sobre a terra, e o povo da terra tomar um dos seus, e o constituir por seu atalaia;

³se, quando ele vir que a espada vem sobre a terra, tocar a trombeta e avisar o povo;

⁴então todo aquele que ouvir o som da trombeta, e não se der por avisado, e vier a espada, e o levar, o seu sangue será sobre a sua cabeça.

⁵Ele ouviu o som da trombeta, e não se deu por avisado; o seu sangue será sobre ele. Se, porém, se desse por avisado, salvaria a sua vida.

⁶Mas se, quando o atalaia vir que vem a espada, não tocar a trombeta, e não for avisado o povo, e vier a espada e levar alguma pessoa dentre eles, este tal foi levado na sua iniqüidade, mas o seu sangue eu o requererei da mão do atalaia.

⁷Quanto a ti, pois, ó filho do homem, eu te constituí por atalaia sobre a casa de Israel; portanto ouve da minha boca a palavra, e da minha parte dá-lhes aviso.

⁸Se eu disser ao ímpio: O ímpio, certamente morrerás; e tu não falares para dissuadir o ímpio do seu caminho, morrerá esse ímpio na sua iniqüidade, mas o seu sangue eu o requererei da tua mão.

⁹Todavia se advertires o ímpio do seu caminho, para que ele se converta, e ele não se converter do seu caminho, morrerá ele na sua iniqüidade; tu, porém, terás livrado a tua alma.

¹⁰Tu, pois, filho do homem, dize à casa de Israel: Assim falais vós, dizendo: Visto que as nossas transgressões e os nossos pecados estão sobre nós, e nós definhamos neles, como viveremos então?

¹¹Dize-lhes: Vivo eu, diz o Senhor Deus, que não tenho prazer na morte do ímpio, mas sim em que o ímpio se converta do seu caminho, e viva. Convertei-vos, convertei-vos dos vossos maus caminhos; pois, por que morrereis, ó casa de Israel?

¹²Portanto tu, filho do homem, dize aos filhos do teu povo: A justiça do justo não o livrará no dia da sua transgressão; e, quanto à impiedade do ímpio, por ela não cairá ele no dia em que se converter da sua impiedade; nem o justo pela justiça poderá viver no dia em que pecar.

¹³Quando eu disser ao justo que certamente viverá, e ele, confiando na sua justiça, praticar iniqüidade, nenhuma das suas obras de justiça será lembrada; mas na sua iniqüidade, que praticou, nessa morrerá.

¹⁴Demais, quando eu também disser ao ímpio: Certamente morrerás; se ele se converter do seu pecado, e praticar a retidão

¹⁵se esse ímpio, restituir o penhor, devolver o que ele tinha furtado, e andar nos estatutos da vida, não praticando a iniqüidade, certamente viverá, não morrerá.

¹⁶Nenhum de todos os seus pecados que cometeu será lembrado contra ele; praticou a retidão e a justiça, certamente viverá.

¹⁷Todavia, os filhos do teu povo dizem: Não é reto o caminho do Senhor; mas o próprio caminho deles é que não é reto.

¹⁸Quando o justo se apartar da sua justiça, praticando a iniqüidade, morrerá nela;

¹⁹e, quando o ímpio se converter da sua impiedade, e praticar a retidão e a justiça, por estas viverá.

²⁰Todavia, vós dizeis: Não é reto o caminho do Senhor. Julgar-vos-ei a cada um conforme os seus caminhos, ó casa de Israel.

²¹No ano duodécimo do nosso cativeiro, no décimo mês, aos cinco dias do mês, veio a mim um que tinha escapado de Jerusalém, dizendo: Caída está a cidade.

²²Ora a mão do Senhor estivera sobre mim pela tarde, antes que viesse o que tinha escapado; e ele abrirá a minha boca antes que esse homem viesse ter comigo pela manhã; assim se abriu a minha boca, e não fiquei mais em silêncio.

²³Então veio a mim a palavra do Senhor, dizendo:

²⁴Filho do homem, os moradores destes lugares desertos da terra de Israel costumam dizer: Abraão era um só, contudo possuiu a terra; mas nós somos muitos; certamente nos é dada a terra por herança.

²⁵Dize-lhes portanto: Assim diz o Senhor Deus: Comeis a carne com o seu sangue, e levantais vossos olhos para os vossos ídolos, e derramais sangue! porventura haveis de possuir a terra?

²⁶Vós vos estribais sobre a vossa espada; cometeis abominações, e cada um contamina a mulher do seu próximo! e haveis de possuir a terra?

²⁷Assim lhes dirás: Assim disse o Senhor Deus: Vivo eu, que os que estiverem em lugares desertos cairão à espada, e o que estiver no campo aberto eu o entregarei às feras para ser devorado, e os que estiverem em lugares fortes e em cavernas morrerão de peste.

²⁸E tornarei a terra em desolação e espanto, e cessará a soberba do seu poder; e os montes de Israel ficarão tão desolados que ninguém passará por eles.

²⁹Então saberão que eu sou o Senhor, quando eu tornar a terra em desolação e espanto, por causa de todas as abominações que cometeram.

³⁰Quanto a ti, ó filho do homem, os filhos do teu povo falam de ti junto às paredes e nas portas das casas; e fala um com o outro, cada qual a seu irmão, dizendo: Vinde, peço-vos, e ouvi qual seja a palavra que procede do Senhor.

³¹E eles vêm a ti, como o povo costuma vir, e se assentam diante de ti como meu povo, e ouvem as tuas palavras, mas não as põem por obra; pois com a sua boca professam muito amor, mas o seu coração vai após o lucro.

³²E eis que tu és para eles como uma canção de amores, canção de quem tem voz suave, e que bem tange; porque ouvem as tuas palavras, mas não as põem por obra.

³³Quando suceder isso (e há de suceder), saberão que houve no meio deles um profeta.

## Capítulo 34

¹Veio a mim a palavra do Senhor, dizendo:

²Filho do homem, profetiza contra os pastores de Israel; profetiza, e dize aos pastores: Assim diz o Senhor Deus: Ai dos pastores de Israel que se apascentam a si mesmos! Não devem os pastores apascentar as ovelhas?

³Comeis a gordura, e vos vestis da lã; matais o cevado; mas não apascentais as ovelhas.

⁴A fraca não fortalecestes, a doente não curastes, a quebrada não ligastes, a desgarrada não tornastes a trazer, e a perdida não buscastes; mas dominais sobre elas com rigor e dureza.

⁵Assim se espalharam, por não haver pastor; e tornaram-se pasto a todas as feras do campo, porquanto se espalharam.

⁶As minhas ovelhas andaram desgarradas por todos os montes, e por todo alto outeiro; sim, as minhas ovelhas andaram espalhadas por toda a face da terra, sem haver quem as procurasse, ou as buscasse.

⁷Portanto, ó pastores, ouvi a palavra do Senhor:

⁸Vivo eu, diz o Senhor Deus, que porquanto as minhas ovelhas foram entregues à rapina, e as minhas ovelhas vieram a servir de pasto a todas as feras do campo, por falta de pastor, e os meus pastores não procuraram as minhas ovelhas, pois se apascentaram a si mesmos, e não apascentaram as minhas ovelhas;

⁹portanto, ó pastores, ouvi a palavra do Senhor:

¹⁰Assim diz o Senhor Deus: Eis que eu estou contra os pastores; das suas mãos requererei as minhas ovelhas, e farei que eles deixem de apascentar as ovelhas, de sorte que não se apascentarão mais a si mesmos. Livrarei as minhas ovelhas da sua boca, para que não lhes sirvam mais de pasto.

¹¹Porque assim diz o Senhor Deus: Eis que eu, eu mesmo, procurarei as minhas ovelhas, e as buscarei.

¹²Como o pastor busca o seu rebanho, no dia em que está no meio das suas ovelhas dispersas, assim buscarei as minhas ovelhas. Livrá-las-ei de todos os lugares por onde foram espalhadas, no dia de nuvens e de escuridão.

¹³Sim, tirá-las-ei para fora dos povos, e as congregarei dos países, e as introduzirei na sua terra, e as apascentarei sobre os montes de Israel, junto às correntes d'água, e em todos os lugares habitados da terra.

¹⁴Em bons pastos as apascentarei, e nos altos montes de Israel será o seu curral; deitar-se-ão ali num bom curral, e pastarão em pastos gordos nos montes de Israel.

¹⁵Eu mesmo apascentarei as minhas ovelhas, e eu as farei repousar, diz o Senhor Deus.

¹⁶A perdida buscarei, e a desgarrada tornarei a trazer; a quebrada ligarei, e a enferma fortalecerei; e a gorda e a forte vigiarei. Apascentá-las-ei com justiça.

¹⁷Quanto a vós, ó ovelhas minhas, assim diz o Senhor Deus: Eis que eu julgarei entre ovelhas e ovelhas, entre carneiros e bodes.

¹⁸Acaso não vos basta fartar-vos do bom pasto, senão que pisais o resto de vossos pastos aos vossos pés? e beber as águas limpas, senão que sujais o resto com os vossos pés?

¹⁹E as minhas ovelhas hão de comer o que haveis pisado, e beber o que haveis sujado com os vossos pés.

²⁰Por isso o Senhor Deus assim lhes diz: Eis que eu, eu mesmo, julgarei entre a ovelha gorda e a ovelha magra.

²¹Porquanto com o lado e com o ombro dais empurrões, e com as vossas pontas escorneais todas as fracas, até que as espalhais para fora,

²²portanto salvarei as minhas ovelhas, e não servirão mais de presa; e julgarei entre ovelhas e ovelhas.

²³E suscitarei sobre elas um só pastor para as apascentar, o meu servo Davi. Ele as apascentará, e lhes servirá de pastor.

²⁴E eu, o Senhor, serei o seu Deus, e o meu servo Davi será príncipe no meio delas; eu, o Senhor, o disse.

²⁵Farei com elas um pacto de paz; e removerei da terra os animais ruins, de sorte que elas habitarão em segurança no deserto, e dormirão nos bosques.

²⁶E delas e dos lugares ao redor do meu outeiro farei uma bênção; e farei descer a chuva a seu tempo; chuvas de bênçãos serão.

²⁷E as árvores do campo darão o seu fruto, e a terra dará a sua novidade, e estarão seguras na sua terra; saberão que eu sou o Senhor, quando eu quebrar os canzis do seu jugo e as livrar da mão dos que se serviam delas.

²⁸Pois não servirão mais de presa aos gentios, nem as devorarão mais os animais da terra; mas habitarão seguramente, e ninguém haverá que as espante.

²⁹Também lhes levantarei uma plantação de renome, e nunca mais serão consumidas pela fome na terra, nem mais levarão sobre si o opróbrio das nações.

³⁰Saberão, porém, que eu, o Senhor seu Deus, estou com elas, e que elas são o meu povo, a casa de Israel, diz o Senhor Deus.

³¹Vós, ovelhas minhas, ovelhas do meu pasto, sois homens, e eu sou o vosso Deus, diz o Senhor Deus.

## Capítulo 35

¹Veio a mim a palavra do Senhor, dizendo:

²Filho do homem, dirige o teu rosto contra o monte Seir, e profetiza contra ele.

³E dize-lhe: Assim diz o Senhor Deus: Eis que eu estou contra ti, ó monte Seir, e estenderei a minha mão contra ti, e te tornarei em desolação e espanto.

⁴Farei desertas as tuas cidades, e tu serás assolado; e saberás que eu sou o Senhor.

⁵Pois que guardaste perpétua inimizade, e entregaste os filhos de Israel ao poder da espada no tempo da sua calamidade, no tempo do castigo final;

⁶por isso vivo eu, diz o Senhor Deus, que te prepararei para sangue, e o sangue te perseguirá; visto que não aborreceste o sangue, por isso o sangue te perseguirá.

⁷Farei do monte Seir um espanto e uma desolação, e exterminarei dele o que por ele passar, e o que por ele voltar;

⁸e encherei os seus montes dos seus mortos; nos teus outeiros, e nos teus vales, e em todas as tuas correntes d'água cairão os mortos à espada.

⁹Em desolações perpétuas te porei, e não serão habitadas as tuas cidades. Então sabereis que eu sou o Senhor.

¹⁰Visto como dizes: Estes dois povos e estas duas terras serão meus, e havemos de possuí-los, sendo que o Senhor se achava ali;

¹¹portanto, vivo eu, diz o Senhor Deus, que procederei conforme a tua ira, e conforme a tua inveja, de que usaste, no teu ódio contra eles; e me darei a conhecer entre eles, quando eu te julgar.

¹²E saberás que eu, o Senhor, ouvi todas as tuas blasfêmias, que proferiste contra os montes de Israel, dizendo: Já estão assolados, a nós nos são entregues por pasto.

¹³Vós vos engrandecestes contra mim com a vossa boca, e multiplicastes as vossas palavras contra mim. Eu o ouvi.

¹⁴Assim diz o Senhor Deus: Quando a terra toda se alegrar, a ti te farei uma desolação.

¹⁵Como te alegraste com a herança da casa de Israel, porque foi assolada, assim eu te farei a ti: assolado serás, ó monte Seir, e todo o Edom, sim, todo ele; e saberão que eu sou o Senhor.

## Capítulo 36

¹Tu, ó filho do homem, profetiza aos montes de Israel, e dize: Montes de Israel, ouvi a palavra do Senhor.

²Assim diz o Senhor Deus: Pois que disse o inimigo contra vós: Ah! ah! e: As alturas antigas são nossas para as possuirmos;

³portanto, profetiza, e dize: Assim diz o Senhor Deus: Porquanto, sim, porquanto vos assolaram e vos devoraram de todos os lados, para que ficásseis feitos herança do resto das nações, e tendes andado em lábios paroleiros, e chegastes a ser a infâmia do povo;

⁴portanto, ouvi, ó montes de Israel, a palavra do Senhor Deus: Assim diz o Senhor Deus aos montes e aos outeiros, às correntes d'água e aos vales, aos desertos assolados e às cidades desamparadas, que se tornaram presa e escárnio para o resto das nações que estão ao redor delas;

## Ezequiel

⁵portanto, assim diz o Senhor Deus: Certamente no fogo do meu zelo falei contra o resto das nações, e contra todo o Edom, que se apropriaram da minha terra, com toda a alegria de seu coração, e com menosprezo da alma, para a lançarem fora a rapina;

⁶portanto, profetiza sobre a terra de Israel, e dize aos montes e aos outeiros, às correntes d'água e aos vales: Assim diz o Senhor Deus: Eis que falei no meu zelo e no meu furor, porque levastes sobre vós o opróbrio das nações.

⁷Portanto, assim diz o Senhor Deus: Eu levantei a minha mão, jurando: Certamente as nações que estão ao redor de vós levarão o seu opróbrio sobre si mesmas.

⁸Mas vós, ó montes de Israel, vós produzireis os vossos ramos, e dareis o vosso fruto para o meu povo de Israel, pois já está prestes a vir.

⁹pois eis que eu estou convosco, e eu me voltarei para vós, e sereis lavrados e semeados;

¹⁰e multiplicarei homens sobre vós, a toda a casa de Israel, a toda ela; e as cidades serão habitadas, e os lugares devastados serão edificados.

¹¹Também sobre vós multiplicarei homens e animais, e eles se multiplicarão, e frutificarão. E farei que sejais habitados como dantes, e vos tratarei melhor do que nos vossos princípios. Então sabereis que eu sou o Senhor.

¹²E sobre vós farei andar homens, o meu povo de Israel; eles te possuirão, e tu serás a sua herança, e nunca mais os desfilharás.

¹³Assim diz o Senhor Deus: Visto como vos dizem: Tu devoras os homens, e tens desfilhado a tua nação;

¹⁴por isso tu não devorarás mais os homens, nem desfilharás mais a tua nação, diz o Senhor Deus.

¹⁵Não te permitirei ouvir mais a afronta das nações; e não levaras mais sobre ti o opróbrio dos povos, nem farás tropeçar mais a tua nação, diz o Senhor Deus.

¹⁶Veio a mim a palavra do Senhor, dizendo:

¹⁷Filho do homem, quando a casa de Israel habitava na sua terra, então eles a contaminaram com os seus caminhos e com as suas ações. Como a imundícia de uma mulher em sua separação, tal era o seu caminho diante de mim.

¹⁸Derramei, pois, o meu furor sobre eles, por causa do sangue que derramaram sobre a terra, e porque a contaminaram com os seus ídolos;

¹⁹e os espalhei entre as nações, e foram dispersos pelas terras; conforme os seus caminhos, e conforme os seus feitos, eu os julguei.

²⁰E, chegando às nações para onde foram, profanaram o meu santo nome, pois se dizia deles: São estes o povo do Senhor, e tiveram de sair da sua terra.

²¹Mas eu os poupei por amor do meu santo nome, que a casa de Israel profanou entre as nações para onde foi.

²²Dize portanto à casa de Israel: Assim diz o Senhor Deus: Não é por amor de vós que eu faço isto, ó casa de Israel; mas em atenção ao meu santo nome, que tendes profanado entre as nações para onde fostes;

²³e eu santificarei o meu grande nome, que foi profanado entre as nações, o qual profanastes no meio delas; e as nações saberão que eu sou o Senhor, diz o Senhor Deus, quando eu for santificado aos seus olhos.

²⁴Pois vos tirarei dentre as nações, e vos congregarei de todos os países, e vos trarei para a vossa terra.

²⁵Então aspergirei água pura sobre vós, e ficareis purificados; de todas as vossas imundícias, e de todos os vossos ídolos, vos purificarei.

²⁶Também vos darei um coração novo, e porei dentro de vós um espírito novo; e tirarei da vossa carne o coração de pedra, e vos darei um coração de carne.

²⁷Ainda porei dentro de vós o meu Espírito, e farei que andeis nos meus estatutos, e guardeis as minhas ordenanças, e as observeis.

²⁸E habitareis na terra que eu dei a vossos pais, e vós sereis o meu povo, e eu serei o vosso Deus.

²⁹Pois eu vos livrarei de todas as vossas imundícias; e chamarei o trigo, e o multiplicarei, e não trarei fome sobre vós;

³⁰mas multiplicarei o fruto das árvores, e a novidade do campo, para que não mais recebais o opróbrio da fome entre as nações.

³¹Então vos lembrareis dos vossos maus caminhos, e dos vossos feitos que não foram bons; e tereis nojo em vós mesmos das vossas iniquidades e das vossas abominações.

³²Não é por amor de vós que eu faço isto, diz o Senhor Deus, notório vos seja; envergonhai-vos, e confundi-vos por causa dos vossos caminhos, ó casa de Israel.

³³Assim diz o Senhor Deus: No dia em que eu vos purificar de todas as vossas iniquidades, então farei com que sejam habitadas as cidades e sejam edificados os lugares devastados.

³⁴E a terra que estava assolada será lavrada, em lugar de ser uma desolação aos olhos de todos os que passavam.

³⁵E dirão: Esta terra que estava assolada tem-se tornado como jardim do Éden; e as cidades solitárias, e assoladas, e destruídas, estão fortalecidas e habitadas.

³⁶Então as nações que ficarem de resto em redor de vós saberão que eu, o Senhor, tenho reedificado as cidades destruídas, e plantado o que estava devastado. Eu, o Senhor, o disse, e o farei.

³⁷Assim diz o Senhor Deus: Ainda por isso serei consultado da parte da casa de Israel, que lho faça; multiplicá-los-ei como a um rebanho.

³⁸Como o rebanho para os sacrifícios, como o rebanho de Jerusalém nas suas solenidades, assim as cidades desertas se encherão de famílias; e saberão que eu sou o Senhor.

## Capítulo 37

¹Veio sobre mim a mão do Senhor; e ele me levou no Espírito do Senhor, e me pôs no meio do vale que estava cheio de ossos;

²e me fez andar ao redor deles. E eis que eram muito numerosos sobre a face do vale; e eis que estavam sequíssimos.

³Ele me perguntou: Filho do homem, poderão viver estes ossos? Respondi: Senhor Deus, tu o sabes.

⁴Então me disse: Profetiza sobre estes ossos, e dize-lhes: Ossos secos, ouvi a palavra do Senhor.

⁵Assim diz o Senhor Deus a estes ossos: Eis que vou fazer entrar em vós o fôlego da vida, e vivereis.

⁶E porei nervos sobre vós, e farei crescer carne sobre vós, e sobre vos estenderei pele, e porei em vós o fôlego da vida, e vivereis. Então sabereis que eu sou o Senhor.

⁷Profetizei, pois, como se me deu ordem. Ora enquanto eu profetizava, houve um ruído; e eis que se fez um rebuliço, e os ossos se achegaram, osso ao seu osso.

⁸E olhei, e eis que vieram nervos sobre eles, e cresceu a carne, e estendeu-se a pele sobre eles por cima; mas não havia neles fôlego.

⁹Então ele me disse: Profetiza ao fôlego da vida, profetiza, ó filho do homem, e dize ao fôlego da vida: Assim diz o Senhor Deus: Vem dos quatro ventos, ó fôlego da vida, e assopra sobre estes mortos, para que vivam.

¹⁰Profetizei, pois, como ele me ordenara; então o fôlego da vida entrou neles e viveram, e se puseram em pé, um exército grande em extremo.

¹¹Então me disse: Filho do homem, estes ossos são toda a casa de Israel. Eis que eles dizem: Os nossos ossos secaram-se, e pereceu a nossa esperança; estamos de todo cortados.

¹²Portanto profetiza, e dize-lhes: Assim diz o Senhor Deus: Eis que eu vos abrirei as vossas sepulturas, sim, das vossas sepulturas vos farei sair, ó povo meu, e vos trarei à terra de Israel.

¹³E quando eu vos abrir as sepulturas, e delas vos fizer sair, ó povo meu, sabereis que eu sou o Senhor.

¹⁴E porei em vós o meu Espírito, e vivereis, e vos porei na vossa terra; e sabereis que eu, o Senhor, o falei e o cumpri, diz o Senhor.

¹⁵A palavra do Senhor veio a mim, dizendo:

¹⁶Tu, pois, ó filho do homem, toma um pau, e escreve nele: Por Judá e pelos filhos de Israel, seus companheiros. Depois toma outro pau, e escreve nele: Por José, vara de Efraim, e por toda a casa de Israel, seus companheiros;

¹⁷e ajunta um ao outro, para que se unam, e se tornem um só na tua mão.

¹⁸E quando te falarem os filhos do teu povo, dizendo: Porventura não nos declararás o que queres dizer com estas coisas?

¹⁹Tu lhes dirás: Assim diz o Senhor Deus: Eis que eu tomarei a vara de José, que esteve na mão de Efraim, e as das tribos de Israel, suas companheiras, e lhes ajuntarei a vara de Judá, e farei delas uma só vara, e elas se farão uma só na minha mão.

²⁰E os paus, sobre que houveres escrito, estarão na tua mão, perante os olhos deles.

²¹Dize-lhes pois: Assim diz o Senhor Deus: Eis que eu tomarei os filhos de Israel dentre as nações para onde eles foram, e os congregarei de todos os lados, e os introduzirei na sua terra;

²²e deles farei uma nação na terra, nos montes de Israel, e um rei será rei de todos eles; e nunca mais serão duas nações, nem de maneira alguma se dividirão para o futuro em dois reinos;

²³nem se contaminarão mais com os seus ídolos, nem com as suas abominações, nem com qualquer uma das suas transgressões; mas eu os livrarei de todas as suas apostasias com que pecaram, e os purificarei. Assim eles serão o meu povo, e eu serei o seu Deus.

²⁴Também meu servo Davi reinará sobre eles, e todos eles terão um pastor só; andarão nos meus juízos, e guardarão os meus estatutos, e os observarão.

²⁵Ainda habitarão na terra que dei a meu servo Jacó, na qual habitaram vossos pais; nela habitarão, eles e seus filhos, e os filhos de seus filhos, para sempre; e Davi, meu servo, será seu príncipe eternamente.

²⁶Farei com eles um pacto de paz, que será um pacto perpétuo. E os estabelecerei, e os multiplicarei, e porei o meu santuário no meio deles para sempre.

²⁷Meu tabernáculo permanecerá com eles; e eu serei o seu Deus e eles serão o meu povo.

²⁸E as nações saberão que eu sou o Senhor que santifico a Israel, quando estiver o meu santuário no meio deles para sempre.

## Capítulo 38

¹Veio a mim a palavra do Senhor, dizendo:

²Filho do homem, dirige o teu rosto para Gogue, terra de Magogue, príncipe e chefe de Meseque e Tubal, e profetiza contra ele,

³e dize: Assim diz o Senhor Deus: Eis que eu sou contra ti, ó Gogue, príncipe e chefe de Meseque e Tubal;

⁴e te farei voltar, e porei anzóis nos teus queixos, e te levarei a ti, com todo o teu exército, cavalos e cavaleiros, todos eles vestidos de armadura completa, uma grande companhia, com pavês e com escudo, manejando todos a espada;

⁵Pérsia, Cuche, e os de Pute com eles, todos com escudo e capacete;

⁶Gomer, e todas as suas tropas; a casa de Togarma no extremo norte, e todas as suas tropas; sim, muitos povos contigo.

⁷Prepara-te, sim, dispõe-te, tu e todas as tuas companhias que se reuniram a ti, e serve-lhes tu de guarda.

⁸Depois de muitos dias serás visitado. Nos últimos anos virás à terra que é restaurada da guerra, e onde foi o povo congregado dentre muitos povos aos montes de Israel, que haviam estado desertos por longo tempo; mas aquela terra foi tirada dentre os povos, e todos os seus moradores estão agora seguros.

⁹Então subirás, virás como uma tempestade, far-te-ás como uma nuvem para cobrir a terra, tu e todas as tuas tropas, e muitos povos contigo.

¹⁰Assim diz o Senhor Deus: Acontecerá naquele dia que terás altivos projetos no teu coração, e maquinarás um mau designio.

¹¹E dirás: Subirei contra a terra das aldeias não muradas; irei contra os que estão em repouso, que habitam seguros, habitando todos eles sem muro, e sem ferrolho nem portas,

¹²a fim de tomares o despojo, e de arrebatares a presa, e tornares a tua mão contra os lugares desertos que agora se acham habitados, e contra o povo que foi congregado dentre as nações, o qual adquiriu gado e bens, e habita no meio da terra.

¹³Sabá, e Dedã, e os mercadores de Társis, com todos os seus leões novos, te dirão: Vens tu para tomar o despojo? Ajuntaste o teu bando para arrebatar a presa, para levar a prata e o ouro, para tomar o gado e os bens, para saquear grande despojo?

¹⁴Portanto, profetiza, ó filho do homem, e dize a Gogue: Assim diz o Senhor Deus: Acaso naquele dia, quando o meu povo Israel habitar seguro, não o saberás tu?

¹⁵Virás, pois, do teu lugar, lá do extremo norte, tu e muitos povos contigo, montados todos a cavalo, uma grande companhia e um exército numeroso;

¹⁶e subirás contra o meu povo Israel, como uma nuvem, para cobrir a terra. Nos últimos dias hei de trazer-te contra a minha terra, para que as nações me conheçam a mim, quando eu tiver vindicado a minha santidade em ti, ó Gogue, diante dos seus olhos.

¹⁷Assim diz o Senhor Deus: Não és tu aquele de quem eu disse nos dias antigos, por intermédio de meus servos, os profetas de Israel, os quais naqueles dias profetizaram largos anos, que te traria contra eles?

¹⁸Naquele dia, porém, quando vier Gogue contra a terra de Israel, diz o Senhor Deus, a minha indignação subirá às minhas narinas.

¹⁹Pois no meu zelo, no ardor da minha ira falei: Certamente naquele dia haverá um grande tremor na terra de Israel;

²⁰de tal sorte que tremerão diante da minha face os peixes do mar, as aves do céu, os animais do campo, e todos os répteis que se arrastam sobre a terra, bem como todos os homens que estão sobre a face da terra; e os montes serão deitados abaixo, e os precipícios se desfarão, e todos os muros desabarão por terra.

²¹E chamarei contra ele a espada sobre todos os meus montes, diz o Senhor Deus; a espada de cada um se voltará contra seu irmão.

²²Contenderei com ele também por meio da peste e do sangue; farei chover sobre ele e as suas tropas, e sobre os muitos povos que estão com ele, uma chuva inundante, grandes pedras de saraiva, fogo e enxofre.

²³Assim eu me engrandecerei e me santificarei, e me darei a conhecer aos olhos de muitas nações; e saberão que eu sou o Senhor.

## Capítulo 39

¹Tu, pois, ó filho do homem, profetiza contra Gogue, e dize: Assim diz o Senhor Deus: Eis que eu sou contra ti, ó Gogue, príncipe e chefe de Meseque e Tubal;

²e te farei virar e, conduzindo-te, far-te-ei subir do extremo norte, e te trarei aos montes de Israel.

³Com um golpe tirarei da tua mão esquerda o teu arco, e farei cair da tua mão direita as tuas flechas.

⁴Nos montes de Israel cairás, tu e todas as tuas tropas, e os povos que estão contigo; e às aves de rapina de toda espécie e aos animais do campo te darei, para que te devorem.

⁵Sobre a face do campo cairás; porque eu falei, diz o Senhor Deus.

⁶E enviarei um fogo sobre Magogue, e entre os que habitam seguros nas ilhas; e saberão que eu sou o Senhor.

⁷E farei conhecido o meu santo nome no meio do meu povo Israel, e nunca mais deixarei profanar o meu santo nome; e as nações saberão que eu sou o Senhor, o Santo em Israel.

⁸Eis que isso vem, e se cumprirá, diz o Senhor Deus; este é o dia de que tenho falado.

⁹E os habitantes das cidades de Israel sairão, e com as armas acenderão o fogo, e queimarão os escudos e os paveses, os arcos e as flechas, os bastões de mão e as lanças; acenderão o fogo com tudo isso por sete anos;

¹⁰e não trarão lenha do campo, nem a cortarão dos bosques, mas com as armas acenderão o fogo; e roubarão aos que os roubaram, e despojarão aos que os despojaram, diz o Senhor Deus.

¹¹Naquele dia, darei a Gogue como lugar de sepultura em Israel, o vale dos que passam ao oriente do mar, o qual fará parar os que por ele passarem; e ali sepultarão a Gogue, e a toda a sua multidão, e lhe chamarão o Vale de Hamom-Gogue.

¹²E a casa de Israel levará sete meses em sepultá-los, para purificar a terra.

¹³Sim, todo o povo da terra os enterrará; e isto lhes servirá de fama, no dia em que eu for glorificado, diz o Senhor Deus.

¹⁴Separarão, pois, homens que incessantemente percorrerão a terra, para que sepultem os que tiverem ficado sobre a face da terra, para a purificarem. Depois de passados sete meses, farão a busca;

¹⁵e quando percorrerem a terra, vendo alguém um osso de homem, levantar-lhe-á ao pé um sinal, até que os enterradores o enterrem no Vale de Hamom-Gogue.

¹⁶E também o nome da cidade será Hamona. Assim purificarão a terra.

¹⁷Tu, pois, ó filho do homem, assim diz o Senhor Deus: Dize às aves de toda espécie, e a todos os animais do campo: Ajuntai-vos e vinde; ajuntai-vos de todos os lados para o meu sacrifício, que eu sacrifico por vós, sacrifício grande sobre os montes de Israel, para comerdes carne e beberdes sangue.

¹⁸Comereis as carnes dos poderosos e bebereis o sangue dos príncipes da terra, dos carneiros e dos cordeiros, dos bodes e dos novilhos, todos eles cevados em Basã.

¹⁹Comereis da gordura até vos fartardes, e bebereis do sangue até vos embebedardes, da gordura e do sangue do sacrifício que vos estou preparando.

²⁰E à minha mesa vos fartareis de cavalos e de cavaleiros, de valentes e de todos os homens de guerra, diz o Senhor Deus.

²¹Estabelecerei, pois, a minha glória entre as nações, e todas as nações verão o meu juízo, que eu tiver executado, e a minha mão, que sobre elas eu tiver descarregado.

²²E os da casa de Israel saberão desde aquele dia em diante, que eu sou o Senhor Deus.

²³E as nações saberão que os da casa de Israel, por causa da sua iniquidade, foram levados em cativeiro; porque se houveram traiçoeiramente para comigo, e eu escondi deles o meu rosto; por isso os entreguei nas mãos de seus adversários, e todos caíram à espada.

²⁴Conforme a sua imundícia e conforme as suas transgressões me houve com eles, e escondi deles o meu rosto.

²⁵Portanto assim diz o Senhor Deus: Agora tornarei a trazer Jacó, e me compadecerei de toda a casa de Israel; terei zelo pelo meu santo nome.

²⁶E eles se esquecerão tanto do seu opróbrio, como de todas as suas infidelidades pelas quais transgrediram contra mim, quando eles habitarem seguros na sua terra, sem haver quem os amedronte;

²⁷quando eu os tornar a trazer de entre os povos, e os houver

ajuntado das terras de seus inimigos, e for santificado neles aos olhos de muitas nações.

²⁸Então saberão que eu sou o Senhor seu Deus, vendo que eu os fiz ir em cativeiro entre as nações, e os tornei a ajuntar para a sua terra. Não deixarei lá nenhum deles;

²⁹nem lhes esconderei mais o meu rosto; pois derramei o meu Espírito sobre a casa de Israel, diz o Senhor Deus.

## Capítulo 40

¹No ano vinte e cinco do nosso cativeiro, no princípio do ano, no décimo dia do mês, no ano catorze depois que a cidade foi conquistada, naquele mesmo dia veio sobre mim a mão do Senhor,

²e em visões de Deus me levou à terra de Israel, e me pôs sobre um monte muito alto, sobre o qual havia como que um edifício de cidade para a banda do sul.

³Levou-me, pois, para lá; e eis um homem cuja aparência era como a do bronze, tendo na mão um cordel de linho e uma cana de medir; e ele estava em pé na porta.

⁴E disse-me o homem: Filho do homem, vê com os teus olhos, e ouve com os teus ouvidos, e põe no teu coração tudo quanto eu te fizer ver; porque, para to mostrar foste tu aqui trazido. Anuncia pois à casa de Israel tudo quanto vires.

⁵E havia um muro ao redor da casa do lado de fora, e na mão do homem uma cana de medir de seis côvados de comprimento, tendo cada côvado um palmo a mais; e ele mediu a largura do edifício, era uma cana; e a altura, uma cana.

⁶Então veio à porta que olhava para o oriente, e subiu pelos seus degraus; mediu o limiar da porta, era uma cana de largo, e o outro limiar, uma cana de largo.

⁷E cada câmara tinha uma cana de comprido, e uma cana de largo; e o espaço entre as câmaras era de cinco côvados; e o limiar da porta, ao pé do vestíbulo da porta, em direção da casa, tinha uma cana.

⁸Também mediu o vestíbulo da porta em direção da casa, uma cana.

⁹Então mediu o vestíbulo da porta, e tinha oito côvados; e os seus pilares, dois côvados; e o vestíbulo da porta olha para a casa.

¹⁰E as câmaras da porta para o lado do oriente eram três dum lado, e três do outro; a mesma medida era a das três; também os umbrais dum lado e do outro tinham a mesma medida.

¹¹Mediu mais a largura da entrada da porta, que era de dez côvados; e o comprimento da porta, treze côvados.

¹²E a margem em frente das câmaras dum lado era de um côvado, e de um côvado a margem do outro lado; e cada câmara tinha seis côvados de um lado, e seis côvados do outro.

¹³Então mediu a porta desde o telhado de uma câmara até o telhado da outra, era vinte e cinco côvados de largo, estando porta defronte de porta.

¹⁴Mediu também o vestíbulo, vinte côvados; e em torno do vestíbulo da porta estava o átrio.

¹⁵E, desde a dianteira da porta da entrada até a dianteira do vestíbulo da porta interior, havia cinquenta covados.

¹⁶Havia também janelas de fechar nas câmaras e nos seus umbrais, dentro da porta ao redor, e da mesma sorte nos vestíbulos; e as janelas estavam à roda pela parte de dentro; e nos umbrais havia palmeiras.

¹⁷Então ele me levou ao átrio exterior; e eis que havia câmaras e um pavimento feitos para o átrio em redor; trinta câmaras havia naquele pavimento.

¹⁸E o pavimento, isto é, o pavimento inferior, corria junto às portas segundo o comprimento das portas.

¹⁹A seguir ele mediu a largura desde a dianteira da porta inferior até a dianteira do átrio interior, por fora, cem côvados, tanto do oriente como do norte.

²⁰E, quanto à porta que olhava para o norte, no átrio exterior, ele mediu o seu comprimento e a sua largura.

²¹As suas câmaras eram três dum lado, e três do outro; e os seus umbrais e os seus vestíbulos eram da medida da primeira porta: de cinqüenta côvados era o seu comprimento, e a largura de vinte e cinco côvados.

²²As suas janelas, e o seu vestíbulo, e as suas palmeiras eram da medida da porta que olhava para o oriente; e subia-se para ela por sete degraus; e o seu vestíbulo estava diante dela.

²³Havia uma porta do átrio interior defronte da outra porta tanto do norte como do oriente; e mediu de porta a porta cem côvados.

²⁴Então ele me levou ao caminho do sul; e eis que havia ali uma porta que olhava para o sul; e mediu os seus umbrais e o seu vestíbulo conforme estas medidas.

²⁵E havia também janelas em redor do seu vestíbulo, como as outras janelas; cinqüenta côvados era o comprimento, e a largura vinte e cinco côvados.

²⁶Subia-se a ela por sete degraus, e o seu vestíbulo era diante deles; e tinha palmeiras, uma de uma banda e outra da outra, nos seus umbrais.

²⁷Também havia uma porta para o átrio interior que olha para o sul; e mediu de porta a porta, para o sul, cem côvados.

²⁸Então me levou ao átrio interior pela porta do sul; e mediu a porta do sul conforme estas medidas.

²⁹E as suas câmaras, e os seus umbrais, e o seu vestíbulo eram conforme estas medidas; e nele havia janelas e no seu vestíbulo ao redor; o comprimento era de cinqüenta côvados, e a largura de vinte e cinco côvados.

³⁰Havia um vestíbulo em redor; o comprimento era de vinte e cinco côvados e a largura de cinco côvados.

³¹O seu vestíbulo olhava para o átrio exterior; e havia palmeiras nos seus umbrais; e subia-se a ele por oito degraus.

³²Depois me levou ao átrio interior, que olha para o oriente; e mediu a porta conforme estas medidas;

³³e também as suas câmaras, e os seus umbrais, e o seu vestíbulo, conforme estas medidas; também nele havia janelas e no seu vestíbulo ao redor; o comprimento era de cinqüenta côvados, e a largura era de vinte e cinco côvados.

³⁴E o seu vestíbulo olhava para o átrio exterior; também havia palmeiras nos seus umbrais de uma e de outra banda; e subia-se a ele por oito degraus.

³⁵Então me levou à porta do norte; e mediu-a conforme estas medidas.

³⁶As suas câmaras, os seus umbrais, e o seu vestíbulo; também tinha janelas em redor; o comprimento era de cinqüenta côvados, e a largura de vinte e cinco côvados.

³⁷E os seus umbrais olhavam para o átrio exterior; também havia palmeiras nos seus umbrais de uma e de outra banda; e subia-se a ela por oito degraus.

³⁸Havia uma câmara com a sua entrada junto aos umbrais perto das portas; aí se lavava o holocausto.

³⁹E no vestíbulo da porta havia duas mesas de uma banda, e duas da outra, em que se haviam de imolar o holocausto e a oferta pelo pecado e a oferta pela culpa.

⁴⁰Também duma banda, do lado de fora, junto da subida para a entrada da porta que olha para o norte, havia duas mesas; e da outra banda do vestíbulo da porta, havia duas mesas.

⁴¹Havia quatro mesas de uma, e quatro mesas da outra banda, junto à porta; oito mesas, sobre as quais imolavam os sacrifícios.

⁴²E havia para o holocausto quatro mesas de pedras lavradas, sendo o comprimento de um côvado e meio, a largura de um côvado e meio, e a altura de um côvado; e sobre elas se punham os instrumentos com que imolavam o holocausto e o sacrifício.

⁴³E ganchos, de um palmo de comprido, estavam fixos por dentro ao redor; e sobre as mesas estava a carne da oferta.

⁴⁴Fora da porta interior estavam as câmaras para os cantores, no átrio interior, que estava ao lado da porta do norte; e elas olhavam para o sul; uma estava ao lado da porta do oriente, e olhava para o norte.

⁴⁵E ele me disse: Esta câmara que olha para o sul é para os sacerdotes que têm a guarda do templo.

⁴⁶Mas a câmara que olha para o norte é para os sacerdotes que têm a guarda do altar, a saber, os filhos de Zadoque, os quais dentre os filhos de Levi se chegam ao Senhor para o servirem.

⁴⁷E mediu o átrio; o comprimento era de cem côvados e a largura de cem côvados, um quadrado; e o altar estava diante do templo.

⁴⁸Então me levou ao vestíbulo do templo, e mediu cada umbral do vestíbulo, cinco côvados de um lado e cinco côvados do outro; e a largura da porta era de três côvados de um lado, e de três côvados do outro.

⁴⁹O comprimento do vestíbulo era de vinte côvados, e a largura de doze côvados; e era por dez degraus que se subia a ele; e havia colunas junto aos umbrais, uma de um lado e outra do outro.

## Capítulo 41

¹Então me levou ao templo, e mediu as umbreiras, seis côvados de largura de uma banda, e seis côvados de largura da outra, que era a largura do tabernáculo.

²E a largura da entrada era de dez côvados; e os lados da entrada, cinco côvados de uma banda e cinco côvados da outra; também mediu o seu comprimento, de quarenta côvados, e a largura, de vinte côvados.

³E entrou dentro, e mediu cada umbral da entrada, dois côvados; e a entrada, seis côvados; e a largura da entrada, sete côvados.

⁴Também mediu o seu comprimento, vinte côvados, e a largura, vinte côvados, diante do templo; e disse-me: Este é o lugar santíssimo.

⁵Então mediu a parede do templo, seis côvados, e a largura de cada câmara lateral, quatro côvados, por todo o redor do templo.

⁶E as câmaras laterais eram de três andares, câmara sobre câmara, e trinta em cada andar; e elas entravam na parede que tocava no templo para essas câmaras laterais em redor, para se susterem nela, porque não travavam da parede do templo.

⁷Também as câmaras laterais aumentavam de largura de andar em andar, ao passo que se aprofundava a reentrância da parede de andar em andar em volta do templo; e havia ao lado do templo uma escadaria pela qual se subia do primeiro ao terceiro andar mediante o segundo.

⁸Vi também que havia ao redor do templo um pavimento elevado; os fundamentos das câmaras laterais eram da medida de uma cana inteira, seis côvados grandes.

⁹A grossura da parede exterior das câmaras laterais era de cinco côvados; e o que sobrava do pavimento fora das câmaras laterais, que estavam junto ao templo, também era de cinco côvados.

¹⁰E por fora das câmaras havia um espaço livre de vinte côvados de largura em toda a volta do templo.

¹¹E as entradas das câmaras laterais estavam voltadas para a parte do pavimento que sobrava, uma entrada para o lado do norte, e outra entrada para o do sul; e a largura desta parte do pavimento era de cinco côvados em redor.

¹²Era também o edifício que estava diante do lugar separado, ao lado que olha para o ocidente, da largura de setenta côvados; e a parede do edifício era de cinco côvados de largura em redor, e o seu comprimento de noventa côvados.

¹³Assim mediu o templo, do comprimento de cem côvados, como também o lugar separado, e o edifício, e as suas paredes, cem côvados de comprimento.

¹⁴E a largura da dianteira do templo, e do lugar separado que olha para o oriente, cem côvados.

¹⁵Também mediu o comprimento do edifício, diante do lugar separado, que estava por detrás, e as suas galerias de um e de outro lado, cem côvados. A nave do templo, a câmara interior, e o vestíbulo do átrio eram forrados;

¹⁶e os três tinham janelas gradeadas. As galerias em redor nos três andares, defronte do limiar, eram forradas de madeira em redor, e isto desde o chão até as janelas (ora as janelas estavam cobertas),

¹⁷até o espaço em cima da porta para a câmara interior, por dentro e por fora. E em todas as paredes em redor, por dentro e por fora, tudo por medida.

¹⁸havia querubins e palmeiras de entalhe; e havia uma palmeira entre querubim e querubim; e cada querubim tinha dois rostos,

¹⁹de modo que o rosto de homem olhava para a palmeira de um lado, e o rosto de leão novo para a palmeira do outro lado; assim era pela casa toda em redor.

²⁰Desde o chão até acima da entrada estavam entalhados querubins e palmeiras, como também pela parede do templo.

²¹As ombreiras das portas do templo eram quadradas; e diante do santuário havia uma coisa semelhante

²²a um altar de madeira, de três côvados de altura, e o seu comprimento era de dois côvados; os seus cantos, o seu fundamento e as suas paredes eram de madeira; e disse-me: Esta é a mesa que está perante a face do Senhor.

²³Ora, a nave e o santuário ambos tinham portas duplas.

²⁴As portas tinham cada uma duas folhas que viravam, duas para uma porta, e duas para a outra.

²⁵E havia nas portas da nave querubins e palmeiras de entalhe, como os que estavam nas paredes; e havia um grande toldo de madeira diante do vestíbulo por fora.

²⁶Também havia janelas fechadas e palmeiras, de uma e de outra banda, pelos lados do vestíbulo.

## Capítulo 42

¹Depois disto fez-me sair para fora, ao átrio exterior, que dá para o norte; e me levou às câmaras que estavam defronte do largo vazio, e que estavam defronte do edifício, do lado do norte.

²Do comprimento de cem côvados era esse edifício, e da largura de cinqüenta côvados.

³Em frente dos vinte côvados, que tinha o átrio interior, e em frente do pavimento que tinha o átrio exterior, havia galeria contra galeria em três andares.

⁴E diante das câmaras havia um passeio que dava para o átrio interior, e que tinha dez côvados de largura e cem côvados de comprimento; e as suas portas davam para o norte.

⁵Ora, as câmaras superiores eram mais estreitas; porque as galerias tomavam destas mais espaço do que das de baixo e das do meio do edifício.

⁶Porque elas eram de três andares e não tinham colunas como as colunas dos átrios; por isso desde o chão se iam estreitando mais do que as de baixo e as do meio.

⁷No lado de fora, em paralelo às câmaras e defronte delas no caminho do áteio exterior, havia um muro que tinha cinqüenta côvados de comprimento.

⁸Pois o comprimento da série de câmaras que estavam no átrio exterior era de cinqüenta côvados, enquanto o da série que estava defronte do templo era de cem côvados.

⁹Por debaixo destas câmaras estava a entrada do lado do oriente, para quem entra nelas do átrio exterior.

¹⁰Na grossura do muro do átrio que dava para o oriente, diante do lugar separado, e diante do edifício, havia também câmaras,

¹¹com um caminho diante delas, que eram da mesma feição das câmaras que davam para o norte, sendo do mesmo comprimento, e da mesma largura, com as mesmas saídas, disposições e portas.

¹²E conforme eram as portas das câmaras que davam para o sul, era também a porta no topo do caminho, isto é, do caminho bem em frente do muro à direita para quem entra.

¹³Então me disse: As câmaras do norte, e as câmaras do sul, que estão diante do lugar separado, são câmaras santas, em que os sacerdotes que se chegam ao Senhor comerão as coisas santíssimas. Ali porão as coisas santíssimas, as ofertas de cereais, as ofertas pelo pecado, e as ofertas pela culpa; porque o lugar é santo.

¹⁴Quando os sacerdotes entrarem, não sairão do santuário para o átrio exterior, mas porão ali as suas vestiduras em que ministram, porque elas são santas; e vestir-se-ão doutras vestiduras, e assim se aproximarão do lugar pertencente ao povo.

¹⁵Tendo ele acabado de medir o templo interior, fez-me sair pelo caminho da porta oriental; e o mediu em redor.

¹⁶Mediu o lado oriental com a cana de medir, quinhentas canas de largura.

¹⁷Mediu o lado do norte, quinhentas canas, com a cana de medir.

¹⁸Mediu também o lado do sul, quinhentas canas, com a cana de medir.

¹⁹Deu uma volta para o lado do ocidente, e mediu quinhentas canas, com a cana de medir.

²⁰Mediu-o pelos quatro lados. Havia um muro em redor, de quinhentas canas de comprimento, e quinhentas de largura, para fazer separação entre o santo e o profano.

## Capítulo 43

¹Então me levou à porta, à porta que dá para o oriente.

²E eis que a glória do Deus de Israel vinha do caminho do oriente; e a sua voz era como a voz de muitas águas, e a terra resplandecia com a glória dele.

³E a aparência da visão que tive era como a da visão que eu tivera quando ele veio destruir a cidade; eram as visões como a que tive junto ao rio Quebar; e caí com o rosto em terra.

⁴E a glória do Senhor entrou no templo pelo caminho da porta oriental.

⁵E levantou-me o Espírito, e me levou ao átrio interior; e eis que a glória do Senhor encheu o templo.

⁶Então ouvi uma voz que me foi direita de dentro do templo; e um homem se achava de pé junto de mim.

⁷E disse-me: Filho do homem, este é o lugar do meu trono, e o lugar das plantas dos meus pés, onde habitarei no meio dos filhos de Israel para sempre; e os da casa de Israel não contaminarão mais o meu nome santo, nem eles nem os seus reis, com as suas prostituições e com os cadáveres dos seus reis, nos seus altos,

⁸pondo o seu limiar ao pé do meu limiar, e os seus umbrais junto aos meus umbrais, e havendo apenas um muro entre mim e eles. Contaminaram o meu santo nome com as abominações que têm cometido; por isso eu os consumi na minha ira.

⁹Agora lancem eles para longe de mim a sua prostituição e os cadáveres dos seus reis; e habitarei no meio deles para sempre.

¹⁰Tu pois, ó filho do homem, mostra aos da casa de Israel o templo, para que se envergonhem das suas iniqüidades; e meçam o modelo.

¹¹E se eles se envergonharem de tudo quanto têm feito, faze-lhes saber a forma desta casa, a sua figura, as suas saídas e as suas entradas, e todas as suas formas; todas as suas ordenanças e todas as suas leis; escreve isto à vista deles, para que guardem toda a sua forma, e todas as suas ordenanças e as cumpram.

¹²Esta é a lei do templo: Sobre o cume do monte todo o seu contorno em redor será santíssimo. Eis que essa é a lei do templo.

¹³São estas as medidas do altar em côvados (o côvado é um côvado e um palmo): a parte inferior será de um côvado de altura e um côvado de largura, e a sua borda, junto a sua extremidade ao redor, de um palmo; e esta será a base do altar.

¹⁴E do fundo, desde o chão até a saliência de baixo, será de dois côvados, e de largura um côvado; e desde a pequena saliência até a saliência grande será de quatro côvados, e a largura de um côvado.

¹⁵E o altar superior será de quatro côvados; e da lareira do altar para cima se levantarão quatro pontas.

¹⁶E a lareira do altar terá doze côvados de comprimento, e doze de largura, quadrado nos quatro lados.

¹⁷E a saliência terá catorze côvados de comprimento e catorze de largura, nos seus quatro lados; e a borda, ao redor dela, será de meio côvado; e o fundo dela será de um côvado, ao redor; e os seus degraus darão para o oriente.

¹⁸E disse-me: Filho do homem, assim diz o Senhor Deus: São estas as ordenanças para o altar, no dia em que o fizerem, para oferecerem sobre ele holocausto e para espargirem sobre ele sangue.

¹⁹Aos sacerdotes levitas que são da linhagem de Zadoque, os quais se chegam a mim para me servirem, diz o Senhor Deus, darás um bezerro para oferta pelo pecado.

²⁰E tomarás do seu sangue, e o porás sobre as quatro pontas do altar, sobre os quatro cantos da saliência e sobre a borda ao redor; assim o purificarás e os expiarás.

²¹Então tomarás o novilho da oferta pelo pecado, o qual será queimado no lugar da casa para isso ordenado, fora do santuário.

²²E no segundo dia oferecerás um bode, sem mancha, para oferta pelo pecado; e purificarão o altar, como o purificaram com o novilho.

²³Quando acabares de o purificar, oferecerás um bezerro, sem mancha, e um carneiro do rebanho, sem mancha.

²⁴Trá-los-ás, pois, perante o Senhor; e os sacerdotes deitarão sal sobre eles, e os oferecerão em holocausto ao Senhor.

²⁵Durante sete dias prepararás cada dia um bode como oferta pelo pecado; também prepararão eles um bezerro, e um carneiro do rebanho, sem mancha.

²⁶Por sete dias expiarão o altar, e o purificarão; assim o consagrarão.

²⁷E, cumprindo eles estes dias, será que, ao oitavo dia, e dali em diante, os sacerdotes oferecerão sobre o altar os vossos holocaustos e as vossas ofertas pacíficas; e vos aceitarei, diz o Senhor Deus.

## Capítulo 44

¹Então me fez voltar para o caminho da porta exterior do santuário, a qual olha para o oriente; e ela estava fechada.

²E disse-me o Senhor: Esta porta ficará fechada, não se abrirá, nem entrará por ela homem algum; porque o Senhor Deus de Israel entrou por ela; por isso ficará fechada.

³Somente o príncipe se assentará ali, para comer pão diante do Senhor; pelo caminho do vestíbulo da porta entrará, e por esse mesmo caminho sairá.

⁴Então me levou pelo caminho da porta do norte, diante do templo; e olhei, e eis que a glória do Senhor encheu o templo do Senhor; pelo que caí com o rosto em terra.

⁵Então me disse o Senhor: Filho do homem, nota bem, vê com os teus olhos, e ouve com os teus ouvidos, tudo quanto eu te disser a respeito de todas as ordenanças do templo do Senhor, e de todas as suas leis; e considera no teu coração a entrada do templo, com todas as saídas do santuário.

⁶E dirás aos rebeldes, à casa de Israel: Assim diz o Senhor Deus: Bastem-vos todas as vossas abominações, ó casa de Israel!

⁷Porquanto introduzistes estrangeiros, incircuncisos de coração e incircuncisos de carne, para estarem no meu santuário, para o profanarem, quando oferecestes o meu pão, a gordura, e o sangue; e vós quebrastes o meu pacto, além de todas as vossas abominações.

⁸E não guardastes a ordenança a respeito das minhas coisas sagradas; antes constituístes, ao vosso prazer, guardas da minha ordenança no tocante ao meu santuário.

⁹Assim diz o Senhor Deus: Nenhum estrangeiro, incircunciso de coração e carne, de todos os estrangeiros que se acharem no meio dos filhos de Israel, entrará no meu santuário.

¹⁰Mas os levitas que se apartaram para longe de mim, desviando-se de mim após os seus ídolos, quando Israel andava errado, levarão sobre si a sua punição.

¹¹Contudo serão ministros no meu santuário, tendo ao seu cargo a guarda das portas do templo, e ministrando no templo. Eles imolarão o holocausto, e o sacrifício para o povo, e estarão perante ele, para o servir.

¹²Porque lhes ministraram diante dos seus ídolos, e serviram à casa de Israel de tropeço de iniqüidade; por isso eu levantei a minha mão contra eles, diz o Senhor Deus, e eles levarão sobre si a sua punição.

¹³E não se chegarão a mim, para me servirem no sacerdócio, nem se chegarão a nenhuma de todas as minhas coisas sagradas, às coisas que são santíssimas; mas levarão sobre si a sua vergonha e as suas abominações que cometeram.

¹⁴Contudo, eu os constituirei guardas da ordenança no tocante ao templo, em todo o serviço dele, e em tudo o que nele se fizer.

¹⁵Mas os sacerdotes levíticos, os filhos de Zadoque, que guardaram a ordenança a respeito do meu santuário, quando os filhos de Israel se extraviaram de mim, eles se chegarão a mim, para me servirem; e estarão diante de mim, para me oferecerem a gordura e o sangue, diz o Senhor Deus;

¹⁶eles entrarão no meu santuário, e se chegarão à minha mesa, para me servirem, e guardarão a minha ordenança.

¹⁷Quando entrarem pelas portas do átrio interior, estarão vestidos de vestes de linho; e não se porá lã sobre eles, quando servirem nas portas do átrio interior, e dentro da casa.

¹⁸Coifas de linho terão sobre as suas cabeças, e calções de linho sobre os seus lombos; não se cingirão de coisa alguma que produza suor.

¹⁹E quando saírem ao átrio exterior, a ter com o povo, despirão as suas vestes em que houverem ministrado, pô-las-ão nas santas câmaras, e se vestirão de outras vestes, para que com as suas vestes não transmitam a santidade ao povo.

²⁰Não raparão a cabeça, nem deixarão crescer o cabelo; tão somente tosquiarão as cabeças.

²¹Nenhum sacerdote beberá vinho quando entrar no átrio interior.

²²Não se casarão nem com viúva, nem com repudiada; mas tomarão virgens da linhagem da casa de Israel, ou viúva que for viúva de sacerdote.

²³E a meu povo ensinarão a distinguir entre o santo e o profano, e o farão discernir entre o impuro e o puro.

²⁴No caso de uma controvérsia, assistirão a ela para a julgarem; pelos meus juízos a julgarão. E observarão as minhas leis e os meus estatutos em todas as minhas festas fixas, e santificarão os meus sábados.

²⁵Eles não se contaminarão, aproximando-se de um morto; todavia por pai ou mãe, por filho ou filha, por irmão, ou por irmã que não tiver marido, se poderão contaminar.

²⁶Depois de ser ele purificado, contar-se-lhe-ão sete dias.

²⁷E, no dia em que ele entrar no lugar santo, no átrio interior, para ministrar no lugar santo, oferecerá a sua oferta pelo pecado, diz o Senhor Deus.

²⁸Eles terão uma herança; eu serei a sua herança. Não lhes dareis, portanto, possessão em Israel; eu sou a sua possessão.

²⁹Eles comerão a oferta de cereais a oferta pelo pecado, e a oferta pela culpa; e toda coisa consagrada em Israel será deles.

³⁰Igualmente as primícias de todos os primeiros frutos de tudo, e toda oblação de tudo, de todas as vossas oblações, serão para os sacerdotes; também as primeiras das vossas massas dareis ao sacerdote, para fazer repousar uma bênção sobre a vossa casa.

³¹Os sacerdotes não comerão de coisa alguma que tenha morrido de si mesma ou que tenha sido despedaçada, seja de aves, seja de animais.

## Capítulo 45

¹Demais, quando repartirdes a terra por sortes em herança, separareis uma oferta para o Senhor, uma santa porção da terra; o seu comprimento será de vinte e cinco mil canas, e a largura de dez mil. Esta será santa em todo o seu termo ao redor.

²Desta porção o santuário ocupará quinhentas canas de comprimento, e quinhentas de largura, em quadrado, e terá em redor um espaço vazio de cinqüenta côvados.

³Desta área santa medirás um comprimento de vinte e cinco mil côvados, e uma largura de dez mil; e ali será o santuário, que é santíssimo.

⁴É ela uma porção santa da terra; será para os sacerdotes, ministros do santuário, que se aproximam do Senhor para o servir; e lhes servirá de lugar para suas casas, e de lugar santo para o santuário.

⁵Também os levitas, ministros da casa, terão vinte e cinco mil canas de comprimento, e dez mil de largura, para possessão sua, para vinte câmaras.

⁶E para possessão da cidade, de largura dareis cinco mil canas, e de comprimento vinte e cinco mil, ao lado da área santa; o que será para toda a casa de Israel.

⁷O príncipe, porém, terá a sua parte deste lado e do outro da área santa e da possessão da cidade, defronte da área santa e defronte da possessão da cidade, tanto ao lado ocidental, como ao lado oriental; e de comprimento corresponderá a uma das porções, desde o termo ocidental até o termo oriental.

⁸E esta terra será a sua possessão em Israel; e os meus príncipes não oprimirão mais o meu povo; mas distribuirão a terra pela casa de Israel, conforme as suas tribos.

⁹Assim diz o Senhor Deus: Baste-vos, ó príncipes de Israel; afastai a violência e a opressão e praticai a retidão e a justiça; aliviai o meu povo das vossas exações, diz o Senhor Deus.

¹⁰Tereis balanças justas, efa justa, e bato justo.

¹¹A efa e o bato serão duma mesma medida, de maneira que o bato contenha a décima parte do hômer, e a efa a décima parte do hômer; o hômer será a medida padrão.

¹²E o siclo será de vinte jeiras; cinco siclos serão cinco siclos, e dez siclos serão dez; a vossa mina será de cinquenta siclos.

¹³Esta será a oferta que haveis de fazer: a sexta parte duma efa de cada hômer de trigo; também dareis a sexta parte duma efa de cada hômer de cevada;

¹⁴quanto à porção fixa do azeite, de cada bato de azeite oferecereis a décima parte do bato tirado dum coro, que é dez batos, a saber, um hômer; pois dez batos fazem um hômer;

¹⁵e um cordeiro do rebanho, de cada duzentos, de todas as famílias de Israel, para oferta de cereais, e para holocausto, e para oferta pacífica, para que façam expiação por eles, diz o Senhor Deus.

¹⁶Todo o povo da terra fará esta contribuição ao príncipe de Israel.

¹⁷Tocará ao príncipe dar os holocaustos, as ofertas de cereais e as libações, nas festas, nas luas novas e nos sábados, em todas as festas fixas da casa de Israel. Ele proverá a oferta pelo pecado, a oferta de cereais, o holocausto e as ofertas pacíficas, para fazer expiação pela casa de Israel.

¹⁸Assim diz o Senhor Deus: No primeiro mês, no primeiro dia do mês, tomarás um bezerro sem mancha, e purificarás o santuário.

¹⁹O sacerdote tomará do sangue da oferta pelo pecado, e pô-lo-á nas ombreiras da casa, e nos quatro cantos da saliência do altar e nas ombreiras da porta do átrio interior.

²⁰Assim também farás no sétimo dia do mês, pelos errados e pelos insensatos; assim fareis expiação pelo templo.

²¹No primeiro mês, no dia catorze do mês, tereis a páscoa, uma festa de sete dias; pão ázimo se comerá.

²²E no mesmo dia o príncipe proverá, por si e por todo o povo da terra, um novilho como oferta pelo pecado.

²³E nos sete dias da festa proverá um holocausto ao Senhor, de sete novilhos e sete carneiros sem mancha, cada dia durante os sete dias; e um bode cada dia como oferta pelo pecado.

²⁴Também proverá uma oferta de cereais, uma efa para cada novilho, e uma efa para cada carneiro, e um e him de azeite para cada efa.

²⁵No sétimo mês, no dia quinze do mês, na festa, fará o mesmo por sete dias, segundo a oferta pelo pecado, segundo o holocausto, segundo a oferta de cereais, e segundo o azeite.

## Capítulo 46

¹Assim diz o Senhor Deus: A porta do átrio interior, que dá para o oriente, estará fechada durante os seis dias que são de trabalho; mas no dia de sábado ela se abrirá; também no dia da lua nova se abrirá.

²E o príncipe entrará pelo caminho do vestíbulo da porta, por fora, e ficará parado junto da ombreira da porta, enquanto os sacerdotes ofereçam o holocausto e as ofertas pacíficas dele; e ele adorará junto ao limiar da porta. Então sairá; mas a porta não se fechará até a tarde.

³E o povo da terra adorará à entrada da mesma porta, nos sábados e nas luas novas, diante do Senhor.

⁴E o holocausto que o príncipe oferecer ao Senhor será, no dia de sábado, seis cordeiros sem mancha e um carneiro sem mancha;

⁵e a oferta de cereais será uma efa para o carneiro; e para o cordeiro, a oferta de cereais será o que puder dar, com um him de azeite para cada efa.

⁶Mas no dia da lua nova será um bezerro sem mancha, e seis cordeiros e um carneiro; eles serão sem mancha.

⁷Também ele proverá, por oferta de cereais, uma efa para o novilho e uma efa para o carneiro, e para os cordeiros o que puder, com um him de azeite para cada efa.

⁸Quando entrar o príncipe, entrará pelo caminho do vestíbulo da porta, e sairá pelo mesmo caminho.

⁹Mas, quando vier o povo da terra perante o Senhor nas festas fixas, aquele que entrar pelo caminho da porta do norte, para adorar, sairá pelo caminho da porta do sul; e aquele que entrar pelo caminho da porta do sul, sairá pelo caminho da porta do norte. Não tornará pelo caminho da porta pela qual entrou, mas sairá seguindo para a sua frente.

¹⁰Ao entrarem eles, o príncipe entrará no meio deles; e, saindo eles, sairão juntos.

¹¹Nas solenidades, inclusive nas festas fixas, a oferta de cereais será uma efa para um novilho, e uma efa para um carneiro, mas para os cordeiros será o que se puder dar; e de azeite um him para cada efa.

¹²Quando o príncipe prover uma oferta voluntária, holocausto, ou ofertas pacíficas, como uma oferta voluntária ao Senhor, abrir-se-lhe-á a porta que dá para o oriente, e oferecerá o seu holocausto e as suas ofertas pacíficas, como houver feito no dia de sábado. Então sairá e, depois de ele ter saído, fechar-se-á a porta.

¹³Proverá ele um cordeiro de um ano, sem mancha, em holocausto ao Senhor cada dia; de manhã em manhã o proverá.

¹⁴Juntamente com ele proverá de manhã em manhã uma oferta de cereais, a sexta parte duma efa de flor de farinha, com a terça parte de um him de azeite para umedecê-la, por oferta de cereais ao Senhor, continuamente, por estatuto perpétuo.

¹⁵Assim se proverão o cordeiro, a oferta de cereais, e o azeite, de manhã em manhã, em holocausto contínuo.

¹⁶Assim diz o Senhor Deus: Se o príncipe der um presente a algum de seus filhos, é herança deste, pertencerá a seus filhos; será possessão deles por herança.

¹⁷Se, porém, der um presente da sua herança a algum dos seus servos, será deste até o ano da liberdade; então tornará para o príncipe; pois quanto à herança, será ela para seus filhos.

¹⁸O príncipe não tomará nada da herança do povo para o esbulhar da sua possessão; da sua propria possessão deixará herança a seus filhos, para que o meu povo não seja espalhado, cada um da sua possessão.

¹⁹Então me introduziu pela entrada que estava ao lado da porta nas câmaras santas para os sacerdotes, que olhavam para o norte; e eis que ali havia um lugar por detrás, para a banda do ocidente.

²⁰E ele me disse: Este é o lugar onde os sacerdotes cozerão a oferta pela culpa, e a oferta pelo pecado, e onde assarão a oferta de cereais, para que não as tragam ao átrio exterior, e assim transmitam a santidade ao povo.

²¹Então me levou para fora, para o átrio exterior, e me fez passar pelos quatro cantos do átrio; e eis que em cada canto do átrio havia um átrio.

²²Nos quatro cantos do átrio havia átrios fechados, de quarenta côvados de comprimento e de trinta de largura; estes quatro cantos tinham a mesma medida.

²³E neles havia por dentro uma série de projeções ao redor; e havia lugares para cozer, construídos por baixo delas ao redor.

²⁴Então me disse: Estas são as cozinhas, onde os ministros da casa cozerão o sacrifício do povo.

## Capítulo 47

¹Depois disso me fez voltar à entrada do templo; e eis que saíam umas águas por debaixo do limiar do templo, para o oriente; pois a frente do templo dava para o oriente; e as águas desciam pelo lado meridional do templo ao sul do altar.

²Então me levou para fora pelo caminho da porta do norte, e me fez dar uma volta pelo caminho de fora até a porta exterior, pelo caminho da porta oriental; e eis que corriam umas águas pelo lado meridional.

³Saindo o homem para o oriente, tendo na mão um cordel de medir, mediu mil côvados, e me fez passar pelas águas, águas que me davam pelos artelhos.

⁴De novo mediu mil, e me fez passar pelas águas, águas que me davam pelos joelhos; outra vez mediu mil, e me fez passar pelas águas, águas que me davam pelos lombos.

⁵Ainda mediu mais mil, e era um rio, que eu não podia atravessar; pois as águas tinham crescido, águas para nelas nadar, um rio pelo qual não se podia passar a vau.

⁶E me perguntou: Viste, filho do homem? Então me levou, e me fez voltar à margem do rio.

⁷Tendo eu voltado, eis que à margem do rio havia árvores em grande número, de uma e de outra banda.

⁸Então me disse: Estas águas saem para a região oriental e, descendo pela Arabá, entrarão no Mar Morto, e ao entrarem nas águas salgadas, estas se tornarão saudáveis.

⁹E por onde quer que entrar o rio viverá todo ser vivente que vive em enxames, e haverá muitíssimo peixe; porque lá chegarão estas águas, para que as águas do mar se tornem doces, e viverá tudo por onde quer que entrar este rio.

¹⁰Os pescadores estarão junto dele; desde En-Gedi até En-Eglaim, haverá lugar para estender as redes; o seu peixe será, segundo a sua espécie, como o peixe do Mar Grande, em multidão excessiva.

¹¹Mas os seus charcos e os seus pântanos não sararão; serão deixados para sal.

¹²E junto do rio, à sua margem, de uma e de outra banda, nascerá toda sorte de árvore que dá fruto para se comer. Não murchará a sua folha, nem faltará o seu fruto. Nos seus meses produzirá novos frutos, porque as suas águas saem do santuário. O seu fruto servirá de alimento e a sua folha de remédio.

¹³Assim diz o Senhor Deus: Este será o termo conforme o qual repartireis a terra em herança, segundo as doze tribos de Israel. José terá duas partes.

¹⁴E vós a herdareis, tanto um como o outro; pois sobre ela levantei a minha mão, jurando que a daria a vossos pais; assim esta terra vos cairá a vós em herança.

¹⁵E este será o termo da terra: da banda do norte, desde o Mar Grande, pelo caminho de Hetlom, até a entrada de Zedade;

¹⁶Hamate, Berota, Sibraim, que está entre o termo de Damasco e o termo de Hamate; Hazer-Haticom, que está junto ao termo de Haurã.

¹⁷O termo irá do mar até Hazar-Enom, junto ao termo setentrional de Damasco, tendo ao norte o termo de Hamate. Essa será a fronteira do norte.

¹⁸E a fronteira do oriente, entre Haurã, e Damasco, e Gileade, e a terra de Israel, será o Jordão; desde o termo do norte até o mar do oriente medireis. Essa será a fronteira do oriente.

¹⁹E a fronteira meridional será desde Tamar até as águas de Meribote-Cades, ao longo do Ribeiro do Egito até o Mar Grande. Essa será a fronteira meridional.

²⁰E a fronteira do ocidente será o Mar Grande, desde o termo do sul até a entrada de Hamate. Essa será a fronteira do ocidente.

²¹Repartireis, pois, esta terra entre vós, segundo as tribos de Israel.

²²Reparti-la-eis em herança por sortes entre vós e entre os estrangeiros que habitam no meio de vós e que têm gerado filhos no meio de vós; e vós os tereis como naturais entre os filhos de Israel; convosco terão herança, no meio das tribos de Israel.

²³E será que na tribo em que peregrinar o estrangeiro, ali lhe dareis a sua herança, diz o Senhor Deus.

## Capítulo 48

¹São estes os nomes das tribos: desde o extremo norte, ao longo do caminho de Hetlom, até a entrada de Hamate, até Hazar-Enom, junto ao termo setentrional de Damasco, defronte de Hamate, com as suas fronteiras estendendo-se do oriente ao ocidente, Dã terá uma porção.

²Junto ao termo de Dã, desde a fronteira oriental até a fronteira ocidental, Aser terá uma porção.

³Junto ao termo de Aser, desde a fronteira oriental até a fronteira ocidental, Naftali terá uma porção.

⁴Junto ao termo de Naftali, desde a fronteira oriental até a fronteira ocidental, Manassés terá uma porção.

⁵Junto ao termo de Manassés, desde a fronteira oriental até a fronteira ocidental, Efraim terá uma porção.

⁶Junto ao termo de Efraim, desde a fronteira oriental até a fronteira ocidental, Rúben terá uma porção.

⁷Junto ao termo de Rúben desde a fronteira oriental até a fronteira ocidental, Judá terá uma porção.

⁸Junto ao termo de Judá, desde a fronteira oriental até a fronteira ocidental, será a oferta que haveis de fazer de vinte e cinco mil canas de largura, e do comprimento de cada uma das porções, desde a fronteira oriental até a fronteira ocidental. O santuário estará no meio dela.

⁹A oferta que haveis de fazer ao Senhor será do comprimento de vinte e cinco mil canas, e da largura de dez mil.

¹⁰Será para os sacerdotes uma porção desta santa oferta, medindo para o norte vinte e cinco mil canas de comprimento, para o ocidente dez mil de largura, para o oriente dez mil de largura, e para o sul vinte e cinco mil de comprimento; e o santuário do Senhor estará no meio dela.

¹¹Sim, será para os sacerdotes consagrados dentre os filhos de Zadoque, que guardaram a minha ordenança, e não se desviaram quando os filhos de Israel se extraviaram, como se extraviaram os outros levitas.

¹²E o oferecido ser-lhes-á repartido da santa oferta da terra, coisa santíssima, junto ao termo dos levitas.

¹³Também os levitas terão, consoante o termo dos sacerdotes, vinte e cinco mil canas de comprimento, e de largura dez mil; todo o comprimento será vinte e cinco mil, e a largura dez mil.

¹⁴E não venderão nada disto nem o trocarão, nem transferirão as primícias da terra, porque é santo ao Senhor.

¹⁵Mas as cinco mil, as que restam da largura, defronte das vinte e cinco mil, ficarão para uso comum, para a cidade, para habitação e para arrabaldes; e a cidade estará no meio.

¹⁶E estas serão as suas medidas: a fronteira setentrional terá quatro mil e quinhentas canas, e a fronteira do sul quatro mil e quinhentas, e a fronteira oriental quatro mil e quinhentas, e a fronteira ocidental quatro mil e quinhentas.

¹⁷Os arrabaldes, que a cidade terá, serão para o norte de duzentas e cinqüenta canas, e para o sul de duzentas e cinqüenta, e para o oriente de duzentas e cinqüenta, e para o ocidente de duzentas e cinqüenta.

¹⁸E, quanto ao que ficou do resto no comprimento, de conformidade com a santa oferta, será de dez mil para o oriente e dez mil para o ocidente; e corresponderá à santa oferta; e a sua novidade será para sustento daqueles que servem a cidade.

¹⁹E os que servem a cidade, dentre todas as tribos de Israel, cultivá-lo-ão.

²⁰A oferta inteira será de vinte e cinco mil canas por vinte e cinco mil; em quadrado a oferecereis como porção santa, incluindo o que possui a cidade.

²¹O que restar será para o príncipe; desta e da outra banda da santa oferta, e da possessão da cidade; defronte das vinte e cinco mil canas da oferta, na direção do termo oriental, e para o ocidente, defronte das vinte e cinco mil, na direção do termo ocidental, correspondente às porções, isso será a parte do príncipe; e a oferta santa e o santuário do templo estarão no meio.

²²A possessão dos levitas, e a possessão da cidade estarão no meio do que pertencer ao príncipe. Entre o termo de Judá e o termo de Benjamim será a porção do príncipe.

²³Ora quanto ao resto das tribos: desde a fronteira oriental até a fronteira ocidental, Benjamim terá uma porção.

²⁴Junto ao termo de Benjamim, desde a fronteira oriental até a fronteira ocidental, Simeão terá uma porção.

²⁵Junto ao termo de Simeão, desde a fronteira oriental até a fronteira ocidental, Issacar terá uma porção.

²⁶Junto ao termo de Issacar, desde a fronteira oriental até a fronteira ocidental, Zebulom terá uma porção.

²⁷Junto ao termo de Zebulom, desde a fronteira oriental até a fronteira ocidental, Gade terá uma porção.

²⁸Junto ao termo de Gade, na fronteira sul, para o sul, o termo será desde Tamar até as águas de Meribate-Cades, até o Ribeiro do Egito, e até o Mar Grande.

²⁹Esta é a terra que sorteareis em herança para as tribos de Israel, e são estas as suas respectivas porções, diz o Senhor Deus.

³⁰E estas são as saídas da cidade: da banda do norte quatro mil e quinhentos côvados por medida;

³¹e as portas da cidade serão conforme os nomes das tribos de Israel; três portas para o norte; a porta de Rúben a porta de Judá, e a porta de Levi.

³²Da banda do oriente quatro mil e quinhentos côvados, e três portas, a saber: a porta de José, a porta de Benjamim, e a porta de Dã.

³³Da banda do sul quatro mil e quinhentos côvados, e três portas: a porta de Simeão, a porta de Issacar, e a porta de Zebulom.

³⁴Da banda do ocidente quatro mil e quinhentos côvados, e as suas três portas: a porta de Gade, a porta de Aser, e a porta de Naftali.

³⁵Dezoito mil côvados terá ao redor; e o nome da cidade desde aquele dia será Jeová-Samá.

# Daniel

## Capítulo 1

¹No ano terceiro do reinado de Jeoiaquim, rei de Judá, veio Nabucodonozor, rei de Babilônia, a Jerusalém, e a sitiou.

²E o Senhor lhe entregou nas mãos a Jeoiaquim, rei de Judá, e uma parte dos vasos da casa de Deus; e ele os levou para a terra de Sinar, para a casa do seu deus; e os pôs na casa do tesouro do seu deus.

³Então disse o rei a Aspenaz, chefe dos seus eunucos que trouxesse alguns dos filhos de Israel, dentre a linhagem real e dos nobres,

⁴jovens em quem não houvesse defeito algum, de bela aparência, dotados de sabedoria, inteligência e instrução, e que tivessem capacidade para assistirem no palácio do rei; e que lhes ensinasse as letras e a língua dos caldeus.

⁵E o rei lhes determinou a porção diária das iguarias do rei, e do vinho que ele bebia, e que assim fossem alimentados por três anos; para que no fim destes pudessem estar diante do rei.

⁶Ora, entre eles se achavam, dos filhos de Judá, Daniel, Hananias, Misael e Azarias.

⁷Mas o chefe dos eunucos lhes pôs outros nomes, a saber: a Daniel, o de Beltessazar; a Hananias, o de Sadraque; a Misael, o de Mesaque; e a Azarias, o de Abednego.

⁸Daniel, porém, propôs no seu coração não se contaminar com a porção das iguarias do rei, nem com o vinho que ele bebia; portanto pediu ao chefe dos eunucos que lhe concedesse não se contaminar.

⁹Ora, Deus fez com que Daniel achasse graça e misericórdia diante do chefe dos eunucos.

¹⁰E disse o chefe dos eunucos a Daniel: Tenho medo do meu senhor, o rei, que determinou a vossa comida e a vossa bebida; pois veria ele os vossos rostos mais abatidos do que os dos outros jovens da vossa idade? Assim poríeis em perigo a minha cabeça para com o rei.

¹¹Então disse Daniel ao despenseiro a quem o chefe dos eunucos havia posto sobre Daniel, Hananias, Misael e Azarias:

¹²Experimenta, peço-te, os teus servos dez dias; e que se nos dêem legumes a comer e água a beber.

¹³Então se examine na tua presença o nosso semblante e o dos jovens que comem das iguarias reais; e conforme vires procederás para com os teus servos.

¹⁴Assim ele lhes atendeu o pedido, e os experimentou dez dias.

¹⁵E, ao fim dos dez dias, apareceram os seus semblantes melhores, e eles estavam mais gordos do que todos os jovens que comiam das iguarias reais.

¹⁶Pelo que o despenseiro lhes tirou as iguarias e o vinho que deviam beber, e lhes dava legumes.

¹⁷Ora, quanto a estes quatro jovens, Deus lhes deu o conhecimento e a inteligência em todas as letras e em toda a sabedoria; e Daniel era entendido em todas as visões e todos os sonhos.

¹⁸E ao fim dos dias, depois dos quais o rei tinha ordenado que fossem apresentados, o chefe dos eunucos os apresentou diante de Nabucodonozor.

¹⁹Então o rei conversou com eles; e entre todos eles não foram achados outros tais como Daniel, Hananias, Misael e Azarias; por isso ficaram assistindo diante do rei.

²⁰E em toda matéria de sabedoria e discernimento, a respeito da qual lhes perguntou o rei, este os achou dez vezes mais doutos do que todos os magos e encantadores que havia em todo o seu reino.

²¹Assim Daniel continuou até o primeiro ano do rei Ciro.

## Capítulo 2

¹Ora no segundo ano do reinado de Nabucodonozor, teve este uns sonhos; e o seu espírito se perturbou, e passou-se-lhe o sono.

²Então o rei mandou chamar os magos, os encantadores, os adivinhadores, e os caldeus, para que declarassem ao rei os seus sonhos; eles vieram, pois, e se apresentaram diante do rei.

³E o rei lhes disse: Tive um sonho, e para saber o sonho está perturbado o meu espírito.

⁴Os caldeus disseram ao rei em aramaico: ç rei, vive eternamente; dize o sonho a teus servos, e daremos a interpretação

⁵Respondeu o rei, e disse aos caldeus: Esta minha palavra é irrevogável se não me fizerdes saber o sonho e a sua interpretação, sereis despedaçados, e as vossas casas serão feitas um monturo;

⁶mas se vós me declarardes o sonho e a sua interpretação, recebereis de mim dádivas, recompensas e grande honra. Portanto declarai-me o sonho e a sua interpretação.

⁷Responderam pela segunda vez: Diga o rei o sonho a seus servos, e daremos a interpretação.

⁸Respondeu o rei, e disse: Bem sei eu que vós quereis ganhar tempo; porque vedes que a minha palavra é irrevogável.

⁹se não me fizerdes saber o sonho, uma só sentença será a vossa; pois vós preparastes palavras mentirosas e perversas para as proferirdes na minha presença, até que se mude o tempo. portanto dizei-me o sonho, para que eu saiba que me podeis dar a sua interpretação.

¹⁰Responderam os caldeus na presença do rei, e disseram: Não há ninguém sobre a terra que possa cumprir a palavra do rei; pois nenhum rei, por grande e poderoso que fosse, tem exigido coisa semelhante de algum mago ou encantador, ou caldeu.

¹¹A coisa que o rei requer é difícil, e ninguém há que a possa declarar ao rei, senão os deuses, cuja morada não é com a carne mortal.

¹²Então o rei muito se irou e enfureceu, e ordenou que matassem a todos os sábios de Babilônia.

¹³saiu, pois, o decreto, segundo o qual deviam ser mortos os sábios; e buscaram a Daniel e aos seus companheiros, para que fossem mortos.

¹⁴Então Daniel falou avisada e prudentemente a Arioque, capitão da guarda do rei, que tinha saído para matar os sábios de Babilônia;

¹⁵pois disse a Arioque, capitão do rei: Por que é o decreto do rei tão urgente? Então Arioque explicou o caso a Daniel.

¹⁶Ao que Daniel se apresentou ao rei e pediu que lhe designasse o prazo, para que desse ao rei a interpretação.

¹⁷Então Daniel foi para casa, e fez saber o caso a Hananias, Misael e Azarias, seus companheiros,

¹⁸para que pedissem misericórdia ao Deus do céu sobre este mistério, a fim de que Daniel e seus companheiros não perecessem, juntamente com o resto dos sábios de Babilônia.

¹⁹Então foi revelado o mistério a Daniel numa visão de noite; pelo que Daniel louvou o Deus do céu.

²⁰Disse Daniel: Seja bendito o nome de Deus para todo o sempre, porque são dele a sabedoria e a força.

²¹Ele muda os tempos e as estações; ele remove os reis e estabelece os reis; é ele quem dá a sabedoria aos sábios e o entendimento aos entendidos.

²²Ele revela o profundo e o escondido; conhece o que está em trevas, e com ele mora a luz.

²³ç Deus de meus pais, a ti dou graças e louvor porque me deste sabedoria e força; e agora me fizeste saber o que te pedimos; pois nos fizeste saber este assunto do rei.

²⁴Por isso Daniel foi ter com Arioque, ao qual o rei tinha constituído para matar os sábios de Babilônia; entrou, e disse-lhe assim: Não mates os sábios de Babilônia; introduze-me na presença do rei, e lhe darei a interpretação.

²⁵Então Arioque depressa introduziu Daniel à presença do rei, e disse-lhe assim: Achei dentre os filhos dos cativos de Judá um homem que fará saber ao rei a interpretação.

²⁶Respondeu o rei e disse a Daniel, cujo nome era Beltessazar: Podes tu fazer-me saber o sonho que tive e a sua interpretação?

²⁷Respondeu Daniel na presença do rei e disse: O mistério que o rei exigiu, nem sábios, nem encantadores, nem magos, nem adivinhadores lhe podem revelar;

²⁸mas há um Deus no céu, o qual revela os mistérios; ele, pois, fez saber ao rei Nabucodonozor o que há de suceder nos últimos dias. O teu sonho e as visões que tiveste na tua cama são estas:

²⁹Estando tu, ó rei, na tua cama, subiram os teus pensamentos sobre o que havia de suceder no futuro. Aquele, pois, que revela os mistérios te fez saber o que há de ser.

³⁰E a mim me foi revelado este mistério, não por ter eu mais sabedoria que qualquer outro vivente, mas para que a interpretação se fizesse saber ao rei, e para que entendesses os pensamentos do teu coração.

³¹Tu, ó rei, na visão olhaste e eis uma grande estátua. Esta estátua, imensa e de excelente esplendor, estava em pé diante de ti; e a sua aparência era terrível.

³²A cabeça dessa estátua era de ouro fino; o peito e os braços de prata; o ventre e as coxas de bronze;

³³as pernas de ferro; e os pés em parte de ferro e em parte de barro.

³⁴Estavas vendo isto, quando uma pedra foi cortada, sem auxílio de mãos, a qual feriu a estátua nos pés de ferro e de barro, e os esmiuçou.

³⁵Então foi juntamente esmiuçado o ferro, o barro, o bronze, a prata e o ouro, os quais se fizeram como a pragana das eiras no estio, e o

vento os levou, e não se podia achar nenhum vestígio deles; a pedra, porém, que feriu a estátua se tornou uma grande montanha, e encheu toda a terra.

³⁶Este é o sonho; agora diremos ao rei a sua interpretação.

³⁷Tu, ó rei, és rei de reis, a quem o Deus do céu tem dado o reino, o poder, a força e a glória;

³⁸e em cuja mão ele entregou os filhos dos homens, onde quer que habitem, os animais do campo e as aves do céu, e te fez reinar sobre todos eles; tu és a cabeça de ouro.

³⁹Depois de ti se levantará outro reino, inferior ao teu; e um terceiro reino, de bronze, o qual terá domínio sobre toda a terra.

⁴⁰E haverá um quarto reino, forte como ferro, porquanto o ferro esmiúça e quebra tudo; como o ferro quebra todas as coisas, assim ele quebrantará e esmiuçará.

⁴¹Quanto ao que viste dos pés e dos dedos, em parte de barro de oleiro, e em parte de ferro, isso será um reino dividido; contudo haverá nele alguma coisa da firmeza do ferro, pois que viste o ferro misturado com barro de lodo,

⁴²E como os dedos dos pés eram em parte de ferro e em parte de barro, assim por uma parte o reino será forte, e por outra será frágil.

⁴³Quanto ao que viste do ferro misturado com barro de lodo, misturar-se-ão pelo casamento; mas não se ligarão um ao outro, assim como o ferro não se mistura com o barro.

⁴⁴Mas, nos dias desses reis, o Deus do céu suscitará um reino que não será jamais destruído; nem passará a soberania deste reino a outro povo; mas esmiuçará e consumirá todos esses reinos, e subsistirá para sempre.

⁴⁵Porquanto viste que do monte foi cortada uma pedra, sem auxílio de mãos, e ela esmiuçou o ferro, o bronze, o barro, a prata e o ouro, o grande Deus faz saber ao rei o que há de suceder no futuro. Certo é o sonho, e fiel a sua interpretação.

⁴⁶Então o rei Nabucodonozor caiu com o rosto em terra, e adorou a Daniel, e ordenou que lhe oferecessem uma oblação e perfumes suaves.

⁴⁷Respondeu o rei a Daniel, e disse: Verdadeiramente, o vosso Deus é Deus dos deuses, e o Senhor dos reis, e o revelador dos mistérios, pois pudeste revelar este mistério.

⁴⁸Então o rei engrandeceu a Daniel, e lhe deu muitas e grandes dádivas, e o pôs por governador sobre toda a província de Babilônia, como também o fez chefe principal de todos os sábios de Babilônia.

⁴⁹A pedido de Daniel, o rei constituiu superintendentes sobre os negócios da província de Babilônia a Sadraque, Mesaque e Abednego; mas Daniel permaneceu na corte do rei.

## Capítulo 3

¹O rei Nabucodonozor fez uma estátua de ouro, a altura da qual era de sessenta côvados, e a sua largura de seis côvados; levantou-a no campo de Dura, na província de Babilônia.

²Então o rei Nabucodonozor mandou ajuntar os sátrapas, os prefeitos, os governadores, os conselheiros, os tesoureiros, os juízes, os magistrados, e todos os oficiais das províncias, para que viessem à dedicação da estátua que ele fizera levantar.

³Então se ajuntaram os sátrapas, os prefeitos, os governadores, os conselheiros, os tesoureiros, os juízes, os magistrados, e todos os oficiais das províncias, para a dedicação da estátua que o rei Nabucodonozor fizera levantar; e estavam todos em pé diante da imagem.

⁴E o pregoeiro clamou em alta voz: Ordena-se a vós, ó povos, nações e gentes de todas as línguas:

⁵Logo que ouvirdes o som da trombeta, da flauta, da harpa, da cítara, do saltério, da gaita de foles, e de toda a sorte de música, prostrar-vos-eis, e adorareis a imagem de ouro que o rei Nabucodonozor tem levantado.

⁶E qualquer que não se prostrar e não a adorar, será na mesma hora lançado dentro duma fornalha de fogo ardente.

⁷Portanto, no mesmo instante em que todos os povos ouviram o som da trombeta, da flauta, da harpa, da cítara, do saltério, e de toda a sorte de música, se prostraram todos os povos, nações e línguas, e adoraram a estátua de ouro que o rei Nabucodonozor tinha levantado.

⁸Ora, nesse tempo se chegaram alguns homens caldeus, e acusaram os judeus.

⁹E disseram ao rei Nabucodonozor: ç rei, vive eternamente.

¹⁰Tu, ó rei, fizeste um decreto, pelo qual todo homem que ouvisse o som da trombeta, da flauta, da harpa, da cítara, do saltério, da gaita de foles, e de toda a sorte de música, se prostraria e adoraria a estátua de ouro;

¹¹e qualquer que não se prostrasse e adorasse seria lançado numa fornalha de fogo ardente.

¹²Há uns homens judeus, que tu constituíste sobre os negócios da província de Babilônia: Sadraque, Mesaque e Abednego; estes homens, ó rei, não fizeram caso de ti; a teus deuses não servem, nem adoram a estátua de ouro que levantaste.

¹³Então Nabucodonozor, na sua ira e fúria, mandou chamar Sadraque, Mesaque e Abednego. Logo estes homens foram trazidos perante o rei.

¹⁴Falou Nabucodonozor, e lhes disse: E verdade, ó Sadraque, Mesaque e Abednego, que vós não servis a meus deuses nem adorais a estátua de ouro que eu levantei?

¹⁵Agora, pois, se estais prontos, quando ouvirdes o som da trombeta, da flauta, da harpa, da cítara, do saltério, da gaita de foles, e de toda a sorte de música, para vos prostrardes e adorardes a estátua que fiz, bom é; mas, se não a adorardes, sereis lançados, na mesma hora, dentro duma fornalha de fogo ardente; e quem é esse deus que vos poderá livrar das minhas mãos?

¹⁶Responderam Sadraque, Mesaque e Abednego, e disseram ao rei: ç Nabucodonozor, não necessitamos de te responder sobre este negócio.

¹⁷Eis que o nosso Deus a quem nós servimos pode nos livrar da fornalha de fogo ardente; e ele nos livrará da tua mão, ó rei.

¹⁸Mas se não, fica sabendo, ó rei, que não serviremos a teus deuses nem adoraremos a estátua de ouro que levantaste.

¹⁹Então Nabucodonozor se encheu de raiva, e se lhe mudou o aspecto do semblante contra Sadraque, Mesaque e Abednego; e deu ordem para que a fornalha se aquecesse sete vezes mais do que se costumava aquecer;

²⁰e ordenou a uns homens valentes do seu exército, que atassem a Sadraque, Mesaque e Abednego, e os lançassem na fornalha de fogo ardente.

²¹Então estes homens foram atados, vestidos de seus mantos, suas túnicas, seus turbantes e demais roupas, e foram lançados na fornalha de fogo ardente.

²²Ora, tão urgente era a ordem do rei e a fornalha estava tão quente, que a chama do fogo matou os homens que carregaram a Sadraque, Mesaque e Abednego.

²³E estes três, Sadraque, Mesaque e Abednego, caíram atados dentro da fornalha de fogo ardente.

²⁴Então o rei Nabucodonozor se espantou, e se levantou depressa; falou, e disse aos seus conselheiros: Não lançamos nós dentro do fogo três homens atados? Responderam ao rei: É verdade, ó rei.

²⁵Disse ele: Eu, porém, vejo quatro homens soltos, que andam passeando dentro do fogo, e nenhum dano sofrem; e o aspecto do quarto é semelhante a um filho dos deuses.

²⁶Então chegando-se Nabucodonozor à porta da fornalha de fogo ardente, falou, dizendo: Sadraque, Mesaque e Abednego, servos do Deus Altíssimo, saí e vinde! Logo Sadraque, Mesaque e Abednego saíram do meio do fogo.

²⁷E os sátrapas, os prefeitos, os governadores, e os conselheiros do rei, estando reunidos, viram que o fogo não tinha tido poder algum sobre os corpos destes homens, nem foram chamuscados os cabelos da sua cabeça, nem sofreram mudança os seus mantos, nem sobre eles tinha passado o cheiro do fogo.

²⁸Falou Nabucodonozor, e disse: Bendito seja o Deus de Sadraque, Mesaque e Abednego, o qual enviou o seu anjo e livrou os seus servos, que confiaram nele e frustraram a ordem do rei, escolhendo antes entregar os seus corpos, do que servir ou adorar a deus algum, senão o seu Deus.

²⁹Por mim, pois, é feito um decreto, que todo o povo, nação e língua que proferir blasfêmia contra o Deus de Sadraque, Mesaque e Abednego, seja despedaçado, e as suas casas sejam feitas um monturo; porquanto não há outro deus que possa livrar desta maneira.

³⁰Então o rei fez prosperar a Sadraque, Mesaque e Abednego na província de Babilonia.

## Capítulo 4

¹Nabucodonozor rei, a todos os povos, nações, e línguas, que moram em toda a terra: Paz vos seja multiplicada.

²Pareceu-me bem fazer conhecidos os sinais e maravilhas que Deus, o Altíssimo, tem feito para comigo.

³Quão grandes são os seus sinais, e quão poderosas as suas maravilhas! O seu reino é um reino sempiterno, e o seu domínio de geração em geração.

⁴Eu, Nabucodonozor, estava sossegado em minha casa, e próspero no meu palácio.

⁵Tive um sonho que me espantou; e estando eu na minha cama, os

pensamentos e as visões da minha cabeça me perturbaram.

⁶Portanto expedi um decreto, que fossem introduzidos à minha presença todos os sábios de Babilônia, para que me fizessem saber a interpretação do sonho.

⁷Então entraram os magos, os encantadores, os caldeus, e os adivinhadores, e lhes contei o sonho; mas não me fizeram saber a interpretação do mesmo.

⁸Por fim entrou na minha presença Daniel, cujo nome é Beltessazar, segundo o nome do meu deus, e no qual há o espírito dos deuses santos; e eu lhe contei o sonho, dizendo:

⁹ç Beltessazar, chefe dos magos, porquanto eu sei que há em ti o espírito dos deuses santos, e nenhum mistério te é difícil, dize-me as visões do meu sonho que tive e a sua interpretação.

¹⁰Eram assim as visões da minha cabeça, estando eu na minha cama: eu olhava, e eis uma árvore no meio da terra, e grande era a sua altura;

¹¹crescia a árvore, e se fazia forte, de maneira que a sua altura chegava até o céu, e era vista até os confins da terra.

¹²A sua folhagem era formosa, e o seu fruto abundante, e havia nela sustento para todos; debaixo dela os animais do campo achavam sombra, e as aves do céu faziam morada nos seus ramos, e dela se mantinha toda a carne.

¹³Eu via isso nas visões da minha cabeça, estando eu na minha cama, e eis que um vigia, um santo, descia do céu.

¹⁴Ele clamou em alta voz e disse assim: Derrubai a árvore, e cortai-lhe os ramos, sacudi as suas folhas e espalhai o seu fruto; afugentem-se os animais de debaixo dela, e as aves dos seus ramos.

¹⁵Contudo deixai na terra o tronco com as suas raízes, numa cinta de ferro e de bronze, no meio da tenra relva do campo; e seja molhado do orvalho do céu, e seja a sua porção com os animais na erva da terra.

¹⁶Seja mudada a sua mente, para que não seja mais a de homem, e lhe seja dada mente de animal; e passem sobre ele sete tempos.

¹⁷Esta sentença é por decreto dos vigias, e por mandado dos santos; a fim de que conheçam os viventes que o Altíssimo tem domínio sobre o reino dos homens, e o dá a quem quer, e até o mais humilde dos homens constitui sobre eles.

¹⁸Este sonho eu, rei Nabucodonozor, o vi. Tu, pois, Beltessazar, dize a interpretação; porquanto todos os sábios do meu reino não puderam fazer-me saber a interpretação; mas tu podes; pois há em ti o espírito dos deuses santos.

¹⁹Então Daniel, cujo nome era Beltessazar, esteve atônito por algum tempo, e os seus pensamentos o perturbaram. Falou, pois, o rei e disse: Beltessazar, não te espante o sonho, nem a sua interpretação. Respondeu Beltessazar, e disse: Senhor meu, seja o sonho para os que te odeiam, e a sua interpretação para os teus inimigos.

²⁰A árvore que viste, que cresceu, e se fez forte, cuja altura chegava até o céu, e que era vista por toda a terra;

²¹cujas folhas eram formosas, e o seu fruto abundante, e em que para todos havia sustento, debaixo da qual os animais do campo achavam sombra, e em cujos ramos habitavam as aves do céu;

²²és ,tu, ó rei, que cresceste, e te fizeste forte; pois a tua grandeza cresceu, e chegou até o céu, e o teu domínio até a extremidade da terra.

²³E quanto ao que viu o rei, um vigia, um santo, que descia do céu, e que dizia: Cortai a árvore, e destruí-a; contudo deixai na terra o tronco com as suas raízes, numa cinta de ferro e de bronze, no meio da tenra relva do campo; e seja molhado do orvalho do céu, e seja a sua porção com os animais do campo, até que passem sobre ele sete tempos;

²⁴esta é a interpretação, ó rei é o decreto do Altíssimo, que é vindo sobre o rei, meu senhor:

²⁵serás expulso do meio dos homens, e a tua morada será com os animais do campo, e te farão comer erva como os bois, e serás molhado do orvalho do céu, e passar-se-ão sete tempos por cima de ti; até que conheças que o Altíssimo tem domínio sobre o reino dos homens, e o dá a quem quer.

²⁶E quanto ao que foi dito, que deixassem o tronco com as raízes da árvore, o teu reino voltará para ti, depois que tiveres conhecido que o céu reina.

²⁷Portanto, ó rei, aceita o meu conselho, e põe fim aos teus pecados, praticando a justiça, e às tuas iniqüidades, usando de misericórdia com os pobres, se, porventura, se prolongar a tua tranqüilidade.

²⁸Tudo isso veio sobre o rei Nabucodonozor.

²⁹Ao cabo de doze meses, quando passeava sobre o palácio real de Babilônia,

³⁰falou o rei, e disse: Não é esta a grande Babilônia que eu edifiquei para a morada real, pela força do meu poder, e para a glória da minha majestade?

³¹Ainda estava a palavra na boca do rei, quando caiu uma voz do céu: A ti se diz, ó rei Nabucodonozor: Passou de ti o reino.

³²E serás expulso do meio dos homens, e a tua morada será com os animais do campo; far-te-ão comer erva como os bois, e passar-se-ão sete tempos sobre ti, até que conheças que o Altíssimo tem domínio sobre o reino dos homens, e o dá a quem quer.

³³Na mesma hora a palavra se cumpriu sobre Nabucodonozor, e foi expulso do meio dos homens, e comia erva como os bois, e o seu corpo foi molhado do orvalho do céu, até que lhe cresceu o cabelo como as penas da águia, e as suas unhas como as das aves:

³⁴Mas ao fim daqueles dias eu, Nabucodonozor, levantei ao céu os meus olhos, e voltou a mim o meu entendimento, e eu bendisse o Altíssimo, e louvei, e glorifiquei ao que vive para sempre; porque o seu domínio é um domínio sempiterno, e o seu reino é de geração em geração.

³⁵E todos os moradores da terra são reputados em nada; e segundo a sua vontade ele opera no exército do céu e entre os moradores da terra; não há quem lhe possa deter a mão, nem lhe dizer: Que fazes?

³⁶No mesmo tempo voltou a mim o meu entendimento; e para a glória do meu reino voltou a mim a minha majestade e o meu resplendor. Buscaram-me os meus conselheiros e os meus grandes; e fui restabelecido no meu reino, e foi-me acrescentada excelente grandeza.

³⁷Agora, pois, eu, Nabucodonozor, louvo, e exalço, e glorifico ao Rei do céu; porque todas as suas obras são retas, e os seus caminhos justos, e ele pode humilhar aos que andam na soberba.

## *Capítulo 5*

¹O rei Belsazar deu um grande banquete a mil dos seus grandes, e bebeu vinho na presença dos mil.

²Havendo Belsazar provado o vinho, mandou trazer os vasos de ouro e de prata que Nabucodonozor, seu pai, tinha tirado do templo que estava em Jerusalém, para que bebessem por eles o rei, e os seus grandes, as suas mulheres e concubinas.

³Então trouxeram os vasos de ouro que foram tirados do templo da casa de Deus, que estava em Jerusalém, e beberam por eles o rei, os seus grandes, as suas mulheres e concubinas.

⁴Beberam vinho, e deram louvores aos deuses de ouro, e de prata, de bronze, de ferro, de madeira, e de pedra.

⁵Na mesma hora apareceram uns dedos de mão de homem, e escreviam, defronte do castiçal, na caiadura da parede do palácio real; e o rei via a parte da mão que estava escrevendo.

⁶Mudou-se, então, o semblante do rei, e os seus pensamentos o perturbaram; as juntas dos seus lombos se relaxaram, e os seus joelhos batiam um no outro.

⁷E ordenou o rei em alta voz, que se introduzissem os encantadores, os caldeus e os adivinhadores; e falou o rei, e disse aos sábios de Babilônia: Qualquer que ler esta escritura, e me declarar a sua interpretação, será vestido de púrpura, e trará uma cadeia de ouro ao pescoço, e no reino será o terceiro governante.

⁸Então entraram todos os sábios do rei; mas não puderam ler o escrito, nem fazer saber ao rei a sua interpretação.

⁹Nisto ficou o rei Belsazar muito perturbado, e se lhe mudou o semblante; e os seus grandes estavam perplexos.

¹⁰Ora a rainha, por causa das palavras do rei e dos seus grandes, entrou na casa do banquete; e a rainha disse: ç rei, vive para sempre; não te perturbem os teus pensamentos, nem se mude o teu semblante.

¹¹Há no teu reino um homem que tem o espírito dos deuses santos; e nos dias de teu pai se achou nele luz, e inteligência, e sabedoria, como a sabedoria dos deuses; e teu pai, o rei Nabucodonozor, sim, teu pai, ó rei, o constituiu chefe dos magos, dos encantadores, dos caldeus, e dos adivinhadores;

¹²porquanto se achou neste Daniel um espírito excelente, e conhecimento e entendimento para interpretar sonhos, explicar enigmas e resolver dúvidas, ao qual o rei pôs o nome de Beltessazar. Chame-se, pois, agora Daniel, e ele dará a interpretação.

¹³Então Daniel foi introduzido à presença do rei. Falou o rei, e disse à Daniel: És tu aquele Daniel, um dos cativos de Judá, que o rei, meu pai, trouxe de Judá?

¹⁴Tenho ouvido dizer a teu respeito que o espírito dos deuses está em ti, e que em ti se acham a luz, o entendimento e a excelente sabedoria.

¹⁵Acabam de ser introduzidos à minha presença os sábios, os encantadores, para lerem o escrito, e me fazerem saber a sua interpretação; mas não puderam dar a interpretação destas palavras.

¹⁶Ouvi dizer, porém, a teu respeito que podes dar interpretações e resolver dúvidas. Agora, pois, se puderes ler esta escritura e fazer-me saber a sua interpretação, serás vestido de púrpura, e terás cadeia de ouro ao pescoço, e no reino serás o terceiro governante.

¹⁷Então respondeu Daniel, e disse na presença do rei: Os teus presentes fiquem contigo, e dá os teus prêmios a outro; todavia vou ler ao rei o escrito, e lhe farei saber a interpretação.

¹⁸O Altíssimo Deus, ó rei, deu a Nabucodonozor, teu pai, o reino e a grandeza, glória e majestade;

¹⁹e por causa da grandeza que lhe deu, todos os povos, nações, e línguas tremiam e temiam diante dele; a quem queria matava, e a quem queria conservava em vida; a quem queria exaltava, e a quem queria abatia.

²⁰Mas quando o seu coração se elevou, e o seu espírito se endureceu para se haver arrogantemente, foi derrubado do seu trono real, e passou dele a sua glória.

²¹E foi expulso do meio dos filhos dos homens, e o seu coração foi feito semelhante aos dos animais, e a sua morada foi com os jumentos monteses; deram-lhe a comer erva como aos bois, e do orvalho do céu foi molhado o seu corpo, até que conheceu que o Altíssimo Deus tem domínio sobre o reino dos homens, e a quem quer constitui sobre ele.

²²E tu, Belsazar, que és seu filho, não humilhaste o teu coração, ainda que soubeste tudo isso;

²³porém te elevaste contra o Senhor do céu; pois foram trazidos a tua presença os vasos da casa dele, e tu, os teus grandes, as tua mulheres e as tuas concubinas, bebestes vinho neles; além disso, deste louvores aos deuses de prata, de ouro, de bronze, de ferro, de madeira e de pedra, que não vêem, não ouvem, nem sabem; mas a Deus, em cuja mão está a tua vida, e de quem são todos os teus caminhos, a ele não glorificaste.:

²⁴Então dele foi enviada aquela parte da mão que traçou o escrito.

²⁵Esta, pois, é a escritura que foi traçada: MENE, MENE, TEQUEL, UFARSIM.

²⁶Esta é a interpretação daquilo: MENE: Contou Deus o teu reino, e o acabou.

²⁷TEQUEL: Pesado foste na balança, e foste achado em falta.

²⁸PERES: Dividido está o teu reino, e entregue aos medos e persas.

²⁹Então Belsazar deu ordem, e vestiram a Daniel de púrpura, puseram-lhe uma cadeia de ouro ao pescoço, e proclamaram a respeito dele que seria o terceiro em autoridade no reino.

³⁰Naquela mesma noite Belsazar, o rei dos caldeus, foi morto.

³¹E Dario, o medo, recebeu o reino, tendo cerca de sessenta e dois anos de idade.

## Capítulo 6

¹Pareceu bem a Dario constituir sobre o reino cento e vinte sátrapas, que estivessem por todo o reino;

²e sobre eles três presidentes, dos quais Daniel era um; a fim de que estes sátrapas lhes dessem conta, e que o rei não sofresse dano.

³Então o mesmo Daniel sobrepujava a estes presidentes e aos sátrapas; porque nele havia um espírito excelente; e o rei pensava constituí-lo sobre todo o reino.

⁴Nisso os presidentes e os sátrapas procuravam achar ocasião contra Daniel a respeito do reino mas não podiam achar ocasião ou falta alguma; porque ele era fiel, e não se achava nele nenhum erro nem falta.

⁵Pelo que estes homens disseram: Nunca acharemos ocasião alguma contra este Daniel, a menos que a procuremos no que diz respeito a lei do seu Deus.

⁶Então os presidentes e os sátrapas foram juntos ao rei, e disseram-lhe assim: ç rei Dario, vive para sempre.

⁷Todos os presidentes do reino, os prefeitos e os sátrapas, os conselheiros e os governadores, concordaram em que o rei devia baixar um decreto e publicar o respectivo interdito, que qualquer que, por espaço de trinta dias, fizer uma petição a qualquer deus, ou a qualquer homem, exceto a ti, ó rei, seja lançado na cova dos leões.

⁸Agora pois, ó rei, estabelece o interdito, e assina o edital, para que não seja mudado, conforme a lei dos medos e dos persas, que não se pode revogar.

⁹Em virtude disto o rei Dario assinou o edital e o interdito.

¹⁰Quando Daniel soube que o edital estava assinado, entrou em sua casa, no seu quarto em cima, onde estavam abertas as janelas que davam para o lado de Jerusalém; e três vezes no dia se punha de joelhos e orava, e dava graças diante do seu Deus, como também antes costumava fazer.

¹¹Então aqueles homens foram juntos, e acharam a Daniel orando e suplicando diante do seu Deus.

¹²Depois se foram à presença do rei e lhe perguntaram no tocante ao interdito real: Porventura não assinaste um interdito pelo qual todo homem que fizesse uma petição a qualquer deus, ou a qualquer homem por espaço de trinta dias, exceto a ti, ó rei, fosse lançado na cova dos leões? Respondeu o rei, e disse: Esta palavra é certa, conforme a lei dos medos e dos persas, que não se pode revogar.

¹³Então responderam ao rei, dizendo-lhe Esse Daniel, que é dos exilados dentre os filhos de Judá, e não tem feito caso de ti, ó rei, nem do interdito que assinaste; antes três vezes por dia faz a sua oração.

¹⁴Ouvindo então o rei a notícia, ficou muito penalizado, e a favor de Daniel propôs dentro do seu coração livrá-lo; e até o pôr do sol trabalhou para o salvar.

¹⁵Nisso aqueles homens foram juntos ao rei, e lhe disseram: Sabe, ó rei, que é lei dos medos e persas que nenhum interdito ou decreto que o rei estabelecer, se pode mudar.

¹⁶Então o rei deu ordem, e trouxeram Daniel, e o lançaram na cova dos leões. Ora, disse o rei a Daniel: O teu Deus, a quem tu continuamente serves, ele te livrará.

¹⁷E uma pedra foi trazida e posta sobre a boca da cova; e o rei a selou com o seu anel e com o anel dos seus grandes, para que no tocante a Daniel nada se mudasse:

¹⁸Depois o rei se dirigiu para o seu palácio, e passou a noite em jejum; e não foram trazidos à sua presença instrumentos de música, e fugiu dele o sono.

¹⁹Então o rei se levantou ao romper do dia, e foi com pressa à cova dos leões.

²⁰E, chegando-se à cova, chamou por Daniel com voz triste; e disse o rei a Daniel: ç Daniel, servo do Deus vivo, dar-se-ia o caso que o teu Deus, a quem tu continuamente serves, tenha podido livrar-te dos leões?

²¹Então Daniel falou ao rei: ç rei, vive para sempre.

²²O meu Deus enviou o seu anjo, e fechou a boca dos leões, e eles não me fizeram mal algum; porque foi achada em mim inocência diante dele; e também diante de ti, ó rei, não tenho cometido delito algum.

²³Então o rei muito se alegrou, e mandou tirar a Daniel da cova. Assim foi tirado Daniel da cova, e não se achou nele lesão alguma, porque ele havia confiado em seu Deus.

²⁴E o rei deu ordem, e foram trazidos aqueles homens que tinham acusado Daniel, e foram lançados na cova dos leões, eles, seus filhos e suas mulheres; e ainda não tinham chegado ao fundo da cova quando os leões se apoderaram deles, e lhes esmigalharam todos os ossos.

²⁵Então o rei Dario escreveu a todos os povos, nações e línguas que moram em toda a terra: Paz vos seja multiplicada.

²⁶Com isto faço um decreto, pelo qual em todo o domínio do meu reino os homens tremam e temam perante o Deus de Daniel; porque ele é o Deus vivo, e permanece para sempre; e o seu reino nunca será destruído; o seu domínio durará até o fim.

²⁷Ele livra e salva, e opera sinais e maravilhas no céu e na terra; foi ele quem livrou Daniel do poder dos leões.

²⁸Este Daniel, pois, prosperou no reinado de Dario, e no reinado de Ciro, o persa.

## Capítulo 7

¹No primeiro ano de Belsazar, rei de Babilônia, teve Daniel, na sua cama, um sonho e visões da sua cabeça. Então escreveu o sonho, e relatou a suma das coisas.

²Falou Daniel, e disse: Eu estava olhando, numa visão noturna, e eis que os quatro ventos do céu agitavam o Mar Grande.

³E quatro grandes animais, diferentes uns dos outros, subiam do mar.

⁴O primeiro era como leão, e tinha asas de águia; enquanto eu olhava, foram-lhe arrancadas as asas, e foi levantado da terra, e posto em dois pés como um homem; e foi-lhe dado um coração de homem.

⁵Continuei olhando, e eis aqui o segundo animal, semelhante a um urso, o qual se levantou de um lado, tendo na boca três costelas entre os seus dentes; e foi-lhe dito assim: Levanta-te, devora muita carne.

⁶Depois disto, continuei olhando, e eis aqui outro, semelhante a um leopardo, e tinha nas costas quatro asas de ave; tinha também este animal quatro cabeças; e foi-lhe dado domínio.

⁷Depois disto, eu continuava olhando, em visões noturnas, e eis aqui o quarto animal, terrível e espantoso, e muito forte, o qual tinha grandes dentes de ferro; ele devorava e fazia em pedaços, e pisava aos pés o que sobejava; era diferente de todos os animais que apareceram antes dele, e tinha dez chifres.

⁸Eu considerava os chifres, e eis que entre eles subiu outro chifre, pequeno, diante do qual três dos primeiros chifres foram arrancados; e eis que neste chifre havia olhos, como os de homem, e uma boca que falava grandes coisas.

⁹Eu continuei olhando, até que foram postos uns tronos, e um ancião de dias se assentou; o seu vestido era branco como a neve, e o cabelo da sua cabeça como lã puríssima; o seu trono era de chamas de fogo, e as rodas dele eram fogo ardente.

¹⁰Um rio de fogo manava e saía de diante dele; milhares de milhares o serviam, e miríades de miríades assistiam diante dele. Assentou-se para o juízo, e os livros foram abertos.

¹¹Então estive olhando, por causa da voz das grandes palavras que o chifre proferia; estive olhando até que o animal foi morto, e o seu corpo destruído; pois ele foi entregue para ser queimado pelo fogo.

¹²Quanto aos outros animais, foi-lhes tirado o domínio; todavia foi-lhes concedida prolongação de vida por um prazo e mais um tempo.

¹³Eu estava olhando nas minhas visões noturnas, e eis que vinha com as nuvens do céu um como filho de homem; e dirigiu-se ao ancião de dias, e foi apresentado diante dele.

¹⁴E foi-lhe dado domínio, e glória, e um reino, para que todos os povos, nações e línguas o servissem; o seu domínio é um domínio eterno, que não passará, e o seu reino tal, que não será destruído.

¹⁵Quanto a mim, Daniel, o meu espírito foi abatido dentro do corpo, e as visões da minha cabeça me perturbavam.

¹⁶Cheguei-me a um dos que estavam perto, e perguntei-lhe a verdadeira significação de tudo isso. Ele me respondeu e me fez saber a interpretação das coisas.

¹⁷Estes grandes animais, que são quatro, são quatro reis, que se levantarão da terra.

¹⁸Mas os santos do Altíssimo receberão o reino e o possuirão para todo o sempre, sim, para todo o sempre.

¹⁹Então tive desejo de conhecer a verdade a respeito do quarto animal, que era diferente de todos os outros, sobremodo terrível, com dentes de ferro e unhas de bronze; o qual devorava, fazia em pedaços, e pisava aos pés o que sobrava;

²⁰e também a respeito dos dez chifres que ele tinha na cabeça, e do outro que subiu e diante do qual caíram três, isto é, daquele chifre que tinha olhos, e uma boca que falava grandes coisas, e parecia ser mais robusto do que os seus companheiros.

²¹Enquanto eu olhava, eis que o mesmo chifre fazia guerra contra os santos, e prevalecia contra eles,

²²até que veio o ancião de dias, e foi executado o juízo a favor dos santos do Altíssimo; e chegou o tempo em que os santos possuíram o reino.

²³Assim me disse ele: O quarto animal será um quarto reino na terra, o qual será diferente de todos os reinos; devorará toda a terra, e a pisará aos pés, e a fará em pedaços.

²⁴Quanto aos dez chifres, daquele mesmo reino se levantarão dez reis; e depois deles se levantará outro, o qual será diferente dos primeiros, e abaterá a três reis.

²⁵Proferirá palavras contra o Altíssimo, e consumirá os santos do Altíssimo; cuidará em mudar os tempos e a lei; os santos lhe serão entregues na mão por um tempo, e tempos, e metade de um tempo.

²⁶Mas o tribunal se assentará em juízo, e lhe tirará o domínio, para o destruir e para o desfazer até o fim.

²⁷O reino, e o domínio, e a grandeza dos reinos debaixo de todo o céu serão dados ao povo dos santos do Altíssimo. O seu reino será um reino eterno, e todos os domínios o servirão, e lhe obedecerão.

²⁸Aqui é o fim do assunto. Quanto a mim, Daniel, os meus pensamentos muito me perturbaram e o meu semblante se mudou; mas guardei estas coisas no coração.

## Capítulo 8

¹No ano terceiro do reinado do rei Belsazar apareceu-me uma visão, a mim, Daniel, depois daquela que me apareceu no princípio.

²E na visão que tive, parecia-me que eu estava na cidadela de Susã, na província de Elão; e conforme a visão, eu estava junto ao rio Ulai.

³Levantei os olhos, e olhei, e eis que estava em pé diante do rio um carneiro, que tinha dois chifres; e os dois chifres eram altos; mas um era mais alto do que o outro, e o mais alto subiu por último.

⁴Vi que o carneiro dava marradas para o ocidente, e para o norte e para o sul; e nenhum dos animais lhe podia resistir, nem havia quem pudesse livrar-se do seu poder; ele, porém, fazia conforme a sua vontade, e se engrandecia.

⁵E, estando eu considerando, eis que um bode vinha do ocidente sobre a face de toda a terra, mas sem tocar no chão; e aquele bode tinha um chifre notável entre os olhos.

⁶E dirigiu-se ao carneiro que tinha os dois chifres, ao qual eu tinha visto em pé diante do rio, e correu contra ele no furor da sua força.

⁷Vi-o chegar perto do carneiro; e, movido de cólera contra ele, o feriu, e lhe quebrou os dois chifres; não havia força no carneiro para lhe resistir, e o bode o lançou por terra, e o pisou aos pés; também não havia quem pudesse livrar o carneiro do seu poder.

⁸O bode, pois, se engrandeceu sobremaneira; e estando ele forte, aquele grande chifre foi quebrado, e no seu lugar outros quatro também notáveis nasceram para os quatro ventos do céu.

⁹Ainda de um deles saiu um chifre pequeno, o qual cresceu muito para o sul, e para o oriente, e para a terra formosa;

¹⁰e se engrandeceu até o exército do céu; e lançou por terra algumas das estrelas desse exército, e as pisou.

¹¹Sim, ele se engrandeceu até o príncipe do exército; e lhe tirou o holocausto contínuo, e o lugar do seu santuário foi deitado abaixo.

¹²E o exército lhe foi entregue, juntamente com o holocausto contínuo, por causa da transgressão; lançou a verdade por terra; e fez o que era do seu agrado, e prosperou.

¹³Depois ouvi um santo que falava; e disse outro santo àquele que falava: Até quando durará a visão relativamente ao holocausto contínuo e à transgressão assoladora, e à entrega do santuário e do exército, para serem pisados?

¹⁴Ele me respondeu: Até duas mil e trezentas tardes e manhãs; então o santuário será purificado.

¹⁵Havendo eu, Daniel, tido a visão, procurei entendê-la, e eis que se me apresentou como que uma semelhança de homem.

¹⁶E ouvi uma voz de homem entre as margens do Ulai, a qual gritou, e disse: Gabriel, faze que este homem entenda a visão.

¹⁷Veio, pois, perto de onde eu estava; e vindo ele, fiquei amedrontado, e caí com o rosto em terra. Mas ele me disse: Entende, filho do homem, pois esta visão se refere ao tempo do fim.

¹⁸Ora, enquanto ele falava comigo, caí num profundo sono, com o rosto em terra; ele, porém, me tocou, e me pôs em pé.

¹⁹e disse: Eis que te farei saber o que há de acontecer no último tempo da ira; pois isso pertence ao determinado tempo do fim.

²⁰Aquele carneiro que viste, o qual tinha dois chifres, são estes os reis da Média e da Pérsia.

²¹Mas o bode peludo é o rei da Grécia; e o grande chifre que tinha entre os olhos é o primeiro rei.

²²O ter sido quebrado, levantando-se quatro em lugar dele, significa que quatro reinos se levantarão da mesma nação, porém não com a força dele.

²³Mas, no fim do reinado deles, quando os transgressores tiverem chegado ao cúmulo, levantar-se-á um rei, feroz de semblante e que entende enigmas.

²⁴Grande será o seu poder, mas não de si mesmo; e destruirá terrivelmente, e prosperará, e fará o que lhe aprouver; e destruirá os poderosos e o povo santo.

²⁵Pela sua sutileza fará prosperar o engano na sua mão; no seu coração se engrandecerá, e destruirá a muitos que vivem em segurança; e se levantará contra o príncipe dos príncipes; mas será quebrado sem intervir mão de homem.

²⁶E a visão da tarde e da manhã, que foi dita, é verdadeira. Tu, porém, cerra a visão, porque se refere a dias mui distantes.

²⁷E eu, Daniel, desmaiei, e estive enfermo alguns dias; então me levantei e tratei dos negócios do rei. E espantei-me acerca da visão, pois não havia quem a entendesse.

## Capítulo 9

¹No ano primeiro de Dario, filho de Assuero, da linhagem dos medos, o qual foi constituído rei sobre o reino dos caldeus.

²no ano primeiro do seu reinado, eu, Daniel, entendi pelos livros que o número de anos, de que falara o Senhor ao profeta Jeremias, que haviam de durar as desolações de Jerusalém, era de setenta anos.

³Eu, pois, dirigi o meu rosto ao Senhor Deus, para o buscar com oração e súplicas, com jejum, e saco e cinza.

⁴E orei ao Senhor meu Deus, e confessei, e disse: ç Senhor, Deus grande e tremendo, que guardas o pacto e a misericórdia para com os que te amam e guardam os teus mandamentos;

⁵pecamos e cometemos iniqüidades, procedemos impiamente, e fomos rebeldes, apartando-nos dos teus preceitos e das tuas ordenanças.

⁶Não demos ouvidos aos teus servos, os profetas, que em teu nome falaram aos nossos reis, nossos príncipes, e nossos pais, como também a todo o povo da terra.

⁷A ti, ó Senhor, pertence a justiça, porém a nós a confusão de rosto, como hoje se vê; aos homens de Judá, e aos moradores de Jerusalém, e a todo o Israel; aos de perto e aos de longe, em todas as terras para onde os tens lançado por causa das suas transgressões que cometeram contra ti.

⁸ç Senhor, a nós pertence a confusão de rosto, aos nossos reis, aos nossos príncipes, e a nossos pais, porque temos pecado contra ti.

⁹Ao Senhor, nosso Deus, pertencem a misericórdia e o perdão; pois nos rebelamos contra ele,

¹⁰e não temos obedecido à voz do Senhor, nosso Deus, para

andarmos nas suas leis, que nos deu por intermédio de seus servos, os profetas.

¹¹Sim, todo o Israel tem transgredido a tua lei, desviando-se, para não obedecer à tua voz; por isso a maldição, o juramento que está escrito na lei de Moisés, servo de Deus, se derramou sobre nós; porque pecamos contra ele.

¹²E ele confirmou a sua palavra, que falou contra nós, e contra os nossos juízes que nos julgavam, trazendo sobre nós um grande mal; porquanto debaixo de todo o céu nunca se fez como se tem feito a Jerusalém.

¹³Como está escrito na lei de Moisés, todo este mal nos sobreveio; apesar disso, não temos implorado o favor do Senhor nosso Deus, para nos convertermos das nossas iniqüidades, e para alcançarmos discernimento na tua verdade.

¹⁴por isso, o Senhor vigiou sobre o mal, e o trouxe sobre nós; pois justo é o Senhor, nosso Deus, em todas as obras que faz; e nós não temos obedecido à sua voz.

¹⁵Na verdade, ó Senhor, nosso Deus, que tiraste o teu povo da terra do Egito com mão poderosa, e te adquiriste nome como hoje se vê, temos pecado, temos procedido impiamente.

¹⁶e Senhor, segundo todas as tuas justiças, apartem-se a tua ira e o teu furor da tua cidade de Jerusalém, do teu santo monte; porquanto por causa dos nossos pecados, e por causa das iniqüidades de nossos pais, tornou-se Jerusalém e o teu povo um opróbrio para todos os que estão em redor de nós.

¹⁷Agora, pois, ó Deus nosso, ouve a oração do teu servo, e as suas súplicas, e sobre o teu santuário assolado faze resplandecer o teu rosto, por amor do Senhor.

¹⁸Inclina, ó Deus meu, os teus ouvidos, e ouve; abre os teus olhos, e olha para a nossa desolação, e para a cidade que é chamada pelo teu nome; pois não lançamos as nossas súplicas perante a tua face fiados em nossas justiças, mas em tuas muitas misericórdias.

¹⁹ç Senhor, ouve; ó Senhor, perdoa; ó Senhor, atende-nos e põe mãos à obra sem tardar, por amor de ti mesmo, ó Deus meu, porque a tua cidade e o teu povo se chamam pelo teu nome.

²⁰Enquanto estava eu ainda falando e orando, e confessando o meu pecado, e o pecado do meu povo Israel, e lançando a minha súplica perante a face do Senhor, meu Deus, pelo monte santo do meu Deus,

²¹sim enquanto estava eu ainda falando na oração, o varão Gabriel, que eu tinha visto na minha visão ao princípio, veio voando rapidamente, e tocou-me à hora da oblação da tarde.

²²Ele me instruiu, e falou comigo, dizendo: Daniel, vim agora para fazer-te sábio e entendido.

²³No princípio das tuas súplicas, saiu a ordem, e eu vim, para to declarar, pois és muito amado; considera, pois, a palavra e entende a visão.

²⁴Setenta semanas estão decretadas sobre o teu povo, e sobre a tua santa cidade, para fazer cessar a transgressão, para dar fim aos pecados, e para expiar a iniqüidade, e trazer a justiça eterna, e selar a visão e a profecia, e para ungir o santíssimo.

²⁵Sabe e entende: desde a saída da ordem para restaurar e para edificar Jerusalém até o ungido, o príncipe, haverá sete semanas, e sessenta e duas semanas; com praças e tranqueiras se reedificará, mas em tempos angustiosos.

²⁶E depois de sessenta e duas semanas será cortado o ungido, e nada lhe subsistirá; e o povo do príncipe que há de vir destruirá a cidade e o santuário, e o seu fim será com uma inundação; e até o fim haverá guerra; estão determinadas assolações.

²⁷E ele fará um pacto firme com muitos por uma semana; e na metade da semana fará cessar o sacrifício e a oblação; e sobre a asa das abominações virá o assolador; e até a destruição determinada, a qual será derramada sobre o assolador.

## Capítulo 10

¹No ano terceiro de Ciro, rei da Pérsia, foi revelada uma palavra a Daniel, cujo nome se chama Beltessazar, uma palavra verdadeira concernente a um grande conflito; e ele entendeu esta palavra, e teve entendimento da visão.

²Naqueles dias eu, Daniel, estava pranteando por três semanas inteiras.

³Nenhuma coisa desejável comi, nem carne nem vinho entraram na minha boca, nem me ungi com ungüento, até que se cumpriram as três semanas completas.

⁴No dia vinte e quatro do primeiro mês, estava eu à borda do grande rio, o Tigre;

⁵levantei os meus olhos, e olhei, e eis um homem vestido de linho e os seus lombos cingidos com ouro fino de Ufaz;

⁶o seu corpo era como o berilo, e o seu rosto como um relâmpago; os seus olhos eram como tochas de fogo, e os seus braços e os seus pés como o brilho de bronze polido; e a voz das suas palavras como a voz duma multidão.

⁷Ora, só eu, Daniel, vi aquela visão; pois os homens que estavam comigo não a viram: não obstante, caiu sobre eles um grande temor, e fugiram para se esconder.

⁸Fiquei pois eu só a contemplar a grande visão, e não ficou força em mim; desfigurou-se a feição do meu rosto, e não retive força alguma.

⁹Contudo, ouvi a voz das suas palavras; e, ouvindo o som das suas palavras, eu caí num profundo sono, com o rosto em terra.

¹⁰E eis que uma mão me tocou, e fez com que me levantasse, tremendo, sobre os meus joelhos e sobre as palmas das minhas mãos.

¹¹E me disse: Daniel, homem muito amado, entende as palavras que te vou dizer, e levanta-te sobre os teus pés; pois agora te sou enviado. Ao falar ele comigo esta palavra, pus-me em pé tremendo.

¹²Então me disse: Não temas, Daniel; porque desde o primeiro dia em que aplicaste o teu coração a compreender e a humilhar-te perante o teu Deus, são ouvidas as tuas palavras, e por causa das tuas palavras eu vim.

¹³Mas o príncipe do reino da Pérsia me resistiu por vinte e um dias; e eis que Miguel, um dos primeiros príncipes, veio para ajudar-me, e eu o deixei ali com os reis da Pérsia.

¹⁴Agora vim, para fazer-te entender o que há de suceder ao teu povo nos derradeiros dias; pois a visão se refere a dias ainda distantes.

¹⁵Ao falar ele comigo estas palavras, abaixei o rosto para a terra e emudeci.

¹⁶E eis que um que tinha a semelhança dos filhos dos homens me tocou os lábios; então abri a boca e falei, e disse àquele que estava em pé diante de mim: Senhor meu, por causa da visão sobrevieram-me dores, e não retenho força alguma.

¹⁷Como, pois, pode o servo do meu Senhor falar com o meu Senhor? pois, quanto a mim, desde agora não resta força em mim, nem fôlego ficou em mim.

¹⁸Então tornou a tocar-me um que tinha a semelhança dum homem, e me consolou.

¹⁹E disse: Não temas, homem muito amado; paz seja contigo; sê forte, e tem bom ânimo. E quando ele falou comigo, fiquei fortalecido, e disse: Fala, meu senhor, pois me fortaleceste.

²⁰Ainda disse ele: Sabes por que eu vim a ti? Agora tornarei a pelejar contra o príncipe dos persas; e, saindo eu, eis que virá o príncipe da Grécia.

²¹Contudo eu te declararei o que está gravado na escritura da verdade; e ninguém há que se esforce comigo contra aqueles, senão Miguel, vosso príncipe.

## Capítulo 11

¹Eu, pois, no primeiro ano de Dario, medo, levantei-me para o animar e fortalecer.

²E agora te declararei a verdade: Eis que ainda se levantarão três reis na Pérsia, e o quarto será muito mais rico do que todos eles; e tendo-se tornado forte por meio das suas riquezas, agitará todos contra o reino da Grécia.

³Depois se levantará um rei poderoso, que reinará com grande domínio, e fará o que lhe aprouver.

⁴Mas, estando ele em pé, o seu reino será quebrado, e será repartido para os quatro ventos do céu; porém não para os seus descendentes, nem tampouco segundo o poder com que reinou; porque o seu reino será arrancado, e passará a outros que não eles.

⁵O rei do sul será forte, como também um dos seus príncipes; e este será mais forte do que ele, e reinará, e grande será o seu domínio.

⁶mas, ao cabo de anos, eles se aliarão; e a filha do rei do sul virá ao rei do norte para fazer um tratado. Ela, porém, não conservara a força de seu braço; nem subsistirá ele, nem o seu braço; mas será ela entregue, e bem assim os que a tiverem trazido, e seu pai, e o que a fortalecia naqueles tempos.

⁷Mas dum renovo das raízes dela um se levantará em seu lugar, e virá ao exército, e entrará na fortaleza do rei do norte, e operará contra eles e prevalecerá.

⁸Também os seus deuses, juntamente com as suas imagens de fundição, com os seus vasos preciosos de prata e ouro, ele os levará cativos para o Egito; e por alguns anos ele deixará de atacar ao rei do norte.

⁹E entrará no reino do rei do sul, mas voltará para a sua terra.

¹⁰Mas seus filhos intervirão, e reunirão uma multidão de grandes forças; a qual avançará, e inundará, e passará para adiante; e, voltando, levará a guerra até a sua fortaleza.

¹¹Então o rei do sul se exasperará, e sairá, e pelejará contra ele, contra o rei do norte; este porá em campo grande multidão, e a multidão será entregue na mão daquele.

¹²E a multidão será levada, e o coração dele se exaltará; mas, ainda que derrubará miríades, não prevalecerá.

¹³Porque o rei do norte tornará, e porá em campo uma multidão maior do que a primeira; e ao cabo de tempos, isto é, de anos, avançará com grande exército e abundantes provisões.

¹⁴E, naqueles tempos, muitos se levantarão contra o rei do sul; e os violentos dentre o teu povo se levantarão para cumprir a visão, mas eles cairão.

¹⁵Assim virá o rei do norte, e levantará baluartes, e tomará uma cidade bem fortificada; e as forças do sul não poderão resistir, nem o seu povo escolhido, pois não haverá força para resistir.

¹⁶O que, porém, há de vir contra ele fará o que lhe aprouver, e ninguém poderá resistir diante dele; ele se fincará na terra gloriosa, tendo-a inteiramente sob seu poder.

¹⁷E firmará o propósito de vir com toda a força do seu reino, e entrará em acordo com ele, e lhe dará a filha de mulheres, para ele a corromper; ela, porém, não subsistirá, nem será para ele.

¹⁸Depois disso virará o seu rosto para as ilhas, e tomará muitas; mas um príncipe fará cessar o seu opróbrio contra ele, e ainda fará recair sobre ele o seu opróbrio.

¹⁹Virará então o seu rosto para as fortalezas da sua própria terra, mas tropeçará, e cairá, e não será achado.

²⁰Então no seu lugar se levantará quem fará passar um exator de tributo pela glória do reino; mas dentro de poucos dias será quebrantado, e isto sem ira e sem batalha.

²¹Depois se levantará em seu lugar um homem vil, ao qual não tinham dado a majestade real; mas ele virá caladamente, e tomará o reino com lisonja.

²²E as forças inundantes serão varridas de diante dele, e serão quebrantadas, como também o príncipe do pacto.

²³E, depois de feita com ele a aliança, usará de engano; e subirá, e se tornará forte com pouca gente.

²⁴Virá também em tempo de segurança sobre os lugares mais férteis da província; e fará o que nunca fizeram seus pais, nem os pais de seus pais; espalhará entre eles a presa, os despojos e os bens; e maquinará os seus projetos contra as fortalezas, mas por certo tempo.

²⁵E suscitará a sua força e a sua coragem contra o rei do sul com um grande exército; e o rei do sul sairá à guerra com um grande e mui poderoso exército, mas não subsistirá, pois maquinarão projetos contra ele.

²⁶E os que comerem os seus manjares o quebrantarão; e o exército dele será varrido por uma inundação, e cairão muitos traspassados.

²⁷Também estes dois reis terão o coração atento para fazerem o mal, e assentados à mesma mesa falarão a mentira; esta, porém, não prosperará, porque ainda virá o fim no tempo determinado.

²⁸Então tornará para a sua terra com muitos bens; e o seu coração será contra o santo pacto; e fará o que lhe aprouver, e tornará para a sua terra.

²⁹No tempo determinado voltará, e entrará no sul; mas não sucederá desta vez como na primeira.

³⁰Porque virão contra ele navios de Quitim, que lhe causarão tristeza; por isso voltará, e se indignará contra o santo pacto, e fará como lhe aprouver. Voltará e atenderá aos que tiverem abandonado o santo pacto.

³¹E estarão ao lado dele forças que profanarão o santuário, isto é, a fortaleza, e tirarão o holocausto contínuo, estabelecendo a abominação desoladora.

³²Ainda aos violadores do pacto ele perverterá com lisonjas; mas o povo que conhece ao seu Deus se tornará forte, e fará proezas.

³³Os entendidos entre o povo ensinarão a muitos; todavia por muitos dias cairão pela espada e pelo fogo, pelo cativeiro e pelo despojo.

³⁴Mas, caindo eles, serão ajudados com pequeno socorro; muitos, porém, se ajuntarão a eles com lisonjas.

³⁵Alguns dos entendidos cairão para serem acrisolados, purificados e embranquecidos, até o fim do tempo; pois isso ainda será para o tempo determinado.

³⁶e o rei fará conforme lhe aprouver; exaltar-se-á, e se engrandecerá sobre todo deus, e contra o Deus dos deuses falará coisas espantosas; e será próspero, até que se cumpra a indignação: pois aquilo que está determinado será feito.

³⁷E não terá respeito aos deuses de seus pais, nem ao amado das mulheres, nem a qualquer outro deus; pois sobre tudo se engrandecerá.

³⁸Mas em seu lugar honrará ao deus das fortalezas; e a um deus a quem seus pais não conheceram, ele o honrará com ouro e com prata, com pedras preciosas e com coisas agradáveis.

³⁹E haver-se-á com os castelos fortes com o auxílio dum deus estranho; aos que o reconhecerem, multiplicará a glória; e os fará reinar sobre muitos, e lhes repartirá a terra por preço.

⁴⁰Ora, no fim do tempo, o rei do sul lutará com ele; e o rei do norte virá como turbilhão contra ele, com carros e cavaleiros, e com muitos navios; e entrará nos países, e os inundará, e passará para adiante.

⁴¹Entrará na terra gloriosa, e dezenas de milhares cairão; mas da sua mão escaparão estes: Edom e Moabe, e as primícias dos filhos de Amom.

⁴²E estenderá a sua mão contra os países; e a terra do Egito não escapará.

⁴³Apoderar-se-á dos tesouros de ouro e de prata, e de todas as coisas preciosas do Egito; os líbios e os etíopes o seguirão.

⁴⁴Mas os rumores do oriente e do norte o espantarão; e ele sairá com grande furor, para destruir e extirpar a muitos.

⁴⁵E armará as tendas do seu palácio entre o mar grande e o glorioso monte santo; contudo virá ao seu fim, e não haverá quem o socorra.

## Capítulo 12

¹Naquele tempo se levantará Miguel, o grande príncipe, que se levanta a favor dos filhos do teu povo; e haverá um tempo de tribulação, qual nunca houve, desde que existiu nação até aquele tempo; mas naquele tempo livrar-se-á o teu povo, todo aquele que for achado escrito no livro.

²E muitos dos que dormem no pó da terra ressuscitarão, uns para a vida eterna, e outros para vergonha e desprezo eterno.

³Os que forem sábios, pois, resplandecerão como o fulgor do firmamento; e os que converterem a muitos para a justiça, como as estrelas sempre e eternamente.

⁴Tu, porém, Daniel, cerra as palavras e sela o livro, até o fim do tempo; muitos correrão de uma parte para outra, e a ciência se multiplicará.

⁵Então eu, Daniel, olhei, e eis que estavam em pé outros dois, um de uma banda à beira do rio, e o outro da outra banda à beira do rio.

⁶E perguntei ao homem vestido de linho, que estava por cima das águas do rio: Quanto tempo haverá até o fim destas maravilhas?

⁷E ouvi o homem vestido de linho, que estava por cima das águas do rio, quando levantou ao céu a mão direita e a mão esquerda, e jurou por aquele que vive eternamente que isso seria para um tempo, dois tempos, e metade de um tempo. E quando tiverem acabado de despedaçar o poder do povo santo, cumprir-se-ão todas estas coisas.

⁸Eu, pois, ouvi, mas não entendi; por isso perguntei: Senhor meu, qual será o fim destas coisas?

⁹Ele respondeu: Vai-te, Daniel, porque estas palavras estão cerradas e seladas até o tempo do fim.

¹⁰Muitos se purificarão, e se embranquecerão, e serão acrisolados; mas os ímpios procederão impiamente; e nenhum deles entenderá; mas os sábios entenderão.

¹¹E desde o tempo em que o holocausto contínuo for tirado, e estabelecida a abominação desoladora, haverá mil duzentos e noventa dias.

¹²Bem-aventurado é o que espera e chega aos mil trezentos e trinta e cinco dias.

¹³Tu, porém, vai-te, até que chegue o fim; pois descansarás, e estarás no teu quinhão ao fim dos dias.

# Oséias

## Capítulo 1

¹A palavra do Senhor, que veio a Oséias, filho de Beeri, nos dias de Uzias, Jotão, Acaz e Ezequias, reis de Judá, e nos dias de Jeroboão, filho de Joás, rei de Israel.

²Quando o Senhor falou no princípio por Oséias, disse o Senhor a Oséias: Vai, toma por esposa uma mulher de prostituições, e filhos de prostituição; porque a terra se prostituiu, apartando-se do Senhor.

³Ele se foi, pois, e tomou a Gomer, filha de Diblaim; e ela concebeu, e lhe deu um filho.

⁴E disse-lhe o Senhor: Põe-lhe o nome de Jizreel; porque daqui a pouco visitarei o sangue de Jizreel sobre a casa de Jeú, e farei cessar o reino da casa de Israel.

⁵E naquele dia quebrarei o arco de Israel no vale de Jizreel.

⁶E tornou ela a conceber, e deu à luz uma filha. E o Senhor disse a Oséias: Põe-lhe o nome de Lo-Ruama; porque não tornarei mais a compadecer-me da casa de Israel, nem a perdoar-lhe de maneira alguma.

⁷Mas da casa se Judá me compadecerei, e os salvarei pelo Senhor seu Deus, pois não os salvarei pelo arco, nem pela espada, nem pela guerra, nem pelos cavalos, nem pelos cavaleiros.

⁸Ora depois de haver desmamado a Lo-Ruama, concebeu e deu à luz um filho.

⁹E o Senhor disse: Põe-lhe o nome de Lo-Ami; porque vós não sois meu povo, nem sou eu vosso Deus.

¹⁰Todavia o número dos filhos de Israel será como a areia do mar, que não pode ser medida nem contada; e no lugar onde se lhes dizia: Vós não sois meu povo, se lhes dirá: Vós sois os filhos do Deus vivo.

¹¹E os filhos de Judá e os filhos de Israel juntos se congregarão, e constituirão sobre si uma só cabeça, e subirão da terra; pois grande será o dia de Jizreel.

## Capítulo 2

¹Dizei a vossos irmãos: Ami; e a vossas irmãs: Ruama.

²Contendei com vossa mãe, contendei; porque ela não é minha mulher, e eu não sou seu marido; para que ela afaste as suas prostituições da sua face e os seus adultérios de entre os seus seios;

³para que eu não a deixe despida, e a ponha como no dia em que nasceu, e a faça como um deserto, e a torne como uma terra seca, e a mate à sede.

⁴Até de seus filhos não me compadecerei; porquanto são filhos de prostituições.

⁵porque sua mãe se prostituiu; aquela que os concebeu houve-se torpemente; porque diz: Irei após os meus amantes, que me dão o meu pão e a minha água, a minha lã e o meu linho, o meu óleo e as minhas bebidas.

⁶Portanto, eis que lhe cercarei o caminho com espinhos, e contra ela levantarei uma sebe, para que ela não ache as suas veredas.

⁷Ela irá em seguimento de seus amantes, mas não os alcançará; buscá-los-á, mas não os achará; então dirá: Irei, e voltarei a meu primeiro marido, porque melhor me ia então do que agora.

⁸Ora, ela não reconhece que fui eu o que lhe dei o grão, e o vinho, e o azeite, e que lhe multipliquei a prata e o ouro, que eles usaram para Baal.

⁹Portanto, tornarei a tirar o meu grão a seu tempo e o meu vinho no seu tempo determinado; e arrebatarei a minha lã e o meu linho, com que cobriam a sua nudez.

¹⁰E agora descobrirei a sua vileza diante dos olhos dos seus amantes, e ninguém a livrará da minha mão.

¹¹Também farei cessar todo o seu gozo, as suas festas, as suas luas novas, e os seus sábados, e todas as suas assembléias solenes.

¹²E devastarei a sua vide e a sua figueira, de que ela diz: É esta a paga que me deram os meus amantes; eu, pois, farei delas um bosque, e as feras do campo as devorarão.

¹³Castigá-la-ei pelos dias dos baalins, nos quais elas lhes queimava incenso, e se adornava com as suas arrecadas e as suas jóias, e, indo atrás dos seus amantes, se esquecia de mim, diz o Senhor.

¹⁴Portanto, eis que eu a atrairei, e a levarei para o deserto, e lhe falarei ao coração.

¹⁵E lhe darei as suas vinhas dali, e o vale de Acor por porta de esperança; e ali responderá, como nos dias da sua mocidade, e como no dia em que subiu da terra do Egito.

¹⁶E naquele dia, diz o Senhor, ela me chamará meu marido; e não me chamará mais meu Baal.

¹⁷Pois da sua boca tirarei os nomes dos baalins, e não mais se fará menção desses nomes.

¹⁸Naquele dia farei por eles aliança com as feras do campo, e com as aves do céu, e com os répteis da terra; e da terra tirarei o arco, e a espada, e a guerra, e os farei deitar em segurança.

¹⁹E desposar-te-ei comigo para sempre; sim, desposar-te-ei comigo em justiça, e em juízo, e em amorável benignidade, e em misericórdias;

²⁰e desposar-te-ei comigo em fidelidade, e conhecerás ao Senhor.

²¹Naquele dia responderei, diz o Senhor; responderei aos céus, e estes responderão a terra;

²²a terra responderá ao trigo, e ao vinho, e ao azeite, e estes responderão a Jizreel.

²³E seameá-lo-ei para mim na terra, e compadecer-me-ei de Lo-Ruama; e a e Lo-Ami direi: Tu és meu povo; e ele dirá: Tu és o meu Deus.

## Capítulo 3

¹Disse-me o Senhor: Vai outra vez, ama uma mulher, amada de seu amigo, e adúltera, como o Senhor ama os filhos de Israel, embora eles se desviem para outros deuses, e amem passas de uvas.

²Assim eu comprei para mim tal mulher por quinze peças de prata, e um hômer e meio de cevada;

³e lhe disse: Por muitos dias tu ficarás esperando por mim; não te prostituirás, nem serás mulher de outro homem; assim também eu esperarei por ti.

⁴Pois os filhos de Israel ficarão por muitos dias sem rei, sem príncipe, sem sacrifício, sem coluna, e sem éfode ou terafins.

⁵Depois tornarão os filhos de Israel, e buscarão ao Senhor, seu Deus, e a Davi, seu rei; e com temor chegarão nos últimos dias ao Senhor, e à sua bondade.

## Capítulo 4

¹Ouvi a palavra do Senhor, vós, filhos de Israel; pois o Senhor tem uma contenda com os habitantes da terra; porque na terra não há verdade, nem benignidade, nem conhecimento de Deus.

²Só prevalecem o perjurar, o mentir, o matar, o furtar, e o adulterar; há violências e homicídios sobre homicídios.

³Por isso a terra se lamenta, e todo o que nela mora desfalece, juntamente com os animais do campo e com as aves do céu; e até os peixes do mar perecem.

⁴Todavia ninguém contenda, ninguém repreenda; pois é contigo a minha contenda, ó sacerdote.

⁵Por isso tu tropeçarás de dia, e o profeta contigo tropeçará de noite; e destruirei a tua mãe.

⁶O meu povo está sendo destruído, porque lhe falta o conhecimento. Porquanto rejeitaste o conhecimento, também eu te rejeitarei, para que não sejas sacerdote diante de mim; visto que te esqueceste da lei do teu Deus, também eu me esquecerei de teus filhos.

⁷Quanto mais eles se multiplicaram tanto mais contra mim pecaram: eu mudarei a sua honra em vergonha.

⁸Alimentavam-se do pecado do meu povo, e de coração desejam a iniqüidade dele.

⁹Por isso, como é o povo, assim será o sacerdote; e castigá-lo-ei conforme os seus caminhos, e lhe darei a recompensa das suas obras.

¹⁰Comerão, mas não se fartarão; entregar-se-ão à luxúria, mas não se multiplicarão; porque deixaram de atentar para o Senhor.

¹¹A incontinência, e o vinho, e o mosto tiram o entendimento.

¹²O meu povo consulta ao seu pau, e a sua vara lhe dá respostas, porque o espírito de luxúria os enganou, e eles, prostituindo-se, abandonam o seu Deus.

¹³Sacrificam sobre os cumes dos montes; e queimam incenso sobre os outeiros, debaixo do carvalho, do álamo, e do terebinto, porque é boa a sua sombra; por isso vossas filhas se prostituem, e as vossas noras adulteram.

¹⁴Eu não castigarei vossas filhas, quando se prostituem, nem vossas noras, quando adulteram; porque os homens mesmos com as prostitutas se desviam, e com as meretrizes sacrificam; pois o povo que não tem entendimento será transtornado.

¹⁵Ainda que tu, ó Israel, te queiras prostituir contudo não se faça culpado Judá; não venhais a Gilgal, e não subais a Bete-Áven nem jureis, dizendo: Vive o Senhor.

¹⁶Porque como novilha obstinada se rebelou Israel; agora o Senhor os apascentará como a um cordeiro num lugar espaçoso.

¹⁷Efraim está entregue aos ídolos; deixa-o.

¹⁸Acabando eles de beber, lançam-se à luxúria; certamente os seus príncipes amam a vergonha.

¹⁹Um vento os envolveu nas suas asas; e eles se envergonharão por causa dos seus sacrifícios.

## Capítulo 5

¹Ouvi isto, ó sacerdotes, e escutai, ó casa de Israel, e dai ouvidos, ó casa do rei; porque contra vós se dirige este juízo; pois que vos tornastes um laço para Mizpá, e uma rede estendida sobre o Tabor.

²Os revoltosos se aprofundaram na corrupção; mas eu os castigarei a todos eles.

³Eu conheço a Efraim, e Israel não se me esconde; porque agora te tens prostituído, ó Efraim, e Israel se contaminou.

⁴As suas ações não lhes permitem voltar para o seu Deus; porque o espírito da prostituição está no meio deles, e não conhecem ao Senhor.

⁵A soberba de Israel testifica contra eles; e Israel e Efraim cairão pela sua iniquidade, e Judá cairá juntamente com eles.

⁶Eles irão com os seus rebanhos e com as suas manadas, para buscarem ao Senhor, mas não o acharão; ele se retirou deles.

⁷Aleivosamente se houveram contra o Senhor, porque geraram filhos estranhos; agora a festa da lua nova os consumirá, juntamente com as suas porções.

⁸Tocai a corneta em Gibeá, a trombeta em Ramá; soltai o alarma em Bete-Áven; após ti, ó Benjamim.

⁹Efraim será para assolação no dia do castigo: entre as tribos de Israel declaro o que é certo.

¹⁰Os príncipes de Judá são como os que removem os marcos; derramarei, pois, o meu furor sobre eles como água.

¹¹Efraim está oprimido e quebrantado no juízo, porque foi do seu agrado andar após a vaidade.

¹²Portanto para Efraim serei como a traça e para a casa de Judá como a podridão.

¹³Quando Efraim viu a sua enfermidade, e Judá a sua chaga, recorreu Efraim à Assíria e enviou ao rei Jarebe; mas ele não pode curar-vos, nem sarar a vossa chaga.

¹⁴Pois para Efraim serei como um leão, e como um leão novo para a casa de Judá; eu, sim eu despedaçarei, e ir-me-ei embora; arrebatarei, e não haverá quem livre.

¹⁵Irei, e voltarei para o meu lugar, até que se reconheçam culpados e busquem a minha face; estando eles aflitos, ansiosamente me buscarão.

## Capítulo 6

¹Vinde, e tornemos para o Senhor, porque ele despedaçou e nos sarará; fez a ferida, e no-la atará.

²Depois de dois dias nos ressuscitará: ao terceiro dia nos levantará, e viveremos diante dele.

³Conheçamos, e prossigamos em conhecer ao Senhor; a sua saída, como a alva, é certa; e ele a nós virá como a chuva, como a chuva serôdia que rega a terra.

⁴Que te farei, ó Efraim? que te farei, ó Judá? porque o vosso amor é como a nuvem da manhã, e como o orvalho que cedo passa.

⁵Por isso os abati pelos profetas; pela palavra da minha boca os matei; e os meus juízos a teu respeito sairão como a luz.

⁶Pois misericórdia quero, e não sacrifícios; e o conhecimento de Deus, mais do que os holocaustos.

⁷Eles, porém, como Adão, transgrediram o pacto; nisso eles se portaram aleivosamente contra mim.

⁸Gileade é cidade de malfeitores, está manchada de sangue.

⁹Como hordas de salteadores que espreitam alguém, assim é a companhia dos sacerdotes que matam no caminho para Siquém; sim, cometem a vilania.

¹⁰Vejo uma coisa horrenda na casa de Israel; ali está a prostituição de Efraim; Israel está contaminado.

¹¹Também para ti, ó Judá, está determinada uma ceifa. Ao querer eu trazer do cativeiro o meu povo,

## Capítulo 7

¹ao querer eu sarar a Israel, descobrem-se a corrupção de Efraim e as maldades de Samária; porque praticam a falsidade; o ladrão entra, e a horda dos salteadores despoja por fora.

²Não consideram no seu coração que eu me lembro de toda a sua maldade; agora, pois, os cercam as suas obras; diante da minha face estão.

³Com a sua malícia alegram ao rei, e com as suas mentiras aos príncipes.

⁴Todos eles são adúlteros; são semelhantes ao forno aceso, cujo padeiro cessa de atear o fogo desde o amassar a massa até que seja levedada.

⁵E no dia do nosso rei os príncipes se tornaram doentes com a excitação do vinho; o rei estendeu a sua mão com escarnecedores.

⁶Pois têm preparado o coração como um forno, enquanto estão de espreita; toda a noite dorme a sua ira; pela manhã arde como fogo de chama.

⁷Eles estão todos quentes como um forno, e devoram os seus juízes; todos os seus reis caem; ninguém entre eles há que me invoque.

⁸Quanto a Efraim, ele se mistura com os povos; Efraim é um bolo que não foi virado.

⁹Estrangeiros lhe devoram a força, e ele não o sabe; também as cãs se espalham sobre ele, e não o sabe.

¹⁰E a soberba de Israel testifica contra ele; todavia, não voltam para o Senhor seu Deus, nem o buscam em tudo isso.

¹¹Pois Efraim é como uma pomba, insensata, sem entendimento; invocam o Egito, vão para a Assíria.

¹²Quando forem, sobre eles estenderei a minha rede, e como aves do céu os farei descer; castigá-los-ei, conforme o que eles têm ouvido na sua congregação.

¹³Ai deles! porque se erraram de mim; destruição sobre eles! porque se rebelaram contra mim. Quisera eu remi-los, mas falam mentiras contra mim.

¹⁴Não clamam a mim de coração, mas uivam nas suas camas; para o trigo e para o mosto se ajuntam, mas contra mim se rebelam.

¹⁵Contudo fui eu que os ensinei, e lhes fortaleci os braços; entretanto maquinam o mal contra mim.

¹⁶Eles voltam, mas não para o Altíssimo. Fizeram-se como um arco enganador; caem à espada os seus príncipes, por causa da insolência da sua língua; este será o seu escárnio na terra do Egito.

## Capítulo 8

¹Põe a trombeta à tua boca. Ele vem como águia contra a casa do Senhor; porque eles transgrediram o meu pacto, e se rebelaram contra a minha lei.

²E a mim clamam: Deus meu, nós, Israel, te conhecemos.

³Israel desprezou o bem; o inimigo persegui-lo-á.

⁴Eles fizeram reis, mas não por mim; constituíram príncipes, mas sem a minha aprovação; da sua prata e do seu ouro fizeram ídolos para si, para serem destruídos.

⁵O teu bezerro, ó Samária, é rejeitado; a minha ira se acendeu contra eles; até quando serão eles incapazes da inocência?

⁶Pois isso procede de Israel; um artífice o fez, e não é Deus. Será desfeito em pedaços o bezerro de Samária

⁷Porquanto semeiam o vento, hão de ceifar o turbilhão; não haverá seara, a erva não dará farinha; se a der, tragá-la-ão os estrangeiros.

⁸Israel foi devorado; agora está entre as nações como um vaso em que ninguém tem prazer.

⁹Porque subiram à Assíria, qual asno selvagem andando sozinho; mercou Efraim amores.

¹⁰Todavia, ainda que eles merquem entre as nações, eu as congregarei; já começaram a ser diminuídos por causa da carga do rei dos príncipes.

¹¹Ainda que Efraim tem multiplicado altares, estes se lhe tornaram altares para pecar.

¹²Escrevi para ele miríades de coisas da minha lei; mas isso é para ele como coisa estranha.

¹³Quanto aos sacrifícios das minhas ofertas, eles sacrificam carne, e a comem; mas o Senhor não os aceita; agora se lembrará da iniquidade deles, e punirá os seus pecados; eles voltarão para o Egito.

¹⁴Pois Israel se esqueceu do seu Criador, e edificou palácios, e Judá multiplicou cidades fortificadas. Mas eu enviarei sobre as suas cidades um fogo que consumirá os seus castelos.

## Capítulo 9

¹Não te alegres, ó Israel, não exultes como os povos; pois te prostituíste, apartando-te do teu Deus; amaste a paga de meretriz sobre todas as eiras de trigo.

²A eira e o lagar não os manterão, e o vinho novo lhes faltará.

³Na terra do Senhor não permanecerão; mas Efraim tornará ao Egito, e na Assíria comerão comida imunda.

⁴Não derramarão libações de vinho ao Senhor, nem lhe agradarão com as suas ofertas. O pão deles será como pão de pranteadores; todos os que dele comerem serão imundos; pois o seu pão será somente para o seu apetite; não entrará na casa do Senhor.

⁵Que fareis vós no dia da solenidade, e no dia da festa do Senhor?

⁶Porque, eis que eles se foram por causa da destruição, mas o

Egito os recolherá, Mênfis os sepultará; as suas coisas preciosas de prata as urtigas as possuirão; espinhos crescerão nas suas tendas.

⁷Chegaram os dias da punição, chegaram os dias da retribuição; Israel o saberá; o profeta é um insensato, o homem possesso de espírito é um louco; por causa da abundância da tua iniquidade e do teu grande ódio.

⁸O profeta é a sentinela de Efraim, o povo do meu Deus; contudo um laço de caçador de aves se acha em todos os seus caminhos, e inimizade na casa do seu Deus.

⁹Muito profundamente se corromperam, como nos dias de Gibeá; ele se lembrará das iniquidades deles, e punirá os seus pecados.

¹⁰Achei a Israel como uvas no deserto, vi a vossos pais como a fruta temporã da figueira no seu princípio; mas eles foram para Baal-Peor, e se consagraram a essa coisa vergonhosa, e se tornaram abomináveis como aquilo que amaram.

¹¹Quanto a Efraim, a sua glória como ave voará; não haverá nascimento, nem gravidez, nem concepção.

¹²Ainda que venham criar seus filhos, eu os privarei deles, para que não fique nenhum homem. Ai deles, quando deles eu me apartar!

¹³Efraim, assim como vi a Tiro, está plantado num lugar aprazível; mas Efraim levará seus filhos ao matador.

¹⁴Dá-lhes, ó Senhor; mas que lhes darás? dá-lhes uma madre que aborte e seios ressecados.

¹⁵Toda a sua malícia se acha em Gilgal; pois ali é que lhes concebi ódio; por causa da maldade das suas obras lançá-los-ei fora de minha casa. Não os amarei mais; todos os seus príncipes são rebeldes.

¹⁶Efraim foi ferido, secou-se a sua raiz; eles não darão fruto; sim, ainda que gerem, eu matarei os frutos desejáveis do seu ventre.

¹⁷O meu Deus os rejeitará, porque não o ouviram; e errantes andarão entre as nações.

## Capítulo 10

¹Israel é vide frondosa que dá o seu fruto; conforme a abundância do seu fruto, assim multiplicou os altares; conforme a prosperidade da terra, assim fizeram belas colunas.

²O seu coração está dividido, por isso serão culpados; ele derribará os altares deles, e lhes destruirá as colunas.

³Certamente agora dirão: Não temos rei, porque não tememos ao Senhor; e o rei, que pode ele fazer por nós?

⁴Falam palavras vãs; juram falsamente, fazendo pactos; por isso brota o juízo como erva peçonhenta nos sulcos dos campos.

⁵Os moradores de Samária serão atemorizados por causa do bezerro de Bete-Áven. O seu povo se lamentará por causa dele, como também prantearão os seus sacerdotes idólatras por causa da sua glória, que se apartou dela.

⁶Também será ele levado para Assíria como um presente ao rei Jarebe; Efraim ficará confuso, e Israel se envergonhará por causa do seu próprio conselho.

⁷O rei de Samária será desfeito como a espuma sobre a face da água.

⁸E os altos de Áven, pecado de Israel, serão destruídos; espinhos e cardos crescerão sobre os seus altares; e dirão aos montes: Cobri-nos! e aos outeiros: Caí sobre nós!

⁹Desde os dias de Gibeá tens pecado, ó Israel; ali permaneceram; a peleja contra os filhos da iniquidade não os alcançará em Gibeá.

¹⁰Quando eu quiser, castigá-los-ei; e os povos se congregarão contra eles, quando forem castigados pela sua dupla transgressão.

¹¹Porque Efraim era uma novilha domada, que gostava de trilhar; e eu poupava a formosura do seu pescoço; mas porei arreios sobre Efraim; Judá lavrará; Jacó desfará os torrões.

¹²Semeai para vós em justiça, colhei segundo a misericórdia; lavrai o campo alqueivado; porque é tempo de buscar ao Senhor, até que venha e chova a justiça sobre vós.

¹³Lavrastes a impiedade, segastes a iniquidade, e comestes o fruto da mentira; porque confiaste no teu caminho, na multidão dos teus valentes.

¹⁴Portanto, entre o teu povo se levantará tumulto de guerra, e todas as tuas fortalezas serão destruídas, como Salmã destruiu a Bete-Arbel no dia da batalha; a mãe ali foi despedaçada juntamente com os filhos.

¹⁵Assim vos fará Betel, por causa da vossa grande malícia; de madrugada será o rei de Israel totalmente destruído.

## Capítulo 11

¹Quando Israel era menino, eu o amei, e do Egito chamei a meu filho.

²Quanto mais eu os chamava, tanto mais se afastavam de mim; sacrificavam aos baalins, e queimavam incenso às imagens esculpidas.

³Todavia, eu ensinei aos de Efraim a andar; tomei-os nos meus braços; mas não entendiam que eu os curava.

⁴Atraí-os com cordas humanas, com laços de amor; e fui para eles como os que tiram o jugo de sobre as suas queixadas, e me inclinei para lhes dar de comer.

⁵Não voltarão para a terra do Egito; mas a Assíria será seu rei; porque recusam converter-se.

⁶Cairá a espada sobre as suas cidades, e consumirá os seus ferrolhos; e os devorará nas suas fortalezas.

⁷Porque o meu povo é inclinado a desviar-se de mim; ainda que clamem ao Altíssimo, nenhum deles o exalta.

⁸Como te deixaria, ó Efraim? como te entregaria, ó Israel? como te faria como Admá? ou como Zeboim? Está comovido em mim o meu coração, as minhas compaixões à uma se acendem.

⁹Não executarei o furor da minha ira; não voltarei para destruir a Efraim, porque eu sou Deus e não homem, o Santo no meio de ti; eu não virei com ira.

¹⁰Andarão após o Senhor; ele bramará como leão; e, bramando ele, os filhos, tremendo, virão do ocidente.

¹¹Também, tremendo, virão como um passarinho os do Egito, e como uma pomba os da terra da Assíria; e os farei habitar em suas casas, diz o Senhor.

¹²Efraim me cercou com mentira, e a casa de Israel com engano; mas Judá ainda domina com Deus, e com o Santo está fiel.

## Capítulo 12

¹Efraim apascenta o vento, segue o vento oriental todo o dia; multiplica a mentira e a destruição; e fazem aliança com a Assíria, e o azeite se leva ao Egito.

²O Senhor também com Judá tem contenda, e castigará a Jacó segundo os seus caminhos; segundo as suas obras o recompensará.

³No ventre pegou do calcanhar de seu irmão; e na sua idade varonil lutou com Deus.

⁴Lutou com o anjo, e prevaleceu; chorou, e lhe fez súplicas. Em Betel o achou, e ali falou Deus com ele;

⁵sim, o Senhor, o Deus dos exércitos; o Senhor e o seu nome.

⁶Tu, pois, converte-te a teu Deus; guarda a benevolência e a justiça, e em teu Deus espera sempre.

⁷Quanto a Canaã, tem nas mãos balança enganadora; ama a opressão.

⁸Diz Efraim: Certamente eu me tenho enriquecido, tenho adquirido para mim grandes bens; em todo o meu trabalho não acharão em mim iniquidade alguma que seja pecado.

⁹Mas eu sou o Senhor teu Deus, desde a terra do Egito; eu ainda te farei habitar de novo em tendas, como nos dias da festa solene.

¹⁰Também falei aos profetas, e multipliquei as visões; e pelo ministério dos profetas usei de parábolas.

¹¹Não é Gileade iniquidade? pura vaidade são eles. Em Gilgal sacrificam bois; os seus altares são como montões de pedras nos sulcos dos campos.

¹²Jacó fugiu para o campo de Arã, e Israel serviu por uma mulher, sim, por uma mulher guardou o gado.

¹³Mas o Senhor por meio dum profeta fez subir a Israel do Egito, e por um profeta foi ele preservado.

¹⁴Efraim mui amargamente provocou-lhe a ira; portanto sobre ele será deixado o seu sangue, e o seu Senhor fará cair sobre ele o seu opróbrio.

## Capítulo 13

¹Quando Efraim falava, tremia-se; foi exaltado em Israel; mas quando ele se fez culpado no tocante a Baal, morreu.

²E agora pecam mais e mais, e da sua prata fazem imagens fundidas, ídolos segundo o seu entendimento, todos eles obra de artífices, e dizem: Oferecei sacrifícios a estes. Homens beijam aos bezerros!

³Por isso serão como a nuvem de manhã, e como o orvalho que cedo passa; como a palha que se lança fora da eira, e como a fumaça que sai pela janela.

⁴Todavia, eu sou o Senhor teu Deus desde a terra do Egito; portanto não conhecerás outro deus além de mim, porque não há salvador senão eu.

⁵Eu te conheci no deserto, em terra muito seca.

⁶Depois eles se fartaram em proporção do seu pasto; e estando fartos, ensoberbeceu-se-lhes o coração, por isso esqueceram de mim.

⁷Portanto serei para eles como leão; como leopardo espreitarei junto ao caminho;

⁸Como ursa roubada dos seus cachorros lhes sairei ao encontro, e lhes romperei as teias do coração; e ali os devorarei como leoa; as feras do campo os despedaçarão.

⁹Destruir-te-ei, ó Israel; quem te pode socorrer?

¹⁰Onde está agora o teu rei, para que te salve em todas as tuas cidades? e os teus juízes, dos quais disseste: Dá-me rei e príncipes?

¹¹Dei-te um rei na minha ira, e tirei-o no meu furor.

¹²A iniqüidade de Efraim está atada, o seu pecado está armazenado.

¹³Dores de mulher de parto lhe sobrevirão; ele é filho insensato; porque é tempo e não está no lugar em que deve vir à luz.

¹⁴Eu os remirei do poder do Seol, e os resgatarei da morte. Onde estão, ó morte, as tuas pragas? Onde está, ó Seol, a tua destruição? A compaixão está escondida de meus olhos.

¹⁵Ainda que ele dê fruto entre os seus irmãos, virá o vento oriental, vento do Senhor, subindo do deserto, e secar-se-á a sua nascente, e se estancará a sua fonte; ele saqueará o tesouro de todos os vasos desejáveis.

¹⁶Samária levará sobre si a sua culpa, porque se rebelou contra o seu Deus; cairá à espada; seus filhinhos serão despedaçados, e as suas mulheres grávidas serão fendidas.

## *Capítulo 14*

¹Volta, ó Israel, para o Senhor teu Deus; porque pela tua iniqüidade tens caído.

²Tomai convosco palavras, e voltai para o Senhor; dizei-lhe: Tira toda a iniqüidade, e aceita o que é bom; e ofereceremos como novilhos os sacrifícios dos nossos lábios.

³Não nos salvará a Assíria, não iremos montados em cavalos; e à obra das nossas mãos já não diremos: Tu és o nosso Deus; porque em ti o órfão acha a misericórdia.

⁴Eu sararei a sua apostasia, eu voluntariamente os amarei; porque a minha ira se apartou deles.

⁵Eu serei para Israel como o orvalho; ele florescerá como o lírio, e lançará as suas raízes como o Líbano.

⁶Estender-se-ão as suas vergônteas, e a sua formosura será como a da oliveira, a sua fragrância como a do Líbano.

⁷Voltarão os que habitam à sua sombra; reverdecerão como o trigo, e florescerão como a vide; o seu renome será como o do vinho do Líbano.

⁸ç Efraim, que tenho eu com os ídolos? Sou eu que respondo, e cuido de ti. Eu sou como a faia verde; de mim é achado o teu fruto.

⁹Quem é sábio, para que entenda estas coisas? prudente, para que as saiba? porque os caminhos do Senhor são retos, e os justos andarão neles; mas os transgressores neles cairão.

# Joel

## Capítulo 1

¹Palavra do Senhor, que foi dirigida a Joel, filho de Petuel.

²Ouvi isto, vós anciãos, e escutai, todos os moradores da terra: Aconteceu isto em vossos dias, ou nos dias de vossos pais?

³Fazei sobre isto uma narração a vossos filhos, e vossos filhos a transmitam a seus filhos, e os filhos destes à geração seguinte.

⁴O que a locusta cortadora deixou, a voadora o comeu; e o que a voadora deixou, a devoradora o comeu; e o que a devoradora deixou, a destruidora o comeu.

⁵Despertai, bêbedos, e chorai; gemei, todos os que bebeis vinho, por causa do mosto; porque tirado é da vossa boca.

⁶Porque sobre a minha terra é vinda uma nação poderosa e inumerável. os seus dentes são dentes de leão, e têm queixadas de uma leoa.

⁷Fez da minha vide uma assolação, e tirou a casca à minha figueira; despiu-a toda, e a lançou por terra; os seus sarmentos se embranqueceram.

⁸Lamenta como a virgem que está cingida de saco, pelo marido da sua mocidade.

⁹Está cortada da casa do Senhor a oferta de cereais e a libação; os sacerdotes, ministros do Senhor, estão entristecidos.

¹⁰O campo está assolado, e a terra chora; porque o trigo está destruído, o mosto se secou, o azeite falta.

¹¹Envergonhai-vos, lavradores, uivai, vinhateiros, sobre o trigo e a cevada; porque a colheita do campo pereceu.

¹²A vide se secou, a figueira se murchou; a romeira também, e a palmeira e a macieira, sim, todas as árvores do campo se secaram; e a alegria esmoreceu entre os filhos dos homens.

¹³Cingi-vos de saco e lamentai-vos, sacerdotes; uivai, ministros do altar; entrai e passai a noite vestidos de saco, ministros do meu Deus; porque foi cortada da casa do vosso Deus a oferta de cereais e a libação.

¹⁴Santificai um jejum, convocai uma assembléia solene, congregai os anciãos, e todos os moradores da terra, na casa do Senhor vosso Deus, e clamai ao Senhor.

¹⁵Ai do dia! pois o dia do senhor está perto, e vem como assolação da parte do Todo-Poderoso.

¹⁶Porventura não está cortado o mantimento de diante de nossos olhos? a alegria e o regozijo da casa do nosso Deus?

¹⁷A semente mirrou debaixo dos seus torrões; os celeiros estão desolados, os armazéns arruinados; porque falharam os cereais.

¹⁸Como geme o gado! As manadas de vacas estão confusas, porque não têm pasto; também os rebanhos de ovelhas estão desolados.

¹⁹A ti clamo, ó Senhor; porque o fogo consumiu os pastos do deserto, e a chama abrasou todas as árvores do campo.

²⁰Até os animais do campo suspiram por ti; porque as correntes d'água se secaram, e o fogo consumiu os pastos do deserto.

## Capítulo 2

¹Tocai a trombeta em Sião, e dai o alarma no meu santo monte. Tremam todos os moradores da terra, porque vem vindo o dia do Senhor; já está perto;

²dia de trevas e de escuridão, dia de nuvens e de negrume! Como a alva, está espalhado sobre os montes um povo grande e poderoso, qual nunca houve, nem depois dele haverá pelos anos adiante, de geração em geração:

³Diante dele um fogo consome, e atrás dele uma chama abrasa; a terra diante dele é como o jardim do Éden mas atrás dele um desolado deserto; sim, nada lhe escapa.

⁴A sua aparência é como a de cavalos; e como cavaleiros, assim correm.

⁵Como o estrondo de carros sobre os cumes dos montes vão eles saltando, como o ruído da chama de fogo que consome o restelho, como um povo poderoso, posto em ordem de batalha.

⁶Diante dele estão angustiados os povos; todos os semblantes empalidecem.

⁷Correm como valentes, como homens de guerra sobem os muros; e marcham cada um nos seus caminhos e não se desviam da sua fileira.

⁸Não empurram uns aos outros; marcham cada um pelo seu carreiro; abrem caminho por entre as armas, e não se detêm.

⁹Pulam sobre a cidade, correm pelos muros; sobem nas casas; entram pelas janelas como o ladrão.

¹⁰Diante deles a terra se abala; tremem os céus; o sol e a lua escurecem, e as estrelas retiram o seu resplendor.

¹¹E o Senhor levanta a sua voz diante do seu exército, porque muito grande é o seu arraial; e poderoso é quem executa a sua ordem; pois o dia do Senhor é grande e muito terrível, e quem o poderá suportar?

¹²Todavia ainda agora diz o Senhor: Convertei-vos a mim de todo o vosso coração; e isso com jejuns, e com choro, e com pranto.

¹³E rasgai o vosso coração, e não as vossas vestes; e convertei-vos ao Senhor vosso Deus; porque ele é misericordioso e compassivo, tardio em irar-se e grande em benignidade, e se arrepende do mal.

¹⁴Quem sabe se não se voltará e se arrependerá, e deixará após si uma bênção, em oferta de cereais e libação para o Senhor vosso Deus?

¹⁵Tocai a trombeta em Sião, santificai um jejum, convocai uma assembléia solene,

¹⁶congregai o povo, santificai a congregação, ajuntai os anciãos, congregai os meninos, e as crianças de peito; saia o noivo da sua recâmara, e a noiva do seu tálamo.

¹⁷Chorem os sacerdotes, ministros do Senhor, entre o alpendre e o altar, e digam: Poupa a teu povo, ó Senhor, e não entregues a tua herança ao opróbrio, para que as nações façam escárnio dele. Por que diriam entre os povos: Onde está o seu Deus?

¹⁸Então o Senhor teve zelo da sua terra, e se compadeceu do seu povo.

¹⁹E o Senhor, respondende, disse ao seu povo: Eis que vos envio o trigo, o vinho e o azeite, e deles sereis fartos; e vos não entregarei mais ao opróbrio entre as nações;

²⁰e removerei para longe de vós o exército do Norte, e o lançarei para uma terra seca e deserta, a sua frente para o mar oriental, e a sua retaguarda para o mar ocidental; subirá o seu mau cheiro, e subirá o seu fedor, porque ele tem feito grandes coisas.

²¹Não temas, ó terra; regozija-te e alegra-te, porque o Senhor tem feito grandes coisas.

²²Não temais, animais do campo; porque os pastos do deserto já reverdecem, porque a árvore dá o seu fruto, e a vide e a figueira dão a sua força.

²³Alegrai-vos, pois, filhos de Sião, e regozijai-vos no Senhor vosso Deus; porque ele vos dá em justa medida a chuva temporã, e faz descer abundante chuva, a temporã e a serôdia, como dantes.

²⁴E as eiras se encherão de trigo, e os lagares trasbordarão de mosto e de azeite.

²⁵Assim vos restituirei os anos que foram consumidos pela locusta voadora, a devoradora, a destruidora e a cortadora, o meu grande exército que enviei contra vós.

²⁶Comereis abundantemente e vos fartareis, e louvareis o nome do Senhor vosso Deus, que procedeu para convosco maravilhosamente; e o meu povo nunca será envergonhado.

²⁷Vós, pois, sabereis que eu estou no meio de Israel, e que eu sou o Senhor vosso Deus, e que não há outro; e o meu povo nunca mais será envergonhado.

²⁸Acontecerá depois que derramarei o meu Espírito sobre toda a carne; vossos filhos e vossas filhas profetizarão, os vossos anciãos terão sonhos, os vossos mancebos terão visões;

²⁹e também sobre os servos e sobre as servas naqueles dias derramarei o meu Espírito.

³⁰E mostrarei prodígios no céu e na terra, sangue e fogo, e colunas de fumaça.

³¹O sol se converterá em trevas, e a lua em sangue, antes que venha o grande e terrível dia do Senhor.

³²E há de ser que todo aquele que invocar o nome do Senhor será salvo; pois no monte Sião e em Jerusalém estarão os que escaparem, como disse o Senhor, e entre os sobreviventes aqueles que o Senhor chamar.

## Capítulo 3

¹Pois eis que naqueles dias, e naquele tempo, em que eu restaurar os exilados de Judá e de Jerusalém,

²congregarei todas as nações, e as farei descer ao vale de Jeosafá; e ali com elas entrarei em juízo, por causa do meu povo, e da minha herança, Israel, a quem elas espalharam por entre as nações; repartiram a minha terra,

³e lançaram sortes sobre o meu povo; deram um menino por uma meretriz, e venderam uma menina por vinho, para beberem.

⁴E também que tendes vós comigo, Tiro e Sidom, e todas as regiões da Filístia? Acaso quereis vingar-vos de mim? Se assim vos quereis vingar, bem depressa retribuirei o vosso feito sobre a vossa cabeça.

⁵Visto como levastes a minha prata e o meu ouro, e os meus ricos tesouros metestes nos vossos templos;

⁶também vendestes os filhos de Judá e os filhos de Jerusalém aos filhos dos gregos, para os apartar para longe dos seus termos;

⁷eis que eu os suscitarei do lugar para onde os vendestes, e retribuirei o vosso feito sobre a vossa cabeça;

⁸pois venderei vossos filhos e vossas filhas na mão dos filhos de Judá, e estes os venderão aos sabeus, a uma nação remota, porque o Senhor o disse.

⁹Proclamai isto entre as nações: Preparai a guerra, suscitai os valentes. Cheguem-se todos os homens de guerra, subam eles todos.

¹⁰Forjai espadas das relhas dos vossos arados, e lanças das vossas podadeiras; diga o fraco: Eu sou forte.

¹¹Apressai-vos, e vinde, todos os povos em redor, e ajuntai-vos; para ali, ó Senhor, faze descer os teus valentes.

¹²Suscitem-se as nações, e subam ao vale de Jeosafá; pois ali me assentarei, para julgar todas as nações em redor.

¹³Lançai a foice, porque já está madura a seara; vinde, descei, porque o lagar está cheio, os vasos dos lagares trasbordam, porquanto a sua malícia é grande.

¹⁴Multidões, multidões no vale da decisão! porque o dia do Senhor está perto, no vale da decisão.

¹⁵O sol e a lua escurecem, e as estrelas retiram o seu resplendor.

¹⁶E o Senhor brama de Sião, e de Jerusalém faz ouvir a sua voz; os céus e a terra tremem, mas o Senhor é o refúgio do seu povo, e a fortaleza dos filhos de Israel.

¹⁷Assim vós sabereis que eu sou o Senhor vosso Deus, que habito em Sião, o meu santo monte; Jerusalém será santa, e estranhos não mais passarão por ela.

¹⁸E naquele dia os montes destilarão mosto, e os outeiros manarão leite, e todos os ribeiros de Judá estarão cheios de águas; e sairá uma fonte da casa do Senhor, e regará o vale de Sitim.

¹⁹O Egito se tornará uma desolação, e Edom se fará um deserto assolado, por causa da violência que fizeram aos filhos de Judá, em cuja terra derramaram sangue inocente.

²⁰Mas Judá será habitada para sempre, e Jerusalém de geração em geração.

²¹E purificarei o sangue que eu não tinha purificado; porque o Senhor habita em Sião.

# Amós

## Capítulo 1

¹As palavras de Amós, que estava entre os pastores de Tecoa, o que ele viu a respeito de Israel, nos dias de Uzias, rei de Judá, e nos dias de Jeroboão, filho de Joás, rei de Israel, dois anos antes do terremoto.

²Disse ele: O Senhor brama de Sião, e de Jerusalém faz ouvir a sua voz; os prados dos pastores lamentam, seca-se o cume do Carmelo.

³Assim diz o senhor: Por três transgressões de Damasco, sim, por quatro, não retirarei o castigo; porque trilharam a Gileade com trilhos de ferro.

⁴Por isso porei fogo à casa de Hazael, e ele consumirá os palácios de Bene-Hadade.

⁵Quebrarei o ferrolho de Damasco, e exterminarei o morador do vale de Ávem e de Bete-Éden aquele que tem o cetro; e o povo da Síria será levado em cativeiro a Quir, diz o Senhor.

⁶Assim diz o Senhor: Por três transgressões de Gaza, sim, por quatro, não retirarei o castigo; porque levaram cativo todo o povo para o entregarem a Edom.

⁷Por isso porei fogo ao muro de Gaza, e ele consumirá os seus palácios.

⁸De Asdode exterminarei o morador, e de Asquelom aquele que tem o cetro; tornarei a minha mão contra Ecrom; e o resto dos filisteus perecerá, diz o Senhor Deus.

⁹Assim diz o Senhor: Por três transgressões de Tiro, sim, por quatro, não retirarei o castigo; porque entregaram todos os cativos a Edom, e não se lembraram da aliança dos irmãos.

¹⁰por isso porei fogo ao muro de Tiro, e ele consumirá os seus palácios.

¹¹Assim diz o Senhor: Por três transgressões de Edom, sim, por quatro, não retirarei o castigo; porque perseguiu a seu irmão à espada, e baniu toda a compaixão; e a sua ira despedaçou eternamente, e conservou a sua indignação para sempre.

¹²Por isso porei fogo a Temã, o qual consumirá os palácios de Bozra.

¹³Assim diz o Senhor: Por três transgressões dos filhos de Amom, sim por quatro, não retirarei o castigo; porque fenderam o ventre às grávidas de Gileade, para dilatarem os seus termos.

¹⁴Por isso porei fogo ao muro de Rabá, fogo que lhe consumirá os palácios, com alarido no dia da batalha, com tempestade no dia do turbilhão.

¹⁵E o seu rei irá para o cativeiro, ele e os seus príncipes juntamente, diz o Senhor.

## Capítulo 2

¹Assim diz o Senhor: Por três transgressões de Moabe, sim, por quatro, não retirarei o castigo; porque queimou os ossos do rei de Edom, até os reduzir a cal.

²Por isso porei fogo a Moabe, e ele consumirá os palácios de Queriote; e Moabe morrerá com grande estrondo, com alarido, e som de trombeta.

³E exterminarei o juiz do meio dele, e matarei com ele todos os seus príncipes, diz o Senhor.

⁴Assim diz o Senhor: Por três transgressoes de Judá, sim, por quatro, não retirarei o castigo; porque rejeitaram a lei do Senhor, e não guardaram os seus estatutos, antes se deixaram enganar por suas próprias mentiras, após as quais andaram seus pais.

⁵Por isso porei fogo a Judá, e ele consumirá os palácios de Jerusalém.

⁶Assim diz o Senhor: Por três transgressões de Israel, sim, por quatro, não retirarei o castigo; porque vendem o justo por dinheiro, e o necessitado por um par de sapatos.

⁷Pisam a cabeça dos pobres no pó da terra, pervertem o caminho dos mansos; um homem e seu pai entram à mesma moça, assim profanando o meu santo nome.

⁸Também se deitam junto a qualquer altar sobre roupas empenhadas, e na casa de seu Deus bebem o vinho dos que têm sido multados.

⁹Contudo eu destruí o amorreu diante deles, a altura do qual era como a dos cedros, e cuja força era como a dos carvalhos; mas destruí o seu fruto por cima, e as suas raízes por baixo.

¹⁰Outrossim vos fiz subir da terra do Egito, e quarenta anos vos guiei no deserto, para que possuísseis a terra do amorreu.

¹¹E dentre vossos filhos suscitei profetas, e dentre os vossos mancebos, nazireus. Acaso não é isso assim, filhos de Israel? diz o Senhor.

¹²Mas vós aos nazireus destes vinho a beber, e aos profetas ordenastes, dizendo: Não profetizeis.

¹³Eis que eu vos apertarei no vosso lugar como se aperta um carro cheio de feixes.

¹⁴Assim de nada valerá a fuga ao ágil, nem o forte corroborará a sua força, nem o valente salvará a sua vida.

¹⁵E não ficará em pé o que maneja o arco, nem o ligeiro de pés se livrará, nem tampouco se livrara o que vai montado a cavalo;

¹⁶e aquele que é corajoso entre os valentes fugirá nu naquele dia, diz o Senhor.

## Capítulo 3

¹Ouvi esta palavra que o Senhor fala contra vós, filhos de Israel, contra toda a família que fiz subir da terra do Egito, dizendo:

²De todas as famílias da terra só a vós vos tenho conhecido; portanto eu vos punirei por todas as vossas iniqüidades.

³Acaso andarão dois juntos, se não estiverem de acordo?

⁴Bramirá o leão no bosque, sem que tenha presa? Fará ouvir a sua voz o leão novo no seu covil, se nada tiver apanhado?

⁵Cairá a ave no laço em terra, se não houver armadilha para ela? levantar-se-á da terra o laço, sem que tenha apanhado alguma coisa?

⁶Tocar-se-á a trombeta na cidade, e o povo não estremecerá? Sucederá qualquer mal à cidade, sem que o Senhor o tenha feito?

⁷Certamente o Senhor Deus não fará coisa alguma, sem ter revelado o seu segredo aos seus servos, os profetas.

⁸Bramiu o leão, quem não temerá? Falou o Senhor Deus, quem não profetizará?

⁹Proclamai nos palácios de Asdode, e nos palácios da terra do Egito, e dizei: Ajuntai-vos sobre os montes de Samária, e vede que grandes alvoroços nela há, e que opressões no meio dela.

¹⁰Pois não sabem fazer o que é reto, diz o Senhor, aqueles que entesouram nos seus palácios a violência e a destruição.

¹¹Portanto, o Senhor Deus diz assim: um inimigo cercará a tua terra; derrubará a tua fortaleza, e os teus palácios serão saqueados.

¹²Assim diz o Senhor: Como o pastor livra da boca do leão as duas pernas, ou um pedacinho da orelha, assim serão livrados os filhos de Israel que habitam em Samária, junto com um canto do leito e um pedaço da cama.

¹³Ouvi, e protestai contra a casa de Jacó, diz o Senhor Deus, o Deus dos exércitos:

¹⁴Pois no dia em que eu punir as transgressões de Israel, também castigarei os altares de Betel; e as pontas do altar serão cortadas, e cairão por terra.

¹⁵Derribarei a casa de inverno juntamente com a casa de verão; as casas de marfim perecerão, e as grandes casas terão fim, diz o Senhor.

## Capítulo 4

¹Ouvi esta palavra, vós, vacas de Basã, que estais no monte de Samária, que oprimis os pobres, que esmagais os necessitados, que dizeis a vossos maridos: Dai cá, e bebamos.

²Jurou o Senhor Deus, pela sua santidade, que dias estão para vir sobre vós, em que vos levarão com anzóis, e aos que sairdes por último com anzóis de pesca.

³E saireis pelas brechas, cada qual em frente de si, e sereis lançadas para Harmom, diz o senhor.

⁴Vinde a Betel, e transgredi; a Gilgal, e multiplicai as transgressões; e cada manhã trazei os vossos sacrifícios, e de três em três dias os vossos dízimos.

⁵E oferecei sacrifício de louvores do que é levedado, e apregoai ofertas voluntárias, publicai-as; pois disso gostais, ó filhos de Israel, diz o Senhor Deus.

⁶Por isso também vos dei limpeza de dentes em todas as vossas cidades, e falta de pão em todos os vossos lugares; contudo não vos convertestes a mim, diz o Senhor.

⁷Além disso, retive de vós a chuva, quando ainda faltavam três meses para a ceifa; e fiz que chovesse sobre uma cidade, e que não chovesse sobre outra cidade; sobre um campo choveu, mas o outro, sobre o qual não choveu, secou-se.

⁸Andaram errantes duas ou três cidades, indo a outra cidade para beberem água, mas não se saciaram; contudo não vos convertestes a mim, diz o Senhor.

⁹Feri-vos com crestamento e ferrugem; a multidão das vossas hortas, e das vossas vinhas, e das vossas figueiras, e das vossas oliveiras, foi devorada pela locusta; contudo não vos convertestes a

mim, diz o Senhor.

¹⁰Enviei a peste contra vós, à maneira de Egito; os vossos mancebos matei à espada, e os vossos cavalos deixei levar presos, e o fedor do vosso arraial fiz subir aos vossos narizes; contudo não vos convertestes a mim, diz o Senhor.

¹¹Subverti alguns dentre vós, como Deus subverteu a Sodoma e Gomorra, e ficastes sendo como um tição arrebatado do incêndio; contudo não vos convertestes a mim, diz o Senhor.

¹²Portanto assim te farei, ó Israel, e porque isso te farei, prepara-te, ó Israel, para te encontrares com o teu Deus.

¹³Porque é ele o que forma os montes, e cria o vento, e declara ao homem qual seja o seu pensamento, o que faz da manhã trevas, e anda sobre os lugares altos da terra; o Senhor, o Deus dos exércitos é o seu nome.

## Capítulo 5

¹Ouvi esta palavra que levanto como lamentação sobre vós, ó casa de Israel.

²A virgem de Israel caiu; nunca mais tornará a levantar-se; desamparada jaz na sua terra; não há quem a levante.

³Porque assim diz o Senhor Deus: A cidade da qual saem mil terá de resto cem, e aquela da qual saem cem terá dez para a casa de Israel.

⁴Pois assim diz o Senhor à casa de Israel: Buscai-me, e vivei.

⁵Mas não busqueis a Betel, nem entreis em Gilgal, nem passeis a Berseba; porque Gilgal certamente irá ao cativeiro, e Betel será desfeita em nada.

⁶Buscai ao Senhor, e vivei; para que ele não irrompa na casa de José como fogo e a consuma, e não haja em Betel quem o apague.

⁷Vós que converteis o juízo em alosna, e deitais por terra a justiça,

⁸procurai aquele que fez as Plêiades e o Oriom, e torna a sombra da noite em manhã, e transforma o dia em noite; o que chama as águas do mar, e as derrama sobre a terra; o Senhor é o seu nome.

⁹O que faz vir súbita destruição sobre o forte, de sorte que vem a ruína sobre a fortaleza.

¹⁰Eles odeiam ao que na porta os repreende, e abominam ao que fala a verdade.

¹¹Portanto, visto que pisais o pobre, e dele exigis tributo de trigo, embora tenhais edificado casas de pedras lavradas, não habitareis nelas; e embora tenhais plantado vinhas desejáveis, não bebereis do seu vinho.

¹²Pois sei que são muitas as vossas transgressões, e graves os vossos pecados; afligis o justo, aceitais peitas, e na porta negais o direito aos necessitados.

¹³Portanto, o que for prudente guardará silêncio naquele tempo, porque o tempo será mau.

¹⁴Buscai o bem, e não o mal, para que vivais; e assim o Senhor, o Deus dos exércitos, estará convosco, como dizeis.

¹⁵Aborrecei o mal, e amai o bem, e estabelecei o juízo na porta. Talvez o Senhor, o Deus dos exércitos, tenha piedade do resto de José.

¹⁶Portanto, assim diz o Senhor Deus dos exércitos, o Senhor: Em todas as praças haverá pranto, e em todas as ruas dirão: Ai! ai! E ao lavrador chamarão para choro, e para pranto os que souberem prantear.

¹⁷E em todas as vinhas haverá pranto; porque passarei pelo meio de ti, diz o Senhor.

¹⁸Ai de vós que desejais o dia do Senhor! Para que quereis vós este dia do Senhor? Ele é trevas e não luz.

¹⁹E como se um homem fugisse de diante do leão, e se encontrasse com ele o urso; ou como se, entrando em casa, encostasse a mão à parede, e o mordesse uma cobra.

²⁰Não será, pois, o dia do Senhor trevas e não luz? não será completa escuridão, sem nenhum resplendor?

²¹Aborreço, desprezo as vossas festas, e não me deleito nas vossas assembléias solenes.

²²Ainda que me ofereçais holocaustos, juntamente com as vossas ofertas de cereais, não me agradarei deles; nem atentarei para as ofertas pacíficas de vossos animais cevados.

²³Afasta de mim o estrépito dos teus cânticos, porque não ouvirei as melodias das tuas liras.

²⁴Corra, porém, a justiça como as águas, e a retidão como o ribeiro perene.

²⁵Oferecestes-me vós sacrifícios e oblações no deserto por quarenta anos, ó casa de Israel?

²⁶Sim, levastes Sicute, vosso rei, e Quium, vosso deus-estrela, imagens que fizestes para vós mesmos.

²⁷Portanto vos levarei cativos para além de Damasco, diz o Senhor, cujo nome é o Deus dos exércitos.

## Capítulo 6

¹Ai dos que vivem sossegados em Sião, e dos que estão seguros no monte de Samária, dos homens notáveis da principal das nações, e aos quais vem a casa de Israel!

²Passai a Calné, e vede; e dali ide à grande Hamate; depois descei a Gate dos filisteus; porventura são melhores que estes reinos? ou são maiores os seus termos do que os vossos termos?

³ó vós que afastais o dia mau e fazeis que se aproxime o assento da violência.

⁴Ai dos que dormem em camas de marfim, e se estendem sobre os seus leitos, e comem os cordeiros tirados do rebanho, e os bezerros do meio do curral;

⁵que garganteiam ao som da lira, e inventam para si instrumentos músicos, assim como Davi;

⁶que bebem vinho em taças, e se ungem com o mais excelente óleo; mas não se afligem por causa da ruína de José!

⁷Portanto agora irão em cativeiro entre os primeiros que forem cativos; e cessarão os festins dos banqueteadores.

⁸Jurou o Senhor Deus por si mesmo, diz o Senhor Deus dos exércitos: Abomino a soberba de Jacó, e odeio os seus palácios; por isso entregarei a cidade e tudo o que nela há.

⁹E se ficarem de resto dez homens numa casa, morrerão.

¹⁰Quando o parente de alguém, aquele que o queima, o tomar para levar-lhe os ossos para fora da casa, e disser ao que estiver no mais interior da casa: Está ainda alguém contigo? e este responder: Ninguém; então lhe dirá ele: Cala-te, porque não devemos fazer menção do nome do Senhor.

¹¹Pois eis que o Senhor ordena, e a casa grande será despedaçada, e a casa pequena reduzida a fragmentos.

¹²Acaso correrão cavalos pelos rochedos? Lavrar-se-á ali com bois? Mas vós haveis tornado o juízo em fel, e o fruto da justiça em alosna;

¹³vós que vos alegrais de nada, vós que dizeis: Não nos temos nós tornado poderosos por nossa própria força?

¹⁴Pois eis que eu levantarei contra vós, ó casa de Israel, uma nação, diz o Senhor Deus dos exércitos, e ela vos oprimirá, desde a entrada de Hamate até o ribeiro da Arabá.

## Capítulo 7

¹O Senhor Deus assim me fez ver: e eis que ele formava gafanhotos no princípio do rebentar da erva serôdia, e eis que era a erva serôdia depois da segada do rei.

²E quando eles tinham comido completamente a erva da terra, eu disse: Senhor Deus, perdoa, peço-te; como subsistirá Jacó? pois ele é pequeno.

³Então o Senhor se arrependeu disso. Não acontecerá, disse o Senhor.

⁴Assim me mostrou o Senhor Deus: eis que o Senhor Deus ordenava que por meio do fogo se decidisse o pleito; o fogo, pois, consumiu o grande abismo, e também queria consumir a terra.

⁵Então eu disse: Senhor Deus, cessa agora; como subsistirá Jacó? pois ele é pequeno.

⁶Também disso se arrependeu o Senhor. Nem isso acontecerá, disse o Senhor Deus.

⁷Mostrou-me também assim: eis que o senhor estava junto a um muro levantado a prumo, e tinha um prumo na mão.

⁸Perguntou-me o Senhor: Que vês tu, Amós? Respondi: Um prumo. Então disse o Senhor: Eis que eu porei o prumo no meio do meu povo Israel; nunca mais passarei por ele.

⁹Mas os altos de Isaque serão assolados, e destruídos os santuários de Israel; e levantar-me-ei com a espada contra a casa de Jeroboão.

¹⁰Então Amazias, o sacerdote de Betel, mandou dizer a Jeroboão, rei de Israel: Amós tem conspirado contra ti no meio da casa de Israel; a terra não poderá suportar tedas as suas palavras.

¹¹Pois assim diz Amós: Jeroboão morrerá à espada, e Israel certamente será levado cativo para fora da sua terra.

¹²Depois Amazias disse a Amós: Vai-te, ó vidente, foge para a terra de Judá, e ali come o pão, e ali profetiza;

¹³mas em Betel daqui por diante não profetizarás mais, porque é o santuário do rei, e é templo do reino.

¹⁴E respondeu Amós, e disse a Amazias: Eu não sou profeta, nem filho de profeta, mas boieiro, e cultivador de sicômoros.

¹⁵Mas o Senhor me tirou de após o gado, e o Senhor me disse: Vai, profetiza ao meu povo Israel.

¹⁶Agora, pois, ouve a palavra do Senhor: Tu dizes: Não profetizes contra Israel, nem fales contra a casa de Isaque.

¹⁷Portanto assim diz o Senhor: Tua mulher se prostituirá na

cidade, e teus filhos e tuas filhas cairão à espada, e a tua terra será repartida a cordel; e tu morrerás numa terra imunda, e Israel certamente será levado cativo para fora da sua terra.

## Capítulo 8

¹O Senhor Deus assim me fez ver: e eis aqui um cesto de frutos do verão.

²E disse: Que vês, Amós? Eu respondi: um cesto de frutos do verão. Então o Senhor me disse: Chegou o fim sobre o meu povo Israel; nunca mais passarei por ele.

³Mas os cânticos do templo serão gritos de dor naquele dia, diz o Senhor Deus; muitos serão os cadáveres; em todos os lugares serão lançados fora em silêncio.

⁴Ouvi isto, vós que pisais os necessitados, e destruís os miseráveis da terra,

⁵dizendo: Quando passará a lua nova, para vendermos o grão? e o sábado, para expormos o trigo, diminuindo a medida, e aumentando o preço, e procedendo dolosamente com balanças enganadoras,

⁶para comprarmos os pobres por dinheiro, e os necessitados por um par de sapatos, e para vendermos o refugo do trigo?

⁷Jurou o Senhor pela glória de Jacó: Certamente nunca me esquecerei de nenhuma das suas obras.

⁸Por causa disso não estremecerá a terra? e não chorará todo aquele que nela habita? Certamente se levantará ela toda como o Nilo, e será agitada, e diminuirá como o Nilo do Egito.

⁹E sucederá, naquele dia, diz o Senhor Deus, que farei que o sol se ponha ao meio dia, e em pleno dia cobrirei a terra de trevas.

¹⁰E tornarei as vossas festas em luto, e todos os vossos cânticos em lamentações; porei saco sobre todos os lombos, e calva sobre toda cabeça; e farei que isso seja como o luto por um filho único, e o seu fim como dia de amarguras.

¹¹Eis que vêm os dias, diz o Senhor Deus, em que enviarei fome sobre a terra; não fome de pão, nem sede de água, mas de ouvir as palavras do Senhor.

¹²Andarão errantes de mar a mar, e do norte até o oriente; correrão por toda parte, buscando a palavra do Senhor, e não a acharão.

¹³Naquele dia as virgens formosas e os mancebos desmaiarão de sede.

¹⁴Os que juram pelo pecado de Samária, dizendo: Pela vida do teu deus, ó Dã; e: Pelo caminho de Berseba; esses mesmos cairão, e não se levantarão mais.

## Capítulo 9

¹Vi o Senhor, que estava junto ao altar; e me disse: Fere os capitéis, para que estremeçam os umbrais; e faze tudo em pedaços sobre a cabeça de todos eles; e eu matarei à espada até o último deles; nenhum deles conseguirá fugir, nenhum deles escapará.

²Ainda que cavem até o Seol, dali os tirará a minha mão; ainda que subam ao céu, dali os farei descer.

³Ainda que se escondam no cume do Carmelo, buscá-los-ei, e dali os tirarei; e, ainda que se ocultem aos meus olhos no fundo do mar, ali darei ordem à serpente, e ela os morderá.

⁴Também ainda que vão para o cativeiro diante de seus inimigos, ali darei ordem à espada, e ela os matará; enfim eu porei os meus olhos sobre eles para o mal, e não pera o bem.

⁵Pois o Senhor, o Deus dos exércitos, é o que toca a terra, e ela se derrete, e pranteiam todos os que nela habitam; e ela toda se levanta como o Nilo, e diminui como o Nilo do Egito.

⁶Ele é o que edifica as suas câmaras no céu, e funda sobre a terra a sua abóbada; que chama as águas do mar, e as derrama sobre a terra; o Senhor é o seu nome.

⁷Não sois vós para comigo, ó filhos de Israel, como os filhos dos etíopes? diz o Senhor; não fiz eu subir a Israel da terra do Egito, e aos filisteus de Caftor, e aos sírios de Quir?

⁸Eis que os olhos do Senhor Deus estão contra este reino pecador, e eu o destruirei de sobre a face da terra; contudo não destruirei de todo a casa de Jacó, diz o Senhor.

⁹Pois eis que darei ordens, e sacudirei a casa de Israel em todas as nações, assim como se sacode grão no crivo; todavia não cairá sobre a terra um só grão.

¹⁰Morrerão à espada todos os pecadores do meu povo, os quais dizem: O mal não nos alcançará, nem nos encontrará.

¹¹Naquele dia tornarei a levantar o tabernáculo de Davi, que está caído, e repararei as suas brechas, e tornarei a levantar as suas ruínas, e as reedificarei como nos dias antigos;

¹²para que eles possuam o resto de Edom, e todas as nações que são chamadas pelo meu nome, diz o Senhor, que faz estas coisas.

¹³Eis que vêm os dias, diz o Senhor, em que o que lavra alcançará ao que sega, e o que pisa as uvas ao que lança a semente; e os montes destilarão mosto, e todos os outeiros se derreterão.

¹⁴Também trarei do cativeiro o meu povo Israel; e eles reedificarão as cidades assoladas, e nelas habitarão; plantarão vinhas, e beberão o seu vinho; e farão pomares, e lhes comerão o fruto.

¹⁵Assim os plantarei na sua terra, e não serão mais arrancados da sua terra que lhes dei, diz o senhor teu Deus.

# Obadias

¹Visão de Abdias. Assim diz o Senhor Deus a respeito de Edom: Temos ouvido novas da parte do Senhor, e por entre as nações foi enviado um mensageiro a dizer: Levantai-vos, e levantemo-nos contra ela para a guerra.

²Eis que te farei pequeno entre as nações; serás muito desprezado.

³A soberba do teu coração te enganou, ó tu que habitas nas fendas do penhasco, na tua alta morada, que dizes no teu coração: Quem me derrubará em terra?

⁴Embora subas ao alto como águia, e embora se ponha o teu ninho entre as estrelas, dali te derrubarei, diz o Senhor.

⁵Se a ti viessem ladrões, ou roubadores de noite (como estás destruído!), não furtariam somente o que lhes bastasse? se a ti viessem os vindimadores, não deixariam umas uvas de rabisco?

⁶Como foram rebuscados os bens de Esaú! como foram esquadrinhados os seus tesouros ocultos!

⁷Todos os teus confederados te levaram para fora dos teus limites; os que estavam de paz contigo te enganaram, e prevaleceram contra ti; os que comem o teu pão põem debaixo de ti uma armadilha; não há em Edom entendimento.

⁸Acaso não acontecerá naquele dia, diz o Senhor, que farei perecer os sábios de Edom, e o entendimento do monte de Esaú?

⁹E os teus valentes, ó Temã, estarão atemorizados, para que do monte de Esaú seja cada um exterminado pela matança.

¹⁰Por causa da violência feita a teu irmão Jacó, cobrir-te-á a confusão, e serás exterminado para sempre.

¹¹No dia em que estiveste do lado oposto, no dia em que estranhos lhe levaram os bens, e os estrangeiros lhe entraram pelas portas e lançaram sortes sobre Jerusalém, tu mesmo eras como um deles.

¹²Mas tu não devias olhar com prazer para o dia de teu irmão no dia do seu desterro, nem alegrar-te sobre os filhos de Judá no dia da sua ruína, nem falar arrogantemente no dia da tribulação;

¹³nem entrar pela porta do meu povo no dia da sua calamidade; sim, tu não devias olhar, satisfeito, para o seu mal, no dia da sua calamidade; nem lançar mão dos seus bens no dia da sua calamidade;

¹⁴nem te postar nas encruzilhadas, para exterminares os que escapassem; nem entregar os que lhe restassem, no dia da tribulação.

¹⁵Porquanto o dia do Senhor está perto, sobre todas as nações, como tu fizeste, assim se fará contigo; o teu feito tornará sobre a tua cabeça.

¹⁶Pois como vós bebestes no meu santo monte, assim beberão de contínuo todas as nações; sim, beberão e sorverão, e serão como se nunca tivessem sido.

¹⁷Mas no monte de Sião haverá livramento, e ele será santo; e os da casa de Jacó possuirão as suas herdades.

¹⁸E a casa de Jacó será um fogo, e a casa de José uma chama, e a casa de Esaú restolho; aqueles se acenderão contra estes, e os consumirão; e ninguém mais restará da casa de Esaú; porque o Senhor o disse.

¹⁹Ora, os do Negebe possuirão o monte de Esaú, e os da planície, os filisteus; possuirão também os campos de Efraim, e os campos de Samária; e Benjamim possuirá a Gileade.

²⁰Os cativos deste exército dos filhos de Israel possuirão os cananeus até Zarefate; e os cativos de Jerusalém, que estão em Sefarade, possuirão as cidades do Negebe.

²¹Subirão salvadores ao monte de Sião para julgarem o monte de Esaú; e o reino será do Senhor.

# Jonas

## Capítulo 1

¹Ora veio a palavra do Senhor a Jonas, filho de Amitai, dizendo:

²Levanta-te, vai à grande cidade de Nínive, e clama contra ela, porque a sua malícia subiu até mim.

³Jonas, porém, levantou-se para fugir da presença do Senhor para Társis. E, descendo a Jope, achou um navio que ia para Társis; pagou, pois, a sua passagem, e desceu para dentro dele, para ir com eles para Társis, da presença do Senhor.

⁴Mas o Senhor lançou sobre o mar um grande vento, e fez-se no mar uma grande tempestade, de modo que o navio estava a ponto de se despedaçar.

⁵Então os marinheiros tiveram medo, e clamavam cada um ao seu deus, e alijaram ao mar a carga que estava no navio, para o aliviarem; Jonas, porém, descera ao porão do navio; e, tendo-se deitado, dormia um profundo sono.

⁶O mestre do navio, pois, chegou-se a ele, e disse-lhe: Que estás fazendo, ó tu que dormes? Levanta-te, clama ao teu deus; talvez assim ele se lembre de nós, para que não pereçamos.

⁷E dizia cada um ao seu companheiro: Vinde, e lancemos sortes, para sabermos por causa de quem nos sobreveio este mal. E lançaram sortes, e a sorte caiu sobre Jonas.

⁸Então lhe disseram: Declara-nos tu agora, por causa de quem nos sobreveio este mal. Que ocupação é a tua? Donde vens? Qual é a tua terra? E de que povo és tu?

⁹Respondeu-lhes ele: Eu sou hebreu, e temo ao Senhor, o Deus do céu, que fez o mar e a terra seca.

¹⁰Então estes homens se encheram de grande temor, e lhe disseram: Que é isso que fizeste? pois sabiam os homens que fugia da presença do Senhor, porque ele lho tinha declarado.

¹¹Ainda lhe perguntaram: Que te faremos nós, para que o mar se nos acalme? Pois o mar se ia tornando cada vez mais tempestuoso.

¹²Respondeu-lhes ele: Levantai-me, e lançai-me ao mar, e o mar se vos aquietará; porque eu sei que por minha causa vos sobreveio esta grande tempestade.

¹³Entretanto os homens se esforçavam com os remos para tornar a alcançar a terra; mas não podiam, porquanto o mar se ia embravecendo cada vez mais contra eles.

¹⁴Por isso clamaram ao Senhor, e disseram: Nós te rogamos, ó Senhor, que não pereçamos por causa da vida deste homem, e que não ponhas sobre nós o sangue inocente; porque tu, Senhor, fizeste como te aprouve.

¹⁵Então levantaram a Jonas, e o lançaram ao mar; e cessou o mar da sua fúria.

¹⁶Temeram, pois, os homens ao Senhor com grande temor; e ofereceram sacrifícios ao Senhor, e fizeram votos.

¹⁷Então o Senhor deparou um grande peixe, para que tragasse a Jonas; e esteve Jonas três dias e três noites nas entranhas do peixe.

## Capítulo 2

¹E orou Jonas ao Senhor, seu Deus, lá das entranhas do peixe;

²e disse: Na minha angústia clamei ao senhor, e ele me respondeu; do ventre do Seol gritei, e tu ouviste a minha voz.

³Pois me lançaste no profundo, no coração dos mares, e a corrente das águas me cercou; todas as tuas ondas e as tuas vagas passaram por cima de mim.

⁴E eu disse: Lançado estou de diante dos teus olhos; como tornarei a olhar para o teu santo templo?

⁵As águas me cercaram até a alma, o abismo me rodeou, e as algas se enrolaram na minha cabeça.

⁶Eu desci até os fundamentos dos montes; a terra encerrou-me para sempre com os seus ferrolhos; mas tu, Senhor meu Deus, fizeste subir da cova a minha vida.

⁷Quando dentro de mim desfalecia a minha alma, eu me lembrei do Senhor; e entrou a ti a minha oração, no teu santo templo.

⁸Os que se apegam aos vãos ídolos afastam de si a misericórdia.

⁹Mas eu te oferecerei sacrifício com a voz de ação de graças; o que votei pagarei. Ao Senhor pertence a salvação.

¹⁰Falou, pois, o Senhor ao peixe, e o peixe vomitou a Jonas na terra.

## Capítulo 3

¹Pela segunda vez veio a palavra do Senhor a Jonas, dizendo:

²Levanta-te, e vai à grande cidade de Nínive, e lhe proclama a mensagem que eu te ordeno.

³Levantou-se, pois, Jonas, e foi a Nínive, segundo a palavra do Senhor. Ora, Nínive era uma grande cidade, de três dias de jornada.

⁴E começou Jonas a entrar pela cidade, fazendo a jornada dum dia, e clamava, dizendo: Ainda quarenta dias, e Nínive será subvertida.

⁵E os homens de Nínive creram em Deus; e proclamaram um jejum, e vestiram-se de saco, desde o maior deles até o menor.

⁶A notícia chegou também ao rei de Nínive; e ele se levantou do seu trono e, despindo-se do seu manto e cobrindo-se de saco, sentou-se sobre cinzas.

⁷E fez uma proclamação, e a publicou em Nínive, por decreto do rei e dos seus nobres, dizendo: Não provem coisa alguma nem homens, nem animais, nem bois, nem ovelhas; não comam, nem bebam água;

⁸mas sejam cobertos de saco, tanto os homens como os animais, e clamem fortemente a Deus; e convertam-se, cada um do seu mau caminho, e da violência que há nas suas mãos.

⁹Quem sabe se se voltará Deus, e se arrependerá, e se apartará do furor da sua ira, de sorte que não pereçamos?

¹⁰Viu Deus o que fizeram, como se converteram do seu mau caminho, e Deus se arrependeu do mal que tinha dito lhes faria, e não o fez.

## Capítulo 4

¹Mas isso desagradou extremamente a Jonas, e ele ficou irado.

²E orou ao Senhor, e disse: Ah! Senhor! não foi isso o que eu disse, estando ainda na minha terra? Por isso é que me apressei a fugir para Társis, pois eu sabia que és Deus compassivo e misericordioso, longânimo e grande em benignidade, e que te arrependes do mal.

³Agora, ó Senhor, tira-me a vida, pois melhor me é morrer do que viver.

⁴Respondeu o senhor: É razoável essa tua ira?

⁵Então Jonas saiu da cidade, e sentou-se ao oriente dela; e ali fez para si uma barraca, e se sentou debaixo dela, à sombra, até ver o que aconteceria à cidade.

⁶E fez o Senhor Deus nascer uma aboboreira, e fê-la crescer por cima de Jonas, para que lhe fizesse sombra sobre a cabeça, a fim de o livrar do seu enfado; de modo que Jonas se alegrou em extremo por causa da aboboreira.

⁷Mas Deus enviou um bicho, no dia seguinte ao subir da alva, o qual feriu a aboboreira, de sorte que esta se secou.

⁸E aconteceu que, aparecendo o sol, Deus mandou um vento calmoso oriental; e o sol bateu na cabeça de Jonas, de maneira que ele desmaiou, e desejou com toda a sua alma morrer, dizendo: Melhor me é morrer do que viver.

⁹Então perguntou Deus a Jonas: É razoável essa tua ira por causa da aboboreira? Respondeu ele: É justo que eu me enfade a ponto de desejar a morte.

¹⁰Disse, pois, o Senhor: Tens compaixão da aboboreira, na qual não trabalhaste, nem a fizeste crescer; que numa noite nasceu, e numa noite pereceu.

¹¹E não hei de eu ter compaixão da grande cidade de Nínive em que há mais de cento e vinte mil pessoas que não sabem discernir entre a sua mão direita e a esquerda, e também muito gado?

# Miquéias

## Capítulo 1

¹A palavra do Senhor que veio a Miquéias, morastita, nos dias de Jotão Acaz e Ezequias reis de Judá a qual ele viu sobre Samária e Jerusalém.

²Ouvi, todos os povos; presta atenção, ó terra, e tudo o que nela há; e seja testemunha contra vós o Senhor Deus, o Senhor desde o seu santo templo.

³Porque eis que o Senhor está a sair do seu lugar, e descerá, e andará sobre as alturas da terra.

⁴Os montes debaixo dele se derreterão, e os vales se fenderão, como a cera diante do fogo, como as águas que se precipitam por um declive.

⁵Sucede tudo isso por causa da transgressão de Jacó, e por causa dos pecados da casa de Israel. Qual é a transgressão de Jacó? não é Samária? e quais os altos de Judá? não é Jerusalém?

⁶Por isso farei de Samária um montão de pedras do campo, uma terra de plantar vinhas; e farei rebolar as suas pedras para o vale, e descobrirei os seus fundamentos.

⁷Todas as suas imagens esculpidas serão despedaçadas, todos os seus salários serão queimados pelo fogo, e de todos os seus ídolos farei uma assolação; porque pelo salário de prostituta os ajuntou, e em salário de prostituta se tornarão.

⁸Por isso lamentarei e uivarei, andarei despojado e nu farei lamentação como de chacais, e pranto como de avestruzes.

⁹Pois as suas feridas são incuráveis, e o mal chegou até Judá; estendeu-se até a porta do meu povo, até Jerusalém.

¹⁰Não o anuncieis em Gate, em Aco não choreis; em Bete-Le-Afra revolvei-vos no pó.

¹¹Passa, ó moradora de Safir, em vergonhosa nudez; a moradora de Zaanã não saiu; o pranto de Bete-Ezel tomará de vós a sua morada.

¹²Pois a moradora de Marote espera ansiosamente pelo bem; porque desceu do Senhor o mal até a porta de Jerusalém.

¹³Ata ao carro o cavalo ligeiro, ó moradora de Laquis; esta foi o princípio do pecado para a filha de Sião; pois em ti se acharam as transgressões de Israel.

¹⁴Por isso darás a Moresete-Gate presentes de despedida; as casas de Aczibe se tornarão em engano para os reis de Israel.

¹⁵Ainda trarei a ti, ó moradora de Maressa, aquele que te possuirá; chegará até Adulão a glória de Israel.

¹⁶Faze-te calva e tosquia-te por causa dos filhos das tuas delícias; alarga a tua calva como a águia, porque de ti serão levados para o cativeiro.

## Capítulo 2

¹Ai daqueles que nas suas camas maquinam a iniquidade e planejam o mal! quando raia o dia, põem-no por obra, pois está no poder da sua mão.

²E cobiçam campos, e os arrebatam, e casas, e as tomam; assim fazem violência a um homem e à sua casa, a uma pessoa e à sua herança.

³Portanto, assim diz o Senhor. Eis que contra esta família maquino um mal, de que não retirareis os vossos pescoços; e não andareis arrogantemente; porque o tempo sera mau.

⁴Naquele dia surgirá contra vós um motejo, e se levantará pranto lastimoso, dizendo: Nós estamos inteiramente despojados; a porção do meu povo ele a troca; como ele a remove de mim! aos rebeldes reparte os nossos campos.

⁵Portanto, não terás tu na cogregação do Senhor quem lance o cordel pela sorte

⁶Não profetizeis; assim profetizam eles, - não se deve profetizar tais coisas; não nos alcançará o opróbrio.

⁷Acaso dir-se-á isso, ó casa de Jacó: tem-se restringido o Espírito do Senhor? são estas as suas obras? e não é assim que fazem bem as minhas palavras ao que anda retamente.

⁸Mas há pouco se levantou o meu povo como um inimigo; de sobre a vestidura arrancais o manto aos que passam seguros, como homens contrários à guerra.

⁹As mulheres do meu povo, vós as lançais das suas casas agradáveis; dos seus filhinhos tirais para sempre a minha glória.

¹⁰Levantai-vos, e ide-vos, pois este não é lugar de descanso; por causa da imundícia que traz destruição, sim, destruição enorme.

¹¹Se algum homem, andando em espírito de falsidade, mentir, dizendo: Eu te profetizarei acerca do vinho e da bebida forte, será esse tal o profeta deste povo.

¹²Certamente te ajuntarei todo, ó Jacó; certamente congregarei o restante de Israel; pô-los-ei todos juntos, como ovelhas no curral, como rebanho no meio do seu pasto; farão estrondo por causa da multidão dos homens.

¹³Subirá diante deles aquele que abre o caminho; eles romperão, e entrarão pela porta, e sairão por ela; e o rei irá adiante deles, e o Senhor à testa deles.

## Capítulo 3

¹E disse eu: Ouvi, peço-vos, ó chefes de Jacó, e vós, ó príncipes da casa de Israel: não é a vós que pertence saber a justiça?

²A vós que aborreceis o bem, e amais o mal, que arrancais a pele de cima deles, e a carne de cima dos seus ossos,

³os que também comeis a carne do meu povo e lhes arrancais a pele, e lhes esmiuçais os ossos, e os repartis em pedaços como para a panela e como carne dentro do caldeirão.

⁴Então clamarão ao Senhor; ele, porém, não lhes responderá, antes esconderá deles a sua face naquele tempo, conforme eles fizeram mal nas suas obras.

⁵Assim diz o Senhor a respeito dos profetas que fazem errar o meu povo, que clamam: Paz! enquanto têm o que comer, mas preparam a guerra contra aquele que nada lhes mete na boca.

⁶Portanto se vos fará noite sem visão; e trevas sem adivinhação haverá para vós. Assim se porá o sol sobre os profetas, e sobre eles, obscurecerá o dia.

⁷E os videntes se envergonharão, e os adivinhadores se confundirão; sim, todos eles cobrirão os seus lábios, porque não haverá resposta de Deus.

⁸Quanto a mim, estou cheio do poder do Espírito do Senhor, assim como de justiça e de coragem, para declarar a Jacó a sua transgressão e a Israel o seu pecado.

⁹Ouvi agora isto, vós chefes da casa de Jacó, e vós governantes da casa de Israel, que abominais a justiça e perverteis tudo o que é direito,

¹⁰edificando a Sião com sangue, e a Jerusalém com iniquidade.

¹¹Os seus chefes dão as sentenças por peitas, e os seus sacerdotes ensinam por interesse, e os seus profetas adivinham por dinheiro; e ainda se encostam ao Senhor, dizendo: Não está o Senhor no meio de nós? nenhum mal nos sobrevirá.

¹²Portanto, por causa de vós, Sião será lavrada como um campo, e Jerusalém se tornará em montões de pedras, e o monte desta casa em lugares altos dum bosque.

## Capítulo 4

¹Mas nos últimos dias acontecerá que o monte da casa do Senhor será estabelecido como o mais alto dos montes, e se exalçará sobre os outeiros, e a ele concorrão os povos.

²E irão muitas nações, e dirão: Vinde, e subamos ao monte do Senhor, e à casa do Deus de Jacó, para que nos ensine os seus caminhos, de sorte que andemos nas suas veredas; porque de Sião sairá a lei, e de Jerusalém a palavra do Senhor.

³E julgará entre muitos povos, e arbitrará entre nações poderosas e longínquas; e converterão as suas espadas em relhas de arado, e as suas lanças em podadeiras; uma nação não levantará a espada contra outra nação, nem aprenderão mais a guerra.

⁴Mas assentar-se-á cada um debaixo da sua videira, e debaixo da sua figueira, e não haverá quem os espante, porque a boca do Senhor dos exércitos o disse.

⁵Pois todos os povos andam, cada um em nome do seu deus; mas nós andaremos para todo o sempre em nome do Senhor nosso Deus.

⁶Naquele dia, diz o Senhor, congregarei a que coxeava, e recolherei a que tinha sido expulsa, e a que eu afligi.

⁷E da que coxeava farei um resto, e da que tinha sido arrojada para longe, uma nação poderosa; e o Senhor reinará sobre eles no monte Sião, desde agora e para sempre.

⁸E a ti, ó torre do rebanho, outeiro da filha de Sião, a ti virá, sim, a ti virá o primeiro domínio, o reino da filha de Jerusalém.

⁹E agora, por que fazes tão grande pranto? Não há em ti rei? pereceu o teu conselheiro, de modo que se apoderaram de ti dores, como da que está de parto,

¹⁰Sofre dores e trabalha, ó filha de Sião, como a que está de parto; porque agora sairás da cidade, e morarás no campo, e virás até Babilônia. Ali, porém serás livrada; ali te remirá o Senhor da mão de teus inimigos.

¹¹Agora se congregaram muitas nações contra ti, que dizem: Seja

ela profanada, e vejam o nossos olhos o seu desejo sobre Sião.

¹²Mas, não sabem os pensamentos do Senhor, nem entendem o seu conselho; porque as ajuntou como gavelas para dentro da eira.

¹³Levanta-te, e debulha, ó filha de Sião, porque eu farei de ferro o teu chifre, e de bronze as tuas unhas; e esmiuçarás a muitos povos; e dedicarás o seu ganho ao Senhor, e os seus bens ao Senhor de toda a terra.

## Capítulo 5

¹Agora, ajunta-te em tropas, ó filha de tropas; pôr-se-á cerco contra nós; ferirão com a vara no queixo ao juiz de Israel.

²Mas tu, Belém Efrata, posto que pequena para estar entre os milhares de Judá, de ti é que me sairá aquele que há de reinar em Israel, e cujas saídas são desde os tempos antigos, desde os dias da eternidade.

³Portanto os entregará até o tempo em que a que está de parto tiver dado à luz; então o resto de seus irmãos voltará aos filhos de Israel.

⁴E ele permanecerá, e apascentará o povo na força do Senhor, na excelência do nome do Senhor seu Deus; e eles permanecerão, porque agora ele será grande até os fins da terra.

⁵E este será a nossa paz. Quando a Assíria entrar em nossa terra, e quando pisar em nossos palácios, então suscitaremos contra ela sete pastores e oito príncipes dentre os homens.

⁶Esses consumirão a terra da Assíria à espada, e a terra de Ninrode nas suas entradas. Assim ele nos livrará da Assíria, quando entrar em nossa terra, e quando calcar os nossos termos.

⁷E o resto de Jacó estará no meio de muitos povos, como orvalho da parte do Senhor, como chuvisco sobre a erva, que não espera pelo homem, nem aguarda filpios de homens.

⁸Tambem o resto de Jacó estará entre as nações, no meio de muitos povos, como um leão entre os animais do bosque, como um leão novo entre os rebanhos de ovelhas, o qual, quando passar, as pisará e despedaçará, sem que haja quem as livre.

⁹A tua mão será exaltada sobre os teus adversários e serão exterminados todos os seus inimigos.

¹⁰Naquele dia, diz o Senhor, exterminarei do meio de ti os teus cavalos, e destruirei os teus carros;

¹¹destruirei as cidade da tua terra, e derribarei todas as tuas fortalezas.

¹²Tirarei as feitiçarias da tua mão, e não terás adivinhadores;

¹³arrancarei do meio de ti as tuas imagens esculpidas e as tuas colunas; e nao adorarás mais a obra das tuas mãos.

¹⁴Do meio de ti arrancarei os teus aserins, e destruirei as tuas cidades.

¹⁵E com ira e com furor exercerei vingança sobre as nações que não obedeceram.

## Capítulo 6

¹Ouvi agora o que diz o Senhor: Levanta-te, contende perante os montes, e ouçam os outeiros a tua voz.

²Ouvi, montes, a demanda do Senhor, e vós, fundamentos duradouros da terra; porque o Senhor tem uma demanda com o seu povo e com Israel entrará em juízo.

³ç povo meu, que é que te tenho feito? e em que te enfadei? testifica contra mim.

⁴Pois te fiz subir da terra do Egito, e da casa da servidão te remi; e enviei adiante de ti a Moisés, Arão e Miriã.

⁵Povo meu, lembra-te agora da consulta de Balaque, rei de Meabe, e do que lhe respondeu Balaão, filho de Beor, e do que sucedeu desde Sitini até Gilgal, para que conheças as justiças do Senhor.

⁶Com que me apresentarei diante do Senhor, e me prostrarei perante o Deus excelso? Apresentar-me-ei diante dele com holocausto, com bezerros de um ano?

⁷Agradar-se-á o Senhor de milhares de carneiros, ou de miríades de ribeiros de azeite? Darei o meu primogênito pela minha transgressão, o fruto das minhas entranhas pelo pecado da minha alma?

⁸Ele te declarou, ó homem, o que é bom; e que é o que o Senhor requer de ti, senão que pratiques a justiça, e ames a benevolência, e andes humildemente com o teu Deus?

⁹A voz do Senhor clama à cidade, e o que é sábio temerá o teu nome. Escutai a vara, e quem a ordenou.

¹⁰Porventura ainda há na casa do impio tesouros de impiedade? e a efa desfalcada, que é detestável?

¹¹Justificerei ao que tem balanças falsas, e uma bolsa de pesos enganosos?

¹²Pois os ricos da cidade estão cheios de violência, e os seus habitantes falam mentiras, e a lingua deles é enganosa na sua boca.

¹³Assim eu tambem te enfraquecerei, ferindo-te e assolando-te, por causa dos teus pecados.

¹⁴Tu comerás, mas não te fartarás; e a tua fome estará sempre contigo; removerás os teus bens, mas nada livrarás; e aquilo que livrares, eu o entregarei à espada.

¹⁵Tu semearás, mas não segarás; pisarás a azeitona, mas não te ungirás de azeite; e pisarás a vindima, mas não beberás o vinho.

¹⁶Porque se observam os estatutos de Onri, e todas as obras da casa de Acabe, e vós andais nos conselhos deles; para que eu faça de ti uma desolação, e dos seus habitantes um assobio. Assim trareis sobre vós o opróbrio do meu povo.

## Capítulo 7

¹Ai de mim! porque estou feito como quando são colhidas as frutas do verão, como os rabiscos da vindima; não há cacho de uvas para comer, nem figo temporão que a minha alma deseja.

²Pereceu da terra o homem piedoso; e entre os homens não há um que seja reto; todos armam ciladas para sangue; caça cada um a seu irmão com uma rede.

³As suas mãos estão sobre o mal para o fazerem diligentemente; o príncipe e o juiz exigem a peita, e o grande manifesta o desejo mau da sua alma; e assim todos eles tecem o mal.

⁴O melhor deles é como um espinho; o mais reto é pior do que uma sebe de espinhos. Veio o dia dos seus vigias, a saber, a sua punição; agora começará a sua confusao.

⁵Não creiais no amigo, nem confieis no companheiro; guarda as portas da tua boca daquela que repousa no teu seio.

⁶Pois o filho despreza o pai, a filha se levanta contra a mãe, a nora contra a sogra; os inimigos do homem são os da própria casa.

⁷Eu, porém, confiarei no Senhor; esperarei no Deus da minha salvação. O meu Deus me ouvirá.

⁸Não te alegres, inimiga minha, a meu respeito; quando eu cair, levantar-me-ei; quando me sentar nas trevas, o Senhor será a minha luz.

⁹Sofrerei a indignação do Senhor, porque tenho pecado contra ele; até que ele julgue a minha causa, e execute o meu direito. Ele me tirará para a luz, e eu verei a sua justiça.

¹⁰E a minha inimiga verá isso, e cobrila-á a confusão, a ela que me disse: Onde está o Senhor teu Deus? Os meus olhos a contemplarão; agora ela será pisada como a lama das ruas.

¹¹É dia de reedificar os teus muros! Naquele dia será dilatado grandemente o teu termo.

¹²Naquele dia virão a ti da Assíria e das cidades do Egito, e do Egito até o Rio, e de mar a mar, e de montanha a montanha.

¹³Mas a terra será entregue à desolação por causa dos seus moradores, por causa do fruto das suas obras.

¹⁴Apascenta com a tua vara o teu povo, o rebanho da tua herança, que habita a sós no bosque, no meio do Carmelo; apascentem-se em Basã e Gileade, como nos dias antigos.

¹⁵Eu lhes mostrarei maravilhas, como nos dias da tua saída da terra do Egito.

¹⁶As nações o verão, e envergonhar-se-ão, por causa de todo o seu poder; porão a mão sobre a boca, e os seus ouvidos ficarão surdos.

¹⁷Lamberão o pó como serpentes; como répteis da terra, tremendo, sairão dos seus esconderijos; com pavor virão ao Senhor nosso Deus, e terão medo de ti.

¹⁸Quem é Deus semelhante a ti, que perdoas a iniqüidade, e que te esqueces da transgressão do resto da tua herança? O Senhor não retém a sua ira para sempre, porque ele se deleita na benignidade.

¹⁹Tornará a apiedar-se de nós, pisará aos pés as nossas iniqüidades. Tu lançarás todos os nossos pecados nas profundezas do mar.

²⁰Mostrarás a Jacó a fidelidade, e a Abraão a benignidade, conforme juraste a nossos pais desde os dias antigos.

# Naum

## Capítulo 1

¹Oráculo acerca de Nínive. Livro da visão de Naum, o elcosita.

²O Senhor é um Deus zeloso e vingador; o Senhor é vingador e cheio de indignação; o Senhor toma vingança contra os seus adversários, e guarda a ira contra os seus inimigos.

³O Senhor é tardio em irar-se, e de grande poder, e ao culpado de maneira alguma terá por inocente; o Senhor tem o seu caminho no turbilhão e na tempestade, e as nuvens sao o po dos seus pes.

⁴Ele repreende o mar, e o faz secar, e esgota todos os rios; desfalecem Basã e Carmelo, e a flor do Líbano murcha.

⁵Os montes tremem perante ele, e os outeiros se derretem; e a terra fica devastada diante dele, sim, o mundo, e todos os que nele habitam.

⁶Quem pode manter-se diante do seu furor? e quem pode subsistir diante do ardor da sua ira? a sua cólera se derramou como um fogo, e por ele as rochas sao fendidas.

⁷O Senhor é bom, uma fortaleza no dia da angústia; e conhece os que nele confiam.

⁸E com uma inundação transbordante acabará duma vez com o lugar dela; e até para dentro das trevas perseguirá os seus inimigos.

⁹Que é o que projetais vós contra o Senhor? Ele destruirá de vez; não se levantará por duas vezes a angústia.

¹⁰Pois ainda que eles se entrelacem como os espinhos, e se saturem de vinho como bêbados, serão inteiramente consumidos como restolho seco.

¹¹Não saiu de ti um que maquinava o mal contra o Senhor, aconselhando maldade?

¹²Assim diz o Senhor: Por mais intatos que sejam, e por mais numerosos, assim mesmo serão exterminados e passarão. Ainda que te afligi, não te afligirei mais.

¹³Mas agora quebrarei o seu jugo de sobre ti, e romperei as tuas cadeias.

¹⁴Contra ti, porém, o Senhor deu ordem que não haja mais linhagem do teu nome; da casa dos teus deuses exterminarei as imagens de escultura e as de fundição; farei o teu sepulcro, porque és vil.

¹⁵Eis sobre os montes os pés do que traz boas novas, do que anuncia a paz! Celebra as tuas festas, ó Judá, cumpre os teus votos, porque o ímpio não tornará mais a passar por ti; ele é inteiramente exterminado.

## Capítulo 2

¹O destruidor sobe contra ti. Guarda tu a fortaleza, vigia o caminho, robustece os lombos, arregimenta bem as tuas forças.

²Pois o Senhor restaura a excelência de Jacó, qual a excelência de Israel; porque os saqueadores os despojaram e destruíram os seus sarmentos.

³Os escudos dos seus valentes estão vermelhos, os homens valorosos estão vestidos de escarlate; os carros resplandecem como o aço no dia da sua preparação, e as lanças são brandidas.

⁴Os carros andam furiosamente nas ruas; cruzam as praças em todas as direções; parecem como tochas, e correm como os relampagos.

⁵Ele se lembra dos seus nobres; eles tropeçam na sua marcha; apressam-se para chegar ao muro de cidade, arma-se a manta.

⁶As portas dos rios abrem-se, e o palácio está em confusão.

⁷E está decretado: ela é despida, e levada cativa; e as suas servas gemem como pombas, batendo em seus peitos.

⁸Nínive desde que existe tem sido como um tanque de águas; elas, porém, fogem agora: parai, parai, clama-se; mas ninguém olhara para trás.

⁹Saqueai a prata, saqueai o ouro; pois não ha fim dos tesouros; abastança há de todas as coisas preciosas.

¹⁰Ela está vazia, esgotada e devastada; derrete-se o coração, tremem os joelhos, e em todos os lombos há dor; o rosto de todos eles empalidece.

¹¹Onde está agora o covil dos leões, e a habitação dos leões novos, onde andavam o leão, e a leoa, e o cachorro do leão, sem haver ninguém que os espantasse?

¹²O leão arrebatava o que bastava para os seus cachorros, e estrangulava a presa para as suas leoas, e enchia de presas as suas cavernas, e de rapina os seus covis.

¹³Eis que eu estou contra ti, diz o Senhor dos exércitos, e queimarei na fumaça os teus carros, e a espada devorará os teus leões novos; e exterminarei da terra a tua presa; e não se ouvira mais a voz dos teus embaixadores.

## Capítulo 3

¹Ai da cidade ensangüentada! Ela está toda cheia de mentiras e de rapina! da presa não há fim!

²Eis o estrépito do açoite, e o estrondo das rodas, os cavalos que curveteiam e os carros que saltam;

³o cavaleiro que monta, a espada rutilante, a lança reluzente, a, multidão de mortos, o montão de cadáveres, e defuntos inumeráveis; tropeçam nos cadáveres.

⁴tudo isso por causa da multidão dos adultérios, da meretriz formosa, da mestra das feitiçarias, que vende nações por seus deleites, e familias pelas suas feitiçarias.

⁵Eis que eu estou contra ti, diz o Senhor dos exercitos; e levantarei as tuas fraldas sobre a tua face; e às nações mostrarei a tua nudez, e seus reinos a tua vergonha.

⁶Lançarei sobre ti imundícias e te tratarei com desprezo, e te porei como espetáculo.

⁷E há de ser todos os que te virem fugirão de ti, e dirão: Nínive esta destruída; quem tera compaixão dela? Donde te buscarei consoladores?

⁸És tu melhor do que Tebas, que se sentava à beira do Nilo, cercada de águas, tendo por baluarte o mar, e as aguas por muralha,

⁹Etiópia e Egito eram a sua força, que era inesgotável; Pute e Líbia eram teus aliados.

¹⁰Todavia ela foi levada, foi para o cativeiro; também os seus pequeninos foram despedaçados nas entradas de todas as ruas, e sobre os seus nobres lançaram sortes, e todos os seus grandes foram presos em grilhões.

¹¹Tu também serás embriagada, e ficarás escondida; e buscarás um refúgio do inimigo.

¹²Todas as tuas fortalezas serão como figueiras com figos temporãos; sendo eles sacudidos, caem na boca do que os há de comer.

¹³Eis que as tuas tropas no meio de ti são como mulheres; as portas da tua terra estão de todo abertas aos teus inimigos; o fogo consome os teus ferrolhos.

¹⁴Tira água para o tempo do cerco; reforça as tuas fortalezas; entra no lodo, pisa o barro, pega na forma para os tijolos.

¹⁵O fogo ali te consumirá; a espada te exterminará; ela te devorará como a locusta. Multiplica-te como a locusta, multiplica-te como o gafanhoto.

¹⁶Multiplicaste os teus negociantes mais do que as estrelas do céu; a locusta estende as asas e sai voando.

¹⁷Os teus príncipes são como os gafanhotos, e os teus chefes como enxames de gafanhotos, que se acampam nas sebes nos dias de frio; em subindo o sol voam, e não se sabe o lugar em que estão.

¹⁸Os teus pastores dormitam, ó rei da Assíria; os teus nobres dormem, o teu povo está espalhado pelos montes, sem que haja quem o ajunte.

¹⁹Não há cura para a tua ferida; a tua chaga é grave. Todos os que ouvirem a tua fama baterão as palmas sobre ti; porque, sobre quem não tem passado continuamente a tua malícia?

# Habacuque

## Capítulo 1

¹O oráculo que o profeta Habacuque viu.

²Até quando Senhor, clamarei eu, e tu não escutarás? ou gritarei a ti: Violência! e não salvarás?

³Por que razão me fazes ver a iniquidade, e a opressão? Pois a destruição e a violência estão diante de mim; há também contendas, e o litígio é suscitado.

⁴Por esta causa a lei se afrouxa, e a justiça nunca se manifesta; porque o ímpio cerca o justo, de sorte que a justiça é pervertida.

⁵Vede entre as nações, e olhai; maravilhai-vos e admirai-vos; porque realizo em vossos dias uma obra, que vós não acreditareis, quando vos for contada.

⁶Pois eis que suscito os caldeus, essa nação feroz e impetuosa, que marcha sobre a largura da terra para se apoderar de moradas que nao sao suas.

⁷Ela é terrível e espantosa; dela mesma sai o seu juízo e a sua dignidade.

⁸Os seis cavalos são mais ligeiros do que os leopardos, se mais ferozes do que os lobos a tarde; os seus cavaleiros espalham-se por toda a parte; sim, os seus cavaleiros vêm de longe; voam como a águia que se apressa a devorar.

⁹Eles todos vêm com violência; a sua vanguarda irrompe como o vento oriental; eles ajuntam cativos como areia.

¹⁰Escarnecem dos reis, e dos príncipes fazem zombaria; eles se riem de todas as fortalezas; porque, amontoando terra, as tomam.

¹¹Então passam impetuosamente, como um vento, e seguem, mas eles são culpados, esses cujo proprio poder e o seu deus.

¹²Não és tu desde a eternidade, ó Senhor meu Deus, meu santo? Nós não morreremos. ç Senhor, para juízo puseste este povo; e tu, ó Rocha, o estabeleceste para correção.

¹³Tu que és tão puro de olhos que não podes ver o mal, e que não podes contemplar a perversidade, por que olhas pára os que procedem aleivosamente, e te calas enquanto o ímpio devora aquele que e mais justo do que ele.

¹⁴E farias os homens como os peixes do mar, como os répteis, que não têm quem os governe,

¹⁵Ele a todos levanta com o anzol, apanha-os com sua rede; e os ajunta na sua rede varredoura; por isso ele se alegra e se regozija.

¹⁶Por isso sacrifica à sua rede, e queima incenso à sua varredoura; porque por elas enriquece a sua porção, e é abundante a sua comida.

¹⁷Porventura por isso continuara esvaziando a sua rede e matando sem piedade os povos?

## Capítulo 2

¹Sobre a minha torre de vigia me colocarei e sobre a fortaleza me apresentarei e vigiarei, para ver o que me dira, e o que eu responderei no tocante, a minha queixa.

²Entao o Senhor me respondeu , e disse: Escreve a visão e torna-se bem legível sobre tabuas, para que a possa ler quem passa correndo.

³Pois a visão é ainda para o tempo determinado, e se apressapara o fim. Ainda que se demore, espera-o; porque certamente virá, não tardará.

⁴Eis o soberbo! A sua alma não é reta nele; mas o justo pela sua fé viverá.

⁵Além disso, o vinho é traidor; o homem soberbo não permanece. Ele alarga como o Seol o seu desejo; como a morte, nunca se pode fartar, mas ajunta a si todas as nações, e congrega a si todos os povos.

⁶Não levantarão, pois, todos estes contra ele um provérbio e um dito zombador? E dirão: Ai daquele que acumula o que não é seu! (até quando?) e daquele que se carrega a si mesmo de penhores!

⁷Não se levantarão de repente os teus credores? e não despertarão os que te farão tremer? Então lhes servirás tu de despojo.

⁸Visto como despojaste muitas nações, os demais povos te despojarão a ti, por causa do sangue dos homens, e da violência para com á terra, a cidade, e todos os que nela habitam.

⁹Ai daquele que adquire para a sua casa lucros criminosos, para pôr o seu ninho no alto, a fim de se livrar das garras da calamidade!

¹⁰Vergonha maquinaste para a tua casa; destruindo tu a muitos povos, pecaste contra a tua alma.

¹¹pois a pedra clamará da parede, e a trave lhe responderá do madeiramento.

¹²Ai daquele que edifica a cidade com sángue, e que funda a cidade com iniquidade!

¹³Acaso não procede do Senhor dos exércitos que os povos trabalhem para o fogo e as nações se cansem em vão?

¹⁴Pois a terra se encherá do conhecimento da glória do Senhor, como as águas cobrem o mar.

¹⁵Ai daquele que da de beber ao seu próximo, adicionando à bebida o seu furor, e que o embebeda para ver a sua nudez!

¹⁶Serás farto de ignomínia em lugar de honra; bebe tu também, e sê como um incurunciso; o cálice da mão direita do Senhor se chegará a ti, e ignomínia cairá sobre a tua glória.

¹⁷Pois a violência cometida contra o Líbano te cobrirá, e bem assim a destruição das feras te amedrontrará por causa do sangue dos homens, e da violência para com a terra, a cidade e todos os que nele habitam.

¹⁸Que aproveita a imagem esculplda, tendo-a esculpido o seu artífice? a imagem de fundição, que ensina a mentira? Pois o artífice confia na sua própria obra, quando forma ídolos mudos.

¹⁹Ai daquele que diz ao pau: Acorda; e à pedra muda: Desperta! Pode isso ensinar? Eis que está coberto de ouro e de prata, e dentro dele não há espírito algum.

²⁰Mas o Senhor está no seu santo templo; cale-se diante dele toda a terra; cale-se diante dele toda a terra.

## Capítulo 3

¹Oração do profeta Habacuque, à moda de sigionote.

²Eu ouvi, Senhor, a tua fama, e temi; aviva, ó Senhor, a tua obra no meio dos anos; faze que ela seja conhecida no meio dos anos; na ira lembra-te da misericórdia.

³Deus veio de Temã, e do monte Parã o Santo. [Selá]. A sua glória cobriu os céus, e a terra encheu-se do seu louvor.

⁴E o seu resplendor é como a luz, da sua mão saem raios brilhantes, e ali está o esconderijo da sua força.

⁵Adiante dele vai a peste, e por detrás a praga ardente.

⁶Pára, e mede a terra; olha, e sacode as nações; e os montes perpétuos se espalham, os outeiros eternos se abatem; assim é o seu andar desde a eternidade.

⁷Vejo as tendas de Cusã em aflição; tremem as cortinas da terra de Midiã.

⁸Acaso é contra os rios que o Senhor está irado? E contra os ribeiros a tua ira, ou contra o mar o teu furor, visto que andas montado nos teus cavalos, nos teus carros de vitória?

⁹Descoberto de todo está o teu arco; a tua aljava está cheia de flechas. (Selá) Tu fendes a terra com rios.

¹⁰Os montes te vêem, e se contorcem; inundação das águas passa; o abismo faz ouvir a sua voz, e levanta bem alto as suas maos.

¹¹O sol e a lua param nas suas moradas, ante o lampejo das tuas flechas volantes, e aô brilho intenso da tua lança fulgurante.

¹²com indignação marchas pela terra, com ira trilhas as nações.

¹³Tu sais para o socorro do teu povo, para salvamento dos teus ungidos. Tu despedaças a cabeça da casa do ímpio, descobrindo-lhe de todo os fundamentos. (selá)

¹⁴Traspassas a cabeça dos seus guerreiros com as suas próprias lanças; eles me acometem como turbilhão para me espalharem; alegram-se, como se estivessem para devorar o pobre em segredo.

¹⁵Tu com os teus cavalos marchas pelo mar, pelo montão de grandes águas.

¹⁶Ouvindo-o eu, o meu ventre se comove, ao seu ruído tremem os meus lábios; entra a podridão nos meus ossos, vacilam os meus passos; em silêncio, pois, aguardarei o dia da angústia que há de vir sobre o povo

¹⁷Ainda que a figueira não floresça, nem haja fruto nas vides; ainda que falhe o produto da oliveira, e os campos não produzam mantimento; ainda que o rebanho seja exterminado da malhada e nos currais não haja gado.

¹⁸todavia eu me alegrarei no Senhor, exultarei no Deus da minha salvação.

¹⁹O Senhor Deus é minha força, ele fará os meus pés como os da corça, e me fará andar sobre os meus lugares altos. (Ao regente de música. Para instrumentos de cordas.)

# Sofonias

## Capítulo 1

¹A palavra do Senhor que veio a Sofonias, filho de Cuche, filho de Gedalias, filho de Amarias, filho de Ezequias, nos dias de Josias, filho de Amom, rei de Judá.

²Hei de consumir por completo tudo sobre a face da terra, diz o Senhor.

³Consumirei os homens e os animais; consumirei as aves do céu, e os peixes do mar, e os tropeços juntamente com os ímpios; e exterminarei os homens de sobre a face da terra, diz o Senhor.

⁴E estenderei a minha mão contra Judá, e contra todos os habitantes de Jerusalém; e exterminarei deste lugar o resto de Baal, e os nomes dos sacerdotes de ídolos, juntamente com os sacerdotes;

⁵e os que sobre os telhados adoram o exército do céu, e aqueles adoradores que juram ao Senhor, e juram por Milcom;

⁶e os que deixam de seguir ao Senhor, e os que não buscam ao Senhor, nem perguntam por ele.

⁷Cala-te diante do Senhor Deus, porque o dia do Senhor está perto; pois o Senhor tem preparado um sacrifício, e tem santificado os seus convidados.

⁸E no dia do sacrifício do Senhor castigarei os oficiais, e os filhos do rei, e todos os que se vestem de trajes estrangeiros.

⁹Castigarei também naquele dia todos aqueles que saltam sobre o umbral, que enchem de violência e de dolo a casa do seu senhor.

¹⁰E naquele dia, diz o Senhor, far-se-á ouvir uma voz de clamor desde a porta dos peixes, e um uivo desde a segunda parte, e grande estrépito desde os outeiros.

¹¹Uivai vós, moradores de Mactes, porque todo o povo de Canaã está arruinado; todos os que pesam a prata são destruídos.

¹²E há de ser que, naquele tempo, esquadrinharei a Jerusalém com lanternas, e castigarei os homens que se embrutecem com as fezes do vinho, que dizem no seu coração: O Senhor não faz o bem nem faz o mal.

¹³Por isso as riquezas deles se tornarão em despojo e as suas casas em desolação; e edificarão casas, mas não habitarão nelas; e plantarão vinhas, mas não lhes beberão o vinho.

¹⁴O grande dia do Senhor está perto; sim, está perto, e se apressa muito; ei-la, amarga é a voz do dia do Senhor; clama ali o homem poderoso.

¹⁵Aquele dia é dia de indignação, dia de tribulação e de angústia, dia de alvoroço e de assolação, dia de trevas e de escuridão, dia de nuvens e de densas trevas,

¹⁶dia de trombeta e de alarido contra as cidades fortificadas e contra as torres altas.

¹⁷E angustiarei os homens, e eles andarão como cegos, porque pecaram contra o Senhor; e o seu sangue se derramará como pó, e a sua carne como esterco.

¹⁸Nem a sua prata nem o seu ouro os poderá livrar no dia da indignação do Senhor; mas pelo fogo do seu zelo será devorada toda a terra; porque certamente fará de todos os moradores da terra uma destruição total e apressada.

## Capítulo 2

¹Congregai-vos, sim, congregai-vos, ó nação sem pudor;

²antes que o decreto produza efeito, e o dia passe como a pragana; antes que venha sobre vós o furor da ira do Senhor, sim, antes que venha sobre vós o dia da ira do Senhor.

³Buscai ao Senhor, vós todos os mansos da terra, que tendes posto por obra o seu juízo; buscai a justiça, buscai a mansidão; porventura sereis escondidos no dia da ira do Senhor.

⁴Pois Gaza será desamparada, e Asquelom assolada; Asdode ao meio-dia será expelida, e Ecrom desarraigada.

⁵Ai dos habitantes da borda do mar, da nação dos quereteus! A palavra do Senhor é contra vós, ó Canaã, terra dos filisteus; e eu vos destruirei, sem que fique sequer um habitante.

⁶E a borda do mar será de pastagens, com cabanas para os pastores, e currais para os rebanhos.

⁷E será a costa para o restante da casa de Judá, para que eles se apascentem ali; de tarde se deitarão nas casas de Asquelom; pois o Senhor seu Deus os visitará, e os fará tornar do seu cativeiro.

⁸Eu ouvi o escárnio de Moabe, e os ultrajes dos filhos de Amom, com que escarneceram do meu povo, e se engrandeceram contra o seu termo.

⁹Portanto diz o Senhor dos exércitos, o Deus de Israel: Tão certo como eu vivo, Moabe será como Sodoma, e os filhos de Amom como Gomorra, campo de urtigas e poços de sal, e desolação perpétua; o restante do meu povo os saqueará, e o restante da minha nação os possuira.

¹⁰Isso terão em recompensa da sua soberba, porque usaram de escárnios, e se engrandeceram contra o povo do Senhor dos exércitos.

¹¹O Senhor se mostrará terrível contra eles; pois aniquilará todos os deuses da terra, e adorá-lo-ão, cada uma desde o seu lugar, todas as ilhas das nações.

¹²Também vós, ó etíopes, sereis mortos pela minha espada.

¹³Ainda ele estenderá a mão contra o Norte, e destruirá a Assíria; e fará de Nínive uma desolação, terra árida como o deserto.

¹⁴E no meio dela se deitarão manadas, todas as feras do campo; e alojar-se-ão nos capitéis dela tanto o pelicano como o ouriço; a voz das aves se ouvirá nas janelas; e haverá desolação nos limiares; pois ele tem posto a descoberto a obra de cedro.

¹⁵Esta é a cidade alegre, que vivia em segurança, que dizia no seu coração: Eu sou, e fora de mim não há outra. Como se tem ela tornado em desolação, em covil de feras! Todo o que passar por ela assobiará, e meneará a mão

## Capítulo 3

¹Ai da rebelde e contaminada, da cidade opressora!

²Não escuta a voz, não aceita a correção, não confia no Senhor, nem se aproxima do seu Deus.

³Os seus oficiais são leões rugidores no meio dela; os seus juízes são lobos da tarde, que nada deixam para o dia seguinte.

⁴Os seus profetas são levianos, homens aleivosos; os seus sacerdotes profanam o santuário, e fazem violência à lei.

⁵O Senhor é justo no meio dela; ele não comete iniquidade; cada manhã traz o seu juízo à luz; nunca falta; o injusto, porém, não conhece a vergonha.

⁶Exterminei as nações, as suas torres estão assoladas; fiz desertas as suas praças a ponto de não ficar quem passe por elas; as suas cidades foram destruídas, até não ficar ninguém, até não haver quem as habite.

⁷Eu dizia: Certamente me temerás e aceitarás a correção; e assim a sua morada não seria destruída, conforme tudo o que eu havia determinado a respeito dela. Mas eles se levantaram de madrugada, e corromperam todas as suas obras.

⁸Portanto esperai-me a mim, diz o Senhor, no dia em que eu me levantar para o despojo; porque o meu intento é ajuntar nações e congregar reinos, para sobre eles derramar a minha indignação, e todo o ardor da minha ira; pois esta terra toda será consumida pelo fogo do meu zelo.

⁹Pois então darei lábios puros aos povos, para que todos invoquem o nome do Senhor, e o sirvam com o mesmo espírito.

¹⁰Dalém dos rios da Etiópia os meus adoradores, a saber, a filha dos meus dispersos, trarão a minha oferta.

¹¹Naquele dia não te envergonharás de nenhuma das tuas obras, com que te rebelaste contra mim; porque então tirarei do meio de ti, os que exultam arrogantemente, e tu nunca mais te ensoberbeceras no meu santo monte.

¹²Mas deixarei no meio de ti um povo humilde e pobre; e eles confiarão no nome do Senhor.

¹³O remanescente de Israel não cometerá iniquidade, nem proferirá mentira, e na sua boca não se achará língua enganosa; pois serão apascentados, e se deitarão, e não haverá quem os espante.

¹⁴Canta alegremente, ó filha de Sião; rejubila, ó Israel; regozija-te, e exulta de todo o coração, ó filha de Jerusalém.

¹⁵O Senhor afastou os juízos que havia contra ti, lançou fora o teu inimigo; o Rei de Israel, o Senhor, está no meio de ti; não temerás daqui em diante mal algum.

¹⁶Naquele dia se dirá a Jerusalém: Não temas, ó Sião; não se enfraqueçam as tuas mãos.

¹⁷O Senhor teu Deus está no meio de ti, poderoso para te salvar; ele se deleitará em ti com alegria; renovar-te-á no seu amor, regozijar-se-á em ti com júbilo.

¹⁸Os que em tristeza suspiram pela assembléia solene, os quais te pertenciam, eu os congregarei; esses para os quais era um opróbrio o peso que estava sobre ela.

*Sofonias*

[19]Eis que naquele tempo procederei contra todos os que te afligem; e salvarei a que coxeia, e recolherei a que foi expulsa; e deles farei um louvor e um nome em toda a terra em que têm sido envergonhados.

[20]Naquele tempo vos trarei, naquele tempo vos recolherei; porque farei de vós um nome e um louvor entre todos os povos da terra, quando eu tornar o vosso cativeiro diante dos vossos olhos, diz o Senhor.

# Ageu

## Capítulo 1

¹No segundo ano do rei Dario, no sexto mês, no primeiro dia do mês, veio a palavra do Senhor, por intermédio do profeta Ageu, a Zorobabel, governador de Judá, filho de Sealtiel, e a Josué, o sumo sacerdote, filho de Jeozadaque, dizendo:

²Assim fala o Senhor dos exércitos, dizendo: Este povo diz: Não veio ainda o tempo, o tempo de se edificar a casa do Senhor.

³Veio, pois, a palavra do Senhor, por intermédio do profeta Ageu, dizendo:

⁴Acaso é tempo de habitardes nas vossas casas forradas, enquanto esta casa fica desolada?

⁵Ora pois, assim diz o Senhor dos exércitos: Considerai os vossos caminhos.

⁶Tendes semeado muito, e recolhido pouco; comeis, mas não vos fartais; bebeis, mas não vos saciais; vestis-vos, mas ninguém se aquece; e o que recebe salário, recebe-o para o meter num saco furado.

⁷Assim diz o Senhor dos exércitos: Considerai os vossos caminhos.

⁸Subi ao monte, e trazei madeira, e edificai a casa; e dela me deleitarei, e serei glorificado, diz o Senhor.

⁹Esperastes o muito, mas eis que veio a ser pouco; e esse pouco, quando o trouxestes para casa, eu o dissipei com um assopro. Por que causa? diz o Senhor dos exércitos. Por causa da minha casa, que está em ruínas, enquanto correis, cada um de vós, à sua propria casa.

¹⁰Por isso os ceus por cima de vós retêm o orvalho, e a terra retém os seus frutos.

¹¹E mandei vir a seca sobre a terra, e sobre as colinas, sobre o trigo e o mosto e o azeite, e sobre tudo o que a terra produz; como também sobre os homens e os animais, e sobre todo o seu trabalho.

¹²Então Zorobabel, filho de Sealtiel, e o sumo sacerdote Josué, filho de Jeozadaque, juntamente com todo o resto do povo, obedeceram a voz do Senhor seu Deus, e as palavras do profeta Ageu, como o Senhor seu Deus o tinha enviado; e temeu o povo diante do Senhor.

¹³Então Ageu, o mensageiro do Senhor, falou ao povo, conforme a mensagem do Senhor, dizendo: Eu sou convosco, e diz o Senhor.

¹⁴E o Senhor suscitou o espírito do governador de Judá Zorobabel, filho de Sealtiel, e o espírito do sumo sacerdote Josué, filho de Jeozadaque, e o espírito de todo o resto do povo; e eles vieram, e começaram a trabalhar na casa do Senhor dos exércitos, seu Deus,

¹⁵ao vigésimo quarto dia do sexto mês.

## Capítulo 2

¹No segundo ano do rei Dario, no sétimo mês, ao vigésimo primeiro do mês, veio a palavra do Senhor por intermédio do profeta Ageu, dizendo:

²Fala agora ao governador de Judá, Zorobabel, filho de Sealtiel, e ao sumo sacerdote Josué, filho de Jeozadaque, e ao resto do povo, dizendo:

³Quem há entre vós, dos sobreviventes, que viu esta casa na sua primeira glória? Em que estado a vedes agora? Não é como nada em vossos olhos?

⁴Ora, pois, esforça-te, Zorobabel, diz o Senhor, e esforça-te, sumo sacerdote Josué, filho de Jeozadaque, e esforçai-vos, todo o povo da terra, diz o Senhor, e trabalhai; porque eu sou convosco, diz o Senhor dos exércitos,

⁵segundo o pacto que fiz convosco, quando saístes do Egito, e o meu Espírito habita no meio de vós; não temais.

⁶Pois assim diz o Senhor dos exércitos; Ainda uma vez, daqui a pouco, e abalarei os céus e a terra, o mar e a terra seca.

⁷Abalarei todas as nações; e as coisas preciosas de todas as nações virão, e encherei de glória esta casa, diz o Senhor dos exércitos.

⁸Minha é a prata, e meu é o ouro, diz o Senhor dos exércitos.

⁹A glória desta última casa será maior do que a da primeira, diz o Senhor dos exércitos; e neste lugar darei a paz, diz o Senhor dos exércitos.

¹⁰Ao vigésimo quarto dia do mês nono, no segundo ano de Dario, veio a palavra do Senhor ao profeta Ageu, dizendo:

¹¹Assim diz o Senhor dos exércitos: Pergunta agora aos sacerdotes, acerca da lei, dizendo:

¹²Se alguém levar na aba de suas vestes carne santa, e com a sua aba tocar no pão, ou no guisado, ou no vinho, ou no azeite, ou em qualquer outro mantimento, ficará este santificado? E os sacerdotes responderam: Não.

¹³Então perguntou Ageu: Se alguém, que for contaminado pelo contato com o corpo morto, tocar nalguma destas coisas, ficará ela imunda? E os sacerdotes responderam: Ficará imunda.

¹⁴Ao que respondeu Ageu, dizendo: Assim é este povo, e assim é esta nação diante de mim, diz o Senhor; assim é toda a obra das suas mãos; e tudo o que ali oferecem imundo é.

¹⁵Agora considerai o que acontece desde aquele dia. Antes que se lançasse pedra sobre pedra no templo do Senhor,

¹⁶quando alguém vinha a um montão de trigo de vinte medidas, havia somente dez; quando vinha ao lagar para tirar cinqüenta, havia somente vinte.

¹⁷Feri-vos com mangra, e com ferrugem, e com saraiva, em tódas as obras das vossas mãos; e não houve entre vós quem voltasse para mim, diz o Senhor.

¹⁸Considerai, pois, eu vos rogo, desde este dia em diante, desde o vigésimo quarto dia do mês nono, desde o dia em que se lançaram os alicerces do templo do Senhor, sim, considerai essas coisas.

¹⁹Está ainda semente no celeiro? A videira, a figueira, a romeira, e a oliveira ainda não dão os seus frutos? Desde este dia hei de vos abençoar.

²⁰Veio pela segunda vez a palavra do Senhor a Ageu, aos vinte e quatro do mês, dizendo:

²¹Fala a Zorobabel, governador de Judá, dizendo: Abalarei os céus e a terra;

²²e derrubarei o trono dos reinos, e destruirei a força dos reinos das nações; destruirei o carro e os que nele andam; os cavalos e os seus cavaleiros cairão, cada um pela espada do seu irmão.

²³Naquele dia, diz o Senhor dos exércitos, tomar-te-ei, ó Zorobabel, servo meu, filho de Sealtiel, diz o Senhor, e te farei como um anel de selar; porque te escolhi, diz o Senhor dos exércitos.

# Zacarias

## Capítulo 1

¹No oitavo mês do segundo ano de Dario veio a palavra do Senhor ao profeta Zacarias, filho de Berequias, filho de Ido, dizendo:

²O Senhor se irou fortemente contra vossos pais.

³Portanto dize-lhes: Assim diz o Senhor dos exércitos: Tornai-vos para mim, diz o Senhor dos exércitos, e eu me tornarei para vós, diz o Senhor dos exércitos.

⁴Não sejais como vossos pais, aos quais clamavam os profetas antigos, dizendo: Assim diz o Senhor dos exércitos: Convertei-vos agora dos vossos maus caminhos e das vossas más obras; mas não ouviram, nem me atenderam, diz o Senhor.

⁵Vossos pais, onde estão eles? E os profetas, viverão eles para sempre?

⁶Contudo as minhas palavras e os meus estatutos, que eu ordenei pelos profetas, meus servos, acaso não alcançaram a vossos pais? E eles se arrependeram, e disseram: Assim como o Senhor dos exércitos fez tenção de nos tratar, segundo os nossos caminhos, e segundo as nossas obras, assim ele nos tratou.

⁷Aos vinte e quatro dias do mês undécimo, que é o mês de sebate, no segundo ano de Dario, veio a palavra do Senhor ao profeta Zacarias, filho de Berequias, filho de Ido, dizendo:

⁸Olhei de noite, e vi um homem montado num cavalo vermelho, e ele estava parado entre as murtas que se achavam no vale; e atrás dele estavam cavalos vermelhos, baios e brancos.

⁹Então perguntei: Meu Senhor, quem são estes? Respondeu-me o anjo que falava comigo: Eu te mostrarei o que estes são.

¹⁰Respondeu, pois, o homem que estava parado entre as murtas, e disse: Estes são os que o Senhor tem enviado para percorrerem a terra.

¹¹E eles responderam ao anjo do Senhor, que estava parado entre as murtas, e disseram: Nós temos percorrido a terra, e eis que a terra toda está tranqüila e em descanso.

¹²Então o anjo do Senhor respondeu, e disse: O Senhor dos exércitos, até quando não terás compaixão de Jerusalém, e das cidades de Judá, contra as quais estiveste indignado estes setenta anos?

¹³Respondeu o Senhor ao anjo que falava comigo, com palavras boas, palavras consoladoras.

¹⁴O anjo, pois, que falava comigo, disse-me: Clama, dizendo: Assim diz o Senhor dos exércitos: Com grande zelo estou zelando por Jerusalém e por Sião.

¹⁵E estou grandemente indignado contra as nações em descanso; porque eu estava um pouco indignado, mas eles agravaram o mal.

¹⁶Portanto, o Senhor diz assim: Voltei-me, agora, para Jerusalém com misericórdia; nela será edificada a minha casa, diz o Senhor dos exércitos, e o cordel será estendido sobre Jerusalém.

¹⁷Clama outra vez, dizendo: Assim diz o Senhor dos exércitos: As minhas cidades ainda se transbordarão de bens; e o Senhor ainda consolará a Sião, e ainda escolherá a Jerusalém.

¹⁸Levantei os meus olhos, e olhei, e eis quatro chifres.

¹⁹Eu perguntei ao anjo que falava comigo: Que é isto? Ele me respondeu: Estes são os chifres que dispersaram a Judá, a Israel e a Jerusalém.

²⁰O Senhor mostrou-me também quatro ferreiros.

²¹Então perguntei: Que vêm estes a fazer? Ele respondeu, dizendo: Estes são os chifres que dispersaram Judá, de maneira que ninguém levantou a cabeça; mas estes vieram para os amedrontarem, para derruburem os chifres das nações que levantaram os seus chifres contra a terra de Judá, a fim de a espalharem.

## Capítulo 2

¹Tornei a levantar os meus olhos, e olhei, e eis um homem que tinha na mão um cordel de medir.

²Então perguntei: Para onde vais tu? Respondeu-me ele: Para medir Jerusalém, a fim de ver qual é a sua largura e qual o seu comprimento.

³E eis que saiu o anjo que falava comigo, e outro anjo lhe saiu ao encontro,

⁴e lhe disse: Corre, fala a este mancebo, dizendo: Jerusalém será habitada como as aldeias sem muros, por causa da multidão, nela, dos homens e dos animais.

⁵Pois eu, diz o Senhor, lhe serei um muro de fogo em redor, e eu, no meio dela, lhe serei a glória.

⁶Ah, ah! fugi agora da terra do norte, diz o Senhor, porque vos espalhei como os quatro ventos do céu, diz o Senhor.

⁷Ah! Escapai para Sião, vós que habitais com a filha de Babilônia.

⁸Pois assim diz o Senhor dos exércitos: Para obter a glória ele me enviou às nações que vos despojaram; porque aquele que tocar em vós toca na menina do seu olho.

⁹Porque eis aí levantarei a minha mão contra eles, e eles virão a ser a presa daqueles que os serviram; assim sabereis vós que o Senhor dos exércitos me enviou.

¹⁰Exulta, e alegra-te, ó filha de Sião; pois eis que venho, e habitarei no meio de ti, diz o Senhor.

¹¹E naquele dia muitas nações se ajuntarão ao Senhor, e serão o meu povo; e habitarei no meio de ti, e saberás que o Senhor dos exércitos me enviou a ti.

¹²Então o Senhor possuirá a Judá como sua porção na terra santa, e ainda escolherá a Jerusalém.

¹³Cale-se, toda a carne, diante do Senhor; porque ele se levantou da sua santa morada.

## Capítulo 3

¹Ele me mostrou o sumo sacerdote Josué, o qual estava diante do anjo do Senhor, e Satanás estava à sua mão direita, para se lhe opor.

²Mas o anjo do Senhor disse a Satanás: Que o Senhor te repreenda, ó Satanás; sim, o Senhor, que escolheu Jerusalém, te repreenda! Não é este um tição tirado do fogo?

³Ora Josué, vestido de trajes sujos, estava em pé diante do anjo.

⁴Então falando este, ordenou aos que estavam diante dele, dizendo: Tirai-lhe estes trajes sujos. E a Josué disse: Eis que tenho feito com que passe de ti a tua iniqüidade, e te vestirei de trajes festivos.

⁵Também disse eu: Ponham-lhe sobre a cabeça uma mitra limpa. Puseram-lhe, pois, sobre a cabeça uma mitra limpa, e vestiram-no; e o anjo do Senhor estava ali de pe.

⁶E o anjo do Senhor protestou a Josué, dizendo:

⁷Assim diz o Senhor dos exércitos: Se andares nos meus caminhos, e se observares as minhas ordenanças, também tu julgarás a minha casa, e também guardarás os meus átrios, e te darei lugar entre os que estão aqui.

⁸Ouve, pois, Josué, sumo sacerdote, tu e os teus companheiros que se assentam diante de ti, porque são homens portentosos; eis que eu farei vir o meu servo, o Renovo.

⁹Pois eis aqui a pedra que pus diante de Josué; sobre esta pedra única estão sete olhos. Eis que eu esculpirei a sua escultura, diz o Senhor dos exércitos, e tirarei a iniqüidade desta terra num só dia.

¹⁰Naquele dia, diz o Senhor dos exércitos, cada um de vós convidará o seu vizinho para debaixo da videira e para debaixo da figueira.

## Capítulo 4

¹Ora o anjo que falava comigo voltou, e me despertou, como a um homem que é despertado do seu sono;

²e me perguntou: Que vês? Respondi: Olho, e eis um castiçal todo de ouro, e um vaso de azeite em cima, com sete lâmpadas, e há sete canudos que se unem às lâmpadas que estão em cima dele;

³e junto a ele há duas oliveiras, uma à direita do vaso de azeite, e outra à sua esquerda.

⁴Então perguntei ao anjo que falava comigo: Meu senhor, que é isso?

⁵Respondeu-me o anjo que falava comigo, e me disse: Não sabes tu o que isso é? E eu disse: Não, meu senhor.

⁶Ele me respondeu, dizendo: Esta é a palavra do Senhor a Zorobabel, dizendo: Não por força nem por poder, mas pelo meu Espírito, diz o Senhor dos exércitos.

⁷Quem és tu, ó monte grande? Diante de Zorobabel tornar-te-ás uma campina; e ele trará a pedra angular com aclamações: Graça, graça a ela.

⁸Ainda me veio a palavra do Senhor, dizendo:

⁹As mãos de Zorobabel têm lançado os alicerces desta casa; também as suas mãos a acabarão; e saberás que o Senhor dos exercitos me enviou a vos.

¹⁰Ora, quem despreza o dia das coisas pequenas? pois estes sete se alegrarão, vendo o prumo na mão de Zorobabel. São estes os sete olhos do Senhor, que discorrem por toda a terra.

¹¹Falei mais, e lhe perguntei: Que são estas duas oliveiras à direita e à esquerda do castiçal?

¹²Segunda vez falei-lhe, perguntando: Que são aqueles dois ramos de oliveira, que estão junto aos dois tubos de ouro, e que vertem de si azeite dourado?

¹³Ele me respondeu, dizendo: Não sabes o que é isso? E eu disse: Não, meu senhor.

¹⁴Então ele disse: Estes são os dois ungidos, que assistem junto ao Senhor de toda a terra.

## Capítulo 5

¹Tornei a levantar os meus olhos, e olhei, e eis um rolo voante.

²Perguntou-me o anjo: Que vês? Eu respondi: Vejo um rolo voante, que tem vinte côvados de comprido e dez côvados de largo.

³Então disse-me ele: Esta é a maldição que sairá pela face de toda a terra: porque daqui, conforme a maldição, será desarraigado todo o que furtar; assim como daqui será desarraigado conforme a maldição todo o que jurar falsamente.

⁴Mandá-la-ei, diz o Senhor dos exércitos, e a farei entrar na casa do ladrão, e na casa do que jurar falsamente pelo meu nome; e permanecerá no meio da sua casa, e a consumirá juntamente com a sua madeira e com as suas pedras.

⁵Então saiu o anjo, que falava comigo, e me disse: levanta agora os teus olhos, e vê que é isto que sai.

⁶Eu perguntei: Que é isto? Respondeu ele: Isto é uma efa que sai. E disse mais: Esta é a iniqüidade em toda a terra.

⁷E eis que foi levantada a tampa de chumbo, e uma mulher estava sentada no meio da efa.

⁸Prosseguiu o anjo: Esta é a impiedade. E ele a lançou dentro da efa, e pôs sobre a boca desta o peso de chumbo.

⁹Então levantei os meus olhos e olhei, e eis que vinham avançando duas mulheres com o vento nas suas asas, pois tinham asas como as da cegonha; e levantaram a efa entre a terra e o céu.

¹⁰Perguntei ao anjo que falava comigo: Para onde levam elas a efa?

¹¹Respondeu-me ele: Para lhe edificarem uma casa na terra de Sinar; e, quando a casa for preparada, a efa será colocada ali no seu lugar.

## Capítulo 6

¹De novo levantei os meus olhos, e olhei, e eis quatro carros que saíam dentre dois montes, e estes montes eram montes de bronze.

²No primeiro carro eram cavalos vermelhos, no segundo carro cavalos pretos,

³no terceiro carro cavalos brancos, e no quarto carro cavalos baios com malhas.

⁴Então, dirigindo-me ao anjo que falava comigo, perguntei: Que são estes, meu senhor?

⁵Respondeu-me o anjo: Estes estão saindo aos quatro ventos do céu, depois de se apresentarem perante o Senhor de toda a terra.

⁶O carro em que estão os cavalos pretos sai para a terra do norte, os brancos são para o oeste, e os malhados para a terra do sul;

⁷e os cavalos baios saíam, e procuravam ir por diante, para percorrerem a terra. E ele disse: Ide, percorrei a terra. E eles a percorriam.

⁸Então clamou para mim, dizendo: Eis que aqueles que saíram para a terra do norte fazem repousar na terra do norte o meu Espírito.

⁹Ainda me veio a palavra do Senhor, dizendo:

¹⁰Recebe dos que foram levados cativos, a saber, de Heldai, de Tobias, e de Jedaías, e vem tu no mesmo dia, e entra na casa de Josias, filho de Sofonias, para a qual vieram de Babilônia;

¹¹recebe, digo, prata e ouro, e faze coroas, e põe-nas na cabeça do sumo sacerdote Josué, filho de Jeozadaque;

¹²e fala-lhe, dizendo: Assim diz o Senhor dos exércitos: Eis aqui o homem cujo nome é Renovo; ele brotará do seu lugar, e edificará o templo do Senhor.

¹³Ele mesmo edificará o templo do Senhor; receberá a honra real, assentar-se-á no seu trono, e dominará. E Josué, o sacerdote, ficará à sua direita; e haverá entre os dois o conselho de paz.

¹⁴Essas coroas servirão a Helem, e a Tobias, e a Jedaías, e a Hem, filho de Sofonias, de memorial no templo do Senhor.

¹⁵E aqueles que estão longe virão, e ajudarão a edificar o templo do Senhor; e vós sabereis que o Senhor dos exercitos me tem enviado a vós; e isso sucederá, se diligentemente obedecerdes a voz do Senhor vosso Deus.

## Capítulo 7

¹Aconteceu no ano quarto do rei Dario, que a palavra do Senhor veio a Zacarias, no dia quarto do nono mês, que é quisleu:

²Ora, o povo de Betel tinha enviado Sarezer, e Regem-Meleque, e os seus homens, para suplicarem o favor do Senhor,

³e para dizerem aos sacerdotes, que estavam na casa do Senhor dos exércitos, e aos profetas: Chorarei eu no quinto mês, com jejum, como o tenho feito por tantos anos?

⁴Então a palavra do Senhor dos exércitos veio a mim, dizendo:

⁵Fala a todo o povo desta terra, e aos sacerdotes, dizendo: Quando jejuastes, e pranteastes, no quinto e no sétimo mês, durante estes setenta anos, acaso foi mesmo para mim que jejuastes?

⁶Ou quando comeis e quando bebeis, não é para vós mesmos que comeis e bebeis?

⁷Não eram estas as palavras que o Senhor proferiu por intermédio dos profetas antigos, quando Jerusalém estava habitada e próspera, juntamente com as suas cidades ao redor dela, e quando o Sul e a campina eram habitados?

⁸E a palavra do Senhor veio a Zacarias, dizendo:

⁹Assim falou o Senhor dos exércitos: Executai juízo verdadeiro, mostrai bondade e compaixão cada um para com o seu irmao;

¹⁰e não oprimais a viúva, nem o órfão, nem o estrangeiro, nem o pobre; e nenhum de vós intente no seu coração o mal contra o seu irmao.

¹¹Eles, porém, não quiseram escutar, e me deram o ombro rebelde, e taparam os ouvidos, para que não ouvissem.

¹²Sim, fizeram duro como diamante o seu coração, para não ouvirem a lei, nem as palavras que o Senhor dos exércitos enviara pelo seu Espírito mediante os profetas antigos; por isso veio a grande ira do Senhor dos exércitos.

¹³Assim como eu clamei, e eles não ouviram, assim também eles clamaram, e eu não ouvi, diz o Senhor dos exércitos;

¹⁴mas os espalhei com um turbilhão por entre todas as nações, que eles não conheceram. Assim, pois, a terra foi assolada atrás deles, de sorte que ninguém passava por ela, nem voltava; porquanto fizeram da terra desejada uma desolação.

## Capítulo 8

¹Depois veio a mim a palavra do Senhor dos exércitos, dizendo:

²Assim diz o Senhor dos exércitos: Zelo por Sião com grande zelo; e, com grande indignação, por ela estou zelando.

³Assim diz o Senhor: Voltarei para Sião, e habitarei no meio de Jerusalém; e Jerusalém chamar-se-á a cidade da verdade, e o monte do Senhor dos exércitos o monte santo.

⁴Assim diz o Senhor dos exércitos: Ainda nas praças de Jerusalém sentar-se-ão velhos e velhas, levando cada um na mão o seu cajado, por causa da sua muita idade.

⁵E as ruas da cidade se encherão de meninos e meninas, que nelas brincarão.

⁶Assim diz o Senhor dos exércitos: Se isto for maravilhoso aos olhos do resto deste povo naqueles dias, acaso será também maravilhoso aos meus olhos? diz o Senhor dos exércitos.

⁷Assim diz o Senhor dos exércitos: Eis que salvarei o meu povo, tirando-o da terra do oriente e da terra do ocidente;

⁸e os trarei, e eles habitarão no meio de Jerusalém; eles serão o meu povo, e eu serei o seu Deus em verdade e em justiça.

⁹Assim diz o Senhor dos exércitos: Sejam fortes as vossas mãos, ó vós, que nestes dias ouvistes estas palavras da boca dos profetas, que estiveram no dia em que foi posto o fundamento da casa do Senhor dos exércitos, a fim de que o templo fosse edificado.

¹⁰Pois antes daqueles dias não havia salário para os homens, nem lhes davam ganho os animais; nem havia paz para o que saia nem para o que entrava, por causa do inimigo; porque eu incitei a todos os homens, cada um contra o seu próximo.

¹¹Mas agora não me haverei para com o resto deste povo como nos dias passados, diz o Senhor dos exércitos;

¹²porquanto haverá a sementeira de paz; a vide dará o seu fruto, e a terra dará a sua novidade, e os céus darão o seu orvalho; e farei que o resto deste povo herde todas essas coisas.

¹³E há de suceder, ó casa de Judá, e ó casa de Israel, que, assim como éreis uma maldição entre as nações, assim vos salvarei, e sereis uma bênção; não temais, mas sejam fortes as vossas mãos.

¹⁴Pois assim diz o Senhor dos exércitos: Como intentei fazer-vos o mal, quando vossos pais me provocaram a ira, diz o Senhor dos exércitos, e não me compadeci,

¹⁵assim tornei a intentar nestes dias fazer o bem a Jerusalém e à casa de Judá; não temais.

¹⁶Eis as coisas que deveis fazer: Falai a verdade cada um com o seu próximo; executai juízo de verdade e de paz nas vossas portas;

¹⁷e nenhum de vós intente no seu coração o mal contra o seu próximo; nem ame o juramento falso; porque todas estas são coisas que eu aborreço, diz o senhor.

¹⁸De novo me veio a palavra do Senhor dos exércitos, dizendo:

¹⁹Assim diz o Senhor dos exércitos: O jejum do quarto mês, bem como o do quinto, o do sétimo, e o do décimo mês se tornarão para a casa de Judá em regozijo, alegria, e festas alegres; amai, pois, a verdade e a paz.

²⁰Assim diz o Senhor dos exércitos: Ainda sucederá que virão povos, e os habitantes de muitas cidades;

²¹e os habitantes de uma cidade irão à outra, dizendo: Vamos depressa suplicar o favor do Senhor, e buscar o Senhor dos exércitos; eu também irei.

²²Assim virão muitos povos, e poderosas nações, buscar em Jerusalém o Senhor dos exércitos, e suplicar a bênção do Senhor.

²³Assim diz o Senhor dos exércitos: Naquele dia sucederá que dez homens, de nações de todas as línguas, pegarão na orla das vestes de um judeu, dizendo: Iremos convosco, porque temos ouvido que Deus está convosco.

## Capítulo 9

¹A palavra do Senhor está contra a terra de Hadraque, e repousará sobre Damasco, pois ao Senhor pertencem as cidades de Arã, e todas as tribos de Israel.

²E também Hamate que confina com ela, e Tiro e Sidom, ainda que sejam mui sábias.

³Ora Tiro edificou para si fortalezas, e amontoou prata como o pó, e ouro como a lama das ruas.

⁴Eis que o Senhor a despojará, e ferirá o seu poder no mar; e ela será consumida pelo fogo.

⁵Asquelom o verá, e temerá; também Gaza, e terá grande dor; igualmente Ecrom, porque a sua esperança será iludida; e de Gaza perecerá o rei, e Asquelom não será habitada.

⁶Povo mestiço habitará em Asdode; e exterminarei a soberba dos filisteus.

⁷E da sua boca tirarei o sangue, e dentre os seus dentes as abominações; e ele também ficará como um resto para o nosso Deus; e será como chefe em Judá, e Ecrom como um jebuseu.

⁸Ao redor da minha casa acamparei contra o exército, para que ninguem passe, nem volte; e não passará mais por eles o opressor; pois agora vi com os meus olhos.

⁹Alegra-te muito, ó filha de Sião; exulta, ó filha de Jerusalém; eis que vem a ti o teu rei; ele é justo e traz a salvação; ele é humilde e vem montado sobre um jumento, sobre um jumentinho, filho de jumenta.

¹⁰De Efraim exterminarei os carros, e de Jerusalém os cavalos, e o arco de guerra será destruído, e ele anunciará paz às nações; e o seu domínio se estenderá de mar a mar, e desde o Rio até as extremidades da terra.

¹¹Ainda quanto a ti, por causa do sangue do teu pacto, libertei os teus presos da cova em que não havia água.

¹²Voltai à fortaleza, ó presos de esperança; também hoje anuncio que te recompensarei em dobro.

¹³Pois curvei Judá por meu arco, pus-lhe Efraim por seta; suscitarei a teus filhos, ó Sião, contra os teus filhos, ó Grécia; e te farei a ti, ó Sião, como a espada de um valente.

¹⁴Por cima deles será visto o Senhor; e a sua flecha sairá como o relâmpago; e o Senhor Deus fará soar a trombeta, e irá com redemoinhos do sul.

¹⁵O Senhor dos exércitos os protegerá; e eles devorarão, e pisarão os fundibulários; também beberão o sangue deles como ao vinho; e encher-se-ão como bacias de sacrifício, como os cantos do altar.

¹⁶E o Senhor seu Deus naquele dia os salvará, como o rebanho do seu povo; porque eles serão como as pedras de uma coroa, elevadas sobre a terra dele.

¹⁷Pois quão grande é a sua bondade, e quão grande é a sua formosura! o trigo fará florescer os mancebos e o mosto as donzelas.

## Capítulo 10

¹Pedi ao Senhor chuva no tempo da chuva serôdia, sim, ao Senhor, que faz os relâmpagos; e ele lhes dará chuvas copiosas, e a cada um erva no campo,

²Pois os terafins falam vaidade, e os adivinhos vêem mentira e contam sonhos falsos; em vão procuram consolar; por isso seguem o seu caminho como ovelhas; estão aflitos, porque não há pastor.

³Contra os pastores se acendeu a minha ira, e castigarei os bodes; mas o Senhor dos exércitos visitará o seu rebanho, a casa de Judá, e o fará como o seu majestoso cavalo na peleja.

⁴De Judá sairá a pedra angular, dele a estaca da tenda, dele o arco de guerra, dele sairão todos os chefes.

⁵Eles serão como valentes que na batalha pisam aos pés os seus inimigos na lama das ruas; pelejarão, porque o Senhor esta com eles; e confundirão os que andam montados em cavalos.

⁶Fortalecerei a casa de Judá, e salvarei a casa de José; fá-los-ei voltar, porque me compadeço deles; e serão como se eu não os tivera rejeitado; porque eu sou o Senhor seu Deus, e os ouvirei.

⁷Então os de Efraim serão como um valente, e o seu coração se alegrará como pelo vinho; seus filhos o verão, e se alegrarão; o seu coração se regozijará no Senhor.

⁸Eu lhes assobiarei, e os ajuntarei, porque os tenho remido; e multiplicar-se-ão como dantes se multiplicavam.

⁹Ainda que os espalhei entre os povos, eles se lembrarão de mim em terras remotas; e, com seus filhos, viverão e voltarão.

¹⁰Pois eu os farei voltar da terra do Egito, e os congregarei da Assíria; e trá-los-ei à terra de Gileade e do Líbano; e não se achará lugar bastante para eles.

¹¹Passarão pelo mar de aflição, e serão feridas as ondas do mar, e todas as profundezas do Nilo se secarão; então será abatida a soberba da Assíria, e o cetro do Eeito se retirará.

¹²Eu os fortalecerei no Senhor, e andarão no seu nome, diz o Senhor.

## Capítulo 11

¹Abre, ó Líbano, as tuas portas para que o fogo devore os teus cedros.

²Geme, ó cipreste, porque caiu o cedro, porque os mais excelentes são destruídos; gemei, ó carvalhos de Basã, porque o bosque forte é derrubado.

³Voz de uivo dos pastores! porque a sua glória é destruída; voz de bramido de leões novos! porque foi destruída a soberba do Jordão.

⁴Assim diz o Senhor meu Deus: Apascenta as ovelhas destinadas para a matança,

⁵cujos compradores as matam, e não se têm por culpados; e cujos vendedores dizem: Louvado seja o Senhor, porque hei enriquecido; e os seus pastores não têm piedade delas.

⁶Certamente não terei mais piedade dos moradores desta terra, diz o Senhor; mas, eis que entregarei os homens cada um na mão do seu próximo e na mão do seu rei; eles ferirão a terra, e eu não os livrarei da mão deles.

⁷Eu pois apascentei as ovelhas destinadas para a matança, as pobres ovelhas do rebanho. E tomei para mim duas varas: a uma chamei Graça, e à outra chamei União; e apascentei as ovelhas.

⁸E destruí os três pastores num mês; porque me enfadei deles, e também eles se enfastiaram de mim.

⁹Então eu disse: Não vos apascentarei mais; o que morrer morra, e o que for destruído seja destruído; e os que restarem, comam cada um a carne do seu próximo.

¹⁰E tomei a minha vara Graça, e a quebrei, para desfazer o meu pacto, que tinha estabelecido com todos os povos.

¹¹Foi, pois, anulado naquele dia; assim os pobres do rebanho que me respeitavam, reconheceram que isso era palavra do Senhor.

¹²E eu lhes disse: Se parece bem aos vossos olhos, dai-me o que me é devido; e, se não, deixai-o. Pesaram, pois, por meu salário, trinta moedas de prata.

¹³Ora o Senhor disse-me: Arroja isso ao oleiro, esse belo preço em que fui avaliado por eles. E tomei as trinta moedas de prata, e as arrojei ao oleiro na casa do Senhor.

¹⁴Então quebrei a minha segunda vara União, para romper a irmandade entre Judá e Israel.

¹⁵Então o Senhor me disse: Toma ainda para ti os instrumentos de um pastor insensato.

¹⁶Pois eis que suscitarei um pastor na terra, que não cuidará das que estão perecendo, não procurará as errantes, não curará a ferida, nem apascentará a sã; mas comerá a carne das gordas, e lhes despedaçará as unhas.

¹⁷Ai do pastor inútil, que abandona o rebanho! a espada lhe cairá sobre o braço e sobre o olho direito; o seu braço será de todo mirrado, e o seu olho direito será inteiramente escurecido.

## Capítulo 12

¹A palavra do Senhor acerca de Israel: Fala o Senhor, o que estendeu o céu, e que lançou os alicerces da terra e que formou o espírito do homem dentro dele.

²Eis que eu farei de Jerusalém um copo de atordoamento para todos os povos em redor, e também para Judá, durante o cerco contra Jerusalém.

³Naquele dia farei de Jerusalém uma pedra pesada para todos os povos; todos os que a erguerem, serão gravemente feridos. E ajuntar-se-ão contra ela todas as nações da terra.

⁴Naquele dia, diz o Senhor, ferirei de espanto a todos os cavalos, e de loucura os que montam neles. Mas sobre a casa de Judá abrirei os meus olhos, e ferirei de cegueira todos os cavalos dos povos.

⁵Então os chefes de Judá dirão no seu coração: Os habitantes de Jerusalém são a minha força no Senhor dos exércitos, seu Deus.

⁶Naquele dia porei os chefes de Judá como um braseiro ardente no meio de lenha, e como um facho entre gavelas; e eles devorarão à direita e à esquerda a todos os povos em redor; e Jerusalém será habitada outra vez no seu próprio lugar, mesmo em Jerusalém.

⁷Também o Senhor salvará primeiro as tendas de Judá, para que a glória da casa de Davi e a glória dos habitantes de Jerusalém não se engrandeçam sobre Judá.

⁸Naquele dia o Senhor defenderá os habitantes de Jerusalém, de sorte que o mais fraco dentre eles naquele dia será como Davi, e a casa de Davi será como Deus, como o anjo do Senhor diante deles.

⁹E naquele dia, tratarei de destruir todas as nações que vierem contra Jerusalem.

¹⁰Mas sobre a casa de Davi, e sobre os habitantes de Jerusalém, derramarei o espírito de graça e de súplicas; e olharão para aquele a quem traspassaram, e o prantearão como quem pranteia por seu filho único; e chorarão amargamente por ele, como se chora pelo primogênito.

¹¹Naquele dia será grande o pranto em Jerusalém, como o pranto de Hadade-Rimom no vale de Megidom.

¹²E a terra pranteará, cada família à parte: a família da casa de Davi à parte, e suas mulheres à parte; e a família da casa de Natã à parte, e suas mulheres à parte;

¹³a familia da casa de Levi à parte, e suas mulheres à parte; a família de Simei à parte, e suas mulheres à parte;

¹⁴todas as mais famílias, cade família à parte, e suas mulheres à parte.

## Capítulo 13

¹Naquele dia haverá uma fonte aberta para a casa de Davi, e para os habitantes de Jerusalém, para remover o pecado e a impureza.

²Naquele dia, diz o Senhor dos exércitos, cortarei da terra os nomes dos ídolos, e deles não haverá mais memória; e também farei sair da terra os profetas e o espírito da impureza.

³E se alguém ainda profetizar, seu pai e sua mãe, que o geraram, lhe dirão: Não viverás, porque falas mentiras em o nome do Senhor; e seu pai e sua mãe, que o geraram, o traspassarão quando profetizar.

⁴Naquele dia os profetas se sentirão envergonhados, cada um da sua visão, quando profetizarem; nem mais se vestirão de manto de pêlos, para enganarem,

⁵mas dirão: Não sou profeta, sou lavrador da terra; porque tenho sido escravo desde a minha mocidade.

⁶E se alguém lhe disser: Que feridas são essas entre as tuas mãos? Dirá ele: São as feridas com que fui ferido em casa dos meus amigos.

⁷Ó espada, ergue-te contra o meu pastor, e contra o varão que é o meu companheiro, diz o Senhor dos exércitos; fere ao pastor, e espalhar-se-ão as ovelhas; mas volverei a minha mão para os pequenos.

⁸Em toda a terra, diz o Senhor, as duas partes dela serão exterminadas, e expirarão; mas a terceira parte restará nela.

⁹E farei passar esta terceira parte pelo fogo, e a purificarei, como se purifica a prata, e a provarei, como se prova o ouro. Ela invocará o meu nome, e eu a ouvirei; direi: É meu povo; e ela dirá: O Senhor é meu Deus.

## Capítulo 14

¹Eis que vem um dia do Senhor, em que os teus despojos se repartirão no meio de ti.

²Pois eu ajuntarei todas as nações para a peleja contra Jerusalém; e a cidade será tomada, e as casas serão saqueadas, e as mulheres forçadas; e metade da cidade sairá para o cativeiro mas o resto do povo não será exterminado da cidade.

³Então o Senhor sairá, e pelejará contra estas nações, como quando peleja no dia da batalha.

⁴Naquele dia estarão os seus pés sobre o monte das Oliveiras, que está defronte de Jerusalém para o oriente; se o monte das Oliveiras será fendido pelo meio, do oriente para o ocidente e haverá um vale muito grande; e metade do monte se removerá para o norte, e a outra metade dele para o sul.

⁵E fugireis pelo vale dos meus montes, pois o vale dos montes chegará até Azel; e fugireis assim como fugistes de diante do terremoto nos dias de uzias, rei de Judá. Então virá o Senhor meu Deus, e todos os santos com ele.

⁶Acontecerá naquele dia, que não haverá calor, nem frio, nem geada;

⁷porém será um dia conhecido do Senhor; nem dia nem noite será; mas até na parte da tarde haverá luz.

⁸Naquele dia também acontecerá que correrão de Jerusalém águas vivas, metade delas para o mar oriental, e metade delas para o mar ocidental; no verão e no inverno sucederá isso.

⁹E o Senhor será rei sobre toda a terra; naquele dia um será o Senhor, e um sera o seu nome.

¹⁰Toda a terra em redor se tornará em planície, desde Geba até Rimom, ae sul de Jerusalém; ela será exaltada, e habitará no seu lugar, desde a porta de Benjamim até o lugar da primeira porta, até a porta da esquina, e desde a torre de Hananel até os lagares do rei

¹¹E habitarão nela, e não haverá mais maldição; mas Jerusalém habitará em segurança.

¹²Esta será a praga com que o Senhor ferirá todos os povos que guerrearam contra Jerusalém: apodrecer-se-á a sua carne, estando eles de pé, e se lhes apodrecerão os olhos nas suas órbitas, e a língua se lhes apodrecerá na boca,

¹³Naquele dia também haverá da parte do Senhor um grande tumulto entre eles; e pegará cada um na mão do seu próximo, e cada um levantará a mão contra o seu próximo.

¹⁴Também Judá pelejará contra Jerusalém; e se ajuntarão as riquezas de todas as nações circunvizinhas, ouro e prata, e vestidos em grande abundância.

¹⁵Como esta praga, assim será a praga dos cavalos, dos muares, dos camelos e dos jumentos e de todos os animais que estiverem naqueles arraiais.

¹⁶Então todos os que restarem de todas as nações que vieram contra Jerusalém, subirão de ano em ano para adorarem o Rei, o Senhor dos exércitos, e para celebrarem a festa dos tabernáculos.

¹⁷E se alguma das famílias da terra não subir a Jerusalém, para adorar o Rei, o Senhor dos exércitos, não cairá sobre ela a chuva.

¹⁸E, se a família do Egito não subir, nem vier, não virá sobre ela a chuva; virá a praga com que o Senhor ferirá as nações que não subirem a celebrar a festa dos tabernáculos.

¹⁹Esse será o castigo do Egito, e o castigo de todas as nações que não subirem a celebrar a festa dos tabernáculos.

²⁰Naquele dia se gravará sobre as campainhas dos cavalos. SANTO AO SENHOR; e as panelas na casa do Senhor serão como as bacias diante do altar.

²¹E todas as panelas em Jerusalém e Judá serão consagradas ao Senhor dos exércitos; e todos os que sacrificarem virão, e delas tomarão, e nelas cozerão. Naquele dia não haverá mais cananeu na casa do Senhor dos exércitos.

# Malaquias

## Capítulo 1

¹A palavra do Senhor a Israel, por intermédio de Malaquias.

²Eu vos tenho amado, diz o Senhor. Mas vós dizeis: Em que nos tens amado? Acaso não era Esaú irmão de Jacó? diz o Senhor; todavia amei a Jacó,

³e aborreci a Esaú; e fiz dos seus montes uma desolação, e dei a sua herança aos chacais do deserto.

⁴Ainda que Edom diga: Arruinados estamos, porém tornaremos e edificaremos as ruínas; assim diz o Senhor dos exércitos: Eles edificarão, eu, porém, demolirei; e lhes chamarão: Termo de impiedade, e povo contra quem o Senhor está irado para sempre.

⁵E os vossos olhos o verão, e direis: Engrandecido é o Senhor ainda além dos termos de Israel.

⁶O filho honra o pai, e o servo ao seu amo; se eu, pois, sou pai, onde está a minha honra? e se eu sou amo, onde está o temor de mim? diz o Senhor dos exércitos a vós, ó sacerdotes, que desprezais o meu nome. E vós dizeis: Em que temos nós desprezado o teu nome?

⁷Ofereceis sobre o meu altar pão profano, e dizeis: Em que te havemos profanado? Nisto que pensais, que a mesa do Senhor é desprezível.

⁸Pois quando ofereceis em sacrifício um animal cego, isso não é mau? E quando ofereceis o coxo ou o doente, isso não é mau? Ora apresenta-o ao teu governador; terá ele agrado em ti? ou aceitará ele a tua pessoa? diz o Senhor dos exércitos.

⁹Agora, pois, suplicai o favor de Deus, para que se compadeça de nós. Com tal oferta da vossa mão, aceitará ele a vossa pessoa? diz o Senhor dos exércitos.

¹⁰Oxalá que entre vós houvesse até um que fechasse as portas para que não acendesse debalde o fogo do meu altar. Eu não tenho prazer em vós, diz o Senhor dos exércitos, nem aceitarei oferta da vossa mão.

¹¹Mas desde o nascente do sol até o poente é grande entre as nações o meu nome; e em todo lugar se oferece ao meu nome incenso, e uma oblação pura; porque o meu nome é grande entre as nações, diz o Senhor dos exércitos.

¹²Mas vós o profanais, quando dizeis: A mesa do Senhor é profana, e o seu produto, isto é, a sua comida, é desprezível.

¹³Dizeis também: Eis aqui, que canseira! e o lançastes ao desprezo, diz o Senhor dos exércitos; e tendes trazido o que foi roubado, e o coxo e o doente; assim trazeis a oferta. Aceitaria eu isso de vossa mão? diz o Senhor.

¹⁴Mas seja maldito o enganador que, tendo animal macho no seu rebanho, o vota, e sacrifica ao Senhor o que tem mácula; porque eu sou grande Rei, diz o Senhor dos exércitos, e o meu nome é temível entre as nações.

## Capítulo 2

¹Agora, ó sacerdotes, este mandamento e para vós.

²Se não ouvirdes, e se não propuserdes no vosso coração dar honra ao meu nome, diz o Senhor dos exércitos, enviarei a maldição contra vós, e amaldiçoarei as vossas bênçãos; já as tenho amaldiçoado, porque não aplicais a isso o vosso coração.

³Eis que vos reprovarei a posteridade, e espalharei sobre os vossos rostos o esterco, sim, o esterco dos vossos sacrifícios; e juntamente com este sereis levados para fora.

⁴Então sabereis que eu vos enviei este mandamento, para que o meu pacto fosse com Levi, diz o Senhor dos exércitos.

⁵Meu pacto com ele foi de vida e de paz; e eu lhas dei para que me temesse; e ele me temeu, e assombrou-se por causa do meu nome.

⁶A lei da verdade esteve na sua boca, e a impiedade não se achou nos seus lábios; ele andou comigo em paz e em retidão, e da iniqüidade apartou a muitos.

⁷Pois os lábios do sacerdote devem guardar o conhecimento, e da sua boca devem os homens procurar a instrução, porque ele é o mensageiro do Senhor dos exércitos.

⁸Mas vós vos desviastes do caminho; a muitos fizestes tropeçar na lei; corrompestes o pacto de Levi, diz o Senhor dos exércitos.

⁹Por isso também eu vos fiz desprezíveis, e indignos diante de todo o povo, visto que não guardastes os meus caminhos, mas fizestes acepção de pessoas na lei.

¹⁰Não temos nós todos um mesmo Pai? não nos criou um mesmo Deus? por que nos havemos aleivosamente uns para com outros, profanando o pacto de nossos pais?

¹¹Judá se tem havido aleivosamente, e abominação se cometeu em Israel e em Jerusalém; porque Judá profanou o santuario do Senhor, o qual ele ama, e se casou com a filha de deus estranho.

¹²O Senhor extirpará das tendas de Jacó o homem que fizer isto, o que vela, e o que responde, e o que oferece dons ao Senhor dos exércitos.

¹³Ainda fazeis isto: cobris o altar do Senhor de lágrimas, de choros e de gemidos, porque ele não olha mais para a oferta, nem a aceitará com prazer da vossa mão.

¹⁴Todavia perguntais: Por que? Porque o Senhor tem sido testemunha entre ti e a mulher da tua mocidade, para com a qual procedeste deslealmente sendo ela a tua companheira e a mulher da tua aliança.

¹⁵E não fez ele somente um, ainda que lhe sobejava espírito? E por que somente um? Não é que buscava descendência piedosa? Portanto guardai-vos em vosso espírito, e que ninguém seja infiel para com a mulher da sua mocidade.

¹⁶Pois eu detesto o divórcio, diz o Senhor Deus de Israel, e aquele que cobre de violência o seu vestido; portanto cuidai de vós mesmos, diz o Senhor dos exércitos; e não sejais infiéis.

¹⁷Tendes enfadado ao Senhor com vossas palavras; e ainda dizeis: Em que o havemos enfadado? Nisto que dizeis: Qualquer que faz o mal passa por bom aos olhos do Senhor, e desses é que ele se agrada; ou: Onde está o Deus do juízo?

## Capítulo 3

¹Eis que eu envio o meu mensageiro, e ele há de preparar o caminho diante de mim; e de repente virá ao seu templo o Senhor, a quem vós buscais, e o anjo do pacto, a quem vós desejais; eis que ele vem, diz o Senhor dos exércitos.

²Mas quem suportará o dia da sua vinda? e quem subsistirá, quando ele aparecer? Pois ele será como o fogo de fundidor e como o sabão de lavandeiros;

³assentar-se-á como fundidor e purificador de prata; e purificará os filhos de Levi, e os refinará como ouro e como prata, até que tragam ao Senhor ofertas em justiça.

⁴Então a oferta de Judá e de Jerusalém será agradável ao Senhor, como nos dias antigos, e como nos primeiros anos.

⁵E chegar-me-ei a vós para juízo; e serei uma testemunha veloz contra os feiticeiros, contra os adúlteros, contra os que juram falsamente, contra os que defraudam o trabalhador em seu salário, a viúva, e o órfão, e que pervertem o direito do estrangeiro, e não me temem, diz o Senhor dos exércitos.

⁶Pois eu, o Senhor, não mudo; por isso vós, ó filhos de Jacó, não sois consumidos.

⁷Desde os dias de vossos pais vos desviastes dos meus estatutos, e não os guardastes. Tornai vós para mim, e eu tornarei para vós diz o Senhor dos exércitos. Mas vós dizeis: Em que havemos de tornar?

⁸Roubará o homem a Deus? Todavia vós me roubais, e dizeis: Em que te roubamos? Nos dízimos e nas ofertas alçadas.

⁹Vós sois amaldiçoados com a maldição; porque a mim me roubais, sim, vós, esta nação toda.

¹⁰Trazei todos os dízimos à casa do tesouro, para que haja mantimento na minha casa, e depois fazei prova de mim, diz o Senhor dos exércitos, se eu não vos abrir as janelas do céu, e não derramar sobre vós tal bênção, que dela vos advenha a maior abastança.

¹¹Também por amor de vós reprovarei o devorador, e ele não destruirá os frutos da vossa terra; nem a vossa vide no campo lançará o seu fruto antes do tempo, diz o Senhor dos exércitos.

¹²E todas as nações vos chamarão bem-aventurados; porque vós sereis uma terra deleitosa, diz o Senhor dos exércitos.

¹³As vossas palavras foram agressivas para mim, diz o Senhor. Mas vós dizeis: Que temos falado contra ti?

¹⁴Vós tendes dito: Inútil é servir a Deus. Que nos aproveita termos cuidado em guardar os seus preceitos, e em andar de luto diante do Senhor dos exércitos?

¹⁵Ora pois, nós reputamos por bem-aventurados os soberbos; também os que cometem impiedade prosperam; sim, eles tentam a Deus, e escapam.

¹⁶Então aqueles que temiam ao Senhor falaram uns aos outros; e o Senhor atentou e ouviu, e um memorial foi escrito diante dele, para os que temiam ao Senhor, e para os que se lembravam do seu nome.

¹⁷E eles serão meus, diz o Senhor dos exércitos, minha possessão particular naquele dia que prepararei; poupá-los-ei, como um homem poupa a seu filho, que o serve.

¹⁸Então vereis outra vez a diferença entre o justo e o ímpio; entre

o que serve a Deus, e o que o não serve.

## Capítulo 4

¹Pois eis que aquele dia vem ardendo como fornalha; todos os soberbos, e todos os que cometem impiedade, serão como restolho; e o dia que está para vir os abrasará, diz o Senhor dos exércitos, de sorte que não lhes deixará nem raiz nem ramo.

²Mas para vós, os que temeis o meu nome, nascerá o sol da justiça, trazendo curas nas suas asas; e vós saireis e saltareis como bezerros da estrebaria.

³E pisareis os ímpios, porque se farão cinza debaixo das plantas de vossos pés naquele dia que prepararei, diz o Senhor dos exércitos.

⁴Lembrai-vos da lei de Moisés, meu servo, a qual lhe mandei em Horebe para todo o Israel, a saber, estatutos e ordenanças.

⁵Eis que eu vos enviarei o profeta Elias, antes que venha o grande e terrível dia do Senhor;

⁶e ele converterá o coração dos pais aos filhos, e o coração dos filhos a seus pais; para que eu não venha, e fira a terra com maldição.

# Novo Testamento

## Mateus

### Capítulo 1

¹Livro da genealogia de Jesus Cristo, filho de Davi, filho de Abraão.

²A Abraão nasceu Isaque; a Isaque nasceu Jacó; a Jacó nasceram Judá e seus irmãos;

³a Judá nasceram, de Tamar, Farés e Zará; a Farés nasceu Esrom; a Esrom nasceu Arão;

⁴a Arão nasceu Aminadabe; a Aminadabe nasceu Nasom; a Nasom nasceu Salmom;

⁵a Salmom nasceu, de Raabe, Booz; a Booz nasceu, de Rute, Obede; a Obede nasceu Jessé;

⁶e a Jessé nasceu o rei Davi. A Davi nasceu Salomão da que fora mulher de Urias;

⁷a Salomão nasceu Roboão; a Roboão nasceu Abias; a Abias nasceu Asafe;

⁸a Asafe nasceu Josafá; a Josafá nasceu Jorão; a Jorão nasceu Ozias;

⁹a Ozias nasceu Joatão; a Joatão nasceu Acaz; a Acaz nasceu Ezequias;

¹⁰a Ezequias nasceu Manassés; a Manassés nasceu Amom; a Amom nasceu Josias;

¹¹a Josias nasceram Jeconias e seus irmãos, no tempo da deportação para Babilônia.

¹²Depois da deportação para Babilônia nasceu a Jeconias, Salatiel; a Salatiel nasceu Zorobabel;

¹³a Zorobabel nasceu Abiúde; a Abiúde nasceu Eliaquim; a Eliaquim nasceu Azor;

¹⁴a Azor nasceu Sadoque; a Sadoque nasceu Aquim; a Aquim nasceu Eliúde;

¹⁵a Eliúde nasceu Eleazar; a Eleazar nasceu Matã; a Matã nasceu Jacó;

¹⁶e a Jacó nasceu José, marido de Maria, da qual nasceu JESUS, que se chama Cristo.

¹⁷De sorte que todas as gerações, desde Abraão até Davi, são catorze gerações; e desde Davi até a deportação para Babilônia, catorze gerações; e desde a deportação para Babilônia até o Cristo, catorze gerações.

¹⁸Ora, o nascimento de Jesus Cristo foi assim: Estando Maria, sua mãe, desposada com José, antes de se ajuntarem, ela se achou ter concebido do Espírito Santo.

¹⁹E como José, seu esposo, era justo, e não a queria infamar, intentou deixá-la secretamente.

²⁰E, projetando ele isso, eis que em sonho lhe apareceu um anjo do Senhor, dizendo: José, filho de Davi, não temas receber a Maria, tua mulher, pois o que nela se gerou é do Espírito Santo;

²¹ela dará à luz um filho, a quem chamarás JESUS; porque ele salvará o seu povo dos seus pecados.

²²Ora, tudo isso aconteceu para que se cumprisse o que fora dito da parte do Senhor pelo profeta:

²³Eis que a virgem conceberá e dará à luz um filho, o qual será chamado EMANUEL, que traduzido é: Deus conosco.

²⁴E José, tendo despertado do sono, fez como o anjo do Senhor lhe ordenara, e recebeu sua mulher;

²⁵e não a conheceu enquanto ela não deu à luz um filho; e pôs-lhe o nome de JESUS.

### Capítulo 2

¹Tendo, pois, nascido Jesus em Belém da Judéia, no tempo do rei Herodes, eis que vieram do oriente a Jerusalém uns magos que perguntavam:

²Onde está aquele que é nascido rei dos judeus? pois do oriente vimos a sua estrela e viemos adorá-lo.

³O rei Herodes, ouvindo isso, perturbou-se, e com ele toda a Jerusalém;

⁴e, reunindo todos os principais sacerdotes e os escribas do povo, perguntava-lhes onde havia de nascer o Cristo.

⁵Responderam-lhe eles: Em Belém da Judéia; pois assim está escrito pelo profeta:

⁶E tu, Belém, terra de Judá, de modo nenhum és a menor entre as principais cidades de Judá; porque de ti sairá o Guia que há de apascentar o meu povo de Israel.

⁷Então Herodes chamou secretamente os magos, e deles inquiriu com precisão acerca do tempo em que a estrela aparecera;

⁸e enviando-os a Belém, disse-lhes: Ide, e perguntai diligentemente pelo menino; e, quando o achardes, participai-mo, para que também eu vá e o adore.

⁹Tendo eles, pois, ouvido o rei, partiram; e eis que a estrela que tinham visto quando no oriente ia adiante deles, até que, chegando, se deteve sobre o lugar onde estava o menino.

¹⁰Ao verem eles a estrela, regozijaram-se com grande alegria.

¹¹E entrando na casa, viram o menino com Maria sua mãe e, prostrando-se, o adoraram; e abrindo os seus tesouros, ofertaram-lhe dádivas: ouro incenso e mirra.

¹²Ora, sendo por divina revelação avisados em sonhos para não voltarem a Herodes, regressaram à sua terra por outro caminho.

¹³E, havendo eles se retirado, eis que um anjo do Senhor apareceu a José em sonho, dizendo: Levanta-te, toma o menino e sua mãe, foge para o Egito, e ali fica até que eu te fale; porque Herodes há de procurar o menino para o matar.

¹⁴Levantou-se, pois, tomou de noite o menino e sua mãe, e partiu para o Egito.

¹⁵e lá ficou até a morte de Herodes, para que se cumprisse o que fora dito da parte do Senhor pelo profeta: Do Egito chamei o meu Filho.

¹⁶Então Herodes, vendo que fora iludido pelos magos, irou-se grandemente e mandou matar todos os meninos de dois anos para baixo que havia em Belém, e em todos os seus arredores, segundo o tempo que com precisão inquirira dos magos.

¹⁷Cumpriu-se então o que fora dito pelo profeta Jeremias:

¹⁸Em Ramá se ouviu uma voz, lamentação e grande pranto: Raquel chorando os seus filhos, e não querendo ser consolada, porque eles já não existem.

¹⁹Mas tendo morrido Herodes, eis que um anjo do Senhor apareceu em sonho a José no Egito,

²⁰dizendo: Levanta-te, toma o menino e sua mãe e vai para a terra de Israel; porque já morreram os que procuravam a morte do menino.

²¹Então ele se levantou, tomou o menino e sua mãe e foi para a terra de Israel.

²²Ouvindo, porém, que Arquelau reinava na Judéia em lugar de seu pai Herodes, temeu ir para lá; mas avisado em sonho por divina revelação, retirou-se para as regiões da Galiléia,

²³e foi habitar numa cidade chamada Nazaré; para que se cumprisse o que fora dito pelos profetas: Ele será chamado nazareno.

### Capítulo 3

¹Naqueles dias apareceu João, o Batista, pregando no deserto da Judéia,

²dizendo: Arrependei-vos, porque é chegado o reino dos céus.

³Porque este é o anunciado pelo profeta Isaías, que diz: Voz do que clama no deserto; Preparai o caminho do Senhor, endireitai as suas veredas.

⁴Ora, João usava uma veste de pelos de camelo, e um cinto de couro em torno de seus lombos; e alimentava-se de gafanhotos e mel silvestre.

⁵Então iam ter com ele os de Jerusalém, de toda a Judéia, e de toda a circunvizinhança do Jordão,

⁶e eram por ele batizados no rio Jordão, confessando os seus pecados.

⁷Mas, vendo ele muitos dos fariseus e dos saduceus que vinham ao seu batismo, disse-lhes: Raça de víboras, quem vos ensinou a fugir da ira vindoura?

⁸Produzi, pois, frutos dignos de arrependimento,

⁹e não queirais dizer dentro de vós mesmos: Temos por pai a Abraão; porque eu vos digo que mesmo destas pedras Deus pode suscitar filhos a Abraão.

¹⁰E já está posto o machado á raiz das árvores; toda árvore, pois que não produz bom fruto, é cortada e lançada no fogo.

¹¹Eu, na verdade, vos batizo em água, na base do arrependimento; mas aquele que vem após mim é mais poderoso do que eu, que nem sou digno de levar-lhe as alparcas; ele vos batizará no Espírito Santo, e em fogo.

¹²A sua pá ele tem na mão, e limpará bem a sua eira; recolherá o seu trigo ao celeiro, mas queimará a palha em fogo inextinguível.

¹³Então veio Jesus da Galiléia ter com João, junto do Jordão, para ser batizado por ele.

¹⁴Mas João o impedia, dizendo: Eu é que preciso ser batizado por ti, e tu vens a mim?

¹⁵Jesus, porém, lhe respondeu: Consente agora; porque assim nos convém cumprir toda a justiça. Então ele consentiu.

¹⁶Batizado que foi Jesus, saiu logo da água; e eis que se lhe abriram os céus, e viu o Espírito Santo de Deus descendo como uma pomba e vindo sobre ele;

¹⁷e eis que uma voz dos céus dizia: Este é o meu Filho amado, em quem me comprazo.

## Capítulo 4

¹Então foi conduzido Jesus pelo Espírito ao deserto, para ser tentado pelo Diabo.

²E, tendo jejuado quarenta dias e quarenta noites, depois teve fome.

³Chegando, então, o tentador, disse-lhe: Se tu és Filho de Deus manda que estas pedras se tornem em pães.

⁴Mas Jesus lhe respondeu: Está escrito: Nem só de pão viverá o homem, mas de toda palavra que sai da boca de Deus.

⁵Então o Diabo o levou à cidade santa, colocou-o sobre o pináculo do templo,

⁶e disse-lhe: Se tu és Filho de Deus, lança-te daqui abaixo; porque está escrito: Aos seus anjos dará ordens a teu respeito; e: eles te susterão nas mãos, para que nunca tropeces em alguma pedra.

⁷Replicou-lhe Jesus: Também está escrito: Não tentarás o Senhor teu Deus.

⁸Novamente o Diabo o levou a um monte muito alto; e mostrou-lhe todos os reinos do mundo, e a glória deles;

⁹e disse-lhe: Tudo isto te darei, se, prostrado, me adorares.

¹⁰Então ordenou-lhe Jesus: Vai-te, Satanás; porque está escrito: Ao Senhor teu Deus adorarás, e só a ele servirás.

¹¹Então o Diabo o deixou; e eis que vieram os anjos e o serviram.

¹²Ora, ouvindo Jesus que João fora entregue, retirou-se para a Galiléia;

¹³e, deixando Nazaré, foi habitar em Cafarnaum, cidade marítima, nos confins de Zabulom e Naftali;

¹⁴para que se cumprisse o que fora dito pelo profeta Isaías:

¹⁵A terra de Zabulom e a terra de Naftali, o caminho do mar, além do Jordão, a Galiléia dos gentios,

¹⁶o povo que estava sentado em trevas viu uma grande luz; sim, aos que estavam sentados na região da sombra da morte, a estes a luz raiou.

¹⁷Desde então começou Jesus a pregar, e a dizer: Arrependei-vos, porque é chegado o reino dos céus.

¹⁸E Jesus, andando ao longo do mar da Galiléia, viu dois irmãos - Simão, chamado Pedro, e seu irmão André, os quais lançavam a rede ao mar, porque eram pescadores.

¹⁹Disse-lhes: Vinde após mim, e eu vos farei pescadores de homens.

²⁰Eles, pois, deixando imediatamente as redes, o seguiram.

²¹E, passando mais adiante, viu outros dois irmãos - Tiago, filho de Zebedeu, e seu irmão João, no barco com seu pai Zebedeu, consertando as redes; e os chamou.

²²Estes, deixando imediatamente o barco e seu pai, seguiram-no.

²³E percorria Jesus toda a Galiléia, ensinando nas sinagogas, pregando o evangelho do reino, e curando todas as doenças e enfermidades entre o povo.

²⁴Assim a sua fama correu por toda a Síria; e trouxeram-lhe todos os que padeciam, acometidos de várias doenças e tormentos, os endemoninhados, os lunáticos, e os paralíticos; e ele os curou.

²⁵De sorte que o seguiam grandes multidões da Galiléia, de Decápolis, de Jerusalém, da Judéia, e dalém do Jordão.

## Capítulo 5

¹Jesus, pois, vendo as multidões, subiu ao monte; e, tendo se assentado, aproximaram-se os seus discípulos,

²e ele se pôs a ensiná-los, dizendo:

³Bem-aventurados os humildes de espírito, porque deles é o reino dos céus.

⁴Bem-aventurados os que choram, porque eles serão consolados.

⁵Bem-aventurados os mansos, porque eles herdarão a terra.

⁶Bem-aventurados os que têm fome e sede de justiça porque eles serão fartos.

⁷Bem-aventurados os misericordiosos, porque eles alcançarão misericórdia.

⁸Bem-aventurados os limpos de coração, porque eles verão a Deus.

⁹Bem-aventurados os pacificadores, porque eles serão chamados filhos de Deus.

¹⁰Bem-aventurados os que são perseguidos por causa da justiça, porque deles é o reino dos céus.

¹¹Bem-aventurados sois vós, quando vos injuriarem e perseguiram e, mentindo, disserem todo mal contra vós por minha causa.

¹²Alegrai-vos e exultai, porque é grande o vosso galardão nos céus; porque assim perseguiram aos profetas que foram antes de vós.

¹³Vós sois o sal da terra; mas se o sal se tornar insípido, com que se há de restaurar-lhe o sabor? para nada mais presta, senão para ser lançado fora, e ser pisado pelos homens.

¹⁴Vós sois a luz do mundo. Não se pode esconder uma cidade situada sobre um monte;

¹⁵nem os que acendem uma candeia a colocam debaixo do alqueire, mas no velador, e assim ilumina a todos que estão na casa.

¹⁶Assim resplandeça a vossa luz diante dos homens, para que vejam as vossas boas obras, e glorifiquem a vosso Pai, que está nos céus.

¹⁷Não penseis que vim destruir a lei ou os profetas; não vim destruir, mas cumprir.

¹⁸Porque em verdade vos digo que, até que o céu e a terra passem, de modo nenhum passará da lei um só i ou um só til, até que tudo seja cumprido.

¹⁹Qualquer, pois, que violar um destes mandamentos, por menor que seja, e assim ensinar aos homens, será chamado o menor no reino dos céus; aquele, porém, que os cumprir e ensinar será chamado grande no reino dos céus.

²⁰Pois eu vos digo que, se a vossa justiça não exceder a dos escribas e fariseus, de modo nenhum entrareis no reino dos céus.

²¹Ouvistes que foi dito aos antigos: Não matarás; e, Quem matar será réu de juízo.

²²Eu, porém, vos digo que todo aquele que se encolerizar contra seu irmão, será réu de juízo; e quem disser a seu irmão: Raca, será réu diante do sinédrio; e quem lhe disser: Tolo, será réu do fogo do inferno.

²³Portanto, se estiveres apresentando a tua oferta no altar, e aí te lembrares de que teu irmão tem alguma coisa contra ti,

²⁴deixa ali diante do altar a tua oferta, e vai conciliar-te primeiro com teu irmão, e depois vem apresentar a tua oferta.

²⁵Concilia-te depressa com o teu adversário, enquanto estás no caminho com ele; para que não aconteça que o adversário te entregue ao guarda, e sejas lançado na prisão.

²⁶Em verdade te digo que de maneira nenhuma sairás dali enquanto não pagares o último ceitil.

²⁷Ouvistes que foi dito: Não adulterarás.

²⁸Eu, porém, vos digo que todo aquele que olhar para uma mulher para a cobiçar, já em seu coração cometeu adultério com ela.

²⁹Se o teu olho direito te faz tropeçar, arranca-o e lança-o de ti; pois te é melhor que se perca um dos teus membros do que seja todo o teu corpo lançado no inferno.

³⁰E, se a tua mão direita te faz tropeçar, corta-a e lança-a de ti; pois te é melhor que se perca um dos teus membros do que vá todo o teu corpo para o inferno.

³¹Também foi dito: Quem repudiar sua mulher, dê-lhe carta de divórcio.

³²Eu, porém, vos digo que todo aquele que repudia sua mulher, a não ser por causa de infidelidade, a faz adúltera; e quem casar com a repudiada, comete adultério.

³³Outrossim, ouvistes que foi dito aos antigos: Não jurarás falso, mas cumprirás para com o Senhor os teus juramentos.

³⁴Eu, porém, vos digo que de maneira nenhuma jureis; nem pelo céu, porque é o trono de Deus;

³⁵nem pela terra, porque é o escabelo de seus pés; nem por Jerusalém, porque é a cidade do grande Rei;

³⁶nem jures pela tua cabeça, porque não podes tornar um só cabelo branco ou preto.

³⁷Seja, porém, o vosso falar: Sim, sim; não, não; pois o que passa daí, vem do Maligno.

³⁸Ouvistes que foi dito: Olho por olho, e dente por dente.

³⁹Eu, porém, vos digo que não resistais ao homem mau; mas a qualquer que te bater na face direita, oferece-lhe também a outra;

⁴⁰e ao que quiser pleitear contigo, e tirar-te a túnica, larga-lhe também a capa;

⁴¹e, se qualquer te obrigar a caminhar mil passos, vai com ele dois mil.

⁴²Dá a quem te pedir, e não voltes as costas ao que quiser que lhe

emprestes.

⁴³Ouvistes que foi dito: Amarás ao teu próximo, e odiarás ao teu inimigo.

⁴⁴Eu, porém, vos digo: Amai aos vossos inimigos, e orai pelos que vos perseguem;

⁴⁵para que vos torneis filhos do vosso Pai que está nos céus; porque ele faz nascer o seu sol sobre maus e bons, e faz chover sobre justos e injustos.

⁴⁶Pois, se amardes aos que vos amam, que recompensa tereis? não fazem os publicanos também o mesmo?

⁴⁷E, se saudardes somente os vossos irmãos, que fazeis demais? não fazem os gentios também o mesmo?

⁴⁸Sede vós, pois, perfeitos, como é perfeito o vosso Pai celestial.

## Capítulo 6

¹Guardai-vos de fazer as vossas boas obras diante dos homens, para serdes vistos por eles; de outra sorte não tereis recompensa junto de vosso Pai, que está nos céus.

²Quando, pois, deres esmola, não faças tocar trombeta diante de ti, como fazem os hipócritas nas sinagogas e nas ruas, para serem glorificados pelos homens. Em verdade vos digo que já receberam a sua recompensa.

³Mas, quando tu deres esmola, não saiba a tua mão esquerda o que faz a direita;

⁴para que a tua esmola fique em secreto; e teu Pai, que vê em secreto, te recompensará.

⁵E, quando orardes, não sejais como os hipócritas; pois gostam de orar em pé nas sinagogas, e às esquinas das ruas, para serem vistos pelos homens. Em verdade vos digo que já receberam a sua recompensa.

⁶Mas tu, quando orares, entra no teu quarto e, fechando a porta, ora a teu Pai que está em secreto; e teu Pai, que vê em secreto, te recompensará.

⁷E, orando, não useis de vãs repetições, como os gentios; porque pensam que pelo seu muito falar serão ouvidos.

⁸Não vos assemelheis, pois, a eles; porque vosso Pai sabe o que vos é necessário, antes de vós lho pedirdes.

⁹Portanto, orai vós deste modo: Pai nosso que estás nos céus, santificado seja o teu nome;

¹⁰venha o teu reino, seja feita a tua vontade, assim na terra como no céu;

¹¹o pão nosso de cada dia nos dá hoje;

¹²e perdoa-nos as nossas dívidas, assim como nós também temos perdoado aos nossos devedores;

¹³e não nos deixes entrar em tentação; mas livra-nos do mal. [Porque teu é o reino e o poder, e a glória, para sempre, Amém.]

¹⁴Porque, se perdoardes aos homens as suas ofensas, também vosso Pai celestial vos perdoará a vós;

¹⁵se, porém, não perdoardes aos homens, tampouco vosso Pai perdoará vossas ofensas.

¹⁶Quando jejuardes, não vos mostreis contristados como os hipócritas; porque eles desfiguram os seus rostos, para que os homens vejam que estão jejuando. Em verdade vos digo que já receberam a sua recompensa.

¹⁷Tu, porém, quando jejuares, unge a tua cabeça, e lava o teu rosto,

¹⁸para não mostrar aos homens que estás jejuando, mas a teu Pai, que está em secreto; e teu Pai, que vê em secreto, te recompensará.

¹⁹Não ajunteis para vós tesouros na terra; onde a traça e a ferrugem os consomem, e onde os ladrões minam e roubam;

²⁰mas ajuntai para vós tesouros no céu, onde nem a traça nem a ferrugem os consumem, e onde os ladrões não minam nem roubam.

²¹Porque onde estiver o teu tesouro, aí estará também o teu coração.

²²A candeia do corpo são os olhos; de sorte que, se os teus olhos forem bons, todo teu corpo terá luz;

²³se, porém, os teus olhos forem maus, o teu corpo será tenebroso. Se, portanto, a luz que em ti há são trevas, quão grandes são tais trevas!

²⁴Ninguém pode servir a dois senhores; porque ou há de odiar a um e amar o outro, ou há de dedicar-se a um e desprezar o outro. Não podeis servir a Deus e às riquezas.

²⁵Por isso vos digo: Não estejais ansiosos quanto à vossa vida, pelo que haveis de comer, ou pelo que haveis de beber; nem, quanto ao vosso corpo, pelo que haveis de vestir. Não é a vida mais do que o alimento, e o corpo mais do que o vestuário?

²⁶Olhai para as aves do céu, que não semeiam, nem ceifam, nem ajuntam em celeiros; e vosso Pai celestial as alimenta. Não valeis vós muito mais do que elas?

²⁷Ora, qual de vós, por mais ansioso que esteja, pode acrescentar um côvado à sua estatura?

²⁸E pelo que haveis de vestir, por que andais ansiosos? Olhai para os lírios do campo, como crescem; não trabalham nem fiam;

²⁹contudo vos digo que nem mesmo Salomão em toda a sua glória se vestiu como um deles.

³⁰Pois, se Deus assim veste a erva do campo, que hoje existe e amanhã é lançada no forno, quanto mais a vós, homens de pouca fé?

³¹Portanto, não vos inquieteis, dizendo: Que havemos de comer? ou: Que havemos de beber? ou: Com que nos havemos de vestir?

³²(Pois a todas estas coisas os gentios procuram.) Porque vosso Pai celestial sabe que precisais de tudo isso.

³³Mas buscai primeiro o seu reino e a sua justiça, e todas estas coisas vos serão acrescentadas.

³⁴Não vos inquieteis, pois, pelo dia de amanhã; porque o dia de amanhã cuidará de si mesmo. Basta a cada dia o seu mal.

## Capítulo 7

¹Não julgueis, para que não sejais julgados.

²Porque com o juízo com que julgais, sereis julgados; e com a medida com que medis vos medirão a vós.

³E por que vês o argueiro no olho do teu irmão, e não reparas na trave que está no teu olho?

⁴Ou como dirás a teu irmão: Deixa-me tirar o argueiro do teu olho, quando tens a trave no teu?

⁵Hipócrita! tira primeiro a trave do teu olho; e então verás bem para tirar o argueiro do olho do teu irmão.

⁶Não deis aos cães o que é santo, nem lanceis aos porcos as vossas pérolas, para não acontecer que as calquem aos pés e, voltando-se, vos despedacem.

⁷Pedí, e dar-se-vos-á; buscai, e achareis; batei e abrir-se-vos-á.

⁸Pois todo o que pede, recebe; e quem busca, acha; e ao que bate, abrir-se-lhe-á.

⁹Ou qual dentre vós é o homem que, se seu filho lhe pedir pão, lhe dará uma pedra?

¹⁰Ou, se lhe pedir peixe, lhe dará uma serpente?

¹¹Se vós, pois, sendo maus, sabeis dar boas dádivas a vossos filhos, quanto mais vosso Pai, que está nos céus, dará boas coisas aos que lhas pedirem?

¹²Portanto, tudo o que vós quereis que os homens vos façam, fazei-lho também vós a eles; porque esta é a lei e os profetas.

¹³Entrai pela porta estreita; porque larga é a porta, e espaçoso o caminho que conduz à perdição, e muitos são os que entram por ela;

¹⁴e porque estreita é a porta, e apertado o caminho que conduz à vida, e poucos são os que a encontram.

¹⁵Guardai-vos dos falsos profetas, que vêm a vós disfarçados em ovelhas, mas interiormente são lobos devoradores.

¹⁶Pelos seus frutos os conhecereis. Colhem-se, porventura, uvas dos espinheiros, ou figos dos abrolhos?

¹⁷Assim, toda árvore boa produz bons frutos; porém a árvore má produz frutos maus.

¹⁸Uma árvore boa não pode dar maus frutos; nem uma árvore má dar frutos bons.

¹⁹Toda árvore que não produz bom fruto é cortada e lançada no fogo.

²⁰Portanto, pelos seus frutos os conhecereis.

²¹Nem todo o que me diz: Senhor, Senhor! entrará no reino dos céus, mas aquele que faz a vontade de meu Pai, que está nos céus.

²²Muitos me dirão naquele dia: Senhor, Senhor, não profetizamos nós em teu nome? e em teu nome não expulsamos demônios? e em teu nome não fizemos muitos milagres?

²³Então lhes direi claramemnte: Nunca vos conheci; apartai-vos de mim, vós que praticais a iniquidade.

²⁴Todo aquele, pois, que ouve estas minhas palavras e as põe em prática, será comparado a um homem prudente, que edificou a casa sobre a rocha.

²⁵E desceu a chuva, correram as torrentes, sopraram os ventos, e bateram com ímpeto contra aquela casa; contudo não caiu, porque estava fundada sobre a rocha.

²⁶Mas todo aquele que ouve estas minhas palavras, e não as põe em prática, será comparado a um homem insensato, que edificou a sua casa sobre a areia.

²⁷E desceu a chuva, correram as torrentes, sopraram os ventos, e bateram com ímpeto contra aquela casa, e ela caiu; e grande foi a sua queda.

²⁸Ao concluir Jesus este discurso, as multidões se maravilhavam

da sua doutrina;

²⁹porque as ensinava como tendo autoridade, e não como os escribas.

## Capítulo 8

¹Quando Jesus desceu do monte, grandes multidões o seguiam.

²E eis que veio um leproso e o adorava, dizendo: Senhor, se quiseres, podes tornar-me limpo.

³Jesus, pois, estendendo a mão, tocou-o, dizendo: Quero; sê limpo. No mesmo instante ficou purificado da sua lepra.

⁴Disse-lhe então Jesus: Olha, não contes isto a ninguém; mas vai, mostra-te ao sacerdote, e apresenta a oferta que Moisés determinou, para lhes servir de testemunho.

⁵Tendo Jesus entrado em Cafarnaum, chegou-se a ele um centurião que lhe rogava, dizendo:

⁶Senhor, o meu criado jaz em casa paralítico, e horrivelmente atormentado.

⁷Respondeu-lhe Jesus: Eu irei, e o curarei.

⁸O centurião, porém, replicou-lhe: Senhor, não sou digno de que entres debaixo do meu telhado; mas somente dize uma palavra, e o meu criado há de sarar.

⁹Pois também eu sou homem sujeito à autoridade, e tenho soldados às minhas ordens; e digo a este: Vai, e ele vai; e a outro: Vem, e ele vem; e ao meu servo: Faze isto, e ele o faz.

¹⁰Jesus, ouvindo isso, admirou-se, e disse aos que o seguiam: Em verdade vos digo que a ninguém encontrei em Israel com tamanha fé.

¹¹Também vos digo que muitos virão do oriente e do ocidente, e reclinar-se-ão à mesa de Abraão, Isaque e Jacó, no reino dos céus;

¹²mas os filhos do reino serão lançados nas trevas exteriores; ali haverá choro e ranger de dentes.

¹³Então disse Jesus ao centurião: Vai-te, e te seja feito assim como creste. E naquela mesma hora o seu criado sarou.

¹⁴Ora, tendo Jesus entrado na casa de Pedro, viu a sogra deste de cama; e com febre.

¹⁵E tocou-lhe a mão, e a febre a deixou; então ela se levantou, e o servia.

¹⁶Caída a tarde, trouxeram-lhe muitos endemoninhados; e ele com a sua palavra expulsou os espíritos, e curou todos os enfermos;

¹⁷para que se cumprisse o que fora dito pelo profeta Isaías: Ele tomou sobre si as nossas enfermidades, e levou as nossas doenças.

¹⁸Vendo Jesus uma multidão ao redor de si, deu ordem de partir para o outro lado do mar.

¹⁹E, aproximando-se um escriba, disse-lhe: Mestre, seguir-te-ei para onde quer que fores.

²⁰Respondeu-lhe Jesus: As raposas têm covis, e as aves do céu têm ninhos; mas o Filho do homem não tem onde reclinar a cabeça.

²¹E outro de seus discípulos lhe disse: Senhor, permite-me ir primeiro sepultar meu pai.

²²Jesus, porém, respondeu-lhe: Segue-me, e deixa os mortos sepultar os seus próprios mortos.

²³E, entrando ele no barco, seus discípulos o seguiram.

²⁴E eis que se levantou no mar tão grande tempestade que o barco era coberto pelas ondas; ele, porém, estava dormindo.

²⁵Os discípulos, pois, aproximando-se, o despertaram, dizendo: Salva-nos, Senhor, que estamos perecendo.

²⁶Ele lhes respondeu: Por que temeis, homens de pouca fé? Então, levantando-se repreendeu os ventos e o mar, e seguiu-se grande bonança.

²⁷E aqueles homens se maravilharam, dizendo: Que homem é este, que até os ventos e o mar lhe obedecem?

²⁸Tendo ele chegado ao outro lado, à terra dos gadarenos, saíram-lhe ao encontro dois endemoninhados, vindos dos sepulcros; tão ferozes eram que ninguém podia passar por aquele caminho.

²⁹E eis que gritaram, dizendo: Que temos nós contigo, Filho de Deus? Vieste aqui atormentar-nos antes do tempo?

³⁰Ora, a alguma distância deles, andava pastando uma grande manada de porcos.

³¹E os demônios rogavam-lhe, dizendo: Se nos expulsas, manda-nos entrar naquela manada de porcos.

³²Disse-lhes Jesus: Ide. Então saíram, e entraram nos porcos; e eis que toda a manada se precipitou pelo despenhadeiro no mar, perecendo nas águas.

³³Os pastores fugiram e, chegando à cidade, divulgaram todas estas coisas, e o que acontecera aos endemoninhados.

³⁴E eis que toda a cidade saiu ao encontro de Jesus; e vendo-o, rogaram-lhe que se retirasse dos seus termos.

## Capítulo 9

¹E entrando Jesus num barco, passou para o outro lado, e chegou à sua própria cidade.

²E eis que lhe trouxeram um paralítico deitado num leito. Jesus, pois, vendo-lhes a fé, disse ao paralítico: Tem ânimo, filho; perdoados são os teus pecados.

³E alguns dos escribas disseram consigo: Este homem blasfema.

⁴Mas Jesus, conhecendo-lhes os pensamentos, disse: Por que pensais o mal em vossos corações?

⁵Pois qual é mais fácil? dizer: Perdoados são os teus pecados, ou dizer: Levanta-te e anda?

⁶Ora, para que saibais que o Filho do homem tem sobre a terra autoridade para perdoar pecados (disse então ao paralítico): Levanta-te, toma o teu leito, e vai para tua casa.

⁷E este, levantando-se, foi para sua casa.

⁸E as multidões, vendo isso, temeram, e glorificaram a Deus, que dera tal autoridade aos homens.

⁹Partindo Jesus dali, viu sentado na coletoria um homem chamado Mateus, e disse-lhe: Segue-me. E ele, levantando-se, o seguiu.

¹⁰Ora, estando ele à mesa em casa, eis que chegaram muitos publicanos e pecadores, e se reclinaram à mesa juntamente com Jesus e seus discípulos.

¹¹E os fariseus, vendo isso, perguntavam aos discípulos: Por que come o vosso Mestre com publicanos e pecadores?

¹²Jesus, porém, ouvindo isso, respondeu: Não necessitam de médico os sãos, mas sim os enfermos.

¹³Ide, pois, e aprendei o que significa: Misericórdia quero, e não sacrifícios. Porque eu não vim chamar justos, mas pecadores.

¹⁴Então vieram ter com ele os discípulos de João, perguntando: Por que é que nós e os fariseus jejuamos, mas os teus discípulos não jejuam?

¹⁵Respondeu-lhes Jesus: Podem porventura ficar tristes os convidados às núpcias, enquanto o noivo está com eles? Dias virão, porém, em que lhes será tirado o noivo, e então hão de jejuar.

¹⁶Ninguém põe remendo de pano novo em vestido velho; porque semelhante remendo tira parte do vestido, e faz-se maior a rotura.

¹⁷Nem se deita vinho novo em odres velhos; do contrário se rebentam, derrama-se o vinho, e os odres se perdem; mas deita-se vinho novo em odres novos, e assim ambos se conservam.

¹⁸Enquanto ainda lhes dizia essas coisas, eis que chegou um chefe da sinagoga e o adorou, dizendo: Minha filha acaba de falecer; mas vem, impõe-lhe a tua mão, e ela viverá.

¹⁹Levantou-se, pois, Jesus, e o foi seguindo, ele e os seus discípulos.

²⁰E eis que certa mulher, que havia doze anos padecia de uma hemorragia, chegou por detrás dele e tocou-lhe a orla do manto;

²¹porque dizia consigo: Se eu tão-somente tocar-lhe o manto, ficarei sã.

²²Mas Jesus, voltando-se e vendo-a, disse: Tem ânimo, filha, a tua fé te salvou. E desde aquela hora a mulher ficou sã.

²³Quando Jesus chegou à casa daquele chefe, e viu os tocadores de flauta e a multidão em alvoroço,

²⁴disse: Retirai-vos; porque a menina não está morta, mas dorme. E riam-se dele.

²⁵Tendo-se feito sair o povo, entrou Jesus, tomou a menina pela mão, e ela se levantou.

²⁶E espalhou-se a notícia disso por toda aquela terra.

²⁷Partindo Jesus dali, seguiram-no dois cegos, que clamavam, dizendo: Tem compaixão de nós, Filho de Davi.

²⁸E, tendo ele entrado em casa, os cegos se aproximaram dele; e Jesus perguntou-lhes: Credes que eu posso fazer isto? Responderam-lhe eles: Sim, Senhor.

²⁹Então lhes tocou os olhos, dizendo: Seja-vos feito segundo a vossa fé.

³⁰E os olhos se lhes abriram. Jesus ordenou-lhes terminantemente, dizendo: Vede que ninguém o saiba.

³¹Eles, porém, saíram, e divulgaram a sua fama por toda aquela terra.

³²Enquanto esses se retiravam, eis que lhe trouxeram um homem mudo e endemoninhado.

³³E, expulso o demônio, falou o mudo e as multidões se admiraram, dizendo: Nunca tal se viu em Israel.

³⁴Os fariseus, porém, diziam: É pelo príncipe dos demônios que ele expulsa os demônios.

³⁵E percorria Jesus todas as cidades e aldeias, ensinando nas sinagogas, pregando o evangelho do reino, e curando toda sorte de doenças e enfermidades.

## Mateus

³⁶Vendo ele as multidões, compadeceu-se delas, porque andavam desgarradas e errantes, como ovelhas que não têm pastor.

³⁷Então disse a seus discípulos: Na verdade, a seara é grande, mas os trabalhadores são poucos.

³⁸Rogai, pois, ao Senhor da seara que mande trabalhadores para a sua seara.

## Capítulo 10

¹E, chamando a si os seus doze discípulos, deu-lhes autoridade sobre os espíritos imundos, para expulsarem, e para curarem toda sorte de doenças e enfermidades.

²Ora, os nomes dos doze apóstolos são estes: primeiro, Simão, chamado Pedro, e André, seu irmão; Tiago, filho de Zebedeu, e João, seu irmão;

³Felipe e Bartolomeu; Tomé e Mateus, o publicano; Tiago, filho de Alfeu, e Tadeu;

⁴Simão Cananeu, e Judas Iscariotes, aquele que o traiu.

⁵A estes doze enviou Jesus, e ordenou-lhes, dizendo: Não ireis aos gentios, nem entrareis em cidade de samaritanos;

⁶mas ide antes às ovelhas perdidas da casa de Israel;

⁷e indo, pregai, dizendo: É chegado o reino dos céus.

⁸Curai os enfermos, ressuscitai os mortos, limpai os leprosos, expulsai os demônios; de graça recebestes, de graça dai.

⁹Não vos provereis de ouro, nem de prata, nem de cobre, em vossos cintos;

¹⁰nem de alforje para o caminho, nem de duas túnicas, nem de alparcas, nem de bordão; porque digno é o trabalhador do seu alimento.

¹¹Em qualquer cidade ou aldeia em que entrardes, procurai saber quem nela é digno, e hospedai-vos aí até que vos retireis.

¹²E, ao entrardes na casa, saudai-a;

¹³se a casa for digna, desça sobre ela a vossa paz; mas, se não for digna, torne para vós a vossa paz.

¹⁴E, se ninguém vos receber, nem ouvir as vossas palavras, saindo daquela casa ou daquela cidade, sacudi o pó dos vossos pés.

¹⁵Em verdade vos digo que, no dia do juízo, haverá menos rigor para a terra de Sodoma e Gomorra do que para aquela cidade.

¹⁶Eis que vos envio como ovelhas ao meio de lobos; portanto, sede prudentes como as serpentes e simples como as pombas.

¹⁷Acautelai-vos dos homens; porque eles vos entregarão aos sinédrios, e vos açoitarão nas suas sinagogas;

¹⁸e por minha causa sereis levados à presença dos governadores e dos reis, para lhes servir de testemunho, a eles e aos gentios.

¹⁹Mas, quando vos entregarem, não cuideis de como, ou o que haveis de falar; porque naquela hora vos será dado o que haveis de dizer;

²⁰Porque não sois vós que falais, mas o Espírito de vosso Pai é que fala em vós.

²¹Um irmão entregará à morte a seu irmão, e um pai a seu filho; e filhos se levantarão contra os pais e os matarão.

²²E sereis odiados de todos por causa do meu nome, mas aquele que perseverar até o fim, esse será salvo.

²³Quando, porém, vos perseguirem numa cidade, fugi para outra; porque em verdade vos digo que não acabareis de percorrer as cidades de Israel antes que venha o Filho do homem.

²⁴Não é o discípulo mais do que o seu mestre, nem o servo mais do que o seu senhor.

²⁵Basta ao discípulo ser como seu mestre, e ao servo como seu senhor. Se chamaram Belzebu ao dono da casa, quanto mais aos seus domésticos?

²⁶Portanto, não os temais; porque nada há encoberto que não haja de ser descoberto, nem oculto que não haja de ser conhecido.

²⁷O que vos digo às escuras, dizei-o às claras; e o que escutais ao ouvido, dos eirados pregai-o.

²⁸E não temais os que matam o corpo, e não podem matar a alma; temei antes aquele que pode fazer perecer no inferno tanto a alma como o corpo.

²⁹Não se vendem dois passarinhos por um asse? e nenhum deles cairá em terra sem a vontade de vosso Pai.

³⁰E até mesmo os cabelos da vossa cabeça estão todos contados.

³¹Não temais, pois; mais valeis vós do que muitos passarinhos.

³²Portanto, todo aquele que me confessar diante dos homens, também eu o confessarei diante de meu Pai, que está nos céus.

³³Mas qualquer que me negar diante dos homens, também eu o negarei diante de meu Pai, que está nos céus.

³⁴Não penseis que vim trazer paz à terra; não vim trazer paz, mas espada.

³⁵Porque eu vim pôr em dissensão o homem contra seu pai, a filha contra sua mãe, e a nora contra sua sogra;

³⁶e assim os inimigos do homem serão os da sua própria casa.

³⁷Quem ama o pai ou a mãe mais do que a mim não é digno de mim; e quem ama o filho ou a filha mais do que a mim não é digno de mim.

³⁸E quem não toma a sua cruz, e não segue após mim, não é digno de mim.

³⁹Quem achar a sua vida perdê-la-á, e quem perder a sua vida por amor de mim achá-la-á.

⁴⁰Quem vos recebe, a mim me recebe; e quem me recebe a mim, recebe aquele que me enviou.

⁴¹Quem recebe um profeta na qualidade de profeta, receberá a recompensa de profeta; e quem recebe um justo na qualidade de justo, receberá a recompensa de justo.

⁴²E aquele que der até mesmo um copo de água fresca a um destes pequeninos, na qualidade de discípulo, em verdade vos digo que de modo algum perderá a sua recompensa.

## Capítulo 11

¹Tendo acabado Jesus de dar instruções aos seus doze discípulos, partiu dali a ensinar e a pregar nas cidades da região.

²Ora, quando João no cárcere ouviu falar das obras do Cristo, mandou pelos seus discípulos perguntar-lhe:

³És tu aquele que havia de vir, ou havemos de esperar outro?

⁴Respondeu-lhes Jesus: Ide contar a João as coisas que ouvis e vedes:

⁵os cegos vêem, e os coxos andam; os leprosos são purificados, e os surdos ouvem; os mortos são ressuscitados, e aos pobres é anunciado o evangelho.

⁶E bem-aventurado é aquele que não se escandalizar de mim.

⁷Ao partirem eles, começou Jesus a dizer às multidões a respeito de João: que saístes a ver no deserto? um caniço agitado pelo vento?

⁸Mas que saístes a ver? um homem trajado de vestes luxuosas? Eis que aqueles que trajam vestes luxuosas estão nas casas dos reis.

⁹Mas por que saístes? para ver um profeta? Sim, vos digo, e muito mais do que profeta.

¹⁰Este é aquele de quem está escrito: Eis aí envio eu ante a tua face o meu mensageiro, que há de preparar adiante de ti o teu caminho.

¹¹Em verdade vos digo que, entre os nascidos de mulher, não surgiu outro maior do que João, o Batista; mas aquele que é o menor no reino dos céus é maior do que ele.

¹²E desde os dias de João, o Batista, até agora, o reino dos céus é tomado a força, e os violentos o tomam de assalto.

¹³Pois todos os profetas e a lei profetizaram até João.

¹⁴E, se quereis dar crédito, é este o Elias que havia de vir.

¹⁵Quem tem ouvidos, ouça.

¹⁶Mas, a quem compararei esta geração? É semelhante aos meninos que, sentados nas praças, clamam aos seus companheiros:

¹⁷Tocamo-vos flauta, e não dançastes; cantamos lamentações, e não pranteastes.

¹⁸Porquanto veio João, não comendo nem bebendo, e dizem: Tem demônio.

¹⁹Veio o Filho do homem, comendo e bebendo, e dizem: Eis aí um comilão e bebedor de vinho, amigo de publicanos e pecadores. Entretanto a sabedoria é justificada pelas suas obras.

²⁰Então começou ele a lançar em rosto às cidades onde se operara a maior parte dos seus milagres, o não se haverem arrependido, dizendo:

²¹Ai de ti, Corazin! ai de ti, Betsaida! porque, se em Tiro e em Sidom, se tivessem operado os milagres que em vós se operaram, há muito elas se teriam arrependido em cilício e em cinza.

²²Contudo, eu vos digo que para Tiro e Sidom haverá menos rigor, no dia do juízo, do que para vós.

²³E tu, Cafarnaum, porventura serás elevada até o céu? até o hades descerás; porque, se em Sodoma se tivessem operado os milagres que em ti se operaram, teria ela permanecido até hoje.

²⁴Contudo, eu vos digo que no dia do juízo haverá menos rigor para a terra de Sodoma do que para ti.

²⁵Naquele tempo falou Jesus, dizendo: Graças te dou, ó Pai, Senhor do céu e da terra, porque ocultaste estas coisas aos sábios e entendidos, e as revelaste aos pequeninos.

²⁶Sim, ó Pai, porque assim foi do teu agrado.

²⁷Todas as coisas me foram entregues por meu Pai; e ninguém conhece plenamente o Filho, senão o Pai; e ninguém conhece plenamente o Pai, senão o Filho, e aquele a quem o Filho o quiser revelar.

²⁸Vinde a mim, todos os que estai cansados e oprimidos, e eu vos aliviarei.

²⁹Tomai sobre vós o meu jugo, e aprendei de mim, que sou manso e humilde de coração; e achareis descanso para as vossas almas.

³⁰Porque o meu jugo é suave, e o meu fardo é leve.

## Capítulo 12

¹Naquele tempo passou Jesus pelas searas num dia de sábado; e os seus discípulos, sentindo fome, começaram a colher espigas, e a comer.

²Os fariseus, vendo isso, disseram-lhe: Eis que os teus discípulos estão fazendo o que não é lícito fazer no sábado.

³Ele, porém, lhes disse: Acaso não lestes o que fez Davi, quando teve fome, ele e seus companheiros?

⁴Como entrou na casa de Deus, e como eles comeram os pães da proposição, que não lhe era lícito comer, nem a seus companheiros, mas somente aos sacerdotes?

⁵Ou não lestes na lei que, aos sábados, os sacerdotes no templo violam o sábado, e ficam sem culpa?

⁶Digo-vos, porém, que aqui está o que é maior do que o templo.

⁷Mas, se vós soubésseis o que significa: Misericórdia quero, e não sacrifícios, não condenaríeis os inocentes.

⁸Porque o Filho do homem até do sábado é o Senhor.

⁹Partindo dali, entrou Jesus na sinagoga deles.

¹⁰E eis que estava ali um homem que tinha uma das mãos atrofiadas; e eles, para poderem acusar a Jesus, o interrogaram, dizendo: É lícito curar nos sábados?

¹¹E ele lhes disse: Qual dentre vós será o homem que, tendo uma só ovelha, se num sábado ela cair numa cova, não há de lançar mão dela, e tirá-la?

¹²Ora, quanto mais vale um homem do que uma ovelha! Portanto, é lícito fazer bem nos sábados.

¹³Então disse àquele homem: estende a tua mão. E ele a estendeu, e lhe foi restituída sã como a outra.

¹⁴Os fariseus, porém, saindo dali, tomaram conselho contra ele, para o matarem.

¹⁵Jesus, percebendo isso, retirou-se dali. Acompanharam-no muitos; e ele curou a todos,

¹⁶e advertiu-lhes que não o dessem a conhecer;

¹⁷para que se cumprisse o que foi dito pelo profeta Isaías:

¹⁸Eis aqui o meu servo que escolhi, o meu amado em quem a minha alma se comprazi; porei sobre ele o meu espírito, e ele anunciará aos gentios o juízo.

¹⁹Não contenderá, nem clamará, nem se ouvirá pelas ruas a sua voz.

²⁰Não esmagará a cana quebrada, e não apagará o morrão que fumega, até que faça triunfar o juízo;

²¹e no seu nome os gentios esperarão.

²²Trouxeram-lhe então um endemoninhado cego e mudo; e ele o curou, de modo que o mudo falava e via.

²³E toda a multidão, maravilhada, dizia: É este, porventura, o Filho de Davi?

²⁴Mas os fariseus, ouvindo isto, disseram: Este não expulsa os demônios senão por Belzebu, príncipe dos demônios.

²⁵Jesus, porém, conhecendo-lhes os pensamentos, disse-lhes: Todo reino dividido contra si mesmo é devastado; e toda cidade, ou casa, dividida contra si mesma não subsistirá.

²⁶Ora, se Satanás expulsa a Satanás, está dividido contra si mesmo; como subsistirá, pois, o seu reino?

²⁷E, se eu expulso os demônios por Belzebu, por quem os expulsam os vossos filhos? Por isso, eles mesmos serão os vossos juízes.

²⁸Mas, se é pelo Espírito de Deus que eu expulso os demônios, logo é chegado a vós o reino de Deus.

²⁹Ou, como pode alguém entrar na casa do valente, e roubar-lhe os bens, se primeiro não amarrar o valente? e então lhe saquear a casa.

³⁰Quem não é comigo é contra mim; e quem comigo não ajunta, espalha.

³¹Portanto vos digo: Todo pecado e blasfêmia se perdoará aos homens; mas a blasfêmia contra o Espírito não será perdoada.

³²Se alguém disser alguma palavra contra o Filho do homem, isso lhe será perdoado; mas se alguém falar contra o Espírito Santo, não lhe será perdoado, nem neste mundo, nem no vindouro.

³³Ou fazei a árvore boa, e o seu fruto bom; ou fazei a árvore má, e o seu fruto mau; porque pelo fruto se conhece a árvore.

³⁴Raça de víboras! como podeis vós falar coisas boas, sendo maus? pois do que há em abundância no coração, disso fala a boca.

³⁵O homem bom, do seu bom tesouro tira coisas boas, e o homem mau do mau tesouro tira coisas más.

³⁶Digo-vos, pois, que de toda palavra fútil que os homens disserem, hão de dar conta no dia do juízo.

³⁷Porque pelas tuas palavras serás justificado, e pelas tuas palavras serás condenado.

³⁸Então alguns dos escribas e dos fariseus, tomando a palavra, disseram: Mestre, queremos ver da tua parte algum sinal.

³⁹Mas ele lhes respondeu: Uma geração má e adúltera pede um sinal; e nenhum sinal se lhe dará, senão o do profeta Jonas;

⁴⁰pois, como Jonas esteve três dias e três noites no ventre do grande peixe, assim estará o Filho do homem três dias e três noites no seio da terra.

⁴¹Os ninivitas se levantarão no juízo com esta geração, e a condenarão; porque se arrependeram com a pregação de Jonas. E eis aqui quem é maior do que Jonas.

⁴²A rainha do sul se levantará no juízo com esta geração, e a condenará; porque veio dos confins da terra para ouvir a sabedoria de Salomão. E eis aqui quem é maior do que Salomão.

⁴³Ora, havendo o espírito imundo saído do homem, anda por lugares áridos, buscando repouso, e não o encontra.

⁴⁴Então diz: Voltarei para minha casa, donde saí. E, chegando, acha-a desocupada, varrida e adornada.

⁴⁵Então vai e leva consigo outros sete espíritos piores do que ele e, entretanto, habitam ali; e o último estado desse homem vem a ser pior do que o primeiro. Assim há de acontecer também a esta geração perversa.

⁴⁶Enquanto ele ainda falava às multidões, estavam do lado de fora sua mãe e seus irmãos, procurando falar-lhe.

⁴⁷Disse-lhe alguém: Eis que estão ali fora tua mãe e teus irmãos, e procuram falar contigo.

⁴⁸Ele, porém, respondeu ao que lhe falava: Quem é minha mãe? e quem são meus irmãos?

⁴⁹E, estendendo a mão para os seus discípulos disse: Eis aqui minha mãe e meus irmãos.

⁵⁰Pois qualquer que fizer a vontade de meu Pai que está nos céus, esse é meu irmão, irmã e mãe.

## Capítulo 13

¹No mesmo dia, tendo Jesus saído de casa, sentou-se à beira do mar;

²e reuniram-se a ele grandes multidões, de modo que entrou num barco, e se sentou; e todo o povo estava em pé na praia.

³E falou-lhes muitas coisas por parábolas, dizendo: Eis que o semeador saiu a semear.

⁴e quando semeava, uma parte da semente caiu à beira do caminho, e vieram as aves e comeram.

⁵E outra parte caiu em lugares pedregosos, onde não havia muita terra: e logo nasceu, porque não tinha terra profunda;

⁶mas, saindo o sol, queimou-se e, por não ter raiz, secou-se.

⁷E outra caiu entre espinhos; e os espinhos cresceram e a sufocaram.

⁸Mas outra caiu em boa terra, e dava fruto, um a cem, outro a sessenta e outro a trinta por um.

⁹Quem tem ouvidos, ouça.

¹⁰E chegando-se a ele os discípulos, perguntaram-lhe: Por que lhes falas por parábolas?

¹¹Respondeu-lhes Jesus: Porque a vós é dado conhecer os mistérios do reino dos céus, mas a eles não lhes é dado;

¹²pois ao que tem, dar-se-lhe-á, e terá em abundância; mas ao que não tem, até aquilo que tem lhe será tirado.

¹³Por isso lhes falo por parábolas; porque eles, vendo, não vêem; e ouvindo, não ouvem nem entendem.

¹⁴E neles se cumpre a profecia de Isaías, que diz: Ouvindo, ouvireis, e de maneira alguma entendereis; e, vendo, vereis, e de maneira alguma percebereis.

¹⁵Porque o coração deste povo se endureceu, e com os ouvidos ouviram tardamente, e fecharam os olhos, para que não vejam com os olhos, nem ouçam com os ouvidos, nem entendam com o coração, nem se convertam, e eu os cure.

¹⁶Mas bem-aventurados os vossos olhos, porque vêem, e os vossos ouvidos, porque ouvem.

¹⁷Pois, em verdade vos digo que muitos profetas e justos desejaram ver o que vedes, e não o viram; e ouvir o que ouvis, e não o ouviram.

¹⁸Ouvi, pois, vós a parábola do semeador.

¹⁹A todo o que ouve a palavra do reino e não a entende, vem o Maligno e arrebata o que lhe foi semeado no coração; este é o que foi semeado à beira do caminho.

²⁰E o que foi semeado nos lugares pedregosos, este é o que ouve a

palavra, e logo a recebe com alegria;

²¹mas não tem raiz em si mesmo, antes é de pouca duração; e sobrevindo a angústia e a perseguição por causa da palavra, logo se escandaliza.

²²E o que foi semeado entre os espinhos, este é o que ouve a palavra; mas os cuidados deste mundo e a sedução das riquezas sufocam a palavra, e ela fica infrutífera.

²³Mas o que foi semeado em boa terra, este é o que ouve a palavra, e a entende; e dá fruto, e um produz cem, outro sessenta, e outro trinta.

²⁴Propôs-lhes outra parábola, dizendo: O reino dos céus é semelhante ao homem que semeou boa semente no seu campo;

²⁵mas, enquanto os homens dormiam, veio o inimigo dele, semeou joio no meio do trigo, e retirou-se.

²⁶Quando, porém, a erva cresceu e começou a espigar, então apareceu também o joio.

²⁷Chegaram, pois, os servos do proprietário, e disseram-lhe: Senhor, não semeaste no teu campo boa semente? Donde, pois, vem o joio?

²⁸Respondeu-lhes: Algum inimigo é quem fez isso. E os servos lhe disseram: Queres, pois, que vamos arrancá-lo?

²⁹Ele, porém, disse: Não; para que, ao colher o joio, não arranqueis com ele também o trigo.

³⁰Deixai crescer ambos juntos até a ceifa; e, por ocasião da ceifa, direi aos ceifeiros: Ajuntai primeiro o joio, e atai-o em molhos para o queimar; o trigo, porém, recolhei-o no meu celeiro.

³¹Propôs-lhes outra parábola, dizendo: O reino dos céus é semelhante a um grão de mostarda que um homem tomou, e semeou no seu campo;

³²o qual é realmente a menor de todas as sementes; mas, depois de ter crescido, é a maior das hortaliças, e faz-se árvore, de sorte que vêm as aves do céu, e se aninham nos seus ramos.

³³Outra parábola lhes disse: O reino dos céus é semelhante ao fermento que uma mulher tomou e misturou com três medidas de farinha, até ficar tudo levedado.

³⁴Todas estas coisas falou Jesus às multidões por parábolas, e sem parábolas nada lhes falava;

³⁵para que se cumprisse o que foi dito pelo profeta: Abrirei em parábolas a minha boca; publicarei coisas ocultas desde a fundação do mundo.

³⁶Então Jesus, deixando as multidões, entrou em casa. E chegaram-se a ele os seus discípulos, dizendo: Explica-nos a parábola do joio do campo.

³⁷E ele, respondendo, disse: O que semeia a boa semente é o Filho do homem;

³⁸o campo é o mundo; a boa semente são os filhos do reino; o o joio são os filhos do maligno;

³⁹o inimigo que o semeou é o Diabo; a ceifa é o fim do mundo, e os celeiros são os anjos.

⁴⁰Pois assim como o joio é colhido e queimado no fogo, assim será no fim do mundo.

⁴¹Mandará o Filho do homem os seus anjos, e eles ajuntarão do seu reino todos os que servem de tropeço, e os que praticam a iniquidade,

⁴²e lançá-los-ão na fornalha de fogo; ali haverá choro e ranger de dentes.

⁴³Então os justos resplandecerão como o sol, no reino de seu Pai. Quem tem ouvidos, ouça.

⁴⁴O reino dos céus é semelhante a um tesouro escondido no campo, que um homem, ao descobrí-lo, esconde; então, movido de gozo, vai, vende tudo quanto tem, e compra aquele campo.

⁴⁵Outrossim, o reino dos céus é semelhante a um negociante que buscava boas pérolas;

⁴⁶e encontrando uma pérola de grande valor, foi, vendeu tudo quanto tinha, e a comprou.

⁴⁷Igualmente, o reino dos céus é semelhante a uma rede lançada ao mar, e que apanhou toda espécie de peixes.

⁴⁸E, quando cheia, puxaram-na para a praia; e, sentando-se, puseram os bons em cestos; os ruins, porém, lançaram fora.

⁴⁹Assim será no fim do mundo: sairão os anjos, e separarão os maus dentre os justos,

⁵⁰e lançá-los-ão na fornalha de fogo; ali haverá choro e ranger de dentes.

⁵¹Entendestes todas estas coisas? Disseram-lhe eles: Entendemos.

⁵²E disse-lhes: Por isso, todo escriba que se fez discípulo do reino dos céus é semelhante a um homem, proprietário, que tira do seu tesouro coisas novas e velhas.

⁵³E Jesus, tendo concluido estas parábolas, se retirou dali.

⁵⁴E, chegando à sua terra, ensinava o povo na sinagoga, de modo que este se maravilhava e dizia: Donde lhe vem esta sabedoria, e estes poderes milagrosos?

⁵⁵Não é este o filho do carpinteiro? e não se chama sua mãe Maria, e seus irmãos Tiago, José, Simão, e Judas?

⁵⁶E não estão entre nós todas as suas irmãs? Donde lhe vem, pois, tudo isto?

⁵⁷E escandalizavam-se dele. Jesus, porém, lhes disse: Um profeta não fica sem honra senão na sua terra e na sua própria casa.

⁵⁸E não fez ali muitos milagres, por causa da incredulidade deles.

## Capítulo 14

¹Naquele tempo Herodes, o tetrarca, ouviu a fama de Jesus,

²e disse aos seus cortesãos: Este é João, o Batista; ele ressuscitou dentre os mortos, e por isso estes poderes milagrosos operam nele.

³Pois Herodes havia prendido a João, e, maniatando-o, o guardara no cárcere, por causa de Herodias, mulher de seu irmão Felipe;

⁴porque João lhe dizia: Não te é lícito possuí-la.

⁵E queria matá-lo, mas temia o povo; porque o tinham como profeta.

⁶Festejando-se, porém, o dia natalício de Herodes, a filha de Herodias dançou no meio dos convivas, e agradou a Herodes,

⁷pelo que este prometeu com juramento dar-lhe tudo o que pedisse.

⁸E instigada por sua mãe, disse ela: Dá-me aqui num prato a cabeça de João, o Batista.

⁹Entristeceu-se, então, o rei; mas, por causa do juramento, e dos que estavam à mesa com ele, ordenou que se lhe desse,

¹⁰e mandou degolar a João no cárcere;

¹¹e a cabeça foi trazida num prato, e dada à jovem, e ela a levou para a sua mãe.

¹²Então vieram os seus discípulos, levaram o corpo e o sepultaram; e foram anunciá-lo a Jesus.

¹³Jesus, ouvindo isto, retirou-se dali num barco, para um, lugar deserto, à parte; e quando as multidões o souberam, seguiram-no a pé desde as cidades.

¹⁴E ele, ao desembarcar, viu uma grande multidão; e, compadecendo-se dela, curou os seus enfermos.

¹⁵Chegada a tarde, aproximaram-se dele os discípulos, dizendo: O lugar é deserto, e a hora é já passada; despede as multidões, para que vão às aldeias, e comprem o que comer.

¹⁶Jesus, porém, lhes disse: Não precisam ir embora; dai-lhes vós de comer.

¹⁷Então eles lhe disseram: Não temos aqui senão cinco pães e dois peixes.

¹⁸E ele disse: trazei-mos aqui.

¹⁹Tendo mandado às multidões que se reclinassem sobre a relva, tomou os cinco pães e os dois peixes e, erguendo os olhos ao céu, os abençoou; e partindo os pães, deu-os aos discípulos, e os discípulos às multidões.

²⁰Todos comeram e se fartaram; e dos pedaços que sobejaram levantaram doze cestos cheios.

²¹Ora, os que comeram foram cerca de cinco mil homens, além de mulheres e crianças.

²²Logo em seguida obrigou os seus discípulos a entrar no barco, e passar adiante dele para o outro lado, enquanto ele despedia as multidões.

²³Tendo-as despedido, subiu ao monte para orar à parte. Ao anoitecer, estava ali sozinho.

²⁴Entrementes, o barco já estava a muitos estádios da terra, açoitado pelas ondas; porque o vento era contrário.

²⁵À quarta vigília da noite, foi Jesus ter com eles, andando sobre o mar.

²⁶Os discípulos, porém, ao vê-lo andando sobre o mar, assustaram-se e disseram: É um fantasma. E gritaram de medo.

²⁷Jesus, porém, imediatamente lhes falou, dizendo: Tende ânimo; sou eu; não temais.

²⁸Respondeu-lhe Pedro: Senhor! se és tu, manda-me ir ter contigo sobre as águas.

²⁹Disse-lhe ele: Vem. Pedro, descendo do barco, e andando sobre as águas, foi ao encontro de Jesus.

³⁰Mas, sentindo o vento, teve medo; e, começando a submergir, clamou: Senhor, salva-me.

³¹Imediatamente estendeu Jesus a mão, segurou-o, e disse-lhe: Homem de pouca fé, por que duvidaste?

³²E logo que subiram para o barco, o vento cessou.

³³Então os que estavam no barco adoraram-no, dizendo: Verdadeiramente tu és Filho de Deus.

³⁴Ora, terminada a travessia, chegaram à terra em Genezaré.

³⁵Quando os homens daquele lugar o reconheceram, mandaram por toda aquela circunvizinhança, e trouxeram-lhe todos os enfermos;

³⁶e rogaram-lhe que apenas os deixasse tocar a orla do seu manto; e todos os que a tocaram ficaram curados.

## Capítulo 15

¹Então chegaram a Jesus uns fariseus e escribas vindos de Jerusalém, e lhe perguntaram:

²Por que transgridem os teus discípulos a tradição dos anciãos? pois não lavam as mãos, quando comem.

³Ele, porém, respondendo, disse-lhes: E vós, por que transgredis o mandamento de Deus por causa da vossa tradição?

⁴Pois Deus ordenou: Honra a teu pai e a tua mãe; e, Quem maldisser a seu pai ou a sua mãe, certamente morrerá.

⁵Mas vós dizeis: Qualquer que disser a seu pai ou a sua mãe: O que poderias aproveitar de mim é oferta ao Senhor; esse de modo algum terá de honrar a seu pai.

⁶E assim por causa da vossa tradição invalidastes a palavra de Deus.

⁷Hipócritas! bem profetizou Isaías a vosso respeito, dizendo:

⁸Este povo honra-me com os lábios; o seu coração, porém, está longe de mim.

⁹Mas em vão me adoram, ensinando doutrinas que são preceitos de homem.

¹⁰E, clamando a si a multidão, disse-lhes: Ouvi, e entendei:

¹¹Não é o que entra pela boca que contamina o homem; mas o que sai da boca, isso é o que o contamina.

¹²Então os discípulos, aproximando-se dele, perguntaram-lhe: Sabes que os fariseus, ouvindo essas palavras, se escandalizaram?

¹³Respondeu-lhes ele: Toda planta que meu Pai celestial não plantou será arrancada.

¹⁴Deixai-os; são guias cegos; ora, se um cego guiar outro cego, ambos cairão no barranco.

¹⁵E Pedro, tomando a palavra, disse-lhe: Explica-nos essa parábola.

¹⁶Respondeu Jesus: Estai vós também ainda sem entender?

¹⁷Não compreendeis que tudo o que entra pela boca desce pelo ventre, e é lançado fora?

¹⁸Mas o que sai da boca procede do coração; e é isso o que contamina o homem.

¹⁹Porque do coração procedem os maus pensamentos, homicídios, adultérios, prostituição, furtos, falsos testemunhos e blasfêmias.

²⁰São estas as coisas que contaminam o homem; mas o comer sem lavar as mãos, isso não o contamina.

²¹Ora, partindo Jesus dali, retirou-se para as regiões de Tiro e Sidom.

²²E eis que uma mulher cananéia, provinda daquelas cercania, clamava, dizendo: Senhor, Filho de Davi, tem compaixão de mim, que minha filha está horrivelmente endemoninhada.

²³Contudo ele não lhe respondeu palavra. Chegando-se, pois, a ele os seus discípulos, rogavam-lhe, dizendo: Despede-a, porque vem clamando atrás de nós.

²⁴Respondeu-lhes ele: Não fui enviado senão às ovelhas perdidas da casa de Israel.

²⁵Então veio ela e, adorando-o, disse: Senhor, socorre-me.

²⁶Ele, porém, respondeu: Não é bom tomar o pão dos filhos e lançá-lo aos cachorrinhos.

²⁷Ao que ela disse: Sim, Senhor, mas até os cachorrinhos comem das migalhas que caem da mesa dos seus donos.

²⁸Então respondeu Jesus, e disse-lhe: ç mulher, grande é a tua fé! seja-te feito como queres. E desde aquela hora sua filha ficou sã.

²⁹Partindo Jesus dali, chegou ao pé do mar da Galiléia; e, subindo ao monte, sentou-se ali.

³⁰E vieram a ele grandes multidões, trazendo consigo coxos, aleijados, cegos, mudos, e outros muitos, e lhos puseram aos pés; e ele os curou;

³¹de modo que a multidão se admirou, vendo mudos a falar, aleijados a ficar sãos, coxos a andar, cegos a ver; e glorificaram ao Deus de Israel.

³²Jesus chamou os seus discípulos, e disse: Tenho compaixão da multidão, porque já faz três dias que eles estão comigo, e não têm o que comer; e não quero despedi-los em jejum, para que não desfaleçam no caminho.

³³Disseram-lhe os discípulos: Donde nos viriam num deserto tantos pães, para fartar tamanha multidão?

³⁴Perguntou-lhes Jesus: Quantos pães tendes? E responderam: Sete, e alguns peixinhos.

³⁵E tendo ele ordenado ao povo que se sentasse no chão,

³⁶tomou os sete pães e os peixes, e havendo dado graças, partiu-os, e os entregava aos discípulos, e os discípulos á multidão.

³⁷Assim todos comeram, e se fartaram; e do que sobejou dos pedaços levantaram sete alcofas cheias.

³⁸Ora, os que tinham comido eram quatro mil homens além de mulheres e crianças.

³⁹E havendo Jesus despedido a multidão, entrou no barco, e foi para os confins de Magadã.

## Capítulo 16

¹Então chegaram a ele os fariseus e os saduceus e, para o experimentarem, pediram-lhe que lhes mostrasse algum sinal do céu.

²Mas ele respondeu, e disse-lhes: Ao cair da tarde, dizeis: Haverá bom tempo, porque o céu está rubro.

³E pela manhã: Hoje haverá tempestade, porque o céu está de um vermelho sombrio. Ora, sabeis discernir o aspecto do céu, e não podeis discernir os sinais dos tempos?

⁴Uma geração má e adúltera pede um sinal, e nenhum sinal lhe será dado, senão o de Jonas. E, deixando-os, retirou-se.

⁵Quando os discípulos passaram para o outro lado, esqueceram-se de levar pão.

⁶E Jesus lhes disse: Olhai, e acautelai-vos do fermento dos fariseus e dos saduceus.

⁷Pelo que eles arrazoavam entre si, dizendo: É porque não trouxemos pão.

⁸E Jesus, percebendo isso, disse: Por que arrazoais entre vós por não terdes pão, homens de pouca fé?

⁹Não compreendeis ainda, nem vos lembrais dos cinco pães para os cinco mil, e de quantos cestos levantastes?

¹⁰Nem dos sete pães para os quatro mil, e de quantas alcofas levantastes?

¹¹Como não compreendeis que não nos falei a respeito de pães? Mas guardai-vos do fermento dos fariseus e dos saduceus.

¹²Então entenderam que não dissera que se guardassem, do fermento dos pães, mas da doutrina dos fariseus e dos saduceus.

¹³Tendo Jesus chegado às regiões de Cesaréia de Felipe, interrogou os seus discípulos, dizendo: Quem dizem os homens ser o Filho do homem?

¹⁴Responderam eles: Uns dizem que é João, o Batista; outros, Elias; outros, Jeremias, ou algum dos profetas.

¹⁵Mas vós, perguntou-lhes Jesus, quem dizeis que eu sou?

¹⁶Respondeu-lhe Simão Pedro: Tu és o Cristo, o Filho do Deus vivo.

¹⁷Disse-lhe Jesus: Bem-aventurado és tu, Simão Barjonas, porque não foi carne e sangue que to revelou, mas meu Pai, que está nos céus.

¹⁸Pois também eu te digo que tu és Pedro, e sobre esta pedra edificarei a minha igreja, e as portas do hades não prevalecerão contra ela;

¹⁹dar-te-ei as chaves do reino dos céus; o que ligares, pois, na terra será ligado nos céus, e o que desligares na terra será desligado nos céus.

²⁰Então ordenou aos discípulos que a ninguém dissessem que ele era o Cristo.

²¹Desde então começou Jesus Cristo a mostrar aos seus discípulos que era necessário que ele fosse a Jerusalém, que padecesse muitas coisas dos anciãos, dos principais sacerdotes, e dos escribas, que fosse morto, e que ao terceiro dia ressuscitasse.

²²E Pedro, tomando-o à parte, começou a repreendê-lo, dizendo: Tenha Deus compaixão de ti, Senhor; isso de modo nenhum te acontecerá.

²³Ele, porém, voltando-se, disse a Pedro: Para trás de mim, Satanás, que me serves de escândalo; porque não estás pensando nas coisas que são de Deus, mas sim nas que são dos homens.

²⁴Então disse Jesus aos seus discípulos: Se alguém quer vir após mim, negue-se a si mesmo, tome a sua cruz, e siga-me;

²⁵pois, quem quiser salvar a sua vida perdê-la-á; mas quem perder a sua vida por amor de mim, achá-la-á.

²⁶Pois que aproveita ao homem se ganhar o mundo inteiro e perder a sua vida? ou que dará o homem em troca da sua vida?

²⁷Porque o Filho do homem há de vir na glória de seu Pai, com os seus anjos; e então retribuirá a cada um segundo as suas obras.

²⁸Em verdade vos digo, alguns dos que aqui estão de modo nenhum provarão a morte até que vejam vir o Filho do homem no seu reino.

Mateus

## Capítulo 17

¹Seis dias depois, tomou Jesus consigo a Pedro, a Tiago e a João, irmão deste, e os conduziu à parte a um alto monte;

²e foi transfigurado diante deles; o seu rosto resplandeceu como o sol, e as suas vestes tornaram-se brancas como a luz.

³E eis que lhes apareceram Moisés e Elias, falando com ele.

⁴Pedro, tomando a palavra, disse a Jesus: Senhor, bom é estarmos aqui; se queres, farei aqui três cabanas, uma para ti, outra para Moisés, e outra para Elias.

⁵Estando ele ainda a falar, eis que uma nuvem luminosa os cobriu; e dela saiu uma voz que dizia: Este é o meu Filho amado, em quem me comprazo; a ele ouvi.

⁶Os discípulos, ouvindo isso, caíram com o rosto em terra, e ficaram grandemente atemorizados.

⁷Chegou-se, pois, Jesus e, tocando-os, disse: Levantai-vos e não temais.

⁸E, erguendo eles os olhos, não viram a ninguém senão a Jesus somente.

⁹Enquanto desciam do monte, Jesus lhes ordenou: A ninguém conteis a visão, até que o Filho do homem seja levantado dentre os mortos.

¹⁰Perguntaram-lhe os discípulos: Por que dizem então os escribas que é necessário que Elias venha primeiro?

¹¹Respondeu ele: Na verdade Elias havia de vir e restaurar todas as coisas;

¹²digo-vos, porém, que Elias já veio, e não o reconheceram; mas fizeram-lhe tudo o que quiseram. Assim também o Filho do homem há de padecer às mãos deles.

¹³Então entenderam os discípulos que lhes falava a respeito de João, o Batista.

¹⁴Quando chegaram à multidão, aproximou-se de Jesus um homem que, ajoelhando-se diante dele, disse:

¹⁵Senhor, tem compaixão de meu filho, porque é epiléptico e sofre muito; pois muitas vezes cai no fogo, e muitas vezes na água.

¹⁶Eu o trouxe aos teus discípulos, e não o puderam curar.

¹⁷E Jesus, respondendo, disse: Ó geração incrédula e perversa! até quando estarei convosco? até quando vos sofrerei? Trazei-mo aqui.

¹⁸Então Jesus repreendeu ao demônio, o qual saiu de menino, que desde aquela hora ficou curado.

¹⁹Depois os discípulos, aproximando-se de Jesus em particular, perguntaram-lhe: Por que não pudemos nós expulsá-lo?

²⁰Disse-lhes ele: Por causa da vossa pouca fé; pois em verdade vos digo que, se tiverdes fé como um grão de mostarda direis a este monte: Passa daqui para acolá, e ele há de passar; e nada vos será impossível.

²¹[mas esta casta de demônios não se expulsa senão à força de oração e de jejum.]

²²Ora, achando-se eles na Galiléia, disse-lhes Jesus: O Filho do homem está para ser entregue nas mãos dos homens;

²³e matá-lo-ão, e ao terceiro dia ressurgirá. E eles se entristeceram grandemente.

²⁴Tendo eles chegado a Cafarnaum, aproximaram-se de Pedro os que cobravam as didracmas, e lhe perguntaram: O vosso mestre não paga as didracmas?

²⁵Disse ele: Sim. Ao entrar Pedro em casa, Jesus se lhe antecipou, perguntando: Que te parece, Simão? De quem cobram os reis da terra imposto ou tributo? dos seus filhos, ou dos alheios?

²⁶Quando ele respondeu: Dos alheios, disse-lhe Jesus: Logo, são isentos os filhos.

²⁷Mas, para que não os escandalizemos, vai ao mar, lança o anzol, tira o primeiro peixe que subir e, abrindo-lhe a boca, encontrarás um estáter; toma-o, e dá-lho por mim e por ti.

## Capítulo 18

¹Naquela hora chegaram-se a Jesus os discípulos e perguntaram: Quem é o maior no reino dos céus?

²Jesus, chamando uma criança, colocou-a no meio deles,

³e disse: Em verdade vos digo que se não vos converterdes e não vos fizerdes como crianças, de modo algum entrareis no reino dos céus.

⁴Portanto, quem se tornar humilde como esta criança, esse é o maior no reino dos céus.

⁵E qualquer que receber em meu nome uma criança tal como esta, a mim me recebe.

⁶Mas qualquer que fizer tropeçar um destes pequeninos que crêem em mim, melhor lhe fora que se lhe pendurasse ao pescoço uma pedra de moinho, e se submergisse na profundeza do mar.

⁷Ai do mundo, por causa dos tropeços! pois é inevitável que venham; mas ai do homem por quem o tropeço vier!

⁸Se, pois, a tua mão ou o teu pé te fizer tropeçar, corta-o, lança-o de ti; melhor te é entrar na vida aleijado, ou coxo, do que, tendo duas mãos ou dois pés, ser lançado no fogo eterno.

⁹E, se teu olho te fizer tropeçar, arranca-o, e lança-o de ti; melhor te é entrar na vida com um só olho, do que tendo dois olhos, ser lançado no inferno de fogo.

¹⁰Vede, não desprezeis a nenhum destes pequeninos; pois eu vos digo que os seus anjos nos céus sempre vêm a face de meu Pai, que está nos céus.

¹¹[Porque o Filho do homem veio salvar o que se havia perdido.]

¹²Que vos parece? Se alguém tiver cem ovelhas, e uma delas se extraviar, não deixará as noventa e nove nos montes para ir buscar a que se extraviou?

¹³E, se acontecer achá-la, em verdade vos digo que maior prazer tem por esta do que pelas noventa e nove que não se extraviaram.

¹⁴Assim também não é da vontade de vosso Pai que está nos céus, que venha a perecer um só destes pequeninos.

¹⁵Ora, se teu irmão pecar, vai, e repreende-o entre ti e ele só; se te ouvir, terás ganho teu irmão;

¹⁶mas se não te ouvir, leva ainda contigo um ou dois, para que pela boca de duas ou três testemunhas toda palavra seja confirmada.

¹⁷Se recusar ouvi-los, dize-o à igreja; e, se também recusar ouvir a igreja, considera-o como gentio e publicano.

¹⁸Em verdade vos digo: Tudo quanto ligardes na terra será ligado no céu; e tudo quanto desligardes na terra será desligado no céu.

¹⁹Ainda vos digo mais: Se dois de vós na terra concordarem acerca de qualquer coisa que pedirem, isso lhes será feito por meu Pai, que está nos céus.

²⁰Pois onde se acham dois ou três reunidos em meu nome, aí estou eu no meio deles.

²¹Então Pedro, aproximando-se dele, lhe perguntou: Senhor, até quantas vezes pecará meu irmão contra mim, e eu hei de perdoar? Até sete?

²²Respondeu-lhe Jesus: Não te digo que até sete; mas até setenta vezes sete.

²³Por isso o reino dos céus é comparado a um rei que quis tomar contas a seus servos;

²⁴e, tendo começado a tomá-las, foi-lhe apresentado um que lhe devia dez mil talentos;

²⁵mas não tendo ele com que pagar, ordenou seu senhor que fossem vendidos, ele, sua mulher, seus filhos, e tudo o que tinha, e que se pagasse a dívida.

²⁶Então aquele servo, prostrando-se, o reverenciava, dizendo: Senhor, tem paciência comigo, que tudo te pagarei.

²⁷O senhor daquele servo, pois, movido de compaixão, soltou-o, e perdoou-lhe a dívida.

²⁸Saindo, porém, aquele servo, encontrou um dos seus conservos, que lhe devia cem denários; e, segurando-o, o sufocava, dizendo: Paga o que me deves.

²⁹Então o seu companheiro, caindo-lhe aos pés, rogava-lhe, dizendo: Tem paciência comigo, que te pagarei.

³⁰Ele, porém, não quis; antes foi encerrá-lo na prisão, até que pagasse a dívida.

³¹Vendo, pois, os seus conservos o que acontecera, contristaram-se grandemente, e foram revelar tudo isso ao seu senhor.

³²Então o seu senhor, chamando-o á sua presença, disse-lhe: Servo malvado, perdoei-te toda aquela dívida, porque me suplicaste;

³³não devias tu também ter compaixão do teu companheiro, assim como eu tive compaixão de ti?

³⁴E, indignado, o seu senhor o entregou aos verdugos, até que pagasse tudo o que lhe devia.

³⁵Assim vos fará meu Pai celestial, se de coração não perdoardes, cada um a seu irmão.

## Capítulo 19

¹Tendo Jesus concluído estas palavras, partiu da Galiléia, e foi para os confins da Judéia, além do Jordão;

²e seguiram-no grandes multidões, e curou-os ali.

³Aproximaram-se dele alguns fariseus que o experimentavam, dizendo: É lícito ao homem repudiar sua mulher por qualquer motivo?

⁴Respondeu-lhe Jesus: Não tendes lido que o Criador os fez desde o princípio homem e mulher,

⁵e que ordenou: Por isso deixará o homem pai e mãe, e unir-se-á a sua mulher; e serão os dois uma só carne.

⁶Assim já não são mais dois, mas um só carne. Portanto o que Deus ajuntou, não o separe o homem.

⁷Responderam-lhe: Então por que mandou Moisés dar-lhe carta de

divórcio e repudiá-la?

⁸Disse-lhes ele: Pela dureza de vossos corações Moisés vos permitiu repudiar vossas mulheres; mas não foi assim desde o princípio.

⁹Eu vos digo porém, que qualquer que repudiar sua mulher, a não ser por causa de infidelidade, e casar com outra, comete adultério; [e o que casar com a repudiada também comete adultério.]

¹⁰Disseram-lhe os discípulos: Se tal é a condição do homem relativamente à mulher, não convém casar.

¹¹Ele, porém, lhes disse: Nem todos podem aceitar esta palavra, mas somente aqueles a quem é dado.

¹²Porque há eunucos que nasceram assim; e há eunucos que pelos homens foram feitos tais; e outros há que a si mesmos se fizeram eunucos por causa do reino dos céus. Quem pode aceitar isso, aceite-o.

¹³Então lhe trouxeram algumas crianças para que lhes impusesse as mãos, e orasse; mas os discípulos os repreenderam.

¹⁴Jesus, porém, disse: Deixai as crianças e não as impeçais de virem a mim, porque de tais é o reino dos céus.

¹⁵E, depois de lhes impor as mãos, partiu dali.

¹⁶E eis que se aproximou dele um jovem, e lhe disse: Mestre, que bem farei para conseguir a vida eterna?

¹⁷Respondeu-lhe ele: Por que me perguntas sobre o que é bom? Um só é bom; mas se é que queres entrar na vida, guarda os mandamentos.

¹⁸Perguntou-lhe ele: Quais? Respondeu Jesus: Não matarás; não adulterarás; não furtarás; não dirás falso testemunho;

¹⁹honra a teu pai e a tua mãe; e amarás o teu próximo como a ti mesmo.

²⁰Disse-lhe o jovem: Tudo isso tenho guardado; que me falta ainda?

²¹Disse-lhe Jesus: Se queres ser perfeito, vai, vende tudo o que tens e dá-o aos pobres, e terás um tesouro no céu; e vem, segue-me.

²²Mas o jovem, ouvindo essa palavra, retirou-se triste; porque possuía muitos bens.

²³Disse então Jesus aos seus discípulos: Em verdade vos digo que um rico dificilmente entrará no reino dos céus.

²⁴E outra vez vos digo que é mais fácil um camelo passar pelo fundo duma agulha, do que entrar um rico no reino de Deus.

²⁵Quando os seus discípulos ouviram isso, ficaram grandemente maravilhados, e perguntaram: Quem pode, então, ser salvo?

²⁶Jesus, fixando neles o olhar, respondeu: Aos homens é isso impossível, mas a Deus tudo é possível.

²⁷Então Pedro, tomando a palavra, disse-lhe: Eis que nós deixamos tudo, e te seguimos; que recompensa, pois, teremos nós?

²⁸Ao que lhe disse Jesus: Em verdade vos digo a vós que me seguistes, que na regeneração, quando o Filho do homem se assentar no trono da sua glória, sentar-vos-eis também vós sobre doze tronos, para julgar as doze tribos de Israel.

²⁹E todo o que tiver deixado casas, ou irmãos, ou irmãs, ou pai, ou mãe, ou filhos, ou terras, por amor do meu nome, receberá cem vezes tanto, e herdará a vida eterna.

³⁰Entretanto, muitos que são primeiros serão últimos; e muitos que são últimos serão primeiros.

## Capítulo 20

¹Porque o reino dos céus é semelhante a um homem, proprietário, que saiu de madrugada a contratar trabalhadores para a sua vinha.

²Ajustou com os trabalhadores o salário de um denário por dia, e mandou-os para a sua vinha.

³Cerca da hora terceira saiu, e viu que estavam outros, ociosos, na praça,

⁴e disse-lhes: Ide também vós para a vinha, e dar-vos-ei o que for justo. E eles foram.

⁵Outra vez saiu, cerca da hora sexta e da nona, e fez o mesmo.

⁶Igualmente, cerca da hora undécima, saiu e achou outros que lá estavam, e perguntou-lhes: Por que estais aqui ociosos o dia todo?

⁷Responderam-lhe eles: Porque ninguém nos contratou. Disse-lhes ele: Ide também vós para a vinha.

⁸Ao anoitecer, disse o senhor da vinha ao seu mordomo: Chama os trabalhadores, e paga-lhes o salário, começando pelos últimos até os primeiros.

⁹Chegando, pois, os que tinham ido cerca da hora undécima, receberam um denário cada um.

¹⁰Vindo, então, os primeiros, pensaram que haviam de receber mais; mas do mesmo modo receberam um denário cada um.

¹¹E ao recebê-lo, murmuravam contra o proprietário, dizendo:

¹²Estes últimos trabalharam somente uma hora, e os igualastes a nós, que suportamos a fadiga do dia inteiro e o forte calor.

¹³Mas ele, respondendo, disse a um deles: Amigo, não te faço injustiça; não ajustaste comigo um denário?

¹⁴Toma o que é teu, e vai-te; eu quero dar a este último tanto como a ti.

¹⁵Não me é lícito fazer o que quero do que é meu? Ou é mau o teu olho porque eu sou bom?

¹⁶Assim os últimos serão primeiros, e os primeiros serão últimos.

¹⁷Estando Jesus para subir a Jerusalém, chamou à parte os doze e no caminho lhes disse:

¹⁸Eis que subimos a Jerusalém, e o Filho do homem será entregue aos principais sacerdotes e aos escribas, e eles o condenarão à morte,

¹⁹e o entregarão aos gentios para que dele escarneçam, e o açoitem e crucifiquem; e ao terceiro dia ressuscitará.

²⁰Aproximou-se dele, então, a mãe dos filhos de Zebedeu, com seus filhos, ajoelhando-se e fazendo-lhe um pedido.

²¹Perguntou-lhe Jesus: Que queres? Ela lhe respondeu: Concede que estes meus dois filhos se sentem, um à tua direita e outro à tua esquerda, no teu reino.

²²Jesus, porém, replicou: Não sabeis o que pedis; podeis beber o cálice que eu estou para beber? Responderam-lhe: Podemos.

²³Então lhes disse: O meu cálice certamente haveis de beber; mas o sentar-se à minha direita e à minha esquerda, não me pertence concedê-lo; mas isso é para aqueles para quem está preparado por meu Pai.

²⁴E ouvindo isso os dez, indignaram-se contra os dois irmãos.

²⁵Jesus, pois, chamou-os para junto de si e lhes disse: Sabeis que os governadores dos gentios os dominam, e os seus grandes exercem autoridades sobre eles.

²⁶Não será assim entre vós; antes, qualquer que entre vós quiser tornar-se grande, será esse o que vos sirva.

²⁷e qualquer que entre vós quiser ser o primeiro, será vosso servo;

²⁸assim como o Filho do homem não veio para ser servido, mas para servir, e para dar a sua vida em resgate de muitos.

²⁹Saindo eles de Jericó, seguiu-o uma grande multidão;

³⁰e eis que dois cegos, sentados junto do caminho, ouvindo que Jesus passava, clamaram, dizendo: Senhor, Filho de Davi, tem compaixão de nós.

³¹E a multidão os repreendeu, para que se calassem; eles, porém, clamaram ainda mais alto, dizendo: Senhor, Filho de Davi, tem compaixão de nós.

³²E Jesus, parando, chamou-os e perguntou: Que quereis que vos faça?

³³Disseram-lhe eles: Senhor, que se nos abram os olhos.

³⁴E Jesus, movido de compaixão, tocou-lhes os olhos, e imediatamente recuperaram a vista, e o seguiram.

## Capítulo 21

¹Quando se aproximaram de Jerusalém, e chegaram a Betfagé, ao Monte das Oliveiras, enviou Jesus dois discípulos, dizendo-lhes:

²Ide à aldeia que está defronte de vós, e logo encontrareis uma jumenta presa, e um jumentinho com ela; desprendei-a, e trazei-mos.

³E, se alguém vos disser alguma coisa, respondei: O Senhor precisa deles; e logo os enviará.

⁴Ora, isso aconteceu para que se cumprisse o que foi dito pelo profeta:

⁵Dizei à filha de Sião: Eis que aí te vem o teu Rei, manso e montado em um jumento, em um jumentinho, cria de animal de carga.

⁶Indo, pois, os discípulos e fazendo como Jesus lhes ordenara,

⁷trouxeram a jumenta e o jumentinho, e sobre eles puseram os seus mantos, e Jesus montou.

⁸E a maior parte da multidão estendeu os seus mantos pelo caminho; e outros cortavam ramos de árvores, e os espalhavam pelo caminho.

⁹E as multidões, tanto as que o precediam como as que o seguiam, clamavam, dizendo: Hosana ao Filho de Davi! bendito o que vem em nome do Senhor! Hosana nas alturas!

¹⁰Ao entrar ele em Jerusalém, agitou-se a cidade toda e perguntava: Quem é este?

¹¹E as multidões respondiam: Este é o profeta Jesus, de Nazaré da Galiléia.

¹²Então Jesus entrou no templo, expulsou todos os que ali vendiam e compravam, e derribou as mesas dos cambistas e as cadeiras dos que vendiam pombas;

¹³e disse-lhes: Está escrito: A minha casa será chamada casa de oração; vós, porém, a fazeis covil de salteadores.

¹⁴E chegaram-se a ele no templo cegos e coxos, e ele os curou.

¹⁵Vendo, porém, os principais sacerdotes e os escribas as

## Mateus

maravilhas que ele fizera, e os meninos que clamavam no templo: Hosana ao Filho de Davi, indignaram-se,

¹⁶e perguntaram-lhe: Ouves o que estes estão dizendo? Respondeu-lhes Jesus: Sim; nunca lestes: Da boca de pequeninos e de criancinhas de peito tiraste perfeito louvor?

¹⁷E deixando-os, saiu da cidade para Betânia, e ali passou a noite.

¹⁸Ora, de manhã, ao voltar à cidade, teve fome;

¹⁹e, avistando uma figueira à beira do caminho, dela se aproximou, e não achou nela senão folhas somente; e disse-lhe: Nunca mais nasça fruto de ti. E a figueira secou imediatamente.

²⁰Quando os discípulos viram isso, perguntaram admirados: Como é que imediatamente secou a figueira?

²¹Jesus, porém, respondeu-lhes: Em verdade vos digo que, se tiverdes fé e não duvidardes, não só fareis o que foi feito à figueira, mas até, se a este monte disserdes: Ergue-te e lança-te no mar, isso será feito;

²²e tudo o que pedirdes na oração, crendo, recebereis.

²³Tendo Jesus entrado no templo, e estando a ensinar, aproximaram-se dele os principais sacerdotes e os anciãos do povo, e perguntaram: Com que autoridade fazes tu estas coisas? e quem te deu tal autoridade?

²⁴Respondeu-lhes Jesus: Eu também vos perguntarei uma coisa; se ma disserdes, eu de igual modo vos direi com que autoridade faço estas coisas.

²⁵O batismo de João, donde era? do céu ou dos homens? Ao que eles arrazoavam entre si: Se dissermos: Do céu, ele nos dirá: Então por que não o crestes?

²⁶Mas, se dissermos: Dos homens, tememos o povo; porque todos consideram João como profeta.

²⁷Responderam, pois, a Jesus: Não sabemos. Disse-lhe ele: Nem eu vos digo com que autoridade faço estas coisas.

²⁸Mas que vos parece? Um homem tinha dois filhos, e, chegando-se ao primeiro, disse: Filho, vai trabalhar hoje na vinha.

²⁹Ele respondeu: Sim, senhor; mas não foi.

³⁰Chegando-se, então, ao segundo, falou-lhe de igual modo; respondeu-lhe este: Não quero; mas depois, arrependendo-se, foi.

³¹Qual dos dois fez a vontade do pai? Disseram eles: O segundo. Disse-lhes Jesus: Em verdade vos digo que os publicanos e as meretrizes entram adiante de vós no reino de Deus.

³²Pois João veio a vós no caminho da justiça, e não lhe deste crédito, mas os publicanos e as meretrizes lho deram; vós, porém, vendo isto, nem depois vos arrependestes para crerdes nele.

³³Ouvi ainda outra parábola: Havia um homem, proprietário, que plantou uma vinha, cercou-a com uma sebe, cavou nela um lagar, e edificou uma torre; depois arrendou-a a uns lavradores e ausentou-se do país.

³⁴E quando chegou o tempo dos frutos, enviou os seus servos aos lavradores, para receber os seus frutos.

³⁵E os lavradores, apoderando-se dos servos, espancaram um, mataram outro, e a outro apedrejaram.

³⁶Depois enviou ainda outros servos, em maior número do que os primeiros; e fizeram-lhes o mesmo.

³⁷Por último enviou-lhes seu filho, dizendo: A meu filho terão respeito.

³⁸Mas os lavradores, vendo o filho, disseram entre si: Este é o herdeiro; vinde, matemo-lo, e apoderemo-nos da sua herança.

³⁹E, agarrando-o, lançaram-no fora da vinha e o mataram.

⁴⁰Quando, pois, vier o senhor da vinha, que fará àqueles lavradores?

⁴¹Responderam-lhe eles: Fará perecer miseravelmente a esses maus, e arrendará a vinha a outros lavradores, que a seu tempo lhe entreguem os frutos.

⁴²Disse-lhes Jesus: Nunca lestes nas Escrituras: A pedra que os edificadores rejeitaram, essa foi posta como pedra angular; pelo Senhor foi feito isso, e é maravilhoso aos nossos olhos?

⁴³Portanto eu vos digo que vos será tirado o reino de Deus, e será dado a um povo que dê os seus frutos.

⁴⁴E quem cair sobre esta pedra será despedaçado; mas aquele sobre quem ela cair será reduzido a pó.

⁴⁵Os principais sacerdotes e os fariseus, ouvindo essas parábolas, entenderam que era deles que Jesus falava.

⁴⁶E procuravam prendê-lo, mas temeram o povo, porquanto este o tinha por profeta.

## *Capítulo 22*

¹Então Jesus tornou a falar-lhes por parábolas, dizendo:

²O reino dos céus é semelhante a um rei que celebrou as bodas de seu filho.

³Enviou os seus servos a chamar os convidados para as bodas, e estes não quiseram vir.

⁴Depois enviou outros servos, ordenando: Dizei aos convidados: Eis que tenho o meu jantar preparado; os meus bois e cevados já estão mortos, e tudo está pronto; vinde às bodas.

⁵Eles, porém, não fazendo caso, foram, um para o seu campo, outro para o seu negócio;

⁶e os outros, apoderando-se dos servos, os ultrajaram e mataram.

⁷Mas o rei encolerizou-se; e enviando os seus exércitos, destruiu aqueles homicidas, e incendiou a sua cidade.

⁸Então disse aos seus servos: As bodas, na verdade, estão preparadas, mas os convidados não eram dignos.

⁹Ide, pois, pelas encruzilhadas dos caminhos, e a quantos encontrardes, convidai-os para as bodas.

¹⁰E saíram aqueles servos pelos caminhos, e ajuntaram todos quantos encontraram, tanto maus como bons; e encheu-se de convivas a sala nupcial.

¹¹Mas, quando o rei entrou para ver os convivas, viu ali um homem que não trajava veste nupcial;

¹²e perguntou-lhe: Amigo, como entraste aqui, sem teres veste nupcial? Ele, porém, emudeceu.

¹³Ordenou então o rei aos servos: Amarrai-o de pés e mãos, e lançai-o nas trevas exteriores; ali haverá choro e ranger de dentes.

¹⁴Porque muitos são chamados, mas poucos escolhidos.

¹⁵Então os fariseus se retiraram e consultaram entre si como o apanhariam em alguma palavra;

¹⁶e enviaram-lhe os seus discípulos, juntamente com os herodianos, a dizer; Mestre, sabemos que és verdadeiro, e que ensinas segundo a verdade o caminho de Deus, e de ninguém se te dá, porque não olhas a aparência dos homens.

¹⁷Dize-nos, pois, que te parece? É lícito pagar tributo a César, ou não?

¹⁸Jesus, porém, percebendo a sua malícia, respondeu: Por que me experimentais, hipócritas?

¹⁹Mostrai-me a moeda do tributo. E eles lhe apresentaram um denário.

²⁰Perguntou-lhes ele: De quem é esta imagem e inscrição?

²¹Responderam: De César. Então lhes disse: Dai, pois, a César o que é de César, e a Deus o que é de Deus.

²²Ao ouvirem isso, ficaram admirados; e, deixando-o, se retiraram.

²³No mesmo dia vieram alguns saduceus, que dizem não haver ressurreição, e o interrogaram, dizendo:

²⁴Mestre, Moisés disse: Se morrer alguém, não tendo filhos, seu irmão casará com a mulher dele, e suscitará descendência a seu irmão.

²⁵Ora, havia entre nós sete irmãos: o primeiro, tendo casado, morreu; e, não tendo descendência, deixou sua mulher a seu irmão;

²⁶da mesma sorte também o segundo, o terceiro, até o sétimo.

²⁷depois de todos, morreu também a mulher.

²⁸Portanto, na ressurreição, de qual dos sete será ela esposa, pois todos a tiveram?

²⁹Jesus, porém, lhes respondeu: Errais, não compreendendo as Escrituras nem o poder de Deus;

³⁰pois na ressurreição nem se casam nem se dão em casamento; mas serão como os anjos no céu.

³¹E, quanto à ressurreição dos mortos, não lestes o que foi dito por Deus:

³²Eu sou o Deus de Abraão, o Deus de Isaque, e o Deus de Jacó? Ora, ele não é Deus de mortos, mas de vivos.

³³E as multidões, ouvindo isso, se maravilhavam da sua doutrina.

³⁴Os fariseus, quando souberam, que ele fizera emudecer os saduceus, reuniram-se todos;

³⁵e um deles, doutor da lei, para o experimentar, interrogou-o, dizendo:

³⁶Mestre, qual é o grande mandamento na lei?

³⁷Respondeu-lhe Jesus: Amarás ao Senhor teu Deus de todo o teu coração, de toda a tua alma, e de todo o teu entendimento.

³⁸Este é o grande e primeiro mandamento.

³⁹E o segundo, semelhante a este, é: Amarás ao teu próximo como a ti mesmo.

⁴⁰Destes dois mandamentos dependem toda a lei e os profetas.

⁴¹Ora, enquanto os fariseus estavam reunidos, interrogou-os Jesus, dizendo:

⁴²Que pensais vós do Cristo? De quem é filho? Responderam-lhe:

De Davi.

⁴³Replicou-lhes ele: Como é então que Davi, no Espírito, lhe chama Senhor, dizendo:

⁴⁴Disse o Senhor ao meu Senhor: Assenta-te à minha direita, até que eu ponha os teus inimigos de baixo dos teus pés?

⁴⁵Se Davi, pois, lhe chama Senhor, como é ele seu filho?

⁴⁶E ninguém podia responder-lhe palavra; nem desde aquele dia jamais ousou alguém interrogá-lo.

## Capítulo 23

¹Então falou Jesus às multidões e aos seus discípulos, dizendo:

²Na cadeira de Moisés se assentam os escribas e fariseus.

³Portanto, tudo o que vos disserem, isso fazei e observai; mas não façais conforme as suas obras; porque dizem e não praticam.

⁴Pois atam fardos pesados e difíceis de suportar, e os põem aos ombros dos homens; mas eles mesmos nem com o dedo querem movê-los.

⁵Todas as suas obras eles fazem a fim de serem vistos pelos homens; pois alargam os seus filactérios, e aumentam as franjas dos seus mantos;

⁶gostam do primeiro lugar nos banquetes, das primeiras cadeiras nas sinagogas,

⁷das saudações nas praças, e de serem chamados pelos homens: Rabi.

⁸Vós, porém, não queirais ser chamados Rabi; porque um só é o vosso Mestre, e todos vós sois irmãos.

⁹E a ninguém sobre a terra chameis vosso pai; porque um só é o vosso Pai, aquele que está nos céus.

¹⁰Nem queirais ser chamados guias; porque um só é o vosso Guia, que é o Cristo.

¹¹Mas o maior dentre vós há de ser vosso servo.

¹²Qualquer, pois, que a si mesmo se exaltar, será humilhado; e qualquer que a si mesmo se humilhar, será exaltado.

¹³Mas ai de vós, escribas e fariseus, hipócritas! porque fechais aos homens o reino dos céus; pois nem vós entrais, nem aos que entrariam permitis entrar.

¹⁴[Ai de vós, escribas e fariseus, hipócritas! porque devorais as casas das viúvas e sob pretexto fazeis longas orações; por isso recebereis maior condenação.]

¹⁵Ai de vós, escribas e fariseus, hipócritas! porque percorreis o mar e a terra para fazer um prosélito; e, depois de o terdes feito, o tornais duas vezes mais filho do inferno do que vós.

¹⁶Ai de vós, guias cegos! que dizeis: Quem jurar pelo ouro do santuário, esse fica obrigado ao que jurou.

¹⁷Insensatos e cegos! Pois qual é o maior; o ouro, ou o santuário que santifica o ouro?

¹⁸E: Quem jurar pelo altar, isso nada é; mas quem jurar pela oferta que está sobre o altar, esse fica obrigado ao que jurou.

¹⁹Cegos! Pois qual é maior: a oferta, ou o altar que santifica a oferta?

²⁰Portanto, quem jurar pelo altar jura por ele e por tudo quanto sobre ele está;

²¹e quem jurar pelo santuário jura por ele e por aquele que nele habita;

²²e quem jurar pelo céu jura pelo trono de Deus e por aquele que nele está assentado.

²³Ai de vós, escribas e fariseus, hipócritas! porque dais o dízimo da hortelã, do endro e do cominho, e tendes omitido o que há de mais importante na lei, a saber, a justiça, a misericórdia e a fé; estas coisas, porém, devíeis fazer, sem omitir aquelas.

²⁴Guias cegos! que coais um mosquito, e engulis um camelo.

²⁵Ai de vós, escribas e fariseus, hipócritas! porque limpais o exterior do copo e do prato, mas por dentro estão cheios de rapina e de intemperança.

²⁶Fariseu cego! limpa primeiro o interior do copo, para que também o exterior se torne limpo.

²⁷Ai de vós, escribas e fariseus, hipócritas! porque sois semelhantes aos sepulcros caiados, que por fora realmente parecem formosos, mas por dentro estão cheios de ossos e de toda imundícia.

²⁸Assim também vós exteriormente pareceis justos aos homens, mas por dentro estais cheios de hipocrisia e de iniquidade.

²⁹Ai de vós, escribas e fariseus, hipócritas! porque edificais os sepulcros dos profetas e adornais os monumentos dos justos,

³⁰e dizeis: Se tivéssemos vivido nos dias de nossos pais, não teríamos sido cúmplices no derramar o sangue dos profetas.

³¹Assim, vós testemunhais contra vós mesmos que sois filhos daqueles que mataram os profetas.

³²Enchei vós, pois, a medida de vossos pais.

³³Serpentes, raça de víboras! como escapareis da condenação do inferno?

³⁴Portanto, eis que eu vos envio profetas, sábios e escribas: e a uns deles matareis e crucificareis; e a outros os perseguireis de cidade em cidade;

³⁵para que sobre vós caia todo o sangue justo, que foi derramado sobre a terra, desde o sangue de Abel, o justo, até o sangue de Zacarias, filho de Baraquias, que mataste entre o santuário e o altar.

³⁶Em verdade vos digo que todas essas coisas hão de vir sobre esta geração.

³⁷Jerusalém, Jerusalém, que matas os profetas, apedrejas os que a ti são enviados! quantas vezes quis eu ajuntar os teus filhos, como a galinha ajunta os seus pintos debaixo das asas, e não o quiseste!

³⁸Eis aí abandonada vos é a vossa casa.

³⁹Pois eu vos declaro que desde agora de modo nenhum me vereis, até que digais: Bendito aquele que vem em nome do Senhor.

## Capítulo 24

¹Ora, Jesus, tendo saído do templo, ia-se retirando, quando se aproximaram dele os seus discípulos, para lhe mostrarem os edifícios do templo.

²Mas ele lhes disse: Não vedes tudo isto? Em verdade vos digo que não se deixará aqui pedra sobre pedra que não seja derribada.

³E estando ele sentado no Monte das Oliveiras, chegaram-se a ele os seus discípulos em particular, dizendo: Declara-nos quando serão essas coisas, e que sinal haverá da tua vinda e do fim do mundo.

⁴Respondeu-lhes Jesus: Acautelai-vos, que ninguém vos engane.

⁵Porque muitos virão em meu nome, dizendo: Eu sou o Cristo; a muitos enganarão.

⁶E ouvireis falar de guerras e rumores de guerras; olhai não vos perturbeis; porque forçoso é que assim aconteça; mas ainda não é o fim.

⁷Porquanto se levantará nação contra nação, e reino contra reino; e haverá fomes e terremotos em vários lugares.

⁸Mas todas essas coisas são o princípio das dores.

⁹Então sereis entregues à tortura, e vos matarão; e sereis odiados de todas as nações por causa do meu nome.

¹⁰Nesse tempo muitos hão de se escandalizar, e trair-se uns aos outros, e mutuamente se odiarão.

¹¹Igualmente hão de surgir muitos falsos profetas, e enganarão a muitos;

¹²e, por se multiplicar a iniquidade, o amor de muitos esfriará.

¹³Mas quem perseverar até o fim, esse será salvo.

¹⁴E este evangelho do reino será pregado no mundo inteiro, em testemunho a todas as nações, e então virá o fim.

¹⁵Quando, pois, virdes estar no lugar santo a abominação de desolação, predita pelo profeta Daniel (quem lê, entenda),

¹⁶então os que estiverem na Judéia fujam para os montes;

¹⁷quem estiver no eirado não desça para tirar as coisas de sua casa,

¹⁸e quem estiver no campo não volte atrás para apanhar a sua capa.

¹⁹Mas ai das que estiverem grávidas, e das que amamentarem naqueles dias!

²⁰Orai para que a vossa fuga não suceda no inverno nem no sábado;

²¹porque haverá então uma tribulação tão grande, como nunca houve desde o princípio do mundo até agora, nem jamais haverá.

²²E se aqueles dias não fossem abreviados, ninguém se salvaria; mas por causa dos escolhidos serão abreviados aqueles dias.

²³Se, pois, alguém vos disser: Eis aqui o Cristo! ou: Ei-lo aí! não acrediteis;

²⁴porque hão de surgir falsos cristos e falsos profetas, e farão grandes sinais e prodígios; de modo que, se possível fora, enganariam até os escolhidos.

²⁵Eis que de antemão vo-lo tenho dito.

²⁶Portanto, se vos disserem: Eis que ele está no deserto; não saiais; ou: Eis que ele está no interior da casa; não acrediteis.

²⁷Porque, assim como o relâmpago sai do oriente e se mostra até o ocidente, assim será também a vinda do filho do homem.

²⁸Pois onde estiver o cadáver, aí se ajuntarão os abutres.

²⁹Logo depois da tribulação daqueles dias, escurecerá o sol, e a lua não dará a sua luz; as estrelas cairão do céu e os poderes dos céus serão abalados.

³⁰Então aparecerá no céu o sinal do Filho do homem, e todas as tribos da terra se lamentarão, e verão vir o Filho do homem sobre as nuvens do céu, com poder e grande glória.

³¹E ele enviará os seus anjos com grande clangor de trombeta, os

quais lhe ajuntarão os escolhidos desde os quatro ventos, de uma à outra extremidade dos céus.

³²Aprendei, pois, da figueira a sua parábola: Quando já o seu ramo se torna tenro e brota folhas, sabeis que está próximo o verão.

³³Igualmente, quando virdes todas essas coisas, sabei que ele está próximo, mesmo às portas.

³⁴Em verdade vos digo que não passará esta geração sem que todas essas coisas se cumpram.

³⁵Passará o céu e a terra, mas as minhas palavras jamais passarão.

³⁶Daquele dia e hora, porém, ninguém sabe, nem os anjos do céu, nem o Filho, senão só o Pai.

³⁷Pois como foi dito nos dias de Noé, assim será também a vinda do Filho do homem.

³⁸Porquanto, assim como nos dias anteriores ao dilúvio, comiam, bebiam, casavam e davam-se em casamento, até o dia em que Noé entrou na arca,

³⁹e não o perceberam, até que veio o dilúvio, e os levou a todos; assim será também a vinda do Filho do homem.

⁴⁰Então, estando dois homens no campo, será levado um e deixado outro;

⁴¹estando duas mulheres a trabalhar no moinho, será levada uma e deixada a outra.

⁴²Vigiai, pois, porque não sabeis em que dia vem o vosso Senhor;

⁴³sabei, porém, isto: se o dono da casa soubesse a que vigília da noite havia de vir o ladrão, vigiaria e não deixaria minar a sua casa.

⁴⁴Por isso ficai também vós apercebidos; porque numa hora em que não penseis, virá o Filho do homem.

⁴⁵Quem é, pois, o servo fiel e prudente, que o senhor pôs sobre os seus serviçais, para a tempo dar-lhes o sustento?

⁴⁶Bem-aventurado aquele servo a quem o seu senhor, quando vier, achar assim fazendo.

⁴⁷Em verdade vos digo que o porá sobre todos os seus bens.

⁴⁸Mas se aquele outro, o mau servo, disser no seu coração: Meu senhor tarda em vir,

⁴⁹e começar a espancar os seus conservos, e a comer e beber com os ébrios,

⁵⁰virá o senhor daquele servo, num dia em que não o espera, e numa hora de que não sabe,

⁵¹e cortá-lo-á pelo meio, e lhe dará a sua parte com os hipócritas; ali haverá choro e ranger de dentes.

## Capítulo 25

¹Então o reino dos céus será semelhante a dez virgens que, tomando as suas lâmpadas, saíram ao encontro do noivo.

²Cinco delas eram insensatas, e cinco prudentes.

³Ora, as insensatas, tomando as lâmpadas, não levaram azeite consigo.

⁴As prudentes, porém, levaram azeite em suas vasilhas, juntamente com as lâmpadas.

⁵E tardando o noivo, cochilaram todas, e dormiram.

⁶Mas à meia-noite ouviu-se um grito: Eis o noivo! saí-lhe ao encontro!

⁷Então todas aquelas virgens se levantaram, e prepararam as suas lâmpadas.

⁸E as insensatas disseram às prudentes: Dai-nos do vosso azeite, porque as nossas lâmpadas estão se apagando.

⁹Mas as prudentes responderam: não; pois de certo não chegaria para nós e para vós; ide antes aos que o vendem, e comprai-o para vós.

¹⁰E, tendo elas ido comprá-lo, chegou o noivo; e as que estavam preparadas entraram com ele para as bodas, e fechou-se a porta.

¹¹Depois vieram também as outras virgens, e disseram: Senhor, Senhor, abre-nos a porta.

¹²Ele, porém, respondeu: Em verdade vos digo, não vos conheço.

¹³Vigiai pois, porque não sabeis nem o dia nem a hora.

¹⁴Porque é assim como um homem que, ausentando-se do país, chamou os seus servos e lhes entregou os seus bens:

¹⁵a um deu cinco talentos, a outro dois, e a outro um, a cada um segundo a sua capacidade; e seguiu viagem.

¹⁶O que recebera cinco talentos foi imediatamente negociar com eles, e ganhou outros cinco;

¹⁷da mesma sorte, o que recebera dois ganhou outros dois;

¹⁸mas o que recebera um foi e cavou na terra e escondeu o dinheiro do seu senhor.

¹⁹Ora, depois de muito tempo veio o senhor daqueles servos, e fez contas com eles.

²⁰Então chegando o que recebera cinco talentos, apresentou-lhe outros cinco talentos, dizendo: Senhor, entregaste-me cinco talentos; eis aqui outros cinco que ganhei.

²¹Disse-lhe o seu senhor: Muito bem, servo bom e fiel; sobre o pouco foste fiel, sobre muito te colocarei; entra no gozo do teu senhor.

²²Chegando também o que recebera dois talentos, disse: Senhor, entregaste-me dois talentos; eis aqui outros dois que ganhei.

²³Disse-lhe o seu senhor: Muito bem, servo bom e fiel; sobre o pouco foste fiel, sobre muito te colocarei; entra no gozo do teu senhor.

²⁴Chegando por fim o que recebera um talento, disse: Senhor, eu te conhecia, que és um homem duro, que ceifas onde não semeaste, e recolhes onde não joeiraste;

²⁵e, atemorizado, fui esconder na terra o teu talento; eis aqui tens o que é teu.

²⁶Ao que lhe respondeu o seu senhor: Servo mau e preguiçoso, sabias que ceifo onde não semeei, e recolho onde não joeirei?

²⁷Devias então entregar o meu dinheiro aos banqueiros e, vindo eu, tê-lo-ia recebido com juros.

²⁸Tirai-lhe, pois, o talento e dai ao que tem os dez talentos.

²⁹Porque a todo o que tem, dar-se-lhe-á, e terá em abundância; mas ao que não tem, até aquilo que tem ser-lhe-á tirado.

³⁰E lançai o servo inútil nas trevas exteriores; ali haverá choro e ranger de dentes.

³¹Quando, pois vier o Filho do homem na sua glória, e todos os anjos com ele, então se assentará no trono da sua glória;

³²e diante dele serão reunidas todas as nações; e ele separará uns dos outros, como o pastor separa as ovelhas dos cabritos;

³³e porá as ovelhas à sua direita, mas os cabritos à esquerda.

³⁴Então dirá o Rei aos que estiverem à sua direita: Vinde, benditos de meu Pai. Possuí por herança o reino que vos está preparado desde a fundação do mundo;

³⁵porque tive fome, e me destes de comer; tive sede, e me destes de beber; era forasteiro, e me acolhestes;

³⁶estava nu, e me vestistes; adoeci, e me visitastes; estava na prisão e fostes ver-me.

³⁷Então os justos lhe perguntarão: Senhor, quando te vimos com fome, e te demos de comer? ou com sede, e te demos de beber?

³⁸Quando te vimos forasteiro, e te acolhemos? ou nu, e te vestimos?

³⁹Quando te vimos enfermo, ou na prisão, e fomos visitar-te?

⁴⁰E responder-lhes-á o Rei: Em verdade vos digo que, sempre que o fizestes a um destes meus irmãos, mesmo dos mais pequeninos, a mim o fizestes.

⁴¹Então dirá também aos que estiverem à sua esquerda: Apartai-vos de mim, malditos, para o fogo eterno, preparado para o Diabo e seus anjos;

⁴²porque tive fome, e não me destes de comer; tive sede, e não me destes de beber;

⁴³era forasteiro, e não me acolhestes; estava nu, e não me vestistes; enfermo, e na prisão, e não me visitastes.

⁴⁴Então também estes perguntarão: Senhor, quando te vimos com fome, ou com sede, ou forasteiro, ou nu, ou enfermo, ou na prisão, e não te servimos?

⁴⁵Ao que lhes responderá: Em verdade vos digo que, sempre que o deixaste de fazer a um destes mais pequeninos, deixastes de o fazer a mim.

⁴⁶E irão eles para o castigo eterno, mas os justos para a vida eterna.

## Capítulo 26

¹E havendo Jesus concluído todas estas palavras, disse aos seus discípulos:

²Sabeis que daqui a dois dias é a páscoa; e o Filho do homem será entregue para ser crucificado.

³Então os principais sacerdotes e os anciãos do povo se reuniram no pátio da casa do sumo sacerdote, o qual se chamava Caifás;

⁴e deliberaram como prender Jesus a traição, e o matar.

⁵Mas diziam: Não durante a festa, para que não haja tumulto entre o povo.

⁶Estando Jesus em Betânia, em casa de Simão, o leproso,

⁷aproximou-se dele uma mulher que trazia um vaso de alabastro cheio de bálsamo precioso, e lho derramou sobre a cabeça, estando ele reclinado à mesa.

⁸Quando os discípulos viram isso, indignaram-se, e disseram: Para que este disperdício?

⁹Pois este bálsamo podia ser vendido por muito dinheiro, que se daria aos pobres.

¹⁰Jesus, porém, percebendo isso, disse-lhes: Por que molestais esta mulher? pois praticou uma boa ação para comigo.

¹¹Porquanto os pobres sempre os tendes convosco; a mim, porém, nem sempre me tendes.

¹²Ora, derramando ela este bálsamo sobre o meu corpo, fê-lo a fim de preparar-me para a minha sepultura.

¹³Em verdade vos digo que onde quer que for pregado em todo o mundo este evangelho, também o que ela fez será contado para memória sua.

¹⁴Então um dos doze, chamado Judas Iscariotes, foi ter com os principais sacerdotes,

¹⁵e disse: Que me quereis dar, e eu vo-lo entregarei? E eles lhe pesaram trinta moedas de prata.

¹⁶E desde então buscava ele oportunidade para o entregar.

¹⁷Ora, no primeiro dia dos pães ázimos, vieram os discípulos a Jesus, e perguntaram: Onde queres que façamos os preparativos para comeres a páscoa?

¹⁸Respondeu ele: Ide à cidade a um certo homem, e dizei-lhe: O Mestre diz: O meu tempo está próximo; em tua casa celebrarei a páscoa com os meus discípulos.

¹⁹E os discípulos fizeram como Jesus lhes ordenara, e prepararam a páscoa.

²⁰Ao anoitecer reclinou-se à mesa com os doze discípulos;

²¹e, enquanto comiam, disse: Em verdade vos digo que um de vós me trairá.

²²E eles, profundamente contristados, começaram cada um a perguntar-lhe: Porventura sou eu, Senhor?

²³Respondeu ele: O que mete comigo a mão no prato, esse me trairá.

²⁴Em verdade o Filho do homem vai, conforme está escrito a seu respeito; mas ai daquele por quem o Filho do homem é traido! bom seria para esse homem se não houvera nascido.

²⁵Também Judas, que o traía, perguntou: Porventura sou eu, Rabí? Respondeu-lhe Jesus: Tu o disseste.

²⁶Enquanto comiam, Jesus tomou o pão e, abençoando-o, o partiu e o deu aos discípulos, dizendo: Tomai, comei; isto é o meu corpo.

²⁷E tomando um cálice, rendeu graças e deu-lho, dizendo: Bebei dele todos;

²⁸pois isto é o meu sangue, o sangue do pacto, o qual é derramado por muitos para remissão dos pecados.

²⁹Mas digo-vos que desde agora não mais beberei deste fruto da videira até aquele dia em que convosco o beba novo, no reino de meu Pai.

³⁰E tendo cantado um hino, saíram para o Monte das Oliveiras.

³¹Então Jesus lhes disse: Todos vós esta noite vos escandalizareis de mim; pois está escrito: Ferirei o pastor, e as ovelhas do rebanho se dispersarão.

³²Todavia, depois que eu ressurgir, irei adiante de vós para a Galiléia.

³³Mas Pedro, respondendo, disse-lhe: Ainda que todos se escandalizem de ti, eu nunca me escandalizarei.

³⁴Disse-lhe Jesus: Em verdade te digo que esta noite, antes que o galo cante três vezes me negarás.

³⁵Respondeu-lhe Pedro: Ainda que me seja necessário morrer contigo, de modo algum te negarei. E o mesmo disseram todos os discípulos.

³⁶Então foi Jesus com eles a um lugar chamado Getsêmane, e disse aos discípulos: Sentai-vos aqui, enquanto eu vou ali orar.

³⁷E levando consigo Pedro e os dois filhos de Zebedeu, começou a entristecer-se e a angustiar-se.

³⁸Então lhes disse: A minha alma está triste até a morte; ficai aqui e vigiai comigo.

³⁹E adiantando-se um pouco, prostrou-se com o rosto em terra e orou, dizendo: Meu Pai, se é possível, passa de mim este cálice; todavia, não seja como eu quero, mas como tu queres.

⁴⁰Voltando para os discípulos, achou-os dormindo; e disse a Pedro: Assim nem uma hora pudestes vigiar comigo?

⁴¹Vigiai e orai, para que não entreis em tentação; o espírito, na verdade, está pronto, mas a carne é fraca.

⁴²Retirando-se mais uma vez, orou, dizendo: Pai meu, se este cálice não pode passar sem que eu o beba, faça-se a tua vontade.

⁴³E, voltando outra vez, achou-os dormindo, porque seus olhos estavam carregados.

⁴⁴Deixando-os novamente, foi orar terceira vez, repetindo as mesmas palavras.

⁴⁵Então voltou para os discípulos e disse-lhes: Dormi agora e descansai. Eis que é chegada a hora, e o Filho do homem está sendo entregue nas mãos dos pecadores.

⁴⁶Levantai-vos, vamo-nos; eis que é chegado aquele que me trai.

⁴⁷E estando ele ainda a falar, eis que veio Judas, um dos doze, e com ele grande multidão com espadas e varapaus, vinda da parte dos principais sacerdotes e dos anciãos do povo.

⁴⁸Ora, o que o traía lhes havia dado um sinal, dizendo: Aquele que eu beijar, esse é: prendei-o.

⁴⁹E logo, aproximando-se de Jesus disse: Salve, Rabi. E o beijou.

⁵⁰Jesus, porém, lhe disse: Amigo, a que vieste? Nisto, aproximando-se eles, lançaram mão de Jesus, e o prenderam.

⁵¹E eis que um dos que estavam com Jesus, estendendo a mão, puxou da espada e, ferindo o servo do sumo sacerdote, cortou-lhe uma orelha.

⁵²Então Jesus lhe disse: Mete a tua espada no seu lugar; porque todos os que lançarem mão da espada, à espada morrerão.

⁵³Ou pensas tu que eu não poderia rogar a meu Pai, e que ele não me mandaria agora mesmo mais de doze legiões de anjos?

⁵⁴Como, pois, se cumpririam as Escrituras, que dizem que assim convém que aconteça?

⁵⁵Disse Jesus à multidão naquela hora: Saístes com espadas e varapaus para me prender, como a um salteador? Todos os dias estava eu sentado no templo ensinando, e não me prendestes.

⁵⁶Mas tudo isso aconteceu para que se cumprissem as Escrituras dos profetas. Então todos os discípulos, deixando-o fugiram.

⁵⁷Aqueles que prenderam a Jesus levaram-no à presença do sumo sacerdote Caifás, onde os escribas e os anciãos estavam reunidos.

⁵⁸E Pedro o seguia de longe até o pátio do sumo sacerdote; e entrando, sentou-se entre os guardas, para ver o fim.

⁵⁹Ora, os principais sacerdotes e todo o sinédrio buscavam falso testemunho contra Jesus, para poderem entregá-lo à morte;

⁶⁰e não achavam, apesar de se apresentarem muitas testemunhas falsas. Mas por fim compareceram duas,

⁶¹e disseram: Este disse: Posso destruir o santuário de Deus, e reedificá-lo em três dias.

⁶²Levantou-se então o sumo sacerdote e perguntou-lhe: Nada respondes? Que é que estes depõem contra ti?

⁶³Jesus, porém, guardava silêncio. E o sumo sacerdote disse-lhe: Conjuro-te pelo Deus vivo que nos digas se tu és o Cristo, o Filho do Deus.

⁶⁴Repondeu-lhe Jesus: É como disseste; contudo vos digo que vereis em breve o Filho do homem assentado à direita do Poder, e vindo sobre as nuvens do céu.

⁶⁵Então o sumo sacerdote rasgou as suas vestes, dizendo: Blasfemou; para que precisamos ainda de testemunhas? Eis que agora acabais de ouvir a sua blasfêmia.

⁶⁶Que vos parece? Responderam eles: É réu de morte.

⁶⁷Então uns lhe cuspiram no rosto e lhe deram socos;

⁶⁸e outros o esbofetearam, dizendo: Profetiza-nos, ó Cristo, quem foi que te bateu?

⁶⁹Ora, Pedro estava sentado fora, no pátio; e aproximou-se dele uma criada, que disse: Tu também estavas com Jesus, o galileu.

⁷⁰Mas ele negou diante de todos, dizendo: Não sei o que dizes.

⁷¹E saindo ele para o vestíbulo, outra criada o viu, e disse aos que ali estavam: Este também estava com Jesus, o nazareno.

⁷²E ele negou outra vez, e com juramento: Não conheço tal homem.

⁷³E daí a pouco, aproximando-se os que ali estavam, disseram a Pedro: Certamente tu também és um deles pois a tua fala te denuncia.

⁷⁴Então começou ele a praguejar e a jurar, dizendo: Não conheço esse homem. E imediatamente o galo cantou.

⁷⁵E Pedro lembrou-se do que dissera Jesus: Antes que o galo cante, três vezes me negarás. E, saindo dali, chorou amargamente.

## Capítulo 27

¹Ora, chegada a manhã, todos os principais sacerdotes e os anciãos do povo entraram em conselho contra Jesus, para o matarem;

²e, maniatando-o, levaram-no e o entregaram a Pilatos, o governador.

³Então Judas, aquele que o traíra, vendo que Jesus fora condenado, devolveu, compungido, as trinta moedas de prata aos anciãos, dizendo:

⁴Pequei, traindo o sangue inocente. Responderam eles: Que nos importa? Seja isto lá contigo.

⁵E tendo ele atirado para dentro do santuário as moedas de prata, retirou-se, e foi enforcar-se.

⁶Os principais sacerdotes, pois, tomaram as moedas de prata, e disseram: Não é lícito metê-las no cofre das ofertas, porque é preço de sangue.

⁷E, tendo deliberado em conselho, compraram com elas o campo do oleiro, para servir de cemitério para os estrangeiros.

*Mateus*

⁸Por isso tem sido chamado aquele campo, até o dia de hoje, Campo de Sangue.

⁹Cumpriu-se, então, o que foi dito pelo profeta Jeremias: Tomaram as trinta moedas de prata, preço do que foi avaliado, a quem certos filhos de Israel avaliaram,

¹⁰e deram-nas pelo campo do oleiro, assim como me ordenou o Senhor.

¹¹Jesus, pois, ficou em pé diante do governador; e este lhe perguntou: És tu o rei dos judeus? Respondeu-lhe Jesus: É como dizes.

¹²Mas ao ser acusado pelos principais sacerdotes e pelos anciãos, nada respondeu.

¹³Perguntou-lhe então Pilatos: Não ouves quantas coisas testificam contra ti?

¹⁴E Jesus não lhe respondeu a uma pergunta sequer; de modo que o governador muito se admirava.

¹⁵Ora, por ocasião da festa costumava o governador soltar um preso, escolhendo o povo aquele que quisesse.

¹⁶Nesse tempo tinham um preso notório, chamado Barrabás.

¹⁷Portanto, estando o povo reunido, perguntou-lhe Pilatos: Qual quereis que vos solte? Barrabás, ou Jesus, chamado o Cristo?

¹⁸Pois sabia que por inveja o haviam entregado.

¹⁹E estando ele assentado no tribunal, sua mulher mandou dizer-lhe: Não te envolvas na questão desse justo, porque muito sofri hoje em sonho por causa dele.

²⁰Mas os principais sacerdotes e os anciãos persuadiram as multidões a que pedissem Barrabás e fizessem morrer Jesus.

²¹O governador, pois, perguntou-lhes: Qual dos dois quereis que eu vos solte? E disseram: Barrabás.

²²Tornou-lhes Pilatos: Que farei então de Jesus, que se chama Cristo? Disseram todos: Seja crucificado.

²³Pilatos, porém, disse: Pois que mal fez ele? Mas eles clamavam ainda mais: Seja crucificado.

²⁴Ao ver Pilatos que nada conseguia, mas pelo contrário que o tumulto aumentava, mandando trazer água, lavou as mãos diante da multidão, dizendo: Sou inocente do sangue deste homem; seja isso lá convosco.

²⁵E todo o povo respondeu: O seu sangue caia sobre nós e sobre nossos filhos.

²⁶Então lhes soltou Barrabás; mas a Jesus mandou açoitar, e o entregou para ser crucificado.

²⁷Nisso os soldados do governador levaram Jesus ao pretório, e reuniram em torno dele toda a coorte.

²⁸E, despindo-o, vestiram-lhe um manto escarlate;

²⁹e tecendo uma coroa de espinhos, puseram-lha na cabeça, e na mão direita uma cana, e ajoelhando-se diante dele, o escarneciam, dizendo: Salve, rei dos judeus!

³⁰E, cuspindo nele, tiraram-lhe a cana, e davam-lhe com ela na cabeça.

³¹Depois de o terem escarnecido, despiram-lhe o manto, puseram-lhe as suas vestes, e levaram-no para ser crucificado.

³²Ao saírem, encontraram um homem cireneu, chamado Simão, a quem obrigaram a levar a cruz de Jesus.

³³Quando chegaram ao lugar chamado Gólgota, que quer dizer, lugar da Caveira,

³⁴deram-lhe a beber vinho misturado com fel; mas ele, provando-o, não quis beber.

³⁵Então, depois de o crucificarem, repartiram as vestes dele, lançando sortes, [para que se cumprisse o que foi dito pelo profeta: Repartiram entre si as minhas vestes, e sobre a minha túnica deitaram sortes.]

³⁶E, sentados, ali o guardavam.

³⁷Puseram-lhe por cima da cabeça a sua acusação escrita: ESTE É JESUS, O REI DOS JUDEUS.

³⁸Então foram crucificados com ele dois salteadores, um à direita, e outro à esquerda.

³⁹E os que iam passando blasfemavam dele, meneando a cabeça

⁴⁰e dizendo: Tu, que destróis o santuário e em três dias o reedificas, salva-te a ti mesmo; se és Filho de Deus, desce da cruz.

⁴¹De igual modo também os principais sacerdotes, com os escribas e anciãos, escarnecendo, diziam:

⁴²A outros salvou; a si mesmo não pode salvar. Rei de Israel é ele; desça agora da cruz, e creremos nele;

⁴³confiou em Deus, livre-o ele agora, se lhe quer bem; porque disse: Sou Filho de Deus.

⁴⁴O mesmo lhe lançaram em rosto também os salteadores que com ele foram crucificados.

⁴⁵E, desde a hora sexta, houve trevas sobre toda a terra, até a hora nona.

⁴⁶Cerca da hora nona, bradou Jesus em alta voz, dizendo: Eli, Eli, lamá sabactani; isto é, Deus meu, Deus meu, por que me desamparaste?

⁴⁷Alguns dos que ali estavam, ouvindo isso, diziam: Ele chama por Elias.

⁴⁸E logo correu um deles, tomou uma esponja, ensopou-a em vinagre e, pondo-a numa cana, dava-lhe de beber.

⁴⁹Os outros, porém, disseram: Deixa, vejamos se Elias vem salvá-lo.

⁵⁰De novo bradou Jesus com grande voz, e entregou o espírito.

⁵¹E eis que o véu do santuário se rasgou em dois, de alto a baixo; a terra tremeu, as pedras se fenderam,

⁵²os sepulcros se abriram, e muitos corpos de santos que tinham dormido foram ressuscitados;

⁵³e, saindo dos sepulcros, depois da ressurreição dele, entraram na cidade santa, e apareceram a muitos.

⁵⁴ora, o centurião e os que com ele guardavam Jesus, vendo o terremoto e as coisas que aconteciam, tiveram grande temor, e disseram: Verdadeiramente este era filho de Deus.

⁵⁵Também estavam ali, olhando de longe, muitas mulheres que tinham seguido Jesus desde a Galiléia para o ouvir;

⁵⁶entre as quais se achavam Maria Madalena, Maria, mãe de Tiago e de José, e a mãe dos filhos de Zebedeu.

⁵⁷Ao cair da tarde, veio um homem rico de Arimatéia, chamado José, que também era discípulo de Jesus.

⁵⁸Esse foi a Pilatos e pediu o corpo de Jesus. Então Pilatos mandou que lhe fosse entregue.

⁵⁹E José, tomando o corpo, envolveu-o num pano limpo, de linho,

⁶⁰e depositou-o no seu sepulcro novo, que havia aberto em rocha; e, rodando uma grande pedra para a porta do sepulcro, retirou-se.

⁶¹Mas achavam-se ali Maria Madalena e a outra Maria, sentadas defronte do sepulcro.

⁶²No dia seguinte, isto é, o dia depois da preparação, reuniram-se os principais sacerdotes e os fariseus perante Pilatos,

⁶³e disseram: Senhor, lembramo-nos de que aquele embusteiro, quando ainda vivo, afirmou: Depois de três dias ressurgirei.

⁶⁴Manda, pois, que o sepulcro seja guardado com segurança até o terceiro dia; para não suceder que, vindo os discípulos, o furtem e digam ao povo: Ressurgiu dos mortos; e assim o último embuste será pior do que o primeiro.

⁶⁵Disse-lhes Pilatos: Tendes uma guarda; ide, tornai-o seguro, como entendeis.

⁶⁶Foram, pois, e tornaram seguro o sepulcro, selando a pedra, e deixando ali a guarda.

## Capítulo 28

¹No fim do sábado, quando já despontava o primeiro dia da semana, Maria Madalena e a outra Maria foram ver o sepulcro.

²E eis que houvera um grande terremoto; pois um anjo do Senhor descera do céu e, chegando-se, removera a pedra e estava sentado sobre ela.

³o seu aspecto era como um relâmpago, e as suas vestes brancas como a neve.

⁴E de medo dele tremeram os guardas, e ficaram como mortos.

⁵Mas o anjo disse às mulheres: Não temais vós; pois eu sei que buscais a Jesus, que foi crucificado.

⁶Não está aqui, porque ressurgiu, como ele disse. Vinde, vede o lugar onde jazia.

⁷e ide depressa, e dizei aos seus discípulos que ressurgiu dos mortos; e eis que vai adiante de vós para a Galiléia; ali o vereis. Eis que vo-lo tenho dito.

⁸E, partindo elas pressurosamente do sepulcro, com temor e grande alegria, correram a anunciá-lo aos discípulos.

⁹E eis que Jesus lhes veio ao encontro, dizendo: Salve. E elas, aproximando-se, abraçaram-lhe os pés, e o adoraram.

¹⁰Então lhes disse Jesus: Não temais; ide dizer a meus irmãos que vão para a Galiléia; ali me verão.

¹¹Ora, enquanto elas iam, eis que alguns da guarda foram à cidade, e contaram aos principais sacerdotes tudo quanto havia acontecido.

¹²E congregados eles com os anciãos e tendo consultado entre si, deram muito dinheiro aos soldados,

¹³e ordenaram-lhes que dissessem: Vieram de noite os seus discípulos e, estando nós dormindo, furtaram-no.

¹⁴E, se isto chegar aos ouvidos do governador, nós o persuadiremos, e vos livraremos de cuidado.

¹⁵Então eles, tendo recebido o dinheiro, fizeram como foram instruídos. E essa história tem-se divulgado entre os judeus até o dia de

hoje.

¹⁶Partiram, pois, os onze discípulos para a Galiléia, para o monte onde Jesus lhes designara.

¹⁷Quando o viram, o adoraram; mas alguns duvidaram.

¹⁸E, aproximando-se Jesus, falou-lhes, dizendo: Foi-me dada toda a autoridade no céu e na terra.

¹⁹Portanto ide, fazei discípulos de todas as nações, batizando-os em nome do Pai, e do Filho, e do Espírito Santo;

²⁰ensinando-os a observar todas as coisas que eu vos tenho mandado; e eis que eu estou convosco todos os dias, até a consumação dos séculos.

# Marcos

## Capítulo 1

¹Princípio do evangelho de Jesus Cristo, Filho de Deus.

²Conforme está escrito no profeta Isaías: Eis que envio ante a tua face o meu mensageiro, que há de preparar o teu caminho;

³voz do que clama no deserto: Preparai o caminho do Senhor, endireitai as suas veredas;

⁴assim apareceu João, o Batista, no deserto, pregando o batismo de arrependimento para remissão dos pecados.

⁵E saíam a ter com ele toda a terra da Judéia, e todos os moradores de Jerusalém; e eram por ele batizados no rio Jordão, confessando os seus pecados.

⁶Ora, João usava uma veste de pêlos de camelo, e um cinto de couro em torno de seus lombos, e comia gafanhotos e mel silvestre.

⁷E pregava, dizendo: Após mim vem aquele que é mais poderoso do que eu, de quem não sou digno de, inclinando-me, desatar a correia das alparcas.

⁸Eu vos batizei em água; ele, porém, vos batizará no Espírito Santo.

⁹E aconteceu naqueles dias que veio Jesus de Nazaré da Galiléia, e foi batizado por João no Jordão.

¹⁰E logo, quando saía da água, viu os céus se abrirem, e o Espírito, qual pomba, a descer sobre ele;

¹¹e ouviu-se dos céus esta voz: Tu és meu Filho amado; em ti me comprazo.

¹²Imediatamente o Espírito o impeliu para o deserto.

¹³E esteve no deserto quarenta dias sentado tentado por Satanás; estava entre as feras, e os anjos o serviam.

¹⁴Ora, depois que João foi entregue, veio Jesus para a Galiléia pregando o evangelho de Deus

¹⁵e dizendo: O tempo está cumprido, e é chegado o reino de Deus. Arrependei-vos, e crede no evangelho.

¹⁶E, andando junto do mar da Galiléia, viu a Simão, e a André, irmão de Simão, os quais lançavam a rede ao mar, pois eram pescadores.

¹⁷Disse-lhes Jesus: Vinde após mim, e eu farei que vos torneis pescadores de homens.

¹⁸Então eles, deixando imediatamente as suas redes, o seguiram.

¹⁹E ele, passando um pouco adiante, viu Tiago, filho de Zebedeu, e João, seu irmão, que estavam no barco, consertando as redes,

²⁰e logo os chamou; eles, deixando seu pai Zebedeu no barco com os empregados, o seguiram.

²¹Entraram em Cafarnaum; e, logo no sábado, indo ele à sinagoga, pôs-se a ensinar.

²²E maravilhavam-se da sua doutrina, porque os ensinava como tendo autoridade, e não como os escribas.

²³Ora, estava na sinagoga um homem possesso dum espírito imundo, o qual gritou:

²⁴Que temos nós contigo, Jesus, nazareno? Vieste destruir-nos? Bem sei quem és: o Santo de Deus.

²⁵Mas Jesus o repreendeu, dizendo: Cala-te, e sai dele.

²⁶Então o espírito imundo, convulsionando-o e clamando com grande voz, saiu dele.

²⁷E todos se maravilharam a ponto de perguntarem entre si, dizendo: Que é isto? Uma nova doutrina com autoridade! Pois ele ordena aos espíritos imundos, e eles lhe obedecem!

²⁸E logo correu a sua fama por toda a região da Galiléia.

²⁹Em seguida, saiu da sinagoga e foi a casa de Simão e André com Tiago e João.

³⁰A sogra de Simão estava de cama com febre, e logo lhe falaram a respeito dela.

³¹Então Jesus, chegando-se e tomando-a pela mão, a levantou; e a febre a deixou, e ela os servia.

³²Sendo já tarde, tendo-se posto o sol, traziam-lhe todos os enfermos, e os endemoninhados;

³³e toda a cidade estava reunida à porta;

³⁴e ele curou muitos doentes atacados de diversas moléstias, e expulsou muitos demônios; mas não permitia que os demônios falassem, porque o conheciam.

³⁵De madrugada, ainda bem escuro, levantou-se, saiu e foi a um lugar deserto, e ali orava.

³⁶Foram, pois, Simão e seus companheiros procurá-lo;

³⁷quando o encontraram, disseram-lhe: Todos te buscam.

³⁸Respondeu-lhes Jesus: Vamos a outras partes, às povoações vizinhas, para que eu pregue ali também; pois para isso é que vim.

³⁹Foi, então, por toda a Galiléia, pregando nas sinagogas deles e expulsando os demônios.

⁴⁰E veio a ele um leproso que, de joelhos, lhe rogava, dizendo: Se quiseres, bem podes tornar-me limpo.

⁴¹Jesus, pois, compadecido dele, estendendo a mão, tocou-o e disse-lhe: Quero; sê limpo.

⁴²Imediatamente desapareceu dele a lepra e ficou limpo.

⁴³E Jesus, advertindo-o secretamente, logo o despediu,

⁴⁴dizendo-lhe: Olha, não digas nada a ninguém; mas vai, mostra-te ao sacerdote e oferece pela tua purificação o que Moisés determinou, para lhes servir de testemunho.

⁴⁵Ele, porém, saindo dali, começou a publicar o caso por toda parte e a divulgá-lo, de modo que Jesus já não podia entrar abertamente numa cidade, mas conservava-se fora em lugares desertos; e de todos os lados iam ter com ele.

## Capítulo 2

¹Alguns dias depois entrou Jesus outra vez em Cafarnaum, e soube-se que ele estava em casa.

²Ajuntaram-se, pois, muitos, a ponta de não caberem nem mesmo diante da porta; e ele lhes anunciava a palavra.

³Nisso vieram alguns a trazer-lhe um paralítico, carregado por quatro;

⁴e não podendo aproximar-se dele, por causa da multidão, descobriram o telhado onde estava e, fazendo uma abertura, baixaram o leito em que jazia o paralítico.

⁵E Jesus, vendo-lhes a fé, disse ao paralítico: Filho, perdoados são os teus pecados.

⁶Ora, estavam ali sentados alguns dos escribas, que arrazoavam em seus corações, dizendo:

⁷Por que fala assim este homem? Ele blasfema. Quem pode perdoar pecados senão um só, que é Deus?

⁸Mas Jesus logo percebeu em seu espírito que eles assim arrazoavam dentro de si, e perguntou-lhes: Por que arrazoais desse modo em vossos corações?

⁹Qual é mais fácil? dizer ao paralítico: Perdoados são os teus pecados; ou dizer: Levanta-te, toma o teu leito, e anda?

¹⁰Ora, para que saibais que o Filho do homem tem sobre a terra autoridade para perdoar pecados ( disse ao paralítico ),

¹¹a ti te digo, levanta-te, toma o teu leito, e vai para tua casa.

¹²Então ele se levantou e, tomando logo o leito, saiu à vista de todos; de modo que todos pasmavam e glorificavam a Deus, dizendo: Nunca vimos coisa semelhante.

¹³Outra vez saiu Jesus para a beira do mar; e toda a multidão ia ter com ele, e ele os ensinava.

¹⁴Quando ia passando, viu a Levi, filho de Alfeu, sentado na coletoria, e disse-lhe: Segue-me. E ele, levantando-se, o seguiu.

¹⁵Ora, estando Jesus à mesa em casa de Levi, estavam também ali reclinados com ele e seus discípulos muitos publicanos e pecadores; pois eram em grande número e o seguiam.

¹⁶Vendo os escribas dos fariseus que comia com os publicanos e pecadores, perguntavam aos discípulos: Por que é que ele como com os publicanos e pecadores?

¹⁷Jesus, porém, ouvindo isso, disse-lhes: Não necessitam de médico os sãos, mas sim os enfermos; eu não vim chamar justos, mas pecadores.

¹⁸Ora, os discípulos de João e os fariseus estavam jejuando; e foram perguntar-lhe: Por que jejuam os discípulos de João e os dos fariseus, mas os teus discípulos não jejuam?

¹⁹Respondeu-lhes Jesus: Podem, porventura, jejuar os convidados às núpcias, enquanto está com eles o noivo? Enquanto têm consigo o noivo não podem jejuar;

²⁰dias virão, porém, em que lhes será tirado o noivo; nesses dias, sim hão de jejuar.

²¹Ninguém cose remendo de pano novo em vestido velho; do contrário o remendo novo tira parte do velho, e torna-se maior a rotura.

²²E ninguém deita vinho novo em odres velhos; do contrário, o vinho novo romperá os odres, e perder-se-á o vinho e também os odres; mas deita-se vinho novo em odres novos.

²³E sucedeu passar ele num dia de sábado pelas searas; e os seus discípulos, caminhando, começaram a colher espigas.

²⁴E os fariseus lhe perguntaram: Olha, por que estão fazendo no sábado o que não é lícito?

²⁵Respondeu-lhes ele: Acaso nunca lestes o que fez Davi quando

se viu em necessidade e teve fome, ele e seus companheiros?

²⁶Como entrou na casa de Deus, no tempo do sumo sacerdote Abiatar, e comeu dos pães da proposição, dos quais não era lícito comer senão aos sacerdotes, e deu também aos companheiros?

²⁷E prosseguiu: O sábado foi feito por causa do homem, e não o homem por causa do sábado.

²⁸Pelo que o Filho do homem até do sábado é Senhor.

## Capítulo 3

¹Outra vez entrou numa sinagoga, e estava ali um homem que tinha uma das mãos atrofiada.

²E observavam-no para ver se no sábado curaria o homem, a fim de o acusarem.

³E disse Jesus ao homem que tinha a mão atrofiada: Levanta-te e vem para o meio.

⁴Então lhes perguntou: É lícito no sábado fazer bem, ou fazer mal? salvar a vida ou matar? Eles, porém, se calaram.

⁵E olhando em redor para eles com indignação, condoendo-se da dureza dos seus corações, disse ao homem: Estende a tua mão. Ele estendeu, e lhe foi restabelecida.

⁶E os fariseus, saindo dali, entraram logo em conselho com os herodianos contra ele, para o matarem.

⁷Jesus, porém, se retirou com os seus discípulos para a beira do mar; e uma grande multidão dos da Galiléia o seguiu; também da Judéia,

⁸e de Jerusalém, da Iduméia e de além do Jordão, e das regiões de Tiro e de Sidom, grandes multidões, ouvindo falar de tudo quanto fazia, vieram ter com ele.

⁹Recomendou, pois, a seus discípulos que se lhe preparasse um barquinho, por causa da multidão, para que não o apertasse;

¹⁰porque tinha curado a muitos, de modo que todos quantos tinham algum mal arrojavam-se a ele para lhe tocarem.

¹¹E os espíritos imundos, quando o viam, prostravam-se diante dele e clamavam, dizendo: Tu és o Filho de Deus.

¹²E ele lhes advertia com insistência que não o dessem a conhecer.

¹³Depois subiu ao monte, e chamou a si os que ele mesmo queria; e vieram a ele.

¹⁴Então designou doze para que estivessem com ele, e os mandasse a pregar;

¹⁵e para que tivessem autoridade de expulsar os demônios.

¹⁶Designou, pois, os doze, a saber: Simão, a quem pôs o nome de Pedro;

¹⁷Tiago, filho de Zebedeu, e João, irmão de Tiago, aos quais pôs o nome de Boanerges, que significa: Filhos do trovão;

¹⁸André, Filipe, Bartolomeu, Mateus, Tomé, Tiago, filho de Alfeu, Tadeu, Simão, o cananeu,

¹⁹e Judas Iscariotes, aquele que o traiu.

²⁰Depois entrou numa casa. E afluiu outra vez a multidão, de tal modo que nem podiam comer.

²¹Quando os seus ouviram isso, saíram para o prender; porque diziam: Ele está fora de si.

²²E os escribas que tinham descido de Jerusalém diziam: Ele está possesso de Belzebu; e: É pelo príncipe dos demônios que expulsa os demônios.

²³Então Jesus os chamou e lhes disse por parábolas: Como pode Satanás expulsar Satanás?

²⁴Pois, se um reino se dividir contra si mesmo, tal reino não pode subsistir;

²⁵ou, se uma casa se dividir contra si mesma, tal casa não poderá subsistir;

²⁶e se Satanás se tem levantado contra si mesmo, e está dividido, tampouco pode ele subsistir; antes tem fim.

²⁷Pois ninguém pode entrar na casa do valente e roubar-lhe os bens, se primeiro não amarrar o valente; e então lhe saqueará a casa.

²⁸Em verdade vos digo: Todos os pecados serão perdoados aos filhos dos homens, bem como todas as blasfêmias que proferirem;

²⁹mas aquele que blasfemar contra o Espírito Santo, nunca mais terá perdão, mas será réu de pecado eterno.

³⁰Porquanto eles diziam: Está possesso de um espírito imundo.

³¹Chegaram então sua mãe e seus irmãos e, ficando da parte de fora, mandaram chamá-lo.

³²E a multidão estava sentada ao redor dele, e disseram-lhe: Eis que tua mãe e teus irmãos estão lá fora e te procuram.

³³Respondeu-lhes Jesus, dizendo: Quem é minha mãe e meus irmãos!

³⁴E olhando em redor para os que estavam sentados à roda de si, disse: Eis aqui minha mãe e meus irmãos!

³⁵Pois aquele que fizer a vontade de Deus, esse é meu irmão, irmã e mãe.

## Capítulo 4

¹Outra vez começou a ensinar à beira do mar. E reuniu-se a ele tão grande multidão que ele entrou num barco e sentou-se nele, sobre o mar; e todo o povo estava em terra junto do mar.

²Então lhes ensinava muitas coisas por parábolas, e lhes dizia no seu ensino:

³Ouvi: Eis que o semeador saiu a semear;

⁴e aconteceu que, quando semeava, uma parte da semente caiu à beira do caminho, e vieram as aves e a comeram.

⁵Outra caiu no solo pedregoso, onde não havia muita terra: e logo nasceu, porque não tinha terra profunda;

⁶mas, saindo o sol, queimou-se; e, porque não tinha raiz, secou-se.

⁷E outra caiu entre espinhos; e cresceram os espinhos, e a sufocaram; e não deu fruto.

⁸Mas outras caíram em boa terra e, vingando e crescendo, davam fruto; e um grão produzia trinta, outro sessenta, e outro cem.

⁹E disse-lhes: Quem tem ouvidos para ouvir, ouça.

¹⁰Quando se achou só, os que estavam ao redor dele, com os doze, interrogaram-no acerca da parábola.

¹¹E ele lhes disse: A vós é confiado o mistério do reino de Deus, mas aos de fora tudo se lhes diz por parábolas;

¹²para que vendo, vejam, e não percebam; e ouvindo, ouçam, e não entendam; para que não se convertam e sejam perdoados.

¹³Disse-lhes ainda: Não percebeis esta parábola? como pois entendereis todas as parábolas?

¹⁴O semeador semeia a palavra.

¹⁵E os que estão junto do caminho são aqueles em quem a palavra é semeada; mas, tendo-a eles ouvido, vem logo Satanás e tira a palavra que neles foi semeada.

¹⁶Do mesmo modo, aqueles que foram semeados nos lugares pedregosos são os que, ouvindo a palavra, imediatamente com alegria a recebem;

¹⁷mas não têm raiz em si mesmos, antes são de pouca duração; depois, sobrevindo tribulação ou perseguição por causa da palavra, logo se escandalizam.

¹⁸Outros ainda são aqueles que foram semeados entre os espinhos; estes são os que ouvem a palavra,

¹⁹mas os cuidados do mundo, a sedução das riquezas e a cobiça doutras coisas, entrando, sufocam a palavra, e ela fica infrutífera.

²⁰Aqueles outros que foram semeados em boa terra são os que ouvem a palavra e a recebem, e dão fruto, a trinta, a sessenta, e a cem, por um.

²¹Disse-lhes mais: Vem porventura a candeia para se meter debaixo do alqueire, ou debaixo da cama? não é antes para se colocar no velador?

²²Porque nada está encoberto senão para ser manifesto; e nada foi escondido senão para vir à luz.

²³Se alguém tem ouvidos para ouvir, ouça.

²⁴Também lhes disse: Atendei ao que ouvis. Com a medida com que medis vos medirão a vós, e ainda se vos acrescentará.

²⁵Pois ao que tem, ser-lhe-á dado; e ao que não tem, até aquilo que tem ser-lhe-á tirado.

²⁶Disse também: O reino de Deus é assim como se um homem lançasse semente à terra,

²⁷e dormisse e se levantasse de noite e de dia, e a semente brotasse e crescesse, sem ele saber como.

²⁸A terra por si mesma produz fruto, primeiro a erva, depois a espiga, e por último o grão cheio na espiga.

²⁹Mas assim que o fruto amadurecer, logo lhe mete a foice, porque é chegada a ceifa.

³⁰Disse ainda: A que assemelharemos o reino de Deus? ou com que parábola o representaremos?

³¹É como um grão de mostarda que, quando se semeia, é a menor de todas as sementes que há na terra;

³²mas, tendo sido semeado, cresce e faz-se a maior de todas as hortaliças e cria grandes ramos, de tal modo que as aves do céu podem aninhar-se à sua sombra.

³³E com muitas parábolas tais lhes dirigia a palavra, conforme podiam compreender.

³⁴E sem parábola não lhes falava; mas em particular explicava tudo a seus discípulos.

³⁵Naquele dia, quando já era tarde, disse-lhes: Passemos para o outro lado.

³⁶E eles, deixando a multidão, o levaram consigo, assim como

estava, no barco; e havia com ele também outros barcos.

³⁷E se levantou grande tempestade de vento, e as ondas batiam dentro do barco, de modo que já se enchia.

³⁸Ele, porém, estava na popa dormindo sobre a almofada; e despertaram-no, e lhe perguntaram: Mestre, não se te dá que pereçamos?

³⁹E ele, levantando-se, repreendeu o vento, e disse ao mar: Cala-te, aquieta-te. E cessou o vento, e fez-se grande bonança.

⁴⁰Então lhes perguntou: Por que sois assim tímidos? Ainda não tendes fé?

⁴¹Encheram-se de grande temor, e diziam uns aos outros: Quem, porventura, é este, que até o vento e o mar lhe obedecem?

## Capítulo 5

¹Chegaram então ao outro lado do mar, à terra dos gerasenos.

²E, logo que Jesus saíra do barco, lhe veio ao encontro, dos sepulcros, um homem com espírito imundo,

³o qual tinha a sua morada nos sepulcros; e nem ainda com cadeias podia alguém prendê-lo;

⁴porque, tendo sido muitas vezes preso com grilhões e cadeias, as cadeias foram por ele feitas em pedaços, e os grilhões em migalhas; e ninguém o podia domar;

⁵e sempre, de dia e de noite, andava pelos sepulcros e pelos montes, gritando, e ferindo-se com pedras,

⁶Vendo, pois, de longe a Jesus, correu e adorou-o;

⁷e, clamando com grande voz, disse: Que tenho eu contigo, Jesus, Filho do Deus Altíssimo? conjuro-te por Deus que não me atormentes.

⁸Pois Jesus lhe dizia: Sai desse homem, espírito imundo.

⁹E perguntou-lhe: Qual é o teu nome? Respondeu-lhe ele: Legião é o meu nome, porque somos muitos.

¹⁰E rogava-lhe muito que não os enviasse para fora da região.

¹¹Ora, andava ali pastando no monte uma grande manada de porcos.

¹²Rogaram-lhe, pois, os demônios, dizendo: Manda-nos para aqueles porcos, para que entremos neles.

¹³E ele lho permitiu. Saindo, então, os espíritos imundos, entraram nos porcos; e precipitou-se a manada, que era de uns dois mil, pelo despenhadeiro no mar, onde todos se afogaram.

¹⁴Nisso fugiram aqueles que os apascentavam, e o anunciaram na cidade e nos campos; e muitos foram ver o que era aquilo que tinha acontecido.

¹⁵Chegando-se a Jesus, viram o endemoninhado, o que tivera a legião, sentado, vestido, e em perfeito juízo; e temeram.

¹⁶E os que tinham visto aquilo contaram-lhes como havia acontecido ao endemoninhado, e acerca dos porcos.

¹⁷Então começaram a rogar-lhe que se retirasse dos seus termos.

¹⁸E, entrando ele no barco, rogava-lhe o que fora endemoninhado que o deixasse estar com ele.

¹⁹Jesus, porém, não lho permitiu, mas disse-lhe: Vai para tua casa, para os teus, e anuncia-lhes o quanto o Senhor te fez, e como teve misericórdia de ti.

²⁰Ele se retirou, pois, e começou a publicar em Decápolis tudo quanto lhe fizera Jesus; e todos se admiravam.

²¹Tendo Jesus passado de novo no barco para o outro lado, ajuntou-se a ele uma grande multidão; e ele estava à beira do mar.

²²Chegou um dos chefes da sinagoga, chamado Jairo e, logo que viu a Jesus, lançou-se-lhe aos pés.

²³e lhe rogava com instância, dizendo: Minha filhinha está nas últimas; rogo-te que venhas e lhe imponhas as mãos para que sare e viva.

²⁴Jesus foi com ele, e seguia-o uma grande multidão, que o apertava.

²⁵Ora, certa mulher, que havia doze anos padecia de uma hemorragia,

²⁶e que tinha sofrido bastante às mãos de muitos médicos, e despendido tudo quanto possuía sem nada aproveitar, antes indo a pior,

²⁷tendo ouvido falar a respeito de Jesus, veio por detrás, entre a multidão, e tocou-lhe o manto;

²⁸porque dizia: Se tão-somente tocar-lhe as vestes, ficaria curada.

²⁹E imediatamente cessou a sua hemorragia; e sentiu no corpo estar já curada do seu mal.

³⁰E logo Jesus, percebendo em si mesmo que saíra dele poder, virou-se no meio da multidão e perguntou: Quem me tocou as vestes?

³¹Responderam-lhe os seus discípulos: Vês que a multidão te aperta, e perguntas: Quem me tocou?

³²Mas ele olhava em redor para ver a que isto fizera.

³³Então a mulher, atemorizada e trêmula, cônscia do que nela se havia operado, veio e prostrou-se diante dele, e declarou-lhe toda a verdade.

³⁴Disse-lhe ele: Filha, a tua fé te salvou; vai-te em paz, e fica livre desse teu mal.

³⁵Enquanto ele ainda falava, chegaram pessoas da casa do chefe da sinagoga, a quem disseram: A tua filha já morreu; por que ainda incomodas o Mestre?

³⁶O que percebendo Jesus, disse ao chefe da sinagoga: Não temas, crê somente.

³⁷E não permitiu que ninguém o acompanhasse, senão Pedro, Tiago, e João, irmão de Tiago.

³⁸Quando chegaram a casa do chefe da sinagoga, viu Jesus um alvoroço, e os que choravam e faziam grande pranto.

³⁹E, entrando, disse-lhes: Por que fazeis alvoroço e chorais? a menina não morreu, mas dorme.

⁴⁰E riam-se dele; porém ele, tendo feito sair a todos, tomou consigo o pai e a mãe da menina, e os que com ele vieram, e entrou onde a menina estava.

⁴¹E, tomando a mão da menina, disse-lhe: Talita cumi, que, traduzido, é: Menina, a ti te digo, levanta-te.

⁴²Imediatamente a menina se levantou, e pôs-se a andar, pois tinha doze anos. E logo foram tomados de grande espanto.

⁴³Então ordenou-lhes expressamente que ninguém o soubesse; e mandou que lhe dessem de comer.

## Capítulo 6

¹Saiu Jesus dali, e foi para a sua terra, e os seus discípulos o seguiam.

²Ora, chegando o sábado, começou a ensinar na sinagoga; e muitos, ao ouví-lo, se maravilhavam, dizendo: Donde lhe vêm estas coisas? e que sabedoria é esta que lhe é dada? e como se fazem tais milagres por suas mãos?

³Não é este o carpinteiro, filho de Maria, irmão de Tiago, de José, de Judas e de Simão? e não estão aqui entre nós suas irmãs? E escandalizavam-se dele.

⁴Então Jesus lhes dizia: Um profeta não fica sem honra senão na sua terra, entre os seus parentes, e na sua própria casa.

⁵E não podia fazer ali nenhum milagre, a não ser curar alguns poucos enfermos, impondo-lhes as mãos.

⁶E admirou-se da incredulidade deles. Em seguida percorria as aldeias circunvizinhas, ensinando.

⁷E chamou a si os doze, e começou a enviá-los a dois e dois, e dava-lhes poder sobre os espíritos imundos;

⁸ordenou-lhes que nada levassem para o caminho, senão apenas um bordão; nem pão, nem alforje, nem dinheiro no cinto;

⁹mas que fossem calçados de sandálias, e que não vestissem duas túnicas.

¹⁰Dizia-lhes mais: Onde quer que entrardes numa casa, ficai nela até sairdes daquele lugar.

¹¹E se qualquer lugar não vos receber, nem os homens vos ouvirem, saindo dali, sacudi o pó que estiver debaixo dos vossos pés, em testemunho contra eles.

¹²Então saíram e pregaram que todos se arrependessem;

¹³e expulsavam muitos demônios, e ungiam muitos enfermos com óleo, e os curavam.

¹⁴E soube disso o rei Herodes (porque o nome de Jesus se tornara célebre), e disse: João, o Batista, ressuscitou dos mortos; e por isso estes poderes milagrosos operam nele.

¹⁵Mas outros diziam: É Elias. E ainda outros diziam: É profeta como um dos profetas.

¹⁶Herodes, porém, ouvindo isso, dizia: É João, aquele a quem eu mandei degolar: ele ressuscitou.

¹⁷Porquanto o próprio Herodes mandara prender a João, e encerrá-lo maniatado no cárcere, por causa de Herodias, mulher de seu irmão Filipe; porque ele se havia casado com ela.

¹⁸Pois João dizia a Herodes: Não te é lícito ter a mulher de teu irmão.

¹⁹Por isso Herodias lhe guardava rancor e queria matá-lo, mas não podia;

²⁰porque Herodes temia a João, sabendo que era varão justo e santo, e o guardava em segurança; e, ao ouví-lo, ficava muito perplexo, contudo de boa mente o escutava.

²¹Chegado, porém, um dia oportuno quando Herodes no seu aniversário natalício ofereceu um banquete aos grandes da sua corte, aos principais da Galiléia,

²²entrou a filha da mesma Herodias e, dançando, agradou a Herodes e aos convivas. Então o rei disse à jovem: Pede-me o que

quiseres, e eu to darei.

²³E jurou-lhe, dizendo: Tudo o que me pedires te darei, ainda que seja metade do meu reino.

²⁴Tendo ela saído, perguntou a sua mãe: Que pedirei? Ela respondeu: A cabeça de João, o Batista.

²⁵E tornando logo com pressa à presença do rei, pediu, dizendo: Quero que imediatamente me dês num prato a cabeça de João, o Batista.

²⁶Ora, entristeceu-se muito o rei; todavia, por causa dos seus juramentos e por causa dos que estavam à mesa, não lha quis negar.

²⁷O rei, pois, enviou logo um soldado da sua guarda com ordem de trazer a cabeça de João. Então ele foi e o degolou no cárcere,

²⁸e trouxe a cabeça num prato e a deu à jovem, e a jovem a deu à sua mãe.

²⁹Quando os seus discípulos ouviram isso, vieram, tomaram o seu corpo e o puseram num sepulcro.

³⁰Reuniram-se os apóstolos com Jesus e contaram-lhe tudo o que tinham feito e ensinado.

³¹Ao que ele lhes disse: Vinde vós, à parte, para um lugar deserto, e descansai um pouco. Porque eram muitos os que vinham e iam, e não tinham tempo nem para comer.

³²Retiraram-se, pois, no barco para um lugar deserto, à parte.

³³Muitos, porém, os viram partir, e os reconheceram; e para lá correram a pé de todas as cidades, e ali chegaram primeiro do que eles.

³⁴E Jesus, ao desembarcar, viu uma grande multidão e compadeceu-se deles, porque eram como ovelhas que não têm pastor; e começou a ensinar-lhes muitas coisas.

³⁵Estando a hora já muito adiantada, aproximaram-se dele seus discípulos e disseram: O lugar é deserto, e a hora já está muito adiantada;

³⁶despede-os, para que vão aos sítios e às aldeias, em redor, e comprem para si o que comer.

³⁷Ele, porém, lhes respondeu: Dai-lhes vós de comer. Então eles lhe perguntaram: Havemos de ir comprar duzentos denários de pão e dar-lhes de comer?

³⁸Ao que ele lhes disse: Quantos pães tendes? Ide ver. E, tendo-se informado, responderam: Cinco pães e dois peixes.

³⁹Então lhes ordenou que a todos fizessem reclinar-se, em grupos, sobre a relva verde.

⁴⁰E reclinaram-se em grupos de cem e de cinquenta.

⁴¹E tomando os cinco pães e os dois peixes, e erguendo os olhos ao céu, os abençoou; partiu os pães e os entregava a seus discípulos para lhos servirem; também repartiu os dois peixes por todos.

⁴²E todos comeram e se fartaram.

⁴³Em seguida, recolheram doze cestos cheios dos pedaços de pão e de peixe.

⁴⁴Ora, os que comeram os pães eram cinco mil homens.

⁴⁵Logo em seguida obrigou os seus discípulos a entrar no barco e passar adiante, para o outro lado, a Betsaida, enquanto ele despedia a multidão.

⁴⁶E, tendo-a despedido, foi ao monte para orar.

⁴⁷Chegada a tardinha, estava o barco no meio do mar, e ele sozinho em terra.

⁴⁸E, vendo-os fatigados a remar, porque o vento lhes era contrário, pela quarta vigília da noite, foi ter com eles, andando sobre o mar; e queria passar-lhes adiante;

⁴⁹eles, porém, ao vê-lo andando sobre o mar, pensaram que era um fantasma e gritaram;

⁵⁰porque todos o viram e se assustaram; mas ele imediatamente falou com eles e disse-lhes: Tende ânimo; sou eu; não temais.

⁵¹E subiu para junto deles no barco, e o vento cessou; e ficaram, no seu íntimo, grandemente pasmados;

⁵²pois não tinham compreendido o milagre dos pães, antes o seu coração estava endurecido.

⁵³E, terminada a travessia, chegaram à terra em Genezaré, e ali atracaram.

⁵⁴Logo que desembarcaram, o povo reconheceu a Jesus;

⁵⁵e correndo eles por toda aquela região, começaram a levar nos leitos os que se achavam enfermos, para onde ouviam dizer que ele estava.

⁵⁶Onde quer, pois, que entrava, fosse nas aldeias, nas cidades ou nos campos, apresentavam os enfermos nas praças, e rogavam-lhe que os deixasse tocar ao menos a orla do seu manto; e todos os que a tocavam ficavam curados.

## Capítulo 7

¹Foram ter com Jesus os fariseus, e alguns dos escribas vindos de Jerusalém,

²e repararam que alguns dos seus discípulos comiam pão com as mãos impuras, isto é, por lavar.

³Pois os fariseus, e todos os judeus, guardando a tradição dos anciãos, não comem sem lavar as mãos cuidadosamente;

⁴e quando voltam do mercado, se não se purificarem, não comem. E muitas outras coisas há que receberam para observar, como a lavagem de copos, de jarros e de vasos de bronze.

⁵Perguntaram-lhe, pois, os fariseus e os escribas: Por que não andam os teus discípulos conforme a tradição dos anciãos, mas comem o pão com as mãos por lavar?

⁶Respondeu-lhes: Bem profetizou Isaías acerca de vós, hipócritas, como está escrito: Este povo honra-me com os lábios; o seu coração, porém, está longe de mim;

⁷mas em vão me adoram, ensinando doutrinas que são preceitos de homens.

⁸Vós deixais o mandamento de Deus, e vos apegais à tradição dos homens.

⁹Disse-lhes ainda: Bem sabeis rejeitar o mandamento de deus, para guardardes a vossa tradição.

¹⁰Pois Moisés disse: Honra a teu pai e a tua mãe; e: Quem maldisser ao pai ou à mãe, certamente morrerá.

¹¹Mas vós dizeis: Se um homem disser a seu pai ou a sua mãe: Aquilo que poderias aproveitar de mim é Corbã, isto é, oferta ao Senhor,

¹²não mais lhe permitis fazer coisa alguma por seu pai ou por sua mãe,

¹³invalidando assim a palavra de Deus pela vossa tradição que vós transmitistes; também muitas outras coisas semelhantes fazeis.

¹⁴E chamando a si outra vez a multidão, disse-lhes: Ouvi-me vós todos, e entendei.

¹⁵Nada há fora do homem que, entrando nele, possa contaminá-lo; mas o que sai do homem, isso é que o contamina.

¹⁶[Se alguém tem ouvidos para ouvir, ouça.]

¹⁷Depois, quando deixou a multidão e entrou em casa, os seus discípulos o interrogaram acerca da parábola.

¹⁸Respondeu-lhes ele: Assim também vós estais sem entender? Não compreendeis que tudo o que de fora entra no homem não o pode contaminar,

¹⁹porque não lhe entra no coração, mas no ventre, e é lançado fora? Assim declarou puros todos os alimentos.

²⁰E prosseguiu: O que sai do homem , isso é que o contamina.

²¹Pois é do interior, do coração dos homens, que procedem os maus pensamentos, as prostituições, os furtos, os homicídios, os adultérios,

²²a cobiça, as maldades, o dolo, a libertinagem, a inveja, a blasfêmia, a soberba, a insensatez;

²³todas estas más coisas procedem de dentro e contaminam o homem.

²⁴Levantando-se dali, foi para as regiões de Tiro e Sidom. E entrando numa casa, não queria que ninguém o soubesse, mas não pode ocultar-se;

²⁵porque logo, certa mulher, cuja filha estava possessa de um espírito imundo, ouvindo falar dele, veio e prostrou-se-lhe aos pés;

²⁶(ora, a mulher era grega, de origem siro-fenícia) e rogava-lhe que expulsasse de sua filha o demônio.

²⁷Respondeu-lhes Jesus: Deixa que primeiro se fartem os filhos; porque não é bom tomar o pão dos filhos e lança-lo aos cachorrinhos.

²⁸Ela, porém, replicou, e disse-lhe: Sim, Senhor; mas também os cachorrinhos debaixo da mesa comem das migalhas dos filhos.

²⁹Então ele lhe disse: Por essa palavra, vai; o demônio já saiu de tua filha.

³⁰E, voltando ela para casa, achou a menina deitada sobre a cama, e que o demônio já havia saído.

³¹Tendo Jesus partido das regiões de Tiro, foi por Sidom até o mar da Galiléia, passando pelas regiões de Decápolis.

³²E trouxeram-lhe um surdo, que falava dificilmente; e rogaram-lhe que pusesse a mão sobre ele.

³³Jesus, pois, tirou-o de entre a multidão, à parte, meteu-lhe os dedos nos ouvidos e, cuspindo, tocou-lhe na língua;

³⁴e erguendo os olhos ao céu, suspirou e disse-lhe: Efatá; isto é Abre-te.

³⁵E abriram-se-lhe os ouvidos, a prisão da língua se desfez, e falava perfeitamente.

³⁶Então lhes ordenou Jesus que a ninguém o dissessem; mas,

*Marcos*

quando mais lho proibia, tanto mais o divulgavam.

³⁷E se maravilhavam sobremaneira, dizendo: Tudo tem feito bem; faz até os surdos ouvir e os mudos falar.

## Capítulo 8

¹Naqueles dias, havendo de novo uma grande multidão, e não tendo o que comer, chamou Jesus os discípulos e disse-lhes:

²Tenho compaixão da multidão, porque já faz três dias que eles estão comigo, e não têm o que comer.

³Se eu os mandar em jejum para suas casas, desfalecerão no caminho; e alguns deles vieram de longe.

⁴E seus discípulos lhe responderam: Donde poderá alguém satisfazê-los de pão aqui no deserto?

⁵Perguntou-lhes Jesus: Quantos pães tendes? Responderam: Sete.

⁶Logo mandou ao povo que se sentasse no chão; e tomando os sete pães e havendo dado graças, partiu-os e os entregava a seus discípulos para que os distribuíssem; e eles os distribuíram pela multidão.

⁷Tinham também alguns peixinhos, os quais ele abençoou, e mandou que estes também fossem distribuídos.

⁸Comeram, pois, e se fartaram; e dos pedaços que sobejavam levantaram sete alcofas.

⁹Ora, eram cerca de quatro mil homens. E Jesus os despediu.

¹⁰E, entrando logo no barco com seus discípulos, foi para as regiões de Dalmanuta.

¹¹Saíram os fariseus e começaram a discutir com ele, pedindo-lhe um sinal do céu, para o experimentarem.

¹²Ele, suspirando profundamente em seu espírito, disse: Por que pede esta geração um sinal? Em verdade vos digo que a esta geração não será dado sinal algum.

¹³E, deixando-os, tornou a embarcar e foi para o outro lado.

¹⁴Ora, eles se esqueceram de levar pão, e no barco não tinham consigo senão um pão.

¹⁵E Jesus ordenou-lhes, dizendo: Olhai, guardai-vos do fermento dos fariseus e do fermento de Herodes.

¹⁶Pelo que eles arrazoavam entre si porque não tinham pão.

¹⁷E Jesus, percebendo isso, disse-lhes: Por que arrazoais por não terdes pão? não compreendeis ainda, nem entendeis? tendes o vosso coração endurecido?

¹⁸Tendo olhos, não vedes? e tendo ouvidos, não ouvis? e não vos lembrais?

¹⁹Quando parti os cinco pães para os cinco mil, quantos cestos cheios de pedaços levantastes? Responderam-lhe: Doze.

²⁰E quando parti os sete para os quatro mil, quantas alcofas cheias de pedaços levantastes? Responderam-lhe: Sete.

²¹E ele lhes disse: Não entendeis ainda?

²²Então chegaram a Betsaída. E trouxeram-lhe um cego, e rogaram-lhe que o tocasse.

²³Jesus, pois, tomou o cego pela mão, e o levou para fora da aldeia; e cuspindo-lhe nos olhos, e impondo-lhe as mãos, perguntou-lhe: Vês alguma coisa?

²⁴E, levantando ele os olhos, disse: Estou vendo os homens; porque como árvores os vejo andando.

²⁵Então tornou a pôr-lhe as mãos sobre os olhos; e ele, olhando atentamente, ficou restabelecido, pois já via nitidamente todas as coisas.

²⁶Depois o mandou para casa, dizendo: Mas não entres na aldeia.

²⁷E saiu Jesus com os seus discípulos para as aldeias de Cesaréia de Filipe, e no caminho interrogou os discípulos, dizendo: Quem dizem os homens que eu sou?

²⁸Responderam-lhe eles: Uns dizem: João, o Batista; outros: Elias; e ainda outros: Algum dos profetas.

²⁹Então lhes perguntou: Mas vós, quem dizeis que eu sou? Respondendo, Pedro lhe disse: Tu és o Cristo.

³⁰E ordenou-lhes Jesus que a ninguém dissessem aquilo a respeito dele.

³¹Começou então a ensinar-lhes que era necessário que o Filho do homem padecesse muitas coisas, que fosse rejeitado pelos anciãos e principais sacerdotes e pelos escribas, que fosse morto, e que depois de três dias ressurgisse.

³²E isso dizia abertamente. Ao que Pedro, tomando-o à parte, começou a repreendê-lo.

³³Mas ele, virando-se olhando para seus discípulos, repreendeu a Pedro, dizendo: Para trás de mim, Satanás; porque não cuidas das coisas que são de Deus, mas sim das que são dos homens.

³⁴E chamando a si a multidão com os discípulos, disse-lhes: Se alguém quer vir após mim, negue-se a si mesmo, tome a sua cruz, e siga-me.

³⁵Pois quem quiser salvar a sua vida, perdê-la-á; mas quem perder a sua vida por amor de mim e do evangelho, salvá-la-á.

³⁶Pois que aproveita ao homem ganhar o mundo inteiro e perder a sua vida?

³⁷Ou que diria o homem em troca da sua vida?

³⁸Porquanto, qualquer que, entre esta geração adúltera e pecadora, se envergonhar de mim e das minhas palavras, também dele se envergonhará o Filho do homem quando vier na glória de seu Pai com os santos anjos.

## Capítulo 9

¹Disse-lhes mais: Em verdade vos digo que, dos que aqui estão, alguns há que de modo nenhum provarão a morte até que vejam o reino de Deus já chegando com poder.

²Seis dias depois tomou Jesus consigo a Pedro, a Tiago, e a João, e os levou à parte sós, a um alto monte; e foi transfigurado diante deles;

³as suas vestes tornaram-se resplandecentes, extremamente brancas, tais como nenhum lavandeiro sobre a terra as poderia branquear.

⁴E apareceu-lhes Elias com Moisés, e falavam com Jesus.

⁵Pedro, tomando a palavra, disse a Jesus: Mestre, bom é estarmos aqui; faça-mos, pois, três cabanas, uma para ti, outra para Moisés, e outra para Elias.

⁶Pois não sabia o que havia de dizer, porque ficaram atemorizados.

⁷Nisto veio uma nuvem que os cobriu, e dela saiu uma voz que dizia: Este é o meu Filho amado; a ele ouvi.

⁸De repente, tendo olhado em redor, não viram mais a ninguém consigo, senão só a Jesus.

⁹Enquanto desciam do monte, ordenou-lhes que a ninguém contassem o que tinham visto, até que o Filho do homem ressurgisse dentre os mortos.

¹⁰E eles guardaram o caso em segredo, indagando entre si o que seria o ressurgir dentre os mortos.

¹¹Então lhe perguntaram: Por que dizem os escribas que é necessário que Elias venha primeiro?

¹²Respondeu-lhes Jesus: Na verdade Elias havia de vir primeiro, a restaurar todas as coisas; e como é que está escrito acerca do Filho do homem que ele deva padecer muito a ser aviltado?

¹³Digo-vos, porém, que Elias já veio, e fizeram-lhe tudo quanto quiseram, como ele está escrito.

¹⁴Quando chegaram aonde estavam os discípulos, viram ao redor deles uma grande multidão, e alguns escribas a discutirem com eles.

¹⁵E logo toda a multidão, vendo a Jesus, ficou grandemente surpreendida; e correndo todos para ele, o saudavam.

¹⁶Perguntou ele aos escribas: Que é que discutis com eles?

¹⁷Respondeu-lhe um dentre a multidão: Mestre, eu te trouxe meu filho, que tem um espírito mudo;

¹⁸e este, onde quer que o apanha, convulsiona-o, de modo que ele espuma, range os dentes, e vai definhando; e eu pedi aos teus discípulos que o expulsassem, e não puderam.

¹⁹Ao que Jesus lhes respondeu: Ó geração incrédula! até quando estarei convosco? até quando vos hei de suportar? Trazei-mo.

²⁰Então lho trouxeram; e quando ele viu a Jesus, o espírito imediatamente o convulsionou; e o endemoninhado, caindo por terra, revolvia-se espumando.

²¹E perguntou Jesus ao pai dele: Há quanto tempo sucede-lhe isto? Respondeu ele: Desde a infância;

²²e muitas vezes o tem lançado no fogo, e na água, para o destruir; mas se podes fazer alguma coisa, tem compaixão de nós e ajuda-nos.

²³Ao que lhe disse Jesus: Se podes! - tudo é possível ao que crê.

²⁴Imediatamente o pai do menino, clamando, [com lágrimas] disse: Creio! Ajuda a minha incredulidade.

²⁵E Jesus, vendo que a multidão, correndo, se aglomerava, repreendeu o espírito imundo, dizendo: Espírito mudo e surdo, eu te ordeno: Sai dele, e nunca mais entres nele.

²⁶E ele, gritando, e agitando-o muito, saiu; e ficou o menino como morto, de modo que a maior parte dizia: Morreu.

²⁷Mas Jesus, tomando-o pela mão, o ergueu; e ele ficou em pé.

²⁸E quando entrou em casa, seus discípulos lhe perguntaram à parte: Por que não pudemos nós expulsá-lo?

²⁹Respondeu-lhes: Esta casta não sai de modo algum, salvo à força de oração [e jejum.]

³⁰Depois, tendo partido dali, passavam pela Galiléia, e ele não queria que ninguém o soubesse;

³¹porque ensinava a seus discípulos, e lhes dizia: O Filho do homem será entregue nas mãos dos homens, que o matarão; e morto ele, depois de três dias ressurgirá.

³²Mas eles não entendiam esta palavra, e temiam interrogá-lo.

³³Chegaram a Cafarnaum. E estando ele em casa, perguntou-lhes: Que estáveis discutindo pelo caminho?

³⁴Mas eles se calaram, porque pelo caminho haviam discutido entre si qual deles era o maior.

³⁵E ele, sentando-se, chamou os doze e lhes disse: se alguém quiser ser o primeiro, será o derradeiro de todos e o servo de todos.

³⁶Então tomou uma criança, pô-la no meio deles e, abraçando-a, disse-lhes:

³⁷Qualquer que em meu nome receber uma destas crianças, a mim me recebe; e qualquer que me recebe a mim, recebe não a mim mas àquele que me enviou.

³⁸Disse-lhe João: Mestre, vimos um homem que em teu nome expulsava demônios, e nós lho proibimos, porque não nos seguia.

³⁹Jesus, porém, respondeu: Não lho proibais; porque ninguém há que faça milagre em meu nome e possa logo depois falar mal de mim;

⁴⁰pois quem não é contra nós, é por nós.

⁴¹Porquanto qualquer que vos der a beber um copo de água em meu nome, porque sois de Cristo, em verdade vos digo que de modo algum perderá a sua recompensa.

⁴²Mas qualquer que fizer tropeçar um destes pequeninos que crêem em mim, melhor lhe fora que se lhe pendurasse ao pescoço uma pedra de moinho, e que fosse lançado no mar.

⁴³E se a tua mão te fizer tropeçar, corta-a; melhor é entrares na vida aleijado, do que, tendo duas mãos, ires para o inferno, para o fogo que nunca se apaga.

⁴⁴[onde o seu verme não morre, e o fogo não se apaga.]

⁴⁵Ou, se o teu pé te fizer tropeçar, corta-o; melhor é entrares coxo na vida, do que, tendo dois pés, seres lançado no inferno.

⁴⁶[onde o seu verme não morre, e o fogo não se apaga.]

⁴⁷Ou, se o teu olho te fizer tropeçar, lança-o fora; melhor é entrares no reino de Deus com um só olho, do que, tendo dois olhos, seres lançado no inferno.

⁴⁸onde o seu verme não morre, e o fogo não se apaga.

⁴⁹Porque cada um será salgado com fogo.

⁵⁰Bom é o sal; mas, se o sal se tornar insípido, com que o haveis de temperar? Tende sal em vós mesmos, e guardai a paz uns com os outros.

## Capítulo 10

¹Levantando-se Jesus, partiu dali para os termos da Judéia, e para além do Jordão; e do novo as multidões se reuniram em torno dele; e tornou a ensiná-las, como tinha por costume.

²Então se aproximaram dele alguns fariseus e, para o experimentarem, lhe perguntaram: É lícito ao homem repudiar sua mulher?

³Ele, porém, respondeu-lhes: Que vos ordenou Moisés?

⁴Replicaram eles: Moisés permitiu escrever carta de divórcio, e repudiar a mulher.

⁵Disse-lhes Jesus: Pela dureza dos vossos corações ele vos deixou escrito esse mandamento.

⁶Mas desde o princípio da criação, Deus os fez homem e mulher.

⁷Por isso deixará o homem a seu pai e a sua mãe, [e unir-se-á à sua mulher,]

⁸e serão os dois uma só carne; assim já não são mais dois, mas uma só carne.

⁹Porquanto o que Deus ajuntou, não o separe o homem.

¹⁰Em casa os discípulos interrogaram-no de novo sobre isso.

¹¹Ao que lhes respondeu: Qualquer que repudiar sua mulher e casar com outra comete adultério contra ela;

¹²e se ela repudiar seu marido e casar com outro, comete adultério.

¹³Então lhe traziam algumas crianças para que as tocasse; mas os discípulos o repreenderam.

¹⁴Jesus, porém, vendo isto, indignou-se e disse-lhes: Deixai vir a mim as crianças, e não as impeçais, porque de tais é o reino de Deus.

¹⁵Em verdade vos digo que qualquer que não receber o reino de Deus como criança, de maneira nenhuma entrará nele.

¹⁶E, tomando-as nos seus braços, as abençoou, pondo as mãos sobre elas.

¹⁷Ora, ao sair para se pôr a caminho, correu para ele um homem, o qual se ajoelhou diante dele e lhe perguntou: Bom Mestre, que hei de fazer para herdar a vida eterna?

¹⁸Respondeu-lhe Jesus: Por que me chamas bom? ninguém é bom, senão um que é Deus.

¹⁹Sabes os mandamentos: Não matarás; não adulterarás; não furtarás; não dirás falso testemunho; a ninguém defraudarás; honra a teu pai e a tua mãe.

²⁰Ele, porém, lhe replicou: Mestre, tudo isso tenho guardado desde a minha juventude.

²¹E Jesus, olhando para ele, o amou e lhe disse: Uma coisa te falta; vai vende tudo quanto tens e dá-o aos pobres, e terás um tesouro no céu; e vem, segue-me.

²²Mas ele, pesaroso desta palavra, retirou-se triste, porque possuía muitos bens.

²³Então Jesus, olhando em redor, disse aos seus discípulos: Quão dificilmente entrarão no reino de Deus os que têm riquezas!

²⁴E os discípulos se maravilharam destas suas palavras; mas Jesus, tornando a falar, disse-lhes: Filhos, quão difícil é [para os que confiam nas riquezas] entrar no reino de Deus!

²⁵É mais fácil um camelo passar pelo fundo de uma agulha, do que entrar um rico no reino de Deus.

²⁶Com isso eles ficaram sobremaneira maravilhados, dizendo entre si: Quem pode, então, ser salvo?

²⁷Jesus, fixando os olhos neles, respondeu: Para os homens é impossível, mas não para Deus; porque para Deus tudo é possível.

²⁸Pedro começou a dizer-lhe: Eis que nós deixamos tudo e te seguimos.

²⁹Respondeu Jesus: Em verdade vos digo que ninguém há, que tenha deixado casa, ou irmãos, ou irmãs, ou mãe, ou pai, ou filhos, ou campos, por amor de mim e do evangelho,

³⁰que não receba cem vezes tanto, já neste tempo, em casas, e irmãos, e irmãs, e mães, e filhos, e campos, com perseguições; e no mundo vindouro a vida eterna.

³¹Mas muitos que são primeiros serão últimos; e muitos que são últimos serão primeiros.

³²Ora, estavam a caminho, subindo para Jerusalém; e Jesus ia adiante deles, e eles se maravilhavam e o seguiam atemorizados. De novo tomou consigo os doze e começou a contar-lhes as coisas que lhe haviam de sobrevir,

³³dizendo: Eis que subimos a Jerusalém, e o Filho do homem será entregue aos principais sacerdotes e aos escribas; e eles o condenarão à morte, e o entregarão aos gentios;

³⁴e hão de escarnecê-lo e cuspir nele, e açoitá-lo, e matá-lo; e depois de três dias ressurgirá.

³⁵Nisso aproximaram-se dele Tiago e João, filhos de Zebedeu, dizendo-lhe: Mestre, queremos que nos faças o que te pedirmos.

³⁶Ele, pois, lhes perguntou: Que quereis que eu vos faça?

³⁷Responderam-lhe: Concede-nos que na tua glória nos sentemos, um à tua direita, e outro à tua esquerda.

³⁸Mas Jesus lhes disse: Não sabeis o que pedis; podeis beber o cálice que eu bebo, e ser batizados no batismo em que eu sou batizado?

³⁹E lhe responderam: Podemos. Mas Jesus lhes disse: O cálice que eu bebo, haveis de bebê-lo, e no batismo em que eu sou batizado, haveis de ser batizados;

⁴⁰mas o sentar-se à minha direita, ou à minha esquerda, não me pertence concedê-lo; mas isso é para aqueles a quem está reservado.

⁴¹E ouvindo isso os dez, começaram a indignar-se contra Tiago e João.

⁴²Então Jesus chamou-os para junto de si e lhes disse: Sabeis que os que são reconhecidos como governadores dos gentios, deles se assenhoreiam, e que sobre eles os seus grandes exercem autoridade.

⁴³Mas entre vós não será assim; antes, qualquer que entre vós quiser tornar-se grande, será esse o que vos sirva;

⁴⁴e qualquer que entre vós quiser ser o primeiro, será servo de todos.

⁴⁵Pois também o Filho do homem não veio para ser servido, mas para servir, e para dar a sua vida em resgate de muitos.

⁴⁶Depois chegaram a Jericó. E, ao sair ele de Jericó com seus discípulos e uma grande multidão, estava sentado junto do caminho um mendigo cego, Bartimeu filho de Timeu.

⁴⁷Este, quando ouviu que era Jesus, o nazareno, começou a clamar, dizendo: Jesus, Filho de Davi, tem compaixão de mim!

⁴⁸E muitos o repreendiam, para que se calasse; mas ele clamava ainda mais: Filho de Davi, tem compaixão de mim.

⁴⁹Parou, pois, Jesus e disse: Chamai-o. E chamaram o cego, dizendo-lhe: Tem bom ânimo; levanta-te, ele te chama.

⁵⁰Nisto, lançando de si a sua capa, de um salto se levantou e foi ter com Jesus.

⁵¹Perguntou-lhe o cego: Que queres que te faça? Respondeu-lhe o cego: Mestre, que eu veja.

⁵²Disse-lhe Jesus: Vai, a tua fé te salvou. E imediatamente recuperou a vista, e foi seguindo pelo caminho.

Marcos

## Capítulo 11

¹Ora, quando se aproximavam de Jerusalém, de Betfagé e de Betânia, junto do Monte das Oliveiras, enviou Jesus dois dos seus discípulos

²e disse-lhes: Ide à aldeia que está defronte de vós; e logo que nela entrardes, encontrareis preso um jumentinho, em que ainda ninguém montou; desprendei-o e trazei-o.

³E se alguém vos perguntar: Por que fazeis isso? respondei: O Senhor precisa dele, e logo tornará a enviá-lo para aqui.

⁴Foram, pois, e acharam o jumentinho preso ao portão do lado de fora na rua, e o desprenderam.

⁵E alguns dos que ali estavam lhes perguntaram: Que fazeis, desprendendo o jumentinho?

⁶Responderam como Jesus lhes tinha mandado; e lho deixaram levar.

⁷Então trouxeram a Jesus o jumentinho e lançaram sobre ele os seus mantos; e Jesus montou nele.

⁸Muitos também estenderam pelo caminho os seus mantos, e outros, ramagens que tinham cortado nos campos.

⁹E tanto os que o precediam como os que o seguiam, clamavam: Hosana! bendito o que vem em nome do Senhor!

¹⁰Bendito o reino que vem, o reino de nosso pai Davi! Hosana nas alturas!

¹¹Tendo Jesus entrado em Jerusalém, foi ao templo; e tendo observado tudo em redor, como já fosse tarde, saiu para Betânia com os doze.

¹²No dia seguinte, depois de saírem de Betânia teve fome,

¹³e avistando de longe uma figueira que tinha folhas, foi ver se, porventura, acharia nela alguma coisa; e chegando a ela, nada achou senão folhas, porque não era tempo de figos.

¹⁴E Jesus, falando, disse à figueira: Nunca mais coma alguém fruto de ti. E seus discípulos ouviram isso.

¹⁵Chegaram, pois, a Jerusalém. E entrando ele no templo, começou a expulsar os que ali vendiam e compravam; e derribou as mesas dos cambistas, e as cadeiras dos que vendiam pombas;

¹⁶e não consentia que ninguém atravessasse o templo levando qualquer utensílio;

¹⁷e ensinava, dizendo-lhes: Não está escrito: A minha casa será chamada casa de oração para todas as nações? Vós, porém, a tendes feito covil de salteadores.

¹⁸Ora, os principais sacerdotes e os escribas ouviram isto, e procuravam um modo de o matar; pois o temiam, porque toda a multidão se maravilhava da sua doutrina.

¹⁹Ao cair da tarde, saíam da cidade.

²⁰Quando passavam na manhã seguinte, viram que a figueira tinha secado desde as raízes.

²¹Então Pedro, lembrando-se, disse-lhe: Olha, Mestre, secou-se a figueira que amaldiçoaste.

²²Respondeu-lhes Jesus: Tende fé em Deus.

²³Em verdade vos digo que qualquer que disser a este monte: Ergue-te e lança-te no mar; e não duvidar em seu coração, mas crer que se fará aquilo que diz, assim lhe será feito.

²⁴Por isso vos digo que tudo o que pedirdes em oração, crede que o recebereis, e tê-lo-eis.

²⁵Quando estiverdes orando, perdoai, se tendes alguma coisa contra alguém, para que também vosso Pai que está no céu, vos perdoe as vossas ofensas.

²⁶[Mas, se vós não perdoardes, também vosso Pai, que está no céu, não vos perdoará as vossas ofensas.]

²⁷Vieram de novo a Jerusalém. E andando Jesus pelo templo, aproximaram-se dele os principais sacerdotes, os escribas e os anciãos,

²⁸que lhe perguntaram: Com que autoridade fazes tu estas coisas? ou quem te deu autoridade para fazê-las?

²⁹Respondeu-lhes Jesus: Eu vos perguntarei uma coisa; respondei-me, pois, e eu vos direi com que autoridade faço estas coisas.

³⁰O batismo de João era do céu, ou dos homens? respondei-me.

³¹Ao que eles arrazoavam entre si: Se dissermos: Do céu, ele dirá: Então por que não o crestes?

³²Mas diremos, porventura: Dos homens? - É que temiam o povo; porque todos verdadeiramente tinham a João como profeta.

³³Responderam, pois, a Jesus: Não sabemos. Replicou-lhes ele: Nem eu vos digo com que autoridade faço estas coisas.

## Capítulo 12

¹Então começou Jesus a falar-lhes por parábolas. Um homem plantou uma vinha, cercou-a com uma sebe, cavou um lagar, e edificou uma torre; depois arrendou-a a uns lavradores e ausentou-se do país.

²No tempo próprio, enviou um servo aos lavradores para que deles recebesse do fruto da vinha.

³Mas estes, apoderando-se dele, o espancaram e o mandaram embora de mãos vazias.

⁴E tornou a enviar-lhes outro servo; e a este feriram na cabeça e o ultrajaram.

⁵Então enviou ainda outro, e a este mataram; e a outros muitos, dos quais a uns espancaram e a outros mataram.

⁶Ora, tinha ele ainda um, o seu filho amado; a este lhes enviou por último, dizendo: A meu filho terão respeito.

⁷Mas aqueles lavradores disseram entre si: Este é o herdeiro; vinde, matemo-lo, e a herança será nossa.

⁸E, agarrando-o, o mataram, e o lançaram fora da vinha.

⁹Que fará, pois, o senhor da vinha? Virá e destruirá os lavradores, e dará a vinha a outros.

¹⁰Nunca lestes esta escritura: A pedra que os edificadores rejeitaram, essa foi posta como pedra angular;

¹¹pelo Senhor foi feito isso, e é maravilhoso aos nossos olhos?

¹²Procuravam então prendê-lo, mas temeram a multidão, pois perceberam que contra eles proferira essa parábola; e, deixando-o, se retiraram.

¹³Enviaram-lhe então alguns dos fariseus e dos herodianos, para que o apanhassem em alguma palavra.

¹⁴Aproximando-se, pois, disseram-lhe: Mestre, sabemos que és verdadeiro, e de ninguém se te dá; porque não olhas à aparência dos homens, mas ensinas segundo a verdade o caminho de Deus; é lícito dar tributo a César, ou não? Daremos, ou não daremos?

¹⁵Mas Jesus, percebendo a hipocrisia deles, respondeu-lhes: Por que me experimentais? trazei-me um denário para que eu o veja.

¹⁶E eles lho trouxeram. Perguntou-lhes Jesus: De quem é esta imagem e inscrição? Responderam-lhe: De César.

¹⁷Disse-lhes Jesus: Dai, pois, a César o que é de César, e a Deus o que é de Deus. E admiravam-se dele.

¹⁸Então se aproximaram dele alguns dos saduceus, que dizem não haver ressurreição, e lhe perguntaram, dizendo:

¹⁹Mestre, Moisés nos deixou escrito que se morrer alguém, deixando mulher sem deixar filhos, o irmão dele case com a mulher, e suscite descendência ao irmão.

²⁰Ora, havia sete irmãos; o primeiro casou-se e morreu sem deixar descendência;

²¹o segundo casou-se com a viúva, e morreu, não deixando descendência; e da mesma forma, o terceiro; e assim os sete, e não deixaram descendência.

²²Depois de todos, morreu também a mulher.

²³Na ressurreição, de qual deles será ela esposa, pois os sete por esposa a tiveram?

²⁴Respondeu-lhes Jesus: Porventura não errais vós em razão de não compreenderdes as Escrituras nem o poder de Deus?

²⁵Porquanto, ao ressuscitarem dos mortos, nem se casam, nem se dão em casamento; pelo contrário, são como os anjos nos céus.

²⁶Quanto aos mortos, porém, serem ressuscitados, não lestes no livro de Moisés, onde se fala da sarça, como Deus lhe disse: Eu sou o Deus de Abraão, o Deus de Isaque e o Deus de Jacó?

²⁷Ora, ele não é Deus de mortos, mas de vivos. Estais em grande erro.

²⁸Aproximou-se dele um dos escribas que os ouvira discutir e, percebendo que lhes havia respondido bem, perguntou-lhe: Qual é o primeiro de todos os mandamentos?

²⁹Respondeu Jesus: O primeiro é: Ouve, Israel, o Senhor nosso Deus é o único Senhor.

³⁰Amarás, pois, ao Senhor teu Deus de todo o teu coração, de toda a tua alma, de todo o teu entendimento e de todas as tuas forças.

³¹E o segundo é este: Amarás ao teu próximo como a ti mesmo. Não há outro mandamento maior do que esses.

³²Ao que lhe disse o escriba: Muito bem, Mestre; com verdade disseste que ele é um, e fora dele não há outro;

³³e que amá-lo de todo o coração, de todo o entendimento e de todas as forças, e amar o próximo como a si mesmo, é mais do que todos os holocaustos e sacrifícios.

³⁴E Jesus, vendo que havia respondido sabiamente, disse-lhe: Não estás longe do reino de Deus. E ninguém ousava mais interrogá-lo.

³⁵Por sua vez, Jesus, enquanto ensinava no templo, perguntou: Como é que os escribas dizem que o Cristo é filho de Davi?

³⁶O próprio Davi falou, movido pelo Espírito Santo: Disse o Senhor ao meu Senhor: Assenta-te à minha direita, até que eu ponha os teus inimigos debaixo dos teus pés.

³⁷Davi mesmo lhe chama Senhor; como é ele seu filho? E a grande multidão o ouvia com prazer.

³⁸E prosseguindo ele no seu ensino, disse: Guardai-vos dos escribas, que gostam de andar com vestes compridas, e das saudações nas praças,

³⁹e dos primeiros assentos nas sinagogas, e dos primeiros lugares nos banquetes,

⁴⁰que devoram as casas das viúvas, e por pretexto fazem longas orações; estes hão de receber muito maior condenação.

⁴¹E sentando-se Jesus defronte do cofre das ofertas, observava como a multidão lançava dinheiro no cofre; e muitos ricos deitavam muito.

⁴²Vindo, porém, uma pobre viúva, lançou dois leptos, que valiam um quadrante.

⁴³E chamando ele os seus discípulos, disse-lhes: Em verdade vos digo que esta pobre viúva deu mais do que todos os que deitavam ofertas no cofre;

⁴⁴porque todos deram daquilo que lhes sobrava; mas esta, da sua pobreza, deu tudo o que tinha, mesmo todo o seu sustento.

## Capítulo 13

¹Quando saía do templo, disse-lhe um dos seus discípulos: Mestre, olha que pedras e que edifícios!

²Ao que Jesus lhe disse: Vês estes grandes edifícios? Não se deixará aqui pedra sobre pedra que não seja derribada.

³Depois estando ele sentado no Monte das Oliveiras, defronte do templo, Pedro, Tiago, João e André perguntaram-lhe em particular:

⁴Dize-nos, quando sucederão essas coisas, e que sinal haverá quando todas elas estiverem para se cumprir?

⁵Então Jesus começou a dizer-lhes: Acautelai-vos; ninguém vos engane;

⁶muitos virão em meu nome, dizendo: Sou eu; e a muitos enganarão.

⁷Quando, porém, ouvirdes falar em guerras e rumores de guerras, não vos perturbeis; forçoso é que assim aconteça: mas ainda não é o fim.

⁸Pois se levantará nação contra nação, e reino contra reino; e haverá terremotos em diversos lugares, e haverá fomes. Isso será o princípio das dores.

⁹Mas olhai por vós mesmos; pois por minha causa vos hão de entregar aos sinédrios e às sinagogas, e sereis açoitados; também sereis levados perante governadores e reis, para lhes servir de testemunho.

¹⁰Mas importa que primeiro o evangelho seja pregado entre todas as nações.

¹¹Quando, pois, vos conduzirem para vos entregar, não vos preocupeis com o que haveis de dizer; mas, o que vos for dado naquela hora, isso falai; porque não sois vós que falais, mas sim o Espírito Santo.

¹²Um irmão entregará à morte a seu irmão, e um pai a seu filho; e filhos se levantarão contra os pais e os matarão.

¹³E sereis odiados de todos por causa do meu nome; mas aquele que perseverar até o fim, esse será salvo.

¹⁴Ora, quando vós virdes a abominação da desolação estar onde não deve estar (quem lê, entenda), então os que estiverem na Judéia fujam para os montes;

¹⁵quem estiver no eirado não desça, nem entre para tirar alguma coisa da sua casa;

¹⁶e quem estiver no campo não volte atrás para buscar a sua capa.

¹⁷Mas ai das que estiverem grávidas, e das que amamentarem naqueles dias!

¹⁸Orai, pois, para que isto não suceda no inverno;

¹⁹porque naqueles dias haverá uma tribulação tal, qual nunca houve desde o princípio da criação, que Deus criou, até agora, nem jamais haverá.

²⁰Se o Senhor não abreviasse aqueles dias, ninguém se salvaria mas ele, por causa dos eleitos que escolheu, abreviou aqueles dias.

²¹Então, se alguém vos disser: Eis aqui o Cristo! ou: Ei-lo ali! não acrediteis.

²²Porque hão de surgir falsos cristos e falsos profetas, e farão sinais e prodígios para enganar, se possível, até os escolhidos.

²³Ficai vós, pois, de sobreaviso; eis que de antemão vos tenho dito tudo.

²⁴Mas naqueles dias, depois daquela tribulação, o sol escurecerá, e a lua não dará a sua luz;

²⁵as estrelas cairão do céu, e os poderes que estão nos céus, serão abalados.

²⁶Então verão vir o Filho do homem nas nuvens, com grande poder e glória.

²⁷E logo enviará os seus anjos, e ajuntará os seus eleitos, desde os quatro ventos, desde a extremidade da terra até a extremidade do céu.

²⁸Da figueira, pois, aprendei a parábola: Quando já o seu ramo se torna tenro e brota folhas, sabeis que está próximo o verão.

²⁹Assim também vós, quando virdes sucederem essas coisas, sabei que ele está próximo, mesmo às portas.

³⁰Em verdade vos digo que não passará esta geração, até que todas essas coisas aconteçam.

³¹Passará o céu e a terra, mas as minhas palavras não passarão.

³²Quanto, porém, ao dia e à hora, ninguém sabe, nem os anjos no céu nem o Filho, senão o Pai.

³³Olhai! vigiai! porque não sabeis quando chegará o tempo.

³⁴É como se um homem, devendo viajar, ao deixar a sua casa, desse autoridade aos seus servos, a cada um o seu trabalho, e ordenasse também ao porteiro que vigiasse.

³⁵Vigiai, pois; porque não sabeis quando virá o senhor da casa; se à tarde, se à meia-noite, se ao cantar do galo, se pela manhã;

³⁶para que, vindo de improviso, não vos ache dormindo.

³⁷O que vos digo a vós, a todos o digo: Vigiai.

## Capítulo 14

¹Ora, dali a dois dias era a páscoa e a festa dos pães ázimos; e os principais sacerdotes e os escribas andavam buscando como prender Jesus a traição, para o matarem.

²Pois eles diziam: Não durante a festa, para que não haja tumulto entre o povo.

³Estando ele em Betânia, reclinado à mesa em casa de Simão, o leproso, veio uma mulher que trazia um vaso de alabastro cheio de bálsamo de nardo puro, de grande preço; e, quebrando o vaso, derramou-lhe sobre a cabeça o bálsamo.

⁴Mas alguns houve que em si mesmos se indignaram e disseram: Para que se fez este desperdício do bálsamo?

⁵Pois podia ser vendido por mais de trezentos denários que se dariam aos pobres. E bramavam contra ela.

⁶Jesus, porém, disse: Deixai-a; por que a molestais? Ela praticou uma boa ação para comigo.

⁷Porquanto os pobres sempre os tendes convosco e, quando quiserdes, podeis fazer-lhes bem; a mim, porém, nem sempre me tendes.

⁸ela fez o que pode; antecipou-se a ungir o meu corpo para a sepultura.

⁹Em verdade vos digo que, em todo o mundo, onde quer que for pregado o evangelho, também o que ela fez será contado para memória sua.

¹⁰Então Judas Iscariotes, um dos doze, foi ter com os principais sacerdotes para lhes entregar Jesus.

¹¹Ouvindo-o eles, alegraram-se, e prometeram dar-lhe dinheiro. E buscava como o entregaria em ocasião oportuna.

¹²Ora, no primeiro dia dos pães ázimos, quando imolavam a páscoa, disseram-lhe seus discípulos: Aonde queres que vamos fazer os preparativos para comeres a páscoa?

¹³Enviou, pois, dois dos seus discípulos, e disse-lhes: Ide à cidade, e vos sairá ao encontro um homem levando um cântaro de água; segui-o;

¹⁴e, onde ele entrar, dizei ao dono da casa: O Mestre manda perguntar: Onde está o meu aposento em que hei de comer a páscoa com os meus discípulos?

¹⁵E ele vos mostrará um grande cenáculo mobiliado e pronto; aí fazei-nos os preparativos.

¹⁶Partindo, pois, os discípulos, foram à cidade, onde acharam tudo como ele lhes dissera, e prepararam a páscoa.

¹⁷Ao anoitecer chegou ele com os doze.

¹⁸E, quando estavam reclinados à mesa e comiam, disse Jesus: Em verdade vos digo que um de vós, que comigo come, há de trair-me.

¹⁹Ao que eles começaram a entristecer-se e a perguntar-lhe um após outro: Porventura sou eu?

²⁰Respondeu-lhes: É um dos doze, que mete comigo a mão no prato.

²¹Pois o Filho do homem vai, conforme está escrito a seu respeito; mas ai daquele por quem o Filho do homem é traído! bom seria para esse homem se não houvera nascido.

²²Enquanto comiam, Jesus tomou pão e, abençoando-o, o partiu e deu-lho, dizendo: Tomai; isto é o meu corpo.

²³E tomando um cálice, rendeu graças e deu-lho; e todos beberam

Marcos

dele.

²⁴E disse-lhes: Isto é o meu sangue, o sangue do pacto, que por muitos é derramado.

²⁵Em verdade vos digo que não beberei mais do fruto da videira, até aquele dia em que o beber, novo, no reino de Deus.

²⁶E, tendo cantado um hino, saíram para o Monte das Oliveiras.

²⁷Disse-lhes então Jesus: Todos vós vos escandalizareis; porque escrito está: Ferirei o pastor, e as ovelhas se dispersarão.

²⁸Todavia, depois que eu ressurgir, irei adiante de vós para a Galiléia.

²⁹Ao que Pedro lhe disse: Ainda que todos se escandalizem, nunca, porém, eu.

³⁰Replicou-lhe Jesus: Em verdade te digo que hoje, nesta noite, antes que o galo cante duas vezes, três vezes tu me negarás.

³¹Mas ele repetia com veemência: Ainda que me seja necessário morrer contigo, de modo nenhum te negarei. Assim também diziam todos.

³²Então chegaram a um lugar chamado Getsêmane, e disse Jesus a seus discípulos: Sentai-vos aqui, enquanto eu oro.

³³E levou consigo a Pedro, a Tiago e a João, e começou a ter pavor e a angustiar-se;

³⁴e disse-lhes: A minha alma está triste até a morte; ficai aqui e vigiai.

³⁵E adiantando-se um pouco, prostrou-se em terra; e orava para que, se fosse possível, passasse dele aquela hora.

³⁶E dizia: Aba, Pai, tudo te é possível; afasta de mim este cálice; todavia não seja o que eu quero, mas o que tu queres.

³⁷Voltando, achou-os dormindo; e disse a Pedro: Simão, dormes? não pudeste vigiar uma hora?

³⁸Vigiai e orai, para que não entreis em tentação; o espírito, na verdade, está pronto, mas a carne é fraca.

³⁹Retirou-se de novo e orou, dizendo as mesmas palavras.

⁴⁰E voltando outra vez, achou-os dormindo, porque seus olhos estavam carregados; e não sabiam o que lhe responder.

⁴¹Ao voltar pela terceira vez, disse-lhes: Dormi agora e descansai. - Basta; é chegada a hora. Eis que o Filho do homem está sendo entregue nas mãos dos pecadores.

⁴²Levantai-vos, vamo-nos; eis que é chegado aquele que me trai.

⁴³E logo, enquanto ele ainda falava, chegou Judas, um dos doze, e com ele uma multidão com espadas e varapaus, vinda da parte dos principais sacerdotes, dos escribas e dos anciãos.

⁴⁴Ora, o que o traía lhes havia dado um sinal, dizendo: Aquele que eu beijar, esse é; prendei-o e levai-o com segurança.

⁴⁵E, logo que chegou, aproximando-se de Jesus, disse: Rabi! E o beijou.

⁴⁶Ao que eles lhes lançaram as mãos, e o prenderam.

⁴⁷Mas um dos que ali estavam, puxando da espada, feriu o servo do sumo sacerdote e cortou-lhe uma orelha.

⁴⁸Disse-lhes Jesus: Saístes com espadas e varapaus para me prender, como a um salteador?

⁴⁹Todos os dias estava convosco no templo, a ensinar, e não me prendestes; mas isto é para que se cumpram as Escrituras.

⁵⁰Nisto, todos o deixaram e fugiram.

⁵¹Ora, seguia-o certo jovem envolto em um lençol sobre o corpo nu; e o agarraram.

⁵²Mas ele, largando o lençol, fugiu despido.

⁵³Levaram Jesus ao sumo sacerdote, e ajuntaram-se todos os principais sacerdotes, os anciãos e os escribas.

⁵⁴E Pedro o seguiu de longe até dentro do pátio do sumo sacerdote, e estava sentado com os guardas, aquentando-se ao fogo.

⁵⁵Os principais sacerdotes testemunho contra Jesus para o matar, e não o achavam.

⁵⁶Porque contra ele muitos depunham falsamente, mas os testemunhos não concordavam.

⁵⁷Levantaram-se por fim alguns que depunham falsamente contra ele, dizendo:

⁵⁸Nós o ouvimos dizer: Eu destruirei este santuário, construído por mãos de homens, e em três dias edificarei outro, não feito por mãos de homens.

⁵⁹E nem assim concordava o seu testemunho.

⁶⁰Levantou-se então o sumo sacerdote no meio e perguntou a Jesus: Não respondes coisa alguma? Que é que estes depõem contra ti?

⁶¹Ele, porém, permaneceu calado, e nada respondeu. Tornou o sumo sacerdote a interrogá-lo, perguntando-lhe: És tu o Cristo, o Filho do Deus bendito?

⁶²Respondeu Jesus: Eu o sou; e vereis o Filho do homem assentado à direita do Poder e vindo com as nuvens do céu.

⁶³Então o sumo sacerdote, rasgando as suas vestes, disse: Para que precisamos ainda de testemunhas?

⁶⁴Acabais de ouvir a blasfêmia; que vos parece? E todos o condenaram como réu de morte.

⁶⁵E alguns começaram a cuspir nele, e a cobrir-lhe o rosto, e a dar-lhe socos, e a dizer-lhe: Profetiza. E os guardas receberam-no a bofetadas.

⁶⁶Ora, estando Pedro em baixo, no átrio, chegou uma das criadas do sumo sacerdote

⁶⁷e, vendo a Pedro, que se estava aquentando, encarou-o e disse: Tu também estavas com o nazareno, esse Jesus.

⁶⁸Mas ele o negou, dizendo: Não sei nem compreendo o que dizes. E saiu para o alpendre.

⁶⁹E a criada, vendo-o, começou de novo a dizer aos que ali estavam: Esse é um deles.

⁷⁰Mas ele o negou outra vez. E pouco depois os que ali estavam disseram novamente a Pedro: Certamente tu és um deles; pois és também galileu.

⁷¹Ele, porém, começou a praguejar e a jurar: Não conheço esse homem de quem falais.

⁷²Nesse instante o galo cantou pela segunda vez. E Pedro lembrou-se da palavra que lhe dissera Jesus: Antes que o galo cante duas vezes, três vezes me negarás. E caindo em si, começou a chorar.

## *Capítulo 15*

¹Logo de manhã tiveram conselho os principais sacerdotes com os anciãos, os escribas e todo o sinédrio; e maniatando a Jesus, o levaram e o entregaram a Pilatos.

²Pilatos lhe perguntou: És tu o rei dos judeus? Respondeu-lhe Jesus: É como dizes.

³e os principais dos sacerdotes o acusavam de muitas coisas.

⁴Tornou Pilatos a interrogá-lo, dizendo: Não respondes nada? Vê quantas acusações te fazem.

⁵Mas Jesus nada mais respondeu, de maneira que Pilatos se admirava.

⁶Ora, por ocasião da festa costumava soltar-lhes um preso qualquer que eles pedissem.

⁷E havia um, chamado Barrabás, preso com outros sediciosos, os quais num motim haviam cometido um homicídio.

⁸E a multidão subiu e começou a pedir o que lhe costumava fazer.

⁹Ao que Pilatos lhes perguntou: Quereis que vos solte o rei dos judeus?

¹⁰Pois ele sabia que por inveja os principais sacerdotes lho haviam entregado.

¹¹Mas os principais sacerdotes incitaram a multidão a pedir que lhes soltasse antes a Barrabás.

¹²E Pilatos, tornando a falar, perguntou-lhes: Que farei então daquele a quem chamais reis dos judeus?

¹³Novamente clamaram eles: Crucifica-o!

¹⁴Disse-lhes Pilatos: Mas que mal fez ele? Ao que eles clamaram ainda mais: Crucifica-o!

¹⁵Então Pilatos, querendo satisfazer a multidão, soltou-lhe Barrabás; e tendo mandado açoitar a Jesus, o entregou para ser crucificado.

¹⁶Os soldados, pois, levaram-no para dentro, ao pátio, que é o pretório, e convocaram toda a coorte;

¹⁷vestiram-no de púrpura e puseram-lhe na cabeça uma coroa de espinhos que haviam tecido;

¹⁸e começaram a saudá-lo: Salve, rei dos judeus!

¹⁹Davam-lhe com uma cana na cabeça, cuspiam nele e, postos de joelhos, o adoravam.

²⁰Depois de o terem assim escarnecido, despiram-lhe a púrpura, e lhe puseram as vestes. Então o levaram para fora, a fim de o crucificarem.

²¹E obrigaram certo Simão, cireneu, pai de Alexandre e de Rufo, que por ali passava, vindo do campo, a carregar-lhe a cruz.

²²Levaram-no, pois, ao lugar do Gólgota, que quer dizer, lugar da Caveira.

²³E ofereciam-lhe vinho misturado com mirra; mas ele não o tomou.

²⁴Então o crucificaram, e repartiram entre si as vestes dele, lançando sortes sobre elas para ver o que cada um levaria.

²⁵E era a hora terceira quando o crucificaram.

²⁶Por cima dele estava escrito o título da sua acusação: O REI DOS JUDEUS.

²⁷Também, com ele, crucificaram dois salteadores, um à sua direita, e outro à esquerda.

²⁸[E cumpriu-se a escritura que diz: E com os malfeitores foi contado.]

²⁹E os que iam passando blasfemavam dele, meneando a cabeça e dizendo: Ah! tu que destróis o santuário e em três dias o reedificas,

³⁰salva-te a ti mesmo, descendo da cruz.

³¹De igual modo também os principais sacerdotes, com os escribas, escarnecendo-o, diziam entre si: A outros salvou; a si mesmo não pode salvar;

³²desça agora da cruz o Cristo, o rei de Israel, para que vejamos e creiamos. Também os que com ele foram crucificados o injuriavam.

³³E, chegada a hora sexta, houve trevas sobre a terra, até a hora nona.

³⁴E, à hora nona, bradou Jesus em alta voz: Eloí, Eloí, lamá, sabactani? que, traduzido, é: Deus meu, Deus meu, por que me desamparaste?

³⁵Alguns dos que ali estavam, ouvindo isso, diziam: Eis que chama por Elias.

³⁶Correu um deles, ensopou uma esponja em vinagre e, pondo-a numa cana, dava-lhe de beber, dizendo: Deixai, vejamos se Elias virá tirá-lo.

³⁷Mas Jesus, dando um grande brado, expirou.

³⁸Então o véu do santuário se rasgou em dois, de alto a baixo.

³⁹Ora, o centurião, que estava defronte dele, vendo-o assim expirar, disse: Verdadeiramente este homem era filho de Deus.

⁴⁰Também ali estavam algumas mulheres olhando de longe, entre elas Maria Madalena, Maria, mãe de Tiago o Menor e de José, e Salomé;

⁴¹as quais o seguiam e o serviam quando ele estava na Galiléia; e muitas outras que tinham subido com ele a Jerusalém.

⁴²Ao cair da tarde, como era o dia da preparação, isto é, a véspera do sábado,

⁴³José de Arimatéia, ilustre membro do sinédrio, que também esperava o reino de Deus, cobrando ânimo foi a Pilatos e pediu o corpo de Jesus.

⁴⁴Admirou-se Pilatos de que já tivesse morrido; e chamando o centurião, perguntou-lhe se, de fato, havia morrido.

⁴⁵E, depois que o soube do centurião, cedeu o cadáver a José;

⁴⁶o qual, tendo comprado um pano de linho, tirou da cruz o corpo, envolveu-o no pano e o depositou num sepulcro aberto em rocha; e rolou uma pedra para a porta do sepulcro.

⁴⁷E Maria Madalena e Maria, mãe de José, observavam onde fora posto.

## Capítulo 16

¹Ora, passado o sábado, Maria Madalena, Maria, mãe de Tiago, e Salomé, compraram aromas para irem ungi-lo.

²E, no primeiro dia da semana, foram ao sepulcro muito cedo, ao levantar do sol.

³E diziam umas às outras: Quem nos revolverá a pedra da porta do sepulcro?

⁴Mas, levantando os olhos, notaram que a pedra, que era muito grande, já estava revolvida;

⁵e entrando no sepulcro, viram um moço sentado à direita, vestido de alvo manto; e ficaram atemorizadas.

⁶Ele, porém, lhes disse: Não vos atemorizeis; buscais a Jesus, o nazareno, que foi crucificado; ele ressurgiu; não está aqui; eis o lugar onde o puseram.

⁷Mas ide, dizei a seus discípulos, e a Pedro, que ele vai adiante de vós para a Galiléia; ali o vereis, como ele vos disse.

⁸E, saindo elas, fugiram do sepulcro, porque estavam possuídas de medo e assombro; e não disseram nada a ninguém, porque temiam.

⁹[Ora, havendo Jesus ressurgido cedo no primeiro dia da semana, apareceu primeiramente a Maria Madalena, da qual tinha expulsado sete demônios.

¹⁰Foi ela anunciá-lo aos que haviam andado com ele, os quais estavam tristes e chorando;

¹¹e ouvindo eles que vivia, e que tinha sido visto por ela, não o creram.

¹²Depois disso manifestou-se sob outra forma a dois deles que iam de caminho para o campo,

¹³os quais foram anunciá-lo aos outros; mas nem a estes deram crédito.

¹⁴Por último, então, apareceu aos onze, estando eles reclinados à mesa, e lançou-lhes em rosto a sua incredulidade e dureza de coração, por não haverem dado crédito aos que o tinham visto já ressurgido.

¹⁵E disse-lhes: Ide por todo o mundo, e pregai o evangelho a toda criatura.

¹⁶Quem crer e for batizado será salvo; mas quem não crer será condenado.

¹⁷E estes sinais acompanharão aos que crerem: em meu nome expulsarão demônios; falarão novas línguas;

¹⁸pegarão em serpentes; e se beberem alguma coisa mortífera, não lhes fará dano algum; e porão as mãos sobre os enfermos, e estes serão curados.

¹⁹Ora, o Senhor, depois de lhes ter falado, foi recebido no céu, e assentou-se à direita de Deus.

²⁰Eles, pois, saindo, pregaram por toda parte, cooperando com eles o Senhor, e confirmando a palavra com os sinais que os acompanhavam.]

# Lucas

## Capítulo 1

¹Visto que muitos têm empreendido fazer uma narração coordenada dos fatos que entre nós se realizaram,
²segundo no-los transmitiram os que desde o princípio foram testemunhas oculares e ministros da palavra,
³também a mim, depois de haver investido tudo cuidadosamente desde o começo, pareceu-me bem, ó excelentíssimo Teófilo, escrever-te uma narração em ordem.
⁴para que conheças plenamente a verdade das coisas em que foste instruído.
⁵Houve nos dias do Rei Herodes, rei da Judéia, um sacerdote chamado Zacarias, da turma de Abias; e sua mulher era descendente de Arão, e chamava-se Isabel.
⁶Ambos eram justos diante de Deus, andando irrepreensíveis em todos os mandamentos e preceitos do Senhor.
⁷Mas não tinham filhos, porque Isabel era estéril, e ambos avançados em idade.
⁸Ora, estando ele a exercer as funções sacerdotais perante Deus, na ordem da sua turma,
⁹segundo o costume do sacerdócio, coube-lhe por sorte entrar no santuário do Senhor, para oferecer o incenso;
¹⁰e toda a multidão do povo orava da parte de fora, à hora do incenso.
¹¹Apareceu-lhe, então, um anjo do Senhor, em pé à direita do altar do incenso.
¹²E Zacarias, vendo-o, ficou turbado, e o temor o assaltou.
¹³Mas o anjo lhe disse: Não temais, Zacarias; porque a tua oração foi ouvida, e Isabel, tua mulher, te dará à luz um filho, e lhe porás o nome de João;
¹⁴e terás alegria e regozijo, e muitos se alegrarão com o seu nascimento;
¹⁵porque ele será grande diante do Senhor; não beberá vinho, nem bebida forte; e será cheio do Espírito Santo já desde o ventre de sua mãe;
¹⁶converterá muitos dos filhos de Israel ao Senhor seu Deus;
¹⁷irá adiante dele no espírito e poder de Elias, para converter os corações dos pais aos filhos, e os rebeldes à prudência dos justos, a fim de preparar para o Senhor um povo apercebido.
¹⁸Disse então Zacarias ao anjo: Como terei certeza disso? pois eu sou velho, e minha mulher também está avançada em idade.
¹⁹Ao que lhe respondeu o anjo: Eu sou Gabriel, que assisto diante de Deus, e fui enviado para te falar e te dar estas boas novas;
²⁰e eis que ficarás mudo, e não poderás falar até o dia em que estas coisas aconteçam; porquanto não creste nas minhas palavras, que a seu tempo hão de cumprir-se.
²¹O povo estava esperando Zacarias, e se admirava da sua demora no santuário.
²²Quando saiu, porém, não lhes podia falar, e perceberam que tivera uma visão no santuário. E falava-lhes por acenos, mas permanecia mudo.
²³E, terminados os dias do seu ministério, voltou para casa.
²⁴Depois desses dias Isabel, sua mulher, concebeu, e por cinco meses se ocultou, dizendo:
²⁵Assim me fez o Senhor nos dias em que atentou para mim, a fim de acabar com o meu opróbrio diante dos homens.
²⁶Ora, no sexto mês, foi o anjo Gabriel enviado por Deus a uma cidade da Galiléia, chamada Nazaré,
²⁷a uma virgem desposada com um varão cujo nome era José, da casa de Davi; e o nome da virgem era Maria.
²⁸E, entrando o anjo onde ela estava disse: Salve, agraciada; o Senhor é contigo.
²⁹Ela, porém, ao ouvir estas palavras, turbou-se muito e pôs-se a pensar que saudação seria essa.
³⁰Disse-lhe então o anjo: Não temas, Maria; pois achaste graça diante de Deus.
³¹Eis que conceberás e darás à luz um filho, ao qual porás o nome de Jesus.
³²Este será grande e será chamado filho do Altíssimo; o Senhor Deus lhe dará o trono de Davi seu pai;
³³e reinará eternamente sobre a casa de Jacó, e o seu reino não terá fim.
³⁴Então Maria perguntou ao anjo: Como se fará isso, uma vez que não conheço varão?
³⁵Respondeu-lhe o anjo: Virá sobre ti o Espírito Santo, e o poder do Altíssimo te cobrirá com a sua sombra; por isso o que há de nascer será chamado santo, Filho de Deus.
³⁶Eis que também Isabel, tua parenta concebeu um filho em sua velhice; e é este o sexto mês para aquela que era chamada estéril;
³⁷porque para Deus nada será impossível.
³⁸Disse então Maria. Eis aqui a serva do Senhor; cumpra-se em mim segundo a tua palavra. E o anjo ausentou-se dela.
³⁹Naqueles dias levantou-se Maria, foi apressadamente à região montanhosa, a uma cidade de Judá,
⁴⁰entrou em casa de Zacarias e saudou a Isabel.
⁴¹Ao ouvir Isabel a saudação de Maria, saltou a criancinha no seu ventre, e Isabel ficou cheia do Espírito Santo,
⁴²e exclamou em alta voz: Bendita és tu entre as mulheres, e bendito é o fruto do teu ventre!
⁴³E donde me provém isto, que venha visitar-me a mãe do meu Senhor?
⁴⁴Pois logo que me soou aos ouvidos a voz da tua saudação, a criancinha saltou de alegria dentro de mim.
⁴⁵Bem-aventurada aquela que creu que se hão de cumprir as coisas que da parte do Senhor lhe foram ditas.
⁴⁶Disse então Maria: A minha alma engrandece ao Senhor,
⁴⁷e o meu espírito exulta em Deus meu Salvador;
⁴⁸porque atentou na condição humilde de sua serva. Desde agora, pois, todas as gerações me chamarão bem-aventurada,
⁴⁹porque o Poderoso me fez grandes coisas; e santo é o seu nome.
⁵⁰E a sua misericórdia vai de geração em geração sobre os que o temem.
⁵¹Com o seu braço manifestou poder; dissipou os que eram soberbos nos pensamentos de seus corações;
⁵²depôs dos tronos os poderosos, e elevou os humildes.
⁵³Aos famintos encheu de bens, e vazios despediu os ricos.
⁵⁴Auxiliou a Isabel, seu servo, lembrando-se de misericórdia
⁵⁵(como falou a nossos pais) para com Abraão e a sua descendência para sempre.
⁵⁶E Maria ficou com ela cerca de três meses; e depois voltou para sua casa.
⁵⁷Ora, completou-se para Isabel o tempo de dar à luz, e teve um filho.
⁵⁸Ouviram seus vizinhos e parentes que o Senhor lhe multiplicara a sua misericórdia, e se alegravam com ela.
⁵⁹Sucedeu, pois, no oitavo dia, que vieram circuncidar o menino; e queriam dar-lhe o nome de seu pai, Zacarias.
⁶⁰Respondeu, porém, sua mãe: De modo nenhum, mas será chamado João.
⁶¹Ao que lhe disseram: Ninguém há na tua parentela que se chame por este nome.
⁶²E perguntaram por acenos ao pai como queria que se chamasse.
⁶³E pedindo ele uma tabuinha, escreveu: Seu nome é João. E todos se admiraram.
⁶⁴Imediatamente a boca se lhe abriu, e a língua se lhe soltou; louvando a Deus.
⁶⁵Então veio temor sobre todos os seus vizinhos; e em toda a região montanhosa da Judéia foram divulgadas todas estas coisas.
⁶⁶E todos os que delas souberam as guardavam no coração, dizendo: Que virá a ser, então, este menino? Pois a mão do Senhor estava com ele.
⁶⁷Zacarias, seu pai, ficou cheio do Espírito Santo e profetizou, dizendo:
⁶⁸Bendito, seja o Senhor Deus de Israel, porque visitou e remiu o seu povo,
⁶⁹e para nós fez surgir uma salvação poderosa na casa de Davi, seu servo;
⁷⁰assim como desde os tempos antigos tem anunciado pela boca dos seus santos profetas;
⁷¹para nos livrar dos nossos inimigos e da mão de todos os que nos odeiam;
⁷²para usar de misericórdia com nossos pais, e lembrar-se do seu santo pacto
⁷³e do juramento que fez a Abrão, nosso pai,
⁷⁴de conceder-nos que, libertados da mão de nossos inimigos, o servíssemos sem temor,
⁷⁵em santidade e justiça perante ele, todos os dias da nossa vida.
⁷⁶E tu, menino, serás chamado profeta do Altíssimo, porque irás ante a face do Senhor, a preparar os seus caminhos;

⁷⁷para dar ao seu povo conhecimento da salvação, na remissão dos seus pecados,

⁷⁸graças à entrenhável misericórdia do nosso Deus, pela qual nos há de visitar a aurora lá do alto,

⁷⁹para alumiar aos que jazem nas trevas e na sombra da morte, a fim de dirigir os nossos pés no caminho da paz.

⁸⁰Ora, o menino crescia, e se robustecia em espírito; e habitava nos desertos até o dia da sua manifestação a Israel.

## Capítulo 2

¹Naqueles dias saiu um decreto da parte de César Augusto, para que todo o mundo fosse recenseado.

²Este primeiro recenseamento foi feito quando Quirínio era governador da Síria.

³E todos iam alistar-se, cada um à sua própria cidade.

⁴Subiu também José, da Galiléia, da cidade de Nazaré, à cidade de Davi, chamada Belém, porque era da casa e família de Davi,

⁵a fim de alistar-se com Maria, sua esposa, que estava grávida.

⁶Enquanto estavam ali, chegou o tempo em que ela havia de dar à luz,

⁷e teve a seu filho primogênito; envolveu-o em faixas e o deitou em uma manjedoura, porque não havia lugar para eles na estalagem.

⁸Ora, havia naquela mesma região pastores que estavam no campo, e guardavam durante as vigílias da noite o seu rebanho.

⁹E um anjo do Senhor apareceu-lhes, e a glória do Senhor os cercou de resplendor; pelo que se encheram de grande temor.

¹⁰O anjo, porém, lhes disse: Não temais, porquanto vos trago novas de grande alegria que o será para todo o povo:

¹¹É que vos nasceu hoje, na cidade de Davi, o Salvador, que é Cristo, o Senhor.

¹²E isto vos será por sinal: Achareis um menino envolto em faixas, e deitado em uma manjedoura.

¹³Então, de repente, apareceu junto ao anjo grande multidão da milícia celestial, louvando a Deus e dizendo:

¹⁴Glória a Deus nas maiores alturas, e paz na terra entre os homens de boa vontade.

¹⁵E logo que os anjos se retiraram deles para o céu, diziam os pastores uns aos outros: Vamos já até Belém, e vejamos isso que aconteceu e que o Senhor nos deu a conhecer.

¹⁶Foram, pois, a toda a pressa, e acharam Maria e José, e o menino deitado na manjedoura;

¹⁷e, vendo-o, divulgaram a palavra que acerca do menino lhes fora dita;

¹⁸e todos os que a ouviram se admiravam do que os pastores lhes diziam.

¹⁹Maria, porém, guardava todas estas coisas, meditando-as em seu coração.

²⁰E voltaram os pastores, glorificando e louvando a Deus por tudo o que tinham ouvido e visto, como lhes fora dito.

²¹Quando se completaram os oito dias para ser circuncidado o menino, foi-lhe dado o nome de Jesus, que pelo anjo lhe fora posto antes de ser concebido.

²²Terminados os dias da purificação, segundo a lei de Moisés, levaram-no a Jerusalém, para apresentá-lo ao Senhor

²³(conforme está escrito na lei do Senhor: Todo primogênito será consagrado ao Senhor),

²⁴e para oferecerem um sacrifício segundo o disposto na lei do Senhor: um par de rolas, ou dois pombinhos.

²⁵Ora, havia em Jerusalém um homem cujo nome era Simeão; e este homem, justo e temente a Deus, esperava a consolação de Israel; e o Espírito Santo estava sobre ele.

²⁶E lhe fora revelado pelo Espírito Santo que ele não morreria antes de ver o Cristo do Senhor.

²⁷Assim pelo Espírito foi ao templo; e quando os pais trouxeram o menino Jesus, para fazerem por ele segundo o costume da lei,

²⁸Simeão o tomou em seus braços, e louvou a Deus, e disse:

²⁹Agora, Senhor, despedes em paz o teu servo, segundo a tua palavra;

³⁰pois os meus olhos já viram a tua salvação,

³¹a qual tu preparaste ante a face de todos os povos;

³²luz para revelação aos gentios, e para glória do teu povo Israel.

³³Enquanto isso, seu pai e sua mãe se admiravam das coisas que deles se diziam.

³⁴E Simeão os abençoou, e disse a Maria, mãe do menino: Eis que este é posto para queda e para levantamento de muitos em Israel, e para ser alvo de contradição,

³⁵sim, e uma espada traspassará a tua própria alma, para que se manifestem os pensamentos de muitos corações.

³⁶Havia também uma profetisa, Ana, filha de Fanuel, da tribo de Aser. Era já avançada em idade, tendo vivido com o marido sete anos desde a sua virgindade;

³⁷e era viúva, de quase oitenta e quatro anos. Não se afastava do templo, servindo a Deus noite e dia em jejuns e orações.

³⁸Chegando ela na mesma hora, deu graças a Deus, e falou a respeito do menino a todos os que esperavam a redenção de Jerusalém.

³⁹Assim que cumpriram tudo segundo a lei do Senhor, voltaram à Galiléia, para sua cidade de Nazaré.

⁴⁰E o menino ia crescendo e fortalecendo-se, ficando cheio de sabedoria; e a graça de Deus estava sobre ele.

⁴¹Ora, seus pais iam todos os anos a Jerusalém, à festa da páscoa.

⁴²Quando Jesus completou doze anos, subiram eles segundo o costume da festa;

⁴³e, terminados aqueles dias, ao regressarem, ficou o menino Jesus em Jerusalém sem o saberem seus pais;

⁴⁴julgando, porém, que estivesse entre os companheiros de viagem, andaram caminho de um dia, e o procuravam entre os parentes e conhecidos;

⁴⁵e não o achando, voltaram a Jerusalém em busca dele.

⁴⁶E aconteceu que, passados três dias, o acharam no templo, sentado no meio dos doutores, ouvindo-os, e interrogando-os.

⁴⁷E todos os que o ouviam se admiravam da sua inteligência e das suas respostas.

⁴⁸Quando o viram, ficaram maravilhados, e disse-lhe sua mãe: Filho, por que procedeste assim para conosco? Eis que teu pai e eu ansiosos te procurávamos.

⁴⁹Respondeu-lhes ele: Por que me procuráveis? Não sabíeis que eu devia estar na casa de meu Pai?

⁵⁰Eles, porém, não entenderam as palavras que lhes dissera.

⁵¹Então, descendo com eles, foi para Nazaré, e era-lhes sujeito. E sua mãe guardava todas estas coisas em seu coração.

⁵²E crescia Jesus em sabedoria, em estatura e em graça diante de Deus e dos homens.

## Capítulo 3

¹No décimo quinto ano do reinado de Tibério César, sendo Pôncio Pilatos governador da Judéia, Herodes tetrarca da Galiléia, seu irmão Filipe tetrarca da região da Ituréia e de Traconites, e Lisânias tetrarca de Abilene,

²sendo Anás e Caifás sumos sacerdotes, veio a palavra de Deus a João, filho de Zacarias, no deserto.

³E ele percorreu toda a circunvizinhança do Jordão, pregando o batismo de arrependimento para remissão de pecados;

⁴como está escrito no livro das palavras do profeta Isaías: Voz do que clama no deserto: Preparai o caminho do Senhor; endireitai as suas veredas.

⁵Todo vale se encherá, e se abaixará todo monte e outeiro; o que é tortuoso se endireitará, e os caminhos escabrosos se aplanarão;

⁶e toda a carne verá a salvação de Deus.

⁷João dizia, pois, às multidões que saíam para ser batizadas por ele: Raça de víboras, quem vos ensina a fugir da ira vindoura?

⁸Produzi, pois, frutos dignos de arrependimento; e não comeceis a dizer em vós mesmos: Temos por pai a Abrão; porque eu vos digo que até destas pedras Deus pode suscitar filhos a Abrão.

⁹Também já está posto o machado à raiz das árvores; toda árvore, pois, que não produz bom fruto, é cortada e lançada no fogo.

¹⁰Ao que lhe perguntavam as multidões: Que faremos, pois?

¹¹Respondia-lhes então: Aquele que tem duas túnicas, reparta com o que não tem nenhuma, e aquele que tem alimentos, faça o mesmo.

¹²Chegaram também uns publicanos para serem batizados, e perguntaram-lhe: Mestre, que havemos nós de fazer?

¹³Respondeu-lhes ele: Não cobreis além daquilo que vos foi prescrito.

¹⁴Interrogaram-no também uns soldados: E nós, que faremos? Disse-lhes: A ninguém queirais extorquir coisa alguma; nem deis denúncia falsa; e contentai-vos com o vosso soldo.

¹⁵Ora, estando o povo em expectativa e arrazoando todos em seus corações a respeito de João, se porventura seria ele o Cristo,

¹⁶respondeu João a todos, dizendo: Eu, na verdade, vos batizo em água, mas vem aquele que é mais poderoso do que eu, de quem não sou digno de desatar a correia das alparcas; ele vos batizará no Espírito Santo e em fogo.

¹⁷A sua pá ele tem na mão para limpar bem a sua eira, e recolher o trigo ao seu celeiro; mas queimará a palha em fogo inextinguível.

¹⁸Assim pois, com muitas outras exortações ainda, anunciava o

evangelho ao povo.

¹⁹Mas o tetrarca Herodes, sendo repreendido por ele por causa de Herodias, mulher de seu irmão, e por todas as maldades que havia feito,

²⁰acrescentou a todas elas ainda esta, a de encerrar João no cárcere.

²¹Quando todo o povo fora batizado, tendo sido Jesus também batizado, e estando ele a orar, o céu se abriu;

²²e o Espírito Santo desceu sobre ele em forma corpórea, como uma pomba; e ouviu-se do céu esta voz: Tu és o meu Filho amado; em ti me comprazo.

²³Ora, Jesus, ao começar o seu ministério, tinha cerca de trinta anos; sendo (como se cuidava) filho de José, filho de Eli;

²⁴Eli de Matate, Matate de Levi, Levi de Melqui, Melqui de Janai, Janai de José,

²⁵José de Matatias, Matatias de Amós, Amós de Naum, Naum de Esli, Esli de Nagai,

²⁶Nagai de Maate, Maate de Matatias, Matatias de Semei, Semei de Joseque, Joseque de Jodá,

²⁷Jodá de Joanã, Joanã de Resa, Resa de Zorobabel, Zorobabel de Salatiel, Salatiel de Neri,

²⁸Neri de Melqui, Melqui de Adi, Adi de Cosão, Cosão de Elmodã, Elmodão de Er,

²⁹Er de Josué, Josué de Eliézer, Eliézer de Jorim, Jorim de Matate, Matate de Levi,

³⁰Levi de Simeão, Simeão de Judá, Judá de José, José de Jonã, Jonã de Eliaquim,

³¹Eliaquim de Meleá, Meleá de Mená, Mená de Matatá, Matatá de Natã, Natã de Davi,

³²Davi de Jessé, Jessé de Obede, Obede de Boaz, Boaz de Salá, Salá de Nasom,

³³Nasom de Aminadabe, Aminadabe de Admim, Admim de Arni, Arni de Esrom, Esrom de Farés, Farés de Judá,

³⁴Judá de Jacó, Jacó de Isaque, Isaque de Abraão, Abraão de Tará, Tará de Naor,

³⁵Naor de Seruque, Seruque de Ragaú, Ragaú de Faleque, Faleque de Eber, Eber de Salá,

³⁶Salá de Cainã, Cainã de Arfaxade, Arfaxade de Sem, Sem de Noé, Noé de Lameque,

³⁷Lameque de Matusalém, Matusalém de Enoque, Enoque de Jarede, Jarede de Maleleel, Maleleel de Cainã,

³⁸Cainã de Enos, Enos de Sete, Sete de Adão, e Adão de Deus.

## Capítulo 4

¹Jesus, pois, cheio do Espírito Santo, voltou do Jordão; e era levado pelo Espírito no deserto,

²durante quarenta dias, sendo tentado pelo Diabo. E naqueles dias não comeu coisa alguma; e terminados eles, teve fome.

³Disse-lhe então o Diabo: Se tu és Filho de Deus, manda a esta pedra que se torne em pão.

⁴Jesus, porém, lhe respondeu: Está escrito: Nem só de pão viverá o homem.

⁵Então o Diabo, levando-o a um lugar elevado, mostrou-lhe num relance todos os reinos do mundo.

⁶E disse-lhe: Dar-te-ei toda a autoridade e glória destes reinos, porque me foi entregue, e a dou a quem eu quiser;

⁷se tu, me adorares, será toda tua.

⁸Respondeu-lhe Jesus: Está escrito: Ao Senhor teu Deus adorarás, e só a ele servirás.

⁹Então o levou a Jerusalém e o colocou sobre o pináculo do templo e lhe disse: Se tu és Filho de Deus, lança-te daqui abaixo;

¹⁰porque está escrito: Aos seus anjos ordenará a teu respeito, que te guardem;

¹¹e: eles te susterão nas mãos, para que nunca tropeces em alguma pedra.

¹²Respondeu-lhe Jesus: Dito está: Não tentarás o Senhor teu Deus.

¹³Assim, tendo o Diabo acabado toda sorte de tentação, retirou-se dele até ocasião oportuna.

¹⁴Então voltou Jesus para a Galiléia no poder do Espírito; e a sua fama correu por toda a circunvizinhança.

¹⁵Ensinava nas sinagogas deles, e por todos era louvado.

¹⁶Chegando a Nazaré, onde fora criado; entrou na sinagoga no dia de sábado, segundo o seu costume, e levantou-se para ler.

¹⁷Foi-lhe entregue o livro do profeta Isaías; e abrindo-o, achou o lugar em que estava escrito:

¹⁸O Espírito do Senhor está sobre mim, porquanto me ungiu para anunciar boas novas aos pobres; enviou-me para proclamar libertação aos cativos, e restauração da vista aos cegos, para pôr em liberdade os oprimidos,

¹⁹e para proclamar o ano aceitável do Senhor.

²⁰E fechando o livro, devolveu-o ao assistente e sentou-se; e os olhos de todos na sinagoga estavam fitos nele.

²¹Então começou a dizer-lhes: Hoje se cumpriu esta escritura aos vossos ouvidos.

²²E todos lhe davam testemunho, e se admiravam das palavras de graça que saíam da sua boca; e diziam: Este não é filho de José?

²³Disse-lhes Jesus: Sem dúvida me direis este provérbio: Médico, cura-te a ti mesmo; Tudo o que ouvimos teres feito em Cafarnaum, faze-o também aqui na tua terra.

²⁴E prosseguiu: Em verdade vos digo que nenhum profeta é aceito na sua terra.

²⁵Em verdade vos digo que muitas viúvas havia em Israel nos dias de Elias, quando céu se fechou por três anos e seis meses, de sorte que houve grande fome por toda a terra;

²⁶e a nenhuma delas foi enviado Elias, senão a uma viúva em Serepta de Sidom.

²⁷Também muitos leprosos havia em Israel no tempo do profeta Elizeu, mas nenhum deles foi purificado senão Naamã, o sírio.

²⁸Todos os que estavam na sinagoga, ao ouvirem estas coisas, ficaram cheios de ira.

²⁹e, levantando-se, expulsaram-no da cidade e o levaram até o despenhadeiro do monte em que a sua cidade estava edificada, para dali o precipitarem.

³⁰Ele, porém, passando pelo meio deles, seguiu o seu caminho.

³¹Então desceu a Cafarnaum, cidade da Galiléia, e os ensinava no sábado.

³²e maravilharam-se da sua doutrina, porque a sua palavra era com autoridade.

³³Havia na sinagoga um homem que tinha o espírito de um demônio imundo; e gritou em alta voz:

³⁴Ah! que temos nós contigo, Jesus, nazareno? vieste destruir-nos? Bem sei quem é: o Santo de Deus.

³⁵Mas Jesus o repreendeu, dizendo: Cala-te, e sai dele. E o demônio, tendo-o lançado por terra no meio do povo, saiu dele sem lhe fazer mal algum.

³⁶E veio espanto sobre todos, e falavam entre si, perguntando uns aos outros: Que palavra é esta, pois com autoridade e poder ordena aos espíritos imundos, e eles saem?

³⁷E se divulgava a sua fama por todos os lugares da circunvizinhança.

³⁸Ora, levantando-se Jesus, saiu da sinagoga e entrou em casa de Simão; e estando a sogra de Simão enferma com muita febre, rogaram-lhe por ela.

³⁹E ele, inclinando-se para ela, repreendeu a febre, e esta a deixou. Imediatamente ela se levantou e os servia.

⁴⁰Ao pôr do sol, todos os que tinham enfermos de várias doenças lhos traziam; e ele punha as mãos sobre cada um deles e os curava.

⁴¹Também de muitos saíam demônios, gritando e dizendo: Tu és o Filho de Deus. Ele, porém, os repreendia, e não os deixava falar; pois sabiam que ele era o Cristo.

⁴²Ao romper do dia saiu, e foi a um lugar deserto; e as multidões procuravam-ne e, vindo a ele, queriam detê-lo, para que não se ausentasse delas.

⁴³Ele, porém, lhes disse: É necessário que também às outras cidades eu anuncie o evangelho do reino de Deus; porque para isso é que fui enviado.

⁴⁴E pregava nas sinagogas da Judéia.

## Capítulo 5

¹Certa vez, quando a multidão apertava Jesus para ouvir a palavra de Deus, ele estava junto ao lago de Genezaré;

²e viu dois barcos junto à praia do lago; mas os pescadores haviam descido deles, e estavam lavando as redes.

³Entrando ele num dos barcos, que era o de Simão, pediu-lhe que o afastasse um pouco da terra; e, sentando-se, ensinava do barco as multidões.

⁴Quando acabou de falar, disse a Simão: Faze-te ao largo e lançai as vossas redes para a pesca.

⁵Ao que disse Simão: Mestre, trabalhamos a noite toda, e nada apanhamos; mas, sobre tua palavra, lançarei as redes.

⁶Feito isto, apanharam uma grande quantidade de peixes, de modo que as redes se rompiam.

⁷Acenaram então aos companheiros que estavam no outro barco, para virem ajudá-los. Eles, pois, vieram, e encheram ambos os barcos, de maneira tal que quase iam a pique.

⁸Vendo isso Simão Pedro, prostrou-se aos pés de Jesus, dizendo: Retira-te de mim, Senhor, porque sou um homem pecador.

⁹Pois, à vista da pesca que haviam feito, o espanto se apoderara dele e de todos os que com ele estavam,

¹⁰bem como de Tiago e João, filhos de Zebedeu, que eram sócios de Simão. Disse Jesus a Simão: Não temas; de agora em diante serás pescador de homens.

¹¹E, levando eles os barcos para a terra, deixaram tudo e o seguiram.

¹²Estando ele numa das cidades, apareceu um homem cheio de lepra que, vendo a Jesus, prostrou-se com o rosto em terra e suplicou-lhe: Senhor, se quiseres, bem podes tornar-me limpo.

¹³Jesus, pois, estendendo a mão, tocou-lhe, dizendo: Quero; sê limpo. No mesmo instante desapareceu dele a lepra.

¹⁴Ordenou-lhe, então, que a ninguém contasse isto. Mas vai, disse ele, mostra-te ao sacerdote e faze a oferta pela tua purificação, conforme Moisés determinou, para lhes servir de testemunho.

¹⁵A sua fama, porém, se divulgava cada vez mais, e grandes multidões se ajuntavam para ouvi-lo e serem curadas das suas enfermidades.

¹⁶Mas ele se retirava para os desertos, e ali orava.

¹⁷Um dia, quando ele estava ensinando, achavam-se ali sentados fariseus e doutores da lei, que tinham vindo de todas as aldeias da Galiléia e da Judéia, e de Jerusalém; e o poder do Senhor estava com ele para curar.

¹⁸E eis que uns homens, trazendo num leito um paralítico, procuravam introduzí-lo e pô-lo diante dele.

¹⁹Mas, não achando por onde o pudessem introduzir por causa da multidão, subiram ao eirado e, por entre as telhas, o baixaram com o leito, para o meio de todos, diante de Jesus.

²⁰E vendo-lhes a fé, disse ele: Homem, são-te perdoados os teus pecados.

²¹Então os escribas e os fariseus começaram a arrazoar, dizendo: Quem é este que profere blasfêmias? Quem é este que profere blasfêmias? Quem pode perdoar pecados, senão só Deus?

²²Jesus, porém, percebendo os seus pensamentos, respondeu, e disse-lhes: Por que arrazoais em vossos corações?

²³Qual é mais fácil? dizer: São-te perdoados os teus pecados; ou dizer: Levanta-te, e anda?

²⁴Ora, para que saibais que o Filho do homem tem sobre a terra autoridade para perdoar pecados (disse ao paralítico), a ti te digo: Levanta-te, toma o teu leito e vai para tua casa.

²⁵Imediatamente se levantou diante deles, tomou o leito em que estivera deitado e foi para sua casa, glorificando a Deus.

²⁶E, tomados de pasmo, todos glorificavam a Deus; e diziam, cheios de temor: Hoje vimos coisas extraordinárias.

²⁷Depois disso saiu e, vendo um publicano chamado Levi, sentado na coletoria, disse-lhe: Segue-me.

²⁸Este, deixando tudo, levantou-se e o seguiu.

²⁹Deu-lhe então Levi um lauto banquete em sua casa; havia ali grande número de publicanos e outros que estavam com eles à mesa.

³⁰Murmuravam, pois, os fariseus e seus escribas contra os discípulos, perguntando: Por que comeis e bebeis com publicanos e pecadores?

³¹Respondeu-lhes Jesus: Não necessitam de médico os sãos, mas sim os enfermos.

³²eu não vim chamar justos, mas pecadores, ao arrependimento.

³³Disseram-lhe eles: Os discípulos de João jejuam frequentemente e fazem orações, como também os dos fariseus, mas os teus comem e bebem.

³⁴Respondeu-lhes Jesus: Podeis, porventura, fazer jejuar os convidados às núpcias enquanto o noivo está com eles?

³⁵Dias virão, porém, em que lhes será tirado o noivo; naqueles dias, sim hão de jejuar.

³⁶Propôs-lhes também uma parábola: Ninguém tira um pedaço de um vestido novo para o coser em vestido velho; do contrário, não somente rasgará o novo, mas também o pedaço do novo não condirá com o velho.

³⁷E ninguém deita vinho novo em odres velhos; do contrário, o vinho novo romperá os odres e se derramará, e os odres se perderão;

³⁸mas vinho novo deve ser deitado em odres novos.

³⁹E ninguém, tendo bebido o velho, quer o novo; porque diz: O velho é bom.

## Capítulo 6

¹E sucedeu que, num dia de sábado, passava Jesus pelas searas; e seus discípulos iam colhendo espigas e, debulhando-as com as mãos, as comiam.

²Alguns dos fariseus, porém, perguntaram: Por que estais fazendo o que não é lícito fazer nos sábados?

³E Jesus, respondendo-lhes, disse: Nem ao menos tendes lido o que fez Davi quando teve fome, ele e seus companheiros?

⁴Como entrou na casa de Deus, tomou os pães da proposição, dos quais não era lícito comer senão só aos sacerdotes, e deles comeu e deu também aos companheiros?

⁵Também lhes disse: O Filho do homem é Senhor do sábado.

⁶Ainda em outro sábado entrou na sinagoga, e pôs-se a ensinar. Estava ali um homem que tinha a mão direita atrofiada.

⁷E os escribas e os fariseus observavam-no, para ver se curaria em dia de sábado, para acharem de que o acusar.

⁸Mas ele, conhecendo-lhes os pensamentos, disse ao homem que tinha a mão atrofiada: Levanta-te, e fica em pé aqui no maio. E ele, levantando-se, ficou em pé.

⁹Disse-lhes, então, Jesus: Eu vos pergunto: É lícito no sábado fazer bem, ou fazer mal? salvar a vida, ou tirá-la?

¹⁰E olhando para todos em redor, disse ao homem: Estende a tua mão. Ele assim o fez, e a mão lhe foi restabelecida.

¹¹Mas eles se encheram de furor; e uns com os outros conferenciam sobre o que fariam a Jesus.

¹²Naqueles dias retirou-se para o monte a fim de orar; e passou a noite toda em oração a Deus.

¹³Depois do amanhecer, chamou seus discípulos, e escolheu doze dentre eles, aos quais deu também o nome de apóstolos:

¹⁴Simão, ao qual também chamou Pedro, e André, seu irmão; Tiago e João; Filipe e Bartolomeu;

¹⁵Mateus e Tomé; Tiago, filho de Alfeu, e Simão, chamado Zelote;

¹⁶Judas, filho de Tiago; e Judas Iscariotes, que veio a ser o traidor.

¹⁷E Jesus, descendo com eles, parou num lugar plano, onde havia não só grande número de seus discípulos, mas também grande multidão do povo, de toda a Judéia e Jerusalém, e do litoral de Tiro e de Sidom, que tinham vindo para ouvi-lo e serem curados das suas doenças;

¹⁸e os que eram atormentados por espíritos imundos ficavam curados.

¹⁹E toda a multidão procurava tocar-lhe; porque saía dele poder que curava a todos.

²⁰Então, levantando ele os olhos para os seus discípulos, dizia: Bem-aventurados vós, os pobres, porque vosso é o reino de Deus.

²¹Bem-aventurados vós, que agora tendes fome, porque sereis fartos. Bem-aventurados vós, que agora chorais, porque haveis de rir.

²²Bem-aventurados sereis quando os homens vos odiarem, e quando vos expulsarem da sua companhia, e vos injuriarem, e rejeitarem o vosso nome como indigno, por causa do Filho do homem.

²³Regozijai-vos nesse dia e exultai, porque eis que é grande o vosso galardão no céu; pois assim faziam os seus pais aos profetas.

²⁴Mas ai de vós que sois ricos! porque já recebestes a vossa consolação.

²⁵Ai de vós, os que agora estais fartos! porque tereis fome. Ai de vós, os que agora rides! porque vos lamentareis e chorareis.

²⁶Ai de vós, quando todos os homens vos louvarem! porque assim faziam os seus pais aos falsos profetas.

²⁷Mas a vós que ouvis, digo: Amai a vossos inimigos, fazei bem aos que vos odeiam,

²⁸bendizei aos que vos maldizem, e orai pelos que vos caluniam.

²⁹Ao que te ferir numa face, oferece-lhe também a outra; e ao que te houver tirado a capa, não lhe negues também a túnica.

³⁰Dá a todo o que te pedir; e ao que tomar o que é teu, não lho reclames.

³¹Assim como quereis que os homens vos façam, do mesmo modo lhes fazei vós também.

³²Se amardes aos que vos amam, que mérito há nisso? Pois também os pecadores amam aos que os amam.

³³E se fizerdes bem aos que vos fazem bem, que mérito há nisso? Também os pecadores fazem o mesmo.

³⁴E se emprestardes àqueles de quem esperais receber, que mérito há nisso? Também os pecadores emprestam aos pecadores, para receberem outro tanto.

³⁵Amai, porém a vossos inimigos, fazei bem e emprestai, nunca desanimado; e grande será a vossa recompensa, e sereis filhos do Altíssimo; porque ele é benigno até para com os integrantes e maus.

³⁶Sede misericordiosos, como também vosso Pai é misericordioso.

## Lucas

³⁷Não julgueis, e não sereis julgados; não condeneis, e não sereis condenados; perdoai, e sereis perdoados.

³⁸Dai, e ser-vos-á dado; boa medida, recalcada, sacudida e transbordando vos deitarão no regaço; porque com a mesma medida com que medis, vos medirão a vós.

³⁹E propôs-lhes também uma parábola: Pode porventura um cego guiar outro cego? não cairão ambos no barranco?

⁴⁰Não é o discípulo mais do que o seu mestre; mas todo o que for bem instruído será como o seu mestre.

⁴¹Por que vês o argueiro no olho de teu irmão, e não reparas na trave que está no teu próprio olho?

⁴²Ou como podes dizer a teu irmão: Irmão, deixa-me tirar o argueiro que está no teu olho, não vendo tu mesmo a trave que está no teu? Hipócrita! tira primeiro a trave do teu olho; e então verás bem para tirar o argueiro que está no olho de teu irmão.

⁴³Porque não há árvore boa que dê mau fruto nem tampouco árvore má que dê bom fruto.

⁴⁴Porque cada árvore se conhece pelo seu próprio fruto; pois dos espinheiros não se colhem figos, nem dos abrolhos se vindimam uvas.

⁴⁵O homem bom, do bom tesouro do seu coração tira o bem; e o homem mau, do seu mau tesouro tira o mal; pois do que há em abundância no coração, disso fala a boca.

⁴⁶E por que me chamais: Senhor, Senhor, e não fazeis o que eu vos digo?

⁴⁷Todo aquele que vem a mim, e ouve as minhas palavras, e as pratica, eu vos mostrarei a quem é semelhante:

⁴⁸É semelhante ao homem que, edificando uma casa, cavou, abriu profunda vala, e pôs os alicerces sobre a rocha; e vindo a enchente, bateu com ímpeto a torrente naquela casa, e não a pôde abalar, porque tinha sido bem edificada.

⁴⁹Mas o que ouve e não pratica é semelhante a um homem que edificou uma casa sobre terra, sem alicerces, na qual bateu com ímpeto a torrente, e logo caiu; e foi grande a ruína daquela casa.

## Capítulo 7

¹Quando acabou de proferir todas estas palavras aos ouvidos do povo, entrou em Cafarnaum.

²E um servo de certo centurião, de quem era muito estimado, estava doente, quase à morte.

³O centurião, pois, ouvindo falar de Jesus, enviou-lhes uns anciãos dos judeus, a pedir-lhe que viesse curar o seu servo.

⁴E chegando eles junto de Jesus, rogavam-lhe com instância, dizendo: É digno de que lhe concedas isto;

⁵porque ama à nossa nação, e ele mesmo nos edificou a sinagoga.

⁶Ia, pois, Jesus com eles; mas, quando já estava perto da casa, enviou o centurião uns amigos a dizer-lhe: Senhor, não te incomodes; porque não sou digno de que entres debaixo do meu telhado;

⁷por isso nem ainda me julguei digno de ir à tua presença; dize, porém, uma palavra, e seja o meu servo curado.

⁸Pois também eu sou homem sujeito à autoridade, e tenho soldados às minhas ordens; e digo a este: Vai, e ele vai; e a outro: Vem, e ele vem; e ao meu servo: Faze isto, e ele o faz.

⁹Jesus, ouvindo isso, admirou-se dele e, voltando-se para a multidão que o seguia, disse: Eu vos afirmo que nem mesmo em Israel encontrei tamanha fé.

¹⁰E voltando para casa os que haviam sido enviados, encontraram o servo com saúde.

¹¹Pouco depois seguiu ele viagem para uma cidade chamada Naim; e iam com ele seus discípulos e uma grande multidão.

¹²Quando chegou perto da porta da cidade, eis que levavam para fora um defunto, filho único de sua mãe, que era viúva; e com ela ia uma grande multidão da cidade.

¹³Logo que o Senhor a viu, encheu-se de compaixão por ela, e disse-lhe: Não chores.

¹⁴Então, chegando-se, tocou no esquife e, quando pararam os que o levavam, disse: Moço, a ti te digo: Levanta-te.

¹⁵O que estivera morto sentou-se e começou a falar. Então Jesus o entregou à sua mãe.

¹⁶O medo se apoderou de todos, e glorificavam a Deus, dizendo: Um grande profeta se levantou entre nós; e: Deus visitou o seu povo.

¹⁷E correu a notícia disto por toda a Judéia e por toda a região circunvizinha.

¹⁸Ora, os discípulos de João anunciaram-lhe todas estas coisas.

¹⁹E João, chamando a dois deles, enviou-os ao Senhor para perguntar-lhe: És tu aquele que havia de vir, ou havemos de esperar outro?

²⁰Quando aqueles homens chegaram junto dele, disseram: João, o Batista, enviou-nos a perguntar-te: És tu aquele que havia de vir, ou havemos de esperar outro?

²¹Naquela mesma hora, curou a muitos de doenças, de moléstias e de espíritos malignos; e deu vista a muitos cegos.

²²Então lhes respondeu: Ide, e contai a João o que tens visto e ouvido: os cegos vêem, os coxos andam, os leprosos são purificados, e os surdos ouvem; os mortos são ressuscitados, e aos pobres é anunciado o evangelho.

²³E bem-aventurado aquele que não se escandalizar de mim.

²⁴E, tendo-se retirado os mensageiros de João, Jesus começou a dizer às multidões a respeito de João: Que saístes a ver no deserto? um caniço agitado pelo vento?

²⁵Mas que saístes a ver? um homem trajado de vestes luxuosas? Eis que aqueles que trajam roupas preciosas, e vivem em delícias, estão nos paços reais.

²⁶Mas que saístes a ver? um profeta? Sim, vos digo, e muito mais do que profeta.

²⁷Este é aquele de quem está escrito: Eis aí envio ante a tua face o meu mensageiro, que há de preparar adiante de ti o teu caminho.

²⁸Pois eu vos digo que, entre os nascidos de mulher, não há nenhum maior do que João; mas aquele que é o menor no re medida com é maior do que ele.

²⁹E todo o povo que o ouviu, e até os publicanos, reconheceram a justiça de Deus, recebendo o batismo de João.

³⁰Mas os fariseus e os doutores da lei rejeitaram o conselho de Deus quando a si mesmos, não sendo batizados por ele.

³¹A que, pois, compararei os homens desta geração, e a que são semelhantes?

³²São semelhantes aos meninos que, sentados nas praças, gritam uns para os outros: Tocamo-vos flauta, e não dançastes; cantamos lamentações, e não chorastes.

³³Porquanto veio João, o Batista, não comendo pão nem bebendo vinho, e dizeis: Tem demônio;

³⁴veio o Filho do homem, comendo e bebendo, e dizeis: Eis aí um comilão e bebedor de vinho, amigo de publicanos e pecadores.

³⁵Mas a sabedoria é justificada por todos os seus filhos.

³⁶Um dos fariseus convidou-o para comer com ele; e entrando em casa do fariseu, reclinou-se à mesa.

³⁷E eis que uma mulher pecadora que havia na cidade, quando soube que ele estava à mesa em casa do fariseu, trouxe um vaso de alabastro com bálsamo;

³⁸e estando por detrás, aos seus pés, chorando, começou a regar-lhe os pés com lágrimas e os enxugava com os cabelos da sua cabeça; e beijava-lhe os pés e ungia-os com o bálsamo.

³⁹Mas, ao ver isso, o fariseu que o convidara falava consigo, dizendo: Se este homem fosse profeta, saberia quem e de que qualidade é essa mulher que o toca, pois é uma pecadora.

⁴⁰E respondendo Jesus, disse-lhe: Simão, tenho uma coisa a dizer-te. Respondeu ele: Dize-a, Mestre.

⁴¹Certo credor tinha dois devedores; um lhe devia quinhentos denários, e outro cinquenta.

⁴²Não tendo eles com que pagar, perdoou a ambos. Qual deles, pois, o amará mais?

⁴³Respondeu Simão: Suponho que é aquele a quem mais perdoou. Replicou-lhe Jesus: Julgaste bem.

⁴⁴E, voltando-se para a mulher, disse a Simão: Vês tu esta mulher? Entrei em tua casa, e não me deste água para os pés; mas esta com suas lágrimas os regou e com seus cabelos os enxugou.

⁴⁵Não me deste ósculo; ela, porém, desde que entrei, não tem cessado de beijar-me os pés.

⁴⁶Não me ungiste a cabeça com óleo; mas esta com bálsamo ungiu-me os pés.

⁴⁷Por isso te digo: Perdoados lhe são os pecados, que são muitos; porque ela muito amou; mas aquele a quem pouco se perdoa, pouco ama.

⁴⁸E disse a ela: Perdoados são os teus pecados.

⁴⁹Mas os que estavam com ele à mesa começaram a dizer entre si: Quem é este que até perdoa pecados?

⁵⁰Jesus, porém, disse à mulher: A tua fé te salvou; vai-te em paz.

## Capítulo 8

¹Logo depois disso, andava Jesus de cidade em cidade, e de aldeia em aldeia, pregando e anunciando o evangelho do reino de Deus; e iam com ele os doze,

²bem como algumas mulheres que haviam sido curadas de espíritos malignos e de enfermidades: Maria, chamada Madalena, da qual tinham saído sete demônios.

³Joana, mulher de Cuza, procurador de Herodes, Susana, e muitas outras que os serviam com os seus bens.

⁴Ora, ajuntando-se uma grande multidão, e vindo ter com ele gente de todas as cidades, disse Jesus por parábola:

⁵Saiu o semeador a semear a sua semente. E quando semeava, uma parte da semente caiu à beira do caminho; e foi pisada, e as aves do céu a comeram.

⁶Outra caiu sobre pedra; e, nascida, secou-se porque não havia umidade.

⁷E outra caiu no meio dos espinhos; e crescendo com ela os espinhos, sufocaram-na.

⁸Mas outra caiu em boa terra; e, nascida, produziu fruto, cem por um. Dizendo ele estas coisas, clamava: Quem tem ouvidos para ouvir, ouça.

⁹Perguntaram-lhe então seus discípulos o que significava essa parábola.

¹⁰Respondeu ele: A vós é dado conhecer os mistérios do reino de Deus; mas aos outros se fala por parábolas; para que vendo, não vejam, e ouvindo, não entendam.

¹¹É, pois, esta a parábola: A semente é a palavra de Deus.

¹²Os que estão à beira do caminho são os que ouvem; mas logo vem o Diabo e tira-lhe do coração a palavra, para que não suceda que, crendo, sejam salvos.

¹³Os que estão sobre a pedra são os que, ouvindo a palavra, a recebem com alegria; mas estes não têm raiz, apenas crêem por algum tempo, mas na hora da provação se desviam.

¹⁴A parte que caiu entre os espinhos são os que ouviram e, indo seu caminho, são sufocados pelos cuidados, riquezas, e deleites desta vida e não dão fruto com perfeição.

¹⁵Mas a que caiu em boa terra são os que, ouvindo a palavra com coração reto e bom, a retêm e dão fruto com perseverança.

¹⁶Ninguém, pois, acende uma candeia e a cobre com algum vaso, ou a põe debaixo da cama; mas põe-na no velador, para que os que entram vejam a luz.

¹⁷Porque não há coisa encoberta que não haja de manifestar-se, nem coisa secreta que não haja de saber-se e vir à luz.

¹⁸Vede, pois, como ouvis; porque a qualquer que tiver lhe será dado, e a qualquer que não tiver, até o que parece ter lhe será tirado.

¹⁹Vieram, então, ter com ele sua mãe e seus irmãos, e não podiam aproximar-se dele por causa da multidão.

²⁰Foi-lhe dito: Tua mãe e teus irmãos estão lá fora, e querem ver-te.

²¹Ele, porém, lhes respondeu: Minha mãe e meus irmãos são estes que ouvem a palavra de Deus e a observam.

²²Ora, aconteceu certo dia que entrou num barco com seus discípulos, e disse-lhes: Passemos à outra margem do lago. E partiram.

²³Enquanto navegavam, ele adormeceu; e desceu uma tempestade de vento sobre o lago; e o barco se enchia de água, de sorte que perigavam.

²⁴Chegando-se a ele, o despertaram, dizendo: Mestre, Mestre, estamos perecendo. E ele, levantando-se, repreendeu o vento e a fúria da água; e cessaram, e fez-se bonança.

²⁵Então lhes perguntou: Onde está a vossa fé? Eles, atemorizados, admiraram-se, dizendo uns aos outros: Quem, pois, é este, que até aos ventos e à água manda, e lhe obedecem?

²⁶Apontaram à terra dos gerasenos, que está defronte da Galiléia.

²⁷Logo que saltou em terra, saiu-lhe ao encontro um homem da cidade, possesso de demônios, que havia muito tempo não vestia roupa, nem morava em casa, mas nos sepulcros.

²⁸Quando ele viu a Jesus, gritou, prostrou-se diante dele, e com grande voz exclamou: Que tenho eu contigo, Jesus, Filho do Deus Altíssimo? Rogo-te que não me atormentes.

²⁹Porque Jesus ordenara ao espírito imundo que saísse do homem. Pois já havia muito tempo que se apoderara dele; e guardavam-no preso com grilhões e cadeias; mas ele, quebrando as prisões, era impelido pelo demônio para os desertos.

³⁰Perguntou-lhe Jesus: Qual é o teu nome? Respondeu ele: Legião; porque tinham entrado nele muitos demônios.

³¹E rogavam-lhe que não os mandasse para o abismo.

³²Ora, andava ali pastando no monte uma grande manada de porcos; rogaram-lhe, pois que lhes permitisse entrar neles, e lho permitiu.

³³E tendo os demônios saído do homem, entraram nos porcos; e a manada precipitou-se pelo despenhadeiro no lago, e afogou-se.

³⁴Quando os pastores viram o que acontecera, fugiram, e foram anunciá-lo na cidade e nos campos.

³⁵Saíram, pois, a ver o que tinha acontecido, e foram ter com Jesus, a cujos pés acharam sentado, vestido e em perfeito juízo, o homem de quem havia saído os demônios; e se atemorizaram.

³⁶Os que tinham visto aquilo contaram-lhes como fora curado o endemoninhado.

³⁷Então todo o povo da região dos gerasenos rogou-lhe que se retirasse deles; porque estavam possuídos de grande medo. Pelo que ele entrou no barco, e voltou.

³⁸Pedia-lhe, porém, o homem de quem haviam saído os demônios que o deixasse estar com ele; mas Jesus o despediu, dizendo:

³⁹Volta para tua casa, e conta tudo quanto Deus te fez. E ele se retirou, publicando por toda a cidade tudo quanto Jesus lhe fizera.

⁴⁰Quando Jesus voltou, a multidão o recebeu; porque todos o estavam esperando.

⁴¹E eis que veio um homem chamado Jairo, que era chefe da sinagoga; e prostrando-se aos pés de Jesus, rogava-lhe que fosse a sua casa;

⁴²porque tinha uma filha única, de cerca de doze anos, que estava à morte. Enquanto, pois, ele ia, apertavam-no as multidões.

⁴³E certa mulher, que tinha uma hemorragia havia doze anos [e gastara com os médicos todos os seus haveres] e por ninguém pudera ser curada,

⁴⁴chegando-se por detrás, tocou-lhe a orla do manto, e imediatamente cessou a sua hemorragia.

⁴⁵Perguntou Jesus: Quem é que me tocou? Como todos negassem, disse-lhe Pedro: Mestre, as multidões te apertam e te oprimem.

⁴⁶Mas disse Jesus: Alguém me tocou; pois percebi que de mim saiu poder.

⁴⁷Então, vendo a mulher que não passara despercebida, aproximou-se tremendo e, prostrando-se diante dele, declarou-lhe perante todo o povo a causa por que lhe havia tocado, e como fora imediatamente curada.

⁴⁸Disse-lhe ele: Filha, a tua fé te salvou; vai-te em paz.

⁴⁹Enquanto ainda falava, veio alguém da casa do chefe da sinagoga dizendo: A tua filha já está morta; não incomodes mais o Mestre.

⁵⁰Jesus, porém, ouvindo-o, respondeu-lhe: Não temas: crê somente, e será salva.

⁵¹Tendo chegado à casa, a ninguém deixou entrar com ele, senão a Pedro, João, Tiago, e o pai e a mãe da menina.

⁵²E todos choravam e pranteavam; ele, porém, disse: Não choreis; ela não está morta, mas dorme.

⁵³E riam-se dele, sabendo que ela estava morta.

⁵⁴Então ele, tomando-lhe a mão, exclamou: Menina, levanta-te.

⁵⁵E o seu espírito voltou, e ela se levantou imediatamente; e Jesus mandou que lhe desse de comer.

⁵⁶E seus pais ficaram maravilhados; e ele mandou-lhes que a ninguém contassem o que havia sucedido.

## Capítulo 9

¹Reunindo os doze, deu-lhes poder e autoridade sobre todos os demônios, e para curarem doenças;

²e enviou-os a pregar o reino de Deus, e fazer curas,

³dizendo-lhes: Nada leveis para o caminho, nem bordão, nem alforje, nem pão, nem dinheiro; nem tenhais duas túnicas.

⁴Em qualquer casa em que entrardes, nela ficai, e dali partireis.

⁵Mas, onde quer que não vos receberem, saindo daquela cidade, sacudi o pó dos vossos pés, em testemunho contra eles.

⁶Saindo, pois, os discípulos percorreram as aldeias, anunciando o evangelho e fazendo curas por toda parte.

⁷Ora, o tetrarca Herodes soube de tudo o que se passava, e ficou muito perplexo, porque diziam uns: João ressuscitou dos mortos;

⁸outros: Elias apareceu; e outros: Um dos antigos profetas se levantou.

⁹Herodes, porém, disse: A João eu mandei degolar; quem é, pois, este a respeito de quem ouço tais coisas? E procurava vê-lo.

¹⁰Quando os apóstolos voltaram, contaram-lhe tudo o que havia feito. E ele, levando-os consigo, retirou-se à parte para uma cidade chamada Betsaida.

¹¹Mas as multidões, percebendo isto, seguiram-no; e ele as recebeu, e falava-lhes do reino de Deus, e sarava os que necessitavam de cura.

¹²Ora, quando o dia começava a declinar, aproximando-se os doze, disseram-lhe: Despede a multidão, para que, indo às aldeias e aos sítios em redor, se hospedem, e achem o que comer; porque aqui estamos em lugar deserto.

¹³Mas ele lhes disse: Dai-lhes vós de comer. Responderam eles: Não temos senão cinco pães e dois peixes; salvo se nós formos comprar comida para todo este povo.

¹⁴Pois eram cerca de cinco mil homens. Então disse a seus discípulos: Fazei-os reclinar-se em grupos de cerca de cinquenta cada um.

¹⁵Assim o fizeram, mandando que todos se reclinassem.

¹⁶E tomando Jesus os cinco pães e os dois peixes, e olhando para o céu, os abençoou e partiu, e os entregava aos seus discípulos para os porem diante da multidão.

¹⁷Todos, pois, comeram e se fartaram; e foram levantados, do que lhes sobejou, doze cestos de pedaços.

¹⁸Enquanto ele estava orando à parte achavam-se com ele somente seus discípulos; e perguntou-lhes: Quem dizem as multidões que eu sou?

¹⁹Responderam eles: Uns dizem: João, o Batista; outros: Elias; e ainda outros, que um dos antigos profetas se levantou.

²⁰Então lhes perguntou: Mas vós, quem dizeis que eu sou? Respondendo Pedro, disse: O Cristo de Deus.

²¹Jesus, porém, advertindo-os, mandou que não contassem isso a ninguém;

²²e disse-lhes: É necessário que o Filho do homem padeça muitas coisas, que seja rejeitado pelos anciãos, pelos principais sacerdotes e escribas, que seja morto, e que ao terceiro dia ressuscite.

²³Em seguida dizia a todos: Se alguém quer vir após mim, negue-se a si mesmo, tome cada dia a sua cruz, e siga-me.

²⁴Pois quem quiser salvar a sua vida, perdê-la-á; mas quem perder a sua vida por amor de mim, esse a salvará.

²⁵Pois, que aproveita ao homem ganhar o mundo inteiro, e perder-se, ou prejudicar-se a si mesmo?

²⁶Porque, quem se envergonhar de mim e das minhas palavras, dele se envergonhará o Filho do homem, quando vier na sua glória, e na do Pai e dos santos anjos.

²⁷Mas em verdade vos digo: Alguns há, dos que estão aqui, que de modo nenhum provarão a morte até que vejam o reino de Deus.

²⁸Cerca de oito dias depois de ter proferido essas palavras, tomou Jesus consigo a Pedro, a João e a Tiago, e subiu ao monte para orar.

²⁹Enquanto ele orava, mudou-se a aparência do seu rosto, e a sua roupa tornou-se branca e resplandecente.

³⁰E eis que estavam falando com ele dois varões, que eram Moisés e Elias,

³¹os quais apareceram com glória, e falavam da sua partida que estava para cumprir-se em Jerusalém.

³²Ora, Pedro e os que estavam com ele se haviam deixado vencer pelo sono; despertando, porém, viram a sua glória e os dois varões que estavam com ele.

³³E, quando estes se apartavam dele, disse Pedro a Jesus: Mestre, bom é estarmos nós aqui: façamos, pois, três cabanas, uma para ti, uma para Moisés, e uma para Elias, não sabendo o que dizia.

³⁴Enquanto ele ainda falava, veio uma nuvem que os cobriu; e se atemorizaram ao entrarem na nuvem.

³⁵E da nuvem saiu uma voz que dizia: Este é o meu Filho, o meu eleito; a ele ouvi.

³⁶Ao soar esta voz, Jesus foi achado sozinho; e eles calaram-se, e por aqueles dias não contaram a ninguém nada do que tinham visto.

³⁷No dia seguinte, quando desceram do monte, veio-lhe ao encontro uma grande multidão.

³⁸E eis que um homem dentre a multidão clamou, dizendo: Mestre, peço-te que olhes para meu filho, porque é o único que tenho;

³⁹pois um espírito se apodera dele, fazendo-o gritar subitamente, convulsiona-o até escumar e, mesmo depois de o ter quebrantado, dificilmente o larga.

⁴⁰E roguei aos teus discípulos que o expulsassem, mas não puderam.

⁴¹Respondeu Jesus: Ó geração incrédula e perversa! até quando estarei convosco e vos sofrerei? Traze-me cá o teu filho.

⁴²Ainda quando ele vinha chegando, o demônio o derribou e o convulsionou; mas Jesus repreendeu o espírito imundo, curou o menino e o entregou a seu pai.

⁴³E todos se maravilhavam da majestade de Deus. E admirando-se todos de tudo o que Jesus fazia, disse ele a seus discípulos:

⁴⁴Ponde vós estas palavras em vossos ouvidos; pois o Filho do homem está para ser entregue nas mãos dos homens.

⁴⁵Eles, porém, não entendiam essa palavra, cujo sentido lhes era encoberto para que não o compreendessem; e temiam interrogá-lo a esse respeito.

⁴⁶E suscitou-se entre eles uma discussão sobre qual deles seria o maior.

⁴⁷Mas Jesus, percebendo o pensamento de seus corações, tomou uma criança, pô-la junto de si,

⁴⁸e disse-lhes: Qualquer que receber esta criança em meu nome, a mim me recebe; e qualquer que me receber a mim, recebe aquele que me enviou; pois aquele que entre vós todos é o menor, esse é grande.

⁴⁹Disse-lhe João: Mestre, vimos um homem que em teu nome expulsava demônios; e lho proibimos, porque não segue conosco.

⁵⁰Respondeu-lhe Jesus: Não lho proibais; porque quem não é contra vós é por vós.

⁵¹Ora, quando se completavam os dias para a sua assunção, manifestou o firme propósito de ir a Jerusalém.

⁵²Enviou, pois, mensageiros adiante de si. Indo eles, entraram numa aldeia de samaritanos para lhe prepararem pousada.

⁵³Mas não o receberam, porque viajava em direção a Jerusalém.

⁵⁴Vendo isto os discípulos Tiago e João, disseram: Senhor, queres que mandemos descer fogo do céu para os consumir [como Elias também fez?]

⁵⁵Ele porém, voltando-se, repreendeu-os, [e disse: Vós não sabeis de que espírito sois.]

⁵⁶[Pois o Filho do Homem não veio para destruir as vidas dos homens, mas para salvá-las.] E foram para outra aldeia.

⁵⁷Quando iam pelo caminho, disse-lhe um homem: Seguir-te-ei para onde quer que fores.

⁵⁸Respondeu-lhe Jesus: As raposas têm covis, e as aves do céu têm ninhos; mas o Filho do homem não tem onde reclinar a cabeça.

⁵⁹E a outro disse: Segue-me. Ao que este respondeu: Permite-me ir primeiro sepultar meu pai.

⁶⁰Replicou-lhe Jesus: Deixa os mortos sepultar os seus próprios mortos; tu, porém, vai e anuncia o reino de Deus.

⁶¹Jesus, porém, lhe respondeu: Ninguém que lança mão do arado e olha para trás é apto para o reino de Deus.

## Capítulo 10

¹Depois disso designou o Senhor outros setenta, e os enviou adiante de si, de dois em dois, a todas as cidades e lugares aonde ele havia de ir.

²E dizia-lhes: Na verdade, a seara é grande, mas os trabalhadores são poucos; rogai, pois, ao Senhor da seara que mande trabalhadores para a sua seara.

³Ide; eis que vos envio como cordeiros ao meio de lobos.

⁴Não leveis bolsa, nem alforge, nem alparcas; e a ninguém saudeis pelo caminho.

⁵Em qualquer casa em que entrardes, dizei primeiro: Paz seja com esta casa.

⁶E se ali houver um filho da paz, repousará sobre ele a vossa paz; e se não, voltará para vós.

⁷Ficai nessa casa, comendo e bebendo do que eles tiverem; pois digno é o trabalhador do seu salário. Não andeis de casa em casa.

⁸Também, em qualquer cidade em que entrardes, e vos receberem, comei do que puserem diante de vós.

⁹Curai os enfermos que nela houver, e dizer-lhes: É chegado a vós o reino de Deus.

¹⁰Mas em qualquer cidade em que entrardes, e vos não receberem, saindo pelas ruas, dizei:

¹¹Até o pó da vossa cidade, que se nos pegou aos pés, sacudimos contra vós. Contudo, sabei isto: que o reino de Deus é chegado.

¹²Digo-vos que naquele dia haverá menos rigor para Sodoma, do que para aquela cidade.

¹³Ai de ti, Corazim! ai de ti, Betsaida! Porque, se em Tiro e em Sidom se tivessem operado os milagres que em vós se operaram, há muito, sentadas em cilício e cinza, elas se teriam arrependido.

¹⁴Contudo, para Tiro e Sidom haverá menos rigor no juízo do que para vós.

¹⁵E tu, Cafarnaum, porventura serás elevada até o céu? até o hades descerás.

¹⁶Quem vos ouve, a mim me ouve; e quem vos rejeita, a mim me rejeita; e quem a mim me rejeita, rejeita aquele que me enviou.

¹⁷Voltaram depois os setenta com alegria, dizendo: Senhor, em teu nome, até os demônios se nos submetem.

¹⁸Respondeu-lhes ele: Eu via Satanás, como raio, cair do céu.

¹⁹Eis que vos dei autoridade para pisar serpentes e escorpiões, e sobre todo o poder do inimigo; e nada vos fará dano algum.

²⁰Contudo, não vos alegreis porque se vos submetem os espíritos; alegrai-vos antes por estarem os vossos nomes escritos nos céus.

²¹Naquela mesma hora exultou Jesus no Espírito Santo, e disse: Graças te dou, ó Pai, Senhor do céu e da terra, porque ocultaste estas coisas aos sábios e entendidos, e as revelaste aos pequeninos; sim, ó Pai, porque assim foi do teu agrado.

²²Todas as coisas me foram entregues por meu Pai; e ninguém

conhece quem é o Filho senão o Pai, nem quem é o Pai senão o Filho, e aquele a quem o Filho o quiser revelar.

²³E voltando-se para os discípulos, disse-lhes em particular: Bem-aventurados os olhos que vêem o que vós vedes.

²⁴Pois vos digo que muitos profetas e reis desejaram ver o que vós vedes, e não o viram; e ouvir o que ouvis, e não o ouviram.

²⁵E eis que se levantou certo doutor da lei e, para o experimentar, disse: Mestre, que farei para herdar a vida eterna?

²⁶Perguntou-lhe Jesus: Que está escrito na lei? Como lês tu?

²⁷Respondeu-lhe ele: Amarás ao Senhor teu Deus de todo o teu coração, de toda a tua alma, de todas as tuas forças e de todo o teu entendimento, e ao teu próximo como a ti mesmo.

²⁸Tornou-lhe Jesus: Respondeste bem; faze isso, e viverás.

²⁹Ele, porém, querendo justificar-se, perguntou a Jesus: E quem é o meu próximo?

³⁰Jesus, prosseguindo, disse: Um homem descia de Jerusalém a Jericó, e caiu nas mãos de salteadores, os quais o despojaram e espancando-o, se retiraram, deixando-o meio morto.

³¹Casualmente, descia pelo mesmo caminho certo sacerdote; e vendo-o, passou de largo.

³²De igual modo também um levita chegou àquele lugar, viu-o, e passou de largo.

³³Mas um samaritano, que ia de viagem, chegou perto dele e, vendo-o, encheu-se de compaixão;

³⁴e aproximando-se, atou-lhe as feridas, deitando nelas azeite e vinho; e pondo-o sobre a sua cavalgadura, levou-o para uma estalagem e cuidou dele.

³⁵No dia seguinte tirou dois denários, deu-os ao hospedeiro e disse-lhe: Cuida dele; e tudo o que gastares a mais, eu to pagarei quando voltar.

³⁶Qual, pois, destes três te parece ter sido o próximo daquele que caiu nas mãos dos salteadores?

³⁷Respondeu o doutor da lei: Aquele que usou de misericórdia para com ele. Disse-lhe, pois, Jesus: Vai, e faze tu o mesmo.

³⁸Ora, quando iam de caminho, entrou Jesus numa aldeia; e certa mulher, por nome Marta, o recebeu em sua casa.

³⁹Tinha esta uma irmã chamada Maria, a qual, sentando-se aos pés do Senhor, ouvia a sua palavra.

⁴⁰Marta, porém, andava preocupada com muito serviço; e aproximando-se, disse: Senhor, não se te dá que minha irmã me tenha deixado a servir sozinha? Dize-lhe, pois, que me ajude.

⁴¹Respondeu-lhe o Senhor: Marta, Marta, estás ansiosa e perturbada com muitas coisas;

⁴²entretanto poucas são necessárias, ou mesmo uma só; e Maria escolheu a boa parte, a qual não lhe será tirada.

## Capítulo 11

¹Estava Jesus em certo lugar orando e, quando acabou, disse-lhe um dos seus discípulos: Senhor, ensina-nos a orar, como também João ensinou aos seus discípulos.

²Ao que ele lhes disse: Quando orardes, dizei: Pai, santificado seja o teu nome; venha o teu reino;

³dá-nos cada dia o nosso pão cotidiano;

⁴e perdoa-nos os nossos pecados, pois também nós perdoamos a todo aquele que nos deve; e não nos deixes entrar em tentação, [mas livra-nos do mal.]

⁵Disse-lhes também: Se um de vós tiver um amigo, e se for procurá-lo à meia-noite e lhe disser: Amigo, empresta-me três pães,

⁶pois que um amigo meu, estando em viagem, chegou a minha casa, e não tenho o que lhe oferecer;

⁷e se ele, de dentro, responder: Não me incomodes; já está a porta fechada, e os meus filhos estão comigo na cama; não posso levantar-me para te atender;

⁸digo-vos que, ainda que se levante para lhos dar por ser seu amigo, todavia, por causa da sua importunação, se levantará e lhe dará quantos pães ele precisar.

⁹Pelo que eu vos digo: Pedi, e dar-se-vos-á; buscai e achareis; batei, e abrir-se-vos-á;

¹⁰pois todo o que pede, recebe; e quem busca acha; e ao que bate, abrir-se-lhe-á.

¹¹E qual o pai dentre vós que, se o filho lhe pedir pão, lhe dará uma pedra? Ou, se lhe pedir peixe, lhe dará por peixe uma serpente?

¹²Ou, se pedir um ovo, lhe dará um escorpião?

¹³Se vós, pois, sendo maus, sabeis dar boas dádivas aos vossos filhos, quanto mais dará o Pai celestial o Espírito Santo àqueles que lho pedirem?

¹⁴Estava Jesus expulsando um demônio, que era mudo; e aconteceu que, saindo o demônio, o mudo falou; e as multidões se admiraram.

¹⁵Mas alguns deles disseram: É por Belzebu, o príncipe dos demônios, que ele expulsa os demônios.

¹⁶E outros, experimentando-o, lhe pediam um sinal do céu.

¹⁷Ele, porém, conhecendo-lhes os pensamentos, disse-lhes: Todo reino dividido contra si mesmo será assolado, e casa sobre casa cairá.

¹⁸Ora, pois, se Satanás está dividido contra si mesmo, como subsistirá o seu reino? Pois dizeis que eu expulso dos demônios por Belzebu.

¹⁹E, se eu expulso os demônios por Belzebu, por quem os expulsam os vossos filhos? Por isso eles mesmos serão os vossos juizes.

²⁰Mas, se é pelo dedo de Deus que eu expulso os demônios, logo é chegado a vós o reino de Deus.

²¹Quando o valente guarda, armado, a sua casa, em segurança estão os seus bens;

²²mas, sobrevindo outro mais valente do que ele, e vencendo-o, tira-lhe toda a armadura em que confiava, e reparte os seus despojos.

²³Quem não é comigo, é contra mim; e quem comigo não ajunta, espalha.

²⁴Ora, havendo o espírito imundo saindo do homem, anda por lugares áridos, buscando repouso; e não o encontrando, diz: Voltarei para minha casa, donde saí.

²⁵E chegando, acha-a varrida e adornada.

²⁶Então vai, e leva consigo outros sete espíritos piores do que ele e, entrando, habitam ali; e o último estado desse homem vem a ser pior do que o primeiro.

²⁷Ora, enquanto ele dizia estas coisas, certa mulher dentre a multidão levantou a voz e lhe disse: Bem-aventurado o ventre que te trouxe e os peitos em que te amamentaste.

²⁸Mas ele respondeu: Antes bem-aventurados os que ouvem a palavra de Deus, e a observam.

²⁹Como afluíssem as multidões, começou ele a dizer: Geração perversa é esta; ela pede um sinal; e nenhum sinal se lhe dará, senão o de Jonas;

³⁰porquanto, assim como Jonas foi sinal para os ninivitas, também o Filho do homem o será para esta geração.

³¹A rainha do sul se levantará no juízo com os homens desta geração, e os condenará; porque veio dos confins da terra para ouvir a sabedoria de Salomão; e eis, aqui quem é maior do que Salomão.

³²Os homens de Nínive se levantarão no juízo com esta geração, e a condenarão; porque se arrependeram com a pregação de Jonas; e eis aqui quem é maior do que Jonas.

³³Ninguém, depois de acender uma candeia, a põe em lugar oculto, nem debaixo do alqueire, mas no velador, para que os que entram vejam a luz.

³⁴A candeia do corpo são os olhos. Quando, pois, os teus olhos forem bons, todo o teu corpo será luminoso; mas, quando forem maus, o teu corpo será tenebroso.

³⁵Vê, então, que a luz que há em ti não sejam trevas.

³⁶Sé, pois, todo o teu corpo estiver iluminado, sem ter parte alguma em trevas, será inteiramente luminoso, como quando a candeia te alumia com o seu resplendor.

³⁷Acabando Jesus de falar, um fariseu o convidou para almoçar com ele; e havendo Jesus entrado, reclinou-se à mesa.

³⁸O fariseu admirou-se, vendo que ele não se lavara antes de almoçar.

³⁹Ao que o Senhor lhe disse: Ora vós, os fariseus, limpais o exterior do copo e do prato; mas o vosso interior do copo e do prato; mas o vosso interior está cheio de rapina e maldade.

⁴⁰Loucos! quem fez o exterior, não fez também o inferior?

⁴¹Dai, porém, de esmola o que está dentro do copo e do prato, e eis que todas as coisas vos serão limpas.

⁴²Mas ai de vós, fariseus! porque dais o dízimo da hortelã, e da arruda, e de toda hortaliça, e desprezais a justiça e o amor de Deus. Ora, estas coisas importava fazer, sem deixar aquelas.

⁴³Ai de vós, fariseus! porque gostais dos primeiros assentos nas sinagogas, e das saudações nas praças.

⁴⁴Ai de vós! porque sois como as sepulturas que não aparecem, sobre as quais andam os homens sem o saberem.

⁴⁵Disse-lhe, então, um dos doutores da lei: Mestre, quando dizes isso, também nos afrontas a nós.

⁴⁶Ele, porém, respondeu: Ai de vós também, doutores da lei! porque carregais os homens com fardos difíceis de suportar, e vós mesmos nem ainda com um dos vossos dedos tocais nesses fardos.

⁴⁷Ai de vós! porque edificais os túmulos dos profetas, e vossos pais os mataram.

⁴⁸Assim sois testemunhas e aprovais as obras de vossos pais;

porquanto eles os mataram, e vós lhes edificais os túmulos.

⁴⁹Por isso diz também a sabedoria de Deus: Profetas e apóstolos lhes mandarei; e eles matarão uns, e perseguirão outros;

⁵⁰para que a esta geração se peçam contas do sangue de todos os profetas que, desde a fundação do mundo, foi derramado;

⁵¹desde o sangue de Abel, até o sangue de Zacarias, que foi morto entre o altar e o santuário; sim, eu vos digo, a esta geração se pedirão contas.

⁵²Ai de vós, doutores da lei! porque tirastes a chave da ciência; vós mesmos não entrastes, e impedistes aos que entravam.

⁵³Ao sair ele dali, começaram os escribas e os fariseus a apertá-lo fortemente, e a interrogá-lo acerca de muitas coisas,

⁵⁴armando-lhe ciladas, a fim de o apanharem em alguma coisa que dissesse.

## Capítulo 12

¹Ajuntando-se entretanto muitos milhares de pessoas, de sorte que se atropelavam uns aos outros, começou Jesus a dizer primeiro aos seus discípulos: Acautelai-vos do fermento dos fariseus, que é a hipocrisia.

²Mas nada há encoberto, que não haja de ser descoberto; nem oculto, que não haja de ser conhecido.

³Porquanto tudo o que em trevas dissestes, à luz será ouvido; e o que falaste ao ouvido no gabinete, dos eirados será apregoado.

⁴Digo-vos, amigos meus: Não temais os que matam o corpo, e depois disso nada mais podem fazer.

⁵Mas eu vos mostrarei a quem é que deveis temer; temei aquele que, depois de matar, tem poder para lançar no inferno; sim, digo, a esse temei.

⁶Não se vendem cinco passarinhos por dois asses? E nenhum deles está esquecido diante de Deus.

⁷Mas até os cabelos da vossa cabeça estão todos contados. Não temais, pois mais valeis vós do que muitos passarinhos.

⁸E digo-vos que todo aquele que me confessar diante dos homens, também o Filho do homem o confessará diante dos anjos de Deus;

⁹mas quem me negar diante dos homens, será negado diante dos anjos de Deus.

¹⁰E a todo aquele que proferir uma palavra contra o Filho do homem, isso lhe será perdoado; mas ao que blasfemar contra o Espírito Santo, não lhe será perdoado.

¹¹Quando, pois, vos levarem às sinagogas, aos magistrados e às autoridades, não estejais solícitos de como ou do que haveis de responder, nem do que haveis de dizer.

¹²Porque o Espírito Santo vos ensinará na mesma hora o que deveis dizer.

¹³Disse-lhe alguém dentre a multidão: Mestre, dize a meu irmão que reparte comigo a herança.

¹⁴Mas ele lhe respondeu: Homem, quem me constituiu a mim juiz ou repartidor entre vós?

¹⁵E disse ao povo: Acautelai-vos e guardai-vos de toda espécie de cobiça; porque a vida do homem não consiste na abundância das coisas que possui.

¹⁶Propôs-lhes então uma parábola, dizendo: O campo de um homem rico produzira com abundância;

¹⁷e ele arrazoava consigo, dizendo: Que farei? Pois não tenho onde recolher os meus frutos.

¹⁸Disse então: Farei isto: derribarei os meus celeiros e edificarei outros maiores, e ali recolherei todos os meus cereais e os meus bens;

¹⁹e direi à minha alma: Alma, tens em depósito muitos bens para muitos anos; descansa, come, bebe, regala-te.

²⁰Mas Deus lhe disse: Insensato, esta noite te pedirão a tua alma; e o que tens preparado, para quem será?

²¹Assim é aquele que para si ajunta tesouros, e não é rico para com Deus.

²²E disse aos seus discípulos: Por isso vos digo: Não estejais ansiosos quanto à vossa vida, pelo que haveis de comer, nem quanto ao corpo, pelo que haveis de vestir.

²³Pois a vida é mais do que o alimento, e o corpo mais do que o vestuário.

²⁴Considerai os corvos, que não semeiam nem ceifam; não têm despensa nem celeiro; contudo, Deus os alimenta. Quanto mais não valeis vós do que as aves!

²⁵Ora, qual de vós, por mais ansioso que esteja, pode acrescentar um côvado à sua estatura?

²⁶Porquanto, se não podeis fazer nem as coisas mínimas, por que estais ansiosos pelas outras?

²⁷Considerai os lírios, como crescem; não trabalham, nem fiam; contudo vos digo que nem mesmo Salomão, em toda a sua glória, se vestiu como um deles.

²⁸Se, pois, Deus assim veste a erva que hoje está no campo e amanhã é lançada no forno, quanto mais vós, homens de pouca fé?

²⁹Não procureis, pois, o que haveis de comer, ou o que haveis de beber, e não andeis preocupados.

³⁰Porque a todas estas coisas os povos do mundo procuram; mas vosso Pai sabe que precisais delas.

³¹Buscai antes o seu reino, e estas coisas vos serão acrescentadas.

³²Não temas, ó pequeno rebanho! porque a vosso Pai agradou dar-vos o reino.

³³Vendei o que possuís, e dai esmolas. Fazei para vós bolsas que não envelheçam; tesouro nos céus que jamais acabe, aonde não chega ladrão e a traça não rói.

³⁴Porque, onde estiver o vosso tesouro, aí estará também o vosso coração.

³⁵Estejam cingidos os vossos lombos e acesas as vossas candeias;

³⁶e sede semelhantes a homens que esperam o seu senhor, quando houver de voltar das bodas, para que, quando vier e bater, logo possam abrir-lhe.

³⁷Bem-aventurados aqueles servos, aos quais o senhor, quando vier, achar vigiando! Em verdade vos digo que se cingirá, e os fará reclinar-se à mesa e, chegando-se, os servirá.

³⁸Quer venha na segunda vigília, quer na terceira, bem-aventurados serão eles, se assim os achar.

³⁹Sabei, porém, isto: se o dono da casa soubesse a que hora havia de vir o ladrão, vigiaria e não deixaria minar a sua casa.

⁴⁰Estai vós também apercebidos; porque, numa hora em que não penseis, virá o Filho do homem.

⁴¹Então Pedro perguntou: Senhor, dizes essa parábola a nós, ou também a todos?

⁴²Respondeu o Senhor: Qual é, pois, o mordomo fiel e prudente, que o Senhor porá sobre os seus servos, para lhes dar a tempo a ração?

⁴³Bem-aventurado aquele servo a quem o seu senhor, quando vier, achar fazendo assim.

⁴⁴Em verdade vos digo que o porá sobre todos os seus bens.

⁴⁵Mas, se aquele servo disser em teu coração: O meu senhor tarda em vir; e começar a espancar os criados e as criadas, e a comer, a beber e a embriagar-se,

⁴⁶virá o senhor desse servo num dia em que não o espera, e numa hora de que não sabe, e cortá-lo-á pelo meio, e lhe dará a sua parte com os infiéis.

⁴⁷O servo que soube a vontade do seu senhor, e não se aprontou, nem fez conforme a sua vontade, será castigado com muitos açoites;

⁴⁸mas o que não a soube, e fez coisas que mereciam castigo, com poucos açoites será castigado. Daquele a quem muito é dado, muito se lhe requererá; e a quem muito é confiado, mais ainda se lhe pedirá.

⁴⁹Vim lançar fogo à terra; e que mais quero, se já está aceso!

⁵⁰Há um batismo em que hei de ser batizado; e como me angustio até que venha a cumprir-se!

⁵¹Cuidais vós que vim trazer paz à terra? Não, eu vos digo, mas antes dissensão:

⁵²pois daqui em diante estarão cinco pessoas numa casa divididas, três contra duas, e duas contra três;

⁵³estarão divididos: pai contra filho, e filho contra pai; mãe contra filha, e filha contra mãe; sogra contra nora, e nora contra sogra.

⁵⁴Dizia também às multidões: Quando vedes subir uma nuvem do ocidente, logo dizeis: Lá vem chuva; e assim sucede;

⁵⁵e quando vedes soprar o vento sul dizeis; Haverá calor; e assim sucede.

⁵⁶Hipócritas, sabeis discernir a face da terra e do céu; como não sabeis então discernir este tempo?

⁵⁷E por que não julgais também por vós mesmos o que é justo?

⁵⁸Quando, pois, vais com o teu adversário ao magistrado, procura fazer as pazes com ele no caminho; para que não suceda que ele te arraste ao juiz, e o juiz te entregue ao meirinho, e o meirinho te lance na prisão

⁵⁹Digo-te que não sairás dali enquanto não pagares o derradeiro lepto.

## Capítulo 13

¹Ora, naquele mesmo tempo estavam presentes alguns que lhe falavam dos galileus cujo sangue Pilatos misturara com os sacrifícios deles.

²Respondeu-lhes Jesus: Pensais vós que esses foram maiores pecadores do que todos os galileus, por terem padecido tais coisas?

³Não, eu vos digo; antes, se não vos arrependerdes, todos de igual modo perecereis.

⁴Ou pensais que aqueles dezoito, sobre os quais caiu a torre de Siloé e os matou, foram mais culpados do que todos os outros habitantes de Jerusalém?

⁵Não, eu vos digo; antes, se não vos arrependerdes, todos de igual modo perecereis.

⁶E passou a narrar esta parábola: Certo homem tinha uma figueira plantada na sua vinha; e indo procurar fruto nela, e não o achou.

⁷Disse então ao viticultor: Eis que há três anos venho procurar fruto nesta figueira, e não o acho; corta-a; para que ocupa ela ainda a terra inutilmente?

⁸Respondeu-lhe ele: Senhor, deixa-a este ano ainda, até que eu cave em derredor, e lhe deite estrume;

⁹e se no futuro der fruto, bem; mas, se não, cortá-la-ás.

¹⁰Jesus estava ensinando numa das sinagogas no sábado.

¹¹E estava ali uma mulher que tinha um espírito de enfermidade havia já dezoito anos; e andava encurvada, e não podia de modo algum endireitar-se.

¹²Vendo-a Jesus, chamou-a, e disse-lhe: Mulher, estás livre da tua enfermidade;

¹³e impôs-lhe as mãos e imediatamente ela se endireitou, e glorificava a Deus.

¹⁴Então o chefe da sinagoga, indignado porque Jesus curara no sábado, tomando a palavra disse à multidão: Seis dias há em que se deve trabalhar; vinde, pois, neles para serdes curados, e não no dia de sábado.

¹⁵Respondeu-lhe, porém, o Senhor: Hipócritas, no sábado não desprende da manjedoura cada um de vós o seu boi, ou jumento, para o levar a beber?

¹⁶E não devia ser solta desta prisão, no dia de sábado, esta que é filha de Abraão, a qual há dezoito anos Satanás tinha presa?

¹⁷E dizendo ele essas coisas, todos os seus adversário ficavam envergonhados; e todo o povo se alegrava por todas as coisas gloriosas que eram feitas por ele.

¹⁸Ele, pois, dizia: A que é semelhante o reino de Deus, e a que o compararei?

¹⁹É semelhante a um grão de mostarda que um homem tomou e lançou na sua horta; cresceu, e fez-se árvore, e em seus ramos se aninharam as aves do céu.

²⁰E disse outra vez: A que compararei o reino de Deus?

²¹É semelhante ao fermento que uma mulher tomou e misturou com três medidas de farinha, até ficar toda ela levedada.

²²Assim percorria Jesus as cidades e as aldeias, ensinando, e caminhando para Jerusalém.

²³E alguém lhe perguntou: Senhor, são poucos os que se salvam? Ao que ele lhes respondeu:

²⁴Porfiai por entrar pela porta estreita; porque eu vos digo que muitos procurarão entrar, e não poderão.

²⁵Quando o dono da casa se tiver levantado e cerrado a porta, e vós começardes, de fora, a bater à porta, dizendo: Senhor, abre-nos; e ele vos responder: Não sei donde vós sois;

²⁶então começareis a dizer: Comemos e bebemos na tua presença, e tu ensinaste nas nossas ruas;

²⁷e ele vos responderá: Não sei donde sois; apartai-vos de mim, vós todos os que praticais a iniquidade.

²⁸Ali haverá choro e ranger de dentes quando virdes Abraão, Isaque, Jacó e todos os profetas no reino de Deus, e vós lançados fora.

²⁹Muitos virão do oriente e do ocidente, do norte e do sul, e reclinar-se-ão à mesa no reino de Deus.

³⁰Pois há últimos que serão primeiros, e primeiros que serão últimos.

³¹Naquela mesma hora chegaram alguns fariseus que lhe disseram: Sai, e retira-te daqui, porque Herodes quer matar-te.

³²Respondeu-lhes Jesus: Ide e dizei a essa raposa: Eis que vou expulsando demônios e fazendo curas, hoje e amanhã, e no terceiro dia serei consumado.

³³Importa, contudo, caminhar hoje, amanhã, e no dia seguinte; porque não convém que morra um profeta fora de Jerusalém.

³⁴Jerusalém, Jerusalém, que matas os profetas, e apedrejas os que a ti são enviados! Quantas vezes quis eu ajuntar os teus filhos, como a galinha ajunta a sua ninhada debaixo das asas, e não quiseste!

³⁵Eis aí, abandonada vos é a vossa casa. E eu vos digo que não me vereis até que venha o tempo em que digais: Bendito aquele que vem em nome do Senhor.

## Capítulo 14

¹Tendo Jesus entrado, num sábado, em casa de um dos chefes dos fariseus para comer pão, eles o estavam observando.

²Achava-se ali diante dele certo homem hidrópico.

³E Jesus, tomando a palavra, falou aos doutores da lei e aos fariseus, e perguntou: É lícito curar no sábado, ou não?

⁴Eles, porém, ficaram calados. E Jesus, pegando no homem, o curou, e o despediu.

⁵Então lhes perguntou: Qual de vós, se lhe cair num poço um filho, ou um boi, não o tirará logo, mesmo em dia de sábado?

⁶A isto nada puderam responder.

⁷Ao notar como os convidados escolhiam os primeiros lugares, propôs-lhes esta parábola:

⁸Quando por alguém fores convidado às bodas, não te reclines no primeiro lugar; não aconteça que esteja convidado outro mais digno do que tu;

⁹e vindo o que te convidou a ti e a ele, te diga: Dá o lugar a este; e então, com vergonha, tenhas de tomar o último lugar.

¹⁰Mas, quando fores convidado, vai e reclina-te no último lugar, para que, quando vier o que te convidou, te diga: Amigo, sobe mais para cima. Então terás honra diante de todos os que estiverem contigo à mesa.

¹¹Porque todo o que a si mesmo se exaltar será humilhado, e aquele que a si mesmo se humilhar será exaltado.

¹²Disse também ao que o havia convidado: Quando deres um jantar, ou uma ceia, não convides teus amigos, nem teus irmãos, nem teus parentes, nem os vizinhos ricos, para que não suceda que também eles te tornem a convidar, e te seja isso retribuído.

¹³Mas quando deres um banquete, convida os pobres, os aleijados, os mancos e os cegos;

¹⁴e serás bem-aventurado; porque eles não têm com que te retribuir; pois retribuído te será na ressurreição dos justos.

¹⁵Ao ouvir isso um dos que estavam com ele à mesa, disse-lhe: Bem-aventurado aquele que comer pão no reino de Deus.

¹⁶Jesus, porém, lhe disse: Certo homem dava uma grande ceia, e convidou a muitos.

¹⁷E à hora da ceia mandou o seu servo dizer aos convidados: vinde, porque tudo já está preparado.

¹⁸Mas todos à uma começaram a escusar-se. Disse-lhe o primeiro: Comprei um campo, e preciso ir vê-lo; rogo-te que me dês por escusado.

¹⁹Outro disse: Comprei cinco juntas de bois, e vou experimentá-los; rogo-te que me dês por escusado.

²⁰Ainda outro disse: Casei-me e portanto não posso ir.

²¹Voltou o servo e contou tudo isto a seu senhor: Então o dono da casa, indignado, disse a seu servo: Sai depressa para as ruas e becos da cidade e traze aqui os pobres, os aleijados, os cegos e os coxos.

²²Depois disse o servo: Senhor, feito está como o ordenaste, e ainda há lugar.

²³Respondeu o senhor ao servo: Sai pelos caminhos e valados, e obriga-os a entrar, para que a minha casa se encha.

²⁴Pois eu vos digo que nenhum daqueles homens que foram convidados provará a minha ceia.

²⁵Ora, iam com ele grandes multidões; e, voltando-se, disse-lhes:

²⁶Se alguém vier a mim, e não aborrecer a pai e mãe, a mulher e filhos, a irmãos e irmãs, e ainda também à própria vida, não pode ser meu discípulo.

²⁷Quem não leva a sua cruz e não me segue, não pode ser meu discípulo.

²⁸Pois qual de vós, querendo edificar uma torre, não se senta primeiro a calcular as despesas, para ver se tem com que a acabar?

²⁹Para não acontecer que, depois de haver posto os alicerces, e não a podendo acabar, todos os que a virem comecem a zombar dele,

³⁰dizendo: Este homem começou a edificar e não pode acabar.

³¹Ou qual é o rei que, indo entrar em guerra contra outro rei, não se senta primeiro a consultar se com dez mil pode sair ao encontro do que vem contra ele com vinte mil?

³²No caso contrário, enquanto o outro ainda está longe, manda embaixadores, e pede condições de paz.

³³Assim, pois, todo aquele dentre vós que não renuncia a tudo quanto possui, não pode ser meu discípulo.

³⁴Bom é o sal; mas se o sal se tornar insípido, com que se há de restaurar-lhe o sabor?

³⁵Não presta nem para terra, nem para adubo; lançam-no fora. Quem tem ouvidos para ouvir, ouça.

Lucas

## Capítulo 15

¹Ora, chegavam-se a ele todos os publicanos e pecadores para o ouvir.

²E os fariseus e os escribas murmuravam, dizendo: Este recebe pecadores, e come com eles.

³Então ele lhes propôs esta parábola:

⁴Qual de vós é o homem que, possuindo cem ovelhas, e perdendo uma delas, não deixa as noventa e nove no deserto, e não vai após a perdida até que a encontre?

⁵E achando-a, põe-na sobre os ombros, cheio de júbilo;

⁶e chegando a casa, reúne os amigos e vizinhos e lhes diz: Alegrai-vos comigo, porque achei a minha ovelha que se havia perdido.

⁷Digo-vos que assim haverá maior alegria no céu por um pecador que se arrepende, do que por noventa e nove justos que não necessitam de arrependimento.

⁸Ou qual é a mulher que, tendo dez dracmas e perdendo uma dracma, não acende a candeia, e não varre a casa, buscando com diligência até encontrá-la?

⁹E achando-a, reúne as amigas e vizinhas, dizendo: Alegrai-vos comigo, porque achei a dracma que eu havia perdido.

¹⁰Assim, digo-vos, há alegria na presença dos anjos de Deus por um só pecador que se arrepende.

¹¹Disse-lhe mais: Certo homem tinha dois filhos.

¹²O mais moço deles disse ao pai: Pai, dá-me a parte dos bens que me toca. Repartiu-lhes, pois, os seus haveres.

¹³Poucos dias depois, o filho mais moço ajuntando tudo, partiu para um país distante, e ali desperdiçou os seus bens, vivendo dissolutamente.

¹⁴E, havendo ele dissipado tudo, houve naquela terra uma grande fome, e começou a passar necessidades.

¹⁵Então foi encontrar-se a um dos cidadãos daquele país, o qual o mandou para os seus campos a apascentar porcos.

¹⁶E desejava encher o estômago com as alfarrobas que os porcos comiam; e ninguém lhe dava nada.

¹⁷Caindo, porém, em si, disse: Quantos empregados de meu pai têm abundância de pão, e eu aqui pereço de fome!

¹⁸Levantar-me-ei, irei ter com meu pai e dir-lhe-ei: Pai, pequei contra o céu e diante de ti;

¹⁹já não sou digno de ser chamado teu filho; trata-me como um dos teus empregados.

²⁰Levantou-se, pois, e foi para seu pai. Estando ele ainda longe, seu pai o viu, encheu-se de compaixão e, correndo, lançou-se-lhe ao pescoço e o beijou.

²¹Disse-lhe o filho: Pai, pequei conta o céu e diante de ti; já não sou digno de ser chamado teu filho.

²²Mas o pai disse aos seus servos: Trazei depressa a melhor roupa, e vesti-lha, e ponde-lhe um anel no dedo e alparcas nos pés;

²³trazei também o bezerro, cevado e matai-o; comamos, e regozijemo-nos,

²⁴porque este meu filho estava morto, e reviveu; tinha-se perdido, e foi achado. E começaram a regozijar-se.

²⁵Ora, o seu filho mais velho estava no campo; e quando voltava, ao aproximar-se de casa, ouviu a música e as danças;

²⁶e chegando um dos servos, perguntou-lhe que era aquilo.

²⁷Respondeu-lhe este: Chegou teu irmão; e teu pai matou o bezerro cevado, porque o recebeu são e salvo.

²⁸Mas ele se indignou e não queria entrar. Saiu então o pai e instava com ele.

²⁹Ele, porém, respondeu ao pai: Eis que há tantos anos te sirvo, e nunca transgredi um mandamento teu; contudo nunca me deste um cabrito para eu me regozijar com os meus amigos;

³⁰vindo, porém, este teu filho, que desperdiçou os teus bens com as meretrizes, mataste-lhe o bezerro cevado.

³¹Replicou-lhe o pai: Filho, tu sempre estás comigo, e tudo o que é meu é teu;

³²era justo, porém, regozijarmo-nos e alegramo-nos, porque este teu irmão estava morto, e reviveu; tinha-se perdido, e foi achado.

## Capítulo 16

¹Dizia Jesus também aos seus discípulos: Havia certo homem rico, que tinha um mordomo; e este foi acusado perante ele de estar dissipando os seus bens.

²Chamou-o, então, e lhe disse: Que é isso que ouço dizer de ti? Presta contas da tua mordomia; porque já não podes mais ser meu mordomo.

³Disse, pois, o mordomo consigo: Que hei de fazer, já que o meu senhor me tira a mordomia? Para cavar, não tenho forças; de mendigar, tenho vergonha.

⁴Agora sei o que vou fazer, para que, quando for desapossado da mordomia, me recebam em suas casas.

⁵E chamando a si cada um dos devedores do seu senhor, perguntou ao primeiro: Quanto deves ao meu senhor?

⁶Respondeu ele: Cem cados de azeite. Disse-lhe então: Toma a tua conta, senta-te depressa e escreve cinquenta.

⁷Perguntou depois a outro: E tu, quanto deves? Respondeu ele: Cem coros de trigo. E disse-lhe: Toma a tua conta e escreve oitenta.

⁸E louvou aquele senhor ao injusto mordomo por haver procedido com sagacidade; porque os filhos deste mundo são mais sagazes para com a sua geração do que os filhos da luz.

⁹Eu vos digo ainda: Granjeai amigos por meio das riquezas da injustiça; para que, quando estas vos faltarem, vos recebam eles nos tabernáculos eternos.

¹⁰Quem é fiel no pouco, também é fiel no muito; quem é injusto no pouco, também é injusto no muito.

¹¹Se, pois, nas riquezas injustas não fostes fiéis, quem vos confiará as verdadeiras?

¹²E se no alheio não fostes fiéis, quem vos dará o que é vosso?

¹³Nenhum servo pode servir dois senhores; porque ou há de odiar a um e amar ao outro, o há de odiar a um e amar ao outro, o há de dedicar-se a um e desprezar o outro. Não podeis servir a Deus e às riquezas.

¹⁴Os fariseus, que eram gananciosos, ouviam todas essas coisas e zombavam dele.

¹⁵E ele lhes disse: Vós sois os que vos justificais a vós mesmos diante dos homens, mas Deus conhece dos vossos corações; porque o que entre os homens é elevado, perante Deus é abominação.

¹⁶A lei e os profetas vigoraram até João; desde então é anunciado o evangelho do reino de Deus, e todo homem forceja por entrar nele.

¹⁷É, porém, mais fácil passar o céu e a terra do que cair um til da lei.

¹⁸Todo aquele que repudia sua mulher e casa com outra, comete adultério; e quem casa com a que foi repudiada pelo marido, também comete adultério.

¹⁹Ora, havia um homem rico que se vestia de púrpura e de linho finíssimo, e todos os dias se regalava esplendidamente.

²⁰Ao seu portão fora deitado um mendigo, chamado Lázaro, todo coberto de úlceras;

²¹o qual desejava alimentar-se com as migalhas que caíam da mesa do rico; e os próprios cães vinham lamber-lhe as úlceras.

²²Veio a morrer o mendigo, e foi levado pelos anjos para o seio de Abraão; morreu também o rico, e foi sepultado.

²³No hades, ergueu os olhos, estando em tormentos, e viu ao longe a Abraão, e a Lázaro no seu seio.

²⁴E, clamando, disse: Pai Abraão, tem misericórdia de mim, e envia-me Lázaro, para que molhe na água a ponta do dedo e me refresque a língua, porque estou atormentado nesta chama.

²⁵Disse, porém, Abraão: Filho, lembra-te de que em tua vida recebeste os teus bens, e Lázaro de igual modo os males; agora, porém, ele aqui é consolado, e tu atormentado.

²⁶E além disso, entre nós e vós está posto um grande abismo, de sorte que os que quisessem passar daqui para vós não poderiam, nem os de lá passar para nós.

²⁷Disse ele então: Rogo-te, pois, ó pai, que o mandes à casa de meu pai,

²⁸porque tenho cinco irmãos; para que lhes dê testemunho, a fim de que não venham eles também para este lugar de tormento.

²⁹Disse-lhe Abraão: Têm Moisés e os profetas; ouçam-nos.

³⁰Respondeu ele: Não! pai Abraão; mas, se alguém dentre os mortos for ter com eles, hão de se arrepender.

³¹Abraão, porém, lhe disse: Se não ouvem a Moisés e aos profetas, tampouco acreditarão, ainda que ressuscite alguém dentre os mortos.

## Capítulo 17

¹Disse Jesus a seus discípulos: É impossível que não venham tropeços, mas ai daquele por quem vierem!

²Melhor lhe fora que se lhe pendurasse ao pescoço uma pedra de moinho e fosse lançado ao mar, do que fazer tropeçar um destes pequeninos.

³Tende cuidado de vós mesmos; se teu irmão pecar, repreende-o; e se ele se arrepender, perdoa-lhe.

⁴Mesmo se pecar contra ti sete vezes no dia, e sete vezes vier ter contigo, dizendo: Arrependo-me; tu lhe perdoarás.

⁵Disseram então os apóstolos ao Senhor: Aumenta-nos a fé.

⁶Respondeu o Senhor: Se tivésseis fé como um grão de mostarda,

diríeis a esta amoreira: Desarraiga-te, e planta-te no mar; e ela vos obedeceria.

⁷Qual de vós, tendo um servo a lavrar ou a apascentar gado, lhe dirá, ao voltar ele do campo: chega-te já, e reclina-te à mesa?

⁸Não lhe dirá antes: Prepara-me a ceia, e cinge-te, e serve-me, até que eu tenha comido e bebido, e depois comerás tu e beberás?

⁹Porventura agradecerá ao servo, porque este fez o que lhe foi mandado?

¹⁰Assim também vós, quando fizerdes tudo o que vos for mandado, dizei: Somos servos inúteis; fizemos somente o que devíamos fazer.

¹¹E aconteceu que, indo ele a Jerusalém, passava pela divisa entre a Samária e à Galiléia.

¹²Ao entrar em certa aldeia, saíram-lhe ao encontro dez leprosos, os quais pararam de longe,

¹³e levantaram a voz, dizendo: Jesus, Mestre, tem compaixão de nós!

¹⁴Ele, logo que os viu, disse-lhes: Ide, e mostrai-vos aos sacerdotes. E aconteceu que, enquanto iam, ficaram limpos.

¹⁵Um deles, vendo que fora curado, voltou glorificando a Deus em alta voz;

¹⁶e prostrou-se com o rosto em terra aos pés de Jesus, dando-lhe graças; e este era samaritano.

¹⁷Perguntou, pois, Jesus: Não foram limpos os dez? E os nove, onde estão?

¹⁸Não se achou quem voltasse para dar glória a Deus, senão este estrangeiro?

¹⁹E disse-lhe: Levanta-te, e vai; a tua fé te salvou.

²⁰Sendo Jesus interrogado pelos fariseus sobre quando viria o reino de Deus, respondeu-lhes: O reino de Deus não vem com aparência exterior;

²¹nem dirão: Ei-lo aqui! ou: Eí-lo ali! pois o reino de Deus está dentro de vós.

²²Então disse aos discípulos: Dias virão em que desejareis ver um dos dias do Filho do homem, e não o vereis.

²³Dir-vos-ão: Ei-lo ali! ou: Ei-lo aqui! não vades, nem os sigais;

²⁴pois, assim como o relâmpago, fuzilando em uma extremidade do céu, ilumina até a outra extremidade, assim será também o Filho do homem no seu dia.

²⁵Mas primeiro é necessário que ele padeça muitas coisas, e que seja rejeitado por esta geração.

²⁶Como aconteceu nos dias de Noé, assim também será nos dias do Filho do homem.

²⁷Comiam, bebiam, casavam e davam-se em casamento, até o dia em que Noé entrou na arca, e veio o dilúvio e os destruiu a todos.

²⁸Como também da mesma forma aconteceu nos dias de Ló: comiam, bebiam, compravam, vendiam, plantavam e edificavam;

²⁹mas no dia em que Ló saiu de Sodoma choveu do céu fogo e enxofre, e os destruiu a todos;

³⁰assim será no dia em que o Filho do homem se há de manifestar.

³¹Naquele dia, quem estiver no eirado, tendo os seus bens em casa, não desça para tirá-los; e, da mesma sorte, o que estiver no campo, não volte para trás.

³²Lembrai-vos da mulher de Ló.

³³Qualquer que procurar preservar a sua vida, perdê-la-á, e qualquer que a perder, conservá-la-á.

³⁴Digo-vos: Naquela noite estarão dois numa cama; um será tomado, e o outro será deixado.

³⁵Duas mulheres estarão juntas moendo; uma será tomada, e a outra será deixada.

³⁶[Dois homens estarão no campo; um será tomado, e o outro será deixado.]

³⁷Perguntaram-lhe: Onde, Senhor? E respondeu-lhes: Onde estiver o corpo, aí se ajuntarão também os abutres.

## Capítulo 18

¹Contou-lhes também uma parábola sobre o dever de orar sempre, e nunca desfalecer.

²dizendo: Havia em certa cidade um juiz que não temia a Deus, nem respeitava os homens.

³Havia também naquela mesma cidade uma viúva que ia ter com ele, dizendo: Faze-me justiça contra o meu adversário.

⁴E por algum tempo não quis atendê-la; mas depois disse consigo: Ainda que não temo a Deus, nem respeito os homens,

⁵todavia, como esta viúva me incomoda, hei de fazer-lhe justiça, para que ela não continue a vir molestar-me.

⁶Prosseguiu o Senhor: Ouvi o que diz esse juiz injusto.

⁷E não fará Deus justiça aos seus escolhidos, que dia e noite clamam a ele, já que é longânimo para com eles?

⁸Digo-vos que depressa lhes fará justiça. Contudo quando vier o Filho do homem, porventura achará fé na terra?

⁹Propôs também esta parábola a uns que confiavam em si mesmos, crendo que eram justos, e desprezavam os outros:

¹⁰Dois homens subiram ao templo para orar; um fariseu, e o outro publicano.

¹¹O fariseu, de pé, assim orava consigo mesmo: Ó Deus, graças te dou que não sou como os demais homens, roubadores, injustos, adúlteros, nem ainda com este publicano.

¹²Jejuo duas vezes na semana, e dou o dízimo de tudo quanto ganho.

¹³Mas o publicano, estando em pé de longe, nem ainda queria levantar os olhos ao céu, mas batia no peito, dizendo: Ó Deus, sê propício a mim, o pecador!

¹⁴Digo-vos que este desceu justificado para sua casa, e não aquele; porque todo o que a si mesmo se exaltar será humilhado; mas o que a si mesmo se humilhar será exaltado.

¹⁵Traziam-lhe também as crianças, para que as tocasse; mas os discípulos, vendo isso, os repreendiam.

¹⁶Jesus, porém, chamando-as para si, disse: Deixai vir a mim as crianças, e não as impeçais, porque de tais é o reino de Deus.

¹⁷Em verdade vos digo que, qualquer que não receber o reino de Deus como criança, de modo algum entrará nele.

¹⁸E perguntou-lhe um dos principais: Bom Mestre, que hei de fazer para herdar a vida eterna?

¹⁹Respondeu-lhe Jesus: Por que me chamas bom? Ninguém é bom, senão um, que é Deus.

²⁰Sabes os mandamentos: Não adulterarás; não matarás; não furtarás; não dirás falso testemunho; honra a teu pai e a tua mãe.

²¹Replicou o homem: Tudo isso tenho guardado desde a minha juventude.

²²Quando Jesus ouviu isso, disse-lhe: Ainda te falta uma coisa; vende tudo quanto tens e reparte-o pelos pobres, e terás um tesouro no céu; e vem, segue-me.

²³Mas, ouvindo ele isso, encheu-se de tristeza; porque era muito rico.

²⁴E Jesus, vendo-o assim, disse: Quão dificilmente entrarão no reino de Deus os que têm riquezas!

²⁵Pois é mais fácil um camelo passar pelo fundo duma agulha, do que entrar um rico no reino de Deus.

²⁶Então os que ouviram isso disseram: Quem pode, então, ser salvo?

²⁷Respondeu-lhes: As coisas que são impossíveis aos homens são possíveis a Deus.

²⁸Disse-lhe Pedro: Eis que nós deixamos tudo, e te seguimos.

²⁹Respondeu-lhes Jesus: Em verdade vos digo que ninguém há que tenha deixado casa, ou mulher, ou irmãos, ou pais, ou filhos, por amor do reino de Deus,

³⁰que não haja de receber no presente muito mais, e no mundo vindouro a vida eterna.

³¹Tomando Jesus consigo os doze, disse-lhes: Eis que subimos a Jerusalém e se cumprirá no filho do homem tudo o que pelos profetas foi escrito;

³²pois será entregue aos gentios, e escarnecido, injuriado e cuspido;

³³e depois de o açoitarem, o matarão; e ao terceiro dia ressurgirá.

³⁴Mas eles não entenderam nada disso; essas palavras lhes eram obscuras, e não percebiam o que lhes dizia.

³⁵Ora, quando ele ia chegando a Jericó, estava um cego sentado junto do caminho, mendigando.

³⁶Este, pois, ouvindo passar a multidão, perguntou que era aquilo.

³⁷Disseram-lhe que Jesus, o nazareno, ia passando.

³⁸Então ele se pôs a clamar, dizendo: Jesus, Filho de Davi, tem compaixão de mim!

³⁹E os que iam à frente repreendiam-no, para que se calasse; ele, porém, clamava ainda mais: Filho de Davi, tem compaixão de mim!

⁴⁰Parou, pois, Jesus, e mandou que lho trouxessem. Tendo ele chegado, perguntou-lhe:

⁴¹Que queres que te faça? Respondeu ele: Senhor, que eu veja.

⁴²Disse-lhe Jesus: Vê; a tua fé te salvou.

⁴³Imediatamente recuperou a vista, e o foi seguindo, gloficando a Deus. E todo o povo, vendo isso, dava louvores a Deus.

## Capítulo 19

¹Tendo Jesus entrado em Jericó, ia atravessando a cidade.

²Havia ali um homem chamado Zaqueu, o qual era chefe de publicanos e era rico.

³Este procurava ver quem era Jesus, e não podia, por causa da multidão, porque era de pequena estatura.

⁴E correndo adiante, subiu a um sicômoro a fim de vê-lo, porque havia de passar por ali.

⁵Quando Jesus chegou àquele lugar, olhou para cima e disse-lhe: Zaqueu, desce depressa; porque importa que eu fique hoje em tua casa.

⁶Desceu, pois, a toda a pressa, e o recebeu com alegria.

⁷Ao verem isso, todos murmuravam, dizendo: Entrou para ser hóspede de um homem pecador.

⁸Zaqueu, porém, levantando-se, disse ao Senhor: Eis aqui, Senhor, dou aos pobres metade dos meus bens; e se em alguma coisa tenho defraudado alguém, eu lho restituo quadruplicado.

⁹Disse-lhe Jesus: Hoje veio a salvação a esta casa, porquanto também este é filho de Abraão.

¹⁰Porque o Filho do homem veio buscar e salvar o que se havia perdido.

¹¹Ouvindo eles isso, prosseguiu Jesus, e contou uma parábola, visto estar ele perto de Jerusalém, e pensarem eles que o reino de Deus se havia de manifestar imediatamente.

¹²Disse pois: Certo homem nobre partiu para uma terra longínqua, a fim de tomar posse de um reino e depois voltar.

¹³E chamando dez servos seus, deu-lhes dez minas, e disse-lhes: Negociai até que eu venha.

¹⁴Mas os seus concidadãos odiavam-no, e enviaram após ele uma embaixada, dizendo: Não queremos que este homem reine sobre nós.

¹⁵E sucedeu que, ao voltar ele, depois de ter tomado posse do reino, mandou chamar aqueles servos a quem entregara o dinheiro, a fim de saber como cada um havia negociado.

¹⁶Apresentou-se, pois, o primeiro, e disse: Senhor, a tua mina rendeu dez minas.

¹⁷Respondeu-lhe o senhor: Bem está, servo bom! porque no mínimo foste fiel, sobre dez cidades terás autoridade.

¹⁸Veio o segundo, dizendo: Senhor, a tua mina rendeu cinco minas.

¹⁹A este também respondeu: Sê tu também sobre cinco cidades.

²⁰E veio outro, dizendo: Senhor, eis aqui a tua mina, que guardei num lenço;

²¹pois tinha medo de ti, porque és homem severo; tomas o que não puseste, e ceifas o que não semeaste.

²²Disse-lhe o Senhor: Servo mau! pela tua boca te julgarei; sabias que eu sou homem severo, que tomo o que não pus, e ceifo o que não semeei;

²³por que, pois, não puseste o meu dinheiro no banco? então vindo eu, o teria retirado com os juros.

²⁴E disse aos que estavam ali: Tirai-lhe a mina, e dai-a ao que tem as dez minas.

²⁵Responderam-lhe eles: Senhor, ele tem dez minas.

²⁶Pois eu vos digo que a todo o que tem, dar-se-lhe-á; mas ao que não tem, até aquilo que tem ser-lhe-á tirado.

²⁷Quanto, porém, àqueles meus inimigos que não quiseram que eu reinasse sobre eles, trazei-os aqui, e matai-os diante de mim.

²⁸Tendo Jesus assim falado, ia caminhando adiante deles, subindo para Jerusalém.

²⁹Ao aproximar-se de Betfagé e de Betânia, junto do monte que se chama das Oliveiras, enviou dois dos discípulos,

³⁰dizendo-lhes: Ide à aldeia que está defronte, e aí, ao entrar, achareis preso um jumentinho em que ninguém jamais montou; desprendei-o e trazei-o.

³¹Se alguém vos perguntar: Por que o desprendeis? respondereis assim: O Senhor precisa dele.

³²Partiram, pois, os que tinham sido enviados, e acharam conforme lhes dissera.

³³Enquanto desprendiam o jumentinho, os seus donos lhes perguntaram: Por que desprendeis o jumentinho?

³⁴Responderam eles: O Senhor precisa dele.

³⁵Trouxeram-no, pois, a Jesus e, lançando os seus mantos sobre o jumentinho, fizeram que Jesus montasse.

³⁶E, enquanto ele ia passando, outros estendiam no caminho os seus mantos.

³⁷Quando já ia chegando à descida do Monte das Oliveiras, toda a multidão dos discípulos, regozijando-se, começou a louvar a Deus em alta voz, por todos os milagres que tinha visto,

³⁸dizendo: Bendito o Rei que vem em nome do Senhor; paz no céu, e glória nas alturas.

³⁹Nisso, disseram-lhe alguns dos fariseus dentre a multidão: Mestre, repreende os teus discípulos.

⁴⁰Ao que ele respondeu: Digo-vos que, se estes se calarem, as pedras clamarão.

⁴¹E quando chegou perto e viu a cidade, chorou sobre ela,

⁴²dizendo: Ah! se tu conhecesses, ao menos neste dia, o que te poderia trazer a paz! mas agora isso está encoberto aos teus olhos.

⁴³Porque dias virão sobre ti em que os teus inimigos te cercarão de trincheiras, e te sitiarão, e te apertarão de todos os lados,

⁴⁴e te derribarão, a ti e aos teus filhos que dentro de ti estiverem; e não deixarão em ti pedra sobre pedra, porque não conheceste o tempo da tua visitação.

⁴⁵Então, entrando ele no templo, começou a expulsar os que ali vendiam,

⁴⁶dizendo-lhes: Está escrito: A minha casa será casa de oração; vós, porém, a fizestes covil de salteadores.

⁴⁷E todos os dias ensinava no templo; mas os principais sacerdotes, os escribas, e os principais do povo procuravam matá-lo;

⁴⁸mas não achavam meio o fazer; porque todo o povo ficava enlevado ao ouvi-lo.

## Capítulo 20

¹Num desses dias, quando Jesus ensinava o povo no templo, e anunciava o evangelho, sobrevieram os principais sacerdotes e os escribas, com os anciãos.

²e falaram-lhe deste modo: Dize-nos, com que autoridade fazes tu estas coisas? Ou, quem é o que te deu esta autoridade?

³Respondeu-lhes ele: Eu também vos farei uma pergunta; dizei-me, pois:

⁴O batismo de João era do céu ou dos homens?

⁵Ao que eles arrazoavam entre si: Se dissermos: do céu, ele dirá: Por que não crestes?

⁶Mas, se dissermos: Dos homens, todo o povo nos apedrejará; pois está convencido de que João era profeta.

⁷Responderam, pois, que não sabiam donde era.

⁸Replicou-lhes Jesus: Nem eu vos digo com que autoridade faço estas coisas.

⁹Começou então a dizer ao povo esta parábola: Um homem plantou uma vinha, arrendou-a a uns lavradores, e ausentou-se do país por muito tempo.

¹⁰No tempo próprio mandou um servo aos lavradores, para que lhe dessem dos frutos da vinha; mas os lavradores, espancando-o, mandaram-no embora de mãos vazias.

¹¹Tornou a mandar outro servo; mas eles espancaram também a este e, afrontando-o, mandaram-no embora de mãos vazias.

¹²E mandou ainda um terceiro; mas feriram também a este e lançaram-no fora.

¹³Disse então o senhor da vinha: Que farei? Mandarei o meu filho amado; a ele talvez respeitarão.

¹⁴Mas quando os lavradores o viram, arrazoaram entre si, dizendo: Este é o herdeiro; matemo-lo, para que a herança seja nossa.

¹⁵E lançando-o fora da vinha, o mataram. Que lhes fará, pois, o senhor da vinha?

¹⁶Virá e destruirá esses lavradores, e dará a vinha a outros. Ouvindo eles isso, disseram: Tal não aconteça!

¹⁷Mas Jesus, olhando para eles, disse: Pois, que quer dizer isto que está escrito: A pedra que os edificadores rejeitaram, essa foi posta como pedra angular?

¹⁸Todo o que cair sobre esta pedra será despedaçado; mas aquele sobre quem ela cair será reduzido a pó.

¹⁹Ainda na mesma hora os escribas e os principais sacerdotes, percebendo que contra eles proferira essa parábola, procuraram deitar-lhe as mãos, mas temeram o povo.

²⁰E, aguardando oportunidade, mandaram espias, os quais se fingiam justos, para o apanharem em alguma palavra, e o entregarem à jurisdição e à autoridade do governador.

²¹Estes, pois, o interrogaram, dizendo: Mestre, sabemos que falas e ensinas retamente, e que não consideras a aparência da pessoa, mas ensinas segundo a verdade o caminho de Deus;

²²é-nos lícito dar tributo a César, ou não?

²³Mas Jesus, percebendo a astúcia deles, disse-lhes:

²⁴Mostrai-me um denário. De quem é a imagem e a inscrição que ele tem? Responderam: De César.

²⁵Disse-lhes então: Dai, pois, a César o que é de César, e a Deus o que é de Deus.

²⁶E não puderam apanhá-lo em palavra alguma diante do povo; e

admirados da sua resposta, calaram-se.

²⁷Chegaram então alguns dos saduceus, que dizem não haver ressurreição, e perguntaram-lhe:

²⁸Mestre, Moisés nos deixou escrito que se morrer alguém, tendo mulher mas não tendo filhos, o irmão dele case com a viúva, e suscite descendência ao irmão.

²⁹Havia, pois, sete irmãos. O primeiro casou-se e morreu sem filhos;

³⁰então o segundo, e depois o terceiro, casaram com a viúva;

³¹e assim todos os sete, e morreram, sem deixar filhos.

³²Depois morreu também a mulher.

³³Portanto, na ressurreição, de qual deles será ela esposa, pois os sete por esposa a tiveram?

³⁴Respondeu-lhes Jesus: Os filhos deste mundo casaram-se e dão-se em casamento;

³⁵mas os que são julgados dignos de alcançar o mundo vindouro, e a ressurreição dentre os mortos, nem se casam nem se dão em casamento;

³⁶porque já não podem mais morrer; pois são iguais aos anjos, e são filhos de Deus, sendo filhos da ressurreição.

³⁷Mas que os mortos hão de ressurgir, o próprio Moisés o mostrou, na passagem a respeito da sarça, quando chama ao Senhor; Deus de Abraão, e Deus de Isaque, e Deus de Jacó.

³⁸Ora, ele não é Deus de mortos, mas de vivos; porque para ele todos vivem.

³⁹Responderam alguns dos escribas: Mestre, disseste bem.

⁴⁰Não ousavam, pois, perguntar-lhe mais coisa alguma.

⁴¹Jesus, porém, lhes perguntou: Como dizem que o Cristo é filho de Davi?

⁴²Pois o próprio Davi diz no livro dos Salmos: Disse o Senhor ao meu Senhor: Assenta-te à minha direita,

⁴³até que eu ponha os teus inimigos por escabelo dos teus pés.

⁴⁴Logo Davi lhe chama Senhor como, pois, é ele seu filho?

⁴⁵Enquanto todo o povo o ouvia, disse Jesus aos seus discípulos:

⁴⁶Guardai-vos dos escribas, que querem andar com vestes compridas, e gostam das saudações nas praças, dos primeiros assentos nas sinagogas, e dos primeiros lugares nos banquetes;

⁴⁷que devoram as casas das viúvas, fazendo, por pretexto, longas orações; estes hão de receber maior condenação.

## Capítulo 21

¹Jesus, levantando os olhos, viu os ricos deitarem as suas ofertas no cofre;

²viu também uma pobre viúva lançar ali dois leptos;

³e disse: Em verdade vos digo que esta pobre viúva deu mais do que todos;

⁴porque todos aqueles deram daquilo que lhes sobrava; mas esta, da sua pobreza, deu tudo o que tinha para o seu sustento.

⁵E falando-lhe alguns a respeito do templo, como estava ornado de formosas pedras e dádivas, disse ele:

⁶Quanto a isto que vedes, dias virão em que não se deixará aqui pedra sobre pedra, que não seja derribada.

⁷Perguntaram-lhe então: Mestre, quando, pois, sucederão estas coisas? E que sinal haverá, quando elas estiverem para se cumprir?

⁸Respondeu então ele: Acautelai-vos; não sejais enganados; porque virão muitos em meu nome, dizendo: Sou eu; e: O tempo é chegado; não vades após eles.

⁹Quando ouvirdes de guerras e tumultos, não vos assusteis; pois é necessário que primeiro aconteçam essas coisas; mas o fim não será logo.

¹⁰Então lhes disse: Levantar-se-á nação contra nação, e reino contra reino;

¹¹e haverá em vários lugares grandes terremotos, e pestes e fomes; haverá também coisas espantosas, e grandes sinais do céu.

¹²Mas antes de todas essas coisas vos hão de prender e perseguir, entregando-vos às sinagogas e aos cárceres, e conduzindo-vos à presença de reis e governadores, por causa do meu nome.

¹³Isso vos acontecerá para que deis testemunho.

¹⁴Proponde, pois, em vossos corações não premeditar como haveis de fazer a vossa defesa;

¹⁵porque eu vos darei boca e sabedoria, a que nenhum dos vossos adversário poderá resistir nem contradizer.

¹⁶E até pelos pais, e irmãos, e parentes, e amigos sereis entregues; e matarão alguns de vós.

¹⁷e sereis odiados de todos por causa do meu nome.

¹⁸Mas não se perderá um único cabelo da vossa cabeça.

¹⁹Pela vossa perseverança ganhareis as vossas almas.

²⁰Mas, quando virdes Jerusalém cercada de exércitos, sabei então que é chegada a sua desolação.

²¹Então, os que estiverem na Judéia fujam para os montes; os que estiverem dentro da cidade, saiam; e os que estiverem nos campos não entrem nela.

²²Porque dias de vingança são estes, para que se cumpram todas as coisas que estão escritas.

²³Ai das que estiverem grávidas, e das que amamentarem naqueles dias! porque haverá grande angústia sobre a terra, e ira contra este povo.

²⁴E cairão ao fio da espada, e para todas as nações serão levados cativos; e Jerusalém será pisada pelos gentios, até que os tempos destes se completem.

²⁵E haverá sinais no sol, na lua e nas estrelas; e sobre a terra haverá angústia das nações em perplexidade pelo bramido do mar e das ondas.

²⁶os homens desfalecerão de terror, e pela expectação das coisas que sobrevirão ao mundo; porquanto os poderes do céu serão abalados.

²⁷Então verão vir o Filho do homem em uma nuvem, com poder e grande glória.

²⁸Ora, quando essas coisas começarem a acontecer, exultai e levantai as vossas cabeças, porque a vossa redenção se aproxima.

²⁹Propôs-lhes então uma parábola: Olhai para a figueira, e para todas as árvores;

³⁰quando começam a brotar, sabeis por vós mesmos, ao vê-las, que já está próximo o verão.

³¹Assim também vós, quando virdes acontecerem estas coisas, sabei que o reino de Deus está próximo.

³²Em verdade vos digo que não passará esta geração até que tudo isso se cumpra.

³³Passará o céu e a terra, mas as minhas palavras jamais passarão.

³⁴Olhai por vós mesmos; não aconteça que os vossos corações se carreguem de glutonaria, de embriaguez, e dos cuidados da vida, e aquele dia vos sobrevenha de improviso como um laço.

³⁵Porque há de vir sobre todos os que habitam na face da terra.

³⁶Vigiai, pois, em todo o tempo, orando, para que possais escapar de todas estas coisas que hão de acontecer, e estar em pé na presença do Filho do homem.

³⁷Ora, de dia ensinava no templo, e à noite, saindo, pousava no monte chamado das Oliveiras.

³⁸E todo o povo ia ter com ele no templo, de manhã cedo, para o ouvir.

## Capítulo 22

¹Aproximava-se a festa dos pães ázimos, que se chama a páscoa.

²E os principais sacerdotes e os escribas andavam procurando um modo de o matar; pois temiam o povo.

³Entrou então Satanás em Judas, que tinha por sobrenome Iscariotes, que era um dos doze;

⁴e foi ele tratar com os principais sacerdotes e com os capitães de como lho entregaria.

⁵Eles se alegraram com isso, e convieram em lhe dar dinheiro.

⁶E ele concordou, e buscava ocasião para lho entregar sem alvoroço.

⁷Ora, chegou o dia dos pães ázimos, em que se devia imolar a páscoa;

⁸e Jesus enviou a Pedro e a João, dizendo: Ide, preparai-nos a páscoa, para a comamos.

⁹Perguntaram-lhe eles: Onde queres que a preparemos?

¹⁰Respondeu-lhes: Quando entrardes na cidade, sair-vos-á ao encontro um homem, levando um cântaro de água; segui-o até a casa em que ele entrar.

¹¹E direis ao dono da casa: O Mestre manda perguntar-te: Onde está o aposento em que hei de comer a páscoa com os meus discípulos?

¹²Então ele vos mostrará um grande cenáculo mobiliado; aí fazei os preparativos.

¹³Foram, pois, e acharam tudo como lhes dissera e prepararam a páscoa.

¹⁴E, chegada a hora, pôs-se Jesus à mesa, e com ele os apóstolos.

¹⁵E disse-lhes: Tenho desejado ardentemente comer convosco esta páscoa, antes da minha paixão;

¹⁶pois vos digo que não a comerei mais até que ela se cumpra no reino de Deus.

¹⁷Então havendo recebido um cálice, e tendo dado graças, disse: Tomai-o, e reparti-o entre vós;

¹⁸porque vos digo que desde agora não mais beberei do fruto da videira, até que venha o reino de Deus.

¹⁹E tomando pão, e havendo dado graças, partiu-o e deu-lho,

dizendo: Isto é o meu corpo, que é dado por vós; fazei isto em memória de mim.

²⁰Semelhantemente, depois da ceia, tomou o cálice, dizendo: Este cálice é o novo pacto em meu sangue, que é derramado por vós.

²¹Mas eis que a mão do que me trai está comigo à mesa.

²²Porque, na verdade, o Filho do homem vai segundo o que está determinado; mas ai daquele homem por quem é traído!

²³Então eles começaram a perguntar entre si qual deles o que ia fazer isso.

²⁴Levantou-se também entre eles contenda, sobre qual deles parecia ser o maior.

²⁵Ao que Jesus lhes disse: Os reis dos gentios dominam sobre eles, e os que sobre eles exercem autoridade são chamados benfeitores.

²⁶Mas vós não sereis assim; antes o maior entre vós seja como o mais novo; e quem governa como quem serve.

²⁷Pois qual é maior, quem está à mesa, ou quem serve? porventura não é quem está à mesa? Eu, porém, estou entre vós como quem serve.

²⁸Mas vós sois os que tendes permanecido comigo nas minhas provações;

²⁹e assim como meu Pai me conferiu domínio, eu vo-lo confiro a vós;

³⁰para que comais e bebais à minha mesa no meu reino, e vos senteis sobre tronos, julgando as doze tribos de Israel.

³¹Simão, Simão, eis que Satanás vos pediu para vos cirandar como trigo;

³²mas eu roguei por ti, para que a tua fé não desfaleça; e tu, quando te converteres, fortalece teus irmãos.

³³Respondeu-lhe Pedro: Senhor, estou pronto a ir contigo tanto para a prisão como para a morte.

³⁴Tornou-lhe Jesus: Digo-te, Pedro, que não cantará hoje o galo antes que três vezes tenhas negado que me conheces.

³⁵E perguntou-lhes: Quando vos mandei sem bolsa, alforje, ou alparcas, faltou-vos porventura alguma coisa? Eles responderam: Nada.

³⁶Disse-lhes pois: Mas agora, quem tiver bolsa, tome-a, como também o alforje; e quem não tiver espada, venda o seu manto e compre-a.

³⁷Porquanto vos digo que importa que se cumpra em mim isto que está escrito: E com os malfeitores foi contado. Pois o que me diz respeito tem seu cumprimento.

³⁸Disseram eles: Senhor, eis aqui duas espadas. Respondeu-lhes: Basta.

³⁹Então saiu e, segundo o seu costume, foi para o Monte das Oliveiras; e os discípulos o seguiam.

⁴⁰Quando chegou àquele lugar, disse-lhes: Orai, para que não entreis em tentação.

⁴¹E apartou-se deles cerca de um tiro de pedra; e pondo-se de joelhos, orava,

⁴²dizendo: Pai, se queres afasta de mim este cálice; todavia não se faça a minha vontade, mas a tua.

⁴³Então lhe apareceu um anjo do céu, que o confortava.

⁴⁴E, posto em agonia, orava mais intensamente; e o seu suor tornou-se como grandes gotas de sangue, que caíam sobre o chão.

⁴⁵Depois, levantando-se da oração, veio para os seus discípulos, e achou-os dormindo de tristeza,

⁴⁶e disse-lhes: Por que estais dormindo? Lenvantai-vos, e orai, para que não entreis em tentação.

⁴⁷E estando ele ainda a falar, eis que surgiu uma multidão; e aquele que se chamava Judas, um dos doze, ia adiante dela, e chegou-se a Jesus para o beijar.

⁴⁸Jesus, porém, lhe disse: Judas, com um beijo trais o Filho do homem?

⁴⁹Quando os que estavam com ele viram o que ia suceder, disseram: Senhor, feri-los-emos a espada?

⁵⁰Então um deles feriu o servo do sumo sacerdote, e cortou-lhe a orelha direita.

⁵¹Mas Jesus disse: Deixei-os; basta. E tocando-lhe a orelha, o curou.

⁵²Então disse Jesus aos principais sacerdotes, oficiais do templo e anciãos, que tinham ido contra ele: Saístes, como a um salteador, com espadas e varapaus?

⁵³Todos os dias estava eu convosco no templo, e não estendestes as mãos contra mim; mas esta é a vossa hora e o poder das trevas.

⁵⁴Então, prendendo-o, o levaram e o introduziram na casa do sumo sacerdote; e Pedro seguia-o de longe.

⁵⁵E tendo eles acendido fogo no meio do pátio e havendo-se sentado à roda, sentou-se Pedro entre eles.

⁵⁶Uma criada, vendo-o sentado ao lume, fixou os olhos nele e disse: Esse também estava com ele.

⁵⁷Mas Pedro o negou, dizendo: Mulher, não o conheço.

⁵⁸Daí a pouco, outro o viu, e disse: Tu também és um deles. Mas Pedro disse: Homem, não sou.

⁵⁹E, tendo passado quase uma hora, outro afirmava, dizendo: Certamente este também estava com ele, pois é galileu.

⁶⁰Mas Pedro respondeu: Homem, não sei o que dizes. E imediatamente estando ele ainda a falar, cantou o galo.

⁶¹Virando-se o Senhor, olhou para Pedro; e Pedro lembrou-se da palavra do Senhor, como lhe havia dito: Hoje, antes que o galo cante, três vezes me negarás.

⁶²E, havendo saído, chorou amargamente.

⁶³Os homens que detinham Jesus zombavam dele, e feriam-no;

⁶⁴e, vendando-lhe os olhos, perguntavam, dizendo: Profetiza, quem foi que te bateu?

⁶⁵E, blasfemando, diziam muitas outras coisas contra ele.

⁶⁶Logo que amanheceu reuniu-se a assembléia dos anciãos do povo, tanto os principais sacerdotes como os escribas, e o conduziam ao sinédrio deles, onde lhe disseram:

⁶⁷Se tu és o Cristo, dize-no-lo. Replicou-lhes ele: Se eu vo-lo disser, não o crereis;

⁶⁸e se eu vos interrogar, de modo algum me respondereis.

⁶⁹Mas desde agora estará assentado o Filho do homem à mão direita do poder de Deus.

⁷⁰Ao que perguntaram todos: Logo, tu és o Filho de Deus? Respondeu-lhes: Vós dizeis que eu sou.

⁷¹Então disseram: Por que ainda temos necessidade de testemunho? pois nós mesmos o ouvimos da sua própria boca.

## Capítulo 23

¹E levantando-se toda a multidão deles, conduziram Jesus a Pilatos.

²E começaram a acusá-lo, dizendo: Achamos este homem pervertendo a nossa nação, proibindo dar o tributo a César, e dizendo ser ele mesmo Cristo, rei.

³Pilatos, pois, perguntou-lhe: És tu o rei dos judeus? Respondeu-lhe Jesus: É como dizes.

⁴Então disse Pilatos aos principais sacerdotes, e às multidões: Não acho culpa alguma neste homem.

⁵Eles, porém, insistiam ainda mais, dizendo: Alvoroça o povo ensinando por toda a Judéia, começando desde a Galiléia até aqui.

⁶Então Pilatos, ouvindo isso, perguntou se o homem era galileu;

⁷e, quando soube que era da jurisdição de Herodes, remeteu-o a Herodes, que também naqueles dias estava em Jerusalém.

⁸Ora, quando Herodes viu a Jesus, alegrou-se muito; pois de longo tempo desejava vê-lo, por ter ouvido falar a seu respeito; e esperava ver algum sinal feito por ele;

⁹e fazia-lhe muitas perguntas; mas ele nada lhe respondeu.

¹⁰Estavam ali os principais sacerdotes, e os escribas, acusando-o com grande veemência.

¹¹Herodes, porém, com os seus soldados, desprezou-o e, escarnecendo dele, vestiu-o com uma roupa resplandecente e tornou a enviá-lo a Pilatos.

¹²Nesse mesmo dia Pilatos e Herodes tornaram-se amigos; pois antes andavam em inimizade um com o outro.

¹³Então Pilatos convocou os principais sacerdotes, as autoridades e o povo,

¹⁴e disse-lhes: Apresentastes-me este homem como pervertedor do povo; e eis que, interrogando-o diante de vós, não achei nele nenhuma culpa, das de que o acusais;

¹⁵nem tampouco Herodes, pois no-lo tornou a enviar; e eis que não tem feito ele coisa alguma digna de morte.

¹⁶Castigá-lo-ei, pois, e o soltarei.

¹⁷[E era-lhe necessário soltar-lhes um pela festa.]

¹⁸Mas todos clamaram à uma, dizendo: Fora com este, e solta-nos Barrabás!

¹⁹Ora, Barrabás fora lançado na prisão por causa de uma sedição feita na cidade, e de um homicídio.

²⁰Mais uma vez, pois, falou-lhes Pilatos, querendo soltar a Jesus.

²¹Eles, porém, brandavam, dizendo: Crucifica-o! crucifica-o!

²²Falou-lhes, então, pela terceira vez: Pois, que mal fez ele? Não achei nele nenhuma culpa digna de morte. Castigá-lo-ei, pois, e o soltarei.

²³Mas eles instavam com grandes brados, pedindo que fosse crucificado. E prevaleceram os seus clamores.

²⁴Então Pilatos resolveu atender-lhes o pedido;

²⁵e soltou-lhes o que fora lançado na prisão por causa de sedição e

de homicídio, que era o que eles pediam; mas entregou Jesus à vontade deles.

²⁶Quando o levaram dali tomaram um certo Simão, cireneu, que vinha do campo, e puseram-lhe a cruz às costas, para que a levasse após Jesus.

²⁷Seguia-o grande multidão de povo e de mulheres, as quais o pranteavam e lamentavam.

²⁸Jesus, porém, voltando-se para elas, disse: Filhas de Jerusalém, não choreis por mim; chorai antes por vós mesmas, e por vossos filhos.

²⁹Porque dias hão de vir em que se dirá: Bem-aventuradas as estéreis, e os ventres que não geraram, e os peitos que não amamentaram!

³⁰Então começarão a dizer aos montes: Caí sobre nós; e aos outeiros: Cobri-nos.

³¹Porque, se isto se faz no lenho verde, que se fará no seco?

³²E levavam também com ele outros dois, que eram malfeitores, para serem mortos.

³³Quando chegaram ao lugar chamado Caveira, ali o crucificaram, a ele e também aos malfeitores, um à direita e outro à esquerda.

³⁴Jesus, porém, dizia: Pai, perdoa-lhes; porque não sabem o que fazem. Então repartiram as vestes dele, deitando sortes sobre elas.

³⁵E o povo estava ali a olhar. E as próprias autoridades zombavam dele, dizendo: Aos outros salvou; salve-se a si mesmo, se é o Cristo, o escolhido de Deus.

³⁶Os soldados também o escarneciam, chegando-se a ele, oferecendo-lhe vinagre,

³⁷e dizendo: Se tu és o rei dos judeus, salva-te a ti mesmo.

³⁸Por cima dele estava esta inscrição [em letras gregas, romanas e hebraicas:] ESTE É O REI DOS JUDEUS.

³⁹Então um dos malfeitores que estavam pendurados, blasfemava dele, dizendo: Não és tu o Cristo? salva-te a ti mesmo e a nós.

⁴⁰Respondendo, porém, o outro, repreendia-o, dizendo: Nem ao menos temes a Deus, estando na mesma condenação?

⁴¹E nós, na verdade, com justiça; porque recebemos o que os nossos feitos merecem; mas este nenhum mal fez.

⁴²Então disse: Jesus, lembra-te de mim, quando entrares no teu reino.

⁴³Respondeu-lhe Jesus: Em verdade te digo que hoje estarás comigo no paraíso.

⁴⁴Era já quase a hora sexta, e houve trevas em toda a terra até a hora nona, pois o sol se escurecera;

⁴⁵e rasgou-se ao meio o véu do santuário.

⁴⁶Jesus, clamando com grande voz, disse: Pai, nas tuas mãos entrego o meu espírito. E, havendo dito isso, expirou.

⁴⁷Quando o centurião viu o que acontecera, deu glória a Deus, dizendo: Na verdade, este homem era justo.

⁴⁸E todas as multidões que presenciaram este espetáculo, vendo o que havia acontecido, voltaram batendo no peito.

⁴⁹Entretanto, todos os conhecidos de Jesus, e as mulheres que o haviam seguido desde a Galiléia, estavam de longe vendo estas coisas.

⁵⁰Então um homem chamado José, natural de Arimatéia, cidade dos judeus, membro do sinédrio, homem bom e justo,

⁵¹o qual não tinha consentido no conselho e nos atos dos outros, e que esperava o reino de Deus,

⁵²chegando a Pilatos, pediu-lhe o corpo de Jesus;

⁵³e tirando-o da cruz, envolveu-o num pano de linho, e pô-lo num sepulcro escavado em rocha, onde ninguém ainda havia sido posto.

⁵⁴Era o dia da preparação, e ia começar o sábado.

⁵⁵E as mulheres que tinham vindo com ele da Galiléia, seguindo a José, viram o sepulcro, e como o corpo foi ali depositado.

⁵⁶Então voltaram e prepararam especiarias e unguentos. E no sábado repousaram, conforme o mandamento.

## Capítulo 24

¹Mas já no primeiro dia da semana, bem de madrugada, foram elas ao sepulcro, levando as especiarias que tinham preparado.

²E acharam a pedra revolvida do sepulcro.

³Entrando, porém, não acharam o corpo do Senhor Jesus.

⁴E, estando elas perplexas a esse respeito, eis que lhes apareceram dois varões em vestes resplandecentes;

⁵e ficando elas atemorizadas e abaixando o rosto para o chão, eles lhes disseram: Por que buscais entre os mortos aquele que vive?

⁶Ele não está aqui, mas ressurgiu. Lembrai-vos de como vos falou, estando ainda na Galiléia.

⁷dizendo: Importa que o Filho do homem seja entregue nas mãos de homens pecadores, e seja crucificado, e ao terceiro dia ressurja.

⁸Lembraram-se, então, das suas palavras;

⁹e, voltando do sepulcro, anunciaram todas estas coisas aos onze e a todos os demais.

¹⁰E eram Maria Madalena, e Joana, e Maria, mãe de Tiago; também as outras que estavam com elas relataram estas coisas aos apóstolos.

¹¹E pareceram-lhes como um delírio as palavras das mulheres e não lhes deram crédito.

¹²Mas Pedro, levantando-se, correu ao sepulcro; e, abaixando-se, viu somente os panos de linho; e retirou-se, admirando consigo o que havia acontecido.

¹³Nesse mesmo dia, iam dois deles para uma aldeia chamada Emaús, que distava de Jerusalém sessenta estádios;

¹⁴e iam comentando entre si tudo aquilo que havia sucedido.

¹⁵Enquanto assim comentavam e discutiam, o próprio Jesus se aproximou, e ia com eles;

¹⁶mas os olhos deles estavam como que fechados, de sorte que não o reconheceram.

¹⁷Então ele lhes perguntou: Que palavras são essas que, caminhando, trocais entre vós? Eles então pararam tristes.

¹⁸E um deles, chamado Cleopas, respondeu-lhe: És tu o único peregrino em Jerusalém que não soube das coisas que nela têm sucedido nestes dias?

¹⁹Ao que ele lhes perguntou: Quais? Disseram-lhe: As que dizem respeito a Jesus, o nazareno, que foi profeta, poderoso em obras e palavras diante de Deus e de todo o povo.

²⁰e como os principais sacerdotes e as nossas autoridades e entregaram para ser condenado à morte, e o crucificaram.

²¹Ora, nós esperávamos que fosse ele quem havia de remir Israel; e, além de tudo isso, é já hoje o terceiro dia desde que essas coisas aconteceram.

²²Verdade é, também, que algumas mulheres do nosso meio nos encheram de espanto; pois foram de madrugada ao sepulcro

²³e, não achando o corpo dele voltaram, declarando que tinham tido uma visão de anjos que diziam estar ele vivo.

²⁴Além disso, alguns dos que estavam conosco foram ao sepulcro, e acharam ser assim como as mulheres haviam dito; a ele, porém, não o viram.

²⁵Então ele lhes disse: Ó néscios, e tardos de coração para crerdes tudo o que os profetas disseram!

²⁶Porventura não importa que o Cristo padecesse essas coisas e entrasse na sua glória?

²⁷E, começando por Moisés, e por todos os profetas, explicou-lhes o que dele se achava em todas as Escrituras.

²⁸Quando se aproximaram da aldeia para onde iam, ele fez como quem ia para mais longe.

²⁹Eles, porém, o constrangeram, dizendo: Fica conosco; porque é tarde, e já declinou o dia. E entrou para ficar com eles.

³⁰Estando com eles à mesa, tomou o pão e o abençoou; e, partindo-o, lho dava.

³¹Abriram-se-lhes então os olhos, e o reconheceram; nisto ele desapareceu de diante deles.

³²E disseram um para o outro: Porventura não se nos abrasava o coração, quando pelo caminho nos falava, e quando nos abria as Escrituras?

³³E na mesma hora levantaram-se e voltaram para Jerusalém, e encontraram reunidos os onze e os que estavam com eles,

³⁴os quais diziam: Realmente o Senhor ressurgiu, e apareceu a Simão.

³⁵Então os dois contaram o que acontecera no caminho, e como se lhes fizera conhecer no partir do pão.

³⁶Enquanto ainda falavam nisso, o próprio Jesus se apresentou no meio deles, e disse-lhes: Paz seja convosco.

³⁷Mas eles, espantados e atemorizados, pensavam que viam algum espírito.

³⁸Ele, porém, lhes disse: Por que estais perturbados? e por que surgem dúvidas em vossos corações?

³⁹Olhai as minhas mãos e os meus pés, que sou eu mesmo; apalpai-me e vede; porque um espírito não tem carne nem ossos, como percebeis que eu tenho.

⁴⁰E, dizendo isso, mostrou-lhes as mãos e os pés.

⁴¹Não acreditando eles ainda por causa da alegria, e estando admirados, perguntou-lhes Jesus: Tendes aqui alguma coisa que comer?

⁴²Então lhe deram um pedaço de peixe assado,

⁴³o qual ele tomou e comeu diante deles.

⁴⁴Depois lhe disse: São estas as palavras que vos falei, estando ainda convosco, que importava que se cumprisse tudo o que de mim estava escrito na Lei de Moisés, nos Profetas e nos Salmos.

*Lucas*

⁴⁵Então lhes abriu o entendimento para compreenderem as Escrituras;

⁴⁶e disse-lhes: Assim está escrito que o Cristo padecesse, e ao terceiro dia ressurgisse dentre os mortos;

⁴⁷e que em seu nome se pregasse o arrependimento para remissão dos pecados, a todas as nações, começando por Jerusalém.

⁴⁸Vós sois testemunhas destas coisas.

⁴⁹E eis que sobre vós envio a promessa de meu Pai; ficai porém, na cidade, até que do alto sejais revestidos de poder.

⁵⁰Então os levou fora, até Betânia; e levantando as mãos, os abençoou.

⁵¹E aconteceu que, enquanto os abençoava, apartou-se deles; e foi elevado ao céu.

⁵²E, depois de o adorarem, voltaram com grande júbilo para Jerusalém;

⁵³e estavam continuamente no templo, bendizendo a Deus.

# João

## Capítulo 1

¹No princípio era o Verbo, e o Verbo estava com Deus, e o Verbo era Deus.

²Ele estava no princípio com Deus.

³Todas as coisas foram feitas por intermédio dele, e sem ele nada do que foi feito se fez.

⁴Nele estava a vida, e a vida era a luz dos homens;

⁵a luz resplandece nas trevas, e as trevas não prevaleceram contra ela.

⁶Houve um homem enviado de Deus, cujo nome era João.

⁷Este veio como testemunha, a fim de dar testemunho da luz, para que todos cressem por meio dele.

⁸Ele não era a luz, mas veio para dar testemunho da luz.

⁹Pois a verdadeira luz, que alumia a todo homem, estava chegando ao mundo.

¹⁰Estava ele no mundo, e o mundo foi feito por intermédio dele, e o mundo não o conheceu.

¹¹Veio para o que era seu, e os seus não o receberam.

¹²Mas, a todos quantos o receberam, aos que crêem no seu nome, deu-lhes o poder de se tornarem filhos de Deus;

¹³os quais não nasceram do sangue, nem da vontade da carne, nem da vontade do varão, mas de Deus.

¹⁴E o Verbo se fez carne, e habitou entre nós, cheio de graça e de verdade; e vimos a sua glória, como a glória do unigênito do Pai.

¹⁵João deu testemunho dele, e clamou, dizendo: Este é aquele de quem eu disse: O que vem depois de mim, passou adiante de mim; porque antes de mim ele já existia.

¹⁶Pois todos nós recebemos da sua plenitude, e graça sobre graça.

¹⁷Porque a lei foi dada por meio de Moisés; a graça e a verdade vieram por Jesus Cristo.

¹⁸Ninguém jamais viu a Deus. O Deus unigênito, que está no seio do Pai, esse o deu a conhecer.

¹⁹E este foi o testemunho de João, quando os judeus lhe enviaram de Jerusalém sacerdotes e levitas para que lhe perguntassem: Quem és tu?

²⁰Ele, pois, confessou e não negou; sim, confessou: Eu não sou o Cristo.

²¹Ao que lhe perguntaram: Pois que? És tu Elias? Respondeu ele: Não sou. És tu o profeta? E respondeu: Não.

²²Disseram-lhe, pois: Quem és? para podermos dar resposta aos que nos enviaram; que dizes de ti mesmo?

²³Respondeu ele: Eu sou a voz do que clama no deserto: Endireitai o caminho do Senhor, como disse o profeta Isaías.

²⁴E os que tinham sido enviados eram dos fariseus.

²⁵Então lhe perguntaram: Por que batizas, pois, se tu não és o Cristo, nem Elias, nem o profeta?

²⁶Respondeu-lhes João: Eu batizo em água; no meio de vós está um a quem vós não conheceis;

²⁷aquele que vem depois de mim, de quem eu não sou digno de desatar a correia da alparca.

²⁸Estas coisas aconteceram em Betânia, além do Jordão, onde João estava batizando.

²⁹No dia seguinte João viu a Jesus, que vinha para ele, e disse: Eis o Cordeiro de Deus, que tira o pecado do mundo.

³⁰este é aquele de quem eu disse: Depois de mim vem um varão que passou adiante de mim, porque antes de mim ele já existia.

³¹Eu não o conhecia; mas, para que ele fosse manifestado a Israel, é que vim batizando em água.

³²E João deu testemunho, dizendo: Vi o Espírito descer do céu como pomba, e repousar sobre ele.

³³Eu não o conhecia; mas o que me enviou a batizar em água, esse me disse: Aquele sobre quem vires descer o Espírito, e sobre ele permanecer, esse é o que batiza no Espírito Santo.

³⁴Eu mesmo vi e já vos dei testemunho de que este é o Filho de Deus.

³⁵No dia seguinte João estava outra vez ali, com dois dos seus discípulos

³⁶e, olhando para Jesus, que passava, disse: Eis o Cordeiro de Deus!

³⁷Aqueles dois discípulos ouviram-no dizer isto, e seguiram a Jesus.

³⁸Voltando-se Jesus e vendo que o seguiam, perguntou-lhes: Que buscais? Disseram-lhe eles: rabi (que, traduzido, quer dizer Mestre), onde pousas?

³⁹Respondeu-lhes: Vinde, e vereis. Foram, pois, e viram onde pousava; e passaram o dia com ele; era cerca da hora décima.

⁴⁰André, irmão de Simão Pedro, era um dos dois que ouviram João falar, e que seguiram a Jesus.

⁴¹Ele achou primeiro a seu irmão Simão, e disse-lhe: Havemos achado o Messias (que, traduzido, quer dizer Cristo).

⁴²E o levou a Jesus. Jesus, fixando nele o olhar, disse: Tu és Simão, filho de João, tu serás chamado Cefas (que quer dizer Pedro).

⁴³No dia seguinte Jesus resolveu partir para a Galiléia, e achando a Felipe disse-lhe: Segue-me.

⁴⁴Ora, Felipe era de Betsaida, cidade de André e de Pedro.

⁴⁵Felipe achou a Natanael, e disse-lhe: Acabamos de achar aquele de quem escreveram Moisés na lei, e os profetas: Jesus de Nazaré, filho de José.

⁴⁶Perguntou-lhe Natanael: Pode haver coisa bem vinda de Nazaré? Disse-lhe Felipe: Vem e vê.

⁴⁷Jesus, vendo Natanael aproximar-se dele, disse a seu respeito: Eis um verdadeiro israelita, em quem não há dolo!

⁴⁸Perguntou-lhe Natanael: Donde me conheces? Respondeu-lhe Jesus: Antes que Felipe te chamasse, eu te vi, quando estavas debaixo da figueira.

⁴⁹Respondeu-lhe Natanael: Rabi, tu és o Filho de Deus, tu és rei de Israel.

⁵⁰Ao que lhe disse Jesus: Porque te disse: Vi-te debaixo da figueira, crês? coisas maiores do que estas verás.

⁵¹E acrescentou: Em verdade, em verdade vos digo que vereis o céu aberto, e os anjos de Deus subindo e descendo sobre o Filho do homem.

## Capítulo 2

¹Três dias depois, houve um casamento em Caná da Galiléia, e estava ali a mãe de Jesus;

²e foi também convidado Jesus com seus discípulos para o casamento.

³E, tendo acabado o vinho, a mãe de Jesus lhe disse: Eles não têm vinho.

⁴Respondeu-lhes Jesus: Mulher, que tenho eu contigo? Ainda não é chegada a minha hora.

⁵Disse então sua mãe aos serventes: Fazei tudo quanto ele vos disser.

⁶Ora, estavam ali postas seis talhas de pedra, para as purificações dos judeus, e em cada uma cabiam duas ou três metretas.

⁷Ordenou-lhe Jesus: Enchei de água essas talhas. E encheram-nas até em cima.

⁸Então lhes disse: Tirai agora, e levai ao mestre-sala. E eles o fizeram.

⁹Quando o mestre-sala provou a água tornada em vinho, não sabendo donde era, se bem que o sabiam os serventes que tinham tirado a água, chamou o mestre-sala ao noivo

¹⁰e lhe disse: Todo homem põe primeiro o vinho bom e, quando já têm bebido bem, então o inferior; mas tu guardaste até agora o bom vinho.

¹¹Assim deu Jesus início aos seus sinais em Caná da Galiléia, e manifestou a sua glória; e os seus discípulos creram nele.

¹²Depois disso desceu a Cafarnaum, ele, sua mãe, seus irmãos, e seus discípulos; e ficaram ali não muitos dias.

¹³Estando próxima a páscoa dos judeus, Jesus subiu a Jerusalém.

¹⁴E achou no templo os que vendiam bois, ovelhas e pombas, e também os cambistas ali sentados;

¹⁵e tendo feito um azorrague de cordas, lançou todos fora do templo, bem como as ovelhas e os bois; e espalhou o dinheiro dos cambistas, e virou-lhes as mesas;

¹⁶e disse aos que vendiam as pombas: Tirai daqui estas coisas; não façais da casa de meu Pai casa de negócio.

¹⁷Lembraram-se então os seus discípulos de que está escrito: O zelo da tua casa me devorará.

¹⁸Protestaram, pois, os judeus, perguntando-lhe: Que sinal de autoridade nos mostras, uma vez que fazes isto?

¹⁹Respondeu-lhes Jesus: Derribai este santuário, e em três dias o levantarei.

²⁰Disseram, pois, os judeus: Em quarenta e seis anos foi edificado este santuário, e tu o levantarás em três dias?

²¹Mas ele falava do santuário do seu corpo.

²²Quando, pois ressurgiu dentre os mortos, seus discípulos se

lembraram de que dissera isto, e creram na Escritura, e na palavra que Jesus havia dito.

²³Ora, estando ele em Jerusalém pela festa da páscoa, muitos, vendo os sinais que fazia, creram no seu nome.

²⁴Mas o próprio Jesus não confiava a eles, porque os conhecia a todos,

²⁵e não necessitava de que alguém lhe desse testemunho do homem, pois bem sabia o que havia no homem.

## Capítulo 3

¹Ora, havia entre os fariseus um homem chamado Nicodemos, um dos principais dos judeus.

²Este foi ter com Jesus, de noite, e disse-lhe: Rabi, sabemos que és Mestre, vindo de Deus; pois ninguém pode fazer estes sinais que tu fazes, se Deus não estiver com ele.

³Respondeu-lhe Jesus: Em verdade, em verdade te digo que se alguém não nascer de novo, não pode ver o reino de Deus.

⁴Perguntou-lhe Nicodemos: Como pode um homem nascer, sendo velho? porventura pode tornar a entrar no ventre de sua mãe, e nascer?

⁵Jesus respondeu: Em verdade, em verdade te digo que se alguém não nascer da água e do Espírito, não pode entrar no reino de Deus.

⁶O que é nascido da carne é carne, e o que é nascido do Espírito é espírito.

⁷Não te admires de eu te haver dito: Necessário vos é nascer de novo.

⁸O vento sopra onde quer, e ouves a sua voz; mas não sabes donde vem, nem para onde vai; assim é todo aquele que é nascido do Espírito.

⁹Perguntou-lhe Nicodemos: Como pode ser isto?

¹⁰Respondeu-lhe Jesus: Tu és mestre em Israel, e não entendes estas coisas?

¹¹Em verdade, em verdade te digo que nós dizemos o que sabemos e testemunhamos o que temos visto; e não aceitais o nosso testemunho!

¹²Se vos falei de coisas terrestres, e não credes, como crereis, se vos falar das celestiais?

¹³Ora, ninguém subiu ao céu, senão o que desceu do céu, o Filho do homem.

¹⁴E como Moisés levantou a serpente no deserto, assim importa que o Filho do homem seja levantado;

¹⁵para que todo aquele que nele crê tenha a vida eterna.

¹⁶Porque Deus amou o mundo de tal maneira que deu o seu Filho unigênito, para que todo aquele que nele crê não pereça, mas tenha a vida eterna.

¹⁷Porque Deus enviou o seu Filho ao mundo, não para que julgasse o mundo, mas para que o mundo fosse salvo por ele.

¹⁸Quem crê nele não é julgado; mas quem não crê, já está julgado; porquanto não crê no nome do unigênito Filho de Deus.

¹⁹E o julgamento é este: A luz veio ao mundo, e os homens amaram antes as trevas que a luz, porque as suas obras eram más.

²⁰Porque todo aquele que faz o mal aborrece a luz, e não vem para a luz, para que as suas obras não sejam reprovadas.

²¹Mas quem pratica a verdade vem para a luz, a fim de que seja manifesto que as suas obras são feitas em Deus.

²²Depois disto foi Jesus com seus discípulos para a terra da Judéia, onde se demorou com eles e batizava.

²³Ora, João também estava batizando em Enom, perto de Salim, porque havia ali muitas águas; e o povo ía e se batizava.

²⁴Pois João ainda não fora lançado no cárcere.

²⁵Surgiu então uma contenda entre os discípulos de João e um judeu acerca da purificação.

²⁶E foram ter com João e disseram-lhe: Rabi, aquele que estava contigo além do Jordão, do qual tens dado testemunho, eis que está batizando, e todos vão ter com ele.

²⁷Respondeu João: O homem não pode receber coisa alguma, se não lhe for dada do céu.

²⁸Vós mesmos me sois testemunhas de que eu disse: Não sou o Cristo, mas sou enviado adiante dele.

²⁹Aquele que tem a noiva é o noivo; mas o amigo do noivo, que está presente e o ouve, regozija-se muito com a voz do noivo. Assim, pois, este meu gozo está completo.

³⁰É necessário que ele cresça e que eu diminua.

³¹Aquele que vem de cima é sobre todos; aquele que vem da terra é da terra, e fala da terra. Aquele que vem do céu é sobre todos.

³²Aquilo que ele tem visto e ouvido, isso testifica; e ninguém aceita o seu testemunho.

³³Mas o que aceitar o seu testemunho, esse confirma que Deus é verdadeiro.

³⁴Pois aquele que Deus enviou fala as palavras de Deus; porque Deus não dá o Espírito por medida.

³⁵O Pai ama ao Filho, e todas as coisas entregou nas suas mãos.

³⁶Quem crê no Filho tem a vida eterna; o que, porém, desobedece ao Filho não verá a vida, mas sobre ele permanece a ira de Deus.

## Capítulo 4

¹Quando, pois, o Senhor soube que os fariseus tinham ouvido dizer que ele, Jesus, fazia e batizava mais discípulos do que João

²(ainda que Jesus mesmo não batizava, mas os seus discípulos)

³deixou a Judéia, e foi outra vez para a Galiléia.

⁴E era-lhe necessário passar por Samária.

⁵Chegou, pois, a uma cidade de Samária, chamada Sicar, junto da herdade que Jacó dera a seu filho José;

⁶achava-se ali o poço de Jacó. Jesus, pois, cansado da viagem, sentou-se assim junto do poço; era cerca da hora sexta.

⁷Veio uma mulher de Samária tirar água. Disse-lhe Jesus: Dá-me de beber.

⁸Pois seus discípulos tinham ido à cidade comprar comida.

⁹Disse-lhe então a mulher samaritana: Como, sendo tu judeu, me pedes de beber a mim, que sou mulher samaritana? (Porque os judeus não se comunicavam com os samaritanos.)

¹⁰Respondeu-lhe Jesus: Se tivesses conhecido o dom de Deus e quem é o que te diz: Dá-me de beber, tu lhe terias pedido e ele te haveria dado água viva.

¹¹Disse-lhe a mulher: Senhor, tu não tens com que tirá-la, e o poço é fundo; donde, pois, tens essa água viva?

¹²És tu, porventura, maior do que o nosso pai Jacó, que nos deu o poço, do qual também ele mesmo bebeu, e os filhos, e o seu gado?.

¹³Replicou-lhe Jesus: Todo o que beber desta água tornará a ter sede;

¹⁴mas aquele que beber da água que eu lhe der nunca terá sede; pelo contrário, a água que eu lhe der se fará nele uma fonte de água que jorre para a vida eterna.

¹⁵Disse-lhe a mulher: Senhor, dá-me dessa água, para que não mais tenha sede, nem venha aqui tirá-la.

¹⁶Disse-lhe Jesus: Vai, chama o teu marido e vem cá.

¹⁷Respondeu a mulher: Não tenho marido. Disse-lhe Jesus: Disseste bem: Não tenho marido;

¹⁸porque cinco maridos tiveste, e o que agora tens não é teu marido; isso disseste com verdade.

¹⁹Disse-lhe a mulher: Senhor, vejo que és profeta.

²⁰Nossos pais adoraram neste monte, e vós dizeis que em Jerusalém é o lugar onde se deve adorar.

²¹Disse-lhe Jesus: Mulher, crê-me, a hora vem, em que nem neste monte, nem em Jerusalém adorareis o Pai.

²²Vós adorais o que não conheceis; nós adoramos o que conhecemos; porque a salvação vem dos judeus.

²³Mas a hora vem, e agora é, em que os verdadeiros adoradores adorarão o Pai em espírito e em verdade; porque o Pai procura a tais que assim o adorem.

²⁴Deus é Espírito, e é necessário que os que o adoram o adorem em espírito e em verdade.

²⁵Replicou-lhe a mulher: Eu sei que vem o Messias (que se chama o Cristo); quando ele vier há de nos anunciar todas as coisas.

²⁶Disse-lhe Jesus: Eu o sou, eu que falo contigo.

²⁷E nisto vieram os seus discípulos, e se admiravam de que estivesse falando com uma mulher; todavia nenhum lhe perguntou: Que é que procuras? ou: Por que falas com ela?

²⁸Deixou, pois, a mulher o seu cântaro, foi à cidade e disse àqueles homens:

²⁹Vinde, vede um homem que me disse tudo quanto eu tenho feito; será este, porventura, o Cristo?

³⁰Saíram, pois, da cidade e vinham ter com ele.

³¹Entrementes os seus discípulos lhe rogavam, dizendo: Rabi, come.

³²Ele, porém, respondeu: Uma comida tenho para comer que vós não conheceis.

³³Então os discípulos diziam uns aos outros: Acaso alguém lhe trouxe de comer?

³⁴Disse-lhes Jesus: A minha comida é fazer a vontade daquele que me enviou, e completar a sua obra.

³⁵Não dizeis vós: Ainda há quatro meses até que venha a ceifa? Ora, eu vos digo: levantai os vossos olhos, e vede os campos, que já estão brancos para a ceifa.

³⁶Quem ceifa já está recebendo recompensa e ajuntando fruto para a vida eterna; para que o que semeia e o que ceifa juntamente se regozijem.

³⁷Porque nisto é verdadeiro o ditado: Um é o que semeia, e outro o que ceifa.

³⁸Eu vos enviei a ceifar onde não trabalhaste; outros trabalharam, e vós entrastes no seu trabalho.

³⁹E muitos samaritanos daquela cidade creram nele, por causa da palavra da mulher, que testificava: Ele me disse tudo quanto tenho feito.

⁴⁰Indo, pois, ter com ele os samaritanos, rogaram-lhe que ficasse com eles; e ficou ali dois dias.

⁴¹E muitos mais creram por causa da palavra dele;

⁴²e diziam à mulher: Já não é pela tua palavra que nós cremos; pois agora nós mesmos temos ouvido e sabemos que este é verdadeiramente o Salvador do mundo.

⁴³Passados os dois dias partiu dali para a Galiléia.

⁴⁴Porque Jesus mesmo testificou que um profeta não recebe honra na sua própria pátria.

⁴⁵Assim, pois, que chegou à Galiléia, os galileus o receberam, porque tinham visto todas as coisas que fizera em Jerusalém na ocasião da festa; pois também eles tinham ido à festa.

⁴⁶Foi, então, outra vez a Caná da Galiléia, onde da água fizera vinho. Ora, havia um oficial do rei, cujo filho estava enfermo em Cafarnaum.

⁴⁷Quando ele soube que Jesus tinha vindo da Judéia para a Galiléia, foi ter com ele, e lhe rogou que descesse e lhe curasse o filho; pois estava à morte.

⁴⁸Então Jesus lhe disse: Se não virdes sinais e prodígios, de modo algum crereis.

⁴⁹Rogou-lhe o oficial: Senhor, desce antes que meu filho morra.

⁵⁰Respondeu-lhe Jesus: Vai, o teu filho vive. E o homem creu na palavra que Jesus lhe dissera, e partiu.

⁵¹Quando ele já ia descendo, saíram-lhe ao encontro os seus servos, e lhe disseram que seu filho vivia.

⁵²Perguntou-lhes, pois, a que hora começara a melhorar; ao que lhe disseram: Ontem à hora sétima a febre o deixou.

⁵³Reconheceu, pois, o pai ser aquela hora a mesma em que Jesus lhe dissera: O teu filho vive; e creu ele e toda a sua casa.

⁵⁴Foi esta a segunda vez que Jesus, ao voltar da Judéia para a Galiléia, ali operou sinal.

## Capítulo 5

¹Depois disso havia uma festa dos judeus; e Jesus subiu a Jerusalém.

²Ora, em Jerusalém, próximo à porta das ovelhas, há um tanque, chamado em hebraico Betesda, o qual tem cinco alpendres.

³Nestes jazia grande multidão de enfermos, cegos, mancos e ressicados [esperando o movimento da água.]

⁴[Porquanto um anjo descia em certo tempo ao tanque, e agitava a água; então o primeiro que ali descia, depois do movimento da água, sarava de qualquer enfermidade que tivesse.]

⁵Achava-se ali um homem que, havia trinta e oito anos, estava enfermo.

⁶Jesus, vendo-o deitado e sabendo que estava assim havia muito tempo, perguntou-lhe: Queres ficar são?

⁷Respondeu-lhe o enfermo: Senhor, não tenho ninguém que, ao ser agitada a água, me ponha no tanque; assim, enquanto eu vou, desce outro antes de mim.

⁸Disse-lhe Jesus: Levanta-te, toma o teu leito e anda.

⁹Imediatamente o homem ficou são; e, tomando o seu leito, começou a andar. Ora, aquele dia era sábado.

¹⁰Pelo que disseram os judeus ao que fora curado: Hoje é sábado, e não te é lícito carregar o leito.

¹¹Ele, porém, lhes respondeu: Aquele que me curou, esse mesmo me disse: Toma o teu leito e anda.

¹²Perguntaram-lhe, pois: Quem é o homem que te disse: Toma o teu leito e anda?

¹³Mas o que fora curado não sabia quem era; porque Jesus se retirara, por haver muita gente naquele lugar.

¹⁴Depois Jesus o encontrou no templo, e disse-lhe: Olha, já estás curado; não peques mais, para que não te suceda coisa pior.

¹⁵Retirou-se, então, o homem, e contou aos judeus que era Jesus quem o curara.

¹⁶Por isso os judeus perseguiram a Jesus, porque fazia estas coisas no sábado.

¹⁷Mas Jesus lhes respondeu: Meu Pai trabalha até agora, e eu trabalho também.

¹⁸Por isso, pois, os judeus ainda mais procuravam matá-lo, porque não só violava o sábado, mas também dizia que Deus era seu próprio Pai, fazendo-se igual a Deus.

¹⁹Disse-lhes, pois, Jesus: Em verdade, em verdade vos digo que o Filho de si mesmo nada pode fazer, senão o que vir o Pai fazer; porque tudo quanto ele faz, o Filho o faz igualmente.

²⁰Porque o Pai ama ao Filho, e mostra-lhe tudo o que ele mesmo faz; e maiores obras do que estas lhe mostrará, para que vos maravilheis.

²¹Pois, assim como o Pai levanta os mortos e lhes dá vida, assim também o Filho dá vida a quem ele quer.

²²Porque o Pai a niguém julga, mas deu ao Filho todo o julgamento,

²³para que todos honrem o Filho, assim como honram o Pai. Quem não honra o Filho, não honra o Pai que o enviou.

²⁴Em verdade, em verdade vos digo que quem ouve a minha palavra, e crê naquele que me enviou, tem a vida eterna e não entra em juízo, mas já passou da morte para a vida.

²⁵Em verdade, em verdade vos digo que vem a hora, e agora é, em que os mortos ouvirão a voz do Filho de Deus, e os que a ouvirem viverão.

²⁶Pois assim como o Pai tem vida em si mesmo, assim também deu ao Filho ter vida em si mesmos;

²⁷e deu-lhe autoridade para julgar, porque é o Filho do homem.

²⁸Não vos admireis disso, porque vem a hora em que todos os que estão nos sepulcros ouvirão a sua voz e sairão:

²⁹os que tiverem feito o bem, para a ressurreição da vida, e os que tiverem praticado o mal, para a ressurreição do juízo.

³⁰Eu não posso de mim mesmo fazer coisa alguma; como ouço, assim julgo; e o meu juízo é justo, porque não procuro a minha vontade, mas a vontade daquele que me enviou.

³¹Se eu der testemunho de mim mesmo, o meu testemunho não é verdadeiro.

³²Outro é quem dá testemunho de mim; e sei que o testemunho que ele dá de mim é verdadeiro.

³³Vós mandastes mensageiros a João, e ele deu testemunho da verdade;

³⁴eu, porém, não recebo testemunho de homem; mas digo isto para que sejais salvos.

³⁵Ele era a lâmpada que ardia e alumiava; e vós quisestes alegrar-vos por um pouco de tempo com a sua luz.

³⁶Mas o testemunho que eu tenho é maior do que o de João; porque as obras que o Pai me deu para realizar, as mesmas obras que faço dão testemunho de mim que o Pai me enviou.

³⁷E o Pai que me enviou, ele mesmo tem dado testemunho de mim. Vós nunca ouvistes a sua voz, nem vistes a sua forma;

³⁸e a sua palavra não permanece em vós; porque não credes naquele que ele enviou.

³⁹Examinais as Escrituras, porque julgais ter nelas a vida eterna; e são elas que dão testemunho de mim;

⁴⁰mas não quereis vir a mim para terdes vida!

⁴¹Eu não recebo glória da parte dos homens;

⁴²mas bem vos conheço, que não tendes em vós o amor de Deus.

⁴³Eu vim em nome de meu Pai, e não me recebeis; se outro vier em seu próprio nome, a esse recebereis.

⁴⁴Como podeis crer, vós que recebeis glória uns dos outros e não buscais a glória que vem do único Deus?

⁴⁵Não penseis que eu vos hei de acusar perante o Pai. Há um que vos acusa, Moisés, em quem vós esperais.

⁴⁶Pois se crêsseis em Moisés, creríeis em mim; porque de mim ele escreveu.

⁴⁷Mas, se não credes nos escritos, como crereis nas minhas palavras?

## Capítulo 6

¹Depois disto partiu Jesus para o outro lado do mar da Galiléia, também chamado de Tiberíades.

²E seguia-o uma grande multidão, porque via os sinais que operava sobre os enfermos.

³Subiu, pois, Jesus ao monte e sentou-se ali com seus discípulos.

⁴Ora, a páscoa, a festa dos judeus, estava próxima.

⁵Então Jesus, levantando os olhos, e vendo que uma grande multidão vinha ter com ele, disse a Felipe: Onde compraremos pão, para estes comerem?

⁶Mas dizia isto para o experimentar; pois ele bem sabia o que ia fazer.

⁷Respondeu-lhe Felipe: Duzentos denários de pão não lhes bastam, para que cada um receba um pouco.

⁸Ao que lhe disse um dos seus discípulos, André, irmão de Simão Pedro:

⁹Está aqui um rapaz que tem cinco pães de cevada e dois peixinhos; mas que é isto para tantos?

¹⁰Disse Jesus: Fazei reclinar-se o povo. Ora, naquele lugar havia muita relva. Reclinaram-se aí, pois, os homens em número de quase cinco mil.

¹¹Jesus, então, tomou os pães e, havendo dado graças, repartiu-os pelos que estavam reclinados; e de igual modo os peixes, quanto eles queriam.

¹²E quando estavam saciados, disse aos seus discípulos: Recolhei os pedaços que sobejaram, para que nada se perca.

¹³Recolheram-nos, pois e encheram doze cestos de pedaços dos cinco pães de cevada, que sobejaram aos que haviam comido.

¹⁴Vendo, pois, aqueles homens o sinal que Jesus operara, diziam: este é verdadeiramente o profeta que havia de vir ao mundo.

¹⁵Percebendo, pois, Jesus que estavam prestes a vir e levá-lo à força para o fazerem rei, tornou a retirar-se para o monte, ele sozinho.

¹⁶Ao cair da tarde, desceram os seus discípulos ao mar;

¹⁷e, entrando num barco, atravessavam o mar em direção a Cafarnaum; enquanto isso, escurecera e Jesus ainda não tinha vindo ter com eles;

¹⁸ademais, o mar se empolava, porque soprava forte vento.

¹⁹Tendo, pois, remado uns vinte e cinco ou trinta estádios, viram a Jesus andando sobre o mar e aproximando-se do barco; e ficaram atemorizados.

²⁰Mas ele lhes disse: Sou eu; não temais.

²¹Então eles de boa mente o receberam no barco; e logo o barco chegou à terra para onde iam.

²²No dia seguinte, a multidão que ficara no outro lado do mar, sabendo que não houvera ali senão um barquinho, e que Jesus não embarcara nele com seus discípulos, mas que estes tinham ido sós

²³(contudo, outros barquinhos haviam chegado a Tiberíades para perto do lugar onde comeram o pão, havendo o Senhor dado graças);

²⁴quando, pois, viram que Jesus não estava ali nem os seus discípulos, entraram eles também nos barcos, e foram a Cafarnaum, em busca de Jesus.

²⁵E, achando-o no outro lado do mar, perguntaram-lhe: Rabi, quando chegaste aqui?

²⁶Respondeu-lhes Jesus: Em verdade, em verdade vos digo que me buscais, não porque vistes sinais, mas porque comestes do pão e vos saciastes.

²⁷Trabalhai, não pela comida que perece, mas pela comida que permanece para a vida eterna, a qual o Filho do homem vos dará; pois neste, Deus, o Pai, imprimiu o seu selo.

²⁸Pergutaram-lhe, pois: Que havemos de fazer para praticarmos as obras de Deus?

²⁹Jesus lhes respondeu: A obra de Deus é esta: Que creiais naquele que ele enviou.

³⁰Perguntaram-lhe, então: Que sinal, pois, fazes tu, para que o vejamos e te creiamos? Que operas tu?

³¹Nossos pais comeram o maná no deserto, como está escrito: Do céu deu-lhes pão a comer.

³²Respondeu-lhes Jesus: Em verdade, em verdade vos digo: Não foi Moisés que vos deu o pão do céu; mas meu Pai vos dá o verdadeiro pão do céu.

³³Porque o pão de Deus é aquele que desce do céu e dá vida ao mundo.

³⁴Disseram-lhe, pois: Senhor, dá-nos sempre desse pão.

³⁵Declarou-lhes Jesus. Eu sou o pão da vida; aquele que vem a mim, de modo algum terá fome, e quem crê em mim jamais tará sede.

³⁶Mas como já vos disse, vós me tendes visto, e contudo não credes.

³⁷Todo o que o Pai me dá virá a mim; e o que vem a mim de maneira nenhuma o lançarei fora.

³⁸Porque eu desci do céu, não para fazer a minha vontade, mas a vontade daquele que me enviou.

³⁹E a vontade do que me enviou é esta: Que eu não perca nenhum de todos aqueles que me deu, mas que eu o ressuscite no último dia.

⁴⁰Porquanto esta é a vontade de meu Pai: Que todo aquele que vê o Filho e crê nele, tenha a vida eterna; e eu o ressuscitarei no último dia.

⁴¹Murmuravam, pois, dele os judeus, porque dissera: Eu sou o pão que desceu do céu;

⁴²e perguntavam: Não é Jesus, o filho de José, cujo pai e mãe nós conhecemos? Como, pois, diz agora: Desci do céu?

⁴³Respondeu-lhes Jesus: Não murmureis entre vós.

⁴⁴Ninguém pode vir a mim, se o Pai que me enviou não o trouxer; e eu o ressuscitarei no último dia.

⁴⁵Está escrito nos profetas: E serão todos ensinados por Deus. Portanto todo aquele que do Pai ouviu e aprendeu vem a mim.

⁴⁶Não que alguém tenha visto o Pai, senão aquele que é vindo de Deus; só ele tem visto o Pai.

⁴⁷Em verdade, em verdade vos digo: Aquele que crê tem a vida eterna.

⁴⁸Eu sou o pão da vida.

⁴⁹Vossos pais comeram o maná no deserto e morreram.

⁵⁰Este é o pão que desce do céu, para que o que dele comer não morra.

⁵¹Eu sou o pão vivo que desceu do céu; se alguém comer deste pão, viverá para sempre; e o pão que eu darei pela vida do mundo é a minha carne.

⁵²Disputavam, pois, os judeus entre si, dizendo: Como pode este dar-nos a sua carne a comer?

⁵³Disse-lhes Jesus: Em verdade, em verdade vos digo: Se não comerdes a carne do Filho do homem, e não beberdes o seu sangue, não tereis vida em vós mesmos.

⁵⁴Quem come a minha carne e bebe o meu sangue tem a vida eterna; e eu o ressuscitarei no último dia.

⁵⁵Porque a minha carne verdadeiramente é comida, e o meu sangue verdadeiramente é bebida.

⁵⁶Quem come a minha carne e bebe o meu sangue permanece em mim e eu nele.

⁵⁷Assim como o Pai, que vive, me enviou, e eu vivo pelo Pai, assim, quem de mim se alimenta, também viverá por mim.

⁵⁸Este é o pão que desceu do céu; não é como o caso de vossos pais, que comeram o maná e morreram; quem comer este pão viverá para sempre.

⁵⁹Estas coisas falou Jesus quando ensinava na sinagoga em Cafarnaum.

⁶⁰Muitos, pois, dos seus discípulos, ouvindo isto, disseram: Duro é este discurso; quem o pode ouvir?

⁶¹Mas, sabendo Jesus em si mesmo que murmuravam disto os seus discípulos, disse-lhes: Isto vos escandaliza?

⁶²Que seria, pois, se vísseis subir o Filho do homem para onde primeiro estava?

⁶³O espírito é o que vivifica, a carne para nada aproveita; as palavras que eu vos tenho dito são espírito e são vida.

⁶⁴Mas há alguns de vós que não crêem. Pois Jesus sabia, desde o princípio, quem eram os que não criam, e quem era o que o havia de entregar.

⁶⁵E continuou: Por isso vos disse que ninguém pode vir a mim, se pelo Pai lhe não for concedido.

⁶⁶Por causa disso muitos dos seus discípulos voltaram para trás e não andaram mais com ele.

⁶⁷Perguntou então Jesus aos doze: Quereis vós também retirar-vos?

⁶⁸Respondeu-lhe Simão Pedro: Senhor, para quem iremos nós? Tu tens as palavras da vida eterna.

⁶⁹E nós já temos crido e bem sabemos que tu és o Santo de Deus.

⁷⁰Respondeu-lhes Jesus: Não vos escolhi a vós os doze? Contudo um de vós é o diabo.

⁷¹Referia-se a Judas, filho de Simão Iscariotes; porque era ele o que o havia de entregar, sendo um dos doze.

## Capítulo 7

¹Depois disto andava Jesus pela Galiléia; pois não queria andar pela Judéia, porque os judeus procuravam matá-lo.

²Ora, estava próxima a festa dos judeus, a dos tabernáculos.

³Disseram-lhe, então, seus irmãos: Retira-te daqui e vai para a Judéia, para que também os teus discípulos vejam as obras que fazes.

⁴Porque ninguém faz coisa alguma em oculto, quando procura ser conhecido. Já que fazes estas coisas, manifesta-te ao mundo.

⁵Pois nem seus irmãos criam nele.

⁶Disse-lhes, então, Jesus: Ainda não é chegado o meu tempo; mas o vosso tempo sempre está presente.

⁷O mundo não vos pode odiar; mas ele me odeia a mim, porquanto dele testifico que as suas obras são más.

⁸Subi vós à festa; eu não subo ainda a esta festa, porque ainda não é chegado o meu tempo.

⁹E, havendo-lhes dito isto, ficou na Galiléia.

¹⁰Mas quando seus irmãos já tinham subido à festa, então subiu ele também, não publicamente, mas como em secreto.

¹¹Ora, os judeus o procuravam na festa, e perguntavam: Onde está ele?

¹²E era grande a murmuração a respeito dele entre as multidões. Diziam alguns: Ele é bom. Mas outros diziam: não, antes engana o

povo.

¹³Todavia ninguém falava dele abertamente, por medo dos judeus.

¹⁴Estando, pois, a festa já em meio, subiu Jesus ao templo e começou a ensinar.

¹⁵Então os judeus se admiravam, dizendo: Como sabe este letras, sem ter estudado?

¹⁶Respondeu-lhes Jesus: A minha doutrina não é minha, mas daquele que me enviou.

¹⁷Se alguém quiser fazer a vontade de Deus, há de saber se a doutrina é dele, ou se eu falo por mim mesmo.

¹⁸Quem fala por si mesmo busca a sua própria glória; mas o que busca a glória daquele que o enviou, esse é verdadeiro, e não há nele injustiça.

¹⁹Não vos deu Moisés a lei? no entanto nenhum de vós cumpre a lei. Por que procurais matar-me?

²⁰Respondeu a multidão: Tens demônio; quem procura matar-te?

²¹Replicou-lhes Jesus: Uma só obra fiz, e todos vós admirais por causa disto.

²²Moisés vos ordenou a circuncisão (não que fosse de Moisés, mas dos pais), e no sábado circuncidais um homem.

²³Ora, se um homem recebe a circuncisão no sábado, para que a lei de Moisés não seja violada, como vos indignais contra mim, porque no sábado tornei um homem inteiramente são?

²⁴Não julgueis pela aparência mas julgai segundo o reto juízo.

²⁵Diziam então alguns dos de Jerusalém: Não é este o que procuram matar?

²⁶E eis que ele está falando abertamente, e nada lhe dizem. Será que as autoridades realmente o reconhecem como o Cristo?

²⁷Entretanto sabemos donde este é; mas, quando vier o Cristo, ninguém saberá donde ele é.

²⁸Jesus, pois, levantou a voz no templo e ensinava, dizendo: Sim, vós me conheceis, e sabeis donde sou; contudo eu não vim de mim mesmo, mas aquele que me enviou é verdadeiro, o qual vós não conheceis.

²⁹Mas eu o conheço, porque dele venho, e ele me enviou.

³⁰Procuravam, pois, prendê-lo; mas ninguém lhe deitou as mãos, porque ainda não era chegada a sua hora.

³¹Contudo muitos da multidão creram nele, e diziam: Será que o Cristo, quando vier, fará mais sinais do que este tem feito?

³²Os fariseus ouviram a multidão murmurar estas coisas a respeito dele; e os principais sacerdotes e os fariseus mandaram guardas para o prenderem.

³³Disse, pois, Jesus: Ainda um pouco de tempo estou convosco, e depois vou para aquele que me enviou.

³⁴Vós me buscareis, e não me achareis; e onde eu estou, vós não podeis vir.

³⁵Disseram, pois, os judeus uns aos outros: Para onde irá ele, que não o acharemos? Irá, porventura, à Dispersão entre os gregos, e ensinará os gregos?

³⁶Que palavra é esta que disse: Buscar-me-eis, e não me achareis; e, Onde eu estou, vós não podeis vir?

³⁷Ora, no seu último dia, o grande dia da festa, Jesus pôs-se em pé e clamou, dizendo: Se alguém tem sede, venha a mim e beba.

³⁸Quem crê em mim, como diz a Escritura, do seu interior correrão rios de água viva.

³⁹Ora, isto ele o disse a respeito do Espírito que haviam de receber os que nele cressem; pois o Espírito ainda não fora dado, porque Jesus ainda não tinha sido glorificado.

⁴⁰Então alguns dentre o povo, ouvindo essas palavras, diziam: Verdadeiramente este é o profeta.

⁴¹Outros diziam: Este é o Cristo; mas outros replicavam: Vem, pois, o Cristo da Galiléia?

⁴²Não diz a Escritura que o Cristo vem da descendência de Davi, e de Belém, a aldeia donde era Davi?

⁴³Assim houve uma dissensão entre o povo por causa dele.

⁴⁴Alguns deles queriam prendê-lo; mas ninguém lhe pôs as mãos.

⁴⁵Os guardas, pois, foram ter com os principais dos sacerdotes e fariseus, e estes lhes perguntaram: Por que não o trouxestes?

⁴⁶Responderam os guardas: Nunca homem algum falou assim como este homem.

⁴⁷Replicaram-lhes, pois, os fariseus: Também vós fostes enganados?

⁴⁸Creu nele porventura alguma das autoridades, ou alguém dentre os fariseus?

⁴⁹Mas esta multidão, que não sabe a lei, é maldita.

⁵⁰Nicodemos, um deles, que antes fora ter com Jesus, perguntou-lhes:

⁵¹A nossa lei, porventura, julga um homem sem primeiro ouvi-lo e ter conhecimento do que ele faz?

⁵²Responderam-lhe eles: És tu também da Galiléia? Examina e vê que da Galiléia não surge profeta.

⁵³[E cada um foi para sua casa.

## Capítulo 8

¹Mas Jesus foi para o Monte das Oliveiras.

²Pela manhã cedo voltou ao templo, e todo o povo vinha ter com ele; e Jesus, sentando-se o ensinava.

³Então os escribas e fariseus trouxeram-lhe uma mulher apanhada em adultério; e pondo-a no meio,

⁴disseram-lhe: Mestre, esta mulher foi apanhada em flagrante adultério.

⁵Ora, Moisés nos ordena na lei que as tais sejam apedrejadas. Tu, pois, que dizes?

⁶Isto diziam eles, tentando-o, para terem de que o acusar. Jesus, porém, inclinando-se, começou a escrever no chão com o dedo.

⁷Mas, como insistissem em perguntar-lhe, ergueu-se e disse-lhes: Aquele dentre vós que está sem pecado seja o primeiro que lhe atire uma pedra.

⁸E, tornando a inclinar-se, escrevia na terra.

⁹Quando ouviram isto foram saindo um a um, a começar pelos mais velhos, até os últimos; ficou só Jesus, e a mulher ali em pé.

¹⁰Então, erguendo-se Jesus e não vendo a ninguém senão a mulher, perguntou-lhe: Mulher, onde estão aqueles teus acusadores? Ninguém te condenou?

¹¹Respondeu ela: Ninguém, Senhor. E disse-lhe Jesus: Nem eu te condeno; vai-te, e não peques mais.]

¹²Então Jesus tornou a falar-lhes, dizendo: Eu sou a luz do mundo; quem me segue de modo algum andará em trevas, mas terá a luz da vida.

¹³Disseram-lhe, pois, os fariseus: Tu dás testemunho de ti mesmo; o teu testemunho não é verdadeiro.

¹⁴Respondeu-lhes Jesus: Ainda que eu dou testemunho de mim mesmo, o meu testemunho é verdadeiro; porque sei donde vim, e para onde vou; mas vós não sabeis donde venho, nem para onde vou.

¹⁵Vós julgais segundo a carne; eu a ninguém julgo.

¹⁶E, mesmo que eu julgue, o meu juízo é verdadeiro; porque não sou eu só, mas eu e o Pai que me enviou.

¹⁷Ora, na vossa lei está escrito que o testemunho de dois homens é verdadeiro.

¹⁸Sou eu que dou testemunho de mim mesmo, e o Pai que me enviou, também dá testemunho de mim.

¹⁹Perguntavam-lhe, pois: Onde está teu pai? Jesus respondeu: Não me conheceis a mim, nem a meu Pai; se vós me conhecêsseis a mim, também conheceríeis a meu Pai.

²⁰Essas palavras proferiu Jesus no lugar do tesouro, quando ensinava no templo; e ninguém o prendeu, porque ainda não era chegada a sua hora.

²¹Disse-lhes, pois, Jesus outra vez: Eu me retiro; buscar-me-eis, e morrereis no vosso pecado. Para onde eu vou, vós não podeis ir.

²²Então diziam os judeus: Será que ele vai suicidar-se, pois diz: Para onde eu vou, vós não podeis ir?

²³Disse-lhes ele: Vós sois de baixo, eu sou de cima; vós sois deste mundo, eu não sou deste mundo.

²⁴Por isso vos disse que morrereis em vossos pecados; porque, se não crerdes que eu sou, morrereis em vossos pecados.

²⁵Perguntavam-lhe então: Quem és tu? Respondeu-lhes Jesus: Exatamente o que venho dizendo que sou.

²⁶Muitas coisas tenho que dizer e julgar acerca de vós; mas aquele que me enviou é verdadeiro; e o que dele ouvi, isso falo ao mundo.

²⁷Eles não perceberam que lhes falava do Pai.

²⁸Prosseguiu, pois, Jesus: Quando tiverdes levantado o Filho do homem, então conhecereis que eu sou, e que nada faço de mim mesmo; mas como o Pai me ensinou, assim falo.

²⁹E aquele que me enviou está comigo; não me tem deixado só; porque faço sempre o que é do seu agrado.

³⁰Falando ele estas coisas, muitos creram nele.

³¹Dizia, pois, Jesus aos judeus que nele creram: Se vós permanecerdes na minha palavra, verdadeiramente sois meus discípulos;

³²e conhecereis a verdade, e a verdade vos libertará.

³³Responderam-lhe: Somos descendentes de Abraão, e nunca fomos escravos de ninguém; como dizes tu: Sereis livres?

³⁴Replicou-lhes Jesus: Em verdade, em verdade vos digo que todo aquele que comete pecado é escravo do pecado.

³⁵Ora, o escravo não fica para sempre na casa; o filho fica para

sempre.

³⁶Se, pois, o Filho vos libertar, verdadeiramente sereis livres.

³⁷Bem sei que sois descendência de Abraão; contudo, procurais matar-me, porque a minha palavra não encontra lugar em vós.

³⁸Eu falo do que vi junto de meu Pai; e vós fazeis o que também ouvistes de vosso pai.

³⁹Responderam-lhe: Nosso pai é Abraão. Disse-lhes Jesus: Se sois filhos de Abraão, fazei as obras de Abraão.

⁴⁰Mas agora procurais matar-me, a mim que vos falei a verdade que de Deus ouvi; isso Abraão não fez.

⁴¹Vós fazeis as obras de vosso pai. Replicaram-lhe eles: Nós não somos nascidos de prostituição; temos um Pai, que é Deus.

⁴²Respondeu-lhes Jesus: Se Deus fosse o vosso Pai, vós me amaríeis, porque eu saí e vim de Deus; pois não vim de mim mesmo, mas ele me enviou.

⁴³Por que não compreendeis a minha linguagem? é porque não podeis ouvir a minha palavra.

⁴⁴Vós tendes por pai o Diabo, e quereis satisfazer os desejos de vosso pai; ele é homicida desde o princípio, e nunca se firmou na verdade, porque nele não há verdade; quando ele profere mentira, fala do que lhe é próprio; porque é mentiroso, e pai da mentira.

⁴⁵Mas porque eu digo a verdade, não me credes.

⁴⁶Quem dentre vós me convence de pecado? Se digo a verdade, por que não me credes?

⁴⁷Quem é de Deus ouve as palavras de Deus; por isso vós não as ouvis, porque não sois de Deus.

⁴⁸Responderam-lhe os judeus: Não dizemos com razão que és samaritano, e que tens demônio?

⁴⁹Jesus respondeu: Eu não tenho demônio; antes honro a meu Pai, e vós me desonrais.

⁵⁰Eu não busco a minha glória; há quem a busque, e julgue.

⁵¹Em verdade, em verdade vos digo que, se alguém guardar a minha palavra, nunca verá a morte.

⁵²Disseram-lhe os judeus: Agora sabemos que tens demônios. Abraão morreu, e também os profetas; e tu dizes: Se alguém guardar a minha palavra, nunca provará a morte!

⁵³Porventura és tu maior do que nosso pai Abraão, que morreu? Também os profetas morreram; quem pretendes tu ser?

⁵⁴Respondeu Jesus: Se eu me glorificar a mim mesmo, a minha glória não é nada; quem me glorifica é meu Pai, do qual vós dizeis que é o vosso Deus;

⁵⁵e vós não o conheceis; mas eu o conheço; e se disser que não o conheço, serei mentiroso como vós; mas eu o conheço, e guardo a sua palavra.

⁵⁶Abraão, vosso pai, exultou por ver o meu dia; viu-o, e alegrou-se.

⁵⁷Disseram-lhe, pois, os judeus: Ainda não tens cinquenta anos, e viste Abraão?

⁵⁸Respondeu-lhes Jesus: Em verdade, em verdade vos digo que antes que Abraão existisse, eu sou.

⁵⁹Então pegaram em pedras para lhe atirarem; mas Jesus ocultou-se, e saiu do templo.

## Capítulo 9

¹E passando Jesus, viu um homem cego de nascença.

²Perguntaram-lhe os seus discípulos: Rabi, quem pecou, este ou seus pais, para que nascesse cego?

³Respondeu Jesus: Nem ele pecou nem seus pais; mas foi para que nele se manifestem as obras de Deus.

⁴Importa que façamos as obras daquele que me enviou, enquanto é dia; vem a noite, quando ninguém pode trabalhar.

⁵Enquanto estou no mundo, sou a luz do mundo.

⁶Dito isto, cuspiu no chão e com a saliva fez lodo, e untou com lodo os olhos do cego,

⁷e disse-lhe: Vai, lava-te no tanque de Siloé (que significa Enviado). E ele foi, lavou-se, e voltou vendo.

⁸Então os vizinhos e aqueles que antes o tinham visto, quando mendigo, perguntavam: Não é este o mesmo que se sentava a mendigar?

⁹Uns diziam: É ele. E outros: Não é, mas se parece com ele. Ele dizia: Sou eu.

¹⁰Perguntaram-lhe, pois: Como se te abriram os olhos?

¹¹Respondeu ele: O homem que se chama Jesus fez lodo, untou-me os olhos, e disse-me: Vai a Siloé e lava-te. Fui, pois, lavei-me, e fiquei vendo.

¹²E perguntaram-lhe: Onde está ele? Respondeu: Não sei.

¹³Levaram aos fariseus o que fora cego.

¹⁴Ora, era sábado o dia em que Jesus fez o lodo e lhe abriu os olhos.

¹⁵Então os fariseus também se puseram a perguntar-lhe como recebera a vista. Respondeu-lhes ele: Pôs-me lodo sobre os olhos, lavei-me e vejo.

¹⁶Por isso alguns dos fariseus diziam: Este homem não é de Deus; pois não guarda o sábado. Diziam outros: Como pode um homem pecador fazer tais sinais? E havia dissensão entre eles.

¹⁷Tornaram, pois, a perguntar ao cego: Que dizes tu a respeito dele, visto que te abriu os olhos? E ele respondeu: É profeta.

¹⁸Os judeus, porém, não acreditaram que ele tivesse sido cego e recebido a vista, enquanto não chamaram os pais do que fora curado,

¹⁹e lhes perguntaram: É este o vosso filho, que dizeis ter nascido cego? Como, pois, vê agora?

²⁰Responderam seus pais: Sabemos que este é o nosso filho, e que nasceu cego;

²¹mas como agora vê, não sabemos; ou quem lhe abriu os olhos, nós não sabemos; perguntai a ele mesmo; tem idade; ele falará por si mesmo.

²²Isso disseram seus pais, porque temiam os judeus, porquanto já tinham estes combinado que se alguém confessasse ser Jesus o Cristo, fosse expulso da sinagoga.

²³Por isso é que seus pais disseram: Tem idade, perguntai-lho a ele mesmo.

²⁴Então chamaram pela segunda vez o homem que fora cego, e lhe disseram: Dá glória a Deus; nós sabemos que esse homem é pecador.

²⁵Respondeu ele: Se é pecador, não sei; uma coisa sei: eu era cego, e agora vejo.

²⁶Perguntaram-lhe pois: Que foi que te fez? Como te abriu os olhos?

²⁷Respondeu-lhes: Já vo-lo disse, e não atendestes; para que o quereis tornar a ouvir? Acaso também vós quereis tornar-vos discípulos dele?

²⁸Então o injuriaram, e disseram: Discípulo dele és tu; nós porém, somos discípulos de Moisés.

²⁹Sabemos que Deus falou a Moisés; mas quanto a este, não sabemos donde é.

³⁰Respondeu-lhes o homem: Nisto, pois, está a maravilha: não sabeis donde ele é, e entretanto ele me abriu os olhos;

³¹sabemos que Deus não ouve a pecadores; mas, se alguém for temente a Deus, e fizer a sua vontade, a esse ele ouve.

³²Desde o princípio do mundo nunca se ouviu que alguém abrisse os olhos a um cego de nascença.

³³Se este não fosse de Deus, nada poderia fazer.

³⁴Replicaram-lhe eles: Tu nasceste todo em pecados, e vens nos ensinar a nós? E expulsaram-no.

³⁵Soube Jesus que o haviam expulsado; e achando-o perguntou-lhe: Crês tu no Filho do homem?

³⁶Respondeu ele: Quem é, senhor, para que nele creia?

³⁷Disse-lhe Jesus: Já o viste, e é ele quem fala contigo.

³⁸Disse o homem: Creio, Senhor! E o adorou.

³⁹Prosseguiu então Jesus: Eu vim a este mundo para juízo, a fim de que os que não vêem vejam, e os que vêem se tornem cegos.

⁴⁰Alguns fariseus que ali estavam com ele, ouvindo isso, perguntaram-lhe: Porventura somos nós também cegos?

⁴¹Respondeu-lhes Jesus: Se fosseis cegos, não teríeis pecado; mas como agora dizeis: Nós vemos, permanece o vosso pecado.

## Capítulo 10

¹Em verdade, em verdade vos digo: quem não entra pela porta no aprisco das ovelhas, mas sobe por outra parte, esse é ladrão e salteador.

²Mas o que entra pela porta é o pastor das ovelhas.

³A este o porteiro abre; e as ovelhas ouvem a sua voz; e ele chama pelo nome as suas ovelhas, e as conduz para fora.

⁴Depois de conduzir para fora todas as que lhe pertencem, vai adiante delas, e as ovelhas o seguem, porque conhecem a sua voz;

⁵mas de modo algum seguirão o estranho, antes fugirão dele, porque não conhecem a voz dos estranhos.

⁶Jesus propôs-lhes esta parábola, mas eles não entenderam o que era que lhes dizia.

⁷Tornou, pois, Jesus a dizer-lhes: Em verdade, em verdade vos digo: eu sou a porta das ovelhas.

⁸Todos quantos vieram antes de mim são ladrões e salteadores; mas as ovelhas não os ouviram.

⁹Eu sou a porta; se alguém entrar a casa; o filho fica entrará e sairá, e achará pastagens.

¹⁰O ladrão não vem senão para roubar, matar e destruir; eu vim para que tenham vida e a tenham em abundância.

¹¹Eu sou o bom pastor; o bom pastor dá a sua vida pelas ovelhas.

¹²Mas o que é mercenário, e não pastor, de quem não são as ovelhas, vendo vir o lobo, deixa as ovelhas e foge; e o lobo as arrebata e dispersa.

¹³Ora, o mercenário foge porque é mercenário, e não se importa com as ovelhas.

¹⁴Eu sou o bom pastor; conheço as minhas ovelhas, e elas me conhecem,

¹⁵assim como o Pai me conhece e eu conheço o Pai; e dou a minha vida pelas ovelhas.

¹⁶Tenho ainda outras ovelhas que não são deste aprisco; a essas também me importa conduzir, e elas ouvirão a minha voz; e haverá um rebanho e um pastor.

¹⁷Por isto o Pai me ama, porque dou a minha vida para a retomar.

¹⁸Ninguém ma tira de mim, mas eu de mim mesmo a dou; tenho autoridade para a dar, e tenho autoridade para retomá-la. Este mandamento recebi de meu Pai.

¹⁹Por causa dessas palavras, houve outra dissensão entre os judeus.

²⁰E muitos deles diziam: Tem demônio, e perdeu o juízo; por que o escutais?

²¹Diziam outros: Essas palavras não são de quem está endemoninhado; pode porventura um demônio abrir os olhos aos cegos?

²²Celebrava-se então em Jerusalém a festa da dedicação. E era inverno.

²³Andava Jesus passeando no templo, no pórtico de Salomão.

²⁴Rodearam-no, pois, os judeus e lhe perguntavam: Até quando nos deixarás perplexos? Se tu és o Cristo, dize-no-lo abertamente.

²⁵Respondeu-lhes Jesus: Já vo-lo disse, e não credes. As obras que eu faço em nome de meu Pai, essas dão testemunho de mim.

²⁶Mas vós não credes, porque não sois das minhas ovelhas.

²⁷As minhas ovelhas ouvem a minha voz, e eu as conheço, e elas me seguem;

²⁸eu lhes dou a vida eterna, e jamais perecerão; e ninguém as arrebatará da minha mão.

²⁹Meu Pai, que mas deu, é maior do que todos; e ninguém pode arrebatá-las da mão de meu Pai.

³⁰Eu e o Pai somos um.

³¹Os judeus pegaram então outra vez em pedras para o apedrejar.

³²Disse-lhes Jesus: Muitas obras boas da parte de meu Pai vos tenho mostrado; por qual destas obras ides apedrejar-me?

³³Responderam-lhe os judeus: Não é por nenhuma obra boa que vamos apedrejar-te, mas por blasfêmia; e porque, sendo tu homem, te fazes Deus.

³⁴Tornou-lhes Jesus: Não está escrito na vossa lei: Eu disse: Vós sois deuses?

³⁵Se a lei chamou deuses àqueles a quem a palavra de Deus foi dirigida (e a Escritura não pode ser anulada),

³⁶àquele a quem o Pai santificou, e enviou ao mundo, dizeis vós: Blasfemas; porque eu disse: Sou Filho de Deus?

³⁷Se não faço as obras de meu Pai, não me acrediteis.

³⁸Mas se as faço, embora não me creiais a mim, crede nas obras; para que entendais e saibais que o Pai está em mim e eu no Pai.

³⁹Outra vez, pois, procuravam prendê-lo; mas ele lhes escapou das mãos.

⁴⁰E retirou-se de novo para além do Jordão, para o lugar onde João batizava no princípio; e ali ficou.

⁴¹Muitos foram ter com ele, e diziam: João, na verdade, não fez sinal algum, mas tudo quanto disse deste homem era verdadeiro.

⁴²E muitos ali creram nele.

## Capítulo 11

¹Ora, estava enfermo um homem chamado Lázaro, de Betânia, aldeia de Maria e de sua irmã Marta.

²E Maria, cujo irmão Lázaro se achava enfermo, era a mesma que ungiu o Senhor com bálsamo, e lhe enxugou os pés com os seus cabelos.

³Mandaram, pois, as irmãs dizer a Jesus: Senhor, eis que está enfermo aquele que tu amas.

⁴Jesus, porém, ao ouvir isto, disse: Esta enfermidade não é para a morte, mas para glória de Deus, para que o Filho de Deus seja glorificado por ela.

⁵Ora, Jesus amava a Marta, e a sua irmã, e a Lázaro.

⁶Quando, pois, ouviu que estava enfermo, ficou ainda dois dias no lugar onde se achava.

⁷Depois disto, disse a seus discípulos: Vamos outra vez para Judéia.

⁸Disseram-lhe eles: Rabi, ainda agora os judeus procuravam apedrejar-te, e voltas para lá?

⁹Respondeu Jesus: Não são doze as horas do dia? Se alguém andar de dia, não tropeça, porque vê a luz deste mundo;

¹⁰mas se andar de noite, tropeça, porque nele não há luz.

¹¹E, tendo assim falado, acrescentou: Lázaro, o nosso amigo, dorme, mas vou despertá-lo do sono.

¹²Disseram-lhe, pois, os discípulos: Senhor, se dorme, ficará bom.

¹³Mas Jesus falara da sua morte; eles, porém, entenderam que falava do repouso do sono.

¹⁴Então Jesus lhes disse claramente: Lázaro morreu;

¹⁵e, por vossa causa, folgo de que eu lá não estivesse, para para que creiais; mas vamos ter com ele.

¹⁶Disse, pois, Tomé, chamado Dídimo, aos seus condiscípulos: Vamos nós também, para morrermos com ele.

¹⁷Chegando pois Jesus, encontrou-o já com quatro dias de sepultura.

¹⁸Ora, Betânia distava de Jerusalém cerca de quinze estádios.

¹⁹E muitos dos judeus tinham vindo visitar Marta e Maria, para as consolar acerca de seu irmão.

²⁰Marta, pois, ao saber que Jesus chegava, saiu-lhe ao encontro; Maria, porém, ficou sentada em casa.

²¹Disse, pois, Marta a Jesus: Senhor, se meu irmão não teria morrido.

²²E mesmo agora sei que tudo quanto pedires a Deus, Deus to concederá.

²³Respondeu-lhe Jesus: Teu irmão há de ressurgir.

²⁴Disse-lhe Marta: Sei que ele há de ressurgir na ressurreição, no último dia.

²⁵Declarou-lhe Jesus: Eu sou a ressurreição e a vida; quem crê em mim, ainda que morra, viverá;

²⁶e todo aquele que vive, e crê em mim, jamais morrerá. Crês isto?

²⁷Respondeu-lhe Marta: Sim, Senhor, eu creio que tu és o Cristo, o Filho de Deus, que havia de vir ao mundo.

²⁸Dito isto, retirou-se e foi chamar em segredo a Maria, sua irmã, e lhe disse: O Mestre está aí, e te chama.

²⁹Ela, ouvindo isto, levantou-se depressa, e foi ter com ele.

³⁰Pois Jesus ainda não havia entrado na aldeia, mas estava no lugar onde Marta o encontrara.

³¹Então os judeus que estavam com Maria em casa e a consolavam, vendo-a levantar-se apressadamente e sair, seguiram-na, pensando que ia ao sepulcro para chorar ali.

³²Tendo, pois, Maria chegado ao lugar onde Jesus estava, e vendo-a, lançou-se-lhe aos pés e disse: Senhor, se tu estiveras aqui, meu irmão não teria morrido.

³³Jesus, pois, quando a viu chorar, e chorarem também os judeus que com ela vinham, comoveu-se em espírito, e perturbou-se,

³⁴e perguntou: Onde o puseste? Responderam-lhe: Senhor, vem e vê.

³⁵Jesus chorou.

³⁶Disseram então os judeus: Vede como o amava.

³⁷Mas alguns deles disseram: Não podia ele, que abriu os olhos ao cego, fazer também que este não morreste?

³⁸Jesus, pois, comovendo-se outra vez, profundamente, foi ao sepulcro; era uma gruta, e tinha uma pedra posta sobre ela.

³⁹Disse Jesus: Tirai a pedra. Marta, irmã do defunto, disse- lhe: Senhor, já cheira mal, porque está morto há quase quatro dias.

⁴⁰Respondeu-lhe Jesus: Não te disse que, se creres, verás a glória de Deus?

⁴¹Tiraram então a pedra. E Jesus, levantando os olhos ao céu, disse: Pai, graças te dou, porque me ouviste.

⁴²Eu sabia que sempre me ouves; mas por causa da multidão que está em redor é que assim falei, para que eles creiam que tu me enviaste.

⁴³E, tendo dito isso, clamou em alta voz: Lázaro, vem para fora!

⁴⁴Saiu o que estivera morto, ligados os pés e as mãos com faixas, e o seu rosto envolto num lenço. Disse-lhes Jesus: Desligai-o é deixai-o ir.

⁴⁵Muitos, pois, dentre os judeus que tinham vindo visitar Maria, e que tinham visto o que Jesus fizera, creram nele.

⁴⁶Mas alguns deles foram ter com os fariseus e disseram-lhes o que Jesus tinha feito.

⁴⁷Então os principais sacerdotes e os fariseus reuniram o sinédrio e diziam: Que faremos? porquanto este homem vem operando muitos sinais.

⁴⁸Se o deixarmos assim, todos crerão nele, e virão os romanos, e nos tirarão tanto o nosso lugar como a nossa nação.

⁴⁹Um deles, porém, chamado Caifás, que era sumo sacerdote

naquele ano, disse-lhes: Vós nada sabeis,

⁵⁰nem considerais que vos convém que morra um só homem pelo povo, e que não pereça a nação toda.

⁵¹Ora, isso não disse ele por si mesmo; mas, sendo o sumo sacerdote naquele ano, profetizou que Jesus havia de morrer pela nação,

⁵²e não somente pela nação, mas também para congregar num só corpo os filhos de Deus que estão dispersos.

⁵³Desde aquele dia, pois, tomavam conselho para o matarem.

⁵⁴De sorte que Jesus já não andava manifestamente entre os judeus, mas retirou-se dali para a região vizinha ao deserto, a uma cidade chamada Efraim; e ali demorou com os seus discípulos.

⁵⁵Ora, estava próxima a páscoa dos judeus, e dessa região subiram muitos a Jerusalém, antes da páscoa, para se purificarem.

⁵⁶Buscavam, pois, a Jesus e diziam uns aos outros, estando no templo: Que vos parece? Não virá ele à festa?

⁵⁷Ora, os principais sacerdotes e os fariseus tinham dado ordem que, se alguém soubesse onde ele estava, o denunciasse, para que o prendessem.

## Capítulo 12

¹Veio, pois, Jesus seis dias antes da páscoa, a Betânia, onde estava Lázaro, a quem ele ressuscitara dentre os mortos.

²Deram-lhe ali uma ceia; Marta servia, e Lázaro era um dos que estavam à mesa com ele.

³Então Maria, tomando uma libra de bálsamo de nardo puro, de grande preço, ungiu os pés de Jesus, e os enxugou com os seus cabelos; e encheu-se a casa do cheiro do bálsamo.

⁴Mas Judas Iscariotes, um dos seus discípulos, aquele que o havia de trair disse:

⁵Por que não se vendeu este bálsamo por trezentos denários e não se deu aos pobres?

⁶Ora, ele disse isto, não porque tivesse cuidado dos pobres, mas porque era ladrão e, tendo a bolsa, subtraía o que nela se lançava.

⁷Respondeu, pois Jesus: Deixa-a; para o dia da minha preparação para a sepultura o guardou;

⁸porque os pobres sempre os tendes convosco; mas a mim nem sempre me tendes.

⁹E grande número dos judeus chegou a saber que ele estava ali: e afluiram, não só por causa de Jesus mas também para verem a Lázaro, a quem ele ressuscitara dentre os mortos.

¹⁰Mas os principais sacerdotes deliberaram matar também a Lázaro;

¹¹porque muitos, por causa dele, deixavam os judeus e criam em Jesus.

¹²No dia seguinte, as grandes multidões que tinham vindo à festa, ouvindo dizer que Jesus vinha a Jerusalém,

¹³tomaram ramos de palmeiras, e saíram-lhe ao encontro, e clamavam: Hosana! Bendito o que vem em nome do Senhor! Bendito o rei de Israel!

¹⁴E achou Jesus um jumentinho e montou nele, conforme está escrito:

¹⁵Não temas, ó filha de Sião; eis que vem teu Rei, montado sobre o filho de uma jumenta.

¹⁶Os seus discípulos, porém, a princípio não entenderam isto; mas quando Jesus foi glorificado, então eles se lembraram de que estas coisas estavam escritas a respeito dele, e de que assim lhe fizeram.

¹⁷Dava-lhe, pois, testemunho a multidão que estava com ele quando chamara a Lázaro da sepultura e o ressuscitara dentre os mortos;

¹⁸e foi por isso que a multidão lhe saiu ao encontro, por ter ouvido que ele fizera este sinal.

¹⁹De sorte que os fariseus disseram entre si: Vedes que nada aproveitais? eis que o mundo inteiro vai após ele.

²⁰Ora, entre os que tinham subido a adorar na festa havia alguns gregos.

²¹Estes, pois, dirigiram-se a Felipe, que era de Betsaida da Galiléia, e rogaram-lhe, dizendo: Senhor, queríamos ver a Jesus.

²²Felipe foi dizê-lo a André, e então André e Felipe foram dizê-lo a Jesus.

²³Respondeu-lhes Jesus: É chegada a hora de ser glorificado o Filho do homem.

²⁴Em verdade, em verdade vos digo: Se o grão de trigo caindo na terra não morrer, fica ele só; mas se morrer, dá muito fruto.

²⁵Quem ama a sua vida, perdê-la-á; e quem neste mundo odeia a a sua vida, guardá-la-á para a vida eterna.

²⁶Se alguém me quiser servir, siga-me; e onde eu estiver, ali estará também o meu servo; se alguém me servir, o Pai o honrará.

²⁷Agora a minha alma está perturbada; e que direi eu? Pai, salva-me desta hora? Mas para isto vim a esta hora.

²⁸Pai, glorifica o teu nome. Veio, então, do céu esta voz: Já o tenho glorificado, e outra vez o glorificarei.

²⁹A multidão, pois, que ali estava, e que a ouvira, dizia ter havido um trovão; outros diziam: Um anjo lhe falou.

³⁰Respondeu Jesus: Não veio esta voz por minha causa, mas por causa de vós.

³¹Agora é o juízo deste mundo; agora será expulso o príncipe deste mundo.

³²E eu, quando for levantado da terra, todos atrairei a mim.

³³Isto dizia, significando de que modo havia de morrer.

³⁴Respondeu-lhe a multidão: Nós temos ouvido da lei que o Cristo permanece para sempre; e como dizes tu: Importa que o Filho do homem seja levantado? Quem é esse Filho do homem?

³⁵Disse-lhes então Jesus: Ainda por um pouco de tempo a luz está entre vós. Andai enquanto tendes a luz, para que as trevas não vos apanhem; pois quem anda nas trevas não sabe para onde vai.

³⁶Enquanto tendes a luz, crede na luz, para que vos torneis filhos da luz. Havendo Jesus assim falado, retirou-se e escondeu-se deles.

³⁷E embora tivesse operado tantos sinais diante deles, não criam nele;

³⁸para que se cumprisse a palavra do profeta Isaías: Senhor, quem creu em nossa pregação? e a quem foi revelado o braço do Senhor?

³⁹Por isso não podiam crer, porque, como disse ainda Isaías:

⁴⁰Cegou-lhes os olhos e endureceu-lhes o coração, para que não vejam com os olhos e entendam com o coração, e se convertam, e eu os cure.

⁴¹Estas coisas disse Isaías, porque viu a sua glória, e dele falou.

⁴²Contudo, muitos dentre as próprias autoridades creram nele; mas por causa dos fariseus não o confessavam, para não serem expulsos da sinagoga;

⁴³porque amaram mais a glória dos homens do que a glória de Deus.

⁴⁴Clamou Jesus, dizendo: Quem crê em mim, crê, não em mim, mas naquele que me enviou.

⁴⁵E quem me vê a mim, vê aquele que me enviou.

⁴⁶Eu, que sou a luz, vim ao mundo, para que todo aquele que crê em mim não permaneça nas trevas.

⁴⁷E, se alguém ouvir as minhas palavras, e não as guardar, eu não o julgo; pois eu vim, não para julgar o mundo, mas para salvar o mundo.

⁴⁸Quem me rejeita, e não recebe as minhas palavras, já tem quem o julgue; a palavra que tenho pregado, essa o julgará no último dia.

⁴⁹Porque eu não falei por mim mesmo; mas o Pai, que me enviou, esse me deu mandamento quanto ao que dizer e como falar.

⁵⁰E sei que o seu mandamento é vida eterna. Aquilo, pois, que eu falo, falo-o exatamente como o Pai me ordenou.

## Capítulo 13

¹Antes da festa da páscoa, sabendo Jesus que era chegada a sua hora de passar deste mundo para o Pai, e havendo amado os seus que estavam no mundo, amou-os até o fim.

²Enquanto ceavam, tendo já o Diabo posto no coração de Judas, filho de Simão Iscariotes, que o traísse,

³Jesus, sabendo que o Pai lhe entregara tudo nas mãos, e que viera de Deus e para Deus voltava,

⁴levantou-se da ceia, tirou o manto e, tomando uma toalha, cingiu-se.

⁵Depois deitou água na bacia e começou a lavar os pés aos discípulos, e a enxugar-lhos com a toalha com que estava cingido.

⁶Chegou, pois, a Simão Pedro, que lhe disse: Senhor, lavas-me os pés a mim?

⁷Respondeu-lhe Jesus: O que eu faço, tu não o sabes agora; mas depois o entenderás.

⁸Tornou-lhe Pedro: Nunca me lavarás os pés. Replicou-lhe Jesus: Se eu não te lavar, não tens parte comigo.

⁹Disse-lhe Simão Pedro: Senhor, não somente os meus pés, mas também as mãos e a cabeça.

¹⁰Respondeu-lhe Jesus: Aquele que se banhou não necessita de lavar senão os pés, pois no mais está todo limpo; e vós estais limpos, mas não todos.

¹¹Pois ele sabia quem o estava traindo; por isso disse: Nem todos estais limpos.

¹²Ora, depois de lhes ter lavado os pés, tomou o manto, tornou a reclinar-se à mesa e perguntou-lhes: Entendeis o que vos tenho feito?

¹³Vós me chamais Mestre e Senhor; e dizeis bem, porque eu o sou.

¹⁴Ora, se eu, o Senhor e Mestre, vos lavei os pés, também vós deveis lavar os pés uns aos outros.

¹⁵Porque eu vos dei exemplo, para que, como eu vos fiz, façais vós também.

¹⁶Em verdade, em verdade vos digo: Não é o servo maior do que o seu senhor, nem o enviado maior do que aquele que o enviou.

¹⁷Se sabeis estas coisas, bem-aventurados sois se as praticardes.

¹⁸Não falo de todos vós; eu conheço aqueles que escolhi; mas para que se cumprisse a escritura: O que comia do meu pão, levantou contra mim o seu calcanhar.

¹⁹Desde já no-lo digo, antes que suceda, para que, quando suceder, creiais que eu sou.

²⁰Em verdade, em verdade vos digo: Quem receber aquele que eu enviar, a mim me recebe; e quem me recebe a mim, recebe aquele que me enviou.

²¹Tendo Jesus dito isto, turbou-se em espírito, e declarou: Em verdade, em verdade vos digo que um de vós me há de trair.

²²Os discípulos se entreolhavam, perplexos, sem saber de quem ele falava.

²³Ora, achava-se reclinado sobre o peito de Jesus um de seus discípulos, aquele a quem Jesus amava.

²⁴A esse, pois, fez Simão Pedro sinal, e lhe pediu: Pergunta-lhe de quem é que fala.

²⁵Aquele discípulo, recostando-se assim ao peito de Jesus, perguntou-lhe: Senhor, quem é?

²⁶Respondeu Jesus: É aquele a quem eu der o pedaço de pão molhado. Tendo, pois, molhado um bocado de pão, deu-o a Judas, filho de Simão Iscariotes.

²⁷E, logo após o bocado, entrou nele Satanás. Disse-lhe, pois, Jesus: O que fazes, faze-o depressa.

²⁸E nenhum dos que estavam à mesa percebeu a que propósito lhe disse isto;

²⁹pois, como Judas tinha a bolsa, pensavam alguns que Jesus lhe queria dizer: Compra o que nos é necessário para a festa; ou, que desse alguma coisa aos pobres.

³⁰Então ele, tendo recebido o bocado saiu logo. E era noite.

³¹Tendo ele, pois, saído, disse Jesus: Agora é glorificado o Filho do homem, e Deus é glorificado nele;

³²se Deus é glorificado nele, também Deus o glorificará em si mesmo, e logo o há de glorificar.

³³Filhinhos, ainda por um pouco estou convosco. Procurar-me-eis; e, como eu disse aos judeus, também a vós o digo agora: Para onde eu vou, não podeis vós ir.

³⁴Um novo mandamento vos dou: que vos ameis uns aos outros; assim como eu vos amei a vós, que também vós vos ameis uns aos outros.

³⁵Nisto conhecerão todos que sois meus discípulos, se tiverdes amor uns aos outros.

³⁶Perguntou-lhe Simão Pedro: Senhor, para onde vais? Respondeu Jesus; Para onde eu vou, não podes agora seguir-me; mais tarde, porém, me seguirás.

³⁷Disse-lhe Pedro: Por que não posso seguir-te agora? Por ti darei a minha vida.

³⁸Respondeu Jesus: Darás a tua vida por mim? Em verdade, em verdade te digo: Não cantará o galo até que me tenhas negado três vezes.

## Capítulo 14

¹Não se turbe o vosso coração; credes em Deus, crede também em mim.

²Na casa de meu Pai há muitas moradas; se não fosse assim, eu vo-lo teria dito; vou preparar-vos lugar.

³E, se eu for e vos preparar lugar, virei outra vez, e vos tomarei para mim mesmo, para que onde eu estiver estejais vós também.

⁴E para onde eu vou vós conheceis o caminho.

⁵Disse-lhe Tomé: Senhor, não sabemos para onde vais; e como podemos saber o caminho?

⁶Respondeu-lhe Jesus: Eu sou o caminho, e a verdade, e a vida; ninguém vem ao Pai, senão por mim.

⁷Se vós me conhecêsseis a mim, também conheceríeis a meu Pai; e já desde agora o conheceis, e o tendes visto.

⁸Disse-lhe Felipe: Senhor, mostra-nos o Pai, e isso nos basta.

⁹Respondeu-lhe Jesus: Há tanto tempo que estou convosco, e ainda não me conheces, Felipe? Quem me viu a mim, viu o Pai; como dizes tu: Mostra-nos o Pai?

¹⁰Não crês tu que eu estou no Pai, e que o Pai está em mim? As palavras que eu vos digo, não as digo por mim mesmo; mas o Pai, que permanece em mim, é quem faz as suas obras.

¹¹Crede-me que eu estou no Pai, e que o Pai está em mim; crede ao menos por causa das mesmas obras.

¹²Em verdade, em verdade vos digo: Aquele que crê em mim, esse também fará as obras que eu faço, e as fará maiores do que estas; porque eu vou para o Pai;

¹³e tudo quanto pedirdes em meu nome, eu o farei, para que o Pai seja glorificado no Filho.

¹⁴Se me pedirdes alguma coisa em meu nome, eu a farei.

¹⁵Se me amardes, guardareis os meus mandamentos.

¹⁶E eu rogarei ao Pai, e ele vos dará outro Ajudador, para que fique convosco para sempre.

¹⁷a saber, o Espírito da verdade, o qual o mundo não pode receber; porque não o vê nem o conhece; mas vós o conheceis, porque ele habita convosco, e estará em vós.

¹⁸Não vos deixarei órfãos; voltarei a vós.

¹⁹Ainda um pouco, e o mundo não me verá mais; mas vós me vereis, porque eu vivo, e vós vivereis.

²⁰Naquele dia conhecereis que estou em meu Pai, e vós em mim, e eu em vós.

²¹Aquele que tem os meus mandamentos e os guarda, esse é o que me ama; e aquele que me ama será amado de meu Pai, e eu o amarei, e me manifestarei a ele.

²²Perguntou-lhe Judas (não o Iscariotes): O que houve, Senhor, que te hás de manifestar a nós, e não ao mundo?

²³Respondeu-lhe Jesus: Se alguém me amar, guardará a minha palavra; e meu Pai o amará, e viremos a ele, e faremos nele morada.

²⁴Quem não me ama, não guarda as minhas palavras; ora, a palavra que estais ouvindo não é minha, mas do Pai que me enviou.

²⁵Estas coisas vos tenho falado, estando ainda convosco.

²⁶Mas o Ajudador, o Espírito Santo a quem o Pai enviará em meu nome, esse vos ensinará todas as coisas, e vos fará lembrar de tudo quanto eu vos tenho dito.

²⁷Deixo-vos a paz, a minha paz vos dou; eu não vo-la dou como o mundo a dá. Não se turbe o vosso coração, nem se atemorize.

²⁸Ouvistes que eu vos disse: Vou, e voltarei a vós. Se me amásseis, alegrar-vos-íeis de que eu vá para o Pai; porque o Pai é maior do que eu.

²⁹Eu vo-lo disse agora, antes que aconteça, para que, quando acontecer, vós creiais.

³⁰Já não falarei muito convosco, porque vem o príncipe deste mundo, e ele nada tem em mim;

³¹mas, assim como o Pai me ordenou, assim mesmo faço, para que o mundo saiba que eu amo o Pai. Levantai-vos, vamo-nos daqui.

## Capítulo 15

¹Eu sou a videira verdadeira, e meu Pai é o viticultor.

²Toda vara em mim que não dá fruto, ele a corta; e toda vara que dá fruto, ele a limpa, para que dê mais fruto.

³Vós já estais limpos pela palavra que vos tenho falado.

⁴Permanecei em mim, e eu permanecerei em vós; como a vara de si mesma não pode dar fruto, se não permanecer na videira, assim também vós, se não permanecerdes em mim.

⁵Eu sou a videira; vós sois as varas. Quem permanece em mim e eu nele, esse dá muito fruto; porque sem mim nada podeis fazer.

⁶Quem não permanece em mim é lançado fora, como a vara, e seca; tais varas são recolhidas, lançadas no fogo e queimadas.

⁷Se vós permanecerdes em mim, e as minhas palavras permanecerem em vós, pedi o que quiserdes, e vos será feito.

⁸Nisto é glorificado meu Pai, que deis muito fruto; e assim sereis meus discípulos.

⁹Como o Pai me amou, assim também eu vos amei; permanecei no meu amor.

¹⁰Se guardardes os meus mandamentos, permanecereis no meu amor; do mesmo modo que eu tenho guardado os mandamentos de meu Pai, e permaneço no seu amor.

¹¹Estas coisas vos tenho dito, para que o meu gozo permaneça em vós, e o vosso gozo seja completo.

¹²O meu mandamento é este: Que vos ameis uns aos outros, assim como eu vos amei.

¹³Ninguém tem maior amor do que este, de dar alguém a sua vida pelos seus amigos.

¹⁴Vós sois meus amigos, se fizerdes o que eu vos mando.

¹⁵Já não vos chamo servos, porque o servo não sabe o que faz o seu senhor; mas chamei-vos amigos, porque tudo quanto ouvi de meu Pai vos dei a conhecer.

¹⁶Vós não me escolhestes a mim mas eu vos escolhi a vós, e vos designei, para que vades e deis frutos, e o vosso fruto permaneça, a fim de que tudo quanto pedirdes ao Pai em meu nome, ele vo-lo conceda.

¹⁷Isto vos mando: que vos ameis uns aos outros.

¹⁸Se o mundo vos odeia, sabei que, primeiro do que a vós, me odiou a mim.

¹⁹Se fôsseis do mundo, o mundo amaria o que era seu; mas, porque não sois do mundo, antes eu vos escolhi do mundo, por isso é que o mundo vos odeia.

²⁰Lembrai-vos da palavra que eu vos disse: Não é o servo maior do que o seu senhor. Se a mim me perseguiram, também vos perseguirão a vós; se guardaram a minha palavra, guardarão também a vossa.

²¹Mas tudo isto vos farão por causa do meu nome, porque não conhecem aquele que me enviou.

²²Se eu não viera e não lhes falara, não teriam pecado; agora, porém, não têm desculpa do seu pecado.

²³Aquele que me odeia a mim, odeia também a meu Pai.

²⁴Se eu entre eles não tivesse feito tais obras, quais nenhum outro fez, não teriam pecado; mas agora, não somente viram, mas também odiaram tanto a mim como a meu Pai.

²⁵Mas isto é para que se cumpra a palavra que está escrita na sua lei: Odiaram-me sem causa.

²⁶Quando vier o Ajudador, que eu vos enviarei da parte do Pai, o Espírito da verdade, que do Pai procede, esse dará testemunho de mim;

²⁷e também vós dareis testemunho, porque estais comigo desde o princípio.

## Capítulo 16

¹Tenho-vos dito estas coisas para que não vos escandalizeis.

²Expulsar-vos-ão das sinagogas; ainda mais, vem a hora em que qualquer que vos matar julgará prestar um serviço a Deus.

³E isto vos farão, porque não conheceram ao Pai nem a mim.

⁴Mas tenho-vos dito estas coisas, a fim de que, quando chegar aquela hora, vos lembreis de que eu vo-las tinha dito. Não vo-las disse desde o princípio, porque estava convosco.

⁵Agora, porém, vou para aquele que me enviou; e nenhum de vós me pergunta: Para onde vais?

⁶Antes, porque vos disse isto, o vosso coração se encheu de tristeza.

⁷Todavia, digo-vos a verdade, convém-vos que eu vá; pois se eu não for, o Ajudador não virá a vós; mas, se eu for, vo-lo enviarei.

⁸E quando ele vier, convencerá o mundo do pecado, da justiça e do juízo:

⁹do pecado, porque não crêem em mim;

¹⁰da justiça, porque vou para meu Pai, e não me vereis mais,

¹¹e do juízo, porque o príncipe deste mundo já está julgado.

¹²Ainda tenho muito que vos dizer; mas vós não o podeis suportar agora.

¹³Quando vier, porém, aquele, o Espírito da verdade, ele vos guiará a toda a verdade; porque não falará por si mesmo, mas dirá o que tiver ouvido, e vos anunciará as coisas vindouras.

¹⁴Ele me glorificará, porque receberá do que é meu, e vo-lo anunciará.

¹⁵Tudo quanto o Pai tem é meu; por isso eu vos disse que ele, recebendo do que é meu, vo-lo anunciará.

¹⁶Um pouco, e já não me vereis; e outra vez um pouco, e ver-me-eis.

¹⁷Então alguns dos seus discípulos perguntaram uns para os outros: Que é isto que nos diz? Um pouco, e não me vereis; e outra vez um pouco, e ver-me-eis; e: Porquanto vou para o Pai?

¹⁸Diziam pois: Que quer dizer isto: Um pouco? Não compreendemos o que ele está dizendo.

¹⁹Percebeu Jesus que o queriam interrogar, e disse-lhes: Indagais entre vós acerca disto que disse: Um pouco, e não me vereis; e outra vez um pouco, e ver-me-eis?

²⁰Em verdade, em verdade, vos digo que vós chorareis e vos lamentareis, mas o mundo se alegrará; vós estareis tristes, porém a vossa tristeza se converterá em alegria.

²¹A mulher, quando está para dar à luz, sente tristeza porque é chegada a sua hora; mas, depois de ter dado à luz a criança, já não se lembra da aflição, pelo gozo de haver um homem nascido ao mundo.

²²Assim também vós agora, na verdade, tendes tristeza; mas eu vos tornarei a ver, e alegrar-se-á o vosso coração, e a vossa alegria ninguém vo-la tirará.

²³Naquele dia nada me perguntareis. Em verdade, em verdade vos digo que tudo quanto pedirdes ao Pai, ele vo-lo concederá em meu nome.

²⁴Até agora nada pedistes em meu nome; pedi, e recebereis, para que o vosso gozo seja completo.

²⁵Disse-vos estas coisas por figuras; chega, porém, a hora em que vos não falarei mais por figuras, mas abertamente vos falarei acerca do Pai.

²⁶Naquele dia pedireis em meu nome, e não vos digo que eu rogarei por vós ao Pai;

²⁷pois o Pai mesmo vos ama; visto que vós me amastes e crestes que eu saí de Deus.

²⁸Saí do Pai, e vim ao mundo; outra vez deixo o mundo, e vou para o Pai.

²⁹Disseram os seus discípulos: Eis que agora falas abertamente, e não por figura alguma.

³⁰Agora conhecemos que sabes todas as coisas, e não necessitas de que alguém te interrogue. Por isso cremos que saíste de Deus.

³¹Respondeu-lhes Jesus: Credes agora?

³²Eis que vem a hora, e já é chegada, em que vós sereis dispersos cada um para o seu lado, e me deixareis só; mas não estou só, porque o Pai está comigo.

³³Tenho-vos dito estas coisas, para que em mim tenhais paz. No mundo tereis tribulações; mas tende bom ânimo, eu venci o mundo.

## Capítulo 17

¹Depois de assim falar, Jesus, levantando os olhos ao céu, disse: Pai, é chegada a hora; glorifica a teu Filho, para que também o Filho te glorifique;

²assim como lhe deste autoridade sobre toda a carne, para que dê a vida eterna a todos aqueles que lhe tens dado.

³E a vida eterna é esta: que te conheçam a ti, como o único Deus verdadeiro, e a Jesus Cristo, aquele que tu enviaste.

⁴Eu te glorifiquei na terra, completando a obra que me deste para fazer.

⁵Agora, pois, glorifica-me tu, ó Pai, junto de ti mesmo, com aquela glória que eu tinha contigo antes que o mundo existisse.

⁶Manifestei o teu nome aos homens que do mundo me deste. Eram teus, e tu mos deste; e guardaram a tua palavra.

⁷Agora sabem que tudo quanto me deste provém de ti;

⁸porque eu lhes dei as palavras que tu me deste, e eles as receberam, e verdadeiramente conheceram que saí de ti, e creram que tu me enviaste.

⁹Eu rogo por eles; não rogo pelo mundo, mas por aqueles que me tens dado, porque são teus;

¹⁰todas as minhas coisas são tuas, e as tuas coisas são minhas; e neles sou glorificado.

¹¹Eu não estou mais no mundo; mas eles estão no mundo, e eu vou para ti. Pai santo, guarda-os no teu nome, o qual me deste, para que eles sejam um, assim como nós.

¹²Enquanto eu estava com eles, eu os guardava no teu nome que me deste; e os conservei, e nenhum deles se perdeu, senão o filho da perdição, para que se cumprisse a Escritura.

¹³Mas agora vou para ti; e isto falo no mundo, para que eles tenham a minha alegria completa em si mesmos.

¹⁴Eu lhes dei a tua palavra; e o mundo os odiou, porque não são do mundo, assim como eu não sou do mundo.

¹⁵Não rogo que os tires do mundo, mas que os guardes do Maligno.

¹⁶Eles não são do mundo, assim como eu não sou do mundo.

¹⁷Santifica-os na verdade, a tua palavra é a verdade.

¹⁸Assim como tu me enviaste ao mundo, também eu os enviarei ao mundo.

¹⁹E por eles eu me santifico, para que também eles sejam santificados na verdade.

²⁰E rogo não somente por estes, mas também por aqueles que pela sua palavra hão de crer em mim;

²¹para que todos sejam um; assim como tu, ó Pai, és em mim, e eu em ti, que também eles sejam um em nós; para que o mundo creia que tu me enviaste.

²²E eu lhes dei a glória que a mim me deste, para que sejam um, como nós somos um;

²³eu neles, e tu em mim, para que eles sejam perfeitos em unidade, a fim de que o mundo conheça que tu me enviaste, e que os amaste a eles, assim como me amaste a mim.

²⁴Pai, desejo que onde eu estou, estejam comigo também aqueles que me tens dado, para verem a minha glória, a qual me deste; pois que me amaste antes da fundação do mundo.

²⁵Pai justo, o mundo não te conheceu, mas eu te conheço; conheceram que tu me enviaste;

²⁶e eu lhes fiz conhecer o teu nome, e lho farei conhecer ainda; para que haja neles aquele amor com que me amaste, e também eu neles

esteja.

## Capítulo 18

¹Tendo Jesus dito isto, saiu com seus discípulos para o outro lado do ribeiro de Cedrom, onde havia um jardim, e com eles ali entrou.

²Ora, Judas, que o traía, também conhecia aquele lugar, porque muitas vezes Jesus se reunira ali com os discípulos.

³Tendo, pois, Judas tomado a coorte e uns guardas da parte dos principais sacerdotes e fariseus, chegou ali com lanternas archotes e armas.

⁴Sabendo, pois, Jesus tudo o que lhe havia de suceder, adiantou-se e perguntou-lhes: A quem buscais?

⁵Responderam-lhe: A Jesus, o nazareno. Disse-lhes Jesus: Sou eu. E Judas, que o traía, também estava com eles.

⁶Quando Jesus lhes disse: Sou eu, recuaram, e cairam por terra.

⁷Tornou-lhes então a perguntar: A quem buscais? e responderam: A Jesus, o nazareno.

⁸Replicou-lhes Jesus: Já vos disse que sou eu; se, pois, é a mim que buscais, deixai ir estes;

⁹para que se cumprisse a palavra que dissera: Dos que me tens dado, nenhum deles perdi.

¹⁰Então Simão Pedro, que tinha uma espada, desembainhou-a e feriu o servo do sumo sacerdote, cortando-lhe a orelha direita. O nome do servo era Malco.

¹¹Disse, pois, Jesus a Pedro: Mete a tua espada na bainha; não hei de beber o cálice que o Pai me deu?

¹²Então a coorte, e o comandante, e os guardas dos judeus prenderam a Jesus, e o maniataram.

¹³E conduziram-no primeiramente a Anás; pois era sogro de Caifás, sumo sacerdote naquele ano.

¹⁴Ora, Caifás era quem aconselhara aos judeus que convinha morrer um homem pelo povo.

¹⁵Simão Pedro e outro discípulo seguiam a Jesus. Este discípulo era conhecido do sumo sacerdote, e entrou com Jesus no pátio do sumo sacerdote,

¹⁶enquanto Pedro ficava da parte de fora, à porta. Saiu, então, o outro discípulo que era conhecido do sumo sacerdote, falou à porteira, e levou Pedro para dentro.

¹⁷Então a porteira perguntou a Pedro: Não és tu também um dos discípulos deste homem? Respondeu ele: Não sou.

¹⁸Ora, estavam ali os servos e os guardas, que tinham acendido um braseiro e se aquentavam, porque fazia frio; e também Pedro estava ali em pé no meio deles, aquentando-se.

¹⁹Então o sumo sacerdote interrogou Jesus acerca dos seus discípulos e da sua doutrina.

²⁰Respondeu-lhe Jesus: Eu tenho falado abertamente ao mundo; eu sempre ensinei nas sinagogas e no templo, onde todos os judeus se congregam, e nada falei em oculto.

²¹Por que me perguntas a mim? pergunta aos que me ouviram o que é que lhes falei; eis que eles sabem o que eu disse.

²²E, havendo ele dito isso, um dos guardas que ali estavam deu uma bofetada em Jesus, dizendo: É assim que respondes ao sumo sacerdote?

²³Respondeu-lhe Jesus: Se falei mal, dá testemunho do mal; mas, se bem, por que me feres?

²⁴Então Anás o enviou, maniatado, a Caifás, o sumo sacerdote.

²⁵E Simão Pedro ainda estava ali, aquentando-se. Perguntaram-lhe, pois: Não és também tu um dos seus discípulos? Ele negou, e disse: Não sou.

²⁶Um dos servos do sumo sacerdote, parente daquele a quem Pedro cortara a orelha, disse: Não te vi eu no jardim com ele?

²⁷Pedro negou outra vez, e imediatamente o galo cantou.

²⁸Depois conduziram Jesus da presença de Caifás para o pretório; era de manhã cedo; e eles não entraram no pretório, para não se contaminarem, mas poderem comer a páscoa.

²⁹Então Pilatos saiu a ter com eles, e perguntou: Que acusação trazeis contra este homem?

³⁰Responderam-lhe: Se ele não fosse malfeitor, não to entregaríamos.

³¹Disse-lhes, então, Pilatos: Tomai-o vós, e julgai-o segundo a vossa lei. Disseram-lhe os judeus: A nós não nos é lícito tirar a vida a ninguém.

³²Isso foi para que se cumprisse a palavra que dissera Jesus, significando de que morte havia de morrer.

³³Pilatos, pois, tornou a entrar no pretório, chamou a Jesus e perguntou-lhe: És tu o rei dos judeus?

³⁴Respondeu Jesus: Dizes isso de ti mesmo, ou foram outros que to disseram de mim?

³⁵Replicou Pilatos: Porventura sou eu judeu? O teu povo e os principais sacerdotes entregaram-te a mim; que fizeste?

³⁶Respondeu Jesus: O meu reino não é deste mundo; se o meu reino fosse deste mundo, pelejariam os meus servos, para que eu não fosse entregue aos judeus; entretanto o meu reino não é daqui.

³⁷Perguntou-lhe, pois, Pilatos: Logo tu és rei? Respondeu Jesus: Tu dizes que eu sou rei. Eu para isso nasci, e para isso vim ao mundo, a fim de dar testemunho da verdade. Todo aquele que é da verdade ouve a minha voz.

³⁸Perguntou-lhe Pilatos: Que é a verdade? E dito isto, de novo saiu a ter com os judeus, e disse-lhes: Não acho nele crime algum.

³⁹Tendes, porém, por costume que eu vos solte alguém por ocasião da páscoa; quereis, pois, que vos solte o rei dos judeus?

⁴⁰Então todos tornaram a clamar dizendo: Este não, mas Barrabás. Ora, Barrabás era salteador.

## Capítulo 19

¹Nisso, pois, Pilatos tomou a Jesus, e mandou açoitá-lo.

²E os soldados, tecendo uma coroa de espinhos, puseram-lha sobre a cabeça, e lhe vestiram um manto de púrpura;

³e chegando-se a ele, diziam: Salve, rei dos judeus! e e davam-lhe bofetadas.

⁴Então Pilatos saiu outra vez, e disse-lhes: Eis aqui vo-lo trago fora, para que saibais que não acho nele crime algum.

⁵Saiu, pois, Jesus, trazendo a coroa de espinhos e o manto de púrpura. E disse-lhes Pilatos: Eis o homem!

⁶Quando o viram os principais sacerdotes e os guardas, clamaram, dizendo: Crucifica-o! Crucifica-o! Disse-lhes Pilatos: Tomai-o vós, e crucificai-o; porque nenhum crime acho nele.

⁷Responderam-lhe os judeus: Nós temos uma lei, e segundo esta lei ele deve morrer, porque se fez Filho de Deus.

⁸Ora, Pilatos, quando ouviu esta palavra, mais atemorizado ficou;

⁹e entrando outra vez no pretório, perguntou a Jesus: Donde és tu? Mas Jesus não lhe deu resposta.

¹⁰Disse-lhe, então, Pilatos: Não me respondes? não sabes que tenho autoridade para te soltar, e autoridade para te crucificar?

¹¹Respondeu-lhe Jesus: Nenhuma autoridade terias sobre mim, se de cima não te fora dado; por isso aquele que me entregou a ti, maior pecado tem.

¹²Daí em diante Pilatos procurava soltá-lo; mas os judeus clamaram: Se soltares a este, não és amigo de César; todo aquele que se faz rei é contra César.

¹³Pilatos, pois, quando ouviu isto, trouxe Jesus para fora e sentou-se no tribunal, no lugar chamado Pavimento, e em hebraico Gabatá.

¹⁴Ora, era a preparação da páscoa, e cerca da hora sexta. E disse aos judeus: Eis o vosso rei.

¹⁵Mas eles clamaram: Tira-o! tira-o! crucifica-o! Disse-lhes Pilatos: Hei de crucificar o vosso rei? responderam, os principais sacerdotes: Não temos rei, senão César.

¹⁶Então lho entregou para ser crucificado.

¹⁷Tomaram, pois, a Jesus; e ele, carregando a sua própria cruz, saiu para o lugar chamado Caveira, que em hebraico se chama Gólgota,

¹⁸onde o crucificaram, e com ele outros dois, um de cada lado, e Jesus no meio.

¹⁹E Pilatos escreveu também um título, e o colocou sobre a cruz; e nele estava escrito: JESUS O NAZARENO, O REI DOS JUDEUS.

²⁰Muitos dos judeus, pois, leram este título; porque o lugar onde Jesus foi crucificado era próximo da cidade; e estava escrito em hebraico, latim e grego.

²¹Diziam então a Pilatos os principais sacerdotes dos judeus: Não escrevas: O rei dos judeus; mas que ele disse: Sou rei dos judeus.

²²Respondeu Pilatos: O que escrevi, escrevi.

²³Tendo, pois, os soldados crucificado a Jesus, tomaram as suas vestes, e fizeram delas quatro partes, para cada soldado uma parte. Tomaram também a túnica; ora, a túnica não tinha costura, sendo toda tecida de alto a baixo.

²⁴Pelo que disseram uns aos outros: Não a rasguemos, mas lancemos sortes sobre ela, para ver de quem será (para que se cumprisse a escritura que diz: Repartiram entre si as minhas vestes, e lançaram sortes). E, de fato, os soldados assim fizeram.

²⁵Estavam em pé, junto à cruz de Jesus, sua mãe, e a irmã de sua mãe, e Maria, mulher de Clôpas, e Maria Madalena.

²⁶Ora, Jesus, vendo ali sua mãe, e ao lado dela o discípulo a quem ele amava, disse a sua mãe: Mulher, eis aí o teu filho.

²⁷Então disse ao discípulo: Eis aí tua mãe. E desde aquela hora o discípulo a recebeu em sua casa.

²⁸Depois, sabendo Jesus que todas as coisas já estavam consumadas, para que se cumprisse a Escritura, disse: Tenho sede.

²⁹Estava ali um vaso cheio de vinagre. Puseram, pois, numa cana de hissopo uma esponja ensopada de vinagre, e lha chegaram à boca.

³⁰Então Jesus, depois de ter tomado o vinagre, disse: está consumado. E, inclinando a cabeça, entregou o espírito.

³¹Ora, os judeus, como era a preparação, e para que no sábado não ficassem os corpos na cruz, pois era grande aquele dia de sábado, rogaram a Pilatos que se lhes quebrassem as pernas, e fossem tirados dali.

³²Foram então os soldados e, na verdade, quebraram as pernas ao primeiro e ao outro que com ele fora crucificado;

³³mas vindo a Jesus, e vendo que já estava morto, não lhe quebraram as pernas;

³⁴contudo um dos soldados lhe furou o lado com uma lança, e logo saiu sangue e água.

³⁵E é quem viu isso que dá testemunho, e o seu testemunho é verdadeiro; e sabe que diz a verdade, para que também vós creiais.

³⁶Porque isto aconteceu para que se cumprisse a escritura: Nenhum dos seus ossos será quebrado.

³⁷Também há outra escritura que diz: Olharão para aquele que traspassaram.

³⁸Depois disto, José de Arimatéia, que era discípulo de Jesus, embora oculto por medo dos judeus, rogou a Pilatos que lhe permitisse tirar o corpo de Jesus; e Pilatos lho permitiu. Então foi e o tirou.

³⁹E Nicodemos, aquele que anteriormente viera ter com Jesus de noite, foi também, levando cerca de cem libras duma mistura de mirra e aloés.

⁴⁰Tomaram, pois, o corpo de Jesus, e o envolveram em panos de linho com as especiarias, como os judeus costumavam fazer na preparação para a sepultura.

⁴¹No lugar onde Jesus foi crucificado havia um jardim, e nesse jardim um sepulcro novo, em que ninguém ainda havia sido posto.

⁴²Ali, pois, por ser a vespera do sábado dos judeus, e por estar perto aquele sepulcro, puseram a Jesus.

## Capítulo 20

¹No primeiro dia da semana Maria Madalena foi ao sepulcro de madrugada, sendo ainda escuro, e viu que a pedra fora removida do sepulcro.

²Correu, pois, e foi ter com Simão Pedro, e o outro discípulo, a quem Jesus amava, e disse-lhes: Tiraram do sepulcro o Senhor, e não sabemos onde o puseram.

³Saíram então Pedro e o outro discípulo e foram ao sepulcro.

⁴Corriam os dois juntos, mas o outro discípulo correu mais ligeiro do que Pedro, e chegou primeiro ao sepulcro;

⁵e, abaixando-se viu os panos de linho ali deixados, todavia não entrou.

⁶Chegou, pois, Simão Pedro, que o seguia, e entrou no sepulcro e viu os panos de linho ali deixados,

⁷e que o lenço, que estivera sobre a cabeça de Jesus, não estava com os panos, mas enrolado num lugar à parte.

⁸Então entrou também o outro discípulo, que chegara primeiro ao sepulcro, e viu e creu.

⁹Porque ainda não entendiam a escritura, que era necessário que ele ressurgisse dentre os mortos.

¹⁰Tornaram, pois, os discípulos para casa.

¹¹Maria, porém, estava em pé, diante do sepulcro, a chorar. Enquanto chorava, abaixou-se a olhar para dentro do sepulcro,

¹²e viu dois anjos vestidos de branco sentados onde jazera o corpo de Jesus, um à cabeceira e outro aos pés.

¹³E perguntaram-lhe eles: Mulher, por que choras? Respondeu-lhes: Porque tiraram o meu Senhor, e não sei onde o puseram.

¹⁴Ao dizer isso, voltou-se para trás, e viu a Jesus ali em pé, mas não sabia que era Jesus.

¹⁵Perguntou-lhe Jesus: Mulher, por que choras? A quem procuras? Ela, julgando que fosse o jardineiro, respondeu-lhe: Senhor, se tu o levaste, dize-me onde o puseste, e eu o levarei.

¹⁶Disse-lhe Jesus: Maria! Ela, virando-se, disse-lhe em hebraico: Raboni! - que quer dizer, Mestre.

¹⁷Disse-lhe Jesus: Deixa de me tocar, porque ainda não subi ao Pai; mas vai a meus irmãos e dize-lhes que eu subo para meu Pai e vosso Pai, meu Deus e vosso Deus.

¹⁸E foi Maria Madalena anunciar aos discípulos: Vi o Senhor! - e que ele lhe dissera estas coisas.

¹⁹Chegada, pois, a tarde, naquele dia, o primeiro da semana, e estando os discípulos reunidos com as portas cerradas por medo dos judeus, chegou Jesus, pôs-se no meio e disse-lhes: Paz seja convosco.

²⁰Dito isto, mostrou-lhes as mãos e o lado. Alegraram-se, pois, os discípulos ao verem o Senhor.

²¹Disse-lhes, então, Jesus segunda vez: Paz seja convosco; assim como o Pai me enviou, também eu vos envio a vós.

²²E havendo dito isso, assoprou sobre eles, e disse-lhes: Recebei o Espírito Santo.

²³Àqueles a quem perdoardes os pecados, são-lhes perdoados; e àqueles a quem os retiverdes, são-lhes retidos.

²⁴Ora, Tomé, um dos doze, chamado Dídimo, não estava com eles quando veio Jesus.

²⁵Diziam-lhe, pois, ou outros discípulos: Vimos o Senhor. Ele, porém, lhes respondeu: Se eu não vir o sinal dos cravos nas mãos, e não meter a mão no seu lado, de maneira nenhuma crerei.

²⁶Oito dias depois estavam os discípulos outra vez ali reunidos, e Tomé com eles. Chegou Jesus, estando as portas fechadas, pôs-se no meio deles e disse: Paz seja convosco.

²⁷Depois disse a Tomé: Chega aqui o teu dedo, e vê as minhas mãos; chega a tua mão, e mete-a no meu lado; e não mais sejas incrédulo, mas crente.

²⁸Respondeu-lhe Tomé: Senhor meu, e Deus meu!

²⁹Disse-lhe Jesus: Porque me viste, creste? Bem-aventurados os que não viram e creram.

³⁰Jesus, na verdade, operou na presença de seus discípulos ainda muitos outros sinais que não estão escritos neste livro;

³¹estes, porém, estão escritos para que creiais que Jesus é o Cristo, o Filho de Deus, e para que, crendo, tenhais vida em seu nome.

## Capítulo 21

¹Depois disto manifestou-se Jesus outra vez aos discípulos junto do mar de Tiberíades; e manifestou-se deste modo:

²Estavam juntos Simão Pedro, Tomé, chamado Dídimo, Natanael, que era de Caná da Galiléia, os filhos de Zebedeu, e outros dois dos seus discípulos.

³Disse-lhes Simão Pedro: Vou pescar. Responderam-lhe: Nós também vamos contigo. Saíram e entraram no barco; e naquela noite nada apanharam.

⁴Mas ao romper da manhã, Jesus se apresentou na praia; todavia os discípulos não sabiam que era ele.

⁵Disse-lhes, pois, Jesus: Filhos, não tendes nada que comer? Responderam-lhe: Não.

⁶Disse-lhes ele: Lançai a rede à direita do barco, e achareis. Lançaram-na, pois, e já não a podiam puxar por causa da grande quantidade de peixes.

⁷Então aquele discípulo a quem Jesus amava disse a Pedro: Senhor. Quando, pois, Simão Pedro ouviu que era o Senhor, cingiu-se com a túnica, porque estava despido, e lançou-se ao mar;

⁸mas os outros discípulos vieram no barquinho, puxando a rede com os peixes, porque não estavam distantes da terra senão cerca de duzentos côvados.

⁹Ora, ao saltarem em terra, viram ali brasas, e um peixe posto em cima delas, e pão.

¹⁰Disse-lhes Jesus: Trazei alguns dos peixes que agora apanhastes.

¹¹Entrou Simão Pedro no barco e puxou a rede para terra, cheia de cento e cinquenta e três grandes peixes; e, apesar de serem tantos, não se rompeu a rede.

¹²Disse-lhes Jesus: Vinde, comei. Nenhum dos discípulos ousava perguntar-lhe: Quem és tu? sabendo que era o Senhor.

¹³Chegou Jesus, tomou o pão e deu-lho, e semelhantemente o peixe.

¹⁴Foi esta a terceira vez que Jesus se manifestou aos seus discípulos, depois de ter ressurgido dentre os mortos.

¹⁵Depois de terem comido, perguntou Jesus a Simão Pedro: Simão Pedro: Simão, filho de João, amas-me mais do que estes? Respondeu-lhe: Sim, Senhor; tu sabes que te amo. Disse-lhe: Apascenta os meus cordeirinhos.

¹⁶Tornou a perguntar-lhe: Simão, filho de João, amas-me? Respondeu-lhe: Sim, Senhor; tu sabes que te amo. Disse-lhe: Pastoreia as minhas ovelhas.

¹⁷Perguntou-lhe terceira vez: Simão, filho de João, amas-me? Entristeceu-se Pedro por lhe ter perguntado pela terceira vez: Amas-me? E respondeu-lhe: Senhor, tu sabes todas as coisas; tu sabes que te amo. Disse-lhe Jesus: Apascenta as minhas ovelhas.

¹⁸Em verdade, em verdade te digo que, quando eras mais moço, te cingias a ti mesmo, e andavas por onde querias; mas, quando fores velho, estenderás as mãos e outro te cingirá, e te levará para onde tu não queres.

¹⁹Ora, isto ele disse, significando com que morte havia Pedro de glorificar a Deus. E, havendo dito isto, ordenou-lhe: Segue-me.

²⁰E Pedro, virando-se, viu que o seguia aquele discípulo a quem Jesus amava, o mesmo que na ceia se recostara sobre o peito de Jesus e perguntara: Senhor, quem é o que te trai?

²¹Ora, vendo Pedro a este, perguntou a Jesus: Senhor, e deste que será?

²²Respondeu-lhe Jesus: Se eu quiser que ele fique até que eu venha, que tens tu com isso? Segue-me tu.

²³Divulgou-se, pois, entre os irmãos este dito, que aquele discípulo não havia de morrer. Jesus, porém, não disse que não morreria, mas: se eu quiser que ele fique até que eu venha, que tens tu com isso?

²⁴Este é o discípulo que dá testemunho destas coisas e as escreveu; e sabemos que o seu testemunho é verdadeiro.

²⁵E ainda muitas outras coisas há que Jesus fez; as quais, se fossem escritas uma por uma, creio que nem ainda no mundo inteiro caberiam os livros que se escrevessem.

# Atos

## Capítulo 1

¹Fiz o primeiro tratado, ó Teófilo, acerca de tudo quanto Jesus começou a fazer e ensinar,

²até o dia em que foi levado para cima, depois de haver dado mandamento, pelo Espírito Santo, aos apóstolos que escolhera;

³aos quais também, depois de haver padecido, se apresentou vivo, com muitas provas infalíveis, aparecendo-lhes por espaço de quarenta dias, e lhes falando das coisas concernentes ao reino de Deus.

⁴Estando com eles, ordenou-lhes que não se ausentassem de Jerusalém, mas que esperassem a promessa do Pai, a qual (disse ele) de mim ouvistes.

⁵Porque, na verdade, João batizou em água, mas vós sereis batizados no Espírito Santo, dentro de poucos dias.

⁶Aqueles, pois, que se haviam reunido perguntavam-lhe, dizendo: Senhor, é nesse tempo que restauras o reino a Israel?

⁷Respondeu-lhes: A vós não vos compete saber os tempos ou as épocas, que o Pai reservou à sua própria autoridade.

⁸Mas recebereis poder, ao descer sobre vós o Espírito Santo, e ser-me-eis testemunhas, tanto em Jerusalém, como em toda a Judéia e Samária, e até os confins da terra.

⁹Tendo ele dito estas coisas, foi levado para cima, enquanto eles olhavam, e uma nuvem o recebeu, ocultando-o a seus olhos.

¹⁰Estando eles com os olhos fitos no céu, enquanto ele subia, eis que junto deles apareceram dois varões vestidos de branco,

¹¹os quais lhes disseram: Varões galileus, por que ficais aí olhando para o céu? Esse Jesus, que dentre vós foi elevado para o céu, há de vir assim como para o céu o vistes ir.

¹²Então voltaram para Jerusalém, do monte chamado das Oliveiras, que está perto de Jerusalém, à distância da jornada de um sábado.

¹³E, entrando, subiram ao cenáculo, onde permaneciam Pedro e João, Tiago e André, Felipe e Tomé, Bartolomeu e Mateus; Tiago, filho de Alfeu, Simão o Zelote, e Judas, filho de Tiago.

¹⁴Todos estes perseveravam unanimemente em oração, com as mulheres, e Maria, mãe de Jesus, e com os irmãos dele.

¹⁵Naqueles dias levantou-se Pedro no meio dos irmãos, sendo o número de pessoas ali reunidas cerca de cento e vinte, e disse:

¹⁶Irmãos, convinha que se cumprisse a escritura que o Espírito Santo predisse pela boca de Davi, acerca de Judas, que foi o guia daqueles que prenderam a Jesus;

¹⁷pois ele era contado entre nós e teve parte neste ministério.

¹⁸(Ora, ele adquiriu um campo com o salário da sua iniquidade; e precipitando-se, caiu prostrado e arrebentou pelo meio, e todas as suas entranhas se derramaram.

¹⁹E tornou-se isto conhecido de todos os habitantes de Jerusalém; de maneira que na própria língua deles esse campo se chama Acéldama, isto é, Campo de Sangue.)

²⁰Porquanto no livro dos Salmos está escrito: Fique deserta a sua habitação, e não haja quem nela habite; e: Tome outro o seu ministério.

²¹É necessário, pois, que dos varões que conviveram conosco todo o tempo em que o Senhor Jesus andou entre nós,

²²começando desde o batismo de João até o dia em que dentre nós foi levado para cima, um deles se torne testemunha conosco da sua ressurreição.

²³E apresentaram dois: José, chamado Barsabás, que tinha por sobrenome o Justo, e Matias.

²⁴E orando, disseram: Tu, Senhor, que conheces os corações de todos, mostra qual destes dois tens escolhido

²⁵para tomar o lugar neste ministério e apostolado, do qual Judas se desviou para ir ao seu próprio lugar.

²⁶Então deitaram sortes a respeito deles e caiu a sorte sobre Matias, e por voto comum foi ele contado com os onze apóstolos.

## Capítulo 2

¹Ao cumprir-se o dia de Pentecostes, estavam todos reunidos no mesmo lugar.

²De repente veio do céu um ruído, como que de um vento impetuoso, e encheu toda a casa onde estavam sentados.

³E lhes apareceram umas línguas como que de fogo, que se distribuíam, e sobre cada um deles pousou uma.

⁴E todos ficaram cheios do Espírito Santo, e começaram a falar noutras línguas, conforme o Espírito lhes concedia que falassem.

⁵Habitavam então em Jerusalém judeus, homens piedosos, de todas as nações que há debaixo do céu.

⁶Ouvindo-se, pois, aquele ruído, ajuntou-se a multidão; e estava confusa, porque cada um os ouvia falar na sua própria língua.

⁷E todos pasmavam e se admiravam, dizendo uns aos outros: Pois quê! não são galileus todos esses que estão falando?

⁸Como é, pois, que os ouvimos falar cada um na própria língua em que nascemos?

⁹Nós, partos, medos, e elamitas; e os que habitamos a Mesopotâmia, a Judéia e a Capadócia, o Ponto e a Ásia,

¹⁰a Frígia e a Panfília, o Egito e as partes da Líbia próximas a Cirene, e forasteiros romanos, tanto judeus como prosélitos,

¹¹cretenses e árabes - ouvímo-los em nossas línguas, falar das grandezas de Deus.

¹²E todos pasmavam e estavam perplexos, dizendo uns aos outros: Que quer dizer isto?

¹³E outros, zombando, diziam: Estão cheios de mosto.

¹⁴Então Pedro, pondo-se em pé com os onze, levantou a voz e disse-lhes: Varões judeus e todos os que habitais em Jerusalém, seja-vos isto notório, e escutai as minhas palavras.

¹⁵Pois estes homens não estão embriagados, como vós pensais, visto que é apenas a terceira hora do dia.

¹⁶Mas isto é o que foi dito pelo profeta Joel:

¹⁷E acontecerá nos últimos dias, diz o Senhor, que derramarei do meu Espírito sobre toda a carne; e os vossos filhos e as vossas filhas profetizarão, os vossos mancebos terão visões, os vossos anciãos terão sonhos;

¹⁸e sobre os meus servos e sobre as minhas servas derramarei do meu Espírito naqueles dias, e eles profetizarão.

¹⁹E mostrarei prodígios em cima no céu; e sinais embaixo na terra, sangue, fogo e vapor de fumaça.

²⁰O sol se converterá em trevas, e a lua em sangue, antes que venha o grande e glorioso dia do Senhor.

²¹e acontecerá que todo aquele que invocar o nome do Senhor será salvo.

²²Varões israelitas, escutai estas palavras: A Jesus, o nazareno, varão aprovado por Deus entre vós com milagres, prodígios e sinais, que Deus por ele fez no meio de vós, como vós mesmos bem sabeis;

²³a este, que foi entregue pelo determinado conselho e presciência de Deus, vós matastes, crucificando-o pelas mãos de iníquos;

²⁴ao qual Deus ressuscitou, rompendo os grilhões da morte, pois não era possível que fosse retido por ela.

²⁵Porque dele fala Davi: Sempre via diante de mim o Senhor, porque está à minha direita, para que eu não seja abalado;

²⁶por isso se alegrou o meu coração, e a minha língua exultou; e além disso a minha carne há de repousar em esperança;

²⁷pois não deixarás a minha alma no hades, nem permitirás que o teu Santo veja a corrupção;

²⁸fizeste-me conhecer os caminhos da vida; encher-me-ás de alegria na tua presença.

²⁹Irmãos, seja-me permitido dizer-vos livremente acerca do patriarca Davi, que ele morreu e foi sepultado, e entre nós está até hoje a sua sepultura.

³⁰Sendo, pois, ele profeta, e sabendo que Deus lhe havia prometido com juramento que faria sentar sobre o seu trono um dos seus descendentes -

³¹prevendo isto, Davi falou da ressurreição de Cristo, que a sua alma não foi deixada no hades, nem a sua carne viu a corrupção.

³²Ora, a este Jesus, Deus ressuscitou, do que todos nós somos testemunhas.

³³De sorte que, exaltado pela dextra de Deus, e tendo recebido do Pai a promessa do Espírito Santo, derramou isto que vós agora vedes e ouvis.

³⁴Porque Davi não subiu aos céus, mas ele próprio declara: Disse o Senhor ao meu Senhor: Assenta-te à minha direita,

³⁵até que eu ponha os teus inimigos por escabelo de teus pés.

³⁶Saiba pois com certeza toda a casa de Israel que a esse mesmo Jesus, a quem vós crucificastes, Deus o fez Senhor e Cristo.

³⁷E, ouvindo eles isto, compungiram-se em seu coração, e perguntaram a Pedro e aos demais apóstolos: Que faremos, irmãos?

³⁸Pedro então lhes respondeu: Arrependei-vos, e cada um de vós seja batizado em nome de Jesus Cristo, para remissão de vossos pecados; e recebereis o dom do Espírito Santo.

³⁹Porque a promessa vos pertence a vós, a vossos filhos, e a todos os que estão longe: a quantos o Senhor nosso Deus chamar.

⁴⁰E com muitas outras palavras dava testemunho, e os exortava,

dizendo: salvai-vos desta geração perversa.

⁴¹De sorte que foram batizados os que receberam a sua palavra; e naquele dia agregaram-se quase três mil almas;

⁴²e perseveravam na doutrina dos apóstolos e na comunhão, no partir do pão e nas orações.

⁴³Em cada alma havia temor, e muitos prodígios e sinais eram feitos pelos apóstolos.

⁴⁴Todos os que criam estavam unidos e tinham tudo em comum.

⁴⁵E vendiam suas propriedades e bens e os repartiam por todos, segundo a necessidade de cada um.

⁴⁶E, perseverando unânimes todos os dias no templo, e partindo o pão em casa, comiam com alegria e singeleza de coração,

⁴⁷louvando a Deus, e caindo na graça de todo o povo. E cada dia acrescentava-lhes o Senhor os que iam sendo salvos.

## Capítulo 3

¹Pedro e João subiam ao templo à hora da oração, a nona.

²E, era carregado um homem, coxo de nascença, o qual todos os dias punham à porta do templo, chamada Formosa, para pedir esmolas aos que entravam.

³Ora, vendo ele a Pedro e João, que iam entrando no templo, pediu que lhe dessem uma esmola.

⁴E Pedro, com João, fitando os olhos nele, disse: Olha para nós.

⁵E ele os olhava atentamente, esperando receber deles alguma coisa.

⁶Disse-lhe Pedro: Não tenho prata nem ouro; mas o que tenho, isso te dou; em nome de Jesus Cristo, o nazareno, anda.

⁷Nisso, tomando-o pela mão direita, o levantou; imediatamente os seus pés e artelhos se firmaram

⁸e, dando ele um salto, pôs-se em pé. Começou a andar e entrou com eles no templo, andando, saltando e louvando a Deus.

⁹Todo o povo, ao vê-lo andar e louvar a Deus,

¹⁰reconhecia-o como o mesmo que estivera sentado a pedir esmola à Porta Formosa do templo; e todos ficaram cheios de pasmo e assombro, pelo que lhe acontecera.

¹¹Apegando-se o homem a Pedro e João, todo o povo correu atônito para junto deles, ao pórtico chamado de Salomão.

¹²Pedro, vendo isto, disse ao povo: Varões israelitas, por que vos admirais deste homem? Ou, por que fitais os olhos em nós, como se por nosso próprio poder ou piedade o tivéssemos feito andar?

¹³O Deus de Abraão, de Isaque e de Jacó, o Deus de nossos pais, glorificou a seu Servo Jesus, a quem vós entregastes e perante a face de Pilatos negastes, quando este havia resolvido soltá-lo.

¹⁴Mas vós negastes o Santo e Justo, e pedistes que se vos desse um homicida;

¹⁵e matastes o Autor da vida, a quem Deus ressuscitou dentre os mortos, do que nós somos testemunhas.

¹⁶E pela fé em seu nome fez o seu nome fortalecer a este homem que vedes e conheceis; sim, a fé, que vem por ele, deu a este, na presença de todos vós, esta perfeita saúde.

¹⁷Agora, irmãos, eu sei que o fizestes por ignorância, como também as vossas autoridades.

¹⁸Mas Deus assim cumpriu o que já dantes pela boca de todos os seus profetas havia anunciado que o seu Cristo havia de padecer.

¹⁹Arrependei-vos, pois, e convertei-vos, para que sejam apagados os vossos pecados, de sorte que venham os tempos de refrigério, da presença do Senhor,

²⁰e envie ele o Cristo, que já dantes vos foi indicado, Jesus,

²¹ao qual convém que o céu receba até os tempos da restauração de todas as coisas, das quais Deus falou pela boca dos seus santos profetas, desde o princípio.

²²Pois Moisés disse: Suscitar-vos-á o Senhor vosso Deus, dentre vossos irmãos, um profeta semelhante a mim; a ele ouvireis em tudo quanto vos disser.

²³E acontecerá que toda alma que não ouvir a esse profeta, será exterminada dentre o povo.

²⁴E todos os profetas, desde Samuel e os que sucederam, quantos falaram, também anunciaram estes dias.

²⁵Vós sois os filhos dos profetas e do pacto que Deus fez com vossos pais, dizendo a Abraão: Na tua descendência serão abençoadas todas as famílias da terra.

²⁶Deus suscitou a seu Servo, e a vós primeiramente vo-lo enviou para que vos abençoasse, desviando-vos, a cada um, das vossas maldades.

## Capítulo 4

¹Enquanto eles estavam falando ao povo, sobrevieram-lhes os sacerdotes, o capitão do templo e os saduceus,

²doendo-se muito de que eles ensinassem o povo, e anunciassem em Jesus a ressurreição dentre os mortos,

³deitaram mão neles, e os encerraram na prisão até o dia seguinte; pois era já tarde.

⁴Muitos, porém, dos que ouviram a palavra, creram, e se elevou o número dos homens a quase cinco mil.

⁵No dia seguinte, reuniram-se em Jerusalém as autoridades, os anciãos, os escribas,

⁶e Anás, o sumo sacerdote, e Caifás, João, Alexandre, e todos quantos eram da linhagem do sumo sacerdote.

⁷E, pondo-os no meio deles, perguntaram: Com que poder ou em nome de quem fizestes vós isto?

⁸Então Pedro, cheio do Espírito Santo, lhes disse: Autoridades do povo e vós, anciãos,

⁹se nós hoje somos inquiridos acerca do benefício feito a um enfermo, e do modo como foi curado,

¹⁰seja conhecido de vós todos, e de todo o povo de Israel, que em nome de Jesus Cristo, o nazareno, aquele a quem vós crucificastes e a quem Deus ressuscitou dentre os mortos, nesse nome está este aqui, são diante de vós.

¹¹Ele é a pedra que foi rejeitada por vós, os edificadores, a qual foi posta como pedra angular.

¹²E em nenhum outro há salvação; porque debaixo do céu nenhum outro nome há, dado entre os homens, em que devamos ser salvos.

¹³Então eles, vendo a intrepidez de Pedro e João, e tendo percebido que eram homens iletrados e indoutos, se admiravam; e reconheciam que haviam estado com Jesus.

¹⁴E vendo em pé com eles o homem que fora curado, nada tinham que dizer em contrário.

¹⁵Todavia, mandando-os sair do sinédrio, conferenciaram entre si,

¹⁶dizendo: Que havemos de fazer a estes homens? porque a todos os que habitam em Jerusalém é manifesto que por eles foi feito um sinal notório, e não o podemos negar.

¹⁷Mas, para que não se divulgue mais entre o povo, ameacemo-los para que de ora em diante não falem neste nome a homem algum.

¹⁸E, chamando-os, ordenaram-lhes que absolutamente não falassem nem ensinassem em nome de Jesus.

¹⁹Mas Pedro e João, respondendo, lhes disseram: Julgai vós se é justo diante de Deus ouvir-nos antes a vós do que a Deus;

²⁰pois nós não podemos deixar de falar das coisas que temos visto e ouvido.

²¹Mas eles ainda os ameaçaram mais, e, não achando motivo para os castigar, soltaram-nos, por causa do povo; porque todos glorificavam a Deus pelo que acontecera;

²²pois tinha mais de quarenta anos o homem em quem se operara esta cura milagrosa.

²³E soltos eles, foram para os seus, e contaram tudo o que lhes haviam dito os principais sacerdotes e os anciãos.

²⁴Ao ouvirem isto, levantaram unanimemente a voz a Deus e disseram: Senhor, tu que fizeste o céu, a terra, o mar, e tudo o que neles há;

²⁵que pelo Espírito Santo, por boca de nosso pai Davi, teu servo, disseste: Por que se enfureceram os gentios, e os povos imaginaram coisas vãs?

²⁶Levantaram-se os reis da terra, e as autoridades ajuntaram-se à uma, contra o Senhor e contra o seu Ungido.

²⁷Porque verdadeiramente se ajuntaram, nesta cidade, contra o teu santo Servo Jesus, ao qual ungiste, não só Herodes, mas também Pôncio Pilatos com os gentios e os povos de Israel;

²⁸para fazerem tudo o que a tua mão e o teu conselho predeterminaram que se fizesse.

²⁹Agora pois, ó Senhor, olha para as suas ameaças, e concede aos teus servos que falam com toda a intrepidez a tua palavra,

³⁰enquanto estendes a mão para curar e para que se façam sinais e prodígios pelo nome de teu santo Servo Jesus.

³¹E, tendo eles orado, tremeu o lugar em que estavam reunidos; e todos foram cheios do Espírito Santo, e anunciavam com intrepidez a palavra de Deus.

³²Da multidão dos que criam, era um só o coração e uma só a alma, e ninguém dizia que coisa alguma das que possuía era sua própria, mas todas as coisas lhes eram comuns.

³³Com grande poder os apóstolos davam testemunho da ressurreição do Senhor Jesus, e em todos eles havia abundante graça.

³⁴Pois não havia entre eles necessitado algum; porque todos os que

possuíam terras ou casas, vendendo-as, traziam o preço do que vendiam e o depositavam aos pés dos apóstolos.

³⁵E se repartia a qualquer um que tivesse necessidade.

³⁶então José, cognominado pelos apóstolos Barnabé (que quer dizer, filho de consolação), levita, natural de Chipre,

³⁷possuindo um campo, vendeu-o, trouxe o preço e o depositou aos pés dos apóstolos.

## Capítulo 5

¹Mas um certo homem chamado Ananias, com Safira, sua mulher, vendeu uma propriedade,

²e reteve parte do preço, sabendo-o também sua mulher; e levando a outra parte, a depositou aos pés dos apóstolos.

³Disse então Pedro: Ananias, por que encheu Satanás o teu coração, para que mentisses ao Espírito Santo e retivesses parte do preço do terreno?

⁴Enquanto o possuías, não era teu? e vendido, não estava o preço em teu poder? Como, pois, formaste este desígnio em teu coração? Não mentiste aos homens, mas a Deus.

⁵E Ananias, ouvindo estas palavras, caiu e expirou. E grande temor veio sobre todos os que souberam disto.

⁶Levantando-se os moços, cobriram-no e, transportando-o para fora, o sepultaram.

⁷Depois de um intervalo de cerca de três horas, entrou também sua mulher, sabendo o que havia acontecido.

⁸E perguntou-lhe Pedro: Dize-me vendestes por tanto aquele terreno? E ela respondeu: Sim, por tanto.

⁹Então Pedro lhe disse: Por que é que combinastes entre vós provar o Espírito do Senhor? Eis aí à porta os pés dos que sepultaram teu marido, e te levarão também a ti.

¹⁰Imediatamente ela caiu aos pés dele e expirou. E entrando os moços, acharam-na morta e, levando-a para fora, sepultaram-na ao lado do marido.

¹¹Sobreveio grande temor a toda a igreja e a todos os que ouviram estas coisas.

¹²E muitos sinais e prodígios eram feitos entre o povo pelas mãos dos apóstolos. E estavam todos de comum acordo no pórtico de Salomão.

¹³Dos outros, porém, nenhum ousava ajuntar-se a eles; mas o povo os tinha em grande estima;

¹⁴e cada vez mais se agregavam crentes ao Senhor em grande número tanto de homens como de mulheres;

¹⁵a ponto de transportarem os enfermos para as ruas, e os porem em leitos e macas, para que ao passar Pedro, ao menos sua sombra cobrisse alguns deles.

¹⁶Também das cidades circunvizinhas afluía muita gente a Jerusalém, conduzindo enfermos e atormentados de espíritos imundos, os quais eram todos curados.

¹⁷Levantando-se o sumo sacerdote e todos os que estavam com ele (isto é, a seita dos saduceus), encheram-se de inveja,

¹⁸deitaram mão nos apóstolos, e os puseram na prisão pública.

¹⁹Mas de noite um anjo do Senhor abriu as portas do cárcere e, tirando-os para fora, disse:

²⁰Ide, apresentai-vos no templo, e falai ao povo todas as palavras desta vida.

²¹Ora, tendo eles ouvido isto, entraram de manhã cedo no templo e ensinavam. Chegando, porém o sumo sacerdote e os que estavam com ele, convocaram o sinédrio, com todos os anciãos dos filhos de Israel, e enviaram guardas ao cárcere para trazê-los.

²²Mas os guardas, tendo lá ido, não os acharam na prisão; e voltando, lho anunciaram,

²³dizendo: Achamos realmente o cárcere fechado com toda a segurança, e as sentinelas em pé às portas; mas, abrindo-as, a ninguém achamos dentro.

²⁴E quando o capitão do templo e os principais sacerdotes ouviram estas palavras ficaram perplexos acerca deles e do que viria a ser isso.

²⁵Então chegou alguém e lhes anunciou: Eis que os homens que encerrastes na prisão estão no templo, em pé, a ensinar o povo.

²⁶Nisso foi o capitão com os guardas e os trouxe, não com violência, porque temiam ser apedrejados pelo povo.

²⁷E tendo-os trazido, os apresentaram ao sinédrio. E o sumo sacerdote os interrogou, dizendo:

²⁸Não vos admoestamos expressamente que não ensinásseis nesse nome? e eis que enchestes Jerusalém dessa vossa doutrina e quereis lançar sobre nós o sangue desse homem.

²⁹Respondendo Pedro e os apóstolos, disseram: Importa antes obedecer a Deus que aos homens.

³⁰O Deus de nossos pais ressuscitou a Jesus, ao qual vós matastes, suspendendo-o no madeiro;

³¹sim, Deus, com a sua destra, o elevou a Príncipe e Salvador, para dar a Israel o arrependimento e remissão de pecados.

³²E nós somos testemunhas destas coisas, e bem assim o Espírito Santo, que Deus deu àqueles que lhe obedecem.

³³Ora, ouvindo eles isto, se enfureceram e queriam matá-los.

³⁴Mas, levantando-se no sinédrio certo fariseu chamado Gamaliel, doutor da lei, acatado por todo o povo, mandou que por um pouco saíssem aqueles homens;

³⁵e prosseguiu: Varões israelitas, acautelai-vos a respeito do que estai para fazer a estes homens.

³⁶Porque, há algum tempo, levantou-se Teudas, dizendo ser alguém; ao qual se ajuntaram uns quatrocentos homens; mas ele foi morto, e todos quantos lhe obedeciam foram dispersos e reduzidos a nada.

³⁷Depois dele levantou-se Judas, o galileu, nos dias do recenseamento, e levou muitos após si; mas também este pereceu, e todos quantos lhe obedeciam foram dispersos.

³⁸Agora vos digo: Dai de mão a estes homens, e deixai-os, porque este conselho ou esta obra, caso seja dos homens, se desfará;

³⁹mas, se é de Deus, não podereis derrotá-los; para que não sejais, porventura, achados até combatendo contra Deus.

⁴⁰Concordaram, pois, com ele, e tendo chamado os apóstolos, açoitaram-nos e mandaram que não falassem em nome de Jesus, e os soltaram.

⁴¹Retiraram-se pois da presença do sinédrio, regozijando-se de terem sido julgados dignos de sofrer afronta pelo nome de Jesus.

⁴²E todos os dias, no templo e de casa em casa, não cessavam de ensinar, e de anunciar a Jesus, o Cristo.

## Capítulo 6

¹Ora, naqueles dias, crescendo o número dos discípulos, houve uma murmuração dos helenistas contra os hebreus, porque as viúvas daqueles estavam sendo esquecidas na distribuição diária.

²E os doze, convocando a multidão dos discípulos, disseram: Não é razoável que nós deixemos a palavra de Deus e sirvamos às mesas.

³Escolhei, pois, irmãos, dentre vós, sete homens de boa reputação, cheios do Espírito Santo e de sabedoria, aos quais encarreguemos deste serviço.

⁴Mas nós perseveraremos na oração e no ministério da palavra.

⁵O parecer agradou a todos, e elegeram a Estêvão, homem cheio de fé e do Espírito Santo, Filipe, Prócoro, Nicanor, Timão, Pármenas, e Nicolau, prosélito de Antioquia,

⁶e os apresentaram perante os apóstolos; estes, tendo orado, lhes impuseram as mãos.

⁷E divulgava-se a palavra de Deus, de sorte que se multiplicava muito o número dos discípulos em Jerusalém e muitos sacerdotes obedeciam à fé.

⁸Ora, Estêvão, cheio de graça e poder, fazia prodígios e grandes sinais entre o povo.

⁹Levantaram-se, porém, alguns que eram da sinagoga chamada dos libertos, dos cireneus, dos alexandrinos, dos da Cilícia e da Ásia, e disputavam com Estêvão;

¹⁰e não podiam resistir à sabedoria e ao Espírito com que falava.

¹¹Então subornaram uns homens para que dissessem: Temo-lo ouvido proferir palavras blasfemas contra Moisés e contra Deus.

¹²Assim excitaram o povo, os anciãos, e os escribas; e investindo contra ele, o arrebataram e o levaram ao sinédrio;

¹³e apresentaram falsas testemunhas que diziam: Este homem não cessa de proferir palavras contra este santo lugar e contra a lei;

¹⁴porque nós o temos ouvido dizer que esse Jesus, o nazareno, há de destruir este lugar e mudar os costumes que Moisés nos transmitiu.

¹⁵Então todos os que estavam assentados no sinédrio, fitando os olhos nele, viram o seu rosto como de um anjo.

## Capítulo 7

¹E disse o sumo sacerdote: Porventura são assim estas coisas?

²Estêvão respondeu: Irmãos e pais, ouvi. O Deus da glória apareceu a nosso pai Abraão, estando ele na Mesopotâmia, antes de habitar em Harã,

³e disse-lhe: Sai da tua terra e dentre a tua parentela, e dirige-te à terra que eu te mostrar.

⁴Então saiu da terra dos caldeus e habitou em Harã. Dali, depois que seu pai faleceu, Deus o trouxe para esta terra em que vós agora habitais.

⁵E não lhe deu nela herança, nem sequer o espaço de um pé; mas

prometeu que lha daria em possessão, e depois dele à sua descendência, não tendo ele ainda filho.

⁶Pois Deus disse que a sua descendência seria peregrina em terra estranha e que a escravizariam e maltratariam por quatrocentos anos.

⁷Mas eu julgarei a nação que os tiver escravizado, disse Deus; e depois disto sairão, e me servirão neste lugar.

⁸E deu-lhe o pacto da circuncisão; assim então gerou Abraão a Isaque, e o circuncidou ao oitavo dia; e Isaque gerou a Jacó, e Jacó aos doze patriarcas.

⁹Os patriarcas, movidos de inveja, venderam José para o Egito; mas Deus era com ele,

¹⁰e o livrou de todas as suas tribulações, e lhe deu graça e sabedoria perante Faraó, rei do Egito, que o constituiu governador sobre o Egito e toda a sua casa.

¹¹Sobreveio então uma fome a todo o Egito e Canaã, e grande tribulação; e nossos pais não achavam alimentos.

¹²Mas tendo ouvido Jacó que no Egito havia trigo, enviou ali nossos pais pela primeira vez.

¹³E na segunda vez deu-se José a conhecer a seus irmãos, e a sua linhagem tornou-se manifesta a Faraó.

¹⁴Então José mandou chamar a seu pai Jacó, e a toda a sua parentela - setenta e cinco almas.

¹⁵Jacó, pois, desceu ao Egito, onde morreu, ele e nossos pais;

¹⁶e foram transportados para Siquém e depositados na sepultura que Abraão comprara por certo preço em prata aos filhos de Emor, em Siquém.

¹⁷Enquanto se aproximava o tempo da promessa que Deus tinha feito a Abraão, o povo crescia e se multiplicava no Egito;

¹⁸até que se levantou ali outro rei, que não tinha conhecido José.

¹⁹Usando esse de astúcia contra a nossa raça, maltratou a nossos pais, ao ponto de fazê-los enjeitar seus filhos, para que não vivessem.

²⁰Nesse tempo nasceu Moisés, e era mui formoso, e foi criado três meses em casa de seu pai.

²¹Sendo ele enjeitado, a filha de Faraó o recolheu e o criou como seu próprio filho.

²²Assim Moisés foi instruído em toda a sabedoria dos egípcios, e era poderoso em palavras e obras.

²³Ora, quando ele completou quarenta anos, veio-lhe ao coração visitar seus irmãos, os filhos de Israel.

²⁴E vendo um deles sofrer injustamente, defendeu-o, e vingou o oprimido, matando o egípcio.

²⁵Cuidava que seus irmãos entenderiam que por mão dele Deus lhes havia de dar a liberdade; mas eles não entenderam.

²⁶No dia seguinte apareceu-lhes quando brigavam, e quis levá-los à paz, dizendo: Homens, sois irmãos; por que vos maltratais um ao outro?

²⁷Mas o que fazia injustiça ao seu próximo o repeliu, dizendo: Quem te constituiu senhor e juiz sobre nós?

²⁸Acaso queres tu matar-me como ontem mataste o egípcio?

²⁹A esta palavra fugiu Moisés, e tornou-se peregrino na terra de Madiã, onde gerou dois filhos.

³⁰E passados mais quarenta anos, apareceu-lhe um anjo no deserto do monte Sinai, numa chama de fogo no meio de uma sarça.

³¹Moisés, vendo isto, admirou-se da visão; e, aproximando-se ele para observar, soou a voz do Senhor;

³²Eu sou o deus de teus pais, o Deus de Abraão, de Isaque e de Jacó. E Moisés ficou trêmulo e não ousava olhar.

³³Disse-lhe então o Senhor: Tira as alparcas dos teus pés, porque o lugar em que estás é terra santa.

³⁴Vi, com efeito, a aflição do meu povo no Egito, ouvi os seus gemidos, e desci para livrá-lo. Agora pois vem, e enviar-te-ei ao Egito.

³⁵A este Moisés que eles haviam repelido, dizendo: Quem te constituiu senhor e juiz? a este enviou Deus como senhor e libertador, pela mão do anjo que lhe aparecera na sarça.

³⁶Foi este que os conduziu para fora, fazendo prodígios e sinais na terra do Egito, e no Mar Vermelho, e no deserto por quarenta anos.

³⁷Este é o Moisés que disse aos filhos de Israel: Deus vos suscitará dentre vossos irmãos um profeta como eu.

³⁸Este é o que esteve na congregação no deserto, com o anjo que lhe falava no monte Sinai, e com nossos pais, o qual recebeu palavras de vida para vo-las dar;

³⁹ao qual os nossos pais não quiseram obedecer, antes o rejeitaram, e em seus corações voltaram ao Egito,

⁴⁰dizendo a arão: Faze-nos deuses que vão adiante de nós; porque a esse Moisés que nos tirou da terra do Egito, não sabemos o que lhe aconteceu.

⁴¹Fizeram, pois, naqueles dias o bezerro, e ofereceram sacrifício ao ídolo, e se alegravam nas obras das suas mãos.

⁴²Mas Deus se afastou, e os abandonou ao culto das hostes do céu, como está escrito no livro dos profetas: Porventura me oferecestes vítimas e sacrifícios por quarenta anos no deserto, ó casa de Israel?

⁴³Antes carregastes o tabernáculo de Moloque e a estrela do deus Renfã, figuras que vós fizestes para adorá-las. Desterrar-vos-ei pois, para além da Babilônia.

⁴⁴Entre os nossos pais no deserto estava o tabernáculo do testemunho, como ordenara aquele que disse a Moisés que o fizesse segundo o modelo que tinha visto;

⁴⁵o qual nossos pais, tendo-o por sua vez recebido, o levaram sob a direção de Josué, quando entraram na posse da terra das nações que Deus expulsou da presença dos nossos pais, até os dias de Davi,

⁴⁶que achou graça diante de Deus, e pediu que lhe fosse dado achar habitação para o Deus de Jacó.

⁴⁷Entretanto foi Salomão quem lhe edificou uma casa;

⁴⁸mas o Altíssimo não habita em templos feitos por mãos de homens, como diz o profeta:

⁴⁹O céu é meu trono, e a terra o escabelo dos meus pés. Que casa me edificareis, diz o Senhor, ou qual o lugar do meu repouso?

⁵⁰Não fez, porventura, a minha mão todas estas coisas?

⁵¹Homens de dura cerviz, e incircuncisos de coração e ouvido, vós sempre resistis ao Espírito Santo; como o fizeram os vossos pais, assim também vós.

⁵²A qual dos profetas não perseguiram vossos pais? Até mataram os que dantes anunciaram a vinda do Justo, do qual vós agora vos tornastes traidores e homicidas,

⁵³vós, que recebestes a lei por ordenação dos anjos, e não a guardastes.

⁵⁴Ouvindo eles isto, enfureciam-se em seus corações, e rangiam os dentes contra Estêvão.

⁵⁵Mas ele, cheio do Espírito Santo, fitando os olhos no céu, viu a glória de Deus, e Jesus em pé à direita de Deus,

⁵⁶e disse: Eis que vejo os céus abertos, e o Filho do homem em pé à direita de Deus.

⁵⁷Então eles gritaram com grande voz, taparam os ouvidos, e arremeteram unânimes contra ele

⁵⁸e, lançando-o fora da cidade o apedrejavam. E as testemunhas depuseram as suas vestes aos pés de um mancebo chamado Saulo.

⁵⁹Apedrejavam, pois, a Estêvão que orando, dizia: Senhor Jesus, recebe o meu espírito.

⁶⁰E pondo-se de joelhos, clamou com grande voz: Senhor, não lhes imputes este pecado. Tendo dito isto, adormeceu. E Saulo consentia na sua morte.

## Capítulo 8

¹Naquele dia levantou-se grande perseguição contra a igreja que estava em Jerusalém; e todos exceto os apóstolos, foram dispersos pelas regiões da Judéia e da Samária.

²E uns homens piedosos sepultaram a Estêvão, e fizeram grande pranto sobre ele.

³Saulo porém, assolava a igreja, entrando pelas casas e, arrastando homens e mulheres, os entregava à prisão.

⁴No entanto os que foram dispersos iam por toda parte, anunciando a palavra.

⁵E descendo Filipe à cidade de Samária, pregava-lhes a Cristo.

⁶As multidões escutavam, unânimes, as coisas que Filipe dizia, ouvindo-o e vendo os sinais que operava;

⁷pois saíam de muitos possessos os espíritos imundos, clamando em alta voz; e muitos paralíticos e coxos foram curados;

⁸pelo que houve grande alegria naquela cidade.

⁹Ora, estava ali certo homem chamado Simão, que vinha exercendo naquela cidade a arte mágica, fazendo pasmar o povo da Samária, e dizendo ser ele uma grande personagem;

¹⁰ao qual todos atendiam, desde o menor até o maior, dizendo: Este é o Poder de Deus que se chama Grande.

¹¹Eles o atendiam porque já desde muito tempo os vinha fazendo pasmar com suas artes mágicas.

¹²Mas, quando creram em Filipe, que lhes pregava acerca do reino de Deus e do nome de Jesus, batizavam-se homens e mulheres.

¹³E creu até o próprio Simão e, sendo batizado, ficou de contínuo com Filipe; e admirava-se, vendo os sinais e os grandes milagres que se faziam.

¹⁴Os apóstolos, pois, que estavam em Jerusalém, tendo ouvido que os da Samária haviam recebido a palavra de Deus, enviaram-lhes Pedro e João;

¹⁵os quais, tendo descido, oraram por eles, para que recebessem o

Espírito Santo.

¹⁶Porque sobre nenhum deles havia ele descido ainda; mas somente tinham sido batizados em nome do Senhor Jesus.

¹⁷Então lhes impuseram as mãos, e eles receberam o Espírito Santo.

¹⁸Quando Simão viu que pela imposição das mãos dos apóstolos se dava o Espírito Santo, ofereceu-lhes dinheiro,

¹⁹dizendo: Dai-me também a mim esse poder, para que aquele sobre quem eu impuser as mãos, receba o Espírito Santo.

²⁰Mas disse-lhe Pedro: Vá tua prata contigo à perdição, pois cuidaste adquirir com dinheiro o dom de Deus.

²¹Tu não tens parte nem sorte neste ministério, porque o teu coração não é reto diante de Deus.

²²Arrepende-te, pois, dessa tua maldade, e roga ao Senhor para que porventura te seja perdoado o pensamento do teu coração;

²³pois vejo que estás em fel de amargura, e em laços de iniquidade.

²⁴Respondendo, porém, Simão, disse: Rogai vós por mim ao Senhor, para que nada do que haveis dito venha sobre mim.

²⁵Eles, pois, havendo testificado e falado a palavra do Senhor, voltando para Jerusalém, evangelizavam muitas aldeias dos samaritanos.

²⁶Mas um anjo do Senhor falou a Filipe, dizendo: Levanta-te, e vai em direção do sul pelo caminho que desce de Jerusalém a Gaza, o qual está deserto.

²⁷E levantou-se e foi; e eis que um etíope, eunuco, mordomo-mor de Candace, rainha dos etíopes, o qual era superintendente de todos os seus tesouros e tinha ido a Jerusalém para adorar,

²⁸regressava e, sentado no seu carro, lia o profeta Isaías.

²⁹Disse o Espírito a Filipe: Chega-te e ajunta-te a esse carro.

³⁰E correndo Filipe, ouviu que lia o profeta Isaías, e disse: Entendes, porventura, o que estás lendo?

³¹Ele respondeu: Pois como poderei entender, se alguém não me ensinar? e rogou a Filipe que subisse e com ele se sentasse.

³²Ora, a passagem da Escritura que estava lendo era esta: Foi levado como a ovelha ao matadouro, e, como está mudo o cordeiro diante do que o tosquia, assim ele não abre a sua boca.

³³Na sua humilhação foi tirado o seu julgamento; quem contará a sua geração? porque a sua vida é tirada da terra.

³⁴Respondendo o eunuco a Filipe, disse: Rogo-te, de quem diz isto o profeta? de si mesmo, ou de algum outro?

³⁵Então Filipe tomou a palavra e, começando por esta escritura, anunciou-lhe a Jesus.

³⁶E indo eles caminhando, chegaram a um lugar onde havia água, e disse o eunuco: Eis aqui água; que impede que eu seja batizado?

³⁷[E disse Felipe: é lícito, se crês de todo o coração. E, respondendo ele, disse: Creio que Jesus Cristo é o Filho de Deus.]

³⁸mandou parar o carro, e desceram ambos à água, tanto Filipe como o eunuco, e Filipe o batizou.

³⁹Quando saíram da água, o Espírito do Senhor arrebatou a Filipe, e não o viu mais o eunuco, que jubiloso seguia o seu caminho.

⁴⁰Mas Filipe achou-se em Azoto e, indo passando, evangelizava todas as cidades, até que chegou a Cesaréia.

## Capítulo 9

¹Saulo, porém, respirando ainda ameaças e mortes contra os discípulos do Senhor, dirigiu-se ao sumo sacerdote,

²e pediu-lhe cartas para Damasco, para as sinagogas, a fim de que, caso encontrasse alguns do Caminho, quer homens quer mulheres, os conduzisse presos a Jerusalém.

³Mas, seguindo ele viagem e aproximando-se de Damasco, subitamente o cercou um resplendor de luz do céu;

⁴e, caindo por terra, ouviu uma voz que lhe dizia: Saulo, Saulo, por que me persegues?

⁵Ele perguntou: Quem és tu, Senhor? Respondeu o Senhor: Eu sou Jesus, a quem tu persegues;

⁶mas levanta-te e entra na cidade, e lá te será dito o que te cumpre fazer.

⁷Os homens que viajavam com ele quedaram-se emudecidos, ouvindo, na verdade, a voz, mas não vendo ninguém.

⁸Saulo levantou-se da terra e, abrindo os olhos, não via coisa alguma; e, guiando-o pela mão, conduziram-no a Damasco.

⁹E esteve três dias sem ver, e não comeu nem bebeu.

¹⁰Ora, havia em Damasco certo discípulo chamado Ananias; e disse-lhe o Senhor em visão: Ananias! Respondeu ele: Eis-me aqui, Senhor.

¹¹Ordenou-lhe o Senhor: Levanta-te, vai à rua chamada Direita e procura em casa de Judas um homem de Tarso chamado Saulo; pois eis que ele está orando;

¹²e viu um homem chamado Ananias entrar e impor-lhe as mãos, para que recuperasse a vista.

¹³Respondeu Ananias: Senhor, a muitos ouvi acerca desse homem, quantos males tem feito aos teus santos em Jerusalém;

¹⁴e aqui tem poder dos principais sacerdotes para prender a todos os que invocam o teu nome.

¹⁵Disse-lhe, porém, o Senhor: Vai, porque este é para mim um vaso escolhido, para levar o meu nome perante os gentios, e os reis, e os filhos de Israel;

¹⁶pois eu lhe mostrarei quanto lhe cumpre padecer pelo meu nome.

¹⁷Partiu Ananias e entrou na casa e, impondo-lhe as mãos, disse: Irmão Saulo, o Senhor Jesus, que te apareceu no caminho por onde vinhas, enviou-me para que tornes a ver e sejas cheio do Espírito Santo.

¹⁸Logo lhe caíram dos olhos como que umas escamas, e recuperou a vista: então, levantando-se, foi batizado.

¹⁹E, tendo tomado alimento, ficou fortalecido. Depois demorou-se alguns dias com os discípulos que estavam em Damasco;

²⁰e logo nas sinagogas pregava a Jesus, que este era o filho de Deus.

²¹Todos os seus ouvintes pasmavam e diziam: Não é este o que em Jerusalém perseguia os que invocavam esse nome, e para isso veio aqui, para os levar presos aos principais sacerdotes?

²²Saulo, porém, se fortalecia cada vez mais e confundia os judeus que habitavam em Damasco, provando que Jesus era o Cristo.

²³Decorridos muitos dias, os judeus deliberaram entre si matá-lo.

²⁴Mas as suas ciladas vieram ao conhecimento de Saulo. E como eles guardavam as portas de dia e de noite para tirar-lhe a vida,

²⁵os discípulos, tomando-o de noite, desceram-no pelo muro, dentro de um cesto.

²⁶Tendo Saulo chegado a Jerusalém, procurava juntar-se aos discípulos; mas todos o temiam, não crendo que fosse discípulo.

²⁷Então Barnabé, tomando-o consigo, o levou aos apóstolos, e lhes contou como no caminho ele vira o Senhor e que este lhe falara, e como em Damasco pregara ousadamente em nome de Jesus.

²⁸Assim andava com eles em Jerusalém, entrando e saindo,

²⁹e pregando ousadamente em nome do Senhor. Falava e disputava também com os helenistas; mas procuravam matá-lo.

³⁰Os irmãos, porém, quando o souberam, acompanharam-no até Cesaréia e o enviaram a Tarso.

³¹Assim, pois, a igreja em toda a Judéia, Galiléia e Samária, tinha paz, sendo edificada, e andando no temor do Senhor; e, pelo auxílio do Espírito Santo, se multiplicava.

³²E aconteceu que, passando Pedro por toda parte, veio também aos santos que habitavam em Lida.

³³Achou ali certo homem, chamado Enéias, que havia oito anos jazia numa cama, porque era paralítico.

³⁴Disse-lhe Pedro: Enéias, Jesus Cristo te cura; levanta e faze a tua cama. E logo se levantou.

³⁵E viram-no todos os que habitavam em Lida e Sarona, os quais se converteram ao Senhor.

³⁶Havia em Jope uma discípula por nome Tabita, que traduzido quer dizer Dorcas, a qual estava cheia de boas obras e esmolas que fazia.

³⁷Ora, aconteceu naqueles dias que ela, adoecendo, morreu; e, tendo-a lavado, a colocaram no cenáulo.

³⁸Como Lida era perto de Jope, ouvindo os discípulos que Pedro estava ali, enviaram-lhe dois homens, rogando-lhe: Não te demores em vir ter conosco.

³⁹Pedro levantou-se e foi com eles; quando chegou, levaram-no ao cenáulo; e todas as viúvas o cercaram, chorando e mostrando-lhe as túnicas e vestidos que Dorcas fizera enquanto estava com elas.

⁴⁰Mas Pedro, tendo feito sair a todos, pôs-se de joelhos e orou; e voltando-se para o corpo, disse: Tabita, levanta-te. Ela abriu os olhos e, vendo a Pedro, sentou-se.

⁴¹Ele, dando-lhe a mão, levantou-a e, chamando os santos e as viúvas, apresentou-lha viva.

⁴²Tornou-se isto notório por toda a Jope, e muitos creram no Senhor.

⁴³Pedro ficou muitos dias em Jope, em casa de um curtidor chamado Simão.

## Capítulo 10

¹Um homem em Cesaréia, por nome Cornélio, centurião da coorte chamada italiana,

²piedoso e temente a Deus com toda a sua casa, e que fazia muitas esmolas ao povo e de contínuo orava a Deus,

³cerca da hora nona do dia, viu claramente em visão um anjo de Deus, que se dirigia para ele e lhe dizia: Cornélio!

⁴Este, fitando nele os olhos e atemorizado, perguntou: Que é, Senhor? O anjo respondeu-lhe: As tuas orações e as tuas esmolas têm subido para memória diante de Deus;

⁵agora, pois, envia homens a Jope e manda chamar a Simão, que tem por sobrenome Pedro;

⁶este se acha hospedado com um certo Simão, curtidor, cuja casa fica à beira-mar. [Ele te dirá o que deves fazer.]

⁷Logo que se retirou o anjo que lhe falava, Cornélio chamou dois dos seus domésticos e um piedoso soldado dos que estavam a seu serviço;

⁸e, havendo contado tudo, os enviou a Jope.

⁹No dia seguinte, indo eles seu caminho e estando já perto da cidade, subiu Pedro ao eirado para orar, cerca de hora sexta.

¹⁰E tendo fome, quis comer; mas enquanto lhe preparavam a comida, sobreveio-lhe um êxtase,

¹¹e via o céu aberto e um objeto descendo, como se fosse um grande lençol, sendo baixado pelas quatro pontas sobre a terra,

¹²no qual havia de todos os quadrúpedes e répteis da terra e aves do céu.

¹³E uma voz lhe disse: Levanta-te, Pedro, mata e come.

¹⁴Mas Pedro respondeu: De modo nenhum, Senhor, porque nunca comi coisa alguma comum e imunda.

¹⁵Pela segunda vez lhe falou a voz: Não chames tu comum ao que Deus purificou.

¹⁶Sucedeu isto por três vezes; e logo foi o objeto recolhido ao céu.

¹⁷Enquanto Pedro refletia, perplexo, sobre o que seria a visão que tivera, eis que os homens enviados por Cornélio, tendo perguntado pela casa de Simão, pararam à porta.

¹⁸E, chamando, indagavam se ali estava hospedado Simão, que tinha por sobrenome Pedro.

¹⁹Estando Pedro ainda a meditar sobre a visão, o Espírito lhe disse: Eis que dois homens te procuram.

²⁰Levanta-te, pois, desce e vai com eles, nada duvidando; porque eu tos enviei.

²¹E descendo Pedro ao encontro desses homens, disse: Sou eu a quem procurais; qual é a causa por que viestes?

²²Eles responderam: O centurião Cornélio, homem justo e temente a Deus e que tem bom testemunho de toda a nação judaica, foi avisado por um santo anjo para te chamar à sua casa e ouvir as tuas palavras.

²³Pedro, pois, convidando-os a entrar, os hospedou. No dia seguinte levantou-se e partiu com eles, e alguns irmãos, dentre os de Jope, o acompanharam.

²⁴No outro dia entrou em Cesaréia. E Cornélio os esperava, tendo reunido os seus parentes e amigos mais íntimos.

²⁵Quando Pedro ia entrar, veio-lhe Cornélio ao encontro e, prostrando-se a seus pés, o adorou.

²⁶Mas Pedro o ergueu, dizendo: Levanta-te, que eu também sou homem.

²⁷E conversando com ele, entrou e achou muitos reunidos,

²⁸e disse-lhes: Vós bem sabeis que não é lícito a um judeu ajuntar-se ou chegar-se a estrangeiros; mas Deus mostrou-me que a nenhum homem devo chamar comum ou imundo;

²⁹pelo que, sendo chamado, vim sem objeção. Pergunto pois: Por que razão mandastes chamar-me?

³⁰Então disse Cornélio: Faz agora quatro dias que eu estava orando em minha casa à hora nona, e eis que diante de mim se apresentou um homem com vestiduras resplandecentes,

³¹e disse: Cornélio, a tua oração foi ouvida, e as tuas esmolas estão em memória diante de Deus.

³²Envia, pois, a Jope e manda chamar a Simão, que tem por sobrenome Pedro; ele está hospedado em casa de Simão, curtidor, à beira-mar.

³³Portanto mandei logo chamar-te, e bem fizeste em vir. Agora pois estamos todos aqui presentes diante de Deus, para ouvir tudo quanto te foi ordenado pelo Senhor.

³⁴Então Pedro, tomando a palavra, disse: Na verdade reconheço que Deus não faz acepção de pessoas;

³⁵mas que lhe é aceitável aquele que, em qualquer nação, o teme e pratica o que é justo.

³⁶A palavra que ele enviou aos filhos de Israel, anunciando a paz por Jesus Cristo (este é o Senhor de todos) -

³⁷esta palavra, vós bem sabeis, foi proclamada por toda a Judéia, começando pela Galiléia, depois do batismo que João pregou,

³⁸concernente a Jesus de Nazaré, como Deus o ungiu com o Espírito Santo e com poder; o qual andou por toda parte, fazendo o bem e curando a todos os oprimidos do Diabo, porque Deus era com ele.

³⁹Nós somos testemunhas de tudo quanto fez, tanto na terra dos judeus como em Jerusalém; ao qual mataram, pendurando-o num madeiro.

⁴⁰A este ressuscitou Deus ao terceiro dia e lhe concedeu que se manifestasse,

⁴¹não a todo povo, mas às testemunhas predeterminadas por Deus, a nós, que comemos e bebemos juntamente com ele depois que ressurgiu dentre os mortos;

⁴²este nos mandou pregar ao povo, e testificar que ele é o que por Deus foi constituído juiz dos vivos e dos mortos.

⁴³A ele todos os profetas dão testemunho de que todo o que nele crê receberá a remissão dos pecados pelo seu nome.

⁴⁴Enquanto Pedro ainda dizia estas coisas, desceu o Espírito Santo sobre todos os que ouviam a palavra.

⁴⁵Os crentes que eram de circuncisão, todos quantos tinham vindo com Pedro, maravilharam-se de que também sobre os gentios se derramasse o dom do Espírito Santo;

⁴⁶porque os ouviam falar línguas e magnificar a Deus.

⁴⁷Respondeu então Pedro: Pode alguém porventura recusar a água para que não sejam batizados estes que também, como nós, receberam o Espírito Santo?

⁴⁸Mandou, pois, que fossem batizados em nome de Jesus Cristo. Então lhe rogaram que ficasse com eles por alguns dias.

## Capítulo 11

¹Ora, ouviram os apóstolos e os irmãos que estavam na Judéia que também os gentios haviam recebido a palavra de Deus.

²E quando Pedro subiu a Jerusalém, disputavam com ele os que eram da circuncisão,

³dizendo: Entraste em casa de homens incircuncisos e comeste com eles.

⁴Pedro, porém, começou a fazer-lhes uma exposição por ordem, dizendo:

⁵Estava eu orando na cidade de Jope, e em êxtase tive uma visão; descia um objeto, como se fosse um grande lençol, sendo baixado do céu pelas quatro pontas, e chegou perto de mim.

⁶E, fitando nele os olhos, o contemplava, e vi quadrúpedes da terra, feras, répteis e aves do céu.

⁷Ouvi também uma voz que me dizia: Levanta-te, Pedro, mata e come.

⁸Mas eu respondi: De modo nenhum, Senhor, pois nunca em minha boca entrou coisa alguma comum e imunda.

⁹Mas a voz respondeu-me do céu segunda vez: Não chames tu comum ao que Deus purificou.

¹⁰Sucedeu isto por três vezes; e tudo tornou a recolher-se ao céu.

¹¹E eis que, nesse momento, pararam em frente à casa onde estávamos três homens que me foram enviados de Cesaréia.

¹²Disse-me o Espírito que eu fosse com eles, sem hesitar; e também estes seis irmãos foram comigo e entramos na casa daquele homem.

¹³E ele nos contou como vira em pé em sua casa o anjo, que lhe dissera: Envia a Jope e manda chamar a Simão, que tem por sobrenome Pedro,

¹⁴o qual te dirá palavras pelas quais serás salvo, tu e toda a tua casa.

¹⁵Logo que eu comecei a falar, desceu sobre eles o Espírito Santo, como também sobre nós no princípio.

¹⁶Lembrei-me então da palavra do Senhor, como disse: João, na verdade, batizou com água; mas vós sereis batizados no Espírito Santo.

¹⁷Portanto, se Deus lhes deu o mesmo dom que dera também a nós, ao crermos no Senhor Jesus Cristo, quem era eu, para que pudesse resistir a Deus?

¹⁸Ouvindo eles estas coisas, apaziguaram-se e glorificaram a Deus, dizendo: Assim, pois, Deus concedeu também aos gentios o arrependimento para a vida.

¹⁹Aqueles, pois, que foram dispersos pela tribulação suscitada por causa de Estêvão, passaram até a Fenícia, Chipre e Antioquia, não anunciando a ninguém a palavra, senão somente aos judeus.

²⁰Havia, porém, entre eles alguns cíprios e cirenenses, os quais, entrando em Antioquia, falaram também aos gregos, anunciando o Senhor Jesus.

²¹E a mão do Senhor era com eles, e grande número creu e se converteu ao Senhor.

²²Chegou a notícia destas coisas aos ouvidos da igreja em Jerusalém; e enviaram Barnabé a Antioquia;

²³o qual, quando chegou e viu a graça de Deus, se alegrou, e exortava a todos a perseverarem no Senhor com firmeza de coração;

²⁴porque era homem de bem, e cheio do Espírito Santo e de fé. E muita gente se uniu ao Senhor.

²⁵Partiu, pois, Barnabé para Tarso, em busca de Saulo;

²⁶e tendo-o achado, o levou para Antioquia. E durante um ano inteiro reuniram-se naquela igreja e instruíram muita gente; e em Antioquia os discípulos pela primeira vez foram chamados cristãos.

²⁷Naqueles dias desceram profetas de Jerusalém para Antioquia;

²⁸e levantando-se um deles, de nome Ágabo, dava a entender pelo Espírito, que haveria uma grande fome por todo o mundo, a qual ocorreu no tempo de Cláudio.

²⁹E os discípulos resolveram mandar, cada um conforme suas posses, socorro aos irmãos que habitavam na Judéia;

³⁰o que eles com efeito fizeram, enviando-o aos anciãos por mão de Barnabé e Saulo.

## Capítulo 12

¹Por aquele mesmo tempo o rei Herodes estendeu as mãos sobre alguns da igreja, para os maltratar;

²e matou à espada Tiago, irmão de João.

³Vendo que isso agradava aos judeus, continuou, mandando prender também a Pedro. (Eram então os dias dos pães ázimos.)

⁴E, havendo-o prendido, lançou-o na prisão, entregando-o a quatro grupos de quatro soldados cada um para o guardarem, tencionando apresentá-lo ao povo depois da páscoa.

⁵Pedro, pois, estava guardado na prisão; mas a igreja orava com insistência a Deus por ele.

⁶Ora quando Herodes estava para apresentá-lo, nessa mesma noite estava Pedro dormindo entre dois soldados, acorrentado com duas cadeias e as sentinelas diante da porta guardavam a prisão.

⁷E eis que sobreveio um anjo do Senhor, e uma luz resplandeceu na prisão; e ele, tocando no lado de Pedro, o despertou, dizendo: Levanta-te depressa. E caíram-lhe das mãos as cadeias.

⁸Disse-lhe ainda o anjo: Cinge-te e calça as tuas sandálias. E ele o fez. Disse-lhe mais; Cobre-te com a tua capa e segue-me.

⁹Pedro, saindo, o seguia, mesmo sem compreender que era real o que se fazia por intermédio de um anjo, julgando que era uma visão.

¹⁰Depois de terem passado a primeira e a segunda sentinela, chegaram à porta de ferro, que dá para a cidade, a qual se lhes abriu por si mesma; e tendo saído, passaram uma rua, e logo o anjo se apartou dele.

¹¹Pedro então, tornando a si, disse: Agora sei verdadeiramente que o Senhor enviou o seu anjo, e me livrou da mão de Herodes e de toda a expectativa do povo dos judeus.

¹²Depois de assim refletir foi à casa de Maria, mãe de João, que tem por sobrenome Marcos, onde muitas pessoas estavam reunidas e oravam.

¹³Quando ele bateu ao portão do pátio, uma criada chamada Rode saiu a escutar;

¹⁴e, reconhecendo a voz de Pedro, de gozo não abriu o portão, mas, correndo para dentro, anunciou que Pedro estava lá fora.

¹⁵Eles lhe disseram: Estás louca. Ela, porém, assegurava que assim era. Eles então diziam: É o seu anjo.

¹⁶Mas Pedro continuava a bater, e, quando abriram, viram-no e pasmaram.

¹⁷Mas ele, acenando-lhes com a mão para que se calassem, contou-lhes como o Senhor o tirara da prisão, e disse: Anunciai isto a Tiago e aos irmãos. E, saindo, partiu para outro lugar.

¹⁸Logo que amanheceu, houve grande alvoroço entre os soldados sobre o que teria sido feito de Pedro.

¹⁹E Herodes, tendo-o procurado e não o achando, inquiriu as sentinelas e mandou que fossem justiçadas; e descendo da Judéia para Cesaréia, demorou-se ali.

²⁰Ora, Herodes estava muito irritado contra os de Tiro e de Sidom; mas estes, vindo de comum acordo ter com ele e obtendo a amizade de Blasto, camareiro do rei, pediam paz, porquanto o seu país se abastecia do país do rei.

²¹num dia designado, Herodes, vestido de trajes reais, sentou-se no trono e dirigia-lhes a palavra.

²²E o povo exclamava: É a voz de um deus, e não de um homem.

²³No mesmo instante o anjo do Senhor o feriu, porque não deu glória a Deus; e, comido de vermes, expirou.

²⁴E a palavra de Deus crescia e se multiplicava.

²⁵Barnabé e Saulo, havendo terminando aquele serviço, voltaram de Jerusalém, levando consigo a João, que tem por sobrenome Marcos.

## Capítulo 13

¹Ora, na igreja em Antioquia havia profetas e mestres, a saber: Barnabé, Simeão, chamado Níger, Lúcio de Cirene, Manaém, colaço de Herodes o tetrarca, e Saulo.

²Enquanto eles ministravam perante o Senhor e jejuavam, disse o Espírito Santo: Separai-me a Barnabé e a Saulo para a obra a que os tenho chamado.

³Então, depois que jejuaram, oraram e lhes impuseram as mãos, os despediram.

⁴Estes, pois, enviados pelo Espírito Santo, desceram a Selêucia e dali navegaram para Chipre.

⁵Chegados a Salamina, anunciavam a palavra de Deus nas sinagogas dos judeus, e tinham a João como auxiliar.

⁶Havendo atravessado a ilha toda até Pafos, acharam um certo mago, falso profeta, judeu, chamado Bar-Jesus,

⁷que estava com o procônsul Sérgio Paulo, homem sensato. Este chamou a Barnabé e Saulo e mostrou desejo de ouvir a palavra de Deus.

⁸Mas resistia-lhes Elimas, o encantador (porque assim se interpreta o seu nome), procurando desviar a fé do procônsul.

⁹Todavia Saulo, também chamado Paulo, cheio do Espírito Santo, fitando os olhos nele,

¹⁰disse: ç filho do Diabo, cheio de todo o engano e de toda a malícia, inimigo de toda a justiça, não cessarás de perverter os caminhos retos do Senhor?

¹¹Agora eis a mão do Senhor sobre ti, e ficarás cego, sem ver o sol por algum tempo. Imediatamente caiu sobre ele uma névoa e trevas e, andando à roda, procurava quem o guiasse pela mão.

¹²Então o procônsul, vendo o que havia acontecido, creu, maravilhando-se da doutrina do Senhor.

¹³Tendo Paulo e seus companheiros navegado de Pafos, chegaram a Perge, na Panfília. João, porém, apartando-se deles, voltou para Jerusalém.

¹⁴Mas eles, passando de Perge, chegaram a Antioquia da Psídia; e entrando na sinagoga, no dia de sábado, sentaram-se.

¹⁵Depois da leitura da lei e dos profetas, os chefes da sinagoga mandaram dizer-lhes: Irmãos, se tendes alguma palavra de exortação ao povo, falai.

¹⁶Então Paulo se levantou e, pedindo silêncio com a mão, disse: Varões israelitas, e os que temeis a Deus, ouvi:

¹⁷O Deus deste povo de Israel escolheu a nossos pais, e exaltou o povo, sendo eles estrangeiros na terra do Egito, de onde os tirou com braço poderoso,

¹⁸e suportou-lhes os maus costumes no deserto por espaço de quase quarenta anos;

¹⁹e, havendo destruído as sete nações na terra de Canaã, deu-lhes o território delas por herança durante cerca de quatrocentos e cinquenta anos.

²⁰Depois disto, deu-lhes juízes até o profeta Samuel.

²¹Então pediram um rei, e Deus lhes deu por quarenta anos a Saul, filho de Cis, varão da tribo de Benjamim.

²²E tendo deposto a este, levantou-lhes como rei a Davi, ao qual também, dando testemunho, disse: Achei a Davi, filho de Jessé, homem segundo o meu coração, que fará toda a minha vontade.

²³Da descendência deste, conforme a promessa, trouxe Deus a Israel um Salvador, Jesus;

²⁴havendo João, antes da aparecimento dele, pregado a todo o povo de Israel o batismo de arrependimento.

²⁵Mas João, quando completava a carreira, dizia: Quem pensais vós que su sou? Eu não sou o Cristo, mas eis que após mim vem aquele a quem não sou digno de desatar as alparcas dos pés.

²⁶Irmãos, filhos da estirpe de Abraão, e os que dentre vós temem a Deus, a nós é enviada a palavra desta salvação.

²⁷Pois, os que habitam em Jerusalém e as suas autoridades, porquanto não conheceram a este Jesus, condenando-o, cumpriram as mesmas palavras dos profetas que se ouvem ler todos os sábados.

²⁸E, se bem que não achassem nele nenhuma causa de morte, pediram a Pilatos que ele fosse morto.

²⁹Quando haviam cumprido todas as coisas que dele estavam escritas, tirando-o do madeiro, o puseram na sepultura;

³⁰mas Deus o ressuscitou dentre os mortos,

³¹e ele foi visto durante muitos dias por aqueles que com ele subiram da Galiléia a Jerusalém, os quais agora são suas testemunhas para com o povo.

³²E nós vos anunciamos as boas novas da promessa, feita aos pais,
³³a qual Deus nos tem cumprido, a nós, filhos deles, levantando a Jesus, como também está escrito no salmo segundo: Tu és meu Filho, hoje te gerei.
³⁴E no tocante a que o ressuscitou dentre os mortos para nunca mais tornar à corrupção, falou Deus assim: Dar-vos-ei as santas e fiéis bênçãos de Davi;
³⁵pelo que ainda em outro salmo diz: Não permitirás que o teu Santo veja a corrupção.
³⁶Porque Davi, na verdade, havendo servido a sua própria geração pela vontade de Deus, dormiu e foi depositado junto a seus pais e experimentou corrupção.
³⁷Mas àquele a quem Deus ressuscitou nenhuma corrupção experimentou.
³⁸Seja-vos pois notório, varões, que por este se vos anuncia a remissão dos pecados.
³⁹E de todas as coisas de que não pudestes ser justificados pela lei de Moisés, por ele é justificado todo o que crê.
⁴⁰Cuidai pois que não venha sobre vós o que está dito nos profetas:
⁴¹Vede, ó desprezadores, admirai-vos e desaparecei; porque realizo uma obra em vossos dias, obra em que de modo algum crereis, se alguém vo-la contar.
⁴²Quando iam saindo, rogavam que estas palavras lhes fossem repetidas no sábado seguinte.
⁴³E, despedida a sinagoga, muitos judeus e prosélitos devotos seguiram a Paulo e Barnabé, os quais, falando-lhes, os exortavam a perseverarem na graça de Deus.
⁴⁴No sábado seguinte reuniu-se quase toda a cidade para ouvir a palavra de Deus.
⁴⁵Mas os judeus, vendo as multidões, encheram-se de inveja e, blasfemando, contradiziam o que Paulo falava.
⁴⁶Então Paulo e Barnabé, falando ousadamente, disseram: Era mister que a vós se pregasse em primeiro lugar a palavra de Deus; mas, visto que a rejeitais, e não vos julgais dignos da vida eterna, eis que nos viramos para os gentios;
⁴⁷porque assim nos ordenou o Senhor: Eu te pus para luz dos gentios, a fim de que sejas para salvação até os confins da terra.
⁴⁸Os gentios, ouvindo isto, alegravam-se e glorificavam a palavra do Senhor; e creram todos quantos haviam sido destinados para a vida eterna.
⁴⁹E divulgava-se a palavra do Senhor por toda aquela região.
⁵⁰Mas os judeus incitaram as mulheres devotas de alta posição e os principais da cidade, suscitaram uma perseguição contra Paulo e Barnabé, e os lançaram fora dos seus termos.
⁵¹Mas estes, sacudindo contra eles o pó dos seus pés, partiram para Icônio.
⁵²Os discípulos, porém, estavam cheios de alegria e do Espírito Santo.

## Capítulo 14

¹Em Icônio entraram juntos na sinagoga dos judeus e falaram de tal modo que creu uma grande multidão tanto de judeus como de gregos.
²Mas os judeus incrédulos excitaram e irritaram os ânimos dos gentios contra os irmãos.
³Eles, entretanto, se demoraram ali por muito tempo, falando ousadamente acerca do Senhor, o qual dava testemunho à palavra da sua graça, concedendo que por suas mãos se fizessem sinais e prodígios.
⁴E se dividiu o povo da cidade; uns eram pelos judeus, e outros pelos apóstolos.
⁵E, havendo um motim tanto dos gentios como dos judeus, juntamente com as suas autoridades, para os ultrajarem e apedrejarem,
⁶eles, sabendo-o, fugiram para Listra e Derbe, cidades da Licaônia, e a região circunvizinha;
⁷e ali pregavam o evangelho.
⁸Em Listra estava sentado um homem aleijado dos pés, coxo de nascença e que nunca tinha andado.
⁹Este ouvia falar Paulo, que, fitando nele os olhos e vendo que tinha fé para ser curado,
¹⁰disse em alta voz: Levanta-te direito sobre os teus pés. E ele saltou, e andava.
¹¹As multidões, vendo o que Paulo fizera, levantaram a voz, dizendo em língua licaônica: Fizeram-se os deuses semelhantes aos homens e desceram até nós.
¹²A Barnabé chamavam Júpiter e a Paulo, Mercúrio, porque era ele o que dirigia a palavra.
¹³O sacerdote de Júpiter, cujo templo estava em frente da cidade, trouxe para as portas touros e grinaldas e, juntamente com as multidões, queria oferecer-lhes sacrifícios.
¹⁴Quando, porém, os apóstolos Barnabé e Paulo ouviram isto, rasgaram as suas vestes e saltaram para o meio da multidão, clamando
¹⁵e dizendo: Senhores, por que fazeis estas coisas? Nós também somos homens, de natureza semelhante à vossa, e vos anunciamos o evangelho para que destas práticas vãs vos convertais ao Deus vivo, que fez o céu, a terra, o mar, e tudo quanto há neles;
¹⁶o qual nos tempos passados permitiu que todas as nações andassem nos seus próprios caminhos.
¹⁷Contudo não deixou de dar testemunho de si mesmo, fazendo o bem, dando-vos chuvas do céu e estações frutíferas, enchendo-vos de mantimento, e de alegria os vossos corações.
¹⁸E dizendo isto, com dificuldade impediram as multidões de lhes oferecerem sacrifícios.
¹⁹Sobrevieram, porém, judeus de Antioquia e de Icônio e, havendo persuadido as multidões, apedrejaram a Paulo, e arrastaram-no para fora da cidade, cuidando que estava morto.
²⁰Mas quando os discípulos o rodearam, ele se levantou e entrou na cidade. No dia seguinte partiu com Barnabé para Derbe.
²¹E, tendo anunciado o evangelho naquela cidade e feito muitos discípulos, voltaram para Listra, Icônio e Antioquia,
²²confirmando as almas dos discípulos, exortando-os a perseverarem na fé, dizendo que por muitas tribulações nos é necessário entrar no reino de Deus.
²³E, havendo-lhes feito eleger anciãos em cada igreja e orado com jejuns, os encomendaram ao Senhor em quem haviam crido.
²⁴Atravessando então a Pisídia, chegaram à Panfília.
²⁵E, tendo anunciado a palavra em Perge, desceram a Atália.
²⁶E dali navegaram para Antioquia, donde tinham sido encomendados à graça de Deus para a obra que acabavam de cumprir.
²⁷Quando chegaram e reuniram a igreja, relataram tudo quanto Deus fizera por meio deles, e como abrira aos gentios a porta da fé.
²⁸E ficaram ali não pouco tempo, com os discípulos.

## Capítulo 15

¹Então alguns que tinham descido da Judéia ensinavam aos irmãos: Se não vos circuncidardes, segundo o rito de Moisés, não podeis ser salvos.
²Tendo Paulo e Barnabé contenda e não pequena discussão com eles, os irmãos resolveram que Paulo e Barnabé e mais alguns dentre eles subissem a Jerusalém, aos apóstolos e aos anciãos, por causa desta questão.
³Eles, pois, sendo acompanhados pela igreja por um trecho do caminho, passavam pela Fenícia e por Samária, contando a conversão dos gentios; e davam grande alegria a todos os irmãos.
⁴E, quando chegaram a Jerusalém, foram recebidos pela igreja e pelos apóstolos e anciãos, e relataram tudo quanto Deus fizera por meio deles.
⁵Mas alguns da seita dos fariseus, que tinham crido, levantaram-se dizendo que era necessário circuncidá-los e mandar-lhes observar a lei de Moisés.
⁶Congregaram-se pois os apóstolos e os anciãos para considerar este assunto.
⁷E, havendo grande discussão, levantou-se Pedro e disse-lhes: Irmãos, bem sabeis que já há muito tempo Deus me elegeu dentre vós, para que os gentios ouvissem da minha boca a palavra do evangelho e cressem.
⁸E Deus, que conhece os corações, testemunhou a favor deles, dando-lhes o Espírito Santo, assim como a nós;
⁹e não fez distinção alguma entre eles e nós, purificando os seus corações pela fé.
¹⁰Agora, pois, por que tentais a Deus, pondo sobre a cerviz dos discípulos um jugo que nem nossos pais nem nós pudemos suportar?
¹¹Mas cremos que somos salvos pela graça do Senhor Jesus, do mesmo modo que eles também.
¹²Então toda a multidão se calou e escutava a Barnabé e a Paulo, que contavam quantos sinais e prodígios Deus havia feito por meio deles entre os gentios.
¹³Depois que se calaram, Tiago, tomando a palavra, disse: Irmãos, ouvi-me:
¹⁴Simão relatou como primeiramente Deus visitou os gentios para tomar dentre eles um povo para o seu Nome.
¹⁵E com isto concordam as palavras dos profetas; como está escrito:
¹⁶Depois disto voltarei, e reedificarei o tabernáculo de Davi, que

está caído; reedificarei as suas ruínas, e tornarei a levantá-lo;

¹⁷para que o resto dos homens busque ao Senhor, sim, todos os gentios, sobre os quais é invocado o meu nome,

¹⁸diz o Senhor que faz estas coisas, que são conhecidas desde a antiguidade.

¹⁹Por isso, julgo que não se deve perturbar aqueles, dentre os gentios, que se convertem a Deus,

²⁰mas escrever-lhes que se abstenham das contaminações dos ídolos, da prostituição, do que é sufocado e do sangue.

²¹Porque Moisés, desde tempos antigos, tem em cada cidade homens que o preguem, e cada sábado é lido nas sinagogas.

²²Então pareceu bem aos apóstolos e aos anciãos com toda a igreja escolher homens dentre eles e enviá-los a Antioquia com Paulo e Barnabé, a saber: Judas, chamado Barsabás, e Silas, homens influentes entre os irmãos.

²³E por intermédio deles escreveram o seguinte: Os apóstolos e os anciãos, irmãos, aos irmãos dentre os gentios em Antioquia, na Síria e na Cicília, saúde.

²⁴Portanto ouvimos que alguns dentre nós, aos quais nada mandamos, vos têm perturbado com palavras, confundindo as vossas almas,

²⁵pareceu-nos bem, tendo chegado a um acordo, escolher alguns homens e enviá-los com os nossos amados Barnabé e Paulo,

²⁶homens que têm exposto as suas vidas pelo nome de nosso Senhor Jesus Cristo.

²⁷Enviamos portanto Judas e Silas, os quais também por palavra vos anunciarão as mesmas coisas.

²⁸Porque pareceu bem ao Espírito Santo e a nós não vos impor maior encargo além destas coisas necessárias:

²⁹Que vos abstenhais das coisas sacrificadas aos ídolos, e do sangue, e da carne sufocada, e da prostituição; e destas coisas fareis bem de vos guardar. Bem vos vá.

³⁰Então eles, tendo-se despedido, desceram a Antioquia e, havendo reunido a assembléia, entregaram a carta.

³¹E, quando a leram, alegraram-se pela consolação.

³²Depois Judas e Silas, que também eram profetas, exortaram os irmãos com muitas palavras e os fortaleceram.

³³E, tendo-se demorado ali por algum tempo, foram pelos irmãos despedidos em paz, de volta aos que os haviam mandado.

³⁴[Mas pareceu bem a Silas ficar ali.]

³⁵Mas Paulo e Barnabé demoraram-se em Antioquia, ensinando e pregando com muitos outros a palavra do Senhor.

³⁶Decorridos alguns dias, disse Paulo a Barnabé: Tornemos a visitar os irmãos por todas as cidades em que temos anunciado a palavra do Senhor, para ver como vão.

³⁷Ora, Barnabé queria que levassem também a João, chamado Marcos.

³⁸Mas a Paulo não parecia razoável que tomassem consigo aquele que desde a Panfília se tinha apartado deles e não os tinha acompanhado no trabalho.

³⁹E houve entre eles tal desavença que se separaram um do outro, e Barnabé, levando consigo a Marcos, navegou para Chipre.

⁴⁰Mas Paulo, tendo escolhido a Silas, partiu encomendado pelos irmãos à graça do Senhor.

⁴¹E passou pela Síria e Cilícia, fortalecendo as igrejas.

## Capítulo 16

¹Chegou também a Derbe e Listra. E eis que estava ali certo discípulo por nome Timóteo, filho de uma judia crente, mas de pai grego;

²do qual davam bom testemunho os irmãos em Listra e Icônio.

³Paulo quis que este fosse com ele e, tomando-o, o circuncidou por causa dos judeus que estavam naqueles lugares; porque todos sabiam que seu pai era grego.

⁴Quando iam passando pelas cidades, entregavam aos irmãos, para serem observadas, as decisões que haviam sido tomadas pelos apóstolos e anciãos em Jerusalém.

⁵Assim as igrejas eram confirmadas na fé, e dia a dia cresciam em número.

⁶Atravessaram a região frígio-gálata, tendo sido impedidos pelo Espírito Santo de anunciar a palavra na Ásia;

⁷e tendo chegado diante da Mísia, tentavam ir para Bitínia, mas o Espírito de Jesus não lho permitiu.

⁸Então, passando pela Mísia, desceram a Trôade.

⁹De noite apareceu a Paulo esta visão: estava ali em pé um homem da Macedônia, que lhe rogava: Passa à Macedônia e ajuda-nos.

¹⁰E quando ele teve esta visão, procuravamos logo partir para a Macedônia, concluindo que Deus nos havia chamado para lhes anunciarmos o evangelho.

¹¹Navegando, pois, de Trôade, fomos em direitura a Samotrácia, e no dia seguinte a Neápolis;

¹²e dali para Filipos, que é a primeira cidade desse distrito da Macedônia, e colônia romana; e estivemos alguns dias nessa cidade.

¹³No sábado saímos portas afora para a beira do rio, onde julgávamos haver um lugar de oração e, sentados, falávamos às mulheres ali reunidas.

¹⁴E certa mulher chamada Lídia, vendedora de púrpura, da cidade de Tiatira, e que temia a Deus, nos escutava e o Senhor lhe abriu o coração para atender às coisas que Paulo dizia.

¹⁵Depois que foi batizada, ela e a sua casa, rogou-nos, dizendo: Se haveis julgado que eu sou fiel ao Senhor, entrai em minha casa, e ficai ali. E nos constrangeu a isso.

¹⁶Ora, aconteceu que quando íamos ao lugar de oração, nos veio ao encontro uma jovem que tinha um espírito adivinhador, e que, adivinhando, dava grande lucro a seus senhores.

¹⁷Ela, seguindo a Paulo e a nós, clamava, dizendo: São servos do Deus Altíssimo estes homens que vos anunciam um caminho de salvação.

¹⁸E fazia isto por muitos dias. Mas Paulo, perturbado, voltou-se e disse ao espírito: Eu te ordeno em nome de Jesus Cristo que saias dela. E na mesma hora saiu.

¹⁹Ora, vendo seus senhores que a esperança do seu lucro havia desaparecido, prenderam a Paulo e Silas, e os arrastaram para uma praça à presença dos magistrados.

²⁰E, apresentando-os aos magistrados, disseram: Estes homens, sendo judeus, estão perturbando muito a nossa cidade.

²¹e pregam costumes que não nos é lícito receber nem praticar, sendo nós romanos.

²²A multidão levantou-se à uma contra eles, e os magistrados, rasgando-lhes os vestidos, mandaram açoitá-los com varas.

²³E, havendo-lhes dado muitos açoites, os lançaram na prisão, mandando ao carcereiro que os guardasse com segurança.

²⁴Ele, tendo recebido tal ordem, os lançou na prisão interior e lhes segurou os pés no tronco.

²⁵Pela meia-noite Paulo e Silas oravam e cantavam hinos a Deus, enquanto os presos os escutavam.

²⁶De repente houve um tão grande terremoto que foram abalados os alicerces do cárcere, e logo se abriram todas as portas e foram soltos os grilhões de todos.

²⁷Ora, o carcereiro, tendo acordado e vendo abertas as portas da prisão, tirou a espada e ia suicidar-se, supondo que os presos tivessem fugido.

²⁸Mas Paulo bradou em alta voz, dizendo: Não te faças nenhum mal, porque todos aqui estamos.

²⁹Tendo ele pedido luz, saltou dentro e, todo trêmulo, se prostrou ante Paulo e Silas

³⁰e, tirando-os para fora, disse: Senhores, que me é necessário fazer para me salvar?

³¹Responderam eles: Crê no Senhor Jesus e serás salvo, tu e tua casa.

³²Então lhe pregaram a palavra de Deus, e a todos os que estavam em sua casa.

³³Tomando-os ele consigo naquela mesma hora da noite, lavou-lhes as feridas; e logo foi batizado, ele e todos os seus.

³⁴Então os fez subir para sua casa, pôs-lhes a mesa e alegrou-se muito com toda a sua casa, por ter crido em Deus.

³⁵Quando amanheceu, os magistrados mandaram quadrilheiros a dizer: Soltai aqueles homens.

³⁶E o carcereiro transmitiu a Paulo estas palavras, dizendo: Os magistrados mandaram que fosseis soltos; agora, pois, saí e ide em paz.

³⁷Mas Paulo respondeu-lhes: Açoitaram-nos publicamente sem sermos condenados, sendo cidadãos romanos, e nos lançaram na prisão, e agora encobertamente nos lançam fora? De modo nenhum será assim; mas venham eles mesmos e nos tirem.

³⁸E os quadrilheiros foram dizer aos magistrados estas palavras, e estes temeram quando ouviram que eles eram romanos;

³⁹vieram, pediram-lhes desculpas e, tirando-os para fora, rogavam que se retirassem da cidade.

⁴⁰Então eles saíram da prisão, entraram em casa de Lídia, e, vendo os irmãos, os confortaram, e partiram.

## Capítulo 17

¹Tendo passado por Anfípolis e Apolônia, chegaram a Tessalônica, onde havia uma sinagoga dos judeus.

²Ora, Paulo, segundo o seu costume, foi ter com eles; e por três sábados discutiu com eles as Escrituras,

³expondo e demonstrando que era necessário que o Cristo padecesse e ressuscitasse dentre os mortos; este Jesus que eu vos anuncio, dizia ele, é o Cristo.

⁴E alguns deles ficaram persuadidos e aderiram a Paulo e Silas, bem como grande multidão de gregos devotos e não poucas mulheres de posição.

⁵Mas os judeus, movidos de inveja, tomando consigo alguns homens maus dentre os vadios e ajuntando o povo, alvoroçavam a cidade e, assaltando a casa de Jáson, os procuravam para entregá-los ao povo.

⁶Porém, não os achando, arrastaram Jáson e alguns irmãos à presença dos magistrados da cidade, clamando: Estes que têm transtornado o mundo chegaram também aqui,

⁷os quais Jáson acolheu; e todos eles procedem contra os decretos de César, dizendo haver outro rei, que é Jesus.

⁸Assim alvoroçaram a multidão e os magistrados da cidade, que ouviram estas coisas.

⁹Tendo, porém, recebido fiança de Jáson e dos demais, soltaram-nos.

¹⁰E logo, de noite, os irmãos enviaram Paulo e Silas para Beréia; tendo eles ali chegado, foram à sinagoga dos judeus.

¹¹Ora, estes eram mais nobres do que os de Tessalônica, porque receberam a palavra com toda avidez, examinando diariamente as Escrituras para ver se estas coisas eram assim.

¹²De sorte que muitos deles creram, bem como bom número de mulheres gregas de alta posição e não poucos homens.

¹³Mas, logo que os judeus de Tessalônica souberam que também em Beréia era anunciada por Paulo a palavra de Deus, foram lá agitar e sublevar as multidões.

¹⁴Imediatamente os irmãos fizeram sair a Paulo para que fosse até o mar; mas Silas e Timóteo ficaram ali.

¹⁵E os que acompanhavam a Paulo levaram-no até Atenas e, tendo recebido ordem para Silas e Timóteo a fim de que estes fossem ter com ele o mais depressa possível, partiram.

¹⁶Enquanto Paulo os esperava em Atenas, revoltava-se nele o seu espírito, vendo a cidade cheia de ídolos.

¹⁷Argumentava, portanto, na sinagoga com os judeus e os gregos devotos, e na praça todos os dias com os que se encontravam ali.

¹⁸Ora, alguns filósofos epicureus e estóicos disputavam com ele. Uns diziam: Que quer dizer este paroleiro? E outros: Parece ser pregador de deuses estranhos; pois anunciava a boa nova de Jesus e a ressurreição.

¹⁹E, tomando-o, o levaram ao Areópago, dizendo: Poderemos nós saber que nova doutrina é essa de que falas?

²⁰Pois tu nos trazes aos ouvidos coisas estranhas; portanto queremos saber o que vem a ser isto.

²¹Ora, todos os atenienses, como também os estrangeiros que ali residiam, de nenhuma outra coisa se ocupavam senão de contar ou de ouvir a última novidade.

²²Então Paulo, estando de pé no meio do Areópago, disse: Varões atenienses, em tudo vejo que sois excepcionalmente religiosos;

²³Porque, passando eu e observando os objetos do vosso culto, encontrei também um altar em que estava escrito: AO DEUS DESCONHECIDO. Esse, pois, que vós honrais sem o conhecer, é o que vos anuncio.

²⁴O Deus que fez o mundo e tudo o que nele há, sendo ele Senhor do céu e da terra, não habita em templos feitos por mãos de homens;

²⁵nem tampouco é servido por mãos humanas, como se necessitasse de alguma coisa; pois ele mesmo é quem dá a todos a vida, a respiração e todas as coisas;

²⁶e de um só fez todas as raças dos homens, para habitarem sobre toda a face da terra, determinando-lhes os tempos já dantes ordenados e os limites da sua habitação;

²⁷para que buscassem a Deus, se porventura, tateando, o pudessem achar, o qual, todavia, não está longe de cada um de nós;

²⁸porque nele vivemos, e nos movemos, e existimos; como também alguns dos vossos poetas disseram: Pois dele também somos geração.

²⁹Sendo nós, pois, geração de Deus, não devemos pensar que a divindade seja semelhante ao ouro, ou à prata, ou à pedra esculpida pela arte e imaginação do homem.

³⁰Mas Deus, não levando em conta os tempos da ignorância, manda agora que todos os homens em todo lugar se arrependam;

³¹porquanto determinou um dia em que com justiça há de julgar o mundo, por meio do varão que para isso ordenou; e disso tem dado certeza a todos, ressuscitando-o dentre os mortos.

³²Mas quando ouviram falar em ressurreição de mortos, uns escarneciam, e outros diziam: Acerca disso te ouviremos ainda outra vez.

³³Assim Paulo saiu do meio deles.

³⁴Todavia, alguns homens aderiram a ele, e creram, entre os quais Dionísio, o areopagita, e uma mulher por nome Dâmaris, e com eles outros.

## Capítulo 18

¹Depois disto Paulo partiu para Atenas e chegou a Corinto.

²E encontrando um judeu por nome Áquila, natural do Ponto, que pouco antes viera da Itália, e Priscila, sua mulher (porque Cláudio tinha decretado que todos os judeus saíssem de Roma), foi ter com eles,

³e, por ser do mesmo ofício, com eles morava, e juntos trabalhavam; pois eram, por ofício, fabricantes de tendas.

⁴Ele discutia todos os sábados na sinagoga, e persuadia a judeus e gregos.

⁵Quando Silas e Timóteo desceram da Macedônia, Paulo dedicou-se inteiramente à palavra, testificando aos judeus que Jesus era o Cristo.

⁶Como estes, porém, se opusessem e proferissem injúrias, sacudiu ele as vestes e disse-lhes: O vosso sangue seja sobre a vossa cabeça; eu estou limpo, e desde agora vou para os gentios.

⁷E saindo dali, entrou em casa de um homem temente a Deus, chamado Tito Justo, cuja casa ficava junto da sinagoga.

⁸Crispo, chefe da sinagoga, creu no Senhor com toda a sua casa; e muitos dos coríntios, ouvindo, criam e eram batizados.

⁹E de noite disse o Senhor em visão a Paulo: Não temas, mas fala e não te cales;

¹⁰porque eu estou contigo e ninguém te acometerá para te fazer mal, pois tenho muito povo nesta cidade.

¹¹E ficou ali um ano e seis meses, ensinando entre eles a palavra de Deus.

¹²Sendo Gálio procônsul da Acaia, levantaram-se os judeus de comum acordo contra Paulo, e o levaram ao tribunal,

¹³dizendo: Este persuade os homens a render culto a Deus de um modo contrário à lei.

¹⁴E, quando Paulo estava para abrir a boca, disse Gálio aos judeus: Se de fato houvesse, ó judeus, algum agravo ou crime perverso, com razão eu vos sofreria;

¹⁵mas, se são questões de palavras, de nomes, e da vossa lei, disso cuidai vós mesmos; porque eu não quero ser juiz destas coisas.

¹⁶E expulsou-os do tribunal.

¹⁷Então todos agarraram Sóstenes, chefe da sinagoga, e o espancaram diante do tribunal; e Gálio não se importava com nenhuma dessas coisas.

¹⁸Paulo, tendo ficado ali ainda muitos dias, despediu-se dos irmãos e navegou para a Síria, e com ele Priscila e Áquila, havendo rapado a cabeça em Cencréia, porque tinha voto.

¹⁹E eles chegaram a Éfeso, onde Paulo os deixou; e tendo entrado na sinagoga, discutia com os judeus.

²⁰Estes rogavam que ficasse por mais algum tempo, mas ele não anuiu;

²¹antes se despediu deles, dizendo: Se Deus quiser, de novo voltarei a vós; e navegou de Éfeso.

²²Tendo chegado a Cesaréia, subiu a Jerusalém e saudou a igreja, e desceu a Antioquia.

²³E, tendo demorado ali algum tempo, partiu, passando sucessivamente pela região da Galácia e da Frígia, fortalecendo a todos os discípulos.

²⁴Ora, chegou a Éfeso certo judeu chamado Apolo, natural de Alexandria, homem eloqüente e poderoso nas Escrituras.

²⁵Era ele instruído no caminho do Senhor e, sendo fervoroso de espírito, falava e ensinava com precisão as coisas concernentes a Jesus, conhecendo entretanto somente o batismo de João.

²⁶Ele começou a falar ousadamente na sinagoga: mas quando Priscila e Áquila o ouviram, levaram-no consigo e lhe expuseram com mais precisão o caminho de Deus.

²⁷Querendo ele passar à Acáia, os irmãos o animaram e escreveram aos discípulos que o recebessem; e tendo ele chegado, auxiliou muito aos que pela graça haviam crido.

²⁸Pois com grande poder refutava publicamente os judeus, demonstrando pelas escrituras que Jesus era o Cristo.

Atos

## Capítulo 19

¹E sucedeu que, enquanto Apolo estava em Corinto, Paulo tendo atravessado as regiões mais altas, chegou a Éfeso e, achando ali alguns discípulos,

²perguntou-lhes: Recebestes vós o Espírito Santo quando crestes? Responderam-lhe eles: Não, nem sequer ouvimos que haja Espírito Santo.

³Tornou-lhes ele: Em que fostes batizados então? E eles disseram: No batismo de João.

⁴Mas Paulo respondeu: João administrou o batismo do arrependimento, dizendo ao povo que cresse naquele que após ele havia de vir, isto é, em Jesus.

⁵Quando ouviram isso, foram batizados em nome do Senhor Jesus.

⁶Havendo-lhes Paulo imposto as mãos, veio sobre eles o Espírito Santo, e falavam em línguas e profetizavam.

⁷E eram ao todo uns doze homens.

⁸Paulo, entrando na sinagoga, falou ousadamente por espaço de três meses, discutindo e persuadindo acerca do reino de Deus.

⁹Mas, como alguns deles se endurecessem e não obedecessem, falando mal do Caminho diante da multidão, apartou-se deles e separou os discípulos, discutindo diariamente na escola de Tirano.

¹⁰Durou isto por dois anos; de maneira que todos os que habitavam na Ásia, tanto judeus como gregos, ouviram a palavra do Senhor.

¹¹E Deus pelas mãos de Paulo fazia milagres extraordinários,

¹²de sorte que lenços e aventais eram levados do seu corpo aos enfermos, e as doenças os deixavam e saíam deles os espíritos malignos.

¹³Ora, também alguns dos exorcistas judeus, ambulantes, tentavam invocar o nome de Jesus sobre os que tinham espíritos malignos, dizendo: Esconjuro-vos por Jesus a quem Paulo prega.

¹⁴E os que faziam isto eram sete filhos de Ceva, judeu, um dos principais sacerdotes.

¹⁵respondendo, porém, o espírito maligno, disse: A Jesus conheço, e sei quem é Paulo; mas vós, quem sois?

¹⁶Então o homem, no qual estava o espírito maligno, saltando sobre eles, apoderou-se de dois e prevaleceu contra eles, de modo que, nus e feridos, fugiram daquela casa.

¹⁷E isto tornou-se conhecido de todos os que moravam em Éfeso, tanto judeus como gregos; e veio temor sobre todos eles, e o nome do Senhor Jesus era engrandecido.

¹⁸E muitos dos que haviam crido vinham, confessando e revelando os seus feitos.

¹⁹Muitos também dos que tinham praticado artes mágicas ajuntaram os seus livros e os queimaram na presença de todos; e, calculando o valor deles, acharam que montava a cinqüenta mil moedas de prata.

²⁰Assim a palavra do Senhor crescia poderosamente e prevalecia.

²¹Cumpridas estas coisas, Paulo propôs, em seu espírito, ir a Jerusalém, passando pela Macedônia e pela Acaia, porque dizia: Depois de haver estado ali, é-me necessário ver também Roma.

²²E, enviando à Macedônia dois dos que o auxiliavam, Timóteo e Erasto, ficou ele por algum tempo na Ásia.

²³Por esse tempo houve um não pequeno alvoroço acerca do Caminho.

²⁴Porque certo ourives, por nome Demétrio, que fazia da prata miniaturas do templo de Diana, proporcionava não pequeno negócio aos artífices,

²⁵os quais ele ajuntou, bem como os oficiais de obras semelhantes, e disse: Senhores, vós bem sabeis que desta indústria nos vem a prosperidade,

²⁶e estais vendo e ouvindo que não é só em Éfeso, mas em quase toda a Ásia, este Paulo tem persuadido e desviado muita gente, dizendo não serem deuses os que são feitos por mãos humanas.

²⁷E não somente há perigo de que esta nossa profissão caia em descrédito, mas também que o templo da grande deusa Diana seja estimado em nada, vindo mesmo a ser destituída da sua majestade aquela a quem toda a Ásia e o mundo adoram.

²⁸Ao ouvirem isso, encheram-se de ira, e clamavam, dizendo: Grande é a Diana dos efésios!

²⁹A cidade encheu-se de confusão, e todos à uma correram ao teatro, arrebatando a Gaio e a Aristarco, macedônios, companheiros de Paulo na viagem.

³⁰Querendo Paulo apresentar-se ao povo, os discípulos não lho permitiram.

³¹Também alguns dos asiarcas, sendo amigos dele, mandaram rogar-lhe que não se arriscasse a ir ao teatro.

³²Uns, pois, gritavam de um modo, outros de outro; porque a assembléia estava em confusão, e a maior parte deles nem sabia por que causa se tinham ajuntado.

³³Então tiraram dentre a turba a Alexandre, a quem os judeus impeliram para a frente; e Alexandre, acenando com a mão, queria apresentar uma defesa ao povo.

³⁴Mas quando perceberam que ele era judeu, todos a uma voz gritaram por quase duas horas: Grande é a Diana dos efésios!

³⁵Havendo o escrivão conseguido apaziguar a turba, disse: Varões efésios, que homem há que não saiba que a cidade dos efésios é a guardadora do templo da grande deusa Diana, e da imagem que caiu de Júpiter?

³⁶Ora, visto que estas coisas não podem ser contestadas, convém que vos aquieteis e nada façais precipitadamente.

³⁷Porque estes homens que aqui trouxestes, nem são sacrílegos nem blasfemadores da nossa deusa.

³⁸Todavia, se Demétrio e os artífices que estão com ele têm alguma queixa contra alguém, os tribunais estão abertos e há procônsules: que se acusem uns aos outros.

³⁹E se demandais alguma outra coisa, averiguar-se-á em legítima assembléia.

⁴⁰Pois até corremos perigo de sermos acusados de sedição pelos acontecimentos de hoje, não havendo motivo algum com que possamos justificar este ajuntamento.

⁴¹E, tendo dito isto, despediu a assembléia.

## Capítulo 20

¹Depois que cessou o alvoroço, Paulo mandou chamar os discípulos e, tendo-os exortado, despediu-se e partiu para a Macedônia.

²E, havendo andado por aquelas regiões, exortando os discípulos com muitas palavras, veio à Grécia.

³Depois de passar ali três meses, visto terem os judeus armado uma cilada contra ele quando ia embarcar para a Síria, determinou voltar pela Macedônia.

⁴Acompanhou-o Sópater de Beréia, filho de Pirro; bem como dos de Tessalônica, Aristarco e Segundo; Gaio de Derbe e Timóteo; e dos da Ásia, Tíquico e Trófimo.

⁵Estes porém, foram adiante e nos esperavam em Trôade.

⁶E nós, depois dos dias dos pães ázimos, navegamos de Filipos, e em cinco dias fomos ter com eles em Trôade, onde nos detivemos sete dias.

⁷No primeiro dia da semana, tendo-nos reunido a fim de partir o pão, Paulo, que havia de sair no dia seguinte, falava com eles, e prolongou o seu discurso até a meia-noite.

⁸Ora, havia muitas luzes no cenáculo onde estávamos reunidos.

⁹E certo jovem, por nome Êutico, que estava sentado na janela, tomado de um sono profundo enquanto Paulo prolongava ainda mais o seu sermão, vencido pelo sono caiu do terceiro andar abaixo, e foi levantado morto.

¹⁰Tendo Paulo descido, debruçou-se sobre ele e, abraçando-o, disse: Não vos perturbeis, pois a sua alma está nele.

¹¹Então subiu, e tendo partido o pão e comido, ainda lhes falou largamente até o romper do dia; e assim partiu.

¹²E levaram vivo o jovem e ficaram muito consolados.

¹³Nós, porém, tomando a dianteira e embarcando, navegamos para Assôs, onde devíamos receber a Paulo, porque ele, havendo de ir por terra, assim o ordenara.

¹⁴E, logo que nos alcançou em Assôs, recebemo-lo a bordo e fomos a Mitilene;

¹⁵e navegando dali, chegamos no dia imediato defronte de Quios, no outro aportamos a Samos e [e tendo-nos demorado em Trogílio, chegamos,] no dia seguinte a Mileto.

¹⁶Porque Paulo havia determinado passar ao largo de Éfeso, para não se demorar na Ásia; pois se apressava para estar em Jerusalém no dia de Pentecostes, se lhe fosse possível.

¹⁷De Mileto mandou a Éfeso chamar os anciãos da igreja.

¹⁸E, tendo eles chegado, disse-lhes: Vós bem sabeis de que modo me tenho portado entre vós sempre, desde o primeiro dia em que entrei na Ásia,

¹⁹servindo ao Senhor com toda a humildade, e com lágrimas e provações que pelas ciladas dos judeus me sobrevieram;

²⁰como não me esquivei de vos anunciar coisa alguma que útil seja, ensinando-vos publicamente e de casa em casa,

²¹testificando, tanto a judeus como a gregos, o arrependimento para com Deus e a fé em nosso Senhor Jesus.

²²Agora, eis que eu, constrangido no meu espírito, vou a Jerusalém, não sabendo o que ali acontecerá,

²³senão o que o Espírito Santo me testifica, de cidade em cidade,

dizendo que me esperam prisões e tribulações.

²⁴mas em nada tenho a minha vida como preciosa para mim, contando que complete a minha carreira e o ministério que recebi do Senhor Jesus, para dar testemunho do evangelho da graça de Deus.

²⁵E eis agora, sei que nenhum de vós, por entre os quais passei pregando o reino de Deus, jamais tornará a ver o meu rosto.

²⁶Portanto, no dia de hoje, vos protesto que estou limpo do sangue de todos.

²⁷Porque não me esquivei de vos anunciar todo o conselho de Deus.

²⁸Cuidai pois de vós mesmos e de todo o rebanho sobre o qual o Espírito Santo vos constituiu bispos, para apascentardes a igreja de Deus, que ele adquiriu com seu próprio sangue.

²⁹Eu sei que depois da minha partida entrarão no meio de vós lobos cruéis que não pouparão rebanho,

³⁰e que dentre vós mesmos se levantarão homens, falando coisas perversas para atrair os discípulos após si.

³¹Portanto vigiai, lembrando-vos de que por três anos não cessei noite e dia de admoestar com lágrimas a cada um de vós.

³²Agora pois, vos encomendo a Deus e à palavra da sua graça, àquele que é poderoso para vos edificar e dar herança entre todos os que são santificados.

³³De ninguém cobicei prata, nem ouro, nem vestes.

³⁴Vós mesmos sabeis que estas mãos proveram as minhas necessidades e as dos que estavam comigo.

³⁵Em tudo vos dei o exemplo de que assim trabalhando, é necessário socorrer os enfermos, recordando as palavras do Senhor Jesus, porquanto ele mesmo disse: Coisa mais bem-aventurada é dar do que receber.

³⁶Havendo dito isto, pôs-se de joelhos, e orou com todos eles.

³⁷E levantou-se um grande pranto entre todos, e lançando-se ao pescoço de Paulo, beijavam-no.

³⁸entristecendo-se principalmente pela palavra que dissera, que não veriam mais o seu rosto. E eles o acompanharam até o navio.

## Capítulo 21

¹E assim aconteceu que, separando-nos deles, navegamos e, correndo em direitura, chegamos a Cós, e no dia seguinte a Rodes, e dali a Pátara.

²Achando um navio que seguia para a Fenícia, embarcamos e partimos.

³E quando avistamos Chipre, deixando-a á esquerda, navegamos para a Síria e chegamos a Tiro, pois o navio havia de ser descarregado ali.

⁴Havendo achado os discípulos, demoramo-nos ali sete dias; e eles pelo Espírito diziam a Paulo que não subisse a Jerusalém.

⁵Depois de passarmos ali aqueles dias, saímos e seguimos a nossa viagem, acompanhando-nos todos, com suas mulheres e filhos, até fora da cidade; e, postos de joelhos na praia, oramos,

⁶e despedindo-nos uns dos outros, embarcamos, e eles voltaram para casa.

⁷Concluída a nossa viagem de Tiro, chegamos a Ptolemaida; e, havendo saudado os irmãos, passamos um dia com eles.

⁸Partindo no dia seguinte, fomos a Cesaréia; e entrando em casa de Felipe, o evangelista, que era um dos sete, ficamos com ele.

⁹Tinha este quatro filhas virgens que profetizavam.

¹⁰Demorando-nos ali por muitos dias, desceu da Judéia um profeta, de nome Ágabo;

¹¹e vindo ter conosco, tomou a cinta de Paulo e, ligando os seus próprios pés e mãos, disse: Isto diz o Espírito Santo: Assim os judeus ligarão em Jerusalém o homem a quem pertence esta cinta; e o entregarão nas mãos dos gentios.

¹²Quando ouvimos isto, rogamos-lhe, tanto nós como os daquele lugar, que não subisse a Jerusalém.

¹³Então Paulo respondeu: Que fazeis chorando e magoando-me o coração? Porque eu estou pronto não só a ser ligado, mas ainda a morrer em Jerusalém pelo nome do Senhor Jesus.

¹⁴E, como não se deixasse persuadir, dissemos: Faça-se a vontade do Senhor; e calamo-nos.

¹⁵Depois destes dias, havendo feito os preparativos, fomos subindo a Jerusalém.

¹⁶E foram também conosco alguns discípulos de Cesaréia, levando consigo um certo Mnáson, cíprio, discípulo antigo, com quem nos havíamos de hospedar.

¹⁷E chegando nós a Jerusalém, os irmãos nos receberam alegremente.

¹⁸No dia seguinte Paulo foi em nossa companhia ter com Tiago, e compareceram todos os anciãos.

¹⁹E, havendo-os saudado, contou-lhes uma por uma as coisas que por seu ministério Deus fizera entre os gentios.

²⁰Ouvindo eles isto, glorificaram a Deus, e disseram-lhe: Bem vês, irmãos, quantos milhares há entre os judeus que têm crido, e todos são zelosos da lei; gregos, ouviram a palavra do

²¹e têm sido informados a teu respeito que ensinas todos os judeus que estão entre os gentios a se apartarem de Moisés, dizendo que não circuncidem seus filhos, nem andem segundo os costumes da lei.

²²Que se há de fazer, pois? Certamente saberão que és chegado.

²³Faze, pois, o que te vamos dizer: Temos quatro homens que fizeram voto;

²⁴toma estes contigo, e santifica-te com eles, e faze por eles as despesas para que rapem a cabeça; e saberão todos que é falso aquilo de que têm sido informados a teu respeito, mas que também tu mesmo andas corretamente, guardando a lei.

²⁵Todavia, quanto aos gentios que têm crido já escrevemos, dando o parecer que se abstenham do que é sacrificado a os ídolos, do sangue, do sufocado e da prostituição.

²⁶Então Paulo, no dia seguinte, tomando consigo aqueles homens, purificou-se com eles e entrou no templo, notificando o cumprimento dos dias da purificação, quando seria feita a favor de cada um deles a respectiva oferta.

²⁷Mas quando os sete dias estavam quase a terminar, os judeus da Ásia, tendo-o visto no templo, alvoroçaram todo o povo e agarraram-no,

²⁸clamando: Varões israelitas, acudi; este é o homem que por toda parte ensina a todos contra o povo, contra a lei, e contra este lugar; e ainda, além disso, introduziu gregos no templo, e tem profanado este santo lugar.

²⁹Porque tinham visto com ele na cidade a Trófimo de Éfeso, e pensavam que Paulo o introduzira no templo.

³⁰Alvoroçou-se toda a cidade, e houve ajuntamento do povo; e agarrando a Paulo, arrastaram-no para fora do templo, e logo as portas se fecharam.

³¹E, procurando eles matá-lo, chegou ao comandante da coorte o aviso de que Jerusalém estava toda em confusão;

³²o qual, tomando logo consigo soldados e centuriões, correu para eles; e quando viram o comandante e os soldados, cessaram de espancar a Paulo.

³³Então aproximando-se o comandante, prendeu-o e mandou que fosse acorrentado com duas cadeias, e perguntou quem era e o que tinha feito.

³⁴E na multidão uns gritavam de um modo, outros de outro; mas, não podendo por causa do alvoroço saber a verdade, mandou conduzí-lo à fortaleza.

³⁵E sucedeu que, chegando às escadas, foi ele carregado pelos soldados por causa da violência da turba.

³⁶Pois a multidão o seguia, gritando: Mata-o!

³⁷Quando estava para ser introduzido na fortaleza, disse Paulo ao comandante: É-me permitido dizer-te alguma coisa? Respondeu ele: Sabes o grego?

³⁸Não és porventura o egípcio que há poucos dias fez uma sedição e levou ao deserto os quatro mil sicários?

³⁹Mas Paulo lhe disse: Eu sou judeu, natural de Tarso, cidade não insignificante da Cilícia; rogo-te que me permitas falar ao povo.

⁴⁰E, havendo-lho permitido o comandante, Paulo, em pé na escada, fez sinal ao povo com a mão; e, feito grande silêncio, falou em língua hebraica, dizendo:

## Capítulo 22

¹Irmãos e pais, ouvi a minha defesa, que agora faço perante vós.

²Ora, quando ouviram que lhes falava em língua hebraica, guardaram ainda maior silêncio. E ele prosseguiu.

³Eu sou judeu, nascido em Tarso da Cilícia, mas criado nesta cidade, instruído aos pés de Gamaliel, conforme a precisão da lei de nossos pais, sendo zeloso para com Deus, assim como o sois todos vós no dia de hoje.

⁴E persegui este Caminho até a morte, algemando e metendo em prisões tanto a homens como a mulheres,

⁵do que também o sumo sacerdote me é testemunha, e assim todo o conselho dos anciãos; e, tendo recebido destes cartas para os irmãos, seguia para Damasco, com o fim de trazer algemados a Jerusalém aqueles que ali estivessem, para que fossem castigados.

⁶Aconteceu, porém, que, quando caminhava e ia chegando perto de Damasco, pelo meio-dia, de repente, do céu brilhou-me ao redor uma grande luz.

⁷Caí por terra e ouvi uma voz que me dizia: Saulo, Saulo, por que

me persegues?

⁸Eu respondi: Quem és tu, Senhor? Disse-me: Eu sou Jesus, o nazareno, a quem tu persegues.

⁹E os que estavam comigo viram, em verdade, a luz, mas não entenderam a voz daquele que falava comigo.

¹⁰Então disse eu: Senhor que farei? E o Senhor me disse: Levanta-te, e vai a Damasco, onde se te dirá tudo o que te é ordenado fazer.

¹¹Como eu nada visse por causa do esplendor daquela luz, guiado pela mão dos que estavam comigo cheguei a Damasco.

¹²um certo Ananias, varão piedoso conforme a lei, que tinha bom testemunho de todos os judeus que ali moravam,

¹³vindo ter comigo, de pé ao meu lado, disse-me: Saulo, irmão, recobra a vista. Naquela mesma hora, recobrando a vista, eu o vi.

¹⁴Disse ele: O Deus de nossos pais de antemão te designou para conhecer a sua vontade, ver o Justo, e ouvir a voz da sua boca.

¹⁵Porque hás de ser sua testemunha para com todos os homens do que tens visto e ouvido.

¹⁶Agora por que te demoras? Levanta-te, batiza-te e lava os teus pecados, invocando o seu nome.

¹⁷Aconteceu que, tendo eu voltado para Jerusalém, enquanto orava no templo, achei-me em êxtase,

¹⁸e vi aquele que me dizia: Apressa-te e sai logo de Jerusalém; porque não receberão o teu testemunho acerca de mim.

¹⁹Disse eu: Senhor, eles bem sabem que eu encarcerava e açoitava pelas sinagogas os que criam em ti,

²⁰e quando se derramava o sangue de Estêvão, tua testemunha, eu também estava presente, consentindo na sua morte e guardando as capas dos que o matavam.

²¹Disse-me ele: Vai, porque eu te enviarei para longe aos gentios.

²²Ora, escutavam-no até esta palavra, mas então levantaram a voz, dizendo: Tira do mundo tal homem, porque não convém que viva.

²³Gritando eles e arrojando de si as capas e lançando pó para o ar,

²⁴o comandante mandou que levassem Paulo para dentro da fortaleza, ordenando que fosse interrogado debaixo de açoites, para saber por que causa assim clamavam contra ele.

²⁵Quando o haviam atado com as correias, disse Paulo ao centurião que ali estava: É-vos lícito açoitar um cidadão romano, sem ser ele condenado?

²⁶Ouvindo isto, foi o centurião ter com o comandante e o avisou, dizendo: Vê o que estás para fazer, pois este homem é romano.

²⁷Vindo o comandante, perguntou-lhe: Dize-me: és tu romano? Respondeu ele: Sou.

²⁸Tornou o comandante: Eu por grande soma de dinheiro adquiri este direito de cidadão. Paulo disse: Mas eu o sou de nascimento.

²⁹Imediatamente, pois se apartaram dele aqueles que o iam interrogar; e até o comandante, tendo sabido que Paulo era romano, atemorizou-se porque o havia ligado.

³⁰No dia seguinte, querendo saber ao certo a causa por que ele era acusado pelos judeus, soltou-o das prisões, e mandou que se reunissem os principais sacerdotes e todo o sinédrio; e, trazendo Paulo, apresentou-o diante deles.

## Capítulo 23

¹Fitando Paulo os olhos no sinédrio, disse: Varões irmãos, até o dia de hoje tenho andado diante de Deus com toda a boa consciência.

²Mas o sumo sacerdote, Ananias, mandou aos que estavam junto dele que o ferissem na boca.

³Então Paulo lhe disse: Deus te ferirá a ti, parede branqueada; tu estás aí sentado para julgar-me segundo a lei, e contra a lei mandas que eu seja ferido?

⁴Os que estavam ali disseram: Injurias o sumo sacerdote de Deus?

⁵Disse Paulo: Não sabia, irmãos, que era o sumo sacerdote; porque está escrito: Não dirás mal do príncipe do teu povo.

⁶Sabendo Paulo que uma parte era de saduceus e outra de fariseus, clamou no sinédrio: Varões irmãos, eu sou fariseu, filho de fariseus; por causa da esperança da ressurreição dos mortos que estou sendo julgado.

⁷Ora, dizendo ele isto, surgiu dissensão entre os fariseus e saduceus; e a multidão se dividiu.

⁸Porque os saduceus dizem que não há ressurreição, nem anjo, nem espírito; mas os fariseus reconhecem uma e outra coisa.

⁹Daí procedeu grande clamor; e levantando-se alguns da parte dos fariseus, altercavam, dizendo: Não achamos nenhum mal neste homem; e, quem sabe se lhe falou algum espírito ou anjo?

¹⁰E avolumando-se a dissensão, o comandante, temendo que Paulo fosse por eles despedaçado, mandou que os soldados descessem e o tirassem do meio deles e o levassem para a fortaleza.

¹¹Na noite seguinte, apresentou-se-lhe o Senhor e disse: Tem bom ânimo: porque, como deste testemunho de mim em Jerusalém, assim importa que o dês também em Roma.

¹²Quando já era dia, coligaram-se os judeus e juraram sob pena de maldição que não comeriam nem beberiam enquanto não matassem a Paulo.

¹³Eram mais de quarenta os que fizeram esta conjuração;

¹⁴e estes foram ter com os principais sacerdotes e anciãos, e disseram: Conjuramo-nos sob pena de maldição a não provarmos coisa alguma até que matemos a Paulo.

¹⁵Agora, pois, vós, com o sinédrio, rogai ao comandante que o mande descer perante vós como se houvésseis de examinar com mais precisão a sua causa; e nós estamos prontos para matá-lo antes que ele chegue.

¹⁶Mas o filho da irmã de Paulo tendo sabido da cilada, foi, entrou na fortaleza e avisou a Paulo.

¹⁷Chamando Paulo um dos centuriões, disse: Leva este moço ao comandante, porque tem alguma coisa que lhe comunicar.

¹⁸Tomando-o ele, pois, levou-o ao comandante e disse: O preso Paulo, chamando-me, pediu-me que trouxesse à tua presença este moço, que tem alguma coisa a dizer-te.

¹⁹O comandante tomou-o pela mão e, retirando-se à parte, perguntou-lhe em particular: Que é que tens a contar-me?

²⁰Disse ele: Os judeus combinaram rogar-te que amanhã mandes Paulo descer ao sinédrio, como que tendo de inquirir com mais precisão algo a seu respeito;

²¹tu, pois, não te deixes persuadir por eles; porque mais de quarenta homens dentre eles armaram ciladas, os quais juraram sob pena de maldição não comerem nem beberem até que o tenham morto; e agora estão aprestados, esperando a tua promessa.

²²Então o comandante despediu o moço, ordenando-lhe que a ninguém dissesse que lhe havia contado aquilo.

²³Chamando dois centuriões, disse: Aprontai para a terceira hora da noite duzentos soldados de infantaria, setenta de cavalaria e duzentos lanceiros para irem até Cesaréia;

²⁴e mandou que aparelhassem cavalgaduras para que Paulo montasse, a fim de o levarem salvo ao governador Félix.

²⁵E escreveu-lhe uma carta nestes termos:

²⁶Cláudio Lísias, ao excelentíssimo governador Félix, saúde.

²⁷Este homem foi preso pelos judeus, e estava a ponto de ser morto por eles quando eu sobrevim com a tropa e o livrei ao saber que era romano.

²⁸Querendo saber a causa por que o acusavam, levei-o ao sinédrio deles;

²⁹e achei que era acusado de questões da lei deles, mas que nenhum crime havia nele digno de morte ou prisão.

³⁰E quando fui informado que haveria uma cilada contra o homem, logo to enviei, intimando também aos acusadores que perante ti se manifestem contra ele. [Passa bem.]

³¹Os soldados, pois, conforme lhes fora mandado, tomando a Paulo, o levaram de noite a Antipátride.

³²Mas no dia seguinte, deixando aos de cavalaria irem com ele, voltaram à fortaleza;

³³os quais, logo que chegaram a Cesaréia e entregaram a carta ao governador, apresentaram-lhe também Paulo.

³⁴Tendo lido a carta, o governador perguntou de que província ele era; e, sabendo que era da Cilícia,

³⁵disse: Ouvir-te-ei quando chegarem também os teus acusadores; e mandou que fosse guardado no pretório de Herodes.

## Capítulo 24

¹Cinco dias depois o sumo sacerdote Ananias desceu com alguns anciãos e um certo Tertulo, orador, os quais fizeram, perante o governador, queixa contra Paulo.

²Sendo este chamado, Tertulo começou a acusá-lo, dizendo: Visto que por ti gozamos de muita paz e por tua providência são continuamente feitas reformas nesta nação,

³em tudo e em todo lugar reconhecemo-lo com toda a gratidão, ó excelentíssimo Félix.

⁴Mas, para que não te detenha muito rogo-te que, conforme a tua eqüidade, nos ouças por um momento.

⁵Temos achado que este homem é uma peste, e promotor de sedições entre todos os judeus, por todo o mundo, e chefe da seita dos nazarenos;

⁶o qual tentou profanar o templo; e nós o prendemos, [e conforme a nossa lei o quisemos julgar.

⁷Mas sobrevindo o comandante Lísias no-lo tirou dentre as mãos

com grande violência, mandando aos acusadores que viessem a ti.]

⁸e tu mesmo, examinando-o, poderás certificar-te de tudo aquilo de que nós o acusamos.

⁹Os judeus também concordam na acusação, afirmando que estas coisas eram assim.

¹⁰Paulo, tendo-lhe o governador feito sinal que falasse, respondeu: Porquanto sei que há muitos anos és juiz sobre esta nação, com bom ânimo faço a minha defesa,

¹¹pois bem podes verificar que não há mais de doze dias subi a Jerusalém para adorar,

¹²e que não me acharam no templo discutindo com alguém nem amotinando o povo, quer nas sinagogas quer na cidade.

¹³Nem te podem provar as coisas de que agora me acusam.

¹⁴Mas confesso-te isto: que, seguindo o caminho a que eles chamam seita, assim sirvo ao Deus de nossos pais, crendo tudo quanto está escrito na lei e nos profetas,

¹⁵tendo esperança em Deus, como estes mesmos também esperam, de que há de haver ressurreição tanto dos justos como dos injustos.

¹⁶Por isso procuro sempre ter uma consciência sem ofensas diante de Deus e dos homens.

¹⁷Vários anos depois vim trazer à minha nação esmolas e fazer oferendas;

¹⁸e ocupado nestas coisas me acharam já santificado no templo não em ajuntamento, nem com tumulto, alguns judeus da Ásia,

¹⁹os quais deviam comparecer diante de ti e acusar-me se tivessem alguma coisa contra mim;

²⁰ou estes mesmos digam que iniquidade acharam, quando compareci perante o sinédrio,

²¹a não ser acerca desta única palavra que, estando no meio deles, bradei: Por causa da ressurreição dos mortos é que hoje estou sendo julgado por vós.

²²Félix, porém, que era bem informado a respeito do Caminho, adiou a questão, dizendo: Quando o comandante Lísias tiver descido, então tomarei inteiro conhecimento da vossa causa.

²³E ordenou ao centurião que Paulo ficasse detido, mas fosse tratado com brandura e que a nenhum dos seus proibisse servi-lo.

²⁴Alguns dias depois, vindo Félix com sua mulher Drusila, que era judia, mandou chamar a Paulo, e ouviu-o acerca da fé em Cristo Jesus.

²⁵E discorrendo ele sobre a justiça, o domínio próprio e o juízo vindouro, Félix ficou atemorizado e respondeu: Por ora vai-te, e quando tiver ocasião favorável, eu te chamarei.

²⁶Esperava ao mesmo tempo que Paulo lhe desse dinheiro, pelo que o mandava chamar mais freqüentemente e conversava com ele.

²⁷Mas passados dois anos, teve Félix por sucessor a Pórcio Festo; e querendo Félix agradar aos judeus, deixou a Paulo preso.

## Capítulo 25

¹Tendo, pois, entrado Festo na província, depois de três dias subiu de Cesaréia a Jerusalém.

²E os principais sacerdotes e os mais eminentes judeus fizeram-lhe queixa contra Paulo e, em detrimento deste,

³lhe rogavam o favor de o mandar a Jerusalém, armando ciladas para o matarem no caminho.

⁴Mas Festo respondeu que Paulo estava detido em Cesaréia, e que ele mesmo brevemente partiria para lá.

⁵Portanto - disse ele - as autoridades dentre vós desçam comigo e, se há nesse homem algum crime, acusem-no.

⁶Tendo-se demorado entre eles não mais de oito ou dez dias, desceu a Cesaréia; e no dia seguinte, sentando-se no tribunal, mandou trazer Paulo.

⁷Tendo ele comparecido, rodearam-no os judeus que haviam descido de Jerusalém, trazendo contra ele muitas e graves acusações, que não podiam provar.

⁸Paulo, porém, respondeu em sua defesa: Nem contra a lei dos judeus, nem contra o templo, nem contra César, tenho pecado em coisa alguma.

⁹Todavia Festo, querendo agradar aos judeus, respondendo a Paulo, disse: Queres subir a Jerusalém e ali ser julgado perante mim acerca destas coisas?

¹⁰Mas Paulo disse: Estou perante o tribunal de César, onde devo ser julgado; nenhum mal fiz aos judeus, como muito bem sabes.

¹¹Se, pois, sou malfeitor e tenho cometido alguma coisa digna de morte, não recuso morrer; mas se nada há daquilo de que estes me acusam, ninguém me pode entregar a eles; apelo para César.

¹²Então Festo, tendo falado com o conselho, respondeu: Apelaste para César; para César irás.

¹³Passados alguns dias, o rei Agripa e Berenice vieram a Cesaréia em visita de saudação a Festo.

¹⁴E, como se demorassem ali muitos dias, Festo expôs ao rei o caso de Paulo, dizendo: Há aqui certo homem que foi deixado preso por Félix,

¹⁵a respeito do qual, quando estive em Jerusalém, os principais sacerdotes e os anciãos dos judeus me fizeram queixas, pedindo sentença contra ele;

¹⁶aos quais respondi que não é costume dos romanos condenar homem algum sem que o acusado tenha presentes os seus acusadores e possa defender-se da acusação.

¹⁷Quando então eles se haviam reunido aqui, sem me demorar, no dia seguinte sentei-me no tribunal e mandei trazer o homem;

¹⁸contra o qual os acusadores, levantando-se, não apresentaram acusação alguma das coisas perversas que eu suspeitava;

¹⁹tinham, porém, contra ele algumas questões acerca da sua religião e de um tal Jesus defunto, que Paulo afirmava estar vivo.

²⁰E, estando eu perplexo quanto ao modo de investigar estas coisas, perguntei se não queria ir a Jerusalém e ali ser julgado no tocante às mesmas.

²¹Mas apelando Paulo para que fosse reservado ao julgamento do imperador, mandei que fosse detido até que o enviasse a César.

²²Então Agripa disse a Festo: Eu bem quisera ouvir esse homem. Respondeu-lhe ele: Amanhã o ouvirás.

²³No dia seguinte vindo Agripa e Berenice, com muito aparato, entraram no auditório com os chefes militares e homens principais da cidade; então, por ordem de Festo, Paulo foi trazido.

²⁴Disse Festo: Rei Agripa e vós todos que estais presentes conosco, vedes este homem por causa de quem toda a multidão dos judeus, tanto em Jerusalém como aqui, recorreu a mim, clamando que não convinha que ele vivesse mais.

²⁵Eu, porém, achei que ele não havia praticado coisa alguma digna de morte; mas havendo ele apelado para o imperador, resolvi remeter-lho.

²⁶Do qual não tenho coisa certa que escreva a meu senhor, e por isso perante vós o trouxe, principalmente perante ti, ó rei Agripa, para que, depois de feito o interrogatório, tenha eu alguma coisa que escrever.

²⁷Porque não me parece razoável enviar um preso, e não notificar as acusações que há contra ele.

## Capítulo 26

¹Depois Agripa disse a Paulo: É-te permitido fazer a tua defesa. Então Paulo, estendendo a mão, começou a sua defesa:

²Sinto-me feliz, ó rei Agripa, em poder defender-me hoje perante ti de todas as coisas de que sou acusado pelos judeus;

³mormente porque és versado em todos os costumes e questões que há entre os judeus; pelo que te rogo que me ouças com paciência.

⁴A minha vida, pois, desde a mocidade, o que tem sido sempre entre o meu povo e em Jerusalém, sabem-na todos os judeus,

⁵pois me conhecem desde o princípio e, se quiserem, podem dar testemunho de que, conforme a mais severa seita da nossa religião, vivi fariseu.

⁶E agora estou aqui para ser julgado por causa da esperança da promessa feita por Deus a nossos pais,

⁷a qual as nossas doze tribos, servindo a Deus fervorosamente noite e dia, esperam alcançar; é por causa desta esperança, ó rei, que eu sou acusado pelos judeus.

⁸Por que é que se julga entre vós incrível que Deus ressuscite os mortos?

⁹Eu, na verdade, cuidara que devia praticar muitas coisas contra o nome de Jesus, o nazareno;

¹⁰o que, com efeito, fiz em Jerusalém. Pois havendo recebido autoridade dos principais dos sacerdotes, não somente encerrei muitos dos santos em prisões, como também dei o meu voto contra eles quando os matavam.

¹¹E, castigando-os muitas vezes por todas as sinagogas, obrigava-os a blasfemar; e enfurecido cada vez mais contra eles, perseguia-os até nas cidades estrangeiras.

¹²Indo com este encargo a Damasco, munido de poder e comissão dos principais sacerdotes,

¹³ao meio-dia, ó rei vi no caminho uma luz do céu, que excedia o esplendor do sol, resplandecendo em torno de mim e dos que iam comigo.

¹⁴e, caindo nós todos por terra, ouvi uma voz que me dizia em língua hebráica: Saulo, Saulo, por que me persegues? Dura coisa te é recalcitrar contra os aguilhões.

¹⁵Disse eu: Quem és, Senhor? Respondeu o Senhor: Eu sou Jesus,

a quem tu persegues;

¹⁶mas levanta-te e põe-te em pé; pois para isto te apareci, para te fazer ministro e testemunha tanto das coisas em que me tens visto como daquelas em que te hei de aparecer;

¹⁷livrando-te deste povo e dos gentios, aos quais te envio,

¹⁸para lhes abrir os olhos a fim de que se convertam das trevas à luz, e do poder de Satanás a Deus, para que recebam remissão de pecados e herança entre aqueles que são santificados pela fé em mim.

¹⁹Pelo que, ó rei Agripa, não fui desobediente à visão celestial,

²⁰antes anunciei primeiramente aos que estão em Damasco, e depois em Jerusalém, e por toda a terra da Judéia e também aos gentios, que se arrependessem e se convertessem a Deus, praticando obras dignas de arrependimento.

²¹Por causa disto os judeus me prenderam no templo e procuravam matar-me.

²²Tendo, pois, alcançado socorro da parte de Deus, ainda até o dia de hoje permaneço, dando testemunho tanto a pequenos como a grandes, não dizendo nada senão o que os profetas e Moisés disseram que devia acontecer;

²³isto é, como o Cristo devia padecer, e como seria ele o primeiro que, pela ressurreição dos mortos, devia anunciar a luz a este povo e também aos gentios.

²⁴Fazendo ele deste modo a sua defesa, disse Festo em alta voz: Estás louco, Paulo; as muitas letras te fazem delirar.

²⁵Mas Paulo disse: Não deliro, ó excelentíssimo Festo, antes digo palavras de verdade e de perfeito juízo.

²⁶Porque o rei, diante de quem falo com liberdade, sabe destas coisas, pois não creio que nada disto lhe é oculto; porque isto não se fez em qualquer canto.

²⁷Crês tu nos profetas, ó rei Agripa? Sei que crês.

²⁸Disse Agripa a Paulo: Por pouco me persuades a fazer-me cristão.

²⁹Respondeu Paulo: Prouvera a Deus que, ou por pouco ou por muito, não somente tu, mas também todos quantos hoje me ouvem, se tornassem tais qual eu sou, menos estas cadeias.

³⁰E levantou-se o rei, e o governador, e Berenice, e os que com eles estavam sentados,

³¹e retirando-se falavam uns com os outros, dizendo: Este homem não fez nada digno de morte ou prisão.

³²Então Agripa disse a Festo: Este homem bem podia ser solto, se não tivesse apelado para César.

## Capítulo 27

¹E, como se determinou que navegássemos para a Itália, entregaram Paulo e alguns outros presos a um centurião por nome Júlio, da coorte augusta.

²E, embarcando em um navio de Adramítio, que estava prestes a navegar em demanda dos portos pela costa da Ásia, fizemo-nos ao mar, estando conosco Aristarco, macedônio de Tessalônica.

³No dia seguinte chegamos a Sidom, e Júlio, tratando Paulo com bondade, permitiu-lhe ir ver os amigos e receber deles os cuidados necessários.

⁴Partindo dali, fomos navegando a sotavento de Chipre, porque os ventos eram contrários.

⁵Tendo atravessado o mar ao longo da Cilícia e Panfília, chegamos a Mirra, na Lícia.

⁶Ali o centurião achou um navio de Alexandria que navegava para a Itália, e nos fez embarcar nele.

⁷Navegando vagarosamente por muitos dias, e havendo chegado com dificuldade defronte de Cnido, não nos permitindo o vento ir mais adiante, navegamos a sotavento de Creta, à altura de Salmone;

⁸e, costeando-a com dificuldade, chegamos a um lugar chamado Bons Portos, perto do qual estava a cidade de Laséia.

⁹Havendo decorrido muito tempo e tendo-se tornado perigosa a navegação, porque já havia passado o jejum, Paulo os advertia,

¹⁰dizendo-lhes: Senhores, vejo que a viagem vai ser com avaria e muita perda não só para a carga e o navio, mas também para as nossas vidas.

¹¹Mas o centurião dava mais crédito ao piloto e ao dono do navio do que às coisas que Paulo dizia.

¹²E não sendo o porto muito próprio para invernar, os mais deles foram de parecer que daí se fizessem ao mar para ver se de algum modo podiam chegar a Fênice, um porto de Creta que olha para o nordeste e para o sueste, para ali invernar.

¹³Soprando brandamente o vento sul, e supondo eles terem alcançado o que desejavam, levantaram ferro e iam costeando Creta bem de perto.

¹⁴Mas não muito depois desencadeou-se do lado da ilha um tufão de vento chamado euro-aquilão;

¹⁵e, sendo arrebatado o navio e não podendo navegar contra o vento, cedemos à sua força e nos deixávamos levar.

¹⁶Correndo a sota-vento de uma pequena ilha chamada Clauda, somente a custo pudemos segurar o batel,

¹⁷o qual recolheram, usando então os meios disponíveis para cingir o navio; e, temendo que fossem lançados na Sirte, arriaram os aparelhos e se deixavam levar.

¹⁸Como fôssemos violentamente açoitados pela tempestade, no dia seguinte começaram a alijar a carga ao mar.

¹⁹E ao terceiro dia, com as próprias mãos lançaram os aparelhos do navio.

²⁰Não aparecendo por muitos dia nem sol nem estrelas, e sendo nós ainda batidos por grande tempestade, fugiu-nos afinal toda a esperança de sermos salvos.

²¹Havendo eles estado muito tempo sem comer, Paulo, pondo-se em pé no meio deles, disse: Senhores, devíeis ter-me ouvido e não ter partido de Creta, para evitar esta avaria e perda.

²²E agora vos exorto a que tenhais bom ânimo, pois não se perderá vida alguma entre vós, mas somente o navio.

²³Porque esta noite me apareceu um anjo do Deus de quem eu sou e a quem sirvo,

²⁴dizendo: Não temas, Paulo, importa que compareças perante César, e eis que Deus te deu todos os que navegam contigo.

²⁵Portanto, senhores, tende bom ânimo; pois creio em Deus que há de suceder assim como me foi dito.

²⁶Contudo é necessário irmos dar em alguma ilha.

²⁷Quando chegou a décima quarta noite, sendo nós ainda impelidos pela tempestade no mar de Ádria, pela meia-noite, suspeitaram os marinheiros a proximidade de terra;

²⁸e lançando a sonda, acharam vinte braças; passando um pouco mais adiante, e tornando a lançar a sonda, acharam quinze braças.

²⁹Ora, temendo irmos dar em rochedos, lançaram da popa quatro âncoras, e esperaram ansiosos que amanhecesse.

³⁰Procurando, entrementes, os marinheiros fugir do navio, e tendo arriado o batel ao mar sob pretexto de irem lançar âncoras pela proa,

³¹disse Paulo ao centurião e aos soldados: Se estes não ficarem no navio, não podereis salvar-vos.

³²Então os soldados cortaram os cabos do batel e o deixaram cair.

³³Enquanto amanhecia, Paulo rogava a todos que comessem alguma coisa, dizendo: É já hoje o décimo quarto dia que esperais e permaneceis em jejum, não havendo provado coisa alguma.

³⁴Rogo-vos, portanto, que comais alguma coisa, porque disso depende a vossa segurança; porque nem um cabelo cairá da cabeça de qualquer de vós.

³⁵E, havendo dito isto, tomou o pão, deu graças a Deus na presença de todos e, partindo-o começou a comer.

³⁶Então todos cobraram ânimo e se puseram também a comer.

³⁷Éramos ao todo no navio duzentas e setenta e seis almas.

³⁸Depois de saciados com a comida, começaram a aliviar o navio, alijando o trigo no mar.

³⁹Quando amanheceu, não reconheciam a terra; divisavam, porém, uma enseada com uma praia, e consultavam se poderiam nela encalhar o navio.

⁴⁰Soltando as âncoras, deixaram-nas no mar, largando ao mesmo tempo as amarras do leme; e, içando ao vento a vela da proa, dirigiram-se para a praia.

⁴¹Dando, porém, num lugar onde duas correntes se encontravam, encalharam o navio; e a proa, encravando-se, ficou imóvel, mas a popa se desfazia com a força das ondas.

⁴²Então o parecer dos soldados era que matassem os presos para que nenhum deles fugisse, escapando a nado.

⁴³Mas o centurião, querendo salvar a Paulo, estorvou-lhes este intento; e mandou que os que pudessem nadar fossem os primeiros a lançar-se ao mar e alcançar a terra,

⁴⁴e que os demais se salvassem, uns em tábuas e outros em quaisquer destroços do navio. Assim chegaram todos à terra salvos.

## Capítulo 28

¹Estando já salvos, soubemos então que a ilha se chamava Malta.

²Os indígenas usaram conosco de não pouca humanidade; pois acenderam uma fogueira e nos recolheram a todos por causa da chuva que caía, e por causa do frio.

³Ora havendo Paulo ajuntado e posto sobre o fogo um feixe de gravetos, uma víbora, fugindo do calor, apegou-se-lhe à mão.

⁴Quando os indígenas viram o réptil pendente da mão dele, diziam

uns aos outros: Certamente este homem é homicida, pois, embora salvo do mar, a Justiça não o deixa viver.

⁵Mas ele, sacudindo o réptil no fogo, não sofreu mal nenhum.

⁶Eles, porém, esperavam que Paulo viesse a inchar ou a cair morto de repente; mas tendo esperado muito tempo e vendo que nada de anormal lhe sucedia, mudaram de parecer e diziam que era um deus.

⁷Ora, nos arredores daquele lugar havia umas terras que pertenciam ao homem principal da ilha, por nome Públio, o qual nos recebeu e hospedou bondosamente por três dias.

⁸Aconteceu estar de cama, enfermo de febre e disenteria, o pai de Públio; Paulo foi visitá-lo, e havendo orado, impôs-lhe as mãos, e o curou.

⁹Feito isto, vinham também os demais enfermos da ilha, e eram curados;

¹⁰e estes nos distinguiram com muitas honras; e, ao embarcarmos, puseram a bordo as coisas que nos eram necessárias.

¹¹Passados três meses, partimos em um navio de Alexandria que invernara na ilha, o qual tinha por insígnia Castor e Pólux.

¹²E chegando a Siracusa, ficamos ali três dias;

¹³donde, costeando, viemos a Régio; e, soprando no dia seguinte o vento sul, chegamos em dois dias a Putéoli,

¹⁴onde, achando alguns irmãos, fomos convidados a ficar com eles sete dias; e depois nos dirigimos a Roma.

¹⁵Ora, os irmãos da lá, havendo recebido notícias nossas, vieram ao nosso encontro até a praça de Ápio e às Três Vendas, e Paulo, quando os viu, deu graças a Deus e cobrou ânimo.

¹⁶Quando chegamos a Roma, [o centurião entregou os presos ao general do exército, mas,] a Paulo se lhe permitiu morar à parte, com o soldado que o guardava.

¹⁷Passados três dias, ele convocou os principais dentre os judeus; e reunidos eles, disse-lhes: Varões irmãos, não havendo eu feito nada contra o povo, ou contra os ritos paternos, vim contudo preso desde Jerusalém, entregue nas mãos dos romanos;

¹⁸os quais, havendo-me interrogado, queriam soltar-me, por não haver em mim crime algum que merecesse a morte.

¹⁹Mas opondo-se a isso os judeus, vi-me obrigado a apelar para César, não tendo, contudo, nada de que acusar a minha nação.

²⁰Por esta causa, pois, vos convidei, para vos ver e falar; porque pela esperança de Israel estou preso com esta cadeia.

²¹Mas eles lhe disseram: Nem recebemos da Judéia cartas a teu respeito, nem veio aqui irmão algum que contasse ou dissesse mal de ti.

²²No entanto bem quiséramos ouvir de ti o que pensas; porque, quanto a esta seita, notório nos é que em toda parte é impugnada.

²³Havendo-lhe eles marcado um dia, muitos foram ter com ele à sua morada, aos quais desde a manhã até a noite explicava com bom testemunho o reino de Deus e procurava persuadí-los acerca de Jesus, tanto pela lei de Moisés como pelos profetas.

²⁴Uns criam nas suas palavras, mas outros as rejeitavam.

²⁵E estando discordes entre si, retiraram-se, havendo Paulo dito esta palavra: Bem falou o Espírito Santo aos vossos pais pelo profeta Isaías,

²⁶dizendo: Vai a este povo e dize: Ouvindo, ouvireis, e de maneira nenhuma entendereis; e vendo, vereis, e de maneira nenhuma percebereis.

²⁷Porque o coração deste povo se endureceu, e com os ouvidos ouviram tardamente, e fecharam os olhos; para que não vejam com os olhos, nem ouçam com os ouvidos, nem entendam com o coração nem se convertam e eu os cure.

²⁸Seja-vos pois notório que esta salvação de Deus é enviada aos gentios, e eles ouvirão.

²⁹[E, havendo ele dito isto, partiram os judeus, tendo entre si grande contenda.]

³⁰E morou dois anos inteiros na casa que alugara, e recebia a todos os que o visitavam,

³¹pregando o reino de Deus e ensinando as coisas concernentes ao Senhor Jesus Cristo, com toda a liberdade, sem impedimento algum.

# Romanos

## Capítulo 1

¹Paulo, servo de Jesus Cristo, chamado para ser apóstolo, separado para o evangelho de Deus,

²que ele antes havia prometido pelos seus profetas nas santas Escrituras,

³acerca de seu Filho, que nasceu da descendência de Davi segundo a carne,

⁴e que com poder foi declarado Filho de Deus segundo o espírito de santidade, pela ressurreição dentre os mortos - Jesus Cristo nosso Senhor,

⁵pelo qual recebemos a graça e o apostolado, por amor do seu nome, para a obediência da fé entre todos os gentios,

⁶entre os quais sois também vós chamados para serdes de Jesus Cristo;

⁷a todos os que estais em Roma, amados de Deus, chamados para serdes santos: Graça a vós, e paz da parte de Deus nosso Pai, e do Senhor Jesus Cristo.

⁸Primeiramente dou graças ao meu Deus, mediante Jesus Cristo, por todos vós, porque em todo o mundo é anunciada a vossa fé.

⁹Pois Deus, a quem sirvo em meu espírito, no evangelho de seu Filho, me é testemunha de como incessantemente faço menção de vós,

¹⁰pedindo sempre em minhas orações que, afinal, pela vontade de Deus, se me ofereça boa ocasião para ir ter convosco.

¹¹Porque desejo muito ver-vos, para vos comunicar algum dom espiritual, a fim de que sejais fortalecidos;

¹²isto é, para que juntamente convosco eu seja consolado em vós pela fé mútua, vossa e minha.

¹³E não quero que ignoreis, irmãos, que muitas vezes propus visitar-vos (mas até agora tenho sido impedido), para conseguir algum fruto entre vós, como também entre os demais gentios.

¹⁴Eu sou devedor, tanto a gregos como a bárbaros, tanto a sábios como a ignorantes.

¹⁵De modo que, quanto está em mim, estou pronto para anunciar o evangelho também a vós que estais em Roma.

¹⁶Porque não me envergonho do evangelho, pois é o poder de Deus para salvação de todo aquele que crê; primeiro do judeu, e também do grego.

¹⁷Porque no evangelho é revelada, de fé em fé, a justiça de Deus, como está escrito: Mas o justo viverá da fé.

¹⁸Pois do céu é revelada a ira de Deus contra toda a impiedade e injustiça dos homens que detêm a verdade em injustiça.

¹⁹Porquanto, o que de Deus se pode conhecer, neles se manifesta, porque Deus lho manifestou.

²⁰Pois os seus atributos invisíveis, o seu eterno poder e divindade, são claramente vistos desde a criação do mundo, sendo percebidos mediante as coisas criadas, de modo que eles são inescusáveis;

²¹porquanto, tendo conhecido a Deus, contudo não o glorificaram como Deus, nem lhe deram graças, antes nas suas especulações se desvaneceram, e o seu coração insensato se obscureceu.

²²Dizendo-se sábios, tornaram-se estultos,

²³e mudaram a glória do Deus incorruptível em semelhança da imagem de homem corruptível, e de aves, e de quadrúpedes, e de répteis.

²⁴Por isso Deus os entregou, nas concupiscências de seus corações, à imundícia, para serem os seus corpos desonrados entre si;

²⁵pois trocaram a verdade de Deus pela mentira, e adoraram e serviram à criatura antes que ao Criador, que é bendito eternamente. Amém.

²⁶Pelo que Deus os entregou a paixões infames. Porque até as suas mulheres mudaram o uso natural no que é contrário à natureza;

²⁷semelhantemente, também os varões, deixando o uso natural da mulher, se inflamaram em sua sensualidade uns para como os outros, varão com varão, cometendo torpeza e recebendo em si mesmos a devida recompensa do seu erro.

²⁸E assim como eles rejeitaram o conhecimento de Deus, Deus, por sua vez, os entregou a um sentimento depravado, para fazerem coisas que não convêm;

²⁹estando cheios de toda a injustiça, malícia, cobiça, maldade; cheios de inveja, homicídio, contenda, dolo, malignidade;

³⁰sendo murmuradores, detratores, aborrecedores de Deus, injuriadores, soberbos, presunçosos, inventores de males, desobedientes ao pais;

³¹néscios, infiéis nos contratos, sem afeição natural, sem misericórdia;

³²os quais, conhecendo bem o decreto de Deus, que declara dignos de morte os que tais coisas praticam, não somente as fazem, mas também aprovam os que as praticam.

## Capítulo 2

¹Portanto, és inescusável, ó homem, qualquer que sejas, quando julgas, porque te condenas a ti mesmo naquilo em que julgas a outro; pois tu que julgas, praticas o mesmo.

²E bem sabemos que o juízo de Deus é segundo a verdade, contra os que tais coisas praticam.

³E tu, ó homem, que julgas os que praticam tais coisas, cuidas que, fazendo-as tu, escaparás ao juízo de Deus?

⁴Ou desprezas tu as riquezas da sua benignidade, e paciência e longanimidade, ignorando que a benignidade de Deus te conduz ao arrependimento?

⁵Mas, segundo a tua dureza e teu coração impenitente, entesouras ira para ti no dia da ira e da revelação do justo juízo de Deus,

⁶que retribuirá a cada um segundo as suas obras;

⁷a saber: a vida eterna aos que, com perseverança em favor o bem, procuram glória, e honra e incorrupção;

⁸mas ira e indignação aos que são contenciosos, e desobedientes à iniqüidade;

⁹tribulação e angústia sobre a alma de todo homem que pratica o mal, primeiramente do judeu, e também do grego;

¹⁰glória, porém, e honra e paz a todo aquele que pratica o bem, primeiramente ao judeu, e também ao grego;

¹¹pois para com Deus não há acepção de pessoas.

¹²Porque todos os que sem lei pecaram, sem lei também perecerão; e todos os que sob a lei pecaram, pela lei serão julgados.

¹³Pois não são justos diante de Deus os que só ouvem a lei; mas serão justificados os que praticam a lei.

¹⁴(porque, quando os gentios, que não têm lei, fazem por natureza as coisas da lei, eles, embora não tendo lei, para si mesmos são lei.

¹⁵pois mostram a obra da lei escrita em seus corações, testificando juntamente a sua consciência e os seus pensamentos, quer acusando-os, quer defendendo-os),

¹⁶no dia em que Deus há de julgar os segredos dos homens, por Cristo Jesus, segundo o meu evangelho.

¹⁷Mas se tu és chamado judeu, e repousas na lei, e te glorias em Deus;

¹⁸e conheces a sua vontade e aprovas as coisas excelentes, sendo instruído na lei;

¹⁹e confias que és guia dos cegos, luz dos que estão em trevas,

²⁰instruidor dos néscios, mestre de crianças, que tens na lei a forma da ciência e da verdade;

²¹tu, pois, que ensinas a outrem, não te ensinas a ti mesmo? Tu, que pregas que não se deve furtar, furtas?

²²Tu, que dizes que não se deve cometer adultério, adultéras? Tu, que abominas os ídolos, roubas os templos?

²³Tu, que te glorias na lei, desonras a Deus pela transgressão da lei?

²⁴Assim pois, por vossa causa, o nome de Deus é blasfemado entre os gentios, como está escrito.

²⁵Porque a circuncisão é, na verdade, proveitosa, se guardares a lei; mas se tu és transgressor da lei, a tua circuncisão tem-se tornado em incircuncisão.

²⁶Se, pois, a incircuncisão guardar os preceitos da lei, porventura a incircuncisão não será reputada como circuncisão?

²⁷E a incircuncisão que por natureza o é, se cumpre a lei, julgará a ti, que com a letra e a circuncisão és transgressor da lei.

²⁸Porque não é judeu o que o é exteriormente, nem é circuncisão a que o é exteriormente na carne.

²⁹Mas é judeu aquele que o é interiormente, e circuncisão é a do coração, no espírito, e não na letra; cujo louvor não provém dos homens, mas de Deus.

## Capítulo 3

¹Que vantagem, pois, tem o judeu? ou qual a utilidade da circuncisão?

²Muita, em todo sentido; primeiramente, porque lhe foram confiados os oráculos de Deus.

³Pois quê? Se alguns foram infiéis, porventura a sua infidelidade anulará a fidelidade de Deus?

⁴De modo nenhum; antes seja Deus verdadeiro, e todo homem

mentiroso; como está escrito: Para que sejas justificado em tuas palavras, e venças quando fores julgado.

⁵E, se a nossa injustiça prova a justiça de Deus, que diremos? Acaso Deus, que castiga com ira, é injusto? (Falo como homem.)

⁶De modo nenhum; do contrário, como julgará Deus o mundo?

⁷Mas, se pela minha mentira abundou mais a verdade de Deus para sua glória, por que sou eu ainda julgado como pecador?

⁸E por que não dizemos: Façamos o mal para que venha o bem? - como alguns caluniosamente afirmam que dizemos; a condenação dos quais é justa.

⁹Pois quê? Somos melhores do que eles? De maneira nenhuma, pois já demonstramos que, tanto judeus como gregos, todos estão debaixo do pecado;

¹⁰como está escrito: Não há justo, nem sequer um.

¹¹Não há quem entenda; não há quem busque a Deus.

¹²Todos se extraviaram; juntamente se fizeram inúteis. Não há quem faça o bem, não há nem um só.

¹³A sua garganta é um sepulcro aberto; com as suas línguas tratam enganosamente; peçonha de áspides está debaixo dos seus lábios;

¹⁴a sua boca está cheia de maldição e amargura.

¹⁵Os seus pés são ligeiros para derramar sangue.

¹⁶Nos seus caminhos há destruição e miséria;

¹⁷e não conheceram o caminho da paz.

¹⁸Não há temor de Deus diante dos seus olhos.

¹⁹Ora, nós sabemos que tudo o que a lei diz, aos que estão debaixo da lei o diz, para que se cale toda boca e todo o mundo fique sujeito ao juízo de Deus;

²⁰porquanto pelas obras da lei nenhum homem será justificado diante dele; pois o que vem pela lei é o pleno conhecimento do pecado.

²¹Mas agora, sem lei, tem-se manifestado a justiça de Deus, que é atestada pela lei e pelos profetas;

²²isto é, a justiça de Deus pela fé em Jesus Cristo para todos os que crêem; pois não há distinção.

²³Porque todos pecaram e destituídos estão da glória de Deus;

²⁴sendo justificados gratuitamente pela sua graça, mediante a redenção que há em Cristo Jesus,

²⁵ao qual Deus propôs como propiciação, pela fé, no seu sangue, para demonstração da sua justiça por ter ele na sua paciência, deixado de lado os delitos outrora cometidos;

²⁶para demonstração da sua justiça neste tempo presente, para que ele seja justo e também justificador daquele que tem fé em Jesus.

²⁷Onde está logo a jactância? Foi excluída. Por que lei? Das obras? Não; mas pela lei da fé.

²⁸concluímos pois que o homem é justificado pela fé sem as obras da lei.

²⁹É porventura Deus somente dos judeus? Não é também dos gentios? Também dos gentios, certamente.

³⁰se é que Deus é um só, que pela fé há de justificar a circuncisão, e também por meio da fé a incircuncisão.

³¹Anulamos, pois, a lei pela fé? De modo nenhum; antes estabelecemos a lei.

## Capítulo 4

¹Que diremos, pois, ter alcançado Abraão, nosso pai segundo a carne?

²Porque, se Abraão foi justificado pelas obras, tem de que se gloriar, mas não diante de Deus.

³Pois, que diz a Escritura? Creu Abraão a Deus, e isso lhe foi imputado como justiça.

⁴Ora, ao que trabalha não se lhe conta a recompensa como dádiva, mas sim como dívida;

⁵porém ao que não trabalha, mas crê naquele que justifica o ímpio, a sua fé lhe é contada como justiça;

⁶assim também Davi declara bem-aventurado o homem a quem Deus atribui a justiça sem as obras;

⁷Bem-aventurados aqueles cujas iniqüidades são perdoadas, e cujos pecados são cobertos.

⁸Bem-aventurado o homem a quem o Senhor não imputará o pecado.

⁹Vem, pois, esta bem-aventurança sobre a circuncisão somente, ou também sobre a incircuncisão? Porque dizemos: A Abraão foi imputada a fé como justiça.

¹⁰Como, pois, lhe foi imputada? Estando na circuncisão, ou na incircuncisão? Não na circuncisão, mas sim na incircuncisão.

¹¹E recebeu o sinal da circuncisão, selo da justiça da fé que teve quando ainda não era circuncidado, para que fosse pai de todos os que crêem, estando eles na incircuncisão, a fim de que a justiça lhes seja imputada,

¹²bem como fosse pai dos circuncisos, dos que não somente são da circuncisão, mas também andam nas pisadas daquela fé que teve nosso pai Abraão, antes de ser circuncidado.

¹³Porque não foi pela lei que veio a Abraão, ou à sua descendência, a promessa de que havia de ser herdeiro do mundo, mas pela justiça da fé.

¹⁴Pois, se os que são da lei são herdeiros, logo a fé é vã e a promessa é anulada.

¹⁵Porque a lei opera a ira; mas onde não há lei também não há transgressão.

¹⁶Porquanto procede da fé o ser herdeiro, para que seja segundo a graça, a fim de que a promessa seja firme a toda a descendência, não somente à que é da lei, mas também à que é da fé que teve Abraão, o qual é pai de todos nós.

¹⁷(como está escrito: Por pai de muitas nações te constituí) perante aquele no qual creu, a saber, Deus, que vivifica os mortos, e chama as coisas que não são, como se já fossem.

¹⁸O qual, em esperança, creu contra a esperança, para que se tornasse pai de muitas nações, conforme o que lhe fora dito: Assim será a tua descendência;

¹⁹e sem se enfraquecer na fé, considerou o seu próprio corpo já amortecido (pois tinha quase cem anos), e o amortecimento do ventre de Sara;

²⁰contudo, à vista da promessa de Deus, não vacilou por incredulidade, antes foi fortalecido na fé, dando glória a Deus,

²¹e estando certíssimo de que o que Deus tinha prometido, também era poderoso para o fazer.

²²Pelo que também isso lhe foi imputado como justiça.

²³Ora, não é só por causa dele que está escrito que lhe foi imputado;

²⁴mas também por causa de nós a quem há de ser imputado, a nós os que cremos naquele que dos mortos ressuscitou a Jesus nosso Senhor;

²⁵o qual foi entregue por causa das nossas transgressões, e ressuscitado para a nossa justificação.

## Capítulo 5

¹Justificados, pois, pela fé, tenhamos paz com Deus, por nosso Senhor Jesus Cristo,

²por quem obtivemos também nosso acesso pela fé a esta graça, na qual estamos firmes, e gloriemo-nos na esperança da glória de Deus.

³E não somente isso, mas também gloriemo-nos nas tribulações; sabendo que a tribulação produz a perseverança,

⁴e a perseverança a experiência, e a experiência a esperança;

⁵e a esperança não desaponta, porquanto o amor de Deus está derramado em nossos corações pelo Espírito Santo que nos foi dado.

⁶Pois, quando ainda éramos fracos, Cristo morreu a seu tempo pelos ímpios.

⁷Porque dificilmente haverá quem morra por um justo; pois poderá ser que pelo homem bondoso alguém ouse morrer.

⁸Mas Deus dá prova do seu amor para conosco, em que, quando éramos ainda pecadores, Cristo morreu por nós.

⁹Logo muito mais, sendo agora justificados pelo seu sangue, seremos por ele salvos da ira.

¹⁰Porque se nós, quando éramos inimigos, fomos reconciliados com Deus pela morte de seu Filho, muito mais, estando já reconciliados, seremos salvos pela sua vida.

¹¹E não somente isso, mas também nos gloriamos em Deus por nosso Senhor Jesus Cristo, pelo qual agora temos recebido a reconciliação.

¹²Portanto, assim como por um só homem entrou o pecado no mundo, e pelo pecado a morte, assim também a morte passou a todos os homens, porquanto todos pecaram.

¹³Porque antes da lei já estava o pecado no mundo, mas onde não há lei o pecado não é levado em conta.

¹⁴No entanto a morte reinou desde Adão até Moisés, mesmo sobre aqueles que não pecaram à semelhança da transgressão de Adão o qual é figura daquele que havia de vir.

¹⁵Mas não é assim o dom gratuito como a ofensa; porque, se pela ofensa de um morreram muitos, muito mais a graça de Deus, e o dom pela graça de um só homem, Jesus Cristo, abund muitos.

¹⁶Também não é assim o dom como a ofensa, que veio por um só que pecou; porque o juízo veio, na verdade, de uma só ofensa para condenação, mas o dom gratuito veio de muitas ofensas para justificação.

¹⁷Porque, se pela ofensa de um só, a morte veio a reinar por esse,

muito mais os que recebem a abundância da graça, e do dom da justiça, reinarão em vida por um só, Jesus Cristo.

¹⁸Portanto, assim como por uma só ofensa veio o juízo sobre todos os homens para condenação, assim também por um só ato de justiça veio a graça sobre todos os homens para justificação e vida.

¹⁹Porque, assim como pela desobediência de um só homem muitos foram constituídos pecadores, assim também pela obediência de um muitos serão constituídos justos.

²⁰Sobreveio, porém, a lei para que a ofensa abundasse; mas, onde o pecado abundou, superabundou a graça;

²¹para que, assim como o pecado veio a reinar na morte, assim também viesse a reinar a graça pela justiça para a vida eterna, por Jesus Cristo nosso Senhor.

## Capítulo 6

¹Que diremos, pois? Permaneceremos no pecado, para que abunde a graça?

²De modo nenhum. Nós, que já morremos para o pecado, como viveremos ainda nele?

³Ou, porventura, ignorais que todos quantos fomos batizados em Cristo Jesus fomos batizados na sua morte?

⁴Fomos, pois, sepultados com ele pelo batismo na morte, para que, como Cristo foi ressuscitado dentre os mortos pela glória do Pai, assim andemos nós também em novidade de vida.

⁵Porque, se temos sido unidos a ele na semelhança da sua morte, certamente também o seremos na semelhança da sua ressurreição;

⁶sabendo isto, que o nosso homem velho foi crucificado com ele, para que o corpo do pecado fosse desfeito, a fim de não servirmos mais ao pecado.

⁷Pois quem está morto está justificado do pecado.

⁸Ora, se já morremos com Cristo, cremos que também com ele viveremos,

⁹sabendo que, tendo Cristo ressurgido dentre os mortos, já não morre mais; a morte não mais tem domínio sobre ele.

¹⁰Pois quanto a ter morrido, de uma vez por todas morreu para o pecado, mas quanto a viver, vive para Deus.

¹¹Assim também vós considerai-vos como mortos para o pecado, mas vivos para Deus, em Cristo Jesus.

¹²Não reine, portanto, o pecado em vosso corpo mortal, para obedecerdes às suas concupiscências;

¹³nem tampouco apresenteis os vossos membros ao pecado como instrumentos de iniqüidade; mas apresentai-vos a Deus, como redivivos dentre os mortos, e os vossos membros a Deus, como instrumentos de justiça.

¹⁴Pois o pecado não terá domínio sobre vós, porquanto não estais debaixo da lei, mas debaixo da graça.

¹⁵Pois o quê? Havemos de pecar porque não estamos debaixo da lei, mas debaixo da graça? De modo nenhum.

¹⁶Não sabeis que daquele a quem vos apresentais como servos para lhe obedecer, sois servos desse mesmo a quem obedeceis, seja do pecado para a morte, ou da obediência para a justiça?

¹⁷Mas graças a Deus que, embora tendo sido servos do pecado, obedecestes de coração à forma de doutrina a que fostes entregues;

¹⁸e libertos do pecado, fostes feitos servos da justiça.

¹⁹Falo como homem, por causa da fraqueza da vossa carne. Pois assim como apresentastes os vossos membros como servos da impureza e da iniqüidade para iniqüidade, assim apresentai agora os vossos membros como servos da justiça para santificação.

²⁰Porque, quando éreis servos do pecado, estáveis livres em relação à justiça.

²¹E que fruto tínheis então das coisas de que agora vos envergonhais? pois o fim delas é a morte.

²²Mas agora, libertos do pecado, e feitos servos de Deus, tendes o vosso fruto para santificação, e por fim a vida eterna.

²³Porque o salário do pecado é a morte, mas o dom gratuito de Deus é a vida eterna em Cristo Jesus nosso Senhor.

## Capítulo 7

¹Ou ignorais, irmãos (pois falo aos que conhecem a lei), que a lei tem domínio sobre o homem por todo o tempo que ele vive?

²Porque a mulher casada está ligada pela lei a seu marido enquanto ele viver; mas, se ele morrer, ela está livre da lei do marido.

³De sorte que, enquanto viver o marido, será chamado adúltera, se for de outro homem; mas, se ele morrer, ela está livre da lei, e assim não será adúltera se for de outro marido.

⁴Assim também vós, meus irmãos, fostes mortos quanto à lei mediante o corpo de Cristo, para pertencerdes a outro, àquele que ressurgiu dentre os mortos a fim de que demos fruto para Deus.

⁵Pois, quando estávamos na carne, as paixões dos pecados, suscitadas pela lei, operavam em nossos membros para darem fruto para a morte.

⁶Mas agora fomos libertos da lei, havendo morrido para aquilo em que estávamos retidos, para servirmos em novidade de espírito, e não na velhice da letra.

⁷Que diremos pois? É a lei pecado? De modo nenhum. Contudo, eu não conheci o pecado senão pela lei; porque eu não conheceria a concupiscência, se a lei não dissesse: Não cobiçarás.

⁸Mas o pecado, tomando ocasião, pelo mandamento operou em mim toda espécie de concupiscência; porquanto onde não há lei está morto o pecado.

⁹E outrora eu vivia sem a lei; mas assim que veio o mandamento, reviveu o pecado, e eu morri;

¹⁰e o mandamento que era para vida, esse achei que me era para morte.

¹¹Porque o pecado, tomando ocasião, pelo mandamento me enganou, e por ele me matou.

¹²De modo que a lei é santa, e o mandamento santo, justo e bom.

¹³Logo o bom tornou-se morte para mim? De modo nenhum; mas o pecado, para que se mostrasse pecado, operou em mim a morte por meio do bem; a fim de que pelo mandamento o pecado se manifestasse excessivamente maligno.

¹⁴Porque bem sabemos que a lei é espiritual; mas eu sou carnal, vendido sob o pecado.

¹⁵Pois o que faço, não o entendo; porque o que quero, isso não pratico; mas o que aborreço, isso faço.

¹⁶E, se faço o que não quero, consinto com a lei, que é boa.

¹⁷Agora, porém, não sou mais eu que faço isto, mas o pecado que habita em mim.

¹⁸Porque eu sei que em mim, isto é, na minha carne, não habita bem algum; com efeito o querer o bem está em mim, mas o efetuá-lo não está.

¹⁹Pois não faço o bem que quero, mas o mal que não quero, esse pratico.

²⁰Ora, se eu faço o que não quero, já o não faço eu, mas o pecado que habita em mim.

²¹Acho então esta lei em mim, que, mesmo querendo eu fazer o bem, o mal está comigo.

²²Porque, segundo o homem interior, tenho prazer na lei de Deus;

²³mas vejo nos meus membros outra lei guerreando contra a lei do meu entendimento, e me levando cativo à lei do pecado, que está nos meus membros.

²⁴Miserável homem que eu sou! quem me livrará do corpo desta morte?

²⁵Graças a Deus, por Jesus Cristo nosso Senhor! De modo que eu mesmo com o entendimento sirvo à lei de Deus, mas com a carne à lei do pecado.

## Capítulo 8

¹Portanto, agora nenhuma condenação há para os que estão em Cristo Jesus.

²Porque a lei do Espírito da vida, em Cristo Jesus, te livrou da lei do pecado e da morte.

³Porquanto o que era impossível à lei, visto que se achava fraca pela carne, Deus enviando o seu próprio Filho em semelhança da carne do pecado, e por causa do pecado, na carne condenou o pecado.

⁴para que a justa exigência da lei se cumprisse em nós, que não andamos segundo a carne, mas segundo o Espírito.

⁵Pois os que são segundo a carne inclinam-se para as coisas da carne; mas os que são segundo o Espírito para as coisas do Espírito.

⁶Porque a inclinação da carne é morte; mas a inclinação do Espírito é vida e paz.

⁷Porquanto a inclinação da carne é inimizade contra Deus, pois não é sujeita à lei de Deus, nem em verdade o pode ser;

⁸e os que estão na carne não podem agradar a Deus.

⁹Vós, porém, não estais na carne, mas no Espírito, se é que o Espírito de Deus habita em vós. Mas, se alguém não tem o Espírito de Cristo, esse tal não é dele.

¹⁰Ora, se Cristo está em vós, o corpo, na verdade, está morto por causa do pecado, mas o espírito vive por causa da justiça.

¹¹E, se o Espírito daquele que dos mortos ressuscitou a Jesus habita em vós, aquele que dos mortos ressuscitou a Cristo Jesus há de vivificar também os vossos corpos mortais, pelo seu Espírito que em vós habita.

¹²Portanto, irmãos, somos devedores, não à carne para vivermos

segundo a carne;

¹³porque se viverdes segundo a carne, haveis de morrer; mas, se pelo Espírito mortificardes as obras do corpo, vivereis.

¹⁴Pois todos os que são guiados pelo Espírito de Deus, esses são filhos de Deus.

¹⁵Porque não recebestes o espírito de escravidão, para outra vez estardes com temor, mas recebestes o espírito de adoção, pelo qual clamamos: Aba, Pai!

¹⁶O Espírito mesmo testifica com o nosso espírito que somos filhos de Deus;

¹⁷e, se filhos, também herdeiros, herdeiros de Deus e co-herdeiros de Cristo; se é certo que com ele padecemos, para que também com ele sejamos glorificados.

¹⁸Pois tenho para mim que as aflições deste tempo presente não se podem comparar com a glória que em nós há de ser revelada.

¹⁹Porque a criação aguarda com ardente expectativa a revelação dos filhos de Deus.

²⁰Porquanto a criação ficou sujeita à vaidade, não por sua vontade, mas por causa daquele que a sujeitou,

²¹na esperança de que também a própria criação há de ser liberta do cativeiro da corrupção, para a liberdade da glória dos filhos de Deus.

²²Porque sabemos que toda a criação, conjuntamente, geme e está com dores de parto até agora.

²³e não só ela, mas até nós, que temos as primícias do Espírito, também gememos em nós mesmos, aguardando a nossa adoração, a saber, a redenção do nosso corpo.

²⁴Porque na esperança fomos salvos. Ora, a esperança que se vê não é esperança; pois o que alguém vê, como o espera?

²⁵Mas, se esperamos o que não vemos, com paciência o aguardamos.

²⁶Do mesmo modo também o Espírito nos ajuda na fraqueza; porque não sabemos o que havemos de pedir como convém, mas o Espírito mesmo intercede por nós com gemidos inexprimíveis.

²⁷E aquele que esquadrinha os corações sabe qual é a intenção do Espírito: que ele, segundo a vontade de Deus, intercede pelos santos.

²⁸E sabemos que todas as coisas concorrem para o bem daqueles que amam a Deus, daqueles que são chamados segundo o seu propósito.

²⁹Porque os que dantes conheceu, também os predestinou para serem conformes à imagem de seu Filho, a fim de que ele seja o primogênito entre muitos irmãos;

³⁰e aos que predestinou, a estes também chamou; e aos que chamou, a estes também justificou; e aos que justificou, a estes também glorificou.

³¹Que diremos, pois, a estas coisas? Se Deus é por nós, quem será contra nós?

³²Aquele que nem mesmo a seu próprio Filho poupou, antes o entregou por todos nós, como não nos dará também com ele todas as coisas?

³³Quem intentará acusação contra os escolhidos de Deus? É Deus quem os justifica;

³⁴Quem os condenará? Cristo Jesus é quem morreu, ou antes quem ressurgiu dentre os mortos, o qual está à direita de Deus, e também intercede por nós;

³⁵quem nos separará do amor de Cristo? a tribulação, ou a angústia, ou a perseguição, ou a fome, ou a nudez, ou o perigo, ou a espada?

³⁶Como está escrito: Por amor de ti somos entregues à morte o dia todo; fomos considerados como ovelhas para o matadouro.

³⁷Mas em todas estas coisas somos mais que vencedores, por aquele que nos amou.

³⁸Porque estou certo de que, nem a morte, nem a vida, nem anjos, nem principados, nem coisas presentes, nem futuras, nem potestades,

³⁹nem a altura, nem a profundidade, nem qualquer outra criatura nos poderá separar do amor de Deus, que está em Cristo Jesus nosso Senhor.

## Capítulo 9

¹Digo a verdade em Cristo, não minto, dando testemunho comigo a minha consciência no Espírito Santo,

²que tenho grande tristeza e incessante dor no meu coração.

³Porque eu mesmo desejaria ser separado de Cristo, por amor de meus irmãos, que são meus parentes segundo a carne;

⁴os quais são israelitas, de quem é a adoção, e a glória, e os pactos, e a promulgação da lei, e o culto, e as promessas;

⁵de quem são os patriarcas; e de quem descende o Cristo segundo a carne, o qual é sobre todas as coisas, Deus bendito eternamente. Amém.

⁶Não que a palavra de Deus haja falhado. Porque nem todos os que são de Israel são israelitas;

⁷nem por serem descendência de Abraão são todos filhos; mas: Em Isaque será chamada a tua descendência.

⁸Isto é, não são os filhos da carne que são filhos de Deus; mas os filhos da promessa são contados como descendência.

⁹Porque a palavra da promessa é esta: Por este tempo virei, e Sara terá um filho.

¹⁰E não somente isso, mas também a Rebeca, que havia concebido de um, de Isaque, nosso pai

¹¹(pois não tendo os gêmeos ainda nascido, nem tendo praticado bem ou mal, para que o propósito de Deus segundo a eleição permanecesse firme, não por causa das obras, mas por aquele que chama),

¹²foi-lhe dito: O maior servirá o menor.

¹³Como está escrito: Amei a Jacó, e aborreci a Esaú.

¹⁴Que diremos, pois? Há injustiça da parte de Deus? De modo nenhum.

¹⁵Porque diz a Moisés: Terei misericórdia de quem me aprouver ter misericórdia, e terei compaixão de quem me aprouver ter compaixão.

¹⁶Assim, pois, isto não depende do que quer, nem do que corre, mas de Deus que usa de misericórdia.

¹⁷Pois diz a Escritura a Faraó: Para isto mesmo te levantei: para em ti mostrar o meu poder, e para que seja anunciado o meu nome em toda a terra.

¹⁸Portanto, tem misericórdia de quem quer, e a quem quer endurece.

¹⁹Dir-me-ás então. Por que se queixa ele ainda? Pois, quem resiste à sua vontade?

²⁰Mas, ó homem, quem és tu, que a Deus replicas? Porventura a coisa formada dirá ao que a formou: Por que me fizeste assim?

²¹Ou não tem o oleiro poder sobre o barro, para da mesma massa fazer um vaso para uso honroso e outro para uso desonroso?

²²E que direis, se Deus, querendo mostrar a sua ira, e dar a conhecer o seu poder, suportou com muita paciência os vasos da ira, preparados para a perdição;

²³para que também desse a conhecer as riquezas da sua glória nos vasos de misericórdia, que de antemão preparou para a glória,

²⁴os quais somos nós, a quem também chamou, não só dentre os judeus, mas também dentre os gentios?

²⁵Como diz ele também em Oséias: Chamarei meu povo ao que não era meu povo; e amada à que não era amada.

²⁶E sucederá que no lugar em que lhes foi dito: Vós não sois meu povo; aí serão chamados filhos do Deus vivo.

²⁷Também Isaías exclama acerca de Israel: Ainda que o número dos filhos de Israel seja como a areia do mar, o remanescente é que será salvo.

²⁸Porque o Senhor executará a sua palavra sobre a terra, consumando-a e abreviando-a.

²⁹E como antes dissera Isaías: Se o Senhor dos Exércitos não nos tivesse deixado descendência, teríamos sido feitos como Sodoma, e seríamos semelhantes a Gomorra.

³⁰Que diremos pois? Que os gentios, que não buscavam a justiça, alcançaram a justiça, mas a justiça que vem da fé.

³¹Mas Israel, buscando a lei da justiça, não atingiu esta lei.

³²Por que? Porque não a buscavam pela fé, mas como que pelas obras; e tropeçaram na pedra de tropeço;

³³como está escrito: Eis que eu ponho em Sião uma pedra de tropeço; e uma rocha de escândalo; e quem nela crer não será confundido.

## Capítulo 10

¹Irmãos, o bom desejo do meu coração e a minha súplica a Deus por Israel é para sua salvação.

²Porque lhes dou testemunho de que têm zelo por Deus, mas não com entendimento.

³Porquanto, não conhecendo a justiça de Deus, e procurando estabelecer a sua própria, não se sujeitaram à justiça de Deus.

⁴Pois Cristo é o fim da lei para justificar a todo aquele que crê.

⁵Porque Moisés escreve que o homem que pratica a justiça que vem da lei viverá por ela.

⁶Mas a justiça que vem da fé diz assim: Não digas em teu coração: Quem subirá ao céu? (isto é, a trazer do alto a Cristo;)

⁷ou: Quem descerá ao abismo? (isto é, a fazer subir a Cristo dentre os mortos).

⁸Mas que diz? A palavra está perto de ti, na tua boca e no teu coração; isto é, a palavra da fé, que pregamos.

⁹Porque, se com a tua boca confessares a Jesus como Senhor, e em teu coração creres que Deus o ressuscitou dentre os mortos, será salvo;

¹⁰pois é com o coração que se crê para a justiça, e com a boca se faz confissão para a salvação.

¹¹Porque a Escritura diz: Ninguém que nele crê será confundido.

¹²Porquanto não há distinção entre judeu e grego; porque o mesmo Senhor o é de todos, rico para com todos os que o invocam.

¹³Porque: Todo aquele que invocar o nome do Senhor será salvo.

¹⁴Como pois invocarão aquele em quem não creram? e como crerão naquele de quem não ouviram falar? e como ouvirão, se não há quem pregue?

¹⁵E como pregarão, se não forem enviados? assim como está escrito: Quão formosos os pés dos que anunciam coisas boas!

¹⁶Mas nem todos deram ouvidos ao evangelho; pois Isaías diz: Senhor, quem deu crédito à nossa mensagem?

¹⁷Logo a fé é pelo ouvir, e o ouvir pela palavra de Cristo.

¹⁸Mas pergunto: Porventura não ouviram? Sim, por certo: Por toda a terra saiu a voz deles, e as suas palavras até os confins do mundo.

¹⁹Mas pergunto ainda: Porventura Israel não o soube? Primeiro diz Moisés: Eu vos porei em ciúmes com aqueles que não são povo, com um povo insensato vos provocarei à ira.

²⁰E Isaías ousou dizer: Fui achado pelos que não me buscavam, manifestei-me aos que por mim não perguntavam.

²¹Quanto a Israel, porém, diz: Todo o dia estendi as minhas mãos a um povo rebelde e contradizente.

## Capítulo 11

¹Pergunto, pois: Acaso rejeitou Deus ao seu povo? De modo nenhum; por que eu também sou israelita, da descendência de Abraão, da tribo de Benjamim.

²Deus não rejeitou ao seu povo que antes conheceu. Ou não sabeis o que a Escritura diz de Elias, como ele fala a Deus contra Israel, dizendo:

³Senhor, mataram os teus profetas, e derribaram os teus altares; e só eu fiquei, e procuraram tirar-me a vida?

⁴Mas que lhe diz a resposta divina? Reservei para mim sete mil varões que não dobraram os joelhos diante de Baal.

⁵Assim, pois, também no tempo presente ficou um remanescente segundo a eleição da graça.

⁶Mas se é pela graça, já não é pelas obras; de outra maneira, a graça já não é graça.

⁷Pois quê? O que Israel busca, isso não o alcançou; mas os eleitos alcançaram; e os outros foram endurecidos,

⁸como está escrito: Deus lhes deu um espírito entorpecido, olhos para não verem, e ouvidos para não ouvirem, até o dia de hoje.

⁹E Davi diz: Torne-se-lhes a sua mesa em laço, e em armadilha, e em tropeço, e em retribuição;

¹⁰escureçam-se-lhes os olhos para não verem, e tu encurva-lhes sempre as costas.

¹¹Logo, pergunto: Porventura tropeçaram de modo que caíssem? De maneira nenhuma, antes pelo seu tropeço veio a salvação aos gentios, para os incitar à emulação.

¹²Ora se o tropeço deles é a riqueza do mundo, e a sua diminuição a riqueza dos gentios, quanto mais a sua plenitude!

¹³Mas é a vós, gentios, que falo; e, porquanto sou apóstolo dos gentios, glorifico o meu ministério,

¹⁴para ver se de algum modo posso incitar à emulação os da minha raça e salvar alguns deles.

¹⁵Porque, se a sua rejeição é a reconciliação do mundo, qual será a sua admissão, senão a vida dentre os mortos?

¹⁶Se as primícias são santas, também a massa o é; e se a raiz é santa, também os ramos o são.

¹⁷E se alguns dos ramos foram quebrados, e tu, sendo zambujeiro, foste enxertado no lugar deles e feito participante da raiz e da seiva da oliveira,

¹⁸não te glories contra os ramos; e, se contra eles te gloriares, não és tu que sustentas a raiz, mas a raiz a ti.

¹⁹Dirás então: Os ramos foram quebrados, para que eu fosse enxertado.

²⁰Está bem; pela sua incredulidade foram quebrados, e tu pela tua fé estás firme. Não te ensoberbeças, mas teme;

²¹porque, se Deus não poupou os ramos naturais, não te poupará a ti.

²²Considera pois a bondade e a severidade de Deus: para com os que caíram, severidade; para contigo, a bondade de Deus, se permaneceres nessa bondade; do contrário também tu serás cortado.

²³E ainda eles, se não permanecerem na incredulidade, serão enxertados; porque poderoso é Deus para os enxertar novamente.

²⁴Pois se tu foste cortado do natural zambujeiro, e contra a natureza enxertado em oliveira legítima, quanto mais não serão enxertados na sua própria oliveira esses que são ramos naturais!

²⁵Porque não quero, irmãos, que ignoreis este mistério (para que não presumais de vós mesmos): que o endurecimento veio em parte sobre Israel, até que a plenitude dos gentios haja entrado;

²⁶e assim todo o Israel será salvo, como está escrito: Virá de Sião o Libertador, e desviará de Jacó as impiedades;

²⁷e este será o meu pacto com eles, quando eu tirar os seus pecados.

²⁸Quanto ao evangelho, eles na verdade, são inimigos por causa de vós; mas, quanto à eleição, amados por causa dos pais.

²⁹Porque os dons e a vocação de Deus são irretratáveis.

³⁰Pois, assim como vós outrora fostes desobedientes a Deus, mas agora alcançastes misericórdia pela desobediência deles,

³¹assim também estes agora foram desobedientes, para também alcançarem misericórdia pela misericórdia a vós demonstrada.

³²Porque Deus encerrou a todos debaixo da desobediência, a fim de usar de misericórdia para com todos.

³³Ó profundidade das riquezas, tanto da sabedoria, como da ciência de Deus! Quão insondáveis são os seus juízos, e quão inescrutáveis os seus caminhos!

³⁴Pois, quem jamais conheceu a mente do Senhor? ou quem se fez seu conselheiro?

³⁵Ou quem lhe deu primeiro a ele, para que lhe seja recompensado?

³⁶Porque dele, e por ele, e para ele, são todas as coisas; glória, pois, a ele eternamente. Amém.

## Capítulo 12

¹Rogo-vos pois, irmãos, pela compaixão de Deus, que apresenteis os vossos corpos como um sacrifício vivo, santo e agradável a Deus, que é o vosso culto racional.

²E não vos conformeis a este mundo, mas transformai-vos pela renovação da vossa mente, para que experimenteis qual seja a boa, agradável, e perfeita vontade de Deus.

³Porque pela graça que me foi dada, digo a cada um dentre vós que não tenha de si mesmo mais alto conceito do que convém; mas que pense de si sobriamente, conforme a medida da fé que Deus repartiu a cada um.

⁴Pois assim como em um corpo temos muitos membros, e nem todos os membros têm a mesma função,

⁵assim nós, embora muitos, somos um só corpo em Cristo, e individualmente uns dos outros.

⁶De modo que, tendo diferentes dons segundo a graça que nos foi dada, se é profecia, seja ela segundo a medida da fé;

⁷se é ministério, seja em ministrar; se é ensinar, haja dedicação ao ensino;

⁸ou que exorta, use esse dom em exortar; o que reparte, faça-o com liberalidade; o que preside, com zelo; o que usa de misericórdia, com alegria.

⁹O amor seja não fingido. Aborrecei o mal e apegai-vos ao bem.

¹⁰Amai-vos cordialmente uns aos outros com amor fraternal, preferindo-vos em honra uns aos outros;

¹¹não sejais vagarosos no cuidado; sede fervorosos no espírito, servindo ao Senhor;

¹²alegrai-vos na esperança, sede pacientes na tribulação, perseverai na oração;

¹³acudi aos santos nas suas necessidades, exercei a hospitalidade;

¹⁴abençoai aos que vos perseguem; abençoai, e não amaldiçoeis;

¹⁵alegrai-vos com os que se alegram; chorai com os que choram;

¹⁶sede unânimes entre vós; não ambicioneis coisas altivas mas acomodai-vos às humildes; não sejais sábios aos vossos olhos;

¹⁷a ninguém torneis mal por mal; procurai as coisas dignas, perante todos os homens.

¹⁸Se for possível, quanto depender de vós, tende paz com todos os homens.

¹⁹Não vos vingueis a vós mesmos, amados, mas dai lugar à ira de Deus, porque está escrito: Minha é a vingança, eu retribuirei, diz o Senhor.

²⁰Antes, se o teu inimigo tiver fome, dá-lhe de comer; se tiver sede, dá-lhe de beber; porque, fazendo isto amontoarás brasas de fogo sobre a sua cabeça.

²¹Não te deixes vencer do mal, mas vence o mal com o bem.

## Capítulo 13

¹Toda alma esteja sujeita às autoridades superiores; porque não há autoridade que não venha de Deus; e as que existem foram ordenadas por Deus.

²Por isso quem resiste à autoridade resiste à ordenação de Deus; e os que resistem trarão sobre si mesmos a condenação.

³Porque os magistrados não são motivo de temor para os que fazem o bem, mas para os que fazem o mal. Queres tu, pois, não temer a autoridade? Faze o bem, e terás louvor dela;

⁴porquanto ela é ministro de Deus para teu bem. Mas, se fizeres o mal, teme, pois não traz debalde a espada; porque é ministro de Deus, e vingador em ira contra aquele que pratica o mal.

⁵Pelo que é necessário que lhe estejais sujeitos, não somente por causa da ira, mas também por causa da consciência.

⁶Por esta razão também pagais tributo; porque são ministros de Deus, para atenderem a isso mesmo.

⁷Dai a cada um o que lhe é devido: a quem tributo, tributo; a quem imposto, imposto; a quem temor, temor; a quem honra, honra.

⁸A ninguém devais coisa alguma, senão o amor recíproco; pois quem ama ao próximo tem cumprido a lei.

⁹Com efeito: Não adulterarás; não matarás; não furtarás; não cobiçarás; e se há algum outro mandamento, tudo nesta palavra se resume: Amarás ao teu próximo como a ti mesmo.

¹⁰O amor não faz mal ao próximo. De modo que o amor é o cumprimento da lei.

¹¹E isso fazei, conhecendo o tempo, que já é hora de despertardes do sono; porque a nossa salvação está agora mais perto de nós do que quando nos tornamos crentes.

¹²A noite é passada, e o dia é chegado; dispamo-nos, pois, das obras das trevas, e vistamo-nos das armas da luz.

¹³Andemos honestamente, como de dia: não em glutonarias e bebedeiras, não em impudicícias e dissoluções, não em contendas e inveja.

¹⁴Mas revesti-vos do Senhor Jesus Cristo; e não tenhais cuidado da carne em suas concupiscências.

## Capítulo 14

¹Ora, ao que é fraco na fé, acolhei-o, mas não para condenar-lhe os escrúpulos.

²Um crê que de tudo se pode comer, e outro, que é fraco, come só legumes.

³Quem come não despreze a quem não come; e quem não come não julgue a quem come; pois Deus o acolheu.

⁴Quem és tu, que julgas o servo alheio? Para seu próprio senhor ele está em pé ou cai; mas estará firme, porque poderoso é o Senhor para o firmar.

⁵Um faz diferença entre dia e dia, mas outro julga iguais todos os dias. Cada um esteja inteiramente convicto em sua própria mente.

⁶Aquele que faz caso do dia, para o Senhor o faz. E quem come, para o Senhor come, porque dá graças a Deus; e quem não come, para o Senhor não come, e dá graças a Deus.

⁷Porque nenhum de nós vive para si, e nenhum morre para si.

⁸Pois, se vivemos, para o Senhor vivemos; se morremos, para o Senhor morremos. De sorte que, quer vivamos quer morramos, somos do Senhor.

⁹Porque foi para isto mesmo que Cristo morreu e tornou a viver, para ser Senhor tanto de mortos como de vivos.

¹⁰Mas tu, por que julgas teu irmão? Ou tu, também, por que desprezas teu irmão? Pois todos havemos de comparecer ante o tribunal de Deus.

¹¹Porque está escrito: Por minha vida, diz o Senhor, diante de mim se dobrará todo joelho, e toda língua louvará a Deus.

¹²Assim, pois, cada um de nós dará conta de si mesmo a Deus.

¹³Portanto não nos julguemos mais uns aos outros; antes o seja o vosso propósito não pôr tropeço ou escândalo ao vosso irmão.

¹⁴Eu sei, e estou certo no Senhor Jesus, que nada é de si mesmo imundo a não ser para aquele que assim o considera; para esse é imundo.

¹⁵Pois, se pela tua comida se entristece teu irmão, já não andas segundo o amor. Não faças perecer por causa da tua comida aquele por quem Cristo morreu.

¹⁶Não seja pois censurado o vosso bem;

¹⁷porque o reino de Deus não consiste no comer e no beber, mas na justiça, na paz, e na alegria no Espírito Santo.

¹⁸Pois quem nisso serve a Cristo agradável é a Deus e aceito aos homens.

¹⁹Assim, pois, sigamos as coisas que servem para a paz e as que contribuem para a edificação mútua.

²⁰Não destruas por causa da comida a obra de Deus. Na verdade tudo é limpo, mas é um mal para o homem dar motivo de tropeço pelo comer.

²¹Bom é não comer carne, nem beber vinho, nem fazer outra coisa em que teu irmão tropece.

²²A fé que tens, guarda-a contigo mesmo diante de Deus. Bem-aventurado aquele que não se condena a si mesmo naquilo que aprova.

²³Mas aquele que tem dúvidas, se come está condenado, porque o que faz não provém da fé; e tudo o que não provém da fé é pecado.

## Capítulo 15

¹Ora nós, que somos fortes, devemos suportar as fraquezas dos fracos, e não agradar a nós mesmos.

²Portanto cada um de nós agrade ao seu próximo, visando o que é bom para edificação.

³Porque também Cristo não se agradou a si mesmo, mas como está escrito: Sobre mim caíram as injúrias dos que te injuriavam.

⁴Porquanto, tudo que dantes foi escrito, para nosso ensino foi escrito, para que, pela constância e pela consolação provenientes das Escrituras, tenhamos esperança.

⁵Ora, o Deus de constância e de consolação vos dê o mesmo sentimento uns para com os outros, segundo Cristo Jesus;

⁶Para que unânimes, e a uma boca, glorifiqueis ao Deus e Pai de nosso Senhor Jesus Cristo.

⁷Portanto recebei-vos uns aos outros, como também Cristo nos recebeu, para glória de Deus.

⁸Digo pois que Cristo foi feito ministro da circuncisão, por causa da verdade de Deus, para confirmar as promessas feitas aos pais;

⁹e para que os gentios glorifiquem a Deus pela sua misericórdia, como está escrito: Portanto eu te louvarei entre os gentios, e cantarei ao teu nome.

¹⁰E outra vez diz: Alegrai-vos, gentios, juntamente com o povo.

¹¹E ainda: Louvai ao Senhor, todos os gentios, e louvem-no, todos os povos.

¹²E outra vez, diz também Isaías: Haverá a raiz de Jessé, aquele que se levanta para reger os gentios; nele os gentios esperarão.

¹³Ora, o Deus de esperança vos encha de todo o gozo e paz na vossa fé, para que abundeis na esperança pelo poder do Espírito Santo.

¹⁴Eu, da minha parte, irmãos meus, estou persuadido a vosso respeito, que vós já estais cheios de bondade, cheios de todo o conhecimento e capazes, vós mesmos, de admoestar-vos uns aos outros.

¹⁵Mas em parte vos escrevo mais ousadamente, como para vos trazer outra vez isto à memória, por causa da graça que por Deus me foi dada,

¹⁶para ser ministro de Cristo Jesus entre os gentios, ministrando o evangelho de Deus, para que sejam aceitáveis os gentios como oferta, santificada pelo Espírito Santo.

¹⁷Tenho, portanto, motivo para me gloriar em Cristo Jesus, nas coisas concernentes a Deus;

¹⁸porque não ousarei falar de coisa alguma senão daquilo que Cristo por meu intermédio tem feito, para obediência da parte dos gentios, por palavra e por obras,

¹⁹pelo poder de sinais e prodígios, no poder do Espírito Santo; de modo que desde Jerusalém e arredores, até a Ilíria, tenho divulgado o evangelho de Cristo;

²⁰deste modo esforçando-me por anunciar o evangelho, não onde Cristo houvera sido nomeado, para não edificar sobre fundamento alheio;

²¹antes, como está escrito: Aqueles a quem não foi anunciado, o verão; e os que não ouviram, entenderão.

²²Pelo que também muitas vezes tenho sido impedido de ir ter convosco;

²³mas agora, não tendo mais o que me detenha nestas regiões, e tendo já há muitos anos grande desejo de ir visitar-vos,

²⁴eu o farei quando for à Espanha; pois espero ver-vos de passagem e por vós ser encaminhado para lá, depois de ter gozado um pouco da vossa companhia.

²⁵Mas agora vou a Jerusalém para ministrar aos santos.

²⁶Porque pareceu bem à Macedônia e à Acaia levantar uma oferta fraternal para os pobres dentre os santos que estão em Jerusalém.

²⁷Isto pois lhes pareceu bem, como devedores que são para com eles. Porque, se os gentios foram participantes das bênçãos espirituais dos judeus, devem também servir a estes com as materiais.

²⁸Tendo, pois, concluído isto, e havendo-lhes consignado este fruto, de lá, passando por vós, irei à Espanha.

²⁹E bem sei que, quando for visitar-vos, chegarei na plenitude da

*Romanos*

bênção de Cristo.

³⁰Rogo-vos, irmãos, por nosso Senhor Jesus Cristo e pelo amor do Espírito, que luteis juntamente comigo nas vossas orações por mim a Deus,

³¹para que eu seja livre dos rebeldes que estão na Judéia, e que este meu ministério em Jerusalém seja aceitável aos santos;

³²a fim de que, pela vontade de Deus, eu chegue até vós com alegria, e possa entre vós recobrar as forças.

³³E o Deus de paz seja com todos vós. Amém.

## Capítulo 16

¹Recomendo-vos a nossa irmã Febe, que é serva da igreja que está em Cencréia;

²para que a recebais no Senhor, de um modo digno dos santos, e a ajudeis em qualquer coisa que de vós necessitar; porque ela tem sido o amparo de muitos, e de mim em particular.

³Saudai a Prisca e a Áqüila, meus cooperadores em Cristo Jesus,

⁴os quais pela minha vida expuseram as suas cabeças; o que não só eu lhes agradeço, mas também todas as igrejas dos gentios.

⁵Saudai também a igreja que está na casa deles. Saudai a Epêneto, meu amado, que é as primícias da Ásia para Cristo.

⁶Saudai a Maria, que muito trabalhou por vós.

⁷Saudai a Andrônico e a Júnias, meus parentes e meus companheiros de prisão, os quais são bem conceituados entre os apóstolos, e que estavam em Cristo antes de mim.

⁸Saudai a Ampliato, meu amado no Senhor.

⁹Saudai a Urbano, nosso cooperador em Cristo, e a Estáquis, meu amado.

¹⁰Saudai a Apeles, aprovado em Cristo. Saudai aos da casa de Aristóbulo.

¹¹Saudai a Herodião, meu parente. Saudai aos da casa de Narciso que estão no Senhor.

¹²Saudai a Trifena e a Trifosa, que trabalham no Senhor. Saudai a amada Pérside, que muito trabalhou no Senhor.

¹³Saudai a Rufo, eleito no Senhor, e a sua mãe e minha.

¹⁴Saudai a Asíncrito, a Flegonte, a Hermes, a Pátrobas, a Hermes, e aos irmãos que estão com eles.

¹⁵Saudai a Filólogo e a Júlia, a Nereu e a sua irmã, e a Olímpas, e a todos os santos que com eles estão.

¹⁶Saudai-vos uns aos outros com ósculo santo. Todas as igrejas de Cristo vos saúdam.

¹⁷Rogo-vos, irmãos, que noteis os que promovem dissensões e escândalos contra a doutrina que aprendestes; desviai-vos deles.

¹⁸Porque os tais não servem a Cristo nosso Senhor, mas ao seu ventre; e com palavras suaves e lisonjas enganam os corações dos inocentes.

¹⁹Pois a vossa obediência é conhecida de todos. Comprazo-me, portanto, em vós; e quero que sejais sábios para o bem, mas simples para o mal.

²⁰E o Deus de paz em breve esmagará a Satanás debaixo dos vossos pés. A graça de nosso Senhor Jesus Cristo seja convosco.

²¹Saúdam-vos Timóteo, meu cooperador, e Lúcio, e Jáson, e Sosípatro, meus parentes.

²²Eu, Tércio, que escrevo esta carta, vos saúdo no Senhor.

²³Saúda-vos Gaio, hospedeiro meu e de toda a igreja. Saúda-vos Erasto, tesoureiro da cidade, e também o irmão Quarto.

²⁴[A graça de nosso Senhor Jesus Cristo seja com todos vós. Amém.]

²⁵Ora, àquele que é poderoso para vos confirmar, segundo o meu evangelho e a pregação de Jesus Cristo, conforme a revelação do mistério guardado em silêncio desde os tempos eternos,

²⁶mas agora manifesto e, por meio das Escrituras proféticas, segundo o mandamento do Deus, eterno, dado a conhecer a todas as nações para obediência da fé;

²⁷ao único Deus sábio seja dada glória por Jesus Cristo para todo o sempre. Amém.

# 1 Coríntios

## Capítulo 1

¹Paulo, chamado para ser apóstolo de Jesus Cristo pela vontade de Deus, e o irmão Sóstenes,
²à igreja de Deus que está em Corinto, aos santificados em Cristo Jesus, chamados para serem santos, com todos os que em todo lugar invocam o nome de nosso Senhor Jesus Cristo, Senhor deles e nosso:
³Graça seja convosco, e paz, da parte de Deus nosso Pai, e do Senhor Jesus Cristo.
⁴Sempre dou graças a Deus por vós, pela graça de Deus que vos foi dada em Cristo Jesus;
⁵porque em tudo fostes enriquecidos nele, em toda palavra e em todo o conhecimento,
⁶assim como o testemunho de Cristo foi confirmado entre vós;
⁷de maneira que nenhum dom vos falta, enquanto aguardais a manifestação de nosso Senhor Jesus Cristo,
⁸o qual também vos confirmará até o fim, para serdes irrepreensíveis no dia de nosso Senhor Jesus Cristo.
⁹Fiel é Deus, pelo qual fostes chamados para a comunhão de seu Filho Jesus Cristo nosso Senhor.
¹⁰Rogo-vos, irmãos, em nome de nosso Senhor Jesus Cristo, que sejais concordes no falar, e que não haja dissensões entre vós; antes sejais unidos no mesmo pensamento e no mesmo parecer.
¹¹Pois a respeito de vós, irmãos meus, fui informado pelos da família de Cloé que há contendas entre vós.
¹²Quero dizer com isto, que cada um de vós diz: Eu sou de Paulo; ou, Eu de Apolo; ou Eu sou de Cefas; ou, Eu de Cristo.
¹³será que Cristo está dividido? foi Paulo crucificado por amor de vós? ou fostes vós batizados em nome de Paulo?
¹⁴Dou graças a Deus que a nenhum de vós batizei, senão a Crispo e a Gaio;
¹⁵para que ninguém diga que fostes batizados em meu nome.
¹⁶É verdade, batizei também a família de Estéfanas, além destes, não sei se batizei algum outro.
¹⁷Porque Cristo não me enviou para batizar, mas para pregar o evangelho; não em sabedoria de palavras, para não se tornar vã a cruz de Cristo.
¹⁸Porque a palavra da cruz é deveras loucura para os que perecem; mas para nós, que somos salvos, é o poder de Deus.
¹⁹porque está escrito: Destruirei a sabedoria dos sábios, e aniquilarei a sabedoria o entendimento dos entendidos.
²⁰Onde está o sábio? Onde o escriba? Onde o questionador deste século? Porventura não tornou Deus louca a sabedoria deste mundo?
²¹Visto como na sabedoria de Deus o mundo pela sua sabedoria não conheceu a Deus, aprouve a Deus salvar pela loucura da pregação os que crêem.
²²Pois, enquanto os judeus pedem sinal, e os gregos buscam sabedoria,
²³nós pregamos a Cristo crucificado, que é escândalo para os judeus, e loucura para os gregos,
²⁴mas para os que são chamados, tanto judeus como gregos, Cristo, poder de Deus, e sabedoria de Deus.
²⁵Porque a loucura de Deus é mais sábia que os homens; e a fraqueza de Deus é mais forte que os homens.
²⁶Ora, vede, irmãos, a vossa vocação, que não são muitos os sábios segundo a carne, nem muitos os poderosos. nem muitos os nobres que são chamados.
²⁷Pelo contrário, Deus escolheu as coisas loucas do mundo para confundir os sábios; e Deus escolheu as coisas fracas do mundo para confundir as fortes;
²⁸e Deus escolheu as coisas ignóbeis do mundo, e as desprezadas, e as que não são, para reduzir a nada as que são;
²⁹para que nenhum mortal se glorie na presença de Deus.
³⁰Mas vós sois dele, em Cristo Jesus, o qual para nós foi feito por Deus sabedoria, e justiça, e santificação, e redenção;
³¹para que, como está escrito: Aquele que se gloria, glorie-se no Senhor.

## Capítulo 2

¹E eu, irmãos, quando fui ter convosco, anunciando-vos o testemunho de Deus, não fui com sublimidade de palavras ou de sabedoria.
²Porque nada me propus saber entre vós, senão a Jesus Cristo, e este crucificado.
³E eu estive convosco em fraqueza, e em temor, e em grande tremor.
⁴A minha linguagem e a minha pregação não consistiram em palavras persuasivas de sabedoria, mas em demonstração do Espírito de poder;
⁵para que a vossa fé não se apoiasse na sabedoria dos homens, mas no poder de Deus.
⁶Na verdade, entre os perfeitos falamos sabedoria, não porém a sabedoria deste mundo, nem dos príncipes deste mundo, que estão sendo reduzidos a nada;
⁷mas falamos a sabedoria de Deus em mistério, que esteve oculta, a qual Deus preordenou antes dos séculos para nossa glória;
⁸a qual nenhum dos príncipes deste mundo compreendeu; porque se a tivessem compreendido, não teriam crucificado o Senhor da glória.
⁹Mas, como está escrito: As coisas que olhos não viram, nem ouvidos ouviram, nem penetraram o coração do homem, são as que Deus preparou para os que o amam.
¹⁰Porque Deus no-las revelou pelo seu Espírito; pois o Espírito esquadrinha todas as coisas, mesmos as profundezas de Deus.
¹¹Pois, qual dos homens entende as coisas do homem, senão o espírito do homem que nele está? assim também as coisas de Deus, ninguém as compreendeu, senão o Espírito de Deus.
¹²Ora, nós não temos recebido o espírito do mundo, mas sim o Espírito que provém de Deus, a fim de compreendermos as coisas que nos foram dadas gratuitamente por Deus;
¹³as quais também falamos, não com palavras ensinadas pela sabedoria humana, mas com palavras ensinadas pelo Espírito Santo, comparando coisas espirituais com espirituais.
¹⁴Ora, o homem natural não aceita as coisas do Espírito de Deus, porque para ele são loucura; e não pode entendê-las, porque elas se discernem espiritualmente.
¹⁵Mas o que é espiritual discerne bem tudo, enquanto ele por ninguém é discernido.
¹⁶Pois, quem jamais conheceu a mente do Senhor, para que possa instruí-lo? Mas nós temos a mente de Cristo.

## Capítulo 3

¹E eu, irmãos não vos pude falar como a espírituais, mas como a carnais, como a criancinhas em Cristo.
²Leite vos dei por alimento, e não comida sólida, porque não a podíeis suportar; nem ainda agora podeis;
³porquanto ainda sois carnais; pois, havendo entre vós inveja e contendas, não sois porventura carnais, e não estais andando segundo os homens?
⁴Porque, dizendo um: Eu sou de Paulo; e outro: Eu de Apolo; não sois apenas homens?
⁵Pois, que é Apolo, e que é Paulo, senão ministros pelos quais crestes, e isso conforme o que o Senhor concedeu a cada um?
⁶Eu plantei; Apolo regou; mas Deus deu o crescimento.
⁷De modo que, nem o que planta é alguma coisa, nem o que rega, mas Deus, que dá o crescimento.
⁸Ora, uma só coisa é o que planta e o que rega; e cada um receberá o seu galardão segundo o seu trabalho.
⁹Porque nós somos cooperadores de Deus; vós sois lavoura de Deus e edifício de Deus.
¹⁰Segundo a graça de Deus que me foi dada, lancei eu como sábio construtor, o fundamento, e outro edifica sobre ele; mas veja cada um como edifica sobre ele.
¹¹Porque ninguém pode lançar outro fundamento, além do que já está posto, o qual é Jesus Cristo.
¹²E, se alguém sobre este fundamento levanta um edifício de ouro, prata, pedras preciosas, madeira, feno, palha,
¹³a obra de cada um se manifestará; pois aquele dia a demonstrará, porque será reveldada no fogo, e o fogo provará qual seja a obra de cada um.
¹⁴Se permanecer a obra que alguém sobre ele edificou, esse receberá galardão.
¹⁵Se a obra de alguém se queimar, sofrerá ele prejuízo; mas o tal será salvo todavia como que pelo fogo.
¹⁶Não sabeis vós que sois santuário de Deus, e que o Espírito de Deus habita em vós?
¹⁷Se alguém destruir o santuário de Deus, Deus o destruirá; porque sagrado é o santuário de Deus, que sois vós.
¹⁸Ninguém se engane a si mesmo; se alguém dentre vós se tem por sábio neste mundo, faça-se louco para se tornar sábio.

¹⁹Porque a sabedoria deste mundo é loucura diante de Deus; pois está escrito: Ele apanha os sábios na sua própria astúcia;

²⁰e outra vez: O Senhor conhece as cogitações dos sábios, que são vãs.

²¹Portanto ninguém se glorie nos homens; porque tudo é vosso;

²²seja Paulo, ou Apolo, ou Cefas; seja o mundo, ou a vida, ou a morte; sejam as coisas presentes, ou as vindouras, tudo é vosso,

²³e vós de Cristo, e Cristo de Deus.

## Capítulo 4

¹Que os homens nos considerem, pois, como ministros de Cristo, e despenseiros dos mistérios de Deus.

²Ora, além disso, o que se requer nos despenseiros é que cada um seja encontrado fiel.

³Todavia, a mim mui pouco se me dá de ser julgado por vós, ou por qualquer tribunal humano; nem eu tampouco a mim mesmo me julgo.

⁴Porque, embora em nada me sinta culpado, nem por isso sou justificado; pois quem me julga é o Senhor.

⁵Portanto nada julgueis antes do tempo, até que venha o Senhor, o qual não só trará à luz as coisas ocultas das trevas, mas também manifestará os desígnios dos corações; e então cada um receberá de Deus o seu louvor.

⁶Ora, irmãos, estas coisas eu as apliquei figuradamente a mim e a Apolo, por amor de vós; para que em nós aprendais a não ir além do que está escrito, de modo que nenhum de vós se ensoberbeça a favor de um contra outro.

⁷Pois, quem te diferença? E que tens tu que não tenhas recebido? E, se o recebeste, por que te glorias, como se não o houveras recebido?

⁸Já estais fartos! já estais ricos! sem nós já chegastes a reinar! e oxalá reinásseis de fato, para que também nós reinássemos convosco!

⁹Porque tenho para mim, que Deus a nós, apóstolos, nos pôs por últimos, como condenados à morte; pois somos feitos espetáculo ao mundo, tanto a anjos como a homens.

¹⁰Nós somos loucos por amor de Cristo, e vós sábios em Cristo; nós fracos, e vós fortes; vós ilustres, e nós desprezíveis.

¹¹Até a presente hora padecemos fome, e sede; estamos nus, e recebemos bofetadas, e não temos pousada certa,

¹²e nos afadigamos, trabalhando com nossas próprias mãos; somos injuriados, e bendizemos; somos perseguidos, e o suportamos;

¹³somos difamados, e exortamos; até o presente somos considerados como o refugo do mundo, e como a escória de tudo.

¹⁴Não escrevo estas coisas para vos envergonhar, mas para vos admoestar, como a filhos meus amados.

¹⁵Porque ainda que tenhais dez mil aios em Cristo, não tendes contudo muitos pais; pois eu pelo evangelho vos gerei em Cristo Jesus.

¹⁶Rogo-vos, portanto, que sejais meus imitadores.

¹⁷Por isso mesmo vos enviei Timóteo, que é meu filho amado, e fiel no Senhor; o qual vos lembrará os meus caminhos em Cristo, como por toda parte eu ensino em cada igreja.

¹⁸Mas alguns andam inchados, como se eu não houvesse de ir ter convosco.

¹⁹Em breve, porém, irei ter convosco, se o Senhor quiser, e então conhecerei, não as palavras dos que andam inchados, mas o poder.

²⁰Porque o reino de Deus não consiste em palavras, mas em poder.

²¹Que quereis? Irei a vós com vara, ou com amor e espírito de mansidão?

## Capítulo 5

¹para que a recebais no Senhor, de um modo digno dos santos, imoralidade que nem mesmo entre os gentios se vê, a ponto de haver quem vive com a mulher de seu pai.

²E vós estais inchados? e nem ao menos pranteastes para que fosse tirado do vosso meio quem praticou esse mal?

³Eu, na verdade, ainda que ausente no corpo, mas presente no espírito, já julguei, como se estivesse presente, aquele que cometeu este ultraje.

⁴Em nome de nosso Senhor Jesus, congregados vós e o meu espírito, pelo poder de nosso Senhor Jesus,

⁵seja entregue a Satanás para destruição da carne, para que o espírito seja salvo no dia do Senhor Jesus.

⁶Não é boa a vossa jactância. Não sabeis que um pouco de fermento leveda a massa toda?

⁷Expurgai o fermento velho, para que sejais massa nova, assim como sois sem fermento. Porque Cristo, nossa páscoa, já foi sacrificado.

⁸Pelo que celebremos a festa, não com o fermento velho, nem com o fermento da malícia e da corrupção, mas com os ázimos da sinceridade e da verdade.

⁹Já por carta vos escrevi que não vos comunicásseis com os que se prostituem;

¹⁰com isso não me referia à comunicação em geral com os devassos deste mundo, ou com os avarentos, ou com os roubadores, ou com os idólatras; porque então vos seria necessário sair do mundo.

¹¹Mas agora vos escrevo que não vos comuniqueis com aquele que, dizendo-se irmão, for devasso, ou avarento, ou idólatra, ou maldizente, ou beberrão, ou roubador; com esse tal nem sequer comais.

¹²Pois, que me importa julgar os que estão de fora? Não julgais vós os que estão de dentro?

¹³Mas Deus julga os que estão de fora. Tirai esse iníquo do meio de vós.

## Capítulo 6

¹Ousa algum de vós, tendo uma queixa contra outro, ir a juízo perante os injustos, e não perante os santos?

²Ou não sabeis vós que os santos hão de julgar o mundo? Ora, se o mundo há de ser julgado por vós, sois porventura indignos de julgar as coisas mínimas?

³Não sabeis vós que havemos de julgar os anjos? Quanto mais as coisas pertencentes a esta vida?

⁴Então, se tiverdes negócios em juízo, pertencentes a esta vida, constituís como juízes deles os que são de menos estima na igreja?

⁵Para vos envergonhar o digo. Será que não há entre vós sequer um sábio, que possa julgar entre seus irmãos?

⁶Mas vai um irmão a juízo contra outro irmão, e isto perante incrédulos?

⁷Na verdade já é uma completa derrota para vós o terdes demandadas uns contra os outros. Por que não sofreis antes a injustiça? Por que não sofreis antes a fraude?

⁸Mas vós mesmos é que fazeis injustiça e defraudais; e isto a irmãos.

⁹Não sabeis que os injustos não herdarão o reino de Deus? Não vos enganeis: nem os devassos, nem os idólatras, nem os adúlteros, nem os efeminados, nem os sodomitas,

¹⁰nem os ladrões, nem os avarentos, nem os bêbedos, nem os maldizentes, nem os roubadores herdarão o reino de Deus.

¹¹E tais fostes alguns de vós; mas fostes lavados, mas fostes santificados, mas fostes justificados em nome do Senhor Jesus Cristo e no Espírito do nosso Deus.

¹²Todas as coisas me são lícitas, mas nem todas as coisas convêm. Todas as coisas me são lícitas; mas eu não me deixarei dominar por nenhuma delas.

¹³Os alimentos são para o estômago e o estômago para os alimentos; Deus, porém aniquilará, tanto um como os outros. Mas o corpo não é para a prostituição, mas para o Senhor, e o Senhor para o corpo.

¹⁴Ora, Deus não somente ressuscitou ao Senhor, mas também nos ressuscitará a nós pelo seu poder.

¹⁵Não sabeis vós que os vossos corpos são membros de Cristo? Tomarei pois os membros de Cristo, e os farei membros de uma meretriz? De modo nenhum.

¹⁶Ou não sabeis que o que se une à meretriz, faz-se um corpo com ela? Porque, como foi dito, os dois serão uma só carne.

¹⁷Mas, o que se une ao Senhor é um só espírito com ele.

¹⁸Fugi da prostituição. Qualquer outro pecado que o homem comete, é fora do corpo; mas o que se prostitui peca contra o seu próprio corpo.

¹⁹Ou não sabeis que o vosso corpo é santuário do Espírito Santo, que habita em vós, o qual possuís da parte de Deus, e que não sois de vós mesmos?

²⁰Porque fostes comprados por preço; glorificai pois a Deus no vosso corpo.

## Capítulo 7

¹Ora, quanto às coisas de que me escrevestes, bom seria que o homem não tocasse em mulher;

²mas, por causa da prostituição, tenha cada homem sua própria mulher e cada mulher seu próprio marido.

³O marido pague à mulher o que lhe é devido, e do mesmo modo a mulher ao marido.

⁴A mulher não tem autoridade sobre o seu próprio corpo, mas sim o marido; e também da mesma sorte o marido não tem autoridade sobre o seu próprio corpo, mas sim a mulher.

⁵Não vos negueis um ao outro, senão de comum acordo por algum tempo, a fim de vos aplicardes à oração e depois vos ajuntardes outra

vez, para que Satanás não vos tente pela vossa incontinência.

⁶Digo isto, porém, como que por concessão e não por mandamento.

⁷Contudo queria que todos os homens fossem como eu mesmo; mas cada um tem de Deus o seu próprio dom, um deste modo, e outro daquele.

⁸Digo, porém, aos solteiros e às viúvas, que lhes é bom se ficarem como eu.

⁹Mas, se não podem conter-se, casem-se. Porque é melhor casar do que abrasar-se.

¹⁰Todavia, aos casados, mando, não eu mas o Senhor, que a mulher não se aparte do marido;

¹¹se, porém, se apartar, que fique sem casar, ou se reconcilie com o marido; e que o marido não deixe a mulher.

¹²Mas aos outros digo eu, não o Senhor: Se algum irmão tem mulher incrédula, e ela consente em habitar com ele, não se separe dela.

¹³E se alguma mulher tem marido incrédulo, e ele consente em habitar com ela, não se separe dele.

¹⁴Porque o marido incrédulo é santificado pela mulher, e a mulher incrédula é santificada pelo marido crente; de outro modo, os vossos filhos seriam imundos; mas agora são santos.

¹⁵Mas, se o incrédulo se apartar, aparte-se; porque neste caso o irmão, ou a irmã, não está sujeito à servidão; pois Deus nos chamou em paz.

¹⁶Pois, como sabes tu, ó mulher, se salvarás teu marido? ou, como sabes tu, ó marido, se salvarás tua mulher?

¹⁷Somente ande cada um como o Senhor lhe repartiu, cada um como Deus o chamou. E é isso o que ordeno em todas as igrejas.

¹⁸Foi chamado alguém, estando circuncidado? permaneça assim. Foi alguém chamado na incircuncisão? não se circuncide.

¹⁹A circuncisão nada é, e também a incircuncisão nada é, mas sim a observância dos mandamentos de Deus.

²⁰Cada um fique no estado em que foi chamado.

²¹Foste chamado sendo escravo? não te dê cuidado; mas se ainda podes tornar-te livre, aproveita a oportunidade.

²²Pois aquele que foi chamado no Senhor, mesmo sendo escravo, é um liberto do Senhor; e assim também o que foi chamado sendo livre, escravo é de Cristo.

²³Por preço fostes comprados; mas vos façais escravos de homens.

²⁴Irmãos, cada um fique diante de Deus no estado em que foi chamado.

²⁵Ora, quanto às virgens, não tenho mandamento do Senhor; dou, porém, o meu parecer, como quem tem alcançado misericórdia do Senhor para ser fiel.

²⁶Acho, pois, que é bom, por causa da instante necessidade, que a pessoa fique como está.

²⁷Estás ligado a mulher? não procures separação. Estás livre de mulher? não procures casamento.

²⁸Mas, se te casares, não pecaste; e, se a virgem se casar, não pecou. Todavia estes padecerão tribulação na carne e eu quisera poupar-vos.

²⁹Isto, porém, vos digo, irmãos, que o tempo se abrevia; pelo que, doravante, os que têm mulher sejam como se não a tivessem;

³⁰os que choram, como se não chorassem; os que folgam, como se não folgassem; os que compram, como se não possuíssem;

³¹e os que usam deste mundo, como se dele não usassem em absoluto, porque a aparência deste mundo passa.

³²Pois quero que estejais livres de cuidado. Quem não é casado cuida das coisas do Senhor, em como há de agradar ao Senhor,

³³mas quem é casado cuida das coisas do mundo, em como há de agradar a sua mulher,

³⁴e está dividido. A mulher não casada e a virgem cuidam das coisas do Senhor para serem santas, tanto no corpo como no espírito; a casada, porém, cuida das coisas do mundo, em como há de agradar ao marido.

³⁵E digo isto para proveito vosso; não para vos enredar, mas para o que é decente, e a fim de poderdes dedicar-vos ao Senhor sem distração alguma.

³⁶Mas, se alguém julgar que lhe é desairoso conservar solteira a sua filha donzela, se ela estiver passando da idade de se casar, e se for necessário, faça o que quiser; não peca; casem-se.

³⁷Todavia aquele que está firme em seu coração, não tendo necessidade, mas tendo domínio sobre a sua própria vontade, se resolver no seu coração guardar virgem sua filha, fará bem.

³⁸De modo que aquele que dá em casamento a sua filha donzela, faz bem; mas o que não a der, fará melhor.

³⁹A mulher está ligada enquanto o marido vive; mas se falecer o marido, fica livre para casar com quem quiser, contanto que seja no Senhor.

⁴⁰Será, porém, mais feliz se permanecer como está, segundo o meu parecer, e eu penso que também tenho o Espírito de Deus.

## Capítulo 8

¹Ora, no tocante às coisas sacrificadas aos ídolos, sabemos que todos temos ciência. A ciência incha, mas o amor edifica.

²Se alguém cuida saber alguma coisa, ainda não sabe como convém saber.

³Mas, se alguém ama a Deus, esse é conhececido dele.

⁴Quanto, pois, ao comer das coisas sacrificadas aos ídolos, sabemos que o ídolo nada é no mundo, e que não há outro Deus, senão um só.

⁵Pois, ainda que haja também alguns que se chamem deuses, quer no céu quer na terra (como há muitos deuses e muitos senhores),

⁶todavia para nós há um só Deus, o Pai, de quem são todas as coisas e para quem nós vivemos; e um só Senhor, Jesus Cristo, pelo qual existem todas as coisas, e por ele nós também.

⁷Entretanto, nem em todos há esse conhecimento; pois alguns há que, acostumados até agora com o ídolo, comem como de coisas sacrificadas a um ídolo; e a sua consciência, sendo fraca, contamina-se.

⁸Não é, porém, a comida que nos há de recomendar a Deus; pois não somos piores se não comermos, nem melhores se comermos.

⁹Mas, vede que essa liberdade vossa não venha a ser motivo de tropeço para os fracos.

¹⁰Porque, se alguém te vir a ti, que tens ciência, reclinado à mesa em templo de ídolos, não será induzido, sendo a sua consciência fraca, a comer das coisas sacrificadas aos ídolos?

¹¹Pela tua ciência, pois, perece aquele que é fraco, o teu irmão por quem Cristo morreu.

¹²Ora, pecando assim contra os irmãos, e ferindo-lhes a consciência quando fraca, pecais contra Cristo.

¹³Pelo que, se a comida fizer tropeçar a meu irmão, nunca mais comerei carne, para não servir de tropeço a meu irmão.

## Capítulo 9

¹Não sou eu livre? Não sou apóstolo? Não vi eu a Jesus nosso Senhor? Não sois vós obra minha no Senhor?

²Se eu não sou apóstolo para os outros, ao menos para vós o sou; porque vós sois o selo do meu apostolado no Senhor.

³Esta é a minha defesa para com os que me acusam.

⁴Não temos nós direito de comer e de beber?

⁵Não temos nós direito de levar conosco esposa crente, como também os demais apóstolos, e os irmãos do Senhor, e Cefas?

⁶Ou será que só eu e Barnabé não temos direito de deixar de trabalhar?

⁷Quem jamais vai à guerra à sua própria custa? Quem planta uma vinha e não come do seu fruto? Ou quem apascenta um rebanho e não se alimenta do leite do rebanho?

⁸Porventura digo eu isto como homem? Ou não diz a lei também o mesmo?

⁹Pois na lei de Moisés está escrito: Não atarás a boca do boi quando debulha. Porventura está Deus cuidando dos bois?

¹⁰Ou não o diz certamente por nós? Com efeito, é por amor de nós que está escrito; porque o que lavra deve debulhar com esperança de participar do fruto.

¹¹Se nós semeamos para vós as coisas espirituais, será muito que de vós colhamos as materias?

¹²Se outros participam deste direito sobre vós, por que não nós com mais justiça? Mas nós nunca usamos deste direito; antes suportamos tudo, para não pormos impedimento algum ao evangelho de Cristo.

¹³Não sabeis vós que os que administram o que é sagrado comem do que é do templo? E que os que servem ao altar, participam do altar?

¹⁴Assim ordenou também o Senhor aos que anunciam o evangelho, que vivam do evangelho.

¹⁵Mas eu de nenhuma destas coisas tenho usado. Nem escrevo isto para que assim se faça comigo; porque melhor me fora morrer, do que alguém fazer vã esta minha glória.

¹⁶Pois, se anuncio o evangelho, não tenho de que me gloriar, porque me é imposta essa obrigação; e ai de mim, se não anunciar o evangelho!

¹⁷Se, pois, o faço de vontade própria, tenho recompensa; mas, se não é de vontade própria, estou apenas incumbido de uma mordomia.

¹⁸Logo, qual é a minha recompensa? É que, pregando o evangelho, eu o faça gratuitamente, para não usar em absoluto do meu direito no evangelho.

¹⁹Pois, sendo livre de todos, fiz-me escravo de todos para ganhar o maior número possível:

²⁰Fiz-me como judeu para os judeus, para ganhar os judeus; para os que estão debaixo da lei, como se estivesse eu debaixo da lei (embora debaixo da lei não esteja), para ganhar os que estão debaixo da lei;

²¹para os que estão sem lei, como se estivesse sem lei (não estando sem lei para com Deus, mas debaixo da lei de Cristo), para ganhar os que estão sem lei.

²²Fiz-me como fraco para os fracos, para ganhar os fracos. Fiz-me tudo para todos, para por todos os meios chegar a salvar alguns.

²³Ora, tudo faço por causa do evangelho, para dele tornar-me co-participante.

²⁴Não sabeis vós que os que correm no estádio, todos, na verdade, correm, mas um só é que recebe o prêmio? Correi de tal maneira que o alcanceis.

²⁵E todo aquele que luta, exerce domínio próprio em todas as coisas; ora, eles o fazem para alcançar uma coroa corruptível, nós, porém, uma incorruptível.

²⁶Pois eu assim corro, não como indeciso; assim combato, não como batendo no ar.

²⁷Antes subjugo o meu corpo, e o reduzo à submissão, para que, depois de pregar a outros, eu mesmo não venha a ficar reprovado.

## Capítulo 10

¹Pois não quero, irmãos, que ignoreis que nossos pais estiveram todos debaixo da nuvem, e todos passaram pelo mar;

²e, na nuvem e no mar, todos foram batizados em Moisés,

³e todos comeram do mesmo alimento espiritual;

⁴e beberam todos da mesma bebida espiritual, porque bebiam da pedra espiritual que os acompanhava; e a pedra era Cristo.

⁵Mas Deus não se agradou da maior parte deles; pelo que foram prostrados no deserto.

⁶Ora, estas coisas nos foram feitas para exemplo, a fim de que não cobicemos as coisas más, como eles cobiçaram.

⁷Não vos torneis, pois, idólatras, como alguns deles, conforme está escrito: O povo assentou-se a comer e a beber, e levantou-se para folgar.

⁸Nem nos prostituamos, como alguns deles fizeram; e caíram num só dia vinte e três mil.

⁹E não tentemos o Senhor, como alguns deles o tentaram, e pereceram pelas serpentes.

¹⁰E não murmureis, como alguns deles murmuraram, e pereceram pelo destruidor.

¹¹Ora, tudo isto lhes acontecia como exemplo, e foi escrito para aviso nosso, para quem já são chegados os fins dos séculos.

¹²Aquele, pois, que pensa estar em pé, olhe não caia.

¹³Não vos sobreveio nenhuma tentação, senão humana; mas fiel é Deus, o qual não deixará que sejais tentados acima do que podeis resistir, antes com a tentação dará também o meio de saída, para que a possais suportar.

¹⁴Portanto, meus amados, fugi da idolatria.

¹⁵Falo como a entendidos; julgai vós mesmos o que digo.

¹⁶Porventura o cálice de bênção que abençoamos, não é a comunhão do sangue de Cristo? O pão que partimos, não é porventura a comunhão do corpo de Cristo?

¹⁷Pois nós, embora muitos, somos um só pão, um só corpo; porque todos participamos de um mesmo pão.

¹⁸Vede a Israel segundo a carne; os que comem dos sacrifícios não são porventura participantes do altar?

¹⁹Mas que digo? Que o sacrificado ao ídolo é alguma coisa? Ou que o ídolo é alguma coisa?

²⁰Antes digo que as coisas que eles sacrificam, sacrificam-nas a demônios, e não a Deus. E não quero que sejais participantes com os demônios.

²¹Não podeis beber do cálice do Senhor e do cálice de demônios; não podeis participar da mesa do Senhor e da mesa de demônios.

²²Ou provocaremos a zelos o Senhor? Somos, porventura, mais fortes do que ele?

²³Todas as coisas são lícitas, mas nem todas as coisas convêm; todas as coisas são lícitas, mas nem todas as coisas edificam.

²⁴Ninguém busque o proveito próprio, antes cada um o de outrem.

²⁵Comei de tudo quanto se vende no mercado, nada perguntando por causa da consciência.

²⁶Pois do Senhor é a terra e a sua plenitude.

²⁷Se, portanto, algum dos incrédulos vos convidar, e quiserdes ir, comei de tudo o que se puser diante de vós, nada perguntando por causa da consciência.

²⁸Mas, se alguém vos disser: Isto foi oferecido em sacrifício; não comais por causa daquele que vos advertiu e por causa da consciência;

²⁹consciência, digo, não a tua, mas a do outro. Pois, por que há de ser julgada a minha liberdade pela consciência de outrem?

³⁰E, se eu com gratidão participo, por que sou vilipendiado por causa daquilo por que dou graças?

³¹Portanto, quer comais quer bebais, ou façais, qualquer outra coisa, fazei tudo para glória de Deus.

³²Não vos torneis causa de tropeço nem a judeus, nem a gregos, nem a igreja de Deus;

³³assim como também eu em tudo procuro agradar a todos, não buscando o meu próprio proveito, mas o de muitos, para que sejam salvos.

## Capítulo 11

¹Sede meus imitadores, como também eu o sou de Cristo.

²Ora, eu vos louvo, porque em tudo vos lembrais de mim, e guardais os preceitos assim como vo-los entreguei.

³Quero porém, que saibais que Cristo é a cabeça de todo homem, o homem a cabeça da mulher, e Deus a cabeça de Cristo.

⁴Todo homem que ora ou profetiza com a cabeça coberta desonra a sua cabeça.

⁵Mas toda mulher que ora ou profetiza com a cabeça descoberta desonra a sua cabeça, porque é a mesma coisa como se estivesse rapada.

⁶Portanto, se a mulher não se cobre com véu, tosquie-se também; se, porém, para a mulher é vergonhoso ser tosquiada ou rapada, cubra-se com véu.

⁷Pois o homem, na verdade, não deve cobrir a cabeça, porque é a imagem e glória de Deus; mas a mulher é a glória do homem.

⁸Porque o homem não proveio da mulher, mas a mulher do homem;

⁹nem foi o homem criado por causa da mulher, mas sim, a mulher por causa do homem.

¹⁰Portanto, a mulher deve trazer sobre a cabeça um sinal de submissão, por causa dos anjos.

¹¹Todavia, no Senhor, nem a mulher é independente do homem, nem o homem é independente da mulher.

¹²pois, assim como a mulher veio do homem, assim também o homem nasce da mulher, mas tudo vem de Deus.

¹³julgai entre vós mesmos: é conveniente que uma mulher com a cabeça descoberta ore a Deus?

¹⁴Não vos ensina a própria natureza que se o homem tiver cabelo comprido, é para ele uma desonra;

¹⁵mas se a mulher tiver o cabelo comprido, é para ela uma glória? Pois a cabeleira lhe foi dada em lugar de véu.

¹⁶Mas, se alguém quiser ser contencioso, nós não temos tal costume, nem tampouco as igrejas de Deus.

¹⁷Nisto, porém, que vou dizer-vos não vos louvo; porquanto vos ajuntais, não para melhor, mas para pior.

¹⁸Porque, antes de tudo, ouço que quando vos ajuntais na igreja há entre vós dissensões; e em parte o creio.

¹⁹E até importa que haja entre vós facções, para que os aprovados se tornem manifestos entre vós.

²⁰De sorte que, quando vos ajuntais num lugar, não é para comer a ceia do Senhor;

²¹porque quando comeis, cada um toma antes de outrem a sua própria ceia; e assim um fica com fome e outro se embriaga.

²²Não tendes porventura casas onde comer e beber? Ou desprezais a igreja de Deus, e envergonhais os que nada têm? Que vos direi? Louvar-vos-ei? Nisto não vos louvo.

²³Porque eu recebi do Senhor o que também vos entreguei: que o Senhor Jesus, na noite em que foi traído, tomou pão;

²⁴e, havendo dado graças, o partiu e disse: Isto é o meu corpo que é por vós; fazei isto em memória de mim.

²⁵Semelhantemente também, depois de cear, tomou o cálice, dizendo: Este cálice é o novo pacto no meu sangue; fazei isto, todas as vezes que o beberdes, em memória de mim.

²⁶Porque todas as vezes que comerdes deste pão e beberdes do cálice estareis anunciando a morte do Senhor, até que ele venha.

²⁷De modo que qualquer que comer do pão, ou beber do cálice do Senhor indignamente, será culpado do corpo e do sangue do Senhor.

²⁸Examine-se, pois, o homem a si mesmo, e assim coma do pão e beba do cálice.

²⁹Porque quem come e bebe, come e bebe para sua própria condenação, se não discernir o corpo do Senhor.

³⁰Por causa disto há entre vós muitos fracos e enfermos, e muitos que dormem.

³¹Mas, se nós nos julgássemos a nós mesmos, não seríamos

julgados;

³²quando, porém, somos julgados pelo Senhor, somos corrigidos, para não sermos condenados com o mundo.

³³Portanto, meus irmãos, quando vos ajuntais para comer, esperai uns pelos outros.

³⁴Se algum tiver fome, coma em casa, a fim de que não vos reunais para condenação vossa. E as demais coisas eu as ordenarei quando for.

## Capítulo 12

¹Ora, a respeito dos dons espirituais, não quero, irmãos, que sejais ignorantes.

²Vós sabeis que, quando éreis gentios, vos desviáveis para os ídolos mudos, conforme éreis levados.

³Portanto vos quero fazer compreender que ninguém, falando pelo Espírito de Deus, diz: Jesus é anátema! e ninguém pode dizer: Jesus é o Senhor! senão pelo Espírito Santo.

⁴Ora, há diversidade de dons, mas o Espírito é o mesmo.

⁵E há diversidade de ministérios, mas o Senhor é o mesmo.

⁶E há diversidade de operações, mas é o mesmo Deus que opera tudo em todos.

⁷A cada um, porém, é dada a manifestação do Espírito para o proveito comum.

⁸Porque a um, pelo Espírito, é dada a palavra da sabedoria; a outro, pelo mesmo Espírito, a palavra da ciência;

⁹a outro, pelo mesmo Espírito, a fé; a outro, pelo mesmo Espírito, os dons de curar;

¹⁰a outro a operação de milagres; a outro a profecia; a outro o dom de discernir espíritos; a outro a variedade de línguas; e a outro a interpretação de línguas.

¹¹Mas um só e o mesmo Espírito opera todas estas coisas, distribuindo particularmente a cada um como quer.

¹²Porque, assim como o corpo é um, e tem muitos membros, e todos os membros do corpo, embora muitos, formam um só corpo, assim também é Cristo.

¹³Pois em um só Espírito fomos todos nós batizados em um só corpo, quer judeus, quer gregos, quer escravos quer livres; e a todos nós foi dado beber de um só Espírito.

¹⁴Porque também o corpo não é um membro, mas muitos.

¹⁵Se o pé disser: Porque não sou mão, não sou do corpo; nem por isso deixará de ser do corpo.

¹⁶E se a orelha disser: Porque não sou olho, não sou do corpo; nem por isso deixará de ser do corpo.

¹⁷Se o corpo todo fosse olho, onde estaria o ouvido? Se todo fosse ouvido, onde estaria o olfato?

¹⁸Mas agora Deus colocou os membros no corpo, cada um deles como quis.

¹⁹E, se todos fossem um só membro, onde estaria o corpo?

²⁰Agora, porém, há muitos membros, mas um só corpo.

²¹E o olho não pode dizer à mão: Não tenho necessidade de ti; nem ainda a cabeça aos pés: Não tenho necessidade de vós.

²²Antes, os membros do corpo que parecem ser mais fracos são necessários;

²³e os membros do corpo que reputamos serem menos honrados, a esses revestimos com muito mais honra; e os que em nós não são decorosos têm muito mais decoro,

²⁴ao passo que os decorosos não têm necessidade disso. Mas Deus assim formou o corpo, dando muito mais honra ao que tinha falta dela,

²⁵para que não haja divisão no corpo, mas que os membros tenham igual cuidado uns dos outros.

²⁶De maneira que, se um membro padece, todos os membros padecem com ele; e, se um membro é honrado, todos os membros se regozijam com ele.

²⁷Ora, vós sois corpo de Cristo, e individualmente seus membros.

²⁸E a uns pôs Deus na igreja, primeiramente apóstolos, em segundo lugar profetas, em terceiro mestres, depois operadores de milagres, depois dons de curar, socorros, governos, variedades de línguas.

²⁹Porventura são todos apóstolos? são todos profetas? são todos mestres? são todos operadores de milagres?

³⁰Todos têm dons de curar? falam todos em línguas? interpretam todos?

³¹Mas procurai com zelo os maiores dons. Ademais, eu vos mostrarei um caminho sobremodo excelente.

## Capítulo 13

¹Ainda que eu falasse as línguas dos homens e dos anjos, e não tivesse amor, seria como o metal que soa ou como o címbalo que retine.

²E ainda que tivesse o dom de profecia, e conhecesse todos os mistérios e toda a ciência, e ainda que tivesse toda fé, de maneira tal que transportasse os montes, e não tivesse amor, nada seria.

³E ainda que distribuísse todos os meus bens para sustento dos pobres, e ainda que entregasse o meu corpo para ser queimado, e não tivesse amor, nada disso me aproveitaria.

⁴O amor é sofredor, é benigno; o amor não é invejoso; o amor não se vangloria, não se ensoberbece,

⁵não se porta inconvenientemente, não busca os seus próprios interesses, não se irrita, não suspeita mal;

⁶não se regozija com a injustiça, mas se regozija com a verdade;

⁷tudo sofre, tudo crê, tudo espera, tudo suporta.

⁸O amor jamais acaba; mas havendo profecias, serão aniquiladas; havendo línguas, cessarão; havendo ciência, desaparecerá;

⁹porque, em parte conhecemos, e em parte profetizamos;

¹⁰mas, quando vier o que é perfeito, então o que é em parte será aniquilado.

¹¹Quando eu era menino, pensava como menino; mas, logo que cheguei a ser homem, acabei com as coisas de menino.

¹²Porque agora vemos como por espelho, em enigma, mas então veremos face a face; agora conheço em parte, mas então conhecerei plenamente, como também sou plenamente conhecido.

¹³Agora, pois, permanecem a fé, a esperança, o amor, estes três; mas o maior destes é o amor.

## Capítulo 14

¹Segui o amor; e procurai com zelo os dons espirituais, mas principalmente o de profetizar.

²Porque o que fala em língua não fala aos homens, mas a Deus; pois ninguém o entende; porque em espírito fala mistérios.

³Mas o que profetiza fala aos homens para edificação, exortação e consolação.

⁴O que fala em língua edifica-se a si mesmo, mas o que profetiza edifica a igreja.

⁵Ora, quero que todos vós faleis em línguas, mas muito mais que profetizeis, pois quem profetiza é maior do que aquele que fala em línguas, a não ser que também interceda para que a igreja receba edificação.

⁶E agora, irmãos, se eu for ter convosco falando em línguas, de que vos aproveitarei, se vos não falar ou por meio de revelação, ou de ciência, ou de profecia, ou de doutrina?

⁷Ora, até as coisas inanimadas, que emitem som, seja flauta, seja cítara, se não formarem sons distintos, como se conhecerá o que se toca na flauta ou na cítara?

⁸Porque, se a trombeta der sonido incerto, quem se preparará para a batalha?

⁹Assim também vós, se com a língua não pronunciardes palavras bem inteligíveis, como se entenderá o que se diz? porque estareis como que falando ao ar.

¹⁰Há, por exemplo, tantas espécies de vozes no mundo, e nenhuma delas sem significação.

¹¹Se, pois, eu não souber o sentido da voz, serei estrangeiro para aquele que fala, e o que fala será estrangeiro para mim.

¹²Assim também vós, já que estais desejosos de dons espirituais, procurai abundar neles para a edificação da igreja.

¹³Por isso, o que fala em língua, ore para que a possa interpretar.

¹⁴Porque se eu orar em língua, o meu espírito ora, sim, mas o meu entendimento fica infrutífero.

¹⁵Que fazer, pois? Orarei com o espírito, mas também orarei com o entendimento; cantarei com o espírito, mas também cantarei com o entendimento.

¹⁶De outra maneira, se tu bendisseres com o espírito, como dirá o amém sobre a tua ação de graças aquele que ocupa o lugar de indouto, visto que não sabe o que dizes?

¹⁷Porque realmente tu dás bem as graças, mas o outro não é edificado.

¹⁸Dou graças a Deus, que falo em línguas mais do que vós todos.

¹⁹Todavia na igreja eu antes quero falar cinco palavras com o meu entendimento, para que possa também instruir os outros, do que dez mil palavras em língua.

²⁰Irmãos, não sejais meninos no entendimento; na malícia, contudo, sede criancinhas, mas adultos no entendimento.

²¹Está escrito na lei: Por homens de outras línguas e por lábios de estrangeiros falarei a este povo; e nem assim me ouvirão, diz o Senhor.

## 1 Coríntios

²²De modo que as línguas são um sinal, não para os crentes, mas para os incrédulos; a profecia, porém, não é sinal para os incrédulos, mas para os crentes.

²³Se, pois, toda a igreja se reunir num mesmo lugar, e todos falarem em línguas, e entrarem indoutos ou incrédulos, não dirão porventura que estais loucos?

²⁴Mas, se todos profetizarem, e algum incrédulo ou indouto entrar, por todos é convencido, por todos é julgado;

²⁵os segredos do seu coração se tornam manifestos; e assim, prostrando-se sobre o seu rosto, adorará a Deus, declarando que Deus está verdadeiramente entre vós.

²⁶Que fazer, pois, irmãos? Quando vos congregais, cada um de vós tem salmo, tem doutrina, tem revelação, tem língua, tem interpretação. Faça-se tudo para edificação.

²⁷Se alguém falar em língua, faça-se isso por dois, ou quando muito três, e cada um por sua vez, e haja um que interprete.

²⁸Mas, se não houver intérprete, esteja calado na igreja, e fale consigo mesmo, e com Deus.

²⁹E falem os profetas, dois ou três, e os outros julguem.

³⁰Mas se a outro, que estiver sentado, for revelada alguma coisa, cale-se o primeiro.

³¹Porque todos podereis profetizar, cada um por sua vez; para que todos aprendam e todos sejam cosolados;

³²pois os espíritos dos profetas estão sujeitos aos profetas;

³³porque Deus não é Deus de confusão, mas sim de paz. Como em todas as igrejas dos santos,

³⁴as mulheres estejam caladas nas igrejas; porque lhes não é permitido falar; mas estejam submissas como também ordena a lei.

³⁵E, se querem aprender alguma coisa, perguntem em casa a seus próprios maridos; porque é indecoroso para a mulher o falar na igreja.

³⁶Porventura foi de vós que partiu a palavra de Deus? Ou veio ela somente para vós?

³⁷Se alguém se considera profeta, ou espiritual, reconheça que as coisas que vos escrevo são mandamentos do Senhor.

³⁸Mas, se alguém ignora isto, ele é ignorado.

³⁹Portanto, irmãos, procurai com zelo o profetizar, e não proibais o falar em línguas.

⁴⁰Mas faça-se tudo decentemente e com ordem.

## Capítulo 15

¹Ora, eu vos lembro, irmãos, o evangelho que já vos anunciei; o qual também recebestes, e no qual perseverais,

²pelo qual também sois salvos, se é que o conservais tal como vo-lo anunciei; se não é que crestes em vão.

³Porque primeiramente vos entreguei o que também recebi: que Cristo morreu por nossos pecados, segundo as Escrituras;

⁴que foi sepultado; que foi ressuscitado ao terceiro dia, segundo as Escrituras;

⁵que apareceu a Cefas, e depois aos doze;

⁶depois apareceu a mais de quinhentos irmãos duma vez, dos quais vive ainda a maior parte, mas alguns já dormiram;

⁷depois apareceu a Tiago, então a todos os apóstolos;

⁸e por derradeiro de todos apareceu também a mim, como a um abortivo.

⁹Pois eu sou o menor dos apóstolos, que nem sou digno de ser chamado apóstolo, porque persegui a igreja de Deus.

¹⁰Mas pela graça de Deus sou o que sou; e a sua graça para comigo não foi vã, antes trabalhei muito mais do que todos eles; todavia não eu, mas a graça de Deus que está comigo.

¹¹Então, ou seja eu ou sejam eles, assim pregamos e assim crestes.

¹²Ora, se se prega que Cristo foi ressuscitado dentre os mortos, como dizem alguns entre vós que não há ressurreição de mortos?

¹³Mas se não há ressurreição de mortos, também Cristo não foi ressuscitado.

¹⁴E, se Cristo não foi ressuscitado, logo é vã a nossa pregação, e também é vã a vossa fé.

¹⁵E assim somos também considerados como falsas testemunhas de Deus que ele ressuscitou a Cristo, ao qual, porém, não ressuscitou, se, na verdade, os mortos não são ressuscitados.

¹⁶Porque, se os mortos não são ressuscitados, também Cristo não foi ressuscitado.

¹⁷E, se Cristo não foi ressuscitado, é vã a vossa fé, e ainda estais nos vossos pecados.

¹⁸Logo, também os que dormiram em Cristo estão perdidos.

¹⁹Se é só para esta vida que esperamos em Cristo, somos de todos os homens os mais dignos de lástima.

²⁰Mas na realidade Cristo foi ressuscitado dentre os mortos, sendo ele as primícias dos que dormem.

²¹Porque, assim como por um homem veio a morte, também por um homem veio a ressurreição dos mortos.

²²Pois como em Adão todos morrem, do mesmo modo em Cristo todos serão vivificados.

²³Cada um, porém, na sua ordem: Cristo as primícias, depois os que são de Cristo, na sua vinda.

²⁴Então virá o fim quando ele entregar o reino a Deus o Pai, quando houver destruído todo domínio, e toda autoridade e todo poder.

²⁵Pois é necessário que ele reine até que haja posto todos os inimigos debaixo de seus pés.

²⁶Ora, o último inimigo a ser destruído é a morte.

²⁷Pois se lê: Todas as coisas sujeitou debaixo de seus pés. Mas, quando diz: Todas as coisas lhe estão sujeitas, claro está que se excetua aquele que lhe sujeitou todas as coisas.

²⁸E, quando todas as coisas lhe estiverem sujeitas, então também o próprio Filho se sujeitará àquele que todas as coisas lhe sujeitou, para que Deus seja tudo em todos.

²⁹De outra maneira, que farão os que se batizam pelos mortos? Se absolutamente os mortos não ressuscitam, por que então se batizam por eles?

³⁰E por que nos expomos também nós a perigos a toda hora?

³¹Eu vos declaro, irmãos, pela glória que de vós tenho em Cristo Jesus nosso Senhor, que morro todos os dias.

³²Se, como homem, combati em Éfeso com as feras, que me aproveita isso? Se os mortos não são ressuscitados, comamos e bebamos, porque amanhã morreremos.

³³Não vos enganeis. As más companhias corrompem os bons costumes.

³⁴Acordai para a justiça e não pequeis mais; porque alguns ainda não têm conhecimento de Deus; digo-o para vergonha vossa.

³⁵Mas alguém dirá: Como ressuscitam os mortos? e com que qualidade de corpo vêm?

³⁶Insensato! o que tu semeias não é vivificado, se primeiro não morrer.

³⁷E, quando semeias, não semeias o corpo que há de nascer, mas o simples grão, como o de trigo, ou o de outra qualquer semente.

³⁸Mas Deus lhe dá um corpo como lhe aprouve, e a cada uma das sementes um corpo próprio.

³⁹Nem toda carne é uma mesma carne; mas uma é a carne dos homens, outra a carne dos animais, outra a das aves e outra a dos peixes.

⁴⁰Também há corpos celestes e corpos terrestres, mas uma é a glória dos celestes e outra a dos terrestres.

⁴¹Uma é a glória do sol, outra a glória da lua e outra a glória das estrelas; porque uma estrela difere em glória de outra estrela.

⁴²Assim também é a ressurreição, é ressuscitado em incorrupção.

⁴³Semeia-se em ignomínia, é ressuscitado em glória. Semeia-se em fraqueza, é ressuscitado em poder.

⁴⁴Semeia-se corpo animal, é ressuscitado corpo espiritual. Se há corpo animal, há também corpo espiritual.

⁴⁵Assim também está escrito: O primeiro homem, Adão, tornou-se alma vivente; o último Adão, espírito vivificante.

⁴⁶Mas não é primeiro o espiritual, senão o animal; depois o espiritual.

⁴⁷O primeiro homem, sendo da terra, é terreno; o segundo homem é do céu.

⁴⁸Qual o terreno, tais também os terrenos; e, qual o celestial, tais também os celestiais.

⁴⁹E, assim como trouxemos a imagem do terreno, traremos também a imagem do celestial.

⁵⁰Mas digo isto, irmãos, que carne e sangue não podem herdar o reino de Deus; nem a corrupção herda a incorrupção.

⁵¹Eis aqui vos digo um mistério: Nem todos dormiremos mas todos seremos transformados,

⁵²num momento, num abrir e fechar de olhos, ao som da última trombeta; porque a trombeta soará, e os mortos serão ressuscitados incorruptíveis, e nós seremos transformados.

⁵³Porque é necessário que isto que é corruptível se revista da incorruptibilidade e que isto que é mortal se revista da imortalidade.

⁵⁴Mas, quando isto que é corruptível se revestir da incorruptibilidade, e isto que é mortal se revestir da imortalidade, então se cumprirá a palavra que está escrito: Tragada foi a morte na vitória.

⁵⁵Onde está, ó morte, a tua vitória? Onde está, ó morte, o teu aguilhão?

⁵⁶O aguilhão da morte é o pecado, e a força do pecado é a lei.

⁵⁷Mas graça a Deus que nos dá a vitória por nosso Senhor Jesus Cristo.

⁵⁸Portanto, meus amados irmãos, sede firmes e constantes, sempre abundantes na obra do Senhor, sabendo que o vosso trabalho não é vão no Senhor.

## Capítulo 16

¹Ora, quanto à coleta para os santos fazei vós também o mesmo que ordenei às igrejas da Galiléia.

²No primeiro dia da semana cada um de vós ponha de parte o que puder, conforme tiver prosperado, guardando-o, para que se não façam coletas quando eu chegar.

³E, quando tiver chegado, mandarei os que por carta aprovardes para levar a vossa dádiva a Jerusalém;

⁴mas, se valer a pena que eu também vá, irão comigo.

⁵Irei, porém, ter convosco depois de ter passado pela Macedônia, pois tenho de passar pela Macedônia;

⁶e talvez demore convosco algum tempo, ou mesmo passe o inverno, para que me encaminheis para onde quer que eu for.

⁷Pois não quero ver-vos desta vez apenas de passagem, antes espero ficar convosco algum tempo, se o Senhor o permitir.

⁸Ficarei, porém, em Éfeso até o Pentecostes;

⁹porque uma porta grande e eficaz se me abriu; e há muitos adversários.

¹⁰Ora, se Timóteo for, vede que esteja sem temor entre vós; porque trabalha na obra do Senhor, como eu também,

¹¹Portanto ninguém o despreze; mas encaminhai-o em paz, para que venha ter comigo, pois o espero com os irmãos.

¹²Quanto ao irmão Apolo, roguei-lhe muito que fosse com os irmãos ter convosco; mas de modo algum quis ir agora; irá porém, quando se lhe ofereça boa ocasião.

¹³Vigiai, estai firmes na fé, portai-vos varonilmente, sede fortes.

¹⁴Todas as vossas obras sejam feitas em amor.

¹⁵Agora vos rogo, irmãos - pois sabeis que a família de Estéfanas é as primícias da Acaía, e que se tem dedicado ao ministério dos santos -

¹⁶que também vos sujeiteis aos tais, e a todo aquele que auxilia na obra e trabalha.

¹⁷Regozijo-me com a vinda de Estéfanas, de Fortunato e de Acaico; porque estes supriram o que da vossa parte me faltava.

¹⁸Porque recrearam o meu espírito assim como o vosso. Reconhecei, pois, aos tais.

¹⁹As igrejas da Ásia vos saúdam. Saúdam-vos afetuosamente no Senhor Aqüila e Priscila, com a igreja que está em sua casa.

²⁰Todos os irmãos vos saúdam. Saudai-vos uns aos outros com ósculo santo.

²¹Esta saudação é de meu próprio punho, Paulo.

²²Se alguém não ama ao Senhor, seja anátema! Maranata.

²³A graça do Senhor Jesus seja convosco.

²⁴O meu amor seja com todos vós em Cristo Jesus.

# 2 Coríntios

## Capítulo 1

¹Paulo, apóstolo de Cristo Jesus pela vontade de Deus, e o irmão Timóteo, à igreja de Deus que está em Corinto, com todos os santos que estão em toda a Acaia:

²Graça a vós, e paz da parte de Deus nosso Pai, e do Senhor Jesus Cristo.

³Bendito seja o Deus e Pai de nosso Senhor Jesus Cristo, o Pai das misericórdias e Deus de toda a consolação,

⁴que nos consola em toda a nossa tribulação, para que também possamos consolar os que estiverem em alguma tribulação, pela consolação com que nós mesmos somos consolados por Deus.

⁵Porque, como as aflições de Cristo transbordam para conosco, assim também por meio de Cristo transborda a nossa consolação.

⁶Mas, se somos atribulados, é para vossa consolação e salvação; ou, se somos consolados, para vossa consolação é a qual se opera suportando com paciência as mesmas aflições que nós também padecemos;

⁷e a nossa esperança acerca de vós é firme, sabendo que, como sois participantes das aflições, assim o sereis também da consolação.

⁸Porque não queremos, irmãos, que ignoreis a tribulação que nos sobreveio na Ásia, pois que fomos sobremaneira oprimidos acima das nossas forças, de modo tal que até da vida desesperamos;

⁹portanto já em nós mesmos tínhamos a sentença de morte, para que não confiássemos em nós, mas em Deus, que ressuscita os mortos;

¹⁰o qual nos livrou de tão horrível morte, e livrará; em quem esperamos que também ainda nos livrará,

¹¹ajudando-nos também vós com orações por nós, para que, pela mercê que por muitas pessoas nos foi feita, por muitas também sejam dadas graças a nosso respeito.

¹²Porque a nossa glória é esta: o testemunho da nossa consciência, de que em santidade e sinceridade de Deus, não em sabedoria carnal, mas na graça de Deus, temos vivido no mundo, e mormente em relação a vós.

¹³Pois outra coisa não vos escrevemos, senão as que ledes, ou mesmo reconheceis; e espero que também até o fim as reconhecereis;

¹⁴como também já em parte nos reconhecestes, que somos a vossa glória, assim vós sereis a nossa no dia do Senhor Jesus.

¹⁵E nesta confiança quis primeiro ir ter convosco, para que recebêsseis um segundo benefício;

¹⁶e por vós passar à Macedônia, e da Macedônia voltar a vós, e ser por vosso intermédio encaminhado à Judéia.

¹⁷Ora, deliberando isto, usei porventura de leviandade? ou o que delibero, faço-o segundo a carne, para que haja comigo o sim, sim e o não não?

¹⁸Antes, como Deus é fiel, a nossa palavra a vós não é sim e não.

¹⁹porque o Filho de Deus, Cristo Jesus, que entre vós foi pregado por nós, isto é, por mim, Silvano e Timóteo, não foi sim e não; mas nele houve sim.

²⁰Pois, tantas quantas forem as promessas de Deus, nele está o sim; portanto é por ele o amém, para glória de Deus por nosso intermédio.

²¹Mas aquele que nos confirma convosco em Cristo, e nos ungiu, é Deus,

²²o qual também nos selou e nos deu como penhor o Espírito em nossos corações.

²³Ora, tomo a Deus por testemunha sobre a minha alma de que é para vos poupar que não fui mais a Corinto;

²⁴não que tenhamos domínio sobre a vossa fé, mas somos cooperadores de vosso gozo; pois pela fé estais firmados.

## Capítulo 2

¹Mas deliberei isto comigo mesmo: não ir mais ter convosco em tristeza.

²Porque, se eu vos entristeço, quem é, pois, o que me alegra, senão aquele que por mim é entristecido?

³E escrevi isto mesmo, para que, chegando, eu não tenha tristeza da parte dos que deveriam alegrar-me; confiando em vós todos, que a minha alegria é a de todos vós.

⁴Porque em muita tribulação e angústia de coração vos escrevi, com muitas lágrimas, não para que vos entristecêsseis, mas para que conhecêsseis o amor que abundantemente vos tenho.

⁵Ora, se alguém tem causado tristeza, não me tem contristado a mim, mas em parte (para não ser por demais severo) a todos vós.

⁶Basta a esse tal esta repreensão feita pela maioria.

⁷De maneira que, pelo contrário, deveis antes perdoar-lhe e consolá-lo, para que ele não seja devorado por excessiva tristeza.

⁸Pelo que vos rogo que confirmeis para com ele o vosso amor.

⁹É pois para isso também que escrevi, para, por esta prova, saber se sois obedientes em tudo.

¹⁰E a quem perdoardes alguma coisa, também eu; pois, o que eu também perdoei, se é que alguma coisa tenho perdoado, por causa de vós o fiz na presença de Cristo, para que Satanás não leve vantagem sobre nós;

¹¹porque não ignoramos as suas maquinações.

¹²Ora, quando cheguei a Trôade para pregar o evangelho de Cristo, e quando se me abriu uma porta no Senhor,

¹³não tive descanso no meu espírito, porque não achei ali irmão Tito; mas, despedindo-me deles, parti para a Macedônia.

¹⁴Graças, porém, a Deus que em Cristo sempre nos conduz em triunfo, e por meio de nós difunde em todo lugar o cheiro do seu conhecimento;

¹⁵porque para Deus somos um aroma de Cristo, nos que se salvam e nos que se perdem.

¹⁶Para uns, na verdade, cheiro de morte para morte; mas para outros cheiro de vida para vida. E para estas coisas quem é idôneo?

¹⁷Porque nós não somos falsificadores da palavra de Deus, como tantos outros; mas é com sinceridade, é da parte de Deus e na presença do próprio Deus que, em Cristo, falamos.

## Capítulo 3

¹Começamos outra vez a recomendar-nos a nós mesmos? Ou, porventura, necessitamos, como alguns, de cartas de recomendação para vós, ou de vós?

²Vós sois a nossa carta, escrita em nossos corações, conhecida e lida por todos os homens,

³sendo manifestos como carta de Cristo, ministrada por nós, e escrita, não com tinta, mas com o Espírito do Deus vivo, não em tábuas de pedra, mas em tábuas de carne do coração.

⁴E é por Cristo que temos tal confiança em Deus;

⁵não que sejamos capazes, por nós, de pensar alguma coisa, como de nós mesmos; mas a nossa capacidade vem de Deus,

⁶o qual também nos capacitou para sermos ministros dum novo pacto, não da letra, mas do espírito; porque a letra mata, mas o espírito vivifica.

⁷Ora, se o ministério da morte, gravado com letras em pedras, veio em glória, de maneira que os filhos de Israel não podiam fixar os olhos no rosto de Moisés, por causa da glória do seu rosto, a qual se estava desvanecendo,

⁸como não será de maior glória o ministério do espírito?

⁹Porque, se o ministério da condenação tinha glória, muito mais excede em glória o ministério da justiça.

¹⁰Pois na verdade, o que foi feito glorioso, não o é em comparação com a glória inexcedível.

¹¹Porque, se aquilo que se desvanecia era glorioso, muito mais glorioso é o que permanece.

¹²Tendo, pois, tal esperança, usamos de muita ousadia no falar.

¹³E não somos como Moisés, que trazia um véu sobre o rosto, para que os filhos de Isra desvanecia.

¹⁴mas o entendimento lhes ficou endurecido. Pois até o dia de hoje, à leitura do velho pacto, permanece o mesmo véu, não lhes sendo revelado que em Cristo é ele abolido;

¹⁵sim, até o dia de hoje, sempre que Moisés é lido, um véu está posto sobre o coração deles.

¹⁶Contudo, convertendo-se um deles ao Senhor, é-lhe tirado o véu.

¹⁷Ora, o Senhor é o Espírito; e onde está o Espírito do Senhor aí há liberdade.

¹⁸Mas todos nós, com rosto descoberto, refletindo como um espelho a glória do Senhor, somos transformados de glória em glória na mesma imagem, como pelo Espírito do Senhor.

## Capítulo 4

¹Pelo que, tendo este ministério, assim como já alcançamos misericórdia, não desfalecemos;

²pelo contrário, rejeitamos as coisas ocultas, que são vergonhosas, não andando com astúcia, nem adulterando a palavra de Deus; mas, pela manifestação da verdade, nós nos recomendamos à consciência de todos os homens diante de Deus.

³Mas, se ainda o nosso evangelho está encoberto, é naqueles que

se perdem que está encoberto,

⁴nos quais o deus deste século cegou os entendimentos dos incrédulos, para que lhes não resplandeça a luz do evangelho da glória de Cristo, o qual é a imagem de Deus.

⁵Pois não nos pregamos a nós mesmos, mas a Cristo Jesus como Senhor; e a nós mesmos como vossos servos por amor de Jesus.

⁶Porque Deus, que disse: Das trevas brilhará a luz, é quem brilhou em nossos corações, para iluminação do conhecimento da glória de Deus na face de Cristo.

⁷Temos, porém, este tesouro em vasos de barro, para que a excelência do poder seja de Deus, e não da nossa parte.

⁸Em tudo somos atribulados, mas não angustiados; perplexos, mas não desesperados;

⁹perseguidos, mas não desamparados; abatidos, mas não destruídos;

¹⁰trazendo sempre no corpo o morrer de Jesus, para que também a vida de Jesus se manifeste em nossos corpos;

¹¹pois nós, que vivemos, estamos sempre entregues à morte por amor de Jesus, para que também a vida de Jesus se manifeste em nossa carne mortal.

¹²De modo que em nós opera a morte, mas em vós a vida.

¹³Ora, temos o mesmo espírito de fé, conforme está escrito: Cri, por isso falei; também nós cremos, por isso também falamos,

¹⁴sabendo que aquele que ressuscitou o Senhor Jesus, nos ressuscitará a nós com Jesus, e nos apresentará convosco.

¹⁵Pois tudo é por amor de vós, para que a graça, multiplicada por meio de muitos, faça abundar a ação de graças para glória de Deus.

¹⁶Por isso não desfalecemos; mas ainda que o nosso homem exterior se esteja consumindo, o interior, contudo, se renova de dia em dia.

¹⁷Porque a nossa leve e momentânea tribulação produz para nós cada vez mais abundantemente um eterno peso de glória;

¹⁸não atentando nós nas coisas que se vêem, mas sim nas que se não vêem; porque as que se vêem são temporais, enquanto as que se não vêem são eternas.

## Capítulo 5

¹Porque sabemos que, se a nossa casa terrestre deste tabernáculo se desfizer, temos de Deus um edifício, uma casa não feita por mãos, eterna, nos céus.

²Pois neste tabernáculo nós gememos, desejando muito ser revestidos da nossa habitação que é do céu,

³se é que, estando vestidos, não formos achados nus.

⁴Porque, na verdade, nós, os que estamos neste tabernáculo, gememos oprimidos, porque não queremos ser despidos, mas sim revestidos, para que o mortal seja absorvido pela vida.

⁵Ora, quem para isto mesmo nos preparou foi Deus, o qual nos deu como penhor o Espírito.

⁶Temos, portanto, sempre bom ânimo, sabendo que, enquanto estamos presentes no corpo, estamos ausentes do Senhor

⁷(porque andamos por fé, e não por vista);

⁸temos bom ânimo, mas desejamos antes estar ausentes deste corpo, para estarmos presentes com o Senhor.

⁹Pelo que também nos esforçamos para ser-lhe agradáveis, quer presentes, quer ausentes.

¹⁰Porque é necessário que todos nós sejamos manifestos diante do tribunal de Cristo, para que cada um receba o que fez por meio do corpo, segundo o que praticou, o bem ou o mal.

¹¹Portanto, conhecendo o temor do Senhor, procuramos persuadir os homens; mas, a Deus já somos manifestos, e espero que também nas vossas consciências sejamos manifestos.

¹²Não nos recomendamos outra vez a vós, mas damo-vos ocasião de vos gloriardes por nossa causa, a fim de que tenhais resposta para os que se gloriam na aparência, e não no coração.

¹³Porque, se enlouquecemos, é para Deus; se conservamos o juízo, é para vós.

¹⁴Pois o amor de Cristo nos constrange, porque julgamos assim: se um morreu por todos, logo todos morreram;

¹⁵e ele morreu por todos, para que os que vivem não vivam mais para si, mas para aquele que por eles morreu e ressuscitou.

¹⁶Por isso daqui por diante a ninguém conhecemos segundo a carne; e, ainda que tenhamos conhecido Cristo segundo a carne, contudo agora já não o conhecemos desse modo.

¹⁷Pelo que, se alguém está em Cristo, nova criatura é; as coisas velhas já passaram; eis que tudo se fez novo.

¹⁸Mas todas as coisas provêm de Deus, que nos reconciliou consigo mesmo por Cristo, e nos confiou o ministério da reconciliação;

¹⁹pois que Deus estava em Cristo reconciliando consigo o mundo, não imputando aos homens as suas transgressões; e nos encarregou da palavra da reconciliação.

²⁰De sorte que somos embaixadores por Cristo, como se Deus por nós vos exortasse. Rogamo-vos, pois, por Cristo que vos reconcilieis com Deus.

²¹Àquele que não conheceu pecado, Deus o fez pecado por nós; para que nele fôssemos feitos justiça de Deus.

## Capítulo 6

¹E nós, cooperando com ele, também vos exortamos a que não recebais a graça de Deus em vão;

²(porque diz: No tempo aceitável te escutei e no dia da salvação te socorri; eis aqui agora o tempo aceitável, eis aqui agora o dia da salvação);

³não dando nós nenhum motivo de escândalo em coisa alguma, para que o nosso ministério não seja censurado;

⁴antes em tudo recomendando-nos como ministros de Deus; em muita perseverança, em aflições, em necessidades, em angústias,

⁵em açoites, em prisões, em tumultos, em trabalhos, em vigílias, em jejuns,

⁶na pureza, na ciência, na longanimidade, na bondade, no Espírito Santo, no amor não fingido,

⁷na palavra da verdade, no poder de Deus, pelas armas da justiça à direita e à esquerda,

⁸por honra e por desonra, por má fama e por boa fama; como enganadores, porém verdadeiros;

⁹como desconhecidos, porém bem conhecidos; como quem morre, e eis que vivemos; como castigados, porém não mortos;

¹⁰como entristecidos, mas sempre nos alegrando; como pobres, mas enriquecendo a muitos; como nada tendo, mas possuindo tudo.

¹¹ç coríntios, a nossa boca está aberta para vós, o nosso coração está dilatado!

¹²Não estais estreitados em nós; mas estais estreitados nos vossos próprios afetos.

¹³Ora, em recompensa disto (falo como a filhos), dilatai-vos também vós.

¹⁴Não vos prendais a um jugo desigual com os incrédulos; pois que sociedade tem a justiça com a injustiça? ou que comunhão tem a luz com as trevas?

¹⁵Que harmonia há entre Cristo e Belial? ou que parte tem o crente com o incrédulo?

¹⁶E que consenso tem o santuário de Deus com ídolos? Pois nós somos santuário de Deus vivo, como Deus disse: Neles habitarei, e entre eles andarei; e eu serei o seu Deus e eles serão o meu povo.

¹⁷Pelo que, saí vós do meio deles e separai-vos, diz o Senhor; e não toqueis coisa imunda, e eu vos receberei;

¹⁸e eu serei para vós Pai, e vós sereis para mim filhos e filhas, diz o Senhor Todo-Poderoso.

## Capítulo 7

¹Ora, amados, visto que temos tais promessas, purifiquemo-nos de toda a imundícia da carne e do espírito, aperfeiçoando a santidade no temor de Deus.

²Recebei-nos em vossos corações; a ninguém fizemos injustiça, a ninguém corrompemos, a ninguém exploramos.

³Não o digo para vos condenar, pois já tenho declarado que estais em nossos corações para juntos morrermos e juntos vivermos.

⁴Grande é a minha franqueza para convosco, e muito me glorio a respeito de vós; estou cheio de consolação, transbordo de gozo em todas as nossas tribulações.

⁵Porque, mesmo quando chegamos à Macedônia, a nossa carne não teve repouso algum; antes em tudo fomos atribulados: por fora combates, temores por dentro.

⁶Mas Deus, que consola os abatidos, nos consolou com a vinda de Tito;

⁷e não somente com a sua vinda, mas também pela consolação com que foi consolado a vosso respeito, enquanto nos referia as vossas saudações, o vosso pranto, o vosso zelo por mim, de modo que ainda mais me regozijei.

⁸Porquanto, ainda que vos contristei com a minha carta, não me arrependo; embora antes me tivesse arrependido (pois vejo que aquela carta vos contristou, ainda que por pouco tempo),

⁹agora folgo, não porque fostes contristados, mas porque o fostes para o arrependimento; pois segundo Deus fostes contristados, para que por nós não sofrêsseis dano em coisa alguma.

¹⁰Porque a tristeza segundo Deus opera arrependimento para a

## 2 Coríntios

salvação, o qual não traz pesar; mas a tristeza do mundo opera a morte.

¹¹Pois vêde quanto cuidado não produziu em vós isto mesmo, o serdes contristados segundo Deus! sim, que defesa própria, que indignação, que temor, que saudades, que zelo, que vingança! Em tudo provastes estar inocentes nesse negócio.

¹²Portanto, ainda que vos escrevi, não foi por causa do que fez o mal, nem por causa do que o sofreu, mas para que fosse manifesto, diante de Deus, o vosso grande cuidado por nós.

¹³Por isso temos sido consolados. E em nossa consolação nos alegramos ainda muito mais pela alegria de Tito, porque o seu espírito tem sido recreado por vós todos.

¹⁴Porque, se em alguma coisa me gloriei de vós para com ele, não fiquei envergonhado; mas como vos dissemos tudo com verdade, assim também o louvor que de vós fizemos a Tito se achou verdadeiro.

¹⁵E o seu entranhável afeto para convosco é mais abundante, lembrando-se da obediência de vós todos, e de como o recebestes com temor e tremor.

¹⁶Regozijo-me porque em tudo tenho confiança em vós.

### Capítulo 8

¹Também, irmãos, vos fazemos conhecer a graça de Deus que foi dada às igrejas da Mecedônia;

²como, em muita prova de tribulação, a abundância do seu gozo e sua profunda pobreza abundaram em riquezas da sua generosidade.

³Porque, dou-lhes testemunho de que, segundo as suas posses, e ainda acima das suas posses, deram voluntariamente,

⁴pedindo-nos, com muito encarecimento, o privilégio de participarem deste serviço a favor dos santos;

⁵e não somente fizeram como nós esperávamos, mas primeiramente a si mesmos se deram ao Senhor, e a nós pela vontade de Deus;

⁶de maneira que exortamos a Tito que, assim como antes tinha começado, assim também completasse entre vós ainda esta graça.

⁷Ora, assim como abundais em tudo: em fé, em palavra, em ciência, em todo o zelo, no vosso amor para conosco, vede que também nesta graça abundeis.

⁸Não digo isto como quem manda, mas para provar, mediante o zelo de outros, a sinceridade do vosso amor;

⁹pois conheceis a graça de nosso Senhor Jesus Cristo, que, sendo rico, por amor de vós se fez pobre, para que pela sua pobreza fôsseis enriquecidos.

¹⁰E nisto dou o meu parecer; pois isto vos convém a vós que primeiro começastes, desde o ano passado, não só a participar mas também a querer;

¹¹agora, pois, levai a termo a obra, para que, assim como houve a prontidão no querer, haja também o cumprir segundo o que tendes.

¹²Porque, se há prontidão de vontade, é aceitável segundo o que alguém tem, e não segundo o que não tem.

¹³Pois digo isto não para que haja alívio para outros e aperto para vós,

¹⁴mas para que haja igualdade, suprindo, neste tempo presente, na vossa abundância a falta dos outros, para que também a abundância deles venha a suprir a vossa falta, e assim haja igualdade;

¹⁵como está escrito: Ao que muito colheu, não sobrou; e ao que pouco colheu, não faltou.

¹⁶Mas, graças a Deus, que pôs no coração de Tito a mesma solicitude por vós;

¹⁷pois, com efeito, aceitou a nossa exortação; mas sendo sobremodo zeloso, foi por sua própria vontade que partiu para vós.

¹⁸E juntamente com ele enviamos o irmão cujo louvor no evangelho se tem espalhado por todas as igrejas;

¹⁹e não só isto, mas também foi escolhido pelas igrejas para ser nosso companheiro de viagem no tocante a esta graça que por nós é ministrada para glória do Senhor e para provar a nossa boa vontade;

²⁰assim evitando que alguém nos censure com referência a esta abundância, que por nós é ministrada;

²¹pois zelamos o que é honesto, não só diante do Senhor, mas também diante dos homens.

²²Com eles enviamos também outro nosso irmão, o qual muitas vezes e em muitas coisas já experimentamos ser zeloso, mas agora muito mais zeloso ainda pela muita confiança que vós tem.

²³Quanto a Tito, ele é meu companheiro e cooperador para convosco; quanto a nosssos irmãos, são mensageiros das igrejas, glória de Cristo.

²⁴Portanto mostrai para com eles, perante a face das igrejas, a prova do vosso amor, e da nossa glória a vosso respeito.

### Capítulo 9

¹Pois quanto à ministração que se faz a favor dos santos, não necessito escrever-vos;

²porque bem sei a vossa prontidão, pela qual me glorio de vós perante os macedônios, dizendo que a Acaia está pronta desde o ano passado; e o vosso zelo tem estimulado muitos.

³Mas enviei estes irmãos, a fim de que neste particular não se torne vão o nosso louvor a vosso respeito; para que, como eu dizia, estejais preparados,

⁴a fim de, se acaso alguns macedônios forem comigo, e vos acharem desaparecidos, não sermos nós envergonhados (para não dizermos vós) nesta confiança.

⁵Portanto, julguei necessário exortar estes irmãos que fossem adiante ter convosco, e preparassem de antemão a vossa beneficência, já há tempos prometida, para que a mesma esteja pronta como beneficência e não como por extorsão.

⁶Mas digo isto: Aquele que semeia pouco, pouco também ceifará; e aquele que semeia em abundância, em abundância também ceifará,

⁷Cada um contribua segundo propôs no seu coração; não com tristeza, nem por constrangimento; porque Deus ama ao que dá com alegria.

⁸E Deus é poderoso para fazer abundar em vós toda a graça, a fim de que, tendo sempre, em tudo, toda a suficiência, abundeis em toda boa obra;

⁹conforme está escrito: Espalhou, deu aos pobres; a sua justiça permanece para sempre.

¹⁰Ora, aquele que dá a semente ao que semeia, e pão para comer, também dará e multiplicará a vossa sementeira, e aumentará os frutos da vossa justiça.

¹¹enquanto em tudo enriqueceis para toda a liberalidade, a qual por nós reverte em ações de graças a Deus.

¹²Porque a ministração deste serviço não só supre as necessidades dos santos, mas também transborda em muitas ações de graças a Deus;

¹³visto como, na prova desta ministração, eles glorificam a Deus pela submissão que confessais quanto ao evangelho de Cristo, e pela liberalidade da vossa contribuição para eles, e para todos;

¹⁴enquanto eles, pela oração por vós, demonstram o ardente afeto que vos têm, por causa da superabundante graça de Deus que há em vós.

¹⁵Graças a Deus pelo seu dom inefável.

### Capítulo 10

¹Ora eu mesmo, Paulo, vos rogo pela mansidão e benignidade de Cristo, eu que, na verdade, quando presente entre vós, sou humilde, mas quando ausente, ousado para convosco;

²sim, eu vos rogo que, quando estiver presente, não me veja obrigado a usar, com confiança, da ousadia que espero ter para com alguns que nos julgam como se andássemos segundo a carne.

³Porque, embora andando na carne, não militamos segundo a carne,

⁴pois as armas da nossa milícia não são carnais, mas poderosas em Deus, para demolição de fortalezas;

⁵derribando raciocínios e todo baluarte que se ergue contra o conhecimento de Deus, e levando cativo todo pensamento à obediência a Cristo;

⁶e estando prontos para vingar toda desobediência, quando for cumprida a vossa obediência.

⁷Olhais para as coisas segundo a aparência. Se alguém confia de si mesmo que é de Cristo, pense outra vez isto consigo, que, assim como ele é de Cristo, também nós o somos.

⁸Pois, ainda que eu me glorie um tanto mais da nossa autoridade, a qual o Senhor nos deu para edificação, e não para vossa destruição, não me envergonharei;

⁹para que eu não pareça como se quisera intimidar-vos por cartas.

¹⁰Porque eles dizem: As cartas dele são graves e fortes, mas a sua presença corporal é fraca, e a sua palavra desprezível.

¹¹Considere o tal isto, que, quais somos no falar por cartas, estando ausentes, tais seremos também no fazer, estando presentes,

¹²pois não ousamos contar-nos, ou comparar-nos com alguns, que se louvam a si mesmos; mas estes, medindo-se consigo mesmos e comparando-se consigo mesmos, estão sem entendimento.

¹³Nós, porém, não nos gloriaremos além da medida, mas conforme o padrão da medida que Deus nos designou para chegarmos mesmo até vós;

¹⁴porque não nos estendemos além do que convém, como se não chegássemos a vós, pois já chegamos também até vós no evangelho de Cristo,

¹⁵não nos gloriando além da medida em trabalhos alheios; antes

tendo esperança de que, à proporção que cresce a vossa fé, seremos nós cada vez mais engrandecidos entre vós, conforme a nossa medida,

¹⁶para anunciar o evangelho nos lugares que estão além de vós, e não em campo de outrem, para não nos gloriarmos no que estava já preparado.

¹⁷Aquele, porém, que se gloria, glorie-se no Senhor.

¹⁸Porque não é aprovado aquele que se recomenda a si mesmo, mas sim aquele a quem o Senhor recomenda.

## Capítulo 11

¹Oxalá me suportásseis um pouco na minha insensatez! Sim, suportai-me ainda.

²Porque estou zeloso de vós com zelo de Deus; pois vos desposei com um só Esposo, Cristo, para vos apresentar a ele como virgem pura.

³Mas temo que, assim como a serpente enganou a Eva com a sua astúcia, assim também sejam de alguma sorte corrompidos os vossos entendimentos e se apartem da simplicidade e da pureza que há em Cristo.

⁴Porque, se alguém vem e vos prega outro Jesus que nós não temos pregado, ou se recebeis outro espírito que não recebestes, ou outro evangelho que não abraçastes, de boa mente o suportais!

⁵Ora, julgo que em nada tenho sido inferior aos mais excelentes apóstolos.

⁶Pois ainda que seja rude na palavra, não o sou contudo na ciência; antes, por todos os modos, isto vos temos demonstrado em tudo.

⁷Pequei porventura, humilhando-me a mim mesmo, para que vós fôsseis exaltados, porque de graça vos anunciei o evangelho de Deus?

⁸Outras igrejas despojei, recebendo delas salário, para vos servir;

⁹e quando estava presente convosco, e tinha necessidade, a ninguém fui pesado; porque os irmãos, quando vieram da Macedônia, supriram a minha necessidade; e em tudo me guardei, e ainda me guardarei, de vos ser pesado.

¹⁰Como a verdade de Cristo está em mim, não me será tirada glória nas regiões da Acaia.

¹¹Por que? Será porque não vos amo? Deus o sabe.

¹²Ora, o que faço e ainda farei, é para cortar ocasião aos que buscam ocasião; a fim de que, naquilo em que se gloriam, sejam achados assim como nós.

¹³Pois os tais são falsos apóstolos, obreiros fraudulentos, disfarçando-se em apóstolos de Cristo.

¹⁴E não é de admirar, porquanto o próprio Satanás se disfarça em anjo de luz.

¹⁵Não é muito, pois, que também os seus ministros se disfarcem em ministros da justiça; o fim dos quais será conforme as suas obras.

¹⁶Outra vez digo: ninguém me julgue insensato; mas se assim pensais, recebei-me como insensato mesmo, para que eu também me glorie um pouco.

¹⁷O que digo, não o digo segundo o Senhor, mas como por insensatez, nesta confiança de gloriar-me.

¹⁸Desde que muitos se gloriam segundo a carne, eu também me gloriarei.

¹⁹Porque, sendo vós sensatos, de boa mente tolerais os insensatos.

²⁰Pois se alguém vos escraviza, se alguém vos devora, se alguém vos defrauda, se alguém se ensoberbece, se alguém vos fere no rosto, vós o suportais.

²¹Falo com vergonha, como se nós fôssemos fracos; mas naquilo em que alguém se faz ousado, com insensatez falo, também eu sou ousado.

²²São hebreus? também eu; são israelitas? também eu; são descendência de Abraão? também eu;

²³são ministros de Cristo? falo como fora de mim, eu ainda mais; em trabalhos muito mais; em prisões muito mais; em açoites sem medida; em perigo de morte muitas vezes;

²⁴dos judeus cinco vezes recebi quarenta açoites menos um.

²⁵Três vezes fui açoitado com varas, uma vez fui apedrejado, três vezes sofri naufrágio, uma noite e um dia passei no abismo;

²⁶em viagens muitas vezes, em perigos de rios, em perigos de salteadores, em perigos dos da minha raça, em perigos dos gentios, em perigos na cidade, em perigos no deserto, em perigos no mar, em perigos entre falsos irmãos;

²⁷em trabalhos e fadiga, em vigílias muitas vezes, em fome e sede, em jejuns muitas vezes, em frio e nudez.

²⁸Além dessas coisas exteriores, há o que diariamente pesa sobre mim, o cuidado de todas as igrejas.

²⁹Quem enfraquece, que eu também não enfraqueça? Quem se escandaliza, que eu me não abrase?

³⁰Se é preciso gloriar-me, gloriar-me-ei no que diz respeito à minha fraqueza.

³¹O Deus e Pai do Senhor Jesus, que é eternamente bendito, sabe que não minto.

³²Em Damasco, o que governava sob o rei Aretas guardava a cidade dos damascenos, para me prender;

³³mas por uma janela desceram-me num cesto, muralha abaixo; e assim escapei das suas mãos.

## Capítulo 12

¹É necessário gloriar-me, embora não convenha; mas passarei a visões e revelações do Senhor.

²Conheço um homem em Cristo que há catorze anos (se no corpo não sei, se fora do corpo não sei; Deus o sabe) foi arrebatado até o terceiro céu.

³Sim, conheço o tal homem (se no corpo, se fora do corpo, não sei: Deus o sabe),

⁴que foi arrebatado ao paraíso, e ouviu palavras inefáveis, as quais não é lícito ao homem referir.

⁵Desse tal me gloriarei, mas de mim mesmo não me gloriarei, senão nas minhas fraquezas.

⁶Pois, se quiser gloriar-me, não serei insensato, porque direi a verdade;

⁷E, para que me não exaltasse demais pela excelência das revelações, foi-me dado um espinho na carne, a saber, um mensageiro de Satanás para me esbofetear, a fim de que eu não me exalte demais;

⁸acerca do qual três vezes roguei ao Senhor que o afastasse de mim;

⁹e ele me disse: A minha graça te basta, porque o meu poder se aperfeiçoa na fraqueza. Por isso, de boa vontade antes me gloriarei nas minhas fraquezas, a fim de que repouse sobre mim o poder de Cristo.

¹⁰Pelo que sinto prazer nas fraquezas, nas injúrias, nas necessidades, nas perseguições, nas angústias por amor de Cristo. Porque quando estou fraco, então é que sou forte.

¹¹Tornei-me insensato; vós a isso me obrigastes; porque eu devia ser louvado por vós, visto que em nada fui inferior aos demais excelentes apóstolos, ainda que nada sou.

¹²Os sinais do meu apostolado foram, de fato, operados entre vós com toda a paciência, por sinais, prodígios e milagres.

¹³Pois, em que fostes inferiores às outras igrejas, a não ser nisto, que eu mesmo vos não fui pesado? Perdoai-me esta injustiça.

¹⁴Eis que pela terceira vez estou pronto a ir ter convosco, e não vos serei pesado, porque não busco o que é vosso, mas sim a vós; pois não são os filhos que devem entesourar para os pais, mas os pais para os filhos.

¹⁵Eu de muito boa vontade gastarei, e me deixarei gastar pelas vossas almas. Se mais abundantemente vos amo, serei menos amado?

¹⁶Mas seja assim; eu não vos fui pesado; mas, sendo astuto, vos tomei com dolo.

¹⁷Porventura vos explorei por algum daqueles que vos enviei?

¹⁸Exortei a Tito, e enviei com ele o irmão. Porventura Tito vos explorou? Não andamos porventura no mesmo espírito? Não seguimos as mesmas pegadas?

¹⁹Há muito, de certo, pensais que nos estamos desculpando convosco. Perante Deus, falamos em Cristo, e tudo isto, amados, é para vossa edificação.

²⁰Porque temo que, quando chegar, não vos ache quais eu vos quero, e que eu seja achado por vós qual não me queríeis; que de algum modo haja contendas, invejas, iras, porfias, detrações, mexericos, orgulhos, tumultos;

²¹e que, quando for outra vez, o meu Deus me humilhe perante vós, e chore eu sobre muitos daqueles que dantes pecaram, e ainda não se arrependeram da impureza, prostituição e lascívia que cometeram.

## Capítulo 13

¹É esta a terceira vez que vou ter convosco. Por boca de duas ou três testemunhas será confirmada toda palavra.

²Já o disse quando estava presente a segunda vez, e estando agora ausente torno a dizer aos que antes pecaram e a todos os mais que, se outra vez for, não os pouparei.

³visto que buscais uma prova de que Cristo fala em mim; o qual não é fraco para convosco, antes é poderoso entre vós.

⁴Porque, ainda que foi crucificado por fraqueza, vive contudo pelo poder de Deus. Pois nós também somos fracos nele, mas viveremos com ele pelo poder de Deus para convosco.

⁵Examinai-vos a vós mesmos se permaneceis na fé; provai-vos a vós mesmos. Ou não sabeis quanto a vós mesmos, que Jesus Cristo está em vós? Se não é que já estais reprovados.

*2 Coríntios*

⁶Mas espero que entendereis que nós não somos reprovados.

⁷Ora, rogamos a Deus que não façais mal algum, não para que nós pareçamos aprovados, mas que vós façais o bem, embora nós sejamos como reprovados.

⁸Porque nada podemos contra a verdade, porém, a favor da verdade.

⁹Pois nos regozijamos quando nós estamos fracos e vós sois fortes; e isto é o que rogamos, a saber, o vosso aperfeiçoamento.

¹⁰Portanto, escrevo estas coisas estando ausente, para que, quando estiver presente, não use de rigor, segundo a autoridade que o Senhor me deu para edificação, e não para destruição.

¹¹Quanto ao mais, irmãos, regozijai-vos, sede perfeitos, sede consolados, sede de um mesmo parecer, vivei em paz; e o Deus de amor e de paz será convosco.

¹²Saudai-vos uns aos outros com ósculo santo. Todos os santos vos saúdam.

¹³A graça do Senhor Jesus Cristo, e o amor de Deus, e a comunhão do Espírito Santo sejam com todos vós.

# Gálatas

## Capítulo 1

¹Paulo, apóstolo (não da parte dos homens, nem por intermédio de homem algum, mas sim por Jesus Cristo, e por Deus Pai, que o ressuscitou dentre os mortos),

²e todos os irmãos que estão comigo, às igrejas da Galácia:

³Graça a vós, e paz da parte de Deus nosso Pai, e do Senhor Jesus Cristo,

⁴o qual se deu a si mesmo por nossos pecados, para nos livrar do presente século mau, segundo a vontade de nosso Deus e Pai,

⁵a quem seja a glória para todo o sempre. Amém.

⁶Estou admirado de que tão depressa estejais desertando daquele que vos chamou na graça de Cristo, para outro evangelho,

⁷o qual não é outro; senão que há alguns que vos perturbam e querem perverter o evangelho de Cristo.

⁸Mas, ainda que nós mesmos ou um anjo do céu vos pregasse outro evangelho além do que já vos pregamos, seja anátema.

⁹Como antes temos dito, assim agora novamente o digo: Se alguém vos pregar outro evangelho além do que já recebestes, seja anátema.

¹⁰Pois busco eu agora o favor dos homens, ou o favor de Deus? ou procuro agradar aos homens? se estivesse ainda agradando aos homens, não seria servo de Cristo.

¹¹Mas faço-vos saber, irmãos, que o evangelho que por mim foi anunciado não é segundo os homens;

¹²porque não o recebi de homem algum, nem me foi ensinado; mas o recebi por revelação de Jesus Cristo.

¹³Pois já ouvistes qual foi outrora o meu procedimento no judaísmo, como sobremaneira perseguia a igreja de Deus e a assolava,

¹⁴e na minha nação excedia em judaísmo a muitos da minha idade, sendo extremamente zeloso das tradições de meus pais.

¹⁵Mas, quando aprouve a Deus, que desde o ventre de minha mãe me separou, e me chamou pela sua graça,

¹⁶revelar seu Filho em mim, para que eu o pregasse entre os gentios, não consultei carne e sangue,

¹⁷nem subi a Jerusalém para estar com os que já antes de mim eram apóstolos, mas parti para a Arábia, e voltei outra vez a Damasco.

¹⁸Depois, passados três anos, subi a Jerusalém para visitar a Cefas, e demorei com ele quinze dias.

¹⁹Mas não vi a nenhum outro dos apóstolos, senão a Tiago, irmão do Senhor.

²⁰Ora, acerca do que vos escrevo, eis que diante de Deus testifico que não minto.

²¹Depois fui para as regiões da Síria e da Cilícia.

²²Não era conhecido de vista das igrejas de Cristo na Judéia;

²³mas somente tinham ouvido dizer: Aquele que outrora nos perseguia agora prega a fé que antes procurava destruir;

²⁴e glorificavam a Deus a respeito de mim.

## Capítulo 2

¹Depois, passados catorze anos, subi outra vez a Jerusalém com Barnabé, levando também comigo a Tito.

²E subi devido a uma revelação, e lhes expus o evangelho que prego entre os gentios, mas em particular aos que eram de destaque, para que de algum modo não estivesse correndo ou não tivesse corrido em vão.

³Mas nem mesmo Tito, que estava comigo, embora sendo grego, foi constrangido a circuncidar-se;

⁴e isto por causa dos falsos irmãos intrusos, os quais furtivamente entraram a espiar a nossa liberdade, que temos em Cristo Jesus, para nos escravizar;

⁵aos quais nem ainda por uma hora cedemos em sujeição, para que a verdade do evangelho permanecesse entre vós.

⁶Ora, daqueles que pareciam ser alguma coisa (quais outrora tenham sido, nada me importa; Deus não aceita a aparência do homem), esses, digo, que pareciam ser alguma coisa, nada me acrescentaram;

⁷antes, pelo contrário, quando viram que o evangelho da incircuncisão me fora confiado, como a Pedro o da circuncisão

⁸(porque aquele que operou a favor de Pedro para o apostolado da circuncisão, operou também a meu favor para com os gentios),

⁹e quando conheceram a graça que me fora dada, Tiago, Cefas e João, que pareciam ser as colunas, deram a mim e a Barnabé as destras de comunhão, para que nós fôssemos aos gentios, e eles à circuncisão;

¹⁰recomendando-nos somente que nos lembrássemos dos pobres; o que também procurei fazer com diligência.

¹¹Quando, porém, Cefas veio a Antioquia, resisti-lhe na cara, porque era repreensível.

¹²Pois antes de chegarem alguns da parte de Tiago, ele comia com os gentios; mas quando eles chegaram, se foi retirando e se apartava deles, temendo os que eram da circuncisão.

¹³E os outros judeus também dissimularam com ele, de modo que até Barnabé se deixou levar pela sua dissimulação.

¹⁴Mas, quando vi que não andavam retamente conforme a verdade do evangelho, disse a Cefas perante todos: Se tu, sendo judeu, vives como os gentios, e não como os judeus, como é que obrigas os gentios a viverem como judeus?

¹⁵Nós, judeus por natureza e não pecadores dentre os gentios,

¹⁶sabendo, contudo, que o homem não é justificado por obras da lei, mas sim, pela fé em Cristo Jesus, temos também crido em Cristo Jesus para sermos justificados pela fé em Cristo, e não por obras da lei; pois por obras da lei nenhuma carne será justificada.

¹⁷Mas se, procurando ser justificados em Cristo, fomos nós mesmos também achados pecadores, é porventura Cristo ministro do pecado? De modo nenhum.

¹⁸Porque, se torno a edificar aquilo que destruí, constituo-me a mim mesmo transgressor.

¹⁹Pois eu pela lei morri para a lei, a fim de viver para Deus.

²⁰Já estou crucificado com Cristo; e vivo, não mais eu, mas Cristo vive em mim; e a vida que agora vivo na carne, vivo-a na fé no filho de Deus, o qual me amou, e se entregou a si mesmo por mim.

²¹Não faço nula a graça de Deus; porque, se a justiça vem mediante a lei, logo Cristo morreu em vão.

## Capítulo 3

¹ó insensatos gálatas! quem vos fascinou a vós, ante cujos olhos foi representado Jesus Cristo como crucificado?

²Só isto quero saber de vós: Foi por obras da lei que recebestes o Espírito, ou pelo ouvir com fé?

³Sois vós tão insensatos? tendo começado pelo Espírito, é pela carne que agora acabareis?

⁴Será que padecestes tantas coisas em vão? Se é que isso foi em vão.

⁵Aquele pois que vos dá o Espírito, e que opera milagres entre vós, acaso o faz pelas obras da lei, ou pelo ouvir com fé?

⁶Assim como Abraão creu a Deus, e isso lhe foi imputado como justiça.

⁷Sabei, pois, que os que são da fé, esses são filhos de Abraão.

⁸Ora, a Escritura, prevendo que Deus havia de justificar pela fé os gentios, anunciou previamente a boa nova a Abraão, dizendo: Em ti serão abençoadas todas as nações.

⁹De modo que os que são da fé são abençoados com o crente Abraão.

¹⁰Pois todos quantos são das obras da lei estão debaixo da maldição; porque escrito está: Maldito todo aquele que não permanece em todas as coisas que estão escritas no livro da lei, para fazê-las.

¹¹É evidente que pela lei ninguém é justificado diante de Deus, porque: O justo viverá da fé;

¹²ora, a lei não é da fé, mas: O que fizer estas coisas, por elas viverá.

¹³Cristo nos resgatou da maldição da lei, fazendo-se maldição por nós; porque está escrito: Maldito todo aquele que for pendurado no madeiro;

¹⁴para que aos gentios viesse a bênção de Abraão em Jesus Cristo, a fim de que nós recebêssemos pela fé a promessa do Espírito.

¹⁵Irmãos, como homem falo. Um testamento, embora de homem, uma vez confirmado, ninguém o anula, nem lhe acrescenta coisa alguma.

¹⁶Ora, a Abraão e a seu descendente foram feitas as promessas; não diz: E a seus descendentes, como falando de muitos, mas como de um só: E a teu descendente, que é Cristo.

¹⁷E digo isto: Ao testamento anteriormente confirmado por Deus, a lei, que veio quatrocentos e trinta anos depois, não invalida, de forma a tornar inoperante a promessa.

¹⁸Pois se da lei provém a herança, já não provém mais da promessa; mas Deus, pela promessa, a deu gratuitamente a Abraão.

¹⁹Logo, para que é a lei? Foi acrescentada por causa das transgressões, até que viesse o descendente a quem a promessa tinha sido feita; e foi ordenada por meio de anjos, pela mão de um mediador.

²⁰Ora, o mediador não o é de um só, mas Deus é um só.

²¹É a lei, então, contra as promessas de Deus? De modo nenhum; porque, se fosse dada uma lei que pudesse vivificar, a justiça, na verdade, teria sido pela lei.

²²Mas a Escritura encerrou tudo debaixo do pecado, para que a promessa pela fé em Jesus Cristo fosse dada aos que crêem.

²³Mas, antes que viesse a fé, estávamos guardados debaixo da lei, encerrados para aquela fé que se havia de revelar.

²⁴De modo que a lei se tornou nosso aio, para nos conduzir a Cristo, a fim de que pela fé fôssemos justificados.

²⁵Mas, depois que veio a fé, já não estamos debaixo de aio.

²⁶Pois todos sois filhos de Deus pela fé em Cristo Jesus.

²⁷Porque todos quantos fostes batizados em Cristo vos revestistes de Cristo.

²⁸Não há judeu nem grego; não há escravo nem livre; não há homem nem mulher; porque todos vós sois um em Cristo Jesus.

²⁹E, se sois de Cristo, então sois descendência de Abraão, e herdeiros conforme a promessa.

## Capítulo 4

¹Ora, digo que por todo o tempo em que o herdeiro é menino, em nada difere de um servo, ainda que seja senhor de tudo;

²mas está debaixo de tutores e curadores até o tempo determinado pelo pai.

³Assim também nós, quando éramos meninos, estávamos reduzidos à servidão debaixo dos rudimentos do mundo;

⁴mas, vindo a plenitude dos tempos, Deus enviou seu Filho, nascido de mulher, nascido debaixo de lei,

⁵para resgatar os que estavam debaixo de lei, a fim de recebermos a adoção de filhos.

⁶E, porque sois filhos, Deus enviou aos nossos corações o Espírito de seu Filho, que clama: Aba, Pai.

⁷Portanto já não és mais servo, mas filho; e se és filho, és também herdeiro por Deus.

⁸Outrora, quando não conhecíeis a Deus, servíeis aos que por natureza não são deuses;

⁹agora, porém, que já conheceis a Deus, ou, melhor, sendo conhecidos por Deus, como tornais outra vez a esses rudimentos fracos e pobres, aos quais de novo quereis servir?

¹⁰Guardais dias, e meses, e tempos, e anos.

¹¹Temo a vosso respeito não haja eu trabalhado em vão entre vós.

¹²Irmãos, rogo-vos que vos torneis como eu, porque também eu me tornei como vós. Nenhum mal me fizestes;

¹³e vós sabeis que por causa de uma enfermidade da carne vos anunciei o evangelho a primeira vez,

¹⁴e aquilo que na minha carne era para vós uma tentação, não o desprezastes nem o repelistes, antes me recebestes como a um anjo de Deus, mesmo como a Cristo Jesus.

¹⁵Onde está, pois, aquela vossa satisfação? Porque vos dou testemunho de que, se possível fora, teríeis arrancado os vossos olhos, e mos teríeis dado.

¹⁶Tornei-me acaso vosso inimigo, porque vos disse a verdade?

¹⁷Eles vos procuram zelosamente não com bons motivos, mas querem vos excluir, para que zelosamente os procureis a eles.

¹⁸No que é bom, é bom serdes sempre procurados, e não só quando estou presente convosco.

¹⁹Meus filhinhos, por quem de novo sinto as dores de parto, até que Cristo seja formado em vós;

²⁰eu bem quisera estar presente convosco agora, e mudar o tom da minha voz; porque estou perplexo a vosso respeito.

²¹Dizei-me, os que quereis estar debaixo da lei, não ouvis vós a lei?

²²Porque está escrito que Abraão teve dois filhos, um da escrava, e outro da livre.

²³Todavia o que era da escrava nasceu segundo a carne, mas, o que era da livre, por promessa.

²⁴O que se entende por alegoria: pois essas mulheres são dois pactos; um do monte Sinai, que dá à luz filhos para a servidão, e que é Agar.

²⁵Ora, esta Agar é o monte Sinai na Arábia e corresponde à Jerusalém atual, pois é escrava com seus filhos.

²⁶Mas a Jerusalém que é de cima é livre; a qual é nossa mãe.

²⁷Pois está escrito: Alegra-te, estéril, que não dás à luz; esforça-te e clama, tu que não estás de parto; porque mais são os filhos da desolada do que os da que tem marido.

²⁸Ora vós, irmãos, sois filhos da promessa, como Isaque.

²⁹Mas, como naquele tempo o que nasceu segundo a carne perseguia ao que nasceu segundo o Espírito, assim é também agora.

³⁰Que diz, porém, a Escritura? Lança fora a escrava e seu filho, porque de modo algum o filho da escrava herdará com o filho da livre.

³¹Pelo que, irmãos, não somos filhos da escrava, mas da livre.

## Capítulo 5

¹Para a liberdade Cristo nos libertou; permanecei, pois, firmes e não vos dobreis novamente a um jogo de escravidão.

²Eis que eu, Paulo, vos digo que, se vos deixardes circuncidar, Cristo de nada vos aproveitará.

³E de novo testifico a todo homem que se deixa circuncidar, que está obrigado a guardar toda a lei.

⁴Separados estais de Cristo, vós os que vos justificais pela lei; da graça decaístes.

⁵Nós, entretanto, pelo Espírito aguardamos a esperança da justiça que provém da fé.

⁶Porque em Cristo Jesus nem a circuncisão nem a incircuncisão vale coisa alguma; mas sim a fé que opera pelo amor.

⁷Corríeis bem; quem vos impediu de obedecer à verdade?

⁸Esta persuasão não vem daquele que vos chama.

⁹Um pouco de fermento leveda a massa toda.

¹⁰Confio de vós, no Senhor, que de outro modo não haveis de pensar; mas aquele que vos perturba, seja quem for, sofrerá a condenação.

¹¹Eu, porém, irmãos, se é que prego ainda a circuncisão, por que ainda sou perseguido? Nesse caso o escândalo da cruz estaria aniquilado.

¹²Oxalá se mutilassem aqueles que vos andam inquietando.

¹³Porque vós, irmãos, fostes chamados à liberdade. Mas não useis da liberdade para dar ocasião à carne, antes pelo amor servi-vos uns aos outros.

¹⁴Pois toda a lei se cumpre numa só palavra, a saber: Amarás ao teu próximo como a ti mesmo.

¹⁵Se vós, porém, vos mordeis e devorais uns aos outros, vede não vos consumais uns aos outros.

¹⁶Digo, porém: Andai pelo Espírito, e não haveis de cumprir a cobiça da carne.

¹⁷Porque a carne luta contra o Espírito, e o Espírito contra a carne; e estes se opõem um ao outro, para que não façais o que quereis.

¹⁸Mas, se sois guiados pelo Espírito, não estais debaixo da lei.

¹⁹Ora, as obras da carne são manifestas, as quais são: a prostituição, a impureza, a lascívia,

²⁰a idolatria, a feitiçaria, as inimizades, as contendas, os ciúmes, as iras, as facções, as dissensões, os partidos,

²¹as invejas, as bebedices, as orgias, e coisas semelhantes a estas, contra as quais vos previno, como já antes vos preveni, que os que tais coisas praticam não herdarão o reino de Deus.

²²Mas o fruto do Espírito é: o amor, o gozo, a paz, a longanimidade, a benignidade, a bondade, a fidelidade.

²³a mansidão, o domínio próprio; contra estas coisas não há lei.

²⁴E os que são de Cristo Jesus crucificaram a carne com as suas paixões e concupiscências.

²⁵Se vivemos pelo Espírito, andemos também pelo Espírito.

²⁶Não nos tornemos vangloriosos, provocando-nos uns aos outros, invejando-nos uns aos outros.

## Capítulo 6

¹Irmãos, se um homem chegar a ser surpreendido em algum delito, vós que sois espirituais corrigi o tal com espírito de mansidão; e olha por ti mesmo, para que também tu não sejas tentado.

²Levai as cargas uns dos outros, e assim cumprireis a lei de Cristo.

³Pois, se alguém pensa ser alguma coisa, não sendo nada, engana-se a si mesmo.

⁴Mas prove cada um a sua própria obra, e então terá motivo de glória somente em si mesmo, e não em outrem;

⁵porque cada qual levará o seu próprio fardo.

⁶E o que está sendo instruído na palavra, faça participante em todas as coisas boas aquele que o instrui.

⁷Não vos enganeis; Deus não se deixa escarnecer; pois tudo o que o homem semear, isso também ceifará.

⁸Porque quem semeia na sua carne, da carne ceifará a corrupção; mas quem semeia no Espírito, do Espírito ceifará a vida eterna.

⁹E não nos cansemos de fazer o bem, porque a seu tempo ceifaremos, se não houvermos desfalecido.

¹⁰Então, enquanto temos oportunidade, façamos bem a todos, mas principalmente aos domésticos da fé.

¹¹Vede com que grandes letras vos escrevo com minha própria mão.

¹²Todos os que querem ostentar boa aparência na carne, esses vos obrigam a circuncidar-vos, somente para não serem perseguidos por causa da cruz de Cristo.

¹³Porque nem ainda esses mesmos que se circuncidam guardam a lei, mas querem que vos circuncideis, para se gloriarem na vossa carne.

¹⁴Mas longe esteja de mim gloriar-me, a não ser na cruz de nosso Senhor Jesus Cristo, pela qual o mundo está crucificado para mim e eu para o mundo.

¹⁵Pois nem a circuncisão nem a incircuncisão é coisa alguma, mas sim o ser uma nova criatura.

¹⁶E a todos quantos andarem conforme esta norma, paz e misericórdia sejam sobre eles e sobre o Israel de Deus.

¹⁷Daqui em diante ninguém me moleste; porque eu trago no meu corpo as marcas de Jesus.

¹⁸A graça de nosso Senhor Jesus Cristo seja, irmãos, com o vosso espírito. Amém.

# Efésios

## Capítulo 1

¹Paulo, apóstolo de Cristo Jesus pela vontade de Deus, aos santos que estão em Éfeso, e fiéis em Cristo Jesus:

²Graça a vós, e paz da parte de Deus nosso Pai, e do Senhor Jesus Cristo.

³Bendito seja o Deus e Pai de nosso Senhor Jesus Cristo, o qual nos abençoou com todas as bênçãos espirituais nas regiões celestes em Cristo;

⁴como também nos elegeu nele antes da fundação do mundo, para sermos santos e irrepreensíveis diante dele em amor;

⁵e nos predestinou para sermos filhos de adoção por Jesus Cristo, para si mesmo, segundo o beneplácito de sua vontade,

⁶para o louvor da glória da sua graça, a qual nos deu gratuitamente no Amado;

⁷em quem temos a redenção pelo seu sangue, a redenção dos nossos delitos, segundo as riquezas da sua graça,

⁸que ele fez abundar para conosco em toda a sabedoria e prudência,

⁹fazendo-nos conhecer o mistério da sua vontade, segundo o seu beneplácito, que nele propôs

¹⁰para a dispensação da plenitude dos tempos, de fazer convergir em Cristo todas as coisas, tanto as que estão nos céus como as que estão na terra,

¹¹nele, digo, no qual também fomos feitos herança, havendo sido predestinados conforme o propósito daquele que faz todas as coisas segundo o conselho da sua vontade,

¹²com o fim de sermos para o louvor da sua glória, nós, os que antes havíamos esperado em Cristo;

¹³no qual também vós, tendo ouvido a palavra da verdade, o evangelho da vossa salvação, e tendo nele também crido, fostes selados com o Espírito Santo da promessa,

¹⁴o qual é o penhor da nossa herança, para redenção da possessão de Deus, para o louvor da sua glória.

¹⁵Por isso também eu, tendo ouvido falar da fé que entre vós há no Senhor Jesus e do vosso amor para com todos os santos,

¹⁶não cesso de dar graças por vós, lembrando-me de vós nas minhas orações,

¹⁷para que o Deus de nosso Senhor Jesus Cristo, o Pai da glória, vos dê o espírito de sabedoria e de revelação no pleno conhecimento dele;

¹⁸sendo iluminados os olhos do vosso coração, para que saibais qual seja a esperança da sua vocação, e quais as riquezas da glória da sua herança nos santos,

¹⁹e qual a suprema grandeza do seu poder para conosco, os que cremos, segundo a operação da força do seu poder,

²⁰que operou em Cristo, ressuscitando-o dentre os mortos e fazendo-o sentar-se à sua direita nos céus,

²¹muito acima de todo principado, e autoridade, e poder, e domínio, e de todo nome que se nomeia, não só neste século, mas também no vindouro;

²²e sujeitou todas as coisas debaixo dos seus pés, e para ser cabeça sobre todas as coisas o deu à igreja,

²³que é o seu corpo, o complemento daquele que cumpre tudo em todas as coisas.

## Capítulo 2

¹Ele vos vivificou, estando vós mortos nos vossos delitos e pecados,

²nos quais outrora andastes, segundo o curso deste mundo, segundo o príncipe das potestades do ar, do espírito que agora opera nos filhos de desobediência,

³entre os quais todos nós também antes andávamos nos desejos da nossa carne, fazendo a vontade da carne e dos pensamentos; e éramos por natureza filhos da ira, como também os demais.

⁴Mas Deus, sendo rico em misericórdia, pelo seu muito amor com que nos amou,

⁵estando nós ainda mortos em nossos delitos, nos vivificou juntamente com Cristo (pela graça sois salvos),

⁶e nos ressuscitou juntamente com ele, e com ele nos fez sentar nas regiões celestes em Cristo Jesus,

⁷para mostrar nos séculos vindouros a suprema riqueza da sua graça, pela sua bondade para conosco em Cristo Jesus.

⁸Porque pela graça sois salvos, por meio da fé; e isto não vem de vós, é dom de Deus;

⁹não vem das obras, para que ninguém se glorie.

¹⁰Porque somos feitura sua, criados em Cristo Jesus para boas obras, as quais Deus antes preparou para que andássemos nelas.

¹¹Portanto, lembrai-vos que outrora vós, gentios na carne, chamam circuncisão, feita pela mão dos homens,

¹²estáveis naquele tempo sem Cristo, separados da comunidade de Israel, e estranhos aos pactos da promessa, não tendo esperança, e sem Deus no mundo.

¹³Mas agora, em Cristo Jesus, vós, que antes estáveis longe, já pelo sangue de Cristo chegastes perto.

¹⁴Porque ele é a nossa paz, o qual de ambos os povos fez um; e, derrubando a parede de separação que estava no meio, na sua carne desfez a inimizade,

¹⁵isto é, a lei dos mandamentos contidos em ordenanças, para criar, em si mesmo, dos dois um novo homem, assim fazendo a paz,

¹⁶e pela cruz reconciliar ambos com Deus em um só corpo, tendo por ela matado a inimizade;

¹⁷e, vindo, ele evangelizou paz a vós que estáveis longe, e paz aos que estavam perto;

¹⁸porque por ele ambos temos acesso ao Pai em um mesmo Espírito.

¹⁹Assim, pois, não sois mais estrangeiros, nem forasteiros, antes sois concidadãos dos santos e membros da família de Deus,

²⁰edificados sobre o fundamento dos apóstolos e dos profetas, sendo o próprio Cristo Jesus a principal pedra da esquina;

²¹no qual todo o edifício bem ajustado cresce para templo santo no Senhor,

²²no qual também vós juntamente sois edificados para morada de Deus no Espírito.

## Capítulo 3

¹Por esta razão eu, Paulo, o prisioneiro de Cristo Jesus por amor de vós gentios...

²Se é que tendes ouvido a dispensação da graça de Deus, que para convosco me foi dada;

³como pela revelação me foi manifestado o mistério, conforme acima em poucas palavras vos escrevi,

⁴pelo que, quando ledes, podeis perceber a minha compreensão do mistério de Cristo,

⁵o qual em outras gerações não foi manifestado aos filhos dos homens, como se revelou agora no Espírito aos seus santos apóstolos e profetas,

⁶a saber, que os gentios são co-herdeiros e membros do mesmo corpo e co-participantes da promessa em Cristo Jesus por meio do evangelho;

⁷do qual fui feito ministro, segundo o dom da graça de Deus, que me foi dada conforme a operação do seu poder.

⁸A mim, o mínimo de todos os santos, me foi dada esta graça de anunciar aos gentios as riquezas inescrutáveis de Cristo,

⁹e demonstrar a todos qual seja a dispensação do mistério que desde os séculos esteve oculto em Deus, que tudo criou,

¹⁰para que agora seja manifestada, por meio da igreja, aos principados e potestades nas regiões celestes,

¹¹segundo o eterno propósito que fez em Cristo Jesus nosso Senhor,

¹²no qual temos ousadia e acesso em confiança, pela nossa fé nele.

¹³Portanto vos peço que não desfaleçais diante das minhas tribulações por vós, as quais são a vossa glória.

¹⁴Por esta razão dobro os meus joelhos perante o Pai,

¹⁵do qual toda família nos céus e na terra toma o nome,

¹⁶para que, segundo as riquezas da sua glória, vos conceda que sejais robustecidos com poder pelo seu Espírito no homem interior;

¹⁷que Cristo habite pela fé nos vossos corações, a fim de que, estando arraigados e fundados em amor,

¹⁸possais compreender, com todos os santos, qual seja a largura, e o comprimento, e a altura, e a profundidade,

¹⁹e conhecer o amor de Cristo, que excede todo o entendimento, para que sejais cheios até a inteira plenitude de Deus.

²⁰Ora, àquele que é poderoso para fazer tudo muito mais abundantemente além daquilo que pedimos ou pensamos, segundo o poder que em nós opera,

²¹a esse seja glória na igreja e em Cristo Jesus, por todas as gerações, para todo o sempre. Amém.

## Capítulo 4

¹Rogo-vos, pois, eu, o prisioneiro no Senhor, que andeis como é digno da vocação com que fostes chamados,

²com toda a humildade e mansidão, com longanimidade, suportando-vos uns aos outros em amor,

³procurando diligentemente guardar a unidade do Espírito no vínculo da paz.

⁴Há um só corpo e um só Espírito, como também fostes chamados em uma só esperança da vossa vocação;

⁵um só Senhor, uma só fé, um só batismo;

⁶um só Deus e Pai de todos, o qual é sobre todos, e por todos e em todos.

⁷Mas a cada um de nós foi dada a graça conforme a medida do dom de Cristo.

⁸Por isso foi dito: Subindo ao alto, levou cativo o cativeiro, e deu dons aos homens.

⁹Ora, isto - ele subiu - que é, senão que também desceu às partes mais baixas da terra?

¹⁰Aquele que desceu é também o mesmo que subiu muito acima de todos os céus, para cumprir todas as coisas.

¹¹E ele deu uns como apóstolos, e outros como profetas, e outros como evangelistas, e outros como pastores e mestres,

¹²tendo em vista o aperfeiçoamento dos santos, para a obra do ministério, para edificação do corpo de Cristo;

¹³até que todos cheguemos à unidade da fé e do pleno conhecimento do Filho de Deus, ao estado de homem feito, à medida da estatura da plenitude de Cristo;

¹⁴para que não mais sejamos meninos, inconstantes, levados ao redor por todo vento de doutrina, pela fraudulência dos homens, pela astúcia tendente à maquinação do erro;

¹⁵antes, seguindo a verdade em amor, cresçamos em tudo naquele que é a cabeça, Cristo,

¹⁶do qual o corpo inteiro bem ajustado, e ligado pelo auxílio de todas as juntas, segundo a justa operação de cada parte, efetua o seu crescimento para edificação de si mesmo em amor.

¹⁷Portanto digo isto, e testifico no Senhor, para que não mais andeis como andam os gentios, na verdade da sua mente,

¹⁸entenebrecidos no entendimento, separados da vida de Deus pela ignorância que há neles, pela dureza do seu coração,

¹⁹os quais, tendo-se tornado insensíveis, entregaram-se à lascívia para cometerem com avidez toda sorte de impureza.

²⁰Mas vós não aprendestes assim a Cristo.

²¹se é que o ouvistes, e nele fostes instruídos, conforme é a verdade em Jesus,

²²a despojar-vos, quanto ao procedimento anterior, do velho homem, que se corrompe pelas concupiscências do engano;

²³a vos renovar no espírito da vossa mente;

²⁴e a vos revestir do novo homem, que segundo Deus foi criado em verdadeira justiça e santidade.

²⁵Pelo que deixai a mentira, e falai a verdade cada um com o seu próximo, pois somos membros uns dos outros.

²⁶Irai-vos, e não pequeis; não se ponha o sol sobre a vossa ira;

²⁷nem deis lugar ao Diabo.

²⁸Aquele que furtava, não furte mais; antes trabalhe, fazendo com as mãos o que é bom, para que tenha o que repartir com o que tem necessidade.

²⁹Não saia da vossa boca nenhuma palavra torpe, mas só a que seja boa para a necessária edificação, a fim de que ministre graça aos que a ouvem.

³⁰E não entristeçais o Espírito Santo de Deus, no qual fostes selados para o dia da redenção.

³¹Toda a amargura, e cólera, e ira, e gritaria, e blasfêmia sejam tiradas dentre vós, bem como toda a malícia.

³²Antes sede bondosos uns para com os outros, compassivos, perdoando-vos uns aos outros, como também Deus vos perdoou em Cristo.

## Capítulo 5

¹Sede pois imitadores de Deus, como filhos amados;

²e andai em amor, como Cristo também vos amou, e se entregou a si mesmo por nós, como oferta e sacrifício a Deus, em cheiro suave.

³Mas a prostituição, e toda sorte de impureza ou cobiça, nem sequer se nomeie entre vós, como convém a santos,

⁴nem baixeza, nem conversa tola, nem gracejos indecentes, coisas essas que não convêm; mas antes ações de graças.

⁵Porque bem sabeis isto: que nenhum devasso, ou impuro, ou avarento, o qual é idólatra, tem herança no reino de Cristo e de Deus.

⁶Ninguém vos engane com palavras vãs; porque por estas coisas vem a ira de Deus sobre os filhos da desobediência.

⁷Portanto não sejais participantes com eles;

⁸pois outrora éreis trevas, mas agora sois luz no Senhor; andai como filhos da luz

⁹(pois o fruto da luz está em toda a bondade, e justiça e verdade),

¹⁰provando o que é agradável ao Senhor;

¹¹e não vos associeis às obras infrutuosas das trevas, antes, porém, condenai-as;

¹²porque as coisas feitas por eles em oculto, até o dizê-las é vergonhoso.

¹³Mas todas estas coisas, sendo condenadas, se manifestam pela luz, pois tudo o que se manifesta é luz.

¹⁴Pelo que diz: Desperta, tu que dormes, e levanta-te dentre os mortos, e Cristo te iluminará.

¹⁵Portanto, vede diligentemente como andais, não como néscios, mas como sábios,

¹⁶usando bem cada oportunidade, porquanto os dias são maus.

¹⁷Por isso, não sejais insensatos, mas entendei qual seja a vontade do Senhor.

¹⁸E não vos embriagueis com vinho, no qual há devassidão, mas enchei-vos do Espírito,

¹⁹falando entre vós em salmos, hinos, e cânticos espirituais, cantando e salmodiando ao Senhor no vosso coração,

²⁰sempre dando graças por tudo a Deus, o Pai, em nome de nosso Senhor Jesus Cristo,

²¹sujeitando-vos uns aos outros no temor de Cristo.

²²Vós, mulheres, submetei-vos a vossos maridos, como ao Senhor;

²³porque o marido é a cabeça da mulher, como também Cristo é a cabeça da igreja, sendo ele próprio o Salvador do corpo.

²⁴Mas, assim como a igreja está sujeita a Cristo, assim também as mulheres o sejam em tudo a seus maridos.

²⁵Vós, maridos, amai a vossas mulheres, como também Cristo amou a igreja, e a si mesmo se entregou por ela,

²⁶a fim de a santificar, tendo-a purificado com a lavagem da água, pela palavra,

²⁷para apresentá-la a si mesmo igreja gloriosa, sem mácula, nem ruga, nem qualquer coisa semelhante, mas santa e irrepreensível.

²⁸Assim devem os maridos amar a suas próprias mulheres, como a seus próprios corpos. Quem ama a sua mulher, ama-se a si mesmo.

²⁹Pois nunca ninguém aborreceu a sua própria carne, antes a nutre e preza, como também Cristo à igreja;

³⁰porque somos membros do seu corpo.

³¹Por isso deixará o homem a seu pai e a sua mãe, e se unirá à sua mulher, e serão os dois uma só carne.

³²Grande é este mistério, mas eu falo em referência a Cristo e à igreja.

³³Todavia também vós, cada um de per si, assim ame a sua própria mulher como a si mesmo, e a mulher reverencie a seu marido.

## Capítulo 6

¹Vós, filhos, sede obedientes a vossos pais no Senhor, porque isto é justo.

²Honra a teu pai e a tua mãe (que é o primeiro mandamento com promessa),

³para que te vá bem, e sejas de longa vida sobre a terra.

⁴E vós, pais, não provoqueis à ira vossos filhos, mas criai-os na disciplina e admoestação do Senhor.

⁵Vós, servos, obedecei a vossos senhores segundo a carne, com temor e tremor, na sinceridade de vosso coração, como a Cristo,

⁶não servindo somente à vista, como para agradar aos homens, mas como servos de Cristo, fazendo de coração a vontade de Deus,

⁷servindo de boa vontade como ao Senhor, e não como aos homens.

⁸Sabendo que cada um, seja escravo, seja livre, receberá do Senhor todo bem que fizer.

⁹E vós, senhores, fazei o mesmo para com eles, deixando as ameaças, sabendo que o Senhor tanto deles como vosso está no céu, e que para com ele não há acepção de pessoas.

¹⁰Finalmente, fortalecei-vos no Senhor e na força do seu poder.

¹¹Revesti-vos de toda a armadura de Deus, para poderdes permanecer firmes contra as ciladas do Diabo;

¹²pois não é contra carne e sangue que temos que lutar, mas sim contra os principados, contra as potestades, conta os príncipes do mundo destas trevas, contra as hostes espirituais da iniquidade nas regiões celestes.

¹³Portanto tomai toda a armadura de Deus, para que possais

resistir no dia mau e, havendo feito tudo, permanecer firmes.

¹⁴Estai, pois, firmes, tendo cingidos os vossos lombos com a verdade, e vestida a couraça da justiça,

¹⁵e calçando os pés com a preparação do evangelho da paz,

¹⁶tomando, sobretudo, o escudo da fé, com o qual podereis apagar todos os dardos inflamados do Maligno.

¹⁷Tomai também o capacete da salvação, e a espada do Espírito, que é a palavra de Deus;

¹⁸com toda a oração e súplica orando em todo tempo no Espírito e, para o mesmo fim, vigiando com toda a perseverança e súplica, por todos os santos,

¹⁹e por mim, para que me seja dada a palavra, no abrir da minha boca, para, com intrepidez, fazer conhecido o mistério do evangelho,

²⁰pelo qual sou embaixador em cadeias, para que nele eu tenha coragem para falar como devo falar.

²¹Ora, para que vós também possais saber como estou e o que estou fazendo, Tíquico, irmão amado e fiel ministro no Senhor, vos informará de tudo;

²²o qual vos envio para este mesmo fim, para que saibais do nosso estado, e ele vos conforte o coração.

²³Paz seja com os irmãos, e amor com fé, da parte de Deus Pai e do Senhor Jesus Cristo.

²⁴A graça seja com todos os que amam a nosso Senhor Jesus Cristo com amor incorruptível.

# Filipenses

## Capítulo 1

¹Paulo e Timóteo, servos de Cristo Jesus, a todos os santos em Cristo Jesus que estão em Filipos, com os bispos e diáconos:

²Graça a vós, e paz da parte de Deus nosso Pai, e do Senhor Jesus Cristo.

³Dou graças ao meu Deus todas as vezes que me lembro de vós,

⁴fazendo sempre, em todas as minhas orações, súplicas por todos vós com alegria

⁵pela vossa cooperação a favor do evangelho desde o primeiro dia até agora;

⁶tendo por certo isto mesmo, que aquele que em vós começou a boa obra a aperfeiçoará até o dia de Cristo Jesus,

⁷como tenho por justo sentir isto a respeito de vós todos, porque vos retenho em meu coração, pois todos vós sois participantes comigo da graça, tanto nas minhas prisões como na defesa e confirmação do evangelho.

⁸Pois Deus me é testemunha de que tenho saudades de todos vós, na terna misericórdia de Cristo Jesus.

⁹E isto peço em oração: que o vosso amor aumente mais e mais no pleno conhecimento e em todo o discernimento,

¹⁰para que aproveis as coisas excelentes, a fim de que sejais sinceros, e sem ofensa até o dia de Cristo;

¹¹cheios do fruto de injustiça, que vem por meio de Jesus Cristo, para glória e louvor de Deus.

¹²E quero, irmãos, que saibais que as coisas que me aconteceram têm antes contribuído para o progresso do evangelho;

¹³de modo que se tem tornado manifesto a toda a guarda pretoriana e a todos os demais, que é por Cristo que estou em prisões;

¹⁴também a maior parte dos irmãos no Senhor, animados pelas minhas prisões, são muito mais corajosos para falar sem temor a palavra de Deus.

¹⁵Verdade é que alguns pregam a Cristo até por inveja e contenda, mas outros o fazem de boa mente;

¹⁶estes por amor, sabendo que fui posto para defesa do evangelho;

¹⁷mas aqueles por contenda anunciam a Cristo, não sinceramente, julgando suscitar aflição às minhas prisões.

¹⁸Mas que importa? contanto que, de toda maneira, ou por pretexto ou de verdade, Cristo seja anunciado, nisto me regozijo, sim, e me regozijarei;

¹⁹porque sei que isto me resultará em salvação, pela vossa súplica e pelo socorro do Espírito de Jesus Cristo,

²⁰segundo a minha ardente expectativa e esperança, de que em nada serei confundido; antes, com toda a ousadia, Cristo será, tanto agora como sempre, engrandecido no meu corpo, seja pela vida, seja pela morte.

²¹Porque para mim o viver é Cristo, e o morrer é lucro.

²²Mas, se o viver na carne resultar para mim em fruto do meu trabalho, não sei então o que hei de escolher.

²³Mas de ambos os lados estou em aperto, tendo desejo de partir e estar com Cristo, porque isto é ainda muito melhor;

²⁴todavia, por causa de vós, julgo mais necessário permanecer na carne.

²⁵E, tendo esta confiança, sei que ficarei, e permanecerei com todos vós para vosso progresso e gozo na fé;

²⁶para que o motivo de vos gloriardes cresça por mim em Cristo Jesus, pela minha presença de novo convosco.

²⁷Somente portai-vos, dum modo digno do evangelho de Cristo, para que, quer vá e vos veja, quer esteja ausente, ouça acerca de vós que permaneceis firmes num só espírito, combatendo juntamente com uma só alma pela fé do evangelho;

²⁸e que em nada estais atemorizados pelos adversários, o que para eles é indício de perdição, mas para vós de salvação, e isso da parte de Deus;

²⁹pois vos foi concedido, por amor de Cristo, não somente o crer nele, mas também o padecer por ele,

³⁰tendo o mesmo combate que já em mim tendes visto e agora ouvis que está em mim.

## Capítulo 2

¹Portanto, se há alguma exortação em Cristo, se alguma consolação de amor, se alguma comunhão do Espírito, se alguns entranháveis afetos e compaixões,

²completai o meu gozo, para que tenhais o mesmo modo de pensar, tendo o mesmo amor, o mesmo ânimo, pensando a mesma coisa;

³nada façais por contenda ou por vanglória, mas com humildade cada um considere os outros superiores a si mesmo;

⁴não olhe cada um somente para o que é seu, mas cada qual também para o que é dos outros.

⁵Tende em vós aquele sentimento que houve também em Cristo Jesus,

⁶o qual, subsistindo em forma de Deus, não considerou o ser igual a Deus coisa a que se devia aferrar,

⁷mas esvaziou-se a si mesmo, tomando a forma de servo, tornando-se semelhante aos homens;

⁸e, achado na forma de homem, humilhou-se a si mesmo, tornando-se obediente até a morte, e morte de cruz.

⁹Pelo que também Deus o exaltou soberanamente, e lhe deu o nome que é sobre todo nome;

¹⁰para que ao nome de Jesus se dobre todo joelho dos que estão nos céus, e na terra, e debaixo da terra,

¹¹e toda língua confesse que Jesus Cristo é Senhor, para glória de Deus Pai.

¹²De sorte que, meus amados, do modo como sempre obedecestes, não como na minha presença somente, mas muito mais agora na minha ausência, efetuai a vossa salvação com temor e tremor;

¹³porque Deus é o que opera em vós tanto o querer como o efetuar, segundo a sua boa vontade.

¹⁴Fazei todas as coisas sem murmurações nem contendas;

¹⁵para que vos torneis irrepreensíveis e sinceros, filhos de Deus imaculados no meio de uma geração corrupta e perversa, entre a qual resplandeceis como luminares no mundo,

¹⁶retendo a palavra da vida; para que no dia de Cristo eu tenha motivo de gloriar-me de que não foi em vão que corri nem em vão que trabalhei.

¹⁷Contudo, ainda que eu seja derramado como libação sobre o sacrifício e serviço da vossa fé, folgo e me regozijo com todos vós;

¹⁸e pela mesma razão folgai vós também e regozijai-vos comigo.

¹⁹Ora, espero no Senhor Jesus enviar-vos em breve Timóteo, para que também eu esteja de bom ânimo, sabendo as vossas notícias.

²⁰Porque nenhum outro tenho de igual sentimento, que sinceramente cuide do vosso bem-estar.

²¹Pois todos buscam o que é seu, e não o que é de Cristo Jesus.

²²Mas sabeis que provas deu ele de si; que, como filho ao pai, serviu comigo a favor do evangelho.

²³A este, pois, espero enviar logo que eu tenha visto como há de ser o meu caso;

²⁴confio, porém, no Senhor, que também eu mesmo em breve irei.

²⁵Julguei, contudo, necessário enviar-vos Epafrodito, meu irmão, e cooperador, e companheiro nas lutas, e vosso enviado para me socorrer nas minhas necessidades;

²⁶porquanto ele tinha saudades de vós todos, e estava angustiado por terdes ouvido que estivera doente.

²⁷Pois de fato esteve doente e quase à morte; mas Deus se compadeceu dele, e não somente dele, mas também de mim, para que eu não tivesse tristeza sobre tristeza.

²⁸Por isso vo-lo envio com mais urgência, para que, vendo-o outra vez, vos regozijeis, e eu tenha menos tristeza.

²⁹Recebei-o, pois, no Senhor com todo o gozo, e tende em honra a homens tais como ele;

³⁰porque pela obra de Cristo chegou até as portas da morte, arriscando a sua vida para suprir-me o que faltava do vosso serviço.

## Capítulo 3

¹Quanto ao mais, irmãos meus, regozijai-vos no Senhor. Não me é penoso a mim escrever-vos as mesmas coisas, e a vós vos dá segurança.

²Acautelai-vos dos cães; acautelai-vos dos maus obreiros; acautelai-vos da falsa circuncisão.

³Porque a circuncisão somos nós, que servimos a Deus em espírito, e nos gloriamos em Cristo Jesus, e não confiamos na carne.

⁴Se bem que eu poderia até confiar na carne. Se algum outro julga poder confiar na carne, ainda mais eu:

⁵circuncidado ao oitavo dia, da linhagem de Israel, da tribo de

Benjamim, hebreu de hebreus; quanto à lei fui fariseu;

⁶quanto ao zelo, persegui a igreja; quanto à justiça que há na lei, fui irrepreensível.

⁷Mas o que para mim era lucro passei a considerá-lo como perda por amor de Cristo;

⁸sim, na verdade, tenho também como perda todas as coisas pela excelência do conhecimento de Cristo Jesus, meu Senhor; pelo qual sofri a perda de todas estas coisas, e as considero como refugo, para que possa ganhar a Cristo,

⁹e seja achado nele, não tendo como minha justiça a que vem da lei, mas a que vem pela fé em Cristo, a saber, a justiça que vem de Deus pela fé;

¹⁰para conhecê-lo, e o poder da sua ressurreição e a e a participação dos seus sofrimentos, conformando-me a ele na sua morte,

¹¹para ver se de algum modo posso chegar à ressurreição dentre os mortos.

¹²Não que já a tenha alcançado, ou que seja perfeito; mas vou prosseguindo, para ver se poderei alcançar aquilo para o que fui também alcançado por Cristo Jesus.

¹³Irmãos, quanto a mim, não julgo que o haja alcançado; mas uma coisa faço, e é que, esquecendo-me das coisas que atrás ficam, e avançando para as que estão adiante,

¹⁴prossigo para o alvo pelo prêmio da vocação celestial de Deus em Cristo Jesus.

¹⁵Pelo que todos quantos somos perfeitos tenhamos este sentimento; e, se sentis alguma coisa de modo diverso, Deus também vo-lo revelará.

¹⁶Mas, naquela medida de perfeição a que já chegamos, nela prossigamos.

¹⁷Irmãos, sede meus imitadores, e atentai para aqueles que andam conforme o exemplo que tendes em nós;

¹⁸porque muitos há, dos quais repetidas vezes vos disse, e agora vos digo até chorando, que são inimigos da cruz de Cristo;

¹⁹cujo fim é a perdição; cujo deus é o ventre; e cuja glória assenta no que é vergonhoso; os quais só cuidam das coisas terrenas.

²⁰Mas a nossa pátria está nos céus, donde também aguardamos um Salvador, o Senhor Jesus Cristo,

²¹que transformará o corpo da nossa humilhação, para ser conforme ao corpo da sua glória, segundo o seu eficaz poder de até sujeitar a si todas as coisas.

## Capítulo 4

¹Portanto, meus amados e saudosos irmãos, minha alegria e coroa, permanecei assim firmes no Senhor, amados.

²Rogo a Evódia, e rogo a Síntique, que sintam o mesmo no Senhor.

³E peço também a ti, meu verdadeiro companheiro, que as ajudes, porque trabalharam comigo no evangelho, e com Clemente, e com os outros meus cooperadores, cujos nomes estão no livro da vida.

⁴Regozijai-vos sempre no Senhor; outra vez digo, regozijai-vos.

⁵Seja a vossa moderação conhecida de todos os homens. Perto está o Senhor.

⁶Não andeis ansiosos por coisa alguma; antes em tudo sejam os vossos pedidos conhecidos diante de Deus pela oração e súplica com ações de graças;

⁷e a paz de Deus, que excede todo o entendimento, guardará os vossos corações e os vossos pensamentos em Cristo Jesus.

⁸Quanto ao mais, irmãos, tudo o que é verdadeiro, tudo o que é honesto, tudo o que é justo, tudo o que é puro, tudo o que é amável, tudo o que é de boa fama, se há alguma virtude, e se há algum louvor, nisso pensai.

⁹O que também aprendestes, e recebestes, e ouvistes, e vistes em mim, isso praticai; e o Deus de paz será convosco.

¹⁰Ora, muito me regozijo no Senhor por terdes finalmente renovado o vosso cuidado para comigo; do qual na verdade andáveis lembrados, mas vos faltava oportunidade.

¹¹Não digo isto por causa de necessidade, porque já aprendi a contentar-me com as circunstâncias em que me encontre.

¹²Sei passar falta, e sei também ter abundância; em toda maneira e em todas as coisas estou experimentado, tanto em ter fartura, como em passar fome; tanto em ter abundância, como em padecer necessidade.

¹³Posso todas as coisas naquele que me fortalece.

¹⁴Todavia fizestes bem em tomar parte na minha aflição.

¹⁵Também vós sabeis, ó filipenses, que, no princípio do evangelho, quando parti da Macedônia, nenhuma igreja comunicou comigo no sentido de dar e de receber, senão vós somente;

¹⁶porque estando eu ainda em Tessalônica, não uma só vez, mas duas, mandastes suprir-me as necessidades.

¹⁷Não que procure dádivas, mas procuro o fruto que cresça para a vossa conta.

¹⁸Mas tenho tudo; tenho-o até em abundância; cheio estou, depois que recebi de Epafrodito o que da vossa parte me foi enviado, como cheiro suave, como sacrifício aceitável e aprazível a Deus.

¹⁹Meu Deus suprirá todas as vossas necessidades segundo as suas riquezas na glória em Cristo Jesus.

²⁰Ora, a nosso Deus e Pai seja dada glória pelos séculos dos séculos. Amém.

²¹Saudai a cada um dos santos em Cristo Jesus. Os irmãos que estão comigo vos saúdam.

²²Todos os santos vos saúdam, especialmente os que são da casa de César.

²³A graça do Senhor Jesus Cristo seja com o vosso espírito.

# Colossenses

## Capítulo 1

¹Paulo, apóstolo de Cristo Jesus pela vontade de Deus, e o irmão Timóteo,

²aos santos e fiéis irmãos em Cristo que estão em Colossos: Graças a vós, e paz da parte de Deus nosso Pai.

³Graças damos a Deus, Pai de nosso Senhor Jesus Cristo, orando sempre por vós,

⁴desde que ouvimos falar da vossa fé em Cristo Jesus, e do amor que tendes a todos os santos,

⁵por causa da esperança que vos está reservada nos céus, da qual antes ouvistes pela palavra da verdade do evangelho,

⁶que já chegou a vós, como também está em todo o mundo, frutificando e crescendo, assim como entre vós desde o dia em que ouvistes e conhecestes a graça de Deus em verdade,

⁷segundo aprendestes de Epafras, nosso amado conservo, que por nós é fiel ministro de Cristo.

⁸O qual também nos declarou o vosso amor no Espírito.

⁹Por esta razão, nós também, desde o dia em que ouvimos, não cessamos de orar por vós, e de pedir que sejais cheios do pleno conhecimento da sua vontade, em toda a sabedoria e entendimento espiritual;

¹⁰para que possais andar de maneira digna do Senhor, agradando-lhe em tudo, frutificando em toda boa obra, e crescendo no conhecimento de Deus,

¹¹corroborados com toda a fortaleza, segundo o poder da sua glória, para toda a perseverança e longanimidade com gozo;

¹²dando graças ao Pai que vos fez idôneos para participar da herança dos santos na luz,

¹³e que nos tirou do poder das trevas, e nos transportou para o reino do seu Filho amado;

¹⁴em quem temos a redenção, a saber, a remissão dos pecados;

¹⁵o qual é imagem do Deus invisível, o primogênito de toda a criação;

¹⁶porque nele foram criadas todas as coisas nos céus e na terra, as visíveis e as invisíveis, sejam tronos, sejam dominações, sejam principados, sejam potestades; tudo foi criado por ele e para ele.

¹⁷Ele é antes de todas as coisas, e nele subsistem todas as coisas;

¹⁸também ele é a cabeça do corpo, da igreja; é o princípio, o primogênito dentre os mortos, para que em tudo tenha a preeminência,

¹⁹porque aprouve a Deus que nele habitasse toda a plenitude,

²⁰e que, havendo por ele feito a paz pelo sangue da sua cruz, por meio dele reconciliasse consigo mesmo todas as coisas, tanto as que estão na terra como as que estão nos céus.

²¹A vós também, que outrora éreis estranhos, e inimigos no entendimento pelas vossas obras más,

²²agora contudo vos reconciliou no corpo da sua carne, pela morte, a fim de perante ele vos apresentar santos, sem defeito e irrepreensíveis,

²³se é que permaneceis na fé, fundados e firmes, não vos deixando apartar da esperança do evangelho que ouvistes, e que foi pregado a toda criatura que há debaixo do céu, e do qual eu, Paulo, fui constituído ministro.

²⁴Agora me regozijo no meio dos meus sofrimentos por vós, e cumpro na minha carne o que resta das aflições de Cristo, por amor do seu corpo, que é a igreja;

²⁵da qual eu fui constituído ministro segundo a dispensação de Deus, que me foi concedida para convosco, a fim de cumprir a palavra de Deus,

²⁶o mistério que esteve oculto dos séculos, e das gerações; mas agora foi manifesto aos seus santos,

²⁷a quem Deus quis fazer conhecer quais são as riquezas da glória deste mistério entre os gentios, que é Cristo em vós, a esperança da glória;

²⁸o qual nós anunciamos, admoestando a todo homem, e ensinando a todo homem em toda a sabedoria, para que apresentemos todo homem perfeito em Cristo;

²⁹para isso também trabalho, lutando segundo a sua eficácia, que opera em mim poderosamente.

## Capítulo 2

¹Pois quero que saibais quão grande luta tenho por vós, e pelos que estão em Laodicéia, e por quantos não viram a minha pessoa;

²para que os seus corações sejam animados, estando unidos em amor, e enriquecidos da plenitude do entendimento para o pleno conhecimento do mistério de Deus - Cristo,

³no qual estão escondidos todos os tesouros da sabedoria e da ciência.

⁴Digo isto, para que ninguém vos engane com palavras persuasivas.

⁵Porque ainda que eu esteja ausente quanto ao corpo, contudo em espírito estou convosco, regozijando-me, e vendo a vossa ordem e a firmeza da vossa fé em Cristo.

⁶Portanto, assim como recebestes a Cristo Jesus, o Senhor, assim também nele andai,

⁷arraigados e edificados nele, e confirmados na fé, assim como fostes ensinados, abundando em ação de graças.

⁸Tendo cuidado para que ninguém vos faça presa sua, por meio de filosofias e vãs sutilezas, segundo a tradição dos homens, segundo os rudimentos do mundo, e não segundo Cristo;

⁹porque nele habita corporalmente toda a plenitude da divindade,

¹⁰e tendes a vossa plenitude nele, que é a cabeça de todo principado e potestade,

¹¹no qual também fostes circuncidados com a circuncisão não feita por mãos no despojar do corpo da carne, a saber, a circuncisão de Cristo;

¹²tendo sido sepultados com ele no batismo, no qual também fostes ressuscitados pela fé no poder de Deus, que o ressuscitou dentre os mortos;

¹³e a vós, quando estáveis mortos nos vossos delitos e na incircuncisão da vossa carne, vos vivificou juntamente com ele, perdoando-nos todos os delitos;

¹⁴e havendo riscado o escrito de dívida que havia contra nós nas suas ordenanças, o qual nos era contrário, removeu-o do meio de nós, cravando-o na cruz;

¹⁵e, tendo despojado os principados e potestades, os exibiu publicamente e deles triunfou na mesma cruz.

¹⁶Ninguém, pois, vos julgue pelo comer, ou pelo beber, ou por causa de dias de festa, ou de lua nova, ou de sábados,

¹⁷que são sombras das coisas vindouras; mas o corpo é de Cristo.

¹⁸Ninguém atue como árbitro contra vós, afetando humildade ou culto aos anjos, firmando-se em coisas que tenha visto, inchado vãmente pelo seu entendimento carnal,

¹⁹e não retendo a Cabeça, da qual todo o corpo, provido e organizado pelas juntas e ligaduras, vai crescendo com o aumento concedido por Deus.

²⁰Se morrestes com Cristo quanto aos rudimentos do mundo, por que vos sujeitais ainda a ordenanças, como se vivêsseis no mundo,

²¹tais como: não toques, não proves, não manuseies

²²(as quais coisas todas hão de perecer pelo uso), segundo os preceitos e doutrinas dos homens?

²³As quais têm, na verdade, alguma aparência de sabedoria em culto voluntário, humildade fingida, e severidade para com o corpo, mas não têm valor algum no combate contra a satisfação da carne.

## Capítulo 3

¹Se, pois, fostes ressuscitados juntamente com Cristo, buscai as coisas que são de cima, onde Cristo está assentado à destra de Deus.

²Pensai nas coisas que são de cima, e não nas que são da terra;

³porque morrestes, e a vossa vida está escondida com Cristo em Deus.

⁴Quando Cristo, que é a nossa vida, se manifestar, então também vós vos manifestareis com ele em glória.

⁵Exterminai, pois, as vossas inclinações carnais; a prostituição, a impureza, a paixão, a vil concupiscência, e a avareza, que é idolatria;

⁶pelas quais coisas vem a ira de Deus sobre os filhos da desobediência;

⁷nas quais também em outro tempo andastes, quando vivíeis nelas;

⁸mas agora despojai-vos também de tudo isto: da ira, da cólera, da malícia, da maledicência, das palavras torpes da vossa boca;

⁹não mintais uns aos outros, pois que já vos despistes do homem velho com os seus feitos,

¹⁰e vos vestistes do novo, que se renova para o pleno conhecimento, segundo a imagem daquele que o criou;

*Colossenses*

¹¹onde não há grego nem judeu, circuncisão nem incircuncisão, bárbaro, cita, escravo ou livre, mas Cristo é tudo em todos.

¹²Revestí-vos, pois, como eleitos de Deus, santos e amados, de coração compassivo, de benignidade, humildade, mansidão, longanimidade,

¹³suportando-vos e perdoando-vos uns aos outros, se alguém tiver queixa contra outro; assim como o Senhor vos perdoou, assim fazei vós também.

¹⁴E, sobre tudo isto, revestí-vos do amor, que é o vínculo da perfeição.

¹⁵E a paz de Cristo, para a qual também fostes chamados em um corpo, domine em vossos corações; e sede agradecidos.

¹⁶A palavra de Cristo habite em vós ricamente, em toda a sabedoria; ensinai-vos e admoestai-vos uns aos outros, com salmos, hinos e cânticos espirituais, louvando a Deus com gratidão em vossos corações.

¹⁷E tudo quanto fizerdes por palavras ou por obras, fazei-o em nome do Senhor Jesus, dando por ele graças a Deus Pai.

¹⁸Vós, mulheres, sede submissas a vossos maridos, como convém no Senhor.

¹⁹Vós, maridos, amai a vossas mulheres, e não as trateis asperamente.

²⁰Vós, filhos, obedecei em tudo a vossos pais; porque isto é agradável ao Senhor.

²¹Vós, pais, não irriteis a vossos filhos, para que não fiquem desanimados.

²²Vós, servos, obedecei em tudo a vossos senhores segundo a carne, não servindo somente à vista como para agradar aos homens, mas em singeleza de coração, temendo ao Senhor.

²³E tudo quanto fizerdes, fazei-o de coração, como ao Senhor, e não aos homens,

²⁴sabendo que do Senhor recebereis como recompensa a herança; servi a Cristo, o Senhor.

²⁵Pois quem faz injustiça receberá a paga da injustiça que fez; e não há acepção de pessoas.

## Capítulo 4

¹Vós, senhores, dai a vossos servos o que é de justiça e eqüidade, sabendo que também vós tendes um Senhor no céu.

²Perseverai na oração, velando nela com ações de graças,

³orando ao mesmo tempo também por nós, para que Deus nos abra uma porta à palavra, a fim de falarmos o mistério de Cristo, pelo qual também estou preso,

⁴para que eu o manifeste como devo falar.

⁵Andai em sabedoria para com os que estão de fora, usando bem cada oportunidade.

⁶A vossa palavra seja sempre com graça, temperada com sal, para saberdes como deveis responder a cada um.

⁷Tíquico, o irmão amado, fiel ministro e conservo no Senhor, vos fará conhecer a minha situação;

⁸o qual vos envio para este mesmo fim, para que saibais o nosso estado e ele conforte os vossos corações,

⁹juntamente com Onésimo, fiel e amado irmão, que é um de vós; eles vos farão saber tudo o que aqui se passa.

¹⁰Saúda-vos Aristarco, meu companheiro de prisão, e Marcos, o primo de Barnabé (a respeito do qual recebestes instruções; se for ter convosco, recebei-o),

¹¹e Jesus, que se chama Justo, sendo unicamente estes, dentre a circuncisão, os meus cooperadores no reino de Deus; os quais têm sido para mim uma consolação.

¹²Saúda-vos Epafras, que é um de vós, servo de Cristo Jesus, e que sempre luta por vós nas suas orações, para que permaneçais perfeitos e plenamente seguros em toda a vontade de Deus.

¹³Pois dou-lhe testemunho de que tem grande zelo por vós, como também pelos que estão em Laodicéia, e pelos que estão em Hierápolis.

¹⁴Saúda-vos Lucas, o médico amado, e Demas.

¹⁵Saudai aos irmãos que estão em Laodicéia, e a Ninfas e a igreja que está em sua casa.

¹⁶Depois que for lida esta carta entre vós, fazei que o seja também na igreja dos laodicenses; e a de Laodicéia lede-a vós também.

¹⁷E dizei a Arquipo: Cuida do ministério que recebestes no Senhor, para o cumprires.

¹⁸Esta saudação é de próprio punho, de Paulo. Lembrai-vos das minhas cadeias. A graça seja convosco.

# 1 Tessalonicenses

## Capítulo 1

¹Paulo, Silvano e Timóteo, à igreja dos tessalonicenses, em Deus Pai e no Senhor Jesus Cristo: Graça e paz vos sejam dadas.

²Sempre damos graças a Deus por vós todos, fazendo menção de vós em nossas orações,

³lembrando-nos sem cessar da vossa obra de fé, do vosso trabalho de amor e da vossa firmeza de esperança em nosso Senhor Jesus Cristo, diante de nosso Deus e Pai,

⁴conhecendo, irmãos, amados de Deus, a vossa eleição;

⁵porque o nosso evangelho não foi a vós somente em palavras, mas também em poder, e no Espírito Santo e em plena convicção, como bem sabeis quais fomos entre vós por amor de vós.

⁶E vós vos tornastes imitadores nossos e do Senhor, tendo recebido a palavra em muita tribulação, com gozo do Espírito Santo.

⁷De sorte que vos tornastes modelo para todos os crentes na Macedônia e na Acaia.

⁸Porque, partindo de vós fez-se ouvir a palavra do Senhor, não somente na Macedônia e na Acaia, mas também em todos os lugares a vossa fé para com Deus se divulgou, de tal maneira que não temos necessidade de falar coisa alguma;

⁹porque eles mesmos anunciam de nós qual a entrada que tivemos entre vós, e como vos convertestes dos ídolos a Deus, para servirdes ao Deus vivo e verdadeiro,

¹⁰e esperardes dos céus a seu Filho, a quem ele ressuscitou dentre os mortos, a saber, Jesus, que nos livra da ira vindoura.

## Capítulo 2

¹Porque vós mesmos sabeis, irmãos, que a nossa entrada entre vós não foi vã;

²mas, havendo anteriormente padecido e sido maltratados em Filipos, como sabeis, tivemos a confiança em nosso Deus para vos falar o evangelho de Deus em meio de grande combate.

³Porque a nossa exortação não procede de erro, nem de imundícia, nem é feita com dolo;

⁴mas, assim como fomos aprovados por Deus para que o evangelho nos fosse confiado, assim falamos, não para agradar aos homens, mas a Deus, que prova os nossos corações.

⁵Pois, nunca usamos de palavras lisonjeiras, como sabeis, nem agimos com intuitos gananciosos. Deus é testemunha,

⁶nem buscamos glória de homens, quer de vós, quer de outros, embora pudéssemos, como apóstolos de Cristo, ser-vos pesados;

⁷antes nos apresentamos brandos entre vós, qual ama que acaricia seus próprios filhos.

⁸Assim nós, sendo-vos tão afeiçoados, de boa vontade desejávamos comunicar-vos não somente o evangelho de Deus, mas ainda as nossas próprias almas; porquanto vos tornastes muito amados de nós.

⁹Porque vos lembrais, irmãos, do nosso labor e fadiga; pois, trabalhando noite e dia, para não sermos pesados a nenhum de vós, vos pregamos o evangelho de Deus.

¹⁰Vós e Deus sois testemunhas de quão santa e irrepreensivelmente nos portamos para convosco que credes;

¹¹assim como sabeis de que modo vos tratávamos a cada um de vós, como um pai a seus filhos,

¹²exortando-vos e consolando-vos, e instando que andásseis de um modo digno de Deus, o qual vos chama ao seu reino e glória.

¹³Por isso nós também, sem cessar, damos graças a Deus, porquanto vós, havendo recebido a palavra de Deus que de nós ouvistes, a recebestes, não como palavra de homens, mas (segundo ela é na verdade) como palavra de Deus, a qual também opera em vós que credes.

¹⁴Pois vós, irmãos, vos haveis feito imitadores das igrejas de Deus em Cristo Jesus que estão na Judéia; porque também padecestes de vossos próprios concidadãos o mesmo que elas padeceram dos judeus;

¹⁵os quais mataram ao Senhor Jesus, bem como aos profetas, e a nós nos perseguiram, e não agradam a Deus, e são contrários a todos os homens,

¹⁶e nos impedem de falar aos gentios para que sejam salvos; de modo que enchem sempre a medida de seus pecados; mas a ira caiu sobre eles afinal.

¹⁷Nós, porém, irmãos, sendo privados de vós por algum tempo, de vista, mas não de coração, tanto mais procuramos com grande desejo ver o vosso rosto;

¹⁸pelo que quisemos ir ter convosco, pelo menos eu, Paulo, não somente uma vez, mas duas, e Satanás nos impediu.

¹⁹Porque, qual é a nossa esperança, ou gozo, ou coroa de glória, diante de nosso Senhor Jesus na sua vinda? Porventura não o sois vós?

²⁰Na verdade vós sois a nossa glória e o nosso gozo.

## Capítulo 3

¹Pelo que, não podendo mais suportar o cuidado por vós, achamos por bem ficar sozinhos em Atenas,

²e enviamos Timóteo, nosso irmão, e ministro de Deus no evangelho de Cristo, para vos fortalecer e vos exortar acerca da vossa fé;

³para que ninguém seja abalado por estas tribulações; porque vós mesmo sabeis que para isto fomos destinados;

⁴pois, quando estávamos ainda convosco, de antemão vos declarávamos que havíamos de padecer tribulações, como sucedeu, e vós o sabeis.

⁵Por isso também, não podendo eu esperar mais, mandei saber da vossa fé, receando que o tentador vos tivesse tentado, e o nosso trabalho se houvesse tornado inútil.

⁶Mas agora que Timóteo acaba de regressar do vosso meio, trazendo-nos boas notícias da vossa fé e do vosso amor, dizendo que sempre nos tendes em afetuosa lembrança, anelando ver-nos assim como nós também a vós;

⁷por isso, irmãos, em toda a nossa necessidade e tribulação, ficamos consolados acerca de vós, pela vossa fé,

⁸porque agora vivemos, se estais firmes no Senhor.

⁹Pois, que ação de graças podemos render a Deus por vós, por todo o gozo com que nos regozijamos por vossa causa diante do nosso Deus,

¹⁰rogando incessantemente, de noite e de dia, para que possamos ver o vosso rosto e suprir o que falta à vossa fé?

¹¹Ora, o próprio Deus e Pai nosso e o nosso Senhor Jesus nos abram o caminho até vós,

¹²e o Senhor vos faça crescer e abundar em amor uns para com os outros e para com todos, como também nós abundamos para convosco;

¹³para vos confirmar os corações, de sorte que sejam irrepreensíveis em santidade diante de nosso Deus e Pai, na vinda de nosso Senhor Jesus com todos os seus santos.

## Capítulo 4

¹Finalmente, irmãos, vos rogamos e exortamos no Senhor Jesus que, como aprendestes de nós de que maneira deveis andar e agradar a Deus, assim como estais fazendo, nisso mesmo abundeis cada vez mais.

²Pois vós sabeis que preceitos vos temos dado pelo Senhor Jesus.

³Porque esta é a vontade de Deus, a saber, a vossa santificação: que vos abstenhais da prostituição,

⁴que cada um de vós saiba possuir o seu vaso em santidade e honra,

⁵não na paixão da concupiscência, como os gentios que não conhecem a Deus;

⁶ninguém iluda ou defraude nisso a seu irmão, porque o Senhor é vingador de todas estas coisas, como também antes vo-lo dissemos e testificamos.

⁷Porque Deus não nos chamou para a imundícia, mas para a santificação.

⁸Portanto, quem rejeita isso não rejeita ao homem, mas sim a Deus, que vos dá o seu Espírito Santo.

⁹Quanto, porém, ao amor fraternal, não necessitais de que se vos escreva, visto que vós mesmos sois instruídos por Deus a vos amardes uns aos outros;

¹⁰porque certamente já o fazeis para com todos os irmãos que estão por toda a Macedônia. Exortamo-vos, porém, irmãos, a que ainda nisto abundeis cada vez mais,

¹¹e procureis viver quietos, tratar dos vossos próprios negócios, e trabalhar com vossas próprias mãos, como já vo-lo mandamos,

¹²a fim de que andeis dignamente para com os que estão de fora, e não tenhais necessidade de coisa alguma.

¹³Não queremos, porém, irmãos, que sejais ignorantes acerca dos que já dormem, para que não vos entristeçais como os outros que não têm esperança.

¹⁴Porque, se cremos que Jesus morreu e ressurgiu, assim também aos que dormem, Deus, mediante Jesus, os tornará a trazer juntamente com ele.

¹⁵Dizemo-vos, pois, isto pela palavra do Senhor: que nós, os que

ficarmos vivos para a vinda do Senhor, de modo algum precederemos os que já dormem.

¹⁶Porque o Senhor mesmo descerá do céu com grande brado, à voz do arcanjo, ao som da trombeta de Deus, e os que morreram em Cristo ressuscitarão primeiro.

¹⁷Depois nós, os que ficarmos vivos seremos arrebatados juntamente com eles, nas nuvens, ao encontro do Senhor nos ares, e assim estaremos para sempre com o Senhor.

¹⁸Portanto, consolai-vos uns aos outros com estas palavras.

## Capítulo 5

¹Mas, irmãos, acerca dos tempos e das épocas não necessitais de que se vos escreva:

²porque vós mesmos sabeis perfeitamente que o dia do Senhor virá como vem o ladrão de noite;

³pois quando estiverem dizendo: Paz e segurança! então lhes sobrevirá repentina destruição, como as dores de parto àquela que está grávida; e de modo nenhum escaparão.

⁴Mas vós, irmãos, não estais em trevas, para que aquele dia, como ladrão, vos surpreenda;

⁵porque todos vós sois filhos da luz e filhos do dia; nós não somos da noite nem das trevas;

⁶não durmamos, pois, como os demais, antes vigiemos e sejamos sóbrios.

⁷Porque os que dormem, dormem de noite, e os que se embriagam, embriagam-se de noite;

⁸mas nós, porque somos do dia, sejamos sóbrios, vestindo-nos da couraça da fé e do amor, e tendo por capacete a esperança da salvação;

⁹porque Deus não nos destinou para a ira, mas para alcançarmos a salvação por nosso Senhor Jesus Cristo,

¹⁰que morreu por nós, para que, quer vigiemos, quer durmamos, vivamos juntamente com ele.

¹¹Pelo que exortai-vos uns aos outros e edificai-vos uns aos outros, como na verdade o estais fazendo.

¹²Ora, rogamo-vos, irmãos, que reconheçais os que trabalham entre vós, presidem sobre vós no Senhor e vos admoestam;

¹³e que os tenhais em grande estima e amor, por causa da sua obras. Tende paz entre vós.

¹⁴Exortamo-vos também, irmãos, a que admoesteis os insubordinados, consoleis os desanimados, ampareis os fracos e sejais longânimos para com todos.

¹⁵Vede que ninguém dê a outrem mal por mal, mas segui sempre o bem, uns para com os outros, e para com todos.

¹⁶Regozijai-vos sempre.

¹⁷Orai sem cessar.

¹⁸Em tudo dai graças; porque esta é a vontade de Deus em Cristo Jesus para convosco.

¹⁹Não extingais o Espírito;

²⁰não desprezeis as profecias,

²¹mas ponde tudo à prova. Retende o que é bom;

²²Abstende-vos de toda espécie de mal.

²³E o próprio Deus de paz vos santifique completamente; e o vosso espírito, e alma e corpo sejam plenamente conservados irrepreensíveis para a vinda de nosso Senhor Jesus Cristo.

²⁴Fiel é o que vos chama, e ele também o fará.

²⁵Irmãos, orai por nós.

²⁶Saudai a todos os irmãos com ósculo santo.

²⁷Pelo Senhor vos conjuro que esta epístola seja lida a todos os irmãos.

²⁸A graça de nosso Senhor Jesus Cristo seja convosco.

# 2 Tessalonicenses

## Capítulo 1

¹Paulo, Silvano e Timóteo à igreja dos tessalonicenses, em Deus nosso Pai e no Senhor Jesus Cristo:

²Graças a vós, e paz da parte de Deus Pai e do Senhor Jesus Cristo.

³Sempre devemos, irmãos, dar graças a Deus por vós, como é justo, porque a vossa fé cresce muitíssimo e o amor de cada um de vós transborda de uns para com os outros.

⁴De maneira que nós mesmos nos gloriamos de vós nas igrejas de Deus por causa da vossa constância e fé em todas as perseguições e aflições que suportais;

⁵o que é prova clara do justo juízo de Deus, para que sejais havidos por dignos do reino de Deus, pelo qual também padeceis;

⁶se de fato é justo diante de Deus que ele dê em paga tribulação aos que vos atribulam,

⁷e a vós, que sois atribulados, alívio juntamente conosco, quando do céu se manifestar o Senhor Jesus com os anjos do seu poder em chama de fogo,

⁸e tomar vingança dos que não conhecem a Deus e dos que não conhecem a Deus e dos que não obedecem ao evangelho de nosso Senhor Jesus;

⁹os quais sofrerão, como castigo, a perdição eterna, banidos da face do senhor e da glória do seu poder,

¹⁰quando naquele dia ele vier para ser glorificado nos seus santos e para ser admirado em todos os que tiverem crido (porquanto o nosso testemunho foi crido entre vós).

¹¹Pelo que também rogamos sempre por vós, para que o nosso Deus vos faça dignos da sua vocação, e cumpra com poder todo desejo de bondade e toda obra de fé.

¹²para que o nome de nosso Senhor Jesus seja glorificado em vós, e vós nele, segundo a graça de nosso Deus e do Senhor Jesus Cristo.

## Capítulo 2

¹Ora, quanto à vinda de nosso Senhor Jesus Cristo e à nossa reunião com ele, rogamos-vos, irmãos,

²que não vos movais facilmente do vosso modo de pensar, nem vos perturbeis, quer por espírito, quer por palavra, quer por epístola como enviada de nós, como se o dia do Senhor estivesse já perto.

³Ninguém de modo algum vos engane; porque isto não sucederá sem que venha primeiro a apostasia e seja revelado o homem do pecado, o filho da perdição,

⁴aquele que se opõe e se levanta contra tudo o que se chama Deus ou é objeto de adoração, de sorte que se assenta no santuário de Deus, apresentando-se como Deus.

⁵Não vos lembrais de que eu vos dizia estas coisas quando ainda estava convosco?

⁶E agora vós sabeis o que o detém para que a seu próprio tempo seja revelado.

⁷Pois o mistério da iniquidade já opera; somente há um que agora o detém até que seja posto fora;

⁸e então será revelado esse iníquo, a quem o Senhor Jesus matará como o sopro de sua boca e destruirá com a manifestação da sua vinda;

⁹a esse iníquo cuja vinda é segundo a eficácia de Satanás com todo o poder e sinais e prodígios de mentira,

¹⁰e com todo o engano da injustiça para os que perecem, porque não receberam o amor da verdade para serem salvos.

¹¹E por isso Deus lhes envia a operação do erro, para que creiam na mentira;

¹²para que sejam julgados todos os que não creram na verdade, antes tiveram prazer na injustiça.

¹³Mas nós devemos sempre dar graças a Deus por vós, irmãos, amados do Senhor, porque Deus vos escolheu desde o princípio para a santificação do espírito e a fé na verdade,

¹⁴e para isso vos chamou pelo nosso evangelho, para alcançardes a glória de nosso Senhor Jesus Cristo.

¹⁵Assim, pois, irmãos, estai firmes e conservai as tradições que vos foram ensinadas, seja por palavra, seja por epístola nossa.

¹⁶E o próprio Senhor nosso, Jesus Cristo, e Deus nosso Pai que nos amou e pela graça nos deu uma eterna consolação e boa esperança,

¹⁷console os vossos corações e os confirme em toda boa obra e palavra.

## Capítulo 3

¹Finalmente, irmãos, orai por nós, para que a palavra do Senhor se propague e seja glorificada. como também o é entre vós,

²e para que sejamos livres de homens perversos e maus; porque a fé não é de todos.

³Mas fiel é o Senhor, o qual vos confirmará e guardará do maligno.

⁴E, quanto a vós, confiamos no Senhor que não só fazeis, mas fareis o que vos mandamos.

⁵Ora, o Senhor encaminhe os vossos corações no amor de Deus e na constância de Cristo.

⁶mandamo-vos, irmãos, em nome do Senhor Jesus Cristo, que vos aparteis de todo irmão que anda desordenadamente, e não segundo a tradição que de nós recebestes.

⁷Porque vós mesmos sabeis como deveis imitar-nos, pois que não nos portamos desordenadamente entre vós,

⁸nem comemos de graça o pão de ninguém, antes com labor e fadiga trabalhávamos noite e dia para não sermos pesados a nenhum de vós.

⁹Não porque não tivéssemos direito, mas para vos dar nós mesmos exemplo, para nos imitardes.

¹⁰Porque, quando ainda estávamos convosco, isto vos mandamos: se alguém não quer trabalhar, também não coma.

¹¹Porquanto ouvimos que alguns entre vós andam desordenadamente, não trabalhando, antes intrometendo-se na vida alheia;

¹²a esses tais, porém, ordenamos e exortamos por nosso Senhor Jesus Cristo que, trabalhando sossegadamente, comam o seu próprio pão.

¹³Vós, porém, irmãos, não vos canseis de fazer o bem.

¹⁴Mas, se alguém não obedecer à nossa palavra por esta carta, notai-o e não tenhais relações com ele, para que se envergonhe;

¹⁵todavia não o considereis como inimigo, mas admoestai-o como irmão.

¹⁶Ora, o próprio Senhor da paz vos dê paz sempre e de toda maneira. O Senhor seja com todos vós.

¹⁷Esta saudação é de próprio punho, de Paulo, o que é o sinal em cada epístola; assim escrevo.

¹⁸A graça de nosso Senhor Jesus Cristo seja com todos vós.

# 1 Timóteo

## Capítulo 1

¹Paulo, apóstolo de Cristo Jesus, segundo o mandado de Deus, nosso Salvador, e de Cristo Jesus, esperança nossa.

²a Timóteo, meu verdadeiro filho na fé: graça, misericórdia e paz da parte de Deus Pai e de Cristo Jesus, nosso Senhor.

³Como te roguei, quando partia para a Macedônia, que ficasse em Éfeso, para advertires a alguns que não ensinassem doutrina diversa,

⁴nem se preocupassem com fábulas ou genealogias intermináveis, pois que produzem antes discussões que edificação para com Deus, que se funda na fé...

⁵Mas o fim desta admoestação é o amor que procede de um coração puro, de uma boa consciência, e de uma fé não fingida;

⁶das quais coisas alguns se desviaram, e se entregaram a discursos vãos,

⁷querendo ser doutores da lei, embora não entendam nem o que dizem nem o que com tanta confiança afirmam.

⁸Sabemos, porém, que a lei é boa, se alguém dela usar legitimamente,

⁹reconhecendo que a lei não é feita para o justo, mas para os transgressores e insubordinados, os irreverentes e pecadores, os ímpios e profanos, para os parricidas, matricidas e homicidas,

¹⁰para os devassos, os sodomitas, os roubadores de homens, os mentirosos, os perjuros, e para tudo que for contrário à sã doutrina,

¹¹segundo o evangelho da glória do Deus bendito, que me foi confiado.

¹²Dou graças àquele que me fortaleceu, a Cristo Jesus nosso Senhor, porque me julgou fiel, pondo-me no seu ministério,

¹³ainda que outrora eu era blasfemador, perseguidor, e injuriador; mas alcancei misericórdia, porque o fiz por ignorância, na incredulidade;

¹⁴e a graça de nosso Senhor superabundou com a fé e o amor que há em Cristo Jesus.

¹⁵Fiel é esta palavra e digna de toda a aceitação; que Cristo Jesus veio ao mundo para salvar os pecadores, dos quais sou eu o principal;

¹⁶mas por isso alcancei misericórdia, para que em mim, o principal, Cristo Jesus mostrasse toda a sua longanimidade, a fim de que eu servisse de exemplo aos que haviam de crer nele para a vida eterna.

¹⁷Ora, ao Rei dos séculos, imortal, invisível, ao único Deus, seja honra e glória para todo o sempre. Amém.

¹⁸Esta admoestação te dirijo, filho Timóteo, que segundo as profecias que houve acerca de ti, por elas pelejes a boa peleja,

¹⁹conservando a fé, e uma boa consciência, a qual alguns havendo rejeitado, naufragando no tocante à fé;

²⁰e entre esses Himeneu e Alexandre, os quais entreguei a Satanás, para que aprendam a não blasfemar.

## Capítulo 2

¹Exorto, pois, antes de tudo que se façam súplicas, orações, intercessões, e ações de graças por todos os homens,

²pelos reis, e por todos os que exercem autoridade, para que tenhamos uma vida tranqüila e sossegada, em toda a piedade e honestidade.

³Pois isto é bom e agradável diante de Deus nosso Salvador,

⁴o qual deseja que todos os homens sejam salvos e cheguem ao pleno conhecimento da verdade.

⁵Porque há um só Deus, e um só Mediador entre Deus e os homens, Cristo Jesus, homem,

⁶o qual se deu a si mesmo em resgate por todos, para servir de testemunho a seu tempo;

⁷para o que (digo a verdade, não minto) eu fui constituído pregador e apóstolo, mestre dos gentios na fé e na verdade.

⁸Quero, pois, que os homens orem em todo lugar, levantando mãos santas, sem ira nem contenda.

⁹Quero, do mesmo modo, que as mulheres se ataviem com traje decoroso, com modéstia e sobriedade, não com tranças, ou com ouro, ou pérolas, ou vestidos custosos,

¹⁰mas (como convém a mulheres que fazem profissão de servir a Deus) com boas obras.

¹¹A mulher aprenda em silêncio com toda a submissão.

¹²Pois não permito que a mulher ensine, nem tenha domínio sobre o homem, mas que esteja em silêncio.

¹³Porque primeiro foi formado Adão, depois Eva.

¹⁴E Adão não foi enganado, mas a mulher, sendo enganada, caiu em transgressão;

¹⁵salvar-se-á, todavia, dando à luz filhos, se permanecer com sobriedade na fé, no amor e na santificação.

## Capítulo 3

¹Fiel é esta palavra: Se alguém aspira ao episcopado, excelente obra deseja.

²É necessário, pois, que o bispo seja irrepreensível, marido de uma só mulher, temperante, sóbrio, ordeiro, hospitaleiro, apto para ensinar;

³não dado ao vinho, não espancador, mas moderado, inimigo de contendas, não ganancioso;

⁴que governe bem a sua própria casa, tendo seus filhos em sujeição, com todo o respeito

⁵(pois, se alguém não sabe governar a sua própria casa, como cuidará da igreja de Deus?);

⁶não neófito, para que não se ensoberbeça e venha a cair na condenação do Diabo.

⁷Também é necessário que tenha bom testemunho dos que estão de fora, para que não caia em opróbrio, e no laço do Diabo.

⁸Da mesma forma os diáconos sejam sérios, não de língua dobre, não dados a muito vinho, não cobiçosos de torpe ganância,

⁹guardando o mistério da fé numa consciência pura.

¹⁰E também estes sejam primeiro provados, depois exercitem o diaconato, se forem irrepreensíveis.

¹¹Da mesma sorte as mulheres sejam sérias, não maldizentes, temperantes, e fiéis em tudo.

¹²Os diáconos sejam maridos de uma só mulher, e governem bem a seus filhos e suas próprias casas.

¹³Porque os que servirem bem como diáconos, adquirirão para si um lugar honroso e muita confiança na fé que há em Cristo Jesus.

¹⁴Escrevo-te estas coisas, embora esperando ir ver-te em breve,

¹⁵para que, no caso de eu tardar, saibas como se deve proceder na casa de Deus, a qual é a igreja do Deus vivo, coluna e esteio da verdade.

¹⁶E, sem dúvida alguma, grande é o mistério da piedade: Aquele que se manifestou em carne, foi justificado em espírito, visto dos anjos, pregado entre os gentios, crido no mundo, e recebido acima na glória.

## Capítulo 4

¹Mas o Espírito expressamente diz que em tempos posteriores alguns apostatarão da fé, dando ouvidos a espíritos enganadores, e a doutrinas de demônios,

²pela hipocrisia de homens que falam mentiras e têm a sua própria consciência cauterizada,

³proibindo o casamento, e ordenando a abstinência de alimentos que Deus criou para serem recebidos com ações de graças pelos que são fiéis e que conhecem bem a verdade;

⁴pois todas as coisas criadas por Deus são boas, e nada deve ser rejeitado se é recebido com ações de graças;

⁵porque pela palavra de Deus e pela oração são santificadas.

⁶Propondo estas coisas aos irmãos, serás bom ministro de Cristo Jesus, nutrido pelas palavras da fé e da boa doutrina que tens seguido;

⁷mas rejeita as fábulas profanas e de velhas. Exercita-te a ti mesmo na piedade.

⁸Pois o exercício corporal para pouco aproveita, mas a piedade para tudo é proveitosa, visto que tem a promessa da vida presente e da que há de vir.

⁹Fiel é esta palavra e digna de toda aceitação.

¹⁰Pois para isto é que trabalhamos e lutamos, porque temos posto a nossa esperança no Deus vivo, que é o Salvador de todos os homens, especialmente dos que crêem.

¹¹Manda estas coisas e ensina-as.

¹²Ninguém despreze a tua mocidade, mas sê um exemplo para os fiéis na palavra, no procedimento, no amor, na fé, na pureza.

¹³até que eu vá, aplica-te à leitura, à exortação, e ao ensino.

¹⁴Não negligencies o dom que há em ti, o qual te foi dado por profecia, com a imposição das mãos do presbítero.

¹⁵Ocupa-te destas coisas, dedica-te inteiramente a elas, para que o teu progresso seja manifesto a todos.

¹⁶Tem cuidado de ti mesmo e do teu ensino; persevera nestas coisas; porque, fazendo isto, te salvarás, tanto a ti mesmo como aos que te ouvem.

## Capítulo 5

¹Não repreendas asperamente a um velho, mas admoesta-o como a um pai; aos moços, como a irmãos;

²às mulheres idosas, como a mães; às moças, como a irmãs, com toda a pureza.

³Honra as viúvas que são verdadeiramente viúvas.

⁴Mas, se alguma viúva tiver filhos, ou netos, aprendam eles primeiro a exercer piedade para com a sua própria família, e a recompensar seus progenitores; porque isto é agradável a Deus.

⁵Ora, a que é verdadeiramente viúva e desamparada espera em Deus, e persevera de noite e de dia em súplicas e orações;

⁶mas a que vive em prazeres, embora viva, está morta.

⁷Manda, pois, estas coisas, para que elas sejam irrepreensíveis.

⁸Mas, se alguém não cuida dos seus, e especialmente dos da sua família, tem negado a fé, e é pior que um incrédulo.

⁹Não seja inscrita como viúva nenhuma que tenha menos de sessenta anos, e só a que tenha sido mulher de um só marido,

¹⁰aprovada com testemunho de boas obras, se criou filhos, se exercitou hospitalidade, se lavou os pés aos santos, se socorreu os atribulados, se praticou toda sorte de boas obras.

¹¹Mas rejeita as viúvas mais novas, porque, quando se tornam le⁵

¹²tendo já a sua condenação por haverem violado a primeira fé;

¹³e, além disto, aprendem também a ser ociosas, andando de casa em casa; e não somente ociosas, mas também faladeiras e intrigantes, falando o que não convém.

¹⁴Quero pois que as mais novas se casem, tenham filhos, dirijam a sua casa, e não dêem ocasião ao adversário de maldizer;

¹⁵porque já algumas se desviaram, indo após Satanás.

¹⁶Se alguma mulher crente tem viúvas, socorra-as, e não se sobrecarregue a igreja, para que esta possa socorrer as que são verdadeiramente viúvas.

¹⁷Os anciãos que governam bem sejam tidos por dignos de duplicada honra, especialmente os que labutam na pregação e no ensino.

¹⁸Porque diz a Escritura: Não atarás a boca ao boi quando debulha. E: Digno é o trabalhador do seu salário.

¹⁹Não aceites acusação contra um ancião, senão com duas ou três testemunhas.

²⁰Aos que vivem no pecado, repreende-os na presença de todos, para que também os outros tenham temor.

²¹Conjuro-te diante de Deus, e de Cristo Jesus, e dos anjos eleitos, que sem prevenção guardes estas coisas, nada fazendo com parcialidade.

²²A ninguém imponhas precipitadamente as mãos, nem participes dos pecados alheios; conserva-te a ti mesmo puro.

²³Não bebas mais água só, mas usa um pouco de vinho, por causa do teu estômago e das tuas freqüentes enfermidades.

²⁴Os pecados de alguns homens são manifestos antes de entrarem em juízo, enquanto os de outros descobrem-se depois.

²⁵Da mesma forma também as boas obras são manifestas antecipadamente; e as que não o são não podem ficar ocultas.

## Capítulo 6

¹Todos os servos que estão debaixo do jugo considerem seus senhores dignos de toda honra, para que o nome de Deus e a doutrina não sejam blasfemados.

²E os que têm senhores crentes não os desprezem, porque são irmãos; antes os sirvam melhor, porque eles, que se utilizam do seu bom serviço, são crentes e amados. Ensina estas coisas.

³Se alguém ensina alguma doutrina diversa, e não se conforma com as sãs palavras de nosso Senhor Jesus Cristo, e com a doutrina que é segundo a piedade,

⁴é soberbo, e nada sabe, mas delira acerca de questões e contendas de palavras, das quais nascem invejas, porfias, injúrias, suspeitas maliciosas,

⁵disputas de homens corruptos de entendimento, e privados da verdade, cuidando que a piedade é fonte de lucro;

⁶e, de fato, é grande fonte de lucro a piedade com o contentamento.

⁷Porque nada trouxe para este mundo, e nada podemos daqui levar;

⁸tendo, porém, alimento e vestuário, estaremos com isso contentes.

⁹Mas os que querem tornar-se ricos caem em tentação e em laço, e em muitas concupiscências loucas e nocivas, as quais submergem os homens na ruína e na perdição.

¹⁰Porque o amor ao dinheiro é raiz de todos os males; e nessa cobiça alguns se desviaram da fé, e se traspassaram a si mesmos com muitas dores.

¹¹Mas tu, ó homem de Deus, foge destas coisas, e segue a justiça, a piedade, a fé, o amor, a constância, a mansidão.

¹²Peleja a boa peleja da fé, apodera-te da vida eterna, para a qual foste chamado, tendo já feito boa confissão diante de muitas testemunhas.

¹³Diante de Deus, que todas as coisas vivifica, e de Cristo Jesus, que perante Pôncio Pilatos deu o testemunho da boa confissão, exorto-te

¹⁴a que guardes este mandamento sem mácula e irrepreensível até a vinda de nosso Senhor Jesus Cristo;

¹⁵a qual, no tempo próprio, manifestará o bem-aventurado e único soberano, Rei dos reis e Senhor dos senhores;

¹⁶aquele que possui, ele só, a imortalidade, e habita em luz inacessível; a quem nenhum dos homens tem visto nem pode ver; ao qual seja honra e poder sempiterno. Amém.

¹⁷manda aos ricos deste mundo que não sejam altivos, nem ponham a sua esperança na incerteza das riquezas, mas em Deus, que nos concede abundantemente todas as coisas para delas gozarmos;

¹⁸que pratiquem o bem, que se enriqueçam de boas obras, que sejam liberais e generosos,

¹⁹entesourando para si mesmos um bom fundamento para o futuro, para que possam alcançar a verdadeira vida.

²⁰ç Timóteo, guarda o depósito que te foi confiado, evitando as conversas vãs e profanas e as oposições da falsamente chamada ciência;

²¹a qual professando-a alguns, se desviaram da fé. A graça seja convosco.

# 2 Timóteo

## Capítulo 1

¹Paulo, apóstolo de Cristo Jesus pela vontade de Deus, segundo a promessa da vida que está em Cristo Jesus,

²a Timóteo, amado filho: Graça, misericórdia e paz da parte de Deus Pai e de Cristo Jesus nosso Senhor.

³Dou graças a Deus, a quem desde os meus antepassados sirvo com uma consciência pura, de que sem cessar faço menção de ti em minhas súplicas de noite e de dia;

⁴e, recordando-me das tuas lágrimas, desejo muito ver-te, para me encher de gozo;

⁵trazendo à memória a fé não fingida que há em ti, a qual habitou primeiro em tua avó Loide, e em tua mãe Eunice e estou certo de que também habita em ti.

⁶Por esta razão te lembro que despertes o dom de Deus, que há em ti pela imposição das minhas mãos.

⁷Porque Deus não nos deu o espírito de covardia, mas de poder, de amor e de moderação.

⁸Portanto não te envergonhes do testemunho de nosso Senhor, nem de mim, que sou prisioneiro seu; antes participa comigo dos sofrimentos do evangelho segundo o poder de Deus,

⁹que nos salvou, e chamou com uma santa vocação, não segundo as nossas obras, mas segundo o seu próprio propósito e a graça que nos foi dada em Cristo Jesus antes dos tempos eternos,

¹⁰e que agora se manifestou pelo aparecimento de nosso Salvador Cristo Jesus, o qual destruiu a morte, e trouxe à luz a vida e a imortalidade pelo evangelho,

¹¹do qual fui constituído pregador, apóstolo e mestre.

¹²Por esta razão sofro também estas coisas, mas não me envergonho; porque eu sei em quem tenho crido, e estou certo de que ele é poderoso para guardar o meu depósito até aquele dia.

¹³Conserva o modelo das sãs palavras que de mim tens ouvido na fé e no amor que há em Cristo Jesus;

¹⁴guarda o bom depósito com o auxílio do Espírito Santo, que habita em nós.

¹⁵Bem sabes isto, que me abandonaram todos os que estão na Ásia, entre eles Fígelo e Hermógenes.

¹⁶O Senhor conceda misericórdia à casa de Onesíforo, porque muitas vezes ele me recreou, e não se envergonhou das minhas cadeias;

¹⁷antes quando veio a Roma, diligentemente me procurou e me achou.

¹⁸O Senhor lhe conceda que naquele dia ache misericórdia diante do Senhor. E quantos serviços prestou em Éfeso melhor o sabes tu.

## Capítulo 2

¹Tu, pois, meu filho, fortifica-te na graça que há em Cristo Jesus;

²e o que de mim ouviste de muitas testemunhas, transmite-o a homens fiéis, que sejam idôneos para também ensinarem os outros.

³Sofre comigo como bom soldado de Cristo Jesus.

⁴Nenhum soldado em serviço se embaraça com negócios desta vida, a fim de agradar àquele que o alistou para a guerra.

⁵E também se um atleta lutar nos jogos públicos, não será coroado se não lutar legitimamente.

⁶O lavrador que trabalha deve ser o primeiro a gozar dos frutos.

⁷Considera o que digo, porque o Senhor te dará entendimento em tudo.

⁸Lembra-te de Jesus Cristo, ressurgido dentre os mortos, descendente de Davi, segundo o meu evangelho,

⁹pelo qual sofro a ponto de ser preso como malfeitor; mas a palavra de Deus não está presa.

¹⁰Por isso, tudo suporto por amor dos eleitos, para que também eles alcancem a salvação que há em Cristo Jesus com glória eterna.

¹¹Fiel é esta palavra: Se, pois, já morremos com ele, também com ele viveremos;

¹²se perseveramos, com ele também reinaremos; se o negarmos, também ele nos negará;

¹³se somos infiéis, ele permanece fiel; porque não pode negar-se a si mesmo.

¹⁴Lembra-lhes estas coisas, conjurando-os diante de Deus que não tenham contendas de palavras, que para nada aproveitam, senão para subverter os ouvintes.

¹⁵Procura apresentar-te diante de Deus aprovado, como obreiro que não tem de que se envergonhar, que maneja bem a palavra da verdade.

¹⁶Mas evita as conversas vãs e profanas; porque os que delas usam passarão a impiedade ainda maior,

¹⁷e as suas palavras alastrarão como gangrena; entre os quais estão Himeneu e Fileto,

¹⁸que se desviaram da verdade, dizendo que a ressurreição é já passada, e assim pervertem a fé a alguns.

¹⁹Todavia o firme fundamento de Deus permanece, tendo este selo: O Senhor conhece os seus, e: Aparte-se da injustiça todo aquele que profere o nome do Senhor.

²⁰Ora, numa grande casa, não somente há vasos de ouro e de prata, mas também de madeira e de barro; e uns, na verdade, para uso honroso, outros, porém, para uso desonroso.

²¹Se, pois, alguém se purificar destas coisas, será vaso para honra, santificado e útil ao Senhor, preparado para toda boa obra.

²²Foge também das paixões da mocidade, e segue a justiça, a fé, o amor, a paz com os que, de coração puro, invocam o Senhor.

²³E rejeita as questões tolas e desassisadas, sabendo que geram contendas;

²⁴e ao servo do Senhor não convém contender, mas sim ser brando para com todos, apto para ensinar, paciente;

²⁵corrigindo com mansidão os que resistem, na esperança de que Deus lhes conceda o arrependimento para conhecerem plenamente a verdade,

²⁶e que se desprendam dos laços do Diabo (por quem haviam sido presos), para cumprirem a vontade de Deus.

## Capítulo 3

¹Sabe, porém, isto, que nos últimos dias sobrevirão tempos penosos;

²pois os homens serão amantes de si mesmos, gananciosos, presunçosos, soberbos, blasfemos, desobedientes a seus pais, ingratos, ímpios,

³sem afeição natural, implacáveis, caluniadores, incontinentes, cruéis, inimigos do bem,

⁴traidores, atrevidos, orgulhosos, mais amigos dos deleites do que amigos de Deus,

⁵tendo aparência de piedade, mas negando-lhe o poder. Afasta-te também desses.

⁶Porque deste número são os que se introduzem pelas casas, e levam cativas mulheres néscias carregadas de pecados, levadas de várias concupiscências;

⁷sempre aprendendo, mas nunca podendo chegar ao pleno conhecimento da verdade.

⁸E assim como Janes e Jambres resistiram a Moisés, assim também estes resistem à verdade, sendo homens corruptos de entendimento e réprobos quanto à fé.

⁹Não irão, porém, avante; porque a todos será manifesta a sua insensatez, como também o foi a daqueles.

¹⁰Tu, porém, tens observado a minha doutrina, procedimento, intenção, fé, longanimidade, amor, perseverança,

¹¹as minhas perseguições e aflições, quais as que sofri em Antioquia, em Icônio, em Listra; quantas perseguições suportei! e de todas o Senhor me livrou.

¹²E na verdade todos os que querem viver piamente em Cristo Jesus padecerão perseguições.

¹³Mas os homens maus e impostores irão de mal a pior, enganando e sendo enganados.

¹⁴Tu, porém, permanece naquilo que aprendeste, e de que foste inteirado, sabendo de quem o tens aprendido,

¹⁵e que desde a infância sabes as sagradas letras, que podem fazer-te sábio para a salvação, pela que há em Cristo Jesus.

¹⁶Toda Escritura é divinamente inspirada e proveitosa para ensinar, para repreender, para corrigir, para instruir em justiça;

¹⁷para que o homem de Deus seja perfeito, e perfeitamente preparado para toda boa obra.

## Capítulo 4

¹Conjuro-te diante de Deus e de Cristo Jesus, que há de julgar os vivos e os mortos, pela sua vinda e pelo seu reino;

²prega a palavra, insta a tempo e fora de tempo, admoesta, repreende, exorta, com toda longanimidade e ensino.

³Porque virá tempo em que não suportarão a sã doutrina; mas, tendo grande desejo de ouvir coisas agradáveis, ajuntarão para si mestres segundo os seus próprios desejos,

⁴e não só desviarão os ouvidos da verdade, mas se voltarão às

fábulas.

⁵Tu, porém, sê sóbrio em tudo, sofre as aflições, faze a obra de um evangelista, cumpre o teu ministério.

⁶Quanto a mim, já estou sendo derramado como libação, e o tempo da minha partida está próximo.

⁷Combati o bom combate, acabei a carreira, guardei a fé.

⁸Desde agora, a coroa da justiça me está guardada, a qual o Senhor, justo juiz, me dará naquele dia; e não somente a mim, mas também a todos os que amarem a sua vinda.

⁹Procura vir ter comigo breve;

¹⁰pois Demas me abandonou, tendo amado o mundo presente, e foi para Tessalônica, Crescente para a Galácia, Tito para a Dalmácia;

¹¹só Lucas está comigo. Toma a Marcos e traze-o contigo, porque me é muito útil para o ministério.

¹²Quanto a Tíquico, enviei-o a Éfeso.

¹³Quando vieres traze a capa que deixei em Trôade, em casa de Carpo, e os livros, especialmente os pergaminhos.

¹⁴Alexandre, o latoeiro, me fez muito mal; o Senhor lhe retribuirá segundo as suas obras.

¹⁵Tu também guarda-te dele; porque resistiu muito às nossas palavras.

¹⁶Na minha primeira defesa ninguém me assistiu, antes todos me desampararam. Que isto não lhes seja imputado.

¹⁷Mas o Senhor esteve ao meu lado e me fortaleceu, para que por mim fosse cumprida a pregação, e a ouvissem todos os gentios; e fiquei livre da boca do leão,

¹⁸E o Senhor me livrará de toda má obra, e me levará salvo para o seu reino celestial; a quem seja glória para todo o sempre. Amém.

¹⁹Saúda a Prisca e a Áquila e à casa de Onesíforo.

²⁰Erasto ficou em Corinto; a Trófimo deixei doente em Mileto.

²¹Apressa-te a vir antes do inverno. Saúdam-te Êubulo, Pudente, Lino, Cláudia, e todos os irmãos.

²²O Senhor seja com o teu espírito. A graça seja convosco.

# Tito

## Capítulo 1

¹Paulo, servo de Deus, e apóstolo de Jesus Cristo, segundo a fé dos eleitos de Deus, e o pleno conhecimento da verdade que é segundo a piedade,

²na esperança da vida eterna, a qual Deus, que não pode mentir, prometeu antes dos tempos eternos,

³e no tempo próprio manifestou a sua palavra, mediante a pregação que me foi confiada segundo o mandamento de Deus, nosso Salvador;

⁴a Tito, meu verdadeiro filho segundo a fé que nos é comum, graça e paz da parte de Deus Pai, e de Cristo Jesus, nosso Salvador.

⁵Por esta causa te deixei em Creta, para que pusesses em boa ordem o que ainda não o está, e que em cada cidade estabelecesses anciãos, como já te mandei;

⁶alguém que seja irrepreensível, marido de uma só mulher, tendo filhos crentes que não sejam acusados de dissolução, nem sejam desobedientes.

⁷Pois é necessário que o bispo seja irrepreensível, como despenseiro de Deus, não soberbo, nem irascível, nem dado ao vinho, nem espancador, nem cobiçoso de torpe ganância;

⁸mas hospitaleiro, amigo do bem, sóbrio, justo, piedoso, temperante;

⁹retendo firme a palavra fiel, que é conforme a doutrina, para que seja poderoso, tanto para exortar na sã doutrina como para convencer os contradizentes.

¹⁰Porque há muitos insubordinados, faladores vãos, e enganadores, especialmente os da circuncisão,

¹¹aos quais é preciso tapar a boca; porque transtornam casas inteiras ensinando o que não convém, por torpe ganância.

¹²Um dentre eles, seu próprio profeta, disse: Os cretenses são sempre mentirosos, bestas ruins, glutões preguiçosos.

¹³Este testemunho é verdadeiro. Portanto repreende-os severamente, para que sejam sãos na fé,

¹⁴não dando ouvidos a fábulas judaicas, nem a mandamentos de homens que se desviam da verdade.

¹⁵Tudo é puro para os que são puros, mas para os corrompidos e incrédulos nada é puro; antes tanto a sua mente como a sua consciência estão contaminadas.

¹⁶Afirmam que conhecem a Deus, mas pelas suas obras o negam, sendo abomináveis, e desobedientes, e réprobos para toda boa obra.

## Capítulo 2

¹Tu, porém, fala o que convém à sã doutrina.

²Exorta os velhos a que sejam temperantes, sérios, sóbrios, sãos na fé, no amor, e na constância;

³as mulheres idosas, semelhantemente, que sejam reverentes no seu viver, não caluniadoras, não dadas a muito vinho, mestras do bem,

⁴para que ensinem as mulheres novas a amarem aos seus maridos e filhos,

⁵a serem moderadas, castas, operosas donas de casa, bondosas, submissas a seus maridos, para que a palavra de Deus não seja blasfemada.

⁶Exorta semelhantemente os moços a que sejam moderados.

⁷Em tudo te dá por exemplo de boas obras; na doutrina mostra integridade, sobriedade,

⁸linguagem sã e irrepreensível, para que o adversário se confunda, não tendo nenhum mal que dizer de nós.

⁹Exorta os servos a que sejam submissos a seus senhores em tudo, sendo-lhes agradáveis, não os contradizendo

¹⁰nem defraudando, antes mostrando perfeita lealdade, para que em tudo sejam ornamento da doutrina de Deus nosso Salvador.

¹¹Porque a graça de Deus se manifestou, trazendo salvação a todos os homens,

¹²ensinando-nos, para que, renunciando à impiedade e às paixões mundanas, vivamos no presente mundo sóbria, e justa, e piamente,

¹³aguardando a bem-aventurada esperança e o aparecimento da glória do nosso grande Deus e Salvador Cristo Jesus,

¹⁴que se deu a si mesmo por nós para nos remir de toda a iniqüidade, e purificar para si um povo todo seu, zeloso de boas obras.

¹⁵Fala estas coisas, exorta e repreende com toda autoridade. Ninguém te despreze.

## Capítulo 3

¹Adverte-lhes que estejam sujeitos aos governadores e autoridades, que sejam obedientes, e estejam preparados para toda boa obra,

²que a ninguém infamem, nem sejam contenciosos, mas moderados, mostrando toda a mansidão para com todos os homens.

³Porque também nós éramos outrora insensatos, desobedientes, extraviados, servindo a várias paixões e deleites, vivendo em malícia e inveja odiosos e odiando-nos uns aos outros.

⁴Mas quando apareceu a bondade de Deus, nosso Salvador e o seu amor para com os homens,

⁵não em virtude de obras de justiça que nós houvéssemos feito, mas segundo a sua misericórdia, nos salvou mediante o lavar da regeneração e renovação pelo Espírito Santo,

⁶que ele derramou abundantemente sobre nós por Jesus Cristo, nosso Salvador;

⁷para que, sendo justificados pela sua graça, fôssemos feitos herdeiros segundo a esperança da vida eterna.

⁸Fiel é esta palavra, e quero que a proclames com firmeza para que os que crêem em Deus procurem aplicar-se às boas obras. Essas coisas são boas e proveitosas aos homens.

⁹Mas evita questões tolas, genealogias, contendas e debates acerca da lei; porque são coisas inúteis e vãs.

¹⁰Ao homem faccioso, depois da primeira e segunda admoestação, evita-o,

¹¹sabendo que esse tal está pervertido, e vive pecando, e já por si mesmo está condenado.

¹²Quando te enviar Ártemas, ou Tíquico, apressa-te a vir ter comigo a Nicópolis; porque tenho resolvido invernar ali.

¹³Ajuda com empenho a Zenas, doutor da lei, e a Apolo, para que nada lhes falte na sua viagem.

¹⁴Que os nossos também aprendam a aplicar-se às boas obras, para suprir as coisas necessárias, a fim de que não sejam infrutuosos.

¹⁵Saúdam-te todos os que estão comigo. Saúda aqueles que nos amam na fé. A graça seja com todos vós.

# Filemón

¹Paulo, prisioneiro de Cristo Jesus, e o irmão Timóteo, ao amado Filemom, nosso companheiro de trabalho,

²e à nossa irmã Áfia, e a Arquipo, nosso companheiro de lutas, e à igreja que está em tua casa:

³Graças a vós, e paz da parte de Deus nosso Pai, e do Senhor Jesus Cristo.

⁴Sempre dou graças ao meu Deus, lembrando-me de ti nas minhas orações,

⁵ao ouvir falar do amor e da fé que tens para com o Senhor Jesus e para com todos os santos;

⁶para que a comunicação da tua fé se torne eficaz, no pleno conhecimento de todo o bem que em nós há para com Cristo.

⁷Pois tive grande gozo e consolação no teu amor, porque por ti, irmão, os corações dos santos têm sido reanimados.

⁸Pelo que, embora tenha em Cristo plena liberdade para te mandar o que convém,

⁹todavia prefiro rogar-te por esse teu amor, sendo eu como sou, Paulo o velho, e agora até prisioneiro de Cristo Jesus,

¹⁰sim, rogo-te por meu filho Onésimo, que gerei nas minhas prisões;

¹¹o qual outrora te foi inútil, mas agora a ti e a mim é muito útil;

¹²eu to torno a enviar, a ele que é o meu próprio coração.

¹³Eu bem quisera retê-lo comigo, para que em teu lugar me servisse nas prisões do evangelho;

¹⁴mas sem o teu consentimento nada quis fazer, para que o teu benefício não fosse como por força, mas, sim, espontâneo.

¹⁵Porque bem pode ser que ele se tenha separado de ti por algum tempo, para que o recobrasses para sempre,

¹⁶não já como escravo, antes mais do que escravo, como irmão amado, particularmente de mim, e quanto mais de ti, tanto na carne como também no Senhor.

¹⁷Assim pois, se me tens por companheiro, recebe-o como a mim mesmo.

¹⁸E, se te fez algum dano, ou te deve alguma coisa, lança-o minha conta.

¹⁹Eu, Paulo, de meu próprio punho o escrevo, eu o pagarei, para não te dizer que ainda a ti mesmo a mim te deves.

²⁰Sim, irmão, eu quisera regozijar-me de ti no Senhor; reanima o meu coração em Cristo.

²¹Escrevo-te confiado na tua obediência, sabendo que farás ainda mais do que peço.

²²E ao mesmo tempo, prepara-me também pousada, pois espero que pelas vossas orações hei de ser concedido.

²³Saúda-te Epafras, meu companheiro de prisão em Cristo Jesus,

²⁴assim como Marcos, Aristarco, Demas e Lucas, meus cooperadores.

²⁵A graça do Senhor Jesus Cristo seja com o vosso espírito.

*Hebreus*
# Hebreus

## Capítulo 1

¹Havendo Deus antigamente falado muitas vezes, e de muitas maneiras, aos pais, pelos profetas,

²nestes últimos dias a nós nos falou pelo Filho, a quem constituiu herdeiro de todas as coisas, e por quem fez também o mundo;

³sendo ele o resplendor da sua glória e a expressa imagem do seu Ser, e sustentando todas as coisas pela palavra do seu poder, havendo ele mesmo feito a purificação dos pecados, assentou-se à direita da Majestade nas alturas,

⁴feito tanto mais excelente do que os anjos, quanto herdou mais excelente nome do que eles.

⁵Pois a qual dos anjos disse jamais: Tu és meu Filho, hoje te gerei? E outra vez: Eu lhe serei Pai, e ele me será Filho?

⁶E outra vez, ao introduzir no mundo o primogênito, diz: E todos os anjos de Deus o adorem.

⁷Ora, quanto aos anjos, diz: Quem de seus anjos faz ventos, e de seus ministros labaredas de fogo.

⁸Mas do Filho diz: O teu trono, ó Deus, subsiste pelos séculos dos séculos, e cetro de eqüidade é o cetro do teu reino.

⁹Amaste a justiça e odiaste a iniqüidade; por isso Deus, o teu Deus, te ungiu com óleo de alegria, mais do que a teus companheiros;

¹⁰e: Tu, Senhor, no princípio fundaste a terra, e os céus são obras de tuas mãos;

¹¹eles perecerão, mas tu permaneces; e todos eles, como roupa, envelhecerão,

¹²e qual um manto os enrolarás, e como roupa se mudarão; mas tu és o mesmo, e os teus anos não acabarão.

¹³Mas a qual dos anjos disse jamais: Assenta-te à minha direita até que eu ponha os teus inimigos por escabelo de teus pés?

¹⁴Não são todos eles espíritos ministradores, enviados para servir a favor dos que hão de herdar a salvação?

## Capítulo 2

¹Por isso convém atentarmos mais diligentemente para as coisas que ouvimos, para que em tempo algum nos desviemos delas.

²Pois se a palavra falada pelos anjos permaneceu firme, e toda transgressão e desobediência recebeu justa retribuição,

³como escaparemos nós, se descuidarmos de tão grande salvação? A qual, tendo sido anunciada inicialmente pelo Senhor, foi-nos depois confirmada pelos que a ouviram:

⁴testificando Deus juntamente com eles, por sinais e prodígios, e por múltiplos milagres e dons do Espírito Santo, distribuídos segundo a sua vontade.

⁵Porque não foi aos anjos que Deus sujeitou o mundo vindouro, de que falamos.

⁶Mas em certo lugar testificou alguém dizendo: Que é o homem, para que te lembres dele? ou o filho do homem, para que o visites?

⁷Fizeste-o um pouco menor que os anjos, de glória e de honra o coroaste,

⁸todas as coisas lhe sujeitaste debaixo dos pés. Ora, visto que lhe sujeitou todas as coisas, nada deixou que não lhe fosse sujeito. Mas agora ainda não vemos todas as coisas sujeitas a ele;

⁹vemos, porém, aquele que foi feito um pouco menor que os anjos, Jesus, coroado de glória e honra, por causa da paixão da morte, para que, pela graça de Deus, provasse a morte por todos.

¹⁰Porque convinha que aquele, para quem são todas as coisas, e por meio de quem tudo existe, em trazendo muitos filhos à glória, aperfeiçoasse pelos sofrimentos o autor da salvação deles.

¹¹Pois tanto o que santifica como os que são santificados, vêm todos de um só; por esta causa ele não se envergonha de lhes chamar irmãos,

¹²dizendo: Anunciarei o teu nome a meus irmãos, cantar-te-ei louvores no meio da congregação.

¹³E outra vez: Porei nele a minha confiança. E ainda: Eis-me aqui, e os filhos que Deus me deu.

¹⁴Portanto, visto como os filhos são participantes comuns de carne e sangue, também ele semelhantemente participou das mesmas coisas, para que pela morte derrotasse aquele que tinha o poder da morte, isto é, o Diabo;

¹⁵e livrasse todos aqueles que, com medo da morte, estavam por toda a vida sujeitos à escravidão.

¹⁶Pois, na verdade, não presta auxílio aos anjos, mas sim à descendência de Abraão.

¹⁷Pelo que convinha que em tudo fosse feito semelhante a seus irmãos, para se tornar um sumo sacerdote misericordioso e fiel nas coisas concernentes a Deus, a fim de fazer propiciação pelos pecados do povo.

¹⁸Porque naquilo que ele mesmo, sendo tentado, padeceu, pode socorrer aos que são tentados.

## Capítulo 3

¹Pelo que, santos irmãos, participantes da vocação celestial, considerai o Apóstolo e Sumo Sacerdote da nossa confissão, Jesus,

²como ele foi fiel ao que o constituiu, assim como também o foi Moisés em toda a casa de Deus.

³Pois ele é tido por digno de tanto maior glória do que Moisés, quanto maior honra do que a casa tem aquele que a edificou.

⁴Porque toda casa é edificada por alguém, mas quem edificou todas as coisas é Deus.

⁵Moisés, na verdade, foi fiel em toda a casa de Deus, como servo, para testemunho das coisas que se haviam de anunciar;

⁶mas Cristo o é como Filho sobre a casa de Deus; a qual casa somos nós, se tão-somente conservarmos firmes até o fim a nossa confiança e a glória da esperança.

⁷Pelo que, como diz o Espírito Santo: Hoje, se ouvirdes a sua voz,

⁸não endureçais os vossos corações, como na provocação, no dia da tentação no deserto,

⁹onde vossos pais me tentaram, pondo-me à prova, e viram por quarenta anos as minhas obras.

¹⁰Por isto me indignei contra essa geração, e disse: Estes sempre erram em seu coração, e não chegaram a conhecer os meus caminhos.

¹¹Assim jurei na minha ira: Não entrarão no meu descanso.

¹²Vede, irmãos, que nunca se ache em qualquer de vós um perverso coração de incredulidade, para se apartar do Deus vivo;

¹³antes exortai-vos uns aos outros todos os dias, durante o tempo que se chama Hoje, para que nenhum de vós se endureça pelo engano do pecado;

¹⁴porque nos temos tornado participantes de Cristo, se é que guardamos firme até o fim a nossa confiança inicial;

¹⁵enquanto se diz: Hoje, se ouvirdes a sua voz, não endureçais os vossos corações, como na provocação;

¹⁶pois quais os que, tendo-a ouvido, o provocaram? Não foram, porventura, todos os que saíram do Egito por meio de Moisés?

¹⁷E contra quem se indignou por quarenta anos? Não foi porventura contra os que pecaram, cujos corpos caíram no deserto?

¹⁸E a quem jurou que não entrariam no seu descanso, senão aos que foram desobedientes?

¹⁹E vemos que não puderam entrar por causa da incredulidade.

## Capítulo 4

¹Portanto, tendo-nos sido deixada a promessa de entrarmos no seu descanso, temamos não haja algum de vós que pareça ter falhado.

²Porque também a nós foram pregadas as boas novas, assim como a eles; mas a palavra da pregação nada lhes aproveitou, porquanto não chegou a ser unida com a fé, naqueles que a ouviram.

³Porque nós, os que temos crido, é que entramos no descanso, tal como disse: Assim jurei na minha ira: Não entrarão no meu descanso; embora as suas obras estivessem acabadas desde a fundação do mundo;

⁴pois em certo lugar disse ele assim do sétimo dia: E descansou Deus, no sétimo dia, de todas as suas obras.

⁵e outra vez, neste lugar: Não entrarão no meu descanso.

⁶Visto, pois, restar que alguns entrem nele, e que aqueles a quem anteriormente foram pregadas as boas novas não entraram por causa da desobediência,

⁷determina outra vez um certo dia, Hoje, dizendo por Davi, depois de tanto tempo, como antes fora dito: Hoje, se ouvirdes a sua voz, não endureçais os vossos corações.

⁸Porque, se Josué lhes houvesse dado descanso, não teria falado depois disso de outro dia.

⁹Portanto resta ainda um repouso sabático para o povo de Deus.

¹⁰Pois aquele que entrou no descanso de Deus, esse também descansou de suas obras, assim como Deus das suas.

¹¹Ora, à vista disso, procuremos diligentemente entrar naquele descanso, para que ninguém caia no mesmo exemplo de desobediência.

¹²Porque a palavra de Deus é viva e eficaz, e mais cortante do que qualquer espada de dois gumes, e penetra até a divisão de alma e espírito, e de juntas e medulas, e é apta para discernir os pensamentos e intenções do coração.

¹³E não há criatura alguma encoberta diante dele; antes todas as coisas estão nuas e patentes aos olhos daquele a quem havemos de prestar contas.

¹⁴Tendo, portanto, um grande sumo sacerdote, Jesus, Filho de Deus, que penetrou os céus, retenhamos firmemente a nossa confissão.

¹⁵Porque não temos um sumo sacerdote que não possa compadecer-se das nossas fraquezas; porém um que, como nós, em tudo foi tentado, mas sem pecado.

¹⁶Cheguemo-nos, pois, confiadamente ao trono da graça, para que recebamos misericórdia e achemos graça, a fim de sermos socorridos no momento oportuno.

## Capítulo 5

¹Porque todo sumo sacerdote tomado dentre os homens é constituído a favor dos homens nas coisas concernentes a Deus, para que ofereça dons e sacrifícios pelos pecados,

²podendo ele compadecer-se devidamente dos ignorantes e errados, porquanto também ele mesmo está rodeado de fraqueza.

³E por esta razão deve ele, tanto pelo povo como também por si mesmo, oferecer sacrifício pelos pecados.

⁴Ora, ninguém toma para si esta honra, senão quando é chamado por Deus, como o foi Arão.

⁵assim também Cristo não se glorificou a si mesmo, para se fazer sumo sacerdote, mas o glorificou aquele que lhe disse: Tu és meu Filho, hoje te gerei;

⁶como também em outro lugar diz: Tu és sacerdote para sempre, segundo a ordem de Melquisedeque.

⁷O qual nos dias da sua carne, tendo oferecido, com grande clamor e lágrimas, orações e súplicas ao que podia livrar da morte, e tendo sido ouvido por causa da sua reverência,

⁸ainda que era Filho, aprendeu a obediência por meio daquilo que sofreu;

⁹e, tendo sido aperfeiçoado, veio a ser autor de eterna salvação para todos os que lhe obedecem,

¹⁰sendo por Deus chamado sumo sacerdote, segundo a ordem de Melquisedeque.

¹¹Sobre isso temos muito que dizer, mas de difícil interpretação, porquanto vos tornastes tardios em ouvir.

¹²Porque, devendo já ser mestres em razão do tempo, ainda necessitais de que se vos torne a ensinar os princípios elementares dos oráculos de Deus, e vos haveis feito tais que precisais de leite, e não de alimento sólido.

¹³Ora, qualquer que se alimenta de leite é inexperiente na palavra da justiça, pois é criança;

¹⁴mas o alimento sólido é para os adultos, os quais têm, pela prática, as faculdades exercitadas para discernir tanto o bem como o mal.

## Capítulo 6

¹Pelo que deixando os rudimentos da doutrina de Cristo, prossigamos até a perfeição, não lançando de novo o fundamento de arrependimento de obras mortas e de fé em Deus,

²e o ensino sobre batismos e imposição de mãos, e sobre ressurreição de mortos e juízo eterno.

³E isso faremos, se Deus o permitir.

⁴Porque é impossível que os que uma vez foram iluminados, e provaram o dom celestial, e se fizeram participantes do Espírito Santo,

⁵e provaram a boa palavra de Deus, e os poderes do mundo vindouro,

⁶e depois caíram, sejam outra vez renovados para arrependimento; visto que, quanto a eles, estão crucificando de novo o Filho de Deus, e o expondo ao vitupério.

⁷Pois a terra que embebe a chuva, que cai muitas vezes sobre ela, e produz erva proveitosa para aqueles por quem é lavrada, recebe a bênção da parte de Deus;

⁸mas se produz espinhos e abrolhos, é rejeitada, e perto está da maldição; o seu fim é ser queimada.

⁹Mas de vós, ó amados, esperamos coisas melhores, e que acompanham a salvação, ainda que assim falamos.

¹⁰Porque Deus não é injusto, para se esquecer da vossa obra, e do amor que para com o seu nome mostrastes, porquanto servistes aos santos, e ainda os servis.

¹¹E desejamos que cada um de vós mostre o mesmo zelo até o fim, para completa certeza da esperança,

¹²para que não vos torneis indolentes, mas sejais imitadores dos que pela fé e paciência herdam as promessas.

¹³Porque, quando Deus fez a promessa a Abraão, visto que não tinha outro maior por quem jurar, jurou por si mesmo,

¹⁴dizendo: Certamente te abençoarei, e grandemente te multiplicarei.

¹⁵E assim, tendo Abraão esperado com paciência, alcançou a promessa.

¹⁶Pois os homens juram por quem é maior do que eles, e o juramento para confirmação é, para eles, o fim de toda contenda.

¹⁷assim que, querendo Deus mostrar mais abundantemente aos herdeiros da promessa a imutabilidade do seu conselho, se interpôs com juramento;

¹⁸para que por duas coisas imutáveis, nas quais é impossível que Deus minta, tenhamos poderosa consolação, nós, os que nos refugiamos em lançar mão da esperança proposta;

¹⁹a qual temos como âncora da alma, segura e firme, e que penetra até o interior do véu;

²⁰aonde Jesus, como precursor, entrou por nós, feito sacerdote para sempre, segundo a ordem de Melquisedeque.

## Capítulo 7

¹Porque este Melquisedeque, rei de Salém, sacerdote do Deus Altíssimo, que saiu ao encontro de Abraão quando este regressava da matança dos reis, e o abençoou,

²a quem também Abraão separou o dízimo de tudo (sendo primeiramente, por interpretação do seu nome, rei de justiça, e depois também rei de Salém, que é rei de paz;

³sem pai, sem mãe, sem genealogia, não tendo princípio de dias nem fim de vida, mas feito semelhante ao Filho de Deus), permanece sacerdote para sempre.

⁴Considerai, pois, quão grande era este, a quem até o patriarca Abraão deu o dízimo dentre os melhores despojos.

⁵E os que dentre os filhos de Levi recebem o sacerdócio têm ordem, segundo a lei, de tomar os dízimos do povo, isto é, de seus irmãos, ainda que estes também tenham saído dos lombos de Abraão;

⁶mas aquele cuja genealogia não é contada entre eles, tomou dízimos de Abraão, e abençoou ao que tinha as promessas.

⁷Ora, sem contradição alguma, o menor é abençoado pelo maior.

⁸E aqui certamente recebem dízimos homens que morrem; ali, porém, os recebe aquele de quem se testifica que vive.

⁹E, por assim dizer, por meio de Abraão, até Levi, que recebe dízimos, pagou dízimos,

¹⁰porquanto ele estava ainda nos lombos de seu pai quando Melquisedeque saiu ao encontro deste.

¹¹De sorte que, se a perfeição fosse pelo sacerdócio levítico (pois sob este o povo recebeu a lei), que necessidade havia ainda de que outro sacerdote se levantasse, segundo a ordem de Melquisedeque, e que não fosse contado segundo a ordem de Arão?

¹²Pois, mudando-se o sacerdócio, necessariamente se faz também mudança da lei.

¹³Porque aquele, de quem estas coisas se dizem, pertence a outra tribo, da qual ninguém ainda serviu ao altar,

¹⁴visto ser manifesto que nosso Senhor procedeu de Judá, tribo da qual Moisés nada falou acerca de sacerdotes.

¹⁵E ainda muito mais manifesto é isto, se à semelhança de Melquisedeque se levanta outro sacerdote,

¹⁶que não foi feito conforme a lei de um mandamento carnal, mas segundo o poder duma vida indissolúvel.

¹⁷Porque dele assim se testifica: Tu és sacerdote para sempre, segundo a ordem de Melquisedeque.

¹⁸Pois, com efeito, o mandamento anterior é ab-rogado por causa da sua fraqueza e inutilidade

¹⁹(pois a lei nenhuma coisa aperfeiçoou), e desta sorte é introduzida uma melhor esperança, pela qual nos aproximamos de Deus.

²⁰E visto como não foi sem prestar juramento (porque, na verdade, aqueles, sem juramento, foram feitos sacerdotes,

²¹mas este com juramento daquele que lhe disse: Jurou o Senhor, e não se arrependerá: Tu és sacerdote para sempre),

²²de tanto melhor pacto Jesus foi feito fiador.

²³E, na verdade, aqueles foram feitos sacerdotes em grande número, porque pela morte foram impedidos de permanecer,

²⁴mas este, porque permanece para sempre, tem o seu sacerdócio perpétuo.

²⁵Portanto, pode também salvar perfeitamente os que por ele se chegam a Deus, porquanto vive sempre para interceder por eles.

²⁶Porque nos convinha tal sumo sacerdote, santo, inocente, imaculado, separado dos pecadores, e feito mais sublime que os céus;

²⁷que não necessita, como os sumos sacerdotes, de oferecer cada dia sacrifícios, primeiramente por seus próprios pecados, e depois pelos

do povo; porque isto fez ele, uma vez por todas, quando se ofereceu a si mesmo.

²⁸Porque a lei constitui sumos sacerdotes a homens que têm fraquezas, mas a palavra do juramento, que veio depois da lei, constitui ao Filho, para sempre aperfeiçoado.

## Capítulo 8

¹Ora, do que estamos dizendo, o ponto principal é este: Temos um sumo sacerdote tal, que se assentou nos céus à direita do trono da Majestade,

²ministro do santuário, e do verdadeiro tabernáculo, que o Senhor fundou, e não o homem.

³Porque todo sumo sacerdote é constituído para oferecer dons e sacrifícios; pelo que era necessário que esse sumo sacerdote também tivesse alguma coisa que oferecer.

⁴Ora, se ele estivesse na terra, nem seria sacerdote, havendo já os que oferecem dons segundo a lei,

⁵os quais servem àquilo que é figura e sombra das coisas celestiais, como Moisés foi divinamente avisado, quando estava para construir o tabernáculo; porque lhe foi dito: Olha, faze conforme o modelo que no monte se te mostrou.

⁶Mas agora alcançou ele ministério tanto mais excelente, quanto é mediador de um melhor pacto, o qual está firmado sobre melhores promessas.

⁷Pois, se aquele primeiro fora sem defeito, nunca se teria buscado lugar para o segundo.

⁸Porque repreendendo-os, diz: Eis que virão dias, diz o Senhor, em que estabelecerei com a casa de Israel e com a casa de Judá um novo pacto.

⁹Não segundo o pacto que fiz com seus pais no dia em que os tomei pela mão, para os tirar da terra do Egito; pois não permaneceram naquele meu pacto, e eu para eles não atentei, diz o Senhor.

¹⁰Ora, este é o pacto que farei com a casa de Israel, depois daqueles dias, diz o Senhor; porei as minhas leis no seu entendimento, e em seu coração as escreverei; eu serei o seu Deus, e eles serão o meu povo;

¹¹e não ensinará cada um ao seu concidadão, nem cada um ao seu irmão, dizendo: Conhece ao Senhor; porque todos me conhecerão, desde o menor deles até o maior.

¹²Porque serei misericordioso para com suas iniquidades, e de seus pecados não me lembrarei mais.

¹³Dizendo: Novo pacto, ele tornou antiquado o primeiro. E o que se torna antiquado e envelhece, perto está de desaparecer.

## Capítulo 9

¹Ora, também o primeiro pacto tinha ordenanças de serviço sagrado, e um santuário terrestre.

²Pois foi preparada uma tenda, a primeira, na qual estavam o candeeiro, e a mesa, e os pães da proposição; a essa se chama o santo lugar;

³mas depois do segundo véu estava a tenda que se chama o santo dos santos,

⁴que tinha o incensário de ouro, e a arca do pacto, toda coberta de ouro em redor; na qual estava um vaso de ouro, que continha o maná, e a vara de Arão, que tinha brotado, e as tábuas do pacto;

⁵e sobre a arca os querubins da glória, que cobriam o propiciatório; das quais coisas não falaremos agora particularmente.

⁶Ora, estando estas coisas assim preparadas, entram continuamente na primeira tenda os sacerdotes, celebrando os serviços sagrados;

⁷mas na segunda só o sumo sacerdote, uma vez por ano, não sem sangue, o qual ele oferece por si mesmo e pelos erros do povo;

⁸dando o Espírito Santo a entender com isso, que o caminho do santuário não está descoberto, enquanto subsiste a primeira tenda,

⁹que é uma parábola para o tempo presente, conforme a qual se oferecem tando dons como sacrifícios que, quanto à consciência, não podem aperfeiçoar aquele que presta o culto,

¹⁰sendo somente, no tocante a comidas, e bebidas, e várias abluções, umas ordenanças da carne, impostas até um tempo de reforma.

¹¹Mas Cristo, tendo vindo como sumo sacerdote dos bens já realizados, por meio do maior e mais perfeito tabernáculo (não feito por mãos, isto é, não desta criação),

¹²e não pelo sangue de bodes e novilhos, mas por seu próprio sangue, entrou uma vez por todas no santo lugar, havendo obtido uma eterna redenção.

¹³Porque, se a aspersão do sangue de bodes e de touros, e das cinzas duma novilha santifica os contaminados, quanto à purificação da carne,

¹⁴quanto mais o sangue de Cristo, que pelo Espírito eterno se ofereceu a si mesmo imaculado a Deus, purificará das obras mortas a vossa consciência, para servirdes ao Deus vivo?

¹⁵E por isso é mediador de um novo pacto, para que, intervindo a morte para remissão das transgressões cometidas debaixo do primeiro pacto, os chamados recebam a promessa da herança eterna.

¹⁶Pois onde há testamento, necessário é que intervenha a morte do testador.

¹⁷Porque um testamento não tem torça senão pela morte, visto que nunca tem valor enquanto o testador vive.

¹⁸Pelo que nem o primeiro pacto foi consagrado sem sangue;

¹⁹porque, havendo Moisés anunciado a todo o povo todos os mandamentos segundo a lei, tomou o sangue dos novilhos e dos bodes, com água, lã purpúrea e hissopo e aspergiu tanto o próprio livro como todo o povo,

²⁰dizendo: este é o sangue do pacto que Deus ordenou para vós.

²¹Semelhantemente aspergiu com sangue também o tabernáculo e todos os vasos do serviço sagrado.

²²E quase todas as coisas, segundo a lei, se purificam com sangue; e sem derramamento de sangue não há remissão.

²³Era necessário, portanto, que as figuras das coisas que estão no céu fossem purificadas com tais sacrifícios, mas as próprias coisas celestiais com sacrifícios melhores do que estes.

²⁴Pois Cristo não entrou num santuário feito por mãos, figura do verdadeiro, mas no próprio céu, para agora comparecer por nós perante a face de Deus.

²⁵nem também para se oferecer muitas vezes, como o sumo sacerdote de ano em ano entra no santo lugar com sangue alheio;

²⁶doutra forma, necessário lhe fora padecer muitas vezes desde a fundação do mundo; mas agora, na consumação dos séculos, uma vez por todas se manifestou, para aniquilar o pecado pelo sacrifício de si mesmo.

²⁷E, como aos homens está ordenado morrerem uma só vez, vindo depois o juízo,

²⁸assim também Cristo, oferecendo-se uma só vez para levar os pecados de muitos, aparecerá segunda vez, sem pecado, aos que o esperam para salvação.

## Capítulo 10

¹Porque a lei, tendo a sombra dos bens futuros, e não a imagem exata das coisas, não pode nunca, pelos mesmos sacrifícios que continuamente se oferecem de ano em ano, aperfeiçoar os que se chegam a Deus.

²Doutra maneira, não teriam deixado de ser oferecidos? pois tendo sido uma vez purificados os que prestavam o culto, nunca mais teriam consciência de pecado.

³Mas nesses sacrifícios cada ano se faz recordação dos pecados,

⁴porque é impossível que o sangue de touros e de bodes tire pecados.

⁵Pelo que, entrando no mundo, diz: Sacrifício e oferta não quiseste, mas um corpo me preparaste;

⁶não te deleitaste em holocaustos e oblações pelo pecado.

⁷Então eu disse: Eis-me aqui (no rol do livro está escrito de mim) para fazer, ó Deus, a tua vontade.

⁸Tendo dito acima: Sacrifício e ofertas e holocaustos e oblações pelo pecado não quiseste, nem neles te deleitaste (os quais se oferecem segundo a lei);

⁹agora disse: Eis-me aqui para fazer a tua vontade. Ele tira o primeiro, para estabelecer o segundo.

¹⁰É nessa vontade dele que temos sido santificados pela oferta do corpo de Jesus Cristo, feita uma vez para sempre.

¹¹Ora, todo sacerdote se apresenta dia após dia, ministrando e oferecendo muitas vezes os mesmos sacrifícios, que nunca podem tirar pecados;

¹²mas este, havendo oferecido um único sacrifício pelos pecados, assentou-se para sempre à direita de Deus,

¹³daí por diante esperando, até que os seus inimigos sejam postos por escabelo de seus pés.

¹⁴Pois com uma só oferta tem aperfeiçoado para sempre os que estão sendo santificados.

¹⁵E o Espírito Santo também no-lo testifica, porque depois de haver dito:

¹⁶Este é o pacto que farei com eles depois daqueles dias, diz o Senhor: Porei as minhas leis em seus corações, e as escreverei em seu entendimento; acrescenta:

¹⁷E não me lembrarei mais de seus pecados e de suas iniquidades.

¹⁸Ora, onde há remissão destes, não há mais oferta pelo pecado.

¹⁹Tendo pois, irmãos, ousadia para entrarmos no santíssimo lugar, pelo sangue de Jesus,

²⁰pelo caminho que ele nos inaugurou, caminho novo e vivo, através do véu, isto é, da sua carne,

²¹e tendo um grande sacerdote sobre a casa de Deus,

²²cheguemo-nos com verdadeiro coração, em inteira certeza de fé; tendo o coração purificado da má consciência, e o corpo lavado com água limpa,

²³retenhamos inabalável a confissão da nossa esperança, porque fiel é aquele que fez a promessa;

²⁴e consideremo-nos uns aos outros, para nos estimularmos ao amor e às boas obras,

²⁵não abandonando a nossa congregação, como é costume de alguns, antes admoestando-nos uns aos outros; e tanto mais, quanto vedes que se vai aproximando aquele dia.

²⁶Porque se voluntariamente continuarmos no pecado, depois de termos recebido o pleno conhecimento da verdade, já não resta mais sacrifício pelos pecados,

²⁷mas uma expectação terrível de juízo, e um ardor de fogo que há de devorar os adversários.

²⁸Havendo alguém rejeitado a lei de Moisés, morre sem misericórdia, pela palavra de duas ou três testemunhas;

²⁹de quanto maior castigo cuidais vós será julgado merecedor aquele que pisar o Filho de Deus, e tiver por profano o sangue do pacto, com que foi santificado, e ultrajar ao Espírito da graça?

³⁰Pois conhecemos aquele que disse: Minha é a vingança, eu retribuirei. E outra vez: O Senhor julgará o seu povo.

³¹Horrenda coisa é cair nas mãos do Deus vivo.

³²Lembrai-vos, porém, dos dias passados, em que, depois de serdes iluminados, suportastes grande combate de aflições;

³³pois por um lado fostes feitos espetáculo tanto por vitupérios como por tribulações, e por outro vos tornastes companheiros dos que assim foram tratados.

³⁴Pois não só vos compadecestes dos que estavam nas prisões, mas também com gozo aceitastes a espoliação dos vossos bens, sabendo que vós tendes uma possessão melhor e permanente.

³⁵Não lanceis fora, pois, a vossa confiança, que tem uma grande recompensa.

³⁶Porque necessitais de perseverança, para que, depois de haverdes feito a vontade de Deus, alcanceis a promessa.

³⁷Pois ainda em bem pouco tempo aquele que há de vir virá, e não tardará.

³⁸Mas o meu justo viverá da fé; e se ele recuar, a minha alma não tem prazer nele.

³⁹Nós, porém, não somos daqueles que recuam para a perdição, mas daqueles que crêem para a conservação da alma.

## Capítulo 11

¹Ora, a fé é o firme fundamento das coisas que se esperam, e a prova das coisas que não se vêem.

²Porque por ela os antigos alcançaram bom testemunho.

³Pela fé entendemos que os mundos foram criados pela palavra de Deus; de modo que o visível não foi feito daquilo que se vê.

⁴Pela fé Abel ofereceu a Deus mais excelente sacrifício que Caim, pelo qual alcançou testemunho de que era justo, dando Deus testemunho das suas oferendas, e por meio dela depois de morto, ainda fala.

⁵Pela fé Enoque foi trasladado para não ver a morte; e não foi achado, porque Deus o trasladara; pois antes da sua trasladação alcançou testemunho de que agradara a Deus.

⁶Ora, sem fé é impossível agradar a Deus; porque é necessário que aquele que se aproxima de Deus creia que ele existe, e que é galardoador dos que o buscam.

⁷Pela fé Noé, divinamente avisado das coisas que ainda não se viam, sendo temente a Deus, preparou uma arca para o salvamento da sua família; e por esta fé condenou o mundo, e tornou-se herdeiro da justiça que é segundo a fé.

⁸Pela fé Abraão, sendo chamado, obedeceu, saindo para um lugar que havia de receber por herança; e saiu, sem saber para onde ia.

⁹Pela fé peregrinou na terra da promessa, como em terra alheia, habitando em tendas com Isaque e Jacó, herdeiros com ele da mesma promessa;

¹⁰porque esperava a cidade que tem os fundamentos, da qual o arquiteto e edificador é Deus.

¹¹Pela fé, até a própria Sara recebeu a virtude de conceber um filho, mesmo fora da idade, porquanto teve por fiel aquele que lho havia prometido.

¹²Pelo que também de um, e esse já amortecido, descenderam tantos, em multidão, como as estrelas do céu, e como a areia inumerável que está na praia do mar.

¹³Todos estes morreram na fé, sem terem alcançado as promessas; mas tendo-as visto e saudado, de longe, confessaram que eram estrangeiros e peregrinos na terra.

¹⁴Ora, os que tais coisas dizem, mostram que estão buscando uma pátria.

¹⁵E se, na verdade, se lembrassem daquela donde haviam saído, teriam oportunidade de voltar.

¹⁶Mas agora desejam uma pátria melhor, isto é, a celestial. Pelo que também Deus não se envergonha deles, de ser chamado seu Deus, porque já lhes preparou uma cidade.

¹⁷Pela fé Abraão, sendo provado, ofereceu Isaque; sim, ia oferecendo o seu unigênito aquele que recebera as promessas,

¹⁸e a quem se havia dito: Em Isaque será chamada a tua descendência,

¹⁹julgando que Deus era poderoso para até dos mortos o ressuscitar; e daí também em figura o recobrou.

²⁰Pela fé Isaque abençoou Jacó e a Esaú, no tocante às coisas futuras.

²¹Pela fé Jacó, quando estava para morrer, abençoou cada um dos filhos de José, e adorou, inclinado sobre a extremidade do seu bordão.

²²Pela fé José, estando próximo o seu fim, fez menção da saída dos filhos de Israel, e deu ordem acerca de seus ossos.

²³Pela fé Moisés, logo ao nascer, foi escondido por seus pais durante três meses, porque viram que o menino era formoso; e não temeram o decreto do rei.

²⁴Pela fé Moisés, sendo já homem, recusou ser chamado filho da filha de Faraó,

²⁵escolhendo antes ser maltratado com o povo de Deus do que ter por algum tempo o gozo do pecado,

²⁶tendo por maiores riquezas o opróbrio de Cristo do que os tesouros do Egito; porque tinha em vista a recompensa.

²⁷Pela fé deixou o Egito, não temendo a ira do rei; porque ficou firme, como quem vê aquele que é invisível.

²⁸Pela fé celebrou a páscoa e a aspersão do sangue, para que o destruidor dos primogênitos não lhes tocasse.

²⁹Pela fé os israelitas atravessaram o Mar Vermelho, como por terra seca; e tentando isso os egípcios, foram afogados.

³⁰Pela fé caíram os muros de Jericó, depois de rodeados por sete dias.

³¹Pela fé Raabe, a meretriz, não pereceu com os desobedientes, tendo acolhido em paz os espias.

³²E que mais direi? Pois me faltará o tempo, se eu contar de Gideão, de Baraque, de Sansão, de Jefté, de Davi, de Samuel e dos profetas;

³³os quais por meio da fé venceram reinos, praticaram a justiça, alcançaram promessas, fecharam a boca dos leões,

³⁴apagaram a força do fogo, escaparam ao fio da espada, da fraqueza tiraram forças, tornaram-se poderosos na guerra, puseram em fuga exércitos estrangeiros.

³⁵As mulheres receberam pela ressurreição os seus mortos; uns foram torturados, não aceitando o seu livramento, para alcançarem uma melhor ressurreição;

³⁶e outros experimentaram escárnios e açoites, e ainda cadeias e prisões.

³⁷Foram apedrejados e tentados; foram serrados ao meio; morreram ao fio da espada; andaram vestidos de peles de ovelhas e de cabras, necessitados, aflitos e maltratados

³⁸(dos quais o mundo não era digno), errantes pelos desertos e montes, e pelas covas e cavernas da terra.

³⁹E todos estes, embora tendo recebido bom testemunho pela fé, contudo não alcançaram a promessa;

⁴⁰visto que Deus provera alguma coisa melhor a nosso respeito, para que eles, sem nós, não fossem aperfeiçoados.

## Capítulo 12

¹Portanto, nós também, pois estamos rodeados de tão grande nuvem de testemunhas, deixemos todo embaraço, e o pecado que tão de perto nos rodeia, e corramos com perseverança a carreira que nos está proposta,

²fitando os olhos em Jesus, autor e consumador da nossa fé, o qual, pelo gozo que lhe está proposto, suportou a cruz, desprezando a ignomínia, e está assentado à direita do trono de Deus.

³Considerai, pois aquele que suportou tal contradição dos

*Hebreus*

pecadores contra si mesmo, para que não vos canseis, desfalecendo em vossas almas.

⁴Ainda não resististes até o sangue, combatendo contra o pecado;

⁵e já vos esquecestes da exortação que vos admoesta como a filhos: Filho meu, não desprezes a correção do Senhor, nem te desanimes quando por ele és repreendido;

⁶pois o Senhor corrige ao que ama, e açoita a todo o que recebe por filho.

⁷É para disciplina que sofreis; Deus vos trata como a filhos; pois qual é o filho a quem o pai não corrija?

⁸Mas, se estais sem disciplina, da qual todos se têm tornado participantes, sois então bastardos, e não filhos.

⁹Além disto, tivemos nossos pais segundo a carne, para nos corrigirem, e os olhavamos com respeito; não nos sujeitaremos muito mais ao Pai dos espíritos, e viveremos?

¹⁰Pois aqueles por pouco tempo nos corrigiam como bem lhes parecia, mas este, para nosso proveito, para sermos participantes da sua santidade.

¹¹Na verdade, nenhuma correção parece no momento ser motivo de gozo, porém de tristeza; mas depois produz um fruto pacífico de justiça nos que por ele têm sido exercitados.

¹²Portanto levantai as mãos cansadas, e os joelhos vacilantes,

¹³e fazei veredas direitas para os vossos pés, para que o que é manco não se desvie, antes seja curado.

¹⁴Segui a paz com todos, e a santificação, sem a qual ninguém verá o Senhor,

¹⁵tendo cuidado de que ninguém se prive da graça de Deus, e de que nenhuma raiz de amargura, brotando, vos perturbe, e por ela muitos se contaminem;

¹⁶e ninguém seja devasso, ou profano como Esaú, que por uma simples refeição vendeu o seu direito de primogenitura.

¹⁷Porque bem sabeis que, querendo ele ainda depois herdar a bênção, foi rejeitado; porque não achou lugar de arrependimento, ainda que o buscou diligentemente com lágrimas.

¹⁸Pois não tendes chegado ao monte palpável, aceso em fogo, e à escuridão, e às trevas, e à tempestade,

¹⁹e ao sonido da trombeta, e à voz das palavras, a qual os que a ouviram rogaram que não se lhes falasse mais;

²⁰porque não podiam suportar o que se lhes mandava: Se até um animal tocar o monte, será apedrejado.

²¹E tão terrível era a visão, que Moisés disse: Estou todo aterrorizado e trêmulo.

²²Mas tendes chegado ao Monte Sião, e à cidade do Deus vivo, à Jerusalém celestial, a miríades de anjos;

²³à universal assembléia e igreja dos primogênitos inscritos nos céus, e a Deus, o juiz de todos, e aos espíritos dos justos aperfeiçoados;

²⁴e a Jesus, o mediador de um novo pacto, e ao sangue da aspersão, que fala melhor do que o de Abel.

²⁵Vede que não rejeiteis ao que fala; porque, se não escaparam aqueles quando rejeitaram o que sobre a terra os advertia, muito menos escaparemos nós, se nos desviarmos daquele que nos adverte lá dos céus;

²⁶a voz do qual abalou então a terra; mas agora tem ele prometido, dizendo: Ainda uma vez hei de abalar não só a terra, mas também o céu.

²⁷Ora, esta palavra - Ainda uma vez - significa a remoção das coisas abaláveis, como coisas criadas, para que permaneçam as coisas inabaláveis.

²⁸Pelo que, recebendo nós um reino que não pode ser abalado, retenhamos a graça, pela qual sirvamos a Deus agradavelmente, com reverência e temor;

²⁹pois o nosso Deus é um fogo consumidor.

## Capítulo 13

¹Permaneça o amor fraternal.

²Não vos esqueçais da hospitalidade, porque por ela alguns, sem o saberem, hospedaram anjos.

³Lembrai-vos dos presos, como se estivésseis presos com eles, e dos maltratados, como sendo-o vós mesmos também no corpo.

⁴Honrado seja entre todos o matrimônio e o leito sem mácula; pois aos devassos e adúlteros, Deus os julgará.

⁵Seja a vossa vida isenta de ganância, contentando-vos com o que tendes; porque ele mesmo disse: Não te deixarei, nem te desampararei.

⁶De modo que com plena confiança digamos: O Senhor é quem me ajuda, não temerei; que me fará o homem?

⁷Lembrai-vos dos vossos guias, os quais vos falaram a palavra de Deus, e, atentando para o êxito da sua carreira, imitai-lhes a fé.

⁸Jesus Cristo é o mesmo, ontem, e hoje, e eternamente.

⁹Não vos deixeis levar por doutrinas várias e estranhas; porque bom é que o coração se fortifique com a graça, e não com alimentos, que não trouxeram proveito algum aos que com eles se preocuparam.

¹⁰Temos um altar, do qual não têm direito de comer os que servem ao tabernáculo.

¹¹Porque os corpos dos animais, cujo sangue é trazido para dentro do santo lugar pelo sumo sacerdote como oferta pelo pecado, são queimados fora do arraial.

¹²Por isso também Jesus, para santificar o povo pelo seu próprio sangue, sofreu fora da porta.

¹³Saiamos pois a ele fora do arraial, levando o seu opróbrio.

¹⁴Porque não temos aqui cidade permanente, mas buscamos a vindoura.

¹⁵Por ele, pois, ofereçamos sempre a Deus sacrifício de louvor, isto é, o fruto dos lábios que confessam o seu nome.

¹⁶Mas não vos esqueçais de fazer o bem e de repartir com outros, porque com tais sacrifícios Deus se agrada.

¹⁷Obedecei a vossos guias, sendo-lhes submissos; porque velam por vossas almas como quem há de prestar contas delas; para que o façam com alegria e não gemendo, porque isso não vos seria útil.

¹⁸Orai por nós, porque estamos persuadidos de que temos boa consciência, sendo desejosos de, em tudo, portar-nos corretamente.

¹⁹E com instância vos exorto a que o façais, para que eu mais depressa vos seja restituído.

²⁰Ora, o Deus de paz, que pelo sangue do pacto eterno tornou a trazer dentre os mortos a nosso Senhor Jesus, grande pastor das ovelhas,

²¹vos aperfeiçoe em toda boa obra, para fazerdes a sua vontade, operando em nós o que perante ele é agradável, por meio de Jesus Cristo, ao qual seja glória para todo o sempre. Amém.

²²Rogo-vos, porém, irmãos, que suporteis estas palavras de exortação, pois vos escrevi em poucas palavras.

²³Sabei que o irmão Timóteo já está solto, com o qual, se ele vier brevemente, vos verei.

²⁴Saudai a todos os vossos guias e a todos os santos. Os de Itália vos saúdam.

²⁵A graça seja com todos vós.

# Tiago

## Capítulo 1

¹Tiago, servo de Deus e do Senhor Jesus Cristo, às doze tribos da Dispersão, saúde.

²Meus irmãos, tende por motivo de grande gozo o passardes por várias provações,

³sabendo que a aprovação da vossa fé produz a perseverança;

⁴e a perseverança tenha a sua obra perfeita, para que sejais perfeitos e completos, não faltando em coisa alguma.

⁵Ora, se algum de vós tem falta de sabedoria, peça-a a Deus, que a todos dá liberalmente e não censura, e ser-lhe-á dada.

⁶Peça-a, porém, com fé, não duvidando; pois aquele que duvida é semelhante à onda do mar, que é sublevada e agitada pelo vento.

⁷Não pense tal homem que receberá do Senhor alguma coisa,

⁸homem vacilante que é, e inconstante em todos os seus caminhos.

⁹Mas o irmão de condição humilde glorie-se na sua exaltação,

¹⁰e o rico no seu abatimento; porque ele passará como a flor da erva.

¹¹Pois o sol se levanta em seu ardor e faz secar a erva; a sua flor cai e a beleza do seu aspecto perece; assim murchará também o rico em seus caminhos.

¹²Bem-aventurado o homem que suporta a provação; porque, depois de aprovado, receberá a coroa da vida, que o Senhor prometeu aos que o amam.

¹³Ninguém, sendo tentado, diga: Sou tentado por Deus; porque Deus não pode ser tentado pelo mal e ele a ninguém tenta.

¹⁴Cada um, porém, é tentado, quando atraído e engodado pela sua própria concupiscência;

¹⁵então a concupiscência, havendo concebido, dá à luz o pecado; e o pecado, sendo consumado, gera a morte.

¹⁶Não vos enganeis, meus amados irmãos.

¹⁷Toda boa dádiva e todo dom perfeito vêm do alto, descendo do Pai das luzes, em quem não há mudança nem sombra de variação.

¹⁸Segundo a sua própria vontade, ele nos gerou pela palavra da verdade, para que fôssemos como que primícias das suas criaturas.

¹⁹Sabei isto, meus amados irmãos: Todo homem seja pronto para ouvir, tardio para falar e tardio para se irar.

²⁰Porque a ira do homem não opera a justiça de Deus.

²¹Pelo que, despojando-vos de toda sorte de imundícia e de todo vestígio do mal, recebei com mansidão a palavra em vós implantada, a qual é poderosa para salvar as vossas almas.

²²E sede cumpridores da palavra e não somente ouvintes, enganando-vos a vós mesmos.

²³Pois se alguém é ouvinte da palavra e não cumpridor, é semelhante a um homem que contempla no espelho o seu rosto natural;

²⁴porque se contempla a si mesmo e vai-se, e logo se esquece de como era.

²⁵Entretanto aquele que atenta bem para a lei perfeita, a da liberdade, e nela persevera, não sendo ouvinte esquecido, mas executor da obra, este será bem-aventurado no que fizer.

²⁶Se alguém cuida ser religioso e não refreia a sua língua, mas engana o seu coração, a sua religião é vã.

²⁷A religião pura e imaculada diante de nosso Deus e Pai é esta: Visitar os órfãos e as viúvas nas suas aflições e guardar-se isento da corrupção do mundo.

## Capítulo 2

¹Meus irmãos, não tenhais a fé em nosso Senhor Jesus Cristo, Senhor da glória, em acepção de pessoas.

²Porque, se entrar na vossa reunião algum homem com anel de ouro no dedo e com traje esplêndido, e entrar também algum pobre com traje sórdido,

³e atentardes para o que vem com traje esplêndido e lhe disserdes: Senta-te aqui num lugar de honra; e disserdes ao pobre: Fica em pé, ou senta-te abaixo do escabelo dos meus pés,

⁴não fazeis, porventura, distinção entre vós mesmos e não vos tornais juízes movidos de maus pensamentos?

⁵Ouvi, meus amados irmãos. Não escolheu Deus os que são pobres quanto ao mundo para fazê-los ricos na fé e herdeiros do reino que prometeu aos que o amam?

⁶Mas vós desonrastes o pobre. Porventura não são os ricos os que vos oprimem e os que vos arrastam aos tribunais?

⁷Não blasfemam eles o bom nome pelo qual sois chamados?

⁸Todavia, se estais cumprindo a lei real segundo a escritura: Amarás ao teu próximo como a ti mesmo, fazeis bem.

⁹Mas se fazeis acepção de pessoas, cometeis pecado, sendo por isso condenados pela lei como transgressores.

¹⁰Pois qualquer que guardar toda a lei, mas tropeçar em um só ponto, tem-se tornado culpado de todos.

¹¹Porque o mesmo que disse: Não adulterarás, também disse: Não matarás. Ora, se não cometes adultério, mas és homicida, te hás tornado transgressor da lei.

¹²Falai de tal maneira e de tal maneira procedei, como havendo de ser julgados pela lei da liberdade.

¹³Porque o juízo será sem misericórdia para aquele que não usou de misericórdia; a misericórdia triunfa sobre o juízo.

¹⁴Que proveito há, meus irmãos se alguém disser que tem fé e não tiver obras? Porventura essa fé pode salvá-lo?

¹⁵Se um irmão ou uma irmã estiverem nus e tiverem falta de mantimento cotidiano,

¹⁶e algum de vós lhes disser: Ide em paz, aquentai-vos e fartai-vos; e não lhes derdes as coisas necessárias para o corpo, que proveito há nisso?

¹⁷Assim também a fé, se não tiver obras, é morta em si mesma.

¹⁸Mas dirá alguém: Tu tens fé, e eu tenho obras; mostra-me a tua fé sem as obras, e eu te mostrarei a minha fé pelas minhas obras.

¹⁹Crês tu que Deus é um só? Fazes bem; os demônios também o crêem, e estremecem.

²⁰Mas queres saber, ó homem vão, que a fé sem as obras é estéril?

²¹Porventura não foi pelas obras que nosso pai Abraão foi justificado quando ofereceu sobre o altar seu filho Isaque?

²²Vês a fé cooperou com as suas obras, e que pelas obras a fé foi aperfeiçoada;

²³e se cumpriu a escritura que diz: E creu Abraão a Deus, e isso lhe foi imputado como justiça, e foi chamado amigo de Deus.

²⁴Vedes então que é pelas obras que o homem é justificado, e não somente pela fé.

²⁵E de igual modo não foi a meretriz Raabe também justificada pelas obras, quando acolheu os espias, e os fez sair por outro caminho?

²⁶Porque, assim como o corpo sem o espírito está morto, assim também a fé sem obras é morta.

## Capítulo 3

¹Meus irmãos, não sejais muitos de vós mestres, sabendo que receberemos um juízo mais severo.

²Pois todos tropeçamos em muitas coisas. Se alguém não tropeça em palavra, esse é homem perfeito, e capaz de refrear também todo o corpo.

³Ora, se pomos freios na boca dos cavalos, para que nos obedeçam, então conseguimos dirigir todo o seu corpo.

⁴Vede também os navios que, embora tão grandes e levados por impetuosos ventos, com um pequenino leme se voltam para onde quer o impulso do timoneiro.

⁵Assim também a língua é um pequeno membro, e se gaba de grandes coisas. Vede quão grande bosque um tão pequeno fogo incendeia.

⁶A língua também é um fogo; sim, a língua, qual mundo de iniquidade, colocada entre os nossos membros, contamina todo o corpo, e inflama o curso da natureza, sendo por sua vez inflamada pelo inferno.

⁷Pois toda espécie tanto de feras, como de aves, tanto de répteis como de animais do mar, se doma, e tem sido domada pelo gênero humano;

⁸mas a língua, nenhum homem a pode domar. É um mal irrefreável; está cheia de peçonha mortal.

⁹Com ela bendizemos ao Senhor e Pai, e com ela amaldiçoamos os homens, feitos à semelhança de Deus.

¹⁰Da mesma boca procede bênção e maldição. Não convém, meus irmãos, que se faça assim.

¹¹Porventura a fonte deita da mesma abertura água doce e água amargosa?

¹²Meus irmãos, pode acaso uma figueira produzir azeitonas, ou uma videira figos? Nem tampouco pode uma fonte de água salgada dar água doce.

¹³Quem dentre vós é sábio e entendido? Mostre pelo seu bom procedimento as suas obras em mansidão de sabedoria.

¹⁴Mas, se tendes amargo ciúme e sentimento faccioso em vosso coração, não vos glorieis, nem mintais contra a verdade.

¹⁵Essa não é a sabedoria que vem do alto, mas é terrena, animal e diabólica.

¹⁶Porque onde há ciúme e sentimento faccioso, aí há confusão e toda obra má.

¹⁷Mas a sabedoria que vem do alto é, primeiramente, pura, depois pacífica, moderada, tratável, cheia de misericórdia e de bons frutos, sem parcialidade, e sem hipocrisia.

¹⁸Ora, o fruto da justiça semeia-se em paz para aqueles que promovem a paz.

## Capítulo 4

¹Donde vêm as guerras e contendas entre vós? Porventura não vêm disto, dos vossos deleites, que nos vossos membros guerreiam?

²Cobiçais e nada tendes; logo matais. Invejais, e não podeis alcançar; logo combateis e fazeis guerras. Nada tendes, porque não pedis.

³Pedis e não recebeis, porque pedis mal, para o gastardes em vossos deleites.

⁴Infiéis, não sabeis que a amizade do mundo é inimizade contra Deus? Portanto qualquer que quiser ser amigo do mundo constitui-se inimigo de Deus.

⁵Ou pensais que em vão diz a escritura: O Espírito que ele fez habitar em nós anseia por nós até o ciúme?

⁶Todavia, dá maior graça. Portanto diz: Deus resiste aos soberbos; dá, porém, graça aos humildes.

⁷Sujeitai-vos, pois, a Deus; mas resisti ao Diabo, e ele fugirá de vós.

⁸Chegai-vos para Deus, e ele se chegará para vós. Limpai as mãos, pecadores; e, vós de espírito vacilante, purificai os corações.

⁹Senti as vossas misérias, lamentai e chorai; torne-se o vosso riso em pranto, e a vossa alegria em tristeza.

¹⁰Humilhai-vos perante o Senhor, e ele vos exaltará.

¹¹Irmãos, não faleis mal uns dos outros. Quem fala mal de um irmão, e julga a seu irmão, fala mal da lei, e julga a lei; ora, se julgas a lei, não és observador da lei, mas juiz.

¹²Há um só legislador e juiz, aquele que pode salvar e destruir; tu, porém, quem és, que julgas ao próximo?

¹³Eia agora, vós que dizeis: Hoje ou amanhã iremos a tal cidade, lá passaremos um ano, negociaremos e ganharemos.

¹⁴No entanto, não sabeis o que sucederá amanhã. Que é a vossa vida? Sois um vapor que aparece por um pouco, e logo se desvanece.

¹⁵Em lugar disso, devíeis dizer: Se o Senhor quiser, viveremos e faremos isto ou aquilo.

¹⁶Mas agora vos jactais das vossas presunções; toda jactância tal como esta é maligna.

¹⁷Aquele, pois, que sabe fazer o bem e não o faz, comete pecado.

## Capítulo 5

¹Eia agora, vós ricos, chorai e pranteai, por causa das desgraças que vos sobrevirão.

²As vossas riquezas estão apodrecidas, e as vossas vestes estão roídas pela traça.

³O vosso ouro e a vossa prata estão enferrujados; e a sua ferrugem dará testemunho contra vós, e devorará as vossas carnes como fogo. Entesourastes para os últimos dias.

⁴Eis que o salário que fraudulentamente retivestes aos trabalhadores que ceifaram os vossos campos clama, e os clamores dos ceifeiros têm chegado aos ouvidos do Senhor dos exércitos.

⁵Deliciosamente vivestes sobre a terra, e vos deleitastes; cevastes os vossos corações no dia da matança.

⁶Condenastes e matastes o justo; ele não vos resiste.

⁷Portanto, irmãos, sede pacientes até a vinda do Senhor. Eis que o lavrador espera o precioso fruto da terra, aguardando-o com paciência, até que receba as primeiras e as últimas chuvas.

⁸Sede vós também pacientes; fortalecei os vossos corações, porque a vinda do Senhor está próxima.

⁹Não vos queixeis, irmãos, uns dos outros, para que não sejais julgados. Eis que o juiz está à porta.

¹⁰Irmãos, tomai como exemplo de sofrimento e paciência os profetas que falaram em nome do Senhor.

¹¹Eis que chamamos bem-aventurados os que suportaram aflições. Ouvistes da paciência de Jó, e vistes o fim que o Senhor lhe deu, porque o Senhor é cheio de misericórdia e compaixão.

¹²Mas, sobretudo, meus irmãos, não jureis, nem pelo céu, nem pela terra, nem façais qualquer outro juramento; seja, porém, o vosso sim, sim, e o vosso não, não, para não cairdes em condenação.

¹³Está aflito alguém entre vós? Ore. Está alguém contente? Cante louvores.

¹⁴Está doente algum de vós? Chame os anciãos da igreja, e estes orem sobre ele, ungindo-o com óleo em nome do Senhor;

¹⁵e a oração da fé salvará o doente, e o Senhor o levantará; e, se houver cometido pecados, ser-lhe-ão perdoados.

¹⁶Confessai, portanto, os vossos pecados uns aos outros, e orai uns pelos outros, para serdes curados. A súplica de um justo pode muito na sua atuação.

¹⁷Elias era homem sujeito às mesmas paixões que nós, e orou com fervor para que não chovesse, e por três anos e seis meses não choveu sobre a terra.

¹⁸E orou outra vez e o céu deu chuva, e a terra produziu o seu fruto.

¹⁹Meus irmãos, se alguém dentre vós se desviar da verdade e alguém o converter,

²⁰sabei que aquele que fizer converter um pecador do erro do seu caminho salvará da morte uma alma, e cobrirá uma multidão de pecados.

# 1 Pedro

## Capítulo 1

¹Pedro, apóstolo de Jesus Cristo, aos peregrinos da Dispersão no Ponto, Galácia, Capadócia, Ásia e Bitínia,
²eleitos segundo a presciência de Deus Pai, na santificação do Espírito, para a obediência e aspersão do sangue de Jesus Cristo: Graça e paz vos sejam multiplicadas.
³Bendito seja o Deus e Pai de nosso Senhor Jesus Cristo, que, segundo a sua grande misericórdia, nos regenerou para uma viva esperança, pela ressurreição de Jesus Cristo dentre os mortos,
⁴para uma herança incorruptível, incontaminável e imarcescível, reservada nos céus para vós,
⁵que pelo poder de Deus sois guardados, mediante a fé, para a salvação que está preparada para se revelar no último tempo;
⁶na qual exultais, ainda que agora por um pouco de tempo, sendo necessário, estejais contristados por várias provações,
⁷para que a prova da vossa fé, mais preciosa do que o ouro que perece, embora provado pelo fogo, redunde para louvor, glória e honra na revelação de Jesus Cristo;
⁸a quem, sem o terdes visto, amais; no qual, sem agora o verdes, mas crendo, exultais com gozo inefável e cheio de glória,
⁹alcançando o fim da vossa fé, a salvação das vossas almas.
¹⁰Desta salvação inquiririam e indagaram diligentemente os profetas que profetizaram da graça que para vós era destinada,
¹¹indagando qual o tempo ou qual a ocasião que o Espírito de Cristo que estava neles indicava, ao predizer os sofrimentos que a Cristo haviam de vir, e a glória que se lhes havia de seguir.
¹²Aos quais foi revelado que não para si mesmos, mas para vós, eles ministravam estas coisas que agora vos foram anunciadas por aqueles que, pelo Espírito Santo enviado do céu, vos pregaram o evangelho; para as quais coisas os anjos bem desejam atentar.
¹³Portanto, cingindo os lombos do vosso entendimento, sede sóbrios, e esperai inteiramente na graça que se vos oferece na revelação de Jesus Cristo.
¹⁴Como filhos obedientes, não vos conformeis às concupiscências que antes tínheis na vossa ignorância;
¹⁵mas, como é santo aquele que vos chamou, sede vós também santos em todo o vosso procedimento;
¹⁶porquanto está escrito: Sereis santos, porque eu sou santo.
¹⁷E, se invocais por Pai aquele que, sem acepção de pessoas, julga segundo a obra de cada um, andai em temor durante o tempo da vossa peregrinação,
¹⁸sabendo que não foi com coisas corruptíveis, como prata ou ouro, que fostes resgatados da vossa vã maneira de viver, que por tradição recebestes dos vossos pais,
¹⁹mas com precioso sangue, como de um cordeiro sem defeito e sem mancha, o sangue de Cristo,
²⁰o qual, na verdade, foi conhecido ainda antes da fundação do mundo, mas manifesto no fim dos tempos por amor de vós,
²¹que por ele credes em Deus, que o ressuscitou dentre os mortos e lhe deu glória, de modo que a vossa fé e esperança estivessem em Deus.
²²Já que tendes purificado as vossas almas na obediência à verdade, que leva ao amor fraternal não fingido, de coração amai-vos ardentemente uns aos outros,
²³tendo renascido, não de semente corruptível, mas de incorruptível, pela palavra de Deus, a qual vive e permanece.
²⁴Porque: Toda a carne é como a erva, e toda a sua glória como a flor da erva. Secou-se a erva, e caiu a sua flor;
²⁵mas a palavra do Senhor permanece para sempre. E esta é a palavra que vos foi evangelizada.

## Capítulo 2

¹Deixando, pois, toda a malícia, todo o engano, e fingimentos, e invejas, e toda a maledicência,
²desejai como meninos recém-nascidos, o puro leite espiritual, a fim de por ele crescerdes para a salvação,
³se é que já provastes que o Senhor é bom;
⁴e, chegando-vos para ele, pedra viva, rejeitada, na verdade, pelos homens, mas, para com Deus eleita e preciosa,
⁵vós também, quais pedras vivas, sois edificados como casa espiritual para serdes sacerdócio santo, a fim de oferecerdes sacrifícios espirituais, aceitáveis a Deus por Jesus Cristo.
⁶Por isso, na Escritura se diz: Eis que ponho em Sião uma principal pedra angular, eleita e preciosa; e quem nela crer não será confundido.
⁷E assim para vós, os que credes, é a preciosidade; mas para os descrentes, a pedra que os edificadores rejeitaram, esta foi posta como a principal da esquina,
⁸e: Como uma pedra de tropeço e rocha de escândalo; porque tropeçam na palavra, sendo desobedientes; para o que também foram destinados.
⁹Mas vós sois a geração eleita, o sacerdócio real, a nação santa, o povo adquirido, para que anuncieis as grandezas daquele que vos chamou das trevas para a sua maravilhosa luz;
¹⁰vós que outrora nem éreis povo, e agora sois de Deus; vós que não tínheis alcançado misericórdia, e agora a tendes alcançado.
¹¹Amados, exorto-vos, como a peregrinos e forasteiros, que vos abstenhais das concupiscências da carne, as quais combatem contra a alma;
¹²tendo o vosso procedimento correto entre os gentios, para que naquilo em que falam mal de vós, como de malfeitores, observando as vossas boas obras, glorifiquem a Deus no dia da visitação.
¹³Sujeitai-vos a toda autoridade humana por amor do Senhor, quer ao rei, como soberano,
¹⁴quer aos governadores, como por ele enviados para castigo dos malfeitores, e para louvor dos que fazem o bem.
¹⁵Porque assim é a vontade de Deus, que, fazendo o bem, façais emudecer a ignorância dos homens insensatos,
¹⁶como livres, e não tendo a liberdade como capa da malícia, mas como servos de Deus.
¹⁷Honrai a todos. Amai aos irmãos. Temei a Deus. Honrai ao rei.
¹⁸Vós, servos, sujeitai-vos com todo o temor aos vossos senhores, não somente aos bons e moderados, mas também aos maus.
¹⁹Porque isto é agradável, que alguém, por causa da consciência para com Deus, suporte tristezas, padecendo injustamente.
²⁰Pois, que glória é essa, se, quando cometeis pecado e sois por isso esbofeteados, sofreis com paciência? Mas se, quando fazeis o bem e sois afligidos, o sofreis com paciência, isso é agradável a Deus.
²¹Porque para isso fostes chamados, porquanto também Cristo padeceu por vós, deixando-vos exemplo, para que sigais as suas pisadas.
²²Ele não cometeu pecado, nem na sua boca se achou engano;
²³sendo injuriado, não injuriava, e quando padecia não ameaçava, mas entregava-se àquele que julga justamente;
²⁴levando ele mesmo os nossos pecados em seu corpo sobre o madeiro, para que mortos para os pecados, pudéssemos viver para a justiça; e pelas suas feridas fostes sarados.
²⁵Porque éreis desgarrados, como ovelhas; mas agora tendes voltado ao Pastor e Bispo das vossas almas.

## Capítulo 3

¹Semelhantemente vós, mulheres, sede submissas a vossos maridos; para que também, se alguns deles não obedecem à palavra, sejam ganhos sem palavra pelo procedimento de suas mulheres,
²considerando a vossa vida casta, em temor.
³O vosso adorno não seja o enfeite exterior, como as tranças dos cabelos, o uso de jóias de ouro, ou o luxo dos vestidos,
⁴mas seja o do íntimo do coração, no incorruptível traje de um espírito manso e tranqüilo, que és, para que permaneçam as coisas
⁵Porque assim se adornavam antigamente também as santas mulheres que esperavam em Deus, e estavam submissas a seus maridos;
⁶como Sara obedecia a Abraão, chamando-lhe senhor; da qual vós sois filhas, se fazeis o bem e não temeis nenhum espanto.
⁷Igualmente vós, maridos, vivei com elas com entendimento, dando honra à mulher, como vaso mais frágil, e como sendo elas herdeiras convosco da graça da vida, para que não sejam impedidas as vossas orações.
⁸Finalmente, sede todos de um mesmo sentimento, compassivos, cheios de amor fraternal, misericordiosos, humildes,
⁹não retribuindo mal por mal, ou injúria por injúria; antes, pelo contrário, bendizendo; porque para isso fostes chamados, para herdardes uma bênção.
¹⁰Pois, quem quer amar a vida, e ver os dias bons, refreie a sua língua do mal, e os seus lábios não falem engano;
¹¹aparte-se do mal, e faça o bem; busque a paz, e siga-a.
¹²Porque os olhos do Senhor estão sobre os justos, e os seus ouvidos atento à sua súplica; mas o rosto do Senhor é contra os que fazem o mal.
¹³Ora, quem é o que vos fará mal, se fordes zelosos do bem?
¹⁴Mas também, se padecerdes por amor da justiça, bem-

aventurados sereis; e não temais as suas ameaças, nem vos turbeis;

¹⁵antes santificai em vossos corações a Cristo como Senhor; e estai sempre preparados para responder com mansidão e temor a todo aquele que vos pedir a razão da esperança que há em vós;

¹⁶tendo uma boa consciência, para que, naquilo em que falam mal de vós, fiquem confundidos os que vituperam o vosso bom procedimento em Cristo.

¹⁷Porque melhor é sofrerdes fazendo o bem, se a vontade de Deus assim o quer, do que fazendo o mal.

¹⁸Porque também Cristo morreu uma só vez pelos pecados, o justo pelos injustos, para levar-nos a Deus; sendo, na verdade, morto na carne, mas vivificado no espírito;

¹⁹no qual também foi, e pregou aos espíritos em prisão;

²⁰os quais noutro tempo foram rebeldes, quando a longanimidade de Deus esperava, nos dias de Noé, enquanto se preparava a arca; na qual poucas, isto é, oito almas se salvaram através da água,

²¹que também agora, por uma verdadeira figura - o batismo, vos salva, o qual não é o despojamento da imundícia da carne, mas a indagação de uma boa consciência para com Deus, pela ressurreição de Jesus Cristo,

²²que está à destra de Deus, tendo subido ao céu; havendo-se-lhe sujeitado os anjos, e as autoridades, e as potestades.

## Capítulo 4

¹Ora pois, já que Cristo padeceu na carne, armai-vos também vós deste mesmo pensamento; porque aquele que padeceu na carne já cessou do pecado;

²para que, no tempo que ainda vos resta na carne não continueis a viver para as concupiscências dos homens, mas para a vontade de Deus.

³Porque é bastante que no tempo passado tenhais cumprido a vontade dos gentios, andando em dissoluções, concupiscências, borrachices, glutonarias, bebedices e abomináveis idolatrias.

⁴E acham estranho não correrdes com eles no mesmo desenfreamento de dissolução, blasfemando de vós;

⁵os quais hão de dar conta ao que está preparado para julgar os vivos e os mortos.

⁶Pois é por isto que foi pregado o evangelho até aos mortos, para que, na verdade, fossem julgados segundo os homens na carne, mas vivessem segundo Deus em espírito.

⁷Mas já está próximo o fim de todas as coisas; portanto sede sóbrios e vigiai em oração;

⁸tendo antes de tudo ardente amor uns para com os outros, porque o amor cobre uma multidão de pecados;

⁹sendo hospitaleiros uns para com os outros, sem murmuração;

¹⁰servindo uns aos outros conforme o dom que cada um recebeu, como bons despenseiros da multiforme graça de Deus.

¹¹Se alguém fala, fale como entregando oráculos de Deus; se alguém ministra, ministre segundo a força que Deus concede; para que em tudo Deus seja glorificado por meio de Jesus Cristo, ma quem pertencem a glória e o domínio para todo o sempre. Amém.

¹²Amados, não estranheis a ardente provação que vem sobre vós para vos experimentar, como se coisa estranha vos acontecesse;

¹³mas regozijai-vos por serdes participantes das aflições de Cristo; para que também na revelação da sua glória vos regozijeis e exulteis.

¹⁴Se pelo nome de Cristo sois vituperados, bem-aventurados sois, porque sobre vós repousa o Espírito da glória, o Espírito de Deus.

¹⁵Que nenhum de vós, entretanto, padeça como homicida, ou ladrão, ou malfeitor, ou como quem se entremete em negócios alheios;

¹⁶mas, se padece como cristão, não se envergonhe, antes glorifique a Deus neste nome.

¹⁷Porque já é tempo que comece o julgamento pela casa de Deus; e se começa por nós, qual será o fim daqueles que desobedecem ao evangelho de Deus?

¹⁸E se o justo dificilmente se salva, onde comparecerá o ímpio pecador?

¹⁹Portanto os que sofrem segundo a vontade de Deus confiem as suas almas ao fiel Criador, praticando o bem.

## Capítulo 5

¹Aos anciãos, pois, que há entre vós, rogo eu, que sou ancião com eles e testemunha dos sofrimentos de Cristo, e participante da glória que se há de revelar:

²Apascentai o rebanho de Deus, que está entre vós, não por força, mas espontaneamente segundo a vontade de Deus; nem por torpe ganância, mas de boa vontade;

³nem como dominadores sobre os que vos foram confiados, mas servindo de exemplo ao rebanho.

⁴E, quando se manifestar o sumo Pastor, recebereis a imarcescível coroa da glória.

⁵Semelhantemente vós, os mais moços, sede sujeitos aos mais velhos. E cingi-vos todos de humildade uns para com os outros, porque Deus resiste aos soberbos, mas dá graça aos humildes.

⁶Humilhai-vos, pois, debaixo da potente mão de Deus, para que a seu tempo vos exalte;

⁷lançando sobre ele toda a vossa ansiedade, porque ele tem cuidado de vós.

⁸Sede sóbrios, vigiai. O vosso adversário, o Diabo, anda em derredor, rugindo como leão, e procurando a quem possa tragar;

⁹ao qual resisti firmes na fé, sabendo que os mesmos sofrimentos estão-se cumprindo entre os vossos irmãos no mundo.

¹⁰E o Deus de toda a graça, que em Cristo vos chamou à sua eterna glória, depois de haverdes sofrido por um pouco, ele mesmo vos há de aperfeiçoar, confirmar e fortalecer.

¹¹A ele seja o domínio para todo o sempre. Amém.

¹²Por Silvano, nosso fiel irmão, como o considero, escravo abreviadamente, exortando e testificando que esta é a verdadeira graça de Deus; nela permanecei firmes.

¹³A vossa co-eleita em Babilônia vos saúda, como também meu filho Marcos.

¹⁴Saudai-vos uns aos outros com ósculo de amor. Paz seja com todos vós que estais em Cristo.

# 2 Pedro

## Capítulo 1

¹Simão Pedro, servo e apóstolo de Jesus Cristo, aos que conosco alcançaram fé igualmente preciosa na justiça do nosso Deus e Salvador Jesus Cristo:

²Graça e paz vos sejam multiplicadas no pleno conhecimento de Deus e de Jesus nosso Senhor;

³visto como o seu divino poder nos tem dado tudo o que diz respeito à vida e à piedade, pelo pleno conhecimento daquele que nos chamou por sua própria glória e virtude;

⁴pelas quais ele nos tem dado as suas preciosas e grandíssimas promessas, para que por elas vos torneis participantes da natureza divina, havendo escapado da corrupção, que pela concupiscência há no mundo.

⁵E por isso mesmo vós, empregando toda a diligência, acrescentai à vossa fé a virtude, e à virtude a ciência,

⁶e à ciência o domínio próprio, e ao domínio próprio a perseverança, e à perseverança a piedade,

⁷e à piedade a fraternidade, e à fraternidade o amor.

⁸Porque, se em vós houver e abundarem estas coisas, elas não vos deixarão ociosos nem infrutíferos no pleno conhecimento de nosso Senhor Jesus Cristo.

⁹Pois aquele em quem não há estas coisas é cego, vendo somente o que está perto, havendo-se esquecido da purificação dos seus antigos pecados.

¹⁰Portanto, irmãos, procurai mais diligentemente fazer firme a vossa vocação e eleição; porque, fazendo isto, nunca jamais tropeçareis.

¹¹Porque assim vos será amplamente concedida a entrada no reino eterno do nosso Senhor e Salvador Jesus Cristo.

¹²Pelo que estarei sempre pronto para vos lembrar estas coisas, ainda que as saibais, e estejais confirmados na verdade que já está convosco.

¹³E tendo por justo, enquanto ainda estou neste tabernáculo, despertar-vos com admoestações,

¹⁴sabendo que brevemente hei de deixar este meu tabernáculo, assim como nosso Senhor Jesus Cristo já mo revelou.

¹⁵Mas procurarei diligentemente que também em toda ocasião depois da minha morte tenhais lembrança destas coisas.

¹⁶Porque não seguimos fábulas engenhosas quando vos fizemos conhecer o poder e a vinda de nosso Senhor Jesus Cristo, pois nós fôramos testemunhas oculares da sua majestade.

¹⁷Porquanto ele recebeu de Deus Pai honra e glória, quando pela Glória Magnífica lhe foi dirigida a seguinte voz: Este é o meu Filho amado, em quem me comprazo;

¹⁸e essa voz, dirigida do céu, ouvimo-la nós mesmos, estando com ele no monte santo.

¹⁹E temos ainda mais firme a palavra profética à qual bem fazeis em estar atentos, como a uma candeia que alumia em lugar escuro, até que o dia amanheça e a estrela da alva surja em vossos corações;

²⁰sabendo primeiramente isto: que nenhuma profecia da Escritura é de particular interpretação.

²¹Porque a profecia nunca foi produzida por vontade dos homens, mas os homens da parte de Deus falaram movidos pelo Espírito Santo.

## Capítulo 2

¹Mas houve também entre o povo falsos profetas, como entre vós haverá falsos mestres, os quais introduzirão encobertamente heresias destruidoras, negando até o Senhor que os resgatou, trazendo sobre si mesmos repentina destruição.

²E muitos seguirão as suas dissoluções, e por causa deles será blasfemado o caminho da verdade;

³também, movidos pela ganância, e com palavras fingidas, eles farão de vós negócio; a condenação dos quais já de largo tempo não tarda e a sua destruição não dormita.

⁴Porque se Deus não poupou a anjos quando pecaram, mas lançou-os no inferno, e os entregou aos abismos da escuridão, reservando-os para o juízo;

⁵se não poupou ao mundo antigo, embora preservasse a Noé, pregador da justiça, com mais sete pessoas, ao trazer o dilúvio sobre o mundo dos ímpios;

⁶se, reduzindo a cinza as cidades de Sodoma e Gomorra, condenou-as à destruição, havendo-as posto para exemplo aos que vivessem impiamente;

⁷e se livrou ao justo Ló, atribulado pela vida dissoluta daqueles perversos

⁸(porque este justo, habitando entre eles, por ver e ouvir, afligia todos os dias a sua alma justa com as injustas obras deles);

⁹também sabe o Senhor livrar da tentação os piedosos, e reservar para o dia do juízo os injustos, que já estão sendo castigados;

¹⁰especialmente aqueles que, seguindo a carne, andam em imundas concupiscências, e desprezam toda autoridade. Atrevidos, arrogantes, não receiam blasfemar das dignidades,

¹¹enquanto que os anjos, embora maiores em força e poder, não pronunciam contra eles juízo blasfemo diante do Senhor.

¹²Mas estes, como criaturas irracionais, por natureza feitas para serem presas e mortas, blasfemando do que não entendem, perecerão na sua corrupção,

¹³recebendo a paga da sua injustiça; pois que tais homens têm prazer em deleites à luz do dia; nódoas são eles e máculas, deleitando-se em suas dissimulações, quando se banqueteiam convosco;

¹⁴tendo os olhos cheios de adultério e insaciáveis no pecar; engodando as almas inconstantes, tendo um coração exercitado na ganância, filhos de maldição;

¹⁵os quais, deixando o caminho direito, desviaram-se, tendo seguido o caminho de Balaão, filho de Beor, que amou o prêmio da injustiça,

¹⁶mas que foi repreendido pela sua própria transgressão: um mudo jumento, falando com voz humana, impediu a loucura do profeta.

¹⁷Estes são fontes sem água, névoas levadas por uma tempestade, para os quais está reservado o negrume das trevas.

¹⁸Porque, falando palavras arrogantes de vaidade, nas concupiscências da carne engodam com dissoluções aqueles que mal estão escapando aos que vivem no erro;

¹⁹prometendo-lhes liberdade, quando eles mesmos são escravos da corrupção; porque de quem um homem é vencido, do mesmo é feito escravo.

²⁰Porquanto se, depois de terem escapado das corrupções do mundo pelo pleno conhecimento do Senhor e Salvador Jesus Cristo, ficam de novo envolvidos nelas e vencidos, tornou-se-lhes o último estado pior que o primeiro.

²¹Porque melhor lhes fora não terem conhecido o caminho da justiça, do que, conhecendo-o, desviarem-se do santo mandamento que lhes fora dado.

²²Deste modo sobreveio-lhes o que diz este provérbio verdadeiro: Volta o cão ao seu vômito, e a porca lavada volta a revolver-se no lamaçal.

## Capítulo 3

¹Amados, já é esta a segunda carta que vos escrevo; em ambas as quais vos desperto com admoestações o vosso ânimo sincero;

²para que vos lembreis das palavras que dantes foram ditas pelos santos profetas, e do mandamento do Senhor e Salvador, dado mediante os vossos apóstolos;

³sabendo primeiro isto, que nos últimos dias virão escarnecedores com zombaria andando segundo as suas próprias concupiscências,

⁴e dizendo: Onde está a promessa da sua vinda? porque desde que os pais dormiram, todas as coisas permanecem como desde o princípio da criação.

⁵Pois eles de propósito ignoram isto, que pela palavra de Deus já desde a antiguidade existiram os céus e a terra, que foi tirada da água e no meio da água subsiste;

⁶pelas quais coisas pereceu o mundo de então, afogado em água;

⁷mas os céus e a terra de agora, pela mesma palavra, têm sido guardados para o fogo, sendo reservados para o dia do juízo e da perdição dos homens ímpios.

⁸Mas vós, amados, não ignoreis uma coisa: que um dia para o Senhor é como mil anos, e mil anos como um dia.

⁹O Senhor não retarda a sua promessa, ainda que alguns a têm por tardia; porém é longânimo para convosco, não querendo que ninguém se perca, senão que todos venham a arrepender-se.

¹⁰Virá, pois, como ladrão o dia do Senhor, no qual os céus passarão com grande estrondo, e os elementos, ardendo, se dissolverão, e a terra, e as obras que nela há, serão descobertas.

¹¹Ora, uma vez que todas estas coisas hão de ser assim dissolvidas, que pessoas não deveis ser em santidade e piedade,

¹²aguardando, e desejando ardentemente a vinda do dia de Deus, em que os céus, em fogo se dissolverão, e os elementos, ardendo, se fundirão?

¹³Nós, porém, segundo a sua promessa, aguardamos novos céus e

uma nova terra, nos quais habita a justiça.

¹⁴Pelo que, amados, como estais aguardando estas coisas, procurai diligentemente que por ele sejais achados imaculados e irrepreensível em paz;

¹⁵e tende por salvação a longanimidade de nosso Senhor; como também o nosso amado irmão Paulo vos escreveu, segundo a sabedoria que lhe foi dada;

¹⁶como faz também em todas as suas epístolas, nelas falando acerca destas coisas, mas quais há pontos difíceis de entender, que os indoutos e inconstantes torcem, como o fazem também com as outras Escrituras, para sua própria perdição.

¹⁷Vós, portanto, amados, sabendo isto de antemão, guardai-vos de que pelo engano dos homens perversos sejais juntamente arrebatados, e descaiais da vossa firmeza;

¹⁸antes crescei na graça e no conhecimento de nosso Senhor e Salvador Jesus Cristo. A ele seja dada a glória, assim agora, como até o dia da eternidade.

# 1 João

## Capítulo 1

¹O que era desde o princípio, o que ouvimos, o que vimos com os nossos olhos, o que contemplamos e as nossas mãos apalparam, a respeito do Verbo da vida

²(pois a vida foi manifestada, e nós a temos visto, e dela testificamos, e vos anunciamos a vida eterna, que estava com o Pai, e a nós foi manifestada);

³sim, o que vimos e ouvimos, isso vos anunciamos, para que vós também tenhais comunhão conosco; e a nossa comunhão é com o Pai, e com seu Filho Jesus Cristo.

⁴Estas coisas vos escrevemos, para que o nosso gozo seja completo.

⁵E esta é a mensagem que dele ouvimos, e vos anunciamos: que Deus é luz, e nele não há trevas nenhumas.

⁶Se dissermos que temos comunhão com ele, e andarmos nas trevas, mentimos, e não praticamos a verdade;

⁷mas, se andarmos na luz, como ele na luz está, temos comunhão uns com os outros, e o sangue de Jesus seu Filho nos purifica de todo pecado.

⁸Se dissermos que não temos pecado nenhum, enganamo-nos a nós mesmos, e a verdade não está em nós.

⁹Se confessarmos os nossos pecados, ele é fiel e justo para nos perdoar os pecados e nos purificar de toda injustiça.

¹⁰Se dissermos que não temos cometido pecado, fazemo-lo mentiroso, e a sua palavra não está em nós.

## Capítulo 2

¹Meus filhinhos, estas coisas vos escrevo, para que não pequeis; mas, se alguém pecar, temos um Advogado para com o Pai, Jesus Cristo, o justo.

²E ele é a propiciação pelos nossos pecados, e não somente pelos nossos, mas também pelos de todo o mundo.

³E nisto sabemos que o conhecemos; se guardamos os seus mandamentos.

⁴Aquele que diz: Eu o conheço, e não guarda os seus mandamentos, é mentiroso, e nele não está a verdade;

⁵mas qualquer que guarda a sua palavra, nele realmente se tem aperfeiçoado o amor de Deus. E nisto sabemos que estamos nele;

⁶aquele que diz estar nele, também deve andar como ele andou.

⁷Amados, não vos escrevo mandamento novo, mas um mandamento antigo, que tendes desde o princípio. Este mandamento antigo é a palavra que ouvistes.

⁸Contudo é um novo mandamento que vos escrevo, o qual é verdadeiro nele e em vós; porque as trevas vão passando, e já brilha a verdadeira luz.

⁹Aquele que diz estar na luz, e odeia a seu irmão, até agora está nas trevas.

¹⁰Aquele que ama a seu irmão permanece na luz, e nele não há tropeço.

¹¹Mas aquele que odeia a seu irmão está nas trevas, e anda nas trevas, e não sabe para onde vai; porque as trevas lhe cegaram os olhos.

¹²Filhinhos, eu vos escrevo, porque os vossos pecados são perdoados por amor do seu nome.

¹³Pais, eu vos escrevo, porque conheceis aquele que é desde o princípio. Jovens, eu vos escrevo, porque vencestes o Maligno.

¹⁴Eu vos escrevi, meninos, porque conheceis o Pai. Eu vos escrevi, pais, porque conheceis aquele que é desde o princípio. Eu escrevi, jovens, porque sois fortes, e a palavra de Deus permanece em vós, e já vencestes o Maligno.

¹⁵Não ameis o mundo, nem o que há no mundo. Se alguém ama o mundo, o amor do Pai não está nele.

¹⁶Porque tudo o que há no mundo, a concupiscência da carne, a concupiscência dos olhos e a soberba da vida, não vem do Pai, mas sim do mundo.

¹⁷Ora, o mundo passa, e a sua concupiscência; mas aquele que faz a vontade de Deus, permanece para sempre.

¹⁸Filhinhos, esta é a última hora; e, conforme ouvistes que vem o anticristo, já muitos anticristos se têm levantado; por onde conhecemos que é a última hora.

¹⁹Saíram dentre nós, mas não eram dos nossos; porque, se fossem dos nossos, teriam permanecido conosco; mas todos eles saíram para que se manifestasse que não são dos nossos.

²⁰Ora, vós tendes a unção da parte do Santo, e todos tendes conhecimento.

²¹Não vos escrevi porque não soubésseis a verdade, mas porque a sabeis, e porque nenhuma mentira vem da verdade.

²²Quem é o mentiroso, senão aquele que nega que Jesus é o Cristo? Esse mesmo é o anticristo, esse que nega o Pai e o Filho.

²³Qualquer que nega o Filho, também não tem o Pai; aquele que confessa o Filho, tem também o Pai.

²⁴Portanto, o que desde o princípio ouvistes, permaneça em vós. Se em vós permanecer o que desde o princípio ouvistes, também vós permanecereis no Filho e no Pai.

²⁵E esta é a promessa que ele nos fez: a vida eterna.

²⁶Estas coisas vos escrevo a respeito daqueles que vos querem enganar.

²⁷E quanto a vós, a unção que dele recebestes fica em vós, e não tendes necessidade de que alguém vos ensine; mas, como a sua unção vos ensina a respeito de todas as coisas, e é verdadeira, e não é mentira, como vos ensinou ela, assim nele permanecei.

²⁸E agora, filhinhos, permanecei nele; para que, quando ele se manifestar, tenhamos confiança, e não fiquemos confundidos diante dele na sua vinda.

²⁹Se sabeis que ele é justo, sabeis que todo aquele que pratica a justiça é nascido dele.

## Capítulo 3

¹Vede que grande amor nos tem concedido o Pai: que fôssemos chamados filhos de Deus; e nós o somos. Por isso o mundo não nos conhece; porque não conheceu a ele.

²Amados, agora somos filhos de Deus, e ainda não é manifesto o que havemos de ser. Mas sabemos que, quando ele se manifestar, seremos semelhantes a ele; porque assim como é, o veremos.

³E todo o que nele tem esta esperança, purifica-se a si mesmo, assim como ele é puro.

⁴Todo aquele que vive habitualmente no pecado também vive na rebeldia, pois o pecado é rebeldia.

⁵E bem sabeis que ele se manifestou para tirar os pecados; e nele não há pecado.

⁶Todo o que permanece nele não vive pecando; todo o que vive pecando não o viu nem o conhece.

⁷Filhinhos, ninguém vos engane; quem pratica a justiça é justo, assim como ele é justo;

⁸quem comete pecado é do Diabo; porque o Diabo peca desde o princípio. Para isto o Filho de Deus se manifestou: para destruir as obras do Diabo.

⁹Aquele que é nascido de Deus não peca habitualmente; porque a semente de Deus permanece nele, e não pode continuar no pecado, porque é nascido de Deus.

¹⁰Nisto são manifestos os filhos de Deus, e os filhos do Diabo: quem não pratica a justiça não é de Deus, nem o que não ama a seu irmão.

¹¹Porque esta é a mensagem que ouvistes desde o princípio, que nos amemos uns aos outros,

¹²não sendo como Caim, que era do Maligno, e matou a seu irmão. E por que o matou? Porque as suas obras eram más e as de seu irmão justas.

¹³Meus irmãos, não vos admireis se o mundo vos odeia.

¹⁴Nós sabemos que já passamos da morte para a vida, porque amamos os irmãos. Quem não ama permanece na morte.

¹⁵Todo o que odeia a seu irmão é homicida; e vós sabeis que nenhum homicida tem a vida eterna permanecendo nele.

¹⁶Nisto conhecemos o amor: que Cristo deu a sua vida por nós; e nós devemos dar a vida pelos irmãos.

¹⁷Quem, pois, tiver bens do mundo, e, vendo o seu irmão necessitando, lhe fechar o seu coração, como permanece nele o amor de Deus?

¹⁸Filhinhos, não amemos de palavra, nem de língua, mas por obras e em verdade.

¹⁹Nisto conheceremos que somos da verdade, e diante dele tranquilizaremos o nosso coração;

²⁰porque se o coração nos condena, maior é Deus do que o nosso coração, e conhece todas as coisas.

²¹Amados, se o coração não nos condena, temos confiança para com Deus;

²²e qualquer coisa que lhe pedirmos, dele a receberemos, porque guardamos os seus mandamentos, e fazemos o que é agradável à sua vista.

## Capítulo 4

²³Ora, o seu mandamento é este, que creiamos no nome de seu Filho Jesus Cristo, e nos amemos uns aos outros, como ele nos ordenou. ²⁴Quem guarda os seus mandamentos, em Deus permanece e Deus nele. E nisto conhecemos que ele permanece em nós: pelo Espírito que nos tem dado.

## Capítulo 4

¹Amados, não creiais a todo espírito, mas provai se os espíritos vêm de Deus; porque muitos falsos profetas têm saído pelo mundo. ²Nisto conheceis o Espírito de Deus: todo espírito que confessa que Jesus Cristo veio em carne é de Deus; ³e todo espírito que não confessa a Jesus não é de Deus; mas é o espírito do anticristo, a respeito do qual tendes ouvido que havia de vir; e agora já está no mundo. ⁴Filhinhos, vós sois de Deus, e já os tendes vencido; porque maior é aquele que está em vós do que aquele que está no mundo. ⁵Eles são do mundo, por isso falam como quem é do mundo, e o mundo os ouve. ⁶Nós somos de Deus; quem conhece a Deus nos ouve; quem não é de Deus não nos ouve. assim é que conhecemos o espírito da verdade e o espírito do erro.

⁷Amados, amemo-nos uns aos outros, porque o amor é de Deus; e todo o que ama é nascido de Deus e conhece a Deus. ⁸Aquele que não ama não conhece a Deus; porque Deus é amor. ⁹Nisto se manifestou o amor de Deus para conosco: em que Deus enviou seu Filho unigênito ao mundo, para que por meio dele vivamos. ¹⁰Nisto está o amor: não em que nós tenhamos amado a Deus, mas em que ele nos amou a nós, e enviou seu Filho como propiciação pelos nossos pecados. ¹¹Amados, se Deus assim nos amou, nós também devemos amar-nos uns aos outros. ¹²Ninguém jamais viu a Deus; e nos amamos uns aos outros, Deus permanece em nós, e o seu amor é em nós aperfeiçoado. ¹³Nisto conhecemos que permanecemos nele, e ele em nós: por ele nos ter dado do seu Espírito. ¹⁴E nós temos visto, e testificamos que o Pai enviou seu Filho como Salvador do mundo. ¹⁵Qualquer que confessar que Jesus é o Filho de Deus, Deus permanece nele, e ele em Deus. ¹⁶E nós conhecemos, e cremos no amor que Deus nos tem. Deus é amor; e quem permanece em amor, permanece em Deus, e Deus nele. ¹⁷Nisto é aperfeiçoado em nós o amor, para que no dia do juízo tenhamos confiança; porque, qual ele é, somos também nós neste mundo. ¹⁸No amor não há medo antes o perfeito amor lança fora o medo; porque o medo envolve castigo; e quem tem medo não está aperfeiçoado no amor. ¹⁹Nós amamos, porque ele nos amou primeiro. ²⁰Se alguém diz: Eu amo a Deus, e odeia a seu irmão, é mentiroso. Pois quem não ama a seu irmão, ao qual viu, não pode amar a Deus, a quem não viu. ²¹E dele temos este mandamento, que quem ama a Deus ame também a seu irmão.

## Capítulo 5

¹Todo aquele que crê que Jesus é o Cristo, é o nascido de Deus; e todo aquele que ama ao que o gerou, ama também ao que dele é nascido. ²Nisto conhecemos que amamos os filhos de Deus, se amamos a Deus e guardamos os seus mandamentos. ³Porque este é o amor de Deus, que guardemos os seus mandamentos; e os seus mandamentos não são penosos; ⁴porque todo o que é nascido de Deus vence o mundo; e esta é a vitória que vence o mundo: a nossa fé. ⁵Quem é o que vence o mundo, senão aquele que crê que Jesus é o Filho de Deus?

⁶Este é aquele que veio por água e sangue, isto é, Jesus Cristo; não só pela água, mas pela água e pelo sangue. ⁷E o Espírito é o que dá testemunho, porque o Espírito é a verdade. ⁸Porque três são os que dão testemunho: o Espírito, e a água, e o sangue; e estes três concordam. ⁹Se recebemos o testemunho dos homens, o testemunho de Deus é este, que de seu Filho testificou - ¹⁰Quem crê no Filho de Deus, em si mesmo tem o testemunho; quem a Deus não crê, mentiroso o fez; porquanto não creu no testemunho que Deus de seu Filho deu. - ¹¹E o testemunho é este: que Deus nos deu a vida eterna; e esta vida está em seu Filho. ¹²Quem tem o Filho tem a vida; quem não tem o Filho de Deus não tem a vida.

¹³Estas coisas vos escrevo, a vós que credes no nome do Filho de Deus, para que saibais que tendes a vida eterna. ¹⁴E esta é a confiança que temos nele, que se pedirmos alguma coisa segundo a sua vontade, ele nos ouve. ¹⁵e, se sabemos que nos ouve em tudo o que pedimos, sabemos que já alcançamos as coisas que lhe temos pedido. ¹⁶Se alguém vir seu irmão cometer um pecado que não é para morte, pedirá, e Deus lhe dará a vida para aqueles que não pecam para a morte. Há pecado para morte, e por esse não digo que ore. ¹⁷Toda injustiça é pecado; e há pecado que não é para a morte. ¹⁸Sabemos que todo aquele que é nascido de Deus não vive pecando; antes o guarda aquele que nasceu de Deus, e o Maligno não lhe toca. ¹⁹Sabemos que somos de Deus, e que o mundo inteiro jaz no Maligno. ²⁰Sabemos também que já veio o Filho de Deus, e nos deu entendimento para conhecermos aquele que é verdadeiro; e nós estamos naquele que é verdadeiro, isto é, em seu Filho Jesus Cristo. Este é o verdadeiro Deus e a vida eterna.

²¹Filhinhos, guardai-vos dos ídolos.

# 2 João

¹O ancião à senhora eleita, e a seus filhos, aos quais eu amo em verdade, e não somente eu, mas também todos os que conhecem a verdade,

²por causa da verdade que permanece em nós, e para sempre estará conosco:

³Graça, misericórdia, paz, da parte de Deus Pai e da parte de Jesus Cristo, o Filho do Pai, serão conosco em verdade e amor.

⁴Muito me alegro por ter achado alguns de teus filhos andando na verdade, assim como recebemos mandamento do Pai.

⁵E agora, senhora, rogo-te, não como te escrevendo um novo mandamento, mas aquele mesmo que desde o princípio tivemos: que nos amemos uns aos outros.

⁶E o amor é este: que andemos segundo os seus mandamentos. Este é o mandamento, como já desde o princípio ouvistes, para que nele andeis.

⁷Porque já muitos enganadores saíram pelo mundo, os quais não confessam que Jesus Cristo veio em carne. Tal é o enganador e o anticristo.

⁸Olhai por vós mesmos, para que não percais o fruto do nosso trabalho, antes recebeis plena recompensa.

⁹Todo aquele que vai além do ensino de Cristo e não permanece nele, não tem a Deus; quem permanece neste ensino, esse tem tanto ao Pai como ao Filho.

¹⁰Se alguém vem ter convosco, e não traz este ensino, não o recebais em casa, nem tampouco o saudeis.

¹¹Porque quem o saúda participa de suas más obras.

¹²Embora tenha eu muitas coisas para vos escrever, não o quis fazer com papel e tinta; mas espero visitar-vos e falar face a face, para que o nosso gozo seja completo.

¹³Saúdam-te os filhos de tua irmã, a eleita.

# 3 João

¹O ancião ao amado Gaio, a quem eu amo em verdade.

²Amado, desejo que te vá bem em todas as coisas, e que tenhas saúde, assim como bem vai à tua alma.

³Porque muito me alegrei quando os irmãos vieram e testificaram da tua verdade, como tu andas na verdade.

⁴Não tenho maior gozo do que este: o de ouvir que os meus filhos andam na verdade.

⁵Amado, procedes fielmente em tudo o que fazes para com os irmãos, especialmente para com os estranhos,

⁶os quais diante da igreja testificaram do teu amor; aos quais, se os encaminhares na sua viagem de um modo digno de Deus, bem farás;

⁷porque por amor do Nome saíram, sem nada aceitar dos gentios.

⁸Portanto aos tais devemos acolher, para que sejamos cooperadores da verdade.

⁹Escrevi alguma coisa à igreja; mas Diótrefes, que gosta de ter entre eles a primazia, não nos recebe.

¹⁰Pelo que, se eu aí for, trarei à memória as obras que ele faz, proferindo contra nós palavras maliciosas; e, não contente com isto, ele não somente deixa de receber os irmãos, mas aos que os querem receber ele proíbe de o fazerem e ainda os exclui da igreja.

¹¹Amado, não imites o mal, mas o bem. Quem faz o bem é de Deus; mas quem faz o mal não tem visto a Deus.

¹²De Demétrio, porém, todos, e até a própria verdade, dão testemunho; e nós também damos testemunho; e sabes que o nosso testemunho é verdadeiro.

¹³Tinha eu muitas coisas que te escrever, mas não o quero fazer com tinta e pena.

¹⁴Espero, porém, ver-te brevemente, e falaremos face a face.

¹⁵Paz seja contigo. Os amigos te saúdam. Saúda os amigos nominalmente.

# Judas

¹Judas, servo de Jesus Cristo, e irmão de Tiago, aos chamados, amados em Deus Pai, e guardados em Jesus Cristo:

²Misericórdia, paz e amor vos sejam multiplicados.

³Amados, enquanto eu empregava toda a diligência para escrever-vos acerca da salvação que nos é comum, senti a necessidade de vos escrever, exortando-vos a pelejar pela fé que de uma vez para sempre foi entregue aos santos.

⁴Porque se introduziram furtivamente certos homens, que já desde há muito estavam destinados para este juízo, homens ímpios, que convertem em dissolução a graça de nosso Deus, e negam o nosso único Soberano e Senhor, Jesus Cristo.

⁵Ora, quero lembrar-vos, se bem que já de uma vez para sempre soubestes tudo isto, que, havendo o Senhor salvo um povo, tirando-o da terra do Egito, destruiu depois os que não creram;

⁶aos anjos que não guardaram o seu principado, mas deixaram a sua própria habitação, ele os tem reservado em prisões eternas na escuridão para o juízo do grande dia,

⁷assim como Sodoma e Gomorra, e as cidades circunvizinhas, que, havendo-se prostituído como aqueles anjos, e ido após outra carne, foram postas como exemplo, sofrendo a pena do fogo eterno.

⁸Contudo, semelhantemente também estes falsos mestres, sonhando, contaminam a sua carne, rejeitam toda autoridade e blasfemam das dignidades.

⁹Mas quando o arcanjo Miguel, discutindo com o Diabo, disputava a respeito do corpo de Moisés, não ousou pronunciar contra ele juízo de maldição, mas disse: O Senhor te repreenda

¹⁰Estes, porém, blasfemam de tudo o que não entendem; e, naquilo que compreendem de modo natural, como os seres irracionais, mesmo nisso se corrompem.

¹¹Ai deles! porque foram pelo caminho de Caim, e por amor do lucro se atiraram ao erro de Balaão, e pereceram na rebelião de Coré.

¹²Estes são os escolhidos em vossos ágapes, quando se banqueteiam convosco, pastores que se apascentam a si mesmos sem temor; são nuvens sem água, levadas pelos ventos; são árvores sem folhas nem fruto, duas vezes mortas, desarraigadas;

¹³ondas furiosas do mar, espumando as suas próprias torpezas, estrelas errantes, para as quais tem sido reservado para sempre o negrume das trevas.

¹⁴Para estes também profetizou Enoque, o sétimo depois de Adão, dizendo: Eis que veio o Senhor com os seus milhares de santos,

¹⁵para executar juízo sobre todos e convencer a todos os ímpios de todas as obras de impiedade, que impiamente cometeram, e de todas as duras palavras que ímpios pecadores contra ele proferiram.

¹⁶Estes são murmuradores, queixosos, andando segundo as suas concupiscências; e a sua boca diz coisas muito arrogantes, adulando pessoas por causa do interesse.

¹⁷Mas vós, amados, lembrai-vos das palavras que foram preditas pelos apóstolos de nosso Senhor Jesus Cristo;

¹⁸os quais vos diziam: Nos últimos tempos haverá escarnecedores, andando segundo as suas ímpias concupiscências.

¹⁹Estes são os que causam divisões; são sensuais, e não têm o Espírito.

²⁰Mas vós, amados, edificando-vos sobre a vossa santíssima fé, orando no Espírito Santo,

²¹conservai-vos no amor de Deus, esperando a misericórdia de nosso Senhor Jesus Cristo para a vida eterna.

²²E apiedai-vos de alguns que estão na dúvida,

²³e salvai-os, arrebatando-os do fogo; e de outros tende misericórdia com temor, abominação até a túnica manchada pela carne.

²⁴Ora, àquele que é poderoso para vos guardar de tropeçar, e apresentar-vos ante a sua glória imaculados e jubilosos,

²⁵ao único Deus, nosso Salvador, por Jesus Cristo nosso Senhor, glória, majestade, domínio e poder, antes de todos os séculos, e agora, e para todo o sempre. Amém.

# Apocalipse

## Capítulo 1

¹Revelação de Jesus Cristo, que Deus lhe deu para mostrar aos seus servos as coisas que brevemente devem acontecer; e, enviando-as pelo seu anjo, as notificou a seu servo João;

²o qual testificou da palavra de Deus, e do testemunho de Jesus Cristo, de tudo quanto viu.

³Bem-aventurado aquele que lê e bem-aventurados os que ouvem as palavras desta profecia e guardam as coisas que nela estão escritas; porque o tempo está próximo.

⁴João, às sete igrejas que estão na Ásia: Graça a vós e paz da parte daquele que é, e que era, e que há de vir, e da dos sete espíritos que estão diante do seu trono;

⁵e da parte de Jesus Cristo, que é a fiel testemunha, o primogênito dos mortos e o Príncipe dos reis da terra. Àquele que nos ama, e pelo seu sangue nos libertou dos nossos pecados,

⁶e nos fez reino, sacerdotes para Deus, seu Pai, a ele seja glória e domínio pelos séculos dos séculos. Amém.

⁷Eis que vem com as nuvens, e todo olho o verá, até mesmo aqueles que o traspassaram; e todas as tribos da terra se lamentarão sobre ele. Sim. Amém.

⁸Eu sou o Alfa e o èmega, diz o Senhor Deus, aquele que é, e que era, e que há de vir, o Todo-Poderoso.

⁹Eu, João, irmão vosso e companheiro convosco na aflição, no reino, e na perseverança em Jesus, estava na ilha chamada Patmos por causa da palavra de Deus e do testemunho de Jesus.

¹⁰Eu fui arrebatado em espírito no dia do Senhor, e ouvi por detrás de mim uma grande voz, como de trombeta,

¹¹que dizia: O que vês, escreve-o num livro, e envia-o às sete igrejas: a Éfeso, a Esmirna, a Pérgamo, a Tiatira, a Sardes, a Filadélfia e a Laodicéia.

¹²E voltei-me para ver quem falava comigo. E, ao voltar-me, vi sete candeeiros de ouro,

¹³e no meio dos candeeiros um semelhante a filho de homem, vestido de uma roupa talar, e cingido à altura do peito com um cinto de ouro;

¹⁴e a sua cabeça e cabelos eram brancos como lã branca, como a neve; e os seus olhos como chama de fogo;

¹⁵e os seus pés, semelhantes a latão reluzente que fora refinado numa fornalha; e a sua voz como a voz de muitas águas.

¹⁶Tinha ele na sua destra sete estrelas; e da sua boca saía uma aguda espada de dois gumes; e o seu rosto era como o sol, quando resplandece na sua força.

¹⁷Quando o vi, caí a seus pés como morto; e ele pôs sobre mim a sua destra, dizendo: Não temas; eu sou o primeiro e o último;

¹⁸e o que vivo; fui morto, mas eis aqui estou vivo pelos séculos dos séculos; e tenho as chaves da morte e do hades.

¹⁹escreve, pois, as coisas que tens visto, e as que são, e as que depois destas hão de suceder.

²⁰Eis o mistério das sete estrelas, que viste na minha destra, e dos sete candeeiros de ouro: as estrelas são os anjos das sete igrejas, e os sete candeeiros são as sete igrejas.

## Capítulo 2

¹Ao anjo da igreja em Éfeso escreve: Isto diz aquele que tem na sua destra as sete estrelas, que anda no meio dos sete candeeiros de ouro:

²Conheço as tuas obras, e o teu trabalho, e a tua perseverança; sei que não podes suportar os maus, e que puseste à prova os que se dizem apóstolos e não o são, e os achaste mentirosos;

³e tens perseverança e por amor do meu nome sofreste, e não desfaleceste.

⁴Tenho, porém, contra ti que deixaste o teu primeiro amor.

⁵Lembra-te, pois, donde caíste, e arrepende-te, e pratica as primeiras obras; e se não, brevemente virei a ti, e removerei do seu lugar o teu candeeiro, se não te arrependeres.

⁶Tens, porém, isto, que aborreces as obras dos nicolaítas, as quais eu também aborreço.

⁷Quem tem ouvidos, ouça o que o Espírito diz às igrejas. Ao que vencer, dar-lhe-ei a comer da árvore da vida, que está no paraíso de Deus.

⁸Ao anjo da igreja em Esmirna escreve: Isto diz o primeiro e o último, que foi morto e reviveu:

⁹Conheço a tua tribulação e a tua pobreza (mas tu és rico), e a blasfêmia dos que dizem ser judeus, e não o são, porém são sinagoga de Satanás.

¹⁰Não temas o que hás de padecer. Eis que o Diabo está para lançar alguns de vós na prisão, para que sejais provados; e tereis uma tribulação de dez dias. Sê fiel até a morte, e dar-te-ei a coroa da vida.

¹¹Quem tem ouvidos, ouça o que o Espírito diz às igrejas. O que vencer, de modo algum sofrerá o dado da segunda morte.

¹²Ao anjo da igreja em Pérgamo escreve: Isto diz aquele que tem a espada aguda de dois gumes:

¹³Sei onde habitas, que é onde está o trono de Satanás; mas reténs o meu nome e não negaste a minha fé, mesmo nos dias de Antipas, minha fiel testemunha, o qual foi morto entre vós, onde Satanás habita.

¹⁴entretanto, algumas coisas tenho contra ti; porque tens aí os que seguem a doutrina de Balaão, o qual ensinava Balaque a lançar tropeços diante dos filhos de Israel, introduzindo-os a comerem das coisas sacrificadas a ídolos e a se prostituírem.

¹⁵Assim tens também alguns que de igual modo seguem a doutrina dos nicolaítas.

¹⁶Arrepende-te, pois; ou se não, virei a ti em breve, e contra eles batalharei com a espada da minha boca.

¹⁷Quem tem ouvidos, ouça o que o Espírito diz às igrejas. Ao que vencer darei do maná escondido, e lhe darei uma pedra branca, e na pedra um novo nome escrito, o qual ninguém conhece senão aquele que o recebe.

¹⁸Ao anjo da igreja em Tiatira escreve: Isto diz o Filho de Deus, que tem os olhos como chama de fogo, e os pés semelhantes a latão reluzente:

¹⁹Conheço as tuas obras, e o teu amor, e a tua fé, e o teu serviço, e a tua perseverança, e sei que as tuas últimas obras são mais numerosas que as primeiras.

²⁰Mas tenho contra ti que toleras a mulher Jezabel, que se diz profetisa; ela ensina e seduz os meus servos a se prostituírem e a comerem das coisas sacrificdas a ídolos;

²¹e dei-lhe tempo para que se arrependesse; e ela não quer arrepender-se da sua prostituição.

²²Eis que a lanço num leito de dores, e numa grande tribulação os que cometem adultério com ela, se não se arrependerem das obras dela;

²³e ferirei de morte a seus filhos, e todas as igrejas saberão que eu sou aquele que esquadrinha os rins e os corações; e darei a cada um de vós segundo as suas obras.

²⁴Digo-vos, porém, a vós os demais que estão em Tiatira, a todos quantos não têm esta doutrina, e não conhecem as chamadas profundezas de Satanás, que outra carga vos não porei;

²⁵mas o que tendes, retende-o até que eu venha.

²⁶Ao que vencer, e ao que guardar as minhas obras até o fim, eu lhe darei autoridade sobre as nações,

²⁷e com vara de ferro as regerá, quebrando-as do modo como são quebrados os vasos do oleiro, assim como eu recebi autoridade de meu Pai;

²⁸também lhe darei a estrela da manhã.

²⁹Quem tem ouvidos, ouça o que o Espírito dia às igrejas.

## Capítulo 3

¹Ao anjo da igreja em Sardes escreve: Isto diz aquele que tem os sete espíritos de Deus, e as estrelas: Conheço as tuas obras; tens nome de que vives, e estás morto.

²Sê vigilante, e confirma o restante, que estava para morrer; porque não tenho achado as tuas obras perfeitas diante do meu Deus.

³Lembra-te, portanto, do que tens recebido e ouvido, e guarda-o, e arrepende-te. Pois se não vigiares, virei como um ladrão, e não saberás a que hora sobre ti virei.

⁴Mas também tens em Sardes algumas pessoas que não contaminaram as suas vestes e comigo andarão vestidas de branco, porquanto são dignas.

⁵O que vencer será assim vestido de vestes brancas, e de maneira nenhuma riscarei o seu nome do livro da vida; antes confessarei o seu nome diante de meu Pai e diante dos seus anjos.

⁶Quem tem ouvidos, ouça o que o espírito diz às igrejas.

⁷Ao anjo da igreja em Filadélfia escreve: Isto diz o que é santo, o que é verdadeiro, o que tem a chave de Davi; o que abre, e ninguém fecha; e fecha, e ninguém abre:

⁸Conheço as tuas obras (eis que tenho posto diante de ti uma porta aberta, que ninguém pode fechar), que tens pouca força, entretanto guardaste a minha palavra e não negaste o meu nome.

⁹Eis que farei aos da sinagoga de Satanás, aos que se dizem

judeus, e não o são, mas mentem, - eis que farei que venham, e adorem prostrados aos teus pés, e saibam que eu te amo.

¹⁰Porquanto guardaste a palavra da minha perseverança, também eu te guardarei da hora da provação que há de vir sobre o mundo inteiro, para pôr à prova os que habitam sobre a terra.

¹¹Venho sem demora; guarda o que tens, para que ninguém tome a tua coroa.

¹²A quem vencer, eu o farei coluna no templo do meu Deus, donde jamais sairá; e escreverei sobre ele o nome do meu Deus, e o nome da cidade do meu Deus, a nova Jerusalém, que desce do céu, da parte do meu Deus, e também o meu novo nome.

¹³Quem tem ouvidos, ouça o que o Espírito diz às igrejas.

¹⁴Ao anjo da igreja em Laodicéia escreve: Isto diz o Amém, a testemunha fiel e verdadeira, o pricípio da criação de Deus:

¹⁵Conheço as tuas obras, que nem és frio nem quente; oxalá foras frio ou quente!

¹⁶Assim, porque és morno, e não és quente nem frio, vomitar-te-ei da minha boca.

¹⁷Porquanto dizes: Rico sou, e estou enriquecido, e de nada tenho falta; e não sabes que és um coitado, e miserável, e pobre, e cego, e nu;

¹⁸aconselho-te que de mim compres ouro refinado no fogo, para que te enriqueças; e vestes brancas, para que te vistas, e não seja manifesta a vergonha da tua nudez; e colírio, a fim de ungires os teus olhos, para que vejas.

¹⁹Eu repreendo e castigo a todos quantos amo: sê pois zeloso, e arrepende-te.

²⁰Eis que estou à porta e bato; se alguém ouvir a minha voz, e abrir a porta, entrarei em sua casa, e com ele cearei, e ele comigo.

²¹Ao que vencer, eu lhe concederei que se assente comigo no meu trono.

²²Quem tem ouvidos, ouça o que o Espírito diz às igrejas.

## Capítulo 4

¹Depois destas coisas, olhei, e eis que estava uma porta aberta no céu, e a primeira voz que ouvira, voz como de trombeta, falando comigo, disse: Sobe aqui, e mostrar-te-ei as coisas que depois destas devem acontecer.

²Imediatamente fui arrebatado em espírito, e eis que um trono estava posto no céu, e um assentado sobre o trono;

³e aquele que estava assentado era, na aparência, semelhante a uma pedra de jaspe e sárdio; e havia ao redor do trono um arco-íris semelhante, na aparência, à esmeralda.

⁴Havia também ao redor do trono vinte e quatro tronos; e sobre os tronos vi assentados vinte e quatro anciãos, vestidos de branco, que tinham nas suas cabeças coroas de ouro.

⁵E do trono saíam relâmpagos, e vozes, e trovões; e diante do trono ardiam sete lâmpadas de fogo, as quais são os sete espíritos de Deus;

⁶também havia diante do trono como que um mar de vidro, semelhante ao cristal; e ao redor do trono, um ao meio de cada lado, quatro seres viventes cheios de olhos por diante e por detrás;

⁷e o primeiro ser era semelhante a um leão; o segundo ser, semelhante a um touro; tinha o terceiro ser o rosto como de homem; e o quarto ser era semelhante a uma águia voando.

⁸Os quatro seres viventes tinham, cada um, seis asas, e ao redor e por dentro estavam cheios de olhos; e não têm descanso nem de noite, dizendo: Santo, Santo, Santo é o Senhor Deus, o Todo-Poderoso, aquele que era, e que é, e que há de vir.

⁹E, sempre que os seres viventes davam glória e honra e ações de graças ao que estava assentado sobre o trono, ao que vive pelos séculos dos séculos,

¹⁰os vinte e quatro anciãos prostravam-se diante do que estava assentado sobre o trono, e adoravam ao que vive pelos séculos dos séculos; e lançavam as suas coroas diante do trono, dizendo:

¹¹Digno és, Senhor nosso e Deus nosso, de receber a glória e a honra e o poder; porque tu criaste todas as coisas, e por tua vontade existiram e foram criadas.

## Capítulo 5

¹Vi na destra do que estava assentado sobre o trono um livro escrito por dentro e por fora, bem selado com sete selos.

²Vi também um anjo forte, clamando com grande voz: Quem é digno de abrir o livro e de romper os seus selos?

³E ninguém no céu, nem na terra, nem debaixo da terra, podia abrir o livro, nem olhar para ele.

⁴E eu chorava muito, porque não fora achado ninguém digno de abrir o livro nem de olhar para ele.

⁵E disse-me um dentre os anciãos: Não chores; eis que o Leão da tribo de Judá, a raiz de Davi, venceu para abrir o livro e romper os sete selos.

⁶Nisto vi, entre o trono e os quatro seres viventes, no meio dos anciãos, um Cordeiro em pé, como havendo sido morto, e tinha sete chifres e sete olhos, que são os sete espíritos de Deus, enviados por toda a terra.

⁷E veio e tomou o livro da destra do que estava assentado sobre o trono.

⁸Logo que tomou o livro, os quatro seres viventes e os vinte e quatro anciãos prostraram-se diante do Cordeiro, tendo cada um deles uma harpa e taças de ouro cheias de incenso, que são as orações dos santos.

⁹E cantavam um cântico novo, dizendo: Digno és de tomar o livro, e de abrir os seus selos; porque foste morto, e com o teu sangue compraste para Deus homens de toda tribo, e língua, e povo e nação;

¹⁰e para o nosso Deus os fizeste reino, e sacerdotes; e eles reinarão sobre a terra.

¹¹E olhei, e vi a voz de muitos anjos ao redor do trono e dos seres viventes e dos anciãos; e o número deles era miríades de miríades; e o número deles era miríades de miríades e milhares de milhares,

¹²que com grande voz diziam: Digno é o Cordeiro, que foi morto, de receber o poder, e riqueza, e sabedoria, e força, e honra, e glória, e louvor.

¹³Ouvi também a toda criatura que está no céu, e na terra, e debaixo da terra, e no mar, e a todas as coisas que neles há, dizerem: Ao que está assentado sobre o trono, e ao Cordeiro, seja o louvor, e a honra, e a glória, e o domínio pelos séculos dos séculos;

¹⁴e os quatro seres viventes diziam: Amém. E os anciãos prostraram-se e adoraram.

## Capítulo 6

¹E vi quando o Cordeiro abriu um dos sete selos, e ouvi um dos quatro seres viventes dizer numa voz como de trovão: Vem!

²Olhei, e eis um cavalo branco; e o que estava montado nele tinha um arco; e foi-lhe dada uma coroa, e saiu vencendo, e para vencer.

³Quando ele abriu o segundo selo, ouvi o segundo ser vivente dizer: Vem!

⁴E saiu outro cavalo, um cavalo vermelho; e ao que estava montado nele foi dado que tirasse a paz da terra, de modo que os homens se matassem uns aos outros; e foi-lhe dada uma grande espada.

⁵Quando abriu o terceiro selo, ouvi o terceiro ser vivente dizer: Vem! E olhei, e eis um cavalo preto; e o que estava montado nele tinha uma balança na mão.

⁶E ouvi como que uma voz no meio dos quatro seres viventes, que dizia: Um queniz de trigo por um denário, e três quenizes de cevada por um denário; e não danifiques o azeite e o vinho.

⁷Quando abriu o quarto selo, ouvi a voz do quarto ser vivente dizer: Vem!

⁸E olhei, e eis um cavalo amarelo, e o que estava montado nele chamava-se Morte; e o hades seguia com ele; e foi-lhe dada autoridade sobre a quarta parte da terra, para matar com a espada, e com a fome, e com a peste, e com as feras da terra.

⁹Quando abriu o quinto selo, vi debaixo do altar as almas dos que tinham sido mortos por causa da palavra de Deus e por causa do testemunho que deram.

¹⁰E clamaram com grande voz, dizendo: Até quando, ó Soberano, santo e verdadeiro, não julgas e vingas o nosso sangue dos que habitam sobre a terra?.

¹¹E foram dadas a cada um deles compridas vestes brancas e foi-lhes dito que repousassem ainda por um pouco de tempo, até que se completasse o número de seus conservos, que haviam de ser mortos, como também eles o foram.

¹²E vi quando abriu o sexto selo, e houve um grande terremoto; e o sol tornou-se negro como saco de cilício, e a lua toda tornou-se como sangue;

¹³e as estrelas do céu caíram sobre a terra, como quando a figueira, sacudida por um vento forte, deixa cair os seus figos verdes.

¹⁴E o céu recolheu-se como um livro que se enrola; e todos os montes e ilhas foram removidos dos seus lugares.

¹⁵E os reis da terra, e os grandes, e os chefes militares, e os ricos, e os poderosos, e todo escravo, e todo livre, se esconderam nas cavernas e nas rochas das montanhas;

¹⁶e diziam aos montes e aos rochedos: Caí sobre nós, e escondei-nos da face daquele que está assentado sobre o trono, e da ira do Cordeiro;

¹⁷porque é vindo o grande dia da ira deles; e quem poderá

*Apocalipse*
subsistir?

## Capítulo 7

¹Depois disto vi quatro anjos em pé nos quatro cantos da terra, retendo os quatro ventos da terra, para que nenhum vento soprasse sobre a terra, nem sobre o mar, nem contra árvore alguma.

²E vi outro anjo subir do lado do sol nascente, tendo o selo do Deus vivo; e clamou com grande voz aos quatro anjos, quem fora dado que danificassem a terra e o mar,

³dizendo: Não danifiques a terra, nem o mar, nem as árvores, até que selemos na sua fronte os servos do nosso Deus.

⁴E ouvi o número dos que foram assinalados com o selo, cento e quarenta e quatro mil de todas as tribos dos filhos de Israel.

⁵da tribo de Judá havia doze mil assinalados; da tribo de Rúben, doze mil; da tribo de Gade, doze mil;

⁶da tribo de Aser, doze mil; da tribo de Naftali, doze mil; da tribo de Manassés, doze mil;

⁷da tribo de Simeão, doze mil; da tribo de Levi, doze mil; da tribo de Issacar, doze mil;

⁸da tribo de Zabulom, doze mil; da tribo de José, doze mil; da tribo de Benjamim, doze mil assinalados.

⁹Depois destas coisas olhei, e eis uma grande multidão, que ninguém podia contar, de todas as nações, tribos, povos e línguas, que estavam em pé diante do trono e em presença do Cordeiro, trajando compridas vestes brancas, e com palmas nas mãos;

¹⁰e clamavam com grande voz: Salvação ao nosso Deus, que está assentado sobre o trono, e ao Cordeiro.

¹¹E todos os anjos estavam em pé ao redor do trono e dos anciãos e dos quatro seres viventes, e prostraram-se diante do trono sobre seus rostos, e adoraram a Deus,

¹²dizendo: Amém. Louvor, e glória, e sabedoria, e ações de graças, e honra, e poder, e força ao nosso Deus, pelos séculos dos séculos. Amém.

¹³E um dos anciãos me perguntou: Estes que trajam as compridas vestes brancas, quem são eles e donde vieram?

¹⁴Respondi-lhe: Meu Senhor, tu sabes. Disse-me ele: Estes são os que vêm da grande tribulação, e levaram as suas vestes e as branquearam no sangue do Cordeiro.

¹⁵Por isso estão diante do trono de Deus, e o servem de dia e de noite no seu santuário; e aquele que está assentado sobre o trono estenderá o seu tabernáculo sobre eles.

¹⁶Nunca mais terão fome, nunca mais terão sede; nem cairá sobre eles o sol, nem calor algum;

¹⁷porque o Cordeiro que está no meio, diante do trono, os apascentará e os conduzirá às fontes das águas da vida; e Deus lhes enxugará dos olhos toda lágrima.

## Capítulo 8

¹Quando abriu o sétimo selo, fez-se silêncio no céu, quase por meia hora.

²E vi os sete anjos que estavam em pé diante de Deus, e lhes foram dadas sete trombetas.

³Veio outro anjo, e pôs-se junto ao altar, tendo um incensário de ouro; e foi-lhe dado muito incenso, para que o oferecesse com as orações de todos os santos sobre o altar de ouro que está diante do trono.

⁴E da mão do anjo subiu diante de Deus a fumaça do incenso com as orações dos santos.

⁵Depois do anjo tomou o incensário, encheu-o do fogo do altar e o lançou sobre a terra; e houve trovões, vozes, relâmpagos e terremoto.

⁶Então os sete anjos que tinham as sete trombetas prepararam-se para tocar.

⁷O primeiro anjo tocou a sua trombeta, e houve saraiva e fogo misturado com sangue, que foram lançados na terra; e foi queimada a terça parte da terra, a terça parte das árvores, e toda a erva verde.

⁸O segundo anjo tocou a sua trombeta, e foi lançado no mar como que um grande monte ardendo em fogo, e tornou-se em sangue a terça parte do mar.

⁹E morreu a terça parte das criaturas viventes que havia no mar, e foi destruída a terça parte dos navios.

¹⁰O terceiro anjo tocou a sua trombeta, e caiu do céu uma grande estrela, ardendo como uma tocha, e caiu sobre a terça parte dos rios, e sobre as fontes das águas.

¹¹O nome da estrela era Absinto; e a terça parte das águas tornou-se em absinto, e muitos homens morreram das águas, porque se tornaram amargas.

¹²O quarto anjo tocou a sua trombeta, e foi ferida a terça parte do sol, a terça parte da lua, e a terça parte das estrelas; para que a terça parte deles se escurecesse, e a terça parte do dia não brilhante, e semelhantemente a da noite.

¹³E olhei, e ouvi uma águia que, voando pelo meio do céu, dizia com grande voz: Ai, ai, ai dos que habitam sobre a terra! por causa dos outros toques de trombeta dos três anjos que ainda vão tocar.

## Capítulo 9

¹O quinto anjo tocou a sua trombeta, e vi uma estrela que do céu caíra sobre a terra; e foi-lhe dada a chave do poço do abismo.

²E abriu o poço do abismo, e subiu fumaça do poço, como fumaça de uma grande fornalha; e com a fumaça do poço escureceram-se o sol e o ar.

³Da fumaça saíram gafanhotos sobre a terra; e foi-lhes dado poder, como o que têm os escorpiões da terra.

⁴Foi-lhes dito que não fizessem dano à erva da terra, nem a verdura alguma, nem a árvore alguma, mas somente aos homens que não têm na fronte o selo de Deus.

⁵Foi-lhes permitido, não que os matassem, mas que por cinco meses os atormentassem. E o seu tormento era semelhante ao tormento do escorpião, quando fere o homem.

⁶Naqueles dias os homens buscarão a morte, e de modo algum a acharão; e desejarão morrer, e a morte fugirá deles.

⁷A aparência dos gafanhotos era semelhante à de cavalos aparelhados para a guerra; e sobre as suas cabeças havia como que umas coroas semelhantes ao ouro; e os seus rostos eram como rostos de homens.

⁸Tinham cabelos como cabelos de mulheres, e os seus dentes eram como os de leões.

⁹Tinham couraças como couraças de ferro; e o ruído das suas asas era como o ruído de carros de muitos cavalos que correm ao combate.

¹⁰Tinham caudas com ferrões, semelhantes às caudas dos escorpiões; e nas suas caudas estava o seu poder para fazer dano aos homens por cinco meses.

¹¹Tinham sobre si como rei o anjo do abismo, cujo nome em hebraico é Abadom e em grego Apoliom.

¹²Passado é já um ai; eis que depois disso vêm ainda dois ais.

¹³O sexto anjo tocou a sua trombeta; e ouvi uma voz que vinha das quatro pontas do altar de ouro que estava diante de Deus,

¹⁴a qual dizia ao sexto anjo, que tinha a trombeta: Solta os quatro anjos que se acham presos junto do grande rio Eufrates.

¹⁵E foram soltos os quatro anjos que haviam sido preparados para aquela hora e dia e mês e ano, a fim de matarem a terça parte dos homens.

¹⁶O número dos exércitos dos cavaleiros era de duas miríades de miríades; pois ouvi o número deles.

¹⁷E assim vi os cavalos nesta visão: os que sobre eles estavam montados tinham couraças de fogo, e de jacinto, e de enxofre; e as cabeças dos cavalos eram como cabeças de leões; e de suas bocas saíam fogo, fumaça e enxofre.

¹⁸Por estas três pragas foi morta a terça parte dos homens, isto é, pelo fogo, pela fumaça e pelo enxofre, que saíam das suas bocas.

¹⁹Porque o poder dos cavalos estava nas suas bocas e nas suas caudas. Porquanto as suas caudas eram semelhantes a serpentes, e tinham cabeças, e com elas causavam dano.

²⁰Os outros homens, que não foram mortos por estas pragas, não se arrependeram das obras das suas mãos, para deixarem de adorar aos demônios, e aos ídolos de ouro, de prata, de bronze, de pedra e de madeira, que nem podem ver, nem ouvir, nem andar.

²¹Também não se arrependeram dos seus homicídios, nem das suas feitiçarias, nem da sua prostituição, nem dos seus furtos.

## Capítulo 10

¹E vi outro anjo forte que descia do céu, vestido de uma nuvem; por cima da sua cabeça estava o arco-íris; o seu rosto era como o sol, e os seus pés como colunas de fogo,

²e tinha na mão um livrinho aberto. Pôs o seu pé direito sobre o mar, e o esquerdo sobre a terra,

³e clamou com grande voz, assim como ruge o leão; e quando clamou, os sete trovões fizeram soar as suas vozes.

⁴Quando os sete trovões acabaram de soar eu já ia escrever, mas ouvi uma voz do céu, que dizia: Sela o que os sete trovões falaram, e não o escrevas.

⁵O anjo que vi em pé sobre o mar e sobre a terra levantou a mão direita ao céu,

⁶e jurou por aquele que vive pelos séculos dos séculos, o qual criou o céu e o que nele há, e a terra e o que nela há, e o mar e o que

nele há, que não haveria mais demora,

⁷mas que nos dias da voz do sétimo anjo, quando este estivesse para tocar a trombeta, se cumpriria o mistério de Deus, como anunciou aos seus servos, os profetas.

⁸A voz que eu do céu tinha ouvido tornou a falar comigo, e disse: Vai, e toma o livro que está aberto na mão do anjo que se acha em pé sobre o mar e sobre a terra.

⁹E fui ter com o anjo e lhe pedi que me desse o livrinho. Disse-me ele: Toma-o, e come-o; ele fará amargo o teu ventre, mas na tua boca será doce como mel.

¹⁰Tomei o livrinho da mão do anjo, e o comi; e na minha boca era doce como mel; mas depois que o comi, o meu ventre ficou amargo.

¹¹Então me disseram: Importa que profetizes outra vez a muitos povos, e nações, e línguas, e reis.

## Capítulo 11

¹Foi-me dada uma cana semelhante a uma vara; e foi-me dito: Levanta-te, mede o santuário de Deus, e o altar, e os que nele adoram.

²Mas deixa o átrio que está fora do santuário, e não o meças; porque foi dado aos gentios; e eles pisarão a cidade santa por quarenta e dois meses.

³E concederei às minhas duas testemunhas que, vestidas de saco, profetizem por mil duzentos e sessenta dias.

⁴Estas são as duas oliveiras e os dois candeeiros que estão diante do Senhor da terra.

⁵E, se alguém lhes quiser fazer mal, das suas bocas sairá fogo e devorará os seus inimigos; pois se alguém lhes quiser fazer mal, importa que assim seja morto.

⁶Elas têm poder para fechar o céu, para que não chova durante os dias da sua profecia; e têm poder sobre as águas para convertê-las em sangue, e para ferir a terra com toda sorte de pragas, quantas vezes quiserem.

⁷E, quando acabarem o seu testemunho, a besta que sobe do abismo lhes fará guerra e as vencerá e matará.

⁸E jazerão os seus corpos na praça da grande cidade, que espiritualmente se chama Sodoma e Egito, onde também o seu Senhor foi crucificado.

⁹Homens de vários povos, e tribos e línguas, e nações verão os seus corpos por três dias e meio, e não permitirão que sejam sepultados.

¹⁰E os que habitam sobre a terra se regozijarão sobre eles, e se alegrarão; e mandarão presentes uns aos outros, porquanto estes dois profetas atormentaram os que habitam sobre a terra.

¹¹E depois daqueles três dias e meio o espírito de vida, vindo de Deus, entrou neles, e puseram-se sobre seus pés, e caiu grande temor sobre os que os viram.

¹²E ouviram uma grande voz do céu, que lhes dizia: Subi para cá. E subiram ao céu em uma nuvem; e os seus inimigos os viram.

¹³E naquela hora houve um grande terremoto, e caiu a décima parte da cidade, e no terremoto foram mortos sete mil homens; e os demais ficaram atemorizados, e deram glória ao Deus do céu.

¹⁴É passado o segundo ai; eis que cedo vem o terceiro.

¹⁵E tocou o sétimo anjo a sua trombeta, e houve no céu grandes vozes, que diziam: O reino do mundo passou a ser de nosso Senhor e do seu Cristo, e ele reinará pelos séculos dos séculos.

¹⁶E os vinte e quatro anciãos, que estão assentados em seus tronos diante de Deus, prostraram-se sobre seus rostos e adoraram a Deus,

¹⁷dizendo: Graças te damos, Senhor Deus Todo-Poderoso, que és, e que eras, porque tens tomado o teu grande poder, e começaste a reinar.

¹⁸Iraram-se, na verdade, as nações; então veio a tua ira, e o tempo de serem julgados os mortos, e o tempo de dares recompensa aos teus servos, os profetas, e aos santos, e aos que temem o teu nome, a pequenos e a grandes, e o tempo de destruíres os que destroem a terra.

¹⁹Abriu-se o santuário de Deus que está no céu, e no seu santuário foi vista a arca do seu pacto; e houve relâmpagos, vozes e trovões, e terremoto e grande saraivada.

## Capítulo 12

¹E viu-se um grande sinal no céu: uma mulher vestida do sol, tendo a lua debaixo dos seus pés, e uma coroa de doze estrelas sobre a sua cabeça.

²E estando grávida, gritava com as dores do parto, sofrendo tormentos para dar à luz.

³Viu-se também outro sinal no céu: eis um grande dragão vermelho que tinha sete cabeças e dez chifres, e sobre as suas cabeças sete diademas;

⁴a sua cauda levava após si a terça parte das estrelas do céu, e lançou-as sobre a terra; e o dragão parou diante da mulher que estava para dar à luz, para que, dando ela à luz, lhe devorasse o filho.

⁵E deu à luz um filho, um varão que há de reger todas as nações com vara de ferro; e o seu filho foi arrebatado para Deus e para o seu trono.

⁶E a mulher fugiu para o deserto, onde já tinha lugar preparado por Deus, para que ali fosse alimentada durante mil duzentos e sessenta dias.

⁷Então houve guerra no céu: Miguel e os seus anjos batalhavam contra o dragão. E o dragão e os seus anjos batalhavam,

⁸mas não prevaleceram, nem mais o seu lugar se achou no céu.

⁹E foi precipitado o grande dragão, a antiga serpente, que se chama o Diabo e Satanás, que engana todo o mundo; foi precipitado na terra, e os seus anjos foram precipitados com ele.

¹⁰Então, ouvi uma grande voz no céu, que dizia: Agora é chegada a salvação, e o poder, e o reino do nosso Deus, e a autoridade do seu Cristo; porque já foi lançado fora o acusador de nossos irmãos, o qual diante do nosso Deus os acusava dia e noite.

¹¹E eles o venceram pelo sangue do Cordeiro e pela palavra do seu testemunho; e não amaram as suas vidas até a morte.

¹²Pelo que alegrai-vos, ó céus, e vós que neles habitais. Mas ai da terra e do mar! porque o Diabo desceu a vós com grande ira, sabendo que pouco tempo lhe resta.

¹³Quando o dragão se viu precipitado na terra, perseguiu a mulher que dera à luz o filho varão.

¹⁴E foram dadas à mulher as duas asas da grande águia, para que voasse para o deserto, ao seu lugar, onde é sustentada por um tempo, e tempos, e metade de um tempo, fora da vista da serpente.

¹⁵E a serpente lançou da sua boca, atrás da mulher, água como um rio, para fazer que ela fosse arrebatada pela corrente.

¹⁶A terra, porém acudiu à mulher; e a terra abriu a boca, e tragou o rio que o dragão lançara da sua boca.

¹⁷E o dragão irou-se contra a mulher, e foi fazer guerra aos demais filhos dela, os que guardam os mandamentos de Deus, e mantêm o testemunho de Jesus.

¹⁸E o dragão parou sobre a areia do mar.

## Capítulo 13

¹Então vi subir do mar uma besta que tinha dez chifres e sete cabeças, e sobre os seus chifres dez diademas, e sobre as suas cabeças nomes de blasfêmia.

²E a besta que vi era semelhante ao leopardo, e os seus pés como os de urso, e a sua boca como a de leão; e o dragão deu-lhe o seu poder e o seu trono e grande autoridade.

³Também vi uma de suas cabeças como se fora ferida de morte, mas a sua ferida mortal foi curada. Toda a terra se maravilhou, seguindo a besta,

⁴e adoraram o dragão, porque deu à besta a sua autoridade; e adoraram a besta, dizendo: Quem é semelhante à besta? quem poderá batalhar contra ela?

⁵Foi-lhe dada uma boca que proferia arrogâncias e blasfêmias; e deu-se-lhe autoridade para atuar por quarenta e dois meses.

⁶E abriu a boca em blasfêmias contra Deus, para blasfemar do seu nome e do seu tabernáculo e dos que habitam no céu.

⁷Também lhe foi permitido fazer guerra aos santos, e vencê-los; e deu-se-lhe autoridade sobre toda tribo, e povo, e língua e nação.

⁸E adora-la-ão todos os que habitam sobre a terra, esses cujos nomes não estão escritos no livro do Cordeiro que foi morto desde a fundação do mundo.

⁹Se alguém tem ouvidos, ouça.

¹⁰Se alguém leva em cativeiro, em cativeiro irá; se alguém matar à espada, necessário é que à espada seja morto. Aqui está a perseverança e a fé dos santos.

¹¹E vi subir da terra outra besta, e tinha dois chifres semelhantes aos de um cordeiro; e falava como dragão.

¹²Também exercia toda a autoridade da primeira besta na sua presença; e fazia que a terra e os que nela habitavam adorassem a primeira besta, cuja ferida mortal fora curada.

¹³E operava grandes sinais, de maneira que fazia até descer fogo do céu à terra, à vista dos homens;

¹⁴e, por meio dos sinais que lhe foi permitido fazer na presença da besta, enganava os que habitavam sobre a terra e lhes dizia que fizessem uma imagem à besta que recebera a ferida da espada e vivia.

¹⁵Foi-lhe concedido também dar fôlego à imagem da besta, para que a imagem da besta falasse, e fizesse que fossem mortos todos os que não adorassem a imagem da besta.

¹⁶E fez que a todos, pequenos e grandes, ricos e pobres, livres e escravos, lhes fosse posto um sinal na mão direita, ou na fronte,

¹⁷para que ninguém pudesse comprar ou vender, senão aquele que tivesse o sinal, ou o nome da besta, ou o número do seu nome.

¹⁸Aqui há sabedoria. Aquele que tem entendimento, calcule o número da besta; porque é o número de um homem, e o seu número é seiscentos e sessenta e seis.

## Capítulo 14

¹E olhei, e eis o Cordeiro em pé sobre o Monte Sião, e com ele cento e quarenta e quatro mil, que traziam na fronte escrito o nome dele e o nome de seu Pai.

²E ouvi uma voz do céu, como a voz de muitas águas, e como a voz de um grande trovão e a voz que ouvi era como de harpistas, que tocavam as suas harpas.

³E cantavam um cântico novo diante do trono, e diante dos quatro seres viventes e dos anciãos; e ninguém podia aprender aquele cântico, senão os cento e quarenta e quatro mil, aqueles que foram comprados da terra.

⁴Estes são os que não se contaminaram com mulheres; porque são virgens. Estes são os que seguem o Cordeiro para onde quer que vá. Estes foram comprados dentre os homens para serem as primícias para Deus e para o Cordeiro.

⁵E na sua boca não se achou engano; porque são irrepreensíveis.

⁶E vi outro anjo voando pelo meio do céu, e tinha um evangelho eterno para proclamar aos que habitam sobre a terra e a toda nação, e tribo, e língua, e povo,

⁷dizendo com grande voz: Temei a Deus, e dai-lhe glória; porque é chegada a hora do seu juízo; e adorai aquele que fez o céu, e a terra, e o mar, e as fontes das águas.

⁸Um segundo anjo o seguiu, dizendo: Caiu, caiu a grande Babilônia, que a todas as nações deu a beber do vinho da ira da sua prostituição.

⁹Seguiu-os ainda um terceiro anjo, dizendo com grande voz: Se alguém adorar a besta, e a sua imagem, e receber o sinal na fronte, ou na mão,

¹⁰também o tal beberá do vinho da ira de Deus, que se acha preparado sem mistura, no cálice da sua ira; e será atormentado com fogo e enxofre diante dos santos anjos e diante do Cordeiro.

¹¹A fumaça do seu tormento sobe para todo o sempre; e não têm repouso nem de dia nem de noite os que adoram a besta e a sua imagem, nem aquele que recebe o sinal do seu nome.

¹²Aqui está a perseverança dos santos, daqueles que guardam os mandamentos de Deus e a fé em Jesus.

¹³Então ouvi uma voz do céu, que dizia: Escreve: Bem-aventurados os mortos que desde agora morrem no Senhor. Sim, diz o Espírito, para que descansem dos seus trabalhos, pois as suas obras os acompanham.

¹⁴E olhei, e eis uma nuvem branca, e assentado sobre a nuvem um semelhante a filho de homem, que tinha sobre a cabeça uma coroa de ouro, e na mão uma foice afiada.

¹⁵E outro anjo saiu do santuário, clamando com grande voz ao que estava assentado sobre a nuvem: Lança a tua foice e ceifa, porque é chegada a hora de ceifar, porque já a seara da terra está madura.

¹⁶Então aquele que estava assentado sobre a nuvem meteu a sua foice à terra, e a terra foi ceifada.

¹⁷Ainda outro anjo saiu do santuário que está no céu, o qual também tinha uma foice afiada.

¹⁸E saiu do altar outro anjo, que tinha poder sobre o fogo, e clamou com grande voz ao que tinha a foice afiada, dizendo: Lança a tua foice afiada, e vindima os cachos da vinha da terra, porque já as suas uvas estão maduras.

¹⁹E o anjo meteu a sua foice à terra, e vindimou as uvas da vinha da terra, e lançou-as no grande lagar da ira de Deus.

²⁰E o lagar foi pisado fora da cidade, e saiu sangue do lagar até os freios dos cavalos, pelo espaço de mil e seiscentos estádios.

## Capítulo 15

¹Vi no céu ainda outro sinal, grande e admirável: sete anjos, que tinham as sete últimas pragas; porque nelas é consumada a ira de Deus.

²E vi como que um mar de vidro misturado com fogo; e os que tinham vencido a besta e a sua imagem e o número do seu nome estavam em pé junto ao mar de vidro, e tinham harpas de Deus.

³E cantavam o cântico de Moisés, servo de Deus, e o cântico do Cordeiro, dizendo: Grandes e admiráveis são as tuas obras, ó Senhor Deus Todo-Poderoso; justos e verdadeiros são os teus caminhos, ó Rei dos séculos.

⁴Quem não te temerá, Senhor, e não glorificará o teu nome? Pois só tu és santo; por isso todas as nações virão e se prostrarão diante de ti, porque os teus juízos são manifestos.

⁵Depois disto olhei, e abriu-se o santuário do tabernáculo do testemunho no céu;

⁶e saíram do santuário os sete anjos que tinham as sete pragas, vestidos de linho puro e resplandecente, e cingidos, à altura do peito com cintos de ouro.

⁷Um dos quatro seres viventes deu aos sete anjos sete taças de ouro, cheias da ira do Deus que vive pelos séculos dos séculos.

⁸E o santuário se encheu de fumaça pela glória de Deus e pelo seu poder; e ninguém podia entrar no santuário, enquanto não se consumassem as sete pragas dos sete anjos.

## Capítulo 16

¹E ouvi, vinda do santuário, uma grande voz, que dizia aos sete anjos: Ide e derramai sobre a terra as sete taças, da ira de Deus.

²Então foi o primeiro e derramou a sua taça sobre a terra; e apareceu uma chaga ruim e maligna nos homens que tinham o sinal da besta e que adoravam a sua imagem.

³O segundo anjo derramou a sua taça no mar, que se tornou em sangue como de um morto, e morreu todo ser vivente que estava no mar.

⁴O terceiro anjo derramou a sua taça nos rios e nas fontes das águas, e se tornaram em sangue.

⁵E ouvi o anjo das águas dizer: Justo és tu, que és e que eras, o Santo; porque julgaste estas coisas;

⁶porque derramaram o sangue de santos e de profetas, e tu lhes tens dado sangue a beber; eles o merecem.

⁷E ouvi uma voz do altar, que dizia: Na verdade, ó Senhor Deus Todo-Poderoso, verdadeiros e justos são os teus juízos.

⁸O quarto anjo derramou a sua taça sobre o sol, e foi-lhe permitido que abrasasse os homens com fogo.

⁹E os homens foram abrasados com grande calor; e blasfemaram o nome de Deus, que tem poder sobre estas pragas; e não se arrependeram para lhe darem glória.

¹⁰O quinto anjo derramou a sua taça sobre o trono da besta, e o seu reino se fez tenebroso; e os homens mordiam de dor as suas línguas.

¹¹E por causa das suas dores, e por causa das suas chagas, blasfemaram o Deus do céu; e não se arrependeram das suas obras.

¹²O sexto anjo derramou a sua taça sobre o grande rio Eufrates; e a sua água secou-se, para que se preparasse o caminho dos reis que vêm do oriente.

¹³E da boca do dragão, e da boca da besta, e da boca do falso profeta, vi saírem três espíritos imundos, semelhantes a rãs.

¹⁴Pois são espíritos de demônios, que operam sinais; os quais vão ao encontro dos reis de todo o mundo, para os congregar para a batalha do grande dia do Deus Todo-Poderoso.

¹⁵(Eis que venho como ladrão. Bem-aventurado aquele que vigia, e guarda as suas vestes, para que não ande nu, e não se veja a sua nudez.)

¹⁶E eles os congregaram no lugar que em hebraico se chama Armagedom.

¹⁷O sétimo anjo derramou a sua taça no ar; e saiu uma grande voz do santuário, da parte do trono, dizendo: Está feito.

¹⁸E houve relâmpagos e vozes e trovões; houve também um grande terremoto, qual nunca houvera desde que há homens sobre a terra, terremoto tão forte quão grande;

¹⁹e a grande cidade fendeu-se em três partes, e as cidades das nações caíram; e Deus lembrou-se da grande Babilônia, para lhe dar o cálice do vinho do furor da sua ira.

²⁰Todas ilhas fugiram, e os montes não mais se acharam.

²¹E sobre os homens caiu do céu uma grande saraivada, pedras quase do peso de um talento; e os homens blasfemaram de Deus por causa da praga da saraivada; porque a sua praga era mui grande.

## Capítulo 17

¹Veio um dos sete anjos que tinham as sete taças, e falou comigo, dizendo: Vem, mostrar-te-ei a condenação da grande prostituta que está assentada sobre muitas águas;

²com a qual se prostituíram os reis da terra; e os que habitam sobre a terra se embriagaram com o vinho da sua prostituição.

³Então ele me levou em espírito a um deserto; e vi uma mulher montada numa besta cor de escarlata, que estava cheia de nomes de blasfêmia, e que tinha sete cabeças e dez chifres.

⁴A mulher estava vestida de púrpura e de escarlata, e adornada de ouro, pedras preciosas e pérolas; e tinha na mão um cálice de ouro, cheio das abominações, e da imundícia da prostituição;

⁵e na sua fronte estava escrito um nome simbólico: A grande

Babilônia, a mãe das prostituições e das abominações da terra.

⁶E vi que a mulher estava embriagada com o sangue dos santos e com o sangue dos mártires de Jesus. Quando a vi, maravilhei-me com grande admiração.

⁷Ao que o anjo me disse: Por que te admiraste? Eu te direi o mistério da mulher, e da besta que a leva, a qual tem sete cabeças e dez chifres.

⁸A besta que viste era e já não é; todavia está para subir do abismo, e vai-se para a perdição; e os que habitam sobre a terra e cujos nomes não estão escritos no livro da vida desde a fundação do mundo se admirarão, quando virem a besta que era e já não é, e que tornará a vir.

⁹Aqui está a mente que tem sabedoria. As sete cabeças são sete montes, sobre os quais a mulher está assentada;

¹⁰são também sete reis: cinco já caíram; um existe; e o outro ainda não é vindo; e quando vier, deve permanecer pouco tempo.

¹¹A besta que era e já não é, é também o oitavo rei, e é dos sete, e vai-se para a perdição.

¹²Os dez chifres que viste são dez reis, os quais ainda não receberam o reino, mas receberão autoridade, como reis, por uma hora, juntamente com a besta.

¹³Estes têm um mesmo intento, e entregarão o seu poder e autoridade à besta.

¹⁴Estes combaterão contra o Cordeiro, e o Cordeiro os vencerá, porque é o Senhor dos senhores e o Rei dos reis; vencerão também os que estão com ele, os chamados, e eleitos, e fiéis.

¹⁵Disse-me ainda: As águas que viste, onde se assenta a prostituta, são povos, multidões, nações e línguas.

¹⁶E os dez chifres que viste, e a besta, estes odiarão a prostituta e a tornarão desolada e nua, e comerão as suas carnes, e a queimarão no fogo.

¹⁷Porque Deus lhes pôs nos corações o executarem o intento dele, chegarem a um acordo, e entregarem à besta o seu reino, até que se cumpram as palavras de Deus.

¹⁸E a mulher que viste é a grande cidade que reina sobre os reis da terra.

## Capítulo 18

¹Depois destas coisas vi descer do céu outro anjo que tinha grande autoridade, e a terra foi iluminada com a sua glória.

²E ele clamou com voz forte, dizendo: Caiu, caiu a grande Babilônia, e se tornou morada de demônios, e guarida de todo espírito imundo, e guarida de toda ave imunda e detestável.

³Porque todas as nações têm bebido do vinho da ira da sua prostituição, e os reis da terra se prostituíram com ela; e os mercadores da terra se enriqueceram com a abundância de suas delícias.

⁴Ouvi outra voz do céu dizer: Sai dela, povo meu, para que não sejas participante dos sete pecados, e para que não incorras nas suas pragas.

⁵Porque os seus pecados se acumularam até o céu, e Deus se lembrou das iniqüidades dela.

⁶Tornai a dar-lhe como também ela vos tem dado, e retribuí-lhe em dobro conforme as suas obras; no cálice em que vos deu de beber dai-lhe a ela em dobro.

⁷Quanto ela se glorificou, e em delícias esteve, tanto lhe dai de tormento e de pranto; pois que ela diz em seu coração: Estou assentada como rainha, e não sou viúva, e de modo algum verei o pranto.

⁸Por isso, num mesmo dia virão as suas pragas, a morte, e o pranto, e a fome; e será consumida no fogo; porque forte é o Senhor Deus que a julga.

⁹E os reis da terra, que com ela se prostituíram e viveram em delícias, sobre ela chorarão e pranteearão, quando virem a fumaça do seu incêndio;

¹⁰e, estando de longe por medo do tormento dela, dirão: Ai! ai da grande cidade, Babilônia, a cidade forte! pois numa só hora veio o teu julgamento.

¹¹E sobre ela choram e lamentam os mercadores da terra; porque ninguém compra mais as suas mercadorias:

¹²mercadorias de ouro, de prata, de pedras preciosas, de pérolas, de linho fino, de púrpura, de seda e de escarlata; e toda espécie de madeira odorífera, e todo objeto de marfim, de madeira preciosíssima, de bronze, de ferro e de mármore;

¹³de canela, especiarias, perfume, mirra e incenso; e vinho, azeite, flor de farinha e trigo; e gado, ovelhas, cavalos e carros; e escravos, e até almas de homens.

¹⁴Também os frutos que a tua alma cobiçava foram-se de ti, e todas as coisas delicadas e suntuosas se foram de ti, e nunca mais se acharão.

¹⁵Os mercadores destas coisas, que por ela se enriqueceram, ficarão de longe por medo do tormento dela, chorando e lamentando,

¹⁶dizendo: Ai! ai da grande cidade, da que estava vestida de linho fino, de púrpura, de escarlata, e adornada com ouro, e pedras preciosas, e pérolas! porque numa só hora foram assoladas tantas riquezas.

¹⁷E todo piloto, e todo o que navega para qualquer porto e todos os marinheiros, e todos os que trabalham no mar se puseram de longe;

¹⁸e, contemplando a fumaça do incêndio dela, clamavam: Que cidade é semelhante a esta grande cidade?

¹⁹E lançaram pó sobre as suas cabeças, e clamavam, chorando e lamentando, dizendo: Ai! ai da grande cidade, na qual todos os que tinham naus no mar se enriqueceram em razão da sua opulência! porque numa só hora foi assolada.

²⁰Exulta sobre ela, ó céu, e vós, santos e apóstolos e profetas; porque Deus vindicou a vossa causa contra ela.

²¹Um forte anjo levantou uma pedra, qual uma grande mó, e lançou-a no mar, dizendo: Com igual ímpeto será lançada Babilônia, a grande cidade, e nunca mais será achada.

²²E em ti não se ouvirá mais o som de harpistas, de músicos, de flautistas e de trombeteiros; e nenhum artífice de arte alguma se achará mais em ti; e em ti não mais se ouvirá ruído de mó;

²³e luz de candeia não mais brilhará em ti, e voz de noivo e de noiva não mais em ti se ouvirá; porque os teus mercadores eram os grandes da terra; porque todas as nações foram enganadas pelas tuas feitiçarias.

²⁴E nela se achou o sangue dos profetas, e dos santos, e de todos os que foram mortos na terra.

## Capítulo 19

¹Depois destas coisas, ouvi no céu como que uma grande voz de uma imensa multidão, que dizia: Aleluia! A salvação e a glória e o poder pertencem ao nosso Deus;

²porque verdadeiros e justos são os seus juízos, pois julgou a grande prostituta, que havia corrompido a terra com a sua prostituição, e das mãos dela vingou o sangue dos seus servos.

³E outra vez disseram: Aleluia. E a fumaça dela sobe pelos séculos dos séculos.

⁴Então os vinte e quatro anciãos e os quatro seres viventes prostraram-se e adoraram a Deus que está assentado no trono, dizendo: Amém. Aleluia!

⁵E saiu do trono uma voz, dizendo: Louvai o nosso Deus, vós, todos os seus servos, e vós que o temeis, assim pequenos como grandes.

⁶Também ouvi uma voz como a de grande multidão, como a voz de muitas águas, e como a voz de fortes trovões, que dizia: Aleluia! porque já reina o Senhor nosso Deus, o Todo-Poderoso.

⁷Regozijemo-nos, e exultemos, e demos-lhe a glória; porque são chegadas as bodas do Cordeiro, e já a sua noiva se preparou,

⁸e foi-lhe permitido vestir-se de linho fino, resplandecente e puro; pois o linho fino são as obras justas dos santos.

⁹E disse-me: Escreve: Bem-aventurados aqueles que são chamados à ceia das bodas do Cordeiro. Disse-me ainda: Estas são as verdadeiras palavras de Deus.

¹⁰Então me lancei a seus pés para adorá-lo, mas ele me disse: Olha, não faças tal: sou conservo teu e de teus irmãos, que têm o testemunho de Jesus; adora a Deus; pois o testemunho de Jesus é o espírito da profecia.

¹¹E vi o céu aberto, e eis um cavalo branco; e o que estava montado nele chama-se Fiel e Verdadeiro; e julga a peleja com justiça.

¹²Os seus olhos eram como chama de fogo; sobre a sua cabeça havia muitos diademas; e tinha um nome escrito, que ninguém sabia sabia senão ele mesmo.

¹³Estava vestido de um manto salpicado de sangue; e o nome pelo qual se chama é o Verbo de Deus.

¹⁴Seguiam-no os exércitos que estão no céu, em cavalos brancos, e vestidos de linho fino, branco e puro.

¹⁵Da sua boca saía uma espada afiada, para ferir com ela as nações; ele as regerá com vara de ferro; e ele mesmo é o que pisa o lagar do vinho do furor da ira do Deus Todo-Poderoso.

¹⁶No manto, sobre a sua coxa tem escrito o nome: Rei dos reis e Senhor dos senhores.

¹⁷E vi um anjo em pé no sol; e clamou com grande voz, dizendo a todas as aves que voavam pelo meio do céu: Vinde, ajuntai-vos para a grande ceia de Deus,

¹⁸para comerdes carnes de reis, carnes de comandantes, carnes de poderosos, carnes de cavalos e dos que neles montavam, sim, carnes de todos os homens, livres e escravos, pequenos e grandes.

¹⁹E vi a besta, e os reis da terra, e os seus exércitos reunidos para

*Apocalipse*

fazerem guerra àquele que estava montado no cavalo, e ao seu exército.

²⁰E a besta foi presa, e com ela o falso profeta que fizera diante dela os sinais com que enganou os que receberam o sinal da besta e os que adoraram a sua imagem. Estes dois foram lançados vivos no lago de fogo que arde com enxofre.

²¹E os demais foram mortos pela espada que saía da boca daquele que estava montado no cavalo; e todas as aves se fartaram das carnes deles.

## Capítulo 20

¹E vi descer do céu um anjo, que tinha a chave do abismo e uma grande cadeia na sua mão.

²Ele prendeu o dragão, a antiga serpente, que é o Diabo e Satanás, e o amarrou por mil anos.

³Lançou-o no abismo, o qual fechou e selou sobre ele, para que não enganasse mais as nações até que os mil anos se completassem. Depois disto é necessário que ele seja solto por um pouco de tempo.

⁴Então vi uns tronos; e aos que se assentaram sobre eles foi dado o poder de julgar; e vi as almas daqueles que foram degolados por causa do testemunho de Jesus e da palavra de Deus, e que não adoraram a besta nem a sua imagem, e não receberam o sinal na fronte nem nas mãos; e reviveram, e reinaram com Cristo durante mil anos.

⁵Mas os outros mortos não reviveram, até que os mil anos se completassem. Esta é a primeira ressurreição.

⁶Bem-aventurado e santo é aquele que tem parte na primeira ressurreição; sobre estes não tem poder a segunda morte; mas serão sacerdotes de Deus e de Cristo, e reinarão com ele durante os mil anos.

⁷Ora, quando se completarem os mil anos, Satanás será solto da sua prisão,

⁸e sairá a enganar as nações que estão nos quatro cantos da terra, Gogue e Magogue, cujo número é como a areia do mar, a fim de ajuntá-las para a batalha.

⁹E subiram sobre a largura da terra, e cercaram o arraial dos santos e a cidade querida; mas desceu fogo do céu, e os devorou;

¹⁰e o Diabo, que os enganava, foi lançado no lago de fogo e enxofre, onde estão a besta e o falso profeta; e de dia e de noite serão atormentados pelos séculos dos séculos.

¹¹E vi um grande trono branco e o que estava assentado sobre ele, de cuja presença fugiram a terra e o céu; e não foi achado lugar para eles.

¹²E vi os mortos, grandes e pequenos, em pé diante do trono; e abriram-se uns livros; e abriu-se outro livro, que é o da vida; e os mortos foram julgados pelas coisas que estavam escritas nos livros, segundo as suas obras.

¹³O mar entregou os mortos que nele havia; e a morte e o hades entregaram os mortos que neles havia; e foram julgados, cada um segundo as suas obras.

¹⁴E a morte e o hades foram lançados no lago de fogo. Esta é a segunda morte, o lago de fogo.

¹⁵E todo aquele que não foi achado inscrito no livro da vida, foi lançado no lago de fogo.

## Capítulo 21

¹E vi um novo céu e uma nova terra. Porque já se foram o primeiro céu e a primeira terra, e o mar já não existe.

²E vi a santa cidade, a nova Jerusalém, que descia do céu da parte de Deus, adereçada como uma noiva ataviada para o seu noivo.

³E ouvi uma grande voz, vinda do trono, que dizia: Eis que o tabernáculo de Deus está com os homens, pois com eles habitará, e eles serão o seu povo, e Deus mesmo estará com eles.

⁴Ele enxugará de seus olhos toda lágrima; e não haverá mais morte, nem haverá mais pranto, nem lamento, nem dor; porque já as primeiras coisas são passadas.

⁵E o que estava assentado sobre o trono disse: Eis que faço novas todas as coisas. E acrescentou: Escreve; porque estas palavras são fiéis e verdadeiras.

⁶Disse-me ainda: está cumprido: Eu sou o Alfa e o èmega, o princípio e o fim. A quem tiver sede, de graça lhe darei a beber da fonte da água da vida.

⁷Aquele que vencer herdará estas coisas; e eu serei seu Deus, e ele será meu filho.

⁸Mas, quanto aos medrosos, e aos incrédulos, e aos abomináveis, e aos homicidas, e aos adúlteros, e aos feiticeiros, e aos idólatras, e a todos os mentirosos, a sua parte será no lago ardente de fogo e enxofre, que é a segunda morte.

⁹E veio um dos sete anjos que tinham as sete taças cheias das sete últimas pragas, e falou comigo, dizendo: Vem, mostrar-te-ei a noiva, a esposa do Cordeiro.

¹⁰E levou-me em espírito a um grande e alto monte, e mostrou-me a santa cidade de Jerusalém, que descia do céu da parte de Deus,

¹¹tendo a glória de Deus; e o seu brilho era semelhante a uma pedra preciosíssima, como se fosse jaspe cristalino;

¹²e tinha um grande e alto muro com doze portas, e nas portas doze anjos, e nomes escritos sobre elas, que são os nomes das doze tribos dos filhos de Israel.

¹³Ao oriente havia três portas, ao norte três portas, ao sul três portas, e ao ocidente três portas.

¹⁴O muro da cidade tinha doze fundamentos, e neles estavam os nomes dos doze apóstolos do Cordeiro.

¹⁵E aquele que falava comigo tinha por medida uma cana de ouro, para medir a cidade, as suas portas e o seu muro.

¹⁶A cidade era quadrangular; e o seu comprimento era igual à sua largura. E mediu a cidade com a cana e tinha ela doze mil estádios; e o seu cumprimento, largura e altura eram iguais.

¹⁷Também mediu o seu muro, e era de cento e quarenta e quatro côvados, segundo a medida de homem, isto é, de anjo.

¹⁸O muro era construído de jaspe, e a cidade era de ouro puro, semelhante a vidro límpido.

¹⁹Os fundamentos do muro da cidade estavam adornados de toda espécie de pedras preciosas. O primeiro fundamento era de jaspe; o segundo, de safira; o terceiro, de calcedônia; o quarto, de esmeralda;

²⁰o quinto, de sardônica; o sexto, de sárdio; o sétimo, de crisólito; o oitavo, de berilo; o nono, de topázio; o décimo, de crisópraso; o undécimo, de jacinto; o duodécimo, de ametista.

²¹As doze portas eram doze pérolas: cada uma das portas era de uma só pérola; e a praça da cidade era de ouro puro, transparente como vidro.

²²Nela não vi santuário, porque o seu santuário é o Senhor Deus Todo-Poderoso, e o Cordeiro.

²³A cidade não necessita nem do sol, nem da lua, para que nela resplandeçam, porém a glória de Deus a tem alumiado, e o Cordeiro é a sua lâmpada.

²⁴As nações andarão à sua luz; e os reis da terra trarão para ela a sua glória.

²⁵As suas portas não se fecharão de dia, e noite ali não haverá;

²⁶e a ela trarão a glória e a honra das nações.

²⁷E não entrará nela coisa alguma impura, nem o que pratica abominação ou mentira; mas somente os que estão inscritos no livro da vida do Cordeiro.

## Capítulo 22

¹E mostrou-me o rio da água da vida, claro como cristal, que procedia do trono de Deus e do Cordeiro.

²No meio da sua praça, e de ambos os lados do rio, estava a árvore da vida, que produz doze frutos, dando seu fruto de mês em mês; e as folhas da árvore são para a cura das nações.

³Ali não haverá jamais maldição. Nela estará o trono de Deus e do Cordeiro, e os seus servos o servirão,

⁴e verão a sua face; e nas suas frontes estará o seu nome.

⁵E ali não haverá mais noite, e não necessitarão de luz de lâmpada nem de luz do sol, porque o Senhor Deus os alumiará; e reinarão pelos séculos dos séculos.

⁶E disse-me: Estas palavras são fiéis e verdadeiras; e o Senhor, o Deus dos espíritos dos profetas, enviou o seu anjo, para mostrar aos seus servos as coisas que em breve hão de acontecer.

⁷Eis que cedo venho; bem-aventurado aquele que guarda as palavras da profecia deste livro.

⁸Eu, João, sou o que ouvi e vi estas coisas. E quando as ouvi e vi, prostrei-me aos pés do anjo que mas mostrava, para o adorar.

⁹Mas ele me disse: Olha, não faças tal; porque eu sou conservo teu e de teus irmãos, os profetas, e dos que guardam as palavras deste livro. Adora a Deus.

¹⁰Disse-me ainda: Não seles as palavras da profecia deste livro; porque próximo está o tempo.

¹¹Quem é injusto, faça injustiça ainda: e quem está sujo, suje-se ainda; e quem é justo, faça justiça ainda; e quem é santo, santifique-se ainda.

¹²Eis que cedo venho e está comigo a minha recompensa, para retribuir a cada um segundo a sua obra.

¹³Eu sou o Alfa e o èmega, o primeiro e o derradeiro, o princípio e o fim.

¹⁴Bem-aventurados aqueles que lavam as suas vestes [no sangue do Cordeiro] para que tenham direito à arvore da vida, e possam entrar na cidade pelas portas.

¹⁵Ficarão de fora os cães, os feiticeiros, os adúlteros, os homicidas, os idólatras, e todo o que ama e pratica a mentira.

¹⁶Eu, Jesus, enviei o meu anjo para vos testificar estas coisas a favor das igrejas. Eu sou a raiz e a geração de Davi, a resplandecente estrela da manhã.

¹⁷E o Espírito e a noiva dizem: Vem. E quem ouve, diga: Vem. E quem tem sede, venha; e quem quiser, receba de graça a água da vida.

¹⁸Eu testifico a todo aquele que ouvir as palavras da profecia deste livro: Se alguém lhes acrescentar alguma coisa, Deus lhe acrescentará as pragas que estão escritas neste livro;

¹⁹e se alguém tirar qualquer coisa das palavras do livro desta profecia, Deus lhe tirará a sua parte da árvore da vida, e da cidade santa, que estão descritas neste livro.

²⁰Aquele que testifica estas coisas diz: Certamente cedo venho. Amém; vem, Senhor Jesus.

²¹A graça do Senhor Jesus seja com todos.

www.ingramcontent.com/pod-product-compliance
Lightning Source LLC
Chambersburg PA
CBHW080922020526
44114CB00043B/2437